非凡十年 述说精彩
（上）
"双减"背景下名师工作室管理的转型与发展

孙揭　郭双喜　主编

图书在版编目（CIP）数据

非凡十年　述说精彩. 上 / 孙揭，郭双喜主编. --北京：北京航空航天大学出版社，2023.12
　　ISBN 978-7-5124-4262-7

Ⅰ.①非… Ⅱ.①孙… ②郭… Ⅲ.①中小学—教育事业—发展—概况—中国 Ⅳ.①G639.2

中国国家版本馆 CIP 数据核字（2023）第 239196 号

非凡十年　述说精彩（上）

| 责任编辑：孙玉杰　宫格格 |
| 出版发行：北京航空航天大学出版社 |
| 地　　址：北京市海淀区学院路 37 号（100191） |
| 电　　话：010-82317024（发行部）　　010-82316936（邮购部） |
| 网　　址：http：//www.buaapress.com.cn |
| 印　　刷：北京宏伟双华印刷有限公司 |
| 开　　本：710mm×1000mm　1/16 |
| 印　　张：120.75 |
| 字　　数：1905 千字 |
| 版　　次：2024 年 5 月第 1 版 |
| 印　　次：2024 年 5 月第 1 次印刷 |
| 定　　价：152.00 元（全 3 册） |

如有印装质量问题，请与本社发行部联系调换
联系电话：010-82317024　　　　　　　　　　　版权所有　侵权必究

编委会

主　任：陈立军

副主任：雷　宇　孙　竭

顾　问：张义武

主　编：孙　竭　郭双喜

副主编：温文利　王　莉　白俊玲

编　委：（以姓氏笔画为序）
　　　　马再祥　王学勤　刘贵琴　刘　燕　苏雅拉图
　　　　杨丽萍　杨雁鸿　宋沙兰　张海燕　陈庆钊
　　　　单　丽　郝翠娥　侯海霞　聂海英　徐金梅
　　　　高　丽　郭小军　鄂云塔娜　斯庆脑日布
　　　　翟丽芳　薛　云

作者简介

孙揭，男，汉族，1975年8月出生，中共党员，大学学历，硕士学位，高级教师。现任伊金霍洛旗教育体育事业发展中心副主任，兼任伊金霍洛旗第一中学党支部书记、校长。曾担任伊旗高级中学副校长，职业高级中学校长，第四中学党总支书记、校长，教育发展研究中心党支部书记、副主任。先后荣获"全国优秀工作者""自治区优秀教育工作者""全国青少年普法教育先进个人""全市优秀教师""全市优秀教育工作者""全市杰出校长"等荣誉称号。曾在《内蒙古教育》《考试杂志》等刊物发表多篇论文，并担任《追寻德育之美》一书的副主编。

郭双喜，男，1970年12月出生，中学高级教师，全国名师工作室联盟副理事长，"鄂尔多斯市初中语文教学改革成果奖"获得者，曾担任《初中语文单元作文训练指导》一书的副主编。现任伊金霍洛旗教育体育事业发展中心教育教学发展研究办公室主任，提出"实证+内涵"的校本教研方法，创建伊金霍洛旗"1+1+X+N+Z"学科名师工作室并引领其发展，先后在全国各地作教育学术报告十多场。

序 1

伊金霍洛旗名师工作室自2012年成立以来，在旗教育局和教体中心的关怀下，在教研室历任主任的带领下，开展了一系列有意义的教师研修活动，一批批骨干教师成长起来，在基础教育战线发挥着重要的作用，促进了伊旗教育的发展。

伊金霍洛旗名师工作室以促进教师发展为本，遵循教师发展的规律，积极开展教育教学实践研究，解决教学实际问题。各名师工作室把教学视为教师工作的第一要务，引导成员坚守课堂主阵地，立足课堂教学研究，努力提高教育教学质量。各名师工作室积极搭建成员交流平台，坚持以课堂实践和交流反思相结合开展教学研究活动。工作室为教师专业发展提供学习资源，提升教师专业发展的自主性，促进成员在职业道德、专业知识、教学能力及研究能力等方面得到提升。

阅读本书，如同走进伊金霍洛旗名师工作室团队，感受着老师们用心创造学生喜爱的教学课堂。课堂中一个个丰富多彩的学习情境，激发起学生学习的兴趣、触发了学生的思维和猜想；一个个精心设计的学习活动，唤醒了学生的生活经验、促进了学生实践探索能力；学生经历着各学科学习的过程，也经历着学科思想、学科文化的洗礼。本书是工作室成员们课堂教学经验的累积，是课程改革理念与教学实践的融合。

阅读本书，如同走进伊金霍洛旗名师工作室团队，感受着老师们一起读书学习研讨的氛围。工作室以先进的教育理论为先导，鼓励老师们多读书、读好书，把阅读和学习作为提高教师教育理论修养的有效途径，努力提高成员的理论修养。成员们阅读了《苏霍姆林斯基给教师的100个建议》、杜威的《我们怎样思考》等书籍，并撰写读书笔记。成员们认真学习新课程理论，关注新课改的教改动态，并进行讨论交流。讨论中一个个观点的阐述，将教育教学理论与教学实践紧密联系；一个个问题的剖析，抓住教学现象中的症结，反复研磨得出行之有效的解决方案。本书是成员们深入思考与认真学习的成果。

  阅读本书，如同走进伊金霍洛旗名师工作室团队，感受着老师们勤奋工作的状态。他们深入学校、走进课堂，解决教学中的问题；他们勤于学习，善于反思，勇于实践；他们的研究基于实践、基于教材、基于学生，理论联系实际。

  愿伊金霍洛旗名师工作室成员们不断深入研究实践，积淀素养，再获佳绩；愿伊金霍洛旗的学生们能在学习的幸福天地中增长智慧，全面发展。

北京教育科学研究院　吴正宪

2023年元月

序 2

相传，成吉思汗西征西夏时，不慎将金马鞭掉落，从此这里便有了一个响亮的名字"天骄圣地"。现考，内蒙古自治区鄂尔多斯市伊金霍洛旗，是成吉思汗纪念堂所在地。乘着中国梦的大潮，全旗各族人民在旗委旗政府的带领下，踔厉奋发，勤勉创业，使本旗一跃成为"全国百强县""中国最具幸福感的城市"。经济的发展促进了教育的长足进步，伊旗的教育事业蒸蒸日上。在伊旗绚烂的教育长卷中，"1+1+X+N+Z"名师工作室的发展，可谓是最为靓丽的风景。

"1+1+X+N+Z"名师工作室发端于全国教学改革的浪潮，成立于2012年这一伊旗教育激情萌发的年代。在伊旗教研室的精心布局和统筹规划下，工作室成员团结合作，各司其职，埋头钻研，革新教育。在与全国其他教育教学工作室的广泛交流中，高歌猛进，谱写了助力本旗区教育发展的辉煌篇章。到2022年，"1+1+X+N+Z"名师工作室已扎扎实实地发展了十年，十年岁火锻龙泉，万里云天万里路！一路阔步走来，"1+1+X+N+Z"名师工作室已经走在了"全国名师工作室联盟"的前列，教研室郭双喜主任已经成长为联盟副理事长，各学科名师工作室主持人也已聚合为一支"同行认可、学校满意、社会效益良好"的教育教学研究的生力军。

我与伊旗教育感情深厚，就"1+1+X+N+Z"名师工作室来讲，前期我是热情的参与者，后期我是积极的关注者！2013年，应伊旗教育局之邀，我来到了天骄圣地工作，担任伊金霍洛旗高级中学教学校长一职。同时，我兼任着"1+1+X+N+Z"名师工作室下辖的"高中名师工作室"主持人一职。在革弊鼎新的教学工作中，我以"高中名师工作室"为抓手，创新教育教学，开辟了新局。在与同仁们的共同努力下，学校成功晋级为内蒙古自治区示范高中！后来，我担任伊旗教育学会秘书长一职。在倾力编写《伊金霍洛旗志》之《教育志》的紧张忙碌中，我始终关注着"1+1+X+N+Z"名师工作室的发展进程。我目睹了教研室几届主任——杨生荣、呼美莲、田龙、孙竭等为发展壮大工作室所做的忘我努力，目睹了工作室主持人和老中青名师成员住校指导、蹲点教研、视导评估后的疲惫身影；我见证了工作室从初期的"凝聚课堂——集体备课"到中期"聚焦学科特点——建立本土化教育"的提升，见证了后期聚焦"学生的情感培养、人格塑造"的境界升华。一重山水一重天！如今，"1+1+X+N+Z"名师工作室已由最初单一的"教师发展工作室"拓展为涵盖全学科的十五个名师工作室集群！工作室所有团队成员遵照习近平总书记"为党育人，为国育才"的重要指示，意气风发地走在伊旗教育发展的大道上。

说起"1+1+X+N+Z"名师工作室，郭双喜主任感情最挚，投入至深，因为工作室是他事业的凝聚，是啊，亲力亲为，把襁褓中的孩提抚养为奔跑少年，确实不易。一日，我和孙竭、双喜主任畅谈起了十年间"1+1+X+N+Z"名师工作室的发展过往，我们都觉得点滴精彩，细节非凡，都觉得应该志书纪实，记录伊旗教育发展的闪光一页。我们不约而同，定其名为《非凡十年 述说精彩》，孙竭主任、双喜主任聘请我做顾问，我欣然应允；又委托我作序，我又欣然应允。因为这一职一任，不仅给予我莫大的荣誉，更带来了表达我对伊金霍洛旗教育同仁崇高敬意的最佳契机。作为教育战线的老同志，我惟愿伊旗"幸福教育"在鄂尔多斯"幸福暖城"、伊金霍洛"大美绿城"这片深情的沃土上绽放绚丽的花朵！

张义武

2023 年 10 月

名师工作室导师寄语

1. 小学语文导师吉春亚

有一种凝聚叫"名师工作室",携手合作,共同研究,实践来磨砺。有一种责任叫"名师来引领",带队同行,生命着色,成长来赋能。有一种目标叫共同发展,美好期待,明年花盛,秋收果满园。

2. 小学数学导师徐斌

名师引力,团队合力,大师助力,领导给力,铸就名师工作室非凡成绩。

3. 初中数学导师潘建明

十年风雨同舟路

非凡十年燎原焰,伊旗教育谱新篇。

述说精彩奋斗史,欲使桃李花更艳。

4. 初中历史导师李树全

六年来,我感动于伊金霍洛旗名师工作室老师们努力学习、超越自我的精神,感受到老师们专业素养的不断提高。作为工作室导师,我希望工作室有更大作为,成为骨干教师成长的"摇篮"。

5. 初中地理导师张文革

伊金霍洛旗地理名师工作室通过"1+1+X+N+Z"品牌教研,提升了初中地理教师的理论水平、教学水平和教研能力。通过"走出去、请进来"的学习方式，开阔了教师的教学视野，也在全国各地展示了伊旗地理名师的风采，为民族地区教师的专业成长探索出了一条成功的教研之路。

6. 初中物理导师田成良

五年的历程，让我看到了老师们的课堂由青涩到成熟，再由成熟到优秀的蜕变，一个个课题立项，一篇篇文章发表或获奖，可喜可贺。这就是教研的力量，是区域教研机构利用名师工作室促进教研转型的有益尝试。这种研修方式具有很强的操作性和借鉴性，具有可推广的使用价值。韶华不负，未来可期。

7. 初中生物导师荆林海

初中生物名师工作室导师们不断深化对生命科学及教育理念的理解，锐意创新、辛勤耕耘，取得了丰硕的教学与教研成果，充分发挥了名师的引领、示范和辐射、推动作用。

前 言
"双减"背景下名师工作室管理的转型与发展

近年来，政府非常关注教育工作，教体局也先后出台了一系列改革措施，如县管校聘、经费包干等，今年又出台了《伊金霍洛旗教育高质量发展实施意见》。在教研教改方面，以学科名师工作室为抓手，全面铺开新一轮的教育教学改革。事实证明，经过一系列改革之后，伊金霍洛旗的教育教学质量明显提升，名师工作室的建设与发展成效显著。基础教育的各项指标已经连续八年跻身全市第一梯队，创造了伊金霍洛旗教育的新辉煌。

一、名师工作室的组建及运行方式

在教体局的精心组织下，从全旗基础教育阶段的2 500多名教师中分学段、分学科层层选拔出各学科精英共500人，组建了中小学各学科及班主任等30个名师工作室，所有工作室都采用"1 + 1 + X + N + Z"的方式组建。第一个"1"指导师，每个名师工作室聘请一位全国知名的学科教育教学专家、能文能武（既有理论又有实践）的名师作为工作室导师；30位导师组建成了一支强大的导师团队。第二个"1"指主持人，大部分由具有丰富研究经验的教研员担任；这个角色非常关键，既是工作室的核心，又是沟通导师与名师，并辐射推广成果到"N"的桥梁和纽带。"X"指名师工作室成员，包括名师、研修员及学员，是整个工作室的中坚力量，约占总教师数的20%。"N"指辐射对象——所有老师。"Z"就是名师工作室的落脚点——

全旗基础教育阶段的所有学生。这种组建方式，实现了教研学段全覆盖、学科全覆盖、教育教学环节全覆盖，使得名师工作室真正成为广大教师们凝聚的核心。

二、"双减"背景下名师工作室管理的转型与发展

（一）以高质量的研修活动引领教师专业成长

1. 为构建青年教师、骨干教师、卓越教师、专家型教师的高水平人才培养体系，名师工作室以"五维一体"（深入贯彻国家教育意志、名师及教研组团队建设、教师培训、教学视导、蹲点教研）和"两翼"工程（名师工作室培优、蹲点教研扶弱）为顶层设计，构建区域幸福教育品牌，切实减轻学校及师生的负担。

2. 名师工作室以"大处着眼，小处着手，破立并举、深入研究"为工作宗旨，以高质量为追求，以学科为纽带，以问题为导向，以导师为引领，以课题为主线，以课堂为主阵地，以学生发展核心素养为落脚点，引领全旗课程改革走向科学、合理、高效。

3. 研修方式：每年八次，其中导师现场指导两次以上。通过课堂示范、纵横教研、观课议课、课堂诊断、区域联片教研、问题研究、考试研究、专题讲座、课题带动、读书交流、观摩考察、校际交流、名师送课下乡、外出讲学等方式，开展丰富多彩的研修活动。

这里重点介绍三种研修方式：

（1）请进来——请进导师成立专家团队，使得名师工作室真正成为老师们研究的平台。

十年来，来自全国各地的一百多位各学科专家、学者，走进伊旗、走进学校、走进教室，走到每一个学生和老师中间，留下了最美的声音和身影。通过多次研修，让老师们明白：踏破铁鞋无觅处，原来都在课堂中。但仅此远远不够，要想有所建树，还需云游四海，遍访名校、专家。

（2）走出去——到全国各地访学交流讲课，使得名师工作室真正成为老师们成长的示范。

自名师工作室工作开展以来，共有110人次分别在北京、银川、南京、上海、无锡、成都、重庆等地外出讲学或讲课。走出去，不仅要走进教育先进地区，感受和汲取先进教育理念和教育思想，更重要的是让名师到更大的舞台上去历练——讲公开课，践行知行合一，实现培训效益的最大化。2018年冬天我们就在上海聆听了"人民教育家"国家荣誉称号获得者于漪的教诲，并与她当面交流，与高人相遇，岂能擦肩而过？

有些老师今天看上去还是丑小鸭，经过数次历练之后，华丽转身，就会成为伊金霍洛的白天鹅。

外出讲学不是为了哗众取宠，其真正目的是给名师们搭建一个个教育落后地区与教育发达地区沟通交流的平台，架起一座座名师与专家学者们深度对话的桥梁。

（3）静下来——深度研修。

首先确立了教研日，有了时间保障，老师们就会心无旁骛，都能静下心来做真正的教学研究。其次，开展了独特的读书研修，实现从"我注六经"到"六经注我"的突破，让研修指向心灵深处。

（二）以高效统筹的管理方法推广优秀科研成果

一枝独放不是春，百花齐放春满园。各学校通过名师的带动引领，将"实证+内涵"的研修成果辐射推广到全旗，推广研修成果的真正目的是让这2 000多名老师都能理解、内化、应用导师的教学思想、主张、理念、方法等，然后结合自身实际，站在导师这个巨人的肩膀上，潜心研究、认真学习、大胆实践，从而开拓创新、彰显个性，逐渐形成自己的教育教学特色与风格，成一代名家。江山代有才人出，各领风骚数百年。

（三）以强有力的制度保障工作室的健康运行

名师工作室由局长任组长，实行动态管理，质、量考核。

三、一分耕耘一分收获

名师工作室有力地推动了"实证+内涵"的研修成果，真正成为科研成果辐射的窗口。

（一）实践成果

1. 成功展示了课改成果。2018年，全国名师工作室联盟"首届工作室创新发展特色成果博览会暨伊金霍洛旗'1+1+X+N+Z'学科名师工作室发展建设成果专场汇报会"在伊金霍洛旗举行。

2. 在鄂尔多斯市教育领域综合改革现场会上交流。

3. 在鄂尔多斯市教研工作会议上作典型发言。

4. 在教育部举办的"第五届中国教育创新成果公益博览会"上，作为内蒙古二十项成果之一在珠海参展并获奖。

5. 名师工作室成果参与多地交流。全国多地的教育部门和学校以不同的方式采用、借鉴、交流了我旗"1+1+X+N+Z"学科名师工作室的建设成果。

6. 自名师工作室成立以来，已开展了2 308次主题研修活动，培训教师达25 000多人次，培养名师645人，直接受益学生达80 000多人次，录制优质示范课1 000多节，学术讲座500多场。形成自己的资源库。

（二）培养成果

名师工作室历经十年，通过名师工作室的培养，有45人成为教研组长，15人成为级部主任，21人成为学校教务主任，8人成为德育主任，24人成为副校长，5人成为校长，6人成为教研员，有235人晋升了职称，其中高级职称109人，旗级正高级17人，有450人取得结题证书，179人获得旗级荣誉，131人获得市级荣誉，46人获得自治区级荣誉，31人获得国家级荣誉，100人发表了若干篇论文，110人次外出讲课或作学术交流，主持人郭双喜外出作学术报告多场。我们的团队也被部分地区聘为指导团队。

（三）价值理念

心有多大，舞台就有多大。伊金霍洛旗"1+1+X+N+Z"学科名师工作室使我旗的基础教育改革理念从一个小县城走出去，真正成为老师们凝聚的核心、研究的平台、成长的示范、辐射的窗口。只愿君心似我心，定不负教育梦。

新的时期定会有新的挑战，只要有功成不必在我的胸怀境界和成功一定有我的责任担当，一张蓝图绘到底，定会与2035成功相约。

课改永远在路上，只要方向对了，就不怕远。不是每一次研修都足以改变，不是每一点改变都可以感知，但我们始终坚持记录每一次推进教育教学改革的力量，与课改为伴！

本书主编：孙朅　郭双喜
2023年6月1日

目 录

（上）

语文篇
0003 "1+1+X+N+Z" 语文名师工作室 …………………………………… 宋沙兰

数学篇
0151 "1+1+X+N+Z" 数学名师工作室 …………………………………… 聂海英

英语篇
0363 "1+1+X+N+Z" 英语名师工作室 …………………………………… 侯海霞

道德与法治篇
0563 "1+1+X+N+Z" 道德与法治名师工作室 …………………………… 王 莉

（中）

历史篇
0657 "1+1+X+N+Z" 历史名师工作室 …………………………………… 白俊玲

地理篇
0865 "1+1+X+N+Z" 地理名师工作室 …………………………………… 张海燕

物理篇
1031 "1+1+X+N+Z" 物理名师工作室 …………………………………… 高 丽

化学篇
1101 "1+1+X+N+Z" 化学名师工作室 …………………………………… 薛 云

生物篇

1219　"1+1+X+N+Z"生物名师工作室 …………………………… 刘　燕

（下）

小学语文篇

1383　"1+1+X+N+Z"小学语文名师工作室 ………………………… 杨雁鸿

小学数学篇

1469　"1+1+X+N+Z"小学数学名师工作室 ………………………… 温文利

小学英语篇

1591　"1+1+X+N+Z"小学英语名师工作室 ………………………… 翟丽芳

小学科学篇

1741　"1+1+X+N+Z"小学科学名师工作室 ………………………… 郝翠娥

信息技术篇

1811　"1+1+X+N+Z"信息技术名师工作室 ………………………… 王学勤

全国名师工作室联盟鄂尔多斯年会

1873　共享新成果　共攀新高度　共启新篇章

全国名师工作室联盟珠海年会

1895　第五届中国教育创新成果公益博览会2019年珠海年会 ………… 郭双喜

语文篇

"1+1+X+N+Z"语文名师工作室

十年磨砺　今朝亮剑

宋沙兰

一、理念

"1+1+X+N+Z"语文名师工作室(以下简称"名师工作室")以整体提升伊金霍洛旗初中语文教师的专业水平、教学素养和课堂教学质量为主要目的;以"以点带面"的方式,既要着眼于培养、训练优秀青年语文教师的课堂教学技能和教学研究能力,又要关注所有语文教师业务素养的提升;以由浅入深、从易到难的"专题培训"为主要培训方式;以导师"专题指导,教学示范,面对面、手把手指导"为培训要求,让语文教师在大量教学实践与研究实践活动中经受历练,从而提高教学设计水平、教学技能艺术和科研能力以及课堂教学效率;在培训过程中,以关注教师高层次教学理念的建立,关注教师陈旧教学方式的革除,关注语文教师教研素养、教学技艺、文学水平的提升为宗旨,最终促进伊金霍洛旗的教育教学改革。

二、目标

根据《伊金霍洛旗教育局名师工作室实施方案(试行)》文件精神,从中学语文新课程改革的要求和名师工作室成员的实际状况出发,整合伊金霍洛旗优质教师资源。通过专家引领,帮助名师在现有起点上快速持续发展,有效推动名师工作室成员的专业成长,使他们的课堂教学执教能力、教学研究能力、校本培训能力、自我发展能力等有较大的提高,并使他们逐步形成个性鲜明的教学风格和教育主张，成为教育成果突出，学科教学有特色，在市、区内有一定影响，教育与科研并强，具有引领和辐射作用的语文名师。通过名师工作室，为伊金霍洛旗初中语文教师搭建学习和交流平台，把"做有深度的教师，教有内涵的语文"作为名师工作室的教育理念，以"聚焦教材'小支点'，撬动课改'大课堂'"为基点，以整体提升伊金霍洛旗全体初中语文教师的专业水平、教学素养和课堂教学质量为主要目的，推进伊金霍洛旗教育教学健康、协调、可持续发展。

三、组织

伊金霍洛旗初中语文名师工作室成立于2012年，至今已有10个年头，共组建了四期名师工作室。第一期：2012年3月—2014年3月；第二期：2014年4月—2017年3月；第三期：2017年3月—2019年7月；第四期：2020年10月—2022年10月。根据《伊金霍洛旗教育体育局"1+1+X+N+Z"学科名师工作室实施方案》的文件精神，以自愿报名和学校推荐为原则组建团队，以"1+1+X+N+Z"（一位专家＋一位主持人＋X个名师＋N个发展教师＋Z个学生）的组织形式开展研修活动。语文名师工作室第二期、第三期聘请全国著名语文专家余映潮为导师，其承担6年培训任务；第四期聘请专家王君为导师。期间辐射伊金霍洛旗两个二级名师工作室，6个学科教研组。在导师、主持人的引领下，以课堂为主阵地，以课题为载体，开展一系列研修活动。本着语文名师工作室要成为"研究的平台、成长的阶梯、辐射的中心、师生的益友"的宗旨，树立为学生及教师服务的工作方针，完善自我，创新创优，全面推动伊金霍洛旗中学语文教学教研和改革工作。

四、方式

名师工作室主要以"专题培训"的研修方式进行，每年开展6~8次有主题的研修活动（其中两次为导师现场亲临指导），兼以"课堂示范、同课异构、课堂诊断、问题研究、专题讲座、课题带动、读书交流、观摩考察、校际交流、名师送教"等多种形式展开。同时，名师工作室以课题"初中语文课堂阅读教学'语言学用'训练"研究为载体，撬动教材研究，聚焦课堂实践，见证了教师们以课例研究为通道、让教学成为研究的"匠心"。

  以余映潮为导师的6年间，有10多次导师亲临现场的大型主题培训，每一次都是导师亲自为学员批改作业、上课、开讲座。研修活动前一个月，导师落实任务，每位成员都要认真备课，进行3 000字以上的教学设计并完成一篇3 000字左右的论文，之后交给导师审核、修改。约一个星期，导师返回修改后的教案，成员则根据导师提出的建议再次进行教学设计的深加工，之后二次交给导师审核，如此几次循环之后就是实践训练。由导师亲临课堂进行教学指导、示范，根据课堂师生的表现再次指出不足，以使成员进一步完善教学设计，直至打造出有创意的教学设计。每次研修活动结束后，成员都要写出研修反思及教学案例的再创意（一课多案），这样，成员们才真正学有所获，才能起到示范、引领、推广的作用，完成对"N"的辐射。这种研修方式，完整地体现了伊金霍洛旗学科"研、学、教"的课改思路，通过从具体实践中抽象出理念，进入再研究过程，如此循环往复，精益求精，周而复始，永不停歇。名师工作室的成立始于需要，源于相信，成于坚持。

五、计划

  初中语文名师工作室成立至今，致力于高效课堂教学研究，每学年开展6~8次有主题的专题培训。以"务实、扎实、求实"的工作作风自勉，截至目前，已开展50多次有主题的研修活动。

  每次有导师的大型培训前，由导师布置一定数量的书面作业，并安排工作室成员讲课、导师评课，导师示范授课和开展专题学术讲座，伊金霍洛旗全旗语文教师都要参与。

  除导师亲临的研修活动外，平均每月还要开展一次活动，主要围绕导师培训专题进行深入加工，每次活动原则上不超过半天，相邻两次研修活动之间逻辑鲜明、层次清楚。为确保每次研修活动的质量和效果，由主持人根据前期整体规划提前一个月公布研修主题，如：教材解读、同课异构、试题研究、教学观摩、专题讲座、读书交流等，通过"任务驱动"的方式促使成员共同学习，且成员每次都要撰写研修活动报道及反思。

名师工作室重点培训名师工作室的14位优秀教师，亦在培养伊金霍洛旗全体中学语文教师。现已初步形成以语文学科特点为基础的课堂教学常规机制和评价机制，以"1＋1＋X＋N＋Z"为整体展开的教研活动在良性运行，语文教研组教学教研的新常态已经产生，语文名师工作室已成为老师们研究的平台、成长的示范、凝聚的核心、辐射的窗口。

六、过程简述

"昨夜西风凋碧树，独上高楼，望尽天涯路。"成大事者、大学问者，首先要有执着的追求，登高望远，瞰察路径，只有明确了目标与方向，了解了事物的概貌，才能驾驭起航。在经过严格地讲课、说课、论文等重重考核之后，初中语文名师工作室组建起来了。为了使名师工作室的活动规范化，确保名师工作室扎实而有创造性地开展工作及充分发挥每个成员的特长，名师工作室成立之后，在了解了伊金霍洛旗全旗语文教学现状的基础上，带领着全体成员制定了有效的工作计划及方案——两年发展规划，明确了名师工作室两年内4个阶段的专业发展目标和工作措施。有了目标就有了前行的方向和动力，名师工作室依据《伊金霍洛旗教育局第二期名师工作室实施方案（试行）》文件精神，以导师余映潮提出的"语言学用"的教学理念为教学研究与实践探索的核心思想，以"'少教多学'在中学语文教学中的策略与方法研究"和"初中语文课堂阅读教学'语言学用'训练研究"两个工作室课题为桥梁，呈阶梯式上升指导教师发展与成长，全面提高伊金霍洛旗语文教学质量。

"衣带渐宽终不悔，为伊消得人憔悴。"成大事业、大学问者，不是轻而易举随便可得的，必须坚定不移，经过一番辛勤劳动，废寝忘食，有孜孜以求的精神，直到"人瘦带宽"也不后悔。名师工作室的研修主阵地是课堂，而

"高效课堂的设计"和"教材的研读"是关键。基于此,2014年5月15日—16日,导师余映潮进行了为期两天的大型教研活动,即:高效课堂教学的设计理念与教学实践、中学语文教师教材研读与教材处理高层技能训练。通过导师的亲自指导与课堂实践,教师们初步掌握了核心要素。在余老师的主题培训之后,工作室继续开展了以"人教版七年级语文上册各单元教材分析"为主题的研修活动,名师井红梅、张玉翠、杨小树、钱俊玲分别做了细致入微的分析,并提出了精彩的教学重难点设置和教学构思等,从点到面,引领其他语文老师对六册教材进行深入而透彻的分析和把握,真正起到了引领、示范的作用。

前期对教材的深入分析和理解,为2015年9月15日—16日导师来伊金霍洛旗进行"中学语文阅读教学'课中活动'的设计、'板块式'思路和主问题设计"主题研修活动奠定了基础。主问题的设计"牵一发而动全身",着眼于学生的活动,着眼于学生能力的训练,有效地避免了教师的"碎问"和学生的"碎答"。此次活动前期进行了作业的布置,课中钱俊玲老师执教的《羚羊木雕》、张玉翠老师执教的《秋天的怀念》、井红梅老师执教的《故宫博物院》、白丽萍老师执教的《陋室铭》、杨小树老师执教的《我的叔叔于勒》,都采用了余老师提倡的"板块式"教学思路和主问题设计,需要强调的是,"板块式"并不是简单的块状形式,经过不断的研讨、不断的学习,我们的老师渐渐领悟了其中的内涵。在这次活动中,导师为我们上了两节示范课,即《春》和《说"屏"》,他用全新的角度对教材进行深度融合,注重语言的积累和方法的指引,让语文课堂教学变得更扎实有效。

为了把导师的教育教学理念深入渗透到课堂教学中,名师工作室以课堂教学研磨为平台,不断提升成员的课堂教学能力与艺术水平,于2016年5月10日—11日举行了以"中学语文'文学作品'的教学技能训练"为主题的研修活动。在此次活动开展之前,主持人提前落实任务,名师需要提前录好视频课,白丽萍执教《土地的誓言》、杨小树执教《云南的歌会》、井红梅执教《泥人张》、钱俊玲执教《音乐巨人贝多芬》、张玉翠执教《乡愁》,随后成员一起观看录课内容,观课过程中,每位老师从教学创意、教材处理、"板块式"思路方面提出课中的优点及需要改进的地方。在这次磨课活动中,我们的成员不但对"板块式"设计理念有了更高层次的领悟,而且对"文学作品教学"也有了自己独到的见解。余老师亲自授课《最后一课》,设计了"我的教室、我的老师、我的课"3个板块。从学生齐读初步感知文章,到"进行有力度的训练",他循序渐进地指导学生细读文本;在深入理解课文内容时,又用"暗写手法、以声写静、选例精巧、议论美妙……"梳理了全文的知识点;用"每一句都有深刻的表达作用",来训练学生的思维。余老师授课的《海燕》也分为3个板块:简洁地说、响亮地读、诗意地写,透过海燕,我们感受到……然后是品味形象。余老师的两节课渗透"能力训练""语言学用""学生积累"的教学理念,能够让语文老师和自己的课进行深度的对比,找出课堂问题,改进课堂不足,更加强了实效性。

当然,除此之外开展的一系列专题研修活动,如2018年10月30日—31日开展的"现代文学作品(小说、散文、诗歌、童话)的教学技能训练"、2019年5月9日—10日开展的"古诗古文的教学技能训练""中学语文作文指导的教学技能训练""中学语文教师中考复习备考的教学技能训练""如何规范命制试题活动"等,都通过"点面结合"的方式大大提升了名师工作室成员的研读能力、执教能力。

怀揣希冀,载梦同行。以前两期导师余映潮对教材的解读和高效课堂设计培训为基础,不知不觉第三期名师工作室已接近尾声,为切实提高教师对统编教材的实践能力,推进活力课堂建设,第四期名师工作室特聘全国著名语文教育专家王君为工作室导师。王君老师着眼于教材聚焦训练,从点到面,从面到点,对教材进行有效整合,与余老师的教学理念不谋而合。第四期名师工作室成立时,统编教材已经使用了6年,大多数老师度过了最初的迷茫期,能够抓住单元导语、课后练习和"交流平台"等关键信息把握语文要素,确定教学目标。当"教什么"的问题基本解决以后,"怎么教"的问题便成为当下迫切要思考和研究的。在2020年12月21日—22日开展的"单文本"教学与"群文"教学技能训练研修活动上,王君老师上了两节示范课:《卖油翁》和《土地的誓言》,让伊金霍洛旗全旗老师更直观理解聚焦教材"小支点"方式,大大提升了老师的研读能力、执教能力，为老师们进行有效教材整合指明了方向。名师樊耀琴执教《天上的街市》、白丽萍老师执教《女娲造人》、杨小树老师执教《架起想象与联想的桥梁——基于〈天上的街市〉的群文阅读》、张玉翠老师执教《在苦难中超越——苏轼群词整合阅读》，起到了很好的示范、引领作用。为了辐射更多的一线教师，本次活动有10多位一线教师进行了说课展示，从备课到展示整个过程的教案都由工作室成员帮助研磨、修改，得到了教师的一致好评。

且行且思，携手追梦。在导师的引领下，工作室聚焦教材"小支点"，2021年5月25日开展以"统编教材初中语文小作文专题研讨"为主题的研修活动，通过对教材"聚焦""放大""分解""组合"，寻找提升小作文写作的突破口来带动伊金霍洛旗全旗语文教师。贺培慧老师执教《人物小传写作》、白丽萍老师执教《细节描写》、刘莉老师执教《景物描写》，以点带面，辐射全旗；贺培慧老师执教的"中考小作文专题复习的有效研究"和杨小树老师执教的"精准定位精，为学生中考小作文赋能"两个专题讲座更是切中小作文要害，起到了事半功倍的效果。从2021年10月12日"初中语文统编教材大作文专题研讨＜一＞"到2022年5月"初中语文统编教材作文专题研讨＜五＞"，期间以大小作文为专题的研修活动达10次之多，大大提升了名师作文教学的能力，不仅辐射了全旗语文老师，而且惠及了全旗学生，让学生的写作能力得到了大大提升。名师工作室将继续以"进行教材有效整合，提高课堂教学效率，做有深度的语文老师"为基点，聚焦课堂实践，强化研修专题。

成立名师工作室的真正意义就在于通过专业示范与引领，带动中学语文学科教学水平整体提高。因此，一次次的研课、磨课活动不仅记载了工作室学员成长的足迹，还带动了所到学校语文老师的共同成长。充分发挥互动型师徒结对模式的"传、帮、带"的作用，使全体教师共同发展、共同进步、共同提高，进而推动伊金霍洛旗教育教学质量的全面提高。之后开展的"学科研讨"活动和以"高效复习，精准备考"为主题的两次大型研修活动，以中考备考为出发向全旗辐射。其中刘莉老师执教的诗词鉴赏复习课、钱俊玲老师执教的议论性文章专题复习课，对初三年级的老师进行专题复习起到了示范、引领的作用。

学无止境。10年间，名师工作室成员坚持以读书拓宽视野，洞察中学语文教学改革的最新声音，阅读了许多关于教育改革的前沿书籍，如《不跪着教书》《如何阅读一本书》《余映潮中学语文——精品阅读课教学实录》《余映潮的中学语文教学主张》《更美语文课》《王栋生作文教学笔记》《中国特级教师思想录》《李镇西教育全集》《课堂观察》《一线教师》《让孩子踏上阅读的快车道》《听王荣生教授评课》《汉语与中国文化》《课程标准（2022年版）》《学历案》《以课例解读课程标准》《语文学习》《单元教学设计指南》《语文教学通讯》《中学语文教学》《课堂观察——走向专业的听评课》《课文作者谈课文》《中学语文"教材研读"的高层技法与教材处理的基本技法》等，通过大量的阅读，一是要使我们老师的教育观念发生根本转变；二是要使课堂教学模式根本转变，要使学员深刻领会"教学有法、教无定法、贵在得法"的内涵，逐步实现从依靠模式到超越模式的转变，实现从模式到风格的转变，取其精华，补己之短，都能各有特色、各具风格。"语文能教给学生的只能是自我"，那么保持每个人的个性，发挥他们的特长，才能使语文园地百花争艳。

成员不仅要阅读，还要做到阅读与教学的有效结合，基于此，名师工作室每一年都要开展一次大型的读书汇报活动，以对导师教学理念更深入地渗透，以其中两次为例。

研读《余映潮的中学语文教学主张》，开展了以"主题阅读·经验提炼·智慧成长"为主题的研修活动，活动分为两个环节。第一环节为说课，根据《余映潮的中学语文教学主张》及5月份余映潮老师在培训活动中对研讨课的点评，成员自选一课，进行说课。张玉翠老师以《孙权劝学》为例，对课文进行分析，从"整体感知""探究质疑""感悟反思"3个板块入手，环环相扣，突出了余老师的"板块式"教学理念，着眼于学生的活动，中间演读课文、分析人物形象和最后与《伤仲永》比较阅读又是亮点，既高效真实地组织了阅读教学，又训练了学生的能力；杨小树老师根据自己的教学实践，以

《敬畏自然》为例，强调了"精段品读"在语文教学中的重要性，很好地运用了《余映潮的中学语文教学主张》中第三章"教材处理的生动手法"——"文意把握，选点突破"这一方法；井红梅老师厚积薄发，根据自己丰富的教学经验，具体以《大雁归来》《旅鼠之谜》总结并阐释语文教学中"读、写、记、背"的重要意义；白丽萍老师以《岳阳楼记》为例，强调"语言学用"的重要性，语文教学注重语言的积累、感悟和运用，让学生在语文实践中学习语文，学会语文；钱俊玲老师以《走一步再走一步》的教学案例为基点，深入浅出地论述了《余映潮的中学语文教学主张》中关于教学创意的美妙角度，讲究"新""简""实""活""雅""趣"……老师们用具体的案例阐述了《余映潮的中学语文教学主张》这本书的教学理念、思路，说课的实效性较高。第二个环节是读书心得交流、研讨。教师们就阅读书籍中的感悟与心得做了广泛交流。郭双喜副主任站在全新的高度从"别出心裁研读课文"和"教学创意的美妙角度"两个方面谈了自己独到的见解，强调语文教师在教学过程中要有个人独立的多角度的课文研读，课文研读要深究一个"内"字，即着力于课文的内容去进行研读；课文研读要构成一个"外"字，即课文可以引申出很多课本之外的知识，以拓宽学生的知识视野；课文研读要坚守一个"细"字，即细细地品味，细细地欣赏。语文教研员宋沙兰老师则结合余老师的五次培训主题和《余映潮的中学语文教学主张》来谈，强调了余老师的教学主张与《语文课程标准》环环相扣，《语文课程标准》中明确强调语文课程致力于培养学生的语言文字运用能力，这与余老师提出的"语文教学就是提升学生终身受用的阅读与表达能力，就是让学生在大量的语文实践中学习运用语文的规律"是相辅相成的。语文的教学，本质上是语言的教学，是语言的学用、品味、赏析的教学。最后，老师们再次朗读《余映潮老师的教学主张》经典篇章，书声琅琅，思韵飞扬，激励和鼓舞了在座的每一个人。

  此次教研活动将课例研说与交流心得有效结合，有利于老师们把余老师的教学理念真正地渗入课堂教学中，以提高语文课堂教学效率。所以《余映潮的中学语文教学主张》是用技术和艺术浇灌的语文课堂教学兵法，为我们提供的不仅是主张、方法、技巧，更是方向、路径、圭臬。相信老师们会把这次读书活动作为起点，把读书和学习当作终生的必修课，且读且思，且思且行，最终获得教材处理、阅读教学和写作教学等基本的语文素养。此次阅读活动，使老师们由表及里、由量到质的发生转变，站在巨人的肩膀上，我们的眼界才能宽广。

第二次为研读王君老师的《更美语文课》，开展了以"阅读精品，启迪智慧"为主题的研修活动，此次汇报活动要求老师通过具体案例将理论与课堂实践相结合。井红梅老师分享了《最美语文，妙不可言》、刘莉老师分享了《做一名有创意的语文教师》、钱俊玲老师分享了《群文阅读与生命化教育》、张玉翠老师分享了《开展群文阅读，走向深度阅读》、赵娜老师分享了《精准聚焦，高处指引——探求语文教学的至美境界》、杨小树老师深入浅出地汇报了《群文阅读助力青春语文》。对教师来说，书房连着课堂。怀揣着语文梦想，我们一路醉心阅读，玩味品鉴，交流探讨，让碰撞生成智慧，将知识化为己有。学习从"为教"走向"为学"的教学理念，摸索从"有痕"走向"无痕"的教学策略，让我们的语文课堂变得更扎实有效。庄子说："吾生也有涯，而知也无涯。"名师工作室不仅要求每位成员自觉地学习本学科的教育教学理论书籍，而且还要求其主动地跨学科学习，从中借鉴好的教育理念和方法，做到学以致用。"独学而无友，则孤陋而寡闻"，闭门造车无异于坐井观天，多向优秀的人学习经验，是我们前进的基础。

"蓦然回首，那人却在灯火阑珊处。"做学问，成大事者，必须有专注的精神，反复追寻、研究，下足功夫，自然会豁然贯通，有所发现，有所发明，就能够从必然王国到自由王国。有了足够的积累，量变引起质变，就会在不经意间获得成功。

结成硕果，梦在前方。根据国家"十二五"课题"'少教多学'在中小学语文教学中的策略与方法研究"，全体成员积极参与所在学校的语文课堂教学改革的实践与研究，以打造高效课堂为引导，围绕教学改革的重点和热点问题开展课题研究，探索提高教育教学质量的有效方法和途径，于2016年3月份顺利结题，并获好的奖次。"初中语文课堂阅读教学'语言学用'训练研究"市级课题也于2022年顺利结题，工作室成员的科研意识有所深化，正逐步由经验型教师转变为科研型教师。

十年磨一剑，在研修的路上，我们一直坚守初心，踏实前行。名师工作室旨在创造一个人才培养的"磁场"，我们会尽自己所能让优秀教师在这个"磁场"中发挥潜能，名师工作室的目标就是整合伊金霍洛旗优质教师资源，充分发挥名师的专业引领作用，力争让工作室成为名师的摇篮、教研的基地、交流的平台、辐射的中心。

七、研修内容

第二期名师工作室研修活动（2014年4月—2017年3月）（精选部分安排意见、优秀案例、简讯报道、心得体会、论文等）

【第二期2014年第一次研修活动】

活动安排

伊金霍洛旗初中语文名师工作室
第一次培训活动安排全国中语会专家工作室
余映潮老师讲学活动

培训形式： 听课，评课；余映潮老师讲两节示范课及开展专题讲座。

主持人： 宋沙兰。

具体日程安排：

5月15日上午：

　　第一节　8：00—8：40　　　钱俊玲　《端午的鸭蛋》（八下）

　　第二节　8：50—9：30　　　柴永霞　《口技》（七下）

　　第三节　10：30—11：10　　白丽萍　《夸父逐日》（七下）

　　第四节　11：20—12：00　　王红霞　《真正的英雄》（七下）

5月15日下午：

　　第五节　2：45—3：25　　　蔚少华　《变色龙》（九下）

第六节　3：35—5：30　　　余映潮老师微型讲座（语文教师的"学法"指导之一：读书笔记法）

5月16日上午：

第一节　8：00—8：40　　　余映潮老师　《狼》（七下）
第二节　8：50—9：30　　　余映潮老师　《泥人张》（八下）
第三节　10：30—12：00　　余映潮老师点评第一天的五节课

5月16日下午：

第五节　2：30—5：30　　　余映潮老师专题讲座"中学语文'教材研读'的高层技巧与教材处理的基本技法"

训前作业：

①参训的8名优秀教师，每人都需要设计一份3 000字以上的教案。教案书写的样式见余映潮老师发给的样文。课文选自人教版上册。讲课的5位教师，讲什么课就写什么课的教学设计。

②每人都要写一篇关于教材处理或学生课堂训练活动设计的2 000字以上的论文，参读相关资料，自由命题、写作。

此次作业提前一个月发余映潮老师审读、评点。

伊旗教研室安排所有中学语文老师参加每次培训的两天的活动，共享培训，共同提高。

优秀案例

《端午的鸭蛋》教学设计

鄂尔多斯市伊金霍洛旗第一中学　钱俊玲

【课文品读】

小小鸭蛋见真情

《端午的鸭蛋》是汪曾祺先生的一篇回忆性散文。作者向我们展示了家乡特有的端午习俗，通过对家乡特产——高邮鸭蛋的精细介绍，抒发了作者对童年生活的怀想以及对家乡的热爱之情。

一、清晰的结构

汪曾祺先生的散文以闲散自由著称，不刻意追求结构的严谨，但在随意自由之中也体现了整体上的严谨与和谐。

文章的题目《端午的鸭蛋》，中心词是鸭蛋，限定时间是端午节，因此，作者先从介绍家乡端午节的习俗写起，如系百索子、做香角子、贴五毒、贴符、喝雄黄酒、放黄烟子、吃"十二红"等，这里既有和其他地方相同的风俗，也有自己家乡所独有的做法。重点突出放黄烟子和吃"十二红"，由此引出家乡的鸭蛋。接着详细介绍高邮鸭蛋的名气、特点和吃法等，再引出端午的鸭蛋，写童年时期端午节的一个特别的游戏风俗——挂鸭蛋络子，最后由用鸭蛋装萤火虫的游戏引发联想，整篇文章思路清晰，结构紧凑。

文章的第一自然段更是总分分明，文中"家乡的端午，有很多风俗和外地一样""有一个风俗不知别处有不""还有一个风俗"三句话起到提纲挈领的作用。作者先略写自己家乡与他乡一样的五种习俗，一笔一笔写来，毫不凌乱，再重点写当地特有的两种风俗，详略得当。略写的五种习俗中，一习俗一句号，用概括说和具体说相结合的形式，使文章结构谨严。

二、多彩的民俗

端午节是我国的传统节日，全国各地都会有不同的风俗。而提起端午节，人们熟知的就是吃粽子、插艾叶、赛龙舟等，形式单一。作者向我们展示了江苏高邮农村丰富多彩的民俗文化，让我们感受到了大师笔下江苏农村的节日风情。且不说系百索子、做香角子、贴五毒、贴符、喝雄黄酒的乐趣，单是放黄烟子就让小孩子们觉得乐趣横生。

最让人津津乐道的是挂鸭蛋络子的习俗。作者饶有情趣的介绍了端午节孩子们的欢乐和幸福。端午的前一天，由心灵手巧的姑姑或姐姐用五色彩线打好鸭蛋络子，早晨起来由孩子们亲自挑选自己中意的鸭蛋，挂在胸前，美极了、乐极了。玩过新鲜劲了，就把鸭蛋掏出来吃了。吃完鸭蛋还要洗净蛋壳，捉来萤火虫玩，有趣极了。作者饱含深情地回忆了儿时端午节的幸福时光，读来不仅让人回味无穷，也觉得情趣盎然。

作者介绍家乡端午节的种种风俗习惯，不仅是为了引出"端午的鸭蛋"。写到"端午"，作者的情绪便被调动起来，儿时端午节的影像已经深深地留在作者的心里，作者浓墨重彩渲染端午的浓烈气氛，也为文章主体"鸭蛋"的出现预设了一个合理的背景。

三、多样的表达

1. 善用短句

作者善用短句，有时一句一断，大有生活中说一句停一下，略想后再接着说的神态。如介绍家乡的鸭蛋时，作者写道："我的家乡是水乡。出鸭。高邮大麻鸭是著名的鸭种。鸭多，鸭蛋也多。高邮人也善于腌鸭蛋。高邮咸鸭蛋于是出了名。"读这一段，感觉像一位老朋友在与你促膝相谈，向你介绍他的家乡，自然而然，倍感亲切。

2. 善用转折

作者在介绍高邮的双黄蛋时写道："双黄鸭蛋味道其实无特别处。还不就是个鸭蛋！只是切开之后，里面圆圆的两个黄，使人惊奇不已。""还不就是个鸭蛋！"突出高邮鸭蛋和其他地方的鸭蛋一样普通，但是用"只是"一转折，使行文曲折有度，突出高邮双黄蛋让人惊奇不已的特点。

再如"我对异乡人称道高邮鸭蛋，是不大高兴的，好像我们那穷地方就出鸭蛋似的！不过高邮的咸鸭蛋，确实是好，我走的地方不少，所食鸭蛋多矣，但和我家乡的完全不能相比！"作者先用"好像我们那穷地方就出鸭蛋似的！"表达内心的微微不满，再用"不过"来转折突出高邮鸭蛋天下一绝的特点。

3. 融情于事

作者介绍家乡鸭蛋的特点时，先写高邮的双黄蛋让人惊奇不已，接下来介绍天下腌蛋以高邮为最，这里不仅引用清代诗人袁枚的《随园食单·小菜单》中对高邮鸭蛋的描述，而且还拿高邮咸蛋的口感和颜色同别处的咸蛋作对比，目的是突出高邮咸蛋"质细而油多"的特点。在这里，作者对家乡的自豪感透过文字已经表露无遗。此外，还通过直接抒情句来表达对家乡鸭蛋的赞美，如"他乡咸鸭蛋，我实在瞧不上。""这叫什么咸鸭蛋呢！""但是《腌蛋》

这一条我看后却觉得很亲切,而且与有荣焉"等,这些语句直接表达出作者对家乡的热爱和作为一个高邮人的自豪之感,同时也体现了作者率真的性情。

小小的鸭蛋,作者不但尝出了生活的滋味,也融进了浓浓的乡情。读了这样一篇文章,我们不仅了解了作者家乡端午节的习俗,知道了一种美食,积累了一种情感,而且还让我们学会了在平淡的生活中去发现情趣、发现诗意,体验真实生活的酸甜苦辣。

【教学设计】

教学创意:

理清文章脉络,趣味读写训练,妙句自由赏析。

教学目标:

①朗读课文,理清文脉。

②研读课文,深入理解文章内容及作者的情感。

③品味语言,体会本文平淡质朴而又韵味十足的语言特色。

④了解端午风俗,提倡保护传统文化。

教学重点:

①研读课文,深入理解文章内容及作者的情感。

②品味语言,体会本文平淡质朴而又韵味十足的语言特色。

教学难点:

品味语言,体会本文平淡质朴而又韵味十足的语言特色。

教学方法:

诵读法、读写法、品读法。

教学思路:

整体感知,理清文脉——研读课文,读写训练——品析语言,体会情感。

预习要求:

①预习本课字词,扫清文字障碍,并自读课文3~5遍。

②思考课后习题,将你认为好的句子或有疑问的地方进行批注。

③理清文章思路。

课时安排：
1课时。
教学过程：
教学铺垫（5分钟）。
①由端午习俗导入新课。
今天我们来学习汪曾祺先生的一篇文章，一起来感受作者的家乡——江苏高邮农村丰富多彩的端午文化。
②作者简介。
汪曾祺（1920—1997年），江苏高邮人，作家，资深文化界名人。早年毕业于西南联大，师从沈从文，曾长期任职北京京剧院编剧。代表作有小说《受戒》《大淖记事》、散文集《蒲桥集》等。
③检查生字、词语的预习情况。
重点强调"囊萤映雪、苋菜、鸭蛋络子"等词语的音形义。
活动一：整体感知，理清文脉（10分钟）。
教师：这篇文章写了哪几方面的内容？请用小标题概括。
学生自由朗读课文，概括内容。
学生发言交流。
教师小结：文章写了端午的风俗、家乡的鸭蛋、端午的鸭蛋三方面内容，看似闲散自由，实则始终围绕一个中心，那就是文章的题目，题目在文章中起到提纲挈领的作用，题目限定了文章选材的范围和内容。
活动二：研读课文，读写训练（15分钟）。
活动方式：读写活动。教师出示话题，学生自由选择话题，写成一百字左右的发言提纲。
话题一：假如你是文中的小朋友，请介绍你家乡端午的习俗和你最感兴趣的一种习俗。
话题二：假如你是一个高邮人，请介绍高邮鸭蛋的特点。
话题三：假如你是当地的一位美食家，请你介绍高邮鸭蛋的几种吃法。
话题四：假如你是文中的小朋友，请介绍你的鸭蛋络子。

教师组织学生用"说"的方式进行课堂交流。

教师小结。

活动三：品析语言，体会情感（10分钟）。

教师：汪曾祺先生既是美食家，又是美文家。他曾经谈到自己在语言上的追求：平淡而有味，用适当的方言表现作品的地方特色，有淡淡的幽默。这三点在课文中你能看出来吗？请在课文二、三、四段中画出你喜欢的句子，轻声朗读，体会语言特色。

学生默读课文，勾画自己喜欢的语句，在书中批注。

学生交流发言，并有感情的朗读句子。

教师示例：

①平淡而有味。

"筷子头一扎下去，吱——红油就冒出来了。"

"扎"字写出速度快、位置准、动作的熟练。"吱——""冒"写出油之多。"红"写出颜色，红彤彤、油汪汪，让人垂涎欲滴。这个句子仅用十五个字，却有动作、有声音、有色彩、有质地、有光泽、有形象，更有情趣，将吃咸鸭蛋的动感、快感写得活灵活现，而且在结构上与上下文紧紧勾连，值得细细品味。

"端午一早，鸭蛋煮熟了，由孩子自己去挑一个，鸭蛋有什么可挑的呢？有！一要挑淡青壳的。鸭蛋壳有白的和淡青的两种。二要挑形状好看的。别说鸭蛋都是一样的，细看却不同。有的样子蠢，有的秀气。"

一个普普通通的鸭蛋，在作者笔下居然如此别具一格，这是一般人通常不会注意的，但仔细一想，却又大合情理。可不是吗？淡青色的蛋壳就比白色蛋壳更有"格调"，而鸭蛋的形状也确实有蠢笨与秀气之别。生活中的情趣是无处不在的。

②用适当的方言表现作品的地方特色。

例如，"一般是敲破空头""白嘴吃也可以"等句中的"空头""白嘴"等词语，都带有较为鲜明的地方特色。

③"有淡淡的幽默"。

"我在苏南、浙江，每逢有人问起我的籍贯，回答之后，对方就会肃然起敬：'哦！你们那里出咸鸭蛋！'"

"肃然起敬"与"咸鸭蛋"，一庄一谐，一文一俗，一大一小，在看似幽默的调侃中表达的是对故乡的满腔深情。

"我走的地方不少，所食鸭蛋多矣，但和我家乡的完全不能相比！曾经沧海难为水，他乡咸鸭蛋，我实在瞧不上。"

这一句话"文白夹杂"让人忍俊不禁，为文章增添了不少幽默和趣味。

教师：作者怀念的仅仅是家乡的鸭蛋吗？文章表达了怎样的情感？

生答：对家乡的热爱，对童年生活的怀想。

教师小结：正如作者所写："曾经沧海难为水，他乡咸鸭蛋，我实在瞧不上！"这种傲气是因为对家乡的热恋，"最美故乡山，最甜故乡水。"小小的鸭蛋里，作者不但尝出了生活的滋味，也融进了浓浓的乡情。读了这样一篇文章，不仅让我们了解了作者家乡端午节的习俗，知道了一种美食，积累了一种情感，而且还会让我们学会在平淡的生活中发现情趣、发现诗意，体验真实生活的酸甜苦辣。

心得体会

语文学习，能力训练
——学习余映潮有感
伊旗一中　焦　晔

我旗教育局有幸邀请到了全国知名语文教育家余映潮来我校讲学，同时给我们语文老师进行了一次别开生面的培训，我们亲身领略了大师余映潮的上课风采及精彩讲座，还聆听了我旗各中学几位老师的课。他们的教学模式和余老师的接近，都是板块式教学，每个人都融入自己的想法，努力向余氏教学法靠拢。余老师给我的感受是从未有过的，也是最深刻的。

余老师是全国著名的语文特级教师，是我国课堂教学实践家，是新课程改革的领军人物，曾是湖北省荆州市教研室教研员。余老师设计的每一节课都贴近一线教学。"学生活动充分,课堂积累丰富"是他的教学设计理念,"重文本,重朗读,重品析,重学法,重积累"是他的教学常规,"思路明晰,提问精粹,品读细腻,评点精美"是他的教学风格,"板块式,主问题,诗意手法,一课多案"是他教学的个性与特色。他的"教路"宽广,对各种文体的阅读课、写作课、单元复习课、中考复习课都进行过实实在在的挑战,他能够既讲课,又说课,又评课,还有为数不少的例谈式风格的学术报告。

聆听了余老师的两节示范课后,我感觉余老师的课很朴实,一点都不花哨。讲的、做的都很实在,是我们学习的楷模。

首先,他课堂上说书艺人般的朗读给我留下深刻的印象,余老师的课以朗读见长,但我在听他的课的时候,发现他的音质和音色并不很佳。在当今语文课亮嗓子"畸形"的标准下,一副好嗓子,极有可能遮掉一节课里大大小小的"斑点",而余老师的朗读不是表演,不是表现,而是真实的表达,体现了朗读的智慧。朗读只是一种实现目的的教学手段,而不是目的本身。很多老师开课前为了取悦评课人而在"花样"上绞尽脑汁,在他们的课堂上"说、学、逗、唱、舞、画、演"。回到余老师的课上,他只是以商量的口气和孩子说"可以上课了吗?""那就开始吧。"这是很具特色的开课方式和启发方式,如此之简单,反倒给我们一种朴实的震撼,可以有效地培养学生的语文素养,促进学生的身心发展。

其次,他表情亲切和蔼,一脸从容,他的课如行云流水一般,每一环节都在他与学生共同营造的轻松的学习氛围中进行,课程进行到三分之一时,孩子们慢慢地情绪高涨,课程进行到一半时,孩子们被余老师深深吸引,随后,课程在孩子们如痴如醉的朗读中戛然而止,余音绕梁,令人回味无穷。

余老师对学生的评价极为中肯,不夸张一分也不减少一毫。最令人感动的是他的备课态度,听有关人员说,他的课本上批注得密密麻麻,都是一课多案,每课都有3 000~10 000字的教案,一般人是难以企及的!

最让我敬佩的是他对5位授课老师的精细入微、精准到位、全面深刻地点评,从课例观察、教学优点、教学不足到创新教案,还有他朴实无华的阐述和独到的见解,每一点都流露着他的治学精神,让我的每根神经都在震撼,他是何等的敬业！何等的认真！何等的不寻常！我们应该向他学习！

总之，走近名师，感受名师，更使我明白了：教育是我们一生的事业，三尺讲台是我们的舞台，学习是我们生活的一部分。教师要想真正拥有自己的一片天地，就必须勤奋而又智慧性地吮吸知识的甘露，走出属于自己的路。

在此，特别感谢余老师精彩的示范课，更感谢给我们学习机会的领导、老师们，希望以后能有更多的机会来充实自己、完善自己、提升自己！

听君一席话，胜读一生书

伊旗一中　李喜栋

听余映潮老师的课和讲座惊诧不已，惊诧的东西太多，是有生以来之最。

是夜，静卧之际，思潮翻滚，竟潸然至于泣下。

我为自己哭。从没有过的悲凉，从没有过的彷徨、从没有过的失落……

从前的自己是何等气魄，何等自负、骄傲。那种"到中流击水，浪遏飞舟"之势，舍我其谁的傲慢，不听良言一语的冰凉，才华横溢的自我评价，在那一天，在见余老之际，被击得粉碎……

总觉得自己勤奋、刻苦，兢兢业业，成绩斐然，起早贪黑，以校为家，一腔热血洒给校园、洒给学生。自我满足着，甚至选准机会显示着、夸耀着，然而又自我悲戚着，总觉英雄无用武之地，大材小用了，别人不能尽知自己、不能理解自己，获得不了一生苦求的尊严和尊重，所以，无端地苦恼着，恨意渐生，斗志渐无，岁月渐失，幸福渐走，形体渐老。时不时有"此生休矣、此生足矣！"的矛盾呐喊。

余老年六十有八，与家父同庚而矍铄异常，精力充沛，奔走于四方仍精神抖擞。侃侃而谈无疲劳之意，谈笑风生、说古论今，儒雅之气盈盈，烨然若神人。仰之弥高，令人顿生景仰之情，此一奇也。不若本人空有孔武身形，实则糟糠皮囊，毫无远见，鼠目寸光，任意挥霍，以致今日。四十七岁之身反不及七旬老人，内有糖尿病累身十二载，外有腰突之疾伴躯二十春秋，两天培训，精气神尽失，悲从中来，始知身体为万综之一。今悔不当初，晚矣！是否能享余老般七十载人生又在扑朔迷离之中。即使岁至七十，然昏聩老迈、颤颤巍巍需人搀扶，喂水喂饭，煎汤熬药，苟延残喘，岂不生不如死？还谈什么工作、贡献呀！所以，奉劝后来者尤其年轻人：正反两方面例子就在眼前，怎么做，自己看着办吧。

余老勤苦，数十年如一日，著作等身，书读浩繁，累积资料汗牛充栋，其身经纶富有五车。看其苦行僧生活倒也令人哑然失声，惊起一身冷汗，咋舌不已。据说余老只年三十夜闲下来看一看电视，余时全在学习、研究、创作中，以此为乐。这种勤奋恐古今只他一人耳，再无其他。所以余老的故事，真是说明了"勤出成果"的道理。选择了正确方向，然后矢志不渝地、持之以恒地、不辞劳苦地"做下去"，不成功者未尝闻也。私下里也思忖：余老先生的这种生活不单调、不枯燥吗？有兴趣吗？有意思吗？他岂不是不食人间烟火之神吗？培训会上工作人员只举他一例，倒叫人汗不敢出了，她说余老2013年讲公开课二百多节，足迹遍布全国，发表论文九十九篇等，下面的话我已听不见了，只此两个数字，竟让我这个从教二十多载的"老教师"、自认为卓有成效的语文高级教师无地自容、两耳轰鸣了。余老心无旁骛，只为语文教学之因，我只能套用明代大儒宋濂《送东阳马生序》之句来解释了，那就是"以中有足乐者，不知口体之奉不若人也"，此二奇也。与余老相比，我就是凡夫俗子、肉眼凡胎，实无可比性。似他这等大智慧、大修养、大胸怀、大格局之人有今日如此成绩，恐原因并非单一。但我们肯定被一些因素制约住了，是金钱吗？是房车吗？是孩子吗？是人情世故吗？还是月下的相思白日的美梦呢？是连续剧的勾引，还是酒席桌上的诱惑呢？是天天絮絮不止的容颜不在的哀怨，还是他人升官发财的切齿嫉妒呢？我个人以为成功缘于一个想法、一种态度和一份坚持。余老之高不可攀，但不是所有的高度都不能问顶。余老第二也不错，第三第四也无不可。关键还是那句话，"源于一个想法、一种态度和一份坚持"。

余老的示范课上出了语文课的真品质，真具语文味。个人极强的素养、知识储备厚积而薄发。轻松一堂课，让人无枯燥冗长之感；板块式教学，快节奏、大容量，学生所得甚多，既有基础的夯实又有创造力的培养，用时四十分钟竟有如此效果，实在令人陷入沉思。评课和讲座切中要害，引经据典、旁征博引、左右逢源、信手拈来、句句在理，浩瀚知识、锦绣文章都在腹中，高屋建瓴、高瞻远瞩，中华教育状况与走向尽收眼底。所有的课文烂熟于心，所有课文都会变化出若干种讲法，任你提出任何问题都会讲解明白、头头是道。语文教学的基础在于教材分析，他说每篇课文至少读八遍，闻听此言我的脑袋像被斧头砸了一下，当时就惊呆了。八遍？从来没有过，那得用多长时间呀！我哭的心都有了。余老的授课、评课和讲座真神奇，此三奇也！若吾辈在余老的指导下有点余老的样子，恐亦是此生大幸！

　　本人愚钝，称余老有此三奇。其实何止三奇，随着接触的增多、了解的深入，更多神奇之处会被发现。

　　我羡慕余老，主要佩服他的精神。那精神已然在一个四十七岁的学生的心田生根发芽了。

　　此时的我应擦干眼泪，收起悲凉，听从内心的声音召唤而前行，"路漫漫其修远兮，吾将上下而求索"！

　　大道之东，足音跫跫，有音徐来，老师身影翩然而至。听，他在告诫我们：耐力是一种智慧；追求"优秀"是为了生命的尊严；如果没有时间，便什么也没有了；趁着年轻多做事。

　　余老师，我记住了。

活动总结

全国中语会专家工作室余映潮老师来我旗讲学
——伊金霍洛旗初中语文名师工作室2014年第一次培训活动总结

　　为了卓有成效地实施新课程改革，伊金霍洛旗教育局、教研室高度重视课改的进程和实施的具体环节，坚持"引进来"与"走出去"相结合的方式，于2014年5月15日、16日再次聘请全国中语会教育专家余映潮老师来我旗进行教学指导工作。这是全旗所有语文教师的幸运。

　　余映潮老师是中国著名语文教育专家。他一生致力于中学语文教学研究，为中学语文教学做出了杰出的贡献。他的课堂教学现场授课技艺精湛，不仅有理论的高度，而且教学风格极具个性，已逐渐自成体系，在湖北省被称为"余氏风格"，曾被张定远先生誉为"中青年语文教师课堂学艺术研究的领军人物"，已发表各类教学文章1 300篇，出版了《中学语文教例品评100篇》《余映潮阅读教学艺术50讲》《听余映潮老师讲课》《余映潮讲语文》等7本专著。参加本次活动的有余映潮老师、教育局张卫祥副局长、教研室呼美莲主任、郭双喜副主任、各位中学教研员，以及我旗初、高中的所有语文教师。

  针对这次教学指导活动，教研室呼美莲主任作了重要讲话。她说："育人是教师的天职，作为教师的我们要仔细、认真的研读教材，这样才能提高课堂教学的实效性……"

  余映潮老师为我们上了两节生动有趣的语文课，即《狼》和《泥人张》，他的课让语文回归了本真，让我们在观摩中成长。"学生活动充分，课堂积累丰富"是他的教学设计理念，"重文本，重朗读，重品析，重学法，重积累"是他的教学常规，"思路明晰，提问精粹，品读细腻，评点精美"是他的教学风格，"板块式，主问题，诗意手法，一课多案"是他教学的个性与特色。尤其是他对教材的研读，力求别出心裁，且善于发现教材内容的趣味点，从不同的角度、不同的知识层面对课文进行多方位、多结论的反复理解品析更值得我们借鉴。那些看似枯燥乏味、难读难教的课文，他却能上得诗意盎然、妙趣横生。余老师对教材创造性、艺术性地研读，凝聚着他独特而深厚的学识修养，也渗透着他颇具个性魅力的教学艺术。紧接着是他对5位授课老师精细入微、精准到位、全面深刻地点评，其分析角度之多、内容之详，每一点都流露着他的治学精神和独到的见解。

  余老师还做了专题讲座，即"中学语文'教材研读'的高层技巧与教材处理的基本技法"。他用富有哲理的寓言、发人深省的故事、鲜活生动的案例，深入浅出地为我们诠释了如何进行教材的处理。余老师的讲座既有理论高度，又有很强的现实针对性和指导性。

  在丰富的精神食粮的充实下，时间总是过得很快。历时两天的听课、评课、讲座培训活动已结束。此次活动为教师的成长搭建了平台，在余映潮老师的引领下，伊旗教师群策群力、认真研究、在实践中反思，以此来提高课堂教学的实效性，让教育回归一片蓝天！

【第二期2015年第四次研修活动】

活动安排

伊金霍洛旗初中语文名师工作室
第四次培训活动安排全国中语会专家工作室
余映潮老师讲学活动

活动主题：
①中学语文阅读教学"课中活动"的设计。
②"板块式"思路、主问题设计。

培训形式： 两天集中培训。

主持人： 白丽萍。

具体日程安排：

9月15日上午：

第一节	8：10—8：50	钱俊玲	《羚羊木雕》（七上）
第二节	9：00—9：40	张玉翠	《秋天的怀念》（七上）
第三节	10：00—12：00	余映潮老师即席评课	

9月15日下午：

第五节	2：50—3：30	井红梅	《故宫博物院》（八上）
第六节	3：35—4：15	白丽萍	《陋室铭》（八上）
第七节	4：25—5：30	余映潮老师即席评课	

9月16日上午：

第一节	8：10—8：50	杨小树	《我的叔叔于勒》（九上）
第二节	9：00—9：40	柴永霞	《雨说》（九上）
第三节	10：30—11：10	余映潮老师《春》（七上）	
第四节	11：20—12：00	余映潮老师《说"屏"》（八上）	

9月16日下午：

第五节　2：30—5：30　　　　余映潮老师评点上午的两节课

　　　　　　　　　　　　　　　余映潮老师专题讲座"中学语文阅读教学'课中活动'的设计"

【优秀案例】

《秋天的怀念》教学设计

鄂尔多斯市第一中学伊金霍洛旗分校　张玉翠

【课文品读】

多层比读　细品真情

　　史铁生的《秋天的怀念》是一篇饱含深情地怀念母亲的散文，作者通过回忆自己瘫痪时，怀着博大无私之爱的母亲是怎样地痛心与忍辱负重地照顾自己，来表达对母亲的深深愧疚和怀念之情。史铁生笔下对亲情的回忆与感悟，让人感觉亲切而意味深长。

　　整篇课文蕴含着浓浓的母爱和浓浓的愧疚怀念之情。其中暗含着多层对比。

一、母亲和"我"的对比

　　态度不同。"我"双腿瘫痪，母亲病入膏肓，同处苦境，态度截然不同——"我"抱怨、烦躁、绝望，母亲坦然面对、坚强面对。"我"："我可活什么劲！"母亲："咱娘儿俩在一块儿，好好儿活，好好儿活……"面对苦难，"我"自暴自弃，灰心丧气，任性无理，母亲委曲求全、内心无比坚强。

　　行为不同。我暴怒无常，随手毁坏家里的东西，母亲每次都"悄悄地躲出去"，当一切都恢复沉寂，又"悄悄地进来"。"砸""摔"这两个动词写出我在尽情地发泄心中的苦痛，而母亲无声地离开，突出了她的谨慎小心、怕儿子伤心，表现了母亲的慈爱和细心。我每一次的暴怒之火，都熄灭在母爱的大海里，一动一静，母亲的伟大就显得无比真实。同意母亲去看菊花后母亲的喜出望外，"我"的不耐烦，也显现了母爱的热烈急切、我的敷衍。

关注点不同。"我"关注的是自己的病情，以为自己是世界上最不幸的人，却没有发现母亲的身体已经出现状况。母亲虽然自己重病，却不曾被儿子看出，"我"一直不知道，她的病已经到了那步田地。看着三轮车远去，"我"也绝没有想到那竟是诀别。母亲关注的一直是孩子，母亲什么都替儿子想到了，对于"跑"和"踩"一类的字眼儿都注意到了，可以说无尽的母爱体现在生活的点点滴滴上。即使在临终前也还在挂念着儿女，这就更体现了母爱的伟大、"我"的悔恨。

二、母亲的前后对比

母亲最后一次劝我出去走走和以前的情形是不同的。以前，母亲带着期待劝"我"，希望我能恢复理智，坚强地面对生活，而这一次，母亲竟不怕我生气，"挡"在窗前，而且"憔悴的脸上现出央求般的神色"，似乎非让儿子答应不可。她可能感到自己病得很厉害，怕支撑不到儿子醒悟的那一天了，所以才这样做，她是在用最后的生命来帮助儿子，了却自己的心愿。

母亲喜欢花，可自从我的腿瘫痪后，她侍弄的那些花都死了，说明母亲把所有的希望和精力都放在儿子身上，无暇去照顾那些花。说明儿子瘫痪以后，母亲的担子加重了，她往日生活中的乐趣都被操心儿子的生活所取代，加之自己重病在身，更无暇无力侍弄花了。

三、"我"的前后对比

第一段写母亲生前劝"我"去北海看花，"我"说，"不，我不去！"，而且喊着："我可活什么劲！"最后一段"我"说："我懂得母亲没有说完的话。妹妹也懂，我俩在一块儿，要好好儿活……"从不想活到"好好儿活"的对比说明，"我"已经走出低谷，能够乐观地生活。

以前母亲要推"我"去看花，却没有成行，最后一段写"妹妹推我去北海看了菊花"。这个比较让我们想到亲情得到了延续，母亲的心愿实现了，孩子们都懂事了。兄妹俩相依为命，用比花更美的生活来回报母亲。

以前的"我"暴怒无常，明媚的春天在"我"眼中却那么刺眼，美妙的歌声在"我"耳中却那么刺耳，后来"我"明白了要坚强面对生活，接受自然和人生的美好。所以"我"去北海看了菊花。发现黄色的花淡雅、白色的花高洁、紫红色的花热烈而深沉，泼泼洒洒，秋风中正开得烂漫。"我"眼中的菊花五彩缤纷、争奇斗艳、朝气蓬勃，表明"我"已经感受到生活的美好，象征着"我"对生命的渴望和眷顾。也用实际行动告慰母亲：她惦记的儿女都在好好儿活，坚强地生活着。

正是这些不起眼的对比，这些不起眼的细节，表现了母爱的无私、深沉与宽容，字里行间蕴含着作者对自己生活经历、情感变化的回顾与反思。作者在懊悔、歉疚中表达了对母爱迟到的领悟，也表明自己在母爱的感召下变得更加成熟和坚强。

【教学设计】

教学创意：

练朗读课文的能力，练认识课文的能力，练选点品读的能力。

教学目标：

①能够正确、流利、有感情地朗读课文。

②反复朗读，抓住人物的动作、神态、语言等描写体会人物形象。

③领悟文章蕴涵的深沉无私的母爱，联系生活实际，激发自己的感恩情怀。

教学重点：

①抓住人物的动作、神态、语言等描写体会人物形象。

②领悟文章蕴涵的深沉无私的母爱。

教学难点：

从不同角度概括课文内容。

教学方法：

朗读讨论法、情感熏陶法。

教学思路：

大致上分为三个教学板块：朗读活动、认识课文、品读赏析。

预习要求：

①了解史铁生及其作品。

②朗读课文，解决生字词。

课时安排：

在有预习的情况下，计划1课时完成。

教学过程：

教学铺垫（3分钟）。

介绍史铁生的经历、作品。

史铁生，1951年生于北京，21岁时突然的重病使他双腿瘫痪，也就是在那一年，他的母亲也去世了，这么多年来，儿子一直用文字表达对母亲的感受。请同学们一起默读下面这段话。看你读到了什么。

我坐在小公园安静的树林里，想：上帝为什么早早地召母亲回去呢？迷迷糊糊地，我听见回答："她心里太苦了。上帝看她受不住了，就召她回去。"我的心得到一点安慰，睁开眼睛，看见风在树林里吹过。

——《合欢树》

学生自由发言，顺势导入。

活动一：朗读活动（13分钟左右）。

①请同学们自由朗读课文，将不理解的字词和感受深的句子做上不同的标记。教师指导读准字音，提示学生注意下面字的注音、解释。

②再读课文，分段自由朗读，要求读得正确、流利、有感情，并思考这部分写的是什么。读完后用"这部分写的是……"的句式说给你的同桌。

朗读指导：

区别叙述语气和对话语气：叙述语气凝重，对话语气激烈。

1、3、4、5段中部分句子要读出抒情语气以及作者的懊悔心理。

最后一段要读得有抒情味，言有尽而意无穷。

明确：

第一部分（1）：交代了"我"的情况。

第二部分（2~5）："我"未能完成母亲的遗愿，心怀愧疚。

第三部分（6）：照应开头部分，深化主题。

③三读课文，由教师当"主持人"，用"台词串联"的方式引领学生读课文。

雁阵北归，春光明媚，"我"却感受不到它的美好。只因"我"的心里再无春天，曾经"我"憧憬用自己的双腿走出属于自己的路，现在却都已经化成了泡影。请大家体会"我"仇恨生命、仇恨生活的烦躁、痛苦、绝望，朗读第一段。

是啊，春去秋来，"我"的心情却依然如旧，只是似乎平静了许多。请同学们带着这样的体会，朗读第二段。

"我"还在等着她会悄悄地进来，柔声说："北海的菊花开了，我推着你去走走。"然而却没有，再没有了。请同学们体会我的悲伤、自责、愧疚，朗读3~5段。

母亲没说完，带着遗憾走了。带着没能推我去看菊花的遗憾、带着没能看我坚强起来的遗憾、带着对她的儿女的留恋牵挂，匆匆离去，和秋天的花草一样衰萎了，只留下我静静地思索。终于我明白了母亲的苦心，懂得了生命的可贵。几年之后，"我"在妹妹的陪同下，圆了母亲的遗愿。请同学们带着无限深情朗读最后一段。

活动二：认识课文（8分钟左右）。

下面请大家自主地阅读课文，概括地说出这是一篇什么样的课文。要求每位同学力求表达自己独到的看法，力争与别的同学说法不同。

点拨：可从故事内容、人物、文章结构、线索、文章技法、文章给人的启迪等角度来认识课文。

同学们阅读，思考。

发言，师生交流。

这是一篇——

这是一篇以自身经历为素材，投以复杂的情感，以实际行动告慰母亲的抒情散文。

这是一篇讲述一位重病缠身的母亲，体贴入微地照顾双腿瘫痪的儿子，鼓励儿子好好活下去的文章。

——真实性

这是一篇语言朴实、用追忆的形式，展现母爱的深厚的文章。

这是一篇蕴含作者对自己生活经历、情感变化的回顾与反思的文章。

——回忆性

这是一篇结构上采用记叙与抒情交融的写法，抒发情感、深化主题的文章。

这是一篇以"看花"为线索展开叙事和议论的文章。

——清晰性

这是一篇读完后让我们反思自己人生、珍惜美好生活的文章。

这是一篇表达人生感悟、获得生命启迪的文章。

——哲理性

这是一篇以对话为全文主体，多用叠词、口语化表达，朴实真切、真挚感人的好文章。

这是一篇通过动作、语言、神态等描写方法，使人物变得鲜活生动的感人篇章。

——生动性

这是史铁生先生怀着感激而又愧疚、怀念而又自责的心情赞颂母爱的文章。

这是在对比中展现真情、细节中感受母爱、反复中表达愧疚之情，饱含浓浓情意的文章。

——抒情性

活动三：品读赏析（13分钟左右）。

①感悟母爱。

课文中最感人的是与"母亲"有关的"细节"描写，请圈点勾画出来并赏析。

学生活动。

同学们交流及老师小结：

"悄悄地1""躲"——为了让"我"尽情发泄心中的苦痛，期待"我"能恢复平静和理智。对儿子的理解、体贴。

"悄悄地2"——默默承受、忍耐着我的粗暴无理。对儿子的宽容、忍耐。

"偷偷地"——母亲不放心我,关注着我,对儿子的牵挂、关切。

"眼边红红的"——母亲哭过,儿子的痛苦在母亲那里都是翻倍的,母亲只能偷着哭,其实母亲的心情更沉重。

"扑过来"——坚强、坚韧。母亲扑下去的一定是儿子想要去死的念头。

"抓住我的手"——执着。母亲抓住的是我想要死的念头,她想抓住我,怕我轻生。也是让我必须具有好好儿活下去的信念。挡住了儿子对生活的绝望。

"忍住哭"——忍住儿子的抱怨,还要忍住自己重病的痛苦,更要忍住儿子的病痛给自己的打击。这份爱多么深沉。

"好好儿活"——强忍着痛苦,劝儿子要坚强,这句话既是说给儿子听的,也是鼓励自己的。母亲说"好好活",带着几分无奈,几分顽强,她知道自己的生命也许不长了,却仍在不屈地与病魔抗争,不希望看到病痛中的儿子失去与病魔抗争的自信,失去继续生活下去的勇气。

"挡在窗前"——怕儿子触景生情,挡住的是儿子郁闷烦躁的思绪。挡住了儿子对生活的绝望,给了儿子一份生的希望。母爱是呵护。

"一会坐下,一会站起"——为儿子愿意看花而产生的难以抑制的喜悦之情。

"她憔悴的脸上现出央求般的神色"——母亲的执着。母亲既盼望儿子早日摆脱阴影,又怕自己支撑不到那一天的复杂心理。

"要是愿意,就明天?"——母亲用商量的语气、征求的语气。说明母爱是商量、平等。

"她也笑了"——面对儿子的嗔怪,母亲更多的是宽容。

"对于'跑'和'踩'一类的字眼儿,她比我还敏感"——细心、体贴。

"悄悄地3"——母亲像做错事的孩子一样小心翼翼,生怕刺激了"我",尽力压抑自己的难过而变得小心翼翼。

她昏迷前的最后一句话是:"我那个有病的儿子和那个还未成年的女儿……"——虽然自己奄奄一息,却仍然挂念着孩子,牵挂着孩子。

②欣赏菊花。

学生活动。

师生交流及教师总结：

这是大自然赋予的最美丽的秋的景色，飘逸的清雅、华润多姿的外观，幽幽袭人的清香，一片花海，美不胜收。

这是母亲坚忍意志、坚强品质的象征。

这是母亲对儿子博大无私、毫不张扬的爱的化身。

这是母亲生前一直想去完成却未完成的终成遗憾的大事。

这是"我"对母亲的深深思念，沉痛缅怀。

这更是"我"对美好生活的向往，对生命的渴望和眷顾。

这是"我"经历了人生的"秋天"之后，从痛苦转向坚强的心灵写照。

这是"我"心中最期待、最美好、最珍惜、最怀念、最留恋的一幅画面。

这是"我"开启新生活，要"好好儿活"的重要标志。

拓展阅读（3分钟左右）。

片段1：摇着轮椅在园中慢慢走，又是雾罩的清晨，又是骄阳高悬的白昼，我只想着一件事：母亲已经不在了。在老柏树旁停下，在草地上在颓墙边停下，又是处处虫鸣的午后，又是鸟儿归巢的傍晚，我心里只默念着一句话：可是母亲已经不在了。把椅背放倒，躺下，似睡非睡挨到日没，坐起来，心神恍惚，呆呆地直坐到古祭坛上落满黑暗然后再渐渐浮起月光，心里才有点明白，母亲不能再来这园中找我了。

——《我与地坛》

片段2：我有一个凄苦的梦……在梦里，我绝望地哭喊，心里怨她："我理解你的失望，我理解你的离开，但你总要捎个信儿来呀，你不知道，我们会牵挂你，不知道我们是多么想念你吗？"但就连这样的话也无从说给她，只知道她在很远的地方，并不知道她在哪儿。这个梦一再走进我的黑夜，驱之不去。

——《有关庙的回忆》

教师小结：如果你对"母爱"有一点点自己的体会，如果你体悟到了

"好好活"的特别的味道，读出了属于你的思考，那我们这节课就是有意义的。人生的道路多么漫长，我们要好好活，有了这样的思考，更需要用脚步丈量人生，无论怎样，我们为什么要好好活，我们应该怎样好好活，我们好好活出个什么样，这是我们要用一生思考和体验的问题。

心得体会

拨开云雾见青天
——初中语文课堂阅读教学"语言学用"训练研究

初中语文教研员　宋沙兰

九月是金色的季节，是温馨的季节，更是收获的季节，迎着九月的暖风我们又一次迎来了全国中语会专家余映潮老师的讲学活动，暨：伊金霍洛旗初中语文名师工作室第四次培训。

本次讲课的六位老师全部是工作室的成员。人们常说"学无止境，教无定法"，但并不是无章可循。此次教学活动，余老师为我们提供了清晰可见的方法，这就是"板块式"的教学思路和主问题的设计理念，也是我们本次活动的主题。钱俊玲老师的《羚羊木雕》，"板块式"的教学思路清晰。活动一：朗读课文，概括文意；活动二：精段选读，品析美点；活动三：语言学用，片段训练。主问题的设计也是清晰可见，"一句话概说课文内容"牵一发而动全身，这样就避免了教师的碎问碎答，整节课教学步骤细腻，可以看出是对教材进行了多次的研读之后做出的规范处理。张玉翠老师的《秋天的怀念》，特别注重朗读训练技能的指导，也就是还语文以"本真"，整节课让我们都融入了对母亲深深的怀念，"板块式"的教学思路更是注重能力的训练、知识的增加和语言的积累，这就是高质量课堂的标准。井红梅老师的《故宫博物院》语言学用给了我们很大启迪，这足以说明老师在课文的梳理上很下功夫，从而让我们明白不是"就教材教教材"，而是要学会"利用教材"。白丽萍老师的《陋室铭》，特别关注知识教育，《语文课程标准》强调"语文是一门学习语言文字运用的综合性、实践性"的课程，由此，我们要提高语言学用，这也是对《语文课程标准》更深入解读的结果。杨小树老师的《我的叔叔于勒》，运用了"选点深读"的教学策略来处理教材组织学生活动，课堂容量大，有深度。柴永霞老师的《雨说》能够进行"选点品读"，这也是阅读教学"课中活动"设计中最重要的理念。经过老师们认真研读教材和揣摩编者核心意图，才确定课程"教什么""怎样教"，是老师们智慧的结晶！

当然我们的名师也绝非"圣贤"，在我们的课堂中也存在着弱点，如：余老师多次强调的学生动笔问题，有的细节性内容表述不准确等，还需要我们教师继续对教材进行精、美、透的解读，以形成对文本独到的见解，从而提炼出字词教学、文章阅读、句段品析等方面的教学材料。

余老师还为我们上了两节示范课：《春》和《说"屏"》。在《说"屏"》这一课的教学中，余老师特别注重学生提取信息能力和写作能力的训练，单单一个给"屏"下定义，看似简单，实则是能力训练的集合点，学生需要在通读文章的基础上进一步内化语言，有效地进行语言文字的积累才能完成。"假如没有这一段……"的设计更是妙笔生花，让学生自然而然的得出"屏"的作用、分类等，这样巧妙地避免了碎问碎答的形式，很好的体现了"学生活动充分，语言积累丰富"这一理念，这更是一种思维能力的训练，与我们平时的教学思维形成了鲜明的对比，大多数的老师会直接问学生："大家找找'屏'的作用有哪些，分类有几种，各是什么？"这样满堂课就是一问一答的形式，谈何提高学生的综合能力。我想，余老师之所以这样，一切源于他对教材的深厚研读。从余老师的两节课中，我们真正地领悟了什么样的课才是"能力训练"课，他站在全新的角度让语文课堂变得更扎实有效，使学生扎扎实实地展开语文文字的学习和积累，每节课都特别注重语言的积累和方法的指引，时刻提醒学生做笔记，主问题设计更是"牵一发而动全身"，让每一位学生都在积极地思考着……这正如"授人以鱼不如授人以渔"。余老师一再强调："语文课堂少些华丽的包装和热闹的形式，要从对文本的研读中提高听说读写的能力，这才是真正的语文课堂需要的！"全面而恰当地道出了语文课堂的真谛！

人不能扯着自己的头发飞上天空。自己要成长，就必须向"他人"学习，特别是要研究名师,向名师学习。余老师几十年立足课堂教学,有广博的学识素养,有丰富的教学经验,那么,我们究竟学习余老师的什么呢?我认为至少有以下几点。

一、学习余老师的精神

余老师虽已年近七十,但是在工作上认真钻研,在生活上有条不紊,是我们学习的楷模。尤其是执着追求、扎实积累的精神,是他成功的基石。余老师一贯注重资料的积累,他建立资料信息宝库,反复强调积累资料对教学研究的重要作用。他现在手中所拥有的,是数以万计的资料目录索引和资料卡片,这是覆盖面极大的、内容丰美的"教研情报",也是一笔宝贵的教研财富。他集中精力,奋力拼搏,凭着自己坚持不懈的追求,凭着自己坚忍不拔的毅力和意志,在"语文"这片热土上不但成就了自己,也成就了数以万计的老师、学生!

二、注重对教材的研读

他把自己的闲余时间都用在"读书看报""研究教材""汲取营养"上,硬是把中学课本的每一篇文章都精心备了一遍,并在历次讲课中不断修改,每节课都有大量的课内或者课外"阅读资料"辅助教学,进而突破教学重难点。余老师的课总让人觉得"切入点巧""训练点妙""辅助材料恰切",这些都来源于余老师对语文专业知识的"精"与"通",来源于始终如一日的端正认真的备课态度和对教材百读不厌的钻研精神。

三、注重能力的训练

新课标中提到注重语言的积累与运用,学习语文就是为了能够很好的运用。余老师的课堂上处处体现了对学生能力的训练。回味余老师的课,每节课都有独特的一个或多个"知识能力"训练点,值得我们每一位教师认真研读、学习。

四、学习一种思路、一种理念

教学思路清晰是所有语文老师教学设计水平的第一反映,如果没有教学思路的设计,课堂教学就是一片混沌;提问的设计是所有语文教师课堂教学水平的第一反映,如果缺少对课堂提问的研究,教学内容常常在肤浅的层面徘徊。

因此，我们要学习余老师的"板块式"思路和"主问题"设计的理念。当然，"板块式"的教学思路绝不是简单地把课堂教学内容分为第一步、第二步、第三步等，它要求教师精心地研读教材，优化、整合课文内容。关键是看步与步、层与层之间的关系是否合理，是不是符合语文课堂教学的规律。"板块式"思路与"主问题"设计相辅相成，相得益彰。"主问题"在教学中的运用，为学生长时间的朗读活动、思考活动、交流活动、写作活动奠定了基础，用几个"主问题"组织起几次教学活动，一般来说就是几个教学板块，这是一种自然而美好的课堂教学形态。因此，我们要把这种既实用又有效的方法运用到我们的课堂教学中，以提高我们的课堂教学效率。

此次培训，我们的教师解开了久压在心头的困惑，找到了一种提高课堂教学效率的有效方法。可谓：拨开云雾见青天！借用莫顿·亨特的《走一步，再走一步》里的话与大家共勉：时刻提醒着自己，不要想着远在下面的岩石，而要着眼于那最初的一小步，走了这一小步再走下一步，直到抵达我所要去的地方。

伊金霍洛旗初中语文名师工作室
第四次培训活动培训心得

白丽萍

2015年9月15日，伊金霍洛旗初中语文名师工作室第四次培训活动在伊旗四中举行，本次活动一共有六位老师授课，还有全国中语会专家余映潮讲课及开展讲座。短短两天的培训活动，让我成长了不少，对语文教学有了新的认识，并领会了新的教学理念。"板块式"教学思路、"主问题"的设计以及阅读教学中"课中活动"的设计，为我们布语文之道开辟了新的教研之路。

本次活动中，我授课的内容是《陋室铭》，本课的教学目标是朗读、背诵全文；积累文言词语和了解倒装句；学习托物言志的写作技巧；体会作者高洁傲岸、安贫乐道的高尚品质。在教学过程中，按照余映潮老师的"板块式"思路，我一共设计了三个活动，一是朗读课文，以读准读通为目的；二是理读课文，能读出层次，理解大意，并积累重点字词及倒装句式；三是品读课文，品自然美、品人格美、品语言美，并对学生进行话题训练，整节课层层递进，循序渐进。通过这节课，让我深深地体会到"板块式"教学思路的实用，不仅老师清晰了课堂脉络，学生也由浅入深的得到了训练。但自己对"板块式"思路的认识还比较浅显，今后还要继续钻研。

余映潮老师对阅读教学中的"课中活动"的设计也让我收获颇丰。语文课程是一门学习语言文字运用的综合性实践性课程。语文教学注重语言的积累、感悟和运用，注重基本技能训练，要让学生扎实打好语文基础，要让学生日积月累，多读多写，在大量的记文实践中体会、把握运用语言文字的规律。不应以模式化的解读来代替学生的体验和思考，要防止用集体讨论来代替个人阅读。充分有效利用课文，充分设计有效学生活动。展现语言教学，展现技能训练，就要讲求教师专业素养，讲求教师教学技能。要做好集体训练、语言学用、精读训练、知识渗透、动笔读写、当堂落实。

追求课堂教学的本质变化。变"教学课文"为"利用课文"，变"轻慢语言"为"着力学用"，变"泛谈感受"为"精读训练"，变"碎问碎答"为"实践活动"，变"思路不清"为"板块式思路"，变"读过问过"为"积累丰富"，变"只读不写"为"读写结合"，变"平俗手法"为"高雅教学"。

强化"教学资源"意识。用于对学生进行语言教学、技能训练、方法养成、知识积累、情感熏陶的语文材料就是教学资源。

以下为《春》的读写训练资源。

常用雅词：朗润、迷藏、气息、润湿、酝酿、清脆、宛转、应和、嘹亮、寻常、烘托、静默、繁花嫩叶、呼朋引伴、流水轻风、花枝招展。

叠词：欣欣然、偷偷、嫩嫩、绿绿、轻悄悄、软绵绵、嗡嗡、星星、微微、密密、点点、稀稀疏疏、渐渐、家家户户、老老小小、个个、舒活舒活、抖擞抖擞。

精妙的用词：欣欣然张开了眼；太阳的脸红起来了；小草偷偷地从土里钻出来；花下成千成百的蜜蜂嗡嗡地闹着；散在花丛里，像眼睛，像星星，还眨呀眨的；都在微微润湿的空气里酝酿；呼朋引伴地卖弄清脆的喉咙，唱出宛转的曲子，跟轻风流水应和着；密密地斜织着，人家屋顶上全笼着一层薄烟；小草也青得逼你的眼。

句式学用——含情反复：山朗润起来了，水涨起来了，太阳的脸红起来了。嫩嫩的，绿绿的。园子里，田野里，瞧去一大片一大片满是的。踢几脚球，赛几趟跑，捉几回迷藏。风轻悄悄的，草绵软软的。红的像火，粉的像霞，白的像雪。像牛毛，像花针，像细丝。有名字的，没名字的，散在花丛里，像眼睛，像星星。舒活舒活筋骨，抖擞抖擞精神。有的是工夫，有的是希望。

段中美词："吹面不寒杨柳风"，不错的，像母亲的手抚摸着你。风里带来些新翻的泥土的气息，混着青草味儿，还有各种花的香，都在微微润湿的空气里酝酿。鸟儿将巢安在繁花嫩叶当中，高兴起来了，呼朋引伴地卖弄清脆的喉咙，唱出宛转的曲子，跟轻风流水应和着。牛背上牧童的短笛，这时候也成天嘹亮地响着。

以人衬景：小草偷偷地从土里钻出来，嫩嫩的，绿绿的。园子里，田野里，瞧去，一大片一大片满是的。坐着，躺着，打两个滚，踢几脚球，赛几趟跑，捉几回迷藏。风轻悄悄的，草绵软软的。

化静为动：桃树、杏树、梨树，你不让我，我不让你，都开满了花赶趟儿。红的像火，粉的像霞，白的像雪。花里带着甜味儿；闭了眼，树上仿佛已经满是桃儿、杏儿、梨儿。花下成千成百的蜜蜂嗡嗡地闹着，大小的蝴蝶飞来飞去。野花遍地是：杂样儿，有名字的，没名字的，散在花丛里，像眼睛，像星星，还眨呀眨的。（这段同时是分区描写、以虚衬实。）

五觉写景："吹面不寒杨柳风"，不错的，像母亲的手抚摸着你。风里带来些新翻的泥土的气息，混着青草味儿，还有各种花的香，都在微微润湿的空气里酝酿。鸟儿将巢安在繁花嫩叶当中，高兴起来了，呼朋引伴地卖弄清脆的喉咙，唱出宛转的曲子，跟轻风流水应和着。牛背上牧童的短笛，这时候也成天嘹亮地响着。

概写细写：雨是最寻常的，一下就是三两天。可别恼。看，像牛毛，像花针，像细丝，密密地斜织着，人家屋顶上全笼着一层薄烟，树叶儿却绿得发亮，小草也青得逼你的眼。傍晚时候，上灯了，一点点黄晕的光，烘托出一片安静而和平的夜。在乡下，小路上，石桥边，有撑起伞慢慢走着的人；地里还有工作的农民，披着蓑戴着笠。他们的房屋，稀稀疏疏的在雨里静默着。

由叙而议：天上风筝渐渐多了，地上孩子也多了。城里乡下，家家户户，老老小小，也赶趟儿似的，一个个都出来了。舒活舒活筋骨，抖擞抖擞精神，各做各的一份儿事去，"一年之计在于春"；刚起头儿，有的是工夫，有的是希望。

以实写虚：春天像刚落地的娃娃，从头到脚都是新的，它生长着。春天像小姑娘，花枝招展的，笑着，走着。春天像健壮的青年，有铁一般的胳膊和腰脚，领着我们上前去。

美妙的章法：第一自然段：春回大地——写"时"。第二至六段：春色明丽——写"景"。第七自然段：春早人勤——写"人"。第八至十段：春意催人——写"意"。

教学设想：

背景材料——字词认读；语感训练——"春草"段；赏析训练——"春花"段描写10美；背读训练——"春风"段背诵；听写训练——精美手法讲析。

由此可见，在精于提取课文资源的教师的眼中和手中，语文训练的可用材料取之不尽，用之不竭。

让学生每节课都大有收获，活动要丰富。

①概说课文，形式丰富。概说课文，用以训练学生的概括能力，并对文意（或者其他，如人物）进行多角度的了解，如"一句话"课文阅读活动。

如概说"中年闰土"，方法：每位同学（写）说五句话。如：一个身材增加了一倍的人；一个紫色的圆脸已经变作灰黄的人；一个脸上加上了很深的皱纹的人；一个眼睛周围都肿得通红的人；一个头顶破毡帽、身上只有一件极薄的棉衣、浑身瑟缩着的人；一个手里提着一个纸包和一支长烟管的人，手又粗又笨而且开裂，像是松树皮一样的人；一个脸上现出欢喜和凄凉神情的人；一个脸上虽然刻着皱纹、却全然不动、仿佛石像一般的人；一个拿起烟管来默默吸烟的人。他是一个像一尊"木偶"的人，是一个外形穷苦、心情愁苦、语言悲苦、精神困苦、生活劳苦的人，是一个饥寒交迫、在磨难中挣扎、在痛苦中煎熬的中年农民……

②字词教学，方法多样。字词教学需要从"创意新颖，讲究落实"的角度去进行创新，从而达到有趣、有用、有方法变化的教学境界。

以《夸父逐日》为例，整节课设计了三个活动，学习活动一：精细地认读；学习活动二：精妙地朗读；学习活动三：精要地品读。字词教学设计了这样的活动，用成语印证字义：走、渴、饮、泽、至、道、弃、化。

课堂笔记——美妙的成语。

不胫而走　求贤若渴　饮水思源　竭泽而渔

宾至如归　道听途说　背信弃义　化险为夷

课堂笔记——巧妙的结构。

开端：夸父与日逐走，入日；

发展：渴，欲得饮，饮于河、渭；河、渭不足，北饮大泽。

高潮与结局：未至，道渴而死。

尾声：弃其杖，化为邓林。

课堂笔记——阅读常识。

神话阅读的经典格言：人类借助神话在幻想中征服自然。

③朗读训练，角度细腻。朗读指导要走出俗套，必须要在角度上下功夫。"角度"二字，"千呼万唤始出来"。用深沉的语气，深情地表达诗中低回惆怅的情感基调。以《乡愁》朗读为例，诗歌要用舒缓的节奏来传达诗中的有缘思绪，用短暂的停顿来表达意境的升华。

④分析赏析，正规训练。以《祝福》为例，设计《祝福》专题欣赏课。话题是《祝福》"反复手法"赏析。反复手法，是《祝福》铺叙故事、表现人物的主流表现手法。重大的事件是：祥林嫂两次婚姻，两次死丈夫，两次来到鲁四老爷家当女工。文中对祥林嫂细节的反复描写无处不在——脸色，眼神，头发，服饰，语言……它们生动、深刻地表现着祥林嫂的性格与命运。对祥林嫂眼睛的描写贯穿全文，十多次眼睛、眼神的描写，表现着祥林嫂的善良、命运的悲苦以及精神上所受到的巨大打击。十多次对祥林嫂"脸色"的描写同

样起伏于全文之中,"脸色"的变化,深刻地表现了祥林嫂命运的巨大变化。景物描写的重点是"雪花",它们反复出现,表现时令,设置场景,烘托气氛,表现人物。敷设了"祝福"故事冷峻的氛围基调。表达极为深沉的是对祥林嫂语言"我真傻,真的"的反复渲染,它们反复出现,浓重地表现着人物命运中的无限悲哀。

有一年的冬初,四叔家里要换女工,做中人的卫老婆子带她进来了,头上扎着白头绳,乌裙,蓝夹袄,月白背心,年纪大约二十六七,脸色青黄,但两颊却还是红的。

大约是得到祥林嫂好运的消息之后又过了两个新年,她竟又站在四叔家的堂前了。桌上放着一个荸荠式的圆篮,檐下一个小铺盖。她仍然头上扎着白头绳,乌裙,蓝夹袄,月白背心,脸色青黄,只是两颊上已经消失了血色。

两个男人和她的小叔子使劲地擒住她也还拜不成天地。

现在只剩下了一个光身子。大伯来收屋,又赶她。

最有象征意味的是反复写"死亡":她是春天没了丈夫的;谁知道年纪轻轻,就会断送在伤寒上?春天快完了,村上倒反来了狼。"不迟不早,偏偏要在这时候,——这就可见是一个谬种!"

祥林嫂,与青春无缘,祥林嫂,一个没有春天的女人。

⑤精段细读,能力提升。以《孤独之旅》为例,设计两个环节,课文概说,片段细读。片段赏析,重点欣赏课文高潮部分"暴风雨描写"的美感与作用。

那天,是他们离家以来所遇到的一个最恶劣的天气。一早上,天就阴沉下来。天黑,河水也黑,芦苇成了一片黑海。杜小康甚至觉得风也是黑的。临近中午时,雷声已如万辆战车从天边滚动过来,过不一会,暴风雨就歇斯底里地开始了,顿时,天昏地暗,仿佛世界已到了末日。四下里,一片呼呼的风声和千万支芦苇被风撅断的咔嚓声。

⑥品词论句,格调高雅。以品析《孔乙己》精段中的字词为例。

中秋过后,秋风是一天凉比一天,看看将近初冬;我整天的靠着火,也须穿上棉袄了。一天的下半天,没有一个顾客,我正合了眼坐着。忽然间听得一个声音,"温一碗酒。"这声音虽然极低,却很耳熟。看时又全没有人。站起来向外一望,那孔乙己便在柜台下对了门槛坐着。他脸上黑而且瘦,已经不成样子;穿一件破夹袄,盘着两腿,下面垫一个蒲包,用草绳在肩上挂住;见了我,又说道,"温一碗酒。"掌柜也伸出头去,一面说,"孔乙己么?你还欠十九个钱呢!"孔乙己很颓唐的仰面答道,"这……下回还清罢。这一回是现钱,酒要好。"掌柜仍然同平常一样,笑着对他说,"孔乙己,你又偷了东西了!"但他这回却不十分分辩,单说了一句"不要取笑!""取笑?要是不偷,怎么会打断腿?"孔乙己低声说道,"跌断,跌,跌……"他的眼色,很像恳求掌柜,不要再提。此时已经聚集了几个人,便和掌柜都笑了。我温了酒,端出去,放在门槛上。他从破衣袋里摸出四文大钱,放在我手里,见他满手是泥,原来他便用这手走来的。不一会,他喝完酒,便又在旁人的说笑声中,坐着用这手慢慢走去了。

⑦亦读亦写,活动充分。"动笔训练""多读多写""读写结合"是阅读教学的至高境界。以《假如生活欺骗了你》为例,采用诗歌联读,读写结合的教学方法。与宫玺的《假如你欺骗了生活》联读。

普希金有诗《假如生活欺骗了你》,反其题。
假如你欺骗了生活
以为神鬼不知,心安理得
且慢,生活并没有到此为止
有一天,它会教你向它认错
大地的心是诚实的
孩子的眼睛是诚实的
人生只有一步一个脚印
才会有无悔的付出无愧的收获

话题:《假如生活欺骗了你》的几乎每一个句子,都可以被视为一个演讲的题目。请同学们写百字以内的"微型演讲稿",要求用上这首诗中的一个句子。例:假如生活欺骗了你,不要忧郁,不要愤慨!面对隆冬里呼号的阴霾,耐心把春光等待。忍受着刺骨的寒风，相信春天就在未来。

⑧课文作文，扎实美好。以课文内容为材料的课堂写作训练，既训练提取信息的能力，又让学生积累美好丰富的语言。以《端午的鸭蛋》为例，假如你是推荐《端午的鸭蛋》的作者，请写一篇课文简介。

假如你是课文中的小朋友，请你以"乐在端午节"为题写一段回忆。假如你在高邮长大，请你以"童年的端午节"为题写一段抒情的话。假如你是高邮的厨师，请你说说"咸鸭蛋吃法之一二三"。假如你是课文里的中学生，请你以"请到我的家乡来"为题写导游词。假如你是《端午的鸭蛋》的高邮读者，请以"我为家乡而自豪"为题写话。

⑨巧用资源，渗透知识。以《少年闰土》为例，阅读活动有美妙知识、精彩文字。

深蓝的天空中挂着一轮金黄的圆月，下面是海边的沙地，都种着一望无际的碧绿的西瓜。其间有一个十一二岁的少年，项带银圈，手捏一柄钢叉，向一匹猹尽力地刺去。那猹却将身一扭，反从他的胯下逃走了。

这段倒叙开头、画面描写、白描手法、以景衬人、结构美妙、照应全文。

以上是我在本次培训活动的收获，今后还应该认真研读课标，踏着余映潮老师的教学之路，摸索前行，开辟一条属于自己的语文之路。

别样的课堂，多彩的芬芳
——《秋天的怀念》教学反思
鄂尔多斯市第一中学伊金霍洛旗分校　张玉翠

9月15日，一个不一样的日子，在这个日子，我充满了紧张，充满了期待，因为我作为名师工作室一员，讲了一节与平常不一样的课。

本次讲课的老师都是名师工作室的成员，作为其中一员，我很荣幸地讲了七年级上册的《秋天的怀念》，在得到讲课的任务后，我查看了关于史铁生的好多资料，读了好多文章，仔细地思索了一番，我在想怎样才能表现作者的怀念呢？不如让学生多朗读吧，为此我设计了好几种方案，确定后又自我否定了，总觉得不是最好的，最终确定了教师用台词串联的方式引领学生朗读，这种方法之前没有用过，课堂效果告诉我很成功。本次讲课我设计了三个环节——朗读活动，认识课文，精段品读。朗读活动很充分，我精心地设计了朗读思路、朗读方法指导，还写了台词引领学生，读到第三遍后，我真的感受到了初一新生了解作者情况后的淡淡的悲伤、浓浓的怀念。这些学生只是第一次与我配合，能达到这种程度不容易，我很满意。第二环节从整体上认识课文，我在备课时写了好多内容，大约有十几个句子，只是在上课时感觉时间紧，就没有一一为学生呈现，删除的时候还真是有点舍不得，我花费了多少时间啊，没办法，总得选择，只是在其真实性、回忆性、清晰性、哲理性、生动性、抒情性方面各展现了一句。第三环节品读一、三段，学生在主问题的引领下，积极发言，赏析非常丰富。在此基础上我顺势引出史铁生的其他作品，学生和老师共同在配乐声中朗读，渲染了怀念的氛围，学生和老师的用心朗读，使在场的老师也为之动容。

这堂课基本达到了我预期的效果，上下来感觉真好、真踏实、真感动、真享受，自己也被学生打动了。这是一节不一样的课堂，注定有着不一样的辛苦，不一样的收获。

非常感谢余老师的课前要求，他要求所有讲课的老师都要写3 000字左右的课文品析，一定要有自己的观点。为此，我不记得自己读了多少遍课文，进行了多少次的课文分析，在之前的假期里写了多少草稿，毋庸置疑的是，这样的过程很艰苦，却也很有收获，至少提高了自己对这篇课文的研读能力，提升了自己的课堂掌控能力。

工作以来我参加了很多公开课，校级的、旗级的、市级的，每一次都使自己有不同程度的提高，真心感谢这样的锻炼。尤其这一次，对我而言，更是感受到了语文的无限魅力，感受到了阅读的无限魅力，感受到了老师的灵魂深处的幸福，美妙至极！之前半个多月的付出只为了这一节课的精彩，很累，却值得！

基于此，谈几点心得。

①教师一定要提高个人独立的多角度的课文研读的能力，就像余映潮老师所说的，照搬套用，没有自己的思想，语文教学只会肤浅，不会有

深意。

②一定要注重学生语言积累的能力，有了积累，才会厚积而薄发。

③教师要懂教学技术，要讲究教学艺术，要用艺术的教学设计优化课堂读写。一定要将语文课上得有美感、有人情味、有语文味。

这节别样的课堂让我看到了多彩的芬芳，希望自己在以后的教学中能够再上一个新台阶，为学生带来更多的具有魅力、富有情味的语文课。

活动总结

全国中语会专家余映潮老师来我旗讲学
——伊金霍洛旗初中语文名师工作室第四次培训活动总结

2015年9月15日—16日，全国中语会专家余映潮老师对伊金霍洛旗初中语文名师工作室进行第四次培训。本次活动有两大主题，一是中学语文阅读教学"课中活动"的设计；二是"板块式"思路和主问题设计。

本次授课的六位教师全部是名师工作室的成员。包括钱俊玲老师执教《羚羊木雕》、张玉翠老师执教《秋天的怀念》、井红梅老师执教《故宫博物院》、白丽萍老师执教《陋室铭》、杨小树老师执教《我的叔叔于勒》、柴永霞老师执教《雨说》。他们的课都采用了余老师提倡的"板块式"的教学思路和主问题的设计，余老师也对六位授课老师精准到位、全面深刻地点评，每一点都流露着他的治学精神和独到的见解。

余老师还为我们上了两节示范课：《春》和《说"屏"》。他站在全新的角度让语文课堂变得更扎实有效，每节课都特别注重语言的积累和方法的指引，时刻提醒学生做笔记，主问题设计更是"牵一发而动全身"，让每一位学生都在积极地思考着……这正如"授人以鱼不如授人以渔"。余老师一再强调："语文课堂少些华丽的包装和热闹的形式，要从对文本的研读中提高听说读写的能力，这才是真正的语文课堂需要的！"全面而恰当地道出了语文课堂的真谛！

余老师还做了专题讲座，即"中学语文阅读教学'课中活动'的设计"。

他以具体的文本为例，用鲜活生动的案例，深入浅出地为我们诠释了如何进行阅读教学"课中活动"的设计：指导朗读，灵动多姿；语言学用，句段读写；切分板块，理清思路；把握文意，选点突破；训练检索，整合提炼……这些对于我们教师来讲是一笔宝贵的财富。

此次教学活动指导，为我们一线的语文教师指明了方向，只有把余老师的教育理念真正地融入我们的课堂教学实践，才会收获满满，也只有我们的教师不断的思考着、实践着，我们的学生才会真正地成长！

【第二期2016年第六次研修活动】

优秀案例

用几件事写好一个人

伊旗二中　郭志强

训练内容：学会选择典型事例，用多件事突出人物品质和性格的写作方法。

温馨提示：要想把一个人写得更加真实、鲜活，就得抓住他丰富的性格和特点。

学习活动一：回顾经典——请同学们自读课文《老王》节选。

老　王

杨　绛

有一年夏天，老王给我们楼下人家送冰，愿意给我们家带送，车费减半。我们当然不要他减半收费。每天清晨，老王抱着冰上三楼，代我们放入冰箱。他送的冰比他前任送的大一倍，冰价相等。胡同口蹬三轮的我们大多熟识，老王是其中最老实的。他从没看透我们是好欺负的主顾，他大概压根儿没想到这点。

"文化大革命"开始，默存不知怎么的一条腿走不得路了。我代他请了假，烦老王送他上医院。我自己不敢乘三轮，挤公共汽车到医院门口等待。老王帮我把默存扶下车,却坚决不肯拿钱。他说:"我送钱先生看病,不要钱。"我一定要给他钱,他哑着嗓子悄悄问我:"你还有钱吗?"我笑着说有钱,他拿了钱却还不大放心。

过些时老王病了,不知什么病,花钱吃了不知什么药,总不见好。开始几个月他还能扶病到我家来,以后只好托他同院的老李来代他传话了。

有一天,我在家听到打门,开门看见老王直僵僵地镶嵌在门框里。往常他坐在蹬三轮的座上,或抱着冰倚着身子进我家来,不显得那么高。也许他平时不那么瘦,也不那么直僵僵的。他面如死灰,两只眼上都结着一层翳,分不清哪一只瞎,哪一只不瞎。说得可笑些,他简直像棺材里倒出来的,就像我想像里的僵尸,骷髅上绷着一层枯黄的干皮,打上一棍就会散成一堆白骨。我吃惊地说:"啊呀,老王,你好些了吗?"

他"嗯"了一声,直着脚往里走,对我伸出两手。他一手提着个瓶子,一手提着一包东西。

我忙去接。瓶子里是香油,包裹里是鸡蛋。我记不清是十个还是二十个,因为在我记忆里多得数不完。我也记不起他是怎么说的,反正意思很明白,那是他送我们的。

我强笑说:"老王,这么新鲜的大鸡蛋,都给我们吃?"

他只说:"我不吃。"

我谢了他的好香油,谢了他的大鸡蛋,然后转身进屋去。他赶忙止住我说:"我不是要钱。"

我也赶忙解释:"我知道,我知道——不过你既然来了,就免得托人捎了。"

他也许觉得我这话有理,站着等我。

我把他包鸡蛋的一方灰不灰、蓝不蓝的方格子破布叠好还他。他一手拿着布,一手攥着钱,滞笨地转过身子。我忙去给他开了门,站在楼梯口,看他直着脚一级一级下楼去,直担心他半楼梯摔倒。等到听不见脚步声,我回屋才感到抱歉,没请他坐坐喝口茶水。可是我害怕得糊涂了。那直僵僵的身体好像不能坐,稍一弯曲就会散成一堆骨头。我不能想像他是怎么回家的。

选文选取了与老王交往过程中的哪几件事来表现老王的什么精神品质？请用一个字来概括他的精神品质。你能悟出在选材方面应注意什么？

学习活动二：美文欣赏——请同学们自读《我的老师》节选。

我的老师

魏 巍

最使我难忘的，是我小学时候的女教师蔡芸芝先生。

她从来不打骂我们。仅仅有一次，她的教鞭好像要落下来，我用石板一迎，教鞭轻轻地敲在石板边上，大伙笑了，她也笑了。我用儿童的狡猾的眼光察觉，她爱我们，并没有存心要打的意思。

在课外的时候，她教我们跳舞，我还记得她把我扮成女孩子表演跳舞的情景。

在假日里，她把我们带到她的家里和朋友的家里。在她的朋友的园子里，她还让我们观察蜜蜂，也是在那时候，我认识了蜂王，并且平生第一次吃了蜂蜜。

她爱诗，并且爱用歌唱的音调教我们读诗。直到现在我还记得她读诗的音调，还能背诵她教我们的诗。今天想来，她对我的接近文学和爱好文学，是有着多么有益的影响！

像这样的教师，我们怎么会不喜欢她，怎么会不愿意和她亲近呢？我们见了她不由地就围上去。即使她写字的时候，我们也默默地看着她，连她握铅笔的姿势都急于模仿。

有一件小事，我不知道还值不值得提它，但回想起来，在那时却占据过我的心灵。我父亲那时候在军阀部队里，好几年没有回来，我跟母亲非常牵挂他，不知道他的死活。我的母亲常常站在一张褪了色的神像面前焚起香来，把两个有象征记号的字条卷着埋在香炉里，然后磕了头，抽出一个来卜问吉凶。我虽不像母亲那样，也略略懂了些事。可是在孩子群中，我的那些小"反对派"们，常常在我的耳边猛喊："哎哟哟，你爹回不来了哟，他吃了炮子儿罗！"那时的我，真好像父亲死了似的那么悲伤。这时候，蔡老师援助了我，批评了我的"反对派"们，还写了一封信劝慰我，说我是"心清如水的学生"。一个老师排除孩子世界里的一件小小的纠纷，是多么平常，可是回想起来，那时候我却觉得是给了我莫大的支持！在一个孩子的眼睛里，他的老师是多么慈爱，多么公平，多么伟大的人啊！

每逢放假的时候，我们就更不愿离开她。我还记得，放假前我默默地站在她的身边，看她收拾东西的情景。蔡老师！我不知道你当时是不是察觉，一个孩子站在那里，对你是多么的依恋！至于暑假，对于一个喜欢他的老师的孩子来说，又是多么漫长！记得在一个夏季的夜里，席子铺在当屋，旁边燃着蚊香，我睡熟了。不知道睡了多久，也不知道是夜里的什么时候，我忽然爬起来，迷迷糊糊地往外就走。母亲喊住我：

"你要去干什么？"

"找蔡老师……"我模模糊糊地回答。

"不是放暑假了么？"

哦，我才醒了。看看那块席子，我已经走出六七尺远。母亲把我拉回来，劝说了一会，我才睡熟了。我是多么想念我的蔡老师啊！至今回想起来，我还觉得这是我记忆中的珍宝之一。一个孩子的纯真的心，就是那些在热恋中的人们也难比啊！什么时候，我能再见一见我的蔡老师呢？

①文中共记叙了哪几件事？详略是怎么处理的？

②从《我的老师》一文中，我们可以领悟到如何通过几件事写好一个人？

学习活动三：教师归纳——两篇经典课文在写作上给我们的启示（请做好笔记）。

学习活动四：范文学习——自读两篇学生范文，悟习方法。

他是个有个性的人

① 我们的语文老师，他姓罗，个子不高不矮，身材不胖不瘦。别看他外表不出众，却深受同学们喜爱，因为他实在是一个有个性的人。听完他的几件事，保证你也会喜欢上他。

② 每天走进教室，他都会习惯性的先瞧瞧黑板。要是遇上他问几句"今

天谁值日？"那一定是因为没有达到他的"卫生许可要求"。这不，刚擦完黑板的那位老兄又面带愧色忙不迭地跑上讲台，努力工作起来。罗老师则会站在旁边加以指点，边边角角的任何痕迹都不放过。直到黑板干干净净，如新的一般，他才开始上课。

③见识了他的"讲究"，再说说他的幽默。

④一日，我们正随着罗老师激昂的声调，沉醉于辛弃疾的《破阵子》中，不料一位迟到的同学进门时一声"报告"惊掉了他手上的粉笔。同学们都担心起来：怎么这么不识趣？偏偏在他情趣如此高涨的时候闯进来？罗老师回过头去，竟没有生气，只问了声："什么重要的事，让你误了和我们一起'梦回吹角连营'？下次不许。"引得全班一片哄然。有了罗老师，语文课就有了笑声。

⑤他的语言幽默，却不妨碍他做事的严谨。

⑥在语文学习方面，罗老师对我们有很多要求。字要写得端正，笔画必须横平竖直。他总是和我们说，规规矩矩写字，就是踏踏实实做人。如果哪一天班里的哪个"坏小子"犯了懒，把语文作业写得偷工减料，那一定会得到重做的"嘉奖"。每一天作业有错的地方，罗老师都会用笔圈出来，而第二天在改对的地方，你就会看见他用红笔画出的小笑脸。

⑦罗老师就是这样一个有个性的人。时间长了，我们慢慢开始了解，这些"个性"其实就是他对生活的态度。他对生活的讲究，他语言的幽默、做事的严谨，也在潜移默化中影响着我们。我想，这也正是不高不矮、不胖不瘦的他受大家喜欢的原因吧！

他是一个最疼我的人

① 他是我的父亲。这么多年，我一直没有了解过他。他是什么样的人？我说不好。

②他好像是个勇敢的人，童年不甚清晰的记忆里，能与可怕的黑暗抗衡的力量就是父亲。他宽阔的胸膛就是我安全的代名词。无数个夜晚，我依偎在他的怀里安然入睡，觉得那是世界上最温暖的地方。

③他好像又是个胆小的人，记得有一次，不知怎么的，他关门时竟夹了我

的手。我自然疼得嚎啕大哭，父亲在一旁不停地抚摸着我的小手，气喘的也不那么均匀了，语气也仿佛一个犯了错的孩子般不知所措："宝贝儿，没事吧？来来，爸爸给你吹吹……还疼吗……"我在他的眼里读到一种东西。很久以后才明白，是恐惧。直到证实了我的手没有任何问题，他才重新笑了。

④他好像是个冷酷的人。"啪"，一声尖锐的声响打破了寂静。泪水像断了线似的不住往下流，喉咙像被什么卡住似的，说不出话来。二话没说我便转身冲出门外，父亲那高举的手和严厉的目光随着门的碰撞声缓缓滑落，满腹的委屈从眼睛中流淌出来。仅仅因为我没考好吗？他对我似乎永远都不满意。

⑤他好像又是个体贴的人。为什么？为什么？我反复问自己，为什么一年的努力换来的却是比赛的失败？泪水夺眶而出，好像无止尽似的。家里的每个角落都是我的哀愁与泪水。一只乌鸦在长空孤叫，仿佛在为我哀悼。父亲走来轻声安慰："一次的失败不算什么，你的路还很长，你不是想放弃吧？这可不是我女儿的作风哦！"说着他轻松地一笑。我仰头凝望着他，一缕轻盈的阳光圈成光环照在他身上，微笑在他脸上荡漾使他的皱纹越发明显。

⑥他到底是个什么样的人？我只记得，他是我可以肆无忌惮地发火却没有记恨我的人，是我可以赖在怀里旁若无人地哭泣的人，是我可以随心所欲地索取却从不拒绝我的人，是我可以无知无畏地向前闯一直在后面护着我的人，是因为我的长大慢慢衰老的人……

⑦他是我的父亲。我想，我只需要明白，他是世界上最疼我的那个人。

两篇范文告诉我们也可以这样用几件事写一个人。

学习活动五：构思训练——怎样用几件事写好一个人。

假如让你写一位最熟悉的老师，你会怎么写？请构思并列出文章的提纲。

心得体会

听余映潮作文课有感

伊旗二中　郭志强

众所周知，作文是"重头戏"，是中考和高考的"半壁江山"。怎样能快速、有效地提高学生的作文水平，一直是一线语文老师苦苦思索的问题。说实在话，由于语文教材在作文方面的编排缺少系统的体系，老师们因无章可循，导致作文教学的随意性很大。一个学期布置学生写上七八篇作文，也就算完成了相应的作文教学任务。至于为什么要布置这几个作文题目，它们之间有没有内在的联系，在训练学生的能力上有没有梯度性，怎样指导学生的写作诸如此类的问题，一线的老师们考虑得相当少。2016年10月12日，通过伊旗语文工作室活动，我在一中聆听了全国著名的特级教师余映潮大师的两堂作文示范课《学写一篇游记》和《写清楚自己的一次经历》，两节课让我及全体听课教师都赞叹不已，回味无穷，也让我深深反省自己：明天，我到底该怎样教作文？是老调重弹，还是推陈出新？余映潮老师其实已经告诉了我们答案。

一、目标明确

指导学生写作，可以指导的内容很多：从选材到立意，从遣词造句到谋篇布局，从开头的写作方法到结尾的写作技巧等。平常我们习惯于要求学生在一篇作文中做到面面俱到。事实上，胖子一口不能吃个饼。要求提得越多，学生越是无所适从，顾头顾不了尾，学生渐渐失去了对写作的兴趣，见到作文就头疼，写到作文就心慌。初中三年我们训练学生写作的数量不下百十次，可学生的写作能力真正提高了多少呢？余映潮大师的作文示范课给我们一个很好的启迪：每次作文训练的目标宜小不宜大，宜精不宜散。训练目标应明确、唯一，做到有的放矢。借用一句歌词来说"我的眼里只有你"。大师的《学写一篇游记》只从游记构思的角度去切入，其他的忽略不谈。我们能否把训练写作的所有目标细细划分，层层分解到每一节作文课中呢？

二、范文精选

范文是个例子，它可以给学生更直观、具体的感受，从而明确训练的具体要求。相信我们每一位老师都读过范文给学生听。但我们几乎都有这样的困惑：学生怎么就不能领会范文的要领呢？写出的东西与范文大相径庭？"我的这四篇范文是从三十多篇的文章中精挑细选出来的。"大师的话一语惊醒梦中人。扪心自问一下，我们平时积累了多少优美的范文？还不是临上课前匆匆浏览决定的。究竟选这还是选那？我们可以想象到，为了上好这一堂作文示范课,六十多岁的老人在灯下一篇篇地筛选,反复斟酌的情形。四篇范文(《颐和园》《观潮》《长城》《海上日出》)短小精悍几乎囊括了常见游记的不同思路:移步换景、定点特写、先实后虚、专写一景。大师的这种备课认真、严谨、一丝不苟地钻研的态度让我们这些后生汗颜。论精力,我们充沛得多;论积淀,我们浅薄得多。我们没有理由去懈怠、敷衍了事。在选范文时要多问几个为什么,就像《琵琶行》中所说的"千呼万唤始出来"。只有这样去做了,范文才能真正发挥它们应有的价值。

三、点拨巧妙

面对游记的课堂指导,传统的做法是范文一读,让学生说说范文的思路好在什么地方,点评点评语言,然后明确写作游记的几点基本要求,请学生谈谈自己曾经游历的风景名胜,接下来动笔构思。面对学生绞尽脑汁写出来的作文,我们还经常埋怨:怎么就不开窍呢?孺子不可教也!真的是孺子不可教吗?余映潮大师在课堂上的精彩点拨,巧妙引导,赢得了所有听课老师的阵阵掌声。请看教学的第一个片段:

师:首先来看《颐和园》,请同学们认真听老师朗读相关的句子。

(师跳读开头、结尾和中间段的中心句。生倾听。)

师:沉思默想二分钟,说说你从这些句子中发现了什么?然后我们交流、分享。

师:把你的见解跟大家分享一下。

生:纷纷举手发言。

师:出示投影,进行小结——《颐和园》告诉我们这样构思。整体构思:游踪明晰,移步换景。段落构思:总提分说,层层展开。

在写作指导的过程中,余映潮大师并不急于告诉学生《颐和园》构思上的特点,而是把学生置于一个探索、发现的位置,老师跳读相关的句子,让学生自己去顿悟、发现。学生思维的火花被点燃,课堂的回答精彩纷呈:"我发现课文是按地点的转化记录行踪的""我发现开头、结尾时总写""我发现文章的结构是总—分—总""我还发现本文在写景的时候是移步换景"。学生的发现毕竟是零散的,老师此时顺理成章地从整体构思和段落构思两个方面进行总结,使学生的认识进一步深化。有了第一个教学环节的铺垫,接下来的三篇范文,他或是让学生小组讨论,或是让学生自由发言,或是同桌互助等方式来领悟游记的其他三种构思方法:一步一步写;一实一虚的写;一时一时的写。他的独特的指导,让学生在"山重水复"中有"柳暗花明"的惊喜。

从大师精彩的示范中,我们是否也领悟出点什么呢?作文预设目标能否实现,完全取决于老师的课堂指导是否得当,老师的课堂指导是否得当又取决于老师是否有先进的教学理念。只有把新课程的理念真正吃透,确确实实落实到自己的作文教学中,课堂巧妙点拨,努力做到"学生活动充分,课堂积累丰富",这样的作文指导课才不会流于形式。而要做好这些,必须是基于教师不断地钻研和积累。路漫漫其修远兮,吾将上下而求索!

活动总结

专家引领　指点迷津
——2016年伊金霍洛旗初中语文名师工作室第六次研修活动简讯

2016年10月11日—12日,伊金霍洛旗初中语文名师工作室第六次培训活动在伊旗第一中学尚志楼多媒体教室举行。本次培训由工作室主持人宋沙兰老师和工作室研修员白丽萍老师主持。旗教育局副局长张卫祥、教研室主任田龙、副主任郭双喜、全体工作室成员及全旗初中语文教师参加活动,特别邀请全国语文教育专家余映潮老师对中学语文"作文指导"的教学技能训练进行培训。

培训活动任务主要由工作室成员承担:第一中学柴永霞、钱俊玲,北师大二附中尹星,市一中分校张玉翠,第二中学郭志强和第四中学杨小树六位教师分别从《写好身边的一件事》《写好"叙议结合"的记叙文》《用一件事写一个人》《学用横式结构写记叙文》《用几件事写好一个人》《学写一事一议的文章》六个方面,结合具体的范文来总结学习写作的方法,让学生有例可寻,有章可依,真正使教师成为了指导者、引领者。紧接着是余映潮老师对以上六节课精准到位的点评与指导,余老师分别从课堂观察、课例思考、教学警语、新的方法等角度做了详细的说明。余老师还上了两节示范课:《学写一篇游记》和《写清楚自己的一次经历》。余老师的课堂精彩纷呈,通过研习具体的范文从而得到学习作文的方法。余老师从大量的文章中筛选出四篇范文,即:《颐和园》《观潮》《长城》《海上日出》,短小精悍几乎囊括了常见游记的不同思路:移步换景、定点特写、先实后虚、专写一景。尤其是讲到"五笔"作文法,学生和老师都从作文的迷茫中看到了曙光,有了耳目一新、醍醐灌顶、如获至宝之感。

最后是余老师的专题讲座"例谈中学语文教师作文教学与研究的技能"。他讲到语文教师要有作文教学的基本素养,能从阅读教材中提炼出精巧实用的句、段、篇的写作形式;能收集、整理、收藏大量的范文并欣赏其精妙之处;能从文体的角度,对写作技法进行综合的研究;能创造与实践灵动多姿的写作训练形式;能对写作过程中的不同环节进行细致的指导;能设计不同类型的有训练失效的作文详案;能用多种方法对学生的习作进行评改,能组织很好的作文讲评课;能策划毕业班的作文复习详细计划或系列的训练点。

两天的培训内容充实而精彩,期间座无虚席,老师们收获丰厚。余老师高屋建瓴地指导,更是让各位老师们打开了作文指导课的思路。只有把余老师的课程理念真正吃透,确确实实落实到自己的作文教学中,课堂巧妙点拨,努力做到"学生活动充分,课堂积累丰富",这样的作文指导课才不会流于形式。而要做好这些,必须是基于教师不断地钻研和积累。

第三期名师工作室研修活动(2017年3月—2019年7月)(精选部分安排意见、优秀案例、简讯报道、心得体会、论文等)

活动计划

初中语文名师工作室两年研修活动计划

教研员　宋沙兰

第三期伊旗初中语文名师工作室已组建完成,采取留任和补聘的原则。其成员有：主持人1人，主持人助理1人，名师4人，研修员3人，学员1人。中学语文工作室在总结过去研修活动经验的基础上，在余映潮老师的直接指导下，开展一系列研修活动。本着语文名师工作室要成为"研究的平台、成长的阶梯、辐射的中心、师生的益友"的宗旨，树立为学生及教师服务的工作方针，完善自我，创新创优，全面推动伊旗中学语文教学教研和改革工作。为了更好地开展工作，现计划如下。

一、指导思想

以伊旗教育局教研室《伊金霍洛旗名师发展工作室建设与管理办法（讨论稿）》为指导，以整体提升语文教师的专业水平、教学素养和课堂教学质量为主要目的，以"以点带面"的方式，既着眼于培养、训练优秀青年语文教师课堂教学技能和教学研究能力，又关注所有语文教师业务素养的提升；以由浅入深、从易到难的"专题培训"为主要培训方式，以"专题指导，教学示范，面对面、手把手进行指导"为培训工作要求，在大量的教学实践与研究实践活动中让语文教师经受历练，从而提高教学设计水平、教学技能艺术、科研能力与课堂教学效率。努力培养适应我旗初中语文教育改革和新课程实施需要，具有现代教育素质和创新精神的专家型教师。

二、名师工作室定位

名师工作室是一个以"伊旗名师"为品牌、以理论学习为先导、以课堂教学为主阵地和以网络为主要交流载体的融学科性与实践性于一体的研修机构。名师工作室是一个在研究中演绎语文魅力，在交流中提升教学理念，在辐射中实现共同成长的团队。具体应成为：

①初中语文教学研究的核心平台。

②初中语文教学资源的整合窗口。

③全旗初中语文教师的成长摇篮和精神家园。

三、工作目标

根据教育局和教研室两年目标的统一规划，继续成立"第三期初中语文名师工作室"。工作室成员采用留任和补聘的原则，遵循优秀教师成长规律，通过以两年为一个周期的工作计划的实施，从中学语文新课程改革的要求和工作室成员的实际状况出发,通过专家引导,帮助名师在现有起点上加快持续发展,有效地推动名师工作室成员的专业成长,进一步使他们在课堂教学执教能力、教学研究能力、校本培训能力、自我发展能力等方面有较大的提高,并逐步形成个性鲜明的教学风格和教育主张,成为教育成果突出,学科教学有特色,在市、区内有一定影响,教育与科研并强,具有引领和辐射作用的语文名师。而且通过工作室为我旗初中语文教师搭建学习和交流平台,全面提升我旗初中语文教师的业务素质和专业水平,从而推进伊旗中学语文教育教学健康、协调、可持续发展。

两年总体目标:

①通过专家余映潮的引领和工作室各项活动的开展,从中深刻认识和学习余映潮老师的教育理念、专业品质、课堂实践和教学策略,认真分析自身专业成长的优势与不足,明确自身成长的需求和目标,促使工作室成员由经验型教师成长为研究型专家型教师。主要关注教师高层次教学理念的建立,关注教师陈旧教学方式的革除,关注语文教师教研素养、教学技艺、文学水平的提升,关注与本校教学实际相关联的课程建设。

②以问题为导向,加强课题(项目)研究,切实解决制约我旗教育教学改革的瓶颈问题。做好全国教育科学"十三五"规划课题。课题已申报——初中语文课堂阅读教学"语言学用"训练研究,并以论文、公开教学、专题讲座等多种形式向全旗辐射,或以教研论文形式在省市级发表、获奖。

③形成科学且有实效、能在全旗范围内推广的科研成果。将形成的科研成果(好的教学方法、教学理论、教学思想等)渗透到全旗所有学科教师心中(如:余映潮老师的"板块式"教学思路、主问题教学设计)。做到人人会用,人人内化。特别强调:推广科研成果的目的是提高老师的教育教学水平,充分发挥老师的创造力,彰显老师的个性,所以在推广过程中绝对禁止模式化。

④制定科学合理的《学科课程改革评价方案》并通过审核,在具体的工作中得以应用,指导全旗课程改革。

⑤创建名师工作室的展示平台,向旗、乡镇开放教研课、观摩课、示范课,展示伊旗初中语文教师精彩纷呈的教学风采。并针对基层地区和薄弱学校

青年教师普遍面临的教学难点和疑点问题，设计、组织各种形式的研修和培训活动。

⑥建立教师发展工作室网站，定期开展在线交流、研讨，解答语文教师的学科教学问题，使网站成为教师工作室的动态工作站、成果辐射源和资源生成站。

四、工作思路及主要措施

在伊旗教育局及教研室的大力支持下，本工作室工作的关键点在于激发工作室成员的内在动力，促进成员自主创新发展；着力点在于建立良性机制、营造教科研氛围、搭建提升平台，帮助成员在学习和实践中不断成长。

①拟定规划。制定工作计划，提升团队教研能力。由工作室主持人带领成员共同制定两年发展规划。工作室成员每学期初要制定出本人和工作室相协调的专业发展的学期计划，明确自己在两年内四个阶段的专业发展目标和工作措施。阶段性提升计划（学期）及两年发展规划。

②自主研修。全体成员读完三期《人民教育》及教育教学前沿理论，并做好读书笔记和教育教学研究札记（要点和心得）。读书笔记3 000字（可以与学校的融为一体）。负责人负责推荐阅读书目。教育教学理论专著等的阅读以书上的圈点批注为标准，一般被批注页面不少于整册书籍的2/3。

③课题研究。以问题为导向，加强课题（项目）研究，切实解决制约我旗教育教学改革的瓶颈问题。认真落实全国教育科学"十三五"规划课题。课题已申报——初中语文课堂阅读教学"语言学用"训练研究。工作室成员认真参与，力争顺利结题，并获好的奖次。同时，也可从当地教育教学的实际出发，发现问题来选题立项，科学规范地开展研究，并能及时有效地将研究成果用于改进和指导教育教学工作，解决制约学校或学科发展的突出问题，提供有价值的旨在提高教育教学管理水平和业务水平的研究论文或报告，总结经验并加以推广。

④专题研修。每个名师工作室每年开展六次主题研修活动。平均每学期开展三次研修活动（研修过程：提出方案→审核→出文→组织实施→简报→辐射全旗）。除专家余映潮每次来两天之外，每次活动原则上不超过半天。为确

保每次研修活动的质量和效果，研修活动要提前一月左右公布，每次研修活动都有主题：课堂示范、同课异构、课堂诊断、问题研究、考试研究、专题讲座、课题带动、读书交流、观摩考察等，促使成员更新教育教学观念，从而使自身专业能力不断提高，逐渐形成自己的教学风格。每次都要有研修活动报道，相邻两次研修活动之间逻辑鲜明、层次清楚。

⑤信息交流。在"内蒙古教研网"开设栏目，设如下版块：名师简介、论文荟萃、视频资料、课题研究、文言涉猎、中考研究、读书天地、生活随笔、教师博客、交流中心、教学资源等。这些栏目将分配给名师工作室的成员负责。通过网络传播和在线互动，有效地推动名师工作室的成果辐射，使之成为名师工作室的动态工作站、成果辐射源和资源生成站，为推进伊旗中学语文教育研究与改革提供交流分享的平台。每位成员要充分利用网络，认真撰写读书心得、教学设计、案例、反思、论文等，呈现自己的专业化发展历程。还可以在工作室成员QQ群中不定期开展各种研修交流活动。除听、评课等手写资料外，一切以上传网站内容和时间为准。

⑥聚焦课堂教学，塑造个性特质。课堂是教师的职业场所，教学是教师的第一要务。名师之"名"，首先在于课堂教学，名师工作室的重点工作之一，就是提升成员的课堂教学能力，这也是本工作室开展其他活动的基础。为此，工作室成员要以课堂为载体，围绕科学的教育教学主张，积极进行课堂教学的实践探索，采用集体备课、专题实施、同课异构等方式开展听课、研课等活动。结合市教研中心、伊旗教研室的工作，每学期组织培训、讲座或公开课等。

⑦制定科学合理的《学科课程改革评价方案》并通过审核，在具体的工作中得以应用，指导全旗课程改革。制定具体的方案和实施办法。主要涉及学生主体地位和教师主导作用的发挥、学生参与教学过程情况、学生发现问题以及分析和解决问题能力的培养等，引导广大教师自觉转变教学方式。

⑧专家指导。在伊旗教育局教研室的大力支持下，除余映潮老师的培训外，每个名师工作室每年至少外出培训一次，通过学科主题培训，开阔视野，陶冶情操，增强事业心，提高业务能力和工作水平。通过导师和主持人认真选拔，每个工作室每年选出1~2名工作室榜样成员，在导师的带领和指导下外

出讲学，对能够外出讲学的名师进行奖励。

⑨工作反思及总结。养成反思总结的习惯，认真撰写反思日记和教育教学论文等，提升自己的教育教学水平。

⑩评价措施。在管理模式上采取对工作室成员建立成长档案袋的管理制度，对工作室成员施以诊断性评价和终结性评价的同时，重点进行形成性评价。按《伊金霍洛旗第三期名师工作室考核细则（讨论稿）》的相关要求考核工作室成员的业绩。

五、具体要求

1. 对主持人宋沙兰、主持人助理郭双喜的要求

①不断学习教育教学等方面的理论知识，真正起到引领作用。

②在实践中，保质保量并有创新的完成本职工作：负责工作室实施方案的起草，确定研修室研修目标与研修方向，明确研修任务；负责工作室日常研修活动的策划、管理、指导、培训工作；负责工作室培训与研修的过程管理；负责研修期间聘请专家、组织活动、对外协调，每学期组织开展大型活动不少于1次，承担培训不少于3次。

组织团队成员制定成员研修实施计划，根据"导师伴随成长"的原则，帮助成员分析自身专业发展现状，制定个人专业发展规划，开展个性化的伴随指导，鼓励并督促成员自主研修，提高成员教学水平，逐步打造并形成成员个性化的教学风格。两年内指导每位成员在旗、市级及以上刊物上发表论文4篇，旗级（及以上）讲座或公开课不少于4次，主持市级及以上课题不少于1个；两年内至少指导2名所带成员获得高一级教学能手称号。

2. 对工作室成员杨小树、井红梅、张玉翠、钱俊玲、白丽萍（研修员）、郭志强（研修员）、柴永霞（研修员）的要求

1）及时了解本学科及相关学科的发展趋势，学习和吸收新知识、新理论和新方法。认真参加研习，在理论上充实提高自己。

2）按时完成名师工作室的各项实践工作。

①根据个人的实际情况，科学地制定个人发展规划（内容包括阶段性提升计划（学期）及两年发展规划），明确今后自己专业发展的目标和步骤。

②研修活动出勤情况：按时参加每次的研修活动。

③工作室成员每两周利用伊旗初中语文名师QQ群组织成员进行教研讨论（专门研讨工作中存在的问题，寻求对策）。研修期间要根据工作室要求按时完成各项研修任务，定期往工作室群里上传与研修相关的教学设计、反思、随笔、案例、论文等。

④听课、评课。名师工作室成员均应听、评每次研修活动的所有示范观摩课。

⑤每一个学期面向全旗开展一次专题讲座展示活动（教研成果：即研究解决一个教学工作中的实际问题）。

⑥每个成员每个学期至少上一节示范课（含公开课、观摩课、研究课、汇报课、送教课等），成员之间组织互相听课与评课。

⑦撰写教育教学论文（或心得体会、教育教学案例、教育教学总结、教学反思、调研报告等）3篇以上，其中1篇在旗级《伊金霍洛教育》或旗级以上期刊获奖、发表。

⑧课题研究。以问题为导向，加强课题（项目）研究，切实解决制约我旗教育教学改革的瓶颈问题。认真落实全国教育科学"十三五"规划课题。课题已申报——初中语文课堂阅读教学"语言学用"训练研究。工作室成员认真参与，力争顺利结题，并获好的奖次。或每年至少研究解决本学科教学中的一个突出问题（围绕子课题与小组成员及徒弟共同开展的小型教研活动）。成员备有专门的课题研究本，收集与课题有关的资料，手抄写作素材。每个成员在本校开设一节校级以上的课题研究公开课并对所有工作室成员开放。

⑨每个学期组织一次"送教下乡"活动，每年组织一次全旗性的初中语文教学研讨会。

⑩强化自身研究。经常阅读教学专业书刊，关注名家动态，学习名家智慧，增加自身积淀。工作室主持人将向成员推荐教育必读书目和选读书目，每位成员依据自己的情况制订相应的读书计划，每学期研读一本以上教育教学专著和《人民教育》3期。教育教学理论专著等的阅读以书上的圈点批注为标准，一般被批注页面不少于整册书籍的2/3。做好读书笔记并定期在工作室网

络平台发表读后感言，交流心得体会。读书笔记不少于3 000字。

⑪逐步完善工作室网站，实现教学资源的交流与共享。各成员每周及时更新所负责的专栏，对于其他教师发布上来的文件进行及时处理。尤其是负责"教学资源"的成员要努力完善资源库的整合，如语文教材中的优质资源（文字材料、图片资料、科学探究资料等等）；典型教学案例、教学的策略、模式、方法途径以及各种学生学习与评价的优秀资源、信息技术多媒体教学资源、语文实验探究资源等，力求使网站成为全县初中语文教师的资料中心。

⑫研修期间态度积极，参与意识强，有较强的合作能力，在研修过程中发挥积极作用。真正发挥名优教师的示范、指导和辐射作用。

【第三期2017年第一次研修活动】

活动总结

不忘初心　继续前行

——伊金霍洛旗初中语文名师工作室2017年第一次研修活动总结

伊旗四月，百花吐蕊。伊金霍洛旗第三期初中语文名师工作室于2017年4月20日开展了第一次研修活动。此次活动以解读"《伊金霍洛旗初中语文名师工作室两年发展规划》及个人阶段性学期提升计划"为主题。旨在组建新一届工作室的基础上，使成员进一步理清思路、明确目标，达成共识，为工作室两年规划献言献策，充分发挥名师工作室的引领、示范、辐射作用。

首先，名师工作室主持人宋沙兰老师解读了《伊金霍洛旗名师工作室考核细则》。宋老师将工作室的细则从思想到目标、从考核细则背景到具体的条款做了细致的分析，同时针对该考核细则，对《伊金霍洛旗初中语文名师工作室两年发展规划》做了详细解读："我们要聚焦课堂教学，关注教师高层次教学理念的建立，关注教师陈旧教学方式的革除，关注语文教师教研素养、教学技艺、文学水平的提升。"她明确地提出了两年内成员要达到的目标，这就使工作室明确了研究的方向。

其次，工作室每位成员进行两年自我发展规划的解读。名师杨小树从自我提高、教研教学以及力争走出去践行自我目标三个方面提出了自己的两年规划，最终在自我研磨的基础上，形成一个系列的作文的教学步骤，更好地为我旗语文教学服务；名师钱俊玲的规划以自我成长为目标，从"板块式"教学思路和主问题设计的教学中力求走出一条新路；名师井红梅谈到了自己的特殊情况，虽然怀有身孕，但能参加工作室的工作倍感骄傲，她要从关注"语言学用"入手、从研读教材入手，以各年级教材要点理论为指导，进行资料整合，形成主题教学思路；研修员郭志强深情回顾两年来工作室的点点滴滴，进一步表示要提高自我素养，加强读书；白丽萍老师的两年发展规划以教材整合和课题研究为主导方向，做了自己的个人规划；柴永霞老师的规划中更多谈到了读书、积淀、提高自我人文素养。各位老师的发言各有角度，比较务实。

最后郭双喜副主任做了总结发言，殷切希望各位成员严格要求自己，通过工作室这个平台不断提升自我，争取每一次活动都有一点收获，真正发挥名师的引领、示范、辐射作用，为提高我旗初中语文教育教学质量而努力。

本次教研活动将解读规划和规划建议有效结合，进一步明确了未来发展方向，提高了工作室成员的动力，而且在本次活动的基础上，形成了一个专家引领、个人教研、本土特色相结合的发展之路，远远比专家做一次讲座、教师亦步亦趋好得多。正如郭双喜副主任所说：语文工作室很特殊，特殊在这一届工作室成员，全部是上一届工作室成员留任，没有变动，是语文工作室的凝聚力再一次把全体成员聚集在一起。有热爱语文、热爱教研这种对于语文本真的初心，才能使工作室有前行的动力，相信教师们会把这次活动作为起点，不忘初心，继续前行！

【第三期 2017 年第二次研修活动】

优秀论文

立足教材　超越教材

伊金霍洛旗第四中学　杨小树

2017 年 5 月 22 日，伊金霍洛旗语文名师工作室成员和全旗七年级语文教师在市一中分校参加了工作室的第二次活动，本次活动主题是"立足教材，超越教材"，对人教版七年级语文教材进行了分析，我作为工作室成员也参与了此次活动，此次工作室活动呈现了以下特点。

一、教材分析各呈特点

一中的柴永霞老师首先作分析，她没有进行常规的逐课分析，而是对单元整体的教学提出了自己的见解。其次是钱俊林老师的第二单元分析，从单元重点、单元目标、单元教学和按课教学提议方面进行了简析。市一中分校的张玉翠老师从教材的编排、内容的设置、评价的建议等方面做了细致而又详实的分析。四中的白丽萍老师从学校的教研课题"利用教材，学用语言"入手，将第五单元各课的有效训练点细致道来。井红梅老师从部级培训的新课程要求入手，分析教材各种体裁的编排，从较高的角度做了分析。几位成员的分析形式多样、分析角度多样，给人耳目一新的感觉。

二、教材安排重新调整

从本次教材分析中可知新一轮课程以主题为编排体例，注重学习方法，如圈点批注的方法，其次提倡用好材料，拓展读书，在读书中注重积累，每一单元编排了不同的体裁类文章，有利于学生进行课中比读，同一内容有不同的呈现方式，而且进行课外文章的拓展阅读会更好一些，另外在本次课本中将语文的语法知识渗透分单元逐步进行，作文训练逐项进行，形成了梯度化的教学设计。

三、启示

要关注教材在全册中的地位，结合课标注重基本理念是否理解准确，是否深刻；要注重关注每一课知识点之间的联系，重难点是否突破；关注上课的切入口是否准确；注重学生语文能力和素养的提升，加强课堂听说读写活动的交流。

四、提高教师研读文本的能力

研读教材永远是教师的第一能力，本次活动就提醒我们做好教学研究，关注教材的训练点，从而形成系列，余映潮老师不就提醒我们要从研读教材上下功夫，形成自己的体悟吗？

本次教材分析对于我们进一步熟悉新的教材起到了较好的作用，也告诉我们学无止境，行走在语文教学研究之路上，永远是语文人的任务。

活动总结

<h2 style="text-align:center">立足教材　超越教材</h2>

——伊金霍洛旗初中语文名师工作室2017年第二次研修活动总结

教材分析是教师备好课、上好课和达到预期的教学目的的前提和关键，对顺利完成教学任务具有十分重要的意义。基于此，初中语文名师工作室于2017年5月22日下午在市一中分校如期举行以"立足教材，超越教材"为主题的第二次研修活动。活动主持人由语文教研员宋沙兰老师担任，参会人员有教研室郭双喜副主任、全旗七年级语文教师及全体初中语文名师工作室成员。

本次研修活动主要由名师工作室成员张玉翠、杨小树、井红梅、钱俊玲、白丽萍、柴永霞六位老师对人教版七年级《语文》下册新教材逐单元进行详细的教材分析。老师们的分析各呈特点：柴永霞老师没有进行常规的逐课分析，而是就单元整体的教学提出了自己的见解；钱俊玲老师对第二单元进行了分析，从单元目标、单元重点、单元教学及每课教学建议方面进行了简析；张玉翠老师从教材的编排、内容的设置、评价的建议等方面做了细致而又详实的分析；白丽萍老师从学校的教研课题"利用教材，学用语言"入手，将第五单元各课的有效训练点细致道来；井红梅老师从部编培训的新课程要求入手，分析教材各种体裁的编排，从较高的角度做了分析。几位成员分析教材的形式多样、角度之多，给人以耳目一新的感觉。

郭双喜副主任强调，六位老师分别从整册书的编写指导思想、框架及体例结构、编写特点和每个单元的单元目标及每一课的教学重难点、相关知识点、教学设计创意等多方面多角度对教材进行了深研细钻，从本次教材分析中可知新一轮课程以主题为编排体例，今后教学中要注重学习方法的指引、注重积累、注重利用课文学会写作等方面进行训练。

最后工作室主持人宋沙兰作总结发言，认为教师对教材的研究要做到五个方面：站在整册教材的高度去理解教材；对教材基本理念、基本观点的理解要科学、准确、深刻；要注重关注每一课的知识点与相邻知识点之间的联系；要抓住突破重难点；教学突破口、切入口的选择要准确。教师不仅是教材的使用者，更是教材的研究者，因此，读懂教材是使用教材、有效教学的基础。

此次活动明确了研读教材永远是教师的第一能力，教师只有认真对教材进行研析，才能上好课，才能实现教学目标，最终达成教育目的。

【第三期 2017 年第三次研修活动】

优秀案例

《太空一日》教学设计

伊旗二中　郭志强

学习目标：

①了解作者，积累相关语言（字词、心理描写、动作描写等）及航天知识。

②运用浏览的方式，快速提取文章的主要信息，并在阅读中提出自己的思考与质疑。

③理解作者的科学精神与探险精神，激发爱国热情，探索宇宙奥秘的求知欲望。

学习重点：

积累语言，运用浏览的方式，快速提取文章的主要信息，思考、质疑。

课时安排：

1 课时。

学习设计：

一、情景激趣

神舟五号载人飞船是"神舟"号系列飞船中的第五艘，是中国首次发射的载人航天飞行器。它于 2003 年 10 月 15 日 9 时发射，将中国进入太空的第一人——杨利伟送入太空,并于次日6时23分返回。这个飞船的成功发射,使得中国成为继前苏联(俄罗斯)和美国之后第三个掌握载人航天技术的国家。杨利伟也因此成为全国人民心目中的民族英雄。

课文就是杨利伟写他自己在太空一日的亲身经历,既惊险又真切动人。今天我们共同学习,看看我们能从中获得哪些重要信息,又能感知作者怎样的精神品质呢?

二、整体感知

浏览课文(十分钟)。要求学生阅读时,标出生字词,用横线画出重要信息,用着重号标出表现作者心理变化的词语,用波浪线标出表现作者科学精神的语句。

(1)积累一点语言:校正读音,积累语言

(2)提炼一些信息

根据小标题梳理重要信息:太空一日,充满紧张与意外。主要经历了哪几步?遇到哪些意外情况?又有怎样的心理活动或举动?

1)依据小标题:

第一部分:写火箭发射升空时"我"的复杂感受。

第二部分:写作者在太空中看到祖国的感受以及对战友、亲人的惦念,并强调在太空中看不到长城。

第三部分:写"我"克服"本末倒置"这一错觉的经历及"我"在飞船内听到神秘的敲击声。

第四部分:写飞船返回地面的复杂过程及作者由紧张到放心的心路历程。

2)参考答案:

①我全身用力,肌肉紧张,整个人收缩得像一块铁。

②火箭和飞船开始急剧抖动,产生了共振。这让我感到非常痛苦。

③它急剧减速,产生了近4G的过载。我的前胸和后背都承受着很大的压力。

④随后发生的情况让我非常紧张——右边的舷窗开始出现裂纹。

⑤接着飞船"嗵"地一下落地了。我感觉落地很重,飞船弹了起来。

(3) 谈谈自己的收获

作者通过叙述乘神五到太空遨游一日的观察与体验，表现了可贵的探险精神与实事求是的科学精神与严谨的科学态度。学习这篇课文，对你有什么启示呢？谈谈你的收获或者疑问。

探险精神、科学精神、语言（修辞、描写）、情感……

(4) 写一句励志语

本文采用小标题的形式，详尽地叙述了杨利伟的"太空一日"之旅，表现了航天英雄的沉着、冷静、勇敢、有毅力和严谨、科学的精神。赞扬了我国航天技术的飞跃发展。

示例：

自己打败自己是最可悲的失败，自己战胜自己是最可贵的胜利。

每个人注定都要经历一番失败的煎熬和且行且上的痛苦。

只要经历，即使是失败，也从不会是无益的。

人可以失败，但不可以被打倒。

三、总结激励

我泱泱中华，地大物博，人才济济！从自主研发原子弹、氢弹，到长征、神舟载人火箭的升空，我们中国人的实力逐渐展现在世人的面前。中国的地位在世界上也越来越重要，越来越不可动摇！国强，则民强！只有祖国强大了，国人的各方水平才能得到综合的提升！看着祖国的进步，作为中国人，我们为之骄傲！

少年强则国强，希望孩子们能向杨利伟学习，从小立大志，向着目标勇往直前、面对挫折、失败不轻言放弃，做一个对社会有用的人。

四、作业

观看航天相关视频，阅读拓展资料。

五、板书

略。

心得体会

同课异构，各显精妙

伊旗一中　钱俊玲

初中语文名师工作室第三次研修活动6月14日在伊旗四中如期举行。本次活动的主题是同课异构，在这次活动中，由杨小树老师、郭志强老师和我同讲一课，即七年级下册第六单元课文《太空一日》，通过同课异构来体现老师们对同一教材的不同的处理方式和灵活使用教材资源的能力。这对老师来说是个极大的挑战，更是个相互借鉴、相互学习的好机会。

《太空一日》是航天英雄杨利伟写的展现神舟五号太空一日飞行经历的文章。文章采用小标题式，思路清晰，展示了神五飞行的三个阶段。语言朴实，但险象环生，扣人心弦，体现了航天员的不怕牺牲、沉着冷静、科学严谨的态度。

在备课前，我认真阅读、钻研教材，参阅了大量相关的教学资料，观看了神五升空的视频资料，初步确定了自己的教学思路即概括内容——品析人物——写作训练。在课堂上，按照自己的教学方案，有条不紊地进行下来，学生对航天英雄杨利伟的精神品析得非常准确到位，有针对性地训练了小标题式结构，课堂教学很完整。

听了杨小树老师的课后，我才发现什么叫技高一筹，杨老师的教学设计更精彩，我们的教学思路大体是一致的。不同的是，杨老师在概括内容这一环节让学生用三四个词语或句子概括小标题，引导学生认真阅读文本，提取关键信息来概括，学生也有精彩的回答，如"艰难的26秒"抓住了细微处来概括，让概括能力训练落到实处。在精段阅读中，杨老师重点训练了在叙述事件中融入心理描写，提取了心理描写的词语，体会了心理的变化过程，在写作训练中顺势进行了相关训练，设计了"操场上，就要进行比赛了""教室里，考试马上要开始了"两个片段训练内容，让学生学以致用，讲练结合，效果更佳。

郭志强老师的课借鉴余老师的板块式结构，思路清晰。其注重基础知识，把时间留给学生，给学生充足的阅读和思考时间，充分体现了以学生为主的教学理念，而且注重情感教育，对学生树立理想、培养探险精神是一个很好的激励。

总之，通过这次活动让我看到了同行们在学习余映潮老师教学思想方面都有了明显的进步，在教学设计方面更精巧、更有效，"虽不能至，心向往之"，只要我们努力学习，不懈努力，沿着名家的足迹一路前行，相信一定会在课堂教学方面开出丰硕的花朵。

活动总结

立足课堂　同课异构
——伊金霍洛旗初中语文名师工作室2017年第三次研修活动简讯

2017年6月14日（星期三）上午，在伊金霍洛旗第四中学的录播室，语文名师工作室在伊旗四中井红梅老师的主持下举行2017年的第三次教研活动。此次活动的主题是"立足课堂，同课异构"。旨在研究课堂、打造课堂，以相同的教学内容、不同的教学构思进行教学研讨，积极探索课堂教学改革的新思路，进一步提高专业研究水平和课堂教学质量。本次活动以三名老师同课异构及交流研讨为主。参会人员是全体工作室成员，教研室郭双喜主任亲自莅临指导。

三位老师授课的内容是人教版七年级下册的《太空一日》，本文选自航天员杨利伟撰写的个人传记《天地九重》。课文由四部分组成，分别就起飞时的生死考验、太空中的真实所见、飞船上的声音探索、返回途中的惊险机遇作了详细介绍。本文具有很强的变现力，普通的词汇、平实的语言，读起来却惊心动魄，扣人心弦，三位老师从不同角度为我们展现了三节精彩的课。

首先是由钱俊玲老师授课。钱老师这节课设置了两个教学重点，是概括课文内容与品析人物，教学环节层层深入，在规范学生表达的同时锻炼了学生的表达能力，在对教材资源的利用上有自己独到的看法，钱老师充分利用本文小标题，向学生拓展了小标题的知识并做到有效地训练，钱老师这节课"润物无声"，像涓涓细流沁入每个学生的心底。

第二位授课的是杨小树老师。杨老师从筛选信息、精读、学写法三个层面教学，每一个环节都充分利用教材，如"看小标题提炼课文内容"很好地锻炼了学生筛选信息的能力，如精读第一部分，细致入微地对心理描写进行了分析，最后学以致用，运用心理描写写场景，真正做到了活学活用、学以致用。

第三位授课的是郭志强老师，郭老师重点训练了学生的浏览能力、概括能力及感悟能力，让学生了解内容、感知内容并形成自己的感悟，层层递进，让学生认识英雄、了解英雄、崇拜英雄再到模仿英雄，循循善诱，培养了学生高尚的道德情操。

最后工作室成员针对这三节课进行了交流研讨，整个交流活动气氛热烈、融洽，大家畅所欲言，对学习收获、启示进行了坦诚的交流，对几节示范课进行认真客观的评价。

这次交流活动为语文工作室的成员提供了相互学习、相互交流的平台，促进教师共同成长，进一步丰富教研内涵，推动有效课堂教学深入研究，促进教师专业化成长。相信在教研室的带领下我旗的语文教学水平会迈上一个新的台阶。

【第三期2017年第五次研修活动】
活动总结

朵朵花开淡墨痕
——伊金霍洛旗初中语文名师工作室第五次研修活动总结

2017年10月26日、27日，伊金霍洛旗初中语文名师工作室在伊旗第一中学开展以"教材研读与有效利用"为主题的研修活动。此次活动目的是进一步提高我旗初中语文教师研读教材的能力，促进其专业化成长，提高课堂实效，特邀请中国著名语文教育专家余映潮来我旗进行专家讲学活动。全旗初中学校所有语文教师及分管领导全程参与活动。

本次活动以听课、评课、讲座的形式展开，授课的六位老师全部由名师工作室的成员承担。白丽萍老师执教《荷叶·母亲》、杨小树老师执教《秋天的怀念》、柴永霞老师执教《背影》、郭志强老师执教《白杨礼赞》、钱俊玲老师执教《范进中举》、项婷老师执教《杨修之死》。他们的课去浮夸、无花哨，精备课、求实效，正在努力地实践着余老师的教育教学理念，注重板块式主问题教学设计，注重学生的积累，注重精读训练。接着是余老师对六节课精准到位、全面深刻的点评。通过"教学流程""课例分析""课文研读""新的教学创意"四个板块的点评在肯定优点的同时也指出了课堂中存在的不足及努力方向，让授课老师及全体听课老师明白自己在日常语文教学中存在的一些问题，便于在今后教学中改进。他的评课过程让教师明白了态度决定一切，让教师树立了高效课堂的教学理念。

余老师也为教师们带来了两节示范课：即《纪念白求恩》（七年级上册）和《唐诗两首》（八年级上册）。余老师的课，就像清水芙蓉，不加雕饰渲染，却别样鲜妍明媚。七上《纪念白求恩》，余老师紧扣课后练习展开课文研读，给老师们一个很好的提示和示范，要重视部编版课本课后练习题。他的课是"利用教材"教给学生方法，那么多的美点赏析：层次之美，手法之美，角度之美，句式之美，称呼之美……同时也给老师们指明了方向，品析一个语段，角度是丰富的，需要精心研读教材，用心发现课文美点。八上《唐诗两首》分为三个板块：朗读训练、诗意把握、手法赏析。朗读指导具体，朗读训练实在，赏析话题切入精巧，学生有话可说，教师小结精炼，有更多的语文专业知识渗透，两首诗放一起教，写景抒情一样，给了教师们诗歌教学很好的示范。

余老师的每节课都是一个创新，每节课都有独特的一个或多个"知识能力"训练点，他的课总让人觉得"切入点巧""训练点妙""辅助材料恰切"，这些都来源于余老师对语文专业知识的"精"与"通"，来源于他始终如一日的"端正认真的备课态度"。他的课堂让我们情不自禁地想到"随风潜入夜，润物细无声""清水出芙蓉，天然去雕饰"，正是朵朵花开淡墨痕！

他的专题讲座"精心研读教材，精致利用教材"从五个方面优化教学技能：精心研读教材、把教学理念提升到利用教材上来、教学思路要彻底改变、提问习惯要作彻底地改变、教学用语要克制"家常话"。精致利用教材主要关注语言学用、技能训练、知识渗透、审美熏陶、集体活动、教学资源、课中积累。让老师们对于"语文教学""新潮教学理念""语文教材的研读与利用"有了更全面更系统的认识，具有极强的针对性和指导性。

此次教学活动指导，为中学一线的语文教师指明了方向：高效的语文课堂，容量大、内容深，源于对教材的高度研读和利用。余老师细致观察发现老师需要克服下列问题：碎问，碎说，思路不清，学生活动时间少、核心技能训练少、缺少语言学用、缺少精读训练等。这对于今后的语文高效教学更是起到了引领和示范的作用。相信在余老师的指导下，伊旗的语文教育教学水平定会更上一层楼。

【第三期2018年第三次研修活动】

优秀论文

学生课堂实践活动设计

市一中分校　赵　晴

新课标指出：语文课程是一门学习语言文字运用的综合性、实践性课程。既然是实践性课程，就会注重培养学生的语文实践能力，而培养这种能力的主要途径也应该是语文实践。

对于语文实践，新课标又提出：学生是语文学习的主体，教师是学习活动的组织者和引导者。语文课程应在师生平等对话的过程中进行。这就要求语文教师必须根据学生身心发展和语文学习的特点，爱护学生的好奇心、求知欲，鼓励学生自主阅读、自由表达，充分激发他们的问题意识和进取精神，关注个体差异和不同的学习要求，积极倡导自主、合作探究的学习方式。教学内容的确定和教学方法的选择、评价方式的设计，都应有助于这种学习方式的形成。

基于新课标理念的提出，我们可以在进行学生课堂实践活动时进行以下尝试。

一、让课堂充满思维碰撞的火花

我们的课堂教学应该是充满激情和思维性的课堂。我们应该给学生提供一个思维灵动的课堂平台，在整个课堂教学的过程中，不仅要尊重学生个性的差异，而且要鼓励学生培养积极发现问题、思考问题、解决问题的行为习惯。在课堂教学中，我们应该尝试给他们足够的空间去思考，而不是动不动就"来，老师先给大家一个提示"，同时也要有足够的耐心进行等待，而不是"还想不出来，请坐，下一个同学"，更应该尊重每一种性格、每一种差异、每一个创意又新奇的答案。只有这样的课堂才能充满思维与思维的交织与碰撞，只有这样的课堂才有个性与灵感的释放，只有这样的课堂学生才能更加自由的、主动的、积极地感悟语言、体会情感。

我们在设计教学活动时，首先应将问题简单凝练化，以主问题为主而不是琐碎的问答为主，因为主问题能让学生的思维更有方向性，琐碎的问答只会让学生的思维不断被打断，不能形成良好的思维过程。其次，要给学生足够的时间与空间去自主探究、自我思考，而不是急于知道老师说什么，更不是急于寻求同桌的帮助、小组的帮助。第三，是耐心的等待，不要动不动就"换人"，这样只会让学生的思维过程被"不乐意"打断，更会直接影响他们的上课热情和积极性。当然思维的培养和训练是个循序渐进的过程，绝不是一次两次就可以形成的，所以需要我们耐心的引导和传授。

二、让课堂回归语文的诗意本真

语文除了工具性以外，还有鲜明的人文性，我们要将语文的人文性通过诗意进行表达，所以在语文课堂上一定要给学生提供诗性的语文课堂，让学生在学习语文的同时，感悟语文的诗意美、人文美。我们的语文课堂本来就应该是充满诗意的课堂，一节诗意的语文课，既能表现文本的美感，也可以表现学科的美感，更可以激发学生的学习兴趣，何乐而不为呢？

我们可以尝试对文本进行改编，如《安塞腰鼓》本来文本就很美，我们可以从格式上对文本进行修改，让文本的格式诗意化。当然也可以让学生学写诗，如《假如给我三天光明》，让课堂的语言诗意化。最后，还可以让学生美读文本，教师指导朗读、学生读、配乐读，让语文活动诗意化。总之，在整个课堂实践活动中，更注重语文诗意的再现，既要给文本创造一个合理的诗境，也要引导学生融进诗中，让学生在感悟诗的同时，理解语文本身的诗意、诗情和诗趣。

三、让课堂扎根于现实的生活

一代大教育家杜威曾说:"教育即生活。"教育是为了更好地生活,生活的感受也能用于语文教育之中。所以我们要创建有生活气息的课堂,让学生既能从生活走向课堂,同时也能从课堂走向生活。在生活化的课堂情境中,让学生感悟知识的乐趣、语文的乐趣。

我们设计课堂活动,一定要力求贴近学生的生活实际,让学生喜闻乐见,使课堂教学遵循学生身心发展的规律,以学生现有的知识储备和生活经验为出发点,使学生从周围的事物、生活的经历出发去理解和感悟语文。如《驿路梨花》中,我们就可以提到生活中的"驿路梨花"——一把把免费的雨伞,一个个温暖的清洁工之家,一碗碗热腾腾的冬季之汤。这些都是生活中学生见到的,也是生活中学生能感知到的"驿路梨花",这就有利于学生去理解文中"驿路梨花"的精神。又如《老王》,我们生活中也有无数平凡得不能再平凡的人——每天关心关注你的门卫大爷,每天在你身边来来回回的学校清洁工阿姨,每天为你打饭的食堂阿姨。这些既平凡又普通的身边人,我们对他的情感态度是怎样的?这些是可以对比类化为作者对老王的情感的。

我们的课堂实践就应该是这样来源于生活、服务于生活,基于文本又反馈于文本,让学生能够有话可说,更让学生多关注生活。

四、让课堂成为积累的源头活水

语文是一门特殊的语言学科,必须通过不断的积累和记诵来完成任务,所以我们应该更加注重学生语言方面的积累。这些积累不仅仅是简单的字词的积累,不是就会认几个音、写几个字,更重要的是语言的积累。有很多的文章都是很好的写作素材,学生也能读出好坏,但是在尝试写作的时候总是忘记了作者原来到底是怎么写的,这就是缺乏语言的积累。我们应该抓住课堂的契机,给学生设计积累和记诵环节,让他们不仅学习了文章,更积累了语言,并且将语言用在以后的语文学习之中。

当然这里的语言积累的内容是广泛的,可以是简单的诗歌积累,也可以是晦涩难懂的文言文积累,还有就是优美的字词句段的积累,总之只要有好的我们就该动手记一记。同时,我们的课堂活动也可以多元化,可以是熟读成诵,可以是背诵积累，可以是理解运用于表达，可以是仿写应用于自己的文章之中。总之，为课堂设计语言积累的活动，让优美的语言为大脑积累内存。

五、让课堂充满青春的活力

对于新时代的青少年来说，朝气蓬勃、青春无敌才是最真实的标签，所以我们的课堂也应与之相匹配才对。这样就要求我们的课堂也要充满生气、充满生机与活力。因为沉闷的课堂氛围会让整个课堂变得十分压抑，在这样的课堂氛围之中，学生的热情难以被点燃，思维缺乏积极性，整个上课的状态也会变得慵懒不堪，更不用说学生会主动去思考、探索新知了。

在课堂中我们不仅要围绕学生进行活动设计，还要利用我们现有的知识储备，对学生进行灵活的现场施教，只有在师生的一来一往中，课堂才更真实，也才可能有更多"生成"的东西，而这其实就是学生在教师指导下的成长。同时，在这个过程中学生会更积极的与你进行真挚的互动，因为每个教学活动的设计都与学生的课堂反应息息相关，而不是固守于教师的答案。

我们常说小说的高潮是人物矛盾最为激烈的时候，当然课堂也需要这种高潮，这个高潮是老师与学生互动最为激烈的时候，其实就是课堂因为一些"意想不到"而达到的精彩效果，也就是我们所说的"课堂生成"，这种"生成"就是学生青春的体现，更是学生与老师智慧的体现。

尊重课堂本真，注重课堂生成，重视"师生矛盾"，课堂在与学生的一来一往中生成真实的教学状态，展现真正的师生成长，释放真正的青春活力。

六、让课堂成为合作的沃土

新课标指出，"积极倡导自主、合作、探究的学习方式"，其中合作是课堂学习的一个重要因素。任何伟大的发明与创造绝不是一个人就可以完成的，需要每个人去发挥不同的光和热，这就需要我们进行实实在在的合作与探究。这种合作与探究并不是"等待被告知"，而是真正理解基础上的分享，只有这样的合作与探究才是高效的合作与探究，否则，都只是流于形式。

在语文课程中我们要设计合作环节，因为只有这样学生才能分享自己的所得，同时吸收别人的所得，另外，在这个讨论的过程中，学生也进行了一定的思维活动，因为他需要判断新知，同时需要筛选其他同学所提供的信息，进行二次的加工处理，最后再和自己的理解进行新的融合处理，这就是一种思维的活动，更是一种能力的进步。

七、让语言学用贯穿语文课堂

语文终归是一种语言的工具，他需要用、需要表达、需要写。我们在进行教学设计时，这些语文的根本所在一定不能丢弃。我们的思维再发散，也得尝试着去表达去分析，我们的课堂再自主，也得让学生用语言来表达。总而言之，我们一定要将语言学用真正贯穿于语文之中，每一节课至少要让学生掌握一种语言的技能、语用的技能或者是写的技能。

如《安塞腰鼓》中，我们学会用场面描写，《社戏》中我们尝试环境描写，《回延安》中我们尝试诗歌创作，这些都是语言学用。另外，在每一节课上，我们都要给学生进行一种句式的训练，让学生在理解文章、感悟文章的同时也学会一种基本的句式。

我们在进行语文课程设计时，要多考虑一些句式的训练、篇章结构的理解、写作的训练，让语文学习真正服务于语言学用，真正服务于学生能力的培养，让语文课不只教情感而且教思维更教能力。

总之，一节丰富的、完美的语文课一定不是简简单单的内容的堆砌，更应该是课堂实践活动的精心设计，有了这些我们为孩子量身定做的实用活动，语文课堂才会真正成为一门工具性与人文性完美统一的课堂。

试论学生语文课堂活动设计的实施策略[1][2][3][4]

鄂尔多斯市第一中学伊金霍洛分校　张玉翠

摘要：在课程改革不断深入推进的今天，为了提高课堂效率，学生课堂活动的设计显得至关重要。作为教师，可以从创设生动活泼的课堂活动，构建自

---

[1] 乌申斯基. 西方近代教育论著选 [M]. 北京：人民教育出版社，2000.1.
[2] 陈旭远. 新课程 新理念 [M]. 长春：东北师范大学出版社，2002.3.
[3] 义务教育语文课程标准（2011年版）[M]. 北京：北京师范大学出版社，2012.1.
[4] 余映潮. 致语文教师 [M]. 上海：华东师范大学出版社，2013.1.

主、合作、探究的学习模式，设计灵活思辨的主问题，布置特色个性的任务单等方面改变教学策略，从而使得语文课堂成为一道亮丽的风景线。

关键词：语文；课堂活动；策略。

《语文新课程标准》指出：学生是语文学习的主人。课堂是教学的主阵地，是学生建构知识、生成能力的重要场所，是至关重要的组成部分。在课程改革不断深入推进的今天，为了提高课堂效率，将语文课堂教学与学生身心发展联系起来，让课堂真正充满语文的味道，学生课堂活动的设计显得至关重要。

一、创设生动活泼的课堂活动

苏霍姆林斯基说："教育的技巧不在于能预见到课的所有细节，而在于根据当时的具体情况，巧妙地在学生不知不觉中做出相应的变化。"因此，我们可以根据实际情况把常态教学环节设计成一个个生动活泼的课堂活动。

1. 创设问题情境，激发学生求知欲望

俄国教育家乌申斯基曾精辟地指出："没有任何兴趣、被迫进行的学习会扼杀学生掌握知识的意图。"爱因斯坦也说过："兴趣是最好的老师。"浓厚的学习兴趣，强烈的求知欲望，是刺激学生学习的最有力的因素。因此，在语文教育教学中，作为教师，应着意创设各种有效情景，以激发学生的学习兴趣，树立学生的自信心，充分调动学生的积极性、主动性，使学生觉得"学习有味"并主动参与到教学之中，使学生快速完成认知过程，由"厌学"到"想学"，由"想学"到"乐学"。比如在学习《皇帝的新装》一课时，可以设计一个环节，由学生分角色表演课本剧，让学生充当大臣、随从、骗子、皇帝等角色，皇帝骄奢淫逸、昏庸腐朽的形象以及虚伪、自欺欺人的群臣形象一定会令学生印象深刻。

2. 合理利用多媒体，激发学生学习热情

多媒体的介入，给了教师创设情境的有利平台，使得中学语文教学的课堂上有了图、文、声、像、动等丰富生动的情景创设，营造了良好的学习氛围，将枯燥乏味的文字说明转换成图片或动态的具象，不仅能够提高学生的学习兴趣，而且能够节省大量的教学时间。如教《黄河颂》一课时，课前播放《黄河颂》flash课件，屏幕上出现波涛汹涌的黄河的画面，上课时，在音乐的伴奏下，学生一边欣赏波涛汹涌的黄河，一边倾听老师激情澎湃的导语：同学们，你们见过黄河吗？黄河水浩浩荡荡，奔腾不息，它与长江同为中华儿女的母亲河，是中华民族的摇篮，她们哺育了江河沿岸的亿万华夏人民，她是中华民族的象征。这样导入新课，一开始就能激发学生的学习热情，拨动其思维之弦，让他们以最佳的兴奋状态投入学习活动。

3. 培养自主意识，激发学生创新思维

学生是课堂教学的主体，要以学生为本，发挥学生的学习潜能；学生是课堂学习的主人，在课堂教学中，要让学生主动参与学习过程、实践过程，教师的作用则是隐性的，是为学生的学习服务的。教师在提供一些丰富的素材后，学生就要进行大量的自主探究。如学习《骆驼祥子》名著导读时，给学生分组，每个小组做不同的专题报告，教师可以给他们提供一些帮助，给学生绝对的自主活动时间和空间，学生通过搜集资料、研讨分析、集结成果，一定会给我们呈现一个与众不同的《骆驼祥子》专题报告，而这个过程本身，就能充分激发学生的创新思维，这必然是充满语文味道的课堂。

二、构建自主、合作、探究的学习模式

自主学习是新课程的理念，也是素质教育的具体表现。自主学习能唤醒学生的主动意识，发挥学生的主体作用，培养学生的主动精神，真正让学生成为学习的主人。合作学习指的是个人与个人、群体与群体之间为达到共同目的自愿结合在一起，通过互相配合和协调而实现共同目标，最终使个人利益也获得满足的一种学习方式。合作学习的组织形式是多种多样的，小组学习是合作学习的一种具体形式，师生互动、自学交流、小组学习、全班讨论等都是合作学习。探究学习是学生围绕一定的问题、文本或材料，在教师的帮助下，自主寻求答案、自主建构意义、自主寻求所需信息的一种学习方式。

比如在学习《谈读书》时，可以设计为一句话认识课文、积累雅词、精读赏析、写作训练四个板块，其中第一、二个板块可以由学生自主学习后进行合作学习，解决基本问题，第三、四个板块综合运用自主、合作、探究的学习方式，给学生主动权，给学生充分自由的学习空间，让学生用自己的眼睛去辨识、品味、体会。教师要充分参与学生的学习活动，从细微处入手，在求同存异中找到学生思想、智慧的闪光点。这一定是开放的、充满活力的、能促进学生全面发展的语文课堂教学。

"自主、合作、探究"性的学习方式，是语文课程标准所倡导的学习方式，这种学习方式能有效提高学生自主学习语文的能力，有利于培养学生的合作精神和合作能力，有利于培养学生的探究精神和创新能力。在语文教学实践中，教学内容的确定、教学方法的选择、评价方式的设计，都应有助于这种学习方式的形成。教师应更新观念、转变角色，促进学生语文素质的全面提高，真正让学生喜欢语文、会学语文。

三、设计灵活思辨的主问题

主问题设计是余映潮老师提出来的，是相对于课堂上简单的追问和习惯性的碎问而言的，它指的是语文教学中能"牵一发而动全身"的重要问题。

余映潮老师说："主问题是阅读教学中立意深远的、有质量的课堂教学问题，是深层次的课堂活动的引爆点、牵引机，在教学中显现着以一当十的力量。"可见能够设计灵活思辨的主问题对于语文课堂活动来说是多么重要。

1. 从文章标题入手来设计

标题是文章的眼睛，有时我们能从标题入手设计主问题。如教学《春》可以设计成"为标题加个修饰语，可以是词，也可以是短语"这样的主问题，学生就能逐段分析出五幅春景图，看似简单，却从大局着眼，学生能够更深入地理解课文。在讲授《黄河颂》时，可以设计主问题"这赞颂的是_____的黄河"，学生通过多种方式朗诵自然可以总结出作为"摇篮""屏障""臂膀"的黄河伟大坚强的精神，作为中华儿女也要学习这种精神。

2. 从文章的关键句入手来设计

从提纲挈领的角度来说，有些文章可以从关键句入手来设计主问题。比如在学习《核舟记》时，可以抓住开头"明有奇巧人曰王叔远"一句，让学生用"我从文中_____看出王叔远的奇巧"句式说话，以此为抓手，学生很容易会说出奇巧在雕刻的内容多、人物各具情态、工法精细、细节完美、构思巧妙。再如在学习《答谢中书书》时结合首句"山川之美，古来共谈"设计这样的主问题——短文中的山川之美,美不胜收,你头脑中浮现了怎样的画面?请任选一个角度,用"这里有_____之美,你看_____"的句式给大家描绘一番(角度提示:山水交映之美、色彩配合之美、晨昏变化之美、动静相衬之美)。这样的文言文教学,对于学生和老师来说都是一种美的享受。

3. 从文章的思想感情来设计

每篇文章都有特定的主题思想和思想感情,情感往往是一篇文章的出发点和落脚点,有时可以尝试从思想感情的角度来设计主问题,如学习《最后一课》,可以设计"作者的爱国情感在哪里得到体现"这一主问题,学生很自然地就能分析出人物语言、动作描写、环境描写等,这比老师一个接一个地碎问要精妙得多。在教学《春酒》时,可以问这样一个问题:能否取一个合适的酒名来体现作者寄寓在春酒中美好丰富的情感?用"这是一杯_____酒"来说话,以此让学生的思维火花闪现出来。在这个主问题的引领下,学生纷纷感受到母亲的慈爱、温柔、好客,能解读出浓浓的乡情,等等。这样充分调动学生的主体地位,学生学得透而扎实。再如教学《阿长与〈山海经〉》时,可以设计这样一个问题:作者记录了儿时的哪几件事?感情是如何变化的?可以让学生通过表格来初步了解课文,感悟作者的情感。学生在勾画重点信息的同时能真切体会作者欲扬先抑的情感。这在长篇课文的教学中效果还是不错的。

4. 从品析语言的角度来设计

《语文课程标准》指出,语文课程是学生学习运用祖国语言文字的课程,因此学生能从课文中大量实践和练习。很多时候我们能从品析语言的角度来设计主问题。如学习《秋天的怀念》一课时,可以设计文中动词的表现力欣赏、叠词的妙用这一主问题。学生很快就能分析出那扑、抓、挡几个动词,形象地描绘了母亲这个弱女子对儿子爱的坚韧、坚强。文中叠词更是蕴含无限深情,"悄悄地""偷偷地""红红地"表现了母亲复杂的思绪。"好好儿活"既是说给儿子听的,也是鼓励自己的,带着几分无奈,几分顽强,她知道自己的生命也许不长了,却仍在不屈地与病魔抗争,不希望看到病痛中的儿子失去与病魔抗争的自信,失去继续生活下去的勇气。比如教学《我的叔叔于勒》时,可以设计这样一个问题：于勒称呼之赏析。请学生找出对于勒的不同称呼并分析。这个问题可以辐射到小说的背景、人物形象的渗透，自然会对文本解读得比较到位。

四、布置特色个性的任务单

众所周知，每个学生都是独特的个体。孔子曾说要"因材施教"，作为教师，完全可以根据学情在课中或者课后布置特色个性的任务单。我们要从多方位、多角度来设计语文任务单，既注重基础知识和基本技能的训练，又优化学生学习的过程与方法；既重视语文素养的提高，又提高学生的语文实践能力。如学习《乡愁》时，最后可以设置一个任务单——任选其一进行仿写：仿照余光中的《乡愁》，任选一个角度或意象（如乡愁、思念、幸福、友情、童年、母爱、校园等）写一首小诗（或一段诗）；请仿照诗句中"乡愁是……"这一句式也写一写乡愁，可以是一句话，也可以是多句。这样既能满足优秀生的需求，又不会令潜能生尴尬。在读完《骆驼祥子》时，有能力的学生可以作专题汇报，能力不足的学生也能写一写读后感，这样不同的学生都会有所收获。

五、结束语

著名教育家叶澜教授说过："课堂应是向未知方向挺进的旅程，随时都有可能发现意外的通道和美丽的风景。"为了让学生欣赏更美的风景，作为教师，我们一定要付出自己的智慧和创造，精心设计与思考，相信我们的课堂一定会浮动着师生的情绪、灵气和悟性，时时能感受生命的绽放、闪光和激荡，一定会成为一道亮丽的风景线。

活动总结

关注语言学用　落实实践活动
——伊金霍洛旗初中语文名师工作室2018年第三次研修活动总结

为了进一步提高我旗的教育教学质量，促进我旗初中语文教师的专业化成长，伊金霍洛旗教研室于2018年5月2日—3日特邀请中国著名语文教育专家余映潮来我旗进行为期两天的讲学活动。教研室田龙主任、郭双喜副主任及全体初中语文教师参加了此次培训活动。

本次活动以听课、评课、讲座的形式展开。授课的六位老师均按照余映潮老师提出的"着眼于学生实践活动的设计，落实语言学用、技能训练、知识渗透"的教学主张来展开教学。樊耀琴老师执教《驿路梨花》、赵娜老师执教《台阶》、赵晴老师执教《安塞腰鼓》、包冬梅老师执教《核舟记》、冯瑶老师执教《一滴水经过丽江》、齐玲玲老师执教《说明文阅读复习》。六位老师的课着重于语言学用的落实，注重利用课文中的字、词、句、段来提升学生的能力；注重知识的积累、阅读、圈画、详解、再读、迁移运用，让学生牢固掌握……之后是余老师对几节课进行详细的点评，从教师的备课态度、课堂驾驭能力及教材把握方面给予充分肯定；从学生的课堂表现，课堂生成等方面指出教师存在的普遍问题……经过余老师的精妙点拨，老师们有了拨云见日的感受，无不佩服余老师深厚的学养和精深的文本解读技能。

活动的第二天是余映潮老师上两节示范课：即《假如生活欺骗了你》（七年级下册）和《壶口瀑布》（八年级下册）。余老师通过巧妙而有创意的设计让学生积极主动地投入学习，让学生学得实、学得活、学得美。学生在获得语文知识的同时不仅享受到了语文的广阔、浩渺，而且体验到了成功的喜悦，更让所有听课的老师领略了语文教学的风采和魅力。高效的语文课堂就是利用文本提升学生的语文素养。

接着是余老师的专题讲座："做优秀的学科教师"及"学生实践活动的设计"。他提出：对于教师个人而言，一名智慧型的教师，既要有长远规划，又要有短期奋斗目标，既要不断提高理论水平，更要时刻提升自身教学修养；对于课堂教学，教师着重要落实语言学用、技能训练、知识积累，这是语文课堂阅读教学三个永恒的重点……他选用《赫尔墨斯与雕像者》《小石潭记》等课堂实例向大家说明如何设计高效的课堂实践活动，使复杂、抽象的内容变得简单、易懂，更便于教师的理解和运用。

活动最后，工作室主持人宋沙兰对本次活动作了全面深刻的总结，她提出要争做一名优秀的初中语文老师，就要努力提高自己研读教材和利用教材的能力；提高自己设计和组织学生课堂实践活动的能力；提高自己的理论水平和教学修养。并再次强调语文课堂教学"十二字"理念——"集体训练、知识积累、语言学用",这是语文课堂教学之魂,希望老师们将余老师的教学主张有机地融入自己的课堂,为伊金霍洛旗的教育教学而努力。

两天的讲学活动为一线的语文教师指明了方向,使老师们明白了:高效的语文课堂就要着眼于学生实践活动的设计,落实语言学用的训练。相信在余映潮老师的指引下,在语文老师共同的努力下,伊金霍洛旗的教育教学定将走得更远!

第四期名师工作室研修活动(2020年10月—2022年10月)(精选部分安排意见、优秀案例、简讯报道、心得体会、论文等)

发展规划

初中语文名师工作室两年发展规划

教研员　宋沙兰

初中语文名师工作室根据伊金霍洛旗教育体育局教研室关于印发《伊金霍洛旗教育体育局第四期"1+1+X+N+Z"学科名师工作室实施方案》的文件精神,以自愿报名和学校推荐为原则重新组建团队。其成员有11人:1人为主持人(宋沙兰),1人为主持人助理(郭双喜),9人为名师(钱俊玲、赵娜、杨小树、井红梅、白丽萍、张玉翠、樊耀琴、贺培慧、刘莉)。中学语文名师工作室在总结过去研修活动经验的基础上,在导师的直接指导下,开展一系列研修活动。本着语文名师工作室要成为"研究的平台、成长的阶梯、辐射的中心、师生的益友"的宗旨,树立为学生及教师服务的工作方针,完善自我,创新创优,全面推动伊旗中学语文教学教研和改革工作。为了更好地开展工作,现计划如下。

一、指导思想

以伊旗教育体育局教研室《伊金霍洛旗名师发展工作室建设与管理办法(讨论稿)》为指导,以追求科学理念、打造高效课堂、践行素质教育为主题,以成员师德修炼、理论研习、课堂实践观摩、网上研修、日常自主研习和集中合作研修等为主要研修形式，开展各项教学教研活动。通过加强理论学习、加强内功修炼、提升科研水平，形成教学特色，服务一线教学，实现教师专业成长，提高辐射能力，实现教研成果与全旗教师共享。努力培养适应我旗初中语文教育改革和新课程实施需要、具有现代教育素质和创新精神的专家型教师。

二、工作室定位

名师工作室是一个以"伊旗名师"为品牌、以理论学习为先导、以课堂教学为主阵地和以网络为主要交流载体的融学科性与实践性于一体的研修机构，是一个在研究中演绎语文魅力、在交流中提升教学理念、在辐射中实现共同成长的团队。具体应成为：

①初中语文教学研究的核心平台。

②初中语文教学资源的整合窗口。

③全旗初中语文教师的成长摇篮和精神家园。

三、工作目标

根据教育局和教研室两年目标的统一规划，重新组建初中语文名师工作室。工作室成员由各学校选拔出来的骨干教师组成，遵循优秀教师成长规律，通过以两年为一个周期的工作计划的实施，从中学语文新课程改革的要求和工作室成员的实际状况出发，通过专家引导，帮助名师在现有起点上加快持续发展，有效地推动名师工作室成员的专业成长，进一步使他们在课堂教学执教能力、教学研究能力、校本培训能力、自我发展能力等方面有较大的提高，并逐步形成个性鲜明的教学风格和教育主张，成为教育成果突出，学科教学有特色，在市、区内有一定影响，教育与科研并强，具有引领和辐射作用的语文名师。而且通过工作室为我旗初中语文教师搭建学习和交流平台，全面提升我旗初中语文教师的业务素质和专业水平，从而推进伊旗中学语文教育教学健康、协调、可持续发展。

两年总体目标：

①通过专家引领和工作室各项活动的开展，从中深刻认识和学习教育理念、专业品质、课堂实践和教学策略，认真分析自身专业成长的优势与不足，

明确自身成长的需求和目标，促使工作室成员由经验型教师成长为研究型专家型教师。

②创建名师工作室的展示平台，在旗、乡镇开放教研课、观摩课、示范课，展示伊旗初中语文教师精彩纷呈的教学风采，并针对基层地区和薄弱学校青年教师普遍面临的教学难点和疑点问题，设计、组织各种形式的研修和培训活动。

③联系实际开展初中语文教育教学中的困惑和问题研究，打造名师工作室的创建平台，做好全国教育科学"十三五"规划课题的策略与方法研究工作，并以论文、公开教学、专题讲座等多种形式向全旗辐射，或以教研论文形式在省市级发表、获奖。

④以送教和指导青年教师为抓手，营造语文教学的学习及研究氛围，发挥工作室成员在教学及研究上的示范、引领和辐射作用。

⑤建立教师发展工作室网站，定期开展在线交流、研讨，解答语文教师的学科教学问题，使网站成为教师工作室的动态工作站、成果辐射源和资源生成站。

四、工作思路及主要措施

在伊旗教育局及教研室的大力支持下，名师工作室工作的关键点在于激发工作室成员的内在动力，促进成员自主创新发展；着力点在于建立良性机制、营造教科研氛围、搭建提升平台，帮助成员在学习和实践中不断成长。

①拟定规划。制定工作计划，提升团队教研能力。由工作室主持人带领成员，共同制定两年发展规划。同时，工作室成员每学期初要制定出本人和工作室相协调的专业发展的学期计划，明确自己在两年内四个阶段的专业发展目标和工作措施。

②自主研修。学习教育教学理论书籍，学习新课程理论专著，关注新课改的动态信息。每位成员依据自己的情况制定读书计划，每学期完成一定的读书量。负责人负责推荐阅读书目。每位工作室成员每学期至少要读1~2本教育论著，撰写读书笔记，并且进行读书交流活动，以此提升他们的理论水平和研究能力。

③做好帮扶引领。落实"名师带徒"工作，帮助中青年教师在专业化成长方面制定周期发展目标、途径，以达到共同提高。

④课题研究。鄂尔多斯市教育教学"十三五"规划课题——初中语文课堂阅读教学"语言学用"训练研究。工作室成员认真参与，力争顺利结题，并获好的奖次。也可从当地教育教学的实际出发，发现问题来选题立项，科学规范地开展研究，并能及时有效地将研究成果用于改进和指导教育教学工作，解决制约学校或学科发展的突出问题，提供有价值的旨在提高教育教学管理水平和业务水平的研究论文或报告，总结经验并加以推广。

⑤专题研修。除导师指导以外，平均每月开展一次研修活动。每学期开展四次以上，每次活动原则上不超过半天。为确保每次研修活动的质量和效果，研修活动要提前一月左右公布，每次研修活动都有主题：课堂示范、同课异构、课堂诊断、问题研究、考试研究、专题讲座、课题带动、读书交流、观摩考察等，促使成员更新教育教学观念，从而使自身专业能力不断提高，逐渐形成自己的教学风格。每次都要有研修活动报道，相邻两次研修活动之间逻辑鲜明、层次清楚。

⑥信息交流。通过网络传播和在线互动，有效推动名师工作室的成果辐射，使之成为名师工作室的动态工作站、成果辐射源和资源生成站。为推进伊旗中学语文教育研究与改革提供交流分享的平台。每位成员要充分利用网络，认真撰写读书心得、教学设计、案例、反思、论文等，呈现自己的专业化发展历程，还可以在工作室成员QQ群中不定期开展各种研修交流活动。除听、评课等手写资料外，一切以上传网站内容和时间为准。

⑦聚焦课堂教学，塑造个性特质。课堂是教师的职业场所，教学是教师的第一要务。名师之"名"，首先在于课堂教学，本室的重点工作之一，就是提升名师工作室成员的课堂教学能力，这也是本工作室开展其他活动的基础。为此，工作室成员要以课堂为载体，围绕科学的教育教学主张，积极进行课堂教学的实践探索，采用集体备课、专题实施、同课异构等方式开展听课、研课等活动。结合市教研中心、伊旗教研室的工作，每学期组织培训、讲座或公开课等。

⑧建立新的语文课堂教学评价标准，制定具体的方案和实施办法。主要涉及学生主体地位和教师主导作用的发挥、学生参与教学过程情况、学生发现问题以及分析和解决问题能力的培养等，引导广大教师自觉转变教学方式。第一年形成学科课堂教学评价标准，第二年形成学科教学常规。

⑨专家指导。在伊旗教育发展研究中心的大力支持下，可安排工作室成员外出培训、观摩、考察学习或聘请全国、自治区、市知名教育专家学者对工作室成员进行指导。使他们无论是在专业技术还是理论水平上都得到快速提高。

⑩工作反思及总结。养成反思总结的习惯，认真撰写反思日记和教育教学论文等，提升自己的教育教学水平。

⑪评价措施。在管理模式上采取对工作室成员建立成长档案袋的管理制度，对工作室成员施以诊断性评价和终结性评价的同时，重点进行形成性评价。按照《伊金霍洛旗教育体育局第四期"1＋1＋X＋N＋Z"学科名师工作室实施方案》文件精神中的相关要求考核工作室成员的业绩。

五、具体要求

①名师工作室成员要根据导师引领确定自己的专业发展方向，制定切实可行的个人专业发展规划及实施计划，目标明确、方法得当、内容具体。

②研修活动出勤情况：按时参加每次的研修活动。

③工作室成员每两周利用伊旗初中语文名师QQ群组织成员进行教研讨论（专门研讨工作中存在的问题，寻求对策）。研修期间要根据工作室要求按时完成各项研修任务，定期往工作室群里上传与研修相关的教学设计、反思、随笔、案例、论文等。

④听课、评课。每学期参与集体备课不少于10节；在本校内听、评本专业指导课不少于25节。

⑤每一个学期面向全旗开展一次专题讲座展示活动（教研成果研究解决一个教学工作中的实际问题）。

⑥每个成员每个学期至少上一节示范课（含公开课、观摩课、研究课、汇报课、送教课等），成员之间组织互相听课与评课。

⑦观课议课活动。

⑧撰写教育教学论文（或心得体会、教育教学案例、教育教学总结、教学反思、调研报告等）3篇，其中1篇在旗级《伊金霍洛教育》或旗级以上期刊获奖、发表。

⑨课题研究。认真落实鄂尔多斯市教育科学"十三五"规划课题《语文课堂阅读教学中的"语言学用"训练研究》在中学语文教学中的策略与方法研究课题。每年至少研究解决本学科教学中的一个突出问题（围绕子课题与小组成员及徒弟共同开展的小型教研活动）。成员备有专门的课题研究本，收集与课题有关的资料，手抄写作素材。每个成员在本校开设一节校级以上的课题研究公开课并对所有工作室成员开放。

⑩试题命制。每学期命制一套试题。

⑪每个学期组织一次"送教下乡"活动，每年组织一次全旗性的初中语文教学研讨会。

⑫强化自身研究。经常阅读教学专业书刊，关注名家动态，学习名家智慧，增加自身积淀。工作室主持人将向成员推荐教育必读书目和选读书目，每位成员依据自己的情况制定相应的读书计划，每学期研读一本以上教育教学专著和《人民教育》3期。名师工作室成员要系统学习学科的前沿理论与课程改革理论，不断提升自己的理论水平，做好读书笔记并定期在工作室网络平台发表读后感言，交流心得体会，读书笔记不少于5 000字，开展读书交流会，主要阅读《更美语文课》《课文作者谈课文》《课堂观察二——走向专业的听评课》。

⑬逐步完善工作室网站，实现教学资源的交流与共享。各成员每周及时更新所负责的专栏，对于其他教师发布上来的文件进行及时处理。尤其是负责"教学资源"的成员要努力完善资源库的整合，如语文教材中的优质资源（文字材料、图片资料、科学探究资料等等）；典型教学案例、教学的策略、模式、方法途径以及各种学生学习与评价的优秀资源、信息技术多媒体教学资源、语文实验探究资源等，力求使网站成为全县初中语文教师的资料中心。

⑭研修期间态度积极，参与意识强，有较强的合作能力，在研修过程中发挥积极作用。真正发挥名优教师的示范、指导和辐射作用。

工作室个人两年发展规划

北师大第二附属学校　贺培慧

作为一名长期工作在教学第一线的教师，我非常渴望在专业上有更大的发展。最近有幸成为了名师工作室的成员，我感觉工作又有了新的目标。为了能在名师的指导和引领下、在"名师工作室"这个难得的交流平台中切实掌握教育教学理论知识，促进教学业务水平发展和提高教育教学研究能力，使自己尽快成长，现制定个人发展计划如下。

一、指导思想

作为名师工作室的成员，我将严格执行教研室"名师工作室"章程，按照理论与实践相结合、自主与交流相结合、学习与应用相结合、反思与提升相结合的原则，把先进的教育理念、独特的教学风格、精妙的教学技巧、灵活的教学方法运用于教学，探究提高课堂教学有效性的科学途径和方法。

二、个人发展目标

①通过名师引领并结合个人实际，开展教育教学实践和研究，不断提升教学能力。

②在学习过程中不断总结提炼自己的教学经验，形成自己的教学风格与特色。

③参与名师的项目研究并完成相应的子课题的研究任务。

④希望在一年内积极开展专题研究，理论联系实际。两年内，形成具体可用于教学实践的研究成果。

三、个人发展计划

①端正学习态度，不断加强理论学习。加入工作室后，借助这个机会，为自己充电，不断丰富自己的大脑。广泛阅读有关学科课堂教学的专著以及杂志和报刊，密切关注教育教学动态，丰富教学经验，提升理论水平。

②积极参与教学研究课和观摩课活动，学习名家的教学经验与方法。在名师工作室里，有一批学养丰厚，教学技艺高超的名师，他们的教学手段和方法非常值得学习。在工作室里学习，我会抱着虚心的诚意去聆听大家的教诲，在众人的帮助之下反思自己的教学安排、构思、设计，找到自己教学与名师教学之间的差距，并在名师的帮助之下一步一步地改进，争取听别人的课，长自己的能。在这两年中，我一定结合自己所教年级的教学内容、学生特点、课堂情境和自己在教学方面的特点，在工作室名师们的指导下不断打磨，设计一些有特点的课，集百家之长，聚众人之思，共同促进教学更上一个台阶。

③培养和锻炼独立的科研能力。我要在这两年的时间里进一步加强自己在专业领域的研究和探索，在工作室名师们的帮助、锤炼熏陶下，培养自己的科研能力，总结自己在课堂教学中的一些浅见，鼓励和督促自己总结更多的东西以拿出来和大家交流分享。为达到这样的目标，在接下来的学习周期里，凡是自己感兴趣、有想法的内容，就要勤于查阅相关资料，形成自己系统的见解，付诸笔端，力争将自己的实践研究成果付诸文字、形成论文。

④从意识到行动上增强团队协作能力。名师工作室是一个工作集体，我会积极主动地融入工作室这个新的集体，把工作室的事情当作自己的事情来做，以百分之百的热情投入相关课题或者知识的研讨并发挥个人的力量，为取得集体荣誉和成就而积极工作。虚心地向那些有成就和建树又有独到见解的名师们求教，在聆听教诲的同时形成自己与众不同的看法或建议，并拿出来与大家分享，虚心向名师和老师们请教，寻求更深层次的突破，在全面提高个人能力的同时，为集体成就的取得添砖加瓦。

四、具体实施途径

①认真研读《课程标准》和各类教育教学杂志，不断给自己充电，并且积极撰写读书笔记和心得。

②深钻深挖教材，多看优秀课例，把每一堂课都当成公开课来上。

③积极参加"名师工作室"组织的各种教研活动，积极争取锻炼机会，在实践中不断提高自己的教学能力。

④做一名"善于反思、勤于积累"的教师，在反思和积累中不断提高。

⑤随所教学段开展小专题研究，形成具体、可操作、可迁移的研究成果。

期盼自己能够在名师工作室这个大家庭中茁壮成长！

【第四期2020年第二期研修活动】

优秀案例

《女娲造人》教学设计

伊旗第四中学　白丽萍

【课文品读】

《女娲造人》是初中语文第一册第六单元中的第三篇课文。它是根据《风俗通》有关"女娲造人"的记载改编的神话，袁珂以大胆新奇的想象，在原有故事的基础上进行富有人性化的演绎与扩充，使得这个古老的神话传说充满生活气息，焕发迷人的色彩，马克思在谈到希腊艺术时曾指出："任何神话都是用想象和借助想象以征服自然力，支配自然力，把自然力加以形象化……"由此可知，神话带有浓厚的幻想色彩。

课文详细叙述了女娲造人的具体过程，表现了原始人民对人类自身来源的好奇、追索，以及在当时社会生活条件下所作出的极富想象力的解释。

文章清新、质朴，洋溢着一种天真的新鲜感。女娲完全是在一种极自然的、无意识的状态下萌发了造人的念头，带有原始洪荒时代的稚拙与朴素，读者通过字里行间，仿佛看到女娲本身就是一个活泼、充满活力与创造力的孩子，并非一个神。

《语文课程标准》以新的教学理念为出发点，为童话、神话、科幻作品一类的教学提出了新的具体的目标。

①在发展语言能力的同时，发展思维能力，激发想象力和创造潜能。

②欣赏文学作品，能有自己的文学体验，初步领悟作品的内涵，从中获得对自然、社会、人生的有益启示。对作品的思想感情倾向能联系文化背景，作出自己的评价；对作品中感人的情景和形象能说出自己的体验；品味作品中富有表现力的语言。

因此教学重点放在激发学生想象力上，形成对作品的感知和认识，从而运用想象力进行创作。为充分调动学生学习的积极性及开拓学生思维，本课通过创设情境法，带学生身临其境，看女娲所看，感女娲所感，评语言之奇妙，悟人物之神奇，我定下了本文的教学目标和教学的重难点。

教学目标：

①体会本文联想与想象手法的运用。

②了解神话的特点，体会神话的魅力。

③引导学生感受我们祖先大胆奇特的想象力，激发学生探求未知领域的欲望。

教学重点：

①体会神话故事中想象的魅力。

②把握想象的特点，尝试运用大胆合理的想象进行创作。

课前准备：

学生：读课文，了解故事情节，收集神话。

教师：课件，朗诵背景音乐。

【教学程序】

1. 导入课文

这节课我们要像少年π一样进行一场奇幻之旅，我们需要坐上时光隧道机穿越到上古，去看奇事，见奇人。

2. 准备工作

①安徒生打开了我们的想象之门，让我们结识了一位荒唐可笑的皇帝，郭沫若为我们安了想象的慧眼，让我们看到了天上人间，而今天又有一位神话学家，将为我们插上想象的翅膀，带我们进入上古世界。

袁珂（1916—2001）本名袁圣时，笔名丙生，当代中国神话学大师，代表作：《中国古代神话》《中国神话选》《中国传说故事》《山海经校注》。神话专著《中国古代神话》是我国第一部较系统的汉民族古代神话专著。

②了解神话、神话的产生。

神话是由人民集体口头创作，表现对超能力的崇拜、斗争及对理想追求和文化现象的理解与想象的故事。

　　神话产生的基础是远古时代生产力的水平很低，人们为争取生存、提高生产能力而产生的认识自然、支配自然的积极要求。神话中充满神奇的幻想，它把先民的愿望和世界万物的生长变化都蒙上一层奇异的色彩。

3. 开启时光隧道

　　老师做导游，带大家游览这个神奇的世界。

内容梳理：

走在原野，感到孤独。

临池照影，灵机一动。

揉泥成人，满心欢喜。

夜以继日，疲倦不堪。

挥洒泥浆，布满人世。

男女配合，世代绵延。

再梳理：

文章的结构。

资料一：

　　实际上是有历史依据的。女娲造人而不是"男神"造人，这是因为原始社会中生产工具不发达，人们的生存环境恶劣，要对付凶猛的野兽，要多生育人口，女性占主要地位；用黄泥造人，因为我们是黄皮肤人种，同时也是我国古代制陶技术的反映；至于分男女造人，则是我国古代西周时期产生的婚姻制度的反映，所以说"神话是历史的影子"。

资料二：

　　中国传统文化体现：女娲造人而不是造其他物种（当然传说她还造了很多物种），是因为在我国古代人看来，"天地人"是这个世界的主宰，这是"天人合一""以人为本"的传统思想的体现；男女婚配繁衍后代，实际上是受《易经》阴阳学说的影响，传说女娲的哥哥伏羲悟出天地万物的变化规律就是一阴一阳而已，发明了"八卦"，也就是《易》。这些思想都成为了我国文化的源头，所以说"神话是文化的根源"。

4. 进入上古

这篇神话有神奇性,神奇一般表现为神秘、变化、偶然、怪异、奇特……谁能找出课文中有"神奇感"的句子读一读,读出神奇感。

①学生自读课文,体会神话的神奇感。

②对比阅读,体会本文的语言特色。

③再读重点语句,体会本文语言特色:

这世间,无论怎样说吧,总不免显得有些荒凉寂寞。

据说,她一天当中能够变化七十次。

她觉得在这天地之间,应该添一点什么东西进去,让它生气蓬勃起来才好。添一点什么东西进去呢?

走啊走的,她走得有些疲倦了,偶然在一个池子旁边蹲下来。

那为什么不创造一种像自己一样的生物加入到世间呢?

说也奇怪,这个泥捏的小家伙,刚一接触地面,就活了起来。

她又考虑着:人是要死亡的,死亡了一批再创造一批吗?这未免太麻烦了。怎样才能使他们继续生存下去呢?这可是一个难题。

课文丰富了以下内容:

造人的动机。

造人的具体过程。

人造出后的欢欣喜悦场面。

喜怒哀乐的情绪和心理活动。

作者的评述。

女娲造出小人后欢欣鼓舞的场面以及对女娲的人性化描写最见作者的想象力。

认识女娲:

阅读有关女娲的语句。

明确:

她是一个神通广大的"神"。她非凡的能力,她造人的手段、方法体现了"神"的威力。例如:"她想出了一个绝妙的创造人的方法。她从崖壁上拉下一条枯藤，伸入一个泥潭里，搅成了浑黄的泥浆，向地面这么一挥洒，泥点溅落的地方，就出现了许多小小的叫着跳着的人儿，和先前用黄泥捏成的小人儿，模样一般无二。"

她是一个普通的"人"。她有人的孤独感。她走在莽莽榛榛的原野上，感到"在这天地之间，应该添一点什么东西进去，让它生气蓬勃起来才好"。她有人的喜怒之情，她会笑，她会假装生气。

她是一个活泼、充满活力与创造力的孩子。当她看到自己的影子时，"就忽然灵机一动：世间各种各样的生物都有了，单单没有像自己一样的生物，那为什么不创造一种像自己一样的生物加入到世间呢"，这种口吻非常孩子气。

她是一个勤劳的母亲。例如："她工作着，工作着，一直工作到晚霞布满天空，星星和月亮射出幽光。夜深了，她只把头枕在山崖上，略睡一睡，第二天，天刚微明，她又赶紧起来继续工作。"

她是一个喜爱孩子的妈妈。"女娲看着她亲手创造的这个聪明美丽的生物，又听见'妈妈'的喊声，不由得满心欢喜，眉开眼笑。"

再梳理：

女娲的神性、人性，体会想象的大胆奇特、想象真实合理。

女娲分明是人类共同的、美丽的、慈祥的、勤劳的、智慧的、有创造力的、伟大的母亲！作者通过想象，改编了这个神话，表达了对人类始祖的敬爱之情，对女娲的赞颂！女娲的勤劳、智慧、坚持不懈是我们中华民族伟大民族精神的体现。

5. 探索人类起源说

《希腊神话》是欧洲文明的源头：天和地被创造了出来，大海波浪起伏，拍击海岸。鱼儿在水里嬉戏，鸟儿在空中歌唱。大地上动物成群，但还没有一个具有灵魂的、能够主宰周围世界的高级生物。这时普罗米修斯降生了，他是被宙斯放逐的古老的神族的后裔，是地母盖亚与乌拉诺斯所生的伊阿珀托斯的儿子。他聪慧而睿智，知道天神的种子蕴藏在泥土中，于是他捧起泥土，用河水把它沾湿调和起来，按照世界的主宰，即天神的模样，捏成人形。为了给这泥人以生命，他从动物的灵魂中摄取了善与恶两种性格，将它们封进人的胸膛里。在天神中,他有一个女友,即智慧女神雅典娜;她惊叹这提坦神之子的创造物,于是便朝具有一半灵魂的泥人吹起了神气,使它获得了灵性。

《圣经》中记录的关于人类起源的内容,是西方文化的重要源泉:话说上帝花了五日时间创造了大地万物,到第六日他说:"我们要照着我们的形象,按着我们的样式造人。"于是用地上的尘土造人,将生气吹进人的鼻孔后,就成为活生生的男人,取名亚当。不久便取下亚当的一条肋骨,造成一个女人,亚当说:"这是我骨中的骨,肉中的肉,可以称她为女人。"

小结:

中国神话中的神有无穷无尽、无影无踪、无所不能、无始无终、无情无欲、无忧无虑的特点,这是人们的一种寄托和向往。华夏五千年,原始时代,先民知识未开,见大自然各种现象,如地面上的山川河流,气候变化的风雨雷电等等,认为无不是各有一位神在主宰。

神话是一个没有文字记载的民族的历史回忆,神话成为文学的基本素材,成为民族文化的宝藏。神是没有的,然而反映历史、反映文化、反映人类精神风貌的神话故事却是美好的,永恒的,它记录了人类追求美好生活的无限理想和希望,同时又储存了人类为了争取未来而洒落的汩汩泪水和朗朗笑声。我们学习这篇课文,要懂得尊重传统,热爱生命,从远古的神话中汲取力量和智慧,要充分认识自己,开启人类美好未来。

6. 返航:交流旅行所感

阅读中外神话故事,体会其中的想象。

推荐书籍:袁珂《中国古代神话》、施瓦布(德)《希腊神话故事》、《山海经》、《一千零一夜》。

《背影》说课稿

刘 莉

我说课的课题是《背影》,下面我将从教材、教法、学法、教学设计等四个方面说说我的理解和设想。

一、说教材

1. 教材简析

朱自清先生的散文《背影》是八上第四单元的第一课。《背影》是表达人伦至爱的名篇,被称为"天下第一至情文章",它在朴素自然的风格中、在平实的述说中表现了中国式的父子之情,蕴涵着丰富的中华民族文化底蕴。

课文突出地刻画父亲的"背影",着力表现深沉的父爱,在祸不单行、阴云笼罩、哀愁焦虑的日子,父爱显得异乎寻常地感人。文章构思选材和叙事描写都恰到好处,朴素的语言传递着动人的情感。学习这篇文章,除了体会课文的思想感情外,更要领会文章的写作手法,为写好作文积累经验。

2. 教学目标

《课程标准》对现代文阅读教学的总目标要求:注重情感体验,有较丰富的积累,形成良好的语感;能初步理解、鉴赏文学作品,受到高尚的情操与趣味的熏陶。据此,我确定了以下教学目标:

①理清文章结构层次,理解背影的线索作用;学会在阅读中抓住关键语句,体会其在语言环境中的含义。

②加强朗读指导,整体把握课文内容,调动学生的情感体验,培养学生"自主、合作、探究"的学习方式,凸显语文的开放性。

③体会文中所表现的父子深情,引领学生珍爱亲情,增进与父母的沟通和交流,培养中华民族的传统美德。

3. 教学重难点

①说教学重点:根据课标中"能欣赏文学作品,能有自己的情感体验,初步领悟作品的内涵"等方面的要求,我确定本文教学重点为:

有感情地朗读课文,在朗读中感受父亲对儿子的深情(朗读的作用)。

揣摩"车站买橘"一段中关键词句的含义,体会其意蕴。

把握四次背影、四次流泪的刻画与分析,感悟父子情深。

②说教学难点:抓住人物的特征展示人物内心的写作方法。

二、说教学方法

我认为,在语文教学中要通过阅读来完成教师、学生、文本和生活之间的对话。语文教学不应忽视人文性，要注重对课文的整体理解和审美鉴赏，避免对文本的曲解、肢解和牵强附会的解读。根据"教师为主导，学生为主体，训练为主线"的指导思想，我主要采用以下教学方法：

①情境教学法：课前播放歌曲《父亲》，激情导入；介绍作者和写作背景，加深印象；精读段落"车站买橘"一节，欣赏《背影》视频朗读，调动学生多重感官；感受作者深情。

②朗读激情法：在听课文朗读的基础上，加强情感朗读指导，通过教师范读、学生试读、轮读、变换角色朗读等方式，体会作者的情感变化，把握文章思想内容。

③阅读指导法：采用略读和精读相结合形式。略读让学生初步了解课文内容，粗略感知所叙之事，所抒之情；精读主要是对一些精彩片段、精彩语句的诵读，目的在于培养语感，加深领悟和理解。

三、说学法指导

新课标指出：要充分激发学生的主动意识和进取精神，倡导自主、合作、探究的学习方式。为此，我确定了以下学法指导：

①自主学习：通过读文章，利用字典自行解决疑难字词，初步感知课文内容。

②讨论交流：对一些疑难和探究性的问题，或个别畅谈，或小组讨论，或师生补充，充分调动学生思维，提高参与学习的积极性。

③情感体验：教师示范，主动交流，引导学生联系自己的生活实际，走出课堂、走出学校，走进家庭，体验亲情的伟大，充分理解父母对儿女的真诚无私的爱。

四、说教学设计

本课拟用两课时教学，总体教学流程如下：

1. 情景导入

为营造良好的课堂气氛，集中学生的注意力，使其对学习内容产生浓厚的兴趣，我采用多媒体播放歌曲《父亲》，要求学生边听边结合自己的生活思考、联想，听完之后随意谈谈自己的感想。教师简要点评后引入课题。

这样一开始就把学生的情绪调动起来，顺利进入课文情境中，为更好地理解"父子至爱"蓄足了势。

2. 走近作者

学生介绍有关朱自清的资料，结合课文最后一段中父亲信中的话，了解作者、作品和写作背景。

3. 整体感知

①听课文配乐朗读，让学生注意文章的感情基调和朗读技巧。并将自己认为优美、感人的句子勾画出来。

②学生默读，思考：文章写了一件什么事？重点抓住什么在写？学生归纳出课文主要写了父亲为"我"送行，车站买橘一事，重点写了父亲的"背影"，从而把握住了文章脉络。

③再读全文，讨论：课文几次写了父亲的"背影"？哪一次留给作者的印象最为深刻？各用一个短语概括出来，并用"我看到了一个_____的背影"的句式进行评价。

④让学生自由谈谈文章中最感动自己的地方，并阐述理由。

通过这一环节的学习，训练学生的感知能力和听读能力，学习批注法，为下一环节的深入研析作好铺垫。

4. 精读研析

①品析"四次背影"：

"望父买橘"这个片段是本文的精妙之笔，属细节描写，它将父爱表现得淋漓尽致。我通过播放有关电视片段，引导学生观察、联想，深入讨论，细细品味几个要点：父亲衣着的三个"布"字与"我"的"紫毛大衣"；父亲过铁道、爬月台细节中的动词品味；父亲买橘与家境的惨淡对比，回过头去阅读第二、三段，揣摩把"背影"放在一个特定环境中写的用意。

学生反复朗读课文，圈点评注，交流讨论逐一解决。

②品析"四次流泪"：

这样引入思考：如果说，文章中父亲对儿子的爱是通过父亲的外在形体"背影"这一特定意象表现出来的，那么，作者感念父亲的内心活动又是通过什么体现的呢？教师引导学生再读全文后，指出这种内在的情感是通过"我"的"四次流泪"体现出来的。

让学生找出反映作者"泪如泉涌"动情的句子，并说说作者动情的原因，用"_____的眼泪"进行概括，了解作者的情感变化。

上述设计是为了让学生进一步深入文本，理解作者的感情和朴实的语言背后的深意，培养学生"自主、合作、探究"的学习方法和归纳能力、表达能力。

③父亲形象分析：

引导学生思考：读罢此文，假如你就是作者，请谈谈你眼中的父亲形象。

提示：可以抓住父亲在课文中说的五句话，并体会它所含的意思，并结合文章对父亲的动作、衣着等叙写展开分析。体会文章刻画人物个性的方法，加深对主题的理解。由课内引入课外，教师结合自身经历体验，主动交流，引导学生回忆与父亲相处的细节或记忆深刻的事，以《爸爸，我读懂了你》为题写一段文字。

④写法指导，为写作导航：

作者是以"背影"为线索展开全文，选择性质相同或相近的材料，如"嘱茶房""行小费""讲价钱""找座位""买橘子""铺大衣"，以及"忘却了我的不好，只是惦记着我，惦记着我的儿子"等，重复渲染，强化了深沉的父爱。除此之外，作者还写了祖母去世、祸不单行、光阴惨淡的家庭背景，还有多年以后父亲老境颓唐，以及"我"晶莹的泪水等。这些内容都渲染了相似的感伤情调，不仅衬托了父爱，而且还给作者深切的怀念之情笼上了悲凉的色彩。《背影》就是这样重复渲染强化增强了文章的感染力。引导学生精选多个相似的事例或情景来突出主题，如写《我的快妈妈》，就要多个场景、多个事例重复渲染来突出母亲勤快这一特点。

⑤小结，归纳主题：

在学生归纳的基础上，教师小结：本文构思巧妙，选取最能表现人物性格特征的瞬间——"背影"作为文章的触发点，用淡淡哀愁的笔调，写出了一对"慈父"和"孝子"的形象，父亲的"背影"和作者的"眼泪"都凝聚着一片诚挚感人的爱，读来让人动容。

以上回归文本的环节，重视学生的独特感受和体验，鼓励学生作出个性的反应，不刻意追求标准答案。教师主要起引领作用。

5. 拓展延伸

推荐课外阅读同类美文《父亲的花园》和《默读父亲》以及朱自清的诗歌散文集。

这一环节的设计体现语文教学的人文性，即培养健全的人格、高尚的道德情操和健康的审美情趣，体现对人的终极关怀。同时可以拓宽学生的知识面，培养学生良好的读书习惯。

最后，教师用优美的语言结课。老师要告诉大家的是：爱需要表达，需要用语言和行动让你爱的人感受幸福，所以，不要让你爱的人的背影落寞地消失在拐弯处，而是要勇敢地追上去并且告诉他：我爱你。

心得体会

若爱，深深爱
——听王君老师教学及报告有感

北京师范大学鄂尔多斯第二附属学校　贺培慧

2020年12月21日—22日，我有幸聆听王君老师的现场授课及讲座，内心受到了很大的震动。初见王君老师，被其年轻靓丽、优雅从容、自信亲和深深吸引，观其履历，更是深深折服，感觉王君老师本身就是一首蕴藉的诗、唯美的画。

王君老师在讲授《土地的誓言》时，提到"若爱，深深爱"，她提醒孩子们，爱自己的家乡，就深深地爱，口号式的"我爱，我很爱"没有用，真正的爱，是在细小之处的表现，空说无凭，若爱，就请擦亮眼睛，让家乡的每一个生命意象在笔下活起来、灵动起来、明媚起来。这既是指导学生写作，更是指导学生让文字真正有生命，在于发自内心的热爱。

我想，作为语文老师，面对语文，就需要这样一份深爱。因为深爱，便会专注投入而乐此不疲；因为深爱，才会博览群书，熟读精思；因为深爱，才能对文字有更敏锐的感觉；因为深爱，才会"折腾"自己，走在永不满足的推敲之路上。王君老师说，任何的痛苦都伴随着幸福，任何的幸福背后，亦必有痛苦。作为语文老师，不断地走在钻研的路上，过程是痛苦的，但结果必然是幸福的。我佩服王君老师对于语文的热爱，那份爱，爱得纯粹，爱得浓烈，爱得享受。我想，这样的境界，是真正的乐以忘忧。语文人，就该有这样的境界，在文字间游刃有余地穿梭，享受人生的诗意与快意。语文，即生活；生活，即语文。热爱生活，热爱语文，深深爱，遇见不一样的未来。

王君老师在讲授《卖油翁》时，提醒学生学习文言文，要关注文字层面、文学层面、文化层面，尤其强调打通文化层面的内涵，体会经典之所以经典的原因，还要挖掘经典在当下的意义。从这点来说，王君老师盘活了文言文教学，一改常规文言文教学的枯燥和无趣，打通了文本的文化意义和价值，让文言文成为最有魅力、最有内涵、最有趣味、最有特色的语文文本。王君老师的教学旁征博引，对《卖油翁》的解读，不仅停留在语言文字上、停留在浅显的说理上，而是渐次升华，理解卖油翁这样的小人物的人生，虽为小人物，但因其精湛技艺而赢得尊重，文章的现实意义就在于，普通的劳动者经由劳动获得了生命的自信，进而拓展新时代具有工匠精神的小人物，给学生进行了很好的价值引领。卖油翁，被解读为小人物的职业境界和尊严逆袭，是立足当下，对于文本的全新解读。

王君老师讲道，她有这样的思考，源于她对于现实生活百态的关注，因为有深切的体会，更能体会小人物的社会地位和遭受的境遇，所以，这些在生活中受到的巨大的触动，让她有了这样的设计灵感。因为热爱，王君老师的课堂教学内容和设计总是能看到现实生活的方方面面，总是能让学生在文本与生活中穿梭，在思辨中，有冷静而深刻的思索。爱，就深深爱，爱语文，爱生活，语文不仅在教材内，更在生活里，深爱，便是语文教学可以活起来的基础。

王君老师特别强调个性。她说，语文教师要有自己的思想，不必模仿名师的个性而丢了自己。一个教师要发现自己的个性特质在哪里，要在课堂上呈现什么样的状态。总而言之，你就是你，教师的个性特点要十分鲜明。一个老师选择什么样的课堂形式，一定和这个老师的个性特征是有关系的。我想，从这个层面来讲，就是教师要保持真实的自我，这何尝不是一种爱自己的表现呢？

王君老师在《土地的誓言》里讲道："深爱她，就绝不束缚她；深爱她，就把自由给予她。"这是在说写作，我想，化用这句话，亦可以表现教师对自我的态度。在教师专业发展的路上，教师不必束缚自己，教师要给自己自由。不是两耳不闻窗外事，一心只读圣贤书，把自己困在书桌前，而是跳出语文，走进生活，以更高的视野和格局审视语文、研究语文，打通语文和生活的桥梁。这样，专业成长就不是一场苦修，而是生命能量的自然激发。

"若爱，深深爱"，爱我所教的语文，爱我所爱的生活，爱个性独立的自我，未来，开启更美好的语文生活，享受更诗意的美丽人生。

活动总结

青春引领促成长　　拨云见日点迷津
——伊旗教体局第四期"1＋1＋X＋N＋Z"初中语文名师工作室举办第二次研修活动总结

有一种学习，没有参与，你不会知道精彩纷呈；
有一种交流，没有融入，你不会知道头脑风暴；
有一种对话，没有深入，你不会知道豁然开朗；
有一种信仰，没有执着，你不会知道任重道远。

为聚焦教师教学能力提升，推进活力课堂建设，切实提高教师实施统编教材的实践能力，促进教师专业化成长，落实语文学科素养，伊金霍洛旗教育体育局第四期"1＋1＋X＋N＋Z"初中语文名师工作室特邀王君教授青春语文团队于2020年12月21日在伊旗第四中学开展了为期两天的研修活动。

本次研修活动以"'单文本'教学与'群文'教学技能训练"为主题。伊旗教育发展中心常务副主任孙竭、教育发展中心副主任郭双喜、初中语文教研员、初中语文名师工作室主持人宋沙兰以及全旗72名语文教师参加本次活动。

单文本教学研讨——浅文深教给妙招

12月21日上午，由鄂尔多斯市第一中学伊金霍洛旗分校的樊耀琴老师执教七年级《天上的街市》；伊旗第四中学白丽萍执教七年级《女娲造人》；王君团队的夏海琴老师示范课《雁门太守行》；王君老师示范课《卖油翁》和《土地的誓言》。几位老师执教的单文本阅读教学生动有趣，深入浅出，方法明晰。尤其是王君老师执教的文言文阅读，让所有的老师眼前一亮，课堂中展现出来的文言文学习方法有三个方面：文字层面、文学层面、文化层面。文字层面是积累，关注生生不息的汉语魅力；文学层面是鉴赏，关注经得起推敲的经典写法；文化层面是打通，关注推陈出新的经典之灵魂，这为文言文教学指明了方向，正是"柳暗花明又一村"。她的写作课，从文本入手，抽丝剥茧带领着学生走进语文的世界，在教给学生各自方法的同时也变应试的写作为生命的写作。

12月21日下午，首先由王君老师团队对上午的课例进行点评。团队老师从不同的角度细致入微地评说了上午的课例。指出：不管是单篇阅读，还是群文阅读，所要体现的教学思想都应该立足学生本身，关照学情，从中挖掘出适合学生、能助力学生成长的有益的语文价值元素，这就要求我们老师有"聚焦"意识。接着是八位教师说课。说课是彰显教师教学基本功的重要途径，也是考察教师课堂组织能力的主要方法。本次研修活动设置了两组说课，一组是《卖油翁》，另一组是《背影》。

第一组：贺培慧、赵娜、李跃红、温丽娜。

第二组：钱俊玲、刘莉、柳慧娟、尹星。

"一枝独放不是春，百花齐放香满园"。各组说课教师形式多样，不拘一格。有的老师从课标解读、教材分析、学情分析、教学方法、教学过程及教学理念、教学评价等多方面阐述自己的教学设计，也有老师直接从文本的聚焦点出发，深入文本，从不同的角度谈自己对文本的独特理解。教师的说课设计结构合理，重点突出，理论依据充分，表示老师们拥有较好的驾驭教材、教学设计的能力和良好的语言表达能力。随后，王君团队老师分别对选手的表现进行了逐一点评，并提出了宝贵的意见。

群文教学研讨——群文阅读搭支架

12月22日上午，伊旗第四中学杨小树老师执教《架起想象与联想的桥梁——基于〈天上的街市〉的群文阅读》；市一中分校张玉翠老师执教《在苦难中超越——苏轼群词整合阅读》；青春语文王君团队陆艳老师群文阅读示范课《八年级上册第三单元整合〈无名之辈〉》；王君老师群文阅读示范课《刘禹锡的一生〈陋室铭〉》。老师们的群文阅读根据作者、写作风格、体裁、阅读技巧等方面，聚焦一点进行突破教学，课堂信息量大，由浅入深，焦点突破、语用迁移……课堂氛围活跃，充分突出了学生的主体地位。王君老师的语文课堂，更是不囿于一个作家的一篇文章，而是关注作家的一生，放眼其同类作品的创作。她的课堂大气、灵动，运用丰富的课程资源，内容充实，设计巧妙，由"聚焦开端，异种求同"，到"前后勾连，同中见异"，既是课堂结构的层进，也是阅读思维的层进。

12月22日下午，王君老师开展《群文教学设计的几个关键问题》和《一路修行做老师》两个微报告讲座。她倡导通过灵性阅读、生命写作、激情生活三条路径使语文教学过程保持青春状态，进而使教师和学生创造、保持、享受整个人生的青春状态。现场答疑中，王君老师用"教法"和"活法"将老师们提出的问题进行了分类，提出打通教法和活法，一个人你怎么活，就怎么教，你怎么教，你就怎么活的青春语文理念。

最后，伊旗教育发展研究中心初中语文教研员宋沙兰做本次活动总结。宋老师对王君团队和授课教师们表示最衷心的感谢；对所有教师提出三点要求和希冀：其一，要热爱生活，把工作当成自己的事业来做；其二，要热爱读书和学习，把读书学习当成一种生活的常态，一种工作的责任，一种精神的追求，一种境界的要求；其三，要做研究型教师，深读教材，吃透教材，方能掌控教材，才能找准切入点，聚焦主问题，创新我们的课堂，打开学生的思维！愿所有语文老师一路修行做最好的自己！

一场培训就是一场洗礼，一次研讨就是一轮争鸣。本次研修活动为全旗语文老师搭建了一个实践教学理念、展示才干、交流学习的平台，促进了语文教学能力的提升。路漫漫其修远兮，吾将上下而求索。相信通过此次研修活动，全旗初中语文老师定会扎扎实实钻研，踏踏实实教学，以优秀为榜样，向名家学习，践行新思想，创新课堂，以实践促反思，以反思促进步。凡是过往，皆为序章，心有所往，终至所归。

【第四期2021年第五次研修活动】

活动总结

如切如磋　如琢如磨
——伊金霍洛旗教育体育局第四期"1+1+X+N+Z"
初中语文名师工作室第五次研修活动总结

为进一步拓宽作文教学研究的新视野，充分发挥名师工作室的教学引领、示范带头作用，积极建设高效的作文新课堂，提高语文教师作文教学水平的专业化，伊金霍旗教育体育局第四期"1+1+X+N+Z"初中语文名师工作室于2021年5月25日下午在伊金霍洛旗第一中学的尚志楼录播室开展以"统编教材初中语文小作文专题研讨"为主题的研修活动，全体初中语文名师工作室成员参加了本次活动。

本次活动内容由"名师示范，讲座领航，交流研讨"三个板块构成。

第一板块：实践引领　身先垂范——泉眼无声惜细流

活动伊始，伊旗第四中学白丽萍老师讲授小作文训练《枯木逢春——细节描写》，她从概念解析到方法引领，层层推进，强调细节描写重点要对语言、动作、心理、神态、场景等描写进行"聚焦""放大""分解""组合"，贴近中考作文题的构思技巧，确如泉眼，汩汩流淌，润泽每一位学生，真正体现"以学生为中心"的新课程理念，让学生做课堂的主人，起到了很好的示范作用。

伊旗第二中学的刘莉老师讲授《小作文训练——景物描写》。她从教材《春》《百草园到三味书屋》《紫藤萝瀑布》等名篇中提取景物描写片段，让学生进行文本写景方法的归纳总结，在点击教材、充实文章的目标下，学课文，充实描写，最后师生就学生现场作文共同作出评价，这是一堂真正解决问题，课堂实效显著的作文示范课。

第二板块：讲座领航　启发提升——树阴照水爱晴柔

北师大二附中贺培慧老师做了以"中考小作文专题复习的有效研究"为题的讲座，从写作框架入手，构建了独树一帜的写作图谱。她从课标研读、方法探究、素养提升三方面入手解读，分享了小作文系统分类复习研究，实用贴切。

伊旗第四中学杨小树做了以"精准定位精，为学生中考小作文赋能"为题的讲座，他结合多年教学实践经验，从宏观角度探讨了统编初中语文小作文的定位、设计。他指出学生写作的四个诀窍——有法、有趣、有技、有力，为学生中考作文备考提供了新方法。将这棵创新"树"投影到持续写作的"水"中，于阳光斑驳中，发散出本真的"爱"，而最终生发出晴朗与柔光。他的讲座提供的是一种方法、一种视野。转换视角，保持写作，我们会看到不一样的风景。

第三板块：高屋建瓴　蓄力中考——待有"蜻蜓"立上头

这次培训是一场心灵与视觉上的盛宴，让作文课浸润人性的色彩，体现对话的艺术，关注细节的精彩，从而让语文课负载精神的使命，流溢生命的动感。活动最后由初中语文教研员、名师工作室主持人宋沙兰作总结。她强调三点：一是关于中考作文指导的前提，有无科学的复习计划，有无丰富的范文资源，有无教师对作文构思技法的钻研；二是跟着课本学写作、写作来自生活是所有老师最大的财富和经验；三是老师们要基于校情、学情进行学习写作研究序列的构建。同时，她呼吁老师们：抬头看，了解课改方向。别忙着课堂，跨脚往外走；别只顾教学，还要积累；别只顾独行，要结伴腾飞……名师课的引领和示范作用，永远是一线教师前行的动力，我们以写作的名义相聚，期盼有更多的"蜻蜓"飞舞，将写作的实践进行到底！

【第四期 2021 年第七次研修活动】

优秀案例

《学习景物描写》说课稿

我今天说的课题是《学习景物描写》。

我之所以选择这一课题，是基于以下几点来考虑的：

第一，课标的阶段教学目标中要求"45 分钟能完成不少于 500 字的习作"，而我在教学实践中发现，很多学生没有达到课标"写记叙文，做到内容具体"的要求，为凑够字数只能频繁使用"有一次，还有一次……"之类的字眼，一次作文要凑好几件事。而要做到内容具体，在这个过程中首先要强调描写。课标的阶段教学目标中提到，要"根据表达的中心，选择恰当的表达方式"。而"描写"作为记叙文写作过程中必不可少的表达方式，显然是不可忽视的。缺乏描写的记叙文，总是凑不够数的、枯燥乏味的，能有意识运用描写的学生，则可能写出妙趣横生的文章。

第二，本单元写作主题是学习描写景物。学生可以通过学习四篇课文、模仿其他观察方法和写作手法进行自主创作，当然不一定是文言创作，但可以适当变换一些文言语句为我所用。观察方法方面，学生可以通过学习《三峡》《答谢中书书》，梳理景物的选择、观察及景物的特点，模仿课文多方面观察景物的方法；写作手法方面，学生可以从修辞、视角及景物特点方面，模仿课文多方面观察景物的方法；情景关系方面，学生可以通过学习《记承天寺夜游》，掌握知人论世的方法，体会融情入景的感染力。此外，学生要能达到学以致用，写出自己游历山水的经验，抒发自己独特的审美与情思。

第三，语文课标中提出写作时要学会多角度观察生活，发现生活的丰富多彩，能抓住事物特征，有自己的感受和认识，力求表达有创意。由此可见，充分掌握描写，运用描写，能够让作文获得更高的分值，景物描写是最主要的部分，而有创意的表达事物的特征，首推描写。

因此我选择了描写这一具有一定难度的课题。

但对初中的学生来说，细致且富有感情地描摹人物是他们所不具备的能力，导致他们作文扣分较多。

一、学情分析

关于写景的文本教学在学生刚入学的时候已经学习了一个单元，七年级下册的时候学生在描写各个季节的美文中进行练习。本单元是进一步模仿景物观察方法和写法，注意培养学生的分析和整合思维。这一节课是学生进入初中以来再一次接触到描写的表达方式，因而，可以在复习中拓展学生的知识面，所以，我在教学设计中选择了景物描写的几个点让学生有个完整的认识，为以后更重要的人物描写的学习打下坚实的基础。由于作文凑字数是一个较为普遍的现象，学生对此颇为头疼，因此本课题容易激发学生的学习兴趣。学生知识面较窄，不爱阅读和积累，导致作文水平一般，语言缺乏表现力，因此课堂上会设计一些环节来协助学生拓展知识面、增加积累，包括高级词汇和精彩句段的积累；课堂上也会用多种方式来引导学生思考问题并练习片段描写。考虑到这一年龄段的学生对自己感兴趣的事物会比较容易记住，因此课堂上会用多媒体来辅助教学，同时，尝试通过顺口溜这种形式来帮助学生记忆知识点。

二、设计理念

①这是一节讲练结合的作文课，是学生运用文字进行表达的训练课，"写"应当是整个课程设计的核心，但是，鉴于描写离不开观察，这节作文课又不同于其他作文课，学生观察对比能力的培养应当是贯穿全课的一条线索。

②凸显学生主体地位。新大纲要求"教学过程应突出学生的实践活动，指导学生主动的获取知识，科学的训练技能，全面提高语文能力"。因此，我的一个指导原则就是，能交给学生的时间就交给学生，能让学生做的就让学生去做，充分发挥学生的主导作用。在这节课中，学生能够较好地自主合作探究，写作、讨论的时间占整个学时的一半以上。

③侧重能力。这节课的学习目标定位于学习景物描写，其中不仅有知识的传授，更多的是能力的培养。因而，这节课的学习重点定位在对学生观察和描写能力的培养。

三、教学目标

知识技能：了解描写景物的作用；掌握描写景物的方法；培养学生学会观察景物，抓住景物的主要特征，细致地描写景物的能力。

过程和方法：通过教师的引导，以课文为范本让学生掌握如何选用动词、感官角度和修辞手法进行景物描写；通过小组交流、合作探究等活动，让学生在读与评中理解体会，不仅理解作文，也体验到协作学习的方法，提高评价与协作的意识和能力；注重启发、释疑、引导、总结，并引导学生进行比较、思考、讨论、交流。从描写景物的实践中去感悟大自然的魅力，从而去热爱大自然，热爱写作。

教学的难点是灵活运用多种描写方法的同时融入情感，使笔下的景物形象丰满、生动。将情感融入描写是比较难的，尤其是对于学生来说，语言和情感的积累都比较贫乏，因此会在课上对学生进行引导。

四、课前准备

准备教学课件；要求学生提前复习各种描写方法。

五、教学过程

①导入激趣：东升的旭日，斑驳的树荫，陡峭的山峰，潺潺的小溪，宽广的大海，水底的游鱼……世间万物，千姿百态，四季景色，美不胜收。今天，让我们用手中的笔，把我们所见过的最美的景描绘出来。屏显《桂林山水》对比，让学生通过比对明白描写的好处。从优美的景物画面和动人的旋律中去感知情景交融的情境给我们带来的视觉和内心的共鸣。

②引入景物描写的概念。这是让我们进行景物记叙和景物描写区分的。学生了解或小结描写景物的方法，感官细致描写景物。此环节的设计灵感来源于语文版七年级（上）第三单元写景抒情散文名篇《春》，这篇文章有不少地方从感官角度来描写春天，显得细致逼真，让人有身临其境的艺术享受。我主要是选取几幅图画，让学生通过认真观察，分别从景物的形态、颜色、声音、味道、性质等着笔，调动人的视觉、听觉、嗅觉、味觉、触觉来发现美。

例：《春》"红的像火，粉的像霞，白的像雪的内容"。例：四句古代诗发现。总结"五觉法"（眼、耳、鼻、舌、触）就是通过人的各种感官充分接受外界的信息（光、声、味、嗅、触等），从而表达出对事物的多重感知的方法。

如果能够在描写过程中，将视、听、嗅、味、触等"五觉"并用，将会产生更加细腻、逼真的描写效果。这是一种操作性很强的写作方法。讲练结合：根据提供的关键词"春天""田野""牧童""风""鸟"，运用五觉法来完成100字左右小短文。

③学习描写多角度写法：范例《答谢中书书》和贾平凹《风雨》形成新旧对比总结，按照一定顺序和角度来写景。

④运用比喻、拟人写景。对学生而言，比喻和拟人是常见而又十分重要的修辞手法。它能使描写的对象显得更加形象生动。

比喻写景。老舍先生说过："在描写时，不能不设喻。"确实是这样，只有通过比喻，才能把简单的东西具体化、抽象的东西形象化。比如把稻穗的颜色比作"黄金般"，就生动形象地写出丰收的景象。比喻要注意创新。如果总把某种景物的比喻固定化，不但不是锦上添花，而是显得俗了。有人说过，第一个把姑娘比作鲜花的是天才，第二个把姑娘比作鲜花的是庸才，第三个则是蠢才。说的就是这个道理。

拟人写景。拟人就是把没有思想感情的生物当作有思想感情的人来写，也往往能使语言富有魅力。比如朱自清的《春》，把春天比作了姑娘、娃娃和青年，写出了春天的活力，也使文章更富有感染力。基于以上的认识，我在课件中采用《济南的冬天》这篇文章的名句来作为例子分析，因为是学过的句子，学生因为熟悉理解起来就简单了很多。

比喻：用朱自清的例文进行示范。

拟人：用《紫藤萝瀑布》做范例，形成修辞写景的美好作用。

让景物描写更加生动的方法很多，还可以动静结合写景。在写景中，注意有动有静，动静结合，以静衬动，或者以动写静；运用传说写景。要写好动态的景色；要善于使用动词和形容词，准确传神的动词、形容词往往可以把景物的形状和动态写得活泼生动，具有表现力；用想象延伸景物描写，除了如实地描绘景色的形、色和动态变化，还要善于发挥想象力，把眼前静态的景物写得有血有肉、活灵活现，把概念化的景物特征形象化。考虑到一节课45分钟时间有限，为保证课堂的容量适中和教学的有效性，我选择了在以后的教学中逐步引导，在此课中主要以学会运用比喻和拟人修辞手法为教学目标。

最后，我落实在情感的融合上。在讲授完上述两种常见写景方法后，我想应该初步让学生感知写景最终也是为了抒情，"一切景语皆情语"。我设想通过引导学生品读佳作来使他们理解融情于景或借景抒情是写景作文的共同特征。

六、说板书

拓展书写校园一景，形成由知识输出到习作练笔的循环，进一步提升学生的能力。以顺口溜的形式进行总结。

活动总结

聚焦写作教学　　探寻写作之道
——伊旗教体育局第四期"1＋1＋X＋N＋Z"初中语文名师工作室第七次研修活动总结

为进一步促进统编教材的使用，加强初中语文写作教学研究，有效推动写作教学改革，更好地培养学生的写作能力和创新意识，发展学生的语文核心素养，第四期"1＋1＋X＋N＋Z"初中语文名师工作室于10月12日下午在北师大第二附属学校知行楼开展了以"初中语文统编教材大作文专题研讨"为主题的第七次研修活动。本次参会人员有教育教学发展研究办公室主任郭双喜及全体工作室成员。

伊旗第二中学刘莉老师说课七年级上册第三单元《写人要抓住特点》，针对初一学生的学情，刘老师精心分析教材，对写作技法细化指导，课内学习的语段充分引入课堂，刘老师进行深情朗读，对学生是回顾，也是熏陶。

市一中分校张玉翠老师说课七年级第六单元《发费思维的双翼——联想和想象》，张老师的设计整体架构，采用系统思维。内容设计新颖独特，充分打开了学生的思维，为后续的想象写作打好了基础。

第四中学杨小树老师说课八年级上册第三单元《学习景物描写》，旁征博引，阅读指导中进行大量的阅读渗透，不仅有正面示例，而且有不同材料的高下比较，带给学生更直观的感受。杨老师把作文的习作用表格量化考查，这个方法值得学习和推广。

第四中学白丽萍老师说课八年级上册第五单元《说明事物要抓住特征》，聚焦要素，以教材为基点，链接师生的生活，指导学生通过单元内课文所学策略，明确规范的说明文特点，抓住事物特征，指引学生如何写好说明文，授之以法，行之有效。

【第四期2022年第十一次研修活动】

优秀案例

材料作文的审题立意与布局谋篇

贺培慧

教学目标：

①结合鄂尔多斯中考作文题，训练学生的审题立意能力，引导学生审题细致，立意准确。

②结合教材范例，引导学生通过巧用线索、合理安排详略、采用典型描写等方法合理布局全篇，突出中心。

③结合教材范例和教师范例，引导学生构建逻辑严密的议论文思维框架和采用多种论证方法充实分析论证。

教学重点：

①结合教材范例，引导学生通过巧用线索、合理安排详略、采用典型描写等方法合理布局全篇，突出中心。

②结合教材范例和教师范例，引导学生构建逻辑严密的议论文思维框架和采用多种论证方法充实分析论证。

教学难点：

结合教材范例，引导学生构建逻辑严密的议论文思维框架。

知识铺垫：

审题立意：审题，即为审查题意，明确题目的要求；立意，就是确立最主要的思想内容。

布局谋篇：在审题立意、选材之后，对材料的组织、结构的安排等做整体谋划。

一、审题立意

(2021 鄂尔多斯) 阅读下列材料，按要求作文。

习近平主席寄语青年：

"青春由磨砺而出彩，人生因奋斗而升华。"

"青年志存高远，就能激发奋进潜力，青春岁月就不会像无舵之舟漂泊不定。"

曹原，25岁的物理学博士。他从小就是个"动手达人"，特别喜欢捣鼓电子产品，留美期间日夜待在实验室。他提出的理论也曾受到质疑，但他坚持自己的判断，捍卫自己的梦想。终于破解了困扰物理学界107年的世界难题。面对全世界的盛赞和邀请，他只说了一句话："我是一个中国人。"

从以上材料中任选一个角度，自拟题目，写一篇不少于600字的记叙文或议论性文章。不套作，不抄袭，不泄露个人信息。

立意推荐：

青春应当努力奋斗（奋斗，是青春的底色；奋斗的青春最美）。

青年要立高远之志（远大的理想，是人生的航标）。

国家的繁荣与强大，正是由一代代中国人的热血青春拼搏出来的（以青春之我筑强国之梦）。

二、布局谋篇

(1) 记叙文布局谋篇

学生阅读学案中第一组的三则典例，说说在材料的组织上有何共同点？

预设：布局谋篇时，用线索使文章条理清楚，结构清晰。

拓展：记叙文里常用到的线索。

①人物或人物特点线：《背影》以"父亲的背影"为线索。

②事物或事物特点线：《台阶》以"台阶"为线索。

③事件为线索：《走一步，再走一步》以"开端—发展—高潮—结局"的事件发展过程为线索。

④空间转换线：《从百草园到三味书屋》以地点的转换为线索。

⑤时间推移线：《植树的牧羊人》以时间为线索。

⑥心理（情感）变化线：《青春应当努力奋斗》以心理变化为线索。

板书：巧用线索。

典例呈现一：

《背影》：

第一部分：思念父亲，最不能忘记的是他的背影。｝表现了父亲对儿子无微不至的关爱与儿子对父亲的百般怀念。

第二部分：车站送别，父亲为"我"买橘的背影以及最终消失的背影。

第三部分：别后思念，在泪光中再现背影。｝反映父爱的真挚。

《台阶》：

台阶 { 开端——梦想造台阶——渴盼
发展——准备造台阶——积极
高潮——建造新台阶——喜悦
结局——台阶成人老——失落 } 表现了那个时代农民艰难的生存状态和他们为改变现状而不懈努力的精神，表达"我"对父亲的崇敬和怜悯之情。

《从百草园到三味书屋》：

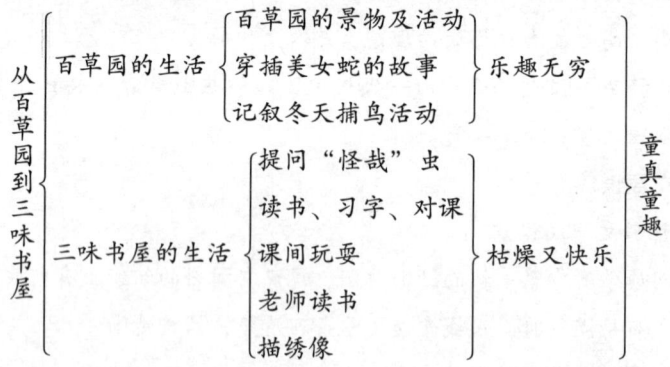

阅读发现：三篇文章，在材料的组织上有何共同点？

典例呈现二：

《走一步，再走一步》：

中心：面对人生困难，不要畏缩，先想着眼前的第一小步，迈出一小步，再迈出一小步，困难终会克服。

- 开端：小伙伴们厌倦了玩弹珠，决定爬悬崖。（略写）
- 发展："我"在距悬崖顶部三分之二处，上不得下不来。（略写，侧重心理描写，与后文我逐渐战胜心理恐惧形成对比）
- 高潮："我"在父亲的帮助下，克服困难，一步步走下悬崖。（详写过程，语言、动作、神态描写等，突出父亲的指导及"我"逐渐脱险和获得信心过程，为揭示中心做铺垫）
- 结局："我"成功脱险，获得巨大的成就感。（略写）

《社戏》主体部分：

展现农村自由美好的生活情景，表现劳动人民淳朴、善良的品质。

- 看戏波折。（略写）
- 看戏全过程（详写）
  - 月夜出航。（"我"的心理，伙伴开船，月夜美景）
  - 船头看戏。（强撑看戏）
  - 月夜归航偷豆。（撑船归航；详写偷豆，略写吃豆）
- 看戏后余波。（略写）

阅读发现：两篇文章，在详略安排上，给你什么启示？

典例呈现三：

月还没有落，仿佛看戏也并不很久似的，而一离赵庄，月光又显得格外的皎洁。回望戏台在灯火光中，却又如初来未到时候一般，又漂渺得像一座仙山楼阁，满被红霞罩着了。吹到耳边来的又是横笛，很悠扬；我疑心老旦已经进去了，但也不好意思说再回去看。

不多久，松柏林早在船后了，船行也并不慢，但周围的黑暗只是浓，可知已经到了深夜。他们一面议论着戏子，或骂，或笑，一面加紧的摇船。这一次船头的激水声更其响亮了，那航船，就像一条大白鱼背着一群孩子在浪花里蹿，连夜渔的几个老渔父，也停了艇子看着喝采起来。

离平桥村还有一里模样，船行却慢了，摇船的都说很疲乏，因为太用力，而且许久没有东西吃。这回想出来的是桂生,说是罗汉豆正旺相,柴火又现成,我们可以偷一点来煮吃。大家都赞成,立刻近岸停了船;岸上的田里,乌油油的都是结实的罗汉豆。

"阿阿,阿发,这边是你家的,这边是老六一家的,我们偷那一边的呢?"双喜先跳下去了,在岸上说。

我们也都跳上岸。阿发一面跳,一面说道,"且慢,让我来看一看罢,"他于是往来的摸了一回,直起身来说道,"偷我们的罢,我们的大得多呢。"一声答应,大家便散开在阿发家的豆田里,各摘了一大捧,抛入船舱中。双喜以为再多偷,倘给阿发的娘知道是要哭骂的,于是各人便到六一公公的田里又各偷了一大捧。

我们中间几个年长的仍然慢慢的摇着船,几个到后舱去生火,年幼的和我都剥豆。不久豆熟了,便任凭航船浮在水面上,都围起来用手撮着吃。吃完豆,又开船,一面洗器具,豆荚豆壳全抛在河水里,什么痕迹也没有了。双喜所虑的是用了八公公船上的盐和柴,这老头子很细心,一定要知道,会骂的。然而大家议论之后,归结是不怕。他如果骂,我们便要他归还去年在岸边拾去的一枝枯桕树,而且当面叫他"八癞子"。

"都回来了!那里会错。我原说过写包票的!"双喜在船头上忽而大声的说。

阅读发现:说说在叙事中,如何利用详写突出中心?

抛砖引玉:

中心:青春应当努力奋斗。

①借助环境描写和我的心理活动,写"我"的心情(沮丧)。(略写)

②揭示造成这种心情的原因——假期的松懈,整日昏天暗地地玩耍,没有充分利用假期拼搏奋斗(遗憾、悔恨)。(略写,凝练表达)

③反思,认识到应把握青春,奋发有为(省悟)。(略写,凝练表达)

④详写自己努力奋斗的过程(动作、神态、心理表现操场上的拼搏;一丝不苟听课、做题、讨论表现课堂上的专注与认真,环境渲染夜深人静,一个

人静享刷题时光；心理挣扎，对比，表现星期天利用网络资源的自我提高等）（充实、满足）。（详写，侧重描写）

⑤这一段经历产生的感悟，奋斗的青春最充实，最快乐。用挥洒汗水，搏一个人生无悔（欣慰、振奋）。（总结，议论深化）

（2）议论文布局谋篇

1）议论文的基本思路：提出问题——分析问题——得出结论（解决问题）。

典例呈现一：

敬业与乐业
- 提出观点：我确信"敬业乐业"四个字，是人类生活的不二法门。
- 分析论证：要有业。
  - 要敬业。
  - 要乐业。
- 总结深化：敬业即为责任心，乐业即为兴趣，勉励敬业乐业。

2）议论文"分析论证"部分的三种常见思路。

①递进式，即按照"是什么——为什么——怎么做"几个方面展开论述。

典例呈现二：

"要敬业"部分的分析论证
- 分析什么是敬业？（主一无便是敬）
- 分析为什么要敬业？（一方面，人类需要劳动；另一方面，任何职业都可敬）
- 分析怎么敬业？（忠实所做之事）

②分论点式，即通过几个并列式分论点或递进式分论点展开论述。

典例呈现三：

我确信"敬业乐业"是人类生活的不二法门。（中心论点） → 分析论证
- 要有业。
- 要敬业。
- 要乐业。

怀疑与学问
- 提出论点：学则须疑。
- 分析论证：怀疑是消极方面辨伪去妄的必需步骤。
  - 怀疑是积极方面建设新学说、启迪新发明的基本条件。

③正反对比式，即通过正反分析，突出观点。

典例呈现四：

论教养 {
首先，列举无教养的例子（一个人懒得在家帮助妻子，对妻子儿女大发雷霆，对亲人漠不关心，不懂得关爱父母等）。（反面举例）
接着，提出观点：有教养的人必定从心里愿意尊重别人，也善于尊重别人。
然后，列举有教养的具体表现（礼貌待人，不会自吹自擂，懂得珍惜时间，表里如一且稳重随和等）。（正面举例）
}

3）巧用多种论证方法，充实论证。

教师示范：

标题：志存高远，不负青春。

第一部分：开门见山说青年要立高远之志。并解释什么是高远之志。

第二部分：

①立高远之志，可以指明我们奋斗的方向（比喻论证、对比论证，无志与有志，突出有志的重要性。引罗·勃朗宁的话"雄心壮志是茫茫夜空中的北斗星"等进一步强调要立高远之志，方能扬帆远航）。

②立高远之志，可以激发我们奋发的潜力（奋进的动力）（举冬奥会健儿任子威、羽生结弦以及感动中国人物江梦南等，与现实生活中部分学生无远志无动力的情况形成对比，突出分论点）。

③立高远之志，可以提升我们人生的价值（举周总理为中华之崛起而读书，鲁迅先生立拯救国民精神之志，邓稼先立科技强国之志……历史长河中，各个领域的中国脊梁将个人之志和祖国发展、人民的幸福紧密联系起来，使得人生价值得到进一步提升）。

第三部分：青年的使命，呼吁树高远之志，以青春之我，强青春之国（引用习近平的话：青年是国家的未来和民族的希望。引出当代青年责任担当，呼吁青年立高远之志，写时代华章）。

心得体会

问渠哪得清如许，为有源头活水来

赵 娜

作文素质是语文素质最集中的体现。经过多次的作文研修，我感觉作文教学的突破口在于找到作文教学规律与初中生认知规律的结合点，让教师教得科学，学生才能学得高效。现总结一下自己对作文教学的思考。

一、充分理解语文学科的课程性质

语文的外延与生活的外延相等，只关注语文课本，那么获取的知识少之甚少，不足以提升学生的语文素养。必须把眼光放到课外生活，课外生活才是学生学习能力提高的天地，是学习语文的源泉。

现在的普遍现象是初中生缺乏丰富的生活阅历，所以在写作中有时会无话可说，但是为了完成学习任务，又不得不写一些自己没有经历过的事情。这时，学生可能就会抄袭作文书中的范文或者自己编一些内容。学生的写作内容脱离社会生活实际，造成文章内容缺乏真情实感。长期被动地写一些自己不感兴趣的内容，不但使学生对写作失去兴趣，而且抑制了学生写作能力的提升。

所以，我们要提升学生的语文素养、写作能力，既要钻研好教材，更要让学生体验生活，扩大阅读量，让语文有"源头活水"。

二、形成系统的作文教学体系

作文教学是一个完整系统，提升学生的写作能力要循序渐进，有目标、有计划。作为初中教师，要在心中有三年的作文教学的计划，这样在实施每学期，甚至每一次作文训练时，要达到什么目的，有什么效果，该如何批改、评价，教师都能够心中有数。在目标的指引下，作文教学的效率也就提高了。

在日常作文训练中，不免存在这种现象，我们教师会要求学生在文体、立意、谋篇到遣词造句上做到面面俱到。但是，这样的要求却并不一定能收到良好的训练效果，因为大多数学生完成这样的一篇作文需要花费不少的时间，而且，由于一次作文花费的时间多，而语文又不能仅上写作课，写作的次数很有限，每学期仅6~8次作文，训练重点又不突出，学生的写作能力自然难以提高。并且，作文写作要求面面俱到，学生很难取得成功，受到老师的表扬。长此以往，在多次失败的打击下，学生就会对作文产生厌倦、害怕甚至对抗的心理。在这种消极情绪的支配下，又怎能写出好作文呢？因此，在作文训练中我们最好进行某一方面的训练，而不应面面俱到。

贺培慧老师这节课的教学设计可以分成多个小目标，以分步骤去落实。从初一开始，作文教学就要做到一步步地引导，击破各个问题，不要等到初三的时候"眉毛胡子一把抓"，耗时多又起不到作用。

三、学习经典作品的写作方法

写作教学要与阅读教学相结合，不可割裂。在阅读教学中学到的经典文本不仅存在赏析品味的价值，更有着为作文提供范本的作用。教师充分研读教材，利用好这些经典作品，指导学生把普通的生活素材，用巧妙的方法去组织、去表达，这才是利用好了教材。

这次贺老师就从课本中选取了多篇经典作品，从谋篇布局的角度给学生示例，记叙文和议论文分别可以怎样来构思篇章，可见贺老师研读教材下了很大的功夫。

除了这方面，文章开头、结尾、议论抒情、点题、照应、叙述故事的波澜等都能够在课文中找到范例，不必舍近求远，从课外篇章去寻答案。

四、立足学情设计作文教学

小组交流讨论环节时，杨晓树老师的发言给我触动很大，他说：作文教学的预设要建立在学生的起点之上。确实如此，我们教学最终的落脚点是学生学有所得，作文教学有提高，所以我们的出发点是充分了解学情，这样教学才能达到预设效果。

例如学生写作记叙文时，最大的困惑是选材和谋篇，那么老师在设计作文教学时就该以这两方面为作文突破的重点，否则困惑会永远成为学生的困惑，得不到解决。

再如给学生出课内文本范例时，也要考虑学生是否熟悉文本，不熟悉的文本是起不到示范引导作用的。

作文教学是语文教学的重头戏，是重点也是难点，个人觉得以上四点是语文老师设计作文教学要注意的最重要的四个方面，在此基础上再设计各个阶段的作文教学一定会有所收获。

活动总结

与智者为伍　掬作文之泉
——伊旗教体育局第四期"1+1+X+N+Z"
初中语文名师工作室第十一次研修活动

为进一步拓宽作文教学研究的新视野，打开作文教学研究的新思路，积极建设高效的作文新课堂，充分发挥名师工作室的教学引领、示范带头作用，提高语文教师作文教学水平的专业化程度，伊金霍洛旗教育体育局第四期"1+1+X+N+Z"初中语文名师工作室于2022年4月12日下午，在伊金霍洛旗第一中学开展以"材料作文的审题立意和布局谋篇＜四＞"为主题的第十一次研修活动。本次活动由"名师示范、学生习作、教师面批作文、教师议课及汇报展示"四项活动组成，初中语文名师工作室成员以及全旗毕业年级语文教师参加了本次活动。

北京师范大学鄂尔多斯第二附属中学贺培慧老师讲授作文训练《材料作文的审题立意和布局谋篇》，她以知识铺垫为基石，以《2021年鄂尔多斯中考作文题》为切入点，以教材文本为抓手，从概念界定到写作方法，再到学生当堂提纲的拟写，都进行了详细讲解和指导。教学中她切实践行了"以生为本"的教学理念，很好的激发了学生的习作兴趣，关注了"语言学用"的教学目的，打破了固化单一的思维定式，引导学生在正确立意、精准选材的基础上布好局、谋好篇，才可以把血肉（文章材料）和灵魂（文章中心）有机结合起来，文章才能更出彩。她的课堂宛如小池一方，静水深流，风景无限。

示范课结束之后，学生开始进行写作实践。亮堂的教室里，没有一点声音，只听见指尖与书页、笔尖与纸面的丝丝摩擦和那秒针走过钟面的滴答声。这一节课，每位同学都在本上书写着属于自己的淡淡的文字，思想的涟漪从心底扩散开来，一层接一层，无休无止。书一笔经历，写一笔心声，在生命交错的背景下，记录关于"青春"的点点滴滴，抑或安静、抑或热烈，只为将青春的理解书写进岁月的河流里……

鲁迅说："文章不是写出来的，而是改出来的。"学生习作之后，工作室成员走进教室，走近学生身边，为每一位同学面批作文。以面批的方式帮助讲课教师在限定时间内及时了解每一个学生在本次作文训练中的闪光点和不足之处，并进行适时的指导，使这一节课更扎实有效。面批的过程中，老师们都能尊重学生的个体差异，引导学生敞开心扉，以平等的姿态、商量的口吻倾听他们内心真实的想法，陪伴学生参与、还原他们的创作过程，针对学生自己的想法提出恰当的适合他们的修改方法。

通过面批的方式，以面对面情感交流开始，让教学活动发生在学生身上，不仅激发了学生的写作兴趣，提高了学生的写作水平，而且唤醒了学生的自觉自省意识。既关注到学生的差异性，也沙里澄金，发现学生的闪光点。

"教而不研则浅，研而不教则空"。观课之后工作室教师们结合自身的教学实际，认真分析研讨贺培慧老师这节课的得与失，从"初中语文作文教学目标预设和达成"和"初中语文作文课堂教学"两个观察维度进行了分组交流。议课环节，老师们开诚布公，各抒己见，体现了高度的自由民主的学术探究精神，从不同的角度对课进行了分析评价，既有对这节课毫不吝啬地夸赞，也提出了中肯的建议和自己教学中遇到的一些困惑，最后提出教学创意，为我们的作文教学注入了源源不断的活水。

白丽萍老师和杨小树老师分别代表小组进行汇报：本节课的教学设计目标明确、具体，可检测；教师能够恰当、有效的利用文本，进行新旧知识的前后勾连，对学生的思路引导有效；注重对学生的学法指导和思路的点拨。不足之处：节奏过快，学生需要更多的时间接收内容。他山之石，可以攻玉。相信这样扎实有效的教研活动，既有利于教师之间的教学交流，又有利于思维拓展，有效地提升课堂效率，对教师作文教学的提高有推动作用。

老子曰："合抱之木，生于毫末；九层之台，起于垒土。"作文教学亦如是，需要不断地探索、思考、创新，一点点累积教学经验，在原有课堂的基础上不断改进、完善，最终达到最佳教学效果。最后初中语文教研员、名师工作室主持人宋沙兰进行总结发言，对此次活动给予充分的肯定：经过前期的认真研磨实践录课，今天再一次的示范操作达到了预期的效果。她强调：写作是阅读的升华与创造，希望老师们按照课程标准的基本要求，做好平时的"读写"结合，要继续选点突破，明确目标，让学生得到更好的发展，扎扎实实地在作文教学的这片沃土中勤奋耕耘，更快更好地成长起来。

一路欣赏，一路采撷，一路吐蕊，一路芬芳。作文教学的脚步永不停止，我们会一直在写作教学实践的路上奋勇前行！

【第四期 2022 年第十二次研修活动】

心得体会

用心作文　认真做人
——读《王栋生作文教学笔记》有感
伊旗四中　白丽萍

文学的修养，首先是思想、品德、人格的修养。鲁迅说："从血管里出来的都是血，从水管里出来的都是水。"那么一个作家笔端涌出的文字自然是作者内心灵魂的体现。有高尚的灵魂，才能写出高尚的文字。叶圣陶先生在很早就提出"学作文就是学做人"的口号，一语中的地揭示作文教学的真谛，即作文教学需以学生为中心，以树人为根本，不仅要在教学活动中传授写作的技巧，更要培养学生的思想、品质，努力使学生学会如何做人，懂得为人的道理。写作是语文素养的综合体现，其中最本质的是作文与做人的有机融合。我国历来就有"言为心声""文如其人"的说法。因此，写作训练不只是语言演练、方法操练、技能锤炼，还是认识磨炼、情意合练、人格锻炼。

《王栋生作文教学笔记》一书回到真语文教育的范畴进行探索与思考，指出真正的写作不仅仅是"教学意义"上的写作，而是把写作与生活方式、做人联系起来。王栋生老师说："从本质上讲，作文就是做人，教师指导学生写作也是一个'立'人的过程。"

一直以来，中学生的作文很多是假话、大话、空话的集合体，这样的作文不但不能"文如其人"，而且还会"人""文"分离。

表现明显的有以下几种现象：

一、过分关注应试成绩，导致写作目的偏离

写作目的不是"我手写我心"，不是"文以载道"，而是为了写作而写作，为了老师而写作，为了阅卷人而写作，为了得到一个好的分数而写作。学生的作文写作目的已经从"表情达意"变成了"争分夺标"。

二、过分关注作文技巧，结构程式化，题材雷同，内容空洞

有一种奇怪的现象，那就是在每篇作文的开头，好多学生都喜欢用一组排比句。或许，他们的老师和他们都以为，这是一种"易学、上手快"的手段，也是考场作文的真经。毕竟，阅读伊始，三个整齐划一、像模像样的句子，能让人初次读来有心生舒坦之感。另有一种奇怪现象，即把余秋雨的文化历史散文与应试作文"联姻"，生出"文化大散文"这一怪胎。在《提倡简约平易的文风》一文里，王老师指出，考生凭借屈原、司马迁、李白、苏轼等一干人就可以风行考场，还屡试不爽。别的不说，单"屈原向我们走来"一句，就走出了"水的灵动，山的沉稳（2004年江苏省高考作文题）"，走出了"凤头、猪肚、豹尾与人生的关系（2005年江苏省高考作文题）"，走出了"人与路（2006年江苏省高考作文题）"，甚至还走出了"怀想天空（2007年江苏省高考作文题）"！盲目模仿这类华而不实的写法，以不变应万变，虽然能博得阅卷老师的青睐，却也让不少学生反应迟钝，丧失了思考能力。结构程式化，题材雷同，内容空洞，语言华丽，学生在大量无病呻吟的演绎中失去的只能是可贵的创造性。不健康的人格，在学生精神世界中正潜滋暗长。

三、过于追求"个性"，讲求标新立异

现代的中学生被媒体、网络包围，爆炸的信息、时尚的冲击和另类风格的侵染，使得他们不愿与别人相同，总想标新立异，展现出不同的个性与风格。那么展现在写作中呢？网络语言、新锐词语便成为他们最能彰显个性的工具和载体。充斥大量网络语言的文章可谓"个性"十足，但因其语言的不规范，读懂都成问题，更谈不上人文关怀了。

基于以上问题，《王栋生作文教学笔记》中指出作文教学必须使学生的情感、思维、品质以及人格得到培养，作文教学才真正实现价值。

作文教学可以从以下几方面入手：

一、帮学生树立善想、敢写的意识

"想"是什么？我以为当然是思考，是思想。一个不会思考，没有思想的学生，即使掌握再多、再好的写作技能，写作时，也只能"巧妇难为无米之炊"。青少年学生正处于成长期，可塑性很大，引导他们评论时事，辨析信息，去伪存真，以公民的姿态看问题——就其成长而言，我认为这一点非常重要。如果我等一线教师全都努力教学生去拥有看世界的眼睛、想世界的头脑、写世界的手，培养他们对外部世界的感知能力，我想他们的心智成长速度一定是最快的，当然不会放缓，更不可能停滞。在《问题出在不会思考》一章中，王老师就直指："学生议论文写不好，多数情况下不是表达技艺问题，而是不会思考，没有思想。"他还强调，质疑精神可以这么来培养："事情真是这样的吗？有没有其他的可能？有没有更合理的解说？这样的观点是否经得起时间的检验？"接着，他又以学生关心"大米多少钱一斤"为例，强调他们若去顺藤摸瓜，就有可能了解中国农民，就能对中国人的生活水平有更具体、形象的认识。而这远比在文中空写"家事国事天下事事事关心"的词句更真诚，也更有意义。本书第三辑中所选的几个作文教学课例，也都让我清楚地看到，王老师的作文课堂，是在与学生对话交流中一步步启发学生思维，开拓学生思想深度和广度的过程。当然，"想"的问题，不是几堂作文课就能解决的，甚至也不是语文课程所能解决的。这里还牵涉到一个更深层次的教育理念、教育体制的变革问题。"能救一个是一个，能做到哪一步就努力做到哪一步！"我相信，这句话应该是王老师锲而不舍、努力前行的动力。

二、邀学生享受心、手统一的表达

王栋生老师强调"在熟悉的地方发现"，从书本学，从生活学，向一切可以学的地方学，写作教学要引导学生学会开拓写作的领域，让他们有"发现"的意识，法国雕塑家罗丹说过："生活中不是缺少美，而是缺少发现美的眼睛。"

所谓"写自己熟悉的人和事",首先得引导学生去"关注",关注了才可能熟悉,熟悉了还得有发现的慧眼,在于凡事多想。其次作文是创造,创造需要灵感,但是写作不能离开生活,生活积累丰富、想象力丰富,灵感也就青睐你。培养学生正确的表达观,这一点也是我教学中需要整改的。以前教学时为了让学生作文得到较高的分数,让学生摘抄优美语句,有的学生不会用弄巧成拙,读了这本书我认为这种做法不可取,盲目模仿,华而不实,甚至让不少学生反应迟钝,丧失了思考能力。写作教学应当培养学生正确的表达观,"我手写我口,我口说我心",要鼓励学生既有文采,也显现本色,本色的语言能为文章增色,让读者难忘。

三、阅读积累是"读写结合"的重要基础

在阅读中培养学生的悟性。悟性,即从纷繁的现象中领悟、体会到本质的一种能力。悟性的培养旨在解放人的心智,让学生对色彩缤纷的大千世界焕发出一种感悟生命的活力。有了这种能力,学生眼中的世界才能更加清晰地归于本真。王栋生老师认为,"作文的过程,是激发思维、召唤情感的过程"。对学生来说,是一种"自我发现"或"精神觉醒"。而激发学生的思维、召唤学生的情感,则需要通过两种方式:一是生活经历的体验和积累;二是阅读上修辞立其诚。对于生活阅历的积累,语文教师无法做到,但是阅读上的积累,语文教师可以起到引导的作用。因为通过阅读,学生可以模仿所读文章的内容或结构,这是最初的"读写结合"。当然,王老师还提出,对阅读的重视大家已成共识,但是"读什么"的问题仍然没有得到解决。他建议语文教师开放和发展阅读领域,因为每学期的语文课本的容量远远低于学生实际的阅读需求。

同时,"读写结合"不能急功近利,语文阅读的积累是一个慢的过程,惟其长,才能厚实、扎实、结实。有时语文课堂教学中紧密的读写结合训练反而会挫伤学生阅读的兴趣。学生能在阅读中有自己的发现,有自己的感悟,他肯定要通过某个途径,用某个方式把自己的心得表现出来,这就是自我表达的激情,这就是写作的欲望。反思自己在阅读教学和课外阅读指导中,仍然是急急忙忙地"种",分秒必争地"收";各种各样的"告诉"多,学生"自主发现"的少,没有安排学生自由的言说,总是按教程直接训练写作,学生被动

学习，章法训练的效果往往也就很有限了。

最后，不能忽视学生的"适时阅读"。什么阶段该积累阅读都要很清楚，让学生及时地获取知识，形成经验，这些读书的经验也是写作的经验。

王老师对作文教学的一些认识和看法不断冲刷着我的大脑，他从《至少要有对写作的敬重和爱》说起，认为：写作的至高境界是热爱；要能让学生看到一点一滴的进步；敢写就好办了；我在星期三不写作文；爱诗的学生写作能力强；读书形成的经验也是写作的经验；抓住机会，适时写作；培养学生积累修改的经验；作文评语要少而精，等等，真是让我醍醐灌顶。

作文如做人，引导学生堂堂正正地做人是这本书的宗旨，也是我在阅读这本书时最大的收获。《在写作中渐渐的"立"起来》一章中这样写道："有时我会非常敬仰那些树，它们就那样默默地按天性生长，长得苍凉壮实，长得婀娜多姿或者长得笔直。笔直？是的，像笔一样直。人在写作中，也应当像笔一样直，一直在写。让自己长成一棵直立的树。""语文教育引导学生堂堂正正地做人，就得从庄重的写作开始。"的确，用心作文、认真做人最重要。

《王栋生作文教学笔记》阅读思考

北师大第二附属学校　柳慧娟

王栋生老师的两本作文教学笔记让我对作文教学有了新的认识，特别是《边教边改》专题第一辑中的《至少要有对写作的敬重和热爱》，叫人醍醐灌顶，茅塞顿开。作为草根教师，我对语文教学的认识可以用十个字归纳，即"字词句篇章，听说读写练"，而且，在实际教学中，我常把这十个字作为口头禅"自以为是"地教给学生。在这本书里，愚拙的我找到了冥冥之中与王老师不谋而合的契合点——作文教学要边教边改，作文的最高境界就是要教会学生慢慢爱上写作文。

王老师在书中表述，一个人爱上写作，视写作为一种基本的生活方式和生活必须内容，达到一天不写点东西就恍惚然不知所止的地步，这样坚持下去，写作就不是被追求的所谓"成功"，而是一种生活的乐趣，是真正意义上为人生的写作。学校的教育教学，也应当引导学生向往那种境界。

一般而言，有一定阅读经验的学生，写出自己的所思、所想、所感，不应当有什么困难。然而现实是学生大多惧怕写作，这是为什么呢？

学生怕写，往往是因为他的写作受过什么暗示，或受过什么挫折（小学生有写日记的好习惯，初中生因为各种"关心"而中断）。

学生怕写，因为老师要"打分"。这个"分"虽未能表明他的真实能力，却有可能像个标签一样贴在他身上。

学生怕写，因为缺乏经验的教师往往不由自主地对学生的作文提出过高的要求（用名家的经典范文来教作文向学生传达一系列错误信息：写作文是为了当作家，只有写成作家那样的作文才算是好作文）。

在起始年级，教师给学生作文打很低的分数，对学生的作文信心是很大的打击。

功利的写作教学（初一教师用"中考范文"讲写作，高一教师用"高考满分作文"教写作）无法培养"热爱之情"。

反思作文教学：作文是不是一定要"当堂完成"？

是不是一定要"600字以上""800字以上"？

凭什么不能打高分、打满分？

中学生作文是不是一定要批改？

应试作文的"不要写成诗歌""诗歌除外"，后患无穷。

观察作文教学现状，有许多做法值得反思，如能改进，师生或许能轻松一些。教师办法少，往往因为观念落后，缺乏灵活性，没想到自己的课堂自己可以适当做主。比如，作文是不是一定要规定字数？什么时候开始有这个字数规定的？对不少学生而言，作文要求中明确提出的初中"不少于600字"或高中"不少于800字"成了他们不得不完成的"硬指标"，而其他诸如内容和表达，在他们看来未必有多重要，他们宁可"灌水"、东拉西扯，也不敢少写一个字。"不少于600字"及"不少于800字"是检测的参考指标，未必能体现学生的写作水平。中小学写作教学出于应试考虑，过早地强调字数，对学生的写作没有好处。常听学生出了考场对家长说"我写完了"，那意思就是"我没少写字"，至于写得是否合题，能否表情达意，却不去想了。"有话则长，无话则短"是常识、常理，怎么到了写作上就"不讲理"了？写得简洁、精美、隽永，一二百字也很好，远非空洞无物的 600 字、800 字可比。在学生学习写作的阶段，不要一上来就看他们能写多少字，而忽略了他们的想象力和积极表达的意识，学生"能想""敢写"，比写满规定字数重要。当然，这也要看教师的见识与判断力了。中考、高考作文要求"不要写成诗歌"，于是从初一开始，教师就不让学生写诗了，到了高中阶段，教师会对爱诗的学生反复叮咛："练好记叙文和议论文，别写诗了！"考试作文不鼓励学生写诗，非常奇怪。语文离不开诗歌，中国文学最有生命力的是诗歌；中小学语文课堂有诗歌，看看教科书收进了多少诗歌！少年，青春，本来就该做梦、写诗，为什么要禁止？这个年段不做梦，以后就不会有梦了；这时对诗没兴趣，一生再难有诗意的生活。

作文教学面临的问题：

缺少一个相对较好的社会环境，学校"重理轻文"现象严重；不重视思维品质的培养；过于功利而忽略"趣味"；不同年龄段的作文"模式化"；终端评价粗疏，可信度不高，影响教学；教师自身的写作经验不足。

目前能做的事：

1. 改造教学观，走出教学困境

要把作文能力看作是重要的生存能力，是基本的生活方式，同呼吸吃饭一样自然而然。

尽可能做到让学生"不怕写"。只有"不怕写"，才有可能"会写"。义务教育阶段要打好"底子"。

2. 教师要了解学生的写作状态

作文教学中，主要是学生一方的"学"。对学生具体的写作困难，教师需要有深入了解。

小学和初中阶段要注重培养趣味。

教师要克服盲目性，不能总是盯住"好作文""满分作文"。

让学生对写作有爱：把写作当作一种基本的生活方式和生活的必需内容，一天不写点东西就怅然若失。学校的写作要引导学生向往这种境界。

让学生看到进步：改作文没必要精批细改。教师改作文，也犯不着毕恭毕敬。能让学生看到一点一滴的进步。全篇好，大力表扬；全篇一般，表扬一段，或者一句；乏善可陈就设法写上"标点准确""字迹工整"等。总之，要永远让他看到希望。

让学生敢写：对于有些老师而言，他们做的最有害的事，不是让学生的作文走入套路和模式，而是制造各种各样的束缚，让学生惮于写作（丘吉尔学绘画：能够在一盒颜料中其乐陶陶；幼儿园孩子画画）。

怎样读写结合：批判"读写结合当堂练"——无意间把阅读的功利观传给学生；形成一定的积累之后再启发学生用。启发学生关注阅读文本，交流各自不同的感悟。学生从课外阅读中汲取营养，把获得的经验用到自己对生活的观察和思考上，同时有了一个更大的表达思考和情感的天地。

给学生自由的写作时间、地点，暂时把规则放在一边，让学生有充足的时间思考，在斟酌的过程中获得写作的愉快，在这样的过程中积累真正的写作经验。有了这样的历练，就有可能在规定的时间内写得比一般人好一些。

教师能以自己的阅读经验引导学生热爱阅读，进而热爱写作。

抓住生活中的契机或创设情境。

3. 听说读写，关键在"想"

王老师认为，听说读写，"想"最重要；如果"听"与"读"能力低下，要能"说"会"写"则不可能。很长一段时间以来，"想"在教育教学中被忽略，学生缺乏自由的思想，缺乏怀疑和批判的精神，这是语文教学备受诟病的主要原因之一。

"想"什么？怎样"想"？不能把文章写好，首先在于思维的品质，其次才是表达能力。

4. 多写小作文

每周有一两次200～500字的小作文，有条件的教学班可以经常练（甚至每天练），学生能熟练地写出二三百字的实质内容，写得通，写得有点趣味或"意思"，写得快，形成习惯，千字以上作文也就不算难。可能更有助于"实用"。每学期小作文有12～16次，这个要求并不高。

5. 教师要有原创的作文题

只有熟悉课堂和学生，才有可能创设"情境"，明确"任务"。一线教师一定要有教学自信。

例：你对城市高房价有什么看法？

"学区房"的存在已是人尽皆知的事实，说说你对"学区房"的看法。你认为有没有解决这一问题的可能？

6. 批改与讲评要有新法

过于强调教师指导与批改，会忽略学生的表达意愿，妨碍经验形成。

"谁让你每篇都要改的？"

工匠式的"精批细改"也有可能成为"压模制作"。

作文交流要尊重学生的隐私，不要强求。

7. 教师要审视自己的作文能力

教师要有新的思路，创造性地使用教材，同时对以往的作文教学做必需的反思，语文老师特别要审视自身的教学，改变过去一味以高考作文为中心的功利主义教学观，扎扎实实地走一条新路。同时，在教学中提升自身的写作能力，和学生一同成长。

熟悉各种表达能力的基本要求，能写作各类应用文体（评论，短评，调查报告，综述，学科论文，总结，汇报提纲等），也能写文学类文体（散文、诗歌、小小说、改编戏剧、文艺随笔等）。不一定要出类拔萃，但有基本能力，能"写得出，写得像"。教师在指导学生写作时，有教科书无法具备的丰富的个人体验，能了解学生的写作状态，调动学生表达欲望，发展学生的写作趣味。

总之，文字是有呼吸的，要敬重和热爱写作文，引导培养学生自然地自主地阐述自己的观点，学着讴歌自己心中的美与生活，写原创作文，但不要有谄媚的痕迹，自然而然，率性而为，有感而发，杜绝无病呻吟，远离浮躁，远离急功近利，发自内心对生命进行歌唱。尽量保持自己独立的意志，让文字自由地呼吸，酣畅地、淋漓地释放情感。学习一直在路上，跟着王老师的作文教学步子，尝试，觅渡，努力，在敬重与热爱中追求进步。

活动总结

同读一本书　共研作文课
——伊旗教体育局第四期"1+1+X+N+Z"
初中语文名师工作室第十二次研修活动总结

为进一步提高语文名师工作室成员对作文教学的研究能力，促进教师素养的提升，6月21日下午，初中语文名师工作室在伊旗第四中学开展了以"同读一本书，共研作文课"为主题的读书交流活动。老师们就阅读《王栋生作文教学笔记》一书，畅谈了读书后的所思所感，分享了学习成果，整个活动精彩纷呈。

樊耀琴老师以"用细节雕琢时光——读《王栋生作文教学笔记有感》"为题，指出学生作文问题所在：选材陈旧，精彩语言少之又少；主题老套，作文没有真情实感。针对这一写作现状，樊老师提出要打破学生不愿意写作的魔咒。给予学生自由表达空间，让学生从"要我写"变为"我要写"。

问渠那得清如许，为有源头活水来。钱俊玲老师从四个方面分享自己所得所感：要给学生素材的源头活水；要给学生思维的源头活水；要给学生兴趣的源头活水；要给学生生活的源头活水。她认为教师需要引导学生睁大眼睛去观察世界，对周围的事物保持好奇心，只有让学生对世界任何事物保持好奇心，才能激发他们的求知欲，思维才能得到相应的发展。还要引导学生关注现实、关注生活，在实践中给学生写作提出指导意见。

张玉翠老师从"在自由状态下写作之思考"开始谈起，她认为，"在自由状态下的写作"就是在排除干扰因素的情况下，让学生能够自由、放松地写作。首先是写作时间、空间上的自由，其次是写作题材、体裁上的不限定，最后是学生思想上的无拘束。当然教师要做到"收放自如"，这就对教师教学能力、文学修养等都提出了较高的要求，希望我们能给学生一粒文学的"种子"，让学生的写作生根、发芽、开花、结果。

柳慧娟老师谈道：学生怕写往往是因为他的写作受到过挫折，或者是缺乏经验的老师对学生提出过高的要求。想要改变现状，老师们首先要改变自己的作文教学观,还要培养学生的写作兴趣。总之,文字是有呼吸的,要敬重和热爱写作文,引导学生自然地自主地阐述自己的观点,学着讴歌自己心中的美与生活,写原创作文。

杨小树老师的讲座:说说作文那些事——读《王栋生作文教学笔记》有感。杨老师否定了"重技法轻积累、重课堂轻拓展、重知识轻思考、重统一轻个体、重积累轻态度"的功利性课堂,倡导教师俯下身来走近学生,深入了解学生的写作困境,有针对性地进行指导。

赵娜老师结合自己的作文教学实践,深入浅出地阐释了"语文的外延和生活的外延"相等。赵老师提出教师应注重引导学生热爱生活,如此才能热爱写作。

分享活动中,老师们从自身阅读的分享联系到自己的写作教学实践,积极反思自己的教育行为,都感觉收获良多,受益匪浅。"胸藏万汇凭吞吐,笔有千钧任翕张"。名师工作室主持人宋沙兰对各位名师乐学好思的精神给予肯定,并指出读书是教师最好的修行,希望全体教师能读专业的书、做专业的事,将"读书"这件事常态化,做一颗蓄电池,不断给自己"充电",用教育的智慧来滋养学生,从容面对生活,悦纳他人,为自己的专业发展不断汲取养分,增强个人的人文底蕴,让教育更加有深度、有温度。

教而不研则浅,研而不教则空。在新课标出台的背景下,此次的读书交流活动不仅给教师搭建了分享交流教学经验的平台,更引发教师对作文教学的深度思考。通过此次读书交流,语文名师工作室的老师们将在教学实践中务实求索,砥砺前行。

优秀论文

《余映潮的中学语文教学主张》之我见

伊金霍洛旗语文教研员　宋沙兰

看完这本书的时候,我思索良久,该从哪里下笔呢?因为它到处是精华,到处都是值得我们学习的地方。就如同书皮上写的一样,"这是一部用技术和艺术浇灌而成的中学语文课堂教学兵法""这是余映潮老师多年语文教学智慧与思考的一次集中展示""这是一本向广大语文教师传递科研精神与方法的优秀著作",是啊,这么优秀的著作岂是我三言两语就能说完的。此时,我的眼前出现了余老师慈祥的面孔。他的博学、睿智、对教育教学的呕心沥血历历在目,我们不是聘请余老师当我们的导师了吗?他的每一次现场课堂教学指导不就是《余映潮的中学语文教学主张》这本书的教学理念的集中体现吗?于是,我整理了余老师来我旗进行的培训活动。余老师第一次来的时间是2014年5月,这本书是余老师给我们推荐书的其中一本。我读后确实受益匪浅。记得那年冬天,我还上过一次下水课《紫藤萝瀑布》,其完全是按照余老师的语文教学主张来设计的。而截至今年5月份余老师来我旗进行教学指导已经是第五次了。记得第一次培训的主题是"教材研读的技巧",授课内容是:《狼》(七下)、《泥人张》(八下);微型讲座"语文教师的'学法'指导之一:读书笔记法";专题讲座"中学语文'教材研读'的高层技巧与教材处理的基本技法"。第二次培训的主题是"高效课堂教学的设计理念与教学实践",授课内容:《老王》(八上)、《孤独之旅》(九上);微型讲座"语文教师的'学法'指导之二:专项研究法";专题讲座"高效课堂教学的设计理念与教学实践"。第三次培训的主题是"中学语文教师中考复习备考的教学技能训练",以九年级的中考复习课堂教学为主进行课堂教学实践,授课内容是:《中考阅读复习指导》《中考作文复习指导》;微型讲座"语文教师的'学法'指导之三:资源提炼法";专题讲座"语文教师中考复习备考的指导技能"。第四次培训的两大主题是"中学语文阅读教学'课中活动'的设计""'板块式'思路和主问题设计",授课内容是:《春》(七上)、《说"屏"》(八上);专题讲座"中学语文阅读教学'课中活动'的设计"。第五次培训的主题是"学作品教学技能训练",授课内容是《最后一课》(七下)和《海燕》(八下);微型讲座"语文教师的'学法'指导之四:短论写作法";专题讲座"谈中学语文'文学作品'的教学"。无论是余老师的课,还是培训思路、理念都是与《余映潮的中学语文教学主张》密不可分的,每一处都践行着他的教学主张。

第一次的培训主题"教材研读的技巧"——体现在《余映潮的中学语文

教学主张》中的第一章"别出心裁的研读课文",这是语文教师的第一功夫,是一切教学设计的开端和基础。教材研读的深度与广度,影响着教学设计的质量。在书中他强调:课文研读要深究一个"内"字,即着力于课文的内容去进行研读;课文研读要构成一个"外"字,即课文可以牵出很多课本之外的知识,以拓宽学生的知识视野;课文研读要坚守一个"细"字,即细细的品味,细细的欣赏;课文研读要讲究一个"美"字,即要对课文进行美点追踪,进行妙要列举。如书中提到的章法的审美、语言的品味、探秘段式和句式的世界、深读文章的一个点、多角度的反复欣赏等。所以,他首先强调的就是个人独立的多角度的课文研读。语文教学不要花哨,它的一个极其重要的任务是增加学生的语言积累和语文知识的积累,要始终确保学生的主体地位,充分发挥学生的主动性,让学生在大量的实践活动中掌握受用终身的阅读和表达能力,学习运用语文的规律,用优质的课堂培养出优异的学生。

第二次的培训主题"高效课堂教学的设计理念与教学实践"——集中体现在《余映潮的中学语文教学主张》中的第一、二、三、四、五、六章"别出心裁的研读课文""教学创意的美妙角度""教材处理的生动手法""板块式思路和主问题设计""阅读教学、写作教学技能训练",而高效的教学设计主要是课堂讲究"新""简""实""活""雅""趣"。这在他的讲座中也多次强调过。

第三次的培训主题"中学语文教师中考复习备考的教学技能训练"——主要讲了阅读、写作专项复习。体现在《余映潮的中学语文教学主张》中的第六章"语文教师作文教学的基本素养"。这次培训对我们全旗的语文老师来讲更是一次宝贵的财富。

第四次的培训主题"中学语文阅读教学'课中活动'的设计""'板块式'思路和主问题设计"。——体现在《余映潮的中学语文教学主张》中的第四、五章"板块式思路和主问题设计"和"语文教师阅读教学的基本技能"。在余老师的教学艺术体系中,"板块式思路和主问题设计"是一个非常重要的内容,既想把课上的步骤清晰,又想把所有的知识点都涵盖,备课时不知不觉就显得很繁琐,"板块式思路"的特点是教学内容呈"块状"。这种"块状"

设计，主要着眼于学生的活动，着眼于能力的训练，以"教学板块"来整合学习内容，来形成教学流程，结构课堂教学。使用板块思维，能让教学结构更加清晰，教学内容更加优化，教学过程更加生动，总之能使课堂教学增加光彩。在他的书中和讲座中还介绍了板块式教学思路的十种设计角度，如重点突出、活动充分、情境生动等，让我们可以灵活选用，大胆实践。就如5月份的这次培训，他上的《最后一课》设计了"我的教室、我的老师、我的课"三个板块。《海燕》也分为三个板块：简洁地说、响亮地读、诗意地写。余老师一直采用这种方法，对我们学员也一再强调使用这种教学设计方法，值得庆幸的是，我们的名师、研修员及部分普通老师已经能够很好的运用这种方法来组织我们的教学活动。

与"板块式思路"相辅相成的就是"主问题设计"，"主问题"指的是在教学中引导学生经过深入研读而思考的最重要、最关键的问题。主问题设计真正让学生成为课堂学习的主体，有利于课文的整体阅读教学，有利于培养学生"独立阅读"的能力，有利于在教学中"简化教学头绪，强调内容综合"，有利于课堂教学上"大量的语文实践"活动的开展，有利于课文的深读、美读，有利于精致的显现课文文本的特点、要点、重点，有利于激发引导学生进行研讨性学习等。使用主问题形成课堂教学的重要活动板块，能大大提高课堂活动的效率。但在具体的操作中，我们的老师还是掐点不到位，需要继续提高教材的研读能力。

第五次的培训主题"学作品教学技能训练"——同样是《余映潮的中学语文教学主张》中的第五章的关于阅读教学的技能训练，而最后一次就是"作文教学的技能训练"，是我们今年秋季的培训主题。

余老师的培训主题体现了《余映潮的中学语文教学主张》一书的中心内容，综合起来理解，我们就能更好的运用余老师的教学理念了。

在这里，我还要说说我感触较深的几点。

第一，注重教学中的读课文。《课程标准》阅读教学强调：能用普通话正确、流利、有感情地朗读课文。这是语文教学对朗读的基本要求，却被我们的好多老师忽略。在语文教学中，教师更应该"追求朗读教学的诗意美"，在教学中，没有朗读的语文课很难说是美的语文课。其实学语文很简单，就是读和写。你只要每天大声朗读课文10分钟，你的语文成绩就差不了。我们办公室的地理教研员家的孩子，今年上初一，其他科目都不错，期中考试全年级第一，可就是语文弱。后来，我告诉她让孩子每天坚持10分钟的课文朗读，这样一定会有起色。结果第一天她让孩子朗读《从百草园到三味书屋》，读得是结结巴巴，试想一下，都已经是学过的课文了，现在回头重读，竟然是这样的结果，可想而知我们学生的语文朗读能力有多差，连课文都读不熟，让他学习其他的可能吗？所以，我们老师在教学设计的时候就要注重朗读的设计，语文老师平时经常把朗读教学挂在嘴边：大声地有感情地朗读课文，读准字音，读出节奏……然而学生还需要有更细致的朗读指导，这就离不开老师的具体分析指导，以读带析，如余老师《紫藤萝瀑布》"读出孩子的淘气，得意……"

语文教师的第一功夫，应该是能读出课文的味道。余老师在书中说道，我们可以将朗读作为一种课型来设计，在课堂教学实践中，有效的利用朗读训练，使之成为有效的教学手段。

第二，注重"精段品析"。《课程标准》中强调：体味和推敲重要词句在语言环境中的意义和作用。语文的教学，本质上是语言的教学，是语言的学用、品味、赏析的教学。低效的课堂教学，往往在于教师没有找到对学生进行训练的抓手，而精段的赏析恰恰能让学生学到很多。

第三，要利用教材增加学生知识，利用教材训练学生能力。余老师的每堂课、每次讲座以及书中都一再强调：利用课文，进行语言学用。这与《课程标准》里强调的"语文课程是一门语言文字运用的综合性、实践性的课程"相适应，也就是让学生多读多写，日积月累，在大量的语文实践中体会、把握学习运用语文的规律。说到这，我们3月份申报的课题"初中语文课堂阅读教学'语言学用'训练研究"，也就是要把余老师的教学理念真正地渗入我们的课堂教学，以提高我们的课堂教学效率。所以说这本书是用技术和艺术浇灌的语文教学兵法是毫不夸张的。

老师们要吸收余老师书中的思想和智慧，慢慢地在自己的课堂教学实践中摸索、体验，最终使学生获得基本的语文素养。

研习教材是语文教师的硬功夫

伊金霍洛旗第四中学　杨小树

　　研读教材是语文教师的当家本领，我们每一位语文教师在浩如烟海的文化典籍中习语文知识的真功，在语文课堂的擂台上各显身手，需要我们蹲钻研教材的马步，练赏析美文的拳脚。而这也告诉我们：研习教材是语文教师的硬功夫。

　　叶圣陶先生曾经说过："教是为了不教。"先生也曾说过："语文教材无非是个例子。"简单而深刻的两句话，点出了语文教材的性质和功能，也给老师指出了语文教学的方向。对我们来说教材是教学的载体，是重要的教学资源，它是知识、文化、教育、教学发展到一定时期的精华结晶。深入研读教材，从教材中发现美点，发现格式、结构、语言的美，从而为我们指导学习提供依据，提供可参看的、可模仿的范例，另外语文学科的特点也告诉我们要不断浸润、感染、模仿，学生方能有所习得。

　　当前课堂的教学模式也不允许我们从浩如烟海的书籍中遍稽群籍，为学生删繁就简，而且学生的课堂学习时间是有限的，教师在指导学生的学习时，利用好教材呈现不同的特点，形成不同的范例，学生在教材的研磨下，历练了能力，从而点燃了思想的火炬，拓展了自己的阅读面，进而在将来的工作中激发了热情，形成了终身学习的能力，这是现代社会所要求我们的。我说了这么多，不外乎就是要告诉我们每个语文教师教材的重要性，反复研读，值得我们通过多种方式去交流，去思考，去实践。

　　余映潮老师反复强调深钻教材，我们的教材中罗列了丰富的内容，文学的几大样式都有，每一篇目的写法不同，形成了不同的例子，我们教师要善于引导学生，针对这些不同点进行指导，这也是我们教学的着力点，实际上这也是比较阅读的一种，通过有效比读，形成系列性的完整的概念，这对学生的训练是很重要的。

　　例如人教版七年级上册编排的第一单元是写景散文，内容上有朱自清的

《春》、老舍先生的《济南的冬天》，还有一篇现代散文《四季的雨》，语言风格不同，从侧重比喻到侧重拟人，从以虚写实到各种方法综合运用，像《四季的雨》一文中诗人化的语言处处呈现，可赏的点有很多，学生通过观察几篇写景散文，发现一类写景文的写法，进而提高能力。

同样体裁文章的写法不同，需要我们细心关注。以人教版新版教材为例，七年级上册各个单元依次安排了写景散文、叙事散文、写人散文、写动物的不同例文，寓言神话体系，我们研读时要关注每一篇文章的背景，提高课堂的有效性。

再以八年级上册第二单元为例，这一单元列了四篇文章：《藤野先生》、朱德的《回忆我的母亲》、《列夫·托尔斯泰》和《美丽的颜色》。四篇文章都是写人的，第一篇是鲁迅先生的文章，保持着鲁迅先生特有的文风和风格，第二篇是朱德的文章，写得朴实生动，另外两篇是国外题材，一篇反复详实，要言不烦地描述托尔斯泰的外貌特征，最后一篇写居里夫人发现镭的过程，过程详尽，写法不同，给了我们教师很好的研读平台，这几篇文章中我们的倾向性不同。在第一篇文章中，鲁迅先生的语言冷峻、语句生僻，学生不好理解，抓关键句词理解本文，关注几次地点的转换、线索的应用、情感的纽带等，诸多手法的应用在这里有了较好的体现；朱德的《回忆我的母亲》朴实中有凝重的情感，是让我们明白语言无华的魅力，通过朗读比对进行语言张力的探讨；《列夫·托尔斯泰》是国外作家茨威格写的传记文章，反复渲染，形成人物的外貌描写，这是我们很少见的一类内容，是我们训练外貌描写了解外国名著、提高学生朗读兴趣的好习作；《美丽的颜色》写了一个事情完成的过程，是借一件事来写人的记叙文的典范。通过多种练习，学生获得了能力，进而去赏析各类写人的文章。

现在未改版的人教版九年级上册中，通过反复研读《谈读书》《敬业与乐业》《中国人失掉自信力了吗》《不求甚解》，发现这几篇文章有驳论文《中国人失掉自信力了吗》，有立论文，有演讲词《敬业与乐业》，但规范化的例文较少，我们就把《谈骨气》拿来，作为学生规范化议论文的范例，我也相信，改版后的九年级教材会收录这类经典文章。

这是对于同一版本教材的研读，我们还可以把人教版和苏教版以及其他版本的教材进行相关比较研读，比如同一篇目的课文，我们可以观察他们设计得有何不同，由此关注他们的重点和编排思想，从而很好地指导自己的教学。比如苏教版的《济南的冬天》，课后第一题是假设要给一个从没到过济南的人讲讲济南美丽的冬天，参照课文，你将分哪几个方面讲？着重讲哪几个精彩的片段？这道题的设题意图主要是引导学生从总体上把握课文内容，理清思路，抓住重点，找出自己认为精彩的片段，并训练学生的复述能力，要考虑到"给从没到过济南的人讲讲济南美丽的冬天"这一特定语境。我们再来看一下新课标改版的第一题是什么呢？作者笔下的济南的冬天有着怎样的特点？他是通过哪些景物呈现这一特点的？尝试用自己的语言，向你的同学描述这些景物。这一版本的着眼点在课文的内容上，或者是关键的词句上，而前面关注的是结构，落脚点不同，侧重点不同，后面词句的赏析点也不同，我们也可以根据学生的学情、个人的安排形成不同的设计，形成有效的教学。

在进行语文综合性学习时，我们要比对不同版本的内容，根据不同地域，安排不同活动，因地制宜，使学习更具实效性，真正将语文学习贯穿于活动。

研读教材时，我们要关注读者、教材、作者之间的关系，我们经常听说课堂中某位教师"读出自己、读出作者"三者是桥梁纽带的关系。我们每一个教师都是一个独立的个体，"一千个读者就有一千个哈姆莱特"，教材的解读是多元性的，如何让多元性的解读在一个可供认可的尺度下操作，我想可以注意一下元认知的理论，解读原文、剖析教材，需要我们把握一定的尺度，如此方能尺水兴波。

我们既要低头走路，又要抬头看天，研读教材的同时，更要模仿名家，汲取众人之长，补自己之短。语文教师必须沉下心来钻研教材，不蜻蜓点水，方能在语文教学的天地里游刃有余。

余映潮教我这样讲课

伊旗第一中学　赵娜

进入名师工作室对我来说一直都是很幸运和幸福的，一方面可以向余映潮老师近距离学习,得到余老师的指导,另一方面,每次的讲课任务对我来说都是崭新的挑战,是历练和成长,所以我很珍惜这样的机会。通过多次的听课学习和一年多余老师的指导,我总结了一下自己的收获和在余老师身上得到的语文教学方面的启迪。

第一,用心研读课文。

余老师说,"教材研读,是一切阅读教学设计的开端与基础。教材研读的深度与广度,影响着教学设计的质量""为了高效真实的阅读教学,语文教师要把教材读'厚',把教材教'薄';要利用教材增加学生知识,利用教材训练学生能力"。余老师自己就是这么做的。

一篇短短的《记承天寺夜游》,余老师从叙议结合的角度读,从表达方式的角度读,从故事结构的起承转合角度读,经过这样的分析,文章的味道立刻就可以让学生感受到。再如,余老师从课文《我的长生果》中截取出一部分,运用选点精读的方法进行教学,并且作为作文教学中训练"叙议结合"能力的材料,如果不是对教材进行了厚读,如何能有这样的创新设计呢?

第二,板块式思路和主问题设计。

余老师说,板块式思路"它不是一种教学方法,而是一种策划、安排课堂教学顺序与层次的理念与要求。'板块式思路'的研究与运用,其意义在于让课堂教学过程清晰而又简明,让教学重点突出而又内容丰富,让学生的活动充分而又深入"。

例如《云南的歌会》一课,余老师创新的教学设计是"文章的结构是多么清晰呀;片段描写是多么精美呀;人物形象是多么可爱呀;语言表达是多么富有特色呀",清晰的思路,既可以让学生沉浸在美好的教学情境之中,又将文章的美点把握得精准到位,杜绝了以往碎问碎答式课堂的零散现象,教学过程清新明朗,诗意浓郁,别具一格。

另外,每个板块余老师都要强调主问题设计,"主问题的研究,实际上是课堂提问研究。这种研究的着眼点与着力点是在阅读教学中,用尽可能少的关键性的提问或问题来引发学生对课文内容更集中更深入的阅读思考和讨论研究"。这一点非常考察教师对教材的解读程度,否则是设计不好主问题的。

《祝福》是初中小说教学的难篇，内容丰富繁多，如何能够用最简洁清晰的方法带动学生领会小说深刻的内涵主旨呢？余老师用一个主问题就解决了：赏析小说中的反复手法。"重大事件的反复是最重要的最有表现力的反复：两次婚姻，两次死丈夫，两次来到鲁四老爷家当女工""祥林嫂所有的不幸，所有的'死'都反复地与'春'有关，都是在春天里或迎春的日子里发生。这是一种用得极为巧妙的象征，含义深刻，耐人寻味"。这样一个关键的主问题，就可以充分调动学生探究小说的笔法之妙，真是牵一发而动全身。

第三，生动巧妙地处理教材。

"教材处理的艺术就是科学地、艺术地、机智地组织教学内容的艺术，就是提炼与组合教学内容的艺术""整体反复，多角品析"手法的着眼点是：关注文本，突出文本的教学价值，用精心设计的教学话题，在有步骤的教学活动中引领学生从不同的角度反复进入课文，反复理解课文，反复品析课文。

如《斑羚飞渡》一课，余老师设计的思路是：角度一：让我们一起来认识课文；角度二：让我们一起来概括情节；角度三：让我们一起来探究"飞渡"；角度四：让我们一起来评说作品。这是粗线条地引导学生，细致地引导的话余老师还有这样的设计：说一说课文中的镰刀头羊；品一品课文之中羊的叫声；想一想羊儿们所说的话语；画一画课文中的描写语句；探一探课文中的表现手法……这样的教学设计可以引导学生层层深入地理解课文，让学生尽可能全面地感受课文之妙，新颖又有深度。当然，这些都要建立在教师深度研读教材的基础上。

余老师这样的教学主张震撼到了我，并且影响着我的教学，现在我的教学都是秉承着余老师的教学主张。例如在设计《台阶》一课时，我知道，如果从传统的小说三要素入手来设计教学一定是不符合余老师的要求的，但是新的创意又从何入手呢？经过冥思苦想，我决定长文短教，采用精段品读的方法，在第二个板块精读环节，我设计的主问题是"文中七个段落写到'父亲'的'坐'，大家品读这些段落中对父亲'坐'的细节描写，赏析小说表现人物的技巧和方法"。引导学生品析文章中巧用衬托、环境描写、神态描写、对比运用、前后照应、修辞体现、侧面描写等手法，大致完成了带动学生以点入手、理解全篇的目标。虽然这当中还有很多的不足，但是与我之前的教学设计相比，已经有了重大突破。

余老师作为语文教学的引领者，用实际行动为我们年轻教师做了榜样，他的理念更是在不断感召着我们认真研读教材，转变教学模式，用板块式主问题的设计思路，凝结出新颖高效的教学设计，使学生在我们的语文课堂上真正得到语文能力的训练和提高。

数学篇

"1＋1＋X＋N＋Z"数学名师工作室

十年我们一起走过　你的成长就是我的快乐

聂海英

2012年3月25日，伊金霍洛旗首期初中数学名师工作室组建，到2022年10月，转眼十年过去了，伊金霍洛旗初中数学名师工作室已组建了四期，十年之前懵懵懂懂，十年之后收获满满，十年历练，十年成长，十年来我们为教育事业无怨无悔地付出，十年来初中数学名师工作室的发展让我们看到更加优秀的自己。教师成长，学生成才是伊旗初中数学名师工作室的组建初衷，让我们回望十年，回顾十年研修历程。

一、初中数学名师工作室目标

当今社会要求教师拥有较高的道德修养、扎实的专业知识、丰富的文化底蕴和较强的以学定教的本体能力，因而教师的"专业自觉"能力就显得越发重要。伊金霍洛旗初中数学名师工作室是以培养将来的学科领军人物——名师为目标的，通过"名师工作室"这个阵地，采取有效的策略、方式和途径，促进伊旗初中数学教师尽快由经验型教师向科研型教师转变，实现"专业自觉"。

二、初中数学名师工作室组织

伊金霍洛旗初中数学名师工作室成立于2012年，至今组建了四期，每期为期两年，第一期：2012年4月—2014年10月；第二期：2015年3月—2017年3月；第三期：2017年3月—2019年3月；第四期：2020年10月—2022年10月。前后四期共有28位优秀的初中数学教师参与。自治区级基本功大赛一等奖 2 人，市级优秀教师 6 人，市级学科带头人 2 人，旗级优秀教师 18 人。辐射 2 个二级名师工作室，4 个学科教研组。伊旗数学名师工作室立足伊旗初中数学教学实际，围绕"以问题为导向，以导师为引领，以课题为主线，以课堂为主阵地，引领全旗数学课程改革走向科学、合理、高效"的宗旨，工作室以提升教师课堂教学实践能力、培育学生数学核心素养为总目标，以新课程理念为指导思想，以"以教引学、以学促教"为抓手，寻找伊旗初中数学骨干教师教学素养提升的突破口，引领伊旗初中数学骨干教师走出困惑和迷惘，走向清晰和成熟的研修之路。

三、初中数学名师工作室研修历程

伊金霍洛旗初中数学名师工作室十年来与时俱进，致力于提升教师专业素养，培育学生学科素养。

第一期初中数学名师工作室研修主题：**有效教学研究**。

第二期初中数学名师工作室研修主题：**基于课程标准的教学活动设计研究**。

第三期初中数学名师工作室研修主题：**基于学科素养下的初中数学教学方法和策略研究**。

第四期初中数学名师工作室研修主题：**基于数学核心素养下的初中数学深度学习研究**。

【第一期初中数学名师工作室（2012—2014）】

本期工作室研修计划

2012 年初中数学名师工作室研修计划

聂海英

今年是工作室成立的初始年，为使本学年的工作扎实有序地开展，使工作室成员在新学期开始就以饱满的热情投入工作室工作，切实完成三年研修目标，特制定本年度工作计划。

一、工作目标

规范并进一步提高研修员的课堂教学能力。

二、主要工作

研修员通过研修和读书活动，以2011年的《数学课程标准》为理论指导，在加强理论素养的同时，在现有基础上规范备课、上课、听评课和说课等课堂教学行为。并且，各研修员要指导带领各自的发展教师提高课堂教学执教能力。

三、具体措施

1. 组建工作室，制定工作计划

①制定工作室三年研修方案和本年度活动计划。

②各成员制定个人发展三年规划和年度计划。

2. 组织成员学习，提升理论水平

①组织学员学习教育教学理论，提高教学研修素养。每月在工作室网站上上传1篇教学反思或心得体会。

②研究学习2011年的《数学新课程标准》。

3. 聚焦课堂教学，征集教学问题，提升教学能力

①有主题地组织观摩课、研讨课、示范课活动。本年度要求工作室成员进行2次以上教学展示，并撰写出教学反思稿。

②有针对性地组织同课异构、集体备课等活动，帮扶2名青年教师。

③征集各学校数学教学中普遍存在的困惑和问题，拟定课题，分工研究。

4. 总结汇报，呈现成果

①适当制作成员公开课课堂实录光盘。

②汇编成员评课和教学反思笔记。

③汇编成员获奖和发表的论文。

④工作室学年总结。

四、具体活动安排（见表1）

表1

活动时间	活动内容	活动任务
2012年3月	①工作室成立，筹备工作； ②制定研修计划； ③专家专题讲座"改进教学设计，教会学生学习"	①以数学课标为基础，从数学的角度思考说明什么是有效教学； ②如何设计学生的数学活动
2012年4月	①确定工作室方案、计划； ②工作室成员制定个人计划； ③第一模块——备好课：做好规范的教学设计	上交一份数学教学设计
2012年5月	①听课活动（地点：伊旗一中）； ②第二模块——说好课：说教材、说学情、说目标、说学法、说教法、说评价、说效果、说理论依据； ③制定中学数学学科说课标准	①上研究课，老师录像，说课； ②如何说课
2012年6月	①同课异构：复习课。交流讨论主题：如何实现课堂落实（在落实基础的同时，如何提高能力）； ②阶段成果展示：青年教师参加说课比赛，交流教学设计，教学设计结集成册	上研究课，老师录像，说课
2012年7月	①读书活动； ②专家专题讲座"2011数学课程标准学习"	写读书笔记、写一份学习2011年数学课标的心得体会
2012年9月	①第三模块——制定骨干教师自我发展计划，确定骨干教师研修课题； ②请北京市数学名师张毅开展讲座，数学教师专业发展	—
2012年10月	①第四模块——上好课：上好研究课，骨干教师指导若干名做好教学设计； ②帮扶青年教师； ③工作室网站资源整理	①上研究课，录像； ②确定个人帮扶青年教师，并帮助青年教师设计三年发展规划
2012年11月	①第五模块——评好课：观课议课； ②集体研讨：如何评好课	上研究课、听课、评课

(续表1)

活动时间	活动内容	活动任务
2012年12月	①工作室成员读书交流活动； ②工作成果资料汇总； ③举行数学名师工作室成员学习研究风采系列展示活动； ④工作室年度总结，工作室成员个人年度总结，讨论第二年活动的计划	①写一份读书心得体会； ②写工作室年度总结； ③工作室成员写个人年度总结
2013年1月	工作室成员外出学习	写外出学习心得体会

2013年初中数学名师工作室研修计划

聂海英

为了切实贯彻、落实伊金霍洛旗教育局教师发展工程的要求，充分发挥特级教师引领作用，开展丰富多样、卓有成效的活动，进一步抓好中学数学的教学研究工作，造就一批未来的教育教学名师和学科骨干，现根据我旗实际情况，制定名师工作室工作计划。

一、工作目标

在2012年基础培训的基础上，通过深度培训进一步提高研修员的课堂教学能力。

二、主要工作

研修员今年要再次研读《2011年数学课程标准》，以2011年课标精神为指导，从课堂教学实际需要出发，结合课堂教学中亟待解决的实际问题，以改进课堂教学方法与教学策略为重点，结合自己的课堂教学实践，对课堂教学中的一些小问题进行深入研究，使课堂教学能力不断提升，为形成自己独特的教学风格打下基础。研修员还可以带领自己的发展教师围绕总的课题研究项目进行小课题研究，从而提高研修员和所有教师的教学研究能力。

三、具体措施

①根据工作室三年研修方案和2012年活动实际制定2013年研修计划，把每月活动两次调整为每学期每月活动一次。

②研修员利用业余时间再次研读《2011年数学课程标准》和教育理论书籍，并写读书心得体会。

③聚焦课堂教学，征集教学问题，提升教学能力。有主题地组织观摩课、研讨课、示范课活动；有针对性地组织听课、集体备课等活动，帮扶青年教师；征集各学校数学教学中普遍存在的困惑和问题，拟定课题，分工研究。

四、具体活动安排（见表1）

表1

活动时间	活动内容	活动任务
2013年3月	①制定2013年具体研修计划； ②研修员座谈会：研修员做2012年研修总结；明确本年度研修重点和研修任务	研修员制定个人本年度研修计划，并帮助徒弟制定本年度专业发展计划
2013年4月	专题课研究：如何提高中考复习课的课堂教学效率。听研修员上毕业年级复习课，并进行中考复习经验介绍（在落实基础知识的同时，如何提高解题能力）	①授课教师上交一份复习课教学设计； ②各研修小组各交一份复习经验报告
2013年5月	有效教学设计研究： ①听研修员初二数学研究课，专家点评； ②专家讲座：如何有效的进行数学课堂教学设计	①上研究课教师交一份教学设计，说课； ②研修员每人交一份听专家讲座后的学习心得
2013年6月	小组合作学习指导研究： ①听初一数学课，评课； ②讲课教师做小组合作学习研究报告	①讲研究课教师交一份教学设计，说课； ②交一份小组合作学习研究报告
2013年9月	学情分析研究： ①如何做好中小衔接； ②如何帮助初一学生很快适应初中数学的学习	以研修学习小组为单位交一份研究报告
2013年10月	帮扶青年教师活动：研修员听新教师的课并评课，指导新教师如何分析教材、备课、上课	确定个人帮扶新教师，并帮助青年教师设计个人发展规划

(续表1)

活动时间	活动内容	活动任务
2013年11月	问题引领教学设计研究： ①听研修课、评课，专家点评； ②专家讲座	①上研究课、听课、评课； ②研究报告
2013年12月	①工作室成员读书交流活动； ②工作室年度总结座谈	①写一份读书心得体会； ②写工作室年度总结

2014年上半年初中数学名师工作室计划

聂海英

新的一学期开始了，根据伊金霍洛旗教育局和教研室的文件精神，工作室研修活动的目的是发挥我旗名师、骨干教师的引领、辐射作用，提高全旗初中数学老师的专业化水平。本学期的研修工作以科学发展观为统领，以加强教师队伍建设为出发点，以课程改革为切入点，以提高教学质量为落脚点，求本、务实、创造性地开展初中教研工作。上半年的工作计划如下。

一、工作目标

①与培训中心配合，加强培训工作，努力建设素质精良的教师队伍。

②为提高教学质量服务，通过研究与探索，寻求全面提高教学质量的有效途径。

二、主要工作

①上半年工作的重点是初三的中考复习和模拟考试，研修员通过分析近几年鄂尔多斯市中考试题，为毕业班复习献计献策，发挥工作室成员的集体力量，为我旗毕业班命制高质量的中考模拟试题。

②以课题研究为载体，指导研修员对数学教学中的某一个现象或问题进行专题研究。研修员把课题研究和自己的教学实际工作结合起来，以有效数学课堂教学为研究主题不断完善自己的教学水平，提升学科教学理论，逐渐形成自己的教学风格。

③充分发挥研修员的引领、辐射作用，通过"送教下乡"等活动帮助师资薄弱学校教师提升业务水平。

三、具体活动安排（见表1）

表1

活动时间	活动内容	活动任务
2014年2月	制定2014年上半年具体研修计划	继续完善自治区学科教研网
2014年3月	①研修员座谈会：解读上半年研修计划，明确本学期研修重点和研修任务； ②以学校为组，研修员每组出一套中考模拟试题； ③一模考试及质量分析； ④工作室主持人及部分研修员进各校对年轻教师进行听评课指导	①研修员制定个人本年度研修计划，并帮助年轻教师制定本年度专业发展计划； ②命制中考一模试题及质量分析； ③对年轻教师进行听评课指导； ④撰写进校调研报告或研修活动心得
2014年4月	①专题课研究：如何提高中考复习课的课堂教学效率。听研修员上毕业年级复习课，并进行中考复习经验介绍（在落实基础知识的同时，如何提高解题能力）； ②二模试题的命制、考试及质量分析； ③工作室主持人及部分研修员进校对年轻教师进行听评课指导	①授课教师上交一份复习课教学设计和一份复习经验报告； ②主持人和毕业班研修员进行二模试题质量分析并进校做质量分析报告； ③撰写进校调研报告或研修活动心得
2014年5月	①有效教学设计研究：如何有效地进行数学课堂教学设计； ②"送教下乡"活动，帮助二中数学组提高业务能力； ③三模试题的命制、考试及质量分析	①上研究课教师交一份教学设计，说课； ②撰写进校调研报告或研修活动心得； ③命制中考三模试题及质量分析
2014年6月	①研修员培训学习； ②完成本学期调研报告和2014年上半年研修活动总结	①写培训心得体会和调研报告； ②2014上半年工作室研修活动总结

本期工作室研修简报、总结、学习心得

有效教学设计研究
——初中数学名师工作室研修活动

聂海英

2012年5月14日,初中数学名师工作室进入伊旗一中。这次研修活动主要围绕课例谈有效教学设计和说课。上午万福教授与工作室全体研修员听了伊旗一中项喜珍老师和李高升老师的两节研修课"一元一次不等式组(1)"。下午2:30—4:30,语文、数学、英语三科老师在一中阶梯教室听专家穆秀颖老师的讲座"怎样才能说好说课",穆老师从什么是说课、说课的意义、说课的类型等方面给大家进行了系统的讲解,并通过说课实例介绍了说课时如何说教材、说学情、说教法,为老师们进行高水平的说课打下基础。下午4:40—6:30,分学科就上午的研修课进行研讨,首先是两位讲课老师说课,全体研修员评课,万福教授最后通过"一元一次不等式组"课例就课堂教学有效设计进行分析,万教授引导大家通过这节课进行以下思考:自主部分的自学与讲学稿的设计是否有助于形成概念?讲学稿的设计是关注掌握解法还是关注概念生成。这次研讨使老师们进一步明确了研究课标是确定教学设计的方向。活动后研修员都带着任务,修改完善自己的讲学稿,完成自己教学设计课的说课稿。

2012年上半年初中数学名师工作室活动总结

聂海英

有好的教师,才有好的教育。为了建设一支理念先进、具有较强教学实践能力的研究型骨干教师队伍,促进我旗教育教学质量的提高,伊金霍洛旗教育局开展教师发展促进工程,在教育局、教研室领导的关心与帮助下,2012年3月25日初中数学名师工作室正式成立。下面就2012年上半年工作室活动做如下总结。

一、工作室活动规范，制定工作室活动计划和实施方案

为了扎实有效的开展教学教研活动，工作室制定了详细的工作计划，要求每位研修员按照工作室的要求和结合自己的工作实际，采取自学、集中学习和网上学习等多种形式提高自己在教育教学各方面的能力。

二、开展研讨活动，促进教师成长

3月25日，名师工作室正式成立，初中数学工作室聘原北京市宣武区教育学院院长万福教授为专家导师，上午工作室成员座谈，与专家共同讨论工作室三年规划和2012年具体的活动计划，大家畅所欲言，为即将开始的培训工作献计献策。

2012年是工作室的初始年，以基础培训为主。3月25日下午进行了全体初中数学教师培训会，万福教授做了"改进教学设计、教会学生学习——基于教学设计改进的案例研究"的专题讲座。会上专家就为什么要研究有效教学、什么是有效教学进行了细致的讲解，会后要求研修员以数学课标为基础，从数学的角度思考什么是有效教学，大家都做了认真的思考。

5月14日，工作室走进伊旗一中，上午研修员项喜珍、李高升老师上研修课"一元一次不等式"，专家万福在课后与研修员一起进行了评课。下午专家穆秀颖老师做了"怎样才能说好课"的讲座，系统地给老师们介绍了说课的要点和技巧。

6月4日，工作室走进伊旗四中，上午研修员高建伟、李永占老师上研修课"二次根式的乘除"和"平面直角坐标系的复习"，课后专家进行了评课。下午专家穆秀颖老师继续做了"怎样才能说好课"的讲座。

8月16日，工作室举行假期全体老师培训会，上午研修员王照国、闫瀚文老师说课"多边形的内角和"和"一元二次方程"，专家点评。下午专家与研修员一起进行了课例研究"二元一次方程组复习"。

每一次活动工作室的研修员都按时到会，认真做好笔记，并与专家积极进行交流，大家的收获也很多。几次活动很大程度提高了老师们的备课和说课能力。

三、存在的问题

①由于工作室刚成立，活动次数少且活动效果有待提高。

②部分研修员未按要求完成工作手册及作业。

③网上互动有待加强。

④研修员的积极性有待提高，参与度有待加强。

回首半年来的活动，虽有一些不如意的地方，但依然能令人感到充实和快乐。无论是青年教师还是工作室的研修员都学到了经验、得到了提高。展望下半年的工作，我们充满信心，工作室里有这么多经验丰富的老师，一定会更进一步地开拓创新，取得更好的成绩。

以专家讲座促教师专业化发展
——记初中数学名师工作室研修活动

聂海英

2012年10月30日，万福教授和康杰主任又一次进驻伊金霍洛旗初中数学名师工作室指导活动，这次活动是工作室的第5次大型活动，这次活动继续以"适合学生学习的课堂就是最好的数学课堂"为主题展开研讨。上午是"2011年课标精神指导下的课堂教学的主题研究"，下午是北京教科院中学数学教研室康杰主任的讲座"教师专业发展视野下的数学教学基本功"。

上午两位研修员袁增平老师和许海波老师分别上了研修课"直线和圆的位置关系""整式的加减（1）同类项"。两位老师在备课、上课、说课等方面都做了精心的准备，与大家分享了自己的一些独特的想法。老师们的研究课上得越来越好，让我们看到研究课的价值越来越高，可以借鉴的经验越来越多。从两节课的教学设计中可以看出老师们备课时的课标意识越来越强，课堂中都能以学生为主体展开教学。两节课都得到了万福教授的好评。

课改不断深入，对教师的基本功要求越来越高，不断变换其形式，丰富其内涵，但无论基本功如何"变脸"，学科素养仍然是每位教师需要不断掌握和提高的安身立命之本。下午会上，康杰老师以风趣幽默的口吻，通过大量的实例为老师们介绍了基础教育课程改革的特点，并从课程核心的理解、学习者心理、教学设计与实践、教育教学评估、教师专业交流和现代教育技术这6个方面浅入深出地进行了阐述，帮助教师开阔了视野，更新了教学观念，让老师们受益颇深，对教学基本功有了更加深刻、具体的认识。教师如何才能得到专业化发展？需要教师自身反思，需要研究教材，需要教师进行教学设计实践，需要研究学习者心理，需要掌握信息技术，还需要和同行经常进行互助交流。

总之，老师们积极参与活动，认真听讲，积极与专家互动交流，收获很大，达到了工作室预期的活动目的。

2013年初中数学名师工作室活动总结

聂海英

为了促进伊金霍洛旗教师的专业化发展，2012年教育局启动了教师发展促进工程。2013年是初中数学名师工作室第2个研修活动年，今年重在提高研修员的专业化水平。今年工作室根据老师们的需求主要进行了中考备考方面的培训，取得了很好的效果，现就本年度的研修活动总结如下。

一、深入老师，了解需求，制定切实可行的研修计划

2013年年初工作室组织研修员和各校部分年轻老师座谈，了解老师们的困惑，根据老师们的需求，制定了2013年的研修计划，研修活动力求少而精，主要以解读2011年《数学课程标准》和中考备考研修为主。

二、开展有实效的研修活动，提高老师们的专业能力

5月31日，工作室与康巴什初中数学老师在伊旗一中进行了教学交流活动。这次活动中，一中许海波（研修员）、井霞、王慧、邢艳梅四位老师上了四节数学课，与康巴什的老师们进行了说课、评课交流。研修员许海波老师向各位老师介绍了自己在小组合作方面的具体做法和讲学稿的使用上的一些独到见解。这次活动请市教研室数学教研员白月雨给大家做了有关"一题多解和中考复习"的讲座，老师们以课例为载体，各自提出了一些看法，在白老师讲座的引领下对我市的中考有了更多的了解。

10月份，工作室组织研修员进行了读书活动，10月26日大家坐在一起谈了各自的心得体会。大家在激发学生的学习兴趣、小组合作等方面都有了更成熟的看法，这次研读活动为老师们的实践教学提供了很好的理论基础。

中考是我们的重中之重，为服务中考，11月23日工作室进行了数学学科研讨活动，这次活动听了四中李永占（研修员）、陈咏霞两位老师的两节初三数学课，课后大家进行了说课、评课活动，就初三数学课的现状给毕业班老师提出了很多教学建议。下午上届毕业班老师郝海霞（研修员）就自己复习的具体做法给大家进行了中考复习经验介绍。这次活动有幸请到了2013年鄂尔多斯市中考数学命题人吕巧荣老师，吕老师从命题依据及指导思想、试卷结构与试题类型、试题的编制、学情分析、教学建议五方面对2013年中考数学试题进行了分析，一下午时间大家都认真做笔记，积极向吕老师请教，能看出老师们收获真的很多。

工作室的活动虽没请全国性的专家，但活动贴近老师的实际，真正解决了老师们的困惑，研修员就每次活动都写了自己的心得体会，使自己和年轻老师都有了很大的提高。

三、今后努力的方向

通过研修活动大家都得到了提高，但离形成自己独特的教学风格还有一定距离，下一年的活动重在创新，需要研修员通过先进的理念引领形成自己独特的教学风格，从而带领全旗数学老师，提高我旗初中数学的教育教学质量。

让学生玩数学、享受学习数学的快乐
——初中数学名师工作室研修活动

聂海英

2014年10月18日，伊金霍洛旗全体初中数学教师在伊旗第四中学进行培训。这次培训邀请北京首都师大附中数学特级教师张文娣做导师。

上午，伊旗四中李永占老师上了研究课"等腰三角形"，张文娣老师上了示范课"图形的旋转"。

课后，老师们讨论交流了对两节课的一些想法。张文娣老师就"等腰三角形"这节课介绍了自己的设计思路及对习题的变式。张老师对教材的深度挖掘，使老师们明白研究型老师要让自己站在一个高于教材、创造教材的高度。

下午张文娣老师做了"变式教学下的数学课堂"的讲座。

张老师用具体的案例介绍了课堂教学的基本思想和变式教学的基本原则。张老师用实践证明将变式教学方式用于习题课教学是非常好的。

你想得有多深，学生就能走多远。数学教学要把问题作为教学的出发点。张老师对数学的热爱、对学生的负责，让老师们感受到了玩数学、学数学的乐趣。

"走进课堂，让课堂成为师生情感交流的殿堂"。这是张老师给老师们的启迪，这次培训为老师们指明了研究方向，大家感受很多。

听"有效课堂从哪里来"心得体会

伊旗矿区中学　闫瀚文

在伊金霍洛旗教育局的组织下，我于2014年3月7日听取了钱志亮教授的"有效课堂从哪里来"专题讲座，听过报告后，我对有效课堂又有了全新的认识。首先，什么样的课堂才是有效课堂？钱志亮教授的报告中明确指出：使绝大多数学生能在规定时间内掌握规定教学内容的教学叫有效教学，单位时间内高效、高质完成教学任务的课堂叫有效课堂。有效课堂有以下几个含义：以绝大多数学生的需要为基础，合理地组织教学内容，完成教学任务；教学过程优化，单位时间里教学效率高；调动学生主动参与，绝大多数学生充分参与；组合教学媒体和教学方法；课堂的每个环节都体现出有效性。

通过对这个专题讲座的学习，我们教师心中产生了许多共鸣，这对我们教师教育教学的影响不仅是深刻的，而且是深远的。

一、要有事业心和工作的热情

"志大，则才大，事业大；志久，则气久，德行久"。教师的志向越大，越是有梦想，就越有可能实现理想。在谈到教师的素养时，讲教师的职业道德、知识结构、能力要求的比较多，而讲教师的成就动机和教师理想的比较少。实际上，我们做任何一件事情，最重要的是要有一种工作的激情，有一种教学创造的冲动，有一种不断挑战自我、超越自我的成就动机。

二、要有责任感和服务意识

新课程理念告诉我们：学生是学习的主人，老师是学生的引导者、服务者。新课程理念下的课堂是学生和老师智慧的交织体，往往在人文的、民主的氛围中，在不经意间产生智慧的火花。作为新时代的教师应该确立一种为学生、为教学服务的意识。我们口口声声称，是为了孩子，而实际上，并没有做到。在我们课堂上，在校园里，有多少老师想着我们是为了孩子？课堂里的学生不是为了展示自己而存在，而是为了配合老师的表演而存在。像我们很多的公开课，学生不是在配合老师表演吗？配合老师事先写好的剧本，配合老师运转的模式，老师很少是真正为了孩子的发展。我们缺的是服务意识。我们有了服务意识，就不会把学生家长当作"奴仆"一样呼来喝去，因为我们的衣食是他们提供的；有了服务意识，我们就不会看重优生歧视差生，因为我们的服务对象是全体学生；有了服务意识，就不会只要分数而不顾其他，因为我们的服务目标是全面发展的人；有了服务意识，我们就会更自觉自愿地研究更好的教育方法、教学手段，更顺畅地完成教学任务。我想，作为教师，在新课程改革的大潮中，我们都应该重新审视一下自己。俯下身子与学生作心与心的交流、同志式的对话；替学生整理一下书包；为学生的冷暖做一下温馨提示；用会心的微笑与学生亲热地打招呼……这些简单的举动也许会让你的学生记住你一辈子。

因此，确立教师的服务意识，是办人民满意教育的关键。我们每个教师都应该扪心自问：在您的心中确立了为学生、为教学服务的意识了吗？

三、要具有较好的知识水平

教育家康内尔告诫世人："现代社会非学不可，非善学不可，非终身学习不可。"为此，教师应不断学习，充实自己，完善自己的知识储备，做一个综合的、博学的教师，从而使自己不至于成为平庸的教书匠。有了丰富的知识储备，你才能心有所想，力能所及，才能在教学和课堂上游刃有余。

那么，作为一名教师，如何才能使自己的教学成为有效教学，使每一节课堂成为有效课堂，我认为，需要做到以下几点。

①克服"命令主义"的传统观念，增强师生之间的交流。长期以来，教

师照本宣科，教师说怎样做，学生就照着怎样做。这些观念影响了学生，使他们的思想受到限制，严重阻碍思维的发展。因此，无论在生活还是在教学中，教师应摆正自己的位置，体现"教师主导，学生主体作用"，尊重学生，爱护学生，鼓励学生阐述自己的观点，发表自己的看法。教师还要虚心地听取学生提出的建议，这样，师生之间会增强信任，会激发学生的学习兴趣，提高学生的学习成绩。此外，还要允许学生出错。在课堂上，要以学生为中心，充分发挥其主动性，大胆思考，积极发言，说错了不要紧，从而解决了学生的后顾之忧。这样，学生就会大胆想象，积极思考，敢于发表观点，既活跃课堂气氛，又让学生在愉快的气氛中学习知识。

②创设情境，激发学生的参与意识。要使学生主动参与教学过程，就必须精心创设情境，引起学生浓厚的兴趣，促使学生产生浓厚的探究意识，使他们的思维处于异常活跃状态。

③突出过程，引导学生参与活动。学生有了参与意识后，教师应及时地引导学生参加教学活动，这时必须突出教学过程，教师要精心组织新授过程，给学生提供参与机会。努力诱发学生的积极思维，促使学生利用原来的知识结构学会新的知识。

④必须遵循学习规律，给足学生思考、动手操作需要的时间，教师提出问题后不急于让学生回答。学生由于思考的时间不足，无法对问题进行深入的探究，有的教师在课堂教学中设计了很多问题，但只是一问一答式帮学生解决，达不到激发学生悟性的目的，其间虽然也给学生参与提供一定的机会，但没有给学生留足时间，这样就达不到学生积极参与学习过程的目的，即使教师教得很辛苦，也是低效教学。因此，多给学生时间和机会，要尽可能激发他们的自我投入意识，使他们真正成为学习的主人。

总之，要实现有效教学，提高教学效果，就必须引导学生主动参与教学过程。教师不仅要研究教学方法，还要研究学生的学习方法。凡是学生自己能学会的，就应该创造条件让学生自己学；凡是学生能自己动手做的，就应该创造条件让学生自己做，尽量给学生提供表现自我能力的机会。

听钱志亮教授讲座有感

伊旗第一中学 王 慧

上周,我们听了北师大教育学院钱志亮教授的报告。在报告中,钱教授语言幽默、表情丰富、表演生动,阐释了对教育、对人生的态度和理解,解读了教育的意义。钱教授从有效课堂的概念出发,综合了心理学、教育学各方面的知识,依次从有效课堂的前提、条件、实施、评价4个方面进行细致的讲解。他指出,一个专业化的教师,只有经过教材、学生、方法等10个角度的精心备课,并根据学生的感知特点来组织课堂,最终才能取得有效的教学效果。演讲中,钱教授亲切幽默的语言、出神入化的演示、恰到好处的互动等已然成为有效教学最生动的示范。专家细致具体的讲解、对个别课例的透彻分析,使我觉得此次培训收获颇丰,现结合自己的教学情况反思如下。

①上课前进行师生互相行礼问好的环节,我觉得这是多余的,浪费时间,还不如马上上课争取更多的学习时间。听了钱教授的细致讲解后才明白课前的准备和行礼是至关重要的,它起到使学生明白上课时间已到,要把心收回来集中注意力听课的效果,同时又体现了师生是平等的。

②教学活动设计缺乏目的性和实用性。有些课堂活动仅仅是为了活动而活动,没有达到教学目的,所以教学中每个教学活动都要有价值,这正是提高课堂教学有效性的重要一面。

③在精心备课环节,我认为自己做得不好。我以前只注重教学内容、知识点的传授,忽视了学生这个主体,没有做到洞悉学生、了解学生掌握知识的程度,没有深入体会每个学生的情感状态和实际情况,工作没有做到细致深入。另外,在备课中还要备心境,我对这一方面感触颇深,要上好一节课,没有处理好自己的情绪状态是肯定不行的,要用"精、气、神"来感染学生、用饱满的激情吸引学生。

今后我会力求在课堂教学中注意观念的转变,让课堂教学更有效。

教育培养人的核心在于：学做人
——听钱志亮教授讲座"回到原点看人"的心得体会

聂海英

2014年3月7日，我参加了伊旗教育局组织的骨干教师培训会，有幸听了北师大教育学院副教授、硕士导师钱志亮的专题讲座"回到原点看人"。他生动精彩的讲座，主题是那么独特，研究是那么透彻，视野是那么开阔，方式是那么和谐，语言是那么幽默。很多观念和我们教师的想法不谋而合，在整场讲座的过程中，时常响起兴奋的掌声，那是一种共鸣，一种思考，更是一种宣泄。

钱教授在"回到原点看人"讲座中，主要讲了5个方面的内容：回到人类种群原点、回到家族原点、回到生命孕育原点、回到脱离母体原点、回到教育原点。钱教授幽默风趣地做了阐述，极易理解。对于教师来说，意义重大。

作为教育工作者，我们要做的事情就是缩小人与其他动物的共性，扩大人与其他动物的差异性，这样人就会更加人化，成为真正意义上的人。教育就是弘扬人性、遏制动物性。教育就是引领学生获得精神属性的过程。每一个孩子都是不同的，我们应该通过教育让每个孩子在原有的基础上得到不同的发展，让不同的孩子得到不同的成功，因为教育的个体存在差异。我们要在尊重生命差异性的前提下，努力发现各自生命的价值与潜能，让我们的每一个孩子都能充分享受成长的快乐。教育的目的就是育人，但不是无视孩子的个性差异进行整齐划一的训练。"因材施教""关注每一个生命个体"才是我们倡导的教育观。爱孩子就是让我们用不同的要求面对我们的孩子，让能飞的孩子飞起来，让能跑的孩子跑起来，让只能走的孩子慢慢地走。回到原点看学生，研究学生的生理机制，有助于我们更好地看待每一个学生的差异，从而激励学生不断努力，最大可能地获得发展，这将是正确的爱。"没有教不会的学生，只有不会教的老师"，这是给老师的精神枷锁；"三百六十行，行行出状元"，这是真理。

尊重学生的个性差异，确实是我们的肩头责任。努力保留学生的空间，尊重学生的爱好、个性和人格，以平等、宽容、厚道的态度，积极地与学生一同健康成长，才是教育和谐的真谛吧！

教育培养人的核心在于：学做人。

钱教授有关教育的3个境界深深地吸引着我。第一境界：以工具性为主。培养学生"听说读写"能力，应付世俗各种考试、考核、面试，能在商业化的社会中满足生存之需，即能站得人前。第二境界：以人文性为主。提高学生审美鉴赏能力，陶冶情操，培养学生真实个性与独立人格，能在庸俗功利的社会中保持清醒的态度与不泯的人性，即能耐得住寂寞。第三境界：以精神信仰为主。"文以载道"，儒者兼济天下，侠者为国为民，道者独善其身，释者身体力行……，即能退得人后，笑看花开花落。

追溯人的起点，找到教育的原点，触摸教育的本质，我们既能站得人前，又能耐得住寂寞，更能退得人后，我们既仰望星空又脚踏实地。

听讲座"回到原点看人"有感

伊旗第四中学　李永占

今天，我有幸听了来自北师大钱志亮教授的讲座"回到原点看人——回到教育的原点"。他语言幽默、诙谐风趣、博学精深、生动形象，整堂讲座轻松愉快、气氛活跃、妙趣横生。

随着现代教育的发展，越来越多的人提倡生活的教育、爱的教育、生命教育、赏识教育、以人为本的教育……越来越多的教育者都在"教什么"和"怎么教"上下功夫，"教育的目的是向人类传递生命的气息"。我们也常说教育是面对一个个鲜活的生命的，我们的学校应该是一个让每一位教师的生命价值和人生意义得到最大发挥的地方，是让每一个孩子的生命都健康、快乐成长的地方。我们还说学校要成为学习者的精神家园，让我们所有的人都在这里思考、争辩、给予、索取、书写、创造。这样的教育将成为人一生最大的享受。

可回到现实看我们的教育，更多的是学生苦学、教师苦教，校园不是我们理想中的乐园。

是我们不用心？是我们不努力？是我们缺乏爱心？无论把问题推向哪一方，我们都会感到委屈。为什么我们的教育追求离我们越来越远？钱志亮教授的报告"回到原点看人——回到教育的原点"带领我们去反思我们的教育行为，让我对什么是真正的教育有了新的认识。

一、教育是一种爱，承认差异存在的客观性

教育原本是一种爱，在这种爱的驱使下，教师常常期望学生都是优等生。我们常常因学生这样那样的失误而焦虑、不满，甚至指责。我们不停地用一把尺子去评价我们所有的学生，我们总相信只要功夫深铁杵磨成针，因为我们知道这是我们做教师的责任，虽然我们辛苦，但我们乐此不疲，因为我们坚信这就是我们的爱。在这种爱的笼罩下，我们的学生脸上失去的是笑容，心中增加的是厌倦。我们该反思我们的爱是否已背离了我们的初衷，我们爱的方式是否已偏离了教育的轨道。每一个孩子都是不同的，我们对孩子的教育应是让每个孩子在原有的基础上得到不同的发展，让不同的孩子得到不同的成功，因为教育的个体存在差异。"回到原点看人"让我们懂得每一个孩子从在母胎中孕育到呱呱坠地就有了差异。这种差异就是孩子无法选择的特性，这种差异造就了每一个独一无二的孩子，这种差异形成了他们在认知、判断等方面的不同水平。教育的目的就是育人，但不是无视孩子的个性差异进行整齐划一的训练。"因材施教""关注每一个生命个体"才是我们倡导的教育观。爱孩子就让我们用不同的要求面对我们的孩子，鼓励孩子在一天天的进步中感受成长的愉悦。让能飞的孩子飞起来，让能跑的孩子跑起来，让只能走的孩子慢慢地走。回到原点看学生，研究学生的生理机制，有助于我们更好地看待每一个学生的差异，从而激励学生不断努力，最大可能地获得发展，这将是正确的爱。

二、教育是尊重生命，呵护成长

"回到原点看人"让我们感受到每一个生命个体的来之不易。帮助孩子健康成长是我们教育者的神圣职责。《佛经》里说：只有上辈子德高望重的人才

能当老师。可见，社会对教师这个职业的精神属性和社会属性期望值很高。人们寄希望于教育者教会孩子学会做人的道理，不断追求高尚的精神生活。既然一个人来到这世上这么不容易，既然一切都是有缘分所在，那么，教育者就理当重视每一个宝贵的生命，珍视这不能选择的缘分。无论孩子省心也好、费心也罢，我们都应怀着一颗平常心，珍惜每一个孩子给我们带来的教育契机和合作缘分，把每一个孩子都当作上天安排给我们研究生命的宝贵资源，呵护孩子的个性，心甘情愿地做孩子生命中的贵人。认真备好每一节课，精心上好每一节课，弯下腰去和每一个孩子谈心，用心做好每一件小事，引导孩子在学校生活中学知、立德、做人。愿教育真正呈现乐学、乐教，会学、会教的良好氛围。

这个讲座让我们在一片欢笑声中清楚地懂得一个道理：我们与孩子之间的缘分是可贵的；作为教师，我们更要感激生命，敬畏生命！珍惜缘分，用心感动！倾心相助，引导生活！激发潜能，促进发展！人的先天能力可以有差异，但做人的标尺应该相对一致：向上、求真、至善、尽美；仁爱、道义、礼仪、勤劳；智慧、诚信、公正、理性；清白、自由、希望、热情；勇敢、信仰、气节、精神。

他是最懂得爱的，世界如此之大，亲人、朋友、学生，能够走在一起，都是一种缘分。要懂得幸福、珍惜幸福、创造幸福；人间最宝贵的不是"得不到"和"已失去"，是要珍惜现在正拥有的，要懂得感恩、报恩。我看着钱老师，他时而像一位戏剧演员，时而像一位深沉的哲人，向我们道出生活的真谛；时而像一位干练的说书者，向我们讲述着故事中的情节；时而像一个喜剧人物，举手投足之间都带着喜剧色彩，在逗笑我们的同时，引起大家的深思。

我喜欢这样的老师：健康、爱心、真诚、幽默、自信、博学，愿我们的教学中能有更多这样的老师。

【第二期初中数学名师工作室（2015—2016）】
本期工作室研修计划

2015—2016年伊金霍洛旗
初中数学名师工作室研修方案

聂海英

一、指导思想

成立名师工作室是当前推动优秀教师成长的重要措施。伊旗初中数学名师工作室本着"名师工作室要成为研究的平台、成长的阶梯、辐射的中心、师生的益友"的宗旨。根据《伊金霍洛旗教育局第二期名师工作室实施方案（试行）》，按照《名师工作室职责》的总体要求，以"名师工作室"活动为载体，充分发挥名优教师在课堂教学、课题研究、课改实验、师资培训等方面的示范、引领和辐射作用，打造一支理念先进、具有较强教学实践能力的研究型骨干教师队伍，为伊金霍洛旗初中数学教育教学的持续发展奠定坚实的基础。

二、工作室成员

初中数学名师工作室根据教育局文件精神，在初选考核招聘、讲课说课写论文终评工作结束后，重新组建团队，共13人，具体名单如下。

主持人1人：聂海英（教研员）

主持人助理1人：巴音（蒙校教研员）

名　师6人：窦旭升（伊旗四中）　　王雪梅（伊旗四中）
　　　　　　陈永霞（伊旗四中）　　王　慧（伊旗一中）
　　　　　　郝海霞（伊旗一中）　　赵海燕（北师大二附中）

研修员2人：刘咏梅（伊旗四中）　　高可如（伊旗四中）

学　员3人：高萍萍（伊旗二中）　　魏学睿（市一中分校）
　　　　　　珠斯浪（蒙古族中学）

三、工作室定位

目标定位：教育研究的平台、教师成长的阶梯、引领辐射的平台。

四、两年总体规划目标

工作目标：通过两年为一周期的工作实施，有效促进工作室成员的专业成长，同时通过名师工作室有计划、有组织、分层次、分阶段开展的学习研讨、实践探索、主题研究等教学教研活动，提升全旗初中数学中青年教师的教育教学理论水平，提高教师的教学业务水平和教育教学业务能力，推动伊旗初中数学教育的可持续发展。

工作任务：开展课题研究；培养中青年教师；发挥示范作用，推广教育科研成果。

①名师工作室成员要加强学习，用先进的理念指导教育实践，根据伊旗学生的实际，探索伊旗初中数学教学的新思路、新方法。每学期组织工作室成员阅读至少一本教育教学专著和《人民教育》等教育刊物，撰写读书心得，每学期开展1~2次读书汇报活动。

②开展课题研究。工作室成员可根据内蒙古自治区教学研究室"基于课程标准的课堂教学研究课题"，承担一个子课题研究，也可以在主持人的指导下自主立项课题进行研究，确保每年有一篇较高质量的研究论文发表在旗市级刊物上。

③培植优秀教师，建设教师发展梯队。名师工作室搭建各种平台，充分发挥专家的专业引领作用，建立优秀教师间合作互动培养人才的新机制，使工作室成为优秀教师的培养和成长基地。

④名师工作室成员两年内对初中数学6册书按课程内容、知识模块进行系统的分析和整合，深入推进课堂教学实践研究，积累研究成果，深刻评析成功课例，不断涌现出优秀课堂教学案例、心得、论文。

⑤充分发挥名优教师的示范辐射作用，自主开展系列有特色有实效的研修活动。服务教学一线，送教下乡、结对帮扶，在提高个人教学水平的同时带动我旗初中数学教学水平整体提高。

⑥区域内推广研究成果，组织成员讨论交流课题研究的收获、成果，传播教学思想，形成求实、求真的课堂教学风格，年内出版相关文集，推进教师发

展培养工程向更高层次发展。

五、主要工作措施

①组建工作室团队，确定成员，讨论制定工作室计划，完善工作室管理条例。

②成员根据自身实际情况制定两年发展规划，明确努力方向及成长目标，并指导师带徒青年教师制定两年个人发展目标。

③专家引领，促进教师专业化成长。专业引领是弥补成员"专业水平"的欠缺、"学理素养"的贫乏的一个有效途径。通过专家的参与，加强理论对实践的指导，实现理论与实践之间的有效对话。主要包括学术专题报告、理论学习讲座、教学现场指导以及教学专业咨询等。

④工作室每一个月都精心策划一次教研活动，和成员所在学校的老师进行"同题会课"、观课议课、理论学习和专业引领培训等。

⑤教研植根教学实际。我们研究的目的不是发现新知识和新规律，而是解决在教育教学中遇到的问题。只有植根于教学实际的教研才有生命力，才能得到各基层学校的支持和欢迎。在问题中研究：从现实面临的实际问题出发，最终又回到解决现实问题上来，在对自己所面临的问题的反思中获得自己的经验；在行动中研究：把自己的研究成果运用于实际工作中，才能发现其中的合理性或不合理性，并在此基础上进一步进行反思、提炼，使之能解决具体的实际问题；在反思中研究：时时处处用新课程理念来思考自己的教育教学行为，使进行深刻的反思成为我们的日常、成为运用先进理念转变教育教学行为的催化剂，从而促进成员的专业自觉。

⑥建设丰富的网络资源。资源共享是促进教师成长的快捷途径，工作室充分利用"伊旗初中数学教师QQ群"等多种方式为成员交流提供方便，让导师以及各个优秀教师积累的教育资源最大限度发挥作用，包括导师的教学理论以及教学思想、导师的精品课例、导师的专题讲座和反思及工作室人员的研修成果、反思文章、优秀课例、优秀的试题选编等，为广大教师提供各种优秀的资源，为伊旗教育教学研究和教师专业化发展提供资源。

六、工作室2015—2016年两年工作思路

2015年：以学习积淀为主。

①深入学习，继续系统解读2011版《数学课程标准》。

②分析整合教材，做到对整套教材的编排结构、知识点的落实心中有数，带领老师按教材四大领域来梳理教材。

③把对具体知识点的理解落实到课堂上，实施课堂演练，实现理论知识在教学实践中的运用。

2016年：以研究性学习为主，主要开展主题研修活动。

①聚焦于教师基本功的磨炼，开展主题研修活动，解决在教育教学中遇到的问题。

②教学技能的提高、固化，成果展示，辐射引领。

③课题研究，呈现成果。

七、考核制度

以《伊金霍洛旗名师工作室考核细则（试行）》为标准进行考核。

八、2015年具体工作计划（见表1）

表1

时间	主要内容	备注
3月	①重新组建工作室：初选考核招聘、讲课、说课、写论文等工作； ②主持人制定工作室研修计划	—
4月	本月主题：讨论研究研修计划 ①讨论交流工作室计划；组织研讨、交流工作室两年工作计划方案；布置安排本工作室年度工作。记录：王雪梅。地点：四中教研活动室。 ②个人制定年度工作计划；学习工作室章程和考核细则；建立个人成长档案；成员制定师带徒计划	—

(续表1)

时 间	主要内容	备 注
5月	本月主题：如何高效地进行中考复习（九年级） ①5月12日，中考一模质量分析讲座。主讲人：聂海英；参与发言人：窦旭升、王雪梅、吴玉梅、李美玲；地点：一中多媒体二。 ②5月15日，导师张文娣老师培训活动。主题：如何高效地进行中考复习。两名工作室成员上研讨课；张文娣老师上示范课《巧用中考试题进行中考复习》；张文娣开展专题讲座《静心思考，专题突破》；布置作业（读书、撰写心得体会）。 ③培训跟进（5月28日）：工作室成员座谈会，谈培训收获，反思教学，交流如何落实专家的理念和教法。 ④成员自主读书学习提升	—
6月	本月主题：如何在教学中巧用变式教学（数学概念变式；定理公式变式；数学语言变式；例题、习题变式） ①活动形式：七年级同课异构。 老师：王慧、陈咏霞；地点：伊旗一中。 落实专家的教育教学理念，尝试运用专家的教学方法；两位成员上课，全体成员听课、评课，总结得失。 ②送教下乡，结对帮扶：薄弱校2名教师上课；工作室一名成员上指导课并做相关主题的讲座。 送课教师：郝海霞；地点：伊旗二中	—
7月	①期末复习经验交流； ②本学期成员个人工作总结，主持人工作总结； ③做好活动中资料收集归档工作	—
9月	①读书汇报会：就假期阅读教育专著交流心得体会； ②2015年鄂尔多斯市中考数学质量分析； ③七年级上册教材分析（讲座+观摩课）； 教师：七年级工作室成员	—
10月	①导师培训活动：两名工作室成员上研讨课；导师上示范课；导师开展专题讲座；布置作业（读书、撰写心得体会）。这次培训活动以八年级为主，要对八年级上册教材进行系统分析。 ②培训跟进：工作室成员谈培训收获，反思教学，交流如何落实专家的理念和教法	—

(续表1)

时　间	主要内容	备　注
11月	①开展学科研讨活动； ②送教下乡，结对帮扶：薄弱校2名教师上课；工作室一名成员上指导课并做相关主题的讲座； ③工作室成员课题研究展示活动	—
12月	①师徒合作主题研修活动； ②精品课交流研讨活动	—
1月	组织一次报告会，分析个人成长经历，进一步总结得失，形成经验。 ①本学期成员个人工作总结，主持人工作总结； ②做好活动中资料收集归档工作	—

2016年伊旗初中数学名师工作室研修计划

一、工作思路

2016年是工作室成立的第二年。回顾2015年，工作室以年级为单位，对七、八年级上册教材进行了分析和整合，通过专家引领对毕业班综合性复习策略进行了研究。2016年以研究性学习为主，主要开展主题研修活动。

①在2015年研修活动的基础上继续对七年级下册和八年级下册教材进行分析和整合。

②聚焦于教师基本功的磨炼，开展主题研修活动，解决教师在课堂教学中遇到的问题。

③教学技能的提高、固化，成果展示，辐射引领。

④课题研究，呈现成果。

二、上半年主要研修内容

①自主读书，提升能力。全体成员继续自主阅读学习理论书籍，并进行读书交流活动。

②研究试题。全体工作室成员对2015年第二学期七至九年级期末试题进行分析，提高命制高质量试题的能力，每位成员命制一套中考模拟试题。

③进行课题研究。承担自治区课题研究"基于课程标准的教学活动设计研究"的老师做好撰写研究报告、结题论文的准备工作。

④专家引领：潘建明校长对初中数学工作室进行第二次培训，研修主题：构建自觉数学课堂，追求数学本质教学。

⑤对七年级下册和八年级下册教材进行分析和整合。

三、下半年主要研修内容

①对鄂尔多斯市2016年中考试题进行分析。

②专家引领，潘建明校长对初中数学名师工作室进行第三次培训。

③进行课题研究，申报结题，取得成果。

④工作室成果展示：师带徒——徒弟课堂展示，取得工作室成果集。

四、2016年具体活动安排（见表1）

表1

时间	主要内容	备注
3月	2016年研修计划解读及读书交流会 活动时间：2016年3月16日下午 任务分配： ①各位成员阅读2015年工作室下发的书籍或学校提供的书籍，完成读书笔记和读书心得，活动时交流读书心得，并每人交电子版读书心得一份； ②各位成员总结2015年研修历程，制定2016年研修规划； ③主持人解读2016年工作室研修计划。 活动地点：伊旗第四中学艺华楼三楼多媒体教室 参加人员：工作室全体成员	—
4月	①专家引领： 研修主题：构建自觉数学课堂　追求数学本质教学 活动时间：2016年4月13日、14日（如遇特殊情况另作调整） 活动形式：听课，评课，讲座 　　　　　潘建明校长示范课 　　　　　潘建明校长专题讲座 活动内容： 4月13日全天听课，上午3节，下午2节，分别由5位教师主讲5节课的内容为：	—

（续表1）

时　间	主要内容	备　注
4月	九年级复习课（两节）（主讲老师：赵海燕、郝海霞） 八年级进度课（两节）（主讲老师：王慧、王雪梅） 七年级进度课（一节）（主讲老师：高可如） 上午第四节课由上课的三位老师说课，下午两节课结束后，请下午上课的老师说课。说课内容：说课标、说教材、说学情、说设计、说教法、说学法、说练习、说得失。下午说课结束，由潘建明老师微型讲座：怎样做课题研究 4月14日上午： 潘建明老师上两节课：九年级复习课"一线三直角"，八年级下册"矩形" 潘建明老师评点第一天的五节课 4月14日下午： 潘建明老师开展专题讲座"追求数学的本质教学" 活动地点：伊旗第一中学尚志楼三楼多媒体教室 参加人员：全旗初中数学老师 ②课题研究：基于课程标准的课堂教学活动设计研究	—
5月	研修主题：如何科学规范地命制试题 活动时间：2016年5月中旬 ①研修任务： 第一次中考模拟试题质量分析 2015年第二学期七至九年级期末试题质量分析 讲座："如何科学规范地命制试题" 每位成员完成一套中考模拟试题 ②课题研究：基于课程标准的课堂教学活动设计研究	—
6月	聚焦课堂教学 课题研究：基于课程标准的课堂教学活动设计研究 活动时间：2016年6月中旬 研修任务： 七、八年级各上一节研究课，讲课老师说课；七、八年级下册部分章节重点内容分析；就研究课题成员每人撰写一篇论文	—
9月	专家引领：导师潘建明开展第三次培训活动	—
10月	研究中考：对鄂尔多斯市2016年中考试题进行分析	—
11月	工作室引领辐射：师带徒徒弟课堂展示	—
12月	工作室总结座谈：工作室成果展示（工作室成果集）	—

本期工作室研修简报、总结、学习心得

分享计划　明确目标
——初中数学名师工作室研修活动

2015年7月2日，伊旗初中数学名师工作室进行了研修活动，这次研修活动主要解读了《伊金霍洛旗名师工作室考核细则》和分享交流成员个人两年发展规划。

首先工作室主持人聂海英解读《伊金霍洛旗名师工作室考核细则》和《2015—2016年伊旗初中数学名师工作室研修计划》，目的是使工作室成员明确职责，了解承担的任务，做到心中有数，从而有目标的进行研修发展。

为了这次研修活动，全体成员都提前认真做了准备，制定出了符合自己实际的两年个人发展规划，并做了发言，与大家分享了自己的计划。

四中窦旭升老师首先发言，在规划中谈到自己要进一步研究2011版《数学课程标准》；研究不同版本的教材；写出高质量有研究价值的论文，向专家型老师学习，并帮助年轻老师提高，为伊旗教育做出贡献。一中郝海霞老师分阶段制定了4个学期自己的发展目标，并谈到要树立终身学习的理念。一中王慧老师在规划中谈到要做一个学习型的老师、一个学会反思的老师，两年内要做好小课题研究。北师大二附中赵海燕老师谈到自己要进一步研究"初高学段衔接"课题研究。高可如老师、刘咏梅老师、王雪梅老师、陈咏霞老师都谈了自己两年内的发展目标。

最后大家就师带徒工作谈了自己的设想并进行了落实，讨论布置了假期的研修任务。

让新生很快爱上数学学习
——伊旗初中数学名师工作室9月份研修活动

2015年9月24日，伊旗初中数学名师工作室在伊旗四中进行了研修活动。这次研修活动主题为"如何让七年级新生尽快适应初中数学学习"。参与这次研修活动的老师有工作室全体成员和伊旗七年级全体数学老师。

七年级第一学期是学生从小学向初中过渡的重要学期，在七年级帮助学生养成良好的数学学习习惯、扎实打好初中数学学习的基础，将直接影响整个初中阶段学生的数学成绩。这次研修活动老师们就"如何让七年级新生尽快适应初中数学学习"分享了自己的经验和方法。

　　首先工作室名师窦旭升上了研究课"1.4.2 有理数的除法"，并从说教材、说课标、说学情分析、说目标、说教法与学法、说教学流程、教学评价、说教学反思8个方面进行了说课。四中孙校长首先就窦老师的课进行了点评，全体工作室老师都发表了自己的一些想法。窦老师的课体现了新课标的要求，体现了以学生为主体的理念，整节课很注重对学生的表述、书写等各方面能力的培养，特别注重学生倾听习惯的训练。在课堂上，通过音乐、视频、抢答、奖励苹果等不同环节的设计极大地激发了学生学习数学的兴趣，给全体七年级老师起了很好的示范作用。

　　深入地理解教材、挖掘教材是备好课的第一步。高可如老师在这次研修活动中对七年级上册教材进行了分析解读。从课标的总目标、内容标准、教材的内容概述、教材的编写意图和特点及教学建议5个方面进行了分析解读。

　　陈咏霞老师基于自己十几年的教学经验做了"如何让七年级新生尽快适应初中数学学习"的专题讲座。陈老师针对中小学数学的衔接和培养学生良好的数学习惯两大方面以教学中的具体实例与老师们进行了分享。

　　最后全体参会老师就"如何让七年级新生尽快适应初中数学学习"这一研修主题进行了补充发言，交流分享了自己的经验和做法。

　　一上午的研修活动时间安排得很紧，几乎没有休息时间，可以看出承担研究课和讲座任务的三位老师在前期做了大量的准备工作。全体七年级老师认真参与研修，这次研修活动不仅提升了研修老师的专业能力，也给七年级数学代课老师起到了导向作用。

把握课标、挖掘教材，引领教师高效教学
——伊旗初中数学名师工作室10月份研修活动

　　10月23日下午，伊旗初中数学名师工作室在伊旗第一中学进行了以"如

何挖掘教材，在教学设计中体现课标要求"为主题的研修活动。这次研修活动以引领八年级教师有效教学为主，所以参与这次研修活动的老师有工作室全体成员和伊旗八年级全体数学老师。

国家课程标准是教材编写、教学、评估和考试命题的依据，是国家管理评价课程的基础。教材分析是教师工作的重要内容，教师对教材的分析状况直接影响着其课程的设计、组织与实施，从而间接影响着教学质量的好坏。

本次研修活动中，伊旗一中名师王慧与伊旗四中名师陈咏霞开展同课异构教学，上了研究课"等腰三角形（1）"。在教学中，两位老师通过多媒体动画演示、动手折纸的方式让学生体验了等腰三角形的轴对称性，并贯穿于整个教学。两位老师课上都认真贯彻课标理念，以学生为主体，以一题多解的形式对学生进行学法指导。选题由易到难，符合学生的认知水平，有助于学生能力的提升，教学中充分发挥教师的主导作用，教学目标明确，教学效果明显。

本次研修活动中，伊旗四中名师王雪梅与伊旗一中名师王慧进行了八年级上册五章内容的教材分析。王雪梅老师分析了前三章几何内容章节，王慧老师分析了后两章代数内容章节。王雪梅老师从教材的地位和作用、新旧教材的变化对比、重难点分析、学生的易错题、教学建议、中考考点六方面对三章内容进行了细致的分析。王慧老师从教材渗透的数学思想、知识树、课标要求、教学建议、中考考点等几方面对八年级后两章代数内容进行了分析，基于自己的实践经验列举了一些具体的做法，老师们收获颇多。

聚焦"综合性复习教学设计研究"

——伊旗初中数学名师工作室 11 月份研修活动

（导师潘建明校长第一次讲学活动）

11 月 18 日，伊旗初中数学名师工作室在伊旗第四中学进行了以"初中数学综合性复习教学设计研究"为主题的研修活动。这次研修活动特邀全国数学名师潘建明对全旗初中数学教师进行培训。

上午伊旗一中郝海霞老师和郭峰老师分别上了研究课"24.4 弧长和扇形面积""24.3 正多边形和圆"。潘校长上了示范课"24.2.2 切线的判定"，潘校长精彩的课堂展示给了老师们很多的启迪。课后潘校长对两位研究课老师的课堂教学进行了点评，从不同角度谈了自己的看法，连老师们细微的处理都做了点评。

中考数学总复习是完成初中三年数学教学任务之后的一个完善、深化所学内容的关键环节。重视并认真完成这个阶段的教学，不仅有利于学生夯实基础、提高能力，而且有利于学习基础较差的学生查漏补缺、再次掌握教材内容。因此，有计划、有步骤地安排、实施总复习教学，大面积地提高数学教学质量，是我们初三教师的共同目标。

下午潘校长做了关于"初中数学综合性复习教学设计研究"的讲座。潘校长以近三年鄂尔多斯市中考数学试题为例，从"中考复习教学设计的误区及对策""找准中考复习教学设计的支点""中考数学四轮复习教学设计研究""习题、试题讲评课教学设计研究"四大方面对老师们进行了培训，一下午的时间，潘校长一直站着进行解说，潘校长的学识渊博和自身人格魅力令每位数学老师敬佩，整个下午老师们都专注地做着笔记。

教学是实践性很强的智慧活动，中考数学复习教学具有不可复制性。教学实践证明：同样的学生、同样的中考复习学案，不同的教师，会形成鲜明的结果对比。因此，我们必须关注构建高效的中考复习课堂。这是潘校长此次培训最后留给每位数学老师的研修任务。

找准支点，搞好中考复习
—— 名师工作室活动心得

伊旗一中　郝海霞

11月18日，我们在伊旗四中听了潘建明专家的示范课和中考复习专题讲座，对数学课所关注的几个热点及中考复习中的具体操作等有了很深的认识，现总结如下。

注重细节，充分发挥学生学习的主动性与积极性，构建民主和谐的课堂环境，激发学生学习兴趣。潘校长从一开始就把自己置于学生朋友的位置，让学生在充分放松的心态下开始新课的学习。作为一名男老师，在课上非常注重教学的细节，从板书到例题步骤的示范，滴水不漏，无可挑剔。几何画板的使用，更让直线和圆的位置关系的特点形象地展现了出来，取得了让学生看得仔细、听得明白的良好效果。课上非常值得我们学习的一点就是潘校长把学习任务放心交给学生，鼓励学生自己动手、动嘴去解决问题，学生的跃跃欲试，昭示了学生课上主体作用的发挥，这正是我平时在课上所不能做到的。在以后的教学中，我要敢于放手，相信学生，把课堂真正还给学生，老师少讲，学生多动，让学生真正成为学习的主人。

潘校长对中考复习教学设计的误区的剖析切中了要害。一个个误区，也正是我们在中考复习中常常遇到的，听了之后，我对在中考复习中重感觉轻定位、重综合轻基础、重资料轻教材、重预设轻生成、重套路轻本质、重考试轻反思、重技巧轻通法、重押题轻积累深有感触，在以后的复习中我要注意避免这几个方面的误区，认真做好中考复习。

潘校长在找准中考复习教学设计的支点这一话题中认真剖析了我市历年中考题，分析了中考题的重点与热点，并为我们进行了中考数学四轮复习教学设计研究。潘校长根据历年中考试题精心编制复习计划，提出根据学生实际合理定位、夯实基础、关注过程、熟练掌握基本图形、重视通法，适度技巧，正确处理知识、技能与能力的关系，正确处理基本题与难题的关系，为中考复习提供了具体的思路，为教师教学提供了指导。

潘校长分享了以小题带动概念复习、构建知识网络体系、解析典型例题的方法，强调在变式引申、讲解例题时重视对例题的拓展，应注意：一题多解；变式训练；归纳、提炼解题规律。提倡"一题多解""一题多变""多题归一"，使学生系统掌握解题方法，教师关注练习与反馈，提升学生思辨能力，潘校长通过各方面的分析引领各位老师认真对待中考，听后让人受益匪浅。

潘校长的讲座很实在，也很实用。中考复习对于我们初三的老师来说已迫在眉睫，我们一定会认真学习领略这次讲座的内涵与方法，取其精华，使中考的复习落到实处，在最短的时间内获得最好的成效。

参加潘建明校长培训的心得体会

伊旗四中　陈永霞

今年4月，我们在北京听了潘校长有关不同教学方式的课和讲座，那时，我感到他是我们新课程理念下不耍花样的一位实干家，有很多值得我们学习的地方。很荣幸我旗教研室聘请潘校长为我们做了为期一天的培训。在11月18号这一天，通过潘校长的评课、讲课、说课以及讲座，让我受益匪浅。下面谈谈本次培训的几点思考。

一、教师的教学要源于教材

我们都说中考试题越来越难，但是，通过潘校长对我市近年来试题的分析发现，多数题目可在现行教材中找到原型，或是课本例题及习题的变式题，或是源于课本并适度延拓的引申题。因此，不管是在平时的教学中，还是在复习备考过程中，我们必须重视教材，要立足于教材。应让学生掌握典型的例、习题，掌握学习方法，教师要对例、习题举一反三，触类旁通，加强或减弱条件，变换图形、结论进行一题多变等，发挥教材的扩张效应。

二、数学教学要从基础出发

新课标将原来的双基（基础知识、基本技能）改为了四基（基础知识、基本技能、基本经验和基本思想方法）。四基是循序渐进、逐层深入的，只有基础知识打扎实了，才能培养基本技能和方法，因此，教师教学中应着重学生基础知识的牢固掌握，必须让学生将该掌握的知识点熟练掌握，避免学生走进学习数学的误区：数学不需记，只会算就行。

三、从学生长期发展的角度进行教学

我们现在上的每一节课都只是就课而论，没有放眼于学生长期发展，把所有的问题都留在中考复习的两个月中。教师要研究今年我市的中考试题，了解中考试题如何考查每节课的知识、考查到什么程度。在中考试题中体现的逻辑，我们在平时教学中就要渗透。今年来我市中考试题题目复杂，给我们考生答题带来障碍，为了解决这一问题，我们在平时教学中就要培养学生的数学阅读能力，一些概念课，让学生自学完成。

总之，在潘校长的一言一行中，我们能体会到教师的工作要做的"实"，从学生出发，以学生为主体，教师要服务于学生，为学生的长期发展打好基础。

如何进行有效的中考复习
——潘建明教授培训心得
伊旗第四中学 王雪梅

2015年11月18日，潘建明教授对全旗数学老师进行了一天的中考复习培训，作为一名刚带过初三班级的代课老师，我体会颇深。中考复习不能简单盲目的进行。在复习之前不仅要研究课标，通读教材，还要研究中考，把握动向，这样才能做到在复习中有的放矢。因此，有计划、有步骤地安排、实施总复习教学，大幅度地提高数学教学质量，是我们初三教师的共同目标．潘建明教授的培训给我以下3个方面的启发。

一、夯实基础

第一轮复习是整个中考复习的基础，是重点。这一轮复习的目的是让学生全面掌握初中数学的核心知识和基本方法，提高基本技能，从而全面、扎实、系统地形成知识网络，提高学生的综合能力。课堂复习实行"低起点、多归纳、快反馈、螺旋上升"的教学方法。要抓点带线，多做学法指导，精讲精练，举一反三、一题多变。教学中例题的选择要有针对性、典型性、层次性，并注意分析例题解答的思路和方法。课堂训练时间要保证、目标要明确，使学生能够熟练应用基础知识，还要注意审题、解题书写的规范和严谨、计算的速度和准确率。

二、有效利用教材

在复习备考过程中，必须重视教材，要立足于教材。尽管近年来中考数学有许多新题型，但所占分值中比例较大的仍然是传统的基本问题。多数题目可在现行教材中找到原型，或是课本例题及习题的变式题，或是源于课本并适度延拓的引申题。因此复习备考的第一阶段应以教材为蓝本。特别是对容易题的考查，应让学生掌握典型的例、习题，掌握学习方法，对例、习题能举一反

三、触类旁通，加强或减弱条件，变换图形、结论等。

中考复习过程中，教师一定要根植教材，挖掘教材中典型问题的思想方法，重视对教材例（习）题的类比、改造、延伸和扩展，发挥教材的扩张效应，培养学生良好的思维品质和勇于探索创新的精神。值得注意的是，改编例、习题，一要把握代表性，二要把握难度，三要体现新课标理念。

三、总结基本技巧、基本图形

要让学生学会总结，总结一些基本的技能技巧、基本模式、基本图形。基本图形在我们解题中起着重要的作用，它好比我们在黑暗房子里的一扇门。找到了基本图形，就等于找到了打开这扇门的钥匙，沿着这条路走下去，一定能走出光明大道。基本图形在我们的中考压轴题中也频频出现，熟练掌握常见的基本图形，学生解题就能得心应手。

立足课标，回归课本，有效组织中考复习，必能取得事半功倍的效果。复习中要紧扣教材，夯实基础，同时关注新教材中的新知识，对课本知识进行系统梳理，形成知识网络，同时对典型问题进行变式训练，做到以不变应万变，提高应变能力。

制定计划，备战中考

——伊旗初中数学名师工作室12月份研修活动

12月17日，伊旗初中数学名师工作室在伊旗第一中学进行了以"制定有效复习计划，提高复习效率"为主题的研修活动，是导师潘建明11月份对全旗初中数学教师进行培训后的跟进研修活动。参加这次活动的有全旗九年级数学老师和工作室全体成员。

这次研修活动中，北师大二附中的赵海燕老师上了研究课"反比例函数的复习"。赵老师从学生实际学情出发，精心选择了复习题，课堂上以知识结构图使学生对所学知识系统化，教学中不仅注重基础知识的复习，也注意培养学生的能力，把变式教学应用于教学中，拓展了学生的思维，从而提升了学生的能力。

伊旗第四中学的窦旭升老师分享"2015鄂尔多斯中考数学试题分析"。窦老师就分析中考试题所考查的知识点和学生实际得分情况与老师们交流了复习中应该注意的问题和复习策略。

伊旗第一中学的郝海霞老师就"如何进行有效的中考复习"与大家进行了交流，中考复习时老师们应做到：研读课标、考试说明及鄂尔多斯近三年的中考题；统揽教材，制定详细的复习计划；夯实基础，加强对学生基础知识和基本技能的强化训练。

赵海燕老师与大家分享了自己制定的《2016年中考复习计划》。

赵老师制定的计划具体详实，把初中三年数学中涉及的知识点都一一列了出来，计划中谈到以《数学课程标准》为下限，以《考试说明》为上限，以教材为载体，总复习分四轮进行，在每轮复习中都谈了侧重点和注意的地方。

最后工作室主持人聂海英老师进行了"2015中考数学质量分析"，通过对比鄂尔多斯市各个旗区成绩，让毕业班老师知道我旗中考现状，激励大家做好中考复习工作。

这次活动追求实效，研修老师都做了精心的准备，对毕业班老师的复习教学起到了很好的启迪作用。

读书交流陶冶情操　计划解读明确目标
——初中数学名师工作室2016年第一次研修活动

3月16日，初中数学名师工作室在伊旗第四中学进行了2016年第一次研修活动。这次研修活动的主题是"2016年研修计划解读及读书心得交流"。

读书是生命中不可缺少的部分。活动中每位成员就自己2015年阅读的书籍进行了心得分享。高可如老师读《做一名服务型的老师》体会到做老师"真诚"很重要，充满真诚的教育不是没有惩罚的教育，而是要给学生争辩的机会。王雪梅老师读肖川老师的《完美的教学》体会到读书的重要性，读书可以增长知识、提升能力；读书可促进教师思考；读书能使人文采飞扬，富于灵感。陈咏霞老师读《教育很美》后谈到要做一个不断进取的人，做一个宽容的人。郝海霞老师读了李镇西老师的《做最好的老师》，书中提到做最好的自己的内涵：自己和自己比。一切从小事做起，把平凡的事做好才是不平凡，要树立终身学习的理念。赵海燕老师读了吴军的《数学之美》，再次认识到数学很美，数学用处大，同时体会到数学学习是一个漫长的过程。高萍萍老师读了《教师的二十项修炼》，谈到教育人生的主张从细节入手。窦旭升老师最后评点了各位老师的心得分享，并提出读书可以给自己的孩子很好的示范，营造书香家庭氛围。

最后，主持人聂海英老师与大家一起回顾总结了2015年名师工作室的研修历程，解读了2016年工作室的研修计划。聂老师对工作室2016年的研修思路及全年每月的具体研修任务做了详细的部署，通过解读计划使每个成员都明确了2016年工作室的研修目标和具体任务。

在这次活动中，大家不仅分享了读书心得，而且通过工作室计划解读统一了思想，相信在大家的共同努力下，2016年初中数学名师工作室会取得更多的成果。

读《完美的教学》之随想

伊金霍洛旗第四中学　高可如

本学期初，伊金霍洛旗教研室给我们下达了学习任务，要求我们本学期读肖川老师的《完美的教学》。《完美的教学》以随笔的方式探讨了有效教学、优质课堂、课程的使命、学习的意蕴等与教学内容、教学效果、教学方式等相关的问题，从具体的问题出发展开对教育的思考。

没有一名一线教师不是在追求完美教学，而要想达到完美教学目的，首先得保证有效教学。如何实现有效教学，我认为可以从以下几方面入手。

一、教师要有五心：责任心、耐心、爱心、公平心、宽容心

教师的工作是良心工作，只有明确自己的责任，才能全身心地投入教育教学，才能帮助学生成人，才能引导学生成才。教师要爱自己的本职工作，爱自己的学生。精诚所至，金石为开。关心每个学生，公平地对待每个学生。

二、教师角色的定位和转变，做好"主持人"和"观众"

传统的教学是以"教师为中心"，而新课标要求我们转变观念"以学生为中心"，教师在课堂上是组织者、引导者、合作者、参与者。在教学过程中，老师要注重培养学生的能力，把学习的主动权交给学生，会起到事半功倍的作用。

三、教不是简单地教给知识，更应该教学生会学

陶行知先生说过，"先生的责任不在教，而在教学生会学"。这也就是说教师在教学过程中要把培养学生自主学习能力放在首位。首先，要指导学生养成良好的学习习惯：课前一定要认真预习；课堂上要认真听讲，积极参与课堂活动；课后要及时巩固总结反思。

四、培养学生合作交流的能力

一位哲人曾说过，"你有一种思想我有一种思想，那我们交换后我们每个人就有两种思想"。学生之间的思想和思维是相近的，合作交流是老师所不能替代的。

五、成为学生的良师益友

在教学中，教师要树立正确的教学理念，以学生为本。教师要以组织者、引导者的身份参与到课堂活动中，营造积极的课堂氛围，鼓励学生积极思考。教师应尽一切力量去培养学生积极的态度，激发学生兴趣，让每一位学生都能实现一定的目标，取得一定的成绩。教师要多去发现学生的闪光点，及时给予学生肯定鼓励，增加他们的自信心，让每一个孩子都体验到成功的快乐，提高学习的兴趣，乐于参与教学活动。

总而言之，为了达到完美教学，我们要不断学习、反思。

读《数学之美》心得体会

北师大鄂尔多斯第二附属学校　赵海燕

最近，我阅读了吴军老师的《数学之美》。吴军博士，毕业于清华大学计算机系（本科）和清华大学电子工程系（硕士），并于1993—1996年在清华任讲师。他于1996年起在美国约翰霍普金斯大学攻读博士，并于2002年获得计算机科学博士学位。他曾获得1995年的全国人机语音智能接口会议的最佳论文奖。吴军博士于2002年加入Google（谷歌），任Google研究院资深研究员。他于2005年，当选约翰霍普金斯大学计算机系董事会董事。2010年，吴

军博士离开Google，加盟腾讯公司，担任负责搜索业务的副总裁，并担任国家重大专项"新一代搜索引擎和浏览器"项目的总负责人，2012年6月15日从腾讯离职。著有《数学之美》《浪潮之巅》《文明之光》《大学之路》《硅谷之谜》等书。

读了这本书，我第一次惊讶的发现，数学原来并不只是枯燥的考试题，而是人类理解世界最重要的一种工具。数学不仅真的很美，而且真的很有用。确切地来说，《数学之美》并不是一本书，它是谷歌黑板报中的一系列文章，介绍数学在信息检索和自然语言处理中的主导作用和奇妙应用，每一篇文章都不长，但小中见大，在看似高深的高科技中用通俗易懂的案例展示了数学之美，深深地吸引了我。在这本二百多页的书中，作者深入浅出地介绍了很多数学方法及其在实际工作中的应用，让人很受益！我读完此书后，觉得既高兴又惶恐。高兴的是自己有幸了解到这么多数学方法及其在科学技术中的应用，惶恐的是自己学了这么多年数学，仍然有很多数学方法是不清楚甚至是闻所未闻的。看来，学习是一个漫长的过程，我们需要不断的学习和积累呀！通读全书，我觉得可以将该书分为两个主题：数学方法和人物。

一、数学方法

该书一共29章，主要介绍了统计方法、统计语言模型、中文信息处理、隐含马尔科夫模型、布尔代数、图论、网页排名技术、信息论、动态规划、余弦定理、矩阵运算、信息指纹、密码学、搜索技术、数学模型、最大熵模型、拼音输入法、贝叶斯网络、句法分析、维特比算法、各个击破算法等数学方法。在这些数学方法中，我感触最深的是"余弦定理"和"动态规划"。

对于"余弦定理"，我们在中学的时候就已经学过了，在考试中也经常会遇到，但是脱离书本之后，我们很难想象它会有什么实际的用处。直到读了《数学之美》我才知道，它可以应用于新闻的分类，可以用于找出主题类似的新闻，和我们日常生活很贴近，因为我们每天都在用电脑、手机上网看新闻，基本上是按"科技""财经""社会"等主题在阅读。数学方法与我们的生活息息相关！

对于"动态规划"，我是在一门叫作《算法设计与分析》的课程中学过的，当时也没有觉得它会有多大的用处。但吴军老师告诉我们，它可以被应用于地图搜索和全球导航。说到这里，大家就会很熟悉了，因为我们经常使用"百度地图"和"谷歌地图"，不管是在电脑上还是在手机上，"动态规划"算法真是帮了现代人的大忙。

二、人物

在介绍各类数学方法的时候，吴军老师还用相当的篇幅介绍了信息相关领域里的一些著名人物，他们为推动相关领域的发展贡献了很大的力量。书中提到的大师包括：贾里尼克教授、辛格博士、马库斯教授和维特比博士等。

贾里尼克教授是现代自然语言处理的奠基者，毕业于麻省理工学院。他的一生富于传奇色彩，先在哈佛大学、康奈尔大学教书，接着在IBM（国际商业机器公司或万国商业机器公司）任职，之后又去约翰-霍普金斯大学教书。他的贡献主要有如下几个：提出了统计语言识别的框架结构；与库克共同提出了BCJR算法（BCJR算法是一种定义在网格图上的用来最大化纠错编码的后验概率的算法，主要用于卷积编码）；领导建立了世界著名的CLSP实验室。

辛格博士现任主管Google搜索的高级副总裁，并被学术界公认是当今最权威的网络搜索专家。他奉行简单的哲学，并一直坚持寻找简单有效的解决方案。

马库斯教授被誉为信息语言处理的"教父"，毕业于麻省理工学院。他的主要贡献有二：建立了数百个标准的语料库组织（简称LDC）；培养了众多优秀的弟子。

《数学之美》一书内容广泛、语言优美，是一本值得大家仔细阅读并慢慢体会的经典书籍。通过阅读该书，我们不仅能够领略"数学之美"、学会热爱科学，还能够从大师身上学到很多做人、处事的方法，能够提升我们为人处事的"境界"。

基于课程标准研究，追求数学本质教学
——初中数学名师工作室2016年第二次研修活动总结
（导师潘建明第二次讲学活动）

为了提升伊旗初中数学教师的课堂执教能力，伊旗初中数学名师工作室于

4月13日、14日在伊旗第一中学举行了研修主题为"构建自觉数学课堂,追求数学本质教学"的研修活动。这次研修活动是全国著名数学教育专家潘建明来我旗进行的第二次专家讲学活动。本次研修活动历时两天,参与活动的不仅有我旗初中数学学科全体教师,还有来自我市康巴什新区、达拉特旗、杭锦旗、乌审旗等旗区的老师。

本次活动以听课、评课、讲座的形式进行。13日上午,伊旗第一中学郝海霞老师、北师大第二附属中学赵海燕老师和伊旗第四中学高可如老师分别上了九年级复习课"解直角三角形""等腰三角形"和七年级新授课"二元一次方程"。三节课后三位老师分别进行了说课,重点谈了自己的教学反思。13日下午,伊旗第一中学王慧老师和伊旗第四中学王雪梅老师上了八年级"同课异构"课——"菱形的性质",并进行了课后说课。最后专家潘建明对五节研究课的导学案进行了点评,并做了微型讲座"'导学案'的设计策略"。14日上午,潘校长上了两节示范课,分别为九年级复习课"一线三直角"和八年级新授课"矩形"。课后潘建明专家对前一天五位老师的研究课进行了评点,并与全体老师进行了互动交流。14日下午,潘建明专家做了专题讲座《追求数学的本质教学》。

两天的培训活动,老师们认真做着笔记,积极与潘建明专家互动交流。潘建明专家对5节研究课做得好的方面给予肯定,同时以具体的实例指出了每节课需要改进的地方。听了潘建明专家的示范课和讲座,老师们对数学教学有了更高层次的认识。培训让老师们知道了自觉数学课堂是指在尊重个性差异、把握学生数学认知和发展需要的基础上,教师因材循导,精心策划数学学习活动,通过帮扶式引领,促使成长性学生主体进行自觉体悟,使学生做到对数学知识和规律的本质理解和自觉运用,促进学生数学素养、学习品质、学习和思维策略自觉运用水平的全面提高。数学教学是反思性实践,本质的学习过程应该是学、教、做相统一,讲、探、练相结合。数学课堂应该关注数学教学的本质功能;关注促进学生的人格健全;关注简中求道;重视学生的动手操作;给学生提供再创造的机会。

总之,本次研修活动带给老师们很多的收获和思考,大家纷纷表示既要用正确的理念和方法指导自己的教学,又要借鉴名师课堂教学中很多实用的教学方法。相信经过教学实践的探索、教师思维的碰撞,老师们的数学教学能力一定能有所提高。

导师培训总结

北师大鄂尔多斯第二附属学校初中数学组　赵海燕

2016年4月13日、14日两天,我校全体数学教师去一中参加了由伊旗名师工作室组织的第二次专家讲学活动,活动特邀全国著名数学教育专家潘建明来我旗进行第二次专家讲学。这次教研活动内容主要有以下几个方面:4月13日伊旗第一中学郝海霞老师和我展示了两节初三复习课,两位教师的初三复习课能够紧抓考点,题型设置由易到难;伊旗第四中学高可如老师展示了一节七年级新授课"二元一次方程",受到老师们的好评;伊旗第一中学王慧老师和伊旗第四中学王雪梅老师进行了"菱形的性质"的同课异构活动,两位老师的课都比较精彩。在课堂上,她们的教学目标明确,能围绕教学目标设计教学环节,突破教学的重难点。最后五位教师都进行了说课。

4月14日,潘建明校长为我们展示了九年级示范课"一线三直角"和八年级示范课"矩形",并评点了第一天的五节课。下午进行了专题讲座《追求数学的本质教学》,从这次讲座中我们收获了很多数学教学方面的策略。"本质教学"不只是关注教学技术的"改良",而是要通过教师科学有效的引导,实现学生"本质力量"的释放,要让学生在学习过程中学会科学地思考和最大限度地释放出他们的创造力。

通过培训我知道了自觉数学课堂是指在尊重个性差异、把握学生数学认知和发展需要的基础上,教师因材循导,精心策划数学学习活动,通过帮扶式引领,促使成长性学生主体进行自觉体悟,使学生做到对数学知识和规律的本质理解和自觉运用,促进学生数学素养、学习品质、学习和思维策略自觉运用水平的全面提高。

它的内涵主要涉及两个方面:

①因材循导:在数学教学活动中充分发挥教师的主体作用,通过科学策划

和适当的帮扶引领，践行有效的学教互动，让学生学会科学地思考，最大限度地释放出他们的"创造潜能"。

②自觉体悟：在突出学生成长性主体地位的基础上，在学习过程中相信学生、解放学生和放手发动学生，让学生自主建构知识、增长能力，使学生在多维互动中释放出"本质力量"，实现"自觉成长"。

总之，本次教研活动带给老师们很多的收获和思考，大家纷纷表示既要用正确的理念和方法指导自己的教学，又要借鉴名师课堂教学中很多实用的教学方法。相信经过教学实践的探索、教师思维的碰撞，老师们的数学教学能力一定能有所提高。

潘校长第二次培训心得体会

伊旗第四中学　王雪梅

上周，我参加了潘校长的培训，潘校长分别从怎样理解以学生发展为本的数学、如何解读以学生为中心的教学观、怎样才能使学生学得有效、怎样才能使学生学得有意义以及如何体现学生成长5个方面深刻诠释了新课改下自觉数学课堂的真正内涵。这些理论在教学实践中所积累的经典案例的支撑下显得格外有说服力，让我深深地感觉到自觉数学课堂的魅力，当然更多的是收获。作为教师，我现在最大的困惑是：为什么学生越来越不喜欢数学？为什么教学总是那么累？我一直以来都没有找到症结所在，读完了这本书顿时有种茅塞顿开的感觉，因为我找到了"解药"——数学课堂要"以学生发展为本"。

"当下的数学教学内容丰富多彩，但数学教学灵魂却非常苍白，因为我们的眼中只有课标、教材、教参和教辅，没有学生的数学学习活动，特别是没有'学生立场'和'学生视角'……"这段话不由得引起我对现今数学课堂教学的思考，也许就是因为这一点使得数学学习在学生心中显得那么"高深莫测"，使学生感到数学是那么的枯燥、抽象、难学，从而使学生讨厌数学、不喜欢数学，显然这些是不利于学生发展的，也不利于我们教师的教学。要想改变现状，就应该以学生发展为本，因为"以学生发展为本的数学"能够重新赋予数学教学应有的魅力，它基于学生生活，顺应学生的天性，让学生从自我经验出发，在数学学习活动中自主建构，进而理解数学本质，同时促进学生"本质力量"的全面释放。

潘校长在讲座中从现实的数学、活动的数学、经验的数学、建构的数学以及快乐的数学5个方面诠释了"以学生发展为本"的数学课堂，使我认识到了要想真正做到以学生发展为本，则要做到以下几点。

①数学课堂呈现给学生的教学内容应该与现实密切联系，重视生动的生活本体，注重内在的逻辑联系和外部现实的密切联系，把生活问题生活化、数学问题生活化，应充分利用学生的生活经验设计生动有趣、直观形象的数学教学活动。把实际生活中的事物引入教学，使抽象的知识成为学生熟悉的事物，使学生看得见、摸得着，这样可以让学生学起来既起劲又有趣。

②数学课堂中，教师要善于根据教学目的和需要设计数学活动，加大学生对活动的体验力度。数学活动可以让学生发现问题，从而激起学生探究的欲望，并激励学生在活动中创造。同时也要注意数学活动结束后学生的自我总结，做到"动而有得"。

③在进行数学学习活动时，应从学生的需要、问题、互动、收获出发，教材处理要重视过程性、生成性，更要重视体验性，要关注学生在学习活动中做了些什么、学会些什么，更要关注学生感受到什么、获得了哪些数学活动经验，等等。所以我们在进行每一节课的课堂小结时不仅应该进行知识方面的总结，还要进行方法、经验方面的总结，从而帮助学生学会积累数学经验，为经验迁移、经验升华提供可能性。

④"让学生快乐地度过45分钟，快乐地期待下一个45分钟"，从以下几方面做起：课堂多彩，生动有趣，改变原有的教学形式，运用多种方式激发学生的兴趣；为学生提供展示空间，肯定学生学习成就，课堂上采用多元化评价；课堂气氛轻松和谐，学生心理安全感强，我们要善于营造和谐的课堂氛围，不时用幽默风趣的语言活跃课堂气氛，这样的课堂才是一潭活水；用好激励和评价，给予学生信心和希望；关注不同学生的需求，使他们在不断成功中感受快乐。

⑤数学课堂要将自主学习、协作学习以及探究学习合理地整合，学生能自己解决的问题就让学生自主解决，在体验中感受快乐；学生自主解决不了的问题可以采取小组协作的方式解决，让学生在协作学习中成长并享受快乐、获得成长。

可以说"以学生发展为本的数学"是新课程要求下教学的必然发展趋势，但是它却是一个任重而道远的任务，自觉数学课堂真正实现时，以学生发展为本的数学教学才会实现，我相信在我们工作室所有成员的共同努力下，这个目标很快可以实现，我相信那一天我的困惑也会随之消失。以后的教学中我也会努力从这几个方面入手，努力地去改变学生学习的现状，以学生的发展为首要目的。

研究规范命制试题，提升教师专业能力
——初中数学名师工作室2016年第三次研修活动

命制一份好的试题，需要教师认真学习课程标准，潜心研究教材、研究学生、研究试题。在这一过程中，教师的教学观念无形中得到更新，教学策略得到优化，未来的教学会更有针对性和实效性。所以教师命题的过程，是钻研、理解和把握教材的过程，也是对习题理解、钻研的过程，更是钻研如何将教材知识运用于解决现实问题的方式方法的过程，它有助于提升教师专业素养。初中数学名师工作室于5月12日在伊旗第四中学开展了以"如何规范命制一份试题"为主题的研修活动，以提高名师试题命制水平，促进名师的引领辐射作用。此次活动参会对象是工作室全体成员，活动以讲座及交流相结合的方式进行。

首先工作室主持人聂海英介绍了如何规范命制试题。聂老师从规范命题的意义、中考命题的几个环节和命制试题应注意的几个问题进行了详细的阐述。之后工作室名师郝海霞、赵海燕分别展示了自己命制的中考模拟试题，谈了自己的命题思路和命题观点，全体成员就两位老师的试题谈了自己的一些命题想法和对部分试题的调换意见。

此次研修活动对数学试卷中标点符号、字体、字母的书写要求进行了规

范。通过分析郝海霞、赵海燕的模拟试题，大家认为数学模拟试题应严格按照《2016年鄂尔多斯市初中毕业升学考试数学学科考试说明》的6∶3∶1的难易比例进行命制。试题遵循由易到难，同时应考虑学生做题时的心理。试题的选择要依据数学课程标准，体现数学课程的性质，在注重基础知识考查的基础上要加强实践性和探究性试题的考查，数学教学中要注重培养学生灵活解决问题的能力。

总之，通过此次研修活动，工作室成员积累了一些命题经验，拓宽了命题思路，对进一步提高数学教学能力有积极的意义。

基于课程标准下的导学案设计研究
——初中数学名师工作室2016年第四次研修活动简讯

导学案是对新课程理念、新课标、新教材理解的具体体现，是将先进的教育思想、科学的教学方法运用于教学实践的载体。为了提升伊旗初中数学教师编写导学案的能力，提高导学案在教学中的实效性，伊旗初中数学名师工作室于6月8日在伊旗第四中学围绕自治区立项课题"基于课程标准的教学活动设计研究"开展了研修活动。此次研修活动主题为：如何编制有效的教学设计。

本次活动以听评课、研讨交流的形式进行。首先，伊旗第四中学的陈永霞老师上了研究课"21.3实际问题与一元二次方程"。课后陈老师进行了说课，重点谈了自己这节课导学案的设计思路和教学反思。全体参会老师对陈老师的课进行了点评，大家从导学案的设计和课堂中学生的表现方面谈了各自的看法。之后，大家针对导学案的设计进行了研讨交流。老师们就导学案编制的各个板块中需要注意的问题谈了各自的建议，也提出了一些疑问和困惑。通过研讨，集体达成共识，选定以潘建明专家的"一课三单设计"为模板，参照龚雄飞老师"学本课堂"中主问题设计的理念，依据"功能导学化、导学问题化、问题思维化、思维品质化"原则对人教版七年级上册的全册内容进行教学设计，重新修订与完善导学案。最后，主持人聂海英对编写工作做了具体分工，要求大家在7月底完成编写工作，由聂老师最后汇总修订编制成册，在下学期开学初发放到全旗数学教师手中，供七年级教师选择使用。

本次研修活动中，大家以新课程标准为指导、以素质教育要求为目标，畅谈了导学案的编写设想。导学案要遵循学生成长规律和学习规律，按照学生的学习全过程设计，将学习的重心前移，充分体现课前、课中、课后的发展和联系，在先学后教的基础上实现教与学的最佳结合。教师在编写、使用、修订与完善导学案的过程中，教学素养不断得到提高，业务能力不断增强。这次课题研修活动进一步加深了课题组老师对导学案设计的认识，为大家以后编制导学案指明了方向。

分解课程标准，确定课堂层面学习目标
——初中数学名师工作室2016年第五次研修活动简讯

课堂层面的学习目标的科学确定，将直接影响课堂教学的效果。为了更深入学习《数学课程标准》(2011版)，准确把握课程标准的导向，进行有目的、有针对性和有意义的教学目标设计，初中数学名师工作室于2016年9月23日举行了培训主题为"分解课程标准，追求有效教学"的研修活动，这次活动特邀市教研室白月雨老师对全旗初中数学教师进行培训。

首先伊旗第四中学的刘永梅老师上了研究课"有理数的减法（1）"，并进行了说课，白老师对这节课进行了点评。接着白老师给全体老师做了题目为"确定初中数学课堂层面的学习目标初探"的讲座。白老师从"课标陈述的基本方法""课堂层面的学习目标的内涵""如何分解课程目标"三大方面结合具体的课例给老师们介绍了课堂学习目标的确定方法，对一线教师以后的教学有很大的启迪。

科学合理的学习目标应该详细、可操作，基于课程标准的要求，使用专业术语，能让作为学习主体的学生明白要取得的学习结果和具体的学习方法，这就是结果性目标和过程性目标的陈述需要注意的地方。总之，这次活动是对课程标准更深入的研究，在平时的教学中教师要注意表述的科学规范性，基于课标，确定操作性强的学习目标，从而提高课堂教学的有效性。

研究中考试题，分享备考经验
——初中数学名师工作室2016年第六次研修活动总结

中考数学复习的内容面广量大，能力要求高，要想在短暂的时间内全面复习初中三年所学的知识、重温技能，提高解决问题的能力，并非易事。为了研究如何提高各阶段复习的效率和质量，初中数学名师工作室于2016年10月21日组织全旗老师在鄂尔多斯市第一中学伊金霍洛旗分校进行了以"2016中考试题分析及2017中考备考研讨"为主题的学科研讨活动。

首先，教研室聂海英老师对2016年全市中考情况做了数据分析，通过分析，大家对我旗数学中考成绩在全市所处的位置做到了心中有数。其次，2016年数学中考命题人窦旭升老师做了"2016年数学中考试题分析"的讲座，窦老师就24道题的命制过程和考查的内容给大家做了详细的分析。最后，五所学校的毕业班老师分享了各自的中考复习策略和具体的复习计划，老师们能从本校学生实际出发，制定切合实际的复习计划和教学策略，特别是北师大二附中赵海燕老师分享的"中考数学补差工作经验介绍"，给了大家很好的启发。

中考数学综合复习教学设计应突出体现基础性、普及性和发展性，使中考数学复习能面向全体学生，要使各层次的学生对原有的数学基础知识、基本技能和基本方法的掌握程度均有所提高，还要使尽可能多的学生形成良好的思维能力、较强的综合能力、创新意识和实践能力。中考数学复习教学具有不可复制性，是实践性很强的智慧活动。

通过这次研讨活动，大家对中考复习有了更新的认识，对毕业班老师的教学有积极的作用，相信在大家的共同努力下，伊旗数学中考成绩会越来越好。

立足学生学科素养培养，研究不同课型课堂教学策略
——初中数学名师工作室2016年第七次研修活动总结

核心素养是学生在接受相应学段的教育过程中逐步形成的适应个人终身发展和社会发展需要的必备品格与关键能力。课堂教学模式和各种教学课型是在

一定教学思想指导下建立的比较典型的、稳定的教学程序或框架。为了更好地研究基于学生学科素养的课堂教学，提高全旗初中数学教师的执教能力，初中数学名师工作室于2016年10月31日和11月1日在伊旗第一中学举行了主题为"初中数学不同课型课堂教学策略研究"的研修活动，专家潘建明对伊旗初中数学教师进行第三次专家讲学。

　　10月31日上午，北师大第二附属中学尚新宁老师和伊旗第二中学高萍萍老师展示了两节初三概念课；伊旗第四中学高可如老师讲了一节八年级"轴对称"复习课；潘建明专家进行评课。10月31日下午，伊旗第一中学郝海霞老师讲了一节七年级试卷讲评课，潘建明专家评课，并与参会老师就全天4节课进行互动交流。11月1日上午，市一中伊旗分校刘晓平老师讲了一节"整式的乘法"课；潘建明校长讲了一节九年级示范课"22.2 二次函数与一元二次方程"和八年级示范课"13.4 最短路径问题"，下午潘建明专家又进行了专题讲座"初中数学不同课型课堂教学策略研究"。

　　教师的五节研究课展示了数学课的五种课型，潘校长对五节研究课做得好的方面给予了高度的肯定，特别是工作室成员高可如和郝海霞两位老师的课体现了教师深厚的执教功底，同时潘校长也指出了每节课存在的不足和改进方法，并提出了教学建议。潘校长通过两节示范课向老师们展示了学生学科素养培养在教学中的具体体现，告诉老师教学设计要关注数学学科的本质，注意学生学科素养的培养。

　　潘校长在讲座中从学生发展核心素养谈起，针对培养什么人、怎样培养人进行了表述，并且就基于学生核心素养培养的课程的教学设计给予详尽的理论阐述。接着，他对数学学科的核心素养进行了解读，数学素养是指具备一定的数学知识，了解数学发展过程，懂得用数学的眼光观察问题，用数学的头脑分析问题，用数学的思想方法解决问题。进一步而言，提高应用意识水平是数学教学在新时期的历史使命和教育责任，建立应用意识理论体系是发展数学核心素养的理论基础。那么如何在数学教育中提升学生的数学核心素养，潘校长利用中考试题为我们渗透核心素养培养的方法。最后，潘校长将初中数学不同课型的教学逐一进行分类，然后就相应的课型出示教学设计，根据教学设计让我们体会每种课型设计的精妙之处。每一种课型的设计都是为了追求课堂教学的有效性，优秀的数学教师，不仅要学习和掌握各种类型的教学模式，而且要在实践中不断加以创新，才能针对当前课程及教学内容选用恰当模式，形成自己独特的教学风格，并因材制宜地调控和综合运用最优组合模式，从而达到最佳教学效果。

总之，本次研修活动带给老师们很多的收获和思考，大家纷纷表示既要用正确的理念和方法指导自己的教学，又要借鉴名师课堂教学中很多实用的教学方法。相信经过教学实践的探索、教师思维的碰撞，老师们的数学教学能力一定能有所提高。

数学素养的认识
——初中数学名师工作室2016年第七次研修活动心得体会

伊旗第四中学　陈永霞

通过潘校长两天的培训，让我对数学教学有了新的认识。在教学中不仅要重视基础知识、基本技能，而且要重视数学素养的培养。数学素养是指具备一定的数学知识，了解数学发展过程，懂得用数学的眼光观察问题，用数学的头脑分析问题，用数学的思想方法解决问题。学生具备了一定的数学素养，即使在学习过程中把所学的数学知识都忘掉，也能从数学的角度看问题，有条理地思考，严密地推理论证，清晰准确地表达。

数学素养的培养应该贯穿数学教学的全过程，要从课前的教学设计、课堂中的过程与方法、教学评价三方面进行。

一、教学设计要有知识的取向

教学设计的取向、知识取向是指以知识、教材为中心，关注教师教什么、怎么教，学生的任务是最大限度地获得知识。如：潘校长教学"二次函数与一元二次方程"时，利用了学生已有的知识，一次函数 $y=2x+4$ 的图像与 x 轴的交点坐标和一元一次方程 $2x+4=0$ 的根之间有什么关系？从而引出二次函数图像与 x 轴的交点和一元二次方程的关系。让学生对函数的知识有了整体的认识，学生体会到求直线与图像的交点即以 y 的值相等来建立方程组，这样

从二次函数与 x 轴的交点拓展到二次函数与一次函数的交点问题及不等式解集的问题，将知识进行了潜移默化的应用。

二、课堂教学应注意培养学生的数学思维

数学是思维的体操，思维是数学的基础，以思维为基础，数学能力才能得到提升，数学素养就能得到培养和提高。例如：潘校长在教学"最短路径问题"时，将将军饮马问题转成数学问题：已知直线 l 的同侧有两点，分别是点 A 和点 B（见图1），请你在直线 l 上找一点 P，使得 $PA+PB$ 最小，你会说明理由吗？培养了学生的转化思想。通过对最短路径问题的再探索，激发了学生的发散性思维，进而提升了学生的思维品质和数学素养。

图1

三、教学评价应考查学生的数学素养

课堂检测和作业是教学评价的基本形式，因此，学案中课堂检测习题的设计要遵循课程标准，要能准确地体现对学生知识技能的要求，同时，关注学生数学素养的考查。

因此，教师进行教学设计时，既要有知识与技能目标，也要有以知识为载体培养学生素养的目标；教学过程既要提高学生的求知欲，又要组织学生提高数学素养；教学结果既要关注学生知识的认知，又要关注学生数学素养的培养和发展。

初中数学名师工作室
2016年第七次研修活动的总结

赵海燕

2016年10月31日和11月1日，我校全体数学教师去一中参加了由伊旗名师工作室组织的第七次专家讲学活动。这次活动特邀全国著名数学教育专家潘建明来我旗进行第三次专家讲学。这次教研活动内容安排如下。

10月31日上午，北师大第二附属中学尚新宁老师和伊旗第二中学高萍萍老师展示了两节初三概念课；伊旗第四中学高可如老师讲了一节八年级"轴对称"复习课；潘建明专家进行评课。10月31日下午，伊旗第一中学郝海霞

老师讲了一节七年级试卷讲评课，潘建明专家评课，并与参会老师就全天4节课进行互动交流。11月1日上午，市一中伊旗分校刘晓平老师讲了一节"整式的乘法"课；潘建明专家讲了一节九年级示范课"22.2 二次函数与一元二次方程"和八年级示范课"13.4 最短路径问题"，下午潘建明专家又进行了专题讲座"初中数学不同课型课堂教学策略研究"。

通过培训，我知道了新知课是数学教学中最常见的课型，它以传授数学知识、培养学生的兴趣和探究能力为主要任务。新授课的灵魂是优良的教学理念，从宏观上来讲，必须着眼于是否有利于促进学生素质的全面提高、是否有利于促进对学生创新意识和能力的培养、是否有利于充分发挥学生的主体性，让学生积极主动地参与到数学学习活动中去自主建构起良好的数学认知结构。上好新知课的关键是突出"新"，即突出新旧知识的"连接点"，最大限度地让学生自始至终地参与知识的形成过程，主动地获取新知，当堂解决新问题。通过"概念学习"，把作为新知识的概念，正确地初步地转化为学生自身认知结构的概念体系里的概念。通过"代表学习"，对概念的文字、语言叙述或概念的定义能初步理解，掌握这些数学概念所对应的数学符号及这些符号的书写、使用方法。初步了解由这些数学符号组成的语言含义，并能初步把它转译成一般语言。

公式课的关键是公式推导的全过程。让学生记住某一个公式并非命题课的最终目的。公式课要达到的目的是：揭示公式的来龙去脉，揭示其推导中所用的有代表性的数学思想、思维方法和典型的数学技能技巧；交代清楚公式适应的范围及成立的特定条件，理解某一条件下所得出的必然结论。

定理课的教学应遵循以下两个规律，一是以一般的原理为前提，推求到某个特殊场合作出新的结论的演绎推理规律；二是以若干特殊场合中的情况为前提，推求到一个一般的原理原则作为结论的归纳推理规律。教材中的定理是一个知识体系。在定理课教学中，应抓住本节所讲的定理在体系中的"最近发展区"，寻根问源，以旧知识为基础创设问题情境，由此导出和启发学生理解新的定理。要让学生注意定理提出的背景和条件，大胆猜想将会产生的结论，并用自己的语言表达出来；让学生敢于动脑、动手去探求验证或演绎证明；让学生认真听取老师和同学的分析思路并和自己的论证设想作比较，敢于争论，并汲取最优者；让学生弄懂推理论证过程中所涉及的数学思想、方法及特殊技巧；让学生理解定理的规定条件、结论及适用范围和功能，以典型图形表格等帮助记忆。

总之，本次教研活动带给老师们很多的收获和思考，大家纷纷表示既要用正确的理念和方法指导自己的教学，又要借鉴名师课堂教学中很多实用的教学方法。相信经过教学实践的探索、教师思维的碰撞，老师们的数学教学能力一定能有所提高。

基于学生学科素养的教学
——2016年11月培训心得

伊旗二中　高萍萍

核心素养是学生在接受相应学段的教育过程中逐步形成的适应个人终身发展和社会发展需要的必备品格与关键能力。课堂教学模式和各种教学课型是在一定教学思想指导下建立的比较典型的、稳定的教学程序或框架。为了更好地研究基于学生学科素养的课堂教学，提高全旗初中数学教师的执教能力，初中数学名师工作室于2016年10月31日和11月1日在伊旗第一中学举行了主题为"初中数学不同课型课堂教学策略研究"的研修活动，潘建明校长对伊旗初中数学教师进行了第三次专家讲学。

在"初中数学不同课型课堂教学策略研究"讲座中，潘老师从学生发展核心素养精要释义、数学学科核心素养内容解构、初中数学不同课型教学策略、数学课堂教学有效性的追求四个方面进行阐述，让我受益匪浅。

现在我们正处在新旧教育教学方式冲突、更替和转型时期，教育的理性是如何让教育教学走向有效和高效，如何走向优效和优质，如何走向有序和有道。

新课程改革已走向内涵发展期，关注的是课堂教学行为的变化，如"学案教学、问题导学、自主学习、小组合作、体验探究、展示交流"，这场变革的实质是从如何教学走向如何学。关注学习组织、学习起点、学习过程、课堂形态、教育角色、教育评价等，是让课堂教学从空间结构和时间秩序及活动流程都发生变化。

课堂教学模式和各种教学课型是在一定教学思想指导下建立的比较典型的、稳定的教学程序或框架。它是人们在长期教学实践中不断总结、改良教学而逐步形成的，它源于教学实践，又反过来指导教学实践，是影响教学的重要因素。它具有完整性、针对性、简约性和可操作性等特点，能较全面、客观地反映某一类教学活动情况，便于教师从整体上把握。

随着以核心素养为主体的课程改革的来临，一场具有里程碑意义的教育变革，平平静静、不声不响地开始，这是从课堂里萌生出来的变革；这是支持每个学生自主性、探究性、多元化个性化的变革；这是提升每一位教师创新能力的变革。

教育的终极旨趣在于育人，而课程改革是这一旨趣实现的最重要的载体。我们应在清源、慎思和笃行的联动过程中开启基于核心素养的课程改革创新之旅。

在讲座中，潘老师利用中考试题为我们渗透学生核心素养培养的方法。潘老师将初中数学不同课型的教学逐一进行分类，然后就相应的课型出示教学设计，根据教学设计让我们体会每种课型设计的精妙之处。每一种课型的设计都是为了追求课堂教学的有效性，他说，"优秀的数学教师，不仅要学习和掌握各种类型的教学模式，还要在实践中不断加以创新，才能针对当前课程及教学内容选用恰当模式，形成自己独特的教学风格，并因材制宜地调控和综合运用最优组合模式，从而达到最佳教学效果"。

培训的时间虽短，却使我有了很多的收获，潘老师的讲座使我学到很多，为我今后的有效教育教学研究提供了指导。本次研修活动带给老师们很多的收获和思考，大家纷纷表示既要用正确的理念和方法指导自己的教学，又要借鉴名师课堂教学中很多实用的教学方法。相信经过教学实践探索、教师思维的碰撞，老师们的数学教学能力一定能有所提高。

培训心得体会

伊旗第一中学　王　慧

特级教师潘建明来我校开展了以"自主觉悟，成长互助"为主题的教学研讨活动。本次活动在听课中拉开帷幕。课后，在聂老师的主持下，工作室所有成员和我校数学教研组全体老师齐聚一堂。上课教师分别谈了自己的教学设计理念和课堂感受，其他参与的成员也围绕主题展开了研讨、交流，提出了不少真知灼见，如教学设计应该更注重学程设计，讲求学路优先；在计算能力的培养上注重优化的数学思想；教学一定要把握价值取向的度等。通过研讨，参与活动的老师切实在课型的把握和细节的处理上获得了一定的提升。

活动的最后，由潘老师做微型讲座。他结合自己多年积累的教学经验和自己对变式教学的理解，从变式教学的种类、变式教学的误区以及走出变式教学误区的对策3个方面展开分析，理论联系实际，用一个个现实且富有智慧的教学案例支撑理论知识，让大家获得了一次真正的专业洗礼。

本次活动让我校全体数学老师受益匪浅，相信数学教研组会以此为契机，不断地汲取他人的宝贵经验，全面提升我校在数学教育教学方面的质量。

因材施教，营造所有学生发展的多赢局面
——初中数学名师工作室2016年第八次研修活动总结

在学科核心素养培养理念下教育的终极任务就是提升人的素养，素养让我们真正从人的角度来思考、定位教育。数学教学是否在真正意义上让每个孩子都有不同的个性化发展，这是值得我们反思的问题。针对伊旗初中数学的教学现状，2016年12月8日，伊旗初中数学名师工作室举办了研修主题为"初中数学学困生与学有余力学生教学策略的个案研究"的研讨活动。

这次研讨活动前大家都做了精心的准备。大家就"初中数学学困生的个案分析"和"培养学有余力学生的个案分析"两个主题进行发言，老师们能根据自己所带学生的实际谈自己的教学策略。

教师们通过分享各自的所做所想，得出学困生的转化策略有：教师要多关心学困生，找出其学习困难的原因；注意家校联系，找学困生的亮点，多鼓励，激发其学习兴趣，帮助他们树立自信心；课上多关注，课下多辅导，辅导内容以基础知识和基本技能为主；教师要有足够的耐心，坚持每天关注学困生，等待孩子的成长。对于学有余力学生，大家都提出让优生当小老师，从而提升优

生的学习能力。教学中教师要设计分层作业，注重一题多解、一题多变的训练，还可以通过"定期小考"和"限时小考"提高学生解题能力和解题速度。

不同的学生适合不同的教育方法，因材施教是以人为本的体现。这次研讨活动是研究工作的开始，关于"学困生和学有余力生的学习指导策略和实践"的研究还有很长的路要走，作为教师，我们应细心呵护那些特殊学生个性的健康发展，使他们在各个方面充分发挥潜力、才智，激发其创造热情，并努力营造一种所有学生都得到真正发展的多赢局面。

【第三期初中数学名师工作室（2017—2019）】

本期工作室研修计划

伊金霍洛旗初中数学名师工作室研修计划

（2017—2019）

伊金霍洛旗教育教学研究室　聂海英

一、本工作室组织构成

导　师：潘建明，江苏省特级教师，任职于常州市田家炳初级中学

主持人：聂海英，伊旗教育教学研究室教研员

成　员：

郝海霞：（名师）伊旗第一中学		陈永霞：（名师）伊旗第四中学	
王雪梅：（名师）伊旗第四中学		高可如：（名师）伊旗第四中学	
尚新宁：（研修员）北师大二中学		齐　鑫：（研修员）市一中伊旗分校	
徐晓梅：（研修员）伊旗第四中学		刘永梅：（研修员）伊旗第四中学	
刘晓平：（学员）市一中伊旗分校		高萍萍：（学员）伊旗第二中学	

二、本期工作室学员基本情况诊断

本期工作室学员思想上要求进步，教育管理与教学工作就就业业，有一定的理念素养和实践经验，有一定的教科研能力，但在学科素养提高、学科教学能力提升和学科教研上还需要进一步磨砺。具体表现在课程理解、教材解读、教学价值的认识、教学目标的定位、教学方法的选择、教学设计的研

究等方面尚欠火候，对教学目标、内容、方法的整体性与一致性关注不够，对教材重点、难点、关键点的处理与突破策略研究较少，数学教学活动设计浅显、缺乏深度和逻辑性，不能有效地引领学生进行自组织学习和深度学习。

三、本期工作室研修主题：提升初中数学"课堂教学力"实践研究

确定研修主题的依据：学校的产品是课堂，而不是学生，数学课堂教学力对学科建设与学校的发展是很重要的，乡村学校更是如此；骨干教师的培养应以课堂教学力的提升为主，其他教科研能力提升为辅；用两年的时间来培育骨干教师，应以提升他们的课堂教学力为主要任务；作为一名数学教师，应该在教学过程中关注学生，认真研读课标，深入理解教材，细致钻研教材，理清知识网络，形成知识主线，明确重点，确定难点，选择教法，组织和管理教学，这是数学学科建设的根本。

研修对象（研修的学科内容对象）：

①对数学学科素养的解读、数学课标的深度理解、数学文化教育功能的认识。

②课标的变化，本地区中考数学的考试说明研究。

③数学解题本领提升，教程和学程设计，问题串和题串的组织与教学等。

④学情研究与学习行为分析研究，自组织学习与深度学习的引领策略研究。

⑤以学定教的课堂教学的组织、实施与管理，发展性教学评价等。

⑥试卷命题的结构、难度、信度、效度把握研究，试卷的命题等。

⑦案例研究、小课题研究和论文写作等，设计优效作业等。

⑧初小衔接、初高中衔接教学等。

重点难点：

①对学科素养的理解、课程标准的深度解读、教材的深度把握。

②对学情的掌握、资源的组织、以学定教策略的选择、教学组织与管理。

③导学单、活动单、反馈单和补偿单的设计和有效使用等。

总体框架（见图1）：

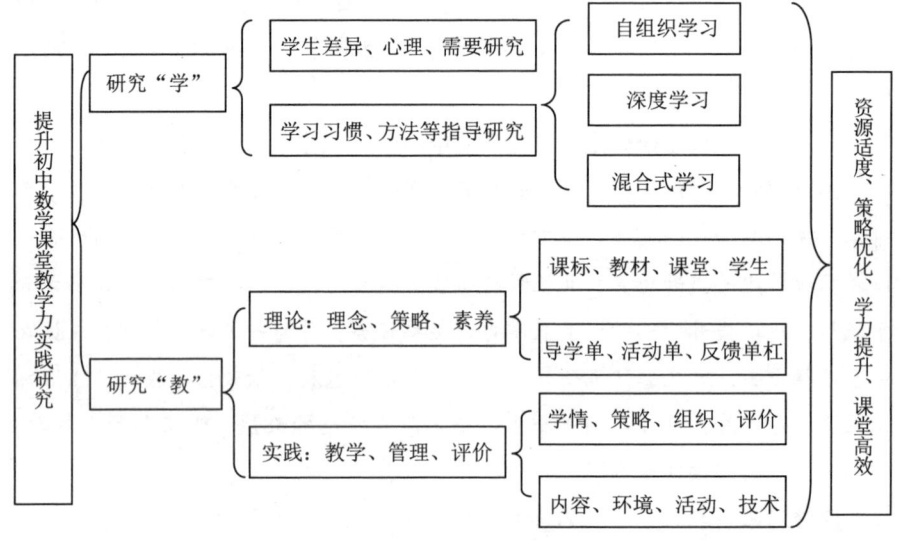

图1

四、研修方法（基本思路、具体研修方法、研修计划及其可行性等）

研修的基本思路：以新课程理念为指导思想，以"以学论教"为抓手，深度解读以"双核素养"为背景的《初中数学新课程标准》等指导性意见，深入研究明确、具体、操作性强的教学目标，依据数学学科的性质和教学的规律，选择科学、合理、严密、有效的数学教学组织结构和流程，使其符合学生的身心特点与个性发展需要，解决好初中数学教学中的共性问题和个性问题，力争在继承中发展、创新中提升，早日寻找到初中数学教学突破口，引领初中数学教师走出困惑和迷惘，走向清晰和成熟。我们还要坚持学术至上的研究态度，力争从初中数学各个研究层面的学术观点中寻找到最佳结合点，从研究初中数学教学的各个环节中真正寻找到促进初中数学课堂教学效率提高的落脚点，深入开展初中数学课堂教学研究，基于教研活动加强与相关学校的共建与合作，实现优质资源共享，进行深入的初中数学课堂教学的创新和发展性研究，为推进我市乡村初中数学教学改革、提升我旗初中数学教师素质和初中数学课堂教学质量而努力。

具体研修方法：在具体研修方法上，本工作室采用集中研修和分散远程研修两种形式。

集中研修是根据我工作室学员的整体发展情况，结合乡村教师教育教学中的突出问题，预设研修主题，组织全体学员阶段性进行的主题鲜明的研修活动，采用诊断示范、课例研修、专题研讨、考察交流、小型讲座、微课题研究、成果总结呈现等方式进行（集中研修重在现场诊断示范、经验分享以及研修成果的运用和展示等）。

分散远程研修是指结合学员的日常教育教学工作，采取网上诊断、课例点评、问题解答、资料推送、读书交流等方式开展研修活动，也可以开展远程网络教研活动，实现资源共享、平台互动和成果分享等，也可由导师组对学员对其进行个别化指导。分散远程研修主要以网络研修与学员现场实践相结合的方式进行，推动学员即学即用，鼓励学员将分散远程研修渗透到校本研修活动中，深化学习内容，发挥引领作用，促进同伴共同发展。

研修计划：

2017—2018 年：

①理论学习：对学科素养的解读、课标的深度理解、数学文化教育功能的认识。

②课标的变化，本地区中考数学的考试说明研究。

③试卷命题的结构、难度、信度、效度把握研究，试卷的命题等。

④学情研究与学习行为分析研究，自组织学习与深度学习的引领策略研究。

⑤以学定教的课堂教学的组织、实施与管理，发展性教学评价等。

⑥数学解题本领提升，教程和学程设计，问题串和题串的组织与教学等。

2018—2019 年：

①初小衔接教学，七年级新生数学学习习惯、方法指导等。

②理论学习：对学科素养的解读、课标的深度理解、数学文化教育功能的

再认识。

③学情研究与学习行为分析研究，自组织学习与深度学习的引领策略研究。

④以学定教的课堂教学的组织、实施与管理，发展性教学评价等。

⑤教材的变化，与其他地区不同版本教材之间知识呈现的异同比较等。

⑥工作室和学员个人的总结工作等。

五、预期成果（预期成果的呈现形式及社会效益等）

预期成果的呈现形式：

①理论成果：产生提升初中数学教师教学能力和初中数学课堂教学效率的新理念与新论述。呈现形式有教学案例、光盘、视频、资源、课件、学件和论文等。

②实践成果：相关学员学校的初中数学整体教学品质有显著提升；学员的初中数学教学行为与方式有明显转变；学员所教班级的学生的数学学习行为与能力有明显进步。

社会效益：

①理论效益。提炼出提升初中数学教师课堂教学能力的培育新策略和新经验；通过研究能形成初中数学教学高效课堂的新理念、策略和课型范式等；形成有价值的论文，有指导性地观察报告、测量报告、研究报告、经验总结报告、实验研究报告等，改进伊旗初中数学课堂教学和推进本地区初中数学学科建设。

②实践效益。技术指引：形成专著、论文、课例、案例、精品课DVD和网站等，指导初中数学课堂教学研究的深入推进；行为转变：学员们构建优效的初中数学教学理念、策略的能力和行为得到明显改善，学生有好的学习习惯和方法，学习力强，学习行为有明显改善；改善课堂生态：教学中关注师生、生生、生本和人机对话，在合作中讨论、碰撞、怀疑、纠错、探究等，形成新的课堂生态。高效课堂：以高的教学效益、先进的理念和技术手段，促进我旗相关学校初中数学教学素质的不断提升。

③辐射推广。本工作室的理论成果将与其他地区学校、教师进行分享，分

享我旗在教师培养、教学改革、课堂建设中的成就。

本期工作室研修简报、总结、学习心得、个人发展规划
【第一次主题研修】
研修主题：工作室研修方案解读，成员个人两年发展规划分享

工作室成员个人研修两年发展规划（一）

伊旗第四中学　徐晓梅

一、个人基本情况

2010年7月，作为哈尔滨师范大学毕业的佼佼学子，初登讲台时那副天真青涩的模样现在仍然历历在目，还有几个月就工作整七年了，现在登上讲台是信心满满、满脸的幸福。这就是我的成长！七年里我从未停止过对专业数学教育教学工作的执着追求，从未改变成为一名优秀的中学数学专业教师的梦想。今年，我很幸运地加入伊旗名师工作室这支优秀的队伍，在优秀教研员聂老师的指导下，我会珍惜每一次的成长机会，在教育教学工作中，认真做好个人专业发展规划，总结教育教学经验，提升自己！

二、专业发展目标

我本人喜欢教师这个职业，我认为教育行业是一个可以通过自己影响某一部分人的职业！若想传递正能量，首先是要提升自己的综合能力，具体我想从3个方面完成我的专业发展目标。

（1）理论素养方面

数学理论素养看似高高在上遥不可及，在真正的备课中并不能完全明确到位，其实不然！回想2016年11月1日名师潘建明的"最短路径问题"的学习材料单中就有一段醒目而精彩的文字："**学科核心素养培育目标**"。

学科核心素养培育目标：通过对将军饮马问题的最短路径问题的探索，培育学生探索精神和最优化思想；通过造桥选址等问题的探讨，培育数学建模、演绎推理和合理转化等数学思想和数学素养；通过最短路径问题的再探索，发展学生批判性思维和发散性思维，进而提升学生的思维品质。

这段文字简述了本节课要实现的数学核心素养总目标,对具体的备课和讲授都起到了指导意义。所以我也举一反三成功地将这段理论应用到了八年级下册第十七章第一节勾股定理的应用专题"蚂蚁爬行的最短路程问题"一课中,以指导我这节课每一个细节的处理和完善!

套用当下热播的综艺节目"朗读者",我也给我的这节课冠一个响亮的名字:一节课,一段文。

我的目标是挖掘出每节课背后的那一段文字,所以我会继续学习《数学课程标准解读》和深入学习与研究新人教版数学课程。

(2)教学水平方面

数学的教学按类型可分为"数与代数""图形与几何""统计与概率""综合与实践"几个方面,数学教学应根据具体的教学内容,注意使学生在获得间接经验的同时也能够有机会获得直接经验,即从学生实际出发,创设有助于学生自主学习的问题情境,引导学生通过实践、思考、探索、交流等获得数学的基础知识、基本技能、基本思想、基本活动经验,促使学生主动地、富有个性地学习,不断提高发现问题和提出问题的能力、分析问题和解决问题的能力。

认真研究每一种课型,研究基本课的结构!在数学教学活动中,教师要把基本理念转化为自己的教学行为,处理好教师讲授与学生自主学习的关系,注重启发学生积极思考;发扬教学民主,当好学生数学活动的组织者、引导者、合作者;激发学生的学习潜能,鼓励学生大胆创新与实践;创造性地使用教材,积极开发、利用各种教学资源,为学生提供丰富多彩的学习素材;关注每个学生的个体差异,有效地实施有差异的教学,使每个学生都得到充分发展;合理地运用现代信息技术,有效地使用计算机和有关软件,提高教学效益。

三、主要措施

制定个人学习计划,以自学为主要途径,实践为主要手段,充分利用校本培训和各类业务进修提升自己的理论和业务水平。

①每学期至少制作3个微课,要求一定要达到自己的理想标准。其实只有

你真正录制了一节微课，才会发现录制微课的魅力所在，尤其是修改后的成品很值得珍藏，内心的喜悦是不言而喻的，这是自己的作品，可以留下来为今后教学所用，甚至是可以传在网上，不仅宣传了我所在的学校更对我今后的教学提供了极大的鼓励，这份正能量将会一直传递下去，让大家爱上做微课！

②不断学习并应用几何画板的动态演示。认真学习新买的两本几何画板教程资料，让软件为我所用，为课堂服务！将信息技术真正应用到数学课堂上，是现代化教学手段在数学课上发挥的最大优势。只有用了一些更高层次的信息技术才能让我把想表达的东西在课堂上展示出来，达到预期的效果，同时要逐步建立数学学科教学资源库，实现真正意义上的专业引领。

③每学期研读一本专业数学的教育论著并作笔记！做一名研究型教师。学习名家的思想方法，不断更新自己的教育观念并撰写教育教学论文，在教学中努力渗透新课程的理念，以教学新理念指导自己的教学行为。记录自己教学中发现的问题，及时请教经验丰富的教师，特别要向指导老师请教。

④每学期写一篇课例或是论文，并于年底投稿。写论文才能体现一名教师的水准，从今年开始我潜心做这件事情。以培训作业和要求不断鞭策自己，勤动笔、勤动脑，及时积累个案，归纳资料，让自己的教学留有痕迹，写出一些高质量的教学心得与经验，教学感受，教学小结，每天一支笔一本笔记本随时带在身边，随时随地记录自己在平时工作中的想法与实践经验。对初中数学教师应具备的学科能力提出具体要求，并充分利用校本教研、听课调研、集体备课、网络教研、学科教学教研活动等形式对教师进行有针对性的培训和指导，不断提高数学教师的学科能力和专业素质。

⑤利用网络资源学习优秀课例，示范课等。专心研习优秀课例，做好整理收集的工作！其实学习的窗口很多，"教育部一师一优课"就是一个很好的学习平台，部级优课既有视频又有课件和教学设计可供下载，是不错的学习资源！每天给自己的学生上课前，坚持利用网络资源学习其他教师的授课方式，以更好地激发学生学习的积极性，攻克教学难点。

⑥积极参加校内旗级及旗级以上的比赛，无论是讲课还是说课或是上传视频资料等所有活动，只要有机会就要把握住，不断提升自己，多磨课，寻找自

己上课的特点，形成自己的教学风格，对每节课都努力做到认真准备、细心对待、大胆创新、敢于实践、及时反思。

⑦认真上好每一节课，潜心钻研教学教法，在每堂课前用心设计好教学语言、板书及要开展的教学活动，做好反思。鼓励学生自主学习，发展学生个性，改变学生被动学习的接受式学习习惯，努力使学生爱上数学，一题多解拓展思维。真正意义上以学生为本，重视学生创新能力和创造思维的养成，为学生终身学习奠定基础。

希望两年以后，我可以做到精心录制12个微课作品，研究四本教育教学论著，投稿4篇论文或是课例，成为几何画板制作小专家，能完成规划目标，对数学教学有更深的理解和更大的把握，激发我的学生学习数学的兴趣，真正地为素质教育添砖加瓦，全面提高学生数学成绩。

工作室成员个人研修两年发展规划（二）

伊旗第一中学　郝海霞

随着教育改革的深化发展，教育教学工作对教师各方面的素养也不断提出新的要求，作为名师工作室的一员，更感到责任的重大，因此注重自身专业化的发展和执教水平的不断提高显得尤为重要，进行自我剖析，制定今后两年的个人发展规划也非常必要，鉴于自身情况，制定如下规划，为自己今后的发展指明方向。

一、自我分析

个人优势：本人已在数学教学一线工作了23年，爱岗敬业，工作认真踏实，在教育教学工作中积累了一定的经验，学校的发展和改革给了我很多机会和发展的空间，使我在教学工作中取得了一定的成绩。23年来我多次做专题讲座、示范课、公开课、汇报课等，多次被评为旗市两级教学能手、学科带头人、优秀教师。

个人不足：对教育教学理念的理解还不够到位，没有完全符合对名师的各项要求，在理论学习、专业素养、课题研究、辐射引领等方面还需进一步锻造提升自己。

二、近两年发展目标及实现目标的具体措施

（一）目标

以课堂教学为主阵地，不断创新、反思、总结，提高执教水平，成为一个反思、研究型的老师；以学校教育为平台，不断探究、改革、学习，成为一名研究型老师；以名师工作室为载体，以学习研修为引领，以教育科研为先导，加快专业化成长步伐，努力成长为一名勇于探索、勤于思考、善于学习的教师。

综合素质方面：

①树立终身学习的教育理念，不断提高自身素质，增强理论底蕴，做一名学习型教师，使自己的执教水平不断提高，走在同行们的前列。

②在实践中不断地总结，在总结中不断地实践，养成写作的好习惯，记录教学中的精彩片段与失败教训，取长补短做反思型、研究型的教师。

③全身心地投入教育，关注学生的课堂生命活力，创设以生命活力为主题的教育，在创新中构建良好的教学策略，在发展中形成独特的教学风格，做个专家型教师。

专业发展方面：

①基础性素养：把教书育人作为自己的职业准则，热爱本职工作，关注学生的成长，教书育人，立身教育事业；在工作中讲究育人的方法。把育人当成一门艺术，潜移默化，润物无声。在教书时育人，在育人中教书；培养自己"能说会写爱学"的能力。把教学中的得失及时总结出来，不断反思、提升自己。

②专业知识与技能：加强本学科专业理论知识的学习和课堂实践能力的锻炼，不断提高自身的专业水平，用先进的教育理念引导自己的课堂实践。探索数学教学中的新方法、新思路，并做成专题报告与同行们交流，达到资源共享。利用课余时间进行学习和培训，做好每年不少于一万字的读书笔记。

③教科研专题：申报小课题研究项目，把一些教育教学的新理念应用于教学实践中，不断提高自身素质和执教水平。

(二) 实现目标的具体措施

①积极参加培训，饱读书籍，更新观念。读书是丰富知识底蕴，提升人格魅力最有效的途径，按照名师工作室对名师的要求，我会在规定时间内对指定的书籍进行深度阅读，学习教育学的基本理论，体会教育家的教育思想，了解我国教育发展现状和教育发展的前沿动态，及时写读后感、读书笔记，及时对自己的教育教学行为进行反思和总结，不断提升自身教育教学的理论素养，从而更好地指导实践。实现学习后行动，行动中反思。

②勤于尝试，探索改革。在平时教学工作中，积极主动地学习、交流，不断提高自己的教学水平。积极参加校内外各种赛课活动、学习等，每学年在校内外听评课不少于20节，在本学科范围内争取上市旗级及以上示范课不少于2节，举办校内外专题讲座不少于1次，并在实践中取长补短，不断提高、完善自己。积极参加各类教科研活动，及时总结反思并上传学习心得与反思，每学年至少撰写2篇与本学科有关的论文、经验总结或科研报告，并争取有1篇能在旗级及以上学术期刊上发表。同时以自身行动带动校内其他青年教师有效发展，开展"教学设计""集体备课""课题研究"等日常帮携活动。

③不断反思，取长补短。依据名师工作室培养目标和管理考核办法，不断学习专业知识、育人方法、教育技术，把书中学到的知识及时应用于教学中，及时写出教学反思，及时弥补工作中的不足。

工作室成员个人研修两年发展规划（三）

鄂尔多斯市第一中学伊金霍洛分校　齐　鑫

我一直以来就是一个幸运儿，幸运的当年以特别高的分数加入伊旗的教育系统，幸运的被分在上湾小学并在工作三年后成为小学名师工作室的一员。又幸运的在去年被调任到市一中伊旗分校任初中数学教师，如今又是幸运的被聂老师以及各位领导选为初中数学名师工作室的一员。这些荣誉曾经是我做梦都不曾梦到过的，如今却一一实现了，所以感谢命运给我这么多的幸运，让我能有这么高的平台去学习和发展自己，与此同时我也必须依靠自己的努力，制定切实的计划，向工作室的其他有经验教师学习，以迅速发展成一名真正意义上的好教师。以下是我制定的个人两年发展规划。

一、总目标

努力提升自己，从一位年轻的经验尚浅的青年教师过渡到能够在学校起到中流砥柱作用的优秀领军教师。能够在工作中认真学习研究，积极参与课堂教学改革，独立进行课题研究，向经验丰富的老教师以及工作室名师学习，努力打造自己的教学风格和特色，让学生乐于接受我，能从我的课堂中寻找到学习的乐趣，从而喜欢我的课堂，为学生一生的幸福奠基。

二、具体目标

①提高自己教育教学的能力与水平，增强教育教学的评估与指导力。

②提高自身理论修养和文化修养，努力成为有思想、有品位的教师。

③提高自己的专业素养，争取在现有基础上上一个台阶。

④提高自己的听课、讲课、评课能力，在自己进步的同时争取帮到比自己更年轻的教师从而一起进步。

三、发展措施

1. 勤于学习，丰厚知识底蕴

①借助平台：借助名师工作室这个学习平台，系统全面地进行理论知识和专业技能的学习。不折不扣地完成每次的学习任务，加强与导师和同行间的交流。

②参加培训：积极报名参加各类培训，认真、专注地听好每一次讲座，听好每一堂课。培训后及时总结反思，撰写自己的心得体会，努力提高自己的专业知识和教育教学水平。

③利用网络：关注网络上信息技术学科的最新动态，勤于和各地的同行交流切磋，不断积累个人的教学资源。

④阅读书籍：每学期阅读有质量的教学专著2本以上，关注相关的教学杂志刊物，丰富自己的事业，认真进行读后反思。

2. 立足课堂，提升教学水平

①精心备课：对信息技术省编和市编两套教材进行梳理，列出教学知识点和重难点，进行对比研究，认真制定教学计划，深入挖掘教材，充分利用和整

合各种教学资源，设计立足学情、着眼发展的教学方案。

②用心上课：聚焦学生，着眼发展，着力培养学生利用信息技术解决生活中实际问题的能力，关注信息技术背后所蕴藏的思维方式和思想方法，重视培养学生可持续发展的信息技术自主学习和运用能力。用心上好每一堂课，逐渐形成较为稳定的个人教学风格。

③积极研讨：充分利用教研组这一校本研修的平台，积极开展教学研讨。在实践中反思，在反思中成长。

四、两年具体工作规划

1. 2017年4月—2018年4月

①积极参加本学科相关的各类培训和学习，在学习中思考，总结。

②努力配合并且积极参与工作室的课题活动，在课题研究中能提出建设性的意见。

③阅读5本以上教育教学专著（包括工作室发的两本，以及学校的两本和自己买的两本），在书上认真做笔记并撰写阅读反思。

④撰写一到两篇具有一定质量的教学论文或案例，用于将来的投稿或参评。

⑤每日保证1小时左右的学习时间，学习课程、课标，学习信息技术（如几何画板、微课程制作等）从而应用于教学实践当中，登录网站学习观看名师课堂实录等。

⑥积极保质量的完成名师工作室的每一次学习任务，多和导师交流，把每一次培训的资料都留下来，并深刻反思、总结活动后的收获。

⑦多观摩一些优秀教师的课堂教学，如校内优秀教师的公开课和校外名师的课程，提高自己的教学设计水平。

⑧主讲一次到两次高质量的旗级公开课。

⑨每学期出一到两套知识全面有代表性的期中、期末试题。

2. 2018年4月—2019年4月

①每日保证1小时左右的学习时间，学习并深度解读课程标准，熟练应用信息技术（如几何画板、微课程制作等），登录网站学习观看名师课堂实

录等。

②主动参与校内和工作室的课题活动，并试着带领一部分教师进行简单课题研究。

③阅读5本以上教育教学专著（读工作室的两本、自己再买三本关于教学设计、课堂管理以及数学专著类的书籍），在书上认真做笔记并撰写阅读反思，逐步培养读和写的习惯。

④撰写1~2篇具有一定质量的教学论文或案例，用于将来的投稿或参评。

⑤主讲1~2次高质量的市级公开课。

总之，通过两年的学习与发展，要使自己的教学能力提升到一个新的高度，也使自己尽快成长起来，在学校能独当一面，在工作室贡献自己的一份力量。

带着新目标，踏上新征程

——伊旗初中数学名师工作室2017年第一次研修活动报道

明确的目标和执着的精神几乎可以让你实现任何理想，达成任何目标。为了使伊旗第三期初中数学名师工作室两年的研修活动高效有序的开展，提升每位成员的学科素养和学科教学能力，第三期初中数学名师工作室于2017年4月25日开展了主题为"工作室研修方案解读，成员个人两年发展规划分享"的首次研修活动。

首先，工作室主持人聂海英解读了《初中数学名师工作室研修制度》《伊金霍洛旗名师工作室考核细则》和《2017—2019年伊旗初中数学名师工作室研修计划》。聂老师在计划中明确本期工作室的研修主题是：提升初中数学"课堂教学力"实践研究。计划详细阐述了围绕这一主题开展的两年研修活动的学科内容、总体框架、研修的重点难点、研修的基本思路、具体的研修方法和每年的研修任务。

其次，工作室每位成员都分享了自己的两年发展规划。大家在规划中能根据自己的实际情况制定学习提升目标，几位老师在分享中谈到两年内要对几何画板软件进行学习并熟练运用于课堂教学；对微课制作方面的研究方向是微课不仅适合学生学习,更适合在课堂教学中创设情境,方便老师在课堂教学中穿插使用。通过分享各自发展规划,工作室老中青教师相互学习,取长补短,进一步明确了研究方向。

最后,主持人聂老师通过对七年级上册质检考试做质量分析,与工作室老师们一起确定了5月份的研修主题为"基于数学核心素养的试卷讲评课教学策略研究",并做了具体的任务分配。针对6月份导师培训征求了大家的一些意见,力求做到每次培训都从教师的需求出发,抓住教学中的瓶颈问题进行研究并解决。

通过这次研修活动,初中数学名师工作室全体成员统一了思想,明确了目标,踏上了新的研修征程。

【第二次主题研修】

研修主题: 基于数学核心素养的试卷讲评课教学策略研究

基于数学核心素养的试卷点评课的策略与方法

(发表于《鄂尔多斯教育》2017年第2期)

伊金霍洛旗第一中学 郝海霞

随着以核心素养为主题的课程改革的来临,一场具有里程碑意义的教育变革,平平静静、不声不响地开始。而基于数学核心素养的数学教学,试卷点评课是数学教师经常上的一种课型,一节成功的试卷点评课,不仅可以弥补教和学中的不足,还可进一步夯实基础、查漏补缺、拓展迁移,使教学过程锦上添花。因此上好试卷点评课是数学教师必备的学科素养,下面我从以下几个方面谈谈如何上好试卷点评课。

一、准备工作

(一)分析试卷

教师要认真做试卷中的每一道题,了解哪些是基础题,哪些是易错题,哪些是思维拓展题等,通过对试题和学情的分析,预设学生易犯的错误及达成度。以利于我们在试卷分析时有的放矢。

（二）学生自我诊断分析

学生做错了题，原因是多方面的，可能是概念不清，知识点记忆不牢，也可能是审题不清或粗心大意等等，但错的原因只有学生自己最清楚，因此指导学生进行自我诊断，不仅能让学生找到错因，还可让其在以后的考试中引以为戒，不犯类似的错误，为试卷点评课做好准备。

（三）得分率统计

教师要认真批改每份试卷，统计每道题的得分率，了解学生在哪些知识点上掌握较好，哪些题目存在计算错误，哪些是审题出的问题，哪些是解题方法上存在问题等，通过此项工作，制定切实可行的点评方案，使试卷点评课有的放矢。通过以上准备工作，教师初步确定哪些题是个别点评的，哪些题是学生间互相纠错的，哪些是集中点评的，然后展开试卷点评工作。

二、课前个别点评

对于一个班来说，总有一些学困生，他们因为基础差、运算力弱、理解能力不强，对知识掌握得模棱两可，因此在做题时一不小心便会犯错，所以对这类学生的个别错题遵循大家都会的不在课上讲的原则，通过个别点评，帮助学生分析错因、理解所学的知识点，把知识吃透弄懂，同时通过个别点评还能和学生进行很好的沟通，做好学生的思想工作，让他们端正学习态度，增强学习信心。如试题：

1. 如图 1 所示 $\angle 1$ 和 $\angle 2$ 是对顶角的是（　　）.

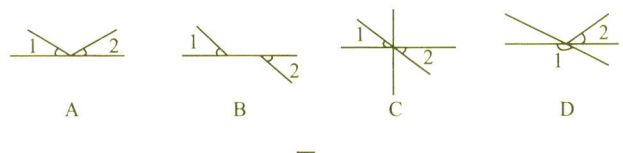

图 1

2. 计算 $-1^{2017} + \left| 1 - \sqrt{3} \right| - \sqrt[3]{\dfrac{1}{8}} + \sqrt{(-2)^2}$.

这些题特别简单，学生因为概念不清、粗心或运算力差而出错，采用个别点评对症下药，不仅可以让学生知道错的原因，而且还可节省课上时间，提高课堂效率。

三、课中生生之间、师生之间互相点评

对于一些比较简单的试题,因为学生审题不清或粗心大意出错的,可以在试题下发之后留十分钟左右的时间让生生之间、师生之间互相找错纠错,这样不仅培养了学生互相交流的学习习惯,同时还可让没有错的同学在帮助他人找错纠错的过程中进一步强化所学知识,对别人所犯之错引以为戒,不犯类似错误。如一些简单的计算题、填空题等采用这种方法进行点评往往比教师直接讲评效果要好得多。如试题:

a 的相反数是( )。

A. $|a|$ B.   C. $-a$ D. 以上都错

其实学生一看这么简单的题自己错了,就会引起注意,再和同伴一起交流便能找到错因,根本无需教师去讲,通过自我反思或生生互评收到的效果更佳。

四、课中集中点评

对于一些解法独到、综合性强、一题多解的题来说,学生会出现解题方法不简便、考虑问题不周到或综合能力欠缺的问题,在解题时错误百出,是多数同学都会错的题,因此这些题需在课上进行集中点评。而对这些题目的点评,老师一定要注意以下几点。

(一) 注意发挥学生学习的主动性与积极性

一节点评课要想上得充实高效,教师在点评时一定要让学生积极思考,探索交流,通过错题分析、解法交流让学生找到错因并改正。同时多数学生都错的题说明是教和学中知识的生成和巩固没有落到实处,是学生学习的薄弱环节,所以点评之后要用相应的类型题对学生进行再训练,加深学生对知识的掌握程度。如试题:

1. 一个数的平方和它的倒数相等,则这个数是( )。

A. 1   B. -1 C. ± 1 D. ± 1 和 0

2. 多项式 $x^3y + 2xy^2 - y^5 - 12x^4$ 是_____次多项式,它的最高次项是_____。

因为学生对倒数和多项式的相关概念模糊不清和做题不认真,错的人很

多，在点评时通过学生质疑，找出错的根源，从而让知识再生成，通过知识再建，加强学生对薄弱知识的掌握，然后用下面两道题进行再训练，让学生稳固掌握这两个知识点。

1. 一个数的倒数等于它本身，则这个数是（　　）.

 A. 1   B. -1 C. ± 1 D. ± 1 和 0

2. 多项式 $x^5y + 2x^2y^2 - xy^3 - 12xy + 5$ 是_____次多项式，它的四次项是_____，二次项的系数是_____.

（二）注意解题方法的指导

数学知识是严谨的，也是灵活多变的，因此在数学教学中要培养学生注重细节的能力，勤于思考、从不同角度解决问题的学习习惯尤为重要，如试题：

下列说法正确的个数是（　　）.

①同位角相等；

②过一点有且只有一条直线与已知直线垂直；

③过一点有且只有一条直线与已知直线平行；

④三条直线两两相交，总有三个交点；

⑤若 $a \parallel b$，$b \parallel c$，则 $a \parallel c$.

此题考查的知识点多，是一个易错题，学生只要在解题时不注重细节，就很容易出错，因此在点评时一定要让学生缜密思考，通过反复质疑、分类讨论等方法逐一攻克难关。又如试题：

已知关于 x、y 的方程组 $\begin{cases} 3x + 5y = k + 2 \\ 2x + 3y = k \end{cases}$ 的解满足 $x + y = 2$，$k = $ _____.

按照正常思路学生会先解方程，得到 x、y 的值后再去解决后续问题，而对学生来说，解含字母系数的二元一次方程组是有难度的，很容易出错，所以在点评时教师就要引导学生注意分析题目的特点，通过两个方程相减，先消去 k 重新组合成关于 x、y 的二元一次方程组，求出 x、y 的值后再求 k 的值，还可从 $x + y = 2$ 出发，用代入法消去 x 或 y 把原方程组转化成关于 y、k 或 x、k 的方程组去解决，通过此题的一题多解，让学生体会解法的重要性，从而培养学生灵活思考的思维习惯，长此以往，滴水穿石，慢慢地学生便会养成勤于思考、不断探究的习惯，数学思维得到拓展、解题方法得以积累。

(三) 注意学习方法的指导、知识的迁移和变式训练

数学点评课要通过举一反三，触类旁通的方法来培养学生综合应用知识的能力，只有把同一知识不断地巩固训练、迁移变化才能更进一步地引导学生不断地思考再思考，探究再探究，不断的强化知识，提升能力。如试题：

已知 $\angle B = \angle C$，$AD // BC$ 如图2所示，试说明 AD 平分 $\angle CAE$.

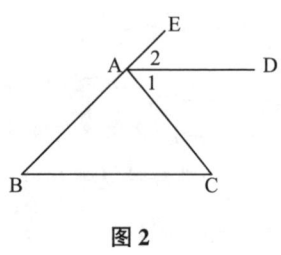

图2

此题点评的重点是在原题的基础上进行变式训练，通过把已知条件和结论互换让学生再思考再构建，灵活应用所学知识，做到万般变化，都能轻松应对，千转百回都能游刃有余。

又如试题：

甲乙两人解方程组 $\begin{cases} mx + 5y = 15 & ① \\ 4x - ny = -2 & ② \end{cases}$. 甲看错了方程组①中 m 的值，得到的解为 $\begin{cases} x = -3 \\ y = -1 \end{cases}$，乙看错了方程组②中 n 的值，得到的解为 $\begin{cases} x = 5 \\ y = 4 \end{cases}$，求 m, n 的值.

在点评后可进行如下题的变式训练：

一个被墨水污染的方程组 $\begin{cases} \blacksquare x + \blacksquare y = 2 \\ x - 7y = 8 \end{cases}$ 小刚说：这个方程组的解是 $\begin{cases} x = -3 \\ y = -1 \end{cases}$，而我求出的解是 $\begin{cases} x = -2 \\ y = 2 \end{cases}$；经过检查后发现，我看错了第二个方程中 x 的系数，请把方程组复原出来.

这样可以在巩固原题的基础上提升难度，从而拓展学生的思维。

(四) 注意知识的拓展和学生能力提高的训练

在教学过程中，对优生的拔高是教师关注的重点，对这类学生来说，他们基础扎实、思维独特、学习方法灵活、态度积极。因此，在点评课上一定要关注他们的发展，为其设计拔高性的训练题，通过他们的思考和探究去引领更多

的孩子思考、探究，从而创造良好的学习氛围。如在点评试题 $\frac{1}{1\times 2}+\frac{1}{2\times 3}+\frac{1}{3\times 4}+\cdots+\frac{1}{99\times 100}$ 之后，可以进一步由数字拓展到字母，加大难度变式为：① $\frac{1}{1\times 2}+\frac{1}{2\times 3}+\frac{1}{3\times 4}+\cdots+\frac{1}{n(n+1)}$，也可变式为② $\frac{1}{1\times 3}+\frac{1}{3\times 5}+\frac{1}{5\times 7}+\cdots+\frac{1}{99\times 101}$，还可让学生效仿原题①的变式，自己把②题进行由数字到字母的变式。然后让学生通过独立思考，互相讨论，通过生帮生，师帮生，形成团结互助的学习团体和积极的学习氛围，这样才能更好的让学生体会到成功的喜悦，逐渐养成勤于思考、敢于表达、积极参与的学习习惯。

五、做好点评之后相应的训练和巩固

点评课上虽然将存在的问题予以解决，但一节课的容量大、节奏快，学生听课的状态各有不同，因此收到的效果也是不同的，所以课后一定要设计相应的跟踪训练题，对学生进行再训练，这样才能让试卷点评课的效果最大化，真正弥补教和学中的不足。而题目的设计一定要难易适中，重、难点突出，并有一定的拓展，这样才能面向全体学生，使不同的学生都能经过点评课后有所收获。

总之，一节成功的试卷点评课，需要老师认真对待，潜心研究，根据所教学生的特点和教材所蕴含的数学思想和方法，在教法、学法上多下功夫，这样才能把课上扎实，有效提高课堂效率。

基于数学核心素养的试卷讲评
——伊旗初中数学名师工作室2017年第二次研修活动报道

初中数学课堂教学要紧紧围绕"课堂教学课型"这一主题，以充分体现课型教学"优化课堂环节，活化教学资源，绽放师生智慧"的特点，发挥课型教学"激活课堂，提高课堂质量和效果"的功能。试卷点评课是数学教师经常上的一种课型，为了上好试卷讲评课，更好地在教学中对学生进行数学学科素养的培养，初中数学名师工作室于2017年5月9日开展了以"基于数学核心素养的试卷讲评课教学策略研究"为主题的研修活动。

伊旗四中的高可如老师和刘永梅老师分别上了八年级"一次函数"和七年级"二元一次方程组"单元测试试卷讲评课。两位老师通过分析试卷，有针对性地讲评了学生出错率高的试题，并配套类型题对学生进行巩固训练和变式训练，不仅帮助学生巩固了薄弱知识点，而且通过师生交流、生生交流，教给了学生解决问题的方法，很好的对学生进行了思维训练。说课、评课环节，工作室全体成员对这两节课做了点评，肯定了教学中两位老师做的好的方面，同时也提出了一些值得改进和思考的问题。

上好讲评课的关键在于"评"字，而且要把它作为一种对教学过程的调控手段。教师切不可把测验题的解法逐一讲解，让学生对一对正确的答案，而是要根据这个阶段的教学目标对试题做出评估。

这次活动中，郝海霞老师做了关于"试卷讲评课教学策略研究"的讲座，郝老师从试卷讲评课"课前的准备工作""课前个别点评""课中生生之间，师生之间互相点评""课中集中点评""做好点评之后相应的训练和巩固"五方面，结合具体的实例做了详细的阐述。郝老师的讲座告诉大家一节成功的试卷点评课，需要老师认真对待、潜心研究，根据所教学生的特点和教材所蕴含的数学思想和方法，在教法、学法上多下功夫，这样才能把课上扎实，有效提高课堂效率。

基于数学核心素养的数学教学，给一线老师提出了更高的要求，试卷点评课是我们研究的其中一种课型，上好试卷点评课是数学教师必备的学科素养，通过此次研修活动，大家达成了共识，对上好试卷讲评课有了更深层次的认识。

【第三次主题研修】
研修主题：基于核心素养的数学课堂行为转型与创新

基于"构建自觉课堂"背景下的数学教学行为转型与创新
——讲"加权平均数"课引发的几点思考
伊旗第四中学　徐晓梅

在工作室研修活动中，我给全旗数学老师讲了一节"加权平均数"课，并受到了聂老师、潘校长和全旗很多数学名师的指导,让我受益匪浅。回想这节课,我设计了一题多变、小组合作、几何画板、讲练结合、纠错展示、课堂检测等环节,课后反思促使我针对一节课如何构建"自觉课堂"并培养学生的思维引发了深入的思考,具体谈以下几点体会。

一、设计策略可以帮助学生构建自觉学习的意识

在"加权平均数"课中,当达到了本节课的"双基"任务之后,为了直击中考并让学生进一步明确算术平均数和加权平均数的应用范围,提升学生的理性认知水平,我设计了一道半开放题。

题面:为了发扬阳光体育精神,七年级30名体育队员开展了跳绳比赛,这30人被随机分成了3个小组(每个小组人数不一定相等),每个小组跳绳的平均个数如表1所列。

表1

项 目	第一组	第二组	第三组
小组平均个数	30	50	100
人数随机			

你能算出这30名同学的平均跳绳个数吗?

这是一道原创题,这道题及有关讲授方法可以帮助学生构建自觉学习的意识。

(一)半开放类型题设计有新意,易激发学生的主动参与意识

本道题题干不长,应用题背景简单易懂,更贴近学生生活实际,教学中要创造性地使用教材,挖掘贴近学生生活的实例作为素材,这样更易使学生对本节课的知识亲近感。在此基础上的半开放题,即让学生做主,当裁判分小组的人数,这样的设计更容易提高学生参与度,赋予学生数学学习材料生命的活力,使学生的数学学习更具现实性、挑战性、探索性和人文性,让学生在自主建构中发展主观能动性,生成智慧,使学生的数学学习活动更具生命的价值,创造性使用教材改编新颖题型是教师必备的"基本学科素养",为建构"自觉课堂教学"起到了积极的正面牵引作用。

（二）小组合作的形式更能调动学生全方位参与的积极性，为学生搭建"自觉"学习的合理平台

本道题建立在学生感性地机械地应用平均数公式解决问题的基础上，大部分学生在审清楚题意后都可以独立完成，为了更好地突破本节课的重难点，让不同的学生有不同的收获，我考虑采用小组合作的形式更好地激发学生的动手操作意识并调动学生全方位参与的积极性，真正渗透了新课标"以学生为主体，以教师为主导"的课堂教学理念，这种"兵导兵"的"专业引领"要胜于老师的讲解，既培养了学生的合作意识，又丰富了学生头脑中的"应用图景"。小组合作给学生提供了局部的良性小环境，学生更不容易受拘束，更能将自己的困惑讲明或是将好的方法与学生分享，为构建"自觉课堂"搭建了理想环境平台。

（三）几何画板的合理使用为"建构自觉课堂"搭建了桥梁

学生完成了填空设计好小组人数，并合力算出了加权平均数，到这里我借助几何画板汇总了前几名小组的数据，让学生通过表格建立思维的有序性和完整性，"观察这几组数据，你有什么发现？"通过问题引领不让学生的认知停留在"经验"层面，而是让学生通过感悟得到提升。在这个活动中，学生对数据进行理性的分析和整理，完成了对两种算法的再理解或思辨。这一切的过程都要以一个新颖的知识载体为媒介，几何画板就承载着这份纽带作用，使得我们教师的设计意图能完美地呈现在学生面前，也让学生们眼前一亮，高效有序地完成了从感性到理性的完美过渡。

引导学生学习的首要任务是唤醒学生对真知的渴望。创新题型的引领设计、借用几何画板的直观性、采用小组合作形式的合理性，利用学生自己做出来的数据说话，深刻地唤醒了学生对知识背后的本质认识的探索，提升了学生的思维品质，也提高了学生的观察力和创造力。

学生的学习是用已有的知识、方法、能力和心智水平去同化（或顺应）新知识的，教学的关键是引领学生想明白，而不是我们教师讲明白。

二、一题多变深化知识的自觉建构

变式拓展的意图是打破学生的思维定式和在认识上的封闭性，训练学生的

发散思维。本节课中我设计了一道变式题。

题面：学习部需要招聘一名学习部长，他们要求学习部长首先要有很强的学习能力，同时还要有一定的组织能力与宣传能力，在招聘时对应试者这3个方面的能力都进行了考查。应试者秦奋同学的成绩（成绩单位：分）如表2所列。

表2

应试者	学习能力	组织能力	宣传能力
秦奋	9	6	6

若将学习能力、组织能力、宣传能力三项得分按5:3:2比例分配，求秦奋的平均成绩。

变式1　在原题条件不变的情况下，若将学习能力、组织能力、宣传能力三项得分按7:2:1比例分配，求秦奋的平均成绩。

变式2　进入决赛的两名候选人的成绩（成绩单位：分）如表3所列。

表3

应试者	学习能力	组织能力	宣传能力
秦奋	9	6	6
鲁丽	6	6	9

①如果分别计算两个人各项成绩的算术平均数，那么谁会胜出？你觉得在这个问题中，用算术平均分作为选拔的标准合理吗？

②根据实际情况，若将学习能力、组织能力、宣传能力三项得分按7:2:1比例分配，请计算出每位候选人的平均成绩，并判断谁能胜出。

（一）变式训练设计节约大量读题再审题的时间，更便于学生对知识进行自觉构建

加权平均数的计算是为了解决实际问题，在处理不同背景的实际问题时，学生往往会在此处浪费很多审题时间而影响本节课的任务达成度，另外文字材料题过多，学生也在某种程度上产生了认知上的倦怠感，为了加强对知识的自觉建构，我创造性地使用教材，原创了一道变试题，不仅使学生拓展了加权平

均数公式的"权"的外延部分，而且使学生认识到了在算术平均数相等的情况下，权对结果的影响，学会"自觉"运用权的不同形式去思考问题。

（二）把核心学习过程还给学生，使学生自主完成知识构建

本质教学的一切出发点都必须是"教取决于学"，要引领学生走向学习的核心，更要把核心学习过程还给学生，而不是一般地把学习时间还给学生，仅仅让学生形式上自主、表面化合作和进行"没有价值的"探究。本节课的核心任务是使学生理解"权"的意义并会求加权平均数，教学中引导并板书示范变式1，而变式2完全交给学生去完成，巡视了解学生完成情况并投影展示学生的不规范写法，引导学生纠错并小结"权"的几种表现形式，使学生初步体会权对平均数的影响。另外在用几何画板演示学生完成的数据后，让学生分析数据并发现规律等这一系列的活动都在关注学习过程中学生本质力量的释放、多向度潜能的开发和学生学科世界图景的意义建构。

真正的教学艺术首先在于教师的设计策略和变式处理，其次是教师要善于运用新课程理论、建构主义学习理论及现代教育技术学理论，为学生的个性化学习提供良好的支持服务，最后教师还要通过科学有效的引导，实现学生"本质力量"的释放，达到学生构建自觉课堂的目的。

基于核心素养的数学课堂行为转型与创新

——伊旗初中数学名师工作室2017年第三次研修活动报道

为提升学生在学科教育教学中的核心素养，改进我旗初中数学教师教学行为、改善教学策略，构建有效教学和高效课堂，促进教师的专业化成长，6月5日，初中数学名师工作室特邀导师潘建明为全旗老师做教学指导。

本次活动为期一天半，分为展示课、说课、专家点评、专家示范课、讲座五个部分。活动由教研室聂海英老师主持，工作室徐晓梅、齐鑫两位老师分别展示了八年级"20.1数据集中趋势"和七年级"11.1与三角形有关的线段"两节研究课。两位老师教学基本功扎实、授课激情洋溢、教学理念及教学设计新颖有效、课堂教学实效性较高，课堂教学效果较好。在专家点评环节，潘建明校长对两位老师的课堂展示从教学语言、学习目标的准确定位及教学方法的

有效性选择三个层面进行了分析，对两位老师肯定的同时也提出了针对性的改进建议，现场气氛热烈，参会教师受益匪浅。下午的讲座更是给老师们带来了精神食粮。讲座以基于"双核"素养背景下的数学教学行为转型与创新为题，潘建明校长用生动有趣、深入浅出的课堂案例分别诠释了如何让教育教学走向有效和高效！如何走向优效和优质！让老师们在开阔理论视野的同时也在不断反思自身的教学行为，这就要求我们的教研转型与创新走向有序和有道！

本次教研活动通过课例研究、示范课与专题讲座的有机结合，进一步丰富、提升了老师们的数学课堂理论素养，利于提升全旗数学教师教育教学水平、改进数学课堂教学效率。

【第四次主题研修】

研修主题：读书心得分享，提升理论素养

《走进教育家苏霍姆林斯基》读后感

伊旗第四中学　王雪梅

这个学期，我有幸拜读了《走进教育家苏霍姆林斯基》。苏联教育家苏霍姆林斯基是教师的典范、做人的榜样，是世界教育大师。他有35年的教育经历，一心扑在教育事业上，日复一日、年复一年地记录、总结自己的教育实践，形成了丰厚的苏霍姆林斯基教育经验，而这本书就是编者在全面学习苏霍姆林斯基著作的基础上，精心地从他那些独具风格的理论和教诲中选择优中之优、重中之重，并对此生发一些感言后所编写而成的。读了这本书让我更直接地、更快捷地了解了苏霍姆林斯基那些脍炙人口的妙言箴言、教育家篇、系列教诲，也让我对今后的教育工作有了更深的认识。下面就谈谈我感触最深的几条。

"让学生超过自己的教师是好教师，让学生连自己也赶不上的教师是不好的教师。"

苏霍姆林斯基的这句名言，妙就妙在让学生超越自己。人们常把学生比作一棵小树，教师就是栽培小树的园丁。一旦小树成长成一棵参天大树，园丁心

里何等之美啊！培养人、塑造人、造就人，是教师敬业乐业、奉献进取品质的集中体会，是教师美好的理想与追求。一位好教师会发自内心地对自己的学生们说："我希望，你们都能超过我啊！"

"儿童世界是美好的，要学会用心灵去倾听、理解和感受儿童世界的音乐，不仅要当儿童世界的听众、欣赏者，还要当它的作曲家，要在其中创造出光明愉快的曲调。"

苏霍姆林斯基说："要相信孩子，尊重孩子，用心灵去塑造心灵。"要学会用信任与和善对待儿童，要学会发自内心地关怀儿童，"只有这样才能在人身上创造一切美好的东西，使他成为一个理想的人。"他指出不要因为孩子的一点缺点就遮住了教师的眼睛，如果教师用幸灾乐祸的态度对学生吹毛求疵，学生就会用同样的方法令人不得安宁。作为教育工作者，教师要善于引导孩子自我检讨自我约束，并学会善意待人。这让我想起苏霍姆林斯基曾经举过的两个例子，一个是淘气鬼乌拉在集体活动时跑到密林深处捣乱，他没有发脾气，而是借此安排了一个有趣的游戏，把全班同学带到一个隐秘的洞穴藏起来，"我们不去找他，让乌拉来找我们"。当小淘气鬼发现大家都不见了的时候，害怕和孤独让他惊慌失措并认识到了错误，在无声中进行了一次自我教育。另一个是他把学生带到花园的一角，让他们在窝棚里通过观察过路人的神态，来学习感受别人的心情。孩子们看到姑娘的微笑感受到了她用劳动创造生活的喜悦，看到老奶奶在战士纪念碑前献花感受到了她失去儿子和丈夫的痛苦，通过一次次"察言观色"，孩子们冷漠的心变得敏感起来，他们开始关心周围人的喜怒哀乐，学会用心灵去感受，用善意来待人。这两个例子让我很受触动，在我们的教育中多说教少自悟，我们常常指责孩子不应该怎样做，却很少让他们发自内心的认识到为什么要这样做。训斥责骂的结果是让孩子们敌视我们疏远我们，"恨铁不成钢"的"爱"使我们的辛苦付出变成了一种负担与苦刑，这不能不说是教育的一种悲哀。有人说教育像是在照镜子，学生的一举一动就是我们的影子。我们宽容大度学生就会友好和善，我们遵守原则学生就会诚实守信。如果面对孩子们的错误我们能心平气和疏通、巧妙地引导他认识到错误的后果，如果面对孩子们的冷漠我们能温言细语甚至通过亲身体验培养起他们的

"情感修养",我们的教育才是成功的,才是让孩子们受益终身的。

"要天天看书,终生与书籍为友。"

苏霍姆林斯基特别注重阅读与教学之间的关系。他认为唯有阅读才能不断丰富我们的知识底蕴,提高我们的教学水平。"阅读是一天也不断流的潺潺小溪,它充实着思想的江河""如果你想有更多的空闲时间,想使备课不成为单调乏味的坐着看教科书,那就请读科学作品,要使你所教的那门科学原理课的教科书成为你看来最浅显的书,要使教科书成为你的科学知识海洋中的一滴水,而你教给学生的只是这门知识的基本原理。备课就无需花几小时了。"有位成功的历史教师说:"对每一节课,我都是用终生的时间来备课的。不过,对这个课题的直接准备,或者说现场准备,只用了大约15分钟。"这就是为什么有的教师能在课堂上得心应手、游刃有余,让人觉得听课是一种享受,而有的教师上课时精心准备,教学环节可谓设计得天衣无缝,但在课堂上却显得捉襟见肘,让人感到语言贫乏、缺乏感染力的原因。我们常说"问渠那得清如许,为有源头活水来"。没有不断的学习就没有扎实的知识和开阔的思维,在信息飞速发展的今天,孩子们的视野越来越宽阔、知识面越来越丰富、求知欲也越来越强烈,不学习只能是"坐吃山空",仅仅靠课前准备几个小时已经不足以让我们自如地驾驭课堂。教材中的内容只是常识,教师还要广泛涉猎知识,既源于教科书又要高于教科书,将难以消化的理论与现实生活相联系,只有当教师的知识视野比教材宽广得多的时候,才有可能深入浅出地应对所教的内容,将死板的教科书变成激发学生兴趣与主观能动性的有效途径。

在这一宝库中,令人称赞的、熠熠生辉的理论和脍炙人口的、语言隽永的佳句比比皆是,我从中可以领略和品味到苏霍姆林斯基那些教诲的品位高尚和育人律己名言的内蕴丰富。这些名言佳句将永远激励、指引着我。

读《翻转课堂的可汗学院》有感

北师大鄂尔多斯市第二附属学校 尚新宁

我之前就听说过可汗学院的光辉事迹,随后在国内也有不少关于翻转课堂的新闻,因为可汗学院被定义为互联网时代的教育革命,所以我把它理解为纯粹的教育技术范畴，而且是教育技术中的信息技术领域。对此，我并不很感兴趣。我总觉得对教育而言，这些不是太本质的东西。

湛庐心视界的季总跟我说起他们最近出版了《翻转课堂的可汗学院》，是萨尔曼·可汗本人所著，我想也许可以解答我的一些疑惑。

拿到这本17万多字的书，我基本上不停顿地用了四五个小时通读了一遍，发现这本书既是出乎意料的，也在意料之中。照理说，可汗学院能在很短的时间成为一个热点，能够吸引谷歌和比尔·盖茨的关注，能够得到盖茨基金的支持，必然是有它的道理。然而我所了解的国内的各种实践中似乎没有能够让我认同的例子。这本书解决了我的这个困惑。因为从头到尾，萨尔曼并没有在信息技术领域过多纠缠，几乎从头到尾都在谈论有关教育、教学和课堂的各种观点。我本以为他会大谈特谈技术，但是他没有。我认为互联网时代的教育革命本质上还是教育，可汗偏偏重点论述了他的教育理念。

其实所谓的翻转课堂，它的本质是一场关于课堂教学模式的变革，只不过这种课堂教学模式的变革需要一定的技术支持。就像多媒体教学，本质上还是教学，多媒体技术可以帮助提高教学效率，仅此而已。有些时候，我们在教学上的一些设想的确需要一定的技术支持，不过一定要搞清楚，是信息技术服务于教学，绝不是教学迎合信息技术。

萨尔曼·可汗并非教育专业出身，但是我想这正是他的优势所在。在这个盛行跨界发展的时代，似乎英雄都是这么产生的。这其实合情合理。

跨界成功意味着"外行"打败"内行"，这个说法有失偏颇。如果看过这本"可汗学院"，没人会认为萨尔曼·可汗是一个教育的外行，他是一个实实在在的跨界的内行，在这一点，他跟乔布斯没有什么不同。跨界的优势在于学习过程的"非主流"，这恰好是可汗学院的核心教育理念。所谓内行，一般是按照某种主流的过程进行学习，这种学习过程会把学习者装进一个相同的套子里，使其很难做出突破。事实上就教育领域而言，尽管世界各国都在一直探索各种改革，但从根本上来看，一百多年来无论是教育的理念还是教学的模式，我们基本没有什么太大的发展。而跨界学习是一个完全自主的学习过程，也是一种完全自由的学习过程，不同的学习过程在大脑中构造不同的范式，突破与创新由此成为可能。

我对于教育教学的学习和研究也属跨界，对可汗的某些理念我并不完全接受，但是这既不妨碍我对他的敬佩，也不妨碍这本书给我带来的震撼——他是一个挑战传统思想的非常优秀的挑战者。比如他对课堂教学中很多细节的颠覆性的观点都极具启发性。我一点也不认为这种挑战是源于外行的无知，恰好相反，这本书里流露出太多萨尔曼对认知神经的了解、对各种教学模式的熟悉、对学习者学习规律和认知规律的掌握。如果不是有很好的教育理论基础，即便是一个教育的"内行"，恐怕也很难快速理解可汗的各种观点。他敢于挑战课时安排，敢于挑战教学结构，甚至敢于挑战寒暑假的作息模式，他对考试的理解跟我很相似，对教育的历史观与我几乎完全相同，这迫使我不得不删改我的书稿，我可没兴趣把别人说过的话再说一遍。

可汗学院是一个教育变革的领导者，从这本书里面，我至少确信了一点，基于互联网的新的教育理念的确可以提高教学的效率，这对于教师而言，不是取代了教师的职能，而是提高了教师执教的门槛。因为翻转过来的教学不再要求教师的讲述能力，而是直接挑战教师的项目设计能力与反馈引导能力，对很多教师而言，这种变化几乎是致命的。至于他放在互联网上的那些视频，在我看来并非多数老师能够轻易做得出来。他对于知识结构与关系的理解，恐怕远远超出了很多职业教师。在理解性教学这个领域，他几乎接近了极致。

当然，从我的角度，我并不完全认同他所有的理念。大约一年前，我还认为理解性教学是一种很重要的教育理念，但是现在我已经不这么认为了，我不能确定基于翻转课堂的教学会对学生的知识迁移产生多么大的作用，我也不能确定这种翻转课堂的教学能够为学生的探究和创造能力带来多大的帮助，但是我可以确定学生的学习效率会发生变化，这种教法对于学习者技能掌握上的帮助是显著的。也许还是因为我了解的信息有限，事实上这本书并没有百分之百解决我的困惑，我相信萨尔曼也没有把他所有的观点都集中在这本书里面，或许他还会有新的著作。不过我能确信的一点是，如果他有新的作品推出，我一定会继续拜读。

读《中国教育路在何方》心得体会

伊旗第四中学　陈永霞

在寒假期间，学校安排我们读顾明远教授的《中国教育路在何方》一书，我的感受颇深，也感觉意味深长，下面来谈谈自己的感受。关于中国教育问题的讨论似乎越来越热烈。中国基础教育问题重重，被无数人痛斥，顾明远教授的《中国教育路在何方》一书从多方面、多角度剖析了这个问题，中国教育问题频出，通过学习，我简单从以下三个方面谈谈自己的认识。

一、树立正确的人才观

人是有差异的，因此人的发展是不一样的，我们不能用一把尺子去衡量和要求每个学生，所以要因材施教，给每个学生都提供适合的教育才是最好的教育，才是最公平的教育。要平等地、公正地对待每个孩子，要相信他们将来都能成才，不能偏爱某一个孩子。同时也要看到，孩子的发展不是线性的，是有曲折的。因此，任何时候对每个儿童都应一视同仁。

二、没有爱就没有教育

一位教育家曾经提出："没有爱就没有教育。"这也是我的教育信条，同时也是我在教育实践中得出的经验。但怎样才算真正的爱？可能许多家长和老师受到传统教育思想的影响，对此存在许多误区。

误区之一是溺爱，满足孩子的一切要求，结果导致孩子以自我为中心，忘乎所以。

误区之二是强制，用父母的权势逼迫孩子，有的甚至暴力对待孩子，总认为"棒子底下出孝子"。

误区之三是认为每天逼着孩子学习，他将来就能考上好的大学，找到一份舒适的工作，过上幸福的生活，认为这是对孩子的爱。

因此，什么叫真正的爱？真正的爱是让自己的孩子、自己的学生能够在德、智、体美诸方面都得到发展，他的潜能得到充分的发挥，有健全的人格、开朗的性格，这样才能有幸福的人生。

三、没有兴趣就没有学习

决定学生学习兴趣的是他的学习动机，就是对学习本身的兴趣，当他对某一学科、某种知识感兴趣时，就有一种深入探究的冲动，促使他去努力追求。当然，外部动机也可以转化为内部动机，经过多次奖励和引导，可以使学生对学习本身逐步感兴趣。但这种奖励应该是精神层面的，物质奖励容易引起负面效应。

学习兴趣对学校教学很重要，对一个人的学习和成长也非常重要。对教师来说，培养学生学习兴趣是人才培养的重要一环。

总之，教育的路很长，我们需要不断地摸索、不断地学习，用我们的爱去教育每一个孩子。

读书心得分享，提升理论素养

——伊旗初中数学名师工作室2017年第四次研修活动报道

为了提升工作室成员的理论素养，促进每位教师专业化成长，6月30日，初中数学名师工作室举行了读书汇报活动。

本次活动分为研磨课和读书心得分享两部分。徐晓梅老师展示了研究课"蚂蚁爬行的最短路程问题"，大家就这节课的教学设计谈了自己的看法，并提出一些修改意见，供徐老师二次备课参考。

读书是生命中不可缺少的部分。活动中每位成员都就自己2017年阅读的书籍进行了心得分享。通过分享看出老师们平时读的理论书籍能与时俱进，特别关注学生核心素养、学科核心素养和数学课堂教学方面的书籍，以使理论很好的服务于自己的教学实践。

本次活动中，大家通过分享读书收获，相互学习，互相激励。

【第五次主题研修】

研修主题：关注教与学的习惯培养，培育师生数学核心素养

关注教与学的习惯培养，培育师生数学核心素养
——伊旗初中数学名师工作室2017年第五次研修活动报道

为使学生在数学学科教育教学中养成良好习惯，发展学生核心素养，改进我旗初中数学教师教学行为，改善教学策略，构建有效教学和高效课堂，促进教师的专业化成长，9月18日，初中数学名师工作室特邀导师潘建明对全旗初中数学老师进行教学指导。

本次活动为期一天半，分为展示课、专家点评、专家示范课、讲座四个部分。在活动中工作室陈永霞、高可如、刘晓平三位老师分别展示了七年级"有理数的大小比较"、八年级"三角形的内外角平分线与三角形有关角的关系"、九年级"二次函数 $y = ax^2 + bx + c$ 的图像"三节研究课。三位老师备课充分，课堂教学中重视学生已有知识的复习巩固，教学设计环环相扣、课堂教学实效性较高。在专家点评环节，潘建明校长对三位老师的课堂展示从教学语言、学习目标的准确定位及教学方法的有效性选择三个层面进行了分析，对三位老师肯定的同时也提出了针对性的改进建议。潘校长展示了两节示范课，分别是七年级"绝对值"、九年级"圆"。针对不同年龄段学生特点和教学内容，潘校长采用了不同的教学策略，课堂语言幽默风趣，从学生需求展开教学，注重数学思维教学，注重对学生进行学法指导和规律总结，潘校长的两节示范课使老师们受益匪浅。

本次培训，潘校长做了"七年级数学学习习惯养成教育"和"中考数学复习纵横"两场专题讲座。讲座中潘校长从初小教学差异性探究、防止两极分化的措施、良好习惯养成的策略三大方面对七年级新生习惯养成教育进行了阐述，给七年级代课老师很好的启发。在毕业班复习方面，潘校长重点指导了专题复习课的教学策略，给毕业班专题复习指明了研究方向，工作室将在潘校长培训的基础上进一步深入研究专题复习课。

本次研修活动，从一线老师的需求出发，通过课例研究、示范课与专题讲

座的有机结合,进一步丰富、提升了老师们的数学课堂理论素养。

【第六次主题研修】
研修主题:基于学科素养的初中数学专题课教学设计研究

研修成果

专题一:等边三角形中的动点问题

伊旗第一中学 郝海霞

一、自觉体悟

引例:如图1所示,在等边△ABC中,点D,E分别在边BC,AB上,且BD=AE,AD与CE交于点F.

①求证:AD=CE.

②求∠DFC的度数.

二、探究导学

点P、Q分别是边长为4cm的等边△ABC的边AB, BC上的动点(见图2),点P从顶点A,点Q从顶点B同时出发,且它们的速度都是1cm/s.

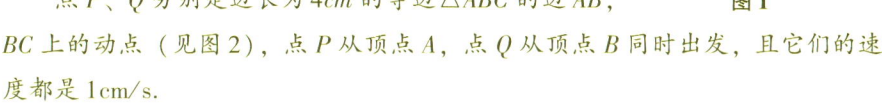

图1

①连接AQ,CP交于点M,则在P、Q运动的过程中,∠CMQ变化吗?若变化,则说明理由,若不变,则求出它的度数.

②何时△PBQ是直角三角形?

③如图3所示,若点P,Q在运动到终点后继续在射线AB,BC上运动,直线AQ,CP交点为M,则∠CMQ变化吗?若变化,则说明理由,若不变,则求出它的度数.

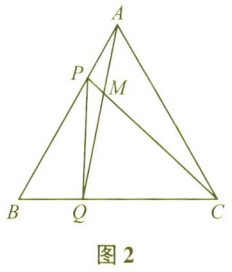

图2

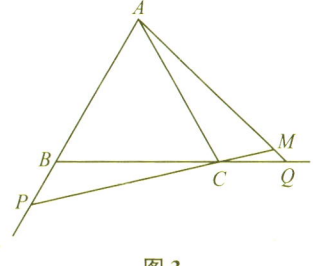

图3

三、变式应用

1. 已知△ABC是等腰三角形,其底边是BC,点D是线段AB上的动点,E是直线BC上的动点,且∠DEC=∠DCE,∠A=60°(见图4).

①求证:EB=AD.

②若将题干中的"点D在线段AB上"改为"点D在线段AB的延长线上",其他条件不变(见图5),题干的结论是否成立,并说明理由.

③若将题干中的"∠A=60°"改为"∠A=90°",其他条件不变,则EB:AD的值是多少?(直接写出结论,不要求写出解答过程)

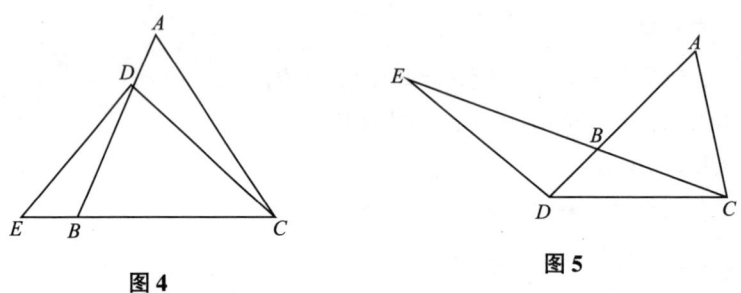

图4　　　　　　　　图5

2. 在等边三角形ABC中,点D在直线AB上,点E在直线BC上,且ED=EC.若△ABC的边长为1,AE=2,求CD的长.(可直接写出答案)

四、深度探究

【操作发现】

1. 如图6所示,D是等边△ABC边BA上一动点(点D与点B不重合),连接DC,以DC为边在BC上方作等边△DCF,连接AF,你能发现线段AF与BD之间的数量关系吗?并证明你发现的结论.

【类比猜想】

2. 如图7所示,当动点D运动至等边△ABC边BA的延长线上时,其他做法与1相同,猜想AF与BD在1中的结论是否仍然成立?

【深入探究】

3. 如图8所示,当动点D在等边△ABC边BA上运动时(点D与点B不重合),连接DC,以DC为边在BC上方、下方分别作等边△DCF和等边△DCF′,

连接 AF，BF'，探究 AF，BF' 与 AB 有何数量关系？并证明你探究的结论.

4. 如图 9 所示，当动点 D 在边 BA 的延长线上运动时，其他做法与图 8 相同，3 中的结论是否成立？若不成立，是否有新的结论？并证明你得出的结论.

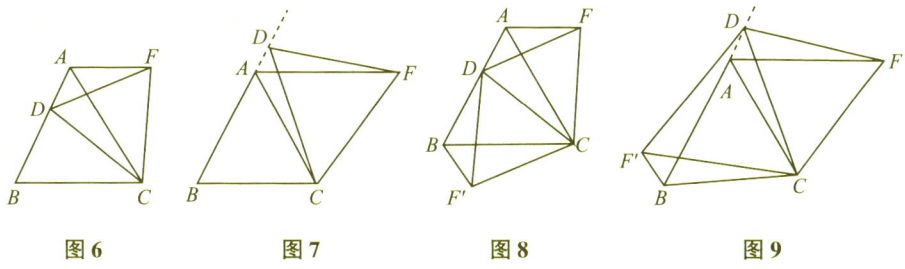

图 6　　　图 7　　　图 8　　　图 9

5. 若点 D 在 AB 的延长线上，其他条件不变，请在图 10 中画出图形，探究线段 AE，BF 和 AB 有怎样的数量关系，并直接写出结论（不需要证明）.

五、好题推送

1. 如图 11 所示，已知△ABC，以 AB、AC 为边向△ABC 外作等边△ABD 和等边△ACE，连接 BE，CD，请你完成图形，并证明：BE = CD. （尺规作图，不写做法，保留作图痕迹）

2. 如图 12 所示，已知△ABC，以 AB，AC 为边向外作正方形 ABFD 和正方形 ACGE，连接 BE，CD，BE 与 CD 有什么数量关系？简单说明理由.

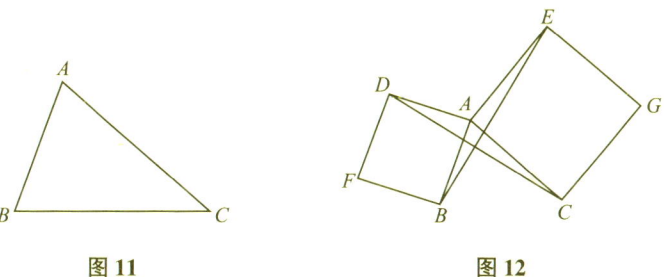

图 11　　　　　图 12

3. 运用上述1、2解答中所积累的经验和知识作答：如图13所示，要测量池塘两岸相对的两点 B、E 的距离，已经测得 $\angle ABC = 45°$，$\angle CAE = 90°$，$AB = BC = 100$ m，$AC = AE$，求 BE 的长.

4. 如图14所示，已知点 C 是直线 BD 上一动点，$\triangle ABC$ 和 $\triangle CDE$ 都是等边三角形. BE 交 AC 于 F，AD 交 CE 于 H.

①求证：$\triangle BCE \cong \triangle ACD$.

②求证：$FH // BD$.

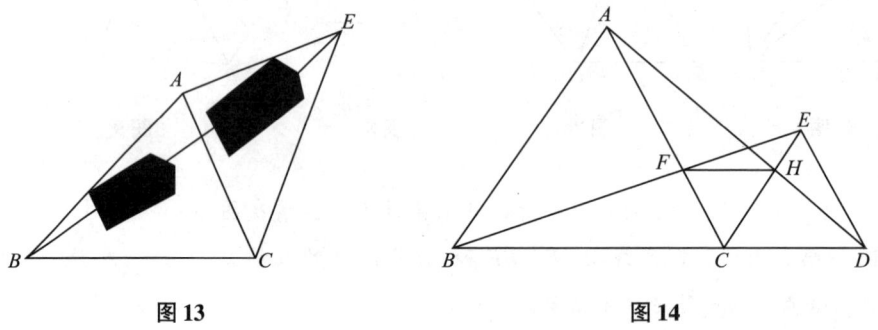

图13　　　　　图14

专题二：相似三角形存在性问题

伊旗第四中学　王雪梅

一、自觉体悟

在 $\triangle ABC$ 中，点 D、E 分别在 AB、AC 边上，如果 $\triangle ADE$ 与 $\triangle ABC$ 相似，请在图1，2，3中确定点 E 的位置.

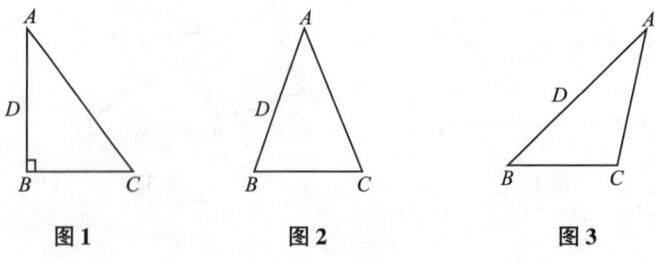

图1　　　　图2　　　　图3

二、探究导学

类型一：在几何图形中因动点产生的相似三角形

（2016 梅州）如图 4 所示，在 Rt△ABC 中，∠ACB = 90°，AC = 5 cm，∠BAC = 60°.

动点 M 从点 B 出发，在 BA 边上以每秒 2 cm 的速度向点 A 匀速运动，同时动点 N 从点 C 出发，在 CB 边上以每秒 $\sqrt{3}$ cm 的速度向点 B 匀速运动，设运动时间为 t（s）（0 ≤ t ≤ 5），连接 MN.

① 若 BM = BN，求 t 的值.
② 若△MBN 与△ABC 相似，求 t 的值.

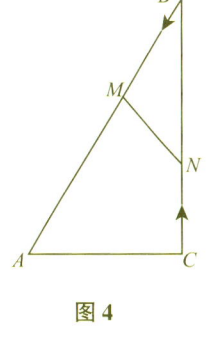

图 4

类型二：函数中因动点产生的相似三角形

（2009 临沂）如图 5 所示，抛物线经过点 A（4，0），B（1，0），C（0，−2）三点.

① 求此抛物线的解析式.
② P 是抛物线上的一个动点，过 P 作 PM⊥x 轴，垂足为 M，是否存在点 P，使得以 A，P，M 为顶点的三角形与△OAC 相似？若存在，请求出符合条件的点 P 的坐标；若不存在，请说明理由.

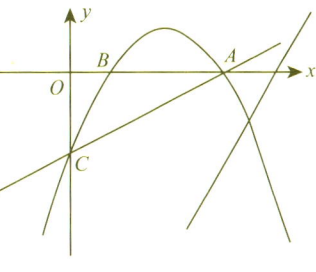

图 5

③ 在直线 AC 上方的抛物线上有一点 D，使得△DCA 的面积最大，求出点 D 的坐标.

三、变式练习

如图 6 所示，在四边形 ABCD 中，AD∥BC，∠A = 90°，BD⊥DC，BC = 10 cm，CD = 6 cm. 在线段 BC，CD 上有动点 F，E，点 F 以每秒 2 cm 的速度，在线段 BC 上从点 B 向点 C 匀速运动；同时点 E 以每秒 1 cm 的速度，在线段 CD 上从点 C 向点 D 匀速运动. 当点 F 到达点 C 时，点 E 同时停止运动. 设点 F 运动的时间为 t（秒）.

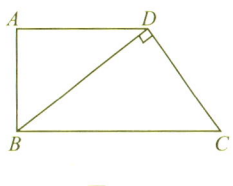

图 6

①求 AD 的长.

②点 F、E 在运动过程中,如果△CEF 与△BDC 相似,求线段 BF 的长.

四、变式练习

1.(2013 鄂尔多斯市)如图 7 所示,抛物线的顶点为 C(-1,-1),且经过点 A,点 B 和坐标原点 O,点 B 的横坐标为 -3.

①求抛物线的解析式.

②若点 D 为抛物线上的一点,点 E 为对称轴上的一点,且以点 A,O,D,E 为顶点的四边形为平行四边形,请直接写出点 D 的坐标.

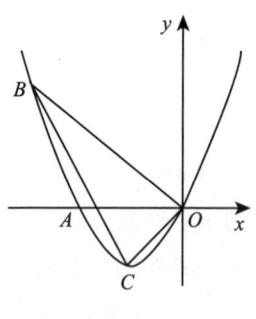

图 7

③若点 P 是抛物线第一象限上的一个动点,过点 P 作 PM⊥x 轴,垂足为 M,是否存在点 P,使得以 P,M,A 为顶点的三角形与△BOC 相似?若存在,求出点 P 的坐标;若不存在,请说明理由.

2.(2010 卢湾区二模)如图 8 所示,在平面直角坐标系 xOy 中,抛物线 $y = -\frac{1}{2}x^2 + bx + c$,经过点 A(1,3),B(0,1).

①求抛物线的表达式及其顶点坐标.

②过点 A 作 x 轴的平行线交抛物线于另一点 C.

求△ABC 的面积.

在 y 轴上取一点 P,使△ABP 与△ABC 相似,求满足条件的所有 P 点坐标.

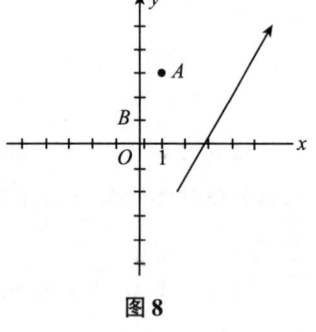

图 8

五、好题推送

1. 如图 9 所示,已知抛物线 $y = ax^2 + bx + c$ 与 x 轴交于 A,B 两点,与 y 轴交于点 C,D 为 OC 的中点,直线 AD 交抛物线于点 E(2,6),且△ABE 与△ABC 的面积之比为 3∶2.

①求直线 AD 和抛物线的解析式.

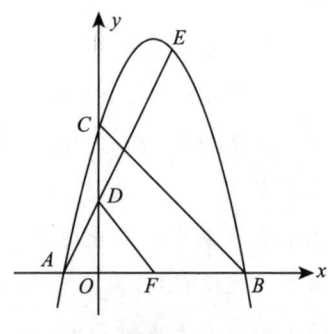

图 9

②抛物线的对称轴与 x 轴相交于点 F，点 Q 为直线 AD 上一点，且 $\triangle ABQ$ 与 $\triangle ADF$ 相似，直接写出点 Q 的坐标.

2. 如图 10 所示，抛物线 $y = ax^2 + bx + c$ ($a > 0$) 交 x 轴于 A，B 两点（A 点在 B 点左侧），交 y 轴于点 C. 已知 B (8, 0)，$\tan(\angle ABC) = 0.5$，$\triangle ABC$ 的面积为 8.

①求抛物线的解析式.

②若动直线 EF（EF//x 轴）从点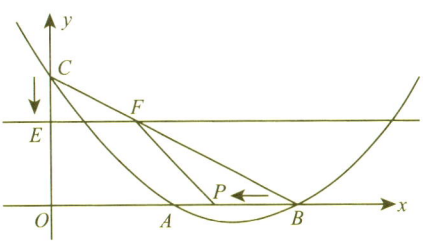

图 10

C 开始，以每秒 1 个长度单位的速度沿 y 轴负方向平移，且分别交 y 轴、线段 BC 于 E，F 两点，动点 P 同时从点 B 出发，在线段 OB 上以每秒 2 个单位的速度向原点 O 运动. 联结 FP，设运动时间 t 秒. 是否存在 t 的值，使以 P，B，F 为顶点的三角形与 $\triangle ABC$ 相似. 若存在，试求出 t 的值；若不存在，请说明理由.

专题三：初中数学旋转专题研究

伊旗第四中学　徐晓梅

学科核心素养培育目标：通过旋转作图、中心对称图形和轴对称图形问题的探究，培养学生认识旋转本质内涵即深化认知数学概念的本质的能力；通过三角形和四边形图形旋转问题的再探究，培育学生数学转化及数学建模思想。

一、自觉体悟

1.（2016 河北）在下列图形（见图 1，2，3，4）中，既是轴对称图形，又是中心对称图形的是（　　）.

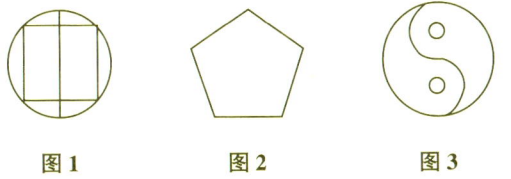

图 1　　　　图 2　　　　图 3　　　　图 4

2. (2015 昆明) 如图 5 所示，△ABC 三个顶点的坐标分别为 A(2,4)，B(1,1)，C(4,3).

① 请画出 △ABC 关于 x 轴对称的 △$A_1B_1C_1$，并写出点 A_1 的坐标.

② 请画出 △ABC 绕点 B 逆时针旋转 90° 后的 △A_2BC_2.

③ 求出②中 C 点旋转到 C_2 点所经过的路径长.(结果保留根号和 π).

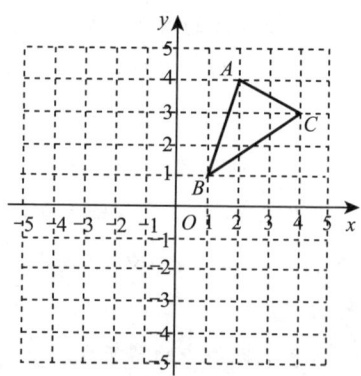

图 5

3. (2015 哈尔滨) 如图 6 所示，在 Rt△ABC 中，∠BAC = 90°，将 △ABC 绕点 A 顺时针旋转 90° 后得到 △AB′C′（点 B 的对应点是点 B′，点 C 的对应点是点 C′），连接 CC′. 若 ∠CC′B′ = 32°，则 ∠B 的大小是（   ）.

A. 32°　　　　B. 64°　　　　C. 77°　　　　D. 87°

4. (2016 四川宜宾) 如图 7 所示，在 △ABC 中，∠C = 90°，AC = 4，BC = 3，将 △ABC 绕点 A 逆时针旋转，使点 C 落在线段 AB 上的点 E 处，点 B 落在点 D 处，则 B，D 两点间的距离为（   ）.

A. $\sqrt{10}$　　　B. $2\sqrt{2}$　　　C. 3　　　D. 2

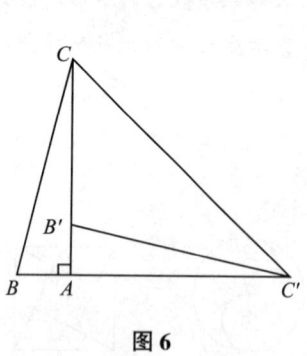

图 6　　　　　　　　图 7

二、探究导学

1. (2015 钦州) 如图 8 所示，在 4×4 的正方形网格中，每个小正方形的边长均为 1，将 $\triangle AOB$ 绕点 O 逆时针旋转 $90°$ 得到 $\triangle COD$，则旋转过程中形成的阴影部分的面积为 _____ .

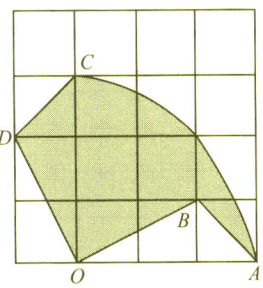

图 8

2. 如图 9 所示，$\triangle ABC$ 中，$AB = AC = 1$，$\angle BAC = 45°$，$\triangle AEF$ 是由 $\triangle ABC$ 绕点 A 按顺时针方向旋转得到的，连接 BE，CF 相交于点 D.

①求证：$BE = CF$.

②当四边形 $ACDE$ 为菱形时，求 BD 的长 _____ .

3. 如图 10 所示，点 P 是正方形 $ABCD$ 内一点，点 P 到点 A，B 和 D 的距离分别为 1，2，$\triangle ADP$ 沿点 A 旋转至 $\triangle ABP'$，连接 PP'，并延长 AP 与 BC 相交于点 Q.

①求证：$\triangle APP'$ 是等腰直角三角形.

②求 $\angle BPQ$ 的大小.

③求 CQ 的长.

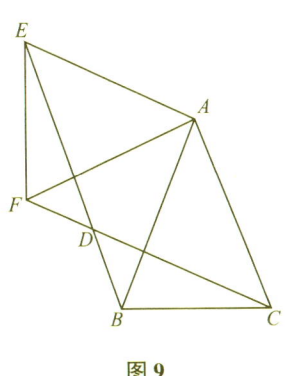

图 9

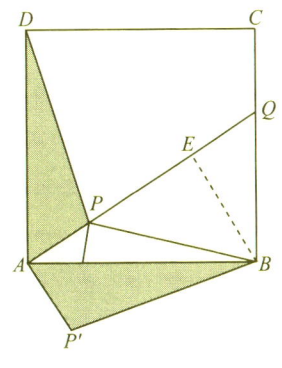

图 10

三、好题推送

（2015 鄂尔多斯）如图 11 所示，在矩形 $ABCD$ 中，$AD=2$，$AB=1$，P 是 AD 的中点，等腰直角三角板 $45°$ 角的顶点与点 P 重合，当此三角板绕点 P 旋转时，它的直角边和斜边所在的直线与 BC 分别相交于 E，F 两点．设线段 $BF=x$，$CE=y$，则下列图像（见图 12）中，能表示 y 与 x 的函数关系的大致图像是（ ）．

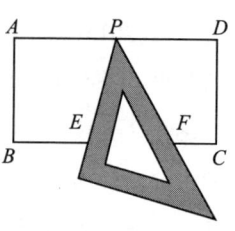

图 11

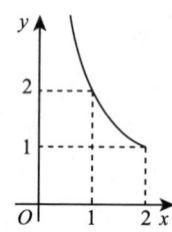 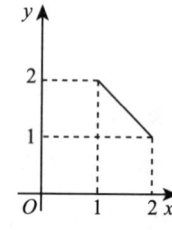 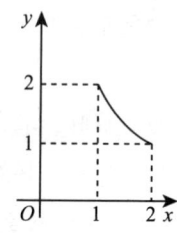 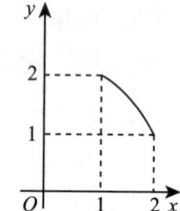

图 12

基于学科素养的初中数学专题课教学设计研究
——伊旗初中数学名师工作室 2017 年第六次研修活动报道

提高学生分析问题、解决问题的能力，是新授课及毕业班第一轮复习的延伸和提高。为了提升工作室成员专题课教学设计的能力，提高我旗初中数学专题课教学实效性，充实伊旗初中数学教学资源库，10 月 25 日，伊旗初中数学名师工作室特举行"基于学科素养的初中数学专题课教学设计研究"研修活动。

本次活动围绕鄂尔多斯市"十三五"课题"基于学科素养的初中数学教学方法和策略研究"开展，为期半天，分为说课、教师点评、聂海英老师总结三个环节。活动由教研室聂海英老师主持，工作室郝海霞、尚新宁等十位老师分别展示了初中数学中的十节专题课。十位老师教学基本功扎实、教学理念及教学设计新颖有效、课堂教学实效性较高，对中考数学专题把握到位，课堂教学效果较好。在教师点评环节，工作室全体成员对十节专题课从教学设计顺序、学习重难点的准确定位及教学方法的有效性选择三个层面进行了分析，对十位老师肯定的同时也提出了针对性的改进建议，现场气氛热烈，参会教师受益匪浅。最后，由聂海英老师做了本次研修活动的精彩总结。

本次研修活动将专题研究和教师评课有机结合，进一步丰富、提升了工作室成员专题课教学设计的能力，提高了我旗初中数学专题课教学的实效性。

【第七次主题研修】

研修主题：基于学科素养的初中数学中考复习策略研究

浅谈如何上好数学专题课

伊金霍洛旗第一中学　郝海霞

数学专题课是对一段时间内所学知识的拓展、延伸与整合，上好专题课可以加强学生对所学知识的系统认识，以有效的对前后知识进行整合，在学习方法与解题方法上积累丰富的经验，提高学生解决问题时的综合能力与解题的灵活性，正确理解数学思想与方法，练就扎实的数学技能，形成良好的数学思维与数学素养。上好数学专题课不仅可以将所学的知识从深度与广度上进一步延伸，而且有利于教师对学生学法与解法进行指导，更能为中考的专题复习奠定良好的基础。

一、有的放矢，定好专题的内容

专题课是学习阶段中对前后知识的有效整合，对试题的综合性要求较强，作为一个数学老师，要想上好专题课，在平时的工作中就要做一个有心人，认真研究课标，关注所学知识间的共性，求同存异，在课标和中考考纲的指挥下认真研究试题，从大量的习题中寻找具有相同规律的问题，并不断的分门别类的收集、整理、积累试题，在此基础上根据所学内容确定符合学生认识规律和能有效强化所学知识点的专题，明确用什么知识解决什么问题，在选题上要由简到难，问题设置上要层层深入、步步递进，既不选重复性习题，又要保证知识的全面性，更要有利于学生在学习中举一反三、触类旁通，这样才能在上课时有针对性地解决问题,有目的地巩固所学知识,有效地培养学生综合知识的能力,从而激发学生的学习兴趣,达到活学活用的目的.

二、注重学法与解法的指导

专题课一般综合性较强,是对学生综合能力与解题能力有效培养的课堂,它不是对某个知识点的强化,而是为了解决一类问题,因此教师在课上一定要注重解法与学法的指导,如以下试题.

【操作发现】

1. 如图1所示,D 是等边 $\triangle ABC$ 边 BA 上一动点(点 D 与点 B 不重合),连接 DC,以 DC 为边在 BC 上方作等边 $\triangle DCF$,连接 AF,你能发现线段 AF 与 BD 之间的数量关系吗?并证明你发现的结论.

【类比猜想】

2. 如图2所示,当动点 D 运动至等边 $\triangle ABC$ 边 BA 的延长线上时,其他做法与1相同,猜想 AF 与 BD 在1中的结论是否仍然成立?

【深入探究】

3. 如图3所示,当动点 D 在等边 $\triangle ABC$ 边 BA 上运动时(点 D 与点 B 不重合)连接 DC,以 DC 为边在 BC 上方、下方分别作等边 $\triangle DCF$ 和等边 $\triangle DCF'$,连接 AF,BF',探究 AF,BF' 与 AB 有何数量关系?并证明你探究的结论.

4. 如图4所示,当动点 D 在边 BA 的延长线上运动时,其他做法与图8相同,3中的结论是否成立?若不成立,是否有新的结论?并证明你得出的结论.

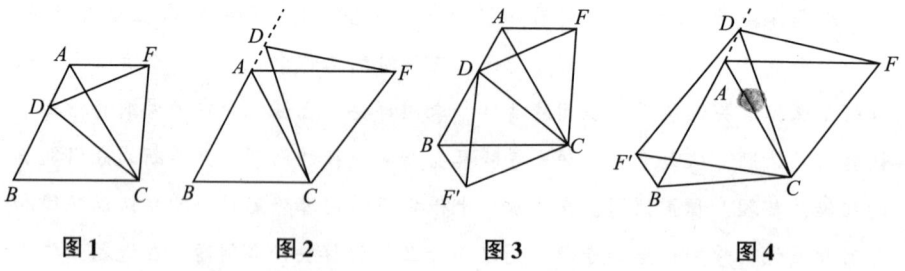

图1　　　　图2　　　　图3　　　　图4

5. 若点 D 在 AB 的延长线上，其他条件不变，请在图 5 中画出图形，探究线段 AE，BF 和 AB 有怎样的数量关系，并直接写出结论（不需要证明）.

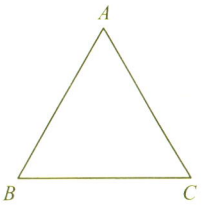

图 5

这是一个等边三角形的动点问题，虽然题目比较大，图形各不相同，但在解决问题时的方法基本上是一样的，基本图形中证明哪两个三角形全等，后面图形虽然变了，但证法还是相同的，因此教师在上课时要引导学生关注这一现象，从中找到解决这类问题的方法，让学生在学习中寻找共性、总结规律，关注解题方法。问题解决后还要有意识的去总结反思，进一步体会题的解法，总结适合这类问题的学习方法，同时培养学生思维的灵活性，使其能够在学习中举一反三，遇到类似的题能自觉想到变式，从不同角度去自觉思考问题。如试题：

如图 6 所示，已知 △ABC，以 AB，AC 为边向 △ABC 外作等边 △ABD 和等边 △ACE，连接 BE，CD，请你完成图形，并证明：$BE = CD$.（尺规作图，不写作法，保留作图痕迹）

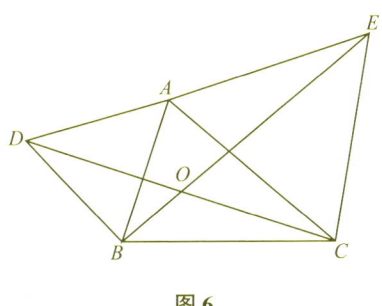

图 6

对于此题，如果学生对变式题及规律题掌握较好的话，就会想到如果以 AB，AC 为边向 △ABC 内作等边 △ABD 和等边 △ACE 时连接 BE，CD，BE 和 CD 是否还相等，如果学生想不到，那么教师就可启发引导学生多角度思考问题，引导学生向内画图，来培养学生思维的灵活性.

三、注重师生关系的和谐统一

数学课标中明确指出，学生是学习的主体，教师是教学过程的组织者、引导者与合作者，专题课因系统性与综合性较强，对学生的要求也较高，要解决这类问题，学生必须要掌握好双基，具备一定的解题能力，才可在课上突破重、难点，而这样的课更有利于我们去激发学生的潜能，因此，教师在课上一定要注意师生关系的和谐统一，在教学环节的设计上一定要从基础知识出发，步步引入，层层递进，让不同层次的学生都能跟上教学的步伐，充分发挥学生学习的主动性与积极性以及教师的主导作用，引导学生自觉主动地去思考、探究、猜想、总结，从而在学习中自己发现问题并解决问题。学生在学习中遇到困难时，教师发挥点拨作用，在学生突破难点时，教师积极给予鼓励，激励学生一路向前不断前行，这样才能让学生一路过关斩将，到达胜利的彼岸。

总之，上好数学专题课对教师而言是一个挑战，需要我们在教学过程中深入研究，不断的总结摸索，不断的反思、不断的完善，只有这样，才能充分发挥教师在教学中的主导作用，为自己的教学效果锦上添花。

【第八次主题研修】

研修主题：基于学科素养的初中数学试题分析及复习课教学策略研究

基于学科素养的初中数学试题分析及复习课教学策略研究

——伊旗初中数学名师工作室2018年第一次研修活动报道

考试是教学过程中的一个重要环节，考试检测与反馈是教育目标管理的主要手段。通过试卷分析，可以了解学校各科的教学动态，从中发现教学与考核评价过程中存在的问题，总结经验，找出对策，为今后指导教学、教学评价以及科学管理提供可靠的依据。为了做好全旗毕业年级数学复习教学，提升全体学生的数学学科素养，3月15日下午，伊旗初中数学名师工作室特举行"基于学科素养的初中数学试题分析及复习课教学策略研究"研修活动。

本次活动围绕鄂尔多斯市"十三五"课题"基于学科素养的初中数学教学方法和策略研究"开展，为期半天，分为听评课、讲座、交流研讨3个环节。活动由教研室聂海英老师主持，首先是工作室徐晓梅老师展示了研究课《解直角三角形的实际应用》，徐老师教学基本功扎实、教学设计新颖有效，本节课最大的亮点是能灵活运用媒体技术对所学知识进行归类和模型的提炼，为此得到工作室老师们的一致好评。接着聂海英老师对伊旗2017—2018学年度第一学期期末九年级数学质检考试成绩进行了深度分析，同时针对试卷中存在的问题给老师们提出了宝贵的复习建议。随后，四中和市一中分校的两位老师也对本次考试进行了质量分析，就命题、答题情况、出错原因进行了详尽的汇报，且重点针对学生在答题过程中出现的问题提出了具体的整改措施。对于如何上好复习课，老师们各抒己见，现场气氛热烈。最后，聂海英老师针对此次研修活动进行了精彩总结。

相信通过此次研修活动，老师们定会乘势而上，将提出的整改措施落到实处，使我旗的教育教学质量再上一个新的台阶。

【第九次主题研修】

研修主题：初中数学教学方式的丰富与转型研究

"三角形的中位线"教学设计

鄂尔多斯市第一中学伊金霍洛分校　齐　鑫

"三角形的中位线"一节课是人教版八年级（下）第十八章"平行四边形"第4课时的教学内容。倍分关系是现实世界中等量关系的一种数学表示形式，它不仅是现阶段学生学习的重点内容，而且也是学生后续学习的重要基础。它是刻画现实世界中量与量之间关系的有效数学模型，在现实生活中有着广泛的应用，所以对相等关系的学习有着重要的实际意义。

一、地位和作用

本节教材是八年级数学下册"三角形的中位线定理"内容，是在学生已经认识平行四边形中一些等量关系的基础上来学习的，也是进一步学习解等量关系及应用等量关系解决实际问题的重要依据，因此本节课等量关系的内容在这一章占有重要位置。

三角形中位线是三角形中重要的线段，三角形中位线定理是一个重要性质定理，它是前面已学过的平行线、全等三角形、平行四边形等知识内容的应用和深化，对进一步学习非常有用，尤其是在判定两直线平行和论证线段倍分关系时常常用到。在三角形中位线定理的证明及应用中，处处渗透了化归思想，它是一种重要的思想方法，无论在今后的学习还是在科学研究中都有着重要的作用，它对拓展学生的思维有着积极的意义。

二、教材处理

本节课的教学指导思想是从学生实际认知水平及知识结构出发，让学生自主获取知识。课本中三角形中位线定理是单刀直入地以探索式推理方法提出的，定理以这种方式出现，学生接受起来会感觉突然、生硬。在实际教学中，我先让学生通过实验、观察、猜想、归纳得出结论，然后经推理论证总结出定理通过这种方式让学生充分了解中位线，这样引导出的知识具有亲和力，更容易被学生接受和认可。在定理证明部分，我讲解了多种证法，强化思维过程的教学，开发学生的智力。在教学中增加了变式训练，以培养学生的发散思维。

三、针对教材确立的目标和教学法

1. 三维目标

根据教学大纲要求结合教材内容和学生现状，本节课确定以下目标。

【知识目标】理解三角形中位线的概念；掌握三角形中位线定理；初步学会用三角形中位线定理解决一些简单问题。

【能力目标】培养学生实验观察、分析探究、归纳总结、推理论证的能力；培养学生运用化归方法解决问题的能力；培养学生发散思维及创新学习能力。

【情感目标】培养学生科学分析的态度和积极的探索精神；激发学生学习的积极性，提高学生学习数学的兴趣。

2. 教法和学法

【教法】采用实验观察、探究归纳、理论证明、巩固深化的四段教学法，在多媒体的辅助下突破常规模式，让学生在活动、探索、和谐的教学中获取新知识，开发学生的创造性思维，达到教学目标。

【学法】让学生掌握实验与观察、分析与比较、讨论与释疑、概括与归纳、巩固与提高等科学的学习方法；学会举一反三、灵活转换的学习方法；学会运用化归思想去解决问题。

四、重点和难点

【重点】 三角形中位线定理及其应用

三角形中位线定理是解决有关线与线的平行及线段倍分问题的重要理论依据之一，在教材中占有重要地位，依据教学大纲的要求、教材内容以及学生的认知基础，从而确定了本节课的重点。

【难点】 三角形中位线定理的证明及应用

从学生知识掌握的现状分析来看，如何适当添加辅助线、如何利用化归思想来解决问题，是学生学习的困难所在，是本节教学难点。

五、教学过程

1. 创景导入

情景一：如图1所示，有一块三角形蛋糕，准备平分给四个小朋友，要求四人所分的蛋糕形状大小相同，该怎样分呢？

情景二：如图2所示，是一个不规则的湖面，你能有办法测出AB的距离吗？

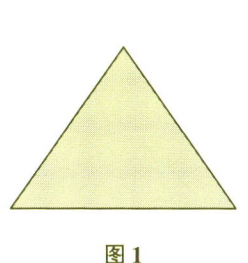

图1

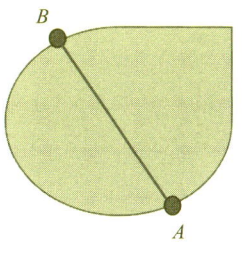

图2

2. 合作探标

活动一：30秒自学课本47页最后一段。
定义。

活动二：

请同学们再来观察，在图3中画出三角形的中线，比较中线与中位线的联系和区别。

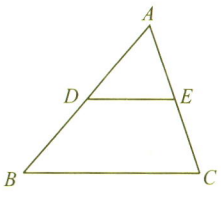

图3

活动三：

请同学们再来观察图3，猜想△ABC的中位线DE与边BC的位置和数量关系。

猜想：

已知：在△ABC中，D、E分别是△ABC的边AB，AC的中点。

求证：$DE /\!/ BC$，$DE = \frac{1}{2}BC$。

方法一： 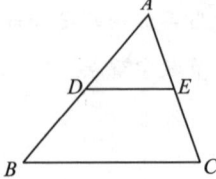 方法二：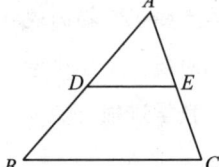

三角形的中位线定理。

符号语言。

3. 回归生活，解决实际问题

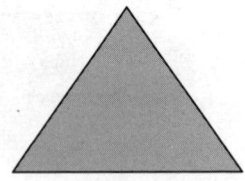 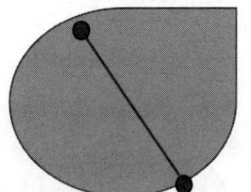

4. 延伸拓展

如图4所示，在四边形ABCD中，E，F，G，H分别是AB，BC，CD，DA中点。

求证：四边形EFGH是平行四边形。

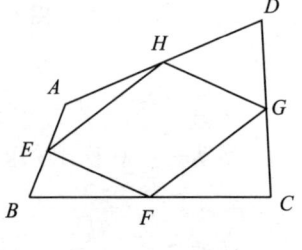

图4

六、教学反思

1. 成功心得

①教师成为了学生学习活动的组织者、引导者、参与者。

②创造性的用教材，在使用教材的过程中融入了自己的科学精神和智慧，对教材知识进行重组和整合，选取了更好的内容对教材深加工，设计出活生生的、丰富多彩的课件，充分有效地将教材的知识激活，形成有教师教学个性的教材知识。尤其在课程导入中引入生活当中的两个实例，不仅吸引了学生的视线，而且把握住了教材的"度"，既有能力把问题简明地阐述清楚，同时也有能力引导学生去探索、自主学习。

　　③整个教学活动始终建立在学生的认识发展水平和已有的知识经验基础之上，体现了学生学习的过程是在教师的引导下自我建构、自我生成的过程。

　　④教学中注重了学生的全面发展，不仅关注学生知识和技能的获得，而且关注学生学习的过程、方法以及相应的情感态度和价值观等方面的发展，尤其通过测湖长激发了学生思维，将数学知识来源于生活又应用于生活体现得恰到好处。

　2. 留下的遗憾

　　①在三角形中位线和中线的区别和比较方面讲解得不够全面，应该再完善一些，将其落实在纸上。

　　②在三角形中位线定理的辅助线添加上做得不够，对学生这方面的能力训练不够。在今后的教学中要加大对学生分析问题、观察问题、研究问题能力的培养。从达标检测中反馈出极少数学生没有掌握课堂知识，有待课后辅导。

如何进行概念课的有效教学

伊旗第四中学　王雪梅

　　概念是数学知识中的系统元素。数学概念的建立是解决数学问题的前提，学生在运用数学概念进行推理、判断过程中要得出正确的结论，首先要正确地掌握概念、理解概念。因此，概念在数学教学中有不容忽视的地位。当前实际教学中，我们总是认为概念知识本身简单，直接抛出概念并指出应注意点就完成了概念教学。这种断章取义的灌输式教学，常常略去了概念的发生发展和逐步抽象过程，学生缺少知识和思维上的自我构建。数学概念形成过程不仅包含概念的本身内容，而且包含着概念的发生发展和逐步抽象过程，通过讲解，可以培养学生的数学思维能力和核心素养。如何让学生通过数学概念的学习，理解数学抽象思维，形成一定的数学抽象素养？

一、让学生从现实生活情景中感悟

《数学课程标准》指出，数学教学应体现数学概念的问题情境，从学生实际出发，创设有助于学生自主学习的问题情境，引导学生通过观察、探索、猜测、交流、反思等活动逐步体会数学知识的意义，获得积极的情感体验，发现应用数学知识的意义。初中数学概念多数来源于我们的现实生活，是从生产、生活实际问题中抽象出来的，在对这些概念进行教学时要让学生通过了解概念形成的背景获得感性认识，并引导学生自己感受数学概念的本质属性。

比如算术平方根概念的教学，课始设置了一个问题情境"学校要举行美术作品比赛，小欧想裁出一块面积为25平方分米的正方形画布，求边长"，把这个情境抽象成数学问题就是已知正方形面积求正方形的边长。这是典型的求算术平方根的问题，由于学生熟悉平方运算，再结合正方形的面积与边长的关系，学生容易解决这个问题。然后通过解决几个类似的问题，揭示问题的本质：它们都是已知一个正数的平方，求这个正数的问题，进而从具体到抽象的给出算术平方根的概念，使学生理解算术平方根的意义。

再比如"平面直角坐标系"这节课，高萍萍老师讲解了笛卡尔的故事，让学生明白了平面直角坐标系的由来。齐鑫老师用分蛋糕这样一个实际问题引入三角形中位线。

这样做符合学生的认识规律，给学生留下深刻持久的印象，同时也有助于激发学生的学习兴趣，使学生积极参与教学活动，也有利于学生观察、分析、抽象、概括等能力的发展以及思维能力的培养和素质的提高，学生容易接受。

二、让学生体验知识的形成过程

《数学课程标准》指出，抽象数学概念的教学，要关注概念的形成过程，帮助学生克服机械记忆概念的学习方式。初中生思维正处于由形象到抽象发展的阶段，抽象思维能力较差。

例如教材中首先从实际生活中需要确定物体的位置的例子出发，引出有序数对的概念，指出利用有序数对可以确定物体的位置，由此使大家联想到是否可以用有序数对表示平面内点的位置的问题，并类比数轴上确定点的位置的方法，引出平面直角坐标系。这节课首先从学生熟悉的数轴出发，给出点在数轴上的坐标的定义，建立了点与坐标的对应关系，从而得到确定直线上点的位置的方法。让学生思考如何寻找一种方法来确定平面内点的位置，从而引出本节课的主题。

因此，教师在概念教学时，切忌直截了当就定义而讲定义，应更多地从概念的产生和发展过程中为学生提供思维情景，让他们通过观察、比较、概括来理解和掌握新概念。

三、逐步剖析数学概念，揭示其本质

《数学课程标准》指出，根据学生的年龄特征、认知规律与知识特点，教学中一些重要的数学概念应遵循逐级递进、螺旋上升的原则并应逐步深入剖析概念，帮助学生进一步理解概念。如为了使学生更好地理解掌握数学概念，我们必须揭示其本质特征，进行逐层剖析。

例如互余概念的教学，应启发学生归纳其本质属性：必须具备两个角之和为90°，一个角为90°或三个角之和为90°都不能被称为互余的角，互余角只就两个角而言；互余的角只是数量上的关系，与两角所处位置可以无关。

再如同类二次根式概念的教学，其基本点是：最简二次根式，未化简的应先化简；被开方式相同，与根号外面的有理式是否相同无关。

但也有些概念是直接用数学符号来表示的，这是数学的特点，又是数学的优点。这些概念比较抽象，把握表示概念的数学符号的含义是理解这些数学概念的关键和突破口。

例如在学习函数概念时，学生很难理解课本中给出的定义，教学中不能让学生死记硬背定义，也不应只关注对其表达式、定义域、值域的讨论，而应选取具体事例，使学生体会函数能够反映实际事物的变化规律。

如先让学生指出下列问题中哪些是变量，它们之间的关系用什么方式表达。

①火车的速度是每小时60千米，在 t 小时内行过的路程是 s 千米。

②用表格给出的某水库的存水量与水深。

③等腰三角形的顶角与一个底角。

④由某一天气温变化的曲线所揭示的气温和时刻。

让学生反复比较，得出各例中两个变量的本质属性：一个变量每取一个确定的值，另一个变量也相应地唯一确定一个值。再让学生自己举出函数的实例，辨别真假例子，抽象、概括出函数定义，至此学生能体会到函数的"变"渗透了函数思想。

四、抓住概念间的联系与区别

数学概念不是孤立的，存在着横关系与纵关系，横关系多表现在并列关系，则应利用对原有概念的理解，区分易混淆的概念。纵关系多表现在从属关系，启发学生进行系统归纳，能让学生明确概念的联系与区别。

例如："幂"这个概念常与"乘方"混淆，在教学中可利用如表1所列方法表示。

表1

运算	加	减	乘	除	乘方
结果	和	差	积	商	幂

通过对照，用已学过的概念"加"与"和"及"乘"与"积"来帮助学生理解"乘方"与幂的概念及它们之间的联系和区别。

再比如，三角形的中位线和三角形的中线学生容易混淆，在教学中位线时应该及时区分二者。三角形的中位线是连接两边中点的线段，而三角形的中线是连接顶点和一边中点的线段。

在教学中根据不同概念的特点适当运用上述方法，学生对数学概念的掌握就比较牢固，为学生今后进一步学习数学知识打下扎实的基础。

五、拓展应用，延伸概念

《数学课程标准》指出，要让学生体会数学在现实生活中的应用价值，增强用数学的意识，实现"人人学有价值的数学"。在教学过程中，应重视挖掘与生活实际联系的因素，使学生掌握概念并能够应用概念解决生活中的数学问题。

例如，在学完平面直角坐标后，应用平面直角坐标系确定地理位置和用坐标表示平移。体现了坐标系在实际生活中的应用，让学生经历由实际问题抽象出数学问题，通过对数学问题的研究解决实际问题的过程，教学中可以结合学生的实际情况，利用学生熟悉的周围素材学习，让学生充分感受到平面直角坐标系解决实际问题的作用。

通过生活中的测量实例，让学生亲身感受将实际问题抽象成数学模型的过程，使学生面对实际问题时能主动尝试着从数学的角度运用所学知识和方法寻找解决问题的策略，增强学生的应用意识，实现"人人学有价值的数学"。

数学教学离不开解题，在教学过程中引导学生正确灵活地运用数学概念解题，是培养学生解题技能的一个有效途径，如通过基本概念的正用、反用、变用等，培养学生计算、变形等基本技能。因此，教师应该多给学习提供练习的机会，提高学生灵活应用概念的能力，如完全平方公式、平方差公式等。总之，中学数学概念教学是初中数学教学的重要组成部分，新课程标准下的中学数学概念教学，其地位尤为突出。因此，我们一定要在中学数学概念学习原理的指导下，按照中学生的认知规律进行中学数学概念的教学设计。

丰富学习方式　　提升学科素养

——伊旗初中数学名师工作室2018年第二次研修活动总结

伊旗教育教学研究室　聂海英

只有定位于"学会学习"的教学活动才是有效的教学活动。为提升教师的课堂教学能力，把学习过程还给学生，初中数学名师工作室于4月11日在鄂尔多斯市一中伊旗分校举行了主题为"初中数学教学学习方式的丰富与转型研究"的研修活动。

杜威认为"学习是从未知到已知世界的旅行"。学习绝不是基于知识，是丰富关系丰富意义。学习是意义和关系的重构。引导学生学习的首要任务是唤醒学生对真知的渴望。

本次研修活动中，工作室齐鑫和高萍萍两位老师分别展示了八年级研究课"三角形的中位线"和七年级研究课"平面直角坐标系"。两位老师都能从学生已有经验出发，通过设置疑问、故事等方式引入新课，唤醒学生对真知的渴望，激发了学生的学习热情，从而让学生带着"我想学的数学"的心态进入新内容的学习，课堂上学生通过自主学习、合作探究等方式展开对新知的探究。"三角形的中位线"这节课，教师能利用几何画板演示、一题多证拓展学生的思维，提升学生灵活解题的能力。"平面直角坐标系"这节概念课，教师通过微视频、游戏等教学手段巩固了学生对概念的深度理解。课后工作室全体成员分别从不同侧面对两节课进行了点评，在充分肯定教学优点的同时也提出了改进建议。

学生的学习与人类的学习是有很大区别的！学生的学习是学生用已有的知识、方法、能力和心智水平去同化新知识，教学的关键是引领学生想明白，而不是我们教师讲明白。现在，我们很多数学课老师都讲得多，总觉得让学生说浪费时间，说不到点子上，久而久之课堂就变成了灌输式课堂，学生只能按老师的思路进行思考，而缺失自己独立的思考，不能对知识深度理解，更不能很好地提升数学思维品质，学生的成绩也就高不了，更谈不上学生学科素养的提升。

研修活动紧扣主题展开，郝海霞、尚新宁、王雪梅、刘永梅四位老师分别以"初中数学核心素养的培养""基于学生自主学习教学实践反思""概念课的有效教学""让学生会用数学模型思想解决问题"为主题做了微讲座，几位老师以具体的一节课为例，详细阐述了各自的所思所想。

学生缺乏独立思考能力主要是被动学习所造成的。教师用任何先进的教学方式教学、用任何先进的方式指导学生学习，都是以学生的独立思考为前提、独立学习为基础的。核心素养的培养要渗透到每一节课，教师要从大处着眼，小处着手，让学生通过自主学习、合作探究等学习方式，体会学习知识的过程，特别是对比较抽象的概念，要让学生充分理解，让学生学习有"根"的知识，进行深度学习，而不是简单的对概念的字面认识。对于几何推理内容，教学中会让学生分析图形类型，掌握基本图形，会用模型思想解决问题，提升学生数学综合素养。教学中教师要提升学生的自组织学习力，引导学生根据已学知识，结合自己的经验与想象，进行新的创造。

课堂的高效不仅取决于学生学业成就的优良，还取决于这些优良的学业成就是通过什么样的方式得来的。不仅要看学生是否真正成为课堂的主人，还要看在学习过程中学生是否激发出了自我发展期望、是否具有了把知识资源转化为知识资本的能力、是否提高了思维策略的运用水平，是否使自己的学习从智能、方法、智慧和意义等方面实现增值。

　　半天的研修活动，不论是研究课还是微讲座，都可以看到老师们潜心研究的足迹。没有最好的教育，只有更好的教育，研究的路还很长，我们一直在路上。如何关注数学的学科本质、应用好自觉数学教育思想、提升学生数学核心素养，是每位数学老师永远的课题。

【第十次主题研修】

研修主题： "核心素养背景下数学教学行为的转型与创新"系列活动（一）

打造生本课堂，培养学生学习的主动性

伊旗第一中学　郝海霞

　　5月14日—5月15日，伊旗名师工作室进行了一天半的研修活动，通过学习，在理论认识和课堂教学的操作上我有了很大的收获，现总结如下。

一、理论方面

　　对数学核心素养的内涵有了更深的理解。体会到核心素养与综合素养之间的关系，核心素养的落实不仅仅是对教学内容的选择和更新，更是以学习方式和教学模式的变革为保障的，让学生主动使用工具、在异质群体中学会互动、积极行动，把课堂交给学生，回归生本课堂是我们教师要关注的重点问题。通过各位专家的讲座，我反思自己的教学实践，感觉在以后的教学中更新教学观念、提升学生素养、回归生本课堂已刻不容缓，因此在以后的教学中我要在塑师生关系、重建课堂文化、重组教学流程上多下功夫，使自己的课堂更加民主，学生更主动，以真学定真教，打造以学生为主体的生本课堂，把学习的主动权真正还给学生，还学生学习的自由，使学生自觉主动地去生成知识、内化知识。

在专家的讲座中，我们充分认识到目前课堂教学中存在的问题，在经验分享中体会到解决问题的策略及打造"教、学、做相统一，讲、练、探相结合"的打造先行后知、先思后导、先学后教、先展后评的自主学习型课堂的具体策略，有利于在以后的教学中借鉴。

二、课堂教学方面

在课堂展示中，更具体地体会到自觉生本课堂中数学思想方法的渗透、学生学习主动性的培养、数形结合思想的有效渗透、学生学习主动性的培养策略，更深地体会到自觉生本课堂对学生良好思维的培养、数学思想方法的感悟及对知识的自觉应用的重要性。

在课堂教学中，引导学生自觉体悟、触类旁通，可以使教学内容的面更宽，量更广，而要达到这一目标，教师一定要深研教材，大胆创新，打造有自己特色的教学方法和技巧，这样才能立足于教学改革，跟上改革的步伐。

总之，通过学习，我深深地体会到教学是一门永无止境的艺术，需要人们无止境的学习再学习、探究再探究，这样才能使我们的工作新颖、更好、更扎实。

关注学科素养　构建自觉课堂

——伊旗初中数学名师工作室2018年第三次研修活动报道

伊旗教育教学研究室　聂海英

如何在学科教育教学中提升学生的核心素养，是我们教育工作者面临的新课题。落实本次课程标准修订的关键是我们每一位教师要注重提升自身学科素养和专业素养，特别是学科核心素养，关注学科内容、学科教学理论、学科教学实践与学科核心素养的有机结合，直面问题，不断探索，为学生营造良好的学科教育教学环境。为提升伊旗初中数学教师的学科素养和专业素养，使初中数学教学更好的适应教育需求，伊旗初中数学名师工作室于2018年5月14日、15日再次邀请导师潘建明为全旗初中数学教师做培训。

本次培训研修活动主题为"核心素养背景下数学教学行为的转型与创新。一天半的时间分为"常态课教学研讨""教师说题能力提升"和"毕业班压轴题教学策略研究"3个板块的内容。

常态课教学研讨活动中，工作室陈永霞与郝海霞两位老师分别展示了七年级研究课"9.1.1 不等式及其解集"和八年级研究课"19.2.2 一次函数"，潘建明校长上了八年级示范课"19.2.1 正比例函数的图像与性质"。以这三节课为例，全体参会教师与潘校长进行了交流，通过交流，他肯定了课堂教学中老师们做的好的地方，也提出了一些思考性问题。自觉数学教育就是在教师的引导下，让学生自觉体悟、自觉探索，最终达成学习目标，提升学生的数学学科素养。教学中教师要帮助学生处理好前位学习与后位学习之间的关系，教师要通过具体情境，唤醒学生对新知的渴望。例如，陈永霞老师的"9.1.1 不等式及其解集"这节课，陈老师以生活中"限速 40"的含义为例，让学生抽象出不等式模型，从而概括出不等式的概念，此生活情境的应用，不仅让学生体会到数学知识来源于生活又服务于生活，而且激发了学生学习新知的积极性。教学中教师要引导学生用数学基本思想思考问题，从而解决问题。例如，郝海霞老师的"19.2.2 一次函数"这节课，郝老师采用类比教学法引导学生类比正比例函数的学习方法学习一次函数，教学中教会学生用模型思想、转化思想解决问题，通过对学生思辨能力的训练使教学中的阶段性目标逐一达成。教学中教师要合理利用多媒体手段，例如微视频教学，观看之前要给学生提出问题，让学生有目的地观看，观看后要进行总结，微视频是用来克服教学难点的，观看时间不宜过长，一般不超过 3 分钟。教学中教师要注意细节处理，注意书写规范性，对学生严格要求，培养学生严谨的数学必备品格。

说题教研是伊旗初中数学名师工作室第一次组织的一次活动。教师说题是类似于说课的一种新的教研活动，是说课的延续和创新。表面来看，说题是教师在"说"数学知识的前后联系、求解题目的方法和策略，其实质展现的是教师自身数学教育的理论功底、数学知识的掌握程度、数学方法的理解能力及数学教学的理念。本次活动中工作室高可如、刘晓平、徐晓梅、高萍萍、王雪梅和齐鑫六位老师两人为一组，展示了鄂尔多斯近几年中考题中的 22、23、24 题三道题目的说题。每组两位老师说题后，我旗名师窦旭升老师和导师潘建明都做细致点评。大家在说题中感悟，在说题中提升，进一步明确了说题教研在教学中的价值。教学研究中要充分发挥说题的功能，深入地挖掘题目、发展题目，就能更好的备考。在平时的教学中，教师要引导学生对题目进行拆解，对复杂结构进行变形，从而化繁为简。要学会抓概念、抓本质、抓基本方法，以不变应万变。让学生养成良好的思维品质，这才是真正的授人以渔。

数学中压轴题是为考察学生综合运用知识的能力而设计的，集中体现知识的综合性和方法的综合性。本次培训中导师潘建明上了专题示范课"方案设计（1）"，并做了"中考数学压轴题教学策略研究"的讲座。潘校长从"试题导向与变化走向""题型类型和作用分析""教学策略与学法指导"三个方面进行了细致深度的分析，给毕业班老师的压轴题专题课教学指明了研究方向。

必备品格与关键能力是核心素养的重要组成部分，在过去的数学教学实践或教学研究中，我们往往关注关键能力而忽视必备品格这一维度，在数学教学中，我们不仅要关注关键能力，更应该关注必备品格。品格要素中，数学意识、数学思想、数学精神、数学理性和哲学思考应该是"必备的数学品格"。一天半的研修活动，老师们与专家对话，在交流中感悟，在感悟中提升。基于核心素养的数学教学研究，让学生学到终身受益的数学。为学生的终身发展奠基是我们的追求，我们一直在路上，相信在大家的深度研究下，伊旗初中数学教学质量会越来越好。

【第十二次主题研修】
研修主题："核心素养背景下数学教学行为的转型与创新"系列活动（二）

九年级数学专题

"平行四边形的存在性问题探究"导学简案

鄂尔多斯市第一中学伊金霍洛分校　刘晓平

学科核心素养培育目标：通过对平行四边形存在性问题的探究，培养学生的探索精神以及数形结合和分类讨论的思想，从而提升他们分析问题、解决问题的能力。

一、自觉体悟

（奠基归因）如图1所示，点 A，B，C 是平面内不在同一条直线上的三点，点 D 是平面内任意一点，若 A，B，C，D 四点恰好构成一个平行四边形，则在平面内符合这样条件的点 D 有几个？

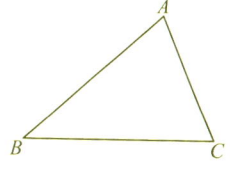

图1

二、探究导学

探究1：三定一动

1. 如图2所示，已知抛物线 $y=-x^2+x+2$ 与 x 轴的交点为 A，B，与 y 轴的交点为 C，点 M 是平面内一点，判断有几个位置能使以点 M，A，B，C 为顶点的四边形是平行四边形，请写出相应的坐标．

2. 如图3所示，在平面直角坐标系中，平行四边形 $ABCD$ 的顶点坐标分别为 $A(x_1,y_1)$，$B(x_2,y_2)$，$C(x_3,y_3)$、$D(x_4,y_4)$，则这4个顶点坐标之间的关系是什么？

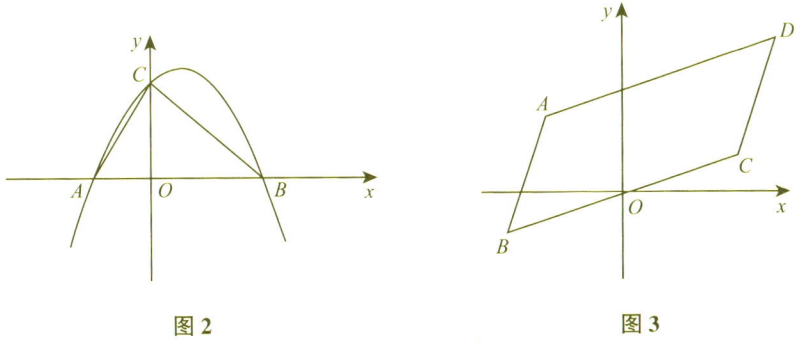

图2　　　　　　　图3

对点法结论：

探究2：两个动点平行四边形的问题

如图4所示，抛物线的顶点为 $C(-1,-1)$，且经过点 A，点 B 和坐标原点 O，点 B 的横坐标为 -3.

①求抛物线的解析式.

②若点 D 为抛物线上的一点，点 E 为对称轴上的一点，且以点 A,O,D,E 为顶点的四边形为平行四边形，请直接写出点 D 的坐标.

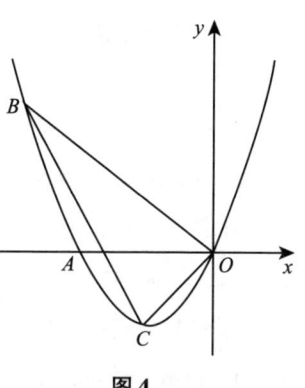

图4

中考链接：（2018鄂尔多斯中考）

如图5所示，直线 $y = \dfrac{1}{2}x - 3$ 与 x 轴，y 轴分别交于 B,C，抛物线 $y = \dfrac{1}{4}x^2 + bx + c$ 过 B,C 两点，且与 x 轴的一个交点为 A，连接 AC.

①求抛物线的解析式.

②在抛物线上是否存在点 D（与点 A 不重合），使得 $S_{DBC} = S_{ABC}$，若存在，求出点 D 的坐标，若不存在，请说明理由.

③有宽度为2，长度足够长的矩形沿 x 轴方向平移，与 y 轴平行的一组对边交抛物线于点 P 和点 Q，交直线 CB 于点 M 和点 N，在矩形平移的过程中，当以点 P,Q,M,N 为顶点的四边形是平行四边形时，求点 M 的坐标.

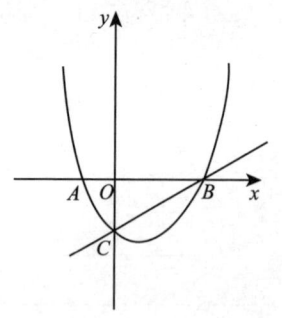 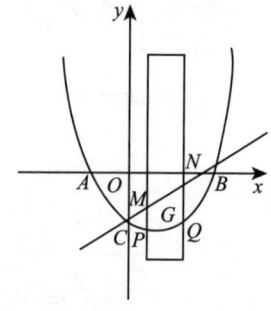

图5

几何画板在解题变式中的探究和应用[1][2]
——深化直观体验，培育核心素养
（发表于江苏省《初中数学研究——初中生世界》2018年1期）

伊金霍洛旗第四中学　徐晓梅

摘要：为了揭示问题的本质和规律，人们往往从不同侧面对数学题目进行研究，这经常需要解题变式的三种形式，即一题多解，一题多变和多题归一来提升学生的思维品质。作为一种现代教育技术手段，"几何画板"具有追踪轨迹、实时计算等功能，在几何图形变换题型和动点题型中，可以用它实施解题变式增加直观性、实现图形由静态到动态的变化。同时，在数学解题变式中应用"几何画板"能够深化学生的几何体验，促进学生数形结合能力的形成。

关键词：几何画板，一题多解，几何图形变换。

几何图形的变换是各地中考的热门考点，其重要性在逐年提高，难度也在不断加大，是师生共同关注的焦点。另外这类题型一般以动态题型、开放性题型、探索性题型、存在性题型的形式出现，涉及代数、几何等多个知识点，综合性太强，囊括初中数学重要的数学思想和方法。对考生而言，几何图形变换题是一根标尺，可以较准确地衡量学生的综合解题能力以及数学素养，同时它的得失可以直接影响学生今后的发展。作为变式教学的工具和载体，现代化多媒体教学手段具有直观性、交互性和即时性等优点，更方便地实施解题变式，从而做到事半功倍。"几何画板"以其"动态的保持几何关系"的突出特点，让人们在不断变化的几何图形中研究不变的几何规律，透过现象查看数学本质属性，促使学生在做中学，不断体悟模拟知识的发生过程进而激发学生内在核心素养，为学生做好中考变式题型打好基础。

下面就鄂尔多斯2016年中考23题拟对"几何画板"在数学解题变式中的

---

[1] 耿秋荣."几何画板"在数学解题变式中的应用和体现 [J]. 铜仁学院学报.2011（01）.
[2] 潘建明. 解读自觉数学课堂 [M]. 南京：江苏教育出版社，2012.

应用进行研究。

一题多解就是针对同一个数学问题,要求学生在一定的知识和能力范围内尽可能地给出不同的解决方法。利于培养学生从不同角度、不同侧面去分析问题、解决问题的能力,属于解法变式。

1. 原题呈现

如图1所示,正方形$ABCD$中,点O是对角线AC的中点,点P是线段AO上(不与A,O重合)的一个动点,过点P作$PE \perp PB$且PE交边CD于点E.

①求证:$PB = PE$.

②如图2所示,若正方形$ABCD$的边长为2,过E作$EF \perp AC$于点F,在P点运动的过程中,PF的长度是否发生变化?若不变,试求出这个不变的值;若变化,请说明理由.

③如图3所示,用等式表示线段PC,PA,CE之间的数量关系:_____.(不需证明)

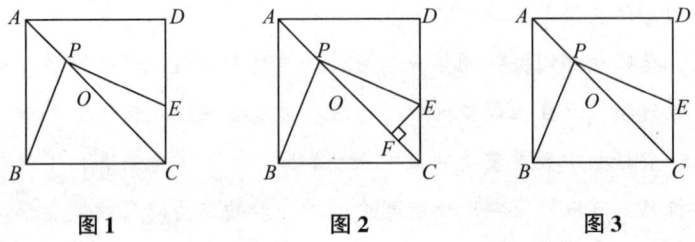

图1　　　　图2　　　　图3

2. 题面分析

①题干条件分析,"点P是线段AO上(不与A,O重合)的一个动点"说明这是一道几何动态题,"$PE \perp PB$"说明有直角结构,在正方形背景下遇直角结构如何求线段长$PB = PE$呢.

②题干条件分析:见到$EF \perp AC$,说明本题中有两个直角结构,P是动点,探究在P点运动的过程中,PF的长度是否发生变化?这是一道探究性题型.

③用等式表示线段PC,PA,CE之间的数量关系,这是一道开放性题型.

3. 解法分析

①问的解法：

解法1 如图4所示，在正方形背景下遇直角结构考虑构建一线三直角模型，过点 P 作 $PM \perp AB$ 于 M，延长 MP 交 CD 于点 N，因为正方形性质 $AB // CD$，$\angle PCN = 45°$，$\angle ABC = \angle BCD = 90°$，所以 $MN \perp CD$ 于 N，且 $\triangle PCN$ 是等腰直角三角形，等腰 $\triangle PCN$ 转化边可知 $PN = CN$，矩形转化边可知 $BM = CN$，综上易知 $PN = BM$；另一方面，由 $PE \perp PB$ 和 $PM \perp AB$ 即同角的余角相等可知 $\angle MBP = \angle NPE$ 或是 $\angle MPB = \angle NEP$，进而 $\triangle BPM \cong \triangle PEN$，自然线段长 $PB = PE$.

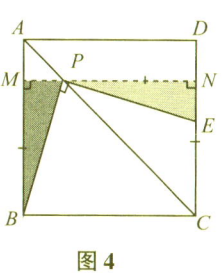

图4

解法2 若旋转 $90°$，可实现将斜直角放正，因此考虑旋转放缩即构造相似或全等三角形的解题办法.

方案①：将直角结构 $\angle BPE$ 逆时针方向旋转，如图5所示. 具体做法：过点 P 作 $PM \perp BC$ 于 M，$PN \perp CD$ 于 N，又因为正方形 $ABCD$ 的4个角都是直角，可知四边形 $PMCN$ 是矩形即 $\angle MPN = 90°$，由正方形对角线 AC 是内角角平分线的性质可知，$PM = PN$，而基于同角的余角相等的性质易知 $\triangle BPM \cong \triangle EPN$，问题得证. 如图6所示同理，证法略.

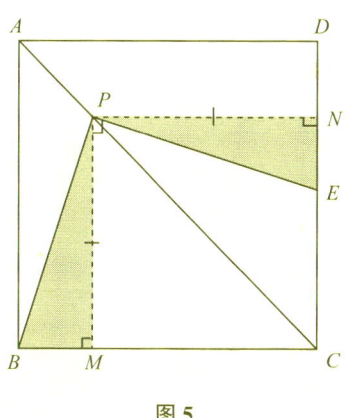

图5

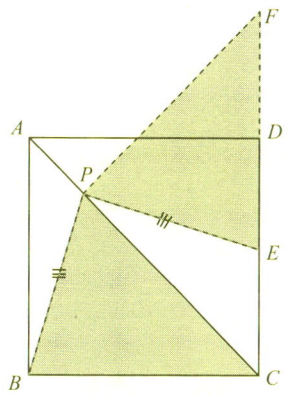

图6

方案②：将直角结构∠BPE顺时针方向旋转，如图7所示．具体做法：过点P作$PF \perp PC$交CB的延长线于点F，因为正方形ABCD性质，$\angle PCF = 45°$，所以$\triangle FPC$为等腰直角三角形即$PF = PC$、$\angle F = \angle PCE = 45°$，再由同角的余角相等可知$\triangle BPF \cong \triangle EPC$，问题得证．

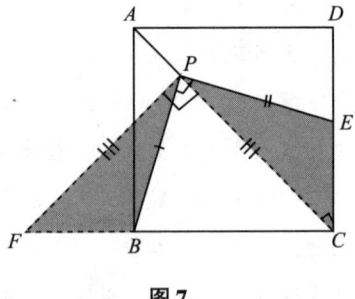

图7

解法3 正方形是一个轴对称图形，AC所在的直线就是其中一条对称轴，且BD是一对对称点．

方案①：由对称性转化边$BP = PD$、转化角$\angle CBP = \angle CDP$，若证$PB = PE$，只需$PE = PD$．事实上四边形BPEC中$\angle BPE = \angle BCE = 90°$，所以对角互补$\angle CBP + \angle CEP = 180°$，又因为邻补角互补$\angle DEP + \angle CEP = 180°$，所以同角的补角相等可知$\angle CBP = \angle DEP$即$\angle DEP = \angle EDP$，也就有$PD = PE$如图8所示，问题得证．

（注意：其中证$BP = PD$也可用正方形对角线互为线段垂直平分线的性质或全等变换来证明）

方案②：由轴对称性也可以转化$PE = PF$，具体做法为：在线段CB上截取$CF = CE$，如图9所示，方法同上此处略．

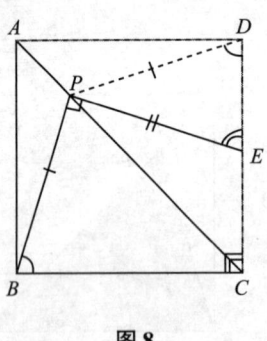

图8

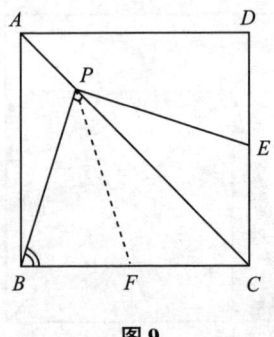

图9

解法 4 如图 10 所示，四边形 $BPEC$ 对角互补，说明 B、P、E、C 四点共圆，显然 $\angle PEB = \angle PCB = 45°$，即 $\triangle PBE$ 是等腰直角三角形，问题得证.

①问的所有解法如图 11 所示，在充分理解认知图形的基础上，都有效地利用数形结合思想，应用直角结构建模，以正方形为载体派生出来的 45°、90°的特殊角构造出基本图形如等腰直角三角形、矩形或是利用全等变换转化边、转化角，实现了将分散的条件集中到已知条件上，化未知为已知. 此处体现转化思想.

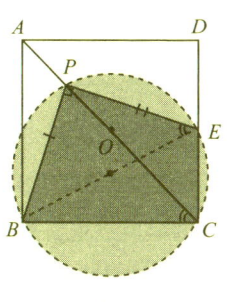

图 10

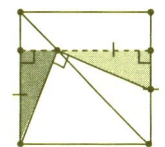

(a)一线三直角-构造相似（全等）

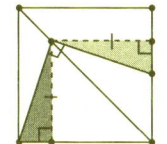

(b)旋转放缩-构造相似（全等）

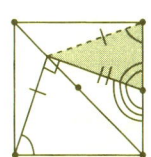

(c)正方形性质-轴对称性

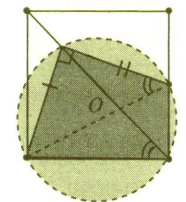

(d)四边形性质-四点共圆

图 11

一题多解是发散性思维在解法方面的体现，其目标是证题或解题. 从变式教学角度看，它属于多解变式. 各种解法以不同的论证方式，反映了条件和结论之间必然的、本质的联系. 而基于"几何画板"的变式方法，可以拓宽我们的视野，为我们提供新的解法和思路以完成有效教学.

②问的解法分析：

②问明确正方形对角线的中点就是对角线的交点，如图 12 所示，由正方形对角线互相垂直和对角线相等且互相平分的性质可知仍可构造一线三直角全

等模型，可见 PF 的长度可转化为对角线的一半 BO 的长度，经计算 $AC = 2\sqrt{2}$，所以 BO 是定值 $\sqrt{2}$．

③问的解法分析：

③问使用合情推理一般都可以推出结论，推理的前提一定是充分理解图像并构建基本图形，抓住关键线段间的关系，由①问知 MP = NE 并且 △AMP 和 △PNC 都是等腰直角三角形，这是转化中出现 $\sqrt{2}$ 的关键：

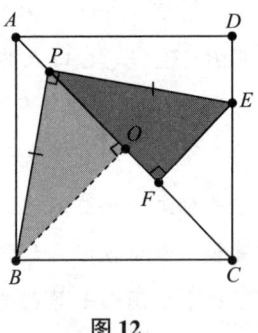

图 12

$$PC = \sqrt{2}NC = \sqrt{2}(NE + EC) = \sqrt{2}NE + \sqrt{2}EC = PA + \sqrt{2}EC$$

如图 13 所示，由②问的一线三直角关系已知 AP = OF，PO = CF 且 △CFE 是等腰直角三角形：$AP = OF = PC - PO - FC = PC - 2EF = PC - \sqrt{2}EC$．

像这样一题多解、一题多变的题例，在教学过程中如果有意识地分析和研究，也能起到以一当十、以少胜多的效果，增大课堂容量，培育学生多方面技能，并使学生从中体会数学真正的美的艺术．在教学

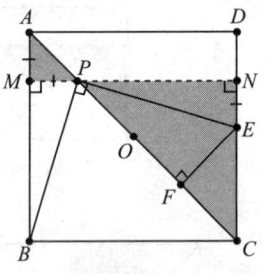

图 13

中，"关注学生的数学现实、提升学生的数学经验、拓展学生的数学思维"是我们尝试探究并实践的根本目标，在教学过程中我们要善于利用"几何画板"的变革性作用，模拟动态过程，突破教学难点，对发展学生的思维能力，培养学生的创新精神、探究能力起到不可忽视的作用．

携手共进 筑梦远航

——伊旗初中数学名师工作室 2018 年第五次研修活动纪实

伊旗教育教学研究室 聂海英

陶行知先生曾说过"要想学生好学，必须先生好学。唯有学而不厌的先生才能教出学而不厌的学生"。教师要提升各方面的能力，才能更好地胜任教育教学工作。为提升伊旗初中数学教师的学科专业素养，使初中数学教学更好地适应教育需求，伊旗初中数学名师工作室于 2018 年 9 月 20 日、21 日再次邀

请导师潘建明为全旗初中数学教师做培训。

20日上午,工作室成员王雪梅、高萍萍上了同课异构研究课"直角三角形全等的判定——斜边、直角边",潘建明老师上了示范课"角平分线的性质",三节课后全体老师与潘老师进行了互动交流。

王雪梅、高萍萍两位老师的教学设计基于学情,立足基础,教学中通过开放性题目对学生进行思维训练,重方法教学,重数学思想渗透。教学中两位老师都能应用潘老师的"自觉数学教育思想",教学中通过"经验唤醒"为学生学习新知做好铺垫,得到了潘老师的高度肯定。

潘建明老师的示范课使老师们更进一步地领悟了"自觉数学教育思想"。在与学生平等对话中潘老师通过"问题导学"促学生思考,训练了学生的思维能力;自制教具和几何画板、微视频多媒体手段的应用激发了学生的兴趣,增加了数学课堂的趣味性;对典型例题步骤书写的精细化处理更加体现了潘老师对学生书写能力的训练,数学课堂教学不仅要让学生"会说""会思",而且要让学生"会写"。

在点评互动环节,参与培训的老师们积极发表自己对三节课的感悟,潘老师对两节同课异构课作了精彩总评并提出相关的专业问题供大家探讨。

"自觉数学课堂"不只是关注知识表面化的力量,而是追求学生的本质理解;不只是纠缠学术规范,而是注意创新思维的培养;不只是关注学生"好胜心"的培养,而是关注"好奇心"的养成;不只是关注标准答案让学生学"答",而是注重让学生学"问";决不让新课程所倡导的自主学习、合作学习和探究学习被形式化和空壳化,不是去培养高分低能的"考试机器",而是培养有思想、有学问、有能力、有智慧、有品格的全面发展的人。

20日下午,名师工作室成员刘晓平展示了专题课"二次函数与平行四边形存在性问题",齐鑫老师展示了专题课"二次函数与最短路径问题",郝海霞老师做了微讲座"二次函数考点分析"。

刘晓平老师从基础题入手,让学生自觉感悟平面内确定平行四边形的分类讨论方法,又通过老师精准设问,引领学生探究了抛物线中平行四边形存在性问题的两种类型"三定一动""两定两动"。教学中老师由问题的本质展开追问探究，设计合理有序，上了一节扎实有效的课。齐鑫老师从常见的最短路径问题"将军饮马""造桥选址"入手，唤醒学生已有经验。通过变式给学生设置疑点，点拨引领学生运用转化、迁移思想，引用饮马问题解决抛物线中的最短路径问题，展示了一节多题一解的变式教学课。潘老师对二次函数两节专题课做了细致点评，并指出数学教学要"准""稳""变""活"。

教材分析是教师工作的重要内容，教师对教材的分析状况直接影响着其课程的设计、组织与实施，从而间接影响着教学质量的好坏。数学老师只有关注中考动态、关注中考试题，才能更好地进行有针对性的教学，从而提高学生的数学成绩和数学素养。郝海霞老师依据《数学课程标准》(2011版)要求和对鄂尔多斯市近几年中考试题的分析，总结了五种类型二次函数常见考题，并谈了自己的研究感悟。潘建明老师用"重点突出，要点精准，引领到位"十二个字高度评价了郝老师的分析报告。

21日上午，潘老师上了"旋转"专题复习示范课，做了"变式教学策略研究（初中数学）"专题讲座。

专题复习课上，潘老师首先向学生呈现中考真题，并简单进行了旋转命题分析，明确了本章节内容的地位与作用。复习中帮助学生建立"知能结构"，回顾复习了旋转定义及性质，用基础强化题、典型例题、例题变式由浅入深对学生进行思维训练，由母题归纳总结方法进而应用于其他变式题型。潇洒规范的板书、精准的追问、深度的变式处处彰显大家风范。课后参会老师谈了听课感悟，大家收获颇多。

在"变式教学策略研究"讲座中，潘老师从"数学变式教学意义与作用""数学变式教学概念与内涵""数学变式教学的实施策略""过程性变式教学案例赏析"四个方面结合具体课例给老师们进行讲解，使全体老师对变式教学有了深层次的理解。

变式教学就是讲解数学问题的过程当中，在得出了相关的结论之后，再对这个结论和命题进行有目的、有计划以及不同层次和不同角度的合理转化，即对这个命题的非本质特征进行不断地转换，但是问题对象的本质因素一直保留下来，是一种使学生熟练掌握知识的本质属性的教学行为。数学课堂教学中，变式教学就是数学教育家波利亚所说的"蘑菇",它能够充分调动学生的主观能动性,将多向性、多层次的交互作用引进数学教学过程,教师通过变式教学,不但能使学生举一反三,而且能使教学结构发生质的变化,使学生成为创造的主人。

21日下午,潘老师对工作室全体老师进行了教学论文写作培训。写论文是教师综合能力的一种考量,老师们将自己的新发现、新思想、新创造以论文的形式表现出来,可以激发更多的专家、同行去进行更深入的交流研究。另一方面,写论文也是提升自己知识、能力水平的一种方式,因为论文需要运用大量的数据、知识点,所以需要查阅大量的书籍、文献,在这个过程中老师们可以学到非常多的知识。为提升工作室老师的教学论文写作水平,潘老师利用一下午时间对大家进行论文写作培训。潘老师从"论文写作的原则""论文结构的设置""论文撰写的方法""论文规范的要求"几大方面向老师们介绍了如何写论文。潘老师对工作室老师的部分教学论文、案例进行了细致点评,提出了修改建议,通过此次写作培训,老师们有了规范撰写教学论文的理论支撑,明确了写作方向。

教师的成长离不开专家的引领,伊旗初中数学的每一位老师都是站在巨人的肩膀上前行的。两天的培训,从示范课到理论讲座,再到一对一的教学论文修改,无处不显现潘老师的辛苦付出。在潘老师的引领下,老师们的业务水平迅速提升。通过本次研修活动,老师们学到了新理念、新方法,进一步明确了以后教学研究的方向。相信在品格高尚、专业能力一流的导师的引领下,在全旗数学老师的共同努力下,伊旗数学教学会越来越好。感恩导师的谆谆教导,伊旗初中数学全体教师将继续携手共进,筑梦远航。

【第十三次主题研修】
研修主题:中考试题研究及备考经验分享

研究中考 改进教学
——伊旗初中数学名师工作室2018年第六次研修活动报道

为了让全旗初中数学老师了解中考动态、研究中考试题,有针对性地开展教学，提高学生的数学成绩和数学素养，伊旗初中数学名师工作室于2018年10月18日组织全旗九年级数学教师进行了中考研讨活动。

本次研讨活动，教研室聂海英老师分析了2018年中考数学成绩。聂老师通过对比2018年各旗区中考数学成绩和全市历年中考成绩，提出了我旗数学教学存在的问题和努力的方向。

伊旗四中陈永霞、高可如两位老师进行了2018年中考试题分析。两位老师以2018年中考试题为例，对比近五年我市中考数学试题，通过研究试题，总结出了中考中的高频考点和难点。分享了一些典型的研究成果：中垂结构、相似模型、一线三等角、平行线等高度，让老师们受益匪浅。

伊旗四中徐晓梅老师做了"康巴什中考备考"学习汇报。徐老师介绍了康巴什中考复习的一些具体做法，转述了2018年中考数学命题人北师大附中任程老师的讲座内容，中考命题总过程可以概括为：强化思想、明确方向；学习研究、明确方向；海选题材、创编试题；研磨试题、精雕细刻；整体把握、排版校对；命制答案、反复总结。今年的命题要求难度系数$0.45\sim0.50$要有区分度。

北师大二附中赵海燕老师做了"2018中考经验分享及2019中考复习计划解读"，赵老师指出"现代人不懂得合作是最大的落后"，并具体谈了二附中毕业班数学老师是如何进行分工合作的。赵老师从中考复习进程和复习原则方面结合具体实例分享了二附中的具体做法，如研究中考试题，通过研究鄂尔多斯市试题，全体老师编写了专题课，这一资源每年补充更新，使复习教学十分有效。

最后，聂海英老师对本次研讨活动做了总结。聂老师指出老师们要认真研究中考趋势，关注全国发达地区的中考方向。认真研究新课标，研究教材内容，充分挖掘编者的意图，一题多解，一题多变，注重知识间的关联与整合。教师在平时教学过程中要注重数学思想、方法的归纳、总结、提升。注重数学抽象逻辑推理、数学建模、直观想象、核心素养的培养，提升学生的思维能力。做到通过几道题的训练总结达到突破一类题型的目的。常归纳总结数学思想、图形的模型以及学生的思考方向。

让我们都做研究型的数学老师，培养提升学生的能力，使学生有能力应对较难的中考试题。本次研讨会，承担任务的老师准备充分，参会老师收获很多。

【第十四次主题研修】

研修主题：基于证据的观课议课（课堂教学有效性分析）

"27.1 图形的相似"说课稿

伊旗第四中学　刘永梅

一、教材分析

1. 教材的地位及作用

"图形的相似"是人教版九年级下册第27章第一节的内容，之前已经学习了全等和全等三角形的有关知识，并且研究了平移、旋转、轴对称等有关图形的全等变换。本节从实际问题引入，让学生通过生活中的实例认识图形的相似，让学生理解图形相似的概念，让学生体验图形与现实世界的密切联系，体会图形相似与图形全等等内容之间的内在联系，通过学习本节课，使学生认识图形除轴对称、平移和旋转之外的另一种变换——相似。这节课为全章后续学习相似三角形打下了坚实的基础。

2. 教学目标

根据学生已有的认知基础及本课教材的地位、作用依据教学大纲确定本课的教学目标为：

通过生活中的实例认识图形的相似，理解相似图形的概念。

通过观察、思考、实践、交流等数学活动，让学生自己去体会生活中的相似及相似的性质，并进一步发展学生的几何直觉。

3. 教学重难点

重点：通过实例感受、理解相似图形。

难点：对形状相同的理解。

二、教学方法

1. 说教法

依据概念教学的特点，为了更好地突出本节课的重点，突破难点，鉴于教材特点及九年级学生模仿能力强、思维依赖于具体直观形象的特点，我选用的是引导发现教学法，充分利用课件的演示、操作、观察、练习等师生的共同活动引导学生，让每个学生都动手、动口、动脑积极思维，进行"创造性"的学习，运用课件提高教学效率，动态演示出直观生动的教学图片，激发学生的学习兴趣，培养应用意识。

2. 说学法

学习数学的过程不只是计算的过程，还要能够在推理、思考的过程中学会合作和交流。在本节课的教学中，安排学生用观察、猜想、自主探究、合作交流等学法学习内容，让学生及时反馈获得的数学信息，实现信息共享，提高学生对比、分析概括归纳的能力。

三、教材处理

把课本练习1（课本P35练习1）安排在相似图形定义之后，让学生完成，加深学生对知识的理解；练习2的讲解结合平面镜与哈哈镜成像图片，使学生直观感受。

四、教学手段

根据教学内容的特点，采用了课件、放大镜等方式进行直观教学，使学生通过观察、分析总结出相似图形的特点；引导学生通过独立思考、合作交流、动手操作等学习方式获取知识，同时感受成功的喜悦。

五、教学程序

1. 创设情境，导入新课

学生欣赏图片，自然走入相似图形的世界。

设计意图：通过学生很熟悉的话题引入，进一步激发学生的兴趣，从而营造良好的学习氛围。

2. 感知归纳

列举出大量生活中的实例，借助多媒体设备一一加以展示，引导学生观察、感受相似图形。

观察相似图形，感知相似形的本质，自己归纳出相似图形的概念，并举例说明几个相似图形的例子。

设计意图：使学生通过观察、思考发现相似图形的本质特征，从而从实际模型中抽象概括得出数学概念。

3. 解释应用

通过课件引导学生感受相似图形，探索相似图形的特征。

学生通过观察、思考、交流，进一步体会相似图形。

设计意图：实现概念教学的第一重目标——理解概念，形成正确的心理特征。此环节的设置使学生从多角度认识了相似形。

4. 探究相似多边形的性质

例题教学：

如图1所示，四边形 ABCD 和 EFGH 相似，求角 α，β 的大小和 EH 的长度 x.

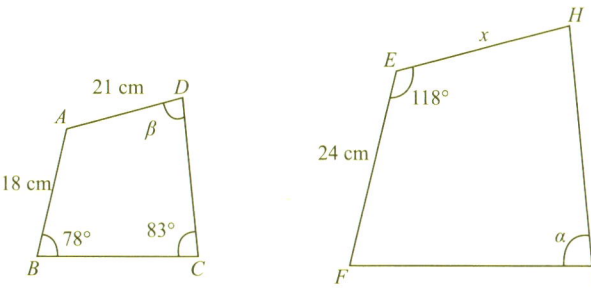

图1

设计意图：将数学知识向数学技能转化，使学生认知结构得到同化。构建新的平衡。检测学生对前面所学知识的理解情况，及时反馈，从而利于教学的调整。

针对练习：

①在比例尺为 1∶10 000 000 的地图上，量得甲、乙两地的距离是 30 cm，求两地的实际距离.

②如图2所示的两个三角形一定相似吗？为什么？

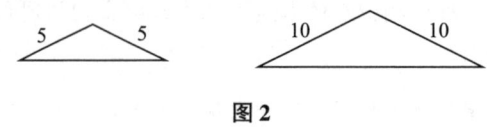

图2

5. 总结反思

引导学生反思，概括提高：

①相似形的含义：具有相同形状的图形。

②生活中处处有数学，生活离不开数学。

设计意图：引导学生谈感受，不作一言堂，更有利于调动学生的积极性。

6. 布置作业

搜集具有相似形图案的实物。

设计意图：此作业是创新性学习的延续，使学生进一步体会数学的价值。

六、板书设计

27.1 图形的相似：

①相似图形的定义：形状相同的图形叫作相似图形。

②相似多边形的定义：两个边数相同的多边形，如果各边对应成比例，各角对应相等，就称这两个多边形相似。

③相似多边形的性质：对应角相等，对应边成比例（对应边的比相等）。

④相似比：相似多边形对应边的比（相似比大于零）。

七、教学评价

1. 注重对学生数学学习过程的评价，增强学生的合作与交流的意识和能力

在整个教学过程中，关注学生参与数学活动的程度、自信心、独立思考的习惯，以及合作交流的意识、数学思考的发展水平并进行评价，注意对预设教学目标的调整，概括课堂上随时出现的生成性问题进行再设计。在本节课中学生会提出一些问题或有一些独特的想法，只要能有所发现，就给予关注，及时鼓励，并把它作为重要的教学资源，充分利用，引导其他学生共同探讨。

2. 评价方式要多样化，注重个体差异

在教学过程的各个环节，把学生自我评价、学生互评、教师评价结合起来，实现评价主体的多样化。课堂上通过学生回答问题、课堂观察、课后作业等综合评价学生的学习情况，对学生的基础知识和基本技能评价注重个体差异，结合解决问题的过程，适时调整和改进教学方法，提高教学效率。

课堂教学实效性研究
——伊旗初中数学名师工作室2018年第七次研修活动报道

基于证据的听评课——课堂观察，是提高教学质量、改善学生学习的重要途径。为了使一线教师熟练运用课堂诊断技术，提高评课议课技能，及时处理教学过程中出现的问题，总结先进的教学经验，初中数学名师工作室于2018年11月22日组织工作室成员进行了基于证据的听评课活动。

本次活动基于核心素养、基于课程标准，以"课堂教学的有效性分析"为主题对刘永梅老师执教的"27.1 图形的相似"这节课进行了观察。在课前会议环节，教研室聂海英老师对"相似"这章进行了课标解读，并重点分析了第一节"图形的相似"，使观课老师对教材内容、教学重点、难点有了清晰的了解，并通过教学内容确定了本次观课议课的观察维度。刘永梅老师进行了课前说课，议课组老师通过刘老师的教学设计制定了具体观察工具。

影响课堂教学的质量因素有多种，听评课的目的不同，观察点就不同（研究的重点不同，观察点的设置也不同）。课堂是从"课标"出发走向"生活"，实现教育的终极目标。教师是课堂教学的组织者、引导者、促进者，他从"课程"出发，以"有效"为目标。学生是课堂学习活动的主体，他从"课程"出发，以"有效"为目标。课堂中师生主体与客体之间实现多重对话，课堂文化从"课程"出发，以建设"对话"文化为目标。

课堂上观课的老师根据自己的观察点选择了合适的位置，保证能看到教师教的情况和学生学的情况。利用课前制定的量表，记录所观察到的行为。课后议课组的老师将照片上传电脑，展示了观课分析表，分三个大组，对本节课从目标达成效度、资源密度是否有效、教学方法适切度、结构流程效度、学习有效组织、学习效果效率等几大观察维度进行了分析，几位议课的老师在认真思考的基础上，依据课堂记录有理有据的与讲课老师平等对话，肯定了本节课的优点，提出了证据分析基础上的教学建议。

议课后，讲课者刘永梅老师谈了自己本次研修活动的反思，明确了自己课堂教学中应该改进的方面。最后，聂海英老师总结了本次研修活动，指出通过本次活动大家在7月份大型观课议课活动的基础上有了更进一步的提升，部分议课组的老师提前做好了后测试题的准备，表现出对本次观课议课活动的高度重视，相信刘永梅老师也是收获多多，对自己以后的教学会起到很好的促进作用。

研修成果

2017—2018年工作室成员外出研究课展示
"蚂蚁爬行的最短路程问题"教学设计

（2017年7月银川"名师论坛"）

鄂尔多斯市伊金霍洛旗第四中学　徐晓梅

新课标指出，"数学教育不仅要使学生获得数学知识，用数学知识去解决实际问题，而且更重要的是使学生认识到数学就在我们身边"。本节课正是体现"生活数学化，数学生活化"的典型例子，下来我从教材分析、学习目标、教法学法、教学过程几个方面阐述我的教学设计。

一、教材分析

1. 教材地位和作用

本节人教版八年级数学下册第十七章"勾股定理"第一节内容，是在学生学习了勾股定理的基础上进行的，是对勾股定理在生活中应用广泛性的初步认识。本节课既注重了知识的前后联系，也体现了知识的实用性、趣味性和创新性特点。在这些具体问题的解决过程中，需要经历将立体几何图形展成平面图形的抽象过程（在学生还未学习立体图形三视图之前，理解这个立体图形展开图还有一定的困难），需要借助操作手中学具、观察几何画板的动态演示等实践活动，这些都有助于发展学生的分析问题、解决问题能力和应用意识。

2. 学情分析

学生学习了勾股定理，并且掌握了"丰富的图形世界"中"展开与折叠"的相关知识。同时，八年级的学生已经初步具备了合作，探究学习的意识和能力。

二、教学目标分析

本节课就用勾股定理解决沿立体图形表面两点爬行的最短距离问题。我确定的教学目标如下。

（一）学科核心素养培育目标

通过对蚂蚁爬行的最短路径问题的探索，培育学生的探索精神和最优化思想；通过勾股定理在圆柱体和长方体等问题中的运用，培育学习数学建模、演绎推理和合理转化分类讨论思想等数学思想和数学素养；通过最短路径问题的再探索，发展学生批判性思维和发散性思维，进而提升学生的思维品质。

（二）学习目标

1. 知识与技能目标

能运用勾股定理解决实际生活中简单的立体图形表面的最短距离问题。

2. 过程与方法目标

在探索蚂蚁爬行的最短路径的过程中，学会观察图形，提高分析问题、解决问题的能力及渗透数学转化和建模的思想。

3. 情感与态度目标

①通过动手操作学具和几何画板的动态演示提高学生学习数学的兴趣。

②在解决实际问题的过程中，体验数学学习的实用性。

（三）教学重难点

本着课程标准，在吃透教材、了解学情的基础上，我确定了如下的教学重难点。

重点：探索、发现将立体图形转化为平面图形解决问题。

难点：利用数学中的建模思想构造直角三角形，利用勾股定理，解决实际问题。

突破方法：通过自制教具、几何画板、变式训练、讲练结合，把难点分散处理。

三、教法和学法

为了使学生完成本节课设定的教学目标，我再从教法和学法上谈谈。

教法：数学是一门培养人的思维、发展人的思维的重要学科，因此在教学中，不仅要使学生"知其然"还要使学生"知其所以然"，在学为主体、教为主导的原则下，展现获取知识和方法的思维过程。基于本节课的特点：实用性、趣味性，应着重采用"引导、探究、归纳"的教学方法。

学法：我们常说现代的文盲不是不识字的人，而是没有掌握学习方法的人，因而在教学中要特别重视学法的指导。本节课在圆柱体背景下的蚂蚁爬行问题中，因为讲授问题较为生动有趣很容易引导学生积极参与到问题情境中来。教学中我准备采用教师引导学生"变式训练、举一反三"的学习方法。

四、教学过程分析

本节课设计了六个环节。

今天学习勾股定理应用专题——蚂蚁爬行的最短路程问题，又名蚂蚁觅食问题，这类问题是数学中考历年热点考题，本节课我们在圆柱体和长方体中研究这个专题。

你会选吗？

如图 1 所示，从 A 村到 B 村，有三条路径可选择，你愿意选第几条路径？说出你的理由。

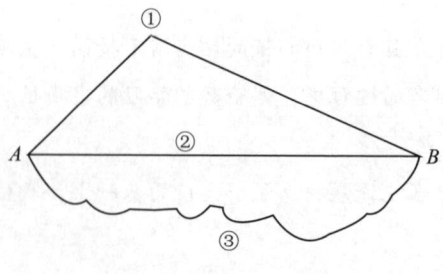

图 1

师：看到这幅图你能联想到哪个知识点？

生：两点之间，线段最短。

师：迄今为止，你用这条线段公理解决过什么问题？

生：三角形中判断两边之和大于第三边，将军饮马问题，造桥选址问题等求两点间的最短距离。

师：回忆这条公理的应用范围是在平面上吗？

生：是。

师：那么在立体图形中两点间的最短距离能否直接应用这条公理呢？这节课就要我们共同走进——圆柱体和长方体中的蚂蚁最短路程问题。

设计意图：唤醒学生的已有经验认知，寻找与本节课知识有关联的知识生长点。

第一环节：问题展示

例1. 如图2所示，一个圆柱，底圆周长6 cm，高4 cm，一只蚂蚁沿侧面爬行，要从 A 点爬到 B 点，则最短路程为多少厘米？

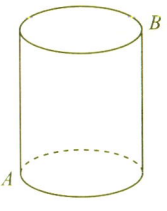

图2

此题是学生接触到的解决蚂蚁觅食问题的第一题，不仅要简单而且要体现解决此类问题的核心思想和方法，所以，我不仅自制教具"圆柱体"帮助学生理解问题，而且把这道例题抄写在黑板上，设计了6个圆柱体的备用图，帮助学生理解题意、分析问题、建立模型、解决问题。

学生齐读黑板上的例1。

1. 角色转换

我们来玩个游戏：若你是蚂蚁，你认为哪条是最短路径？能在黑板上画出这条路径吗？

此环节由学生完成，通过角色转换充分调动学生学习的积极性和强烈的参与意识，画完路径后让学生签上自己的姓氏，这时就用某某蚂蚁命名每次的完成路径，在哄笑之余极大地缓解了学生的紧张气氛，更增强了学生的参与意识（预计3分钟时间）。预测爬行路径如图3所示。

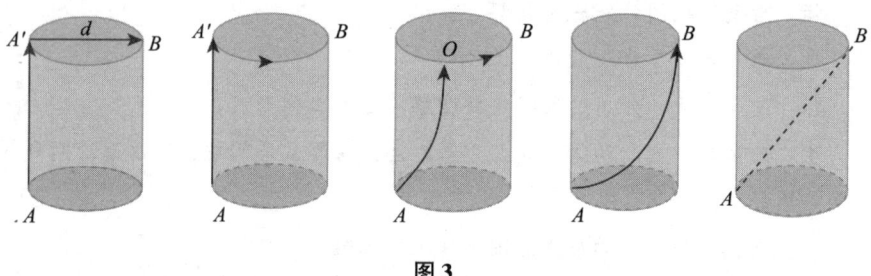

图 3

2. 认识圆柱

圆柱体我们早就见过，介绍圆柱各部分的组成及名称。

拿出自制教具介绍圆柱上下底面（圆形）、侧面（曲面）。

3. 分析题意

本道题中明确要求蚂蚁沿圆柱体侧面爬行（并在黑板上将"侧面"两个字画上重点符号），所以以上蚂蚁中有哪些不符合题意呢？不做研究！

设计意图：例题给学生提供合作探究的问题是引人入胜的、现实的、有意义的，而且要富有挑战性，进一步激发学生的兴趣和求知欲望。本环节认识完圆柱体的各部分名称之后紧接着分析题意，意在培养学生的审题意识，建立完整的思维有序性和逻辑性。

4. 转化思想

符合题意的走法需要有比较才能找出最短路径。先看这种走法：

借助教具问学生："AB是一条直的线吗（见图4）？"（走下讲台让学生摸摸看）

学生：不是。

师：真的不是？

学生：不是！

师：目前你能直接求出这条曲线的长度吗？

学生：不能，但是可以展开。

（老师继续引导）

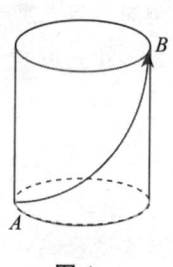

图 4

师：只需展开圆柱体的什么面？

学生：侧面！

师：很好的想法！圆柱的侧面展开图是个什么形状？（教师借用手中自制教具，边操作边让学生思考）

学生：长方形。（学生会借助已有的认知经验下意识地回答，为了让学生充分认知圆柱侧面展开图，我又设计了一个问题，以便让学生理解重点问题）

师：（将侧面展开图即得到的长方形贴在黑板上，如图5所示）这个长方形的宽是圆柱的什么？展开图中的长是圆柱的什么部分？用你手中的教具展示给我看。（半分钟时间由学生展示讲解）

图5

学生能弄明白这个问题，确实证实了展开图中的长是圆柱体的底面圆的周长而不是圆的直径后，将黑板上的长方形的长和宽标在图上！

设计意图：在全班范围内征集路线方案，通过具体计算，验证出最短路线。将曲面转化为平面问题是本节课的核心思想，让学生进行"做中学"能使学生走出"圆柱体侧面展开图"的长是底面圆的直径的错误"定势"和深刻理解展开图的本质内涵，为下一步计算最短路程奠定基础。同学借助学具展示研究，教师巡视指导，保证合作学习的有效性和有序性。

5. 找准位置

点A在展开图上的左下角，那么点B在哪里？

师：借助教具再次做侧面展开图，此时在展开图中事先标清点A，B的相对位置，点A面向我，而点B面向同学们，用手指捏住点B，再次展开，清楚地再现A，B在平面中的位置关系。再让一名学生在黑板上标出他看到的点B，其他同学都表示赞成。进而突破教学难点。

设计意图：自制教具的最大好处就是"接地气"，可以充分地激发学生学习的积极性，而且直观地展现了问题的答案，间接培养了学生模仿学习积极解决问题的意识，教师在处理问题上的积极做法会给学生带来积极的正面的心理暗示，对数学核心素养的培养大有裨益。

6. 解决问题

回到问题中"要求从 A 点爬到 B 点最短路程"在平面上如何完成？

学生：利用"两点之间，线段最短"解决。通过勾股定理求第三边 AB 的长。

7. 问题点拨

刚刚还有几只"蚂蚁"不服气，我们的路径就不是最短的吗？

让学生在展开图中"复制"立体图中的路径，最后经过比较确实不是最短的。

8. 方法回归

先将曲面转化为平面问题，再利用两点之间线段最短求得。

设计意图：通过学生的合作探究，找到解决"蚂蚁怎么走最近"的方法，将曲面最短距离问题转化为平面最短距离问题并利用勾股定理求解。在活动中体验数学建模，培养学生与人合作交流的能力，增强学生探究能力、操作能力、分析能力，发展空间观念。本环节的安排符合学生的认知规律，从感性认识上升到理性认识。感悟——提升原认知水平面，并作方法总结，为学生举一反三奠定基础。

9. 拓宽提升

我有一个疑问，"直接连接 A，B 两点，利用两点之间线段最短"不是更简单吗？

幽默：若圆柱是实心的内部装满土，蚂蚁该如何爬行？

若圆柱是实心的内部装满水，蚂蚁该如何爬行？

若圆柱是空心的内部都是空气，蚂蚁该如何爬行？

身势语表幽默！

再次强调说明：这类问题绝对不能直接连接A，B，不符合题意。

设计意图：教师首先让全体学生卷入认知冲突的旋涡，强化了学生探求新知的积极参与意识，通过精心设疑和经过有效"问题串"的引领点拨，使学生在自主探究的学习过程中学会提炼"基本思想"——转化为平面来解决问题，经过这个"拓宽提升"过程，进一步拓宽学生的视野，提升学生思维品质，也唤醒了学生的创造力，释放出了学生的"本质力量"。

第二环节：变式引领

变式1：有一圆柱形油罐，如图6所示，要从A点环绕油罐建梯子到B点，正好B点在A点的正上方，已知油罐的周长为12 m，高AB为5 m，问：所建梯子最短需多少米？

变式由学生上黑板讲解，在学生讲解的过程中关注学生的思维过程及解题方法，点拨学生不理解之处，再做感悟提升。

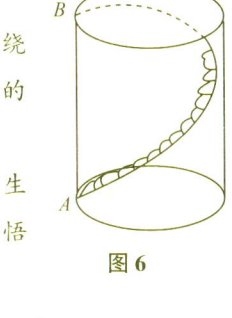

图6

变式2（提炼模型）：我国古代有这样一道数学问题："枯木一根直立地上，高二丈，周三尺，有葛藤自根缠绕而上，五周而达其顶，问葛藤之长几何？题意是：如图7所示，把枯木看作一个圆柱体，因一丈是十尺，则该圆柱的高为20尺，底面周长为3尺，有葛藤自点A处缠绕而上，绕五周后其末端恰好到达点B处。则问题中葛藤的最短长度是多少尺？

这道题借助几何画板动态演示，让学生发现一般规律构建数学模型，进而求两点的最短路程。

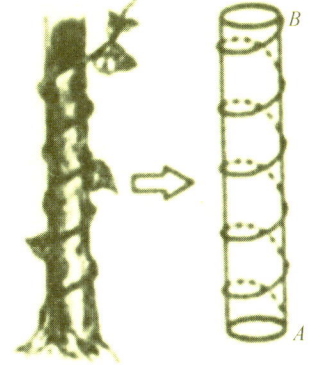

图7

变式思辨

例2. 如图8所示一个圆柱，底圆周长6 cm，高4 cm，一只蚂蚁沿侧面爬行，C在B处正下方1 cm处，要从A点爬到C点，则最短路程为_____cm？

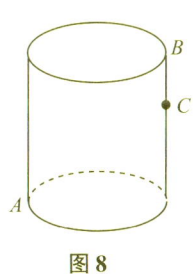

图8

变式（深度探究）：如图9所示，圆柱形玻璃杯的高为

12 cm，底面周长为 18 cm，在杯内离杯底 4 cm 的点 C 处有一滴蜂蜜，此时一只蚂蚁正好在杯外壁，离杯上沿 4 cm 与蜂蜜相对的点 A 处，则蚂蚁到达蜂蜜处的最短路程为 _____ cm（解法见图 10）．

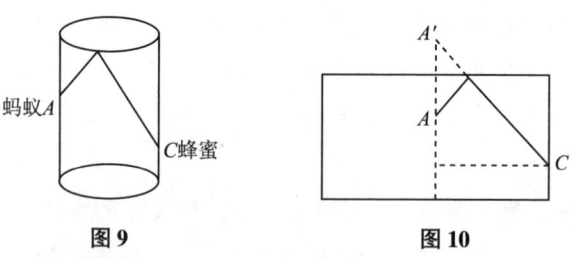

图 9　　　　　　　　图 10

设计意图：变式训练应由浅入深，从学生的已有经验出发由易到难，其讲解导学都是由学生完成，这种"兵导兵"的"专业引领"要胜于老师的讲解，既培养了学生数学语言的"严密表达"能力，更增加了其几何作图操作的"程序知识"，不能让学生的认识停留在"经验"层面，而是让学生通过感悟得到提升。

第三环节：变式运用

以"长方体"为载体的最短路程问题：

例 3. 如图 11 所示，一个长方体盒子的长、宽、高分别是 2 cm，1 cm，4 cm，一只蚂蚁从盒底的点 A 沿盒的表面爬到盒顶的点 B，那么它所行的最短路线的长是多少？

变式 1：如图 12 所示，长方体的长为 2 cm，宽为 2 cm，高为 4 cm，点 B 离点 P 的距离是 1 cm，一只蚂蚁从盒底的点 A 沿盒的表面爬到盒顶的点 P，那么它所行的最短路线的长是多少？

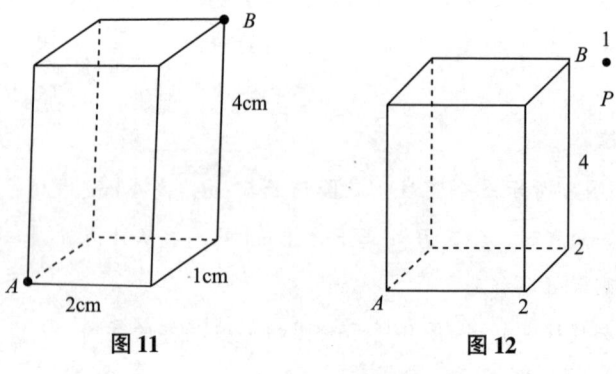

图 11　　　　　　　　图 12

变式2：如图13所示，一个三级台阶，它的每一级的长、宽、高分别为20 dm，3 dm，2 dm，A 和 B 是这个台阶两个相对的端点，A 点有一只蚂蚁，想到 B 点去吃可口的食物，则蚂蚁沿着台阶面爬到 B 点的最短路程是多少？

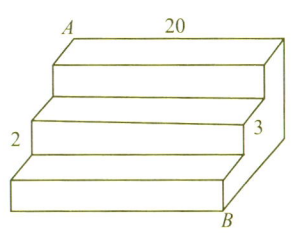

图13

借助几何画板形象直观地再现长方体的展开图，并作出最短路径，利用两点之间线段最短解决问题；圆柱体中的蚂蚁爬行问题有所不同，这种类型的题目体现了分类讨论思想，这是学习中要注意的问题；在做题中训练学生根据实际情形画出平面示意图并计算。

设计意图：为了让绝大多数学生独立完成这两道题，我加了一个"先行组织者"——例3，借助几何画板丰富了学生头脑中的"数学世界图景"，丰富了学生解决问题的经验。

第四环节：变式反思

①通过本节课的学习，你都有哪些收获？（学生畅所欲言）

②师生相互交流总结。（方法，知识，思想：建模、转化）

设计意图：学生归纳，师生共同完善，可以使学生的知识更加系统化、条理化，并加深学生对数学方法、思想的理解。

第五环节：好题推送

如图14所示，长方体的底面边长为 4 cm，宽为 2 cm，高为 5 cm。若一只蚂蚁从 P 点开始经过 4 个侧面爬行一圈到达 Q 点，求蚂蚁爬行的最短路径长为多少 cm？

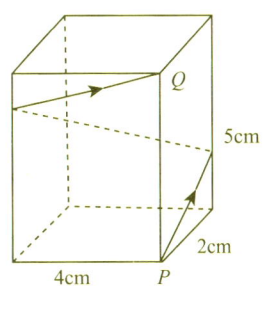

图14

第六环节：巩固练习

如图15所示，正方体木块棱长为 6 cm，沿其相邻 3 个面的对角线（图中虚线）剪掉一角，得到如图16所示的几何体，一只蚂蚁沿着图16所示的几何体表面从顶点 A 爬行到顶点 B 的最短距离为_____ cm。

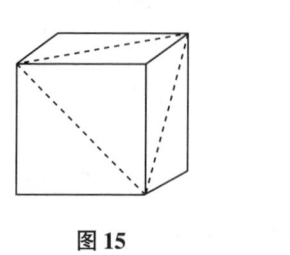
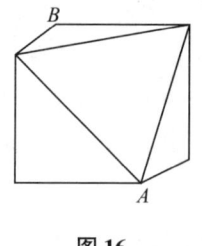

图 15　　　　　图 16

设计意图：体现新课标理念"不同的学生在数学上得到不同的发展"。

"三角形内外角角平分线与三角形有关角的关系探究"教学设计

（2017 年 9 月 23—26 呼和浩特"名师论坛"）

鄂尔多斯市伊金霍洛旗第四中学　高可如

新课标指出，"数学课程能使学生掌握必备的基础知识和基本技能，培养学生的抽象思维和推理能力，培养学生的创新意识和实践能力，促进学生在情感、态度与价值观等方面的发展"。本节课从学生已有的知识经验出发，注重培养学生的抽象思维和推理能力。下面我从教材分析、学习目标、教法学法、教学过程几个方面阐述我的教学设计。

一、教材分析

1. 教材地位和作用

本节课是人教版八年级数学上册第十一章"三角形"中的内容，在学生学习了三角形相关知识的基础上进行，是对三角形知识的拓展与延伸。本节课既注重了知识的前后联系，也体现了知识的实用性、趣味性和创新性特点。在这些具体问题的解决过程中，增强学生的应用意识，提高学生分析问题、解决问题的能力。

2. 学情分析

学生学习了三角形的有关知识，并且掌握了角平分的定义。同时，八年级的学生已经初步具备了探究、推理的学习意识和能力。

二、教学目标分析

本节课就用角平分线的定义解决三角形中的相关计算问题。我确定教学目标如下。

（一）学科核心素养培育目标

通过对三角形内外角角平分线与三角形有关角的关系的探索，培养学生探究问题能力；培育数学建模及演绎推理的数学思想和数学素养，进而提升学生的思维品质.

（二）学习目标

1. 知识与技能目标

经历三角形内外角角平分线与三角形有关角的关系的探索过程，掌握三角形内外角的角平分线的夹角与三角形第3个内角之间的关系。

2. 过程与方法目标

在探索三角形内外角角平分线与三角形有关角的关系的过程中，学会观察图形，提高学生分析问题、解决问题的能力，逐步渗透数学建模的思想。

3. 情感与态度目标

在解决实际问题的过程中，培养学生严谨的科学态度。

（三）教学重难点

本着课程标准，在吃透教材、了解学情的基础上，我确定了如下的教学重难点。

重点：掌握三角形内外角的角平分线的夹角与三角形第3个内角之间的关系。

难点：利用三角形内、外角的性质和角平分线的定义进行推理，能准确地表达推理的过程和方法。

突破方法：探究合作，讲练结合，把难点分散处理。

三、教法和学法

为了使学生完成本节课设定的教学目标，我再从教法和学法上谈谈。

教法：数学是一门培养人的思维、发展人的思维的重要学科，因此在教学中，不仅要使学生"知其然"还要使学生"知其所以然"，在学为主体、教为主导的原则下,展现获取知识和方法的思维过程。基于本节课的特点着重采用"引导、探究、归纳"的教学方法。

学法:通过活动建构,产生师生互动、生生互动,合作交流的教学氛围,通过巩固练习和小结归纳实现当堂达标,从而实现有效教学。

四、教学过程分析

第一环节:自觉体悟(三角形的两内角平分线的夹角与第三个内角的关系)

如图1所示,∠1 = ∠2,∠3 = ∠4,∠A = 100°,求 x 的值。

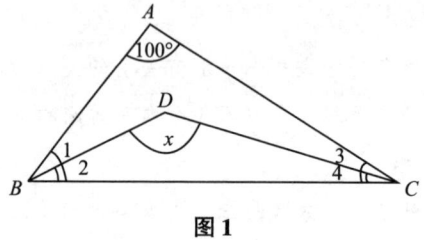

图1

经验迁移

如图2所示,在△ABC中,∠ABC的平分线与∠ACB的平分线交于点O,求∠BOC与∠A之间的关系。

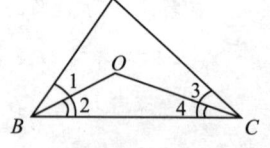

图2

∵ OB、OC 分别是∠ABC 和∠ACB 的平分线

∴ ∠ABC = 2∠2,∠ACB = 2∠4

∵ ∠A + ∠ABC + ∠ACB = 180°

∴ ∠ABC + ∠ACB = 2∠2 + 2∠4 = 180° - ∠A

∴ ∠2 + ∠4 = $\frac{1}{2}$(180° - ∠A)

∴ ∠BOC = 180° - (∠2 + ∠4) = 90° + $\frac{1}{2}$∠A

规律1:三角形两内角角平分线的夹角等于**90°**加第三个内角的一半。

如图3所示,∠1 = ∠2,∠3 = ∠4,∠A = 100°,求 x 的值。

若 BP、CP 分别平分∠2 和∠4,直接说出∠BPC 的度数。

设计意图：利用课本中的一道习题，唤醒学生对三角形有关知识的认知，寻找与本节课知识有关联的知识生长点，然后通过"经验迁移"把该习题由具体转化为一般，将问题简单化，在学生头脑中建立起"三角形的两内角平分线的夹角与第 3 个内角间的数量关系"模型。之后，回归习题，利用规律解题。

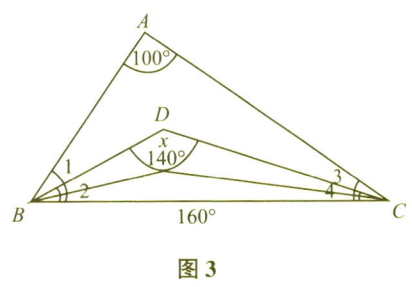

图 3

第二环节：合作探究 1（三角形两外角的平分线的夹角与不相邻内角的关系）

如图 4 所示，在 △ABC 中，BP，CP 分别是 △ABC 的外角 ∠DBC 和 ∠ECB 的平分线，试探究 ∠BPC 与 ∠A 的关系。

规律 2：三角形两外角角平分线的夹角等于 90° 减去第三个内角的一半。

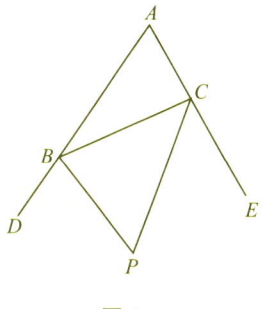

图 4

设计意图：该例题富有一定的挑战性，它可以用三角形外角与第三个内角之间的关系、角平分线的定义进行推理，也可以借助辅助线解决，该题鼓励学生用多种方法解决问题，并且归纳得出"三角形的两外角平分线的夹角与第三个内角间的数量关系"，从而进一步激发学生的学习积极性，逐渐培养学生的审题和推理能力，使学生建立完整的思维体系。

第三环节：合作探究 2（三角形一个内角平分线与其不相邻的外角平分线的夹角与第三个内角的关系）

如图 5 所示，∠ABC 的平分线和 △ABC 的外角 ∠ACD 的平分线交于点 P，请问 ∠A 与 ∠P 有什么关系？

规律 3：三角形一内角角平分线和一外角平分线的夹角等于第三个内角的一半。

设计意图：与前两个例题联系，不难得出"三角形内角和外角的平分线的夹角与内角的关系"。

总之,通过教材中的一道习题教学,又对习题进行了两种变式,这样的教学设计放大了教材习题的教育价值,丰富了学生头脑中的"数学世界图景",丰富了学生解决问题的经验。

第四环节:小结反思

根据三角形两条角平分线的位置不同,三角形两条角平分线的夹角与其第三个内角的关系有如下三种。

①三角形的任意两内角平分线的夹角等于90°与第三个内角的一半的和。

②三角形一个内角平分线与其不相邻的外角平分线的夹角等于第三个内角的一半。

③三角形两外角的平分线的夹角等于90°与其不相邻内角的一半的差。

设计意图：学生归纳,师生共同完善,可以使学生的知识更加系统化、条理化,并加深对数学方法、思想的理解。

第五环节:好题推送

如图6所示,在△ABC中,∠A = m°,∠ABC和∠ACD的平分线交于点A_1,得∠A_1；∠A_1BC和∠A_1CD的平分线交于点A_2,得∠A_2……∠$A_{2016}BC$和∠$A_{2016}CD$的平分线交于点A_{2017},则∠A_{2017} = _____。

如图7所示,在平面直角坐标系xOy中,点A是x轴正半轴上的动点,点B是y轴正半轴上的动点,作射线AB,∠OAB的平分线与∠OBA的外角的平分线交于点C。当点A,B分别在x轴和y轴正半轴上移动时,∠C的大小是否变化？请说明理由。

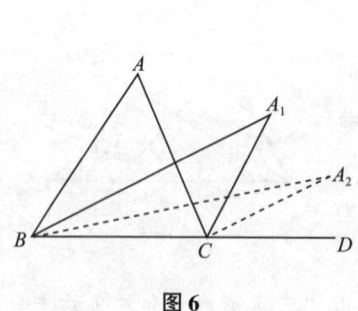

图6

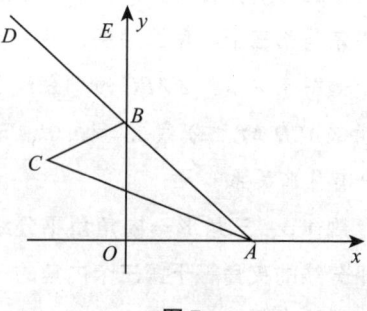

图7

"探究规律"教学设计

(2017年11月24日—28日无锡"名师论坛")

鄂尔多斯市伊金霍洛旗第四中学　陈永霞

一、内容解析

本节内容将有理数和整式的加减应用于探索规律，进一步用整式表示数量关系，用整式的加减运算进行化简，是有理数及整式加减的应用，也是近几年中考必考试题。

通过数字规律与图形规律的探究，用代数式表示事物变化的规律，体现从特殊到一般的观察、分析、判定、归纳的思维活动过程。

二、学科核心素养培育目标

①通过探索规律，使学生用数形结合的思想思考问题并解决问题。

②通过探究活动，使学生进一步体会分类、对应思想以及数形结合的思想。

③探究规律过程中，学生经历观察类比、归纳等活动，使学生积累数学活动经验，感受数学思考过程。

三、学情分析

学生在小学接触了简单的规律探索，对事物的排列规律有初步的了解，已经形成初步的观察、分析问题的能力。但是，将事物的变化规律与序号对应方面学生容易出错。

四、教学重点

巩固有理数和整式加减的有关知识，积累数学活动经验。

五、教学难点

从数列及图形中抽象出一般规律。

六、教学过程设计

（一）创设问题情境

一首永远唱不完的儿歌，你能用字母表示这首儿歌吗？1只青蛙，1张嘴，2只眼睛，4条腿，1声扑通跳下水。2只青蛙，2张嘴，4只眼睛，8条腿，2

声扑通跳下水。3只青蛙，3张嘴，6只眼睛，12条腿，3声扑通跳下水……n只青蛙，n张嘴，$2n$只眼睛，$4n$条腿，n声扑通跳下水。

师生活动：学生说唱，教师引入课题。

设计意图：让学生初步感知数字与代数式的区别，并且调动学生学习的积极性。

（二）自觉体悟

观察下列各组数，并填空：

①1，2，3，…第n个数是（　　）？

②2，4，6，8，…第n个数是（　　）？

③1，3，5，…第n个数是（　　）？

④观察下列一组数：$-\dfrac{2}{3}$，$\dfrac{4}{5}$，$-\dfrac{6}{7}$，$\dfrac{8}{9}$，$-\dfrac{10}{11}$，……它们是按一定规律排列的，那么这一组数的第k个数是（　　）？

师生活动：①学生很容易得出；②③通过课件引导学生分析每个数与序号之间的关系，结合具体的题给出找规律的定义；④由小组讨论出现符号的问题如何处理，教师引导分为两列数列解决问题，并让学生归纳找规律的基本方法，教师细化找规律步骤。

设计意图：学生初步感知，按照一定的顺序排列的量与序号的关系。

（三）探究导学

类型一：数字规律

例1. 按一定规律排列的一列式：$4xy$，$10x^2y$，$16x^3y$，$22x^4y$，$28x^5y$，…求第n个 _____ 。

师生活动：学生先观察各式之间的关系，确定x、y在式子中的规律，再思考系数的规律。先让学生独立思考后说出思路，教师利用课件展示两种分析过程，鼓励学生用多种方法解决问题。

归纳：本组数列特点，相邻两个数的差为定值时，规律：差×序+某数。

设计意图：应用列举的方法，统一各数的形式，从而发现规律，让学生体会找规律的基本方法。

变式练习：

1. 按一定规律排列的一列数：4，-7，10，-13，…求第 n 个_____。

2. 礼堂第一排有 a 个座位，后面每一排都比前一排多 1 个座位，第二排有_____个座位，第三排有_____个座位，第 n 排有_____个座位。

师生活动： 学生独立完成后展示自己的解题思路．

设计意图： 巩固相邻两个数的差为定值的数列找规律的方法。

类型二：图形规律

例2. 如图 1 所示，是一组有规律的图案，第 1 个图案由 4 个基础图形组成，第 2 个图案由 7 个基础图形组成，……，第 n（n 是正整数）个图案由_____个基础图形组成。

(1)　　　　　(2)　　　　　(3)

图 1

师生活动： 学生独立思考后，同桌交流方法并汇报。鼓励学生用多种方法解决问题，如果学生的方法不全，教师课件展示各种方法。

设计意图： 体会用割补法解决图形规律问题，并体会图形规律与数字规律之间的关系。

变式练习：

1. 如图 2 所示，用黑白两种颜色的正六边形地面砖按所示规律拼成若干个图案。

①第 4 个图案中有白色地面砖_____块。

②第 n 个图案中有白色地面砖_____块。

第1个　　　　第2个　　　　第3个

图 2

2. 如图 3 所示，把同样大小的黑色棋子摆放在正多边形的边上，按照这样的规律摆下去，则第 n 个图形需要黑色棋子的个数是_____。

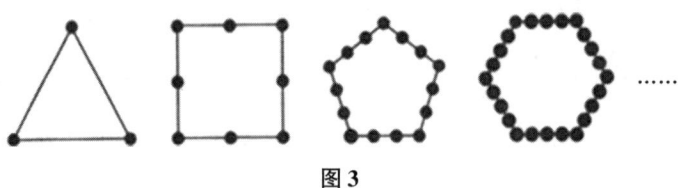

图 3

3. 如图 4 所示，将一些形状相同的小五角星如下图所示的规律摆放，据此规律，第 n 个图形有_____个五角星。

(1)　　　　(2)　　　　(3)　　　　(4)

图 4

师生活动：学生独立完成题目，教师深入学生，对有困难的学生进行个别辅导。

设计意图：学生尝试割补法解决图形规律问题，进一步感悟图形规律与数字规律之间的关系。

（四）自觉回顾

学生回顾课堂中学到的知识、得到的经验及感受。

"中点四边形"的教学设计

（2018 年 5 月 25 日—28 日南京"名师论坛"）

鄂尔多斯市第一中学伊金霍洛分校　齐鑫

一、教学目标

1. 知识与技能

利用三角形中位线定理判断中点四边形的形状；感受中点四边形的形状取

决于原四边形的两条对角线的位置与数量关系；通过观察几何画板感受中点四边形的周长和面积与原四边形的关系；通过图形变换感受研究数学问题的方法。

2. 过程与方法

通过对问题的分析与解决，进一步培养学生解决问题的综合能力，使学生能用动态的眼光看待问题，发现问题的本质，能从分析、解决问题的过程中总结方法，并能进行应用，解决同类问题。获得从"特殊到一般"解决问题的方法。

3. 情感态度与价值观

在探索问题中获得成功的体验，增强学习数学的自信心，体会数学知识之间的联系，培养发散的思维能力。

4. 教学重点

①决定中点四边形形状的因素研究。

②多边形与中点多边形面积研究。

5. 教学难点

①中点多边形面积的研究。

②"特殊到一般"的研究方法。

6. 教学方法

自主合作式教学。

7. 教学手段

学案、电脑、几何画板课件。

8. 教学策略

教师引导、组内合作交流，解决疑难问题。

二、教学过程

1. 自觉体悟，经验唤醒

师：关于中点四边形你知道哪些知识（见图1）？

生1：中点四边形的定义。

生2：任意四边形的中点四边形是平行四边形。

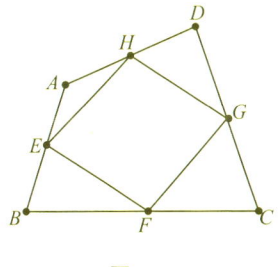

图1

生3：矩形的中点四边形是菱形。

生4：菱形的中点四边形是矩形。

……

师：关于中点四边形你还想知道哪些知识？

生1：中点四边形的周长和面积。

生3：中点四边形的形状和什么有关系。

老师补充整理明确学习目标：

①中点四边形的概念。

②任意四边形的中点四边形的形状。

③特殊图形的中点四边形形状。

④中点四边形的形状本质与什么有关。

⑤中点四边形的周长和面积。

设计理念：

①三角形中位线的相关知识是学习中点四边形的基础，对于接下来研究中点四边形奠定基础。

②知识类比和迁移，为学生接下来的学习提供方法的指引。

③关注学生的就近发展区域，以学定教，体现学生的主体性。

2. 探究导学，变式引领

中点四边形的概念（见图2）：

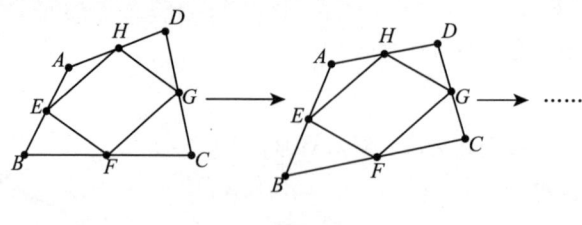

图2

中点四边形的定义：依次连接图2中四边形 $ABCD$ 各边的中点，所得到的四边形是**中点四边形**。

知识探究一：利用课件变换四边形 ABCD 形状

①发现：无论四边形 ABCD 的形状怎么变化，中点四边形 EFGH 的形状始终为平行四边形。

②证明：如图 3 所示。

证法一　连接 AC

∵ E、F 分别为 AB、BC 的中点

∴ $EF /\!/ AC$，$EF = \dfrac{1}{2}AC$

同理 $HG /\!/ AC$，$HG = \dfrac{1}{2}AC$

∴ $EF /\!/ HG$ 且 $EF = HG$

∴ 四边形 EFGH 为平行四边形

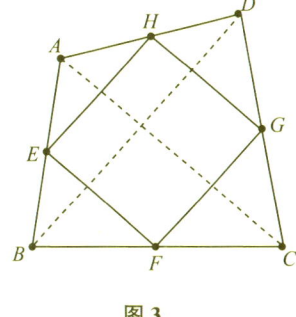

图 3

证法二　连接 AC、BD

∵ E、F 分别为 AB、BC 的中点

∴ $EF /\!/ AC$

同理 $HG /\!/ AC$

∴ $EF /\!/ HG$

同理 $FG /\!/ HE$

∴ 四边形 EFGH 为平行四边形

③归纳：任意一个四边形的中点四边形都为平行四边形。

知识探究二：特殊四边形的中点四边形的形状

活动流程：

①发现问题（特殊四边形）：在上一阶段研究的基础上，利用课件变换四边形 ABCD 形状，使四边形 ABCD 分别为矩形、平行四边形、菱形、正方形和等腰梯形，研究中点四边形 EFGH 形状（见图 4）。

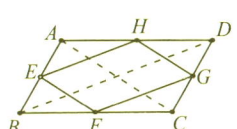 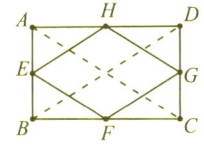 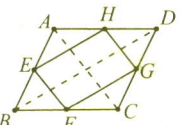 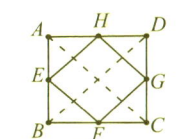

图 4

发现：中点四边形的形状有矩形、菱形和正方形。

老师补充：你能给予证明吗？（根据实际情况选取个别进行证明）

②师提出问题：要使中点四边形是矩形，原四边形一定是菱形吗？

小结：如图5所示，只需要满足原四边形的对角线垂直就可以。

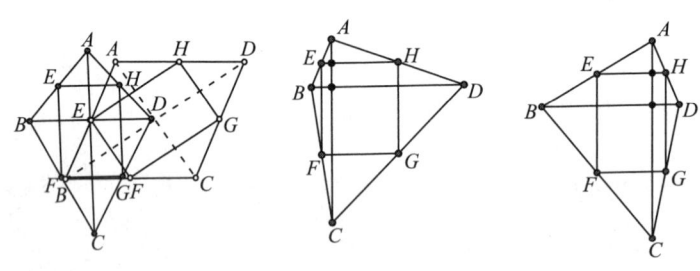

图5

要使中点四边形是菱形，原四边形一定是矩形吗？

小结：如图6所示，只需要满足原四边形的对角线相等就可以。

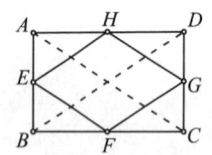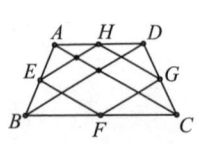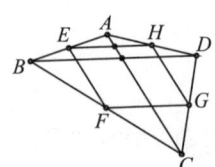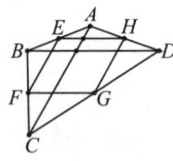

图6

要使中点四边形是正方形，原四边形一定是正方形吗？

小结：只需要满足原四边形的对角线垂直且相等就可以。

③总结规律，知识构建：决定中点四边形 $EFGH$ 的形状的主要因素是四边形 $ABCD$ 的对角线的长度和位置，而与原四边形的形状无关。

若对角线 $AC=BD$，则四边形 $EFGH$ 为菱形。

若对角线 $AC \perp BD$，则四边形 $EFGH$ 为矩形。

若对角线 $AC=BD$，$AC \perp BD$，则四边形 $EFGH$ 为正方形。

(老师指导：引导学生发现问题、提出问题并指导学习能力较弱的学生研究问题。)

设计意图：利用电脑的大容量使学生能够在较短的时间内对问题进行多方面研究。使学生掌握"从一般到特殊再到一般"的研究问题的方法和提升概括能力。

3. 变式应用，提升能力

如图7所示，四边形 EFGH 是四边形 ABCD 的中点四边形，点 P 是四边形 ABCD 内一点，点 E，F，G，H 分别为边 AB，BC，CD，DA 的中点。

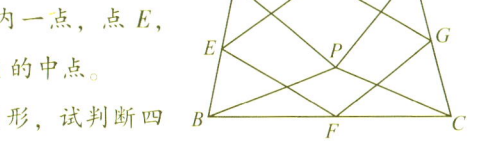

①使 △APB 和 △PDC 为等边三角形，试判断四边形 EFGH 的形状。

图7

②若改变①中的条件，满足 $PA = PB$，$PC = PD$，$\angle APB = \angle CPD$，猜想中点四边形 EFGH 的形状，并证明你的猜想。

③若改变①中的条件，$PA = PB$，$PC = PD$，且 $\angle APB = \angle CPD = 90°$，其他条件不变，试判断中点四边形 EFGH 的形状。

4. 思维提炼，建立模型

如图8所示。

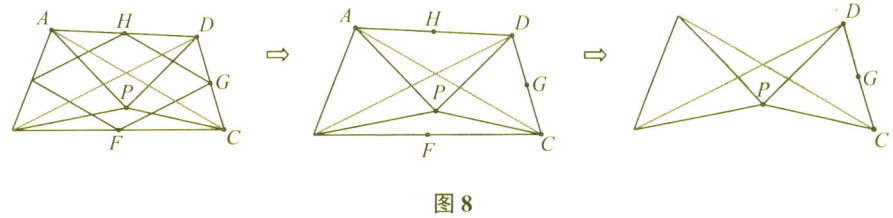

图8

5. 感悟反思，深化知识

通过以上活动，你能获得怎样的数学活动经验？

6. 深化研究，知识拓展

研究中点四边形的周长、面积与原四边形的关系。

老师布置任务，学生结合图9进行分组尝试探究。

①中点四边形的周长与原四边形的关系：中点四边形的周长是**原四边形两条对角线之和**的长度。

②中点四边形的面积与原四边形的关系：中点四边形的面积是原四边形面积的一半。

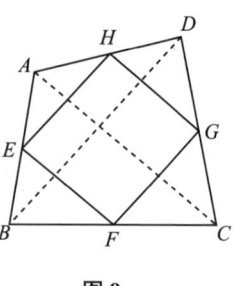

图9

7. 深度探究，思维训练

①如图10所示，四边形 $ABCD$ 中，已知四边形的周长是 a，面积是 b，对角线 $AC=c$，$BD=d$，顺次连接四边形 $ABCD$ 各边中点，得到四边形 $A_1B_1C_1D_1$。则四边形 $A_1B_1C_1D_1$ 的周长是多少？面积是多少？则四边形 $A_8B_8C_8D_8$ 面积是多少？则四边形 $A_nB_nC_nD_n$ 面积是多少？

②（2014 淮安）如图11所示，顺次连接边长为1的正方形 $ABCD$ 四边的中点，得到四边形 $A_1B_1C_1D_1$，然后顺次连接四边形 $A_1B_1C_1D_1$ 四边的中点，得到四边形 $A_2B_2C_2D_2$，再顺次连接四边形 $A_2B_2C_2D_2$ 四边的中点，得到四边形 $A_3B_3C_3D_3$，按此方法得到的四边形 $A_8B_8C_8D_8$ 的周长为 _____ 。

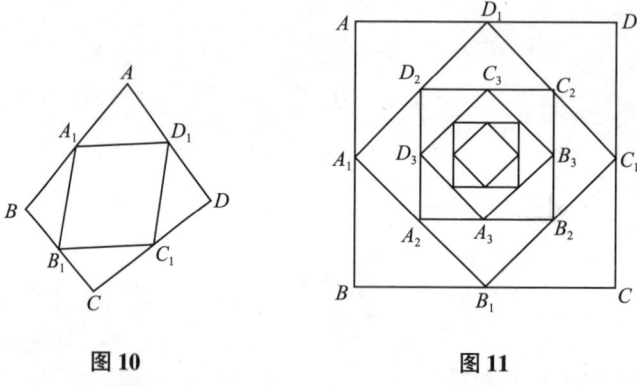

图10 图11

设计意图：培养学生对新知识的灵活应用的能力。

8. 好题推送，自我检测

① （内蒙古呼和浩特市中考二模）如图12所示，在四边形 ABCD 中，AB = DC，E，F 分别是 AD、BC 的中点，G、H 分别是对角线 BD，AC 的中点。

求证：四边形 EGFH 是菱形。

若 AB = 1 时，则当 ∠ABC + ∠DCB = 90°时，求四边形 EGFH 的面积。

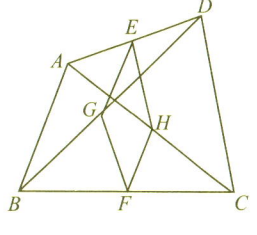

图 12

② （江苏省南京市溧水区2017年中考数学二模试卷）如图13所示，四边形 ABCD 中，E，F，G，H 依次是各边中点，O 是四边形内一点，若 $S_{四边形AEOH} = 3$，$S_{四边形BFOE} = 4$，$S_{四边形CGOF} = 5$，则 $S_{四边形DHOG} = $ _____ 。

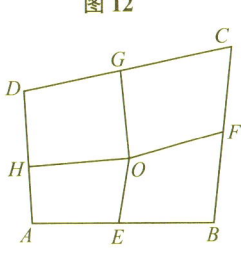

图 13

9. 归纳总结，知识建构

设计意图：培养学生的归纳能力，使学生形成完整的知识结构并掌握研究数学问题的一般方法。

① 本节课我学到了哪些知识？

② 本节课，给我感受最深的是什么？

③ 对老师还有什么想说的话？

【第四期初中数学名师工作室（2020—2022）】

本期工作室研修计划

伊金霍洛旗教育体育局第四期 "1+1+X+N+Z" 初中数学一级名师工作室两年发展规划

伊旗教育发展研究中心　聂海英

一、本期工作室基本情况诊断

伊金霍洛旗现有初中学校六所，共有初中数学教师77人，其中副高级教师14人，一级教师38人。其中，本科学历占比81.8%（63人），研究生占比18.2%（14人）。市级教学能手10人，市级学科带头人2人。第四期初中数学一级名师工作室现有名师9人。本期一级名师工作室名师都由个人申报、学校推荐、伊旗教育发展研究中心审核产生，他们思想上要求进步，教育管理与教学工作敬业乐业，有一定的理念素养和实践经验，教学质量较高。经过两年的研修与培育，他们一定能够更新教育教学理念、改进教学方式、全面提升教学素养。

二、本期工作室研修主题

"提高初中数学教师教学素养实践研究"。

三、确定研修主题的依据

作为一名数学教师，应该在教学过程中关注学生，认真研读课标，细致钻研教材，理清知识网络，形成知识主线，明确重点，确定难点，选择教法，组织和管理教学，这是初中数学教师专业发展的根本。

在参与我旗初中数学众多的教研活动中发现，伊旗初中数学教师的教学素养是很不全面的，具体表现在课程理解、教材的解读、教学价值的认识、教学目标的定位、教学方法的选择、教学设计的研究等方面尚欠火候，对教学目标、内容、方法的整体性与一致性关注不够，对教材重点、难点、关键点的处理与突破策略研究较少，数学教学活动设计浅显、缺乏深度和逻辑性，不能有效地引领学生进行自组织学习和深度学习。

自2016年基于"核心素养"的新课程标准的落实，数学学科教学中如何落实"核心素养"已成为教育关注的焦点，教师自身数学专业素养的提升也成为基础教育的重要课题，这对初中教师特别是伊旗教师提出了更大的挑战。鉴于此，本期的研修主题定为"提升初中数学教师教学素养实践研究"。

四、工作室成员专业成长和专业发展的目标

使本室成员知识结构从单一向综合转化，能不断更新和拓宽学科基础知识和学科前沿知识，掌握相关的学科知识和综合知识，提升数学学科素养培育策略水平。

使本室成员具有较深厚的教育理论素养和学术功底，掌握现代教学方法和现代教育技术，具有独立承担教育科研的能力，能独立开展教育教学研究，能熟练撰写教学案例并进行研讨和反思，能敏锐觉察到学生关注的问

题，对青年教师有较强的指导能力，成为具有稳定教学风格的学者型教师。

五、研修内容

（一）研修课程设置

1. 知识课程

①对数学学科素养的解读、数学课标的深度理解、数学文化教育功能的认识。

②2016版课标的变化与分解性阅读，本地区中考数学的考试说明分析。

③人教版教材与其他地区不同版本教材之间知识呈现的异同比较等。

2. 能力课程

①数学解题本领提升，教程和学程设计，问题串和题串的组织等。

②试卷命题的结构、难度、信度、效度把握研究，试卷的命题等。

③微视频的制作、线上线下混合教学和现代教育技术的运用等。

3. 实践课程

①学情研究与学习行为分析研究，自组织学习与深度学习的引领策略等。

②"以教引学、以学促教"的"自觉数学课堂"教学的组织、实施与管理，发展性评价等。

③几何画板制作课件、案（课）例研究、课题研究、论文写作、设计优效作业等。

④初小衔接、初高中衔接教学等。

4. 师德课程

①职业操守、情怀教育，教育法律法规学习等。

②心理健康教育、班主任工作、学生发展观教育等。

（二）重点难点

1. 重点

开展主题研学，更新教育观、课程观、学生观和发展观，提升理性判断与思考能力。

开展项目研修，梳理数学必备品格和学科关键能力，关照核心素养在课堂教学中的落实。

开展课堂教学，学会分析学情，进行有效教学设计，采用科学的方法进行教学实施与管理，全面提升教学素养。

开展专题研究，基于实际问题进行课题研究、案例研究、论文写作等，提升专业发展水平。

2. 难点

①对数学学科素养的理解、课程标准的深度解读、教材的深度把握。

②对学情的掌握、资源的组织、以学定教策略的选择、教学组织与管理。

六、研修方法

（一）研修的基本思路

以新课程理念为指导思想，以"以教引学、以学促教"为抓手，寻找伊旗初中数学骨干教师教学素养提升的突破口，引领伊旗初中数学骨干教师走出困惑和迷惘，走向清晰和成熟。本期工作室研修活动将在导师的指导下，做好工作室成员个人成长规划工作，通过围绕主题的项目推进，将工作室成员自主研修和合作研修相结合，促进工作室成员教学素养的全面提升。

基本思路： 明确要求——个人规划——自主研学——专业引领——项目推进——合作研修——评价促进。

（二）具体研修方法

1. 明确要求

组织工作室成员认真学习《伊金霍洛旗名师工作室考核细则》，明确考核要求，做到"心里有数"，认真分析个人在教学素养全面提升方面的优势与不足，找到"补齐短板"的策略与途径。

2. 个人规划

在导师指导下做好个人成长规划的设计，分析自己的发展基础和问题，对照工作室研修主题和培育目标，在明确目标并形成共同愿景的基础上制定好切实可行的个人成长规划。

3. 自主研学

工作室成员在导师指导下开展读书和研学活动。导师推荐必读和选读书目及相关杂志，制定学习计划，开展读书与交流活动。工作室组织开展混合式的读书交流会、主题沙龙和专题研讨等活动，促使学员养成良好的阅读与学习的习惯，促使先进教育理念在工作室成员脑海中扎根促进优效教学策略的形成。

4. 专业引领

一是通过开设专题讲座、沙龙研讨等实现对工作室成员的理论引领；二是通过核心素养、学科关键能力、有效教学等主题研讨，更新工作室成员的观念、意识、策略等；三是通过课题研究、课例研讨等活动，促使工作室成员提升教科研水平；四是向导师进行"浸润"式学习，观摩、领会导师的教育教学思想与方法；五是有计划地组织工作室成员外出研学、观摩交流活动，促使工作室成员进一步拓宽教育视野。

5. 项目推进

围绕工作室研修主题，进行课题、课例、教学策略、课程建设、资源开发等项目研修，实现观念更新、教学方式改进、教科研能力提升，从而进一步提升工作室成员的专业发展素养。

6. 合作研修

建立QQ群和微信群，开展研讨交流，并及时将研修成果进行分享，也可以进行远程网络教研活动、资源共享、平台互动和成果分享等，由导师对工作室成员进行个别化指导。通过其他伊旗外友好单位的平台进行相关展示活动。

7. 评价促进

按照《伊金霍洛旗名师工作室考核细则》。加强过程管理，促使工作室成员在完成本职工作的前提下，认真参与工作室的各项工作，促进自身的专业成长；组织读书分享、教学比武，开展同题赛课等活动，组织并指导工作室成员参加市级及以上相关课堂教学及论文评比；建立科学的评价考核机制，建立工作室成员成长电子档案，从职业态度、理论水平、教育教学水平、教科研水平、合作能力、学生评价等维度对工作室成员进行全面考核，半年进行过程性考评，一年后进行终结性考评。

七、研修计划

2020年8月—2021年7月

①开展伊旗初中数学教师现状调研；确定工作室研修主题和导师人选。

②制定一级名师工作室实施方案和工作计划。

③工作室成员完成个人两年发展规划。

④开展以下主题研修项目:

项目1(导师引领):"基于学科素养的概念课教学策略研究";

项目2:"现代教育技术与学科融合创新(现代教育技术、微课制作等)";

项目3:"怎样写论文";

项目4:"怎样出一份好的试卷";

项目5:"几何画板课件的制作(初级)";

项目6:"有效的'自主学习'指导策略分析";

项目7:"怎样进行课题研究";

项目8:"自觉数学教育思想的思考与实践";

项目9:"几何画板课件的制作(中级)";

项目10:"教学难点突破策略分析";

项目11:"教学内容的深度、广度、难度平衡性把握分析";

项目12:"例题、课堂练习、课后作业优效规划分析";

项目13:"中考题在平时教学中的有效渗透策略分析";

项目14:"优效走心的课堂导入策略分析";

项目15:"优效教学情境的设计策略分析";

项目16:"有效的预学习(准备性学习)策略分析";

项目17:"有效提问、有效追问策略分析"。

⑤出大市外出访学一次。

2021年8月—2022年7月

①开展以下主题研修项目:

项目1:"'以错化育'教学策略分析";

项目2:"从浅层学习走向'深度学习'组织策略分析";

项目3:"'有效变式'教学策略分析";

项目4:"例题教学中'面向全体'的策略分析";

项目5:"中考数学复习有效策略分析";

项目6："激励性评价策略分析"。

②编辑《提升初中数学教师教学素养的途径》成果集。

③工作室工作总结；学员个人总结；举行各类评比活动。

八、预期成果

按计划高质量完成工作室的各项工作，使工作室成员在教育教学理论水平、教学素养、教学实践能力、教科研水平等方面都有较大的提高，专业发展水平有明显提升，促进伊旗初中数学教师队伍素养的整体提升。

九、相关效益

①工作室成员学校的初中数学整体教学素养有显著提升。

②工作室成员所教班级的学生的数学学习行为与能力有明显进步。

③实践效益。技术指引：形成专著、论文、课例、案例、精品课DVD和网站等，指导初中数学课堂教学研究的深入推进；行为转变：学员们构建优效初中数学教学的理念、策略、能力和行为得到明显改善，学生有好的学习习惯和方法，学习力强，学习行为有明显改善；改善课堂生态：教学中关注师生、生生、生本和人机对话，在合作中讨论、碰撞、怀疑、纠错、探究等，形成新的课堂生态；高效课堂：以高的教学效益、先进的理念和技术手段，促使我旗相关学校初中数学教学素质不断提升。

④辐射推广。本工作室的理论成果将与其他地区、学校、教师进行分享，分享我旗在教师培养、教学改革、课堂建设中的成就。

本期工作室研修简报、总结、学习心得

【第一次主题研修】

研修主题：基于核心素养的初中数学概念教学策略研究

精准把脉数学课堂　深入研究概念教学

——伊金霍洛旗第四期初中数学名师工作室第一次研修活动

心中有信仰，脚下有力量。因对教育事业的热爱，伊旗第四期初中数学一级名师工作室的老师们齐聚一起，在导师潘建明的引领下开启了新的研究篇章。

概念教学在整个数学教学中起着举足轻重的作用，为了进一步提高伊旗初中数学教师的专业素养和教学能力，打造高效、灵活的初中数学概念课堂，培养全体教师的数学核心素养及驾驭课堂的能力，伊旗初中数学一级名师工作室于 2020 年 11 月 10 日邀请潘建明校长在伊旗第四中学开展了以"基于核心素养的初中数学概念教学策略研究"为主题的研修活动。

本次活动由初中数学名师工作室聂海英老师主持，活动为期一天，分为四部分，第一部分潘建明校长上示范课，第二部分潘建明校长讲座，第三部分高可如、刘小霞两位老师展示研修课，第四部分潘建明校长对两节研修课进行点评。

第一部分：潘建明校长名师示范课"从实际问题到方程"。整节课的教学流程清晰，层次分明，构思严谨，设计精巧，环环相扣，教学中重视学生数学核心素养的培养。潘建明校长用幽默的语言、鼓励性话语，调动学生学习的积极性；课堂中开展独学、对学、群学和展学等多种学习方式，使学生通过多元手段体会到学习的乐趣。

潘建明校长在教学中利用"象比教学"（象比取自鬼谷子的用简单而形象的事例来说明深刻的道理）、"同页显""脚手架"等教学策略，给学生形成知识结构，促进概念的内化，抽象概念的本质属性。

第二部分：潘建明校长的讲座"概念教学策略分析研究"。概念是反映事物本质属性的一种思维方式，是人们对客观事物的一种认识，理解数学概念是掌握数学其他知识的基础。潘建明校长从"数学概念教学的作用与意义""数学概念的本质与内涵分析""数学概念教学的原则与机制""数学概念教学的结构与流程"四大方面进行了详细的阐述。

潘建明校长列举了数学概念教学的现状和数学概念教学中产生的问题，向老师们明确了数学概念教学的作用与意义及加强数学概念教学的必要性。通过大量的实例分析了数学概念的本质与内涵，结合具体的课例向老师们介绍了概念教学的策略、结构与流程。

概念教学之所以难主要是因为概念的抽象性，从实例出发减少学生对概念的陌生感，再采用多种教学方式方法，可以促进学生对概念的内化，教学中一定要抓住概念的本质属性进行教学。初中数学概念教学方法多种多样，这就要求在数学概念教学过程中，根据教材和学生的认知水平、思维发展状况和具体的教学目标，采取灵活的教学策略及有效的教学措施，务必让学生清晰地理解概念、掌握概念，进而学会使用概念、活用概念，切勿让学生死记概念、硬背概念。潘建明校长的讲座为老师们明晰了概念教学研究的方向，也告诉老师们数学概念的处理要取慎重的态度。数学概念教学必将是我们长期探索的一个课题。

第三部分：工作室老师概念课展示。第一节由伊旗四中高可如老师为大家展示了研修课"弧长和扇形面积"，高可如老师用一系列的问题串复习了与本节课有关的圆的概念，关注学生最近发展区，对学生进行了经验唤醒，为本节课的教学做好了铺垫，从而抛出了本节课要探究的问题，让学生带着问题观看视频，通过视频学习，学生汇报了弧长公式推导的原理，让学生感悟了知识生成的过程。高老师的课主线明确，讲解细致，教学中关注学路优先，用非概念图形强化概念，达到了概念课的教学目标。整节课学生在问题的引领下，通过独学、互学、展学参与到课堂教学中，通过信息技术助教及时反馈问题学生存在的问题，并让学生自己追究错因。

第二节由鄂尔多斯市一中分校刘小霞老师为大家展示了研修课"同底数幂的除法"，这节课刘小霞老师真正将课堂还给了学生，刘老师灵活处理教材，教学设计从学生已有的知识出发，探索法则、应用法则环环相扣，既落实了基础，又提高了学生的能力。刘小霞老师教学时采用学生讨论、学生讲解等数学活动，调动了学生学习的主动性，使他们成为学习的主人，使学生能积极参与教学的每一个环节，努力探索解决问题的方法。整节课学生学得轻松快乐。

第四部分：导师点评课环节。高可如、刘小霞两位老师对自己如何构思、如何展开教学以及在教学中的困惑进行了精彩的说明。参会老师针对两节课从多角度、多维度进行了点评，在评课过程中引发新的问题的探讨，这个环节也是促进教师成长的关键。

潘建明校长从教师的基本功、关注学生程度、教学设计、教学思路、教学策略、细节处理等方面全面细致地点评两位老师的课，同时，渗透了概念课教学的基本理念，注重知识的生成与发展的过程。潘建明老师的点评引发了老师们深度的思考。

潘建明校长对两位老师的授课点评写了满满两黑板，使老师们深刻地感受到了潘建明校长对细节的处理和对大局的把握的高明之处。在点评中，潘校长针对本节课的亮点及不足进行了适当点拨，比如如何促进本质概念的教学，如何借助表格这样的脚手架类比同类问题，课堂上如何进行针对性的训练及如何使用电子书包及微课助学，如何设计问题串完成有效追问等，使得课堂更高效、更能激发学生的思维，使老师们受益颇深。

在新课程改革的要求下，数学教学的价值目标取向不再仅仅局限于让学生获得基本的数学知识和技能，更重要的是在数学教学活动中了解数学的价值，增强数学的应用意识，获得数学的基本思想方法。通过潘建明校长的示范课、潘建明校长的讲座及潘建明校长对两节研修课的点评，老师们深受启发。

活动结束时，初中数学教研员聂海英对本次活动进行总结，落实本次培训后工作室的研究任务，明确今后的前行方向。教师的成长永远都在路上，这一路，有专家的引领，他们将携手奔跑在成长的幸福路上！

从思维碰撞之火花　见数学育人之价值

北京师范大学鄂尔多斯第二附属学校　王玉慧

2020 年 11 月 10 日上午，鄂尔多斯伊金霍洛旗全体数学老师齐聚一堂，大家翘首以盼，像渴求一场春雨般渴求一场思维风暴的到来。鄂尔多斯伊金霍洛旗第四期数学名师工作室的导师潘建明如约而至。就像我十年前见到他的样子一样，还是那般风度翩翩，还是那般睿智风趣。潘教授的课引人入胜、方法新颖、层层递进、步步为营，从学生的已有知识入手，一步一个脚印拾级而上，最后到达思维的顶峰。这一过程中潘教授对学生数学核心素养的不失时机的培养就如那般春雨——润物细无声……不由得让人拍手叫好！发自肺腑地佩服！

以下是本次培训我的一些心得体会。

一、数学核心素养之发现问题、提出问题能力的培养

教育的本质是唤醒！潘教授说：学问、学问首先要学会"问"！11月10日，伊旗四中"从问题到方程"中，课程一开始，潘教授问同学们："看到这个课题你们有什么问题？"引发学生思考。11月11日，北京师范大学鄂尔多斯第二附属学校"幂的乘方"中，课程一开始，潘教授问了同学们这样一个问题："看到这个课题，你有什么想法？"接着潘教授又追问"猜想一下什么是幂的乘方？"这样开放的问题，引发学生思考从而产生新的问题。在落实数学核心素养的同时，提高学生发现问题、提出问题从而分析问题、解决问题的能力。潘教授告诉同学们每节课要带着问题进课堂，多问自己几个为什么。这样的课堂设计对我的触动很大，近些年来，我发现学生分析问题、解决问题的能力越来越强。但是，发现问题、提出问题的能力越来越弱，这不得不让我深思，我们究竟要培养什么样的人？

数学课程标准之总目标指出：通过义务教育阶段的数学学习，增强学习发现和提出问题的能力、分析和解决问题的能力。使学生养成良好的学习习惯且具有初步的创新意识和科学态度。这些目标的落实，需要我们教师静下心来，潜心研究课标、教材、学生，放弃眼前利益看到长远利益，以学生的终身发展为目标，才能在每一节课的教学设计中增强对学生四能的培养。

二、数学核心素养之分析问题、解决问题能力的培养

每一个概念的产生都有丰富的知识背景，舍弃这些背景，直接抛给学生一连串的概念是传统教学模式中司空见惯的做法，这种做法常常使学生感到茫然，丢掉了培养学生概括能力的极好机会，让人有一种入宝山而空返的感觉。由于概念本身具有严密性、抽象性和明确规定性，传统教学中往往比较重视培养学生思维的逻辑性和精确性，在方式上以"告诉"为主让学生"占有"新概念，置学生于被动地位，使思维呈现依赖，这不利于创新型人才的培养。学生如能在教师创设的情景中"经历"一遍发现、创新的过程，那么在获得概念的同时还能培养他们的创造精神。由于概念教学在整个数学教学中起着举足轻重的作用，我们应重视在数学概念教学中培养学生的创造性思维。数学学习中有很多重要的东西，包括概念、定理、性质、问题等，其中概念是一个非常

重要的学习数学的载体,很多东西都是围绕着一个核心概念展开的,因此必须重视概念教学。

大多数学生对概念的处理方法就是死记硬背,只知其然却不知其所以然。另外,大多数学生脑海中的数学概念都是孤立的,没有形成一定的数学结构,所以在碰到一些综合性比较强的问题时,常常显得毫无头绪、束手无策,缺乏对数学概念的灵活运用,长此以往,学生的数学概念就变得零散,自然也就不利于学生形成良好的认知结构。孤立地讲授概念,过分注重定义的叙述,而不注重概念的产生基础,并且要求学生熟读定义、熟记定义,这样导致学生认为数学概念单调乏味,不去重视,致使概念不清,理解模糊,还有的学生死记硬背,机械记忆,而不是真正透彻理解,严重影响学生对数学知识和技能的掌握和应用,甚至影响学生学习数学的兴趣。另外,不注意揭示概念的形成过程,只注重概念的应用。对于数学概念的定义,老师并没有按照教材编排体系去指导学生进行积极地探索,而是按照"定义+例题"的教学模式进行。这样只能强塞给学生定义与解题方法,而丢掉了从问题到结论和方法之间的探索过程。这种教学停留在现成知识的传授上,没有从总体上去把握数学中的观念、定理、公式、方法和技巧,使学生所学知识处于零散无序状态,不能用数学思想和方法去观察、发现、分析数学问题。

潘教授的教学过程和教学设计特别注重数学知识的生长点与延伸点,把每堂课的教学知识置于整体知识的体系中,注重知识的结构和体系。在《从问题到方程》教学过程中,潘教授首先带领学生复习什么叫方程,进而引导学生判断是不是方程,最后由学生说出什么是"一元一次方程"。在"幂的乘方"教学过程中,潘教授引导学生回顾什么是幂,复习回顾什么是乘方、同底数幂的乘法法则,最后由学生探究得出幂的乘方的法则。潘教授注重对学生已有经验的唤醒,教学方法巧妙,这体现在一是对原有经验的唤醒产生最近联想;二是对参与活动的内化,形成新的经验;三是对问题模型的拓展展示经验力量。《数学课程标准》指出,数学教学必须建立在学生的认知发展水平和已有的知识经验基础上,这就要求我们从维果斯基的最近发展区域论来建构一节课所要探究的问题。潘教授特别注重对学生的基础知识、基本技能、基本思想、基本活动经验的培养和训练。在这个过程当中，学生体会到数学知识之间、数学与其他学科之间、数学与生活之间的联系，运用数学思维方式进行思考，一步一个脚印地提高学生分析问题、解决问题的能力。

三、感受数学价值之所在

"从问题到方程"这节课，潘教授不惜花费大量时间来让学生感受为什么要用方程来解决问题，小学算数不可以吗？为什么要换个角度去研究？这正是"从问题到方程"这节课的价值所在！让学生体验方程是刻画现实世界的一种有效的数学模型，可以用方程表达数量间的相等关系。潘教授通过具体的例子，用不同的方法让学生感受到用不同的思维模式解决问题的区别，让学生实实在在地感受到从算术思维走向代数是思维的必然，并结合图表引导学生用丰富的方法解决问题。

四、和学生手拉手一起走

我听过很多老师的课，不知道从什么时候开始老师不给学生审视例题的时间。从例题中捕捉信息、抓住关键、分析条件、结实所求、寻求联系、形成设想、构建方案的过程都被消解殆尽。没有感知确认、没有抽象概括、没有合情推理、没有语言转化、没有思路调整，更没有审美想象。学生阅读被老师复述取代，沉浸思考被条件反射取代，操作运算被课后复习取代，揣摩切磋被标准答案取代，等待停留被急速行进取代⋯⋯请问这样的教学究竟是为了什么？再回头看看潘教授的课，一道例题出示以后先给学生读题的时间，使学生独立思考，再来看着老师复述问题，老师对问题如数家珍，一连串的问题问下来，再难的题目都像一个一个故事一样，静静地流淌到每一个孩子的心中，再难的题目在潘教授的引导下似乎都变得那么"听话"、那么的"平易近人"了！这样的教学设计、这样的课堂，学生怎会厌学、学生怎会掉队？我深深地感受到：学生学习的差距很大一部分是老师造成的！

五、数学是明确的

数学是明确的！这是我听了潘教授两节课后的感受！很多时候听老师说："我都讲了100遍了，学生还是不会。"这种感觉，我也深有体会。我们总是理直气壮，我都"说了"，你怎么还不知道？请问：你是怎么说的，是否说得清楚明白，是否有信息反馈，是否得到确认，是否被理解，是否可以转化为行动？否则，这个"说"就是不明确的，这样的概念不过是浮光掠影，这样的指令不过一地鸡毛。光"说"是不够的，至少应该把它"写"出来。有时候，写出来还是不明确的，应该给时间让学生看一看、想一想，审问之、慎思之、明辨之。潘教授用实践告诉我们：小步子、快节奏、勤反馈、勤总结。这一点我们可以从潘教授的板书中有深刻的感受。倡导多媒体的一个重要意义就是将说和写的功能延伸，使我们的每一个命题、每一个指令都清楚明确。在潘教授的讲课过程中我发现：数学是明确的！课题对象要明确，涉及概念要明确，语言陈述要明确，板书视频要明确，运行路径要明确，转折节点要明确，方法归纳要明确，达成目标要明确。先是明确，然后才是深刻生动！然后才是艺术追求、智慧生成、创新发展、生命活力！

潘教授是思维的设计大师！能够听到潘教授的课是我们每个数学老师的幸福！

一路学习　一路成长
——记一次数学研修活动心得体会
伊金霍洛旗第四中学　高可如

研修是一次对话，是一次生命过程，是一次心灵之旅。2020年11月10日，全旗数学教师齐聚四中，一同观摩潘建明老师的概念课"从问题到方程"，并聆听了潘老师的讲座"初中数学概念教学策略研究分析"。在本次研修活动中，我的收获满满。

一、在课堂上应关注每一位学生的成长

潘老师在讲授"从问题到方程"一课时，从学生已有的经验出发，带领学生复习方程的概念，更是通过天平实验，渗透列方程的关键——找等量关系。用两个实际问题，让学生感知用方程解决实际问题要优于用算术解决实际问题。他的课堂思路清晰，问题设置得当，教学过程由浅到深，层层递进，在传授知识的同时更注重思想方法的学习和能力的培养。在教学活动中，充分调动了学生的主观能动性，展示生生互动，师生互动。在有限的时间内，让每一

位学生都得到了充分的锻炼和展现。

二、教学设计应符合学生的认知规律

潘老师借用建构主义的一则"鱼牛"童话告诉我们：学习是学习者根据自己的经验背景，对外部信息进行主动地选择、加工和处理，而教学不能无视学习者已有的知识经验，不能简单地强硬地从外部对学习者实施知识的"填灌"，而是应该把学习者原有的知识经验作为新知识的生长点，引导学习者从原有的知识经验中主动建构新的知识经验。讲座中，潘老师用一个个鲜活的案例，生动地给我们讲述了在概念教学中要重视概念的引入，重视揭示概念的本质。同时也渗透了在概念教学中如何引领学生、如何培养学生的数学思想和由教得完整、学得完整到成长完整转移的思想。

三、学无止境

听过潘建明老师的讲座若干次，每一次的讲座内容都各不相同，而每一次都能给我带来震撼。在本次讲座中，潘老师用加油站油表的变化，让学生体会变量的含义，用国王给米的故事和折纸游戏，发展学生的数感。他用这样的一种方式告诉我们：在教育教学中，教师不但要涉猎书本知识，还要走出课本，用知识武装自己的头脑，让自己的课堂更充实、丰富。"要给学生一杯水，教师得有一桶水"，必须将"一桶水"转变为"源源不断的活水"才能适应时代的发展，这样站在讲台上才能底气十足，才能成为孩子们眼中的"百科全书"。

短暂的培训虽然已经结束，但是培训带来的收获让我铭记在心。展望未来，我将在自己的岗位上，应用自己所学，不断体验、感悟、反思、总结，真正做到"静下心来教书，潜下心来育人"。

基于核心素养的初中数学概念教学策略研究心得体会

伊旗第一中学　乔鹏

2020年11月10日，我在伊旗四中参加了为期一天的"基于核心素养的初中数学概念教学策略研究"活动，通过学习，在理论认识和课堂教学的操作上有了很大的收获，现总结如下。

一、经验唤醒，激发学生的想象，引入数学概念

在对学生进行概念的教学过程中，不能死板地灌输概念，也不能让学生死记硬背，老师应该在概念的学习之前联系学生已有经验，让学生联想之前学过的知识进行本节课的学习，这样能激发学生的学习兴趣，活跃课堂气氛，老师应该根据学生的不同年龄和认识状况，从直观的、具体的现实出发，让学生根据自身已有的经验，把现实联系起来，对某一事物进行推测，培养学生的想象力，以对数学有种直觉。

二、追求精致，弄清概念的背景和本质

追求每一节课的完美，课堂上把每一个问题都要问清楚，老师在给学生教数学的过程中，要说明白概念的来源，讲清楚来龙去脉，这样学生学起来就不会模糊，学习起来就更有兴趣，掌握概念就会很快。

三、从学生的眼中看到数学的起点

紧扣数学的本质，从学生的现实起点出发，由简到难。在创建知识的过程中要结合自己学生的能力进行，让学生享受数学本质带来的乐趣。适合自己学生的教学才是最好的。

研概念教学之策略　展高效课堂之风采
——记名师工作室教研活动体会
伊金霍洛旗第四中学　徐晓梅

作为一名数学教师，我有幸加入了伊旗第四期名师工作室，进一步跟随专家及聂老师和共同奋进在教育一线的老师们，接受最新的教育理念的指引和熏陶，服务于教育一线课堂，通过每节课的活动、每个教学目标的落实、与每本作业本之间的交流、与孩子们的每次沟通等，与孩子们共同走向更光明的学习之路，与孩子们更高效的研究之道，为孩子们的终身学习夯实基础，保驾起航！我相信，通过名师工作室的培训及活动，我能遇到更优秀的自己！

伊旗初中数学一级名师工作室于2020年11月10日邀请潘建明校长在伊金霍洛旗第四中学开展了以"基于核心素养的初中数学概念教学策略研究"

为主题的研修活动，我们收获满满。下面我针对数学概念课堂的高效和灵活、如何培养数学核心素养、让学生学到真正的数学谈几点体会。

一、语言教学、身势语的应用服务于课堂

潘校长名师示范课"从实际问题到方程"是一节培养学生数学核心素养、提升老师素质的好课。整节课的教学流程清晰，层次分明，构思严谨，设计精巧，环环相扣，密度适中，课堂容量大，教学中重视数学核心素养的培育。潘校长用幽默的语言、鼓励性话语、丰富的肢体语言，调动学生学习的积极性，比如"同学们思维不错""很富有联想力"等；课堂中运用独学、对学、群学和展学等多种学习方式，使得学生通过多元手段体会学习的乐趣。

二、核心数学素养的渗透

潘校长在教学中利用"象比教学"（象比取自于鬼谷子的用简单而形象的事例来说明深刻的道理）、"同页显""脚手架"等教学策略，给学生形成知识结构，促进概念的内化，抽象概念的本质属性。在一道实际问题中比较了小学的算术方法与初中的方程方法，比较了运算的两种方法的思维方向参加用运算量及步骤的繁简程度、思维性建构导图，利用表格的脚手架让学生在头脑中进行了对比对照，进而形成优化思想，方程是顺向解决问题思维，让每一位老师和在场的同学都有了智慧提升。

三、对比教学的呈现揭露数学本质

同页显的方式将多道应用题进行了横向比较，以发现共同之处，解决实际问题，应用建模思想找到等量关系，进而构建方程。不仅如此，潘校长在教学中还用了象比教学方法，类比天秤的原理抽象出实际问题的等量关系，进而解决同一类问题方法的教学，这是值得我们高度重视及借鉴的地方。

四、数学素养的渗透

针对方程的分类，很多同学是非常陌生的，可以从未知数的次数上进行分类，也可以从未知数的个数上进行分类，潘校长在一元一次方程定义引入的环节处理中，能够非常耐心地听取大多数同学的分类意见和想法，进而生成了较为统一的分类方式，从特殊归纳出一般的分类法是值得我们深入学习的方法。

"从实际问题到方程"这节课是在学完整式和有理数之后，在小学简易方

程的学习基础上，用方程解决实际问题的一节引入课。看似简单的一节课却蕴含着初中阶段必备的数学建模思想和化归、类比、归纳等数学方法。本节课不仅是对小学阶段简易方程解法的全面巩固，也是对一元一次方程的整理再提升，更是为今后继续学习二元一次方程组、分式方程及应用一元二次方程中的建模思想打好基础。

五、多维度多元化的教学设计

为了更明确概念之间的内涵和外延，潘校长详细地介绍了多种教学方法，选择非同类教学对比同类教学即对比式教学，采用多元方式进行教学即多种形态，多种模式的教学手段及工具，活动式教学等，最好能让学生在做中学，亲自体会数学的魅力。比如乘方一课，可以让学生体会细胞分裂、给乞丐米（图文并茂展示惊人的数字）、折纸30次等活动经验，进而激发学生建立数感，加深学生对概念的内化和理解。

六、评课议课的观测点评多样性

通过潘校长对两名老师的授课点评，老师们深入地感觉到了潘校长对细节的处理和对大局的把握的高明之处。在点评中，潘校长针对本节课的亮点及不足进行了适当点拨，比如如何促进本质概念的教学，如何借助表格这样的脚手架类比同类问题，如何进行针对性的训练及如何使用电子书包及微课助学，如何设计问题串完成有效追问等，使得课堂更高效、更能激发学生的思维，使老师们受益颇深。

在新课程改革的要求下，数学教学的价值目标取向不再仅仅局限于让学生获得基本的数学知识和技能，更重要的是在数学教学活动中了解数学的价值，增强数学的应用意识，获得数学的基本思想方法。听了潘建明老师讲座，老师们深受启发。在今后教学过程中，教师要从学生的已有认知经验出发，通过精心设计，将最新的教学理念融入每节课的教学过程，在教学中处理好知识的生成与发展问题。在以后的教学中一定要多接受一些新的理念、新的方法来完善充实自己的课堂教学。

【第二次主题研修】

研修主题：以素养教学为导向的数学中考试题研究

研考促教　提升素养
——伊旗教体局第四期"1+1+X+N+Z"初中数学名师工作室举行第二次研修活动暨初中数学学科研讨会

中考试题是检测学生数学素养的重要载体，开展中考试题研究对基于核心素养的教学改革具有重要意义。

2020年11月26日，伊旗教体局第四期"1+1+X+N+Z"初中数学名师工作室第二次研修活动暨初中数学学科研讨会在伊旗第一中学举行。本次活动的研修主题是"以素养教学为导向的数学中考试题研究"。活动由初中数学教研员、初中数学一级名师工作室主持人聂海英主持，伊旗第一中学副校长郝晓舟、伊旗六所初中学校的70多位数学老师参加了本次研修活动。

一、基础中见变化，情境中看发展——鄂尔多斯市中考数学试题分析

伊旗一中郝海霞老师作为2020年中考命题人之一，从命题要求、命题流程、命题特点和意图、学生方面存在的问题、建议与反思五个方面做了详细的介绍和分享。其中，郝海霞老师特别从浏览资料、海选收集试题、研磨试题、润色试题、专项核对落实、与审题人研磨、命题的特点等方面进行深入讲解，让老师们明确中考命题的流程和命题者的意图，同时也找到了复习的方向。郝海霞老师有29年的教龄，最后她的反思引起大家的高度共鸣，让老师们体会到学无止境，学习永远在路上。

二、注重基础，于细节中见高低——包头市中考数学试题分析

考虑到2021年有可能自治区统一命题，所有由经验丰富的王慧老师给大家分析包头市中考题的命题特点，王老师对包头市近5年中考数学考点进行分析，具体内容有考试的内容与要求、每个考点出现的位置、出题的特点、与鄂尔多斯市试题的区别。通过王老师的分析，大家对包头市的命题有了新的理解和认识。发现包头的题型覆盖面广，注重细节并且严格依据新课标。提示老师在平时教学中要回归课本，多注重基础，注重课本题的改编，不抠偏题、难题，平时的教学当中，多注意一题多解和变式训练。

三、没有最强的个人，只有最好的团队——中考备考经验分享

伊旗四中陈永霞老师和伊旗市一中分校刘晓平老师分享了优质的中考备考经验。陈永霞老师向我们介绍"每日一练"习题的来源及习题是如何选择的，通过针对性的习题，及时帮助学生突破难点。刘晓平老师的限时作业、培优辅差，给了我们很大的启发，特别是每日一道的计算题，有效帮助学生拿到一些基础分。两位老师在分享过程中都强调取得优异的成绩离不开团队的协作。

四、研考促教，提升素养——中考质量分析与《名师工作室考核细则》解读

聂海英老师对2020年数学成绩从全市到全旗再到各个学校进行多角度的质量分析，肯定了全旗数学成绩在整体进步，并对中考复习提出宝贵的建议，在基础复习方面，聂海英老师提出可以打破单元体系，建立新单元；平时对中考题进行渗透，"平时爬高山，中考过平原"；在回味复习方面，要让学生看原来的讲义、试卷，重点看错题。老师要做阅卷笔记，重视"剪刀＋浆糊"。最后，聂老师对《名师工作室考核细则》及《伊金霍洛旗第四期初中数学名师工作室研修方案》进行详细的解读，通过解读，工作室成员都明确了自己的任务和努力的方向。

研修对于所有人来说都是一次思想的洗礼，让我们重新认识自我、反思自我，更重要的是能相互学习很多宝贵的经验。教育不是故步自封的，教育是动态变化的，只有不断研究、不断反思、不断改进、不断注入新鲜的血液才是真正符合社会发展的教育。伊旗数学教育就是在不断改革创新中大步向前行！

【第三次主题研修】
研修主题："基于证据的观课议课（初中数学深度教学与深度学习研究）"系列活动（一）

走专业听评之路　做深度教学研究
——伊旗教体局第四期"1＋1＋X＋N＋Z"初中数学名师工作室举行第三次研修活动

观课议课是广大教师日常的课例研讨活动，是伊旗初中数学名师工作室磨练课堂、打造课堂、提升课例研究层次、实现优质高效课堂的重要途径。2020年12月10日，伊旗教体局第四期"1+1+X+N+Z"初中数学名师工作室第三次研修活动在伊旗第一中学举行。本次活动研修主题是"基于证据的观课议课（初中数学深度教学与深度学习研究）"

活动由初中数学教研员、初中数学一级名师工作室主持人聂海英主持，参与本次研修活动的有初中数学一级名师工作室全体成员、伊旗一中数学二级名师工作室全体成员及市一中伊旗分校全体数学老师。

本次研修活动聂海英老师做了详细的观课议课方案，方案中明确了本次活动的研修目的和具体任务分配，12月9号利用微信群进行了课前会议，确保本次活动有效开展。

一、课堂展示，基于学情，体现理念

王玉慧、乔鹏两位老师分别展示了一节研修课。王玉慧老师用优美亲切的语言与同学和谐交流互动，选用开放式习题激发并发散学生思维，以结构式呈现板书内容，帮助学生梳理知识脉络，为全体师生展示了一节处处体现深度教学理念的概念课。乔鹏老师能够结合初一学生身心特点，适当处理教材，用分解难度的方法降低学习难度，通过游戏闯关阶梯式层层推进新知，从而达成教学目标，为全体师生展示了一节趣味性浓厚的建模课。

二、合作议课，研学研教，统一思想

课后观课教师分组对两节课展开讨论，每组都一丝不苟的汇总数据，再从数据推理结论。短短15分钟是每个小组头脑风暴的时刻：有主持大局的"团长"、有出谋划策的"参谋长"、还有发挥特长的"秘书长"，同仁们扬长避短、各司其职，在紧张的时空中，有序完成了本组的汇总任务。由数据的支撑加理论的保障，各小组对研修课教师的课堂教学做出了客观评价。

一级名师工作室的成员与市一中分校的老师们从目标达成效度分析，教学方法适切度分析，教学机制、结构流程效度分析，学习组织、学习效果效率分析，从4个维度多个观察点对王玉慧老师的研修课八年级"15.1分式"进行了有理有据的深度剖析，高度肯定了王玉慧老师的教学方法、教学流程、教学组织和教学效果，同时也提出了一些合理化的建议，诸如对教学生成的处理要回归定义，对学习目标的制定需进一步细化等。伊旗一中的老师们从教学环节和理性分析、学生学习有效性分析、课程性质合理性分析、教学策略适切度分析，从4个维度多个视角对乔鹏老师的研修课七年级"3.4 实际问题与一元一次方程"给予充分肯定，比如趣化教学流程、优化教学策略、细化教学环节，相继也为乔老师提出些许建设性意见，比如要注重板书的呈现过程等。

三、明晰目标，指明方向，深入研究

聂海英老师对本次观课议课活动做了详尽的总结。本次活动的目的在于一起探讨具体的课程教学及学生学习方面的问题，通过基于证据的观课议课研修活动对初中数学深度教学与深度学习进行研究，改变常态课教学中的教学肤浅现象，力求使观课议课成为教师的一种日常专业生活，从尝试走向常态。并对每一名初中数学教师寄予期望：期望每一位教师参与其中，感受团队的专业力量和专业关怀，真正实现智慧共享、互进共赢，优化教研行为，提高课堂教学效益，提升教育教学质量！

一名教师不做研究，就不可能成为名师。唯有研究，才能常教常新，教育才更具有活力，更有意义！研究路漫漫，伊旗初中数学名师工作室定会引领乐学好研的数学老师们走得更远，研得更深！

伊金霍洛旗第四期"1+1+X+N+Z"初中数学名师工作室观课议课方案

伊旗教育发展研究中心　聂海英

听评课是教师专业生活与专业成长的重要组成部分，是教师专业学习的重要途径。为引领伊旗初中数学教师更好地掌握课堂观察方法，熟练运用课堂诊断技术，提高评课议课技能，及时处理教学过程中出现的问题，总结先进的教学经验，促进教师间的相互交流、学习、探讨、研究及反思，进而提升课堂教学效益和教育教学质量，特制定本实施方案。

一、指导思想

观课议课是广大教师日常的课例研讨活动，是伊旗初中数学名师工作室磨练课堂、打造课堂、提升课例研究层次、实现优质高效课堂的重要途径。该项活动的开展，目的在于一起探讨具体的课程教学及学习方面的问题，力求使观课议课成为教师的一种日常专业生活，从尝试走向常态；提供一些符合发展实际的教学建议，使观课议课成为教师的一种专业学习活动，从职业走向专业；让教师经历合作、对话、探究的专业体验，使观课议课成为教师的一种合作研究活动，从管理走向学术。让每一个教师参与其中，感受团队的专业力量和专业关怀，真正实现智慧共享、互进共赢，优化教研行为，提高课堂教学效益，提升教育教学质量。

二、活动要求

2020年12月10日"基于证据的观课议课（初中数学深度教学与深度学习研究）"系列活动（一）

下午第一节：王玉慧老师执教八年级"15.1 分式"。

下午第二节：乔鹏老师执教七年级"3.4 实际问题与一元一次方程"。

①王玉慧老师执教的"15.1 分式"由一级工作室成员分组进行观察数据量表分析与点评。分四个组进行课堂观察，每组第一人为组长，组长负责本组观课议课的分工、安排及带领学员进行课堂观察。市一中分校老师的观课任务由教研组长刘晓平老师负责分配。

②乔鹏老师执教的"3.4 应用一元一次方程解决分段计费问题"由伊旗一中二级数学名师工作室成员分组进行观察数据量表分析与点评。观课维度及具体分工由伊旗一中二级数学名师工作室主持人乔鹏落实。

③两位承担研修课的老师需要在12月9日上传自己课的教学设计、PPT课件等资料，供承担课堂观察任务的老师提前设计观察量表。

④承担课堂观察任务的老师请自带A4纸和制作汇总表的工具（色笔、尺子等）。

⑤王玉慧老师研修课"15.1 分式"课堂观察具体安排如下。

第一组:目标达成效度分析(素养目标——教学目标——学习目标——达成度分析)(见表1)

表1

视角	观察点举例
目标	①预设的课时目标是什么?怎么样?学习目标的表达是否规范和清晰,是否体现学科素养的3个层级性(双基水平:基础知识和基本技能;问题解决:以基本方法和基本学科思想为核心;学科思维:在系统的学科学习中通过体验、认识与内化等,逐步形成的相对稳定地思考问题、解决问题的思维方法和价值观)? ②目标是根据什么(课标、教材、学生)预设的?怎么样? ③预设的课时目标在课堂遭遇到怎样的生成问题?生成什么?怎么样? ④课时目标的预设和生成矛盾是什么?教师如何解决?怎么样?

成员:陈永霞、刘小霞、分校的三位老师。

第二组:教学方法适切度分析(认知结构—技术工具——教学方法——适切度分析)(见表2)

表2

视角	观察点举例
方法	①预设哪些教与学方法(启发、讲授、讨论、活动、探究式)?根据什么预设的?怎么样? ②生成哪些教与学方法?根据什么生成的?怎么样? ③预设与生成的教与学方法有没有体现数学学科的特点? ④预设与生成的教与学方法有没有引起学生对数学学科学习方法的关注
手段	①教师运用哪些手段(语言、板书、实物与模型、多媒体、实验)? ②这些手段是根据什么(自身水平、学科性质、教材特点、学生特征)选择的? ③这些手段是如何运用的?怎么样? ④这些手段的运用是否能促进全体学生的主动学习? ⑤板书怎样呈现的?是否为学生提供了帮助? ⑥媒体怎样呈现的?是否适当?是否有效?

成员:高可如、王慧、分校的三位老师。

第三组：教学机制、结构流程效度分析（时间分配——学习活动——教学机制——合理性分析）（见表3）

表3

视角	观察点举例
环节	①由哪些环节构成？ ②这些环节是否围绕教学目标展开？怎么样？ ③这些环节是否提供让学生主动参与、主动发展的机会？ ④这些环节是否能促进全体学生学习？ ⑤不同环节/行为/内容的时间是怎样分配的？是否合理
机智	①教师遇到哪些生成性问题？如何解决？怎么样？ ②教师遇到哪些课堂管理事件？如何应急处理？怎么样？ ③教学设计有哪些调整？调整的依据？效果怎么样？ ④学生答错、犯错后的反应、态度、语言表达方式怎样

成员：郝海霞、刘晓平、分校的三位老师。

第四组：学习组织、学习效果效率分析（自主探究——小组合作——多维促进——听说思用——有效性分析）（见表4）

表4

视角	观察点举例
倾听	①有多少学生能倾听老师讲课？能倾听多少时间？ ②有多少学生能倾听同学发言？有多少人没认真听？ ③倾听时，学生有哪些辅助行为（记笔记、查阅、提问）？有多少人
互动	①有哪些互动行为？学生的互动能为探究新知提供帮助吗？ ②参与回答、提问行为（主动、被动，群体、个体，教师、学生，回答水平）有哪些？各有多少人？质量如何？ ③讨论行为（不懂的、拓展的、创新的，主动、被动）有哪些？各有多少人？ ④学生的互动习惯怎么样？学难生的互动习惯怎么样
达成	①学生清楚这节课的学习目标吗？ ②目标达成有什么证据？（观点/版演/表情/作业）学生能用自己的话解释、表达核心知识和概念吗？有多少人？有多少人达成？ ③这节课生成了什么目标？达成度如何

成员：徐晓梅、乔鹏、分校的三位老师。

【第四次主题研修】

研修主题：如何命制一份好的试卷

好题出自精雕琢　好卷必经细研磨

——第四期"1＋1＋X＋N＋Z"初中数学名师工作室第四次研修活动

命题是教学过程中的一个重要环节，它是检验教学效果，改进教学的信息来源之一，具有多方面的功能。命题是教育测量的重要环节，是决定测试成败的关键。为了提高初中数学教师命制试题的能力，规范命题要求，提升教师专业素养，2021年3月11日下午，伊旗教体局第四期"1＋1＋X＋N＋Z"初中数学名师工作室开展了第四次研修活动，研修主题为"如何命制一份好的试卷"。

一、小组交流讨论，分析试题、积累命题经验、反思教学

各小组分年级评价试题的难易程度，试卷哪些题目比较好，好在哪里？试卷中哪些试题觉得选得不好，这种看法的依据是什么？建议增加什么类型的考题？通过分析总结命制数学试题需要注意什么？通过本次测试对你的教学有什么启示？大家就这些问题展开研讨，各抒己见，积极发表自己的看法，讨论气氛热烈。

二、研讨成果分享

1. 王慧老师分析七年级试题，结合测试结果反思教学

王慧老师认为本次期末测试七年级试卷命题知识面比较全面，覆盖了所有的章节，偏于考查"一元一次方程"和"几何初步"。偏重于用方程解决实际题和几何当中角的计算、数轴中的动点问题。绝对值以及乘方知识的灵活运用和规律题这一部分考点相对较少。试题难度适中，没有偏题，没有难题怪题，部分试题比较新颖，都是依托基础进行灵活运用，因此在教学中要夯实基础，同时教学方法到位显得十分重要，教学时应注重方法，回归基础。

2. 刘晓霞老师分析八年级试题

刘小霞老师分别从试卷结构与试题类型、结合双向细目表对试题的难易程度以及知识点的分布进行了分析。最后给出了她的一点建议：明确命题目的，

指导试题命制。如果目的是考察学生思维，可以适当减少题量，让学生有时间解决难题。如果目的是考察学生的综合能力，建议综合性的题目不要太频繁，多出一些中等或中等偏下的题目，让中等生也有成功的体验。最后刘小霞老师还提出一点启示与疑问，"命题时，我们首先考虑的是课标和学情还是中考题？若是前者，我们的试题量和度是不是能够灵活调整一下"？

3. 高可如老师分析九年级试题，结合测试结果反思教学

九年级数学期末考试试卷考查范围是九上全部内容及九下中的"相似"，高可如老师分析到试题能紧扣教材，有梯度，渗透了分类讨论、数形结合等数学思想与数学方法。注重考查学生对基本知识和技能的理解与应用能力，并考查学生的动手操作能力和观察能力。高可如老师给出了对教学的几点建议，认为练习要循序渐进。首先要保证练习足够的基础题，要认真抓好运算格式步骤的训练。对练习中出现的错误要指导学生弄清错误的原因，并及时改正。倡导自主学习，倡导自主探索和合作学习的环境。增强实践意识，重视探究和应用。

三、考试那些事——如何命制一份好的试卷

聂海英老师结合鄂尔多斯市中考命题流程做了"考试那些事——如何命制一份好的试卷"专题讲座。聂海英老师首先抛出两个问题：为什么要提升教师命题能力？平时的大量训练在磨灭学生还是在提升学生？这值得所有教师深思。对应试的理性之思……不搞刷题训练行不行？

接下来的培训，聂海英老师结合实例为所有工作室成员进行了如何命好一道题、如何研制好一份卷的深度剖析。聂海英老师讲到命题要把控三件事：考什么？怎么考？考多少？一份合格的试卷需要经历七个步骤、五大要素，并遵循下列基本原则：

1. 科学性原则
2. 明确性原则
3. 全面性原则

试题的形式和内容必须符合测试目的，全面反映测试的要求，以圆满完成预定任务，覆盖面既要大，又要突出重点，保证试题在所测内容上具有代表

性，力求做到各个部分的比例适当。

4. 整体性原则

①要根据测试要求从整体上恰当确定，试题的分量，不能凭借个人的兴趣爱好和主观想象编题组卷。测试应以目标为准绳命题，使整个试卷能够准确考查考生达标情况。

②不同的能力水平，需要不同层次的试题来考查，应该从总体上分析试卷的考查功能，而不能要求每一道题都达到同一功能的指标。

③除在内容安排和整体功能上有良好的特性外，在试题的布局方面，试卷要有一个好的结构，应当掌握由浅入深的原则，起点低终点高，有一定梯度。

好题出自精雕琢，好卷必经细研磨。从试题的编制、试卷的结构、试卷考察的功能性到试卷的排版……小到一个标点符号应该怎么使用、大写的英文字母什么时候使用斜体……聂海英老师结合自身的经历给老师们上了一堂实实在在的必修课。

四、信息技能培训，提升专业素养

活动最后，工作室徐晓梅老师进行了"几何画板课件的制作（初级）"培训，大家相互分享，学习了很多信息技术操作技能，为以后命制试题、课堂教学的高质量完成积累了技术经验。

用伟大的心做细小的事！相信伊旗数学教学教研工作在名师工作室的引领下会稳步推进。

【第五次主题研修】

研修主题：基于核心素养的优效课堂教学策略分析

专家引领促成长 且思且行共芬芳

——伊旗教体局第四期"1+1+X+N+Z"初中数学名师工作室第五次研修活动

桃李芬芳，春光不负。为了用科学的方法打造优效课堂，使教师的常态课成为高效课堂，伊旗教体局第四期"1+1+X+N+Z"初中数学名师工作室于 2021 年 3 月 31 日在市一中伊金霍洛分校开展以"基于核心素养的优效课堂教学策略分析"为主题的研修活动。本次活动特邀初中数学名师工作室导师潘建明做指导，潘建明老师的到来，使全体教师领略到了最前沿的教育理念，令人获益匪浅。

一、精彩课堂展芳华

工作室徐晓梅、乔鹏和王玉慧三位老师在本次研修活动中给大家展示了自己的研究课。每位老师都根据自己对教材的研读、课标的理解，结合学生实际，精心设计课堂教学。

徐晓梅老师执教九年级建模课"'一线三直角'在平面直角坐标系中的应用"。她借助几何画板将"一线三直角"模型形象直观地呈现给学生，利用这一模型将原本独立的线段和角通过全等或相似联系起来，进而解决平面直角坐标系中的相关问题。

乔鹏老师执教七年级建模课"平行线遇拐点问题"。自带灵性的乔鹏老师创设橡皮筋情境，鼓励学生动手操作，画出基本图形；教学中启发学生一题多解，很好地体现学路优先。

王玉慧老师执教八年级定理课"平行线的性质"。王玉慧老师按照学生的认知规律，创设有趣问题情境，引发学生积极思考，学法指导贯穿始终。

二、专家点评引思考

在议课环节，潘建明老师首先与参会老师进行互动交流，听取老师们对三节课的点评，肯定议课老师的看法，对老师们专业的评课提出表扬。徐晓梅老师和乔鹏老师执教的内容都属于专题模型课。潘建明老师认可两位老师强化对基本图形的认识，并应用这些基本图形解决问题。与此同时，潘建明老师归纳总结了"模型课"的流程：认知模型——应用模型——建构模型——深用模型。认知模型和应用模型要关注到学困生，建构模型要照顾到中等生，而深用模型是对优等生的提升，最终要实现全体学生"手拉手一起走"的目标。

对于王玉慧老师执教的"平行四边形的性质"，潘建明老师更是给予极大地肯定，尤其是王老师对学生学法的指导给出了很高的评价。

三、课堂示范多启发

本次活动，潘建明老师带来示范课"最短路径问题之：变易将军饮马"。他选用唐朝诗人李颀的《古从军行》中的"百日登山望烽火，黄昏饮马傍交河"两句诗引出课题，将传统文化渗透到数学课堂中。在课堂上，潘建明老师通过经验唤醒，让学生自己提炼模型。他在随后的教学中不断引导学生分析问题，从复杂图形中剥离模型，最终利用模型解决问题。潘建明老师这节"模型课"教学设计有梯度、有深度，重方法教学和学生解题技能的训练，对老师们设计模型课有很好的启发引领作用。

四、理论讲座促提高

优效教学是轻负担的方法实现有效教学的策略和途径。在"优效数学教学策略分析"的讲座中，潘建明老师从"优效"引申出"有效""低效""无效""负效"。结合实例从优效教学的理念、优效教学的主张和优效教学的策略三大方面给老师们做了详细讲解，他用一个个真实的案例，具体生动地给老师们讲述课堂中怎样引领学生，怎样培养学生的数学思想。潘建明老师提出课堂应从以学科逻辑结构为中心向以学生学习为中心转移，由教师教得完整向学生学得完整转移，由学生发展完整向学生成长完整转移。

总而言之，潘建明老师的讲座高屋建瓴，观念新颖、方法精妙、创意无限，带给我们心灵上的震撼、精神上的顿悟、思想上的净化、认识上的升华。

活动最后，工作室主持人聂海英对本次活动进行了总结，明确了今后的努力方向。课堂改变，学校才会改变；课堂高效，学生才会创造；课堂优质，学生才会卓越。希望每一位教师都能够成为教改路上的行走者。纸上得来终觉浅，绝知此事要躬行。我们要脚踏实地，学以致用，为实现优效课堂而努力。

伊旗初中数学名师工作室第五次研修活动反思

伊旗一中　乔　鹏

我在2021年3月31日举行的名师工作室第五次研修活动中承担了一节公开课的任务，很荣幸，进行"平行线遇拐点问题"的课堂教学，得到同行的广泛认可和潘校长的认真点评,有很多收获,在听取了徐晓梅老师的"'一线三直角'在平面直角坐标系中的应用"和王玉慧老师的"平行四边形的性质"和潘建明老师的示范课"最短路径问题之:变易将军饮马"后也很受启发。现将本次研修活动的收获及反思做如下总结。

一、数学建模的过程与方法

数学建模是一种数学的思想方法,是运用数学的语言和方法,通过抽象、简化建立能近似刻画并"解决"实际问题的一种强有力的数学手段。通过潘建明老师的讲解,我学会怎样上好一节"模型课":认知模型——应用模型——建构模型——深用模型。其中,认知模型和应用模型要关注到学困生,建构模型要照顾到中等生,而深用模型是对优等生的提升,最终实现全体学生"手拉手一起走"的目标。

二、课堂示范受益多多

潘建明老师的示范课通过经验唤醒,让学生自己提炼模型,不断引导学生分析问题,从复杂图形中剥离模型,最终利用模型解决问题。潘老师的示范课有梯度、有深度,注重方法教学和学生解题技能训练,对我有很好的启发引领作用。

三、理论讲座高屋建瓴

在"优效数学教学策略分析"的讲座中,潘老师从"优效"引申出"有效""低效""无效""负效"。结合实例从优效教学的理念、优效教学的主张和优效教学的策略三大方面给老师们做了详细的讲解。潘建明老师的讲座观念新颖、方法精妙、创意无限,为我以后的教学指明了方向。

纸上得来终觉浅,绝知此事要躬行,我要脚踏实地,学以致用,为实现优效课堂而努力奋斗。

今天讲完课,在认真听取大家的意见后,我认为数学课堂应关注教学目标与时间安排的关系、教学内容与时间安排的关系、教学环节与时间安排的关系、学习方法与时间安排的关系、学生认知能力与时间安排的关系等。总之,在数学课堂上要充分体现"以学定教"的理念,不是以教师讲多少为标准,而是以学生掌握多少知识为标准。

课改在路上，探索进行中，追求卓越、精益求精是我今后不断努力的方向。

中考数学复习分层教学
——导师潘建明培训心得
北师大第二附属中学　王玉慧

通过聆听潘建明教授的讲座，我深深地体会到新课程标准要求教育面向全体、因材施教的意义九年级数学复习也要以新课程标准为准绳，立足学生的实际进行系统的复习。这种分层式复习模式需要教与学的有机结合才能彰显出其独特的优越性。教，更确切地说是一种教师行为，作为一名九年级数学教师，在进行复习时应把握好知识结构的分层。知识结构的合理分层要求我们必须非常到位地把握好整个初中数学知识体系的命脉，对各章节在整个初中阶段所占地位的轻重了如指掌。例如"方程、函数、三角形、圆"这几章节的内容约占中考试题的85%左右，复习时自然要分摊较多的时间，而像"统计与概率"这些章节所占地位较次，复习时可适当的减少时间。知识结构的合理分层可使有限的复习时间优化地分配，这有助于使复习达到事半功倍。

根据潘教授的讲座，我校针对本届毕业生情况又进行了深入的教研分析，一是人数少，各班人数约30人；二是数学学习水平参差不齐。面对这种情况，在复习阶段进行人员结构的分层其操作性会更强、效果会更好。根据学生的学习能力、学习态度及成绩的差异和提高学习效率的要求，可将班中人数按1:2:2:1这4个层次进行分层，A层的学生应该是各班数学方面的领头军，这部分学生基础知识牢固，喜欢挑战，善于冒险，所以在平常复习的时候可以安排一些有思维难度的题目让他们探讨，对这部分学生，老师最好以"放"为主，"放"中有"扶"；B层的学生基础知识掌握得较好，但解题的能力与技巧有待提高，对待这部分学生，在复习时更重要的是强化解题的方法与技巧；C层的学生基本上徘徊在及格的边缘，对这部分学生，要引导他们立足课本夯实双基，并通过一定量的练习加以提高；D层的学生毫无疑问是数学方面的"贫困户"，对这部分学生，更多的是帮助他们树立学习的信心，找回学习的自信。他们的复习重点是回扣课本，继续回顾基本的定义、定理性质和例题。在这里需要强调的是，这种人员结构的分层，绝对不是人格差异的分层，而是成绩差异的分层，同时这种分层也是一种动态的分层，教师应及时根据学生的学习变化情况作合理的调整。学，学生的行为应占主流，学生在进行数学复习时应做好练习巩固和学后总结这两个层面的有机结合。通过定量的习题练习可使知识更加明确化、系统化、网络化、综合化，为最后的冲刺打下良好的基础。学后总结也是至关重要的，只有学会总结才会有所提高，每章节中都有自己的典型题目，复习完每一章节后，学生应对这样的题型加以必要的总结，力求做到精细化、专题化、模型化，使学生掌握的数学知识在总结中得到提炼，在提炼中得到升华，在升华中寻求实效。

总之，教学有法，但无定法，只要我们能把准教材，掌握好学生的发展动态，灵活的操作好分层式复习模式，我们就会取得更加理想的教学效果。

【第六次主题研修】

研修主题： 典型例题、习题优效规划分析

深研例题教学　提升专业素养

——伊旗第四期"1＋1＋X＋N＋Z"初中数学名师工作室第六次研修活动

问题是数学的心脏，解题是教学的关键。为深度研究例题教学，充分发挥例题教学的优效作用，伊旗第四期"1＋1＋X＋N＋Z"初中数学名师工作室于2021年5月31日开展以"典型例题、习题优效规划分析"为主题的研修活动。

一、观课议课，深度分析例题教学

王慧老师在这次研修活动中展示了研究课"一元一次不等式的应用"。王慧老师关注学生最近发展区，首先带领学生复习一元一次不等式的相关概念和用方程解决实际问题的一般步骤，对学生进行经验唤醒，类比方程探究用一元一次不等式解决实际问题。在例题探究活动中，王慧老师从简单的问题背景出发，引导学生创编问题，给出不等式方案设计问题与最大整数解、最小整数解

问题。通过例题变式，与学生一起探究用一元一次不等式模型解决实际问题的不同情况，教师教学中注重细节处理和易错点教学，例题教学低进高出，充分发挥例题的作用。

工作室老师分三个维度对王慧老师的这节课进行观察研讨，三个组分别派代表进行汇总发言，基于观察数据深度剖析教学中渗透的思想方法和教学策略，通过交流研讨，大家对例题教学达成了共识。教法的选择在于学生对该题的思维认识，因此加强学生解题的思维水平就尤其重要。作为教学者，应该探索例题教学的功效，分层次去调控学生学习的主体性。

二、说题中感悟、说题中提升

说题活动可以提高教师的审题、命题、解题、析题、变题及讲题能力，对数学教师的解题教学起到很好的引领作用。工作室高可如、刘晓平、陈永霞、刘小霞、徐晓梅、乔鹏六位老师就二次函数综合性题目、几何探究综合性题目进行说题，郝海霞老师对几位老师的说题进行点评。通过说题，老师将不同的解题方法与大家分享，大家对综合性题目的教学进行了研讨。综合性题目教学要备学情，关注一题多解，不要格式化、套路化，在关注基本模型与基本方法的基础上渗透优化思想。此次说题活动大家各取所长，相互学习，在说题中发现问题、研究问题，积累了教学经验。

新课标教学理念的不断深入，对于教师自身的教学能力提出了更高的要求。本次研修活动提升了工作室成员灵活变通的教学能力和思维模式。研究路漫漫，伊旗初中数学工作室全体成员会继续同行，与课改相约，与新课标牵手，与学生一起成长。

【第七次主题研修】

研修主题： 基于核心素养的深度学习研究

读书点亮人生智慧启迪成长

——伊旗初中数学一级名师工作室第七次研修活动

最是书香能致远，腹有诗书气自华。为提升初中数学教师的教育理论素养和学术功底，加深教师对数学学科素养的理解与教材的深度把握，提升课堂教学的实效性，使学生通过深度学习获得数学核心素养。2021年6月29日，初中数学名师工作室特在伊旗一中举行以"基于核心素养的深度学习研究"为主题的读书汇报活动。

首先王玉慧老师通过潜心研究课标和教材，精确把握《深度学习走向核心素养》这本书的思考方向和研学脉络。王玉慧老师利用两节数学课的教学设计，在工作室教师的互动交流中，分析深度学习环节的有效落脚点，感悟到教育的本质是唤醒，认识到深度学习的眼光要注重学生学习数学知识的生长点与延伸点，注重知识的结构和体系，同时注重提升学生的数学核心素养。

接下来刘霞老师和乔鹏老师针对《深度学习走向核心素养》这本书中的单元备课模块内容进行了反复的实践和深切的展望，两位老师结合自己在实际教学中进行单元整合的前期宝贵经验，对比读书后学习感悟，强调了单元整合的意义和作用，尤其强调了对教学方面的重大促进作用。刘小霞老师介绍了单元整合的四个步骤及开展单元整合的具体方法和有效措施，引导学生将碎片化的知识进行有效的系统梳理；乔鹏老师建议充分发挥二级名师工作室团队的作用，合力编制单元整合校本教材，将单元整合有效意义和独特魅力发挥出来，内化为学生学习的内驱力，使学生真正认识数学、理解数学、研究数学，并且爱上数学，促进对学生数学核心素养的培育。

高可如、徐晓梅和陈永霞三位老师针对日常教学进行了深度的教学反思，通过读书学习，高可如老师认为将深度学习的思维形式落实到日常的每一节课中，学生的核心思维能力要从初一就开始培养；徐晓梅老师强调要善于设计有深度的教学活动，引导学生逐渐走入思维的深度发展区；陈永霞老师分享在教学过程中教师要给学生充足的思考问题时间，放手让学生完成发现问题、分析问题和解决问题等一系列核心学习环节，让学生深度思考，老师不可操办过多，在此过程中，优化学生解决问题的办法从而提升学生的核心学习能力。

通过这本书的学习，郝海霞老师与王慧老师对老师们提出几点宝贵的建议和意见：教师要精心备课，确定好每个单元的主题，制定符合每个主题的学习目标。郝海霞老师通过"因式分解"和"长方形面积"这两个常见的教学实例，生动有趣阐述了用心设计教学活动的重要性，教学中活动素材的选取要以学生为主体，贴近学生的生活，更要符合时代气息和学生的认知，才能更有效地培养学生的创造性，通过创新的方式向学生提供丰富的学习内容。王慧老师指出教学要不断钻研，创新教学方法，创新学习方法，每节课都有新内容，每节课都有新形成，我们要让孩子们充满智慧的学习和生活。

最后工作室主持人聂海英总结了每位老师的读后体会，针对课堂中如何更有效地开展深度智慧型的教学活动提出了宝贵的意见和建议。教师要培养的是一个会发现问题、提出问题、分析问题、解决问题的创造者，而不是一个会熟练解题的熟练工，要把深度发展的眼光定位在学生的生长点上，提升学生的数学核心素养，为学生的终身发展奠定基础。

书籍启迪智慧，阅读点亮人生。通过"读书交流活动"，老师们深深体悟到读书的力量，"鸟欲高飞先振翅，人求上进先读书"，教师只有不断以先进的理念武装自己，才能优质地服务教学。

读《深度学习走向核心素养》有感

伊旗四中　徐晓梅

《深度学习走向核心素养》一书，为我自身课堂教学指明了方向，使我醍醐灌顶。所谓"深度学习"，它看似是一个新名词，其实是对我们早已熟悉的却常常被忽视的教育理念的概括——"深度学习"建立在建构主义教育理念的基础之上，具有科学性和前沿性。建构主义认为，知识具有建构性、社会性、情境性、复杂性和默会性。在建构主义教育理念的指导下，教育者应该明白，学生不是空着脑袋走进教室的，教学无可取代的价值不在于知识传递，而在于知识的建构，即教师应帮助学生将已有的经验激活，通过"同化"和"顺应"两种方式在学生的头脑中更新和改造图式、实现动态平衡，提高学生对生活的兴趣、对生命的理解和感悟。相比于只重视知识"灌输"的"机械学习"，这样的学习就是我们所提倡的更高一层意义上的"深度学习"。

为了更新教育观念，改变单一的传统教学行为，我要主动拒绝挤占艺体课程，深刻反思自己教学中的种种弊病，下定决心，从今要树立健康教育理念，让健康教育从我做起，并努力做到以下三点。

一、树立健康的学生观：不能将学生当作知识的容器，要关注学生的已有经验

为什么我们教师讲过的题目，学生还会做错呢？源于我们许多教师将学生当作知识的容器，没有树立正确的学生观，更没有注意运用建构主义理论指导自己的教学行为。作为数学教师，我们要通过创设符合教学内容要求的情境和提供新旧知识之间联系的线索，帮助学生建构当前所学知识的意义。比如我们在教学"认识东西南北"时，就应该让学生到教室外看看自己所到位置的各个方位，然后到教室里再想想、说说，最后寻找地图上的方位。让学生对东西南北这些方位由所在位置的具象信息逐渐过渡到抽象的地图上的抽象方位，从浅入深，从具象走向抽象，为学生思维由具象向抽象的飞跃发展架桥铺路，有效攻破教学难点，提高教学效率。

二、树立健康的知识观：真知不是靠灌输，而是实践出真知

"纸上得来终觉浅，绝知此事要躬行"。我们教师要树立健康的知识观。作为数学教师，我们在进行教学时，更要引导学生从生活的多方面去体验，增加学生生活经验和知识积累。比如我们低年级学生在初步认识了长方体、正方体、圆等几何图形之后，就可以安排"拼出美丽的图画"实践活动，通过让学生"折折、剪剪、拼拼、画画"拼出了多种图画，鼓励学生求异、求新，培养了他们的创新意识和审美情趣。

三、树立健康的课堂观：不搞一言堂，课堂教学要交

我们老教师总担心学生没听到、没听明白，会絮絮叨叨不停，其实是我们没有树立健康的课堂观。无数事例告诉我们学生更容易感受同伴的思路，更容易接受同伴的思维。因此我们的数学课堂不能教师一言堂，要关注课堂交流的有效性。

数学课堂交流大体包括3个方面：数学知识的交流、数学体验的交流和解

决问题心得的交流。我们教师首先要营造安全的"课堂交流场",让学生敢说、能说、乐于发表见解。其次我们要丰富或重组教材,为学生提供课堂交流的物质基础,激发学生探索的需要。第三,我们要把握课堂交流的时机。如学生在学习了"乘法口诀"后,出示乘法口诀表,让学生以小组为单位进行速算比赛,比赛结束后让每组派代表说说计算方法,获胜的一组说出了竖着看的规律:"后面的每一个算式的得数都比前一个算式的得数少一个几"。教师再适时引导:"除了这个规律外,你们还想知道这张表中藏着的其他规律吗?先自己看一看、想一想再在小组中说一说你的发现"。这样就把学生推到了发现者的位置上,让他们带着极大的好奇心进行探索与交流,在合作学习中扩大交流面、获得思维的碰撞,自己发现规律。

我坚信通过我的不断学习与自我的实践探索,我一定会转变不健康的教育思想和行为,树立健康的学生观、教学观、课程观等,转变教学方式、评价方式等,实施健康教育,为新区健康教育添砖加瓦!

在探究中深化、在挑战中发展
——读《深度学习走向核心素养》有感

伊旗第一中学 郝海霞

初读这本书,继续往下读的欲望几乎没有,直到读完书中的三个案例,让我有了回过头来细读的欲望。数学课程标准指出,数学教育要发挥数学在培养人的思维能力和创新能力方面不可替代的作用,而数学课程更要致力于培养学生的抽象思维和推理能力,培养学生的创新意识和实践能力。义务教育的数学课程能为学生未来生活、工作和学习奠定重要基础。作为一名数学教师,在教学过程中虽然用心研究过教材与课标,更是依据课标要求不断地培养学生各方面的数学素养,自我感觉对课标核心素养的理解与落实还是比较到位的,但在细读《深度学习走向核心素养》之后,方才感觉到自己理论理解的浅薄和对核心素养落实得不到位。

一、对关键词的体悟

书中提到最多的词便是挑战性和核心素养,围绕这两个关键词,我深入地分析了值得我们研究和落实的问题。

①单元学习主题学习教学设计是实现深度学习的有效方式，其内涵是在教师引领下，学生围绕挑战性的数学学习主题，全身心的投入学习体验成功、获得发展。它让学生经历学习过程，在主动参与、积极思考、探索交流的过程中走出教师照本宣科，学生机械模仿、生搬硬套的误区，做知识的探索者与发现者，持续不断地深入思考、研究。而对教师来说，却是认真研究教材与课标，对所教知识熟烂于心，融会贯通；主动参与集体备课，各抒己见、齐心协力、反复推敲，设计思维含量高，有助于学生深入思考的问题，达到教师活教、教活，学生活学、活用。深度学习对师生来说是一个团结协作、共同进步、集思广益的过程。它更加强调一节课内容的整体性、逻辑性、延续性与迁移性。

②深度学习是把已有的学习方法和知识进一步整合在新的知识中，让学生进一步经历知识整合在新的知识中，让学生进一步经历知识的形成过程，形成解决问题的方法，把知识进行再加工、再构建、再深化、再迁移，克服知识的碎片化，有利于学生更系统的掌握知识。如我们学习了三类函数之后，设计新函数让学生在已有研究函数的方法经验之上，用这些方法进行更深的知识研究，从而温故知新，形成方法与技能。

二、课标和数学素养的落实提出的新挑战

①学习研究问题的方法方面，要借助于信息技术手段，应用现代技术。研究背景要有时代气息，贴近学生的生活实际，能有效激发学生的学习热情，要跟得上时代，能引领学生接受新事物，要让问题的情境成为学生学习的主题曲，而不是伴奏曲。如书中提到的正方形面积倍增问题中的情境设置。

②教师要给学生提供一个思考、探究的平台，耐心、细致地引导学生慢慢去领悟处理问题的策略和方法，积累数学活动经验。

③对于教师，要对教材、课标进行细致梳理，进行整体规划，前后衔接，相辅相成。

三、反思与感悟

深度学习的研究始于2014年，而有关深度学习中学生素养的考题近年在各地都有呈现，如2020年重庆、济宁、江西、郴州等地的中考都有考查。深度学习是课标的落实，是数学素养的培养与提升的保障，教师一定要关注这方面知识的中考题型与考法作为教学的践行者，必须认真学习，深刻领会深度学习的内涵，这样才能不断提高自己的执教水平和业务能力，走在教育教学的前列。

【第八次主题研修】
研修主题： 中考题在平时教学中的有效渗透策略分析

中考题在平时教学中的有效渗透策略分析
——第四期"1＋1＋X＋N＋Z"初中数学一级名师工作室第八次研修活动

携手同行于金秋十月，教学相长于专业成长路上。"双减"政策下，为实现"减负增质"的教学效果，提高初中数学课堂教学质量，使教师的常态课成为高效课堂，伊旗教体局第四期"1＋1＋X＋N＋Z"初中数学一级名师工作室于2021年10月14日在伊金霍洛旗第一中学开展以"中考题在平时教学中的有效渗透"为主题的研修活动。活动由初中数学一级名师工作室主持人聂海英主持，全旗九年级数学教师参与研修。

一、赤峰市近三年中考数学试题分析

王玉慧老师从题型、题量、考查知识点、数学思想、解决问题的能力等方面对赤峰试题进行了全面分析，总结了试题特点，并立足课标，对照课本结合自身教学特点和优势，分析了二次函数综合题在平时教学的有效渗透策略，让人眼前一亮，受益匪浅。

二、包头市近三年中考数学试题分析

刘小霞老师通过总体对比和逐题对比分析了包头市近三年中考试题，对我们如何将中考试题落实到平时的课堂教学有很好的启示。她从"利用教材，夯实四基，分解应用"方面做了充分的阐述，中考压轴题涉及面较广，题型变化较多，对学生的综合能力要求高，对于如何在平时的教学中处理压轴题给老师们做了很好的示范。

陈永霞老师从试卷结构、近三年中考试题对应考点、试题特点3方面分析了包头市近三年中考试题，包头中考试题注重考查基础知识、基本技能、基本数学素养、考查学生动手能力，试题难度适当，遵循由易到难的原则，重视不同思维层次的学生。针对上述特点，教师应立足概念展开对知识的建构和回顾，要有意识地延伸概念，提炼更优的解题方法，寻找问题的本源，建构模型，多注意一题多解和变式训练。

三、呼和浩特市近三年中考数学试题分析

郝海霞老师通过对比分析呼和浩特市和鄂尔多斯市两地中考试题的不同之处，从考法和固定考点两方面做了重点分析，呼市试题起点低，课本知识点及拓展题较多，有一些固定题型，但每年的试题都各有特点，变化较大。注重对课本知识的拓展与深化及知识的形成过程的考查，开放性、拓展性强。针对考题特点，结合自己多年教学经验，郝海霞老师谈了自己今后教学的想法，教学时应注重培养学生解题时的书写能力及语言组织能力，注重基础知识的落实，重视课本概念、性质、定理等知识的形成过程。认真研题、磨题、研究新试题、关注新考法，注重动手实践能力及操作能力的培养。

经验丰富的王慧老师从试题结构特点和考试内容分布方面做了分析，针对考题特点，提示老师们在平时的教学中一定要强调知识及其蕴含的思想方法，不断回到概念中去，从基本概念出发思考问题、解决问题，加强概念的联系性，从概念的联系中寻找解决问题的新思路。通过王慧老师的分析，大家对呼市的命题有了新的理解和认识。发现呼市题型覆盖面广，注重细节并且严格依据新课标，注重基础，注重课本题的改编，不抠偏题、难题，追求解决问题的"根本大法"。

四、通辽市近三年中考数学试题分析

徐晓梅老师从"题目异同、试题结构、比值分布"方面对试题进行了详细分析，该试题注重基础，回归教材，难度适中，综合性稳中有变，适度创新。结合具体题目，徐晓梅老师提醒老师们在今后的教学中研读课标、回归教材，落实双基专题复习，总结方法，规范书写，提升速度，注重变试题的训练，强化课堂主阵地作用，切实提高课堂教学质量。

最后聂海英老师对本次活动进行了总结，首先肯定了工作室老师的用心准备,从2022年开始,自治区中考统一命题,为了更好的做好备考工作,我们必须要研究内蒙古其他盟市的中考试题,今天工作室老师针对不同地方的中考试题提出了不同的教学策略,希望在今后的教学中落到实处,真正体现研修的价值,明确了今后努力的方向,课堂高效,学生才会创造,希望每一位教师都能够成为教改路上的行走者。

我们要脚踏实地,学以致用,为实现优效课堂而努力。

研修对于所有人来说都是一次思想的洗礼,让参与者重新认识自我,反思自我,更重要的是能相互学习很多宝贵的经验。教育是动态变化的,只有不断研究、不断反思、不断改进,才能超越自我。"学无止境,教无止境,研无止境。"短短几个字概括了教研的方向与精髓,我们唯有在这浩瀚的教海中乘风破浪、勇于开拓,才能在课程改革的礁石上激起一朵朵美丽的浪花!

【第九次主题研修】

研修主题:基于深度学习的有效提问、有效追问策略研究

构建核心问题 引领深度教学

——基于深度学习的有效提问、有效追问策略研究

初中数学一级名师工作室第九次研修活动

问题是数学的心脏,"双减"政策下,为实现"减负增质"的教学效果,提升教师在课堂教学中的问题设计能力,培育学生学科核心素养,伊旗初中数学一级名师工作室于2021年12月9日开展"基于深度学习的有效提问、有效追问策略研究"为主题的研修活动,本次活动由徐晓梅老师主持,工作室全体成员和市一中分校的数学老师参与了本次活动。

刘小霞老师在本次活动中执教九年级"弧长和扇形的面积",刘小霞老师通过"弯道起跑站位"问题引入,一开始就紧紧抓住学生的眼球,激发了学生的学习兴趣。整节课教师通过问题串设计,课堂及时追问,引领孩子们在观察中质疑,在自学后交流,在一步步的探究公式、推导公式、应用公式中将思辨进行到底,让思考走向深度。结构化板书梳理知识脉络,内化知识生成,培

育学生核心素养。

课后说课，刘小霞老师指出概念课教学流程、拓深概念内涵、优化精准语言等方面在教学中的重要性。

多维度观课议课环节，分3个小组展开讨论，分组围绕目标达成、教学活动设计和问题设计效度评定等维度对"弧长和扇形的面积"这节课进行研判，大家从设计理念的对比、引领性问题的呈现、重难点的精准突破、学生思维深度的挖掘等视角展开讨论，同伴的启发，观点的碰撞，火热的研讨现场，一朵朵智慧之花绚丽绽放。最后，杨易臻、陈永霞和郝海霞三位老师分别代表3个组进行汇总发言。

本次活动中，王慧、高可如两位老师做了讲座。

王慧老师讲座题目为"有效问题化教学，提高学生参与度"，阐述了自己对问题化学习的理解，分享了课例"平行四边形的判定"。这节课，教师通过"学生自己发现和提出问题""独立思考、学会思考""归纳概括得到猜想和规律并加以验证"3个环节，引领学生进入深度学习。这节课不仅激发了学生的兴趣，更树立了学生学习的自信，通过多维度的师生对话，使得学生既顺利地体验了定理的发现方法，也从中感受到了学习的乐趣，即使是不同层次的学生也能够在开放的学习模式上得到表现的机会。王慧老师的分享让我们真正感受到真问题、真合作、真探究才能成就真课堂。

高可如老师"问题引领下的数学教学"讲座中，结合自身教学实践经验，用问题引领学生思考，应用高阶思维拓宽学生思维深度，高可如老师谈到教师教学中要引领学生明确知识间的横纵向联系，有利于知识间的融通、方法的迁移类比等解题能力的提升。

最后，聂海英老师对本次研修活动进行了总结发言，使大家明确了数学教学研究的方向。教学理念源于课堂又运用到课堂教学，教学中教师越来越关注学生对新知自主构建的过程。在育人目标和学科本质的把握上，教师的教学越来越指向学科核心素养目标的达成，在指向高级思维能力的培养上，从原来的概念的输入记忆，逐渐转向对知识的理解运用。聂老师的总结使教师明白每一次学习都是一种唤醒，让我们的人生更有方向；每一次学习都是一场修行，让我们的成长更有力量！

【第十次主题研修】

研修主题：基于深度学习的例题、课堂练习、课后作业优效规划分析

凝心聚力共研讨 优效作业促"双减"
——初中数学一级名师工作室第十次研修活动

为助力教师成长，促进校际交流，实现"双减"政策下优化例题、习题、作业的设计，2022年3月17日，伊旗初中数学一级名师工作室开展以"基于深度学习的例题、课堂练习、课后作业优效规划分析"为主题的研修活动。

首先是伊旗第四中学高可如老师的展示课"平行线中拐点问题"，高老师引导学生，学数学用数学，课堂上重点分析母题，把例题教学的作用发挥到极致，真正实现一题一课、通一片的教学。

课后，工作室全体成员对本节课从"目标达成与效果评定分析""活动设计与问题设计效度分析"两个维度进行研讨。伊旗实验学校和伊旗第四中学的老师们也对这节课做了点评。对于几何模型课，教师要引导学生通过一题多解，归纳解决问题的最优方法，渗透优化思想，抓住"拐点"这个关键点，解决此类题的变式问题，培育学生逻辑推理素养。

活动中，工作室乔鹏、刘晓平、王玉慧三位老师分别做了"优效作业设计策略""分层作业设计之我见""不一样的数学作业"专题讲座。三位老师结合各自教学谈了作业设计思路、具体操作方法，阐述了分层作业、差异性作业设计的必要性。

最后，教研员聂海英老师就"双向细目表下的作业设计"谈了自己的看法。提出"优秀作业"案例的要求及平时作业设计的思考，布置落实了本次研修活动的后期研究任务。

工作室研修平台是一片蓝天，放飞教育的理想和信念；工作室研修平台是一方绿野，孕育教学的快乐与智慧。相信在初中数学工作室老师的共同努力下，"优效作业设计"必见成效。

【第十一次主题研修】

研修主题："双减"背景下初中数学优效作业设计研究

不忘初心　共融共研共成长

——初中数学一级名师工作室第十一次研修活动

　　为了落实立德树人的根本任务，进一步促进教师专业化发展，提升教师教学能力与作业设计能力，全面落实"双减"政策，实现"轻负担、高质量"的教学愿景，2022年3月31日下午，伊旗全体初中数学教师相聚在市一中分校，通过网络方式开启了学习之旅，名师工作室导师潘建明为我们带来了"'双减'背景下作业策划与管理"专题讲座，潘老师提出，"双减"背景下，我们要以学生发展为本，关注学以致用、学以致思、学以致创的科学作业观。他的讲座给了我们很多的启发和指导，令我们受益匪浅！

　　作业是学生学习过程中一个很重要的组成部分，相信有专家的引领，我们的作业设计能真正达到"减负、提质、增效"的目的。特殊的时期、特殊的学习，改变的是培训形式，不变的是教师对成长的追求、对专业的信仰。我们要向潘老师学习，做一名真研究、真思考、真实践的创新型教师！踔厉奋发，砥砺前行，共融共研共成长！

工作室成员学习心得

　　郝海霞老师："双减"突出的是提质减负，减轻学生作业负担的同时，需教师提高课堂效率，在课堂上精讲精练，面向全体，辅优帮差，让不同的学生有不同的收获，向四十分钟要效益。课后的作业设计更需老师精益求精，在选择有代表性题目的同时还要关注题目的层次性、趣味性、挑战性，把学生从题海中解脱出来，轻松学习，自觉挑战。

　　王玉慧老师：如何做到减量不减质，设计一份能提高学生学习兴趣、学习能力以及数学核心素养的作业是很多老师困惑的。今天潘教授用生动的例子讲解从课上作业到课后作业的设计，以点带面给了老师们很大的启发。潘教授用案例告诉我们科学而合理的数学作业有助于学生理解数学本质、掌握数学方法、体悟数学思想、赏析数学文化，促进学生核心素养的全面发展，落实立德树人根本任务。

徐晓梅老师：今天我有幸聆听了潘教授的讲座，对作业设计优质化结构及层次有了进一步的认识和理解，在作业中经常创设开放性问题、探索性问题和求异性问题才能更好地锻炼和激发学生的思维。另外在学生正常的遗忘节点上，老师要及时科学地穿插复习内容，使学生周期性地巩固解题方法和数学思想，提升学生素养！

刘晓霞老师："双减"，减的是多余的、重复性作业负担，并不能减掉作业的质量，所以作业设计时要有针对性。教师针对学生不同情况，精准布置作业，作业难度不超过国家课程标准要求，不布置惩罚性、重复性作业，作业布置更加科学合理，才能有效控制学生的作业时长。教师自己必须要先于学生去试做相关作业，在试做的时候，教师要清楚自己做题所用时长，作业中每道题考查的知识点，每道题适合哪些学习层次的学生，甚至可以先预判学生作业中会尝试使用的解题方法或出现的错误等，教师只有先于学生亲身做题，掌握作业的难易程度，切实避免机械、无效训练，才能预判学生作业所用时间，进而有效控制学生作业的时长。

乔鹏老师：学生通过数学作业对一天学习的知识进行复习和巩固，要合理安排学生的作业时间，把握作业难度和题量，根据不同学生的学习水平，再结合总体学生的个体差异，把完成作业的有效时间控制在15分钟左右。数学书面作业数量虽然要根据学生的个体差异确定，但也要根据个体差异让作业变得更加灵活多样，具有层次性，进而体现作业的有效性。

刘晓平老师：作业是承载学习内容，体会学习方式，实践过程性的学习任务，要注重作业与教学的配合。潘教授提出要把握预习、课堂、周末、单元等不同学习时间的作业功能与特点，设计适宜的作业来促进学生的思考、理解和探究，同时教师要自主提升作业设计能力。针对不同学习水平的学生进行分层布置，要让不同层次的学生在适合自己的作业中获得成功的体验。建议教师多布置解题作业，培养学生发散思维，并鼓励学生选做多做。同时还可以布置题组作业，在对比中加深理解，培养学生主动构建能力。

高可如老师： 今天听了潘教授的讲座，让我再次感受到优化作业设计的必要性，要尽量避免出现机械、单调、重复性无效作业或惩罚性作业。作业设计要符合学生年龄特点和心理规律，作业的形式必须多样化，切忌只有单调的书面作业，应该增加更多的实践性、操作性等体验类作业。作业设计既要面向全体，又要兼顾个体差异，教师应该积极探索分层作业、弹性作业、个性化作业的设计，教师还要认真批改作业，面批面改，做好学生的答疑辅导。

陈永霞老师： 作业是承载学习内容，体会学习方式，实践过程性的学习任务，要注重作业与教学的配合。潘校长提出要把握预习、课堂、周末、单元等不同学习时间的作业功能与特点，设计适宜的作业来促进学生的思考、理解和探究。针对不同学习水平的学生进行分层布置，至少要分3个层次，每个层次的作业都要以"质"为本精心设计，合理控制数量限度。

【第十二次主题研修】

研修主题： 基于深度学习的"有效变式"教学策略分析

基于深度学习的"有效变式"教学策略分析
——初中数学一级名师工作室第十二次研修活动

为了进一步提升课堂教学质量，引导教师深入研究教材，探讨教学方法，发展学生核心素养，2022年5月19日下午，初中数学一级名师工作室在伊旗第一中学开展了说课活动。

郝海霞老师的说课内容是中考专题"'圆'来如此简单——隐圆大合集"，郝老师经验丰富，善于积累，揭示了圆的内在规律，做到无中见有，使学生能用不变去应万变，多题一法，通过变式让学生理解数学练习的内在联系，让在座的老师受益匪浅。

高可如老师和徐晓梅老师的说课内容是七年级"不等式组的含参数问题"，两位老师对教材内容分析准确，教法学法有确定理论依据，教学目标明确，说课紧紧扣住教学目标，教学层次清晰，教学方法、手段多样，语言简洁清楚，教学中难点的处理恰到好处，全面贯彻了课程的教学理念，处处激发学生的学习兴趣。

刘晓平、王慧和陈永霞三位老师说课的内容是八年级"一次函数与方案分配问题",三位老师充分发挥学生的主动性,始终关注学生的学习过程,通过经验唤醒、自主探究、合作交流、推理验证等不同的学习方式,帮助学生逐步理解知识,在说出"教什么""怎么教"的同时,更清晰地说出了"为什么这样教"。

说课后工作室全体成员进行了讨论交流,深度分析了变式训练在教学中的有效应用,专题课教师要充分发挥一题多解、多题一法、一题多变的功效,培养学生思维的灵活性和探究性。

最后,聂海英老师做了工作部署和总结发言,并要求工作室成员注重发展学生的核心素养,注重对新课标的学习。

本次活动为工作室成员提供了一个展示自我、互相学习的平台,以说课的形式促进教师对专题课教学的深度思考。相信工作室的老师们通过本次说课活动,能够取长补短,互相借鉴,优化教法,提升课堂教学质量。

【第十三次主题研修】

研修主题: 核心素养导向下初中数学教学实践研究

领悟新课标 构建新教学
——初中数学一级名师工作室第十三次研修活动

2022年9月15日下午,第四期"1+1+X+N+Z"初中数学一级名师工作室在市一中伊金霍洛分校举行了第十三次研修活动。本次活动以落实立德树人根本任务,深度理解2022年新课标理念,构建核心素养导向的新教学,促进伊旗初中数学教学高质量发展为目的。活动邀请工作室导师潘建明,为全旗初中数学教师做题目为"新课程背景下教学行为转型策略分析"的专题讲座。

会前教研员聂海英强调了本次培训的必要性和重要性,并要求老师们会后结合自身教育教学实践写出学习心得,让理论落地生根、指导实践,从而更好的为伊旗初中数学教育教学服务。

主持人刘晓平从两方面阐述主题培训活动的意义和价值：在理论学习中，时代促使数学教师关注学生数学核心素养的培养；在实践教学中，使命要求数学教师有效提高学生的数学核心素养。

潘教授从素养导向意义价值、数学核心素养培育的具体途径、新课标实证解读三方面做了详细的解析和专题培训。

国家希望教育为党和人民培育有理想、有本领、有担当的时代新人。

潘教授以自己和徒弟们的课堂实录为典范，为老师们提供了很好的数学核心素养养成的具体途径。

潘教授详尽地解读了新课标，并把新课标新增的内容一一列举出来，做了重点解析，特别对数据与统计中新增的"箱线图"做了专题培训，让老师们耳目一新。

最后，潘教授用自觉教育心语："如果没有自身的定律和思想，你的心中只会留下五光十色的时代碎片，就会迷失智慧精进的前进方向和心智。"结束了本次培训活动，让老师们回味无穷……

一下午的培训活动，全旗数学教师听得津津有味，同时也根据自己的教育教学经验记录了培训后的真实感悟。

工作室成员学习心得

郝海霞老师：通过此次培训，我对课程目标有了更进一步的认识，对课程理念有了更深的理解，在高效课堂的构建、大单元教学设计方面有了更通透的理解，在以后的教学中我会不断学习和借鉴，使自己的教学水平不断提高。

刘晓平老师：核心素养究竟如何落地？课堂教学怎样培育学生的核心素养？听了潘校长一下午的培训，让我对学生核心素养的培养有了新的认识，培训从理论与实践相结合的角度入手，从一线教师最为关注的内容出发，系统回应了这些问题，并重点对核心素养导向的课堂教学进行了深入阐述，并提出核心素养导向的教学基本策略。

陈永霞老师：潘校长的每一次讲座都有新的理念、新的导向，让我在每次讲座中都有不同的收获。9月15日下午"素养导向下数学教学行为转型策略分析"3小时的讲座让我对2022版数学课程标准有了新的认识、理解。

王玉慧老师：潘建明教授讲提高学生"数学素养"就是培养学生用数学的眼光观察世界，用数学的思维分析世界，用数学语言表达世界。提高学生的"数学素养"是提高民族素质、丰富人才资源这一战略的重要组成部分，也是社会发展与经济建设的需要。实施这一目标，数学教师起着重要作用。如何在实际教学中完成这一历史重任，是广大数学工作者亟待探讨和解决的问题。

徐晓梅老师：在讲座中，潘教授以多名教师的课堂实例为载体，分析了在新课标理念下如何进行课堂转型、如何将课堂组织得更高效、如何培养孩子们的核心素养等问题，通过新旧课表的对比，通过3个多小时的学习，我们在课程目标、教学行为、教学方法、课堂评价、教学活动设计等方面有了更深的认识。

高可如老师：潘教授将理论与实际相结合，为我们阐述了数学课程要培养的学生核心素养：会用数学的眼光观察现实世界、会用数学的思维思考现实世界、会用数学的语言表达现实世界。

英语篇

"1+1+X+N+Z" 英语名师工作室

侯海霞

一、初中英语名师工作室的总目标

初中英语名师工作室以"1+1+X+N+Z"为整体思路，以问题为导向，以导师为引领，以课题为主线，以课堂教学为主阵地，通过开展多元化的研修活动，努力为名师成才创造良好环境，并引领全旗英语教师专业化发展，促使初中英语教学改革走向科学、合理、高效。

二、初中英语名师工作室的组织

伊金霍洛旗初中英语名师工作室成立于2013年，至今组建了四期名师工作室，每期为期两年。工作室的定位是"名师成长的摇篮"，先后共吸收30位优秀英语教师。其中包含市级学科带头人3人，市级教学能手8人，旗级优秀教师10人。辐射2个二级名师工作室，5个学科教研组。在主持人带领下，以成员的特色专长和发展需求为基础，以课题研究为载体，在专家指导下积极开发教学资源，实施校本课程并进行"基于主题意义探究的阅读教学策略与研究""初中英语写作评价量表开发与利用""课堂观察——走向专业的听评课""基于大观念的初中英语单元整体教学实践研究"等专题研究，充分发挥名师引领、示范、辐射作用，全方位推进常规校本教研向"实证+内涵"校本教研方式转变，建立"备—教—学—评"一致性的教学常规结构。

三、初中英语名师工作室的成长历程

初中英语名师工作室自成立以来，一直致力于解决制约全旗初中英语课堂教学改革的实际问题，充分利用专家丰富的教学资源，按照理论与实践相结合、自主与交流相结合、学习与应用相结合、反思与提升相结合的原则，以课题研究为抓手，积极开展专业理论学习、课堂示范、同课异构、课堂诊断等活动，通过以知识与技能为重点的有效课堂教学到核心素养培养的教学探究，再到指向学科育人的"备—教—学—评"一体化设计的单元整体教学实践研究，打造了一批又一批具有鲜明教学风格的学科名师，助力他们成为我旗初中英语学科"研、学、教"课改的先行者，从而带动了全旗初中英语教师共同进步与成长。

第一期（2012年3月—2015年3月）：在专家的引领下提升专业素养。结合我旗英语课堂教学中亟待解决的实际问题，以提高课堂教学效益为重点，以规范成员教师备课、上课和说课等课堂教学行为并进一步提高其课堂教学能力为目标，通过"师带徒"，研修员指导、带领各自的发展教师提高课堂教学水平，充分发挥示范和辐射作用。

第二期（2015年3月—2017年3月）：主持人带领成员教师以初中英语有效教学为主题开展问题研究。主持人带领成员梳理教材，合理把握教材编写意图、结构组成，创造性使用英语教材；通过公开课、同课异构、课堂诊断、课堂观察、试题命制培训等研讨活动，探究有效英语教学策略，指导课堂教学。

第三期（2017年3月—2019年3月）：在导师的指导下开发运用优质的教学资源，开展教学实践探究活动，逐步提高教师的教育科研能力。学会观察、评价、改进课堂教学的技术和策略，加强开展"实证+内涵"的观课议课"备—教—学—评"一体化教研活动，有效提高课堂教学效率，打造优质高效课堂。

第四期（2020年11月—2022年10月）：为名师搭建学习交流和成长的平台。以课题为抓手，重点围绕"主题意义引领下的阅读教学"和"基于大观

念的英语整体单元教学实践研究"开展系列主题研修活动,帮助名师们显著提高专业知识水平、教学能力与科研能力等,使名师们成为全旗乃至全市具有影响力的特色教师,带动全旗英语教师不断提升学科素养。

四、主要研修过程

(工作室部分研修活动,包括通知、简讯报道、部分心得体会或论文)

● 2012—2014年初中英语名师工作室部分研修活动

【2012年第一次研修活动】

初中英语名师工作室3月25日活动安排

具体活动安排:如表1所列。

表1

	时间	活动内容	地点	专家	主持人
上午	8:00—10:00	工作室成立	创业大厦	易 燕	侯海霞
	10:30—12:00	专家和工作室成员交流认识,了解情况	教研室	易 燕	侯海霞
下午	2:30—6:00	新课程理念下的课例分析和词汇教学策略	四完小多媒体教室	易 燕	侯海霞

初中英语名师工作室第一次研修活动小结

2012年3月25日,初中英语名师工作室正式成立并启动了。局领导从北京聘请了6位学科专家与我们一起近距离交流指导工作。我们英语工作室的导师是北京教育研修学院中学教研员,北京市学科带头人易燕老师。她给我的第一印象是很年轻漂亮,第一次和她打招呼的时候我感觉一点都不陌生,她的随和让我觉得像是见到了老朋友一样,也许这就是人与人之间的一种缘分。

按照会议日程，上午我们工作室的核心成员和专家导师在一起座谈交流，讨论拟定的工作室方案和本年度活动计划。名师工作室对于我们每位核心成员来说都比较陌生，因而如何开展或者说如何让各项工作扎实有效，有些想法都还不成熟。因为我是第一次承担一项工作的主持任务，也是初次接触工作室的工作，因此感觉责任大，有压力。所有的主持程序和主持词我都是提前写好，生怕出现大的纰漏。因为我相信，万事只有充分的准备才能让人增强自信心。

作为主持人，我首先利用空余时间和易老师简单介绍了我个人工作经历，也让她初步了解我们工作室成员的大致情况以及他们参加工作室活动面临的困难和顾虑。原来主持人除了多动脑，更要多动嘴，否则后面的工作就会很被动。按照我提前设计好的程序，上午的活动我觉得很成功，当然这也要归功于易老师自身的人格魅力——平易近人，能够充分考虑到老师们的困难，能够真心实意的为老师们解决教学中的实际问题。成员们在讨论过程中都能积极发言，气氛热烈，所修订的本学期工作计划大家也都能接受。所有的工作安排，大家形成一个共识就是尽量不增加老师们的工作负担，和现在的教学工作相辅相成，有实效性。

下午安排的是专家专题讲座，活动地点在四完小会议室。原本以为新建学校会议室的多媒体设备应该齐全，会前我还特意进行了两次核对落实，但是当我到达会场的时候发现还是出现了问题，那里没有音效设备，而专家讲座用了大量的音频文件，这将会使讲座的效果大打折扣。我当机立断要求电脑老师更换活动场地到多媒体教室，凳子不够我们自己发动老师们搬。虽然跑前跑后累出我一身汗，但是讲座还是顺利开始了。真的庆幸当自己独自遇到困难的时候没有慌张，能够积极寻求解决的办法，把可能造成的失误降到最低。

易老师的讲座非常精彩，她在做讲座的时候并不像那些大学者教育家一样善于用语言活跃现场的气氛，理论也不是那么高深，甚至开始我觉得她有些胆怯，她的精彩表现在于，她的讲座让我们听了很踏实、很实在。讲座的主题是"新课程理念下的课例分析和词汇教学策略"，她通过大量真实的课例片段，从学生学习方式、教师教学方式的转变以及词汇教学策略几个方面为我们的英语教学指点迷津，答疑解惑。听完讲座我确实感觉豁然开朗，受益匪浅，相信我们参会的大部分老师都能和我有一样的感受，也希望他们能够带着收获回到一线教学，积极尝试，针对自己的实际问题，改进不足，不断提高英语课堂教学的实效性。

针对这次活动，我希望自己以后在以下几方面进行改进。

①活动场地一定要落实到位。

②准备签到表。

③留下影像资料。

④努力使主持语言更加流畅、考虑得更周全一些。

⑤会前纪律提示：手机静音，不随意进出，保持会场安静。

【2012年第二次研修活动】

初中英语名师工作室8月16日活动安排

时间：上午8：00—9：30。

活动内容：①年轻教师说课展示。

说课教师：杨利军（一中），裴晓梅（一中）。

②专家点评。

地点：一中阶梯教室。

专家：易燕。

主持人：侯海霞。

"五步教学"在使用过程中的体会
——说课研修活动心得
伊旗一中　杨利军

"五步教学"已经推广使用一年多的时间了，它是结合我校实际从"讲学稿"中提炼出来的教学研究稿。这一教学研究成果经历了六年的时间，在使用过程中也经历了从不了解、拒绝、改变到认识、了解、使用的过程，可以说广泛、正确地使用"五步教学"模式进行教学已经进入正轨，并且每位教师都能够运用自如，这是我们一中人智慧的结晶，是团结力量的展现。

一、自学自悟

自学自悟是学生阅读课本、独立学习和思考的阶段。本环节要求学生首先要独立阅读课本，独立思考问题，完成如下的目标：一是学生在阅读文本的时候，顺便用笔在书上勾画出有价值的知识点；二是将学生在自学过程中产生的疑问提出来；三是学生能在自学过程中设计出有价值的问题。我认为这一环节的设定可以体现学生的自主学习能力，也是学生个体差异形成的必然因素，因为学习方式的不同、学习效率的不同所产生的结果也不同，同时也是培养学生学习兴趣的前提，自学自悟也为小组合作探究奠定了基础。

二、合作探究

合作探究要求学生在独立学习取得成果的基础上，带着自己独到的见解和思考回到四人或三人小组中，在组长的组织下，依次发表自己的观点，展示自己的思考，等组内的每个人都讲完后，再进行讨论、探究、辨难，以达成最终的共识，组内的记录员要将讨论的结果（达成的共识或存在的分歧和问题）记录下来。我认为这是形成综合语言应用能力的一个过程，因为教学本身是分层落实任务的一个过程。所以，要在教学中取长补短，教学相长，以达到最终的共识。

三、汇报展示

学生通过合作探究，在全班进行汇报展示。本环节要求每个小组派一名组员代表本组展示小组合作学习的成果，对于各小组的汇报、展示，教师要做到不置可否，让每个小组大胆汇报，进行个性展示，互相点评。我认为这个环节不仅能体现学生的集体智慧，而且能培养学生的表达能力、竞争意识及综合素养能力。

四、精讲点拨

在汇报展示的过程中，如果几个小组展示的答案是一致的，不存在疑问，那么这样的问题就可以直接跳过，教师不做任何讲解，如果在展示的过程中出现了分歧，教师再进行精讲点拨，尽可能促进每位学生的心智发展，"授业解惑"为学生的学习搭建平台，同时也能体现教师的专业素养，但真正的目的在于帮助学生完成学习中所不能完成的任务。

五、巩固练习

一节课的学习任务完成以后，为了有效实现讲学稿的堂堂清，我们就要利用巩固训练部分的试题对本节课学生的学习情况进行检测。这个环节，教师要留给学生比较充足的时间,让学生独立完成全部内容,如果遇到困难,可以查阅课本和工具书,并做好记录。教师在讲解训练题的时候,不仅要让学生说出哪一个是正确答案,还要让学生明白其中的道理,要彻底理解透彻。教师要把握好每一堂课的节奏,尽量当堂完成训练和讲解,不要拖尾巴,这同时也是教师监测课堂得失的材料,为下一节课作铺垫。

总之,"五步教学"模式让学生课前有事做、课堂动起来、课后习题精选精练。集教案、预习提纲、课堂笔记、课后作业于一体。增大了课内容量,培养了学生自主学习能力,收集整理后还是非常好的复习提纲。让我们改变原来传统的教学模式,以先进的教育模式为载体,培养出越来越多有能力、有思想的创新人才吧。

【2012年第三次研修活动】

伊旗初中英语名师工作室10月27日活动安排

内容:集体备课和教学设计指导。

活动目的:发现解决学校各备课组在集备中存在的问题,相互增强交流,提高老师们的备课及教学设计能力。

具体活动安排:如表1所列。

表1

	时 间	活动内容		地 点	专 家	主持人
上午	8:00—8:40	专家讲座:如何备好课		一中多媒体教室(三)	易 燕	侯海霞
	9:00—10:20	分小组集体备课	初一:Module 3 初二:Module 8 初三:Module 9			
	10:30—12:00	备课内容展示和交流,专家点评				
下午	2:30—5:30	外研社初中英语教学设计的课例分析与介绍		一中阶梯教室	景 华	

初中英语名师工作室 10 月 27 日活动小结

今天由于天气原因专家没有按时到达，上午的活动稍显不足。本来活动设计流程是：专家关于备课的讲座——分组集体备课——展示交流——专家点评。原本认为活动无论从准备还是组织形式上都是天衣无缝的，但是天公不作美，飞机延误打乱了我们的计划。好在我们预先做了专家不到场的准备，在专家来之前，我先明确了本次活动的主题——如何备好课，指出备好课是上好课的重要前提，然后让大家分组讨论"你认为新课程理念下一堂好课的重要指标有哪些"？讨论的目的是让老师们明确备课时应该考虑到的一些问题，激发他们的积极自主思维，发现自己备课中存在的问题。老师们在备课组长的组织下，讨论热烈，分工合作交流，然后由各组代表发言交流看法和观点。最后，我将自己搜集整理的一堂好课的主要指标的资料结合自己的理解给老师们进行了解读指导。老师们对这种教研方式还是体现出一定的兴趣。接着，对照一堂好课的重要指标，以备课组为单位进行集体备课，修改备课稿。10点半，终于等到专家到来，老师们的集备基本完成。

展示备课流程阶段，由主备人上台为大家呈现自己组的备课内容和教学流程，讲解各个环节的备课意图。我们一共分八个组，针对阅读教学三个年级的备课内容，通过展示，让老师们从中发现问题，增强反思意识。

专家点评指出备课展示中暴露的问题。

①阅读教学整体环节与课标要求相符。关注了语言学习的真实性（如 My new school），异国文化的了解（London），关注了学生情感——谈论自己喜欢的卡通人物（Cartoon），关注了语言知识的学习。

②因为是阅读课，对文本的阅读不够——应多关注阅读，注重对阅读技能的训练和培养，而我们的课对于学习活动的设计检测的功能多于技能培养。

③获取阅读信息，要培养学生回文定位的能力，即"为什么选……""出自文章哪一段哪一行"？

④备课对教学时间的预估（Timing）：每个环节都要预估分配，为任务的

完成服务，使学生在有效的时间内完成活动任务。

⑤阅读后的拓展活动——能力的提升阶段：My school 这节课最后让学生设计→My ideal school，将学习的语言内化为自己的语言进行思考和描写。Around town→Introduce a familiar corner around（知识的迁移）或者让尖端学生当导游，介绍旅游路线，为学生创造活学活用语言的机会。

⑥教学目标的设定和表述：了解、掌握、熟练运用。应该按照课标要求表述清楚，不是罗列。

结合上午老师们集体备课中存在的问题，下午易燕老师做了关于如何备好课的讲座，她从备课的基本步骤（怎样考虑教学步骤，怎样考虑教学方法，教学目标的制定）到课标要求和相应的教学内容以及各种课型的教学技巧等一系列相关问题，为老师们进行了细致清晰的分析和指导。

按照下午的活动计划，紧接着由外请专家景华（北京西城区资深初中英语教研员，国培计划特聘专家）做关于教学设计的指导讲座。景老师的讲座风趣幽默，一个下午听下来让人觉得轻松愉悦。景老师在做讲座的时候自始至终手里拿着新课标，不仅是为了结合课标要求为我们做关于教学设计的指导，同时也用自己的行动向我们每位教师传递着一个教学理念——无论备课还是做教学设计，都应符合新课标的要求，按照课标要求指导自己的教学思想，执行课堂教学行为。

关于课标内容，我们以往的培训大家大多关注课标的具体内容（课程基本理念、课程目标、分级目标要求、实施建议）。对于课标前言部分，我们没有足够重视，也没有全面理解课程性质（能够认识到英语课程具有工具性和人文性的双重性质），忽略了英语课程也承担着提高思维能力，促进人文素养和心智发展的任务。而我们所忽略的内容恰恰体现着英语课程的个人价值，所以忽略了这12个字的教学无疑影响着学生的未来发展。景老师的讲座善于运用鲜活的教学案例，为我们阐述我们以往没能理解的课标内容，比如"如何开展促进心智发展的教学"？她从分析新旧教材的特点出发，让我们明确新课标下的教材话题是明线，语法是暗线，所以教师在教学设计中要想把书上死的内容讲活，能用真实的语言就不要 suppose（例如涉及人物）。同时，要善于充分运用话题，促进学生心理和智力的发展。要做到兼顾话题和技能培养，从而实现英语教学的目的——learning for use。

关于课堂教学设计的问题，景老师从以下几个方面提出指导意见（见表2）。

表2

appearance	Tall, thin, nice, etc.
hobbies	He/ She likes watching TV. …
Reasons for why you are friends	We like the same things. He/She is my neighbour. His/ Her father is my father's friend. …

以初一上册 My friend 为例

①任务设计有梯度，体现学生认知的差异性，提高不同层次学生的思维能力。

②通过活动任务的设计，将知识的学习迁移到人文素养的提高方面，体现英语课程的人文性。（关注人与人之间的关系）

③老师列举自己的一个印象深刻的朋友。(an English teacher in middle school)

PPT展示一张外貌不漂亮的女老师，问孩子：Was she nice/friendly? Do you like to be her friend? 学生的答案都是No. 老师强调：But She was my friend in my life. 老师讲述这个女人对她一生的影响。这时，有孩子问：老师为什么我们谈论自己的朋友用is，而老师用was呢？老师停顿了一下，告诉学生因为自己的这位朋友已经在不久前出车祸去世了，学生们也是一怔。老师调整好自己的情绪，同时板书was在黑板左角，告诉孩子们，当我们谈去世的人是用was.（这个故事给孩子们的震撼作用会让他们永远记住was的用法）。然后，老师又问孩子们Was she nice/friendly? Do you like to be her friend? 学生的答案都是Yes. 还有孩子站起来向老师道歉，说刚才自己不喜欢和照片上的女人做朋友是不对的，还有孩子说，我们认识到交朋友不应该只在意外貌。通过上面的案例，老师让孩子们在No到Yes转变过程中体验情感态度价值观，促进他们思维、人文、心智的发展。

④重视话题教学，就阅读教学而言，应用读后活动实现教育功能。（在阅读中体会文章的主旨和立意）

⑤单词与阅读教学：初中学生记单词，不能单记词。要做到词不离句，句不离篇/文。重视在语境中学习英语知识，语法学习也一样。每个单元话题不同，话题单词也不同，备课时如何解决好单词的复现问题就值得我们去思考。

所以要加强阅读，阅读量和考试成绩成正比。按照课标要求，初三学生课外阅读量应累计达到15万字，高三应达到35万字。

⑥多媒体课件的制作要有极强的逻辑性和目的性，避免资源消耗。

⑦如何评价一节好课？一个字：得。学生所得是重要指标，要让每一位学生取得进步，学有所得。

今天的活动虽然由于客观原因受到一些影响，但是总的来说结果还是比较令人满意的。尤其当我看到老师们听讲座时专注的眼神时，我感到无比激动。原定5点半结束的活动推迟了半个小时结束，没有一个老师提前退场。尤其是景老师的讲座，引起我们更深刻的反思，反思自己的教育教学现状，反思自己的学习状况，我们作为教师过多关注对学生语言知识的传授，忽略了能够影响他们一生的最大的财富——人文素养和心智发展。平时的教学中，对成绩的过多关注，让我们在备课和教学设计时不能够关注学生的情感引领，尤其在英语教学时没有应用语言搭建和学生平等和谐进行情感交流的平台，没有走进学生的内心世界。我们一直在追求上好每一节课，却想不明白什么才是真正的好课，一味地以为顺利完成自己预设好的教学活动就是一节好课，却忘记了学生才是学习的主人，只有让每位学生不同程度地有所得，才是有效的课堂。而这个"得"字，不是单纯的语言知识和言语技能层面上的得，更重要的还应让学生的情感得到启发、心智得到发展，将知识的学习迁移到人文素养的提升方面，从而使学习者的素质全面提升。

【2013年研修活动】

2013年伊金霍洛旗初中英语学科教研活动安排

具体活动安排：如表1所列。

表1

时间	活动内容	具体时间安排	具体内容安排	主讲人	活动地点
11月23日上午 8：00—12：00	初三课堂教学交流	第一节 8：00—8：40	初三 Module 10 Unit 2 授课班级：一中285班	张咏霞 （伊旗一中）	伊旗一中 289班教室 （文渊楼二楼）
		第二节 8：50—9：30	初三 Module 11 Unit 1 授课班级：一中285班	郝晓敏 （伊旗四中）	
		9：50—11：00	讲课教师说课反思	张咏霞 郝晓敏	
			听课教师分组交流，代表评课交流		
		11：10—12：00	讨论毕业年级教学进度和复习计划		
11月23日下午 2：30—5：30	初三教学及复习经验交流	2：30—3：30	中考英语复习策略	信俊平 （伊旗一中）	
	中考备考	3：40—5：30	2011—2013中考试题分析及2014中考备考建议	侯海霞	

千里之行　始于足下
——2013年伊金霍洛旗中考备考活动心得

伊旗一中　杨　丽

谈到中考这一话题，每一个初中教师都感到心里沉甸甸的。学生经过三年苦读要在这最后一搏中展现风采，作为老师，我们倍感肩上责任重大。那究竟如何做才能取得中考的胜利呢？不积跬步无以至千里，不积小流无以至江海，千里之行始于足下，说一千道一万，要想赢得中考，贵在平时的训练。正如此次中考备考会上信俊平老师所说："对待中考要有一颗平常心，一定要做到扎扎实实上好每一节课，不要为了完成任务而去赶课。"

在我校上届初三毕业班优秀英语教师信俊平做的题为"中考英语复习策略"的专题讲座上，信老师为我们提出了许多好的复习备考建议，例如最困扰我们的词汇教学，一定要放在语境中才有生命力，最小的语言单位是句子，脱离了句子，词汇教学就是一潭死水。之后，是本次会议最重要的内容，侯老师做了题为"2011—2013年中考英语试题分析对比及2014年中考备考建议"的讲座。讲座进行了两个多小时，但中途没有休息，侯老师讲得娓娓动听，老师们听得聚精会神。本次会议让我受益匪浅。

侯老师的讲座共分为四部分。其一，对2013年全市中考英语试卷进行分析与成绩统计。我们2013年中考英语成绩与2012年的相比，缩小了与全市总均分的差距，这得益于我们及格率的提高，低分率的降低。因此，在教学中，我们要更多地关注基础和能力比较弱的同学，给予他们更多的关心与帮助。2013年中考英语成绩的进步，让我们教师看到了2014年中考的希望，坚定了我们的信心。其二，侯老师详细分析了2011—2013年中考英语试题中的各类题型。包括听力部分的选材、各个知识点的分布、阅读理解中的问题设计以及命题特点、书面表达的命题体裁和形式以及考生在写作过程中需要注意的问题等等。这些建议为我们毕业班的老师提供了具体的指导与帮助，能够让我们在复习的过程中纵观全局，把握重点，各个击破。其三，侯老师提出了2013年中考阅卷过程中发现的问题及整改建议。这对我们初二的学生来说也非常有参考价值。例如，侯老师突出强调了考生的书写问题，这是阅卷中发现的最大的问题。包括字母书写不规范、句子开头字母不大写等，告诫我们老师在平时的教学中持之以恒地抓书写。其四，侯老师提出了教学及中考备考建议。作为2011年和2013年两年的中考英语试题命题人，侯老师这些珍贵的建议对我们的教学与复习有很重要的参考价值，可以让我们少走许多弯路。

从这次的活动中，我有如下几点感受。

第一，在整个讲座过程中，侯老师不断强调老师们要认真研读新课标，对新课标中的各级要求烂熟于心，可见新课标的重要性。在日后的教学中，我们要扎扎实实地研读新课标，不论是集体备课、上课还是给学生布置课后作业以及听、评课活动，都要严格按照新课标的要求来操作。最让我感受深刻的是，经过这次培训，老师们已经随时将新课标放在了手边，随时翻阅，对课本单词表上出现的单词也要一一在新课标里进行查阅，从而来确定本节课的重点词汇。这难道不是对这次会议的有效性的最好诠释吗？我认为，这就是我们最大的进步！学习新课标，不仅可以让老师在教学中少走弯路，而且可以为学生减少不必要的课业负担。

第二，教师要学会挖掘教材中深层次的东西，避免伪阅读。例如，看到一篇阅读材料，不要只认为它是一篇简单的阅读理解，而是要看到它背后潜藏的文化背景、情感态度等，要理解作者的意图、写作目的。这就要求教师对教材中的人和事以及写作背景等进行充分地、全面地了解，深挖教材。

第三，教师要避免书面表达训练中抓面不抓点的现象。在平时的写作教学中，一些老师喜欢将书面表达布置为课后作业，这样根本起不到训练书面表达的作用，也有一些老师在课上进行写作训练，但习惯于只给学生提供写作框架，而不进行具体的短语、句型的训练，这样写作的效果也不太好。因此，教师要重视"抓点"的写作训练，以点带面。

第四，词汇教学要落实于课堂教学的始终。词汇的学习是一个循序渐进的过程，不能一蹴而就，要让学生在语境中学习词汇。

第五，重视每一模块的 Around the world 部分。这一部分穿插了中外文化的异同等知识，有助于学生形成跨文化意识。

总而言之，通过本次研讨活动，我对中考备考有了自己的一些想法。接下来，我会把这些宝贵的经验方法运用到每天的课堂教学中，因为只有赢得课堂，才能赢得中考！

读书心得

做个"不教书"的好老师
——《如何做最好的教师》读书心得

伊旗矿区中学　胡剑文

我校组织读书活动，我有幸拜读了魏书生老师编著的《如何做最好的教师——影响教师一生的中外教育家经典感言》一书，书中借助27位教育家的经典感言，从教师的情感、人格魅力、责任感、精神生活、教育手段和艺术、教师在课堂上的作用或角色、自身修养等多个层面，多角度阐述了如何做一名最好的教师。其中，古罗马教育家昆体良两千年前提出的"教是为了不教"的见解给我的触动很大，引发了我深深的思索。

昆体良认为"教是为了不教"既是教学的最终目的，也是教师所需的能力之一，是对教师更高的要求。而魏书生老师则结合教学实际对于"教"什么才能"不教"以及如何"教"才能"不教"做了详细的阐述。读到此处，一种强烈的共鸣感在我心中油然而生，"教是为了不教"在我校学习实践杜郎口自主学习模式的过程中曾被多次提到，它也是我们学习杜郎口自主学习模式所要达到的最终目的。

教师到底要教给学生什么，才能达到不教的目的呢？首先，要教他们学会做人。要让他们懂得奉献，有正确的是非观念。在杜郎口自主学习模式中，强调"兵教兵""兵练兵""兵强兵"，怎样才能让"兵"自觉自愿、正确地去"教、练、强"别的"兵"？这就需要我们老师做学生的思想工作，教他们做人，帮助他们树立正确的是非观和人生观，让他们懂得奉献，乐于奉献，善于奉献。杜郎口教学模式下，很多的教学任务要通过"组"这个学习单位来落实，而每个组的核心是组长，每节课能否顺利、有序地完成教学任务，组长起着很关键的作用。例如，有一节课，因为一个组的正副组长闹矛盾，两个人谁也不给组员布置任务，导致课堂上原本很顺利的教学流程到这个组就没办法进行下去了。由此可见，我们必须对组长的要求更高一些，使他们具备责任心、讲授能力和组织能力，要求他们在做好自主学习的同时，帮助和组织组员合作、探究学习。其实，这个过程对组长来说也是自我提升的过程。这一点在我的很多学生身上都得到了印证。无论是最早实施杜郎口教学模式的70、71班，还是后来的82、83班，所有组长的学习能力和学习成绩提高的幅度要比组员的幅度大得多，并且班干部和组长要比传统教学模式下的学生更有责任心，工作能力、组织能力和协调能力更强。这些学生上高中后，反馈回来的信息是：无论在哪所高中或职高，从我校毕业的学生大多数都担任着班干部、学生会主席、干部等职位。这些信息从另一个角度印证了我校实施杜郎口教学模式的成功之处。

其次，要教会学生养成良好的学习习惯。一个人是否养成良好的学习习惯，会影响到他的学习行为：养成了良好学习习惯的学生，学习自觉主动、勤奋、认真、有计划、有目的；没有养成良好学习习惯的学生，学习被迫、被动、懒惰、马虎、学起来不知所措。我们改传统的教案为导学案，摸索和研究出本学科的自学框架，就是要告诉学生怎么学，引导学生学会学习，使学生把学习中的一切活动当成是自然而然的、发自内心的、必须要做的事情，帮助他们养成良好的学习习惯。在上课前，学生通过自主预习和完成导学案已经对即将学习的知识有了一定程度的认识和掌握。课堂上，他们就会有重点、有层次地听课和展示，这样，无形中降低了学习和听讲的难度，学生学起来既轻松又有兴趣。慢慢地，尝到甜头的学生就会自然而然地养成学习习惯，再不需要老师的督促，从而达到了老师和学生都轻松的双赢。

第三，要教会学生使用正确的学习方法。"授之以鱼"不如"授之以渔"，给学生金子不如教给学生点金术。学生需要的不仅仅是知识的传授，更重要的是方法的指导。以英语课为例，引导学生自学生词，教会学生要预习词汇的读音、汉语意思以及拼写规则。引导学生精读课文，教会他们如何抓课文细节，找出课文中的已学知识点并复习其用法，找出新的语言点、语法点和难点，能用重要单词及词组造句，学会查阅课文注释及工具书，试着先去独立发现问题和解决问题，然后与同学讨论，共同解决疑难，这些教学活动都在潜移默化地引导学生学习和运用正确的学习方法，从而为他们以后的终身学习打下基础。

魏书生有一个非常重要的观念，那就是做个"懒"教师，只要学生能干的，教师就不去做。他说："一个老师剥夺了学生做事的权利，剥夺了他努力能够做到的机遇，就和不让他吃饭一样可怕。人家能够吃得了，干得了，你不让他吃，不让他干，当然学生的体质就会下降。所以，看起来让学生做事，是为了减轻老师的负担，这不对，这是次要的。更重要的是给学生一个增长能力的机会，他只有更多地做事，参与管理，参与制定计划，他才能增长能力，增长主人翁的责任感。"这一观念和杜郎口自主学习模式有异曲同工之妙。我们所说的"教是为了不教",不是让老师学会偷懒,而是尽可能多地给学生锻炼和增长能力的机会。

有时我在想,什么样的老师才是好老师?是现在能看到成绩的老师是好老师呢,还是二十年后有学生说你是好老师的老师才是好老师呢?借助杜郎口自主学习模式,我们把课堂的话语权交给了学生,让学生去主宰课堂,在课堂活动中信任学生,放权给学生,提高学生的自主学习能力,为他们今后的继续学习打下基础,甚至为他们走上社会能独立自主地解决问题打下能力基础。学生不但能从你这个老师身上学到知识,而且还能得到自我管理能力、自主学习能力、工作能力、组织能力、协调能力、演讲能力、自信心、成就感和浓厚的学习兴趣等书本以外的收获,我想这样的老师应该就是学生心目中最好的老师吧。

读《有效教学的基本策略》有感

伊旗四中　李晓梅

读书使人明智。当我们感觉工作动力不足、教学乏味无计可施时,我们可以读书。最近两天我读了《有效教学的基本策略》和《案例与故事》两本书的部分文章,对于里面谈到的有效教学的部分策略深有同感。

使我们的教学有效甚至高效是每一位从教者追逐的目标,使之有效的过程即我们的策略。虽然我已有近20年的教学经验,但对于学生的英语学习还时常感到困惑。虽然我是一个善动脑子乐于想招儿的老师,但对于让学生始终保持积极进取的热情去快乐的学习还没有固定成型的经验。想想原因是我的学生已由80后变成了90后甚至00后,那些活生生的极富个性的少年岂是固定模式的教学能满足得了的。再者自己的知识已然老化,与时俱进,力不从心。所以教师这支队伍是最应该不断学习的,要时刻走在知识的前沿,像我这样的老教师更应该不断加强自身修养,不断学习先进的教育教学理念,使自己的教学变成"常青树"。多年来,我经常反思的一件事就是如何让学生爱学乐学善学,只有这样才会有高效的课堂。爱因斯坦曾说:"兴趣是最好的老师。"孔子也说："知之者不如好之者，好之者不如乐之者！"这些都说明兴趣在推动人出色地完成学习和工作任务中的重要作用。因此，我们要重视学生的兴趣培养，让学生怀着极大的兴趣参与知识的获取过程，通过形式多样的语言操作方式来发挥学生的智力和潜力，发展他们的创新能力。结合自己的经验和读书的感悟，我有几点想法。

一、励志教育，思想先行

经济和科学文化迅速发展，个人旅游和国际交往日益频繁，翻译新的科技资料、参加国际会议、与各国交流文化艺术以及从事外事、外贸、旅游工作等都需要大量懂得英语的企业管理人员，新世纪对人才提出了新的要求，学习和掌握一门外语是21世纪公民必须具备的素质，未来的深造学习都需要英语这把钥匙。退一步讲，学好英语也能为自己谋取一份职业。在学生学习疲倦的时候，经常讲些名人伟人努力学习的事例以激励他们，将自己和学生身边成功人士的事迹讲给他们听，不断渗透知识改变命运的思想。

二、课前交际，激活思维

每次课前请一位学生背诵一篇文章（可以讲一个故事、笑话等），或者像我常让学生两两对话谈谈发生的事或学到的东西。要求声音响亮、发音准确、速度适中，力求使大家都能够理解。然后让他提几个和文章或对话有关的问题，提问下面的学生。最后教师做简要的总结，可进一步扩展话题，也可鼓励表扬某些学生，或者针对文章内容教给学生一些课外知识，这样不仅锻炼了学生的英语听力和口语，而且提高了学生的心理素质。在很大程度上，也激发了学生的学习英语兴趣。每一种方法使用一段时间后，学生都会觉得厌倦，我们就换方法。

三、创设情境，体会成就

有效情境的创设努力再现了现实生活，实践证明学生乐于在情境中学习、交流。我在教授学生问路这个单元时，将学生的桌椅当建筑物，过道当街道，分别标示地点。这个场景，刺激了学生的感官，符合了他们的心理，学生跃跃欲试都想上来表演。最近学习比较级我就让两个学生表演，其他学生描述。这样的英语交流真实有意义。学生喜欢表演，同时使用了英语，一种自豪感、成就感便油然而生,他们感觉会使用有用的英语了。

四、自编短剧,培养能力

英语的学习更要"学以致用",我们要让学生学了英语后,要会开口说英语,要敢说英语。为此,每节对话课后,我们可以用五分钟左右时间让学生到讲台前表演他们自编的课本剧。具体做法:上课前,小组表演他们课前已编排好的短剧,剧情可依照上一节课的课文的情景,也可自己创设情景,但是台词必须要运用已学过的句型。之所以这样做,是为了复习旧课,而这种复习不是简单的重复,而是一种创造,是语言的活用,从而加深对新学内容的理解,最终达到"学以致用"。自编自演课本剧,让学生在笑声中复习,巩固旧知识,避免让学生紧张得窒息的提问复习法,效果远远超过后者。这种方法能使学生处于积极主动的学习状态,也能培养学生的创造思维能力。表演时的课堂要收放自如,过于活泼不爱学英语的学生有时会就此搞小动作,安排组长关注这部分学生,给他们适当简单的角色使之参与课堂活动。

五、穿插竞赛,调动兴趣

初中学生具有进取心和荣誉感,竞争意识强烈。将竞争机制引入英语课堂教学中来,则是一种行之有效的方法。具体做法如下:将学生分为四人一组,在教学中穿插单词拼写比赛、课文复述比赛、自编短剧表演赛、课文朗读比赛等多种多样的竞赛。再用积分法,每学期将得分总结进行奖励,效果很好。课堂上适当的竞赛、小游戏等活动学生都乐于参与,这样最大限度地将学生潜意识和显意识协调起来,鼓励学生去发现问题、思考问题、解决问题,积极理解运用知识,这就调动了全体学生的学习兴趣。老师说话要一言九鼎,承诺的奖励一定要兑现。

六、口诀记忆,提高热情

英语中的语法规则,词汇的用法区别,发音规则等等,常让学生迷惑。有鉴于此,教师可编些口诀来帮助学生记忆,降低学习难度,使学英语的热情升温。对初一学生讲"be"的用法,记口诀:I 用 am, you 用 are; Is 跟着他、她、它。要问复数用什么?其后全部都用 are. 又如, Double O 的长短音,编"三字经"如下:煮毛木,看了书,脚送 [u],立后屋。除之外,读长 u:.

(cook, wool, wood, look, book, food, foot, took, stood) 对初二的宾语从句可提醒学生三注意：语序，时态，引导词。很多小技巧我们教师要善于搜集整理积累，用来随时充实自己的课堂。

七、迁移兴趣，激发欲望

"双差生"学英语是让很多老师头痛的事。学好英语需要持之以恒的毅力，而"双差生"缺乏的往往就是这种锲而不舍的精神，如果只是从正面向他们大谈学好英语的种种好处，恐怕收效甚微。如能把这些学生在其他方面的兴趣迁移到学英语中来，则可事半功倍。可见，巧妙地迁移学生的兴趣，正如"四两拨千斤"，对培养学生学英语的兴趣大有裨益。很多"双差生"对电脑比较感兴趣，而电脑里的英语单词有很多不认识。我告诉他们：学好电脑将来也能找一份好工作，而学好电脑的前提是学好英语。英语学不好，电脑里常用的单词都不认识，只要你把电脑中遇到的英语单词查查、背背，遇到困难告诉老师，老师帮你解决那些游戏策略。由于老师的理解和情感投入，差生也会给英语点"面子"的，多少会学一些，加之老师及时引导和鼓励，他们会慢慢找到感觉的。

以上是我多年教学中使用过的比较有效果的激发学生学习兴趣的一些做法。通过读《有效教学基本策略》等书籍，我的一些经验找到了理论依据。在这里我简单谈了几方面，也许不算什么，但是我却从中获得了快乐的教学体验，学生也在我的课堂上高兴快乐地学习着，他们没有讨厌英语这就是一个巨大收获。

总之我们做事要有一定的耐心，要始终对学生充满信心。教学中要随时随地使用各种激励方法渗透学法，激活课堂。英语课堂要重体验，让能力在课堂中生成，让情感在课堂上流淌。让学习成为交往，引生活活水入英语课堂，真正让英语的外延等于生活的外延。在课堂上，让学生成为真正的主体，教师要采用多种方法，创设和谐美好学生喜欢的学习情境，唤醒学生潜在的主体意识，让学生积极主动地参与教与学的全过程，从而促使学生在知识、能力、情感、意志等方面充分发展。只要我们做一个智慧型的教师，就一定能找到适合自己的好方法。

自我发展　共同提升
——名师工作室成员师徒结对小结

伊旗一中　裴小梅

师徒活动进行了一年多了，虽然是以师傅的身份在指导徒弟，但是我本身却从这项活动中受益很多。我觉得身上担子重大，主要是自己各方面的经验还不是很足，更是没有做师傅的经历，所以，我力求尽自己最大努力使这项活动发挥作用。

本学期，我的徒弟是初二年级的牛芬梅老师。在这个学期内，我时时刻刻努力践行着作为师傅所应尽的各种责任与义务。尽管心中有一些压力，肩上添了许多额外的责任，但我还是能清醒地认识到旗教研室与我校为青年教师所搭建的这个培训平台的重要性，也很清楚自己作为师傅，对于牛老师的教学起着非常重要的引导、榜样与示范作用。在这一学期的互相学习、共同成长中，我获得了许多新的感悟与启迪。

一、以德立教，从容应对平常工作

从牛老师身上我仿佛看到了刚参加工作时的自己，热情、积极、好学、上进，又有很多似懂非懂的事情总怕做错。当自己认为自己有足够的经验可以应付孩子、应付工作，开始享受自如的工作状态的时候，往往会遭遇新的压力、新的困惑，或者是产生新的无法解决的问题。当自己一个人默默地努力一段时间后，教育的热情会因为外在环境的冷淡而消退，其实后面的路或者会走得索然无趣，或者按部就班，这样对新教师的"工作幸福感"会产生冲击，甚至会动摇她们的信心。针对新教师这个特点，我首先肯定她在执教过程中的沉稳优势，着重让她摆正心态，积极地应对每一次的教学研讨活动，使她在教学技能上获得新的提升。同时，经常告诉她，时刻保持良好的职业品德，一颗爱孩子的心，不耻下问的精神。在工作之余，鼓励她写文章、总结执教过程中的心得体会，整理成功教学案例，储备知识，这为她以后写文章、写总结等奠定了积极的心理基础。

二、积极钻研日常教学，努力做好各项工作

工作的积极性是否高涨取决于一个人的工作态度，当对工作成效持无所谓的态度时，一切也就没有了努力的理由。师徒结对的活动让我们觉得工作有成效是一种高层次的幸福，更是一份荣耀，督促着我们师徒共同去摸索、追求，努力实践"教学的精彩课堂"。牛老师经常主动要求我听她的课，为了准备一节充分的公开课，她会不断地试教，做好多次课前、课后的请教、准备和反思。牛老师很受学生的欢迎，她是一位很有激情的老师，教学经验也比较丰富，孩子们觉得上牛老师的课很有趣，这一点是很难能可贵的。

三、大胆实践，勇于挑战薄弱环节

一个学期的"师徒结对"，也让我意识到自身的诸多不足。在提高徒弟业务水平的同时，我也努力提升自己的业务技能和工作技巧，勇于向自己的薄弱面进行自我挑战，好看书、多学习，试图日积月累地反思教学、提炼总结，在完善自我中逐步凝聚自己的教学特色，然后才能"一桶之水中去舀取一瓢之水"，毫不保留地施与他人的同时亦获得自我发展与自我提升。

经过一学期的传、帮、带活动，从不定时的去听课、评课到自己为徒弟精心上课、辅导课，一次又一次地让徒弟大胆尝试新方法上一节观摩课，到生活中的细微照顾和引导，牛老师都非常认真努力学习、实践，各方面都进步特别大。作为还需要不断提升、不断进步的师傅的我来说，始终坚信：以德育人、爱心育人，用专业精湛的知识引领孩子，就一定能成为一名好老师。

相信在以后的师徒结对活动中，我会用更多的理论与实践相结合的实战经验与身体力行的直接榜样作用来影响我的徒弟牛芬梅，从指导的深度与广度上进一步深掘与拓宽，帮助徒弟尽快成长为一名好老师、一名优秀教师。让我们一起严格要求自己，做到最好。

• 2015—2017年初中英语名师工作室部分研修活动

【2015年第一次研修活动】

关于举办2015年初中英语名师工作室第一次研修活动安排

具体活动安排：如表1所列。

表1

时间		活动内容	地点	主持人
下午	2:40—3:30	由工作室主持人解读伊金霍洛旗名师工作室考核细则	伊旗一中多媒体教室（三）	侯海霞
	3:30—4:30	侯海霞讲座：英语工作室研修方案和年度活动计划（讨论稿）；工作室成员共同研讨方案和计划，提出改进意见，形成共识		
	4:40—5:30	由工作室成员根据自身实际情况交流个人两年发展规划		
	5:30—6:00	讨论通过工作室工作制度及成员分工；讨论通过工作室研修课题（两年研修活动围绕的中心主题）		

2015年初中英语名师工作室第一次研修活动总结

7月6日下午，在伊旗第一中学，初中英语名师工作室进行了新工作室成立后的第一次活动。主要内容有四项：一是解读《伊旗中小学教师发展工作室考核细则》，规范工作室工作制度；二是由主持人侯海霞带领工作室成员研讨英语工作室研修活动方案（讨论稿），提出改进意见，形成共识；三是由工作室成员根据自身实际情况交流个人两年发展规划；四是讨论通过工作室成员分工，讨论通过工作室研修课题。

首先，由工作室主持人侯海霞解读《伊金霍洛旗名师工作室考核细则

(试行)》，并宣读工作室工作制度。

接着，各位名师根据英语工作室研修活动方案（讨论稿）提出改进意见，形成共识，并重新修改自己的两年发展规划。

工作室各位成员就初中英语工作室研修课题进行了讨论，大家积极发言，群策群力，从多方面讨论分析了我旗英语教学中存在的问题以及亟待解决的问题，并为英语工作室的发展献计献策。

主持人根据各位成员的特长，对各位名师进行了分工，交代了各自的任务，大家表示一定圆满完成工作室的各项任务和活动。

在下午的活动中，老师们积极地交流，为英语工作室的发展共谋大计，让我们感觉到了工作室的朝气与活力，期待老师们通过工作室这个平台得到长足的进步，为我旗英语教育事业的发展贡献力量。

2015—2017年初中英语名师工作室成员发展规划

伊旗一中　张咏霞

2015年5月，我有幸成为名师工作室的一员，非常珍惜这样的机会，这是对我15年来英语教学生涯所做的努力给予的肯定。为了能使名师工作室这个交流平台真正发挥辐射作用，切实提升本校、本地区英语教师的教育教学理论素养，促进英语教师专业能力的提升，根据工作室的整体规划，结合个人实际，特制定个人发展规划。

一、指导思想

以名师工作室实施方案相关精神为指导思想，进一步落实和贯彻工作室发展目标，认真履行工作室成员的义务，并以各级各类活动为契机，力争做到认认真真，踏踏实实，兢兢业业地学习、培训、工作，努力提高自身教育教学水平，不断增强自身能力和专业素养。

二、发展状况自我分析

我从事英语教育工作已有15个年头了，作为一名中青年教师，有着充沛的精力、饱满的热情和较强的学习接受新事物的能力，更容易接近学生；有一些课堂教学心得的积累，对英语教学有一定的见解，掌握了激发学生兴趣、引导学生合作探究学习的粗浅教学方法。如何使教学效果最优化、最大化，是一个需要不断学习和摸索的问题，要继续加强理念与实践相结合的探索。

①自然情况分析：参加工作15年，在英语教学中积累一定的教育教学经验，能够灵活驾驭初中三年知识结构，在学科教学中属于骨干力量，具有引领和指导年轻教师专业发展的能力。

②优势分析：本人对知识的难易程度和准确度有较强的把握。多次参加自治区内外专业培训，对学科知识的理解和运用具有很好的认识。课余时间也不断加强自身专业素养，对初中英语的教学有很好的指导意义。利用课余时间，经常阅读有关专业书籍，不断充电、更新理念，提高自身专业修养，使自己永远保持先进的理念。

③存在的问题：负责两个班级的英语教学任务，平时除了辅导之外，还要组织和实施学校教科研工作，任务重、时间紧，精力有限，经常超负荷工作。学校正在推行和实施的"讲学稿模式""小组合作学习""五步导学法"课堂教学方式，正处在全面推广和总结阶段，也牵扯到很多的精力，直接导致自己在专业发展和专业提升过程中投入的精力受限。平时课后课堂精彩片段欠缺记录，因而积累的典型课例太少。专业阅读缺乏广度与深度，知识面不够宽泛，教育教学理论学习浮于表面，虽有一定的思考，但缺乏深入钻研的能力与精神。

三、发展目标

通过两年的努力，使自身专业综合素质全面提高、教学风格特征稳定清晰、同行中影响力明显提升、加快自身的成长。

①严格执行工作室工作计划要求，履行工作室成员的职责，认真完成工作室领导布置的各项任务，积极参加工作室各种形式的研讨活动、讲座活动和送教下乡活动，充分利用网络资源，积极参加工作室业务探讨和交流活动。

②乐于读书。坚持认真地阅读各种英语教学杂志，做好阅读笔记，写好读后感，将对初中英语教学实践有较强指导意义的论文摘录下来提升自己的学科素养。苏霍姆林斯基说过，"无限相信书籍的力量，是我的教育信仰的真谛之一"。我将阅读教育理论著作以及教育报刊，认真学习政治思想理论，教育教

学理论，深入学习新课程标准，并以这些理论指导教学实践。广泛阅读文学作品，积淀文化底蕴。养成每天阅读半小时的好习惯，做好读书笔记，撰写读书心得。在不断地阅读中提升自己的品位，让自己成为一名有文化的教师。

③教育教学中，要注重教学与研究相结合，教学与反思相结合，使自己真正成为教学和研究的主人。在课堂教学方面，我将认真对待每一节课，在教学过程中做到三个反思：教学前反思，教学中反思，教学后反思。通过反思，不断更新教学观念，改善教学行为，提升教学水平，同时形成自己对教学现象、教学问题的独立思考和创造性见解。直面改革中出现的新问题、新挑战，改善教育行为，提升教学水平。

④钻研教育理论，研读教育专著，完成教育教学论文。

⑤认真参与名师工作室专题研究，完善工作室子课题研究。在教学实践中发现问题，寻求答案，在研究中谋求进步，及时整理材料，总结经验，不断完善自我。

⑥积极参与工作室建设，完成工作室的各项工作任务。同时利用现代化设备，借鉴网络资源，提高对教材体系的梳理能力；多看名师课堂实录，多听名师上课，多向名师学习，取他人之长，补己之短，努力提高自己的业务水平。

四、发展具体规划

①加强学习。有这样一句话："活到老，学到老。"告诫人们活着就要学习，在任何时候、任何地方。而我选择的最为方便的学习方式就是读书，进行全面、系统的阅读学习，对书中的建议、想法、案例、方法进行分析与反思，做到及时摘录，认真写好深刻的学习体会，每学期至少一篇。

②注重积累。教师的成长需要积累。时间的积累，经验的积累，知识的积累，总之教师的积累尤为重要。我要努力做到：每天进步一点点；每天想到一点点；每天学到一点点；每天领悟一点点；每天反思一点点；每天写下一点点。俗话说：好记性不如烂笔头。想到的，反思的，就一定要及时写下来。要让做过的事情有痕迹，要让瞬间的精彩成为永恒。

③树立风格。认真上好每一堂课，钻研教材，勤写教学反思。主动承担观摩课、示范课的教学任务，继续加强"五步导学法"的教学实践与探索。

④课题研究。提倡教科研一体化。在做好教学工作的同时还要进行专项课题的深入研究，以研促教，使教学和科研更有机地结合，做到相辅相成。

⑤撰写论文。通过撰写论文不断提升教育教学的理论素养，提高写作水平和能力。为了撰写好一篇高质量的论文，我要努力做好平时课堂教学实践的积累，尤其是教学中精彩的片段、有趣的活动、新颖的设计、巧妙的安排、有效的方法、合理的组织等等，将每一个素材进行分析与总结。每学年完成一篇高质量的论文。

第一阶段：2015年9月—2016年3月

①根据自身基础和发展潜力，制定个人两年发展规划，明确自身追求目标，并进行合理分解。

②围绕教师专业发展，坚持开展读书活动。争取研读教育著作，并写教学反思或随笔两篇。

③听优秀教师的课不少于30节，取其之长，补己之短。成员之间进行听、评课活动后，及时撰写教学设计和反思稿。

④积极参与工作室申报课题，以课题为载体，通过课题的研究促进成员研究能力的提升。

第二阶段：2016年3月—2016年9月

①坚持开展读书活动。读两本教育著作，并写教学反思或随笔两篇。

②听优秀教师的课不少于30节。

③继续进行"讲学稿模式下小组合作学习"专题思考，并有一定的研究成果，以论文、专题讲座等形式向同行辐射、示范，显现成果，形成一定影响，打造工作室的特色和品牌。

第三阶段：2016年9月—2017年3月

①多读数学教学教研书籍，提高教学业务水平，自选有关教育、人生、哲学方面的书籍两篇，并写教学反思或随笔两篇。

②做好课题研究的结题准备工作。

③迎接名师工作室成果验收工作，同时撰写相应论文。

【2015年第二次研修活动】

关于举办2015年初中英语名师工作室
第二次研修活动安排

为进一步规范我旗英语教师的教学常规行为,改进我旗初中起始年级的英语教学现状,加强校际教学交流并分享教学成功经验,初中英语名师工作室以"七年级英语教与学的习惯养成"为主题开展研修活动。

研修形式:同课异构、听评课交流;微型讲座;名师答疑。

具体活动安排:如表1所列。

表1

	具体时间	活动内容	主讲人(班级)
上午	第二节 9:15—9:55	同课异构:外研版七(上)Module 3 Unit 1	白璐(2班)
	第三节 10:25—11:05	同课异构(同上)	乌音嘎(3班)
	第四节 11:20—12:00	同课异构(同上)	张咏霞(4班)
下午	2:30—3:40	说课评课交流	
	4:00—4:30	微型讲座; 浅谈初一新生英语学习习惯的培养——以北师大鄂尔多斯第二附属学校初中部为例	张金龙
	4:30—5:00	名师答疑	工作室名师与参会教师分享自己的经验

2015年初中英语名师工作室
第二次研修活动总结

为了进一步规范我旗英语教师的教学常规行为,改进我旗初中起始年级的英语教学现状,加强校际教学交流并分享教学成功经验,9月24日初中英语名师工作室以"七年级英语教与学的习惯养成"为主题在北师大鄂尔多斯第二附属学校开展研修活动。全旗七年级英语教师及英语工作室全体成员参加本次活动。

本次活动主要内容有四项：同课异构；听评课交流；微型讲座；名师答疑。

首先，由工作室主持人侯海霞分析本次活动的重要性及活动目的。

上午，由英语工作室骨干教师张咏霞、二附中优秀英语教师白璐和乌英嘎老师分别在七年级进行同课异构展示。他们从不同角度体现了教师良好的教的习惯和指导学生学的习惯。课后，各学校老师就三位老师的课进行了评课和讨论，大家积极发言，从多方面总结三位老师在七年级英语教与学的习惯养成方面值得学习和借鉴的地方，各组汇报并展示。

下午，北师大二附校张金龙老师就初中英语教学中的教与学的习惯养成做了微型讲座，给大家介绍了很多二附校在初一新生英语学习习惯培养方面的奇思妙招，使教师们受益匪浅。之后，许多年轻教师针对英语教学中的疑惑提出问题，名师工作室成员给予耐心细致的解答。

浅谈初一新生英语学习习惯的培养

北师大鄂尔多斯第二附属学校初中部　张金龙

北师大鄂尔多斯第二附属学校地处鄂尔多斯空港物流园区，初一新生大多来自周边乡镇，入校之初，学生英语综合素养整体较差，具体体现在发音不准确、听不懂、跟不上听力问题、口语交际吃力、阅读不得法、写作无从下手等几个方面。针对我校学生现状，英语组积极教研，加大每个实际问题的研修力度，借助我校小班化教学的优势，近三年来取得了一定的阶段性成果。现将浅薄的教学经验分享如下。

首先，细化听力课堂教学过程，夯实课后巩固环节。

课堂教学是提高教学质量的主阵地，也是解决教学问题的主渠道。通过设计听前活动激活学生已有信息、激发学生对听力文本的好奇心，与此同时培养学生质疑、发问的能力；听中活动首先强调听力要求、突出学法指导，鼓励学生在听的过程中默读并尝试记录简单信息。听后引导学生用自己的语言再现文本知识。此外，要求学生每周以录音的形式巩固本周所学单词、对话、文章；每学期泛听一定数量的新概念文章并在写作本上记录所听文本中1~3个印象深刻的句子。

其次，定时、保质开展口语课及口语交际活动。

我校英语教师学历高，起点高，口语教学及相应活动贯穿整节常规课。此外，我校七年级每周固定一节口语交际课，课程设计突出师生有效互动、学生高度参与、情境真实、情感体验、大容量、快节奏等特征。每学期各班不定期进行小型英语口语活动，如课本剧、英语话剧、演讲等；每学年进行全校大型英语节活动，进行英语口语成果展示。

最后，以读促写，以写促用。

阅读教学重点培养学生获取、加工、提炼、应用信息的能力，我校阅读教学鼓励学生通过自主阅读、同桌互助、小组合作、头脑风暴等形式获取尽可能多的信息，在此过程中要求学生用不同颜色的笔勾画不同层次的信息（如体现话题主题的句子、体现作者观点的句子、模块语法应用的句子）及篇章结构，进而为找出写作框架进行写作练习奠定基础。此外，学生寒暑假借助课外读物，如新概念1积累语言知识也是阅读教学的重要组成部分。我校的写作教学重视模块语言知识的实际应用与学生的生活经验相结合，引导学生通过词汇、短语、框架、写作要点、可能用到的开头、主体、结尾层层推进的教学活动先进行小组写作，随后再进行自主写作，写作过程突出师生互助、生生交流；写作要求教师面批面改，并确保每周一至两篇的练习量，每个寒暑假10~12篇的二度词作练习。

英语学习在很大程度上是一个习惯养成的过程。学生良好习惯的养成既需要教师的榜样示范，也需要持之以恒的训练。良好的"教与学"的习惯养成起始是关键，规范的教学常规落实是重点。英语教育同仁们，"播种一种行为，收获一种习惯；播种一种习惯，收获一种性格；播种一种性格，收获一种命运"。让我们在英语教学中不懈探究学生习惯养成，让我们为提高全旗英语教学质量一道努力。

【2015 年第三次研修活动】

伊金霍洛旗初中英语名师工作室
关于组织八年级英语教师研修活动的安排

为进一步发挥骨干教师的引领作用,并在他们带动下规范广大教师的备课活动,初中英语名师工作室以"如何结合课标要求分析使用教材"为主题在八年级开展研修活动。

研修形式:同课异构,听评课交流;微型讲座;小组研讨。

具体活动安排:如表 1 所列。

表 1

	具体时间	活动内容	主讲人(班级)
下午	第五节 2:30—3:10	同课异构:外研版八(上)Module 6 Unit 2	裴晓梅(219 A 班)
	第六节 3:20—4:00	同课异构(同上)	乔栓(221A 班)
	4:10—4:30	议课——议教材使用情况	—
	4:40—5:10	微型讲座《如何分析使用教材》——以外研版八年级(上)英语教材为例	刘淑英
	5:10—6:00	分组研讨,展示汇总 微型讲座《英语备课中关于分析使用教材我们应该做些什么》——《课标》部分内容解读	侯海霞

结合课标要求合理分析使用教材
——初中英语名师工作室第三次主题研修活动简讯

10 月 28 日,初中英语名师工作室在伊旗四中以"如何结合课标要求分析使用教材"为主题开展第三次研修活动。本次活动主要内容有五项:同课异构;听评课交流;微型讲座;小组研讨;工作室主持人侯海霞解读《英语课程标准》相关内容,汇总研修成果。

①工作室成员裴小梅、乔栓在八年级开展同课异构活动。两位教师根据英语新课标理念，以学生为本，在细心研读分析教材的基础上，合理使用教材，为老师呈现了两节异彩纷呈的英语课。

②讲课教师说课，名师工作室成员议课。两位教师重点围绕课标要求和如何创造性使用英语教材，根据教学实际情况进行教学设计及在备课环节查阅相关内容的资料，如何精心备课进行说课。然后，名师工作室成员分别就两位教师的课针对教材的使用情况进行了评议。

③伊旗一中骨干教师刘淑英就初二（上册）教材分析及教材整合的内容做微型讲座。刘老师教学经验丰富，对教材的理解深入透彻，且平时能够细心研读课标，所以她的讲座为老师们今后备课提供了宝贵的参考资源。

④各校八年级英语老师在工作室成员的带领下分组研讨如何结合课标合理使用教材。老师们集思广益，把自己在教学中的想法、做法拿出来与组内成员分享交流。然后小组代表上台展示交流。通过互动交流研讨，成员间互相分享学习，有利于我们今后备课中科学合理使用教材，从而提高课堂教学效果。

⑤侯海霞老师解读课标相关内容，汇总研修成果。侯老师进一步根据英语新课标理念，针对如何创造性使用教材提出一些合理性建议。如以学生为本，如何对教材进行调整、改编、增加、删减、组建。如何处理好教材与课标的关系、教材与学生个性化的关系、教材与方法的关系、教材与生活实际的关系、教材与教师的关系、教材与其他学科的关系。对大家零散的认识进行了规整，为大家今后的教学指明了方向。

整个下午的活动，进一步发挥骨干教师的引领作用，大家都能积极参与讨论发言，交流气氛活跃。通过此次学习，我们对课标关于"如何创造性使用教材"的内容要求有了新的认识，今后会结合自己的教学实践，规范自己的备课活动，逐步提高集体备课效益，有效运用教材开展英语教学。

如何用好初中英语教材
——伊旗初中英语名师工作室2015年第三次研修活动心得体会

伊旗一中　刘淑英

10月28日，伊旗初中英语名师工作室如期组织了本学期的第二次活动，主题是如何更好地运用教材进行教学。在本次活动中，我做了"如何合理整合使用初中英语教材"的微型讲座，并且聆听了裴晓梅、乔栓老师的阅读教学示范课，及侯海霞老师的微型讲座，收获良多。

新课程提倡"材料式"的教材观，即教材是教师教和学生学的材料，是教学资源之一，其根本特征是"范例性"。新课程的理念认为，教材是学生发展的"文化中介"，是师生进行对话的"话题"。师生进行的教学活动不是为了记住"话题"本身，而是为了通过"话题"进行交流，从而获得发展。教材内容不等于课程内容，教学的主要依据是课程标准。教师不能僵化地依据教材实施教学，而应从内容、结构、方法、进度以及资源整合等角度对教材进行创造性使用。课程改革的基本理念是：教育要以人为本，促进人的发展，要关注过程、关注发展。要体现这个基本理念，教师应该在教学中创造性地使用教材。创造性地使用教材要求教师在充分了解和把握课程标准、学科特点、教学目标、教材编写意图的基础上，以教材为载体，灵活有效地组织教学，也就是说，对教材的处理，要在"调""增""删"三个字上下功夫。

一、教学顺序的调整

对教材进行取舍和调整时，教师首先要依据课程标准规定的课程目标，对教材作进一步的分析和研究，根据学生的认知特点、心理特点和教学的实际情况，可对教材内容的顺序进行适当调整，使其更符合学生的兴趣和能力需要，更加贴近学生的实际生活，以引导学生更有效地学习。

1. 调整单元之间的顺序

单元之间的调整就是对各单元的先后顺序进行调整，这种调整可以将相关单元的内容进行整合教学，有助于学生更有效地构建知识体系。也可以将教材中某个单元的内容安排在与学生现实生活密切相关的事件的同时或发生的前后进行单元的整合，学生就更加应用自如了。对单元教学顺序的调整，可以激活学生认知的兴奋点，激发他们对新知识的探求欲望，使他们牢固掌握所学知识。

2. 单元内的调整

单元内的调整是指教师根据单元内知识的逻辑顺序，对教学内容作重新调整，从而更好地体现知识的系统性和完整性。

3. 调整教材的呈现方式

有时教材中的个别语言材料或过于枯燥，或呈现方式不符合学生的年龄特征，这就要求教师根据需要调整教材的呈现方式。

二、拓展和补充教学内容

当前，中学英语课堂教学有重"精"轻"泛"的倾向，可理解性语言的输入量十分有限，这严重制约了学生语言运用能力的发展，因此，教师应根据需要对教材内容进行延伸和适当的补充，依据学生的实际水平适当扩展相关教学内容。随着现代教育技术的发展，如今的教材早已不限于教科书，而是涵盖了广播电视节目、音像资料、多媒体光盘、各种形式的网络资源以及报纸杂志等其他课程资源。教师要帮助学生从"本本"学习中走出来，设法丰富教学资源。教师要充分利用这些资源，采用不同形式让学生亲身感受和体验语言及其运用，拓宽学生的学习和应用渠道，提高学生的学习积极性，让学生从单一的记忆、接受、模仿的被动学习，发展到积极收集和处理信息、获取新知识、分析解决问题以及交流与合作的能力培养上来，从而切实提高学生的英语水平。

三、删减教学内容

新课标指出，教师在教学中要创造性地使用教材，特别要对教材进行适当的取舍和调整，删减包括材料数量和质量的缩减。有些同类型的练习数量过多，则可省去一部分，不仅要缩减材料数量，还要对其进行教学方法的处理，那么就是质量的缩减，即调整教学要求。

创造性地使用教材是教学内容与教学方式综合优化的过程，是课程标准、教材内容与学生生活实际相联系的结晶，是老师智慧与学生创造力的有效融合。只有创造性地使用教材，才可能实现教学内容与教学方法、手段的完善统一，才能使教材的普遍性同本地区教学实践的特殊性有机结合，才能最大限度地满足学生对学习内容、教学方法的需求，充分调动教学双方的积极性，提高教学效率。

【2015年第四次研修活动】

伊金霍洛旗初中英语名师工作室
关于组织英语学科研修活动安排

根据初中英语名师工作室发展规划的研修思路，进一步发挥骨干教师的引领作用，提高我旗初中英语复习教学的实效性，初中英语名师工作室以"英语复习课堂教学的有效策略"为主题开展2015年初中英语学科研讨活动，现将活动有关事宜通知如下。

研修形式：复习课示范课，听评课交流；微型讲座；中考试题分析与研究；经验交流。

具体活动安排：如表1所列。

表1

	具体时间	活动内容	主讲人
下午	第五节 2：30—3：10	复习课示范课	杨丽（伊旗一中）
	3：20—4：30	说课、议课	参会教师分组进行
		分组研讨，展示汇总	
		微型讲座：上好一节英语复习课我们要做些什么	侯海霞
		中考试题分析及复习教学建议——阅读理解教学策略	王燕（伊旗四中）
	4：40—5：30	经验交流	李晓梅（伊旗四中）
	5：30—6：00	经验交流	唐文梅（伊旗一中）

浅谈初中英语复习课堂教学驱动策略

北京师范大学鄂尔多斯第二附属学校 张金龙

进入初三年级,各位英语同仁们思考的首要问题便是如何合理整合学生所学知识进而帮助学生在中考中取得理想的成绩。有效的复习课堂教学策略作为"赢在中考"的奠基石,自然也成为初三英语教学的一个主要研究课题。笔者结合北京师范大学鄂尔多斯第二附属学校的课堂教学评价指导建议及自身的从教经验,谈以下三点策略与各位同仁商讨。

一、话题驱动

《新目标(英语)》教材修订版(教育部审定2013)仍基于《义务教育英语课程标准(2011年版)》初中阶段英语学习者的学习实际,以四个学生的对话、故事、活动为主线,设置大量的基于真实情景的话题,这些话题的选材大多跟学生的生活实际紧密相关。基于教材的这个特点,首先,教师可尝试整合与学生个人、家庭和学校生活密切相关的话题;与其日常生活、兴趣爱好、风俗习惯、科学文化等方面相关的话题。其次,围绕每个话题拓展学生的词汇量,让学生借助话题情境展开操练。下面给大家呈现一个可参照的范式:

Step 1: What three words and expressions will you use to describe? Why? (Write keys words on the board)

Step 2: Choose one/two words on the board and use one/two words to make a sentence.

Step 3: Use four words to make a short paragraph by using the structure Ss have learned in this unit.

Step 4: Use words on the board and the structures Ss have learned to make a short speech/story/description.

二、语法结构驱动

语法学习作为规范学生英语表达习惯的重要工具也是中考总复习教学中的

重要环节。就当前我国英语教学的现状来看，归纳法仍占据主体地位，死板的语法训练仍是主要的操练手段，大多数教师注重了语法的"形"而忽视了其"意"。事实上，一节有效的语法教学课堂要始终坚持"以师生话语交往为主线，以语境为支撑，以真实运用英语为导向"。

笔者以NSE九上Module 10-11定语从句为例，和大家作一探讨。

Step 1：China is a country that has more than five thousand years history（把这个范例写在黑板上，在引导词that下标注下划线）. Now please tell me one thing you knew about China/Australia/USA/Canada?（Work in different groups）（通过复习的方式让学生感受语法，通过旧知识学习新知识并且拓宽其文化视野）

Step 2：Now tell me one thing you like most/best about China/Australia/USA/Canada.（Work in different groups）（重视学生习得过程中的情感体验）

Step 3：You know I went to America last year and I lived in a home stay family for two months. Now I want to know, if you can go abroad, what country will you choose and what things will you do?（创设真实情景，突出情感体验）

Step 4：Last week, my homestay brother called me he planned to visit China recently and asked me to give him some advice to travel. He especially wants to know Chinese people, famous places, food, customs and traditional culture. Now I want you to help me and write a letter to him.（鼓励学生用英语解决真实问题）

三、真题驱动

话题驱动及语法结构驱动对于培养学生英语表达习惯有非常重要的意义，与此同时，在当前应试教育体制下，中考真题链接也是复习课堂不可或缺的重要环节。授课教师要结合课程标准、当地的考试说明尽可能多、尽可能常态化的让学生接触各类考试题型，近五年的中考真题尤其要演练。

复习课堂作为英语教学的重要组成部分一直是课堂教学的重点也是一个难点，上述三个驱动策略希望能给各位英语同仁的复习课堂带来一股"春风"。课改不断，学习不止，我们仍然在路上。

【2016年第一次研修活动】

2016年伊金霍洛旗初中英语名师工作室第一次研修活动安排

为了促使工作室成员深入学习（2011版）《英语课程标准》，提高他们的教材整体把握水平和试题分析研究能力，并带动全旗初中英语教师改进试题命制质量，促进课堂教学改革，本次初中英语名师工作室将以"如何命制好一份试题"为主题开展研修活动。

研修形式： 微型讲座：如何规范地命制试题；成员交流；作业展示。

具体活动安排： 如表1所列。

表1

	具体时间	活动内容	主讲人
下午	2：30—3：30	微型讲座：结合近年我市中考试题谈"如何规范地命制一份试题"	侯海霞
	3：50—5：00	成员研讨交流主题：如果2016年你是我市中考试题命制老师，你的命题思路是什么？试着谈谈自己的想法	参会成员

2016年初中英语名师工作室3月31日活动总结

命制一份好的试题，需要教师认真学习课程标准，潜心研究教材、研究学生、研究试题。在这一过程中，教师的教学观念无形中得到更新，教学策略得到优化，未来的教学更有针对性和实效性，有助于提升教师专业素养。本着这一目的，初中英语名师工作室于3月31日在伊旗一中开展了以"规范试题命制"为主题的研修活动。本次活动主要内容有两项：一是英语名师工作室主持人侯海霞讲解如何规范地命制试题；二是名师工作室成员介绍自己的命题思路。

①英语工作室主持人侯海霞介绍如何规范地命制试题。侯老师从规范命题的意义、中考命题的过程以及命制试题需要注意的若干事项三方面进行了细致的阐述。工作室成员从中学习到了如何命制试题，也认识到具备规范命题的能力对于教学的促进作用。

②名师工作室成员介绍自己的命题思路。英语工作室成员分别就"假如我是2016年我市中考命题人员，我将……"为主题，畅谈了自己的中考命题思路以及一些命题观点。大家各抒己见，对中考各种题型进行了分析并提出了好多独特的想法和做法。成员间积极交流分享的过程，开阔了大家的视野，拓宽了各自的出题思路。

通过此次学习活动，工作室成员积累了一定的命题经验，丰富了业务知识，使他们开展有效教学、复习迎考更具针对性，对他们进一步提高英语教学业务能力有积极的意义。

如何规范地命制试题

——2016年伊金霍洛旗初中英语名师工作室第一次研修活动微型讲座

伊旗教研室　侯海霞

一、规范地命制试题的意义

命制一份好的试题，需要教师认真学习课程标准，潜心研究教材、研究学生、研究试题。在这一过程中，教师的教学观念无形中得到更新，教学策略得到优化，未来的教学更有针对性和实效性。所以教师命题的过程，是钻研、理解和把握教材的过程，也是对习题的理解、钻研过程，更是钻研如何将教材知识运用于解决现实问题的方式方法的过程，它有助于提升教师专业素养。

在进一步分析、研究和深层次把握课程与教材的基础上，命制试题可以帮助教师排疑解难、拓宽知识面；能促使我们深入了解教学实际，有效开展教学。命好题，编制出一些原创性、高质量的试题，需要通过广泛阅读、深入研究，并不断提高专业素养才能实现。这也是使教师的教学更加精准、复习迎考更具针对性的前提条件。

二、了解中考试题命制的过程

①深入学习《英语课程标准》（2011）五级要求（语言知识、语言技能、文化意识、语法项目表、功能意念项目表、话题项目表和评价建议——38页）。

②研读教材。在研读教材中，关注《英语课程标准》所罗列的基础知识（语法词汇以及表达功能与话题的语言形式），同时，把握重点内容，初步选定考查内容。

③分析研究近年中考试题（题型、内容、考查方式、特点）。

④设计整体命题思路，选择命题材料——参照成型的试题资料和课外语篇（搜集过程）——大量的阅读、搜集甄选材料的过程。

⑤在研读课标和试题分析的基础上，制定双相细目表（是可调整的）。内容、课标要求、难易度（难易比例合理7:2:1，一份好的试题难度系数在0.6左右）——命题组分工。

⑥听力试题的原文编写——又一轮的课标研读和试题分析（重点关注功能意念项目表和话题项目表）——编写试题（确保考查点的覆盖面，做到难易适中，不重复）。

⑦语篇材料的选择——依据课标要求、符合考试说明，也要充分考虑学情和考试的选拔性和导向性——对教学的导向作用（教师大量的阅读是考试命题的基础和源泉——拓宽眼界和知识面）。

对运用材料的要求：尽量做到不用原题——改编部分内容或缩写、改写。

改编试题的考查方式、材料内容以符合学生生活实际和社会实情。命制的试题应尽量做到素材贴近学生、贴近生活、贴近实际，尽可能给学生提供一些他们在日常生活中和日后工作中容易接触到的语言背景素材，体现语言的工具性和人文性——是学生通过阅读能够有所启发和有所收获的内容，是能够引起学生心灵共鸣的语言材料。所用材料中的偏难词尽量改写为容易理解的词汇，控制生词总量不超过2%。

⑧罗列本套试题将考查学生哪些阅读能力技巧，合理分布考点。

(考试说明)——有效控制试题阅读量（尤其题干能简则简，避免繁琐）。

⑨完型填空和选词填空——除了根据上下文理解，语法知识和重点词汇的考查也要渗透。

补全句子——在通读所有语篇的基础上进行筛选，避免重复，避免答案出现在语篇中。

⑩写作：关注热点和学生生活实际，如果是单元测试和期末考试，以教材内容为基础，适当发挥。

⑪试题修改过程——整体抄写试题，边抄边修正（打印试题）。

⑫反复阅读整套试题，从标点符号、大小写字母到每一道小题的内容科学合理性到答案的准确无误——通过阅读并自己做题的过程，重新修订细目表，预估难度，保障试题质量。如果过于简单或偏难，修改条件（保障题干内容合理有效、科学、规范、表述准确简洁）。

（备注：整个编制试题过程中，成员共同集体讨论审定）

⑬编写标准答案——客观题答案（如完型填空，答案自身原则上不存在错误）；主观题答案（根据得分按不同答题情况赋分；表述要清晰；全方位考虑可能出现的）。

三、命制试题应注意的问题

①遵循由易到难的原则。

②以学生为本的原则——出题者必须心里明白考试的意义（保障中下水平的学生能在规定时间内完成考卷）。

③试卷设计体现考试说明的要求，试题情境真实（举例说明——2015补全句子 at least）、题目立意新颖、设问角度应灵活、测试目标明确。

④整体把握教材，知识点的分布和覆盖面合理，考查将已有语言知识运用到解决课外知识新问题的能力。

⑤注意区别考试的性质，即学业水平检测和中考。前者重在检测学生学习目标的完成程度，课程目标的达成度；后者在前者的基础上，兼备了为高一级中学选拔新生的功能。

不同意义的考试，可以灵活处理。但我们绝对不能为了考倒学生和其他老师而出太难的试题，这样容易让师生失去信心，当然也不能为了让学生和家长高兴而出太简单的题，而失去考试的意义。显然，命题者在命题时，首先必须遵循课程标准，所命试题必须符合课标所界定的教学内容和能力要求，同时还必须充分考虑诸如适用对象、复习阶段、考试类别等多重因素。无论在什么情况下，命题必须反映出不同层次考生的水平，能充分发挥考试的检查、促进、选拔功能。

【2016年第二次研修活动】

2016年伊金霍洛旗初中英语名师工作室第二次研修活动安排

为了提高工作室成员英语课堂教学目标的设计能力，促进课堂教学有效性，本次初中英语名师工作室以"初中英语课堂教学目标设计中存在的问题探究"为主题开展课堂观察和教学案例分析研讨研修活动。

具体活动安排：如表1所列。

表1

	具体时间	活动内容	主讲人
下午	2：30—2：45	课前会议： 讲课教师说课； 成员与讲课教师交流确定课堂观察点	全体成员
	2：45—3：25	观课活动： 七年级（下）Module 8 Unit 1	孟茹 （345班）
	3：35—4：15	八年级（下）Module 7 Unit 2	裴晓梅 （327班）
	4：30—5：30	课后研讨： 成员针对两节课的课堂教学目标的设计和达成情况分别进行点评交流； 综合反馈意见，由两位教师做课堂观察总结汇报并提出改进意见	全体成员

课堂观察让英语课堂更有实效性
——2016年初中英语名师工作室第二次研修活动小结

为了提高工作室成员英语课堂教学目标的设计能力，促进课堂教学有效性，5月5日初中英语名师工作室以"初中英语课堂教学目标设计中存在的问题探究"为主题在伊旗第一中学开展研修活动。

本次活动由教研室侯海霞老师主持，分为课前观察任务分工会议、课中针对性观察、课后汇报研讨、教学设计反思改进几个环节。工作室裴小梅、孟茹两位老师在课前认真备课、精心研究教材，授课精神饱满有激情，充分运用新课程理念，从不同的角度展示了她们的教学艺术和个性风采；教学设计风格各具特色，课件制作精巧美观、实用有效；教学思路清晰；课堂教学基本功扎实精湛；注重引导学生积极思考、自主探索。工作室其他成员首次尝试运用课堂观察的研究方法来探究二位同仁学习活动设置的有效性及学习目标的达成度，就两节课中的个案及共性问题进行了集中商讨，并达成一定共识。成员各抒己见、讨论热烈，活动取得了良好的效果。

此次教研活动的开展，进一步丰富了我们已有的课堂评价手段，有利于提升各校英语课堂教学的有效性。

【2016年第三次研修活动】

2016年伊金霍洛旗初中英语名师工作室第三次研修活动

为了进一步提高我旗初中英语课堂教学质量，促进全旗初中英语教师的专业化成长，特邀请全国中小学英语教学专家龚海平老师来我旗进行讲学活动。现将有关事宜通知如下。

活动主题：初中英语课堂教学目标的有效设计。

培训形式：听课、评课、专家讲座。

具体活动内容安排：

5月9日上午：

第一节　8：10—8：50　　　孟茹　　外研版七年级（下）Module 8 Unit 1

第二节　9：00—9：40　　　裴小梅　外研版八年级（下）Module 7 Unit 2

　　　　10：00—10：30　　讲课教师说课

　　　　10：40—11：30　　龚海平老师评课、工作室成员与专家交流

5月9日下午：

　　　　2：30—5：30　　　龚海平老师专题讲座：《全语言教学理论与中学英语教学》

专家引领　指点迷津
——初中英语名师工作室第三次研修活动总结

　　为进一步提高我旗初中英语课堂教学质量，促进全旗初中英语教师的专业化成长，5月9日，初中英语名师工作室特邀全国中小学英语教学专家龚海平来我旗进行教学指导。

　　本次活动为期一天，分为展示课、说课、专家点评、讲座四个环节。活动由教研室侯海霞老师主持，工作室孟茹、裴小梅两位老师分别展示了听说课、读写课。两位老师教学基本功扎实、授课激情洋溢、教学理念及教学设计新颖有效、课堂教学实效性较高，课堂教学效果较好。在专家点评环节，龚老师对两位老师的课堂展示从教学语言、学习目标的准确定位及教学方法的有效性选择三个层面进行了分析，对两位老师肯定的同时也提出了针对性的改进建议，现场气氛热烈，参会教师受益匪浅。下午，龚老师以"全语言教学理论与中学英语教学"为题做了专题讲座，他用生动有趣、深入浅出的课堂教学案例分别呈现了全语言教学理论主张的语言观、学习观、师生观及教学观，让老师们在开阔理论视野的同时，不断反思自身的教学行为，从而提高其在先进的英语教学理论指导下设计课堂教学目标的能力。

　　本次教研活动通过课例研究与专题讲座的有机结合，进一步丰富、提升了老师们的专业理论素养，对提高全旗初中英语教师的课堂教学设计水平、改进

英语课堂教学有积极的作用。

用语言去教语言
——初中英语名师工作室第三次研修活动心得体会
伊旗一中　杨　丽

参加龚海平老师的讲座后，我感觉受益匪浅。龚老师从宏观、中观、微观三个层次给我们建立了全新的英语教学策略体系；从教学理念、教学技能的培养、教学方法、教学评价四个方面介绍了他的教学主张；从理论到实际操作，从案例分析到理论反思，系统阐述了中学英语教学主张。什么是教学主张？我认为是一种教学理念。任何学科的教育教学理论固然来源于教育教学实践，但这些教学理论也能够反作用于教学实践。为什么有些老师在观摩了一个又一个名师课堂后，自己的课堂教学并没有多少实质性的改进？为什么一些在赛课中获奖的教师在平时的教学实践中教学成绩并不理想呢？龚海平老师是这样说的，这些教师的课堂教学就有很大程度的偶然性，在他们教学行为背后缺少应有的教育教学基础理论，在他们头脑中还没有形成一个相对稳定的教育教学理念。事实上，一个英语教师只要掌握了外语教育教学的基础理论、教学主张，摸清了外语教学的基本规律，再加上有较好的英语语言基本功，都是能把英语教好的。

在培养学生英语语言技能时，要遵循听、说、读、写的顺序，发挥学生的主体地位，教师要有所为，有所不为，要为学生创设真实的语言情境，放手让学生去实践，在活动的过程中重视技巧的指导。

从某种意义讲，英语教学方法的好坏，直接关系到课堂教学质量的高低。中学英语教学方法，以语言项目划分主要包括词汇教学、语法教学和语篇教学。以课堂教学流程分类主要包括教学目标的设定与达成、热身活动与导入活动、新知识的呈现与语言操练、教学预设与教学生成、作业设计与作业讲评等。在进行词汇教学时我们要本着直观性、情境性、交际性、联系性的原则，用旧句式去教新词汇，对于学生能够轻而易举理解的生词教师不必教，尽量引导学生根据语境去猜词。对于语法的教学，我们不可以停留在公式化地教授语法的层面，我们要让学生通过观察、比较、综合、分析、归纳来完成语法学习。要以语境为支撑开展语法操练，例如虚拟语气。中学英语语篇教学的主要任务：以阅读语篇为基本形式在培养和发展英语阅读理解能力（获取信息，整理信息，处理和加工信息，运用信息的能力）和阅读技巧的同时，发展学生综合语言运用能力，提高人文素养，增强实践能力，培养创新精神。可以说英语语篇教学贯穿于教学活动的始末，因此语篇教学是否扎实有效直接关系英语教学的效果。读前活动可以是预测，讨论文本中出现的图片，通过新词汇来预测文章等；读中活动主要是通过阅读了解文本大意，以及获取具体和细节信息，这一环节能否达到预期效果，关键在于能否体现任务型教学的原则以及给学生布置切实可行的任务，这些任务可以是找关键句，判断正误，还原句子，代词的指代和生词的词义判断等。

教育既是一门科学，又是一门艺术。科学在于有章可循，艺术在于创新。教学方法不是凝固不变的，而是要因学科不同而不同，因情境变化而变化，因教学的对象即学生的差异而千变万化。所以叶圣陶先生说"教学有法，教无定法"。教育是艺术，艺术需要感情的投入，所以教学不仅要用一定的方法，还要有教师情感的渲染，需要教师的教学机制。总之，在今后的英语教学中，我们不仅要注意教学方法，而且要讲究英语教学策略，既要有理论的指引，又要有实践的创新。

【2016年第四次研修活动】

2016年伊金霍洛旗初中英语名师工作室
第四次培训活动安排

《英语课程标准》（2011版）作为英语教学的纲领性文件，对于提高初中英语课堂教学有效性的作用是不容忽视的。为此，初中英语名师工作室本着理论联系实际的原则，将以"《英语课程标准》学习与我的教学"为主题开展经验交流活动，促进成员共同体的专业素养提升。

活动形式： 交流学习经验。

《英语课程标准》学习与我的教学
——2016年初中英语名师工作室第四次研修活动

为促进成员共同体的专业素养提升，初中英语名师工作室本着理论联系实际的原则，于6月24日下午在伊旗一中开展了以"《英语课程标准》学习与我的教学"为主题的研修活动。

本次研修活动为期半天，以经验交流汇报为主要研讨形式，活动由教研室侯海霞老师主持。活动中，市一中分校的刘红丽老师就英语课程所特有的工具性与人文性谈了自己独到的理解；一中刘淑英老师从课标指导自己有效备课的角度，给出确定学习目标可参照的四个维度，即有明确的行为主体、恰当的行为动词、准确的行为条件及可度量的表现程度；一中的张咏霞老师以课标指导有效分层教学为主要内容，突出强调提问分层、教学活动分层、作业分层三个要点；一中裴小梅老师谈到培养学生学习兴趣的重要性及实施学习策略指导的必要性；四中孟茹老师重点围绕新课标提倡的六大理念谈了研读课标对自身课堂教学的影响；北师大二附校张金龙老师立足教学实施建议，结合中考备课及复习，谈到英语教学注重语言实践，培养学生的语言运用能力的必要性，提出教学活动的开展要有明确的交流目的、真实的交流意义和具体的操作要求，活动的内容和形式要贴近学生的生活实际、符合学生的认知水平；一中的杨莉老师提出研读课标的最大意义在于让自己进一步认识到把课堂的主动权还给学生是十分必要的；四中的乔栓老师谈到英语教学应重视语言学习的实践性和应用性。

活动最后，教研室侯海霞老师针对本次活动主题给英语老师提出以下几点教学建议：首先，英语教师应该关注社会，教学实践中应尊重学生独特的感受与认知水平，做到语言知识学习与其生活经验密切关联；第二，"参与"是语言教学的核心，教师应努力为学生创设语言运用的机会并借助语言交际活动让学生内化语言；第三，良好的师生关系会让英语课堂充满和谐与活力，从而促进学生的创新思维；第四，明确英语学习的目的能为学生的语言学习指明方向、为其积极学习带来持久的驱动力。

本次学习交流活动的有效开展利于工作室成员相互借鉴、吸收日常教学中已积累的教学经验；进一步加深了工作室成员对课标的理解，利于成员共同体的专业理论素养及教学实践能力的提升。

《英语课程标准》学习与我的教学

北京师范大学鄂尔多斯第二附属学校　张金龙

《英语课程标准》（2011版）作为英语教学的纲领性文件，是英语教学的指南针，在课堂教学中发挥着重要作用。最近校内一月的教研活动均围绕课标学习展开，现结合自身的课堂教学谈以下几点启示。

启示一：依据课标制定每堂课的学习目标

学习目标的制定要体现语言技能、语言知识、情感态度、学习策略和文化意识五方面技能和素养的培养，而且目标的制定还要对应相应级别。学习目标要有明确的行为主体、行为动词、行为条件以及表现程度，与此同时，目标要准确、具体可度量。

启示二：教学活动设计要注重语言实践，培养学生的语言运用能力

课标以学生"能用英语做事情"的描述方式设定各级别目标要求，旨在培养学生的综合语言运用能力。所以设计教学活动时需确保活动有明确的交流目的、真实的交流意义和具体的操作要求；活动的内容和形式要贴近学生的生活实际，符合学生的认知水平和生活经验；活动的实施过程应包括学习语言和发展语言技能的过程，使学生通过接触、理解、操练、运用等环节内化语言，此外，活动不应仅仅局限于课堂。

启示三：用教材"教"，而非"教"教材

备课不仅要考虑课标，更要考虑学生的接受能力及语言水平。根据教学实际需要、学生现有水平、课时安排等，对教材内容做适当补充和删减是十分有必要的。与此同时，为了更好的让学生解读文本，教师对教材中的教学活动也可做增减或替换。在实施教学的过程中，关注语言学习者的不同特点和个体差异，在尊重教材的基础上，根据实际需要对教材内容和活动进行扩展和延伸是十分必要的。

启示四：加强对学生学习策略的指导，培养学生自主学习的能力

在义务教育阶段，学生逐步形成有效的学习策略对于提高学习效果十分重要。发展有效的学习策略也是课程标准的重要目标之一。首先，在教学过程中，教师需要结合学生母语学习的经验及认知发展需求，针对英汉两种语言的特点和异同，重点培养学生运用学习策略的能力；感知和模仿英语发音的特点；掌握有效的词汇记忆的方法；理解主要句型结构及语用功能。其次，根据学生的认知特点及学生风格，整体安排学习策略的发展目标，有计划、有步骤地指导学生发展具体的学习策略，把学生培养成为自主的学习者。

启示五：丰富课程资源，拓展英语学习渠道

语言学习需要大量的输入，丰富多样的课程资源对英语学习尤其重要，积极利用音像、广播、电视、杂志，拓展英语学习和运用渠道。日常教学中，课前三分钟的短剧或演讲，课中的小组活动表演，课后的补充阅读都可作为拓展学生英语学习的渠道。需要注意的是，市场上形形色色的资源虽然丰富，但并非都适合作为辅助教学资源，立足每节课或每个模块的学习目标，选择有针对性的、个性化的资源为自己所用才能较大限度的提升教学效率。

启示六：英语教师更需不断提升专业水平，努力适应课程的要求

教师的专业化水平是有效实施英语课程的关键。首先，教师应不断加深对课程理念和课程目标的认识，更新学科专业知识，提高语言素养。同时，教师还应具有较强的跨文化交际的意识和能力，随着社会和语言的不断发展，教师需不断更新语言知识，努力提高自身的英语语言素养。其次，教师还要不断积累学科教学知识，提高教学实践能力，即教师通过有效教学帮助学生建构语言知识、发展语言能力。第三，开展有效的教学反思，有助于促进教师可持续发展，教学反思是一个不断发现问题、分析问题和解决问题的过程，是教师专业化发展的重要途径。

本次课标研读进一步加深、丰富了自己对课程标准及课堂教学的认识。研读的过程是学习的过程，也是自我不断反思、完善的过程。在今后的教学实践中，我要进一步践行课标理念，进一步优化教学常规，旨在持续提升、完善课堂教学效率。

【2016年第五次研修活动】

2016年伊金霍洛旗初中英语名师工作室
第五次研修活动安排

为进一步促进"初中英语课堂教学有效性"的深入探究，以我旗英语课堂教学当前存在的"小"问题为切入点，切实提高教师的教学效益，促进学生的学习，本次初中英语名师工作室将以"如何有效听评课"为主题开展研修活动。

研修形式： 微型讲座：借助课堂观察，做有证据的听评课者。成员互动交流；共同开发一份课堂观察量表。

做有证据的听评课者

——2016年初中英语名师工作室第五次研修活动总结

为进一步提高我旗初中英语课堂教学质量，促进全旗初中英语教师的专业化成长，初中英语名师工作室于9月28日在伊旗一中开展了以"如何做有证据的听评课者"为主题的研修活动。

本次研修活动为期半天，以讲座、研讨交流为主要活动形式，活动由教研室侯海霞老师主持。活动中，侯老师首先以"做有证据的听评课者——运用课堂观察工具进行听评课"为题做了专题讲座，讲座包括"什么是课堂观察？为什么要进行课堂观察？如何进行课堂观察？怎样开发课堂观察工具？"课堂观察、记录、平息的四个维度是：学生学习、教师教学、课堂性质、课堂文化。用一句话来表述，就是要借助开发课堂观察工具使我们未来英语学科的听评课由模糊性走向科学性，由经验式走向真正的专业发展式。之后，全体工作室成员进行研讨交流，并以若干小组为单位根据其选择的课堂观察点开发观察记录工具。

侯老师细致入微的讲解让老师们在开阔视野的同时不断反思自己的教学行为,从而促使其在先进的英语教学理论指导下有效听评课、提高教育教学质量。

成员作业之课堂观察量表——学生学习的维度如表1所列。

表1

时间:　　　　　课题:　　　　　讲课人:　　　　　观察人:裴小梅

视角	观察点	观察结果	评价反思
互动	有哪些互动行为		
	学生的互动能为目标达成提供帮助吗		
	参与提问/回答的人数、时间、对象、过程、质量如何		
	参与小组讨论的人数、时间、对象、过程、质量如何		
	参与课堂活动(个人/小组)的人数、时间、对象、过程、质量如何		
	学生的互动习惯怎么样,出现了怎样的情感行为		

【2016年第六次研修活动】

2016年伊金霍洛旗初中英语名师工作室第六次研修活动安排

为了在工作室成员带动下提高各学校听评课效果,促进英语课堂教学的实效性,本次初中英语名师工作室以"初中英语课堂教学提问的有效性探究"为主题开展课堂观察活动。

研修形式:课堂观察;集体研讨。

具体活动安排:如表1所列。

表1

具体时间		活动内容	主讲人
上午	8：25—9：05	课前会议： 讲课教师说课； 成员与讲课教师交流确定课堂观察点	全体成员
	9：15—9：55	观课活动： 八年级（上）Module 5 Unit 2	刘红丽 （2班）
	10：35—11：15	八年级（上）Module 5 Unit 2	乔栓 （7班）
	11：20—12：00	课后研讨： 上课教师反思； 成员针对两节课的课堂观察情况分别进行点评交流； 综合反馈意见，并由两位教师做课堂观察总结汇报，并提出改进意见	全体成员

聚焦问题研究的听评课

——2016年初中英语名师工作室第六次研修活动总结

为了进一步发挥工作室成员在各校听评课过程中的示范带头作用，促进全旗初中英语教师的专业化成长，提高我旗英语课堂教学的实效性，10月27日上午，初中英语名师工作室在市一中分校开展了主题为"提问的有效性"的课堂观察活动。

本次活动是本学期重点研修课题——《做有证据的听评课》的其中一次活动。活动由教研室侯海霞老师主持，分为课前会议、课中观察活动和讨论汇报观察结果的课后会议三个环节。10月27日上午第一节课，工作室的刘红丽老师和乔栓老师分别就自己的课进行了说课，其他成员就本课的教学目标和重难点进行了记录，以便在听课环节进行对照。课堂教学过程中，两位授课教师从不同的角度展示了她们的教学风格，课件制作精美实用，教学环节安排合理，教学基本功扎实，所提问题注重学生思维的引导和知识的拓展。不同于以往的听课，工作室其他成员围绕课堂提问进行了细致的观察和记录，着眼于课堂提问的有效性、学生应答方式、教师的理答方式以及评价性语言等方面。两节课后，工作室成员分组就以上问题进行了讨论分析。讨论中老师们各抒己见，分工明确。最后每组派一位代表，就两位说课老师课堂提问的优点和改进建议进行发言。

本次研修活动针对性强，聚焦一个教学活动进行研究，活动拓宽了老师们的视野，丰富了课堂评价手段，取得了卓有成效的成果。

提问的有效性
——课堂观察活动心得体会
鄂尔多斯市一中伊金霍洛旗分校　刘红丽

10月27日，我参加了我旗英语名师工作室的活动——课堂观察：提问的有效性。这是英语名师工作室组织的又一次课堂观察活动。我们的教师每天在提问，提问的目的就是完成自己的教学任务，但从没想过问题的表述是否准确、精练和清晰；提问的对象、问题的指向性是否有助于教学目标的达成；问题的层次性，学生的候答时间和回答方式；教师的理答（激励、补充、引导、其他）等，这些实质性的问题有待重视。

我是这次活动的做课老师之一，我们同课异构的是初二上 Module 5 Lao She Teahouse. Unit 2 It describes the changes of Chinese society，这次活动的主题是课堂观察提问的有效性，不针对教学设计和教学环节。我在上课之前也思考过问题的设计，做过充分准备，本以为胜券在握，结果从大家观察量表的反馈情况看，我才恍然大悟，自己的提问出现了许多问题。

一、课堂观察量表反映出的问题

1. 提问的问题不够准确

我在引导学生读第二段老舍生平时提问 What's the most in the paragraph? 学生可能会说 Lao She。这不是我期待的答案，主要是由于我的问题表述不准确造成的。我应该发出正确的指令，Read Para. 2 and circle the time. 你要让学生落脚在哪，问题就要在哪，问题不可以太大，没有针对性。又如我的问题：What information does the passage tell us? 同样的问题太大，应该是具体指令 Read and find out Wh—questions please. 这样的指令才具体明确，学生才知道老师要求他们干什么。

2. 重复的问题出现

读第三段我提了两个问题 What can customers do？ What can you enjoy？其实人们能够 enjoy 的也是可以做的，完全可以合并为一个问题，What can customers do at Lao she Teahouse？这样学生就可以避免重复回答问题，问题明确又节省时间。

3. 重复性提问方式

讲到老舍生平在不同的年份分别做了什么，我在学生回答时用了五次 What did he do？我应该换种方式去表达，不应该重复问问题。

4. 候答的时间不够。

每给学生布置一个教学任务，教师考虑的是学生能否赶快回答，以保证完成整节课的教学任务，课堂观察量表反映出教师给学生的候答时间不够，学生没有达到真正意义上的学习，教师只是为完成任务而教学。

5. 教师理答做得不够好

当教师提问，第一个学生不会作答时，叫第二个回答，然后教师就对第一个孩子置之不理，而没有让第一个孩子再重复回答一下，这样的问题出现了三次。后进生是老师培养出来的，教师的责任很大。另外教师在候答时插话、代答、习惯性重复，这是要注意的问题。

二、今后工作的方向

1. 从课堂观察量表发现问题

教师每天在从事着太阳底下最光辉的事业，从未认真想过自己的教学有过多少不足。我从这次课堂观察量表发现了自己在提问中出现的诸多问题，今后我们应该多进行课堂观察活动，以发现教师教学中的问题，从而改进自己的教学。

2. 加强备课

关于提问会出现这么多问题，主要是我备课备得不够充分，没有细心钻研用怎样的句子提问更明确、不要出现重复性问题、哪些问题设计给优等生、哪些问题设计给中等生和后进生、问题要有梯度、候答多长时间、如何理答,这些都要在备课时落到实处。

3. 根据课堂观察量表反思自我,提高自我

从这次活动,我发现了自己从教 20 年来的坏习惯,我要根据这次反馈反思自我,争取杜绝以上五个问题的出现,从而提高自己的教学水平。

从大家观察量表的数据归纳,我发现了自己教学的不足,这次活动让我进一步认识自我、反醒自我、提高自我。我希望今后继续开展行之有效的课堂观察活动,让教师从数据中发现问题,改进教学。

关于"提问的有效性"研修活动心得

伊旗一中　刘淑英

伊金霍洛旗名师工作室于 10 月 27 日开展了一次主题为"有效提问"的研修活动,此次活动是基于"如何有针对性地进行听评课"这一课题开展的。

在平时的教学工作中,我们教师都会竭尽所能设计教学各个环节,力求有一个高效的课堂。在这个过程中,也考虑过各个环节设问的技巧,但是通过这次研修活动,我还是深刻地体会到在平时的教学中,设问这一环节在精准度上做得远远不够。

通过这次研修活动,我们深刻认识到课堂提问是一项设疑、激趣、引思的综合性教学艺术,教师设计问题的质量高低,直接影响着教学质量。有效提问是提高英语课堂教学效率的重要渠道,是培养学生自主学习的重要手段,也是培养学生合作交际能力的重要途径。这让我联想到龚海平教授在他的著作《龚海平的中学英语教学主张》中提出的中学英语教学的基本原则中第一个基本原则就是"英语教学就是以师生的话语交往为主线开展,通过多种多样的形式培养学生的语感"。这样的话语交往一般都是通过师生的问答逐步推进的。可想而知专家也是非常重视提问这一教学环节的。

在我们平时的课堂教学中,提问存在的普遍问题有以下几点。

①提问太随意,没有针对性和推进性:如 what's the title of the passage? 在

学生看着标题的情况下问这样的问题，只是为了填满一节课开始时老师做准备工作的时间。

②提问简单、封闭、层次偏低：如 Yes or no? yes? 等没有必要回答的问题。

③提问数量过多：一节课教师不断地提问，让学生辨别不出重点。

④设问的语言有小的错误或不准确：不能给学生提供准确的语言示范，特别是用到与本节课基础知识相关的内容，如时态、语态、人称等时，偶尔出现的错误也会造成不良的影响。

⑤在学生作答后的评价单一，没有激励性，起不到通过提问实现话语交往推进课堂教学的作用。

怎样才能做到有效提问呢？通过这次研修活动我结合平时的教学总结出以下几个要点。

①首先提问对象要面向全体，关注个别，发挥学生主体性。如刘红丽老师的课堂上，对不同难度的问题进行有针对性的分配，让各个层次的学生都能体验到学习过程中成功的快乐。

②设置的问题要有科学性，要设置那些能够引发思考、激发想象的问题，如 What do you think of the writer's opinion? if you were the writer, what will you do?

③提问的形式要多样性，可以是教师问学生，也可以是学生问教师，还可以学生问学生，让整个课堂活起来，要让所有的学生都有机会参与进来。

④学生作答后的评价要有激励性，教师在学生作答后一定要避免千篇一律的评价，要让评价的语言丰富多彩，既能激励作答学生，也能示范给其余学生，还要以此为契机推进课堂教学。

总之，教学是一门永远在追求完美的艺术，提问是其中的一个细节，正是这个细节在某种程度上决定了一节课的成败，希望我们在以后的教学中谨慎对待自己提出的每一个问题。

【2016年第七次研修活动】

关于参加2016年自治区"英语名师工作坊"同频互动的安排

——伊旗初中英语名师工作室第七次研修活动

为了加强初中英语名师工作室成员教育教学理论学习，提高教师们的专业素养，使其运用前沿的英语教学理论更好地指导教学实践。初中英语名师工作室组织参加自治区"英语名师工作坊"同频互动活动。

关于伊金霍洛旗英语名师工作室全体成员参与教师工作坊同频互动联合教研活动的小结

伊金霍洛旗英语名师工作室及部分英语教师于2016年11月18日参与了自治区教师工作坊推出的同频互动联合教研活动，收效良多。

教师工作坊推出的同频互动联合教研活动是一种新型的教研方式，这种教研活动通过媒体和网络实现了资源共享，是一种非常有效的创新研修方式。在本次活动中，赤峰市教研室主任为现场及参与同频互动的各旗区教研室进行了题为"如何指导学生写作"的专题讲座。

张主任的讲座理论与实践相结合，首先引领教师研读新课程标准关于写作的基本要求。在明确了课标要求后，张主任提出了自己独特的观点：在学生完成"写"的过程以后，还有一个"作"的过程。所谓的"作"就是"精雕细作"。虽然在平时的英语学习过程中，学生可能由于所掌握的词汇及句型结构有限，很难将想表述的意思成文，但是通过适当的调度与搭配，还是可以作出来好的文章，教师就要通过这方面的指导，帮助学生尽可能写出好的文章。

在讲座中，张主任还分别从平时怎样训练写作、高分作文的六大特征及结合实例如何指导学生"写"并"作"出优秀的作文等环节进行了详细精彩的讲解。让所有参与研修活动的教师深受感触的是张主任要求教师现场就相关的话题亲自参与写作，体会学生在写作中可能遇到的困难。

本次研修学习活动精彩高效，尤其是关于英语写作教学的讲座，使老师们认识到自己平时在英语写作教学中的不足，加强了他们的教育教学理论学习，提高教师们的专业素养改进课堂教学的意识，对于今后的英语写作教学将起到积极的指导作用。

反思我的写作教学

伊旗二中英语组　柳欢欢

虽然我已参加工作将近六年了，但是说实话，写作教学一直是我的短板。11月18号上午，通过视频我有幸聆听了来自赤峰市松山区教研室陈杰关于如何指导学生写作文的讲座。陈杰老师的讲座很有实用性。听完讲座后，我很受启发，给我的写作教学带来了一点儿灵感和思路，一直被写作教学困扰的我豁然开朗。回到学校后，正好赶上我们英语组的教研活动，主题也是如何上好写作课，轮到我讲课，我暗自窃喜，真是千载难逢的好机会，能把所学运用到实践中。说实话，我心里仍然没有一点儿底，我因为以前从来没有专门上过写作课，可以说是首秀吧。上午先在B班讲了一节不成功的课后，再加上同事给我提的建设性的建议，下午在A班的教学效果还行。下面我根据上完课的效果以及同事们提出的建议来谈谈本节写作课的反思。

上午第四节课的反思：在B班，在列要点环节，我对学情把握得不太到位。我只是蜻蜓点水般带领学生翻译了一遍，其实大多数学生还是没听懂，正如Miss Ao所说，我应该先让学生讨论一下，然后再叫个别学生翻译要点，最后再改正学生的错误。当学生问我"骂脏话"用英语怎么说时，我应该夸奖她而不是告诉她只写四个要点。其实，这是学生很可贵的一种品质，她敢于发挥想象，进行适当的拓展，有自己的想法。作为老师的我应该鼓励学生，而当时我却置之不理，现在想一想很是后悔。写作对于B班的学生来说的确很困难，所以我应该把作文的首段和尾段给出，这样会降低难度。主要让他们写主体部分的四个要点。从简单的写作开始要求和指导他们，让他们慢慢地建立自信，以后再逐步要求他们背诵首尾段常用语、模仿写出、独立写出简短的首尾段。

下午第六节的反思：A班的学生相对来说基础较好，所以在写作之前进行得还很顺利，问题出在写作环节之后。在让学生以开火车的形式修改完作文后，让学生朗读作文的时候，还可以再传一次作文，这样的话，每位学生就能至少读到两篇作文，这对于他们来说实际上也是学习的机会。学习别人作文中的优点：用了哪些词组？哪些句型？其实最好还应该将学生的作文在投影仪上展示，这样大家都能看到，还有利于规范学生的书写。毕竟，在让学生朗读作文时，有部分学生因不认真听会捕捉不到好词好句。另外，我们应该给学生总结一些作文开头或结尾常用语。平时让学生多积累、多背诵，在写作时，也就会信手拈来。

总之，写作不可能一节课就学会了。读书破万卷，下笔如有神。英语作文也一样。要想写出好的作文，还在于平时一点一滴地积累，单词、短语、句型、背诵经典段落或范文等。

写作课令我困惑了许久，无论如何，今天算是一个开始，希望良好的开始会是成功的一半。今后我会在写作教学实践中不断反思、不断改进、不断完善的。

反思我的英语写作教学

伊旗一中　张咏霞

英语写作能力是英语听、说、读、写四种基本能力之一，英语写作能有效地促进语言知识的内化和促进英语语言的正确运用。为了搞好英语写作，我反思这几年的英语教学，认为可以从以下几方面着手，逐步提高。

一、学生写作现状分析

1. 认知问题

①教师本身在平时对写作的不重视。受应试教育影响，许多教师在平时的教学过程中往往不自然地就会不重视写作，很少会有计划、有规律地进行写作训练，即便是写了也很少会认真地批改和讲解，在平时的上课和试卷的讲评中也不会事先认真备好课，讲评后更不会让学生重写，更不要说进行复批了。重知识点讲解而忽略了写作训练，总想着在考试前再进行系统的训练，这也让学生在思想上产生了轻视英语写作的想法。

②学生对写作的不重视。学生对书面表达往往充满畏难情绪，缺乏积极主动性，哪怕是表达最普通的思想意思，也觉得困难重重，不知从何下手，习作质量较低。平时每碰上书面表达训练，只要不是硬性规定完成，大多数学生都会将其草率了事，只有考试非做不可时才把它作为汉译英来对待，采用中国式英语思维进行硬性翻译。事实上，英语写作能力的提高要经过一个循序渐进的基本功训练过程，需遵循由浅入深、由简及繁的原则。

2. 导致学生写作能力低的因素

①词汇匮乏。很多学生真正掌握并能熟练运用的词汇很少，因此他们在写作时错词连篇、单词混用，很难正确表达自己的思想和意思。

②语法错误多。中学生在写作中的语法不规范、句子结构混乱。诸如介副词混用、词性不分、冠词滥用、时态语态错误、连接词误用、句式单一、不完整等情况屡见不鲜。

③受母语影响。英语中的词性、数、时态、语气、语态、句式结构等在表达上和汉语完全不同。学生在平时写作中忽视了这一点，硬性翻译使得词句生硬、语义不连贯。

3. 书写问题普遍

目前，有相当一部分学生的作文书写不规范，字迹潦草，乱写一气，乱涂乱改，给人的第一印象就不好，从而导致考试时扣卷面分和感官分。因此，教师必须在学生平时的作业过程中重视学生的书写问题，及时提醒、指正，慢慢改变学生的书写。

二、如何进行英语写作的有效教学

书面表达是英语学习中培养和提高语言能力的有效手段。它有助于学生巩固和掌握所学词汇、语法等语言知识，有助于训练学生直接利用所学语言进行思考，有利于提高学生驾驭语言的能力。

把写作的教学内容按照由简到繁、由易到难排列阶梯逐步训练的原则，根据新教材的内容和特点，正确引导学生的写作动向，形成有效的写作策略，努力使学生的知识转化为写作的能力，提高学生的写作技巧。

1. 积累词汇，打好基础

丰富的词汇是写好作文的前提。无句不成篇，无词哪能成句呢？每次在学习新单词之前把已学单词再复习一遍，即循环记忆，以达到熟练掌握的境界。单词、短语记忆得越多学生的词汇量就越丰富，写作时发挥的空间就越大，写起英语作文来才能得心应手。

2. 多进行趣味性训练

在平日教学中注重词组的积累，利用"词组接龙"丰富学生的词汇量。多进行"free talk"，让学生自己随意选材，多用学过的句子来表达一些简短的语段。

3. 积累日常用语、谚语

古人云："不积跬步，无以至千里，不积小流，无以成江海。"让学生坚持每日随机学习日常用语，反复记忆、背诵，坚持不懈，学生就能掌握数量可观的词汇及句型。另外，同一意思有不同表达法时，可以多摘抄一些在一起进行对比记忆，以便写作时灵活运用。

4. 对话训练

在学习对话的基础上让学生根据每日情景进行即兴表演，长期坚持，不仅有利于词汇知识的积累，还有利于激发学生创造思维的能力，达到举一反三的效果。

5. 语段训练

让学生每周写一篇英语作文，把一周来印象最深、最想表达的事情用简单的英语语言表达出来，这样在不知不觉中就可以提高英语写作水平。

6. 仿写练习

模仿的目的在于实践，实践才能检验学生的写作能力和水平，写作实践也能提高和巩固学生的写作水平。

三、加强写作技巧的指导和训练

强化书面表达专题指导。教师除了自己平时的教学研究之外，还要对学生的学法与写作技巧进行指导。

1. 认真构思

学生写作前，笔者要求他们首先仔细审题，弄清楚题目或情景条件要求你写什么，并按规定的词数、体裁和格式在稿纸上进行布局，按正确的逻辑进行构思，一定要扣题，然后考虑一下你要选用的单词、词组和时态，即定内容、定时态、定人称、定词句。

2. 注重开头、结尾

开头和结尾的语句一定要生动、扣题且无任何错误。因为"良好的开端是成功的一半"。适当运用俗语和谚语。

3. 多用同义词，同义句

如果遇到想不起来的词或句型时，可尽量找同义词、近义词或同义句型代替。使用时语法要正确，表达要清楚，行文要连贯，词数要符合规定要求。

提高学生写作的水平可以促进学生主动学习，提高学生学习写作的兴趣和参与度，让各类学生都能亲身经历合作学习和知识建构的过程，并和大家共享其中的快乐，进行最有效的书面交际活动。同时，教师要更新写作教学观念，优化写作教学过程，促进学生有效地学习，使学生从写作过程中获得写作乐趣，在愉快的氛围中全面提高英语写作水平。

【2016年第八次研修活动】

伊金霍洛旗初中英语名师工作室
关于组织英语学科研讨活动安排

为了充分发挥骨干教师的引领作用，实现英语课堂教学与中考的有效结合，促进我旗初中英语教学质量进一步提高，初中英语名师工作室以"初三英语读写教学与中考"为主题开展2016年中学英语学科研讨活动，现将活动有关事宜通知如下。

研修形式： 读写示范课，听评课交流；微型讲座；经验交流。

具体活动安排： 如表1所列。

表1

具体时间		活动内容	主讲人
下午	2：45—3：25	读写示范课	张咏霞（伊旗一中）
	3：35—4：15		刘淑英（伊旗一中）
	4：30—5：00	说课、议课 分组研讨、展示汇总	参会教师分组进行
	5：10—5：40	中考试题分析及复习教学建议——读写教学策略	张金龙 （北师大二附中）

初三英语读写教学与中考

——初中英语名师工作室第八次研修活动

为了充分发挥骨干教师的引领作用，实现英语课堂教学与中考的有效结合，促进我旗初中英语教学质量进一步提高，初中英语名师工作室于2016年12月20日在伊旗一中以"初三英语读写教学与中考"为主题开展了2016年中学英语学科研讨活动。

首先，来自伊旗一中的两位名师给我们带来了两节读写示范课。张咏霞老师以热点话题"环保"为切入点，引导学生由浅到深，由易到难的写作输出，学生们精神抖擞，踊跃发言。

刘淑英老师的写作话题是"学生是否可以在学校使用手机"，用学生身边的事激发他们的写作欲望，刘老师风趣、幽默、抑扬顿挫的教学语言吸引了学生的眼球，把写作任务娓娓道来，在课堂过半时，出现了正方和反方的辩论场面，课堂一度达到了高潮。

其次，来自北师大二附中的张金龙老师分享了读写教学策略——中考试题分析及复习教学建议。中考试题中阅读分的比重大，我们的阅读现状不乐观，导致阅读教学往往重英语知识点整理，缺少对文本整体结构的把握及作者写作意图的分析。张老师的微讲座，给予了我们努力的方向和前进的动力。

最后，来自伊旗一中的名师杨莉分享了中考备考经验，她建议我们把课本支离破碎的知识条理化、系统化，注重语法和词汇的梳理。学好英语，语法是框架，词汇是砖。

短暂的一个下午，我们受到了实践和理论的冲击，收获了更实效的备考课堂。面对2017年的中考指挥棒，让我们在座的所有初三老师有所思、有所悟。

- 2017—2018年初中英语名师工作室部分研修活动

【2017年第一次研修活动】

2017年初中英语名师工作室第一次研修活动安排

为了明确英语名师工作室每位成员的个人专业发展需求，增强每次研修活动的目的性和有效性，促使研修工作更加有序、有质量地开展，初中英语名师工作室将重点围绕《工作室研修方案》和成员个人两年专业发展规划，以"初中英语教师的专业发展"为主题开展研修活动，现将有关事宜通知如下。

研修形式：交流研讨、座谈。

具体活动安排：如表1所列。

表1

	时间	活动内容	负责人
下午	2：30—4：30	解读《2017—2019年初中英语名师工作室研修方案》（讨论稿）和《2017年初中英语名师工作室研修活动计划》；工作室成员共同研讨方案和计划，提出改进意见，形成共识；讨论通过工作室工作制度及成员分工；讨论通过工作室研修课题（两年研修活动围绕的中心主题）；解读《伊金霍洛旗中小学名师工作室考核细则》	侯海霞
	4：40—6：00	工作室成员之间根据自身实际情况分享个人两年发展规划，交流个人本学期专业发展需求	全体工作室成员

伊旗初中英语名师工作室
第一次研修活动总结

为了明确英语名师工作室每位成员的个人专业发展需求，增强每次研修活动的目的性，促使各项研修工作更加有序、有质量地开展，初中英语名师工作室于2017年4月21日在市一中分校以"我们的专业发展需求与成长规划"为主题开展了第一次研修活动。

首先，在简短的工作室开班仪式后，工作室主持人侯海霞向大家详细解读了《伊金霍洛旗名师工作室考核细则》和《伊金霍洛旗初中英语名师工作室两年发展规划》。初中英语名师工作室重点围绕课堂教学研究开展各项研修活动，研究有效的教学策略指导全旗初中英语教学。

其次，各位工作室成员基于个人的发展需求就两年自我发展规划进行了分享交流。来自市一中分校的年轻教师和龙飞老师从积极参与课题研究、阅读有益书籍提升教学理论素养、撰写发表论文、提高课堂教学能力等几方面进行了两年专业发展规划。刘淑英老师作为工作室的资深名师也做了令人深思的发言。她说人一定要活到老，学到老。她认为自从进入工作室，她有了教研的意识、教改的勇气和教改的思路。老师们都能从自身实际出发，分析自己在教学中的优势和不足。大家一致认为自己在教学理念和英语口语等方面存在较大的提升空间，希望通过名师工作室的平台，在专家的引领下能进一步提高自己的专业素养。

最后，侯老师根据各位成员的特长，对名师工作室的管理任务进行划分和分工落实，并宣读了工作室工作制度，同时向成员们提出几点殷切要求：积极主动参加各项活动，严格考勤制度；按时有效完成研修任务；自信大胆地展示风采；科学研修、互助分享、共同发展。她希望各位学员高标准要求自己，充分发挥示范、引领、辐射作用，实现全旗初中英语学科教学和成员自身的双向发展。

通过本次活动，老师们对英语工作室未来的发展规划有了清晰了解。我们期待借助初中英语名师工作室的平台，工作室全体同仁的英语教学理论和实践水平取得长足的进步，进一步推动我旗初中英语教学质量稳步提高。

伊金霍洛旗初中英语名师工作室个人两年发展规划
——我的专业发展需求与成长规划（2017年4月—2019年4月）
鄂尔多斯市第一中学分校　和龙飞

一、指导思想

根据旗教研室《伊金霍洛旗教育局第三期名师工作室实施方案（试行）》的文件要求和精神，以工作室为窗口，充分发挥工作室成员在师德修养、教育管理、学科改革、教育科研等方面的示范、引领、指导作用。以工作室为载体，积极宣传、总结、传承、推广先进的管理思想、教育教学思想、教育科研成果。以工作室为龙头，大胆探索工作室的组织体制和运行机制，努力构建有特色的初中英语有效课堂教学模式。

当我知道自己成为伊旗名师工作室的一员时，我是惊喜与忐忑的。惊喜于自己被认可，忐忑于自己的教学能力还不够，教学素养还不全面。但又觉得这是一个锻炼自己、提高自己的好契机、好平台。现结合初中英语学科特点和课程标准理念制定以下两年的工作发展规划。

二、个人现状分析

1. 优势分析

我具备扎实的英语专业知识，对中学英语的基本内容吃得较透，以教学理论指导教学实践。

①能熟练掌握中学英语学科的课程标准和中考考试说明。

②能把握中考改革的动向和中学英语教材的重难点，并把教材、课标和学生的实际情况有机地结合起来，精心备课，写出较高水平的教案。教学具有较强的针对性、目的性、预见性和应变能力，能从学生的实际出发，运用科学的方法传授知识，培养学生能力。

③能在教学中熟练地运用现代教育手段，并会制作一般常用的教学课件与合理利用网络资源，在工作中进行摸索、探究，进一步拓展计算机网络在课堂

内的应用。

④具有较强的责任心，能对照教育理论来反思自己课堂教学的过程，总结经验和教训，初步形成具有个性化的教学风格或特点。初中英语思维导图已经形成了基本体系，我能够熟练的应用于课堂教学的任何课型，包括听力教学、单词词汇教学、阅读教学、语法教学和作文教学，并且实践一年后在所带班级中取得了良好的效果，历次考试中我班均分高出年级均分 10 分以上。

⑤敢于在教学中做一些新的尝试，将新方法或时事等引入课堂教学之中，注重爱护和培养学生的好奇心和求知欲，保护学生的探索精神、创新思维，营造崇尚自由、真知的氛围。具有一定的求知欲与团结合作的理念。

2. 存在问题

①从专业上来说，缺乏新型教学理论知识，尤其对先进基础教育理念缺乏了解和认知。

②公式化教学，尤其是阅读教学。阅读是初中英语教科书的核心，是每个模块和模块教学下的单元教学，是话题教学的主要内容。教材中的阅读内容丰富，形式、体裁各不相同，有对话、短文、故事、日记、书信、诗歌等，题材各异。对不同内容、体裁、题材的课文，应采用不同的教学方法、途径与之配合。

③只重教法，忽略学法指导。新教材的使用，使有的教师片面注重教法，而忽略对学法的研究。譬如大多数初中的学生对词汇的记忆只是死记硬背，不懂得按照正确拼读音标的方法（自然拼读法）与相关的构词法知识去记忆，或者缺乏科学的学习方法，课前不会预习，对不懂的内容不做记号，或者课堂上根本就不知道听哪些内容，听什么，课后作业照抄等。

④应试教育色彩太浓。重视语言知识的讲解，忽视了学生语言运用能力的提高。知识与学生的语言应用实际脱离，根本无助于学生英语运用能力的提高，背离了英语学习的实质。因此在教学上重笔头，轻听说，部分学生甚至只完成笔头作业，不完成听说作业，造成听说能力的薄弱，开不了口，怕开口，成了"哑巴英语"。

⑤对新课程、新教材的理解和把握不到位。刘道义老师指出："新教材观要求教师在使用教材时应当发挥积极的能动性,灵活地使用各种资源为教学实践服务,而不能拘泥于一套或某套教材……"反映在教材的处理上,新教材仅是一个适应于教学的一般性材料,教师需要精心加工,教师要根据自己学生的实际情况和可接受性原则以及新课标要求,对教材的内容和教材所提供的方法合理使用,对已使用的教材作出相应的裁剪、加深,拓宽课程的内涵与外延,从而达到最佳教学效果。

三、工作目标

①认真学习名师工作室有效的教学常规考核机制,注重教学过程科学的落实,形成可操作的教学常规。

②把龚雄飞"主问题引领下的自学·合学"课改模式和杨宝臣"差异势能"教改模式相结合,由教师的教变为学生的学,全面提升课堂教学效率。

③本学期深入开展"小专题"研究工作,积极落实"科研兴校"发展战略,把"课题"与"课堂"相结合,促进科研成果转化。

④充分发挥名师、骨干教师的引领示范作用,加快青年教师成长,打造名校名师,构建特色学校。

⑤注重学生个体差异,关注每个学生的发展。让学生"低进中出、中进高出、高进优出"。

⑥探索校本教研新模式,充分利用现代化交流平台,加强教师间的协作与交流,形成高质量的共享资源。

⑦从以人为本的理念出发,通过不断学习、实践、反思、总结,改进自己的课堂教学,努力形成自己朴实无华的教学风格和具有个性特点的教育教学特色。掌握最新教学理念和方法,在课堂实践中努力提高驾驭课堂能力和亲和力,努力成为学者型、研究型、专家型和创新型教师。

四、个人两年规划的思考

作为一线英语学科教师,首先我会积极配合名师工作室和学校,以名师工作室持续发展和考核要求为依据,努力工作。认真抓好自己的外语教学,以教育科研为先导，使自己成为科研型青年教师。下面是对个人两年规划的思考。

①坚持不断学习，提高学科功底，努力由伊旗名师走向市级名师。每学期听课不少于30节，并不局限于本学科。通过对相关学科的学习与了解，通过对同仁的学习，在教研员的指导下学习相关理论，寻找学科教学规律，为培养学生的综合素质打下扎实的基础。及时参加工作室的有关研修活动，拓宽视野，取人之长，补己之短，教学相长。

②重视课堂教学模式的探索和教学经验的积累，走教学与研究相结合的道路。我认为教师在具备了一定的教育教学经历后，必须通过不断教学反思，进行教改与教研，教学的方式和方法以及手段才会有更大的发展和成功。因此，我将积极参与部分教学改革和课题研究。争取每学期上好一节有专题的公开课，每学年写出一篇质量较高的教育教学论文。

③承担教师培养和培训任务，为名师工作室和我校教师队伍的建设提出建议、规划和实施方案。深入钻研课程标准、教材与课例，通过研读教材、研究学生等进行深度备课，并结合教学实践积极、主动进行教学反思。通过打磨课例深入研究，形成精品。

④继续虚心请教其他老师，在教学上，有疑必问。在各个章节的学习上都积极征求其他老师的意见，学习他们的方法，同时，多听其他老师的课，做到边听边想，学习别人的优点，克服自己的不足，并常常邀请其他老师来听课，征求他们的意见，改进工作。每年至少读一本教育教学理论书籍，做好读书笔记，在行动中加强反思，从中提高对初中英语教学的整体把握水平，提升个人的教育教学理论水平。加强命题研究，通过对命题技术、思想方法等的学习，提高命题能力。

⑤推广研究成果。推广的方式有论文、专著、讲座、公开课、研讨会、报告会、名师论坛、专题纪录片、现场指导、观摩考察等。向全旗有关学校推广已有的研究成果，探讨教学理论、教学方法，提升我校在全旗初中学校中的英语教学品牌形象。

五、本学期专业具体发展需求

具体内容：如表1所列。

表1

需求方向	内　容	发展专题研究	学习方式
英语教师专业意识	英语教师专业修炼与敬业精神	①英语教师专业修炼和专业精神——名师经验分享；②直面教学疑难问题。强化教师积极心态	讲座，互动
发展预期效果：通过名师和专家的讲座、讲坛与互动，感悟"学为人师，行为世范"的专业精神，体悟强化问题意识是教师专业发展之路			
教学能力提升聚焦文本细化目标整合资源优化过程强化能力学会合作	课程目标解读能力	走进国家课程标准——一线教师如何解读课程标准	讲座、案例分析、互动交流
	教材文本解读能力 教学目标制定能力	文本解读与目标设定的策略方法	讲座、案例分析、互动交流
		基于文本解读与目标设定，整合教学资源	讲座、案例分析、互动交流
		基于文本解读与目标达成之说课课例研讨	讲座、案例分析、互动交流
		基于文本解读与目标达成之阅读课课例研讨	讲座、案例分析、互动交流
		基于文本解读与目标达成之语法、复习课、作文课和综合实践课例研讨	讲座、案例分析、互动交流
		基于文本解读和目标设定，培养课前预习能力	讲座、互动交流
		基于文本解读和目标设定，培养课后整理、复习和迁移能力	讲座、互动交流
发展预期效果：经过培训，教师能够学会解读初中英语课程标准，系统领会学科教材体系和编写意图；能够掌握不同课型教学目标指定和陈述方法，能基于目标达成有效的教学设计；教学资源整合能力有相应的提升；能掌握一定的课前、课后学生学习指导与自主学习评价的有效方法；能掌握课前观察与教学评价的一般策略和方法，能使用课堂观察量表进行课堂教学的分点观测，并学会基于目标评价一堂课			

(续表1)

语言能力	英语外教口语特训	①美式英语纠正； ②初中英语话题特训； ③课堂用语特训	参与式实践学习
发展预期效果：通过学习，工作室成员能够强化口语训练的意识，掌握日常自主口语训练的策略与方法			
分享反思	自主学习和合作学习	工作室成员问题探讨，展示课，成果分享	论坛、博客作品集
发展预期效果：通过及时的阶段性反思与讨论，工作室成员对所学内容及时消化和掌握，能及时提出和解决存在的困惑和问题，形成主动、终身学习的观念			

【2017年第二次研修活动】

2017年初中英语名师工作室第二次研修活动安排

为进一步提高我旗初中英语课堂教学质量，促进全旗初中英语教师的专业化成长，特邀请全国中小学英语教学专家龚海平来我旗进行讲学活动。

活动主题：初中英语听说教学的有效性探究。

研修形式：听课、评课、讲座。

具体活动安排：

5月25日上午：

第一节　8：10—8：50　　岳虹七年级（下）Module10 Unit1

第二节　9：00—9：40　　和龙飞七年级（下）Module10 Unit1

第三节　10：20—11：00　白丽八年级（下）Module10 Unit1

第四节　11：10—11：50　龚海平老师评课

5月25日下午：

第五节　14：55—15：35　龚海平　初二英语听说教学观摩课

第六节　15：45—5：30　　龚海平老师专题讲座"初中英语听说教学的有效方法"

专家引领　内涵发展
——伊金霍洛旗初中英语名师工作室2017年第二次研修活动总结

为进一步提高我旗初中英语课堂教学质量，促进全旗初中英语教师的专业化成长，初中英语名师工作室于2017年5月25日在伊金霍洛旗第一中学开展第二次主题研修活动，并特邀全国中小学英语教学专家龚海平来我旗进行教学指导。

本次活动以"初中英语听说课的有效性探究"为主题，分为展示课、专家点评、专家示范课、讲座四个环节，活动由工作室白璐老师主持。上午，来自伊旗二中的岳虹老师、市一中分校的贺龙飞老师、伊旗一中的白丽老师为大家展示了三节特色各异的听说课。从课堂展示情况来看，每一位老师都在备课环节做了很多充足的准备，从教学手段到教学环节都做了精心设计，切切实实把本次活动作为交流与提升自己教学水平的平台。在专家点评环节，龚老师对三位老师的课堂展示从教学语言、文本解读及文化的渗透三个层面进行了分析，针对三位老师的闪光点给予了高度评价，对他们在听说教学中存在的一些问题也给出了客观的评价并提出了针对性的改进建议，使参会教师受益匪浅。

下午，龚海平老师为我们呈现了一节精彩的初二英语听说课。龚老师的课以培养学生的语言思维能力为目标，真正基于学生的学情开展教学且注重学法指导，他关注学生在习得语言的同时有内涵发展，使老师们在英语教学思想和理念方面深受启发。在随后的讲座环节，龚海平老师用深入浅出、轻松幽默的方式，分别从"听与说""听与读""听与写"的角度，结合课堂教学案例为老师们阐述了初中英语听说教学的有效方法。让老师们在开阔理论视野的同时不断反思自身的教学行为，从而提高其在先进的英语教学理论指导下设计听说教学的能力。

本次教研活动通过课例研究与专题讲座的有机结合，进一步丰富、提升了老师们的专业理论素养，对提高全旗初中英语教师的听说课教学设计水平、进一步优化英语课堂教学有积极的作用。

听是一门真正的艺术
——伊旗初中英语名师工作室2017年第二次研修培训心得体会

伊旗四中　孟　茹

让"听"真正的发生。这是5月25日全旗英语教师培训中留给我印象最深刻的一句话。听是一门艺术，无论是生活中还是教学中，懂得听的人才能知道怎么做。这一天的活动中，我们每个人都认真听，仔细想，用心感受。三位做课老师风格迥异，青春激昂。此外，我们也有幸聆听了龚海平老师真实情景下的课堂教学。

课堂教学效率的优质、高效离不开全体学生全程积极、有效地参与。因此，教师要努力创设富有挑战性和探索性的问题情境，激活学生思维，为学生充分提供从事数学活动的空间，让学生通过动手操作、动脑思考、动笔尝试等途径主动参与到学习中来，让学生做参与者、探索者。来自市一中分校的和龙飞老师就是这样一位让人为之赞叹的青年教师。他在引领学生的同时不忘激发学生的求知欲。课堂在老师手中，但又属于学生。何老师的导入不是生硬的图片、不是刻板的文字，而是运用游戏的形式让学生与老师互动，层层深入，环环相扣，学生在Guessing game中，逐渐与老师融为一体。课堂是师生的课堂，和谐美妙，难点不再是难点而是有趣的新知，生动而难忘。学生自己介绍地点，自己动手粘地名，自己感知，一切都是学生的，老师只是organizer. 这正是我们所追求的学生主体课堂。美哉，赞之！

鼓励学生思考，尝试用学过的知识来解决遇到的问题，并在学生产生分歧时，启发、引导学生思考。这就是来自一中白丽老师的课堂所展现给大家的智慧。她首先展示一个美观的知识思维导图，有条有理，有理有据，有深有浅。一个radio穿梭于整节课，不急不散，娓娓道来，厚重而丰富，生动而有趣。思维导图犹如一幅秀美的八骏图始终驰骋于我的大脑，深刻！这个思维导图看似简单，实则智慧多多。它不仅激发了学生已有知识，还把课堂提到了一个高度。出现个别新词，白老师都用图片或者英英互译的方式给学生完美答案。美哉，叹之！

"让讲台成为舞台，让教室成为社会，让学生成为演员，让教师成为导演"。将英语与生活、学习、活动有机结合起来，使学生感受到英语源于生活，从而激发学生学习英语的兴趣和欲望。二中的岳虹老师在课堂上既尊重了学生已有的知识经验，又沟通了新旧知识的联系，突破了教学的难点，真正体现了学生是学习的主体，教师是学生学习的组织者、引导者、合作者。岳老师用一颗知识树让整节课走向了一个高潮。这是课堂的精髓也是岳老师的智慧教学。What, where, when, who, why, how 这条主线贯穿整节课，目标明确，意义深远。这样的教学是高效的教学，学生通过这节课的学习，以后就会对于类似的文章有新的方法和做法。这是思维的培养，能力的塑造。何其高明，壮哉！

我们都知道课堂是学校教学工作的主阵地，学生知识的获取与能力的提高基本上是在课堂内完成的。如何完善我们的课堂，达到事半功倍的效果，是我们每一个人值得考虑的问题，而从龚海平老师的课上，我也看到了自己努力的方向，对于缺乏经验的我来说，更应该在课堂教学上狠下苦功。龚老师用八年级的素材教授七年级学生，依然得心应手，不急不躁，从从容容，层层深入，一环一环地突破，一节一节地攀升，整体给人的感觉是自信。学生会因为这节课而感觉自信满满，因为在老师的引领下他们能自主思考，得出结果，并受到表扬，这不只是教学的艺术，也是对学生人格的塑造，我想高潮的艺术就是这样吧。没有约束，而又收获于其中。感谢龚老师对每个教学工作者思维的引领与启发，路还很长，让我们在龚老师的带领下继续前行。

四位老师都通过精湛的课堂技巧传递了他们的智慧，不得不说这是一场前所未有的听觉盛宴。这是听说课的榜样，为我们每位教师打开一种新的思维。我们对听说课也有了新的认识与理解。如何处理好"听与说""听与读""听与写"之间的关系，龚老师也给我们做了细致的指引，教无定法，但教有高法，运用理论找到最适合学生的方法这就是教学最正确的方法。

总之，课堂教学是一门很深的学问，具有极强的艺术性。影响课堂的因素很多，为了使自己的英语课堂教学更有效直至高效，还不仅仅要以模式和理论作指导，更需要不断探索。2017 年，让我们都撸起袖子加油干！

【2017年第三次研修活动】

2017年伊金霍洛旗初中英语名师工作室第三次研修活动安排

为使工作室成员深入学习《英语课程标准》（2011版），提高他们分析运用教材的水平、改进作业布置的质量，同时提高试题分析研究和命制能力，本次初中英语名师工作室将以"有效作业布置和试题命制"为主题开展研修活动。

研修形式：讲座、交流研讨。

具体活动内容安排：

14：50—16：30　侯海霞专题讲座"初中英语的作业布置和试题命制需注意的问题"

16：40—5：30　成员研讨交流如何命制试题及做试题分析说明

优化评价方式，提高教学实效

——伊金霍洛旗初中英语名师工作室2017年第三次研修活动总结

为使工作室成员深入学习《英语课程标准》（2011版），提高他们分析运用教材的水平、改进作业布置的质量，同时提高试题分析研究和命制能力，2017年6月15日下午，初中英语名师工作室全体成员在市一中分校开展了以"有效作业布置和试题命制"为主题的研修活动。

本次活动由白丽老师主持，分为专题讲座和成员研讨交流两个环节。首先，名师工作室主持人侯海霞为工作室的全体成员做了题为"初中英语的作业布置和试题命制需注意的问题"的讲座。她对作业的功能、作业布置的现状及不良后果、如何有效规范地布置、批改作业等常规教学中的作业布置问题进行了细致分析，为以后老师们在教学中布置作业给予了科学可行的指导性建议。

另外，侯老师又重点就如何命制初中英语各类阶段性试题的问题，从试题命制的依据、指标、原则、流程以及各类试卷具体题型的命题技术进行了详细的阐述。她强调，一份好的试卷能够开阔学生的视野，给学生以教育和启迪，促进学生的发展，还能起到巩固知识、训练思维、检验学生的学习成果的作用，希望全体成员将这项工作作为自身专业成长的重要内容来抓好。

最后，全体成员就主题开展了互动交流。大家各抒己见，对改进作业布置和规范试题命制提出了各自独特的想法和做法。

通过此次活动，全体工作室成员对科学布置作业和命制一份好的试题有了新的认识：需要教师认真学习课程标准，潜心研究教材、研究学生，使教师的教学观念得到更新，教学策略得到优化，未来的教学更有针对性和实效性，对于提升教师专业素养和改进教学起到积极的作用。

【2017年第四次研修活动】

2017年伊金霍洛旗初中英语名师工作室第四次研修活动安排

读书，是教师最好的修行。为了提升工作室全体老师的专业素养，通过教育教学理论学习，使他们在学习中不断积累、反思、改进并运用科学的英语教学理论指导教学实践。初中英语名师工作室将以"初中英语教师的专业能力修养"为主题开展读书交流活动。

研修形式：自主学习、读书笔记展评和读书心得交流。

读书求发展，交流促提升

——伊金霍洛旗初中英语名师工作室2017年第四次研修活动简讯

为了提升工作室全体老师的专业素养，通过教育教学理论学习积累并不断反思、改进，指导教学实践。初中英语名师工作室于6月29日下午在市一中分校以"初中英语教师的专业能力修养"为主题开展了读书交流活动

本次活动由市一中分校的和龙飞老师主持，活动共分为读书笔记展评、成员读书心得交流和主持人总结发言三个环节。

通过成员之间交换所读书本，观摩学习各个成员的读书成果，我们看到，

大家或在书上标注重点，或在有重要启示的部分批注，或对书上案例及理论提出自己的看法，或对书上的内容质疑，所有的成员读书都非常认真。

接着，工作室成员们分别分享了自己的读书心得，交流读书体会。老师们的心得体会精彩纷呈，既有高深的理论研究，也有能指导教学的操作建议。

1. 关于课标和教材

《英语课程标准》在"基本理念"中要求义务教育阶段的英语课程"关注学习者的不同特点和个体差异""在教学目标、教学内容、教学过程、教学评价和教学资源的利用与开发等方面都应该考虑全体学生的发展需求。英语课程应成为学生在教师指导下构建知识、发展技能、拓宽视野、活跃思想、展现个性的过程"。新课程改革倡导教师"用教材"，而不是"教教材"。

2. 关于教学实践的探索

①语音教学。语言是一种交流的工具，语音是语言的基础。掌握纯正的语音是学好英语的关键，也是语音教学的基本要求。语音的练习不能脱离单词、词组和句子，不能单单停留在单音节上，难度应一步步地加强，并在实际操练中不断地归纳和总结。

②词汇教学。英语的词汇学习分为直接式和间接式。间接式词汇教学提供了语境，学生能够在语音的使用中达到学习的目的，所以教师应该给学生提供更多的间接式词汇学习的机会。

③语法教学。语法教学活动设计应将"语言结构"与"表意功能"结合起来，不仅要使学生掌握语言的形式和意义，而且要使学生清楚形式的运用，赋予语法以实际意义。

④文化渗透。作为英语教师，我们要强化自身的文化底蕴并提升自身的文化素养。我们既要教学"大文化"（价值观、社会制度、宗教等），又要教学"小文化"（日常生活观念，生活方式等）。在实施课题文化教学活动中，教师要善于与学生真诚地交流并分享对不同文化的理解，从而增加相互情感交流，树立科学的人生观、价值观和世界观。

最后，工作室主持人侯海霞做总结性发言。她指出基础教育阶段的主要任务是培养学生的核心素养。知识是静态的，能力是动态的。我们要使学生有对基础知识运用的能力，有正确运用的意识。同时，教师应首先提高自身的英语学科核心素养，一要有过硬的语言能力（英语和汉语），二要有文化品格和思维品质（多元的文化意识和批判性思维），三要有学习的能力，有主动学习求得专业发展的意识。我们不仅要全身心地投入工作，而且要不断自觉反思自己的教学行为，因为行动研究是研究的最高形式。

此次活动为工作室成员在提升自身理论素养的同时提供了一个加强交流学习的平台，也让大家认识到了通过读书获得专业发展的重要性。我们将继续努力学习，运用前沿的英语教学理论指导教学实践、改进自己的教学方法，为学生们的英语终身学习服务。

一切从"真"出发
——读《初中英语教师专业能力必修》有感
北京师范大学鄂尔多斯第二附属学校　乌英嘎

花了将近两个月的时间，断断续续，我把这本书的前半部分读完了。这本书的写作框架是：展示问题，分析问题，理论点拨，反思探究，最后提供修炼建议。因此读起来相当烧脑。虽然阅读速度很慢，但是在阅读过程中确实发现了不少在自己日常教学中出现的问题。其中最大的问题便是：我的英语教学脱离了学生的真实生活。

本书反复强调："让知识源自生活，回归生活并为生活服务……教师要努力带领学生超越文本，深入生活。不要仅围绕课本中的字、词、句进行操练或练习，而要借助真实的生活话题，结合学生的真实生活体验，紧扣交流该话题必须的语言……语法教学要从运用的角度出发……教师要设计与学生真实生活和学习较为吻合的语境来帮助学生认识、理解、运用语法……"

书本中强调的这些内容恰恰是我在日常教学中严重缺失的部分。平时的教学大多时候局限于课本知识，很少去联系学生们的日常生活与学习。随着升入初三，我更是以今天教会了哪些与考试有关的知识、学生做了多少与考试有关的试题为衡量自己工作的依据。

本书中每一个案例的后面都附上了修改建议。这些建议专门针对案例中出现的课堂问题提出了有针对性的指导意见。这能够帮助读者去解决真实教学中类似的问题。但是由于教学资源、教学理念和学生水平的限制，真正达到"想要让学生成功地把握听、说、读、写的语言技能的前提是建立在对语言技能、语言知识、情感态度、学习策略和文化意识等有娴熟技巧的基础上，从而让他们掌握较好的综合语言运用能力……"真的很难。我想北上广等一线城市的英语教师们可能会轻松地实现这一目标。然而，如果我的这种心态被我的大学老师们听见了，他们肯定很失望吧。但是在应试教育的大前提下，如果对教师的培养和理念的改革不到位的话，出现这种心态也是很难避免的。

在读这本书的过程中，我很遗憾地发现自己在渐渐地变成只注重应试能力的老师。这让我很担忧。虽然在当前的教育生态和工作环境下这种改变是很难避免的，但是我仍然希望自己能够时刻保持清醒，让自己明确"我是在给学生们教一门语言"。我认为英语教师们最好自觉地参加英语专业的进修，自觉学习新的教学理念，发扬"活到老学到老"的精神，在教学实践中与学生教学相长。

千里之行，始于足下
——《初中英语教师专业能力必修》读书心得

伊旗教研室　单　丽

本学期，我细心研读了《初中英语教师专业能力必修》，这是一本极具权威性、系统性和普适性的新课程标准解读书籍，价值很高，不仅有助于青年教师，更对所有英语教师有益，值得学习。

《英语课程标准》指出，基础教育阶段英语课程的总体目标是培养学生的综合语言运用能力。综合语言运用能力的形成建立在学生语言技能、语言知识、情感态度、学习策略和文化意识等整体发展的基础上。

总体目标如何实现？应该落实到我们每一节的英语课堂上、每一节课的目标中。

新课程下的教学目标包括知识与技能、过程与方法、情感态度与价值观三个相互联系、相互渗透的维度；教学过程是师生交往互动、共同发展的过程。

要想将教学目标融入教学过程，使教学目标与教学过程得到合理的整合，就必须做到以下几点：首先，教师在制定教学目标时不能一味重视知识教学目标，要关注学生的全面发展。在教学过程中或以知识与技能为主线，或以过程与方法为主题，情感态度价值观要渗透于教学的每一个步骤。

其次，在教学过程，教师应创设有效的教学情境，将优秀教材的特征充分表现出来，即让学生将真实的社会需要与教材内容互动，激发学生主动学习和探究的欲望，以高效地完成目标。

最后，教师在教学过程中要给学生提供适当的、多样化的学习方式，帮助学生选择最适合自己的学习方式。

从知识学习到知识运用是一个过程。知识学习是知识运用的前提和基础，知识运用是知识学习的最终目的。知识的学习包括语音、词汇语法等构句知识和承接关系、文体结构等语篇知识以及语用知识。知识运用的过程也就是运用所学的知识做事情的过程，与学生的生活和社会实践相联系，能培养学生发现问题和解决问题的能力。

《英语课程标准》明确指出，英语教学提倡体验、实践、参与、交流与合作的学习方式，要使学生尽可能地用不同的方式接触和学习英语，亲身感受和直接体验，运用语言。在英语教学中要关注学生的体验，创设和优化英语教学环境，使学生在互动中交流语言，在体验中生成知识，使语言学习转变为一种创造和运用语言的体验过程。需要注意的是无论采用哪一种活动形式来提高语言技能和语言运用能力，教师都要努力带领学生超越文本，深入生活。不要仅围绕课本中的字、词、句进行操练和练习，要借助真实的生活话题结合学生的真实生活体验，紧扣交流该话题必需的语言，这样学生可以在他们最认可的（学生认可后才能领悟语言学习的意义和价值，才会主动积极地参加活动）语言交际情境中完成对字、词、句的操练，并因此获得语言运用能力。

英语课程改革强调课程应该从学生的爱好、水平和生活经验出发，使学生通过语言学习形成积极的情感体验，并能主动思考、大胆实践，最终形成自主学习的能力。学英语不仅要用脑子思考，而且要用自己的眼睛去看英语情境，用自己的耳朵去听英语的语音，用自己的嘴说英语，用英语跟别人交流，用英语做事情，用自己的心灵去感悟英语、感悟文化，从而培养用英语交际的能力。在课堂设计中我们要以任务型教学模式为指导，创设各种情境，让学生在体验中获得成功。

英语课程的最终目标是让学生学会用英语做事。学生只有将所学的语言知识应用于现实生活，才能使语言知识得到巩固、发展和深化，并逐渐养成良好的语言学习习惯。因此教师的教学应向学生的生活领域拓展、延伸，让学生在日常生活的特定情景中探索，自主运用所学语言知识、语言技能来解决自己遇到的各种实际问题。比如看病，我们要求学生为所提到的疾病提供建议，并进行结对活动，设计对话。这不仅有效复习了课堂中所学的新知识而且延伸了话题，为学生提供了更好的口语练习的平台，使目的语交际不再局限于短短45分钟的课堂。真正做到让知识源自生活、回归生活并为生活服务。

教师要进一步完善自己的教学理念，提高课堂教学设计的能力。课堂上教师采用的教学方法直接影响学生的学习情感、学习效果。因此教师应精心设计教学过程的各个环节，围绕学生能力素质的发展进行教学；尽量发挥多媒体等现代化教学手段的优势，努力营造英语学习的良好氛围。

只有通过生活化的语言实践活动，语言知识才有可能逐步地转化为真正的语言运用能力，这正是我们现在最需要关注的地方。

读《初中英语教师专业能力必修》有感

伊旗二中　岳虹

习近平主席在一次采访中曾经说过："现在，我经常能做到的是读书，读书已成了我的一种生活方式。读书可以让人保持思想活力，让人得到智慧启发，让人滋养浩然之气。"作为一个普通的人，我们更应该读书，因为读书可以让我们变得更好，让我们成为更好的自己。

刚刚拿到《初中英语教师专业能力必修》这本书的时候，我以为它又是一本枯燥的理论性的书籍，但是读了之后发现不是这样的，它是有魅力的，吸引我读下去。这本书整体上分为两个篇章，上篇是知识储备，包括两个专题：初中英语教师的内功，初中英语教学课程与教学目标。下篇是技能修炼，包括四个专题：教学设计，教学过程，课堂管理，教学评价。这本书的亮点在于，它不是纯粹的理论讲解，也不是纯粹的教学例子，而是通过一种独特的方式来指引我们，那就是：展示问题——分析问题——理论点拨——反思探究，这就让我们看清问题，也明白问题产生的原因，从而知道以后该怎么做。

作为英语教师，在平时的教学中遇到的问题有很多，自己要提升的方面有很多。在这里，我想选择其中的一个方面来说——语法。对于语法，自我从教以来，对它的印象就是：讲公开课的时候一定不会讲，有人听课的时候一定不会讲，自己上课的时候根据需要讲，会按照比较传统的方式给学生讲，而讲完之后的效果并不理想，学生基本上是记不住规则。久而久之，语法就成了英语教师所面临的不敢触碰的问题。

记忆中的语法教学，对我们这一代的英语学习者起到了很大的作用。在我的印象中，英语老师会每天在黑板上写出很多的语言知识点、语法规则等，让大家记下来。每学一项新的语法现象，老师就会让大家记下它的概念、意义、用法等，一般喜欢学英语的学生会特别喜欢记笔记，笔记记得特别好，保存得也很好，觉得那是很重要的东西，因为它对我们英语的学习确实是有帮助的。那时候，学习英语一是因为喜欢，二是因为考试，好像再没有别的了，至于交际能力，几乎是考虑得很少的。

初为人师时，我对初中英语教学毫不了解，就凭着自己的想象，以为还应该和以前一样吧。上课的时候，也会给学生讲语法，讲一条一条的规则。有的时候上课，自己也在黑板上写下很多内容，让学生去记，还自我感觉良好，以为学生都能掌握呢，其实他们脑海中没留下什么印象。

后来通过听课学习，我知道原来现在已经弱化语法了，不能像以前那样讲课了。所以，在上课过程中，我就尽量不去触碰语法，以为不需要讲语法了，而且觉得自己的做法也没什么错误，因为大家都是这样的，就慢慢地陷入了小小的误区。

通过读这本书，我发现自己对语法教学的认识是错误的。语法不是不教，要教，关键是要看怎么教，用什么方法去教。而且，语法依然是很重要的。

要注意语法知识与语言运用能力的统一，即通过传授语法知识培养学生的语言运用能力。例如讲现在完成时的时候，不能直接呈现概念、规则，操练例句，而是要创设真实有效的语境。

例：语言情境——在图书馆。

Peter: May I speak to Owen, please?

Owen: Speaking.

Peter: Hello, Owen.

Owen: Hello, Peter.

Peter: Are you in the classroom?

Owen: No, I am in the school library. I am reading an English book.

Peter: Are you free this afternoon?

Owen: Oh, yes, I am free.

Peter: Would you like to play football with me at 5 pm on the playground?

Owen: Yes, I'd love to.

Peter: See you later.

Owen: See you.

这不是简单的假设一个场景，说上一两句话那么简单，而是真实有效的情境，让人有一种身临其境的感觉，是在沟通和交流，自然而然地理解该句话的意思。要使学生在听、说、读、写等各种语言活动中自由地运用语法。

要注意将语法结构与该结构的表意功能融合在一起，否则，学生就只知道其形而不知道其意，无法了解语法学习的内涵。比如在讲定语从句时，可以创设真实情景，也可以利用词汇教学的过程，A police officer is a person who doesn't usually smile on the job. /A kitchen is a place in a house where food is cooked for the family. 还可以利用文化背景知识。Abraham Lincoln was a president of the United States whose famous achievement was freeing African-Americans from slavery.

在今后的教学中，我要重新认识课堂中的语法教学。语法教学是语言学习中必不可少的环节，语法教学要从运用的角度出发，语法教学中应设计真实的应用语言的活动，语法教学应不拘泥于教材。总之，要在读中学，在学中用，不断地用，不停地改，以便促进教学。

【2017 年第五次研修活动】

2017 年初中英语名师工作室第五次研修活动安排

为进一步提升工作室成员理论素养与教学能力，改进英语课堂教学，促进师生学科核心素养的形成与发展，特邀全国中小学英语教学专家龚海平来我旗进行讲学活动。现将有关事宜通知如下。

活动主题： 初中英语教材分析与词汇教学设计。

研修形式： 听课、评课、讲座。

具体活动安排： 如表1所列。

表1

具体时间		活动内容	主讲人（班级）
9月21日上午	第一节 8：10—8：50	同课异构：外研版 七年级（上）预备级 Module 3 Unit 1	乌英嘎（362班）
	第二节 9：00—9：40	同课异构（同上）	乔栓（363班）
	第三节 10：20—11：00	同课异构（同上）	刘淑英（366班）
	第四节	专家点评	龚海平
9月21日下午	第五节 2：45—3：25	初一英语词汇教学观摩课	龚海平（367班）
	3：35—5：40	专题讲座"初中英语教材分析与词汇教学策略"	龚海平

初中英语词汇教学的有效性探究

——伊金霍洛旗初中英语名师工作室2017年第五次研修活动总结

为进一步提升工作室成员理论素养与教学能力，改进英语课堂教学，促进师生学科核心素养的形成与发展，初中英语名师工作室于9月21日在伊金霍洛旗第一中学开展第五次主题研修活动，特邀全国中小学英语教学专家龚海平来我旗进行讲学指导。

本次活动以"初中英语教材分析与词汇教学设计"为主题，分为展示课、专家点评、专家示范课、讲座四个环节，活动由工作室白丽老师主持。上午，来自北师大二附中的乌英嘎老师、四中的乔栓老师、伊旗一中的刘淑英老师分别为大家展示了外研版七年级上预备级 Module 3 Unit 1 这一节课。每位教师都有自己的教学特色，在教学设计中体现了自己独特的教学思想。乌老师能够紧紧围绕教材，很好的完成教学任务；乔老师设计的 guessing game 非常适合初一的新生；刘老师非常注重对教材的二度加工，开发了一些新的教学内容。从活动中可以看出，每位教师都充分的备课，积极利用这个机会与同行和专家深入交流。在专家点评阶段，龚老师对三位老师的课给予了肯定，并作出了客观的评价。同时，龚老师也针对初中英语词汇教学提出了一些宝贵的建议。比如：对 starter 的处理，要站在宏观的角度，不能只关注课本上的内容；对课本内容的处理不要耗时太长，要注意词汇知识之间的纵横联系；可以围绕某一主题，聚焦该主题，激活学生的词汇。

下午，龚海平老师为我们呈现了一节精彩的初一英语词汇教学课。龚老师从课前到课中，一直在刺激学生的思维，在进入文本前，他通过真实语境中的师生话语交往处理了一些词汇，并一直引导学生使用英语思维，这是很值得我们学习的。在随后的讲座中，龚老师谈到，我们全体英语教师要有如履薄冰的意识，用谦卑的态度对待英语。同时在教学的过程中，我们要注意以下几点：体态语的运用、语境的支撑、直观教学、英文解释英文，注意提升学生语言能力的发展。龚老师扎实的理论、真诚的话语、真实的事例，让每一位教师都深受启发，从中受益匪浅。

本次教研活动不仅提升了教师的理论水平，也启发了教师的思维，更点燃了教师教学的热情。语言教学是个慢功夫，相信在大家的不断坚持、共同努力下，在龚老师的指导下，全旗初中英语教学水平会有更大的提高！

词汇教学教后反思

伊旗二中　岳　虹

开学一个月以来，我一直想要激发学生学习英语的兴趣，争取让每个学生都喜欢上英语，而且我深知学英语就要大声说出来，所以我比较重视学生的朗读。同时，让学生能够读出单词也很重要，所以我教学生学习了音标，在随后的教学中，也会引导学生看音标读单词，这样他们就能读得准确，也能记得牢固，对学习英语是很有帮助的。

上次听完龚老师的讲座，我的印象很深，内心很受启发，真的觉得那才是英语课。在英语课上，就应该和学生多交流，就应该引导学生去思考，帮助他们记忆，逐步培养其思维。在回来的教学中，我也试图去创设语境，尽量多和学生交流，在不知不觉中渗透一些词汇，但是做得并不够好，还有很多不足之处。

在 Module 2 Unit 2 These are my parents 这一课中，我就没有设计好，想得不够全面，有点顾此失彼。就想着词汇两个字了，反而忽略了整体的教学思路和设计。就词汇教学来说，在教学过程中做到的是：能激活学生以前学过的词汇，能让学生根据音标读、记单词，能通过复现词汇加深学生的记忆，能通过活动检测学生的拼写。但是整体上看来，有点头重脚轻，练习词汇的时间太长了，后面读和写的时间不够充足。

首先，没有在真实的语境中和学生们去交流，而只是通过 PPT，让学生去练习掌握一些词汇，应该多问学生，引导学生去说，而不是我在问、说句子，学生只是填个空而已，这一点今后一定要注意。其次，要把词汇归类，既然学生自己能说出来那么多有关职业的单词，那我就应该帮着学生们总结一下规律，渗透一下构词法的简单知识，以便其更好的掌握词汇，比如：加 er 的，worker, writer；加 or 的：doctor, actor 等。再次，可以通过英语解释英语的方法，帮助学生扩展相应的词汇，例如：A manager is the man who manages a company.

在操练的过程中，要逐步放开，要逐步减少提示信息量，最后让学生独立表达，同时要增加和学生的语言交往信息量，例如：This is ＿＿＿＿＿．到

This _____. 到_____ _____ _____. 除此以外，要关注背后的文化内涵，看它是怎么来的，和其他词有什么联系等（secretary，secret）。

其实，教学就是要多思考，关键是要把学到的东西用在自己的教学中。我知道自己还有很多的不足，希望自己可以多学习，多运用，多进步。

【2017年第六次研修活动】

2017年初中英语名师工作室
第六次研修活动安排

为不断提升工作室成员在阅读教学中的问题设计能力，改进我旗初中英语阅读课堂教学质量，特邀全国中小学英语教学专家龚海平来我旗进行教学理论与实践指导。

活动主题：初中英语阅读教学中的问题设计。

研修形式：课例研究；专家示范；理论讲座。

具体活动安排：如表1所列。

表1

	具体时间	活动内容	主讲人（班级）
上午	第一节 8：25—9：05	课例研究 外研版八年级（上）Module 5 Unit 2	呼秀萍（13班）
	第二节 9：15—9：55	同上	白璐（9班）
	第三节 10：35—11：15	初二英语阅读教学观摩课	龚海平（A2班）
	第四节	专家点评，同伴交流	龚海平
下午	2：30—5：30	专题讲座"初中英语阅读教学中的问题设计"	龚海平

优化问题设计　探究阅读教学
——伊金霍洛旗初中英语名师工作室2017年第六次研修活动总结

为不断提升工作室成员在阅读教学中的问题设计能力，改进我旗初中英语阅读课堂教学，2017年10月26日，初中英语名师工作室全体成员及各中学部分英语教师在市一中分校开展了以"初中英语阅读教学中的问题设计"为主题的研修活动。本次活动特邀全国中小学英语教学专家龚海平来我旗进行教学理论与实践指导。活动由工作室岳虹老师主持，包括展示课、专家点评、专家示范课、讲座四个环节。

上午，来自市一中分校的呼秀萍老师和北师大二附中的白璐老师分别为大家展示了外研版八年级上 Module 5 Unit 2 的阅读课。两位教师的教学风格各具特色，非常注重运用有效的方法开展词汇教学，在问题设计和层层递进的教学活动中展现了自己先进的教学理念和良好的语言面貌。

在随后的第三节课，龚海平老师为我们呈现了一节精彩的初二英语阅读教学课。在前语篇教学活动中，龚老师通过真实语境中的师生话语交往，激活学生已有的认识并巧妙地处理了一些词汇。整节课的阅读教学活动中，问题设置简洁高效，关注阅读策略指导，充分地激发了学生思维活动，注重学生语言能力的发展。

在评课环节中，龚老师对工作室两位授课老师的课给予了积极、客观的评价。同时，他也有针对性地提出了一些宝贵的建议。比如：对词汇的教学，他建议采用分散教学、化整为零的手段；就教材内容的处理而言，教师应该以学生的可接受性为依据，在与学生互动交际的过程中，让突破文本内容的东西使语言信息更加丰富，体现语言的张力，在不知不觉中达成学习目标的同时，发展学生的语言能力和思维能力。

下午，龚海平老师为我们做了题为"初中英语阅读教学中的问题设计"的专题讲座。在讲座中，龚老师以生动、幽默、富有激情的语言，结合实际教学案例从阅读教学中的问题设计五原则、问题设计类别与方法、深度解读文本等几方面给老师们进行了理论指导，让每一位教师都受益匪浅。

本次研修活动，无论课例研究，还是专家示范课和讲座，对提高全旗初中英语教师的阅读课教学设计问题的水平、进一步优化英语课堂教学起到了积极的作用。

阅读教学中的文本解读与问题设计

北师大二附中　白　璐

一、现状分析

在英语阅读教学过程中，不同的教师对阅读文本的理解不尽相同，因而，阅读教学的重点、思路和方法也都会有所差异。

作为一线教师，只有用心体会阅读教学的过程才能发现对阅读文本的解读不到位。有时候阅读文本在教师的眼里，往往只是充斥着单词、短语和句型等"知识点"的书面工具。而英语阅读课就成了借助文本的语言材料来学习语音、语法、词汇、句型，或者只是理解文本的浅层含义，掌握概括主旨大意、查找细节信息、推断故事发展情节等的阅读技能。阅读课的基本流程也约定俗成"读前"预测、导入——"读中"提问和应答——"读后"讨论、写作。教师在讲授阅读文本时总是局限于对课文意思的理解，段落大意的概括、句子结构的分析、词汇短语的掌握，阅读课往往都是在处理语言知识点。

面对这样的现状，我们不禁要问，我们的阅读教学到底是为什么？为词组、句型、语法等语言知识点？为查找信息？为概括大意？为写作？为交流？为思维？为创新？

很显然，阅读教学不仅仅是对语言知识点的浅层理解，而是要挖掘文本的内涵，要赋予材料以全新的生命，使阅读教学更加立体，更加多元，更加综合，从而提高学生英语学习的兴趣和综合语言运用能力，进而培养学生英语学科的核心素养。

二、阅读文本解读视角

1. 侧重语言知识

首先要对教学使用的阅读材料进行分析，确定所要教的核心词汇、典型句型和重要语法现象，作为课堂教学的重点和难点。

其次把所教内容的语言知识渗透到阅读教学的三个阶段：读前、读中、读后，从而达到结合阅读文本使学生真正理解、掌握和运用这些语言知识。

2. 侧重题材分析

从研究文章的体裁出发，可以把文章分为记叙文、说明文、议论文、新闻报道、小说、剧本等，内容涉及语言、文学、政治、经济、科技、宗教等方方面面的内容。

从体裁分析的角度出发，帮助学生了解课文的体裁结构、篇章模式和篇章类型，分析作者谋篇布局的特点和遣词造句的手法，设定相应的文体的阅读要求，使学生掌握不同文体的阅读方法，给予学生阅读指导。

3. 侧重阅读技能

首先抓住文章大意，并遵循如下步骤：浏览文章的编排设计，包括标题、篇幅、插图和字体等；根据已有知识预测文章内容及体裁；浏览全篇文章；确认或修改猜测；进一步预测；再次阅读以获取细节内容。

4. 侧重写作技能

通过阅读要获取文章的内容，理解课文承载的信息和为了使篇章通顺而使用的连接词，引导学生欣赏文本，把文本阅读和写作技巧相结合，借鉴文章进行写作，通过对文章立意、文章结构、修辞手法、佳句欣赏、难句解析、衔接语运用等的分析，开展有针对性的训练，使学生在完成任务时进一步迁移内化知识，做到以读促写。

5. 侧重文化意识和情感态度

英语阅读材料涉及话题广泛，信息密度高，语言知识丰富。综合语言运用能力的形成建立在语言技能、语言知识、情感态度、学习策略、文化意识等素养整合发展的基础上。教师以培养学生文化意识和情感态度的目标为指导来解读、处理教材，构造具有丰富文化内涵和情感渗透的课堂，从而让学生理解交际中的文化差异，了解世界经济、政治文化知识，形成跨文化意识，提高他们的科学文化素养和人文素养。

三、文本解读与问题设计

从不同的视角对文本解读之后，再根据学生的经历、生活经验及认知能力巧妙地设计问题使得教学目标得以实现。问题的设计一定要与课文有血肉关系，由浅入深，层层递进。通过追问鼓励学生质疑，使学生的思维更缜密。

初中英语阅读教学中的问题设计

伊金霍洛旗第二中学　岳　虹

摘要：初中英语阅读教学已经占有非常重要的地位，问题设计是阅读教学的重要部分。教师所设计的问题切忌太简单直接，而应该有梯度、层层递进，最好还可以激发学生的兴趣。在阅读教学中，如何提问也是一种技巧，教师要在深度解读文本的前提下优化问题设计。

关键词：阅读教学；问题设计。

在阅读教学的过程中，我们主要的目的一般有两个：一是提高学生的阅读技能，二是获取信息。无论是哪个目的，一般情况下我们都会设计一些问题，让学生来回答。在以往的教学中，教师们会觉得问题的设计很简单，就是问一些 when, where, why, what, how 这样的问题，并没有深入思考问这些问题的原因，不知道为什么要问这些问题，只是为了提问而提问，并没有引导学生的思维，进而提高学生阅读技能和获取深层信息的能力。学生们也只是在完成阅读任务而已，没有深入的思考。其实，阅读教学中的问题设计是很关键的，问题设计的好坏直接关系着教学目标的达成和学生对知识的掌握程度。笔者根据自己的教学实践以及学习龚海平专家的观点，就问题设计谈几点看法。

一、阅读教学中问题设计的原则

①引导性原则：能够对学生的阅读活动起到引导获取文本信息的作用。从程序上来说也就是要提出问题，让学生带着问题有的放矢的去获取文本信息。在让学生阅读之前，要激活学生的元认知；要激活学生的元认知，就要注重激活学生的前语篇（pretext）——学生的生活经历和生活体验。通过与学生的话语交往激活学生的"前语篇"，不仅可以唤起学生的兴趣，也可以为语篇学习作有效铺垫。

②指导性原则：能够对学生的阅读活动起到指导作用，通过让学生回答问题来使其逐步意识到并掌握阅读的方法、策略和技巧等。这要求教师有目的地

去设计问题，并且在学生回答前和回答后给予恰当的指导，让学生清晰明了。

③层次性原则：在对文本进行分析的基础上，能够设计出不同难度的问题，以满足不同层次学生的学习需求。In general, we should let the students get the general ideas of the passage, get the specific information of the passage, and we should develop the students' competence in using the language knowledge learned in listening, speaking, reading and writing.

④多样性原则：能够根据文本设计出不同形式的问题，以全面发展学生的听、说、读、写语言技能。如果总是设计一些简单的、没有深度的问题，或者是一些 W、H 的问题，不仅学生不感兴趣，而且也不利于培养学生的思维及良好的阅读习惯。例如：要讲 Module 5 Lao She Teahouse, Unit 2 It describes the changes in Chinese society 的时候，可以提问：Lao She died in 1966, why did he die so young? Why is he called "people's artist"? 这样可以让学生更加全面地了解老舍，思考得更深入。

⑤人文性原则：使问题设计在促进学生英语思维能力发展的同时，升华学生的人文素养。学习英语不仅是在学习一种语言，也是在学习一种文化。在设计问题的时候，我们要根据不同的话题和内容适当地提出一些有关中西方文化方面的问题，引导学生去关注和了解其背后的内涵，逐步提高人文素养。

二、阅读教学中的问题设计类别与方法

1. 问题类别

①陈述性问题：基于文本字面意义而设计的浅层次的问题（explicit knowledge）。这些问题一般是在文本中可以找到答案的，或者经过简单的信息加工就可以得到答案的。

②思维性问题：基于文本事实而设计的深层次的问题（tacit knowledge）。这就要求我们不仅要关注文本信息，而且要去解读文本，甚至建构新的文本，以及重构文本内容。也就是要通过深度挖掘和解读文本，让学生从其层次结构及内容上最大量地获取和掌握文章所传递的信息，同时培养其使用语言的能力，甚至扩展和延伸所学的语言知识的能力。

2. 设计方法

①运用三种句式：一般疑问句，选择疑问句，特殊疑问句。要根据内容和教学需求，选择适当的问的方式。一般来讲，一般疑问句是比较好回答的，可以作为基础题，让基础差一点的学生来回答，而有些特殊疑问句可以设计得难一点，来激励学生去思考。

②培养学生四项技能：听、说、读、写的能力。阅读并非只强调阅读技能的训练，而是以读为突破口带动其他几项技能的训练。听、说、读、写四种技能是相互影响、相互促进的。在阅读教学中，适当的兼顾听说，并且融入写的训练，让学生有充分的语言输入，也有语言输出，从而提高英语思维能力和综合运用能力。

③聚焦一个宗旨：发展学生思维（真实地运用英语语言思维去实际交流）。这里指的是直接用英语思维去思考，而不是先想汉语然后再转换成英语的一种思维方式。阅读过程中，也可以有适当的交流，可以是口头的，也可以是书面的，要求学生不仅要理解文字的含义，更要注意语境，通过交流和思考，达到理解其深刻含义的目的。

三、深度解读教材是问题设计的前提

①弄清一个问题：我们要想一想为什么教材的编者要编写这样一个文本？其实，学生的生活经历、生活体验与认知能力以及英语语言知识储备，是文本编写的立足点。他们不是随便就编写的，而是在考虑了以上诸多方面之后才认真编写的。那我们在设计问题的时候，就要考虑学生，要知道他们已经知道的知识，不知道的知识，想知道什么，通过学习能掌握什么……并且想办法激活学生原有的知识储备，以便让学生更好地理解所阅读的文本。

②反思一个问题：学生学完了文本后能够得到哪些方面的发展？阅读不仅仅是为了学习几个单词、短语或者句型，或者是提高一点阅读技能，更重要的是开阔眼界，获取知识，提升素养和能力。文本只是一个载体，通过学习文本，学生能够得到多方面的发展。我们在设计问题的时候，就要考虑到这些，要做到心中有数，我们不是为了问问题而设计问题，而是为了让学生得到更好的发展。

英语阅读教学是由多个环节构成的，问题设计作为其中的一个重要环节，关系到阅读教学的整体质量，必须充分重视。阅读教学中的问题设计是否恰当，是否真正发挥其重要作用，关键取决于教师是否做到充分备课，要在深入研究教材和了解学生的基础上进行，而不能随心所欲，想怎么问就怎么问。在教学过程中，教师的语言要有张力，要和学生进行真实的话语交流，在不知不觉中，让学生感受英语、学习英语。

【2017年第七次研修活动】

伊金霍洛旗初中英语名师工作室
关于组织英语学科研讨活动的安排

为了充分发挥骨干教师的引领作用，实现英语课堂教学与中考的有效结合，使我旗初中英语教学质量进一步提高，初中英语名师工作室以"学科素养下的初中英语阅读教学探究与中考备考"为主题开展2017年初中英语学科研讨活动。

研修形式： 微型讲座；经验交流。

具体活动内容及时间安排：

2：45—4：15　微型讲座：结合中考试题分析探究英语学科素养下的阅读教学策略（侯海霞）

4：30—5：30　中考备考经验交流　刘淑英（伊旗一中）

　　　　　　　　　　　　　　　乌英嘎（北师大二附中）

透过我市中考试题，探究学科素养下的
初中英语阅读课堂教学

——伊金霍洛旗初中英语名师工作室2017年第七次研修活动总结

近年来，发展学生核心素养逐渐成为基础教育界最令人瞩目的热点话题，从"双基"到"三维目标"再到"四维核心素养"，中国基础教育界正经历着巨大的改革。核心素养究竟是什么？如何落实在未来的初中英语课堂上？为了

解决这一问题并找到更好的途径进行英语阅读教学，2017年12月14日下午，初中英语名师工作室全体成员及各中学初三英语教师、初一初二备课组组长在伊金霍洛旗第一中学开展了主题为"学科素养下的初中英语阅读课堂教学探究"的研修活动。本次活动分别由来自教研室的侯海霞老师、伊旗一中刘淑英老师和北师大二附中的乌英嘎老师做研修讲座。

首先教研室的侯海霞老师为大家做了专题讲座。她通过分析我市近几年的中考命题思路和导向，与大家共同从理论上探究学科素养下的初中英语阅读课堂教学，并给出了一些合理有效的教学建议。在讲座中，侯老师通过深度分析中考试题和学生在考试中存在的问题强调：2015—2017年英语试题阅读量、生词量呈现递增趋势，阅读试题对思维能力要求更高，学生书写问题日渐突出等。鉴于此，她建议我们在阅读教学中对于问题的设计要有引导性、链条性，拒绝单一的问题。教师首先要充分了解学生，将问题设计在学生的最近发展区，体现因材施教。其次，通过设计有指向性的问题，发展学生的语言能力。同时，关注关键词汇教学，关注文本特征，借助背景插图、激活背景知识等方式，为学生创设思维空间，培养和发展学生的思维品质。侯老师的讲座长达两个小时，她从理论联系教学实际案例，带给大家新的教学理念和灵活多样的教学方法！

接下来，是来自一中的资深教师刘淑英围绕中考总复习，从"怎么复习"到"复习什么"与老师们进行经验分享。她指出，要学会研究中考题，做到人人有题，师生共探究。复习要有系统性，教师要精选、精讲试题，对于不同层次的学生要设计不同的作业。刘老师的讲座诙谐而有深度，她的幽默与智慧让我们不禁感慨，原来复习也可以这么轻松！

最后，来自北师大二附中的年轻骨干乌英嘎老师用质朴的语言为我们呈现了一个活力教师的备考经验。她为大家展现了激发学生复习课兴趣的一些好方法，并就不同层次的学生如何提高阅读能力推荐了不同的阅读书目，提出了许多合理有效的建议。

本次研修活动，极大地提高了全旗初中英语教师的教学水平，并对进一步优化英语阅读课堂教学起到了积极的作用。

让阅读真正发生
——初中英语名师工作室2017年第七次研修活动心得

市一中分校　呼秀萍

听了侯海霞老师的英语学科素养下的阅读教学，我的感受颇多，也思考了很多。总结一下，在今后的教学中我要坚持以下几点。

一、在阅读的过程中重视和词汇教学相结合

多年来，我个人一直没有解决的一个问题就是，学生的词汇是学一路丢一路。很多学生初一的时候学得很不错，初二慢慢忘记的单词就多了，到了初三能认识的单词就很少了。我个人总结原因主要是：学生不能根据英语的特点，将读音和拼读结合起来记忆。久而久之，越来越多的单词连读音都不会，更谈不上汉语意思和拼写了，所以形成了一个恶性循环。因为认识的单词太少，所以做阅读的时候根本就读不懂，又因为做阅读太少，学过的单词得不到巩固，也不能通过阅读学会新单词。所以，今后我要在阅读的过程中重视词汇教学，在语境中花时间教单词。努力使上述的恶性循环变成良性循环。让学生有一定的词汇量，越来越喜欢阅读。学生通过阅读不断地增加词汇量。

二、舍得课上的时间，加大学生的阅读量

我过去也很重视学生的阅读，但是，我发现很多学生根本不能静下心来阅读。课下阅读的效果是非常差的，尤其是中下等的学生，根本就不读。所以，今后我要在课上给时间让学生阅读，并设计有难度区别的题，能力高的同学完成有难度的题。能力弱的同学完成简单题就可以了。但是，要求学生每读一篇文章都积累3~5个单词或短语。

另外，给学生精心选择他们感兴趣的话题，以便引起他们的兴趣。最后，在他们每读一篇文章之前都给一个导读，既能激发他们的兴趣，也能帮助他们理解。

三、结合侯老师的讲座内容，让阅读真正发生

我十分赞同侯老师的观点，我们在做"伪阅读"，我们几乎天天在读课本上的课文，然而我们学生的阅读能力却一点也不提高。有的时候，我们读过的

文章，在考试的时候再考一次，学生该错还错。这就证明了我们的阅读教学收效甚微。因此，在今后的教学中，我自己首先要深度地挖掘教材，给学生提出更多的有深度和有难度的问题，提出更多能引发他们思考的问题。在课上给学生留下足够的思考时间，不能只是单纯的想要得到预设的答案。利用有效的追问来引导学生的思维。设计一些与学生生活实际有关联的话题进行讨论。尽最大的努力，让学生的阅读能力得以提高，让他们的思维得以发展。从而让英语课的效率稍有提高。

浅谈初中英语阅读教学活动设计的有效性

北京师范大学鄂尔多斯第二附属学校　张金龙

阅读教学是初中英语教学的重要组成部分，是培养学生阅读技能的重要载体。学生阅读技能的强弱很大程度上影响其语言技能的培养。如何设置有效的英语阅读教学活动、循序渐进地培养学生的阅读技能一直是英语教学的一个焦点，也是一个难点。本文针对英语阅读教学活动设计的有效性，谈以下几点思考。

一、阅读教学教什么

在日常的阅读教学中，不少老师的阅读教学重文本知识，轻学生阅读策略、阅读思维、阅读微技能培养，阅读教学往往呈碎片状。教师在设计阅读教学活动中，应着力培养学生信息识别、信息转述、推理判断、大意理解、写作观点意图、结构分析等能力。信息识别能力的培养，要遵循由低到高的原则，可设置 read and match，read and fill the table，true or false 等环节；信息转述分为控制线转述如 read and fill in the table 以及自由转述如回答问题；教师可设置信息匹配、选择、讨论问题等教学环节培养学生的推理判断能力；可通过作者观点匹配、回答问题等形式帮助学生明确作者写作观点及意图；在教学实践中，分析文章架构及写作逻辑，尤其是句子、段落之间的写作逻辑对学生习作能力的提升及良好英语思维品质的形成均有积极的作用。

二、常见的初中英语阅读策略有哪些

阅读教学的核心在于阅读策略和阅读方法的教授。阅读教学中，语言的处

理应服务于学生的阅读理解。阅读教学应着重培养学生 skimming、scanning、predicting、inferring、guessing words 等阅读策略。教师可引导学生通过 skimming 的方式获取文本主旨、大意；通过导读首尾段、主题句、标题、插图、信息词等方式帮助学生查找关键信息；通过标题、图片、视频欣赏或设问的方式培养学生读前、读中、读后预测文本的能力；立足文本关键句子或主题句可培养学生的推理能力；通过上下文、句子释义、所列举事例、生活经验培养学生猜测词义的能力。

三、如何多元解读阅读文本、有效设计学习目标

教师对文本解读的深度很大程度上决定着学生阅读思维的高度。教师可从文本题材、体裁、作者、结构、语言、语义、阅读策略等几个维度解读文本。尤其要引导学生分析作者的核心观点、文本传递的价值观及文本所承载的文化内涵。基于多元的文本分析，设置有效的学习目标。学习目标分为识别、理解、表达三个层面。识别层面的目标主要围绕文本人物、时间、地点等基本信息；理解层面的目标则以人物关系、文本逻辑框架、词义等为主要内容；表达层面的目标可以通过口头语实现，也可以以写的形式进行。

四、如何设计基于学生阅读技能培养的教学环节

PWP 整体阅读模式是当前较为通用且效果较好的一种阅读模式。读前阶段，教师可通过引导学生观察文章标题、插图、文章中出现的信息词激发学生的阅读欲望；可通过与学生交流其已有知识、想了解的文本内容来调动学生的阅读积极性；可通过头脑风暴的形式培养学生读前预测的能力；读中阶段，教师可设置 fill in the table, read and match, ask and answer, 段落排序、给段落或文章起标题等事实性与推理性兼顾的教学活动，旨在帮助学生获取文本内容、结构，了解作者写作目的；读后阶段，教师可设置 oral discussion, interview, summary writing, retelling 等教学活动，从文本中提炼新的语言，将其与学生个人知识、兴趣和观点相联系，提升其语言运用能力。在阅读教学活动推进的过程中，教师可巧设记忆性问题、理解性问题、应用性问题、创造性问题以及评价性问题，尤其突出创造性问题及评价性问题的设置，以提升学生的英语思维，提高其用英语做事情的能力。

【2018 年第一次研修活动】

2018 年伊金霍洛旗初中英语名师工作室第一次研修活动安排

为进一步使工作室全体成员在实践中反思、改进英语教学方法并不断提升他们的教学能力,加强我旗初中英语课堂教学实践与探究活动,初中英语名师工作室将以"初中英语语法教学探究"为主题开展研修活动。

研修形式:课例研究、交流研讨、微型讲座。

具体活动安排:如表 1 所列。

表 1

具体时间		活动内容	主讲人(班级)
3月16日下午	第五节 2:30—3:10	七年级语法教学	刘淑英(367 班)
	第六节 3:20—4:00	八年级语法教学	乌英嘎(359 班)
	第七节 4:10—4:50	九年级语法复习课	孟茹(339 班)
	5:00—6:00	分组交流研讨展示	工作室成员
	6:00—6:30	微型讲座	侯海霞

初中英语语法教学的有效性探究

——伊金霍洛旗初中英语名师工作室 2018 年第一次研修活动总结

为进一步开展我旗初中英语课堂教学实践与探究活动,改进英语课堂教学并不断提升工作室成员理论素养与教学能力,初中英语名师工作室于 3 月 16 日下午在伊金霍洛旗第一中学进行了长达四个小时的主题研修活动。

本次活动以"初中英语语法教学的有效性探究"为主题,共分为课例研究、交流研讨和微型讲座三个环节,活动由工作室主持人侯海霞主持。首先,分别由来伊旗一中的刘淑英老师、北师大二附中的乌英嘎老师、四中的孟茹老师为大家展示外研版七、八、九年级语法观摩课，她们的语法课风格迥异，特色鲜明。刘淑英老师的语法课充满活力，她结合学生生活实际组织多种活动，激发了孩子们的语法学习积极性。年轻有为的乌音嘎老师，她流畅的口语吸引着初二的学子们，她关注语言的意义和用法相结合，用贴近生活的例子把"现在完成时"的用法分析得井井有条。孟茹老师的语法复习课，课容量大且注重结合中考考点在教材文本中展开分析、归纳。三节语法实践课后，针对不同学段如何优化语法课的教学效果的问题，所有工作室成员和各校英语备课组组长进行了分组研讨。半小时的热烈讨论后，工作室成员代表与参会教师交流分享了本组研讨成果，使老师们深受启发。

最后，教研员侯海霞老师为我们做了题为"初中英语语法教学案例探究"的微型讲座。她强调：语法教学应从形式、意义和语用相结合上下功夫，引导学生从表层学习到深层学习。最重要的是，教师要坚持真实语境下的有意义的语法操练，提高学生的语用意识。同时，还要充分发挥学生的主体作用，使其在理解的基础上关注知识及其组织，帮助他们对所学语法知识进行加工、分析、观察、发现和归纳语言规律，拓展学生的思维空间，发展学生的思维能力。

英语语法教学在初中英语学习中有着非常重要的作用，相信老师们会以此次研修活动为契机，在以后的教学实践中不断探究，提高英语语法教学效率，使全旗初中英语教学水平有更大的提高！

转变教学方式　优化语法教学
——初中英语名师工作室2018年第一次研修活动心得

伊旗一中　刘淑英

3月16日，伊旗初中英语名师工作室开展了一次题为"如何上好英语语法课"的教研活动。这次活动安排了示范课和工作室主持人侯老师的专题讲座，通过参加这次活动，我收获很大，也做了反思。提起语法课，大多数老师和学生必然会想到枯燥两个字，那么怎样上好语法课呢？以下是本人参加活动后的一些心得体会。

一、创造情境

中国学生并没有西方学生那样的英语环境，他们不可能在日常生活和课堂内获得充足的英语语言刺激并内化其语法规则，很难靠单纯模仿去自然习得英语。因此，教师在语法教学时应设计真实的语法情境，让学生在实境中感受并学习语法知识。

本人在教授现在进行时态时，会在进入课堂时先做一系列的动作，再配合适当的语句，让学生对即将教授的内容提高兴趣，也对当前创设的情境充满了好奇。如此教学，降低了语法学习的难度，激发了学生学习英语的积极性，不仅可以避免学习语法的枯燥性，而且使他们学得快、记得牢、用得活。

二、投其所好，多样化教学

1. 英文歌曲教学

随着西方文化的不断渗入，学生对英文歌曲也逐渐产生了浓厚的兴趣，这不免为教师的教学提供了一个便捷的平台。

在语法教学中，可以下载一些流行且通俗易懂的英文歌曲，通过填补英文歌曲中 missing words 来学习语法知识。也可以在歌曲原本的曲调上，让学生用所学知识点进行单词改写的游戏，既能提高学生积极性、活跃课堂气氛，还可以使学生进一步巩固所学知识。在"兴趣"的基础上教学，会达到事半功倍的效果。

2. 游戏式教学

初中生还属于"孩子"阶段，比较贪玩，那么教师可以抓住这一特性，根据教学内容设计出不同形式的游戏，既能实现教学目标，又能做到师生互动、生生互动。

游戏可采用小组竞赛式、男女擂台式、个人夺标式等，利用学生的好胜心，让学生在玩耍中学习，享受学习乐趣的同时掌握新的知识，从而使课堂焕发出无限的生命力。

再以比较级和最高级为例，教师可以将学生分为四个小组，以小组竞赛式让他们说出站着的几位同学有何不同，当然前提是用英语表达，最终获胜者教师给予适当的奖赏。以这样游戏的方式教学，会让学生们对此语法有更加直观、更加深刻的认识，从而也能激发学生们的学习兴趣。

三、表演式教学

教师可以设计一些既符合教学内容又使学生感兴趣、与其生活密切相关的情景对话，让学生进行角色扮演，激发学生的学习乐趣，增强学生对英语语言信息的使用和接受能力。

四、语篇式教学

众所周知，听、说、读、写这四者紧密相关，相互渗透，因而学生可以通过阅读去分析、总结一些语法知识。例如，先让学生在阅读课文时将文章里的语法点进行自主归纳、总结，再由教师加以解释、拓展。这样不仅能达到教学目的，而且能使学生对要点有更深的认知。

学生是课堂的主体，是知识的发现和使用者，并非被动的接受者。教师应充当引导者和协助者的角色，帮助学生一步步地完成学习任务。

五、说唱式教学

现在很多学生喜欢 rock 和 hip-pop，那么，作为教师，为何不加入其中以更好地教学呢？我们可以把一些语法结构以顺口溜的形式编排出来，再融入学生们最爱的音乐曲调，把整个知识点以说唱的方式呈现出来，既新颖又有效果。

语法本身是枯燥乏味的东西，然而想学好一门语言，就不能将语法弃之不顾。单凭语感就能擅长说某种语言，不能说毫无道理，至少不能做到将语言结构分析透彻。一个连语言结构都无法解释的"学者"就不能称之为真正的"学者"。

总之，教师应"优化"语法教学而不是采取灌输式教学模式。我们应在日常教学中将理论实际化，不断地探索和发现适合本班学生的学习方法。"因材施教"，方可达到最佳效果。

【2018年第二次研修活动】

2018年伊金霍洛旗初中英语名师工作室第二次研修活动安排

为了提高工作室成员教学目标及学习活动的设计能力，促进英语课堂教学有效性，本次初中英语名师工作室将继续以"初中英语课堂教学目标设计的有效性"为主题，重点开展学习目标预设与学生学习活动的课堂观察研修活动。

研修形式：课堂观察；教学案例分析研讨。

具体活动安排：如表1所列。

表1

	具体时间	活动内容	主讲人
上午	7：55—8：25	课前会议： 讲课教师说课； 成员与讲课教师交流确定课堂观察点	全体成员
	8：25—9：05	观课活动： 八年级下 M5U2	呼秀萍
	9：15—9：55	观课活动： 八年级下 M5U2	白璐
	10：05—12：00	课后研讨： 成员针对两节课的课堂教学目标预设和学习活动及目标达成情况分别进行点评交流； 综合反馈意见，撰写课堂观察报告，并由代表总结汇报观察结果，提出改进意见	全体成员

初中英语课堂教学目标设计的有效性探究

——初中英语名师工作室2018年第二次研修活动总结

为了提高工作室成员教学目标的设计能力，促进英语课堂教学有效性，初中英语名师工作室于4月19日在市一中分校录播室以"初中英语课堂教学目标设计的有效性"为主题,开展了英语课堂教学目标预设与学生学习活动的课堂观察研修活动。本次活动分为课前会议、课中观察、课后交流研讨、观察报告、反思改进几个环节,活动由工作室主持人侯海霞主持。

首先,针对本次课堂观察活动的研修主题及观察点,主持人召开课前会议布置观察任务。其次,由来自北师大二附中的白璐老师和市一中分校的呼秀萍老师进行了课前说课,并分别进行了八年级阅读课和写作课的观察课例展示。白璐老师的教学设计思路清晰,充分考虑了学生年龄特点,学生的学习活动由易到难,注重在元认知基础上以读促写。呼秀萍老师的阅读课,关注词汇教学和阅读方法指导,注重引导学生积极思考。针对这两节课的教学目标预设和教学活动内容,全体工作室成员对学生的学习活动,从活动的形式、参与时间、参与人数及目标达成等方面进行了课中观察并详细记录了观察量表。然后,工作室成员根据课堂观察量表的记录内容做了数据分析和统计,集中点评交流后,独立撰写了课堂观察报告。在此基础上通过分组研讨,由工作室成员代表总结、汇报观察结果,并提出改进建议。

最后,教研员侯海霞对本次课堂观察活动进行了总结。课堂观察各项数据显示,教师仍强调语言知识,语言运用未得到足够的重视;教学时间大部分还是由教师控制,没有给学生充分地思考、参与、创新的机会,学生被动跟随,阻碍学生发展,影响了教学目标的有效达成。教师作为课堂教学的引导者和组织者,为了突出学生在英语学习中的主体地位,应加强教学实践反思,努力提高指向教学目标的学生学习活动的设计和学法指导水平。

此次活动的开展,进一步丰富了我们已有的课堂评价手段,全组成员各抒己见、讨论热烈,老师们通过有证据的观察活动深受启发。相信大家在以后的教学中会不断探索、完善自我,设计有效的英语教学活动,促使全旗初中英语教学水平有更大的提高!

【2018年第三次研修活动】

2018年伊金霍洛旗初中英语名师工作室第三次研修活动安排

为促进工作室成员对英语学科核心素养的深度理解，优化英语课堂教学设计，初中英语名师工作室将以外研版英语七年级阅读课为例，探究学科核心素养和教学实践有效结合的途径，特邀全国中小学英语教学专家龚海平来我旗进行教学理论与实践指导。

活动主题：基于核心素养的初中英语教学活动设计。

研修形式：课例研究；专家示范；理论讲座。

5月24日活动内容安排：如表1所列。

表1

	具体时间	活动内容	主讲人
上午	第一节 8：25—9：05	课例研究： 外研版七年级（下）Module 9 Unit 2	岳虹
	第二节 9：15—9：55	同上	乔栓
	第三节 10：35—11：15	同课异构	龚海平
	第四节	专家评课	龚海平
下午	2：30—5：30	专题讲座"基于核心素养的初中英语教学活动设计"	龚海平

初中英语教学中的学生核心素养的培养

——2018年伊金霍洛旗初中英语名师工作室第三次活动总结

为促进工作室成员对英语学科核心素养的深度理解，优化英语课堂教学设计，探究学科核心素养和教学实践有效结合的途径，初中英语名师工作室于5月24日在伊金霍洛旗市一中分校开展了以"基于核心素养的初中英语教学活动设计"为主题的研修活动。

　　本次活动分为展示课、专家点评、专家示范课、讲座四个环节，活动由工作室乌英嘎老师主持。上午，来自伊旗二中的岳虹老师、伊旗四中的乔栓老师分别为大家展示了外研版七年级下 Module 9 Unit 2 这一节课。每位教师都有自己的教学特色，在教学设计中体现了自己独特的教学思想。比如：岳老师的开头简单易懂，但是却能够引起学生的注意，把大家带到课中来；乔老师设计的阅读问题非常好，可以引导大家去思考。可以看出，两位教师备课充分，以积极的态度，利用这个机会与大家共同分享与交流。在专家点评阶段，龚老师对她们的课给予了中肯的评价。同时，龚老师也针对阅读课中如何培养学生核心素养的问题为老师们提出了宝贵的建议。比如：对于一篇文章，首先要破题，要让学生理解题意；对于阅读教学，主要是让学生获取信息、掌握信息和运用信息；要钻研文本，帮助学生读到自己读不到的东西；每节课的语言信息量要充足，可以适当的跳出文本内容，不能只拘泥于本课内容。这些建设性的意见，给我们以后的英语教学指明了方向。

　　点评之后，龚老师为我们呈现了一节精彩的初一英语阅读教学课。龚老师从头至尾一直在刺激学生的思维，师生在自如地用英语交流的过程中，呈现出用英语积极进行思维活动的状态。龚老师的课总是在无意之间使学生们学到一些新的词汇和很多课本中没有的东西，比如：谈到 die 时，他解释道 lost his/her life, come to the end of his/her life, 他又谈到 was dead, 同时又以伟人去世为例介绍了另外一种说法：the heart of the greatest man of China and the whole world stopped beating at 0:10, Sept. 10th, 1976. 这样的教学方法既能培养学生的思维品质，又提高了他们的语言运用能力。总之，龚老师的课上，学生的精神是快乐的，思维是积极的。

　　下午，龚老师以"中学英语教学中的学生核心素养的培养"为主题，为我们呈现了精彩的讲座。他提倡我们从自为的状态到规范的状态再向自由的教学状态进行转变。这是一种"大道无痕"的状态，是一种看似随意但却心中有目标的状态。同时在教学的过程中，我们要注意以下几点：课堂不能太格式化，格式化的课堂没有生气；语篇教学要注意学生综合运用英语语言能力的发展；不能把简单的东西复杂化，而要把复杂的东西简单化。龚老师扎实的理论、真诚的话语、真实的事例，让每一位教师都深受启发，受益匪浅。

本次研修活动不仅提升了教师的理论水平，也开阔了教师的视野，更点燃了教师教学的热情。教学需要用心，教师们要不断地学习、不断地钻研、不断地努力。相信在大家的团结一致下，在龚老师的指导下，全旗英语教学水平会有更大的提高！

基于核心素养的初中英语教学活动设计
——2018年伊金霍洛旗初中英语名师工作室第三次活动心得

北师大二附中　白　璐

2018年5月24日在伊旗教研室英语教研员侯老师的精心组织下，我们邀请了龚海平老师做"基于核心素养的初中英语教学活动设计"专题讲座，内容有深度，发人深思。

初中英语阅读课堂教学的传统模式是教师充当课堂的主体，引导学生逐句翻译文章大意，教师设法向学生解释大量的语法知识点，这就是所谓的填鸭式的教学模式。这样的模式不利于激发学生的兴趣，一堂课下来，学生容易疲劳，感觉既枯燥又乏味。同样，这样的模式也不能培养学生自主学习的能力和创新能力，学生的阅读能力也不可能得到很大的提高。关于怎样设计初中阅读课的教学活动，我想到以下内容。

一、阅读课教学设计的前端分析

①对于学习者的分析。初中生没有太多学习的经验，所以学生的一切学习活动和习惯要靠教师来设计和培养。教师的责任是非常重大的，既要逐步地培养学生学习英语的兴趣，又要让学生养成良好的学习习惯。因此，在这一环节中，教师要充分掌握学生的心理，评估他们对这一门学科的兴趣和意见。

②学习需要分析。《新英语课程标准》指出，"教师在教学过程中要处理好传授知识与培养能力的关系，注重培养学生的独立性和自主性，引导学生质疑、调查、探究，在实践中学习，使学习成为在教师指导下主动的、富有个性的过程"。面对新课程，我们必须牢记陶行知先生所言："先生的责任不在于

教,而在叫学生学。"应该改变以往那种让学生跟在自己后面亦步亦趋的习惯,引导学生自主学习,且弘扬人的主体性是时代发展的主旋律。所以在课堂教学过程中,让学生成为教学的主体是现代教学改革的必然趋势。

二、英语阅读课教学目标分析

新一轮课程改革的推进和《新目标英语》的广泛使用,对初中的阅读教学提出了新的要求。以往我们在阅读教学中只注重句型、词汇和语法,但初中生阅读的学习不能仅依赖于语法、句型和词汇量,还要依赖有效的阅读策略和技巧,而阅读策略是在老师系统的、长期的培养下形成的,因此教师应当注重培养学生阅读的技巧和良好的阅读习惯。

三、英语阅读课的过程设计

①教学内容的分析和处理。对于阅读内容,教师必须注意结合学生的需求、兴趣和语言程度,循序渐进,精心选择,合理利用,只有这样才能有效地促进英语教学。在阅读的初级阶段,教师应尽量避免传统枯燥的填鸭式教学,要帮助学生树立英语学习的自信心和成就感。到了中高阶段教师应加大课堂输入,以提高学生的实际英语阅读能力,拓宽视野,开发他们思考问题和解决问题的能力。

②教学媒体的选择。在英语教学中,对教学媒体的研究是课堂教学设计的一个重要内容。科学、合理、恰当地选择教学媒体,最大限度地发挥它们的功能和优势,是提高英语教学质量的重要途径。英语学科的教学媒体有直观教具和电教设备两种。如教师的言语、表情及演示,各种实物或模型、图片、图表和简笔画、黑板及各色粉笔等属于直观教具;而录音、录像、幻灯、投影及计算机等属于电教媒体,这些现代教育技术的运用是现代英语课堂上的新宠。在考虑如何运用以上各种教学媒体辅助教学时,需根据教学内容及目标、学生状况及媒体特性等方面来进行选择。

③教学方法的选择和教学过程的设计。阅读是一种复杂的认知过程,是人们获取信息的重要手段,同时也是学习英语的主要的途径之一。那么在阅读课中怎样培养和提高学生的阅读理解能力?新教材摆脱了传统的逐字逐句分析课文,死抠语法的教学模式,逐步形成了"导入(presentation)——阅读

(Reading)——练习（practice）"的教学模式。

  作为基础教育的英语教师，阅读课教学不能只重视知识点或停留在知识的识记上，更重要的是培养学生独立获取知识、信息的能力，并在此基础上加工、运用已获得的知识，用自己的观点去剖析问题和解决问题。与此同时，让学生融会贯通，将书本上的知识变为自己的知识，开拓思路、勇于创新，更好地培养自己创造性地使用语言的能力。总而言之，初中英语的阅读教学仍需不断探索和努力，要让学生在充分掌握阅读技能的同时享受英语阅读的乐趣。

怎样在英语课中培养学生的核心素养

——2018年伊金霍洛旗初中英语名师工作室第三次活动心得

市一中分校　呼秀萍

  本次活动，我们听了岳虹老师、乔栓老师和龚海平老师的课，受益匪浅，感受颇多。现在我把自己的所感所想汇报如下。

  一、对于词汇教学的思考

  三位老师的词汇教学各有千秋，尤其是龚老师的词汇教学再一次给我留下了深刻的印象。他随时随地进行词汇教学，真正做到了自然而然的把词汇渗透到了课堂教学中。他没有刻意地一遍一遍教单词，而是用一个幽默的句子、一个短小的故事，让学生对这个单词留下深刻的印象。同时，不断地帮助学生拓展词汇。

  二、对于挖掘文本的思考

  正如龚老师指出的那样，我们在平时的教学中过多关注教学方法，对教材及文本的挖掘远远不够。在上阅读课的时候设计的阅读练习太多，导致我们把过多的精力放在寻找正确答案、核对答案上，而对课文内容本身的研究不够。不能够有效的引导学生深层次的理解文本的内涵，从而引发他们的思考，发展他们的思维，提高他们的思维品质。所以，在今后的教学中我有一些想法。首先，在课堂教学中逐渐减少单调的练习题，更多的关注学生思维的发展。给他们创造更多的思考和表达的机会，发展他们的能力。同时，由于学生的能力有限，我要更多的从他们的角度出发，找到能触发他们思维的点，在词汇和句型方面给予他们更有力的帮助，帮助他们顺畅的思维和表达。其次，在阅读教学中，不要一味地让学生做各种各样的练习题，像龚老师说的不要把课堂变成考场，而是要在自己深层次研究文本的基础上，通过提出引发他们思考的问题，引导学生思考文本的深刻含义。最后，尝试引导学生学习文本，引发他们对生活和人生的思考，从而实现他们核心素养的提升。

三、对于在教学中培养学生的核心素养的思考

以前，我自己对提升学生核心素养这件事的认识，说实话很有限。不是我觉得这个不重要，而是我总觉得找不到合适的切入口。通过听龚老师的讲座，我有点茅塞顿开的意思，原来我们的教材中、教学中随时都可以找到这样的时机。所以，在今后的教学中，我也要在这方面多下功夫。在备课中多查阅资料，多挖掘以下几个方面的东西：单词的词根、词源及背后的文化；同一个意思的不同表达；一些知识背后的文化内涵。总之，尽我所能为学生提供更多、更深的东西。另外，在课堂上，我要有意识地捕捉教育的机会。在最恰当的时机，引发他们的思维并促进他们的精神成长。从而达到培养他们核心素养的目的。

随着在工作室学习和成长，我越来越觉得自身有很多的不足，有很多需要改进的地方。我的确需要从经验型转变成思考型和研究型的教师。所以，我对自己提出的要求是多学习多思考，多审视自己的教学行为，不断提高教学的有效性。

• 2020—2022 年初中英语名师工作室部分研修活动

【专题一　教师的专业发展规划】

个人规划

做一个专业化教师
——名师工作室个人两年发展规划

伊金霍洛旗第一中学　裴小梅

我很荣幸被聘请为伊旗初中英语名师工作室第一期和第二期、第四期的名师。回顾前两期名师工作室的发展和我自己的个人成长，我觉得自己的收获是很大的。今年是我第三次参加名师工作室。根据工作室发展需要和我个人专业成长的需要，我特制定个人两年发展规划。

一、个人专业发展现状分析

1. 性格特点

我是一个做事非常认真踏实的人。不管是生活中还是工作中，别人都特别信任我，我也很自信。我热爱教育事业，尊重关爱每个学生。我喜欢阅读各种书籍，教育专著、家庭教育书籍、史书、杂志等，每天会挤出点儿时间读书。每次听到专家推荐的书籍我都会囤下慢慢阅读。我喜欢在工作中和生活中不断反思自己，也热爱写作。每次参加完培训都会写心得。目前，积累的反思及各类随笔约100篇，正打算集结成册。我认真对待每一次备课和上课，争取让自己的每节课都有亮点，每天都有进步。

2. 教学现状

13年的英语教学使我积累了一定的教学经验，同时也让我具备了较强的课堂驾驭能力。基本具备了自己独特的教学风格。在我的教育教学中，一直注重学生良好英语学习习惯和自主学习能力的培养，因此我所任教的班级，孩子对于英语的学习积极性较高，成绩也较理想。我注重学生思维品质和文化意识的培养，每节课都会设计开放式问题供学生思考和讨论。我也注重学生口语能力的培养，我的每一届学生，我都会坚持在每节课课前进行 Duty Report 活动，即课前三分钟，以小组为单位，围绕本模块所学话题进行对话。

不足：对于课标的把握还有待提高，教学的专业性和科学性也有待提高。

3. 教研现状

我先后在伊旗二中和伊旗一中任教，并且先后在这两个学校担任英语教研组组长。2010年，我被派往英国斯旺西大学学习教学法，在2013年，主持过国家级课题《希赛可系统支撑下的初中英语口语测试研究》。在平时的教研活动中，我努力探索不同的教研模式，力争让学校英语老师的教学教研水平和学生英语学习水平都有提高。现在，我校英语组已经初步形成了"1+1"教研模式，即每次教研活动时都围绕一节课并加一个微型讲座的形式进行，充分调动了全体英语教师尤其是骨干教师的教研积极性。

不足：我喜欢写作，但是还缺乏专业的指导和理论支撑，所以在论文发表、课题研究方面还需要加强。在教研活动专业化方面，还需要更多的引领。

二、个人专业发展两年规划

①多阅读、勤思考、多写作。坚持每天阅读10分钟、每天阅读一篇好文章。除了阅读教育教学专著外，还要阅读教育教学专刊，积极了解教育动向、先进教育理念，并努力尝试。争取每个月写一篇2000字左右的反思或随笔等。对每次的名师工作室活动进行认真总结，逐步提升自己的教育教学教研水平。能让自己的论文有机会在各类专业期刊上发表。

②让自己的整体备课水平、教学水平、教研水平更加专业化。让自己的课能走得出去、拿得出手。能够有机会参加旗里、市里、自治区甚至国家级的公开课比赛。让自己成长为更加专业的教师。争做专家型教师。

③能在课题研究方面有一些突破，受到专业化的引领。让课题研究引领教师的发展。

④在信息技术与英语学科融合方面能有更大的进步。努力学习新技术，将更多的新技术应用在教学中，为教学服务。

⑤能和专家学习到更加前沿的理论和案例，并结合实际运用到自己的教育教学中。

⑥在教研组长能力培养方面受到更专业化的指导。相信自己在接下来的两年里会取得更大的进步，也相信伊旗初中英语名师工作室会在教研员侯海霞老师的带领下取得更加突出的成绩。我会积极配合工作室的各项活动，主动完成各项任务，提升自己的同时也为伊旗的英语教育教学贡献绵薄之力。

初中英语名师工作室个人两年发展规划

伊旗四中　郝晓敏

我非常荣幸地成为伊旗第四期"1+1+X+N+Z"一级名师工作室的一名成员。对我来说，这既是一种责任，也是个人发展的一个新起点。作为一名教师，我不仅要尽心尽力做好自己的教育教学工作，更重要的是要在学习和磨练中不断提升自己，并在团队中发挥正能量的作用。我的未来两年发展规划如下。

一、个人现状分析

我参加工作20年了，热爱教育事业，有较强的学习能力和热情，工作认真踏实，敢于尝试新的教学方式。虽说积累了一定的教学经验，但是也明显感觉到自己的教学已经呈现模式化，缺乏创新，对最新的教学理念知识缺少研究。专业阅读缺乏广度与深度，教育教学理论学习浮于表面，虽有一定的思考，还缺乏深入钻研的能力与精神。或者说把教育教学理论与实际教学联系起来的能力还很欠缺。另外，对于独立的教学风格还有待进一步揣摩，尤其是写作课和复习课，未能有效实施。课堂教学设计与教学效果往往有差距。科研方面的探索与拓展应用于实践有待进一步提高。迫切感到自己需要充电，因此很荣幸加入这样一个给我们提供学习机会的平台，本人一定积极参加工作室的工作，虚心向名师们学习。

二、个人发展目标

①严格执行工作室工作计划要求，履行工作室成员的职责，认真完成工作室领导布置的各项任务，积极参加工作室各种形式的研讨活动、讲座活动，充分利用网络资源，积极参加工作室业务探讨和交流活动。

②教育教学中，要注重教学与研究相结合，教学与反思相结合，使自己真正成为教学和研究的主人。在课堂教学方面，我将认真对待每一节课，积极学习新的教学方法和模式，不断在教学实践中运用这些新的理论和方法，做到教研合一。

③钻研教育理论，研读教育专著，完成教育教学论文。

④积极参与工作室建设，完成工作室的各项工作任务。同时利用现代化设备，借鉴网络资源，加强对教材体系的梳理能力；以多听名师上课为主，多看名师课堂实录，多向名师学习，取他人之长，补己之短，努力提高自己的业务水平。

三、采取措施

①善于学习，努力提升自身素质。一是向书本学。根据自身专业发展的现

状和需求，开展有计划的自主学习；合理安排学习时间，阅读理论专著，认真批注并做好读书笔记，写好读书心得、反思，争取在市级以上的专业刊物发表；坚持自我的学习，加强口语的提高，在平时多听多看英语节目电台，利用网络平台多看名师上课的视频，不断充实提高自己的教学能力。二是向同事学。虚心向身边有经验的同事学习，学习他们的敬业精神，也学习他们长期积累下来的好经验和好方法，以便缩短自己的成长期。三是向专家学。积极把握每次外出学习的机会，努力将专家学习所得与自己的课堂教学结合。

②勇于探索，不断提升业务水平。认真参加每一次英语工作室的教学研讨活动，利用"名师工作室"和日常的教学实践等活动，努力提高自身业务水平。每年听评课不少于50节，承担旗级示范课、讲座各不低于两节/次，并形成一定的文字资料。坚持组织好每周一次的组内集体备课活动，向课堂四十分钟要质量。另外，及时做好课后反思，把课堂中最精彩的或最难忘的片段记录下来，为专题研究积累第一手资料。通过总结和反思，使自己保持一种积极探究的心态，从而不断调整自己的教学行为，增强自我完善的意识，明确自我前进的方向，争取使教学工作跨上一个新台阶。

③敢于创新，积极开展教育教学研究及改革。一是从立足于学生的角度来研究教材。结合学生的实际情况，对学生因材施教，利用电子书包分层布置作业，使不同层次的学生都能建立信心，看到希望，主动学习，形成自我发展的能力。二是带头落实"实证＋内涵"校本教研模式，在实践中丰富和完善备——教——学——评一致性教学常规结构，尤其是在观课议课方面，通过不断地探索、改进，制定出切实有效的课堂观察量表，真正地解决教学中存在的问题。三是在专家的引领下，在全体工作室成员的配合下，以课题为研究载体，逐步推进"读写结合"课型研究，从而解决学生词汇少、阅读量缺乏，写作思维不开拓等问题。

总之，在以后的工作中，我将依计划有条不紊地进行学习与教学科研，根据自己所教学生和学科的实际情况，努力学习，奋发进取，尽力把自己的本职工作做到最好。

满怀激情，突破提升

鄂尔多斯市一中伊金霍洛分校　刘瑞玲

自 2013 年毕业以来，我一直在不断努力学习和探究初中英语教学方法。完完整整地经历了两届初中毕业生的英语教学和备战中考，在此过程中我收获了很多。为了在今后能有更丰硕的成果，努力成为一名科研型教师，特制定两年个人成长计划。

一、个人专业水平分析

1. 个人优势分析

本人从小喜欢英语，也喜爱教师这份职业，所以大学时选择了英语教育专业，毕业后顺利考上了英语教师岗位。工作认真踏实，在日常教学过程中，不断虚心请教有经验的老师，积极参加各种培训不断更新自己的教学理念。踊跃参加各种赛课活动，并于 2018 年获得了伊金霍洛旗英语基本功大赛一等奖。担任了班主任工作，基本上能做好学生管理工作和思想教育工作，于 2020 年被评为伊金霍洛旗优秀班主任。

2. 个人不足剖析

我参加工作至今虽然已经有七个年头，但是感觉自己成长缓慢。首先，通过认真反思自己的教学工作，会发现自己总是花大部分的时间投身于日常机械的教学工作，比如：改作业、考听写、检查学生背诵等。以至于本应该认真研读教材的备课时间没有充分保障，导致自己钻研挖掘教材的能力比较欠缺，驾驭教材的能力有待加强和提高。其次，通过近几年的一线教学工作，我发现随着教学工作任务逐年增多，自己又是一位妈妈，所以通过读书培训等各种形式学习提升自己的时间严重缺乏，导致自己的教育教学能力提升不大，教科研能力没有得到提升。最后，我认为，在备课过程中，考虑学情这方面自己也做的不是很到位，导致有的时候课堂气氛不是很活跃，课堂教学过程进行得不是很顺利。

二、未来两年专业成长目标

①作为伊金霍洛旗一级英语学科名师工作室成员以及二级英语学科名师工作室主持人，力争两年内真正成为我旗教研教改的带头人，在全市以至于更大

范围内形成一定的影响力。

②切实提高自己的教育教学理论水平。

③开展小课题研究，促进自己专业成长的同时突破教育教学实际中存在的瓶颈问题。

④认真学习课标，研读挖掘教材，改善自己的教学方法，提炼自己的教学特色，打造自己的教学风格，更好地服务于教学，从而打造高效课堂。

三、促进专业成长具体措施

①常言道，人与人的差距体现在业余时间的利用。所以在接下来的两年里，本人计划充分利用零散时间，认真学习教育教学理论和专业知识，广泛地阅读各类教学杂志、书刊，丰富自己的教学经验。做到每学期读两到三本书，如《基于学生核心素养的英语学科能力研究》《提高英语教学素养的中小学外语教学》《中小学英语教学与研究》等。还有就是对教师职业素养有帮助的书，如《做幸福的教师》《积极学习——101种有效教学策略》。认真做好学习笔记，结合自己的实际，每学期撰写教育教学论文一篇。

②在个人英语教学中，通过观察学生的课堂表现以及分析研究学生的学习情况和成绩会发现，英语阅读教学策略和作文教学策略是一个难点，因此可以分别记下来作为两年之内的小课题进行研究。在写作方面，本人已经承担了一个自治区的课题《提高初中生英语写作水平的策略研究》，并处于实实在在的实践阶段。不论是在阅读还是写作方面，希望通过名师工作室的教研活动以及在专家和教研室侯老师的指导下，力求在理论和实践相结合的情况下，在自己的阅读和写作教学方面有所突破。

③立足于课堂教学，科学施教。认真学习英语课程标准，坚持反复分析钻研教材，明确初中英语教学的目的，准确把握教学重难点。根据学生的认知特点和心理特征，精心设计教学环节。以丰富、生动、有效的教学手段和个人的人格魅力有计划地对学习能力不同的学生，特别是"特长生"和"潜能生"实施有效的分层指导，从而实现高效课堂。

以上就是我今后两年的个人发展规划，看起来容易，实践起来一定不简单。但我相信，在教育教学的道路上，只要我们满怀激情，有一颗不断追求进步的心，就没有实现不了的目标。只要自己用心，因不足而学习，因困惑而探索，一步一个脚印，一定会有所突破和提升。

研修总结

明确研修目标，携手扬帆起航

为了明确初中英语名师工作室的总体研修方向，增强每次研修活动的有效性，伊旗教育体育局第四期"1+1+X+N+Z"初中英语名师工作室于2020年11月25日在市一中分校开展第一次研修活动。

在简短的工作室开班仪式后，工作室主持人侯海霞向大家详细解读了《伊金霍洛旗教育体育局第四期"1+1+X+N+Z"学科名师工作室及名师考核细则（一级）》和《伊金霍洛旗教育体育局第四期"1+1+X+N+Z"初中英语名师工作室两年发展规划》。同时，侯海霞老师对本次名师工作室专家王蔷主要从事的教学与研究工作进行介绍，结合导师的研究特长，明确了本期工作室的整体研修思路。我们将在深度学习王蔷老师的两本专著的基础上，理论联系实际，围绕阅读教学开展各项研修活动，探索有效的阅读教学策略指导全旗初中英语教学。

然后，每位名师基于自身发展需求就两年个人发展规划进行分享交流。老师们都从实际出发，分析自己在英语教育教学中的优势和不足，对自己未来两年的专业发展确定目标和方向。大家一致认为自己在课标研读和课题研究等方面存在较大的提升空间，希望通过名师工作室的平台，在专家导师的引领下，能进一步提高自己的专业素养和科研能力。另外，全体工作室成员也对本期初中英语名师工作室未来的发展规划积极献计献策，促进各项研修工作更加有序、高质量地开展。

最后，侯老师根据各位成员的特长，对名师工作室成员的工作职责进行划分和分工落实，并宣读了初中英语名师工作室工作制度。她希望各位学员高标准要求自己，积极主动参加各项活动，高效完成研修任务；科学研修、互助分享，自信大胆地展示风采，推动全旗初中英语学科和自身的双向发展。

本次活动让全体成员对工作室重点研修任务和目标有了更为清晰、统一的认识。大家信心百倍,相信借助名师工作室这个平台,所有成员都能在理论水平和教学实践能力方面取得长足进步,并引领我旗初中英语教学质量稳步提高。

【专题二 初中英语复习教学的有效性探究】

研修安排

为了实现伊金霍洛旗初中英语课堂教学与中考备考有机融合,在客观分析鄂尔多斯市中考试卷和伊旗中考质量的基础上反思得失,加强校际间教学经验交流,促进伊旗初中英语教学质量整体提高,初中英语名师工作室将以"2020年中考质量分析及2021年中考备考策略研讨"为主题开展学科研修活动。

研修形式:初三复习课示范课;2020年伊旗中考质量分析、问题分析及2021年备考策略探究;复习教学经验交流与分享。

具体活动内容及时间安排:如表1所列。

表1

具体时间安排	活动内容安排	主讲人
2:30—3:10	初三语法复习课	裴小梅(伊旗一中)
3:20—4:00	初三读写课	刘瑞玲(市一中分校)
4:10—4:40	微型讲座"指向语用能力的语法教学"	侯海霞
4:40—5:20	2020年伊旗中考质量问题分析及2021年备考策略探究	张金龙(北师大二附中)
5:20—6:00	初三复习教学经验分享	苗珍(市一中分校)

理论讲座

指向核心素养的初中英语语法教学

伊金霍洛旗教育体育事业发展中心 侯海霞

一、语法复习(教学)的问题表现

到了初三阶段,学生虽然已经积累了一定的语法知识,还是缺乏在具体的语境中得体运用的能力，许多教师一般采用"规则呈现—例句讲解—联系巩固"的语法教学模式，学生缺乏体验、感知、实践、参与、交流、反思和运用的过程，记忆的往往是零散的规则。

①语法教学中缺乏必要的话题链接和活动设计——以教师单向灌输为主，难以激发学生的学习热情。

②学生对语法知识的学习仅停留在对规则的识记层面。

③教学内容仅限于教材和教辅资料，教师未能结合时事、话题进行活动设计和整合，广度不够。内容间缺乏横向联系。

④教学过程不能体现激活——提取——运用——反思——综合输出的复习课特点。

⑤学情分析——对学生的难点和盲点把握不明确。

二、应对策略

1. 依据课标和教材——通过创设语境，温故而知新

①以学定教，把握教学的切入点。

②创设支架，激活语法学习内容（和学生一起回忆所学教材文本内容，激活已有的背景知识。教学活动要充分考虑学生原有认知和知识储备，将原有的知识和能力水平及"最近发展区"作为教学设计的出发点和落脚点）。

③评价与教学同步，维持学习动机（评价是教学过程中不可或缺的一环，教师需要对学生的表现给予及时或阶段性的点评，比如用所学语言评价学生表现再合适不过。在给学生进行表现性评价的同时，顺利过渡到下一环节）。

2. 依据时事——在语篇情境中体验学习

文本是语言的载体，学生平时接触最多的就是教材。教材中的文本不可能和时代同步，有时也不是能和学生的生活实际紧密相关，这就要求我们教师对语言和话题有足够的敏感性，才能保证课堂教学中师生有真正意义的互动。

①创设语境，从课内走向课外，提升教学的广度。

生活情境——让学生有话可说（如手机使用在学校是一个热门话题，学生往往能表现出更多真实的想法）。

②承上启下，以问题链促进课堂的动态生成。

例：在被动语态的复习课中，提问 Are you allowed to use mobile phones at school? 启发学生回答 why. (If someone is found using…his mobile phone will be taken away /he will be punished/ his parents will be asked to come to school…) ——T：School rules should be obeyed / Anyone should obey the rules. However, mobile phones can be used to search for some information…

③关注思维，从教学走向教育（鼓励学生表达真实观点，同时要合理引导，帮助学生形成正确的人生观、价值观）。

3. 文本输出——语篇与语用紧密融合

语言知识的学习目的在于运用，作为重要的输出方式，读写结合能更全面地检测学生综合运用语言知识的能力。但是也必须考虑学生的差异性，任务设计要有层次性；不同的任务设定一定的支架。如任务一主要考虑语言知识层面，体现任务的基础性；任务二支架主要关注学生的思维方向，问题之间体现逻辑性和连贯性，在实践中培养学生的语用意识。

英语语法教学的目的不仅要学生学会做题，而是要学生学会用英语表达真情实感，提高用所学语言进行交际的能力，体现"为用而学，在用中学，学而能用"的教学理念。

语法教学绝不仅仅局限于向学生传授语法规则和语法知识，而应该是基于教师创设的语境，学生通过比较、分析、推理、判断、归纳等思维活动，以自主、合作、探究的形式发现语言现象背后蕴含的语言规则及规律，从而实现由语法知识的学习向语法运用能力的转变。

三、案例分析：人称代词的主格和宾格的语法教学（辨别其差异并能结合语境学会运用）

【教学片段1】比较差异：Millie's school looks beautiful. Millie's school has a big playground. Millie's school has a modern library, too. 另外一组句子：Millie's school looks beautiful. It has a big playground. It has a modern library, too. 通过比较，学生初步感知认识人称代词作用——替代和连接句子。

【教学片段2】创设语境，感知语言现象及其差异（向学生呈现一封书信，查找出其中所有的人称代词）：

Dear Nancy,

　　Hello! I miss you so much, but I also start to love the new school. I looks big and beautiful.

　　I have some new classmates in it and make a new friend called Sandy. She is clever and good at all subjects, so I can learn a lot from her.

　　<u>The new teachers are all kind. They love us and we love them</u>, too. The man in a white shirt is Mr Wu. He is a new English teacher and he often talks to me after class. He enjoys listening to music. It makes him happy.

　　You are welcome to come here some day!

Yours,
Millie

　　学生查找出文章中的人称代词后，重点展示其中两组句子：

　　I make a new friend called Sandy. **She** is clever and good at all subjects, so I can learn a lot from **her**.

　　The man in a white shirt is Mr Wu. **He** enjoys listening to music. It makes **him** happy.

　　教师引导学生思考两组句子分别用两个不同的人称代词指代同一个人的原因。(对比两个代词位置的不同进行提示作为支架——学生发现语言规律——教师总结语言规则，帮助学生强化认识)

　　学生找出同类用法的句子进行分析、加深对人称代词的认知 The new teachers are all kind. **They** love us and we love **them**.

　　这样，学生是在语境中通过接触、体验、时间、参与、分析、探究等方式发现语言规律，逐步掌握语言知识和技能。

　　在此教学环节，通过引导学生查找文章中的人称代词，感知和辨认两种不同形式的人称代词；随后聚焦两组句子，引导学生对比其中的人称代词主格和宾格，思考不同语言形式运用的原因。学生透过语言的表象发现语言规律，感知语用的差异并培养语用的意识，归纳概括语言使用规则，也培养了学生思维能力。

【教学片段3】

教师呈现表格，要求学生按照单复数把人称代词依据主格和宾格进行划分，帮助学生对人称代词有一个全面的认识。

教师再次向学生呈现以下句子（教师将句子中主格形式的人称代词标成红色，将句子中的谓语动词及 be 动词圈出，再标出宾格形式）。

I <u>miss</u> <u>you</u> so much.

I <u>have</u> some new classmates in <u>it</u>.

I can learn a lot from <u>her</u>.

They <u>love</u> <u>us</u> and we love <u>them</u>.

He <u>is</u> a new English teacher and he often <u>talks</u> to <u>me</u> after class.

It <u>makes</u> <u>him</u> happy.

学生在教师引导下，通过观察句子发现人称代词的主格形式一般位于动词之前；宾格形式一般位于动词或介词之后。

【教学片段4】

设计一个 Story time 板块，向学生呈现下文：

John is an art student and <u>John</u> draws some pictures. Many people say that <u>many people</u> understand modern art, but many pictures are not "about" anything. People like <u>many pictures</u> just because <u>many pictures</u> are pretty.

However, young children can often see more. John's sister is only seven, but <u>John's sister</u> tells <u>John</u> something about the pictures.

"What is <u>John</u> doing?" <u>John's sister</u> asks.

"<u>John</u> is hanging this picture on the wall." <u>John</u> answers.

"<u>This picture</u> looks all right, but isn't <u>this picture</u> upside down?"

John looks at it again. John's sister is right.

让学生阅读这样一篇存在着大量名词重复使用的短文，学生发现阅读文本不流畅的主要原因在于大量名词重复使用，教师引导学生选用合适的人称代词替换文中重复的人称。

引导学生思考以下三句：

John draws some pictures.

"What is John doing?" John's sister asks.

"John is hanging this picture on the wall." John answers.

三句中都是同一个 John，为什么分别运用了 he，you，I 三个不同的人称代词？

教师总结：选择正确的人称代词不能仅仅依靠规则，更要依据语境，以此进一步强化学生语言使用的语境意识（语法知识必须紧密结合语境），培养学生在特定的语境中运用语言知识的能力。

语法教学的目的是通过语法知识的教学，帮助学生更好地理解语言，提升学生的语言运用能力。鲁子问（2016）认为，思维品质的发展也是英语教学的主要目标之一。为此，我们在语法教学中不能仅仅进行语法知识的传授和语言技能的培养，还要通过多种形式的学习任务和活动，提升学生的高阶思维能力，培养和发展学生核心素养，真正实现语言教学目标。

研修心得

引领示范促成长，兼收并蓄再出发

伊旗一中　裴小梅

2020 年 12 月 2 日，屋外天寒地冻，而伊金霍洛旗第一中学尚志楼的录播教室内正热火朝天、紧锣密鼓地举行着伊旗教育体育局第四期"1+1+X+N+Z"初中英语名师工作室研修活动，来自伊金霍洛旗六所初中的六十多名英语教师全程参与了这次活动，包括伊金霍洛旗第一中学、伊金霍洛旗第二中学、金霍洛旗第四中学、市一中分校、实验学校和北师大第二附属中学。整场活动有讲有评，有分享有学习，为与会教师们提供了一个宝贵的学习充电机会。活动内容主要包括三项：名师示范课，名师讲座，教研员指导。

活动进行的第一项内容是名师示范课，由我和市一中分校的刘瑞玲老师授课。我主讲的内容围绕初中英语教学中的被动语态展开（passive voice），被动语态是初中英语学习的一个重点和难点。围绕伟大之人（great people）、伟大的作品（great works）、伟大的发明（great inventions）、伟大的奇观（great wonders）和重大事件（great events）展开，给出例句进行描述，然后对被动语态的结构进行了归纳，并且还对被动语态运用过程中需要注意的问题进行强调。本课的最后一个任务是要求学生运用被动语态的句型独立完成一篇写作，后进行分享。在正式示范前，我有幸邀请侯老师进行了指导，侯老师给我提出了许多宝贵的意见和建议。自我感觉整个示范课有条不紊，话题和例句与学生们的生活和时事紧密结合，最后的总结部分以思维导图的方式呈现，升华并联系到了伟大的中国梦，达到了对学生进行情感教育的目的。但是通过这节课，自己也进行了反思，在接下来的复习教学中，我要结合不同版本教材进行内容、话题的整合。第二堂示范课是由刘瑞玲老师开展的读写示范课，整节课围绕的话题是抗击新冠病毒。示范课的框架是，阅读文章——赏析文章主题——结构和好的句型——学生进行总结、模仿和作文的书写。详细的作文评价标准由书写、句型运用、题目要求几个方面组成，并进行了同伴互评。

活动进行的第二项内容是由侯老师进行针对语法教学的精彩讲座。侯老师首先指出了指向语言能力的初中英语语法教学和语法教学中的问题表现。语法教学模式单一，主要是规则呈现——例句讲解——练习巩固。欠缺学情分析，对学生的难点和盲点掌握不准确。在语法教学中未能结合实事和适当的话题，广度不够，内容间缺乏横向联系。在教学过程中缺乏必要的问题链和教学活动设计，无法完整体现激活提取——运用反思——综合输出的过程。然后，针对初中英语语法教学中存在的问题，侯老师在接下来的讲座中提出了针对性的语法教学改进策略。

①依据课标和教材，通过创设语境，联系课本，温故而知新。

②以学定教，把握教学的切入点。

③创设支架，联系学生已有知识，激活语法学习内容，做到这点，最重要的是要把握教学设计的出发点和落脚点，了解学生原有知识和能力水平和其最近发展区。

④课堂教学的评价与教学同步，给予学生及时有效的反馈，维持学生持续学习的动机。

侯老师通过展示教学片段，有针对性地指出了几个教学建议：首先需创设语境，感知语用差异，发现语言规律。其次应该呈现表格，全面认识。另外要结合语境，理解语言。侯老师总结的时候又再次强调了语法教学要以语境和语篇为背景，提高学生运用语言知识的能力。侯老师举例的其中一个教学片段是初一英语学习中的一个难点——人称代词的学习。这样的语法学习形式值得我们借鉴和思考。

活动的第三项内容是2020年鄂尔多斯市中考英语质量分析。主要由来自北师大二附中的张金龙老师进行了中考英语试卷难点和教学指导意见的分享和来自市一中分校苗珍老师的中考备考经验分享。张金龙老师通过对中考中容易失分题目的分析，针对性总结了以下几点。

①词义辨析及拓展不足+语境意识淡薄，需要日常教学中不遗余力地在语境中拓展词汇。

学生词汇不通关，上下文推理能力不足，教学高度不够，教学中需拓展前后缀拓展词汇+巧设推理实证类活动+提升教学高度及宽度。

②高频考点代词辨析力度不够，教学中要帮助学生构建知识点体系，逐个突破难点。

复习中日常选题偏重单一细节题，需要加大多重细节题的操练力度。

学生破题能力培养薄弱、日常选题偏重单一细节题，可以通过朗读并翻译题干、加大多重细节题的操练力度来进行加强。

③学生泛读词汇积累不够、解题策略渗透不足，需要培养学习能力（策略）、通过泛读积累词汇。

教学不能联系生活实际，教学应该取材于生活、运用于生活，避免思维固化。

最后，张金龙老师对于初三年级的中考备考提出了以下几点意见：三年规划；师生关系；持续泛读；高阶思维；学以致用。这几点需要老师们有长远规划能力和目标，不断学习，提升自身。

来自市一中分校的苗珍老师分享了中考的备考经验。苗珍老师的分享从三个方面展开：复习路线图、资料的选择和利用、复习建议。

复习路线图强调：

一轮复习注重提炼教材，研究教材与课标的契合点。依托教材注重知识精讲精练。

二轮复习精选专项中考真题，专项复习与中考题型相结合。

三轮复习注重实战演练，注重答题技巧的训练。

在资料选择中对人教版九年级教材进行了改编，主要题型为任务型阅读和选词填空。并且汇总摘编各种资料里的任务型阅读和选词。另外，针对热点，筛选出抗疫专刊，打印成册发给学生。针对阅读理解中失分较多的推理题，运用新概念II。最后收集各地一模考试题，而不仅仅是本市模拟题。

最后针对初三的复习，苗珍老师提出了以下几点备考意见。

①有计划，有阶段（备课组长，成员分工）。

②要重视基础知识的讲练，也要培养学生的应试策略。

③重视教师自己讲，也不忽视让学生自己想。

④重视好生，也要兼顾学困生。

⑤红笔订正错误，准备错题本。

⑥作业要检查。

⑦重要错误要循环练习，挑选部分重点、易错的习题，自编一张卷子。

⑧真题的适应性不可替代，超越一切模拟题，预留存货。

整个活动结束的时候已经夜幕降临，感觉心里沉甸甸的。作为名师工作室的一位名师，我深感自己肩上责任的重大。名师工作室这个平台历练了我，也让我们成员之间打破了学校的界限，更加紧密地团结在一起，我会珍惜每一次的学习机会。不断学习，不断超越自我。

12月2日工作室研修心得

伊旗四中　郝晓敏

2020年12月2日，伊旗教体局"1+1+X+N+Z"初中英语名师工作室在伊旗一中开展以"2020年中考质量分析及2021年中考备考策略研讨"为主题的学科研修活动，活动共分为四个部分。

首先，我们听了来自伊旗一中的裴小梅老师和市一中分校的刘瑞玲老师的两节示范课。裴老师为大家呈现的是一节初三语法复习课，刘老师为大家呈现的是一节初三读写课。平时，这两种课型对于我来说真的是欠缺的，有时候真的不知道如何去上课。通过听两位老师的课，对我的启发很大。我们的语法课要以教材为依据，整合教材内容，要以学生学过的知识去引导、总结用法，这样学生才会理解得更好，才会在具体的语言实践当中去应用。读写也是中考的重中之重，我们的学生不会写是因为我们老师给输入的信息量不够，所以刘老师借助阅读两篇文章，总结文章主旨大意、分析文章结构，设置任务型阅读题，勾画和分享精美句子等步骤来输入语言。之后，又通过一篇主题写作来输出语言，达到语言迁移及语言运用的目的。刘瑞玲老师的教学亮点在于结合学生写作评价表来为同学的作文进行项目评价（书写、要点、句式、结构），既训练学生的阅读能力，也为学生的写作做铺垫。同时刘老师的这节课课堂容量比较大，这也让我有了一个思考：针对我们学校学生的学情，这样大的课堂容量学生能接受吗？那么对于我们来说，怎么上读写课才能更有效？这是我在以后的课堂教学中需要考虑和改进的地方，我也会在教学中不断地去探索、反思、总结，争取找到一个更合适我们学生的教学方法。

其次，工作室主持人侯海霞为老师们做了一场主题为"指向语用能力的语法教学"的精彩讲座。讲座从语法教学模式、学情分析、教学内容、教学过程、学生学习等方面进行细致地分析和解读，并结合裴小梅老师和刘瑞玲老师的两节课，以"实证+内涵"的形式进行点评。侯老师的讲座也让我受益匪浅，尤其是侯老师结合案例分析，让我更加清晰地认识到：语法教学不是枯燥的给学生讲解概念、举例子、做习题，而是要给学生创设语境，让学生感知语用差异，从而发现语言规律；结合语境，理解语言，进一步地让学生创造性使用语言，在"用中学"。

接着，来自北师大二附中的张金龙老师对2020年中考试题进行详尽的分析。他将伊旗与东康进行对比，找出他们的差距，并对题型特点、难易比例、每种题型的得分率、失分率等进行详细的分析，同时，张老师对2021年中考复习也提出几点教学建议：抓住课堂，多做变式训练，尝试活学活用。这让我意识到：在紧张忙碌的中考复习中也需要不断地创新，通过策略的适当选择和调整，真正将学过的知识进行整合，系统复习。

最后，市一中分校的苗珍老师分享了初三复习教学经验。她给我们提了几条特别值得学习和思考的建议。她建议我们把课本零散的知识条理化、系统化，注重教师讲授过程的同时也要兼顾学生的思考。她还指出中考真题的适应性不可替代，超越一切模拟题。教师要深入研究真题，不仅要做本省的，还要做其他省市的题，汲取更多的新资源。通过苗老师的分享，让我感觉到自己真的有很多做得不够的地方。作为初三的老师，我自己还需要好好努力，认真钻研，也要更加清楚在接下来的复习当中自己要做什么。

整个研讨活动不仅内容丰富且具有极强的指导意义，让我觉得收获颇丰。这次英语中考备考策略研讨会不但为我们提供了有效的指导，而且为我们在英语中考复习中指明了方向。同时，我要感谢工作室给我们提供这样的平台，让我在学习中不断地成长、进步！

研修总结

为了实现伊金霍洛旗初中英语课堂教学与中考备考有机融合，客观分析鄂尔多斯市中考试卷和反思伊旗中考质量得失，加强校际间教学交流，促进伊旗初中英语教学质量整体提高，初中英语名师工作室及全旗英语教师于2020年12月2日在伊旗一中开展以"2020年中考质量分析及2021年中考备考策略研讨"为主题的学科研修活动。本次研修活动共分为四个部分。

首先，来自伊旗一中的裴小梅老师给我们带来一节初三语法复习示范课。裴老师以教材为依据，整合教材内容，用 great people, greatworks, greatwonders, greatevents, great inventions 等话题引导学生使用被动语态，并且用不同时态的被动语态来描述以上话题，之后学生总结语法规则并通过写作的方式实现语言运用的目的。整节课学生注意力高度集中，积极参与。

第二节课是来自市一中分校的刘瑞玲老师为大家呈现的初三读写课。刘老师用一个视频并通过师生问答形式来导入话题，借助阅读两篇文章，总结文章主旨大意、分析文章结构，设置任务型阅读题，勾画和分享精美句子等步骤来输入语言。之后，又通过一篇主题写作来输出语言，达到语言迁移及语言运用的目的。刘老师的教学亮点在于结合学生互相评价表来为同学的小作文进行项目评价（书写、要点、句式、结构），并且增加了写作的参与度和评价标准，评价标准让学生更加明晰自己的作文得分点或失分点。

第二部分，初中英语名师工作室主持人侯海霞为老师们做了一场主题为"指向语用能力的语法教学"的精彩讲座，讲座从语法教学模式、学情分析、教学内容、教学过程、学生学习等方面进行了细致的分析和解读，并结合裴小梅老师和刘瑞玲老师的两节课，以"实证＋内涵"的形式进行了点评。另外，侯老师还用五个片段介绍了如何从语篇的角度讲解人称代词主格和宾格，片段巧妙地通过对比向学生呈现了使用人称代词的原因及主格与宾格的使用位置，用真实的案例向各位老师展示如何在语境中进行语法教学。最后，侯老师总结英语应在"用中学"，为老师们之后的教学指明了方向，与会老师受益匪浅。

第三部分，来自北师大二附中的张金龙老师对2020年中考试题进行了分析，并对2021年中考复习提出了教学建议。

第四部分，来自市一中分校的苗珍老师分享了初三复习教学经验。她建议我们把课本零散的知识条理化、系统化，注重语法和词汇的梳理。学好英语，语法是框架，词汇是砖。注重中考真题的研究，不仅要做本省的，还要做其他省市的题，汲取更多的新资源。

【专题三　初中英语新课程理念与教学设计】

研修安排

为进一步推进我旗初中英语新课程改革，切实加强名优骨干教师的引领、示范作用，初中英语名师工作室将聚焦阅读教学，以"基于核心素养的初中英语新课程理念与教学设计"为主题开展第三次研修活动。

活动形式：专家线上理论指导；名师同课异构。

具体活动安排：如表1所列。

表1

具体时间	活动内容	主讲人
2：30—3：10	同课异构（七年级阅读课）	白璐（二附中）
3：20—4：00		王霞（实验学校）
4：10—6：10	工作室专家导师线上专题讲座	王蔷老师

深度反思

基于英语活动观设计的有效读写教学组织模式的思考
北京师范大学鄂尔多斯第二附属学校　张金龙

为进一步推进我旗初中英语新课程改革，切实加强名优骨干教师的引领、示范作用，初中英语名师工作室于2021年3月15日在一中以初中英语名师工作室聚焦阅读教学，以"基于核心素养的初中英语新课程理念与教学设计"为主题开展第三次研修活动。本次活动由教研室侯海霞主持，分为同课异构、北师大王蔷教授专题讲座两个环节。现就有效读写教学组织模式谈以下几点思考。

一、基于语篇建构知识，设置学习理解类活动

环节一：感知注意、激发兴趣

教师在认真梳理、分析写作任务的前提下，立足学情，根据学生之前所学知识或生活经验直接设置情景活动，情境可以是问题互动，也可以是视频观赏，也可以是图片或猜想任务，旨在调动学生参与课堂、参与文本阅读的积极性。

环节二：结构梳理、概括整合

挑选信息量较大、篇章架构较好、时代感强、积极向上、主题意义鲜明的篇章作为训练素材；通过结构图概括、整合文本，学生完成结构图的过程也是获取信息、整合信息的过程，建构信息直接关联性的过程。该活动的设计一方面在于获取写作要点，与此同时学生对文章架构也有较为宏观的了解。

二、深入语篇转化能力，设置应用实践类活动

环节三：深入文本、评价反思、内化运用

聚焦首尾段、首尾句或承载语言点较多的句子进行二次深度研读，教师基于文本分析提出问题，学生结合文本以及自身的已有知识和经验进行评价与反思（Do you agree with the writer? Have you ever done this before?）、内化运用（What would you do if you were...）。此环节注意问题的设计一方面要利于引导学生关注写作主题意义，另一方面要尽可能引起学生内心共鸣，让学生有话想说，想说真话，第三，问题设置应该聚焦写作难点。

三、超越语篇形成素养，设置迁移创新类活动

环节四：呈现要求、框架练习、内化运用

教师呈现写作任务并下发写作框架图（无语言支架提示），学生自主阅读写作任务并根据自己的理解自主完成写作框架图；教师给学生预留3分钟左右的自主内化时间，立足学情，通过个体呈现的方式展示内化运用成果，并根据学生的展示情况，教师做适时引导强调。本环节着重训练学生的审题及获取要点的能力。

环节五：迁移创新、写作输出

教师给学生预留12~15分钟自主训练时间，学生根据环节四所列提纲，适度围绕要点进行拓展，使文章内容更丰富；添加连词使文章更有逻辑性；美化句子、词汇或表达让文章更有深度。

名师工作室活动的反思

伊旗实验学校　王　霞

这是我加入名师工作室以来的第一次讲课，而且由王蔷教授做线上指导，虽然压力很大，但是对我来说也是一次难得的机会，能够受到大咖的指导，是我一次成长的好机会。

此次我授课的内容是北师大版的 China's Got Talent，是初一的一篇阅读文章，其主题就是通过学习身残志坚达人刘伟经过自己勤奋努力所获得的各种能力，进而掌握can的用法。

课后王蔷教授进行了点评，王教授从文本的解读、知识结构图在阅读教学中的作用及语言输出等几个方面进行了指导，并为我们指出今后英语课堂教学的方向。接着王教授又做了题为"中国学生发展核心素养"的讲座，通过对新旧《英语课程标准》的解读，为我们解答如何培养学生的核心素养，建议我们老师深入研读语篇，根据学生的接受能力进而改变我们的教学设计，课堂教学中要着重解决 why, what, how 这三个问题，帮助学生理解语篇的主题意义。

新的理念是我们课堂教学的航标，新的教学理念决定了我们的教学方式迫切需要改变，那么改什么？怎么改呢？首先从内容上来说，我们要改变脱离语境的知识学习，将知识学习与技能发展融入主题、语境、语篇和语用之中；从方式上来看，要改变碎片化、表层化的教学方式，指向整合、关联、发展的课程，实现对语言的深度学习；从教学设计层面讲，改变贴标签式的情感态度价值观教育，融育人目标于教学内容与教学过程。

王教授的讲座让我受益匪浅，让我深刻感受到新教学理念下，老师在教学过程中的知识传授方式对学生成长的意义。语言知识的学习并不只意味着要应付考试，关键是要学会运用，所以我们老师在日常的教学中就要着重关注学生对所学知识的整体文本语言的理解。

学习心得

如何让教学"走心"

伊旗一中　裴小梅

2021 年 3 月 15 日下午，初中英语名师工作室举行本年度第一次研修活动。首先，我们进行观课活动，授课教师为北师大二附中白璐老师和实验学校王霞老师，授课内容为北师大版初中英语七年级上册的 China's Got Talent。两位老师精心设计教学，给我们留下了深刻的印象。两节课后，北京师范大学的王蔷老师针对两节课进行评价和指导，并展示了该节课的优秀教学案例，做了题为"从一篇教学设计说起——理念、文本解读、目标与教学设计"的讲座，让我们受益匪浅。

王老师向我们展示的优秀教学设计出自北京市密云区巨各庄中学的张秋会老师。张老师的教学设计展示了本篇文章的知识结构图，教学过程清晰、新颖，第一步是感知与注意，Who is he? What do you know about him? What can he do? 三个问题激发了学生的已知，并引起了学生对本节课的兴趣，紧接着下一个问题是 What do you want to know from this passage? 可以说，这几个问题都很走心，真正起到了让学生主动思考的作用，当学生开始思考时，学习就发生了。第二步是获取与梳理，Read and find out about Liu Wei. Who is he? Where is he from? What problem does he have? 第三步是概括与整合，Read and take notes about Liu Wei. Use the diagram to help you. What do you know about him? What can he do? What special skills does he have? 第四步是分析与判断，Add more notes to your diagram. How can he manage to do so many things without arms? Why can Liu Wei win the first prize at China's Got Talent 2010? 第五步是描述与阐释，内化与运用。Get ready to tell the story at your Class-Story-Telling Event. Tell Liu Wei's story to yourself. Tell it to your group members. Share your story about Liu Wei with the whole class. 第六步是分析与判断，Liu Wei can play a lot of songs but he can't play every song? Why? Write down 3 things you can do well and 3 things you can't do well. Tell them to your partner. Ingroups, summarize the use of "can do" and "cannot do". 第七步是批判与评价，Is he a "talent"? What's your opinion about him? Reflect on what you cannot do well and tell your partner how you can do it better. 第八步是想象与创造，Teens 正在举办 "A talented ＿＿＿＿" 演讲活动，现征集参赛视频，请展示你的演讲。刚看到这篇文章时，我觉得很简单，好像没有太多活动可以设计，但是当我看了张老师的优秀案例，我才明白这节课原来可以上得如此有深度与高度。真是学无止境，教亦无止境呀！

王老师让我们思考，在一节课结束时，学生是否会完整地表达一些内容？而不是老师一句一句地问，学生一句一句地答。我们如何才能让学生的主动性表现出来？或者说我们如何才能激发学生的学习主动性？这是我们需要思考的问题。学生学完一节课后，能内化，能用它，能走心，而不是还把知识留在课本上。老师要借助知识结构图举一反三，充分整合，让知识能够整进整出。教学要从碎片化走向结构化。内化可以实现从短时记忆到长时记忆的突破，那么如何内化知识呢？通过 individual work, pairwork, group work。教育要达到知行合一，才是好的教育。

王老师的讲座从目标转型、内容整合、方法优化三方面展开。让我们深刻理解了核心素养如何培养、如何认识学科的育人价值、教学过程中的知识对学生成长的意义。"对学生的成长而言，教学过程中的知识其实是一粒有待发育的"精神种子"。知识是一粒思想的种子、智慧的种子、美德的种子。知识是关于"科学世界"的，但更是关于"生活世界"的。知识的学习不是纯粹的符号认知或符号解码的活动，而是通过知识所承载着的特定文化意义和文化精神，学习者认识社会、理解社会，并通过符号中介参与社会和进入社会的过程。我们要充分认识到语言背后的文化，语言知识是围着意义学的。

我们要改变脱离语境的知识学习，将知识学习与技能发展融入主题、语境、语篇和语用之中。改变碎片化、表层化的教学方式，走向整合、关联、发展的课程，实现对语言的深度学习（即语言、文化、思维的融合）。改变贴标签式的情感态度价值观教育，融育人目标于教学内容与教学过程之中。以学科育人为本的教师，拿到文本后首先关注的是主题意义、主要内容和作者观点及其背后所隐含的价值取向。其次是服务于主题、内容和观点的结构和语言知识。英语学习活动观的实施过程是感知与注意、获取与梳理、概括与整合、描述与阐释、分析与判断、推理与论证、批判与评价、想象与创造、总结与反思。以主题为引领，以语篇为依托，学习语言、探究意义、解决问题。

最后，王老师强调，教育要回归原点，关注意义、关注人的发展。课堂是落实立德树人、实现学科育人的最主要场域。教学要走向服务学生学科核心素养的发展，从意义出发，推动深度学习。教师要从优化教学设计入手，深入研读文本，围绕主题意义，实践活动观，将语言、文化、思维有机融合，帮助学生构建结构化知识、重视实践、内化、联系学生实际，引导分析评价、致力迁移创新，指向知行合一。

记得初次见到王蔷老师，是在 2019 年的 11 月份，我和其他三位备课组长被学校派去参加全国的英语教学培训，当时听完王老师的讲座，我激动不已，和王老师进行了面对面的交流，并合影留念。想不到今年王老师竟然被聘请为英语名师工作室的指导专家，这得益于上级领导对英语学科的重视，感谢工作室这个优秀的平台，让我能不断进步与探索。每一次的培训都会让我有很大的触动，改变一点点，奇迹就出现。能与王老师这样的全国知名专家面对面交流，是我们莫大的荣幸。反观自己的教学，以后我会精心设计教学目标，思考走心的教学活动，设计走心的问题，将教学与学生实际充分结合，让我的教学水平更上一层楼。

研修总结

共创优质教育　并肩砥砺前行

为进一步推进我旗初中英语新课程改革，切实加强名优骨干教师的引领、示范作用，2021年3月15日伊旗教体局"1+1+X+N+Z"初中英语名师工作室在伊旗一中开展以"基于核心素养的初中英语新课程理念与教学设计"为主题的学科研修活动。本次活动由初中英语名师工作室主持人侯海霞主持，伊旗六所初中的全体教研组长和备课组长参加研修活动，活动共分为两个部分。

一、同课异构 各显风采

第一节课是由北师大二附中白璐老师呈现的一节七年级阅读课。课前，白璐老师播放了关于2010年《中国达人秀》总冠军刘伟的短视频，有效的激发了学生的阅读动机。然后，引导学生带着问题去阅读关于刘伟的语篇材料，小组讨论，以ask and answer的形式梳理了文本内容。接下来，白璐老师创设了一个采访活动的语境，进行了语言输出活动。与此同时，白璐老师关注学生思维品质的培养，提出了引发学生深度思考的问题。最后，再次创设了一个戏剧社团选拔演员的演讲比赛的情境，迁移到自己的实际生活，启发学生遇到困难如何面对。

第二节课是由实验学校王霞老师对这节七年级阅读课同课异构后的精彩呈

现。王霞老师也是在课前邀请学生欣赏了关于2010年《中国达人秀》总冠军刘伟的短视频，激发了学生的阅读期待。随后，在问题的引领下，学生通过填表格的方式有效获取基本信息。为了引发学生深度思考，王霞老师设计了以下三个问题链：What do you think of Li Wei? What can you learn from him? What will you do when you meet any difficulties? 最后，一个美国人残疾人Nick的短视频更深地触动了学生的内心，通过评价Nick是一个什么样的人，引导学生迁移到他们自己的实际生活。

二、专家引领 聚力前行

工作室专家导师王蔷教授线上听课后，充分肯定了两位授课教师的能力，并提出了有针对性的改进建议：我们的教学存在表层化和碎片化的问题，因此在今后的教学中要关注语言背后所承载的人文和科学等知识，引导学生和自己的生活学习建立关联，最终达到知行合一的教育目标；要围绕文化和意义进行语言知识和文化知识的整合性学习和知识的结构化。

随后，王蔷教授开展了关于《理念、文本解读、目标与教学设计》的专题讲座。通过案例分析指导我们如何进行有效的教学设计，解读了如何培养学生的英语学科核心素养，分析了当前外语教学中存在的问题及其原因，并强调了文本解读的重要性以及如何解读文本。

课堂是落实立德树人、实现学科育人的最主要领域，相信在专家的引领下，老师们会不断反思成长，我们的教学终将从意义出发，推动深度学习，培养学生的核心素养，为伊旗的初中英语优质教育共同努力，并肩作战，砥砺前行。

【专题四 主题意义引领下的初三阅读教学探究】

研修安排

为进一步提升名师工作室成员的专业素养，优化阅读教学设计，提高初三复习课效率，初中英语名师工作室将以"主题意义引领下的初三阅读复习教学探究"为主题开展第四次研修活动。

活动形式：研讨课；观课议课；交流研讨。

具体活动安排： 如表 1 所列。

表 1

时　间	活动内容	主讲人
8：10—8：50	初三读写课	伊旗第四中学　郝晓敏
9：00—9：40	初三读写课	伊旗第一中学　裴小梅
10：25—11：05	初三泛读课	北师大二附中　张金龙
11：20—12：00	初三泛读课	实验学校　王霞
2：30—4：30	评课议课；交流研讨	全体参会人员

深度反思

主题意义引领下的初三阅读复习教学探究

伊旗一中　裴小梅

2021 年 3 月 30 日，初中英语名师工作室举行"主题意义引领下的初三阅读复习教学探究"活动。上午，分别由郝晓敏老师、我、张金龙老师和王霞老师进行授课。郝老师和我教授的是读写课，张老师和王老师教授的是泛读课。每位老师的课都有自己的独到之处。郝老师的读写课的话题是"Online learning"，我的话题是"After-school classes for children"。在阅读之后，郝老师让学生划出文中的好词、好句，这个做法值得我借鉴。张老师泛读课的话题是"Health and safety"，要求学生读的四篇文章较难，是从 21 世纪报中考特辑上选择的篇章，我觉得这些话题材料非常好，所以，我立刻也购买了这些报纸，然后筛选适合学生阅读的篇章来读，补充学生课外阅读量的不足。王老师泛读课的话题是"Physical education test"。王老师选择了两篇文章，讲解得比较细致。学习每位老师身上的优点为我所用，这样每一次的培训就都会有或多或少的收获，更何况，能进入名师工作室的老师都是比较优秀的老师，教学都有自己独特的风格，所以，能够和他们同台献课、向他们学习也是我的荣幸。

下午，工作室全体成员共聚一堂，结合上午的四节课，探讨"基于主题意义的阅读教学有效性"。首先，侯老师让我们思考标题、话题和主题的区别。标题即文章标题，话题如健康、环保等，主题即作者为什么要写这篇文章。然后，侯老师组织大家进行两种课型的建模。大家积极参与讨论、踊跃发言，终于确定了泛读课（见图1）和读写课（见图2）的模型初稿。

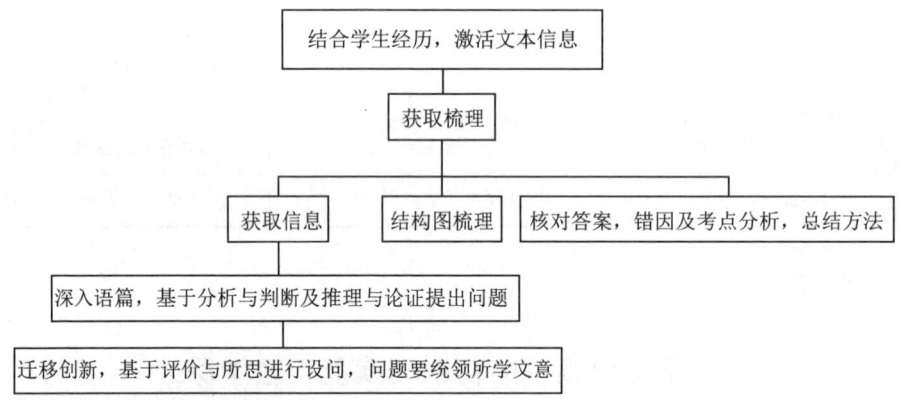

图1

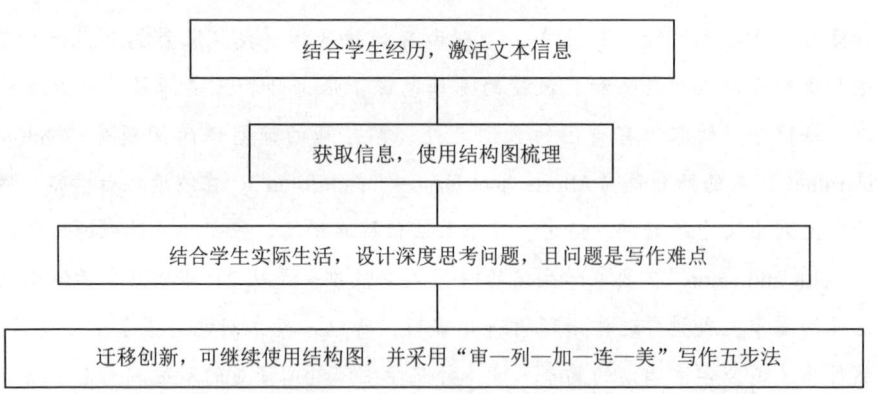

图2

模型的建构意义重大，可以指引我们朝着既定的方向进行教学设计。我们还商讨了泛读课和读写课的具体操作方法，例如，每节泛读课最好选择两篇中等难度和一篇高难度的文章，共三篇文章，要结合学生实际选择阅读资料，并结合考试要求押话题，例如可以找关于疫苗接种、民族融合、航天技术、月球探索、火星探测器、北斗卫星、语言文字、民族文化、人物故事（抗疫英雄、乡村最美教师、外交家）、教育政策等话题的资料。当学生读完三篇文章后，可以让学生填写结构图，结构图要求围绕主题、拓展词汇和句型，所有学生读完后先进行文章的结构梳理，然后再核对答案，核对时只核对错的题目，并进行方法总结，还要帮助学生进行命题分析，把握出题规律，例如文中只要有数字，必定是出题的点。在设计深度思考问题时，要抓文章中能体现主题意义的关键句设问，最后还要设计针对三个语篇的综合性问题，为写作做准备，泛读课的结尾可以进行口头作文的输出。

经过今天一天的亲身授课、观课议课、深度思考和积极探讨，我们每个人都感觉收获满满，我们正在向真正的"名师"大踏步前进。

主题意义引领下的初三阅读复习教学探究活动心得

市一中分校　苗　珍

2021年3月底，伊旗初中英语名师工作室第四次研修活动在北师大二附中举行。活动进行了一整天，上午由四位老师展示了两种课型——泛读课与读写课，下午进行研讨，总结提炼课型范式。由于自身身体原因，我只参加了上午的听课活动，但也享受了两种课型带来的"盛宴"。

之前自己也上过泛读课，但由于自己对泛读课的教学重点和教学目标没有清晰的认识，把泛读课上成了精读课，详细地讲解生词和语法点，导致泛读课堂沉闷无聊。观察其他教师的课型，感觉老师对于泛读课的教学内容和教学方法也缺乏创新，一堂泛读课往往以"学生阅读——完成练习——订正答案——老师讲解"这样一个固定的模式进行，教学内容也较为单调局限。而听了上午两位老师的泛读教学，我感觉耳目一新。原来泛读也可以有趣，也可以有思维的火花。尤其是张老师的课，从导入到分析评价，环环相扣，思维含量较大。不仅帮助学生从整体上进行语篇分析，还能促使学生积极主动地对文章进行认知加工，进而提高学生的阅读能力。

泛读课到底该"教什么"以及"怎么教"？学生在泛读课堂中学什么，怎么学？阅读材料的难度、内容、篇幅，以及泛读要达到的目标都是我们进行泛读前需深思的问题。

　　作为备考的英语教师，我可以不遗余力的为学生讲解各种阅读技能和策略，期望能够从实处帮助他们提高阅读理解能力。但作为初一的英语老师，我考虑的更多的是如何帮助学生们养成独立阅读的兴趣和责任。没有兴趣和责任，一切都是白搭！随着学生对阅读感兴趣，以及对阅读责任感的逐渐释放，他们就能把在日常教学情境里所学到的技巧与策略自觉地应用在广泛的阅读实践中。初一的英语教师更需要做的是指导学生选择符合他们阅读水平的书籍。在这一过程中，我们要跟学生们不断地进行协商，了解他们的阅读动态，及时给他们最需要的阅读指导，这要比干巴巴地进行技巧与策略的传授更能产生积极的阅读效果。

　　泛读教学我们才刚开始研究，我相信只要我们敢迈开第一步，大胆开拓和尝试新的教学方法，赋予泛读课堂不一样的活力，那么不久的将来，泛读课堂将充满生命力，而不是沉闷的苦读。

【专题五　基于主题意义的初三阅读复习教学观课议课】

研修安排

　　为着力提升名师工作室成员的专业素养，进一步推进基于英语教学活动观设计的阅读教学改革，为初三阅读专题复习提供有效组织模型，初中英语名师工作室继续以"主题意义引领下的初三阅读复习教学探究"为主题开展第五次研修活动。

　　活动形式：课例观摩；观课议课；交流研讨。

　　具体活动安排：如表1所列。

表1

时　间	活动内容	主讲人
2：30—3：10	初三读写课	北师大二附中　白　璐
3：20—4：00	初三泛读课	伊旗第四中学　郝晓敏
4：10—4：50	初三泛读课	市一中分校　刘瑞玲

(续表1)

时　间	活动内容	主讲人
4：50—5：20	分组议课研讨	泛读课组长：张金龙（二附中、市一中分校初三老师）； 读写课组长：裴小梅（一中、二中、四中初三老师）
5：20—6：00	观课汇报；集体交流	全体参会人员

研修总结

　　为着力提升名师工作室成员的专业素养，进一步推进基于英语教学活动观设计的阅读教学改革，为初三阅读专题复习提供有效组织模型，初中英语名师工作室于2021年4月21日在市一中分校崇智楼四楼录播室以"主题意义引领下的初三阅读复习教学探究"为主题开展了第五次研修活动。本次活动由伊旗教育发展研究中心教育教学研究工作室教研员侯海霞主持，伊旗教育发展研究中心教育教学研究工作室教研员单丽、工作室全体成员及各学校初三全体老师参加了本次活动。

　　本次活动由课例观摩、观课议课、交流研讨、活动总结四个环节组成。

　　首先，北师大二附校白璐老师以"Should students take mobile phone?"为精读素材进行了读写课型展示。白老师以手机进校园的利与弊为主线引导学生探究主题意义；市一中分校刘瑞玲老师以时政热点英雄为素材，以钟南山、张桂梅、王霜的英雄事迹为探究点，进行泛读限时训练；第四中学郝晓敏老师则以航空航天为素材，引导学生寻找素材中的"中国精神"，鼓励学生为实现心中的梦想努力奋斗。

　　在议课环节中，伊金霍洛旗第一中学裴小梅老师带领一中、二中、四中、实验学校的老师就读写课模型进行了进一步完善。她们认为在读写教学中要巧设内化与运用活动，以帮助学生更好的建构、理解、迁移文本内容。北师大二附校张金龙老师带领市一中分校以及二附校教师对主题意义探究下的泛读教学组织模式丰富。他们认为泛读课有必要深入语篇进行推理判断。随后，两位组长分别代表小组进行了总结汇报。

近年来，全国各地，尤其在我国教育较为发达的地区，基于英语学习活动观的阅读教学实践越来越受欢迎。本次基于主题意义引领下的初三阅读复习教学探究无疑为伊金霍洛旗初中英语教学提供了又一个可探究的模型，同时也为全旗英语教师阅读专题复习备考提供了更多的思路。

优秀论文

阅读教学中的文本解读与问题设计

北师大二附中 白 璐

一、现状分析

在英语阅读教学过程中，不同的教师对阅读文本的理解不尽相同，因而，阅读教学的重点、思路和方法也都会有所差异。

作为一线教师，只有用心体会阅读教学的过程才能发现对阅读文本的解读不到位。有时候阅读文本在教师的眼里，往往只是充斥着单词、短语和句型等"知识点"的书面工具。而英语阅读课就成了借助文本的语言材料来学习语音、语法、词汇、句型，或者只是理解文本的浅层含义，掌握概括主旨大意、查找细节信息、推断故事发展情节等。阅读课的基本流程也约定俗成："读前"预测、导入——"读中"提问和应答——"读后"讨论、写作。教师在讲授阅读文本时总是局限于对课文意思的理解，段落大意的概括、句子结构的分析、词汇短语的掌握，阅读课往往都是在处理语言知识点。

面对这样的现状，我们不禁要问，我们的阅读教学到底是为什么？为词组、句型、语法等语言知识点？为查找信息？为概括大意？为写作？为交流？为思维？为创新？

很显然，阅读教学不仅仅是对语言知识点的浅层理解，而是要挖掘文本的内涵，要赋予材料以全新的生命，使阅读教学更加立体，更加多元，更加综合，从而提高学生英语学习的兴趣和综合语言运用能力，进而培养学生英语学科的核心素养。

二、阅读文本解读视角

1. 侧重语言知识

首先要对教学使用的阅读材料进行分析，确定所要教的核心词汇、典型句型和重要语法现象，作为课堂教学的重点和难点。

其次把所教语言知识渗透到阅读教学的三个阶段：读前、读中、读后，从而使学生结合阅读文本真正理解、掌握和运用这些语言知识。

2. 侧重题材分析

从研究文章的体裁出发，可以把文章分为记叙文、说明文、议论文、新闻报道、小说、剧本等，内容涉及语言、文学、政治、经济、科技、宗教等方方面面的内容。

从体裁分析的角度出发，帮助学生了解课文的体裁结构、篇章模式和篇章类型，分析作者谋篇布局的特点和遣词造句的手法，设定相应的文体的阅读要求，使学生掌握不同文体的阅读方法，给予学生阅读指导。

3. 侧重阅读技能

首先抓住文章大意，并遵循如下步骤：浏览文章的编排设计，包括标题、篇幅、插图和字体等；根据已有知识预测文章内容及体裁；浏览全篇文章；确认或修改猜测；进一步预测；再次阅读以获取细节内容。

4. 侧重写作技能

通过阅读既要获取文章的内容，理解课文承载的信息和为了使篇章通顺而使用的连接词，引导学生欣赏文本，把文本阅读和写作技巧相结合，借鉴文章进行写作，通过对文章立意、文章结构、修辞手法、佳句欣赏、难句解析、衔接语运用等的分析，开展有针对性的训练，使学生在完成任务中进一步迁移内化知识，做到以读促写。

5. 侧重文化意识和情感态度

英语阅读材料涉及话题广泛，信息密度高，语言知识丰富。综合语言运用能力的形成建立在语言技能、语言知识、情感态度、学习策略、文化意识等素养整合发展的基础上。教师以培养学生文化意识和情感态度的目标为指导来解读、处理教材，构造具有丰富文化内涵和情感渗透的课堂，从而让学生理解交际中的文化差异，了解世界经济、政治文化知识，形成跨文化意识，提高他们的科学文化素养和人文素养。

三、文本解读与问题设计

从不同的视角对文本解读之后，再根据学生的经历、生活经验及认知能力巧妙地设计问题使教学目标得以实现。问题的设计一定要与课文有血肉关系，由浅入深，层层递进。通过追问鼓励学生质疑，使学生的思维更缜密。

观课议课量表

初中英语观课议课
——基于主题意义的阅读教学有效性探究（泛读课）

具体内容：如表1所列。

表1

观察时间：　　　　　观察对象：　　　　　观察教师：

教学过程设计		教师活动	学生活动	教学效果体现
学习理解（基于语篇建构知识）	感知与注意（激活信息）	结合生活实际和主题语篇，激活已有知识经验；结构图——围绕主题列出（拓展词汇、句型）	学生阅读文本——选择；梳理文本，完成结构图	
	获取与梳理（结构图）			
应用实践（深入语篇转化能力）	概述与阐释	核对答案——分析错因，总结方法；设计深层问题——基于文本主题意义的关键句	小组讨论	
	分析与判断（推理论证）			
	内化与运用			
迁移创新（超越语篇形成素养）	评价与反思	创设新语境，基于主题意义设计综合性问题（统领几个文本）	以结构图为支架——口头作文	
	迁移与创新			

【专题六　主题意义引领下的初中英语阅读教学设计】

研修安排

为促进名师工作室成员的专业化成长，深入推进基于英语教学活动观设计的阅读教学改革，有效建构我旗初中英语阅读教学模式，初中英语名师工作室继续以"主题意义引领下的初中英语阅读教学探究"为主题开展说课研修活动。

活动形式：说课与交流研讨。

具体活动安排：如表 1 所列。

表 1

时间	说课内容	说课教师
2：30—3：00	初一精读课 Module 9　Unit 2	市一中分校　苗珍
3：00—3：30	初一精读课 Module 9　Unit 2	实验学校　王霞
3：40—4：10	初二精读课 Module 8　Unit 2	北师大二附中　白璐
4：10—4：40	初二精读课 Module 8　Unit 2	伊旗第四中学　郝晓敏
4：40—5：10	初二精读课 Module 8　Unit 2	市一中分校　刘瑞玲
5：20—6：00	集体交流；建构模式	全体参会人员

研修总结

深耕阅读教学　建构说课模式

为促进名师工作室成员的专业化成长，深入推进基于英语教学活动观设计的阅读教学改革，有效建构我旗初中英语阅读教学模式，初中英语名师工作室于 2021 年 5 月 26 日在伊金霍洛旗第一中学以"主题意义引领下的初中英语阅读教学探究"为主题开展说课研修活动。工作室全体成员及伊旗一中部分英语教师参加了活动。

　　本次研修活动共有五位老师进行说课展示。来自市一中分校的苗珍老师和实验学校的王霞老师以外研版七年级下册 Module 9 Life history Unit 2 He decided to be an actor. 为素材进行了说课展示。苗老师通过 Pre-reading, While-reading 和 Post-reading 一系列层层递进的教学活动，体现了阅读教学内容的"整进整出"。王老师的教学设计重视在主题意义基础上建构知识结构图，以时间轴为主线引导学生梳理文本，内化、理解语言知识，可谓脉络清晰、循序渐进。

　　接着，北师大二附校白璐老师和市一中分校的刘瑞玲老师就八年级下册 Module 8 Time off Unit 2 We thought somebody was moving about. 阅读教学进行了说课展示。刘老师在英语课程标准指导下从语言知识目标、语言技能目标、情感态度、学习策略和文化意识五个方面对教学目标进行清晰、准确的深入分析。白老师基于英语学习活动观，设计学习理解、应用实践、迁移创新等一系列融语言、文化、思维为一体的主题探究活动。同时在教学过程中穿插教学评一体化，以评促学、以评代教，力争在主题的引领下，以语篇为依托，促进学生语言知识、语言技能、学习策略的同步提高，最终落实核心素养。

　　第四中学的郝晓敏老师说课的内容是外研版八年级上册 Module 8 Unit 2 I was trying to pick it up when it bit me again. 郝老师的说课思路清晰且涉及意图明确，她从感知与注意、获取与梳理、概述与阐释、内化与运用、分析与判断和迁移与创新六大维度进行了教学过程设计的分析，将我们在前面的研修活动中所讨论和学习的内容进行了很好的运用。

　　在交流研讨环节，老师们踊跃发言，对五位老师的说课展示给予了充分肯定，两位教研员和工作室其他成员就阅读文本的深度解读和阅读活动设计的基本框架等问题进行探讨并最后达成统一意见。老师们一致认为，要深入分析教材、精准把握教材编写意图，避免碎片化的阅读，基于大观念整体设计单元教学活动，还要引导学生进行整体阅读，实现教学内容的"整进整出"。最后，工作室主持人侯老师对本次研修活动进行发言总结。侯老师充分肯定了五位老师的说课展示成果，她们都能通过 What，How，Why 三个层次五个维度对文本进行深层次挖掘，尤其注重理论结合学生生活实际，基于主题意义整体设计阅读教学，引导学生运用思维导图整体建构知识，通过新的语言情境，培养其运用语言知识的能力和创新意识。她强调，我们要基于模块整体内容进行教学活动设计，既要合理整合教学内容，还要让一个模块的教学活动环环相扣，使前后的教学活动建立内在关联，互为依存，最终为实现模块教学的学科育人目标而服务。

通过这次活动，可以看出老师们都有着深厚的教育教学底蕴，教学风格各有千秋。每次活动都会生成许多宝贵的教育教学资源，我们要善于积累，吸取精华，共同进步，真正实现"1+1+X+N+Z"的辐射效果和影响力。感谢工作室这个大家庭、这个强大的平台让我们成长得更快、更好！初中英语名师工作室的老师们一直认真地走在研修的这条大道上！

2021 年英语名师工作室主题说课研修活动心得

伊旗四中　　郝晓敏

2021 年 5 月 26 日下午，我们全体工作室成员在伊旗一中录播室开展了以"主题意义引领下的初中英语阅读教学探究"为主题的说课研修活动。下面我就本次研修活动谈一下我的心得体会。

首先是由包括我在内的五位老师进行了说课展示。我们五人分别对初一和初二的三个模块的内容进行了说课，但每个人都有自己的特点。通过参与各位老师的说课我学到了很多。市一中分校苗珍老师教学设计中的一系列连贯的活动，实现了本单元内容的"整进整出"。实验学校王霞老师的说课内容完整，教学设计思路脉络清晰、循序渐进。市一中分校刘瑞玲老师对教学目标进行了精确的分析。这让我们明白：只有目标定位准确，才能实现课堂教学的有效性。北师大二附中的白璐老师从理论依据、教学内容分析、学情分析、教学目标及重难点分析、教学活动设计五个方面进行了详细的说课。白老师尤其在教学内容分析上下足了功夫，专业而娴熟。她从 what，how，why 三个层次五个维度进行了深层次的文本解读，这是让我从中感悟和受益最多的地方。我们老师要想上好一节课，文本解读是最重要的。另外，在白老师的讲述中，她的分层设计的体现、恰当地运用小组合作和思维导图也是值得我学习的地方。

在接下来的交流研讨环节，北师大二附校的张金龙老师提出了一个值得探究的问题，那就是我们在平时的精读教学中，究竟需不需要进行 paragraph reading？如果需要进行的话，这会不会削弱学生对文章的整体理解？反思自己的教学，近几年来的阅读课好像都喜欢做分段阅读，似乎忘了阅读的整体性。这样做看似学生对文本理解了，对知识点也掌握了，但他们的阅读技能没有得到提升，在考试中不会从整体去理解文章，从而导致错误百出，失分严重。通过大家的深度探讨，我们仔细研究教材的各项活动，都是按照"整进整出"的思想进行设计的。因此要想实现教学内容的"整进整出"，我们就要引导学生进行整体阅读，而不是碎片化的阅读。最后，工作室主持人侯老师也给我们强调，我们在进行教学设计时，要基于模块整体内容进行设计，要前后兼顾，一个模块的教学活动和内容不是孤立的，而是要环环相扣彼此建立关联的，前面的活动要为后面的活动服务。

总之，满满一下午的活动，让我受益匪浅。我从其他老师身上学到了很多：怎么更好地说课，怎样更加详细地进行文本解读。从我们的交流研讨中，我认识到了自己在平时教学中所存在的问题以及以后如何去改进，要更好地去提高自己，服务学生。

【专题七　基于大观念的初中英语单元整体教学设计】

研修安排

为帮助全旗初中英语教师不断更新学科育人理念，转变英语教学设计思维方式，走向基于主题意义的单元整体教学，落实英语课堂教学对学生核心素养培养的课程目标，初中英语名师工作室特邀请全国著名中小学英语教育教学专家王蔷莅临我旗进行教学理论与实践指导。

活动主题：基于大观念的初中英语单元整体教学设计。

活动形式：同课异构；专家指导；理论讲座。

具体活动安排：如表 1 所列。

表 1

时　间	讲课内容	主讲人
7：50—8：10	介绍专家、颁发聘书	张金龙
8：10—8：50	七年级 Module 11 Body language　Unit 2	市一中分校　刘瑞玲
9：00—9：40	七年级 Module 11 Body language　Unit 2	实验学校　王霞
10：20—11：00	七年级 Module 11 Body language　Unit 2	伊旗四中　郝晓敏
11：10—12：00	专家点评	王蔷
14：30—17：30	专家理论讲座"基于大观念的 单元整体教学设计"	王蔷

第七次名师工作室活动心得体会

伊金霍洛旗实验学校　王　霞

为帮助全旗初中英语教师不断更新学科育人理念，转变英语教学设计思维方式，走向基于主题意义的单元整体教学，落实英语课堂教学对学生核心素养培养的课程目标，此次初中英语名师工作室特邀请全国著名中小学英语教育教学专家王蔷莅临我旗进行教学理论与实践指导。上午分别由我和其他两位老师进行了同课异构的课堂教学，下午由王教授为我们进行了"基于大观念的单元整体教学设计"的专题讲座，一天的活动让我收获满满。

王教授分别从什么是大观念，什么是单元整体教学设计，如何基于大观念开展单元整体设计以及单元整体教学设计案例分享四个方面阐述了初中英语课堂教学要基于单元语篇意义教学而非语法教学，非阅读策略的教学。

在我们以往的教学中，常常会因为重视课本的结构、语言知识等，导致教学内容碎片化，语篇之间缺少逻辑关联，教学评价也只是表面形式化，进而缺乏以大观念统领教学设计的意识。而大观念的教学从学科本质看，它是深层次的、有意义的、可以迁移的核心观念，它体现了英语学科的思维广度和核心观点，反映了英语学科的本质和内涵；从课程内容方面看，大观念是处于课程体系中心地位的学科概念架构；从过程和方法方面看，大观念是统领教与学过程的原则和方法。

在我看来，英语学科的大观念就是指学生在完成单元主题学习后，运用所学的语言和文化知识，围绕该主题建构新的结构化知识，用英语交流和表达新的认知，形成解决问题的新思想、新方法和价值观念，继而能将其迁移到新的情境中用于解决实际问题。

我们教师在进行每一个模块的教学前，首先要围绕这一模块单元整体意义，对教材等资源进行深入解读、分析、整合和重组，结合学生的需求，搭建起一个由单元大主题统领、各语篇次主题相互关联、逻辑清晰的完整教学单元，使教学能够围绕一个完整的主题设定单元目标，引导学生基于对各单独语篇小观念的学习和提炼，逐步建构基于该单元主题的大观念。

总之，大观念是学习过程中的一个个概念锚点。只要我们教师在教学过程中时刻提醒自己以单元整体教学为教学设计理念，挖掘单元主题下反映育人价值的大观念，我旗的初中英语教学就一定会更上一层楼。

深度反思

单元整体教学助力师生共同发展

伊旗四中　郝晓敏

2021年6月18日，我们全体工作室成员在鄂尔多斯市第一中学伊金霍洛分校开展了以"基于大观念的初中英语单元整体教学设计"为主题的研修活动。本次研修活动特邀请教育部《英语课程标准》修订组组长、北京师范大学王蔷教授进行教学理论与实践指导，我和实验学校的王霞老师，市一中分校的刘瑞玲老师以外研版七年级下册 M11 Body language U2 Here are some ways to welcome them. 为教学内容进行同课异构，我们很荣幸的得到了王教授的现场点评与指导。

王教授的点评和指导不仅是让我感到荣幸的事情，更是对我以后教学有着很大的帮助。她指出，我们三位都能基于主题意义创设语境，开展教学活动，这是值得肯定的。教学设计中不仅能注重内容知识结构化，避免碎片化的教学，帮助学生建立起知识的关联，且教学活动聚焦意义，使语言学习与主题意义探究整合起来。同时，王教授也强调，教师要从学生的认知经验出发梳理整合教材内容，在文本解读时需要将文本信息转换成学生可迁移的能力。另外，教师在设计教学活动时应有更大的格局，活动之间一定要建立逻辑性和关联性。同时教学策略的应用应帮助学生理清一类文体的结构以及文体信息的组织特征。

回想自己以前的教学，我感觉越来越不会教。自从在工作室参加了王蔷教授的一次线上培训，感觉自己茅塞顿开，在设计教学活动时有了明确的方向，知道了怎么做才能让学生更好地去理解、掌握知识。今天，在现场能得到王教授的指导，让我更好的理解了"教材整合、基于主题意义创设语境、知识结构化"以及"教学活动的逻辑性、教学策略的应用"等概念以及如何去做。我相信，有了王教授这样的指导，我今后的教学一定会更上一层楼。

下午，王蔷教授围绕"基于大观念的单元整体教学设计"进行了专题讲座。首先，王蔷教授从学科本质或内涵、课程内容的角度和过程与方法角度阐释了什么是大观念。英语学科的大观念不存在于客观世界，通过教师显性的教学预设激发促进学生隐性的大观念的生成。大观念集中体现学科本质性的思维方式和关键观点，是教师统领教学设计的核心理念；是"学生深入挖掘学科内核的概念锚点"，也是实现学科育人、落实课程培养目标的重要抓手。王蔷教授阐述了英语课程建构和发展学生的大观念的方式以及关于单元整体教学的内涵、意义。对于教师而言，大观念是统领教学设计的核心理念。教师通过听、说、读、写、看活动，引导学生学习和运用语言知识和文本内容，在发展语言能力、文化意识、思维品质和学习能力的过程中，潜移默化地实现对学生的生命教育和品德教育。因此，单元整体教学设计所呈现的知识关联性和建构性、内容整合性、活动连续性、层次性和完整性的特征，使学生能更有层次、更系统地围绕主题意义开展学习，建构语言知识，潜移默化发展逻辑思维和自主探究能力。

最后，王蔷教授结合了具体的教学案例，诠释了如何基于大观念来进行英语单元整体教学设计以及如何开展单元整体教学。教师要通过研读教材内容，提炼单元大、小观念，以大观念为统领，梳理单元子主题间的关联，做好优化整合；从学生的已知、学习难点和发展点，整体规划单元与课时教学目标，帮助学生建构各语篇的知识化结构，围绕大、小观念精细并有梯度地设计教学环节和学习活动及评价标准。

在听这次讲座之前，我对单元整体教学还比较模糊，我认为单元整体教学是以单元主题为主线，各分课时围绕单元主题开展教学。今天细心聆听王教授的讲座，才发现单元整体教学其实寓意深远。单元整体教学要求教学设计体现逻辑性，深入思考每个教学内容之间的逻辑联系，对教材不同部分进行整合，还要注意对学生的评价，单元整体教学的开展有助于教师的教学，也有助于学生的全面发展。

一天的培训虽然累，但却收获满满。教师应该是新时代的领路人，做好教育和引导，促使学生热爱学习、善于学习，要做到这一点，教师要多学习、多思考，培训虽已结束，但是学习的脚步不能停，我将不断学习，努力做一个有思想、有深度的老师。

研修总结

专家引领　助推成长

为帮助全旗初中英语教师不断更新学科育人理念，转变英语教学设计思维方式，初中英语名师工作室于2021年6月18日在鄂尔多斯市第一中学伊金霍洛分校以"基于大观念的初中英语单元整体教学设计"为主题开展研修活动。本次研修活动特邀请教育部《英语课程标准》修订组组长、北京师范大学王蔷教授进行教学理论与实践指导，工作室全体成员及伊旗各中学英语教师参加了活动。活动共分为三个环节：介绍专家、颁发聘书，同课异构和专家点评与理论讲座。

首先，本次活动主持人张金龙老师介绍了到会专家和领导以及活动流程，伊旗教育体育事业发展中心孙揭副主任为王蔷教授颁发聘任证书。

本次活动由伊旗英语名师工作室的刘瑞玲、王霞、郝晓敏三位老师以外研版七年级下册 M11 Body language U2 Here are some ways to welcome them. 为教学内容进行同课异构。三位老师分别通过游戏、视频和复习导入新课，读中都使用思维导图梳理文本信息，建构知识，读后利用导图复述文本与完成语篇填空实现语言内化，在输出环节通过不同形式的迁移创新活动，运用结构化语言知识，落实"在用中学"的课标理念，并发展学生的语言能力。

课例展示之后，王蔷教授进行教学点评与指导。王教授肯定了三位教师在新课程理念和英语学习活动观指导下所做的努力。她指出，三位教师都能基于主题意义创设语境，开展教学活动。教学设计中不仅能注重内容知识结构化，避免碎片化的教学，帮助学生建立起知识的关联，且教学活动聚焦意义，使语言学习与主题意义探究整合起来。同时，王教授也强调，教师要从学生的认知经验出发梳理整合教材内容，在文本解读时需要将文本信息转换成学生可迁移的能力。另外，教师在设计教学活动时应有更大的格局，活动间一定要建立逻辑性和关联性，策略的应用应帮助学生厘清一类文体的结构以及文体信息的组织特征。

下午，王蔷教授围绕"基于大观念的单元整体教学设计"进行了专题讲座。首先，王蔷教授从学科本质或内涵、课程内容的角度和过程与方法角度阐释了什么是大观念。英语学科的大观念不存在于客观世界，通过教师显性的教学预设激发促进学生隐性的大观念的生成。大观念集中体现学科本质性的思维方式和关键观点，是教师统领教学设计的核心理念；是"学生深入挖掘学科内核的概念锚点"，也是实现学科育人、落实课程培养目标的重要抓手。

其次，王蔷教授阐述了英语课程建构和发展学生的大观念的方式以及关于单元整体教学的内涵、意义。对于教师而言，大观念是统领教学设计的核心理念。教师通过听、说、读、写、看活动，引导学生学习和运用语言知识和文本内容，在发展语言能力、文化意识、思维品质和学习能力的过程中，潜移默化地实现对学生的生命教育和品德教育。因此，单元整体教学设计所呈现的知识关联性和建构性、内容整合性、活动连续性、层次性和完整性的特征，使学生能更有层次、更系统地围绕主题意义开展学习，建构语言知识，潜移默化发展逻辑思维和自主探究能力。

最后，王蔷教授结合具体的教学案例，诠释了如何基于大观念来进行英语单元整体教学设计以及如何开展单元整体教学。教师要通过研读教材内容，提炼单元大、小观念，以大观念为统领，梳理单元子主题间的关联，做好优化整合；从学生的已知、学习难点和发展点，整体规划单元与课时教学目标，帮助学生建构各语篇的知识化结构，围绕大、小观念精细并有梯度地设计教学环节和学习活动及评价标准。

通过本次研修活动，在专家高屋建瓴的指导下，老师们感受到大观念对教学设计的统领作用，初步了解了大观念建构的方法。希望我们每一位教师都能够在未来的教学中理论联系实际，勇于尝试和探索基于大观念进行单元整体教学设计，在英语教学中加强落实"立德树人"，有效提升学生的英语学科核心素养！

【专题八　自主读书 汇报分享】

研修安排

为全面提升名师工作室成员英语专业素养，使他们在学习中不断反思，转变教学思维，更新学科育人理念，将前沿的英语教育教学理论运用于教学实践，英语名师工作室全体成员在前期自主阅读学习王蔷教授主编的《中小学英语分级阅读教学：意义、内涵与途径》一书的基础上开展读书汇报活动。

活动主题：基于主题意义的初中英语阅读教学。

研修形式：自主学习、读书分享、互动交流。

研修成果

从会阅读到慧阅读

市一中分校　苗　珍

多年来，我们总能在毕业季看到学生手撕教科书练习册草稿本的场景。年复一年地教学，为什么我们并未让大多数的孩子产生对学习对阅读的热爱呢？

很多学生不善于阅读，也不喜欢阅读，其实绝大多数的儿童都有学习阅读的能力，而有能力的孩子无法通过学习爱上阅读，为什么呢？我想原因可能包括电视、手机的影响，低效的教学，破裂的家庭，以及普遍欠缺的成人指导。

为什么要阅读呢？我们教师自己也阅读，从来都不是为了参加测验，或是因为想用成绩单上的分数来显示我们学业上的进步。我们阅读是因为我们喜欢这么做。可我们目前的教材，阅读目标上几乎没看见"乐趣""热情""引人入胜"等字眼，其实这些才是人们阅读的理由。除了课本之外什么都不读，我们的教学只会走入死胡同。所以目前我们的首要任务应该是提高学生阅读能力的同时引导他们热爱阅读。

我曾经尝试让学生读过书虫、典范，但都以失败告终。读书虫时，学生只关注翻译不关注原文。读典范时，文中生词太多，而且是原版英文，里面有很多俚语，也有很多隐性的英美国家社会文化背景知识，学生读起来晦涩难懂。这是在选材上出现的失误。另一个原因是我只是让学生读，偶尔让学生做一些读书摘抄，没有进行过系统地阅读指导，也没有组织学生对作品进行交流，所以学生感觉读书就是为了完成任务，很少感受到阅读带来的乐趣。最后就是评价不足，没有持续激励表扬坚持得好、读书量大的同学，对于没有坚持阅读的同学也没有提出不足。最后仅有很少部分学生词汇量扩大，阅读策略与技巧有进步。对于意志力较差的同学，其没有养成阅读的习惯。

如何做才能让孩子们在英语阅读中体验到快乐呢？如何才能让孩子们读到适合自己的读物呢？如何才能实现"阅读—悦读—越读—跃读"呢？分级阅读是很好的体验。分级阅读的关键是读，通过反复读、持续读，激发学生的阅读兴趣，帮助学生产生一种积极主动的阅读兴趣。如何实践呢？王蔷老师主编的《小学英语分级阅读教学：意义、内涵与途径》这本书给了我很多启发。第一章是开展分级阅读的意义。读完这一章，我知道了当前英语阅读教学存在的主要问题，知道了如何去开展英语阅读，怎样去选择阅读材料。第二章介绍了开展英语分级阅读教学的理论基础，我明白了何为阅读素养，即学生阅读能力和阅读品格。阅读能力由解码能力、语言知识、阅读理解、文化意识四部分构成。阅读品格包含阅读习惯和阅读体验。阅读素养也在不断强调学生的理解力、反思力、评价力和运用能力。

　　第三章是分级阅读教学的途径，王蔷教授提出，我们应该根据学生的英语阅读素养水平，去选择合适的教学模式与方法。她在书中介绍了图片环游教学法、拼图阅读教学法、持续默读教学法和阅读圈教学法。

　　分享式的图片环游，这种方式适用于各种绘本的教学，图片环游不是简单的读图，而是引导学生通过读图来分析问题、解决问题、学习知识、提升素养。图片环游核心是问题。图片环游法适合各年龄段学生，也适用于各类绘本。图片环游法的教学环节简洁清晰：热身导入—文本概念—图片环游—总结评价—默读&朗读—交流表达。看起来好像公式般的流程，但操作过程中可以选择多样化的教学设计。热门的拼图教学，这是一种适合小学绘本教学的方式，它是在学生有了一定绘本学习基础后，熟悉图片环游教学方法后使用，它能有效地培养学生的自主学习能力，特别是提取信息和逻辑思维能力。自主阅读式的持续默读，目的是提供给学生自主阅读的机会，让他们接触阅读，喜欢阅读，并逐渐养成阅读的习惯，这是需要长期实施甚至于养成习惯的一种阅读方式。哪一日我们看见学生在睡觉时间偷偷躲在棉被下看英语读物，我们该庆幸，"哦，这位同学喜欢上了阅读"。培养学生阅读习惯和享受阅读的阅读圈，教师首先要有思辨能力，然后转变角色，改变教学方法。教师的职责就是引领学生从阅读中获取乐趣和吸收知识；从思考中获得智慧和从问答中赢得灵感，从写作中提升语言和思辨能力。林林总总的分级阅读教学方式让我耳目一新、茅塞顿开，我也体会到只有将其充分的与教学相结合才能让分级阅读发挥更大的作用。

　　《小学英语分级阅读教学：意义、内涵与途径》扉页写道："英语的奇迹属于孩子，孩子的奇迹超越英语。"确实如此，热爱阅读的孩子将拥有更美好的人生。阅读评估可以从标准化的测验分数开始，但我们最终必须用孩子们在发自内心阅读时发出多少笑声和留下多少泪水来衡量他们的阅读能力。笑声和泪水可能不会写在阅读标准上，却要存在我们每位老师的脑海里。我们要帮助学生加大语篇阅读强度，花大量的时间读大量适合学生当下水平的读物，做到真读、多读、适读。在今后的教学中，我也将带着新的理论和实践指导，试着进行自己的教学应用，让阅读真正变成悦读，为学生的学习引进一股清泉和活水。

读书启示

让创造奇迹从阅读开始

伊旗四中　郝晓敏

翻开扉页，三行语句映入眼帘：英语的奇迹属于孩子，孩子的奇迹超越英语，Come here, go further! 多么震撼人心的语言，我抑制不住内心的激动，认真捧读了起来。

《小学英语分级阅读教学：意义、内涵与途径》汇集了北师大、首师大等著名英语教育专家、学者的知识，基于课题五年多来的研究成果，系统介绍了小学英语分级阅读教学的意义、理论基础、内涵与途径，并且结合优秀课例讨论教学中的注意事项，为我国中小学英语教师提供了理论基础和实践启示。

书中提到提高学生的英语阅读能力是英语课程的基本要求之一。回顾自己以往的教学历程，这应该是我的教学中被忽视的重点。我们平时的课本中所提供的阅读量非常有限，所以就需要学生在我们教师的指导下，补充各种阶段的多种多样的读物，逐步发展各种阅读策略，养成良好的阅读习惯。读完这本书，让我不管从理论上还是从实践上都是收获满满。

第一章介绍了分级阅读的意义，第二章介绍了分级阅读教学的理论基础，第三章介绍了分级阅读教学的途径，第四章包含了10个优秀的教学案例。其中第三章的图片环游教学法对我启发很大，文中详细地介绍了图片环游教学法的活动顺序以及具体的每一环节该如何实施，并且给出了相应年级的不同课例。英语绘本对我们学校的学生来说是陌生的，英语绘本教学对于我们这些英语教师来讲也不算熟悉，看完本章节，我迫不及待地想要按照上面的方法来给孩子们上一节英语绘本阅读指导课。

在默读与朗读这一环节中，文章强调要培养学生的阅读流畅度，通过朗读和默读活动给学生提供一个完整、充足、丰富的阅读体验，并且可以尝试增加拼读活动，教师可以在默读和朗读环节后帮助学生发现这些词汇的相同点，总结其拼读规律，并基于此引导学生发现规律，学习拼读生词，拓展词汇，增强阅读自信心。读到这里，我顿时倍感压力，以上活动对教师的要求很高，作为教师不仅要充分调动学生参与阅读的积极性，还要掌握方法，灵活设计教学活动，真正实现学生是学习的主体，所有设计的活动都要以学生为中心，让学生自己来总结和运用。

　　文中还提到了"阅读圈"这一名词，孤陋寡闻的我第一次听到这个名词，细细看完之后感觉自己的教学真是和专家学者们相差甚远。文中强调，为了教学中融入阅读圈，教师首先要有思辨能力，转变角色，改变方法，想来也是，什么样的老师教出什么样的学生，如果老师总是那么死死板板，学生怎么可能会有思辨能力？从现在起，我要改变自己，不再一味的死抠语法点，放手给学生，引导学生大胆想象，积极思考，敢于质疑，并通过阅读寻找答案。

　　在文中，王蔷教授提到选择合适阅读教材的重要性。"题材多样，文体不同，长短适中，内容丰富，文字优美，难易适中，学生学起来爱不释手，教师教起来称心如意"，这真是难得的好教材。回顾自己以往的教学，我曾试图在班级里开展课外阅读，我推荐学生阅读《典范英语》和《书虫系列》两套课外阅读材料，但是遗憾的是课上时间有限，我并没有坚持每周都给学生们上一节课外阅读指导课，一部分学生存在惰性，就没有真正地运用好这两套材料，期待在下学期真正使用起来。

　　最后我想用该书封底的一句话来总结：阅读应悦读，英语阅读教学的目的不仅在于让学生能读、会读，更应该让他们爱读。希望我能成为帮助学生养成爱读习惯的那个人，热爱阅读，发现美好！

学习收获

《小学英语分级阅读教学：意义内涵与途径》读书心得

实验学校　王　霞

　　假期我有幸拜读了由王蔷教授主编的《小学英语分级阅读教学：意义内

涵与途径》一书，书中有两句话吸引了我："英语的奇迹属于孩子，孩子的奇迹超越英语。"是的，作为师者，我们每天面对的就是孩子，而孩子有无限潜能，我们的教育教学要做出如何的变化才能配得上孩子的无限潜能，才可以颠覆式创新小孩的奇迹呢？带着这样的疑惑与好奇心，我开启了我的假期阅读旅程。

书中系统地介绍了小学英语分级阅读教学的意义、理论基础、内涵与途径，结合优秀课例讨论教学中的注意事项，为我们教师提供了理论和实践启示。

本书的第一章为开展英语分级阅读的意义。文章首先从政策引领和现实需求两方面讨论开展英语分级阅读的背景，之后又分析当前我国小学英语阅读教学的问题，尤其是小学英语教材的局限性，并在此基础上总结在小学开展英语分级阅读的现实意义。第二章为开展英语分级阅读教学的理论基础。英语阅读素养的内涵、分级阅读的内涵与现状、全语言教学、故事教学和文化历史发展理论。第三章为分级阅读教学的途径。文章介绍了图片环游、拼图阅读、持续默读、阅读圈等几种教学途径以及操作流程。在最后一章中，选取了10个优秀的分级阅读教学案例，使读者理论联系实际。

书中第三章，分级阅读教学的途径，第四章，分级阅读优秀教学案例很是吸引我。文中有多种阅读教学方法的介绍，还记录了详细的活动内容以及应当如何实施。许多优秀的教学案例，让我有了更为直观的感受。

图片环游式阅读，"本质是一种分享阅读，是教师和学生共读故事、合作建构意义的过程"。根据学生的特点，阅读教学主要是从导入、文本讲解、图片展示、评价、默读与交流展开的，这是展开环游式阅读活动的重要环节，教师需要根据阅读教材内容对阅读教学活动进行适当的调整与完善。教师在阅读讲解中，要帮助学生梳理文章的内容结构，加深学生对英语文章的理解。在英语阅读教学中，可以首先准备一些图片，通过学生对图片信息的了解让学生对文章内容进行分析，发现问题并积极地探索，优化学生亲身体验阅读的过程，并使学生掌握良好的英语阅读技巧，在一定程度上可以提升学生的英语阅读能力以及英语思考能力。

在上学期我已经开展了几次课外阅读教学，但因为我选择的绘本比较有限，而且课时比较紧张，与王蔷教授分级阅读理论指导下的绘本阅读教学方法相差甚远。不过，从课堂效果来看，学生们还是很喜欢的，学生的课堂专注力提高了，而且回答问题的积极性有了明显的提升。

持续默读，对目前学生的学习能力也是一个不小的挑战。我们老师总是在英语晨读时间要求学生大声朗读，因此阅读课上总是有一部分学生不由自主就读出声来，这样就导致阅读速度缓慢。加上平时课外英语阅读量较小，阅读兴趣偏低，要改变这种现状，"就要加强对学生阅读速度的训练，丰富学生的英语阅读体验，可以在阅读过程中结合一些拼读活动，教师引导学生找出单词的相同之处，总结拼读的规律，扩大学生的词汇量，帮助学生提高阅读的信心"。书中还给出了最简单而且有效的办法，那就是"创造机会让学生安静下来，毫无压力地读自己喜欢的书，从阅读中学习阅读"。

其实我认为，语言都是相通的。英语和语文是一样的，要想让学生静下心来，在一种轻松愉悦的环境中细细品读一本书，那么就不要给学生太多的任务，在漫润中让他们接触阅读、喜欢阅读，并逐渐养成英语阅读习惯。

文中还提到"阅读圈"，其目标是要求学生 read-think-connect-ask-connect，边读边思考，问问题，比较文化并联系生活实际。阅读时，学生根据自己的角色，经过独立思考、小组讨论、全班汇报、整理任务的过程，完成自己的角色任务。

这样的阅读我在课堂教学中也实行过，就以阅读《白雪公主》一课为例，由于是七年级的学生课时比较紧，首先我把学生分成四人一组，根据不同的小组，我给每一小组布置了不同的阅读任务，然后让学生在自由阅读时间内边读边独立思考问题的答案；在正式的阅读课上，我让每一小组首先讨论本组内的问题，综合他们的答案，然后进行全班汇报，再在老师的引导下，让学生再次阅读，分析白雪公主、皇后和士兵等人物的特点，结合我们的实际生活，教育学生如何做到与人为善，不去嫉妒比你优秀的同学；最后可以让学生选择自己感兴趣的人物进行分角色朗读，进而激发学生阅读的兴趣。

的确，我能感受到课堂上孩子的灵动和积极参与的状态。这种方式，不仅提高了学生们的阅读能力,学生们的主体作用也得以发挥。同时,学生独立思考和合作学习的能力也有了提高。但无奈的是初中学生,按教学进度安排,每周把课本内容上完课时都很紧,更不用说每周拿出一至两节课来开展阅读教学,那更是奢侈了,所以我一直认为:小学英语课程内容少,开展这样的阅读可能更有可行性,可是对于中考任务特别重的初中生来说,虽然每位英语老师都知道开展阅读的必要性和重要性,但无奈的是我们没有太多的时间来做这样重要的事情。

可能王蔷教授也考虑到了这一点,所以这本书是针对小学生英语阅读的,而不是初高中学生。但我想只要小学阶段,我们的英语教学能够在有限的课本教学外增添适当的课外阅读,并配以科学的阅读教学方法,那么不正对应了王蔷教授开篇的那句话:英语的奇迹属于孩子,孩子的奇迹超越英语。

我觉得若要配对孩子的无限潜能,那么作为教师的我们就要让小学阶段的他们学会阅读英语,形成良好的语言综合表达能力,促进其身心全面发展。同时也要重视初高中阶段的英语阅读教学。为此我们全国的英语教师都应努力创造条件,尽早开展学生的英语分级阅读教学,让我们孩子的奇迹去超越英语。

研修总结

爱阅读,乐分享,共成长

"欲求教书好,先做读书人"。为全面提升名师工作室成员英语专业素养,使他们在学习中不断反思,转变教学思维,更新学科育人理念,将前沿的英语教育教学理论运用于教学实践中,6月30日,伊旗教体局第四期"1+1+X+N+Z"初中英语一级名师工作室全体成员在伊旗第一中学尚智楼三楼录播室开展以"基于主题意义的初中英语阅读教学"为主题的读书汇报活动。本次活动工作室成员结合自己的教学实践对共读书目《中小学英语分级阅读教学:意义、内涵与途径》进行了精彩的分享。活动由工作室主持人侯海霞主持。

首先，伊旗一中的裴小梅老师以"沿着大师足迹，提升专业素质"为题做汇报。裴老师详细解读了书本内容，并能结合书中的观点，发现自己的不足，从而给了她一些启示，让她在今后的教学中不断改进。接着，伊旗四中的郝晓敏老师，市一中分校的刘瑞玲老师和北师大二附中的张金龙老师分别做了汇报，三位老师也都是从解读文本内容到反思自身实践。他们认为，我们平时的课本中所提供的阅读资料有限，所以就需要学生在我们教师的指导下，补充一些课外读物，逐步发展各种阅读策略，养成良好的阅读习惯。同时，三位老师也都提到培养学生"阅读素养"的重要性。

来自市一中分校的苗珍老师、实验学校的王霞老师和北师大二附中的白璐老师则是结合自己的教学案例进行汇报。苗老师是以教材中的文本为例，讲述了自己对于书中专家提到的观点的理解。王老师和白老师是根据她们所使用的课外阅读材料分享自己的一些做法以及对书本内容的理解。两位老师的课例吸引了在场的每一位老师，大家都期待在下一学年能听到两位老师的英语绘本阅读课，向她们学习，共同成长。

最后，工作室主持人侯海霞对本次活动做了总结。侯老师对老师们认真阅读书本并能结合自身的教学实践去反思、感悟予以肯定，希望老师们能继续保持阅读的习惯，领悟书中专家的一些理念，更好地实践于我们的教学。同时，侯老师对本学年初中英语名师工作室的整体工作做了总结并分享了自己的收获：教知识向学科素养转变；活动间缺少实质性联系向关联性和逻辑性转变；碎片化向结构化转变。通报了每位工作室成员的研修任务完成情况，同时提出了对新学年的展望，希望工作室的老师们能从被动接受走向积极主动提升，反思自己的不足，以待更好的发展。

读书交流活动虽已结束，但对于教育教学的研究，我们还有很长的路要走。所以我们要不断学习，不断提升自我，不断阅读，不断创新，才能促进自身专业发展。正如书中所说："阅读应悦读，英语阅读教学的目的不仅在于让学生能读、会读，更应该让他们爱读。"希望我们都能成为帮助学生养成爱读习惯的那个人，热爱阅读，发现美好！

【专题九 主题意义引领的初中英语单元整体教学】

研修安排

为进一步提升名师工作室成员的专业成长，深入推进基于英语教学活动观的阅读教学改革，初中英语名师工作室将开展第九次研修活动。

活动主题：主题意义引领的初中英语单元整体教学——以阅读教学设计为例。

活动形式：说课；交流研讨。

具体活动安排：如表 1 所列。

表 1

时　间	说课内容	说课教师
2：30—3：00	初一阅读课 Module 3　Unit 2	北师大二附中　张金龙
3：00—3：30	初一阅读课 Module3　Unit 2	伊旗第一中学　裴小梅
3：30—4：00	初二阅读课 Module 5　Unit 2	市一中分校　苗珍
4：00—4：30	初二阅读课 Module 5　Unit 2	北师大二附中　白璐
4：30—5：00	初三阅读课 Module 5　Unit 2	伊旗第四中学　郝晓敏
5：00—5：30	初三阅读课 Module 5　Unit 2	市一中分校　刘瑞玲
5：30—6：00	集体交流研讨	全体参会人员
6：00—6：30	解读《2021—2022 学年度 初中英语名师工作室研修计划》	侯海霞

主题意义引领的初中英语单元整体教学研修心得
市一中分校　刘瑞玲

2021 年 10 月 13 日，我参加了初中英语名师工作室开展的活动，本次活动的内容是主题意义引领的初中英语单元整体教学说课活动，我认真聆听了几位工作室成员的教学设计，从以下几方面进行了认真的反思。

首先，我应该对教学内容从 what, how 和 why 三方面进行认真的分析。要进行单元整体教学，就一定要对单元内的听力、对话和阅读文本等语篇进行深入的研读和整体的分析。

其次，一定要精准把握单元的主题意义。单元主题是单元的核心、灵魂和统帅。明确单元的主题后，通过分析主题所提供的特定语境，精准地把握文本的主题意义，绘制单元主题结构图。

然后，对学情要进行认真的分析，优秀的教师不仅要熟练地驾驭教材，更重要的是了解学生已有的知识经验和心理认知以及情感态度等特点，确定整个单元的主题意义以及学生学习能力发展的主线，在此基础上从学习理解、应用实践和迁移创新三方面设计具有层次性的单元整体教学目标，并用于单元学习结束后的评价。

接下来在进行教学活动设计的时候，要围绕主题意义，设计一些结构化的并能帮助学生形成语言能力和学习能力的螺旋式逐步上升发展趋势的教学活动，学生才有更大可能围绕主题意义进行多视角的学习理解、应用实践和迁移创新活动，内化所学知识，从而在迁移创新的时候才能做到整合性的输出，加深对主题意义内容的整体理解并提高英语语言综合运用能力。

核心素养强调学科育人的功能、教材内容的整合、对教材的深度挖掘以及将主题意义融入单元教学中。但是在目前的教学中，自己仍然将教学重点放在语言知识和语言技能培养的小格局内，教学内容碎片化、学生学习浅表化、核心素养培养割裂化的问题仍然存在。如何基于主题意义提升单元整体教学的设计能力，成为我接下来要努力学习和提升的重要任务。

主题意义引领的初中英语单元整体教学组织模式的思考

——初中英语名师工作室第九次研修活动心得

北京师范大学鄂尔多斯第二附属学校　张金龙

作为初中英语名师工作室的一员，我参加了 2021 年 10 月 13 日在市一中分校开展的工作室第九次研修活动。本次研修活动以"主题意义引领的初中英语单元整体教学"为主题。本次活动由说课展示和交流研讨两个环节组成。现就本次活动谈以下几点思考。

一、基于语篇建构知识，设置学习理解类活动

环节一：激活已知　感知与注意

初一两位老师的说课内容为七上 M.3U2。我借助学校地图整体引入，然后通过问答的方式帮助学生激活目标词汇及句式；一中的裴晓梅老师则用一中实际的校园建筑物引入所学内容。

导入形式可以是问题导入，可以是视频，也可以是情境猜测。如果是问题导入，需要注意问题设置是否与本节课的主题意义直接相关；如果采用视频导入，在观赏视频前要将问题前置，这样学生在观看过程中目标会更明确；情境猜测的方式利于学生整体感知拟学语言支架。

环节二：自主阅读　获取信息

本人采用 SSR 的阅读教学方式，让学生自主完成 Read and label the map 以及 Read, find, underline and answer 两个信息获取活动，在获取信息的过程中，让学生第一次整体自主感受建筑物以及建筑物之间的相互位置关系。一中的裴晓梅老师帮学生分解了文本难度。首先让学生认识校园内建筑物的名称，然后熟悉建筑物的方位，最后帮助学生了解本文的写作手法即以操场为中心，由左到右进行介绍。在信息获取环节，裴老师注重引导学生拓展，加了两个拔高题目，提升学生的思维品质。（Q1：Can you give an ending to the passage? Q2：英译汉含有 with 结构的句子）

二、深入语篇转化能力，设置应用实践类活动

环节三：再读文本　描述与阐释

在获取基本信息之后，我先引导学生总结以操场为中心、从左到右的写作顺序，然后创设情境，引导学生借助地图将学校介绍给同学；一中的裴晓梅老师第一步先带着学生观看视频，设置 How to describe your school? How to describe a place? 帮着学生进行知识迁移过渡，问题具有启发性，可圈可点。

环节四：深入文本　内化与运用　分析与判断

聚焦首尾段、首尾句或承载语言点较多的句子进行二次深度研读，教师基于文本分析提出问题，学生结合文本以及自身的已有知识和经验进行分析与判断、推理与论证。在这个环节教师可以根据所选训练素材特点，赋予每一篇素材不同的实践类任务。此环节的设计一方面可以引导学生关注首尾段在文章中的作用和意义，另一方面也助于学生打开思路，开阔视野。

本人聚焦 There be 句式在文中的分布以及运用帮助学生总结其"介绍、总结"信息的语用功能，再此基础之上让学生加一个结尾并说明理由，以升华主题。裴晓梅老师为学生创设情境 Show your parents around our school 帮助学生内化语言。

三、超越语篇形成素养，设置迁移创新类活动

环节五：超越文本　想象创造

一堂课的价值在于让学生有所思、有所获。教师要不遗余力引导学生思考今日所学与学生的哪些旧知可关联，更要引导学生在实际生活中运用所学。这也是评价反思环节的价值所在。

我为学生创设情境 Talk about your primary school or ideal school。基础较弱的同学可以借助已有的知识经验讨论小学校园，基础较好的同学则可以发挥想象力进行知识再创造。裴晓梅老师以创设文明校园为大背景，让学生当校园小导游向来宾介绍校园，进行语言输出。在收尾阶段聚焦课题 Do more reading and exercise, then you will have a better school life.

主题意义引领的初中英语单元整体教学培训心得

伊旗一中　马　慧

2021 年 10 月 13 日，我参加了"主题意义引领的初中英语单元整体教学"之阅读课教学设计案例培训会，有幸聆听了工作室 6 位老师们的单元整体教学的阅读教学设计的说课。老师们专业素养高，理论知识储备充实，所以很值得我向老师们学习。通过这次学习，我也有了今后上课和如何摸索前进的一些想法。下面我就本次学习中的一点感悟做如下的总结。

首先，印象最深刻的就是用思维导图或者地图的形式来组织教学。之前我认为初一的孩子肯定画不了思维导图，所以也没有让孩子们去尝试。今天听完老师们的设计之后，觉得我们平时上课时确实是给学生一些碎片的、零散的知识，很难在学生脑海中留下深刻的印象。所以我培训回来后立马整改了自己的教学设计，我们第二天要上课的内容是 My family 的第二单元第二课时，原计划基于课文表格的内容进行复述以及写作，后来更改为让学生根据课文内容绘制如何介绍 My family 的必要内容，学生绘制出了自己喜欢的思维导图，内容总结得很准确，之后学生利用自己绘制的思维导图把自己喜欢的段落进行了复述，学生整体完成情况很好。最后，再次利用他们绘制的思维动图，提问除了文中小作者们介绍的内容还可以添加什么内容？孩子们各抒己见，说出了很多内容，最后我们敲定可以添加 age, personality and hobbies. 我们随后讨论了如何使这篇文章有个好的开头以及结尾，孩子们的语句真是出乎另外我的意料，可以说出很多经典句型，而且有一个同学还应用了 If 从句。当然这篇文章也是孩子们完成的质量最高的一篇文章。

其次，情境教学的创设。从导入开始到最后的输出部分都给学生创设情境，可以首尾呼应。让学生真实的感受到自己的情感以及应用英语来做事情，应用英语来解决事情。情境教学能够引起孩子积极的、真实的情感体验，能够提高孩子的学习积极性，同时也有助于提高孩子的思维能力。所以在以后的课堂教学中，我会给学生创设真实的情境，而且注意每个环节之间的巧妙衔接，这样来吸引学生的注意力、锻炼学生的思维能力。

最后，文化的渗透。日常课堂教学中的文化渗透很重要，这样既可以传承我们国家博大精深的文化，又可以宣传和弘扬我们的文化，增强学生民族自豪感。对于语言学习者而言，了解所学外语的文化有利于我们更好的学好这门语言。在课堂教学活动中，有意地让学生了解中西方文化的差异，增强学生跨文化交流。比如在学习颜色时，可以渗透中西方对同一颜色的不同理解。

总之，我会努力地学习，以此来提高我的教学水平。从书本中学习一些理论知识，并敢于创新应用于课堂活动中，在每次的研修活动中，认真的聆听并总结所学到的内容，结合学情有效地应用到课堂活动中。

研修总结

精品课例共分享，设计思路再创新
伊旗教育体育局第四期"1+1+X+N+Z"
初中英语名师工作室第九次研修总结

　　为深入推进基于主题意义探究和英语学习活动观设计的阅读教学改革，初中英语名师工作室于 2021 年 10 月 13 日在市一中分校崇智楼开展阅读教学设计说课研修活动。工作室全体成员及各初中学校部分英语教师参加了本次活动。

　　本次研修活动共有六位老师进行说课展示。首先由来自北师大二附校的张金龙老师和伊旗一中的裴小梅老师以外研版七年级上册 Module 3 My school Unit 2 The library is on the left of the playground. 为素材进行了说课展示。两位老师教学设计创新意识强，重视在主题意义基础上引导学生梳理文本，理解、内化、语言知识，让学生在已有知识经验基础上有话可说。

　　市一中分校的苗珍老师和北师大二附校白璐老师就八年级上册 Module 5 Lao She Teahouse Unit 2 It describes the changes in Chinese society. 阅读教学进行了说课展示。苗老师对文本剖析有深度有智慧，教学设计从学习理解到知识迁移水到渠成，如行云流水般顺畅。白老师站在学科理论的高度进行单元整体教学设计，逻辑性强，且重视课堂评价，以评促学。

　　第四中学的郝晓敏老师和市一中分校的刘瑞玲老师说课的内容是外研版九年级上册 Module 5 Unit 2 If you ever go to London, make sure you visit the Science Museum. 郝老师从感知与注意、获取与梳理、概述与阐释、内化与运用、分析与判断和迁移与创新六大维度进行了教学过程的设计，将我们在之前的研修活动中所学习的内容进行了很好的运用。刘瑞玲老师围绕本模块主题意义，根据理论依据和课标依据对教学内容从 What, How, Why 三个层次五个维度进行深层次挖掘，教学设计思路清晰，安排合理，循序渐进。

　　接着，工作室成员分三组进行了半个小时的研讨和交流，并依组对本次说课教师的教学设计进行了点评。

最后，工作室主持人侯海霞对本次研修活动进行发言总结。侯老师认为，这次说课展示，成员们对教材文本的挖掘和整合更加深入，理论有了大幅度提升。为避免碎片化阅读，大家可尝试在学生读完文章之后完成结构图，掌握文章的整体框架，从以读促写的角度出发展开教学，逐步培养学生梳理文本的能力，达到对知识的迁移运用目的。

此次研修活动，全体工作室成员基于主题意义探究单元整体教学设计，运用英语学习活动观理论指导学生在知识建构的路上迈出坚实的一步。我们相信，经过努力，成员们在不断学习、实践、应用中会再上新台阶。

【专题十　基于大观念的初中英语单元整体教学】

研修安排一

为深入推进基于大观念的初中英语阅读教学实践研究，初中英语名师工作室将开展第十次研修活动。

活动主题： 基于大观念的初中英语单元整体教学——以阅读教学设计为例。

活动形式： 阅读观摩课；观课议课；微型讲座；交流研讨。

具体活动安排： 如表1所列。

表1

时　间	活动内容	主讲教师
2：20—2：50	课前说课： 九年级（上）Module 12 Save our world Unit 2	北师大二附中　张金龙
2：50—3：20	课前说课： 七年级（上）Module 7 Computers Unit 2	伊旗第一中学　马慧
3：20—4：00	初三阅读观摩课： Module 12 Unit 2 Repeat these three words daily：reduce, reuse and recycle.	北师大二附中　张金龙
4：10—4：50	初一阅读观摩课： Module 7 Computers Unit 2 When do you use a computer?	伊旗第一中学　马慧

(续表1)

时 间	活动内容	主讲教师
5：00—5：30	集体议课、分组汇报	第一组：刘瑞玲、郝晓敏、杨莉、白璐、马慧
		第二组：裴小梅、王霞、张金龙、苗珍
5：30—6：00	微型讲座："基于大观念的单元整体教学实践课例研修"	北师大二附中　白璐
6：00—6：10	总结本次活动，落实后期任务	侯海霞

研修心得

让学科育人落地英语课堂

——基于大观念的初中英语单元整体教学培训体会

伊旗一中　马　慧

2021年12月1日，我有幸参加了"基于大观念的初中英语单元整体教学"之阅读课以及说课展示，我自身也准备了课前说课以及一节阅读课，并听了北师大附中另外两位老师的课前说课以及阅读课的展示和"基于大观念的单元整体教学实践课例研修"的微型讲座。通过这次学习，从备课到学习完毕我有一些感想，现就这些感想总结如下。

首先，备课。之前在备课时都会自己在网上先找一些课件或案例来研究引用，但是通过这次侯老师的辅导，我知道了先要研读整个模块的教材内容和课标，总体设计一个思路，最后再参考案例来备课。但是在本课备课前，对教材研读发现能够整合在一起的内容几乎没有，所以只备了这一个单元的，所以在研读和整合教材上我还需要努力学习。

其次，上课。上课时我还没有做到随机应变，只是按照自己备课的方向牵着学生走，所以我还需要做的就是随机应变，跟着学生的输出，及时地调整自己的教学方案。记得很清楚，牵着学生往我备课的方向走，自己心里都"笑"了，感到很尴尬，因为说出的句子不真实。所以一定要给学生真实的语境，让学生更好地理解并输出。所以在灵活上课方面我还需要努力。

再次，作业。作业的设计也要有科学性，要根据本课学到的内容继续延伸让学生去完成。

最后，大观念下的整体教学。大观念是学科育人最具有价值的知识，统领课程内容的组织、教学活动的设计和学业评价的方式，体现单元整体教学的整体性和关联性。从白璐老师的讲座中我知道了要先研究每个模块的一个大观念是什么？分别又有哪些小观念引领着课文怎么组织语言，探索的深层的意义是什么？最后根据大小观念精细并有梯度地设计教学环节和学生活动。

我们首先要从课程大观念出发，明确单元设计的指导思想，阐述单元教学的核心理念；其次，研读单元全部内容，提炼单元大、小观念，搭建单元整体框架图，确定单元教学目标；然后，围绕具体语篇，梳理结构化知识和语言重点，确定课时教学目标；最后，基于大观念对单元内课时目标进行整体规划，并基于规划设计各语篇的教学活动，引导学生从不同侧面探究主题意义，建构小观念并逐步形成单元大观念。

总之，基于大观念的英语单元整体教学设计打破了传统的以知识为中心的碎片化教学模式，转而开展纲领性统领的结构化、整合化的课程教学。从学科大观念的视角出发，教师要把培养学生的学科核心素养这一长远的育人目标转化为基于大观念的单元和课时教学目标，充分挖掘单元的育人价值，并将育人目标融于主题意义探究和语言实践活动中，构成结构清晰、情境丰富的单元育人蓝图，推动单元主题大观念背景下学生语言能力、文化意识、思维品质和学习能力的融合发展，促进英语学科育人价值落地课堂。

研修总结

课题引领　实践研究

——伊旗教体局第四期"1+1+X+N+Z"初中英语名师工作室第十次研修活动简讯

为深入落实基于大观念的初中英语阅读教学实践研究，初中英语名师工作室于 2021 年 12 月 1 日在市一中分校以"基于大观念的初中英语单元整体教学——阅读教学课例研究"为主题开展了第十次研修活动。名师工作室全体成员、全旗各初中学校英语教研组长、备课组长及部分英语教师参加了活动。

首先，伊旗一中的马慧老师和北师大二附中的张金龙老师分别进行课前说课。课前说课，让观课老师明晰了本节课内容及设计思路，可以有针对性的进行观课。

张老师基于主题意义挖掘文本深层价值，教学设计层层递进，引导学生走向深度学习，运用思维导图帮助学生将所学知识结构化，以落实学科素养和学科育人为目标。马老师基于英语学习活动观设计教学，课堂活动扎实有效，既重视语言知识和技能的学习，又重视德育目标的实现。

北师大二附中的白璐老师做了题为"基于大观念的单元整体教学实践课例研修"的微型讲座，白老师从什么是大观念和单元整体教学等理论层面出发，以外研版八年级上册 Module 9 Population 为案例，具体就如何基于大观念开展单元整体教学设计与老师们进行分享交流，让大家受益匪浅，也为我们今后进行单元整体教学设计提供了思路。

最后，主持人侯海霞对本次活动做总结。她强调，我们要重视分析教材，实现对教学内容的优化整合。同时，一定要从学生的学习需求、学科育人的角度出发去设计教学，明晰基于大观念的单元整体教学实践的发展路径。即从"知道什么"到"能做什么"到"能理解什么"再到"应该怎么做"。本次活动，让老师们对如何基于大观念开展单元整体教学设计有了更深层次的理解，基于实证的观课议课活动也为此次课例实践研究指明了存在的问题和努力的方向。

研修安排二

为深入推进"基于大观念的英语单元整体教学实践"课题研究，初中英语名师工作室决定开展第十一次研修活动。现就有关事宜通知如下。

活动主题：基于大观念的初中英语单元整体教学——以外研版七年级下册单元整体教学设计为例。

活动形式：教学设计展示；交流研讨；微型讲座。

具体活动安排：如表1所列。

表1

时　间	展示内容	主讲教师
2：30—3：10	自治区"十四五"课题"基于大观念的英语单元整体教学实践研究"开题会；微型讲座	侯海霞
3：10—3：40	七年级下册 Module 4	伊旗第一中学　裴小梅
3：40—4：10	七年级下册 Module 6	伊旗第四中学　郝晓敏
4：20—4：50	七年级下册 Module 7&9	市一中分校　苗珍
4：50—5：20	七年级下册 Module 12	伊旗第一中学　马慧
5：20—6：00	集体交流研讨，改进教学设计	全体参会人员

自治区"十四五"课题"基于大观念的初中英语单元整体教学实践研究"开题报告

伊金霍洛旗教育体育事业发展中心　侯海霞

初中英语名师工作室"基于大观念的英语单元整体教学实践研究"课题，是内蒙古自治区教学研究室"十四五"教学专项课题，课题立项号：NMKT145404。今天我们课题组召开开题会，我代表课题组，将本课题的有关情况向各位领导、老师们汇报如下。

一、本课题的选题依据

①《普通高中英语课程标准》（2017年版）要求"重视以学科大概念为核心，使课程内容结构化，以主题为引领，使课程内容情境化，促进学科核心素养的落实"；"从碎片化转向整合关联的、结构化学习"。

②基于大观念的单元整体教学是新形势下落实"立德树人"的必然需求。单元整体教学是指教师基于课程标准，围绕特定主题，对教材等教学资源进行深入解读、分析、整合和重组后，结合学习主体的需求，搭建起一个由单元大

主题统领、各语篇次主题相互关联、逻辑清晰的完整教学单元，使教学能够围绕一个完整的主题设定单元目标，引导学生基于对各单独语篇小主题的学习和提炼，逐步建构基于该单元主题的大观念。

二、本课题的研究条件

①背景条件：本地区初中英语教师的教学设计中普遍存在的主要问题有：一是教师缺乏以主题意义统领教学设计的全局意识；二是教学内容碎片化；三是教学活动缺少逻辑性；四是教学评价形式单一。各学校越来越重视"大单元整体教学设计"。

②基础条件——研究团队——人员条件（名师工作室全体成员）。初中英语名师工作室导师王蔷教授是中国英语教育界的泰斗，也是英语教育教学改革的专家，在基于大观念开展单元整体教学设计研究方面有很多宝贵的理论和实践经验，能对我们开展该课题研究进行直接的、有效的指导。

③名师工作室在导师指导下保证每月进行一次主题活动，能够保证课题研究与教学实践紧密结合，集全体名师工作室成员的教学经验、智慧和理论学习与教学实践探索为一体，确保课题研究的有效实施与进程。

三、本课题研究要解决的问题

①教师的观念问题。

②理论学习不足问题。

③教学实践问题。

四、本课题研究的目标、内容和创新之处

1) 本课题研究的目标：一是建构新课程下外研版初中英语教材单元整体教学策略的理论框架与实践操作体系。二是提高初中英语教师单元整体教学设计能力，优化课堂教学。三是提升学生英语学科核心素养，优化英语学习策略。四是创新教研机制，构建良好的教研生态环境，提高教师的行动研究能力和反思能力，促进教师的专业成长。

2) 本课题研究的内容：基于大观念的单元整体教学流程如下。

①深入研读教材内容，提炼单元大、小观念。

②以大观念为统领，梳理单元主题间的关联，做好优化整合。

③深入研读语篇，建构各语篇的结构化知识。

④根据学情整体设计单元和课时教学目标。

⑤围绕大、小观念有梯度地设计教学活动。

⑥基于单元目标，设计评价活动，优化评价标准。

3）本课题研究的创新之处：本课题高屋建瓴，起点较高，有利于促进育人理念的更新，更有利于教师以素养培养为轴，站在全人类发展的角度提炼核心素养的价值，落实核心素养的目标，做到心中有学生。凸显做中学，用中学的教与学方式，强调生活逻辑和认知规律，强化实践和活动对培养核心素养的作用。"由大观念（大概念）引导，把过去碎片化的知识整合化，结构化、体现综合性，呼应实践性，做到少而精"。（王蔷）

五、本课题的研究方法

文献研究法；调查研究法；经验总结法；案例分析法；行动研究法。

六、本课题的研究成果

成果集：课题研究报告、总结、论文、案例、教学设计（内部印行，争取正式出版）。

七、本课题的进度计划

研究周期：2021年6月—2023年6月，研究周期为两年。

研究分三个阶段

第一阶段：准备阶段（2021.6—2021.9）；

第二阶段：实施阶段（2021年9月—2022年12月；

第三阶段：总结阶段（2023年3月—2023年6月）。

八、本课题组成员

名师工作室全体成员及所在学校骨干教师。

第一研究组组长：张金龙；组员：白璐，王霞。

第二研究组组长：裴小梅；组员：马慧。

第三研究组组长：刘瑞玲；组员：苗珍。

第四研究组组长：郝晓敏；组员：杨丽。

微型讲座

一、我们将要做什么

自治区级课题"基于大观念的初中英语单元整体教学实践研究"以课题为抓手,开展教学实践研究,解决教学中的高消耗低效益的实际问题,推动我旗初中英语课堂教学改革。

二、我们为什么这样做

1)《高中英语课程标准》(2017)指出,重视以学科大概念(大观念)为核心,使课程内容结构化,以主题为引领,使课程内容情境化,促进学科核心素养的落实。从知识点学习转向对内容和方法的学习,从碎片化转向整合关联的、结构化学习——大观念成为落实核心素养的重要抓手。

2) 解决英语教师在教学设计中的主要问题。

①缺乏以大观念统领教学设计的意识。教师不善于遵循大观念开展教学设计,"指导思想"流于形式,不能将对课程标准的理解转化为支撑个人教学设计的大观念——统领教学设计的魂。

②教学内容碎片化。教师或过度关注教授词汇和语法知识,或聚焦技能和技巧的训练,或分析句和句间的衔接手段,忽视语篇或单元主题内容背后的育人价值或语篇所承载的大观念,导致碎片化教学——教学内容的根。

③教学过程散片状,缺少逻辑关联。教师不能以意义探究统领活动设计,导致所设计的活动零散,活动与活动之间缺少逻辑关联——活动设计的链。

④教学评价形式化。评价活动与教学目标无关联,为了评价而评价,评价往往重形式,轻实效——作业设计的值(价值)。

3) 大观念指向学生核心素养。是实现学科育人,落实课程培养目标的重要抓手;有利于使课程内容结构化;促进教师教学方式变革,从表层走向深入,从碎片走向整合;引导学生运用语言在诸多相关概念间建立关联,通过内化与高阶思维实现深度学习,生成基于主题意义探究的大观念。

4) 单元整体教学的特点。

①教学目标紧紧围绕单元大主题的建构展开,具有关联性和建构性特征,单元目标的实现必须基于各个课时目标的实现,因为每一课时都会承担单元

目标的部分或者一个阶段，每课时也都不再孤立的存在。同时，课时与课时之间也有更紧密的关联，这节课承接上节课的部分内容，同时为下节课奠定基础。

②教学内容具有整合性特点，对于教学内容的组织和安排是在深入研读教材基础上，结合学生学习需求进行的内容整合与优化调整。

③教学活动设计围绕单元主题展开，具有连续性、层次性和完整性的特点。教学活动的设计充分考虑学生的认知特点和学习规律，通过单元内不同语篇的深度学习，使学生对主题的认知由初级到高级，由简单到复杂逐步建构，体现出学习过程的连续性、层次性和相对的完整性。

三、我们应该怎样做

1）基于大观念的单元整体教学设计流程：研读单元内容，提炼单元大、小观念——以大观念为统领，梳理单元子主题间的关联，做好优化整合——深入研读语篇，建构各语篇的结构化知识——基于学情，整体规划单元与课时教学目标——围绕大、小观念精细并有梯度地设计教学环节和学生活动——基于单元目标，进行基础性、拓展性和实践性作业设计，开展评价活动。

①提炼单元的核心价值，挖掘单元育人功能，聚焦单元大观念，做好单元主题与内容的价值和功能分析。

②深入研读各语篇的内容，梳理单元与单语篇教学之间的关系，提炼各语篇的子主题/小观念，与单元大观念建立关联。优化整合相关内容，合理安排单元课时。

③深入研读语篇，建构各语篇的结构化知识。

④准确诊断学生的已知、学习难点和发展点，整体规划单元目标与课时目标。

⑤围绕大、小观念精细且有梯度地设计教学环节和学生活动。

⑥基于目标和学情，合理设计评价活动和评价指标。基于情境有效设计作业，以评促学。

2）教师自身的素养提升（体现在日常的教学实践中）。

一是要有服务于学生发展的大格局（育人的情怀—更新教学理念）；二是

要有善于思考总结的大智慧（勤思的习惯）；三是要有挑战创新的大胆识（改变的勇气）；四是要具备多学科知识，甚至是多学科教学理念和方法的大融合（学习的精神）；五是要有率先垂范的大担当（责任的意识）。

　　作为课题实施者，我们要首先与日新月异的社会接轨，才能满足培养结构化知识融合的人才需求。我们要做到海纳百川。做好这个课题，我们就要解决好一个大观念和整体设计两点：提炼和整合，要求我们站位高，思维广，格局大。愿我们眼有星辰大海，胸有万千丘壑，心有繁花似锦。

研修心得

课题引领，以研促教

市一中分校　刘瑞玲

　　2022年3月23日，我参加了伊旗初中英语名师工作室举办的第十一次研修活动，本次活动的研修主题是"基于大观念的初中英语单元整体教学设计"，虽然之前听过相关的讲座，也读过相关的书籍，但是在真正实践的时候，还是会遇到各种问题与困惑，此次活动的开展，就像一场及时雨，帮我解决了燃眉之急，收获颇多。

　　基于大观念的单元整体教学设计，首先，我们应该研读单元内容，提炼单元大小观念，然后以大观念为统领，梳理各单元子主题间的关联，做好优化整合。接下来深入研读语篇，建构各语篇的结构化知识，基于学情，整体规划单元与课时教学目标，围绕大小观念精细并有梯度地设计教学环节和学生活动，基于单元目标和学情，进行基础性、拓展性和实践性作业的设计，开展评价活动。

　　聆听了四位老师关于七年级下册四个模块的单元整体教学设计，我们展开了交流研讨，一致认为，在获取与梳理文本时，要避免碎片化，要给学生多留白，尽可能引导学生自己多去梳理；要有整合教材的意识，可以拓宽思路，放眼整本教材内容，没有新语法知识的前提下都可以考虑整合；通过分析多种版本的教材可以帮助我们更准确地提炼大小观念；大观念的实质就是挖掘育人的价值，在主问题的引领下，引导学生应该怎么做；在相关话题的阅读教学时，可以采用精读+泛读的模式，和学生一起积累相关的话题词汇和句型，并总结写作结构和技巧，然后再进行写作训练。

教研员侯老师提到，教师应该在日常的教学实践中注重提升自身的素养，给我留下了深刻的印象。一是要有大格局——育人的情怀，二是要有大智慧——勤思的习惯，三是要有大胆识——改变的勇气，四是要有大融合——学习的精神，五是要有大担当——责任的意识。

学习研究之路任重而道远，希望自己能够将理论学习和教学实践相结合，使自己的业务能力和自身素养得以提升。

立足育人视角　建构整体教学
——初中英语名师工作室第十一次研修活动心得

北京师范大学鄂尔多斯第二附属学校　张金龙

为推进"基于大观念的英语单元整体教学实践"课题研究，初中英语名师工作室于2022年3月23日在市一中分校以"基于大观念的初中英语单元整体教学——以外研版七年级下册单元整体教学设计为例"为主题开展了第十一次研修活动。本次活动由课题报告会、大单元整体教学设计展示及交流研讨三个环节组成。现就本次活动谈以下几点思考。

一、理清文本承载的育人价值是设计教学活动的前提

教师备课前可以高中英语课标、自治区初中英语学科教学基本要求为依据，整合外研、人教、沪教等多个版本教材，准确提炼大单元教学目标。教师需要理清模块语篇共同承载的大概念以及每个语篇所承载的小概念，尤其要理清语篇之间的递进关联性。教师要通过分析、梳理及整合教材，不断挖掘语篇所承载的育人价值，在此基础之上设计行之有效的学习活动。

二、提炼核心问题促单元整体目标的达成

教师每节课要力求做到教学内容结构化、情境化、综合化。单元整体目标能否有效达成取决于教师能否准确提炼单元核心问题及相应的问题链。问题链的有效设计犹如催化剂，是单个教学活动目标达成的驱动力，核心问题则为中

轴，确保问题链设置的梯度及层次性。提取核心问题既要立足于语篇的育人价值，又要回归到育人价值。

三、知识结构化的方式要丰富多元

在日常的教学中，教师为使知识结构化，常用完成表格及填空等方式。事实上，上述两种方式一方面很容易造成知识碎片化，不利于教学目标的整体达成，另一方面不利于形成知识间的逻辑与关联，容易缩短学生的思维路径。

基于此，教师可充分借助课本已有插图、思维导图、半开放教学活动（给学生尽可能的留白是很有必要的）帮助学生提升思品质，让学生在探究主题意义的过程中自主构建并提取语篇所承载的育人价值。

四、建构基于大单元整合的有效课型

通常情况下，听说课型作为话题的初步了解及感知阶段可以设置一课时。阅读作为第二课时，则为话题的发展阶段，也是听说课话题的延续。教师在设计阅读教学活动时需要理清与听说课的关系，明确语言教学逻辑及话题发展逻辑。阅读后如立即进行写作教学，对于我们当前的学生来说显然是有难度的，所以相关话题的泛读就要作为第三课时跟进，以拓宽阅读视野丰富学生表达。此外，教师可结合学情，分别有效设置语言综合运用课型及习题课型以巩固本单元所学内容。

研修安排三

为深入推进"基于大观念的英语单元整体教学实践"课题研究，初中英语名师工作室决定开展第十二次研修活动。现就有关事宜通知如下。

活动主题：基于大观念的初中英语单元整体教学——以外研版七年级下册听说教学为例。

活动形式：同课异构；观课议课；微型讲座。

具体活动安排：如表1所列。

表1

时　间	活动内容	主讲教师
2：10—2：40	课前说课： 七年级（下）Module 9 Life history　Unit 1	北师大二附中　白璐
2：40—3：10	课前说课： 七年级（下）Module 9 Life history　Unit 1	伊旗实验学校　王霞
3：10—3：20	观课议课小组课前会议（明确量表设计意图和分配任务）	张金龙、裴小梅
3：20—4：00	初一听说课观摩课： Module 9　Unit 1 He left school and began work at the age of twelve.	北师大二附中　白璐
4：10—4：50	初一听说课观摩课（内容同上）	伊旗实验学校　王霞
5：00—5：30	分组议课、观课报告	第一组：张金龙、郝晓敏、杨莉、白璐、王霞
		第二组：裴小梅、马慧、刘瑞玲、苗珍
5：30—6：00	微型讲座"基于大观念的单元整体教学实践课例研修"	伊旗一中　裴小梅
6：00—6：10	总结本次活动，落实后期任务	侯海霞

课题引领　以研促教

——伊旗教体局第四期"1+1+X+N+Z"初中英语名师工作室第十二次研修活动总结

为推进"基于大观念的英语单元整体教学实践"课题研究，初中英语名师工作室于2022年5月18日在市一中分校以"基于大观念的初中英语单元整体教学——外研版七年级下册听说教学为例"为主题开展了第十二次研修活动。本次研修活动以同课异构、观课议课和微型讲座的形式展开。名师工作室全体成员和各蒙、汉校部分英语老师参加了此次活动。

首先，北师大二附中的白璐老师和伊旗实验学校的王霞老师就外研版七年级下册九模块第一单元进行了课前说课。两位老师基于义务教育英语课程标准（2022年版）课程理念，以英语学习活动观为理论依据，从教材分析、教学目标及重难点、学情分析、教学过程及设计意图、作业设计以及评价任务等方面进行了课前说课。然后，观课议课小组召开了课前会议，明确了量表设计意图和观课任务。

白璐老师以主题为引领，紧扣单元整体教学目标开展课堂教学，挖掘教材育人功能的同时，注重培养学生的思维能力。王霞老师稳扎稳打、引导学生深入解读文本，并以思维导图的形式梳理、建构语言知识并探究其主题意义。随后，老师们对如何指向主题意义探究践行英语学习活动观，从学习理解、应用实践和迁移创新三个维度，针对教师活动和学生活动及效果评价三方面进行了积极谈论和深度交流。郝晓敏老师和苗珍老师代表两个观课议课小组对所讨论成果进行汇报展示。

观课议课之后，来自伊旗一中的裴小梅老师以七下第八模块 Story Time 的听说教学为例做了基于大观念的单元整体教学实践课例研修的微型讲座。她以 2022 版新课标为引领，依据学科核心素养分析教材，基于学情和英语学习活动观设计单元教学目标，确定教学重难点，准确把握单元目标、课时目标、教学活动、作业评价与教学资源之间的关联性。裴老师在本课的具体教学实践过程的所思所得，尤其是她在综合语言实践类作业设计方面的一些新颖独到做法为老师们提供了宝贵的借鉴经验。

最后，侯海霞老师对本次活动进行了总结并落实自主研修任务。她指出，英语课程要培养学生的核心素养，以主题意义探究为引领发展其语言能力，提升思维品质，不能忽视扎实的语言知识。因而，教学中我们一定要引导学生在充分感知、体验、内化和运用等语言实践活动中积累语言经验，才能实现有意义的探究和交流。本次研修活动，老师们对基于大观念的单元整体教学有了新的认识，大家一致认为一定要与时俱进，认真研读2022年版新课程标准，理论指导实践，在实践中突破创新。

观摩中进步　学习中成长
——基于大观念的初中英语单元整体教学课例研修心得
伊旗一中　马　慧

　　五月，春之末，夏之初。在风和日丽的十八日的下午，为推进"基于大观念的英语单元整体教学实践"课题研究，我们初中英语名师工作室全体成员和初一年级英语备课组组长齐聚市一中分校，一起研修基于大观念的单元整体教学的听说课例。从开展大观念单元整体教学的提出到目前已有将近一年的时间，我对大观念单元整体教学有了一定的认识，对本次研修活动有如下的心得体会。

　　通过两位老师的说课，我明白了设计一节课的理论依据的重要性，接下来我会认真研读2022版的新课标，让每节课的教学设计都基于理论依据。两位老师的作业设计和裴老师的微型讲座的综合实践类作业让我印象深刻，接下来的日常教学中我也会多给学生机会完成综合实践类的作业。

　　通过两节同课异构的听说课，以及小组对这两节课的讨论议课，让我明白了整节课的设计可以以问题链、思维导图或其他的整体框架图的方式，让学生对文本有更深层次的理解，并在脑海中有深刻印象。课堂上有效利用文本操练语言知识，让学生有扎实的语言基础，这样才能让学生有语言技能进行沟通及表达。

　　另外，教师的指令语言必须简洁明了，让学生明白做什么，怎么做，不用学生理解不了的词汇来发出指令。根据学生课堂上的输出情况，教师要及时调整教学方法和策略，对于个体完成不了的任务，可以进行小组合作探究，汇报展示时教师给予及时的评价。我也明白了对大观念的提炼要精准地分析单元内容的内涵，而不是表层的理解。对于提升学生高阶思维的深度问题，我们应该不贪多，哪怕每课只有一个深度思考的问题，但是只要让学生深度思考并自然生成，不只是流于形式就是有效的。

　　总之，我在以后的教学工作中会认真研读2022版的新课程标准并以此为理论依据，以大观念为引领，紧扣单元整体教学观念，在挖掘其主题意义上下功夫。同时，在今后的日子里，我会加倍努力，及时反思自己的不足并不断前行，在读书中成长，在锻炼中提高，在观摩中进步。

展示即机会　研修促成长
——基于大观念的初中英语单元整体教学课例研修心得

伊金霍洛旗第一中学　裴小梅

2022年5月18日下午，伊旗初中英语名师工作室开展了第十二次研修活动，本次活动的主题是"基于大观念的初中英语单元整体教学——以外研版七年级下册听说教学为例"。活动形式为同课异构、观课议课和微型讲座。我校英语组全体老师参加了此次活动。

此次活动的流程为课前说课、观课议课小组课前会议、观摩课堂、课后议课、微型讲座及活动总结。本次活动我有以下三点启发。

首先，在本次活动前一周，教研员侯老师已经提前布置了观课议课活动的具体实施方法。我是观课议课第二小组的组长，需要召集小组成员提前商定观课议课的观察维度并制定观察量表和说明设计意图。经过与其他三位组员和第一小组的组长协商，我们围绕"大观念的初中英语单元整体教学和英语学习活动观"进行设计量表，从教师活动和学生活动两个方面，学习理解、应用实践和迁移创新三个维度共九个观察点进行观察。这样的观课议课方式让我对观课议课有了重新的认识。我们可以更加明确地、有针对性地来观察老师的课堂。所以，在以后学校的教研活动中，我也可以逐渐尝试使用这种观课议课方式。量表的设计是关键，我们可以针对平时教学中存在的问题和困惑进行设计，这样就能更有效地提高教学效率。

其次，本次活动的两节示范课分别是由北师大二附中的白璐老师和伊旗实验学校的王霞老师来呈现的。两位老师教学风格各有千秋，白老师注重对文本主题意义的挖掘，王老师侧重培养学生的基础知识和基本能力。但是两节课上完后，都给了我们一些启示，即教学设计一定要以学情为基础来进行，课堂要以学生为主体。老师要根据学生的学习情况及时调整自己的教学策略，及时调整自己的预设，提高课堂驾驭能力。当学生回答不了老师提出的问题时，老师就要引导学生进行同伴讨论或小组讨论。要把更多说的机会留给学生。另外，只有学生具备了扎实的语言知识和语言技能，探究主题意义的活动才会更有意义。探究主题意义一定是在学生基于文本、深入文本的基础上进行的。

最后，本次活动的微型讲座是由我来承担的。我进行了大量的准备工作，学习新课标和单元整体教学的相关内容、线上学习相关知识等。大概用了一周多的时间来准备讲座。本来我认为这是一个繁重的、难度很大的工作，每天都在琢磨、思考，但是在关键时候，侯老师给我提供了很大帮助，她叫我参加5月14日的线上培训活动，还给我提供了许多珍贵的素材，本次线上培训的主题是"初中英语课堂教学创新实践"。我在认真学习了相关内容后，思路更加清晰了。另外，我以七年级下册 Module 8 Story time 的听说课为例进行了分享，在本模块的学习中，我的学生积极参与课堂，表现出了极大的兴趣，还自编自创完成了童话故事册的制作。这也给了我很大的惊喜。

所以，每一次的展示都是自我提升的绝佳机会，我完成了自以为无法完成的任务。每一次的研修，都对我的成长有益。我会再接再厉，争取在接下来的时间中发表相关论文，让自己更上一层楼。

研修安排四

为顺利推进"基于大观念的英语单元整体教学实践"课题研究，不断更新名师工作室成员教育理念，提升他们的综合素养，英语名师工作室结合教学实践开展《初中英语单元教学设计指南》读书交流活动。

活动主题：基于大观念的初中英语单元整体教学实践研究。

研修形式：自主学习、读书分享、互动交流。

具体活动安排：如表1所列。

表1

时间	活动内容	主讲教师
2:30—3:00	微型讲座"单元整体教学，落实核心素养"	市一中分校　刘瑞玲
3:00—3:30	微型讲座"专业教书　科学育人"	伊旗一中　裴小梅
3:30—4:00	微型讲座	伊旗实验学校　王霞

(续表1)

时　间	活动内容	主讲教师
4：00—4：30	微型讲座"以生为本，以学定教—整体构建高效课堂"	伊旗四中　杨莉
4：30—5：00	微型讲座"整体教学，重在设计"	伊旗一中　马慧
5：00—5：30	微型讲座"立足整体，更高角度把握教学"	伊旗四中　郝晓敏
5：30—6：00	互动交流	工作室全体成员
6：00—6：30	本学期活动总结	侯海霞

研修总结

共沐书香　悦享成长

——伊旗教体局第四期"1+1+X+N+Z"初中英语名师工作室第十三次研修活动

为顺利推进"基于大观念的英语单元整体教学实践"课题研究，不断更新名师工作室成员教育理念，提升老师们的英语专业素养，6月29日下午，初中英语名师工作室全体成员在市一中分校崇智楼四楼录播室开展读书交流活动。本次活动由工作室六位老师对共读书目《初中英语单元教学设计指南》进行了精彩的分享。活动由工作室成员王霞老师主持。

分享会上，老师们带着激情一起走进鲜活跳跃的文字中，感受读书的魅力。六位老师结合阅读中的收获与感受进行了深入的交流，大家畅所欲言，分别从不同的视角阐述了自己的体会，分享读书的乐趣。

来自伊旗一中的裴小梅老师认为这本书对我们进行课题研究有着很大的指导意义，单元教学设计是课程实施者分解、传递和落实课程目标的关键一环，因此，我们要深入研究单元教学设计。马慧老师针对单元教学目标、单元学习活动和单元作业设计三个方面谈了自己的感受。她在读完这本书之后，明白了如何合理进行单元整体设计，今后将继续学习并在教学中理论联系实际。

来自市一中分校的刘瑞玲老师结合刚刚颁布的2022版的英语课程标准与

所读书目每一章节的内容进行了解析，让在座的每一位老师都耳目一新。来自实验学校的王霞老师则是通过深入挖掘教材，结合自己的教学实际进行了读书分享。王老师认为，《初中英语单元教学指南》这本书给我们提供了一些切实可行的操作方法和理论指导，让她本人受益匪浅。

来自伊旗四中的杨莉老师做了题为"主题意义探究引领下的英语单元整体教学"的分享汇报，谈了自己的认识和今后努力的方向。郝晓敏老师则将自己阅读的每一章内容深受启发的部分与大家进行了交流，她认为核心素养导向下单元整体教学设计成为必做题，它的站位更高，这对我们老师的专业素养也提出了更高的要求。

最后，工作室主持人侯海霞对本次活动做了总结。侯老师对老师们认真阅读书本并能结合自身的教学实践去反思、感悟予以肯定，希望老师们能继续保持阅读的习惯，更好地运用新的理念服务教学。同时，侯老师也对接下来的工作进行了部署，要求各位工作室老师利用假期对七年级和八年级上册的部分内容做单元整体教学设计，为我们下个学期的研修工作做好铺垫。

读书分享活动虽已结束，对于英语教学实践的探究，我们还有很长的路要走。读书学习，分享交流促我们共同成长。相信在工作室全体成员的共同努力下，未来的研修之路会越来越精彩。

提升理论修养，落实课堂教学

——《初中英语单元教学设计指南》读书心得

伊旗实验学校　王　霞

随着课改的不断深化，学科核心素养的提出及新课标的问世，为课堂教学带来了新的挑战，面对各种高大上的理论，在具体的教学实践操作中，老师们觉得很迷茫，因为我们缺乏具体的实践操作指导。

本学期我阅读了《初中英语单元教学设计指南》一书，本书是围绕单元规划、单元教材教法分析、单元教学目标设计、单元学习活动设计、单元作业设计、单元评价设计、单元资源设计等几个方面开展的研究。本书提供单元教学设计的思考要素、单元教学设计的思考路径，是教师反思和优化教学设计的载体，有利于提升教师对课程标准的理解力。

此书为我们教师在教学研究上提供了新思路、新观点，是精神的引领、理念的启发，通过学习研读此书，我对新课标下的"初中英语科学单元教学设计"有了更深刻的理解。

一、单元规划的必要性

单元规划应根据教学需求和学情分析来选择恰当的方法。在教学设计中我们无论选择哪一种规划方法，首先它不能够是孤立的，一册书或者是六册书中哪些模块是相关的，如八年级 module 8 time off unit 2 讲述的是张家界之游，就可以联系七年级下册学过的 module 10 a holiday journey unit 2 讲述的是 Paris 之游，或七年级下册 module 9 与 module 7 之间的关联。同时单元或者模块之间也有关联，如七年级下册 module 9 unit 3 Activity 1 Betty's life 与 unit 1 中 Betty's grandfather's life 之间的联系。以及我们在学习 module 6 Around town 时，可以把 unit 3 的三个 activity 中读图认路的活动运用在 unit1 的教学中，以达到对所学知识的内化和理解运用。

我认为在单元规划中最重要的就是不要忘记学情，学生的基础语言知识水平及相关话题的知识储备都是我们老师在单元规划中必须要考虑到的，只有这样我们才能进行有效的单元核心教学目标的制定以实现学科育人的目标。

二、单元教材教法的分析

初中英语单元教材教法分析有三方面的任务，包括分析教材单元的目标特征、内容特征与教学特征，也就是单元学习内容、学习内容的学习水平和基本课型。

在单元教材教法分析中，教师要整体了解单元的体系结构、地位作用、文字内容、语言表达等。作为教师我们在教学这一模块时，首先要考虑从什么视角来教授本课的语言知识、核心语言结构，如何引导学生结合实际生活开展本课的话题以达到对本课所学内容的理解应用与迁移创新。同时每一文本的教育价值又不仅指单纯的语言知识学习，也包含培养学生独立健全人格、高尚道德品质的育人价值，如在学习 module 6 时不仅要学习世界著名城市，同时也让学生学会介绍我国的一些著名地方，把我国有特色的地方介绍给国际友人，让世界了解中国，认识中国，进而增强我们的民族自豪感。或者在学习 module 11 时我们不仅要了解世界 body language，更重要的是把我国的传统习俗、礼仪介绍给世界，真正让世界看到我们这一礼仪之邦。

三、单元教学目标设计及活动的设计

单元教学目标就是学生在学习完这一模块时要达到的预期效果，也就是说学完这一课我能做什么。它是在教材教法及了解学情的情况下制定的，是单元活动设计、作业设计、评价设计和资源设计的基础。指向学生英语学科核心素养的培养，是教材单元教育价值的体现。而单元学习活动是落实单元教学目标的载体，是根据教材内容、教学目标，让学生通过听说读写等活动，在交流合作和探究中学习、操练、运用英语，培养和提高英语综合运用能力的过程。

我认为在单元教学目标设计过程中，首先要做到语言知识与话题内容的整合，让学生在语境中以话题为载体，巩固语言知识，发展语言技能。同时要根据模块内容和学情，确定合理的学习重难点。如在学习 module 6 around town 时，本模块的话题是旅行，谈论中国北京和英国伦敦的旅行路线，但大部分学生缺乏这方面话题知识，更没有几人亲身游历过，背景知识的缺乏影响到了学生的听力和阅读。所以本课的目标就是能够运用所学的语言知识，会描述已知景点或自创景点的路线图。针对这一情况我让学生首先制定自己的旅游计划，或者做一些旅游攻略，课上让学生自己创设课堂交际的任务情景；对于能力有限的学生我为他们创制某一景点的路线图让他们来描述，降低难度。让不同学习程度的学生都能按照话题内容与语言知识结合的目标学习。

四、单元作业设计

单元作业是学生在一个教材单元学习过程中所完成的所有课外练习。教师应该根据本模块的单元教学目标及它的实现程度和学情来规划单元作业内容、类型、层次水平及需要的时间。单元作业的设计要为学生提供可选择的作业，以更好地满足不同层次学生的个性化需求。我们可以根据难易程度将作业分为四个水平：A 为培养英语学习习惯，增强语感，如单词的记忆、跟读、朗读课文等；B 为对文本语言知识和语言技能的认识和理解，如会运用简单的语言结构、语言知识进行填空，句式变形等；C 为内化语言知识，达到理解和运

用,如对所学内容进行结构化的整合或能熟练运用语言知识进行解决实际问题;D为灵活运用模块所学的语言知识与语言技能,培养自主创新思维和合作意识。根据新课标中3+的级别能力要求,根据本模块的话题,设计略高于目标水平的作业。

其次,在作业的类型方面也要多样化,不仅仅拘泥于书面作业一种,让学生尝试听说读写方面的作业。如在认路一课中,可以为学生录制一段语音,介绍校园的路线,让学生通过听来找到最终的地点;如在九年级下module 8中,可以让学生设计录制一段毕业演讲;对于基础相对较弱或者较腼腆的学生,可以使其完成课文或对话的朗读,或在学习Module 8 story time时,让学生编课本剧;书面作业可以包括基础知识、阅读理解或书面写作等。

作业完成的质量最终依赖于老师的反馈。作为老师,对学生上交的作业一定要给予及时的反馈,如写作,我们可以采取面批方式,精批后使学生进行二次作文;简单的基础知识题可以通过学生间互批方式、学生自批等形式完成;对话、朗读、课本剧作业可以让小组互相打分,老师点评给出等级等。最后一定要让学生根据作业完成的质量进行适当的改进,同时老师要根据全班同学作业中存在的共性问题,进行有针对性的改进或调整下一节课的教学设计。

总之,通过对《初中英语单元教学设计指南》的学习,我明确了在初中英语的课改中,根据新课标要求,如何更好地进行大观念下的英语单元整体教学实践,更高效地组织课堂教学。《初中英语单元教学设计指南》一书给我们提供一些切实可行的操作方法和理论指导。

专业教书 科学育人
——《初中英语单元教学设计指南》读后感

伊旗一中　裴小梅

2021年的寒假,初中英语名师工作室给我们每位名师发了一本《初中英语单元教学设计指南》。那时正是我们研究单元整体教学设计的起步阶段,这本书犹如雪中送炭,我如饥似渴地读了起来,但读完一遍之后,感觉似懂非懂,之后就把它放在了办公桌旁,开学后由于工作繁忙,没有时间细细品读，但每次集体备课和组内教研活动前我都会找相关章节拿来读一读。直到最近，我又完整地读了第二遍，感觉柳暗花明又一村。去年读时的懵懂已经不复存在了。因为经过这半年的单元整体教学设计的实践和在工作室的不断学习，现在读起来觉得简单易懂。读完此书，我在理论上和实践上都收获满满。

一、初中英语单元教学设计指南研究报告

本书分为两个部分，一是"初中英语单元教学设计指南研究报告"，二是"初中英语单元教学设计指南"。第一部分的研究报告，包括研究背景、研究内容、研究方法和研究结论，这一部分虽然篇幅短，但为我们做课题研究提供了很好的范例。在课题研究中，研究背景要分析研究现状和研究价值，即我们为什么要做研究的问题。研究内容中梳理了研究单元教学设计中的关键问题，即单元教材教法分析、单元教学目标设计、单元学习活动设计、单元作业设计、单元评价设计和单元资源设计。研究内容中还包括探索国家课程校本化实施的教研路径，指出了如何进行单元备课活动、单元教学设计课题研究、单元教学设计与实施教研活动。这为我们更有效地开展教研活动提供了很好的理论支持。书中指出，课题研究是教研组开展教研活动的基本任务与途径之一。围绕单元教学设计开展课题研究有助于教师更好地理解国家课程，并形成校本化的实施方案，帮助教师在解决单元备课活动中遇到的困难或问题。研究方式一般有两种，一是基于不同备课组遇到的共同问题以案例形式开展研究，二是采用行动研究的方式，结合课堂教学开展研究。在我们平时的校内教研活动中，我们苦于如何确定研究课题，那么我们就可以围绕单元教学设计开展课题研究，这样，也可以将我们的教学与最新的、最前沿的英语教育理论结合起来，让我们的教育教学更加专业化、科学化。研究结论部分进行了核心概念的界定。其中，我觉得单元的界定与我们平时理解的单元有所不同。书中指出，单元是特定教学内容的组合，包括语言知识、语言技能、语篇、话题、功能等，也包括教材的自然单元。初中英语学科单元规划一般有以下几种方法：按语言知识、按语言技能、按话题、按功能、按教材。研究结论部分最终给出了初中英语学科单元教学设计架构。

二、初中英语单元教学设计指南

单元教学设计指南共七章内容,每一章内容都是按照概述、规格、建议、案例进行阐述的,它们的共同特点是突出要素、明示规格(流程、属性和问题导向)、强化指导(提供案例)。其中,我挑选四个重点的且对我帮助很大的篇章进行分享。

1. 单元教学目标设计

单元教学目标可以分成两类,即达成性目标和发展性目标。单元教学目标设计过程中,教师可能会面临以下四个主要问题:如何整合学习内容,如何具体表述学习目标,如何制定发展性目标,如何确定情感态度价值观类的目标。

2. 单元学习活动设计

学习活动情境创设需要注意以下几个问题:一是情境要尽可能真实;二是要有明确的任务;三是要明确学生的角色;四是情境要具有开放性。

激发学习活动中学生的思维需要注意的问题:一是不限制学生思维,例如提问时尽量少用一般疑问句或反义疑问句,多用特殊疑问句。二是让学生理性表达,表达时要"言之有物、言之有理、言之有我"。三是引发学生质疑。学生不应是学习活动的被动接受者,而是积极的参与者,因此活动要能激发学生的批判思维,通过问题或任务引发学生思考。以阅读活动为例,可以通过问题让学生对文本进行质疑、评价:What do you think of the ending? Do you agree with the writer? Why? 四是鼓励学生创新。如Can you think of another ending/title for the passage?

3. 单元作业设计

作业水平可划分为:

熟悉(含积累)(A):主要指培养良好的英语学习习惯和增强语感,如单元内词、句、篇的抄写、朗读、背诵、跟读等练习。

巩固(B):主要指加深对单元内语言知识和语言技能的认识与理解,如对单元内的关键语言知识或技能进行模仿或变式练习。

运用(C):主要指将单元内的语言知识与语言技能迁移到新语境中。

综合(D):主要指灵活运用单元内的语言知识与语言技能,培养自主创新思维和合作意识。

作业的批改与反馈，书中也给出了非常科学的指导。首先，批改要及时、规范。"规范"包含三个方面：一是批改的符号要规范；二是批语要规范；三是批改结果要规范，以等级、评分等形式呈现批改结果；四是批改要写日期。其次，批改方式要多样。包括教师精批、选批、学生互批、学生自批等。第三，批改作业要进行统计。批改作业要养成记录与统计的习惯，而记录与统计是作业反馈的依据。最后，作业反馈要突出重点。作业是课时之间的纽带，作业反馈发生在一节新课的开始，一般不能占据过多时间，因此要突出重点，讲评典型的作答情况，或具有倾向性的问题，或是教学过程中忽略了的需要补充的内容。此外，针对作业反馈的内容要设计跟进练习，以便巩固反馈效果。

这一章的内容对指导我们如何进行"双减"下的作业设计非常有借鉴意义，值得反复品读。

4. 单元评价设计

对于我来说，总感觉评价是一个比较模糊的概念，读了本章之后，我对评价有了更清晰的认识。评价方法包括单元纸笔测试、行为观察、行为记录、成长记录袋、面谈、调查问卷、学习日记和情境测验等。同时，这一章对于指导我们如何科学地制定双向细目表很有帮助。

随着课改的深化、学科核心素养的提出、"双减"政策的实施以及2022年版义务教育课程标准的发布，英语教师面临着新的、更大的挑战，如何在有限的课时内为学生创设必要的活动，提供必要的学习经历，这直接关系到学生学科核心素养的形成。而单元教学设计是课程实施者分解、传递和落实课程目标的关键一环，因此，开展单元教学设计的研究是十分必要和重要的。我们要最终实现"整体大于部分之和"，就要深入研究单元教学设计。很庆幸，我一直走在研究的路上，感谢名师工作室这个平台引领着我不断向前，一起向未来！

研修安排五

顺利推进"基于大观念的英语单元整体教学实践"课题研究，初中英语名师工作室将开展单元整体教学设计课例研修活动。现就活动有关事宜通知如下：

活动主题：基于大观念的初中英语单元整体教学课例研修。

研修形式：课标学习、课例研修、互动交流。

具体活动安排：如表1所列。

表1

时间	活动内容	主讲教师
2：30—3：30	观看专家线上讲座"义教2022版新课标培训"	王蔷
3：30—4：00	七上 Module 4 Healthy food	伊旗四中　杨莉
4：00—4：30	八上 Module 2 My hometown and my country	北师大二附中　白璐
4：30—5：00	八上 Module 5 Lao She Teahouse	伊旗一中　马慧
5：00—5：30	八上 Module 10 The weather	市一中分校　苗珍
5：30—6：00	互动交流	工作室全体成员
6：00—6：30	本学期活动计划	侯海霞

立足课例研讨，助推教师成长

——伊金霍洛旗教育体育局第四期"1＋1＋X＋N＋Z"
初中英语名师工作室第十四次研修活动简讯

为顺利推进"基于大观念的英语单元整体教学实践"课题研究，不断提高名师工作室成员基于新课标理念的单元整体教学设计能力，并进一步引领全旗初中英语课堂教学改革。9月21日下午，伊旗教体局第四期"1＋1＋X＋N＋Z"初中英语一级名师工作室在伊旗第四中学开展第十四次研修活动。此次活动由郝晓敏老师主持。

本次活动首先观看工作室特聘专家王蔷线上讲座"义教2022版新课标培训"。王教授结合2011版与2022版新课标的主要变化，从课程性质、课程理念、课程内容、学业质量、评价建议、教学研究与教师培训等方面做了详细的解读。

2022版义务教育英语新课标突出学科育人导向，针对"教什么？为什么教？怎么教？怎样评？"的问题提供了单元整体教学活动设计案例，让我们就如何通过学习理解、应用实践和迁移创新等活动来推动学生核心素养的发展有了更深刻的认识。关于新课标的每一次学习我们都会有新的认识、思考与收获。希望通过对新课标的再学习能够不断地促进我们对初中英语单元教学整体设计理念的更新，进而提升教学实践的能力，实现培养学生核心素养的目标。

接下来由杨莉、白璐、马慧和苗珍四位老师分别进行了单元整体教学设计的课例分享。

杨丽老师以新课标和华师大单元教学为理论依据，对七上 Module 4 Healthy food 进行了单元整体教学课例的分析。杨老师结合单元目标、课时目标，分别制定了不同课型的单元作业以及对应的评价标准，做到了从传统的教学评价模式向教学评一体化的评价方式的转变。

白璐老师以新课标和《中学英语单元教学指南》为理论依据，对八上 Module 2 My hometown and my country 进行了单元整体教学课例的分析。白老师从解读单元教材入手，结合学情整合教学内容，确定单元教学目标及重难点。在单元学习活动设计中，始终坚持活动设计的多模态，通过学习理解、应用实践和迁移创新等形式来实现单元目标，制定相应的作业评价方式来落实单元目标的评价反馈。

马慧老师依据新课标理念和基于大观念的单元整体教学理论对八上 Module 5 Lao She Teahouse 进行了单元课例分享。马老师通过 what、why、how 对模块整体教材内容深度解读，从探究主题意义出发，整体设计目标、教学流程及作业评价，重视对学生核心素养的培养。

苗珍老师分享的课例是八上 Module 10 The weather。苗老师从模块主题出发，认真研读语篇，整体分析单元内容，并结合学生生活实际，运用学用结合、学思结合和学创结合的课标理念建构单元教学框架图，实现单元教学目标和课时学习目标。

最后，由工作室主持人侯老师对此次研修活动进行总结。她肯定了大家前期对"基于大观念的英语单元整体教学实践"课题研究所做出的努力。同时也希望我们在以后的教学实践中，坚持新课标的研读与学习，并在新课标理念的指导下，加强语篇研读，挖掘教材语篇承载的育人价值。在此基础上提炼单元大观念，制定单元教学目标，设计利于学生思维发展的多元学习活动，以科学的形成性评价等方式实现对学生核心素养的培养。

在"基于大观念的英语单元整体教学实践"课题研究中，我们结合学科"大观念"的理论研究，通过"单元整体教学课例设计研修"朝着课堂教学实践迈出了第一步，相信我们的课题研究成果一定会成为初中英语教学风向标，指引着我旗初中英语教学扬帆远航。

理论指引前进方向　实践铸就教学辉煌
——初中英语名师工作室第十四次研修活动心得

伊旗一中　裴小梅

为顺利推进"基于大观念的英语单元整体教学实践"课题研究，初中英语名师工作室于2022年9月21日在伊旗四中开展了单元整体教学设计课例研修活动。初中英语名师工作室全体成员及伊旗一中、伊旗四中部分老师参加了此次活动。

本次活动共分为三个部分。首先，我们聆听了王蔷教授的讲座"义教2022版新课标培训"。王老师从英语课程改革的时代背景、11版与22版课标整体比较、2022版义教课标的主要变化等方面进行了阐述。让我们对英语新课标有了更加全面、系统、直观的认识。新课标有着鲜明的育人导向，构建了全景育人蓝图，是全方位的系统改革，课标各部分间紧密关联，以主题为引领，凸显文化的育人价值，重视质量把关和目标落地，强调课程实施的重要性。

其次，分别由杨莉、白璐、马慧和苗珍四位老师进行了单元整体教学设计课例分享。杨莉老师的作业设计很有趣味性和新意，白璐老师又走在了教学改革的最前面，她依据的理论是《初中英语单元教学设计指南》，她按照单元教材教法分析、单元教学目标设计、单元学习活动设计、单元作业设计、单元评价设计等几个部分进行展示，思路清晰、含金量高。马慧老师展示的这一模块是关于中国传统文化的，她从不同侧面向大家进行了阐述，整个模块设计合理、新颖。苗珍老师侧重语篇研读的思维导图的设计，让老师们从不同角度重新审视 Module 10 The weather 这一个模块的教学。

最后，侯海霞老师带领工作室全体成员进行研讨交流。侯老师重点强调了以下几点：一是展示的课例要体现出整体设计的理念；二是课时目标要体现英语学习活动观，要具体；三是老师们在设计时一定要厘清一些理论概念；四是老师们要加强语篇研读，语篇是基石；五是要重视每个模块 Unit 3 的设计，不要忽视了这一单元的教学；六是老师们要深入研究学习语法知识的目的，即语法知识的功能，能够从培养学生的能力着眼。例如，学习形容词的比较级有什么用？可以培养学生观察比较的能力，通过比较家乡的变化来感受家乡的发展，从而产生热爱家乡之情；七是作业设计还需要多花心思，例如 Healthy food and drink 这一模块的词汇作业可以设计为让学生往空冰箱里分类填充食物，这样，既可以学习新词汇，又可以运用新词汇，学生还很感兴趣。

每次参加活动，都能看到同仁们不断进步、不断学习的一面，每次听完侯老师的观点，都由衷地产生敬佩之情。通过此次培训，我会将所学到的理论与实践运用到接下来的教学当中，争取每一次的展示也呈现一个不一样的自己。

道德与法治篇

"1+1+X+N+Z" 道德与法治名师工作室

工作室，名师成长的摇篮
——初中道德与法治名师工作室成长历程

王 莉

振兴民族的关键在教育，振兴教育的关键在教师。2015年3月，由1位外聘导师、1位主持人、7位教师组成了初中思想品德（后更名为初中道德与法治）名师工作室。名师工作室遵循"教、学、研"一体的发展理念，以理论中寻力（学习）、活动中觅智（实践）、互动中分享（交流）、笔耕中升华（提升）为研修思路，开启了从"能教书"到"会教书"，从"会教书"到"会育人"，从"重知识"到"重素养"的螺旋式发展的研修历程。

从"能教书"到"会教书"——奠基

（第二期：除语数英外其余学科都从第二期开始）

工作室成立伊始，依据我旗思政教师的教学实际，我们将着力点放在提高教师基本教学技能上，确立从"能教书"到"会教书"的研修目标，开展了以"有效教学"为主题的系列研修活动。

一、2015—2017年研修规划

（一）指导思想

根据《伊金霍洛旗教育局第二期名师工作室实施方案（试行）》的精神，在教育局和教研室的领导下，在外聘导师的指导下，名师工作室立足学科实

际，面向全旗思想品德课教学，凝心聚力，提高名师工作室全体教师的专业素养和教科研能力，培养教师从"能教书"到"会教书"，发挥名师团队的辐射带动作用。立足课堂教学这一主阵地，以课例研究为载体，通过组织开展教育教学研究活动，建设一支有特色、高素质的教师队伍，全面推进我旗思想品德课堂教学改革，实现"名师更优，研修员成名，学员成长，辐射全员"的多重目标。

（二）总体目标

①发挥初中思想品德名师工作室的示范作用，以团队合作为工作方式，以课例研究为载体，促使工作室每位成员提升自我、专业引领、区域辐射、追求卓越，在实践中探索教师成长规律、创新教师培训模式。

②打造初中思想品德名师工作室的教科研平台，改进学习方式，促进教师专业化成长，使工作室成员在职业道德、专业知识与学术水平以及教科研能力等方面的综合素质有显著提高，使初中思想品德名师工作室真正成为"研究的平台、成长的阶梯、辐射的中心"。

③构建初中思想品德名师工作室的交流平台，通过网络、联片教研、送教下校、互相观摩、外出学习等各种形式的交流活动，向同行开放教研课、观摩课、示范课或教学案例，展示工作室成员和学员风采，使其成为各具特色的教学名师、骨干。

（三）具体工作目标与任务

①着力打造初中思想品德名师工作室核心团队暨名师团队，提升核心团队整体素质，使其成为旗、市、区级思想品德学科名师。

②全面提升名师工作室研修员及学员的专业素养，使每个研修员和学员在初中思想品德学科形成独特的教学风格，从而促进思想品德教师队伍整体素质的提高，让研修员和学员成为伊旗或鄂尔多斯市思想品德学科出色教师。

③开展初中思想品德学科课题研究，解决学科教学内容、教学形式等方面的问题。

④大力研究主题教学课例。工作室 2015 年研究制作 6 堂"思想品德课与班团会交相辉映"教育主题课例，2016 年研究 12 堂"让国学走进思想品德课"主题课例。让每个成员通过上校内、旗级示范课或公开课来推广主题课例。积极创造条件让成员参加旗、市、区级赛课。

⑤加强理论学习与研究。工作室每个成员每年度至少要撰写两篇德育论文，两年至少要在公开发行的杂志上发表一篇文章。工作室每年度要整理一本思想品德学科教学成果集。

⑥两年完成初中思想品德教学资源库的建设。思想品德工作室建立公共交流平台，每个成员建立自己的教育博客，每月至少更新一次。

（四）工作思路

根据我旗的教育教学实际，立足思想品德课特点，本工作室的工作拟从三个层面进行：伊旗思想品德教师——透彻了解我市思想品德学科的特点和要求，做好学生的教学指导工作；思想品德教师——教育教学理论和学科专业理论的学习，专业技能的提升；思想品德名师——理论素养的广博和专业技能的优化。按照这一思路，本着由小到大、由浅入深、由低到高的原则，逐步促进工作室各位成员的发展进步，实现教师从"能教书"到"会教书"。

（五）工作措施

1. 制定规划，定期开展活动

工作室每年定期召开两次工作会议，年初会议制定工作室计划，确定工作室成员的阶段工作目标、工作室的教育科研课题及专题讲座内容；年底召开总结会议，安排本学期需展示的成果内容及形式，分享成功的经验、探讨存在的问题。根据计划，每月确定一次集体研讨活动，认真落实初期确定的各项研究计划。

2. 组建队伍，促进工作室各位成员的成长

一是聘请专家指导。拟聘请北京教研员为导师，一年两次亲临我旗对工作室成员进行理论与实践相结合的指导，为名师工作室工作的开展提供理论支撑

和发展平台支撑。二是组建好骨干成员。骨干成员暨工作室的名师，是工作室的中坚力量，市级优秀教师撒莲飞、区级教学设计一等奖获得者雷晓芳、市级教学能手张桂华、民族中学优秀教师王萨日娜，他们都是我旗思想品德学科的领军人物，能为思想品德课堂改革献计献策。三是面向全旗遴选两名研修员、一名学员。研修员和学员自愿报名，学校推荐，经课堂教学和论文写作评选后报旗教育局批准。工作室的所有成员的条件是：自己有学习的热情，愿意就思想品德学科进行研究和发展；必须愿意承担各项教研教改任务；必须得到学校领导支持，要积极、按时参加活动，按时完成工作室分配的各项任务。

3. 加强理论学习，提升整体素养

作为思想品德学科教师，首先要学习崇高的师德师风规范，不断塑造自身良好的师德修养（良好的师德修养是初中思想品德教师专业发展的灵魂），其次要学习中国特色社会主义理论，树立坚定的政治信仰（坚定的政治信仰是初中思想品德教师专业发展最根本的素质），还要及时了解、捕捉时政动态，培养思想品德教师对现实的敏锐触觉和洞察力（与时代同频共振的时政情结是初中思想品德教师专业发展的特有素质），同时要学习和了解当代学生的共性和特性，培养思想品德教师因材施教指导学生的能力（指导学生认识社会、适应社会、融入社会是初中思想品德教师必需的素质）。同时作为教师要认真学习先进的教育思想和课程标准，了解教学目标和要求，转变观念，形成新的课程观、教师观、教学观、课堂观、质量观，提升自身理论认识水平，通过学习了解学科教学研究前沿信息和课改动态。为此，一要通过网络和刊物进行自主学习。二要多读教育理论专著和学科专业论著（阅读是为了活着——阿尔维托·曼谷埃尔）。每个成员每年度至少要读两本教育著作，两年至少要读四本，每学期要研读《人民教育》三期，思品学科前沿刊物三期。要坚持做好学习笔记，定期上传教学随笔或教学反思、读书心得等材料到个人博客，定期举行学习交流与评选活动。工作室将为每位成员建立个人成长档案，对其教育教学教研情况每学期整理一次。三要相互学习。工作室定期组织学习研讨会，名师成员和研修员（学员自愿）轮流担任主讲。四要走出去学习。每年组织工作室成员至少一次外出学习参观，深刻领悟专家同行的先进经验，积极与专家交流，提出践行中的疑难问题，寻求解决的方法，以便更好地进行教育教学工作。

4. 抓好课例研究，形成各自教学风格

本着"有效教学塑自我"的宗旨，要求团队成员利用好课堂40分钟，要质量、求效益，努力把教学内容与学生的实际生活相联系，使学生学得轻松、活泼、有成效，不求"高、大、全"面面俱到，但求扎扎实实打好基础。通过"案例分析、问题解决、调查研究、实践探索、区域交流"等多种教研活动方式，为教师提供切实有效的帮助。工作室每学年召开两次公开课的观摩交流活动，按照确定的2个主题，工作室完成两年18个课例的目标。2015年研究制作6堂"思想品德课与班团会相结合"教育主题课例，2016年研究12堂"让国学走进思想品德课"教育主题课例。工作室成员要完成一个课例并上传到自己的博客上。每月开展一次课例教研活动，努力把工作室建设成学习型、研究型、创新型组织。定期组织名师及研修员（学员自愿）为全旗思想品德教师上汇报课，提升教师的专业理念，达到共研共进步。

5. 丰富资源，拓宽研究视野

充分利用旗教育局网站、工作室网络平台，通过信息发布、网络交流、开放评选、典型推介等多种方式，实现资源共建、成果共享，拓宽研究的视野，提升教研的影响力。一是加强资源库的建设。由名师逐步完善教学资源库，及时上传优秀课例、理论学习资料、活动通讯稿等，为广大教师的教学提供范例，实现共同进步。二是利用全旗思想品德教师中国梦的QQ群，搭建交流平台。对教师提出的教学问题给予回应和解决，使网络教研为教师认同和接受，真正成为一种有效的教研方式，从而放大研究的功效，让教师在实践中研究，在研究中成长。三是定期开展网上教研活动。由名师根据学科特点和教学工作中普遍出现的问题来确定话题，并作为发起人和全旗思想品德教师进行研讨交流，必要时与导师进行交流，寻求他的帮助，集思广益，共同进步。同时做好每次研讨的总结工作，及时进行统计，为年末的工作室成果集打基础。

6. 搭建成长平台，展示教师风采

①工作室成员积极参加旗、市、区级思想品德各类课型比赛，以赛代训，让成员在赛课中成长成名。

②积极发挥导师的作用，为成员论文和科研提供理论和技术支持。

③组织思想品德教育论坛，通过论坛的方式，让成员成长。

④每年组织两次集体优秀课例展示活动和送教下乡活动，扩大工作室的影响，促进成员的成长，推动思想品德教学的发展。

7. 认真完成任务，汇报研修成果

每个成员每学期完成"七个一"。即上一节示范课（送教下乡），读一本专业著作，写一篇学习心得，主持一项课题研究，写一篇学术论文，做一次讲座，带一名徒弟。

（六）年度工作安排

1. 常规活动

工作室常规活动时间一般安排在星期一下午，一月一次。建立业务学习、工作室成员工作交流例会制度。开展教育理论的学习和教育前沿信息的收集和处理工作，关注教育改革与发展的动态和趋向，提高团队成员实施新课程的能力。进行课堂示范、同课异构、课堂诊断、考试研究、课例研究、课题研究、专题讲座、读书交流、论文交流、观摩考察等活动。工作室严格活动考勤。

2. 工作方法

采取集中与分散相结合方式，以分散为主；采取专家指导与互相研讨相结合方式，以互相研讨为主；采取本地观摩与外地学习相结合方式，以本地观摩为主；采取名师对学员的指导与学员自我实践相结合方式，以自我实践为主，开展各项工作。

二、研修过程

两年时间里，工作室按照规划，围绕"有效教学"这一主题开展了实实在在的系列研修活动，具体的活动见两年的计划。

（一）2015 年度研修活动

具体内容：如表 1 所列。

表 1

时　间	内　容	负责人	地　点
2015 年 3—4 月	活动主题：工作室的成立 ①工作室成立、筹备工作； ②学习工作室相关规程，讨论工作室活动计划、制定工作室管理制度。工作室成员制定个人成长规划； ③建立学员业务档案，全面记录学习和培养过程情况	工作室主持人	教研室
2015 年 5 月	活动主题：有效教学——研究评价方式 ①主持人做中考模拟质量分析讲座； ②同课异构：初中思想品德专题复习（上课）； ③成员研讨：中考思想品德复习教学，每位成员提前命制一套高质量的中考模拟试题并交流； ④专家专题讲座—2011 修订版课程标准学习	工作室各成员	成员学校、教研室
2015 年 6 月	活动主题：有效教学——塑师德、提师能 ①学习：师德师风书籍、视频； ②研讨：思想品德教师良好师德修养的重要性； ③联片教研：打磨精品课	工作室各成员	成员学校、教研室
2015 年 7 月	活动主题：有效教学——坚定信仰，明确方向 ①学习研讨：政治专业知识； ②收集学员读书笔记，确定学习方向； ③制定假期学习计划，布置成员做中考质量分析； ④检查课题研究的落实情况	工作室各成员	成员学校、教研室
2015 年 9 月	活动主题：有效教学——有效备课 ①工作室读书交流活动：如何有效备课； ②成员进行有效备课演练	工作室各成员	成员学校、教研室
2015 年 10 月	活动主题：有效教学——有效上课 ①工作室成员研讨：如何开发思想品德课程资源； ②在七、八年级完成"思想品德课与班团会交相辉映"教育主题课例研修； ③工作室网站资源整理； ④毕业年级结合有效备课成果进行同课异构	工作室各成员	教研室

(续表1)

时　间	内　容	负责人	地　点
2015年11月	活动主题：有效教学——有效评课 ①学科研讨活动暨中考质量分析会； ②学习研讨：新课程下的思想品德课评课评什么、怎么评； ③送教下乡：联片教研	工作室各成员	教研室
2015年12月	活动主题：有效教学——有效展示 ①"师带徒"成果展示； ②工作成果资料汇总； ③组织成员撰写论文、总结交流，推荐汇编	工作室各成员	成员学校

（二）2016年度研修活动

2016年度初中思想品德名师工作室仍然围绕"有效教学"这一主题开展系列活动。上半年工作室的工作以备战中考为重心，下半年工作以课堂评价为重心，聚焦课堂教学，以成员自主学习为前提，合作交流、共同提高。

具体内容：如表2所列。

表2

时　间	内　容	负责人	地　点
2016年3月	活动主题：有效教学——聚焦复习课 ①制定2016年本工作室计划，成员结合工作室计划做2016年的成长规划； ②安排两名成员就复习课进行设计，准备同课异构，其他成员也针对本课设计复习预案； ③研讨交流复习课，研讨《中考说明》； ④部分成员及主持人针对复习课做微讲座； ⑤安排成员命制中考模拟试题； ⑥成员阅读教育理论书籍	工作室主持人	成员学校

(续表2)

时　间	内　容	负责人	地　点
2016年4月	活动主题：有效教学——聚焦复习专题 ①工作室成员搜集整理2016年中考思想品德复习专题； ②网上交流； ③主持人汇总。组织成员进行交流完善，研讨专题复习的有效性； ④提供各校参考使用； ⑤成员继续命制中考模拟试题； ⑥成员读书学习	工作室主持人	成员学校
2016年5月	活动主题：有效教学——研磨试题、讨论时政 ①研磨各成员的模拟试题。研讨2016年时政热点，汇总并提供各校使用； ②成员学习	工作室主持人	成员学校
2016年6月	活动主题：有效教学——精讲巧评 ①每位成员要提前对2016年第三次模拟试题进行研究分析，形成试卷讲评教学设计，做好试卷讲评的准备，以便有效开展听评课和研讨交流； ②撒莲飞老师上两节试卷讲评课； ③成员交流研讨； ④撒莲飞和王丽老师进行试卷讲评微讲座； ⑤主持人王莉进行试卷讲评总结	工作室各成员	成员学校
2016年7月	活动主题：有效教学——学习 ①学习研讨：政治专业知识； ②收集学员读书笔记，确定学习方向； ③制定假期学习计划；布置成员做中考质量分析； ④检查课题研究的落实情况	工作室各成员	成员学校
2016年9月	活动主题："有效备课、有效上课"的同课异构研修 ①工作室读书交流活动：如何有效备课、上课； ②结合课堂教学，成员进行交流研讨	工作室各成员	成员学校、教研室

（续表）

时　间	内　容	负责人	地　点
2016年10月	活动主题：有效评价——做好中考质量分析，指导日常教学行为 ①进行2016年中考质量分析，指导教师日常教学行为； ②工作室网站资源整理	全体政治教师	成员学校
2016年11月	研修主题："中华优秀传统文化融入道德与法治课"课例研修 ①研究七年级道德与法治的教材教法； ②完成"中华优秀传统文化融入道德与法治课"课例	工作室各成员	教研室
2016年12月	研修主题：分享读书成果，实现共同成长 ①成员就安排的读书任务及自己的读书成果进行交流； ②"师带徒"成果展示； ③工作成果资料汇总； ④组织成员撰写论文、总结交流，推荐汇编	工作室各成员	成员学校

三、研修成果

（一）成员研修感言

之一：听了两位教师教学《统一多民族国家的巩固》一课后，让我真正明白了什么才是有效备课、有效上课。

首先，从教师角度而言，由过去"重教"转向现在"重学"。传统的教学模式中，教师的功夫主要集中在45分钟课堂上的表演，疏于课前、课后的准备。为了引导学生得法，并且保证学习效果，教师在课前要做足充分的案前准备。如教学目标的确定、指导学生的方法、学生练习的设计等，都不能有半点马虎。由"重教"转向"重学"，促进教师把备课，特别是把讲课的功夫花到引导学生学习这方面来。

其次，从学生角度而言，学习时间分配由集中在课后回归到课堂。教师在课堂上必须认真落实素质教育的教学目标，并按照"先学后教、当堂训练"的教学结构，对学生进行严格训练。学生在课堂上必须集中精力，才有可能完成教师定的任务，否则不可能达到既定的目标。

第三，从学生的学习过程和教师的教学方法来看，有效地实现素质教育的目标。这种有效的教学形式，要求学生有好的学习效果。课堂上能创造性地开发学生的创造力，培养学生的创新意识、实践能力，形式再完整，课件再优美，只要学生没有主动参与课堂，进行知识建构，无论如何，也不能算是好课。

之二：借助两位老师的录像课和各位老师的交流与探讨，我深深认识到提高课堂教学的有效性，我们在钻研教材的同时，要提高驾驭教材的能力，在这基础上，注重教学设计，通过有效的教与学的方式方法完成教育教学任务。在课前肯下功夫，课上要充分调动学生，把课堂的主动权还给学生，将老师从课堂中解放出来，轻松愉快的完成教育教学任务。

对教材的处理，教学设计的优化，由于一个人能力、思维的局限，我们老师之间要加强交流合作互动，集思广益，有助于达成优化的教学设计。

总之，在教育教学的过程中，我要不断地学习，不断地实践，不断地进行自我反思，才能促进自我的不断成长。教育教学工作不能吃学历饭，也不能吃经验饭，努力仍在路上……

之三：精彩纷呈的复习课，让人为之折服。

上午8：30，我们有幸听了康巴什第二中学麻秀芬老师的一节复习课。感叹于麻老师镇定自如、落落大方的教态，佩服于麻老师对复习课的整体把握，与热点接轨的精心设计。复习课一直以来是困扰我们好多老师的一大难题，然而麻老师的这节课却像一个标杆，给我们一个经典的例子，供我们参考、学习。

时政热点研讨交流，思想品德老师走在热点前沿。

之后，我们听取了康巴什新区的热点专题研讨会，虽然自己是一名思想品德老师，也不得不佩服，这里的有些老师，他们有着超前的意识，走在热点的前沿，引领学生走向未来，赢得中考的胜利。

此次研讨会对于我来说更是一次学习和收获的过程。我认识到自己还有很多需要学习和改进的地方。在今后的工作中，我一定不断反思、不断进步，脚踏实地。

之四：根据上述命题原则，我们在深入研究今年的热点问题的基础上进行试题命制，首先做出了双向细目表，并在此基础上对每一个考查的内容进行深入研究，精选习题。在所有成员的共同努力下，我们完成了伊旗中考思想品德二模试题的命制工作。

此次活动在完成试题命制的同时，给我带来了新的思考，为我今后的教学指明了方向。

在今后的教育教学中依然要深入研读新课程标准，钻研教材，吃透教材，紧密结合中考说明的要求进行备课、上课；关注学生的个性差异，做到因材施教；将基础知识建立科学合理的知识网络框架，让学生有整体感知，便于学生学习。

之五：中考模拟题训练要有实效性。主要有以下几点：认真研读新课标和《考试纲要》；要夯实基础知识，注意知识梳理；关注社会热点和焦点，理论联系实际，提高学生分析解决问题的能力；从平时做起，科学训练，高度重视对审题、答题方法和规范性的指导，提高审题、解题能力；注重提高学生的书面表达能力，要经常指导学生用思想品德学科专业术语答题，不用口语答题，注意书写的规范性；加强对试题的研发，合理选用教辅，多渠道收集中考信息；复习还要有计划性、针对性、综合性和创造性。

通过集体的智慧，精选试题，为我们的第二次模拟精选命制试题，不禁让我感叹集体的力量是无穷的，合作可以发挥出更大的作用。

他山之石，可以攻玉，我将借鉴其他教师们的教学方法和经验。今后针对学生们的实际情况精选试题，注重能力培养，争取使他们在2016年中考中取得好成绩。

之六：试卷讲评课犹如我们复习课中的一个死穴，一直困扰着老师和学生，往往一节失败的、无趣的试卷讲评课会让我们的检测功效减半，收效甚微。我们的研讨交流，在一个关键时刻为我们指明了方向，让我们在最后一个紧张的时刻静下心来，扎实有效开展教学，稳步向前推进，争取赢在最后一刻，让我们看到花开六月，让我们为六月礼赞！

之七：两年的时光飞转即逝，两年中有无尽的忙碌和辛苦，但更多的是交流的愉悦、收获的快乐、成长的欣喜！

①与名师对话，引领思想。本土名师的有力组织和引领。工作室成立两年以来，在我们本土专家王莉老师的有力组织和引领下，让我们的思想走在全旗思想品德教师的前列。

外来名师，带来新思想。依托名师工作室，我们有幸和北京的专家面对面交流，让我们思想先行，与外界接轨。

②与成员对话，碰撞智慧。我们的工作室虽然仅有七名成员，但我们这里却是人才济济，有经验丰富的撒老师、雷老师，有年轻有为的张老师，有充满活力的葛老师和李老师。两年的交流学习，你们不仅带给我丰富的知识、经验，也让我收获了满满的友谊！

在这样一个团队中能时时感受到热切的学习氛围、学习思辨的快乐，因为值得学习的对象就在身边。在每一次的工作室活动中，总能感受到伙伴们闪耀智慧的思维火花，智慧的分享让我视野开阔，思想升华。在以往，我听了很多的专题报告、看过很多的经典活动，但往往出现的现象是，在现场听时、看时，想法多多，很受启发，过后只不过感慨一下，听过了看过了就什么都没有了。现在，通过工作室的磨炼，我养成了善思考的习惯，善于反复学习和分析思考，将所学的内容融会贯通。教学后进行分析与反思、调整与再设计、积累与梳理，这样才能有效地促使自己提高。

③与书本对话，沉淀思想。一个爱读书的民族，必定是一个文化素质较高的民族；一个爱读书的人，也必定是一个文化素质较高的人。作为一名教师，读书对于我的成长的意义显而易见。

以前，我总是以忙为借口而不读书。加入工作室的团队以后，在王老师的引领和"逼迫"下，自己也读了一些书。不仅让自己的心沉静了下来，也从书中获益匪浅。尤其是在和成员的读书交流过程中，在思想碰撞的同时，也使一本普普通通的书读出了不同的味道。

④与课堂对话，引领成长。两年的时光，课堂是我们讨论交流的主阵地，这是任何一种培训、研修都无法比拟的。在这一片阵地上，我们走出去，引进来，听了无数老师的课，也学到了课堂教学中的无数技巧。每一种技巧都成为我们教学道路中宝贵的财富，让我们获益终身，在实践中成长！

⑤与自己对话，反思中发展。活动的过程中，我们收获颇多，活动后的反思，却更能引领我们走得更远，成长得更快。两年15篇反思，4篇读书心得，1篇教育案例，n次的经验交流、讲座。2年后的今天回头一望，真是收获满满，原来不逼自己一把，真不知道自己有多优秀。

有机会加入工作室是我的幸运，来到这里，才发现这里是一个思想的殿堂，才发现自己学得太少，读得太少，写得太少，反思得太少，才发现有太多阅读的理由和冲动。通过学习，我深深地体会到"学然后知不足"，通过反思，我发现想成为一名专业化的研究型教师还有很多路要走。

（二）成员的研修成果

通过两年的研修，老师们的教学研水平逐渐提高。很多老师参加了国家级、自治区级和市级的教育教学课题研究，提高自己的教育研究水平。撖莲飞老师参加了自治区级的《思想品德课堂教学渗透德育的实践研究》，张桂华老师参加了自治区级的《如何提高课堂效率》的课题研究，王萨日娜老师参加了自治区级的《初中思想品德课主题活动内容与方法有效结合案例研究》《蒙古族优秀传统文化融入德育课程策略研究》，王丽老师参加了国家级"十二五"重点课题《学生科学学习方法的培养教育与研究》、鄂尔多斯市"十三五"规划课题《团体心理辅导技术在主题班会中的应用研究》。张桂华老师执教的《换位思考与人为善》在中国教育学会基础教育组织的首届"绿色课堂杯有效教学初中优质课"大赛中获奖；李娜老师在全旗第七届教学能手评选中被评为初中政治教学能手；葛晓辉老师获得北京师范大学鄂尔多斯第二附属学校教坛新秀称号；葛晓辉老师在北京师范大学基础教育合作办学平台第四届励耘杯青年教师基本功大赛中获奖。

老师们撰写的很多论文发表在内蒙古教育鄂尔多斯教育和伊金霍洛教

育上。

工作室成员通过公开课、讲座、研修成果的推广应用等方式辐射带动全旗思想品德教师共同进步。

工作室每位成员无论在中考、全旗的质检考试还是几所中学的联考中都名列前茅。

从"会教书"到"会育人"——明向
（第三期）

经过第一期的研修，老师们在教育教学的基本理念和教学策略方面有了很大的进步，为成为本学科名优教师奠定了基础。第二期工作室重点围绕道德与法治本身的育人价值开展研究，真正发挥本学科作为立德树人关键课程在学生成长中的作用。为此，伊旗道德与法治名师工作室围绕"问心的道德教育——道德与法治课提升道德教育品质的研究"这一主题，以"学情分析与教学目标的设定"和"加强核心知识的学习研究"为两个基本点开展系列研修活动，促使教师从"会教书"到"会育人"。同时以该主题为研究内容申请了鄂尔多斯市"十三五"课题，并成功结题。

一、研修主题解读

道德教育即促进学生道德发展的教育。道德教育是教育体系的重要组成部分，党和政府始终把道德教育置于优先发展的战略地位。十八届三中全会更是明确把立德树人作为教育的根本任务，大力培育和践行社会主义核心价值观，新一轮课改也进一步把全面育人作为了基本的价值取向。随着我国社会主义市场经济的建立和完善，在当前经济全球化、教育国际化、文化多元化、价值多重化、思潮变革化的社会背景下，人们的价值观处于转化时期，而初中生正处于自我意识及思维发展的重要阶段，这正是进行道德塑造的关键期。

问心的道德教育是我国著名的美学家朱光潜先生在"道德二元说"中提出的。问心的道德是建立在真情驱动基础上的自觉行为，强调的是内心的良知和愉悦，这是一种靠自省自律的至高境界。问心的道德教育胜于问理的道德教育，它强调道德教育要定位于人性、内在"品格"的教育，力求使学生把道德当作自己的信念，而不仅仅是追求个人利益的工具。问心的道德教育关注人性的发展，把使人过上一种美好的值得过的生活作为道德教育的价值追求，强调做人的教育，认为道德就是人性的守护，道德与人性的坚固联结是道德教育真实存在的基本依据。问心的道德教育最根本的意义是内在的"品格"，而不仅仅是外在的行为规则，把"自觉为人"作为道德教育的最高品质。

提升道德教育品质（问心的道德教育），可以使学生超越物质利益的冲突，超越对具体规范的服从性遵守，促使学生追求人性的本质发展、人格的发展，真正把道德规范内化为自己的内心信念。只有如此，才会促使学生完全自觉的、持久地、真正地践行道德行为，切实提升道德与法治课的教学实效，也使我们的道德教育有了更多根本的实效，更好地促进学生对社会主义核心价值观的认识，自觉践行社会主义核心价值观。

二、研修规划及实施情况

（一）指导思想

"道德与法治课中提升道德教育品质（问心的道德教育）的研究"研修工作室，是一个以教研、科研和思想品德骨干教师培训为一体的学习研究型组织，以"立足道德与法治课堂教学研究实践，促进教师专业发展"为指导思想，以研究非功利主义道德教育内容与方式为主要内容，以提高鄂尔多斯伊旗市中青年思想品德骨干教师的教学水平为宗旨，为从事该项研究的骨干教师提供研究交流与专业发展的平台，为广大一线教师提供提升道德教育品质（问心的道德教育）的相关理论指导，提供提升道德教育品质（问心的道德教育）实践研究案例、教学课件等丰富的教学资源，促使学生道德学习方式和教师教学方式转变，促进教师专业化成长。

（二）工作目标

工作室以课题研究为重要方式、教学研讨为主要内容，把培养鄂尔多斯市伊金霍洛旗优秀道德与法治骨干教师作为重要工作目标。进一步发挥工作室成员的示范辐射和带头作用，促进全旗道德与法治教师教学水平的整体提升。研讨促进学生思想品德发展的教学方式，促进全旗道德与法治教学改革。

（三）工作内容

1. 课题研究

①确定道德与法治课提升道德教育品质（问心的道德教育）的准确内涵与角度。

②道德与法治课实施提升道德教育品质（问心的道德教育）的方式与策略。

③建立道德与法治课提升道德教育品质（问心的道德教育）内容教学情景库。

2. 培养教师

本工作室将努力研究与探讨骨干教师成长规律，带领青年优秀教师通过积极参加本课题的科研，不断充实和提高青年优秀教师的教育理论水平和教育科研水平，造就具有学科研究特色的骨干教师队伍。

（1）制定工作室成员成长目标

通过两年为周期的培养计划的实施，有效推动工作室成员的专业成长。成员应努力学习提升道德教育品质（问心的道德教育）专业理论并在实践中不断提升自己的理论水平，撰写有价值的结合实际工作的科研论文，积极参加本校、本地区的提升道德教育品质（问心的道德教育）科研活动，有效发挥名师的示范辐射作用。

（2）工作室成员专业发展的主要措施

①本工作室结合成员的自我发展计划，以本课题研究为依托，为成员制定专业发展规划，促使每位成员尽快提高教育教学和科研能力，推动成员的专业

成长。

②带领工作室成员系统学习提升道德教育品质（问心的道德教育）理论，做好文献综述、读书笔记并定期在工作室网络平台发表读后感言，交流心得体会，以同伴互助的方式实现成员的共同成长。

③要求成员积极参加工作室确定的科研课题，并定期跟踪课题实施进度，检查阶段性成果，汇编成员的课题研究成果。

④成员积极参加各级教研活动，承担市级区级和校级思想品德学科的研讨、研究、宣传，发挥示范辐射作用。

（四）工作形式

1. 导师带教

①指导本工作室成员围绕本课题研究制定切合实际的个人发展规划。

②根据本工作室成员的不同兴趣和特长，帮助他们确定不同的本课题研究的子专题，并在课堂教学中逐步实施。

③指导本工作室成员总结出有一定价值的提升道德教育品质（问心的道德教育）范例，指导他们撰写教育教学论文或文章，并努力向相关数学报刊推荐发表。

④及时向本工作室成员推荐有关书籍以及报刊上的相关文章，帮助他们及时学习、思考提升道德教育品质（问心的道德教育）中的问题。

⑤系统搜集工作室成员在本课题研究中的相关资料，建立工作室成员个人发展档案。总结他们的发展规律。

2. 自主研修

①本工作室成员应结合自身特点及工作室培养目标，确定工作室工作周期内自主发展目标，并据此认真制定个人发展计划。

②本工作室成员应认真学习提升道德教育品质（问心的道德教育）等教育教学理论（尤其是工作室推荐的有关书籍以及报刊上的相关文章），逐步更新自己的教育教学观念，以此指导、设计和调控自己的课堂教学行为）。

③本工作室成员应及时记录好在工作室课题研究中的学习和实践的过程，

并及时总结和整理出研究结果和实践范例。

④本工作室成员应积极承担市区及校级教学研究课或公开课，积极承担或参与相关课题的研究。

⑤本工作室成员应结合自己研究的主要专题，积极撰写相关的教学论文，每年至少有1篇论文在市区级评选中获奖，并争取每年至少有1篇教学论文或文章在市区级刊物上发表。

3. 交流研讨

①利用工作室活动进行提升道德教育品质（问心的道德教育）教学交流和研讨。

②赴市、区内有关学校与相关的数学教师进行教学交流和研讨。

③通过外出考察进行教学交流和研讨。

（五）具体研修过程

1. 成长中的我（2017.3—2017.10）

"成长中的我"，多涉及学生的个性品质培养。研修活动一方面分析相关核心知识与交流教学策略，另一方面从研修课程角度，可设计为：学情分析与教学目标的设定，加强教师对学生主体性的认识，针对学生的需求、发展设定适宜的教学目标，增强教学的有效性。

具体内容：如表1所列。

表1

时间及方式	核心知识与教学策略分析活动	研修课程：学情分析与教学目标的设定
2017年3月第一次面授	核心知识分析，如：情绪、自强、挫折等	讲座：德育课程下的道德与法治教学；讲座：如何做好学情分析与教学目标的设定
2017年4月第二次实践、网络互动	核心知识分析，如：生命、学习等	研究课一：学情分析下的第一次授课（感知、交流对学情分析的认识、策略）

(续表1)

时间及方式	核心知识与 教学策略分析活动	研修课程： 学情分析与教学目标的设定
2017年5月 第三次 实践、网络互动	核心知识分析，如：自立、自尊等	研究课二：学情分析下的第二次授课 （基于理论学习的实践改造）
2017年9月 第四次面授	核心知识分析，如友谊、尊师、孝敬	研究课三：学情分析下的第三次授课 （基于理论学习的实践改造、深入交流）； 导师讲座：道德与法治核心观点梳理； 如何做好课题研究
2017年10月 第五次	核心知识分析，如友谊、尊师、孝敬	学情分析与教学目标设定展示与竞赛； "成长中的我"相关内容学情分析梳理、教学目标设定、编辑
2017年10月	观摩全国优质课大赛	

2. 我与他人和集体（2017.10—2018.6）

"我与他人和集体"，多涉及学生与他人交往、道德方面。研修活动一方面分析相关核心知识与交流教学策略，另一方面从研修课程角度，可设计为：道德两难教学方式的研究，引导教师把握道德教育规律，增强课堂教学活动的思维力度与深刻性，提高学生的道德选择能力。

具体内容：如表2所列。

表2

时间及方式	核心知识与 教学策略分析活动	研修课程： 道德两难教学方式的研究
2017年10月 第五次面授 （同上一次）	核心知识分析，如：孝敬、尊师、友谊等	讲座：道德两难方式在道德与法治教学中的运用
2017年11月 第六次 实践、网络互动	核心知识分析，如：集体、合作、竞争等	研究课一：运用道德两难方式的第一次授课； （感知、交流对道德两难方式的认识、策略）

（续表2）

时间及方式	核心知识与教学策略分析活动	研修课程：道德两难教学方式的研究
2018年3月 第七次 实践、网络互动	核心知识分析，如：平等、宽容、诚信等	研究课二：运用道德两难方式的第二次授课（基于理论学习的实践改造）
2018年4月 第八次 实践、网络互动	核心知识分析，如：权利、义务等	研究课三：运用道德两难方式的第三次授课（基于理论学习的实践改造、深入交流）
2018年5月 第九次面授	—	道德两难方式教学设计展示与竞赛；"成长中的我"内容道德两难问题情景、两难问题梳理、编辑
2018年3月	北京学校考察交流	

3. 我与社会和国家（2018.5—2018.12）

"我与国家和社会"，多涉及学生的责任与国情教育。研修活动一方面分析相关核心知识与交流教学策略，另一方面从研修课程角度，特别考虑到九年级面临中考及中考新的要求，可设计为：思想品德课专题教学的研究，引导教师充分利用多种资源、关注国家、社会热点问题，提升学生学科素养，提升学生对问题的综合分析能力，做好复习，为学生中考取得良好成绩打下基础。

具体内容：如表3所列。

表3

时间及方式	核心知识与教学策略分析活动	研修课程：道德与法治课专题教学的研究
2018年5月 第九次面授 （同上一次）	核心知识分析，如：责任、媒介素养等	讲座：道德与法治课如何进行专题教学
2018年9月 第十次 实践、网络互动	核心知识分析，如：国情、国策等	研究课一：专题教学的第一次授课（感知、交流对专题教学的认识、策略）

(续表3)

时间及方式	核心知识与 教学策略分析活动	研修课程： 道德与法治课专题教学的研究
2018年10月 第十一次 实践、网络互动	核心知识分析，如：制度、文化等	研究课二：专题教学的第二次授课 （基于理论学习的实践改造）
2018年11月 第十二次 实践、网络互动	核心知识分析，如：机遇、职业选择等	研究课三：专题教学的第三次授课 （基于理论学习的实践改造、深入交流）
2018年12月 第十三次面授	—	全面总结、梳理成果

（六）研修报道节选

开启"问心的道德教育"之旅

——伊金霍洛旗初中道德与法治名师工作室2017年第一次研修活动简讯

为了真正做到立德树人，充分发挥道德与法治课立德树人的作用，初中道德与法治名师工作室于2017年4月19日在伊旗一中开展了以"问心的道德教育"为主题的研修活动。活动旨在深入研究、学习道德与法治学科以育人为目的的教育教学规律、方法，强化教师课程意识与学科教学知识（PCK），提升教师课堂教学能力。在教研室王莉老师的主持下，与会人员与康利导师进行了一次面对面的沟通交流。

在活动中康利导师从新的课改方向、课程实施的基本思考、课程的突出特点及任务、教学设计的优化与实施等方面进行了剖析讲解，康利导师指出"课程改进，要求我们整体育人的同时，强调核心素养"。活动中导师还就本科目的核心素养和与会人员进行互动交流、探讨，砥砺思想，并阐释了"创新与社会责任感"的观点，引发众人的深思。

康利导师通过剖析一些课例，提醒老师们时刻明确自己的学科定位，道德与法治的教学内容是为适应初中学生的成长需要，融合了心理健康、法律、国情等相关内容，在这众多的内容中，我们学科的定位和侧重点是不同的，不能只为课堂上的氛围而设计一些流于形式的活动，而是应该设法去触动学生的内心，让学生真正学有所获，在这个物欲横流的社会，少一些功利主义，还孩子更多的单纯美好，让所有人深刻明白"问心的道德胜于问理的道德"。

道德两难问题是大多数老师会回避的问题，针对这一问题，康利导师在活动中提出："强化道德选择，绝不能是一种模棱两可的、不加引导的、不分是非的教育，道德教育的责任就是创造条件，将整个人类社会的道德经验提供给学生参考，为学生进行正确的选择服务。保持所谓的价值观'中立'，不仅不可能，也对学生的道德成长有害。"因此，在课堂中应该设计与学生道德判断发展水平及教学内容相吻合的"道德两难问题"，提高学生的道德选择能力，着眼未来，而非眼前的课堂效率。

在优化教学设计的问题上，康利导师用精练的语言总结了教师需要弄清楚的四个问题：一是要带学生到哪里；二是学生学习前在哪里；三是学生如何到达那里；四是知道学生走到哪里。告诫老师们弄清这些问题，才能在教学设计时达到事半功倍的效果。

此次活动不仅给教师提供了一个互相学习、共同交流的平台，而且全新的教育理念给予教师精神上的洗礼，激发了大家探究学习的热情，触动了心灵，同时也开启了伊旗道德与法治教师"问心的道德教育"之旅的序幕。未来的教育教学之路还很长，希望伊旗初中道德与法治名师工作室能在导师的引领下，走进学生的内心，守住教育的初心，守望学生的成长，让"问心"成为常态。

"问心的道德教育"课堂教学实践第一站

——伊金霍洛旗初中道德与法治名师工作室2017年第二次研修活动总结

"问心的道德教育"之旅的大幕已经拉开。为了使这一理念真正能在道德与法治课堂教学中生根发芽，促使老师们认识到"问心的道德教育"对于学生成长的重要性，初中道德与法治名师工作室按照既定方案于2017年5月31

日进行了以"围绕核心知识,进行学情分析与教学目标的设定"为主题的课堂教学实践研修活动。

各成员在活动前都对"公平"这一核心知识进行了认真的学习。市一中分校的王丽老师和二中的李娜老师通过深入学习核心知识、调查研究学生的学情确定了适合自己学生的学习目标,在此基础上同课异构了《公平是社会稳定的"天平"》。王丽老师围绕学生普遍存在的认为"老师不公平对待学生"的问题,大胆地对教材进行了整合利用,充分挖掘学生身边的素材,通过"学生分享经历——学生自我剖析——教师深情引导——校领导现身说法"等一系列活动,帮助学生明白了日常学习和生活中老师们在对待学生时看似一些不公平的行为实则是老师对学生负责任的体现——针对不同特征的学生要采取不同的引导和教育手段,使学生懂得老师是爱每一位学生的,也力争做到公平地对待每一位学生。在逐步引导的过程中,学生对"什么是公平""公平的重要性""公平总是相对的"等知识和观点有了一定程度的认识,有利于他们逐步树立正确的公平意识,做一个能积极维护社会公平的公民。

李娜老师从当前的政府大力气进行棚户区改造是为了实现社会成员居住环境和条件的公平引出本课的核心知识——公平。通过引导学生分析他们提出的自己身边的一系列"不公平"问题,如排座位问题、父母对待二孩的不同态度问题等,帮助孩子们认识什么是"公平""公平的相对性",帮助他们矫正自己的一些认识误区和极端做法。利用"拼爹时代"的案例分析,引导学生认识社会中的一些不公平现象注定是短命的,通过"拼爹"得到利益也只能是昙花一现。真正的公平时代拼的是我们的学识、我们的能力,只要努力"寒门照样出贵子",因为社会的稳定和发展需要公平,社会最终也会公平地回报我们的付出。

王丽老师和李娜老师一改过去以知识传授为主旋律的思品学科教学特色,紧密结合学生生活中存在的问题和困惑,站在学生的角度,引导学生对这些困扰他们的问题进行理性的分析和认识,帮助学生逐步解开束缚自己思想的枷锁,学会用正确的心态对待自己学习和生活中出现的一些不和谐的音符。这样的德育课堂才是"问心的德育教育",才是有益于学生成长的德育。虽然两节课中仍存在很多不足，但已经为我们的"问心的德育教育"之旅开了一个精彩的好头，相信在各位成员的共同努力下，我们的这一旅程会处处绽放惊喜之花。

"问心的道德教育"课堂教学实践第二站
——伊金霍洛旗初中道德与法治名师工作室2017年第三次研修活动总结

2017年6月12日，名师工作室成员相聚在伊旗一中，围绕"创新"这一核心知识进行"问心的道德教育"课堂教学实践研修。创新促进发展，科技引领未来，近几年我国在科技、教育方面取得了巨大的成就，神舟飞船、中国天眼、中国高铁等一大批中国技术引领着科技的发展，展示了中华民族艰苦奋斗、勤劳勇敢的民族精神。我国在科技教育方面的创新发展给我们的教育教学带来了积极的启示和挑战，作为教育教学的一线教师，我们更应该有一种创新精神，不断创造适合国情、市情、校情、学情的教育教学方式，以促进教育教学质量的提高。同时，引导学生树立创新意识，积极投身创新实践活动，从而更好地适应社会发展的需要。本次研修以课堂教学为载体，同时本着服务中考的原则，针对创新中的科教兴国战略进行了教学实践和研讨交流。

张桂华老师在327班为我们展示了一堂精彩的科教兴国战略专题复习课。本节课首先以时政新闻为切入点，了解相关重大新闻，引出本节课知识点，重视对基础知识的复习，坚持以课本知识为主，通过当堂练习规范学生的答题方法，引领学生注意记忆技巧，树立学生的自信心。最后，参考2016年中考题，张老师把课本知识中的冷点进行学习和记忆，以防中考出现，做到全面应对，也让各位老师注意到要重视我们忽略的知识点，认识到自己在教学中存在的不足。

撖莲飞老师在335班为我们展示了别具一格的科教兴国战略专题复习课。本节课首先从科教兴国战略的思维导图为基础，引领学生建立知识体系，认识本专题知识的重点和难点，关注相关考点，结合相关时政，树立中考意识，在认识中国科技取得重大成就的同时，增强学生的使命感、自豪感和认同感，从自身做起，努力学习科学文化知识，让学生从内心认识到学习的价值和意义。

两位老师的课既围绕"创新"这一核心知识进行深入探讨学习，也从教学方法上进行了创新实践；既从知识层面引导学生认识创新是多角度、多方面的，也从实践层面让学生体会到创新的价值和作用。有利于学生树立创新意识和培养创新实践能力。

最后，名师工作室的老师相聚在一起，共同研讨科教兴国战略专题，老师们踊跃发言，阐述自己的看法和认识，从不同的角度来探讨本节课专题，让年轻教师感受到名师的魅力所在，受益匪浅。

思想品德课属于道德教育，但更是问心的道德教育，作为教育工作者，我们应该通过基础知识的学习，认识到在中国共产党的正确领导下，中国取得的巨大的成就，增强学生的爱国主义情感，坚持集体主义原则，树立为社会主义事业奋斗的崇高理想。"科技兴则民族兴，科技强则国家强"，作为教育工作者，我们应该响应科技强国的号角，不断创新教育教学手段，为祖国的科技事业贡献一份我们的力量。

超越功利，指向精神的道德教育

——伊旗初中道德与法治名师工作室2017年第四次研修活动总结

金秋十月，瓜果飘香，在这收获的季节，我们迎来了《道德与法治》名师工作室第三次教研活动，在专家康利老师和教研员王莉老师的带领下，此次活动不仅收获了很多的知识，更激发了老师们思维的火花。

本次活动聚焦课堂，研讨"问心的道德教育，提升道德教育品质"的策略。名师工作室撒莲飞老师和李娜老师率先为大家展示了八年级上册《遵守规则》这一课内容。两位老师的同课异构展示了不同风格的课堂模式。撒莲飞老师从学生的生活实际出发，让学生在生活中认识和体会遵守规则的重要性，从而使学生内心升华并认识到要遵守规则。李娜老师从一些新颖的社会新闻素材出发，引起学生的学习兴趣，让学生在自由与规则的辩论中认识到遵守规则应该内化于心，外化于行。与上一次活动比较，两位老师的课堂模式逐步在靠近问心的道德教育，展示出名师工作室的老师们在专家的带领下逐步理解和体会《道德与法治》的课程改革方向。康利老师指出，我们的《道德与法治》课堂应提高学生的道德认知，让《道德与法治》课堂超越知识，指向观点。随着科技的迅速发展，信息化时代随之到来，学生已不再局限于自己的小天地，他们在接受着时代的熏陶和洗礼，我们的道德教育更在这个多变的时代展现着我们自身的价值与意义。从学生出发，以学生为主体，了解学生实际，超越功利主义道德教育，从问心的角度让学生去思考自己心灵的归属、人生的价值和意义，让心灵有片净土。在活动中，康利老师带领大家以学习的意义为研讨话题之一，各位老师踊跃发言，以小组为单位探讨研究，最终从心灵的归属、提升生活品质、丰富生活、实现人生价值、提升生活情趣等角度阐述了为什么去学习，这些观点都是超越功利主义教育，指向精神教育层面，让学生从内心敬畏学习，敬畏生命的思想观点。在研讨中体会到我们应重视以"为什么"为教学重点，让学生在内心体会到其价值意义，产生思想共鸣。在研讨的同时，各位老师认真研读教材，探讨教材中的每一个案例，分析教材中出现的词语和句子，在感受到一本充满诗情画意的《道德与法治》课本的同时，深深体会到一位道德与法治教师肩负的教育使命。习近平说："我们要积极发展教育事业，通过普及教育，启迪心智，传承知识，陶冶情操，使人们在持续的格物致知中更好的认识各种文明的价值，让教育为文明传承和创造服务。"

通过本次研讨会，各位老师深刻的体会到道德教育更多的是超越功利，指向精神，从问心的角度思考问题，为人类文明的传承与创造贡献一份力量。各位老师在此次活动中受益匪浅，期待下一次名师工作室研讨活动的到来，在专家的引领下进步和成长！

站得高才能望得远
——伊金霍洛旗初中道德与法治名师工作室2017年第五次研修活动总结

为了研究如何更好地做到"问心的道德教育"，培养学生良好的核心素养，塑造学生优秀的道德品质，2017年10月31日，初中全体政治教师相聚伊旗一中，开展"问心的道德教育"第四站暨课堂教学实践与经验交流的研修活动。本次活动以初中思想品德九年级课例为载体，结合2017年我旗初中政治的中考情况，大家进行了课堂教学展示和先进经验分享。老师们打破学校的界限,将自己认为好的教学经验毫无保留地进行分享,力求为了学生,大家共同进步。

上午,伊旗四中的张桂华老师、市一中分校的王丽老师和伊旗一中的邢茹老师为大家奉献了三节各具特色、异彩纷呈的课堂实例。三节课都学习的是《人民当家作主的法治国家》这一内容,虽是同一课,但异构出了老师的不同风格。张桂华老师通过对"人民享有的权力"和"公民享有的权利"中的"权力"和"权利"的辨析,让学生明确在我国人民是国家的主人,要从小树立主人翁的责任感,为祖国的繁荣富强努力学习;王丽老师以学生熟悉的选班委为切入点,一下子激起学生参与的热情,走进学生的内心,引导学生认识作为国家的主人,要想更好地行使当家作主的权力,就必须要塑造良好的道德品质,努力掌握先进的科学文化知识;邢茹老师结合"人民怎样当家作主的示意图"引导学生明确了在我国人民是怎样行使当家作主的权利的,使学生体会到我们平时所说的人民当家作主并不只是说在口头上的,而是实实在在体现在社会生活的各方面的,使他们能自觉的以主人的使命要求自己。三位老师都做到以知识的学习为基础,通过情境体验、活动感悟,积极引导学生培养主人翁精神,成长为合格的国家主人。三位老师的精心付出得到其他老师的极大肯定和欣赏,大家认为三位老师的教学给了他们很多启示,有助于自己更好地进行课堂教学。

下午,工作室的几位成员将自己多年积累的好的教学经验给大家做了分享。张桂华老师的"教师要不断更新知识,不断学习的观点"、撒莲飞老师的"做好整体规划、狠抓落实的观点"、杨庆伟老师的"师生不断学习、不断研究共同进步的观点"、王丽老师的"向课堂要质量的观点"、李娜老师的"预则立不预则废的观点"都是作为教师应该具备的要求,这几位老师结合教学实际对自己的观点进行了详细的阐述,毫无保留的将自己的好经验分享出来。最后教研员王莉老师理论结合实践进行了题为"站得高才能望得远"的讲座,希望老师们平时一定要在教学的各个环节都有高的站位和视角,将"问心的道德教育"贯穿学生学习、生活的始终,为国家培养品学兼优的合格主人。

学理论　正观念　提素养　促发展

——伊金霍洛旗初中道德与法治名师工作室 2017 年第六次研修活动总结

为了加强初中道德与法治教师专业发展，总结交流"问心的道德教育"的研究成果，进一步落实课程改革理念，促进道德与法治课程改革向更深层次发展，初中道德与法治名师工作室的成员于 2017 年 12 月 4 日—6 日参加了由北京市朝阳区教育研究中心举办的"初中道德与法治高级研修"活动。本次活动以专家讲座为指导，以初中道德与法治课例研修为主体，以成员的交流研讨为重点，大家围绕"问心的道德教育"这一核心课题开展了一系列的活动。三天时间，我们听了两场专家的讲座，观摩了北京三所学校的七节《道德与法治》课，开展了三次成员的交流对话。无论是专家讲座、课例研修还是成员交流，都给我们每位参加者以强烈的感官冲击、思维冲击、观念冲击。大家都感慨：学习就要到先进的地区，向先进的同仁学习先进的理论和经验，修正教育观念，提高教育教学素养，才能促进自身的发展进步。

①学习先进理论，不断更新和充实自己的理论积淀，提高理论素养。作为一名政治教师，国家和社会的发展日新月异，新形势、新观念不断冲击着我们固有的认识，我们头脑中的一些旧的观点和理论已跟不上新时代的要求，所以我们一定要学习与时俱进的先进理论，不断更新和充实自己的理论积淀，提高我们的理论素养，以适应新时代教育教学发展的需要。原《时事报告》总编辑曹勃亚老师的"新时代、新思想、新目标"讲座，理论与实践相结合，观点与数据相呼应，对党的十九大的精髓进行了解读和剖析。使我们进一步明确了我国在历经"站起来、富起来"的发展历程后，迎来了"强起来"的社会主义道路发展新时期；明确了"习近平新时代中国特色社会主义思想"是马克思主义中国化的最新成果，已经成为全党全国人民为实现中华民族伟大复兴而奋斗的行动指南；明确了目前我国的主要矛盾已经变化为人民日益增长的美好生活需要和不平衡不充分的发展之间的矛盾……曹老师以开阔的视野分析问题，阐述形势，加深了我们对中国发展理念、发展道路以及内外政策的认识

和理解；康利导师的"超越功利走向'问心的道德教育'理论"指出：道德就是人性的守护，道德与人性的坚固联结是道德教育真实存在的基本依据。道德最根本的意义是内在的"品格"，而不仅仅是外在的行为规则。"自觉为人"是道德教育的最高品质。这些新理论、新思想、新观点正是政治教师最需要的理论营养品，我们要充分吸收内化这些先进理论，提高我们的理论素养。

②修正教育观念，正确认识学科性质和学科作用，提高业务素养。思想品德（道德与法治）是一门特殊学科。其主要宗旨在于促进初中学生正确思想观念和良好道德品质的形成和发展，为使学生成为有理想、有道德、有文化、有纪律的社会主义合格公民奠定基础。但我们部分教师对本学科的性质和教育作用认识不够，所以在教学中体现出错误的教育观念之一是将教与学的重心放在知识点的传授和记忆上，而对学生正确思想观念和良好道德品质的培养则考虑甚少。新课标指出，中学思想品德课程（道德与法治）将正确的价值引导蕴涵在鲜活的生活主题之中。所以在教学中，要面向丰富多彩的社会生活，开发和利用学生已有的生活经验，选取学生关注的话题，围绕学生在生活实际中存在的问题，帮助学生理解和掌握社会生活的要求和规范，提高社会适应能力。要求教师注重课内课外相结合，鼓励学生在实践的矛盾冲突中积极探究和体验，通过道德践行、促进思想品德的形成与发展。但我们学科教师囿于主客观多种因素在教学中的错误观念之二是不联系学生的生活，不考虑学情，就教材教教材，学生在课堂上收获的只是编者对某些问题的看法和做法，根本不是自己的体验和感受，没有形成自己的观点和认识。另外我们的学科教师对于课程标准认识不准，所以在教学中的错误观念之三是他们视课标要求为最高要求，人为降低教学要求，使学生的收获达不到应有的高度。这几种错误观念影响下的思想品德教学导致的结果是学生学习本科目就知道简单的背诵背诵再背诵以应付考试，对学生的正确思想观念和良好道德品质的形成起到的作用很小，思想品德课的教学效果大打折扣，老师教得无奈，学生学得无趣。北京几位老师的示范课犹如指路明灯，给我们这些在思想品德教育教学误区中苦苦挣扎的老师指明了努力的方向。几位老师在进行教学设计之前会通过小调查、与

学生交流、与班主任交流、与家长交流等多种方式了解学生的学情，了解学生对相关知识的问题点、困惑点、需求点，然后结合学生的这些实际进行有针对性的设计，而且他们的教学设计都是在课程标准的基础要求之上更深入的触及学生的思想、触及学生的灵魂，所以课堂上呈现出的是针对学生的需求点、发展点，紧密结合学生的生活实际创设学生感兴趣的问题、情境、两难选择，学生在这些问题、情境、两难选择中进行体验、感悟、抉择，在与老师和同学的多边对话交流中不断提高认识水平、转变思想观念，从而形成正确的世界观、人生观和价值观。这样的课堂注重的不是浅层的知识点的掌握，而是学生思想和心灵的升华，逐步促进初中学生正确思想观念和良好道德品质的形成和发展。这样的教学才是真正体现学科性质和学科作用的教学，是真正有利于学生终身发展的教学。

三天的学习虽然短暂，但收获颇丰，给我思想的启迪、观念的转变、思维的拓展。我要和老师们一道继续研究学习，不断提高自己的教育教学素养，不断反思我们的教育教学行为，逐步抛弃功利的教育观念，将教育教学的重心放在切实关注学生的成长，关注学生的发展，培养学生核心素养的轨道上，真正承担起教书育人的这一神圣职责。

理论指导实践　提升教育品质
——伊金霍洛旗初中道德与法治名师工作室

第十次研修活动总结

教材分析是教师备课中一项重要的工作，是教师进行教学设计、编写教案、制定教学计划的基础；是备好课、上好课和达到预期的教学目的的前提和关键，对顺利完成教学任务具有十分重要的意义，教材分析和教法研究的过程，既是教师教学工作的重要内容，又是教师进行教学研究的一种主要方法，这个过程能够充分体现教师的教学能力和创造性的劳动。所以，教材分析的过程，就是教师不断提高业务素质和加深对教育理论理解的过程，对提高教学质量，提高教师自身的素质都具有十分重要的意义。而部分教师由于主客观原因，教材分析做得不充分，备课时多数借鉴他人的教学设计，导致教师自己对教材都不是很熟悉，这样的教学效果可想而知。为此5月24日初中道德与法治名师工作室围绕"问心的道德教育——道德与法治课提升道德教育品质的研究"这一课题开展了教材分析与课例研修活动。

撒莲飞和杨庆伟两位老师提前就自己所教年级的相关内容进行了认真的分析和设计，结合党的十九大对德育的新要求从理论和实践两个角度进行了准备。活动中，撒莲飞老师对部编版《道德与法治》八年级下册第三单元第六课《我国的国家机构》进行了分析。她由整体到单元，由单元到课，着重从教学地位、学情、教学重难点、教学建议等方面对第六课进行了细致的分析；杨庆伟老师则从"提升学生法治意识、提升学生思维能力、培养学生独立思考和判断能力及生成学生参与公共事务的意识"4个方面对部编版《道德与法治》七年级下册第四单元第九课《法律在我们身边》进行了分析。两位教师的分析反映出她们对教材进行了认真研读，深入分析，不仅有益于她们自己的教学，同时也给其他老师很大的启发，尤其对还没有任教新教材的老师触动很大。主持人王莉老师结合国培的有关内容对整个八年级下册《道德与法治》教材进行了分析讲解，尤其针对教师的核心知识的学习和学情的了解及教学建议给大家做了指导，使老师们在一定程度上了解了本册教材，也明确了今后教学的应该注意的一些问题。

随后，撒莲飞老师就自己分析设计的第六课进行了课例研修，将理论与实践紧密结合。本次研修既有理论的高度又有实践的深度，使每个参与的成员受益匪浅。

确实，新时代新要求，我们再也不能只低头做知识的传授者、教书匠，而要时刻关注前沿理论，用先进的教育理论指导我们的教学实践，做一名研究型、学者型教师，才能真正提升我们的教育品质。

三、研修成果

（一）形成精品课例

之一

第四单元　我们崇尚公平和正义

第一框　公平是社会稳定的"天平"

市一中分校　王　丽

【课标依据】理解遵守社会规则和维护社会公正对社会稳定的重要性，正确认识和理解社会矛盾，理解发展与稳定的关系。

【学习目标】

①树立公平意识和权利意识，用合理合法的手段维护公平，主持公道。

②了解公平的含义，理解公平与社会稳定的关系。

【学习重难点】

树立公平意识和权利意识，用合理合法的手段维护公平，主持公道。

【学情分析】

关于"公平"，学生接触得较多，对于现实生活中存在的不公平现象，学生也已有了初步的判断和思考，但对于公平的重要性等问题学生缺乏理性的思考和清晰的认识，不利于学生树立公平意识。另外学生容易将公平理解为绝对的公平，在生活中遇到对自己不公平的事情时，往往不能正确、客观地对待和处理，造成一系列后果。所以引导学生正确对待不公平事件是非常必要的。

【学习方法】

情境分析法、自主学习法。

【学习过程】

导入：情景剧表演《买樱桃》。

设问：剧中商家的行为侵犯了消费者的哪些权利？

师："天平"是交易的衡器，有了它，能维护消费者的合法权益，然而生活在社会中的我们，是否也需要一个"天平"，去维护社会的公平、公正呢？今天我们就来学习《公平是社会稳定的"天平"》。

新授课：

活动一：找一找

①我们身边有哪些不公平的事情？

②我们应该怎样对待这些不公平？

学生畅所欲言。

小结：根据学生的课前问卷调查，总结学生最关注的不公平问题是：老师对待学生时的偏心；中高考加分政策不公平。

通过学生的讨论，总结出学生最关心的问题，作为本节课探讨学习的重点。

活动二：说一说

你经历过的不公平事件给你什么感受？

学生根据亲身经历说出自己的真实感受。

小结：不公平现象会让人感到冤枉、气愤，甚至导致报复行为。

过渡：可怕的心理感受会影响我们的行为，那这些不公平的感受会产生哪些后果呢？

活动三：析一析

请你分析，不公平的感受会产生哪些后果？

学生畅所欲言。

小结：这些心理和行为使人与人直接的信任感降低，导致彼此关系恶化，合作难以为继；会对经济发展产生不利影响，甚至带来一系列社会问题，影响社会的长治久安。

活动四：反思自我，快乐生活

小组讨论：我们应该怎样正确对待这些生活中的不公平？

展示提升：每组派代表展示本组总结出的有效办法。

活动五：生活启示录

观看《力克胡哲的精彩人生》视频，思考：力克胡哲的人生经历给你哪些启示?

学生畅所欲言。

小结：生活中总会有不如意、不公平的事情发生，当我们面对这些不公平时，不妨调整一下自己的思维方式，理性地反思一下自己的价值观念，或许我们会更加客观地对待生活中的不公平现象。

结束语：世界上从来就没有绝对公平的理想国，只有幻想的乌托邦。人的一生实际上就是欲望不断产生和满足的过程。世界上的事从来都是一分耕耘，一分收获，有所施才有所获。其实社会没有公平不公平，关键是你想要什么、付出了什么。

之二

伊旗二中新课教学设计

伊旗二中新课教学设计首页：如表1所列。

表1

学科	李娜	备课人	李娜	备课时间	2017.10.1	授课时间	2017.10.10
课题	遵守规则					课型	新授
课时安排	第1课时（共1课时）			授课班级	148、149班	学案序号	09
课标（指导性文件）要求	本课依据的课程标准是"我与国家与社会"中"积极适应社会的发展"；理解遵守社会规则和维护社会公正对于社会稳定的重要性						
教材、教学资源等内容的研究分析	《遵守规则》是人教版《道德与法治》八年级上册第二单元第三课《社会生活离不开规则》第二框题的教学内容。本框题有三目：第一目"自由与规则不可分"，本目主要引导学生明确自由与规则的辩证关系，明确这一关系是增强遵守规则自觉性的前提，因此本目是本框的重点。第二目"自觉遵守规则"，主要阐明遵守规则的两种约束机制和自觉遵守规则的要求，侧重强调"自主行动"和"自我约束"。第三目"维护与改进规则"，本目是"自觉遵守规则"的进一步引申，仅仅遵守规则是不够的，还要"维护规则"，另外还要在社会变迁的基础上学会改进规则。本框题是对上一框题的扩展和延伸，是在学生知道了规则的重要作用的基础上，引导学生遵守规则来维护秩序，是本课的落脚点和归宿						

(续表1)

学生已具备的知识、技能、情感等方面的分析	八年级的学生，正处于转型期，对于生活中的规则只是有个初步的认识和了解，规则意识和公共生活责任意识都处在初步的形成时期。通过调查发现，在他们看来规则更多的是对人的一种束缚，而不是自由的保障。通过上一节课的学习，学生已经知道规则在生活中的重要作用，但是他们对规则的遵守还主要处在他律阶段，需要从他律向自律转变。本节课旨在帮助学生实现从自律到他律的转变，成为规则的忠实崇尚者、自觉遵守者、坚定维护者、积极改进者
学习目标	知识目标：阐明规则与自由的辩证关系；列举遵守规则的两种约束机制；归纳自觉遵守规则、维护规则、改进规则的具体做法； 能力目标：提高自律能力，敬畏规则，学会维护规则的技巧，锻炼参与改进规则的能力； 情感态度价值观目标：树立正确的自由观，认同社会规则和自由的辩证统一，将规则内化于心、外化于行，自觉遵守规则，尝试积极改进规则
学习重点难点	重点：规则与自由的辩证关系。明确这一关系是增强遵守规则自觉性的前提，因此本目是本框的重点； 难点：规则与自由的辩证关系；积极改进规则
学习用具及媒体手段	多媒体课件、教材
课时反思	本节课的活动的开展和问题的设计很巧妙，让学生能够有话可说，并且鼓励学生说实话，从而根据学生的回答去生成。除此之外，本节课的素材很贴近生活，提升了学生的学习兴趣。但是，由于过于追求课堂的氛围，设计活动较多，导致整体教学内容有些泛泛而谈，不够深入。在重点突破的时候有些，学生理解的还不够深入，不能体现学科特性，不能做到"问心"
板书设计	自由 VS 规则——自觉遵守 　　　　　　——努力维护 　　　　　　——积极改进
安全教育	有病及时就医，并尽可能安排在白天就诊，以免延误医治时机。有先天性危险疾病（如心脏病）要及时向班主任出具证明、汇报，并避免剧烈运动等。用药请遵医嘱，防止出现过敏、不良反应等不适症状
德育渗透	矩不正，不可为方；规不正，不可为圆。——淮南子

一、新课导入

播放视频：八达岭老虎伤人事件。

思考：

①老虎伤人谁之过？

②如果动物园里没有相关的协议规定，游客自由出入园区，会产生什么样的后果？

生：……

师：通过刚才的探讨，我们知道生活中不能没有规则，不遵守规则会给我们带来一些危害，今天就让我们一起来学习《遵守规则》。（板书课题）

通过典型的不遵守规则而丧生的故事激发学生遵守规则的意识从而导入本课。

二、多媒体课件展示学习目标

①阐明规则与自由的辩证关系。

②列举遵守规则的两种约束机制。

③归纳自觉遵守规则、维护规则、改进规则的具体做法；

三、自主学习

学生根据学习目标阅读文本知识，并将重点知识在书上做标记。

让学生带着目标去学习，提高学习效率。

让学生对所学知识有整体感知，做到心中有数。

四、新课教授

自由与规则不可分：

①探究与分享：P27。

师：你如何看待这位男士打手机的"自由"？

生：……

利用学生身边经常发生的事例，让他们去剖析，从而明确自由是有边界的，不是随心所欲的。

②多媒体课件出示"飞机上暖心的一幕"文字及图片。

9月25日，一位宁波的妈妈带孩子出行，担心孩子哭闹打扰同行的乘客给同行乘客发耳塞和糖果,还有写有文字的小卡片。

师:你如何看待这位妈妈的行为?

生:……

运用近期发生的与前一行为相反的事例,前后事例形成对比,让学生感受生活中的温暖,从而初步树立遵守规则的意识。

③多媒体课件展示材料。

1764年的一天深夜,一场大火烧毁了哈佛楼(哈佛大学的图书馆珍藏馆)。在大火前,一名学生违规把一册名为《基督教针对魔鬼、俗世与肉欲的战争》的书带出了馆外,打算在宿舍阅读。

第二天当他意识到自己从珍藏馆带出的那本书已是珍藏馆唯一存世的书的时候,他陷入了纠结之中。

霍里厄克校长收下书,感谢了他,然后下令把他开除出校。理由是,这名学生违反了校规。

最终,他敲开了校长霍里厄克的办公室。

"让校规看守哈佛的一切,比让道德看守哈佛更安全有效。"这是他们的行事态度。

师:假如你是校长,你会怎么办?

生:……

利用这种两难的情景,让学生身临其境,换位思考,从而明确违反规则的人会受到惩罚,是为了促进社会有序运行。

小结:社会规则划定了自由的边界。自由不是随心所欲,它受道德、纪律、法律等社会规则的约束;社会规则是人们享有自由的保障。人们建立规则的目的不是限制自由,而是保证每个人不越过自由的边界,促进社会有运行、违反规则、扰乱秩序的行为应当受到相应的处罚。

自觉遵守规则:

活动:七嘴八舌。

晚上在没有摄像头、无人的路口,你会等红灯吗?

A. 不会,完全没有必要

B. 会，习惯使然

C. 犹豫一下，过

D. 犹豫一下，还是等红灯

生：……

有摄像头，你会等吗？

生：……

师：遵守社会规则既需要监督、提醒、奖惩等外在约束，即他律，又需要自我约束，即自律。遵守社会规则，需要我们发自内心地敬畏规则，将则作为自己行动的准绳。

小结：我们遵守社会规则无论何时何地都应该将规则内化于心、外化于行。

利用人人都懂，从小熟知屡禁不止的一道风景，让学生发表自己的观点，从而让他们知道，通过外在的监督、提醒、奖惩等约束去遵守规则是他律；自我约束是自律。而我们遵守社会规则无论何时何地都应该将规则内化于心、外化于行。

维护和改进规则：

活动：实话实说。

如果看见有人闯红灯了，你会怎么办？

A. 一笑而过

B. 愤怒制止

C. 耐心劝导

生：……

小结：我们坚定维护规则。一方面，要从自己做起，自觉遵守规则；另一方面要在保证自身安全的前提下，提醒监督、帮助他人遵守规则。

继续利用学生熟知的事例，引发学生思考，怎样才能让社会更有序？由此得出不仅要"独善其身"、还要"兼济天下"。就是在自己遵守规则的同时监督、帮助他人遵守规则。

活动：演一演。

分小组设计一个不文明的场景，一人饰演不文明行为者，一人饰演自愿者

对不文明行为进行劝导。（提示：注意劝导的技巧——有礼、有理、有节）

生：……

通过活动，让学生自己去体验和感受如何劝导别人遵守规则，更易于让别人接受，做到学以致用。

活动：畅所欲言。

近日，南宁市第二十六中学五象校区拆除宿舍所有窗帘，不允许学生对窗口做任何遮挡，导致整个宿舍变得一览无余。该校区秩序队长黄锦华回应称，此举有利于管理学生，规范学生作息，保障学生安全。

师：你如何看待这个校规？

生：……

师：面对不合理的规则，是埋怨、忍受还是违反？

生：……

小结：我们要积极参与规则的改进和完善，善于与他人沟通交流、寻求共识，积极为新规则的形成建言献策。

通过贴近学生生活的校规，让学生知道生活中并不是所有规则都是合理的，规则是可以改变的，从而引导学生积极参与规则的改进和完善。

通过计划生育政策的变迁，进一步理解规则不是一成不变的。

知识拓展：计划生育政策的历史变迁。

五、当堂检测

多媒体展示。

六、小结

生：……

师：通过这节课学习，了解了自由与规则不可分，知道了遵守规则需要他律和自律，需要我们发自内心地敬畏规则，将规则作为自己行动的准绳。明白了要从自身做起，自觉遵守规则，在保护自身安全的基础上，提醒、监督、帮助他人遵守规则；我们还要积极参与改进规则。希望我们从现在做起，遵守身边的规则，养成良好的习惯。你的家庭会因为你的守规则而变得更加幸福温馨；你的学校会因为你的守规则而变得更加美丽可爱；我们的社会会因为你的守规则而变得更加和谐文明!

之三

《遵守规则》教学设计

伊旗一中 邢 茹

核心知识分析:"秩"指条理,"序"指次序。社会规则是人们为了维护有序的社会环境,在逐渐达成默契与共识的基础上形成的。调节我们行为的规则有很多,如道德、纪律、法律等。了解自由与规则的辩证关系是增强遵守规则自觉性的前提,也是本框的逻辑起点、教学的重点和难点。没有不受约束的自由,自由的边界就是不得损害国家的、社会的、集体的利益和其他公民的合法自由的权利。规则既限制"自由",又保护自由,"限制"才能更好地"保护"。遵守规则的两种约束机制:一种是外在约束即他律;一种是自我约束即自律。由他律到自律需要做到3个方面:严于律己,即严格要求自己;不断自我反省;克服自省中发现的不良行为。"维护与改进规则"是对"自觉遵守规则"的进一步引申。仅仅自己遵守是不够的,还要提醒、监督、帮助他人遵守规则,也就是"维护规则"。总的原则是既要自己遵守规则,又要提醒、监督、帮助他人遵守规则,我们不能"独善其身",还要"兼济天下"。"积极改进规则"如前所述,要求社会成员遵守规则的前提是规则制定的合理,特别是其背后体现的国家、集体、个人的根本利益的统一性。规则也要与时俱进,加以制定、废除、调整和完善。

学情分析:儿童向成人转变,实现社会化,就需要了解、学习、掌握、遵守社会规则。遵守又分为两种形式,即基于他律的遵守和基于自律的遵守。学生主要还处于他律阶段,需要从他律向自律转变。我们的教育,就是要帮助学生实现从他律向自律的转变,成为规则的崇尚者、自觉遵守者、坚定维护者、积极改进者。学生的规则意识是朴素、肤浅的,在从他律向自律转变的过程中,这种认识逐渐深刻起来。教材中关于社会秩序的作用、社会规则是如何维护社会秩序的、社会规则与自由的关系等,都是在帮助学生理解和认同规则的价值。遵守规则，就是尊重彼此的自由和利益，不越过自由的边界，不侵犯他人的合法权益，不侵犯国家、社会、集体利益。遵守规则是心中有他人、心中有集体、心中有社会、心中有国家的具体体现。明白这一点，学生就会了解，遵守规则既是现实的需要，又是崇高的品行。

教学目标：

知识目标：了解规则与自由的关系，明白每个人都应自觉遵守规则，懂得应积极维护规则，参与改进规则。

能力目标：提高自律能力，敬畏规则，学会维护规则的技巧，锻炼参与改进规则的能力。

情感态度与价值观目标：树立遵守社会规则的意识，培养自律意识和敬畏规则的意识，形成自觉遵守规则和维护规则的理念。

重点难点：

教学重点：自觉遵守社会规则、维护社会规则。

教学难点：认识自由与规则的关系。

教学过程：

导入新课

预备铃响啦！

两分钟预备了，大家准备好了吗？

这两分钟的时间里，我们应该做些什么？

我们为什么必须在两分钟预备时间做好上课准备呢？

自学题思考

社会规则与自由的关系。

如何遵守社会规则？

如何维护和改进社会规则？

"运用你的经验"

结合上述材料，谈一谈我们应该怎样正确对待规则。

1. 自由与规则不可分

风筝与线的故事。

问题：从风筝与线的故事中，你明白了哪些道理？

"探究与分享"

思考：你如何看待这位男士打手机的"自由"？

教师讲述：这位男士有打手机的自由，但是他在行使自己的自由和权利时，应该尊重他人合法的自由和权利。

(1) 社会规则划定了自由的边界

自由不是随心所欲，它受道德、纪律、法律等社会规则的约束。我国宪法规定，公民在行使自由和权利的时候，不得损害国家的、社会的、集体的利益和其他公民的合法的自由和权利。

"探究与分享"

思考：为什么这两位乘客看似在行使权利，最后却受到处罚？

教师讲述：这两位乘客为了等到同伴上车而阻止火车启动，损害了整列火车上乘客的利益，他们的自由和权利是建立在牺牲别人的权利基础上的，因此不应当受到保护。根据《中华人民共和国治安管理处罚法》的规定，公安机关对他们予以行政拘留的处罚。

(2) 社会规则是人们享受自由的保障

社会规则是人们享有自由的保障。违反规则、扰乱秩序的行为应当受到相应的处罚。

自由与规则的关系是怎样的？

①社会规定了自由的边界。自由不是随心所欲，它受道德、纪律、法律等社会规则的约束。

②社会规则是人们享有自由的保障。

2. 自觉遵守规则

杨震暮夜却金

问题：在许衡和杨震身上体现了一种什么品质？

如何理解这一品质？

(1) 遵守社会规则需要他律和自律

遵守社会规则，既需要监督、提醒、奖惩等外在约束，即他律，又需要自我约束，也就是说遵守社会规则需要他律和自律。

探究与分享：P29

中国式过马路：靠规则不如靠自己（见图1）。

图1

观点一：闯红灯不对，但大家都在闯，我也就跟着走。

观点二：只要没人看到，没人管，就可以闯红灯。

观点三：我觉得车辆多的时候不能闯红灯，车辆少或者没有车的时候可以闯红灯。

分组讨论：这三种观点是否正确，你认为应该如何对待交通规则？

名人故事：按次序理发、我也要遵守制度。

问题：从以上名人轶事中，你得到什么启示？

(2) 发自内心地敬畏规则，把规则作为行动的准绳

教师总结：这三种观点都是缺乏规则意识的表现。遵守交通规则不能只靠外在约束，更需要我们发自内心地敬畏规则，将规则作为自己行动的准绳。

3. 维护与改进规则

探究与分享：P29

问题：生活中还有哪些类似的行为？

面对这些行为，旁观者是怎么做的？

为了改变这种状况，两位同学讨论解决方案，请你参与其中。

得出结论：我们要坚定维护规则。

(1) 我们要坚定维护规则

生活中还有类似的现象，如：随地吐痰，在喷泉池里洗手等。解决这种状

况，要从自身做起，自觉遵守规则；还应该在保护自身安全的基础上，提醒、监督、帮助他人遵守规则。当然，我们在善意提醒别人时要注意有"礼"、有"理"、有"节"。只有人人相互帮助，相互提醒遵守规则，才能维护规则的尊严，才能使规则真正保障每个人的利益。

方法与技能：P30 "探究与分享"

思考：你还知道哪些被改进的规则？说说为什么有这些变化。

例如：新版《中小学生守则》补充了一些更具操作性、学生可以做到的具体行为规范内容，如主动分担家务、自觉礼让排队、不比吃喝穿戴等，并增加了新时期学生成长发展中学校、社会和家庭高度关注的内容，如养成阅读习惯、文明绿色上网、低碳环保生活等。又如《刑法修正案》（九）进一步减少适用死刑的罪名，对走私武器、弹药罪、走私核材料罪、走私假币罪、伪造货币罪、集资诈骗罪、组织卖淫罪、强迫卖淫罪、阻碍执行军事职务罪、战时造谣惑众罪9个罪名的刑罚规定作出调整，取消死刑。

原因：随着社会的发展和社会生活的变迁，这些原有的规则不能完全适应实际生活的变化，就需要被改进或者废除。

（2）我们要积极改进规则

我们要积极参与规则的改进和完善，善于与他人沟通交流、寻求共识，积极为新规则的形成建言献策，使之更加符合人民的利益和社会发展的要求。

课堂总结：

这节课我们学习了怎样对待规则的三方面内容：了解了自由与规则不可分，社会规则划定了自由的边界，自由要受道德、纪律、法律等社会规则的约束，社会规则也是人们享有自由的保障，违反规则、扰乱秩序的行为应当受到相应的处罚。知道了遵守规则需要他律和自律，需要我们发自内心地敬畏规则，将规则作为自己行动的准绳。明白了要从自身做起，自觉遵守规则，在保护自身安全的基础上，提醒、监督、帮助他人遵守规则；我们还要积极参与改进规则。

板书设计：

略。

教学反思：

本节课学习怎样对待规则：自由与规则不可分，自觉遵守规则，维护与改进规则。本节内容涉及知识点比较多，六个活动都针对具体知识点展开。由于本框题教材安排的探究与分享部分贴近生活，学生易于理解，所以设计活动时多以本课背景材料为主。活动五的维护规则部分，应适当安排学生表演规劝别人遵守规则的情境，使学生通过体验明白与人沟通要讲究技巧。

之四

《遵守规则》教学设计

伊旗一中　撒连飞

学习目标：

情感、态度与价值观目标：养成自觉遵守规则的习惯，做合格的社会成员。

能力目标：树立正确的规则意识，提高自觉遵守规则、维护与改进规则的能力。

知识目标：理解规则与自由的关系，明白每个人都应自觉遵守规则，懂得应积极维护规则，参与改进规则。

重点： 培养自律意识，自觉遵守维护社会规则。

难点： 自由与规则的关系。

课时安排： 两课时。

新课导入：

复习旧知：为什么社会生活要有秩序？为什么维护秩序要靠规则？

总结：我们都希望生活在良好的社会环境中，而维护秩序靠遵守规则。由此引出新课，遵守规则。

讲授新课：

活动一：话说"自由"与"规则"

①图片展示一中的各项规章制度。

②面对生活中这些规则，你对规则是一种什么情感？（喜爱或讨厌，说说理由）

③试想：

学校没有进餐制度，会_____

学校没有住宿制度，会_____

学校没有各项规章制度，会_____

社会没有交通法规，会_____

没有环境保护法，会_____

没有产品质量法，会_____

没有各项比赛规则，会_____

④说说交流活动中，你领悟到了什么？说说自由与规则的关系。

总结：社会规则划定了自由的边界。自由不是随心所欲的，是受道德、纪律、法律等社会规则的限制。宪法规定，公民行使自由和权利，不得损害国家、社会、集体和他人的利益。社会规则是人们享有自由的保障。规则保证每个人不越过自由的边界，促进社会有序运行。

活动二：小故事大道理

一个来访者问：法师，我想问一个不太恭敬的问题？

师：请讲！

来访：您在公众场合是素食，您一个人在房间会不会吃肉呢？

(师并没有回答他的问题) 反倒问他：您是开车来的吗？

来访：是的。

师说：开车要系安全带。请问您是为自己系还是为警察系？如果是为自己系，有没有警察都要系。

来访：喔，我明白了！

思考：通过故事你明白了什么道理？

遵守社会规则需要他律和自律。

老师顺势说说自己开车系安全带感受，同时指出学生完成作业的态度。遵守规则需要他律，更需要自律。

活动三：实话实说，你闯过红灯吗？

调查了解学生情况，并引导学生说说当时是什么情况才这样做的。

总结：不管是哪种情况，任何时候，我们都要遵守社会规则，需要我们发自内心的敬畏规则，将规则作为自己行动的准绳。我们都应该将规则内化于心、外化于行。

活动四：谈感受

通过这节课的学习、交流，你想对规则说什么？或对规则的态度？

总结，通过这节课的学习交流，我们对规则与自由的关系有了正确的认识，我们就应该自觉遵守规则，体现在生活中的方方面面。

《遵守社会规则》教学反思

伊旗一中　撒莲飞

本框题有自由与规则不可分、自觉遵守规则、维护与改进规则三目内容，我分两课时教学，第一课时完成第一、二目题。本节课的重点也是难点，理解自由与规则的关系。学生只有搞清楚自由与规则的关系，才能做到自觉遵守规则。

为了突破这个教学的重难点"自由与规则的关系"，本节课设计了两个活动。

活动一：话说自由与规则

ppt展示伊旗一中的各项规章制度，设问同学们有自由吗？你们对这些规则是什么态度（情感）？学生的回答大部分是没有自由，讨厌规则。由此引导，让我们摆脱规则，寻找自由。

活动二：试想

学校没有进餐制度，会＿＿＿＿＿＿＿＿＿＿＿＿＿＿＿＿＿＿

学校没有住宿制度，会＿＿＿＿＿＿＿＿＿＿＿＿＿＿＿＿＿＿

学校没有各项规章制度，会＿＿＿＿＿＿＿＿＿＿＿＿＿＿＿＿

社会没有交通法规，会＿＿＿＿＿＿＿＿＿＿＿＿＿＿＿＿＿＿

没有环境保护法，会＿＿＿＿＿＿＿＿＿＿＿＿＿＿＿＿＿＿＿

没有产品质量法，会_____

没有各项比赛规则，会_____

学生的发言大部分认为各项活动无法有序进行，而且学生及人们的利益无法得到保障。

教师总结：自由与规则的关系：社会规则划定了自由的边界，自由受道德、纪律、法律等社会规则的约束；社会规则是人们享有自由的保障，规则保证每个人不越过自由的边界，促进社会有序运行。顺势引出第二目题，自觉遵守规则。

为完成本目教学任务，设计两个活动。

活动三：小故事大道理

感悟遵守规则需要他律和自律，更重要的是自律。老师谈自己系安全带的认识及体会，遵守规则，是为自己，学生做作业，也是为自己，不是为老师。

活动四：实话实说，你闯过红灯吗？

当时什么情况？中国式过马路的思考。总结遵守社会规则，需要我们发自内心地敬畏规则，将规则作为自己行动的准绳。将规则内化于心、外化于行。

课堂小结之后，问学生通过本节课学习，你想对规则说什么？有个学生说得特别好，我会感谢规则，因为有规则社会各项活动有序进行，我们的利益才能得到保障。其他学生示意不再讨厌规则。

通过这些教学活动，选取学生身边的教学资源，走进学生的生活，走进学生的内心，学生认识到自由与规则的关系，增强了规则意识，认识到制定各种规则，目的不是限制人们的自由，而是为了保障自由的获得。

尝试着由问理的道德教育向问心的道德教育实施，得到了老师及专家的赞许和认可。

不足之处是对教材挖掘不够深入，对规则"敬畏"一词理解不到位，影响了知识的升华，没达成规则即自由的认识高度。

在今后的教学中，在备课中做到深入分析教材，梳理好教材；制定简洁明了的教学目标，这是备课的方向；选择实现教学目标的方式，整合教学资源。提高学生在道德与法治课的回头率。

之五

《守护生命》教学设计

伊旗四中　张桂华

具体内容：如表1所列。

表1

课题	第九课第一框　守护生命	课型	新授课	讲课人	张桂华
课标依据	本课依据的课程标准是"成长中的我"中的"自尊自强"："认识自己生命的独特性，珍爱生命，能够进行基本的自救自护"					
教材分析	本单元对学生进行生命教育，在本书中处于核心地位。对学生生命教育的关切是道德与法治学科的核心理念之一，这一理念贯穿于学科教学的全过程。本课时主要涉及两个问题：守护生命一方面要爱护身体，另一方面要养护精神。引导学生既要关心自己的身体健康，培养维护健康、危急情形下自救自护的意识和能力，又要追求丰富的精神生活，为下课时的学习打下基础					
学情分析	在和学生的交流中，我发现他们对"为什么要守护生命"的理解不够深入，也许是因为第八课没有教授的缘故。所以基于单元教学的角度考虑，本课在教学内容中提取了第八课的两个内容即"生命的美好与脆弱"以帮助学生理解为什么要守护生命，为怎样守护生命的教学做铺垫。此外，守护生命要养护精神学生也难于理解和把握，因此，在教学中利用学生熟悉的材料，发掘学生资源，尽量联系他们的生活实际以帮助他们理解感悟					
教学目标	知识：知道生命的美好与脆弱；懂得守护生命不仅要爱护身体还要养护精神； 过程、方法与能力：通过探究分享、举例说明知道生命的美好与脆弱，在课堂讨论交流中懂得如何守护生命。培养观察和分析问题的能力； 情感态度价值观：增强安全意识和自我保护意识，珍爱生命。关注自己的精神生活并认同中华优秀传统文化					
教学重难点	认识维护自身健康的意义。掌握自救方法和一定的健康救护知识					
教学方法	讨论法、讲授法					

(续表1)

教学过程			
教学环节	教师活动	学生活动	设计意图
导入新课	出示图片,引出课题	听讲,了解学习任务	激发学生兴趣,引发学生思考,为教学奠定基础。明确学习方向
学习新课:爱护身体	关注自己的身体; 分享"生命·脆弱"的视频,提问:在什么情况下,我们的生命会受到威胁?怎样避免危险?如果危险发生怎样自护自救; 小结归纳:生命是美好的也是脆弱的	思考、交流	从感性认识出发、从学生生活出发,帮助学生知道生命的美好与脆弱
守护生命	问题讨论:既然生命那么重要,可是我读过"嗟来之食"的故事,一个人宁愿饿死也不接受带有侮辱性的施舍。对此,大家怎么看; 介绍张骞,分析他的话; 组织小组讨论:请联系实际,说一说你们平时做什么事或参加什么活动可以丰富自己的精神世界	深入思考,发表感悟,形成认识	由"嗟来之食"的故事引发大家的思考,培养学科思辨能力的同时引出守护生命要追求精神生活;利用张骞的材料再次强调精神生活的重要性;最后通过举例说明回归学生实际生活,培养分析说明的能力
总结反馈	总结本课内容	梳理知识	总结归纳,提炼升华

之六

人教版道德与法治八年级《诚实守信》教学设计

伊金霍洛旗第一中学　撖连飞

教学目标:

①认识什么是诚信。

②理解诚信的意义与价值,尤其是从内心感受诚信做人做事的美好。

教学重难点：为什么诚信，从内心感受。

教与学的方法：阅读感悟、情景体验、探究交流等。

新课导入：曾子杀猪的故事

孔子有个学生叫曾子。一天，曾子的妻子要上街，儿子哭闹着要跟去，妻子就哄他说："我回来给你杀猪炖肉吃。"妻子回来，见曾子正磨刀霍霍准备杀猪，赶忙阻拦说："你怎么真的要杀猪？我是哄他的。"曾子认真地说："我们的一言一行对孩子都有影响，我们说话不算数，孩子以后就不会听我们的话了。"他果真把猪杀了。

学生讲曾子杀猪的故事，告诉我们什么道理。

要诚实守信。什么是诚信，为什么诚信？这就是我们今天要探讨的话题。

一、什么是诚信

①请学生说说"你认为什么是诚信"。

②你觉得以下哪位同学的做法最能体现诚信（　　）。

　　A. 同学没有完成作业告诉老师说没有带

　　B. 同学没有完成作业告诉老师说没写完

　　C. 同学按时完成作业，什么也没说

让学生选择，并分析讨论。诚信不光要实话实说，而且要对事情负责，即对人守信、对事负责。

师生总结：其一诚信就是诚实、守信用。对人守信、对事负责。内诚于己，不自欺，内心坦坦荡荡，不说违心话，不做违心的事。外信于人，诚恳实在，不说假话，不做假事，言行一致，信守诺言。其二，诚信是社会主义核心价值观在公民个人层面的一个价值准则，是一种道德规范和品质，是中华民族的传统美德。其三，诚信也是一项民法原则。诚实信用原则要求民事主体在行使权利、履行义务过程中，讲诚实，重诺言，守信用。

过渡：诚信一直就是中华民族的传统美德，今天更是成为社会主义核心价值观的一个重要价值准则，成为民法的一项基本原则。诚信有什么重要性，我们为什么要讲诚信？

二、为什么诚信

①让学生谈谈为什么诚信？（举例加以分析说明）

生：社会上立足、取信于人、获得利益，社会更加和谐美好，国家才能进步（功利性的价值体现）等。（教师总结板书），除此之外，诚信还有什么重要意义。我们来看一则事例。

②阅读感悟。

出示小乞丐事例前半部分。（后附小乞丐故事）

问：你如何评价文中的小乞丐。

生答：不讲诚信、不守信用，说话不算数，不兑现承诺，不诚信的人等。

过渡：结果真如我们想的这样吗？

出示小乞丐事例后半部分。（后附小乞丐故事）

过渡：故事还没有结束，故事的结果到底会怎样，我们继续看故事。

问：

小乞丐为什么要把钱送回去，你猜他当时内心怎么想的？

这时你怎样评价小乞丐？

从小乞丐的故事中，诚信让我们获得了什么？

总结：讲诚信能让我们内心踏实，快乐，心安理得，内心坦坦荡荡，获得一种做人的品质，是人性光辉的闪烁等。

学生朗读最后一段："也许，生活可以庸俗地把人分为三六九等，但是那一瞬间，我开始相信，诚信作为一种古老的品质，可以让任何一个人发出天使一样的光芒，照亮自己也照亮别人的人生。"

让学生谈谈类似的经历。

过渡：我们有一位同学也有类似的经历，他是怎么做的？我们一起来看看。

③视频：学生骑车撞坏宝马留担责字条，车主感动放弃追责。

"我不小心撞了您的爱车，非常抱歉。但责任必须担当，您可到一中找我"。近日，一张留言条在罗田微信朋友圈内疯传。罗田一中学生小朱在撞坏一辆宝马私家车后，给车主留了一张字条致歉，并留下自己的个人信息。车主看后十分感动，大度地不要小朱赔偿。

问：你会不会为小朱同学点赞，你怎么点赞？（请同学们为他写点赞语，小组合作，展示点赞语）

总结：从曾子杀猪、小乞丐的故事、小朱同学身上感受到诚信的魅力。如何让诚信这种魅力在我们身上展现。

三、践行诚信——诚信考场

学校准备设立诚信考场（无人监考，无监控）和普通考场（有人监考），你的选择？为什么？

生命不可能从谎言中开出最灿烂的鲜花！

高尔基说："人类最不道德之处，是不诚实与怯懦。"

总结：诚信是公民基本道德规范和社会主义核心价值观的重要内容。诚信中国的建设需要你我共同参与、共同努力。

四、学生谈学习收获

附：小乞丐的故事。

两年前，我与妻子来到杭州。妻子在一家报社工作，我则在电台做音乐节目。我们住在一个有四五户人家的院子里。

院子里有一个大大的门，上面有一把巨大的锁。也不知怎么养成的习惯，每一个住在院子里的人，从外面回来，哪怕在大白天，也要顺手把院门锁上。

事情发生在一个炎热的午后。

那时我做的是下午3点档的一个音乐节目。我通常是在直播开始前半个小时赶到电台。在夏天我有午睡的习惯。妻子那天刚好在报社拼版，中午不回来。而我也睡过了头，醒来时离直播只有半个小时了。更糟的是院子上了锁，我们的钥匙在妻子手里，院子里其他人又不在。院墙出奇地高，我根本无法翻出去，家里又没有装电话。我手忙脚乱起来。

我焦急地站在铁门边，透过门缝我看到了他。他是一个正好从弄堂里经过的小乞丐，看样子不超过10岁。我喊住他，想请他去弄堂口给妻子打个电话。似乎也只有这个办法了。开口前我想到的是应该给他点零钱作为报酬，然而我翻遍了身上，只有一张百元的纸币。我有些尴尬，我似乎还无法把100元当作

"零钱"给一个乞丐。

我飞快地跑回屋子想找出一些零钱,没有成功。然后我看到了昨晚吃剩的两个馒头。隔着铁门,我把馒头递给了他。他很高兴。我请他去弄堂口打个电话,并把那张百元纸币放在他的手掌上。他飞快地跑向了弄堂口。10分钟后他还没有回来,我想他大概不会回来了。当时我给自己的安慰是,他不回来是对的——他不是一个愚笨的孩子。巧的是邻居回来了,我借了邻居的钱打车直奔电台。直播没有延误。晚上问起妻子,她说没人给他打电话。我笑着对妻子说我白信任那个孩子了。

两个月后的一天,我忙着搬家。大铁门敞开着,我和妻子与搬家公司的人一起忙里忙外。妻子突然对我说,门口有人盯着你看呢。顺着妻子的目光看过去,我愣住了:居然是那个小孩子!

他怯怯地站在门口看着我,然后伸出手,手里是一张揉成一团的百元纸币。他用细小的声音告诉我,那天,在去打电话的路上,一辆突如其来的小面包车撞伤了他的腿。他的小伙伴救了他,他整整躺了两个月。

尽管我们告诉他可以保留这张纸币,这100元是他的了。但他还是固执地把钱留了下来。我和妻子静静地注视着他的离去,用一种近乎崇拜的眼神。

之七

《灿烂的中华文化》说课稿

鄂尔多斯市第一中学伊金霍洛分校　王　丽

"世界给我16天,我给世界5000年",这是北京奥运会的口号。"世界给我12天,我给世界5000年",这是鄂尔多斯人民为世界献上的厚礼,大街小巷的蒙元文化、现代的郡王府——康镇、历史悠久的成吉思汗陵、传统的鄂尔多斯婚礼,一切的一切,我们用12天让世界人民领略了中华民族5000年的悠久文化,让伟大的中华民族因我们这样一个小窗口而走向世界,今天我因我是鄂尔多斯人、中华儿女而自豪!所以今天我的说课带领大家走入源远流长、博大精深的中华文化。

一、教材分析

1. 教材的地位

依据课标"感受个人情感与民族文化之间的关系,提高文化认同感,了解传统美德"的要求,本课的学习主要让学生了解源远流长、博大精深的中华文化。传承中华美德、践行中华文化是社会主义精神文明建设的要求,本课在了解我国国情、国策的基础上,进一步学习中华文化,从情感上对爱我中华进一步升华,进而更好地培育学生的核心素养。本课同时上接八年级上册第六课《多元文化"地球村"》的内容,在学习世界文化的基础上,进一步了解中华文化,产生对中华文化的认同感和使命感,在整个初中思想品德的教学中和学生一生的发展中占据举足轻重的作用。

2. 学情分析

九年级的学生通过学校的学习、课外书籍、媒体等,对于文化了解得比较多。但对于"文化"这一抽象概念来说,学生对于其内涵知之甚少。同时部分同学对西方文化盲目尊崇,一味追求、标榜西方文化,而忽视了中华传统文化的价值。因此引导学生认识中华文化,增强学生对民族文化的认同感,进而化为实际行动显得非常必要。

3. 教学目标

知识目标:掌握中华文化的基本特点——博大精深,源远流长;懂得中华传统美德要代代相传。

能力目标:具有发现身边中华文化的观察能力;具有以实际行动传承良好家风的能力。

情感、态度、价值观目标:感受中华文化源远流长、博大精深;自觉弘扬中华传统美德。

4. 教学重、难点

重点:中华文化总特点——源远流长,博大精深。

难点:对中华文化的认同,主动践行传统美德。

二、教材处理

①以地域文化、身边文化为切入点,逐渐放大到中华文化,以小见大。

②充分利用我校"小组合作"的优势，发挥团队力量，培养学生自主学习、合作学习的能力。

③挖掘学生身边的资源，贴近学生生活，从学生中来，到学生中去。

④走出教材，走出课堂，看鄂尔多斯，赏中华文化。

三、教学方法

实地考察法、总结归纳法、实践提升法。

四、教学手段

①在八年级暑假期间，学生以研学的形式走访鄂尔多斯、中国的大好河山，用手中的相机等多种形式，记录各种文化的踪迹，并制作图文并茂的PPT。

②制作PPT。

③收集音频、视频资料。

五、教学程序

1. 创设情境，导入新课（3分钟）

给学生播放张艺谋导演拍摄的《申奥宣传片》，设问：

此片给你的最大感受是什么？

宣传片里展示的最多的元素是什么？

设计意图：通过观看视频，让学生感受中华文化的博大精深，给学生以直观的震撼，进而激发学生学习的积极性。

2. 体验感悟 学习新知（40分钟）

活动一：灿烂文化展播（15分钟）

①小导游，看中华：根据学生课前准备，精选两个准备充分的小组，进行PPT展示，介绍他们走过的、看到的中华文化。

②随着同学们的脚步，我们领略了祖国的大好河山、灿烂文化，那通过上边的欣赏，我们来认真思考一下，五千年的中华文化到底有哪些特点呢，又对我们人类和世界的发展产生了怎样的影响呢？

学生通过总结归纳得出中华文化的特点、地位及影响。

设计意图：此环节的设置，意在培养学生的观察能力、整理归纳能力、语言表达能力，通过学生的展示分享，让学生进一步去感受中华文化的博大精深、源远流长。改变传统仅从课本、课堂学习的模式，激发学生的学习兴趣。

过渡：领略了中华文化的魅力，我们走入深层次的学习，又是哪些东西影响着我们中华民族的发展呢，作为新时代的我们又该以怎样的方式去对待他们呢？

活动二：身边的美德（10分钟）

①学生介绍我校"美德少年"的事迹（我校每年的三月至六月都会在学校举行"寻找美德少年""评选美德少年"的活动）。学生讲述班级的、学校的美德少年事迹，并从他们身上寻找优良的中华传统美德。

②学生介绍自己家里的良好家风（优良的家风是中华民族的瑰宝，当今时代的部分家庭，已经把它丢弃了）。

设问：大家介绍的美德事迹、良好家风无疑已经历经了几千年的历史，然而为什么这些美德能经历千年而不衰？

学生总结中华文化的力量，感受其伟大之处。

设计意图：通过学生身边的人和事去感动学生，进而让学生了解中华民族的优良传统美德，形成认同感，让其影响学生进而去改变。

过渡：感人的故事总能引起我们的共鸣，良好的家风我们又怎能忍心让他失传，所以接下来让我们行动起来……

活动三：美德相伴，家风传承（12分钟）

根据学校的"星级评价方案""美德少年评选标准"，学生为争取星级学生和美德少年，设计自己的美德培养、传承方案，并设计监督人（包括家长、老师、同学），并在班内形成评价机制，纳入今后的班级考核，形成长效机制，逐渐帮助学生养成良好的行为习惯（每人最多只能选取两项去做）。

设计意图：一节课的影响微不足道，设计本环节，希望通过长效机制开展评价，进而帮助学生养成良好的行为习惯，在学生的成长中留下痕迹，进而影响学生的终身发展。

归纳总结（3分钟）：学生通过这一系列的活动，说出自己的感受与收获，进而为今后的教学提供经验，不断改进，继续前行。

六、板书设计

根据教学流程,设计板书如下:

灿烂的中华文化
灿烂中华文化——源远流长,博大精深
优良家风传承——生生不息,历久弥新

(二) 研修成果辐射

1. 参加全国名师工作室联盟首届工作室创新发展特色成果博览会

具体活动安排: 如表1所列。

表1

日　期	时　间	研修内容(初中道德与法治)	主讲人	主持人	会　场
26日	8:30—9:10	展示课:八年级《诚实守信》	撖莲飞	王莉	伊金霍洛旗高级中学1、2号教学楼连廊三楼
	9:10—9:50	说课、观课议课准备、《工作室研修历程展示》	王莉		
	9:50—10:05	说课	撖莲飞		
	10:05—10:25	三个小组议课	工作室成员		
	10:25—10:50	《可持续发展》课例展示	张桂华		
	10:50—11:30	导师与参会教师互动议课	康利		
	12:30—13:00午餐(11:40乘车回酒店用餐,14:00乘车返回会场)				
	14:30—16:30	导师讲座	康利		
	18:00—18:30晚餐(16:40统一乘车回酒店)				

2. 参加呼市进行的第十一届全国名师工作室论坛

市一中分校的王丽老师展示了她的说课风采,她的富有创意的《灿烂的中华文化》说课获得与会专家和教师的高度赞扬。

3. 问心的道德教育深入教师心中(论文,教育随笔等)

心得体会

问心止于行

鄂尔多斯市第一中学伊金霍洛分校　王　丽

道德与法治课的宗旨是育人，教师的工作就是要立德树人，以德育人，学生要以德做人，其结果最终要让学生落实到行动上。

要做怎样的人？善良、有原则、宽容、感恩……

教学"交往的品德"时，怎样才能在教学的过程中触及学生的心灵，让学生有所感悟，并付诸实践行动？作为教师的我，作为班主任的我这无疑是一个值得思考的问题，也是一件值得用心去研究、实践的事情。恰逢这时我们工作室开始了"问心的道德教育"课题研究，于是在我的学生身上开始了我的问心之旅。

"与人交往"部分的内容，我们传统的教学方式无非是跟着课本让学生了解父母老师的不易，不可替代，进而让学生去孝敬、尊敬师长。这样的方式既骨干又空洞，学生只会作为知识听听罢了。于是在问心的道德教育指引下，我改变了传统的教学方式，从学情出发，了解学生与父母、老师交往过程中发生的困惑、矛盾，并整理成案例运用于课堂，同时结合班会课、班主任课，联系家长、科任老师，真情告白，触动学生心灵，化解生活矛盾，融洽关系。让课堂与生活紧密地结合在一起，给学生上生动的一课！

中国人的含蓄历来被颂扬为一种美德，我们的父母如此，亦不会教给孩子们去好好表达，尤其是在与人交往的过程中，我们的父母、老师总是在默默地付出着，让我们的孩子去感受。殊不知处于青春叛逆期的他们又怎么会感受的到，又怎会理解呢！所以"与人交往"的升华之处，我教给孩子们"爱"要学会表达，这样才能融洽关系，帮助我们建立更好的人际关系。

初尝这样的做法很不爽，记得我们班有一位生物老教师，她是一位极负责、敬业的老师，无论生病或家里发生大小事，只要她能克服绝对不会请假耽误孩子们的课程，然而一场家里的变故（老人得了重病），不得不让她暂时请假去陪老人看病。我在了解到这样的情况后，启发、引导我们班的孩子，让他们发短信、打电话问候王老师（未给孩子们说王老师请假的具体原因），孩子们却给了我一堆理由：我们不知道王老师的手机号，她应该没事吧。我的心为之一震！没过几天，王老师回来了，我第一时间赶到问候，并问她我们班的孩子给她打电话了吗？得到的回答却是一个冷冷的"没有"！

我知道冰冻三尺非一日之寒，之后的日子我会抓住家长、老师、同学中的每一件小事、每一个节日，启发引导孩子们去表达，例如父亲节、母亲节我会让孩子们给自己的父母写卡片、发短信，要求是必须说自己的心里话，不能抄袭任何网络段子！就这样，我坚持了一年，孩子们的改变是不能用一两句话来形容的。

现在孩子们经常和我说心里话，每个特殊的日子，我都会收到孩子们的祝福！如果孩子们看到我生病了或不高兴了，全班的孩子会关心不断。

我们会传授给学生很多知识，然而在他们的一生中又会有多少知识在他们的生命里留下痕迹呢，作为德育老师的我们传授知识固然重要，但如果我们的教学能触及孩子的心灵，进而改变他们的某一个行为，让这一优秀的品德伴随其一生的成长，那岂是能用"功劳""成绩"来形容的，这也许就是我们德育老师的成功与收获吧！

问理教育到问心教育

伊旗四中　张桂华

听了康老师的讲座我最大的收获就是思想品德教育不同于其他科的教育，对我们的要求更高，我们从事的是思想道德的教育，给学生树立正确的世界观、价值观、人生观。我们用心去教育学生，学生回馈我们的将更多。

作为一名教师，我们的使命不在于教给学生多少知识，而在于把健康的理念植根于学生的心中。康老师说为了让学生将一个理念根植于心，我们可以用一学期、一年、三年时间。关于中国的教育，大家都在找问题，是不是我们的功利心太强了？是不是我们太着急了？慢下来让孩子去体会。

我们都是有感情的人，而不是一台教书机器；我们不仅教书，更要教学生做人；学生也是一个有血有肉的人，不是我们记分簿上的一个符号；我们不应该只看到学生的成绩，更要看到他们所作的努力；我们不仅要会讲，还要会听——听他们的心声；在我们的眼中不应该有好学生与坏学生之分。其实，孩子身上的某些坏习惯正是在我们平时的言行举止中潜移默化来的，别总是板着脸，我们的微笑更能激发我们的学习兴趣，挖苦、讽刺、抱怨只会让我们之间更加疏远。学生得到我们的爱和关注，得到我们对他们自身价值的肯定，如果我们能做到其中一二，想必就不用整天为了如何营造良好的师生关系而烦躁。康老师说了给学生树立正确的观念，成绩不会差到哪去。是的，有些老师是学生喜欢的老师，学生为什么喜欢你？首先应该是你喜欢学生，真心地喜欢，像对待自己的孩子一样。如果我们的孩子是一个差生我们会不会厌恶他呢？不会，自己孩子怎么看都觉得亲，那就用同样的感觉去对待那些所谓的"差生"吧。看到他一点点地进步，教给他积极向上的生活态度。

康老师的讲座，是我大学毕业之后听得最认真的，感觉又回到了学生时代，感觉好久没有呼吸到新鲜的空气。道德与法治，用问心的教育去实施效果会更好！

问心的道德教育

北京师范大学鄂尔多斯第二附属学校　杨庆伟

今天，我有幸参加了伊旗名师工作室的学习活动，更有幸聆听了北京市朝阳区教研中心康利老师的精彩生动的课堂，让我这个刚参加工作不到三年，处于迷茫中的年轻教师学习了教学新思想、新理念，如拨云见日。

党的十八届三中全会提出"坚持立德树人，加强社会主义核心价值体系教育，完善中华优秀传统文化教育，形成爱学习、爱劳动、爱祖国活动的有效形式和长效机制，增强学生社会责任感、创新精神、实践能力。强化体育课和课外锻炼，促进青少年身心健康、体魄强健。改进美育教学，提高学生审美和人文素养"。作为一名思想政治教育工作者，承担教师的教育责任，不仅是我们的责任，更是我们义不容辞的义务。初中思想品德课程内容分为成长中的我、我与他人和集体、我与国家和社会三大框，培养学生的创新能力和社会责任感是核心素养的重要内容。如何上好每一节课，是我们在实践中一个巨大的考验，根据学习的内容，我做了如下总结。

①问心的道德教育胜于问理的道德教育。我们的课堂已不仅局限于课本理论知识的灌输和学习，当今社会，随着中国经济的迅猛发展，未来的中国更需要敢于质疑，善于思考，有一定思维能力的知识青年。我们的精神文明建设要适应经济的发展需要，树立自觉为人的道德品质。我们的课本知识从理论教育对学生的道德教育进行了阐述，作为老师应该引导学生从内心去认可坚定道德取向，做一个善良、有原则、宽容、简单的人。

②建立系统化的道德教育。很多人觉得我们的思想品德课教育效果不明显，针对我们的课程内容，广泛，杂，一节两节课怎能在意识形态上改变一个学生的价值取向呢？我们应整体把握教材主题，七年级以积极为主，八年级以尊重为主，九年级以责任为主，每节课都涉及这个主题，久而久之，学生自然而然就形成了一定的价值认可，我们的道德教育也就取得了一些成绩。我们应以德育为主，坚持问心的教育，树立系统化的道德教育理念，这才是我们一整套的初中思想品德课。

③认识课堂的突出特点及任务。大致可以分为5个方面。加强道德认知；发展道德思维能力；陶冶道德情感；树立榜样示范；强化道德实践，指导道德行为。以上5点可以作为评课的重要标准。以上内容可以从道德两难法、寻找固定的榜样示范、实际体验等相关活动中认识升华道德教育。

④一般的教学思路分析。从备课、设计、过程、课后几个点分析学生的学习目标、学情、手段、评价反馈，从教学意识升华为课程意识，做到有的放矢。

以上是我的一些简单的认识，未来我将在教育实践中摸索和探究道德教育的真理所在，上好每一节课，做一位问心的教育者。

问理到问心，来一场走心的道德教育

市一中分校　王　丽

2017年5月26日，一个对于常人来说极普通的日子，对于我而言却是一个特殊的日子，是心理受到极大挑战的一天，是对常规极大挑战的一天。

2017年，一个不寻常的年份，我们一群奋战在一线的传统的思想品德教师开启了问心之旅。在这场艰巨的旅途中，我和李娜老师做了第一个吃螃蟹的人。第一次基于问心的道德而做课，虽然之前也听康利导师讲了一些相关的知识，但真正到了实施的时候，才感觉自己像是个无头苍蝇，无从下手，一节课背着背着就又回到了原点，回到了传统的知识传授模式。经历了内心的煎熬，经历了传统与创新的冲突才知道，作为一个新时代的"旧老师""老教师"，改变是如此的难。

如果没有名师工作室这个平台，如果没有人逼我一把，也许我会一生如此下去，逼着自己去做了，才发现其中的快乐。

设定目标的改变，给学生长远发展奠基。以前传统的课在设定教学目标时往往考虑的只是一节课的目标，再大一些也不过是一个单元的目标。然而自从走上了问心之旅，我们学会了站在学生一生发展、初中成长的高度去设定目标，为学生的一生发展奠基，在学生的成长旅程中留下知识的痕迹。例如公平是社会稳定的"天平"一课，我在设定教学目标时，整体考虑了八年级下册的内容，进而结合全册内容，设定目标为"树立公平意识和权利意识，用合理合法的手段维护公平，主持公道"。希望通过这一册书的学习，给学生的心中埋下"权利"的种子，时刻学会用法律来维权。

工作室创造了此次机会，因为对公平和正义我一直以来很难去把握，很难去突破。于是走进了图书馆、走进了网络，广泛地去学习相关的内容，弄清它的来龙去脉。认真的研究后，去做一节课，才发现里边的奥秘原来如此的不简单，也让自己更加充实、自信。

学习理论知识，这是一件简单的事，而学习、掌握学生的心理才是一件极其难的事情。备课前基于本节课，我做了一份关于"公平"的问卷调查，才发现孩子们的关注点和我们是完全不一样的。分析着问卷，反思自己，孩子的世界很简单，为什么要把简单的问题复杂化呢，一节课如果能解决一个困扰他们的小问题，在他们的心里埋一颗公平的种子不就已经很了不起了吗？所以一节课备了改，改了备，局限于传统，还不甘于此，于是在康导师的指引下，我大胆地做出了尝试与改变，希望自己来一场问心的道德教育，走入学生心底，做心与心的交流与沟通。

一节课，成也罢，败也罢，至少迈出了改革的第一步！

问心的道德教育

伊旗四中　徐金惠

2018年7月，我参加了全国名师工作室的教研活动，见识到了一批优秀老师的精彩展示，学习到了宝贵的经验，也看到了自身的不足。就观课方面谈自己的心得体会。

撒连飞老师所授《诚实守信》一课，围绕诚信是社会主义核心价值观的价值准则之一、诚信是一项民法原则、诚信是一个人安身立命之本、诚信是企业的无形资产、诚信促进社会文明和国家兴旺这几方面来展开。这些都是问理的层面，道德的正当行为将使效用最大化。

撒老师这节课，学生在这几方面说得比较全面，可见，大多数学生停留在问理层面上。而撒老师接下来花了大量的时间去引导学生走向自己的内心。

首先在《小乞丐》资源的运用上，设置了4个问题。

小乞丐为什么要把钱送回去，你猜他当时怎么想的？

由此，让学生知道诚信是内心的底线和信念，是做人最起码的品质。现在你怎样评价小乞丐？让学生对诚信的价值观达到认同。从小乞丐的故事中，谈谈诚信让我们获得了什么？

请你谈谈你是否有类似小乞丐的经历？请与我们一起分享。让学生从小乞丐与自己的亲身经历中体会诚信给我们带来的精神愉悦和富足。

接下来用视频《学生骑车撞坏宝马留担责字条》，让学生直观感受诚信的魅力，写点赞语，引起学生共鸣，内化于心。这是对《小乞丐》事例所带来的心理感受的进一步升华。

最后，用诚信考场的设置，来帮助学生树立诚信意识的信心和信念。在学生说诚信考场选择的理由时，尽量不要再回到问理的层面上，一气呵成，逐步升华。走入诚信考场，感受人格魅力，如果走入普通考场，也一定坚信未来是一个有诚信品质的人。撒老师整节课由问理逐步过渡到问心，思路清晰，板书一目了然，为我们在问心教育的道路上起到了很好的示范作用。

走在时代的前沿，接受精神的洗礼

市一中分校　王　丽

2017年12月3日，虽说是个星期天，但带着满心的求知期盼，我们出发了，向着我们的首都进发。

三个学校、一群孩子、几个老师、一位老人家，让我们在短短的三天时间内接受了一场精神的洗礼。感谢也感慨这一趟不虚此行。

热情、好客、尊重——践行中华传统美德。一提到热情、好客，我们鄂尔多斯人民总会当仁不让，然而这次北京之行却让我的这一观点大大颠覆。无论行走至北京的哪一所学校，那里的老师都会以主人翁的身份去热情的招待我们，茶水、咖啡、各式各样的水果，为每一位来客定制专属服务。师师之间、师生之间彼此的尊重与礼貌让我们不禁叹服，也是我们学习的榜样。走到北京的大街小巷，我们亦能感受到老人家志愿者们的热情、责任感，可以说，北京人民用自己的实际行动很好的诠释了我们中华民族的传统美德！

思想先行，走在前面。最后一天的下午，我们有幸和北京朝阳区的老师们听了某杂志社资深编辑"解读党的十九大"报告会。一天奔波的我们原以为会在会场中昏昏欲睡，然而花甲之年的老人家却让我们震撼不已。一个半小时的讲解，84张精美PPT，幽默的语言，走在前沿的信息量，让我们听得兴奋不已，意犹未尽，不舍离开。

短短三天匆匆而过，离开时我们是无尽的不舍，是意犹未尽，这样的学习但愿我们能常在。

超越功利，指向精神的道德教育

北师大第二附属中学　杨庆伟

11月4日，我们伊旗名师工作室的成员来到北京，聆听了北京市朝阳区八十管分常青藤校区、三里屯一中和北京市陈经纶中学的精彩生动的课堂，让我学习到了最前沿的教学新思想、新理念。

11月4日上午，我们一行来到北京市朝阳区八十管分常青藤校区，认真听了杨洁老师的《探问生命——生命的意义》精彩展示课，在课堂中，杨老师让学生根据一些特设的情境思考"人为什么活着，活着的意义在哪里?"通过一步步的设问让学生体会。在这节课中给我印象最深刻的是"60岁就是浪费粮食？智力低下就是浪费粮食？精神病人就是浪费粮食？植物人就是浪费粮食？通过一系列看似刁钻的问题，让学生体会生命的价值，认识到"活出自己，为了他人，益于人类!"

11月4日下午，我们一行来到北京市陈经纶中学，进行了三节课的同课异构《守护生命》，刘真老师的一个模块是小组交流"你平时是怎么丰富自己内心精神世界的？展示学校的精神文化创建活动"，总结出优秀民族文化滋养精神，让我们更深刻地认识到我们的德育教育应该超越功利，指向精神。

11月5日，我们参加了北京市朝阳区的学科教研活动，一位位看似朴素的老师却震撼了我们，他们的教育思想和理念，如何让我们的道德教育升华和落地，都是一些很新的教育思想和理念，让我受益匪浅。

11月6日上午，我们一行来到三里屯一中，听取了杨老师的《增强生命的韧性》，并与学科组教研交流，杨老师关注学情，从学生的角度开展课堂，体会教育价值，让我们感受到课堂要以学生为出发点。

11月6日下午，我们参加了北京市朝阳区的《党的十九大报告讲解》，在这节报告中我们学习到了很多知识，中国在国际上的地位以及中国经济、中国骄傲，都让我们体会到了祖国的强大，为祖国取得的成绩而骄傲，为我们是一个中国人而自豪。

为期三天的学习虽然很短暂，但是我们学习到的知识却很多很多，如何把这些知识运用到我们的课堂，是我要在教育实践中摸索和探究的话题，上好每一节课，做一位问心的教育者，让我自己在学习中成长。

"问心"探索我们在路上

伊旗二中　李　娜

道德与法治学科最大的特点就是时代性，要紧握时代的脉搏，因此，从教五年有余，迎来了第一次教材的更换。可是无论教材如何变化，我们学科最本真的东西不会变，因为无论何时都要超越功利，指向精神，学会问心。基于这样的理念，我们的"问心"探索一直在路上。

12月4日，我有幸在教研室王老师的带领下，与名师工作室成员一行来到北京，通过听课、交流研讨、讲座等形式，让这为期三天的培训收获满满。

学生是课堂教学的主体，老师只是主导，因此，我们的教学必须从学生的实际出发，以促进学生的成长为最终的归宿。北京第十八中学常青藤校区的两位老师让我深切感受到了这一点。第一个讲课的杨洁老师，在课前做了详尽的学情分析，依托教材，以学生实际存在的困惑展开教学，循循善诱、层层递进，让学生的思维产生碰撞，让课堂达到高潮。第二个讲课的苏丽娜老师，大胆将课堂还给学生，让学生自己去分析问题、解决问题，为学生未来的健康成长奠定坚实的基础。

"超越功利，指向精神"，陈经纶中学的刘真老师很好的诠释了这一观点，在讲到《守护生命》这一框题时，她选取了大量典型的素材，将抽象的精神生命具体化，从而让学生很好地理解精神生命这一概念，并引导学生延长自己的精神生命。

运用学生已有的知识和经验，倾听学生的声音，注重学生在课堂的生成。三里屯中学的杨梅老师，在讲授《增强生命的韧性》这一框题时，留给学生充足的讨论时间，发挥学生的主体作用，让学生在课堂中生成一些东西。摒弃了以往的条条框框，发散学生的思维，为学生的终身发展奠定基础。

《新时代新思想新征程》，曹勃亚老师关于党的十九大精神的解读，让我们耳目一新，其中的一些观点对于道德与法治学科教学有着重要的作用。

三天的时间过得很快，一些新的思想、理念却在慢慢浸润着自己的心灵，洗礼着自己的思想，作为一名年轻教师，我还有很多不足的地方，在今后的工作中还要不断努力、继续探索，争取做得更好。

摒弃功利主义教育，注重问心的道德教育

伊旗一中　邢　茹

今天我参加了本学期第三次工作室活动，撒连飞、杨庆伟两位老师和教研

室王莉老师进行了教材分析，给我很大的触动。

首先，教育要贴近生活，更要注重内在的东西，提升学生的获得感。在设计一节新课前，一定要先了解学生的认知情况，以此为基础，制定学习目标，教师在上课之前要对学生的学习过程和结果进行预测和规划，把学生当成课堂的主体，就要把学生的发展作为目标追求，强调发挥学生的学习主动性，强调学生对于学习内容的积极、自主的生成。理论联系实际，走进学生的内心，激励学生从每一节课中有所获得。

其次，摒弃功利主义教育，注重问心的道德教育。在我国教育改革的背景下，素质教育开展得如火如荼。我们政治课拥有天然的进行情感教育的平台，初中是形成三观的关键时期，这将对孩子的一生产生持续深远的影响。所以，我们在给孩子们传授知识的同时，还得承担起道德教育的重任，而我们现在的道德教育，功利性的因素太多，总是给学生设问："不这样做，会对自身产生怎样的不良影响？"这种引导在无形中使学生总是把维护自身利益放在第一位，却没有真正将这种情感和认识内化于心。所以，这就要求我们教师在备课的时候做足功课，在对学情深入分析之后，确定切实可行的学习目标，然后再设计教学环节、流程。这样才能在课堂上真正地和学生进行一次心灵的交流与沟通。

感 悟

市一中分校　　王　丽

"落霞与孤鹜齐飞，秋水共长天一色""结庐在人境，而无车马喧……"在优美的诗句中，在美景的欣赏中，我们开启了今天的学习。无论是撒老师结合本土情况开展的一脉相承的精品课例，亦或是北京于老师呈现的思辨课堂，更或者康导师给我们高站位的引领，深刻感受，今天不虚此行，今天收获满满，今天不比往日……

做一个会讲故事的老师

"你教的东西你相信吗……"在一个奇特的问题引领下，年轻有为的于老师开始了她的故事。娓娓道来，没有高谈阔论，没有侃侃而谈，但就是在这漫谈的故事中让我们感受到了于老师对于职业的高度认识，对于这门学科的独到见解，也让我深深地震撼，作为一名老师我竟然不会讲故事。今天飞速发展、走向世界的新中国，要求我们每一位国人会讲中国故事，作为一名老师、有经历的老师，也一定要会讲故事，讲中国故事、讲经典故事、讲自己的故事、让故事贯穿于我们的课堂，让故事引领着学生，走得更远，走向更高！

努力，收获最美的你

偶尔和学生聊天，每个学生都会有自己的偶像，或是明星，亦或是名人。细细思量，我好像真的没有偶像，好可悲！今天听了撒老师、于老师的课，精彩之余不禁又万分地敬佩，又在于老师的故事中得知，为了讲好这一节课，她辛苦地努力了一个月的时间，此时的我才豁然开朗，原来我最敬佩的是那些努力的人！无论身处什么行业，无论你是否喜欢你的职业，只要我们竭尽所能的去努力了，结果总是不会差，也会在那个领域里收获最美的你，至少是自己心中的最美！

中年的自己，经历了许多事，明白了很多道理，我们要做一个热爱生活，勤恳工作，努力干事业的新时代有追求的教师！

喜欢学生　用心教育

伊旗四中　张桂华

有一次评课，有老师说我是学生喜欢的老师，所以学生爱上我的课。后来我细细地想了一下，为什么学生喜欢一个老师？因为这个老师喜欢他们。从教多年我从一个意气用事的年轻教师，一步步转化为今天这个不和学生计较、理解孩子的中年教师。

这届学生马上就要毕业了，这一届是和我最亲近的一届。学生分成AB班，A班的学生成绩稍微好一些，学习主动性较强；B班的孩子很自卑，经常和我说一说到分班他们就眼泪哗哗的。看着这么小的孩子有心理负担，我对他们分外的关注、关爱。我做过假设，要是孩子是我家的我不会嫌弃他，我会鼓励他，孩子有他们的长处，成绩不好不能全面否定他们。我悟出一个道理：对待学生首先是喜欢他们。作为一名教师，我们的使命不在于教给学生多少，而在于把理念根植于心。我们的导师康老师说为了让学生们将一个理念根植于心，我们可以用一学期、一年、三年的时间。有关中国的教育，大家都在找问题，是不是我们的功利心太强了？是不是我们太着急了？慢下来让孩子去体会。

我们都是有感情的人，而不是一台教书机器；我们不仅教书，更要教学生做人；学生也是有血有肉的人，不是我们记分簿上的一个符号；我们不应该只看到学生的成绩，更要看到他们所作的努力；我们不仅要会讲，还要会听——听他们的心声；在我们的眼中不应该有好学生与坏学生之分。其实，孩子身上的某些坏习惯正是在我们平时的言行举止中潜移默化来的。别总是板着脸，我们的微笑更能激发他们的学习兴趣，挖苦、讽刺、抱怨只会让我们之间更加疏远。只有学生感受到我们的爱和关注，得到我们对他们自身价值的肯定，让他们知道我们是喜欢他们的，而不是因为他们是"差生"而嫌弃他们。他们在学习方面差，不代表什么都不行，要让他们有信心。良好的师生关系是我们从教的第一步。做到喜欢学生就不必整天为了如何营造良好的师生关系而烦躁。

有人说："花苞心态的奥秘在于，把现在的缺点，都看成未来的优点。可爱的慢，是未来的快；可爱的粗心，是未来的细心；可爱的胆小，是未来的胆大；可爱的懒惰，是未来的勤奋。"在平时的生活中，自己认为一无是处的学生，会接过你手中沉重的作业本。他们也会在毕业来临之际，对老师表达歉意和感激，我想：人都是可以感化的，只是你愿意与不愿意去做，愿意不愿意花费时间去想办法。所以我们要想代好课，不是要有多严厉，而是先去喜欢孩子，先和孩子搞好关系，信则服，做孩子心中的同伙，而不是和逆反的孩子们比逆反。

4. 问心的道德教育改变着学生

学生对问心的课程设计非常喜欢，问心德育对部分学生心理产生一定的影响：

"我以前很讨厌规则，上完这课后，我觉得规则才好了，它能保护我们每个人，以后我一定会时时处处守规则"——360班郭心悦

"校门口旁边的红绿灯一般情况我是不看的，只要没车，不管红灯绿灯我就过，学习了规则这一课后，尤其是看了不遵守交通规则带来的重大交通事故的视频，我后怕了，我以后一定不管有车没车，不管有人没人，我都要遵守交通规则"——学生心语

"当我把多找给我的钱还给那个卖水果的阿姨后，我的心里真是爽，踏实，诚信真好"——学生心语

"妈妈，原来听到你在被窝里偷偷哭泣时，我还暗暗高兴，心想'活该，看你以后再管我'，今天听到您关切着急的声音，我知道我错了，您对我的冷淡是装出来的，您时时刻刻都在爱着我，关心着我，妈妈我爱您"——学生心语

5.《问心的道德教育——道德与法治课提升道德教育品质的研究》市级课题顺利结题

6. 成员的荣誉

在全国中小学名师工作室创新与发展联盟首届年会暨第十一届全国中小学名师工作室发展论坛活动中，王丽老师《灿烂的中华文化》说课被评为本届大会优质课堂成果创新奖。南京的李宝玉专家说王丽老师的说课可以成为说课的典范。2018年7月24日—27日，鄂尔多斯市举办的首届全国名师工作室创新发展特色成果博览会上，撒莲飞老师的《诚实守信》展示课、张桂华老师《可持续发展》展示课被评为本届大会优秀课例一等奖；在北京参加"初中道德与法治高级研修"活动时，张桂华老师和杨庆伟老师展示了她们的教学风采。王丽老师在全旗第八届教学能手评选中被评为初中政治教学能手；李娜老师在全旗第八届学科带头人评选中被评为初中政治学科带头人；李娜老师在全旗实施中小学有效德育系列提升工程中荣获学生成长德育导师制优秀导师荣誉称号；王莉老师在首届全国名师工作室创新发展特色成果博览会上被评为本届大会优秀主持人。另外，大家的论文、课例、心得等也在陆续的发表中。我们的成员在自己的学校经常承担示范课、公开课的任务，将我们的研修成果辐射到学校其他教师。

四、研修总结

有付出才能有回报

——第三期初中道德与法治名师工作室工作总结

伊旗初中道德与法治名师工作室主持人　王　莉

时光飞逝，两年的研修即将结束。研修的过程是辛苦的，但丰硕的成果也是喜人的。现将本期工作室的研修活动做一简要汇报，望大家批评指正。

一、课题研究定主轴，确定目标利行动

为了提高研修活动的质量，便于将研修成果辐射更广的领域，按照第三届初中道德与法治名师工作室两年规划（2017—2018）要求，经过康利导师和工作室主持人及全体成员的充分调研、讨论，结合本学科的特点，以学情为基础，确定了"问心的道德教育——道德与法治课提升道德教育品质的研究"这一研究课题，并获得市级课题评审专家的认可加以立项。围绕这一课题，伊旗道德与法治名师工作室的研修工作以"问心的道德教育"为主轴，以"学情分析与教学目标的设定"和"加强核心知识的学习研究，提高教与学质量"为两个基本点，开展系列研修活动。

二、课例研修为载体，围绕目标展行动

进行课题研究离不开课堂教学。为此，两年来我们围绕本课题进行了十六次多种形式的研修。其中课例研修是我们的重点，在课例中发现问题，分析问题进而解决问题，为我们的课题研究积累有价值的资料，推进课题研究的顺利进行。

①金秋十月，瓜果飘香，10月14日，道德与法治名师工作室开展了第四次（本学期的第一次）研修活动，在专家康利老师和教研员王莉老师的带领下，此次活动不仅使我们收获到了很多的知识，更激发了老师们思维的火花。本次活动聚焦课堂，研讨"问心的道德教育，提升道德教育品质"的策略。名师工作室名师撖莲飞和李娜老师率先为大家展示了八年级上册《遵守规则》

这一课内容。两位老师的同课异构展示了不同风格的课堂模式。撒莲飞老师从学生的生活实际出发，让学生在生活中认识和体会遵守规则的重要性，从而使学生内心升华和认识到要遵守规则。李娜老师从一些新颖的社会新闻素材出发，引起学生的学习兴趣，让学生在自由与规则的辩论中认识到遵守规则应该内化于心，外化于行。与上一次活动比较，两位老师的课堂模式逐步在靠近问心的道德教育，展示出名师工作室的老师们在专家的带领下逐步理解和体会道德与法治的课程改革方向。康利老师指出，我们的道德与法治课堂应提高学生的道德认知，让道德与法治课堂超越知识，指向观点。随着科技的迅速发展，信息化时代随之到来，学生已不再局限于自己的小天地，他们在接受着时代的熏陶和洗礼，我们的道德教育更在这个多变的时代展现着我们自身的价值与意义。从学生出发，以学生为主体，了解学生实际，超越功利主义道德教育，从问心的角度让学生去思考自己心灵的归属、人生的价值和意义，让心灵有片净土。在活动中，康利老师带领大家以学习的意义为研讨话题之一，各位老师踊跃发言，以小组为单位探讨研究，最终从心灵的归属、提升生活品质、丰富生活、实现人生价值、提升生活情趣等角度阐述了为什么去学习，这些观点都是超越功利主义教育，指向精神教育层面，让学生从内心敬畏学习，敬畏生命的思想观点。在研讨中我们体会到应重视以"为什么"为教学重点，让学生在内心体会到其价值意义，产生思想共鸣。在研讨的同时，各位老师认真研读教材，探讨教材中的每一个案例，分析教材中出现的词语和句子，在感受到一本充满诗情画意的道德与法治课本的同时，深深体会到一位道德与法治教师肩负的教育使命。习近平说："我们要积极发展教育事业，通过普及教育，启迪心智，传承知识，陶冶情操，使人们在持续的格物致知中更好地认识各种文明的价值，让教育为文明传承和创造服务。"

②为了研究如何更好地做到"问心的道德教育"，培养学生良好的核心素养，塑造学生优秀的道德品质，2017年10月31日，初中全体政治教师相聚伊旗一中，开展"问心的道德教育"第四站暨课堂教学实践与经验交流的研修活动。本次活动以初中思想品德九年级课例为载体，结合2017年我旗初中政治的中考情况，大家进行了课堂教学展示和先进经验分享。老师们打破学校的界

限，将自己认为好的教学经验毫无保留地进行分享，力求为了学生，大家共同进步。

③为了进一步加强初中道德与法治教师专业发展，总结交流"问心的道德教育"的研究成果，进一步落实课程改革理念，促进道德与法治课程改革向更深层次发展，初中道德与法治名师工作室的成员于2017年12月4日—6日参加了由北京市朝阳区教育研究中心举办的"初中道德与法治高级研修"活动。本次活动以专家讲座为指导，以初中道德与法治课例研修为主体，以成员的交流研讨为重点，大家围绕"问心的道德教育"这一核心课题开展了一系列的活动。三天时间，我们听了两场专家的讲座，观摩了北京三所学校的七节道德与法治课，开展了三次成员的交流对话。无论是专家讲座、课例研修还是成员交流，都给我们每位参加者以强烈的感官冲击、思维冲击、观念冲击。大家都感慨：学习就要到先进的地区，向先进的同仁学习先进的理论和经验，修正教育观念，提高教育教学素养。

④两年的研修活动即将结束，工作室每位成员都积极认真地参加了每次研修活动，大家既有辛勤的付出，也有丰硕的回报，正如市一中分校的王丽老师所说："两年多的名师工作室学习、成长，深深地感受到其实我们的每一次研修都何尝不是一次破茧成蝶的蜕变。"大家奋斗了，大家进步了，大家感到幸福了，所以我们要分享、要展示，为此，2018年1月12日上午，我们在伊旗一中组织初中道德与法治名师工作室第七次研修活动暨本学期总结展示会。大家通过听、评课（录像课），分享研修心得和体会，展示自己的收获，展示自己的进步。

三、学习研究是主流，提高素养慧行动

为了提高成员的理论素养和业务素养，更好地进行研修活动，不断学习研究是必然要求。为此我们采取了自主学习和集中学习方式以及内部学习和走出去学习等多种学习方式。《我的教育理想》《初中思想品德有效教学》《中学政治教学参考》是工作室要求成员本学期必须阅读的书籍，并且在阅读的同时撰写读书笔记，在线上和线下不定期进行交流分享。我们带领部分成员参加了全国名师工作室第十一次论坛，领略其他名师工作室的风采；带领全体成员赴

北京参加"初中道德与法治高级研修"专家讲座，优秀教师的示范课、教育同仁的交流研讨使成员受益匪浅。

四、成果展示显效果，激发信心促行动

系列研修活动，每位成员都付出了辛勤和汗水，当然也得到了回报，大家的教学能力和素质不同程度得到发展和进步。原来当众讲话怯场的现在变得落落大方，原来讲公开课紧张的现在操控课堂游刃有余，原来提笔不知写什么的现在变得落笔就来……大家有了发展，就要让他们展示出来，为此，工作室主持人积极想办法，给大家创造展示的机会。老师们在这两年也获得了许多荣誉：全国中小学名师工作室创新与发展联盟首届年会暨第十一届全国中小学名师工作室发展论坛活动中，王丽老师的《灿烂的中华文化》说课被评为本届大会优质课堂成果创新奖。南京的李宝玉专家说王丽老师的说课可以成为说课的典范。2018年7月24日—27日，鄂尔多斯市举办的首届全国名师工作室创新发展特色成果博览会上，撒莲飞老师的《诚实守信》展示课、张桂华老师的《可持续发展》展示课被评为本届大会优秀课例一等奖；在北京参加"初中道德与法治高级研修"活动时，张桂华老师和杨庆伟老师展示了她们的教学风采。王丽老师在全旗第八届教学能手评选中被评为初中政治教学能手；李娜老师在全旗第八届学科带头人评选中被评为初中政治学科带头人；李娜老师在全旗实施中小学有效德育系列提升工程中荣获学生成长德育导师制优秀导师荣誉称号；王莉老师在首届全国名师工作室创新发展特色成果博览会上被评为本届大会优秀主持人。另外，大家的论文、课例、心得等也在陆续地发表中。我们的成员在自己的学校经常承担示范课、公开课的任务，将我们的研修成果辐射到学校其他教师。

两年"问心的道德教育"研究，使老师们对道德与法治学科应追求的育人价值有了更深刻的理解和感受。大家的教育理念逐步从过去追求知识的习得转向对学生品德的塑造培养上，更重要的是认识到了引导学生体验、感悟，将理论内化为学生自主、自觉行动的重要性，更加明确了本学科的价值追求不仅是教书，更在于育人，明白了今后教学的方向，从而更好地发挥本学科立德树人关键课程的作用。

从"重知识"到"重素养"——提质
（第四期）

经过两期的研修，成员们的教学基本功提高了，教学理念转变了，教学思想提升了，教育教学水平整体提高。但教学作为一门艺术是无止境的，为此，我们趁热打铁，循着核心素养的目标继续前进，引导教师从过去的关注知识向关注素养转变，提升学生思想政治素质、道德修养、法治素养和人格修养等，增强学生做中国人的志气、骨气、底气，为培养以实现中华民族伟大复兴为己任的有理想、有本领、有担当的时代新人打下牢固的思想根基。

一、指导思想

深入学习贯彻习近平新时代中国特色社会主义思想和党的十九大精神，学习贯彻习近平总书记关于教育的重要论述，特别是在学校思想政治理论课教师座谈会上的重要讲话精神，全面落实《关于深化新时代学校思想政治理论课改革创新的若干意见》《关于加强新时代中小学思想政治理论课教师队伍建设的意见》。深入推进初中道德与法治课教学改革，切实增强德育教学工作的针对性、实效性和主动性。优化道德与法治教研工作方式，提升教师施教能力与自我发展能力，全面提高教学质量，促进学生学科核心素养发展。实现从"输血"到"造血"的机制新转变，探索伊金霍洛旗义务教育均衡发展的新模式。

二、工作目标

落实立德树人根本任务，提升核心素养，深入研究、学习道德与法治学科育人、教学规律、方法。提升教师学科素养，深化理解统编教材内容，强化教师课程意识与学科教学知识，提升教师课堂教学能力。创新教研模式，探索教研活动课程化。

三、研修主题

基于核心素养培养的初中道德与法治教学课例研究。

四、研修规划

本期工作室围绕研修主题，分两个年度分别进行"基于核心素养培养的议题式教学设计研究"和"基于核心素养培养的备教学评一体化实践研究"。

五、研修策略

双轮驱动：一条主线为以学科领域为单元的核心观点与教学策略分析活动（针对教师面对的都是新编的统编教材），一条主线为以提升学科素养为目的的专题研究教研课程。两条主线均以"教师的学习"为中心，强调学科素养、学科核心体系、学科思想方法。重点突出过程性、参与性和实践性，着重于教师"经验的建构"。以课例改进为对象进行学习、研讨，基本程序为：理论学习（线上、线下、自主学习、专家引领）——融于情境的初步感知——专家引领下的理性反思——基于理论学习的实践改造。

六、研修过程

（一）2020年11月至2021年度

基于核心素养的初中道德与法治议题式教学设计研究
——伊旗教体局第四期"1+1+X+N+Z"初中道德与法治名师工作室2020至2021学年研修总结

一、研修什么

第四期"1+1+X+N+Z"初中道德与法治名师工作室2020至2021年度

研修主题是"基于核心素养的初中道德与法治议题式教学设计研究"。

思政学科（高中）的核心素养是政治认同、科学精神、法治意识和公共参与，这也是初中道德与法治学科的核心素养要求（思政课一体化建设的体现和要求）。议题式教学，是指以学生真实生活情境中具有开放性、指向性、思辨性、综合性、系列性的探究话题为抓手，以结构化的学科知识为支撑和主线，以提高学科核心素养为核心，通过学生参与社会实践、课上合作探究等方式进行的一种教学方法。议题式教学是思想政治活动型学科课程实施的重要形式。课程核心素养的培育是我们的目标，而议题式教学设计是实现这一目标的手段之一。

二、为什么研修

1. 必要性

1）新课程改革的需要

2016年9月，《中国学生发展核心素养》正式公布。旨在让"培养全面发展的人"的核心素养成为基础教育课程改革中教育教学的目标，而思政课（高中）/道德与法治（初中小学）作为"立德树人"的一门关键课程，"活动型学科课程的教学设计，辨析式学习过程的价值引领，综合性教学形式的有效倡导，系列化社会实践活动的广泛开展（2017高中新课标）"是进行本学科教学的要求，而议题式教学是满足这些要求的有效教学方式之一。

2）2017年高中新课程标准的要求

"本课程的教学要运用多种方式、方法，引导学生自主学习、合作学习和探究学习，强调学生的活动体验是其思想政治学科核心素养发展的重要途径（2017年高中新课标）""围绕议题，设计活动型学科课程的教学。教学设计能否反映活动型学科课程实施的思路，关键在于确定开展活动的议题"。

3）初中道德与法治新课程标准（讨论稿）的要求（教学评相统一）

教学方面："本课程教学要以'八个相统一'为指导，将课程内容与学生真实生活相融合，运用多种方式、方法，激发学生学习主动性；作为活动性综合课程，应积极开展议题式学习，引导学生自主、合作和探究学习；应突出实践体验，引导学生在体验感悟中提升道德与法治课程核心素养。以议题式学习为指引，突出积极价值引领，设计多样化教学活动。如阅读、讨论、辩论、参观、调查、访问、游戏、角色扮演、模拟活动、两难问题辨析，以及撰写报告书、制作图表等）"尊重学生主体地位，以活动为教学载体，通过议题引入，引导学生开展好的探究和体验，增强独立思考的能力和遵守规则的意识，使他们在感悟生活中认识社会、学会做人。"

评价方面："命题的核心素养立意：学业水平考试要坚持以学生的道德与法治课程核心素养发展水平为考查对象，实现命题由传统的知识立意、能力立意转向核心素养立意，考查学生能否综合运用相关学科内容，参与社会实际生活，在真实情境中提出问题、分析问题和解决问题，坚决不考死记硬背，避免机械刷题现象。"

4）我旗道德与法治课教学现状的迫切呼唤

当前我旗道德与法治课（思政）教学的现状（突出问题）有以下方面。

从教学方式来讲：教学以教师的教为中心，考量的是教师教的效率，而不关注学生学的效能。教学以灌输式教学为主、教师包办代替导致学生学习的主动性、积极性不高，被动听讲、机械记忆，缺少思考，思辨能力不高，学科思维能力得不到发展；教学往往在讲完各个知识点时结束了，教师与学生都不善于归纳、总结、提升，不会建构知识体系，最终学生习得大多停留在碎片化的识别与判断（识记）层面，而理解与阐释、论证与评价、实践与创新等能力得不到培养，这也是为何学生面对主观性试题无从下手，得分率不高的重要原因之一。

从教学内容和目的来说，教学设计通常关注的只是知识点，而不引导学生去挖掘知识载体背后蕴含的能促进学生道德品质、核心素养提升的学科观念、学科思想，只关注教书，不重视育人。总之单一的知识型的灌输式教学方式使学生的主体作用发挥不够，学科价值追求错位、缺失。要扭转这种局面，真正发挥本学科立德树人的关键作用，培育学生的核心素养，就必须要寻求一种适切的教学方式，议题式教学研究势在必行（灌输式、教教材式、碎片化、例证式）。

2. 重要性

议题式教学借鉴了建构主义理论的观点,认为知识的习得和核心素养的提升不是被动的,是学生之间、师生之间以及与客观环境相互作用、沟通交流得来的,是一种双向互动的过程。它从议题的选择、研讨、分析、交流到内化反思都有学生的参与。议题贴近学生生活实际,学生在真实的场景中得到感悟与体会,这有利于培育他们的学科核心素养,使他们成为有信仰、有思想、有尊严、有担当的新时代青年。

三、怎样研修

研修策略:理论学习与教学实践相结合,学习奠基,实践提升,双轮驱动。

本学年工作室六次研修活动基本都是围绕研修主题在学习中实践,实践中总结提升,使成员们对议题式教学有了一定的认识。

1. 学习奠基

①成员共同研读《核心素养导向的课堂教学》,全面认识基于核心素养的课堂教学。借助网络、期刊(《中学政治教学参考》《思想政治课教学》)学习议题式教学的相关理论。学年末进行了读书分享交流。

②导师培训:三次导师培训(两次线下培训,一次线上培训),都对议题式教学进行了理例结合的讲解。同时由北京的冯琳琳老师进行了议题式教学的课例示范:热点专题复习《脱贫攻坚胜利的密码》,围绕"脱贫攻坚胜利的密码"这一议题进行了示范教学。

2. 实践提升

学习理论的基础上,我们选择合适的教学内容进行议题式教学的实践演练。

①上研究课:王丽、张桂华老师针对九年级下册第一单元《我们的世界》围绕"正确认识我们的世界"这一议题,师生共同建构知识体系,共同创设教学情境,共同参与问题的设计、质疑、讨论交流、互相补充,最终构建起较完善的知识体系,同时以知识为载体,理例结合,学生在充分思考,多向交流中对当今世界有了较全面的认识,形成了关于我们的世界的核心观点,培养了学生用全面的、发展的眼光看问题的科学精神。杨庆伟老师结合一模试题以

"有效讲评试卷"为议题进行了议题式试卷讲评课研究。

②观课议课：针对研究课，成员结合自己的学习、思考，从议题式教学涉及的多方面教学要点进行基于实证的观课议课，既有理论方面的交流，又有实践教学的研讨，使每个人都能得到启发，不断提升。

③反思总结：集体研修后，成员们都要结合研修活动及时进行反思总结，学习他人的优点，弥补自己的不足。成员们撰写了很多的心得、反思、论文等，在总结的过程中提高自己。

四、研修成果

①通过学习和实践，成员们对本课程的核心素养有了更深入和系统的认识，在日常教学中核心素养立意得到一定的体现（从成员的学习心得与课堂教学中看出来）。对议题式教学这一新事物也逐渐从感性认识趋向理性认识，不再畏惧，有了想要尝试的意向和信心，对议题式教学的研究意愿也更强烈。

②在研修过程中，成员们独立思考、合作交流、实践探究的能力进一步提高，教师的核心素养得以培育。

③成员们进行深度思考、学习，撰写了许多学习心得、课例反思、论文等，教育教学能力不断提高。

④在复习课中进行的议题式教学，给了老师们许多启发，尤其在任务的设计（由议题设计想到的）、情境的创设、知识体系的构建、学生主动性的发挥等方面老师们感触很深，所以在整个复习过程中教学效率和学习效能都有提高（中考结果在一定程度上证明）。

⑤辐射带动：成员们在自我提升的同时不忘辐射带动，他们在学校或在送教下乡、连片教研时讲示范课，做理论指导，与老师们共同成长。

五、存在的问题

①理论积淀还很不够，需要加强对议题式教学系统的学习和研究。

②实践学习和体验的机会少，成员对该研修主题的提升步伐受限。

六、未来的构想

①按照规划，统筹推进。

②提供学习渠道和机会，快速提升。

③增加和强化课堂实践研究。

④充分发挥导师的作用，发挥成员的集体力量。

一年的研修告一段落，这不是结束，而是新的起点，是我们的研修螺旋式上升的基础。我们工作室将继续秉持终身学习的理念，不断研究，不断进步，为培养合格的新时代建设者奉献力量。

（二）2022年度

基于核心素养的初中道德与法治"备、教、学、评一体化的教学设计"研究

——伊金霍洛旗教育体育局第四期"1+1+X+N+Z"初中道德与法治名师工作室2022年研修总结

2022年，根据工作室两年规划的既定研修方案，结合当前我旗初中道德与法治教育教学中存在的突出问题，本年度决定开展以"备、教、学、评一体化的教学设计"为主题的系列研修活动。在研修中，继续渗透基于核心素养的初中道德与法治课议题式教学策略研究。

一、当前我旗初中道德与法治教育教学中普遍存在的问题

①目标不明确，重点不突出，眉毛胡子一把抓。所有的都讲，所有的都记，一个点呈现一个佐证资料，PPT满天飞，老师一讲到底，总觉得学生活动浪费时间，认为自己讲完就等于学生学会了。看似老师准备很充分，实则教学效果不佳。

②教材解读不到位，就教材论教材。教材陈述"一"，就教个"一"，教学被窄化成教教材，教知识点，老师的任务就是教教材、教知识点，学生的任务就是背教材、背知识点，不去挖掘与之关联的知识，该分析的不分析（不会分析）、该拓展的不拓展、该提升的不提升。概念解读拓展，核心观点剖析，价值观的引领提升，甚至教材中值得商榷或改进的观点等都需要教师对教材进行深入解读。

③教学设计缺乏整体建构（知识或思维的整体建构）（课件代替教学设

计)。一个环节结束开始另一个环节,一个活动结束进行下一个活动,缺乏整体知识和思维的系统建构,导致知识与知识之间的逻辑关系不清晰,学生的习得都是碎片化、片段式的。

④教学评价与教学目标联系不紧密,反馈效果不佳。课堂上到底哪些内容该老师讲,哪些内容该学生自主探究,各自应该达到什么程度、什么效果,全靠老师的经验感觉,老师一问到底(问的目的、问题有无启发性),学生不假思索地回答,或者是优等生的一言堂;学生满堂讨论,场面热闹非凡,学生的收获不可知。评价得当,能反映出学生的习得水平,为接下来有针对性的教学提供依据(对评价的认识误区:或对学生回答问题的简单评语,或出示习题进行反馈)。评价的方式很多,结合具体的内容选择合适的评价反馈方式。

⑤作业、试题的命制能力不强。多数教师在作业设计、试题的设计和命制方面存在随意性、低效性等问题。

⑥因材施教不到位,对学生的学情了解得不精准,不能有针对性地开展教学、扶优转差,或注意力只盯在优生上,不关注弱势学生,两极分化严重。

⑦缺乏总结反思的习惯和能力,不善于总结经验教训,不善于积累,做了就做了,无痕迹,无总结,不能螺旋式上升。

二、本年度研修规划

1. 研修主题

针对我旗初中道德与法治课堂教学存在的普遍问题,结合学科特征,本学期工作室将开展"基于核心素养的初中道德与法治'备、教、学、评一体化的教学设计'"系列研修活动。

2. 研修主题解读

"备教学评一体化"是课堂教学的指导思想,指向教学的有效性。要依据课程标准和学科核心素养培养目标确定教学目标和相应的课堂教学测评目标,把学习目标的达成度的测评镶嵌在教学过程中,并依据学生的学习表现,测评并调整教学,促进学习目标的达成。课堂教学是课程实施的中心环节,课程实施要实现"备教学评一体化",才能产生较好的教学效果。为此,教师在教学设计和组织上,就要依据学科核心素养培养要求,一体化地考虑教什么、怎教、为什么而教，明确教学应达到的预期学习结果（学习成就）。在教学过程中关注"学生学会了什么""达到了预期的学习目标没有"，真实地评价教学效果，以便调整下一步教学，进一步提高教学实效，做到"备教学评一体化"。"备教学评一体化"强调教学目标、学生的学习目标、课堂教学评价目标的一致性，要求一体化地设计教、学、评，从结果（学习目标）出发，开发评价工具（检测问题或检测试题），再设计学习活动，最后评价。评价是为了考察学习目标达成程度，促进课堂教学目标的达成度。评价要和教学过程融合在一起，成为课堂教学不可或缺的一部分。正确地确定学习目标，设计开展学习、能有效进行学习过程评价的学习活动的方式、方法，是实施课堂教学评一体化的关键。

三、研修方式

研修以线下和线上研修两种方式为主。研修以理论学习、导师讲座、集体备课、课例研修、分享交流、总结提升等为主。所有研修教师按学科领域分为三组，进行重点研究与突破。以课例改进为对象进行学习、研讨，基本程序为：理论学习、融于情境的初步感知（课例研修）、专家引领下的理性反思、基于理论学习的实践改造。各小组成员以自己所在学校的二级名师工作室/三级名师工作室/教研组为研究基地对承担的任务开展重点研究，同时要参与到工作室的整体研修中，对其他组的任务按学期进行积极研修，最终成果整理汇报以自己承担的任务为主。每次研修要充分发挥集体的智慧，研修课例要在学校内经过充分打磨方可呈现。

各成员要积极进行研修总结提炼，主动撰写研修论文、课例、反思等，尽可能将研修成果辐射到所在学校或全旗。

四、研修过程

略。

道阻且长　行则将至
——伊金霍洛旗第四期"1+1+X+N+Z"道德与法治名师工作室第九次研修活动纪实

2022年3月22日上午，伊旗初中道德与法治名师工作室的全体成员及部分毕业班教师齐聚市一中分校，凝心聚力，开展了以"'备教学评一体化'的教学研究"为主题的第九次研修活动。本次研修理论与实践相结合，既有课堂教学的展示与探讨，也有理论的引领与提升。大家针对我旗初中道德与法治课教学存在的普遍问题寻找对策、深入交流，共同学习，共同进步。

首先由市一中分校的王丽老师和伊旗四中的徐金慧老师进行了"备教学评一体化"的单元复习课例展示。

市一中分校的王丽老师进行了八年级下册第三单元《人民当家作主》中第六课《国家机构》复习课的展示。王老师紧密结合热点材料，回归教材，指导学生进行知识梳理，联系单元主题，绘制单元主线并厘清国家机关之间的关系。之后根据"前置检测"中的错误点和疑惑点，由学生集中展示，提出问题，师生共同解疑答惑，扫清盲点。最后通过训练典型，使学生能灵活运用所学知识，分析问题、解决问题。

王丽老师做了充分的准备，通过"前置检测"了解学情，依据课标、教材，确定了可操作、可检测的单元复习目标。针对复习目标设计了多样的评价活动和学习活动，充分发挥学生的主体作用。整个教与学的活动在目标的引领下高效展开。

徐金惠老师进行了八年级下册第一单元《坚持宪法至上》复习课的展示。她的整节课也是在目标的引领下进行核心知识的梳理、思维导图的构建、热点问题的分析、典型例题的训练。教与学目标明确，评价适切，教学活动有效进行，达到了预期的复习效果。

课后，参与活动的老师分成三组进行了议课。3个小组分别从教学目标的设定、评价效度、学生课堂参与度对两位老师的课进行了基于证据的点评。

观课议课后，张翠英老师进行了题为"'备教学评一体化'的单元备课"的讲座。她从对教学评一体化的认识讲到教学评一体化下的单元备课，让我们明白了单元备课时应做到：吃透教材，把握主旨；梳理知识结构，提炼核心观点；理清前沿后续，明确承载重点；把握单元主旨，落地学科核心素养。

最后，工作室主持人王莉作了题为"对'备教学评一体化'的认识"的讲座。首先，王老师结合蹲点教研实践，指出当前教学中存在的问题：目标不清、评价不力、教得费劲、学得被动。而造成这些问题的根本原因就在于教学评不一致，导致学生"假学习"，低效学习甚至无效学习，为此我们要开展"备教学评一体化"的教学研究。其次，王老师阐述了"备教学评一体化"的内涵，指出教师的教、学生的学、教学评价是一致的，都要围绕目标展开。"备"是基础，"评"是关键，"教"和"学"既是"评"的主体，也是"评"的内容。最后，王老师还给我们分享了"备教学评一体化"实施策略：制定学习目标。清晰的目标是教学评一体化的前提和灵魂；设计评价任务。评价设计应先于教学活动的设计；确定教学活动。教学活动是教学评价的具体实施。

通过此次活动，让我们清醒地认识到了当前教学中存在的问题，并且对"备教学评一体化"有了一定的了解。确实，传统的以"教"学为中心的教学，重"教"轻"学"，忽视"评"，导致师生疲惫但效率不高。今后我们一定要转变观念，在教学目标的解读和设定上下功夫，定好目标，重视评价，真正把课堂还给学生，让学生成为学习的主人，提高教与学的效率。

当然，任何一种有效的研究都不是一蹴而就的，要经过千锤百炼，但我们坚信道阻且长，行则将至。

集思广益　博采众长　共同进步
——初中道德与法治名师工作室第十次研修活动总结

为进一步提升我旗道德与法治教师的教育教学素养，提高课堂教学水平，以"'备教学评一体化'的教学课例研究"为主题的初中道德与法治名师工作室第十次研修活动在伊旗第一中学如期开展，名师工作室的全体成员及道德与法治部分教师参加了本次活动。

首先，邢茹老师和李娜老师分别讲授八年级道德与法治下册第五课《我国基本经济制度》。

两位老师在教学过程中充分体现"备教学评一体"的教学理念。教学目标准确、具体、可操作性强；针对目标设计了系列多元、高效的评价方式，能比较全面、真实地反馈学生目标的达成度；结合评价方式设计了精练、高效的教学环节，让学生在自主学习和合作学习中理解所学内容，培养学生的核心素养。

其次，杨庆伟老师结合"备教学评一体化"的理念，按照"确定学习目标——设计教学评价方式——设置教学环节"三步走方式，就七年级道德与法治下册《生活需要法律》一课进行说课展示。

课后，所有参会老师分成七、八年级两个组，依据"备教学评一体化"的理念分别对这两个课例进行讨论修改，不断研磨、完善，最终形成比较优质的教学设计。并由邢茹和杨庆伟老师对修改后的课例进行汇报展示。

最后，主持人王莉老师结合"备教学评一体化"的理念对大家的展示进行了深刻而细致的点评，再次引导老师们认识当前教学中存在的问题、备教学评一体化的内涵、备教学评一体化研究的意义等，为我旗今后道德与法治学科教学工作指明了方向。

课例研究撬动教学评一体化实施
——初中道德与法治名师工作室第十一次研修活动总结

2022年5月24日，伊旗第一中学录播室，初中道德与法治名师工作室第十一次研修活动如期召开。活动以课例研修的方式，继续开展"备教学评一体化"的实践探索。

活动伊始，工作室主持人王莉结合2022版《道德与法治学科课程标准》，从立德树人角度解读了道德与法治学科"评价"的丰富内涵，阐释了新时代"备教学评一体化"理念扎根教学实践的意义和价值。

紧接着，工作室的邢茹、撒莲飞、李娜、徐金慧四位老师，都以八年级下册第三单元《人民当家作主》单元复习课为例，以"说课"的方式，分享了"备教学评一体化"在自己教学中的实践操作和实施策略。邢茹老师结合课前"诊断性评价"确定学习目标，很好地实现了教学与评价的两位一体；撒连飞老师在课堂教学中，以情境探究为抓手，在学生已有认知和学习目标之间搭梯架桥，通过学生在课堂教学中的表现这种"过程性评价"，把备课中的设计、教学中的活动、活动中的评价融为一体；李娜和徐金慧两位年轻教师，立足自己学生底子薄这一实际，进行分割性"教学评一体"设计和实施，也引发了与会老师的思考。

在几位老师的说课展示中，主持人王莉和市一中分校的张翠英校长以"点评"的形式，对"教学评一体化"实施关键策略——"逆向性教学设计"与"情境化教学探究"做了事理结合的微讲座。

带着说课中的碰撞和微讲座中的启发，本次研修活动进入分组讨论、反思总结环节，大家以"课例重建"的方式，梳理了"备教学评一体化"的实践路径，进一步内化研修成果。

一个上午的活动，一学期的研训，凝练了工作室成员们每一天的实践、反思、再实践……

交流分享　共同成长
——初中道德与法治名师工作室第十二次研修总结

为进一步提升我旗道德与法治教师的教育教学素养，提高课堂教学水平，6月28日上午，初中道德与法治名师工作室全体成员与部分教师齐聚伊旗第四中学进行第十二次研修活动。本次活动的主题是"备教学评一体化"研修总结暨读书汇报。本学期，各位成员通过各种渠道学习"教学评一体化"理论，结合理论进行实践研究，使得每位成员对"教学评一体化"这一有效教学的基本原理有了不同程度的认识。各位成员毫无保留地分享自己的研修收获，交换思想，共同成长。

李娜老师结合"教学评一体化"的理论以八下第七课《自由平等的真谛》做了"教学评一体化的课例分享"的分享。她从学习目标的叙写、评价任务的设计、教学活动的创设进行分享。

王丽老师以"学习在路上，成长在研修"为题目，围绕教学评一体化，分享了自己在复习课中的许多经验和心得，供大家参考。

邢茹老师进行了"教学评一体化的探索与反思"的分享。她从认识、反思、设想3个方面对本学期的研修进行了反思和总结。

张翠英校长以"'教学评一体化'在道德与法治学科实践中的思考"为

题,指出"教学评一体化"的重要性,提醒老师们一要"定好位——探寻课标、教材、学情的融通";二要"导好航——做好评价任务、教学活动和学习信息的目标归一";三要"落好点——统筹好课上与课下评价,融合好课内与课外活动"。

杨庆伟老师的"教学评一体化的认识与思考",以七下第四单元《走进法治天地》为例,分享对"教学评一体化"的认识。

徐金惠老师进行"'教学评一体化'的大单元教学反思"的分享。她说"教学评一体化"不是一种模式,而是一种理念。徐老师认真学习"教学评一体化"理论,反思自己在第九次研修活动中讲过的八下第一单元《坚持宪法至上》复习课,重新按照学习目标的确立——评价任务的规划——教学活动设计的思路做出本单元的复习案,理例结合分享了对"教学评一体化"的认识。

在分享中,针对大家提出的困惑和问题,成员们进行了热烈的讨论,寻找理论依据,展示实践经验,大家各抒己见,相互答疑解惑,在交流中擦出智慧的火花,共同进步。

最后,主持人王莉对大家的展示做出肯定性的评价。她指出通过一学期的研修,我们要在以后的教学中让"学习目标由似有若无走向核心统领、教学设计从始于教学走向始于目标、教学评价从随心所欲走向理性导航、教学活动从低效烦琐走向有序开放、对学习信息的关注从熟视无睹走向深度关注",希望大家把研修收获运用到日常教学中去,使之成为教学的常态,而非偶尔为之。

不驰于空想,不骛于虚声,道德与法治教学的学习与研究,我们一直在路上。

结语:

初中道德与法治"1+1+X+N+Z"名师工作室成立后,围绕各期的研修主题开展了系列研修活动,针对伊旗初中道德与法治学科存在的主要问题进行重点研究和解决,最大程度发挥名师的集体智慧和作用,辐射和带动全旗道德与法治教师提升教育水平,发挥本学科立德树人关键课程的作用。各位老师经过几年的历练,专业水平明显提高,不仅成为课堂教学的佼佼者,同时成为专业理论的领头人。张翠英老师、撒莲飞和李娜老师先后荣获市级学科带头人荣誉称号、张桂华老师获得市级学科教学能手称号、王丽老师荣获市级优秀教师称号和旗级学科带头人称号，2020年张桂华老师被鄂尔多斯市教研室聘为初中道德与法治教研员，指导全市的思政课教学。老师们在各级各类刊物上发表论文10余篇，外出讲座、示范课10余次，不仅我旗的学生受益，也惠及其他地区。

一路走来，工作室的成员付出了辛苦和汗水，也收获了发展和快乐。从最初的"能教书"到"会教书"，从"会教书"到"会育人"，从"关注知识"到"关注素养"，各位成员已经成长为全旗思政学科队伍中真正的名师。追梦的脚步永不停歇，永远在路上；圆梦的信心永不枯竭，永远在路上！不忘初心，继续前进！

非凡十年 述说精彩

(下)

"双减"背景下名师工作室管理的转型与发展

孙竭 郭双喜 主编

北京航空航天大学出版社
BEIHANG UNIVERSITY PRESS

图书在版编目（CIP）数据

非凡十年　述说精彩. 下／孙揭，郭双喜主编. ——北京：北京航空航天大学出版社，2023.12

　　ISBN 978-7-5124-4262-7

Ⅰ.①非… Ⅱ.①孙… ②郭… Ⅲ.①中小学—教育事业—发展—概况—中国 Ⅳ.①G639.2

中国国家版本馆 CIP 数据核字（2023）第 239198 号

非凡十年　述说精彩（下）

责任编辑：孙玉杰　宫格格
出版发行：北京航空航天大学出版社
地　　址：北京市海淀区学院路 37 号（100191）
电　　话：010-82317024（发行部）　　010-82316936（邮购部）
网　　址：http://www.buaapress.com.cn
印　　刷：北京宏伟双华印刷有限公司
开　　本：710mm×1000mm　1/16
印　　张：120.75
字　　数：1905 千字
版　　次：2024 年 5 月第 1 版
印　　次：2024 年 5 月第 1 次印刷
定　　价：152.00 元（全 3 册）

如有印装质量问题，请与本社发行部联系调换
联系电话：010-82317024
版权所有　侵权必究

编委会

主　任：陈立军

副主任：雷　宇　孙　羯

顾　问：张义武

主　编：孙　羯　郭双喜

副主编：温文利　王　莉　白俊玲

编　委：(以姓氏笔画为序)
　　　　马再祥　王学勤　刘贵琴　刘　燕　苏雅拉图
　　　　杨丽萍　杨雁鸿　宋沙兰　张海燕　陈庆钊
　　　　单　丽　郝翠娥　侯海霞　聂海英　徐金梅
　　　　高　丽　郭小军　鄂云塔娜　斯庆脑日布
　　　　翟丽芳　薛　云

作者简介

孙揭，男，汉族，1975年8月出生，中共党员，大学学历，硕士学位，高级教师。现任伊金霍洛旗教育体育事业发展中心副主任，兼任伊金霍洛旗第一中学党支部书记、校长。曾担任伊旗高级中学副校长，职业高级中学校长，第四中学党总支书记、校长，教育发展研究中心党支部书记、副主任。先后荣获"全国优秀工作者""自治区优秀教育工作者""全国青少年普法教育先进个人""全市优秀教师""全市优秀教育工作者""全市杰出校长"等荣誉称号。曾在《内蒙古教育》《考试杂志》等刊物发表多篇论文，并担任《追寻德育之美》一书的副主编。

郭双喜，男，1970年12月出生，中学高级教师，全国名师工作室联盟副理事长，"鄂尔多斯市初中语文教学改革成果奖"获得者，曾担任《初中语文单元作文训练指导》一书的副主编。现任伊金霍洛旗教育体育事业发展中心教育教学发展研究办公室主任，提出"实证＋内涵"的校本教研方法，创建伊金霍洛旗"1＋1＋X＋N＋Z"学科名师工作室并引领其发展，先后在全国各地作教育学术报告十多场。

目 录

（上）

语文篇
0003 "1+1+X+N+Z" 语文名师工作室 …………………………… 宋沙兰

数学篇
0151 "1+1+X+N+Z" 数学名师工作室 …………………………… 聂海英

英语篇
0363 "1+1+X+N+Z" 英语名师工作室 …………………………… 侯海霞

道德与法治篇
0563 "1+1+X+N+Z" 道德与法治名师工作室 ……………………… 王 莉

（中）

历史篇
0657 "1+1+X+N+Z" 历史名师工作室 …………………………… 白俊玲

地理篇
0865 "1+1+X+N+Z" 地理名师工作室 …………………………… 张海燕

物理篇
1031 "1+1+X+N+Z" 物理名师工作室 …………………………… 高 丽

化学篇
1101 "1+1+X+N+Z" 化学名师工作室 …………………………… 薛 云

生物篇

1219　"1+1+X+N+Z"生物名师工作室 …………………… 刘　燕

（下）

小学语文篇

1383　"1+1+X+N+Z"小学语文名师工作室 …………… 杨雁鸿

小学数学篇

1469　"1+1+X+N+Z"小学数学名师工作室 …………… 温文利

小学英语篇

1591　"1+1+X+N+Z"小学英语名师工作室 …………… 翟丽芳

小学科学篇

1741　"1+1+X+N+Z"小学科学名师工作室 …………… 郝翠娥

信息技术篇

1811　"1+1+X+N+Z"信息技术名师工作室 …………… 王学勤

全国名师工作室联盟鄂尔多斯年会

1873　共享新成果　共攀新高度　共启新篇章

全国名师工作室联盟珠海年会

1895　第五届中国教育创新成果公益博览会2019年珠海年会 ………… 郭双喜

小学语文篇

"1+1+X+N+Z"小学语文名师工作室

杨雁鸿

名师工作室是教师成长的园地，教学资源辐射的中心，教育科研的基地。基于此，伊金霍洛旗教育体育事业发展中心教研办公室从2012年3月—2022年10月，共组建了四期中小学学科名师工作室，小学语文名师工作室也正是在这样的契机下产生、发展并成为伊金霍洛旗400多位小学语文教师一路成长前行的有力保障。工作室以"整合资源，强化管理，打造学校核心竞争力"为原则，以问题为导向，以导师为引领，以课题为主线，以课堂为主阵地，开展丰富多彩的研修活动，推进小学语文课程建设工作，引领全旗小学语文教育教学改革走向科学、合理、高效的轨道。

回顾小学语文名师工作室的10年，感慨颇多，作为主持人，我见证了工作室从无到有，从最初的不成熟到发展壮大。其中有过无从下手、不知前方在何处的迷茫，有过面对问题时无能为力、缺乏有效解决问题策略的困惑，有过没有现成的经验可以借鉴运用的挑战，工作室的运行完全是在摸着石头过河般的探索中前行。但在今天，我们更多的是有在长期实践中积累了丰富经验下的自信和对工作室未来发展的坚定信心。

一、为了谁——工作目标

为了谁？这是前行的方向，是组建工作室的目标所在，是对工作室要发挥什么样的作用的深深思考。四期名师工作室就"为了谁"这一根源问题在10年间经历了三次变革，每一次的变革都是在原有的基础上进行的深层次的思考。

"1+1+X"是第一期（2012.3—2014.12）名师工作室的组织架构，第一个"1"是专家导师,第二个"1"是教研员即工作室主持人,"X"是部分年轻优秀的教师,通过这样的组织结构发挥专家导师高屋建瓴的专业引领,教研员结合导师的培训学习组织形式多样的研修活动,将导师的理念与思想、方法与策略落实到教师的教学中来,最终让这一部分"X"先成长起来,然后带动其他教师一起成长与进步。当时,小学语文名师工作室吸纳了各小学优秀教师共20人,由本人担任主持人。

2015年3月以"1+1+X+N"为整体思路组建了第二期(2015.3—2017.2)名师工作室,这一期工作室由第一期的"1+1+X"调整为"1+1+X+N",这个"N"是全旗所有小学语文学科教师。

第三期(2017.3—2019.11)与第四期(2020.10—2022.10)名师工作室在第二期名师工作室"1+1+X+N"的基础上又有了新的变化,调整为"1+1+X+N+Z",这里的"Z"是全旗几万名学生。

四期名师工作室的组织架构,"1+1+X"到"1+1+X+N"是由点及面的一次大的变革,受益教师人数由部分扩展到全旗所有小学语文教师,人人都是培养对象,人人都在成长,学科教师成为一个成长共同体,最后实现所有教师都能在原有的基础上提升与进步,成为真正的名优教师。教师的成长不是最终目的,教学是为了学生的发展。有这样一句话,"为了学生的一切,一切为了学生",学生才是最终的落脚点。第三期、第四期名师工作室在这样的理念下产生了"1+1+X+N+Z"的整体思路,"Z"的加入是把学生作为主体,以学生的学习为中心,学生的长远发展是工作室存在的使命所在。

二、怎么做——具体措施

(一) 制定发展规划——明确前行方向

心中有目标,前行才会有方向。小学语文四期名师工作室的每一期都有建立在工作室成员实际情况下的总体发展规划以及实施方案,每一位成员又有针对自身实际情况下的个人发展规划。

第四期名师工作室在前三期发展的基础上确定总体目标：成就自己，带动学校，辐射全旗，形成有影响力的团队。

①做"有型"的教师：做学习型教师，做思考型教师，做研究型教师，做专家型教师。

②做"有力"的教师：做有能力的教师，做有影响力的教师，做有带动力的教师。

两年发展目标，以"专业引领、同伴互助、交流研讨、共同发展"为宗旨，以教育科研为先导，以课堂教学为主阵地，以网络为交流载体，融科学性、实践性、研究性于一体。创设浓厚务实的教研氛围，培养优秀群体，产生名优效应；开展适合自己的课题研究，整合实践活动，优化研训过程；发挥核心成员创造潜能，搭建教师专业发展平台，打造一流小语教师团队；建立小语教育教研窗口，形成小语教育教研辐射中心。达到"树立一个名师，带动一门学科，带出一支队伍，产生一批成果"的效果。

预期成果：

①按阶段完成一项课题研究，在课题研究的带动下培养一批有研究能力的小语教师团队，每年都有研究性论文发表。

②以课例研究为主要研修方式，解决教育教学中的实际问题，以提高教师的教育教学素养。

③以工作室为平台，加强工作室名师的引领、辐射、带动作用，整体提高伊旗小学语文教师的教学水平，提升伊旗小学语文教育质量，推动课程改革的深化发展。

④工作室成员能在原有的基础上提升自己的各项荣誉。

⑤每学年汇编一册高质量的成果集，重心体现在深度的思考与研究方面，内容丰富，有优秀案例、案例分析、心得体会、课题研究论文等。

（二）文化建设——凝聚人心，统一思想

文化是团队发展的灵魂，是凝聚人心，统一思想的精神引领。

第四期小学语文名师工作室是教师在更高层次上的教师发展共同体。课堂

是教师的主阵地，教学是教师的生命线，学习是基础，思考是关键，研究是常态，行动是必须，发展是核心。基于以上认识，确立第四期小学语文名师工作室的室文化为"教而思，思而研，研而行，行而远""小成功靠个人，大成功靠团队"，只有团队的每一位成员都拥有了这样的思想认识，进而转化为自觉行动，课课思，日日想，时时研，让思考与研究成为教学习惯，以此提高工作室每一位成员研、学、教的能力，提升教育教学素养，并带动全旗小学语文教师的快速成长，最终实现"1+1+X+N+Z"中"Z"的落实，让每一个小学阶段的学生享受到高质量的语文教育。

（三）关注问题，聚焦主题——主题式研修活动

2012年3月，第一期名师工作室成立，这对于教研员还是本地区的教师来说都是一个新鲜事物，当时"工作室"这个名词是一个热度极高的词，在各类教育教学报纸杂志中随处可见，但真正要在小学语文学科组建工作室，感觉既陌生，又充满了挑战，更多的是一种不知怎样做起的惶恐。心中万般惶恐，但终需踏实苦干。就这样，第一期工作室开始运行了。但具体怎么把活动搞起来，要研修什么内容，以什么样的形式开展，达到什么的目标其实是不清楚的。研修活动内容零散、缺乏针对性、实效性不强是当时工作室运行当中存在的主要问题。怎么能让教师在每一次的活动中都有所收获，怎么能让教师通过一学期的活动在某一方面有所突破？这是摆在主持人面前亟待解决的问题。第二期名师工作室的导师——全国著名特级教师余映潮在这方面起到了极其重要的作用。每一次的活动余老师都提前与主持人沟通，根据教师语文教学的实际情况确定主题。工作室的研修活动要围绕某一主题展开，正是余老师带给我的启发。余老师在第二期名师工作室的培训活动中分别开展了主题为"文学作品教学技能训练""建立五要素高效阅读技能训练""语文阅读教学中学生的语言学用和技能训练"等系列研修活动。工作室一学期的研修活动以余老师的主题为中心点，在余老师讲学活动之前有针对主题内容的研究活动，活动之后有跟进，主要研究怎样在课堂教学中落实余老师的教学思想与教学策略。主题引领下的研修活动不再是盲目的、零敲碎打的研究，而是主题即目标，

研修活动的目的清楚了，方式方法根据目的灵活安排，有读书交流，课堂教学研讨活动，教材解读汇报，作业设计研究，说课等活动。第三期工作室的导师依然是余映潮，研修活动基本延续第二期工作室的方法组织活动。

余映潮老师引领下的第二期与第三期名师工作室研修活动对工作室的老师以及全旗教师产生了极大的影响。一是教学观念的转变。余老师说：语文教学的核心目标是培养、训练学生终身受用的运用母语进行准确生动地读写说能力的教学是语文教学。几年的时间过去了，这句话还在耳边时时提醒着我们，要准确把握语文课程的性质，这在当时旧教材的背景下意义重大。经过这样的思想洗礼，老师们的语文课上出了语文味，不再是教教材，而是用教材教语文，把教材当作一篇篇范例，把教材作为教师教和学生学的工具。教师从教材中提取出重点和难点内容让学生读一读、品一品、写一写、背一背、议一议，在此过程中让学生学语言、用语言，感受语言的魅力、感悟表达的精妙、增加积累、提高整体运用语言的能力。二是改变教学方式。由线性教学变为板块式教学，有时间的长度；由碎问碎答变为主问题设计，有思考的深度与思维的完整性；由注重教师怎么教变为设计学生丰富的学习实践活动。经过四年的学习，老师们对于余老师由最初的质疑变为最后成为余老师"忠实的粉丝"，是因为余老师的课让我们工作室的每一位老师认识到语文教学一定要删繁就简，返璞归真，本本分分为学生，扎扎实实求发展；在余老师的课堂当中，学生是真学习、真思考，练就了真本领，提升了学生的语文素养，为学生的一生发展打下了最坚实的基础。

第二期与第三期的主题研修活动让老师们受益颇多，但是，主题由专家导师确定，并不是建立在我们自身存在的实际问题和老师们的需要的基础上，是被动的接受。第四期名师工作室要由被动变为主动，首先要研究我们的语文教学存在的问题是什么，为了提高教师的专业化水平，老师们需要在哪些方面提升能力？然后把问题转化为课题，在课题的统领下有序开展系列活动，专家导师适时介入。在这样的设想下，第四期"1+1+X+N+Z"小学语文名师工作室的课题诞生了——"指向语文要素的小语课堂教学实践策略研究"。本课题探讨指向语文要素的课堂教学实践策略，在当时教师使用部编版教材的初期找准了语文教学中的难点问题、热点问题以及在课堂教学实践中存在的具体操作问题进行研究。通过研究探索新教材背景下语文教学有效的方法策略，探寻学生学习语文的一般规律，更好地为课堂教学服务，为更多的一线语文教师提供具有参考价值的思想经验。此课题在自治区教研室"十四五"教学专项课题成功立项。

第四期名师工作室两年的研修活动在课题"指向语文要素的小语课堂教学实践策略研究"的统领下，围绕"一个中心四步走"开展了系列主题研修活动。一个中心是"语文要素"，四步走是教材解读、课堂教学、作业设计、评价机制。第一步教材解读着力构建语文要素图谱，明晰语文要素在小学阶段的体系与相邻年级之间的梯度发展，帮助教师理解目标，明确目标定位，做到教什么明明白白、清清楚楚；第二步在构建要素图谱的基础上深化课堂教学，视野由教师如何教逐步向以学生的深度学习转移，更加关注学生的学习方式、学生课堂学习的评价，更加关注课堂教学的效率；第三步由课堂教学延伸到作业设计，为了更好地落实"双减"政策，切实减轻学生的学业负担，提高课堂教学的质量，在工作室的研修活动中开展了"精研作业设计，实现减负增效"的主题研修活动。作业设计紧扣语文要素，基于核心素养、基于教学目标、基于学情、基于教学的重难点开展研究活动，切实提高教师作业设计能力和教育教学水平；第四步建立有效的评价机制。学生学会了吗，学生会学了吗？这些都要有完善的评价机制，才能为教师的教学提供有力的支撑。在后期的研修活动中重点在教学评一致性方面进行重点研究，对学生的学习效果做到可测可评。第四期名师工作室在两年时间共开展了15次研修活动。

总之，工作室的研修活动立足学科实际，聚焦课堂，紧紧围绕课堂教学中的实际问题形成专题，在专家导师的引领下，开展深入核心问题的有层次、有梯度的主题研修活动。在研修活动中，力求做到"精""细""实"，建立以解决实际问题、形成一定的理论成果的思想，通过同伴互助、教学研讨、理论学习等方式开展成员自主研习与集中学习的研修活动。在活动中，老师们和而不同，集思广益，观念碰撞产生智慧的火花；在活动中，老师们守正创新，敢于尝试，勇于挑战，面对问题积极思考，努力寻求最佳解决办法。

（四）"实证+内涵"的观课议课——让证据来说话

在第四期名师工作室以课为例的研讨活动中，工作室运用课堂观察量表观察课堂，让证据来说话，是"实证+内涵"观课议课的主要目的。工作室根据语文教学中普遍存在的一些共性问题，从"教学目标、课堂提问、教师引导与评价、方法策略、学习效果"五个视角确定了十个观察点让每一位成员有针对性的观察课堂、研究教学，深度思考教学中的每一个问题，每一个现象，让观课议课更加科学有效。观课议课按照课前批注、熟悉设计——课中批注、观思达成——课后批注、评论得失的方式进行。在听课活动中各成员先就自己的观察点在课堂观察量表上进行记录、分析，分析现象下的本质是什么——最大程度地促进了学生学习，还是存在一定问题需要改进，然后小组内成员集中讨论，产生思维的碰撞，既求同也存异，可以保留个人的观点与意见，最后小组代表发言，说明自己小组成员的观点与改进建议。运用课堂观察量表观察课堂，看有指向，研有要点，改有要领，改变以往以个人主观经验臆断的评课方式。评课当中没有了"我觉得……""我认为……"这样的现象，更多的是让数据来说话。"实证+内涵"的观课议课方式，让教师把问题思考得更有深度，把问题研究得更深入、更透彻，最终实现讲课教师与听课教师之间的双向互动，实现双方的共同提高。

两年来，工作室运用"实证+内涵"的观课议课对30多节课堂教学进行观察。教师眼观课堂，心想自我，在以下几方面有了清晰的认识：教学目标要集中，重难点要突出，一课一得，扎扎实实把学习目标落实在学生的学习中，最终把语文知识与语文能力转化为学生的语文素养；问题设计要具有统整性，避免碎问碎答对学生思维的完整性与深刻性的影响；评价要具有激励性与启发性，让学生由不会到会、由不明白到明白，把学生的思维引向深处，评价还要具有针对性，设计针对目标完成情况的评价，实现教学评的一致性；课堂教学中要给学生提供充分的接触文本、独立思考的时间和机会，学生的交流与表达要充分，在学习过程中有充分的师生互动、生生互动，全员参与学习，让每一个学生都得到应有的锻炼；课堂教学中要让学生有足够的安全感，学习氛围是轻松愉悦的，情绪是饱满有活力的。

（五）用笔说话——提升教学素养的成果表达

"写"对于教师们来说是很难的，难在写的过程需要缜密的思维，难在言语表达的严谨，还需要平日里思考的积累与相关内容的积累。"巧妇难为无米之炊"，腹中空空又怎会文思泉涌？

工作室只要有研修活动就会有写的要求，第一期与第二期工作室主要写"心得体会"，老师们把一次次活动中的所思所获提炼为心得体会抒发出来。刚开始成员大多有畏难情绪，不愿意写，写着写着字数由三五百字到上千字、几千字，内容也越来越丰富。但是心得体会具有主观性，针对性不明确，内容松散，缺乏在一个问题或某一方面深入的思考与研究，不能够有效解决问题，对提升教师教学素养的帮助不是很大。第四期名师工作室变"心得体会"为"案例分析"，每一次主题研修活动后，立足于"发现问题—分析问题—解决问题"对课堂教学中某一个环节、某一处细节、某一种方法进行深入细致地分析研究，深度聚焦在一个点上。

如，赵丹老师在第十三次研修活动后写了题为"正确解读课后习题，有效落实语文要素"的案例分析——"通过整理学习所得，就如何提高学生的阅读理解能力，最终还得归根到教材解读中来，尤其是对课后习题所承担的要素解读上下功夫。只有正确解读课后习题所承载的要素任务，才能有效地将语文要素落实，进而准确地确定语文教学目标。课后习题往往是根据课文相关内容设计，答案往往隐藏在课文教材中，我们根据课后习题的内容可以确定语文教学的目标，明确本课的学习任务，从而把握语文教学的重难点"。赵老师对课后习题与教学目标、语文要素、学生素养之间的联系分析是透彻的，这样的分析有助于教师理解教材，更好地运用教材。

刘志成老师在工作室第十二次研修活动后完成了"语文教学应当轻装前行"的案例分析——得出"语文教学要突出重点，依据统编教科书单元导语中的语文要素，悟透文本，发掘、提炼出文本的教学价值。在充分解读、吃透教科书的基础上，从'大处着眼，小处着手'，依据文本特点和学情精准定位目标。教学内容要敢于大胆取舍、找准着力点，每节课抓住一到两个重点或关键问题组织教学，不求多，只求'一课一得'"。

案例分析让每一次研修活动的结束成为新一轮思考的开始。老师们在热点问题、难点问题、自己感兴趣的问题上进行深入的思考并通过多种渠道学习。通过对现象的分析与研究去探寻改进的途径与策略，最终形成自己的思想观点，提升了教师的专业素养，提高了教师的科研能力。

三、效果怎么样——工作成效

小学语文名师工作室已走过10个春秋。10年的时间我们踔厉奋发，笃行不息。面对困难，我们不逃避、不退缩，敢于迎难而上，用自己的智慧化解一个个难题，让"名师工作室"在我旗这块教育的土壤上落地生根、结出累累硕果。

工作室的10年，培养了一批又一批锐意进取、有自己教学风格的学科领军人物，这些教师具有先进的教育教学理念，拥有丰富的教育智慧。他们的课堂摒弃浮躁，返璞归真，通过不断的潜心研究，顺应和把握学生的认知和心理特点，遵循语文教学客观存在的规律，形成具有一定教科研水平的教师团队，有多位教师的论文与案例分析发表，成员在各级各类教学比赛中取得优异成绩。他们有的从伊金霍洛旗走向全国的大舞台展示自己的风采，张超老师在全国名师工作室联盟活动中承担讲课任务并得到来自全国各地教育同仁的一致好评；工作室的10年，以名师工作室的研修活动为引领整体带动我旗各小学语文学科的校本教研，为学校打开教学研究的思路，提供具体的操作方法，明确教研内容，让校本教研更精、更细、更扎实有效，整体提高了语文教师的教学水平，提升了教学质量，推动语文课程改革的深化发展；工作室的10年，为学校培养了大批领头雁，这些教师带领本校教师研究教材、研究教与学，引领、辐射、带动本校教师齐头并进共成长；工作室的10年，教师的转变带来的是学生的改变，学生学得活、学得实、学得灵动，促进了学生核心素养的发展，让语文浸润学生的生命成长。

四、小学语文名师工作室部分主题研修活动展示

【第二期 2015 年研修活动】

伊金霍洛旗教育教学研究室
关于组织小学语文教师培训活动
暨小学语文名师工作室研修活动的安排意见

伊金霍洛旗教育教学研究室为了卓有成效地实施新课程改革，进一步提高我旗的教育教学质量，促进我旗中小学语文教师的专业化成长，特邀请中国著名语文教育专家教授余映潮来我旗进行第三次专家讲学活动。现将有关事项通知如下。

活动主题：语文阅读教学中学生的"语言学用"和"技能训练"。
培训时间：2015 年 5 月 13 日。
培训地点：伊金霍洛旗第一小学报告厅。
参会对象：全旗小学语文教师及小学语文教研员。
培训形式：听课、评课、讲座。

语文课　语文味
——余映潮老师讲学活动有感
伊金霍洛旗教育教学研究室　杨雁鸿

2015 年 5 月 13 日，著名的中语会专家余映潮老师莅临我旗进行第三次小学语文名师工作室教学培训活动。在本次培训活动中余老师充满浓浓语文味的语文课堂给我留下了极其深刻的印象，对我的触动很大，让我收获了很多。

余老师的课乍一听平淡无奇，但细一品则回味无穷。这是因为余老师抓住了"语文课程是一门学习语言文字运用的综合性、实践性课程"这一核心理念，借助教材，利用教材让学生学习语言，运用语言。如在《跨越百年的美

丽》这节课的教学中，余老师在精读能力训练的板块中提出四个学习任务：找一找，写出选段中作者充满感情地赞美玛丽·居里的褒义词；说一说，文中"可贵的东西"指的是什么；品一品，说说这段话中用得最有韵味的一个动词；析一析，文中第9句为什么写得好。这四个学习任务紧紧围绕文本中的语言文字引导学生品析语言文字的妙处，感悟语言文字的表达效果，同时让学生在阅读与概括中更加深刻地体会到了玛丽·居里夫人不平凡的美丽。在教学的过程中，余老师问得少，讲得少，学生却懂得多，学得实。在余老师的课堂上学生们的收获是丰富和多元的，比如说积累到的语言，比如说阅读时那些丰富的阅读感受，比如说品析语言文字的能力和习作的能力……学生获得的是语文能力的提高、语文素养的提升，是长足发展的保障。余老师的课充分体现了"语言学用，能力训练，知识积累；利用课文，设计活动，加强训练；教师少讲，教师少问，学生多练；话题准确，多给时间，对话精练"的教学理念。

　　板块式教学也是余老师教学的一大特点。余老师从文本内容和语言形式两个角度深入、深刻地解读文本之后，又沙里淘金般的抓取出适合学生学习的内容，用简洁的语言以板块的形式呈现给学生，一个板块就是一个学习任务。如在《自己的花是让别人看的》这一课的教学中，余老师用三个板块带领学生进入文本语言的学习，这三个板块是"简洁说一说、细心品一品、深情背一背"。这三个简洁的板块中包含了学生的概括能力的培养、语言品析能力的培养和语言的积累，真是小板块中蕴含了大学问。板块式教学看似简单实则不易，教师要有深入解读文本的功底才会准确把握学习的内容。我用22个字来概括余老师板块式教学的特点：目标明确、重点突出、条理清晰、层次分明、简约而不简单。

　　"语文阅读教学中学生的'语言学用'和'技能训练'"是本次活动中余老师的专题讲座主题。在讲座中余老师从"语言学用"和"技能训练"两个角度给我们重点阐述了怎样实施语言学用和技能训练并给我们提供了一些实用的范例，如美词美句摘抄、字词替换、用词说话或写话、句式学用、段式仿写，替换文章的标题或段落，成语练习等。余老师的讲座是落实"语言学用"的语文课的方法上的引领。

走上教研岗位的这几年中我一直在思考一个问题：语文学科的本质是什么？语文课到底要让学生学什么？看了余映潮老师的课，听了余老师的讲座，我逐渐对此有了自己的认识，语文课就要把教材当作一篇篇范例，把教材作为教师教和学生学的工具。教师要从教材中提取出重点和难点内容让学生读一读、品一品、写一写、背一背、议一议，在此过程中让学生学语言、用语言，感受到语言的魅力、感悟到表达的精妙、增加积累、提高整体把握文意的能力。余老师提倡语文课要上得雅一点、美一点、深一点，余老师的课堂就是去掉浮华和喧嚣后语文本质的回归，有品析文字的雅，有学生沉静思考的美，有语文能力与知识的深。

余映潮老师的语文课是真正的语文课！

学，然后而知不足

——余映潮老师培训心得

伊金霍洛旗苏布尔嘎镇中心小学　姚佳君

正当我在沾沾自喜，以为已经学到了余映潮老师的一点皮毛之时，正当我犯愁这次培训该有一些什么样的新的体会时，余映潮老师的讲学活动如期而至。培训结束，我又一次深刻地认识到，自己的缺口有多大，距离优秀语文老师的要求有多远。

万丈高楼平地起。字词教学就是语文的基础，它是根基，根基不稳，再高的楼也会摇摇欲坠。如此重要的字词教学，却没有受到理应重要的对待，无论是从备课还是上课来说都如此。字词教学总是一带而过，仅仅停留在会认、会读的层面上，永远一成不变，毫无深度，也无广度，没有提升，也没有积累。总认为字词太过于简单，无须去过多地浪费时间。总以为年级高了，就可以忽略这一环节。通过几位老师的课例和余老师的讲座，我再次意识到这种做法大错特错。字词教学也应该是扎实的，稳扎稳打的。

一直以来，自认为寒窗苦读数十年，自己的所学足以来应付小学教学，甚至觉得是小菜一碟，轻而易举，不在话下。再加之，总存在侥幸心理，认为没必要把小学语文搞得那么难，一些知识上了初中、高中自然会学到。如，诗人简介，我仅仅是让学生了解而已，至于字什么、号什么，不曾要求他们去记忆。授课时，遇到烘托、侧面描写等手法时，有时会回避一下，觉得太难了，学生不一定懂，无须讲解。这次培训，给了我一个沉重的耳光。即使是教小学，我现有的知识还欠缺很多。何谓留白？你能说个所以然吗？我懵了。如何区分意境、意象、意蕴？我迷糊了。那么多关于赏析的四字词语，你脱口而出的能有几个？我这儿恐怕贫瘠得只剩"比喻""拟人"了吧？这些都是小学生应该掌握的，至少他们应该有所了解。总认为来日方长，会有初中和高中的语文老师帮我完成，但是小学没有耳濡目染的熏陶，没有一定的基础，你一定会引起你的同行的不满，"你的小学语文谁教的？连这个也不知道？"但是，我自己都是一瓶不满，半瓶晃荡，怎么去教学生？这方面的知识是我亟需去恶补的。所以，要教会学生赏析文本，你必须对文本有全面深刻解读，不能是皮毛，不能是蜻蜓点水。

学无止境！"学然后知不足，教然后知困。知不足，然后能自反也；知困，然后能自强也。"只有先去学习才能知道自己存在哪些不足，只有教了别人之后才能知道对哪些知识还理解不够清晰。认识到了自己的不足，这样才会不断地反思；知道了自己存在哪些问题，这样才会更加努力。确实如此。

跟着专家的脚步，前行

——第二期"1+1+X+N"小学语文名师工作室研修活动总结

为了进一步深化课堂教学改革，继续促进我旗小学语文教师的专业化成长，整体提高我旗小学语文教学的质量，提升学生的语文核心素养，2015年5月13日，伊旗教研室特邀请中国著名语文教育专家教授余映潮来我旗进行专家讲学活动。

本次活动的主题是：语文阅读教学中学生的"语言学用"和"技能训练"。

活动由四部分组成：语文工作室成员上课；余老师课堂教学点评；余映潮老师上示范课《自己的花是让别人看的》《跨越百年的美丽》；余映潮老师作专题讲座——"语文阅读教学中学生的'语言学用'和'技能训练'"。

活动中，余老师高度赞扬了王俊梅、韩飞、贾存莲三位授课教师的课堂教学，也肯定了我旗小学语文教学改革取得的成果。

余老师的课例《自己的花是让别人看的》，有朴实、扎实、厚实的魅力：开课揭题，直入情境，简洁洗练，不蔓不枝。导入时，让学生积累厚重的文学知识。接着用认读、书空、释义的三个循序渐进的环节完成本课的字词教学，不是浮于表面的浅尝辄止，而是步步深入，层层推进，步骤科学、环节扎实。整节课内容厚实，由文字到文章再到文学，呈现出匀称清晰的结构之美，表现出拾级而上的层次之美：字词读写的落实是关于文字的积累（难写字的书空，难解词的释义）。学生在集体训练中大有收获：学得知识，习得方法。余老师细腻而有层次的朗读指导让学生有法可依、有例可循，将朗读指导真正落到实处。

余老师大有古之学者风范，不仅关注学生的语言学用，而且关注他们终身的气质养成。真的是：一点浩然气，千里快哉风。

余老师的专题讲座将本次活动推向了高潮，他的例谈"教学思路"的有序展开十二式教学，回眸细看，式式都有"百媚生"的魅力。

故有余老师台上侃侃而谈、倾囊相授，台下满座皆惊、掌声雷动，顿觉满室生香、余韵悠悠。

【第二期 2016 年研修活动】

关于举办 2016 年小学语文名师工作室
第一次研修活动的安排意见

为了进一步提高小学语文名师工作室各成员解读教材、利用教材的能力，达到课堂教学"目标明确，方法得当"的目的，3 月 25 日将组织小学语文名师工作室"单元学习标准"的制定与交流的研修活动。现将有关事项通知如下。

活动主题：精准解读教材，明确单元学习标准。

活动时间：2016 年 3 月 25 日下午。

活动地点：伊金霍洛旗第二小学二楼会议室。

参会对象：工作室全体成员。
培训形式：研讨、交流、讲座。

学好教材方能用好教材

伊金霍洛旗第四小学　唐治权

我们经常听到这样的抱怨，"这篇课文有什么可上的？""这篇课文怎么这么难啊，教师理解起来都费事儿，学生怎么学啊？""这篇课文没有营养，跳过吧，最多让学生自学就可以了"。于是我们自作主张地去把课本中我们认为不好教、没法教、不用教的文章毫无目的地让学生去自学，甚至只是随便读读就草率地跳过，甚至更有人认为学好语文的最根本的办法就是让学生大量阅读，认为"孩子爱读书，语文能力就不会差"，因此而走向轻教材、重阅读的极端。

是我们的语文教材有问题吗？语文真的那么难教吗？正所谓"无知者无畏"，曾几何时，作为普通教师的我们也曾对现今的语文教材指指点点，甚至嗤之以鼻，归根结底，是我们解读教材的能力太差，我们花大价钱买了个没有任何实用价值的漂亮的盒子，却把其中最宝贵的宝珠抛在一边。

不去解读教材！

不愿解读教材！

不会解读教材！

这才是真正的问题所在。余老师说过："语文教师的第一教学能力，就是提取组合课文中的教学资源。"要想真正用语文教材教好语文，提高每一节语文课堂教学效果，关键是老师是否在课前做了充足的准备工作，研读教材是教学的基础之基础，根本之根本。教师只有深入钻研教材，精心设计课堂教学，才能取得良好的教学效果。

杜威曾经说过："一个真正把握教学内容、吃透教材结构的人，才能灵活自如地运用探究学习方法。"教师在备课中应当了解学生的知识底细，对于一篇新的课文，学生能够自学的内容有哪些？需要教师引导的有哪些？这篇课文的难点是什么？以上问题都是我们在研读教材时要时时刻刻装在脑袋里的。那么我们的课文中有哪些能帮助学生提高语文素养的营养呢？余老师已经帮我们把小学阶段教材中所有的语言训练罗列了出来。

①字词认读。

②美词、美句摘抄。

③文句、文段、文章背诵。

④字词替换，用词说话或写话。

⑤成语练习。

⑥句式学用，段式仿写。

⑦概写文章文段大意。

⑧写课文点评、简介或人物简介。

⑨运用一定的语言、形式评价故事内容或人物形象。

⑩替换文章的标题或段落。

⑪古诗古文的译写或改写。

⑫变文为诗，课文文句集美，课中微文写作。

⑬复述课文，创编并讲故事，故事的缩写、改写、扩写、续写。

⑭给课文增补故事或事例，写课文品析短文，课堂语言学习笔记的等。

研读一篇或者一组课文的时候，我们可以从这十四个训练点入手，以发展学生的语文素养为目的，只有用心研读了教材，教学设计的形式、问题的处理方式才不会单一，语文的课堂才会丰富有趣，才会是一个完美的知识殿堂。

学好语文最笨也是简便的办法——买椟还珠的事要禁止，坚守语文教材这块阵地！

教材解读是有效教学的前提

——第二期"1+1+X+N"小学语文名师工作室研修活动总结

只有准确进行目标定位，找准语言训练点，选取恰当的教学策略，有效地组织好课堂教学，才能真正地上出高效的语文课。而做好这一切的前提是教师对文本的准确、全面、深入地解读。为了进一步提高小学语文名师工作室各成员解读教材、利用教材的能力，达到课堂教学"目标明确"的目的，3月25

日在伊旗第二小学组织召开了小学语文名师工作室"单元学习标准"的制定与交流的主题研修活动。

本次活动以小组讨论与集体交流两种方式进行。首先，以所带相同年级的老师为单位分为六个小组，小组成员在组内交流自己所制定的"第四单元学习标准"，相互启发，完善自己的"学习标准"；然后各小组选出一名代表发言，说明本组"第四单元学习标准"的具体内容。

因小组成员中的老师们所带的年级是一样的，在小组讨论中老师们有共同的话题，在热烈的讨论中从字、词、句、段、篇的角度说目标、说方法，相互开启了思路。集体交流中，刘彩霞、杨丽萍、赵晴、刘晓莲四位老师分别代表三至六年级的老师做了精彩发言，并且能够与语文课程标准中各学段目标联系起来，让教学目标找到理论依据。在这四位老师发言的过程中，其他老师有质疑、有补充、有提问，每一位老师都在深入地思考教学目标的准确性。

通过本次活动，老师们更加明确了"语文课程是一门学习语言文字运用的综合性实践性课程"这一理念，更加明晰了语文课是用来学语言、用语言的。在这一理念的支撑下，每位教师都在努力突破自己、突破教材，努力地从教材中寻找能力训练点、语言积累点、语言学用点；能把单元学习看作一个整体，横向联系各篇课文间内在的知识联系与纵向深入挖掘出每篇课文的最大价值，落实在学生的学习中。正如老师们所说，本次活动不仅仅在于通过团队合作让老师们深入解读一个单元的教材，更重要的是把老师们带上了教材解读之路。

【第三期 2017 年研修活动】

伊金霍洛旗教育教学研究室关于组织小学语文教师培训活动的安排意见

为了进一步提高我旗的教育教学质量，促进我旗小学语文教师的专业化成长，提高课堂教学的实效性，特邀请中国著名语文教育专家教授余映潮来我旗进行专家讲学活动。现将有关事项通知如下。

活动主题：小学语文教师教材研读的高层技能训练；小学语文阅读教学平俗手法的修正；以小学四、五、六年级的阅读教学为主进行课堂教学实践。

活动时间：2017年10月25日。

活动地点：伊旗第二小学报告厅。

参会对象：全旗小学语文教师及小学语文教研员、分管领导。

培训形式：听课、评课，讲座。

主持人：杨丽萍，王婷婷。

扎根传统教学开出绚丽奇葩

伊金霍洛旗上湾小学　赵　晴

有人说传统是一种束缚，让人抬不起腿，抹不开嘴；有人说传统是一堵墙，让人出不了围城，看不得世界；有人说传统是一座房，让人闭门造车，贻笑大方。但是，传统却是一种智慧，它具有时代性，又跨越时代性；传统也是一种传承，传承于华夏儿女之间，发扬在祖国建设之巅。作为新时代的教育者，应该是扎根传统的营养基之上，开出未来教育的绚丽奇葩。

余映潮老师是一位68岁的老人，但他却精神矍铄、充满文雅气质。他一直为语文教学的执着追求奔忙着，是一位当之无愧的语文界泰斗。但是有人却说余老师过时了，一个六十多岁的老汉怎么能引领语文教育的风向标，怎么能为小学语文立杆竖旗，而我却不以为意。

余老师的确传统，其传统之一：教学中没有华丽的语言吸引学生、没有精美的课件诱惑学生，更没有花哨的教学流程调动学生。有人说这就是传统教学的糟粕。爱因斯坦说过："当一个人忘掉了他在学校接受的每一样东西，剩下来的才是教育。"这位伟大的上个世纪的世界级大脑告诉我们，对于教育而言，成绩、奖状、证书甚至在哪所学校毕业等等永远都是次要的，是不值得我们不遗余力去追求的，教育最应该挖掘的是"人"的发展最需要的东西，包括良好的情感观，高尚的道德品质，优秀的心理承受能力，达观健康的生活态度和孜孜不倦的学习热情等。试问有多少学生在走出教室的时候仍然记得你那精美课件上的文字，又有多少学生还在心里品味着你精心设计的教学流程、华丽语言。而恰恰相反，余老师在诠释好记性不如烂笔头的同时，还在诠释积累学用的重要性，更是在教授能力、培养情感、激发热情。他那琅琅的读书声，就是热爱生活的证明；他那略带腼腆的文雅微笑，就是他懂得生活的体现。教学不是走马观花、蜻蜓点水地施教，更不是让学生在大街上看热闹般与己无关，而应该是脚踏实地步步为营，是既教能力又教情感的平台。

余老师传统之二：固守教材、痴守文本。余老师认为文本就是语文教育的魂，无魂怎能撑得起课堂，无魂怎能驾驭得了一颗颗求知的大脑。所以必须读懂教材、吃透教材。有人说了，现在21世纪应该与时俱进，用更多的课外资源去丰富课内的缺失，于是各种新式的课堂层出不穷，各种内容被摆上课堂的这个大餐桌上。但是不是符合文本、切合主题、契合作者的内心，是不是直触孩童的灵魂，是两条平行线的永不相交，还是一条直线的不断延伸，这些都是我们需要借助文本思考的问题。如果是一味地边缘化语文教学的根（文本），那文本存在的价值将成为形式，而我们的课堂又能用哪根骨头支撑呢？

余老师传统之三：板块教学。有人说板块教学就像传统教学的牢笼，将学生束缚在其中。唯一可变的就是从一个牢房进入另一个牢房。但是实际上的板块教学的板块每节课都少而精，而且思路非常清晰、目标指向性特别强，环节绝不繁杂，体现了整体设计的"简洁"。每个板块问题极少，甚至有的板块没有问题，只有叙述性的语言。这样，"满堂问"消失了，提供给学生最大的自主学习的空间，充分体现了学生的主体地位。但是，这些板块设计、教师语言的处理，都绝对"不简单"，都是在研读文本、分析学情的基础上的。可以说，"简洁"的背后，是匠心独具的文本解读和运筹帷幄的整体思考。另外在"板块式教学"中，少的是对于课文的逐字逐句的分析，多的是几个大问题的贯穿和板块的综合。在充分整合的基础上，自己加以阅读、理解、综合、提炼，并形成文字，这样就很好地解决了逐段阅读重点不突出的问题，学生的阅读能力、写作能力都得到锻炼和提高，可谓高明。

余老师传统之四：教育人的韧劲，文人的痴劲，这是华夏五千年文明的学者给我们留下的优良传统。作为一名教育工作者，尤其是语文工作者，这才是我们学习的榜样，传统的余老适合我们"修身"，适合我们的自我成长。他是我们的标尺，标尺越高，我们的成长空间和进步空间才会越大。因为自身强大了进步了，才能更好地献身教育，指引前行。

教育既要扎根传统，又要百家杂糅，这样才能开出教育的绚丽奇葩。

不与百家争鸣，甘为一枝独秀

伊金霍洛旗上湾小学　格日乐

又是一个橙黄橘绿、稻菽遍野的季节，又是一个桃李芬芳、馨香满园的季节。在这个弥漫芳香、闪烁金黄的日子里，我们语文工作室又一次迎来了余映潮老师。从开始的不能接受，到慢慢认可，再到现在完全被余老师折服，我想这就是余映潮老师"大师"的魅力吧。在这个百花争艳、百家争鸣的"小语时代"，我们真的需要静下心来，向余老师学点什么。

向余老师学习静心教学、钻研教材的精神。这是一个浮躁的时代，是一个不小心就会被洪流所冲刷的时代。在这样的大环境下，余老师依然能够坚持静下心来，潜心研究教学，无疑给我们这些青年教师上了生动而严肃的一课。备课方面，我们太宠爱百度、太信任教参而疏远了真正语文教学的载体。让我们每位老师都静下心来，潜心钻研教材，挖掘文本，真正把语文教学落到实处。

向余老师学习真正提高学生语文能力的教学。余老师的课堂致力于提高学生的语文素养，把能力培养放在了首位。我们以往的语文教学，太注重过程的五花八门，又注重过度的自然无痕，课堂呈现可能是华丽流畅的，但是我们忽视了学生的能力培养。观察我们自己的学生，朗读缺乏真情实感，写作更是无病呻吟，这无不是我们每个语文老师教学的失职。听了余老师的授课和讲座，我明白了学生的语文素养来自课堂训练，更明白了素养的提升靠的是日积月累。

向余老师学习，把语文课上得文雅，有语文味儿。"雅言传承文明"，语文课就应该上得文雅，语文老师的发音、朗读应该圆润饱满，语文老师应该出口成章、掷地有声。以往的语文课被我们上得太随意，上得太俗套。评课当天，余老师的一句话深深触动了我：感动的教学就是俗套的教学。我们的课堂一味地强调感动，却不知让学生如何表达感动。例如，你可以让学生用五个词说说感动。这样就能让学生更具体地表达感动，也让课堂在知识、技能、训练中感动。

听余老师的讲座，犹如醍醐灌顶，着实让人受益匪浅。"带着满载一船星辉"的收获，我们又将回到平凡的工作岗位，努力把从余老师那里学来的理论有效地融合到课堂当中，才算是学有所成。希望我们所有语文教师共同努力，将伊旗语文教育明天的蓝图描绘得更加壮美。

专家引路，回归语文教学的本真
——第三期"1+1+X+N+Z"小学语文名师工作室研修活动总结

2017年10月25日，余映潮老师如约来到伊旗第二小学，为全旗小学语文教师进行培训。本次培训活动的主题是"小学语文教师教材研读的高层技能训练"。

25日上午，由工作室成员张超老师执教《白鹅》、朱缠老师执教《落花生》、唐治权老师执教《有的人》。三位老师在历练个人教学能力的同时为老师们提供了研讨的课例。课后，余老师对这三节课进行了细致深刻地点评。首先，余老师充分肯定了老师们的进步，他说道：这次的课例与前几次相比有质的飞跃。相继，余老师对自己的教学理念进行了阐释：教材研读，是教师教学能力的试金石；利用教材，是阅读教学理念的高站位；实践活动，是阅读课堂训练的聚宝盆；集体训练，是学科高效课堂的顶梁柱。最后，余老师结合自己的教学理念，点出了这三节课堂教学中的许多亮点，也指出了老师们存在的不足并给予了建设性的意见与指导。点评结束时，全场响起了热烈的掌声。

25日下午，余老师进行精彩的课堂教学展示和生动的讲座。余老师教学的《鲸》，布局完美，内容厚实，教学设计选点精、形式活，一节课对学生进行了内容概括训练、方法理解训练、语言学用训练。40分钟的课堂教学，着力训练学生的语言文字学习运用的能力。余老师作了题为"练研读教材的本领，练利用课文的本领"的讲座，结合具体的课例向我们指出了研读教材的十种方法，为我们指出了前进的方向。

培训结束后，余老师与小学语文工作室成员进行了面对面的交流。老师们提出了自己在教学中遇到的各种问题，余老师则给予耐心细致的解答。相信在余老师的精心指导下，在老师们的不断钻研中，我旗语文教师的专业水平会愈来愈高，教学质量也会进一步提升。

【第三期 2018 年研修活动】

伊金霍洛旗教育教学研究室关于组织小学语文教师培训活动的安排意见

为了进一步深化课堂教学改革，继续促进我旗小学语文教师的专业化成长，整体提高我旗小学语文教学的质量，提升学生的语文核心素养，特邀请中国著名语文教育专家教授余映潮来我旗进行专家讲学活动。现将有关事项通知如下。

活动主题：建立"五要素"高效阅读教学理念（关注语言学用，关注技能训练，关注知识渗透，关注集体训练，关注气质养成）；板块式思路；主问题设计。

活动时间：2018 年 5 月 4 日。

活动地点：伊旗第二小学报告厅。

参会对象：全旗小学语文教师及小学语文教研员。

培训形式：听课、评课、讲座。

主持人：杨丽萍、王素娟。

梨花带雨美如画，朴实之中显芳华

——参加余映潮老师培训有感

伊金霍洛旗第三小学　刘改华

2018 年 5 月 4 日，我又一次有幸观摩了余映潮老师的精彩课堂。看着余老师日渐增多的华发和日渐瘦削的身躯却显示出异常矍铄的精神，我由衷地敬仰。

通过一天的培训，我收获满满，不仅看到了同仁们精彩的授课活动，也提升了自己的教育教学理念。我更加清楚地认识到课堂是以学生为主体的学习载体，是学生进行学习知识和课堂实践活动的载体，是一定要注重语言学用、技能训练、知识渗透任务落实的基地，是实现高效阅读教学的重要途径。所以，在教学设计中，余老师告诉我们一定要注意教学思路清晰，要能实现学生的实践活动；要重视让学生充分积累，因为积累是课堂的灵魂，没有积累，一切都是荒漠；要对课文进行充分的利用；要重视集体活动，要让每一个学生在课堂活动中都有大致的收获。另外余老师还告诉我们在课堂上要让学生少谈一些感受，多谈一些对文本的品析、鉴赏，要从文学欣赏的角度，对学生进行濡染。是呀，细细想来，真的不能让学生总谈感受，这样既浪费时间，又没有什么实效。因为很多时候，学生的感受只停留在对文字表面的理解上，说来说去，学生还是在用已有的知识说已然习得的话语，教师没有对学生进行更深、更广、更高的训练。而欣赏就不同了，它要求学生站在文学的高度来与文本进行高雅的对话。在这一点上我深表赞同，这让我真切地感受到自己课堂中存在的大问题。

俗话说：要想让学生有一杯水，我们就得有源源不断的活水。作为知识的传递者、行为的引导者、智慧的激发者，我们需要有先进的教育教学理念，有渊博深厚的知识背景，有过硬的教学技能，要像一座巨大的知识宝库一样，储藏应有尽有的知识，尤其是和文学欣赏相关的海量的术语、概念，而且要对之了然于胸。只有这样，我们才能更好地濡染学生，提升学生的语文综合素养。反思自己，我深切地感到自己知识的匮乏和狭窄，这让我有了一种迫切要学习更多知识、掌握更多技能的需求，从而来扩充自己的知识容量，提升自己的知识水平，完善自己的知识结构，同时还要不断学习教育前沿的先进教育教学理念。只有这样，我们才能担负起社会给予我们的神圣使命，才能培养出社会最迫切需要的、与社会发展接轨的、与时俱进、继往开来的人才。

每次听余老师的课我都会被他对教材解读的别出心裁、对课堂设计的独具匠心所折服，更被在他的课上学生们能有丰厚的收获而感动。余老师总能寻找到最佳切入点让学生直接与文本材料进行接触，让学生充分参与语文实践，掌握运用语文的规律，真正做到了以学生为主体进行自主学习，这不正是对语文课程标准理念做出的最佳诠释和最好践行吗？总之余老师在用实际行动告诉我们，语文课应该教什么，语文课应该怎么教。

余老师的语文课有着别人望尘莫及的厚度，有着鲜明的特色，是真正传承"语文"的课，是看似朴实无华，实则构思精巧、匠心独用、创意无限的课。正如带雨的梨花朴实动人，而在朴实之中却美得优雅，美得深沉，这不禁让我生发出两句自创诗句："梨花带雨美如画，朴实之中显芳华。"

余老师这一整天紧凑的讲学活动，不仅给我们传递了最具可行性、操作性的先进教学理念及方法，也告诉了我们许多宝贵的教育教学经验。可以说余老师是真正研究语文的人，是真正着眼于培养一代又一代青年教师的人，是真正对孩子们的成长负责的人。"沉舟侧畔千帆过，病树前头万木春"。经过了十几年的教育教学改革，我们的语文终于"迷途知返"，又回到了真正的"语文"课的轨道上来。在这一点上，余老师带给我们的不仅仅是无穷无尽的智慧，是永不磨灭的精神，更是强有力的教育航标。这熠熠生辉的魅力将激励着一批又一批、一代又一代青年教师奋进成长。我相信，在余老师润物无声的教学指导下，在余老师手把手的躬身带领下，在余老师高瞻远瞩的理念引领下，我们每一位语文教师都会沿着余老师的足迹不断探索、不断实践、不断成长，我们的课堂也必定会焕发出勃勃生机。

朴实·扎实·厚实
——参加余映潮老师讲学活动有感

伊金霍洛旗台格小学　金大海

时值暮春，乍暖还寒的天气一去不返，随处可见的是争妍的百花、初盛的春林。春夏之交，雨生百谷。对于农民来说，此时正是播种点豆的最佳时机，对于教师来说，同样如此。5月4日，又逢青年节，本次余映潮老师讲学活动可以说是一场"随风潜入夜，润物细无声"的春雨，为青年教师送来最好的礼物——文化的饕餮盛宴。

近年来聆听余老师的课例及讲座，可谓百感交集：有过"徒有羡鱼情"的无可奈何，亦有过"云深不知处"的茫然失措，而今，庆幸终有找到一丝"源头活水"的"漫卷诗书喜欲狂"。余老师的每一节课，每一场讲座，回眸细看，个个都有"百媚生"的魅力。

就拿本次的课例《桥》来说，有朴实、扎实、厚实的魅力，值得我们每位语文教师细细品味。

一、朴实

开课很朴实。余老师的开课一如既往地简洁洗练，不蔓不枝，没有曲折迂回，更没有旁逸斜出的离题万里。自然流畅地叙说，没有渲染夸张，没有声嘶力竭，正所谓：谦谦君子，温润如玉。他一向提倡"开课接题，直入情境"，对于当下语文教学导课的"缓入"毛病，他是深恶痛绝的。在导入时，他让学生积累厚重的文学知识：介绍文体小小说及相关知识——主人公、自然环境描写，为的是依体而教、直击重点。

课件少而精。余老师的课件没有令人眼花缭乱的五颜六色以及博人眼球的奇形怪状，有的只是纯白色的背景，黑色的大字体，必要时，辅以少数图片。简简单单，大方得体。好钢用在刃上，少而精的课件是为教学服务的，不像当下某些语文课堂教学是被无休止的课件牵引的，而结果只能是"乱花渐欲迷人眼"。

没有花架子，不搞噱头，余老师的课堂如行云流水般朴实自然。

二、扎实

字词教学很扎实。字词教学是贯穿小学语文始终的任务。大多数高段的语文课堂忽视字词教学：轻描淡写、一带而过。但余老师却不是这样的，他用认读、书空、释义的三个循序渐进的环节完成本课的字词教学，不是浮于表面的浅尝辄止，而是步步深入，层层推进，步骤科学、环节扎实。

集体训练很扎实。纵观本节课，学生人人参与，各个听说读写，没有一个滥竽充数的南郭处士，课堂也绝非好学生个人作秀的舞台。集体读词，像讲故事一样读课文，个个埋头思考：有表现力的一笔。这些有效开展的集体训练都得益于余老师心中有全体学生的教学理念。于是，学生能够在集体训练中大有收获：学得知识，习得方法。

小说教学很扎实。本节课都是围绕小说展开教学的，余老师没有一句闲言碎语，学生在真学、真思、真议的过程中收获了许多关于小说的知识——小说文体的相关知识，小说内容的概括，小说写法的赏析。

朗读指导很扎实。我们的课堂缺少对学生朗读方法的指导，我们深知课标的要求：正确、流利、有感情，却不懂如何操作，致使朗读方法的指导流于形式、形同虚设。我们不妨学习一下余老师细腻而有层次的指导：朗读课文，像讲故事一样地读，特别注意表现"紧张""危急"的氛围；朗读课文，把"水涨"的句子读得扣人心弦；读好课文的高潮、结局和尾声。这样的朗读指导可以说是小步轻迈、角度新颖、过程生动，学生渐入佳境。我们还可以像余老师一样去范读，让学生有法可依、有例可循，将朗读指导真正落到实处。

三、厚实

本节课容量巨大，内容厚实，由文字到文章再到文学，呈现出匀称清晰的结构之美，表现出拾级而上的层次之美。

字词读写的落实是关于文字的积累（难写字的书空，难解词的释义）；以话题（本文的标题"桥"很有味道）为抓手来梳理脉络，是关于文章概括方法的学习；品味小说细节（场景、波澜、悬念、伏笔、照应）可以说是对小说文学表达的鉴赏。

余老师大有古之学者风范，不仅关注学生的语言学用，而且关注他们终身的气质养成。真的是一点浩然气，千里快哉风。故有余老师台上侃侃而谈、倾囊相授，台下满座皆惊、掌声雷动，顿觉满室生香、余韵悠悠。

建立"五要素"高效阅读教学理念
——第三期"1+1+X+N+Z"小学语文名师工作室研修活动总结

为了进一步深化课堂教学改革，继续促进我旗小学语文教师的专业化成长，整体提高我旗小学语文教学的质量，提升学生的语文核心素养，2018年5月4日，伊旗教研室特邀请中国著名语文教育专家教授余映潮来我旗进行专家讲学活动。

本次活动的主题是：建立"五要素"高效阅读教学理念（关注语言学用，关注技能训练，关注知识渗透，关注集体训练，关注气质养成），以及板块式思路，主问题设计。

活动由四部分组成：语文工作室成员上课；余老师课堂教学点评；余映潮

老师上示范课《桥》；余映潮老师作专题讲座——"建立"五要素"高效阅读教学理念"。

活动中，余老师高度赞扬了梁德慧、王婷婷、苏玉萍三位授课教师的课堂教学，也肯定了我旗小学语文教学改革取得的成果。

余老师的课例《桥》，有朴实、扎实、厚实的魅力。开课接题，直入情境，简洁洗练，不蔓不枝。导入时，让学生积累厚重的文学知识：介绍文体（小小说）及相关知识（主人公、自然环境描写）。接着用认读、书空、释义的三个循序渐进的环节完成本课的字词教学，不是浮于表面的浅尝辄止，而是步步深入，层层推进，步骤科学、环节扎实。整节课内容厚实，由文字到文章再到文学，呈现出匀称清晰的结构之美，表现出拾级而上的层次之美：字词读写的落实是关于文字的积累（难写字的书空，难解词的释义）；以话题（本文的标题"桥"很有味道）为抓手来梳理脉络，是关于文章概括方法的学习；品味小说细节（场景、波澜、悬念、伏笔、照应）可以说是对小说文学表达的鉴赏。学生在集体训练中大有收获：学得知识，习得方法。余老师细腻而有层次的朗读指导让学生有法可依、有例可循，将朗读指导真正落到实处。

余老师大有古之学者风范，不仅关注学生的语言学用，而且关注他们终身的气质养成。真的是一点浩然气，千里快哉风。

余老师的专题讲座将本次活动推向了高潮，他的例谈"教学思路"的有序展开十二式教学，回眸细看，式式都有"百媚生"的魅力。

故有余老师台上侃侃而谈、倾囊相授，台下满座皆惊、掌声雷动，顿觉满室生香、余韵悠悠。

【第四期第二次研修活动】

关于举办伊金霍洛旗教育体育局
第四期"1+1+X+N+Z"小学语文名师工作室
第二次研修活动的安排意见

依托专家引领，助推教师成长。为了更新工作室成员的教育教学理念，引发各成员对"热点问题"的深度思考与研究,从而构建高效、有活力的课堂教学,现结合"深度学习"——小学语文教学改革研讨会组织开展"聚焦热点问题,深度学与研"为主题的伊金霍洛旗教育体育局第四期"1+1+X+N+Z"小学语文名师工作室第二次研修活动。现将有关事宜通知如下。

研修主题:聚焦热点问题深度学与研。

活动时间:2020年12月10—11日。

活动地点:鄂尔多斯市第一中学伊金霍洛旗校区。

活动形式:讲课、议课、讲座。

参加人员:小学语文一级名师工作室全体成员。

学习本就是一种享受

——参加"深度学习"小学语文教学改革论坛心得体会

伊金霍洛旗第一小学 崔美莲

魏书生老师这样说:"学习本就是一种享受。"确实如此,两天的"深度学习",小学语文教学改革论坛会又给我提供了一次很好的享受学习的机会。

子曰:知之为知之,不知为不知。对于"深度学习",我有一些了解,平时也提及过,但是怎样的学习是深度学习,自己或者身边的人并没有谁在研究,也没有更多的见解。2020年12月10日上午,王云峰教授的专题讲座"指向核心素养下的语文深度学习"让我对"深度学习"有了更加清晰而深刻的认识与理解。面临这个快速多变的社会大环境,知识经济、数字化和信息化、全球化的趋势,再加上新高考、新课程的出现,为了培养能够适应这个时代要求的学生,我们的教学需要在以往的浅层次学习的基础上向深度学习转变。以往的被动的、无目的的学习,简单的理解、记忆,碎片化的知识学习,无反思的也不需要反思的学习,培养不出来具有核心素养的学生,我们需要培养的是具有掌握核心学术内容、具有批判思维和解决复杂问题、协调工作、有效沟通、知道如何学习、有批判思维等一系列能力的学生。同时,也让我知道了判断学生是否达到"深度学习"的标准——有较高的学习动机,经历深度的认知加工过程和解决问题的过程,有较强的自主性,又有较强的合作意愿,追求高质量的学习成果。下午，毛继东教授的讲座"新课程背景下的作文教学转型"让我认识到学生的感知能力和思维能力在作文教学中的重要性，没有敏锐的感知能力，学生就无话可说、无话可写。没有高阶的思维能力，学生的习作就只能人云亦云，写不出有新意的文章。11日一天的培训，更是我们这些一线老师的知识盛宴，对我们的教学有最直接的帮助。吉春亚老师的课例及讲座"备课四看，把要素落实到底"让我知道如何围绕一个有意义的主题设计一系列活动，由简到难，让学生去深度学习。郭昶老师的古诗教学和讲座"固守与突围——小学语文教学设计'例'谈"也让我对诗词教学有了新的启发，让我感受到"比较"学习的独特魅力，也知道了深度学习的五个"精"——字词要精、链接资料要精选、教学语段要精、课题思辨要精深、读写结合要精。以上这些理论上的知识，为我日后的教学实践提供了理论依据，遵循这些理论、理念，我会努力改变自己的教学现状。

  子曰：学而不思则罔，思而不学则殆。只是一味地学习，而不去反思自己的问题，是不会有真进步的。说实话，我的学生以及我们地区的学生现在面对的基本上都是浅层次的学习活动，深度的学习活动不多。例如，在阅读教学中，我们主题比较散，有时教学没有主线，觉得字词必须要教一教，修辞也很好，也需要教一教，句型也不错，需要练一练，文章结构也挺清晰，需要学一学……每课都是这样，日复一日，年复一年，就这样教下去，学生的学习就是停留在浅层次的学习中，知识学习得不深，而且学生的主动学习和解决问题的意愿也没有被激发出来，更没有沟通和合作的能力。在习作教学中，只会写"视觉作文"，不会多角度感知，多方面思维。以上种种，都是我们教学中存在的问题。

  子曰：学而时习之，不亦说乎。学习之后，经常实践，才能真正享受到其中的乐趣。在以后的生活中要把学到的理论用到自己的教学工作中，为学生的深度学习创造更多的学习机会。例如，在低年级的识字教学中，规划一次有深度的综合实践活动——寻找汉字，由"你通过哪些途径认识了哪些汉字"到"你知道哪些汉字故事"，再到"寻找错别字及缘由"，通过这些活动，把识字引向深度学习。阅读教学中，紧紧围绕单元要素和课后问题，设计由浅到深的教学活动，训练学生的深度阅读能力。在作文教学中，我们要充分创造一些真实的情境，让学生有感知，在感知的基础上，引导学生多角度思维。例如，二年级时，我们可以为学生创造各种写话情境。写一种水果，让学生带上自己喜欢的水果，在课堂中，我们引导学生先看颜色、形状，用视觉感知。再让学生闻一闻不同水果的不同气味，用嗅觉感知。还让学生尝一尝不同水果的不同味道，用味觉感知。最后让学生想一想，这些水果可以有哪些吃法，吃它们有什么作用。这一系列活动，从感知到思维，学生对某一种水果就有了更加全面的认识，这时，让学生写下来，学生就一定有话可说、有话可写了，就不再只是"视觉作文"了，写话中有"料"了。

子曰：君子博学于文，约之以礼，亦可以弗畔矣夫！君子广泛地学习文化知识，再用礼来加以约束，这样也就不会离经叛道了。作为老师的我们，也需要经常学习，这样才能常学常新，适应新形势，再加上课程标准的约束，我们也就不会偏离教学的轨道，并且在教学之路上才能越走越稳，越走越远。

守住语文的"根"，落实语文的"真"

伊金霍洛旗第五小学　陈慧芳

《论语》有言："君子务本，本立而道生"。在语文教学上务本求真，就是要尊重生命本态，尊重教育规律，崇尚科学真理，追求真才实学，还"语文"本真。"本真语文"既是对语文教学应抓学科根本的提醒，也是对语文教学应以学生发展为本的强调。

参加"深度学习"小学语文教学改革研讨会，两天的深度学习积淀了语文教学的厚度，拓宽了思维的广度。

务本求真之一：深度备课

语文课尽可能地把不是语文或是语文中不是重点的东西清除出语文课堂，吉春亚老师的课堂教学及讲座让我透过教材触摸到了语文课堂最本真的内容——培养学生的语文能力。

《忆读书》一课紧紧围绕"梳理"二字展开，在短短四十分钟内呈现三次梳理，根据课文多角度多方面带领学生剖析，追问引导到位，训练学生的梳能力。吉老师课堂教学中设计了三个问题，采用层层递进的方式，为学生学习课文搭好框架。

问题1：梳理冰心奶奶的读书经历？教会学生采用分条梳理、表格梳理的方法，按时间顺序把散落在课文中的碎片信息梳理完整。

问题2：什么样的书才是好书？再读文本，将刚才习得的方法运用到解决问题中去。

吉老师没有满堂串讲，而是课堂的引领者，强调方法教学与运用，引导学生积极地参与课堂活动，学生通过自学，感悟了冰心奶奶的读书经历，感悟了读好书的乐趣。

问题3：是否赞同冰心奶奶小时候的读书方法，说明理由？学生以小组合作交流的形式，大胆道出自己的看法，各抒己见。学生感悟了冰心奶奶读书的方法好处。

吉老师循序渐进地让学生在阅读学习中，学生由浅在思维向中阶思维、高阶思维发展。学生从前面的碎片化信息的回答，到能根据目标问题的需要，规范、精准、全面，层次清楚地梳理文本信息，进步很大。

吉老师课上不讲空话，不流于形式，而是扎扎实实地落实到位，体现本真语文的理念。这样高效的课堂得益于有效的备课。

备课方向明确、清晰，不同的文体，不同的"例子"，以单元要素和课后题为目标拿捏好尺度；备课的方法也可以根据目标不同进行多样化设计。看准"例子"，用好"例子"。一篇课文可挖掘的点不胜枚举，有如天马行空，但我们教师要心中有数，理解编者意图，弄清楚编者想通过这篇"例子"，让学生学会什么。吉老师教给我们怎样有的放矢有效备课：一备单元要素（阅读，表达）；二备单元要素与课后习题的关系；三备交流平台如何总结的；四备习作与课文之间的关系。

无论是吉老师的课还是吉老师的讲座，都给老师们一个准确的指示：语文老师备课要做到心中有"语文要素"，心中有课标、心中有教材、心中有年段、心中有教法。吉老师通过课例的枚举让在座的老师们不但明白了该教什么，也明白了怎么教。她还分享了五字口诀训练学生思维，"准"：一年级会从文本中提取准确的信息;"全":二年级提取的信息要全面;"联":三四年级提取信息要注意彼此之间的联系;"清":按一定顺序层次清楚分条梳理信息;"深":五六年能够联系生活实际,理解文本,对问题敢于质疑、思辨。通过六个年级的"语文要素"的列表讲解了教学如何落实"语文要素",教什么落实目标定位精准性,怎么教落实过程目标吻合度。让语文要素落到教学实处,让与会老师对新教材的把握又有了新的认识。

务本求真之二:以例入手

郭老师的讲座围绕"例"字展开,从"例"的理解、"例"的固守、"例"的突围三个板块进行阐述。他的讲座既有理论的阐述,又有实例的支撑,《慈母情深》一课,紧紧围绕单元要素,以一个全新的、独特的角度刻画了一个爱子深情的母亲,以"慢镜头""快镜头""特写镜头""全景镜头"的新颖角度来解读课文,再加以"细节描写"和"场景描写"创设情境让学生去感受、倾听人物内心的声音,与课文中人物进行对话,展现了厚重的教学设计,整堂课都是围绕细节描写这个重点进行推进,体现一课一得。

讲座中提出了在落实语文要素的过程中出现了方法简单化、讲解概念化、推进碎片化、巩固知识化、发展平面化等现象,防范这些现象出现须注重语文要素落实过程的方法分解、语境融合,强化整体实践和迁移应用,并形成层递发展,才能使语文要素更好地落地,促进学生语文素养的真正提升。这些理论使我如醍醐灌顶,对统编教材的特点有了新的认识,让我明白新的教材就是新的挑战,要多钻研教材,多做比较,真正把语文要素落实到每堂课中,真正为提高学生语文素养而努力。

领略名师风采,方知自己渺小;品鉴专家课堂,倍感自身不足。通过两天的学习,期望结合自己的实际经验加以内化,化为教学实际的想法和行动!

依托专家引领助推教师成长
——第四期"1+1+X+N+Z"小学语文名师工作室研修活动总结

2020年12月11日上午,吉春亚老师做课《忆读书》。吉老师的课堂教学目标集中、一课一得;注重教给方法、培养思维;强化能力训练、学用结合。

课后，吉老师做了"备课四看，把'要素'落实到位"的讲座，深入浅出地教给老师们解读语文要素的方法，研究课后习题的策略。

下午，郭昶老师《浣溪沙》的教学，品析于无形中，知识渗透于无痕，悟义悟情相结合。郭昶老师的讲座"固守与突围——小学语文教学设计例谈"以课为"例"讲设计，有理论的深度，有思想的高度。

在专家老师讲课的过程中，工作室的全体成员运用课堂观察量表，从"教学目标、课堂提问、教师评价、自主学习、方法策略"五个视角14个观察点进行了课堂教学的细致观察并进行了深入的分析研究。通过分析研究发现，专家老师的课堂教学有以下几方面的特点：一是特别重视学生的自主学习，二是特别重视学生的思维发展，三是特别重视学习方法的渗透，四是特别重视设计学生的学习活动，五是教师引导有方，六是教学目标落实得高效扎实，学生学习的过程轻松愉悦。

登高才能望远。通过为期两天的专家引领的学习活动，让正在使用部编教材的老师们心中有了方向，手中有了方法，行动有了力量。让老师们知道要做到"有深度"的语文学习，一定要聚焦语文要素，设计学生丰富的学习活动，注重方法渗透，着眼于迁移运用，使学生在语言和思维方面得到双向提升和发展，实现语言与思维的同构共生，从而提高学生的语文核心素养。

【第四期第九次研修活动】

关于举办伊金霍洛旗教育体育局第四期"1+1+X+N+Z"小学语文一级名师工作室第九次研修活动的安排意见

为继续推进名师工作室《指向语文要素的小学语文课堂教学实践策略研究》的课题研究，加强教师深度解读教材、优化教与学的方法与策略，从而提高课堂教学的实效性，伊金霍洛旗教育体育局第四期"1+1+X+N+Z"小学语文一级名师工作室将开展第九次研修活动。现将有关事宜通知如下。

活动主题：指向语文要素的小学语文课堂教学实践策略研究。

活动时间：2021年12月8日。

活动地点：伊金霍洛旗第二小学录播室。

参会对象：小学语文一级名师工作室全体成员。

活动形式：观课、议课、交流研讨。

主持人：杨雁鸿。

以课为例，浅谈"如何感受课文生动的语言"
——《大自然的声音》案例分析
伊金霍洛旗第八小学　周有盈

三年级第七单元的语文要素是"感受课文生动的语言，积累喜欢的语句"。

当我看到这个语文要素中，脑海中首先产生两个疑问：什么算是生动的语言？找到生动的语言后又该如何感受呢？进行深度的思考后，经过查找资料，我有了自己浅薄的认识。

一、聚焦语文要素，了解"生动的语言"

顺延本单元语文要素，我们不难想到这个问题，什么是生动的语言？教师会经常提到这个词，学生耳熟能详，但是对于学生来讲，"生动"或许就是一个简单的词语而已，他们并没有真正地理解这个词语蕴含的意义。经过查阅资料，我了解到语言的生动性是指语言能很好地描绘出某个行为的特点，让人能够想象到那个画面。例如：小鸟在树上叽叽喳喳地叫；小鸟在树上唱歌，前者我们在脑海中浮现的画面是小鸟在树上叫，而后句我们会联想到小鸟在树上高兴地歌唱，它们一会儿蹦蹦跳跳、一会儿引吭高歌，画面感很强，这就是语言生动性，能让我们进行丰富的想象。

本单元的四篇课文，生动的语言都藏在课文中。《大自然的声音》一课，其实都是习以为常的声音：风声、雨声、动物的声音。这些习以为常的声音被作者描写得这么的优美，原因在于用了大量的表现方式——把它当成人来写、把它比喻着写，课文语言非常地丰富而生动。第二篇课文是《读不完的大书》，这篇课文重在表达生动语言的方式变化多样。比如说描写动物，除了写动物的样子，还会写对这个动物的印象，比如说写植物，还写出了情感。因此，我们说"万物皆有灵"。《父亲·树林和鸟》这篇课文的生动主要表现在用多个修饰的词语来表达丰富的感受。

因此什么是生动的语言，这些生动的语言都有哪些丰富的表现手法，我们在教学前要做到心中有数。

二、落实语文要素，感受生动的语言

既然找到了"生动的语言"，怎么感受呢？这也成了困扰老师们的一个难题。因为如果是语文要素里，但凡出现"感受""体会"，都很难操作。它不像"提问""批注"等比较理性、比较有抓手的较为显性的语文要素，"感受"更注重个性化的阅读体验，很难有一个统一的标准去规范和评价。那怎么落实呢？我们可以分四个维度——积累、想象、朗读和表达。

下面我们就以焦老师的教学设计《大自然的声音》为例进行赏析。

（一）了解美妙，积累词语

活动一有这样的环节：认读描写声音的词语和短语，读准字音。这个教学活动，其实就是在积累词语，只不过我们在学习的过程中可以更精细化，效果会更好。如：

学习第一组词语——拟声词：

淙淙、潺潺、哗哗、滴滴答答、叮叮咚咚、唧哩哩。（多形式朗读；聚焦"淙淙""潺潺""哗哗"，播放自然界的声音，感受声音的变化，指导朗读；拓展其他结构相同的拟声词）

学习第二组词语——用感受或想象描写声音的词：

轻轻柔柔的呢喃细语、雄伟的乐曲、充满力量的声音、热闹的音乐会、轻快的山中小曲、波澜壮阔的海洋大合唱。（借助拼音将词语读正确；播放音频，感知声音特点，在具体的语句中读出声音的变化；各种形式的读，读中积累）

这样，以读促悟，重在积累。在听音频中感知变化，在对比中感知声音的奇妙。在各种形式的读中积累生动的语言。

（二）想象美妙，感受生动

活动二是品读句子，体会"美妙"，为落实这个目标，焦老师设计了以下内容。提出问题：默读课文2~4自然段，从哪些词句体会到大自然声音的美妙，圈画出相关词句，在旁边简单写一下感受；同桌合作交流：选一个最喜欢的句子和同桌进行交流；汇报交流：把自己觉得美妙的句子读给大家听，也可以说一说自己的感受；教师点拨。

在这个环节，焦老师主要是通过抓住关键语句来让学生体会大自然的美妙。本课主要是一些词句比较生动，因此我认为除了让学生表达感受的同时，重在往想象上引导。例如：

"风，是大自然的音乐家。他会在森林里演奏他的手风琴"。

可以给予学生这样的话题：当你读到这句话时，你的脑海中出现了这样的画面：让学生顺着这样的思维去说，我们才能让其充分感受到语言的生动性。又如："当他翻动树叶，树叶便像歌手一样，唱出各种不同的歌曲。"点拨：关注"不同"，引导想象。也可以进行发现句式，句子聚焦"当"，继续引导想象，当，那声音，好像，让人。

"感受课文中生动的语言"的落脚点应该是"语言"，应该是体会作者的语言表达，感受作者语言表达的"生"和"动"。怎么感受语言的生动？就是阅读的时候，能够从作者精妙的表达去想象，体会到作者的语言是如何精准地写出事物的特点，表达作者的思想感情的。语文课程标准在中段提出"体会关键词句在表情达意方面所起的作用"，是"感受生动的语言"的基本方法——一是要体会到作者所表达的"情、意"，二就是要想象，这样表达对表现情、意所起的作用。

（三）赏读"美妙"，感受生动

在学习第二段时我们应该重点读好以下几句：

重点朗读第四句"不一样的树叶，有不一样的声音；不一样的季节，有不一样的音乐"。

重点指导朗读第五句：当微风拂过……大自然的威力。（通过指导朗读体会微风的轻柔；聚焦微风和狂风的特点，联系生活体会狂风的场景，感知声音的奇妙）

此外，尝试背诵。

此板块设计了以下内容。导语：大自然的声音多么美妙啊！生活中你还听到过哪些美妙的声音？学生交流；课件出示"小练笔"，练笔要求：围绕关键句去写，尝试运用积累的描写声音的词语；自由练笔；全球交流反馈，评议。

评价标准：是否用关键语句开头，是否能尝试运用课文中的一种方法来表现生活中美妙的声音。

以悟促读，以读促诵，多种方式感知声音的美妙，通过情感朗读体会大自然的美妙，感受语言的生动性。

(四) 发现"美妙"，尝试运用

小练笔是一个仿写的内容，可以先安排学生静心倾听，用心观察，然后仿写。这里有两个要点，一是要像作者那样，认真倾听、观察；二是学习作者的表达方法、表现手法，比如，可以运用打比方的手法，运用生动的词语、句子等。读写联动，以说促写，思维建构，最终使学生习得能力，学语言、用语言。

在想象中感受生动的语言，在朗读中感受语言的生动，在积累中收获生动的语言，在表达中运用积累的语言。我想只有这样扎扎实实地去做，"感受生动的语言"这一语文要素才能真正落地生根。

朗读是课堂最美妙的声音
——《大自然的声音》案例分析

伊金霍洛旗第二小学　梁德慧

2021年12月10日，一级名师工作室所有成员共聚二小，共研语文教学，观看了焦冶霞老师执教的三年级上册《大自然的声音》一课，听了王慧老师和姚佳君老师《大自然的声音》的说课，多角度议了这节课例，收获满满。

《大自然的声音》是一篇文辞优美、富有童趣的小散文，主要以风、水、动物为例写了大自然中各种美妙的声音，文章语言生动，充满想象，富有童趣，是训练朗读和积累语言的一篇好文章。本单元的语文要素恰好也是感受课文中生动的语言，积累喜欢的语句。如何落实此要素，我觉得朗读是最好的途径和方法。纵观教材中的每一篇课文，课后题中都有一个保底要求就是正确流利地朗读课文，只有读熟了读好了课文，你才能高质量地完成语言积累、语言学用等各项语文学科能力的训练。苏东坡曾说："三分诗，七分读。"可见，在语文教学中，我们一定要重视朗读，认清朗读的重要性，学会以读促悟，以读促学，以读代讲，读写结合，训练学生的语文素养。如何培养学生的朗读能力，我有以下思考。

一、明确朗读年段目标，老师心中有数

《义务教育语文课程标准》关于"朗读"的目标与内容也有明确要求。第一学段：学习用普通话正确、流利、有感情地朗读课文。诵读儿歌、儿童诗和浅近的古诗，展开想象，获得初步的情感体验，感受语言的优美。第二学段：用普通话正确、流利、有感情地朗读课文。诵读优秀诗文，注意在朗读过程中体验情感，展开想象，领悟诗文大意。第三学段：能用普通话正确、流利、有感情地朗读课文。诵读优秀诗文，注意通过语调、韵律、节奏等体味作品的内容和情感。三个学段对朗读的要求层层递进，最终形成语文学科核心素养。

我们在教学时就要依据课标要求去训练学生的朗读能力，目标定位准确，一步一步训练，学生的能力才能看得见的提高。

二、扎实课堂朗读训练，保证朗读时间

低年级的语文教学最重要的一项是朗读，老师要严抓狠抓，一步一个脚印教扎实，把学生的朗读底子给打好。低段学生的模仿力强，可塑性好，教学时建议一是播放音频让学生听，让学生跟读或者模仿读，把音读饱满；二是教师可以一句一句带着孩子们反复读，改掉他们扯着嗓子喊读、一个字一个字拖读、唱读等毛病，教会他们读好停顿与连贯，读出节奏与韵律，培养他们的语感。这样的朗读教学，教师要舍得花时间，哪怕不进行内容的讲解，但要领着他们多种形式地读，小组读，开火车读，个人读，比赛读，读着读着，孩子们就会读了。很多朗读方法不用多说，说了他们也听不明白。就让课堂充满朗读的声音。

焦冶霞老师教学《大自然的声音》时，一节课有一多半的时间是在不同形式地朗读中落实语文要素。开课齐读拟声词，感受声音的美妙，学习课文后全班交流以读代讲、以读促悟，对比读、配乐读、看图读、想象读、创设情境

引读、男女生读、变成小诗读，课堂上没有碎问碎答，舍得花时间练习朗读，朗读声就是课堂最美妙的声音。

三、创设朗读情境，提升朗读水平

一篇课文，一种情景，教学中我们要学会营造气氛，创设情境，通过看图、配乐、欣赏视频、教师激情引读等形式把课文的语言文字化成音、诗、画，激起学生与作者的心灵共鸣，与文本融为一体，让他们有所感所悟。

《大自然的声音》的语言既音韵优美，又极富节奏美，将大自然中的生物比作音乐家，把它们发出的声音描绘成各种美妙生动的乐曲，体现了大自然的美丽。焦冶霞老师在教学"不一样的树叶，有不一样的声音；不一样的季节，有不一样的音乐"时，没有多余的解说，老师创设情境引读"当它吹过梧桐树叶时……当它吹过枫叶时……当它吹过寒冷的冬天……"学生被老师美妙的导语带入文本，与作者产生共鸣，与语言相遇，与情感融合，读得自然就有感情了。

四、形式多样朗读，保证人人朗读

在语文教学中，为点燃学生的朗读热情，促进学生的朗读训练，保证人人都能朗读，教师要学会借助形式多样的朗读形式，让每个学生的朗读能力有提升。我们可采用齐读、指名读、一个接一个读、对读、分角色读、赛读、录音朗读、表演朗读等多种方法指导和检测学生的朗读，教师在教学中要根据课文特点、教学环节、目标需求、学生需要等去选择不同形式的"读"。一般说来，低年级常运用轻声读、齐读、分角色读方式，以增强学生的读书兴趣，集中学生的注意力。高年级宜采用个别读、默读方式，有利于静思默想，潜心思考。在教学中，我们要注意读的面要广，量要多，形式要多。

朗读是语文教学的一个重要能力，也是一个重要的目标，更是一个要落实的核心要素，课堂教学是培养学生朗读能力的主阵地，教师作为课堂教学的组织者和引导者，一定要重视朗读，带领学生多读，让学生在朗读中感受快乐、有所发现、有所顿悟、学会思考、学会创造，让朗读成为课堂中最美妙的声音。

抓要素重落实课题研究促发展
——第四期"1+1+X+N+Z"小学语文名师工作室研修活动总结

为推进伊旗小学语文一级名师工作室《指向语文要素的小学语文课堂教学实践策略研究》课题研究，优化教与学的方法与策略，提高课堂教学的实效性，12月10日，伊旗教体局第四期"1+1+X+N+Z"小学语文一级名师工作室在第二小学开展了"指向语文要素的小学语文课堂教学实践策略研究"的主题研修活动。

活动中焦冶霞老师执教《大自然的声音》一课，本课设计巧妙、严谨，将语文要素与教学重难点紧密联系，通过主问题引导、朗读品味、积累语句、迁移练笔等环节，为观课老师呈现出一堂很好的教学策略指导课范例。随后姚佳君、王慧两位老师也对同一节课进行说课。"一讲两说"节约时间、提升效率，给观课教师更多思考时间。

活动过程中，工作室成员以小组为单位用课堂观察量表从五个视角观课议课，课后进行讨论交流，发言代表用数据说话，汇报了观察结果及分析情况，也提出了很多新的建议。

最后，工作室主持人杨雁鸿提出"一深入五关注"：继续深入推进课题《指向语文要素的小学语文课堂教学实践策略研究》，教学实践中要关注主问题设计，关注朗读中的"读出感受"，关注语文学习和生活经验相结合，关注目标和策略的关系，关注指向要素的板书设计。

此次活动让老师们在工作室课题的引领下，进一步明确了课堂教学中一定要紧抓要素，重在落实，让课堂成为学生成长和生长的地方。

【第四期第十次研修活动】

关于举办第四期"1+1+X+N+Z"小学语文一级名师工作室第十次研修活动的安排意见

为进一步提升教师语文教学观念，转变教与学的方式，提高教师课堂教学能力，小学语文名师工作室决定开展第十次研修活动。现将有关事宜通知如下。

活动主题：聚焦核心素养明方向落地课堂教学助育人——《核心素养导向的课堂教学》读书交流活动。

活动时间：2022年3月18日下午（星期五），14：10—14：25签到。

活动地点：第二小学四楼录播室。

活动形式：汇报研讨交流。

参加人员：小学语文一级名师工作室全体成员。

主持人：杨雁鸿。

教师素养的重要性
——《核心素养导向的课堂教学》读书体会

伊金霍洛旗第二小学　崔美莲

假期里，我拜读了余文森教授的《核心素养导向的课堂教学》一书，我特别喜欢这本书，原因有两点，其一是这本书里引用了很多教育家、学者、大师说得很有哲理的话，那些话语给了我很多教育的启示；其二是这本书让我对核心素养有了更多、更深的认识，也让我知道核心素养对于一个人的重要性。

本书共分为三个篇章，分别从"核心素养的意义""核心素养导向的教学观重建""核心素养导向的教学基本策略"三个部分对教师进行了专业理论及实际操作上的指导，是一本非常有使用价值的书籍。它告诉我们"素养"是什么，"核心素养"是什么，"学科核心素养"是什么。就拿语文来说，学科核心素养就是语言构建与运用、思维发展与提升、审美鉴赏与创造、文化传承与理解。

读第二篇章《学科核心素养的形成机制》让我知道，学科核心素养形成的主要载体是学科知识；学科核心素养形成的主要路径是学科活动；学科核心素养形成的主要条件是学科教师；学科核心素养形成的主要保障是学科评价。同时，让我认识到一个老师对于学生学科素养的形成是多么重要，每个教师身上承担着多么重大的责任。

在这四个方面中，虽然我们不能左右学科评价，但是其他几个方面与我们是息息相关的。

学生获得知识的途径主要是学校日复一日地教学，而教师要教给学生丰盈的知识，这是学生形成学科核心素养的主要条件，教师要有丰盈的知识，只有在教师具备了很高的学科素养和教育素养后，才有条件培养学生的核心素养。

近两年，旗教育局、学校利用请进来的方式，聘请全国特级教师吉春亚给我们指导教学，我也有幸参加了吉春亚本真语文的第五期培训，有幸能成为吉春亚老师的徒弟。每一次的学习，我们最切实的感受就是吉老师解读教材的能力非常强，全国各地邀请吉老师上课，各种课型都上，而且有时很多学校专点比较难以把握的课让吉老师做示范课，吉老师都欣然接受。这样欣然接受是因为吉老师有很强的教材解读能力，她能入木三分，一针见血把教材编写意图看透，从而挖掘出教材的精髓内涵。在解读出了教材精髓内涵之后，吉老师设计出的教学活动非常简约，但是教学效果却非常有实效，在老师设计的简约的教学活动中，学生的语言构建与运用、思维发展与提升、审美鉴赏与创造、文化传承与理解在不同的课例中充分得到了培养。吉老师为何如此得心应手地解读教材？应该是缘于吉老师渊博的学识吧，她在给我们培训时，时不时会把国学知识娓娓道来，还会给我们讲哲学、医学，真可谓是博览群书的饱学之士，有了这个基础，设计出的活动才有利于学生语文学科素养的发展与形成。这便是我对"学科核心素养形成的主要载体是学科知识；学科核心素养形成的主要路径是学科活动；学科核心素养形成的主要条件是学科教师"的理解。

其实，除了有这些启发外，此书读着读着，让我自己惶恐至极。因为我很惭愧，虽说学科素养非常重要，教师的素养对于学生形成学科素养也非常重要，但是，我自身的素养只有我自己最清楚，我读的书有限，自己的知识有限，从而导致自己的教学活动也不是很灵动，可以说我的教学是干瘪的、单薄的。因此，为了培养学生的核心素养，首先应该培养自己的核心素养，同时设计教学活动要基于语文要素，为培养学生的素养服务。现以四下第一单元举例。

四下第一单元的语文要素是：抓住关键语句，初步体会作者的思想感情。

为了达成这个目标，这个单元的语文教学活动我进行了以下设计。

《古诗词三首》在读准、读通诗句，理解了诗句意思之后，抓住关键诗句，想象诗句描写的画面，学生在想象之后，需要进行语言构建，然后表达，在表达中体会作者表达的情感。

《乡下人家》通过品读生动画面，抓住文中一些关键语句，品读语言的生动，在品读中体会了作者的情感。同时，在品读中还培养了学生审美鉴赏与创造的能力。

通过这两课的课例实践，让我深刻地体会到，学生的素养要在不断的学习过程中养成，主要路径就是学科活动。

做一个有志气、有灵气、有智慧的语文老师其实真的是一件幸福的事，可是我与这个目标距离遥远，需要有"雄关漫道真如铁，而今迈步从头越"的勇气，鲜衣怒马，不负韶华。

问道求索，聚焦素养
——读《核心素养导向的课堂教学》有感
伊金霍洛旗第八小学　周有盈

核心素养是贯穿国家课程标准修订的一根红线，是课程实施和教学改革的总纲和方向。在这个假期里我认真阅读了余文森教授的《核心素养导向的课堂教学》一书，通过阅读，使我对核心素养背景下的课堂教学有了更深刻的认识，在接下来的教学中我会把自己阅读这本书的所学、所思、所想、所悟逐步落实到课堂教学中，在教学中转变教学理念，在实践中培养学生学科核心素养。

本书共分为三个篇章，分别为"核心素养的意义""核心素养导向的教学观重建""核心素养导向的教学基本策略"。书中的一些观点以及事例引起了我的许多感触。

一、核心素养更注重学生的能力培养

文中提到："教育不要给学生背不动的书包，而是要给他们带不走的礼物。"著名教育家苏霍姆林斯基认为，这个带不走的东西是指学生掌握进行学习活动所必不可少的最基本的技能技巧。其中最主要的是书写、阅读、观察、思考和表达这五把"刀锯"。反观现在的教学现状，我们仍然把学生的分数看得很重，学生的书包越来越重，能力却越来越薄弱。一节课老师滔滔不绝，学生洗耳恭听，学生已经会的讲得如火如荼，难点却有效地避开，这似乎是一节好课，因为课堂活跃，学生对答如流。在154页这段文字当中，提到了传统教学的根本弊端，就是老师的讲课、教课、讲授不仅没有促进学生的"学"，反倒压制抑制了学生的"学"，这时候教学会适得其反。让我感悟的是，如果老师的"教"不能促进学生的"学"，反倒阻碍着"学"，这不仅理念陈旧，而且不符合当前学生的实际问题。教师的固执和"讲"的坚持，其实是一种惰性使然，也是自私和甩锅的行为，即"我做好我的事，我认真地教了、讲了，讲得卖力，又不乏激情"，过多的关注了教师自己而忽略学习者主体——学生，是一种自私行为；往往认为"讲授完"等于"上好课"，而不管学生学没学，学了多少，课堂有多大比例学生真正学了，这是一种甩锅行为。所以，因材施教，要看学情、学生的基础、学生的状态和情绪，合理掌握好难度和知识的量，根据不同的"食材"做成学生爱吃的"菜"，目标和目的是让学生"吃"，吃了才有营养，才能成长与发展，而不是我按自己的方法做好了饭，你们爱吃不吃的对抗教学状态。可是这样的课学生到底学会了什么？经得住探究吗？我想应该打个大大的问号。今后的教学过程中，我不能再继续自己的固步思想，要紧跟时代的要求，真正为学生着想，在每一堂课中都培养学生的书写、阅读、观察、思考等核心能力，让学生带走真正想带走的。

二、核心素养下对语文课堂的思考

（一）语文课堂是激情课堂

生活需要激情，课堂也是。这种激情有积极、乐观、阳光……语文课堂应该是激情课堂，作为教师，要充分地融入情境，比如在教授《卖火柴的小女孩》这些情感饱满的课文时，作为老师，一定要善于烘托气氛、创设情境，可以通过自己的口头语言、肢体语言或者借助教学其他辅助等。一个没有激情的课堂，如同一潭死水，激不起一丝波澜，教师都没有投入，学生如何进入状态，怎么谈思考和创新。

(二) 实践是培养学生核心能力的主要手段

《小学语文课程标准》中提到:"语文是实践性很强的课程,应该让学生更多地直接接触生活,在大量的语文实践中掌握运用语文的规律。"我想最重要的教学手段就是让学生进行实践。举个简单的小例子,比如,每次让学生写日记,你观察吧,只要是学生亲身体验的,日记内容就会很丰富且富有情感和启迪。如果是自己想的,内容肯定浮于表面。再如三下第一单元的习作是观察一种植物,我们几位老师认真备课、找范文、讲方法,心想学生肯定写得"差不多",因为这些植物(桃花、杏花、小草等)孩子们常见,可是交上来的习作却让人大跌眼镜,该写的细节全部没描述出来。后来我决定周末带他们亲自观察一下,果然,这一次效果更好,许多细微的地方学生轻而易举地写出来了,可见实践在学习中的重要性。因此在平时教学中我们应该着力给孩子创造实践的机会,比如:口语交际课,让学生在情景中去体验,读课文一定要尝试读,学生的核心素养才能落地生根。

(三) 大单元整合是培养学生核心素养的最佳途径

基于核心素养的大单元教学设计在课堂教学上占有主导地位,大单元设计在一定程度上改善学生学习碎片化的现状,从整体角度优化课堂教学。围绕学科大概念,从单元教学的设计出发,把单元主题、单元目标、单元评价及学科核心素养分解到单元,为实施结构化教学提供新思路,彻底改变"知识点的灌输式教学",在课堂中落实学生学科核心素养的培育。

当然我觉得,单元教学不能只是一个学科的某个单元的整合,而应所有学科针对一个主题进行整理,全面培养学生的综合能力。例如:在春天这个单元,我们可以利用语文学科让学生通过读写来感受春天的美、通过美术来描述春天的色彩、通过音乐课唱出对春天的喜爱、通过体育课体验春天的魅力、通过劳动课播种春的种子……指向核心素养的主题整合是教育落实立德树人、发展素质教育、深化课程改革的必然要求,也是学科核心素养落地的关键路径。

读,然后有所获,思,固然知不足。培养学生的核心素养是一项长期的过程。需要我们静心研究,积极落实。在今后的教育教学中,希望自己的每一节语文课都能与生活牵手,与生命对话!

借他山之石，琢己身之玉

——第四期"1+1+X+N+Z"小学语文名师工作室研修活动总结

三月的微风吹遍大地，一切都生机勃勃。在这欣欣向荣的阳春三月，小学语文一级名师工作室的活动如期开展。

本次活动以"聚焦核心素养明方向，落地课堂教学助育人"为主题，开展阅读《核心素养导向的课堂教学》读书分享活动。

赵丹老师以"做有素养的老师"为主题展开汇报，阐述了教师在学生成长中的重要性，教师在教育改革中的重要性——成也教师，败也教师。

学科核心素养形成的主要路径是学科活动，察尔汗老师从学科活动的实践性、思维性、自主性、教育性解读了自己的理解与认识。

白园老师汇报的"走向核心素养，培养快乐学子"启迪我们教师去思考教育到底是什么？告诉我们做教师要践行教育的真谛，让学生有价值感，让学生对未来充满信心，让学生成为快乐的人。

李磊老师也分享了读书的所思所想，她认为这本书就是一个知识网，需要我们细细琢磨。语文教师不是教语文，而是用语文教人。语文教师要育智、育人、育美。

张超老师把书中的理论与自己的教育教学工作紧密结合，反思如何提高教师工作的幸福感。做一个有温度的老师，给孩子点自信，给孩子点微笑，慢一点，从关注成绩到关注学生的成长。

在座的老师们听了以上五位老师的读书分享之后，对书中一些观点有了更深的理解与感悟，结合自己的工作，分享了自己的所思所获，以及在日后工作中努力的方向。台上汇报，台下分享，形成了浓郁的交流氛围。

杨雁鸿老师结合老师们的分享及时做了点评，指出了读《核心素养导向的课堂教学》这本书的价值所在，读书在丰裕自己的同时，是为了更好地指导日常的教学工作，要结合课堂教学，培养学生的核心素养。

牛顿说："如果说我比别人看得更远些，那是因为我站在了巨人的肩膀上。"读书就是站在巨人的肩膀上看世界，也是借他山之石，琢己身之玉。

【第四期第十一次研修活动】

关于举办第四期"1＋1＋X＋N＋Z"小学语文一级名师工作室第十一次研修活动的安排意见

为继续推进名师工作室《指向语文要素的小语课堂教学实践策略研究》的课题研究，优化教与学的方法与策略，从而提高课堂教学的实效性，小学语文名师工作室将开展第十一次研修活动。现将有关事宜通知如下。

活动主题："以生为本，学为中心"的教学策略的研究。

活动时间：2022年4月22日。

活动地点：伊金霍洛旗第五小学南二楼录播室。

参会对象：小学语文一级名师工作室全体成员。

活动形式：观课、议课、交流研讨。

主持人：杨雁鸿。

紧扣语文要素落实教学目标
——《跳水》课例分析

伊金霍洛旗第四小学　李　磊

4月22日下午，我参加了伊金霍洛旗一级名师工作室本学期的观课议课活动，我们观摩了施维老师和刘志成老师分别执教的《跳水》一课，在议课环节，说到课堂教学目标这个话题时，老师们畅谈了各自的认识与理解，听后我有以下收获。

一、把"语文要素"变成教学目标

长期以来，围绕阅读教学"教什么"，我颇为困惑。我认为部编教材最大的优势是解决了教师"教什么"的问题，语文要素就在那里，把隐在的语文要素变成显在的教学过程，其实并不难。

《跳水》一课情节起伏跌宕，很容易引发学生思维的火花。而"思维的火花"恰是本课教学需要落实的要素。

上课前，施维老师设计的课前谈话轻松点燃学生思维的火花。教师顺势而为，导入课文，首先让学生借助思维导图式板书，厘清人物关系，回顾小说大体写作思路，然后揣摩船长在危急关头处理问题的思维方式，培养在探究过程中发现问题、分析问题、解决问题的能力。

在读船长用枪逼孩子跳水脱险一部分时，让学生变换角色，通过走进船长内心，体会人物特点。学生在交流过程中知道没有更好的办法救孩子。就这样，整堂课教学始终紧扣语文要素，点燃学生思维的火花，得到了良好的教学效果。

二、把"课后习题"变成教学重点

执教的两位老师都能精准研究《跳水》一课的课后习题：联系课文想想故事的起因、经过和结果（整体理解课文内容，梳理人物之间的关系）；课文多次描写水手的"笑"，把相关语句找出来，说说水手这几次"笑"与故事情节发展的联系（抓住一条线，理解故事情节怎样一步步发展）；危急时刻，船长是怎样想的，他的办法好在哪里。他的想法对推动小说故事情节发展起到"推波助澜"的作用。围绕船长的做法，让学生提出质疑，直接进入文章高潮部分学习，最后简单处理造成孩子陷入险境的原因，让孩子谈所受到的启发，从情感上调动学生学习兴趣。抓住重点段落精讲，突破教学重点难点。设计拓展练习，培养学生自主学习的能力，促进学生思维的发展与提升。

三、把"关键语段"变成情感体验

本堂课教学，施维老师注重以读为本，以读促思。对于孩子处境危险部分，引导学生开展情境化朗读，读中悟，体会孩子处境，更深刻地理解了文章内容。然后讨论交流，抓住关键词句，联系上下文，结合语言环境开展想象理解，突出思维训练，入情入境理解"情况危急"。

教材只是个例子，要用例子教语文，促进学生语文核心素养之"思维的发展与提升"。总之，只有掌握了制定科学目标的理论支撑、方法技能，才能制定出科学合理的教学目标，再加上行之有效的教学方法，我们的课堂才有可能魅力无限，深受学生喜爱，打造高效课堂！

落实要素，成于思维
——《跳水》课例分析
伊金霍洛旗第八小学　周有盈

《跳水》是俄国著名作家列夫·托尔斯泰的短篇小说。故事惊险，情节曲折，形象丰满，引人入胜。故事的起因是水手拿猴子取乐；经过是猴子逗弄孩子后，孩子很生气，追着猴子走上桅杆顶端的横木，形势非常危急；故事的结果是船长举枪逼孩子跳入海中，水手们救起了孩子。

本单元指向阅读的语文要素是"了解人物的思维过程，加深对课文内容的理解"。思维过程原本是看不见，但是谷老师引导学生通过人物的言行举止去了解和推测。故事中孩子、猴子、水手、船长之间有着紧密的联系，在故事情节的推进中，人物的思维也在变化着、发展着。教师引导学生通过孩子、水手的表现，了解他们的思维过程，然后聚焦船长的言行，推测他一瞬间的思维过程，从而让这一语文要素在课堂落地。下面我就施维老师以及刘志成老师的两节《跳水》课例谈谈自己的看法。

课堂片段1：

施老师：在那个危急时刻，船长是怎么想的？他的办法好在哪里？（小组合作交流汇报）

施老师：船长可能设想了哪些会出现的情况？比如：往前走会摔到甲板上，会有生命危险。

生1：如果继续往前走——可能失足摔到甲板上——有生命危险。

生2：如果往回走——无法转身——有生命危险。

生3：如果不动，等人来救——站不稳，时间来不及——有生命危险。

生4：如果往海里跳——海面风平浪静，水手多——可能获救。

施老师：如果是你，你会想到其他的办法吗？

生1：找到救生圈放在甲板上。

生2：在甲板上放垫子、草等。

施老师：那么船长的办法好在哪里呢？（小组合作）

评析：

这部分教学过程，其实就是学生了解船长做法的一个思维过程，同时也是学生自己主动思考解答的一个思维过程。我觉得施老师这里处理得非常到位。不仅让学生在综合信息的基础上了解船长的做法，还运用对比的方法进行思维比较，这样学生在获得信息、处理信息的基础上按"发现问题、分析问题、解决问题"的思路推理船长的思维，从而达到一箭双雕的作用，落实了语文要素，培养了学生的思维能力。

课堂片段2：

刘老师：请同学们说说船长是一个怎样的人？

生1：果断、沉着冷静……

生2：抓住关联词和标点符号读出感受。

刘老师：在那个危机时刻，船长是怎么想的？他的办法好在哪里？

出示表格（见表1），请学生读课文寻找信息。

表1

船长的思维过程	
不利的状况	有利的条件

不利情况：

生1：横木摇摇晃晃很危险。

生2：孩子腿发抖可能掉下来。

生3：孩子可能摔倒甲板上没命。

生4：孩子在甲板上难以转身。

刘老师：出示自己总结的内容请生齐读。

刘老师：有利条件呢？

生1：大海上风平浪静。

刘老师：这是地利。

生2：水手会游泳，水有缓冲，孩子也不会有危险。另外，孩子自己也和水手一起生活，可能会游泳。

刘老师：天时地利人和。孩子可能不跳。船长用打鸟的枪逼。

刘老师：请同学们对比有利和不利，说说船长的办法好在哪里？

评析：

《跳水》中人物众多，思维丰富，刘老师引导学生运用表格来推测船长的思维过程。正当危险时刻，船长观察到的不利状况和有利条件分别是什么？从而让学生体会到了船长的办法好在哪里？这个环节的设计，其实是降低了孩子思考的难度，让孩子思考有抓手，总结船长的有利与不利，这样学生提取信息会更清晰、更全面，能清楚地让学生感受到船长的思维过程，同时可以总结出船长的思维缜密，经验丰富。

我的思考：

这一部分，我觉得可以把两位老师的两个环节进行整合，效果可能更佳。首先运用施老师的主问题：让学生自主思考船长可能设想了哪些会出现的情况？这个环节的设计旨在让学生提取信息、分析文本、情景体验，只有学生独立分析过后，才是对文本的真正理解。其次，教师在学生回答的基础上小结点播：船长当时做了那么多的思考，可以归纳为不利条件和有利条件，我们可以把刚才的思考进行总结分析吗？接着把刘老师的环节顺延进行，这样，就让学生对零碎的信息进行整合归纳，不但清晰地理解了船长的思维，也是对自己思维的一种训练。

再者，运用施老师的朗读指导，抓住当时船长的动作、神态、语言进行朗读训练，以读引思，以读悟法，在读中感悟和积累。引导学生一步步把课文读懂、读深、读透，真正让学生在"阅读中走了一个来回"。扎扎实实地训练，仔仔细细地思考，真正使每个学生"思维"都"动"起来，都参与到语言实践中去，让"课堂焕发出生命活力"。

以生为本抓要素　学为中心展实效

——第四期"1+1+X+N+Z"小学语文名师工作室研修活动总结

东风随春到，发我枝上花。在这美丽的春日——4月22日，为继续推进名师工作室《指向语文要素的小语课堂教学实践策略研究》的课题研究，优化教与学的方法与策略，从而提高课堂教学的实效性，小学语文名师工作室第十一次"以生为本，学为中心"课堂教学策略研究的主题研修活动在伊金霍洛旗第五小学拉开了帷幕。

同课异构切磋教艺

施维老师执教五年级《跳水》，课堂精彩纷呈，大胆取舍，难点突破灵活巧妙，整合园地降低难度。老师的评价语将教、学、评融为一体，学生如沐春风，学得扎实。

刘志成老师执教的《跳水》，课堂容量足，以读为主，让学生走入文本深度思考，难点突破有策略——利与不利的对比中既为学生的学提供了很好的支架，同时也蕴含着思维的训练。

精心研磨互助共赢

人间四月芳菲尽，切磋研磨正当时。课后两位执教老师进行全面细致的说课。工作室成员分别从"课堂容量及目标、课堂提问、教师引导与评价、自主探究、学习效果"五个维度进行基于实证的观课议课。老师们观课认真，思考深入，发言积极，让参与其中的每一位老师都有豁然开朗之感，真可谓一个人可以走得很快，一群人可以走得更远。

匠心掌舵指引航向

梦想和实干齐飞，奋斗与荣耀一色。活动最后，工作室主持人杨雁鸿首先感谢并肯定两位做课的老师，其次，对本次活动给予很高的评价，杨老师说："观课的每一位成员都能站在自己的观察点深入研究，对课堂策略实施有新的思考和启发。"另外，杨老师还细心地解答了老师们平时教学中的疑惑，并告诉大家，课堂要在容量足的情况下，保证质量，而保证质量最关键的是适切的方法与策略的运用。希望老师们在今后常态课的教学中抓准重点与难点，提高课堂教学质量。

五、部分教学论文、案例分析成果展示

学过了≠学会了

伊金霍洛旗教育体育事业发展中心　杨雁鸿

扎实高效的课堂教学是每一位教师不懈追求的目标，所以老师们会在课

前深入研读教材，精心准备教学设计，课中认真组织学习活动，但却由于种种原因，导致教学效果并不令人满意。有些能力的训练浅尝辄止，有的知识对于部分学生来说仅仅是学过了而已，掌握得并不扎实，有的甚至在头脑中没有留下多少痕迹。笔者在近几年的听课中发现学过了但没有学会的现象比比皆是。

一位老师教学一年级上册的《口耳目》。本课共有口、耳、目、手、足、站、坐七个要求会认的生字，每一个生字的教学老师都设计得很精致，按照看图→汉字起源→读准音→记住形的过程进行教学，七个生字分别学过之后老师认为教学任务已经完成。但教学目标落实得怎么样呢？学生会认这七个生字了吗？课后，我抽查了七个学生，其中只有一个学生七个生字都能认下来，而其他六名学生或多或少都有不会认的。这就说明本课要求会认的生字学生学过了但并没有学会，教学目标没有达成。如果老师在这七个生字分别学习之后，再集中呈现在PPT上，通过小老师领读、开火车读、游戏读等形式多样的方式进行整体的复习巩固，就可以让所有的学生有一个加强巩固的过程并可以有效监测到班级中后进生的掌握情况，保证每一个学生学过并学会。

老师们在课堂教学中经常会有这样的环节，某个字的音容易读错，老师就会特别强调一下希望学生能记住。如，有一位教师教学四年级上册的《搭石》，学生朗读"每当上工、下工，一行人走搭石的时候，动作是那么协调有序"这句话时把"一行人"中的"xíng"读成了"háng"，老师进行了纠正并在课件上呈现"行"的两种读音，学生读了一遍后便进入下面的教学环节。试想，学生仅靠读一读能否记住？事实证明并不能，在接下来的朗读中有的学生还会继续读错，学过了并没有学会。在这一过程中，如果老师在强调之后再往前走一步，让学生在"行"字的上面标注正确的读音，那么学生每读一遍课文就是一次巩固和强化，标注的过程本身也是记忆的过程，这样就不会存在一部分学生学过了并没有学会的现象，留下知识的死角。

语文教学有一项非常重要的目标就是能力的训练，如书写的能力、朗读的能力、概括文意的能力、阅读理解的能力等。学生只有具备了一定的能力才能达到由"学习"到"学会"到"会学"到"会用"的语文素养的逐步提升。但在课堂教学当中,蜻蜓点水式的教学太多了,老师存在走流程、赶教案的现象,似乎只要按照教学设计上的过程完成学生的能力就会提高了。殊不知,一日日、一课课上下来,学生的能力还是没有提升。究其原因,是教师方法的缺失。

如在朗读能力的训练中,有位教师教学五年级上册的《"精彩极了"和"糟糕透了"》中的1~14自然段,理解内容之后进行朗读,教师的提示仅有一句话:请读出母亲的慈爱与父亲的严厉。学生开始读文,读得语气平淡,没有通过朗读体现出母亲对"我"慈爱的鼓励和父亲对"我"严厉的批评,此环节就此而过。学生学过了但并没有学会如何通过朗读来表现作者要表达的情感,因为教师在如何"有感情地朗读"方面没有给学生有效的指导。朗读能力的训练,要在读正确、读流利,理解文本内容情感的基础上进行朗读技巧的指导,如朗读的语气、语调,还要注意抓准朗读的重音,这一点很重要。《"精彩极了"和"糟糕透了"》第1自然段对母亲的描写笔墨较多,抓准需要重读的词语,如"亮亮地、嚷、雨点般、再次"等词语在理解情感的基础上让学生读出重音来就可以较好地传达出母亲对"我"写的诗溢于言表的赞美。这样的引导可以让学生掌握一定的朗读技巧,久而久之就可以培养学生良好的语感,形成较强的朗读能力。

学过了就要尽量让每一个学生学会了,这样才能保证课堂教学的质量,课堂才能成为学生的生长点。

初遇文言文,教师怎样教

伊金霍洛旗教育体育事业发展中心　杨丽萍

文言诗文是我国古典文学中的瑰宝,是中国传统文化中的经典之作,也是人文教育和语言文字学习的丰富资源。据温儒敏介绍,部编教材增加了文言诗文篇幅,较此前人教版增加55篇,增幅达80%左右。增加文言诗文,一方面让学生获得初步读懂文言诗文的能力,打下扎实的语言文字基础,培养学生的语言感受力;另一方面,通过文言诗文的学习,弘扬人文精神,奠定作为中国人的精神底子。

统编教材三年级上册第八单元第一课《司马光》是一篇文言文，文章篇幅短小，但对于三年级学生来说学习有难度，因为第一次与文言文相遇。此时，教师该怎样教呢？

一、指导朗读，读好古文

叶圣陶先生曾说过：诵读就是心、眼、口、耳并用的一种学习方法。吟诵的时候，对于探究所得的不仅理智地了解，而且亲切地体会，不知不觉之间，内容与理法化为读者自己的东西了，这是最可贵的一种境界，学习语文学科，必须达到这种境界，才会终身受用不尽。文言文比现代文更讲究韵律，古人常采用吟唱的方式来诵读。所以，文言文学习的经验就是要运用多种方法，充分引导学生练习朗读，边读边加深对文言文的感受。但由于本课是学生初学文言文，对朗读的要求一定不能过高，只要能跟着教师读出正确的词句间的停顿即可。学生要跟着教师读，跟着教师学，教师就要做好示范、引领的作用。领读时，教师先读得慢一点儿，用清晰、响亮的声音准确地朗读，处理好停顿的层次，读好诗句的节奏，不故意拖长音，便于学生朗读。等学生读得熟练一些后，教师可以用比较自然的语速范读，让学生也用比较自然的语速跟读。最后，教师可以变换多种字体，让学生在审美中朗读；设计恰当的合读、分读等形式，让学生入情入境地艺术化朗读。这样的教学设计，有利于理解吸收，培养语感，熟读成诵。若把《司马光》这篇文言文看作"茶叶"，那朗读则是一杯"香茗"，学生只有通过读，才会茶色茶香。朗读教学对学生而言，是进行语言熏陶、情感陶冶、气质训练的优美实践过程。

二、借助注释，理解文意

首次接触文言文，该怎样引导学生理解呢？教师可以给出示例，如"群儿戏于庭，一儿登瓮，足跌没水中"这一句，引导学生说说理解的方法。"瓮"可以借助注释和插图理解。注释：【瓮】口小肚大的容器。插图中"瓮"的图片形象、直观地显示出了瓮的样子。用这两种方法，学生就会对"瓮"十分了解。"庭"也可以借助注释理解。文言文中的一些单音节词语可以组成现代文中的双音节词语来理解。如"戏"可以组成"嬉戏"。"登"可以根据前后语境，试着换成现代文中的常见词语"爬上"理解。这些方法可以让学生感受文言文和现代文的共通之处，消除他们学习文言文的畏惧心理，然后引导学生运用这些方法牛刀小试，自主学文。

三、讲述故事，传情达意

文言文是用来诵读的，故事是用来讲的。三年级学生对讲故事非常感兴趣，此时，可以引导学生用讲故事的语气读（讲）文言文。

"群儿戏于庭"——欢快的语气。

"一儿登瓮，足跌入水中"——着急的语气。

"众皆弃去"——惊慌的语气。

"光持石击瓮破之"——沉着、敬佩的语气。

"水迸，儿得活"——高兴的语气。

还可以让学生用现代文按顺序讲述小故事。对讲故事有困难的学生，可以引导学生回顾《司马光砸缸》的故事讲。对学有余力的学生，可以引导他们借助插图，添加表情，绘声绘色讲故事。

四、比较课文，发现特点

文言文行文简练，省去主语、宾语、谓语、介词的情况很多见；文言文古奥难懂，诘屈聱牙的句子，生僻古奥的词语，还有许多陌生的名目典章制度……这一切，在初学者的眼中成了捉摸不透的"迷言"。初遇文言文，应在激发学生学习兴趣的基础上，让学生感受出文言文的特点。可以出示现代文《司马光砸缸》与文言文《司马光》，让学生在对比中发现语言上的差异，感受文言文的特点。如本课句子比现代文的句子短。本课课文里用"光"来称呼司马光，而现代文则是"司马光"……学生只要说出自己的感受与认识，教师就要充分肯定，以保护其学习文言文的兴趣。

学生初遇文言文，教师的教学思路要明晰单纯、教学容量丰富；教师要尽量减少零碎提问的数量，尽量回避琐碎串讲的方法，尽量着眼于集体训练，尽量安排角度不同的课中活动，这样即可上出高效地、精彩地、艺术地好课。

小学语文叙事散文的教学[1]

伊金霍洛旗第三小学　苏慧丽

一、叙事散文的定义及特征

散文是一种作者抒写自己经历见闻中的真情实感的，表达自由灵活的文学体裁。叙事散文是以写人记事为主，用以抒发作者主观感情的一类散文。叙事散文虽然有对人和事的叙述和描绘，但是它仍然是着重表现作者的认知、感受和情感的文学样式，具有如下文体特征。

（一）"不尚虚构"的真实性

叙事散文不尚虚构，有外在的言说对象，这是它与"纯文学"作品的差别。与虚拟、虚构的小说，童话、故事类文体相对立，叙事散文有对人和事较为具体、突出的叙述和描绘，呈现出现象、环境、情感、心理多元、多重的真实。叙事散文侧重于从叙述人物和事件的发展变化过程中反映事物的本质，具有时间、地点、人物、事件等因素，从一个角度选取题材，表现作者的思想感情。

叙事散文的素材都是来源于我们熟悉的日常生活，人物和事件都是曾经使作者产生过心灵震颤或者让人记忆深刻的内容，事情的叙述不求完整，但却集中。作者都要借助这些"外在的、真实的言说对象"来表现自己的思想、感悟。

（二）高度个人化的主观性

与论文报告、新闻通信等客观叙述的文章不同，叙事散文虽然有真实的、外在的言说对象，但是文章所写多为"主观"事实，是高度个人化的言说对象，是作者独特的人生经验。它唯有作者的眼所能见、耳所能闻、心所能感，它主张抒写"主观"事实的亲历性。换言之就是作者并不是对外在的言说对象进行客观的描述和记录，作者所写的是作者眼中主观的人事景物，表达的是作者依其独特境遇所生发的思想、感悟，并通过独抒心机的谋篇、个性化的言语表达、流露心扉的语句来呈现。

叙事散文抒写性灵活，是个体情怀的见证，是作者自我真情实感的表现，

---

[1] 参考《义教部编教师用书》《小学语文分类阅读教学研究》。

它强烈地表现着作者的个性特征。因此，了解作者的写作背景也是有助于我们更好地走进作者主观感受的一个方法。

（三）言语表达的精准性

文学性的散文，尤其是优秀的散文作品，无不追求精准的言语表达。他们能够用语言精准地捕捉精微的感觉和思想，能够用语言贴切地传达丰富而细腻的人生经验，意境深邃。因此，叙事散文的语言极具作者个人风格特征，有的简洁质朴，有的自然流畅，有的精准凝练，往往寥寥数语就可以描绘出生动的形象，勾勒出动人的场景，显示出深远的意境，表现出作者的认知和感受。

（四）散逸自然的中间性

王荣生教授说"散文'被剩余'""散文'无特征'"，就是因为散文并不是一种严格意义上的文体概念，散文是介于"纯文学"和"非文学"之间的"杂文学"。同时，因为散文题材广泛，写法自由，体式不拘，所以散文虽谓之"散"，并非散乱、松散，而是散逸、自由。

二、叙事散文怎么教

翻开人教版现行语文教材，叙事散文在小学语文教材中所占的比例是相当大的，当代散文自由散逸，不拘一格，如何把握叙事散文的特征，引导学生直面叙事散文的核心价值，这是每一位语文老师肩负的责任。因此，在叙事散文的教学中，我们应该遵循叙事散文的文体特征选择恰当的教学方法。

1. 驻足文本，走近作者

作者之所以写散文，是要表现眼中的事、心中的人，要与人分享一己之感、一己之思。所以散文中的言说对象，是唯有作者的眼所能见、耳所能闻、心所能感的，作者的见闻引发的所思所感，都是"这一位"作者依其独特境遇所生发的极具个人色彩的感触和思量。学生阅读和学习叙事散文，他们所面对的学习对象，是独特的文本，学生的学习任务，是理解、感受"这一篇"文本所传递的作者的认知情感，是理解、感受"这一篇"中与作者独特认知情感融为一体的语句章法、语文知识。因为叙事散文具有高度的个人化言语对象和言语方式，因此，弄清该作家的创作在整个散文谱系中的位置，判断这个作家散文的风格特点，关注作者在写这篇散文时的写作背景，是能够为学生理解、分享、体认作者日常生活中的人生经验搭台阶的。

教学《落花生》一课时，我结合课后资料袋，让学生了解作者的写作背景，感受许地山朴实的语言风格。许地山笔名就是"落华生"，可见，他父亲在小时候对他的教育的影响是多么深远。不论是为人还是为文，许地山始终恪守着花生甘于寂寞、超然物外的人生态度和生活原则，有着落花生一般的淡泊质朴、不贪慕虚荣的品格。对于叙事性散文中作者情感认知的理解方式，阅读方法乃至教学方法都不能笼统，而要引导学生往下、往细腻处走，引导学生细读。

《落花生》运用了最简洁生动地展开故事的方法——"人物对话"式，简洁明快，却饱含深意。同时，人物对话的提示语没有增加什么修饰语，基本上都是"谁说"，而且位置都在话前。这是一种平行的铺张，在简单的对话中，隐含着一种朴素、简洁、雅拙的情趣。

在叙事性散文的教学中，教师要充分借助文本这座桥梁，引导学生走进文本，通过各种语文活动与作者展开充分的心灵对话，从而感受作者所表达的情感，体悟作者的感受、心情，明白作者最想表达的意思。因此，体悟作者的感受，明晰文章阐明的启示都离不开文本本身的阅读和教学。所以，细读文本，是帮助孩子到达作者内心，明确作者"托物言志"的桥梁。

2. 品读语言，体味表达

作者的人生经验，融汇在他的语文经验里。作者的言语表达，那些个性化的语句章法所表现的，是丰富甚至复杂，细腻甚至细微的感官所触、心绪所至。建立与"这一篇"的链接，就是引导学生往"作者的独特经验"里走，往"这一篇"散文的语句章法所表达的丰富、复杂、细腻、细微处走。

①抓重点词。例如在教学《麦哨》一课时，导入新课之后，我让学生初读课文，找出形容麦哨声音特点的两个词语，学生迅速地找出了"欢快""柔美"两个词语，也就抓准了文章的文眼，继而引导学生抓住这两个词去品读、感悟乡村的"景色美""孩子乐"。这样也潜移默化地告诉了孩子们，麦哨声中包含了孩子们幸福的童年，无拘无束、多姿多彩的生活。所以在课末提问：这"欢快、柔美"仅仅指麦哨吗？孩子们的理解水到渠成。

②抓重点句。散文语言的着力点在句子——锤炼句子。因此，抓住文中特

殊句式，引导学生体味精准的言语表达，体认作者的感受、情怀、认知，分享作者在日常生活中感悟的人生经验。在教学《落花生》时，我引导学生紧紧围绕"议花生"展开阅读，重点关注"父亲和'我'议论花生的对话"，品读特殊句式的情味。这也就是作者写这篇文章最想表达的核心内容——花生最可贵的品质和作者由落花生领悟到的做人的道理。关注许地山的笔名，再次感受许地山写这篇散文最想表达的思想——做人要做有用的人。

③抓重点段。如教学《麦哨》一文，我们可重点赏析修辞手法的运用。第一，赏析比喻句、拟人句的美。"那一张张红扑扑的脸蛋，蒙上了一层晶莹的细汗，犹如一朵朵沾满露珠的月季花"。当学生说出这里运用了比喻的修辞手法写出孩子们的脸蛋美时，我顺势出示另一个简化的比喻句："孩子们的脸蛋像月季花。"让学生在比较赏析的过程中，体会文中比喻句的生动、形象、具体，它更细腻地表现出孩子们的美丽可爱，与碧湖、绿草相映衬，俨然一幅色彩艳丽的画面。第二，品读排比句的美。抓住"金黄的油菜花谢了，结出了密密的嫩荚；黑白相间的蚕豆花谢了，长出了小指头似的豆荚；雪白的萝卜花谢了，结出了一蓬蓬的种子。"这个排比句，让学生反复朗读，发现句式的特点，品味语言的优美，并引导学生透过句子展开想象，感受田野五彩斑斓的画面之美，体会农民将要获得丰收的喜悦之情。在品读赏析中，孩子们的情感与文本的情感进行碰撞、交融，使整个教学过程充满了生机和智慧，也酿出了浓浓的语文味。

3. 指导诵读，深化情感

诵读课文，历来讲究领悟语言的神韵。"读悟其神"，这是由汉语言本身丰富的神采所决定的。朗读是品味语言的一个重要途径，通过朗诵，学生能更透彻地理解散文的思想内涵，更透彻地领会作者饱满的感情，在朗诵中，学生的思想感情也会得到潜移默化的熏陶，不知不觉中培养起丰富的情感和审美情趣。教学时，我们要引导学生全神贯注地注意那些蕴涵着作者情感的语句，更深地了解语言的色彩，通过朗读深化自己的情感。比如在教学《刺猬偷果》时，随着对刺猬称呼的变化，作者对它的喜爱之情也越来越深厚，我就引导学生反复朗诵，体会不知不觉中情感的递增。

4. 读写结合，迁移运用

教学中，我们不光要教会学生有感情地朗读，从中体会作者的思想感情，更要训练学生的语言运用能力。写景散文特别适合句子仿写，如《秋天的雨》仿写这部分：秋天的雨，有一盒五彩缤纷的颜料。你看，它把黄色给了银杏树，黄黄的叶子像一把把小扇子，扇哪扇哪，扇走了夏天的炎热。也可以像余老师教学课文《鲸》那样改写：我来告诉你鲸不是鱼……那么叙事散文也可以改写，如《刺猬偷果子》一课，可以设置这样的片段训练：刺猬偷果真有趣……学生通过这样的开头写话训练，不仅加深了对课文句式的理解和掌握，同时拓展了思维，领悟了不同表达方法。

总之，在教学中，老师要注意引导学生感知学习叙事散文的方法。叙事散文所记叙的事情，描写的对象并不是作者最想表达的内容，所以，叙事散文的事可以不完整，可以是一个片段，可以是几句白描，但是，通过记叙，通过描写所表现出来的作者的认识、感悟、情感那才是散文的魂，是要通过体会散文文本极富个性特点的语言，并要通过学生细腻体悟，才能悟到的作者的人生经验。用这样的方法去阅读其他的叙事散文，我们才能帮助学生从学会"这一篇"过渡到会学"这一类"的文本。

学语文用语文爱语文[1][2][3][4]

——浅谈低年级语文教学

伊金霍洛旗第八小学 李沁学

摘要：近些年，伴随我国教学改革工作的大力推进，促使素质教育的受重视程度相较于以往有了明显的提升，在此背景下，使得小学语文教师更为注重

---

[1] 马秀兰. 小学低年级语文教学中抓好课外阅读的策略 [J]. 学周刊, 2022 (08)：145 - 146.

[2] 海文梅. 小学低年级语文教学的实践探究 [J]. 新课程, 2021 (35)：178.

[3] 何银花. 小学低年级语文游戏教学设计及实践初探 [J]. 求知导刊, 2021 (38)：22 - 23.

[4] 窦世玲. 提升小学低年级语文教学效果的措施研究 [J]. 文科爱好者（教育教学）, 2021 (05)：200 - 201.

学生语文综合素养的培育。然而，从当前小学低年级语文教学现状来看，仍旧会受限于多方因素的制约，难以保证低年级语文课程的教学实效。因此，作为小学低年级语文教师，应当在整合分析教学现状的基础上，选用实效性强的对策，优化小学低年级语文教学水平，以助于学生综合能力的提升，唯有如此，才能够将小学低年级语文教学工作的实施价值全面体现出来，为学生今后的语文学习与综合素质的良好发展奠定基础。

关键词：小学；低年级语文；课堂教学；策略。

基于实际情况分析，在中小学义务教育阶段，作为教育教学工作者应顺应时代的改变，在拥有创新思维理念的基础上，积极选用多元化的教学策略、手段，以活跃课堂氛围，唤醒学生的学习兴趣，以助于夯实学生的学习基础，为学生综合素质的良好发展保驾护航。对于小学低年级学生来讲，他们在学习语文课程知识时，往往会因为学习兴趣低下、没有具备良好学习习惯以及个人学习能力薄弱等问题的存在，而无法切实提升自身的语文素养。为此，作为小学低年级语文教师，务必要在整合分析教学现状的基础上，选用针对性强的对策、方法，优化小学语文教育水平，构建出高效的语文课堂，唯有这样，才能够将小学语文教学工作的实施价值充分体现出来。由此可见，对小学低年级语文教学有效策略等相关内容展开探讨与分析很有必要。

一、低年级语文教学现状分析

（一）教学方法单一，缺少新颖性

现如今，仍旧有很多小学低年级语文教师，在开展课程活动期间一直沿用过往老旧的方法、策略，并且要求学生紧随教师的教学节奏，这样一来，就会使学生长时间处在被动的状态下学习，从而逐渐失去了学习兴致，还会慢慢地心生厌学情绪，不益于自身语文素养的良好发展。

（二）学生学习自主性较差

基于小学低年级学生正处在奠定学习基础、养成良好学习习惯的关键时期，但考虑到低年级学生的年纪尚小，不论是心理方面还是身体方面都不够成熟，所以他们对待任何事情通常都会秉承懵懂、好奇的心态，这样也决定了天性好动、关注力不集中以及自主性差等特征普遍存在于小学低年级学生的身上。与此同时，由于小学低年级的学生尚未认识到学习的重要性，因而，对事物都只是形成了一个片面的认识。在这种状况下，倘若教师不能够选用满足学生学习需求的方式手段正确引导学生学习，则很难提升学生的自主学习能力，进而无法实现学生语文能力的提升。

二、低年级语文教学有效性提升的价值

（一）有益于唤醒低年级学生的语文学习自主性

对于小学低年级语文教学工作来讲，教师在教学实践中应当适时帮助学生形成自主学习语文课程知识的意识，这样才能逐步强化学生的语文综合能力。为了实现这一目标，小学低年级语文教师纷纷对以往的教学策略、理念做出了不同程度上的改变，以期通过提升课堂教学的实效，唤醒小学生的语文学习兴致，进而提升学生的语文学习自主性，开放学生的语文思维，为学生语文素养的形成提供保障。比如，教师适时更新教学方法，就能够促使小学生积极配合教师的教学工作，继而对语文识字、阅读、写作等方面的学习产生浓厚的兴趣。与此同时，在兴趣驱使作用下，学生也能够对语文课文的内涵情感有所领会，这对于强化小学生语文阅读能力方面以及语言表述能力方面也可以起到显著的促进作用。

（二）有益于保证语文课程教学理念的创新

经实践论证，在小学低年级语文课上，教师倘若确保课堂授课质量达到预期标准，从而加快教学目标的实现，就一定要拥有创新思维，换言之，教师在引领学生参与课堂活动期间，不但要遵循新课改教学大纲要求设计教学方案内容，而且还要保证教学内容、方式方法满足学生的身心发展规律和认知需求。故此，提升课堂教学的有效性，能够助力教师开拓更多新颖高效的教学思路、教学理念，从而转变学生以往的学习态度，能够让学生积极参与到学习环境当中，这样便可挖掘学生身上潜在的语文学习能力，为小学生语文素养的形成与提升打下坚实的基础。

（三）有益于教师教学能力的提升

作为小学低年级语文教师，除了向学生讲授书本上面的知识内容以外，还应多多鼓励学生学习课本之外的知识，如此才可以充实学生的语文知识储备。此外，教师还应适时反思自身的教学策略、方法，以助于自身专业能力的进一步提高。然而，倘若教师在开展低年级语文课程活动时有意识地提升课堂教学的有效性，就能够做到及时调整与改进教学方案设计内容与教学形式，这样便可慢慢地提高自身的专业技能，为高效语文课堂的构建提供保障。与此同时，教师还要积极地组织实践活动，让学生能够积极地参与到活动中来，在活动中体现出学生的价值，这样可以让学生更好地理解教师讲授的语文内容，而且还能使教师在这个过程中更好地了解学生的学习情况，有利于进一步教学。

三、低年级语文教学的有效策略

（一）重视识字教学的创新，激起学生的语文学习兴趣

通过整合分析以往的工作经验，可知小学低年级阶段的学生由于需要认识、学习不同的汉字，所以，教师倘若想要构建出高效的语文课堂，从而提升学生的语文综合素养，就要重视识字教学方法的创新，这样才能巩固低年级学生的语文基础，从而为其阅读学习能力的提升提供保障。面对于此，作为小学低年级语文教师，则应依据小学生的认知需求、兴趣喜好特征等，适时选用多样化的教学方法，汇集学生的课堂注意力，促使学生自觉地参与到识字学习环境当中，这样便可引导学生认识更多的汉字，强化学生的语文学习自信。例如，在小学二年级语文课上，带领学生学习《黄山奇石》这一文时，在第一关"字音我会读"中，便可选用分组合作教学法，引导学生通过自主、交流、合作、补充找到后鼻音的字：名、景、省、形、状；前鼻音的字：闻、仙；翘舌音的字：省、著、状；多音字：都（天都峰）（首都）都（都是）（都好），以调动学生的学习积极性，强化学生的学习自信。值得教师注意的是，针对难读的字音教师应着重强调，学生反复读，强化记忆。对于多音字，教师通过扩词理解字义，并在语境中练习区分。通过这样的方法，学生们对于字音的掌握更扎实了。除此之外，在第二关"字形我会辨"中，便可选用"找朋友"法，

引导学生通过形近字对比认识"都"和"部","区"和"巨"。通过同音字区分"仙"和"鲜","状"和"壮","其""旗"和"棋",通过一字开花识记"省":省心、省事、节省。在这种状况下,就能够活跃课堂氛围,让学生积极参与到课程活动之中,以助于自身语文学习能力、语文素养的进一步提升。

(二) 重视看图写话教学的创新,发散学生语文思维

对于小学低年级语文课程来讲,在小学低年级的看图写话教学工作开展期间,教师应该明确教学任务、教学目标,换言之应当明晰学生最重要的是看明白图片、看懂图片,这需要学生对图片进行认真的观察,才能够明确图片中想要表达的内容,进而明白自己应该写什么。所以,教师应该注重培养学生的观察能力。教师应该帮助学生掌握观察图片的方法,此外还应该引导学生正确地观察图片内容,并将图片的内容串联成完整的情节。之后语文教师需要让学生结合图片中的人物事件,还要特别注意的是人物的神情以及动作形态等,去推断这个人物的心情和情绪的变化过程。通过细致的观察分析才能将图片中的人物行为进行精准地描写。此外,小学低年级语文教师还应该引导学生对于图片中的环境进行仔细的观察,更好地意识到环境对于整个发展过程的影响,同时从环境的变化过程中可以推断出文章的中心思想。例如,在小学二年级语文课上,带领学生学习《妈妈睡了》这一文时,课文内容是这样描写睡梦中妈妈的样子——"明亮的眼睛闭上了""弯弯的眉毛""红润的脸",课后还涉及积累拓展关于外貌的短语。依托文本,学生学习外貌的描写,这对写自己喜欢的玩具是很有帮助的,运用积累到的短语可以更加生动形象地描写玩具的样子。在《黄山奇石》一课中,通过阅读教学感受了"仙桃石""猴子观海""仙人指路""金鸡叫天都"的神奇壮观,积累了形象生动的比喻句。根据课后练习布置了随堂写话作业,学生的潜力是无限的,所以需要教师积极挖掘学生身上潜在的学习能力,并且通过教师的正确指导、评价,帮助学生学懂更多的语文知识,这样便可显著提升语文课堂教学的整体实效性。

(三) 重视教学评价机制的创新,保证高效课堂的构建

作为小学低年级语文教师,应当重视教学评价工作的开展,分析原因,主

要是由于小学阶段低年级学生的年纪尚小，这个时期的学生普遍喜欢受到他人的认可与赞许，所以，在课堂授课期间，不论学生的课堂表现如何，教师都不应贸然否定学生，而是应当多多鼓励学生，多多使用幽默的话语，调动学生的学习兴致，促使学生的学习自信得到逐步的提升。这样一来，教师教学工作的实效性也会得到显著的提升，这对于小学低年级语文高效课堂的构建必然起到很大程度上的促进作用。因此，小学低年级语文教师，务必要优化与创新教学评价机制，积极选用赏识教育教学方法，以助于小学生语文综合素养的慢慢提高。

总而言之，小学语文教师开展低年级的教学活动期间，不能一直固守着原有的教学方式，而是应该用灵活的教学方法传授给学生，这样才能够让学生在良好的氛围下更好地掌握语文内容。低年级的学生，由于年龄较小，所以对教师讲授的内容总是一味地听从，并没有根据自己的思路进行学习，从而会导致学生的思想固化。在这种情况下，教师就要不断地思考自己的教学方式是否符合学生的年龄段和学习方法，从而能够让学生更好地理解自己教授的内容。除此之外，教师也要组织一定的教学实践，让学生在实践活动中理解到语文知识的重要性以及语文知识的内容，这样可以使学生更加喜欢学习语文知识，使其语文综合素养进一步提升。

利用课堂练笔，促进深度学习

伊金霍洛旗蒙古族小学　唐治权

学习语文，进行具有深度的语文学习，归根结底就是要学"能说会写"。我们所有的语文训练都应该围绕学生的说和写开展，然而我们当前的语文课堂却慢慢走向一个极端——动口不动手！我们的课堂越来越偏重朗读感悟、交流对话，很少安排随课练笔的活动。其实，阅读教学中适时、适度地进行读写结合训练，既能促进学生对课文内涵的深入理解、体会，又能促进学生表达能力的提高，还能培养学生用笔进行思考的习惯，刺激学生的表达欲，触发笔尖上的智慧。

有的老师已经意识到了课堂练笔的重要性，也尝试在自己的课堂内外加入练笔环节，却收效甚微，结果不了了之。要提高练笔的效率，真正提高学生的写作能力，我认为要从两点入手——"练笔写什么？""练笔要注意什么？"

一、练笔写什么

（一）依赖文本，进行仿写

"天下文章一大抄，看你会抄不会抄"，从小学低年级学习写作伊始，每个学生都是在"抄"，但这里的抄并不是简单的、机械的誊写、克隆，而是有目的、有批判的将别人的遣词用句、结构编排，合理地进行吸收和再加工，使之成为自己的东西。

整篇文章的仿写，如《诗中的"秋"》这篇综合性学习里的文章，这篇文章以第一人称分享了作者小时候学习的古诗，文章结构严谨，语言轻松活泼，文中还出现了大量的描写秋天的古诗词，是一篇颇具特色、极富营养的文章，在教学这篇课文时，我们可以让学生仿写全篇文章，试着写《诗中的"春、夏、冬"》《诗中的"乡村"》《诗中的"童年"》。

重点段落的仿写，如《匆匆》一文中的第四自然段，这个自然段运用大篇幅的排比句详细阐述了作者眼中的时间是怎样溜走的，作者编排精巧，用词华丽，教学本自然段时，我们可以让学生仿写本自然段，写出自己的时间是怎样溜走的？

（二）研读文本，以写促悟

这类小练笔是在学生阅读理解课文的过程中，教师围绕课文的重点、难点或者关键点设计一个思考的话题，引导学生就此联系课文、联系生活、联系自己的积累进行个性化的解读、体验，并将自己的独特理解、体验用文字表述出来。如《手指》这篇课文，文章意在让学生通过五指合作努力明白"团结就是力量"这个道理，在理解课文含义这个教学环节中，我们可以设计一个练笔——五指之间不合作会怎么样？让本课的学习重点在练笔时自然而然地呈现出来，起到一举两得的作用。

（三）利用文本，进行扩写

教材中有许多课文结尾有意无意地留下一些悬念，留给了读者广阔的想象空间。因此，教学时教师要善于引导学生顺着作者的思路或情感发展的方向发挥想象，对文本进行延伸，学生的灵性就会在这样的想象小练笔里飞扬起来。《跳水》的结尾写小男孩跳入大海。在学完课文后，让学生插上想象的翅膀，写写之后的男孩、船长和船员的反应。

（四）延伸文本，写读后感

这类小练笔是在学生充分阅读理解、感悟课文内容之后，产生了新的思想认识、获得了新的情感体验，有一种表达、交流的欲望，教师适时地选择一个写作的话题，学生自然有话可写。这样的小练笔能展示学生的思维成果和情感体验深度，有助于教师了解学生的阅读程度。

二、练笔要注意什么

（一）练笔要把握原则

把握整体性原则。语文课程标准下的新教材在内容的编排上加强整合，注重情感态度、知识能力之间的联系，有着明确的读写训练重点，进行"随文练笔"时，一般应紧扣单元的读写训练重点，设计相应的练笔题，突出其整体性，为提高本单元的习作水平作好铺垫、打下基础。

把握适度、适时性原则。首先要考虑训练的疏密度，一节课40分钟，有讲有练，都应有时间限制。如果贪多求全，必定是偶一为之、走马观花，学生疲于应付，没有实际训练价值；如果阅读教学的"密度"不够，便急着进行练笔训练，也只是海市蜃楼、镜花水月，白白浪费教学时间。其次要注意训练内容的难易度。偏难、偏易的训练，不利于发展学生的思维，也会造成"费时低效"。再次，指导学生练笔必须有机地贯穿在讲读过程中，就文取材，紧密贴合学习材料，而不是另起炉灶，自立门户。要做到"适度"，这就需要教师钻研课标、钻研教材、研究学生，以课文内容为素材，精心设计适宜随机进行的小练笔。

（二）练笔要有目的、有重点

每次练笔之前都要知道这次练笔的目的是什么、重点是什么，是为了巩固所积累的好词佳句而进行练笔；或是学习本文精妙的谋篇布局而进行练笔；还是仿写文中丰富恰当的修辞手法而练笔。只是一味地强调只有写才会写，学生只能应命而练笔，无据可依，无感而发，无情可抒，无言可说，最后只能无病呻吟，胡言乱语，东拼西凑为写而写。长此以往，学生为随文练笔而练笔，不仅起不到训练的作用，还会让学生对写作失去兴趣。

（三）及时评价，重视反馈

设计了练笔，也踏实地开展了练笔，但如果缺乏"练笔"后的评价指导，就会功亏一篑。

很多老师是写了就算，听之任之，没有评价，没有修改，没有提升。而有的老师让学生"练笔"之后，安排个别学生读一下就算完事，每次都是"蜻蜓点水"走过场。有的老师虽有评价，但没能抓住每次"练笔"的不同目的对症下药，造成练笔环节时效性不强，成为镜中花，水中月。

综上所述，教师如果能够明确练笔的内容，关注练笔需要注意的几个关键环节，才会让学生真正进行深度学习，给课堂教学锦上添花，让教学更加高效。学生迸发出写作热情，和文本进行更深层次的碰撞，真正享受到写作的乐趣。

浅谈小学作文教学策略

伊金霍洛旗第四小学　刘志成

提起写作文，大多数的学生用一个字来形容就是：愁。而对于语文老师来说更是很无奈，课堂上把每次的作文怎么写，写什么以及写作的方法和要领都清清楚楚地交代给学生，但是学生的作文依然表现出"空、假、套"。学生的作文千篇一律，没有新鲜感，内容不具体，情感不真挚，甚至出现作文跑题现象，对此我们老师显得一筹莫展，无可奈何。为什么学生作文会出现这种现象？如何解决学生的作文问题？我认为，可以从以下几方面进行尝试。

一、解决好写什么的问题

1. 从学生的生活中获取写作素材

作文是生活的一个缩影，它来源于生活，又高于生活。因而，生活化的作文是提高小学生作文的重要途径。因为学生的两点一线的生活的轨迹，限制了学生的视野，所经历的事离不开学校、家庭。社会当中的一些形形色色的人和事往往知之甚少，学生没有亲身的体验和感触。因此，我们的口语交际、作文课、课前三分钟见闻中要注意帮助学生梳理、收集这些生活中的素材。针对素材，引导学生交流，注意表达自己的观点、看法、真实的感受，提高学生的语言表达能力。

2. 利用学校各级部门组织的各类活动练笔

学生动手实践或亲临参与的活动印象较深刻，学生每谈论此类事情，总会滔滔不绝，兴奋之情溢于言表，我们要抓住活动的契机，力争语文生活化，让孩子在生活中运用语言，落实语文教学的实践功能。

3. 建立长期奇闻逸事分享机制

由于学生的生活经历不同，接触的人和事也会千差万别。因此，让学生用一句话记录生活，用一段话记录生活中最精彩（难忘）的一瞬间，使学生养成良好的观察、写日志习惯，并用每周五的早自习课进行分享，学生很多的相似生活记忆会被唤醒，谈类似事情，谈自己的感触，学生的语言表达能力得到锻炼，同时也丰富了学生的写作素材，一举两得，何乐不为？

二、借助教材解决选材的问题

以下内容摘自虞大明《祖父的园子》教学实录。

师：嗨，这才是我可爱的孙女儿。同学们，从这件事情当中，我们感受到祖父的园子是一个——

生：自由的、快乐的园子。

【第二板块】研读"自由之景"

师：虞老师觉得还有一个自然段，也能让我们感受到园子是自由的，哪个自然段？

生：第十六自然段。

师：你们认为呢？

生：是的。

师：请关注第十六自然段。（课件呈现）这一段不是写景的吗？你看这一段写到了花儿，写到了鸟儿，写到了倭瓜啊，写到了玉米啊，怎么让你感受到园子的自由呢？

生：她说要怎么样就怎么样，都是自由的。

师：这段话里面有一个句式反复出现，哪个句式？

生：愿怎么样就怎么样。

师：对。要怎么样就——

生：怎么样。

师：所以我们就感受到了自由，是吧？

生：是。

师：关于倭瓜，关于玉米，虞老师也写了这样一段话，请看。（课件呈现老师下水文：倭瓜长蔓了，沿着花架往上攀，一直爬到了房顶，再挂下来，随风摇摆，甚是婀娜。黄瓜也开花了，这儿一朵，那儿一朵，怎么开，都很美，她们仰着黄色的小脸，向着和风点头。一群群蝴蝶在花间翩翩起舞，分享着这场花的盛宴。玉米苗也伸展着腰肢，向着天空微笑。一切都是美的！）快速浏览，你读出了什么？相信你读了这段话，你就会由衷地发出感叹，哇——这景色——

生：好美啊！

师：你看，同样描写的是这些景物，但是写法不同，我们的感受也不同。从这段话里面，我们读出了景物的什么？

生：美。

师：萧红的这段文字，让我们感受到园子的——

生：自由。

师：一切景语皆情语。作者难道仅仅在倾诉景物的自由吗？它实际上是在表达——

生：自己的自由。

从虞大明老师的下水文和原文的内容比较之下我们会发现，虽然下水文写得很美，但若替换萧红的《祖父的园子》中写倭瓜、玉米的片段，纵观全文却显得格格不入。美景不能替代作者的那种自由、快乐的情感。视频看到此处，我不由暗暗叫好，虞大明老师不正是渗透了作文教学中选材的知识吗？

那么，什么是选材？言简之选材就是根据题目的意思，选择合适的材料来表达文章的中心。很多的作文课上，我们苦口婆心、滔滔不绝地从作文的题目入手，引导学生回忆可以写的内容（事），并要求学生以提纲的形式列举所要写的事，作文中要注意详略的搭配，诸如此类的问题，我们为学生考虑得滴水不漏，可当我们精心为学生指导的作文仍然出现跑题时，我们的面部甚至僵化、扭曲了。我们不禁大失所望，愤愤然："孺子不可教也。"但静下心来想想，我们除了关注教材中的教学重点、难点之外，我们又有几次在语文课堂教学中交给过、渗透过作文如何选材。学生的作文跑题也就不足为怪了。写一篇作文，短短四、五十分钟，功夫却在课外。单凭老师的作文指导课是远远不够的，我们在课堂教学中要引导学生关注教材的选材，并结合小练笔，在训练与指导中提高学生的选材能力。另外，利用学生的日记训练学生的选材能力，通过范文引领、问题作文的讨论交流，让学生清楚自己作文的不足，在长期的训练中强化选材意识，学会选材。

三、加强课外阅读，注重积累，增强语言表达的感染力、生动性

语文课程标准中明确指出：语文课程是一门学习语言文字运用的综合性、实践性课程。学习语文的最终目的归结为学会做人、作文和表达。而这些目标的达成都离不开阅读，阅读是吸取、理解；写作是倾吐、表达。只有博览群书，有丰富的语言、词汇的积淀，才能才思敏捷，语出惊人，正所谓"巧妇难为无米之炊"。写作离不开大量的阅读，"读书破万卷，下笔如有神"。当学生的语汇积累到一定的程度，学生的表达才能文从字顺，酣畅淋漓。

四、注视作文讲评的目的性、针对性

作文讲评，是提高作文能力的重要环节。因此，讲评要有目的性与针对性。要把握好这两点，就需我们了解整个小学阶段的作文教学目标并根据不同学段的作文要求从宏观（学段）和微观（课时）上理清、制定作文的教学目标，分批落实作文目标。作文讲评的目标最终是为了让学生发现自己作文的不足，引领学生补救不足，帮助学生学会写作文，提高作文写作能力。那么制定每次作文的讲评目标就要将纵向（学段）和横向（学期和课时）结合起来统筹安排、考虑。讲评的目的要少而精，不能泛泛而谈，顾此失彼，反而让学生一头雾水，找不着北。如，低段就要从最初的表达通顺，学习使用逗号、句号、问号、感叹号这些基本的作文常识抓起。就标点的学习运用，在作文讲评

课中，结合教材编写的特点分批、分课时指导学生学习运用。而不要在每节课中都要提及，都要讲解，反而贪多嚼不烂。小学高段，如五年级下册的缩写，以叙事文章为例，我认为在作文讲评时，只需侧重讲评两点：缩写时要有原文的事情的起因、经过（发展、高潮）、结果的影子，并根据事情发展顺序合理分段为三或四段；事情的起因、结果要略写，事情的经过部分虽然要缩水，但仍要详写。

总之，作文教学忌急躁、避贪多，一课一得，学练结合，培养学生观察力、语用力、思维力和书面表达力，为学生的发展奠基。

浅谈小学语文作文点评课教学策略

伊金霍洛旗乌兰木伦镇布连小学　贾　梅

"双减"背景下，小学语文课堂教学中，培养小学生语言表达能力时，需要充分重视写作环节。为了不断提升小学生语文写作能力，需要教师充分重视小学语文写作评改工作，作文教学不仅要让学生学会如何"写"，更应着重培养学生"改"的能力。这需要教师不断优化小学语文写作评改内容，小学语文作文教学才会焕发生命活力。

作文评改是作文教学中的一个重要环节，也是作文教学中一个较为困难的环节。尽管作文评改的观念和方式都有所变革，但是如何能够在作文教学中，让"作文评改"有效地发挥应有的作用，促进作文教学，依旧是作文教学探讨、研究的重要问题。

一、山重水复疑无路——作文评改的困境

从教师方面来说，各种大作文、小练笔、日记加起来一个班需要批改的作业很多，如果兼任两个班，作文批改任务更加繁重，因而教师无法仔细批改每篇作文。此外，当教师发现学生存在的问题时，只是在下次授课时点出来，没有及时且有针对性地解决，造成旧问题还未解决而新问题又出现的现象，无法把精力转移到研究问题的成因和对策上，也无法完成学生的个性化指导。教师虽然推行了互批互改的作文评改方式，但学生水平参差不齐，有时还存在敷衍了事的现象，增加了教师督促互批互改的负担，无法达到预期效果。

从学生方面来说，能够认真进行互批互改的学生极少。部分学生为了应付检查，随便勾画几笔，写几个字就算完成互批互改，甚至形成"套路"：开头第一段给出的评语都是"开篇点题"，结尾最后一段给出的评语都是"再次点题，照应题目"等，中间随便勾画一段，旁批"写得好"。这些学生根本不去细看同学的作文，无法发现优点和缺点，学习他人作文长处，做到取长补短更无从谈起。通过教学实践，发现制定合理可行的互批互改标准，落实"自主、合作、探究"教学理念，才能在高效完成作文批改的同时提升学生的写作能力。

二、柳暗花明又一村——作文评改课的策略

（一）明确小学语文作文写作评改方向

为了逐渐提升小学生写作能力，教师应充分重视写作评改工作，可以及时纠正学生在写作时存在的不足，并逐渐提高小学生写作能力。针对小学语文作文要求进行分析，要求小学生在作文写作时，作文中能够中心明确、文章内容具体、书写工整以及文章条理清晰等。写作教学时，教师应引导学生注意遣词造句和布局谋篇。为了不断提升小学生写作质量，应要求学生在日常生活中多对周围事物进行仔细观察，可以有效培养学生事物分析能力。语文写作教学过程中，需要遵循循序渐进原则，加强对小学生写作能力的培养。在进行作文评改工作时，教师应围绕写作教学目标开展评改工作。教师在语文教学时，需要捕捉语文作文契机，因此需要给小学生积极创设良好写作氛围，有利于激发小学生写作兴趣。

（二）突出学生"评价主体"的主体性，让学生真正地研究写作

在传统的作文教学评改中，我们因为对学生的写作经验和写作能力充满着怀疑，所以，常常以教师的标准去评判和修改。教师凭着自己的知识经验和审美趣味，很可能对学生的作文做出一种"理想"的判定，这并不利于学生写作水平的提高。因此，传统的作文评改不仅增加了教师的工作量，也造成了学生对写作的惧怕心理。在现代评价理论中，实践者才是评价的主体。作文是学生写作实践的结果，学生无疑是作文评价的主体。也就是说，作文写作过程中的"各种滋味"，只有学生（写作者）自己最清楚。我们在作文评改中要凸显

学生的主体地位，除了要大力倡导学生"自评""互评"，还要引导学生自觉地研究自己的作文。"评价即研究"，真实有效的评价是建立在自己的研究基础之上的。目前，在我们的作文评改教学中，凸显学生作为评价主体的形式是有的，而最本质的问题是缺少对自己或者同学作文的认真研究，由此，造成学生评价作文语言浅薄笼统和修改无力的情况。如何让学生"研究"作文？当下流行的制作"评价量表"的策略是一种有益的探索。与学生共同制作一篇作文各个方面的评价等级量表，一方面，有利于学生对这些评价标准的理解，另一方面，能够让学生主动地思考一篇文章应该怎么去写作和评价才科学合理。这些都有助于学生真正成为作文评改中的主体。

（三）应用互读互改模式，让学生取长补短

现代教育理念提倡作文评价多元化，父母、老师、同学等都可以成为评价的主体，学生之间互相修改，可以取长补短，共同提高。但是，由于学生个体差异，他们的生活感悟、兴趣爱好各不相同，文字表达能力也存在差别。因此，教会学生间互改要循序渐进，不可一蹴而就。为此，教师经常开展作文评改课。每一次习作后，教师先把文章收集起来，通读一遍，作大概了解，对有问题的地方进行归纳整理，评改课上将这些问题逐一列出提醒学生。互改环节主要分以下两个步骤进行。第一步，几人分成一个小组，互相交换作品，轻声朗读他人习作，了解主要内容，看看文中所用的素材是否符合习作要求。第二步，一人朗读，其他人听，提出修改意见，学生在共同探讨中发现文章中的问题并提出修改思路。一段时间后，将小组人数逐步缩减，变为同桌互评或一帮一互评，即习作水平高的学生帮助习作水平差一点的学生，这样就能让学生积极主动参与习作修改，取人之长补己之短。在学生互改中，不难发现有的学生自己写文章时无从下笔，抓耳挠腮，但面对别人的文章改起来却头头是道。教师要求学生根据习作目标写出一两条评语，有学生常因为不服气别人对自己文章的评定而辩论。每次遇到这种情况，教师都会积极引导，鼓励学生列举更多的证据来说服别人，让学生在辩论中提高写作水平，提高对语言文字的鉴赏能力。

（四）使学生自我评改，改写结合

叶圣陶先生说过"改的优先权应属于作者本人"。只有作者本人才最了解自己的作品，因何而作亦因何而改。教师想，作文教学应着重培养学生的自改能力，只有自己掌握了修改本领，将来才能"丰衣足食"。而文章的修改离不开"读"，"朗读"是鉴定文章是否改好的有效方法。小学生因为其内部言语尚未得到充分发展，他们需要依赖声音来刺激大脑的思维，朗读能最大程度让学生发现语句不通、拗口难读的词句，从而及时修改，使得文章通篇更加流畅。在学生写完作文以后，教师都会让学生有感情的把自己的作品大声读出来，学生在朗读的过程中也更容易发现不通顺的句子并及时修改。教师教给学生自改作文四读法：首先，字字入目，通读全文，对照习作目标要求，查看选材和内容是否符合要求；其次，锻炼思考，默读全文，把不具体的地方写具体，把重复多余的内容删掉；再次，句句欣赏，轻声细品，修改错别字、不通顺的语句和标点符号；最后，感情朗读，全面检查润色。四读，并不意味着学生一定要读四遍，四读法只是让学生慢慢地学会从哪些方面修改自己的文章。在具体教学实践中，还要以教师为主导，每次点评时，教师必须先指出这次改评文章的侧重点和评改目标，使学生有依据地改，有方向地改。这样，学生经过循序渐进地训练，作文评改能力才会逐步提升。

（五）语文写作评改中应以鼓励为主

教师在进行小学语文写作评改工作过程中，需要考虑到班级整体的作文写作能力，同时应明确班级学生在个体上存在的差异性。开展针对性的写作评改，可以不断提高班级整体的写作能力。例如，针对班级学生中语言表达能力强的，需要教师在进行写作评改时"求精"。针对写作能力较差学生，在进行写作评改工作时，应要求文章内容"求通"。教师在开展作文评改工作时，需要结合小学生的心理活动，应通过欣赏态度以及发展眼光等对小学生作文进行评价。教师在进行写作评改过程中，需要多鼓励小学生，尊重小学生自己真实的想法，及时表扬学生文章中的优点，能够拉近小学生和教师之间的距离，帮助小学生将自己的真实情感通过写作形式表述出来。通过教师的鼓励，可以不断提高小学生写作能力，并有利于逐渐培养小学生语文综合素养。

总而言之，素质教育背景下，"双减"背景下，在开展小学语文教学过程中，教师需要充分重视写作点评课的开展，对小学生自身性格特征进行全面了解，不断优化和完善小学语文作文写作模式，他们的作文才能越写越好，才能高效完成作文写作任务，继而使我们的作文教学迸发新的生机和活力。

课后习题巧解读，学生成长有动力
——从《海底世界》教学案例谈起
北京师范大学鄂尔多斯第二附属学校　施　维

在一次以"教材解读抓根本，素养导向提实效"的研修活动中，我聆听了王慧老师的研讨课《海底世界》，王老师用四个活动"读文识生字、读文感整体、读文品结构、读文品语言"引导学生展开学习。

该课例紧紧围绕着语文要素进行，以核心问题为抓手，直击语文要素，没有多余的枝枝蔓蔓，整堂课思路清晰，将"教—学—练"连贯在一起，有效提升了课堂效率。关于对核心问题的寻找，我认为老师可以从课后习题入手。下面就谈谈我个人对课后习题的一些看法。以《海底世界》一课为例谈。

课后习题作为教材编者设定的重要的助学系统，与课文一起形成了相辅相成、前后呼应的体系化资源。统编版教材中的课后习题，是编者紧扣课文内容、依托语文要素，精心编创的助学系统，是教师的教和学生的学的抓手。课后练习一般由三道习题组成，体现出鲜明的层次性，指向不同的能力维度。教师要深入洞察编者编排的用意，把握习题之间的内在关联。只有精准解读课后习题的训练价值，摸清编者设置习题的真实用意，才能真正推动学生言语实践能力的提高。

一、从夯实基础入手，梳理信息，读懂课文

从整体感知到深入探究，再回到文本的整体，这是学生对文本的感知与理解的基本过程，也是我们学习语言要遵循的基本规律。所以，教师在教材解读的过程中要充分理解、精准揣摩出教材编者在设置课后第一题中所要体现的对学生的训练价值和意义，这是对学生思维能力从无意识阅读到聚焦在文本语言的表面信息上，是学生真正读懂课文的开始，也为能深入理解课文奠定基础。《海底世界》课后第一题"朗读课文，说说课文是从哪几个方面介绍海底世界的"。这个题目中的"朗读课文"既是语文学习的要求，也是任务，是方法，

不能随意朗读，学生要带着问题去朗读，于是就有了紧跟其后的"说说课文是从哪几个方面介绍海底世界的"这个任务型问题，让学生的读有目的，不是简单地读读音发发声。

二、从深入理解入手，品味文字，锤炼语言

语文课程标准中提出要培养学生正确理解和运用语言文字的能力。在语文教学中听、说、读、写这四大能力的培养都需要以文本语言为依托。所以说在教与学的过程中都要从习得语言出发，在充分地理解、感知、积累、运用中，去发展促进学生语言品质、语言能力的有效、高效发展。这依旧离不开对课后习题的解读，编者在课后的习题中必将设置能够让学生涵养、品味语言的练习题，之后让教师理解这样设置的目的，才会在教学中有意识地培养学生所需要的思维品质，激发学生在语言运用中的意识，促使学生对文本的认识走向新的高度，从理解表层信息，到理解文本深处信息。

《海底世界》第二题"在课文中找找下面句子在哪几个自然段，说说那段话是怎样把这个意思写清楚的。这个问题就要求学生不是单纯地找句子，而是在寻找中发现，把一个意思写清楚时要从多方面入手写，并且要选有代表性的事物，看似是在回答一个怎么写的问题，实则将学生对文本的思考引向深入，提升了思考的含金量，也为后面如何写提前做好铺垫。

三、从搭设写作阶梯入手，赏析评价，深层阅读

以往我们都会在处理课后习题时将更多的注意力放在如何培养学生的理解能力、品析语言的能力，而对于学生的赏析评价能力的培养则有所忽视，或者将其放在了次要位置。基于这一点，统编教材在课后习题的设置上就安排了一些对赏析能力的培养，我们要很清楚地把握这一类型的认知特点，并要有意识地将其融入自身的教学体系，让学生在赏析评价、依托课后习题架设深度阅读写作的阶梯，促进言语素养的整体发展。

《海底世界》课后第三题"读一读注意加点的部分，体会这样写的好处"。海底的动物常常在窃窃私语。还有些贝类自己不动，却能巴在轮船底下做免费的长途旅行。

这样的两个习题旨在引导学生体会海底动物发出的声音和贝类的活动方

式，这样写得有趣，让人感觉到海底世界的新奇。把描写人的词语用在动物身上，不仅让读者产生了亲切感，还使得语句变得生动，提醒学生在自己习作时也可以这样写。如果我们的老师在授课过程中发现了这个可以借鉴的写作点，无形中就将学生的赏析能力运用转换到写作上，正所谓知道写了什么还要知道怎么写，为什么这样写。

课后习题是教材编者设定的重要助学系统，与课文一起，形成了相辅相成、前后呼应的体系化资源。教师只有精准解读每一道习题背后所蕴藏的价值，通过巧转化、搭台阶、设支架等策略，彰显课后习题的教学效用。

语文课堂教学中的朗读设计
——《跳水》案例分析

伊金霍洛旗第三小学　王　慧

众所周知，朗读是一种有声有色的语言艺术，是把诉诸视觉的文字语言转化为诉诸听觉的活动。白居易读书至"口舌成疮"，韩愈则是"口不绝吟于六艺之文"。叶圣陶也说："朗读的时候，对于所得的不仅理智地了解，而且亲切地体会，不知不觉之间，内化而为读者自己的东西了，这是一种可贵的境界。学习语文学科，须达到这种境界，才会终身受用不尽。"课标在阅读教学方面的第一条就是要求学生"学习用普通话正确、流利、有感情地朗读课文"。最新版的课标也指出要"熟练地用普通话正确、流利、有感情地朗读课文"。可见，一堂没有琅琅读书声的语文课是不可想象的。

我听了两节《跳水》课例，两位老师都对最后一部分"理解船长的思维过程"做了朗读设计，但方法截然不同。刘老师指导学生抓住关联词的推动作用，读出船长的果断。从学生的表现效果来看，这样的指导没有起到作用。因为关联词这种东西貌似很直观，但不太符合学生的学情，学生对词语的感受力不强，所以进入不了人物的内心状态，朗读就达不到效果。反观施老师的课，她抓的是船长的语言，让学生反复朗读，体会情况的危急与船长的果断，而且在学生表现力弱的情况下，老师做了很恰当的引导，如"孩子站得高，听不见""船长没有犹豫的时间"等，使得学生能很快进入人物角色，读出效果。因为学生的年龄特点所限，他们的感性思维比理性思维多，这就要求我们在设计朗读的时候，一定要以学生现有的能力为出发点。

当然，一堂语文课，也不能只有一处朗读。刘老师的课例上，课的伊始，老师就要求学生大声朗读课文，做到准音顺句，使学生对文本有初步的整体感知。而施老师在课始时直接让学生认读词语，借助词语说一些相关的课文内容。我觉得作为第一课时，学生若是没有充分的朗读课文，直接认读词语说内容，对于部分学习困难的学生来说，还是有些难度的。因为初步感知阶段，是深入阅读所应该着力扶持、铺垫的过程，是训练语言的热身运动。整体朗读、初步感知，除了读通读顺，更重要的是把握文章的脉络，抓住文章的主要内容，了解文章的主要句段之所在，初步感受文章思想境界之内核。

在我们小学语文教学活动中，朗读是最重要、最基本的训练。而语文课文也都是文质兼美、语言优美的文章，是学生学习语言的好材料。而朗读作为一种教学手段，不仅能够活跃课堂气氛，提高学习兴趣，还能培养语感，增强理解能力，提高欣赏水平。它是教材的需要，语文的需要，更是生活的需要。

关于"如何落实语文素养"的看法

伊金霍洛旗第二小学　赵　丹

2022年4月12日，我校举行了以"指向语文要素的课堂教学实践策略研究"为主题的教研活动，期间，我们聆听了程敬涵老师的课例《蜜蜂》和王洁老师的课例《青山处处埋忠骨》。根据这两节课例，结合自己的课堂，谈谈我对"如何落实语文素养"的看法。

所谓"语文素养"，是指基本方法、基本能力、基本学习内容和学习习惯。部编版语文教材把语文要素分成若干个知识和能力训练的"点"，由浅入深，由易及难，分布并体现在各个单元导语、课后习题、语文园地、习作设计之中。如何有效落实语文素养？结合《蜜蜂》这课，我觉得要想有效地落实语文要素，我们必须得对本单元的语文要素进行横纵向的细致分析，弄清楚前后勾连。

《蜜蜂》是三年级下册第四单元的一篇精读课文，本单元由三篇课文——

《花钟》《蜜蜂》《小虾》、一篇习作《我做了一项小实验》以及语文园地组成。我们从本单元导语"看,花儿在悄悄绽放。听,蜜蜂在窃窃私语……自然界如此奇妙,留心观察,会有新的发现。"这段文字中,不难提炼出两个关键词:"观察""发现",这也是本单元的人文主题——观察与发现。这两个词前面的修饰语,一个是"留心",这不仅是一种观察的品质,也是一种生活的态度,所谓"处处留心皆学问",苏霍姆林斯基也曾经说过:"观察是智慧的最重要的能源。"还有一个是"新的",也就是说,观察所得对自己来说是以前没注意到,或者不了解的,是新知识。观察与发现之间是什么关系呢?如果我们给这个句子加上关联词,我们可以说:

只有留心观察,才会有新的发现。

只要留心观察,就会有新的发现。

因为留心观察,所以会有新的发现。

……

其实不管哪种说法,都揭示了这样一个道理:观察是发现的基础,没有观察就没有发现。所以,从这个角度来看,观察是重点。但是,如果在观察的过程中没有思考,没有想象,可能也不一定会有新的发现,因此,观察要伴随着思考,才能有新的发现。

本单元的两个语文要素,分别是:借助关键语句概括一段话的大意;观察事物的变化,把实验过程写清楚。第一个语文要素"借助关键语句概括一段话的大意"。这句话看起来很熟悉,因为在三年级上册第六单元中,我们看到的语文要素是:借助关键语句理解一段话的意思;习作的时候,试着围绕一个意思写。很明显,这两句话的区别在于一个是"理解",一个是"概括",指向目标不同,但是途径相同,都是"借助关键语句"。学生只有理解了一段话的意思,知道这段话是围绕哪句话来写的,才能准确判断具有概括性或提示性的关键语句,从而概括出一段话的大意。在三上第六单元的课文和习作以及语文园地中,都有寻找关键语句和围绕一个意思写话的训练,在第六单元语文园地的"交流平台"中,更是直接总结了关键语句在段落中的常见位置。因此,学生对关键语句的认知并不是陌生的。但是从理解到概括,就是螺旋上升,涉及表达的训练,因为有的文章中可以直接用关键语句来概括段落的大意,有的还需要改变一下表达的方式。其实在本册教材中,"借助关键语句概括一段话的大意"这一语文要素也是有一定的铺垫的。第三单元的语文要素"了解课文是怎么围绕一个意思把一段话写清楚的",所选课文《赵州桥》第二段和第三段是分别围绕"赵州桥非常雄伟"和"这座桥不但坚固,而且美观"把赵州桥的两个特点写清楚的;《一幅名扬中外的画》的第三段是围绕"画上的街市可热闹了"这句话来写的。很明显,这几个句子在段落中就是关键语句,能够找到他们,知道段落是围绕它们具体描写的,也就能概括出一段话的大意了。因此,三四单元在语文要素的训练上是有一定的承接性的。第二个语文要素"观察事物的变化,把实验过程写清楚"。我们要想准确定位这个语文要素在三年级教材体例中的位置。为此,我们溯源到三年级上册,在第五单元会找到相关的语文要素"体会作者是怎样留心观察周围事物的;仔细观察,把观察所得写下来"。在课文《搭船的鸟》《金色的草地》和习作例文的课后习题中都强调了观察的细致、注意事物的变化。在本册的第一个单元中,也有"试着把观察到的事物写清楚"这一语文要素。在课文《荷花》的课后有小练笔,让学生仿照着描写荷花样子的段落写一种自己喜欢的植物;在习作《我的植物朋友》中,让学生照样子,为植物做记录卡,并借助记录卡写一写植物,并且告诉学生观察的方法:看一看、摸一摸、闻一闻……在语文园地的"词句段运用"中,让学生进行词语比较,照样子写一种小动物的外形特点。这些都是在训练学生如何把观察到的事物写清楚,其中习作练习中做记录卡的方法非常实用,这在今后的习作指导中可以迁移运用。关于"写清楚",在第三单元的语文园地"词句段运用"中也有训练。其中一题是仿照课文中的动词运用,介绍一次手工活动的过程,这为第四单元的习作要求"把实验过程写清楚"做了铺垫。第七单元的语文要素中也和"写清楚"有关,具体要求是"了解课文是从哪几个方面把事物写清楚的",显然,这里的"写清楚"是从更宏观的角度来探讨的。

通过详细的教材解读,针对这一课,我们可以整合单元内容,从而有效落实语文要素。《蜜蜂》的学习可以与习作教学和语文园地中的词句段运用整合，课文对学生如何写一项实验，如何把实验的过程写清楚具有启发性。在教学中借助课后图表把《蜜蜂》一课的写作顺序梳理清楚，即按照"实验目的—实验过程—实验结论"这样的顺序写了一次完整的实验过程，明确作者具体写了实验的过程，通过引导学生仔细阅读，借助关键语句，概括出实验过程中的每一步，并记录下来。通过梳理，我们能总结出这样几步：捉蜜蜂，放进纸袋；走四公里路，做记号，放飞蜜蜂；记录蜜蜂飞回的时间和数量。然后让学生试着用上"先……接着……然后……最后"的句式说一说实验的过程，这个句式的练习使用也是本次习作的要求。学生明白了用上这些表示先后顺序的词语，就能把实验过程写清楚了，这就为后面的习作教学做好了铺垫。而要把实验过程写清楚，还要写写自己做实验时的心情和有趣的发现，这在《蜜蜂》一课的第二自然段中也有鲜活的例子，此外，语文园地"词句段运用"第一题也是关于观察和思考的练习，它就可以和《蜜蜂》一课的教学进行整合。在学习《蜜蜂》一课时，让学生了解到，作者不仅写了观察到的情况，还写了引起的思考，然后拓展"词句段运用"中的句子，开阔学生思路，让他们也试着写一写自己的观察与思考，为后面的习作教学奠定基础。

一篇精读课文如此操作，我们定会看到孩子语文能力的提高。

小学数学篇

"1+1+X+N+Z" 小学数学名师工作室

温文利

知所从来方明将来

一、伊金霍洛旗小学数学名师工作室发展历程

第一期名师工作室——建立发展阶段（2012年3月—2014年12月）

工作目标：培养名优教师（"1+1+X"）。

聘请导师：北京东城区教育研究院副院长王佩霞，全国知名小数专家吴正宪。

研修方式：专家引领+培训学习+实践研修。

团队发展：创建工作室——摸索实践——课题研究——反思总结——成果集。

第二期名师工作室——发展阶段（2015年3月—2016年12月）

工作目标：发展名师+发展教师（"1+1+X+N"）。

聘请导师：全国知名小数专家吴正宪。

研修方式：专家引领+名师引领+培训学习+实践研修。

团队发展：重建工作室——主题实践研究——课题研究——反思总结——成果集。

第三期名师工作室——发展阶段（2017年3月—2018年12月）

工作目标：发展名师+发展教师+发展学生（"1+1+X+N+Z"）。

聘请导师：全国知名小数专家徐长青。

研修方式：专家引领+名师引领+培训学习+实践研修+外出讲学。

团队发展：重建工作室——主题实践研究——反思总结——教研教改（探索基于实证听评课的教研方式）——成果集。

第四期名师工作室——深入推进阶段（2020年11月—2022年11月）

工作目标：发展名师+发展教师+发展学生（"1+1+X+N+Z"——全面发展教师专业化素养+全面发展学生学科素养+学科育人）。

聘请导师：全国知名小数特级教师徐斌。

研修方式：专家引领+名师引领+培训学习+实践研修+外出讲学。

团队发展：重建工作室——主题实践研究——反思总结——教研教改（推进基于实证听评课的教研方式）——成果集——带动二级名师工作室发展——辐射学科教研组发展。

重点工作阶段式推进历程

X——名师培养；N——教师发展；Z——学生发展。

二、引领教师在专业发展的道路上飞得更高，走得更远，尽情享受成长的幸福和快乐

名师工作室管理中的精细实。

名师培养的路径和方法。

如何带领团队做教学研究。

初心篇
——发展名师

伊金霍洛旗小学数学名师工作室始建于2012年，是旗教育局教研室命名的唯一的小学数学学科名师工作室，工作室共有10个成员，2012年3月25日，"教师发展工作室"作为伊旗基础教育内涵发展综合项目之一正式启动。

思深方益远　谋定而后动

2012年伊旗小学数学教师发展工作室工作计划
—— 扬帆远航工作室工作计划

扬帆远航小学数学工作室根据《伊金霍洛旗名师发展工作室建设与管理办法》，结合工作室的学科实际工作情况制定2012—2014年度工作计划。

一、指导思想

依据"伊金霍洛旗名师发展工作室建设与管理办法（讨论稿）"，以科学发展观为指导，以促进人的发展为本，遵循名师发展的规律，积极主动开展教育教学重点问题研究，解决学科教学难题，发挥先行研究、交流讨论、示范引领的作用。坚持理论与实践相结合、自主与交流相结合、学习与应用相结合、反思与提升相结合的原则，在观察体验、学习思考、参与研究、实践总结中，提升教师业务素质，使名师工作室真正成为促进教师专业发展的平台。

二、工作目标

通过三年为周期的培养计划的实施，搭建成员交流平台，坚持以课堂实践教学和交流反思相结合为载体开展教育教学研究活动，改变教师教学方式，为教师专业发展提供学习资源，提升教师专业发展的自主性，使工作室成员在职业道德、专业知识与学术水平，教学能力与科研能力等方面的综合素质有显著提高。不断充实和提高青年优秀教师的教育理论水平和教育科研水平，造就具有学科研究特色的骨干教师队伍，促进全旗小学数学教师队伍建设均衡发展。

成员三年成长目标规划：

第一年：积极参与工作室课题研究，带着问题对数学教材深入研究，对课堂教学有独特看法，不仅能独立上出高质量的课，也能指导青年教师上好课。

第二年：能独立承担或参与课题研究工作，进行课堂教学策略研究，撰写高质量的论文。

第三年：能上创新课，成为市级以上的骨干教师。

三、工作任务和措施

确定成员，组建核心团队。经过室里研究和征求个人意见，确定小学数学教师发展工作室成员为：温文利（小学数学教研员、工作室主持人）、徐金梅、斯庆脑日布、石爱珍、郝玉梅、刘金梅、牛香莲、孟秀英、刘美艳、张慧君。

（一）加强业务学习，提高理论素养

先进的教育理论是教育和科研的先导，阅读和学习是提高教师教育理论修养的有效途径。工作室倡导"将学习作为生活常态"，工作室开展工作期间，采取集中学习和分散学习相结合的形式，加强理论学习，加强交流，共同提高工作室成员的整体理论修养。

①学习教育教学理论书籍。三年内分期读完《苏霍姆林斯基给教师的100个建议》，杜威的《明日之学校》，苏巴班斯基的《教育过程最优化》，赞科夫的《和老师的谈话》，杜威的《我们怎样思考》。学习新课程理论专著，关注新课改的教改动态、信息，如《小学数学课堂教学案例透视》《课堂观察——走向专业的听评课》。每学年要求每位成员读完两本书。本学期要求每位成员认真解读2011版《数学课程标准》，并与实验稿《数学课程标准》进行比对，例会时间进行内部交流。

②读心理学、教育学书籍。真正了解学生的心理、生理成长特点，从而把握教育规律。

③认真学习小学数学教学期刊，每人每学期阅读一种以上的刊物，把握最新的教育教学动态，积极借鉴，并在教学实践中运用与提升。

④采取"走出去，请进来"的方式，每年安排外出学习深造或邀请小学数学专家到我旗，让教育专家、特级教师与我们零距离接触，聆听他们的教育思想和实践经验，分享他们的教育智慧。

⑤坚持两周一次的业务学习例会制度，研究工作和学习，交流经验和体会。每次的例会上都有一个中心话题，并轮流由一名成员主持、主讲。业务学习，定点、定时、定内容进行交流。充分发挥网络的优势，每月一个话题，工作室成员发帖进行讨论和交流。

（二）立足课堂研究，形成个人风格

教学是教师的第一要务，课堂永远是教学实践的主阵地。立足课堂教学第一线、聚焦课堂、研究课堂，提高教育教学质量是名师工作室最重要的任务。各位学员要积极参与目标导学课堂教学改革，自觉更新教育观念，自觉改进教学方法，能够按照教育规律和学生的心理规律，智慧的、艺术的教育学生，灵活地驾驭课堂，形成自己独特的教学风格。

①工作室将推行教学公开课制度，为工作室的课堂教学研究提供平台和载体，鼓励成员利用一切手段和现有资源开设研究课、试验课和观摩课，每个成员每学期根据"小学数学课堂自主探究的有效性"的课题研究，确定自己的子课题，围绕子课题至少上一节研究课，其他成员观摩，然后就教学中的主要问题展开讨论，聚焦问题，确定下一个月论坛主题。

②每学期组织工作室成员通过围绕子课题听评研究课、磨课等活动，获得第一手资料，撰写教学案例，并开展案例交流活动。

③每个成员每学期要录制一节主题研究课，观看自己前后不同时期的录像课，观看名家的录像课，加强对课堂观察的研究，学会观察、评价、改进课堂教学的技术和策略。

④名师工作室负有培养青年教师的义务和责任，每年每一位成员要带一至两名徒弟，指导青年教师围绕自己的子课题上好研究课，每月至少与徒弟开展一次主题教研活动，促进青年教师的专业化成长。力争三年后，使所带青年教师成为我旗的骨干教师。

(三) 积极从事科研，提高自身品位

教科研是教育教学的第一生产力，是提升教育教学效益、提升教师品位的关键。工作室确定研究课题"小学数学课堂自主探究的有效性"，成员自行确定自己的子课题，以研究课、论文形式呈现研究结果，将课题研究、教科研和课堂教学研究真正落到实处。

①课题牵动研究。课题研究是工作室的重要任务之一，工作室以课题牵动学员的研究能力，引导学员把课题和工作中遇到的问题结合起来，走自主发展的课题研究之路。把"小学数学课堂自主探究的有效性研究"作为三年完成的课题研究。通过课题研究提炼构建出有助于学生自主性学习的课堂教学一般模式；探索自主性学习效果的检测与评价方法；寻求学生自主性学习心理障碍

的对策；探索指导学生课外自主学习的方法与途径。结合校本教研活动，营造浓郁的学术研究氛围，开展课堂教学诊断活动，形成自己的学术专题思考。

②积极参与和组织教师参与研究小现象、研究小策略、积累小故事活动，利用每月论坛展示交流。本学期围绕课题"小学数学课堂自主探究的有效性研究"，开展学生"自主探究的习惯培养""自主探究的自学提纲的设计"等研究活动。

③工作室鼓励全体成员积极撰写教育教学论文、案例、反思等。

（四）创设交流平台，为成长搭建基地

资源共享是促进教师成长的快捷途径，利用工作室QQ群、公共邮箱等多种方式为成员交流提供方便。为全体成员提供教学交流、研讨的平台。

（五）规范管理，保证工作室顺畅运作

要求工作室成员每两周发一个帖子，每学期至少上传一篇教案或教学设计、一篇教学反思、一篇教学案例、一份好试卷，上传一节主题研究录像课。每学年至少写一篇教学论文，并在《伊旗教研室刊》以上级别获奖或发表。每位成员每学期开展一次主题研讨活动，并做好评议，每位成员每学期读一至两本教育教学专著、小学数学专业书刊，并及时上传读书心得。

四、工作室工作方法

采取集中与分散相结合，以分散为主；导师指导与自我实践相结合，以自我实践为主；本地观察与外地学习相结合，以本地观察为主；专家传授与互相研讨相结合，以互相研讨为主的方法，开展各项工作。

工作室将制定"目标定位""方法定位""内容定位""效果定位""素养定位"的"五定位"课堂教学评价体系，每位成员填写《工作手册》，为成员建立成长档案，强化工作室的团队作用，发挥工作室的教育引领和辐射作用。

加强对工作室成员的培养和培训，每位成员制定个人三年发展规划。把工作室建成一个工作团队、学习团队、研究团队，高质量地完成每次的教育教学研究工作。

五、工作室三年工作思路

2012年：以学习积淀为主。把2011版课标与实验稿课标进行比对学习；

把目光聚焦在教材上，带领 N 位老师梳理教材。

2013 年：课题研究，聚焦于教师基本功的磨炼。

模式为：规范的教学设计——说课——上课——反思。

2014 年：教学技能的提高、固化，成果展示，辐射引领。

六、本学年具体工作安排

第一学期工作目标：读书，学课标。

第二学期工作目标：聚焦教材。教材梳理；教学设计、说课、评课的规范。

七、成员分工

温文利：负责数学工作室建设的全面工作，工作室总体建设方案的制定、方案的实施及工作室的总结等，并负责对团队建设和对成员的考核等。负责与上级主管部门的联络、负责大型专题活动的策划和集体备课、课题研究的具体工作和评课。

石爱珍、牛香莲、刘金梅、刘美艳、张慧君、孟秀英、郝玉梅等成员课堂展示和评课，负责自己研究课的录像工作。

发展篇
——发展教师

第一期小学数学名师工作室启动运行

扬帆远航小学数学工作室于 2012 年 3 月 25 日正式启动，伊旗教研室小学数学教研员温文利担任第一期小学数学名师工作室主持人。

工作室组建团队工作：经过层层选拔，工作室把来自不同学校有潜力、教学技能水平较高的老师聚集在一起，组成一支积极钻研、勇于实践的队伍。

工作室确定研究课题：老师们汇报了来自课堂教学实践的疑难问题，大家一起深入讨论、分析问题产生的原因，经过仔细斟酌，把基于解决问题的"如何提高小学数学课堂自主探究的有效性"确定为工作室的研究课题。

在确定了工作室总课题后，成员又划分为三组，确定了各自的子课题：

"培养学生的自学能力""如何使学生积极参与数学课堂的自主探究""自主探究、小组合作课堂教学模式的实践"。

多种形式开展课题研究："小学数学教师发展工作室"在制定三年工作规划、四次修改计划的基础上，开展第一次工作室教研活动。北京东城区研修学院的王佩霞副院长在认真听取了主持人温文利老师解读"工作室三年发展规划方案"后，提出了中肯合理的建议，使全体成员统一了思想认识，达成了共识。会上确立了工作室三年发展目标：

"第一年学习积淀，第二年技能提高，第三年固化及成果展示"。

2012年3月25日，小学数学教师发展工作室开展第一次教研活动。在教研室的初中办公室，来自北京东城区教育研修学院的王佩霞老师利用一个下午的时间，对全旗小学数学老师进行了"小学数学课标"培训。

2012年4月6日，小学数学教师发展工作室开展第二次教研活动。工作室召开"解读《工作手册》"专项会议，主持人温文利向工作室成员解读了工作室的发展方向、三年规划目标及工作性质。成员们认真学习了"扬帆远航工作室的考核细则"；填写了"工作室成员信息表"；上交了"个人三年发展规划书"；申报了"个人研究子课题"；确立了"N个教师"的人选。工作室每位成员每学期完成个人研修工作任务，并填写手册，形成个人工作档案。

2012年4月20日，小学数学教师发展工作室开展第三次教研活动。在教研室会议室召开主题研讨会议。温文利老师做了专题讲座"自主探究学习模式"，使老师们在开展工作研究自己的子课题时有了一个总目标，避免了无主题、无实效的低效工作现象。

2012年5月18日，小学数学教师发展工作室开展第四次教研活动。在四完小三楼多媒体教室开展"立足课堂教学诊断，走向专业的听评课，规范教学设计"的教学研讨活动。导师王佩霞深入课堂，认真聆听，为课堂教学问诊把脉。第二小学郝玉梅老师执教《面积单位之间的进率》，新街小学刘美艳老师执教《找规律》，第一小学刘金梅老师执教《小数的加减法计算》。王老师作了"如何说课及规范的教学设计"专题讲座。

2012年6—11月，小学数学教师发展工作室先后开展了第五次至第十四次"计算教学"主题研讨课教研活动,北京东城区的张玉茜老师执教《笔算除法》,导师王佩霞从"深度分析,互动研讨。案例分析,品味课堂。深入研究,实践跟进"三个角度对计算教学进行了阐述。

工作室按计划实施实践研究,从2012年3月—2012年12月,先后开展实践研究活动21次。

活动心得

学习心得

石爱珍

读名师课堂艺术使我明白:真实的课堂应该面对学生真实的认知起点。展现学生真实的学习过程,让每个学生都有所发展。真实的课堂不能无视学生的学习基础,把学生当作白纸和容器,随意刻画和灌输;真实的课堂不能死抱着教案,一问一答,牵着学生的鼻子走,不敢越雷池半步;真实的课堂更不能课前操练,课中表演,少数参与,多数旁观。

我们应及时转变观念:要笑着做老师,把阳光传递给每一个学生;蹲着看学生,学生会回报你每天的惊喜;乐着做同事,尽享工作带来的友情,不断吸收有助于自己成长的因素;走向研究,享受成长的快乐。

学习《钱守旺的20个教学主张》心得

张艳梅

2013年12月12日上午,我观摩了特级教师钱守旺的《负数》,还聆听了钱守旺老师的讲座"我的20个课堂教学主张"。通过学习,我有了很大的收获。下面我谈谈自己学习的收获和体会。

一、读懂学生,高效对话

要读懂学生的特点;读懂学生的基础;读懂学生的需要;读懂学生的思路;读懂学生的错误;读懂学生的情感。想想自己在平时的备课中只是简单分析一下学生情况,便根据自己的思路设计教学,在课堂上很少去读懂学生的需要。通过听讲座我豁然开朗，作为一名数学教师，我们更需要换位思考，也就是说，我们要学会站在学生的立场上思考问题，想学生所想，急学生所急。读懂学生主要要了解学生的基础，了解学生的心身特征，要感受学生的需要，亲临学生的思考与错误。以后的教学中要不断关注学生的思路、情感、需要……

二、读懂教材，丰富内涵

"开车最怕路不熟，教学最怕教材不熟"，这是钱老师引入这个主张的首语。的确，一名数学教师，如何读懂教材，丰富内涵？钱老师从几点谈了他的看法。其一，研读教材、教参，明确编写意图；其二，研读专业书籍，把握学科本质；其三，多种版本比较，博采众家之长；其四，名师课例分析，开阔教学眼界等。钱老师的观点值得我们学习，我们不论是教哪个年级的数学，必须对整个小学数学教材、教参，甚至与小学数学知识有联系的初中教材、教参进行全面的把握。只有这样，我们才能把握好教材的因果关系和呈现形式，也只有这样才能用好教材。

通过这次学习，我对怎样正确解读学生、解读教材有了更进一步的认识，在今后的工作中我要把所学、所思、所想运用在我的教学实践中，争取取得更大的进步。

活动总结

不积跬步无以至千里
——扬帆远航小学数学教师发展工作室工作总结

扬帆远航小学数学教师发展工作室按照三年工作规划的思路，第一学期读"教学专著"，学"课标"，以学习积淀为主。第二学期聚焦教材，"教材梳理""教学设计""说课""评课"的规范练习。本学期主要进行课堂教学专题研究，专攻"计算教学专题""数学广角专题"。目的是通过进行专项教学研究，能对"计算教学"形成一个基本的框架；通过"数学广角"专项研究，能对这块知识内容的教学目标进行正确定位。

一、主要活动与成效

本学期,扬帆远航工作室立足课堂教学实践,积极开展"专题教学课堂观摩"研究活动,以课题研究为统领,聚焦教育教学热点和疑难问题。以任务驱动为手段,引导骨干教师在创新性解决问题过程中实现自我提升,带动全旗广大小学数学教师进行教学专题研究,在学习研究中提高自身课堂教学专业技能。

(一)集中理论培训学习,提升学科专业知识素养

本学期,把"共读教育专著,感悟教育精髓"的读书活动继续作为一项工作任务,要求工作室成员按照学期初制定的个人工作计划,定期完成读书任务,以此达到理论引领。成员在读书的过程中,把所思、所想及时写下来,发在工作室邮箱里供大家交流共享。北京教育学院的王佩霞老师作为我们小学数学工作室的导师,继续承担着理论上引领、实践上指导的工作。

2013年3月29日,王佩霞老师在观摩了"计算教学专题"同课异构研讨课后,做了"对计算教学的思考"的专题培训。王老师结合4节观摩课"用7,8,9的乘法口诀求商""商中间末尾有0的除法",对计算课"计算教学要培养什么能力"方面做了详细的阐释。2013年5月17日,王佩霞老师在观摩了"数学广角专题"同课异构研讨课后,做了"对数学广角的教学定位"的专题培训。王老师结合4节观摩课"找次品""植树问题",对"如何对数学广角的教学目标进行准确定位"进行了深刻的讲解。

(二)开展课堂教学实践研究,提高教学实践技能

工作室聚焦课堂"专项教学研究",开展"计算教学专题研究""数学广角专题研究"观摩课活动。引领成员不断提高驾驭教材的能力,提高教育教学水平。成员围绕自己的子课题继续开展了主题研究课实践活动。"小型活动要求成员及徒弟参加""大型活动要求全旗小学数学教师参加",活动后,要求成员以写出说课、评课稿的形式进行。

(三)开展课题研究,解决教育教学热难点问题

抓好课题研究。要求成员在大课题"小学数学课堂教学自主探究的有效性"下,继续做好子课题研究。"如何培养学生的自学能力""如何使学生积

极参与数学课堂的自主探究""自主探究、小组合作的课堂教学模式的实践"。

（四）充分展示交流，搭建骨干教师发展平台

积极创造条件，为成员提供广阔的展示与交流的舞台。让"名师"与成员、成员与徒弟、成员与兄弟校老师之间通过"理论学习交流、读书汇报交流、问题会诊、集体备课、研究课研讨"等活动，互相交流、取长补短、共同进步。

本学期，工作室共组织成员参加研讨活动11次。在"计算教学专题"大型教研活动中，张婧芳老师和刘美艳老师与北京老师同课异构。在"数学广角专题"大型教研活动中，张慧君老师和郝玉梅老师与北京老师同课异构。这些学习交流活动，使工作室成员拓宽了视野、增长了见识，同时在对比中看到了差距，产生了思考，收获了知识。

（五）有效利用工作室公共邮箱，扩大信息交流

继续充分利用好工作室公共邮箱这个平台发挥辐射和交流的功能。每次研修活动后，要求成员将教学设计、说课资料、评课意见及时上传。

（六）量化考核，客观评价

为了使工作室正常有序、保质保量地良性发展，工作室建立了评价体系。我作为工作室主持人，根据组建工作室时的计划，结合实际情况，在上学期的基础上进一步修改完善了《小学数学扬帆远航工作室研修手册》，要求每位成员围绕工作室研修主题认真填写手册里的相关内容，工作室学期末根据成员完成手册的情况及开展研修活动中的考勤情况，对每位成员进行考核评价，并在学期末评出优秀成员。

二、今后的努力方向

工作室成员自身教学水平、教学研究能力存在差异，对整体工作发展有一定的影响；有效解决教学中的热难点问题的能力还有待进一步加强。

（一）加强科学规划，解决工学矛盾

工作室要认清教育发展趋势，把握教育发展现状，找准教师培训需求，加强工作计划的科学性、前瞻性。同时要合理安排活动内容与时间，增进与学校领导的沟通。

(二) 创新工作方式，增强培训实效

工作室要创新工作方式，加强对外交流，通过导师的有效引领、传带，进一步提高成员的课堂教学能力、课程开发能力、教研科研能力、实践指导能力和活动组织能力。

今后，工作室要进一步强化服务意识、责任意识、创新意识，以教学质量为动力，以素质教育为取向，以课程改革为契机，以价值实现为目标，总结经验，不断改进工作的方式方法，为推进我旗小学数学骨干教师队伍建设做出应有的贡献。

扬帆远航小学数学教师发展工作室研修成果综述

作为"骨干教师的聚集园，学习交流的快乐坊，经典课例的磨炼场，名优教师的孵化器，研究成果的生发地"，三年来，工作室以"探索智慧课堂的构建策略"为研究课题，以"构建一个策略，带出一批名师，推出一批成果，引领一批教师"为实践理念，着力打造课堂教学新范式。成员在各级刊物上发表论文、教学案例等，培养出刘美艳、石爱珍、张慧君几名校长。"在一块石头里看到风景，在一粒沙子里发现灵魂，在一棵小草上寻找到希望……"虽然只是惊鸿一瞥，但工作室的研究成果仍然获得了局领导和其他工作室同行的啧啧称赞。

围绕着"转变教与学方式"的主题，工作室以课例实践研究为推手，在游戏中做数学，"先学后教，以学定教"，在对话中分享，在合作中探究，在情境中感悟，在互动中提升。教师走进学生中间，做学生的朋友，做学生学习的伙伴，师生彼此分享思考的快乐，顿悟的惊喜，激情的燃烧，真情的涌动，灵性的焕发，情感的融合。我们欣喜地看到，教育从生命的"沙漠状态"重新回到"绿洲"的本真状态！

2014年下半年小学数学教师发展工作室研修活动总结

教研室　温文利

根据局里制定的教师发展工作室培训计划，结合我旗小学数学教师培训资源的情况，在总结过去工作室研修活动经验的基础上，确立了2014年下半年工作室研修活动的主要思路是成员个人主题研修与吴正宪老师引领的团队共同研修相结合开展教学活动。本学期工作室先后组织大小型研修活动七次。

一、制定计划，明确任务

工作室组织召开全体成员布置任务大会，要求老师们把参加每次活动的教案、说课资料、心得体会、评课资料、读书心得、教学反思、教学案例等活动资料及时上传工作室邮箱，一节主题研修活动课的光盘要上交工作室。

二、读书学习交流活动

经过向教育局申请，与培训中心商谈，工作室为每位成员发放九本"吴正宪教学活动系列丛书"。通过阅读这些书籍，老师们可以更好地了解吴正宪小学数学思想，把教学理论内化到课堂教学策略上，让课堂教学呈现出"活"的局面。

三、成员个人主题研修活动

2014年10月12日，刘美艳老师在新街小学上主题研修课"整数乘法运算定律推广到小数"一课，工作室全体成员及徒弟参加了这次活动。课后，刘美艳老师就自己的教学思路及课后反思与老师们进行了深入的交流，其他成员也分别对本课进行了点评。

四、工作室大型主题研修活动

1. 吴正宪教学指导活动

2014年9月22日，工作室在一完小组织了吴正宪教学指导活动，全旗的小学数学教师参加了本次研修活动。上午，一完小的乔春艳老师执教了二年级《角的初步认识》，石爱珍老师执教了三年级《三位数加法的笔算》，孟秀芬老师执教了六年级《倒数的认识》。每一节课的课尾，吴老师都走在学生中间进行"课后现场访谈"。下午，吴老师上示范课《面积》。

对上午的三节课，吴老师也进行了点评。吴老师认为，课堂教学中要搞好"教师引导与学生尝试的关系"，在教学中，教师要与学生思维同步。吴老师指出一个好教师的标准是：有信念理想，有道德情操，有坚实的基本功，有仁爱之心。

2. 张求爽教学指导活动

2014年11月11日，工作室在一完小组织了张求爽老师教学指导活动，工作室全体成员及徒弟及二完小的全体数学教师参加了本次活动。上午刘金梅老师执教了《8和9的加减法》，张艳兰老师执教了《6的乘法口诀》，宗丽娟老师执教了《口算多位数乘一位数》。张艳兰老师在教学《6的乘法口诀》中，充分体现自主独立思考学习、小组讨论交流的教学理念。

课后，张秋爽老师对三节课进行了点评。认为三节课都渗透了"分与合的数学思想"。建议在"算法多样优化算法"中，要明白优化的目的是什么？同时使学生在多样方法的学习活动中经历新知的构建过程。下午，张秋爽老师上了示范课《除数是整十数的口算除法》。评课之后，张老师引用大量的教学案例作了关于"运算能力的培养"的理论讲座。

五、磨课活动

提高课堂教学技能，是工作室研修的主要目标之一。2014年10月22日，工作室布置"晒课"活动任务，张慧君老师备《方程的意义》，郝玉梅老师备《被减数中间或末尾有0的连续退位减法》，刘美艳老师备《倍的认识》，张艳兰老师备《乘法的初步认识》，孟秀英老师备《垂直于平行》。12月8日，工作室的成员们聚在一起，备课老师晒出了自己的教案，对自己的教学设计思路进行了解读，其他老师们也分别对每一节课发表了自己的意见。

六、吴正宪教师工作站伊旗分站启动活动

2014年12月10日，在第二小学雅乐楼工作室组织"伊旗小学数学教师发展工作室吴正宪教学指导活动暨吴正宪小学数学教师工作站伊旗分站开班活动"。工作站启动仪式结束后，新街小学的刘美艳老师执教了研修课《四边形的认识》，孟秀英老师执教了《平行四边形的面积》，吴正宪老师示范了《方程的认识》。三节课后，是吴老师对研修课的点评环节。下午，三完小的张艳梅老师执教了《四舍五入求商》，慕艳艳老师执教了《分数的初步认识》，张慧君老师执教了《重叠问题》。课后，吴正宪老师对三节课进行了点评。

活动结束后，吴老师与工作室的成员及徒弟进行了短暂的座谈，吴老师要求每位成员明确自己的身份，要以吴正宪教师工作站站员的标准严格要求自

己，平时要学习修炼，发挥引领、带动、辐射的作用，要有较高的专业品格，有较高的合作。吴老师推荐老师们读《数据分析观念》《小学数学概念解读》《吴老师给小学教师的建议》，史宁中教授《回答教师的30个为什么》，周玉仁教授《真心与儿童做朋友》，《吴老师的儿童世界观》，《小学数学策略》，并建议及时组织读书交流会，及时写反思。初步拟定2015年上半年工作计划为"教材解读"。

持续发展篇
——培养名师发展教师

第二期小学数学名师工作室启动运行

伊旗教研室小学数学教研员温文利担任第二期小学数学名师工作室主持人。

研修方案

2015—2016年小学数学名师工作室研修方案

教育局下发《伊金霍洛旗教育局第二期名师工作室实施方案（试行）》，本着促进伊旗教师专业成长规划中的名师培养项目的落实，加速建设一支在全旗中小学各学科教育教学领域中具有领先水平的卓越教师团队，充分发挥名师的示范、引领、辐射作用，进一步带动提升伊旗教师队伍的整体素质，促进全旗教育均衡发展的宗旨，根据《国务院关于加强教师队伍建设的意见》（国发〔2012〕41号）、《鄂尔多斯市幼儿园与中小学"名师工作室"组建方案》《伊金霍洛旗关于进一步深化课程改革实施意见》的文件精神，结合伊旗的实际情况，旗教育局决定将名优骨干教师与教师发展工作室进行科学整合，从广大教师队伍中选择一批思想过硬、业务精湛、潜心钻研、有丰富的教学经验及较高科研水平的学科精英教师组建我旗第二期学科"名师工作室"。

小学数学名师工作室根据教育局文件精神，在初选考核招聘、讲课说课写论文终评工作结束后重新组建团队，共吸收15人为名师、9人为研修员、6人为学员。名师工作室的主要任务是通过导师和主持人的引领尽最大可能提高自身研修水平，帮助中青年教师提高业务水平，开展教育教学重点问题研究，加强学科教学教研团队建设，破解学科教学难题，引领学校课程改革健康发展。小学数学工作室在总结过去研修活动经验的基础上，在导师吴正宪的直接指导下，充分开展主题系列研修活动，为我旗小学数学的课堂教学发展发挥积极地引领作用。

一、指导思想

依据"伊金霍洛旗名师发展工作室建设与管理办法（讨论稿）"，以科学发展观为指导，以促进人的发展为本，充分利用特级教师吴正宪的教学实践及其研究成果，立足伊旗教育的新形势及教师专业发展的新要求，积极探索教师专业发展的有效途径，为伊旗小学数学教师的专业发展提供资源、搭建平台，做好教师培养、示范辐射等工作，坚持理论与实践相结合、自主与交流相结合、学习与应用相结合、反思与提升相结合的原则。以"1+1+X+N"为整体思路，以"整合资源，强化管理，打造学校核心竞争力"为原则，以名师为引领，以课程为纽带，建立优秀人才成长的培养机制，形成以名师为核心的高层次骨干教师团队和专家型教师研究群体。

二、成立名师工作室的目的

充分利用导师吴正宪的成功教学实践及研究成果，立足我旗实际探索教师培养机制，率先在小学数学教师队伍中打造一支具有"高敬业品格、高合作精神、高专业技能"的小学数学教师团队，在培养优秀教师的同时不断总结提炼教师研修模式，陆续向我旗各学校推广实践，推动全旗小学数学教师整体水平的提高。

三、工作依据

①基于特级教师吴正宪的小学数学教学专业经验和研究成果，面向全旗小学数学教师专业发展的需求，建立小学数学名师工作室，可以为广大小学数学优秀教师提供进一步发展的渠道和研修平台。

②建立小学数学名师工作室，充分落实旗教育局工作要点中提出的丰富内涵发展的文件精神，借助多种形式的教师研修与培训活动，加工、开发、传播具有推广价值的教育教学资源，帮助一线教师分享有益的知识经验。

四、工作定位和目标

小学数学名师工作室在导师吴正宪的指导下开展工作，主持人制定和完善名师工作室的管理制度，激励名师不断进取、不断创新、不断发展，搭建有利于骨干教师专业发展的新平台，打造一流的教师团队，使名师工作室成为研究的平台、成长的示范、凝聚的核心、辐射的窗口。小学数学名师工作室将为全旗小学数学教师的发展提供专业支持，并在培养优秀教师的过程中，开发科学有效的教师研修课程资源，探索伊旗小学数学教师专业发展的研修模式，为提高全旗小学数学教师专业水平提供服务。

名师工作室的具体工作目标与任务：

①成员在教师职业道德、专业知识水平与学术水平，学科教学能力与科研能力等方面的综合素质将得到全面提升，成为伊旗名师。

②成员将以特级教师吴正宪的专业发展历程为研究主题，从中深刻认识和学习吴正宪的教育理念、专业品质、课堂实践和教学策略。

③工作室将聚焦深化新课程背景下伊旗小学数学教学中的实际问题，深入一线采集成功案例，为全旗小学数学老师提供优质资源。

④针对基层地区和薄弱学校青年教师普遍面临的教学难点和疑点问题，设计、组织各种形式的研修和培训活动。

五、工作思路

①有计划地开展教师研究能力培训

认真研究吴正宪的视频课例，反思自己的教学实践，找到制约自我专业成长的瓶颈。

定期进行业务理论的学习培训。学习的方式采取日常自学与定期集中相结合的方式，学习的内容为《吴正宪成长的心路历程》《翻开数学的画卷》《吴正宪的儿童数学教育》《人文数学教育思想探究》《吴正宪与小学数学》《小学数学课堂教学策略》《小学数学课程标准》《新课程理念与教学策略》以及

《教育科研与学科教学研究方法》等。

及时向导师申请对工作室进行专题指导，提高工作室成员的研究能力。

②开展示范性的自身研究

用主题研修方式，加强同伴之间的研修和经验共享，在交流、总结、学习、反思的基础上，发展创新性实践。

③从学生体验角度开展教学实效性研究

深入城乡各小学数学课堂，根据学生的课堂学习情况制定课堂教学评价体系。

④有针对性地开展教学专题调研

围绕小学数学教学改革中出现的新问题，深入实验校教研活动现场进行专题调研，以便有针对性地开展工作。

⑤有目的开展全员培训

工作室成员要发挥示范带动作用，通过课堂示范、同课异构、课堂诊断、问题研究、考试研究、专题讲座、课题带动、读书交流等多种形式对全旗的小学数学教师进行培训，将导师吴正宪的教育理念、思想及自己的研训成果广泛传播，全面提高全旗小学数学教师的专业水平。

⑥建设丰富的网络资源

充分利用"伊旗小学数学教师QQ群"、公共邮箱等多种方式为成员交流提供方便，让优秀教师积累的教育资源最大限度地发挥作用，为伊旗教育教学研究和教师专业化发展提供资源。

⑦总结提炼

及时总结教师研修的成功经验，并向全旗各校推广辐射，促进全旗小学数学教师整体教学水平的提高，为实现伊旗教育的内涵发展、均衡发展提供服务。

六、工作方式

小学数学名师工作室由教研员温文利担任工作室主持人，负责工作室研修计划的拟定、活动组织的策划运行、研修活动的工作总结、年度工作室成员的业绩考核等全盘工作。工作室将根据实际情况采取集中与分散相结合、导师指导与自我实践相结合、本地观察与外地学习相结合、专家传授与互相研讨相结合的方法开展各项工作。工作室 15 位名师要求每人带两名青年教师作为梯队教师。

工作室为每位成员建立成长档案，把每个成员的相关工作资料存入各自的档案盒，对工作室成员的课堂教学情况进行评价和考核，强化工作室的团队作用。

七、工作室 2015—2016 年工作思路

2015 年：以学习积淀为主。深入学习，透彻理解 2011 版数学课程标准；把目光聚焦在教材上，带领 N 位老师梳理教材；把对具体知识点的理解落实到课堂上，实施课堂演练；外出学习，扩大视野；请进来专家进行实地教学指导。

2016 年：以研究型学习为主，主要开展主题研修活动。聚焦于教师基本功的磨炼，开展模式为：规范的教学设计—说课—上课—反思；教学技能的提高、固化；课题研究，呈现成果。

八、成员两年成长目标规划

第一年：积极参与工作室课题研究，带着问题对数学教材进行深入研究，对课堂教学有独特看法，不仅能独立上出高质量的课，也能指导青年教师上好课。

第二年：能独立承担或参与课题研究工作，进行课堂教学策略研究，撰写高质量的论文。

九、预期成果

建设伊旗小学数学名师工作室资源库；构建伊旗小学数学优秀教师专业发展的培养模式；探索伊旗小学数学教师专业发展的研修模式；将研究成果汇编为《伊旗小学数学教师研修模式汇编》《伊旗小学数学名师工作室专题研究报告集》；整体提升伊旗小学数学教育质量，促进教师的专业成长。

十、考核管理

工作室成员完成任务情况以上传过程性资料、发表论文、参加旗级以上教学比赛获得奖项、参加研修活动的考勤情况和上交研究课光盘的形式呈现，以

学期为时间单位进行考核评价。

要求工作室成员每两周发一个帖子；上传每次参加研修活动后的学习心得、教学设计、说课稿、教学案例、教学反思、教学日志、期末测试卷、期末工作总结等内容；每学期至少上交一节主题研究录像课光盘；每学年至少写一篇教学论文；每位成员每学期开展一次主题研讨活动，并做好评议工作；每位成员每学期读一至两本教育教学专著、小学数学专业书刊，并及时上传读书心得。

十一、研修活动具体安排

三月：重新组建工作室，布置安排工作室年度工作；学习工作室章程和考核细则；建立个人成长档案；学习2011版数学课程标准，梳理教材；制定师带徒计划；参加集体组织培训学习。

四月：赴包头青山区一机第三小学参加"全国小学数学名师优课经典教学观摩课活动"；自主研究课、观摩课活动；"小学数学课堂教学动手操作的有效性"课题研究活动；子课题研修互动交流活动；"数与代数领域"主题研修活动；师徒合作子课题研修课堂教学活动；赴北京参加"第八届全国中小学名师工作室发展论坛"教学活动。

五月：赴北京师范大学鄂尔多斯市第二附属学校参加"银川专家胡明、田润垠讲学活动"；工作室举行"毕业班主题研修活动"；围绕子课题研究课展示；"数与代数领域"主题研修活动；"数与代数领域"主题教研活动案例交流；送课下乡帮扶教研活动；围绕子课题与小组成员及徒弟共同开展小型教研活动。

六月：读后感、教学随笔评比活动；围绕子课题主题研究课展示；送课下乡教研活动；"数与代数领域"精品课交流研讨活动。

七月：期末复习经验交流；围绕子课题主题研究课展示；提供"数与代数领域"主题教学设计一份；本学期个人工作总结，主持人工作总结；资料收集归档工作。

九月：自主学习教育教学著作；围绕子课题研究课、观摩课活动；参加集体培训学习；补充完善个人成长档案；继续学习2011版数学课程标准。

十月：自主学习教育教学著作；围绕子课题研究课、观摩课活动；"小学数学课堂教学动手操作的有效性"课题研究活动；课堂教学经验互动交流活动；"几何与图形领域"主题研修活动；师徒合作子课题研修课堂教学活动。

十一月：读书交流活动；围绕子课题主题研究课展示；"几何与图形领域"主题研修活动；"几何与图形领域"主题教研活动案例交流；送课下乡教研活动；围绕子课题与小组成员及徒弟共同开展小型教研活动。

十二月：读后感、教学随笔评比活动；围绕子课题主题研究课展示；送课下乡教研活动；"几何与图形领域"精品课交流研讨活动。

一月：期末复习经验交流；围绕子课题主题研究课展示；提供"几何与图形领域"主题教学设计一份；本学期成员个人工作总结，主持人工作总结；资料收集归档工作。

十二、成员分工

温文利（主持人）：负责小学数学名师工作室建设的全面工作，包括工作室总体建设方案的制定、方案的实施及工作室研修活动的总结，负责工作室的团队建设和对成员的考核管理。

斯庆脑日布（主持人助理）：负责工作室活动的拍照摄影工作，负责与蒙校相关教学活动的组织、协调工作。

石爱珍等工作室成员：课堂展示和评课，负责自己研究课的录像工作。

活动心得

关于"计算教学"课后感悟

刘美艳

10月20日，我有幸在伊金霍洛旗四完小和工作室全体成员共同研究、探讨关于计算教学中"如何使算理直观，在理解算理的基础上掌握算法"一题，如何在计算教学中真正体现直观明理、自主得法的教学目的，通过观摩、聆听四位老师的生动课堂和名师们的精彩发言、探讨后，颇受触动，下面谈谈自己的一点看法与体会。

关于计算教学，其一应熟悉教材，领会课标精神，抓住核心点，精心设计、选择学习方法。其二，在教学之前，一定要了解学生已有知识水平和技能及教学中可能出现的问题。其三，教学设计，从复习准备开始，要精心设计与新知密切勾连的准备题，例如《三位数乘两位数的笔算》伊始，高平老师在准备题中设计到 45×12 与新知 145×12 的勾连；于淼老师设计的 144×5，44×15，都为新知三位数乘两位数的计算方法做好铺垫搭桥；在《一个数除以小数》中，杨东老师设计 $34.5 \div 16$ 与 $48.6 \div 12$ 与关于商不变的规律的填空题，还有石爱珍老师准备的小数点移动的习题，都抓住了核心，有针对性地为新知做好铺垫。在学习方法上主要让学生利用新旧知识迁移、转化思想放手让学生体验、感受知识的生成过程，如在石爱珍老师的课堂上，突出体现老师能大胆放手让学生摸索算法，体现算法的多样化，在算法中明算理。同样，在其他三位老师的课上，也体现算法的多样化，捕捉知识的生成过程，老师们都在引导学生利用迁移、转化思想大胆放手让学生摸索、探讨计算过程。同时注重培养学生思维的拓展、延伸。最后，在课后练习题中能抓住核心知识内容进行及时巩固练习，考虑到学生易出现的错误，精心设计易错题，同时延伸到思维能力题，具有一定的梯度，关注到每一个学生应达到的知识水平。

总之，活动贵在发现问题、探究问题、挖掘本质！

不离学术不离实践

邬文斌

"不离学术，不离实践"，这是伊旗小学数学名师工作室的宗旨，通过理论联系实践，将我们课前的学习思考在课堂教学中进行实践，在实践中不断反思、不断积淀，我们才能不断进步。很荣幸能成为数学名师工作室2016年第二次活动的执教人，在工作室各位领导及同仁的指导下，让我收获颇多。

一、要注重"数"概念的建立

《1000以内数的认识》第二课时，教学的重点是数的组成及数的读书，数的组成及读写是对数的概念的进一步理解，是学生学习数学的基础。理解数的意义一般有两个角度，一是联系生活实际来体会，通过具体的实际操作理解数的意义；二是从数的组成去理解，通过组成理解数的大小和多少，加强对数的感知。在实际教学中我们要把这两种方式有机地结合起来，这样更有利于学生体会数的意义，建立数的概念。本课教学由100以内数的认识扩展到1000以内数的认识，数目增多了，数的内涵更丰富了，抽象程度也更高了。这节课我通过方块模型让学生体会十个一是十，十个十是一百，十个一百是一千，让学生一个一个地数、十个十个地数、一百个一百个地数，在数数中建立"一、十、百、千"的映象，最后用多种模型小棒图、计数器等帮助学生理解数的意义，建立数的概念。"人人要学习有价值的数"，学生的数感得到了培养，这对他们将来的学习及生活是有价值的。

二、要注重"估算"意识的培养

新课程标准在课程实施建议中指出："估算在日常生活中有着十分广泛的应用，在教学中，教师要不失时机地培养学生的估算意识和初步的估算技能"，说明估算在数学教学中是尤为重要的，在我教学《1000以内数的认识》第二课时中，人教版教材就有一个估算环节，课中我在课件上出示了235个圆点，让学生估一估大约有多少个？学生进行猜测，孩子们想今天学1000以内数的认识，应该是一千个、几百个……，这样凭空猜想，没有根据地臆想乱猜是没有意义的，课堂中由于时间关系我也没有静下心来给孩子们介绍估算的方法：先估100个圆点有多少，以这个作为标准，孩子们再去估就不会"猜"了，这样既渗透了估算意识又培养了估算能力，而我只用一句"到底估得对不对呢？我们来数一数"进入数数环节。就因为我们平时多少个"由于时间关系"，我们的学生不会用估算来检查计算结果的准确性，更谈不上将估算应用于生活。在教学中我们要培养学生估算的意识，教给孩子估算的方法，要做启发学生运用估算的有心人，加强估算能促使学生形成良好数感，体验用估算解决问题的实用性和便捷性。

在"不离学术，不离实践"这一宗旨的引领下，伊旗小学数学工作的全体成员，借助工作室这个平台，不断思考、不断积淀，我们就会不断地进步。

活动总结

2014—2015学年度小学数学名师工作室第二学期研修活动工作总结

伊旗教体局教研室　温文利

2015年3月18日—24日，第二届名师工作室开始组建。经过自愿报名、学校推荐，绩效考核、教师业务成绩排名，竞聘讲课、说课的考核后，最终产生了15位小学数学名师，9位研修员，6位学员。

在主持人制定了详实的研修活动计划后，小学数学工作室按计划、有步骤地开始运行。本学期工作室共组织开展了五次主题研修活动。

一、外出学习积淀理论

1. 观摩"名师经典课堂"

工作室全体成员赴包头参加"全国小学数学名师优课经典教学观摩会"。活动中观摩了仲广群老师执教的《折线统计图的整理和复习》一课，聆听了讲座"反转出来的精彩"。观摩了蔡宏圣老师执教的《认识方程》一课，聆听了讲座"启动实践的行与思"；观摩了徐长青老师执教的《数与形》一课，聆听了讲座"微课让我们改变"；观摩了李培芳老师执教的《等量关系》一课，聆听了讲座"微课教学，见微知著"；聆听了曹培英老师的讲座"小学数学教学若干热点问题的实践性反思"；观摩了吴正宪老师执教的《面积》一课，聆听了讲座"如何建立数的概念"。

通过听仲广群老师的示范课及讲座，我对助学课堂的内涵及呈现形式有了基本的了解；通过听徐长青老师的示范课及讲座，我懂得了"吃透教材＝学科知识＋解读读本的智慧"；通过听李培芳老师的示范课及讲座，我知道了转课堂是一种手段；通过听吴正宪老师及曹培英老师的讲座，我懂得了教学的任务在于帮助学生整理知识、提升能力，让零碎的知识变得结构化。

2. 参加"第八届全国中小学名师工作室发展论坛"

工作室名师赴北京参加"第八届全国中小学名师工作室发展论坛"。在活动中我们聆听了王海平老师的讲座"上海市双名工程"，许士军老师讲座"东丽区工作室成长经历回顾"，徐安德老师讲座"名师工作室发展实践研究报告"，潘建明老师讲座"名师工作室管理中的精细实"，龚海平老师讲座"名师培养的路径和方法"，吴正宪老师讲座"如何带领团队做教学研究"，赵谦祥老师讲座"敬业乐业创业"。观摩了名师李志军老师《解决问题》一课，聆听了讲座"减负教学小懒招"，观摩了徐长青老师《退中的数学》一课，聆听了讲座"简约教学的思考与实践"。聆听了程红兵的讲座"创建有文化含量的智慧课堂"，卓立校长的讲座"润丰学校办学思路报告"，杨玉东讲座"教师如何做课例研究"。

通过学习，对名师工作室的组建、管理、培训模式及成果呈现的形式有了一个基本的认识。通过聆听专家的示范课、讲座，我明白了一个高端教师所应具有的特征，懂得了"名师既是一种荣誉，又是一种责任，更是一种不断的追求"。

二、主题研修资源共享

2015年5月，北京师范大学鄂尔多斯市第二附属学校开展"引进银川教学专家"活动，在主持人的带领下，15位名师赴北师大附属二小参与教学活动。附二小的李东洋老师执教了《两位数加一位数和整十数》，包秀杰老师执教了《两位数减一位数和整十数》，齐博老师执教了《含小括号的四则运算》，李超老师执教了《找次品》，高旭老师执教了《图形与几何》，于森老师执教了《口算乘法》。银川名师田润垠执教示范课《妙的认识》和《三角形面积》，银川专家胡明老师做讲座"小学数学教材教法研修的策略方法"和"小学数学教学——向着数学化前行"。通过听胡明老师的理论讲座，我明白了上好一节课的前提是要做好教材分析、学情分析、教学设计、教后检测等工作。

三、工作室大型主题研修活动

2015年5月29日—30日，工作室举办"吴正宪教师工作站毕业班专题研修活动"，工作室的所有成员及全旗的小学数学教师参加了本次活动。活动中，名师齐鑫老师执教了研究课《比和比例》，名师宋虎军老师执教了研究课《用分数解决问题》，名师邬文斌老师执教了研究课《平面图形的整理和复习》，吴正宪老师作了示范课《数的整除整理复习》，作了教材梳理专题讲座

"数与计算的复习整理"和"几何与图形的复习整理"。

本次专题活动从解决问题寻找方法入手,以三节研究课的形式呈现复习课的教学处理,从而引发思考,寻求突破问题的方法。通过吴正宪老师现场教学的操作示范,理论引领认识提升,我们对复习课的教学思路有了方向,在复习课内容的处理上、容量的把握上、对知识深度质的把控上都有了一个基本的标准。

四、名师工作室启动活动

2015年6月10日,工作室所有成员在二完小报告厅参加"中小学名师工作室启动大会"。

汇报材料

基于"小学数学教学活动设计与实施的研究"开展校本研修活动

——小学数学名师工作室开展研修活动思路及措施

伊金霍洛旗教研室　温文利

作为小学数学名师工作室的主持人,今天非常荣幸能有机会在这里代表小学数学名师工作室的33位成员向大家介绍我们团队2016年一年来开展主题研修活动的一些做法及取得的些许成绩。

组建工作室的背景及意义:为促进伊旗教师专业成长规划中的名师培养项目的落实,加速建设一支在全旗中小学各学科教育教学领域中具有领先水平的卓越教师团队,充分发挥名师的示范、引领、辐射作用,进一步带动提升伊旗教师队伍的整体素质,促进全旗教育的均衡发展,根据《国务院关于加强教师队伍建设的意见》《伊金霍洛旗关于进一步深化课程改革实施意见》的文件精神,旗教育局将名优骨干教师与教师发展工作室进行科学整合,从广大教师队伍中选择出一批思想过硬、业务精湛、潜心钻研、有丰富的教学经验及较高科研水平的学科精英教师组建了我旗第二期学科"名师工作室"。

小学数学名师工作室团队简介:伊旗小学数学名师工作室的成员有1位主

持人（教研员温文利）、2位主持人助理（徐金梅、斯庆脑日布）、14位名师（石爱珍、郝艳萍、郝玉梅、白金梅、刘水桃、牛香莲、张艳梅、宋虎军、孟秀英、邬文斌、张慧君、慕艳艳、齐鑫、于淼）、9位研修员（白仲义、高平、韩继梅、李渊、赵霞、春梅、孟根其木格、刘继群、刘研璇）、7位学员（张双宇、张晓琳、宫淑朦、王秀明、郭丽平、崔旭、雍芳），共计33人，分别来自教研室及全旗18所小学。

小学数学名师工作室的发展愿景： 工作室把"以人为本、合作高效，为学生的幸福人生奠基，为教师的专业发展铺路"作为总目标。以进一步更新教育教学理念为前提，以创建有效课堂活动为契机，进一步深化课程改革。做到课程执行有保障，课程开发有特色，课堂教学有实效，教学评价有创新，教研科研有成果。小学数学名师工作室在主持人温文利老师的带领下，以先进的教育思想和管理方式开展教师培训、课题研究、教学研讨等教育教学活动。

一、确定目标

小学数学名师工作室立足我旗实际探索教师培养机制，在小学数学教师队伍中打造一支具有"高敬业品格、高合作精神、高专业技能"的小学数学教师团队，在培养优秀教师的同时不断总结提炼教师研修模式，充分发挥其辐射和带动作用，推动全旗小学数学教师整体水平的提高。

二、理清思路

小学数学名师工作室通过外出学习、集中学习、个体自主学习的方式进行教学理论知识的积淀；通过开展一系列以课例为载体的主题研修活动，提高教师的课堂教学技能；营造成员间相互学习、交流、研究、合作的良好环境，更新教育教学观念，逐渐形成自己的教学风格。

三、制定措施

（一）健全规章制度

①学期初，以集中学习的形式组织召开专项会议，由主持人温文利向成员解读工作室研修活动考核方案。

②以集中学习的形式组织召开专项会议，由主持人温文利解读工作室年度研修活动计划。

③学期初，工作室的14位名师及9位研修员根据自己所带的年级及自己的教学特色，制定两年专业成长发展规划。

④学期初，工作室15位名师每人选定两名徒弟，制定出师带徒计划。工作室要求名师积极承担培养青年教师的任务，每学期有计划地指导徒弟开展研修活动，提高他们的业务水平。

⑤工作室要求每位成员随时关注"工作室QQ群动态"，成员之间及时进行网上互动交流，及时领会工作任务。

（二）不离学术

1. 强化教育理论学习

①为了突出主题阅读的教育目的，工作室向成员发放必读书。目前，已为33位成员发放了徐斌的《无痕教育》、郑毓信的《数学教育哲学》，下学期准备为成员发放黄爱华的《黄爱华与智慧课堂》、华应龙的《我这样教数学》。

工作室要求成员依据自己的成长规划，制定相应的读书计划，每学期自主研读一本以上教育教学专著，《人民教育》三期。做好读书笔记心得体会交流，并上传读书心得体会。要求利用自修时间，认真阅读自己所买的教育教学丛书，并在阅读后把自己的一些想法或反思及时动笔写下来，踊跃在各类教育期刊上投稿。

②组织成员外出观摩考察参加名师培训学习；参加聘请专家的理论讲座培训；每学期定期举行4次以课例为载体的大型专题教研活动，活动前期成员在深入钻研教材后进行独立备课、备稿，活动后期成员及时完成心得体会、案例分析等任务，并上传资料。

2. 强化教材研究意识

①在研究中把目光聚焦在教材上，工作室组织小学数学教材梳理专题活动，聘请知名教育专家吴正宪对教材进行分领域梳理。

②每学期定期举行4次以课例为载体的主题研修活动，活动中要求讲课人用PPT进行规范地说课，活动中名师及研修员针对研究课进行深度议课，要求每人逐一充分发言。

③工作室联合学校举行专题研修活动，活动前工作室成员与学校老师一起

研究教材进行集体备课，活动后工作室成员与学校老师一起议课，对教材处理过程中出现的棘手问题共同商讨对策。

（三）不离实践

工作室有计划地开展各种专题研修活动，让教研活动成为推进有效课堂的有效载体，突出教研活动的主题化、常态化和规范化。

1. 工作室自主开展大型专题研修活动

每次研修活动前主持人温文利都作出主题明确、目标落实的安排表，发放到教研群里，使工作室成员在有充分准备的情况下高质量地完成研修活动。

（1）专题会议研讨交流

2015年9月23日，工作室组织专题会议，通过研讨交流的形式，成员之间进行读书交流汇报。在教研室会议室组织召开了"学习研修方案、解读考核细则、布置落实研修任务"研修活动。主持人温文利向工作室的成员详细解读了"中小学名师工作室考核细则"。通过对名师"师带徒计划"的落实，对名师及研修员"个人两年成长规划"的落实，名师及研修员对自己今后两年的成长制定出了切实可行的研修计划，名师制定出了发挥引领作用帮扶徒弟的具体可行的计划措施。

活动中为工作室33位成员发放了徐斌《无痕教育》，郑毓信《数学教育哲学》两本书。

（2）开展"计算教学"专题研修活动

2015年10月20日组织开展了"计算教学"研讨课主题研修活动。活动前选定一节"数的运算"课，所有成员提前独立备课，选定4名教师承担示范课任务。活动后进行交流互动，并及时写出心得体会，上传活动资料。

工作室联合第四小学数学教研组于2015年10月20日在第四小学举行了"同课异构计算教学专题研讨活动"。

上午，第四小学的高平老师和工作室名师于淼分别执教了四年级内容《三位数乘两位数》，第四小学的杨东老师和工作室名师石爱珍分别执教了五年级内容《一个数除以小数》。

下午，工作室成员和第四小学的全体数学老师齐聚第四小学会议室，就

"在计算教学中如何使算理更直观,在说理明理中自主得法"展开充分研讨。首先由上午承担研讨课的四位老师进行了说课,之后的议课环节更是把研修活动推向了高潮,工作室的17位名师及研修员在带着思考认真听课后,依次以"抢着说"的形式,对4节课例进行了深刻地剖析。

活动最后,工作室主持人温文利对本次研修活动进行了全面总结,对工作室成员积极参与学习的态度,活动中踊跃参与发言的状态,深度评课的能力等方面的表现给予了高度赞扬,对下一步课题研究的内容也提出了建议,要求每位工作室成员在平时的计算教学实践中,把如何实现"理"与"法"的有机勾连作为教学的切入点,真正实现计算教学的核心价值。

(3) 开展"几何教学"专题研修活动

工作室于2015年11月30日在第四小学举行了"同课异构几何教学专题研讨活动"。

上午,工作室的四位名师即第二小学的郝玉梅老师和第三小学的牛香莲老师分别执教了三年级内容《长方形和正方形》,第二小学的刘水桃老师和上湾小学的慕艳艳老师分别执教了五年级内容《平行四边形的面积》。

下午,工作室全体成员和第四小学的全体数学老师齐聚第四小学会议室展开充分研讨。

首先由上午承担研究课的四位老师进行了说课。在议课环节,工作室的12位名师为老师们展示了高超的评课水平。发言的老师们分别对4节课进行了深刻地反思,参加活动的老师都表示本次活动让自己受益匪浅。

活动最后,工作室主持人温文利对本次研修活动进行了全面总结,对工作室成员积极参与学习的态度,活动中踊跃参与发言的状态,深度评课的能力等方面给予了高度赞扬,对今后在几何教学实践中如何巧妙渗透数学思想方法、科学优化操作技能、合理运用教学具助推教学发展提出了中肯的建议。

(4) 开展"统计与概率"专题研修活动

2015年12月9日至10日组织开展"统计与概率"研讨课主题研修活动。上午,第一小学的郝艳萍老师执教了《分数的简单计算》,上湾小学的张慧君老师执教了《百分数的意义和读写法》,第二小学的白金梅老师执教了《三角形的面积》，上湾小学的齐鑫老师执教了《梯形的面积》。下午，首先由四位名师进行了说课。接着，工作室的名师分别对四节课谈了自己的一些思考和认识。最后，吴正宪老师对四节课进行把脉诊断，提出教学实践的实施建议，要求老师们在教学时更精准地把握教材，在教学中把难点巧妙地变为学生易学的、易理解的知识。

10日上午，新街小学刘美艳老师执教《条形统计图1》，第三小学张艳梅老师执教《条形统计图2》，课后两位名师分别进行了说课。在议课环节，吴正宪老师就"为什么把数据分析观念作为统计与概率的核心素养？"与老师们进行了对话交流。

下午，吴老师为老师们做"统计与概率"领域的教材梳理，吴老师围绕"为什么把数据分析观念作为核心概念"，结合当今大数据时代的社会背景，提出要了解现实生活中的许多问题，就应当先做调查研究，认为"数据分析观念"是当今社会人应具备的素质。活动最后，工作室主持人温文利对本次研修活动进行了全面总结，同时，建议老师们在今后的课堂教学中关注"核心素养"的体现，在备课时要更多地关注儿童，在不断的教学实践中力争创建"好吃的有营养的"儿童数学课堂。

2. 导师引领开展主题研修活动

①邀请专家对小学数学做教材梳理，从而实现有效备课。

②组织开展"同领域异课"研修活动。

四、有序推进

按照"数与代数"、"图形与几何"、"统计与概率"逐步推进专题研修活动。

五、实践反思

作为名师就要不断创新，不断改革，做教育科研的先行者。

①几年来，工作室成员经过不断地自主钻研教材，接受专家高屋建瓴的理论指导，近距离地观摩名师的课堂，反复打磨课堂教学实践，深度反思后的资源分享，使老师们的教材解读能力、课堂教学技能都有了一定的提高。

②教学实践证明，教师要相信孩子爱学习、能探究、愿合作、会总结，把

评价的权利交给学生，真正体现教育的"真、善、美"。

六、改革前行

荷兰数学教育家弗赖登塔尔认为：数学学习是一种活动，这种活动与游泳、骑自行车一样不经过亲身体验，仅仅看书本、听讲解、观察他人的演示是学不会的。数学课程标准中也指出："有效的数学学习活动不能单纯地依赖模仿与记忆，动手实践、自主探索与合作交流是学生学习数学的重要方式"，在数学教学活动中，"教师应激发学生的学习积极性，向学生提供充分从事数学活动的机会，帮助他们在自主探索和合作交流的过程中真正理解和掌握基本的数学知识与技能、数学思想与方法，获得广泛的数学活动经验"。所以在数学教学中，教师鼓励学生主动参与、主动探索、主动思考、主动实践，以实现学生多方面能力的综合发展，促进学生整体素质的全面提高。

小学数学名师工作室在实践力行、总结反思的基础上，进一步提出开展"基于课题研究"下的高效主题教研活动。并把此项研究向市里申报为"十三五"课题研究项目，工作室主持人温文利为课题研究主持人，14位工作室名师为课题研究组核心成员。

七、明确思路

①低段教学凸显创设有趣情境，激发学生学习兴趣；创设交流情境，培养学生合作精神。

②中段教学凸显创设操作情境，培养学生自主学习能力；创设交流情境，培养学生合作精神。

③高段教学凸显创设问题情境，培养学生的自主探究能力；创设交流情境，培养学生合作精神。

八、实践力行

（一）研讨交流确定子课题

2016年3月18日在第四小学会议室组织召开了"学习研修方案、交流子课题研究计划"研修活动。低段、中段、高段各研修组围绕总课题"小学数学教学活动设计与实施的研究"，分组进行小组合作研讨交流，确立了各学段子课题。

（二）创设有趣情境，激发学生学习兴趣

2016年4月28日在第四小学开展了"低段教学专题"研修活动。活动以研究课展示、说课、议课、讨论交流的形式进行。

上午，第三小学的张艳梅老师、上湾小学的齐鑫老师、第五小学的邬文斌老师及第四小学的孟秀英老师分别执教了一年级内容《解决问题》、二年级内容《1000以内数的认识》。在教学中，讲课老师紧紧围绕子课题研究的主题，充分创设了与小学生生活密切联系的、充满童趣的故事情境。随着故事情境的逐步展开学生进行思考、交流、操作，积极参与新知探究过程，在愉快的体验中自主获得了知识技能。在议课环节，老师们围绕"创设什么样的有趣情境推进教学有效进行"展开充分讨论交流。

（三）创设操作情境，培养学生自主学习能力

2016年5月19日在第四小学开展了以"中段教学凸显创设操作情境，培养学生自主学习能力"为主题的中段教学研修活动，活动以研究课展示、说课、议课、研讨交流的形式进行。

在研究课展示活动环节，第一小学的石爱珍老师、第二小学的白金梅老师、上湾小学的慕艳艳老师及第二小学的郝玉梅老师分别执教了三年级内容《长方形、正方形面积的计算》、四年级内容《图形的运动》。教学时，讲课老师都紧紧围绕中段教学子课题研究的主题，创设了"用小正方形摆一摆，度量长方形包含面积单位的个数；用学具在方格纸上移一移，数出图形移动前后位置的间隔数"等动手操作的情境。在课例研讨交流环节，老师们围绕"创设什么样的操作情境促进教学有效发展"进行小组讨论交流。

（四）创设问题情境，培养学生自主探究能力

2016年6月20日至21日在第一小学开展了以"高段教学凸显创设问题情境，培养学生自主探究能力"为主题的高段教学研修活动。

在研究课展示活动环节，第一小学的郝艳萍老师、北师大第二附属小学的于淼老师、乌兰木伦小学的韩继梅老师、第二小学的刘水桃老师、上湾小学的张慧君老师及第四小学的宋虎军老师分别执教了一年级内容《解决问题》、二年级内容《克和千克》、三年级内容《用小数加减法解决问题》、四年级内容

《鸡兔同笼》、五年级内容《复式折线统计图》、六年级内容《立体图形的复习》。教学时，讲课老师都紧扣各自学段子课题研究的主题，为学生创设了有趣的操作情境。导师吴正宪在认真聆听了六位老师的说课后，从数学教学观的角度对六节课进行了客观的评价。吴老师指出"课堂教学一定要重过程，让学生在参与活动中积累活动经验，在对话交流中寻找解决问题的方法，让学生在参与活动中慢慢地悟明白，而不是靠老师讲明白"。

对于开展以案例研修促进教师专业发展的教研活动，吴老师也提出了一些教学建议。吴老师明确提出"教师的专业成长从反思和读懂教材开始，要在不断地反思中成长，在不断地反思中前行，更在不断地反思中实践从数学教学到数学实践"。

九、反思前行

小学数学名师工作室正如它的室名"扬帆远航工作室"，在"以教学改革为核心，以构建有效课堂为载体，以全员参与教研活动为抓手，遵循教育教学规律，加强教育教学管理，规范教育教学行为，进一步推进新课程改革，全面提高教育教学质量"的道路上扬帆远航，在探索教研教学模式的道路上不断创新、不断发展，使工作室成为研究的平台、成长的示范、凝聚的核心、辐射的窗口。

牢牢抓住课堂主阵地，构建民主、和谐、开放、富有活力且渗透学科课改理念的有效课堂。

第三期小学数学名师工作室启动运行

教研室小学数学教研员温文利担任第三期小学数学名师工作室主持人。

研修方案

"对话—分享"式动感课堂的教学研究与实践方案
——小学数学名师工作室2017—2018学年度研修活动计划

教研室　温文利

背景与价值："对话—分享"是钱守旺老师提出的教学策略。对话是师生基于相互尊重、信任和平等的立场，通过言谈和倾听而进行的双向沟通、共同学习的方式。这里的"对话"包括：与媒介对话、与同伴对话、与教师对话。这里的"分享"包括：分享个人理解、分享经验教训、分享情感体验。

一、强化考核制度确保工作落到实处

通过集中学习的形式，进一步清楚工作室考核细则，正确认识自己的工作职责，从而高效完成各项任务。

考核原则：实事求是，客观、公正、透明、准确，遵循全面考查与重点考核相结合、集体考核与个体考核相结合、工作室考核与学校考核相结合、民主评议和组织考核相结合、定性考核与定量考核相结合、学期考核与任期考核相结合的原则。

①研修活动出勤情况（13 分）。

②工作绩效（87 分）：制定个人发展规划；优质高效地完成学校工作任务；听课、评课；推广成果，辐射全旗；专题讲座；撰写教育教学论文；工作室成员要主动承担或参与主持人组织的课题研究；强化自身研修水平，引领学科教师全面提升。

工作室主持人向成员推荐教育必读书目，每位成员依据自己的情况制定相应的读书计划，系统学习《人民教育》（三期），做好读书笔记并撰写读书心得体会。每学期研读一本以上教育教学专著（工作室为成员先后发放吴正宪教育教学系列丛书 9 本，黄爱华《黄爱华与智慧课堂》，徐斌《无痕教育》，钱守旺《钱守旺的小学数学教学主张》，郑毓信《新数学教育哲学》，华应龙《我这样教数学》《我就是数学》《我不只是数学》）。

二、指导思想

以现代教育教学理论为指导，以研修促提升，以活动促成长，以创新为主旋律，立足数学学科实际，聚焦小学数学课堂，通过专家引领、同伴互助、网络研修、现场授课、教学沙龙等形式，培养一批有思想、有风格的学科骨干，带出一批善研究、会上课、能讲座的专家型教师。

三、工作目标

以名师为引领，以学科为纽带，以先进的教育教学思想为指导，旨在搭建

促进中青年教师专业成长以及名师自我提升的发展平台，通过传、帮、带培养出一定数量的骨干教师。

具体目标有三：引领教学方向，搭建交流平台；找寻儿童数学，打造动感课堂；开展案例研究，提炼教学经验。

四、工作内容

每学期开展三次大型专题研修的集中活动。

1. 一目标分层推进

以集中学习的形式进行"解读研修方案、解读考核细则、统一思想布置任务"的研修活动。主持人温文利解读研修方案。

第三期小学数学名师工作室将在导师的引领下，以课堂教学实践为平台，着力打造"动感课堂"的教学实践研修活动。

2. 室内自主主题研修活动

（1）理论学习

工作室给成员发放华应龙的《我就是数学》，要求深度阅读，在工作室要求的统一模板上进行手写摘抄，阅读后写出相应的心得体会一篇，并及时上传工作室邮箱。成员自行借阅《人民教育》进行阅读，并在工作室要求的统一模板上进行手写摘抄。

后续陆续重点研读以下几本书：钱守旺《钱守旺的小学数学教学主张》《教好小学数学并不难》，史宁中《基本概念与运算法则：小学数学教学中的核心问题》。

（2）课例赏析

利用业余时间自己在土豆网上观看"名师课堂"教学视频，包括历届全国大赛的获奖课例。

（3）微信互动

关注"小学数学名师"公众平台，传送与课堂教学有关的精彩文章，让所有关注"小学数学名师"的老师们每天进步一点点。

（4）教学沙龙

针对教学中存在的问题和老师们感到困惑的问题定期开展教学沙龙活动。

每人必须有一个自己的研究专题,每人每年至少承担不少于一次的专题讲座或数学学科业务培训。

(5) 课堂展示

每人每学期至少上一节研究课,并结合自己的课堂教学撰写一篇教学案例。

组织成员参加"全国中小学名师工作室联盟展示活动",每次推荐一名学员上课。

(6) 课题研究

低段教学开展"训练语言,促进交流"的子课题研究。

中段教学开展"问题引领,增加温度"的子课题研究。

高段教学开展"数形结合,化难为易"的子课题研究。

工作室开展各学段教学专题研修活动中,体现"计算教学""几何教学""统计教学"核心概念在课堂教学中的体现。

(7) 访学交流

如果时间和经费允许,将带领部分学员与全国各地的"名师工作室"成员进行互动交流,参加其他名师工作室组织的教学活动,与他们开展"同课异构"、专题研讨、访学交流。

(8) 成果推广

组织工作室老师到农村学校送教,通过互动交流,进一步锻炼学员驾驭课堂的能力和教学指导能力,实现优质教育教学资源的共享。

3. 导师引领主题研修活动

开展专家与名师"同学段异课"研修活动,活动中请专家对工作室的研修课进行把脉会诊,活动后成员及时写出心得体会,上传工作室邮箱。

五、工作形式

教、学、研为一体,线上与线下相辅助,自主学习与集中研讨相结合。

六、措施进程

(一) 组建团队,制定规范

①教育局考核和教师个人自荐的方法,选拔来自19所小学的中青年教师

进入工作室，以两年为一个工作周期，成员实行动态管理。

②参照《伊金霍洛旗教育局关于伊金霍洛旗第三期名师工作室考核细则（试行）的通知》精神，制定切实可行的《小学数学工作室管理条例》，建立教师个人档案。

（二）理念落地，聚焦课堂

①开展课堂教学研究，在课堂教学中努力体现"动感课堂"的核心理念。

②开展"同课异构"活动，提高课堂教学效率的教学策略。

七、总结反思做好档案整理

1. 收集整理过程性资料

做好工作室成员"个人两年成长规划""心得体会""教学设计""教学反思"等过程性资料的及时收集工作，挑选有推广价值的研修成果在《名师工作室研修成果》上刊登。

2. 期末研修活动考核工作

充分调动工作室成员的积极性，使"1+1+X+N"的工作思路真正落到实处。学期末，根据工作室考核方案对名师及研修员参加各项研修活动的考勤及研修成果进行考核评价。

八、小学数学名师工作室主要研修活动具体安排

1. 2017—2018学年活动安排

三月份：名师进一步完善师带徒计划；学习2011版数学课程标准，梳理教材。

四月份：研讨主题为聚焦核心素养，培养有灵气的学生。阅读黄爱华《黄爱华与智慧课堂》，要有读书笔记，写读后体会。自行借阅《人民教育》，至少读三期，要有读书笔记。组织"第一次工作室主题研修活动"：主持人温文利解读工作室名师考核方案，解读工作室2017学年度研修活动计划；同课异构两节课，六年级《用比例解决问题》（高段教学主题研修活动）。

五月份：研讨主题为基于动作，指向心智。阅黄爱华《黄爱华与智慧课堂》；自行借阅《人民教育》，至少读三期；导师引领教学活动（示范课、讲座）；组织"第二次工作室主题研修活动"；实践课例研究（低段教学主题研修活动)。

六月份：研讨主题为数形结合，发展思维。阅读徐斌《无痕教育》，完成读书笔记、读书心得，并交回笔记；组织"第三次工作室主题研修活动"（中段教学主题研修活动）；读书交流活动；学期末经验交流分享活动；实践课例研究（中段教学主题研修活动）；工作室开展研修活动过程性资料的整理；主持人对工作室名师及研修员进行量化考核；编辑出版《小学数学名师工作室研修成果集》；研修工作经验座谈交流。

七月份：自主学习。

九月份：研讨主题为明其内涵，知其外延。阅读华应龙《我这样教数学》，钱守旺《钱守旺的小学数学教学主张》，要有读书笔记，写读后体会。自行借阅《人民教育》，至少读三期，要有读书笔记。组织"第一次工作室主题研修活动"：主持人温文利解读工作室2017学年度研修活动计划；实践课例（高段教学主题研修活动）。

十月份：研讨主题为教材补充，资源拓展。阅读华应龙《我这样教数学》，阅读钱守旺《钱守旺的小学数学教学主张》，要有读书笔记，写读后体会；自行借阅《人民教育》，至少读三期；导师引领教学活动（示范课、讲座）；组织"第二次工作室主题研修活动"；实践课例研究（低段教学主题研修活动）。

十一月份：研讨主题为立足过程，致力提升。阅读华应龙《我这样教数学》，阅读钱守旺《钱守旺的小学数学教学主张》，要有读书笔记，写读后体会；组织"第三次工作室主题研修活动"（中段教学主题研修活动）；读书交流活动；学期末经验交流分享活动；实践课例研究（中段教学主题研修活动）。

十二月份：自主学习；研修活动过程性资料的整理；主持人对工作室名师及研修员进行量化考核；编辑出版《小学数学名师工作室研修成果集》；工作经验座谈交流。

2. 2018—2019学年活动安排

九月份：学习2011版《数学课程标准》，梳理教材。

十月份：研讨主题为聚焦核心素养，培养有灵气的学生。阅读华应龙《我就是数学》，要有读书笔记，写读后体会。自行借阅《人民教育》，至少读三期，要有读书笔记。组织"第一次工作室主题研修活动"：主持人解读工作室名师考核方案、工作室2018—2019学年度研修活动计划；同课异构两节课，六年级《用比例解决问题》（高段教学主题研修活动）。

十一月份：研讨主题为技能教学基于动作，指向心智。阅读华应龙《我就是数学》；自行借阅《人民教育》，至少读三期；导师引领教学活动（示范课、讲座）；组织"第二次工作室主题研修活动"；实践课例研究（低段教学主题研修活动）。

十二月份：研讨主题为数形结合，发展思维。阅读华应龙《我就是数学》，完成读书笔记、读书心得，并交回笔记；组织"第三次工作室主题研修活动"（中段教学主题研修活动）；读书交流活动；学期末经验交流分享活动；实践课例研究（中段教学主题研修活动）；研修活动过程性资料的整理；主持人对工作室名师及研修员进行量化考核；编辑出版《小学数学名师工作室研修成果集》。

一月份：自主学习。

三月份：研讨主题为明其内涵，知其外延。阅读华应龙《我就是教数学》，要有读书笔记，写读后体会。自行借阅《人民教育》，至少读三期，要有读书笔记。组织"第一次工作室主题研修活动"：主持人解读工作室2018—2019学年度研修活动计划；实践课例（高段教学主题研修活动）。

四月份：研讨主题为教材补充，资源拓展。阅读华应龙华应龙《我就是数学》，要有读书笔记，写读后体会；自行借阅《人民教育》，至少读三期；导师引领教学活动（示范课、讲座）；组织"第二次工作室主题研修活动"；实践课例研究（低段教学主题研修活动）。

五月份：研讨主题为立足过程，致力提升。阅读华应龙《我就是数学》，要有读书笔记，写读后体会；组织"第三次工作室主题研修活动"（中段教学主题研修活动）；读书交流活动；学期末经验交流分享活动；实践课例研究（中段教学主题研修活动）。

六月份：自主学习；研修活动过程性资料的整理；主持人对工作室名师及研修员进行量化考核；编辑出版《小学数学名师工作室研修成果集》；研修工作经验座谈交流。

活动心得

让"解决问题"教学有"法"可依

牛香莲

"解决问题"一直是数学教学的重点和难点，尤其是对一年级的学生来说，他们刚接触"解决问题"，对题目的题型、格式要求等，在理解上有相当大的难度。这就需要教师充分理解教材，挖掘教材编写的意图。因此我认为应该把教学的重点放在引导学生分析理解题意上、掌握解决问题的格式与计算方法的选择上。

一、关注数学的本质，帮助学生准确建立问题的表征

教材中的"解决问题"是一副图文并茂生动活泼的情境图，学生在审题时难免会受到非数学问题的干扰，为了帮助学生准确地建立数学表征（审题），王老师教学时抓住数学知识的本质，根据一年级学生特点，采用了"看一看、说一说、比一比"相结合的策略，让学生在动态中经历简化题目的思维过程，促使学生头脑中的问题表征逐步建立，不断完善（如果王老师能这样强调学生看图说就更好了：同学们先仔细看看图里有什么，再带着数学眼光看图，找出图中的数学信息，并相互说一说）。接着又让学生找到了左边有4只兔，右边有2只兔后，教师才介绍认识图里的新知识大括号和问号，让学生结合情境图说说大括号和问号所表示的意思，从而提炼出问题。这是学生第一次认识大括号和问号，为了加深学生的认识，王老师不仅自己用手势比划，还让学生用手势比一比，边比边说，这样就把情境图中的问题表现得完整而深刻，也让学生在学习解决问题时有了一个良好的开端。

二、关注数学学习经验，帮助学生在示意中深化理解知识

学生数学学习经验的获得，是教学解决问题中的一个重要内容，有些学生

在学习解决问题时，会遇到困难，主要原因就是缺乏学习经验，因此在这节课的学习中，老师应该注意适时的引导，让学生经历、积累数学学习经验。比如：可以在学生说出图画的意思后，及时引导学生用图形或简单的符号画直观图的方式，将图画的意思直观地呈现出来，会提高学生对题意的理解，更能让学生获得分析、理解图意的好经验。

三、关注学生的学习方法，帮助学生建立数学模型

解决问题是学生一系列的学习活动，不仅仅只是获得数学问题的答案，在学习过程中，还要关注学生学习方法的掌握，帮助学生建构数学模型。这节课中，因为一年级学生是第一次学习解决问题，教师要充分抓住教材中给的三个基本步骤，逐步引导学生从"图里有什么、怎样解答、解答正确吗"三个步骤，感受解决问题的一般策略，这样呈现学生的思维就不会扰乱，再加上教师的听动作（击掌，打响指的练习）说问题和一题多问的练习巩固，学生的思路不仅清晰而且会明确解决这类问题的一般步骤，并为下节课用减法解决问题做好了铺垫，不容易和减法混淆。所以教师在教学中要注意这些细节的处理，及时地让学生回顾、体验、感悟方法，一步步剥离表层信息，抓住生成数学信息，来建构解决问题的数学模型。

总之我认为教学不是单纯地传授知识，教师不可能在有限的课堂中教给学生受用终身的知识，更重要的是授之以方法，"授人以鱼，不如授人以渔"。

反思篇
——发展师生

【2018年第一次研修活动】

关于举办2018年小学数学名师工作室第一次研修活动的安排

根据2018年研修活动计划的安排，小学数学名师工作室决定于3月9日在第一小学举办2018年小学数学名师工作室第一次主题研修活动。

本次活动特别邀请全国著名特级教师、天津市小学数学专业委员会副理事长徐长青老师亲临活动现场进行教学指导。活动以研究课展示、说课、专家评课、专家示范课、专家专题讲座、研讨交流的形式开展"动感课堂"教学模式探究的实践研究活动,通过高、低学段课堂教学实例的实践研究活动,研究如何在"动感课堂"的教学实践中关注学生的发展,通过独立思考、自主探究、合作交流的实践活动,积累活动经验,自主归纳建构知识体系。

研修主题:积累经验,关注发展。

具体安排:如表1所列。

表1

时　　间	活动内容	主讲人	所用年级	地　点
第1节 8:30—9:10	《十几减9》(一下)第10页例1	王瑞英	1(5)班	第一小学报告厅
第2节 9:20—10:00	《因数和倍数》(五下)第5页例1例2例3	刘雅丽	5(2)班	
第3节 10:10—10:50	《百分数(二)》(六下)第8页例1	高平	6(1)班	
第4节 11:00—12:00	说课、评课	讲课老师说课、专家评课	全体教师	
午休				
2:30—3:10	《观察物体(二)》(四下)第13页例1例2	李超	4(4)班	第一小学报告厅
3:20—4:00	内容待定	徐长青	待定	
4:10—6:00	讲座	徐长青	全体教师	

教学研究让教师职业人生增添幸福元素

春分和煦的阳春三月,伊旗小学数学名师工作室在第一小学报告厅举办了2018年小学数学名师工作室第一次主题研修活动。本次活动非常荣幸地邀请到了全国著名特级教师、天津市小学数学专业委员会副理事长徐长青老师亲临活动现场进行教学指导，活动中徐老师不仅为全旗的小学数学老师进行教学实践示范，还用栩栩如生的语言和极富喜感的丰富的肢体语言阐明了教育的真谛。

活动首先由第三小学王瑞英老师、上湾小学刘雅丽老师、第四小学高平老师、北师大第二附属小学李超老师先后围绕研修主题"积累经验，关注发展"执教研究课《十几减9》《因数和倍数》《百分数（二）》《观察物体（二）》。旨在通过高、低学段课堂教学实例的实践研究活动，研究如何在"动感课堂"的教学实践中关注学生的发展，通过独立思考、自主探究、合作交流的实践活动，积累活动经验，自主归纳建构知识体系。

对已有知识经验进行积累迁移，是四节课共同关注的一个处理点。教学中关注学生知识能力的发展，是四节课共同关注的另一个生长点。徐长青老师在课后对四节课分别进行了点评，为我们今后把握这类型课定准了调、把准了教学方向。点评课后，徐老师亲自为老师们上了《解决问题的策略》一课。展现在学生和听课教师眼前的徐老师是那么的博学多才，我们从他的举手投足，从他在教学过程中的谈笑风生，时刻都能感受到他哲学家的睿智、艺术家的气质、教育家的思想、演说家的口才、数学家的严密思维。在徐老师的课堂上，我们也同时看到学生生动活泼、天真无邪的笑脸，看到了孩子们乐于探索求知的精神。徐老师整节课幽默风趣，从始至终给学生创设情境、创造机会，让学生自己发现问题，解决问题。徐老师在活灵活现的"变魔术"中不断设计悬念，学生在猜猜、想想中引发多元思维，逐步理解感受其中的数学奥秘。

通过聆听徐长青老师为全旗小学数学老师做的专题教学讲座"简约课堂教学的感觉"，知道了"立教为师，自觉觉他"始终是教育人追求的人生信条。从徐老师的示范课和精彩的讲座中无不折射出徐老师"教学生一天，为学生一生，孩子明天的需要就是我们今天的教育"的教育理念。让每一节课都能促进孩子发展，并关注孩子的后续学习，教给学生思维的方式和方法，是徐老师所倡导的教学行为。徐老师充满感情的讲解，让我们懂得了教师的教不是给予，不是告知，而是当学生智慧迸发的时候，学会期待和等待，让他们自已发现真理。在教学中我们要真正地走近学生，走近孩子们的心灵，学会在适当的时候退出教师的角色，给学生一个机会，在教学中收获一个孩子们创造的奇迹。我们的课堂应由"知者"的对话转变为"智者"间的交流，因为促进人成长的至关因素是智慧而不是知识。

活动心得

简约而不简单

于 淼

3月9日，我在伊旗第一小学参加了小学数学名师工作室2018年第一次研修活动，有幸听到了天津徐长青老师的课例《解决问题的策略》和他的讲座"简约课堂教学的感觉"，有很多的感触和收获，当然也引起了我的很多思考。我以前去听公开课、示范课的时候总是会记下很多的东西，但是这次听徐老师课却没有记下多少，现在细细的回想，那堂课却历历在目。在这节课中徐老师不仅教给学生显性的数学知识，还渗透解决问题的思想方法。

简约教学的精髓。越简越好，简单到不能再简就是极致，就是美丽；简约没有华丽的喧嚣，没有多余的做作，体现的是一种风格、一种内涵、一种气质。简约教学是一种新的教学境界，表现的是大气、超越、精要、深刻、智慧，而不是华而不实、花样繁多，也不是故弄玄虚的教师表演。

知难而退、以退为进是探究复杂问题的解决方法。普通教师的授课是按照传统的思维，认为小学生的探究能力比较弱，其实是因为我们没有给学生展示自己能力的机会。徐老师的课堂让我们看到了孩子们的探究能力有多强，他用充满挑战性的问题激发了学生无穷的探究兴趣，由此证明了儿童的探究能力有时能达到我们无法想象的强度。徐老师用手撕第一张纸，到撕两张纸、三张纸、四张纸，引导着学生的思维由封闭逐渐走向开放。当面对徐老师提出"把一张纸撕成4片，照这样撕下去，能撕成2009片、2010片、2011吗？"这么复杂的问题时，小学生不再畏惧害怕。因为在这节课的教学过程中他们学到了"知难而'退'，以'退'为进"的思维方法。对复杂问题的探究在他们看来已经不是难题。

用智慧把握数学课堂的节奏。徐老师的课轻松而愉快：轻重缓急和谐统一，恰如行云流水；预设与生成紧紧相连，环环相扣。当时我就想：优秀的教师要善于把握学生的思维节奏，引导学生去探究；善于调控学生学习数学的心理步伐，让学生能真正理解数学的真谛。

听了徐老师的课和报告，他诙谐幽默的语言中蕴涵着的深刻而又令人折服的理论和实践道理，他匠心独具的教学设计和精湛的课堂教学艺术无不令我叹服。使我有一种"山重水复疑无路，柳暗花明又一村"之感。今后，自己也要去努力经营一个智慧的课堂，让自己的数学教学也变得简单，简单地进入我们的生活，简单地让每一个孩子都能接近，简单地让每个孩子都能获得成功。他的简简单单的教学是建立在对学科的深刻把握之上的。走进深处，方能发现事物的规律所在。"数学课堂迫切需要从冗繁走向凝练，从紧张走向舒缓，从杂乱走向清晰，从肤浅走向深邃"，实现有效的数学教学就是走向简约教学。在今后的教学中，我也会致力于教育教学的探究，我也应该有自己的教学风格，有一个学生喜欢的课堂，有一个发展学生的课堂。偶尔仰望星空，时常脚踏实地。

【2018年第二次研修活动】

关于举办2018年小学数学名师工作室
第二次研修活动的安排

根据2018年研修活动计划的安排，小学数学名师工作室决定于4月18日在第四小学举办2018年小学数学名师工作室第二次主题研修活动。

活动以研究课展示、说课、议课、研讨交流的形式开展"动感课堂"教学模式探究的实践研究活动，通过高段课堂教学实例的实践研究活动，研究如何在"动感课堂"的教学实践中经历知识形成、发展的过程，通过思考、探究、推理、归纳的途径自主建构知识体系。

研修主题：经历过程，自主建构。

具体安排： 如表1所列。

表1

时　间	活动内容	主讲人	地　点
8：20—9：00	五下38页《容积和容积单位》（5.7班）	郝　蜜	第四小学教学楼4楼录播室
9：10—9：50	六下45—46页《正比例》（6.1班）	王　艳	
9：55—11：30	说课、议课	高平、牛香莲、温彦君、韩建霞、于森、白仲义、邬文斌、刘水桃	
11：30—12：00	活动总结	温文利	

让数学课堂从肤浅走向深邃

四月，是充满诗意的季节，也是盛放的季节，每一棵小草都在肆意舒展，每一朵花都尽情的芬芳。在这个诗情画意的时日，迎来了小学数学名师工作室第二次主题研修活动，活动以两节课堂教学实践研究课展示、对教材充分解读的说课、对课堂教学模式建构的议课形式进行。

活动第一个环节，由第一小学郝蜜老师、上湾小学王艳老师先后围绕研修主题"经历过程，自主建构"展示研究课《容积和容积单位》《正比例关系》，旨在通过高段课堂教学实例的实践研讨活动，研究如何在"动感课堂"的教学实践中关注学生的发展，经历知识形成、发展的过程，通过思考、探究、推理、归纳的途径自主建构知识体系。

郝蜜老师在教学《容积和容积单位》课始，从生活情境入手，充分借助生活中的实物，通过观察、对比"空盒子与实心物体"来形成"容器"的概念，进而理解容积的概念，通过对比"壁的薄厚不同的容器"来理解"容积与体积的大小关系"，初步辨别容积与体积概念上的不同。

学习"正比例关系"，对于学生来说，数学思维方式会发生重要转折，即思维从静止走向运动，从离散走向连续，从运算走向关系，所以建立概念的过程是很慢的。王艳老师在教学《正比例关系》课始，密切联系学生已有的生活经验和学习经验，通过观察、比较丰富的"已读页数与未读页数"变化量表、"时间与路程"变化量表、"数量与总价"变化量表，让学生体会生活中存在这样大量相关联的量，它们之间的关系有着共同之处，学生在交流讨论和深度思考中逐步认识成正比例的量以及正比例在生活中的广泛存在，学生在经历从具体情境中抽象概括出正比例概念的过程中，通过观察、比较、分析、归纳等数学活动，自主发现正比例的变化规律，理解正比例的意义。

在评课活动环节，于淼、刘水桃、邬文斌、白仲义、牛香莲、高平、韩建霞、温彦君八位老师分别从课堂教学效益得与失两个维度对两节研究课进行了充分的交流，对教学中两位老师都能提供丰富的教学资源，为学生创设紧密联系生活实际的实践活动情境，给学生创造充分参与实验活动的机会等教学措施给予了高度评价，同时也对教学中暴露出的"概念建立不够严谨""知识感悟不够深刻"等方面提出了一些改进建议，真正达到了交流分享、共同成长的研修目的。

活动最后，主持人温文利对本次研修活动做了全面总结。温老师对两节研究课都能紧紧围绕本次研修活动主题进行教学设计、教学实施，学生在老师创设的教学活动中充分思考、操作的教学思路给予了充分的肯定，对教学中呈现出的让学生不断进行深度思考，充分经历实验体验活动的课标理念也给予了高度评价，对概念教学中建构概念还不够扎实，训练学生思维深刻性的教学活动还缺乏深度等方面也提出了合理化建议。

通过本次主题研修实践活动的开展，我们进一步明晰了小学数学课堂教学要从杂乱走向清晰，从肤浅走向深邃的目标。今后在教学实践活动中，我们要进一步深刻领会数学课程标准"数学活动经验需要在'做'的过程和'思考'的过程中积淀，在数学学习活动过程中逐步积累"的实施建议，在教学设计上，注重从学生的实际出发，根据学生的学段特点，在教学活动中让学生充分经历思考、观察、猜想、实验、分析、比较、归纳等数学活动，培养学生的思维能力，训练学生的操作能力，发展学生的推理能力，从而优化课堂教学培养学生的思维品质。

活动心得

经历过程自主构建

慕艳艳

子曰：学而不思则罔，思而不学则殆。伊旗小学数学名师工作室2018年第二次研修活动在4月举行。本次活动的研修主题是"经历过程，自主构建"，活动围绕《容积和容积单位》《正比例关系》两节课展开，研究学生经历知识形成、发展的过程，通过思考、探究、推理、归纳的途径自主建构知识体系。研修活动结束了，梳理活动带给我的思考时，我重新认识了自主建构在小学数学学习中的重要意义。下面我将结合《容积和容积单位》一课来谈谈我对自主建构的理解。

一、明确目标、宏观建构

教学片段一：

出示课题"容积和容积单位"。

师：我们今天研究的是容积和容积单位，那么关于容积和容积单位你知道些什么？有什么问题要问的？

生：什么是容积？容积单位是什么？容积单位间的进率是什么？怎样计算容积？

师：同学们问的这些问题都很好，解决了以上这些问题，本节课的目标就达成了。让我们来回顾一下这些问题。（学习目标解读）【这个教学片段是上湾小学刘巧霞老师上课的片段】

在上课前让学生明确目标可以让学生对整节课的学习做到心中有数，这样的方式更加强调的是先见森林，后见树木，让学生在目标引领下学习，上课伊始，学生已经宏观建构了本节课的知识框架，在课的结尾学生结合本框架对一节课进行梳理，相信这样的学习是系统的，学生的思路也是清晰的。

二、自主发现、积极建构

教学片段二：

师：你能用你自己的话说一说什么是容积吗？

生：粉笔盒所能容纳物体的体积。

师：还有哪些物体有容积？

生：铅笔盒所能容纳物体的体积。

生：瓶子所能容纳物体的体积。

生：录播教室所能容纳物体的体积。

这里如果老师再追问一句：你们说的这些物体有什么共同的地方？你能说一说什么样的物体才有容积吗？（这样学生就会明白容器才有容积）

教师在多媒体上出示容积的概念。

概念是抽象的，概念的建立要源于学生的感性认识，所以在概念学习的过程中要让学生自主去发现，积极去建构。

三、经历过程、自主建构

教学片段三：

小组合作感知1毫升。

用针管将1毫升的水滴在手中，感知1毫升有多少。

师：关于升和毫升你们还想知道什么？

生：1升有多少？

生：1毫升有多少？

教师演示实验（教师出示容积为500毫升的量筒和1升水）。

师：把这1升的水倒入500毫升的量筒中，会有什么样的结果？

学生猜。

教师实验进而得出：1升＝1000毫升。

教师拿出容积是1立方分米的正方体盒子。

师：猜一猜1立方分米和哪一个容积单位有关系？

生：和1升有关系。

教师实验验证（将1升水倒在容积是1立方分米的盒子里，刚好倒满。进而得出1立方分米等于1升）。

师：接下来老师不做实验了，你能推导出立方厘米和毫升的关系吗？

学生推导并写板书。

教师再次验证。

数学课程标准中指出："数学活动经验需要在做的过程和思考的过程中积淀，是在数学学习活动过程中逐步积累的。"在教学活动过程中，我们要让学生充分经历思考、观察、猜想、实验、分析、推理、验证等活动过程，进而自主建构知识体系。在这个过程中，教师的任务是点拨、启发、引导，促进学生群体互动，促使学生带着积极的心态投身探索知识的过程中去。

每一次的研修活动，讲课老师要根据主题设计自己的教学内容，作为工作室的一员，我想我也要经历学习研修的过程，自主构建自己的教学体系。如果我只学习不思考，或者是回来后只思考不学习，那么我也不会有太大的收获。通过大量的搜索、学习，我对自主构建又有了一个新的认识。

【2018年第三次研修活动】

关于举办2018年小学数学名师工作室第三次研修活动的安排

根据2018年研修活动计划的安排，小学数学名师工作室决定5月29日在第四小学举办2018年小学数学名师工作室第三次主题研修活动。

活动以研究课展示、说课、议课、研讨交流的形式开展"动感课堂"教学模式探究的实践研究活动，通过"图形的运动"专题课堂教学实践研究活动，研究如何在"动感课堂"的教学实践中经历知识形成、发展的过程，通过思考、探究、推理、归纳的途径自主建构知识体系。

研修主题：经历过程，自主建构。

具体安排：如表 1 所列。

表 1

时　间	活动内容	主讲人	地　点
8：20—9：00	四下 82—83 页《图形的运动（二）》（4.5 班）	张艳梅	第四小学教学楼 4 楼录播室
9：10—9：50	五下 83 页《图形的运动（三）》（5.3 班）	刘岩璇	
9：55—11：30	说课、议课	孟秀英、慕艳艳、刘洁、王瑞英、郭艳霞评四年级课，李超、刘艳、刘雅丽、郭丽平评五年级课	
11：30—12：00	活动总结	温文利	

在丰富的探究活动中丰盈课堂的厚度

五月，花开的季节，挚爱的季节，感恩的季节，劳动的季节，一切都显得那么热情洋溢，

生机盎然。在这繁花似锦，绿荫如海的季节，小学数学名师工作室迎来了 2018 年第三次主题研修活动。活动以两节"图形的运动"专题实践研究课展示、对教材充分解读的说课、对课堂教学模式建构的议课形式进行。

活动的第一个环节，由第三小学张艳梅老师、第五小学刘岩璇老师先后围绕研修主题"经历过程，自主建构"展示研究课《图形的运动（二）》《图形的运动（三）》，旨在通过"图形与几何"专题课堂教学实例的研讨活动，研究如何在"动感课堂"的教学实践中关注学生的发展，经历知识形成、发展的过程，通过思考、探究、推理、归纳的途径自主建构知识体系。

张艳梅老师在教学《图形的运动（二）》一课时，从生活情境入手，设计了看一看、画一画、找一找、数一数等操作活动，让学生亲身经历分析、猜测和推理的探究活动，在学习活动过程中不断引发学生的数学思考，从而培养了

学生的空间观念和思维能力。整节课体现出对教材分析的全面性，对教学目标确定的准确性，对把握核心问题、落实课标核心理念的教学主导思想。

刘岩璇老师在教学时，注重联系生活实际，选取学生熟悉的钟表、风车、挡车杆、秋千等实物作为研究活动的素材，通过观察、想象、操作、描述等多种活动帮助学生认识旋转的变化，增强学生的空间观念。通过创设语言交流的活动，使学生明确顺时针和逆时针旋转方向的含义，通过创设让学生在钟表上边拨指针边用三要素描述其运动过程的活动，将动手操作和语言描述结合起来，在做一做、说一说的丰富活动中体会旋转的含义。

慕艳艳等十位老师在评课活动环节，分别从课堂教学效益的得与失两个维度对两节研究课进行了深度的交流，对教学中两位老师都能为学生创设紧密联系生活实际的实践活动情境，给学生创造充分参与实验活动的机会，借助信息技术，让学生身临其境地感受图形运动变化的应用等教学措施给予了充分肯定。对教学中存在的没有充分体现学生如何思考、研究的教学弊端，提出要保证学生充分的自主学习时间，让学生根据操作过程或已有知识经验不断思考，合作研讨，动手尝试，从而使思维得以锻炼，解决问题的策略方法得到发展。

活动最后，主持人温文利对本次研修活动做了全面总结。温老师对两节研究课都能紧紧围绕本次研修活动主题进行教学设计、教学实施，学生在老师创设的教学活动中充分思考、操作的教学思路给予了充分的肯定，对教学中呈现出的让学生不断进行深度思考，充分经历实验体验活动的课标理念也给予了高度评价。对教学中没有充分动态呈现一些基本图形旋转或平移后形成的美丽图形、图案及其在生活中的应用等教学环节，也提出了合理化的改进建议。

通过本次主题研修实践活动的开展，我们进一步明晰了小学数学课堂教学要在丰富的探究活动中丰盈课堂的厚度，经历"做"数学的过程，感受知识间的联系。今后在教学实践活动中，我们要进一步深刻领会数学课程标准"数学活动经验需要在'做'的过程和'思考'的过程中积淀，在数学学习活动过程中逐步积累"的实施建议。在教学设计上，注重从学生的实际出发，丰富学生的认知，有意识地引导学生进行探究活动，使学生在做数学、体验数学、经历数学的过程中，更好地学习数学知识，掌握数学学习方法。教学中既要有数学知识的认识深化，更要有数学思想方法的渗透与应用，在教学活动中让学生充分经历观察、实验、猜测、判断、推理与交流等数学活动，在独立思考、同伴交流的活动中经历解决问题的过程，获得解决问题的方法，提升解决问题的能力，积累数学活动经验。

活动心得

把握起点，问中促思

孟秀英

本次我们围绕图形与空间领域的内容展开研修，我们的研修主题是让孩子"经历过程，主动建构"，通过研修发现提出这样的研修主题很切合实际，两位老师都努力围绕主题进行设计活动，但在教学的过程中，我觉得还有一些可以改进的环节。

首先，关注学生的认知起点，展开新知的学习。

张艳梅老师上的四年级的《轴对称》一课，一开课通过复习以前所学过的轴对称图形勾起学生已有的知识经验，为新知的探究做好了铺垫，但是在找对称轴环节，我觉得可以适当选择有代表性的画对称轴的练习，让学生在做中初步体会轴对称的特点，即左右重合。

其次，关注学习过程，学生在问题驱使下自主探究。

在轴对称图形对称点的探究中，张老师出示了一个虎头剪纸，通过拿掉一半后，找对称点这个活动，促使学生想轴对称图形的特点，这一活动的设计非常巧妙地引入对称点的概念。在深入思考后学生想到用尺子量一量对称点到对称轴的距离，还想到放到格子图中。在此让我们感到非常意外和惊喜，也许平时我们给的空间和时间不够，只要相信学生，他们总会给我们很多惊喜。只有引发学生的深入思考，才能充分挖掘学生的创造能力。此环节学生表现优异，我觉得还可以顺势提出一个问题：到底对称点到对称轴的距离相等吗？对称点的连线与对称轴是否垂直？我们下面来验证一下，让学生借助方格纸上的松树图进行研究。从而明确地总结出对称图形的特点：对称点到对称轴的距离相等；对称点连线与对称轴垂直。

所以说只有让学生亲身经历猜想—验证—得出结论的过程，学生才能更好地建构所学知识。也只有经历这样的学习过程，积累了足够的活动经验，学生对所学知识的印象才深刻。可见作为一名好老师，应该是在准确了解学生的学情的基础上，设计有效的问题情境、利用教学活动促使学生主动探究，从而达到学生主动建构知识的目的。

【2018年第四次研修活动】

关于举办2018年小学数学名师工作室
第四次研修活动的安排

课堂观察在改进课堂教学、促进教师专业发展等方面的工具性价值已被越来越多的人所认同。小学数学名师工作室决定于6月29日在第四小学举办2018年小学数学名师工作室第四次主题研修活动，以期通过基于实证的听评课活动，使课堂教学实践研究脱离"围观"，进入"广泛参与"，形成结构均衡的研究体系。

活动以课前会议、课例、说课、课后会议、研讨交流的形式开展"基于实证的听评课"教学模式探究的实践研究活动。

研修主题：基于实证的听评课。

具体安排：如表1所列。

表1

时 间	活动内容	主讲人	地 点
2：30—3：00	课前会议培训	温文利	第四小学教学楼4楼录播室
3：10—3：50	五上《植树问题》（5.3班）	李 超	
3：50—4：00	说课	李 超	
4：00—6：00	课后会议	观察团	

让听评课文化由单向权威走向平等开放

从听课评课到观课议课，不只是词的变化，而是教研文化的变革。"议课"的任务不是追求单一的权威的改进建议，而是讨论和揭示更多的发展可能，它强调平等、开放。基于实证的观课议课就是运用必要的工具观察课堂，收集所需要的教学信息，对课堂教学作出有证据的解释与推论，从而改进课堂教学。小学数学名师工作室本着使课堂教学实践研究"深度聚焦"的范式，形成结构均衡的研究体系的目标，于6月29日在第四小学进行了2018年小学数学名师工作室基于实证的听评课主题研修活动。

活动前，主持人温文利组织工作室成员召开了课前会议，通过执教者和观察者进行集中有效的商讨交流，确定了课堂观察的两个维度，六个观察点，使观课老师借助观察量表围绕专项任务进行深度观课。

北师大附二小的李超老师在活动中展示了研究课《植树问题》，李超老师通过让学生观察手指的活动，引出"间隔"的直观概念，进一步发现"间隔与手指数的关系"，使学生在观察活动中初步建立了数量关系，接着通过一系列"解决棵树问题""解决锯木头问题""解决爬楼梯问题""解决敲钟问题"等活动，水到渠成发现普遍规律，总结数量关系，从而建立了"植树问题"的模型。在课后的巩固练习活动中，李超老师设计了一系列解释、应用解决问题模型的梯度练习题，使学生在建模、用模地参与学习活动中，掌握了解决"植树问题"类的实际问题方法，丰富了活动经验，发展了思维能力。

课始，观察团老师进入现场之后，迅速进入观察状态。根据课前会议制定观察量表，选择了恰当的观察位置、观察角度，根据自己所要观察的点，记录观察到的典型行为，并记下自己的思考。观察团的老师们以组为单位进行分析数据、总结归纳达成共识。课中观察是整个观察系统的主体部分，所采集的信息资料，是课后会议分析的信息基础，课中观察的科学性、可靠性关系到研究的信度和效度问题以及针对行动改进的课后分析报告的质量。

课后，李超老师结合课堂教学的具体情况，对课前会议所指定的目标的达成度进行了自我反思。每位观察者围绕课前会议确定的观察点，根据自己所采集的课堂观察的信息，分别提出了基于有效教学的改进建议和对策。

基于实证的听评课，是授课者与观课者相互提供教学信息，共同收集和感受课堂信息，在充分拥有实证信息的基础上，围绕观察点进行对话交流和改进对策，以改进课堂教学效果、提升教学质量、促进教师专业能力提高的一种教研活动。美国著名的教育评价学者斯皮尔伯格说：评价的目的不是证明，而是改进。新理念下的观课议课是一个学习和思考的过程，不仅要关注教师的教学行为，更应该关注学生在教师引导下的各方面的发展。

课堂观察促使教师由观察他人课堂而反思自己的教育理念和教学行为，感悟和提升自己的教育教学能力。通过实践研究活动，从教和学的行为入手，帮助教师认识教育观念、教学设计、教的行为、学的行为、学的效果之间的联系，发现关系与可能，拓展更多教学可能。通过教师的实践参与，提供有效的教学建议，推进有效教学，运用必要的工具观察课堂，收集所需要的教学信息，对课堂教学作出有证据的解释与推论。

活动心得

第四次研修活动心得

王秀明

6月29日，名师工作室开展了第四次研修活动，这次活动内容为就李超老师执教的《植树问题》进行观课、议课。

植树问题是数学中一个独立的单元，其内容和生活联系非常密切。这一课我们不仅要教给学生知识，更重要的是要学生领悟研究复杂问题可以从简单问题入手。整个教学过程中，应让学生经历猜一猜、画一画、算一算等多种学习形式，自主探究出规律。在教师的引导下，让学生发现规律，并构建起植树问题的数学模型。

在我听完这节课后，我认为有以下几个亮点。

第一，李老师导入新课的形式新颖，利用猜谜语的形式导入，激发学生兴趣，伸出双手，找出手指之间的间隔，理解间隔的概念，以及间隔数，将复杂的问题形象化，学生易学、易懂，开了一个好头。

第二，李老师又以各种方式让学生理解间隔，体现了循序渐进的原则。为学生寻找了许多生活中的间隔。体现了数学与生活的息息相关。

第三，李老师以"植树问题"为背景通过适当的教学手段帮助学生清楚地认识到路灯问题、排队问题、锯木问题、爬楼问题等都与"植树问题"有着相同的数学结构，让学生建构相应的数学模型。

第四，练习题的选择非常有意思，让学生充满了挑战，非常有价值。

以上优点都很值得我学习，这种别具匠心的设计让我觉得非常与众不同，但是李老师敢于尝试，敢于挑战自我，这种精神是可贵的。同时，基于我个人的思考，我还有几点建议。

第一，学生能够找到简单植树问题的规律"棵数＝间隔数＋1"却无法运用这个规律求路长的问题，因为学生的认知起点与知识结构逻辑起点存在差异。以为学生能发现"棵数＝间隔数＋1"就能解决问题了，实际上这只是部分学生具备了继续学习的潜力，这恰恰导致了能找规律却不会用规律。也就是在发现规律与运用规律间缺少了链接，所以要加强对规律的扩散教学，比如：得出规律时，能够说说"间隔数＝棵数－1，路长＝间隔数×间隔长"等知识的扩散。

第二，对学生评价这块显得潜力不足。对于学生的评价如何做到既准确又有深度，还要具有启发性，这也是我需要努力学习的。

第三，有些缺少激情，这样就导致学生积极性不高，兴趣不浓，精神不饱满，劲头不足，导致教学效果不够完美。

都说教学是一门遗憾的艺术。遗憾不要紧，重要的是勤于反思，不断改进，要勇于面对自己的不足。在这次活动中，我学习了很多，也收获了很多。在今后的学习中我要更加努力，向工作室的名师学习，充分利用好这一资源不断提高自己的业务水平。

【2018年第五次研修活动】

关于举办2018年小学数学名师工作室
第五次研修活动的安排

为了更好地展示小学数学基于实证的听评课研究活动,充分熟悉评议活动流程,进一步掌握"以点观察""凭证议论"的范式,小学数学名师工作室决定于7月20日在第二小学举办2018年小学数学名师工作室第五次主题研修活动,活动以课前会议、课例、说课、课后会议、研讨交流的形式开展"基于实证的听评课"教学模式探究的实践研究活动。

研修主题:基于实证的听评课。

具体安排:如表1所列。

表1

时间	活动内容	主讲人	地点
8:10—8:30	课前会议培训	温文利	第二小学教学楼4楼录播室
8:30—9:10	五上《植树问题》(4.3班)	李超	
9:10—9:20	说课	李超	
9:20—12:00	课后会议	观察团	

【2018年第六次研修活动】

关于举办2018年小学数学名师工作室
第六次研修活动的安排

小学数学名师工作室根据本学期"基于实证的听评课实践研究活动"主要工作目标,继续开展以课例为抓手,以"以点观察"为切入点,把"凭证议论"作为有效评价手段的实践研究活动。工作室决定于10月26日在第四小学举办2018年小学数学名师工作室第六次主题研修活动,活动以课前会议、课例、说课、课后会议、研讨交流的形式进行,旨在通过开展系列主题研修活动,进一步掌握基于实证的观课议课研究范式,以教研实践研究活动的变革推进教学改革。

研修主题：基于实证的听评课。

具体安排：如表1所列。

表1

时间	活动内容	主讲人	地点
8：00—8：20	课前会议培训	温文利	第四小学教学楼4楼录播室
8：20—9：00	六上82页《百分数（一）》（6.3班）	刘雅丽	
9：10—9：20	说课	刘雅丽	
9：20—12：00	课后会议	观察团	

"实证＋内涵"教研方式的变革，启动全新的听评课模式。

观察量表设计样例。

维度一：合作学习中学生适宜行为课堂观察单（一）。

维度二：合作学习中学生适宜行为课堂观察单（二）。

同在共行，同创共赢

叶澜教授说："凡不在乎学校、不关切师生真实生命存在与发展的教育改革，都难以取得最终真实的成效。"小学数学名师工作室围绕"基于实证的听评课实践研究活动"主要工作目标，继续开展以课例为抓手，以"以点观察"为切入点，把"凭证议论"作为有效评价手段的实践研究活动。工作室于10月26日在第四小学举办了2018年小学数学名师工作室第六次主题研修活动，活动以课前任务部署、课例实践、说课反思、课后独立思考、组内互助交流、展评质疑的形式进行。

活动前，主持人温文利组织工作室成员召开课前会议，在确定了课堂观察的两个维度、六个观察点后，对观察小组进行了重新调整，六个观察小组在全新的观察视角下，每个小组以一个观察维度为视角，分别从两个观察点为切入点进行观课议课。

在课例展示环节，上湾小学的刘雅丽老师执教了研究课六年级上册《百分数的认识》，本课的教学目标是通过教学使学生理解百分数的意义，了解它在实际中的应用,会正确地读、写百分数,会运用百分数表述生活中的一些数学现象。虽然学生在日常生活中已经大量接触了百分数,但是对百分数的意义以及其应用价值的认识还处于模糊阶段。刘老师突出百分数是分数的比率意义在生活中应用的特殊例子的教学思想,教学中注重从学生熟悉的生活实际出发,从"空气成分含量、地表煤储量、衣服成分含量、销售增幅"等生活中大量的例子引入百分数,激活了学生已有的生活经验,引导学生建立起新知与生活的联系。

课后,刘雅丽老师基于对教材的理解,结合课堂教学的实际情况,对课前会议所制定的目标达成度进行了自我反思。每位观察者围绕课前会议确定的观察点,根据自己所采集的课堂观察的信息,在充分独立思考的基础上,借助工具和数据进行全面的分析,同时分别围绕观察点提出了基于有效教学的改进建议和对策。在小组内充分讨论交流分享观点后,六个小组的成员分别从六个不同的观课维度进行了展示汇报,充分体现了对学生"学"的关注,避免了过去听评课往往是凭经验和感觉,讲优点多、讲缺点少的"一言堂"局面,在思维碰撞中使浅层次问题变为深层次问题,减少了同质化问题,凸显了创新性观点。

论性质而言,观课议课是一种研修活动。从目标的角度看,研修是问题解决和教师专业发展的统一。一方面以教育教学实际问题为抓手,以参与问题解决促进教师专业发展,把问题解决的过程变成教师专业发展的过程;另一方面以教师专业发展为解决教育教学问题的前提,通过教师专业发展实现教育教学问题的最终解决。在研修活动中,让教师解决自己的问题;在解决问题中,让教师提升解决问题的能力和水平。

观课议课要建设平等对话、同在共行,成就教师自我发展、不断超越的愿望。让观课议课变成研究行为,做到每次活动都要使讨论有价值、有意义,进行有建构、有改变的对话与交流。立体、多维、多主体的议课体系,让议课的真实性、客观性大大增强。

从终极目的来看,观课议课活动就是为了人的幸福。一方面通过改进教学,提供高质量的课堂教学促进学生的健康快乐成长;另一方面通过教师的专业成长和创造性劳动,实现教师自身的职业幸福生活。课堂改革是一道永远期待求解的未知方程，没有一种经验是一成不变的，都需要在实践中不断改进和优化。观课议课不是写句号，而是写成逗号、省略号。

第四期小学数学名师工作室启动运行

小学数学教研员温文利担任第四期小学数学名师工作室主持人。

研修安排

伊金霍洛旗教体局第四期 "1+1+X+N+Z" 小学数学名师工作室 两年研修活动计划安排

背景与价值：当前教学研究的重心已经由"研究以教为主"向"研究以学为主"转变，新常态下的教育，在于积淀孩子素养，提升孩子素质；新常态下的教育，当以人为本，遵从人性，尊重孩子的生命个性，解放孩子的身心，给他们自由发展的空间，实现从注重"学科成绩"到促进"学生成长"，从"知识核心时代"向"核心素养时代"转变。

聚焦"无痕教育"：伊金霍洛旗"1+1+X+N+Z"第四期小学数学名师工作室研修活动将以聚焦特级教师徐斌倡导的"无痕教育观"展开。

一、制度保障

考核原则：考核必须实事求是，客观、公正、透明、准确，遵循全面考查与重点考核相结合、集体考核与个体考核相结合、工作室考核与学校考核相结合、民主评议和组织考核相结合、定性考核与定量考核相结合、学期考核与任期考核相结合的原则。

对名师工作室成员的考核分定性和定量两部分。

①研修活动出勤情况（10分）。

②工作绩效（90分）。

制定个人发展规划。

优质高效地完成学校工作任务。

听课、评课。

推广成果,辐射全旗。名师工作室各成员将工作室中优秀的科研成果,通过成果推广会等方式渗透到全校所有学科教师心中,做到人人会用并内化。二级名师工作室的主持人要引领本校学科教研组团队开展有效的校本研修活动。

专题讲座(示范课)。

撰写教育教学论文。

工作室成员要主动承担或参与主持人组织的课题研究。

强化自身研修水平,引领学科教师全面提升。每学期研读一本以上教育教学专著,从中学习学科前沿理论与课程改革理论,不断提升自己的理论水平,做好读书笔记,并撰写读书心得体会,学期末进行读书分享交流活动。

二、指导思想

以现代教育教学理论为指导,通过学习和培训增强教师的职业认同感和幸福感。以研修促提升,以活动促成长,以创新为主旋律,立足数学学科实际,聚焦小学数学课堂,通过专家引领、同伴互助、网络研修、现场授课、教学沙龙等形式,培养一批有思想、有主张、有风格的学科骨干,带出一批善研究、会上课、能讲座的专家型教师。

三、工作目标

以名师为引领,以学科为纽带,以先进的教育教学思想为指导,旨在搭建促进中青年教师专业成长以及名师自我提升的发展平台,通过"传、帮、带"培养出一定数量的骨干教师。

四、工作内容

工作室遵循"不离学术,不离实践"的宗旨,"分知识领域推进"研修活动,落实课程理念,在课堂教学中体现学科核心素养。

1. 统一目标分层推进

工作室以集中学习的形式,在工作室工作坊组织进行"伊金霍洛旗教育体育局第四期'1+1+X+N+Z'小学数学一级名师工作室第一次主题研修活动",活动以"基于核心素养下小学数学课堂教学的深度实践研究"为主题,通过讲、观、议、研的课例实践研修活动构建高效的课堂教学模式。

第四期小学数学名师工作室将在导师徐斌的引领下,以课堂教学实践为平台,着力打造"无痕教育课堂"的教学实践研修活动。

(1) 理论学习

工作室明确规定要求成员定期参加业务理论学习的培训活动,并以日常自学与定期集中学习相结合的方式进行,通过不断学习提高工作室成员的理论水平。

本学期工作室为20位成员发放徐斌《无痕教育数学课堂18例》、牛献礼《让学习真正发生》,要求深度阅读,阅读后写出相应的心得体会一篇,并及时上传工作室邮箱。

(2) 在线培训

工作室成员每学期与导师在线交流2~3次。

(3) 微信互动

在教育领域,互联网正在改变教师的教研方式和教师的教学方式。"第四期小学数学名师工作室"微信群是主持人传达指令、成员之间交流互动的线上平台。

(4) 教学沙龙

定期组织学员就教学中存在的问题和老师们感到困惑的问题开展教学沙龙活动。

成员每人必须有一个自己的研究专题,每年至少承担不少于一次的专题讲座或数学学科业务培训。

(5) 课堂展示

每人每学期至少上一节研究课,并结合自己的课堂教学撰写一篇教学案例。

(6) 课题研究

通过课题研究,促使教师学会教学、学会反思、学会积累。

在"无痕教育课堂"的教学实践中研究小学数学教学中如何将思维过程可视化。

在"无痕教育课堂"的教学实践中进行小学数学数形结合思想教学研究与案例分析。

工作室开展各学段教学专题研修活动中，体现"计算教学""解决问题"核心概念在课堂教学中的体现。通过课前教学活动的设计，课中教学活动的有效实施，切实推进课堂教学任务的高效完成。

活动前选定研究课，要求成员提前独立备课，选定教师承担示范课任务。课前主持人召开观课会议，观课小组组内确定观察点，课中根据观察点收集证据。课后，各观课组进行组内议课。

(7) 访学交流

初步约定带领工作室成员造访徐斌老师所在的苏州实验学校。参加苏州实验学校的教研活动，与他们开展"同课异构"、专题研讨、访学交流。

(8) 成果推广

组织工作室老师到农村学校送教，通过互动交流，进一步锻炼学员驾驭课堂的能力和教学指导能力，实现优质教育教学资源的共享。

2. 导师引领主题研修活动

充分发挥徐斌老师作为工作室导师的引领作用，工作室组织开展"同学段异课"研修活动。通过学科导师的引领，发挥教研员的智慧，打造优秀教师团队。

活动前成员独立备课，做到人人有教案，课后进行交流互动，要求讲课教师多角度进行说课，名师从某一点切入进行深度议课。活动中请专家徐斌对工作室的研修课进行把脉会诊。活动后成员要及时写出各自的心得体会，上传工作室微信群。

五、工作形式

教、学、研、评为一体，线上与线下相辅助，自主学习与集中研讨相结合。

六、措施进程

(一) 组建团队，制定规范

①教育局考核和学校推选的方法，吸纳18名来自全旗11所小学的优秀骨

干教师为小学数学一级名师工作室的成员。同时在一级名师工作室下设立五个小学数学二级名师工作室（第三小学数学二级名师工作室，第一小学数学二级名师工作室名师，第五小学数学二级名师工作室，上湾小学数学二级名师工作室，实验学校数学二级名师工作室），进入工作室的每位老师以两年为一个工作周期，根据名师工作室考核管理办法对一级名师工作室成员及二级名师工作室实行动态管理。

②参照《伊金霍洛旗教育局关于伊金霍洛旗第四期"1+1+X+N+Z"学科名师工作室考核细则（试行）的通知》精神，制定切实可行的《伊金霍洛旗教育体育局第四期"1+1+X+N+Z"学科名师工作室考核细》，建立教师个人专业成长电子档案。

(二) 理念落地，聚焦课堂

①开展课堂教学研究，在课堂教学中努力体现"无痕教育"的核心理念。

②开展"同课异构"活动，提高课堂教学效率的教学策略。

③成立"习题研究中心"。

在统筹推进工作室研修活动的进程中，培养一批卓越教师，培养出一批本土的能文能武的专家型教师。

七、总结反思做好档案整理

1. 收集整理过程性资料

做好工作室成员"研修案例""个人两年成长规划""心得体会""教学设计""教学反思"等过程性资料的及时收集工作，并分类整理归档，做好工作室总结汇报准备工作。在整理资料过程中，挑选有推广价值的研修成果在《名师工作室研修成果》上刊登。

2. 期末研修活动考核工作

充分调动工作室成员的积极性，使"1+1+X+N+Z"的工作思路真正落到实处。学期末，根据工作室考核方案对名师参加各项研修活动的考勤及研修成果进行考核评价。

八、2020—2021学年活动安排

十一月份：

①伊金霍洛旗教体局第四期"1+1+X+N+Z"小学数学一级名师工作

室成立，小学数学二级名师工作室成立，并启动运行。

②成立"习题研究中心"，成员由一级名师工作室成员组成。

③一级名师工作室的成员完成"两年专业发展规划"，明确个人两年专业发展远期目标及实现目标的举措。

④工作室发放徐斌《无痕教育数学课堂18例》、牛献礼《让学习真正发生》，要求成员深度阅读，阅读后写出相应的心得体会一篇，并及时上传工作室微信群。

⑤实践课例研究，组织伊金霍洛旗教育体育局第四期"1＋1＋X＋N＋Z"小学数学一级名师工作室第一次研修活动。本次研修活动的主题为"基于核心素养下的小学数学课堂教学深度研究"。

⑥主持人解读名师工作室实施方案，解读工作室2020学年度研修活动计划。

十二月份：

①导师引领教学活动（示范课、讲座）。组织伊金霍洛旗教育体育局第四期"1＋1＋X＋N＋Z"小学数学一级名师工作室第二次研修活动。本次活动导师徐斌进行线下现场教学指导活动。活动的主题为"基于核心素养下的小学数学课堂教学深度研究"，活动以研究课展示、专家点评、专家示范课、专家专题讲座的形式进行，开展计算教学的专项课题研究活动。

②成员阅读徐斌《无痕教育数学课堂18例》、牛献礼《让学习真正发生》，要有读书笔记，写读后体会。

③各二级名师工作室完成"工作室两年发展规划"，启动运行，分别先后开展两次主题研修活动。

一月份：

①一级工作室成员参加导师徐斌进行的线上培训活动。

②组织读书交流活动。

③开展研修活动过程性资料的整理。

④主持人温文利对工作室名师及研修员进行量化考核。

⑤编辑出版《小学数学名师工作室研修成果集》。

⑥研修工作经验座谈交流。

二月份：

①自主学习。

②阅读徐斌《无痕教育数学课堂18例》、牛献礼《让学习真正发生》，要有读书笔记，写读后体会。

三月份：

①组织"第四次工作室主题研修活动"（解决问题专题），导师引领教学活动（示范课、讲座）。

②发放教育专著各20本，要求每位成员深度阅读，阅读后写出相应的心得体会一篇，并及时上传工作室微信群。

四月份：

① 一级工作室成员参加导师徐斌进行的线上培训活动。

②组织"一级名师工作室主题研修活动"（线下实践研究活动）。

五月份：

①自主学习，阅读教学专著，有读书笔记，有心得体会。

②组织"一级名师工作室主题研修活动"（线下实践研究活动）。

六月份：

①读书交流汇报活动。

②开展研修活动过程性资料的整理。

③主持人对工作室名师进行量化考核。

④编辑出版《小学数学名师工作室研修成果集》。

⑤一年的研修活动总结。

【第四期第一次研修活动】

关于举办2020年小学数学名师工作室第一次研修活动的安排

小学数学名师工作室认真贯彻执行《伊金霍洛旗教育体育局第四期"1＋1＋X＋N＋Z"学科名师工作室实施方案》的文件精神，在积累前期"动感课堂"课堂教学实践研究的基础上，积极探索以"基于核心素养下的小学数学课堂教学深度研究"的教学形态为目标，以课堂教学实践研究为载体，在课堂教学活动中以"创设情境，提出问题"为抓手，以"操作思考，交流发表"为方式，以"对话分享，点拨指导"为互动，以"分层训练，达成目标"为手段，课堂呈现"以学生活动为主"的教学特点。

根据小学数学一级名师工作室研修活动计划的安排，遵循分领域推进开展课堂教学研究的原则，决定于11月19日在伊金霍洛旗第五小学举办2020年小学数学名师工作室第一次研修活动。

活动以研究课展示、基于实证的听评课形式进行，开展计算教学的专项课题研究活动，在课堂教学中努力体现计算教学的核心理念，实现在课例研修的教学实践活动中理清算法、自然得法的教学目标。

研修主题：基于核心素养下的小学数学计算教学课堂教学深度研究。

具体安排：如表1所列。

表1

时间	研修内容	主讲人	地点
14：30—15：10	二上75页例2《8的乘法口诀》(2.3班)	刘水桃	第五小学教学楼2楼录播室
15：20—16：00	二上75页例2《8的乘法口诀》(2.4班)	李晓梅	
16：05—17：00	说课观课议课总结	说课：刘水桃、李晓梅；观课议课：一组：齐鑫、郝艳萍、张艳梅、李晓梅、齐春燕；二组：白金梅、孟秀英、王秀明、李超、牛香莲；三组：温彦君、雍芳、慕艳艳、李东洋；四组：于淼、张刚、刘水桃、相叶群；主持人总结	
17：00—17：30	《伊金霍洛旗教育体育局第四期"1+1+X+N+Z"小学数学名师工作室实施方案》解读	温文利	

基于核心素养下的小学数学课堂教学实践深度研究

2020年11月19日下午，伊旗教体局第四期"1+1+X+N+Z"小学数学一级名师工作室第一次研修活动在伊旗第五小学如期举行。本次活动以"基于核心素养下的小学数学计算教学课堂教学深度研究"为主题。参加本次研修活动的人员除了小学数学一级名师工作室的全体成员和二级名师工作室第五小学全体数学教师以外，还有慕名而来的伊旗实验学校、上湾小学、纳林希里小学和苏布尔嘎小学共约70位数学教师。

"实证+内涵"的深度研修，促使教师全面提升。

课前，小学数学一级名师工作室主持人温文利组织工作室成员召开课前会议，借助观察量表，为四个小组分配不同维度的观课任务，让每个成员在观课任务的驱动下，自主确定各自的观察点。

接着，由刘水桃和李晓梅两位老师以"同课异构"的形式展示两节《8的乘法口诀》研究课，供大家观察研究。

两位老师的课教学流程清晰，层次分明，设计精巧，有效发挥教师的主导作用，启发学生利用迁移类推的方法，自主探究编制出"8的乘法口诀"后，采用多种活动形式帮助学生快速记忆，并利用精心设计的具有层次性、开放性的习题，训练培养学生灵活应用数学知识解决问题的能力。两位教师的教学理念和教学策略也各有特色，尤其是李晓梅老师的"投球计分"大问题情境创设和数形结合思想方法的应用，不仅激发学生的学习兴趣，也保证学生全员参与自主探究学习的全过程，同时也引发观课教师深度思考。

两节课结束后，执教老师从教材、学情、教学法、教学过程设计和教学反思五个方面进行说课展示，为观课老师更准确地读懂课堂提供最直接、最真实的依据，实现执教者与观课者的有效对话。随后，每个观课小组快速进行合作交流，完成组内议课任务，并用思维导图的形式进行展示汇报。

主持人温文利从本次研修活动的意义、效果以及成员们的参与度和表现力等方面进行总结点评，同时针对成员们在完成本次研修任务的过程中存在的问题提出一些明确的要求，希望每位成员都能克服一切困难，全身心地投入今后的每一次活动。

详实的方案解读，助力教师明确发展方向，在经历一场"头脑风暴"的洗礼后，窗外暮色已浓，但丝毫不影响工作室成员的学习热情。每一位老师都在静静地聆听主持人温文利对工作室两年研修实施方案和管理制度的详细解读。

相信通过本次研修活动，本期小学数学名师工作室的每一位成员都将洗尽铅华，继续砥砺前行，因为在他们的心里已经有了明确的发展目标，清晰的前行方向！

活动心得

听《8的乘法口诀》心得体会

刘水桃

今天我和李晓梅老师同讲一课《8的乘法口诀》，我们的教学设计不同，思路不同，通过两种不同的教学，又通过听各小组实证性评课，说说自己讲完课后的感想。

我和李老师都注重让学生经历编口诀的过程，李老师根据点子图让学生写乘法算式并编口诀，让学生自主探究学习新知，体现了学生是学习的主人，教师是教学的组织者、引导者、合作者。而我是在前面让学生通过填表格计算出1~8只螃蟹的腿，又引导学生想几个8相加除了用加法解决外，还可以用乘法解决，最后让学生根据乘法算式写出乘法口诀，根据加法—乘法—口诀，学习活动层层推进，在充分理解"8的乘法口诀"的意义的基础上，渗透了模型化的思想，在设计活动时充分尊重了学生的主体地位和知识起点。而在重点知识上我们都肯花时间让学生自主编口诀，通过这样的教学，两节课都做到突出重点。

"8的乘法口诀"的记忆是学生学习的难点，尤其对学困生要给予更多的方法指导和充足的时间记忆。李老师注重乘法口诀方法上的指导更多一些，而我在方法的指导上欠缺些。李老师给学生一分钟时间背口诀，而我给学生背口诀的时间相对比较多一点，在这个环节上，我觉得我们中和一下就更好了。

通过这次同课异构讲课，让我体会到，要吸取别人的长处，弥补自己的不足，使自己快速成长。

【第四期第二次研修活动】

关于举办伊金霍洛旗教育体育局第四期"1+1+X+N+Z"小学数学一级名师工作室第二次研修活动的安排

"数感""符号意识""运算能力"是计算教学要落实的核心素养，学生在计算教学中经历从日常生活中抽象出数的过程，理解数的意义，体会运算的意义，掌握必要的运算技能，能准确进行计算，并能用数及数的运算解决生活中的简单问题。

小学数学名师工作室积极开展"基于核心素养下的小学数学课堂教学深度研究"的实践研究活动，在课堂教学活动中以落实数学核心素养为目标，以"创设情境，提出问题"为抓手，以"操作思考，交流发表"为方式，以"对话分享，点拨指导"为互动，以"分层训练，达成目标"为手段，课堂呈现"以学生活动为主"的教学特点。

根据小学数学一级名师工作室研修活动计划的安排，遵循分领域推进开展课堂教学研究的原则，决定于12月4日在第一小学举办"伊金霍洛旗教育体育局第四期'1+1+X+N+Z'小学数学一级名师工作室第二次研修活动"暨"全国小学数学名师徐斌教学指导活动"。活动以研究课展示、基于实证的听评课形式进行，专家讲座开展计算教学的专项课题研究活动，在课堂教学中积极体现计算教学的核心理念，实现计算教学的高效发展。

研修活动主题：全国小学数学名师徐斌教学指导活动。

全国小学数学名师徐斌教学指导活动

课例展示　导师把脉

为了能让徐斌老师准确把脉伊旗小学数学课堂，精准确定指导方向，工作室安排了两节计算教学的整理复习课，数学一级名师工作室名师齐鑫和李东洋分别执教四年级的《除数是两位数除法整理复习》和三年级的《多位数乘一位数的整理复习》。课上，两位老师都能借助知识树形式，让学生通过自主梳理、小组交流、汇报展示等活动建立单元知识网络，建构知识体系。齐鑫老师在知识体系梳理教学过程中，让学生自己出题，自己解决问题，以达到及时练习巩固的效果，同时，在练习中创设生活情境让学生利用所学知识解决问题。齐老师设计的三个解决问题环环相扣、层层递进，又各有侧重。李东阳老师通过让学生在各种计算PK中巩固技能，同时李老师巧妙介入直击本单元重难点，可谓每个环节均独具匠心。两位老师在说课时，更是从单元整体梳理出发，再具体到教学设计，站位高，思路清，具有极强的整体教学观念。徐斌老师在点评时对两位老师的课堂教学给予了充分肯定，并针对单元复习课型提出三部曲操作法：一为自主梳理；二是建构知识体系，形成认知结构；三是应用，即数学问题与生活问题的解决。专家的点评使在座的老师进一步明确了《单元整理复习》这类课的操作结构，为今后上好复习课，有效达到通过单元知识整理复习扫清学习障碍，夯实旧知，建构知识体系，进一步提高解决问题能力的目的。

导师示范　实证议课

两节研讨课后，主持人温文利组织工作室成员立即召开课前会议。会上，温老师给工作室成员布置了接下来的观课任务，让工作室成员深入徐老师的课堂，从四个不同维度分别对徐老师的课进行收集实证的观课活动。在明确了观课任务后，四个观课小组迅速召开小组会，并在组内分配了各自的观测任务。

开课了，徐斌导师为老师们现场展示了经典课例——《9的乘法口诀》。课上，徐老师将"无痕教育"的思想理念融入课堂教学，让学生在不知不觉间开始学习，在潜移默化中产生思辨，在循序渐进里发展智能，在春风化雨中提升素养。通过现场聆听，近距离地接触，让老师们对徐斌老师"无痕教育"

的理念有了一个初认识。

课后，四个小组迅速集合进行小组内现场议课，各组根据自己在课堂上观察到的证据，合作交流完成了自己小组的议课任务。各组在评课展示过程中都能用证据说话，列举出上课过程中的诸多实例，深度剖析徐老师每个教学环节背后所蕴含的教学理念与设计意图。这样的基于实证的现场观课、议课的教研活动方式，让所有在场的老师真正领略了一把"实证+内涵"研究方式的价值内涵。观名师的课，议名师的课，在工作室研修活动中是首次，这样的安排对于工作室的成员来说也无疑不是挑战。老师们以百倍的勇气，凭着扎实的基本功，用他们的智慧在汇报环节有理有据地阐述了一个又一个"我的观点"，充分展示了一级名师的别样风采。

理论学习　导师指路

下午，徐斌老师针对工作室的研修方式给予了点评，徐老师首先肯定这种研修方式的同时对观察维度的分配给予了建议。随后，徐老师作了题为"计算教学的基本矛盾与处理策略"的讲座，徐老师从情境创设与复习铺垫的矛盾，算理直观与算法抽象的矛盾，算法多样与算法优化的矛盾，解决问题与技能形成的矛盾这四个方面详细阐述了计算教学中应该注意的问题，同时给出具体可操作地处理这四种矛盾的策略，使老师们对计算教学有了更系统的认识。

"实证+内涵"的教研方式在小学数学名师工作室已经实践了两年了，并已经辐射到各学校中。这种深度研修的教研方式促进了教师专业的快速成长，同时对教师的理论素养也提出了更高的要求。行走在研修的路上，有导师指路，有主持人规划，有名师引领，有老师实践，伊旗小学数学课堂中的孩子们必定会越来越幸福。

活动心得

观计算教学心得

雍　芳

12月4日，我有幸聆听了徐斌老师执教的《9的乘法口诀》，聆听了齐鑫老师和李东洋老师的《整理与复习》，还有徐斌老师历时两个小时的有关"计算教学的基本矛盾与处理策略"的讲座，一天的学习，感觉收获满满，在这里谈谈我的几点感受。

一、听君两节课，整理复习不再愁

《整理与复习》我期盼已久的课，在我看来复习课一直是困扰我的课，不知道该怎么上复习课，自己上完后总觉得不是太满意，总觉得遗憾太多。听了两位名师的课，我觉得为我今后的复习课指明了方向。复习课是学生和老师对本单元知识的一个总结与梳理，也是形成学生缜密思维的一个过程，在本单元开始前，教师在备课前就应该用知识树或者思维导图梳理本单元的例题和本单元的习题，知道本单元在横向和纵向中所占的位置，吃透教材、吃透学生，明白学生已有知识经验，让学生在已有知识经验基础上长出新的知识，实现知识的再创造，让学生进入深度思考、深度学习。这样在整理与复习中，学生才能完成对本单元知识的整体回忆、梳理，从而构建从知识点到知识线再到知识面最后到知识体的一个知识建构过程，学会用所学知识解决生活中的实际问题。

二、计算是学生终身受益的基本素养

为什么会有计算？计算是数学的灵魂，数学的学习离不开计算，小学新课标的核心素养里提到了"运算能力"，高中数学课程标准核心概念里也提到了"数学运算"，可见计算教学是我们学习数学的重要途径，计算是训练学生思维的一种方式，在徐斌老师的数学课上，让我看到了不一样的乘法口诀课，在教师半扶半放的引导下，学生通过自主学习、合作探究的学习方式学会应用乘法口诀解决问题，我从中学习到数学课不能单单的只是教教材，要在了解学情、分析教材后，抓住学生已有知识经验，找到知识生长点和延伸点，把计算课上成观察规律课，把计算课上成运算思维课，把计算课上成解决问题课，在此基础上实现知识的相互勾连，打通知识间的隔断墙，实现知识间的融会贯通。

三、理解算法背后的算理

算法是依据运算的定义、数的意义和性质、运算律等所抽象概括出来的计算规则。算法的基础是算理，会使用算法只是一种工具性理解，明白其中的算理才能达到关系性理解。如果忽视了算理的教学，只把教学重点放在死记硬背、运算法则和计算技能的训练上，由于学生没有真正理解运算的本质、运算

法则规定的依据，也就没有得到数学思维和数学思想方法的培养，学生收获便无法长久性的保持，到初中以后会后继乏力。素养导向下的数学教学着眼于学生的可持续发展，必须让学生形成良好的数学认知结构，其中就包括对算理的理解和掌握，在此基础上进行适当的训练。在数学教学中要重视口算，加强估算，鼓励与提倡解决问题策略多样化。

四、学习数学是学生再创造的过程

学习的真正发生是学生再创造的过程，如何才能让学生再创造的过程在数学课上发生，在计算教学课上，不再是单纯的计算，课前要有情境的引入，情境的功能是"敲门砖"和"导向标"，让学生明白知识从哪里来，最后用这些知识来解决什么问题？在课前情境导入环节，情境不必过于夸张，也不能哗众取宠，更不要欺骗学生的感情，情境的创设不要让非数学信息影响到数学信息，问题情境的创设要让学生产生计算的欲望，从而放手让学生自主探究算法，通过合作交流，达到互学的目的，学生的算法不一定是最优秀的，教师要在适当时候进行介入、优化。

课堂是语言引领下的时空，教师的语言是一节课的灵魂，教师的语言要起到润滑剂的作用，保持课堂顺畅，在不知不觉中让学生学会知识，教师的语言要起到催化剂的作用，促进学生的学习，教师的语言要起到推进剂的作用，推动学生稳步向前，教师的语言要起到加速剂的作用，使整个课堂达到快节奏大容量。在数学课上逐步渗透函数思想、数形结合的思想，打通学生的数学思维。

数学课堂是培养数学思维方式的主渠道，培养数学的思维方式是一个长期不懈的过程，教师要自觉帮助学生积极参与到数学学习中去，重视数学思想的渗透和数学活动经验的积累，使学生逐步学会进行数学的思考。

【第四期第三次研修活动】

关于举办伊金霍洛旗教育体育局第四期"1＋1＋X＋N＋Z"小学数学一级名师工作室第三次研修活动安排

"模型思想"是解决问题教学要落实的核心素养，模型思想的建立是学生体会和理解数学与外部世界联系的基本途径。学生在解决问题教学中经历从现实生活或具体情境中抽象出数学问题的过程，初步学会从数学的角度发现问题和提出问题，能综合运用数学知识解决简单的实际问题。通过与他人合作交流解决问题的学习活动，学生能探索分析和解决简单问题的有效方法，获得分析问题和解决问题的一些基本方法，体验解决问题方法的多样性，从而发展创新意识。

根据小学数学一级名师工作室研修活动计划安排，遵循分领域推进课堂教学研究的原则，决定于3月19日在伊旗第三小学举办以"基于核心素养下的问题解决课堂教学实践研究"为主题的研修活动。本次活动以课例展示、基于实证的观议课、总结交流等形式开展解决问题教学专项课题研究，在课堂教学中积极体现解决问题教学的核心理念，实现解决问题教学的高效发展。

研修活动主题：基于核心素养下的问题解决课堂教学实践研究。

具体安排：如表1所列。

表1

时　间	活动内容	主讲人	地　点
14：20—14：30	课前会议	观课小组	第三小学教学楼四楼会议室
14：30—15：10	一下21页《一个数比另一个数多几》一（4）班	第二小学白金梅	
15：20—16：00	一下21页《一个数比另一个数多几》一（5）班	实验学校雍芳	
16：00—16：20	课后说课	白金梅、雍芳	
16：20—16：50	小组内议课	第一组：齐鑫、张艳梅、齐春燕、牛香莲、郝艳萍；第二组：孟秀英、白金梅、王秀明、李超；	
16：50—17：40	小组展评	第三组：温彦君、雍芳、慕艳艳、李东洋；第四组：于淼、李晓梅、刘水桃、相叶群	
17：40—18：00	活动总结	教育发展研究中心温文利	

确定观察点　明确观察任务

主持人温文利在活动前将一级名师分为四组,每组分别领受《学生探究学习活动有效性课堂观察单》当中的两个观察点的观察任务。温文利要求每位老师必须针对本组观察任务详细记录自己在观课过程中的所见所想。

接下来是同课异构活动,由白金梅老师和雍芳老师分别就《一个数比另一个数多几》这一相同教学内容做课。两位老师的教学思路严谨科学,但在课堂教学实践中的操作却截然不同。虽风格迥异,可最终殊途同归、各擅胜场。为现场所有老师奉献了两节精彩的课例。

之后,两位老师就教学目标、为实现目标所确定的教学思路、具体操作的目的和意义,以及自己在课后的反思等几方面进行了说课。

名师工作室的四个小组用两节课的时间就本组在观察过程中记录下来的内容进行充分讨论,待意见达成一致后绘制作为发言依据的图表。

在小组展评环节,各小组共围绕"主问题设计的有效性""问题下的目标达成度""教学活动设计的有效性""活动目标达成度""探究学习活动的有效性""学习活动目标达成度""知识能力及教学目标达成度""知识掌握与能力提高点"共八个观察点进行了发言,充分表达了各自的观点,各组的发言有理、有据、有节。

主持人温文利在总结发言中肯定了两位老师在课堂中的表现,并给予鼓励,同时也肯定了工作室全体成员在观课议课上有了新的认识,给予了高度评价,还针对课堂教学中的细节对全体成员进行了指导,并对全体参会老师提出了希望,希望每位老师在以后的数学课堂教学中,要紧紧围绕开发学生数学思维、提高学生构建数学模型的能力这两个目标,确定科学合理的教学思路;要注重练习题的设计;在设计教学策略时一定要找准教学内容的学困点,并把课堂教学的主要精力集中在这个点位上;要善于勾连前铺知识和后续知识,从而找准课堂教学的落脚点。

本次研修活动的举办,对推动我旗小学数学课堂教学研究、提高我旗小学数学教育教学质量具有深远的意义。

> 活动心得

低年级解决问题课堂思考

李 超

小数数学阶段，解决问题一直贯穿始终，有些学生因为从低年级开始就缺少分析问题和解决问题的能力，会导致以后的数学学习过程中在解决问题方面一直存在问题，甚至对数学产生抗拒感，所以低年级数学的解决问题显得至关重要。

今天听了两节《一个数比另一个数多几少几》，两位老师都能考虑到让学生动手操作起来，把课堂还给学生，这应该是目前所有数学老师都具有的意识。听完这两节课我有以下几点思考。

首先，课堂活动要有作用，每一个活动要有目标，不能为了活动而活动，而是通过这个活动能给学生带来什么，让学生体会到什么，老师要达到一个什么样的目的。比如白老师的动手摆一摆，学生是否真的能一一对应地摆，摆完之后是否理解多出的这一部分既是多出来的，也是后者比前者少的部分。这是为后续学习做的铺垫，切不可一带而过。

其次，解决问题不是让学生照葫芦画瓢，不能让学生感觉到这节课我们学的是减法，所以解决这些问题都用减法，方法要总结，但过程要让学生经历和理解。在教师讲解的过程中，不能取代学生的认知，而是要通过圆片或者动画让学生直观地感受到每一部分表示什么含义。

第三，学生年级虽然低，但不代表没有表达能力，这个能力是需要培养和锻炼的，教师不能一言堂，不能从头说到尾，应该让学生去说，生生互说，让学生表达出自己的想法。最后解决问题时学生出现大部分的错误都是因为学生并没有真的理解这类问题该如何解决。

越是低年级的学生，越要有直观感受，有理解问题的过程和时间，教师不能为了完成教学任务而代替学生思考。

【第四期第四次研修活动】

关于举办伊金霍洛旗教育体育局第四期"1+1+X+N+Z"小学数学一级名师工作室第四次研修活动安排

在教师群体中，有这样一批出类拔萃者，他们的课堂风趣幽默，深受学生喜爱；他们的教学质量优异，受到各方赞誉；他们充满着人格魅力，影响着身边众多的人；他们不停地跋涉探索，找寻着教育的真谛。人们通常称他们为"名师"，他们是教师身边的榜样，是大家学习和追赶的目标。

几乎所有的名师，都在持之以恒地做一件非常普通但又非常重要的事情，那就是读书，大量的、范围广泛的阅读。坚持不懈地阅读，就是教师成长为名师的"秘诀"。

"其实，名师的成长没有捷径，无非是苏霍姆林斯基一直提倡并践行的阅读、反思、实践"。教师专业成长的历程实际上是两个转化的过程，即"读书—底蕴—教学"，第一个转化是从读书到底蕴的转化，这是一个积淀的过程；第二个转化是从底蕴到教学的转化，这是一个创生的过程。教师的底蕴是靠书堆起来的。书读得多，不一定底蕴就深厚。但是，不读书、少读书，是一定没有底蕴的。

看来，教师应当在自己的职业生涯规划中，将读书这件事情放在非常重要的位置上，并让其成为自己的生活方式。这既是自身成长的内在动力，也是成为一位名师的必由之路。

小学数学一级名师工作室计划在4月2日，在伊旗第五小学开展读徐斌老师《无痕教育数学课堂18例》以"读书成就名师"为主题的读书分享活动。

研修活动主题：读书成就名师。

具体安排：如表1所列。

表1

时　　间	活动内容	主讲人	地　　点
14：30—17：00	读《无痕教育数学课堂18例》汇报分享	工作室成员	第五小学教学楼录播室
17：00—17：30	活动总结	教育发展研究中心温文利	

读书分享促智慧融合

阅读是一种习惯，分享是一种乐趣。2020年11月，工作室的成员们拿到了徐斌老师的《无痕教育数学课堂18例》一书，大家进行了五个月的深度阅读、领悟、思考。2021年4月2日下午，伊旗教体局第四期"1+1+X+N+Z"小学数学名师工作室全体成员在旗教体局教育发展研究中心教育教学研究室温文利副主任的带领下，在伊金霍洛旗第五小学进行了半天的"读书成就名师"读书汇报活动。

16位教师结合自身的教育教学实际，分享了自己的读书感悟。

牛香莲老师的汇报非常精彩，从她的汇报中可以看出，牛老师对书的深度阅读和深度理解，她把书中的方法运用到自己的课堂上，并结合学生的学情对书中的案例进行分析，表示徐斌老师的方法真的是行之有效。

白金梅老师向我们介绍了徐老师教学的与众不同：趣味中引入，让学生在不知不觉中进入学习状态；在对比中理解，引导学生在潜移默化中学习；准确发问，使学生深刻思考，让学生构建知识；具有灵动的启迪，开放的思维。

雍芳老师提到：数学教学要敢于"退"，敢于"进"。首先，退到学生的生活经验；其次，退到学生的已有旧知；第三，退到学生的思维起点。"进"的策略：首先，进到学生的认知结构；其次，进到学生的思维深处；第三，进到学生的实际应用。

幕艳艳老师对案例的精彩解读，好像又把我们带回徐老师的课堂中。

李晓梅老师结合她的学生的大量作品尝试去理解书中的策略，既把书中的精华进行介绍，还结合自身的工作经历分享体会，是一位非常用心的老师。

  齐春燕老师通过对这本书的阅读，对这本书和徐老师产生了浓郁的感情，被徐老师对教学的热爱所感动。教者有心，学者会意，心灵融通，渐至佳境，不禁热泪盈眶。

  总之，老师们真的是用心去阅读了这本书。有的叙述了在徐老师的引领下，自己教育观念的更新、精神的洗礼；有的反思自己过去的遗憾，表达了"争取今天比昨天做得好，明天比今天做得更好"的决心等。

  从他们真诚的态度、真挚的语言、动人的解读和细腻的所思所悟中可以看出，教师们已经吸取了书中的精华内化为自己的知识体系，引发了老师们深深的情感共鸣。

  老师们分享完自己的感受后，教研室副主任温文利进行了精彩的点评，她提道：要做到教育无痕，关键是有心。对教育有热心、有恒心，对学生有爱心、有耐心。热爱教育才能亲近教育，探讨教育，有恒心才能不断积累，才能达到如此的境界。

  之后工作室对老师们提出了下一阶段的要求及期望，要求老师们把这次读书活动作为起点，把读书和学习当作终生的必修课，不断以全新的思想来指引整个教育过程，做幸福的书香教师，做学生们心灵成长的领路人。

  路漫漫其修远兮，吾将上下而求索。名师工作室为老师们的成长搭建了广阔的舞台。让我们在导师的引领下，协同研究，探寻教学之道、教育之道、教师专业发展之道，不忘初心、牢记使命，共谋伊旗教育发展的新篇章！

活动心得

《无痕教育课堂教学18例》读书心得

白金梅

  2020年下半年，我有幸成为伊金霍洛旗小学数学名师工作室的一名成员，更值得庆幸的是在工作室这个平台我遇到了徐斌老师，身临其境地感受了徐老师的无痕课堂。通过业余时间对徐老师《无痕教育课堂教学18例》的拜读，使我对无痕教育有了更加深刻的理解与认识，下面就我对无痕教育的一些理解与看法与大家共勉。

刚听到徐老师无痕教育的思想时，我心里很疑惑，所谓无痕就是指老师说得少学生自主学习多或环节之间的一种自然过渡，当亲临徐老师的无痕课堂，读过徐老师的无痕教育著作后，我豁然开朗，徐斌老师的无痕教育是指把教育意图与目的隐藏起来，通过间接、暗示或迂回的方式，给学生以教育的一种方式。而实施的策略是：不知不觉中开始，潜移默化中理解，循序渐进中掌握，春风化雨中提升。

教育是心灵与心灵的融合，灵魂与灵魂的对话，智慧与智慧的碰撞，生命与生命的互动。徐老师的数学课堂，善于整体把握数学教学内容。他基于学生的认知起点，创设有效情景，巧妙链接旧知与新知，鼓励学生自主探究，先易后难，逐层递进，引导学生向思维的深处发展。徐斌老师站在学科教学的新高度，让数学变得"好玩""好看""有趣"起来。引导学生在无痕中学习数学，发展能力。反观自己的教学行为，教学过程不能根据学生的实际情况灵活调整，往往只注重建立一个生动的教学情境来引导新课，而忽视了新旧知识间的联系。

书中徐斌老师谈到，数学教学就是把"科学形态的数学"转化为"学科形态的数学"，而这种转化过程的核心环节是对教材的处理。如何合理地使用教材，有效地整合学生的学习资源？徐老师说他的课一般有百分之八十是完全来源于教材的，其余百分之二十则是他依据学生的实际情况稍加改编而成，在他的每一个教学案例中不难发现。认真思考这百分之八十，恰恰是体现了他对教材的深刻解读，抓住了本质和核心的东西；而这百分之二十，又恰恰体现了他对教材的创造，这种创造细小、平实，却透露着徐老师独特的教育智慧。

通过书中一个个具体生动的教学案例以及案例背后教者的教学意图剖析，我真的有"听君一席话，胜读十年书"的感觉，同时和自己进行了深刻的对比与反思，自己在小学数学教育岗位上已有20个年头，却从来没有从教育理念、教育思想的角度去认真研究思考过，有的便是天天一成不变地备课、上课、改作业，有的只是倦怠与埋怨。在徐斌老师身上我感受到了大师教学的与众不同：趣味中引入，让学生在不知不觉中进入学习状态；在对比中理解，引导学生在潜移默化中学习；准确发问，使学生深刻思考，让学生构建知识；具有灵动的启迪，开放学生的思维。大师的"无痕教育"给我深深触动，让我明确了自己今后教学需更加努力的方向，在实践反思中不断提高自己的教育教学水平。

【第四期第五次研修活动】

关于举办伊金霍洛旗教育体育局第四期"1+1+X+N+Z"小学数学一级名师工作室第五次研修活动安排

解决问题的教学能够培养学生解决问题的意识和能力，培养学生的创新精神，巩固学生数学知识技能，并掌握解决问题的思想和方法。如何有效进行小学数学解决问题的教学是需要实践研究的一个问题。

学生在解决问题教学中经历从现实生活或具体情境中抽象出数学问题的过程，初步学会从数学的角度发现问题和提出问题，能综合运用数学知识解决简单的实际问题。通过操作与思考，观察与比较，分析与推理，从尝试画图到充分体验画图作为策略的作用所在，帮助学生感悟数学知识，提炼数学思想方法，发展数学思考。

根据小学数学一级名师工作室研修活动计划安排，遵循分领域推进课堂教学研究的原则，决定于4月16日在第一小学举办"伊金霍洛旗教育体育局第四期'1+1+X+N+Z'小学数学一级名师工作室第五次研修活动"暨"全国小学数学名师徐斌教学指导活动"。活动以研究课展示、专家评课，专家讲座等形式开展解决问题教学专项课题研究活动，在课堂教学中积极体现解决问题教学的核心理念，实现解决问题教学的高效发展。

研修活动主题：解决问题策略的课堂教学实践研究。

具体安排：如表1所列。

表1

时　间	活动内容	主讲人	地　点
8：30—8：35	活动开场（活动流程会场要求引荐专家）	第一小学齐鑫	第一小学报告厅
8：40—9：20	二下53页例4《混合运算解决问题》（2.3班）	上湾小学慕艳艳	
9：30—10：10	五下50页例3《求一个数是另一个数的几倍（几分之几）》（5.4班）	第五小学相叶群	
10：20—11：00	三年级《画线段图解决问题》	苏州大学实验学校副校长徐斌	
11：00—11：20	说课	慕艳艳、相叶群	
11：20—11：50	导师点评	苏州大学实验学校副校长徐斌	
11：50—12：00	上午活动总结	教育发展研究中心温文利	
午休			
14：30—17：30	专题讲座	苏州大学实验学校副校长徐斌	
17：30	下午活动总结	教育发展研究中心温文利	

实践出真知　前行有方向

　　万里扬帆风正劲，奋楫笃行创辉煌。为了进一步落实小学数学解决问题教学的核心理念，实现解决问题教学的高效发展，优化解决问题教学策略，促进教师的专业化成长，整体提高我旗小学数学课堂教学的质量。4月16日，伊旗教体局第四期"1+1+X+N+Z"小学数学名师工作室第五次主题研修活动暨"全国小学数学名师徐斌教学指导活动"在伊旗第一小学报告厅举行。本次研修的主题是"解决问题策略的课堂教学实践研究"。工作室导师苏州大学实验学校副校长、全国著名特级教师徐斌、伊旗教育发展研究中心常务副主任孙揭、教育教学研究工作室副主任温文利，全旗部分小学校长、教学副校长、小学数学一级名师工作室全体成员、全旗小学数学教师参加了本次活动。第一小学副校长齐鑫主持研修活动。

课例展示　导师点评

展示课环节，由一级名师工作室的慕艳艳老师和相叶群老师分别执教二年级的《混合运算解决问题》和五年级的《求一个数是另一个数的几分之几》。两位老师在备课时对学生的学情和知识的生长点、延伸点做了充分的了解，教学中选取了贴近学生生活的实际问题让学生解决，注重使用数形结合的方法帮助学生理解题意。慕艳艳在教学中首先引用烤面包所需原料的钱数进行铺垫，从实物图抽象到方块图，再抽象出条形图，通过图的变化使儿童的思维过程可视化，让儿童真正了解了知识的来源，知道知识是从哪里生长出来的。在探究新知环节，慕艳艳让学生经历了发现问题、提出问题、解决问题的过程，借助图形帮助学生分析数量关系，课堂中注重解题的步骤。

相叶群在教学中能及时抓住学生的生成进行及时追问，引发学生思考，并得出不同的解决问题的方法，让学生充分经历了发现问题、提出问题、解决问题的过程。从课前复习到新知探究，都注重了知识间的沟通，沟通了分数与除法之间的联系，在知识探究过程中建立数学模型，教学中注重变式题的训练，注重学生的说理练习，让数学课堂成为学生思维的殿堂。

心中有沟壑　课堂多实效

徐斌老师执教《画线段图解决问题》，课始，设计红花和蓝花之间的倍数关系实物图，过渡到正方形，渐变为条形图，进而抽象为线段图，以儿童认知规律为基础，展现了直观到抽象的发展过程。新知探究过程中，学生经历了发现问题、提出问题的过程，在解决问题过程中，虽然学生第一次学习画线段图，但在复习铺垫环节的示范和启发，准确指向了学生的"最近发展区"，学生能自主探索线段图的画法，自主建构数学模型。帮助学生实现从一步问题解决到两步问题解决的自然过渡，体现了课堂无痕的理念，实现了学生对知识的有效迁移。徐斌老师用画线段图这个学习数学的"法宝"，让学生亲身经历并逐步学会合理运用线段图分析数量关系并解决实际问题。

在说课环节，慕艳艳和相叶群对本节课的知识点进行横向对比、纵向勾连详细分析，对学情进行充分了解，对突破重难点的方法做了深入的研究，对分析后自己的困惑做了深入的思考。

上午的活动结束后，主持人温文利对上午的活动做了点评和总结，首先肯定了两节研究课都围绕研修活动主题，深研教材，在备课中下足了功夫。在教学中紧扣教学目标，突显策略的重难点贯穿课堂教学始终。同时对教学中暴露出的一些问题也进行了揭示，激励老师们在思考中教学，在思考中成长。

实践出真知，导师明方向

下午，徐斌老师对两节课做了详实精彩的点评，他指出一节好的数学课要做到深入浅出，"深入"需要教师在备课过程中使足劲，了解儿童的已有经验，了解数学知识的来龙去脉，要充分备课，精心设计。"浅出"是指用最简单的方法让学生觉得数学是简单的、容易的，学习数学是快乐的。

精彩的点评后，徐斌老师从四个"要点"：重视四则运算意义的教学；从生活出发培养应用意识；数形结合中体现思维合力；适当教给解决问题的策略做了解决问题的专题讲座。

在交流互动环节，现场的老师们纷纷就自己在教学中的困惑向徐老师请教。

通过这样一次次地观摩、学习、感悟、反思、提升，伊旗小学数学教师必将破茧成蝶，完成由普通到优秀再到卓越的蜕变。

未来可期，我们正向着美好的理想前行。

活动心得

听徐斌老师《画线段图解决问题》有感

李晓梅

数学课程标准提出："数学教学是数学活动的教学，是师生之间、学生之间交往互动与共同发展的过程。"基于这样的理念，数学教学应该从学生的生活经验和已有的知识背景出发，向他们提供充分的从事数学活动和交流的机会，帮助他们在自主探索的过程中真正理解和掌握基本的数学知识和技能、数学思想和方法，同时获得广泛的数学活动经验。那么面对新课改的挑战，如何让课堂短短的四十分钟，成为师生共度的一段有意义的生命时光，让短短的一节课，留给学生无尽的回味，带给学生深远的影响呢？

一、课堂生命之源——体现人文性

数学课程标准指出："数学是人类的一种文化，它的内容、思想、方法和语言都是现代文明的重要组成部分。"它注重数学教育的科学价值，同时更强调数学教育的文化价值。因此，我们要大胆改变传统的教学方式，给学生提供一个温馨、和谐的人文环境，力求体现数学课堂的人文精神。

①沟通情感，建立民主氛围。在课堂上教师与学生是合作伙伴的关系，教师与学生在人格上是平等的，是平等的交流者。听徐斌老师《画线段图解决问题》这节课，首先徐老师的语气非常平和、平静，与学生交谈只是平时的对话，老师的话只与本节课的重点有关，也只是简单的启发，学生的表达占有主体地位。再观我们的课堂教学，存在着以讲为主，学生被动接受的现象。教师是学生学习的主宰者，学生学会，怎样学，都在教师的严格控制之下，稍有不服从就要受到教师的指责，老师说话的语气就像是在"吵架"，非常强势，这种形式下的课堂教学气氛沉闷，缺乏生命活力。徐斌老师敢于蹲下来看学生，这是一种人文关怀。徐斌老师不仅是身体蹲下来，心灵也蹲下来，全身心地融入学生中，与学生一起合作、交流，共建有利于个性发展的课堂氛围，使学生有效地获取新的知识和能力。唯有师生平等，才能调动起师生合作的积极性，才有利于师生的交流，使课堂成为交流的"沙龙"。

②积极评价，激发探究热情。新课标中特别强调："对学生数学学习的评价既要关注学生的知识与技能的理解和掌握，更要关注他们的情感与态度的形成与发展，既要关注学生数学学习的结果，更要关注他们在学习过程中的变化和发展，评价手段和形式应多样化。"在徐斌老师的课堂上，教师尊重学生，热爱学生，要态度和蔼，语言亲切，把微笑带进课堂。教师不是将目光仅仅局限于知识的传授上，而是更多地关注学生作为一个生命体的存在。所以，在教学过程中教师要用深情的语言赞美学生的进步，用鼓励的语言评价学生的发言和创新。要积极帮助学生树立自信心和体验成功的喜悦。例如：学生回答不出

问题时，徐斌老师说："你行的，再好好想想！"遇到不愿意回答的学生，徐斌老师说："你先试试。"在老师暖暖的爱意中，学生往往能产生积极向上的情感体验，激发探究热情，从而自主的学习和发展。

二、课堂生命之本——体现自主性

苏霍姆林斯基说过："在人的心灵深处都有一种根深蒂固的需要，就是希望自己是一个发现者、研究者、探索者。而在儿童的精神世界中，这种需要特别强烈。"教师应科学指导学生围绕目标，根据各自的知识经验，进行有效的自主探究，促进知识的建构。

①感受情境，乐于自主探索。一名学者曾说："学习数学的唯一正确方法就是学生本人把要学的东西自己去发现和创造出来。"徐斌老师在教学中，根据学生的认识规律，努力为学生提供再创造的条件，让学生发现和创造出新的知识、新方法。如：在画线段图分析问题时，在学生初步明白可以先画一份，再用对齐的方法去画另一个量的方法后，学生自己探索分析的方法，在后面的教学中徐斌老师巧妙地用橡皮先"擦"再"改"的方法去分析问题，使线段图更有"灵"性，学生学习知识更有"活"力。

②体验竞争，促进自主学习。教育家夸美纽斯曾说："应该用一切可能的方式把孩子们的求知欲激发出来。"我们正处在一个大的竞争环境中，不妨也在我们的课堂引入竞争机制，为学生创设展示自我、表现自我的机会，促进学生间的"赶、帮、超"。

三、课堂生命之水——体现个性化

新课程改革的重点之一是促进学生学习方式的转变，倡导新的学习方式。在数学教学中让学生亲身经历知识的形成、自主建构知识网络的过程，给予他们充分展示自己个性、独立思考的空间，使他们人人参与学习过程，这样学生的情感、态度、学习能力才能得到锻炼和发展。数学课堂上教师面对的是活的学习主体，教师要给学生以自由、活动的空间，真正体现学生的主体。

①给予学生权利，让他自己去选择。主动选择带来主动学习，为学生提供选择的教育，才是有效成功的教育。要保证学生的自主选择，全面发展，就要提供可供学生选择的内容。选择性学习可使不同能力水平的学生都找到适合自

己的学习起点和发展空间。选择性的学习活动，能为学生自主性学习提供广阔的时空，能使学生产生新的兴趣和一种自主支配学习的激情。慕老师在教二年级的解决问题时，灵活的用"分析法"和"综合法"去分析问题，有的内容可以从"问题"出发，倒着去分析，有的问题可以从"条件"出发，根据已知条件分析问题，同一类内容，教给学生不同的解决问题的方法，学生就拥有了"选择权"，主动选择带来主动学习，为后续提高学生解决问题能力做了很好的铺垫。

②给予学生问题，让他自己去解决。数学教学中，学生会遇到很多问题，教师在教学中针对不同问题，采用灵活多样、富有变化的解决问题的方法，对教师的教学方式和学生的学习方式进行创新，以往单一的学习方式和教学方式不利于培养学生的创新精神和实践能力。因此，课堂教学应积极采用探究式、研究式、体验式等学习方式，激发学生学习的兴趣和热情，让学生能够在多种多样的学习方式中掌握知识、培养能力。

总之，在素质教育的今天，每一位教师要始终坚持以崭新的教育理念为思想指导，课堂上，始终把学生放在主体地位，充分调动学生的自主能动性，尽量给学生提供自我学习的机会，让数学课堂焕发生命的活力，让数学课堂真正成为师生共度的生命时光。

【第四期第六次研修活动】

关于举办伊金霍洛旗教育体育局第四期"1+1+X+N+Z"小学数学一级名师工作室第六次研修活动安排

概念教学是小学数学教学中最基础也是最重要的内容，概念教学能提高学生的推理能力。有效的概念教学策略要求教师根据学生的实际能力与学习需求进行，并以发展学生的数学能力、探究能力、自主学习能力，构建数学概念学习体系为出发点。

小学数学名师工作室积极探索"基于核心素养下的小学数学课堂教学深

度研究"的教学形态,以课堂教学实践研究为载体,决定于9月17日在伊金霍洛旗第一小学举办小学数学一级名师工作室第六次研修活动。旨在通过研究课展示、观议课交流、总结提升等活动让概念的形成建立在已有认知基础上,在不断建构与加深概念的过程中,准确地理解概念,正确地表述概念,从而达到概念教学的目标。

研修活动主题：基于核心素养下的概念教学深度研究。

具体安排：如表1所列。

表1

时间	研修内容	主讲人	地点
14:30—15:10	三上21页例1《毫米、分米的认识》(3.3班)	张艳梅	第一小学教学楼二楼录播室
15:20—16:00	三上21页例1《毫米、分米的认识》(3.4班)	孟秀英	
16:05—17:00	课前会议 讲课观课说课议课总结 解读计划	说课：张艳梅、孟秀英；观课议课：一组：齐鑫、白金梅、李晓梅、齐春燕；二组：孟秀英、王秀明、李超、牛香莲；三组：温彦君、雍芳、慕艳艳、李东洋；四组：于淼、张艳梅、刘水桃、相叶群；主持人总结：温文利	
17:00—17:30	《2021—2022年度小学数学名师工作室研修活动计划》解读	温文利	

"实证+内涵"教研方式的变革,深度研究听评课模式。

观察量表设计样例。

维度一：教学目标设计与实施课堂观察单。

维度二：教学活动设计与实施课堂观察单。

同课异构展风采　主题研修促成长

金秋的阳光温馨恬静，金秋的微风和煦轻柔。迎着秋日的暖阳微风，伊旗教体局第四期"1+1+X+N+Z"小学数学一级名师工作室第六次研修活动于2021年9月17日下午在伊旗第一小学圆满完成，本次研修活动的主题是"基于核心素养下的概念教学深度研究"。参加本次活动的人员除了一级名师工作室全体成员，还有伊旗第一小学二级名师工作室的全体成员。

活动伊始，小学数学一级名师工作室主持人温文利组织工作室成员召开课前会议，为四个小组分配不同维度的观课任务，并详细解读了新观察量表的使用方法。工作室的成员在熟知量表操作方法的前提下深入课堂，从四个不同的维度分别对两位老师的课进行收集实证的观课活动。

一、同课异构，毫米再认识

课例展示环节，由工作室的张艳梅和孟秀英两位老师以"同课异构"的形式展示了两节《毫米的认识》研究课，两位执教老师都能够明确教学目标，抓住教学重难点，根据自己对教材的理解和把握，将同一节课的内容以不同的形式、迥异的教学风格展示出来。教学中从不同的角度激发学生数学思维，引导学生积极参与课堂学习活动，真正做到了"同中求异，异中求同"。张艳梅老师教学技能扎实，课堂教学层次性强，通过估一估、量一量、找一找、数一数等活动，帮助学生充分体验毫米的实际意义。在螺旋上升的认知活动中，从生活经验中抽象概念、深化概念，达到对毫米的充分理解。孟秀英老师的课堂灵动有趣，课堂语言风趣幽默。课的开始，孟老师精心设计，利用一把特殊的厘米尺，让学生在测量数学书厚度的过程中，产生认知冲突，感受毫米产生的必要性。教学中孟老师借助自制学具，让学生在画一画的体验活动中充分感知1毫米的长度，在脑中建立起1毫米的清晰表象。整节课孟老师都能以学生自主学习为主体，教师引导为辅，充分体现了学生的主体地位。

二、说课释义，教学再研讨

两节精彩的展示课后，两位老师从教材、学情、教学目标、教学流程、设计意图、课后思考几方面进行说课，为观课老师读懂课堂提供了更有力的依据。

　　在小组展评环节，大家各抒己见后又在组内整合意见，绘成一张有理有据、极具智慧的思维导图。各组在汇报中，深度剖析了两位老师每个教学环节所蕴含的教学理念与设计意图，更是将两位老师的课进行了对比糅合，从教学策略、教学行为和教学方法等方面寻找差异，互相取长补短，达到共同提高的目的，提炼出更优的教学设计与方法。

　　三、分析总结，活动再提升

　　最后由主持人温文利对本次活动进行了分析总结，温老师肯定了两位老师在课堂教学中的精彩表现，并给予鼓励。温老师提出概念教学是小学数学中最基础也是最重要的内容，是提高小学数学教学质量的重要途径。数学概念的形成，是一个不断建构的反复过程，教师在教学中要放慢构建概念的脚步。同时，温老师也对工作室的成员提出了更高的期望与要求，强调老师们在每次的活动中要有所思、有所想，才能有所悟、有所得，成为真正"发光"的名师。

　　此次活动的开展，老师们深入交流，思维碰撞，博采众长，进一步开拓了教学视野，增强了教学智慧，促进了教学理念的更新，是我们工作室的又一次成长。"学无止境，沿途芬芳"。愿我们怀揣着教育人的情怀和梦想，在名师工作室的引领下不断成长，共赴远方，在教育的路上开出璀璨的花。

活动心得

在体验中构建数学知识

温彦君

　　向阳而生，怀揣梦想；向下扎根，深耕课堂；向上成长，四溢花香；每一次活动都能使我在这三方面深有感受。现对本次小学数学名师工作室活动反思如下。

　　9月17日，我非常有幸听了孟秀英、张艳梅两位老师"认识毫米"的课堂实录，两位老师对本节课的讲授使我受益颇多。两节课目标定位准确，紧紧围绕目标展开教学，紧紧围绕着毫米变换不同的教学方式，运用多种感官形式让学生去认识毫米，体验毫米，掌握毫米。

　　课堂一开始，两位老师虽然设计不同，但都是先复习旧知——米和厘米的长度展示及单位间的进率，唤醒学生以往的知识经验，紧接着通过估一估数学书，让学生会选择合适的单位去估计数学书的长度。这里我觉得孟老师的处理更好一点，只进行了厚度的测量，而张老师对长和宽也进行了测量，时间花费过多，没有直接抓住认知冲突。另外学生在测量数学书厚度时，我觉得不需过于纠缠是几毫米，教师直接介入，不足1厘米怎么办呀，我们该如何去精确的表示它的长度，从而让学生意识到我们学习毫米的必要性，其实这样通过认知冲突来让学生知道本节课的教学内容的教学方式也适合于许多数学新授课的讲授，比如小数的认识、比的认识、除法的竖式计算等。

　　紧接着就到了本节课新授内容部分，两位老师主要从以下几个方面来让学生认识毫米：观察直尺，认识毫米刻度；通过学生一起数一数，让学生展示数一数方法，找到毫米和厘米之间的关系；放手给学生，同时又突破本节课的一个难点，展示关系有理有据，值得我学习。紧接着通过观察、手丈量等多种体验方式在学生的大脑中建立1毫米的表象，一步突破重点，克服难点。但我建议让学生画一画1毫米也是可以的。接下来，让学生运用手中直尺测量长度大于1毫米的物品，如线段的长度，在测量时我建议设计直尺的准确度量，毫米单位长度较短，需要我们更加准确的测量，所以教给学生测量办法也是必行的一件事情。接下来我觉得应回到对数学书的厚度、宽度进行回应式的测量，掌握常见物品的尺寸，让学生眼中的"尺子"更饱满、更准确，达到首尾呼应，这样一箭三雕，既解决刚开始的问题，又巩固了本节课的知识，同时还为进一步进行单位换算埋下了伏笔。

　　在练习题时我觉得平时还是应从零刻度开始测量，完整的尺子无需从其他刻度开始测量，只有遇到尺子有损的情况下我们选择从其他刻度量起。在读刻度时，我觉得应说清楚三种读法，整体毫米读，部分加部分（厘米＋毫米），或整体减部分。

　　总体回顾两节课，看似平淡，但两位老师"步步为营"层层推进，让一节毫米的认识变得思路清晰、有血有肉，课堂内容丰富多彩，同时这节课的教学思路也可以作为一个教学范本来应用到以后"分米的认识"中，认识长度单位、找长度单位之间的关系、体验基本的长度单位、体验更大的长度单位，同时有了本节课的教学模式，对于分米的认识我们教师可以通过陈列问题，放手给学生，让学生自己带着问题去解决问题，这样一方面锻炼了学生解决问题的能力，一方面体现了"以生为主"的教育理念。

【第四期第七次研修活动】

关于举办伊旗教体局第四期"1+1+X+N+Z"小学数学一级名师工作室第七次研修活动的安排

为进一步提高我旗小学数学教师概念课教学技能，深入推进概念教学实践研究，小学数学名师工作室决定开展第七次研修活动。现将有关事宜通知如下。

活动主题：议课式概念教学研究。

具体安排：如表1所列。

表1

时间	研修内容	主讲人
14：30—15：00	六上82页《百分数（一）》	齐春燕
15：00—15：30	五上62页《方程的意义》	李 超
15：30—16：00	三上90页《几分之一》	温彦君
16：00—16：30	二上38页《角的初步认识》	王秀明
16：30—17：30	研讨交流	分组进行
17：30	总结	温文利

"实证+内涵"教研方式的变革，深度研究听评课模式。

观察量表设计样例。

课例二：五上62页《方程的意义》。

课例三：三上90页《几分之一》。

聚焦概念教学　细研教学策略

秋天意正浓，教研风正吹。10月15日下午，小学数学一级名师工作室在伊旗第五小学开展了以"议课式概念教学研究"为主题的第七次研修活动。此次活动除了教研室副主任温文利和名师工作室全体成员参加外，还有伊旗实验学校和伊旗第五小学的全体数学老师参加。

活动伊始，主持人温老师就本次活动的目的及观课议课的二个维度六个观察点进行了细致的解读。鼓励老师们在议课过程中深入思考，充分发挥每个人的创造性。

接着四位老师对四节概念课进行了深刻、规范的说课。

伊旗新庙小学齐春燕老师说课的内容是《百分数的认识》。齐老师从教材的横纵向联系及不同版本教材的对比进行了详细分析，结合自己的思考设计了符合学情的学习活动，对今后老师们的说课范式有很好的借鉴作用。

北师大二附小李超老师说课的内容是《方程的意义》。李老师用简洁明了的语言，让老师们感受到对于这样的概念课，我们应该牢牢把握在活动中建构概念这一原则。

伊旗第五小学温彦军老师说课的内容是《分数的初步认识》。从温老师的说课中，老师们感受到他在教学中注重通过动手操作活动对概念本质的探寻，同时也特别注重学生思维能力的培养。关注学生知识结构的形成过程。

伊旗第八小学王秀明老师说课的内容是《角的初步认识》。王老师的说课全面、深入，充分沟通了知识的纵横联系。在教学活动中能设计新颖、实用的教学策略，突破教学难点，体现出求新求变的教学风格。

精彩的说课活动之后，各组成员对四位老师的说课内容进行了紧张、激烈的研讨交流。通过思维导图呈现了各组的研讨成果。在汇报交流环节，老师们既充分肯定各位说课老师的精彩表现，也诚恳、客观地给予中肯的建议。

最后，主持人温文利对各说课老师的表现进行总结评价。明确指出在今后的说课中，要基于教材、走进单元理清知识的前后脉络，努力做到入得教材——出得教材——用活教材——得益教材。只有心中有数，方能手中有法。

既要细研课标也要时刻关注核心素养目标在课堂中的落地生根。

通过本次说课、议课活动，每一位老师心中既明确了今后说课的范式，同时也更深刻地感受到概念课教学的基本样态，我们要通过设计有效的学生活动，使学生在活动中主动建构概念，理解本质。

活动心得

研修心得体会

李东洋

2021年10月15日，伊旗教体局第四期"1+1+X+N+Z"小学数学名师工作室第七次主题研修活动在伊旗第五小学举行，本次研修的主题是"议课式概念教学研究"。

本次研修选取《百分数》《方程的意义》《认识几分之一》《角的初步认识》四节课，以说课的形式进行教学研究。

首先由齐春燕老师对《百分数》进行说课，齐老师首先分别从学段目标、教学建议和数学核心素养三方面对课标进行分析解读。在说教材的时候，又从横向和纵向两个维度进行分析、对比。特别在横向分析对比中，把本单元的所有例题都进行对比分析。接下来温彦君老师对《认识几分之一》进行说课，对教材横向和纵向的分析对比没有用很大篇幅去介绍，但从温彦君老师的教学过程中可以看出，对课标和教材的解读是很深入的。而且在习题的设计上也层次分明。可以让全班同学"吃好"，也可以让优等生"吃饱"。最后王秀明老师对《角的初步认识》进行说课。王老师的教学过程让我眼前一亮。她对本节课的教学有很深很独特的思考。在常规教学的基础上，进行一系列的改进，非常巧妙的对重难点进行突破。说明王老师真的对本节课进行了深入的思考。

通过本次研修我真的收获满满。首先，我对说课的内容和形式有了进一步的了解。以前只是知道说课要说课标、说教材、说教学目标、说重难点、说教学过程和板书。特别是对说课标和说教材我根本不懂，不知道说什么。每次说课都是在网上找一些已经有的说课标和说教材。通过本次研修我对说课标有了一定的了解，雍芳老师还为我们推荐了课标详解的书，关于说教材也有了一定的抓手，要从横向和纵向两个维度去思考、分析和对比。在纵向对比中，要从小学阶段所有教材出发再到单元，最后落在要讲的那节课上。在横向对比中，要分别分析各版本所讲单元的年级区别、例题形式区别，吸取各版本的精华，对要讲的课进行梳理。其次，我从主持人温文利、小组成员、整个工作室成员中学到了认真的态度。温文利老师关于每次研修的准备与每个工作室成员的表现都令我感受颇深。他们做的说课稿，以及对所说课内容的思考，让我很震撼。每个人都那么优秀并且还那么努力。就像网上说的"比你优秀的人还比你努力，你有什么理由还不加油努力"。见贤思齐，以后我一定倍加认真、努力。

【第四期第八次研修活动】

关于举办伊旗教体局第四期"1+1+X+N+Z"小学数学一级名师工作室第八次研修活动的安排

为进一步有效落实"双减"政策，提高我旗小学数学教师作业设计能力，促进教学质量发展，小学数学名师工作室决定开展第八次研修活动。现将有关事宜通知如下。

活动主题："双减"背景下的小学数学作业设计研究。

具体安排：如表1所列。

表1

时间	研修内容	主讲人
14：30—15：00	单元作业设计展示（PPT展示）	于淼
15：00—15：30	单元作业设计展示（PPT展示）	牛香莲
15：30—16：00	单元作业设计展示（PPT展示）	穆艳艳
16：00—16：30	单元作业设计展示（PPT展示）	齐鑫
16：30—17：30	研讨交流	小组成员
17：30	总结	温文利

"实证+内涵"教研方式的变革,深度研究听评课模式。

观察量表设计样例。

齐鑫:《单元作业设计展示》。

于淼:《单元作业设计展示》。

聚焦"双减"政策优化作业设计

集思广益求甚解,齐心协力谋发展;上下求索加琢磨,精益求精来开拓。为推进"双减"政策落实落细,实现减负提质,优化作业设计,11月26日下午,小学数学一级名师工作室在伊旗第三小学开展了以"双减"背景下的小学数学作业设计研究为主题的第八次研修活动。此次活动除了教研室副主任温文利和名师工作室全体成员参加外,还有伊旗实验学校数学二级名师工作室全体成员、伊旗第三小学数学二级名师工作室全体成员、第三小学校领导全程参加。

活动开始,主持人温老师就本次活动的目的及观课议课的二个维度和六个观察点进行了细致地解读。温老师要求老师们在观课过程中深入思考,在议课过程中建言献策,充分发挥每个人的创造性,群策群力形成集体的智慧。

接着四位老师对自己设计的作业从不同角度进行了认真、细致的解读。北师大第二附属小学于淼老师解读四年级上册第四单元《三位数乘两位数》单元作业设计。于老师从课标要求、教材分析、教材的编写特点、教学目标进行了详细分析,结合学情设计出符合本班学生的单元作业,给我们提供了一个很好的样例,值得我们去借鉴。

第三小学牛香莲老师解读作业设计的内容是六年级上册第五单元《圆的认识》。牛老师从"双减"背景下出发,提出作业设计对老师来说是很大的挑战。接着牛老师从学情分析、教材分析、教学目标等环节详细解读了自己设计的必做题、选做题和试做题的设计意图。

上湾小学慕艳艳老师解读作业设计的内容是五年级上册作业,慕老师提出作业设计必须少而精,常规作业要扎实有效,特色作业要经常开展。汇报中慕老师展示了她们学校的特色作业，如：数学日记、调查活动、单元知识梳理、数学小报等，这些特色作业是学生喜欢的作业，给枯燥的数学学习增添了绚丽的色彩。

第一小学齐鑫老师解读六年级上册第一单元《分数乘法》单元作业设计，齐老师站位高，分层作业目的明确，老师布置作业侧重放在把握重点、突破难点上，对于学生易接受的知识进行简单的练习。分层作业设计突出针对性，通过做不同的作业使不同层次的学生有不同的发展。

精彩的作业设计解读活动之后，各组成员对四位老师的作业设计进行了紧张、激烈的研讨交流，最后通过思维导图呈现了各组的研讨成果。在汇报交流环节，老师们既充分肯定四位老师设计的作业的精彩之处，也诚恳、客观地给予中肯的建议。

最后，主持人温文利对四位老师的作业设计进行总结评价。温老师明确指出在今后的作业设计中，要努力做到先梳理教材，再分析学情，最后设计作业。提出设计作业要先做课本上的题，把课本上的题用足了，再走出课本，到课本外去搜题。搜题也要做到有针对性，可以根据学生的易错点、能力提升点和思维拓展点等方面进行找题，做到点对题，争取让每位老师设计出好题。

通过本次作业设计的研究活动，使每一位老师心中都明确了今后如何进行作业设计，同时在作业设计中知道了应该先做什么？再做什么？最后做什么？总之，在"双减"政策背景下，希望我们有效的设计作业，真正为课堂教学服务。

活动心得

明方向　定目标

相叶群

"双减"政策实行以来，从上到下一直在强调减负、提质，那么如何提质呢？这是我们一线教师最应该关注的，也是最应该深刻研究的问题，虽然对此问题我也有一些粗浅的想法，也经常和同组内、本校的老师一起探讨，但毕竟资源有限，无论怎么探讨，仅限于本校的想法。2021年11月26日，迎来了工作室的第八次研修活动，本次活动的主题是"双减"背景下的小学数学作业设计研究，真可谓下了一场及时雨，在完成本次作业时，我就特别期待展示活动，因为只有在展示中才能看到不同学校、不同老师的不同看法，这样才能博众人之长，取一己之短。

在活动中首先由北师大附二小的于校、三小的牛老师、上湾小学的慕校、一小的齐校分享他们在本校中对于"双减"后作业的一些做法；其次一如既往分小组讨论，发表自己的观点，在讨论中也相当于将听到的内容在头脑中再现、与自己的思维碰撞、整合组内成员的不同想法，其实是又一次的深度研究；最后的展示活动更是精益求精，集所有人的智慧于一体；活动的最后，温文利主任的点评更是画龙点睛，不仅对每一位老师的优点提出表扬，更是对于不同情形都提出了合理化的建议，给所有工作室的成员明确方向，只有这样才能有效地辐射到校内。

对于一线教师，无论何时我们都要结合课标、紧扣课本研究教学、研究习题，要做到胸中有标，心中有本，也就是将教材梳理贯穿于整个教学中。作业的设计表面看来似乎更重视题，但是题不在于量，而在于精，那么精从何来？就需要我们花大量的工夫，结合课标，分析意图，制定策略，不同类型可以实施不同的策略，比如口答、动手实践、课外阅读，数学作业并不是我们认为的传统的题海战术才是正确的，那样既给学生加重了课业负担，又起不到实效性的作用。

课后作业从哪里来？不应该是备课时制定好就一成不变，而是应该结合课内习题，根据不同的学情，进行不同的修改，也就是一切以生为本，跟进是很关键的，只有跟进了学生才能有所获、有所得。

单元内例题的重组，对"双减"后的提质也有很大的帮助，因为在这样的大背景下，家庭作业已经不适用，那么作为教师我们就要在有效的时间实行更加有效的策略，如果我们对例题进行了重组，节省的时间，正好处理我们精心设计的习题，跟进也就轻而易举地做到了。

总而言之，要想做到高效，首先应该提质，如何提质？需要一线教师的我们明确方向，定好目标，继续走在研究的道路上，要不断的研究课标、研究教材、研究学生，一切从学生立场出发，真正响应国家的号召，努力做一名人民满意的教师。

【第四期第九次研修活动】

关于举办第四期"1+1+X+N+Z"小学数学一级名师工作室第九次研修活动的安排

为进一步提高全旗小学数学教师单元作业设计能力，伊旗小学数学一级名师工作室决定开展第九次研修活动。现将相关事宜通知如下。

活动主题："双减"背景下小学数学单元作业设计实践研究。

具体安排：如表1所列。

表1

时间	研修内容	主讲人
14：30—15：00	六下《比例》单元作业设计展示（PPT展示）	张艳梅
15：00—15：30	六下《比例》单元作业设计展示（PPT展示）	相叶群
15：30—16：30	研讨交流	工作室成员
16：30—17：00	总结	温文利
17：00	解读《2022年度小学数学名师工作室工作方案》；解读《名师工作室考核方案》	温文利

品"双减"作业之源 立单元作业之思

伊金霍洛旗教育体育事业发展中心

四季伊始，春风含香，生机盎然，万物可期。"双减"之下，我们在行动。

为进一步深化课堂教学改革，提高教师的学科核心素养，真正推动"双减"政策落实落细，实现"减负提质"。3月25日，伊旗教体局小学数学一级名师工作室在第三小学举行了关于"单元作业设计实践研究"主题研修活动，本次活动由一级名师工作室主持人温文利主持。伊旗第三小学校长王志刚及学校全体数学教师、实验小学数学教师、新街小学数学教师、上湾小学数学教师约90人次全程参与了研修活动。

"双减"政策发布以来，伊旗教体局小学数学名师工作室多次进行"有效作业的实践研究"研修活动，凝心聚力，集思广益，收到了较好的效果，形成了一定的影响力，伊旗融媒体中心专访了本次"双减"背景下的教育教学改革活动。

深度分析理教材，精心设计促思维

此次活动是"双减"背景下作业设计的观念革新之旅，更是一场"单元作业设计"的深入实践探索之旅。张艳梅和相叶群两位老师为大家做了"单元作业设计"展示汇报，她们的介绍各具特色，语言风格如其名。张艳梅老师娓娓道来、张弛有度。针对六年级下册第四单元《比例》编排内容，从编排意图、数学要素、版本对比、核心素养的提升等方面进行深入分析，以帮助老师们正确解读教材，准确把握作业设计内容，明确设计方向。结合"知识"和"课标"双向设计，题目层次分明，题型形式多样、多个知识点相融合，多种情境结合生活，训练学生思维，提升学生综合应用能力。相叶群老师构思巧妙、认真投入，给大家做了单元作业设计的分析与展示。她在汇报中依据课程标准的具体要求，结合本单元的知识点，对不同版本的每一个例题进行细致分析，设计了多类型、多生活化的题目。加深了对知识的综合理解，培养学生综合应用知识的能力和解决实际问题的能力。

一枝独秀不是春，百花齐放春满园

小学数学一级名师工作室所有成员分为四个小组对两位老师的单元作业设计进行了热烈的交流讨论，老师们各抒己见，博采众议，并通过思维导图呈现了他们的讨论成果，肯定了两位老师的作业设计，同时也提出了客观有效的建议，为后续单元作业设计提供了参考方向。

因材施教，水滴石穿

最后，主持人温文利就此次活动做总结发言，对两位教师丰厚的学识素养、深邃的理论思考、刻苦的钻研精神提出表扬，同时给在座的老师们提出教学建议：一是希望教研活动扎实有效，不搞形式主义，要真研究，研究真问题；二是教材梳理是每一位老师要做的首要事情，要在相邻的知识板块之间进行勾连、进行比对，不断更进、不断夯实；三是温老师阐释了"双向细目表"和"单元作业设计"的意义，及如何利用"双向细目表"设计单元作业。温老师提道：要先设定好"双向细目表"，再根据双向细目表"设计单元作业的题目，也希望老师在实践研究中能加入更多的"向"，设计出更符合学生学情，指向学科核心素养的单元作业单，让"双减"真正落地，减而有质。

通过参与活动，老师们对"双向细目表"和"单元作业设计"的使用有了新的认识，为"双减"政策下的单元作业设计指明了前进的方向。

会议结束后，温老师解读了一级名师工作室2022年度工作计划，明晰工作室成员未来一年的工作方向。

成果篇
——发展学生
因热爱而坚持，因梦想而坚定

"双减"政策落地以来，小学数学一级名师工作室以"提质减负"为思想，以实践研究为途径，以创新突破为手段，大胆实验研究，以量表为评价载体，以教材梳理为源头，以双向细目表为纲领，以习题研究为主线，构建单元结构体系。

以"单元作业设计实践研究"为主题的研修活动取得圆满成功！活动主题之新，研修过程之实，活动成果之得赢得了外界一致好评！

【第四期第十次研修活动】

关于举办伊旗教体局第四期
"1+1+X+N+Z"小学数学一级名师工作室
第十次研修活动的安排

为进一步推进小学数学概念课教学实践研究，提高课堂教学效益，小学数学名师工作室决定开展第十次研修活动。现将有关事宜通知如下。

活动主题：议课式概念教学课例研究。

具体安排：如表1所列。

表1

时间	研修内容	主讲人
14：30—15：00	四下32页《小数的意义》	王秀明
15：00—15：30	五下45页《分数的意义》	李东洋
15：30—16：30	研讨交流	于淼、相叶群、李晓梅 李东洋、慕艳艳、温彦君
16：30—17：30	分享交流	张艳梅、刘水桃、齐鑫、李超 白金梅、齐春燕、雍芳 牛香莲、孟秀英、王秀明
17：30	总结评价	温文利

"实证+内涵"教研方式的变革，深度研究听评课模式。

观察量表设计样例。

李东洋：五下《分数的意义》。

王秀明：四下《小数的意义》。

落实"双减"找方法立足作业提质量

在教学过程中研究，在研究状态下教学。为有效落实"双减"政策，小学数学一级名师工作室于2022年4月29日在伊旗第五小学录播室开展了以"议课式概念教学课例研究"为主题的第十次研修活动。一级名师工作室主持人温文利主持本次活动，名师工作室全体成员、伊旗第五小学的全体数学教师及矿区小学部分数学教师全程参加了活动。

活动开始，主持人温文利说明本次研修活动的目的，并解读了观课量表的使用，使老师们对接下来的观课有了更加明晰的方向，为最后的议课收集充足的有力证据奠定了坚实的基础。温老师要求老师们带着自己的思考去观课、去记录，在议课过程中发挥集体力量，充分交流，思维碰撞，让原认知发生质的变化。

在汇报环节，承担汇报的两位老师都从单元教材框架梳理、课时教材分析、学情分析、课时教学设计、课时作业设计、双向细目表、课时作业设计题单六方面进行分享，在单元教材分析环节都能结合新旧课标进行对比分析，对课时教材内容从横纵向进行细致地分析，设计了基于教材分析的课时作业双向细目表，呈现了基于双向细目表之下的课时作业题单。

伊旗第八小学王秀明老师汇报的是人教版四年级下册第四单元的第一课内容《小数的意义》，王老师用她独有的个人魅力清晰地阐述了教材中的每部分内容，并且对教材进行创造性的使用，让学生在不断细分过程中感受小数的无限思想，正是因为有了这样的过程才使学生顺利建构概念，王老师设计的课时作业题也充分体现了这一思想。

北京师范大学鄂尔多斯市第二附属小学李东洋老师汇报的是人教版五年级下册第四单元的第一课内容《分数的意义》，李老师的汇报细致全面，让学生在理解分数意义的基础上，更注重渗透数形结合思想，培养学生的抽象概括能力。在习题设计上紧扣新授内容，不断提升，开阔了学生的思维。

分享结束后，全体工作室成员分为四组，进行了基于实证的评课议课活动，各成员针对两位教师的分享课进行了深入研讨交流。

水本无华，相荡乃成涟漪；石本无火，相击则发灵光，只有思想与思想碰撞，才会迸出智慧的火花。老师们首先肯定了两位老师的课时作业设计，同时也提出了一些合理化建议，为后续的课时作业设计提供了导向。

活动最后，主持人温文利对本次活动作全面总结评价，温老师首先肯定了两位老师的分享成果，指出，一是在备课上下足了功夫，二是注重了概念的构建，三是在准备上花了心思。同时也对工作室的全体成员提出更高要求，要在基于教材分析之后制定出目标性极强的双向细目表，再结合双向细目表设计习题，习题的选择要把握好知识的重难点以及操作的难易度。

落实"双减"，提质增效，任重而道远。通过本次活动，老师们将进一步运用好"双减"政策，立足课堂这个教育主阵地，强化作业设计，切实减轻学生课业负担，让教育真正回归育人本质。

活动心得

全面把握知识内涵　深思深研造名师之路

齐　鑫

每一次的一级名师工作室研修，都会让自己有不一样的收获，落实"双减"以来，从以前的简单命制试卷到现在会结合双向细目表命制期末试卷甚至是单元作业，课时作业的设计也渐渐的都有了自己的想法，就像老话说的成长是看得见的。本次研修的主要教学内容是关于概念课的教学作业设计，深化概念课的研修一直以来就是我们的教学难点，而且本次两位老师的内容梳理让我对教材的梳理和学情的分析有了再一次深刻的了解。接下来就本次研修的活动做以下思考。

一、精研双向细目表，设计作业的有效手段

针对双向细目表，其实已经有过几次的研究，如果说依据课程目标是作业设计的依据，那么依据双向细目表就是作业设计的大纲，无论是单元作业设计还是课时作业设计，甚至是我们的期末试卷命制都是一个道理。以往我们在做作业设计的时候大多都是将平常教学中收集到的一些好题拼接成一张题单即可，这样的弊端就是我们所谓的好题真的适合学生吗？有了双向细目表就不一样了，在我们命制试卷之前我们根据本册教材梳理的具体内容内化单元的每一个知识点，根据课标中对每一个知识点的难度要求划分知识点的考题难度和考题分布，从而以双向细目表为标准权衡我们试题的命制工作。

"双向细目表"包括教材内容和学习结果两个维度，教学内容就是我们教学的所有知识点，而"学习水平"即把学习结果或认知水平分为"知识、理解、应用、分析、综合、评价"六种水平。《双向细目表》纵向包括该试卷各大题里每小题所考查的知识点是什么，权重分为多少；横向则是该知识点的目标层次要求，而该知识是要求学生识记、理解还是要求原理运用，同时还需要预测该知识点对学生考查的难易程度。《双向细目表》一经确定，整个试卷的雏形便出来了。接着，就是按照《双向细目表》选取或编制题目了。结合几次对单元试题和课时试题的研修，我认为编制双向细目表分为以下

几步。

1. 按知识要点进行纵向设计（即列出教学内容要点）

这个过程包括：

①列要点。先要认真分析教材，把教材中的知识点找出来。然后列出其中重点，通常是把新授的、经过一定训练的内容作为测验重点。

②定比例，即确定每一类要点应占的分数比例。

2. 按能力水平进行横向设计（即列出教学目标清单）

这个过程包括：

①将能力要求从左到右逐步列出，一般情况下，数学试卷列为四项，即了解、理解、掌握、运用。

②参照本次评价目标分配分数。低年级了解、理解分数比例应高一些，随着年级升高，运用、掌握的分数比例逐步提高。

3. 将双向设计合计总分，根据各知识点的内容进行调整

二、分析学情，直抓知识的盲区

在备课前，通过先了解学生的已有知识水平，初步判断学生的学习能力，是进行有效教学设计的基本前提。注重分析学生已有的背景知识，也是进行有效教学设计的重要基础。只有我们深知学生的知识盲区在哪里，才会将旧知与新知的整体知识形成体系化的知识构建。结合目前我校对教材梳理进行的深入研究，我认为学情分析应把握以下几点。

①分析学生的知识认知结构，找准知识的生长点和延伸点。

②了解学生的年龄特征和思维能力点。抓准知识的同时了解学生的能力点也是学情了解的重点步骤。

③注重教师的思考。前两条是站在学生角度让教师深刻地了解自己如何教，而学情分析必须也要有教师的角度的分析也就是教师的思考，这个思考我认为对重难点的落实尤其显得关键。

④适当的情况下做学情调研也是我们学情分析最精准的方法之一。学情调研有课前学情调研，这是我们了解学生知识盲区的重要依据。除了课前学情调研还有课后学情调研，这里的课后可不是课后的检测，在计算课的教学当中，

学生往往只是了解得一知半解，知道一些常规的计算算法，但是对于算理的融合性不太了解，这样的结果就是学生只是学什么会什么，而不能把知识熔成片，使知识体系化。

三、精研教材，疏通知识的经络

这次研修活动让我再一次认识到品研教材的重要性，尤其对于概念教学，我们的单元起始课对整个单元的内容延续都有着至关重要的作用，上好单元起始课就是把握住了单元的重点内容，也就是将大单元整合的思想融在单元教学当中。再比如我们本次研修的《分数的意义》和《小数的意义》两节概念教学课，深研教材你会发现分数的意义本质就是对单位1的理解，而小数的意义本质就是计数单位的细化，只有对概念进行深度的构建，才能有知识清晰的表象，才会有接下来课堂上的概念教学的可视化实践。研读教材要做到以下两点。

①研读教材是上好课的基础，也是对教师的最基本的要求。

教学时存在这样一些现象，教师对其他年级教材不熟悉，没办法对知识点准确定位。这种现象会造成教师教学时对前后知识无法完整衔接，更无法拓展延伸，学生对所学知识不能融会贯通。

②研读教材应做到读、算、思。

"读"就是读课本、教学用书，仔细读例题、教学目标、教学重难点，标出需要删减的知识，比如有关概念、知识点以及需要重点强调的部分。"算"就是把书上练习题和练习册上的习题计算一遍，并找出教辅书上的一些典型题目进行计算，做到熟悉题目类型、难易程度，在上课和练习的设计上有所侧重，特别是练习设计要有层次。"思"是思考，也是对研读教材的一种界定，特别是对一些细节要积极地思考，精心设计教学环节。

人们常说一个人可以走得很快，但是一群人可以走得很远。就像主持人温文利说的那样，我们一群人脚踏实地地真实研修就是这个团队逐步成长的最大原因，感谢团队的每一个人，感谢温文利老师，让我们大家一路相伴，共研共行。

【第四期第十二次研修活动】

关于举办伊旗教体局第四期
"1+1+X+N+Z"小学数学一级名师工作室
第十一次研修活动的安排

为尽快做好2022版新课标解读工作，助力课堂教学质量，小学数学一级名师工作室决定邀请导师徐斌作专题培训，开展第十一次研修活动。现将有关事宜通知如下。

活动主题：课标细解读　培训促成长。

具体安排：如表1所列。

表1

时　间	研修内容	主讲人
14:30—17:00	解读《2022版数学课程标准》	徐　斌
17:00—17:30	交流	工作室成员
17:30	总结	温文利

专家引领解读新课标　线上共学把握新方向

为了让老师们更好地解读新课标，明确教材设计的理念和教学的目标，从而指导教学实践，力求"双减"落地有声。5月23日下午，伊旗小学数学一级名师工作室在第一小学开展以"课标细研读　培训促成长"为主题的活动，本次活动有幸聆听工作室导师徐斌的"数学课程标准修订八大变化"线上专题讲座。小学数学一级名师工作室主持人温文利主持本次活动，名师工作室全体成员、第一小学米学峰校长及全体数学教师、第三小学全体数学教师、新街小学部分数学教师在主会场参加培训，全旗其他学校的小学数学教师同步在各自学校以同频互动的形式参加培训活动。

徐斌老师从义务教育课程课标的修改背景和变化两个方面进行解读。

首先徐老师在课程标准修改的背景方面指出，2001—2011年是课程改革的第一个十年，尽管数学课程改革遇到了前所未有的困难，但是依然"思虑得失又再进"，而数学课程标准的修订工作几乎伴随着课程改革同步向前，不断在实验中调整，在调整中实验。因此就有了课程改革的第二个十年和第三个十年，课程标准的每一次更新，都决定着中国教育的发展方向。

其次徐老师对课程标准修订后的八大变化进行了解读，并重点解读了核心素养，明确界定了数学核心素养的内涵。数学核心素养被表述为"三会"，即"会用数学的眼光观察现实世界、会用数学的思维思考现实世界、会用数学的语言表达现实世界"。核心素养具有整体性、一致性和阶段性，在不同阶段具有不同表现，小学阶段侧重对经验的感悟，初中阶段侧重对概念的理解。

讲座过程中，老师们认真聆听，认真做笔记。新课标颁布不久，大家都还在理解领会，徐老师的讲座正好为我们提供了学习的机会。

活动最后温文利主任指出，新课标的学习任重道远，课标中的内容需要感悟，需要内化，徐斌老师给我们把课标学习厘清了方向，接下来期望我们老师认真规划个人下一步怎样去学习课标、学好课标，可以从一个点上去切入，也可以从某一条线上去思考，力求在今后的工作中把课标学习与课堂教学研究结合起来，把新课标精神吃透、吃深，达到数学学科育人的目的。

心中有"标准"，脚下方有路。通过本次活动，老师们对课标有了更进一步的认识，对如何落实新课标中的理念有了新的思考。其实理念决定教育的深度，学习拓展教育的广度。我们不断学习，不断探索，也就能持续完善，持续进步，研读课标我们一直在路上。

【第四期第十二次研修活动】

关于举办伊旗教体局第四期 "1+1+X+N+Z"小学数学一级名师工作室 第十二次研修活动的安排

为促使教师坚持不懈地阅读，小学数学一级名师工作室决定开展阅读张奠宙教授《小学数学教材中的大道理》读书分享活动。现将有关事宜通知如下。

活动主题："小"中见"大"明道理。

具体安排：如表1所列。

表1

时　间	活动内容	主讲人	地　点
14：30—17：00	读《小学数学教材中的大道理》汇报分享	穆艳艳、齐　鑫、孟秀英、于　淼、温彦君、白金梅、刘水桃、李晓梅、雍　芳、王秀明、齐春燕、牛香莲、张艳梅、相叶群、李东洋、李　超	第三小学教学楼四楼会议室
17：00—17：30	讲座"抓好小初衔接促教学发展"	郝晓舟	
17：30—18：00	活动总结	温文利	

书卷耕读笃行求真

如果阅读是读者与作者的思维对话，读书交流则是读者与读者之间的思想碰撞！

为不断更新名师工作室成员的教育理念，提升教师的数学专业素养，小学数学一级名师工作室于2022年9月5日在伊旗第三小学开展了对共读书目的读书分享活动。本次活动由工作室成员穆艳艳、孟秀英、于淼、刘水桃、李晓梅、雍芳、王秀明、齐春燕、牛香莲、张艳梅、相叶群、李东洋、李超依次分别对张奠宙教授等编著的《小学数学教材中的大道理》一书进行精彩分享，随后由布连小学校长郝晓舟做精彩讲座。一级名师工作室主持人温文利主持活动。小学数学一级名师工作室全体成员、第三小学校长王志刚、第三小学数学二级名师工作室全体成员、布连小学数学全体教师全程参与了本次活动。

一、书籍简介

"原始文稿"是张奠宙教授针对教材中存在的问题撰写的评论，是关于核心概念的理解，这一板块属于理论思辨层面；"一线回声"是一线教师结合自己的教学实践和体悟，评述张教授的文章，或赞成或反对，很多文章附了教学案例实践教授的观点，这一板块属于实践层面；"数方夜谈"是教授、高校教师、教研员和一线老师之间的交流和对话，对核心概念进一步理解与探讨，对实践层面进一步思考和追问，属于理论与实践综合层面。

二、精彩分享

13位老师依次分享了自己的读书心得，汇报中老师们或重现书中的精彩课例并融入自己的理解与思考，或结合自己的教学实践谈自己与作者之间的思想共鸣以及实践过程中对概念本质建构的心得与收获，或站在一线教育工作者的角度对教育理论工作提出小小质疑，或伴着优美的音乐对自己的所思所想娓娓道来……分享过程中老师们针对一个个课例解读出了自己的理解和感悟，在交流中交换着自己的思想，让思想相互碰撞，进而收获成倍的灵感。

三、专题讲座

读书分享活动结束后，布连小学郝晓舟校长作了题为"抓好小初衔接促教学发展"的讲座，郝校长从小学到初中知识衔接上有什么不同、小初知识点的衔接、几个具体知识点的衔接、学法的衔接四个方面向在场的老师介绍应该在哪些方面做好小初衔接，特别是在知识点的衔接上，郝校长列举了算术数和有理数的衔接、数与代数式的衔接，例子具体、可操作性强，指出了小学数学和初中数学的不同、沟通了知识的联系，让在场的老师受益匪浅。

四、活动总结

活动最后，一级名师工作室主持人温文利对本次活动做了总结发言，温老师认为郝校长的讲座让义务教育阶段的数学教学真正做到了分而不碎，为今后的小初衔接打下了坚实基础。接着从三个"同"来总结本次读书分享活动，一是"读有所同"，13位汇报老师共读一本书，在汇报过程中让所有听者又温习了这本书，温故知新，在思维碰撞中大家进一步认识了小学数学教材的核心概念；二是"读有不同"，汇报过程中每位老师的侧重点或理解点又有所不同，有一千个读者就有一千个哈姆雷特，所有老师在汇报中又成长了一步；三是"读后共同"，希望所有参加本次活动的老师把理念应用到教学实践中，第一时间把本次活动的心得落到纸笔之上。

读书可以让人保持思想活力、得到智慧启发、滋养浩然之气。工作室将持续开展共读交流活动，努力践行书中的教育理论，理论联系实践，从数学逻辑的角度理清各个知识点间的脉络关系，把握数学本质，引导学生正确建构知识体系、培养学生的核心素养。

活动心得

阅读，遇见更好的自己

齐春燕

我利用产假的闲暇时间读了几本书，有专业知识方面的、育儿方面的、历史方面的，收获颇多，也正如慕校分享时说的："博观约取。"的确，我们要博览群书，并在读书时运用自己的智慧，取其精华，去其糟粕。要一边读一边想，把所读之书与自己的生活、教学联系起来，洞察皆学问。

通过读书和分享给我最大的感受就是越读书才发现自己知道得越少！是呀，以前总觉得自己知道的还挺多，阅读后才发现自己知道的那点东西如沧海一粟，只是皮毛而已，需要自己去学习的东西还真的有很多。如果说最好的投资是投资大脑，那么对于我们教师而言，最根本的途径就是进行专业阅读。阅读，才能遇见更好的自己，遇见更加优秀的自己。

作为教师，专业阅读是职业需求，贯穿我们整个职业阶段，而我们在读专业知识的书籍时，要像"叶脉似的阅读"。可谓从一句话到一本书，从一本书到另一本书，这个过程让我联想到一片叶子的脉络，植物生长所需的养分经由那些脉络被源源不断地输送进来，最终长成一片碧绿的叶子。对于我们教师来说，如果我们希望把自己知识的盘子越做越大，就必须同样进行这种"叶脉似的阅读"。

分享之后，我更觉得我们要带着怀疑来读书。的确，不怀疑而读书无异于把自己的大脑当成别人的精神跑马场，当成别人思想的容器，往往读书再多，也很难架构起属于自己的思想体系。这样的读书人往往可以成为比较渊博的学者，但很难在自己的学术领域提出独特的见解。

当然，除了读专业知识的书籍外，我们数学教师还可以由所教学科拓展开，有意识地读一些非专业书籍，其实每种阅读都可汲取知识，有些书看起来与数学没有直接关系，但读一读这些"闲书"，能拓展我们的视野，提升我们的思想格局，提高我们的人文素养，增强我们的人格魅力，提升我们的专业智慧。

让我们一起努力，把读书当成一种习惯，深耕不辍、潜心思考，把读书与工作、生活结合起来。请相信阅读，才会遇见更好的自己！

【第四期第十三次研修活动】

关于举办伊旗教体局第四期 "1+1+X+N+Z"小学数学一级名师工作室 第十三次研修活动的安排

为充分贯彻2022年版数学课程标准理念，落实数学学科素养的培养，促进小学数学教师专业化成长，小学数学一级名师工作室决定开展单元教学设计课堂教学实践研究活动暨导师徐斌线上教学指导培训。现将有关事宜通知如下。

活动主题：小学数学素养导向的单元整体设计课堂教学实践研究。

具体安排：如表1所列。

表1

时间	活动内容	主讲人	地点
9：30—10：20	录像课《除数是两位数的除法》	徐斌（导师）	伊旗第三小学教学楼四楼会议室
10：20—11：50	讲座（线上）《单元教学设计的实践与思考》	徐斌（导师）	
11：50—11：55	互动交流	—	
11：55	总结	温文利	

聚集新课标　解锁大单元

活动回顾

自新课标颁布后，"大单元教学"已然成为今后教育教学的主流趋势。通过大单元教学的设计与实施，实现课堂教学高质量发展，由低阶思维走向高阶思维，践行深度学习，是大单元教学落地核心素养的实践价值。而如何进行有效的大单元教学，正是我们一线老师所困惑的问题。基于这种现状，2022年9月26日，伊旗小学数学一级名师工作室的全体成员和第三小学二级名师工作室成员，在伊旗第三小学主会场聆听了徐斌老师的线上示范课和讲座。这次线上专题培训活动还有全旗各小学的数学老师参加，他们分别在本校的录播室通过腾讯会议全程参加了本次培训学习活动，小学数学一级名师工作室主持人温文利主持本次活动。

活动之前，一级名师工作室主持人温文利特别强调，老师们要认真观看，深入思考，真正领悟单元整体教学的精髓。为自己今后的单元整体教学实践明思路、寻方法。

我们首先观看了徐斌老师的《除数是两位数的除法》单元整理练习课，整节课徐老师没有使用任何课件，而是用几个典型的除法算式巧妙地呈现了除数的几种不同情况，在计算过程中，引导学生梳理除数是两位数除法计算时，用"四舍法"和"五入法"试商、调商的方法以及会出现的不同情况。整节课徐老师用几个直击本节课难点和本质的问题驱动学生的深入思考，将学生的思维一次次引向深入，通过这样的整合教学既使学生获得的知识结构化、条理化，也发展了学生的高阶思维。是一节真正朴实、扎实、厚实的好课。

接着我们听了徐斌老师关于"单元整体教学的思考与实践"的专题讲座。他主要从单元整体教学的理论依据、单元整体教学的具体要求、单元整体教学的实践路径三个方面，为老师阐述了自己的思考。通过学习使老师们明白，在单元整体教学的实践层面，我们要依据课标的要求开展具有整体性和一致性的教学活动，老师要注重单元教材的结构分析，从主题到单元再到课时，只有分析到位，理清知识的前后脉络和联系，找准学生的困惑所在，才能整合出适合学生的各种课型。从而使总目标在一节节课堂中达成，使学生的核心素养真正落地生根。

最后，主持人温老师对全旗的小学数学老师提出殷切期望，希望老师们认真深入地学习新课标的理念,用新理念教好旧教材;夯实教师自身的业务能力,对小学数学的所有知识做到心中有数,在脑中建构结构化的知识网,积极地进行单元整合教学的尝试,在教学中制定指向核心素养的教学目标,整体把握教学内容,选择能引发学生思考的教学方式;尤其是我们的名师们,更应该是理念在先、行动在前,做好排头兵、当好领头雁。

通过本次活动,使全旗的小学数学教师对单元整体教学有了更明晰的方向和思路,全旗的小数人也将用新理念积极地引领自己的新课堂,努力在单元整体教学的课改之路上闯出一条新路子,创出一片新气象。

后记

我们走在成长的路上

鄂尔多斯市伊金霍洛旗教体局教研室　温文利

重视学习和总结实践经验,是我们工作室一以贯之的优良传统。

以时间为轴,以发展为主线,回顾梳理了小学数学名师工作室从2012年第一期启动运行到2022年第四期结束的发展历程,材料丰厚,过程详实。见证了清晰的研修思路,体现了扎实的工作作风,呈现了累累的硕果。

第一,2018年,伊金霍洛旗成功承办了全国名师工作室联盟"首届工作室创新发展特色成果博览会暨伊金霍洛旗'1+1+X+N+Z'学科名师工作室发展建设成果专场展示会",会议主题为"共享新成果,共攀新高度,共启新篇章"。

在"基于实证的小学数学听评课实践活动"分会场,工作室主持人温文利主持本次活动。小学数学名师工作室成员李超老师在活动中承担示范课(《植树问题》)展示,工作室24名老师也在舞台一起亮相,他们走近学生,从六个维度,依据观课量表进行现场有理有据的教学成因分析。这种新型的观议课方式使在场的来自全国各地的200多位听课老师眼前一亮,交口称赞。老师们在课堂评价的互动交流中不断地通过体验、反思来发现自己教学中存在的不足,修正自身的教学行为,领悟教学的技艺,这是一种对话文化、融合文化、生成文化。

小学数学名师工作室主持人温文利在活动中被评为"全国名师工作室联盟优秀主持人"。

小学数学名师工作室成员孟秀英在活动中承担说课（《因数和倍数》）汇报展示。

小学数学名师工作室成员于淼在活动中做外出讲学（呼市全国名师工作室联盟活动）汇报展示。

小学数学名师工作室成员邬文斌在活动中做外出讲学（南京全国名师工作室联盟活动）汇报展示。

小学数学名师工作室成员幕艳艳在活动中做个人研修活动体会汇报展示。

全国小数专家徐长青亲临现场指导教学，徐长青老师现场做示范课《数与形》展示，做专题讲座"简约教育的实践思考"。

第二，一路走来，经过不断地学习、研究、实践，不断地摸爬滚打，从小学数学名师工作室走出一批真名师，他们由普通的学科教师成长为教学校长、教务主任、教研组长、市级学科带头人。

第三，基于课题研究（市级"十三五"课题《小学数学课堂教学的设计与实施》）开展主题实践研修活动，理论紧密联系实际，从2016年课题立项到2022年顺利结题，经历一番番实践、研究、再实践的论证过程，得到了一个又一个可行的思想方法。

第四，从以课例为载体研究一种课堂教学样态的单一模式，到以教材梳理活动为主线基于教材梳理建构知识结构的整体视角，到以大单元观统领的单元视角下的教学行为，再到新课标理念下的教与学的行动研究，我们一直在尝试、研究、实践，在这过程中也催生了"课堂教学观察量表"的开发，拓展了"双向细目表"的应用价值。

回望过往的奋斗路，眺望前方的奋进路，深刻总结已取得的成绩和历史经验。

时间是最忠实的记录者，也是最伟大的书写者，工作室由一期到今天的第四期，记录着一个团队的力量由小到大，由弱到强的奋斗历程，记录着一群教研人由探索到取得骄人成绩的发展历程。

我们品尝，我们咀嚼，我们思考，我们探索，我们吸收着知识的营养，我们消化着理论的精髓。

我们一直在路上，一直在成长的路上，一直在成为名师的路上。

小学英语篇

"1+1+X+N+Z" 小学英语名师工作室

翟丽芳

【名师工作室第一期小学英语材料汇总】

伊金霍洛旗小学英语名师工作室发展方案

（2012—2014 年第一期）

伊金霍洛旗教育教学研究室　翟丽芳

根据《伊金霍洛旗名师发展工作室建设与管理办法》，结合伊金霍洛旗小学英语教学的现状，制定本工作室工作计划。

一、指导思想

以科学发展观为指导，以创新为主旋律，立足学科实际，聚焦小学英语课堂。在伊金霍洛旗教研室的领导下，本着"研究、提升、培养、创新"的工作理念，以营造研究氛围，提升研究水平，锻造教学精品，充分发挥名师的专业引领作用为目标，打造一支师德高尚，理论积淀深厚，教学业务精湛，创新意识强，敢于实践探索，甘于奉献的名师团队，以"教师发展工作室"活动为载体，充分发挥名优教师在课堂教学、课改实验、课题研究、师资培养等方面的示范、指导、引领和辐射作用，努力把"教师发展工作室"建设成教师专业化成长的园地、资源辐射的中心、经验对话的平台、教育科研的基地，为促进伊金霍洛旗小学英语教育质量的提升做出应有的贡献。

二、工作目标

（一）教师发展目标

1. 成为学习型教师

通过参加本教师发展工作室组织的系统理论学习活动，工作室成员有较深的理论积淀，能解读相关教育教学理论并形成自己的见解，将新课程理念内化为教学行为，运用到教学实践中。

2. 成为特色型教师

通过参与本教师发展工作室的教学研究活动，帮助成员挖掘自身优势，发挥自身的个性特长，形成自己的教学风格。确定自己的教学专题，能独立进行高水平的教学设计，能承担骨干教师培训班或送课下乡的教学任务，三年内在有影响的教研活动中展示并获奖。

3. 成为研究型教师

教师发展工作室的教师能够进行教学专题或科研课题的研究，能撰写较高水平的论文。

4. 成为有影响的名师

教师发展工作室的教师经过三年的积淀、研究和提升，在教学和科研水平等方面有大幅度的提升，在理论、教学和科研等方面就有较强的指导能力和较高的造诣，在旗内小学英语界有较高的知名度，能承担教学专题培训任务。

（二）学科发展目标

①打造一个具有较强的研究和合作能力、有一定知名度的名师团队，形成一个引领学科整体发展的研究中心。

②构建一个集教学、科研为一体的培训体系，形成一个规范、系统的培训中心，促进小学英语教师的专业化发展。

③建立一个集专家、教师、课件、课例、论文等成果为一体的课程资源库,形成一个功能齐全、良性循环的资源网络。

三、主要工作及措施

(一) 了解研究成员,组建核心团队

经过教研室各科教研员精心的了解和研究,并征求个人意见,确定小学英语教师发展工作室的成员为:

翟丽芳:小学英语教研员,工作室主持人。
胡素珍:一完小英语教师,"旗级优秀教师"。
樊金美:一完小英语教师,"市级教学能手"。
杨赫力:二完小教学校长,"市级教学能手"。
余丽琴:三完小英语教师,"校级优秀教师"。
屈智星:三完小英语教师,"旗级教学能手"。
常秀春:四完小英语教师,"市级教学能手"。
李俊梅:四完小英语教师,"校级优秀教师"。
解翠英:新街小学英语教师,"市级教学能手"。
哈　斯:蒙完小英语教师,"校级优秀教师"。

(二) 组织理论学习,提高理论素养

1. 梳理小学英语教材,明确教学内容

经过了解,伊旗的大多数小学英语教师包括工作室的成员,有很多是新教师,他们刚走上教学岗位就直接进行跨年级教学,还有部分教师是从初中进入小学进行英语教学,还有一些具备多年教学经验的教师从没梳理过整个小学的英语教材。大家都迫切地想要整体梳理一遍教材,做到:无论我们上哪个年级的课或上哪节课,都对"教什么""怎么教"心中有数。当我们对整个年级的课程内容或整个小学阶段的课程内容相互之间的联系把握得很到位时,我们的

教学就会很有效。当我们把这些教材梳理出来，收集起来，还可以推荐给我们新上岗的教学新手，又是很好的教学导航。

2. 学习新课程标准，把握课程方向

随着新课程改革的实施，它对我们广大教师提出了全新的挑战。随着新的课程标准的改编，我们必须认真研读新的课程标准，把握好方向，必须明白基础教育阶段英语课程的任务及目标，同时还需明白新课程标准在教学观念、课程目标、教学内容、教学手段、策略与评价等方面有了哪些新的改革与创新，体现了教育教学与时代发展的哪些新趋势。通过新旧课程标准的对比，我们从专业化角度进行快速的转变，为形成新的课堂模式做准备。

3. 结合教师自身特点，选读学习和研究

先进的教育理论是教育和科研的先导，阅读和学习是提高教师理论修养的有效途径。在工作室成立以后，根据学员的困惑及专家的建议，要购买有一定价值的书籍或者由学员在本校图书馆里的书籍结合自己的特点进行阅读，通过分散阅读学习和阅读后交流相结合的形式提高工作室成员的整体理论修养。

（1）学科专业理论

组织本教师发展工作室教师系统学习学科教学理论书籍，系统学习《外语教育心理学》《英语教学交际论》《英语新课程教学与教师成长（当代中小学教师研修教材）》和《二语习得与外语教学研究》。

（2）教育教学理论

组织本教师发展工作室教师系统学习苏霍姆林斯基的《给教师的100个建议》、杜威的《明日之学校》、苏巴班斯基的《教育过程最优化》、赞科夫的《和教师的谈话》、杜威的《我们怎样思考》《走进新课程》《多元建构理论在课堂教学中的新发展》《新课程学习方式的变革》和《新课程与评价改革》等。

（三）讨论课堂教学，提出教学疑惑

在工作室成立以后，我们全体成员聚集在一起，开诚布公地提出自己教学的困惑和难题，然后我们将问题进行收集和讨论，全体成员参与答疑解难，对于能解决的问题，工作室的成员讨论解决；遗留的困惑，主持人收集，专家指导时，进行有针对的指导。对于教学中得到指导的困惑，教师要进行课堂实践，并进行阶段性汇报、成果展示和经验推广。

（四）聚焦课堂教学，塑造个性特质

课堂是教师的职业场所，教学是教师的第一要务。名师之"名"，首先在于课堂教学，本室的工作重点之一，就是进一步提升工作室成员的课堂教学能力，这也是本室开展其他各项活动的基础。为此，本年度要求工作室成员在校内或校外进行两次以上教学展示，并撰写出教学反思稿。同时，工作室将结对兄弟学校，采取外出开课（送教下乡）、听课、研课等形式，举行工作室全体成员课堂教学能力的全方位展示的活动，全面提升工作室成员的课堂教学能力，促使形成自身鲜明的教学个性和特色，力争在同行中有一定的影响。工作室会以"进入校园，走进课堂"的形式，通过成员们的常态课和示范课，以小学英语四种课型和同课异构等不同形式展示出来，让其他老师们讨论和学习。通过观课和研课，大家学习成员们在课堂中体现的教学优势，讨论出现的问题，进一步完善和提高成员们的课堂教学，形成有效的、独特的、孩子们喜欢的教学风格，带领大家共同进步！

（五）开展教学课题研究，提升科研水平

教科研是软实力，是教育教学的第一生产力。本学年要求各成员在原有研究的基础上，对问题进行更深入持久地关注，以进一步提升科研水平。工作室的成员根据自己所在学校的英语教学情况以及所在学校全体英语教师的困惑，选出最突出的最急需解决的教学难题，围绕"提高小学英语课堂教学的有效性"的大课题制定子课题，通过工作室成员的研讨、专家的指导，在校展开课题研究，并通过成员和专家的跟踪检测，确定课题的成果并进行展示，提高科研能力。同时，工作室也将营造浓郁的教科研氛围，制定读书科研的活动，人人参与其中，以科研促教学，提升专业能力，并争取使成员有更多研究成果在各级各类专业刊物上发表或获奖。

(六) 做好帮扶引领, 追求辐射效应

工作室成员一方面在导师的引领下, 实现各方面的自我成长, 另一方面, 还要成为学科教学的示范者和青年教师成长的帮扶者, 本学年下一学期, 要求各工作室成员结对至少1~2名青年教师, 经常听课、评课、案例分析, 帮助青年教师不断提高教育教学能力。在本年度, 工作室在完善和提高工作室成员各个方面的课堂教学能力的时候, 也会选部分结对的青年教师参与课堂教学的展示和各项教学活动, 进行前后课堂教学能力的对比, 检验结对的效果, 带动整体教师队伍水平的提高。同时, 要求工作室成员积极创造条件参加市属级及以上示范展示或教学评奖活动, 开设学术专题讲座, 展示工作室实践成果, 追求辐射效应。

(七) 搭建交流平台, 共享教育智慧

工作室在时常开展小组沙龙的同时, 建设和利用好"小学英语家园QQ群", 积极开展网络在线互动式研讨, 为工作室群提供动态的教育教学信息、教育教学资源。要求工作室成员时常提供教学心得体会文章 (教学随笔)、优秀教学设计、案例等, 落实专人定期更新内容, 使群成为导师和工作室成员展示教育教学研究成果的平台、与外界同行进行交流的窗口, 实现教育智慧共享。

(八) 规范管理, 保证工作室顺畅运作

要求工作室成员每两周发一篇帖子 (教学随想、问题诊断、针对某些具体问题的好的教学策略)。完成《工作室手册》中学习心得、主题研修活动记录、教学设计、教学案例、教学反思、期末测试卷、期末工作总结等内容的填写。每学期至少上交一节主题研究录像课光盘。每学年至少写一篇教学论文, 并在 (含旗级)《伊旗教研室刊》以上获奖或发表。每位成员每学期开展一次主题研讨活动 (围绕子课题与小组成员及徒弟共同开展的小型教研活动), 并做好评议, 每位成员每学期读一至两本教育教学专著、小学英语专业书刊, 并

及时上传读书心得。

四、工作形式

以集中研讨、培训，分散自主研究，网络共同交流的工作形式，开展各项工作，既体现个性研究，又凸显合作、交流与分享。

1. 集中研讨、培训，统筹规划

教师发展工作室定期召开工作部署会、教学研究发表会、专家专题讲座、学术沙龙等，研究和规划工作室的各项工作，研讨教学、科研等问题，形成学科导向性的意见和策略。通过听专家讲座和现场互动，提高教师的专业化水平。

2. 分散学习、思考，自主研究

教师发展工作室的成员带着所承担的任务，分散进行自主学习和研究，形成具有个性的思考或观点，整合和开发优质的课程资源。每位成员每学期填写一本《工作手册》，为成员建立成长档案，把每个成员的相关工作资料存入各自的档案盒，对工作室成员的课堂教学情况进行评价和考核，强化工作室的团队作用，发挥工作室的教育引领和辐射作用。

3. 网络交流、分享，共同提高

教师发展工作室通过网络平台，发挥名师的辐射引领作用。通过建立教学研讨、课题研究、资源库、在线培训等栏目，和全省外语学科教师探讨问题，分享智慧和成果。

五、工作职责

（一）主持人职责

①负责制定教师发展工作室的工作方案、教师培养方案及各项活动方案。
②指导和帮助工作室成员在工作周期内达到预期培养目标。

③主持教师发展工作室的日常工作。

④组织教师培训、教学研讨和论坛等活动，组织教师到农村送课下乡或结队帮教。

⑤建立教师发展工作室网页。主持建立本学科教学资源库，整合和生成优质课程资源。

（二）工作室成员职责

①配合主持人进行教师发展工作室的日常工作。每月参加两次教师发展工作室的学术沙龙和研讨活动。

②承担教师发展工作室的网页筹建工作。开设个人博客，通过网上论坛进行教学研讨。

③制定个人的三年发展规划。

④承担师带徒工作。每位教师发展工作室的教师带至少两位徒弟，本学年所带徒弟可以是本校教师，以后根据教师发展情况进行调整（要求所带徒弟在指导期间能在旗级或旗级以上课堂教学展示活动中进行课堂展示或指导学徒在旗级或旗级以上论文获奖）。

⑤承担听课、作教研课，说课，评课和教师培训等任务。

⑥承担自己研究课的录像安排工作。

⑦承担本教师发展工作室的教学和科研课题的相关研究工作。

六、工作室三年工作思路

2012年：以了解摸底，发现问题和学习积淀为主。把2011版课标与实验稿课标进行比对学习；把目光聚焦在教材上，做到对整套教材的编排结构胸中有数，带领N位老师梳理教材；进行课堂教学展示，参与说课和评课，了解每位成员的教学能力现状及存在的问题，针对问题进行指导，针对存在的问题及个人差异进行学习积淀。

2013年：课题研究，聚焦于教师基本功磨炼及全方位的能力提高。开展模式为：规范有效的教学设计—说课—上课—反思，接受有针对的专业化成长培训，进一步提高个人的教学技能及专业化水平。

2014年：教学技能的提高、固化，成果展示，辐射引领。

七、工作室三年工作成果

论文篇

浅谈小学生英语拼读能力的培养

伊金霍洛旗教研室　瞿丽芳

《义务教育英语课程标准（2011年版）》指出，语音教学是语言教学的重要内容之一。自然规范的语音、语调将为有效的口语交际打下良好的基础。英语课程要求合理利用和积极开发课程资源，给学生提供贴近生活、贴近时代、内容健康和丰富的课程资源。

小学阶段对语音教学的要求：教学正确读出26个英文字母；了解简单的拼读规律；了解单词有重音，句子有重读；了解英语语音包括连读、节奏、停顿、语调等现象。拼读能力的培养成为语音教学的重要的组成部分。只有了解简单的拼读规律，才能让学生有能力进行正确的拼读，形成规范的语音和语调，开展有效的口语交际。

拼读词汇的能力，根据Koda（2007）的理解，对于儿童来说，单词认知能力的发展是建立在对形—音联接的理解基础上的，掌握拼读规则可以帮助学生解码生词。所以，培养小学生的拼读能力在小学英语学习阶段尤为重要。

如何培养小学生的拼读能力？我结合多年的教学经验以及学习研究，给出以下教学建议。

一、自然拼读法（Phonics）是培养学生拼读能力的有效方法

这种方法是指没有掌握或不借助国际音标的前提下，按字母、字母组合的发音规律拼读、拼写单词，并把拼读规律内化成知识结构，以培养学生见词能读、听音能写的能力。自然拼读法能避免传统教学中先学字母名称，按字母名称先后顺序死读、硬背单词的弊端，使学生根据字母在单词中的发音直接读出单词，学生易学易记，凡是符合拼读规则的单词，学生就能达到"见其形读其音，听其音知其形"。如：在教授 bag 时，传统的教学法总是采用一种不科学、死记硬背的拼读法如 b-a-g bag。学生要把单词逐个拼读，然后在大脑里转化成各字母在单词里的读音。在这个过程中，学生不懂按发音规律拼写，不懂得记忆单词的方法应该与语音相结合。在自然拼读法中学生可以根据字母 b，a，g 的发音 [b]，[æ]，[g] 直接读出这个词的音 [bæg]。同样，当教师读出 [bæg] 这个音时，学生可以根据发音 [b] 推断出第一个字母是 b，根据 [æ] 推断第二个字母是 a，根据发音 [g] 推断第三个字母是 g。所以学生一旦掌握了这种方法，就可以使英语单词音形结合，遇见生单词就能拼读，同时也降低了学生记忆单词的难度。

二、教师应根据学生的外语水平和认知发展水平，确定拼读规律的学习顺序

三年级阶段，在让学生模仿和开口说英语之外，应重点让学生从听、说、读、写四个角度掌握英语 26 个字母，以便为下一阶段拼读拼写英语单词打下基础。四年级阶段，应重点让学生了解英语单词的音、形、义之间的联系，掌握读音规律，培养学生直接拼读生词，并能根据读音拼写的能力。同时，教师还应在教学过程中加强对学生学习方法的指导。

三、拼读能力的培养应突出拼读规律的学习和运用

在学生已经学习了一定数量英语词汇的读音和拼写的基础上进行，教师要引导学生在学习过程中运用拼读规律对所学词汇进行观察、归纳和分类。在教会学生音标的认读及拼读之后，应注意培养学生按照读音规则，把单词的音、形、义联系起来迅速反应的能力。每次教新词时，不仅要会发音、会拼读，还要与旧词联系，进行一些归类性的训练。如教单词 thank 时，先让学生回忆 th 发 [θ] 的单词，出示卡片让学生读读，再与 th 发 [ð] 的一组卡片作比较。学生们不仅渐渐地知道 p [p]，b [b]，m [m]，h [h]，还知道 sh [ʃ]，th [θ] 或 [ð]，ch [tʃ]，ng [ŋ]，kn [n]，ght [t]，ow [au] 或 [əu]，ea [i:] 或 [e] 等，用这样的方法，能使学生自觉地把单词、音标作音、形比

较，直至掌握一些规律，逐步学会听音知形、见形知音的本领。这样的训练，也能培养学生速记单词的能力。

四、在课堂教学中，教师要培养学生多储存语音信号

奠定拼读基础；多仔细观察，发现拼读规律；多实践体验，突破拼读难点；多加强阅读，内化拼读规律。

五、教师在语音教学中要做到持之以恒，严格要求学生

不断让学生在日常学习中运用拼读规则学习新单词，不让语音拼读能力退化。当然，严格要求，及时纠音，也应和适当宽容相结合，因为每个人的接受能力不同，而且培养拼读能力是需要一个过程的，不可能一下就学得十分标准。

总之，教是为了不教。利用拼读语音教学，培养学生学习外语的自学能力，将会使学生受益终身。在这样的学习过程中，学生会很快了解汉语拼音、英语音素、字母、音标四者之间在初学阶段的相互依存、相互支撑和相互促进的关系，并且掌握他们之间内部的对应规律，从而形成高级文字认读能力——看词能读，听音能写，英语形音义一体化的能力。

心得体会篇

走进专家课堂　转变教学观念

伊金霍洛旗第一小学　胡素珍

我有幸参加了教研室工作室组织的小学英语同课异构活动，由北京小学英语老师同我旗的两位老师带来四节精彩的课，内容分别是四年级下册第三单元"Is this your skirt?"和五年级下册第三单元"My birthday"。几节课听下来，我学到了许多。尽管每节课教学内容安排过多，教学时间超过预期，但三位教师从多角度呈现了精彩的教学设计。

在平时的教学中，我总感觉新知识的导入比较让人头痛。俗语说"万事开头难"。怎样才能在上课开始抓住学生的思维，使孩子们轻松愉快地进入新知识的学习？这是老师在备课时思考的一个重要环节。本次活动中，我旗的两位教师都通过实物图片等较直观的方式呈现新单词，吸引了学生的注意力。北京老师使用的是创设情境法，首先出示了一张卧室的图片，激励孩子们去发现图片中的物体并说出名称，然后充分调动学生的思维能力，去思考和猜测衣柜中的东西。孩子们积极主动地参与到学习中来。这样的导入像磁石，牢牢吸引住了学生的注意力；又像钥匙悄悄开启学生思维的闸门，他们随着老师的导入方式得以扩展。

新课标指出：义务教育阶段的英语课程具有人文性和工具性双重性质。就工具性而言，英语是一种交流工具。几位老师都注意到了这一点，都遵循"词不离句"的原则，展现给学生完整的语言输入，渗透了正确的语言知识，培养孩子们的良好语音语感。北京老师在教授"衣服"单词时，把它们放在句子中，再通过设置情境让学生灵活应用直至掌握，达到了学以致用的目的。北京老师呈现"十二月份"单词之后，启发学生自己对比归纳熟记这些单词的方法，旨在培养学生自学的能力，让孩子们做学习的主人。

从四节课中可以看出，教师的教学理念不同，教学方法不同，关注点不同，达成的教学目标也不同。我旗的两位老师注重基础知识的教授，侧重于词句的学习，而北京的老师注重培养学生的观察思维能力和自主学习能力。由于我们的英语水平较弱，我们的英语教师更应该转变教学观念，更新教学理念，让孩子们得到全面的培养，教师们应努力提高小学英语课堂技能！

在反思中成长

伊金霍洛旗纳林希里小学　曹瑞芳

作为一名新任小学英语教师，我有幸参加了3月29日伊金霍洛旗教育局小学英语教研组组织的全伊旗小学英语教师教育教学培训。通过这次培训，我对小学英语教学又有了一次新的认识，尤其在教学设计方面，受益匪浅。

虽然大家听课一上午很累，课间几乎也没有足够的时间去休息，但四完校的英语教师和北京来的专家为我们精心准备的课让我们没有理由去懈怠，也没有理由感觉听课枯燥。到现在我似乎还沉浸在老师们在课堂上的精彩的授课片段中，同时我也在课堂导入、呈现新知、操练等教学方面有了更深层的认识。

在课堂导入方面，这几节课分别用到了歌曲和自由谈话的导入法。学生们对不同的导入方法有不同的反应。在"Is this your skirt?"中，第一位教师让学生边听歌曲边做动作，学生似乎对歌曲不熟悉，只是对做动作感兴趣；第二位教师则与学生边唱边做动作，学生们兴致很高，在做中唱英语歌，在唱英语歌中一起热身，其中老师也积极参与，拉近了与学生之间的距离，激发起了学生对于此节课的学习积极性，我认为这样才真正起到了导入热身的效果。我在平时的教学课堂中，也经常采用歌曲导入的方法。对于低年级，我担心学生们不会唱英语歌曲，有时候也让他们边听歌边去做动作。其实这样的担心大可不必，学生一两次不会唱，但听得多了，跟着唱得多了，学生自然而然就明白了怎么用英语去唱歌，同时也锻炼了学生说英语的能力。在"My Birthday"中，四完校的授课教师运用自由对话的方法巧妙的将本节知识与上一单元语言知识联系在了一起，既引出了新知，又复习了旧的内容，起到了温故而知新的作用。我平时也喜欢采用自由对话的导入方法，学生们参与性很高，也很乐意与老师一起交流，效果不错。

在呈现新知方面，授课教师们采用了不同的教学方法。一位教师通过实物、图片介绍新单词，而另一位教师则是以"衣柜"为线索，创设情境，从而展开对新单词的学习，实现了真正意义上的情境教学。我在课堂中呈现新知方面，也总是利用实物、图片学习新单词，我想这种教学方法既简单又明了，学生一看就明白，只要张嘴读记住单词就可以了，但这种教学方法只是强调了学生的机械记忆，并没有开拓学生的思维，也没有挖掘学生的潜力。而在课堂中为学生创设一个学习新单词的情境，学生就会明白什么时候去用这些单词，怎样去用这些单词，真正实现了"用英语去办事情"的能力，这才是新课程强调的意义所在。授课教师还在教授新单词的同时对鞋、裤子的种类进行了扩展，这是我始料而不及的。在课堂中我只是教授新单词，我想对于小学生来说能在课堂上记住这些词的读法和写法就已经很不错了。对于词类的拓展，我想他们记不住读法，也记不住写法。但我忽视了很重要的一点：老师给学生的输入与学生自我的输出是成正比的。所以如果我想让我的学生有比较大的词汇量，而不仅仅局限于课本中，那么在课堂中的输入就是必不可少的。

在操练方面，授课教师以造句、问答的方式带领学生练习了新单词，词不离句，句不离词，代替了反复的机械记忆，达到了很好的学习效果。这种教学方法我一直在词汇课中采用，学生的学习效果也比机械地操练单词要有意义得多。但是令我困惑的是：学生经过操练后仍然不能正确读较难读、音节较长的单词，甚至一些同学在英语课结束的时候仍是不会读这些单词。通过这次的听课，我豁然开朗：语音教学实属重要！对于音节较长的单词在教授时可以采用分音节读的方法；对于有相似音的新单词，可以从学生学过的单词着手，以类似的读音来推导新单词的读音；对于学习的新单词若有相似音节时，可以进行归类记忆。这些方法既可以让我在教的时候省力，又让学生巧妙地读会了单词，更加深了他们对于新单词的记忆。

教师的成长就是经验加上反思！而这些成长和反思不仅仅是在自己的教学活动中去摸索，还应多汲取优秀教师授课的精华，从而取长补短，促进自身的发展。真心地希望小学英语教研组多开展这样的活动，为我们这样的新任教师提供一个学习的平台。

【名师工作室第二期小学英语材料汇总】

伊金霍洛旗小学英语名师工作室研修方案

English Teachers' Paradise

（2015—2016年第二期）

伊金霍洛旗教育教学研究室　翟丽芳

根据《伊金霍洛旗名师发展工作室建设与管理办法》，结合伊金霍洛旗小学英语教学的现状，制定本工作室工作计划。

一、指导思想

根据教研室关于名师工作室的工作指示和制度要求，以党的十八大精神为指导，以"研究"和"落实"为主要切入点和着眼点，以求真、务实、创新的工作作风和团结协作的团队精神，积极探索有效课堂教学模式，培养一批具有良好师德修养、先进教育理念、厚实专业素养、扎实教研能力的教师队伍，努力让名师工作室真正起到"工作室是培养名师基地的地方"的作用。以"名师工作室"活动为载体，充分发挥名优教师在课堂教学、课改实验、课题研究、师资培养等方面的示范、指导、引领和辐射作用，努力把"名师工作室"建设成教师专业化成长的园地、资源辐射的中心、经验对话的平台、教育科研的基地，为促进伊金霍洛旗小学英语教育质量的提升做出应有的贡献。

二、工作目标

（一）教师发展目标

1. 成为学习型教师

通过参加本名师工作室组织的系统理论学习，工作室成员有较深的理论积淀，能解读相关教育教学理论并形成自己的见解，将新课程理念内化为教学行为，运用到教学实践中。

2. 成为特色型教师

通过参与名师工作室的教学研究活动，帮助成员挖掘自身优势，发挥自身的个性特长，形成自己的教学风格。确定自己的教学专题，能独立进行高水平的教学设计，能承担骨干教师培训班或送课下乡的教学任务，两年内在有影响的教研活动中展示并获奖。

3. 成为研究型教师

名师工作室的教师能够进行教学专题或科研课题的研究，能撰写较高水平的论文。

4. 成为有影响的名师

名师工作室的教师经过两年的积淀、研究和提升，在教学和科研水平等方面有大幅度的提升。名师工作室成员的发展目标：在理论、教学和科研等方面就有较强的指导能力和较高的造诣，在旗内小学英语界有较高的知名度，能承担教学专题培训任务。研修学员的发展目标：通过多方位的学习、研修、提升，在名师的引领带动下成为下一届的名师。

（二）学科发展目标

①打造一个具有较强的研究和合作能力、有一定知名度的名师团队，形成一个引领学科整体发展的研究中心。

②构建一个集教学、科研为一体的培训体系，形成一个规范、系统的培训中心，促进小学英语教师的专业化发展。

③建立一个集专家、教师、课件、课例、论文等成果为一体的课程资源库，形成一个功能齐全、良性循环的资源网络。

三、主要工作及措施

（一）了解研究成员，组建核心团队

经过一系列考核，确定小学英语名师工作室的成员，如表1所列。

表1

学段及学科	单 位	姓 名	级 别
小学英语	第一小学	胡粉霞	名师
小学英语	新街小学	解翠英	名师
小学英语	伊旗第二小学	杨赫力	名师
小学英语	伊旗第三小学	刘 艳	名师
小学英语	伊旗第四小学	常秀春	名师
小学英语	霍洛蒙古族小学	仁琴稍	学员
小学英语	蒙古族小学	哈 斯	学员
小学英语	台格小学	杨 英	学员

(续表1)

学段及学科	单 位	姓 名	级 别
小学英语	北师大二附校	包红雁	研修员
小学英语	补连塔小学	贾 红	研修员
小学英语	布连小学	李 霞	研修员
小学英语	红庆河小学	许晓静	研修员
小学英语	纳林希里小学	曹瑞芳	研修员
小学英语	上湾小学	石 荣	研修员
小学英语	苏布尔嘎小学	刘 丹	研修员
小学英语	乌兰木伦小学	高 丽	研修员
小学英语	新庙小学	索佩珍	研修员
小学英语	伊旗第三小学	余丽琴	研修员
小学英语	伊旗第四小学	李俊梅	研修员
小学英语	教研室	翟丽芳	主持人

（二）组织理论学习，提高理论素养

1. 梳理小学英语教材，明确教学内容

上届工作室进行了大量的教材梳理工作，付出也有很大的成效，多数教师做到：无论哪个年级的课或上哪节课，教师们都对"教什么""怎么教"心中有数。但随着教材的改版，新的教材在内容上有了很大的变动，而且教师队伍里有了很多新教师加入，教材的梳理工作成为名师工作室的首选工作，以工作室的成员为各校的组长牵头，迅速有效开展全旗小学英语教师的教材梳理工作，争取让所有教师对整个年级的课程内容或整个小学阶段的课程内容相互之间的联系把握到位，有效开展教学。教材梳理出来，收集成册，推荐给新上岗的教学新手，同时也是很好的教学导航。

2. 学习新课程标准，把握课程方向

随着新课程改革的实施，它对广大教师提出了全新的挑战。随着新的课程标准的改编，教师们必须认真研读新的课程标准，把握好方向，必须明白基础

教育阶段英语课程的任务及目标，同时还需明白新课程标准在教学观念、课程目标、教学内容、教学手段、策略与评价等方面有了哪些新的改革与创新，体现了教育教学与时代发展的哪些新趋势。通过新旧课程标准的对比，促使教师从专业化角度进行快速的转变，为形成新的课堂模式做准备。前期课标的学习教师们还停留在表面，只是了解，很难内化到具体的教学工作中，本届的名师工作室课标学习工作必须具体落实到教学工作的每个细节，让老师们真正理解并会应用新课标理念。这项工作的开展，依然是以工作室的成员为各校的组长，组织各校教师的课标学习，在备课、说课、评课各个环节中应用。

3. 结合教师自身特点，选读学习和研究

先进的教育理论是教育和科研的先导，阅读和学习是提高教师理论修养的有效途径。在工作室成立以后，根据学员的困惑及专家的建议，要购买有一定价值的书籍或者由学员在本校图书馆里结合自己的特点进行阅读，通过分散阅读学习和阅读后交流相结合的形式提高工作室成员的整体理论修养。

（1）学科专业理论

组织本教师发展工作室教师系统学习学科教学理论书籍，系统学习《外语教育心理学》《英语教学交际论》《英语新课程教学与教师成长（当代中小学教师研修教材）》和《二语习得与外语教学研究》。

（2）教育教学理论

组织本教师发展工作室教师系统学习苏霍姆林斯基的《给教师的100个建议》、杜威的《明日之学校》、苏巴班斯基的《教育过程最优化》、赞科夫的《和教师的谈话》、杜威的《我们怎样思考》《走进新课程》《多元建构理论在课堂教学中的新发展》《新课程学习方式的变革》和《新课程与评价改革》等。

（三）讨论课堂教学，提出教学疑惑

在工作室成立以后，全体成员聚集在一起，提出教学的困惑和难题，然后将问题进行收集和讨论，全体成员参与答疑解难，对于能解决的问题，工作室的成员讨论解决。遗留的困惑，主持人收集。专家指导时或工作室开展活动时,进行有针对的指导。对于教学中得到指导的困惑,教师要进行课堂实践,并进行阶段性汇报,进行成果展示和经验推广。

(四) 聚焦课堂教学,塑造个性特质

课堂是教师的职业场所,教学是教师的第一要务。名师之"名",首先在于课堂教学,本室的工作重点之一,就是进一步提升工作室成员的课堂教学能力,这也是本室开展其他各项活动的基础。本次选拔,工作室的成员以两个优势梯队出现,五个名师教学经验丰富,课堂掌控能力强,教学业绩突出,具有初步的教学研究能力,但缺乏创新,"活"的教学思想理念方法冲击,迸发出更大的潜力,保持持久的教学激情。十一个研修员和三个学员年轻有活力,新点子方法多,孩子们喜欢,但教学经验缺乏,教学研究能力弱。这两个梯队正好优势互补,可以取长补短,互相成长。针对这个特点,所有的课堂教学活动,都结合名师,研修员,学员的个人课堂教学优劣势开展,例如,专家指导课名师研修员都做课,互相学习;"送教下乡",名师和研修员要用自己的优势有针对地指导弱势的研修员和学员;有经验的名师跟踪指导学员研修的课堂教学。通过观课和研课,大家学习成员们在课堂中体现的教学优势,讨论出现的问题,进一步完善和提高成员们的课堂教学,形成有效的、独特的、孩子们喜欢的教学风格,带领大家共同进步!

(五) 开展教学课题研究,提升科研水平

教科研是软实力,是教育教学的第一生产力。本学度要求各成员在原有研究的基础上,对问题进行更深入持久地关注,以进一步提升科研水平。工作室的成员根据自己所在学校的英语教学情况以及所在学校全体英语教师的困惑,选出最突出的、最急需要解决的教学难题,围绕"提高小学英语课堂教学的有效性"的大课题制定子课题,通过工作室成员的研讨、专家的指导,在校展开课题研究,并通过成员和专家的跟踪检测,确定课题的成果并进行展示,提高科研能力。同时,工作室也将营造浓郁的教科研氛围,制定读书科研的活动,人人参与其中,以科研促教学,提升专业能力,并争取成员有更多研究成

果在各级各类专业刊物上发表或获奖。

（六）做好帮扶引领，追求辐射效应

工作室成员一方面在导师的引领下，实现各方面的自我成长，另一方面，工作室成员还要成为学科教学的示范者和青年教师成长的帮扶者。每学年，要求各工作室成员结对至少1~2名青年教师，经常听课、评课、案例分析，帮助青年教师不断提高教育教学能力。在本年度，工作室在完善和提高工作室成员各个方面的课堂教学能力的时候，也会选部分结对的青年教师参与课堂教学的展示和各项教学活动，进行前后课堂教学能力的对比，检验结对的效果也带动整体教师队伍水平的提高。

（七）搭建交流平台，共享教育智慧

工作室将时常开展小组沙龙的同时，继续建设和利用好"小学英语家园QQ群"，积极开展网络在线互动式研讨，为工作室群提供动态的教育教学信息、教育教学资源。要求工作室成员时常提供教学心得体会文章（教学随笔）、优秀教学设计、案例等，落实专人定期更新内容，使群成为导师和工作室成员展示教育教学研究成果的平台，与外界同行进行交流的窗口，实现教育智慧共享。

（八）规范管理，保证工作室顺畅运作

要求工作室成员每两周发一个帖子（教学随想或问题诊断或针对某些具体问题的好的教学策略）。收集学习心得、主题研修活动记录、教学设计、教学案例、教学反思、期末测试卷、期末工作总结等。每学期至少上交一节主题研究录像课光盘。每学年至少写一篇教学论文，并在《伊旗教研室刊》（含旗级）以上级别期刊获奖或发表。每位成员每学期开展一次主题研讨活动（围绕子课题与小组成员及徒弟共同开展小型教研活动），并做好评议，每位成员每学期读一至两本教育教学专著、小学英语专业书刊，并及时上传读书心得。

四、工作形式

以集中研讨、培训，分散自主研究，网络共同交流的工作形式，开展各项工作，既体现个性研究，又凸显合作、交流与分享。

1. 集中研讨、培训，统筹规划

名师工作室定期召开工作部署会、教学研究发表会、专家专题讲座、学术沙龙等，研究和规划工作室的各项工作，研讨教学、科研等问题，形成学科导向性的意见和策略。通过听专家讲座和现场互动，提高教师的专业化水平。

2. 分散学习、思考，自主研究

名师工作室的成员带着所承担的任务，分散进行自主学习和研究，形成具有个性的思考或观点，整合和开发优质的课程资源。为成员建立成长档案，把每个成员的相关工作资料存入各自的档案盒，对工作室成员的课堂教学情况进行评价和考核，强化工作室的团队作用，发挥工作室的教育引领和辐射作用。

3. 网络交流、分享，共同提高

名师工作室通过网络平台，发挥名师的辐射引领作用。通过建立教学研讨、课题研究、资源库、在线培训等栏目，和周边外语学科教师探讨问题，分享智慧和成果。

五、工作职责

（一）主持人职责

①负责制定名师工作室的工作方案、成员培养方案及各项活动方案。
②指导和帮助工作室成员在工作周期内达到预期培养目标。
③主持名师工作室的日常工作。
④组织教师培训、教学研讨和论坛等活动，组织教师到农村送课下乡或结队帮教。

⑤建立名师工作室网页。主持建立本学科教学资源库，整合和生成优质课程资源。

（二）工作室成员职责

①配合主持人进行名师工作室的日常工作。每月至少参加一次名师工作室的学术沙龙和研讨活动。

②承担名师工作室的网页筹建工作。开设个人博客，通过网上论坛进行教学研讨。

③制定个人的两年发展规划。

④承担师带徒工作。每位名师工作室的名师带至少一位徒弟，本学年所带徒弟可以是本校教师，以后根据教师发展情况进行调整（要求所带徒弟在指导期间能在旗级或旗级以上课堂教学展示活动中进行课堂展示或指导学徒在旗级或旗级以上论文获奖）。

⑤承担听课、作教研课，说课，评课和教师培训等任务。

⑥承担自己研究课的录像安排工作。

⑦承担本教师发展工作室的教学和科研课题的相关研究工作。

具体事务分工：

①主持人：翟丽芳（负责制定工作室活动策划与计划、活动方案、考核制度等，负责日常事务、课题管理、成员考核等）。

②常务工作管理员：翟丽芳（负责日常工作事务、通知等）。

③课例负责人：杨赫力、胡粉霞、谢翠英、刘艳、常秀春（负责修改审核上课教师的教案修改指导、点评、论文的修改等相关工作）。

④学习研究组织主持人：各个学校的成员（负责集中学习时的组织主持工作、安排事务、包括读书沙龙活动的组织）。

⑤档案整理员：索佩珍、石荣、许晓静、李霞（负责收集、分类、整理工作室所有成员的成果、定期上报主持人）。

⑥信息宣传联络员：李俊梅、余丽琴、哈斯、仁琴稍、高丽、贾红（负责图书的推荐、管理、信息的记录收集与整理、及时报道、上传至网站）。

⑦网络管理员：曹瑞芳、杨英、刘丹（负责网站文字、图片的上传、网站的管理等工作）。

六、工作室两年工作思路

2015年：加强2011版课标学习；聚焦教材，做到对整套教材的编排结构心中有数，带领N位老师梳理教材；进行课堂教学展示，参与说课和评课，了解每个成员的教学能力现状及存在的问题，针对问题进行指导，针对存在的问题及个人差异，进行学习积淀。加强成员之间的相互学习，实现优势互补。

2016年：课题研究，聚焦教师基本功的磨炼及全方位能力的提高。开展模式为：规范有效的教学设计—说课—上课—反思，接受有针对的专业化成长培训，进一步提高个人的教学技能及专业化水平。教学技能的提高、固化，成果展示，辐射引领。

七、工作室两年研修内容

【2015年第一次研修活动】

关于2015年小学英语名师工作室
第一次研修活动安排意见

为促进小学英语教师的专业成长，加强教师间的互动和交流，帮助成员了解工作室的考核细则，落实工作室成员的具体工作，讨论研修员的成长规划及师带徒计划，让研修员有计划、有分工、有实效地开展好工作室的研修活动，决定于2015年9月24日上午举行小学英语工作室研讨活动。

研修主题：了解方案、落实任务、有效工作。

了解方案　落实任务　有效工作
——2015 年小学英语名师工作室第一次研修活动总结

为了进一步促进我旗小学英语教师专业化发展，打造名师团队，教育局联合教研室，在 2015 年初选拔了 19 名优秀教师，重新组建了小学英语名师工作室，拥有名师 5 人，研修员 11 人，学员 3 人。

新的名师工作室将通过一系列的研修活动，培养工作室成员成为优秀的人才，让所有成员轻松有效开展教学，孩子们受益，同时引领带动其他教师成长！为了进一步做好小学英语名师工作室的研修活动，使每次的研修活动都有主题、目标明确、有计划、有步骤、有实效，小学英语名师工作室决定于 2015 年 9 月 24 日在教研室会议室组织召开"了解方案　落实任务　有效工作"的研修活动。主要内容有六项：一是解读《伊旗中小学教师发展工作室考核细则》，规范工作室工作制度；二是由主持人翟丽芳带领工作室成员研讨英语工作室研修活动方案（讨论稿），提出改进意见，形成共识；三是由工作室成员根据自身实际情况交流个人两年发展规划；四是落实教材梳理工作，分组开展；五是落实课题研究工作，结合各位成员所在校的困惑和成员的自身特点，分组开展；六是发放图书，布置读书沙龙活动。

【2015 年第二次研修活动】

关于 2015 年小学英语名师工作室第二次研修活动安排意见

为了有效开展小学英语名师工作室的研修活动，促进名师的引领辐射作用，促进小学英语教师的专业成长，加强教师间的互动和交流，决定于 2015 年 10 月 23 日上午举行小学英语名师工作室研讨活动。

研修主题： 名师展示、徒弟汇报、经验交流、共同成长。

名师展示　徒弟汇报　经验交流　共同成长
——2015年小学英语名师工作室第二次研修活动总结

2015年10月23日，伊旗小学英语名师工作室开展了"小学英语蹲点教研活动成果展示"，我们利用星期五一天的时间组织全旗小学教师在二完小开展了活动。活动内容：上午二完小杨赫丽老师课题研究汇报课，新街小学师带徒徒弟汇报课，之后是杨赫丽老师的课题研究成果汇报和解翠英老师的讲座；下午教研员翟老师指点二完小老师何霞和邬成英老师的常态课，之后是赵海涛老师的经验介绍报告。这一天的活动老师们收获颇多。

从上午新街小学解翠英老师的讲座和徒弟齐宏亮老师的课中，老师们了解到了当前的最新理念，小学英语知识如何嵌入生活和微课的应用。解翠英老师把理论和实践相结合，通过列举事例来阐述当前小学英语最新理念，同时她把理念运用到徒弟的课中，老师们通过先看课，再听她的讲座，这样思路一目了然，老师们把理念看在眼里，记在心里，回去拿来便可运用。

从二完小教研组的课题汇报课中，老师们学到了如何把小学英语教材很好地整合。从赵海涛老师的经验介绍中，老师们体会到了细节决定成败，赵海涛老师从作业的设计讲到英语微信的建立以及在班级里开展小组合作学习，而且赵海涛老师一个人带四个班，成绩斐然，究其原因是她充分相信学生，并提出在小组合作中开展"兵带兵，兵教兵，将带将，将教将"的好方法。

从工作室主持人翟老师那里我们学到了对工作认真负责和无私奉献精神。翟老师在二完小蹲点两周就听了28节课，集体备课8次，点评反馈指导约28次，坚持发现任何问题都及时反馈沟通解决，坚持对出现的问题跟踪落实解决，坚持发现老师的任何进步及时鼓励，坚持每日写蹲点教研日志共10篇，除了工作指导外还和老师们谈心，通过谈心了解老师们在学校存在哪些困难，并给予及时的解决。同时，翟老师结合二完小的蹲点综合观察分析给了我们全旗小学英语教师各个方面的教学建议和具体做法，给大家指明方向。

在课后点评中，翟老师总是把发言的机会让给名师和其他老师们，让每个人都有发言的机会，而不是自己独霸话语权，这样的教研员既是我们工作的指导者也是我们生活中的朋友，我们喜欢她。总之通过这次活动我们收益颇多，真心期待下次再能开展这样的活动。

【2016年第一次研修活动】

关于2016年小学英语名师工作室
第一次研修活动安排意见

为了明确2016年小学英语工作室的研修目标，营造读书氛围，小学英语名师工作室定于2016年3月25日下午在伊旗教研室举行第一次研修活动。

研修主题：2016年研修计划解读及读书心得交流。

从小书房走向大世界
——小学英语名师工作室《站在孩子的视角谈教育》读书汇报会

2016年3月25日下午2时30分，小学英语名师工作室开展了本学期第一次研修活动。本次活动的两大主题是"《站在孩子的视角谈教育》读书汇报"和"名师工作室的活动安排"。

在《站在孩子的视角谈教育》读书汇报活动中各名师工作室成员从多角度、多方位谈到关于教育的感悟：如，索配珍老师的《"细微"镀出黄金教师》，余丽琴老师的《给每个孩子提供最合适的教育》等都能结合自己的教学经验谈关于教育的点滴。另在活动中名师解翠英给大家展示了自己一学期的工作日志，这让各位老师备受鼓舞，并得到了教研室呼美莲主任高度的评价，解翠英老师也真正起到了示范与引领的作用。

最后，名师工作室主持人翟丽芳布置了以"课题研究为主题，分组合作研讨展示汇报"每月一主题一活动的任务，成功地为名师工作室今后的发展做了精心的策划并为每位工作室的成员提供了发展的平台。呼主任在总结时提出：教师的发展，将是终身的学习，并鼓励各位成员在今后的学习中一定要努力提升自身的专业素养。

本次活动是一次引领，更是一次洗涤，各成员将会信心百倍地去迎接新的挑战！

八、工作室两年研修成果

不负春光，收获和成长在研修的路上

伊金霍洛旗教研室　翟丽芳

"人间四月芳菲尽，山寺桃花始盛开"。沈阳四月，万物始盛，春水桃灼。在这春光灿烂的日子，作为一名英语名师工作室主持人，带着一份强烈想走出工作室发展瓶颈期的学习渴望，走进在沈阳举办的鄂尔多斯市首届"三名"工作室主持人培训班，参加了一系列的活动，让我每天收获满满，找到了未来发展的方向，成长在工作室培训研修的路上。

一、聆听名师名言，感悟精彩历程，找到发展方向

"一个人遇到好老师是人生的幸运；一个学校拥有好老师是学校的光荣；一个民族源源不断涌现出一批又一批好老师是民族的希望"。在沈阳邂逅赫赫有名的常州市名师工作室领衔人潘建明老师，在他讲述世界各地及中国名师工作室发展状况时说了习总书记的这段话，感触颇深。确实，老师一个肩膀挑着学生的未来，一个肩膀挑着民族的未来。只有让老师迅速地成长起来，才可以实现学生未来的成长梦，而只有借助名师工作室这个平台，才可以让更多的老师更快成长起来，成就更多学生的精彩未来。

来自北京的李晶老师、常州的潘建明老师、宁夏王锦秀校长、银川仇千记老师、沈阳沈河区马明昕老师给出工作室组建的建议和成长的艰辛历程让我们明白：当今社会要求教师拥有较高的道德修养、扎实的专业知识、丰富的文化底蕴和较强的以学定教的本体能力，因而教师的"专业自觉"能力就显得越发重要；名师工作室就是为培养这样的学科领军人物设立的成长阵地。我们这些工作室的主持人应抓住这块阵地，采取有效的策略、方式和途径，促使老师们尽快地由经验型教师向科研型、智慧型教师转变，提升他们的专业素养发展

能力，使他们的引领和辐射效应最大化。在工作室的成长过程中，作为主持人，不只是关注工作室活动的次数和教学技术的"改良"，而是通过领衔人物科学有效的引导，促进成员教学、教研"本质力量"的释放，要让他们在活动过程中学会科学思考和最大限度地释放他们的创造力。

我的工作室发展的瓶颈期带来的无力感在与潘建明老师关于突破工作室发展高原瓶颈期的建议、仇千记老师走过"油干捻子尽"的艰难历程、马明昕老师对未来工作室发展创新的规划相遇，豁然开朗，打开了以后工作的思路，拓宽了工作的视野，顿时有了动力和方向，原来这些名家也一样在摸索的艰辛和不断被质疑却依然坚持的执着中成长，而我不断改进和尝试的做法和他们用汗水和心血摸索出来的经验有很多相似之处，让我可以大胆实践，执着地开拓更深更远的名师工作室之路。

二、架交流桥梁，扬英雄文化，助名师成长

"鸾凰浴火涅槃后，碧血丹魂济世传"。培训的实践观摩活动中，我们走进沈阳岸英小学，浓浓的革命英雄文化氛围随处可见。在马丽娜校长的陪同下，我们参观了校内的"校内文化馆"。在马校长的介绍中，我们了解到："岸英"纪念馆在全国并不多，仅有几处；岸英小学定位于毛岸英精神文化馆，重点放在毛岸英精神的诠释与毛岸英精神的学习和传承，而且此文化馆和校史馆合二为一，更能体现功能性和实用性。很惊叹，能在一所占地面积很小的学校看到如此精致的英雄纪念馆，能将英雄和民族精神弘扬与校园文化结合得如此紧密，培养孩子们热爱祖国，从小发扬民族英雄主义，真是可赞可叹！

我们走进岸英小学的陈明工作室活动课堂和研讨现场，观摩了年轻主持人的大胆创新的课堂，看到了孩子们的积极阳光的精神面貌，参与了课后工作室的研讨活动……无论工作室的主持人、成员还是孩子们，那种积极乐观的状态、敢于大胆表达的勇气、敢于积极参与教学和教研的精神、深深的教育情怀，都给我们留下深刻的印象。

三、感动耄耋专家，感谢教育高层，传递无限动力

"肉体的生命在于肉体的运动，精神的生命在于思维的运动，精神生命的质量在于思维的质量和流量"。在沈阳，我有幸看到82周岁高龄的充满活力的

徐安德老专家，特别感动于耄耋老专家那种精神劲儿和奉献劲儿。在交流互动的现场，德高望重的老专家妙语连珠、思维敏捷、积极互动、记忆超强……让我看到这样的老教育人一生真正实现"勇于思考、勇于探索、勇于创新"的境界！面对他，我还是教育小孩子，怎敢言老，怎敢放弃，怎敢停止！那种活力生成的教育境界让我产生无限动力，要永不停止地行走在学习和教育教研的路上。

"名师既是一种荣誉，又是一种责任，更是一种不断的追求，追求专业的提升，追求共同的发展，追求青春无悔"。走近名师，聆听名言，感悟精彩的名师历程，满载而归，信心倍增，以全新的方式开启我的名师工作室新篇章。不负春光，不负青春，为更好的教育未来，加油！

"细微"镀出黄金教师
——读《站在孩子的视角谈教育》有感
伊金霍洛旗新庙小学　索佩珍

我非常有幸拜读了顾明远教授主编的《站在孩子的视角谈教育》这本书。书中汇集了教师站好三尺讲台的每一个细节，从教育理念、素质教育、教书育人、教师发展和童心与教育等方面阐述了教育的真谛。对我们的教学有着很好的指导意义。一个个如同发生在身边的故事吸引我急切读下去，这些故事给了我启发，也引起了我的思考。

人们常说："教师无小节，处处是楷模。"教师作为学生的榜样，一举手一投足都影响着学生的成长。想要成为一名优秀的教师，需要从教书育人的细微做起。在读的过程中，我总会联系到自己的教学实际，在对照中，我发现了很多自己不足的地方，同时也学到了很多知识。

其中让我体会最深的是爱是教育的源泉，讲到了增进师生情感交流的途径和方法：创设师生情感交流的氛围，提升师生情感交流的境界，使师生情感交流得到升华。

学生往往愿意先从感情上接受老师，再从理性上接受老师所提供的教育。学生对老师的接受程度常常是被情感和老师给予他们的感觉所支配的。课堂教学中的师生情感交流有利于建立信任、亲密和忠诚关系，激发学生的学习热情。因此，老师不仅要用理智上课，更要在教学中倾注自己丰富的情感，或用一个形象的动作，或用一句幽默的话语，或是一个温暖的眼神，来设计问题，给学生带来知识，最后让课堂步入柳暗花明的境地，使教学效果达到最佳。

开学时，从外地转来一个女生，已经四年级了还对英语一无所知，以前的成绩也就是十几分，我当时心情沉重，课上也不愿意多看她一眼，孩子看见我这样的情况也是一句话不敢和我说。开家长会时，我得知这孩子从小孤僻，和奶奶一起长大，孩子本身还是热爱学习的，歌唱得不错，也渴望得到其他人的爱。于是一次课上我走近她主动向她微笑而且摸着她的头说，听说你唱歌很好听，我想成为你的粉丝。那天她腼腆地笑了，周围的同学也开始了解她。果然这个小小的细节改变了这个孩子。从那天开始，她喜欢和我一起谈心，和同学们聊天，更喜欢上我的课，更加努力地学习英语，没过多久成绩就赶上来了。这就是情感的魔力，我相信她会快乐地遨游在英语学习的世界里！

不要吝啬对孩子的一个微笑。师生情感交流使用最多的是眼神与语言，而教师鼓励的话语最能激起学生情感交流的勇气和欲望。我觉得教师的鼓励语言不只是简单的"好""对"等，教师对学生的鼓励应富有个性和充满情感，应是发自内心的。比如你不妨经常热情地运用一些赞赏语言：哇！你真厉害！我怎么没想到这种方法。另外，还要给予学生更多的时间和空间。如果做到了这些，你那和蔼的目光、赞许的抚摸、热切的期待，都将变成有声和无声的动力。在这样的氛围中，学生身心愉悦、思维活跃、畅所欲言、积极参与，你的课堂也会变得生机勃勃。

教学既是一门学问，又是一门教学艺术。"细微"镀出黄金教师，师生情感既能促进教育教学工作的发展，消除师生间的对立情绪，又能保护学生的自尊心，起到事半功倍的效果，从而达到育人的目的。

小学英语语音教学探究

伊金霍洛旗第一小学　樊金美

在小学阶段，我们应该怎样开展语音教学？带着这个疑问，在假期的英语培训中，我重点听了专家王老师讲解的语音教学法，并对讲解内容反思如下。

一、语音是小学生不可或缺的知识

语音不仅是新课标的教学要求，更是小学生不可缺少的知识。对小学生来说，语音是英语学习的第一关。由于中英语言的差异，学生面临的是两套完全不同的发音系统。英语中的某些音素是中文里不存在的，如：/ai/、/tr/、/dr/、/j/、/θ/，还有一些相似却不相同的音素，如：/tʃ/、/ʃ/、/ou/、/au/、/r/等。没有好的语音基础，单词读音就有困难，要么不会读，要么读不准，从而直接影响单词的记忆和积累，而词汇量的多少，又对阅读、听力理解带来直接影响。如果在启蒙阶段，打好语音基础，形成一定的认读、拼写能力，养成根据读音规则拼读记忆单词的习惯，无疑会减少单词记忆的负担，提高听说读写能力。

二、语音教学的五项任务

为了更好地开展语音教学，必须重视语义与语境、语调与语流的结合，重视语音规则的感悟、归纳与运用，综合来看，小学阶段需要完成的语音教学任务应包含四个方面。

1. 进行发音技巧训练，掌握英语发音方法

语音学习的首要任务就是将音发准，要将一个音读准，很重要的一点是掌握发音方法。对于小学生来说，模仿是关键。模仿不仅是指声音的模仿，同时也是口型的模仿。对他们不必过多讲解发音位置，他们很难分清"齿槽""前舌""后舌"等部位，也难于控制。但这并不意味着不讲发音方法，在初学阶段，发音方法和发音技巧的训练是至关重要的。我们可以通过更为形象的描述和直观的演示，让学生掌握发音的方法。如：/e/，可以告诉学生发这个音时做微笑状；/ai/学生容易发成"爱"音，老师可用手势（四指并拢，与大拇指配合做开合动作）提示学生注意口从开到合的动作；辅音/ŋ/也是学生难发的一个音，不容易与/n/区别开，老师可以让学生从汉语的后鼻音中分解出它的发音；如"正"的尾音，/θ/和/e/的发音易和/s/、/z/混淆，学生也不习惯这种发音，我们可以带着学生一块儿练——咬舌尖、发音，发/e/时，一同体会那种"麻麻"的感觉。这种练习应与单词教学巧妙结合，使学生形成正确的发音方法。

2. 正确认读单词，准确说出单词中的音素，培养学生的音位意识

教师对单词的发音很重视，在新授时，都会一一纠正，确保所学单词的正确发音。在单词教学中，教师可以在正确发音的基础上进行引导，有意识地让学生分解音素，为感悟读音规则和单词记忆做铺垫。如，将 ship 分解为：/ʃ/ -/i/ -/p/，将 bed 分解为/b/ -/e/ -/d/。我们教学生分解单词后，他们会逐渐意识到音位与字母之间的关系，随着书写单词的学习，他们能解字母与声音之间的关系，从而开始有意识地获取字母与声音之间的对应关系。

3. 积累读音规则，初步掌握根据规则拼单词的方法

在我们的语音教学中，教师应有意识地引导学生观察、总结、记忆读音规则。这里的总结、记忆不是死记硬背读音规则，而是通过经常的练习，形成概念，形成积累。这是一项长期的工作，突击是达不到目的的，只有教师高度重视，利用一切可利用的机会，坚持反复循环式让学生实践，学生才能真正掌握这些规则，掌握运用规则拼读单词的方法。

4. 进行句、段朗读训练，形成良好的语流语调

词的发音固然重要，但语音教学绝不能停留在这个层面上，在交际过程中，词的发音会有变化。英语的连贯性、流畅性是以短语或句子为单位来实现的。语音教学应对此引起重视，对句、段的朗读进行指导，让学生正确使用升降调，并了解不同音调对语意的影响。如：Yes. 和 Yes? 表达的意思是不同的。Thank you . ↗表示礼节性的感谢. Thank you. ↘表示诚恳的谢意。实践中，教师可通过绕口令、模拟交际对话、短剧表演等训练学生表达的流畅性，在语境中让学生体验不同语调的作用，从而形成良好的语感。

三、与教材相结合实施语音教学

1. 结合字母教学进行

语音知识的学习应与其他内容相结合，不断渗透。在字母教学阶段，笔者借鉴"三位一体"教学法，尝试着让学生同时学说它的发音，如：A/a/，B/b/，C/k/，D/d/，E/e/，F/f/……26 个字母教完，学生对字母名称音和在单词中的发音有了初步的认识，了解了二者的关系，再经常提供实践的机会，让学生进一步感悟。如设计"听音填字母"练习，给学生一些没学过的词，

让他们试填字母。如：blame, cage, crab, cable，学生很乐意做这样的练习，每一次都表现出很高的积极性，而且大多数学生都能填出来，这样的练习让他们体验到的是成功，降低了单词拼写带给他们的心理压力。

2. 结合单词教学进行

在单词教学中，注意引导学生观察字母及字母组合的发音，注意以旧引新，利用学生的认知能力，让他们运用旧知学生词。如：学过 cat，让学生自己拼出 fat；根据 man，拼出 fan；学过 tie，试拼 pie 等。这样学习不仅有助于读音规则的掌握，而且对学生有积极的心理暗示作用。

3. 结合对话教学进行

对话教学中，着重语感的培养。通过听录音，让学生感受英语的语流，注意英语的连读、失爆、语调等。学生朗读时，进行适当的指导。如，句重音的指导，通过示范、对比、试读，让学生知道英语句子朗读不仅有升降调之分，还有重音的变化，不同的句重音给人的感受是不同的。

四、结论

小学生学习语音符合儿童学习语言的特点，也符合英语学科入门阶段的规律。英语语言学家麦卡锡（Mac Carthy）强调，必须先学好发音再学习语言，他认为教师花些时间教发音是值得的。我们必须认识到语音知识的学习不是一蹴而就的，它是一个边发展边完善的过程，既不可操之过急，又不能掉以轻心。我们要让学生养成"听音敢猜，见字敢读"的习惯，逐步形成"听音写词，见字读音"的能力，为后续的学习打下坚实的基础。

【名师工作室第三期小学英语材料汇总】

伊金霍洛旗小学英语名师工作室研修方案

English Teachers' Paradise

（2017—2018 年第三期）

伊金霍洛旗教育体育事业发展中心　翟丽芳

经过一系列的严格成员筛选工作，组建了拥有 4 位名师 12 位研修员 2 位学员的第三期小学英语名师工作室，结合伊金霍洛旗小学英语教学的现状，特制定本工作室工作计划。

一、指导思想

根据教研室关于名师工作室的工作指示和制度要求，以党的十八大精神为指导，以"研究"和"落实"为主要切入点和着眼点，以求真、务实、创新的工作作风和团结协作的团队精神，积极探索有效课堂教学模式，培养一批具有良好师德修养、先进教育理念、厚实专业素养、扎实教研能力的教师队伍，努力让名师工作室真正起到"工作室是培养名师基地的地方"的作用。以"名师工作室"活动为载体，充分发挥名优教师在课堂教学、课改实验、课题研究、师资培养等方面的示范、指导、引领和辐射作用，努力把"名师工作室"建设成教师专业化成长的园地、资源辐射的中心、经验对话的平台、教育科研的基地，为促进伊金霍洛旗小学英语教育质量的提升做出应有的贡献。

二、工作目标

（一）教师发展目标

1. 成为学习型教师

通过参加本名师工作室组织的系统理论学习，工作室成员有较深的理论积淀，能解读相关教育教学理论并形成自己的见解，将新课程理念内化为教学行为，运用到教学实践中。

2. 成为特色型教师

通过参与名师工作室的教学研究活动，帮助成员挖掘自身优势，发挥自身的个性特长，形成自己的教学风格。确定自己的教学专题，能独立进行高水平的教学设计，能承担骨干教师培训班或送课下乡的教学任务，两年内在有影响的教研活动中展示并获奖。

3. 成为研究型教师

名师工作室的教师能够进行教学专题或科研课题的研究，能撰写较高水平的论文。

4. 成为有影响的名师

名师工作室的教师经过两年的积淀、研究和提升，在教学和科研水平等方面有大幅度的提升。名师成员的发展目标：在理论、教学和科研等方面有较强的指导能力和较高的造诣，在旗内小学英语界有较高的知名度，能承担教学专题培训任务。研修员学员的发展目标：通过多方位的学习、研修、提升，在名师的引领带动下成为下一届的名师。

（二）学科发展目标

①打造一个具有较强的研究和合作能力、有一定知名度的名师团队，形成一个引领学科整体发展的研究中心。

②构建一个集教学、科研为一体的培训体系，形成一个规范、系统的培训中心，促进小学英语教师的专业化发展。

③建立一个集专家、教师、课件、课例、论文等成果为一体的课程资源库，形成一个功能齐全、良性循环的资源网络。

三、主要工作及措施

（一）了解研究成员，组建核心团队

经过一系列考核，确定小学英语名师工作室的成员，如表1所列。

表1

学段及学科	单位	姓名	级别
小学英语	教研室	翟丽芳	主持人
小学英语	第一小学	胡粉霞	名师

(续表1)

学段及学科	单 位	姓 名	级 别
小学英语	新街小学	解翠英	名师
小学英语	伊旗第二小学	杨赫力	名师
小学英语	伊旗第四小学	常秀春	名师
小学英语	上湾小学	石荣	名师
小学英语	北师大二附校	贺晓敏	研修员
小学英语	补连塔小学	杨丽霞	研修员
小学英语	布连小学	李蕊	研修员
小学英语	红庆河小学	许晓静	研修员
小学英语	纳林希里小学	曹瑞芳	研修员
小学英语	苏布尔嘎小学	白美玲	研修员
小学英语	乌兰木伦小学	王慧	研修员
小学英语	新庙小学	索佩珍	研修员
小学英语	伊旗第三小学	张丽	研修员
小学英语	伊旗第四小学	李俊梅	研修员
小学英语	伊旗台格小学	王镜涵	学员
小学英语	伊旗第五小学	祁海燕	学员

（二）组织理论学习，提高理论素养

1. 梳理小学英语教材，明确教学内容

前两期工作室都进行了大量的教材梳理工作，并且有一定的成果，但随着教材的改版，课堂教学内容和容量增加，而且教师队伍里有了很多新教师加入，教材的梳理工作依然是名师工作的首选，以工作室的成员分组，迅速有效深入开展工作，争取对整个年级的课程内容进行深度梳理或整个小学阶段的课程内容相互之间的联系把握到位，有效开展教学。教材梳理出来，收集成册，成果继续推广。

2. 学习新课程标准，把握课程方向

随着新课程改革的实施，它对广大教师提出了全新的挑战。随着新的课程标准的改编，教师们必须认真研读新的课程标准，把握好方向，必须明白基础教育阶段英语课程的任务及目标，同时还需明白新课程标准在教学观念、课程目标、教学内容、教学手段、策略与评价等方面有了哪些新的改革与创新，体现了教育教学与时代发展的哪些新趋势。通过新旧课程标准的对比，促使教师从专业化角度进行快速的转变，为形成新的课堂模式做准备。前期课标的学习教师们还停留在表面，只是了解，很难内化到具体的教学工作中，本届的名师工作室课标学习工作必须具体落实到教学工作的每个细节，让老师们真正理解会应用新课标理念。这项工作的开展，依然是以工作室的成员为各校的组长，组织各校教师的课标学习，在备课、说课、评课、各个环节中应用。

3. 结合教师自身特点　选读学习和研究

先进的教育理论是教育和科研的先导，阅读和学习是提高教师理论修养的有效途径。在工作室成立以后，根据成员的特点及专家的建议，要购买有一定价值的书籍或者由学员在本校图书馆里结合自己的特点进行阅读，通过分散阅读学习和阅读后交流相结合的形式提高工作室成员的整体理论修养。

（1）学科专业理论

组织本教师发展工作室教师系统学习学科教学理论书籍，系统学习《人民教育》《外语教育心理学》《英语教学交际论》《英语新课程教学与教师成长（当代中小学教师研修教材）》和《二语习得与外语教学研究》。

（2）教育教学理论

组织本教师发展工作室教师系统学习《人民教育》、苏霍姆林斯基《给教师的100个建议》（新）、杜威的《明日之学校》、苏巴班斯基的《教育过程最优化》、赞科夫的《和教师的谈话》、杜威的《我们怎样思考》《走进新课程》《多元建构理论在课堂教学中的新发展》《新课程学习方式的变革》和《新课程与评价改革》等。

（三）聚焦课堂教学，塑造个性特质

课堂是教师的职业场所，教学是教师的第一要务。名师之"名"，首先在于课堂教学，本室的工作重点之一，就是进一步提升工作室成员的课堂教学能力，这也是本室开展其他各项活动的基础。本次选拔，工作室的成员以两个优势梯队出现，五个名师教学经验丰富，课堂掌控能力强，教学业绩突出，具有初步的教学研究能力，但缺乏创新，"活"的教学思想理念方法冲击，迸发出更大的潜力，保持持久的教学激情。十一个研修员和三个学员年轻有活力，新点子方法多，孩子们喜欢，但教学经验缺乏，教学研究能力弱。这两个梯队正好优势互补，可以取长补短，互相成长。针对这个特点，所有的课堂教学活动都结合名师、研修员、学员的个人课堂教学优劣势开展，例如，专家指导课名师研修员都做课，互相学习；"送教下乡"名师和研修员要用自己的优势有针对地指导弱势的研修员和学员；有经验的名师跟踪指导学员研修课堂教学。通过观课和研课，大家学习成员们在课堂中体现的教学优势，讨论出现的问题，进一步完善和提高成员们的课堂教学，形成有效的、独特的、孩子们喜欢的教学风格，带领大家共同进步！

（四）开展教学课题研究，提升科研水平

教科研是软实力，是教育教学的第一生产力。本学度要求各成员在原有研究的基础上，继续对问题进行更深入持久地关注，以进一步提升科研水平。工作室的成员根据自己所在学校英语教学情况以及所在学校全体英语教师的困惑，选出最突出、最急需解决的教学难题，围绕"提高小学英语课堂教学的有效性"的大课题制定子课题，通过工作室成员的研讨、专家的指导，在校展开课题研究，并通过成员和专家的跟踪检测，确定课题的成果并进行展示，提高科研能力。同时，工作室也将营造浓郁的教科研氛围，制定读书科研的活动，人人参与其中，以科研促教学，提升专业能力，并争取成员有更多研究成果在各级各类专业刊物上发表或获奖。

（五）搭建交流平台，共享教育智慧

工作室在时常开展小组沙龙的同时，将继续建设和利用好"小学英语家园 QQ 群"，积极开展网络在线互动式研讨，为工作室群提供动态的教育教学信息、教育教学资源。要求工作室成员时常提供教学心得体会文章（教学随笔）、优秀教学设计、案例等，落实专人定期更新内容，使群成为导师和工作室成员展示教育教学研究成果的平台，与外界同行进行交流的窗口，实现教育智慧共享。

（六）规范管理，保证工作室顺畅运作

要求工作室成员每两周发一个帖子（教学随想或问题诊断或针对某些具体问题的好的教学策略）。收集学习心得、主题研修活动记录、教学设计、教学案例、教学反思、期末测试卷、期末工作总结等。每学期至少上交一节主题研究录像课光盘。每学年至少写一篇教学论文，并在《伊旗教研室刊》（含旗级）以上级别期刊获奖或发表。每位成员每学期开展一次主题研讨活动（围绕子课题与小组成员及徒弟共同开展的小型教研活动），并做好评议，每位成员每学期读一至两本教育教学专著、小学英语专业书刊，并及时上传读书心得。

四、工作形式

以集中研讨、培训，分散自主研究，网络共同交流的工作形式，开展各项工作，既体现个性研究，又凸显合作、交流与分享。

1. 集中研讨、培训，统筹规划

名师工作室定期召开工作部署会、教学研究发表会、专家专题讲座、学术沙龙等，研究和规划工作室的各项工作，研讨教学、科研等问题，形成学科导向性的意见和策略。通过听专家讲座和现场互动，提高教师的专业化水平。

2. 分散学习、思考，自主研究

名师工作室的成员带着所承担的任务，分散进行自主学习和研究，形成具有个性的思考或观点，整合和开发优质的课程资源。为成员建立成长档案，把每个成员的相关工作资料存入各自的档案盒，对工作室成员的课堂教学情况进行评价和考核，强化工作室的团队作用，发挥工作室的教育引领和辐射作用。

3. 网络交流、分享，共同提高

名师工作室通过网络平台，发挥名师的辐射引领作用。通过建立教学研讨、课题研究、资源库、在线培训等栏目，和周边外语学科教师探讨问题，分享智慧和成果。

五、工作职责

（一）主持人职责

①负责制定名师工作室的工作方案、成员培养方案及各项活动方案。
②指导和帮助工作室成员在工作周期内达到预期培养目标。
③主持名师工作室的日常工作。
④组织教师培训、教学研讨和论坛等活动，组织教师到农村送课下乡或结队帮教。
⑤管理名师工作室网页。主持建立本学科教学资源库，整合和生成优质课程资源。

（二）工作室成员职责

①配合主持人进行名师工作室的日常工作。
②制定个人的两年发展规划。
③承担轮流主持活动的任务。
④承担听课、讲课、说课、评课和教师培训等任务。
⑤承担撰写工作室活动简报。

⑥承担本教师发展工作室的教学和科研课题的相关研究工作。

具体事务分工：

①主持人：翟丽芳（负责制定工作室活动策划与计划、活动方案、考核制度等，负责日常事务分配、课题管理、成员考核等）。

②常务工作管理员：齐宏亮、白美玲、李蕊、贺晓敏（负责组织活动、通知、签到、记录、联络等）。

③课例负责人：杨赫力、谢翠英、常秀春、石荣（负责组织修改上课教师的教案、点评、反思等相关工作）。

④档案整理员：索佩珍、千雨红、李俊梅（负责收集、分类、整理工作室所有成员的成果、定期上报主持人）。

⑤信息宣传员：许晓静、王慧、张丽、曹瑞芳（负责图书的推荐、管理、信息的记录收集与整理、及时报道、上传至网站）。

⑥网络管理员：杨丽霞、祁海燕、王镜涵（负责网站文字、图片的上传、网站的管理等工作）。

六、工作室两年工作规划

①读两本好书。理论学习是先行军，工作室成员每个年度每人要选读两本教育教学书籍，以个人自学为主。采取集体交流的方式开展研讨，正确把握新课程所倡导的理念，努力改进教学行为，提升教学品质。

②上两节好课。每一位工作室成员每学期要执教一次校级观摩课，并开展课堂教学研讨活动，以观摩研讨、切磋对比、互动评课、促进提升的方式，有效提高成员的教学水平。要通过成员独特的课堂教学魅力来吸引与影响师生，为其他教师的专业发展提供可借鉴、可操作的方法、经验与策略。通过课例研讨，使成员自身素质有很大的提高，更重要的是成员的教育思想、教育智慧、教学方法、教学艺术等影响着全旗小学英语教师，为全旗教师的专业发展提供榜样示范。

③设计两份优秀教学案例。每年度设计两份最能体现教师个人风格，同时

能够反应或表达先进教育理念与思想的教学案例与反思；案例要充分解读教材以及把握学情，符合学生的认知水平及认知规律，富有创新意识。要求重点突出，有实践性和反思性，能体现教师的业务水平与能力。

④开设一次专题讲座。每位成员争取每个年度开设两次校级教育教学专题讲座，这既是对自己教学研究的总结提升，也为本校小学英语教师培训提供服务，引导教师在常态教学工作中积极开展教学总结研究。

⑤主持或参与一项课题研究。工作室成员要用研究的眼光、研究的态度、研究的方式来从事自己的教育教学活动，全面提高教育教学效率与质量。每位工作室成员要根据自身的特点主持或参与一项课题研究，使教育教学工作更科学、更全面、更系统、更理性。

⑥写一篇优秀论文。工作室成员结合自身教育、教学经验，积极动笔，每个年度要撰写一篇论文，并力争获奖或发表。

七、工作室两年研修内容

【2017年第一次研修活动】

关于2017年小学英语名师工作室第一次研修活动安排意见

为了第三期小学英语名师工作室研修工作有序开展，明确英语名师工作室每位成员的个人专业发展需求，增强每次研修活动的目的性和有效性，促进研修工作更加有序、有质量地开展，进一步提升每位成员的学科素养和学科教学能力，小学英语名师工作室特举行这次工作室研修方案和工作室成员个人两年发展规划研讨活动。

研修主题：了解方案、落实任务、交流规划。

活动形式：交流、研讨。

明确目标 创新思路
——2017年小学英语名师工作室第一次活动总结

阳春三月，花红柳绿，万物复苏，到处呈现出生机勃勃的美丽景象。第三期小学英语名师工作室研修工作也在有序开展。为了明确工作室每位成员的个人专业发展需求，增强每次研修活动的目的性和有效性，进一步提升每位成员的学科素养和学科教学能力。2017年4月19日下午，工作室全体成员走进伊旗第三小学，举行了解读工作室研修方案和交流工作室成员个人两年发展规划的研讨活动。

在活动伊始，为了使大家尽快熟悉，团结互助。主持人翟丽芳带领成员们进行了"Honey，如果你爱我，请你为我笑一下"的破冰活动。全体成员参与其中，乐在其中，也使各成员之间增进友谊，加快了解，调动了积极性，实现了团队合作。

正当大家沉浸在欢声笑语中时，主持人趁热打铁进入了会议的正题——学习和讨论由主持人制定的《小学英语名师工作室第三期成员考核方案》，因为有了前面的"动态"的热身环节，所以大家在聆听主持人解读方案时特别认真并积极发表个人观点。这份方案以激励机制为主，方案不但有硬性的任务要求，而且是上不封顶，激励着工作室的每位成员成为本地区乃至全市、全区、全国的名师。方案还体现了团队合作特点，在方案中工作室主持人把成员按照同异质分组法分成了四个小组，每个小组由一位名师担任组长，在年终考核时，以一个小组整体成员的表现为考核依据，如果某一个组某一位成员没有很好地完成工作室布置的讲课任务，这就说明这个小组没有认真备课，团队凝聚力不够好，所以这个组就取消学员评优的资格。在方案解读完后，工作室的主持人让大家发表自己的意见，最后主持人采用了大家的意见，重新修改了方案，使方案真正成为每个成员量身定制的"黄金方案"。

第二阶段工作室各位成员交流了自己的两年发展规划。许晓静老师提出读书的重要性，提升教师自己的专业素养，加强课件制作的学习，使多媒体教学有效的为课堂服务；贺晓敏老师谈到英语教师要注重口语训练，培养学生的综合语言运用能力；石荣老师的团队合作；李蕊老师的由教师引领到学生自学等。每位成员都根据自己的实际情况进行了切实可行的规划，制定了明确的奋斗目标，决心在接下来的两年中提升自我、完善自我、突破自我。

"有眼界才有境界，有思路才有出路"。最后主持人进行了精彩的总结也提出了新的挑战：完善自我，不断创新，提高自身专业学科素养；读书的重要性，要加强学习，学会动手、动脑、动心；突破自身，提升高度，亮点推广，辐射全旗。

【2017年第二次研修活动】

关于2017年小学英语名师工作室第二次研修活动安排意见

为进一步提高我旗小学英语课堂教学质量，促进全旗小学英语教师的专业化成长，小学英语名师工作室围绕"小学英语词汇教学的有效性探究"为主题开展第二次研修活动，本次活动特邀请全国中小学英语教学专家龚海平老师来我旗进行现场教学指导。

研修形式：听课、评课、讲座。

研词汇教学，创有效课堂
——2017年小学英语名师工作室第二次研修活动总结

为了进一步优化小学英语课堂教学，提升教师的教育教学水平，5月26日，伊旗小学英语名师工作室开展了以"小学英语词汇教学的有效性探究"为主题的研修活动。此次活动特邀请江苏省中小学特级教师、扬州市有突出贡献的专家龚海平亲临指导。

本次活动由工作室成员索佩珍老师主持，旗教研室主任田龙、一完小米雪峰校长、工作室主持人翟丽芳及全旗所有小学英语老师参加了此次活动。活动的主要内容有：上午课堂教学研讨课，分别由伊旗第一小学千雨红、苏布尔嘎小学白美玲和红庆河小学许晓静老师执教三年级《Unit6 How many A Let's learn》、四年级《Unit6 A Let's learn》和五年级《Unit6 Work quietly A Let's learn》。下午龚老师示范课及专题讲座。

千雨红老师从三年级学生兴趣和特点出发，以迪士尼城堡引入新课，设计了多种多样的任务型活动，在教授新词过程中注重语音教学，最后以《Sue can't sleep》绘本故事结束。白美林老师以整体语篇输入，整节课围绕一个整体情境展开，辅以真实的教具，让学生在任务中学习词汇和句型，最后以小组合作的形式创编对话输出语言。许晓静老师以学生喜爱的动画人物——图图贯穿一节课始终，操练扎实，达到词不离句、句不离篇的效果。

课堂上的得心应手，离不开教师的精心准备。以上执教老师在展示前利用空暇时间与所在工作组的其他成员在组长的带领下进行了细致备课和深入打磨。小学英语教研员翟老师深入各组研磨课堂活动，观察并针对各个组的教学设计和课堂教学存在的问题给出修改建议。各名师耐心指导，精心打造。成员们积极出谋划策。这些都为本次工作室新成员的亮相做了充分准备。

"黄金无足色，白璧有微瑕"。虽然作课老师都很用心，但仍存在些许不足。龚老师在点评时强调：一是希望老师们提升自己的语言基本功；二是创设符合条件的语境；三是给学生输入大量的语言。这些都让教师们对词汇课的教学有了更深一层的感悟与认识。

龚老师的示范课忽略了精致PPT的外衣，注重了对学生思维的启迪，尽显大家风范。对学生而言，堪称是一次全新的思维建构；对教师来说，绝对是一种深层次的领悟。

示范课后，龚老师就我旗小学英语教学中存在的问题进行深入地剖析并提出改进建议。他指出：教师备课时要把精力放在如何让学生有意义地学习上，而不是做课件上；教师要夯实基本功，要善于把复杂的知识简单化；建立纯英文环境，尽量不要出现汉语辅助；可以借助旧词汇来学习新语法或用旧语法学习新词汇；要注重学生的朗读、听写、书写等，认真设计好练习，增加题型的信息量，机械的操练能少则少。

活动结束前，翟老师提出几点建议和希望：努力改变语音语貌；提升语言密度，挖掘语言内涵；备课要充分，注意知识间的融合；精心设计作业，注重评价。

活动后，工作室的成员们纷纷表示，本次活动增强了工作室教研活动的针对性和自觉性，今后将继续依托此平台，自主积极研修，不断促进教学水平的提升，推动小学英语教学工作的发展。

【2017年第三次研修活动】

关于2017年小学英语名师工作室第三次研修活动安排意见

为促进工作室成员深入学习2011版英语课程标准，提高他们分析运用教材的水平，同时加强试题分析研究和命制能力，本次小学英语名师工作室将以"如何有效命制小学英语试题"为主题开展研修活动。

研修形式：讲座、交流研讨。

基于新课程标准下的小学英语有效试题命制

——2017年小学英语名师工作室第三次研修活动总结

小学英语试卷是评价小学英语教学质量的重要手段，"是实现课程目标的重要保障"。从狭义的角度说，命题是课堂教学的延续和升华，是为下一步教学计划修订提供依据。从广义的角度说，命题更关系到整个教育教学过程所贯穿其中的教育理念、教学方法与评价观念等。命题是检测教师教育教学水平和能力的一项重要的工作。为了给教师的教和学生的学起到示范引领作用，确保小学英语教学质量的稳步提升，2017年6月15日，在旗教研员翟丽芳老师的主持下，伊金霍洛旗小学英语名师工作室的所有成员齐聚伊旗第四小学二楼会议室，以"基于新课程标准下的小学英语有效试题命制"为主题开展研修活动。大家积极思考、畅所欲言，说命题感想，研命题意图。活动内容分为三个板块。

首先由教研员翟丽芳针对"小学英语试卷命题的原则与方法"进行了专题讲座。翟老师依据英语课程标准的语言技能目标要求和英语课程标准评价建议，为工作室成员们今后的命题方向做了细致的指导。她要求英语教师在命题过程中既要关注基础知识、基本能力的考核，又要关注学生灵活理解、运用英语语言等综合素养的检测；同时要求老师们既要关注书本知识、内容，也要关注学生日常用英语交流的综合语言能力；力求做到题量适中，题型多样，难易适度等。在此每位参会教师都认真聆听了讲座，做了笔记，真是受益匪浅。

紧接着由工作室的四位名师分享了她们所出的毕业试题，并做了试题设计说明。总的来说，几位名师的试题覆盖面广，难易适度，题型多样，形式活泼，贴近生活。能够客观地考查学生小学阶段所学的英语知识与能力。

随后由工作室的其他成员依据翟老师的讲座以及四位名师的试题设计，带着自己在命题方面的困惑与追求，展开了激烈的讨论。在讨论中成员们针对目前试题现状的不合理因素形成了一致的意见，并提出了改进措施，明确了今后的努力方向和目标。相信在今后的命题工作中，大家会扬长避短，设计出更加精准、科学、有效的试题。

最后，教研员翟老师对本次命题研讨活动作了点评并布置了具体的任务。她期待在命题能力方面，让工作室每个成员都有更多视角，一定要精挑细选，避免机械性的重复；还要求成员们在活动后每人命制一套试卷，希望在以后进行命题工作时一定做到心中有全体学生，一定要让孩子的能力真正得以释放；并建议各校在期末复习时注重客观题的针对性训练和主观题的规范化训练，切实提高学生的综合语言运用能力。

【2017年第四次研修活动】

关于2017年小学英语名师工作室
第四次研修活动安排意见

为进一步提高我旗小学英语课堂教学质量，促进全旗小学英语教师的专业化成长，小学英语名师工作室围绕"小学英语对话教学的有效性探究"为主题开展第四次研修活动，本次活动特邀请全国中小学英语教学专家龚海平来我旗进行现场教学指导。

研修形式：听课、评课、讲座。

小学英语对话教学的有效性探究
——2017 年小学英语名师工作室第四次研修活动总结

为了进一步优化小学英语课堂教学，提升教师的教育教学水平，9 月 22 日，伊旗小学英语名师工作室开展了以"小学英语对话教学的有效性探究"为主题的研修活动。此次活动特邀请江苏省中小学特级教师、扬州市有突出贡献的专家龚海平亲临指导。

本次活动由工作室成员李蕊主持，旗教研室主任田龙、教研员翟丽芳、矿区小学校长马伟、五完小副校长邬文斌及全旗所有小学英语老师参加了此次活动。活动的主要内容有：上午课堂教学研讨课，分别由北师大附小贺晓敏、新街小学齐宏亮和上湾小学石荣老师执教三年级《Unit2 Colours A Let's talk》、四年级《Unit2 A Let's talk》和五年级《Unit2 Ways to go to school. A Let's talk》，接下来由三位老师说课并由龚老师对三节课做点评。下午龚老师示范课及专题讲座。

贺晓敏老师从三年级学生的兴趣出发，以卡通人物引入新课，设计了多种多样的任务型活动，在教授对话的过程中注重培养学生的语言运用能力，最后以介绍本班同学和老师结束本课的教学。齐宏亮老师以一首歌曲进入教学，整节课围绕"书包里有什么"这一话题展开，辅以真实的教具，让学生在情境中学习词汇和句型，最后以语篇形式整体输出。石荣老师以"孩子们去学校所乘交通工具"这一话题贯穿一节课始终，操练扎实，达到"词不离句、句不离篇"的效果。

俗话说"台上十分钟，台下十年功"。课堂上的每个环节都离不开每位老师的精心准备。以上执教老师在展示前利用空暇时间与所在工作组的其他成员在组长的带领下进行了细致备课和深入打磨。各名师耐心指导，精心打造，成员们积极出谋划策。这些都为本次工作室新成员的亮相做了充分准备。

"金无足赤"，虽然作课老师们都很用心，但仍存在些许不足。龚老师在点评时强调，一是希望老师们提升自己的语言基本功，二是把所学语言运用到实际情境中，三是给学生输入大量的语言。这些都让教师们对对话课的教学有了更深一层的感悟与认识。

龚老师的示范课忽略了精致PPT的外衣，注重了对语言的运用，尽显大家风范。老师们对对话课又有了一种深层次的领悟。

示范课后，龚老师就我旗小学英语教学中存在的问题进行深入地剖析并提出改进建议。他指出：教师备课时要把精力放在如何让学生用所学语言与别人交流，而不是做课件上；教师要夯实基本功，要善于把复杂的课堂用语简单化；建立纯英文语境，尽量不要出现汉语辅助；可以借助激活学生前语篇来处理文本中的生词；听说课型一定要有语言的张力，不要让文本把我们"囚禁"起来。

讲座结束后，工作室成员就本次活动及我旗小学英语教学现状各抒己见，成员们都认为这样的活动能够提高我旗小学英语教师整体水平，她们都能直言不讳地把自己在活动中的一些点滴收获与大家分享，同时也把自己在教学工作中遇到的一些困惑向龚老师请教。

活动最后，教研员翟老师总结并提出几点建议和希望：完善个人语音语貌，提升语言素养；加强语言知识的学习，保证教学内容的准确无误；全英授课，创设浓浓的英语语境；加大课容量，注重培养学生综合语言运用能力。

孔子曰："学然后知不足，教然后知困。"相信通过工作室的研修活动及我们自己不懈的努力，老师们能够更加有效地开展对话课教学，今后大家也能继续依托此平台，自主研修教材，教学水平能快速提升，让我旗小学英语教学工作能更上一个新台阶。

【2017年第六次研修活动】

关于2017年小学英语名师工作室
第六次研修活动安排意见

为进一步提高我旗小学英语教师的专业素养与教学技能，提高课堂教学质量，促进全旗小学英语教师的专业化成长，强化阅读教学的有效开展，小学英语名师工作室围绕"核心素养背景下，小学英语阅读教学的实践研究"为主题开展第六次研修活动，本次活动特邀请全国中小学优秀外语教师刘彦英老师来我旗进行现场阅读教学指导。

活动主题：核心素养背景下小学英语阅读教学的实践研究。

研修形式：听课、评课、讲座。

核心素养背景下小学英语阅读教学的实践研究

——2017年小学英语名师工作室第六次研修活动总结

近年来，随着英语教学的不断变革，核心素养已经被提得越来越响。核心素养的问题实际上是培养什么样的人的问题。基于核心素养的教育，既包括传统的知识与能力的学习，也强调学生的全面发展和终身学习。正如英语课程标准强调：英语课程应从培养学生的学习兴趣入手，最大限度地发挥学生的潜在能力，使学生积极主动地参与学习的全过程，将学习变成学生自觉、自愿、高兴的事，让学生做学习的主人。这就要求我们教师在课堂上，要通过创设情境、鼓励表达、引导学生反思等手段，突出培养学生的沟通与合作能力。所以说"核心素养"培养其实就是教学改革与创新的过程，是一个教师与学生角色、地位的转化过程，是促进人与社会的统一和协调发展的过程。2017年12月24日，在旗教研员翟丽芳老师的主持下，在北京市大兴区教师进修学校刘彦英老师的引领下，伊金霍洛旗小学英语名师工作室的所有成员齐聚伊旗纳林希里小学，以"核心素养背景下，小学英语阅读教学的实践研究"为主题开展研修活动。活动内容分为四个板块。

首先由我旗苏布尔嘎小学的刘海艳老师和纳林希里小学的康玉秀老师各带来一节语音课及阅读课。两位老师针对不同的课型，展示了各自的风采。刘老师通过整体设计教学，让学生在句中、文段中学习新词，感悟语音，达到了词不离句、句不离词的教学效应。康老师则通过大容量的输入，来提升学生的综合能力。而且康老师也特别注重学生的思维能力的培养，使核心素养在课堂中得以体现。

紧接着由北京市大兴区教师进修学校的刘彦英老师为我们带来了一节阅读

教学示范课，并针对她的课以及当地两位老师的课为大家做了引领指导。使老师们对核心素养背景下的小学英语阅读教学有了更清晰地认识，同时也有了做好它的信心与决心。

在下午时，北京的刘彦英老师又依据"核心素养背景下，小学英语阅读教学的实践研究"这一话题为老师们做了专题理论讲座。使大家清晰地认识到当前英语教学所面临的挑战。同时老师们也深切感受到：If we teach today as we taught yesterday, we rob our children of tomorrow.

最后，在教研员翟丽芳的带领下，工作室全体成员针对以上三节课及讲座谈了自己的收获。翟老师也对本次活动给予了中肯的点评并表达了殷切的期望。期待在阅读教学方面，让工作室每个成员有更大进步，一定要做到转变观念，一定要做到心中有全体学生，一定要让孩子的能力真正得以提升。

【2018年第一次研修活动】

关于2018年小学英语名师工作室
第一次研修活动安排意见

为进一步提升全体成员的思考和研究能力，创新英语教学方法，提升教学能力，加强我旗小学英语课堂教学实践与探究，伊金霍洛旗小学英语工作室将以"基于小学英语核心素养下的新理念、新想法和新做法"为主题开展总结汇报研修活动。

研修形式： 主题汇报、交流研讨、主题讲座。

分析总结促提升，交流研讨助成长
——2018年小学英语名师工作室第一次研修活动总结

为了进一步优化小学英语课堂教学，提升教师的教学研修水平，3月30日下午2：30—7：00，伊旗小学英语名师工作室在伊旗第二小学开展了"基于小学英语核心素养下的新理念、新想法、新做法"的汇报活动。此次活动由教研员翟丽芳老师和部分学校教研组长组成的评委老师现场打分，并针对汇报内容现场提问。会前通过抽签的方式决定汇报顺序。

本次活动由二小何霞老师主持，全体工作室成员及各校教研组长参加。工作室15位成员依次就自己上一年的研修工作作总结，并将自己的新理念、新想法、新做法与大家分享。名师石荣老师分享了词汇教学、对话教学、阅读教学及语音教学的设计思路，仿佛又把我们带到了曾经精彩的课堂教学中。名师常秀春老师分享了她对所学内容的一些深度思考，她能够站在教育者的角度上谈论小学英语教学，她的学识让我们在场的所有人折服。名师解翠英老师就自己在学校组织的一些活动及做法与大家分享……相信大家在聆听老师们的新理念、新想法、新做法的同时，也能够有自己更新的理念、想法及做法。

俗话说"台上一分钟，台下十年功"。这次研修汇报离不开老师们的认真思考和精心准备。成员们博学善思、勤奋好学的精神，值得在场的每位老师学习，这也为小学英语名师工作室今后工作的开展营造了浓厚的氛围、奠定了良好的基础。

汇报结束后，教研员翟老师对工作室成员提出一些诚恳的建议：多读书，做一个知识渊博的英语教师；教学需教师深度思考；提高自己的口语表达能力；学会全面总结汇报；课堂教学要向40分钟要实效，必须保证20分钟学生的精彩呈现；加强核心素养的认识；有效推广教学成果；加强引领辐射作用。这些都将会推动伊旗小学英语教学更上新台阶。

之后，翟老师作主题讲座，主要包括以下内容：加强课标学习，提升个人素养；明确教学理念及方向，提升理论水平及高度；敢于超越课标要求设计教学和培养能力；开展有效的教材梳理，讨论深度的教材梳理方法。翟老师对小学英语教师提出了新的希望，也赋予了新的使命。

本次活动开阔了教师眼界，提升了老师们对小学英语教学的感悟与思考能力。相信大家今后能继续依托此平台并通过自主研修，使自身教育教学水平得以快速成长，开启我旗小学英语教学工作的新局面。

【2018年第三次研修活动】

关于2018年小学英语名师工作室第三次研修活动安排意见

为进一步提高我旗小学英语课堂教学质量，促进全旗小学英语教师的专业化成长，提升小学英语六年级复习教学的能力，小学英语名师工作室围绕"小学英语六年级复习教学的有效性探究"为主题开展第三次研修活动。

研修形式： 听课、评课、讲座。

基于学科核心素养 优化英语复习教学
——2018年小学英语名师工作室第三次活动总结

为进一步提高我旗小学英语课堂教学质量，促进全旗小学英语教师的专业化成长，提升小学英语六年级复习教学的能力。2018年6月8日，小学英语名师工作室全体成员及红庆河小学、纳林希里小学、苏布尔嘎小学和布连小学全体英语教师一行走进美丽的红庆河小学展开以"小学英语六年级复习教学有效性探究"为主题的第三次研修活动。

此次活动特邀请小学英语教学专家刘彦英亲临指导，整个活动由许晓静老师主持，旗教育局培训中心刘芳老师、邬霞老师、旗教研室翟丽芳老师参加了此次活动。活动的主要内容有：上午三节课堂教学研讨课，分别由第一节红庆河小学许晓静老师执教六年级绘本课《Tim's bad mood》；第二节红庆河小学邱娜老师执教五年级（下）《Unit 6 Part A Let's learn》；第三节来自矿区小学的杨丽霞老师执教六年级复习课《My summer holiday plan》。下午刘彦英老师针对"核心素养下小学英语词汇教学的研究"进行了专题讲座；王慧老师就复习课的探究分享了自己的教学心得与成果；最后由工作室主持人翟老师进行本次活动的小结并布置相关任务。

英语课程标准指出合理利用和积极开发课程资源，给学生提供贴近学生实际、贴近生活、贴近时代的内容健康和丰富的课程资源，拓宽学生学习和运用英语的渠道，而小学英语的绘本就是很好的课程资源。许晓静老师有效使用绘本开展六年级复习词汇教学。小学英语名师工作室在如何有效开展绘本教学的研究方面已经走在了地区前列，让我们的孩子们在英语的综合语言运用能力方面有了极大提高。

邱娜老师刚参加工作不到一年，但是却以独特的魅力影响着孩子们。杨丽霞老师的复习课更是巧妙的以暑假计划为主线，全面系统整合教材，利用思维导图，将知识点层层突破，循序递进，让一节复习课变得生动精彩。

在上午三位老师讲完课后刘彦英老师依据课标、教材、学情、目标等对每位老师的课进行了适时点评，并对不同课型给出了中肯的建议：绘本教学要抓住学生已有认知与绘本教学融合，争取达到 1+1>2，同时要注重挖掘故事背景，进行文化渗透，将绘本知识与学生生活相联系；词汇教学一定要聚焦主题，注重整合教材，做到点面结合；复习教学，尽量让学生对已有知识主动提问，从而培养学生主动思维的能力；聚焦主题进行复习，整节课围绕一个主题进行复习讨论；设计教学内容要考虑学生生活实际，让学生学会用语言表达自己的真情实感。

下午，刘彦英老师进行了"核心素养下小学英语词汇教学的研究"的讲座。她指出通过不同的游戏方式进行词汇操练，激发学生的学习兴趣；注重书写习惯的培养；关注词汇音、义、形的整合；更要注重理论与实践相结合，根据图文，说出词或短语，（一级目标）根据图片、词语或例句的提示，写出简短的词句。刘老师还提出在教授新词时，不要过早提出拼写的要求，不要过分强调拼写的准确性。学生表演，评价要跟上。讲座中，刘老师还带领老师们亲自体验一个有效记忆词汇的翻牌小游戏，老师们也是学在其中，乐在其中。最后刘老师以"Tell me and I'll forget. Show me and I may not remember. Let me try！"结尾。

接着王慧老师分享了自己的复习课教学方法，建议加强复习计划性，不要盲目施教；复习要有针对性，不能走马观花；要有系统性，对教材进行整合重组；做到分类复习，侧重对做题技巧的讲解和做一些学生易出错的题目，指导学生把握一些做笔试和听力题的要领；转换学生学习的方式，发挥学生学习的主动性；最后一定处理好师生关系，关注学生的心理变化，用自己的真情实感去关心感染孩子们。

  名师常秀春老师和谢翠英老师也对复习教学提出了自己的观点，让整个活动得到了升华，也让老师们收获满满。

  最后由工作室主持人翟老师进行小结，翟老师首先肯定了专家刘老师提出的建议，和我们一起用心探讨绘本教学目的，如何有效利用和开发好课程资源，为以后我们如何开展绘本教学指明了方向。同时对今后的工作也提出了更新更高的要求。一定要高质量及时上交每次活动后的反思与资料；进行个人的成果集整理；老师们要在教学中不断探究，从而更好地把握好绘本教学；六年级教师要把握好最后复习阶段，合理设计，有效提升学生的综合能力。

  纸上得来终觉浅，绝知此事要躬行。我们坚信，在翟老师的带领下，在各位老师的努力下，小学英语名师工作室一定一路花香。

八、工作室两年研修成果

论文篇

核心素养背景下的小学英语课堂教学

伊金霍洛旗教育教学研究室　　翟丽芳

  核心素养理念的提出使我们对如何培养学生和培养学生的哪些能力有了新的疑问，提出了新的挑战，这使我们必须改变传统的教学方式，创设一种更合理更有效的全新的课堂教学模式。核心素养背景下的课堂教学是什么样的？是着力建构语言能力、学习能力、思维品质、文化品格的英语学科核心素养。学习内容上将知识学习与技能发展融入主题、语境、语篇和语用，促进文化理解和思维品质形成；学习方式上走向关联、发展、整合、实现语言的深度学习；教学方式上，回归原点，设计情景化、问题化、活动化、关注人的和谐发展。核心素养的问题实际上是培养什么样的人的问题。基于核心素养的教育，既包括传统的知识与能力的学习，也强调学生的全面发展和终身学习。

但如何使"核心素养"在小学英语课堂教学中得以落实，根据多年的教学研究及阅读相关书籍，我觉得应该从以下几方面入手。

一、培养学生的独创性与批判性，发展思维品质

《义务教育课程标准（2011年版）》指出，英语课程具有工具性和人文性，既要发展学生的综合语言运用能力，又要发展学生的思维。作为英语学科核心素养之一，思维品质包括分析、推理、判断、理性表达以及运用英语进行多元思维等活动的能力。然而，现在的英语教学较多地侧重学生语言知识和语言技能的培养，较少地关注学生的思维品质和培养。所以，学生思维品质的发展成为首要任务。要想发展学生的思维品质，教师应在教学中适当地引入一些形象、直观的学习活动，让学生能够充分地进行实践与演练，激发他们的大脑思维，从而达到对知识的理解、消化、巩固和拓展；教师可以依托教材，对教材内容进行一定的重组、拓展与整合，让文本内容得到一定的深化；同时，通过建构相应的教学场景，对学生的创新思维进行积极的引领与诱导；教师可以引入思维导图，将形象思维和抽象思维很好地结合起来，实现新知识的内化，锻炼和培养学生的发散思维；教师应坚持以问题为导向，让学生在发现问题、分析问题和解决问题的过程中不断提高思维能力，从而获得自信和成功的体验。

二、开发丰富有内涵的课程内容，促进语言能力

语言，是核心素养发展的关键。语言能力就是实际运用语言做事情的能力。语言教学的核心是培养学习者运用语言进行交际的能力。语言能力的培养过程需综合考虑语言的情景、语言活动、交际任务、交际策略等关键维度。核心素养背景下小学英语教学应该站在"为了学生发展"的角度，奠定学生个体健康成长与终身发展所必需的知识、能力、素养等最基础性元素。在全新的小学英语教学过程中，教师应该具有课程意识，跳出教材的局限，用教材教而不是教教材；具有开发课程的能力，基于课程标准、学情等，从实际出发选取课程内容，选择最生活、最实用的内容，让学生充分感受到教学内容是生活和学习中最需要的，马上就能用，从而明确学习的最终目的，例如，教师可以按照多年的教学经验和学生的实际情况，形成一系列的主题，如学校生活、我爱我家、我的朋友、小动物、饮食喜好等。通过主题教学，删除脱离学生生活实

际的教学内容，不纠缠细枝末节及碎片化知识，从点状教学走向网状教学，或者从学生的已知出发，通过问题链接，激发学生的兴趣，引导学生形成新的知识结构，促进语言能力的提升。

同时，教师可以充分利用现代信息技术丰富学习生活，比如：校园广播平台播放英文歌曲、简短的日常口语等，让纯正的英语在校园响起来，利用校园网络平台播放原版英文碟片，让学生感受精彩真实的英语交际情景；校园里也可以建立书吧，引导学生多读英文书，养成英文阅读习惯，提高输入能力，为语言输出奠定基础；也可以拓展课外课程，开发校本英语课本剧和戏剧课程，举办英语艺术节，让学生在更大的舞台上和语言环境中充分感染和运用语言，培养综合运用语言的能力。

三、注重自主、探究、合作学习，提升学习能力

随着时代的发展，教育改革的更新，新课程的深入学习，对学生学习能力的培养提出更高的要求。"自主、探究、合作"学习成为学生学习方式的主要特征，这就要求教育上学生由被动接受知识向主动探索知识，由学会知识向学会学习、学会合作、学会生存转变，使其适应社会发展的需要。因此，教学中教师应注重学生小组合作能力的培养。在合作过程中他们可以交换思想和语言知识，可以共同努力完成任务，更能从别人那里获取自己所缺乏的知识和能力，进而更好地提升自己的学习能力。

四、使学生理解与认知中外文化的异同，培养文化品格

语言和文化是密不可分的。在英语学习中，只有学生对中西方文化背景有一定的了解、认知和对比，学生才能更快更准确把握英语的语言本质和思想内涵，才能更准确地学习和运用英语。

如在学习人教版 PEP 五年级下册第一单元 A 部分 Let's talk. 部分的内容时，就需要把西班牙和中国的饮食、作息、生活习惯等给学生进行前期的引导和渗透，让学生知道两国文化的差异，这样就能让学生很好地把握本节课、本单元以及以后见到相关文化的知识内容。鉴于小学生的年龄特点和认知能力，在教学方式上教师要适时寻找一些与教材内容相关的西方文化视频或文本材料，从而在学习中向学生渗透一些人文精神；也要多采用体验式的活动，让他

们在活动中了解并理解多元文化，激发学生学习英语的兴趣，培养学生的文化品格和能力，为学生的终身英语学习打下良好的文化基础。在英语学习中，学生不仅要了解西方和其他国家的文化，而且要有跨文化意识，增强中国传统文化的自信。

总之，核心素养概念的提出，是我们国家顺应世界教育改革发展潮流，从国家战略的高度，为新世纪教育改革确立的发展方向，我们要在这样的背景下创设全新的课堂教学，最大限度地发挥学生的潜在能力，使学生积极主动地参与学习的全过程，将学习变成学生自觉、自愿、高兴做的事，让学生做学习的主人。

小学高段英语情境教学浅析[1][2][3][4][5][6][7][8][9][10]

北京师范大学鄂尔多斯第二附属学校　贺晓敏

摘要：小学英语情境教学就是创设一定的情景，让小学生在情景中学习英语的一种教学方法。随着新课程改革的全面推进，构建以活动为中心、以任务型教学为途径的教学模式将成为小学英语教学所追求的理想境界。本文结合小学高年级学生的特点，依据笔者日常的教学实际，分别从创设语言环境、组织科学的教学方式、引导反复实践、积极的鼓励等几个方面浅析情境教学在课堂中的运用。

关键词：高年级；英语课堂；情境教学

---

[1] 教育部师范教育司. 李吉林与情境教育 [M]. 北京：北京师范大学出版社，2005.10.
[2] (美) 罗伯特·斯莱文. 教育心理学 (第7版) [M]. 北京：人民邮电出版社，2004.
[3] 朱智贤. 中国儿童青少年心理发展与教育 [M]. 北京：中国卓越出版社，1990.
[4] 张莺，付丽萍. 小学英语教学法 [M]. 长春：东北师范大学出版社，2002.
[5] 禹明. 小学英语教学理念与教学示例 [M]. 广州：华南理工大学出版社，2008.
[6] 张剑屏. 小学英语教学情景创设初探 [J]. 成都教育学院学报，2010 (18).
[7] 李钰. 美国学校情境教学的策略与实践. [J]. 教学与管理，2003. (5).
[8] 王卓. 论情境教学. [J]. 内蒙古教育学院学报，1998. (9).
[9] 白玉. 走进小学英语新课程体验情境教学. [J]. 甘肃教育，2009.
[10] 柯兵兵. 浅谈小学英语教学中的情景教学. [J]. 中小学英语，2007.

新英语课程标准将小学英语教学摆到了十分重要的位置，学习某种语言的最根本目的是能运用该语言进行实际交际。《小学英语课堂教学基本要求》指出：小学英语教学要把教学重点放在培养学生用英语进行交流的能力和兴趣上。因此，优化小学英语课堂教学模式，切实提高小学生运用语言进行交际的能力，是广大英语教师面临的一个共同课题。

所谓情境教学就是教师运用一定的手段，创设所需要的教学情境，使学生根据特定的情境理解和运用知识。它可以从多方面激发学生的感知，调动学生的积极性和参与意识，提高课堂教学效果。

一、小学高段英语课堂中运用情境教学的必要性

（一）情境教学有助于让学生产生思维与行动的共鸣，激发其学习动机

"有趣"是学生对新颖、新异事物产生的直接兴趣，是兴趣发展的初级阶段。奥苏泊尔的有意义学习理论认为：创设一定的问题情境，能够使学生对知识本身发生兴趣，进而产生认识需要，产生一种要学习的倾向，从而能够激发学生的学习动机。教师可利用动作、表情等体态语，在课堂上尽情发挥自己的"导演"角色，精心创设适合学生参与的语言学习情境，让学生在轻松愉悦的环境下自发产生学习动机，变"被动"为"主动"，使学生在真实的情境中解决问题。这样就能有效地培养学生的主人翁意识，增强学生的学习动机和想象力。这种以"学生为主体，教师为主导"的教学理念，更有利于在学习中培养学生进行自主探究的能力。例如：在教感觉词汇时，老师和学生一起做关于伤心高兴、愤怒等的表情动作，情境的创设有时会产生思维和行动的共鸣。又如在六年级重点时态一般过去时中，对"What did you do yesterday?"的回答，教师建议学生设计一个场景并加以动作，让其他学生猜一猜，学生完全可以回忆过去发生的动作并以过去式的词组表现出来，无需更多解释，很自然地纳入原有的认知体系中。

（二）情境教学有助于学生参与课堂的积极性，提高语言的实际运用能力

我们学知识是为了更好地运用知识。英语教材中教学内容均放在一定的语言环境中。我们根据教材的具体内容，经过自己的加工，给学生设置一个切实可行、恰如其分的语境，学生也就自然而然地随着我们的引导进入角色。如在

教学PEP教材五年级下册谈论最喜欢的季节时，我们可以根据教学目标中词汇和功能句的实际生活运用，设计用我们自己对四季的感受来描绘四季的场景。那么学生很自然的可以联系以前学过的关于四季的天气、颜色、可以穿的衣服以及四季能干的事情。这些都结合到创设的情境，然后在情境中加以运用，这样学生更清晰地理解四季的含义，更能使他们身临其境，从而激发他们的兴趣，实际上在这种构建情境和联想中积累了自己的知识，也加深了知识的实际运用。

情境教学可以有效调动学生的非智力因素，培养其自主学习的能力。

情境教学法要求学生充分运用各种感官去感知学习对象。作为一门语言的英语，能否正确地被掌握和运用，除受智力因素和已有知识能力的制约外，兴趣、注意力、心理因素等非智力因素也起着至关重要的作用。在教学中，教师应注意充分调动学生潜在的非智力因素。通过情境教学，塑造出真实的语言环境，以大量形象化语言信息的输入使学习者在丰富的语言环境中得到熏陶和感染，传统的教学模式禁锢了学生的思维，相比之下，情境教学法则要求在课堂上充分发挥学生的主体作用，在这样轻松、愉悦的课堂气氛下，学生的自主学习能力也加强。在"模拟情境"的过程中，加入角色扮演等环节，不仅可以活跃课堂气氛，同时也可以激发学生的兴趣，学生在参与的同时也在自主摸索学习的途径。

二、如何在高段英语课堂中运用情境教学

（一）创设语言环境情境，突出英语课堂教学特点

"对于学生来说汉语是他们的母语。由于先入为主的原因，汉语从某种意义上说就成了学好英语的天然障碍。"学生在学习语音、单词、句子时总是不自觉地与汉语进行对比。因此教师必须积极引导学生克服汉语对英语学习的负迁移。实践证明：课堂活动使用英语，有利于学生的语言提高，因为在课堂上使用汉语越多，对学生学习英语的障碍就越大，教师的每一句汉语或每一个词都会减少学生用英语理解和思维的时间，切断学生直接用英语积极猜想、联想的思路，剥夺学生用英语听说的机会，这样教师就很难达到教学目的，学生也学不好英语。因此英语教学过程要成为有意识地控制使用母语、有目的地使用

英语、以英语为交际工具的过程。要想在有限的课堂时间内最大限度地进行英语实践，就必须在英语课堂上突出英语特点，排除母语汉语的语言干扰，师生共同树立英语课上只说英语、不说或少说汉语的观念，把英语课堂视为用英语进行交际的场所，将英语教学过程视为用英语进行教和学的活动过程。

（二）组织科学的教学方式优化情境

教育家赞可夫曾经说过："教学方法一旦触及学生的情绪和意志领域，触及学生的心理需要，这种教学就会变得高度有效。"讲究课堂教学方法和课堂教学艺术，才能收到良好的教育效果。在课堂教学上，教师采用生动的、适合学生心理发展水平的教学方式，优化英语教学情境，如：在课堂英语教学中，教师采用音乐教学（唱英语歌）、游戏教学、课前或课后师生对话等教学方法来激发学生的学习兴趣。在平时的教学中，教师尽量多制造英语语言环境，再配以大量的感性材料和电化教学手段，多给学生提供英语对话、表演、朗读的机会和时间，组织科学的教学方式，优化教学情境，使学生在情境中学好英语，始终保持浓厚兴趣。

（三）引导反复实践情境，强化学生的互动性

英语课的实践性是很强的，而"练"才是学生自己的实践。在英语课堂上反复实践，应当遵循因材施教的原则，引导学生在情境中实践。例如，教师可以在英语课堂进行情境创设，手指游戏（finger games）游戏说明：老师在前面读单词，并伸出手指左右摆动。学生跟老师读单词，当老师停的时候，学生的头要转向和老师手指相反的方向。在这样的学习环境下，创设情境可以增强学生的互动性。而基于结构主义理论的情境教学也强调协作学习对于意义结构的重要作用，学习者与周围环境的交互作用对于学习内容的理解起着关键性作用，学习者之间的交流、探讨及意见综合有助于对知识建立更深层次的理解，在讨论中学习者解决问题的思路被明确化和外显化，有利于学习者更好地对自己的理解及思维过程进行监控，且在解决问题的交流过程中，达成对问题的共同理解，从而使学生建立起更加完整的知识表征系统。

（四）运用积极的鼓励唤醒情境，凸显学生的主体地位

学生是有情感的，学生的情感直接影响到他们的学习兴趣及学习效果，只

有积极、肯定的情感才能使学生的主体性、创造性得到发展,学生的思维才能更加活跃。正如德国教育家第斯多惠曾经指出:"教学的艺术不在于传授本领,而在于激励、唤醒、鼓舞。"在课堂中要求学生做两人对话时,我会双手合拢,对学生说:"Pair work, please."每当 Free talk 突然无声时,我会及时轻声地鼓励学生:"Don't be afraid. Never mind."每当学生回答正确时,我会及时地表扬:"Very good!""Great!""Cool!"学生听了老师的表扬,心里感到非常高兴,充满了成功感,自信心也增强了,学英语就更起劲了。

总之,小学英语教学的目的就在于使学生爱学、乐学、善学。著名教育家陶行知先生说:"教学艺术就在于设法引起学生的兴味,有了兴味就肯用全部的精力去做事情。"情境教学就是一种促使教学过程变成一种永远能引起学生极大的兴趣,激发学生向知识领域不断探索的教育方法。也正如布鲁姆所说:"成功的外语课堂教学应当在课内创设更多的情境,让学生有机会运用已学到的语言材料。"所以,我们在英语教学过程中,要充分创设情境调动学生的思维,使学生学会探索、学会学习、学会运用英语。

核心素养下小学英语阅读教学的策略[1][2]

伊金霍洛旗新街小学　齐宏亮

摘要:在小学英语学科当中,培养学生的核心素养主要包括四个方面,分别是学生的学习能力、学生的文化意识、学生的思维品质及学生的语言能力。因此,在实际的小学英语阅读教学中,教师就可以明确这一点,并以此为导向,充分满足学生的阅读学习需求,使学生能够获得更好的发展。在这样的培育模式下,不仅能够有效推动学生的全面发展,也能促使学生的语感、语言能力、语言水平等方面获得增强,为学生后续的学习奠定重要的基础,将小学英语学科所具有的价值发挥到最大。由此能够看出,加强对核心素养视角下小学英语阅读教学的培养途径的研究具有非常重要的作用和意义。

关键词:小学英语;阅读教学;核心素养;教育。

---

[1] 高玉杰. 小学英语教学中核心素养的培养策略 [J]. 英语教师, 2017, (23): 78.
[2] 李静琳. 核心素养在小学英语教学中的渗透 [J]. 中外交流, 2017, (10): 45.

一、小学英语阅读教学现状分析

从目前的情况看,一些英语教师在实践教学过程中,由于受应试教育的影响,侧重于学生的英语,对于他们的综合素质和英语推广能力是一种被忽视的态度,使其难以驾驭。三元价值,英语教学中的哑铃位置。在教学理念、教学模式上,不仅极大地阻碍了学生的创新能力、交际能力、英语能力的提高,也体现了核心素养,难以与新课程改革的理念背道而驰,难以获得更高水平的发展。

对于小学英语学科来讲,其最终的目的是让学生在实践和交流当中提升学生的核心素养,使学生能够突破地域的局限性,良好的与他人进行沟通和交流。但在现阶段,一些教师在实践教学中忽视了这一点。教学机械化成为规范,使新课程改革的要求难以落实。在这种教学形式下,学生在学习英语的过程中处于被动状态,很难使学生的语言能力等方面获得更好的发展,这样就很难达到学以致用的最终目标。

二、核心素养视角下小学英语阅读教学的方法与策略

(一)重视了解学生,引导学生主动参与教学

小学阶段正是学生成长的黄金时期,而且作为重点呵护的群体,在教学过程中,教师必须首先要做到对学生的全面了解,了解学生的身体与心理状况。在英语阅读教学中加强对学生核心素养的培养,只有在教师与学生共同的努力下,营造一个适合学习的氛围,才能保证核心素养理念在英语课堂中的融入,从而更好地开展培养学生核心素养的工作,而且这也是激发学生英语学习兴趣的重要措施。作为课堂的主导者,教师要具备基本的与学生有效沟通的能力,尊重和理解学生的各种想法,才能让英语阅读课堂教学更好地开展下去,这也是将核心素养整合到英语阅读教学中的第一步。只要迈好第一步,在以后的英语阅读课堂中,才能顺利地开展阅读教学,逐步培养学生的英语阅读素养。

(二)从学生性格特点入手,针对性教学,培养阅读能力

作为一门语言学科,只有掌握了足够的词汇量与语法才能提高学生的英语成绩,做到学以致用,才能将英语作为自己的语言流利地表达出来。这是培养学生英语核心素养的首要条件。通过大量的阅读可以让学生扩展知识面,积累丰富的词汇,并且在日积月累中学生的英语语感会提升,也有助于帮助学生养

成好的阅读习惯。在阅读教学中,教师通过了解学生感兴趣的事物,查找一些符合学生特性和兴趣的文章,这样起到的阅读效果会更好。

(三)创新方法,紧扣核心素养,实施多样化阅读模式

在核心素养理念的影响下,英语教师可以实施多样化阅读模式,逐步培养学生的英语阅读素养,促进学生核心素养的养成。尤其是在小学阶段,小学生的天性比较活泼爱玩,如果一味地讲解教材知识点,学生很难产生对英语阅读的兴趣。我们应该明确对于小学生英语核心素养的培养,必须要在其兴趣的基础上开展,这就需要教师创新多样化的方法,做到灵活运用,增添课堂的活跃感,吸引学生的注意力,在潜移默化中提升学生的核心素养。

1. 有效的英语课堂活动

在小学阶段,英语学科比较开放且充满了智慧,只有在不断的阅读基础上才能帮助学生提高英语能力。教师的教学方法是否科学、灵活多样就十分重要。小学生普遍会有一些攀比的心理,教师就可以充分利用学生这一特性进行各种各样的英语阅读活动来培养学生的语感。比如在教学过程中教师可以为学生提供一些时间让学生去讲台上展示自我,用简单的英语进行朗读或者对英语教材中的一些文章进行表演。经过长期的练习,会明显发现学生的英语表达能力、阅读语感有所提升,从而实现培养学生英语核心素养的目标。

2. 小组合作阅读教学

小组合作模式在小学教育中已经成为很多教师经常采用的方法,其效果也比较理想。英语教师也可以将这种方法融入阅读活动,比如组织阅读练习、问答式练习等;或者教师还可以定期组织班级阅读比赛,将学生分为几个小组进行比赛,考查学生的阅读能力和词汇量,还可以激发学生的阅读兴趣。同时在小组合作学习过程中,教师也可以鼓励学生对某些知识点达不到共识的问题,比如英语语法、语句的正确表达等问题进行探讨,达成共识,学生不仅可以更好地理解英语语言,还有助于提升英语能力和培养核心素养。

(四)体现阅读中的个体差异

从学生英语学习的个体差异出发,以学生学习需要为出发点,从教学目标选取、教学活动任务链设计、教学策略采纳、教学评价定位等的角度,选取适

合不同层次的学生学习模式及学习策略，让不同层次和类型的学生在语言能力、文化品格、思维品质、学习能力等核心素养方面都能够有所发展和进步，教师要尊重学生个体差异，包括学生风格差异、内部动机差、认知方式差异。要懂得因材施教，提高学生的综合素质，使学生的个性得到适度张扬。

（五）渗透阅读后的文化思想

贯彻核心素养就是教师要在对阅读文本深刻理解的基础上设计恰当的教学活动，根据学生不同水平可以对课堂主题进行延伸，尽量能够让学生有自主发挥的空间。如在 Robin and ant 的故事阅读后，我就让学生思考问题：What does the story tell us? 学生从阅读故事中深深感悟到：We should always be nice to each other. 同时从一只蚂蚁，两只、三只、四只……学生从文章中句子 It is the ant and all of his friends. They are strong. They pull Robin out of the mud. 明白了 Unity is power. 蚂蚁团结起来力量大的故事启示了学生们无论在学习中还是生活中都要有团结合作的精神。

综上所述，对于小学生核心素养的培养已经成为小学教育中的重点内容。针对小学英语阅读教学，教师应该将核心素养渗透到整个教学活动中，结合多样性的教学方法来提高阅读教学效果。

【名师工作室第四期小学英语材料汇总】

创建核心素养背景下小学英语的品牌团队
——伊金霍洛旗第四期小学英语一级名师工作室研修方案

（2020—2022 年第四期）

伊金霍洛旗教育体育事业发展中心　翟丽芳

参照伊金霍洛旗教育发展研究中心关于名师工作室的工作指示和制度要求，结合前三期的历程，汲取以往的经验，根据全伊金霍洛旗小学英语教学和教师队伍的现状，针对存在的问题，精心组建了有 1 位主持人 12 位名师的第四期小学英语一级名师工作室，特制定如下本工作室计划。

一、树立一个目标:"创建品牌"

团队建设,目标先行。目标明确,有助于提升团队的凝聚力和向心力。工作室的创建品牌目标具体如下。

(一)成员发展目标

1. 成为学习型教师

通过参加本名师工作室组织的系统理论学习,工作室成员有较深的理论积淀,能解读相关教育教学理论并形成自己的见解,将新课程理念内化为教学行为,运用到教学实践中。

2. 成为研究型教师

名师工作室的成员能够针对教学存在的问题和困惑,进行教学专题或科研课题的研究,能撰写较高水平的论文,成为一名会研究的教师。

3. 成为有特色的教师

通过参与名师工作室的教学研究活动,帮助成员挖掘自身优势,发挥自身的个性特长,形成自己的教学风格,确定自己的教学思想,能独立进行高水平的教学设计,能承担骨干教师培训班或送课下乡的教学任务,两年内在有影响的教研活动中展示并获奖。

(二)团队发展目标

①第一年,组建品牌团队的框架,打造品牌团队的内涵,培养一批具有良好师德修养、先进教育理念、厚实专业素养、扎实教研能力的教师团队。

②第二年,形成品牌团队的成果,引领辐射全体教师,所有孩子受益。以"名师工作室"活动为载体,充分发挥名师在课堂教学、课改实验、课题研究、师资培养等方面的示范、指导、引领和辐射作用,努力把"名师工作室"建设成为一支有特色的品牌团队,为伊金霍洛旗小学英语教育质量的提升做出应有的贡献。

③同时，建立一个集专家、教师、课件、课例、论文等成果为一体的课程资源库，形成一个功能齐全、良性循环的资源网络。

二、做好一个分析："科学诊断"

（一）了解全体成员，组建核心团队

经过一系列考核，确定小学英语名师工作室的成员，如表1所列。

表1

学段及学科	单位	姓名	级别
小学英语	教育发展研究中心	翟丽芳	主持人
小学英语	第一小学	曹瑞芳	名师
小学英语	第二小学	何霞	名师
小学英语	第二小学	索佩珍	名师
小学英语	第三小学	李小鹏	名师
小学英语	第四小学	折彦	名师
小学英语	第五小学	解翠英	名师
小学英语	第六小学	康玉秀	名师
小学英语	实验学校	齐宏亮	名师
小学英语	第八小学	赵文叶	名师
小学英语	北师大第二附属小学	贺晓敏	名师
小学英语	上湾小学	郝春梅	名师
小学英语	新庙小学	刘军霞	名师

（二）开展科学诊断，制定发展规划

要创建品牌团队，首先要明白团队的起点和生长点、成员的优势和不足，才能精准定位，才能有的放矢。因此，首先全体成员要开展自我诊断、自我反思、科学剖析，制定个人的两年成长规划，完成学情调研表。在品牌化发展的

过程中，准备开展教师研修能力与自我专业素养现状分析、课堂教学行为与课堂教学效果的观察诊断、教师开发校本课程与特色活动实施能力的探析等。通过多元多层多角度的诊断、剖析，让团队每一位成员都能身在团队中看清自己的角色定位、实力能力，同时又能跳出团队，审视团队发展存在的问题，找准团队发展方向，理清团队建设具体内容。通过科学的诊断、分析，推动团队更为科学稳健的向前发展。

三、领悟一种思想："导师引领"

（一）获取导师信息，了解导师思想

戈向红，著名英语特级教师，苏州大学基础教育研究院英语教育研究所副所长，苏州大学硕士生导师，国培特聘专家，教育部中小学骨干教师远程培训项目专题课程专家，省教育厅公派赴澳大利亚留学教师，曾任人大复印资料编委，电视台英语新闻主持人等。集 20 多年教学实践提出"意趣英语"教学思想，广泛应用于英语教学领域。先后主持和参与了九项全国、省级科研课题的研究，专注于教师培训、课程设置和教学法研究。2005 年开始研究绘本，2015 年为全国中小学继续教育网录制名师课程《小学绘本英语阅读教学解码》，标志着其绘本教学课程的完整建构。受邀担任全国多地区名师培养工程导师，影响辐射作用深远。

（二）研究学科理念，领悟导师思想

追随名师，寻求教育理念和思想上的共鸣，引发深度思考，实践在具体研修活动中和教学活动中，形成高效有趣的教学，促进教师们整体的和谐发展。导师戈向红的"意趣英语"主张根据儿童认知发展的特点设计教学活动，让语言学习的需求尽量在生动、有意义的语境中触发，由具体的任务活动引导学生从听说读写维度感知目标语言、记忆符号形式、掌握应用规则、体验情感色彩和领悟文化寓意。"意趣英语"有三个实践路径：在"情境"中促使语言能

力生长；在"体验"中催生情感文化浸润；在"合作"中培养审慎思辨习惯。

四、构建一种文化："协同共生"

团队文化，是团队建设的灵魂。要打造品牌化团队，就要构建属于团队的文化，形成团队的内在精神气质。工作室在英语团队文化构建上，以"协同共生"为团队文化的核心，构建了英语协同共生精神文化，以协同发展、共生共赢的精神外延，激励教师团结协作、积极向上、奋发拼搏、务实创新，大家心往一处想，劲往一处使，为建设一个品牌团队而努力。同时，将构建协同共生物质文化，工作室将订阅一些英语教育刊物，成员们可以在工作之余进行阅读，每次有会意，有新发现，都邀约同伴在分享区进行交流探讨，开展英语"名师讲坛、英语工作坊、英语沙龙"等丰富多样的研修活动，从而实现共生共长。

五、塑造一种精神："敢于亮剑"

敢于拼搏、敢于挑战，敢于展现自我，是名师工作室成员的专业成长中重要的精神指引。一个团队的成员能够时时在团队或全旗的研讨活动中开放自己的课堂，积极参与各种教学竞赛、主动参与教学研讨，这必将促使团队充满蓬勃向上的生长力。工作室以"敢于亮剑"作为团队建设的不竭动力。一亮课堂：组织开展了活动研讨课、大型示范课、挑战创新课、师徒结对帮带课、送教下乡课等丰富多样的人人参与，人人展示的"亮"课活动；二亮才艺：将组织开展"板书设计、语音展示、课件制作"等充分展示个人才艺的个人秀活动；三亮思维：将常态推进"教学设计、命题设计、文本解读"工作室内的大比拼。在亮出自我，秀出风采的同时，人人展现才能，人人得到发展，整体团队始终充溢着比拼赶超积极向上的新样态。

六、培养一种习惯："学思融合"

著名教育家叶澜老师说过："一个教师写一辈子教案不一定成为名师，如果一个教师写三年教学反思可能成为名师。"这句话说明教师的成长要重视反思。小学英语名师工作室将构建"基于实证的听评课系列活动"的长效观课、诊断、反馈、反思、总结的机制。每次工作室开展研修活动，都是以"呈现问题——团队研讨——优化提升——总结反思"的团队研修模式，在学习与反思循环往复的过程中，提升了成员的思考力、学习力、发展力。每位成员清晰了自身的专业情况，整个团队精准了解团队发展方向。

七、形成一种能力："课题研究"

教科研是软实力，是教育教学的第一生产力。工作室要求各成员在原有研究的基础上，继续对问题进行更深入持久地关注，以进一步提升科研水平。工作室的成员根据自己所在学校英语教学情况以及所在学校全体英语教师的困惑，选出最突出的、最急需解决的教学难题，围绕"提高小学英语课堂教学的有效性"的大课题制定子课题，通过工作室成员的研讨、专家的指导，分组展开课题研究，并通过成员和专家的跟踪检测，确定课题的成果并进行展示，提高科研能力。同时，工作室也将营造浓郁的教科研氛围，开展读书科研的活动，人人参与其中，以科研促教学，提升专业能力，并争取成员有更多研究成果在各级各类专业刊物上发表或获奖。

八、打造一种特色："课程开发"

团队需要有自我的特色、有课程化的个性体现。小学英语工作室充分结合各学校的优势和特点，进行多元联动，聚焦课题研究，以多样化、专题化、系列化的课程开发，推动团队向内涵式、纵深化发展，进而深化了团队的特色化和品牌化建设。工作室将特别重视学生的课程开发，例如：英语俱乐部、英语戏剧社团、英语故事表演、微剧课堂等适合学生进行的创新型课程，让教师与学生个人能力与英语素养并驾齐驱，师生群体发展与团队发展比翼双飞。

九、其他内容

（一）工作形式

以集中研讨、培训，分散自主研究，网络共同交流的工作形式，开展各项工作，既体现个性研究，又凸显合作、交流与分享，集中研讨、培训，统筹规划；分散学习、思考，自主研究，名师工作室的成员带着所承担的任务，分散进行自主学习和研究，形成具有个性的思考或观点，整合和开发优质的课程资源。为成员建立成长档案，把每个成员的相关工作资料存入各自的档案盒，对工作室成员的课堂教学情况进行评价和考核，强化工作室的团队作用，发挥工作室的教育引领和辐射作用；网络交流、分享，共同提高，名师工作室通过网络平台，发挥名师的辐射引领作用。通过建立教学研讨、课题研究、资源库、在线培训等栏目，和周边外语学科教师探讨问题，分享智慧和成果。

（二）工作职责

主持人职责：

①.负责制定名师工作室的工作方案、成员培养方案及各项活动方案。

②指导和帮助工作室成员在工作周期内达到预期培养目标。

③主持名师工作室的日常工作。

④组织研修、教学研讨和论坛等活动，组织成员送课下乡或结队帮教等系列活动。

⑤管理名师工作室网页。主持建立本学科教学资源库，整合和生成优质课程资源。

工作室成员职责：

①配合主持人进行名师工作室的日常工作。

②制定个人的两年发展规划。

③承担轮流主持活动的任务。

④承担讲课、说课、观课、议课和教师培训等任务。

⑤承担撰写工作室活动简报。

⑥承担本教师发展工作室的教学和科研课题的相关研究工作。

具体事务分工：

①主持人：翟丽芳（负责制定工作室活动策划与计划、活动方案、考核制度等，负责日常事务分配、课题管理、成员考核等）。

②常务工作管理员：齐宏亮（负责组织活动、通知、签到、记录、联络、安排照相摄像等）。

③课例负责人：解翠英、折彦、郝春梅、李小鹏、曹瑞芳、刘军霞（负责组织修改上课教师的教案、点评、反思等相关工作）。

④档案整理员：索佩珍、康玉秀（负责收集、分类、整理工作室所有成员的成果、定期上报主持人）。

⑤信息宣传员：何霞、贺晓敏（负责图书的推荐、管理、信息的记录收集与整理、及时报道、上传至网站）。

⑥网络管理员：赵文叶（负责网站文字、照片的上传，网站的管理等工作）。

（三）成员个人年要求

①读两本好书。理论学习是先行军，工作室成员每个年度每人要选读两本教育教学书籍，以个人自学为主。采取集体交流的方式开展研讨，正确把握新课程所倡导的理念，努力改进教学行为，提升教学品质。

②上两节好课。每一位工作室成员每学期要执教一次校级以上的研讨课，并开展课堂教学研讨活动，以观摩研讨、切磋对比、观课议课、促进提升的方式，有效提高成员的教学水平。要通过成员独特的课堂教学魅力来吸引与影响教师，为其他教师的专业发展提供可借鉴、可操作的方法、经验与策略。通过课例研讨，使成员自身素质有很大的提高，更重要的是成员的教育思想、教育智慧、教学方法、教学艺术等要影响带动全旗小学英语教师，为全旗教师的专业发展提供榜样示范。

③设计两份优秀教学案例。每年度设计两份最能体现成员个人风格，同时

能够反映或表达先进教育理念与思想的教学案例与反思；案例要充分解读教材以及把握学情，符合学生的认知水平及认知规律，富有创新意识，要求重点突出，有实践性和反思性，能体现成员不断提升的业务水平与能力。

④开设两次专题讲座。每位成员争取每个年度开设两次校级或以上的教育教学专题讲座，这既是对成员自身教学研究的总结提升，也为本校教师培训提供引领服务，引导成员在常态教学工作中积极开展教学总结研究。

⑤主持或参与一项课题研究。工作室成员要用研究的眼光、研究的态度、研究的方式来从事教育教学活动，全面提高教育教学效率与质量。每位工作室成员要根据自身的特点主持或参与一项课题研究，使教育教学工作更科学、更全面、更系统、更理性、更有效。

⑥写一篇优秀论文。工作室成员结合教育成长、教学经验，每个年度要撰写一篇论文，并力争获奖或发表。

⑦要求全勤参加，10000字经典记录读书笔记，集体备课不少于20节，听课不少于50节。

十、工作室研修内容

【2020年第一次研修活动】

关于2020年小学英语一级名师工作室第一次研修活动安排意见

为了进一步提高小学英语教师的教学水平，快速提升学生综合运用英语的能力，保证工作室研修活动有序、有效地开展，现决定举办伊金霍洛旗第四期"1+1+X+N+Z"小学英语名师工作室第一次研修活动。本次活动，全体成员将走进北师大第二附属小学，聚焦"意趣课堂"和"微剧课堂"，开展研磨课活动；主持人将解读《工作室研修方案》，点评成员个人两年专业发展规划，组织学习导师的教学主张和思想。

研修形式：观课、议课、研讨、交流。

深度教研共携手 "创意" "微剧" 谋新篇
——2020年小学英语一级名师工作室第一次研修活动总结

英语研修，初心可鉴。为了进一步提高小学英语教师教育教学水平，快速促进学生英语综合语言运用能力的提升，2020年11月26日，伊金霍洛旗第四期"1+1+X+N+Z"小学英语一级名师工作室在北师大第二附属小学举行第一次研修活动。本次研修活动以"创建核心素养背景下小学英语的品牌团队"为主题，由小学英语教研员、一级名师工作室主持人翟丽芳主持，工作室全体成员、北师大第二附属小学、实验学校、蒙古族小学的英语组老师们参加了本次活动。

走进"创意"课堂

英语课程是一门综合性很强的基础课程，也是语言交际的重要工具。传统英语课堂太注重知识的讲授，缺乏语言综合能力的展现，为改变这一现状，教研员翟丽芳老师经过多年实践并推广和帮助老师们打造系列"创意"课堂，通过整合教材内容，创新课堂教学方式，创设形式多样的有意义情景和内容丰富的语言情境，加快提升整体学生的学习能力和语言能力，快速培养整体学生的多种思维品质和增强中西方文化相互渗透学习的意识。活动中，北师大第二附属学校的师生们呈现这样精彩的四节课例。

石媛老师的课例《Countries》以中国申奥成功为情景引入课堂，从中国的people, food, capital, sports, famous, places五个方面展开课堂教学，激发孩子们了解更多国家文化的学习兴趣。整节课教学目标突出，重难点突破扎实有效，教学环节自然流畅，精讲与拓展延伸区分有度，最后各个小组在申奥竞选汇报展示中得到能力升华。

薛娇老师和六年级学生以《We should support worship or we should oppose worship》为主题，呈现了一场精彩绝伦的英语辩论大赛。通过播放视频和谈话相结合的方式，高效地完成了情境创设，引出了辩论的主题。在纯英文对话的辩论环节中，正反方的小辩手们就本方观点展开了激烈辩论。他们发音清晰，语音语调标准流利，语言表达流畅完整，思维敏捷反应迅速，让在场的老师对他们自如的运用英语的能力赞叹不已。

邢佳佳老师带来的是一年级口语课。她设计了符合低年级学生年龄特征的信息技术与语言学习的整合课。低年级学生好动且好奇心强，她以丰富的语言、灵巧的动作、亲切的表情、生动的PPT设计的情景来开展教学，使原本枯燥单调的单词学习增添了轻松愉快的色彩，激发了孩子们浓浓的英语学习兴趣，培养了孩子们良好的用英语习惯，成为低年级口语教学精品示范课。

边闻丹老师讲授的是三年级的绘本教学，用抽象的图片导入动物，丰富了学生的想象力。在句型操练环节，她摒弃了传统课堂的单调乏味的领读，让学生们开阔思维想一想"变异"的动物是什么样子，训练学生的抽象思维能力。最后，小组合作学习使本节课的综合语言运用能力得到完美展示。

走进"微剧"课堂

"戏剧"课程是现今基础教育中一个新出现且具有较强生命力的概念，将戏剧策略融入英语教学，让学生在戏剧实践中达成学习目标，在平等、开放、对话的氛围中，彼此互动、相互合作、充分想象，从学习中获得经验，提升语用能力。教研员翟老师一直带领全旗教师开展戏剧教学，形成"微剧"课堂。本次活动，我们观摩了二附小二到六年级孩子们表演的五个内容丰富的戏剧。每一个小演员的英语语言面貌精彩、发音标准、表现生动自然，将《花木兰》《完璧归赵》等中国传统故事用英文生动表演，具有超凡的爆发力和感染力。

"实证+内涵"的观课议课活动

观课后，老师们分为两大组开展了基于实证的议课活动。通过分组交流、研讨，集中汇报交流研讨的形式，每个小组分别从不同的观课维度进行了展示汇报，方法新颖且扎实有效，使浅层问题变得更加深层化，减少了同质化问题的出现，凸显了创新观点。做课老师认真聆听，再度思考，不断发问，用集体的智慧想方法，找策略，达到新的高度。

教学思想和工作室方案解读活动

教研员翟老师在议课活动后进行了《在意义和趣味中趋近教学的本质》的教学思想解读，要求老师们尽快领悟并实践导师戈向红的"意趣英语"教学思想：提倡小学英语教学要遵循意义领先的原则，要学有内涵的英语；同时，要充分尊重学生的年龄和心理特点，带领学生学习生活化的语言。

目标明确，有助于提升团队的凝聚力和向心力。翟老师分别从团队建设、成员发展目标、团队发展目标、工作室成员职责以及成员个人要求等方面对《伊金霍洛旗教育体育局第四期"1+1+X+N+Z"学科名师工作室考核细则》及《伊金霍洛旗小学英语一级名师工作室研修方案》进行了详细的解读，让老师们做到心中有目标，前行有力量。翟老师还从各个方面细致地点评了每一位工作室成员的个人两年专业发展规划，既肯定了教师们的优势，又提出了新的更高的要求。

以研促思，以思促研；精耕细研，融通发展。相信：Unity is strength, teamwork will create brilliance. 希望：齐心协力将英语名师工作室打造成为一个具有影响力的品牌团队。

【2020年第二次研修活动】

关于2020年小学英语一级名师工作室
第二次研修活动安排意见

为了提升小学英语教师阅读与写作整合教学的能力，促使学生用英语读写的综合能力进一步发展，现决定举办伊金霍洛旗第四期"1+1+X+N+Z"小学英语名师工作室第二次研修活动暨伊金霍洛旗教育发展研究中心与北京十全教育机构联合举办的乡村学校小学英语学科培训部分活动。本次活动，全体成员将走进布连小学，以"核心素养背景下的小学英语读写教学的探究"为主题，工作室名师李小鹏和何霞"送教下乡"展示课例，邀请北京市大兴区教师进修学校小学英语教研员刘彦英进行指导。

研修形式： 讲课、说课、研讨。

聚焦读写整合教学 培养学生综合素养
——2020年小学英语一级名师工作室第二次研修活动总结

成未来之才在教化，行教化之业在良师。为了推进英语课堂教学深化改革,深入探讨英语学科核心素养背景下读写整合教学和学生综合素养培养的有效策略,12月22日,伊旗教体局第四期"1+1+X+N+Z"小学英语名师工作室第二次研修活动在伊旗布连小学举行。本次研修活动以"核心素养背景下的小学英语读写教学的探究"为主题,小学英语名师工作室主持人翟丽芳主持,北京市大兴区教师进修学校小学英语教研员刘彦英指导,伊旗教育发展研究中心副主任曹生军、教育发展研究中心郧霞、布连小学校长宋虎军、六所乡村学校、上湾小学、第五小学的英语教师、小学英语一级名师工作室全体成员参加活动。

读写教学在小学英语教学中占据着重要的地位,广泛的阅读帮助学生获取信息、开阔视野、丰富语言文化知识,以读促写,培养学生的思辨能力、分析能力和理解能力。基于读写教学提升学科核心素养的重要性,本次研修活动工作室的两位名师呈现一节五年级绘本教学和一节六年级话题整合读写课,旨在通过课例研讨、讲座指导,提升英语教师的读写教学能力和学生的综合素养。

课例展示　示范引领

伊旗第二小学的何霞老师以满足学生需求为研课出发点,通过头脑风暴的形式引入《Plans for Holiday and Festivals》话题,结合学生已有生活经验创设真实课堂,让学生在情境中复习一般将来时态并制定节日计划,引导学生在阅读中获取知识,掌握技巧。何老师辅助学生灵活运用思维导图,梳理总结节日计划并在此基础上写自己的节日计划,以读促写,读写结合,有效提升学生的写作能力。

伊旗第三小学的李小鹏老师则巧妙地运用绘本《The New Teacher》,将其作为英语PEP教材的有效补充,通过绘本封面让学生读一读、猜一猜,激发学生阅读的兴趣。一个个开阔学生思维问题的引领,让学生感受到了英语学科的语言魅力所在。其巧妙精细的教学设计,生动活泼的课堂教学,层层递进,由易到难,培养了学生良好的思维能力,提升了学生的英语阅读能力。

专家点评　讲座指引

两节精彩课例后,讲课教师分别阐述各自的教学设计理念及教育教学方法。刘彦英老师结合课例做出了精彩点评，在肯定优点的同时也提出中肯的建议：语境的创设需要有进有出，教学时不仅要关注语言性语境，同时还要留意非语言性语境，例如图片、音乐等外部资源；此外英语核心素养不仅要关注学生语言知识，同时要关注学习能力以及思维能力的培养和情感的体验。因此，在活动的推进过程中，教师要关注这些方面的设置，及时在课堂上作出思维性的梳理。随后，刘彦英老师就"核心素养背景下的小学英语读写教学与评价的实践探究"做了专题讲座，深度挖掘教材中"Read and write"的文本内涵，解剖读写教学要点，提供教学方法案例，强调读写教学原则，明确读写教学目的，让听课教师心有明镜，才能照亮读写教学课堂。

观课研讨　深度思考

一级工作室名师成员、上湾小学二级名师工作室主持人郝春梅一直带着教研组老师们研究和实践有内涵的观课议课，基于本次活动主题，该团队提前研究并制定观察量表，组织全体成员和参会教师现场分组研讨。观课教师们在观课过程中从"师生语言交互行为"及"学生有效评价"等方面填写课堂观察单并绘制观课图，从教师所设计问题类型、学生生成的新知识点、课堂中的纠错、补充、质疑行为、学生语言运用能力观察等方面提出了自己独到的见解和合理化的建议，引发参会教师深度思考，同时观课议课活动也为今后的常规教研赋予更多的实践意义。

主持人总结　新期待

最后，主持人翟丽芳做精彩总结。她强调小学英语教学中普遍存在着重听说、轻读写的现象，在今后的教学中，听说虽阶段性领先，但读写亦需强化夯实；教师要以激发学生阅读兴趣为出发点，大胆创新整合教材，补充教材，探寻有效读写教学策略，提高读写教学能力。让学生在有意义有内涵的读写课中培养英语阅读能力及书写能力，确保学生综合语言运用能力的可持续性发展，从而最终达到提升英语学科核心素养的目的。"No pains, no gains"，翟老师最后勉励大家在今后的教学中潜心教研，再接再厉！

"志合者，不以山海为远"，本次研讨活动紧扣英语学科核心素养和读写整合有效教学，在立足本土的基础上，扎根课堂，实现学科育人。相信"君子务本，本立而道生"的师者情怀和教育担当会在自觉学习、主动学习、终身学习的路上越走越远！

【2021年第三次研修活动】

关于2021年小学英语名师工作室
第三次研修安排意见
暨小学六年级英语学科质量检测分析会

为提升全旗小学英语整体教学质量，分析总结2020年学期末学生综合素养抽样检测反馈出的教学问题，合理制定六年级英语的总复习计划，提高教师专业成长，提升学生学科综合素养，现决定举办伊金霍洛旗教育体育局第四期"1＋1＋X＋N＋Z"小学英语名师工作室第三次研修活动暨小学六年级英语学科质量检测分析会。

研修主题：基于核心素养背景下质量检测分析和复习教学的研讨。

活动形式：示范课、观课研讨、讲座。

关注学生素养现状　　有效开展复习教学
——2021年小学英语名师工作室第三次研修活动总结

学习贵有方，复习应有法。为进一步促进伊旗小学英语整体教学质量，有效开展六年级的综合复习，快速提升小学生综合素养，2021年3月26日下午，伊旗教育体育局第四期"1＋1＋X＋N＋Z"小学英语名师工作室第三次研修活动暨小学六年级英语学科质量检测分析会在伊旗第二小学举行。活动以"基于核心素养背景下质量检测分析和复习教学的研讨"为主题，伊旗教育发展研究中心小学英语教研员、一级名师工作室主持人翟丽芳，一级名师工作室全体成员，各小学英语教研组长及全旗六年级英语老师共计50余人参加本次活动。

伊旗第四小学的折彦老师呈现了《My school》的复习整合课，该课将三大时态与There be 句型整合。本课容量大，扩展深，设计之巧妙有效地提升了学生的综合能力。本课的设计从整合复习旧知到大胆拓展新知，挑战学生的认知，证明学生的潜力无限。

伊旗新街小学的张燕老师带来《the Camel and the pig》的绘本课。整个教学过程完美体现了"识图，学句，悦心"的目的。同时，引发在场教师关于如何进行绘本融合复习教学的深度思考。大家纷纷表示巧妙地将绘本教学融入英语复习教学，不但真正体现了基于核心素养的英语教学理念，也给新时代小学英语教师开阔了眼界，开拓了学生的思维，引发学生的学习兴趣，实现快速提升学生综合阅读的能力。

课例展示过后，两位讲课老师从教材分析、学情分析、教学重难点、教学反思等方面进行了说课，接着名师工作室的曹瑞芳和李小鹏两位名师分别就复习整合课和绘本教学课例做基于实证听评课的观课议课点评。

名师工作室曹瑞芳老师和赵文叶老师代表小组就学生参与度和学生互动度两个维度对折彦老师的课进行数据化的剖析，并结合数据给了改进建议。名师工作室赵文叶老师在汇报时给出具体的观察数据和柱状分析图，使在场教师更直观清晰地看出课堂任务完成实况和学生的整体表现。

名师工作室李小鹏老师代表小组从"师情，师智""生情，生智"两个维度来进行绘本课的基于实证听评课的汇报。她建议教学时多注重学生欣赏画面的美感，感知语言的魅力，达到语言和图片的美育效果。这也是我们核心素养背景下小学英语教学的要义。

听评课结束后，工作室名师索佩珍做题为"集众智 思策略 促成长"的经验分享。作为资深教师，她从教学计划、教材教法、学生学法以及教学建议等方面进行了细致的分享，为老师们在今后的教育教学工作指明方向。尤其在整体复习方面，索佩珍老师建议在复习时应注意课内与课外，基础与能力，碎片化与系统化，考和练的关系，同时也应戒骄戒躁，及时反思，关注学情，因材施教，这样才能做好整合复习，切实培养学生的综合语言运用能力。

工作室主持人瞿丽芳老师结合本次活动的开展情况和上学期末小学英语六年级质量检测情况进行质量分析和总结建议。瞿丽芳老师根据抽测成绩进行数据对比分析，从整体答题情况、各题正确率、试卷题型及命题意见、问卷调查、网上阅卷等方面做全面深入的分析，并对接下来的各年级复习工作提出合理化建议。翟丽芳老师建议，各位老师在设计复习教学时应注重培养学生的综合语言运用能力、学习能力、思维品质和文化意识；多重视语音教学存在的问题，增加课内外阅读量，循序渐进进行写作训练，用新理念、新方法进行复习教学，让学生在活动中、实践中去运用英语；要加强梳理归纳，聚点成线，整合关联，串线成网，借助情景和导图，个性输出；推进并开展"创意课堂"和"微剧课堂"的研究，让课堂教学不仅"有趣"更要"有料"，相信老师们也会秉承着"上下同欲者胜，风雨同舟者兴"的团队意识以及教学情怀在伊旗欣欣向荣的教改路上砥砺前行！

【2021年第四次研修活动】

关于2021年小学英语一级名师工作室 第四次研修活动安排意见

为了进一步深化小学英语课堂教学改革，有效开发有意义有内涵的"创意课堂"之绘本英语课程，不断提升小学英语教师专业化水平，快速发展小学生的英语综合素养和形成积极正确的人生价值观，现决定举办伊金霍洛旗教育体育局第四期"1+1+X+N+Z"小学英语名师工作室第四次以"基于核心素养的小学英语绘本课堂教学模式的建构与探索"为主题的研修活动，特邀导师戈向红进行指导。

研修形式：成员研讨课、观课说课交流、导师示范课、讲座。

趁岁月正好　朝心之所向
——2021年小学英语一级名师工作室第四次研修活动总结

绘本作为国际上颇受欢迎的教学工具有着独特的优势。在小学英语教学中运用绘本展开趣味化教学，可以优化课堂，提高教学的有效性。为进一步促进伊旗小学英语整体教学质量，有效开展绘本阅读教学，快速提升小学生综合素养，2021年4月9日，伊旗教育体育局第四期"1+1+X+N+Z"小学英语名师工作室第四次以"核心素养背景下绘本课堂教学模式的建构与探索"为主题的研修活动如期而至,伊旗教育发展研究中心副主任郭双喜、英语教研员单丽、一级名师工作室主持人翟丽芳、康巴什教育研究中心小学英语教研员郭建梅、第一小学校长米学峰和部分校委会成员、全旗英语老师共计百余人参加本次活动。

应伊金霍洛旗教育发展研究中心诚挚邀请,江苏省小学英语特级教师戈向红受聘于我旗名师工作室导师,郭双喜副主任颁发聘书。戈向红,小学英语教学与研究实力型专家,苏州大学研究生导师,在小学英语教学理论与实践方面颇有建树,首创性地提出"意趣英语"教学思想,并在多年的教育实践中开发意趣课程,教学模式深受学生喜欢。

智"绘"课堂,精彩展示

伴随着教育的发展与进步,新的教育资源不断出现,英语绘本以图文并茂的方式呈现,更直观、更形象、更符合小学生的年龄特点,是对教材的有益补充,成为"学材"中不可缺少的组成部分。教研员翟丽芳一直很重视绘本教学的研究,鼓励教师们大胆实践,并深入课堂指导,让绘本课逐渐融入常规教学。

来自伊金霍洛旗第八小学的赵文叶老师的课例《A Big BigDay》,选自攀登英语的自然拼读。她将三年级教材中 Let's spell 部分与绘本巧妙结合起来,大胆创新使用教材,灵活驾驭课堂,为平日枯燥的自然拼读课赋予新鲜的元素,即让学生在故事中感受语言,感知发音,总结规律。整节课气氛活跃,学生表现力较强。

来自伊金霍洛旗第三小学东校区的康玉秀老师的课例《A House for Hedgehog》,选自《丽声妙想》英语绘本。康老师灵动的教育智慧和独特的教学魅力,让学生深深地感悟其中,参与其中;她注重对学生阅读策略的培养,通过文本内涵的深入剖析和精心设计,逐渐引领孩子们从"阅"读迈向"悦"读。

来自伊金霍洛旗新庙小学的刘军霞老师的课例《It's Not Easy to Be a Mother》,选自攀登英语系列读本。刘老师备课充分,在与学生互动中进行了大量的语言输入,为写的输出做了很好的铺垫。绘本中大量的疑难词句及语义,在刘老师精心设计的提问和有效环节中逐一处理，最后的情感得到升华，体现了核心素养下语言的人文性和工具性。

说评一体，精雕细琢

课例结束后，三位教师进行了整体说课，从材料选取到对学生详细的学情分析，从课程目标到教学环节，从教材教法到输出检测，再到每本绘本独到的情感价值观，让我们再次感受到绘本的魅力。戈老师进行了有高度、有深度、有温度的点评。她既肯定了老师们激情饱满的教学热情、认真备课的工作态度，也肯定了老师们剖析、分割文本的意识和能力，同时也指出了绘本阅读中如何科学地教，同时教得科学；如何更好地关注教材逻辑、学习逻辑和生活逻辑。

顺学而导，转变角色

戈向红导师亲自做示范课《A quiet house》。她以生动的肢体动作和语气渲染，极大地调动了孩子们的学习积极性。在她独具特色语言魅力的引导下，学生全身心投入，主动参与，以"形体之动""思维之动""情感之动"充分展示了学生是课堂的主人，在"意趣活动"中达成了语言的运用，也真正实现了语言 interesting 和 meaningful 的魅力。

授人以渔，成就未来

戈老师在关于"意趣英语课程的建构与实施"的讲座中指出"意趣英语"理念指导下的课堂教学活动设计，要在教学中达成三种意趣：生活之意趣，寓生活于教学，帮助学生明确语言的意义，促使其感悟和内化所学语言；内容之意趣，合理驾驭教学情境，帮助学生体验教学内容的意义；语用之意趣，充分利用课堂教学中自然生成的语言情境，涵养语用场合，使语言教学和语言应用相辅相成，有效提升学生学习语言的能力。讲座再次鼓舞了每一位英语教师大胆创新、探索绘本研究的决心，激励着老师们创新教学方式，要大力开展以语篇为载体，以主题意义为引领的绘本教学。相信在戈老师的指引下，伊金霍洛旗小学英语教学会更加地富有意义与趣味，让学生更加享受英语课堂！

"乘众人之智，则无不任也；用众人之力，则无不胜也"。最后，工作室主持人翟老师做了总结发言：英语教师不仅要从理论能力、学习能力、创新能力提升自己，更要从专业能力有所突破；全体老师要继续深度研究绘本教学与教材的融合教学，快速建构对学生综合素养有效提升的课堂教学模式。瞿老师多年来引领全旗英语教师夯实内功，立足教材，创新使用教材，形成独具一格的创意课堂，给全体英语教师带来了无尽的收获。

朱熹曾说："教人未见意趣，必不乐学。"道出了教学中的趣味性之重要。英语教学洋溢美妙意趣，课堂便妙趣横生。趁岁月正好，朝心之所向，唯奋斗不止！因为我们相信，未来终将满途芬芳！

【2021年第五次研修活动】

关于举办2021年小学英语一级名师工作室第五次研修活动的通知

为进一步加强学习型团队建设，努力提升团队成员阅读教学专业理论水平，切实落实《如何有效运用阅读教学策略》《小学英语分级阅读教学：意义、内涵与途径》和《中国中小学英语分级阅读标准（实验稿）》的深度阅读效果，不断增强全体工作室成员的学习力、思考力和实践力，以便于快速培养学生综合阅读素养，决定开展伊金霍洛旗教育体育局第四期"1+1+X+N+Z"小学英语一级名师工作室第五次以"基于阅读核心素养培养策略研究的读书汇报会"为主题的研修活动。

活动形式： 成员汇报、主持人总结。

共享阅读策略　提升专业素养

——2021年小学英语一级名师工作室第五次研修活动总结

静下心来阅读，沉下心来思索，敞开心扉分享，用一盏灯点亮另一盏灯，用一个灵魂唤醒另一个灵魂，一群人向前，总比一个人走得更远。

在这暖阳拂面、微风习习的夏日，为了进一步加强学习型团队建设，努力提升团队成员阅读教学专业理论水平，切实落实《如何有效运用阅读教学策略》《小学英语分级阅读教学：意义、内涵与途径》和《中国中小学英语分级阅读标准（实验稿）》的深度阅读效果，不断增强全体工作室成员的学习力、思考力和实践力，以便于快速培养学生综合阅读素养，小学英语一级名师工作室全体成员齐聚伊旗第五小学，开展"基于阅读核心素养培养策略研究的读书汇报会"。

　　找寻策略，比较探究；关联本校教学，拓展教学策略。曹瑞芳老师作为小学英语二级名师工作室的主持人，目前正在带领她的团队做绘本教学的研究。通过自身实践和专家的指导，整个团队的教学水平和技艺不断增长，日趋成熟。经过不停开展"绘本教学"研究，她摸索出属于自己的和团队的一些教学经验和方法，值得学习与推广。

　　李小鹏老师是绘本教学的多次实践者，积累了丰富的实操经验。她汇报的内容是"如何开展小学绘本教学"。她从当下的热点话题核心素养、主题语境、英语学习活动观、六要素整合的课程内容、教学评一体化谈起，娓娓道来，让我们明白了绘本教学不是语言教学；绘本教学大于语言教学；绘本教学超越语言教学。同时她用大量的案例就如何选择合适的绘本及如何将绘本与主教材进行无缝衔接，给我们提出了具体的操作办法与思路，让所有参与者茅塞顿开，收获颇丰。

　　郝春梅老师是真正的"实干家"。她有思考，实践能力强，执行能力强，能够在第一时间将书本中所学到的实操策略积极有效地分享到自己的教学团队当中，值得我们所有人学习。她的汇报名为"润泽自己 芬芳他人"，从自身出发，在润泽自己的同时，感染、带领、指导周围的同事们一起进步与成长。《如何有效运用阅读教学策略》一书，她读了三遍，为自己的孩子读，为自己读，为教研组读。随着阅读次数的增加，她对阅读教学，对绘本教学都有了深刻且独到的见解。最重要的是，她对如何带领团队做研究给出了自己的思路和方向，期待她的团队能够做出更大的成绩。

　　赵文叶老师作为工作室最年轻的名师。她思维活跃，热爱阅读，专业素养功底扎实、深厚，具有"初生牛犊不怕虎"的干劲。她做了"探索阅读　知难而进"的读书分享。赵老师利用思维导图的形式，不仅清楚地向老师们传递了自己的读书收获，也结合自身的教学经验和案例详细阐述了分级阅读的标准、意义和策略以及自己今后的努力方向。

解翠英老师是最资深的名师。她陪着四期工作室一起成长，在见证工作室成长的同时，也强大了自己。她在读书的同时，本学期已经协同她的团队一起进行适合自己和学生的"绘本教学"研究。她不仅对各种绘本教学操作策略烂熟于心，也在实操方面积累丰富的经验，更亲力亲为进行与主教材配套的"合适"绘本的分级与筛选。

折彦老师分享的内容是"阅读 悦读 乐读"。她从阅读的背景、阅读素养、理论基础、途径、案例、策略等方面分享了自己的阅读收获。她深刻解读了阅读能力不等于阅读素养的内涵，阅读能力是指中小学生进行外语阅读首先需要建立六种阅读能力（文本概念、音素意识、拼读能力、阅读流畅度、语言知识、阅读技巧与策略）。同时她也就如何选择读物，如何进行指导性阅读和阅读评估进行了解读。

热爱读书的刘军霞老师，在反复阅读后，以"英语的奇迹属于孩子，孩子的奇迹超越英语"为题，从外语阅读的重要性、意义、阅读素养、全语言观、分级阅读的策略、现状以及未来自己在教学中需要改进的地方做了详细的阐述，看得出她是一位阅读特别用心、善于读后思考的老师。

二完小团队做了"探索阅读路径 优化阅读策略"的读书分享。何霞和索佩珍老师立足二完小的教学实际，从学生的角度入手，提出以简化的教学环节，实现高效的教学效果和让学生进行有效的有意义的阅读主张，同时要关注学生的阅读素养和阅读品格的发展，立足学生、立足教学现状，开展扎实阅读教学，助力学生的成长，寻找各种途径提升学生的学习能力和阅读能力。

康玉秀老师的读书分享主要以介绍自己在书中学到的全语言教学观和分级阅读策略"图片环游"为主，深度解读图片环游的本质和操作方法。齐宏亮老师从自己的教学实际出发，详细阐述了几种好用的阅读教学方法。

主持人翟丽芳在读书汇报后，以"成就最好的自己"为主题给了工作室名师们四个方面的建议。首先，翟老师指出每个人的汇报都有特色，都有值得学习的地方，是一场共享的思想"盛宴"；然后，她要求工作室的老师们在今后的教学中有自己"独特的教学方法""鲜明的教学主张""深厚的文化底蕴";同时要求老师们把持续阅读作为工作和生活的常态,坚持阅读并要走专业阅读的路线,还要在工作中不断提升自己的研究能力、勇于实践的能力、精细的思考能力和做教育教研的持久力;随后她又对工作室的所有成员在研修活动、简报的撰写、论文的质量、试题的命制等方面进行了前期总结并提出了新的要求;她期望老师们在未来能够成就最好的自己和最好的学生,能够把名师的辐射作用发挥到最大化,以带动本校教研组乃至全旗小学英语教学向更优质的方向迈进。

"且夫水之积也不厚,则其负大舟也无力"。教育是世界上最特别最奇妙最千变万化的事情,对于教育教学教研,我们还有很长的路要走,所以我们必须不断充电蓄能,不断提升自我,不断进行专业阅读,不断实践创新,才能促进自身专业发展。正如作者所说:"英语的奇迹属于孩子,孩子的奇迹超越英语",让我们所有人坚持专业阅读,成就自己和学生更有高度的人生。

构建思维导图　提升核心素养
——2021年小学英语一级名师工作室外出学习研修活动总结

教研是一次灵魂的唤醒,学习是一次诗意的修行。2021年6月19日,伊旗教育体育局第四期"1+1+X+N+Z"小学英语名师工作室成员参加了康巴什小学英语名师工作室举办的"核心素养下思维导图在小学英语课堂中的应用"研修活动。首都师范大学附属实验学校集团校英语学科组指导专家、北京师范大学Highway学生课堂特聘讲师于玲莅临现场并进行指导,康巴什教育研究中心副主任李莉、郭建梅老师、康巴什实验小学黄其其格副校长、伊旗教育发展中心翟丽芳老师、康巴什名师工作室和我旗小学英语一级名师工作室成员、二级名师工作室成员及各校英语教研组长、英语教师等近百人参加了此次活动。

说播课例　精彩呈现

随着教育的不断发展,人们越来越重视教育的方法、手段及策略。思维导图作为一种教育策略、一种可视化的思维工具闪亮登场,它被越来越多的国家和领域广泛运用。在我们的英语教学过程中，思维导图也起着其他任何教学方法不可替代的独特作用。它同时打开了图形与逻辑思维的记忆链条，让知识牢牢"定格"在记忆中，让学生可以过目不忘。结合思维导图的研究，首先展示了两节说播课。

娓娓道来，"导"出精彩。第一节课例是来自康巴什实验小学的韩阿荣老师。韩老师以五年级下册 What's your favorite season? Let's talk 为例，为我们呈现了如何将思维导图运用到听说课中。韩老师从指导思想及理论依据、教材背景分析、教学目标、教学重难点、教学过程以及教学反思六个方面进行了说播课的展示。在说教学过程中，韩老师一边说一边在黑板上绘制思维导图，以鱼骨形式呈现，简单明了脉络清晰。

掷地有声，"导"出思维。第二节说播课例是来自康巴什实验小学的许晓珍老师。许老师的课关于思维导图在读写课中的运用。许老师从七个方面进行了说课，即指导思想及理论依据、教材、学情分析、教学目标、教学流程图、教学过程、板书设计以及教学反思。许老师的板书分为主板书与副板书，主板书以思维导图的形式呈现，副板书则呈现了动物类单词以及动词的动名词形式，为后面的写作创建了词库，可谓"物尽其用"。

思维导图　缤纷展示

于玲老师就课例进行了精彩的点评，并就思维导图如何更好地为教学服务结合课例进行了阐述。于老师强调听说课教师首先要有课型意识，听要分为三个阶段，听前要预设、听中要进行策略指导、听后要反馈；说的环节要"三级跳"，控制性操练为第一级跳，半控制性操练为第二级跳，零控制为第三级跳，即学生间真实的交际；于老师介绍了思维导图基础篇（Thinking maps）的绘制以及核心要素供广大老师学习，提升课堂效率，八个图示各个击破；于老师的课堂诙谐幽默、深入浅出、条理清晰、环环相扣；于老师同时还比较了 Thinking maps 与 Mind maps 的异同；于老师从阅读的常见问题、阅读的能力要求、阅读的教学过程三个方面谈了读写课如何有效运用思维导图。阅读前如何激活背景知识，阅读中如何理清文章脉络（mind map），阅读后如何拓展提升都进行了详细的阐述，并结合五年级下册 Unit6 Work quietly! C Story time 进行分析，实现思维导图的效率最大化；于老师以自己的名字为中心词，向外拓展延伸，向我们展示了一图多功能的魅力，一张思维导图可以进行听说训练、思维训练（逻辑训练＋聚合思维＋批判性思维）、信息处理（直接＋间接）、猜词训练、文化渗透、明确主旨、理清结构、读写合一、匹配教材练习、复述。可见，思维导图具有四两拨千斤的作用。

虚心学习　收获满满

庄子曰"吾生也有涯，而知也无涯"。这句话诠释了终身学习的深刻内涵，让我们牢牢树立终身学习的理念，保持开放的心态，不断地对自身的教育教学进行研究，对自己的知识与经验进行重组，拓展自我的效能，不断提高教育教学质量，成为适应时代发展要求的合格教师。我旗参加活动的英语教师在学习过程中认真学习，积极参与了互动，收获了思维，得到了成长。

时代在变，教师终身教育和终身学习是当代教师自身发展和适应职业的必由之路。"活到老学到老"是新世纪教师的需要，是时代的呼唤，是教育发展的要求。正如南宋著名的学者朱熹所说："问渠那得清如许，为有源头活水来！"只有不断学习，教师的素养才会不断提高。学习的道路任重道远，让我们共同成为终身学习践行者，成为学生成长的领路人。

【2021 年第七次研修活动】

关于 2021 年小学英语一级名师工作室第七次研修活动安排意见

为进一步提升全体工作室成员的思考力和规划力，使工作室成员有计划、有针对性地开展本学年工作，现决定举办伊金霍洛旗第四期"1＋1＋X＋N＋Z"小学英语一级名师工作室第七次研修活动。本次活动，全体工作室成员将汇报个人学年成长规划，研讨落实"双减"的方式方法；主持人将分析总结工作室发展现状，解读《2021—2022 学年工作室研修计划》，布置落实具体任务，并给出《小学英语作业设计和实施指导意见》。

研修形式：汇报、研讨、总结、讲座。

聚焦发展现状 规划有效未来
——2021年小学英语一级名师工作室第七次研修活动总结

浅浅清秋浅浅吟，漫漫教学细细研。伴着金秋和煦轻柔的微风，为进一步提升团队成员的思考力和规划力，使本年度有计划、有针对性地开展活动，2021年9月18日下午，伊旗教体局第四期"1+1+X+N+Z"小学英语一级名师工作室开展了第七次研修活动，主持人翟丽芳主持本次活动，工作室全体成员参加。

潜心思考，砥砺前行

守方寸初心，展咫尺匠心。为了更好地落实"双减"政策任务，引领学校教研教改，工作室成员进行个人成长规划汇报。大家都认为在主持人翟丽芳的正确引领下，工作室与时俱进，大家在讲座中领悟了最前沿的教育思想，在有效的活动中落实核心素养，既锻炼了教学能力，也在团队的共研共学中提升了教学水平，开阔了视野。成员们下定决心将在行动中践行思考，在规划中引领成长，继续为自身的提升砥砺前行！

精雕细琢，研磨出新

各位成员根据实际对教研进行了细致的规划，曹瑞芳老师从落实常规中积极实践绘本教学与主教材融合的教学策略；在践行"114"课改模式时对"小组化学习""演讲化展示"进行优化；折彦老师挖掘英语教材的创新要素，培养学生的创新能力；郝春梅老师在研读新课标标准、教材梳理中深挖教材、吃透教材，努力探索高效课堂模式，绘本教学已有初步成效；李小鹏老师扎根常态课堂指导教学实践，利用现代化教学设备或因地制宜地制作一些实用的教具，以流利的英语教学口语、娴熟的任务情景创设技能和丰富多彩的互动教学方法让学员教师开阔眼界；赵文叶老师抓实集备课，继续研究观察量表，并加强后续跟踪，适当留白，提高课堂反馈；何霞老师与索佩珍老师利用图文进行教材解读，让教材梳理真正服务于课堂，集备活动备大单元、备一课时、备高效作业，基于实证性的观课议课，进行小组合作有效性探究；解翠英老师深入开展绘本教学研究，在作业批改上创新，整理错题集，抓教学质量；康玉秀老师小组建设形成自己的思路；贺晓敏老师在学校开展创意课堂与创意戏剧方面成功申报课题。

落实常规，优化作业

作业的设计与实施，是检测学生是否达到教学目标的手段，也是提升教学质量的有效途径。"双减"政策下，严控作业量，精选作业内容，丰富作业形式，把握作业难度，有效进行指导是作业实施计划的重要内容，成员各抒己见，在作业设计分层上费尽心思，曹瑞芳老师特色作业布置实现综合语言的运用；李小鹏老师尝试弹性、个性化的作业，免费提供线上学习服务；折彦老师按课型布置作业，多增加实践作业；贺晓敏老师按照难易分类作业，创新作业题单；赵文叶老师、解翠英老师精选习题并进行错题跟踪；郝春梅老师落实分层作业，分为基础篇、发展篇、挑战篇，创编性作业，比如英语小绘本，根据课文编对话和故事等，力争让学生在有效的时间内实现英语学习综合能力的提升。

聚焦现状，规划未来

目标明确，有助于提升工作的执行力。主持人翟丽芳在个人成长汇报后进行了《2021—2022学年小学英语一级名师工作室研修方案》解读，要求成员们领会研修考核细则，在新的一年里，聚焦核心素养，从单元整体教学、绘本课堂教学研究、红色文化课程开发、小学英语作业设计与实施等方面作出新的规划，建议大家大胆超越课标，整合教材，尝试新思想，敢于亮剑，把工作室学到的东西放到学校去做，把最先进的理念落实到实际中去，齐心协力创建核心素养背景下小学英语的品牌团队。

"凡事预则立，不预则废。"我们在历练中成长，也在研磨中进步。学习无止境，相信工作室成员一定会践行思考，不断开拓进取，在新的规划中开创一个更高层次的教学新局面！

【2021年第八次研修活动】

关于2021年小学英语一级名师工作室第八次研修活动安排意见

伊金霍洛旗小学英语一级名师工作室决定开展第八次研修活动。

研修主题：核心素养背景下单元整体教学的实践与研究。

研修形式：课例展示、统整解读、观课议课、汇报展示、讲座总结。

聚焦单元统整促发展　立足观课议课引共鸣
——2021年小学英语一级名师工作室第八次研修活动总结

大单元整体教学以大视角、大观念、大概念指引教师深度钻研教材、合理安排教学板块内容，让教学更科学、更系统、更精准，促使基于立德树人的英语学科核心素养有效达成。2021年12月1日，小学英语一级名师工作室在伊旗第一小学开展以"核心素养背景下开展单元整体教学的实践和研究"为主题的第八次研修活动。一级名师工作室主持人翟丽芳，一级名师工作室全体成员，第一小学、蒙古族小学、第五小学、上湾小学全体英语老师和实验学校部分英语老师参加活动。

上湾小学乔艳老师结合当下热门话题，创设了新冠肺炎疫情来袭的情景，将四课时的单词、对话内容整合成为一节大单元教学课。整节课，学生对学习内容兴趣浓厚，积极参与课堂活动，敢于挑战有深度、有难度的任务，教学效果甚佳。

上湾小学崔壮老师同样用新冠肺炎疫情来袭的情境将Read and write和绘本教学整合。本节课容量大，节奏快，效率高。课堂遵循英语实用性原则，结合学生生活实际，激励学生大胆开口说英语，培养了学生的阅读素养和书面表达能力，体验到学习英语的乐趣，增强了自信心。

工作室名师郝春梅结合两节课例开展单元教学统整设计解读。她从内涵和意义两个方面阐述了单元整体教学的重要性。

工作室全体成员以小组为单位，围绕活动主题分组议课，并汇报展示。老师们从大单元整体设计、教学目标和重难点定位、环节、呈现、对话、汇报以及教学效果等方面进行交流研讨，将这两节课与大单元统整设计融合，梳理出两张大单元整体设计导图。

工作室主持人翟丽芳开展以"核心素养背景下开展单元整体教学的意义"为主题的讲座，主要从总结、意义、建议、任务和课题等方面讲解了"单元整合教学"。

栉风沐雨教研路，百舸争流展风采。希望全体教师能够将学习所得转化为工作成效，进一步优化教学设计，提高教学质量。

【2022年第九次研修活动】

关于2022年小学英语一级名师工作室
第九次研修活动安排意见

为增强英语教师命制试题和质量分析能力，提升英语教师单元统整和观课议课水平，促使全旗小学英语教学局面有新的改变，现决定举办小学英语一级名师工作室第九次研修活动。

活动主题： 核心素养背景下小学英语学科素养提升策略研究。

活动形式： 观课、议课、汇报、研讨、讲座。

单元统整聚合力　笃行致远促提升
——2022年小学英语一级名师工作室第九次研修活动

万物随春醒，美好皆可期。为增强英语教师命制试题和质量分析能力，提升英语教师单元统整和观课议课水平，促使全旗小学英语教学局面有新的改变。2022年3月11日，小学英语一级名师工作室在第五小学举行以"核心素养背景下小学英语学科素养提升策略研究"为主题的第九次研修活动。一级名师工作室主持人翟丽芳，一级名师工作室全体成员及各校教研组长参加了本次活动。

一、单元统整复习课展示活动

工作室名师解翠英，带来了一节六年级绘本单元统整课《the New King》，解老师将单元统整复习内容与绘本内容深度融合，用富有童趣的绘本故事，提高了孩子们的学习兴趣，增加了课堂的深度广度，与英语学科素养的要求相吻合，也与全旗小学英语学科倡导的大单元、大观念背景下的基本理念符合。

二、分组观课议课

工作室成员以小组为单位,围绕活动主题分组观课议课并汇报展示。老师们从单元总体设计、绘本教学与教材的深度融合、目标达成度、环节、学生参与度、课程设计梯度、评价及单元作业设计等方面进行交流研讨,梳理出两张单元统整的设计图并进行分享。

三、期末质量分析与试题分析

工作室成员从质量分析和试题分析两方面对上学期期末质量检测进行分析。质量分析方面,四位老师主要从试卷内容设计思想、考点分析、考试结果数据分析与对比及教学建议方面进行细致深入又有高度的分析,各个年级试题新颖、灵活、敢于创新同时又注重文化意识方面的考查,考查了学生的综合语言运用能力,与英语学科素养的要求巧妙结合。试题分析方面,各位老师从与模范试题的对比、自己试题不足、今后改进方向方面进行了认真剖析。

四、主持人讲座总结活动

工作室主持人翟丽芳开展了以"'双减'下小学英语学科素养提升建议"为主题的讲座。翟老师主要从全旗小学英语考试改革、质量分析、教材梳理、课堂效率、观课议课、作业布置和努力方向等方面进行了阐述。全体教师要在做好本次质量分析的基础上,迅速作出改变和努力。全旗小学英语学科质量检测将在原有基础上加大侧重学生能力方面的考查,实现课堂与检测接轨,这与全国英语教育趋势倡导的提高学生学科素养相符,建议教师们在开展深度教材梳理的基础上,践行大单元整合观,立足课标,大胆创新实践,要打造既有容量又有内涵的课堂,提升课堂实效与专业的观课议课水平,设计精练高效作业,提升学生学科素养与思维品质。还强调了各学校要开展普及音标学习,对各年级音标培养目标做了详细的要求和说明。

潮起海天阔,扬帆正当时。2022年,小学英语一级名师工作室全体成员在主持人的带领下,将锐意进取,昂扬向上,以坚如磐石的信心、只争朝夕的劲头、坚韧不拔的毅力,奋进在课改的前列,积极推进"双减"政策,努力实现减负提质!通过此次有意义、有想法、敢创新又与时俱进的活动,希望全体教师能够学有所思,学有所用,转变教学思路,优化教学设计,提高教学质量。使我旗的小学英语教学水平再上新台阶。

【2022年第十次研修活动】

关于2022年小学英语一级名师室
第十次研修活动安排意见

为解决英语"大阅读"教学困境，小学英语一级名师工作室决定开展第十次研修活动。

研修主题：《2021年度中国英语阅读教育研究院专项子课题"绘本与主教材融合教学的课堂均衡阅读模式研究"》开题会。

研修形式：解读课题、专题讲座、交流研讨。

课题研究助"双减" 线上研修启智慧
——2022年小学英语一级名师工作室第十次研修活动总结

春花含笑意，紫燕剪春风。正值春意萌动的时节，2022年4月22日，伊旗小学英语一级名师工作室举行了《绘本与主教材融合教学的课堂均衡阅读模式的研究》课题开题报告会。作为2021年度中国英语阅读教育研究院专项课题《新课程背景下家校均衡阅读模式的实践与研究》（CERA2021Z03）的子课题，本次开题会聚焦"双减"背景下开展深度课题研究，解决英语"大阅读"教学困境，提高全体学生的英语阅读素养，提升英语教育教学品质。课题开题报告会由工作室名师索佩珍主持，伊旗教育体育事业发展中心支委委员孙竭、工作室导师戈向红、主持人翟丽芳、所有成员和全旗其他小学英语教研组教师参加了本次活动。

开题报告会在工作室名师曹瑞芳解读课题内容中拉开帷幕。曹老师向大家汇报了课题提出的背景及相关问题的国内外研究现状，详细表述了课题的研究目标与内容，阐述了课题研究的主要观点和可能创新之处；同时也介绍了课题研究的预期成果，并对开展课题研究的可行性作了具体分析。

教体中心支委委员孙竭主任宣布课题开题，并为课题主持人翟丽芳颁发立项证书。孙主任在课题开题动员讲话中既对各位教师完成课题研究充满期待，又鼓励教师将理论运用到实践中去。他希望教师不断更新教育思想与理念，增强教育科研责任意识；把开展课题研究和教育教学工作的实践紧密结合起来，重视研究方法的总结和应用，切实发挥课题实施对小学英语教学发展的促进作用，真正使教学实践奠基课题研究，课题研究促进教学进步。

教师的专业化成长离不开专家的示范引领。工作室特聘专家、全国著名特级教师戈向红为本次开题会做指导讲座。作为《新课程背景下家校均衡阅读的实践与研究》的子课题，戈老师就课题中的"均衡阅读"进行了深入细致的讲解；戈老师在讲座过程中与各位老师频频互动，帮助课题组成员进一步理清课题研究的思路与方案；同时，戈老师从理论和实践层面对如何更科学合理、切实有效地开展课题研究分别给出了专业的指导与帮助。

所有的理论法则都依赖于实践。为了全面有效开展课题研究，课题组成员和全旗各个教研组教师们积极投入线下和线上分组交流调研之中。讨论后，工作室名师李小鹏、赵文叶分别从学生与教师两个维度对课题研究中的优势、弊端、需要注意的事项等方面做了汇报；第四小学王慧老师与上湾小学乔艳老师结合教研组教学实践经验客观地分析课题研究的意义以及课题研究过程中的一些可行性教学策略。

工作室名师郝春梅重点介绍了课题的组成部分并对具体内容和要求进行分工。她解释细致，分工明确，让课题组的每一位成员和全旗教研组教师都能够明确课题发展的职责和自身任务所在。

过去可总结，未来可期待，现在需实践。工作室主持人翟老师就此项课题研究提出了要求。她要求全旗小学英语教师以课题研究为抓手，以本次活动为契机，发现问题、解决问题、探索绘本与主教材融合教学的有效途径，促使小学英语教学整体向纵深发展，全面提升学生学科核心素养，实现"双减"背景下真正的"减负增效"。

本次的开题会以"科研兴教"为目标，有效落实"双减"政策，让课题研究真正做到为教学服务、为促进学生发展服务、为推动教师成长服务、为提高教育质量服务。"专家引领明方向，笃行致远共成长"，相信在翟老师的带领下，在全旗小学英语教师的不懈努力下，课题《绘本与主教材融合教学的课堂均衡阅读模式的研究》定能助力伊旗小学英语教育事业新发展。

【2022年第十一次研修活动】

关于2022年小学英语一级名师工作室第十一次研修活动安排意见

为了帮助教师准确把握新课标的要求，小学英语一级名师工作室决定开展第十一次研修活动。

活动主题：新课标视角下小学英语教学策略的研究和实践。

活动形式：观课议课、情况汇报、专题讲座。

聚焦新课标　精准谋发展
——2022年小学英语一级名师工作室第十一次研修活动总结

万瓦鳞鳞若火龙，日车不动汗珠融。为深入落实"双减"工作，解读2022版英语新课程标准，努力提升教师业务能力，优化英语教学策略，不断提高英语课堂教学的实效性。2022年6月17日下午，伊旗小学英语一级名师工作室开展以"新课标视野下小学英语教学策略的研究和实践"为主题的第十一次研修活动。伊旗小学英语名师工作室主持人翟丽芳，伊旗第三小学王志刚校长，一级名师工作室其他成员以及各学校教研组长参加了本次活动。本次活动由工作室名师李小鹏老师主持。

本次活动共分为四个部分，分别为观课议课、单元作业设计汇报、新课标学习汇报和微讲座。首先由李小鹏老师带来一节语音与绘本整合课。整节课李老师以小乌龟环游世界的主题展开。通过闯关练习，帮助小乌龟积攒苹果，实现环游世界的梦想。这一整体设计增强了学生的家国情怀。本节课李老师非常注重"教—学—评"一体化设计，将评价贯穿本节课的全过程。学生学习兴趣高、乐于参与，也充分培养了学生的核心素养。

课后，李小鹏老师做了精彩的说课，各观察小组分别针对"教学目标达成度"和"自学、互学、展学中教师的适宜行为"进行了汇报总结。在充分肯定优点的同时，也提出了合理的建议。老师们在交流中提升，在研讨中成长。

单元作业设计汇报环节，赵文叶老师、折彦老师和何霞老师依据本校学生学情、义教课标2022版以及双向细目表等要求，呈现了新课标背景下单元作业设计理念及实施方法。

新课标学习汇报环节，工作室成员分别从新旧课标的具体变化、课程理念、核心素养的内涵、学业质量以及课程实施等方面进行了汇报。教师们在思维中碰撞，在互学中成长。

最后，工作室主持人翟丽芳进行了"新课标视角下教学策略的研究和实践"讲座。翟老师提出在新课标视角下，对教师发展的新期望、新要求；要求在主题引领下开展有效的教研活动；在双向细目表要求下进行教学设计、作业设计；在基于"实证"的观课议课活动下继续改进课堂教学。翟老师要求在"双减"政策下，教师要不断更新教育理念、创新教学方法，在新课标视野下进行教学活动的设计，从而有效地激发学生们的学习兴趣，使得学生积极主动地参与到英语学习中，从而促进小学英语教学发展。

教而不言则浅，研而不教则空。义教课标2022版的出台，不仅给教师提供了研的契机，也给教师提出了教的更高要求。本次活动是一次理论与实践的结合，是一次目标与方向的指引。相信在本次活动的指导下，为教师的成长带来的一定是教育理念的不断更新，一定是教育实践的不断发展。

【2022年第十二次研修活动】

关于2022年小学英语一级名师工作室第十二次研修活动安排意见

为深入推进"绘本与主教材融合教学的课堂均衡阅读模式的研究"的课题研究，小学英语一级名师工作室决定开展第十二次研修活动。

活动主题：绘本与主教材融合教学的课堂均衡阅读模式的研究。

活动形式：课例展示、观课议课、专题讲座。

聚焦核心素养，共建深度课堂
——2022年小学英语一级名师工作室第十二次研修活动总结

碧水丹枫含秋韵，扬帆奋楫正当时。为了深入探索"绘本与主教材融合教学的课堂均衡阅读模式"的课题研究，同时通过教材与绘本的融合教学有效突显教材的系统性和绘本的趣味性及逻辑性，实现学生语言能力和认知能力的同步发展，促进伊旗小学英语阅读教学水平的整体提高。2022年9月23日下午，伊旗小学英语一级名师工作室在伊旗第三小学开展以"绘本与主教材融合教学的课堂均衡阅读模式的研究"为主题的第十二次研修活动。伊旗小学英语名师工作室主持人翟丽芳，伊旗第三小学王志刚校长，一级名师工作室全体成员以及各学校教研组长和部分老师参加了本次活动。本次活动由工作室名师郝春梅主持。

课例展示活动

名师齐宏亮带来绘本阅读课《Jet Can Fly》。齐老师基于单元主题，拓展相关绘本资源，设计有趣教学内容。整节课齐老师倾情投入，以学生为主体，运用TPR激活学生全身活动法，将课堂气氛渲染到位，再运用问题启发法、图片环游法、任务教学法等方法调动学生的交流与参与热情，从而不断拓展学生的思路，最终实现主动的表达与真实的语言输出。同时师生共频共振，彰显了平等的学生观、开放的教学观和互动的活动观，让全体学生整堂课都处于好学乐学的状态。

名师索佩珍老师以《Tree house》为主线，通过读前、读中、读后三个方面感知文本。索老师将绘本内容与日常知识相结合，通过问题的设置、层层追问、小组合作、判断对错、阅读与思考、复述故事等方法使复杂且篇幅巨大的绘本阅读变得中心突出，情境连贯，实现了科学知识与故事内容的链接。课堂上，师生间积极互动，教师适时、适度、具体的鼓励和评价，充分激发了学生的学习兴趣。学生在教师的引导下进行合作探究、交流分享、体验主题，有效地提升了英语阅读素养。最后，索老师情感教育（Help each other, Love each other, Do things together.）的渗透将课堂推入高潮，让学生们充满正能量，充满了爱。

观课议课活动

观课后，参与教师分为两大组开展基于实证的议课活动。通过分组交流、研讨，集中汇报交流研讨的形式，每个小组分别从培养学生的四大核心素养能力为观课维度进行展示汇报，方法新颖且扎实有效，使浅层问题变得更加深层化，减少同质化问题的出现，凸显创新观点。做课老师认真聆听，再度思考，不断发问，用集体的智慧想方法、找策略，达到新的高度。几位新入职的英语教师也参与了点评，其中刘娜老师说到板书精美，与主题高度符合；侯超老师说到授课教师都注重教学评一体化设计，重视小组合作，同时以学生为中心，重视师生互动；胡楚图老师分享到教师利用真实的自我介绍为情景导入，创设真实学习环境值得学习；第三小学的屈智星老师分享了对绘本教学更新的认识和思考。

专题讲座活动

主持人翟丽芳基于伊旗小学英语的绘本与主教材融合教学现状，结合新课标要求和课题发展需求，从发展背景、存在问题和努力方向三个方面，进行了"绘本与主教材融合教学的课堂均衡阅读模式的研究"专题讲座。她建议教师们明确发展方向，深入研究教材内容，有效融合绘本教学，实现均衡阅读的"深度教学"；要将绘本创意有机融入课堂教学，提高自身的教学实践能力和教学反思能力，实现有效的"教—学—评"一体化设计；细化了绘本阅读带给学生的核心素养体现，勉励大家积极探索绘本与主教材的融合，为提高学生的阅读能力和知识的拓展提供优质的素材，实现教师和学生同步成长；要求教师在课堂当中一定要给学生展示语言能力的平台和足够的时间，真正体现英语的工具性和人文性相统一；同时，翟老师介绍了新入职的小学英语老师，期待他们在这一平台快速熟悉伊旗小学英语教育教学发展理念，与整个小学英语团队齐头并进开展英语教学。

Stop chipping halfway, you cannot chop down deadwood; and keep chipping away, gold and stone be carved. 最后，翟老师以此来勉励各位教师坚持把最正确的事做到极致，让所有学生受益。

本次研修活动不仅提升了学生思维水平及阅读水平，而且更新了单元视角下的英语绘本教学与主教材融合的新思路，是一次更深入的尝试。相信，今后伊旗小学英语教师们将以主题意义为引领，以任务为驱动，突出学生课堂中的主体地位，快速提升课堂教学质量和发展学生综合运用语言的能力和素养。

十一、工作室研修成果

单元整体设计篇

PEP 五（上）Unit 4 What can you do？单元整体设计

伊金霍洛旗第一小学　曹瑞芳

单元整体教学活动设计如图1—图30所示。

图1

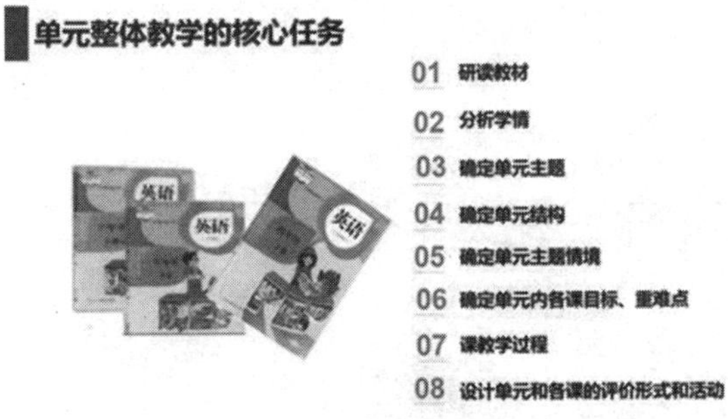

图2

一、研读教材

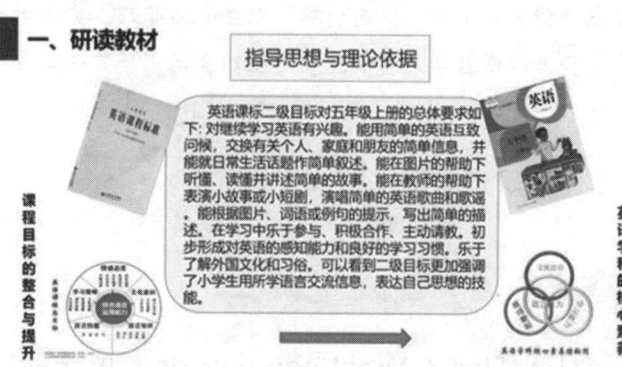

图 3

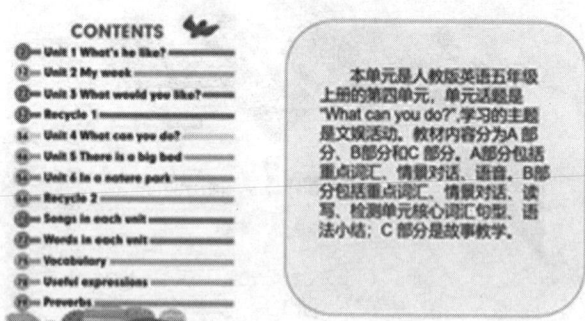

图 4

图 5

图 6

图 7

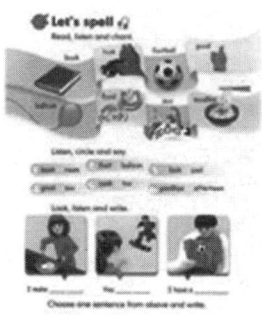

图 8

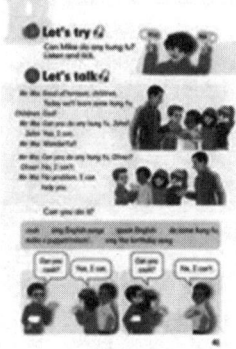

图 9

图 10

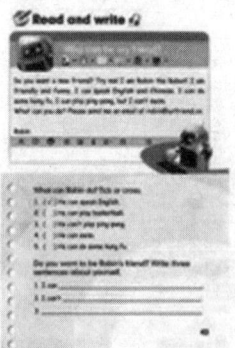

图 11

Part B Let's check分为Listen and tick or cross和Fill in the blank两部分：第一部分要求学生先看表格内容，推测考察点，然后有意识地去听材料、根据听到的信息判断John和张鹏会做或者不会做哪些事情；第二部分要求学生根据表格内容信息找出John和张鹏可以一起做什么事，然后将橘子补充完整。

图 12

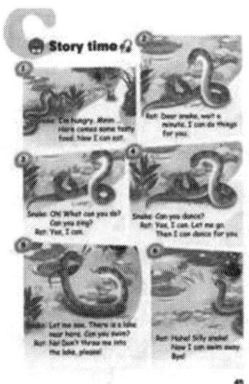

Part C Story time呈现的是田鼠如何机智地摆脱被蛇吃掉的厄运，在紧张的故事情节发展中复习巩固本单元核心词汇与句型。

图 13

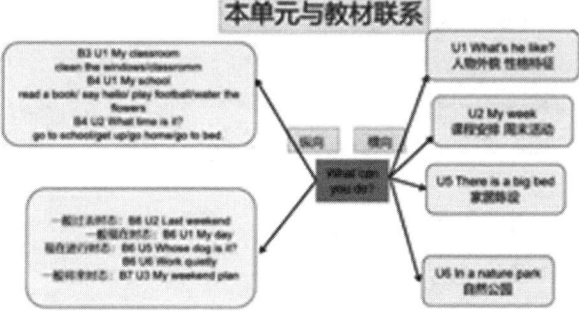

图 14

二、学情分析

图 15

考虑学科育人

图 16

三、确定单元主题

基于教材、语言学习重点、学情分析确定单元主题。

What can you do?——What can you do for others?

图 17

四、确定单元结构

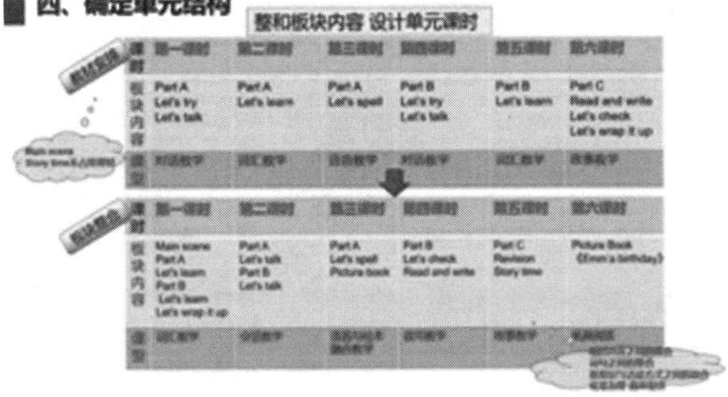
整和板块内容 设计单元课时
第一课时
第二课时
第三课时
第四课时
第五课时
第六课时
Part A
Let's try
Let's talk
Part A
Let's learn
Part A
Let's spell
Part B
Let's try
Let's talk
Part B
Let's learn
Part C
Read and write
Let's check
Let's wrap it up
Main scene
Part A
Let's learn
Part B
Let's learn
Let's wrap it up
Part A
Let's talk
Part B
Let's talk
Part A
Let's spell
Picture book
Part B
Let's check
Read and write
Part C
Revision
Story time
Picture Book
《Emma's birthday》

图 18

五、确定单元主题情境

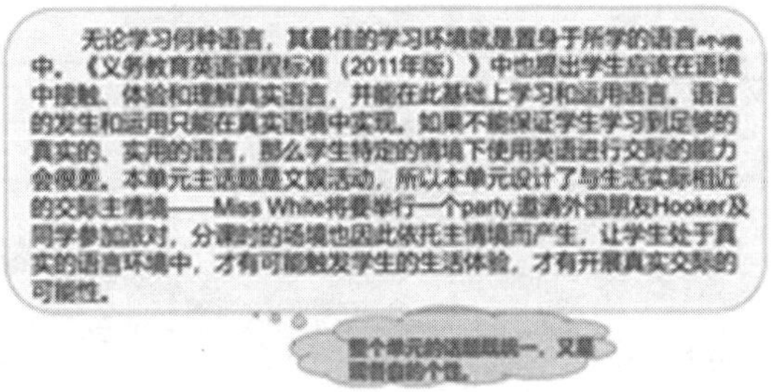
无论学习何种语言，其最佳的学习环境就是置身于所学的语言环境中。《义务教育英语课程标准（2011年版）》中也提出学生应该在语境中接触、体验和理解真实语言，并能在此基础上学习和运用语言。语言的发生和运用只能在真实语境中实现。如果不能保证学生学习到足够的真实的、实用的语言，那么学生特定的情境下使用英语进行交际的能力会很差。本单元主话题是文娱活动，所以本单元设计了与生活实际相近的交际主情境——Miss White将要举行一个party,邀请外国朋友Hooker及同学参加派对，分课时的场境也因此依托主情境而产生，让学生处于真实的语言环境中，才有可能触发学生的生活体验，才有开展真实交际的可能性。
整个单元的话题既统一，又是拥有自的个性。

图 19

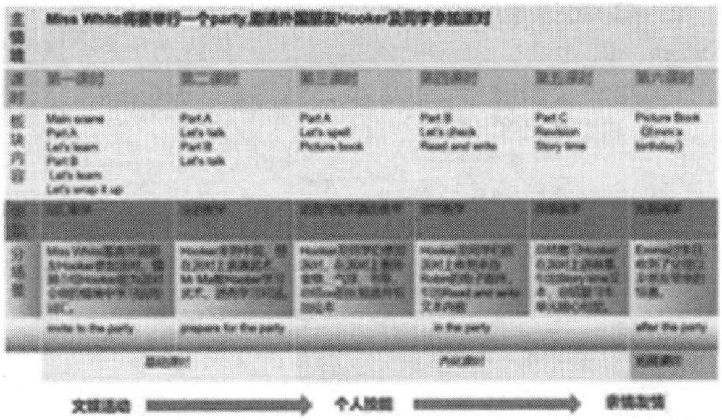
Miss White将要举行一个party,邀请外国朋友Hooker及同学参加派对
第一课时
第二课时
第三课时
第四课时
第五课时
第六课时
Main scene
Part A
Let's learn
Part B
Let's learn
Let's wrap it up
Part A
Let's talk
Part B
Let's talk
Part A
Let's spell
Picture book
Part B
Let's check
Read and write
Part C
Revision
Story time
Picture Book
《Emma's birthday》
invite to the party
prepare for the party
in the party
after the party
文娱活动
个人技能
亲情友情

图 20

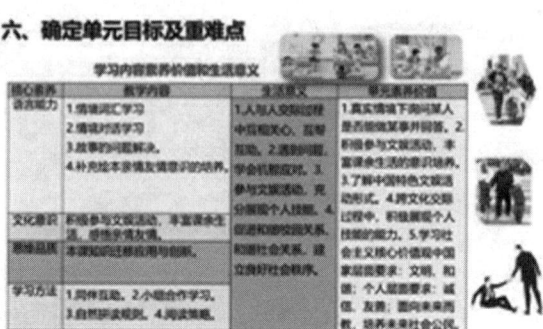

图 21

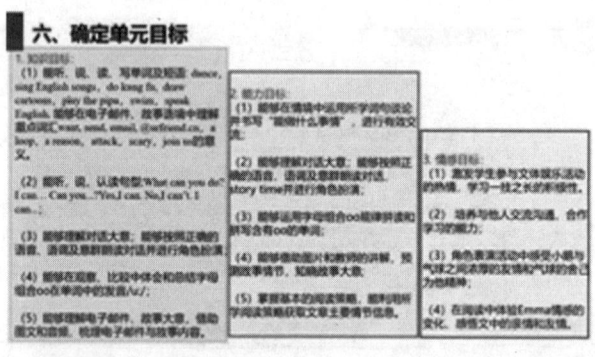

图 22

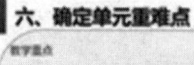

图 23

七、确定单元课时教学目标、重难点&教学过程

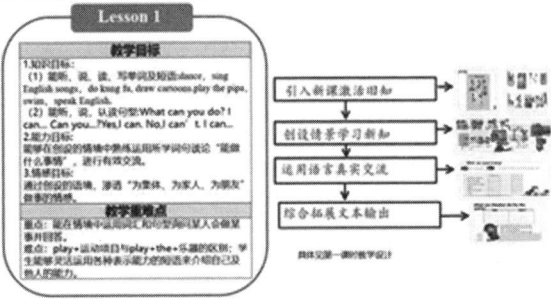

图 24

七、确定单元课时教学目标、重难点&教学过程

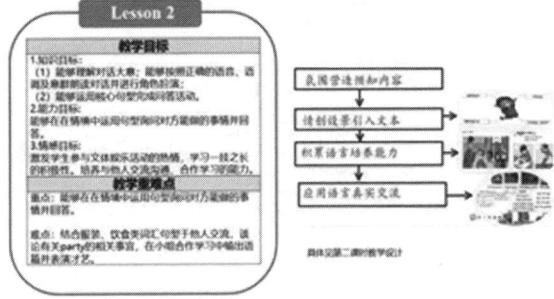

图 25

七、确定单元课时教学目标、重难点&教学过程

图 26

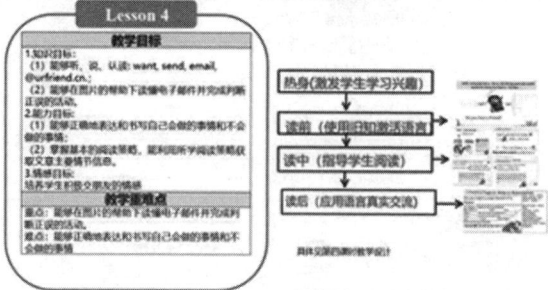

图 27

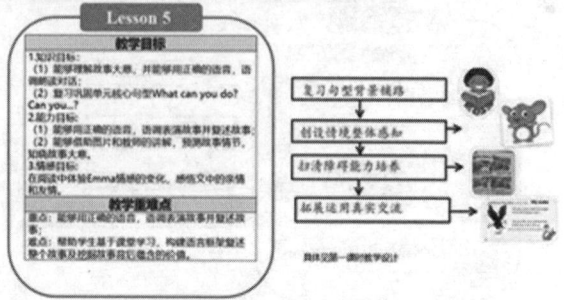

图 28

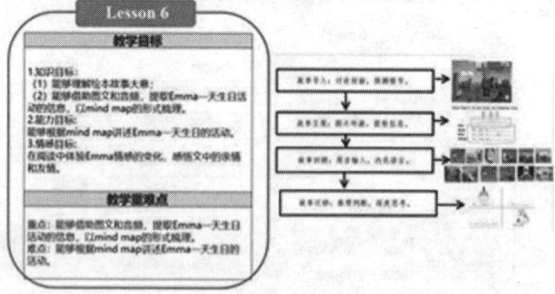

图 29

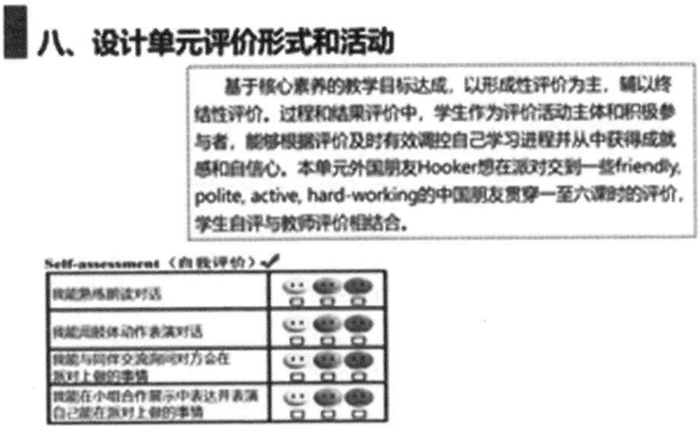
八、设计单元评价形式和活动
基于核心素养的教学目标达成，以形成性评价为主，辅以终结性评价，过程和结果评价中，学生作为评价活动主体和积极参与者，能够根据评价及时有效调控自己学习进程并从中获得成就感和自信心。本单元外国朋友Hooker想在派对交到一些friendly, polite, active, hard-working的中国朋友贯穿一至六课时的评价，学生自评与教师评价相结合。
Self-assessment（自我评价）

图 30

论文篇

"双减"背景下小学英语作业设计与实施意见

伊金霍洛旗教育体育事业发展中心　翟丽芳

为了深入贯彻落实《中共中央办公厅 国务院办公厅关于进一步减轻义务教育阶段学生作业负担和校外培训负担的意见》（中办发〔2021〕40号）和《教育部办公厅关于加强义务教育学校作业管理的通知》（教基厅函〔2021〕13号）有关文件精神，进一步提升作业设计的科学性、针对性和规范性，增强作业实施的有效性，减轻学生过重作业负担，依据《义务教育英语课程标准》，结合小学英语教学现状，特制定以下设计与实施意见。

一、总体目标

（一）检测课程教学效果

通过小学英语作业设计与实施，检测学生是否达到了教学目标的要求，及时发现、分析学生与教师在英语教学中存在的问题及原因，充分发挥作业对日常教学效果的诊断功能和学情分析功能，为改进教学工作提供真实的数据支撑。

（二）提升课程教学质量

通过小学英语作业设计与实施，让学生进行巩固性和提升性学习，帮助学生进一步掌握语言知识，形成语言技能，建构文化意识，培养思维品质，提升学习能力，发展课程核心素养，提高课程教学质量。

（三）促进学生全面发展

通过小学英语作业设计与实施，让学生进一步体验英语与生活、英语与其他学科的联系，促进语言、文化和思维的融合发展，帮助学生学会学习、理解和鉴赏中西方优秀文化，形成跨文化沟通与交流能力，发展逻辑思维和辩证思维，涵养道德情操和审美情趣，促进德智体美劳全面发展，落实立德树人根本任务。

二、实施建议

避免机械和重复性作业，按照语言学习规律，设计贴近学生生活、能在实际情境中运用语言的作业，设计能提高学生的综合语言运用能力、发展学生的学科核心素养的作业。

1. 指向学习目标，设计"复习巩固类"作业

"复习巩固类"作业的目的是对课堂教学内容进行回顾和巩固，根据各个年级知识之间的纵向联系和各个单元的横向联系，以单元教学主题为主线，结合学生的实际学情、认知水平、年龄特征等特点，进行作业的布置；通过作业帮助学生增强对相关知识的感知与记忆，并对相关知识进行梳理和归类。对于知识的巩固，教师可以把思维导图作为切入点，让学生设计相关主题的思维导图，让学生运用思维导图对所学的内容进行更好地梳理和巩固，有助于学生探究主题的意义，发展综合运用语言能力，提升思维品质。

2. 指向实践运用，设计"拓展延伸类"作业

"拓展延伸类"作业是课堂教学的延伸，指向语言的应用实践层次。这类作业能让学生有意识地运用课堂所学语言，进行描述、分析以及综合展演，实现贴近生活的真实情境中学生熟练运用目标语言的目的；要学生用英语做事情、完成任务，在过程中提升语言能力和学习能力，发展综合素养。可基于课标与教材的功能与话题，密切联系学生生活实际，引导综合运用学科知识完成一项学生个人真实生活需要、社会生活需要和个人发展需要的任务，解决一个实际问题。例如，用英语做采访或调查、搜集资料、绘制英语手抄报、制作英语海报、利用英语绘本（或其他英语分级读物）进行阅读与复述、观看英语

动画并尝试说出喜欢的理由、编英语故事、尝试写英语日记和观察日记等。

3. 指向创新迁移，设计"综合主题类"作业

"综合主题类"作业指向语言学习的迁移和创新层次，以激发学生学习的兴趣，提高学生的听说读写技能，切实提高学生的学习效果。以下从几类主题作业的设计来进行说明。

调查汇报型作业主要是通过调查并对调查所得到的资料进行分析和汇报的作业，有助于学生学会如何用英语与人交流，培养学生学习如何获取、处理和使用信息，而且对培养学生关注生活的习惯很有帮助。以六年级上册为例，Unit2就有同学出行方式的调查、Unit3有周末计划的调查、Unit4有同学爱好的调查、Unit5有家庭成员职业的调查、Unit6有关于不同状况中不同感觉的调查。

表演型作业主要通过对话表演、故事表演、故事复述、歌曲和歌谣表演、课本剧表演等，在动口、动手、动脑的过程中，活用所学知识于情景中，让学生复习和强化所学知识，变机械学习为有意义的学习，又可以培养学生良好的语音语调表达习惯，从而真正培养了学生的语言综合运用能力。

应用型作业主要通过学生的邀请卡制作、海报制作、手抄报制作等，使学生自身的语言运用能力得到提高，而且学生能在完成作业的过程中体验和感受生活，培养学生乐于实践的意识和习惯，切实提高学生解决问题的实践能力。例如，在六年级下学期学生在学外国书信的格式后，要求学生完成一封书信，让学生把所学的有关联的知识串联起来表达。学生普遍感到有挑战、新奇、轻松，颇有兴趣。

观赏型作业主要通过学生观看英文电影、视频、聆听英文歌曲等，提升学生学习英语的兴趣和热情。在学生的日常生活中严重缺乏英语语言环境，而影视作品却能弥补这个缺陷，使学生在比较真实的语言环境中感受纯正的英语口语。因此，教师们可以在周末或节假日向学生推荐一些合适他们观看的英语电影、电视节目、动听的英语歌曲，让学生感受真实英语的魅力。例如，《Zootopia》这部电影的语言实用简单并且贴近生活。《Kung Fu Panda》这部电影能让学生学习一些中国元素的英文表达，非常适合学生们培养英语兴趣和语感。

4. 指向家校联动，开展有效的课内外阅读作业

语言学习包括听、说、读、写，是一个 input（输入），decoding（解码），output（输出）的过程。听和读是输入，说和写是输出，但只有达到一定的输入量，才能保证更好的输出。从而高效率地完成学习语言的目标。而大量的阅读正是语言输入转为输出的必不可少的途径。小学英语课内外阅读的研究，要尽量拓宽学生的英语阅读途径，增大学生的英语阅读量，积累更多的词汇。在"双减"背景下，减去一些无效、机械的作业后，学校完全可以建立"英语阅读室"，选取经典的英语绘本，组织学生开展有效的自主阅读。学生可以借助一些阅读卡，在老师和家长的帮助下，边读边记录，培养良好的阅读习惯，加强学生的深度学习和运用语言的能力。

5. 指向传统文化，开展"用英语讲好中国故事"的实践活动作业

"戏剧"是现今基础教育中一个新出现且具有较强生命力的概念，将戏剧策略融入英语教学，让学生在戏剧实践中达成学习目标，在平等、开放、对话的氛围中，彼此互动、相互合作、充分想象，从学习中获得经验，提升语用能力。利用假期或者"英语节"，开设"用英语讲好中国故事"的作业展实践活动，让传统文化故事的戏剧走进小学英语学习生活。学生们可以用英语生动表演中国传统文化故事，践行习近平主席"用英语讲好中国故事，传播中国优秀文化"的理念；通过中西方文化融合学习，激发孩子学习语言的兴趣和对语言学习的潜力和爆发力，培养孩子们的全球化意识，让更多的外国人了解中国文化，增强中华民族文化自信，培养综合运用语言的能力。

信息技术助力高效课堂[1][2][3][4]

伊金霍洛旗第一小学 曹瑞芳

摘要："工欲善其事，必先利其器"。教师的生命在课堂，教师的灵魂在

---

[1] 顾立宁，施嘉平. 小学英语新教师课堂教学指南 [M]. 上海：上海教育出版社，2019.

[2] 张丰登. 希沃白板与小学英语教学的整合运用 [J]. 教书育人，2018 (02)：73.

[3] 李文欣. 多媒体教学技术：英语教学中的现代化教学手段 [J]. 中国教育技术装备，2015 (19).

[4] 涂佳丽. 如何将多媒体希沃白板应用于英语教学 [J]. 计算机教学，2019 (106).

课堂，教师的价值也在课堂。教师若想立足课堂，除了要有过硬的专业知识外，还要有先进的教育教学理念，这就需要教师借助现代教育信息技术辅助小学英语课堂教学，让教师乐教，学生乐学。希沃白板5，是一款专门针对教学场景设计的互动课件工具，提供课件云同步、素材加工、思维导图、课堂活动、语文、数学、英语、物理、化学等多学科工具、书写、擦除等多种备授课常用功能，可以实现真正的互动高效教学。

关键词：信息技术；希沃白板5；小学英语；高效课堂教学。

教师面对的教学群体是不同的学生，每个学生都爱玩，"玩"是他们的天性。教师要借助现代教育信息技术辅助课堂教学引导他们会"玩"，在"玩"中进行眼、手、脑的训练；在"玩"中开拓思维，培养学生的操作能力；在"玩"中愉快地学习和健康成长。这种"玩"有别于平常生活中的"玩"，这种"玩"是有目的、有计划，是紧密针对教材和学生活泼好动的特点，是与相应的思想、知识、技能、技巧有机结合而成的灵活设计的一种综合素质的提高。在日常教学中教师充分借助希沃白板5辅助课堂教学调动学生的积极性，激发他们的学习兴趣，引导学生在"玩"中学。

趣味导入

课堂导入是开展高效课堂的一个重要环节，只有一个好的课堂导入才可以顺利地启发学生，充分调动学生的学习积极性，继而达成较理想的教学效果。

歌曲导入不仅有利于提高学生的学习兴趣，而且可以有效渲染气氛，创造语言环境。比如在学习人教版英语三年级上册《Happy birthday to you!》时，在希沃白板5授课页面调取乐器，选取《Happy birthday to you!》歌曲伴奏，由于学生对这首歌曲很熟悉，他们就会跟着歌谱一起唱，既活跃了气氛，又加深了师生之间的感情交流。不知不觉中，学生自然而然的融入本节课的学习过程。

小学生天性好动、好玩，对于"猜一猜"的游戏更是乐此不疲，通常这种方式很能激发他们的兴趣。比如，在学习人教版英语三年级上册《We love animals!》时，通过希沃白板5中表格加遮罩的功能让学生猜一猜这是什么动物，充分调动了学生的参与兴趣，小学生的求知欲、探索欲，愉悦的心情全寄于游戏之中，自然而然的全身心投入课堂学习。

巧妙呈现

小学生的思维特点是以直观形象思维为主，呈现新的学习内容，让学生感知，一个十分重要的方法就是通过生动形象的直观事物辅助教学，为学生提供形象、直观、多种感官刺激的语言材料，容易使学生把抽象的知识与具体的实物直接进行练习，既激发了学生的兴趣，又便于他们理解知识内容，培养了学生用英语思维的能力。

在学习动物园相关动物单词时，通过希沃白板5中的思维导图功能呈现部分动物单词，再通过蒙层功能呈现与动物单词相对应的动物图片，达到单词音、形、义的结合，再通过拖拽功能将这些动物图片拖拽到动物园里。Wow! We can see these animals at the zoo. 学生一目了然，接受新知也变得容易起来。

在学习水果单词时，通过层级加蒙层的功能创设了小猫会变魔术的情境。Look, this little white cat is a magician. She can do some magic. What do you see in her magic wand? 三年级的学生对于魔术的奇幻充满了兴趣，他们会非常专注地观察小猫到底会变成什么，既激发了学生的学习兴趣，又使学生学习了单词。

在学习人教版英语四年级下册《At the farm》这一单元时，创设农场的情境，Look. This is the farm. We can see some animals and vegetables at the farm. 通过色差和层级功能，隐藏部分动物和蔬菜的词汇，What animals and vegetables do you see? We see…这样的单词呈现比平常教学中直接出示图片更有意思，更能吸引学生的注意力。

情境创设

英语课程标准指出："要让学生在真实的情境中体验和学习语言。只有当所创设的情境与学生的生活经验相符合时，才能激起学生的生活体验，使他们从各自的生活背景出发，迅速投入所创设的情境，准确地体验和理解语言。"这样既能活跃课堂气氛，激发学生的学习兴趣，锻炼学生的语言能力，又能培养学生的思维能力和想象能力。教师要从现实性、效用性、趣味性、思考性这四个维度来创设有效的情境，尽力提高情境创设在英语课堂教学中的价值。

在学习人教版英语四年级上册第五单元《Dinner's ready》时，创设Sarah

作为顾客到餐厅点餐的真实情境，让学生扮演顾客 Sarah 和服务员 waiter，利用克隆功能让学生在白板上演示点餐从而展开对话。学生在真实的情境中、在真实的角色扮演中进行真实的语言交流，真正获得了用英语办事情的能力。

在学习人教版英语四年级下册第六单元《shopping》话题时，创设小女孩到商店购物的真实情境。商店橱窗陈列了各式各样的衣服、鞋子、帽子及它们的价钱，学生利用拖拽功能帮小女孩试穿衣服并在此过程中学习运用句型：The…is…Can I try them on? 学生继续利用拖拽功能帮小女孩挑选出她想要的衣服并进行顾客与售货员在服装店买衣服的真实交流：How much is/are…It's/They're…yuan. 学生在真实的语言情境中操练运用语言，既不枯燥，又趣意浓浓。

在学习描述动物外貌特征时，利用希沃授课助手及 AR 相机将生活中真实的小猫带进英语课堂，带入学生当中。以往学生只是看着课件中动物的图片进行描述，但通过希沃授课助手与 AR 相机的结合，让学生近距离的观察活灵活现的、会动会走会眨眼的小猫，从而进一步用英语对小猫进行描述，拉近了与学生的距离，贴近学生的生活。

游戏操练

新课标要求老师在英语教学过程中激发和培养学生学习英语的兴趣，使学生树立学习的自信心。游戏操练符合小学生好奇、好玩、好动、好胜，好表扬的心理特点。游戏往往带有刺激性和竞争性，可以激发小学生对英语学习的兴趣与热情。把知记融入游戏，使教学游戏化，让学生在轻轻松松的游戏中学习知识，学生学得快，记得牢，也自然乐于学习。

人教版英语四年级下册第四单元《At the farm》主句型为 These are…Those are…为了检测学生是否掌握这一句型，利用克隆和拖拽功能设置"火车头连接车厢"的连词成句游戏，让学生在白板上将含有单词的车头及车厢连接成一列火车，组成一句话。这个游戏看起来比较简单，但对于四年级的学生来说有一定的挑战性，它更考查了学生的思维能力。比如有的学生或许会组成这样的一句话：These are red sheep. 这句话语法并没有错误，但并不符合我们的生活认知。

在学习人教版英语四年级下册第五单元《My clothes》时，为检测学生是否能够认读衣物的词汇，利用希沃白板5中的触发源功能设置了类似生活中点击抽奖的游戏，让学生抽取某一个单词并大声读出来，充分调动了学生的兴趣与参与性。

在学习人教版三年级上册身体部位这一单元时，为检测学生是否掌握身体部位单词的形和义，利用希沃白板5中的趣味分类功能设置了将小猪佩奇身体部位与其对应单词相匹配的游戏。小猪佩奇是很多三年级小朋友非常喜欢的一个卡通动物，他们当然非常乐于参与到游戏中来。

思维提升

恩格斯说："思维着的精神是人类最美丽的花朵。"课堂教学离不开思维，课堂学习更离不开思维，如果把学生的大脑比作一个平静的湖水，那么教师富有针对性的教学设计启发在课堂教学中好像投入湖中的一颗石子，激起学生思维的浪花，开启学生心扉。对学生来说，思维的提升就是利用已学过的知识和经验创造性的思考问题和解决问题的能力的提升。我们应该抓住学生的好奇心理，活化我们的教材，通过扩展教材内容或活动步骤，充分激发他们勤于思考、敢于创新的兴趣，鼓励他们多角度、多方向、新颖独特地提出问题从而解决问题，一题多议，敢破常规，使教学向纵深发展。

人教版英语四年级上册第四单元《My home》学习房间名称及物品位置时，在拓展环节，利用希沃白板5中的克隆加拖拽功能，为学生设置了布置房间的学习任务。The picture is on the wall. The sofa is under the picture. The plants are near the sofa. The tea table is near the sofa. What room is it? The bed is near the wall. The window is above the bed. The lamp is on the table. The closet is near the wall. What room is it? 这个环节既需要学生运用语言知识描述，还需要学生合理地摆放房间物品，培养了学生的思维能力，同时又渗透了保持房间物品摆放有序干净的情感教育。

在人教版英语四年级上册第六单元《Dinner's ready》词汇教学拓展环节，通过希沃白板5课堂活动中的趣味分类游戏，为学生设计了到超市购物的活动，但购物的原则是必须购买健康食物，不可以购买垃圾食品。学生在选择购买食物时就必须得思考哪些是健康食物，哪些是垃圾食品。对于不能很好区分健康食物与垃圾食品的学生来说，他误选的垃圾食品是放进不了购物车的，同时也让学生明白原来这个食物不属于健康食物，它属于垃圾食品。这样的活动设置贴近了学生的生活实际，又教育学生养成不随便吃垃圾食品的好习惯。

多元评价

评价是英语教学活动中不可或缺的一部分，它对教学起着重大的导向作用。小学生的表现欲望较强，学生之间的个体差异较为明显，教学可结合学生的性格特点、利用多元评价激发学生的课堂活跃度，使得学生乐此不疲地参与课堂活动，集中精力关注知识内容，争先恐后地表现自己，充分表现出自身的优势，对学习充满了求知的渴望，获得循序的进步。课堂评价应分布于课堂的各个环节，教师跟随学生的反馈及时地给予评价，这样一来，学生渴望得到教师的认可，在课堂上更加积极地表现自己，潜移默化地打破了课堂的沉闷性，使得课堂充满活力。

班级优化大师软件就实现了对学生的多元评价，比如有的学生口头表达能力强，课堂上发言积极，但在书面答题时却词不达意，如果仅仅依靠考试成绩显然不能全面反映其真实水平。而班级优化大师软件中的评价功能不仅多样，而且还可以自定义，对学生进行全方位的评价，比如"积极回答问题、书写认真、听课专注、有进步、帮助他人"等。从而抓住学生每一节课的闪光点让学生的学习变得更有信心。这样的评价使每个孩子的个性都得到良好的发展，照顾到各种层次的学生。

希沃白板5、班级优化大与课堂教学的有效融合，提高了课堂教学中的互动性，将静止的事物动态化，使学生的身心完全融入课堂，从而有效地突出重点，解决难点，从根本上改变了教师讲课、学生被动听课的方式，为师生们在教学过程的互动和参与提供了极大的方便，同时也激发了学生探究学习的欲望。

"纸上得来终觉浅，绝知此事要躬行"。教师若想让信息技术在课堂教学中绽放美丽之花，还需自己在日常教学中多研究、多实践、多反思，脚踏实地的同时也要仰望星空，成就最好的学生，也成就最好的自己。

学英语讲中国故事　增强学生的文化意识

伊金霍洛旗上湾小学　郝春梅

党的十八大以来，国家越来越重视对外讲中国故事，传播中国声音。党的十九大报告更是进一步明确指出，要坚定文化自信，加强中外文化交流，向世界展示全面、立体、真实的中国，提高国家文化软实力。

《义务教育小学英语课程标准（2022年版）》将文化意识列为英语学科的核心素养之一。文化意识的培育有助于学生增强家国情怀和人类命运共同体意识，涵养品格，提升文明素养和社会责任感。英语作为国际通用语，应当成为讲述中国故事、传递中国声音最好的媒介。

为深入领会和实践习近平总书记提出的"要向世界阐释推介更多具有中国特色、体现中国精神、蕴藏中国智慧的优秀文化"的重要讲话精神，进一步激发中学生学习英语的热情，增强英语口头表达能力，提高英语交际能力，上湾小学英语名师二级工作室主持人带领英语教研组开展了"学英语讲中国故事"的系列活动。

创设情境，激活文化知识，为了充分发掘每个学生的潜能，力争让三至六年级的学生人人参与、人人快乐、人人收获，让每个孩子在轻松愉悦的活动中感受英语，利用英语，享受英语，让每个孩子在英语节都有收获。郝春梅老师带领英语组全体教师集思广益，围绕英语学科特点设计了类型多样、新颖有趣的创意活动如英语画报设计、英语美文创作、英语口语秀、绘声绘色我来讲、英语文化节徽标设计、英语课本剧等。

在"双减"政策下，英语节给上湾小学广大学子提供了多渠道、多方位用英文展示风采的舞台，营造了浓厚的英语学习氛围。同学们积极参与，勇于尝试，用英语表达快乐、展现才华。通过参加丰富多彩的主题活动，拓宽了学生学习英语的途径，极大地调动了学生学习英语的兴趣，也进一步提高了学生的英语应用能力。

绘本教学，浸润文化自信，在文化高度融合发展的今天，中西文化实有共通之处。上湾小学的教师们积极开展小学英语绘本教学，并在教学中选取富有中华文化元素的绘本,与学生共同品读,让学生在享受绘本阅读乐趣的同时,了解中华文化、传播中华文化、发展文化意识。

同时,老师们鼓励学生将读到的精彩故事用英文课本剧的形式进行展示。在活动中学生们分角色扮演了后羿、嫦娥、花木兰等经典角色,在舞台上开展对话,互动交流,让学生在寓教于乐中逐渐掌握语言知识,提升语言能力与学习能力。除此之外,学生通过与书本的互动、与网络资源的互动以及学生之间的互动,极大地拓宽了中华文化的传播途径。

单元统整,塑造文化意识,文化与语言密不可分。语言就是文化,文化渗透在语言之中。作为英语学科核心素养的关键要素之一,文化意识被赋予了更深刻的内涵。在"双减"的大背景下,上湾小学的英语教师们开拓进取,尝试用单元整体教学去提升学生的综合能力和素养,注重单元整体性设计,重视语境式的过程体验、在活动中培养学生的思维能力,结合实际、深入人心地培养学生的文化品格。

文化意识的养成不能孤立的依赖课堂和文本。课堂和文本能给学生提供必要的文化知识,但离开了必要的体验、感悟与反思,学生很难形成正确的文化认知、文化判断、文化品格和文化行为。在英语节活动中,我们为学生创造了良好的条件,利用各类资源,了解了主题文化的内涵,开展了丰富多彩的主题文化活动。

精彩纷呈的活动,不仅发挥了学生主体作用,鼓励了学生自主探究的能力,而且也让学生在活动中学习了文化、感知了文化、体验了文化,从而帮助学生形成了正确的文化认知和文化价值判断。在今后的学习中,上湾小学的同学们会继续将学英语、爱英语、用英语的好习惯坚持下去,用英语演绎精彩人生!

英语名师工作室的老师们也会以此活动为契机,继续秉承培养学生学科核心素养的理念,在英语教学中大胆创新、勇于实践,为学生营造良好的英语学习氛围,丰富校园文化生活。

心之所向,身之所往,终至所归,探索永无止境,我们将怀揣育人初心,深耕课堂教学,持续前进。

探讨小学英语单元整体设计[1][2]

伊金霍洛旗第二小学　何　霞

摘要：单元整体教学设计是国内英语教学研究的重点内容，它主要以单元主题为基础，统筹安排单元教学内容，把本单元所要掌握的语言知识、语言技能、文化意识、学习策略和情感态度进行重新整合，系统性、渐进性地呈现文本内容，并根据学生已有知识水平和认知发展的特点来设置单元课时。单元整体教学设计强调教学的持续性、渐进性和整体性，是新课改和学科核心素养在小学英语教学中的发展体现。基于此，本文主要探讨小学英语单元整体教学设计的基本依据和原则，并分析单元整体教学的设计过程。

关键词：小学英语；单元整体；教学设计研究。

一、小学英语单元整体教学的内涵

1. 单元整体教学

单元整体教学是基于单元的完整主题采取的一系列有效教学活动，在教学过程中，教师应努力把学习情境作为一个整体呈现给学生，让学生感知到一个完整的学习情境。在单元整体教学中，单元是承载主题意义的基本单位，它相当于一个主题相关性的教学内容集合的板块。而单元整体教学就是基于这些单元主题对教学内容进行整体规划，在对教材和学情分析的基础上，整体制定本单元的教学目标，并细化为分课时目标，整体组织单元教学内容，整体设计教学过程和方法，整体安排教学时间，整体设计单元主题活动作业，并进行评价反馈。

2. 单元整体教学与小学英语课堂的结合

当今各个版本的小学英语教材大都以单元为单位编排教学内容，每个单元都有一个相应的主题，且大多遵循"话题—功能—结构—任务"整体框架，以一个意义主题为纲，以交际功能和语言结构为主线。小学英语单元整体教学就是在新课程标准、教材等指导性教学资源分析和学生学情分析的基础上，教

---

[1] 钱薇薇. 核心素养视域下小学英语单元整体教学设计的思考与实践[J]. 教书育人, 2018(23)：77-78.
[2] 杨娟. 如何在小学英语课堂中实施单元整体教学[J]. 教师, 2017 (04)：55.

师统筹安排每个单元的教学内容，针对每个单元提炼出一个有意义的完整的主题，并分课时以这一主题为主线进行单元内的完整教学。小学英语单元整体教学设计活动体现了一种新的教学理念，它是一种比较全面科学的整体教学设计，具有渐进性、系统性、整体性等特点，有利于学生将新旧知识融合，形成一个完整的知识体系。

二、小学英语单元整体教学的重要意义

1. 体现新课标和英语学科核心素养的要求

《义务教育英语课程标准》在课程基本理念中提出要整体设计目标，充分考虑英语语言学习的渐进性和持续性特点。英语学习从知识、能力核心时代开始转向核心素养时代。在课程功能上，逐渐由关注学科向关注人的发展转变，在课程结构上，由学科本位向强调学科综合转变，在课程内容上，由知识本位向知识内容密切与时代、生活的联系转变。单元整体教学设计可以实现语言学习的渐进性和持续性，发展学生的综合语言运用能力。

2. 符合学生语言学习的规律性

在传统课堂教学中，各个单元的教学内容缺乏整体性，容易导致学生知识体系分散，不利于学生系统地掌握语言知识、进行语言输出。从学生的角度出发，在学习过程中，学生更容易掌握有规律性、系统性的知识点。教师在平时的课堂教学中，不断持续地、系统地、有规律地向学生呈现教学内容，给学生建构系统的知识体系，符合学生的认知规律和学习心理，才能更好地帮助学生进行语言的学习。

3. 提高教师的专业素养

现如今教师的专业能力不再只体现在对教材内容的简单讲解，更多体现在教师是否在教学过程中具有全局观。这就需要教师有较高的专业知识和专业素养，多角度、多方面钻研教材，准确把握教学目标，深刻挖掘文本内容，真正地将各个知识点穿插起来，合理安排课时，循序渐进地进行整体设计教学。

三、单元整体教学的设计依据及基本原则

1. 理论依据

整体语言教学也称为全语言教学，是一种把学生语言发展和语言学习视为整体的教学方式。它反对语言教学把语言分解为语音、词汇、句子、语法等单个元素，孤立地对其进行教学。整体语言学的主要特点是：首先主张单元以主题为中心，在每个单元中，所有教学内容都围绕着同一主题来进行。这个主题应是有意义的，能够体现学科育人的价值，并组成一个完整的单元教学。其次，一个单元主题能够持续渐进地多角度、多方面、多层次的呈现，可以更好地使学生把新旧知识和经验相互联系起来，在头脑中建立一个网状知识体系，从而更好地提高英语学习的效率，发展各种语言能力。因此小学英语单元整体教学在整体语言教学的理论指导下，应充分考虑语言学习的渐进性、持续性和整体性，始终体现单元意识和整体教学。

2. 基本原则

(1) 整体性

在日常教学中，教师们大多是对某一课时或某一知识点进行深入地挖掘，缺乏对整体教学设计的解读和分析，单元主题和分课时教学内容之间缺乏连贯性，导致单元总目标和分课时目标割裂、学生的语言输入与输出不相符等，这就忽略了单元整体教学的整体性。我们要对语言教学内容进行有效整合，充分考虑到其整体性的特点，进行整体的单元教学设计，以便学生进行连贯完整的语言学习。

(2) 目标性

合理设置单元教学目标以及分课时目标是单元整体教学设计的重要一步。目标的设定要以单元主题为主线，基于教材的研读和学情分析，要涉及整个单元教学的要求。教师在制定目标时，应该先制定每个单元教学的总目标，然后再细化分为各个课时的目标，也要注重单元目标与课时目标的整体性和系统性，各个课时目标之间应具有延续性和递进性，每个课时的目标状态应是螺旋上升的形式。

(3) 科学性

在进行单元设计时要依据语言学习的规律，充分考虑到不同年龄段和不同语言水平的学生的学习特点和学习需要。教学内容的呈现要遵循由易到难、由简单到复杂的循序渐进的原则。教学情境的创设应尽可能选择真实、贴近学生生活的语言素材，并保证能够重复出现重要的语言内容，也要注意事件、人物之间的逻辑关系，符合现实情况，从而使语言学习真正贴合学生需求，帮助学生在英语学习中进行深入的理解，并能真实地表达和使用语言。小学英语单元整体教学能够为教师提供新的视角去深入解读教材，从整体上宏观把握，围绕单元主题，合理设置单元教学目标，准确把握教学重难点，使课时目标与单元主题相联系，并联系学生生活实际创设情境，有效整合各种资源，充分使用教材来开展教学。这一教学设计的最终目的是有效实施课堂教学，培养学生的综合语言运用能力。

四、小学英语单元整体设计过程

1. 以主题为核心的深度教材

在分析学生基本情况的基础上，首先要细化话题或主题，准确把握语境，明确语言功能。其次，我们应该梳理重点语言，包括结构和词汇，并分析其中涉及的相关文化，以及内容本身所反映或渗透的价值观。例如，你星期天做什么？整个单元的主题是周末做什么。你星期天做什么？我去动物园。你周六去公园吗？那么老师们在整合本单元内容时可以考虑以下几个方面：首先，注意文本内容的连贯性、注意词与功能句的整合、注重知识与活动方式的整合、注意语言学习的渐进性，单元教学目标是教师在学生现有水平的基础上为学生设置的最近发展区，课时目标如同在该区域内搭建的"脚手架"。其次，单元整体目标设计，应充分考虑语言学习的渐进性和持续性，在不同层次的目标之下，各课时呈现出不同的课型特点。因此，对单元教学目标进行整体设计，应先理清单元目标和课时目标之间的关系，使各课时目标呈螺旋式上升趋势指向单元目标。

2. 单元主题的解读与课堂主题的确立

英语是一种语言。语言知识的学习不是孤立的，而是基于话语和情境的。通过这个话题的提出，我们有了一个完整的话语重建和语言训练的语言环境。以知识为基础，以文本为媒介培养学生的语言知识和学习能力。因此，在教学设计中，教师应首先围绕单元整体来解读单元主题，然后将主题划分为学时。例如，PEP教材四下第三单元的主题是天气。围绕这个主题的子类主题是：第一课讨论旅游目的地的天气和旅行计划,第二课讨论两地的天气差异,第三课讨论旅游目的地的天气差异、天气变化及服饰的穿着。在天气的背景下,全单元开展了旅行计划、服装搭配等相关内容的综合学习。第一课时对话新授课,其重点在于帮助学生获得A板块对话内容的信息,进入单元话题,熟悉功能句型,以及感知和初步运用核心语言项目。该环节教师可以设计某人的活动为主线,组织进行视听答问、再读连线、跟读表演三个活动,让学生快速进入话题。这样既做到在问题导学之下整体理解了语篇,又抓住了文本的主干和细节,还通过朗读指导促进了语感的形成。如果在文本理解和朗读的基础上再根据核心语言点引导创编童谣,让学生在情境中反复操练、运用功能句型和词汇,不断地、充分地输入、内化,则可为后面的课时打下更坚实的基础。第二课时巩固拓展课,侧重于设计多样化、趣味性强的任务型活动,让第一课时学习的功能句型和词汇得到巩固和提升。这一课时重在促进学生逐步从机械操练走向意义操练,从语言知识的训练走向语言技能的培养,从输入走向输出。

3. 制定单元目标,细化课时目标

在目标设计中,单元整体教学设计强调整体目标与单一课程目标的关系。整体并不是每一个单一课程目标的简单叠加,而是两者之间的递进关系是基于知识链的。单元教学强调对教材的整体把握。因此,教师要对教材进行分析,把握以单元为长度的教学内容。

教学目标的设计从单纯关注单个班级目标转向单元整体目标,实现了教学目标的稳步提高和持续推进,目标达成程度更高。从听力和写作的目标来看,学生的自主阅读和写作的目标可以从以下几个方面来设计:从听力和写作的目标来促进学生的自主学习,情感目标将兴趣转化为内在的学习动机,文化意识目标拓展了学生文化知识的广度和深度。

4. 有效统一多种教学方法提高课堂教学效率

整体单元教学有利于教师多种教学方法的有效统一,单元内容的整合可以节省课堂教学时间,提高课堂教学效率。例如,"时间轴"可以熟练地帮助学生理解时态表达。使用"思维导图"可以帮助学生有效地整合文章,帮助他们从整体到部分理解文章的内容。例如,在PEP五年级上册的第三个单元中的主题是"传统节日",主题分别是中秋节、重阳节和万圣节。教师可以重点对"中国"传统节日和"西方传统节日"进行整合和梳理。"思维导图"的使用直观明了,有利于学生的理解。再如,PEP四年级上册第六单元"家谱"使学生能够以最直观的效果研究家庭话题。在这个单元中,因为有很多词来表达人物之间的关系,所以我们可以画一幅"家谱图"来帮助理解。我们也可以让学生画出自己的"家谱",借助"家谱"练习口语表达巩固整个单元的知识内容。

总之,小学英语单元的整体有效设计对英语教师的教学和学生的学习具有双向的促进意义。英语教师应遵循和迎合课程标准,注重单元目标和单元内容设计,多角度、全方位、多层次地提高英语单元整体设计的有效性。只有这样,学生才能轻松愉快地融入单元教学,提高英语学习效率。

如何培养小学生英语阅读能力[1][2][3]

伊金霍洛旗实验学校　齐宏亮

摘要：在传统应试教育理念之下,小学英语学科教学非常注重对学生学习成绩的提升,以此来彰显学生具备良好的学习能力。但是在新课改素质教育理念渗透过程中,小学教师更加关注学生对学习内容的兴趣与热情,以此激发学生在课堂过程中的主动性与积极性,彰显自主学习能力。因此在小学英语课堂教学之中,为了能够有效激发学生阅读兴趣,进而提升学生阅读能力,需要小学英语教师通过对多样化教学内容的创设,来激发学生在课堂学习中的积极性,以增强小学英语学科教学对学生核心素养的培养效果。

关键词：小学生；英语阅读；兴趣。

在小学英语阅读教学过程中,小学英语教师应思考如何在课堂教学中提升小学生单词词汇量,并以此拓展小学生阅读基础,使得小学生在开展阅读过程中能够具备一个良好的词汇量和语感,以增强自身阅读能力,提升英语学习效

---

[1] 夏秀明. 探索培养和提高中学生学习英语的主动性的具体措施 [D]. 重庆师范大学, 2011.
[2] 宋妙. 中学生英语学习习惯的培养 [J]. 学周刊, 2011 (08): 158.
[3] 孙静. 谈中学生英语学习习惯的培养 [J]. 中学生英语 (初中版), 2014 (08): 95.

果。所以在小学英语课堂教学之中，为了能够强化小学生阅读能力，便需要小学英语教师通过不同方式的引导，以推动小学生对阅读基本内容的掌握和理解，增强学生阅读理解效果。

一、当前小学生英语阅读存在的问题

第一，在传统教育理念之下，大部分小学生对英语阅读内容过于恐惧，这种恐惧心理主要是因为在阅读过程中会出现大量生词，而小学生不具备足够多的词汇量。因此在阅读过程中可能难以理解，并形成一丝阻碍，无法在阅读过程中树立良好自信心，对自身长期发展极为不利。

第二，大部分小学英语教师在课前备课过程中，都不会过于关注学生自身学习特点与理解水平，通常都会依靠教材内容而进行简单设计，使得教学方法与教学内容过于单一，难以有效激发学生学习兴趣，学生在长久阅读过程中由于缺乏新鲜感而导致了自身学习积极性和主动性不高，进而无法在阅读课堂中集中学习注意力，增强自身阅读能力和阅读思维。

第三，小学英语教师在开展阅读教学过程中，缺乏有效的、具有针对性的阅读教学方法，使得大部分小学生在阅读课堂中难以发挥主体地位，无法在阅读课堂之中找寻到关键词和关键点，更无法把握中心思想。而大部分教师为了能够快速完成教学任务，也忽略了对学生这方面因素的引导，使得学生在阅读过程中难以有效得到个性化进步。

二、小学英语阅读的障碍因素

第一，英语语言因素。在小学英语阅读教学过程中，阻碍学生阅读能力提升的主要因素之一便是语言因素。对于小学生初步接触英语学科内容而言，大部分情况之下都是依靠以往的学习内容来对英语词汇产生初步认知，但是当学生接触到高级别的阅读内容时，往往会遇到更多新的单词和句式，这让学生在学习过程中产生畏惧感，觉得面对英语语言内容时无从下手，更难以把握其包含的中心思想。

第二，阅读方法不科学。小学英语教师在开展日常阅读教学过程中所采取的教学方法，通常只是一种反复阅读的方式，以此来发挥应具有的教学效果。但是在长期实施与运用过程中，会发现许多学生即使在反复阅读之中，也难以真正理解和掌握阅读中所包含的生词、句型等内容，并在不断阅读中产生厌烦心理，忽视了对学生自身学习兴趣的激发，难以有效发挥学生阅读意识，影响学生阅读能力的培养。

第三，阅读材料过于枯燥。小学生所使用的英语环境都比较有限，而且在日常生活中利用率也不是很高。所以在开展日常阅读活动时，很少能够积极引导小学生将全身心思维投入阅读环境，由于阅读材料过于枯燥，也难以激发学生积极主动参与到阅读学习之中。

三、如何培养小学生英语阅读能力

1. 创设阅读环境，激发学生阅读兴趣

小学生由于自身年龄性格因素的影响，在课堂学习之中难以保持长时间的注意力集中，这也是大部分教师需要面对的问题。所以在素质教育理念之下，要求小学教师更关注学生为主体的教学氛围创设，以此来吸引学生学习注意力，增强学生学习热情与学习兴趣。在小学英语阅读教学过程中，小学英语教师应思考学生的兴趣爱好特点，通过构建生动趣味的阅读环境来激发学生在英语阅读课堂中的学习兴趣、学习热情，使得学生能够在一种真实的英语环境之下，抓住阅读乐趣，积极有效地开展自主性阅读，并在阅读多样化活动之下养成良好的阅读习惯，以提升自身阅读能力。

2. 积累词汇，打下阅读基础

在小学英语阅读过程中，最为重要的便是对词汇的积累，这也是小学生养成良好阅读习惯的基础，从而能够确保小学生在长期发展之下形成一个持续有效的阅读能力。但是在枯燥的教学方法之下，小学生很难产生单词积累有效性，无法发挥学生自主学习意识。因此小学英语教师便需要通过创设多元化教学活动与方法，来帮助学生在单词积累之中掌握个性化学习模式，以提升自身单词积累量，增强阅读基础。

（1）教学生根据音标记忆单词

小学英语教师在开展单词积累基础教学之中，应引导学生准确发音，这样才能够在阅读朗读过程中对单词产生极大的记忆，当学生在阅读过程中碰到生词，能够通过发音来强化对单词的记忆，并明确其单词含义。进而为自身阅读能力发展打下良好基础,也同样提升了小学生英语口语与听力能力。

比如,对于international这个单词而言,虽然很长,但可以教给学生发音规则,只要他们能正确朗读出来,就能轻松地拼写出来了。

(2) 教学生编童谣记忆单词

对于小学英语单词记忆训练来说,这本身就是一个长期枯燥乏味的学习积累过程,而小学英语教师应在训练之余,创设具有生动性和趣味性的记忆方法,来帮助学生在新鲜教学内容之中体现学习快乐,从而让单词记忆变得更为有趣,引导学生将单词记忆看作是一场游戏,从而更巧妙地将自身想象力与创造力融入其中。可以在小学英语单词训练过程中,将单词记忆方法编成儿歌、童谣或顺口溜乃至一个故事,这都能够紧紧围绕抓牢学生单词积极训练注意力。

比如:one, two, three 拍拍手,four, five, six 点点头,seven, eight, nine 握握手,台上还有一个 ten,它们全都叫 number。

3. 整合英语教学资源,采取有效阅读

教师要注重日常的训练,自己首先掌握教材,合理把握每一个知识点,有效整合资源,多搜集小学生感兴趣的阅读资料,可以邀请学生们观看原版的英语动画片。比如《海绵宝宝》等,吸引小学生的兴趣,甚至让他们分角色扮演剧中的人物,这样不仅培养了他们的英语语感,让他们积累大量的英语词汇量,而且能有效提升英语阅读能力。教师要根据教材的特点,结合学生的实际情况,对英语阅读材料中的知识点各个击破。

4. 教会学生带着问题去阅读课文

应当教会学生根据文章的标题、主要内容和重点知识提出针对性的问题,再进行阅读,这样学生就能很容易地抓住文章中心及主要内容了,阅读的效率也能大大提高了。

比如,我们在阅读课文内容时,可以根据标题及小标题提出几个问题:Why should we protect the Earth? How to protect the Earth? 然后再进行阅读,学生总是围绕着问题在阅读,紧扣中心大意,这样学生也就能很容易了解文章大意及主要内容,掌握文中的重点知识了。

总之，对于小学生英语阅读能力的提升和培养是一个日积月累的过程，这需要在英语阅读课堂教学之中，通过多元化教学方法的引入来实现对师生关系的重新构造，并引导小学生在英语阅读课堂之中发挥自身积极性与主动性，产生自主学习意识，以增强对英语阅读内容的理解，从而在英语阅读环境之中养成一个良好的阅读习惯。

小学英语口语交际能力策略的研究[1][2]

伊金霍洛旗第二小学　索佩珍

摘要： 教育事业的进步与发展，让小学英语教学得到了更多关注。将口语交际融入小学英语教学模式的构建中，促进寓教于乐教学模式的建立，有助于小学英语教学改革工作的深入进行。掌握正确的方法，革新小学英语教学模式，是英语教学改革的趋势。本文主要就小学英语口语教学的概念，以及现阶段下这种模式所存在的一些问题探讨相应的方法策略。

关键词： 口语交际；关键问题；方法研究

一、引言

小学阶段开设英语课程的目的是激发和培养学生学习英语的兴趣，使学生树立自信心，养成良好的学习习惯和形成有效的学习策略，发展自主学习的能力和合作精神；使学生掌握一定的英语基础知识和听、说、读、写技能，形成一定的综合语言运用能力。而学生口语能力的培养是有效发展学生的综合语言运用能力的途径之一。小学3~6年级学生处于9~12岁之间，这个年龄阶段的孩子具有好奇心强、好活动、爱表现、善模仿等特点。他们的听觉敏捷、模仿力和记忆力强、形象思维好，他们爱玩、爱唱、爱画、爱游戏。根据以上特点，以提高学生英语口语交际能力为切入口，有利于提高学生综合语言的运用能力。

二、口语交际概述

口语：谈话时使用的语言，区别于"书面语"。交际：人与人之间的往来

---

[1] 夏云，李春晖．教育游戏融入小学英语教学的模式构建 [J]．电化教育研究，2012，25 (2)：163．

[2] 谢小洁．浅析教育游戏在小学英语教学中的应用 [J]．学科教育，2013 (01)．

接触，如语言是人们的交际工具。语言交际有口头和书面两种交流形式。英语口语交际能力：运用英语这一语言媒介自如地与人进行言语交流互通，从而传递或接收某种信息的能力。

三、教育游戏融入小学英语教学模式的关键问题

（一）缺乏较好的心理素质

学生在进行口语表达时，大多数内心会焦虑紧张。性格开朗的学生善于表现自己，不怕丢面子，敢举手说，能得到较多锻炼机会，情况会稍微好一些。但关键时刻，也容易胆怯。有一次，我们班举行英语演讲比赛，一个平时表现非常好的孩子却紧张得站不稳，身体不由自主地前后摇晃，声音也非常小。事后，我问他为什么会那么紧张，他说："英语毕竟不是汉语，平时练的机会少，说起来就不自信了。"性格内向或基础较差的学生就更是如此了。由于内向，对说的积极性本来就较低，再加上说的是自己不熟悉的英语，那就更不敢说了，他们害怕说错了被同学嘲笑，被老师批评，即便有时候他们会说，也不敢举手，非常不自信，这样他们的口语水平就更难得到提高。

（二）缺乏良好的语言环境

俗话说"拳不离手，曲不离口"。同样，要想提高英语口语水平，必须要在好的语言环境中多练。但由于我们的学生并不是生活在英语的语言环境中，他们见到外国人并能与外国人对话的机会非常少，在他们的生活中，爸爸妈妈也少有能用英语与他们对话的，所以课堂外，学生使用英语的机会很少。即便在课堂上，如果教师不能创设轻松愉快的情境和氛围，不能引导学生大胆说、大胆练，学生也不容易主动积极地参与。如此一来，拳离了手，曲离了口，就练不好了。

（三）学生人数较多

由于师资力量缺乏及追求教育资源的最大化利用，现在大多数学校都是大班教学，每班少则四十多名学生，有的甚至达到六七十名学生，这给教师组织口语训练带来了很大的困难，教师很难关注到每一位学生的具体表现，也很难针对个别学生的具体表现给予及时指导。这种情况很容易造成口语交际水平的两极分化：自觉性好的学生能有效利用口语交际的时间，积极操练，拿不准的

及时问老师，口语交际水平在操练中得到快速提高；自觉性不好的学生很容易趁机放松大脑上课的状态，思想开小差，或者两人悄悄地讲闲话，结果是下课后什么也不会说。

（四）口语交际融入小学英语教学模式的方法

探索提高小学生英语口语交际能力的策略，通过在课堂教学中有意识地培养学生的口语交际能力，通过在课外活动中让学生积极主动地锻炼自己的口语交际能力等方法来培养学生的英语口语交际能力。

1. 创造氛围提高兴趣

提高学生的英语口语交际能力的关键是训练要在英语口语交际的情境中进行。老师们在理解教材的编排意图后，应研究自由搭配组合各个板块，因课择法，精心设计，让学生在玩一玩、猜一猜、画一画、唱一唱、演一演、赛一赛等形式中进行英语口语交际，使学生在每次训练中都处于新奇、兴奋的积极状态中，提高英语口语交际的兴趣。

2. 课前训练体验乐趣

每天让学生轮流值日汇报，从而获得均等的机会来训练口语，时间2~3分钟，内容由学生根据自己的水平自由选择，可由浅到深、由易到难。可以是每日报告、有趣的经历、故事讲解、与同学之间的对话等等。在不知不觉中让学生得到锻炼，既增强学生学习兴趣，又培养了自信心，给每一个学生展示口语的机会和平台，让他们体验成功的乐趣。

3. 展现自己实现转变

无论是阅读课还是对话课，教师都应该给学生提供一个表达自己的思想、感情和意见的时间和空间。当学生急于说出内心想法的时候，一定要鼓励学生抬头说英语，目视对话者，以示真诚和专注，然后说出自己要说的内容。学生在不经意的抬头之间，暗合了口语习得的规律。抬头说英语，使消极的语言接受转为主动的输出，完成了一个巧妙的过渡。

4. 小组合作感受成功

丰富多变的课堂形式可以吸引学生的注意力，提高学生的兴趣，刺激他们用英语表达思想的愿望，从而达到从知识向能力转化的目的。课堂上的口语训练形式是多样的：按人数可以分为单人的、双人的、小组的。在不同的口语训练形式中要体现学生的主体作用，培养思维能力及创新意识，实现知识从不会—学会—会用的转化，让学生积极参与，在练习中发现问题，解决问题，从而体会成功的乐趣。

四、结语

总而言之，语言这门艺术是要用心去感受，摒弃传统教育的陈旧观念以及教学模式，具备良好的口语交际能力，是适应现代社会人际交往需要的基本素质。新一轮课程改革顺应时代发展潮流，从提高学生人文素养的理念出发，将培养学生的口语交际能力提到了一个新的高度。随着北京申奥的成功，中国国际影响力的逐步提高，中国与世界的联系日益密切，人们对口语交际能力越来越重视，外语越来越成为一门重要的基础工具学科。社会需要人们具有用英语表达思想和理解别人的能力，需要人们具有运用英语进行口语交际的能力。因此，作为培养未来社会人才基础的小学英语教学，理应注重培养学生的口语交际能力。小学阶段是英语学习的初始阶段，是激发学生学习兴趣，培养其口语交际能力的关键时刻。教师应尽可能地把所学的课本内容变为真实的情景让学生操练，锻炼学生的口语，培养学生的交际能力。将游戏融入英语教学，让学生在参与游戏时也能吸收知识，并且游戏也是一种理论结合实践的过程，英语的优势就是提高学生的文化素养，培养学生综合语言运用能力。所以游戏教育这种方式的运用是必要的，关键在于教师如何设计，如何运用，作何引导，才能更好地发挥它的作用。

浅谈小学英语游戏教学的应用

伊金霍洛旗第四小学　折　彦

摘要：游戏教学，是小学教学中一种较为常用的教学方法。在小学英语教学中，使用游戏教学法，能够极大地提高学生的学习兴趣，在愉快的气氛中，让学生掌握相应的英语知识，所取得教学效果是值得肯定的。

关键词：小学英语；游戏教学；应用。

近年来，随着素质教育的全面推进，以及新课程标准的要求，小学英语教育的教学目标也随之改变，从以往的注重学生的英语成绩转变为培养学生的英语能力以及学习英语的兴趣。要达到这样的教学目标，游戏教学法已经在小学英语教学中被广泛使用。所谓游戏教学，就是将教学内容融合到教师设计安排的游戏中，在游戏过程中，使学生逐渐掌握和理解其中的知识。

游戏教学法能营造一种愉快的学习气氛，提高学生的学习兴趣，并且让学生积极主动参与其中，极大地提高了教学质量，也提高了学生对英语的综合运用能力。基于此，本文在此浅谈小学英语游戏教学的应用，以期抛砖引玉，进一步提高小学英语的教学质量，促进小学英语教学改革。

一、小学英语游戏教学的应用

词汇教学是英语教学的基础，也是小学英语教学中的重点内容。但小学生天性贪玩和好动，要让小学生安静的学习和熟记枯燥的英语词汇，难度较高，无法取得较好的效果。

在词汇教学中使用游戏教学法，能够让学生主动积极地投入教学过程，在欢快的游戏中完成对英语词汇的认知和记忆，最终再结合适当的复习就能让学生记住词汇。

例如，学习颜色相关的词汇时，教师可以安排一个简单的游戏。教师在简单地教授了词汇后可以点出一名学生，接着让这名学生在班级里随意抽取另一名学生。第一名学生可以指着教室中任意的人或物，而后询问"What color is this?"被问者必须用英语准确地回答问题，并且在黑板上写出相应的单词，让提问者检查单词是否拼写错误。如果两人出现错误，则会受到小的处罚。

在这个游戏过程中，学生为了不受到处罚就会积极地熟记之前教师所讲的词汇。并且，这也将原本枯燥无味的词汇教学转变为轻松愉快的游戏教学，在游戏过程中达到教学目标。

英语的听说教学能够提高学生的英语听说能力，这对培养学生的英语综合能力有非常重要的作用。传统的英语听说教学方法，通常是进行听力训练，而后让学生进行对话练习。这种传统教学方法包含一定的机械化练习，很容易让学生厌倦，从而抵制英语学习。为了解决这个问题，游戏教学法同样被应用于小学英语听说教学中。

例如，教师可以安排一个英语值日表，每次安排两名学生成为英语值日生。事先，教师可以让值日生根据前一日所学的英语对话内容制作一个简单的英语对话，其中要有一定的内容表达。在上课前，教师安排两名值日生在讲台上进行英语对话，并且让台下的学生认真听。对话完后，值日生根据对话的内容进行简单的提问，并且抽取学生进行回答。回答正确的学生获得小的奖励，回答错误的获得小的处罚。

这样的形式能够将教学中的听说内容通过游戏的方式再现，首先让值日生深刻地理解和掌握前一日所学，并且在英语对话的过程中练习口语。其次，学生在参与游戏的过程中，为了不受惩罚以及获得奖励，会积极主动地进行聆听，提高了学生的听力能力。同时，在游戏过程中，所有学生也一同复习了前一日的所学。

这种游戏还能够进一步得到拓展，随着学生英语能力的提高，其对话内容不再局限于前一日的所学，而是有相应难度的英语文章，这就进一步提高了学生的英语听说能力和理解能力，提高了学生的英语综合能力。

二、小学英语游戏教学法必须注意的问题

教师应该注意游戏气氛的调节和把握。总的来说，游戏教学法的基本主旨是活跃教学气氛，使学生积极地参与到游戏过程中，并且掌握相应的知识。

因此，教师应该注意对游戏气氛的调节和把握，一旦气氛超出教师的掌控，所起的作用将会降低，从而失去教育意义。例如，在上述词汇游戏教学中，因为小学生生理以及心理的特征，使得他们的情绪很容易失控，使教学气氛较低，无视了课堂纪律，最终导致无法取得教学效果。

教师应该及时地调节游戏气氛，把握尺度，既要让现场的气氛活跃，又要维持基本的秩序，完成教学内容。这就需要教师在学生情绪处于低迷的时候活跃气氛，在学生情绪失控的时候，利用适当的手段进行掌控。

要以学生为主体。在小学英语游戏教学中，教师应该以学生为主体，在游戏的过程中将主导权交给学生，教师最多起到一个引导和支持的作用。只有将学生当作主体，才能让学生有真正成为游戏主导者的感觉，从而投入游戏教学。

总的来说，小学英语的游戏教学已经被广泛应用，并且起到了非常显著的作用。在词汇教学、听说教学、阅读理解教学等各个方面都能使用游戏教学法，只要教师能够注意其中的问题，就能够发挥出此种教学方法的优势，从而提高教学质量。

创建核心素养背景下小学英语的品牌团队
——2020—2022学年第四期伊旗小学英语一级名师工作室总结

伊旗教育体育事业发展中心　　翟丽芳

教师发展，教师为要；教师成长，名师为先。小学英语名师工作室于2013年创建，历时8年，共发展4期，已经培养了30多名教学经验丰富并且具有较高理论水平和较强教学能力的名师。第四期工作室，主持人1名，名师12人。共设两个二级名师工作室：第一小学二级名师工作室和上湾小学二级名师工作室；挂靠5所学校，35名成员。

一、发展背景

2013—2015年，组建第一期名师工作室，起航阶段。工作的重点：聚焦教材，邀请教育部中小学英语教材审查委员王曼怡老师开展教材解读和指导教材梳理工作，提升教师们的教材把握和目标定位能力；走进课堂，观察成员们的课堂教学，逐个诊断；根据诊断的结果，整理出关键的问题；根据问题，研讨制定出解决的方案，明确工作室成长和整体教师队伍的发展方向。

2016—2017年，组建第二期名师工作室，拼搏阶段。工作的重点：聚焦课型，针对小学英语的六种课型：对话教学、词汇教学、语音教学、阅读教学、故事教学、复习教学，开展研修；成员分组集体备课，开展示范研讨课，课上观察教师和学生，课后讨论完善，存在问题反复跟进；通过专家、主持人、团队成员，合力打造精品课，示范给全体教师，引领全旗教师一起成长，走向成熟。

2018—2019年，组建第三期名师工作室，创新阶段。工作重点：聚焦能力，教师们已经整体成熟，孩子们能力也在迅速提高，就考虑应该创新教学内容和方法，为更好地发展；课标的定位是给全国均衡发展地区的，而我们伊旗小学英语的发展水平已经超越课标的要求，就可以大胆超越，整合教材内容，增加课容量；开发新的课程，初步尝试围绕教材内容，跳出教材，创设有趣有意义有内涵的情景，尝试开发各种"创意课程"，尝试引进绘本，研究绘本教学；同时，在一些蹲点校，尝试开展"微剧课堂"，让孩子把中西方文学的一些经典故事演出来，激发学生学习英语的兴趣和学习的热情，培养和发展学生综合运用语言的能力。

2020—2022年，组建第四期名师工作室，挑战阶段。工作重点：聚焦素养，挑战实践绘本与主教材的融合教学和单元整体教学。绘本教学的引进，在研究和实践过程中，不仅对教师的能力有了新的突破，更是给小学生学习英语带来全新的挑战。PEP小学英语教材所提供的阅读量有限，学生需要补充适合不同阶段认知发展需求和语言发展水平的体裁丰富的读物。教材与绘本融合教学不仅可以丰富课程资源，而且有助于达成课程标准的要求。绘本也能为孩子提供丰富的生活体验，帮助养成良好的习惯和性格，发展核心素养。经过前期的尝试和实践，第四期开始全面推广，建议全旗各校结合学情常态开展绘本与主教材的融合教学。同时，为了深入推进教材内容内涵发展，推动实施单元整体教学，深入解读和分析单元内各语篇及相关教学资源，并结合学生的认知和生活经验，对单元内容进行必要的整合或重组，建立单元内各语篇内容之间及语篇育人功能之间的联系，形成具有整合性、关联性、发展性的单元育人；围绕单元主题，充分挖掘育人价值，确立单元育人目标和教学主线；引导学生基于对各语篇内容的学习和主题意义的探究，逐步建构和生成围绕单元主题的深层认知、态度和价值判断，促进其核心素养综合表现的达成。

《义务教育英语课程标准（2022版）》的出台，印证了伊旗小学英语团队坚持走了一条正确和超前的发展之路，新课程标准明确建议：坚持育人为本；加强单元教学的整体性；深入开展语篇研读；秉持英语学习活动观组织和实施教学；引导学生乐学善学；推动"教—学—评"一体化设计和实施；提升信息技术使用效益。

二、完成了一个目标："创建核心素养背景下小学英语的品牌团队"

团队建设，目标先行。目标明确，有助于提升团队的凝聚力和向心力。工作室完成的成员发展目标具体如下。

1. 成为学习型教师

通过参加本名师工作室组织的系统理论学习，工作室成员有较深的理论积淀，能解读相关教育教学理论并形成自己的见解，将新课程理念内化为教学行为，运用到教学实践中。在四期名师工作室发展过程中，结合发展主题，工作室成员阅读了《龚海平的小学英语教学主张》《如何有效运用阅读策略》《中国中小学英语分级阅读标准》《小学英语分级阅读教学：意义、内涵与途径》《英语教研的艺术》《重构作业》《学历案与深度学习》。

2. 成为研究型教师

名师工作室的成员能够针对教学存在的问题和困惑，进行教学专题或科研课题的研究，能撰写较高水平的论文，成为一名会研究的教师。

3. 成为有特色的教师

通过参与名师工作室的教学研究活动，成员挖掘自身优势，发挥自身的个性特长，形成自己的教学风格，确定自己的教学思想，能独立进行高水平的教学设计，能承担骨干教师培训班或送课下乡的教学任务，两年内在有影响的教研活动中展示并获奖。

一级名师工作室主持人翟丽芳，2013年在《青少年日记教育教学研究》第5期发表的《小学英语跨文化意识培养》获一等奖；2014年在《少年素质教育报》第13期发表的《新形势下英语教师如何适应课程改革转变角色》获一等奖；2014年8月，第十一届全国中学骨干英语教师教学成果评比中课例一等奖；2016年在《鄂尔多斯教育》第4期发表《小学生拼读能力培养》；2018年5月，在南京市举办的"全国小学名师工作室教学风格与教学艺术展示现场会上，精品课《My Friend》被评为优质课堂创新奖；2021年在《鄂尔多斯教育》第4期发表的《"双减"背景下小学英语作业设计与实施意见》获一等奖；2021年7月，内蒙古自治区教学研究室教学专项课题《绘本阅读教学与主教材融合教学的实践研究》（NMKT145203），主持并立项；2022年1月，中国英语阅读教育研究院专项课题《新课程背景下家校均衡阅读模式的实践与研究》（CERA2021Z03-14），主持并立项；2022年6月，鄂尔多斯市教育科学"十三五"规划课题 JG2022-31《提高小学英语口语交际能力策略研究》，主持并已结题。

一级名师工作室名师曹瑞芳，2014 年被评为旗级优秀教师；2015 年在伊金霍洛旗第七届基本功大赛中荣获小学英语学科一等奖；2016 年被评为鄂尔多斯市优秀少先队辅导员；2017 年在伊金霍洛旗第八届教学能手评选中被评为小学英语教学能手；2018 年在伊金霍洛旗首届"联通杯"东师理想智慧云平台与课堂教学融合大赛中荣获一等奖；2018 年在鄂尔多斯市微课制作大赛活动中荣获汉语授课小学组一等奖；2018 年在鄂尔多斯市举办的"首届全国名师工作室创新发展特色成果博览会"上被评为优秀课例一等奖；2018 年在第十六届全国小学信息技术与教学融合优质课大赛中荣获一等奖；2018 年在南京出版传媒集团主管主办的面向全国公开发行的文教类刊物《好家长》发表的《借助思维导图促进小学英语教学》荣获一等奖（全国统一刊号：CN32-1616/GO）；2019 年报送的课例《Unit 5 What does he do? Story time》被评为内蒙古自治区"优课"；2019 年在鄂尔多斯市教育教学研究室组织的"送教下乡"活动中承担示范课；2020 年在疫情防控期间承担鄂尔多斯市教体局组织的"线上教学"授课任务；2020 年在鄂尔多斯市中小学幼儿园青年教师教学基本功评选活动中荣获小学英语一等奖；2021 年 7 月，内蒙古自治区教学研究室教学专项课题《绘本阅读教学与主教材融合教学的实践研究》（NMKT145203），主持并立项；2022 年 6 月，参与研究的鄂尔多斯市教育科学"十三五"规划课题 JG2022-31《提高小学英语口语交际能力策略研究》已结题。

一级名师工作室名师索佩珍，2013 年、2017 年、2021 年被评为旗级优秀教师；2015 年被评为旗级教学能手；2014 年课例《My home》被评为市级、自治区级优秀课例；2016 年课例《Let's eat》被评为市级、自治区级优秀课例；2021 年课例《What can you do?》获得伊旗第三届创新课例大赛二等奖；2011 年教育案例《他们也需要爱》被评为全旗案例二等奖，2016 年《初探绘本教学》发表在伊金霍洛教研第四期；论文《故事教学法在小学英语教学中的应用》发表在未来科学家 2022 第 10 期；论文《教育游戏融入小学英语教学的研究》发表在学习导刊2017年第11期；2022年6月，鄂尔多斯市教育科学"十三五"规划课题JG2022-31《提高小学英语口语交际能力策略研究》，参与研究并已结题。

郝春梅，第三小学教科研主任。在2012年"育灵童"全国青少年国学风采大赛总决赛中，荣获"硬笔书法项目优秀指导教师"称号；同年，在内蒙古自治区第六届英语周报杯英语作文大赛获个人一等奖，并评为全旗优秀教师；2013年6月，在第六届奥林匹克杯全国英语作文大赛中，获全国英语教学能手和国家级指导教师一等奖；2014年，被评为校级"骨干教师"；2015年，在全旗首届中小学教师微课制作比赛获一等奖；同年，在全旗第七届基本功大赛中获一等奖；2016年，她在"一师一优课、一课一名师"活动中获鄂尔多斯市优课和内蒙古自治区"优课"；2017年她被评为旗级"教学能手"称号；2017年，参与关心下一代"十三五"国家教科研规划重点课题《素质教育模式的创新研究》的子课题《自然拼音教学法在小学英语教学中的实践与研究》并获得一等奖；2020年被评为旗级优秀德育工作者；2020年度旗级优秀教研组荣誉称号；2020年，主持的二级名师工作室被评为优秀名师工作室。

一级名师工作室名师齐宏亮，2019年论文《核心素养下小学英语阅读教学的策略》在《教育》发表；2020年论文《何如培养小学生阅读能力》在《中小学教育》发表；2022年1月，中国英语阅读教育研究院专项课题《新课程背景下家校均衡阅读模式的实践与研究》（CERA2021Z03-14），参与并立项；2015年"全旗小学英语基本功大赛中荣获一等奖"；2017年"全市第五届基本功大赛中荣获一等奖"；2018年"全国名师工作室创新发展成果博览会上荣获很优秀课例一等奖"；2019年荣获"全旗第九届小学英语学科带头人"荣誉称号；2022年荣获"全旗优秀教师"。

一级名师工作室名师刘军霞，2015年3月在《校园英语》上发表了《游戏教学在小学英语课堂教学中的应用》（刊号CN-13-1298/G4）教育教学类论文，评比中获一等奖；2016年9月在《好家长》杂志上发表《浅谈小学英语课前三分钟的作用》（刊号CN 32-1616/GO）教育教学类论文，评比中获一等奖；2019年在国际核心期刊《WOP in Education, Social Sciences and Psychology》（Vol. 39 Issue 1）上以第一作者发表了《Research on the development of study tour products of odors》，出版于 Francis Academic press, UK；2017 年 5 月获得第五届中小学青年教师课堂教学基本功大赛一等奖；2019 年 11 月，在伊金霍洛旗第九届教学能手评选活动中获得一等奖；2020 年 12 月被伊金霍洛旗评为"旗级优秀教师"；2021 年 7 月，内蒙古自治区教学研究室教学专项课题《绘本阅读教学与主教材融合教学的实践研究》（NMKT145203），参与并立项；2022 年 1 月，中国英语阅读教育研究院专项课题《绘本与主教材教学的课堂均衡阅读模式的研究》（CERA2021Z03-14），参与并立项。

一级名师工作室名师折彦，2014 年 6 月在刊物《校园英语》发表《浅谈小学英语游戏教学的应用》；2015 年 12 月获旗级教学能手；2016—2018 年，鄂尔多斯市教育科学"十三五"规划课题《小组合作的有效性研究》成员，已立项、研究并已经结题；2017—2019 年，鄂尔多斯市教育科学"十三五"规划课题《小学英语"整体教学"的策略研究》成员，已立项、研究并已经结题；2017 年 02 月执教的《What would you like?》被评为"一师一优课、一课一名师"活动内蒙古自治区级"优课"；2017 年 09 月被评为旗级优秀教师。2019 年 11 月获旗级学科带头人；2020 年 2 月承担市教体局组织的疫情防控"线上教学"；2021 年 3 月获得旗级第三届信息技术与教育教学融合创新课例大赛三等奖；2021 年 3 月承担工作室旗级公开课《My School》的任务；2021 年 12 月在伊旗第四小学"双减"工作现场会承担三年级英语作业跟进课的任务；2022 年 4 月市级学科带头人。

一级名师工作室名师李小鹏，从教 14 年，2020 年被鄂尔多斯市伊金霍洛旗人才引进，成为翟丽芳老师名师工作室的一员，开启了新的工作之旅。曾发表多篇教学论文著作。2016 年参与并负责的内蒙古级课题《新形式下小学英语网络作业形式研究》获得结题证书；2018 年 3 月论文《如何激发小学生学习英语的兴趣》，荣获国家级教育科研成果一等奖；2018 年 3 月论文《小学英语课堂如何培养学生阅读素养》被评为全国论文一等奖；2018 年参与呼市级课题《活用巧用教材，培养发展学生写作能力》并获得结题证书；2012 年 5 月在第六届全国英语课堂教学优秀课展评中，荣获一等奖；2012 年 6 月荣获全国经典课堂"同课异构"大赛特等奖;2013年4月荣获赛罕区青年教师基本功一等奖;2013年5月荣获呼市教师教学基本功二等奖;2013年9月荣获赛罕区第五批小学英语优秀教学能手;2013年12月荣获呼市小学英语优秀教学能手(全市唯一一个);2016年9月被评为赛罕区优秀教师;2019年3月荣获呼市小学英语学科带头人;2019年9月被评为赛罕区优秀教师。

一级名师工作室名师贺晓敏,2013年论文《浅谈多媒体辅助低年级英语教学的实践与思考》在鄂尔多斯市教育学会学术论文评比荣获一等奖,执教的《Unit 2 Colours》一课荣获第九届全国中青年教师优质课二等奖;2015年12月伊金霍洛旗第七届教学荣获基本功一等奖;2016年教育部"一师一优课、一课一名师"部级优课;2017—2019担任伊旗小学英语名师工作室研修员;2019年9月荣获伊金霍洛旗第九届教学能手;2020年在全市中小学青年基本功评选活动中荣获小学英语一等奖;2020—2022年担任伊金霍洛旗第四期小学英语一级工作室名师;2021年5月,在北京师范大学国家"凝智计划"高端智库基础教育课题《基于学生核心素养提升的创意课堂实践研究》(BNU-NZ-2021038)主持并已结题;2022年9月论文《精心设计巧构思,有的放矢显实效》在内蒙古自治区教学学会论文评选中荣获二等奖。

一级名师工作室名师解翠英,2012年12月10日荣获"市级小学英语学科带头人"称号;2015年9月10日荣获"旗级优秀教师"称号;2020年9月10日荣获"旗级优秀教师"称号;2015年3月被聘为"伊金霍洛旗小学英语名师工作室名师";2015年11月被聘请为"国培计划(2015年)"——内蒙古自治区中小学幼儿园教师网络研修与校本研修整合培训项目的研修组长;2017年7月1日被评为"旗级优秀党员";2018年3月8日被评为旗级"三八红旗手";2017年2月被评为2015—2016年度"一师一优课、一课一名师"市"优课";2018年3月被评为2016—2017年度"一师一优课、一课一名师"市"优课";2011年6月论文《如何激发小学生学习英语的兴趣——教学经验之谈》荣获第七届全国中青年教师论文大赛一等奖;2012年12月论文《小学英语新旧教材内容比较之浅析》获全国小学教学特色设计大赛一等奖;2012年12月论文《听小学英语课的反思》获全国小学教学特色设计大赛二等奖;

2022年6月《学生成长在活动中，小学英语村的建立》获第五届全国名师工作室发展论坛教学成果一等奖；2022年1月，中国英语阅读教育研究院专项课题《新课程背景下家校均衡阅读模式的实践与研究》（CERA2021Z03－14），参与并立项；2022年6月，鄂尔多斯市教育科学"十三五"规划课题JG2022－31《提高小学英语口语交际能力策略研究》，参与并已结题。

一级名师工作室名师何霞，在2015年12月获得旗级基本功大赛一等奖；2016年9月获得旗级优秀教师；2017年12月获得旗级教学能手；2017年2月《Unit 4 What can you do？B》市级优课；2018年2月获得旗级优秀德育导师；2018年11月获得第十六届全国小学信息技术与教学融合优质课大赛二等奖；2020年3月获得市级教学能手；2020年12月参与旗级"送教下乡"；2021年7月，鄂尔多斯市专项课题《核心素养背景下小学英语阅读教学的策略研究》，主持并立项；2021年12月，在杂志《文渊》11月版发表论文《探讨小学英语单元整体设计》；2022年4月参与市级"同频互动"项目，被评为"市级优课"。

一级名师工作室名师康玉秀，2013年5月荣获鄂尔多斯第二届岗位技能大比武小学英语说课二等奖；2015年9月获得旗级优秀教师；2015年荣获旗级小学英语基本功一等奖；2022年1月，中国英语阅读教育研究院专项课题《新课程背景下家校均衡阅读模式的实践与研究》（CERA2021Z03－14），参与并立项；2022年7月在"全国小学英语新思维阅读教学与课程研讨活动"中遵循新课标、"双减"政策的思路和理念，参与编写四年级英语阅读能手—下册（WEEK14－16）；2022年9月在鄂尔多斯市远程教学研活动中，公开课《绘本Who Is the Thief？》获得好评。

三、塑造了一种精神："敢于亮剑"

敢于拼搏、敢于挑战、敢于展现自我，是名师工作室成员专业成长中重要的精神指引。一个团队的成员能够时时向团队或全旗的研讨活动中开放自己的课堂，积极参与各种教学竞赛、主动参与教学研讨，这必将促使团队充满蓬勃向上的生长力。工作室就以"敢于亮剑"作为团队建设的不竭动力。一亮课堂：组织开展了活动复习研讨课、大型示范课、挑战创新课、送教下乡课等丰富多样的人人参与、人人愿意展示的"亮"课活动；二亮才艺：不同的名师敢于展示不同的才艺，为工作室的团队发展和个人成长把握机会，比如名师讲座、观课议课汇报、活动主持；三亮思维：将常态推进"工作室徽标设计、教案样板设计、命题设计、观课议课观察量表设计、简报设计"在工作室内的大比拼。在亮出自我，秀出风采的同时，人人展现才能，人人得到发展，整体团队始终充溢着比拼赶超积极向上的新样态。

在第四期，这样课堂的"亮剑"，不只局限在工作室的名师范围内，随着发展让更多的教师参与进来，第一次研修活动，北师大的四位年轻教师参与进来，和名师们锻炼成长的同时，新的"创意"课堂打开名师们的更广阔的格局和视野；第四次的复习教学研讨活动中新街的张燕老师和名师折彦同时挑战不同风格的复习课，第八次研修活动上湾小学的年轻教师乔艳和崔壮在名师郝春梅的引领下共同呈现单元整体教学示范课。在这类研修活动中，让我们的"N"不仅仅是看和听，应该有参与锻炼展示的机会，加强同步成长，让名师朝着专家型转变，学会专业的观课和评课，加强全旗教师同步成长。

四、培养一种习惯："学思融合"

著名教育家叶澜老师说过："一个教师写一辈子教案不一定成为名师，如果一个教师写三年教学反思可能成为名师。"教师的成长要重视反思。小学英语名师工作室一直在构建"基于实证的听评课系列活动"的长效观课、诊断、反馈、反思、总结的机制。每次工作室开展研修活动，都是以"呈现问题—团队研讨—优化提升—总结反思"的团队研修模式。在学习与反思循环往复的过程中，提升了成员的思考力、学习力、发展力。每位成员更加了解自身的专业情况，整个团队精准团队发展方向。同时，每次的活动都不是一个人的行动，研磨过程，分组分备分打磨，一起思考一起完善，活动后养成及时反思的习惯，参与后的反思更有深度。

五、形成一种能力："课题研究"

教科研是软实力，是教育教学的第一生产力。工作室要求各成员在原有研究的基础上，继续对问题进行更深入持久的关注，以进一步提升科研水平。工作室的成员根据自己所在学校的英语教学情况以及所在学校全体英语教师的困感，选出最突出的、最急需要解决的教学难题，围绕"提高小学英语课堂教学的有效性"的大课题制定子课题，通过工作室成员的研讨、专家的指导，分组展开课题研究，并通过成员和专家的跟踪检测，确定课题的成果并进行展示，提高科研能力。同时，工作室也将营造浓郁的教科研氛围，开展读书科研的活动，人人参与其中，以科研促教学，提升专业能力，使成员有更多研究成果在各级各类专业刊物上发表或获奖。

第三期立项课题：鄂尔多斯市"十三五"规划课题——提高小学英语口语交际能力策略研究，在第四期，已结题。

第四期，成员贺晓敏在"创意"课堂活动后，申请立项的课题：基于核心素养提升创意课堂的实践与研究。

第四期申报内蒙古"十四五"规划课题：绘本阅读教学与主教材融合教学的实践研究。

第四期申报中国英语阅读教育研究院专项课题"新课程背景下家校均衡阅读模式的实践与研究"子课题：绘本与主教材融合教学的课堂均衡阅读模式的研究。

六、打造一种特色："课程开发"

团队的建设需要有自我特色、有课程化的个性体现。小学英语工作室充分结合各学校的优势和特点，进行多元联动，聚焦课题研究，以多样化、专题化、系列化的课程开发，推动了团队向内涵式、纵深化发展，进而深化了团队的特色化和品牌化建设。

通过整合教材内容，创新课堂教学方式，创设形式多样的有意义情景和内容丰富的语言情境，加快提升整体学生的学习能力和语言能力，快速培养整体学生的多种思维品质和增强中西方文化相互渗透学习的意识。

"戏剧"课程是现今基础教育中一个新出现且具有较强生命力的概念，将戏剧策略融入英语教学，让学生在戏剧实践中达成学习目标，在平等、开放、对话的氛围中，彼此互动、相互合作、充分想象，从学习中获得经验，提升语用能力。通过几年的研修，工作室主持人和全体成员打造了一系列的"创意"课堂，创设形式多样、有趣有内涵的课堂内容，让孩子们喜欢学英语，乐于用英语表达；同时，开设了"微剧"课堂，让戏剧走进小学英语课堂，孩子们用英语生动表演中国传统文化故事，践行习近平主席讲好中国故事的理念；通过中西方文化交叉学习，培养孩子们全球化意识，让更多的外国人了解中国文化，增强文化自信，培养综合运用语言的能力。

七、构建一种文化："协同共生"

团队文化，是团队建设的灵魂。要打造品牌化团队，就要构建属于团队的文化，形成团队的内在精神气质。工作室在英语团队文化构建上，以"协同共生"为团队文化的核心，构建了英语协同共生精神文化，以协同发展、共生共赢的精神外延，激励教师团结协作、积极向上、奋发拼搏、务实创新，大家心往一处想，劲往一处使，为建设一个品牌团队而努力。作为一名工作室主持人，必须不停地思考成长发展之路的规划，从而实现共生共长，不停生长。小学英语名师工作室的成长文化：成长中，除了课堂观察，还会借助试题命制考察的内容评估学生和教师的课改成功与否，需不需要继续在本阶段拼搏，还是可以提升进入下一阶段；通过细致的质量分析，一套导向性明显的试题，百分之九十的学生达标，优秀的学生超过百分之四十，就可以考虑变化题型，结合教研教改的方向增加新的题型和增加难度；同时，结合需要改变的内容，加强读书的内容，从理论和理念上指引全体成员提升；如果有机会的话，有意义有价值的外出学习，开阔视野，打开格局，形成更好的成长格局。

小学科学篇

"1+1+X+N+Z"小学科学名师工作室

郝翠娥

一、指导思想

根据《伊金霍洛旗教育体育局第四期"1+1+X+N+Z"学科名师工作室实施方案》的总体要求及目标,为进一步提升全旗小学科学教师队伍的整体素质,加速建设一支在全旗小学科学教育教学领域中具有领先水平的卓越教师团队,以问题为导向,以导师为引领,以课题为主线,以课堂为主阵地,开展丰富多彩的研修活动,推进小学科学课程建设工作,引领全旗小学科学教育教学改革走向科学、合理、高效的轨道。

二、组织

小学科学第四期名师工作室共有名师7人,平均年龄36周岁,其中男教师4人,女教师3人,市级教学能手2人,市级基本功一等奖3人,旗级教学能手5人,旗级基本功一等奖7人。市级实验说课一等奖2人,内蒙古自治区实验说课一等奖1人,二等奖1人。这7名名师大多教学经验丰富,有自己对教育教学独立的见解,有对教育教学相对深入的思考,有相对成熟的教育教学方法与策略。

三、目标

(一)成为学习型教师

通过参加本名师工作室组织的系统理论学习和自身补短板式学习,工作室成员有了较深的学科理论水平，能形成一套较为科学、合理的教育教学理论，撰写出有自己独特见解的教育教学论文，并能用理论来指导实际教学。

（二）成为研究型教师

针对小学科学教育教学实践中的重点、难点问题进行专题研究，在实践探索中破解学科教学难题及问题，带领本工作室教师开展有效的教学科研活动。以多种方式传播先进的教育理念和教学方法，提高成员的整体教育教研水平。

（三）成为专家型教师

通过参与名师工作室的教学研究活动，帮助成员挖掘自身优势，发挥自身的个性特长，形成自己的教学风格，确定自己的教学思想，能独立进行高水平的教学设计，能承担骨干教师培训班或送课下乡的教学任务，两年内能在旗级以上有影响的教研活动中展示并获奖。

名师工作室成立至今，已开展近二十次主题研修活动。每次研修活动主持人都要通过"研修主题"促进成员共同学习，有计划地带动阅读与教学研究；确定阅读书目并利用座谈、主题研讨等活动交流彼此的阅读感悟，将阅读与教学结合起来，阅读后开展同课异构、微课研究、教学观摩、专题研讨、网络研讨等研讨活动，将工作室成果显性化。正是这一次次的研修学习更新了老师们的教学理念，转变了教学方式，课堂向高效课堂、智慧课堂迈进。以"$1+1+X+N+Z$"为整体，教研之路在良性运行，小学科学名师工作室已成为老师们研究的平台、成长的示范、凝聚的核心、辐射的窗口。

四、主要研修方案

①工作室部分研修活动，包括通知、简讯报道、部分心得体会或论文。
②工作室成立以来的亮点工作。

【第四期第一次研修活动】

关于举办伊金霍洛旗教育体育局第四期"1+1+X+N+Z"小学科学名师工作室第一次研修活动的安排意见

为进一步强化组织管理伊旗教体局第四期"1+1+X+N+Z"小学科学名师工作室，确定小学科学名师工作室两年发展规划及本学期主要活动内容安排，伊金霍洛旗教育发展研究中心决定举办小学科学名师工作室第一次研修活动。具体事宜安排如下。

研修主题：团结一致乘势而上，凝心聚力勇攀高峰。

活动内容与具体安排：如表1所列。

表1

时间	活动内容	主讲人	地点
14：30—15：00	解读名师工作室考核细则	主持人 郝翠娥	伊旗教体局阶梯教室
15：00—15：30	工作室发展规划	工作室成员	

小学科学名师工作室举行第一次研修活动总结

为进一步强化组织管理伊旗教体局第四期"1+1+X+N+Z"小学科学名师工作室，确定小学科学名师工作室两年发展规划及本学期主要活动内容安排，2020年11月20日，小学科学名师工作室举行第一次研修活动。活动由小学科学名师工作室主持人郝翠娥主持，工作室全体成员参加活动。

郝翠娥老师解读了《伊金霍洛旗教育体育局第四期"1+1+X+N+Z"学科名师工作室及名师考核细则》，解读结束后，老师们结合实际情况研究学习考核细则，讨论了工作室两年发展规划中具体的目标、方向及主要活动类型，并对工作室第一次活动内容进行安排部署。

伊旗教体局"1+1+X+N+Z"小学科学名师工作室以"整合资源，强化管理，打造学校核心竞争力"为原则，以学科为纽带、以问题为导向、以导师为引领、以课题为主线、以课堂为主阵地，持续开展丰富多彩的研修活动，推进课程建设工作，引领全旗小学科学教育教学改革走向科学、合理、高效的轨道。

【第四期第二次研修活动】

关于举办伊金霍洛旗教育体育局第四期"1+1+X+N+Z"小学科学名师工作室第二次研修活动的安排意见

为了进一步提高小学科学教师的教学水平，以问题为导向，以课堂为主阵地，引领全旗小学科学教育教学改革走向科学、合理、高效的轨道。现决定举办伊金霍洛旗教育体育局第四期"1+1+X+N+Z"小学科学名师工作室第二次研修活动。

研修形式：观课、议课、研讨、交流。

具体活动内容安排：如表1所列。

表1

时间		活动具体内容	主讲人
14：40—15：20	同课异构	苏教版四年级上册《点亮小灯泡》	伊旗实验学校 李荣
15：35—16：15	同课异构	苏教版四年级上册《点亮小灯泡》	北师大第二附属学校 李林生
16：30—17：30	议课	分组讨论	全体成员 分组汇报
17：30—17：40	总结	对本次研修活动进行总	伊旗教育发展研究中心 郝翠娥

小学科学名师工作室第二次研修活动总结

　　为进一步提高小学科学教师的教学水平，以问题为导向、以课堂为主阵地，引领全旗小学科学教育教学改革走向科学、合理、高效的轨道，2020年12月8日，伊旗教体局第四期"1+1+X+N+Z"小学科学名师工作室开展第二次研修活动，旗教育发展研究中心副主任郭双喜、电教实验工作室主任郭小军亲临指导，全体小学科学名师工作室成员及阿镇地区全体科学教师到场参加研修活动，基层各校科学教师通过同频设备全员参与研修活动。工作室主持人郝翠娥主持活动。

　　工作室李荣老师和李林生老师以同课并构的方式执教苏教版小学科学四年级上册《点亮小灯泡》一课。两位老师以不同的思路及方式呈现两节精彩的课例，精准把握、巧妙设计、自主探究、小组合作等学习形式各有千秋，为全旗科学教师起到良好的示范带头作用。课后，两位执教老师分别从教材分析、学情分析、教学目标及重难点、设计思路和课后反思几方面进行说课，定位重点目标、巧妙突破难点、注重学生素养、强化思维能力。

　　郭小军指出，小学科学名师工作室要充分发挥引领示范作用，以课题研究的形式开展活动，实实际际针对课堂教学主要问题进行研究解决并形成成果；其次要充分利用多媒体设备，丰富课堂教学形式，妙巧利用多媒体设备突破教学，达到信息技术与学科的有效融合，最终促进师生共同发展。

　　评课活动是思维碰撞的过程，是取长补短、内化教学方法的过程，教师的教、学生的学，每个细节都让老师们深受感染，实事求是、言简意赅、精准点评，为提升课堂教学水平提出宝贵建议。

　　李荣老师的课注重学生思维的培养，通过问题的引导激发学生自主探究，打破常规，巧妙的设计突破本课教学重难点，让学生知其然更知其所以然。李林生老师的课利用击鼓传花的游戏形式，先寻找各电路元件的两个连接点，再通过游戏中两两相连围成大圆来感知闭合回路，妙趣横生。两位老师都注重学生科学阅读的培养，为每位同学准备图文结合的阅读资料，丰富学生的科学阅读。同时由于班级人数多，对两位老师在课堂教学组织管理及时间把控上提出更高的要求。

郝翠娥老师在总结中指出：两位执教老师教学思路不同、各有特色，课前准备充分，为全旗科学教师展示了两节精彩纷呈的课堂。通过分组研讨，大家畅所欲言，针对这两节课例交流各自的收获和建议。

积土而为山，乘之而后高；积水而为海，积之而为深。伊金霍洛旗小学科学名师工作室将继续努力，充分发挥引领带动作用，在旗教育体育局的引领下，与全旗小学科学教师共携手，齐心协力谋发展，共创课改新征程。

小学科学名师工作室第二次研修心得体会

北师大二附小　李林生

本次活动是在名师工作室成立伊始举行的，旨在通过同课异构的形式针对经典课例进行研讨，深入挖掘所选课题不同设计的意义，同课异构的题目是《点亮小灯泡》，名师工作室李荣和李林生两位老师分别进行了展示。李荣老师的板书是个亮点，逼真度很高的实物图对学生概念理解和技能的掌握很有帮助，同时在实验准备方面，李荣老师也以丰富的经验进行了结构化的设计，教学环节完整，过渡自然流畅，给同行们提供了可借鉴的宝贵经验。李林生老师的击鼓传花游戏是个巧妙的设计，让学生对抽象的电路、电路闭合的实际意义的理解有了"脚手架"，在连接电路中发现问题、解决问题是本节课的线索。因严谨的设计和开放的课堂环境保证了本节课自由而又不乏严肃的课堂生态，有预设、有生成，在教学设计和组织教学方面为同行们提供了有益的借鉴资料。两位老师不约而同地注重了生成的可能和思维的引发，在名师工作室辐射和引领方面起到了积极的作用。

【第四期第三次研修活动】

关于举办伊金霍洛旗教育体育局第四期
"1+1+X+N+Z"科学名师工作室
第三次研修活动的安排意见

名师工作室以导师为引领，以学科为纽带，以先进的教育思想为指导，旨在搭建促进教师专业成长及名师自我提升的平台，为了打造区域内专业化科学教师团队，带动区域内科学教师队伍整体素质和育人能力的不断提升，决定于2020年12月29日举办伊金霍洛旗教育体育局第四期"1+1+X+N+Z"科学名师工作室第三次研修活动。

本次活动邀请伊旗科学名师工作室导师、江苏省特级教师、教育部《科学课程标准》修订组核心成员、教育部课程与教材专家委员会委员、全国优秀科技辅导员曾宝俊老师做线上专题讲座。

研修主题：探究科学概念下的教学策略。

活动内容与具体安排：如表1所列。

表1

时间	活动内容	主讲人
14：50—15：00	活动介绍	伊旗教育发展研究中心 郝翠娥
15：00—17：00	讲座 "科学概念下的教学策略"	小学科学名师工作室导师 曾宝俊
17：00—17：10	线上答疑	
17：10—17：30	活动总结	伊旗教育发展研究中心 郭小军

伊金霍洛旗小学科学名师工作室第三次研修活动总结

2020年12月29日，伊旗教体局第四期"1+1+X+N+Z"小学科学名师工作室第三次研修活动在伊旗教育局阶梯教室举行。活动邀请小学科学名师工作室导师、苏州大学实验学校教师、苏教版小学科学教材主要编者之一、江苏省特级教师、无锡市名教师、无锡市小学科学学科带头人、扬州市小学科学学科带头人曾宝俊老师做题为"基于大概念理解的课堂教学"线上专题讲座。小学科学名师工作室主持人郝翠娥主持活动，市电教馆科学教研员苏伊拉、电教实验工作室主任郭小军、全体小学科学名师工作室成员及全旗其他小学科学教师参加活动。

曾老师从科学大概念的溯源、科学大概念是什么、科学教育为什么需要大概念、科学教育中的14个大概念以及科学素养五方面进行了讲解。曾老师用具体的课例来讲解理论，降低了理论难度。曾老师指出，教师应该把学习组织为趋于大概念的、连续的、有联系的学习进程，学校科学教育应该做而且只能做两件事，即打开人的经验和发展抽象能力。

郝翠娥老师进行了总结，她指出曾老师的讲座深入浅出，这些教育理念对于我们科学老师是全新的、鲜活的，为我们科学教师队伍注入了新的科学教育理论体系，为我们伊旗小学科学教育指明了方向。她指出，一名好的科学老师，不仅要熟悉所教教材的基本内容，形成完整的知识体系，还要加强业务进修和广泛的学习，跟踪学科学术动态，了解新观点，掌握新信息，不断更新知识，站在学科的前沿，由经验型教师转化为科研型教师。

市电教馆科学教研员苏伊拉老师在总结时充分肯定了伊旗小学科学团队在郝翠娥老师的带领下一年来取得的成绩，并对明年的工作进行了规划。她指出我们应该做一名爱读书的有扎实学识的科学老师，伊旗的科学老师都很优秀，愿大家在知识的武装下更上一层楼。

曾老师给我们带来了一场知识的盛宴，全旗的科学老师收获颇丰。在专家的引领和指导下，伊旗小学科学教学和小学科学团队明天一定会更好。

伊金霍洛旗小学科学名师工作室
第三次研修活动心得体会

伊旗第四小学　宋　雷

2020年12月29日，我很荣幸地参加了曾宝俊老师的小学科学培训活动。在这次的培训活动中收获很多，获益匪浅。回首培训的足迹，发现自己的教育观念得到了洗礼，教育科学理论学习得到了升华，课堂教学艺术研究获得了新感悟，眼界开阔了，思考问题能站在更高的角度，许多疑问得到了解决。

作为一位科学老师，必须具有渊博的科学知识，熟练的实验操作技能，良好的思维品质，更应当掌握现代教育教学理论，掌握现代教育教学技术。本次活动使我对心目中的理想课堂又有了新的认识，激发了我以后学习的动力。

在这次科学学科课程培训过程中经专家形象而又深入地解析，让我对科学课的特点、理念等得到了全方位的、更深入的认识，专家丰富的知识经验及精湛的理论阐述，使我的教育教学观念发生了质的变化，曾经在教学中的困惑、迷茫得到了解决。

通过培训使我感受到对科学研究的理解是渐进的，需要我们引导学生经历一个具有科学意义的探究性学习活动，才能逐渐获得发展。

【第四期第四次研修活动】

关于举办伊金霍洛旗教育体育局第四期"1+1+X+N+Z"科学名师工作室第四次研修活动的安排意见

为推进我旗科学教育教学工作，加强科学教师队伍专业化建设，实现"名师引领、专业提升，团队发展"的目标，现决定举办伊金霍洛旗教育体育局第四期"1+1+X+N+Z"科学名师工作室第四次研修活动。

研修主题：如何高效开展科学探究课。

活动内容与具体安排：如表1所列。

表1

时间	活动内容	主讲人
14：35	活动主持	伊旗教育发展研究中心 郝翠娥
14：40—15：20	示范课例：《声音的产生》	伊金霍洛旗第四小学 宋雷
15：20—15：50	活动点评	教师分组点评
15：50—16：40	基于证据的实证性观课议课策略研究	伊旗教育发展研究中心 郭双喜
16：40—16：50	活动点评、总结并部署近期工作	伊旗教育发展研究中心 郝翠娥

专注科学课堂探究　提升科学素养
——伊旗小学科学名师工作室第四次研修活动总结

2021年3月9日下午，伊旗教体局第四期"1+1+X+N+Z"小学科学名师工作室第四次研修活动在伊旗第四小学举行。本次活动特别邀请伊旗教育发展研究中心副主任郭双喜，参加本次活动的还有伊旗教育发展研究中心电教实验工作室教研员郝翠娥、第四小学校长侯晓霞、科学名师工作室全体成员、全旗其他科学教师，基层科学教师通过同频互动参加。本次活动由小学科学名师工作室科学教研员郝翠娥主持。

小学科学名师工作室宋雷老师主讲科学探究课例《声音的产生》。宋雷老师灵活运用教材，并对教材进行了改进，根据学生的认知规律和中段学生自主设计实验的能力，精心设置三个探究活动，让学生不但会做实验，还要学会自己设计实验来验证自己的观点，活动中学生体验到声音产生的本质，取得良好的教学效果。

名师工作室的老师们指出这是一节开放度很大的科学探究课，宋雷老师针对课上学生的回答进行追问，为学生以后学习理科奠定基础。给学生提供充足的探究空间，但是材料的准备还需细化，同时注重小组合作探究。

侯晓霞校长对于郝翠娥老师组织的一系列的科学教研活动和同频互动学习给予高度的评价。她在肯定这节课的同时也提出更高的要求，课堂上要注重培养学生的创新能力，要更多的关注课堂上学生的动态。同时，侯校长还表示如果想要把课堂推到更高的平台上，还需要大家共同研磨。

示范课例结束后，郭双喜主任做"基于证据的实证性'观课议课'策略研究"的专题讲座。他结合宋雷老师的科学课课例，对观课议课的"四个程序"：课前会议、课中观察、课后会议、撰写观察报告进行详细的阐述。还对目标达成效度分析、资源密度有效分析、教学方法适切度分析、结构流程效度分析、学习有效组织分析、学习效果效率分析、教学有效评价分析七个向度进行详细解读。郭双喜主任的讲座内容给人耳目一新的感觉，老师们受益匪浅。他希望大家不忘初心、牢记使命，向人民交一份满意的答卷。

郝翠娥老师做总结时，非常感谢郭双喜主任对本次活动的大力支持和带来的精彩讲座，让科学教师们也懂得了观课议课的一般程序，让他们受益匪浅，她希望老师们学以致用。希望科学老师们能够继续潜心钻研，不断提高自身专业素养，创新自己的教学方式，带给学生更加精彩的科学课。

伊旗小学科学名师工作室
第四次研修培训心得体会

伊旗第五小学　任　宇

今天我参加了在伊旗第四小学开展的小学科学名师工作室第四次活动，本次活动分为两部分：名师工作室成员宋雷老师课例展示《声音的产生》，伊旗教体事业发展研究中心郭双喜主任主讲"基于证据的实证性观课议课策略研究"专题讲座，听后收获甚多，大有裨益。

《国家小学科学课程标准》中指出："科学探究既作为科学学习方法，又作为科学学习内容出现，目的为通过亲历科学探究活动，让学生既学到科学知识，又培养科学探究能力，同时增进对科学探究的理解。"探究活动作为科学的根本，也是科学学习的核心，其最大的特点就是要求课堂教学向学生提供充分的探究机会，使他们在充实快乐的探究过程中体验学习科学的乐趣，增长科学探究能力，获取科学知识，形成尊重事实、善于质疑的科学态度。教学实践中，我探索总结了如下体会。

一、重导入，激发学生探究兴趣

教师备课要精心设计好导入激趣这一环节，通过小魔术、小竞赛和游戏等活动，给学生以悬念和激情，吸引学生的注意力，调动学生的想象力，探究活动就开好了头。我在上三年级《纸的秘密》一课时，开始问学生带了哪些纸，平时见过哪些纸，学生说了很多，但对纸产生的好奇疑惑不强。后来到另一个班上课时，我设计成让学生撕几种纸，让学生说一说感受，猜一猜纸类，学生对纸的构造和质地就产生了许多兴趣和问题，探究教学的氛围也营造得更加浓厚。

二、提出问题，引发探究欲望

提出问题是科学探究中很重要的一个环节，一个问题的产生通常要比它结论的得出更重要。学习科学的过程就是学生发现、探究、总结从而认识客观世界的过程，能发现和提出问题就是探究的首要本领。要引导学生提问题的思路，使学生能真正在认真思考的情况下，提出与教学内容相关、值得探究的有价值的问题，而不是围绕一个主题乱问瞎问。这要求教师的引导不能带有盲目性和随意性，必须经过深思熟虑，精心设计，具有启发性、层次性、系统性以及目的性，将学生的思维集中到要解决的主要问题上来。

三、亲历探究过程

鼓励学生大胆猜想，对一个问题的结果提出尽可能多的假设和猜测，开阔学生思路。问题明确后，对探究结果的假设和预测是一个重要环节。我们应透视学生的理解，洞察他们的思考方式和经验背景，做出相应的教学引导，引发学生对问题的进一步思考。同时，教师应该组织学生展开充分的对话和沟通，让学生学会理清和表达自己的见解，学会倾听，理解他人的想法，学会互相接纳、赞赏、分享和帮助。

【第一次送教下乡活动】

关于举办伊金霍洛旗教育体育局第一期 "1+1+X+N+Z" 小学科学名师工作室 送教下乡活动的安排意见

为促进我旗教育均衡发展，提升乡镇教育品质，充分发挥名师工作室的辐射、引领、带动作用，伊金霍洛旗教育发展研究中心决定举办第一期"1+1+X+N+Z"小学科学名师工作室送教下乡活动。

活动主题：示范引领促成长。

活动形式：名师示范课、同课异构、指导交流研讨。

具体活动内容安排：如表1所列。

表1

日　期	授课教师	课　题	活动时间	授课班级	负责人	备注
17日	马　丽	《斜坡的启示》	第二节	五（2）班	郝翠娥（伊旗教育发展研究中心电教实验工作室教研员）	
	高丽敏	《斜坡的启示》	第三节	五（1）班		
	宋　雷（名师工作室成员）	《声音的产生》	第四节	三（1）班		
	全体科学教师	评课及指导交流	待定	—		
24日	李林生（名师工作室成员）	《国旗怎样升上去》	第三节	五年级		
	郝　霞（名师工作室成员）	《磁铁的吸力》	待定	二年级		
	全体科学教师	评课及指导交流	待定	—		

示范引领促发展　同课异构共成长

——小学科学名师工作室开展送教下乡
暨西部基层学校同课异构教研活动总结

为促进伊旗教育均衡发展，提升乡镇教育品质，充分发挥名师工作室的辐射、引领、带动作用，伊旗教育发展研究中心电教实验工作室教研员郝翠娥带领名师工作室成员宋雷老和郝霞及部分基层学校科学教师于2021年3月17日、24日赴基层小学开展送教下乡暨西部基层学校同课异构活动。

伊旗小学科学名师工作室成员宋雷带去的科学探究课例《声音的产生》，注重让学生在活动中去发现、去感悟、去体验进而提高学生的整体科学素养。

伊旗小学科学名师工作室成员李林生带来五年级下册《国旗是怎样升上去的》，李老师全程运用自主探究的手段，让学生提出问题并解决问题，让学生充分体会到了自主探究的乐趣。

伊旗小学科学名师工作室成员郝霞老师讲授二年级下册《磁铁的吸力》，郝霞老师耐心细致地讲授、多个实验环环相扣，让学生们在玩中做，做中学，课堂效率极高。

活动结束后，伊旗教育发展研究中心电教实验工作室教研员郝翠娥、纳林希里小学校长王志刚、科学名师工作室成员及其他所有科学教师针对以上三节课展开议课活动。名师工作室成员郝霞提出教师应该注重课堂的生成，认真研读教学内容；宋雷老师提出实验应注重细节，把握重难点。本次同课异构的两位执教老师的展示课，准备充分，思路清晰，各有特色，希望他们能够取长补短，相得益彰。

伊旗教育发展研究中心电教实验工作室教研员郝翠娥建议下一步教研活动应该结合课题研究方式进行观课议课，不断地拓展和完善教学方法，及时调整教学方式，带动学生积极探索与思考。

本次活动，伊旗教育发展研究中心和纳林希里小学高度重视，精心安排；老师们积极研讨、群策群力；授课老师认真准备、精益求精，她们以饱满的热情、良好的教学素养、精彩纷呈的教学活动充分展示教师的教学风采。

《磁铁的磁力》教学反思

伊旗第二小学　郝　霞

本课是二年级科学第二单元《玩磁铁》第一课教学内容，本课重点内容是让学生通过玩磁铁，知道磁铁能吸铁、镍，磁铁能隔物吸铁、隔空吸铁，磁性能传递、能转移等性质。

本课学生探究活动比较简单，但数量较多，如果逐个探究一放一收，来来回回会浪费大量时间，且探究较简单，来回收放也会降低学生探究兴趣，经过再三思考后，我决定进行一个大胆的整合，在导入时通过巧设悬念引出磁铁，激发学生的学习兴趣，利用学生的前概念引出主题并顺理成章地引出磁铁能吸什么，通过简单的猜测验证活动学生发现磁铁能吸铁和镍，接下来进入第二个大探究活动，将教材中五个探究活动的前四个整合为一个大探究活动，教师在实验前详细说明操作方法及要求后，学生根据实验单逐个进行探究，最后全班汇报交流，这样就避免了一放一收，反而留给学生更多时间去观察、发现、交流。考虑到二年级学生学习强度，这样会不会难度太大，反而混淆实验从头再来造成时间的浪费。根据这一问题，我决定在实验单、教师讲解示范、课件、实验材料上多重角度下功夫，不断改进完善，最终在实际教学中，也验证了学生是可以的，他们的潜力是无限的，而我们要做的是善于激发与鼓励。

备教材、备学生、备材料不仅仅是一句空话，准确理解教材、准确掌握学情、选择多个有结构的材料及教师完美的讲授，才能让学生听懂、学会、做对、会用，只有这一个个的目标达到了，才算得上是有效的教学。

【第四期第五次研修活动】

关于举办第四期"1+1+X+N+Z"
小学科学名师工作室
第五次研修活动的安排意见

为促进工作室成员的专业成长，提升科学教师的科学素养，经研究决定于2021年6月3日举办小学科学名师工作室第五次研修活动暨小学科学名师工作室读书分享活动。

活动主题：专注科学阅读，提升科学素养。

具体安排：如表1所列。

表1

时 间	活动内容	主讲人	地 点
8：20—10：00	科学阅读分享	工作室成员	第三小学教学楼录播室
10：00—10：30	活动总结	主持人 郝翠娥	

阅读是生命的礼赞
——伊金霍洛旗小学科学名师工作室第五次研修活动
暨小学科学名师工作室读书分享活动总结

2021年6月3日，伊金霍洛旗小学科学名师工作室在伊旗第三小学同频互动教室举办小学科学名师工作室第五次研修活动暨小学科学名师工作室读书分享活动。活动由工作室主持人郝翠娥主持，全体小学科学名师工作室人员参加。

李荣老师从四个方面谈了自己的观点，一是科学教育的最终目标，是要使儿童获得终生受用的方式、方法；二是科学教学必须引导学生对现实材料进行探索；三是科学教学需要给予学生研讨的机会；四是教师应该成为幼儿科学学习的支持者和促进者。

宋雷老师谈道：一个是学生探究活动的自由度，另一个是教师的组织管理能力。兰本达的教学模式从形式看好像很简单，但它却是针对思维、情感等较高层次教学目标的，往往需要学生有较强的兴趣和较多的相互交流，因而对教师的组织管理能力要求很高。

郝霞老师认为，重视探究活动的各个要素并精心设计好每一个探究问题，在授课过程中要处理好探究式学习中学生自主和教师指导的关系，不要把探究式学习作为唯一的科学学习方式，从而突出学生主体地位。

杨升老师简单地介绍作者兰本达，并提到兰本达在书中对于"概念"一词的定义以及他创设"探究—研讨"的教学法。杨升老师总结在"探究—研讨"中，教师的"教"既指给儿童提供学习材料，也指创造学习所需的环境氛围。教师对这些概念了如指掌，方能有效地选择实物材料，科学地引导学生们开展"探究—研讨"活动，使儿童真正走向概念之路。

伊金霍洛旗蒙古族小学萨登脑日布老师也就《小学科学教育的"探究—研讨"教学法》一书分享了个人看法。

最后，由伊金霍洛旗小学科学名师工作室主持人郝翠娥作出总结：作为一名科学教师一定要增加自己的阅读量，拓宽自己的科学视野，把更多的科学、科普知识传授给学生，同时培养学生科学阅读的习惯。

阅读是人们了解和认知事物的最佳途径。说到阅读，在我们的脑海中首先呈现的是语文阅读，随着社会的发展，信息时代的到来，社会的信息化所需要的不仅仅是阅读能力，更需要的是将阅读推广到各个学科教育中，实施科学阅读的方式，改革传统的教学模式，延伸阅读的范畴。

总之，科学阅读作为一种创新的教学方式融入科学教学，对引导学生掌握科学概念、形成正确的科学本质观、提升科学素养有着重要的推动作用。因此，需要我们在教学中结合学生的个性特征，不断的探究、摸索科学阅读策略，使科学阅读尽快地融入小学科学课堂教学。

科学阅读在科学教学中的重要性

伊旗第四小学　宋　雷

阅读是人们了解和认知事物的最佳途径。小学科学教学内容与人们的生活有着密切的联系，同时也是学生认知科学的初期阶段，作为教师应引导学生对教学内容进行科学的阅读，实现学生与文本的有效对话，深化学生对科学的认识，提升学生的科学素养。在此，我结合多年的教学实践，探讨科学阅读在小学科学教学中的作用及其重要性。

一、科学阅读有助于学生科学本质观的发展

科学阅读在西方教育中广为流传，尤其在科学教育中更是有着举足轻重的位置，有人说："没有文字和阅读，科学将可能无法从事社会实践。"科学阅读的作用在于通过引导学生阅读相关科学家对科学原理、概念提出的一些信息，让学生明确每个学科概念背后都有着无数的信息分析和判断，是科学家们不断的促成自身科学本质观的形成和发展，进而培养学生对科学的真实性、真理性的追求，启发学生的探究精神，最终实现提升学生科学素养的教学目标。调动学生阅读的积极性，这样，让学生在阅读中了解科学理论是在不断的实践、探究中产生的，提升学生的综合科学素养。

二、科学阅读有助于学生对科学概念的认知和了解

小学科学教学内容涉及的内容较为广泛，有着自己学科的术语、概念等，而这些术语和概念对于小学生来说还很陌生，需要教师引导学生阅读相关的知识、材料才能认识和了解。早在2000年的时候，格斯里和他的合作者结合小学三年级和五年级的学生制定了一项"概念主导的阅读教学计划"，实践证明：小学生通过科学阅读提升了对科学概念、科学知识的掌握的同时增强了其

阅读能力。也正是由于这个实验的成功，使得科学阅读开始被各个学科教学所运用，其目的在于升华学生对科学概念认识的深度。

三、科学阅读有助于激发学生对科学学习的自信心

随着科学知识在小学阶段的开展，现今已成为小学教育中的重要组成部分，然而，在实际的开展过程中，学生总是对小学科学的学习存在着一定的畏惧心理，觉得小学科学知识复杂、抽象，对学习觉得无从下手，逐渐对科学学习形成一种畏难情绪。鉴于此，教师尝试着运用科学阅读，将抽象、繁琐的科学知识具体化，激发了学生学习的自信心。

作为小学科学教师要知道，小学生理解能力有限，需要教师引导学生完成一系列的心理活动，明确科学阅读过程其实是对科学语言、符号、抽象化、繁琐化的一个处理过程，激发学生阅读科学的兴趣，帮助学生在小学科学教学中形成科学阅读的良好习惯，进而增强自我对小学科学学习的积极性和自信心，提升小学课堂教学的质量和效率。

【第四期第六次研修活动】

关于举办小学科学名师工作室第六次研修活动暨"技术与工程内涵解读"专题培训的安排意见

工程是运用科学和技术进行设计，解决实际问题和制造产品的活动。为引领全旗科学教师深入学习新课程标准中技术与工程这一模块，小学科学名师工作室决定举办第六次研修活动暨"技术与工程内涵解读"专题培训。本次活动特邀请小学科学名师工作室导师曾宝俊现场做课指导。

研修主题： 技术与工程内涵解读。

活动安排： 如表1所列。

表1

日 期	时 间	活动内容	主讲人	活动地点	参加人员
6月18日	8:20—9:00	古画中的桥	曾宝俊 小学科学名师工作室导师	伊旗第三小学录播室	全旗科学教师
	9:10—9:50	点亮小灯泡	郝 霞 伊旗第二小学		
	10:00—10:40	看月亮	宋 雷 伊旗第四小学		
	10:50—11:50	分组评课 专家点评	各组代表 专家		
	14:30—16:30	技术与工程 内涵解读	曾宝俊 小学科学名师工作室导师	教体局阶梯教室	
	16:40—17:00	活动总结	郝翠娥 小学科学名师工作室主持人		

科学点亮智慧　示范引领成长

——伊旗教体局第四期"1+1+X+N+Z"小学科学名师工作室

第六次研修活动总结

　　伊金霍洛旗教育体育局第四期"1+1+X+N+Z"小学科学名师工作室为了充分发挥名师及名师团队的示范、引领、辐射作用，促进全旗教育的均衡发展，于2021年6月18日开展了为期一天的研修活动。本次活动特邀名师工作室导师曾宝俊参加，伊金霍洛旗教育发展研究中心教育教学发展研究办公室主任孙竭、伊金霍洛旗教育发展研究中心信息化办公室主任郭小军出席活动。

　　上午，首先由名师工作室成员郝霞老师就苏教版小学科学四年级上册《点亮小灯泡》一课进行献课，郝霞老师精准把握课标、巧妙设计课堂，以自主探究、小组合作等学习形式开展本堂课，为全旗科学教师起到良好的示范带头作用。接着由曾宝俊老师和宋雷就《看月亮》一课进行同课异构，宋雷老师以音乐导入，激发学生学习兴趣，利用月相盒直观形象进行观察，采用小组合作等方式开展课堂教学；曾宝俊老师以直观形象的方式展开教学，学生通过自主探究等方式对月相有了深刻的理解，学生在轻松的课堂中学习到了丰富的知识。

课后，全体科学教师进行分组讨论，对郝霞、宋雷及曾宝俊三位老师的课堂进行点评，三位教师风格各异，为全体教师的科学教学提供了很多实际的帮助，帮助年轻教师快速成长。讨论后由李荣老师和李林生老师代表教师进行发言，最后曾宝俊老师对上午的课堂进行点评并总结。

下午，首先由曾宝俊老师带着五年级的同学们领略了《古画中的桥》，曾老师的课堂自然生动，仿佛在课堂上不是"教"而是"玩"，短短40分钟，孩子了解到的不仅是有关桥梁的相关知识，更锻炼了科学的质疑能力和探究能力。

接着，曾宝俊老师就小学生"技术与工程"素养进行内涵解读，曾宝俊老师从儿童技术教育角度展开讲解，从认识生活中常见的科技产品、认识和使用工具、科技制作、初步了解科学技术的发展四方面逐步展开讲解。曾老师提到儿童不仅仅是技术产品的受用者，更是技术活动的主体，他们认识各种技术产品，学习使用各种产品，他们在过程中摸索操作的技巧。

活动最后，郝翠娥老师进行了总结，她指出曾老师的讲座深入浅出，这些教育理念对于我们科学老师是全新的、鲜活的，为我们科学教师队伍注入了新的科学教育理论体系，为我们伊旗小学科学教育指明了方向。

郝翠娥老师指出，一名好的科学老师，不仅要熟悉所教教材的基本内容，形成完整的知识体系，还要加强业务进修和广泛的学习，跟踪学科学术动态，了解新观点，掌握新信息，不断更新知识，站在学科的前沿，由经验型教师转化为科研型教师。

同课异构研修心得体会

伊旗第二小学　郝　霞

2020年12月8日下午，郝老师组织了小学科学名师工作室第二次研修活动，为我们提供了一个非常好的学习和交流的平台。参加完名师工作室的每一次研修活动都有不同的收获。下面谈下自己的心得。

曾宝俊老师和宋雷老师就《看月亮》一课以同课异构的形式给我们呈现了两节精彩的课堂。两位老师在教学环节的设计上都有所创新，打破常规，有着非常多的亮点，他们以教师引导、小组探究和小组合作的学习形式展开教学。李荣老师的课注重学生思维的培养，通过问题的引导激发学生自主探究，巧妙的设计突破本课教学重难点。宋雷老师的课利用视频导入，激发学生看月亮的乐趣，再通过观察月相盒中的月亮让学生全面地认识了各种形状的月亮，妙趣横生。为科学教师们起到了良好的示范带头作用。曾老师利用多媒体引导学生全方位地对比月亮、画月亮，使学生意识到月相变化是有规律的，课堂目标达成度较高。

身为名师工作室的一员，动力和压力兼具。需要不断地提高自己的业务水平和科学素养。课后认真总结和反思，为伊旗的科学教育贡献自己的微薄之力。

【第四期第七次研修活动】

关于举办伊金霍洛旗教育体育局第四期"1+1+X+N+Z"小学科学科学名师工作室第七次研修活动的安排意见

为发挥名师示范、辐射、指导、引领成员专业发展的作用，促进专业师资队伍建设，为新学期科学教研工作指明方向，切实提高全旗科学老师的科学素养。实现"名师引领、专业提升、团队发展"的目标。现决定举办伊金霍洛旗教育体育局第四期"1+1+X+N+Z"科学名师工作室第七次研修活动。

研修主题： 博采众长互学相长——制定新学期名师工作室教研活动计划。

小学科学名师工作室第七次研修活动总结

金秋送爽，硕果飘香，我们迎来了新的学期。9月3日上午，小学科学名师工作室7位成员在主持人郝翠娥的组织下，召开了学期工作研讨部署会。会上，工作室的成员汇报了新学期工作计划。计划细致详尽，既有新学期的工作思路，也有自己的成长规划，还有典型课例的教学设计。

会议总结时，郝翠娥老师肯定了大家的工作态度，也提出了新学期的工作要求。她希望名师工作室成员充分发挥引领示范作用，将自己在学习活动中的收获及时分享给其他老师，力争共同进步！

【第四期第八次研修活动】

关于举办伊金霍洛旗教育体育局第四期"1+1+X+N+Z"小学科学名师工作室第八次研修活动的安排意见

为发挥名师的示范、辐射、引领作用，提高全旗科学老师的专业素养。现决定举办伊金霍洛旗教育体育局第四期"1+1+X+N+Z"科学名师工作室第八次研修活动。

研修主题： 博采众长　互学相长——科学名师工作室名师展示课。

具体安排： 如表1所列。

表1

时间	活动内容	主讲人
8：20—9：00	公开课	李荣
9：00—9：40	评课	郝翠娥
9：40—10：00	活动总结	郝翠娥

博采众长　互学相长
——伊旗小学科学名师工作室第八次研修活动总结

为推进伊金霍洛旗科学教育教学工作，加强科学教师队伍专业化建设，实现"名师引领，专业提升，团队发展"的目标，9月24日，伊金霍洛旗教育体育局第四期"1+1+X+N+Z"小学科学名师工作室第八次研修活动在伊金霍洛旗实验学校举行，伊金霍洛旗教育发展研究中心相关负责人、科学名师工作室全体成员、伊金霍洛旗实验学校领导、实验学校综合组全体成员、全旗部分科学教师参加活动。

小学科学名师工作室李荣老师主讲科学课例《运动与位置》。李荣老师根据学生的认知规律和中段学生思维能力，精心设置课堂问题，让学生思维深度参与课堂，学生对运动的本质有了深刻的理解，取得良好的教学效果。

名师工作室的老师们指出这是一节有深度的科学课，李荣老师针对课上学生的回答进行层层追问，引导学生思考，为学生以后学习理科奠定基础。在课堂把握方面，李老师针对课堂出现的月亮东升西落突发问题的解决耗时过多，应适当改进。

伊旗教育发展研究中心郭小军主任肯定了小学科学教研活动取得了一定成果，他要求科学老师苦练内功，努力提高自身素养。

伊金霍洛旗实验学校校长冯艳霞提出了更高的要求，课堂上要注重培养学生的创新能力，要更多关注课堂学生动态。同时指出备课时要认真备学情，要把课堂推到更高的高度。

伊金霍洛旗教育发展研究中心科学教研员郝翠娥就本节课的优点和不足进行了总结点评，她指出本节课学生的思维深度参与了课堂，但不足是学生动手机会很少，以后在备课的时候要充分结合实际。她要求所有老师们能够学以致用，继续潜心钻研，不断提高自身专业素养，创新自己的教学方式，带给学生更加精彩的科学课。

听名师课例有感

伊旗第三小学　　杨　升

2021年9月24日，我有幸聆听了名师工作室成员李荣的课例《运动与位置》，让我感触颇多，受益匪浅。现将自己的心得体会总结如下。

李老师在课上主要解决了两个问题，第一，带领孩子们识别物体的状态：运动和静止；第二，带领孩子们学习描述位置的一般方法。

孩子们根据经验都会说到看另一个物体再来判断我们想要判断的物体。李老师顺势引导原来你说的这个物体就是我们判断物体时静止还是运动的"参照物"。我们要判断一个物体是静止还是运动，要看它相对于参照物的位置是否有变化。只要孩子能理解这句话的意思，这个问题也基本就解决了。

活动一教会孩子描述位置的基本方法，也为活动二描述校园内的方向做准备。描述位置要先找准参照物，利用方位图，图中心的同学便是我们描述时的参照物，地图的摆放是重点，孩子们往往会以"上北下南，左西右东"的描述去确定位置，而实际上只有在看地图，或者确定好一个方向之后才能用这样的口诀去确定其他方向。因此到底方位图该怎样摆是需要教师引导并且强调的内容。总结起来就是：找准参照物；在参照物处标定方向；描述方向和距离。

活动二让孩子结合生活实际去辨识方位，描述位置。其实在北方的很多城市，当你问路的时候别人都会用东南西北加距离的方式给你指路。因此，你也可以尝试着这样去给其他同学说一说。

学以致用是学习的最高境界，我们为什么要学这个内容是有它的价值和必要的，作为教师我们可以带领孩子去挖掘学习的更深意义。

李荣老师的《运动与位置》这堂课中，让我感受到科学探究不仅仅是一个动手做的过程，更重要的是学生动脑的过程，探究是在教师适时、必要、有效指导下学生自主学习的过程。科学探究要深入一些，教学环节要简洁一些，教师说得要少一些，学生思维要多一些。通过本节课的学习，让我明白了科学探究的过程也就是学生创新活动的过程，创新思维习惯是长期逐渐养成的。

【第四期第九次研修活动】

关于举办第四期"1+1+X+N+Z"小学科学名师工作室第九次研修活动的安排意见

为发挥名师示范、辐射、指导、引领成员专业发展的作用，促进专业师资队伍建设，切实提升科学课堂探究效率，提高全旗科学老师的科学素养。实现"名师引领、专业提升、团队发展"的目标，现决定举办伊金霍洛旗教育体育局第四期"1+1+X+N+Z"小学科学名师工作室第九次研修活动。

研修主题：提升科学课堂探究效率。

具体安排：如表 1 所列。

表 1

时 间	活动内容	主讲人	地 点
14：40—15：20	展示课	宋雷	第四小学 实验室
15：30—16：00	评课	全体科学老师	
16：00—16：20	活动总结	郝翠娥	

提升课堂效率　提高教师素养

——小学科学名师工作室第九次研修活动总结

2021 年 10 月 19 日，小学科学名师工作室在伊金霍洛旗第四小学开展第九次研修活动。名师工作室成员及阿镇城区科学老师参加本次活动。

名师工作室宋雷老师拓展教材内容，创新教学形式，讲授《蜡烛的变化》，教学效果良好。

活动总结时，郝翠娥老师指出，宋雷老师创新使用教材，改进实验环节，变"教教材"为"用教材"，但需注意课堂用语。她希望全体科学教师都能创造性使用教材，提高课堂效率。

《蜡烛的变化》学习心得

伊旗实验学校　李　荣

今天上午我参加了小学科学名师工作室的第九次研修活动，宋雷老师展示课例《蜡烛的变化》，这是一节很经典的课。教材上安排的实验环节现象并不明显，学生不能直观地看到浑浊之后的石灰水，只是看到烧杯内壁的一层附着物，而且实验完毕后整理器材也是个难题。今天听了宋雷老师的展示课后，我对于这节课的教学设计和实验环节有了全新的认识，受益匪浅。

宋雷老师在实验前的指导上，充分挖掘了高段学生已有的对观察实验的一些经验、技巧，从而让学生在一次观察实验中就能充分调动各种感官去观察、体味,就能对实验中产生的现象有全面的了解和认识。

学生实验的技能与素养,并不是单个实验就能锻炼出来的,而是在老师科学的指导下,经过长期的训练培养出来的。在以往一个又一个零散的实验中,学生的各种实验技能得到锻炼和提高。但是,由于受某个特定实验、某种特定场合或自身心理素质的制约,老师在指导学生实验前往往考虑让学生完成实验目标,而忽视了为更高效地完成实验目标可以充分挖掘学生已有的知识经验。

通过本课学习,学生能从蜡烛燃烧的现象中发现物质变化的主要特征。初步学会用实验的方法搜集物质变化的证据,并能用恰当的语言表达。知道物质的变化有两类:一类仅仅是形态的变化,没有变成新的物质;另一类会产生新的物质。意识到物质是在不断变化的。体验实验获得证据、交流获得结论的重要。

【第四期第十次研修活动】

关于举办伊金霍洛旗教育体育局第四期"1+1+X+N+Z"小学科学名师工作室第十次研修活动的安排意见

为提高课堂效率,提升教师素养,现决定举办伊金霍洛旗教育体育局第四期"1+1+X+N+Z"小学科学名师工作室第十次研修活动。

研修主题:依据多种观察量点,实现高效观课议课。

具体安排:如表1所列。

表1

时 间	活动内容	主讲人
14:30—15:10	课例展示 热传导	任 宇 第五小学
15:20—16:00	基于证据的实证性议课	—
16:00—16:30	专题讲座 "科学拓展与创新"	杨 升 第三小学
16:40—17:10	活动总结	郝翠娥

依据多种观察量点 实现高效观课议课
——伊金霍洛旗小学科学名师工作室第十次研修活动总结

12月7日，伊旗教体局第四期"1＋1＋X＋N＋Z"小学科学名师工作室在伊旗第五小学开展了主题为"依据多种观察量点 实现高效观课议课"的第十次研修活动。

本次活动由小学科学教研员、小学科学名师工作室主持人郝翠娥主持，名师工作室全体成员及阿镇各校科学教师在线下参加，基层各校通过同频设备线上全程参与。

活动共分为四个部分，第一部分：工作室成员李荣老师就如何依据观察量点进行观课议课说明；第二部分：工作室成员任宇老师进行课例展示；第三部分：分组议课活动；第四部分：工作室成员杨升老师进行专题讲座。

首先，由伊旗实验学校李荣老师进行如何观课议课说明，并明确各组成员的观课量点，发放观察量表。

接着由伊旗第五小学任宇老师进行《热传导》课例展示，任老师从学生原有认知出发，联系学生已有的生活经验，通过对生活事例的深入分析与讨论，让学生初步建立热传导概念，然后通过学生自主尝试设计实验，分组操作进一步帮助学生完善热传导概念，最后通过让学生解释生活中的热传导现象，进一步巩固建立的热传导概念，明确热传递发生条件和传递方向，使学生的课堂所学迁移到生活中去，让知识得到升华。

观课结束后，听课教师对观察量表中记录的数据进行分析讨论后，分组进行了议课汇报，分别从教师课堂语言精准度、学生课堂参与度两个量点进行了分析说明。接下来由伊旗第三小学杨升老师进行了主题为"科学拓展与创新"的专题讲座，杨老师一直致力于科技创新的研究，指导学生创作的科技发明多次获得旗级、市级、区级、国家级奖项，在讲座中，杨老师将自己多年的科技创新经验倾囊相授，启发老师们如何从生活中发现创造需要，如何将科学原理融入科技创作。

最后由小学科学名师工作室主持人郝翠娥进行了活动总结，郝翠娥老师首先肯定了本次观课议课活动的实效性,任宇老师的展示课教学设计严谨、问题精准,学生参与度高,所有观课教师都深度融入课堂,并通过对观察量点的数据分析,精准地分析评议课堂,同时郝老师也提出了期望,希望老师们在以后的观课议课活动中,学会用数据说话,用证据分析,实现高效观课议课。

学习,永远在路上
——小学科学名师工作室第十次研修培训心得体会

伊旗蒙古族小学　萨登脑日布

学习是一件终身都要践行的旅程,而作为教师,公开课便成了学习路上最好的风景,让每一个看风景的人都成长着、收获着。

本次研修活动,我所执教的《热传递》是苏教版小学科学五年级上册第二单元第一课,这节课我在设计上分为三个环节。

首先,以学生熟悉的生活经验泡热水澡导入,充分激起学生的学习兴趣,同时提出问题:你在泡热水澡时,身体有什么变化?由此引出本节课的主问题:热是怎么传递的?从而研究热传递的三种方式:传导、对流、辐射。最后让学生运用所学的知识解释生活中的热传递现象,使知识源于生活,回归生活。

从准备、研磨到授课、反思,每一步都让我成长,现将我的收获从以下几个方面进行整理分享。

一、关于材料的选择

教材中,热传导这个实验只对金属汤匙作为加热材料,无论是材料还是形式都比较单一,另外选择金属汤匙作为实验材料,可能是为了考虑更好地体现生活化,但是,没有必要非得选择我们的餐具作为材料,用金属片完全可以代替,还有,用金属汤匙进行实验,会使学生认为:热在固体中是沿直线传递的,从一端到另一端,为了体现热在固体中是沿着四面八方传递的,最后选择了圆形的金属片,这样学生可以从实验现象中总结出热传递的方向四面八方。

二、关于介质的选择

因为热传递的过程我们看不到,而且还不能摸,这样在实验中,就需要借助其他材料在热传递的过程中根据所发生的变化,推想出热传递的规律,教材中，采用的是在金属上滴上蜡油的方法，等蜡油凝固后，再对金属汤匙进行加热，观察热传递的现象，我在研磨课中发现，学生在滴蜡油时弄得到处都是，加热时，蜡油在汤匙上很快融化，到处流，分散了学生的注意力，效果也不理想，所以我在教学中将蜡油换成了凡士林，这样实验效果更为明显。

每一次工作室的研修活动，从开始准备到结束，每一个阶段都有不同的收获，通过教研员和老师们的点评，也更能发现自己的不足，更能明白改进的方向，学习，一直在路上，愿这条路上一路芬芳！

【第四期第十一次研修活动】

关于举办伊金霍洛旗教育体育局第四期"1+1+X+N+Z"科学名师工作室第十一次研修活动的安排意见

为发挥名师的示范、辐射、引领作用，促进专业师资队伍建设，现决定举办伊金霍洛旗教育体育局第四期"1+1+X+N+Z"小学科学名师工作室第十一次研修活动。

研修主题： 聚焦科学素养，夯实教学能力。

活动形式： 课例展示、专题讲座、读书分享。

具体安排： 如表1所列。

表1

时间	活动内容	主讲人
14：30—15：10	授课《把盐放到水里》	郝霞
15：25—16：05	授课《轮子的故事》	李林生
16：10—16：40	说课 评课	
16：40—17：00	讲座 "小学科学新课标解读"	李荣
17：00—17：20	读书分享 《科学素养怎样教》	萨登脑日布
17：20—17：30	活动总结	郝翠娥

小学科学名师工作室第十一次研修活动总结

2021年12月21日，伊金霍洛旗教育体育局第四期"1+1+X+N+Z"小学科学名师工作室开展第十一次研修活动。

活动中，有两位老师讲授示范课。郝霞老师执教《把盐放到水里》一课。课堂脉络清晰、环节紧扣、扎实高效。

李林生老师执教《轮子的故事》一课。课堂"扶放"结合、寓学于乐，学生在游戏中掌握了知识。课后，全体老师参加了评课活动。

李荣老师结合实例对《小学科学课程标准》进行了解读。他说："课标是教材编写、教学评估的重要依据，只有充分解读课标、理解课标要求，才能备好课、上好课。"

萨登脑日布老师分享了《科学素养怎么教》一书。

最后，郝翠娥老师作总结发言。她希望全体科学教师能以教研活动为契机、以教学问题研究为切入点，不断提升教学水平、增强教学能力。

低年级科学教学思考
——小学科学名师工作室第十一次研修心得
伊旗第二小学　郝　霞

本次研修活动中，展示的是两节低年级科学教学，从备课、讲课、听课多个角度观察思考，我认为想要上好低年级科学课，课堂一定要贴近学生，要让课堂"活"起来，有趣起来。

一、从问题开始

低年级学生因对周围生活及现象认识越来越多，兴趣越来越浓厚，问题也越来越多，所以把问题作为引导学生开始学习探究的起点，更容易激发低年级学生的探究兴趣。同时以解决问题作为开始，让学生亲历探究活动过程，最终解决问题，获得知识与技能。《把盐放到水里》一课就是围绕"盐在水中溶解的快慢与什么有关"这个问题展开探究的。

二、注重活动过程

低年级学生活泼、好动、敢于实践,课堂要给学生提供充分动手实践、动脑思考的机会。在实践活动中发现问题、解决问题,体验探究的过程,而他们也会在探究活动中不断获得新知识。《轮子的故事》一课中,就为学生提供了充分的材料,让学生在活动中感知轮子的作用。

三、注重课堂延伸

正如大家认为的那样,低年级的科学课堂应该是"有解释"的课堂,应该是一个"经验积累"的课堂。学生在课堂中习得的知识、方法,是课外延伸的基础;《把盐放到水里》一课中,就把"盐在水中溶解快慢还与什么有关"的实验设计作为本课结尾,一方面引导学生设计实验,另一方面也保障了课后探究的严谨性,激发学生探究兴趣。

低年级科学课中如何落实科学素养,还需要我们在教学实践中思考、实践。

【第四期第十二次研修活动】

关于举办伊金霍洛旗教育体育局第四期"1+1+X+N+Z"小学科学名师工作室第十二次研修活动的安排意见

为促进科学教师专业化成长,现决定举办伊金霍洛旗教育体育局第四期"1+1+X+N+Z"小学科学名师工作室第十二次研修活动。

研修主题:科学教师的专业成长。

具体安排:如表1所列。

表1

时间	活动内容	主讲人
14:45—16:45	讲座 "世界因生命而精彩——小学科学'生命世界'领域内容的教与学"	工作室导师 曾宝俊
16:45—17:00	线上答疑 交流研讨	
17:00—17:10	活动总结	工作室主持人 郝翠娥

伊金霍洛旗小学科学名师工作室
第十二次研修活动总结

2021年12月28日，小学科学名师工作室全体成员在伊旗教体局一楼阶梯教室参加了第十二次研修活动。本次活动由郝翠娥老师主持。

首先，工作室导师曾宝俊作了题为"世界因生命而精彩——生命世界领域的教与学"的讲座。讲座中，曾老师结合自己多年的教学经验，通过分析课堂实例，讲述了生命领域知识的教学方法。他希望老师们做到了解生命、敬重生命、热爱生命，并教给学生与大自然、动植物和谐共处的方法。

讲座结束后，曾老师和老师们进行线上交流研讨。针对老师们的教学困惑，曾老师做了细致地解答。

最后，郝翠娥老师作活动总结。她希望老师们能用心钻研教材，做思考型教师，不断把学习所得内化为教学能力。

听曾宝俊老师的"世界因生命而精彩——小学科学'生命世界'领域内容的教与学"心得

伊旗第四小学　宋　雷

2021年12月28日下午，听了江苏省特级教师、教育部课标修订组核心成员、教育部课程与教材专家委员会委员曾宝俊老师的讲座，主题是"世界因生命而精彩——小学科学'生命世界'领域内容的教与学"。

曾老师通过分享成功教学设计《一片叶子的生命史》和《蚂蚁的观察》，引发我们对小学科学课堂的教学进行深刻的反思，深度地剖析了如何带领学生们学会探究，又如何引导学生们对所观察到的现象提出问题，曾老师又通过评《观察蜗牛》一课，提出我们观察动物时应该做到不打扰、不接触、不伤害。

曾老师还分享当学生在课前做了所有的课前准备的时候，我们应该怎么样开展我们的课堂？科学教育是有温度的，科学教育是可以伴随一生的教育，科学让学生们心中有爱，内心柔软，对生命产生敬畏之情。

曾老师的讲座深入浅出，实用性极高，让我享受了一场智慧的盛宴。这次研讨活动，提高了个人素质和专业素养，对小学科学的教法和设计有了新的启发，为今后科学课堂的开展奠定了更为扎实的基础。为有科学梦想的教育工作者搭建了专业成长的平台。在名师的引领下我们会不断超越自我，走向辉煌。

【第四期第十三次研修活动】

关于举办第四期"1+1+X+N+Z"小学科学名师工作室第十三次研修活动安排意见

为进一步提升科学教师的综合素养，促进专业化师资队伍建设，现决定举办科学名师工作室第十三次研修活动。

研修主题：专注学生思维提升科学素养。

研修形式：课例展示专题讲座。

具体安排：如表1所列。

表1

时间	活动内容	主讲人
14：40—15：20	课例展示《能量的转换》	宋雷
15：20—15：40	说课	宋雷
15：40—16：20	评课议课	—
16：20—17：00	专题讲座"创新教育从我做起"	杨升
17：00—17：20	活动总结	郝翠娥
17：20—18：00	解读《科学名师工作室2022年工作方案》《名师工作室考核方案》	郝翠娥

专注学生思维 提升科学素养
——小学科学名师工作室第十三次研修活动总结

2022年3月22日，小学科学名师工作室第十三次研修活动在伊金霍洛旗第四小学举行，伊金霍洛旗教育体育事业发展中心电教实验工作室科学教研员郝翠娥、第四小学侯校长、教务处常主任、小学科学名师工作室全体成员、阿镇城区的科学老师们参加了本次活动，本次研修活动由小学科学名师工作室主持人郝翠娥主持。

工作室成员宋雷执教《能量的转换》一课。宋雷老师创造性地使用教材，注重学生逆向思维的培养同时兼顾德育渗透，教学效果良好。

课后，郝翠娥老师组织全体老师参加了评课活动。老师们指出这是一节比较成功的课，为初中物理的学习打下了坚实基础。同时老师们还提出了一些合理化的建议，温度计使用注意事项上还需细化，基于部分学生动手能力较弱，打火机可以代替火柴，提高实验效率。

之后，名师工作室成员杨升做了专题讲座"科技创新从我做起"。讲座中杨老师分享了自己的科创经验，老师们受益匪浅。

最后，郝翠娥老师作总结发言。她希望全体科学教师能以名师工作室的研修活动为契机，结合时事展开教学，同时注重板书设计及学生思维的培养，不断提升自身的教学水平和业务能力。

注重学生逆向思维的培养
——从《能量的转换》一课谈起

伊旗第五小学　任　宇

小学科学名师工作室充实的高效的一次研修活动虽然仅仅只有一下午的时间，但是宋雷老师的展示课和杨升老师的讲座让人久久不能忘记，听课、评课、交流活动紧张而有序地进行，让人受益匪浅，深思颇多。

《能量的转换》是六年级科学上册的一节观察实验课，宋雷老师的导入大大激发了学生探究的兴趣，为后续的环节奠定了基调，宋雷老师是用"教材教"，而不是"教教材"，教学设计大胆创新，尤其是课堂上注重学生逆向思维的培养，为学生后续的学习打下了坚实基础。我认为在科学教学中主要充分发挥学生的主体作用，给学生充分的自主实验、思考和玩游戏的时间，课堂要面向全体学生，给实验做得慢的小组重做的时机，让每个学生都体验到了成功的快乐，实验过程中适时地指导，做到有的放矢。充分发挥了多媒体课件的作用，激发学生的求知欲，拓展了他们的知识视野，产生了语言讲述无法达到的效果。指导实验到位，引导学生讨论出考前须知，各组分工要明确，每人都有事做，注意实验习惯等。同时要注重课堂的生成。

聆听了杨升老师关于创新的讲座，给我科技创新方面指明了方向，以后在科学课上要注重学生动手能力和创新能力的培养，使他们爱科学、学科学、用科学，提高学生学习科学的热情。

【第四期第十四次研修活动】

关于举办伊金霍洛旗教育体育局第四期"1＋1＋X＋N＋Z"小学科学名师工作室第十四次研修活动的安排意见

为提高科学老师的专业素养，促进专业师资队伍建设，现决定举办科学名师工作室第十四次研修活动。

研修主题：专注学生思维，提升科学素养。

活动形式：课例展示、观课议课、专题讲座。

具体安排：如表1所列。

表1

时　间	活动内容	主讲人
8：20—9：00	课例展示《声音的产生》	萨登脑日布
9：00—9：10	说课	萨登脑日布

(续表1)

时　间	活动内容	主讲人
9：10—9：40	评课议课	—
9：40—10：10	专题讲座 "科学教师专业成长"	李　荣
10：10—10：30	活动总结	郝翠娥

依据多种观察量点 实现高效观课议课
——伊金霍洛旗小学科学名师工作室第十四次研修活动总结

2022年4月22日上午，小学科学名师工作室开展主题为"专注学生思维，提升科学素养"的第十四次研修活动。科学名师工作室全体成员、阿镇地区科学老师参加活动。小学科学教研员郝翠娥主持活动。活动邀请市电教馆科学教研员苏伊拉莅临指导。

首先，蒙古族小学萨登脑日布展示课例《声音的产生》。萨老师通过组织游戏，让学生了解到声音可以传递信息；通过探究实验，让学生动手操作实践，了解声音产生的原因。

讲课结束后，萨老师进行了说课。他详细阐述了本节课的设计意图，并反思了教学过程中存在的不足。

随后，听课老师进行了交流研讨。苏伊拉老师对这节课进行了点评，她认为这节课选的实验是很好的，教学设计合理，教学准备充分，学生参与率高，教师评价多元丰富且及时有效，从教学中的细节分析，本节课的重点是通过观察、实验、比较、讨论等活动认识声音是如何产生的，在这方面落实得非常好。难点是声音是由物体振动产生的，但有些环节还需改进。

接着，实验学校李荣老师分享了《科学教师的专业成长》这本书。李老师结合自己的教学经验，从多个方面讲述了教师在专业成长道路中可能会遇到的挑战，并分享了对策和方法。

最后，郝翠娥老师做活动总结。她对苏伊拉老师指导教研活动表示感谢，也对参加活动的科学老师提出了要求。她要求科学老师用心钻研教材，要把研修活动所得内化于心、外化于行。

小学科学名师工作室第十四次
研修培训心得体会

伊旗蒙古族小学　萨登脑日布

本次科学教研课，我上了《声音的产生》这一课。上过课以后，我认为本课有一些成功之处。

一、注意培养孩子们良好的实验习惯

科学课中，孩子们纷乱地分组实验一直是困惑教师的一个问题。良好的实验习惯一直是教师们追求的教学目标。本节课中，我将学生分成六组，并对每组中的四个人进行分工，即分为组长、实验员、材料员和记录员。从本节课来看，学生的探究活动以组长为核心，成员积极配合、分工、合作，教学井然有序。这培养了孩子们的实验习惯。

二、循序渐进，由易到难

教育心理学告诉我们：学生对某一事物的认识是一个循序渐进的过程。依据教学内容和学生的实际，我把学生的分组实验分成了有肯定"梯度"的三次：第一、二次实验，把重点放在正面探究上，选择了橡皮筋和直尺做材料，从个别到一般归纳出物体发声时的规律。第三次实验，选择了音响和塑料泡沫做材料，让学生自行设计实验进行验证，从而让学生懂得了物体发声时是否在振动，还可以借助一些辅助材料来观察。这样的设计，让学生的认识经历了一个从易到难的过程，培养了学生的科学探究能力，到达了预定的教学设想，能表达新课程的根本理念。

三、创新教学方法，突破课堂教学难点

通过观察、实验、比拟、商量、交流等活动，理解"声音是由物体振动产生的"是本课教学的重难点。为了达到突破本课教学重难点的目的，我在学生分组实验探究的基础上又设计了音叉、队鼓和锣三个演示实验，其中怎样让发出声音的铜锣马上停止发声这一教学活动，以一种逆向思维验证了学生的

探究结果，吸引了学生的注意力，满足了学生的好奇心，设计独特新颖。这对突破课堂教学难点起到了积极的促进作用。

当然，本课的教学也有一些欠缺之处，学生对气体振动产生声音的理解还不够深刻。

【第四期第十五次研修活动】

关于举办伊金霍洛旗教育体育局第四期"1+1+X+N+Z"小学科学名师工作室第十五次研修活动的通知

为促进全旗小学科学教师专业化成长，现决定举办伊金霍洛旗教育体育局第四期"1+1+X+N+Z"小学科学名师工作室第十五次研修活动。

活动一具体安排：如表1所列。

表1

时间	活动内容	主讲人	地点
8：20—9：00	课例展示《不同的声音》	伊旗第二小学 郝霞	伊旗第二小学实验室
9：10—9：50	课例展示《能量的转换》	伊旗第五小学 任宇	
10：00—10：30	评课议课	全体听课教师	
10：30—10：50	经验分享《科学教师应该知晓的科学家们》	北师大二附校 李林生	
10：50—11：20	工作室成员读书分享	工作室成员	
11：20—11：30	活动总结	郝翠娥	

活动二具体安排：如表 2 所列。

表 2

时　间	活动内容	主讲人	地　点
14：40—16：40	专家讲座 "新课标　新课堂"	小学科学名师工作室导师 曾宝俊	教体育局 阶梯教室
16：40—17：00	线上答疑　交流研讨		
17：00—17：10	活动总结	郝翠娥	

小学科学名师工作室第十五次研修活动总结

小学科学名师工作室第十五次研修活动如期开展，本次研修共分两次活动，由伊金霍洛旗教育体育事业发展中心信息化办公室科学教研员郝翠娥主持，伊金霍洛旗教育体育事业发展中心信息化办公室郭小军主任、小学科学名师工作室全体成员、阿镇地区科学教师参加了本次活动。

第一次活动于 2022 年 6 月 16 日在伊金霍洛旗第二小学举行，本次活动主要有课例展示、评课议课、经验分享和读书交流。

设计巧妙，科学探究。郝霞老师执教《不同的声音》一课，充分挖掘教材，借助简单的材料，引导学生深度探究，适当拓展，击破难点，知其然更知其所以然。

玩转科学，深入浅出。任宇老师执教《能量的转换》一课，在多种花样玩牛顿摆中，分析能量的转换。寓教于乐，架设思维的桥梁，注重科学知识与生活实践的联系，培养学生科学素养。

思考得失，取长补短。听课老师们从课堂教学目标的定位与把控、重难点的设置与突破、教学过程的设计与落实、教师的教与学生的学等方面做出了全面、客观地点评，同时也针对课堂教学中的不足提出自己宝贵的思考和建议。

踔厉奋发求实效，笃行不怠向未来。李林生老师分享《科学教师应知晓的科技大咖》，有的是观察、思考的楷模，有的是勤出智慧的典型，有的是为捍卫真理而孜孜以求，他们的故事是科学教师们培养学生科学精神、科学思维的必备素材，为教师们设计探究实践活动提供有益的参考。

共沐书香，品味教育。《科学素养怎样教》一书在理论与实践中穿梭，从理论中找寻科学教育的"活水"，在课堂实践、教学研究中思考探究，获益成长。

积土为山，积水为海。活动最后，工作室主持人郝翠娥对本次活动做总结。希望全体科学教师能以名师工作室研修活动为契机，在新课标、新教材解读上下功夫，精细设计教学活动，精准课堂提问，不断提升教师专业能力。

第二次活动于2022年6月21日在伊金霍洛旗教育体育局阶梯教室举行，活动主要由小学科学名师工作室曾宝俊老师作专题讲座和线上答疑研讨交流。

聚焦核心要素，着眼教学评研。小学科学名师工作室导师曾宝俊做了题为"探寻科学备课的基因——基于核心素养和教学评研一体化的思考"的专题讲座。从科学课程核心素养的分析到结合课例的教学评研一致性的教学设计，曾老师娓娓道来，深入浅出地介绍如何精心设计学生的学习活动，如何关注课堂教学设计，研究儿童学习过程等，为老师们指点迷津。

匠心筑梦，不负韶华。活动最后，工作室主持人郝翠娥对本次活动做总结。希望老师们能将学习内容内化提升教学素养，也相信在曾老师的指导下，在教育局的大力支持下，在全体老师的共同努力下，将博采众山之石，筑牢教学之基，落实核心之本，促进学生之根。

惜光阴百日犹短，乘东风再上征程。伊旗小学科学团队定会汲取能量，深自砥砺，走向学习型、专业型教师团队。

《不同的声音》教学反思

伊旗第二小学　郝　霞

本课是苏教版小学科学第三单元《声音的奥秘》最后一课教学内容。本课主要是让学生在观察、体验的实践过程中，描述物体在音量、音调等方面的不同特点，并能通过实验探究了解声音与发声物体之间的关系，知道产生不同音量和音调的原因。但对于三年级学生来说，学生在日常生活中能知道声音的音量是有大小或高低之分的。但对于声音的正确认识或描述及为什么会产生不同的音量或音调并不清楚，所以结合学生实际情况，有必要设计易操作、易理解的实验帮助学生认识声音的不同并知道产生不同音量和音调的原因。

对于如何解决这一教学难点，在课前教师也是做了大量的实验及准备工作，结合之前的教学经验发现学生对于音调的强弱较容易理解，主要是对音量强弱的描述中容易用大小或高低来描述，需要在教学中纠正强化。但对于音调的高低学生理解起来就非常困难，如果用橡皮筋来探究音调，实验中不可控的因素太多，操作要求较多，学生操作不当就会产生不同的实验现象，影响实验探究的准确性。经过反复思考，下水实验最终选用钢尺来进行初步探究，然后用吉他琴弦的不同来扩充不同发声物体产生高低不同的音调。经过初次教学后发现效果不错，但因只有一把吉他需要老师演示用，只有前排同学或熟悉吉他的同学能猜测出吉他发出不同声音的原因，在演示操作探究中，学生也只能是听到吉他琴弦产生高低不同的音调，但不能清晰地看到吉他琴弦，所以在课后我又拍摄了吉他琴弦素材，以备学生观察所用。同时对课堂中强调不到位的部分进行修改，在后续的班级教学中，也越来越完善，所有的付出都是值得的。

一学期的教学工作接近尾声，在本学期的教学中，我在备课上花的功夫是最多的，当然在教学中也是有收获的，只有备得足、备得实、备得符合学生的学习需求，才能在课堂中游刃有余地完成教学。新的课标，新的教材，也是新的挑战，新的起点，加油！

【第四期第十六次研修活动】

关于举办第四期"1+1+X+N+Z"小学科学名师工作室第十六次研修活动的安排意见

为促进全旗小学科学教师专业化成长，现决定举办伊金霍洛旗教育体育局第四期"1+1+X+N+Z"小学科学名师工作室第十六次研修活动。

研修主题：专家引领助推成长。

具体安排：如表 1 所列。

表 1

时　间	活动内容	主讲人	地　点
14：30—17：30	专家讲座 "解读新课标　助力新成长"	小学科学名师工作室导师 曾宝俊	伊旗三小
17：40—18：00	线上答疑　交流研讨		
18：00—18：10	活动总结	主持人　郝翠娥	

解读新课标　助力新成长
——伊金霍洛旗小学科学名师工作室举行第十六次研修活动总结

2022年9月13日下午，伊旗教体局第四期"1+1+X+N+Z"小学科学名师工作室在伊金霍洛第三小学开展了主题为"专家引领助推成长"的第十六次研修活动。

本次活动由伊旗小学科学名师工作室导师曾宝俊老师主讲，由小学科学教研员、小学科学名师工作室主持人郝翠娥主持，科学名师工作室全体成员、全旗其他科学老师全程参与。

曾宝俊老师全面细致地解读了小学科学物质世界领域的核心概念，对新课标提出的13个核心概念图分解为4个跨学科概念进行了分解阐述。

活动最后，郝翠娥进行了活动总结，她对所有的科学老师提出了要求和期望，希望老师们能认真学习、领悟、运用新课标，读懂教材的设计意图，把专家的建议内化到自己的教学中去。

新课标培训心得体会
北师大二附小　李林生

2022年9月13日，全旗科学老师在教育发展中心郝老师的组织下有幸听了曾宝俊老师关于新课程标准的讲座。

他指出以往我国的课程是封闭的、静态的，课程是法定的，稳定性强，整齐统一的，局限于教材、课堂、学校之中，灵活性较小，没有为学校、教师留有发挥的空间，限制了教师、学生的创造性，也使课程本身失去可塑性，失去了发展的机会。新的课程改革强调课程的开放性，课程将更加开放，赋予学校、教师一定的权利，留下课程不断发展的空间和潜能，课程处于一个动态的、变化的过程中。新的小学科学课程改变了过去的"统得过死、管得过严"的状况，强调科学课程的开放性，给科学课程留下一个发展的空间，在学习内容、活动组织、作业与练习、评价等方面都有很大的弹性，给予学校、教师一定的权利，学校、教师可以根据实际情况进行调整，在开发与利用课程资源上，强调因地制宜，因势利导，充分开发、利用不同空间、不同性质的课程资源。

新的科学课更关注学生的学习过程和学生的体验，将科学探究作为主要的学习方式。教师要树立科学探究的意识，科学探究并不神秘，生活中处处有科学，认识科学探究赋予学生学习的意义，为学生提供充分的探究机会，如果教师自己都不习惯探究，那么怎样组织、指导学生的探究活动呢？教师要树立开放的观念，拓展学生的学习空间，不能再将学生封闭在教室、学校中；灵活安排学生的学习时间，不必只限制在课堂上，不必限制在课时任务上；合理利用、积极开发课程资源，不再是一味地"教教材"；鼓励学生根据自己兴趣选择教材以外的知识来学习。

新的小学科学课程的理念是先进的，用旧的思维方式、旧的观念是难以驾驭新课程的。教师必须深刻理解科学课的理念，转变教育观念。转变教师观念要采用多种途径，各种力量广泛参与、相互配合。加强教师培训，教师培训要改变过去以学历提高为目的、流于形式的状况，要注重转变教师观念，使教师理解新科学课程的理念，并树立与之相适应的新的教育观念；加强课程设计者与教师的沟通、交流，使教师能真正理解课程改革的意图、理念；加强课程专家、学科专家和教研人员对教师的指导；广泛开展各种教研活动，如教学观摩课、讲座、报告、研讨会等活动，促进教师之间的交流、相互学习；运用远距离教育手段，充分利用各种信息资源，扩展教师教育的空间；积极倡导教师校本培训，促使教师在实践中快速提高自己。

【亮点工作】

伊金霍洛旗小学科学名师工作室成立以来的亮点工作

伊金霍洛旗小学科学名师工作室在伊金霍洛旗教体局领导的大力支持下，在旗教研员郝翠娥的引领下，取得了一系列可喜的成绩。

①工作室主持人郝翠娥及工作室成员曾在自治区区级同频互动教研活动中承担教材分析、课例展示、评课、讲座等任务，获得自治区科学同仁们的一致好评。

②自治区教研室组织同频互动教研活动以来，旗教研员郝翠娥每周二下午组织全旗科学老师按时参加教研活动，老师们以此为契机，充分提高自身素养，给孩子们带来精彩的科学课。

③工作室成员在主持人郝翠娥的带领下开展课题研究《小学科学实验教学绿色化有效策略的研究》，自课题申报以来，工作室成员各司其职，课题研究工作稳步推进。

④工作室成员李荣、萨登脑日布曾荣获"市级教学能手"。

⑤工作室成员李荣自制教具曾荣获自治区级一等奖、国家级三等奖。

⑥工作室成员杨升在科技创新教育方面取得显著成绩，她自己的发明创造多项获得国家专利，辅导学生的科技创新作品7次获得国家大赛奖，金银铜奖均有。自治区科技创新大赛近十年连续多人次获奖，金银铜奖均有，约50多项获奖。她的成绩使她本人被评为"国家级优秀科技辅导员"，她所在的学校伊旗第三小学被评为"国家级科技发明先进学校"。

⑦工作室成员李荣、宋雷在历届市级实验教学说课、自治区级实验教学说课活动中取得骄人成绩，李荣老师、宋雷老师曾荣获市级实验教学说课一等奖、李荣老师荣获自治区级二等奖、宋雷老师荣获自治区级一等奖，宋雷老师被评为"2020年度全国中小学实验教学能手"。

以下为自治区级同频互动教研活动主持词、优秀课例、教材分析、课例点评，专利说明等。

> 主持词

2020 内蒙古自治区小学科学同频互动主持词

伊金霍洛旗科学教研员　郝翠娥

各位教育同仁，大家下午好！

很荣幸今天由我们鄂尔多斯团队承担本次同频互动任务，我是鄂尔多斯市伊金霍洛旗教育发展研究中心电教实验工作室科学教研员、伊金霍洛旗小学科学名师工作室主持人郝翠娥，首先由我为大家介绍我们团队的各位成员：鄂尔多斯市电化教育馆科学教研员苏伊拉；伊金霍洛旗小学科学名师工作室成员、伊金霍洛旗实验学校科学教师李荣；伊金霍洛旗小学科学名师工作室成员、伊金霍洛旗第二小学科学教师郝霞；伊金霍洛旗小学科学名师工作室成员、伊金霍洛旗第五小学科学教师任宇；东胜区正东小学科学教师张美卿；东胜区第八小学科学教师呼丽。

今天的活动共分为六个环节，首先由郝霞老师对苏教版小学科学三年级上册第四单元《地球上的水资源》进行单元教材解读。

下面由呼丽老师和大家分享关于本单元教材内容在具体教学实践中的经验和建议。

下面由任宇老师对第三课《海洋》进行课例分享，并和大家共同交流本课的设计思路。

下面由我对任宇老师的课例展示进行点评。

下面由张美卿老师对第四课《珍惜水资源》进行教学设计分享。

下面由李荣老师就小学科学实验教学改进与教具创新和大家交流分享。

总结：感谢自治区教研室陈丽老师组织的每周二全区小学科学教师同频互动教研活动，不仅为科学教师提供了共同交流研讨的平台，更让每一位科学教师对苏教版科学教材有了更深层次的理解和把握，受益良多。

本次活动由我们鄂尔多斯团队承担，和全区的教育同仁们共同交流了苏教版小学科学三年级第四单元《地球上的水资源》的相关内容，不足之处还请大家批评指正，今天的同频互动到此结束，谢谢大家！

课例点评

《海洋》课例点评

伊金霍洛旗科学教研员　郝翠娥

本课重在让学生认识海洋是世界上最大的水体，知道是海水是咸水，并意识到海洋也是人类资源的宝库。

任老师这节课共设计了三个环节，每一个环节之间衔接紧密，层层递进，学生学习效果非常好。

第一个环节，通过让学生涂一涂"世界海陆分布示意图"，在涂的过程中感受比较海洋和陆地面积，认识地球表面海陆分布情况，发现海洋约占地球表面的四分之三。

第二个环节，指向海水的特点，紧扣海水含有大量盐类这个重要特征，通过观察实验，对比淡水和海水蒸发后的残留物，在实验过程中，学生分工明确，课堂秩序良好，充分体现了学生良好的科学素养，最终学生观察得出海水含有更多杂质的结论，引导学生基于证据进行推理，并通过观看微课视频了解海水淡化的技术，体验海水被转化为淡水的过程，这样既能认识到海水的用途，也为高年段学习水的三态变化埋下伏笔。

第三个环节，通过科学阅读和交流，认识海洋中除了丰富的生物资源还蕴藏着其他资源，初步意识到海洋是人类资源的宝库。

《珍惜水资源》课例点评

伊金霍洛旗科学教研员　郝翠娥

这节课整体设计严谨，环环铺垫、环环相扣，达到了预设的目标。

视频导入新颖，符合低段小学生的心理特点，孩子们从视频上更容易获取信息，这段视频为目标一淡水资源的有限性的达成做了第一步铺垫。

紧接着是科学阅读，让学生详细了解了地球上淡水资源非常稀缺，还知道了中国的水资源虽然很丰富，但是中国是个人口大国，人均水资源也很缺乏，这段文字为目标一的达成做了第二步铺垫。

学生的实验活动体验坐实了地球上淡水资源很匮乏，用学生的话来说："少得可怜。"

前面的目标一的达成及接下来的水的用途和缺水对人们生产生活的影响都是为节水而做铺垫的。为了达成节水行动从我做起、从身边做起的目标，本课做了拓展：制作家庭节水计划，要求和父母亲共同完成。

教材分析

《地球上的水资源》教材分析

伊旗第二小学　郝　霞

一、单元设计意图

（一）本单元主题的提出

本单元的提出首先包含了认知价值：大家都知道水是地球上重要的自然资源，是生物体最重要的组成部分，但我们会忽略水又是能量流动和物质循环的介质。人类生活的方方面面都离不开水的帮助，随着人口数量增长和经济迅猛发展，人类的用水需求不断增长，水污染更是加剧了可利用水资源日益短缺的现象。如今缺水所造成的显著影响，已经引起全世界的广泛关注。

第二它包含了学习价值：从学生发展的前概念来说，由于学生生活经验和认知水平的限制，造成了学生对水资源的价值、重要性的认识存在片面性，所以对学生来说有学习的必要性。

第三它包含了教育价值：本单元以认识水体为明线，借助语言描述、建立模型、科学阅读和体验游戏等方式，有效提升学生已有经验的科学性，丰富学生对水资源的认识。在动手实践活动中增强研究水的好奇心、求知欲和问题分析能力，树立节约用水的意识，增强社会责任感。

（二）本单元对《课程标准》的落实

通过四课《河流与湖泊》《地下水》《海洋》和《珍惜水资源》的学习落实课标内容中"地球与宇宙科学领域"的中年段要求。

①地球表面有由各种水体组成的水圈。

●知道地球表面海陆分布的情况。

●知道地球陆地表面河流、湖泊等水体类型。

②地球为人类生存提供各种自然资源。

●举例说出人类生活离不开淡水,树立节约用水的意识。

●了解地球上的海洋为人类生存提供了生物、矿产、能源等多种资源。

(在自然资源这一目标中除了本单元的学习之外,还要与六年级自然资源的学习共同达成)

具体本单元主要通过观察、制作、实验、阅读、交流等学习活动,落实课标中年段的课程目标。

科学知识方面初步了解地球上水的基本状况。

科学探究方面能基于已有经验和所学知识,从现象和事件发生的条件、过程、原因等方面提出假设,观察并描述对象的外部形态特征及现象。

科学态度方面主要培养学生探究兴趣和合作意识。

科学、技术、社会与环境方面是激发学生参与环境保护活动的意识,愿意采取行动保护环境、节约资源。

(三) 本单元在本套教材中的位置

本套教材共有五个学习单元,《地球上的水资源》是第四单元学习内容,由于水是地球上重要的物质之一,所以除了本单元的学习,它与低段、中段、高段不同单元学习内容都有关联。在低年段中:能观察并描述水的基本特征,了解生活中处处用到水、知道动植物需要水维持生存和生长等;在中年段,本单元学习中认识地球上水资源的分布及水体的特征、四年级研究水的三态变化;在高年段中了解水的不同形态,认识水循环和地球上丰富的水资源等。纵观整套教材的学习,《地球上的水资源》的学习又起着承上启下的作用。

(四) 本单元次级主题的构成及逻辑关系

本单元次级主题由《河流与湖泊》《地下水》《海洋》和《珍惜水资源》四课构成。

按照先部分后整体的逻辑顺序展开,前三课逐一认识三类典型水体的显著特点,构成并列关系,最后一课以珍惜水资源为话题做单元总结。结合具体教学内容，以制作和使用模型、体验性游戏和科学阅读为主要学习方式。

（五）单元活动框架

下面来看本单元的活动框架，《地球上的水资源》共有四课学习内容，每一课又有三个主要活动来达成内容目标，具体每一课的活动分析会在后面的课时教材中详细说明。

二、单元教学目标

整个单元的教学目标总结为四点：

①能描述与识别河流、湖泊、海洋、地下水等水体类型。

②能够用实证的方法发现海水比淡水含有更多杂质。

③知道水是重要资源，能举例说明人类生活离不开淡水。

④乐于了解节约用水的原因和做法，提出节约用水建议。

三、课时教材分析

（一）河流与湖泊

《河流与湖泊》是认识地球上水资源的第一课，通过三个主要活动达成以下教学目标：

①能识别出河流、湖泊等常见水体类型。

②通过模型的制作知道河流（湖泊）水的来源和地形特点。

③能说出生活在水体不同位置的淡水生物名称。

活动一是观察和描述常见水体类型。活动的核心是体察，主要比较河流、湖泊、池塘、水库水体的特征，如水域面积的大小、成因，也包括其中隐含的如水流状态、水中的物质成分等特征，让学生通过观察进行描述。

活动二是模拟河流与湖泊的形成。活动意图是促使学生主动思考地形、降水与河流、湖泊成因的联系。除了模拟活动，如学校周边有天然降水形成的池塘、小河流等，也可以让学生先观察再分析成因，丰富学生的认识，促进思维发展。

活动三是认识河流与湖泊是生物的家园。通过教材文本信息的提取，帮助学生丰富水体生物种类的认识，初步了解生物在水体生活的位置，借助任务让学生对文本信息进行深度加工和理解，为后续认识生物系统做好铺垫。

活动手册中的内容，可根据教学内容的安排合理应用。

（二）地下水

《地下水》是地球上的水资源的第二课，通过三个主要活动达成以下目标：

①知道地下水在地表的表现形态和形成原因。

②能制作一个水井模型，并结合地下水形成示意图说明地下水的成因、储量、储存区域。

③借助阅读和研讨，体验合理开采和保护地下水资源的重要性。

活动一是描述井水、泉水的特点。对于三年级学生来说，地下水方面的知识比较陌生，除了教材提供的泉水和井水图片外，还可提供一些视频资料帮助学生理解，观察的同时要让学生思考这些水是从哪里来的，要充分展现学生思考。

活动二是制作简易水井模型，借助模型认识井水的来源。教材中给我们提供的是利用身边简易的材料制作水井模型，但活动的关键在使用模型，能观察到降水下渗与聚集的动态过程。既培养学生的动手实践和解决问题能力，又能培养学生观察和思考能力。

活动三是认识地下水的成因及保护。教材先出示大自然中地下水形成示意图，通过前面制作简易水井模型，再读这个示意图，形成一一对应的关系，帮助学生来理解地下水的成因。下面这一部分是通过阅读帮助学生了解过度开采地下水引发的不良后果及一些补救措施，激发学生爱水之情、节水之行。

活动手册中第一个活动是通过另一种形式辨识和描述地下水的主要构造，第二个活动是激发学生的创造思维，运用所学知识解决身边的实际问题。

（三）海洋

《海洋》这一课可以细化为四个活动来达成以下目标：

①观察世界地图或地球仪，描述地球表面海陆分布情况。

②学会搜集证据推理出海水比淡水含有更多的杂质。

③了解海水淡化的简易方法。

④知道海洋为人类提供了重要资源。

活动一是通过"世界海陆分布示意图",认识地球表面海陆分布情况,发现海洋占据了地球表面大部分面积。由此提出:既然海水这么多,水是不是取之不尽、用之不竭的?把问题指向海水特点同时引出活动二。

活动二是比较海水与淡水,了解海水发苦发咸的原因。紧扣海水含有大量盐类这个重要特征,通过观察实验,让学生详细描述加热过程中观察到的现象,对比自来水和"模拟海水"蒸发后的残留物,得出海水含有更多杂质。

活动三是制作简易海水淡化装置。通过制作简易海水淡化装置,体验海水淡化的过程,这一实验的关键是满足水先蒸发后凝结的条件,创设一个先热后冷的温度差,才利于实现。通过这一活动既能帮助学生认识到海水的用途,也为高年级学习水的三态变化埋下伏笔。

活动四是认识海洋是人类的资源宝库。通过阅读和交流,认识海洋中除了丰富的生物资源还蕴藏着其他资源,初步意识到海洋是人类的资源宝库。

活动手册第二个活动侧重认识海洋生物资源,也渗透了生物对环境适应的思想。

(四)珍惜水资源

《珍惜水资源》是本单元的总结课,通过四个活动达成以下目标:

①通过交流水的用途及缺水的影响,认识到生产生活都离不开水。

②乐于多人合作体验淡水资源的有限及可利用淡水资源的供不应求,能说出导致用水量增加的客观原因。

③了解一些节约用水的方法、措施,树立节约用水的意识,愿意身体力行,节约水资源。

活动一是了解水的用途及缺水的影响。先调动学生的生活经验,尽可能多地列举水的用途,再讨论缺水对生产生活的影响,运用正反对比的方法让学生充分意识到水的重要性。

活动二是体验淡水资源的有限。通过亲自动手操作和对比分析,在各种水资源总量的巨大差异中,学生会很容易意识到淡水资源的确非常有限,由此萌生节约用水的想法。实验后,要让学生交流切身体会及感受。

活动三是体验淡水资源的供不应求。活动的关键在能否将模拟活动还原到现实生活中，供水者和用水者的行为在现实生活中分别指什么？还有哪些原因会导致用水量增加？这些都需要学生还原到生活中去。

活动四是认识节水方法。结合教材图片列举的节水措施丰富学生的认知，将落脚点放在讨论家庭中的节水措施，制定家庭节水方案，将知识转化为行动，激励学生身体力行，节约水资源。

活动手册内容可结合教学安排灵活应用。

四、单元课时建议

原则上按教学内容每课一课时的教学，在实际教学中，老师们可根据实际活动安排灵活调整。

五、配套视频资源

在教学参考资料中，每一课又会有2~3个配套的视频资源作为认识地球上的水资源的教学支撑，老师可根据需要灵活选用。

优秀案例

优秀案例《环境变化以后》

北师大二附小　李林生

【内容标准】

自然或人为干扰能引起生物栖息地的改变，这种改变对于生活在该地的植物和动物种类、数量可能产生影响。

3~4年级：能举例说出人类生产、建筑等活动对动植物生存产生的影响。

【学习目标】

①能举例说出动植物适应季节变化的方式，对比发现生活在不同环境的动植物适应变化的方式是不一样的。

②能举例说出急速的天气变化和灾害性事件对生物生存造成的威胁。

③能举例说出人类生产、建筑等活动引起环境变化对动植物生存产生的破坏性影响。

④能以鱼道的设计为例，依据动物的生活习性评估其合理性。

⑤能意识到工程设计需要综合考虑多方面因素，特别是由此引起的环境变化对生物的影响。

⑥了解人类的生活和建造等活动可能会引起环境变化，对生物的生存造成破坏性影响。

⑦具有参与环境保护活动的意识，愿意采取行动保护环境，节约资源。

【教学过程】

播放关于旅鸽的视频，聚焦旅鸽为什么会灭绝这个问题，带着问题进入课题《环境变化以后》的学习。

教师介绍生存环境在不断的变化，并引导学生根据自己的尝试和学习单列举环境变化的例子。学生列举了变冷、变热、环境污染等。

教师肯定学生后播放"一棵树一年的变化"视频，让学生判断这种变化属于哪种变化。

教师介绍季节引起的环境变化面前，生物因长期的生存而拥有了各种各样的本领，引导学生结合自己的经历列举生物应对季节变化的例子，并结合学生的回答介绍雷鸟、北极狐、麻雀应对季节的本领。播放动物适应季节变化的例子引出植物应对季节变化的问题。引导学生举例，接着教师引导学生仔细观察猴面包树的特点，分析它是如何应对季节变化的。

小结：在季节变化面前，生物们生存了下来，他们适应了这种变化。这种变化是缓慢而有规律的。而接下来的变化又有什么特点呢？

教师出示四幅图，组织学生选择最熟悉的内容进行分析：图中有什么信息，这将会给生物带来什么影响？

学生对旱灾、雪灾、火山喷发和森林火灾进行了分析，教师在拓展海水倒灌和土地荒漠化后，引导学生进行小结：这些变化是自然灾害，在自然灾害面前，生物们因为不适应而死亡甚至灭绝了。

教师出示恐龙和猛犸象的化石图片，让学生辨认它们是什么，说一说它们灭绝的过程。学生说出了两种动物灭绝的原因。

教师总结，关于恐龙灭绝的原因，说法有很多，但大多数人都认为是环境的突然改变造成的。

教师过渡性引导，环境的变化除了自然原因，人类的活动也对环境造成影响，出示四幅人类活动影响环境的照片，组织学生进行分析并小结。

将学生的思维引向旅鸽灭绝的原因上来，组织讨论分析，学生说出生存的变化、人类的影响等，教师播放生物学家的分析，肯定大家的答案。

过渡性引导，令人欣慰的是，随着认识的提高，人们越来越意识到保护环境的重要性。越来越多的人在进行生产生活实践时会考虑生物原本的生活环境。

教师利用图片和视频介绍修堤筑坝影响了鱼类的正常洄游和两种常见的鱼道。组织学生换位思考，假如你是一条鱼，你会选择哪种洄游鱼道，说说理由。学生利用所学知识从原本生活环境、效率等方面进行了分析。

介绍藏羚羊迁徙行为，鼓励学生为藏羚羊必经之路设计铁路。学生通过画图和出点子，给出了很多可行的、有创意的设计方案。

优秀案例《环境变化以后》

伊旗第四小学　宋　雷

【核心概念】

生物与环境的相互关系。

【学习内容与要求】

生物能适应其生存环境。

3~4年级：举例说出生活在不同环境中的植物的外部形态具有不同的特点，以及这些特点对维持植物生存的作用；举例说出动物适应季节变化的方式，说出这些变化对维持动物生存的作用。

【教学目标】

科学观念： 能举例说出动植物适应季节变化的方式，对比发现生活在不同环境的动植物适应变化的方式是不一样的；能举例说出急速的天气变化和灾害性事件对生物生存造成的威胁；能举例说出人类生产、建筑等活动引起环境变化对动植物生存产生的破坏性影响。

科学思维： 能以鱼道为例，依据动物的生活习性评估其合理性；意识到工程的设计需要综合考虑多种因素。

探究实践：通过实地考察了解人类的生活和生产可能造成对环境的破坏；考察过程中培养学生树立环境保护活动的意识。

态度责任：热爱自然，具有节约自然资源、保护环境、推动生态文明建设和可持续发展的责任感。

【教学思路】

在学生认识了生物的共同特点、探究了生物与非生物的关系之后，本课从环境中非生物因素发生改变使生物面临挑战入手，借由一个个典型事例使学生深刻感受非生物环境变化对生物生存的巨大影响。本课学习内容从两个方面展开：一方面，探究不同性质的环境变化对生物有不同的影响；另一方面，人类活动对环境造成改变，进而影响到生物的生存，人类正采取措施降低破坏性影响，使学生认识和感受到现代科技的两面性，树立人与自然和谐相处、可持续发展的科学观念。

【教学过程】

一、导入新课

①观看视频，引导学生说出导致环境变化的三个因素。

②板书课题《环境变化以后》。

二、汇报交流

①依据课前查阅的资料，学生以小组形式汇报。

②师生补充。

③师生交流可能导致恐龙、猛犸象灭绝的原因。

④观看视频《人类活动》。

设计意图：通过人为灾害性事件的列举，使学生认识到这类事件所引发的环境变化，并不像有规律的季节变化一样，生物能够通过一定的方式去适应。生物往往因为无法适应这样急速的环境变化而死亡甚至灭绝，体会人为灾害性事件对生物生存的影响。

三、评估鱼道

①出示水电站图片，引出鱼道。

②视频了解两种鱼道，师简要说明。
③小组评估、交流。

设计意图：本活动的目的在于使学生了解人类在利用现代科技改变生活的同时，也破坏了动物原本的生活环境。随着科学观念的提升，人们意识到了这种问题，正在积极采取措施弥补。

四、修建铁路

①视频出示藏羚羊的迁徙。
②出示一组数据，引发学生保护藏羚羊的意识。
③假如要在藏羚羊必经的迁徙之处修建铁路，学生思考如何建设铁路，考虑哪些因素。
④交流展示。

设计意图：本环节属于拓展活动，应用所学的知识和方法，针对在藏羚羊迁徙必经之地如何修建铁路，提出自己的评估方案。培养学生的设计和思辨能力。

五、谈收获

①学生谈收获。
②出示两张图片，让学生意识到保护环境的重要性。
③交流鄂尔多斯的人们在保护环境方面采取的行动。

设计意图：随着人类对自然规律认识的深入，意识到人与自然和谐相处的重要性，人类在开发和建造的同时，依据生物的生活习性采取相应的措施保护其生存环境。

优秀案例《海洋》

伊旗第五小学　任　宇

【核心概念】

地球系统。

【学习内容与要求】

水循环。

3~4年级：知道地球表面海陆面积所占比例。

【教学目标】

科学观念： 知道海水中含有大量的盐类物质；知道海水苦、咸是因为流入大海的江、河、地下水溶解的盐类物质；认识海洋为人类生存提供了各种自然资源和能源。

科学思维： 观察地球平面图或地球仪，能初步描述地球表面海陆分布情况；乐于探究海水与淡水的不同，学会搜集证据推理出海水比淡水含有更多的杂质；通过制作简易海水淡化装置，体验海水淡化的简易方法。

探究实践： 能在好奇心的驱使下，探究海水苦咸的原因；能在已有的知识基础上，与同学合作讨论设计淡水净化装置；了解海洋是人类的资源宝库，要保护好海洋环境。

【教学过程】

（一）新知导入

科学游戏："你来猜一猜"，教师PPT出示海洋动物的图片，学生猜一猜它们是什么动物？

师：孩子们，你们真厉害！知道这么多种海洋动物，那你知道这些美丽的鱼儿都来自哪里吗？对，它们都生活在一个共同的家园里，它的名字叫作海洋，这节课我们就来认识一下海洋。

板书课题：《海洋》。

（二）新知探究

活动一：涂一涂（体验海洋和陆地的面积）

师：海洋和陆地共同组成了地球的表面，为了让大家观察得更清楚，老师给大家带来了一张世界海洋陆地分布图，接下来，就让我们在涂一涂的过程中感受一下海洋的大小吧。一会请每个组的所有同学，同时开始用蓝色的彩笔在地图的空白处涂上淡蓝色表示海洋。涂完之后比一比，说说你的感受。

小组汇报。

小结：世界上海洋的面积比陆地的面积大很多，海洋的总面积约占地球表面积的70%。

活动二：比一比（比较淡水和海水的不同）

海水的组成：

师：既然地球上海洋的面积这么大，那我们直接饮用海水可以吗？把你知道的和大家分享。

学生猜测：海水中含有盐……

师：真的如大家所说的那样，海水里真的有盐吗？我们如何来验证呢？对啦，我们可以用加热的方法来蒸干海水里的水分，看看把水分蒸干后还能留下什么。

接下来让我们来实验验证一下大家的猜想吧。

活动三：蒸干海水和淡水，对比剩余物质

这个实验，选用的材料是我们日常生活中经常喝的淡水和海洋里的海水、勺子、蜡烛、火柴、烧杯、注射器。

实验步骤：

孩子们，在这个实验中，我们每个人的任务都是不一样的，所以大家一定要认真听，只有你做好了，下一个人才能做好。

①请每组1号和2号同学用注射器分别取1ml的淡水和1ml的海水，并滴入两把金属勺中，然后拿在你的手里。

②请5号和6号同学点燃蜡烛，点的时候小心烫手，用完的火柴甩灭后扔到废液桶里。如果需要帮助，可以举手示意。

③请3号和4号同学接过金属勺子，手握勺子的末端，将它们分别放在蜡烛火焰上进行加热，注意勺子离火焰的位置，让火焰最外面的部分刚刚触碰到勺子，待水分蒸干后，停止加热，并吹灭蜡烛，把勺子放在桌子上的湿抹布上，一起观察勺子中留下了什么。

师：留在勺子上的白白的物质是什么？怎么验证呢？可以用你的舌头尝一点。

安全提示：当我们遇到陌生的东西时，是不能轻易随便尝试的，以防中毒！

学生分组汇报。

小结：没错，剩下来的就是盐类物质，海水中含有很多种不同的盐类物质，正是这些盐类物质使海水又苦又咸。

刚才我们通过实验发现，一毫升的海水里竟然有那么多的盐分，其实海水中盐的浓度是人体内的四倍，如果你口渴了喝下200毫升的海水，要排掉所含有的盐分，需要排出350毫升体内的水，不仅没有起到解渴的作用，还会失去体内更多的水！所以海水是不可以直接饮用的！

[设计意图]：通过实际观察模拟海水，知道海水的味道激发学生对海水成分的好奇心，让学生猜测海水的成分。通过对比实验验证自己的猜测。

活动四：了解淡化海水的技术（播放视频）

师：在刚才的实验里，我们用蒸发的方法把海水中的盐类物质分离了出来，孩子们，你们想想，在日常生活中，我们怎样才能使咸咸的海水变成可以饮用的淡水呢？

师：大家的想法很不错，我们可以用刚才实验里的方法把海水中的盐分离，这样海水就可以被我们利用了，这样的方法叫作淡化海水。我们小学生也可以简单地进行海水的淡化，让我们通过视频来了解一下。

师：刚才的方法可以将少量的海水淡化成淡水，但如果要大量地淡化海水，还需要依靠科学家们更先进的仪器和设备，让我们通过一段视频来了解。

学生观看视频。

小结：淡化海水可以帮助我们人类缓解水资源危机，但我们在生活中还是要树立节约用水的意识。

[设计意图]：从实际生活出发，思考如何利用地球含量如此丰富的海水，实际与理论结合学以致用。

活动五：帮海洋动物寻找家

师：孩子们，其实海洋是我们人类资源的宝库，为什么这样说呢？让我们通过阅读课本41页一段文字来了解一下。

学生进行科学阅读。

学生汇报阅读收获。

小结：海洋中不同种类的动物生活的区域不一样，一些生活在浅海，一些生活在深海。而且海洋里还蕴藏着丰富的矿物资源、化学资源和动力资源，比如石油，它就是深埋在海底，所以它被称为人类的资源宝库。但是海洋中的资源也不是取之不尽用之不竭的，所以我们人类还要好好的保护海洋。

师：最后，我们有请今天课堂表现最好的组，把你们获得的海洋小动物送回家。

[设计意图]：了解海洋是人类的资源宝库，意识到保护好海洋环境的重要性。

专刊说明

科学科技教育成果一

伊旗第三小学　杨　升

一种汲水装置说明书

技术领域：本发明涉及户外汲水工具领域。

背景技术：当需要将水源从低处向高处输送时必须通过对水流做功来达到目的，目前通常采用由低处向高处取水的设备，其主要包括两种：一种是通过电力驱动的水泵，一种是通过人力按压来达到汲水目的的手压泵。电动水泵在工作时必须通过电力驱动来实现电机的旋转从而带动泵体工作，手压泵在使用时必须将其放置在地面上使其底部具有支撑后才能进行工作，因此，虽然这两种取水设备在正常的城镇中供给生活生产使用时基本能满足人们的正常使用要求，但是对于一些户外工作者（例如野外探险者、考古人员等等）来说，如果需要在户外进行取水，现有的两种取水设备就无法满足其需要，因为电动水泵所需的电能在野外环境中通常无法稳定提供，而使用手动泵时必须提供稳定的地面支撑，其取水时对地理地势的要求使得其适用性较差。另外，以上两种取水设备因其结构和使用条件的限制导致其体积通常较大、使用或长期携带行走时较为不便，通用性较差。

发明内容：本发明是一种汲水装置，包括一出水管，在出水管的底部设有一汲水部件，所述汲水部件包括一竖直设置的半球止回阀，在半球止回阀的底部设有一导流部件。

所述半球止回阀包括一上阀体，在上阀体的底部固连一下阀体，在上阀体与下阀体组成的阀腔内设有一阀芯，所述阀芯的上端外侧壁上固定套接一外侧壁与上阀体阀腔内壁相抵接的阀盘，在阀盘的顶部沿其圆周均匀间隔设有若干个阀孔，在阀芯的下部外侧壁上固定套设一密封环，在下阀体的顶部固连一密封环加厚圈，所述密封环的下部外侧壁呈由上向下逐步向中心靠拢的曲面，所述密封环的曲面与密封环加厚圈的内环顶部配合抵接；所述阀芯的底部为半球形且伸至下阀体的空腔内并将下阀体的空腔顶部封堵，在下阀体的底部固连一承接管。

所述导流部件为一竖直设置的硬质管体，所述硬质管体的顶部与承接管的底部通过螺纹配合连接。

所述出水管为一硬质弯管，所述硬质弯管为塑料管或金属管中的任意一种，在硬质弯管的一侧固连一拐杖把手。

所述硬质管体的底部端面呈锯齿状。

在硬质管体的底部端面上沿其圆周固连若干硬质支撑垫块。

所述导流部件为一软管，所述软管的顶部与承接管的底部固定密封套接；在软管的下端管口外侧壁上固连一配重块。

在硬质管体的底部固定密封套接一软管；在软管的下端管口外侧壁上固连一配重块。

在硬质管体的外侧壁上设有一驱动装置，所述驱动装置包括一固定套设在硬质管体的外侧壁上的滑块，在滑块的外侧竖直设有一握杆，在握杆的上下两端分别水平固连一限位板，所述限位板均通过限位孔套接在硬质管体的外侧壁上，在其中一个限位板上固连一电机，所述电机的输出轴活动穿过其对应一侧的限位板并伸至两限位板之间的空间内，所述电机的输出轴与一丝杠的一端相固连，所述丝杠的另一端通过插装柱活动插装抵接在其对应一侧的限位板的盲孔内，所述滑块的外端通过螺纹孔活动配合在丝杠的外侧壁上；在与电机相对一侧的限位板上设有一电源，在握杆上设有一双向控制开关；所述电机、双向控制开关分别通过导线与电源相连。

在承接管的空腔内设有一过滤网。

本发明所具有的有益效果是，结构简单，设计合理，操作简单，直接通过快速手动晃动本装置就可以实现快速汲水，在野外环境中使用时不受环境的限制、通用性强；汲水效果好，体积小巧，携带方便；通过改变晃动的频率就可以实现对汲水量的调节，汲水量调节方便；同时本装置可以作为拐杖使用，适合野外生存或野外探险使用，功能多样，通用性强，更有效地满足人们的需求。

科学科技教育成果二

伊旗第三小学　　杨　升

一种筷子自动整理机说明书

技术领域：本实用新型涉及筷子整理技术领域。

背景技术：在大型餐饮行业中，筷子清洗后的整理是一项较为麻烦的工作，通常由人工手动进行整理，将筷子大小头统一一致，以便后期的使用。对于餐厅、工厂食堂、学校食堂等大型人群聚集用餐场所来说，提前将筷子大小头进行分拣整理，可以有效提高用餐效率，因此，筷子的整理是必不可少的一项工序，而人工操作整理筷子，费时费力，工作效率较低，无法满足大批量筷子整理工序的需求。此外，也有使用设备对筷子进行整理的，诸如专利公开号为CN215031190U的实用新型专利，其核心是利用杠杆原理，以分拣带为支点，由于筷子大头一侧较重，小头一侧较轻，在分拣带传送过程中发生倾斜，从而分别落入两侧的收纳箱中。这种设备虽能对筷子进行自动整理，但是需要两个收纳箱进行配合，较为麻烦。另外，筷子在放入进料口时，需要将筷子平齐后，方能放入，否则设备无法正常使用。

实用新型内容：本实用新型为了弥补现有技术的不足，提供了一种筷子自动整理机，它结构设计合理，操作方便，以机械自动化代替人工进行筷子的整理，省时省力，有效提高整理的工作效率，无需将筷子平齐，即可实时对筷子进行整理，保证设备的正常运行，在进一步提高工作效率的同时，可对整理后的筷子统一由单个收纳箱进行收集，不额外占用资源，解决了现有技术中存在的问题。

本实用新型为解决上述技术问题所采用的技术方案是：一种筷子自动整理机，包括顶部开放设置的箱体，在箱体前后两侧侧壁顶部分别对称设有支撑板，一送料盒通过设置在其端部前后两侧的转轴分别活动铰接在左端的两个支撑板之间，所述送料盒的顶部、底部以及与箱体相铰接一侧侧壁均开放设置，在送料盒内设有传动机构，所述传动机构与设置在送料盒侧壁上的伺服电机相配合，在靠近箱体一端的送料盒前后两侧内壁上设有限位板，限位板底部与传动机构表面之间留有供筷子通过的空隙，在与送料盒相铰接一端的箱体前后两侧内壁上均对称设有挡块，在箱体前后两侧的内壁上水平设有与传动机构表面重合设置的挡板，在箱体前后两侧的内壁之间倾斜设有传送板，传送板的上端设置在挡块下侧，其下端向右侧倾斜设置，在箱体底部设有收纳机构。可选地，所述传动机构包括分别活动卡接在送料盒左右两端内壁上的传动辊，一输送带绕设在两根传动辊上，所述伺服电机的输出轴活动穿过送料盒侧壁与远离箱体一端的传动辊轴端相连。

所述收纳机构包括设置在箱体内的收纳盒，在对应收纳盒位置的箱体左右两侧侧壁上分别对应设有抽拉口，所述收纳盒的左右两端分别活动闭合在箱体对应一侧的抽拉口上。

在伺服电机上下两侧的送料盒侧壁上分别水平设有卡板。

在远离箱体一端的送料盒内壁上分别沿其宽度方向间隔设有若干个分隔板，各个分隔板的端部分别连接在限位板侧壁上，其底部分别活动抵接在传动机构上。

所述限位板倾斜设置，与伺服电机一侧的传动机构表面所形成的夹角为锐角。

还包括杀菌机构，所述杀菌机构包括若干个水平设置在箱体前后两侧内壁之间的紫外线杀菌灯，各所述紫外线杀菌灯分别设置在靠箱体右端的抽拉口一侧，在各个紫外线杀菌灯上方的箱体前后两侧内壁上设有导向板，所述导向板竖直段的上端设置在挡板下方，其水平段固连在箱体右侧的内壁上，导向板与传送板形成下料通道。

还包括设置在箱体侧壁上的语音控制器,所述语音控制器包括语音触发器、信号转换器、驱动器。

所述挡板活动设置在箱体前后两侧的内壁上,在对应挡板位置的箱体内壁上分别沿其长度方向水平开设滑槽,所述挡板的前后两端分别活动卡接在箱体对应一侧的滑槽内。

本实用新型采用上述技术方案,所具有的优点是:结构设计合理,操作方便,以机械自动化代替人工进行筷子的整理,省时省力,有效提高整理的工作效率,无需将筷子平齐,即可实时对筷子进行整理,保证设备的正常运行,在进一步提高工作效率的同时,可对整理后的筷子,统一由单个收纳箱进行收集,不额外占用资源;实现语音模块化控制,进一步设备提高操作的舒适度;采用紫外线杀毒灭菌的模式,对收纳箱内整理后的筷子进行消杀,提高使用的安全性。

科学科技教育成果三

伊旗第三小学　　杨　升

小学科学拓展与创新课例分享讲座提纲

一、基于探究的科学拓展

(兴趣课堂视频)科学拓展课程内容为《科学队长》,它有很强的实践性,学生可以在课上动手操作或制作,是科学课的拓展与补充。高年级,针对学生兴趣、需求,增加了一些科学制作与创新技能类的内容,其目的是进一步培养学生工程思维与工程实践能力。

(图片)案例1:找物体平衡支撑点。

说明:这节课的学习内容源于我辅导学生创新的过程。给地震报警仪底座加平衡支撑柱时,学生找不到平衡支撑点,特别是不规则物体。在我启发引导下,孩子们想出多种找物体平衡支撑点的办法:方法1,先用长木条把物体平衡支撑起来,再用笔在物体上标出长木条的支撑位置,换个方向重复一下刚才动作,交叉点便是物体的平衡支撑点;方法2,用较粗的圆柱把物体平衡支撑起来,在物体上画下支撑位置圈图,挪动圆柱位置,再平衡支撑物体,并画下位置圈图,这样,圈图重叠部分就是平衡支撑点的范围,这样多做几次,圈图重叠部分的面积更小，更精准地找到平衡支撑点位置；方法3，直接拿小圆柱尝试，属于笨办法；方法4，在较粗的圆柱平衡支撑的圈图内尝试，好于方法3。

这样的课程资源弥足珍贵，给物体找平衡支撑点的理论知识、方法技能对学生今后科学制作、工程实践很有用，我把它列入科学拓展课程，教更多的孩子学习。

（视频）案例2：齿轮传动的秘密。

说明：苏教版科学五年级旧教材《简单机械》单元中有一个活动：瓦楞纸做的链条传动和齿轮传动的比较。学生做成的没几个，活动形同虚设。但是经过我的自制教具却让学生对齿轮传动理解得十分透彻。

播放挂挡模拟演示实验视频（提前录了学生用老师自制的汽车传动模型进行挂挡操作的视频），我先让学生观察汽车挂挡模型演示再发言。同学们看了，提出了科学探究的问题：为什么各挡位速度不同？和那些齿轮有关系？什么关系？我及时让同学们对这些问题的答案进行了讨论，并以组做出假设与猜想，同时讲述了理由。

用自制教具齿轮组和装置，我让学生分组实验探究齿轮传动的秘密，利用学习单进行任务驱动，完成了探究活动，揭开了齿轮传动的秘密：传动的齿轮中，大齿轮最慢，小齿轮最快，中齿轮居中。学生很快明白了挂挡的秘密：一挡对应的是大齿轮，二挡对应的是中齿轮，三挡对应的是小齿轮。汽车变速就是通过这些齿轮实现的。

学习单中的系列问题设计，层层深入，引导学生有深度地思考，用探究实验的原理知识解答了这些题目。然后提供学生没有组装的各类齿轮，自己组装实验验证自己的每一道题的答案。

最后，我又给学生出一道创新类的难题，提供两座齿轮：两个12齿数、两个6齿数。提供了剪刀和双面胶带、螺栓当轴等，让学生设计齿轮组装，实现当某个齿轮转了1圈时，另一个齿轮却转了4圈。学生小组讨论后可以先画图，再组装，也可以直接组装。

经过3分钟的激烈讨论和画草图，终于有一小部分同学先想出来方案图，并组装成功。在讲述过程中其他同学也组装完成：把一大一小齿轮用胶布重叠成同心齿轮，另一个大齿轮当主动轮接触同心齿轮中的小齿轮并传动，另一小齿轮接触同心齿轮中的大齿轮接受传动，便可达到当主动轮的大齿轮的转速的四倍，实现了二级变速。

本节课学生从实践探究到得出结论原理，再用理论原理解答问题，指导了实践，创新创造了新方案，将知识与技能内化为素质。

二、基于探究的科学创新

科学创新是永恒的话题。科学改变未来，创新引领发展。科学教师不但要完成科学课教学任务，还要引导学生用所学的知识和技能进行小制作、小发明。坚持下去，学生意志品质形成了，创新意识增强了，解决问题的思维策略灵活了，将来就能加入"大众创新，万众创业"的队伍。下面我分享几个创新案例。

（视频）案例1：地震报警仪。

学生上《火山和地震》时，从视频资料看到地震灾难极其严重，就制作了地震报警仪，要在地震刚开始的小震时发出报警声，人们就能避开地震灾难。但是学生的地震报警仪和国家科普馆、网上的基本相同，既无创新，又起不到报警作用，只能展示原理。我指导学生做地震模拟实验，他们立刻发现了弊端，底座太大不易倾斜，也就不易报警，并想到了改进方案，在底座下面加个细小的平衡支撑柱，改进后非常灵敏，并能持续报警。此项发明荣获第九届宋庆龄少年儿童发明奖三等奖。

案例2：方便门锁。

在发明创新课上，同学们想不到要研究的项目，我鼓励他们找生活中的困难，解决困难的办法很可能就是发明。于是王宇星同学就提出了他们家的困难：经常半夜里起来给开出租车的爸爸开门或关门（因为住的商铺，双推玻璃门）。我到王同学家实地考察，引导他、鼓励他从门缝儿突破，于是他画出了设计图，用纸板做了模型，通过测试后用钢材加工了作品。全家人只要每人拿上两把方便门锁的钥匙，就不用劳烦别人。王宇星同学就是利用工程与技术相关知识能力解决了困难，产生了创新成果，荣获第十届宋庆龄少年儿童发明奖银奖。现在，他家住的商业街有好多人家已经用上了这款方便门锁。

（视频）案例3：犄角旮旯汲水器系列。

"吸管喷喷乐"实验火遍大江南北，我鼓励学生：如果把喷上来的水收集起来，那么它就是一个人力水泵，能参加创新大赛，学生纷纷开动脑筋。有几个学生想到收集水的方案，在老师的指导下生产出小发明汲水器。还有的学生为地质队叔叔设计了特别款，能接软管，在弯曲的石头缝里的水也能泵上来，因为是不锈钢管，去掉软管，能当拐杖用。

案例4：毛笔清洗器。

解决班级里毛笔清洗和放置的困难。每次上完书法课，同学们都去洗手间清洗毛笔，人非常多，墨渍容易溅到衣服上，为此同学经常发生口角。洗完以后毛笔还经常掉水珠污染走廊的地板，且回到教室里没处放。这个装置可以集中清洗毛笔和集中放置毛笔，同学们在笔杆上刻写自己的编号或记号，用起来很方便，省时、省力、省水。

一分耕耘，一分收获。在创新的路上，我们收获满满。但那只代表昨天。今天、明天，我们还需努力。

伊旗小学科学名师工作室成立已经两年有余。自工作室成立以来，工作室在主持人郝翠娥的带领下共安排了十六次研修活动，包括课例展示、读书分享、教材梳理、专题讲座等活动，每次活动均起到了良好的示范、引领作用。惜光阴百日犹短，乘东风再上征程，在接下来的工作中，伊旗小学科学教师们需紧紧围绕学习新课程，尝试新教法的目标，不断更新教学观念，注重把学习新课程标准与构建新理念有机结合起来。将理论联系到实际教学工作中，解放思想，更新观念，树立"以人为本，育人为本"的思想，从而汲取能量，深自砥砺，走向学习型、专业型教师团队。

信息技术篇

"1+1+X+N+Z"信息技术名师工作室

王学勤

从"0"到"1"
——伊旗信息技术学科教研翻开了新篇章

2020年9月,教体局计划筹备成立伊金霍洛旗第四期"1+1+X+N+Z"名师工作室,这项新任务对于信息技术学科几乎是从零开始,所以当领导最初沟通这项任务时,我并没有很大的把握。当时,全旗大部分学科都组建过自己的名师工作室,教研活动开展得如火如荼,作为信息技术学科教研员,我心里也想见贤思齐,力争上游。在领导和同事们的支持和鼓励下,我决定先着手学习其他工作室的成功做法,并结合自身的工作经验,摸索出一套思路和方案。

2020年10月,信息技术学科正式加入伊金霍洛旗第四期"1+1+X+N+Z"名师工作室的行列,从而翻开了我旗信息技术学科教研的新篇章。在领导的支持和关怀下,在导师的专业引领下,工作室在两年间成功开展了14次主题研修活动,其中包括:新课标学习研讨、优秀课例展示、项目式学习课题研究、项目式学习课堂实践、基于实证的观课议课、读书分享等。工作室成员也从刚开始对信息技术课标、对项目式学习的一知半解,到现在能够游刃有余地设计出基于课标、贴近实际、符合学生成长规律、注重核心素养培养的信息技术项目式学习案例。信息技术教育的目的是培养学生的信息素养与创新能力,促进学生更好的发展,这些活动的开展,使我们的课堂逐渐开放,极大地激发了学生的开放性和创造性思维,提升了学生的学习兴趣、核心素养和探索能力,让教师也领悟到了信息技术在学科教育中的关键作用以及成立这一工作室的深刻意义所在。

我们常说,信息技术是一个由"0"和"1"组成的二进制的世界,一路走来，在大家的共同努力下，我们真正实现了从"0"到"1"的跨越式成长，每一个人都收获颇丰，所以我们感激名师工作室给了我们不断奋进、为教育创造更大价值的宝贵机遇！

一、目标：聚焦项目式学习 培养学生核心素养

深入探究教育信息化 2.0 时代信息技术课堂"教—学—研"新模式，全面提升我旗信息技术教师课堂教学能力和学科素养，打造一支"理论素养高、专业能力强、实践本领硬"的学习型团队，引领辐射全旗信息技术教师在项目式学习的驱动下实现优质、高效、实用的信息技术课堂，使全体学生都能实现"真学习、真应用、真成长"，全面落实信息技术学科核心素养。

二、组织：骨干引领示范先行 以点带面共同提升

伊金霍洛旗信息技术名师工作室成立于 2020 年 10 月，现有主持人 1 名、副主持人 1 名、信息技术骨干教师 6 名，其中市级教学能手 5 人、市级基本功大赛一等奖 3 人。工作室致力于推动信息技术学科建设，搭建信息技术教师专业成长和骨干教师自我提升的平台。工作室在主持人的带领下，立足课堂教学、课题研究及信息技术应用能力提升，聚焦制约课堂教学和学生成长的短板和瓶颈问题，开展以项目式学习为主要研修方向的系列研修活动，充分发挥工作室成员的示范引领作用，以点带面全面提升全旗信息技术教师的专业素养。

三、计划："教""学"并进深度研修 创新推广惠及学生

工作室在导师的理论引领和实践示范下，聚焦教学、服务教师、关注学生，坚持以"在教学中发现问题、在研修中分析问题，在实践中解决问题"的研修思路开展活动。工作室助力教师在课标学习、学科素养和教学能力三方面同步提升。工作室的教学愿景是基于真实问题情境、设计贴近实际的项目案

例、帮助学生习得技能、培养思维、形成素养，促进学生在数字世界和现实世界中健康成长。两年来，工作室以项目式学习为引领，扎实、有效开展了各项研修活动。

①建章立制，规范运行。制定科学合理的《工作室发展规划》和规章制度，量身定制成员《个人两年发展规划》，为工作室的发展精确导航。

②导师引领，明晰方向。深入学习践行导师的信息技术教学理论，坚持理论学习和教学实践同步开展，逐步变革教学方式和学习方式。明确信息技术学科的课程性质和育人价值。

③问题牵引，深度研修。聚焦信息技术课堂教学中的难点和痛点问题，深入分析原因，研究解决方案，应用课堂教学，反复迭代修正，形成最优方案。

④实践示范，辐射带动。坚守课堂教学主阵地，积极开展同课异构、课型建模等课例展示活动，积极开展课题研究和课堂实践，为全旗信息技术教师打开信息技术教学新世界。

⑤项目驱动，成果输出。关注单元整体设计，重构教材内容，开展项目式学习，设计具有时代性、创新性、实用性特点的项目式学习方案，促进学生创新思维的培养和个性化作品的输出。目前，工作室已经编纂完成《项目式学习成果集》，其中包括项目式学习论文、项目式学习学历案，学生优秀项目作品等。

两年来，工作室成员潜心研究、积极探索，在课标学习、观课议课、项目式学习探究、读书分享、课题研究、课型建模等一次次研修活动中不断反思、不断成长。尤其是项目式学习，是我们工作室从0到1的新探索、新跨越。从第一次研修活动提出项目式学习，到导师在信息技术课程标准（2017年版）讲座中分析信息技术学科特点、展示项目式学习案例，再到工作室成员初步在课堂中实践项目式学习、同步开展项目式学习课题研究、阶段性开展项目式学习案例汇报、举办项目式学习专题研讨等一系列研修历程，老师们对项目式学习的理解和探索逐步深入，设计出的项目式学习方案也更合理、精彩。项目式教学模式逐步形成，"专业、开放、合作、有序"的信息技术学科有效教研机制正在发挥作用。

作为项目式学习的先行者，信息技术工作室成员率先尝到了"甜头"。2022年9月，以信息技术名师工作室为依托，我们组建了全旗信息科技（信息技术）区域教研共同体，项目式学习模式正在向全旗辐射推广。伊金霍洛旗"1＋1＋X＋N＋Z"信息技术名师工作室的研修成果正在惠及全旗所有学生，信息技术名师工作室正在成为全旗乃至全市信息技术教研的示范窗口。

四、主要研修方案

工作室部分研修活动：包括通知、活动报道、部分心得体会

●2020年信息技术名师工作室部分研修活动
【第四期第一次研修活动】

关于举办伊金霍洛旗教育体育局第四期"1＋1＋X＋N＋Z"信息技术名师工作室第一次研修活动暨全市信息技术网络公开课研讨活动的安排意见

为深入探究教育信息化2.0时代下信息技术课堂教学策略，加快构建我旗信息技术研修新模式，整合线上教研与线下教研，充分发挥名师工作室的引领、示范和辐射作用，促进信息技术教师专业发展水平的不断提升，根据本年度信息技术名师工作室研修计划，结合《鄂尔多斯市电化教育馆关于组织开展2020—2021学年度第一学期信息技术和动漫教研活动安排的通知》（鄂电教发〔2020〕12号）要求，决定于2020年12月4日开展信息技术名师工作室第一次研修活动暨全市信息技术网络公开课研讨活动。

研修主题：基于项目式教学的小学信息技术课例研究。
活动形式：观课议课、集体研讨。
具体安排：如表1所列。

表1

时　间	活动内容	教　师
8：15—8：55	网络公开课主讲教师展示课——《多变的刷子》	冯艳鸿 伊金霍洛旗第三小学
8：55—10：00	基于项目式教学的小学信息技术课例研讨——《多变的刷子》	信息技术名师工作室成员
10：00—10：40	讲座"如何进行信息技术教学设计"	王学勤 伊金霍洛旗教育发展研究中心
10：40—11：30	《名师工作室实施方案解读》信息技术名师工作室一级名师会议	王学勤 伊金霍洛旗教育发展研究中心

共研　共学　共成长
——伊旗教体局第四期"1+1+X+N+Z"信息技术名师工作室第一次研修活动总结

为深入探究教育信息化2.0时代背景下信息技术课堂教学策略，加快构建我旗信息技术研修新模式，整合线上教研与线下教研，充分发挥名师工作室的引领、辐射和示范作用，促进信息技术教师专业发展水平的进一步提升，2020年12月4日，伊旗教体局第四期"1+1+X+N+Z"信息技术名师工作室第一次研修活动暨全市信息技术网络公开课研讨活动在伊旗第三小学举办。

本次活动以"基于项目式教学的小学信息技术课例研究"为主题，以全市信息技术网络公开课活动为契机，通过主讲教师课例展示、工作室成员观课议课，共同研究探讨信息技术教学方法和策略。伊旗教育发展研究中心信息技术教研员、信息技术名师工作室主持人王学勤、副主持人刘贵琴，信息技术名师工作室全体成员及全旗27名小学信息技术教师通过线下和线上的方式参加本次活动。

一、课例展示　引发思考

活动第一项，由伊旗第三小学冯艳鸿老师主讲全市网络公开课《多变的刷子》。冯老师通过播放视频创设情境、设置问题小组讨论、发布微课助力自学、布置任务自主探究等方式带领学生一起完成本课学习目标。

二、研讨互动　碰撞思维

活动第二项，工作室全体成员在王学勤老师的主持下进行基于项目式教学的小学信息技术课例研讨。大家从创设情境的有效性、微课助学的多样性、评价作品的科学性等方面展开讨论。王学勤老师在做评课总结时提出今后要将常规的观课议课模式向"实证+内涵"的多维度观课议课模式转变，观课的每一位成员根据各自的观课维度和观察点拿出具体的数据进行议课，切实为讲课老师提出合理化、系统化的改进意见，充分发挥名师工作室团队研修的引领作用。

三、理念引领　共促提升

活动第三项，由王学勤老师做"如何进行信息技术教学设计"的讲座。王老师从教学设计的概念、一般步骤、如何进行有效的教学设计以及信息技术教师如何提升教学设计能力等方面做了详细的阐述，为信息技术教师进行规范有效的教学设计指明了方向。

四、方案解读　明确方向

活动第四项，王学勤老师为工作室成员解读了《伊金霍洛旗"1+1+X+N+Z"学科名师工作室（第四期）考核方案》，并为每位工作室成员部署了工作室学期任务。大家认真讨论了方案，明确了接下来的工作目标。

本次活动拉开了伊旗信息技术名师工作室研修活动的序幕。接下来工作室将以课例研究为载体，开展丰富多彩的研修活动，为全旗信息技术教师搭建学习和交流的平台，让每一位老师在学习中积淀，在研修中成长。

聚焦课堂　共同成长
——信息技术名师工作室第一次研修活动心得体会

伊金霍洛旗第四小学　陈艳梅

半天的研修活动虽然短暂，但给我的启示却很多。

冯艳鸿老师《多变的刷子工具》一课，让我发现信息技术课堂上自己不敢去尝试的小组合作、小组讨论等环节其实也是可以有效实施的，且不谈本节课的小组讨论有无实际意义，单看学生讨论的有序和热烈程度就觉得信息技术课堂其实也不能仅仅局限于操作能力的提高，对于学生信息素养的培养及提高还要靠操作之外的一些有效的教学环节去达到。接下来的议课环节各位老师各抒己见，畅所欲言，发表自己真实的想法，达到了相互学习取长补短的效果。尤其是活动最后，王学勤老师的总结点评更是让我感觉眼前一亮。她说，一直以来我们观课议课时大家都是你说几句他说几句，这些建议都是一些零散的存在，没有形成一个完整、系统的改进方案，今后的观课议课要从多个维度去关注分析课堂，每个人观察一个点，每个点的优缺点都要用具体的数据体现，这样最终呈现给主讲老师的会是一套完整的改进方案。很期待这样的观课议课模式早日实施。

今天的活动，我还有自己的几点想法。

①课堂是活动的课堂。学生学习新知识的方法方式是多种多样的，老师不同，学生之间也有差异，所以，每一节课都不应该有固定不变的模式。

②课堂是讨论、合作、交流的课堂。讨论、合作是学习小组成员完成学习任务的手段，而交流则促进学生智慧（成果）共享。课堂上的讨论、交流、合作首先有利于学生培养自主、自信和学习的主动性，会让许多平时内向、不善言辞的同学活跃起来，勇于发表个人见解，学生的个性可以得到张扬；其次，有利于创造自由、轻松、愉悦的学习环境，促进学生思维的伸展，这也是愉快学习的一种形式；最后有利于学生培养与人交往、合作的能力，这正是21世纪知识经济时代每个人生存的必备条件、应具备的基本素质。现代教育观念——迈向学习化社会，提倡终身学习——使学生学会认知、学会做事——让学生学会交流、学会与人共事。冯老师的信息技术课堂上敢大胆尝试采用小组合作讨论，这就是一个小的跨越，这也是值得我学习的地方。

③课堂是承认差异的课堂。传统的教学模式中，课堂目标是单一的，要求所有人都达到同一个目标要求，都成为"精英"。而新课程的基本理念认为"不同的人在课堂上得到不同的发展"，这已从客观上肯定人的差异性，认为不同的人在学习上会有不同的效果，每个学生只要达到自己的学习目标，就是巨大的成功。

④我个人认为一节好课的标准就是看学生有没有掌握新知，能不能灵活运用新知。尤其信息技术课堂，学生能够利用本节课的知识创作出有想法的作

品,这就是一节成功的课。不必在意这个作品的哪一处用了什么工具,能否用这个工具。

总之,学习是教师的终身必修课,通过这次研修活动,我学到了许多、也思考了很多,以后在自己的课堂上会更加注重扬长避短,努力提高自己的教学水平和业务水平。

【第四期第二次研修活动】

关于举办伊金霍洛旗教育体育局第四期"1+1+X+N+Z"信息技术名师工作室第二次研修活动暨信息技术学科研讨会的安排意见

课程标准是教师进行有效教学的依据。为引领全旗信息技术教师深入学习信息技术新课程标准,深刻领会新课标理念及实施策略,全面培养和提升师生的信息素养,决定于2020年12月21日举办信息技术名师工作室第二次研修活动暨信息技术学科研讨会。本次活动邀请伊旗信息技术名师工作室导师李冬梅做线上专题讲座。

研修主题:新课标下如何提高信息技术课堂教学的有效性。

活动内容与具体安排:如表1所列。

表1

时间	活动内容	主讲人(主持人)
14:50—15:00	活动介绍	王学勤 伊金霍洛旗教育发展研究中心
15:00—16:00	《信息技术课程标准》解读	李冬梅 信息技术名师工作室导师
16:00—17:00	《如何在信息技术课堂开展项目式教学》	
17:00—17:10	线上答疑	
17:10—17:30	活动总结	郭小军 伊金霍洛旗教育发展研究中心

专家引领助成长　扬帆起航逐梦想
——伊旗教体局第四期"1+1+X+N+Z"信息技术名师工作室第二次研修活动暨信息技术学科研讨会总结

课程标准是教师进行有效教学的依据。为引领全旗信息技术教师深入学习信息技术新课程标准，深刻领会新课标理念及实施策略，全面培养和提升师生信息素养，2020年12月21日下午，伊旗教体局第四期"1+1+X+N+Z"信息技术名师工作室第二次研修活动暨信息技术学科研讨会在旗教体局一楼阶梯教室举行。

活动邀请信息技术名师工作室导师李冬梅做题为"基于学科核心素养的信息技术课程建设"的线上专题讲座。信息技术名师工作室主持人王学勤主持活动，旗教育发展研究中心电教实验工作室相关教研员、信息技术名师工作室全体成员及全旗各学段信息技术教师参加活动。

李冬梅老师从信息技术学科四十年的发展历史、未来发展趋势阐述了信息学科在教育教学中的重要性。她强调，信息技术的特点是解决问题且执行力强，所以，作为信息技术教师我们首先要根据信息技术学科的特点确定这门课的教学要把握住的三条主线，即为什么学？怎么学？学得怎么样？接着，李老师结合自己的VB编程教学实例《三色板》给大家展示了编程教学第一课，身体力行地展示了如何将"为什么学，怎么学，学得怎么样"落实到课堂中，让在座的信息技术老师一睹名师教学的风采！

活动最后，旗教育发展研究中心电教实验工作室郭小军主任作了总结，他提出信息技术教师要从杂乱的工作中脱身，转变自身角色，认真学习、积极投入信息技术教学和现代教育技术在教育教学中的应用实践这两项工作，让信息技术教育教学在教育信息化2.0时代背景下大放异彩！

导师引领明方向　且行且思促成长
——信息技术名师工作室第二次研修活动心得体会

伊金霍洛旗第四小学　陈艳梅

信息技术和网络技术作为一种新的文化载体，正在深刻地改变人们的生产生活方式和思维方式。教育作为人类文化传递的重要手段，必须在人类社会已全面进入以网络为载体的信息社会的形势下肩负起传播现代文化和科技的职责。这次有幸参加了导师李冬梅的信息技术专题培训，使我感慨良多，感悟颇深。

细细想来，我作为一名信息技术教师实在是惭愧，发展变化如此迅速的一个学科，我竟然从2000年参加过关于信息技术课堂教学的培训之后，几乎再也没有出去学习新方法、新技术、新理念的机会。所以，这么多年来，都是闭门造车，在黑暗中摸索前行。加入名师工作室之后，有幸能聆听到信息技术界权威专家李冬梅老师的精彩讲座，真的是如获至宝。

这次讲座使我认识到，要有所发展，就要树立终身学习的观念，不断丰富和更新自己的教育教学理论，不断提高自己的专业知识与技能，使自己不断地在学习中进步，在教学实践中成长。

李冬梅老师精彩的讲解，为一线教师提供了许多技术上的指引，让我们从理论上有了较大的提高。VB实例的讲解，让我们看到了信息技术在生活中有趣、广泛的应用。原来那些看着遥不可及的小程序，是用这样可视化的语言代码制作出来的。因为有了老师详细的讲解，我这个半路出家的信息技术老师也对编程有了一定的了解。虽然不是很精通这门语言，但是心中对编程的学习有了期待。在今后的学习与工作中，我会加强自己在信息技术专业知识上的学习，多进行一些实际操作，争取让自己的业务水平有一个大幅度的提高。

本次培训，李冬梅老师的讲座给了我很大的触动，她讲到信息技术学科的发展历史以及未来趋势，让我对信息技术教学充满了期待，同时，我对自身的发展有了更多的思考。信息技术教师拥有更多的发展空间，只要我们能认识自身的优势，提高自身的专业技能，投入教育教学科研，学会对自己的教学工作及时总结和反思，就能更好更快地提升自我，促进专业化成长。我感到自身的学习才刚刚开始。我会把这次学到的知识运用到自身的工作和学习中，通过学习和实践巩固学到的知识，利用学到的教学方法，积极开展学科教学活动，不断开拓，为信息技术教育做出自己最大的贡献。

• **2021 年信息技术名师工作室部分研修活动**

【第四期第三次研修活动】

关于举办伊金霍洛旗教育体育局第四期"1＋1＋X＋N＋Z"信息技术名师工作室第三次研修活动暨全旗信息技术教师观课议课专题培训的安排意见

观课议课是促进教师专业成长的有效途径，是教研组磨炼课堂、打造课堂、实现优质、高效课堂的重要途径。为引领全旗信息技术教师深入学习观课议课，规范开展教研活动，不断促进教师课堂教学能力提升，决定于 2021 年 4 月 26 日举办信息技术名师工作室第三次研修活动暨全旗信息技术教师观课议课专题培训。本次活动邀请伊旗教育发展研究中心副主任、名师工作室总主持人郭双喜做"校本教研精细化 全面进入 2.0——基于证据的实证性'观课议课'策略研究"专题讲座。

研修主题：基于实证的"观课议课"。

活动内容与具体安排：如表 1 所列。

表 1

日期	时间	活动内容	主持（讲）人	参加人员
4月26日	8：50—9：00	活动介绍	王学勤 伊金霍洛旗教育发展研究中心	全旗信息技术教师
	9：00—11：00	校本教研精细化，全面进入2.0——基于证据的实证性"观课议课"策略研究	郭双喜 伊金霍洛旗教育发展研究中心副主任 名师工作室总主持人	
	11：00—11：30	现场答疑		
	11：30—12：00	课例维度研讨	信息技术 名师工作室成员	
4月27日	15：00—17：00	在线研讨制作观课量表	王学勤 伊金霍洛旗教育发展研究中心	信息技术名师工作室成员 初中信息技术教师 信息技术名师工作室成员
	9：10—9：50 10：20—11：30	基于实证的观课议课教研活动		
	15：00—17：00	在线研讨 完善观课量表		
4月29日	8：30—12：00	基于实证的观课议课教研活动暨全市初中信息技术网络公开课活动		

基于实证精细教研 初探多维观课议课
——伊旗教体局第四期"1+1+X+N+Z"信息技术名师工作室第三次研修活动暨全旗信息技术教师观课议课专题培训总结

观课议课是促进教师专业成长的有效途径，是教研组磨炼课堂、打造课堂，实现优质、高效课堂的重要途径。为引领全旗信息技术教师深入学习观课议课，规范开展教研活动，不断促进教师课堂教学能力提升，2021年4月26日—29日，信息技术名师工作室开展了第三次研修活动暨全旗信息技术教师观课议课专题培训。

4月26日，活动邀请伊金霍洛旗教育发展研究中心副主任、伊金霍洛旗教育体育局第四期"1+1+X+N+Z"名师工作室总主持人郭双喜为全旗信息技术教师做了"校本教研精细化，全面进入2.0——基于证据的实证性'观课议课'策略研究"专题讲座。

郭主任通过现状分析、新的方向和目标、基于证据的实证性"观课议课"策略研究、我们追求的课堂教学梦想和具体要求五方面为大家具体讲解了基于证据的实证性"观课议课"实施过程，为接下来多维视角下的观课议课教研活动的开展提供了坚实的理论基础。

随后，王学勤老师组织全体工作室成员及全体初中信息技术教师对课例《用VB编写"班级风采"程序》进行了观课维度研讨，最终确定了"教学目标达成度""课堂提问有效性""教学资源可利用性"和"课堂评价有效性"四个观课维度，并分组设计各维度的观课量表。

4月27日，信息技术名师工作室进行了第一次多维度观课议课研修活动。伊旗第四中学杨永春老师展示课例《编写"班级风采"程序》的初建课，全体成员按照分组进行多维度观课，并认真记录观察量表。

课后，按照观课议课流程，杨老师首先进行说课。随后，各观课小组成员围绕课前会议确定的观课维度，依据观课量表采集到的信息分析观课数据，得出观课结论并进行分组汇报，对本节课的教学从不同维度提出了改进建议。最后，王学勤老师和刘贵琴老师就本次初建课的多维观课议课研修活动进行了总结，并对各小组的观课量表提出完善意见。讲课教师杨老师在听取各维度小组建议后继续对课例进行优化。

4月29日，伊旗承担全市信息技术网络公开课活动。杨永春老师展示了二次优化后的课例重建课。信息技术名师工作室成员和初中各校信息技术教师组成的观课小组在原有观课议课基础上开展了第二次基于实证的多维度观课议课研修活动。经过两轮观课议课活动，杨永春老师的课例《编写"班级风采"程序》被研磨得精准有趣，成功地激发了学生的学习兴趣、有效培养了计算思维，达到预期教学目标。

转变的是观念，积累的是经验，沉淀的是思想。此次基于实证的多维度观课议课活动让工作室成员切实体会到基于实证观课的有效性，体会到教研互助的幸福。伊旗信息技术名师工作室将继续以基于证据的实证性"观课议课"活动为载体，扎实开展好学科教研工作，努力构建更加高效的课堂。

用实证观课　促教学成长
——第三次研修活动心得体会

伊金霍洛旗第一中学　董艳芳

4月26日—29日，第三次信息技术名师工作室研修活动如期举行，活动分为多维度观课议课专题培训和观课议课活动两部分内容。

4月26日，旗教育发展研究中心副主任、名师工作室总主持人郭双喜为全体信息技术教师做了"校本教研精细化，全面进入2.0——基于证据的实证性'观课议课'策略研究"的专题讲座。听了郭主任的讲座，我最大的收获和启发就是对于观课议课这项教学工作怎样开展，思路逐渐清晰，目标逐渐明确。作为一名一线老师，观课议课是一项需要经常做的工作，非常需要有一个清晰的标准来评价一节课。而一直以来，我们在观课议课过程中会出现"要么找不准点，要么太过全面，要么太过片面"等这样或那样的误区。经过此次培训，心中的这些困惑全部得到了解决。像本次听评课中用到的多维度观课议课量表就是一个很好的体现。

4月27日和29日上午分两次进行基于实证的观课议课活动。此次带来课例展示的是四中的杨永春老师,讲授内容是九年级 VB 模块《编写"班级风采"小程序》。在此之前,听课老师在工作室主持人王老师、刘老师的带领下分组讨论得出本次观课议课的几个维度。各组老师分别就目标达成、课堂提问有效性、课堂有效评价和教学资源使用四方面设计了观课量表。带着这样一个清晰的观课议课量化标准我们走进了杨老师的课堂。课堂上杨老师以任务驱动教学法,让学生充分进行探究。在老师的一步步引导下,学生将问题逐个解决,最终达成目标。整个听课过程中,我们四个组分别从上述四个维度进行观课议课。

总观此次观课议课活动,较以往的评课议课更加全面、更加精准,也更加立体。不像以往的听课过程中,大家关注的问题都一样,改进的办法也都一样,以致问题还存在,一堂课下来,一群人收获的东西也就那么一点儿。而此次听课过程中大家分工不同,关注点不同,精力更加集中在某一方面的实施情况,最终进行汇报总结,一节课非常立体丰富地呈现在大家的脑海中。这样为二次观课议课画出一个清晰框架,无论是讲课教师,还是听课老师都非常清楚下一次上课自己应该注意的地方。这样,基于实证的观课议课的方法,在29日的全市信息技术网络公开课上,我们四个小组的成员在听课过程中更加清晰准确,也更能分工细致地进行观课议课。比如我所在的小组是基于目标达成情况进行的一个量化,此次我们三位成员分别就课堂三维目标中具体达成人数进行统计,使量化表有数据来支撑,更有说服力。

通过此次研修活动,通过基于实证的观课议课,让我不仅在听评课上思路更加清晰,在课堂教学中也更明白应该在哪些方面注意哪些问题。今后,我将把此次研修活动中收获到的知识运用在自己的教学中,力求有更大突破。

【第四期第四次研修活动】

关于举办伊金霍洛旗教育体育局第四期"1+1+X+N+Z"信息技术名师工作室第四次研修活动暨全旗信息技术教师课堂教学设计专题培训的安排意见

教学设计是课堂教学的重要环节,是教师上好课的前提。如何结合教学实际，科学合理地设计教学流程激发学生创作欲与求知欲是每位教师的不懈追求。为引领全旗信息技术教师深入学习教学设计，潜心钻研课堂教学，不断提升课堂教学能力，决定举办信息技术名师工作室第四次研修活动暨全旗信息技术教师课堂教学设计专题培训。本次活动邀请信息技术名师工作室导师李冬梅现场做课指导。

研修主题： 基于核心素养的信息技术课堂教学设计。

活动安排： 如表1所列。

表1

日期	时间	活动内容	主讲人	活动地点	参加人员
5月23日晚上	18：00—20：30	基于核心素养的信息技术课堂教学设计	李冬梅 信息技术名师工作室导师	教体局一楼阶梯教室	全旗信息技术教师
5月24日上午	8：20—9：00	初识Flash动画	史超 鄂尔多斯市第一中学伊金霍洛分校	伊金霍洛旗第一中学计算机机房	全旗信息技术教师
5月24日上午	9：10—9：50	VB《认识Do While—Loop语句》	董艳芳 伊金霍洛旗第一中学	伊金霍洛旗第一中学计算机机房	全旗信息技术教师
5月24日上午	10：30—11：10	VB《For循环》	李冬梅 信息技术名师工作室导师	伊金霍洛旗第一中学计算机机房	全旗信息技术教师
5月24日上午	11：20—12：00	导师点评	李冬梅 信息技术名师工作室导师	伊金霍洛旗第一中学计算机机房	全旗信息技术教师

躬身实践展风采　示范引领助提升
——伊旗教体局第四期1+1+X+N+Z信息技术名师工作室
第四次研修活动总结

为引领全旗信息技术教师深入学习教学设计，潜心钻研课堂教学，不断提升课堂教学能力，2021年5月23日下午至5月24日上午，伊金霍洛旗教育体育局第四期"1+1+X+N+Z"信息技术名师工作室开展了第四次研修活动暨全旗信息技术教师课堂教学设计专题培训。本次活动特邀信息技术名师工作室导师李冬梅亲临现场讲座并做课指导。

  本次活动分为专家讲座和现场教学两部分。5月23日下午，李老师进行了"基于信息技术核心素养的信息技术课堂教学设计"专题讲座。伊旗教育发展研究中心副主任孙揭、伊旗教育发展研究中心电教实验工作室主任郭小军、信息技术名师工作室全体成员及全旗中小学信息技术教师共53人参加活动，信息技术名师工作室主持人王学勤主持活动。

  活动开始，由孙揭副主任为信息技术名师工作室导师李冬梅颁发聘书。李冬梅老师是教育部信息技术课标组成员、北京市信息技术特级教师、全国优秀教师、教育部技术教学指导专业委员会副主任委员，长期从事中小学信息技术教育研究，经过30多年的创新教育实践，提出和阐述了"教学是一个系统工程"的思想，形成以学生为主体的信息技术"整体教学"模式，在全国产生了广泛影响。

  专题讲座中，李冬梅老师围绕信息技术课程标准的核心——课程项目化、课堂活动化、学生个性化三个方面进行解读。她再三强调：课堂教学的主线是解决问题，课堂上要带领学生解决问题，让学生在解决问题的过程中把学习知识变成自发的诉求；学生的学习过程是学生主动地想要获得知识，而不是被动的接受；在课堂活动中，要关注学生的学，课堂不该成为老师表演的舞台；教师要把课堂还给学生，让学生有足够的时间进行个性化的学习。孙揭副主任在总结时强调，信息技术教师要认真学习、深度钻研，要在不断提高自身专业素养和学生信息素养的同时，利用信息技术手段为教学服务，为其他学科服务，引领全旗师生走向教育信息化的前沿。

  5月24日上午，现场教学活动拉开帷幕。市一中分校史超老师、名师工作室成员董艳芳老师和名师工作室导师李冬梅现场执教课例《初识FLASH动画》《认识Do While Loop语句》和《For循环》。三节课例从不同角度、不同方法展示了信息技术课的不同课型。导师李冬梅的课例展示让老师们切身感受了问题式引领教学。李老师通过一个VB作品不断抛出问题，调动学生的思维，激发学生想要学习、想要动手的兴趣，引领学生一步步分析问题、解决问题，最后完成程序设计作品，完美呈现了"什么是解决问题的真正课堂"。课后，全体信息技术老师认真聆听了李老师的课例点评。李老师充分肯定了史超老师和董艳芳的学科素养，同时对信息技术教学提出了具体建议，她强调信息技术课首先要关注学生的操作，一定要让学生多动手，教师要带着学生一起不断地探究和尝试，这个过程就是教给学生学习方法的过程。

活动最后，王学勤老师做总结发言，她强调每位教师要真正转换教学视角，切实将教师的"教"转变为学生的"学"，要对教学内容和教学设计进行深度思考、深度研究，要带领学生一起探究、一起解决问题，真正实现授人以渔。

本次活动是在导师引领下全旗信息技术教师进行的一次教育理念的洗礼和教学思想的升华，为今后的信息技术教学坚定了方向，明确了目标，具有重要意义。

更新理念　　敢于放手
让每个孩子在信息技术课堂展现自我
——第四次研修活动心得体会

伊金霍洛旗第二小学　　陈艳静

非常感激导师李冬梅特地从北京赶来为我们现场进行专题培训与指导，即使专题培训的时间在周末晚上我也特别开心、特别庆幸。

作为一名青年教师，我参加的培训不在少数，但这次培训对我的教学来说意义非凡。讲座中，李老师有很多观点和金句让我印象深刻。李老师说，要在课堂上多问为什么？让学生多问为什么？让学生在解决问题的过程中学习知识，因为课堂的主线就应该是解决问题的，在解决问题中引出知识，利用新知识解决新问题再产生新知识，不断迭代，培养学生解决问题的能力；李老师说，信息技术课的最终目标想要真正地落实，必须看到学生通过学习留在身上的一种能力而非纯粹的知识；李老师说，一节好课就要让学生做出作品，做不出作品就不算学生学会了；李老师说，课堂教学切忌太花哨，一会儿要切屏、一会儿要评价、一会儿要填写调查问卷、一定要让教师和学生沉下心来教和学。

观察李老师的课堂，朴实而厚重。对比我自己的课堂，我想应该做出如下调整：第一，舍弃片面追求多样性而忽略教学效果的教学设计。教学就应该围绕学生的学习主线展开，给学生充足的时间去实践、去探究，帮助学生完成作品，而不是教师表演的舞台。第二，深度钻研教材，不断创新教学内容。我深知，教师要引导学生创新，首先自己要有创新能力，而创新的基础先从扎实丰富的学科知识积淀开始。第三，转变教学方式，把课堂还给学生。教师要相信学生，敢于放手课堂，让学生体验学习的过程，锻炼学生在不断的试错中发现问题、分析问题、解决问题的能力。

总之，这次研修活动带给我非常大的启发和震撼，值得我们所有信息技术教师重新静下心来去思考、去研究。我也将秉承李老师在这次培训与指导中带给我的信念不断精进我的教学。

与师同台　更当图强
——第四次研修活动心得体会
伊金霍洛旗第一中学　董艳芳

本次信息技术名师工作室研修活动，迎来了期盼已久的工作室导师李冬梅进行现场指导。对于李老师这位信息技术教学界的大咖，我早有关注，还曾多次在她的博客上学习摘抄。对这样一位专家级的人物突然能来到身边，能近距离接触，我心中是既激动又紧张。激动的是，我终于能目睹李老师的风采，亲耳听她上一节课。紧张的是，这位老师会不会格外严厉，因为我会在这次活动中讲一节展示课，心中一直忐忑。然而所有的担心在见到李老师本人之后都消散了。她衣着朴素，面带微笑，浑身上下透出的亲和力让你不由得想多去接近她。

5月23日晚，李老师不顾旅途劳累，刚下飞机就为全旗信息技术老师们做了精彩讲座，一场基于课堂教学设计的专题培训。整场讲座李老师从落实学生主体、变革学习方式、设计评价体系、建设课程资源、重视评估反馈等几方面展开论述，并结合她多年的教学经验和典型案例为老师们带来了一场前所未有的、接地气的讲座。其中给我印象最深的莫过于教学评价环节，李老师在自己多年的教学中都坚持为学生批改作业、及时反馈，并形成了一套自己的评价体系。这是一项多么大的工作量，身为一线教师的我们最清楚，所以当时震惊到了我们！这是一件我想想就知道需要付出多少才能做好的事，也是从来没有去做过的一件事，但李老师做到了。但当李老师得知我们当地老师都是一个人带多个班的信息技术课，最多的能带一个年级十几个班时，她说像这样的情况让老师们为每个学生进行作业批改确实是不切实际的要求。她建议老师们先从其他几方面入手改进和加强。另外提到当地信息技术课要参与中考，特别是VB编程这一块儿是让人费神的内容，李老师给出了精准实用的建议。她建议老师们带领学生进入编程的世界，通过老师的引导、学生的一次次试错，让学生真正理解领悟VB语言的含义，并能运用学会的知识进行创作，这样考试时的题目自然也不会难倒学生。作为一个刚带完初三毕业班的老师我深有体会，我们总是陷入考试的圈中不能自知，用尽全部心思沉迷在考题中，从没有静下心来去思考让学生学会的根源在哪里？不去实践只单纯地搞题海大战，学生学着累，老师们教得也累，李老师的建议可谓为我们剖析了学习的本质和根源并为老师们的教学打开了新思路。

5月24日，李老师为我们带来了课堂教学展示《for-next语句》。那些精彩纷呈的案例真的是让在场的师生都眼前一亮，最关键的是这些案例都是李老师的学生做的！那节课，我们真正近距离领会了李老师在课堂上的循循善诱和层层引导的教学方法，真正见到了什么是以学生为主体。即使有时学生出错了，也是顺着这个思路引导他，让他主动思考探究，直到自己发现错误，并找出解决方法。整堂课没有华而不实的秀教法，秀先进的辅助手段，甚至连一张PPT都没有，而是一切以学生的学习为出发点，以老师要教会什么，学生能学会什么来展开教学。一堂课下来，学生一直处在思考和兴奋的状态，很明显他们的求知欲被激发了起来。虽然李老师的案例对于他们有些难度，最终没有完全完成，但从这节课，我开始真正思考我们以往的VB教学方法是否正确。我们是一直不太敢放手，不太相信学生的潜能，从现在起是时候改进了。相较李老师的课堂，我的《初识do-while》课堂太过拘谨，因害怕学生完成不了，任务设计都是半成品。完成任务之前也是先讲知识点，并有针对性地强调提示。一节课下来，学生们完成情况还算不错，但总感觉把学生们限定在了一个固定的圈中，这其实也是一个败笔。另外我还设计了任务自评表，现在回过头来看李老师关于课堂评价这一块的阐述才发现，一节课如果单靠自评互评或挑选几个作品进行评价，未免太过片面，并且对其他学生是不公平的，真正的评价是对每一个学生的作业进行点评并反馈。所以这次研修活动后我也在思考今后的教学中是否可以尝试一下这样的评价方式。

展示课之后，李老师对我和史超老师的课进行点评，同时为现场观课的老师进行答疑。如果说课堂上我们看到的是李老师教书的样子，那评课环节我看到的是一个导师、一个同伴或者一个知己在为你作点评。她总是恰到好处地引导你找到课堂上问题的所在，同时又能用你感到很舒服的一种方式来说出应该怎么做会更好。而这看似平淡的一句点评或者一个问题能让你如醍醐灌顶，豁然开朗。整个评课答疑环节下来，你既被她的专业知识震惊，又被她的人格魅力打动，更被她浑身散发的气质所吸引。在我的内心深处有一个声音在说："信息技术老师就该是李老师这样子的，我想努力成为这样的老师！"

【第四期第五次研修活动】

关于举办伊金霍洛旗教育体育局第四期"1+1+X+N+Z"信息技术名师工作室第五次研修活动的安排意见

为了促进工作室成员的专业成长，提升教学研究能力，经研究，决定于2021年6月4日举办信息技术名师工作室第五次研修活动暨信息技术名师工作室读书分享活动。

活动主题：基于教学实践的信息技术课程研究。

且研且思考　且行且提升

——伊旗教体局第四期"1+1+X+N+Z"信息技术名师工作室第五次研修活动总结

读万卷书，行万里路。爱读书的人，自有属于自己的一方净土和快乐。一人一书一世界，每一本好书，不仅能带给人诗和远方，更能打开另一扇窗，另一个世界。

《基于教学实践的信息技术课程研究》节选自《当代教育丛书》，是北京师范大学李冬梅教授的著作，也是伊旗教体局第四期"1+1+X+N+Z"信息技术名师工作室成员的共读书。6月4日，在伊旗教体局二楼机房，工作室成员进行了《基于教学实践的信息技术课程研究》的读书分享，信息技术名师工作室全体成员参加活动。

搭建域服务器，为信息技术课堂提供资源平台是我们一直想做却没有做到的事情，可李老师做到了，并且做得非常成功。乌兰图雅老师就自己心中的感想与大家分享，并谈到自己已经在实践中进行尝试。将心动变为行动，用实践验证理论，乌兰图雅老师很好地诠释了这一点。

追溯与李老师初次相识的过程，当谈到与李老师同台讲课的经历，董艳芳老师略显激动，满是批注的书本，独到的见解，董老师的分享过程可谓是干货满满。董老师不仅分享了自己的读书心得，并且提出接下来自己会尝试将一个班作为实验班，对学生进行课后评价。

"学习、反思、创新"，只有这样才能成为一名优秀的信息技术教师。陈艳静以"不同视角下的李冬梅老师"与大家进行分享，并发出这样的感慨，既是对自己的要求，也是对大家的鞭策。

小组合作是信息技术课堂的老大难问题，为什么要使用小组合作，哪些课适用于小组合作学习？读了李老师的案例，郝燕荣老师也有了自己的想法，将自己不成熟的案例进行多次修改，设计适合自己课堂的小组合作。

为什么要当一名信息技术老师？我们信息技术学科的价值体现在哪里？陈艳梅老师的分享给出了我们答案——让学生系统地掌握信息技术学科的基本知识与技能，从整体提升学生的信息素养，这是信息技术学科重要的基本价值。

积极营造轻松愉悦的学习环境，精讲重点教学内容，留给学生更多的时间去动手实践、主动思考、创新，准备充分的教学资源……张龙龙老师的分享细致入微，关注书中的每一个细节。

要想让我们的课堂迈向一个新起点，一个人的力量是不够的，乌日娜老师感叹到。在仔细拜读李老师的书后，她认为，发挥团队的力量才能更有助于我们教学走向新高度。

刘贵琴老师的点评回答了老师们的疑惑，项目式教学到底能否适用于我们的课堂？我们完全可以根据自身的课程开设特点、自身的学情来研究适用于我们课堂的项目。小学任务相对简单，可以设置小项目，初中可以以单元为一个项目，这样的过程对教师的要求是极高的。所以，我们更需要成长。

"且研且思考，且行且提升。"王学勤老师感慨地说。她对本次分享的老师给予了充分肯定，并针对每位老师的分享进行详细点评。王老师指出，很多时候，我们止步不前源于我们想到却做不到，希望每一次的教研活动都能让大家有所收获，希望大家既做思想的智者，更当行动的巨人，切实将所思所想落实到每一堂课。

本次读书分享活动持续了三个多小时，在分享与聆听中，在交流与研讨中，老师们受益匪浅。读书就是向下扎根，而我们将书中的知识用于我们的工作中，不断去探索、去实践，就是向上生长。我们的教育理想、教育理念在传播，我们的学习共同体在壮大，抱团研读，相互照亮，去探索教育的真谛，去思考未来的人生，这既是对教育的热爱，更是承担起工作的使命。相信工作室成员在好书的引领下会越来越自信，越走越执着。

好书促成长　分享共进步
——第五次研修活动心得体会

伊金霍洛旗第一中学　董艳芳

读一本好书，就是和许多高尚的人谈话。今天，工作室举行了读书分享活动，大家对导师李冬梅的专著《基于教学实践的信息技术课程研究》进行了交流与分享，感触与收获颇多。

通读《基于教学实践的信息技术课程研究》，发现这就是一本信息技术教学指导用书，书中将一线信息技术教师在教学中遇到的几乎所有的疑问都给出了一个明确的答案和方向。这些答案不是随意的侃侃而谈，它是李冬梅老师30多年来在基础教育领域、信息技术学科前沿，积极探索、深入研究、努力实践、不断创新的教育成果，是在课堂实践经验的基础上，用现代教学理论梳理和总结的极具指导性和启发性的研究报告。王学勤老师安排工作室成员共读这本书，真的是眼光长远、目的明确，我猜她是想让我们站在巨人的肩膀上走得更快、更远！

　　书中的每一章、每一节都特别精彩。在《教学的本质》一章中，李老师指出："我们不仅要知道教学设计的各个环节、各种方法，我们更要知道为什么要有这些环节，为什么要用这些方法，这样就使我们的教学设计不再是盲目的，而是自觉的、问题指向明确的设计。"在谈到教学评价时，她说："目前大多数信息技术课堂的评价存在一个误区，认为课堂结束前或课堂上对学生的任务作品进行个别展示与点评，或者让学生填写一张自评表，就是一节课的评价了。实际上这样的评价是远远不够的。应该怎样进行评价呢？第一，评价要放在课后。信息技术教师课后要批改作业。第二，评价要面向全体，不能仅仅局限于课上的几个学生，这样对于其他学生来说是不公平的。第三，要设计评价标准。"

　　评价是当前课堂中的一个难点，怎么评价？什么样的评价是公平的？李老师说，评价要为所有学生提供相同的机会，没有任何歧视，这样的评价才是公平的。当前我们课堂的评价确实无法照顾到所有的学生，也无法保证挑选的作品是最好的。而李老师每一课都有严格的评价标准，她自己更是经常批改作业到深夜，只为学生们在下节课前看到自己作业的评价批语。在书中一处李教师谈到她为学生上《控件数组》一课时，只图片素材就准备了500M，这又是我何曾做到的？像这样触动人心的地方，本书中处处皆是，既让我感动，也让我惭愧，更让我涌动出一股向李老师学习的热情！不断更新和扩充知识，积极变革教学观念，真正以学生为主体，发挥学生的学习积极性和创造性；不断改进教学方法，最终实现对学生能力的全面培养。

　　读书活动结束时，王老师宣布了秋季学期的主要研修任务，即工作室所有成员需要在自己学校选择一个实验班开展项目式教学。对于这项工作，我非常期待。因为自工作室成立以来，王老师陆陆续续组织开展了6次主题研修活动，从最基础的课标学习到观课议课、教学设计，再到现场教学课例展示，每一次活动内容中都提到了项目式教学。项目式教学作为一条研修主线或明或暗地一直在贯穿着我们所有的活动。期待自己在下一阶段的研修活动中有更大的收获！

【第四期第七次研修活动】

关于举办伊金霍洛旗教育体育局第四期"1+1+X+N+Z"信息技术名师工作室第七次研修活动的安排意见

为保证项目式教学在课堂教学中的有效实施，现决定举办伊金霍洛旗教育体育局第四期"1+1+X+N+Z"信息技术名师工作室第七次研修活动。

研修主题：开展项目式教学，提升学生信息素养。

活动形式：案例分享、研讨交流。

具体安排：如表1所列。

表1

日期	时间	活动内容	主讲（持）人
9月27日上午	8：30—9：00	《读书导报》WPS文字项目式教学案例分享	乌兰图雅
	9：00—9：30	《歌唱青春》WPS演示项目式教学案例分享	董艳芳
	9：30—10：00	《最美家乡》PowerPoint项目式教学案例分享	郝燕荣
	10：00—10：30	《猫抓老鼠游戏》Scratch编程项目式教学案例分享	陈艳静
	10：30—11：00	《好书推荐》PowerPoint项目式教学案例分享	陈艳梅
	10：00—11：30	制作电子小报——《庆祝建党100周年》项目式教学案例分享	张龙龙
	11：30—12：00	项目式教学案例集中指导及2021—2022学年度工作室研修规划解读	王学勤

案例交流促应用　互动讨论共提升
——伊旗教体局第四期1+1+X+N+Z信息技术名师工作室第七次研修活动总结

深入教研齐发展，激昂铿锵从头越。为保证项目式教学在信息技术课堂教学中有效实施，2021年9月27日上午，伊金霍洛旗教育体育局第四期"1+1+X+N+Z"信息技术名师工作室开展第七次研修活动暨项目式教学案例分享活动。工作室全体成员及部分学校教师参加活动。

工作室成员结合各自学段、学情，结合本学期即将使用的项目式教学案例进行分享、交流与研讨。老师们的案例依据本学期教材内容并结合各自学生特点，总体呈现出以问题为基础，以学生为中心，以教师为引导的特点，都体现出用更有效的教学方式、更丰富的教学资源培养学生核心素养的目的。工作室主持人王学勤、副主持人刘贵琴充分肯定了老师们的设计意图，同时对案例提出了改进和优化建议。

分享会结束后，主持人王学勤老师解读了2021—2022学年度工作室研修计划。

教研引领助成长，智慧碰撞促发展。此次研修活动，使信息技术老师更加全面地了解了项目式教学，对项目式教学在实验班的开展提供了方向引领和方法指导。

初探项目式教学有感
——信息技术名师工作室第七次研修活动心得体会

伊金霍洛旗第四小学　陈艳梅

2021年9月27日上午，信息技术名师工作室迎来了本学期的第一次研讨活动。工作室六位成员各自分享了自己的项目式教学案例。

接到这个项目式案例教学的分享任务后，我对项目式教学还处于懵懂状态，虽然在之前的研修活动中也曾反复听到过项目式教学，但说和做确实是两回事，理念付诸到行动时，困难还是很大。在我设计自己的《好书推荐》项目式案例时，虽然确定了主题，但对如何设计一个项目式案例一头雾水，最后还是硬着头皮按照自己的理解设计了一个项目式教学案例雏形。听完几位老师的案例分享和两位主持人对每个案例的点评之后，我才感觉自己对项目式教学有了一个系统的认识。

项目式教学即通过进行一个完整的"项目"工作而完成的一个实践教学活动，用王老师的话说，就相当于做一个工程项目，在做工程项目之前需要一个前期规划，把规划列成清单，然后按照清单一项一项去实施。项目式教学案例的设计其实就是老师对一个单元进行整体规划，将整个单元设计成一个大项目，学生按照项目规划一步一步地完成，最终呈现一份完整作品的过程。而在完成这个项目的过程中会遇到各种问题，这些问题正是本单元需要学生掌握的知识点。正如工作室导师李冬梅所说，课堂的主线是带着学生解决问题，在解决问题的过程中把知识带出来。如此苦心规划，只是为了迎合学生的认知。传统的教学模式，学生一直是在被动地参与到学习过程中来的，对于学生的主动性和创造性都是一种压制。建构主义学习认为，学习是一个积极主动建构的过程，学生才是学习的主体，学习需要学生通过自己不断的实践去探求知识，建构自己的知识体系，总结经验，项目式教学正是这样一个主动建构知识的过程。学生带着问题完成项目的过程中就掌握了新知并及时运用了新知。

初次尝试将项目式教学运用在自己的课堂上，虽然设计的案例得到两位主持人的肯定，但还是会有很多不足。接下来我会在课堂实践中通过课堂上学生的生成和遇到的问题及时做好反思、改进、积累、完善，争取让项目式教学成为成就学生的舞台，成为信息素养提升的有效途径。

这样的交流分享活动，是我在课堂教学中迷惘时的指路明灯，每次在教学中遇到瓶颈时，总会在两位主持人和工作室成员的帮助下获得灵感，找到方向。

【第四期第九次研修活动】

关于举办伊金霍洛旗教育体育局第四期"1+1+X+N+Z"信息技术名师工作室第九次研修活动的安排意见

为有序开展项目式学习，不断促进信息技术教师专业成长，现决定举办伊金霍洛旗教育体育局第四期"1+1+X+N+Z"信息技术名师工作室第九次研修活动。

研修主题：信息技术教师的专业成长。

活动形式：专家讲座、在线研讨。

具体安排：如表1所列。

表1

时　间	活动内容	主讲人
9：00—9：10	活动介绍	王学勤
9：10—11：20	导师线上讲座 "如何在信息技术教学中开展项目式学习"	李冬梅 信息技术名师 工作室导师
11：20—11：30	线上答疑 交流研讨	
11：30—12：00	项目式教学课题开题会	王学勤

导师引领明方向　项目研究促成长

——信息技术名师工作室第九次研修活动报道

为深入研究信息技术项目式教学，不断促进信息技术教师专业化成长，12月30日上午，信息技术名师工作室开展了第九次研修活动。信息技术名师工作室全体成员、全旗各中小学信息技术老师共51人参加活动。

活动中，工作室导师李冬梅作了"如何在信息技术教学中开展项目式学习"的线上专题讲座。李老师从"明确信息技术课程形态""以项目为主线整体规划课程""项目的设计、实施和评价"三个方面对项目式教学进行了详细地讲解。

实操环节，李老师带领现场的老师们一起完成了Python案例"繁星满天"的项目式学习。李老师通过按照设置项目情境——分析项目要求——解决项目问题的流程，成功激发了现场教师的求知欲，圆满达成了Python第一节的教学目标。讲座结束后，针对项目式教学，李老师回答了老师们提出的问题。

线上活动结束后，信息技术名师工作室召开了项目式教学课题开题会。会上，工作室主持人王学勤向大家介绍了项目式课题的基本情况，并按课题实施计划和进度部署了下一阶段工作任务。王老师希望工作室成员能以课题研究为契机，努力提升课题研究水平，在课题的引领下有序开展项目式教学。

师者，解惑也
——参加"如何在信息技术教学中开展项目式学习"专题讲座有感
伊金霍洛旗矿区小学　张龙龙

12月30日上午，信息技术名师工作室开展了第九次研修活动。本次活动邀请到工作室导师李冬梅做线上讲座指导，我的感触很深，收获满满。

活动中，导师李冬梅作了题为"如何在信息技术教学中开展项目式学习"的讲座。李老师的讲座安排特别巧妙，在给我们进行"如何开展项目式教学"理论讲座的同时，还进行了线上项目式教学。她把所有教师当作学生，以Python教学为例，真实地为我们上了一节《初识Python》的项目式教学课。从"学生"角度，李老师激发了我对Python的学习兴趣，让我体会到了成功；从"老师"的角度，李老师真实情景示范了如何开展项目式教学，让我学会了如何一步一步去引导学生学习。接下来，我分别以"学生角度"和"老师角度"具体谈一谈我的感受。

李老师说一节好课可以调动学生的积极性，让学生体验成功。李老师这节课对于我这名学生来说非常成功，我的积极性被充分调动起来了。在画五角星的时候，李老师借助了圆形，在圆里画五角星。通过"圆周角是圆心角的一半"这个关系巧妙地算出了五角星的一个角度，一下勾起了我对高中数学知识的回忆。在画半边星的时候，我一直好奇为什么设置条件x要小于y。经过与其他老师的探讨，我明白了这应该是高中学的函数曲线，$y=x$这是线上，$y>x$在线的左上方，$y<x$在线的右下方……，由此我想到了圆的方程。百度搜了一下，$x*x+y*y=r*r$这是圆上，$x*x+y*y>r*r$是圆外，$x*x+y*y<r*r$是圆内……，我恍然大悟。回想了一下高中数学知识，只是当时高中时并没有理解大于小于和线内线外什么关系，感谢李老师让我既初步了解了python程序，又对以前的高中数学知识有了新的认识，收获满满。

作为老师，我真切感受到了李老师是如何一步步引导学生自己发现问题解决问题的。她先是创设情境，展示了一幅满天星的画引导学生提出一系列问题："如何画星星""如何画带填充色的星星""如何画彩色填充色星星""如何画随机色的彩色星星""如何画位置随机的彩色星星""如何画半边天的位置随机的彩色星星"……这些问题由易到难，螺旋式上升，最后你会发现这些问题的提出、解决的过程，其实就是引导学生一步步完成任务最终完成整个作品的过程。每一个步骤，李老师都是先展示整个完整的作品，然后引导学生自己提出问题并进行探索解决，如果学生不能解决就师生共同解决。就这样，在学生完成"满天星"任务后李老师又引出"半天星"的拓展练习，从而引出思考题"在规定的范围（如圆形、圆外、圆环内）内画星星"，再一次调动了学生的学习积极性，整节课都是在问题的引领下探索解决问题并最终完成一个完整的作品。

本次研修活动，在李老师的示范引领下，我对项目式学习有了更为深入的理解和感悟，对自己正在实施的项目式学习有很大的帮助和指导。我很庆幸自己是工作室的一员，可以和大家一起学习、交流、沟通，让自己能够在教学和研究的路上走得更远、更实。

• 2022年信息技术名师工作室部分研修活动

【第四期第十次研修活动】

关于举办伊金霍洛旗教育体育局第四期"1＋1＋X＋N＋Z"信息技术名师工作室第十次研修活动的安排意见

为梳理解决信息技术项目式教学实施过程中存在的问题，不断提升教师的课题研究能力，现决定举办伊金霍洛旗教育体育局第四期"1＋1＋X＋N＋Z"信息技术名师工作室第十次研修活动。

研修主题：项目式教学课题推进。

活动形式：课例展示、课题研讨。

具体安排：如表1所列。

表1

时　间	活动内容	主讲人
8：20—9：00	3D one项目式教学课例展示：《奖杯》	董艳芳
9：10—9：50	评课议课	全体成员
10：00—10：30	《好书推荐》PowerPoint项目式教学案例成果汇报	陈艳梅
10：30—11：00	《点读机》PowerPoint项目式教学案例成果汇报	张龙龙
11：00—11：30	《带你了解机器人》WPS文字项目式教学案例成果汇报	乌兰图雅
11：30—12：00	专题讲座"项目式教学问题梳理与解决策略"	王学勤

项目引领促成长　实践研修共提升

——伊金霍洛旗第四期"1+1+X+N+Z"信息技术名师工作室第十次研修活动总结

伊金霍洛旗第四期"1+1+X+N+Z"信息技术名师工作室第十次研修活动于4月8日在伊旗一中举行，本次活动的主题是"项目式教学课例展示与课题研讨"，本次活动分为三部分：一是董艳芳老师项目式教学课例展示；二是成员项目式教学中期成果汇报；三是参加《区域智慧教育推进策略研究》立项子课题开题暨课题研究培训指导会。

一、课例展示　思想碰撞

本次课例展示是由董艳芳老师执教初二年级的《制作简单的三维模型》。课上，董老师由旧知回顾引出本课项目式学习任务——制作《奖杯》，并借助微课讲解了3D one的工作界面、布尔运算的加运算，之后留给学生充足的时间进行课堂实践。作品展示环节，董老师既展示了优秀作品更详细分析了问题作品。学生完成任务后，董老师使用问卷星在线收集学生自评表，对每位学生的学习情况进行准确了解。

课后，工作室成员对本节课进行了深入研讨交流。大家对董老师在课堂上使用微课、倒计时、问卷星等信息技术手段支撑教学给予了充分肯定，同时也对任务的呈现方式、完成步骤及学习情况问卷结果的统计分析给出了合理化建议。

二、成果汇报　引领提升

项目式教学是信息技术名师工作室的重点研修工作，本次有三位老师分享项目式教学中期成果。陈艳梅老师分享的是"PowerPoint 演示文稿制作"模块的项目案例《好书推荐》。陈老师从项目总体介绍、分时课例、实施过程、存在问题及改进措施四大方面展开，对于实施过程中存在的问题给出了很好的改进措施。张龙龙老师分享的是《用 PPT 制作点读笔》。开放的教学任务、细致的评价方式、丰富的学生作品给在座的老师们带来了很多思路。乌兰图雅老师分享的是《读书小报》。她结合初中学生面临中考的实际情况，设计了半开放的项目式教学案例。

管中窥豹，略见一斑。虽然无法进入这些老师们的课堂去一睹风采，但他们的分享也让老师们在今后的"项目式教学"中有了更多更好的方法措施。

针对三位老师的分享以及现阶段项目式教学实施过程中存在的问题，主持人王学勤老师做了"项目式教学问题梳理及解决策略"专题讲座。讲座中，王老师指出，在项目设计上可以根据实施情况进行动态调整，要制作合理的评价量表，合理的控制项目进度，并能针对性指导学生，通过 NAS 存储器实现存储自由，解决保存作品的问题。

三、课题培训　明确方向

工作室自去年"十三五"规划子课题立项后，紧紧围绕课题研究开展每次研修活动。本次研修活动的第三项内容是工作室全体成员参加市电教馆统一组织的课题指导专项培训。通过课题培训，老师们明白了课题研究和课堂实践的联系与区别，以更加严谨的态度对待课题研究。

一次研修，一次成长。一分耕耘，一分收获。培训活动虽然短暂，但对每一位成员的触动和引领是与日俱增的。

示范引领拓思路　团队研修促成长
——"项目式教学课例展示与课题研讨"活动心得体会

伊金霍洛旗第一小学　郝燕荣

4月8日，工作室在伊旗一中举行了第十次研修活动。本次活动的主题是"项目式教学课例展示与课题研讨"，活动内容是针对工作室的课题研究展开中期研讨活动。

董老师执教的3Done项目式教学课例《奖杯》一课，让我受益很多。首先是微课的应用。董老师制作的微课非常实用，短短六分钟涵盖了本节课所有的知识内容，逻辑清晰并配有字幕。初中学生非常适合使用微课教学，孩子们有很强的自学能力，可以根据微课内容将本课的操作内化为自己的东西，并进行实践操作。其次是董老师在本节课中给了学生充足的自主学习时间。把课堂给了孩子，孩子的课堂生成就比较好。微课是信息技术课堂中非常好的学习支架，好的微课可以让课堂效果事半功倍。董老师就是通过使用微课，为学生节省了大量的时间去上机实践。

在进行项目式案例分享时，相较上一次的分享，这次呈现出的内容更完整也更实用。比如陈艳梅老师的任务设计非常开放，流程也很清晰，提出的问题也非常实际，比如进度难以把握、评价流于形式等。张龙龙老师设计的项目也很新颖，乌兰老师的电子小报项目很好地兼顾了中考，整体来说，三位老师的汇报给了我以下思路。

①设计的项目要具有开放性，这样学生的作品可以更丰富。

②在项目开始前要给学生欣赏足够多、足够好的作品，可以给学生开拓思路。

③对于不好开展大项目的教学内容，可以设计成小项目或者微项目。

④具体的实施过程中，微课的运用非常有必要，既可以节省老师大量的讲授时间，也可针对解决项目制作过程中进度不统一的问题，使学生有选择的根据自己的难点回看微课。

⑤实施过程中要合理利用小组，将学优生、中等生、学困生放在一组内，结成学习小组彼此进步。

⑥设计符合任务知识点的评价量表，量表要分为自评表和互评表。自评表以问卷的方式，每节课发放，要强调答卷的准确性。互评以教师抽查为主，可以分组抽查并记录。

⑦作品要进行保存，不管现实问题有多少，一定要让学生养成保存的习惯，并留存过程性材料，既让学生看到自己的成长或不足，也为教师的教学成长提供依据。

⑧积极反思，及时记录课堂中存在的问题，可以用语音的方式进行每课记录，为后续的教学改进提供参考。

⑨关注问题，根据问题研究解决方法，并记录。

每一次的研修活动都有新的收获和成长，大家对项目式教学的研究和实践越来越清晰，相信接下来项目式教学的推进也会越来越顺利。

【第四期第十一次研修活动】

关于举办伊金霍洛旗教育体育局第四期"1+1+X+N+Z"信息技术名师工作室第十一次研修活动的总结

为顺利推进信息技术项目式学习课题研究，不断提高教师的教研能力，现决定举办伊金霍洛旗教育体育局第四期"1+1+X+N+Z"信息技术名师工作室第十一次研修活动。

研修主题：项目式学习课题推进（二）。

活动形式：专家讲座、课题指导、课例展示、研讨交流。

具体安排：如表1所列。

表1

日　期	时　间	活动内容	主讲人
5月29日下午	14：30—17：00	专题讲座"项目式学习与教师专业成长"	李冬梅
	17：00—17：30	研讨交流	—
	17：30—17：40	活动总结	王学勤
5月31日上午	8：20—9：00	scratch项目式学习课例展示 ——《水果切切乐》	陈艳梅
	9：10—9：40	评课议课	—
	9：50—10：20	项目式教学中期成果汇报——Flash 项目式学习课例《我的第一个动画作品》	董艳芳
	10：30—11：00	项目式教学中期成果汇报——scratch 项目式学习课例《捕鱼达人》	郝燕荣
	11：10—11：40	项目式教学中期成果汇报——画图软件 项目式学习课例《我是小画家》	陈艳静
	11：40—12：00	活动总结	王学勤

专家引领点迷津 课例研讨共进步

——伊金霍洛旗第四期"1+1+X+N+Z"信息技术名师工作室
第十一次研修活动总结

为顺利推进信息技术项目式学习课题研究，进一步探索项目式学习实施路径，拓宽教育教学视野，引发教师对项目式学习新的思考，不断促进教师的专业成长，5月29日和31日，伊金霍洛旗教育体育局第四期"1+1+X+N+Z"信息技术名师工作室开展了第十一次研修活动。本次活动共有两部分内容：一是项目式学习线上专题讲座；二是项目式学习课例研讨。

5月29日下午，信息技术名师工作室导师李冬梅做了"项目式学习与教师专业成长"专题讲座。信息技术名师工作室主持人王学勤主持活动，信息技术名师工作室全体成员、全旗各学段信息技术教师参加活动。

李冬梅老师首先从聚焦驱动性问题、探究解决问题的方法、设计实施和作品展示等方面细致地讲解了项目式学习的四大要素,为工作室成员顺利开展项目式学习再次奠定了扎实的理论基础。随后,李冬梅老师针对全体工作室成员提交的项目式学习论文及项目式学习方案进行一一指导与反馈,并对工作室成员梳理出来的关于项目式学习实施过程中存在的问题进行逐项解答,为大家在教学研究和项目式学习实施方面指明了方向。

线上活动结束后,王学勤老师进行了活动总结,她希望全体信息技术教师积极投身项目式学习实践,以项目为载体,在完成项目的过程中不断培养学生的信息意识和计算思维。

5月31日上午,工作室在伊旗第四小学举行了课例展示活动,全体信息技术名师工作室成员及部分学校信息技术教师参加活动。信息技术名师工作室成员陈艳梅老师为大家展示了一节scratch项目式学习课例《水果切切乐游戏》。

课堂上,陈老师按照导师李冬梅所讲的项目式学习的四大项目要素安排教学。陈老师首先通过演示游戏向学生提出"游戏中有几个角色,分别完成了什么事件?"这一问题,非常恰当地将整个项目聚焦到驱动性问题当中,引发学生的思考。接着陈教师带领学生逐步探究游戏编制的思路,并让学生动手设计实施学生自己的"小项目"。在学生充分练习实践后,陈老师带着学生对问题作品进行了深入分析,对优秀作品进行了展示评价。整个过程思路清晰,环节流畅,学生的作品完成度超出预期。

评课议课环节,全体观课教师对陈老师这节展示课进行了深入交流探讨。大家各抒己见,畅所欲言,既肯定了课堂教学中的亮点,并对需要完善和改进的地方提出自己的建议,研讨中的每一句话都是智慧的交流、思想的碰撞。

随后,信息技术名师工作室成员董艳芳、陈艳静和郝燕荣三位老师分别进行了项目式教学中期成果汇报。三位老师分别从项目式学习方案的概述、实施进展情况、初步的研究效果、存在的问题与困难和下一阶段工作等方面进行了详细的梳理和介绍。

活动最后,工作室主持人王学勤对此次研修活动进行总结。她希望全体教师积极投身项目式学习实践,合理设计自己的项目式学习方案,把"学以致用,以终为始"的思想始终贯穿到项目式教学中。

此次研修活动,使老师们对项目式学习有了更清晰的认识,为今后更好地开展项目式学习积累了经验,也促使教师对于如何开展项目式学习有了更深入的思考。

项目式学习已成为当今教育领域的热点话题,亦是落实学生核心素养的重要路径之一。学科素养导向的教育变革势不可挡,相信通过此次研修活动,项目式学习会在全旗信息技术课堂里生根、开花、结果,真正实现让"双减"扎实落地,让学习真实发生!

专业的解答　专业的成长
——项目式学习课题推进(二)研修活动心得体会

伊金霍洛旗第一中学　董艳芳

2022年5月29日—31日,信息技术名师工作室开展了第十一次研修活动,本次活动由线上讲座和课例分享两部分组成。

首先,李冬梅老师的线上培训让我感触颇深。虽然隔着屏幕,但李老师的大家风范再一次让我折服!从讲座到论文点评到答疑,每一环节无不显现了李老师的专业水准和敬业精神。她从项目要素出发为我们详细讲解了项目式学习在课堂中开展时要注意的环节和具体操作方法,同时结合多个课堂实例为我们进行分析对比得出结论。可以说,通过这次培训让我真正对项目式学习法有了一个清晰的认知。更多感慨来自接下来论文点评和答疑环节。像李老师这样的顶尖信息技术教学专家,百忙之中为我们批改论文,并将问题一一记录并点评,实在是感动至深。我作为一名一线的信息科技教师又有何理由不进取呢?而李老师的现场答疑终将这两个学期来我在探究项目式学习过程中所遇到的困扰和纠结一扫而光,不夸张地说心中就像被光照亮了。

31日上午的课例展示活动更让我收获颇多。四小的陈老师为我们带来了一节精彩的小学程序设计课,她让我明白了什么才是一名成熟信息科技老师身上该有的品质和样子!扎实的基本功,灵活的教学方法,不失前沿的教学手段和对课堂的轻松驾驭,都是我该学习的地方。我也将这两个学期以来尝试开展项目式学习时遇到的问题和产生的收获及作品与老师们进行了分享。特别是经过了之前李老师的培训答疑，结合自身教学实际情况，基本上对今后的教学开展有了一个更加明确清晰的思路。就像李老师说的先聚集问题，再探究方法，接下来设计实施，同时根据初中生的特点，短小的项目更易保持兴趣，更容易完成。但身上的担子也变得更重了，想要成功将项目式学习开展，要求教师必须能对教材做到烂熟于心，并统领全局。在当前新课标的形式下这将又是一个新的挑战。

总之，经过此次研修活动，让我在教学上特别是项目式教学的开展上进入了一个新的阶段。

【第四期第十二次研修活动】

关于举办伊金霍洛旗教育体育局第四期"1＋1＋X＋N＋Z"信息技术名师工作室第十二次研修活动的安排意见

为尽快做好2022版信息科技新课标解读工作，初步探索新课标理念下的大概念教学，现决定举办伊金霍洛旗教育体育局第四期"1＋1＋X＋N＋Z"信息技术名师工作室第十二次研修活动。

研修主题：基于新课标理念下的大概念教学探索。

活动形式：课例展示、观课议课、专家讲座、课标解读。

具体安排：如表1所列。

表1

日 期	时 间	活动内容	主讲人
6月16日上午	8：20—9：00	课前会议	王学勤
	9：10—9：50	《信息安全》初建课	陈艳静
	10：10—10：50	观课议课	工作室成员
	11：00—11：30	交流研讨	工作室成员

(续表1)

日 期	时 间	活动内容	主讲人
6月17日上午	9:10—9:50	《信息安全》重建课	陈艳静
	10:00—10:30	观课议课	第一组 郝燕荣（组长）秦润花、贡布、李瑞霞、庞俊、杨郁芬、杨慧鑫 第二组 董艳芳（组长）解圆圆、张旭、乔燕、张植雄、李鲜鲜、贺鑫 第三组 陈艳梅（组长）王岚、杜慧、朱润霞、王燕飞、赵全占、康丽 第四组 张龙龙（组长）郝小艳、边敏、张玲霞、朝鲁孟、姚媛媛、王彩艳
	10:30—12:00	专家点评课例 讲座"2022版新课标解读"	李冬梅

初建重建求精进　专家解惑促成长
——信息技术名师工作室第十二次研修活动总结

为做好2022版信息科技新课标解读工作，探索新课标理念下的"大概念"教学，信息技术名师工作室于6月16日、17日举办了主题为"基于新课标理念下的大概念教学探索"的研修活动。

本次活动公开课由工作室成员陈艳静老师承担，内容为四年级信息技术《信息安全》一课。在工作室主持人王学勤的统一部署下，所有观课成员除了对该课内容提前准备，还进行了分组，通过微信群商讨确定本组观课维度，制定出观课量表。四个小组分别确定的观课维度是教学目标的设计与实施、教学资源的有效性、课堂提问有效性和学生课堂行为习惯表现。

一、观课议课

6月16日上午，在第二小学乐雅楼机房，我们迎来了陈老师的初建课，通过陈老师的讲课说课，工作室成员按照之前确定的四个不同维度对整节课进行了细致认真的观察分析并给出合理建议，主持人王学勤对整个课堂流程进行梳理和总结，为接下来的重建课指明了方向，并对各小组观课量表的设计、最后的汇总陈述都给予了充分肯定和改进建议，各小组也在观课结束后迅速对量表进行了商讨和修改，最终确定了重建课所使用的观课量表。

6月17日上午，全体工作室成员和部分小学信息技术教师在同一地点迎来了重建课，与此同时，工作室李冬梅导师和全旗其他信息技术教师通过腾讯会议线上参与活动。经过了初建课的修改打磨，重建课无论从目标确立，重难点把控，还是整个课堂流程的推进都呈现出了不一样的状态，最终讲课和观课都得到了导师的肯定。

二、新课标解读

观课议课活动结束后，李冬梅老师为全旗信息技术教师带来了"2022版信息科技新课标解读"讲座。李老师针对老师们提前反馈的在新课标学习中存在的困惑与疑问进行了详细解答，让所有信息科技教师对即将到来的信息科技教学充满期待。

本次研修活动是信息科技新课标颁布后的第一次教研活动，有效解决了全旗信息科技教师对新课标的疑惑，明确了信息科技学科的教学方向，通过初建、重建的形式让老师们明确了新课标指引下如何有效实施大概念教学，是一次及时有效的研修活动！

在实践中摸索　在研讨中前行
——第十二次研修活动心得体会

伊金霍洛旗第二小学　陈艳静

本次研修活动中，我承担了四年级下册《信息安全》课例展示任务，第一次尝试了在信息科技新课标下开展"大概念"教学，虽然效果不尽如人意，但在过程非常煎熬的情况下最终收获了很多好思路、好方法、好建议。我非常感谢李老师，感谢工作室所有成员，感谢观课议课组所有老师，是你们让我实现了新的蜕变和成长。

6月16日上午，在初建课之前，我先进行了简单的说课，这让我在原本紧张的状态下理清了思路和设计意图。经过初建课和观课议课,老师们的建议给我接下来的重建课指明了方向,我对大家的建议做了如下梳理。

①重新定位了学习目标、学习重点和难点。

②导入新课所用的视频缺乏信息安全的维度,更换了一个视频。

③对信息资源带来的四大不良影响重新进行了规划,舍弃了信息犯罪中的一个视频片段,让学生对四大不良影响结合身边的案例进行分享。

④在提高信息安全的防范意识上要有生成,我决定用当下信息社会常见的案例对学生进行考查。

⑤关于计算机病毒的了解,我决定用视频达成。

⑥对于查杀计算机病毒的软件,需要进行拓展。

6月17日上午,我进行了重建课的授课。观课议课组的老师们继续对我的重建课进行了观察,并从各自维度提出了改进建议。导师李冬梅线上指导了这节课。首先,在时间分配上,李老师指出查杀病毒和防护软件部分给的时间有些少。其次,从信息安全到计算机病毒的防治的过渡不够突出。李老师说,信息安全最重要的是数据安全、不被窃取、不被破坏。最后,在杀毒软件的选择上没有针对性。李老师说,课本上为什么要讲360?因为它是我们自己的软件,这部分内容最需要讲的是自主可控技术。李老师的提问和建议使我豁然开朗,我马上回忆起在学习《信息和信息技术》一课时就提出过核心技术的问题,在学习本课时应该再进一步渗透,并把它提升到自主可控、自主创新的高度。

研修活动虽已结束,但带给我的思考才刚刚开始,我将带着这份思考在实践中不断探索、不断反思、不断成长。

【第四期第十四次研修活动】

关于举办伊金霍洛旗教育体育局第四期"1+1+X+N+Z"信息技术名师工作室第十四次研修活动的安排意见

为深入探究信息科技新课标引领下的项目式学习,不断提高教师项目设计能力与实施能力，促进学科核心素养有效落地，现决定举办伊金霍洛旗教育体育局第四期"1+1+X+N+Z"信息技术名师工作室第十四次研修活动。

活动主题：以终为始，深入推进项目式学习。

活动形式：课例展示、研讨交流、课标学习。

具体安排：如表1所列。

表1

时间	活动内容	主讲人
8：25—9：05	项目式学习课例展示《特效文字我来做》	乌兰图雅
9：20—10：00	项目式学习课例展示 我的第一个Python作品——《体验文件式编程》	董艳芳
10：00—10：30	交流研讨	王学勤
10：30—11：30	观看专家线上讲座 "义务教育信息科技课程标准培训"	全体工作室成员
11：30—12：00	本学期研修计划解读	王学勤

以终为始　深入推进项目式学习

——伊旗教体局第四期"1+1+X+N+Z"信息技术名师工作室第十四次研修活动总结

为深入探究信息科技新课标引领下的项目式学习，不断提高教师项目设计能力与实施能力，促进学科核心素养有效落地，伊旗教体局第四期"1+1+X+N+Z"信息技术名师工作室于2022年9月23日上午在伊旗蒙古族中学开展了第十四次研修活动，市电化教育馆应用研究部张俊秀老师、伊旗信息技术名师工作室全体成员参加活动。本次活动包括两部分内容：项目式学习课例展示和2022版义务教育信息科技课标线上学习。

伊旗蒙中乌兰图雅老师展示了项目式学习课例《特效文字我来做》。乌老师以做小项目为主导，激发学生探究欲望，注重培养学生在探究中解决问题。通过项目的引领，在任务单的辅助下，学生高质量地完成了本节课项目，达到预期效果。

伊旗一中董艳芳老师展示了本次活动的第二个项目式学习课例《我的第一个Python作品——体验文件式编程》。董老师以画几何图形为项目，耐心引导学生分析程序实现的关键环节，通过循序渐进地抛出问题，将程序难度逐步升级，既激发了学生的学习兴趣，又很好地落实了学科核心素养——计算思维的培养。整节课气氛活跃，孩子们意犹未尽。

课后，在工作室主持人王学勤的组织下，大家对两节项目式课例进行了交流研讨。市电化教育馆应用研究部张俊秀老师充分肯定了伊旗开展项目式学习以来取得的成果，同时对两位老师的课例从项目设计、课堂实施、小组合作、课后评价等方面给出建设性意见。主持人王学勤肯定了两位老师在开展项目式学习以来的深度思考和快速行动，同时也指出了这两节课的不足，并提出了切实可行的改进方案。

接着，工作室成员通过国家中小学智慧教育平台在线进行了义务教育信息科技课程标准培训。通过学习，工作室成员对《义务教育信息科技学业质量标准与考试评价》有了更明确的方向。

通过此次研修活动，老师们进一步认识到在新课标实施的背景下，项目式学习是一道必做题，是教师必须掌握的一种教学方法。教师应依托新课标，认真了解和学习学科项目式学习的多种样态、积极探究项目式学习，通过跨学科内容设计，将学科项目式学习的设计与实施落实在日常课堂教学实践中，更好地适应新课标要求，更好地落实学科核心素养。

持续学习　以终为始
——第十四次研修活动心得体会

伊金霍洛旗第一小学　郝燕荣

9月23日上午，工作室开展了第十四次研修活动，乌兰图雅老师和董艳芳老师分别进行了项目式学习课例展示，从微项目的视角进行了项目式学习尝试。之后，工作室成员共同观看了信息科技新课标（2022年版）专家线上讲座，对信息科技课程的学业质量评价有了初步的了解。

两位老师的项目式课例各有所长。乌兰老师的半开放式项目能让基础薄弱的学生把基本操作掌握得更扎实，董老师的课例展示一改以往教学中的"讲—演—练"模式，通过出示程序微项目，带领学生一起分析程序，不断引发学生思考、探究，最终完成作品，完美地展示了项目式学习在培养学生计算思维方面的独特优势。项目式学习是工作室成员都在研究的一种信息技术教学模式。在课堂实践中，我总是会出现很多问题，比如：学生学情不统一，进度走不下去，内容太大等，听了这两位老师的课，我的思路更开阔了。不管是大项目、中项目还是微项目，我们始终要关注学生的学情，抓紧兴趣点，巧妙引领，启发思维，保证学习的持续性和创新性。

　　在接下来进行的信息科技学业质量标准的培训中，专家讲到学业标准对于我们上好课的重要性，要用整合式描述学业标准。比如在某个情境中完成某些任务过程中所表现出的素养（行为，能力，品格）。如何在课堂中实施素养导向的评价，专家这样建议：一是注重情境与任务之间的关联，注重真实性。二是鼓励学生、老师、家长共同参与评价，积极创造条件，让学生参与评价的解释。三是上机实践，作品创作以及搜集记录在其他课程中运用信息科技的情况等多种样式。四是全面评价学生的核心素养。五是结果反馈要尊重学生。专家还提供了大量的评价实例，使我们在制定学业评价时有章可循。

　　本次研修活动使我对项目式学习的本质以及多种样态有了更深入的了解，对进一步实践探索项目式学习提供了更多思路和方法。

五、部分研修成果

（一）项目式学习案例

带你了解机器人

【项目名称】

《带你了解机器人》。

【项目课时】

7课时。

【设计者】

乌兰图雅。

【项目内容】

围绕"机器人"主题，自拟题目，制作一个WPS演示文稿。利用老师提供的素材，结合网上的素材以及自己获取的素材，以WPS演示软件为工具，按照自己选择的主题，编辑、加工、处理相应的文本、图片、图形、音频、视频、动画等素材，制作演示文稿并展示。

【项目要求】

①围绕"机器人"主题，页面不少于10页，创意新颖、设计美观。

②幻灯片中要包含文本、图片、艺术字、声音等元素，并设置合理动画效果。

③第一张幻灯片应为封面，设为"标题幻灯片"版式，内容为主题、班级、姓名。

④图文并茂，版面内容简洁、清晰、修饰合理。

⑤设置合理的幻灯片切换效果。

⑥设置超链接，并适当添加动作按钮。

【课标要求】

围绕某个主题，使用媒体集成工具，综合运用多种媒体信息，设计、制作、发表或发布多媒体作品，能够根据任务的要求评价多媒体作品的表达效果。

【学习目标】

①能综合运用WPS演示文稿的知识和操作技能创作一个完整的演示文稿作品。

②学会设计和评价WPS演示文稿。

③能利用互联网进行信息获取，并会简单加工整理资源。

④学会综合运用信息技术的知识与技能解决实际问题，激发学习信息技术的兴趣。

⑤掌握协作学习的技巧，培养强烈的社会责任心，学会与他人合作沟通。

⑥学会自主发现、自主探索的学习方法。

⑦学会在学习中反思、总结，调整自己的学习目标。

【评价任务】

①独立完成一份以"机器人"为主题的 WPS 演示文稿作品，熟练运用 WPS 演示文稿的操作技能。

②能够根据实际问题选择适当的解决方法。

【学法建议】

①协作学习法，以学习小组为中心协作完成任务，并对小组完成的作品欣赏评价。

②自主探究学习法，充分利用网络资源环境，将有关学习任务的资源整合到演示文稿的制作中，在充分自学的基础上不断探究、解决问题、完成作品。

【学习过程】

略。

【学习反思】

梳理本项目所学的知识体系，你是通过什么方法和策略学会项目内容的，你觉得还有什么内容比较薄弱，需要老师提供何种帮助，你还有什么好的经验可以跟大家分享，请写下来。

《桥》——五年级信息技术 Word 模块

【项目名称】

《桥》。

【项目课时】

6 课时。

【设计者】

张龙龙。

【项目背景】

2022 年 3 月，我看到一则新闻《为了一群鸟 成都改了一座桥》，引发灵感设计此案例。新闻事件描述：成都环城生态公园内，许多鸟因为看不到景观玻璃而被撞死。鸟撞玻璃的根本原因是鸟没有看到桥上的透明玻璃。为了视野开阔，这座桥使用了大量透明玻璃，却给鸟类埋下了巨大的生存隐患。这不禁让我联想到这学期五年级信息技术教材中的主题素材"保护鸟类"，我想我应该以此作为一个切入点，对学生进行基于"保护鸟类"的更高维度的环保教育。即保护鸟类不应该仅仅停留在自己不去主动伤害鸟类，更应该从人与自然和谐相处的角度，在设计建筑物、修建场地时，更多地把保护鸟类、保护动物、不给其他动物的生存出行造成困扰这些因素考虑进去，体现人与自然和谐相处的理念。因此这学期五年级Word模块的项目式学习，我设计的电子小报项目的主题是《桥》。

【项目要求】

设计一个电子小报《桥》，要表达出桥的设计理念，体现"保护鸟类""保护生态""人与自然和谐相处"的环保理念。小报至少包含一个A4版面，具备小报必备要素（报头等），整体图文并茂，简洁美观，凸显个性，体现主题。

【技术要求】

会在Word中输入、保存文章、快速准确地修改文章；会设置文字的格式，使得文字内容更加清晰、醒目；会根据表达意图在文档中插入图片、艺术字、文本框和在文档中绘图；会调整图片、艺术字、文本框的位置，使文章图文并茂。

【评价指标】

以第1~2课为例过程性评价表，如表1所列。

表1

第1~2课　了解制作背景、感知项目任务、准备项目资源										星星数	得分	老师的话
基本内容							加分内容					
启动软件、新建Word文件	熟悉窗口组成、命令组	页面为横向	输入文字	网上搜索资源	保存网络资源	网络文字选取与复制、粘贴	保存文件到自己文件夹	文字内容、质量	保存文件名、位置规范			
★	★★	★★★	★★	★★	★★	★★	★★	★★	★	20	5.0	

用 Scratch 编制简单的游戏——"水果切切乐"

【学习主题】

水果切切乐，电子工业出版社六年级下册第二单元《Scratch 基础》第 12 课。

【项目课时】

2 课时。

【设计者】

陈艳梅。

【项目要求】

结合前面四节课所学的 Scrathch 知识，对照本节课的流程图，编写一个"水果切切乐"游戏。根据需求，可以在游戏中加入自己的想法优化程序，让游戏更有趣。具体要求：

①启动 Scratch，背景库任选一幅自己喜欢的背景。

②添加一个水果角色和切水果工具的角色。

③完成"切水果工具"角色的脚本：工具跟随鼠标移动。

④完成水果角色的脚本：水果从舞台上方开始克隆自己并滑行到任意位置，如果碰到工具就变换造型后消失在舞台。

⑤根据需要，再自由添加水果角色，并为水果角色编写相应的脚本。

⑥调试程序，如有问题，请咨询同学和老师，修正程序中的问题。

⑦进一步优化程序，可在程序中添加计分模块。如有问题，可参照教材 81 页"让游戏程序计分"。

【课标要求】

①通过生活中的实例，了解算法的特征和效率。能用自然语言、流程图等方式描述算法。知道解决同一问题可能会有多种方法，认识到采用不同方法解决同一问题时可能存在时间效率上的差别。

②对于给定的任务，能将其分解为一系列的实施步骤，使用顺序、分支、循环三种基本控制结构简单描述实施过程，通过编程验证该过程。

③在问题解决过程中,能将问题分解为可处理的子问题,了解反馈对系统优化的作用。

【学习目标】

①学会条件命令、跟随鼠标移动、克隆自己在程序中的使用方法。

②通过以上三个命令模块的学习,了解程序设计的一般过程和思想。

③通过本节课的学习,在解决问题的过程中逐步形成计算思维。

【评价任务】

观看"水果切切乐"游戏,能将游戏中每个角色所要完成的事件用自己的语言描述,并根据问题描述理解流程图,根据流程图搭建脚本。调试程序后及时发现问题并能根据自己的需求优化程序、改进程序。

【学法建议】

学生对 Scratch 算法的掌握程度只有四节课的基础,因此,在学习本课时老师会带着学生一起分析项目问题,学生要用自己的语言描述出每个角色所要完成的事件,然后老师带领着学生将语言描述转换成流程图,再由学生跟着流程图搭建脚本。

【学习过程】

略。

【评价指标】

评价指标具体内容:如表1所列。

表1

	基本内容							加分内容		得分
文件命名	角色(至少三个)	背景	水果刀脚本是否完成	水果脚本是否完成	等待时间合理	计分模块是否合理	程序运行顺畅	技术创意	设计创意	
👍	👍👍	👍	👍	👍	👍	👍	👍	👍	👍	

【学习反思】

略。

(二) 项目式学习论文

信息技术课堂教学中开展项目式学习纪要[1][2][3]

伊金霍洛旗第一中学　董艳芳

摘要：新课改形势下，针对初中生学习特点，在信息技术课堂教学中开展项目式学习，让学生在项目参与过程中一方面调动学习积极性，另一方面提高课堂效率。

关键词：项目式学习、信息技术课堂教学。

新课改形势下，鼓励教学方法多样性，信息技术课堂不再拘泥于"讲、听、练"三步走的传统模式，本学期笔者尝试在八年级信息技术课堂中采用项目式学习来开展教学，实践表明：通过项目的优化和知识点的重构与整合，课堂效率与教学效果、学生实操和创作能力等方面都收到了显著的成效，它使课堂教学得到了一个质的提升。

一、项目式学习

所谓"项目式学习"，是师生通过共同实施一个完整的项目工作而进行的教学活动，属于行动导向的教学方法。与传统的教学模式相比，项目式学习由以教师为中心转变为以学生为中心，由以课本为中心转变为以项目为中心，由以课堂为中心转变为以实际经验为中心。它主要由项目、活动、情境和结果四大要素构成，其中的"项目"是指一种能引起学生兴趣、值得花时间和精力去对真实世界做深入研究的活动，这种活动可以由个人或小组来实施。项目式教学将学生置于真实的情境，通过项目驱动，调动每一位学生参与到项目学习中，期间学生是主体，在活动设置的真实情境中，采用一定的技术工具和研究方法解决

---

[1] 何克抗. 建构主义的教学模式、教学方法与教学设计 [J]. 北京师范大学学报，1997，15 (5)：74-81.

[2] 肖胜阳. 在计算机课程教学中开展项目教学法的研究 [J]. 电化教育研究，2003 (10)：72-76.

[3] 张静. 项目式教学在信息技术课堂上的应用 [J]. 小学科学：教师，2018 (12)：1.

面临问题，通过项目的完成建构出学科知识体系，是知识意义的主动建构者；教师则是主导，项目的选取是关键，它是来自于生活中的真实问题，情境的创设是主要工作，创建的情境要基于学科的真实问题，以便驱动学生探究的积极性。

二、项目式学习在 Flash 课堂教学中的开展纪实

以下是笔者在参加信息技术名师工作室项目式学习主题教研活动期间，在八年级信息技术课堂运用项目式学习方法的案例，以此为切入点，来探究项目式学习在 Flash 课堂教学中的运用情况。

（一）项目确立

首先，项目的确立既要满足教学大纲的要求，又要符合学生的认知规律，可以说项目设计的水平直接影响教学效果，设计项目时首先从学生的角度出发，一方面要设计能够激起学生兴趣的项目，另外一方面既要让每个学生都参与进来，又要发挥学生的分工协作能力；然后从教学的角度出发，要涵盖所有教学内容的知识点，所以教师需要精心设计项目；最后从教师的角度考虑，根据项目完成的实际情况对每个学生进行考核，需要在设计项目时明确要求。本学期八年级信息技术教学内容为 Flash 动画制作，教学内容分类初步和提高两部分，在经过内容优化、知识重构与整合等一系列设计后，确立了《我的第一个动画作品——＊＊＊》（逐帧动画）和《我的第一个综合动画作品——＊＊＊》（交互式多图层动画）两个项目来开展教学。项目式学习内容安排如表 1 所列，教材内容安排如表 2 所列。

表1

初　步	提　高
Flash 软件各组成部分的作用	影片剪辑元件的作用和原理
Flash 的帧类型和动画类型	制作简单的影片剪辑动画
Flash 中各工具的用法	引导和遮罩动画的原理
复制、旋转、弯曲图形等操作	制作引导和遮罩动画
逐帧动画、补间动画的制作流程	按钮、场景的使用
导入素材图片，制作动画	添加音乐
制作多图层动画	

表2

项目名	项目情境	基本知识	基本技能
逐帧动画	《我的第一个动画作品——＊＊＊》	Flash 窗口组成部分（时间轴、图层、舞台）及作用； Flash 中帧类型和动画类型； Flash 中各工具的用法； 选中、复制、旋转、弯曲图形的操作； 逐帧动画的制作； 图片素材的选用； 作品保存、发布	设计、制作逐帧动画并保存发布
多图层动画	《我的第一个综合动画作品——＊＊＊》	形状补间动画制作； 动作补间动画制作； 影片剪辑元件的制作与使用； 引导动画制作； 遮罩动画制作； 多场景交互动画制作（场景、按钮、音乐） 多图层综合动画制作	运用所学知识设计、制作综合动画作品

（二）项目实施

实施项目，教师需要提出问题，并对总目标和学习模块进行细化。实施过程中要注意分散重点、难点，采用循序渐进的方法，同时要考虑项目的大小、知识点的含量、前后的联系和学生差异等多方面的因素。

充分发挥你的想象力，在 Flash 中创作自己的第一个逐帧动画作品吧。

具体要求：

①主题明确，内容积极向上；有创意，有个性。

②以逐帧动画方式呈现。

③运用 Flash 绘图工具与颜色工具，有绘画元素。

④关键帧5帧以上。

⑤恰当调整动画的播放速度。

保存与提交要求：

在桌面新建文件夹，以"班级名＋姓名＋第一个动画作品"为格式命名。

根据项目式学习的教学思路和教学设计原则，首先，教师需要将项目具体要求和评价标准下发，让学生根据项目要求与最终的评价标准，来确立自己的作品主题。这样可以帮助学生对所学知识有更深的认识，同时也能更清晰地确立自己作品最终期望达到的效果。如笔者在两个项目中首先要求的都是"主题明确，内容积极向上，有创意，有个性"，这样既避免了选题跑偏的情况，又提醒了学生要充分发挥创造性，也相当于激发学习兴趣。其次，在主题确定后，给学生留有一定时间进行素材的搜集准备，这期间教师也要为开展项目准备充分素材资源供学生选用。接下来，通过任务驱动、操作示范、独立探索、协作学习等方法来具体完成项目。

（三）项目评价

各组展示作品，进行多元化评价。在整个教学过程中，学生作为教学的主体，需要在教师的引导下发布项目成果。这样做，既能及时反馈学生的学习成果，强化学生对所学知识的理解，也能培养学生展示自我、沟通交流的能力。除此之外，笔者还为每个项目设计了具体评价表。"逐帧动画"评价量表，如表3所列。

表3

基本内容													加分内容			总分	老师评语
文件夹	文件夹名	文件名	FLA格式	SWF格式	主题明确	内容向上	关键帧数	逐帧	绘画元素	播放速度	动画技术	整体效果	个性创意	技术	帧数	得星数	
★	★																

三、反思

（一）好处

通过完成项目让学生掌握最基础的知识，并架起学习新知识的支点，然后运用知识迁移、协作讨论来完成对知识的意义建构，这种项目式学习法产生了以下几方面的良好效果。

1. 调动学生积极参与学习活动

在使用项目式学习的教学过程中，使学生变"要我学"为"我要学"，使学生自觉主动乐意地参加学习，激发了学生学习兴趣，增强其自信心。例非智力因素在学习中发挥了非常重要的作用，又对其智力的发展起着调节和推动作用。充分发挥学生的自主性和能动性，学生们将以"主人翁"的姿态去完成自己感兴趣的任务，这大大激发了学生们探索的热情。同学们在讨论和协作中学会倾听、学会合作，不断提升素养。

2. 提高教学质量和效率

项目式学习为充分开发学生智力、提高教学质量开辟了广阔的前景。众所周知，智力因素中观察力、注意力、记忆力、想象力等要素直接参与认知过程，影响智力活动的理解和接受。在项目式学习过程中，学生无论是作品数还是优秀率都有明显提高，如表4所列。

表4

班级	人数	作品数	及格率	优秀率	课时数
实验班	44	43	96%	30%	5
参照班	44	37	84%	10%	9

(二) 存在问题

1. 素材资源的问题

项目开始后，首先突显的一个问题便是素材资源。虽然在确立主题后为学生们留出搜集素材的时间，但他们手上的素材量远达不到在项目制作过程中伴随着灵感出现而增加的素材需求。如果机房不联网，就解决不了这一问题；如果联网，需要时间去网上寻找，一来会延误项目完成时间，二来部分学生会不自觉地上网做其他事情甚至玩游戏，导致课堂学习气氛变差。

2. 课堂节奏把控的问题

采用项目式学习的另一个突出问题是教学进度、课堂节奏的把控。在完成项目过程中能力强的学生速度快，能力弱些的相对慢，这就形成课堂进度不一致、总体节奏不好把控的局面。

(三) 解决办法

对于素材资源的问题，笔者采取在保证完成项目的基础上尽量给学生留出足够多的素材准备时间的办法，同时要求学生在确立主题时尽可能对所需素材做到充分预设；同时教师也要为学生准备充足素材库，著名信息技术教育专家李冬梅老师曾一节课为学生准备500M的资源，这是非常值得我们学习的。

第二个存在的问题，实则是对教师自身的专业素质提出了更高的要求。其中涉及项目设置的合理性、自身业务能力的提高、专业知识的储备等多方面因素。要求教师具有渊博的知识，给予学生多方面的指导，对学生问题进行及时疏导，促进项目式教学的顺利进行；同时要有良好的课堂教学素质，既要设计好课堂教学的每一个环节，也要帮助学生做好团队管理、时间管理等工作。需要教师从这些方面改进。

新形势下的课程改革，要求教师从"演员"向"导演"的角色转变，教师应是素质教育的实施者，现代教育的开拓者，是现代素质教育这一出大型艺术表演剧的"导演"。而项目式教学是一项长期的、连续的工作，有时可能需要一个月、一学期的时间。可以先从一些简单的小任务开始做起，逐步提升课程环节的完整性，在不断摸索和实践中达到理想效果。

（三）实施项目式学习感悟

信息科技课堂实施项目式学习感悟

伊金霍洛旗第四小学　陈艳梅

2021年9月份，我在自己所带的六年级八个班中选择了两个班作为实验班开展了项目式学习。初次尝试，无论是项目的设计过程还是项目的实施阶段，对学生的自主学习能力和教师驾驭课堂的能力都是一个不小的挑战。在近一年的课堂实践探索中，对项目式学习有了自己的一些领悟。

首先，如何确定项目式学习的主题？

项目式学习要体现学生的个性化学习，要尊重学生的个体差异，要让每个学生都能够根据自己的表达意图展开个性化的创作。只有这样，才能让每一个孩子都愿意、乐意投入项目式学习。如我在教学六年级上册《用PowerPoint制作演示文稿》这一单元时，为了让每个孩子都能根据自己的意愿和想法做自己想做的作品，我想到了学生手中的成长手册，于是以"我的成长档案"为主题让学生将手中的成长手册变成电子版的成长档案，还可以永久保存，一举两得。但两节课之后，问题接踵而来，90%以上的学生无法提供成长档案中的图片素材，没有素材，无法创作。于是，马上改变思路。偶然打开了我自己的读书汇报演示文稿，想到了天天收听的《樊登读书会》，豁然开朗，学生每天有将近一个小时的阅读时间，何不让他们把自己读过的好书也和别人分享？在完成PPT创作的同时还能对整本书再梳理一次，同时也能让每个孩子了解到更多的好书，还可以激发学生的阅读兴趣。这样，以"好书推荐"和"我的读书分享"为主题的项目式学习就正式开始了。

其次，如何创设基于问题情境的项目式学习情境？

1. 确定目标、聚焦问题

李冬梅老师说："课堂的主线是带着学生解决问题，这样的课堂，才是一节真正让学习发生的课堂，在解决问题的过程中把知识带出来。"传统的课堂，是老师的供给远大于学生的需求，学生被动地参与到学习过程中来，对于学生的主动性和创造性都是一种压制。建构主义学习认为，学习是一个积极主动建构的过程，学生才是学习的主体，真正有意义的学习需要学生在解决问题的过程中有对知识的需求和渴望，从而主动去探求知识，建构自己的知识体系，总结经验。而项目式教学正是这样一个主动建构知识的过程。如我在教学"用Scratch编写游戏——水果切切乐"这一课时，导入环节运行《水果切切乐》游戏，在游戏运行的过程中引导学生提出实现游戏效果需要解决哪些问题？列举出所要解决的问题，学生整节课的学习思路是明确的，新知的学习在这些问题的驱动下变成了学生当下的需求，有需求的课堂就是主动建构知识的课堂。

2. 探究方法、形成方案

学生提出完成项目要解决的问题后，教师就要及时引导学生对问题进行抽象、分解、建模，并通过设计算法形成解决方案。逐步培养学生的计算思维能力。如设计"水果切切乐"游戏时，老师和学生一起分析游戏中有几个角色？分别完成了哪些事件？并让学生用自然语言进行描述，同时把角色要完成的复杂事件引导学生分解为可处理、好理解的小事件。然后，用流程图的方式设计解决这些小事件的方案。边分析事件边画出完成一系列小事件的流程图，学生在流程图的指引下完成脚本的搭建。有效达成了学生初步具备解决问题的能力，发展计算思维的目标。

在制作第一个项目"好书推荐"时，实验班学生的学习进度明显要慢于对照班，但最终完成的作品质量却远远高于对照班。有了第一次的项目式学习尝试后，在完成第二个、第三个……项目时，实验班学生的优势就突显出来了。同一个项目，实验班学生的用时比普通班要短，完成率比普通班明显要高，更重要的是在项目的制作过程中，学生敢于质疑、敢于想象、敢于创新，他们能够根据自己的表达意图进行创作，思维不再局限于课堂上老师的要求了。

为了今后更好地开展项目式学习，提升学生的核心素养，一方面教师需要加强学习，提高教材的整合能力、课堂的驾驭能力；另一方面，要把握学情，在项目的选取上贴近学生的生活实际，为学生提供丰富的案例和学习资源。

信息科技课堂实施项目式学习感悟

伊金霍洛旗矿区小学　张龙龙

我有幸加入信息技术名师工作室，第一次接触到了项目式学习。最开始接触时我也是一头雾水，不知道应该如何确定项目主题、设计项目等。经过这一年多的实践探索及参加相关培训，我逐渐对项目式学习有了自己的理解。

导师李冬梅做项目式学习讲座时提道：开展的项目式学习应该有两条线，一条明线、一条暗线。明线就是我们每节课让学生去完成的任务，暗线就是其中所对应的知识点，我似乎对项目式学习开展逐渐有了头绪。之后王学勤老师也为我们工作室成员准备了李冬梅老师的《基于教学实践的信息技术课程研究》这本书，书里详细地介绍了如何开展项目式学习，读完真的收获很大。在我之前的课堂教学中评价环节做得非常不好，看到了书中李冬梅老师的评价量表我豁然开朗。通过合理地设计每节课的评价量表，可以更好地去观察每一位学生的学习情况，从而更好地、有针对性地去指导学生的学习。

在项目式学习课堂实践中，我发现项目的主题选取很重要，一定要贴合学生的生活实际，让学生感觉到自己所要做的项目在生活中能见到能用到，这样学生目标明确，做起来更有积极性。一年多我开展的项目式学习主题分别为用PowerPoint制作《点读机》和利用Word制作电子小报《桥》。每次开展项目式学习时，我会先给学生创设任务情景，让学生感觉到这个项目就是我们生活日常见到的、真实存在的事物。之后再去帮助学生进行项目的分解，把一个大项目划分成几个小项目落实到每节课完成。在学生完成任务的过程中，老师不断巡视指导，观察每位学生的学习情况。在观察的过程中我发现，有的学生确实能够进行深度学习，比如有的同学在制作桥梁设计图的时候就问我：老师如何在这里添加一些自己想要的效果？我就给他单独指导，而这并不是所有学生都需要完成的项目任务，这样既满足了学生的个性化学习也为其他学生提供了充足的实践时间。经过几节课的学习，最终每位学生完成的作品都各具特色，而不是传统课堂中所有学生的作品大同小异，学生学习的积极性都很高。

有时候我会觉得项目式学习给老师额外增加一些"负担"，比如每节课中的评价，有时候课堂上并不能及时完成对每位学生的评价，这就需要占用其他时间完成对学生的评价等，但是经过这一年多的实践我发现这些是值得的，学习效果确实比以前好。

总之，经过这一年多的项目式学习，我自己也在不断学习进步，不断更新自己的教育教学理念，用好的教学方法让学生更愿意上自己的课，同时也能够让学生学以致用，能够学会把信息技术课堂上所学的知识与技能应用到生活实际当中。今后我也会继续不断努力，深入探索、开展好项目式学习。

探索中前行，实践中成长

——信息科技课堂实施项目式学习感悟

伊金霍洛旗第一中学　董艳芳

所谓"项目式学习"，是师生通过共同实施一个完整的项目工作而进行的教学活动，属于行动导向的教学方法。自跟随工作室开展项目式学习以来，无论是我个人还是学生都发生了许多变化，现在谈谈我在教学中开展项目式学习的一些心得体会。

一、探索中前行

在最初开展项目式学习的很长一段时间里，我心中对这一教学方法的认知实际上并不是很清晰，只是一步步摸索着边学习边实践，时常纠结该用大项目还是小项目来表现教学内容，时常把任务驱动和它混淆不清，时常把所有的教学内容都想着用一个大项目来表现……就这样在一次次的迷惘中去寻找答案，去改进、去反思，直到有了明确的认识。其中给我印象最深的莫过于去年在八年级班级中开展项目式学习的过程，当时整个学期的教学内容为PhotoShop，最初只想着怎样用一个项目把所有知识点都体现出来，当学期结束时，学生们人手一个精致的作品来展示是多么骄傲的事情。然而理想很丰满，现实却很骨感！当着手去设计项目时才发现，PhotoShop的知识点分散这一特性就决定了不可能一学期只用一个项目来涵盖所有知识点，而后来的实践和学习也证明，就算有这样的项目，也不适合在初中生的课堂教学中使用，因为他们的年龄和认知特点都决定了无法跟随老师坚持一学期只为做出一个作品。于是我开始转变策略，在课本基础上，将每课所涉及知识点尽量用一个个贴近学生生活又有趣的任务来体现，同时为学生准备丰富的素材，老师作为项目引导者，学生是项目的完成人来完成知识学习。就这样一学期下来，看着学生们一个个让人眼前一亮的作品，之前所有的困惑在这时都已有了答案。

二、实践中成长

接下来的教学过程中，在工作室主持人王学勤的带领下，我和同伴们继续在教学中实践开展项目式学习。经过前一阶段的实践摸索，总体较之前有了更清晰的认识，再加上有了一定的实践经验，开展起来要比之前顺手了许多，同时有工作室导师李冬梅一次次耐心指导，时常答疑解惑，让我在开展项目式学习的道路上少走了许多弯路，基本上能根据学情设计出比较切合实际的项目来开展学习。比如在上学期学习Flash动画制作时，我将课程设计为由一个小项目和一个大项目相结合来教学，其中小项目是利用一到两节课制作手绘逐帧动画为内容的《我的第一个动画作品》，以此来让学生明白动画制作原理，激发学习热情。现在回过头来看这个小项目的完成情况是很让人惊喜的，学生在优秀案例的启发下，思路大开，灵感迸发，许多有趣又优秀的作品诞生，着实让我看到了孩子们身上蕴藏的潜能之大，也增加了我在项目式学习探寻道路上的信心。之后的开展过程中，我还发现用时太长的大项目效果并不是最好的，正如导师李冬梅建议的，把任务把控在2~3课时对义教阶段的孩子是最为合适的，类似这样的细节还有很多。

总的来说，开展项目式学习以来，从我作为老师的角度而言，收获真的是太多太多，它不仅丰富了我个人的专业知识技能，更为我的教学之路指明新方向，也让我发现了更多教学的精彩之处。从学生角度而言，最明显的是他们比之前更有学习兴趣，更愿意动手实践，更能提问题了。今后的教学中，我将更加提升知识，精进技能，以求更大突破。

全国名师工作室联盟鄂尔多斯年会

共享新成果　共攀新高度　共启新篇章

全国名师工作室联盟首届名师工作室成果专场展示现场会暨鄂尔多斯市名师工作室发展建设汇报专场

近年来，全国各地都把发展"名师工程"作为本地区教育发展战略，利用当地的名师资源，发挥名师的示范、引领、辐射作用，来促进教师队伍素质的整体提升。各地名师工作室在不断发展过程中充分体现创新性、自主性、高效性与研究性于一体，在学科教研、课堂教学改革与创新方面不断进行实践、勇于创新，期间涌现出一批优秀名师工作室发展成果，这些成果破解了工作室发展进程中一系列有共性的难题，探索了许多有效发展策略、机制，创新了多种室本研修模式，显示出名师工作室旺盛的生命力。这对全国名师工作室的发展有着十分现实的指导意义。

鄂尔多斯市作为我国极具民族特色的地区，素有"中国能源金三角"之美誉，近年来其基础教育呈现跨越式的发展。鄂尔多斯市委市政府把培养教育人才放在发展战略首要位置，深入推进立德树人工程，积极构建现代教育体系，扎实推进教育改革创新，教师队伍建设与教育教学质量快速提高，教育活力持续增强。在此背景下，以伊金霍洛旗"1+1+X+N"学科名师工作室为代表的一大批优秀名师工作室也应运而生。经过三年多不懈努力实践与探索，走出了一条科学的道路。成功地打造了区域品牌，真正成为广大教师研究的平台、成长的示范、凝聚的核心、辐射的窗口。

为适应新时期教育要求，推动名师工作室发展，搭建相互借鉴、交流学习，总结经验，创新发展的平台，全国名师工作室联盟、鄂尔多斯市教育局、北京中教市培教育研究院、全国中小学名师工作室发展实践研究专家委员会于2018年7月27日—29日共同举办"全国名师工作室联盟首届名师工作室成果专场展示现场会",本届现场会将总结近年来全国各地名师工作室取得的发展经验、成果分享,聚焦名师工作室发展现状及未来创新发展引领,破解名师工作室研究过程中遇到的难点、热点及共性问题,探索名师工作室未来创新发展的新路径。

一、组织机构

主办单位

全国名师工作室联盟　内蒙古自治区鄂尔多斯市教育局

北京中教市培教育研究院

全国中小学名师工作室发展实践研究专家委员会

协办单位

北京师范大学　中国教育学会中国好课堂组委会

呼和浩特市教学研究室　银川市教育科学研究所

天津市红桥区教师进修学校　成都市成华区教师进修学校

江苏省常州市初中自觉数学教育潘建明名师工作室

江苏省初中数学乡村骨干教师(常州市)培育站

江苏省初中数学名师发展共同体

承办单位

北京师培德本教育咨询中心　北京凝慧同享教育科技中心

内蒙古伊金霍洛旗高级中学　伊金霍洛旗第一中学

伊金霍洛旗第四中学　鄂尔多斯市第一中学分校

伊金霍洛旗第四小学　伊金霍洛旗第二小学　伊金霍洛旗第三小学

新闻媒体

中国新闻网　中国教育报　人民网　央视网　新华网　凤凰视频　新浪视

频　光明网　中国教师报

中国教育电视台　内蒙古日报　内蒙古电视台　鄂尔多斯日报　鄂尔多斯市电视台

二、时间地点

时间：2018年7月27日—7月29日

地址：鄂尔多斯市伊金霍洛旗　7月26日全天报到

报名时间：接到本通知之日起，即可报名

三、参会人员

各教育局（教委）、教育学院、教研室、教科所、教师进修校相关领导、教研员；校长、教学副校长、教研组长、幼儿园园长、名师工作室、站、（坊）主持人与成员、骨干教师等。

四、会议主题

共享新成果　共攀新高度　共启新篇章——工作室发展与建设的未来思考

五、会议主旨

共享新成果：分享名师工作室取得的成果——分享成果、和而不同、各美其美

共攀新高度：直面名师工作室面临的问题——直面问题、入木三分、实事求是

共启新篇章：谋划名师工作室发展的未来——谋划未来、登高望远、运筹帷幄

六、会议特色

◆目前国内规模最大、规格最高、学术性最强、成果最多,参与的地区广、工作室类型多、内容最丰富的名师工作室联盟盛会,全国将有千余个名师工作室莅临本次盛会。

◆全学科、多学段、不同视角汇集和展示全国名师工作室发展建设成果以及鄂尔多斯市伊金霍洛旗"1+1+X+N"学科名师工作室创新发展成果与特色的"课堂教学"的盛宴。

◆顶级名家解析名师工作室发展流程,现场剖析工作室建设的难点、瓶颈和共性问题,呈现百家争鸣百花齐放的学术研究盛况。

◆聚焦名师工作室发展建设取得的经验成果、面临的现状、发展过程中遇到的瓶颈突破和问题、聚焦名师工作室未来发展创新引领。

七、会议模块

【名家领航】多位教育大咖莅临悉心指导,前沿理念、观点鲜明、有深度、有高度。

【专业对话】全国中小学名师工作室发展实践研究专家委员会及知名工作室主持人与您零距离心心相印、促膝而谈,共叙工作室发展诸多困惑,为您指点迷津。

【课堂观摩】品评观摩全国几十节优秀名师工作室不同课型的优质课,令人流连忘返。

【成长叙事】讲述您的专业成长心路历程,名师工作室发展过程中一个个感人事例。

【共话未来】多个分会场探讨展望工作室未来创新发展思路与研究新理念。

【成果博览】全国最大的名师工作室发展建设成果博览会，将近百个名师工作室各种成果，是近年来专业性最强、汇聚成果最多，是全国名师工作室创新发展引领的风向标。

【成果类型】◇ 说课展示 ◇ 工作室精品课示范展示 ◇ 工作室发展成果大会展示 ◇ 工作室研究成果实物展示（场地博览）◇ 区域名师工作室建设整体规划、发展经验展示（市、县、区名师工作室主管部门组织、顶层设计、管理经验）◇ 全国优秀工作室现场研修体验展示 ◇ 艺术工作室文艺形式展示 ◇ 书面展示（评审通过的经验介绍、成果论文等集结成册，会议期间人手一册）（具体要求见附件）

附件一：

全国名师工作室联盟首届名师工作室成果专场展示现场会安排如表1、表2、表3所列。

日程安排：第一天

表1

时间安排			活动内容	主讲嘉宾	主持人
07月26日			全天报到、入住，领取资料，熟悉会议流程（参展单位做好展前准备工作）； 晚间18：30 联盟理事会议		
07月27日上午	综合场	08：00—08：30	开幕式	介绍参会嘉宾、致欢迎辞、领导致辞《鄂尔多斯市名师工作室发展汇报》	主办单位 鄂尔多斯市教育局 朱孝忠 徐安德	魏续臻 赵燕平
			纪录短片：《名师工作室联盟发展巡礼》《联盟工作发展简要报告》		
		09：00—12：00	专题1：体验教师团队研修的快乐 专题2：名师——要有自己的教学主张 专题3：教师专业发展引领者和指导者使命	张铁道 余文森 徐淀芳	
07月27日中午（午餐）休息					会务组

(续表1)

时间安排			活动内容	主讲嘉宾	主持人
07月27日下午	综合场	13：30—16：30	地域名师工作室发展经验分享		
			专题：教师研修——教师专业发展的有力途径	顾泠沅	赵燕平
			《伊金霍洛旗"1+1+X+N"学科名师工作室发展汇报》； 佛山市禅城区名师工作室创新发展经验汇报（已确定）； 南京市名师工作室创新发展经验介绍（已确定）； 银川市名师工作室经验介绍（已确定）； 成都市名师工作室经验介绍（已确定）； 泰安市名师工作室经验介绍（已确定）； ……名额虚位以待	郭双喜 高林椿 李宝玉 芦苇 沈明德	
			点评收纳：徐安德	臧富仁	
	博览会	16：40	优秀工作室发展成果博览、室外场地展示（工作室建设、研修、成果场地展示）（展区虚位以待）； 现场设研修体验区、成果展览区、深度碰撞、即时结盟； 区域经验成果分享（展区虚位以待）	场地（室内）成果博览会	组委会
（晚餐）					会务组
07月27日晚间	文艺汇演	19：30—21：00	艺术工作室给我们带来视觉和听觉盛宴	教育局	
			全国艺术工作室与鄂尔多斯市艺术工作室为您带来的才艺展示	共同策划、联合演出	

日程安排：第二天

表2

时间安排			活动内容	主讲嘉宾	主持人
07月28日上午	中学各分会场	08：30—11：30	伊金霍洛旗专场	全国名师工作室发展建设先进单位伊金霍洛旗学科工作室导师及成员成果展示	各工作室导师	伊金霍洛旗教研室
				潘建明（初中数学）导师；余映潮（初中语文）导师；龚海平（英语）导师；康利（初中道德与法制）导师；李树全（初中历史）导师；张文革（初中地理）导师；田成良（初中物理）导师；商晓绪（初中化学）导师；荆林海（初中生物）导师。活动安排：各工作室导师、名师、辐射成员汇报；导师专题讲座；导师示范课		
	小学各分会场	08：30—11：30	伊金霍洛旗专场	全国名师工作室发展建设先进单位伊金霍洛旗学科工作室导师及成员成果展示	各工作室导师	伊金霍洛旗教研室
				徐长青（小学数学）导师；龚海平（小学英语）导师；语文工作室等成果展示。活动安排：各工作室导师、名师、辐射成员汇报；导师专题讲座；导师示范课		
07月28日中午（午餐）休息					会务组
07月28日下午	中学会场	13：30—16：30	名师工作室未来创新发展促膝对话、沙龙；全国名师工作室建设/研修优秀成果案例展示：工作室经验成果分享（大会交流）鲜活案例，专业学习共同体研修分享		
			南昌市推荐优秀工作室发展成果展示（已确定）；云浮教育发展中心推荐优秀工作室发展成果展示（已确定）；栖霞区教师发展中心推荐优秀工作室发展成果展示（已确定）；湖南长沙推荐优秀工作室发展成果展示（已确定）；……若干个名额虚位以待	参会工作室主持人	联盟理事

(续表2)

时间安排			活动内容	主讲嘉宾	主持人
07月28日下午	中学会场	13:30—16:30	促膝对话：专家、工作室主持人共商名师工作室未来发展大计，畅所欲言，分享成果，谋划未来、运筹帷幄。 对话嘉宾：徐安德、余映潮、潘建明、李宝玉	徐安德、余映潮、潘建明、李宝玉	联盟理事
	小学会场	16:40	兰州市推荐优秀工作室发展成果展示（已确定）； 西安市推荐优秀工作室发展成果展示（已确定）； 沈阳市推荐优秀工作室发展成果展示（已确定）； 石家庄市推荐优秀工作室发展成果展示（已确定）； ……若干个名额虚位以待	参会工作室主持人	联盟理事
			促膝对话：专家、工作室主持人共商名师工作室未来发展大计，畅所欲言，分享成果，谋划未来、运筹帷幄。 对话嘉宾：徐长青、朱孝忠、郭昶、蒋守成	徐长青、朱孝忠、郭昶、蒋守成	联盟理事
（晚餐）					会务组

日程安排：第三天

表3

时间安排			活动内容	主讲嘉宾	主持人
全国优秀名师工作室优质课堂成果示范展示（工作室特色课堂教学示范课展示） 参展作品：不限学科、学段；领略各地名师不同课型、风格、特色的课堂教学模式，值得期待					
07月29日上午	中学会场	08:30—11:30	南昌市教科所推荐工作室优质课展示（已确定）； 云浮教育发展中心推荐工作室优质课课展示（已确定）； 栖霞区教师发展中心推荐工作室优质课展示（已确定）； 湖南长沙推荐工作室优质课展示（已确定）； ……若干个名额虚位以待	点评：专家或特级教师	中教院联盟理事会专家委员会

(续表3)

时间安排			活动内容	主讲嘉宾	主持人
07月29日上午	小学会场	08:30—11:30	北京朝阳区推荐工作室优质课展示（已确定）； 哈尔滨市推荐工作室优质课展示（已确定）； 吉林长春市工作室优质课展示； 山东聊城市推荐工作室优质课展示（已确定）； ……若干个名额虚位以待	点评：专家或特级教师	中教院联盟理事会专家委员会
			（午餐）休息		会务组
07月29日下午	综合场	13:30—17:00	全国优秀名师工作室成果说课展示（大会交流）		臧富仁
			宁夏银川市名师工作室优秀成果展示（已确定）； 江苏常州市名师工作室优秀成果展示（已确定）； 山东青岛市名师工作室优秀成果展示（已确定）； 浙江湖州市名师工作室优秀成果展示（已确定）； 四川成都市名师工作室优秀成果展示（已确定）； ……若干个名额虚位以待	点评：专家或特级教师	
			名师工作室、一线教研组建设、教师专业学习共同体优秀成果故事汇； ——讲述我们工作室研修路上成长的足迹； ……若干个名额虚位以待	点评：专家或特级教师	
	大会总结表彰	17:00—17:30	大会总结； 表彰优秀单位、优秀个人、优秀成果； 宣布闭幕	主办单位	赵燕平

附件二：

全国名师工作室联盟简介

全国名师工作室联盟是于2015年4月在第八届名师工作室发展论坛上，由与会专家、学者、教授及广大名师工作室主持人共同倡议下成立的"全国中小学名师工作室发展联盟"，现更名"全国名师工作室联盟"，联盟的成立对助推名师工作室发展实践研究、构建教师专业成长研究平台奠定了坚实基础。截至目前联盟成员单位已达一千七百余个。"名师工作室发展实践研究课题"自开展以来，每年举办多期"工作室主持人专题培训"，全国各地有两万多个名师工作室（坊）参与了具有针对性的论坛、培训、研修等一系列学术活动，出版了《名师工作室发展实践研究》《名师工作室成长的足迹》等专著及70余万字的名师工作室调查研究报告，2015年9月受到教育部的积极肯定和表彰。

联盟成立三年来，不定期举办具有针对性的各种研讨会、研修班及学术沙龙活动，组织联盟内各工作室分学科、学段异地交流经验，为各工作室搭建展示平台，推荐多个各地区工作室优秀成果和名师在规格较高的学术会议上进行展示交流，受到联盟成员一致好评。有些地区的名师通过我们的推动和培养、当地教育部门的支持加上自身的努力，已经走出区域、走出本省，将经验成果辐射到更多的地区，成为名副其实的名师。

2017年9月23日—26日，全国中小学名师工作室创新与发展联盟（现更名为"全国名师工作室联盟"）首届年会暨第十一届全国中小学名师工作室发展论坛在呼和浩特市顺利召开，共有一千六百五十余位来自全国各地的教育行政部门、科研部门、名师工作室主持人参与了此次盛会，此次大会涌现出一大批名师工作室发展优秀研究成果，并在大会期间分学科、学段展示交流；受到参会学员的一致好评，首届联盟年会的召开在教育界产生了积极影响，受到教育界广泛关注和赞誉。大会还对近年来名师工作室发展建设取得的经验成果、先进名师工作室、优秀主持人等进行了表彰，同时召开了联盟理事会议，选举了新的一届联盟理事会，新一届理事会的产生，为联盟发展建设的规范化、科学化、学术化奠定了坚实基础。

全国名师工作室联盟是国内唯一对中小学名师工作室发展实践进行深入持续研究的专业性学习平台，也是国内规模最大、学术性最强的名师工作室发展实践研究基地；全国名师工作室联盟汇聚了国内众多致力于推动名师工作室发展和教师专业成长的知名专家、学者和优秀工作室主持人，是名师工作室发展和成长的摇篮。联盟理事会自成立以来，理事会成员在联盟发展建设上以及名师工作室创新实践研究上群力群策、凝聚智慧、主动承担任务、无私奉献，为联盟发展壮大做了大量的工作，充分体现了"联盟成员是一家，联盟发展靠大家的"团队协作精神和为全国基层名师工作室服务的宗旨。

附件三：

"双核"背景下名师工作室管理的转型与发展

内蒙古自治区鄂尔多斯市伊金霍洛旗教育教学研究室　郭双喜

尊敬的各位专家、领导、各位教育同仁们：大家下午好！

时维七月，序属三伏，但美丽神奇的伊金霍洛旗犹如大自然中的一个空调，依然凉风习习、沁人心脾。今日正值暑假，胜友如云；千里逢迎，高朋满座。您来得正是时候，当奶茶飘香的时候，热情好客的伊金霍洛人给大家献上最诚挚的祝福，祝大家双喜临门、四季平安、万事如意、幸福永远。

我是内蒙古伊金霍洛旗教研室的郭双喜，今天给大家汇报的题目是："双核"背景下名师工作室管理的转型与发展。

一、为什么要创建名师工作室

这要从十一年前说起。2007年，伊金霍洛旗无论是中考还是高考都在鄂尔多斯市九个旗区中垫底。

更为不幸的是，这个垫底纪录竟然连续保持了五年。

2013年以来，在旗委政府的正确领导和亲切关怀下，在上级主管部门的精心指导下，在伊旗教育界全体同仁们的通力合作下，先后出台了一系列的改革措施。在教研教改方面，经过多次调研、认真学习、反复论证、辨伪去妄、建设新说，出台了《伊金霍洛旗关于进一步深化课程改革的实施意见》。意见中明确指出：以"以人为本、合作高效，为学生的幸福人生奠基，为老师的专业发展铺路"为伊金霍洛旗课程改革的总思想，以"学科研、学、教"为具体改革道路，以学科名师工作室为载体和抓手，全面铺开新一轮的课程改革。事实证明，经过一系列改革之后，在全体教育同仁们的共同努力下，伊金霍洛旗在2014、2015全市高考综合评估中连续两年排名第一，2016年以后民间排名仍是第一，而且2018年高考一本上线率创历史新高，真正兑现了低进高出、中进优出的承诺；同样，伊金霍洛旗的中考成绩从2015年开始，连续四年取得了全市（七旗二区）第三、旗县第一的好成绩，基础教育的各项指标已经从全市的后进梯队一跃成为全市的第一梯队。创造了伊金霍洛教育的新辉煌。

这时大家定然会有一个疑问，作为伊旗课改载体和抓手的学科名师工作室，他是如何组建、如何运行、又是如何发挥他的神奇作用的。

二、什么是"1+1+X+N+Z"学科名师工作室

在教育局的精心组织下，从全旗基础教育阶段的两千多名教师中分学段、学科层层选拔出362名各学科精英，组建了包括小学语文、数学、英语、初中语文、数学、英语、道德与法制、历史、地理、物理、化学、生物、音乐、美术、体育、心理、班主任、蒙语以及高中共19个学科名师工作室。给它取了一个混血名："1+1+X+N+Z"学科名师工作室。

第一个"1"：是指学科导师。每个名师工作室聘请一位全国知名的学科教育教学专家、能文能武（既有理论又有实践）的大师作为工作室导师。我们名师工作室的创建理念是：以引领促进发展，引领大于管理。

第二个"1"：是指主持人。大部分由具有丰富研究经验的教研员担任。这个角色非常关键，他们既是工作室的核心，又是沟通导师与名师、辐射推广成果到"N"的桥梁和纽带。

"X"是指各学科名师工作室成员。是整个工作室的中坚力量。为确保均衡发展、辐射带动，每所学校每个学科至少有一人参与，约占学科总成员的百分之十，因各工作室人数不同，所以用"X"表示。

"N"是指各学科工作室成员外的全体同学科教师。

"Z"是指基础教育阶段的全体学生。

这种组织方式真正实现了教研全覆盖,最终实现了教研员与教师两个团队的双向提高。

明天上午重点是"X"的展示,后天上午您将看到部分"N"的精彩。

所以说大家好,才是真的好,教师的专业素养提高了,学生的综合素养自然增强了,办人民满意的教育目标相对实现了。

如何管理、如何运行这个庞大的名师工作室,使它的载体和抓手作用发挥到极致,这就是我今天要讲的主题。

三、"双核"背景下名师工作室管理的转型与发展

(一)以高质量的研修活动引领教师专业成长

①工作宗旨:以问题为导向,以导师为引领,以课题为主线,以课堂为主阵地,引领全旗课程改革走向科学、合理、高效。

②研修方式:每年八次,其中导师现场指导两次以上。通过课堂示范、纵横教研(同课异构、课例研究)、观课议课、课堂诊断、区域联片教研、问题研究、考试研究、专题讲座、课题带动、读书交流、观摩考察、校际交流、名师送课下乡、外出讲学等方式,开展丰富多彩的研修活动。为学校提供科学的校本教研范例,营造成员间相互学习、交流、研究、合作的良好环境,更新教育教学理念,促使成员自身专业能力不断提高,逐渐形成自己的教学风格。通过每一个个体的提升,从而提高全体老师的科研能力和教学实践能力,进而提升我旗整体的教育教学质量。同时,在导师的指导下,制定《学科课程改革评价方案》。

明天,各工作室将重点展示"观课议课"的研修方式,实现全旗校本教研从传统听课评课的"1.0版本"向观课议课的"2.0版本"转变。使大家充分认识到校本教研不仅要"问计于专家",更要"问计于学生",这也是双核背景下我旗名师工作室的转型之一。

③运行机制:每次研修活动各主持人都要先确立主题、提出方案,待审核通过后,形成文件下发到学校,届时组织实施,对优秀的科研成果,要辐射推

广到全旗。

自名师工作室成立以来，已开展了 500 多次主题研修活动，参与人数达 10000 多人次。录制优质示范课 1000 多节，学术讲座 300 多场，发表论文若干篇。

我是一个喜欢讲故事的人，请允许我以故事的形式，谈谈我旗名师工作室的几种基本研修方式。

第一个故事：请进来——导师来了。

2017 年 9 月 11 日，伊金霍洛旗"初中语文作文指导的教学技能训练"主题研修活动在伊旗四中的录播室里进行。其实，像这样的主题研修活动早在四个多月前就已经拉开了帷幕。四个月前，余映潮导师来我旗指导的时候，就留下了本次的研修作业——每位名师完成一节 3000 字左右的作文教学设计，教学内容各不相同。接到作业后，大家认真研究、学习、实践，不敢有丝毫怠慢、半点抄袭，形成个案，发给导师审核。余老师精心修改后，返回锤炼，如是再三，止于至善。四个月，稍纵即逝，转眼就到了"911"。当一份份"既有理论高度，又有实践深度"的相对成熟的教学设计摆在案头的时候，余老师也翩然而至。余老师在亲临课堂指导、耐心细致点评之后，提出数种新的创意，启发教师学会创新。然后又亲自做了两节作文指导示范课，再辅以专题讲座"例谈中学语文教师作文教学与研究的技能"来巩固和深化。余老师"飞"走了，名师们静下来。继续向纵深研究，直到人人都对初中作文教学有了自己的思想后，在自己所在的学校里示范、推广，完成对 N 的辐射。这就是"1＋1＋X＋N＋Z"学科名师工作室的基本研修方式之一。这种研修方式，既落实了研、训、实践一体化的教师培训机制，实现了教研全覆盖，又使得"学科研、学、教"的课改灵魂也有了结实的躯体可依。研、学的结果是要提高教师的学科素养，从而推出高效课堂。而高效课堂就像携带了学科素养甘露的春雨一样，浸润着每一个学生的心灵。核心素养就这样悄悄地、实实在在地落实到各学科的教学之中。

每次研修活动结束后，成员们都要从具体实践中抽象出理念，写出深刻的研修反思，进入再研究过程。

其实来了的导师不仅余映潮老师一人，还有小学数学导师吴正宪、徐长青、初中数学导师潘建民、初中历史导师李树全、初中道德与法治导师康利、初中地理导师张文革、初中物理导师田成良、初中化学导师商晓绪、初中生物导师荆林海等。

几年来，来自全国各地的一百多位各学科专家、学者，走进伊旗，走进学校、走进教室，走到每一个学生和老师中间，留下了最美的声音和身影。老师们在与专家面对面、手牵手的接触与交流中，不仅发现了自身的不足，解开了困顿和迷惑，提升了专业能力与水平，开阔了视野；同时也为这些专家的治学精神和人格魅力所感染，自觉践行爱国、敬业的社会主义核心价值观。今天，更有幸请来大家，共同参与《全国名师工作室联盟首届工作室创新发展特色成果博览会》，共享新成果、共攀新高度、共启新篇章，真是天时、地利、人和，只愿君心似我心，定不负教育梦。

第二个故事：走出去——老师们笑了。

我们要求每个名师工作室每年至少集体外出培训一次，外出讲学或讲课1~2人。一年来，共有31人次外出讲学或讲课。走出去，不仅要走进教育先进地区，感受和汲取先进教育理念和教育思想，更重要的是让名师到更大的舞台上去历练——讲示范课，践行知行合一，实现培训效益的最大化。同时让大家在学术交流中华山论剑，求同存异。

2017年7月14日，我旗第四中学的徐晓梅老师在银川举办的"全国中小学教学行为转型与创新峰会"上展示了一节示范课。课后，潘建民导师写了2000多字的课例点评，现摘录如下：从这节课的教学过程中，我们看到了一位内蒙古年轻教师对教材、教学和学习的深度理解，也看到了内蒙古在实施新课程过程中结出的累累硕果！

对于一个年轻老师来说，她是幸运的，经过这样一次历练之后，她将永远与阳光同在。

一朵忽先变，百花皆后香。2017年9月24日在"第十一届全国中小学名师工作室发展论坛"上，我旗有12位名师参与了讲课和说课交流。

2017年11月24日在无锡举办的"名师工作室课堂环节构建教研改进策

略研修"会议上又有4位名师展示了他们精彩的一面。

2017年12月,在北京举办的初中物理"基于核心素养发展的教学案例研究"活动中,我旗又有两位物理老师分别在北京人大附中翠微学校和北京101中学做课堂展示。

2017年12月,我旗两位初中道德与法治老师在北京朝阳区举办的"道德与法治高级研修活动"中做课堂展示。

2018年1月14日,我旗初中语文名师工作室主持人在上海举办的"中学语文教育名师大会——基于课例的语文教育高峰论坛"上做示范课展示并参与论坛。

2018年4月,我旗两位初中地理老师在重庆举办的"重庆市与鄂尔多斯市地理联合教研活动"中做了课堂展示。

2018年5月27日在南京举办的"全国中小学名师工作室教学风格与教学艺术展示现场会"上又有两名主持人和一位名师做示范课展示。一年来,共有30多位名师外出讲学。

这些老师今天看上去还是丑小鸭,经过数次历练之后,就会成为伊金霍洛的白天鹅。等他们在当地有了一定的教育权威后,就会批准他们以其个人名义组建名师工作室,同时拨给他们一笔可观的科研经费(评价标准是:有人请)。

第三个故事:静下来自我提升——老师们充实了。

除了走出去、请进来,平时各工作室的活动也一样精彩有效。每次研修主题突出,目标明确且达成度高。

有区域联片教研、有校长的激情参与、有主持人的课堂示范、有集体备课教研,虽有学术争鸣,但却井然有序。

为强化成员自身研修水平,各工作室每学期将共同研读一本以上教育教学专著《人民教育》(三期)等学科前沿理论与课程改革理论(形成共鸣),阅读以在书上的"圈点批注"为标准,一般被批注页面不少于整册书籍的2/3。

在初中语文名师工作室《不跪着教书》的读书交流活动中,老师们的读书心得耐人寻味，摘录部分如下。

师一：想要学生成为站直了的人，教师就不能跪着教书，要想老师不跪着教书，老师就得有思想、有爱心、有能力、有自信、有教养、有尊严……教师有了思想、有了爱心、有了能力、有了自信、有了教养、有了尊严……学生就会被熏陶渐染，潜移默化的有了思想、有了爱心、有了能力、有了自信、有了教养、有了尊严……学生就成了站直了的人。学生成了站直了的人，社会就会文明，政治就会清明，国力就会昌盛，人民就会幸福安康，中华民族伟大复兴的中国梦就会重圆。社会主义核心价值观就是让中国人站直了与世界平等对话。

师二：我们很平凡，但是我们的学生需要最出色的教师，需要伟大的老师。

师三：我希望自己拥有最出色的学生，所以我必须使自己成为最出色的教师。如果我的学生也会像非洲同学这样说："你知道吗？我每天早晨起来都有一件最高兴的事——我睁开眼睛时就会想到：我有一位伟大的老师。"人生如此，虽穷何憾？

小城故事多，充满喜和乐，今天你到小城来，把酒话课改，共谈教育真善美。

(二) 以高效统筹的管理方法推广优秀科研成果

一枝独放不是春，百花齐放春满园。大家好，才是真的好。经过五年多的学习，各学科名师工作室成员在导师那里获得了大量的营养，他们贪婪地研究、学习和实践导师的教育教学思想、理念、主张和方法。同时，也学习了许多课改前沿理论，形成了《伊金霍洛旗名师工作室成果集》并及时推广到全旗每一位老师。两千多名老师的业务水平提高了，提高全旗的教学质量还会远吗？推广科研成果的真正目的是让这两千多名老师都能理解、内化、应用导师的教学思想、主张、理念、方法等，然后结合自身实际，站在导师这个巨人的肩膀上，潜心研究、认真学习、大胆实践，从而开拓创新、彰显个性，逐渐形成自己的教育教学特色与风格，成一代名家。江山代有才人出，各领风骚数百年。

(三) 以强有力的制度保障工作室的健康运行

①名师工作室实行动态管理，质、量考核。每两年为一期。对学期考核合格的成员除享受研修经费外，还可以在评优晋级、评选参赛、选拔干部、科研立项、外出培训、学术交流等方面同等情况下优先考虑。任何人不得为此开脱说情。

②求真务实，真抓实干。所有研修过程及成果资料如文章、图片、视频等均以适时上传网站为准，避免弄虚作假，下有对策。现在看来，下面根本不想有对策。

所以要想搞好一个地区的教育教学改革，就需要前面有人引导正确的路，后面有制度保障大家勇往直前。这样，即便是一支几千人的队伍也会顺利出发，浩浩荡荡，走向更高更远。

四、一分耕耘一分收获

功夫不负有心人。我旗的名师们从几年前讲一节校内公开课都胆怯，到今天能在全国舞台上展示，是自信的体现，是能力的体现。通过一次又一次高质量的研修，我们看到了教师们从职业到事业的思想、行为的转变，老师们也充分感受到了自己在学生心中的教育权威和在社会上的职业尊严。同时也看到了自己发展的空间、事业的前景、生命的意义。

心有多大，舞台就有多大。名师工作室使我旗的基础教育改革从一个小县城走上了大舞台。在每一次展示中，名师们不仅看到了自己成长的身影，还在交流中看到全国各地精英的风采。未来，我们将继续紧跟导师的脚步，寻着他们的路径，摸着自己的脑袋，走出伊金霍洛草原，到更大的舞台上学习、交流、示范、讲学。但不管走到哪里，"1+1+X+N+Z"学科名师工作室永远是名师们研究的平台、成长的示范、凝聚的核心、辐射的窗口。

课改永远在路上，只要方向对了，就不怕远。不是每一次研修都足以改变，不是每一点改变都可以感知，但我们始终坚持记录每一次推进教育教学改革的力量，与课改为伴，"1+1+X+N+Z"学科名师工作室真诚地希望与会领导、专家、同仁们批评指正。

伊金霍洛旗"1+1+X+N+Z"学科名师工作室发展历程如图1所示。

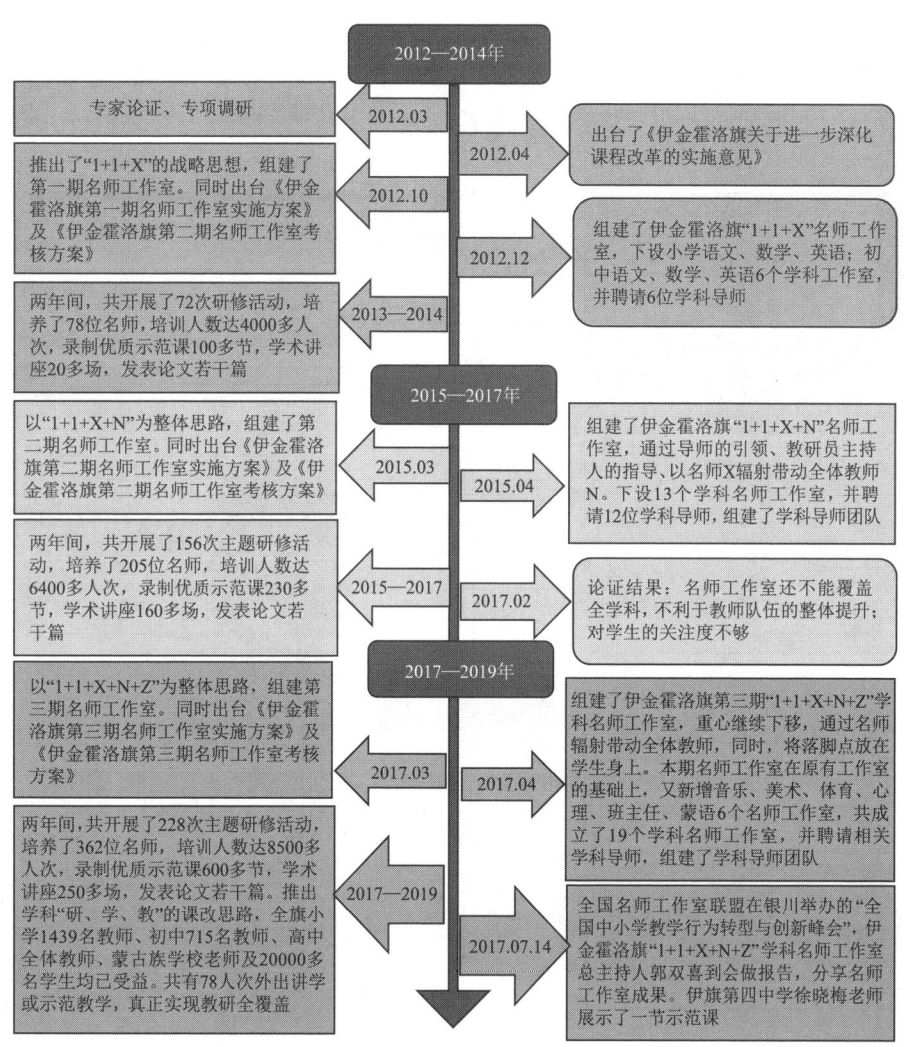

图1

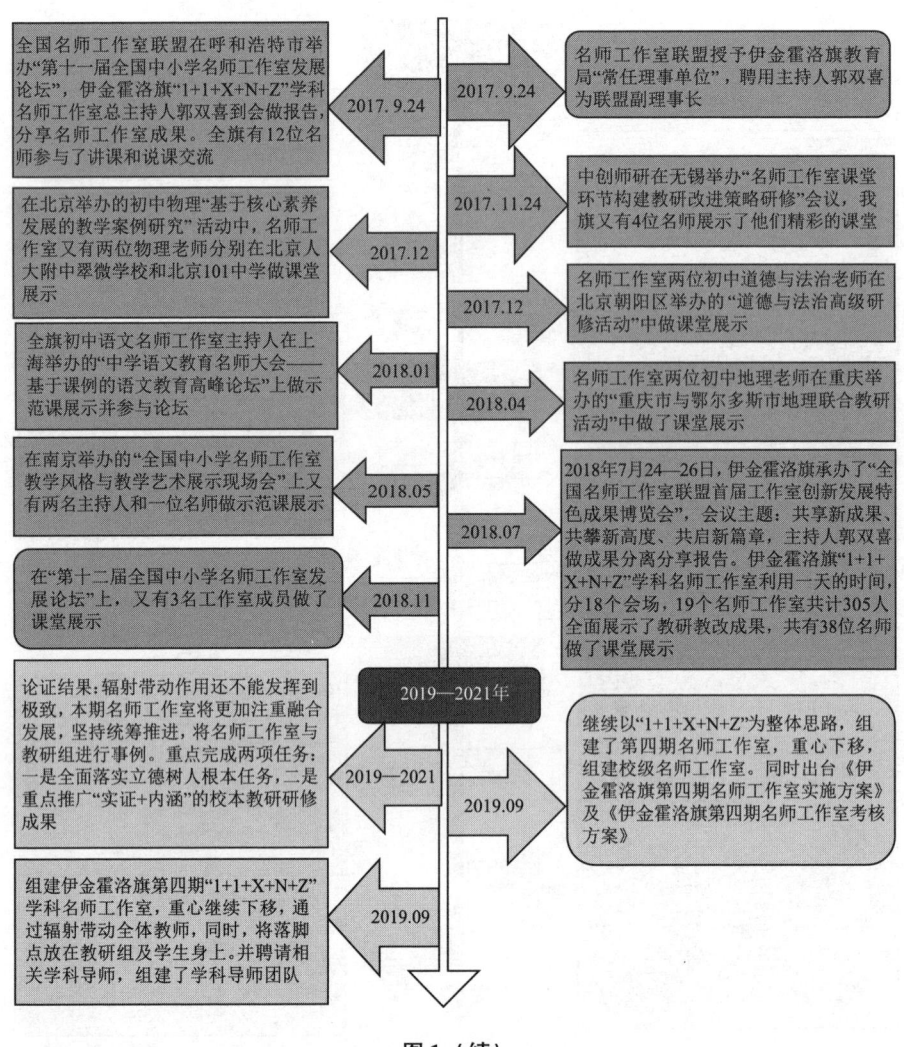

图 1（续）

全国名师工作室联盟珠海年会

第五届中国教育创新成果公益博览会 2019 年珠海年会

伊金霍洛旗教研室主任　郭双喜

"双核"背景下名师工作室管理的转型与发展
——伊金霍洛旗"1+1+X+N+Z"学科名师工作室建设成果汇报

伊金霍洛旗教育教学研究室　郭双喜（2019 年 10 月 18 日）

尊敬的各位领导，各位教育同仁们：

按照会议安排，现将伊金霍洛旗"1+1+X+N+Z"学科名师工作室建设成果简要汇报如下，敬请各位领导和教育同仁们提出宝贵的意见和建议。

一、名师工作室建设背景

近年来，伊旗根据建设高素质专业化教师队伍的要求，在上级主管部门的精心指导和亲切关怀下，在旗委、政府的正确领导和高度重视下，在伊旗教体局领导与全体教育同仁们的通力合作下，先后出台了一系列的改革措施。在教研教改方面，在充分领会国家及地方各级基础教育改革的相关文件精神、借鉴全国各地教育教学改革成果的基础上，经过多次调研、认真学习、反复论证、辨伪去妄、建设新说，结合本地实际，出台了《伊金霍洛旗关于进一步深化课程改革的实施意见》，确立了教研教改方向，明确要以"造就党和人民满意的高素质专业化创新型教师队伍，落实立德树人根本任务，培养德智体美劳全面发展的社会主义建设者和接班人"为指导思想，以学科"研、学、教"为具体改革道路，以学科名师工作室为载体和抓手，全面铺开新一轮的教育教学改革。事实证明，经过一系列改革之后，从 2015 年起，我旗的教育教学改革取得重大突破，教育教学质量明显提升，名师工作室的建设与发展成效显著。基础教育的各项指标已经从全市的后进梯队跨入全市的第一梯队。创造了伊金霍洛教育的新辉煌。

作为课改载体和抓手的名师工作室又是如何组建的呢？在伊旗教体局的精心组织下，从全旗基础教育阶段的两千多名教师中分学段、学科层层选拔出各学科精英，组建了中小学各学科及班主任、蒙语授课等 19 个名师工作室，同时组建了一支强大的导师团队。所有工作室都用"1+1+X+N+Z"的方式组建。第一个"1"指导师，第二个"1"指主持人，"X"指名师，"N"指所有老师，"Z"就是名师工作室的落脚点——全旗基础教育阶段的所有学生，这种组建方式，使得名师工作室在业务上真正成为广大教师们凝聚的核心。

今天重点汇报"双核"背景下名师工作室管理的转型与发展。

二、"双核"背景下名师工作室管理的转型与发展

（一）以高质量的研修活动引领教师专业成长

名师工作室的工作宗旨是以问题为导向，以导师为引领，以课题为主线，以课堂为主阵地，引领全旗课程改革走向科学、合理、高效。这里重点介绍三种研修方式。

1. 请进来——导师们来了

请进导师成立专家团队，面对面指导学科教育教学，实现理论与实践的完美结合，践行知行合一理念。这种研修方式，既落实了研、训、实践一体化的教师培训机制，提高了教研员和教师两个团队的业务水平、实现了教研全覆盖，又使得学科"研、学、教"的课改之路有了坚实的载体，最重要的是让学生享受到了优质教育教学资源，提升了学生综合素养。

导师团队现场指导，使得名师工作室真正成为老师们研究的平台。

2. 走出去——老师们成长了

自第三期名师工作室开展以来，共有 72 人次分别在北京、银川、南京、

上海、无锡、成都、重庆等地外出讲学或讲课，这使得名师工作室真正成为老师们成长的示范。

走出去，不仅要走进教育先进地区，感受和汲取先进教育理念和教育思想，更重要的是让名师到更大的舞台上去历练——讲公开课，践行知行合一，实现培训效益的最大化，同时在与专家学者们的对话交流中，华山论剑，求同存异。去年冬天我们就在上海聆听了"人民教育家"国家荣誉称号获得者于漪的教诲，并与她当面交流。

这些老师今天看上去还是丑小鸭，经过数次历练之后，华丽转身，就会成为伊金霍洛的白天鹅。等他们在当地有了一定的教育权威后，就会批准他们以其个人名义组建名师工作室。

外出讲学不是为了哗众取宠，其真正目的是给名师们搭建一个个教育落后地区与教育发达地区沟通交流的平台，架起一座座名师与专家学者们深度对话的桥梁。与高人相遇，岂能擦肩而过？

3. 静下来——老师们充实了

（1）研修活动，扎实有效

除了走出去、请进来，平时各工作的研修活动也一样精彩有效。每次研修主题突出，目标明确且达成度高。

（2）读书研修，提升自我

为强化老师们自身研修水平，充分践行"读原著、学原文、悟原理"的指导思想，名师工作室开展独特的专题读书活动，实现从"我注六经"到"六经注我"的突破，让研修指向心灵深处。

（二）以高效统筹的管理方法推广优秀科研成果

一枝独放不是春，百花齐放春满园。各学校通过名师的带动引领，将优秀的科研成果辐射推广到全旗，两千多名老师的业务水平提高了，提高全旗的教育教学质量还会远吗？推广研修成果的真正目的是让这两千多名老师都能理解、内化、应用导师的教学思想、主张、理念、方法等，然后结合自身实际，站在导师这个巨人的肩膀上，潜心研究、认真学习、大胆实践，从而开拓创新、彰显个性，逐渐形成自己的教育教学特色与风格，成一代名家。江山代有才人出，各领风骚数百年。

（三）以强有力的制度保障工作室的健康运行

成立了以局长为组长的名师工作室领导小组，确保工作有序开展。

名师工作室实行动态管理，质、量考核。每两年为一期。对学期考核合格的成员在评优晋级、评选参赛、选拔干部、科研立项、外出培训、学术交流等方面同等情况下优先考虑。

三、成功展示了课改成果

2018年7月25日—27日，全国名师工作室联盟"首届工作室创新发展特色成果博览会暨伊金霍洛旗'1+1+X+N+Z'学科名师工作室发展建设成果专场汇报会"在伊金霍洛旗影剧院举行。这是名师工作室联盟首次在县城举办这样的大型学术论坛。来自全国30个省、市、自治区的2300多位名师工作室成员云集于此，180位全国各地名师工作室名师参与了课堂展示、说课交流等活动，75位正高级、特级专家学者做了现场点评。中国新闻网、中国教育报等十几家主流媒体予以报道。

我旗"1+1+X+N+Z"学科名师工作室在导师团队的全程指导下，19位主持人带领305位名师在19个分会场，利用一天的时间，全面展示了我旗的教研教改成果，其中38位名师做了课堂展示，5000多名学生享受到了这一优质的教育教学资源。成功的实现了校本教研从1.0到2.0的嬗变与超越。受到了与会领导、专家、名师们的一致好评。只愿君心似我心，定不负教育梦。

四、名师工作室成果辐射范围

首先是将研修成果辐射推广到全旗，同时在一次又一次的报告与交流中，全国多地教育部门和学校，如呼和浩特市土默特左旗、辽宁省海城市和鞍山市、乌兰察布市商都县、山东省青岛市、河北省邢台市、河南商丘市、湖北省仙桃市和孝感市、广东省清远市、云南省昭通市以不同的方式采用或借鉴了我旗"1+1+X+N+Z"学科名师工作室的实践经验,使得名师工作室真正成为成果辐射的窗口。

五、今后的建设思路

前三期名师工作室在不断的反思与总结中稳步提升,今年,我们要继续组建第四期名师工作室,本期名师工作室将更加注重融合发展,坚持统筹推进,坚持稳中求进的原则,以"五位一体"(深入贯彻国家教育意志、名师团队建设、教研组建设、督导评估、蹲点教研)和"一体两翼"(名师工作室培优、蹲点教研扶弱)战略思想为顶层设计,构建区域品牌,重点完成两项任务:一是全面落实立德树人根本任务,二是重点推广"实证+内涵"的校本教研研修成果,让老师们充分认识到在教育教学中,什么是"各美其美、美美与共",什么是"和而不同、方为大同",什么是"课堂因交流而多彩、教学因互鉴而丰富"。同时,还能有效地破解集体备课难题。

六、一分耕耘一分收获

(一)实践成果

自名师工作室成立以来,已开展了674次主题研修活动,培训教师达12000多人次,培养名师645人次,直接受益学生达70000多人次,录制优质示范课1000多节,学术讲座300多场,发表论文若干篇。有72位名师外出示范讲学,主持人郭双喜外出做学术报告6场。

(二)获得的荣誉

2018年伊金霍洛旗委、政府授予"伊金霍洛旗教研室'圣地英才'名师工作人才团队"荣誉称号，全国名师工作室联盟授予伊金霍洛旗"1+1+X+N+Z"学科名师工作室"名师工作室发展建设成果一等奖"，全国名师工作室联盟聘请伊金霍洛旗教体局为"常任理事单位"，受"中国教育创新成果公益博览会组委会"邀请，伊金霍洛旗"1+1+X+N+Z"学科名师工作室建设成果将于2019年11月份去珠海参展。

(三) 价值理念

心有多大，舞台就有多大。伊金霍洛旗"1+1+X+N+Z"学科名师工作室使我旗的基础教育改革从一个小县城走出去，真正成为老师们凝聚的核心、研究的平台、成长的示范、辐射的窗口。

新的时期定会有新的挑战，但只要有功成不必在我的胸怀境界和成功一定有我的责任担当，一张蓝图绘到底，定会与2035成功相约。

课改永远在路上，只要方向对了，就不怕远。不是每一次研修都足以改变，不是每一点改变都可以感知，但我们始终坚持记录每一次推进教育教学改革的力量，与课改为伴，伊金霍洛旗"1+1+X+N+Z"学科名师工作室真诚地希望与会领导、专家、同仁们批评指正。

非凡十年 述说精彩
（中）
"双减"背景下名师工作室管理的转型与发展

孙竭 郭双喜 主编

北京航空航天大学出版社
BEIHANG UNIVERSITY PRESS

图书在版编目（CIP）数据

非凡十年　述说精彩. 中 / 孙朅,郭双喜主编. --北京：北京航空航天大学出版社,2023.12

ISBN 978-7-5124-4262-7

Ⅰ. ①非… Ⅱ. ①孙… ②郭… Ⅲ. ①中小学—教育事业—发展—概况—中国 Ⅳ. ①G639.2

中国国家版本馆 CIP 数据核字（2023）第 239197 号

非凡十年　述说精彩（中）

责任编辑：	孙玉杰　宫格格
出版发行：	北京航空航天大学出版社
地　　址：	北京市海淀区学院路 37 号（100191）
电　　话：	010-82317024（发行部）　　010-82316936（邮购部）
网　　址：	http://www.buaapress.com.cn
印　　刷：	北京宏伟双华印刷有限公司
开　　本：	710mm×1000mm　1/16
印　　张：	120.75
字　　数：	1905 千字
版　　次：	2024 年 5 月第 1 版
印　　次：	2024 年 5 月第 1 次印刷
定　　价：	152.00 元（全 3 册）

如有印装质量问题，请与本社发行部联系调换

联系电话：010-82317024

版权所有　侵权必究

编 委 会

主　任：陈立军

副主任：雷　宇　孙　竭

顾　问：张义武

主　编：孙　竭　郭双喜

副主编：温文利　王　莉　白俊玲

编　委：(以姓氏笔画为序)
　　　　马再祥　王学勤　刘贵琴　刘　燕　苏雅拉图
　　　　杨丽萍　杨雁鸿　宋沙兰　张海燕　陈庆钊
　　　　单　丽　郝翠娥　侯海霞　聂海英　徐金梅
　　　　高　丽　郭小军　鄂云塔娜　斯庆脑日布
　　　　翟丽芳　薛　云

作者简介

孙揭，男，汉族，1975年8月出生，中共党员，大学学历，硕士学位，高级教师。现任伊金霍洛旗教育体育事业发展中心副主任，兼任伊金霍洛旗第一中学党支部书记、校长。曾担任伊旗高级中学副校长，职业高级中学校长，第四中学党总支书记、校长，教育发展研究中心党支部书记、副主任。先后荣获"全国优秀工作者""自治区优秀教育工作者""全国青少年普法教育先进个人""全市优秀教师""全市优秀教育工作者""全市杰出校长"等荣誉称号。曾在《内蒙古教育》《考试杂志》等刊物发表多篇论文，并担任《追寻德育之美》一书的副主编。

郭双喜，男，1970年12月出生，中学高级教师，全国名师工作室联盟副理事长，"鄂尔多斯市初中语文教学改革成果奖"获得者，曾担任《初中语文单元作文训练指导》一书的副主编。现任伊金霍洛旗教育体育事业发展中心教育教学发展研究办公室主任，提出"实证+内涵"的校本教研方法，创建伊金霍洛旗"1+1+X+N+Z"学科名师工作室并引领其发展，先后在全国各地作教育学术报告十多场。

目　录

（上）

语文篇
0003　"1＋1＋X＋N＋Z"语文名师工作室 …………………………… 宋沙兰

数学篇
0151　"1＋1＋X＋N＋Z"数学名师工作室 …………………………… 聂海英

英语篇
0363　"1＋1＋X＋N＋Z"英语名师工作室 …………………………… 侯海霞

道德与法治篇
0563　"1＋1＋X＋N＋Z"道德与法治名师工作室 …………………… 王　莉

（中）

历史篇
0657　"1＋1＋X＋N＋Z"历史名师工作室 …………………………… 白俊玲

地理篇
0865　"1＋1＋X＋N＋Z"地理名师工作室 …………………………… 张海燕

物理篇
1031　"1＋1＋X＋N＋Z"物理名师工作室 …………………………… 高　丽

化学篇
1101　"1＋1＋X＋N＋Z"化学名师工作室 …………………………… 薛　云

生物篇

1219　"1+1+X+N+Z" 生物名师工作室 …………………… 刘　燕

（下）

小学语文篇

1383　"1+1+X+N+Z" 小学语文名师工作室 ………………… 杨雁鸿

小学数学篇

1469　"1+1+X+N+Z" 小学数学名师工作室 ………………… 温文利

小学英语篇

1591　"1+1+X+N+Z" 小学英语名师工作室 ………………… 翟丽芳

小学科学篇

1741　"1+1+X+N+Z" 小学科学名师工作室 ………………… 郝翠娥

信息技术篇

1811　"1+1+X+N+Z" 信息技术名师工作室 ………………… 王学勤

全国名师工作室联盟鄂尔多斯年会

1873　共享新成果　共攀新高度　共启新篇章

全国名师工作室联盟珠海年会

1895　第五届中国教育创新成果公益博览会2019年珠海年会 ………… 郭双喜

历史篇

"1+1+X+N+Z" 历史名师工作室

白俊玲

一、目标："问史"——明学科之本，探育人之道

根据《伊金霍洛旗教育局名师工作室实施方案（试行）》文件精神，更好的落实我旗"1+1+X+N+Z"的教研思路，充分发挥名师工作室成长、示范、引领、辐射作用，进一步带动提升我旗历史教师队伍的整体素质，促进全旗教育的均衡发展。历史名师工作室主要聚焦课堂，研究课堂，致力于历史课堂有效教学的研究，努力实现"有意思、有意义"的历史教学，通过一次次"问史论坛"的研修活动，"问史"求道，解决历史学科教学中遇到的瓶颈，践行历史教学的价值。搭建教师成长的平台。

二、组织

伊金霍洛旗初中历史名师工作室成立于2015年，至今组建了三期名师工作室。每期为期两年。第一期（2015.3—2017.3），第二期（2017.3—2019.3），第三期（2020.10—2022.10）。工作室的定位是"教师专业成长共同体"，前后三期共吸收14位优秀的历史教师。自治区级学科带头人1人，市级优秀教师2人，市级学科带头人1人，旗级优秀教师10人。辐射2个二级名师工作室，4个学科教研组。在主持人带领下，围绕"以问题为导向，以导师为引领，以课题为主线，以课堂为主阵地，引领全旗历史课程改革走向科学、合理、高效"宗旨，开展主题教学研修活动，努力解决历史学科教学中面临的热点和难点问题，工作室发挥先行研究、交流研讨、示范引

领的作用。

三、计划

工作室秉持问题导向、目标导向、结果导向，充分发挥导师的引领作用，聚焦课堂，研究课堂，探寻教学形式和教育价值的有效结合，悉心研究历史学科核心素养的内涵。努力实现"问史、求道、明智"历史教育的价值诉求。以务实、扎实、求实的工作作风自勉，有序开展各项教学研修活动。

工作室"请进来"，充分发挥导师的引领作用。

工作室"走出去"，围绕"问史、求道、明智"与同行进行交流。

工作室"坐下来"，聚焦课堂，研究课堂，努力实现"有意义、有意思"的历史教学。

工作室"静下心"，悉心阅读专著、期刊，研究历史学科核心素养的内涵。

名师工作室成立至今，已开展三十多次主题研修活动。主要是致力于历史学科有效课堂教学的研究。每次研修活动主持人都要通过"任务驱动"方式促进成员共同学习。比如指导每位成员根据现有"台阶"，研制个性化的近期目标和年度计划，有计划地带动阅读与教学研究；确定阅读书目并利用座谈、主题研讨等活动交流彼此的阅读感悟，将阅读与教学结合起来，阅读后开展同课异构、微课研究、教学观摩、专题研讨、网络研讨等研讨活动，将读书成果显性化。正是这一次次的研修学习更新了老师们的教学理念，转变了教学方式，课堂向高效课堂、智慧课堂迈进。现已初步形成了以历史学科特点为基础的课堂教学常规机制和评价机制。以"1+1+X+N+Z"为整体教研之路在良性运行，历史教研组教学教研的新常态已经产生，历史名师工作室已成为或正在成为老师们研究的平台、成长的示范、凝聚的核心、辐射的窗口。

四、主要研修方案

（工作室部分研修活动包括通知、简讯报道、部分心得体会或论文）

● **2015 年历史名师工作室部分研修活动**

【2015 年第一次研修活动】

关于举办 2015 年初中历史名师工作室
第一次研修活动的安排意见

为了进一步提升我旗初中历史教师的教学水平，促进教师的专业化发展，4月20日上午举办了全旗历史学科教师的培训。这次培训由培训中心组织，历史名师工作室主办。

这次活动内容安排有三项，一是由北京教科院基教研中心教研员郭井生老师和我旗名师工作室的文青盟老师就八年级下册第十五课《独立自主的和平外交》进行同课异构；二是就此课内容进行说课、评课、研讨交流，并且请北京专家给予全面的点评指导；三是下午由郭井生专家就"历史新课标与教学设计"进行专题讲座。

研修主题： 基于课标下的教学设计策略研究。

活动形式： 听课、讲座、评课、互动交流。

具体安排： 如表1所列。

表1

时　间	活动安排
上午8：10—9：40	文青盟讲课《独立自主的和平外交》； 郭井生专家和文青盟同课异构
上午10：00—12：00	文青盟说课； 专家评课、名师评课； 研讨交流
下午2：30—5：00	郭井生讲座"历史新课标与教学设计"； 个别交流研讨

同课异构　不一样的精彩
——伊旗初中历史名师工作室2015年第一次研修总结

为了进一步提升我旗初中历史教师的教学水平，促进教师的专业化发展，4月20日上午由培训中心组织，历史名师工作室主办的全旗初中历史学科教师的培训活动正式启动。

这次活动由北京郭井生专家给全旗历史老师培训新课标与教学设计。上午是郭老师精品展示课，为老师们搭建了一个面对面互相探讨、互相学习、取长补短的平台。零距离地看到优秀教师的教学展示及教学点评，一个个鲜活的理念，一句句深入浅出的教材解读，独到的见解，鲜活的事例让老师们耳目一新，启人深思。

下午郭老师就历史新课标给大家做了解读。课标必须要明确。带着课标审视教材，多版本互相对照，兼采众长。抓住单元教学主题，看一节课在单元中的地位，再决定这节课的教学目标。总的原则是：心里想着课标，审视教材。新课标的变化：以唯物史观为主的多种史观的相互渗透，主张教学方式的灵活多样化，主张历史教学回归生动具体形象。

郭老师还给老师们呈现了一些精彩的教学设计，让在座的老师们耳目一新，使老师们深深地感受到应该做一个会反思的智慧型、学习型的老师。不断更新的教育理念，大胆实践中探索，努力创新。培训期间郭老师渊博的知识，睿智的思维，务实的作风，对工作的认真态度、对老师的人文关怀，对培训的全心投入都让我们看在眼里记在心头！

这次培训活动让老师们受益匪浅，大家纷纷表示今后要不断学习，更新观念，脚踏实地，不断地反思，不断地进步，不断地从新课程标准，从一些老教师、优秀教师的课堂案例中汲取营养，使自己的课堂永远充满生机活力。

提升自我　服务教学
——伊旗初中历史名师工作室2015年第一次研修培训心得体会

伊旗一中　杨海清

为了提高课堂教学的效率和质量，教育局培训中心安排全旗历史教师进行为期一天的培训，本次培训分为两部分，即两位教师的同课异构及评课和郭井生老师关于新课标的培训。通过这次学习，让我感受颇深，受益匪浅。

一、加强学习，提高素养

郭老师知识渊博，讲课游刃有余；史实丰富，前后联系，及时拓展。思路清晰、有条不紊；利用图片、史料，拓宽视野，帮助学生理解，突出重点，突破难点，有利于丰富学生的知识，提升学生的思考能力。郭老师基本功扎实，具有足量的学科专业知识和综合的科学文化知识，所以教学中展示的每段史料、每个故事都信手拈来，而这些专业知识正是教师平时积累形成的。所以，以后我要加强学习，提高自身素养。历史学科提高专业素养，读书是最关键的，我要阅读历史通史知识方面的书籍，也要读一些历史学术研究和动态方面的书，读一些教育理论方面的书。以求在课堂上能够游刃有余，培养学生的学习兴趣，提高学生的能力。

二、巧用史料，开阔视野

郭老师在教学中运用了大量史料，图文结合，提高了学生的学习兴趣，调动了学生的积极性，同时大量的史料拓展了教材内容，扩大了课堂教学容量，开阔了学生的视野。而这些需要教师有丰富的学科知识的同时，更需要教师精心选择，使其能够恰如其分的为课堂服务。教师所选择的史料必须为本课服务，同时，要符合初中学生的年龄特点和理解能力，对于不太好理解的史料可以使用古文翻译过来的方式展示。师生共同对史料分析得出结论，从而提高学生的阅读能力、理解能力，真正做到论从史出。我争取通过努力，使自己有足够的知识储备，课前精心准备，精心选择，使自己课堂的史料丰富，拓宽学生的视野，提升学生的能力。

三、研读课标，服务教学

国家课程标准是教材编写、教学、评估和考试命题的依据，是国家管理和评价课程的基础。应体现国家对不同阶段的学生在知识与技能、过程与方法、情感态度价值观等方面的基本要求，规定各门课程的性质、目标、内容框架，提出教学和评价建议。关注新课标、研读新课标、吃透新课标是我们做好教学工作的根基，是讲好每一节历史课的保证。《义务教育历史课程标准》（2011

版)已颁布。通过学习,我们知道2011版新课标并不是对实验稿的小修小补,而是在诸多方面体现了新的变化,新课标的以唯物史观为主的多种史观的相互渗透(不再强调五种社会形态的演变);内容标准有行为动词,可测量;注重教师的主导作用与学生的主体作用之间的关系;主张教学方式灵活多样化;主张历史教学回归生动、具体、形象。所以必须潜心研读新课标,较深层次地领会课标精神。新课标在课程内容的编排方面进行了较大的改动,目前新课标已颁行,但教材仍然滞后,这样的情况更要求我们在教学中依据新课标所规定的课程内容,及时调整和合理整合教学内容,有效落实新课标精神。由于新课标课程内容部分有增删的知识点,教师在进行单元课时教学设计时,就要依据新课标调整后的课程内容整合教材,尤其要关注现行教材中所涉及的被增删的知识点的处理,教学中应按照新课标的要求合理调整。所以,我们每位教师都要认真研读新课标,找准方向,为教学服务。

【2015年第三次研修活动】

关于举办2015年初中历史名师工作室
第三次研修活动的安排意见

为了进一步提升我旗初中历史教师的教学水平,促进教师的专业化发展,深化课堂教学改革,工作室特邀市历史学科教研员李怀景老师来我旗就"基于历史课程标准的有效教学"进行讲座活动。

培训形式:讲座、提问交流、研讨等形式。

培训具体安排:如表1所列。

表1

时间	活动内容	教师
8:10—10:10	"基于课程标准的有效教学"的讲座	李怀景 市教研室
10:30—12:00	提问、答疑、交流研讨	全体老师

让目标引领教学
——伊旗历史名师工作室新课标解读培训活动总结

为了进一步提升我旗初中历史教师的教学水平，促进教师的专业化发展，解决大部分老师们对《2011年历史新课程标准》存在的困惑，2015年9月25日，历史学科名师工作室特邀市历史学科教研员李怀景老师来伊金霍洛旗第一中学进行"基于历史课程标准的有效教学"讲座活动。

这次活动由历史学科工作室名师杨海清主持，首先杨老师明确这次活动的主题，介绍负责本次培训的主讲专家李怀景老师。李老师结合伊旗的历史学科教学实践，对历史课程标准和学习目标的重要性（问题、意义）以及如何编写学习目标，编写学习目标中的常见问题、什么是"好课"、历史课堂教学的底线进行详细的解读。

各位老师聆听了李老师的讲解感触很深、受益匪浅，并结合自己在教学工作中使用新课程标准存在的困惑大胆提问，互相交流，热烈讨论。在李老师给大家解决疑问的过程中，大家的困惑迎刃而解，茅塞顿开。

最后由历史教研员白俊玲对此次活动进行总结，并希望各位教师把今天的收获应用在平时的教学实践中，能根据课程标准，在分析学情和教学内容，结合教学理论和学习理论的基础上，分解、制定学习目标、单元目标，通过精心设计学习目标，使我们每一节课都成为一节好课，是有意思、有意义、有生成、有效率的课。希望大家共同努力、不断实践，提升自己的课堂效率，为伊旗的历史教学工作做出自己的贡献。最后，培训在欢快愉悦的掌声中落下帷幕。

真正领会课程标准 合理编写学习目标
——"2011年历史新课程标准解读"培训讲座之心得体会

北师大二附中　张　颖

今天我有机会能够参加在伊旗一中开展的历史名师工作室第三次活动，由李怀景主任主讲的"解读2011版历史新课程标准"讲座，听后收获甚多，大有裨益。

本次培训围绕历史课程标准主要分为7个部分：我市初中历史教学的现状；历史课程标准的重要性；学习目标的重要性；如何编写学习目标；编写学习目标的常见问题；什么是"好课"以及历史课堂教学的底线。其中，最为核心的部分是在正确理解课程标准的前提下编写学习目标，使教学目标更具有可测量性和可操作性。为时一个半小时的讲座培训，时间虽短，却收获良多。主要有以下几点心得体会。

一、深入认识课程标准的重要性

课程标准是教材编写的依据，是教学及评估的依据，还是考试命题的依据。它规定某一学科的课程理念、课程性质与课程内容，是国家管理和评价历史课程的基础。因此，可以说历史课程标准是指导历史教学的纲领性文件。只有把握和认真领会课程标准意图，才能实现高效教学。开展历史教学的第一要务便是认真深入领会和把握历史课程标准。

二、理解学习目标的重要性

学习目标是教学目标的具体化，学习目标具有可操作性、可测量性。当前，依然存在诸多问题。其一，目标意识淡薄，具体表现为无目标、淡化目标或者形而无实目标。其二，目标制定技术不足，主要问题存在于陈旧、含糊笼统、僵化封闭、片面化、要求不合理、缺乏层次性等等。正确认识学习目标的正确性，符合学生学习的规律和特点。心理学研究表明，课前学习制定合理学习目标能够克服学生学习的盲目性。这样，有助于大幅度提高学习效率。

三、领会编写学习目标的原则

对于编写学习目标来说，首要的是依据课程标准来编写。课程标准的基础性不言而喻。其次，学生是学习行为的主体。因而，注重并充分了解学情就变得举足轻重。不同学习习惯、不同学习能力的学生在制定学习目标时因人而异。如此才能够做到"因材施教"。此外，着重分析教学内容。不同的教学内容在教材中的地位不同，会导致学生对其掌握程度不同。欲编写合理学习目标必须深入研究教学内容。最后，教学目标的制定还依赖教学理论和学习理论等教育学方面的知识辅助。教师对教育学原理的谙熟更有助于制定科学合理的学习目标。加之，教师个人专业知识素养，与合理制定可观察、可操作性、可测量的学习目标密不可分。

四、精心制定学习目标，上一堂历史"好课"

到底什么是一堂"好课"？李主任如是说："有意思、有意义、有生成、有效率。"李主任的好课标准的确恰到好处。历史浩如烟海，生动感人。历史课堂若能够引人入胜，将学生的兴趣吸引到丰富生动的学习中，学习起来不仅有意思，还是很幸福的一件事。当然，历史赋予人类最崇高的价值，在于以史为鉴，开创未来。因而，能够最大限度地发挥历史的教育价值是最为有意义的。对于课堂，学习的主体是处于思维不断运动中的学生。那么，关注历史课堂的生成更为重要。同时，历史课程中教师也应有效率意识，探究如何帮助学生高效掌握历史课程标准规定的知识就成了一项耐人寻味的课题。

【2015年第四次研修活动】

关于举办2015年初中历史名师工作室第四次研修活动的安排意见

为了进一步提高我旗初中历史教师的课题研究能力，提升课题研究质量，促进教师的专业成长，推进历史学科课程改革，工作室特请北京教科院基教中心郭井生老师来我旗就"中学老师如何做课题研究"进行讲座活动。

培训形式： 同课异构，说课、评课，互动交流，讲座，研讨等形式。

具体活动安排： 如表1所列。

表1

时间		活动内容	主讲教师
上午	8：30—9：10	八年级（上）第12课《星星之火，可以燎原》	王再艳
	9：20—10：00	同课异构	郭井生
下午2：30—5：30		"中学老师如何做课题研究"的讲座	郭井生

提升课题研究能力　促进教师专业成长
——伊旗历史名师工作室第四次研修活动总结

为了进一步提高我旗初中历史教师的课例和课题研究能力，提升研究的质量，促进教师的专业成长，推进历史学科课程改革，2015年10月28日在鄂尔多斯市一中伊旗分校举办历史工作室的第四次研修活动，这次研修培训特邀北京教科院基教中心郭井生老师莅临指导。在培训前，由教研室历史学科教研员白俊玲老师提前做了任务布置，希望各位老师做好前期的准备工作。工作室的各位成员（包括非讲课教师）都要积极备课，构思设计八年级上册第12课《星星之火，可以燎原》，便于会上历史老师们交流研讨。

这天上午第一节课和第二节课，由工作室的成员——市一中分校的王再艳老师和北京专家郭井生同课异构，内容是八年级上册第12课《星星之火，可以燎原》，两位老师进行了精彩的展示。第三、第四节课在白老师组织下，名师工作室的成员及全旗的历史老师在鄂尔多斯市一中分校多媒体教室进行说课、评课，交流研讨。各位老师积极发言，发表自己的观点和看法。最后，由白老师针对两位老师的课及全旗历史老师的现状进行了点评，两位老师的课都很成功，体现了新课程理念，紧扣教学目标教学，重视德育教育，善于捕捉历史细节，对学生进行情感教育。教学过程中展示大量史料，教学生成自然。教学中链接中考，注重落实。通过评课大家一致认为在教学的过程中应注重知识点的落实，把史料展示、知识生成、情感教育和知识点的落实相结合，既要注重德育教育又要注重扎实有效。

下午，针对老师们对课题研究碎片化，没有系统性的现状。由郭井生老师做了题为"中学老师如何做课题研究"的专题讲座。针对课题如何立项、如何跟进、如何写结题报告等问题进行了讲解。通过这次培训，老师们一方面认识到了课题的重要性，另一方面也初步了解了怎么去搞课题研究，知道了课题研究的很多方法。下一步需要的就是在实际教学工作中落实、实践这项工作，让老师从自己的课堂中、教学中发现并找出问题来确定课题，写开题报告，填写申请表，设计研究方案和撰写实施计划，根据方案和计划开展研究活动，做阶段性总结或写阶段性研究报告，最后在规定的结题时间范围内写出结题报告，这样一项课题就算完成。不过，课题研究真正的目的是为我们教育教学工作服务，这点我们一定是明确的。

提升教师生命品质
——郭井生老师"中学历史教师如何做课题研究"学习心得

北京师范大学鄂尔多斯第二附属学校　于　倩

教师的"生命"在课堂，然而当今现状是大部分教师的"生命"是忙碌而杂乱无章的。那么如何提升教师"生命"的品质呢？郭老师为全旗初中历史教师所作的这次关于"中学历史教师如何做课题研究"的讲座，给我指明了方向。

其实一线教师做课题研究，也不是新事物了，国际上不必说，即使在国内近几年也备受推崇。决策者在进行教育改革时，越来越重视一线教师的声音，这已不是教育专家的专利了。可是，对于教育仍不算发达的中西部地区的教师来说，课题研究仍旧是一个遥远话题。我们中的大部分人对这一高大上的事物总是充满了敬畏而不知从何着手，即使在单位的组织下进行了照葫芦画瓢的操作，仍然是不得要领。而这与大学时期的历史专业纯学术论文的操作方法又不尽相同，教育理论结合了太多教学实践，反而找不到线团的一个线头了。

就在我们亟需解渴时，郭老师送来了甘霖。这次讲座我认为可以大致分为两方面，一方面郭老师就有关课题研究的一般性问题做了比较直观的论述，让我们清楚地了解什么是课题，并不是长篇累牍的论著才行，它其实离我们并不远，更论述了一线教师做课题研究的重要性，进一步让我们认识到，一线教师若要产生持续性生命力，必须将教学实践与课题研究结合起来。另一方面，郭老师从实际操作层面，分步骤为我们详细解读了课题研究的具体操作方法。尤其在选题方面，究竟什么样的课题更适合一线历史教师去做，且能够对我们自身的教学产生非常大的助益。

听完郭老师的这次讲座后，相信很多同仁们肯定都有跃跃欲试的想法。但是理论学习与实际操作毕竟还是有距离的，而且郭老师的讲述在一定层面上仍然属于教育研究理论的范畴，个人操作起来难免有一定难度。如果长时间没有真正地动手操作，郭老师的这次心血恐怕就要付之东流了。因此希望教研室为大家提供操作练习的机会，如果在具体操作的过程中加以理论的指导，我相信，我旗初中历史教师的科研能力必然能够突飞猛进。

扎根课堂教学　设计课题研究
——"中学历史教师如何做课题研究"讲座培训心得

北师大二附校　张　颖

期盼已久的历史教师培训如期而至，这一次由北京教科院基教中心的郭井生老师带来了切合当前历史教学困境的迫切需要的意义重大的讲座。犹如"忽如一夜春风来，千树万树梨花开"，实在具有醍醐灌顶、豁然开朗之效果。本次讲座的主题是"中学历史教师如何做课题研究"，主要分为5个部分。

第一，明确课题的内涵与研究课题的价值。课题就是一个问题，还是一个主题，更是一个愿景，而教育科研是指在教育理论指导下，运用教育研究方法，对教育现象或教育实践中的问题进行系统的思考，从而提出解决问题的策略。这就是说，进行教育科研活动需要有关的教育理论指导；需要相应的科研方法。中学一线教师进行课题研究是教师专业成长的需要，是解决实际问题的需要，有助于养成严谨的工作作风，更有助于形成科研教学意识。

第二，了解选题的方法。如今中学历史教师对于历史学科教育科研的现状存在："难"字当头，"忙"字当头，"教""研"矛盾，"科研是少数人的事情"，"评价中小学教师工作能力不应包括科研能力"等等之情状。郭老师深入浅出地讲解了几种方便可行、操作性强的选题来源。教学中要善于发现问题，比如学生学业负担过重问题等；德育工作中要及时总结问题，比如道德情感教育研究等；教育日常管理中应迅速捕捉问题，比如如何提高日常教学管理水平等。

第三，知道撰写课题申请书的步骤。作为教育科研的一般性步骤主要分为：确定课题；撰写开题报告；填写申请表；设计研究方案和撰写实施计划；

根据方案和计划开展研究活动；做阶段性总结或写阶段性研究报告；撰写完整研究报告。

第四，进行有效课题研究活动。对于整个课题研究流程来说，准备—学习—管理各个方面缺一不可。但是对于承担子课题的一线教师来说，我认为进行历史课题研究活动需要做到以下几方面准备：第一方面，加强自身的教育理论修养。坚持理论先行，须有先进的教育理念。第二方面，阅读丰厚的历史专业书籍。历史内容包罗万象、百态丛生，因而，不断更新和丰富自身的历史知识结构对于进行课题研究就变得迫在眉睫。第三方面，也是最重要的一方面，立足课堂教学实践。历史教学工作是历史教师的生存之本，更是历史教师能力素质的提升之径，同样也是进行有效课题研究而后服务于历史教学的重要来源。

第五，砥砺自我，在科研的道路上追求不懈。教育科研能使我们由日复一日，年复一年，"重复着昨天的故事"的教书匠转变为有反思意识、反思习惯的勤奋思考者，最终使师生共同成长。

【2015年第五次研修活动】

关于举办全旗初中历史教师学科研讨暨名师工作室第五次研修活动的安排意见

为了进一步提高我旗中考历史复习教学的针对性和实效性，按照教育局及教研室的安排，同时根据历史名师工作室两年发展规划（2015—2016年）既定思路，现定于12月11日在伊旗一中举行全旗初中历史教师学科研讨暨名师工作室第五次研修活动。现将活动事宜通知如下。

一、前期准备

本学期初已安排：一中的高晓聪老师、杨海清老师，四中的文青盟老师准备学科研讨的近三年试题分析及中考建议讲座；一中的屈玉秀老师和四中的程云飞老师、市一中分校的王再艳老师做中考经验介绍；教研员做中考质量分析及复习建议讲座；各学校初三年级老师做好中考复习计划。

二、活动过程

活动过程：如表1所列。

表1

时　间	活动内容	主讲人	地　点
8：30—10：00	近三年试题分析	一中高晓聪、杨海清，四中文青盟	一中尚志楼三楼多媒体教室
10：00—10：30	2015年中考质量分析及复习建议	教研室白俊玲	
10：30—11：30	中考经验介绍	一中屈玉秀、四中程云飞、市一中分校王再艳	

备战中考　有的放矢
——全旗初中历史学科研讨会暨名师工作室

第五次研修活动总结

　　为了进一步提高我旗中考历史复习教学的针对性和实效性，提升老师们的命题及试题的研究能力，推进我旗中考水平再上一个新台阶，2015年12月9日在伊旗一中举办全旗毕业年级历史学科研讨会暨工作室的第五次研修活动。

　　本次活动首先是由一中的高晓聪老师、杨海清老师，四中的文青盟三位老师就近三年中考试题做了细致的分析及中考建议讲座。鉴于今年我旗中考成绩较好，接下来由一中的屈玉秀老师和四中的程云飞老师、市一中分校的王再艳老师分别做了中考经验介绍。最后，教研员白老师做了中考质量分析及复习建议讲座。另外，各学校初三年级老师做了经验交流，谈了中考复习的计划。会上老师们讨论交流非常热烈。

精诚所至，金石为开
——第五次历史学科研讨会培训心得

鄂尔多斯市一中分校　王再艳

后进生，是每个班级的一个庞大的群体，他们整天坐着不学习，很无聊，也很痛苦，随着时间的推移，不仅学习成绩会一落千丈，整个人的意志也会日渐消沉，最终会影响这些学生的人生观、价值观。如果我们不重视这些学生，教育就会变成害人害己的苦差，20年之后，我们更会成为被指责、被谩骂的罪人。因此，我的教学中，很重视这一部分学生，首先我会很关注他们的思想动态，找他们谈话，不管成绩如何，让他们成为一个思想健康、积极乐观的人，其次，关注他们的学习成绩。而这次初三历史中考研讨活动，更是让我深有体会，下面就谈一下我上届带的96班的具体情况。

上届我带的96班，是初三年级基础最差的班级，共23名学生，有12个后进生，不是不想学的就是学不会的，面对这样的情况，我刚接手时，真的是很头疼，第一次月考更是给了我一个大大的"惊喜"，20分以下的就有六七个，这个班的均分可想而知。于是我认真地分析这些学生，找解决办法，后来我发现这12个学生里，其中3个是学习能力确实不强的，剩下的9个都很聪明，只是学习态度不端正，打心眼儿里不想学习。基于此，我就对这9个学生逐个进行了谈话，做他们的思想工作，鼓励他们学习，激起他们学习的欲望，三四次谈话后，他们也确实认识到了无聊的枯燥地坐40分钟真不如用心的干件有意义的事儿，庆幸的是有意义的事儿就是学习，因为历史这门学科，只要他们想学，就没有学不会的，不存在基础的问题，他们在课堂上付出了多少，就能有多少的收获，这更是激发了他们的学习兴趣，而且他们还非常爱表现，只要是背会的，就会主动过来给我背，背完后我再夸他们几句，他们更是动力十足，学习的劲头也是水涨船高。在这样良性循环的教学影响下，我的这帮学生变得非常喜欢学习历史，历史成绩也是可想而知，最终中考成绩是普通班里最好的。现在我也经常记得他们的英语呼老师说的一句话，"96班最可气的是我作为班主任带的英语竟考不过历史"。

现在想想，这个班我带得很成功，因此我也想把我的这点经验分享出来，供大家参考借鉴。或许这些办法我们的初三老师都知道，自己也实践过，但是没有收到预想的效果，我觉得是没有坚持到底，没有形成良性循环的过程。今年我带的又是毕业班，无独有偶，也有这样的一个班级，一个班里也有十几个"同胞姐妹"，每次考试都是不约而同的二十几分，在她们的影响下，这个班的成绩也是远远的落后于其他班级，有了去年的经验，我现在又用同样的方法来对她们因材施教，现在感觉她们在历史课上比以前更阳光了，背诵的声音也更大了，速度也更快了，我期待着她们能在下次的考试中翻身，能与过去的自己说再见！

苏霍姆林斯基说过："教育才能的基础在于深信有可能成功地教育每个儿童，我不相信不可救药的儿童、少年或男女青年。"事实上，后进生和其他学生一样，他们也有长处和闪光点，只是有的老师没有发觉到，他们的潜能也还没得到很好的发挥。而对于他们，老师既要有爱心，又要有信心，每时每刻都要关注他们，俗话说："精诚所至，金石为开。"只要努力，相信这些迟开的花朵将开得更加绚丽，更加灿烂。

正如《十八岁的天空》所描绘的一样，古越涛老师信任每一个学生，把每一个学生当成朋友来看待，不管学习好与坏，无论纪律好差，对待他们都是一视同仁，并且都是采取正面积极的方式，到了三年八班毕业的时候，这个曾被人说成是"垃圾班"的班级，早已成为了团结一致、相亲相爱的一家人，并且每一个同学都有了自己的成绩和向往，当然，对古老师充满了感激之情。

由此可见，一视同仁、积极正面的教育，采取多鼓励多表扬方式关注后进生能取得不凡的成效。

【2015年第六次研修活动】

关于举办2015年初中历史名师工作室
第六次研修活动的安排意见

为了促进工作室成员的成长，提升教师的综合素养，工作室运用推荐书目与自选书目相结合的方式，引领教师阅读教育经典著作，使读书成为教师进一步成长的催化剂。同时根据教育局和教研室的安排及历史名师工作室两年发展规划的既定思路，现定于1月8日在伊旗一中举行主题为"阅读伴成长"的历史名师工作室第六次研修活动。现将活动事宜通知如下。

活动过程： 如表1所列。(2016年1月8日上午)

表1

时间	活动内容	主讲人	地点
8:30—10:30	汇报读书成果、交流阅读心得体会	工作室全体成员	第一中学尚志楼三楼多媒体教室
10:30—11:00	关于《全球通史》的阅读讲座	白俊玲	
11:00—11:30	2015年研修心得交流	工作室全体成员	

阅读伴成长

——历史名师工作室第六次研修活动总结

为了促进工作室成员的成长，提升教师的综合素养，工作室运用推荐书目与自选书目相结合的方式，引领教师阅读教育经典著作，使读书成为教师进一步成长的催化剂。为此，1月8日，在伊旗一中举行主题为"阅读伴成长"的历史名师工作室第六次研修活动。

本次读书交流活动与往日的工作室活动有所不同，工作室的老师们畅所欲言，分别谈了今年阅读《全球通史》的心得体会。一致认为这本书连缀起世界的过去、现在、未来，采用跨学科的全球视角，还原真实的历史。它不是简单地堆砌史料，而是把重大历史事件和现实联系起来，以历史对今天的启示的方式，帮助我们理解过去、现在和未来之间的内在联系。因此，在读书过程中我们就会不自觉的在过去、现在、未来这三个时空中交叉转换，由此形成自己的判断和思想。全书大处高屋建瓴，小处曲径通幽，整体气势撼人。其中，交流过程中师大二附中的老师更是说到了这本史学巨著的人文价值和哲学价值，并且通过列举实例来说明自己的认识和判断。教研室的白老师就《全球通史》这本集大成之作，就怎么去阅读提出了几点意见和建议，并且希望老师们在平时忙碌的教学中也保持一定的阅读量。扩大自己的知识面永远是一项必修的基本功。历史所留下的所有人物和故事，都应该成为我们教学中能够信手拈来的工具，以增加历史教学的趣味性，从而让学生更加容易理解和更加喜欢历史学习。

在这次读书汇报、交流学习会上老师们不仅交流讨论积极热烈，而且都总结了工作室一年来学习的心得体会，提出了一些合理化的意见和建议，这就为下一步工作室活动做好了铺垫。交流活动在欢悦的气氛中结束。

成长即是学习
——伊旗历史名师工作室2015年研修心得

北师大二附中　于　倩

2015年的路程已经走完，我们已经站在了2016年的开端。回顾这一年，在伊旗历史名师工作室这个大家庭里，在白老师的帮助和指导下，收获良多。

工作室本年一共举行了六次研修活动，而因为一些特殊原因我只参加了四次，对于浪费了两次学习机会，更是浪费了也许给我莫大启发的学习内容深感惋惜。即使是只参加了四次研修，仍然令我在一年中成长了很多。

因为我们学校是新办校，情况比较特殊。2011年，作为一个新毕业的学生，我在学校却要被算作"老教师"，在教育教学各项工作上，既没有师傅引导，也没有经验可循，完全是摸着石头过河，完全没有方向。时至进入工作室之前，虽然我也有了三年半的教龄，实际上却没有什么长进。当被告之我以学员的身份进入工作室时，内心欢喜之情无以言表。能够与伊旗所有历史老师中的优秀人才交流和学习，这是工作室为我提供了一个绝佳的学习成长机会。而我也在工作室的研修活动中受益匪浅，现就本人收获最大的几方面做一下总结。

一、关于"中学历史教师如何做课题研究"的学习

教师的生命在课堂，然而当今现状是大部分教师的生命是忙碌而杂乱无章的。那么如何提升教师生命的品质呢？郭老师为全旗初中历史教师所作的这次关于"中学历史教师如何做课题研究"的讲座，给我指明了方向。

其实一线教师做课题研究也不是新事物了，国际上不必说，即使在国内近几年也备受推崇。决策者在进行教育改革时，越来越重视一线教师的声音，这已不是教育专家的专利了。可是，对于教育仍不算发达的中西部地区的教师来说，课题研究仍旧是一个遥远话题。我们中的大部分人对这一高大上的事物总是充满了敬畏而不知从何着手，即使在单位的组织下进行了照葫芦画瓢的操作，仍然是不得要领，而这与大学时期的历史专业纯学术论文的操作方法又不尽相同，教育理论结合了太多教学实践，反而找不到线团的一个线头了。就在我们亟需解渴时，郭老师送来了甘霖。这次讲座我认为可以大致分为两方面，一方面郭老师就有关课题研究的一般性问题做了比较直观的论述，让我们清楚地了解什么是课题，并不是长篇累牍的论著才行，它其实离我们并不远，更论述了一线教师做课题研究的重要性，进一步让我们认识到，一线教师若要产生持续性生命力，必须将教学实践与课题研究结合起来；另一方面，郭老师从实际操作层面，分步骤为我们详细解读了课题研究的具体操作方法，尤其在选题方面，讲解了究竟什么样的课题更适合一线历史教师去做，且能够对我们自身的教学产生非常大的助益。

听完郭老师的这次讲座，相信很多同仁们肯定都有跃跃欲试的想法。但是理论学习与实际操作毕竟还是有距离的，而且郭老师的讲述在一定层面上仍然属于教育研究理论的范畴，个人操作起来难免有一定难度。如果长时间没有真正动手操作，郭老师的这次心血恐怕就要付之东流了。因此希望教研室为大家提供操作练习的机会，如果在具体操作的过程中加以理论的指导，我相信，我旗初中历史教师的科研能力必然能够突飞猛进。

二、名师课堂的魅力和启发

这一年中，我最大的收获其实是不断聆听工作室名师的精彩授课，每一位名师的课堂，不论是请来的专家，还是本土名师，都在不同方面给予我不同的启发和指导，每一位名师在课堂上都充满魅力，而这也恰恰是我最缺乏和最需要学习的。

听课的过程中所学习到的闪光点是细节上的方方面面，都是实操性很强的方式方法，没有办法用语言将其简单地理论化总结，但是好像自己的课堂还是没有多大的改变和起色，这是为什么呢？我一直不太明白，也没有深入地思考过这个问题。突然，白老师的一句话点醒了我，"当我们在别人的课堂上学到了一个好点子，要马上运用到自己的课堂上，哪怕是照搬呢！"是啊，原来我以往的学习只停留在"啊，原来也可以这样！"的感慨上，离开了那个课堂，也就抛开了那个让自己眼前一亮的好点子。白老师的这句话，大概就是所谓的"高人的指点"吧！

随着初中历史教学的时间越来越长，随着自己成家生子，我们的生活越来越拥挤，仿佛留给自己成长的空间和时间越来越狭窄。为了成绩，埋头课标、课本和考试要求，一直都以初中历史教学为核心，更多地停留在史实表面，思想深度越来越不够，久而久之，甚至连初中历史的深度都达不到了。针对这种情况，除了广泛的、专业的课外阅读（改善起来比较慢），其实我们也可以适当地听一听、看一看高中历史的课堂。这毕竟是我们学生下一脚踏入的历史天地，我们对高中历史比较了解了，是否对于初中历史教学也会有一些帮助呢？

为了以后能更多地"照搬"名师的课堂，希望工作室组织更多的听课，听名师的课，听新秀的课，能够让我这样的菜鸟吸收更多的营养，能够更茁壮成长，早日为伊旗历史教学做出贡献。

● 2016 年历史名师工作室部分研修活动
【2016 年第一次研修活动】

关于举办2016年初中历史名师工作室
第一次研修活动的安排意见

为了更好地把握课标，认清近两年中考形势，进一步提高工作室老师们的试题研修能力，促进自身专业发展。同时，根据初中历史名师工作室两年发展（2015—2016 年）的计划安排，决定举办初中历史以"从中考命题看历史课堂教学"为主题的第一次研修活动。

培训形式：讲座及交流相结合的方式。

具体日程安排： 如表1所列。

表1

时 间	活动内容	主讲人
8：30—9：30	微型讲座"结合我市近三年中考试题谈'历史试题的有效命制'"	白俊玲（教研室）
9：40—12：00	每位成员发言；集体交流研讨（命题思路考查意图等）	与会所有成员

备战中考　有的放矢

——伊旗初中历史名师工作室2016年第一次研修成果总结

3月31日上午，伊旗历史名师工作室全体成员在伊旗一中多媒体教室进行本年度的第一次研修活动，这次研修活动的主题是"关于历史试题的有效命制和分析"。活动开始时，由教研室的教研员即名师工作室的主持人白俊玲总结了工作室成立以来所做的工作，同时也解读了今年工作室的工作计划。

接下来，白老师就中考试题怎么命制做微型讲座，她从4个方面谈了自己对试题命制的认识和体会。第一，要准确把握试题命制思想的方向性，要认真研读《历史课程标准》和当年的初中毕业生学业（升学）考试说明，全面准确地理解和把握本年度考试内容和要求、考试形式、试卷结构等内容，还要了解近三年中考历史试题命制情况以及考后质量分析情况，知晓命题及考生应试得失情况，从宏观角度把握好中考试题命制的趋向问题。第二，要把握和控制好试题的难度、区分度，科学编制"双向细目表"。命题双向细目表是教学与考试的桥梁，是试题编制的指南和标准。第三，要精心建构立意、情境和设问三元素，落实好三维目标的考查。第四，要掌握基本的命题技巧，课内外文献、最新考古发现、广告词、图表、时政热点、周年大事均可作为历史中考试题的选材。白老师列举了我们近几年中考题在这方面的一些经典题，交给老师们如何命制中考试题。白老师强调命制的试题设问形式要有层次性，呈现样式要有独特性。网页、画卷均可作为命题素材，试卷内容考查要基础性。中考历史试题难度比例一般为7：2：1，重在考查学生对历史基础知识的掌握，还列举了为降低试题难度一般可采用的一些方法。

活动中工作室的老师们就自己命制模拟试题的思路也各抒己见，大家一致认为试题要重视基础，多展现新材料和新情境，力求在考核学生基础知识的同时，考查学生解决问题的能力，教师要多关注新闻，力求以热点为切入点命制试题，力求试题的科学性、准确性、新颖性。活动在热烈的气氛中进行。最后，白老师要求近期每校每人命制一套模拟题，于四月二十日左右完成。

总之，通过这次活动，一方面可以让工作室的老师们集思广益，群策群力，共同为本年中考献计献策。另一方面也可促使老师们认真学习新课标，去关注考试说明，去研究历年来中考试题，从而提高我们对教学内容和中考趋势的把握能力，促进老师们自身专业发展。

【2016年第二次研修活动】

关于举办2016年初中历史名师工作室第二次研修活动的安排意见

为了进一步提高我旗的教育教学质量，促进我旗中学历史教师的专业化成长，同时，针对毕业年级复习教学中的实际问题，特邀北京教育科学院基教研中心的专家前来指导。

活动主题：如何提高中考历史复习效率。

活动内容具体安排：如表1所列。

表1

时间	活动内容	主讲人
第一节 8：10—8：50	九年级复习课	杨海清 （伊旗第一中学）
第二节 9：00—9：40	九年级复习课	王再艳 （鄂市一中分校）
第三节 10：30—11：10	九年级复习课	文青盟 （伊旗第四中学）

(续表1)

时　间	活动内容	主讲人
第四节 11：20—12：00	九年级复习课	导师：郭井生老师
第五节 2：30—3：25	上午三位讲课老师说课、郭井生老师评课	杨海清、王再艳、文青盟
3：35—5：35	郭井生老师讲座"认识历史学的本质"和"如何进行中考历史有效复习"	郭井生老师

课例研修　有效复习

——伊金霍洛旗初中历史名师工作室2016年第二次研修成果总结

为了进一步提高我旗的教育教学质量，促进我旗中学历史教师的专业化成长，同时，针对毕业年级复习教学中的实际问题，4月14日，伊旗初中历史名师工作室在一中举办主题为"如何提高中考历史复习效率"的第二次研修活动。本次研修活动历时一天，参与活动的不仅有我旗初中历史学科三十多名教师，还有来自我市达拉特旗、杭锦旗、乌审旗等旗县的老师，我们一起进行研讨、交流、学习。

本次活动主要内容有三项：复习课观摩；说课、评课交流；名师讲座。上午由第一中学的杨海清老师、市一中分校的王再艳老师、四中的文青盟老师分别进行了毕业年级复习课课堂教学的展示，第四节由工作室执教导师郭京生讲了复习课的示范课。下午在三位讲课老师说课的基础上，郭京生老师对上午三位老师的课做了中肯的评价，并给予具体的指导。另外，郭老师就"认识历史学的本质"和"如何进行中考历史有效复习"进行了专题讲座。同时，各旗区的教育同仁们在会上也进行了亲切交流，共享教育资源，互留联系方式，以便于日后的进一步交流与合作。

这次研修活动，老师们对历史学科教学的本质有了新的更深刻的认识。历史来自于证据，证据来自于史料。而史学是不断变化的，不同的视角，不同的史料，历史就会有不同的解释。史由证来、证史一致、史论结合、论从史出的思维意识是历史学科的本质。所以，老师们完善对历史的认识，避免把"教材"中的"历史"当作绝对的教条，要克服"教死书，死教书"的行为，要使学生形成言必有据的态度，这是历史教育的主要功能。

总之，这次研修对于促进我旗初中历史教学质量和教师的专业成长具有重要意义。

夯实基础　自我升华
——如何提高中考历史复习效率教学反思

伊金霍洛旗第四中学　文青盟

为了进一步提升我旗初中历史教师的教学水平，促进教师的专业化发展，且针对毕业年级教学中的实际问题，为此，2016年4月14日，历史学科名师工作室特邀北京市教育科学研究院基础教育教学研究中心历史教研员郭井生老师来我旗进行培训。切实解决初中历史复习课教与学过程中遇到的问题，充分发挥专家和工作室成员的带头、示范、辐射作用，实现优质教育资源的共享。郭老师给我们讲了精彩的复习课——《步入近代社会》和精彩的讲座——"认识历史学的本质"和"如何进行中考历史有效复习"，还有伊旗第一中学的杨海清老师、鄂市一中分校的王再艳老师、伊旗第四中学的文青盟老师都分别给大家讲了一节复习课。听了郭老师的讲课和讲座以及其他两位老师的讲课，使我们大开眼界，受益匪浅，感触颇多，下面我分别来谈一谈自己在听课、听讲座后的收获及体会。

如何讲好历史复习课？专家和全旗历史教师探讨研究后认为最起码应该做到以下几点：首先，不论是复习一章还是一册书都需要历史教师在众多的史实中找出一条主线来统领所授知识，理清线索，便于学生理解前后知识，并加深记忆。其次，复习课是对所学知识的整理和归纳，相对而言趣味性降低、知识性增加、能力要求提高，需要想办法提高学生的积极性。第三，通过讲练结合，提高学生的审题能力、做题能力和归纳概况的能力。

鉴于以上思考，我对人教版九年级下册第一单元《苏联社会主义道路的探索》的教学反思如下。

一、基础知识的归纳，积累

对于复习课，学生对基础知识应该有一定的认识，因此，复习课的第一步骤应该是对课堂基础知识进行归纳、积累。我认为这一步应该放到课前完成，上课的时候可以通过提问的方式完成。

二、重难点突破

在基础知识积累了的基础上，利用材料分析、小组合作探究等方式，强化理解记忆。"通过彼得格勒武装起义的胜利，理解列宁领导的世界上第一个社会主义国家诞生的重要历史意义""从新经济政策、苏联的成立、社会主义工业化和农业集体化，了解苏联社会主义建设的成就和主要问题"之间的关系。并引导学生在已有知识的基础上，突破难点的认知门槛，认识到我国在制定经济政策时应避免"斯大林模式的弊端"。

三、能力拓展，学以致用

现在中考的题目更注重对学生知识运用的考查，对学生分析、综合、归纳、比较等方面的能力的考查。因此，及时做题是最快最好检测学生的课堂知识掌握情况的方法。通过做题，拓展、锻炼学生的知识运用能力，同时可以及时得到反馈，夯实基础，补救学生在知识上掌握不足的地方，落实学法指导。

四、归纳总结，深化主题

对本课的知识体系用列表对比法、联系法、总结规律性的知识等进行进一步归纳，总结出一些学法和历史规律等，让学生对本单元知识有一个更完整的认识。

五、合理安排，堂堂清

本单元课容量大，理应把基础知识的归纳总结放到课下完成，这样就可以节省出时间安排当堂练习，学生在思考中收获快乐与成就。

总之，听了郭井生老师的讲课和讲座，还有其他老师的讲课，使我明白了作为一名教师需要学习的地方有很多很多。我会把这一次听课和讲座的心得真正地运用到今后的教学实践中，以郭老师为榜样，努力提高自己，争取使自己的教学、教研水平上一个新台阶。

【2016年第三次研修活动】

关于举办2016年初中历史名师工作室第三次研修活动的安排意见

为了学习市属学校先进的教学经验，进一步提升工作室成员的专业素养，加强我旗历史名师工作室队伍建设，根据本年度工作室研修计划，决定于5月11日上午和康巴什区第一中学开展联片教研活动。

研修主题：初中历史教学优化设计和中考复习策略研究。

活动形式：听课、讲座、评课、互动交流。

具体安排：如表1所列。

表1

时 间	活动内容	主讲人
8：30—9：10	复习课《侵略与反抗》	张玉庭
9：20—10：00	关于问题导学成果和解题方法指导研究成果展示	刘俊丽　张颖
10：00—10：30	《提高历史复习课堂有效性的策略与方法》的发言	张玉庭 老师们发言、专家总结点评
10：30—11：10	初三一模试卷讲评	贾成成
11：10—11：40	评课交流	全员

创新研修方式　分享教学智慧
——伊金霍洛旗初中历史名师工作室2016年第三次研修成果总结

为了进一步提升工作室成员的专业素养，加强我旗历史名师工作室队伍建设，5月12日上午，伊旗初中历史名师工作室成员及部分毕业年级的历史老师一行13人参加了由康巴什新区、准旗教研室共同举行的以"基于课程标准的初中历史教学优化设计研究"为主题的研修活动。

首先我们听评了康巴什一中张玉庭老师的复习课，张老师应用多样的教学方法，从不同的角度调动学生的思维，问题设计典型而且循序渐进，学生能做的事由学生做，学生做不到的事老师帮着做，真正做到了教学相长。接下来参加了康一中老师们课题研究成果的展示和初三一模试卷讲评课。康巴什一中老师求真务实的教研精神，扎实有效的课堂效率无不在感染着前来参加活动的每一位老师。

通过这次研修活动，老师们对初中历史复习课的"有效教学"有了更多新的认识，这次活动不仅拓宽了老师们的视野，而且启迪思维，更有助于教学手段、方式的改进。此次活动，让老师们受益匪浅！

匠心独运精备课 水到渠成得高效
——听初三专题复习课《侵略与反抗》有感

北师大二附中 张 颖

怀着激动的心情，今天有机会能够听到张老师的这堂精彩活泼、生动高效的复习课。如何设计中考历史复习课，如何优化课堂复习效果等有关复习课的种种问题一直困扰着一名作为教学"新手"的我。而今，听完张老师的这堂课后实在醍醐灌顶、茅塞顿开。用"听君一堂课，胜读十年书"来形容，毫不为过。

感想一：复习课设计之魂——钻研课标，明确目标

中考历史复习的首要任务是服务于中考，而历史中考考察要求基于课程标准。因而，认真研读相关内容的课程标准，深入领会其知识与能力要求，进而将其转化为设计复习课的教学目标，这一过程就变为重中之重。只有教师把握好备考要求，找到教学目标，才能够通过教学环节的桥梁将学生的学习由"此岸"迈向"彼岸"。

我想，深入领会课程标准、准确提炼教学目标应该成为设计复习课的灵魂之举。有了它，我们的历史学习之旅才有了方向；做好它，我们的历史复习才能够真正有的放矢。

听过张老师的这节课，我更加深入地理解钻研课标、找准目标的重要性。在教学过程中，张老师对课标心领神会、娴熟运用，融会贯通于课堂教学之中。比如，针对中国近代史上重要的几次侵略战争，课标是这样要求的："列举中英《南京条约》的主要内容、认识鸦片战争对中国近代社会的影响……说明《马关条约》与民族危机加剧的关系、分析《辛丑条约》对民族危机全面加深的影响。"

基于课标的知识与能力要求，张老师精心设计了探究与活动环节——比较《南京条约》和《马关条约》的内容，说明《马关条约》大大加速了半殖民地化的进程。学生通过列举已经掌握的两个重要不平等条约的内容，逐条比较并分析两者的异同，深入认识后者如何大大加深中国半殖民地化程度的。这样一来，不仅达到课标中"列举""说明"等基础识记层次的知识目标要求，而且帮助学生运用对比联系的历史思维完成了课标中"认识""分析"等能力层面的目标要求。可谓一举两得，同时锻炼了学生的历史思维，收到一箭三雕之效。

通过设计这一教学环节，张老师将显性的课标要求隐性地融入教学设计。这一过程，实现了显性到隐性的转化，巧妙地帮助学生将知识转化为能力，深入浅出、功力深厚、可见一斑。归根结底，这一环节的成功实施归功于准确把握课标、明确复习目标这一教学设计基础。

感想二：复习课设计核心——学生乐学，独具匠心

经常听到老师们这样的声音："复习课容量太大""学生注意力不易集中""有些问题太艰涩难懂""学生没有学习新课时的兴趣"……这些横亘在教师教学与学生复习之间的"鸿沟"如何跨越？本课的主题叫《侵略与反抗》，时间跨度大，知识点覆盖面广，教学千头万绪。怎样别出心裁组织教学，避免学生产生畏难情绪和厌学感当然应当提上备课议程。听过张老师的课后，我豁然开朗。

首先，导入新颖有趣，设置悬念进入主题。张老师通过展示大英博物馆以及其收藏中国流失文物情况的文字介绍，吸引学生的有意注意。而后，提出悬念问题：这些文物是怎样流失到大英博物馆中的呢？学生带着高度好奇心与爱国心关切地走进历史课堂。

其次，教学手段直观、生动，引人入胜。令人印象最深的环节是引导学生复习中国抗日战争。张老师播放了一段《飞碟说》视频——血染山河。这段视频的制作手法与传统纪录片不同。《飞碟说》视频围绕社会热点话题,深度分析,风格轻松幽默,娱乐性知识性十足,开创动画知识视频之先河,风格自成一派。可以说,运用动画形式更加符合初中学生的认知特点。时长短短三分钟,却将学生带到那个战火纷飞、硝烟弥漫的历史情境。"此处无声胜有声",在这种历史氛围之下,点燃了师生共同的爱国情怀、升腾起浓烈的民族复兴、舍我其谁的奋斗之志。妙哉!壮哉!听到这里,不仅学生,在场所有人员都会被感染、被激发,热血澎湃、壮志凌云。历史教育的真正价值在于"人"的教育,此刻已然水到渠成。

可见,多种教学方法层出不穷、新颖别致。张老师的复习课堂犹如一块巨大的磁铁,牢牢吸引着学生们的眼球,学生的求知欲大开。在学生乐学的背后,是教师匠心独运、巧夺天工的教学设计为其提供有力的支撑。

感想三:复习课设计作用——形成体系,提升能力

中考历史复习是否有效的评判标准,不是热热闹闹的课堂活动场面,而是真实有效的能力养成。这一点已然一针见血地指出设计复习课的最终目的与作用——帮助学生通过复习梳理形成历史知识体系,提高历史思维能力。这一层面,张老师的这一节课同样为我们提供了良好的示范。

学习历史的首要历史意识莫过于时序意识。由于时间繁多、事件层出、古今中外、杂乱无章,对于初中学生来讲,记忆重大历史事件发生时间难上加难。为了帮助学生克服困难,张老师采用时间轴记忆法,使学生形象直观进行再记忆。这种记忆方法对于微观历史时间的记忆十分有效。

二轮历史复习侧重于专题知识整合,已经在一轮复习基础上进行知识再加工。可以说,二轮复习的过程是帮助学生形成历史知识体系的过程。这一过程来源于一轮复习,又高于一轮复习。如何进行宏观构建?张老师开门见山地给出本专题《侵略与反抗》的知识结构:中国古代史中的侵略与反抗—中国近代史上的侵略与反抗—中国现代史上的侵略与反抗。学生根据宏观框架,在脑海中已有的历史知识库进行搜索,逐步弄清各个阶段的史实。这种宏观体系梳理,能够高屋建瓴从纵向把握本专题的历史脉络,从而真正形成知识体系,实现历史复习由点、成线、见面、立体的全方位突破。

复习课的精髓在于通过建立合理知识体系，提高学生历史学习能力。张老师的课堂尤其注重学生历史学习能力的培养。简单来说，包括初步处理历史材料的能力以及初步的分析、综合、比较、概括、探究能力。本节课，张老师选取了具有典型代表性质的材料分析题，通过层层设问，帮助学生分析、归纳，最终形成阅读史料、处理历史信息以及分析比较等能力。题型多样、代表性强，培养学生史论结合、论从史出的能力，达到事半功倍之效。此外，本节课的亮点还在于帮助学生区分易混淆知识点。比如：区分日本局部侵华和全面侵华开始的标志与时间、弄清抗日民族统一战线初步形成与正式形成。

感想四：复习课设计归宿——以史为鉴，活学活用

学生学习历史的最终落脚点在于运用历史思维，以史为鉴，解决现实问题。这就需要教师不仅"授之以鱼"、更要"授之以渔"，发挥历史的借鉴性功用，学习历史的魅力也正在于此。"一切历史都是当代史"，历史与现实息息相关、密不可分。

在历史课堂上，回顾历史固然重要、而以史为鉴、启迪思维才得其神韵。张老师的课堂之上，这一点表现得淋漓尽致。在回顾近代中国屈辱不堪的外交历程之后，张老师自然地链接到当今中国的外交，并且通过给出历史材料，与学生共同分析当今外交与近代屈辱外交的根本原因。学生饶有兴趣地展望未来中国的外交发展方向并给出理由。听到这里，我不禁暗中称赞张老师的历史课堂驾驭能力之强。整节课，回顾复习过后，学生们不仅知识能力得以提高，而且心中无限的爱国情怀油然而生，萌发自觉肩负历史使命的责任之感！

一次历史教学活动的思考

伊金霍洛旗第一中学　高晓聪

5月12日上午，我们伊旗历史名师工作室的所有成员在教研员白俊玲老师的带领下，参加了康巴什新区第一中学牵头组织的康巴什新区的历史教研活动。在这次活动中，我们有幸听了康一中副校长张玉庭老师的"中外历史上的侵略与反抗"的专题复习课。同时在点评的活动环节，与准旗的初中历史老师实现了远程资源共享。聆听了康一中赵晓晶老师有关"问题教学"、张颖老师有关"教学中的过渡设计"的课题研究的成果展示与讲述。最后,由康一中的贾成成老师为我们分享了"第一次中考模拟试卷讲评"的历史课堂。虽然时间安排得很紧,但是老师们的积极性都很高,发言、提问都很热烈。通过一上午的培训,感觉收获满满,受益匪浅。现就我的收获与感想总结如下。

首先,从一节不一样的复习课说起。张玉庭老师的复习课与我们印像中的复习课不太一样。给人的感觉更像是师生之间的交流与对话。在张老师的课堂上,看不到大范围的学生背诵相关知识点的现象,有的只是学生在默默看书的基础上的汇报和展示,注重培养学生对历史事件前因后果的分析,结合中考说明,高举"课程标准"这一指挥棒,传授的是扎扎实实的基础知识。再加上风趣幽默的语言表达,让学生始终处在精神饱满的接受知识的状态。一段有关"抗日战争"的视频,更是让人热血沸腾,激发了孩子们的爱国情感,使历史学科培养人文素养的功能得到了升华。典型例题运用得得心应手,更是使学生在学中练,练中提高成为可能。易错易混知识点的罗列,进一步夯实了基础,给了学生从容应对考试的法宝。

其次,别样的展示,让我体会到了积累、整理的再创造能力。教学中的"问题教学"和"过渡设计",作为老师,这是我们在日常教学工作中经常用到的方法。由于本人能力和其他原因,从来没有想过把它们作为"课题"进行研究。在听了两位老师的汇报展示后,我才意识到由于平时不注意积累和整理,自己错失了好多次进步的空间和机会。用白老师的话来说"作为教师,我们不能只顾埋头教书,还应该抬头看路"。在做好本职工作的同时,我们一定要学会随时整理。可以是课堂上的一次突发事件的处理经过;可以是成功课堂教学后的开怀大笑;可以是失败课堂教学后的反思;可以是某一教学环节、某种教学方法和手段的思考,也可以是自己工作的总结。总之,这些记录将会成为我们成长的见证。

最后,贾成成老师的试卷讲评课,让我眼前一亮:原来,试卷讲评也可以这样出彩!在我的教学生涯中,从来也没有真正的上好过试卷讲评课,认识到这一点让我感觉到汗颜。贾老师在简单分析了学生的成绩后,很快步入讲评的轨道。先让学生自己补错,接着对学生在试卷中存在的共同问题进行详细分析和讲解,再利用错题的同类型题目进行巩固和提升,让学生自己分析、自己判断、自己做出决定并说明理由,真正实现了不仅"知其然"还"知其所以然"。加深学生印象,培养学生能力。教给学生材料解析题的答题方法,通过出示学生的答题纸,教给学生得高分的秘诀即"书写要过关",让学生在培养好习惯的同时,明确中考目标。

【2016年第四次研修活动】

关于举办2016年初中历史名师工作室
第四次研修活动的安排意见

为了更好地把握课标,认清近两年中考形势,进一步提高工作室老师们的试题研修能力,促进自身专业发展。同时,根据初中历史名师工作室两年发展(2015—2016年)的计划安排,决定举办初中历史以"从中考命题看历史课堂教学"为主题的第四次研修活动。

活动形式:讲座及交流相结合的方式。

具体日程安排:如表1所列。

表1

时间	活动内容	主讲人
8:30—9:00	微型讲座"从2016年的中考命题看历史课堂教学"	高晓聪(伊旗一中)
9:10—11:00	每位成员发言;集体交流研讨	与会所有成员

观中考试题 探课堂教学
——伊旗初中历史名师工作室2016年第四次研修总结

为了更好地把握课标,认清近两年中考形势,进一步提高工作室老师们的试题研修能力,促进自身专业发展。9月28日上午,伊旗初中历史名师工作室成员在伊旗一中多媒体教室进行本年度的第四次研修活动,这次研修活动的主题是"从中考命题看历史课堂教学"。

活动主要由中考出题人高晓聪老师就今年中考试题怎么出以及为什么这样出做了详细的介绍。同时，高老师就这次出题谈了自己深刻的感悟。高老师首先说到了为改善初高中不衔接、脱轨的现状，我们初中历史教师必须改变现有的只注重强调史实的课堂教学。注重培养学生的学科素养，帮助学生构建完整的历史学科体系，努力让学生从单纯知道"是什么"向探究"为什么"的方向转变。其次，高老师在讲座中特别强调历史教师应该明确历史史料在课堂教学中的重要性。学习历史的目的是"以史为鉴"，是让学生通过对历史现象的分析、总结，形成自己正确的判断，来解决现实问题。这就凸显了历史史料的重要性。在课堂教学中，历史教师不仅要教给学生历史史实，而且要培养学生通过分析史料得出结论的能力，做到"论从史出""史论结合"。同时，高老师还强调一定要加强学生对历史基础知识的识记。基础知识，是学生分析、归纳、总结、理解、应用的前提。只有夯实基础，才有培养学生能力的可能。今年的中考中，明显反映出学生在基础知识的识记上有欠缺。她一一列举了学生在这方面的不足。

总之，通过这次活动，再次促使老师们认真学习新课标，去关注考试说明，去研究历年来中考试题，从而提高我们对课堂教学和中考趋势的把握能力，促进老师们自身专业发展。

中考出题感悟
——难忘的三十九天

伊金霍洛旗第一中学　高晓聪

2016年5月22日—6月29日，整整39天，远离亲人、远离同事、远离一切与中考有关的事情，凝心聚力，只为交出一份让社会、让家长、让老师、让学生较为满意的考卷！虽然期间经历过彷徨，产生过烦恼与困惑，但是最终一一克服，较为圆满地完成了任务。不得不说，这是一次磨砺，更是一次成长的机会。回顾走过的这39个日日夜夜，有好多想说的话，也有好多感悟想与大家分享。

首先，中考出题，事关重大，必须要有高度的责任感。2016年中考，全鄂尔多斯市三万五千多名考生，其中包括初二生、地考生，牵动着三万多户家庭的心。人们都在高度地关注中考。在现行的教育体制下，中考成绩直接影响到孩子们的升学。所以，中考试题质量的高低、难易程度就成为人们关注的焦点。记得在进入出题闱地的第二天，市教研室梁耘主任就主持召开了第一次出题会议。在会上，梁主任着重强调了出题的注意事项，同时布置了第一项工作任务：认真研读"课标""考试说明"；分析我市近三年中考试卷。由于入闱地时禁止携带任何纸质资料，出题人手中只有课标、考试说明、课本、教参和2013—2015年的我市中考试卷。在认真分析和仔细研读的基础上，大致罗列了2016年的中考考点。虽说重点知识是每一年的必考考点，但是坚决不允许出现雷同和类似的试题。这就要求出题人对课标、考试说明和历届中考试题熟记于心，分析当时出题人的考察意图，做到心中有数。力争所出试题能公平、公正地考查学生学习水平和能力。

关于试题难易程度的把握和确定。历史中考试卷是由30分的选择题和30分的非选择题组成的。在开始选题、组题的时候，中考命题组早已确定了每门课程的难度系数。就以历史为例，难度系数是0.52。要达到这一要求，选择题的难度系数就应该在0.6~0.62之间，因为选择题对于每一个学生来说，都有四分之一选对的可能性，其难度系数不好降低。这就意味着，要达到0.52的难度要求。30分的非选择题的难度系数就应该在0.44~0.42之间，折算后的得分是13.2~12.6分之间。除此之外，还必须考虑充分发挥试题选拔尖子生的功能。今年的试卷在满足了规定的难度和选拔尖子生的基础上，最终核算的难度系数为0.53，比预设的高了1个百分点。

关于中考试题的选择和确定。在最初的选题、定题的过程中，我们翻阅了大量教研室提供的各种资料，包括"5·3""5·3各地中考试卷合编"、各省、市的相关复习资料等等。在大量翻阅资料的同时，不断的选题、改题、换题。在此基础上认真核对教材、考试说明及2011版新课标，搭配知识点，确定知识点的题型及在试卷当中的顺序，初步确定初稿。形成初稿后，按照要求进行适当的调整，同时，研究题干的遣词造句、标点符号，考虑试卷的排版，选择题由陈述型选择题、逆向型选择题、组合型选择题、图表型选择题、材料型选择题、识图型选择题、否定型选择题、排序型选择题、漫画、人物图片选择题等形式组成。同时，坚决杜绝错别字。在选题的过程中大量引用、斟酌选用新颖的、易读易懂、既能考查学生能力，又对学生作答有帮助和启示的材料，努力达到用材料考查学生"学史用史"、分析、归纳、总结历史资料的能力。在经过慎重的考虑后，最终经过25遍的不断修改和完善，才形成了我们现在看到的中考试卷。

试卷组成：2016年的中考试题，由80%的原创题和20%的改编题组成，侧重考查学生分析、应用历史知识的能力。充分考虑学生的认知水平，贴近学生实际，在顾及难度系数的同时，力争对今后的初中历史教学起引领和导向作用。其中，中国古代史占10分、中国近代史占15分、中国现代史占9分、世界近现代史占25分、主观性试题占1分。

试题分析：第1、2、4题考查的是学生对基础知识的记忆；第3、10、24题考查学生的逆向思维能力；第5题考查学生的识记能力；第6、7、8、9题考查学生的分析、归纳、应用历史知识的能力。第11、21、25、27、29题的组合型选择题，考查学生识记基础知识和总结所学知识的能力；第12题利用地图，第22题利用图片，考查学生的识图能力；第13、14、15、16、17、18、19、20、23、26、28、30题，考查学生识记基础知识和分析、理解、归纳历史知识的能力。

第31题，结合热点，考查了中外教育，特别是我国教育走过的发展历程。第（1）小题考查学生从材料中提炼信息的能力；第（2）小题考查学生分析、归纳、总结材料的能力；第（3）小题考查学生的读图能力；第（4）小题考查学生对基础知识的掌握情况。

第32题，结合热点，考查的是我国经济发展的基本情况。第（1）小题考查的是基础知识；第（2）小题考查学生应变能力；第（3）小题考查学生从材料中提取信息的能力；第（4）小题，与当地历史相结合，考查学生应用知识的能力。

第33题，结合热点，考查我国历代政府对边疆的管理。第（1）小题，考查学生的书写能力；第（2）、（3）小题考查学生对基础知识的识记能力；第（4）、（5）小题考查学生运用历史知识分析现实问题的能力；第（6）主观题，意在提高学生历史学科的人文素养。

第34题考查大国关系，培养学生正确的历史观和世界观。其中第（1）、（3）、（4）注重考查学生对历史知识的理解和应用能力；第（2）、（5）题考查的是学生对基础知识的识记能力。

感悟：

第一，为改善初高中不衔接、脱轨的现状，我们初中历史教师必须改变现有的只注重强调史实的课堂教学。注重培养学生的学科素养，帮助学生构建完整的历史学科体系，努力让学生从单纯知道"是什么"向探究"为什么"的方向转变。如第32题的第（2）小题中，有效利用材料中出现的时间，进行分析；第33题中第（4）、（5）小题，第34题中的第（1）、（3）、（4）小题，将前后史实联系，再结合现实生活，学生才能从"是什么"中找到"为什么"的答案。

第二，每一位历史教师都应该明确历史史料在课堂教学中的重要性。我们学习历史的目的是"以史为鉴"，是让学生通过对历史现象的分析、总结，形成自己正确的判断，来解决现实问题。这就凸显了历史史料的重要性。在课堂教学中，历史教师不仅要教给学生历史史实，更要培养学生通过分析史料得出结论的能力，做到"论从史出""史论结合"。如31题中第（1）、（2）小题，32题中第（3）小题，就是要求学生通过分析材料，从材料中提炼信息。

第三，加强学生对历史基础知识的识记。基础知识，是学生分析、归纳、总结、理解、应用的前提。只有夯实基础，才有培养学生能力的可能。今年的中考中，明显反映出学生在基础知识的识记上有欠缺。比如，"科举制废除的时间""日本明治维新的影响""李鸿章以自强为目的创办的近代工业""十四大为企业转型提供的政策保障""秦朝统一的文字""《尼布楚条约》的相关内容""清朝前期设置的管理新疆的机构""台湾与大陆第二次分离的原因""一战后建立的新的国际关系制度""二战后'特殊战争'开始的标志"等问题，从卷面来看，失分较为严重。这就要求我们历史教师仍然需要花大力气、下大工夫在基础知识方面，强调熟练记忆、规范书写。

总之，在市教研室李怀景老师的帮助、指导和共同努力下，我们圆满完成了2016年中考出题任务，虽然存在一些不完美、不尽如人意的地方，但是从总体上来看，这套凝聚了我们39天心血的中考试卷能为我们今后的初中历史教学起到一定的引领作用。通过出题，我看到了自己在日常教学中需要改进的地方和存在的问题。我会在今后的教学过程中逐步改进。

【2016年第五次研修活动】

关于举办2016年初中历史名师工作室第五次研修活动的安排意见

为了进一步提高我旗中考历史复习教学的针对性和实效性，按照教育局及教研室的安排，同时根据历史名师工作室两年发展规划（2015—2016年）既定思路，现定于10月24日上午在伊旗一中举行全旗历史教师学科研讨会暨名师工作室第五次研修活动。

活动形式：讲课、讲座及交流研讨相结合的方式。

具体日程安排：如表1所列。

表1

时　间	活动内容	主讲人
8：15—8：55	同课异构《经济大危机》	张颖
9：05—9：45	同课异构《经济大危机》	马香莲
10：00—10：40	今年试题解析和阅卷总结	高晓聪
10：40—11：00	中考质量分析	白俊玲
11：00—12：00	中考经验介绍	张颖、任慧

备战中考　有的放矢
——全旗初中历史学科研讨暨名师工作室第五次研修总结

为了进一步提高我旗中考历史复习教学的针对性和实效性，提升老师们的命题及试题的研究能力，推进我旗中考水平再上一个新台阶。为此，2016年10月24日在伊旗一中举办全旗毕业年级历史学科研讨会暨工作室的第五次研修活动。

本次活动首先是由2016年中考命题人高晓聪老师做了题为"难忘的三十九天——中考出题感悟"的报告，接下来北师大二附中的张颖老师和一中的任慧老师分别做了中考经验介绍。最后，教研员白老师做了中考质量的分析。此次研讨会上高晓聪老师的命题报告引发了大家热烈的讨论，老师们一致认为必须改变现有的只注重强调史实的课堂教学。要注重培养学生的历史学科素养，帮助学生构建完整的历史学科知识体系，要让学生不仅知道"是什么"，而且也要去探究"为什么"。历史教师不仅要教给学生历史史实，更要培养学生通过分析史料得出结论的能力，做到"论从史出""史论结合"。另外，在这次研修活动中，北师大二附中张颖老师的分享，让老师们记忆深刻且陷入深深的思考之中。张老师并没有像大多数教师一样把主要精力放在如何教学生答题、如何帮助学生提分上，而是将主要精力放在如何讲一节真正的历史课、如何提升学生的历史思维能力和人文素养。在张老师的课堂上，虽然仍要感受历史的基本知识点，但不是干巴巴地标注、强调、背诵，而是隐藏于一个个事实之中，需要学生抽丝剥茧去找寻，这个过程是令人愉悦，是主动学习的过程。正是凭借这种循序渐进、水到渠成的扎实课堂教学，使北师大二附中的历史学科在今年中考中取得了优异的成绩。

总之，通过这次学科研讨活动，不仅使老师们进一步认识到了今后我市中考的方向，而且也使老师们明白了今后教学的一个基本方向。从而进一步促使老师们去认真研究新课标，从而提高老师们对教学内容和中考趋势的把握能力，促进老师们自身专业发展。

新课改理念下的历史课堂教学
——同课异构培训心得体会
伊金霍洛旗第一中学　杨海清

按照初中历史名师工作室两年发展规划（2015—2016年）既定思路，于

10月24日在伊旗一中举行第五次研修活动。

10月24日上午，北师大二附中张颖老师和工作室的成员——伊旗一中马香莲老师同课异构，讲授九年级下册第4课《经济大危机》，两位老师进行了精彩的展示。下午白俊玲老师组织名师工作室的成员及全旗的历史老师在伊旗一中多媒体教室进行说课、评课，交流研讨。各位老师积极发言，发表自己的观点和看法。这次活动使我受益匪浅，感受颇深。

一、取长补短、形成自己的教学风格

张老师和马老师的同课异构，构出了别样的风采。马老师的课目标引领，方法灵活多样，问题设计有梯度。史料丰富，设计巧妙，前后联系，注重能力的提升和知识的落实。张老师的课注重知识的来龙去脉、前后联系，注重历史的细节以及对细节的展现，利用细节还原历史事件，从而渗透情感教育。让历史课堂真正具有了历史的味道。张老师强调重要知识点应该讲清讲透，通过学习历史，培养学生的学科能力，使他们用长远的眼光看待历史。

各位老师评课后提出了新的话题，张老师课的精彩是大家有目共睹的，但马老师的课更接地气，原因是我们鄂尔多斯市的历史是中考科目，我们的课必须注重落实知识点。针对目前我市的中考和学校的教学现状，我们应该尝试在自己的教学中将两位老师的优势相结合，取长补短，形成自己的教学风格。我们的课堂应该是符合新课改的理念，结合自己的教学实际，教师充分准备，精心设计，在课堂上展示史料，引导学生思考，做到论从史出，提升学生解决问题的能力；利用图片、视频、音频、史料还原历史的真相，以历史的细节为突破口，塑造历史人物，使情感教育真正做到润物细无声。同时，在课堂教学中注重落实知识点，争取做到堂堂清。把史料展示、知识生成、情感教育和知识点的落实相结合。我们应尽力让我们的课堂有意思、有生成、高效率，力争使我们的课成为成功的课！

二、正确认识学生的活动

新课改理念提倡教学中以教师为主导，凸显学生的主体地位，所以评价一节课的成功与否，要看学生在课堂上的活动情况。所以我们的课堂力争让学生动起来，通过学生讲述、回答问题、讨论、展示等方式调动学生的积极性，活跃课堂氛围，培养提升学生的能力。但我们对学生活动的认识有所偏颇，认为只有学生上讲台讲述、热烈的讨论才是学生活动，通过讨论大家认识到学生活动的形式多种多样，不能把学生活动仅限定在表面现象的活动，只要是在教师的引导下学生的思维一直活跃，一直在思考，这就是学生在活动。历史知识来龙去脉、前后联系必须讲清讲透，情境的营造、悬念的设置必须由老师完成，学生对部分知识的认识很肤浅，教师必须结合史料、所学知识进一步挖掘，才能使学生逐步建立正确的史观，培养学生的人文素养，提升学生解决问题的能力。所以在以后的教学中，教师引导学生活动时要注重活动的实效性。

三、提升教师的综合素养

在评课时大家欣赏张老师的课，因为张老师的课，设计精巧，丝丝入扣，史实丰富，信手拈来。这一切来自于张老师自身知识渊博，只有教师自己拥有大量的知识，才能做到精心选择，服务教学。这就要求我们历史教师通过多种渠道增长历史知识，提升自身的学科素养，我们要根据自己的个性特点，教学中注重发挥自己个性中的优势，形成自己的教学个性。教师要有改革与创新精神，敢于在传统的教学观、教学方式中实现新的突破；通过多种途径努力学习新课改理论知识，学以致用，在教学实践中不断尝试各种新课改理念；积极参加各级教研部门组织的培训，不断进修，提高自身的业务素质。我们只有不断充实自己，才能保证在课堂教学中游刃有余。

从《经济大危机》中谈史料教学
——全旗初中历史中考研讨会心得
伊金霍洛旗第一中学　高晓聪

2016年10月24日，在旗教研室的统一组织下，我旗2016年中考历史研讨会如期举行。为了总结过去，开创未来，白老师首先安排一中的马香莲老师和二附中的张颖老师进行《经济大危机》的同课异构。两位初三老师，为我们呈现了两节高质量的初三历史课的教学模式，在教学中，两位老师大量引用材料、图片，帮助学生分析、归纳和总结。听课后，我最大的感觉就是，历史课堂开始贴近生活，体现了历史教学的学科特点。

在近几年中考试题的指引下，老师们开始注重在历史教学中引用大量资料、图片，以达到培养学生能力的目的。但是在教学中如何引用史料？引用多少？是值得我们每一位教师思考的问题。我认为，教师在教学中引用史料应该遵循"适切性"原则，在使用史料教学的过程中，应该重点考虑以下3个方面的问题。

根据课标灵活调整教学的目标，并选取相关史料，要有所偏重。就一节课而言，不是所有的内容都需要史料的佐证。教师要明白，历史教学不是史料教学。因为，太多、太复杂的史料，反而使学生无所适从，从而分散了他们的注意力，并不利于学生理解和掌握重点知识。史料是历史教学中辅助学生理解课本知识，从而达成教学目标的载体，它不是教学的终极目标，所以，不能本末倒置。

根据教学目标和教学的重难点来选择史料。教学目标的达成，是我们课堂教学的终极目标。在课堂中引入史料教学，不仅仅是为了交代该史实的来龙去脉和细节，更重要的是为了更好地教学。因此，在选取史料时，要挑选能够达成教学目标的内容作为课堂探究的材料，能够帮助学生顺利地理解史实。这些史料要观点鲜明，论述清晰，学生阅读不吃力，能直接抓住问题的核心所在。

要选择有利于培养学生形成正确的情感、态度与价值观的史料。史料要真实、可靠，能把历史全面地呈现在学生面前，而不是"断章取义"。同时，不宜选取文字阅读量过大的史料。史料引用类型要多样化，要有度。史料包括文字史料、图片史料、实物史料和示意图等。单纯的文字史料会让人产生视觉上的疲劳，时间一长就会失去研读的兴趣；单纯的图片史料，则会让学生眼花缭乱，影响学生的注意力。在选取史料时，还要注意史料选取的量和文字难度。史料引用过多，会影响课堂授课的进度，史料阅读与理解偏难，既影响学生掌握历史知识，还会挫伤学生学习历史的积极性。因而，课堂引用史料要有度，要精挑细选，类型要多样化，这样才能激发学生学习历史和探究的兴趣，达到提高教学效果的目的。

课堂是教师的舞台，史料是历史学科的生命。善于驾驭史料的历史教师将会在课堂这个大舞台上舞出自己的智慧之花！

培养历史思维　提升历史智慧
——同课异构心得体会

伊金霍洛旗第一中学　马香莲

前不久教研室白老师组织全旗历史教师在我校听了北师大二附中初三张颖老师的一节示范课《经济大危机》，两节课听完后，老师们对张颖老师的课给予极高评价，真正的历史课就应该讲成这样，自然生成而不是刻意讲知识点，本课涉及很多经济术语，张老师通过材料展示，再加上通俗易懂的讲解，让学生学起来很轻松，做到深入浅出。我的具体感悟如下。

一、教学基本功扎实，驾驭课堂能力强

张老师对教材掌握熟练，语言准确精练而有感染力，沟通协调能力突出；驾驭课堂和教学应变能力强。

二、教学过程流畅，充分体现历史学科特色和人文特色

我感受最深的是张老师的设计，讲解条理清晰，明白易懂。充分使用史料，启迪学生去思考去感悟，体现历史学科特有的人文关怀，体现"以史为鉴"的特点。能让听课的老师和学生获得一种享受，获得人生体验。还有张老师先进的教育理念和巧妙设问引导探究的技巧，不仅吸引学生喜欢这门课，而且也在影响和塑造着学生。

三、充分利用史料、注重教学情感交流

从张老师身上我看到她朴实的教学风格，严谨的教风，情景资料围绕教学目标设计，锻炼学生从资料发现问题解决问题从而生成新知。可以说一定程度上解决一直困扰我怎样培养学生解答历史资料题型的问题。她的课通过让学生体验情感来熏陶情感，通过理解观点而形成新的见解，通过探究切磋而培养思维能力，通过引导反思而培育历史智慧，从而让学生在课堂中合作交流探究，在合作中分工明确，充分发挥学生学习的主动性和积极性。

四、我的反思

在今后的教学中，我会力争用教材去教，而不是教教材，能依据课程标准，因时因地开发学生能够自学的内容，学生自己能做的，教师放手让学生去

做。利用课程资源，注重联系社会变革和学生的生活实际去启迪引导学生。学会使用专业术语对学生的表现进行激励，既不形式化，又具体、诚恳。对于学生出现的错误，能及时以恰当的方式指出纠正，使之有成就感从而喜欢历史课。

最后真心希望此类活动越办越多，解决我们一线教师困惑，为我旗教师队伍整体素质提升起到有力的推动作用。

【2016年第六次研修活动】

关于举办2016年初中历史名师工作室第六次研修活动的安排意见

为了帮助全旗历史教师更好地理解、领会和使用新教材，了解新教材的编写依据、特点及内容的调整，解决新教材教学中存在的困惑和问题，工作室特请北京教科院基教中心郭井生老师来我旗就初中新教材的解读与使用进行培训活动。

具体活动安排：如表1所列。

表1

时 间		活动内容	主讲教师
上午	8:2—9:00	七年级（上）第14课《沟通中外文明的"丝绸之路"》	高晓聪
	9:10—9:50	同课异构	郭井生
	10:00—12:00	说课、评课、互动交流	全员
下午	2:30—5:30	初一新教材的解读与使用的培训	郭井生

走进新教材　悟出真道理
——伊旗初中历史名师工作室2016年第六次研修总结

为了帮助全旗历史教师更好地理解、领会和使用新教材，了解新教材的编写依据、特点及内容的调整，解决新教材教学中存在的困惑和问题，11月11

日，工作室特请北京教科院基教中心郭井生老师来我旗就初中新教材的解读与使用进行了为期一天的培训活动。

　　这次活动首先是由伊旗第一中学的高晓聪老师和北京专家郭井生就七年级新教材第14课《沟通中外文明的"丝绸之路"》进行了同课异构。接下来老师们针对这两节课开展了交流研讨活动，老师们再次感受到了历史学科的教学必须得在一定的历史场景下进行，通过史料、图片、故事等还原历史人物、历史现场，这样不仅使学生的学习过程充满兴趣，而且能使学生获得积极的情感体验。同时，老师们从郭老师的课堂上真正地感悟到了历史教育的真正目的：是"授生以渔"，让学生获得搜集、阅读、提取史料的能力，进而考证、辨别史料得出历史结论的方法。下午，郭井生老师就"初中新教材的解读与使用"进行两个多小时的讲座，郭老师以新课标为依据，提出对今年部编新教材使用的六大建议，在此基础上，又对每单元具体的内容进行解读、拓展、升华。活动结束时，教研室白老师总结时说："希望老师们回去后，认真研究新教材的体例、结构、脉络、内容，精心进行教学设计，使自己的每节课成为有趣、有法、有味的好课。"老师们也纷纷表示通过这次研修活动，真正解开了长期以来的历史教学困惑，是一次营养丰富的精神盛宴。

教学设计精雕细琢　历史课堂熠熠生辉
——观摩郭井生老师《沟通中外文明的"丝绸之路"》一课
北京师范大学鄂尔多斯第二附属学校　张　颖

　　本周我们有幸观摩了郭老师主讲的历史课——《沟通中外文明的"丝绸之路"》，感受颇深、受益良多。针对今年普遍推行使用的2016年部编版初中历史教材，各位在教学一线上的同仁也常常感到困惑重重、变化过大、一时间难以适应，以至于初次采用新教材力不从心。聆听了教学专家郭老师送来的这一节历史课，使我真正解开了长期以来的历史教学困惑。无疑，这节课对于我，更是一次营养丰富的精神盛宴，从中饱享美味、汲取营养、满载而归。

　　一、还原历史人物：鲜活丰满、栩栩如生

　　本节课教学过程中，不得不提及两个历史人物：西汉张骞、东汉班超。正是有了历史上的英雄人物，才有了驼铃声声、商旅往来、络绎不绝的古代丝绸之路，更有了今天共圆中国梦时代背景下的"一带一路"。也正是这样立志高远、心忧天下的有识之士，不畏艰险、跋山涉水、坚持不懈的努力，铸就了历史上的"丝绸之路"。

何以表现两位英雄的家国情怀、坚贞不屈、矢志不渝、攻坚克难的坚强意志？郭老师没有空谈精神，而是通过学生平等对话还原历史现场——张骞拜别汉武帝。同时，呈现当时张骞出使西域时，西域的政权林立、情势复杂。加之自然环境险恶、历经艰险的史料，有力证明出使西域过程坎坷、道路曲折的不易。辅之以教师必要的讲述，张骞十几年出使西域的见闻轶事、个人经历、两次出使的目的，学生已然被张骞的行动与遭遇深深吸引。从而达到深入历史之效，仿佛重回张骞时代的西域。谈到班超经营西域，郭老师更是重视人物细节，从小处着手，予以设计。教师先给学生机会讲述了班超投笔从戎的小故事。随后，在学生讲述的基础上，老师补充了为重获西域友好关系，班超智勇双全、单枪匹马入"虎穴"的历史经过。两个精心设计的历史细节，凸显班超个人的精神品质。这样的教学设计可谓活灵活现、还原历史场景，历史人物形象血肉丰满、栩栩如生。学生的学习过程充满兴趣，历史英雄身上的家国情怀自然地感染着每一位参与者的心灵，从而获得了积极进取、不畏艰险、不屈不挠的满满正能量。

二、巧用历史史料：辨伪求真、史论结合

历史学科研究的最主要的获取途径——史料，因而得出历史结论，应该站在已有史料的基础之上。郭老师的整节课，让我体会到历史学科的精髓——不仅仅获取史料，更要辨别史料、去伪存真。"授人以鱼，不如授人以渔"。通过学习本节课，学生初步有了辨别史料的意识，也能够体会到历史学科的核心素养之一——史料实证。我想，这才是我们历史教育的真正目的：得"渔"，获得搜集、阅读、提取史料的能力，进而考证、辨别史料得出历史结论的方法。

举例来说：其一，郭老师为学生展示在古丝绸之路上考古发现的最新成果。运用第一手资料，帮助学生理解：这是一条古代商业之路。其二，引用《汉书》《后汉书》《中国人史纲》（柏杨著）、《中国的对外交往》等文献资料，阅读古代史家、近代学者及当代学者的文献史料，能够清晰地观察出不同时代史家学者对于相关史实的态度观点，从而理解时代差异性。其三，郭老师精心设计"再看《敦煌壁画张骞拜别汉武帝出使西域图》"，不仅从史料出处及创作时间细致解释其与真实历史不符，同时师生现场共同有顺序地欣赏壁画，运用细节证明结论。学生通过教师引导，辨别史料，不仅初步建立了去伪存真、辨析史料的意识，同时也真正学会一些实物史料的观察方法。可谓一举多得、匠心独运。

三、整合教材结构：合理清晰、注重逻辑

2016 版部编教材的本课编写，分为 3 个部分，按照先后顺序依次为：张骞通西域—丝绸之路—对西域的管理。而郭老师在教学设计中，调整为：两汉与西域—东西方之交流—丝绸之路。不难看出，郭老师整合教材结构以后，呈现出历史内在的发展状况。从西汉和东汉与西域相互关系发展入手，在不断关系调整中有了东方与西方的经济文化、海上陆上的交流，交流日益密切、往来不断逐渐形成"丝绸之路"。

这一结构的重新设计既注意到从西汉到东汉与西域政权的关系变化的时序性，又恰当体现"丝绸之路"的历史形成过程。学生通过对这一结构的完整学习，完整地清晰地体会历史发展的内在逻辑，从而形成对"丝绸之路"的正确历史认知。同时，通过前两部分的铺垫更凸显本课主题。

不难看出，这一结构的重新调整是纵贯本节课的线索。而这一线索的把握，已经不再仅仅停留在生动描绘历史人物和历史事件的感性思维阶段，而是上升为注重历史逻辑思维的形成与培养。引导学生理性认识历史，更上一层楼。

四、研究历史方法：时空结合、前后相连

历史的发生总是在一定的时空范围内进行的，因而，对于历史的研究最为重要的两个维度便是：时间与空间。尤其本课内容，更需要学生准确识记相关史实的时间顺序和空间范围。

对于公元纪年法，学生不易分清公元前的纪年时序。郭老师巧妙运用时间轴为学生排忧解难。通过学生在数学科目中学过的数轴知识，形象直观地迁移

到历史学科的时间轴，实现跨学科的能力迁移。

本课尤为重要的空间认知，莫过于明确西域的地理范围以及海上、陆上丝绸之路的路线。郭老师多次呈现历史地图，在潜移默化之中，帮助学生构建地理空间认知，多次识记海上、路上丝绸之路的地理路线。课堂上，学生体会到读图学历史的趣味性。

五、阐释历史概念：来龙去脉、明白晓畅

本课题为《沟通中外文明的"丝绸之路"》，毫无疑问，"丝绸之路"正是本课核心历史概念。然而，这条路并不是自开通之日起就被命名为"丝绸之路"。"丝绸之路"名称的由来，以及陆上、海上丝绸之路的历史变迁，到今日复兴此路经济带的"一带一路"建设战略，这一历史概念的来龙去脉，在本课教学设计中通过史料呈现的方式，向学生介绍得明白清楚。

无独有偶，西汉、东汉开通乃至经营西域，都与匈奴关系密不可分。"匈奴"，就这一角度来讲，也是在历史发展中产生、消亡于历史长河之中。因而，它是本课一个重要历史概念。为了更好地帮助学生了解本课相关背景知识，郭老师采用生动讲述与呈现直观历史地图相结合的方式，帮助学生对匈奴在中国历史上的发展过程（如：战国时的匈奴、秦朝时的匈奴、两汉时的匈奴）形成正确的认知。如此设计阐释历史概念的教学安排，更好地使学生准确理解历史概念、正确认知其来龙去脉、发展演变过程，避免发生认知断层。

六、生成情感态度：借古鉴今、水到渠成

关于本课的课程标准要求：通过"丝绸之路"的开通，了解丝绸之路在中外交流中的作用。因而，本课的最终落脚点依然是帮助学生理解和认识其在中外交流中的作用。郭老师在教学设计中，向学生形象直观地展示中原王朝向外输出的物品及生产技术以及西域各国向中原输入的物产、宗教、乐舞等，进而生成中外交流后不同文明的融合与互动。通过展示近现代史家学者的评价与看法，抛砖引玉，启发学生思考。在教师与学生平等对话的过程中，认识到在全球化背景的今天，通过"一带一路"，依然能够促进中国与世界的往来与交流。学生有学习古代历史到认识社会现实的认知，已然可以用不同文明的交流

与融合的视角理解历史。本课课标的落实过程水到渠成，而文明史观的运用方法已悄然地扎根于学生历史认知领域。

郭老师精心设计的这一课，精雕细琢、匠心独运、自出机杼，独到之处可圈可点，精彩之处不可胜数、熠熠生辉。观摩本课，在生动的历史人物与丰富的历史事件中，学会感知历史、分析历史，最后运用历史。在历史氛围中，感受到独特的历史魅力。

初一新教材的解读与使用的培训心得

鄂尔多斯市一中分校　王再艳

2016年11月11日，在伊金霍洛旗第四中学艺华楼三楼录播室，我们有幸聆听了郭井生老师的"初一新教材的解读与使用"的培训，受益匪浅，对2016版人教版初一历史课本有了更深刻的认识。

历史教材主要特点有：以唯物史观为指导，将正确的价值判断融入历史叙述与阐释，做到了思想性和科学性的统一。对中国共产党在民主革命时期、社会主义建设和改革开放时期的领导作用叙述比较全面系统，深刻揭示了没有共产党就没有新中国的历史必然性。注重引导学生更好地理解中华民族多元一体的发展格局，加强了爱国主义教育和民族团结教育。

一、立足时序，建立时空观念

按时序编排，即按照从古至今的顺序，叙述历史发展的基本脉络，呈现清晰的历史发展线索，传授最基础的历史知识；在总体打通的前提下，分阶段设置单元，概述每个历史发展时期的阶段性特征。与此同时，以文字叙述与历史地图呈现相结合的方式，引导学生关注这些历史进程的空间背景，了解我国历代疆域变化，形成初步的时空观。

二、点线结合，呈现历史面貌

点：虽然整套教科书给出了比较清晰的历史发展线索，即通常所说的"线"，但七年级教科书并不追求历史学科体系的完整性。我们更加关注的是那些最基本、最典型的历史人物、历史事件和历史现象，即人们常说的具有典型意义的"点"。教科书采取的是"点线结合，以点带面"的编排方式。总体而言，增加的少，删减的多。

线：由若干点串起一条条线。每一条线，通常能纵向说明某一方面、某一领域的问题。若干条线呈现历史全貌。

点线结合：贯通解释中国古代史上各个发展阶段以至整个古代历史的整体面貌，这就构成我们习惯上常说的"面"。这样，就能收到"点线结合""以点带面"的功效。这些线也许并不十分完整，但它们能给学生提供基本思路。

三、图文并茂，培养学科感情

想象画；文物图；遗址古迹。

四、精心谋划，构建教学平台

教科书各板块相辅相成，各司其职，分工合作。

正文是核心，导言与辅助栏目（相关史事、材料研读、人物扫描、问题思考）、课后活动、知识拓展，以及大事年表，共同构成有机整体。

《材料研读》是编者格外关注的一个栏目。有趣、有用，但难以把握。

新版课程标准为课改创造了条件，也给教科书的编写提出了空前的挑战。随着知识点的减少，教科书串联的许多节点出不来，需要找出合适的链接体系，或明显、或隐含地为教学创设条件、构建平台。历史教科书采用"点—线"结合的方式编写。"点"是指重要的历史史实，"线"是指历史发展的基本线索。以"线"穿"点"，以"点"连"线"，使教材内容依据人类历史发展的阶段和顺序，循序渐进地展开。

总之，新课标、新教材在路上，我们的历史责任在路上。让我们同行！

● 2017 年历史名师工作室部分研修活动

【2017 年第一次研修活动】

关于举办2017 年初中历史名师工作室
第一次研修活动的安排意见

为了开展好新一期历史名师工作室的每次研修活动，提高研修的实效性，促进我旗历史教师的专业化成长。初中历史名师工作室将举办以"有的放矢，制定研修目标"为主题的第一次研修活动。

研修形式：交流研讨。

具体活动内容安排：如表1所列。

表1

时　　间	活动内容	主讲人	地点
8：30—9：30	解读《伊金霍洛旗名师工作室考核细则》和《伊金霍洛旗初中历史名师工作室两年研修规划》	白俊玲	一中多媒体
9：40—11：00	全体成员交流分享《个人两年发展规划》	工作室成员	
11：00—12：00	落实工作室研修课题及任务；布置下次研修任务	工作室成员	

有的放矢　共绘蓝图

伊金霍洛旗教育发展研究中心　白俊玲

为了有计划的开展好新一届历史名师工作室研修活动，提高研修的实效性，促进我旗历史教师的专业化成长。初中历史名师工作室于2017年4月25日上午在我旗第一中学举办了以"有的放矢，制定研修目标"为主题的第一次研修活动。

本次研修活动由我旗初中历史教研员、名师工作室主持人白俊玲主持。新一届初中历史名师工作室全体成员参加了此次活动。

活动分3个环节进行。首先是由白老师解读了《伊金霍洛旗第三期历史名师工作室考核细则（试行）》和《历史名师工作室两年研修规划》。随后，工作室成员都诠释了自己的两年发展蓝图。来自北师大二附中的张颖老师是工作室中年龄最小的一位，但她志存高远，决心要兢兢业业，孜孜以求，在历史教育的路途中做一名永不停歇的教学研三位一体的学者型教师。第一中学的吕道通老师在规划中写道要坚持"师德与师能同铸，教学与科研并进"的发展方向，通过有目的、有计划、有组织、有层次的研修和锤炼，向具有先进教育理念、精湛专业技能、丰富业务知识的专家型名师迈进。工作室的其他几位老师也都从自我定位出发，制定了自己的两年发展规划，纷纷表示要借助名师工作室这个平台，提升自身的专业理论素养，进行教育教学探索和实践活动，全面推进自身专业化进程。

最后，白俊玲老师对本届工作室的工作任务、目标、措施做了进一步的强调，并提出"历史名师工作室一定要坚持实事求是、注重实效的原则，要遵循教育教学规律和人才成长规律。工作室将通过专家指导、同伴互助、观摩交流、网络研讨等活动，引领学校课改、教研组建设，力争使工作室成为名师成长的摇篮，历史难点、热点问题研究的中心，优质资源整合的基地，优秀成果展示的平台，教研、教学成果的共创共享之地，切实发挥名师工作室引领、带动和辐射作用"。

此次研修活动现场轻松愉悦、讨论热烈，成效明显，极大地激发了工作室成员的工作热情，为新一届历史名师工作室扬帆起航绘就了蓝图。

兢兢业业　孜孜以求　做教学研三位一体的学者型教师
——从个人成长发展规划谈起

北京师范大学鄂尔多斯第二附属学校　张　颖

雅斯贝尔斯做过这样的博喻："教育就是一棵树摇动一棵树，一朵云推动一朵云，一个灵魂唤醒另一个灵魂。"从根本上看，教育应该帮助人明辨"应该"和"不应该"，学会做出正确的判断和选择，最终促成人们的良心、良知、良行。在当前时代里，历史教育工作者的目标恰恰是借助历史学科试图培养学生适应社会、适应未来、适应现代变化的能力。站在当下，回望过去，探古知新，启迪未来，引领学生基于"人"的立场，理解历史上的人，进而理解现实中的他人和自我，最终完成公民教育和人格教育。

作为一名历史教师，何以通过历史教学提升学生的素养、培养出人格健全的公民，完成当代历史教育赋予的神圣使命？路漫漫其修远兮，这是我一生追寻的事业。兢兢业业，孜孜以求，在历史教育的路途中做一名永不停歇的教学研三位一体的学者型教师。

先前，不停探索，为了追寻那守望之塔；而今，不懈践行，为了坚守那笃定之力；将来，不断完善，为了铭记那最初之心。立志存高远。怎样砥砺自我、整装待发，胜任新时代历史教育的新任务？未来岁月里，唯有扎根一线，不断创新教学、涵养自身学识、研究教学范例，学以致用、立己育人。

一、教：生本课堂 人文历史 核心素养

张汉林教授这样说过："社会已经足够丰富，但历史更为斑驳陆离，如果社会是横贯的维度，那么历史就是纵深的维度。通过历史这个纵深通道，我们得以返回过去，理解历史上形形色色的人和各种各样的事，扩充我们的经验与见识，进而丰富对当下的人与事的理解。"寥寥数语，道出了历史教育对于培育学生思考现实问题能力的独特功用。因而，我们的现代历史课堂应该是以学习历史为载体，以完善学生人格为出发点，学会认识、思考和解决当今社会面临的重大问题。据此，我的历史教学目标也就得以确定——以人为本，以史为鉴，提高历史学科能力，形成必备核心素养的学生本位的课堂教学。经过不断求新探索，拟从4个方面提升自身的教学水平。

1. 吸纳最新学术成果，增强历史课堂的生动性

黑格尔说："历史是一种隐藏的力量。"对于过去，面对未知，人类总是好奇的探索者、追问者和发掘者。任何人，对于尘封已久的神秘面纱，总有着无尽的一探究竟之心。正是这样，激发了师生在历史课堂的无限兴趣。正如雅斯贝尔斯说的那样，"从历史中我们可以看到自己，就好像站在时间中的一点，惊奇地注视过去和未来，对过去我们看得愈清晰，未来发展的可能性就愈多"。

时代进步，历史研究的深度与广度也不断加深，而大众对了解历史的精神需求更为迫切。如今，史学研究成果层出不穷，百家争鸣，而越来越多的学生也更多地关注史学研究的新热点，往往会提出自己的思考与疑问。作为教师的我，每每遇到这样的学生，都甚为欣慰，甚至欣喜不已。同时，也要求教育一线的历史教师不断吸收最新史学研究的学术成果，比如新的考古发现、研究结论，满足更多学生的求知欲，激发其思考、探究、思辨的热情，增强课堂的生动性。

2. 匠心独运重构教学设计，提高历史课堂的逻辑性

历史知识往往呈现为相对独立的碎片化的点，而零散的点如何经过教学设计的整合、重构形成系统？这就需要统摄一节历史课堂的灵魂，让教材中碎片

化的点成为课堂灵魂线索的素材,做到"形散而神不散"。李惠军老师提出了一个很好的解决途径——教材问题化、问题方法化、方法逻辑化。

对此,我的理解是教学设计时,每一课内容都可以形成一个学习主题,在主题线索的串引下获得各个知识点的相互连接。教师找到合适的方法帮助学生完成链接,而这种方法必须是符合历史学科特色的、符合学生认知逻辑的。

我想,历史教学最为核心的逻辑方法有两个,也是历史学科核心素养。

其一,时空观念。在特定的时间联系和空间联系中对历史现象进行观察和分析,这是历史认知的基础和前提。历史教学设计中的任何一课,都难以离开时间和空间这两个维度,正是凭借于此,我们才能够走进历史的世界,感受历史的丰富与厚重。

其二,史料实证。曾经发生过的事情,依赖史料的记载、保存而成为历史。因而,对于认识历史,离不开史料。所谓,史由证来、论从史出、史论结合,就是这个道理。而孤证不立,选择、引用史料宜多元互证,形成一个史料证据链。给学生提供多元多样的史料,如文献、实物、影视、口述等,经历求真证史的过程,形成证据意识、实证逻辑。

3. 提供丰富多样的解释加深历史课堂的思维性

所谓的历史,都是历史学家的作品构建出来的,其所接触的都只是历史的一部分,由于研究条件所限,其研究并不是历史的全部,甚至可能与真实大相径庭。从人类的过去到学生理解的历史,中间经历了若干层级,每个层级都经历了信息的减损或者语义的转换。历史研究者对于历史的认识还会基于各自的价值立场和认识角度,对同一史实做出不同形态的描述。这就是王邵励老师所说的"历史学是基于史实又超越史实的主体判断,尊重客观又呈现出多元的主观认识结果"。

历史课堂,我们不仅通过历史研究方法知道"是什么",而且需要培养"历史理解"和"历史解释"的素养探索"为什么"。如何理解?在历史时间中思考,设身处地(历史空间)的思考,置于历史脉络中理解。为何解释不同?观察历史现象的立场、视角、观念不同,形成了"横看成岭侧成峰"的局面,得出不同的历史解释。这些不同的观察视角,称之为史观,是理解过去的思想模型，是研究历史的不同范式。在理解中求得解释，在解释中深刻理解（历史理解指向情感取向和理性认识，突出对历史具有同情理解的态度；历史解释指向理性分析和客观评判的能力，强调对事物之间的因果关系的解释）。

目前，我们的新教材以唯物史观为基础，吸收了文明史观、全球史观、现代化史观、环境史观、人本史观等思考当今人类社会面临的共同问题的史学研究视角。历史教学承载的使命也与时俱进，课堂中教师提供多元的丰富的历史解释，帮助学生多角度地思考历史问题。"将过去、现在与未来联系起来思考，审慎地思考自己的生活，充分认识到今天的选择或行为将对未来产生的重要影响"。

这样，发挥史学的借鉴功用，思索历史，面向未来。历史课堂，是理解的课堂、思维的课堂。

4. 平等对话、独立思考感受历史课堂的人文性

通过历史课堂，按照历史时空范围、以史料为证，知道"是什么"；经过历史理解、多角度运用不同史观进行历史解释，探寻"为什么"；最终，学习历史指向现实世界，懂得"怎么办"。这种基于了解历史而解决现实问题的态度，正是一种以人为本的尊重与情怀。

历史课堂，应该是现实中的人与历史中的人交流的"场所"，有一种思想与另一种思想的碰撞，有人类、民族、国家情怀的相互认同与尊重。教师要尊重学生的认知、情感、经验和选择。这种平等对话、交流合作、情感沟通呈现出一种和谐美，更生成一种民主、开放的人文气氛。从人文关怀的角度，历史课堂的体验将学生首先塑造为一个感性的人，进而为理性的人，最后成为审美的人。如同布克哈特那样："我没有刻意培养什么有专业知识的学者和学生，我的目标是促使那些听课的人确立一种信念，萌生一种愿望——对每个个体来说，同一件以往的事情会产生不同的影响和效果，每个人都能够并且可以以自己特殊的方式了解和理解它，冰洁很有可能从中看到自身有益的因素。"

课堂成为人与人对话、交流的地方，作为生命体本身，学习者联系生产生活实际，活学活用，在不同的时空框架下理解历史变化与延续、统一与多样、局部与整体，并做出合理解释，像历史学家那样运用历史研究方法思考，赋予

历史以意义，形成正确的价值观、历史观，为今后的人生指明方向。

二、学：厚积薄发　涵养思维　与时俱进

学生历史素养的提高在于课堂，而课堂的主导者在于教师，教师主导水平的高低在于教师自身历史素养与专业胜任能力的优劣。从自身学习的角度，我也为自己量身规划以下切实可行三项措施。

1. 厚积扎实的史学功底

如何厚积薄发？张汉林老师这样讲："作为历史教师，要读书以理解过去。"书，成为人类最宝贵的财富。在如今和以后的日子里，与书为友，与书为伴，成为我生活的常态。

通史系列分为中国通史和世界通史。中国通史，可阅览《剑桥中国史》、《哈佛中国史》、《讲谈社：中国历史》、古卷《二十四史》、近代《吕著中国史》、现代张岂之《中国通史》、白寿彝《中国通史》。上述书籍分别是欧洲汉学家、美国汉学家、日本汉学家、中国古代、近代、现代史学家的研究成果；世界通史，可阅读斯塔夫里阿诺斯《全球通史》、齐世荣《世界史（六卷本）》、杜兰特《世界文明史》等。

国别史按照国家分门别类，以《世界历史文库（90册）》为最。按照大国崛起主要为英、法、美、德、俄、日、中等。阅读时，可以由易到难，由简至繁。先读一些通读易懂的普及读物，渐次翻看一些中国史学家研究成果，而后浏览本国史学家专门著作，最后阅读国际关系研究著作。相互参照，循序渐进。

2. 形成灵活的历史认知分析思维

阅读不同的书籍，带给我不同的认知体验，形成不同的思考方式。这就是阅读历史书籍，涵养认知与分析历史的思维。在阅读中不断积累，发现问题，查阅资料，形成认识，诉诸于笔，深化认识。在不断记录与写作中涵养思维。

3. 学习最新史学、教育学理论研究成果

如何与时俱进？任鹏杰老师这样说："当我们没有找到办法的时候，有一种东西是永远有效的，那就是阅读。"

当前，史学理论随时代研究需要愈加丰富多样：现代化视角——钱乘旦

《现代化历程》（10卷本）；文明史视角——马克垚《世界文明史》、袁行霈《中华文明史》；全球化视角——麦克尼尔《世界史》等。

中国史学专著更是层出不穷，如李零《我们的中国》、李学勤《细讲中国历史系列》等。教育学理论如袁振国教授、林崇德教授等享誉国内的知名学者根据时代需要撰写诸多新著作。因而，要与时俱进，就要不断在阅读中思考，且读且思。精读、泛读相结合，带着问题去读。

"一个没有阅读量和阅读质量的民族肯定没有未来，肯定是人类发展的哑语者、失语者"。作为历史教师的我，想要在教的层面实现历史的人文性、逻辑性、思维性和趣味性，缺少深厚的学识、敏锐的思维、时代的精神，便成空谈。因而，这是一个终身阅读计划，而阅读是我最快乐的事。首先是情感的共鸣，然后是理性的反思，进而成为行为的指导。

三、研：教研并行　以研导教　学识为基

研究教学的终极目的在于更好地指导教学。因而，及时记录灵感、思维、行动的习惯将有助于长期进行教育教学研究。研究是基于实践的"教"与阅读的"学"。

1. 研究之左膀——课堂案例来源于"教"之实践

研究的对象是历史教学，历史教学的生动案例来自于多彩的课堂。实践活动是认识的来源。因而，我称其为"研究的左膀"。实践中的不断创新，能够给予教学研究以生动丰富的案例。

2. 研究之右臂——理论指导转化自"学"之成果

完整的教学研究同样离不开思想理论的指导。这些教学思想的形成，得益于阅读先贤大师的论著启发。因而，我称其为"研究的右臂"。这些思想理论的形成转化自"学"的成果，思想启发思想、智慧启迪智慧、思维碰撞思维。

学识为基，教研并行，以研导教。期待，经过努力践行个人的成长规划，在不久的将来遇见更好的自己，帮助学生通过历史学习能够独立思考、以史为鉴、成为合格公民。

【2017年第二次研修活动】

关于举办2017年初中历史名师工作室第二次研修活动的安排意见

针对初中历史点多面广的实际问题，促使教师在有限的时间内提高复习效率，做到事半功倍。为此，初中历史名师工作室将举办以"立足课堂，提高复习效率"为主题的第二次研修活动。

研修形式：讲课、评课、交流研讨。

具体活动内容安排：如表1所列。

表1

时　间	活动内容	主讲人
第一节 222班 8：20—9：00	九年级复习课	任慧 （伊旗第一中学）
第二节 218班 9：10—9：50	九年级复习课	王珍清 （伊旗第四中学）
第三节 221班 10：30—11：10	九年级复习课	张颖 （北师大二附中）
第四节 11：20—12：00	评课、交流研讨	全体工作室成员

精雕细琢精品课　百花齐放春满园

——伊金霍洛旗初中历史名师工作室2017年第二次研修活动报道

为了提高初三历史第二轮专题复习的实效性，促进我旗历史教师专业化成长。初中历史名师工作室于2017年5月17日上午在我旗第四中学举办了以"立足课堂，提高复习效率"为主题的第二次研修活动。

本次研修活动由我旗初中历史教研员、名师工作室主持人白俊玲主持。初中历史名师工作室全体成员以及一中和四中的部分历史教师参加了此次活动。

活动分3个环节进行。首先是讲课环节，由任慧老师、王珍清老师和张颖老师分别讲了历史专题《中国历史上的对外交往》《三次科技革命和经济全球化》《美国的崛起与中美关系》。任慧老师用雷厉风行的教学风格和一丝不苟的教学态度，给我们展示了中国两千多年的外交史实，在课堂上扎实根基，调动兴趣，直面中考，是一节高效的专题复习课；王珍清老师以表格的形式和大量材料题的应用为主线，展现了世界历史上三次科技革命和经济全球化的关系及基本史实，语言幽默，课堂生动，令人回味；张颖老师亲和的教学风格，给我们展示了高难度的思维课堂和实战课堂，用纵向、横向联系，体现了美国崛起的过程与中美关系的发展，是一节有难度、有深度、有广度的专题课。随后，全体参会人员进行了评课，白俊玲老师高兴地表示：这次研修活动非常成功，三位老师用不同的风格展现了不同的历史专题复习课，各有特色，参会的历史老师受益匪浅。

最后，白俊玲老师提出倡议"希望我们全体伊旗历史教师，要以网络为载体，多进行交流、互帮互助、整合资源，通过积极参加研修活动，观摩交流，解决在工作中遇到的实际问题，共同促进历史教师的专业成长，从而推动我旗历史教学工作的进一步发展"。

此次研修活动中，教师精心备课、上课，真诚评课、积极交流，效果显著，极大地调动了历史教师的积极性，对自身的成长充满了期待，对我旗历史教学工作更上一个台阶充满了希望。

学思结合，让思维转动的历史教学设计
——从《美国崛起与中美关系》一课谈起
北师大二附中　张　颖

千百年来，上下求索、挖掘历史者，连绵不绝，而探寻历史的终极目标是为思考现实。因而，历史教学，是学与思结合之学，行走于历史与现实之间。俄国思想家赫尔岑认为："充分地理解过去，我们可以弄清楚现状；深刻认识过去的意义，我们可以揭示未来的意义；向后看，就是向前进。"正是毛泽东热爱历史，且读且思后谈到的"看历史，就会看到前途"。历史教学在于学会如何阅读历史、如何认识历史、如何运用历史，而做到这3个"如何"，思

考、不断思考需要伴随整个学习过程的始终。

我在进行《美国崛起与中美关系》这一专题的教学设计过程中，希望学生养成不断思考、及时思考的历史学习之法，关注学生的课堂思维活动，让思维的转动摩擦出历史智慧的火花。本课的教学设计围绕"思维之动"展开，体现在以下几个方面。

一、抽丝剥茧，宏观概括，指导方法——会动

本课的复习线索从课题名称来看，有两条明线：其一，美国崛起历程；其二，中美关系变化之过程。美国，在欧洲文明的基础上，独创性地走出了一条自己的发展道路，将世界第一经济强国的位置占据了一个多世纪。在不同的历史时期，有着不同的历史特征。以此为出发点，笔者将美国发展历程从宏观上概括为：

【战争与美国——风雨之后见彩虹】

【科技与美国——科技弄潮成大国】

【危机与调整的美国——危难之中显本色】

【二战后的美国——纵横捭阖谋霸主】

4个主题鲜明的部分，能够帮助学生快速抓住美国历史各个发展阶段的主要特征。这个国家的出现，虽然只有二百多年的历史，却演绎了大国兴起的奇迹。这种发展模式的奇迹对如今中华民族的伟大复兴有着不可忽视的启发意义。因此，形成了另一条暗线：中华民族的伟大复兴之启迪。

每个主题后，加入中国历史进程中相似的历史问题，设计为一个模块——【美国崛起 以史为鉴 智启中华】。这一教学环节设计，旨在帮助学生学会思考和掌握看待历史问题的角度与方法。

初中阶段的历史教学中，世界史部分有关美国历史发展的内容比重很大。由于其自身历史的独特性与借鉴性，美国历史进程中的相关历史事件均受到重视。学生在学习过程中，学习过与美国历史相关的很多事件，却难以形成统一的、线索性的、整体的线索与脉络。"把书由厚读薄"的方法，是历史复习的重要学习方法。因而，化零为整，线索指导，帮助学生学会如何学习历史，能够有条理、有方法地"动起来"。

二、贴近生活，创设情境，故事叙述——想动

苏霍姆林斯基曾说过："如果学生没有学习愿望，我们所有的想法、方案和计划都会化为灰烬，变成'木乃伊'。"根据初中生的心理特点，他们对贴近自身生活的、大众的、小人物的历史故事兴趣浓厚。让学生积极、主动地从"要我学"转变为"我想学"，我设计了"以一位美国百岁老人讲故事"的栏目，启发学生回忆与思考的兴趣，学生从内心"想动起来"。这一教学环节的设计，初衷是站在学生的角度，从学生的视角来看待事物，缩短认识历史与现实的心理距离。

三、史料多样，横纵对比，学思结合——能动

在每一主题内的教学设计中，呈现出生动的漫画史料、逼真的图片史料、有趣的文字史料，比如：二战后70年代，美国、西欧和日本呈现三足鼎立的经济形势，采用一幅时事漫画《全球货币——美元》；富尔顿以及汽船的几年邮票；日军偷袭珍珠港后希特勒、蒋介石、丘吉尔不同的心理状态之记录等。提供丰富多样的史料，便于学生形成史由证来、论从史出、史论结合的分析思考能力。

另外，每一阶段的中美关系发展历程与美国发展历史都采用时间轴，纵向归纳其历史走向。同时，运用两种时间轴左右比照的方法，加强横向分析比较之能力。这样，既能够明晰历史发展脉络的时序特征，也能够深刻认识两国关系时好时坏的根本出发点。这种教学设计，基于历史学科特有的时空维度、实证意识与横纵分析之特点而来。真正的设计目的是能够通过教师提供的"支架"，为学生"思维之动"提供有力的台阶支撑。

加之，在学习过程中，及时抛出设问引导学生深入地思考历史问题。例如，通过观察梳理中美关系在不同时期的发展历程，能否概括出中美关系变化特点？再如，根据所学知识，请谈谈中美关系友好发展的核心问题与焦点为何？又如，通过本节课的学习，说说国际关系的决定因素是什么？这些问题的设置，能够为学生提供思考历史的现实角度，做到学中思。

教师在进行教学设计时，运用历史学科特有的思维方法，提供便于学生认知的"脚手架"，让学生的思考在"支架台阶"上"动起来"。思维不停转动，

是为了更好地阅读历史、认识历史和运用历史；思维不停转动，是贯穿于方法指导、问题设置、史料呈现、主题设计与工具运用之中的；思维不停转动，在于思考历史、以史为鉴、思考现实。

学思结合、思维转动，是历史课堂真正的"动"。这是一种理念，也是一种艺术，更是一种智慧。如何让学生在历史课堂上有深刻的思维转动，从理念落实到行动，从实施上升为艺术，再从设计升华为教学智慧，需要每个历史教师不懈探索、不断孜孜以求。

让我学无止境的高效课堂
——初中历史工作室第二次研修活动的心得体会
伊旗一中　魏　花

初中历史名师工作室充实的高效的第二次研修活动虽然仅仅有一上午的时间，但是三位老师的复习课让人久久不能忘记，听课、评课、交流活动紧张和有序的进行，让人受益匪浅，激情澎湃，深思颇多。我何时才能上出一节如此高效的有思维的有美感和深度的历史复习课？我应该从哪些方面学习，提升自己呢？

一、最接地气的高效课堂——任慧老师的复习课

复习课题：专题二中国的外交史。慧慧老师从夯实基础、梳理体系、迁移应用、归纳总结、以史为鉴这几个环节进行教学设计，夯实了学生的基础、构建了知识网络、提升了学生的能力，是一节符合地区特点的高效课堂。

从中国古代的外交到近代屈辱的外交、新中国辉煌的外交、现在中国的现代外交，按照学科特点的时序性，一路复习来，学生从古到今梳理出一条外交线索，可以看出慧慧老师教学设计的用心良苦。

教学细节的处理，如与中外历史的联系，知识的前后联系，恰当又适时。对时政热点的联系处理也是恰到好处。中考中，学生错字的丢分是最严重的，遇到易错字的出现，就要求学生动笔写、强化记忆。教学重点、教学设计以学生为主体，先根据知识提纲和背诵提纲自主记忆，后师生一问一答构建知识体系，通过材料和图片链接中考题，提升学生迁移应用的能力；归纳总结出这一时期外交的特点,以史为鉴为现实服务,这一时期外交的特点对中国今天的建设有哪些启示?对于中国古代的外交和现代的外交这些中考高频考点,以学生为主进行教学设计,突出了学生的主体地位;对于中国近代的外交,这是教学难点,也是学生不易理解学习的部分,通过教师引导,师生互动共同完成,突破了教学难点。整体的教学设计科学合理,重点突出,难点突破,教师引导有方,时间的把控也是精准至极,通过当堂自我检测,学生掌握得很扎实,再次说明了这是一节高效的复习课。

慧慧老师的课节奏快、容量大、效率高,语言简洁干净利落,重点突出、难点突破,时间分配合理、精准,让人不得不佩服。我要向慧慧老师学习,对教材的重难点准确把握,对教学细节的处理要恰到好处!

二、举例信手拈来的王珍清老师复习课

复习课题:三次科技革命和经济全球化。王老师利用表格归纳总结了三次革命的时间、标志、成就、特点、影响、对中国的影响,学生一目了然。男老师喜欢时政,关注热点,所以能举一些现实生活中的例子,为教学服务,学生就更易理解经济全球化的影响了。这一点是我渴望而不可求的,每到这一时刻,我也特别想向王老师那样举一些事例,可是没有日常生活中的积累与关注,怎会有课堂上的游刃有余的举事例说明问题。这一点也是我要努力学习的地方。

王老师有两处对教学细节的处理,也值得我学习:

蒸汽时代和电气时代的"汽"与"气"的区分,不仅强调字的书写,更从本身词语的含义上去解释,学生就不会写错了。

1929—1933年经济大危机的影响未影响到苏联,苏联这边风景独好,因为当时的经济没有全球化,所以苏联没有影响;但是,今天的经济发展趋势是经济全球化,都会受到影响,这样明显的对比,更易让学生理解经济全球化的"威力"。

三、有美感有思维有实战的高效课堂——张颖老师复习课

什么样的课堂是有美感的呢?张颖老师的课给了最好的答案。

张颖老师性格温柔,声音甜美,在授课过程中从始至终面带微笑,这种微

笑有亲切的、有激励的、有真诚的，是期盼的，更通过自己的语言、语调、神情，很好地诠释了历史老师的育人使命。

张颖老师用人格的魅力在影响学生，当涉及五次侵华战争使中国一步步沦为半殖民地半封建社会时，她是痛心疾首的，但是从美国崛起的过程给中国的崛起以启示时，她是义正词严的，而且在对学生情感教育时是润物细无声的，是自然生成的，是有美感的。正如她所说，学习历史就是为了服务现实，通过教学设计，5个教学环节和美国崛起的五个阶段，对中国崛起提供了很好的借鉴。

张颖老师不仅语言、语调美，人格美，教学课件也给人以视觉美，每一张PPT、背景图精美华丽，图片精选而恰当（在中美同一时间段以时间轴梳理重大线索，出现了重要的历史人物图片），这主要是为教学服务的，是有必要的不是为了点缀的。

教学环节的设计也体现了美感，美国发展的五大阶段不是干巴巴的知识点，而是有准确而优美的描述，美国的崛起以一位百岁老人讲故事的方式，梳理出了重大历史事件，但不是到此为止，而是根据重大事件的时间轴与中国重大事件相联系，并对中美关系进行总结。整个教学设计，以美国的崛起为经线，以中美关系和对中国崛起的启示为纬线，横纵交贯，有种丰实厚重的美！反应了真实的历史，不是孤立存在的，而是纵横交错的，是一种真实的美！

张颖老师的课堂是有思维的课堂，每个问题的提出，是需要孩子们动脑思考的，提升了学生的学科素养。因此课堂也达到了一定的高度、深度、难度。

张颖老师的课是实战的课堂，每个环节后都有经典的选择题和材料题，是为中考服务的，是提升学生的学科素养的！

张颖老师的课已经是专家型的课堂，所以我深刻意识到，路漫漫其修远兮，吾将上下而求索！

四、经典高度的评课——让我学无止境

历来不擅长评课的我，从认真听课、精心准备，到硬着头皮也要评，通过与大家的研修、交流，我发现自己不会评课，特别佩服吕老师对张颖老师的经典准确的概括，"温柔的课、思维的课、实战的课"，而且能客观地分析，这样的课堂适合学生提升能力，但是基础差的学生不适合这样的课堂；于倩老师对张颖老师的课还能提出改进措施，让我更加佩服，我觉得那节课已经很完美了，没想到还有改进的地方，让我佩服得五体投地！

学习，学习，努力学习，比我优秀的人还在那样努力地学习，我就更应该好好学习，天天向上！因为学无止境！

行走在学习的路上 遇见更好的自己

伊旗一中　任　慧

但凡在事业上、生活上有所成就的人，如果你认真研究，就会发现他们身上都有一个共同的成功因素：终身学习，不断创新。因此，要想进步，一定要做一个有心人。作为一名新时代的年轻人，同时又是一线的教师，如何才能在业务上更上一层楼，在短时间内取得最大的进步呢？听课无疑是其中最高效的一种方法。

而名师工作室这个平台，恰好给我提供了最好的成长机会。因为这里有更高水平的指导者，这里更有用心教学的好榜样。有人曾说过："你想走得快，一个人走；你想走得远，一群人走。"幸运的是，我正在这样一个开拓创新、不断进取、奋发向上、求真务实的团队里。相信和这样的一群人一起走，会看到一路风光，更会收获一路惊喜。

为了提高初三历史第二轮专题复习的实效性，名师工作室特举办了以"立足课堂，提高复习效率"为主题的第二次研修活动。在这次活动中，张颖老师、王珍清老师和我分别承担了3个不同专题的课堂实录。大家各尽所能，各有特色，各有千秋。

王珍清老师是一位极富经验的一线资深历史教师，他以表格的形式再现了三次科技革命和经济全球化的浪潮，并用大量丰富的材料提升了学生的迁移应用能力。王老师语言诙谐幽默，联系学生日常生活中的例子进行了深入浅出的讲解，让人感受到了语言的魅力。

王老师的表格复习法对于梳理专题的知识线索、构建知识体系是个不错的方法，值得借鉴。作为一名历史教师，如何让"死"的历史有血有肉，我想应该在自己的语言上多下些功夫，特别在调动学生学习兴趣方面，诙谐幽默不失一计良策。

张颖老师，年纪轻轻，专业过硬，素养丰富，让人耳目一新，更让人佩服、尊敬。曾听过一句话，优秀是一种习惯。张老师让我看到了什么是真正的优秀。

温柔的、谦逊的态度，让我如沐春风。我想，当张老师的学生，会是多么的享受、多么的幸福。她的亲和，让我感受到了对学生真正的人格尊敬，平等的师生关系原来不是喊口号而已。再回忆自己，大约只有刚毕业时和学生的关系如此，也许是因为当时自己也什么都不懂。随着时间的推移，貌似对知识、对考试有了一定的了解，就觉得比孩子们强了，慢慢地，就开始计较了，计较孩子们的表现、计较成绩，于是丢掉了初心，丢掉了美感，生出了嫌隙和距离。现在想想，真是可怕，原来和孩子们的心离得越来越远。

整节课上，张老师没有让孩子们记忆、背诵，但却一直在引领孩子们的思维，一步步引导，一步步启发，一步步接近历史。在感受、思维与参与中，孩子们掌握了大量的历史信息，学会了应用历史知识，学会了解题方法。我想，这样的复习课，没有孩子会讨厌的，更不会疲惫。因为无论如何，你都会有所收获，而且还是不由自主、油然而生，不是被逼无奈。这就是教育的最高境界，育人于无形之中。这样的课堂，有血、有肉、有灵魂，丰富而有效。

反观自己的课堂，总是充斥着记忆、背诵，搞得师生紧张又疲劳，无趣又无味，像一盘菜，色香味不俱全，还强迫别人都吃掉，一点儿都不能剩。可怜的孩子们，怎么能忍受，怎么能坚持下来？我的课堂就是指向中考，对于学生历史素养和思维的培养，少得可怜。虽然有联系、对比，那是为了实战，忽略了历史学科的本真。想来真是可怕，如若一直这样下去，会毁掉多少有思维的孩子？又有多少孩子会对历史感兴趣？我就是一个"刽子手"呀！

人，要敢于直面惨淡的人生。于我而言，要敢于直面没能与时俱进的课堂，没有思维、没有深度、广度，最重要的是，没有灵魂。接受不完美的自己，需要勇气；正视自己的短板，需要破茧成蝶。这是一个痛苦的过程，但更是必经的过程，否则，怎么能遇见更好的自己呢？

人，只要想进步，只要想改变，什么时候都不晚。因为：世上无难事，只怕有心人！这是一个新的起点，我也有了努力的方向，剩下的就交给实践去检验吧！

【2017年第三次研修活动】

关于举办2017年初中历史名师工作室第三次研修活动的安排意见

为进一步领会学科素养构建下的教育课程改革，全面提高我旗教育教学质量，推动教师专业成长，实现新课改背景下历史课堂教学的有效性，特此邀请西安市第八十九中高级教师、教育部"国培计划"专家李树全前来指导讲学。

研修主题：学科素养与课堂教学。

形式：听评课、讲座、交流研讨。

具体研修内容安排：如表1所列。

表1

时间	活动内容	主讲人	主持人
8：10—8：50	部编人教版第18课 统一多民族国家的巩固和发展（七年级下册）	魏花（第一中学）	白俊玲
9：00—9：40	部编人教版第18课 统一多民族国家的巩固和发展（七年级下册）	张颖（北师大二附中）	
10：20—11：00	部编人教版第20课 清朝君主专制的强化（七年级下册）	吕道通（第一中学）	
11：10—11：50	部编人教版第20课 清朝君主专制的强化（七年级下册）	导师李树全老师	
2：30—3：30	专家评课	导师李树全老师	
3：30—6：00	专家讲座、交流研讨	导师李树全老师	

同课异构 不一样的精彩

——伊金霍洛旗初中历史名师工作室2017年第三次研修活动总结

为了转变历史教学理念，提升课堂教学水平，促进我旗历史教师职业素养的提高和专业化成长，我旗初中历史名师工作室于2017年6月7日特请来西安市第八十九中高级教师、教育部"国培计划"专家李树全莅临指导，在我旗第一中学举办了以"学科素养与课堂教学"为主题的第三次研修活动。

本次研修活动由我旗初中历史教研员、名师工作室主持人白俊玲主持。全旗历史学科教师都参加了此次研修活动。

活动分4个环节进行。首先是同课异构环节，由魏花老师和张颖老师讲《统一多民族国家的巩固和发展》；由吕道通老师和专家李树全老师讲《清朝君主专制的强化》。魏花老师用一丝不苟的教学态度和扎实的教学功底，给我们展示了一节有深度、有激情的历史课，是一节以生为本，贴近学生，师生互动的和谐课堂；张颖老师以一如既往的人格魅力，征服了学生，构思巧妙、重组教材、激发思考、由浅入深，细心引导学生当了回"清朝的皇帝"，深得学生的喜欢和专家的好评；吕道通老师展现了他风趣幽默的教学风格，本着立足课堂，激发兴趣，促进思考的原则，通过典型的材料运用，做到论从史出，史料结合，起到了意想不到的效果；李树全老师的课更是一节智慧型的历史课堂，巧妙设问、适时引导、图文结合、抓住细节、精巧构思、标新立异，不仅展示出新课改背景下历史学科的教学理念，更展现了专家型教师的课堂风采，让学生和在座各位老师醍醐灌顶，回味无穷。

其次是说课、评课环节，由讲课教师讲述自己的设计思路及困惑。李老师有针对性地对三位老师的课堂进行点评，并提出整改措施，让大家茅塞顿开、受益匪浅。接下来是研修提高环节，李树全老师给我们做了"学科素养与智慧课堂"的专题讲座，用具体的课堂事例讲述了如何才能让历史课有意思、有意义，演讲精彩，讲座内容更是符合实际，对我旗历史教师职业素养和专业提升起到了重要的推动作用。此外，李树全专家还针对我旗历史教师提出的个别问题做了深入细致的解答。

最后，白俊玲老师提出："希望我们全体伊旗历史教师仔细领悟李树全专家的教学理念，转变自身教学风格，认真思考、查找不足、主动沟通、虚心请教，并且希望我们能在李树全专家的带领下，奋斗拼搏、携手共赢美好未来。"

此次研修活动得到了室领导的高度重视和支持，研修活动结束后，领导、专家和工作室全体成员合影留念。老师们的积极性也非常高，主动地备课、上课，听取专家提出的意见和建议，虚心学习。活动中认真听讲，做好笔记，收益颇多。向实现历史课堂教学的有效性，进一步深化学科素养构建下的教育课程改革又迈出了一大步。

相信学生、放飞课堂
——伊旗初中历史名师工作室2017年第三次研修心得体会

伊旗二中　成　梦

为了提升课堂教学水平，促进我旗历史教师职业素养的提高和专业化成长，我旗初中历史名师工作室于2017年6月7日特请来知名历史学科专家李树全莅临指导，在我旗第一中学举办了第三次研修活动。通过学习和讨论，让我对初中历史课程改革形势有了更深刻的认识，对实施的初中课程结构和课程设置有了更加全面的了解，同时对课程实施过程中的许多具体环节进行着诸多思考。以下是我对历史课程的体会和感悟，其中感触最深的是：相信学生，将课堂还给学生，教师做好课堂的引路者，真正放飞历史课堂。

现在历史有这样一个命题：为什么学生喜欢历史，却不喜欢甚至讨厌历史课？我的观点是因为当我们老师在面对稚嫩的小苗时过早地给了学生太多枯燥的历史概念、历史结论、历史事件、历史讲述和历史现象，学生整天埋头于书堆中记忆、记忆、再记忆，对历史的学习由兴趣的引领变成了任务的牵引，从而淡化了学习历史学科的兴趣。针对这一问题，作为新时代要求下的教师我们该何去何从？首先要确立新观念、转化角色：教师是课堂的主导者，学生才是课堂的主体，将课堂还给学生，才能实现课堂的放飞。更新观念、转化角色、培养创新人才的根本要求是优化教学过程，提高教学效率和质量，培养学生的创新意识和实践能力。以教师为中心、以书本为中心、以课堂讲授为中心的传统模式，已不适应素质教育的形势发展。以学生为中心、以能力发展为中心、以自主学习探索为中心的教育观念、教育方式要逐步形成。只有这样，才能培养出具有自主性、独立性、能动性的创新人才。比如说在部编版教材《中国历史》七年级下册第三单元统一多民族国家的巩固和发展中第18课《统一多民族国家的巩固和发展》中的内容，以东南篇——台湾，不可分割的领土中"一个人物——郑成功"为主线让学生去讲述郑成功在收复台湾这件事上的贡献。从而放弃了起止时间、历史人物、出发点、殖民据点、结果、影响这样教条式的说教，激发学生学习兴趣的同时注意培养学生提取材料中的有效信息、论从史出、史论结合的能力，实现了课堂的放飞。

精心设计每一课，引导学生开展探究性学习活动，对课堂知识进行重新整合。比如说第18课《统一多民族国家的巩固和发展》中，在学习此节内容时，可设计出示清朝疆域图，让学生填写或说出清朝前期疆域范围，形成比较直观的印象，方便学生形成整体概念。然后出示本节课的学习目标"通过本课的学习，说出在清朝统一多民族国家巩固过程中的一些重要知识：东南地区——郑成功收复台湾、清政府设置台湾府；西南地区——清政府册封达赖、班禅的制度并设置驻藏大臣，加强对西藏的管辖；西北地区——康熙帝、乾隆帝平定西北的叛乱，以及设置伊犁将军，加强对西北地区的管辖等史实；说出清朝的疆域四至"。目标教学，实现课堂的目标引领，然后有条不紊地展开教学，最后总结清朝的民族政策是什么——因俗而治。使课堂呈现一种总—分—总的格局。同时积极引导学生开展艺术探究性学习活动，以适应素质教育的发展要求。开展探究性学习，是改革和发展的一个新内容、新形式、新探索。无论如何，形式的多样性都应以激发学习兴趣、拓展研究空间、开启创新思维、营造民主气氛、培养富有个性的学生为出发点。这一切都要取决于教师要更新观念，敢于让学生畅所欲言。

张颖老师讲课给我最大的心得体会就是讲授力求新颖，确立开放的师生关系。传统的师生关系实际上是一种不平等的关系，妨碍了学生学习主动性和创新思维的发展。因此，要建立民主平等的、情景交融的、全面开放的师生关系，才能激发学生的学习艺术兴趣，营造宽松、和谐的学习氛围，使学生敢于开口，乐于实践，使学生获得成功感和表现欲望，充分发展学生的艺术表现力、创造力。把每个学生的积极性都充分调动起来，让每一个学生都感觉到自己是班上平等的一员，大胆地参与艺术教学活动。启发式教学是通过引导学生自己动手、动脑、动口去获取知识并发展智力、培养能力的教学方法，在学生回答后及时对学生进行正确、正面的鼓励及引导，提升学生学习历史的兴趣及自信。

让历史更贴近生活，让历史更贴近自我，强调学生的社会实践。将知识的构建和学生的个体世界紧密相连，将历史知识和社会实际相连，提倡生活即课程、自我即课程，如在第18课《统一多民族国家的巩固和发展》这一课中，张颖老师的提问："假如你是康熙帝你会在台湾问题上怎么处理？"直接拉近了历史与现实、与学生之间的距离，深化了课堂。

一节好的历史课，新在理念、巧在设计、赢在实践、成在后续。一节好的历史课，要做到两个关注：一是关注学生，从学生的实际出发，关注学生的情感需求和认知需求，关注学生的已有知识基础和生活经验……是一节成功课堂的必要基础。二是关注历史：抓住历史的本质进行教学，注重历史思维方法的渗透。此外，我认识到：一节好的历史课，不要有"作秀"情结，提倡"简洁而深刻、清新而厚重"的教学风格，展现思维力度，使历史课上出"历史味"！而教师的"装糊涂、留空间"也是一种教学的智慧和方法。

通过一天的紧张学习，我从中学到了很多，我突然感到自己身上的压力变大了，要想不被淘汰出局，要想最终成为一名合格的骨干教师，就要更努力地提高自身的业务素质、理论水平、教育科研能力、课堂教学能力等。我觉得我还是一名"小学生"，要学的东西还很多，和新老师一样，不能因为自己新而原谅自己教育教学上的不足，因为对学生来说初中教育也只有一次，而这就需要我付出更多的时间和精力，努力学习各种教育理论，并勇于到课堂上去实践，及时对自己的教育教学进行反思、调控，我相信通过不断努力自己会有所收获，有所感悟的。

在以后的教学中，我要做的是以下几点。

第一，自我反思。从以往的实践中总结经验得失。并且勤于动笔，把每天的备课、上课、交流研讨的心得体会拿笔记录下来，并且随时翻看，争取实现自己教师专业的迅速成长。

第二，不断学习、不断看书。读万卷书，行万里路，读书是提高自我素养的良好基奠。一桶水早已不能满足学生的需求了，我要不断学习，成为长流水，适应时代发展的要求。此次培训中我发现了自己本身存在的缺陷，专业技术知识不足，上哪个年级看哪个年级的教材，现学现卖，远远不能满足学生的需求。当今社会，科学技术突飞猛进，知识应用期日趋缩短，知识创新日趋鲜明，这就要求教师不断吸取新信息、新知识、新理念，不断充实自己，始终站在知识的前沿；要不断完善知识结构，做到博学多才，与时俱进，学生才会"亲其师而信其道"；对所教学科，要知其然，更要知其所以然，才能抓住要领，举一反三，触类旁通，运用自如，才能激发学生的学习兴趣。

第三，交流。他人直言不讳的意见与建议可能是发现不足、认识"庐山真面目"的有效途径。要听真言，要想听真言，更要会听真言，久而久之对我大有裨益。

第四，用于承担公开课，突破自己不敢上公开课、生怕班门弄斧的局限，勇敢地走出去，虚心接受别人建议，取他人之长补自己之短。

第五，作为一名教师，要让教育具有"亲和力"。我们有责任找到一种方法，让孩子们感受到生活的乐趣，并以一种积极的方式生活。用心关爱每一位学生，最大限度地理解、宽容、善待每一位学生，以微笑面对学生，努力成为学生心目中的好老师。

百年大计，教育为本；教育大计，教师为本。我们必须着眼于未来，采取科学的方法应对随时出现的新问题，努力使自己适应新时代的教育。在今后的工作中还必须给自己定好位，必须走"学习—反思—研究—实践"相结合的专业发展之路。今后，我会更加努力学习，以更好的促进农村中学的历史教学，提高学生的历史素养。

历史教学之我得

伊旗第四中学　王珍清

2017年，我有幸被教研室组建的历史名师工作室聘为研修员，从报名及参加竞聘我都抱着一颗学习的心，参加就是学习，学习先进的教育教学理念、先进的教育教学方法，提升自己的教育教学水平，不断提升自己的历史学科素养。历史，是一门人文学科。随着课改的深入实施，在具体的教学中如何才能体现历史学科的人文性，如何才能完成历史课使学生全面发展的任务，在教学过程中我认为应注意以下几方面的问题。

一、通过学习我明白历史教育是什么

作为一名历史教师，我觉得首先应该明确这样一个问题：历史教育是什么？这是一切问题的核心，只有搞清楚这个问题，我们以后的教学才会有方向。若将其仅仅理解为向学生传授历史知识的话，那就不仅是老师的悲剧、学生的悲剧，同时也是历史教学的悲剧。在《中学历史教学参考》2008年1—2期的卷首语中，有这样一段意味深长的话："历史是研究人性或者'人'的学问，而历史教育则是通过'历史'教学，帮助学生'长大成人'的艺术，亦即帮学生认识自己，做好自己的艺术。历史教育从本质上说，其实就是一种引导学生领悟生活的艺术。这一艺术的'北斗星'，毫无疑问的是人性之真善美。"这段话向我们准确地阐明了历史教育的实质，寥寥数语将历史教育浓浓的人文关怀尽显眼前。它应是每一个从事历史教育的教师时刻铭记和终身秉持的真理。

二、通过学习我明白历史学习，学什么

历史学习，究竟学什么？如果仅是为了应付考试机械地学那一点历史知识的话，我们就辜负了历史这样一门人性十足的学问。基于历史教育的人文性，历史学习重要的是通过认识过去来认识社会、认识人生。学习历史，是为了通过对历史的学习体会做人之道，帮助学生全面成长。历史学习，学习的是历史知识背后的人文关怀和为人处世之道。

三、通过学习我明白历史教学，教什么

历史学科人文性十足，作为一名历史教师，不能只做单纯的历史知识的传授者，我们应该给学生更多的自由空间，不拿自己的思想左右学生。教材只是一个半成品，教师应对其进行加工和建设，注重教学中过程与方法、情感态度与价值观的教育，力求在教学中把历史学科的人文关怀传达给学生。教什么，

学什么，二者其实是统一的，都是为了培养学生成人，成为真实的、具体的、鲜活的人。

四、通过学习应学会灵活多样的教学、评价方法

课堂是师生交流的平台，是体现历史学科人文性的主要途径，如何共创一个拥有知识和生命的课堂，既向学生传授知识，又开启他们思维的大门，这是值得我们每一个从事教学的老师认真思考的问题。

基于以上学习所得，我对自己的教学提出如下整改意见。

1. 了解学生

了解学生是教学的基础，了解学生才能做到教学上有的放矢。作为一名历史教师，心中要时刻装着学生，了解学生对已有的知识结构以及他们对知识的掌握程度，了解学生的学习需求，了解学生的学习能力，了解学生的学习困难，要"关注每个孩子的个体需求"。只有做到这些，教师才能真正做到了解学生，才能根据学生的实际情况设计教学过程和采取有效的策略，真正实现"以学定教"。

2. 学生学习习惯的培养

《历史课程标准》明确规定："激发和培养学生学习历史的兴趣，使学生树立自信心，养成良好的学习习惯和形成有效的学习策略，发展自主学习的能力和合作精神；使学生掌握一定的历史基础知识和技能，形成一定的综合运用能力；培养学生的观察、记忆、思维、想象能力和创新精神；帮助学生了解世界，拓宽视野，培养爱国主义精神，形成健康的人生观，为他们的终身学习和发展打下良好的基础。我们深知："播种行为，可以收获习惯；播种习惯，可以收获性格；播种性格，可以收获命运。"可见，培养学习习惯是多么重要。

3. 合作学习在课堂中的应用

学习方式是影响学习效率的重要因素，课程改革明确要求学生具有"主动参与，乐于探究，交流与合作"特征的学习方式。Learning style 又译为学习风格，由美国学者哈伯特·塞伦首次提出。它是学习者持续一贯表现出来的学习策略和学习倾向的总和。合作学习是以异质学习小组为基本形式，系统利用教学因素之间的互动，促进学生的学习，以团体成绩为评价标准，共同达成教学

目标的教学活动。合作学习强调师生互动，注重师生交流、生生互动、生生交流，彼此真正形成一个"学习共同体"，从而达成共识、共享、共进的目标。在小组合作过程中，教师要做到如下几点：教会学生表达；教会学生倾听；教会学生质疑；教会学生尊重；教会学生尽责；教会学生总结。在历史课堂上，教师要为学生创设合作学习的机会，使不同层次的学生都得到发展。

4. 学生基本技能的训练

学生基本技能的掌握是由多种因素组成的，我认为这种技能最主要是通过课堂的途径获得的，这就要求教师在教学环节设计上下功夫，学生在这一节课中需要掌握哪些技能，通过什么样的形式呈现，通过何种方法转化成学生的技能，这些都是值得我们思考的问题，并践行到我们的教学实践中。

5. 信息技术在课堂中的应用

随着科技的发展，信息技术进入课堂已成为可能。信息技术具有直观、快捷、高效等特点，丰富的音频、视频和图片资料为教学提供了便捷，因此，信息技术的使用会提高课堂效率。在教学过程中，我们要充分利用这些资源，服务于教学。我们可以运用于教学的不同环节，如情境的创设，知识的呈现，话题的讨论，习题的设置等都可以通过信息技术加以实现。我运用幻灯片，通过问答、图例、表格等形式训练学生的阅读理解能力，将信息技术与课堂教学有机地结合起来。但无论是哪种形式，都要以学生本身的知识基础为依据，着眼于学生的发展。

6. 教学评价与过程的平行

教学评价是必不可少的教学环节，新课程倡导过程评价，要注重形成性评价，将评价贯穿于教学的始终。我们要用鼓励性的语言对学生进行评价，让学生在被鼓励中学习，提升学习的主动性。

7. 学会倾听与对话

一位美国教师告诉我们："教重要的在于听，学重要的在于说。"这充分说明倾听的重要性。我们要以学生发展为本，学会倾听，学会对话，学会欣赏自己的学生，因为人的智能是多元的，我们更该坚信学生中没有差生，只有差异。我们要善于发现和发展学生的多元智能，为其发展搭建舞台。

8. 教师的反思

叶澜教授说："一个教师写一辈子教案，不一定成为名师；如果一个教师写三年反思，有可能成为名师。"可见，反思是多么重要。教学活动的反思是教师在先进的教育理念的指导下，在教学活动后对自己的教育实践进行分析，积极探索与解决教育实践中的问题，从中提升教育实践的科学性、合理性。今后，我会在大量的教学实践中提高个人教学反思能力，促进专业成长。

教育需要智慧，智慧需要理智、阅读、实践和思考。在课堂转型中，只有我们提高认识并不断实践与思考，才能真正实现学生的终身发展。

对初中历史教学的再认识

伊旗一中　任　慧

但凡在事业上、生活上有所成就的人，如果你认真研究，就会发现他们身上都有一个共同的成功因素：终身学习，不断创新。因此，要想进步，一定要做一个有心人。而名师工作室这个平台，恰好给我提供了最好的成长机会，因为这里有更高水平的指导者，这里更有用心教学的好榜样。

我有幸聆听到李树全老师的一节课，让人耳目一新，更发人深省。原来，真正的历史课是这样的！因为李老师的课不仅设计新颖，立意突出，而且引人深思、激发人兴趣。同时，李老师的课堂符合中学生的认知规律，有意思，有意义，学科素养丰富。

对比自己现在的课堂，故步自封，墨守成规，照本宣科，"死水一潭"，倒置学生的认知观，干瘪瘪的，毫无血肉可言。设问不是为了让学生思考，而是为了得出考试的"标准答案"，不敢让学生有太多自己的想法，视课本为"圣本"，死教教材，毫无生趣，学生就是"军机大臣"的翻版，不能攒画于"课本"……多么功利、多么"恐怖"的教学方式！试问，这样的课堂怎么能体现历史学科的学科素养？怎么可能让孩子们喜欢历史，进一步去研究历史呢？一个历史教师的使命和责任、素养何在？

中国古代著名的皇帝唐太宗李世民曾说过："以古为镜，可以知兴替；以人为镜，可以知得失。"换言之，只有敢于直面自己的过去，撕开一道突破口，找到问题，大胆创新，方能推陈出新。

记得上大学的第一节课，那位和蔼可亲的老教授就告诉我们，历史就是一个小姑娘，任人打扮。所以，对于历史的真相，我们始终行走在探索的路上。那么，如何才能无限接近历史的真相呢？唯有大量的阅读。于是，带着好奇，带着憧憬，我开始去探寻那远古的文明。无论是静谧的夏日，还是清冷悠长的冬夜，我总会钻到图书馆的世界，与古人对话。

毕业后，本以为羽翼丰满，胜任三尺讲台已不在话下。可现实却给了我一个沉重的耳光。面对这个被无数人打扮了几千年的小姑娘，我不知从何下手了，课本上的历史是有定论的，是条条框框的。而我心中的历史却是丰富多彩的。我该怎么办？于是，我尝试用幽默、诙谐的语言对古人调侃，结果，我的第一届学生还真喜欢上了历史这个玩意儿，我也收获了感动的惊喜。虽然没有任何经验，但是孩子们中考的成绩还非常不错，师生关系也更多地倾向于朋友。

随着时间的推移，不知不觉间，工作七八年了，我也已经带了四届毕业班。按常理而言，也积累了不少经验，能更好的驾驭课堂，对历史也有了更深的了解，学生应该更喜欢我了。然而，现实却并非如想象般美好。

首先，我越来越"急功近利"。刚毕业的时候，满脑子想的都是如何让孩子们喜欢我和我的历史课堂，现在，满脑子想的都是如何提高学生的中考成绩，甚至到了令人想想都后怕的地步：很少提及与中考无关的历史知识。除非有学生想知道，主动来问我。

其次，自己的课堂越来越充满了"骨感美"，但却了无生趣，粗枝大叶，与孩子们的距离也越来越远，再也不是刚毕业那会孩子心中最喜欢的历史老师和历史课了。

第三，备课的方向发生了逆转。记得刚毕业的时候，备课时总是找一些有趣的、有意思的故事，想激发学生学习历史的兴趣。貌似孩子们也没做太多的笔记，但是每次考试都不会太差。再看看现在，备课时很少再努力去找有意思的东西，而是把教材当成"圣经"，恨不得将教材的每一句话都进行深刻地剖析，这个知识点有哪些考法，可以和哪些知识联系在一起考，总之，都是围绕着"考试"。多么的"苍白无力",多么的没意思。特别是毕业年级的历史课,更是充斥着各种记忆和考查。搞得师生紧张又疲劳,无趣又无味,像一盘菜,色香味都不俱全,还强迫别人都吃掉,一点儿都不能剩。最后导致恶性循环,学生不喜欢上历史课,老师无法提高学生的能力。

"人,要敢于直面惨淡的人生"。于我而言,要敢于直面没能与时俱进的课堂,没有思维、没有深度、广度,最重要的是,没有灵魂。接受不完美的自己,需要勇气;正视自己的短板,需要破茧成蝶。这是一个痛苦的过程,但更是必经的过程,否则,怎么能遇见更好的自己呢?

人,只要想进步,只要想改变,什么时候都不晚。因为世上无难事,只怕有心人!通过今天的学习,我对初中历史课堂有了一些新的认识和想法。

第一,作为一名初中历史教师,要明白自己身上所担负的使命和责任,将教师梦和中国梦相结合,不能过于急功近利,不利于长远发展和目标实现。正如课标所说:历史教育对提高学生的人文素养有着重要的作用。这对教师的学科素养就会有更高的要求,如果教师对历史学的认知太过于局限和缺乏,这就必然直观地反映在其历史课堂中。因此,教师要不断学习,且涉猎范围要广、要深,这样才能传承人类文明的优秀传统,带领学生了解和认识人类社会的发展历程,更好地认识当代中国和当今世界,从历史中汲取智慧,逐步树立正确的世界观、人生观和价值观。换言之,历史教师的格局要高,历史课堂才能有意义。

第二,要革新自己的备课理念,实现高端备课。历史教材有很多版本,不同版本的编纂者表达了对历史的不同看法,但都是在唯物史观的指导下进行,且历史史实相差无几,只是侧重点不同。因此,教师备课时一定要先采众家之长,了解不同编纂者的意图,然后再结合本地区本学校的实际情况,进行大胆有效的整合,形成自己的看法。最后再结合本地区的中考实际情况,将考点纳入整合之后的板块中进行教学。

第三,结合初中生的认知特点和认知规律,教师的课堂要有意思。其一,教师语言要幽默、风趣、诙谐;其二,问题的设置要能够激发学生的思考欲望,但不能脱离学生实际,要让孩子们感觉到自己跳一跳能摘到桃子吃,而不是怎么跳都够不着；其三，正如李老师所言，历史课堂要有人物、有情境、有细节、有活动、有材料，这样"死"的历史就有血有肉了。但是，这一切的选择都要为课堂的教学目标所服务，不能随心所欲，更不能滥用，特别是材料，不宜冗长繁杂。历史课不是故事会，也不是材料堆积器，更不是古装穿越剧。教师要有步骤地引导学生对历史进行思考，鼓励孩子们得出自己的看法和想法，这才是历史教育的本真。

第四，"教育的过程是教育者与受教育者相互倾听与应答的过程。倾听受教育者的叙说是教师的道德责任"。因此，要重新定位自己在教学活动中的位置。教师是组织者、引导者、启发者、解惑者，不是命令者、要求者。教师要放低姿态，站在孩子的角度，构建平等、和谐的师生关系。用学识、用人格魅力感染学生，影响学生，即用生命影响生命，用灵魂塑造灵魂。所谓，亲其师而信其道，大抵就是这个道理。

第五，要适当的培养学生学习历史的方法。这个方法不是去课本中标注正确答案，而是读书和思考。满足孩子们对历史探究欲望最好的一个办法便是引导他去探索历史，而这需要大量的阅读，从中获取信息，生出感想，甚至产生质疑。这就需要教师在布置作业上下一番工夫，同时还要给出学生足够的时间阐述自己的观点和发现，不妨多进行一些活动课。

第六，读万卷书，行万里路。如果有机会，不妨带学生去博物馆、考古遗址亲自参观一下，感受一下在身边的久远历史的"活"的气息。

正如他人所言，教科书减去了教师，便是一本白纸黑字的死书。那么如何让"死书"变活，变得有意思、有意义？便需要历史教师在历史课堂中"大有作为"。把历史的真实和版本的故事结合出现实的花果，给孩子们留下想象和发挥的空间，把藏在书阁中的藏品以一种趣味性而非陈列式的方式展示给听众，把刻板的内容解说成学生的语言，把历史人物还原为有血有肉、有七情六欲的普通人，让人感受有生命的历史。

我想这便是初中历史课堂的"初心"，而我应该不忘初心，继续前行，在改革中创新，在努力中进步！

我想，这是一个新的起点。我找到了出路，今后我的课堂不会再那么骨感,我要让它丰满起来,充满欢歌笑语,充满历史韵味,充满人文关怀,体现学科素养……

孩子的成长是一个过程,正如我们的教育,是一项工程,更是一种艺术。每一件艺术品都应该是经过精雕细琢的,慢慢打磨出来的才是精品。所以,不必焦躁,放下包袱,慢一点,我们才可以看到上天给我们安排在路上的丰盛礼物,而等待生命的慢慢成长,更需要耐心的坚持。于我而言,突破自己,也是如此。希望行走在不断学习的路上,我能遇见更好的自己,创造出更有内涵的课堂!

大处着眼,小处着手
——对初中历史课堂教学的再认识

伊旗一中　魏　花

一、立足新课标,历史课要有意思、有意义

在历史工作室的第四次研修活动——与名师的同课异构和专家的课堂和讲座,让我为之震撼,为之惶恐,专家的课《清朝前期的君主专制的加强》至今让人记忆犹新,从"天堂"到"地狱"的大臣,他是中国历史上最著名的贪官;被称为十八世纪首富。用故事导入,激发了学生的兴趣,捉住了学生的眼球,导入了新课;又从一个名不副实的"机构"开始了新课,接着又是一个禁锢思想的"监狱"、一个矛盾丛生的"国家"、一个鼠目寸光的"政策"、一个日新月异的"世界"、一个意想不到的"结局",这个意想不到的"结局",能让你想到什么?这一系列主题和环节,通过故事、图片、史料,以及精心设问使课堂变得特别有意思,学生听得乐此不疲、兴趣盎然。一个意想不到的"结局",这个意想不到的"结局",能让你想到什么呢?这个设问,让学生发散思维,自然生成开放利于国家繁荣,闭关锁国导致国家落后的思考,让课堂变得有意义、有深度、有高度、有内涵!

为之惶恐的是我的课堂,只局限于课本中的内容,也想拓展,使课堂变得有趣味,却总是不得法,仍然在教教材。李老师的这节课做了一个很好的示范、榜样,让我大开眼界,原来真正的历史课是这样的;更让我崇拜,让我真

正知道原来这才是具有"历史味道"的历史课。

  作为一名历史老师，应该立足新课标理念，在研读、吃透教材后，要整合课文内容，教学设计时要谋篇布局、要有立意，让课堂变得有意思、有意义。历史课堂要有故事、有细节，让课堂变成真正意义上的历史课，这才应该是一个历史老师的所为，所追求的目标，所要呈现的课堂。路漫漫其修远兮，吾将上下而求索。于是乎，我对我的18课《统一多民族国家的巩固和发展》进行了教学再设计，以前是以时间轴和重要历史人物复习导入，温故知新，水到渠成。或许也可以借鉴运用故事导入，并设置一个主题：从一张牛皮大的地方到一个大人物，意图是从一张牛皮大的地方的故事讲述荷兰殖民者侵占台湾，一个大人物讲述郑成功收复台湾。利用故事激发学生兴趣，抓住学生的注意力，导入新课，并学习郑成功收复台湾。

  二、教学设计切忌面面俱到，要抓重点

  从一开始登讲台到今天，我的教学问题依然是面面俱到、把握不住重点，自己也痛苦过、纠结过、迷茫过，可是还是存在。听过专家的这节课后，我深刻意识到自己问题的严重性。我的18课《统一多民族国家的巩固和发展》教学设计是：设问。从清朝以北京为都城，以及清朝统治者在政治经济方面实行的措施和作用，还有民族英雄郑成功收复台湾后，经营台湾，他采取了一系列措施，使台湾经济得到发展，因此，郑成功被称为开台圣王。乾隆帝的金瓶掣签制度和班禅六世为乾隆帝贺寿，乾隆帝为其修建了须弥福寿庙，事无巨细一一都设问、都要讲授，最终的结果是淡化了重点。比如郑成功收复台湾，维护了国家领土主权完整，因此被称为民族英雄，而好多学生一说郑成功，就记得郑成功被称为开台圣王。还有乾隆帝巩固西藏的措施，学生首写的是修建须弥福寿庙。这些严重的后果，让我再一次意识到，作为老师，要研读教材、吃透教材，首先要抓住本课的重点内容，再要围绕着教学重点进行教学设计，对一些不能为重点服务的内容，可以大胆取舍，否则，后果严重。例如：18课《统一多民族国家的巩固和发展》对郑成功收复台湾这一块的课标要求是知道郑成功收复台湾，而我的教学设计中不仅让学生浏览了小字部分的相关史实，郑成功也被称为开台圣王，还让学生勾画记忆。结果淡化了重点，给学生也加重了负担，最终学生对重点的知识内容未掌握，事与愿违、得不偿失。

因此，在日后的教学工作中，我应该首先研读课标，明白课标要求学生掌握哪些内容，要心中有数，再读教材，自己先构建知识体系，接着依据课标的要求来确定出本课内容的重点和难点，然后再围绕本课的重点和难点开始教学设计，并且大胆取舍，切忌面面俱到，要抓住重点。

三、从细节入手，要有故事

那如何让历史课上得有意思呢？

我对18课进行了教学再设计。例如：讲荷兰殖民者侵占台湾，郑成功收复台湾时，设置了这样一个主题：从一张牛皮大的地方到一个大人物。讲述一张牛皮大的地方——荷兰侵占台湾的故事：1624年，一群荷兰殖民者乘船来到我国台湾岛西海岸，企图登陆，被当地居民阻止。他们捧着白银，乞求说："船漏了，请租给我们一张牛皮大的地方歇歇脚，船一修好，我们就走。"善良的居民答应了。荷兰殖民者用剪刀把一张牛皮裁成许多细条，连接起来，圈了一大片土地。就在这片土地上，他们修筑城堡，架设大炮。从此，荷兰殖民者逐渐占领了台湾。那又是谁收复了台湾？清朝又如何有效管辖台湾呢？采取了哪些措施呢？通过讲述故事，设疑，导入新课，既激发了学生的兴趣，抓住了学生的眼球，又激发了学生的探究欲，使得历史课变得有意思。

四、从细节入手，要精心设问

我的18课《统一多民族国家的巩固和发展》的教学设计的设问，不能激发学生的发散性思维，只要同学们认真看课本，都能从课文中找出答案，是一些没有任何思维含量的设问。例如：什么叫回部？清朝如何加强对西藏的管辖，采取了哪些措施？清朝为加强对新疆的管辖采取了哪些措施？清朝为加强对台湾地区的管辖采取了什么措施？这些设问未能激发学生的兴趣、思维，因此不能够活跃课堂，老师教得特别累、学生听得特别"烦"。

问题设置的功能是：检查巩固知识，为新知识打下基础；引起学生注意，激发学生学习兴趣；培养思维能力，发展学生智力水平；活跃课堂气氛，构建融洽教学氛围；获得反馈信息，提高教育教学质量。

我的18课的教学设计中，以时间轴的重要时间和重要历史人物图片，进行设问复习，并导入新课，温故知新，水到渠成，问题设置是有效的。但是，在整个课堂教学过程中我的设问平平，所以课堂氛围也是平平。

这是我应该深刻反思的地方。在整个教学设计的过程中，我只是注重学生对知识点的掌握，未从培养学生的学科素养进行设计。回头想想，自己在备课过程中把能激发学生思维的设问统统都删掉了，自认为这个考试时不会出现，就删去了，太可怕了！因此我的课堂有太多的历史概念，缺历史情境；有太多的历史结论，缺历史细节；有太多的历史事件，缺历史人物；有太多的历史讲述，缺历史活动；有太多的历史现象，缺历史思考。那该如何改进呢？

改进方法：在备课中，要把培养学生学科素养放在首位，思考我的这个设问有没有激发学生的思维？你要通过这个设问培养学生什么能力？这个设问适不适合学生的认知水平，学生是不是能通过自己的思考努力得出答案？因此，设问不能太难。设问需要为教学服务，需要适时适当的提出，而不能牵强附会、生拉硬套。

例如，18课的小结，可以引导学生根据四位在位皇帝，他们巩固统一多民族国家的贡献或措施进行设问，再依据地理方位——东南台湾地区、西南西藏地区、西北新疆地区，又是如何加强对这些地区的管理进行设问，这样的设问既培养了时间和空间的思维能力又构建起了本课的知识体系。

还比如，在教学过程中，出示史料有关于施琅加强对台湾地区管理的建议，提出设问：如若你是清朝的皇帝，你如何决策？通过史料给学生们创设了一个情境：作为清朝的皇帝，对台湾是否要加强管理？学生通过思考，可以认识到对台湾管理的重要性。因此要加强对台湾的管理，这样更易掌握、更明白。

在日后教学中努力的方向：设问要求真求新；善于把握提问的时机；抓住教学契机——重视生成性问题。

总之，这次研修活动让我受益匪浅、脑洞大开，让我对初中历史课堂有了新的认识，原来真正的历史课是这样的。李老师的课是真正具有"历史味道"的课。李老师的课堂是智慧的课堂——不仅有意思、更加有意义。李树全老师不愧是真正的历史教育大咖。

通过这次研修活动，自己与名师的同课异构使我真正地发现了自己的问题和不足，也明确了日后努力的方向。李树全老师的课和讲座，让我明白了初中历史课堂教学要大处着眼、小处着手。大处着眼——初中历史课的教学设计要立足新课标，课要有意思、有意义，吃透教材后，要对教材整合、抓住重点、谋篇布局，课要有主题、有新意；小处着手——从细节入手，历史课要有故事，从细节入手，历史课要精心设问。

浅谈"小切点 大视角"促进思考的有意义历史课堂
——从观摩《清朝君主专制的强化》一课说起

北京师范大学鄂尔多斯第二附属学校　张　颖

《初中历史课程标准》中这样规范历史教育之目的："学生通过历史课程的学习，初步学会从历史的角度观察和思考社会与人生，从历史中汲取智慧，逐步树立正确的世界观、人生观和价值观，提高综合素质，得到全面发展。"历史教育只有秉承人文精神，充分发挥历史学科的借鉴功用，帮助学生理性客观地认识自我、理解历史、思考现实，才称得上是真正有意义的。也正如赵亚夫教授在《历史教育价值论》中所指出的："历史教育承担养成人的人文觉悟，提高人的人格品位的使命。""承担培养人的正确的历史认识和社会认识的使命。"而进行历史教育的主要阵地非历史课堂莫属，故而，设计出有意义的历史课甚为关键。

有意义的历史课堂归根到底是帮助学生从纷繁复杂的历史现象与浩如烟海的史实史料中，学会分辨、善于思考。如何在课堂上帮助学生从历史史实与史料的千头万绪中找到辨析思考的角度和视野？这就需要教师精心选材后精细设计。

近日，观摩了李树全老师设计的《清朝君主专制的强化》一课。李老师选取生动、鲜活、丰富、细微的历史人物与经典史料，从历史中的"小切口"引发学生思考，最终获得"大视野"的历史智慧。学习之后，令我大开眼界、心神往之。整节课，以小见大，从微观之中见宏观。观摩之后，感受最深之处——历史课堂教学以"小切口"成"大视野"的设计，引导学生积极思考。

就这一不够成熟的一己之心得记录如下，敬请大方之家批评指教。

一、以和珅为官经历为切点 感受君主专制极端之强化

这是一位以贪污而臭名昭著于清史的历史人物，和珅的一生可谓之传奇，在他"传奇"的为官履历背后，隐藏着怎样的力量？可以说，以和珅为官经历的大起大落，我们能够体会清朝时期，皇帝因个人好恶、专制权力可以决定官员命运与政治风气。

上课伊始，学生眼前一亮。"从天堂跌到地狱的大臣"引发学生的心理思考：这是谁？为什么从天堂急转直下入地狱？他做了哪些事情？这种人生的大起大落和什么有关？跟随教师的进一步介绍："和珅，既无文治，也无武功，也不是科举出身。但是，在乾隆皇帝在位期间，担任户部尚书、吏部尚书、国史馆总裁、军机大臣、文华殿大学士等职，受到乾隆帝宠信二十余年。1799年，乾隆帝'驾崩'，立即被抄家籍产，赐令自尽……"疑团逐一被解开。学生感性地认识到：皇帝对他人的生杀予夺，没有建立在法律基础之上；只要皇帝欢心，即使贪污腐败，依旧风光无限、荣宠加身；是生是死、是福是祸，一切掌握在皇帝手中；这种现象的背后，是皇帝独裁专制之无限权力……

人物形象生动、真实，具有典型性。其人其事特点鲜明、丰富立体，选自教材之外，吸引学生密切关注，积极思考。以一个典型人物为切入点，思考专制独裁之流弊。

二、以军机处陈设细节为切点 认识皇帝乾纲独断之工具

军机处，顾名思义，为处理军务之机构。历史之吊诡常在于此，这却是一个名不符实的机构。其中，选取了几处细微的历史细节：军机处所在的空间位置、内外陈设、两段介绍其职责的文字史料。学生由表及里、从内至外进行观察与思考，原来军机处紧连皇帝养心殿、内置简陋、军机大臣只可跪受笔录、下达皇帝旨意。它的存在，架空满洲贵族的议政王大臣会议，成为皇帝乾纲独断、专制独裁的工具而已。以几幅图片为切入口，了解清朝皇帝加强专制的手段。通过设置军机处，大权独揽、朝纲独断。其官其职，实为君主专制之奴仆。

三、以文字狱案例情节为切点 体会清朝思想钳制之严酷

中国，可被称为"诗的国度"。文人墨客，情到深处、才思敏转、脱口而出几句："明月有情还顾我，清风无意不留人""一把心肠论浊清""清风不识字，何必乱翻书"可叹其生活于清朝前期，难以幸免于抄家诛族之灾。这真的是一个禁锢思想的"监狱"！

这场空前绝后、史无前例的"文字狱"，学生感叹道："扼杀了多少人才""制造了多少冤案""泯灭了多少人性"比对联想到李白，何其幸运。没有了这位"谪仙"，中华历史的卷轴将会黯淡无光、文学诗坛损失惨重。唯有大唐，成就了李白那份"仰天大笑出门去，我辈岂是蓬蒿人"的自信；传承了"举头望明月，低头思故乡"的乡愁；铸就了"安能摧眉折腰事权贵，使我不得开心颜"的傲骨……面对清朝贵族之思想文化统治，多少知识分子士大夫放逐了自信、折断了傲骨，俯首甘为朝廷奴。尽管乾隆皇帝任用汉族学士精心编修《四库全书》，也难以弥补删节书籍中那弥足珍贵的思想损失。

运用"文字狱"的典型历史案例，对比唐李白的境遇，以此作为鲜活生动的小切口。我们看到的是清朝文化专制的极端严酷。反思之处在于：扼杀多元思想、文化专制，难以涵养民族开放、独立、自由之精神，更难以培育民族之自信。

四、以清朝权贵眼中的对外贸易为切点 思考闭关锁国之弊

镜头聚焦到乾隆之英国国王书信之上："天朝物产丰盈，无所不有，原不藉（借助）外夷（外国）货物以通有无。特因天朝所产茶叶、瓷器、丝绸等为西洋各国及尔国必须之物，是以（所以）加恩体恤。"课堂阅读过后，清楚地看到清朝统治者的夜郎自大、闭目塞听。

镜头转向那幅英国使臣来访之油画，乾隆皇帝高高在上、目空一切、英国使臣单膝跪地、祈求恩惠。小小画作，描绘天朝上国自负心态。也正是这种自负，造成了短视，孕育了封闭，造成了落后。皇帝特写过后，镜头转向朝臣大员：直隶总督琦善这样看待中英商贸——"以羊牛肉磨粉为粮食，食之不易消化，大便不通立死。每日食后，以此为通畅圣药。大西洋距中国十万里，亦惟茶叶是急，英吉利较近，皆不能离此"；钦差大臣林则徐观点——"至茶

叶、大黄两项,臣等悉心查访,实为外夷所必须,且夷商购买出洋,分售各路岛夷,获利尤厚,果然悉行断绝,固可制死命而收利权"。可以看出,清廷从上至下,无不认为:天朝上国、无所不有、无需通商、与外通商、实为恩惠。这是一种长期封闭后的愚昧,鼠目寸光的"闭关锁国"之策,带来了此后百年落后与屈辱。

五、以清后期种种社会现象为切点 体察清朝社会危机四伏

清朝中后期,种种社会现象都暗示强大帝国的表面潜藏着前所未有的深重危机。李老师为同学们选取了这样几个历史影像:和珅之后,腐败屡禁不止,大大小小的"和珅"层出不穷;八旗子弟放下弓箭、拿起了逗鸟之笼;捉襟见肘的国库难以支撑皇族穷奢极欲的开支用度;地主官宦大肆兼并土地,农民家贫无立锥之地,原本安土重迁之小农却成为流离失所、无家可归之流民。

阅读分析之后,恍然大悟:康乾盛世的繁荣背后已是危机四伏。政治腐败、军备废弛、财政窘困、矛盾尖锐……显赫一时的堂堂清朝,表面风光却难掩乱象丛生。以微小的历史缩影为切入口,窥见其社会危机矛盾重重,可见一斑。

六、以同期英国社会巨变为切点 理解中英差距乃云泥之别

纵观清朝一代,强化专制臻于顶峰,君主专制、乾纲独断、钳制思想,前期统治者苦心孤诣造就"康乾盛世",严防死守、闭关锁国、闭目塞听、矛盾重重、危机四伏。正当清统治者自我沉醉之时,西方之一岛国却以惊人之力迅速崛起。抢占先机,在之后的一个多世纪傲视全球。

正当封建王朝依旧男耕女织之时,此时的英国正在进行一场翻天覆地之工业革命。李老师为学生呈现英国工业革命的主要成果:火车机车和蒸汽机。生产方式的极大转变,带来生产效率的空前提高。正当清统治者为自身取得的无上地位而洋洋自得之时,同时期的英国已然成为君主立宪制的资产阶级统治秩序。国王的权力受到重重限制,乃至形成了"风能进、雨能进,国王不能进"的社会现象。先进的资本主义与落后的封建专制形成强烈比照。

正是以当时英国普遍的政治现象与革新的生产工具为切入点,直观地帮助学生认识到：同时期的中英两国差距之大实为云泥之别。清廷的盲目自大，难以遏止西方方兴未艾、欣欣向荣、日新月异的"新世界"的崛起，清朝时期中国逐渐落伍于世界。带给我们共同的反思：思想的禁锢扼杀了民族创造力，国门的紧闭锁住的只能是自我前进的步伐。只有兼容并蓄、开放宽容才能兼具国际视野、顺势而为、善于学习、不断进步。

历史已然过去，但对历史的思考从未停止。历史教师的主导在于从历史的微观入手，呈现细节性、生动性、鲜活性的人物事件、案例现象，帮助学生学会思考与辨析，行走于历史与现实之间。以小见大，从过去的历史中寻找经验和教训，解决现实关注之问题。

【2017年第四次研修活动】

关于举办2017年初中历史名师工作室第四次研修活动的安排意见

为了促进工作室成员的成长，提升教师的综合素养。工作室推荐《历史学是什么》和《历史教师专业能力必修》书目，以此引领教师阅读教育经典著作，使读书成为教师进一步成长的催化剂。同时根据教育局和教研室的安排及历史名师工作室两年发展规划的既定思路，特举办主题为"阅读伴成长"的历史名师工作室第四次研修活动。

研修形式：读书笔记展评和读书心得交流汇报。

具体活动内容安排：如表1所列。

表1

时间	活动内容	主讲人	地点
8：30—10：30	汇报读书成果、交流阅读心得体会	工作室各位成员（吕道通、张颖、任慧、魏花、王珍清、程云飞、赵彩霞、成梦）	市一中分校
10：30—11：30	阅读讲座	白俊玲	

阅读伴成长　书籍润素养

——初中历史名师工作室第四次研修活动总结

读书足以怡情，足以博采，足以启思，而交流可以让大家分享各自灵动的思绪、独特的见解和深邃的思想。为了激发工作室成员的读书热情，提升教师的综合素质，进而促进工作室成员的全面成长，工作室特推荐《历史学是什么》和《历史教师专业能力必修》书目，以此引领教师阅读教育经典著作，使读书成为教师进一步成长的催化剂。为此，初中历史名师工作室特于6月30日在鄂尔多斯市一中分校一楼会议室举行了主题为"阅读伴成长"的初中历史名师工作室第四次研修活动。

首先，白老师以刚刚结束的中考作为议题引入活动，引发了工作室成员的激烈讨论。在大家对学生关于中考的反馈进行深入探讨之后，白老师适时进行了近年来中考趋势的分析，结合全国，特别是沿海教育发达地区，提出了学科核心素养的重要性。

抛砖引玉之后，白老师带领大家进行了读书笔记展评和读书心得交流活动。

虽然大家读的书不尽相同，但是从读书的态度、读书笔记来看，大家都能从书籍中享受乐趣，从书籍中找寻理想的栖息地。吕道通、程云飞老师的精细阅读法，王珍清老师的"集杂家杂言为我所用"法，张颖老师的迁移阅读法，魏花、任慧老师的重点阅读法，都有异曲同工之妙。

针对不同的侧重点，结合自己的教育教学实际，老师们畅谈了自己在读书过程中的感想与收获。吕道通老师就《历史教师专业能力必修》中的新颖理论如何运用于自己的教学实践进行了深入的剖析；王珍清老师就《历史学是什么》进行了全面的总结、概括，并结合自身实际提出广泛阅读的重要性；程云飞老师就《历史学是什么》作者的名字、书中图片应用于教学而激发学生学习兴趣的教学实际，给我们提供了一个将读书与课堂"与时俱进"的典型案例；张颖老师就《历史学是什么》内化为自己的认识和思考，提出了三个问题：历史来历的落脚点、人对历史的一种学法和看法、学习历史的原因和方法，即历史的主体、客体、认识论。同时针对书中第三章《为什么要了解历史》中梁启超所言"史学者……国民之明镜也……"迁移阅读了不同视角下的《鸦片战争》，成一家之言《史学之用，如高悬之明镜——读〈鸦片战争〉再思考》；魏花老师就《历史教师专业能力必修》一书中的观点与自己的课堂教学紧密结合，为自己的课堂教学改革找到了一条"创新之路"，魏老师富有激情、充满活力的状态让书籍变"活'了；任慧老师就《历史学是什么》一书从自己的读书方法、给自己课堂教学带来的灵感以及今后专业的继续深造方面谈了自己独到的思考。

最后，白老师结合工作室成员读书中的收获与困惑，进行了小型读书讲座。第一，白老师针对如何阅读提出了建议和意见。三读其书，每一次都有不同的收获和思考，提出了精读的重要性。第二，白老师就教师专业素养和学生学科素养的提高提出了问题：教师如何适应中考形势的变化，如何让自己的课堂更加有意思、有意义、有灵魂。第三，如何分解教学目标？何为"同课异构"？怎样做好案例反思，促进教师向科研型方向发展？提出改变的重要性。

总而言之，白老师希望老师们在平时忙碌的教学中也保持一定的阅读量，从书籍中汲取智慧，让书籍滋润自己的素养；在教学实际中注重培养和塑造孩子的科学精神、民族灵魂、创新精神、国际视野等，以紧跟时代的步伐。

这次读书汇报与交流活动中，老师们踊跃参与，积极讨论，且能结合工作室前三次的活动反思自己，明确努力方向；白老师也提出了将读书成果运用于课堂实际的活动设想，这就为工作室的下一步活动做好了铺垫。交流活动在愉悦与热烈的气氛中结束。

学无止境　日积月累　水滴石穿　提升自我
——《历史学是什么》读书心得
伊金霍洛旗第一中学　任　慧

记得上大学时，我最喜欢做的事情便是泡图书馆。因为在书籍的海洋里，可以和不同领域的不同人进行心灵上的对话与沟通。也是从那时起，我才真正喜欢上了阅读。这个习惯一直保持在孩子出生之前，而且是生活的乐趣之一。

孩子出生以来，生活中充满的都是哭声、笑声，我在生活中学着做一名妈妈。于是，精神食粮便变成了奢侈品。加入名师工作室后，我终于可以和一群人一起进步了。按工作室的规划，每学期每人都要阅读两本书，要写10000字左右的读书笔记。所幸，白老师为我们挑选了两本和历史教育有关的书目。其中《历史学什么》非常引人注目。

首先，这本书的题目非常引人注目。作为一个本科历史学专业毕业的中学历史教师，我看到题目的第一反应是"可笑"。历史学是什么？当然是研究历史真相，让历史为现实更好的服务。但是，作者却把一个我认为没有什么可说的题目足足写了300页、15万字左右，可见，是我才疏学浅了。于是，带着几分好奇，我开始"研究"这本书。在华灯初上的夜晚，在儿子熟睡之后，我挑灯夜读，连熬一个星期，终于粗略的读明白了"历史学是什么"。果然没有出乎意料，收获满满，受益匪浅。

记得上中学的时候，不知哪位师长说过，"看一本书应该先看它的序或后记，再看正文"。这么多年，我一直坚持这么做。在读这本书的序言之前，我先从网上查阅了作者的资料，以便更好地了解书的内容。葛剑雄，教授，历史学博士，博士生导师，1945年12月生于浙江吴兴县（今湖州市），复旦大学中国历史地理研究所所长，复旦大学历史地理研究中心主任。主要著作有：《西汉人口地理》《统一与分裂：中国历史的启示》《中国人口发展史》《中国历代疆域的变迁》《中国移民史》等，2016年8月，任中央文史研究馆馆员。周筱赟，葛剑雄的博士生。

这本书最大的特点就是像大学课堂。你读书的时候感觉就像坐在葛老师的课堂上听讲。进而想到大学时的老师们，让人在读完书之后，有种很想重返校园读研究生的冲动。正如书中所言：感谢知识，让茫茫人海中的我们相遇相知，相伴到永远。这本书激起了我读书的欲望，尤其是史学类相关著作。都说兴趣是最好的老师，有兴趣才能保证你在这个领域取得成功。这本书于我而言，最大的功效便是开阔视野，提升了人文素养，特别是学科素养。

读完这本书，我对我的课堂也有了新的想法。我要模仿葛老师讲课的方法，提升孩子们对历史课的兴趣，进而提升孩子们的学科、人文素养。

从序言开始，本书便与众不同。不仅仅因为作序的都是名人，如北大前任校长林建华、前任校长许智宏、北大教授乐黛云。更重要的是，我看到了作为百年名校的文化底蕴和人文素养。虽然这些人都不是毕业于历史学专业，但他们的历史素养却是一个科班出身的历史学专业毕业生所无法企及的，正如他们的家国情怀，也是一般人所无法比拟的。

作者在引言中便提出了"历史学是什么？"的问题，这也是我在读此书时心中的疑惑。在"历史的来历"这一部分，为了确切地了解"历史"的真实含义，作者对"历"和"史"二字追根溯源。所谓"历"，汉代许慎所著的《说文解字》里曾说："历，过也，传也。""过"是指空间上的移动，"传"则表示时间上的移动。"史"字最早出现在甲骨文中，《说文解字》中说："史，记事者也，从又持中。中，正也。"即保持中正的态度用右手记事，但"将'历'和'史'两字连用，古籍中反而不多。现在发现最早的例子，是《三国志·吴主传》裴松之注引《吴书》。"

接着该书介绍了记载历史的相关载体和方式，如口耳相传、结绳记事、图画、文字、遗迹遗物、神话、民间故事等。而随着科技的进步，新载体也更多地被发现和应用。例如分子遗传学、方言、不同人种的面貌与肤色等。并对未来的历史进行了展望。最后作者明确地告诉了我们"历史不仅是指过去事实的本身，更是指人们对过去事实有意识、有选择的记录。而对于历史的专门性研究，就是历史学，简称为史学，也可以称之为历史科学，它不仅包括历史本身，还应该包括在历史事实的基础上研究和总结历史发展的规律，以及总结研究历史的方法和理论"。

第二部分作者将历史按时间系列（通史、断代史、阶段史等）、空间（地域）系列（世界史、国别史、地区史等）、内容系列（综合史、专门史、资料汇编、年表、历史地图等）、人物系列（个人、血缘群体、地域群体、专门群体等）和另类历史（文学、艺术、宗教、神话、音乐、戏剧、影视、民间故事等）划分类型。这种分法覆盖了全部的历史著作，且这些类型是相互交叉或同时兼备的。历史是经过历史学者收集、整理、编撰而成的历史记载或叙述，而不是不加整理的原始材料。

在书的第三部分作者回答了非历史学家、历史研究人员和历史专业学生"为什么要了解历史"这一问题。首先以《左传》中晋太史董狐秉笔直书为例，揭示了历史对统治者的震慑作用。接着以《春秋》《史记》《资治通鉴》为例，说明历史在总结经验、提供教训等方面无可替代的作用。同时，又以"影射史学及其遗风"为例，揭示了历史庸俗化、泛政治化的后果。此外，阐述了我们能够从历史中获得的教益，即历史的智慧，以及提出了"通过历史可以预测未来的观点"，说明了无论是自然环境还是人类社会，从历史预测未来都有着很大优势。

在本书的"怎样学习和研究历史"部分，作者首先以"玄武门之变"来说明"历史本身是真实的，是客观存在过的事实"。

这本书更多地立足于对现实问题的批判和探讨，他一开始就区分了"历史研究"和"历史运用"两个层面，提出对"历史研究"来说，必须摆脱政治神话的干扰，抵抗意识形态的侵蚀，进行学科的科学化建设。同时，对"影射史学""古为今用""以史为鉴""春秋笔法"以及清宫戏泛滥、家谱研究盛行等问题做了深入的辨析，这些辨析都是发前人所未发，不仅传播了知识，而且对史学理论也有独到的发展和厘清。作者对历史求真和求实的态度值得敬佩。此外，每章都留有空间，读者可以记录心得体会和疑惑。书后还附有推荐书目，是我们深入学习和研究的参考。

因此，作者认为"就历史研究而言，无论出于什么目的，处于什么条件之下，对真实的追求是绝对的、无条件的，而在运用研究成果时，可以有所选择或取舍，但还是必须以不违背真实性为前提"。然而，就像绝对真理一样，绝对真实的历史是无法获得的。但新的科技手段为复原历史事实创造了条件。作者认为，我们应该通过阅读史料来了解历史，但在阅读的过程中我们要进行鉴别，甚至进行实地调查。如何复原历史呢？作者给出了以下四种途径：分析主要是史料的来源、寻找"外证"和"内证"、必要的计量分析和考察历史的遗存。作者认为，"历史可以分为三个层面：研究层面、运用层面和哲学层面"。其中，历史研究和运用历史是人人都能做的，区别只是研究水平的高低和运用是否恰当，而历史哲学则不然，它是认识历史和把握历史最难的阶段。

《历史学是什么》一书，展示了其作为一部专业历史著作所具备的独特魅力。正如葛剑雄教授所言："愿每个人都能从历史中获得智慧和乐趣。"

【2017年第六次研修活动】

关于举办2017年初中历史名师工作室
第六次研修活动的安排意见

针对我旗目前历史课堂教学实践中存在的问题，把学生学习兴趣的培养作为历史课堂研究的突破口，实现历史现代课堂构建。10月27日上午，初中历史名师工作室在伊旗四中举办主题为构建"生动、活动、互动历史课堂"的第六次研修活动。

研修形式：讲课、评课、交流研讨。

具体活动内容安排：如表1所列。

表1

时间	活动内容	主讲人	主持人
第一节 8：20—9：00	《第十七课：第三次科技革命》 （九年级228班）	张颖 （北师大二附中）	白俊玲
第二节 9：10—9：50	《第九课：秦统一中国》 （七年级242班）	王珍清 （伊旗四中）	
第三节 10：30—11：10	《第十三课：五四运动》 （八年级237班）	魏花 （伊旗一中）	
第四节 11：20—12：00	全体成员评课	工作室成员及 四中老师代表	

生动、活动、互动历史课堂
——伊金霍洛旗初中历史名师工作室2017年第六次研修活动总结

伊金霍洛旗初中历史名师工作室于2017年10月27日开展以"生动、活动、互动历史课堂"为主题的研修活动。

　　本次研修活动由我旗初中历史教研员、名师工作室主持人白俊玲主持。新一届初中历史名师工作室全体成员和伊旗四中历史教师参加了此次活动。本次研修结合伊旗四中初中各年级历史教学进度分别进行了初三、初二、初一年级历史教学课堂研讨。

　　初三年级由张颖老师执教《科技的力量——从第三次科技革命谈起》。结合当前中国科技发展，在深入整合教学内容的基础之上进行核心立意下的主题教学。本课紧密结合学生实际，播放三段教学视频使学生直观感受科技革命的飞速发展，达到使学生由心动、感动再到行动的效果。初二年级由魏花老师执教《五四运动》，挖掘统编新教材内涵，教学立意高远。本课围绕五四运动促进民族觉醒进行教学设计，通过史料实证与多元历史解释培养学生历史思维、激发学生思考。初一年级由王珍清老师执教《秦统一六国》。王老师采取讲练结合的教学方式，创设有趣的历史情境，极大地调动了学生的课堂学习兴趣。孩子们的学习热情高涨，在浓厚的历史学习氛围中踊跃发言、积极思考，通过生动、互动产生良好的教学效果。

　　最后，白老师主持本次活动的教学研修讨论。参会成员结合自身教学实际积极参与了教学互评与实施建议。通过研修，深化了每位教师对历史课堂活动设计的认识与理解，使每位老师都真正认识到活动设计的思维性。

教学核心立意指导下不同性质的历史内容的教学再设计
——从《生动·活动·互动历史课堂》主题研修活动说起

北师大二附校　张　颖

　　历史课堂教学设计在注重学科素养的前提下，有两个值得关注的问题。

　　第一，历史教学内容的类型与性质影响教学过程中史料的选取与运用。

　　历史教学内容宏观的分为政治史、经济史和思想文化史。在历史教学内容中，有历史人物、历史事件、历史现象、历史概念等不同性质的内容，而不同的历史教学内容研究的角度和方法各有不同，在教学设计过程中采用的史料实证、历史解释方法有所差异。举例来说。

政治史中五四运动这一教学内容属于中国近代历史过程中的重大政治事件。历史上的任何一次重大政治事件都有其特定的背景、根源、过程、人物、作用与影响。

其一，在讲授五四运动的历史进程时，由于这段历史尘封已久，如若达到身临其境之效，最直观、能够吸引学生注意的便是选择恰当的、复原程度高的影像史料为益。

其二，在今人史家评述五四运动是新民主主义革命的开端这一历史解释时，不可避免地谈到新民主主义革命这一历史概念。而历史概念的教学，一方面在国家意志指导下的主流价值观——唯物史观的认知之下，避免灌输式、机械式的解释。可以向学生说明并呈现历史概念的来源与首创者的时代背景、个人立场，对于学生真正培养历史解释的学科素养进而启发学生对历史做出个性化、独立的、合理的、历史的解释与思考会有很大帮助。

经济史中科技革命内容属于世界近现代进程中的重大历史现象。自然科学以及技术进步带给学生的震撼，不在于让初中学生记忆或理解深奥的令科学家深思的科学理论，而在于联系学生生活实际直观感受蒸汽动力、电灯、电脑等带来的生活方式的变化。比如，工场手工业时期的手工劳动与蒸汽时代的机器化大生产的方式变革带来的生产效率极大反差可以用计量史学中统计数据图表史料进行教学；更为直观地还可以采用历史图片、视频资料进行史料实证。

第二，教学核心立意影响教学过程中史料的选取与运用。

相同的历史史实，注重与思考的角度不同，我们在教学设计中的核心立意便不同。

首先，从政治史中的五四运动内容来说。如果这一课的核心立意在于"五四运动唤起民族精神的觉醒"，那么对于五四运动前后，将先进知识分子、封建军阀、小生产者、学生、工人、商人等各个阶层的历史解释作为所选文字史料进行教学，分析不同身份、立场之同胞对运动的评价解释得出其共同的民族爱国意识恰如其分。

再之，以经济史中的科技革命来说。如果这一课的核心立意为"科技的力量"，教学时选取的史料应该围绕科技革命可以改变生活方式、能够造就大国、足以影响世界几个维度,选择直观性、可视性强的史料进行教学。比如,在第三次科技革命的大潮中,我国近年来的科技水平发展程度就选取了2016年新松公司的工业机器人视频史料来直观呈现;未来人工智能将如何改变人类的衣食住行这一变化则选取了以"科技改变后的未来生活"为题的视频介绍。再比如,对先进科学技术的不良运用带来世界危机与灾难采用二战后美苏争霸进行冷战下的核武器军备竞赛便选取了漫画图片的史料进行教学。漫画史料,不仅承载了客观的历史史实,更表达了作者主观的褒贬评价。可以说,历史漫画本身就是区别于文字评价的另一形式的历史解释。通过"北约与华约的拳击"的漫画,表达科技不正当利用的危害与否定。同时,激发学生辩证、客观、多角度的思考。

博观而约取　厚积而薄发
——听张颖老师《第三次科技革命》一课有感
伊金霍洛旗教育教学研究室　白俊玲

进入初三后,学生需要学习、复习的科目很多,同时出于升学考试的压力,老师们也不得已在课堂教学中专注知识层次的记忆,这样使很多学生对历史课提不起兴趣,更别说历史素养的提升了。面对如此学情,如何有效开展课堂教学?如何在教学中践行新课程理念,落实核心素养?

北师大二附中的张颖老师在"伊金霍洛旗历史名师工作室研修活动"中所上的《第三次科技革命》一课,可谓给我们提供了范例。下面我将听课感想呈现给大家,以求赐教。

一、以教学立意构建历史课堂

赵亚夫教授曾说:"一节历史课如果失去了魂,内容再生动、丰富都是摆设。"那么,什么是历史课的魂?笔者认为,就是要有恰当的教学立意。

本节课张颖老师以"科技的力量"进行核心立意,以第三次科技革命为内容载体,从科技革命可以改变生活方式、能够造就大国、足以影响世界几个维度进行教学。

紧密结合当前学生生活实际,围绕第三次科技革命对现代生活方式的改变，思考本次科技革命鲜明的特点以及思想解放与科技进步的关系。

纵向联系前两次工业革命对大国崛起的重要作用，进一步分析第三次科技革命深远的影响。同时，横向联系中国近代化探索的艰难历程，认识到现代中国崛起不可或缺的是创新技术、重视人才。

从科技应用于世界大战中的武器制造至美苏争霸中大力进行军事竞赛，由这些历史联系到现实的朝鲜半岛核问题，并结合当今中国工业机器人在国际高端市场中的地位，了解中国高新技术发展趋势、理解发展科技的出发点应该是造福人类、知道中国和平崛起的主要方式与重要作用并树立民族自信心与自豪感，为实现中国梦而不懈奋斗。

二、以研读史料培养学生素养

史料实证是学习历史和认识历史所特有的思维品质，是理解和解释历史的关键能力和方法。史料实证素养的第一层级水平就是能够从所获得的材料中提取有关信息。但教学内容的类型与性质不同，教学过程中采用的史料实证、历史解释的方法也就不同，经济史中科技革命内容属于世界近现代进程中的重大历史现象。

历史课堂对于科技的学习，不在于科技知识本身、记忆或理解深奥的科学理论，而是要基于自然科学以及技术进步带给学生的震撼，联系学生生活实际直观感受蒸汽动力、电灯、电脑等带来的生活方式的变化。

比如，三次科技革命生产的方式变革带来的生产效率极大反差可以用计量史学中统计数据图表史料进行教学；第三次科技革命的特点主要运用三则史料，在依据史料进行判断的过程中，强化证据意识，养成论从史出的习惯，进而培养学生史料实证与历史解释的素养，学会史论结合。

对于第三次科技革命带来的影响，同样展示三则史料：一为二战后世界各大国大力发展高科技，二为科学技术引导产业从劳动密集型向技术密集型转变，三为苹果手机全球化生产过程、以此实现史论结合来分析概括，史料实证、史由证来、论从史出。

三、以视频资源增强感染力

历史视频资源的开发和运用，不仅可以激发学习兴趣，激活学生思维，培养探究意识，还可以引起情感共鸣，传承人文情怀，感受历史的魅力和韵味，实现历史的教育功能。

本节课教学中张老师围绕教学立意，分别从科技可以改变生活、能够成就大国、足以影响世界三个维度选取了三则视频进行教学。

其一，在第三次科技革命的大潮中，未来人工智能如何改变人类的衣食住行这一变化则选取了以"畅想未来生活的样子"为题的视频介绍，短短五分钟的视频点燃了学生的兴趣，激活了学生的思维，大大提高了学习的实效性，而且科技的力量教学立意立刻凸显。

其二，在科技成就大国环节，特别是改革开放后中国大力发展科技，在此播放《我们的自信》。通过观看视频材料，大家深切地感受到了科技对中国的影响以及中国的科技在不断进步，理解在第三次科技革命背景下实现中华民族伟大复兴需要发展更高水平的科技和教育。创新成为不可或缺的重要因素。课堂学习过程中体现出家国使命感、责任感和爱国主义教育的渗透不言而喻。

其三，在科技足以影响世界这一篇章播放《中国工业机器人占据世界高端市场》视频，学生思考科技人工智能化引领下的中国如何崛起。观看视频材料，通过对比思考，认识到中国用科技进步进行技术输出实现和平崛起。历史联系现实，培养历史使命感、民族自豪感，树立为实现中国梦而努力奋斗的决心与自信。"为中华之崛起而读书"的信念也愈加强烈。播放三段教学视频使学生直观感受科技革命的飞速发展，达到学生由心动、感动再到行动的教学效果。

四、以图片史料串联历史现象

《第三次科技革命》是九年级学生所学的最后一课，老师引导学生回忆复习第一、第二次科技革命是教学的常态，使得本节课历史教学时间跨度大，学生理解起来有一定困难。而运用图片史料的显著特点是形象和直观。为增强科技与科技作用的直观性，张老师采取了较多的图片史料，每一组图片都包含大量的信息，在冲击视觉的同时震撼、吸引着每一个人的心灵，让学生的思维不由自主地紧跟着老师去思考、去探究。

首先展示出现代常用办公桌面陈设图片，学生回忆一、二次工业革命的主要发明，知道第三次科技革命的发明在实际生活中运用最多的是电子计算机、手机、平板。随后出示图片史料，展示第三次科技革命其他领域的成果，观察并知道第三次科技革命的主要标志；出示太空垃圾、沉迷网络、核泄漏等图片，学生在思考科技是天使还是魔鬼？知道科技的利与弊及培养辩证地看待历史事物的能力；为近代科技产生（文艺复兴）、发展（启蒙运动）做出突出贡献的代表人物的图片，使学生明确了思想解放是科技进步的先决条件。在科技成就大国的教学环节中，又是一组一组的图片教学，例如英国世界工厂地位的确立和中国洋务运动，美、德、俄、日大国发展和中国实业救国思潮兴起、民族工业的短暂春天，使学生认识到科技对成就大国的重要作用，学会在世界历史背景下分析中国历史进程，理解民族独立是国家发展的前提性作用。在学习科技足以影响世界这部分内容时，出示图片史料……两次世界大战以新技术为核心的新式武器，学生感知两次世界大战成为新技术发展的催化剂。二战后美苏争霸背景下核武器图片和数量统计比较表以及当前逐步升级的朝鲜半岛核问题系列图片，使学生认识到科学技术与进步的错误利用可以威胁人类和平与安全。从历史到现实角度，启发学生思考科学技术的世界影响方式。

五、以纵横联系增强时空观念

"时空观念"素养的习得是一个循序渐进的过程。那么，如何在中学历史课堂教学中有效落实时空观念，帮助学生构建纵横交错的时空知识网络，张颖老师这节课给我们一个范例。课堂上张老师以大量的图片、视频充分调动学生的视觉，在产生强烈的视觉冲击的基础上，一步步启发学生思考。

思考科技与生活、科技与大国、科技与世界的关系；从文艺复兴到启蒙运动，从工业革命到洋务运动、第二次工业革命到实业救国，从各国发展高科技计划到中国梦与科技创新、两次世界大战与科技的关系、美苏争霸与科技的关系、朝核问题与当今的世界局势、技术输出与中国的和平崛起，充分地调动了学生的历史思维，将学生学过的关于科技的知识全部调用，将科技与生活、科技与思想、科技与大国、科技与世界紧密联系，培养了学生的时空意识和历史价值观，渗透了历史与现实的关系，使学生自己产生对历史的思考和再认识，真正实现了历史学科的价值。

这样的历史课堂是享受，是体验，也是动力。它体现了教师深厚的学科素养，内容上的充分拓展，旨在培养学生的历史学习的关键能力，可谓匠心独运，着实令人钦佩。

【2017年第七次研修活动】

关于举办2017年初中历史名师工作室
第七次研修活动的安排意见

为了进一步促进教师的学习与交流，使教师更准确地把握课程标准与教学立意，更恰当地选择教学素材与教学方法，提高专业素质，12月14日，初中历史名师工作室在鄂尔多斯市一中分校举办主题为"聚焦课堂，改进实践，促进发展"的同课异构课例研修活动。

研修形式：讲课、评课、交流研讨。

具体活动内容安排：如表1所列。

表1

时间	活动内容	主讲人	主持人
第一节 8：22—9：05	《第十七课：中国工农红军长征》 （八年级10班）	程云飞 伊旗第四中学	白俊玲
第二节 9：15—9：55	《第十七课：中国工农红军长征》 （八年级11班）	任慧 伊旗第一中学	
第三节 10：35—11：15	《第十七课：中国工农红军长征》 （八年级15班）	李树全导师	
第四节 11：25—12：05	评课、交流研讨	李树全导师	
2：00—5：00	专家讲座	李树全导师	

聚焦课堂　改进实践　促进发展
——伊金霍洛旗2017年初中历史名师工作室第七次研修活动总结

为了进一步促进教师的学习与交流，使教师更准确地把握课程标准与教学立意，更恰当地选择教学素材与教学方法，提高专业素质，2017年12月14日上午初中历史名师工作室在鄂尔多斯市一中分校举办主题为"聚焦课堂，改进实践，促进发展"的同课异构课例研修活动。

本次研修活动由我旗初中历史教研员、名师工作室主持人白俊玲主持。全旗历史教师以及历史工作室全体成员参加了此次活动。本次研修活动分为3个环节：讲课、评课、交流研讨。

第一节课是由伊旗第四中学陈云飞老师执教《中国工农红军的长征》。利用游戏导入新课，创设教学情景，调动了学生的积极性；注重历史细节，利用细节打动学生。学法指导无处不在，教学方式多样旨在培养学生的时空观念等学科核心素养能力。是在深入整合教学内容的基础上进行的核心立意下的主题教学。

第二节课是由伊旗第一中学任慧老师执教《中国工农红军的长征》。任老师深挖新教材内涵，在整合教学内容的基础上进行立意高远的主题教学。利用形象生动的视频导入新课，呈现层次分明、学生易记的学习目标，以学生为本，突出学生的主体地位，如分组活动探究重走长征路和学生讲长征故事等。利用图片和材料引领学生感受新时代的长征精神，是一节有高度、有深度、有意义、有灵魂的精彩课堂。

此后，白老师主持了本次活动的评课和交流研讨活动。参会成员结合自身教学实际积极参与了教学互评与实施建议。白老师指出这两节课的闪光点是有教学立意，有自己的教学主张，都有对教材的整合，有细节、有情境、有创设，对教学把握到位。通过教学润物细无声的让学生感悟到了长征精神的伟大，也指出日后的教学中需要注意和改进的地方：史料教学，教学中史料的应用要适中，形式要多样，要符合学生的认知。充分创设历史情景，来再现历史，激发学生学习兴趣。学生的情感生成一定要润物无声，千万不能"贴标签"。教学方法方面：要关注学生的学，以学促教，以学促导。通过研修，每位老师都受益匪浅，聚焦课堂、改进实践、深研课标、整合教材、重新建构，打造有灵魂的课堂，促进师生共同发展。

立足历史学科核心素养之历史解释
看《中国工农红军长征》教学设计
——从《聚焦课堂，改进实践，促进发展》同课异构活动说起

北京师范大学鄂尔多斯第二附属学校

历史解释经过何成刚等老师的文献研究梳理后，归纳为：基于史料与事实，遵循一定的原理、方法，通过逻辑推理，对历史现象、历史事件进行分析的研究行为。作为历史学科的核心素养之一，在历史教学设计过程中需要贯彻始终。现结合政治史内容中国工农红军长征，谈谈对内容进行设计时渗透贯穿历史解释能力训练的几点思考。

一、长征精神的时代意义成为解释红军长征的终极意义

徐兆仁指出，历史解释的终极目标在于揭示历史真理、历史精神、历史意义和历史智慧。其中历史智慧又包含启迪心灵悟性的智慧、提升精神力量的智慧、把握历史命运的智慧、解决冲突对抗的智慧等。

中国工农长征这段可歌可泣的沧桑历史更有着延绵无尽的精神宝藏留给后世。美国人安娜说，红军"都是有坚定的政治信念和不屈不挠精神的人"；苏联《真理报》载文说，长征是"真正革命英雄主义、自我牺牲精神、大无畏气概的卓越范例"。不仅如此，美国作家执笔《中国长征，6000英里险途》，将中国红军长征中英勇顽强、坚韧不拔的品质以及在困难环境中互助友爱的集体主义精神介绍给美国的少年儿童。

国内外对于中国工农红军的褒奖与钦佩，就是对那段峥嵘历史的现代解释。而这一解释的最终目的是长征精神——勇于牺牲、实事求是、艰苦奋斗——穿越至今重振当代青年的实干精神。因而，在教学设计中通过呈现国内国外不同身份人物的历史解释，传承长征的现世精神。

二、理解长征的必要性有助于深化历史解释

历史理解侧重于看待历史问题的态度与方法；历史解释主要用来回答因果性问题，但不排斥叙述"是什么"的意思。理解先于解释，没有历史理解就无法形成历史解释。李剑鸣指出，史家要以中性、客观的立场来建构解释，而

不能将自己等同于过去时间的参与者或辩护人。基于理解的态度和愿望，史家最大限度地收集史料、调动各种知识和理论资源，以准确地了解前人，从而避免简单和武断的评判。

从这个层面讲，真实分析现有史料的基础上，我们今人通过观察长征途中自然条件的艰难险阻、强大敌人的围追堵截、红军行军装备及生活窘迫程度，都能感同身受红军长征是人类行军历史的一个奇迹。从而理解国际社会对红军长征的高度认可，在此基础之上，我们形成历史解释之时也会理性分析长征对于红军形势的必要性。结合史料《彭德怀自述》从红军自身与当时敌军围攻态势两方面入手，解释长征的前因后果。

因而，教学设计中引入不同形式的史料是帮助学生从感性的历史理解走向理性地历史解释的脚手架，不可或缺。

三、历史解释素养根植于广博的阅读积累

围绕历史教学内容进行核心阅读、群文阅读、比较阅读，大致了解不同学者对特定历史事件、历史现象的不同解释，以及不同解释背后的理论依据、方法依据和史料依据。广博的历史阅读是培养历史解释素养的肥沃土壤，在教学设计中教师应有所引导。

比如，红军长征的相关书籍：英国人迪克·威尔逊的《1935年的长征：中国共产党为生存而斗争的史诗》；英国人安松·劳伦斯的《中国：长征》；美国人哈里森·索尔兹伯里的《长征——前所未闻的故事》；美国人埃德蒙兹的《毛泽东的长征：人类大无畏精神的史诗》；美国人琼·弗里茨夫人的《中国的长征：6000英里的险途》；法国人迪皮伊的《毛泽东领导的长征》；日本人冈本隆三的《长征——中国革命锻炼的记录》等。教师和学生在进行相关阅读时，会收集更多史料，了解不同时期中外学者对长征的不同解释与认识，在比较中形成自己的历史解释。

初中历史名师工作室第七次研修活动有感

——深研课标，整合教材，重新建构，打造有灵魂的课堂

伊旗一中 魏 花

2017年12月14日，随着冬天里的第一场雪的来临，在市一中分校的录播

室举行了初中历史名师工作室的第七次研修活动。知识渊博的陈云飞老师和激情四射的任慧老师给我们带来了两节有意思、有意义的《中国工农红军的长征》示范课，精彩的两节课、出彩的两节课让我受益匪浅，让我崇拜不已，此时此刻我要学习，学习，再学习，而且是要以火箭的速度猛烈追赶！

听完两节课以及老师们的评课和白老师的点评，我脑海里出现了以下这些想法。

一切以学生为主，为学生服务。随着新课改理念的推动，我们的课堂已经发生了翻天覆地的变化。教给学生历史知识点的"骨感美的课堂"时代已过去了，我们要培养的是新世纪的人才，不是对历史知识的记忆机器，而是要具备各种能力和有高素质、高素养的人才。

具体措施有以下几点。

第一，确立层次分明易记的学习目标。

在今后的教学中，课标的解读要以学生为主，有层次、有条理，鲜明地明确学习目标。这就要求教师提升课标解读的能力，具体分解，要求学生具体做到哪些方面，把识记、理解、运用、感悟明确的清晰的给学生罗列出来，而后进行整合，例如任慧老师这节课的学习目标，知道一个会议：遵义会议；一条路线：长征路线；讲述一些红军长征的故事；感悟一种精神：长征精神。

课堂的导入应该以学生为主体，采用学生喜欢的方式进入新课，既能调动学生的兴趣，激发学生的探究欲，更能拉近学生与历史的距离。例如：程云飞老师的做小游戏，听指令做动作，并创设情境，分角色扮演。任慧老师的视频《飞夺泸定桥》。

教学设计各个环节要突出学生的主体地位，出发点都是培养学生的能力和学科素养。

教师在整个教学设计中，应该以学生为主体，应该多想多思考什么样的方式学生更易更好接受知识、理解知识，甚至能更好地积极参与，发挥学生的积极主动性，激发学生学习历史的兴趣以及锻炼培养学生学习历史的能力和学科素养。

第二，以课标为主，大胆整合教材，建构知识体系。

两节课都进行了谋篇布局，而且有立意，有灵魂，是有意义的两节课。程老师巧用毛泽东的七律诗《长征》，设计了三个篇章：第一篇章，红军不怕远征难（原因篇）；第二篇章，万水千山只等闲（开始篇）；第三篇章，三军过后尽开颜（胜利篇）；任慧老师：第一篇章，路在何方；第二篇章，路在脚下；第三篇章，路在心中。

程老师通过漫画和七律诗长征以及课程的学习，让学生感受到了什么是长征精神，并且结合学生学习生活实际谈到我们应该如何发扬长征精神。任慧老师通过路在心中的环节，通过几组图片展现长征路上的景、长征路上的物、长征路上的事、长征路上的数，学生就感受到了长征精神的内涵，水到渠成地生成了情感教育，使学生树立起了正确的价值观。又通过展现新时代长征精神的几组图片，让学生深切体会到了长征精神在今天的影响，新时代的长征精神使中华民族不断强大。学习历史的目的就是以史为鉴，如何传承长征精神呢？又落回到了现实，今天，学生们身上，长征精神永不过时，两节课特别有高度！有意义！有灵魂！

总而言之，通过这两节课我知道并且更明白，身边的同事们已经走在了新课改的前沿，而我浑然不觉，原地踏步。因此，我要努力前行，提升自己的教学能力和水平！

- 2018年历史名师工作室部分研修活动

【2018年第一次研修活动】

关于举办2018年初中历史名师工作室第一次研修活动的安排意见

针对初中历史知识点多面广的实际问题，为了促使教师在有限的时间内提高复习效率，实现新课改背景下历史课堂教学的高效，为此，初中历史名师工作室将举办以"初中历史复习课的诊断与策略"为主题的第一次研修活动。

研修形式：讲课、评课、讲座及交流研讨。

具体活动内容安排：如表1所列。

表1

时 间	活动内容	主讲人
第一节 232班 8：20—9：00	九年级复习课	程云飞 （伊旗第四中学）
第二节 228班 9：10—9：50	九年级复习课	吕道通 （伊旗第一中学）
第三节 231班 10：30—11：10	九年级复习课	李树全 （专家）
第四节 11：20—12：00	评课、交流研讨	全体成员
下午 2：30—5：30	专家讲座	李树全 （专家）

"点"清"线"明"巧训练"中考复习

——伊金霍洛旗初中历史名师工作室2018年第一次研修活动总结

伊金霍洛旗初中历史名师工作室

针对初中历史知识点多面广的实际问题，为了促使教师在有限的时间内提高复习效率，实现新课改背景下历史课堂教学的高效，为此，初中历史名师工作室将举办以"初中历史复习课的诊断与策略"为主题的第一次研修活动。

本次研修活动特别邀请李树全历史名师工作室的张艳老师与我旗两位历史教师进行同课异构，并进行中考复习策略指导讲座。第一部分以《中华民族的抗日战争》为复习题目，进行同课异构。前两节由程云飞与吕道通两位老师执教，第三节由张艳老师进行了精彩的授课示范。跟随张老师的指导，重温那段战火飞扬的历史。感同身受国破家亡的沉痛耻辱，又痛定思痛静心分析民族由衰败到振兴的主要因素。一路思绪飞扬、情感充沛、温故知新。第二部分，张艳老师就中考复习进行讲座指导。以清晰的思路、严密的结构与广博的积淀进行了主题为"点清、线明、巧训练"的中考策略专题讲座，为所有参与活动的教师开拓了授课思路，带来莫大启发。

最后，参会成员结合自身教学实际积极参与了教学互评与实施建议。通过研修，深化了每位教师对历史课堂活动设计的认识与理解，真正认识到活动设计的思维性。

高效的历史复习课如何既有深度又有温度
——听初中历史名师工作室第一次研修活动有感

伊旗一中 魏 花

忽如一夜春风来，千树万树梨花开。正如白老师所说，那天是个好日子，三位老师的复习课给我们带来了春风，让我对历史课复习课有了新的认识——复习课不只是学生读课文、记忆知识点、练习题，而是可以通过看图学史回顾所学知识，通过教师的教学设计，进行主题教学，有教学立意，有课魂，让学生能触摸和感受到有深度、有温度、有形象、立体化的历史复习课。

四中的陈云飞老师，为我们展示了一节课标引领全面详尽的历史复习课。首先，程老师让学生自己动手根据中华民族抗日战争的史实画出时间轴，通过对1931—1945年时间段的解读导入新课。这点值得我学习，通过这一设计，陈老师既培养了学生的时空观念，又教给了学生学习历史的方法。接着，陈老师复习每个知识点的时候，都是先出示课标要求，然后全面细致地复习每个历史事件的原因、经过、结果、影响等。例如：通过设计考点聚焦，出示考点一的课标要求：知道九一八事变，了解中国局部抗战的开始。师问生答复习了九一八事变的背景、概况、结果。串讲的过程中，让学生关注课本中的图片和史料。

那如何实现高效的历史复习课呢？下一节复习课给出了很好的答案。市一中分校的吕道通老师，激情四射，从单元线索时间轴示意图导入新课。归纳总结近代史上日本发动的侵华战争。教师设问日本发动侵华战争的原因有哪些，结合复习过的世界史和中国史，教师引导，师生共同分析日本、中国两方面的因素。从每年9月18日的防空警报声导入九一八事变。从现实生活入手，拉近了学生与历史的距离。第一步，要求学生通读课文，识记要点。出示九一八事变的要点提示（制造者、时间、地点、借口、蒋介石对策、结果、东北的抗日力量、影响）。然后，提问检查学生记忆的情况，落实学生基础知识，巩固基础。第二步，出示图片要求，学生看图回答问题东三省在哪一事件后沦陷？为什么在这一事件后沦陷？当时有哪些抗日力量？这标志着什么？这一环节通过看图学史，用不同的设问，再一次夯实了基础。第三步，教师结合地图和图片、示意图等进行必要的历史解释。接着又呈现了日军在东北的滔天罪行，让学生感受日军的残暴本质。教师出示地图，进行了动态演示和必要的历史解释，使学生感受到中华民族到了最危险的时候——华北危机出现，从而培养了学生的时空观念，更好地理解历史史实。这时共产党提出了什么主张？蒋介石的态度如何？有什么具体行为？后又设问：为了改变蒋的态度，张、杨发动了什么事变？这一设问也是过渡，而且过渡得简洁、自然、流畅。后又设问：该历史事件的目的？过程？结果如何？有什么重大历史意义？对重点知识西安事变和平解决的历史意义中的基本和初步进行了必要的历史解释，讲解透彻，通俗易懂。通过以上环节，对重点知识和难点知识进行了必要的历史解释，梳理了课本线索，学生对内容进行了进一步理解。第四步，对该课内容出示背诵提纲，一分钟限时记忆，并且进行了考察。再一次夯实基础。最后，出示习题进行学习效果检测，在做题的过程中，对学生进行学法指导，要求学生认真审题，找准关键词。

　　吕老师的这节复习课，通过学生的自主复习，教师的必要历史解释，后通过限时记忆，紧接着通过练习题巩固夯实，学生对基础知识掌握得特别扎实，可以说是一节高效的复习课。吕老师的课堂已经充分弥补了程老师课堂存在的缺憾。

　　复习课除了读课文，记知识点，练习题，再有没有不一样的复习方式呢？接下来，张老师的复习课给了我们很好的回答，而且让人眼前一亮、耳目一新，难以忘怀，是一份惊喜，更是一份大礼包，带来内心深深的震撼。张老师的复习课，让听课师生触摸和感受到了有深度、有温度、有形象、立体化的高效历史复习课。高效的历史复习课如何既有深度又有温度？张老师上课前呈现了一张吸引人眼球的抗战胜利纪念图片，让人眼前一亮。接着设问：同学们9月3日是什么纪念日？由此导入了复习课题。齐读考点清单，明确复习目标，使学生做到心中有数。最后，她又采访了几个孩子说说对这段历史的感受，用一个词形容一下你的感受是什么？第一篇章走进抗战——民族之痛。通过三幅图片：《铭记九一八》《卢沟桥》《南京大屠杀死难者人数》，引导学生回忆九一八事变、卢沟桥事变、南京大屠杀等史实，复习基础知识。然后给出核心要点对比记忆。接着，出示了两则材料，材料一：中国军民伤亡3500万，日军对中国人民所采取的残杀手段，绝大多数为人类理性所无法想象。材料二：损失文物360多万件，古迹741处，开采矿藏森林资源……中华民族物质精华几被洗劫一空。直接财产损失高达1000亿美元，间接损失达5000亿美元。学生通过分析这两则材料可以看出中华民族战争损失之惨重。两则材料的左边又出示了一幅图片，解读了为什么叫日本鬼子？让学生从内心深处明白了日军对中国人民所采取的残杀手段，绝大多数为人类理性所无法想象。可见日本法西斯残暴、血腥、没有人性。面对日军野蛮残暴的侵略，中国人并没有被吓倒，而是进行宁为战死鬼不做亡国奴的誓死抵抗。进入第二篇章走进抗战——民族之魂。张老师出示了五张图片，分别为《张学良、杨虎城、蒋介石》《中国将士誓死守卫卢沟桥》《八路军、新四军臂章图》《台儿庄战役形势图》《百团大战》。通过解读每一张图片，师问生答回顾了西安事变和平解决抗日民族统一战线初步形成；七七事变促使抗日民族统一战线正式形成；国民党和共产党从正面战场和敌后战场誓死抵抗取得了台儿庄战役的重大胜利和百团大战中国共产党主动出击日军最大规模战役的胜利。后出示两张图片《全面抗战》和《义勇军进行曲》，图片形象的说明了中华民族各个阶层都加入了抗战的队伍，七七事变后全民族抗战开始；《义勇军进行曲》体现了当时时代的最强音。中国人在抗日战争中明白了没有国哪有家的道理，铸就了中华民族之魂——团结一心、众志成城、抗日救亡，也凝聚了中华民族的力量，最终取得抗日战争的胜利！第三篇章走进抗战——民族之兴。张老师出示了两张图片《何应钦接受日本投降书》《日本签署投降书》，在理解的基础上记住了抗日战争胜利的意义。

学习历史的目的就是以史为鉴，张老师下一个篇章是反思抗战。张老师从不同的角度反思抗战，先是纵向的把抗战和近代前四次侵华战争相比较。出示了八张图片，给出了提示可以从抵抗力量、国际环境、战争结果、性质角度思考不同。这一环节的设计，提升了学生的比较分析、概括归纳总结的能力，更给学生打开了学习历史的新角度和视野。通过这一环节的设计也看出了张老师这节复习课的深度。后是横向的把中国战场与二战其他主战场相比，比较分析归纳总结出抗战的特点。出示了材料：从1931—1945年中国人民进行了14年的浴血抗战。1935年北非战场爆发，1939年欧洲战场爆发，1940年苏德战争爆发，1941年太平洋战争爆发！

师生通过分析材料和表格数据，总结得出抗战的特点：抗击法西斯时间最长！抗击日本法西斯人数最多！抗击法西斯难度最大！学生更能从内心深刻地理解原来抗战胜利如此不易！如此艰难！更在内心深处深深钦佩那些为抗日战争胜利付出生命的英雄们！更能体会到中国的抗战为世界反法西斯战争的胜利做出了重要贡献！油然而生一种民族自豪感！

因此，每年的九月三日或清明节人们会不约而同的去祭奠1931—1945年为抗战胜利牺牲的中国壮士。这时，张老师设问：如果有一天你和这些中国壮士相遇，你会和他说一句什么话呢？接着张老师出示了一张图片，两个人物一个是1931年的中国士兵、一个是2017年的学生，图中配文是如果有一天我们能相遇，我一定会告诉你山河犹在，国泰民安！这时听课的师生们心灵受到深深的震撼，眼眶里转着眼泪。激励着师生们不断学习，不断拼搏前进。张老师通过层层递进的设计和铺垫，走进抗战——民族之痛、走进抗战——民族之魂、走进抗战——民族之兴，反思抗战——与近代前四次战争比较，中国战场与二战其他战场比较，家国情怀润物细无声地滋润了每个人的心田。这样的历史复习课是有温度的！

这也是新时代中国历史教育的根本——以人为本，立德树人。通过历史教学，培养新时代的接班人。张老师通过对图片的解读，复习了历史知识，激发了学生对复习课的兴趣，而且也使历史形象化了。通过整合教学内容，进行主题教学设计——走进抗战、反思抗战，使历史复习课有了深度。通过谋篇布局、层层递进的设问，让历史课变得有了温度。张教师的教学设计，通过主题教学，有教学立意，有课魂，让学生能触摸和感受到有深度、有温度、有形象、立体化的高效历史复习课。

温故知新　举重若轻
——"中华民族抗日战争"谈中考复习策略

北师大二附中　张　颖

中考历史复习面临点多、时少的问题，如何进行合理有效又不失趣味的课堂教学设计？张艳老师执教的"中华民族抗日战争复习课"为我们做出了很好的示范。聆听本课后，有如下收获。

一、重在核心立意下的主线设计

本课的主线为：

走进抗战——民族之痛：重在回顾抗日战争爆发的日军侵略史实。

走进抗战——民族之魂：重在回眸全民族抗战的艰辛历程与两个战场的巨大牺牲。

走进抗战——民族之兴：重在回忆抗战胜利于举国上下、于国际世界的重要影响。

反思抗战——思考：抗战与前四次抗战有何不同（纵向比较）。

反思抗战——思考：中国战场与二战其他主战场相比有何特点（横向比较）。

两条线索逻辑清晰，层级设计鲜明。走进抗战部分，重在回顾梳理重大史实线索；反思抗战部分，重在分析比较历史史实的本质属性。前者为后者做了充分的基础铺垫，后者为前者提供思维提升的角度。

二、巧在历史材料的选择运用

图片材料凸显其直观性。九一八事变、七七事变、南京大屠杀现场照片，台儿庄战役与百团大战形势图等。宛若亲临历史现场，重回那段战火纷飞、被动挨打、奋起反抗、团结一致的民族危亡时代。

漫画材料凸显其时代性。1937与2017民众战士与当代青年的对话："山河犹在，国泰民安""那年乱世如麻，愿你们来世拥有锦绣年华"。寥寥数语、配之以图，却令人热泪盈眶，哽咽凝噎。此处无声胜有声，重燃新时代中华民族的家国情怀。

数据史料凸显其精准性。世界反法西斯主要战场上，中国战场的抗击时间、牺牲人数、抗击规模与其他欧洲战场以表格数据呈现；南京大屠杀血淋淋的数据统计已成为无可辩驳的历史证据。这场正义的反侵略的民族独立解放战争为世界反法西斯战争的胜利做出了不可磨灭的贡献。有理有据、以史为证、史论结合，无可争议。事实胜于雄辩。

三、新在思考角度的宏观视野

日军侵华由局部走向全面，从九一八到八一三；中国抗战亦由局部走向全民族抗战。熟悉的故有史实仿佛限制我们思考历史的视野。而本课通过纵向比较抗日战争与近代前四次侵华的四个维度（抵抗力量、国际环境、战争结果、性质角度）的不同点；横向比较世界反法西斯战争中国战场与欧洲战场的特点。两项比较，角度新颖又提纲挈领，值得深思、引人入胜。

跟随张老师的指导，重温那段战火飞扬的历史。感同身受国破家亡的沉痛耻辱、又痛定思痛静心分析民族由衰败到振兴的主要因素。一路思绪飞扬、情感充沛。温故知新，举重若轻。

【2018年第二次研修活动】

关于举办2018年初中历史名师工作室
第二次研修活动的安排意见

教学立意是课堂教学的灵魂，是引领教学设计、贯通教学目标、达成教学目标的准绳。那么，教学立意如何撰写？教学立意如何与教学设计相吻合？教学设计如何体现学科核心素养？为此，4月20日上午，初中历史名师工作室在伊旗一中举办以"教学立意与教学设计"为主题的第二次研修活动。

研修形式： 课例研修、评课、交流研讨。

具体活动内容安排： 如表1所列。

表1

时　间	活动内容	主讲人	主持人
第一节 8：20—9：00	《第十三课：宋元时期的科技与中外交通》（部编版七年级下册）	任慧 伊旗一中	白俊玲
第二节 9：10—9：50	《第九课：对外开放》 （部编版八年级下册）	姬臻儒 呼市八中	
10：00—12：00	评课、交流研讨	全体工作室成员	

课魂领航教学　立意彰显素养
——2018年初中历史名师工作室第二次研修活动总结

教学立意是课堂教学的灵魂，是引领教学设计、贯通和达成教学目标的准绳。那么，教学立意该如何撰写？教学立意该如何与教学设计相吻合？教学设计该如何体现学科核心素养？为此，初中历史名师工作室于4月23日上午在伊旗一中举办了以"教学立意与教学设计"为主题的第二次研修活动。

本次研修活动的第一环节是白老师把呼市八中姬臻儒老师在全区历史新教材培训时的一节示范课推荐给大家。姬老师讲的是部编版八年级下册第九课《改革开放》，这节课以历史人物邓小平为主线，以邓小平登上美国《时代》周刊的八幅图片为引领，分为四个篇章：为何开放、如何开放、开放成就、开放深化，环环相扣，逻辑严密。在具体教学设计上，充分运用典型图片史料抓住了重点、突破了难点，特别是为何开放，运用大量笔墨，讲透讲彻，使得后面三个篇章的学习水到渠成，自然生成。而对历史人物邓小平的深入挖掘，也使得人物形象跃然纸上，跃然听者心中，丰实饱满。

第二环节是由伊旗一中的任慧老师展示部编版七年级下册第十三课《宋元时期的科技和中外交通》。任老师以"厉害了，我的国！"为主线，分为两个篇章：忆往昔和看今朝：忆往昔之四大发明播四海、忆往昔之中外交通路畅通；看今朝之大国制造续辉煌、看今朝之桥路车港傲全球。在具体教学设计上，以图片加问题教学基础知识，运用材料突破教学难点，利用视频联系现实，展示中国成就。

第三环节是针对这两节课，工作室成员进行了热烈的交流与研讨。大家积极踊跃发言，指出了两位老师教学的"闪光点"，两位老师的课堂都做到了有立意，有创新，有整合，整体的教学设计是在教学立意的基础上进行，并为教学立意服务。课堂中都体现了史料实证、时空观念、家国情怀等历史学科素养。姬老师的课堂教学立意、教学设计有严密的逻辑性，教学每一个环节的联系紧密，材料选择严谨，学法的指导恰到好处。而任老师的课堂立意则突显了历史的现实功能，教学设计以落实基础为主，视频的播放引发了师生共鸣，点燃了学生心中的爱国热情，"活字印刷术"的制作活动更是拉近了历史与现实的距离，让历史"活"了起来。

同时，两节展示课也引发了大家对课改的思考。教学立意如何设计才能更符合学生的学习？更能凸显教师的主导地位、学生的主体地位？如何在有效的四十分钟内提升课堂的质量？如何使教学设计不是为了设计而设计？大家仁者见仁，智者见智，同时结合这两节课对自己的教学进行了深刻的反思，并确定了今后课堂教改的方向：在课魂引领下构思教学立意，在教学立意指导下进行教学设计，发展学生的历史学科核心素养。

最后由白老师对本次活动进行了总结，她希望广大一线教师提升自身专业素养，认真研究教材、分析教材，在此基础上对教材进行梳理和大胆整合，努力做到在教学立意的指引下进行教学设计，要注重体现历史学科的核心素养，如唯物史观、时空观念、史料实证、历史解释、家国情怀等；在材料的选择上要典型、符合学生认知水平，板书设计也要体现教学立意等。总而言之，白老师希望借助名师工作室的平台，让老师们在观摩中学习，在磨炼中成长，在改革中蜕变！

初中历史名师工作室创新课堂听课心得

伊旗四中　王珍清

2018年4月23日，我有幸在伊金霍洛旗第一中学参加初中历史名师工作室创新课活动。作为一名中青年历史教师，任何一次外出听课都是我学习的大好机会。两位老师的课给我留下了非常深刻的印象，使我对新课程、新理念有了更深刻的了解。下面谈谈自己在这次活动中的收获和体会。

一、教学理念及教学模式的变化新

思路设计上的板块化与专题性特征十分突出，体现了较强的科学性、趣味性、故事性、知识性，条理清晰，主题鲜明、任务明确，彰显了历史课堂的文化品位和教育功能。来自伊旗一中的任慧老师在讲《宋元时期的科技与中外交通》时，分为两大专题：忆往昔——四大发明播四海，看今朝——中国制造续辉煌，最后感悟——以史为镜鉴古今。

教师的作用在于组织学生积极、有效的参与教学的全过程，课堂教学过程的实施绝对不应该是教师一厢情愿的包办，让学生"动"起来，主动获取知识积累知识，启迪学生的思维，促进学生学习能力及应用知识解决问题能力水平的提高，才是教师真正要做的事情。

二、教学设计更科学、操作更实用、效果更突出

紧扣课标、深挖教材，教学目标制定明确，问题提出恰当、实用。

课件制作注重实效性，各种教学素材的运用有趣且趋于理性。恰当地选用背景音乐、视频资料、音频资料、实物资料、文本资料，化繁琐为简易，变抽象为直观，既有利于学生对历史的直观了解和感悟，又有效的烘托起历史探究的氛围。

预设充分，关注学生的主体地位，考虑到学生的学习状况和年龄特征及心理需求，用各种方法让学生积极参与到教学的全过程，既符合新课程改革的需要，又迎合学生的口味，使得教与学相得益彰。

关注了学生学习方法的培养、指导，比如论从史出，更具历史味。

灵活处理教学中的突出事件，巧妙处理学生的思路与教师思路间的冲突。

三、适当的拓展延伸，提高了学生的学习兴趣

老师都注意通过适当的课外延伸来培养学生的创新意识，这种拓展和延伸，不仅提振了学生学习历史知识和探究历史真相的兴趣，还有效的强化了课本主题，达到了学以致用的目的。任慧老师在讲《宋元时期的科技与中外交通》时，大胆创新：一是任慧老师亲自动手准备了实物教具橡皮泥，进行刻字体验，让学生触摸历史、体验历史，具体感受雕版印刷术的发明给人类文明

的发展带来的巨大好处，印象特别深，效果出奇的好；二是任慧老师亲自指导并下载视频《厉害了 我的国》，让上课的学生直观地看到了当今中国经济的发展，感同身受，极大地调动起了学生探究的积极性和主动性。这使我想到，德国的哲学家雅思贝尔斯说过的一句名言：教育就是一棵树摇动一棵树，一朵云推动一朵云，一个灵魂唤醒另一个灵魂。不能不感叹于任慧老师对这一理论的具体实践，让他所教的学生启发并感动了另外一处学校里的学生。

姬臻儒老师在讲《对外开放》时设计了这样一个思考题，"在图片中寻找昨天的历史知识"，课堂架构科学、实用，凸显了历史课堂的灵活化、趣味化。

教师的主导作用在于组织学生主动地参与学习并完成相关的学习目标任务。

教师主导课堂不应该是包办课堂；让学生有选择的空间、有活动的时间，是为了促进学生思维能力与合作学习水平的顺利发展；让学生开开心心学习，是为了扎扎实实提高学习的效率和成绩。姬臻儒老师在讲《对外开放》时就给学生留下了宽松的选择空间：先用大屏幕展示出八组图片，它们是为什么开放、如何开放、开放的结果怎么样。八组图片，四类成果，让学生自由的选择自己最想了解的历史知识。这种结果，就完全打破了课本内容的编排顺序，学生们的学习热情更是一浪高过一浪。

四、教师的基本功普遍扎实

在这次活动中，教师特别追求了教学素养的整体呈现。他们似乎并不满足于单纯的知识与技能的传授，而是不断的创新，不断的超越，立足精益求精、美益求美。如果能用一句话来形容教师们精湛的教学基本功的话，那就是：天机云锦用在我，剪裁妙处非尺刀。他们以渊博的专业知识、优美的教学语言、完美的板书、精美的课件，无一不让学生陶醉，让听课的老师艳羡。每节的课堂上，我享受着美的浸润，同时感觉到了自己的差距。可是"人们只惊美于鲜花盛开的美丽，却不知道当初的芽儿浸透着奋斗的泪水和汗水"，是到了我们好好学习提高的时候了，亡羊补牢，为时不晚。

听课学习的时间虽然是短暂的，但我的学习、反思的热情一直都受鼓舞于选手们的高超教学技能和完美的教学思路，张弛有度、开合有法，新颖的教学视界带给我的绝对不仅仅是视觉上的冲击和情绪上的叹服，我想，保留这份热情并将它融入自己的历史教学工作才是最最重要的事情，最后借屈原的一句话来自勉吧——路漫漫其修远矣，吾将上下而求索。

找准方向，努力前行，读书成长
——第二次研修活动有感

伊旗一中 魏 花

姬臻儒老师讲授的《对外开放》这一课不论是现场聆听还是再次倾听录像课，都让人回味无穷；任慧老师《宋元时期的科技与中外交通》更是让人耳目一新，震撼无比。通过听课、观课、议课，我觉得我要找准方向，努力前行，努力读书才能有所成长。

找准方向——教师该如何教

1. 转变教学观念——留给学生一个惊叹号，确立教学立意

通过名师工作室活动平台，导师给我们上了一节特别有意思、有意义、有历史味的历史课。教学有主题，有中心，有立意，即一课一个中心，教学活动都围绕这个中心开展，课堂始终有一个灵魂，教师搜集的资料、设计的问题、开展的活动都与这个中心有关，学生在学习中也就清楚这节课的灵魂。历史教育最终目的是用价值引领来服务学生的人生——即影响学生。

2. 转变教学方式——用人物唤醒人、感动人，让细节打动学生

通过讲故事或展示有血有肉丰满的历史人物，教学中多一些真实、具体的历史细节，有故事情境的历史细节，更可以吸引学生、打动学生、感染学生，帮助学生树立正确的历史观。

3. 转变教学方式——有效的设问

设问要有内涵，要有思维含量；问题有引领，引领教学主题；问题有开放度，即有思考的余地和空间。问题设置要有层次、有梯度、循序渐进。

4. 转变学生观——以学生为主，培养学科素养

一切教学环节的设计和教学方法的使用都要以学生为本，充分地考虑学情，从初中生的认知等特征开始。历史学科本身的学科特点决定了历史教学是

基于史料的历史教学。因此,史料的选取要适量,要丰富,要具有情境性、典型性、深刻性和启示性,要依据学情选择,以学生为主,培养学生的史料实证等素养。充分发挥学生的主体地位,学生动手梳理一课的、一单元的、一册书的时间轴,培养学生的时空观念。

努力前行——学生该如何学

我阅读,我积累——在阅读中积累

基于史料的历史教学,拓展学生的阅读面,指导阅读技巧。推荐一些书目,教给学生阅读技巧和方法。

情境教学——表演中体验

创设教学情境,在角色扮演中感知历史,发挥学生的创造力、想象力和表演能力。这样既拓展了解和学习历史的途径,也增强了对历史的兴趣。情境教学利于活化历史,使历史具有立体感,栩栩如生、惟妙惟肖,真正地活起来。

我来讲历史——小组分工合作,感知历史抓住活动课契机,小组分工合作,感知历史,激发学习兴趣,提高搜集资料、整理资料,得出历史认识的能力,促使教学内容与学生生活拉近。

两年的颠颠撞撞、摸爬滚打,自己能找准方向,并努力前行,虽有些许成绩,但是丢失了自己的激情、霸气的教学风格等。

我的改进

1. 读专业书籍提升业务能力

通过阅读《中国通史》《全球通史》《这个历史挺靠谱》《毛泽东传》《周恩来传》《邓小平传》等专业书籍与《历史教学参考》《中学历史教学》这两个期刊的阅读,提升自己的业务能力和专业水准。

2. 提前充分地备课,向课堂要效率

充分的备课是精彩的课堂前提,只有在深研课标、教材,梳理整合、融会贯通后,就会在课堂上游刃有余,一切尽在掌控之中,即使有"意外"或许那就是教学契机,可以生成教学智慧,会有意外惊喜。而且实践中也证明了,当对这一课内容了然于胸的时候,自信有激情、霸气的教学风格也回来了。

所以，充分利用暑假时间提前备课熟悉课本，向40分钟课堂要效率。争取课课精彩，让学生盼望着期待着上历史课。

3. 严于律己，严格要求学生

三字经中说："教不严，师之堕。"严师出高徒。经过两年的观察、总结、反思，对学生的要求应该严格，规范课堂秩序，进一步规范学生课堂言行习惯，为学生终身发展考虑。良好的教学环境和氛围是教学效果提升的前提和关键。充分发动学生，对课代表、组长、组员职责与义务提出明确的要求，形成成文规定并以此为标准进行奖惩，激发学生学习的积极性和动力。

4. 积极采取培优辅差措施

坚持对每个学生都不抛弃不放弃的基本原则，对于学生能力弱的给他请个"师傅"帮助他，督促他，从而使他们提升；对于那些"吃不饱"的同学要给他们精选适量的有难度的中考题，提升解题能力和方法。

总而言之，找准了新课改的方向，努力前行，通过读书不断的成长，使自己的历史课变得有意思、有意义、有历史味，能影响学生今后的发展。

【2018年第三次研修活动】

关于举办2018年初中历史名师工作室第三次研修活动的安排意见

历史教学，始终与"史料"相伴随。那么，如何使教师围绕教学立意选取和运用史料，使教学目标更明确、教学设计更合理；使学生能够运用史料进行历史探究，提升学生的学科核心素养。为此，初中历史名师工作室将举办以"初中历史课堂教学中史料的选取和应用"为主题的第三次研修活动。

研修形式：讲课、评课、讲座及交流研讨。

具体活动内容安排：如表1所列。

表1

时 间	活动内容	主讲人
第一节12班 8:20—9:00	部编版八年级下册第十七课	魏花 伊旗第一中学
第二节14班 9:10—9:50	部编版八年级下册第十七课	程云飞 伊旗第四中学
第三节9班 10:30—11:10	部编版八年级下册第十七课	李树全 专家
第四节 11:20—12:00	评课、交流研讨	全体人员
下午 2:50—6:30	专家讲座	李树全 专家

聚焦史料教学　落实核心素养

——伊金霍洛旗初中历史名师工作室2018年第三次研修活动总结

一切历史学习和研究都必然以史料为基础。历史学科核心素养的形成更是离不开史料的研习。那么，如何使教师围绕教学立意选取和运用史料，使教学目标更明确、教学设计更合理；使学生能够基于史料开始历史探究活动，从探究中获得对历史的理解和感悟，培养学生的学科核心素养。为此，6月7日，初中历史名师工作室在鄂尔多斯市一中分校举办了以"初中历史课堂教学中史料的选取和应用"为主题的第三次研修活动。

本次研修活动李树全老师亲临指导，上午，李老师名师工作室的田春峰老师和我旗两位历史教师进行了同课异构，下午李老师做了"追寻有意思有意义的历史课堂——基于史料的历史教学思考"的专题讲座。

活动的第一环节是以部编版八年级下册第十六课《独立自主的和平外交》为题目，三位老师进行同课异构。前两节由第一中学的魏花与第四中学程云飞两位老师执教，第三节由田春峰老师进行了精彩的授课示范。魏老师以"十字路口的选择、外交政策的成熟、世界舞台崭露头角"为主题开展了教学。围绕教学立意精选材料，以文字、图片、图表等方式呈现史料，符合学生认知规律，使基于史料的历史课堂变得有意思、有味道。教师关注历史人物，补充材料进行情感教育，真正做到润物无声。

程老师是以出示典型图片和利用时间轴，梳理古代到近代外交特征而导入新课的。程老师也对这节课进行了大胆的整合，教学设计中充分发挥了学生的主体地位，通过学生自主学习，利用时间轴梳理出了重大历史事件，培养学生的时空观念。整节课学习氛围浓厚，达到了良好的教学效果。

第三节课是李树全专家名师工作室的核心成员田春峰老师作精彩课堂示范。田老师以"一个响亮的回答，一个成熟的思考，一次精彩的亮相"进行教学立意。匠心独运，利用史料和示意图创设教学情境，让学生在轻松愉悦的氛围中获得了新知，懂得了道理。更令人钦佩的是田老师惟妙惟肖、深入浅出的历史解释，富有激情绘声绘色的历史故事，独创情境再现历史现场，这不仅增强了学生知识的宽度，认识的厚度和深度，而且培养了学生的历史感。

活动的第二环节由李老师进行评课，李老师首先肯定了这一年来老师们课堂教学质的变化，做到了心中有教材，但没有唯教材、教教材，在对教材深入思考后都进行了二次处理，利用标题梳理出了教学线索，而且标题凝练到位，符合教学目标；关注学生，突出了学生的主体地位，培养学生的时空观念；能够依据初中生特点，选择比较丰富的材料如图片、文字、图表，而且选择较准确，与教学主题相符合；能够较合理地处理教科书的内外资源，史论结合；关注历史人物，进行情感教育，培养学生的家国情怀素养。同时，李老师也希望老师们把示范课变成常态课，常态课转化成示范课，形成各自的特色，使历史课有意思有意义有历史味。

活动的第三环节是由李老师作了题为"追寻有意思有意义的历史教学——基于史料的历史教学思考"的讲座。李老师针对当前历史教学概念化、说教化、结论化、知识化、没有历史味的问题，提出了要追寻有意思有意义有历史味的历史课。李老师从历史教学中容易混淆的几个概念、史料甄别的误区、史料可信度的考证原则以及史料的表现形式、史料使用存在的问题、基于史料教学的基本原则、如何选择史料这几方面循循善诱且结合课例深入浅出的讲解，让老师们醍醐灌顶，受益匪浅。

活动最后阶段，参会成员结合自身教学实际积极进行了互动交流，教研室历史学科教研员及名师工作室主持人白老师作了总结发言，白老师建议大家一定要研究教材，利用好教材内外的史料，在围绕史料设计问题时问题一定不能单一，要有追问，形成问题链。要让学生知识的获得水到渠成，情感态度价值观自然生成，这样我们的历史课才会越来越有历史味，历史课堂才会成为学生拓展人文视野，训练史学思维、培养历史核心素养的家园。

通过这次研修，深化了每位教师对史料教学的认识与理解，基于史料的历史教学有利于改变传统的学习方式，使学生更加关注学习过程，有利于培养学生的创新意识，提高学生的思维能力和历史素养。作为历史教师要尽快改变教学观念，改进教学方法。

听李树全老师史料在历史教学中的应用有感

伊旗四中　王珍清

新人教版历史教科书涉及的历史资源丰富多彩，有传说、典籍、诗歌、图表、笔记、碑文、民谣、视频资料等。主要分为五类：文字材料（包括传说故事、民间民谣、历史文献、名人名言、法律条款、碑文等）、表格材料、地图材料、图片材料、媒体资料。教学中若对这些丰富的历史资源使用过多，会混淆主次，难以达到应有的教学效果。使用过少则会使课堂显得乏味、空洞，难以激发学生的灵感和学习热情。因此，对于诸多的历史教学资源重在科学运用。古人云："知之者不如好之者，好之者不如乐之者。"在课堂上选取学生感兴趣的、有价值的、真实的历史事件、历史人物等史料，既能丰富学生的历史知识，又能提高学生学习兴趣、培养其能力。通过培训和多年的探索，我总结出了一些在历史教学中科学、恰当运用史料提高教学效果的行之有效的方法。

一、掌握获取史料的多种方法，激发学生学习兴趣

新人教版初中历史课本中的史料比旧版丰富，但仅靠课本提供的史料往往不足以满足教学所需，也不能充分调动学生学习的积极性，激发其好奇心，例如在学习宋元文化时选用《厉害了我的国》视频，通过古今历史成绩对比激发学生的求知欲，也更好的补充教材，做到古为今用的目的。根据初中学生的接受能力，能用直观的视频、图片就不要用材料，能用白话的就不用古文，能用短的就不要用长的。

二、恰当地筛选史料，培养学生良好思维品质

历史教材涉及史料众多，重在选出最为典型的而又适合学生阅读水平的史料。课堂中切忌出现史料滥用，使学生"眼花缭乱"的情况，尤其是在复习课中恰当精选一些史料，能有效地整合教材突破重点、考点，再配以教师精心设问活跃学生的思维，启发学生去思考问题，往往能起到事半功倍的效果。

三、引导学生从史料中提取有效的历史信息，提高史料分析能力

新的课程标准强调教学中要突出对学生能力的培养，教会学生自己分析和解决实际问题，况且近年中考试题中重点都是相关的材料分析题，考查学生运用史料综合分析问题的能力。运用史料教学，就是将知识学习与能力培养结合起来，对学生进行学法指导，将史料放在特定的历史条件下进行分析与整理，从繁杂的史料中获取有效信息。例如在戚继光抗倭这一环节中引入材料"封侯非我意，但愿海波平"，通过分析材料，能很好的体现戚继光抗倭的目的和戚继光个人精神，从而培养学生分析问题的能力。

总之，历史课涉及的史料丰富多彩，每节课的内容又很多，课堂上能展示的史料就很有限，重在结合教材的重难点、考点精心筛选，科学有效地加以运用，在激发学生学习兴趣的前提下，掌握知识，提高分析解决问题的能力，达到"双赢"甚至"多赢"应成为我们历史教学永恒的主题。我感受最深的是对材料的选取一定要考证史料的真实性，不要拿来即用，有些史料是错误的，这样会误导学生，教师不能为了达到教学目标而乱选取材料。

【2018年第四次研修活动】

关于举办2018年初中历史名师工作室第四次研修活动的安排意见

为了从学科内容视角进行课堂观察，为教学提供诊断建议，实现课堂教学

的优化，促进教师专业发展，进而提升课堂教学效益和教育教学质量。伊旗初中历史名师工作室将举行以"基于学科内容视角的评课议课"为主题的第四次研修活动。

研修形式：研究课、评课、议课及交流研讨。

具体活动内容安排：如表1所列。

表1

时　间	活动内容	主讲人
第一节 2：30—3：10	讲座"基于课堂观察的思考"	白俊玲
第二节（352班） 3：20—4：00	研究课《海峡两岸的交往》	北二附 张颖老师
第三、四节 4：00—6：00	评课、议课以及落实七月份联盟大会相关事宜	全体成员

《海峡两岸的交往》教学设计

北师大二附中　张　颖

课程标准：了解两岸关系改善的史实，认识祖国统一是历史的必然趋势。

本课主题：众望归心盼团圆——看《海峡两岸的交往》。

教学过程：

①那股隔海相望的乡愁。

教师：播放于右任先生的《望大陆》诗朗诵片段，同时出示于右任先生简介。

于右任（1879—1964），汉族，陕西三原人，祖籍泾阳。南京政府成立后，曾任审计院院长、政府委员、监察院院长等职。1964年病逝于台湾。

葬我于高山之上兮，望我大陆；大陆不可见兮，只有痛哭，葬我于高山之上兮，望我故乡；故乡不可见兮，永不能忘，天苍苍，野茫茫；山之上，国有殇！

——于右任《望大陆》

学生：阅读了解于右任先生的身份与履历，聆听《望大陆》朗诵，感受这位台湾游子迫切的思乡之情。

设计意图：通过诗歌作品欣赏，引入本课主题——众望归心盼团圆。

②那段骨肉分离的岁月。

教师：根据于老先生的经历，落叶归根、安葬大陆的心愿不可得偿的原因何在？

学生：台湾长期与大陆分离。

教师：两岸分离的状况是如何形成的？

学生：1949年，解放战争胜利前夕，国民党败退到台湾，在美国的支持之下，形成与祖国大陆对峙的状态。

教师：请结合以上史实说说台湾问题的实质？

学生：中国的内政问题（中国共产党与国民党）。

设计意图：梳理台湾问题的源起，认识台湾问题的实质。

③那些坚持不懈的努力。

教师：中国共产党自建国之后始终谋求解决台湾问题，在历史发展的不同阶段尝试着不同的努力。我们通过以下材料，分析不同阶段的对台政策。

第一阶段：新中国成立初

材料一：

"中华人民共和国中央人民政府必须将人民解放战争进行到底，解放中国全部领土，完成统一中国的事业"。

——1949年9月《中国人民政治协商会议共同纲领》

材料二：

1950年6月朝鲜战争爆发，美国海军第七舰队进驻台湾海峡，公然以武力阻止中国人民解放台湾。1953年，朝鲜战争结束后，台湾当局加紧推动与美国签订"共同防御条约"。

——摘自中国台湾网

设问：建国初期我们为什么要武力解放台湾？遇到哪些阻碍？

第二阶段：20 世纪 50 年代中期

材料三：

当前党和人民的主要任务是，集中力量发展社会生产力，实现国家工业化，逐步满足人民日益增长的物质和文化需要。

——1956 年，中国共产党第八次全国代表大会

材料四：

至 1952 年底，台湾经济已基本摆脱困难与混乱局面。随着美援物资的大量到来，金融形势走向稳定，物资供应趋于缓和，工农业生产逐步恢复，为 50 年代中后期经济的初步发展创造了不可缺少的条件。

——彭怀恩《台湾政治经济发展历程》

设问：20 世纪 50 年代中期，为什么又提出要和平解放台湾？

学生：根据材料，结合史实，对不同时期的对台政策予以分析解读，能够做出合理的解释。

设计意图：培养史料实证与历史解释核心素养。

第三阶段：改革开放后

1979 年元旦，全国人大常务委员会曾发表《告台湾同胞书》。建议海峡两岸尽快实现通邮通商通航，早日实现两岸的和平统一。

教师：呈现廖承志给蒋经国的信。

1982 年 7 月，邓颖超看到蒋经国在台湾发表悼念自己父亲蒋介石的文章。她觉得其中透露出来的一些思乡之情，应该趁这个机会打通两岸的关系。于是建议由廖承志给蒋经国写信。

写信人叫廖承志，国民党元老——廖仲恺的儿子。16 岁加入国民党，1927 年，蒋介石发动"四·一二"政变后，对国民党大失所望。在革命低潮时，加入中国共产党。收信人为蒋经国——蒋介石的儿子。1925 年，在莫斯科加入苏联共产党。1937 年，回到蒋介石身边。1982 年，他们一个在北京，是全国人大常委会副委员长，中央对台工作领导小组副组长；一个在台湾，是台湾地区领导人。

"经国吾弟：咫尺之隔，竟成海天之遥。南京匆匆一晤，瞬逾三十六载。

幼时同袍，苏京把晤，往事历历在目。惟长年未通音问，此诚憾事。近闻政躬违和，深为悬念，人过七旬，多有病痛，至盼善自珍摄"。廖承志比蒋经国大两岁，两人既是儿时的好友，又是莫斯科中山大学的同学。莫斯科的冬天特别的寒冷，晚上两人就同盖廖承志的大衣。幼时同袍，苏京把晤，讲的就是这段故事。然而这封信却并非老友叙旧那么简单。"三年以来，我党一再倡议，贵我两党举行谈判，同捐前嫌，共竟祖国统一大业，惟弟一再声言，不接触、不谈判、不妥协，余期期以为不可。世交深情，与公与私理当进言，敬希诠察。祖国和平统一乃千秋功业。台湾终必回归祖国，早日解决对各方有利，台湾同胞可安居乐业。两岸各族人民可解骨肉分离之痛。在台诸前辈及大陆去台人员，亦可各得其所，且有利于亚太地区局势稳定和世界和平。吾尝以计利当计天下利，求名应求万世名自勉。倘能于吾弟手中成此伟业，必为举国尊敬。世人推崇，功在国家，名留青史。"

"所谓'罪人'之说，实相悖谬，局促东隅，终非久计。明若吾弟，自当了然，如迁延不决或委之异日。不仅徒生困扰，吾弟亦将难辞其咎。再者，和平统一，纯属内政。外人巧言令色，意在图我台湾，此世人所共知者。当断不断，必受其乱。愿弟慎思"。

学生：体悟老一辈共产党人为和平统一做出的不懈的努力。以廖承志为代表的共产党员能够捐弃前嫌，主动与国民党领导人蒋经国示好言和。以国家民族大义为重的胸怀着实令人钦佩。

教师：叙述廖承志主动修缮蒋家祖坟。

其实在写信之前，廖承志已经做了一件很特别的事，来争取蒋经国。他提请中央，重新修复蒋家祖坟。这个决定出乎很多人的意料，出现了很多反对的声音，对当时的大陆人来说，蒋家无异于难以原谅的敌人。廖承志的父亲廖仲恺，也是死于国民党的暗杀，但廖承志说，"我们不要计较个人恩怨，应以国家民族利益为重，以祖国统一为己任。要向前看"。一句话放下了当年的恩怨，蒋经国从小熟读四书五经，深受传统儒家思想的影响，对于祖墓非常在意。蒋介石去世前曾嘱托蒋经国，有朝一日把自己的灵柩，迁葬于故乡。修缮蒋家祖坟，绝对是拉近蒋经国的一步好棋，于是他顶着众人的反对，亲自安排，很快让当地有关部门把破败不堪的蒋家祖坟修缮一新，并把照片捎给了蒋经国。据说蒋经国看了以后，有一阵子没有讲话，半天才吐出了五个字："好，我晓得了。"

学生：体悟到廖承志不计个人恩怨，以德报怨，为祖国和平统一，解决台湾问题竭诚努力。

设计意图：历史地理解当时廖承志为解决台湾问题做出的巨大贡献。感受廖先生以国家利益为重的开阔胸怀。

教师：党中央为更好地解决台湾问题，更符合台湾当地发展趋势。创造性地提出"一国两制"方针，为和平解决台湾问题提供制度保障。

材料五：

改革开放后，邓小平从维护祖国和中华民族根本利益出发，创造性地提出"一国两制"的伟大构想。邓小平在1983年的一次谈话时说，"祖国统一后，台湾特别行政区可以有自己的独立性，可以实行同大陆不同的制度。"

——1983年6月26日，邓小平在会见美国新泽西州西东大学杨力宇教授

教师：播放台湾老兵返乡运动记录史料。

学生：不仅共产党人与制度决策作出努力期盼祖国早日统一，而且台湾同胞也归心似箭。

台湾1987年被迫调整"三不"政策，开放台湾居民赴大陆探亲。海峡两岸同胞近三十八年的隔绝状态被打破。

第四阶段：20世纪90年代初

材料六：

1992年9月2日，布什政府公然违背美国在"八·一七公报"中所作的承诺，宣布向台湾出售150架F-16战斗机；1994年，克林顿政府调整对台政策，大幅提升美台实质关系……岛内"台独"和分裂势力的活动日益猖獗，严重影响到两岸关系的进一步发展，对祖国和平统一事业构成巨大威胁。

——中国台湾网

教师：出示汪辜会谈照片和江泽民提出八项主张。

1990年，台湾成立海峡交流基金会。

1991年，大陆成立海峡两岸关系协会。

1992年，海协会、海基会达成"海峡两岸均坚持一个中国原则"的共识。

1995年，八项主张的提出。

学生：梳理20世纪90年代海峡两岸不断和平交往的史实。

设计意图：突出本课重点，了解不同时期海峡两岸关系发展的历史脉络。

④那些愈加密切的交往。

教师：出示两岸持续不断交往的史实。

学生：

经济交往频繁：广受大陆市场欢迎的台湾品牌：康师傅、永和豆浆；两岸经济贸易统计图。

政治交往密切：连战访问大陆、习近平与马英九会谈。

民间文化交往：回乡探亲、两岸旅游、"团团圆圆"。

设计意图：两岸密切交往，反映出祖国统一的良好趋势。

⑤那片不可分割的领土。

教师：李登辉、陈水扁、蔡英文相继宣扬"台独"。

学生：用史实证明自古以来台湾就是中国领土。

教师：美国执政者采取"以台制华"的政策，遏制中国发展。把台湾问题当作牵制中国的一张王牌，既不支持台独，也不愿看到中国统一。（漫画材料）

学生：用《开罗宣言》等国际条约证明一个中国的正确性。

材料一：

三国之宗旨，在剥夺日本自从1914年第一次世界大战开始后在太平洋上所夺得或占领之一切岛屿；在使日本所窃取于中国之领土，例如东北四省、台湾、澎湖群岛等，归还中国。

——1943年《开罗宣言》

材料二：

美利坚合众国政府承认中国的立场，即只有一个中国，台湾是中国的一部分。

——《中华人民共和国和美利坚合众国关于建立外交关系的联合公报》（建交公报）1979年1月1日

材料三：

中德两国2014年10月联合发布的《中德合作行动纲要》和同年3月发布的《建立中德全方位战略伙伴关系的联合声明》均指出，德国重申坚持一个中国政策，尊重中国主权和领土完整，支持两岸关系和平发展。

俄罗斯外交部发言人扎哈罗娃表示，无论谁担任台湾地区领导人，俄罗斯的立场都是不变的，俄方承认只有一个中国。

设计意图：运用史实，作为证据，解决现实问题。

⑥那颗渴慕团圆的归心。

教师：诗人赵佳音《台湾，我们等你回家》；

漫画《回家吧，就缺你了》；

台湾民众反台独游行。

学生：感知台湾回归是民心所向。

教师：时空对话——请你运用本课历史知识以及对海峡两岸关系发展趋势的看法，给于老先生写一封跨越时空的回信。你会怎样表达？

学生：运用历史所学进行书信创作，表达对于老先生未能达成的世纪心愿的看法。课堂相互交流。

设计意图：学以致用，祖国统一是大势所趋。

带着遗憾前行

——蓦然回首 成长却在灯火阑珊处

伊旗一中 任 慧

有人说，心存梦想，机会就会笼罩你。那一年的寒冬腊月，历经了绞尽脑汁后的论文比赛，我终于"脱颖而出"，成功跻身伊金霍洛旗初中历史名师工作室。满心欢喜的我在收到"聘书"的时候，一首《凉凉》却恰如其分地在心中飘过……"名师"是多么让人"仰望星空"的一种称呼啊，然而，我只是一个"研修员"……正是这样一个"遗憾"给了我凝重的思索：距离"名师"的路漫漫其修远兮，吾将上下而求索。

然而，"你想走得快，一个人走；你想走得远，一群人走"。名师工作室正是这样一个舞台,这里有专家的悉心指导、教研员的精心引导、同行的火花碰撞,如一盏指路明灯,给我照亮前进的路线,指引我快速的成长。这是一个新的起点。我坚信:方向比努力更重要,方向对了,努力才有意义!

一、读万卷书,行万里路,厚积薄发

"凡事预则立,不预则废"。在专家和我旗教研员的指导下,我根据自己的实际情况,制定了《个人成长两年规划》,为自己的成长保驾护航。都说读书足以怡情,足以博采,足以启思。所以,我坚持在平时忙碌的教学中,也保持一定的阅读量,如工作室推荐的《历史学是什么》和《历史教师专业能力必修》《全球通史》《丝绸之路》等史学专业著作、我自己感兴趣的《这个历史挺靠谱》等通俗读物从书籍中汲取智慧,让书籍滋润自己的素养。

也有人说,每一次的听课,都是一种洗礼;每一次的交流,都是一种收获;每一次的反思,都是一种进步。在这一年多的时间里,我有幸聆听工作室专家、同行的精彩公开课,史学界"大咖"学术理论的争奇斗艳……

几多耳目一新,几多震撼,几多沉思……在这一思维与灵感的火花交织与碰撞的过程中,同行的人们在思想上,实践上都让我醍醐灌顶,找到了方向,看到了希望,剩下的便是内心的积淀转化为教学上的实践与改革,促我一路前行,不断创新!

二、作茧成蛹,破茧成蝶,柳暗花明

作为一名青年教师,我的教学追求是"让复杂的历史简单化,让简单的历史趣味化,让趣味的历史情感化,让情感的历史鲜活化!"但是随着时间的推移,我的教学却走进了"瓶颈期"。如越来越"急功近利",从满脑子想的都是如何让孩子们喜欢历史课堂到如何提高成绩;课堂越来越充满了"骨感美",特别注重知识的记忆;备课的方向发生了逆转,从激发学生学习历史的兴趣到把教材当成"圣经",围绕着"考试"转。总之,无趣又无味,像一盘菜,色香味都不俱全,还强迫别人都吃掉。

既然丢掉了初心,丢掉了美感,当然就生出了嫌隙和距离,忽略了历史学科的本真。然而,"井底之蛙"终于看到了更大的天地,所以没有对比就没有伤害。只是,我被"伤害"的不止一次……工作室专家李树全老师、工作室张颖老师、四川林老师、呼和浩特姬老师的优秀公开课……无一不是对教材进行了大胆的整合和创新，加入教师自己的教学立意，设计旨在培养学生历史学科素养的活动和问题，使历史知识水到渠成、自然生成，落脚点都在培养学生健全的人格和正确的三观。同时，教学设计新颖、方法和方式灵活多样，教学资源丰富多彩。一切都如春雨般润物无声，而绿芽也在不知不觉中茁壮成长。这样的历史课堂是享受，是体验，是动力。

然而，只有一次次的"伤害"，才能让人不得不直面问题，撕开一道突破口，推陈出新。是时候出发了，我要改变我的课堂……

第一，历史教师的格局要高，历史课堂才能有意义。即要明白自己身上所担负的使命和责任，将教师梦和中国梦相结合。第二，要革新自己的备课理念，实现高端备课。对教材进行大胆有效的整合，形成自己的看法，设计符合学生认知规律的教学活动。第三，课堂要有意思。教师的语言要幽默、风趣、诙谐，问题的设置要能够激发学生的思考欲望，要让孩子们感觉到自己跳一跳能摘到桃子吃，而不是怎么跳都够不着。第四，要重新定位自己在教学活动中的地位。要放低姿态，站在孩子的角度，用生命影响生命，用灵魂塑造灵魂。第五，要适当培养学生学习历史的方法。满足孩子们对历史探究欲望最好的一个办法便是引导他去探索历史，而这需要大量的阅读，从中获取信息，生出感想，甚至产生质疑。第六，适当的时候要带领学生到博物馆、考古遗址亲自参观考察，感受身边的历史。正如李老师所言，历史课堂要有人物、有情境、有细节、有活动、有材料，这样"死"的历史就有血有肉了。教师要有步骤地引导学生对历史进行思考，鼓励孩子们得出自己的看法和想法，这才是历史教育的本真。

三、痛定思痛，见贤思齐，静待花开

接受不完美的自己，需要勇气；正视自己的短板，需要破茧成蝶。这是一个痛苦的过程，但更是必经的过程，否则，怎么能遇见更好的自己呢？于是，我开始向刚刚那些"武功高深的大侠们"学习，各种"临摹"……一次次的尝试，一次次的遗憾，一点点的蜕变，终于迎来了一次小小的"华丽转身"……

在名师工作室的一次活动中我幸运地承担了《宋元时期的科技和中外交通》一课的公开课任务。我首先对教材进行了整合，以"厉害了，我的国！"为主线，分为两个篇章：忆往昔和看今朝。忆往昔之四大发明播四海、忆往昔之中外交通路畅通；看今朝之大国制造续辉煌、看今朝之桥路车港傲全球。授课时，将忆往昔和看今朝交错结合，从时空上拉近历史与现实的距离。教学资源的选取上，运用了图片、动态图、历史地图、视频、材料等，形式多样，种类丰富，激发学生的求知欲和爱国热情，培养学生的思考问题、解决问题、实践能力，让学生油然而生的认同中华民族的优秀文化传统，尊重和热爱祖国的历史文化，感悟中华文明的历史价值和现实意义，使历史学科素养落地开花。

带着几分遗憾，带着些许忐忑，意料之外的惊喜却出现了……

这节课得到了同行和孩子们的不少鼓励、赞扬，也让我更坚定了改革的信心。

感谢遗憾，前方的路才会走得更坚实，未来的日子才不会有太多的遗憾；带着遗憾远行，人生旅途才会更精彩！相信在这样一个开拓创新、不断进取、奋发向上、求真务实的团队里，相信和这样的一群人一起走，会看到一路风光，更会收获一路惊喜！

结伴·历练·蜕变
——努力的颜色
伊旗一中　魏　花

一、蜕变前——努力的教教材，"骨感美"的课堂，"尴尬不少"

"尴尬一"——学艺不精，对历史知识和课标研究不深

还记得初登讲台时，借着初生牛犊不怕虎的劲儿，第一节课《祖国境内的远古居民》给学生讲故事，未想到学生竟然从此喜欢上了历史课。但是，后来讲故事这个环节越来越少甚至都没有了。还记得几年前学校选出了三位老师参加全市基本功大赛，很幸运的是我是其中之一，我自知这机会有多难得，因此全身心地投入了这场比赛，而且我们组的老师也帮我出谋划策。赛课的过程中自我感觉还是良好的。但是当评委问我两个问题的时候，我就懵了。第一

个问题：三国时期，兵器使用是冷兵器还是热兵器？导入语中为什么会出现硝烟弥漫？你觉得合适吗？第二个问题：课标中对学生的学习目标要求中可以用掌握这个词吗？学艺不精，出师不利，败北而归。三位参赛老师只有我一个人得了二等奖。

"尴尬二"——情感教育未能做到润物细无声

案例一：还记得讲《南京大屠杀》这一课时，日本法西斯六周内屠杀放下武器的士兵和手无寸铁的居民30多万人。这是日本法西斯灭绝人性的野蛮的残暴血腥的屠杀暴行。讲述完后，学生的反应让我不寒而栗，我深深地问自己的内心：孩子们怎么了？我怎么这么失败啊？身为历史老师我合格吗？

案例二：还记得讲《科索沃战争》那一课时，当学生看到课本中有一幅插图《中国学生抗议美国轰炸中国驻南斯拉夫大使馆》时竟然出现了笑声。这个班一直都是让我引以为傲的，这几位同学竟然无视中国同胞生命，竟然有笑声。当时的我很生气。这些孩子怎么了？怎么会有笑声呢？

"尴尬三"——努力的教教材，"骨感美"的课堂，无历史味

案例：还记得2017年历史名师工作室第四次研修活动《统一多民族国家的巩固和发展》我与名师张颖同课异构。整个教学设计，紧紧地围绕着教材的内容，从东南政权的巩固讲到西南如何巩固直到西北，真可谓滴水不漏，生怕缺少一个细节，害怕中考的时候是因为自己未讲，考出来学生不会。所以，我要求学生及时做好标注。这节课其实就是教师带着学生把教材上的知识点从第一页勾画标注到了最后一页，典型的教教材——"骨感美的课堂"。即教学说教化、教学结论化、教学知识化——没有味的历史课。

二、蜕变中——试着用教材教，提升学生学科素养

1. 转变教学观念——留给学生一个惊叹号，确立教学立意

这次研修活动，聆听了李树全老师的七下第19课《清朝前期的君主专制的加强》让我为之震撼，原来这才是真正的历史课堂，有意思、有意义、有历史味。学生心灵受到震撼，这辈子都不会忘记这课。李老师的这节课真正体现了历史教育的真谛。正如《中学历史教学参考》杂志社任鹏杰主编所言：教育的全部价值尊严，恰恰是在于用价值"服务人生"——满足学习者健康

成长、进步和发展的内在需要。人是根本，人是目的，其他一切全部都是手段。教学要有主题、有中心、有立意。即一课一个中心，教学活动都围绕这个中心展开，课堂始终要有一个灵魂，教师搜集的资料、设计的问题、开展的活动都与这个中心有关，学生在学习中也就清楚这节课的灵魂。历史教育最终目的是用价值引领来服务学生的人生——即影响学生。

李老师的这节课，颠覆了我对历史课的认识，它犹如一股春风，在唤醒着我们，历史课要有历史味。于是，我开始尝试，我也想上那样有意思、有意义、有历史味的课堂。我开始转变，试着用教材教，模仿主题教学。例如：李老师七下第19课《清朝前期的君主专制的加强》，通过讲一个历史人物的故事，设疑让同学们猜猜这个人是谁？导入新课。这是一个从"天堂"到"地狱"的大臣，他是中国历史上最著名的贪官；被称为十八世纪首富。从孩子们最喜欢的讲故事导入了新课，成功激发了学生的学习兴趣，捉住了学生的眼球；一个名不副实的"机构"，一个禁锢思想的"监狱"、一个矛盾丛生的"国家"、一个鼠目寸光的"政策"，一个日新月异的"世界"、一个意想不到的"结局"，这个意想不到的"结局"，能让你想到什么？根据这一系列主题进行教学设计，通过故事、图片、史料，以及精心设问使课堂变得特别有意思，学生听得乐此不疲、兴趣盎然。一个意想不到的"结局"，这个意想不到的"结局"，能让你想到什么呢？这个设问，让学生发散思维，自然生成开放利于国家繁荣，闭关锁国导致国家落后，让课堂变得不仅有意思、更加有意义、有深度、有高度、有内涵、有历史味的历史课！日后，我便开始尝试着用教材教，确立教学主题，探索着让自己的课堂也变得有意思、有意义、有历史味。

探索案例一：2017年初中历史名师工作室第六次研修活动，我讲了《五四运动》。以寻源五四、再现五四、感悟五四为主线展开了教学设计，通过这一系列教学设计激励孩子们争当有为青年，立德树人，报效国家，培养学生的家国情怀。课后工作室的诸位老师进行了评课，给予了我无私的指导和帮助，教研员白老师指出材料使用过多等，如何精选材料？使用得恰到好处？需要大家不断地琢磨与探究。通过大家的指正和帮助，我后期进行了不断的改进。幸运的是参加全市基本功大赛的时候抽到了这一课，获得了全市基本功大赛一等奖。

探索案例二：八上19课《七七事变与全民族抗战》，我以"民族危机，救亡兴起；国共合作，共赴困难；浴血疆场，民族壮歌；日军暴行，惨绝人寰——南京大屠杀"为主题进行了教学设计。再讲南京大屠杀这一课，我是这样设计的：先播放一小段视频。视频内容："上海失守一个月后，中国当时的首都南京陷落了，一场骇人听闻的大屠杀开始了。东京在狂欢，南京却在燃烧；东京在庆功，南京却沦为了人间地狱；野蛮的日军把南京变成一座屠杀城；日军对被俘的中国军人，对成千上万的难民，对无数的男女老幼，用机枪扫射、用火焚烧，甚至用中国百姓的头颅做赌注，竟然展开杀人比赛"。通过视频创设教学情境，拉近学生与历史的距离。接着教师对六周内屠杀30多万人这个概念进行解读，这是一个什么概念呢？就相当于每一秒钟身边就会倒下一位无辜的中国同胞。然后，进行了一个小活动对南京大屠杀死难者同胞进行五秒钟的默哀，学生的内心有所触动，从而培养学生的家国情怀。不会出现以前那样的尴尬了。

探索案例三：2018年初中历史名师工作室第三次研修活动，我讲了八下16课《独立自主的和平外交》。以"十字路口的选择、外交政策的成熟、世界舞台崭露头角"为主题进行教学设计。较这之前材料和图片的选择取舍有所进步，如不选择有争议的材料，材料的选择多样（有文字、图片、表格等），材料必须要有出处以及图片的选择是否恰当，是否与教学内容一致等。通过这节课，我开始思考为什么要用这个地图而不选择使用文字材料，这两个资源哪个效果更好？哪个更适合学生？通过比较，我舍弃了两段文字资料，换位思考，如若我是学生，我觉得地图更直观更形象。而且通过识图也可以培养学生的时空观念。

2. 转变教学方式

（1）有效的设问

设问要有内涵，要有思维含量；问题有引领，引领教学主题；问题有开放度，即有思考的余地和空间。问题设置要有层次、有梯度，循序渐进。例如：

结合材料说："一边倒"方针给新中国外交带来怎样的负面影响？通过材料创设教学情境，思考你觉得这个时候该怎么办？是跟他们吵还是另想办法？如果吵，结果会怎么样？你想到了什么其他办法呢？为什么要选这样的办法？通过这样的问题链，学生能深刻体会到周恩来提出求同存异方针的外交智慧。

（2）用人物唤醒人、感动人，让细节打动学生

通过讲故事或展示有血有肉丰满的历史人物，教学中多一些真实、具体的历史细节，有故事情境的历史细节，更可以吸引学生、打动学生、感染学生，帮助学生树立正确的历史观。例如：通过周总理身边的工作人员成元功，对万隆会议期间周总理的描述，从细节中可以看出周总理关心家人，更一心为国为民不辞辛劳地工作。

3. 转变学生观——以学生为主，培养学科素养

一切教学环节的设计和教学方法的使用都要以学生为本，充分地考虑学情，从初中生的认知等特征开始。历史学科本身的学科特点决定了历史教学是基于史料的历史教学。因此，史料的选取要适量，要丰富，要具有情境性、典型性、深刻性和启示性，要依据学情选择，以学生为主，培养学生的史料实证等素养。

利用时间轴，梳理重大事件，培养时空观念。充分发挥学生的主体地位，学生动手梳理一课的、一单元的、一册书的时间轴，培养学生的时空观念。

我来讲历史——小组分工合作，感知历史。抓住活动课契机，小组分工合作，感知历史，激发学习兴趣，提高搜集资料、整理资料能力和得出历史认识的能力，促使教学内容与学生生活拉近。

案例：先选出9位成绩优秀能力突出的同学，作为招募人，通过竞选招募自己团队的成员。通过自愿的原则，招募人与小伙伴组成自己的团队。并分工合作，完成19课《社会生活的变迁》，从衣、食、住、行、用五方面进行展示，最后由招募人进行总结，并分析得出改革开放前后社会生活变迁的原因。

学生分析试卷得分失分原因以及改进措施。

4. 读书观转变——从要我读到我要读

以前是逼着自己看书，现在是不看书真感觉不行。因此，我开始买书读

书，比如《中国通史》《全球通史》《这个历史挺靠谱》《毛泽东传》《周恩来传》等书籍，并订阅了《历史教学参考》《中学历史教学》两个期刊，来提升自己的业务能力和专业水准。

蝴蝶的美丽离不开自身的努力，但是更重要的是在蜕变之前他们都要有自己的栖身之所，如果把我自己比作一只即将要破茧翩翩飞舞的彩蝶，那么初中历史名师工作室就是让我破茧化蝶的栖身之所，感谢初中历史名师工作室给我一个展示自我的机会，感谢李老师的指导和引领，白老师的点拨和培养，以及各位工作室老师们的帮助和支持。让我这个"毛毛虫"在化蝶的过程中有了动力，有了努力前行的方向！

最后，我再次真诚地感谢初中历史名师工作室让我走上了不断成长之路！

【2018年第五次研修活动】

关于举办2018年初中历史名师工作室第五次研修活动的安排意见

为了更好地把握新教材和课程标准，认清近年来中考形势，提升老师们的命题及试题的研修能力，促进自身专业发展，9月21日上午，伊旗初中历史名师工作室在鄂尔多斯市一中分校举办主题为"着眼学科素养，把握中考导向"的第五次研修活动。

研修主题：着眼学科素养，把握中考导向。

形式：讲座、交流研讨。

具体研修内容安排：如表1所列。

表1

时间	活动内容	主讲人	主持人
8：30—10：00	2018年历史中考试卷分析	魏花（伊旗一中）	白俊玲
10：00—10：30	2018年中考质量分析和阅卷总结	白俊玲	
10：30—12：00	2018年中考经验分享	于倩（北师大二附中） 高晓聪（伊旗一中）	

着眼学科素养 把握中考方向

——伊金霍洛旗初中历史名师工作室2018年第五次研修活动总结

近年来，在学科素养的引导下，我市历史中考试题也在考查学生基础史实的同时注重考查关键能力，落地核心素养，体现学科特色。为了汲取试题的有益成分，借鉴命题者理念和智慧，更好地指引教学，我旗初中历史名师工作室于2018年9月21日上午在市一中分校开展了以"着眼学科素养，把握中考方向"为主题的第五次研修活动。

本次研修活动由我旗初中历史教研员、名师工作室主持人白俊玲主持。初中历史名师工作室全体成员和全旗初三历史教师参加了此次活动。

会议第一环节是由教研室白老师做了2018年中考质量分析和阅卷总结，白老师站在全市的角度，运用数据，从横纵两方面来对比分析各校的优秀率、低分率，使老师们进一步明确了自己在全市各校的位置。此外，针对学生答卷情况的反馈，例如错别字大量存在、语言组织不清、历史概念术语不准确等，以此为依据，希望老师们调整教学策略，做到中考教学的有的放矢。

第二环节由名师工作室的魏花老师深入细致地分析2018年我市历史中考试题的考点分布、能力要求与命题特点。魏老师从基础篇和素养篇两个维度对每道试题做了详尽的分析。具体到每道题时又从考点、试题分析和解答做了解读。例如，选择题第5题："胡人有妇解汉音，汉女亦解调胡琴"反映了元朝的一种历史现象。该现象出现的原因不包括什么？A. 国家统一 B. 民族迁徙 C. 新民族的形成 D. 各民族长期杂居。这道题以元代民族融合发展的原因为主要考查点，考查学生史料实证和历史解释素养，理解、分析能力即元代民族融合发展的原因。接下来解析元朝时期，形成了一个新的民族回族，是民族融合的表现，回族的形成推进了统一的多民族国家的发展。这样的研修使老师们更加加深了对课标、教材的理解，而且也明确了学科素养下中考历史命题的方向。

会议第三环节是中考经验分享。由北二附中王媛慧老师和一中的高晓聪老师进行。第一中学的高老师总结了她们的具体做法，即重视团队建设，重视集体备课，重视课堂实效，重视知识落实，重视试题研究的"五重视法"，她们一直坚信，师生同心，其利断金！过程是美丽的，结果一定是灿烂的！北二附中的王老师在分享她们学校的经验说到如何培优辅差时，大家进行了热烈的交流，从而把研讨会推向高潮。

最后，白俊玲老师又做了总结发言，肯定了我旗初中历史学科近年来取得的优异成绩，同时也说明任重道远，希望通过我们全体历史同仁砥砺前行、奋发图强，来年再创佳绩。

学科素养和思维能力提升刻不容缓
——2018年初中历史名师工作室第五次研修活动心得体会

伊金霍洛旗第一中学　魏　花

2018年9月21日上午，我参加了伊旗初中历史名师工作室在鄂尔多斯市一中分校举办的主题为"着眼学科素养，把握中考导向"的第五次研修活动，这次活动让我受益匪浅。

这次研修活动，有利于日后我更好地把握新教材和课程标准，认清近年来中考形势，提升我们初三老师的命题及试题的研修能力，促进自身专业发展。

喜忧参半，中考之路任重而道远。喜事之一：看到了伊旗的中考成绩名列前茅，而且几年间的进步特别大，提高了优秀率和及格率，使伊旗的教学进入全市第三梯队。喜事之二：看到了我旗的历史成绩在全市也是遥遥领先。北师大附校历史均分39.37分，位居全市第三，真厉害啊！伊旗一中历史均分：36.09分，也是真牛啊，面对生源差却能考出这样的好成绩，真让人佩服！

忧事：看着上一届伊旗的初三历史老师们带领同学们取得如此优异的中考成绩，让我深深明白自己的责任有多重！更让我知道，我需要多方面的努力甚至是要从课堂上的教学和课后的扶优转差突破。

在这样的中考形势下，作为一名初三历史老师，我不敢有丝毫的懈怠，在中考的这条道路上，我会努力深研教材，培养学生素养，让每位学生都有获得感，通过这一年，尽自己最大的努力使每位同学都取得理想的成绩。

分析2018年历史中考，提升素养与思维刻不容缓

我有幸能分析2018年的历史中考试题，再次感谢白老师给自己的这次机会，说实话通过这次试卷分析，让我深刻地体会到貌似简单了许多的中考题，原来每道题都不简单。

通过试卷分析，让我深刻地意识到，抓住课堂很重要，课堂是主阵地，由于历史学科的学科特点，所以教学中史料教学是十分必要的，关键是如何使用史料、选取史料，怎样适度高效地使用史料从而来提升学生的学科素养与能力。

发挥学生的主体地位，授之以渔，教给学生方法，每课的教学设计需要充分考虑学情，想想教学设计既能调动学生兴趣又能学有所获。思维的培养刻不容缓，循序渐进地培养学生思维能力，如自己能解读思维图，甚至自己能画出思维图。

中考经验分享，取经不少

"名师引领，探索前行"，二附中王老师对上一届初三老师的经验分享让我印象特别深刻，更让我明白了为什么她们能取得那么好的成绩。

虽然简简单单的五六张幻灯片，但给我的冲击、震撼特别大。

计划先行，精确到天。课标引领，重大事件串联，多种方式呈现与检测。及时发现问题，进行整改，策略转变，紧紧围绕计划。

四轮复习中，师生整理易错题，查漏补缺，做到了实处。

课堂逻辑起点——0.2的难度系数引领教学，这真是闻所未闻，这样的设计，是提升学生能力的关键。更给我震撼的是列举的两道典型例题。我上手一做，自己觉得很简单，心理还想着也叫有难度？一查答案，我竟然做错了。一看详解，原来这道题中的柱状图个个都有深意。这真是中考题，看似简单，实则深似海啊！典型例题2，材料题一共三问，第一问考查学生总提取材料信息的能力；第二问第三问设问角度特别新颖，考查学生综合概括能力。这两道典型例题，充分说明了老师们站得高，研得深。我在这方面几乎没有，因此从此刻开始我要奋勇直追！

高组的中考经验分享，四个重视，再一次被组长的语言功底和敬业精神折服。

总而言之，好成绩的取得离不开老师努力，而且是有智慧有深度的努力和付出！通过这次研修活动，我深刻地意识到，好成绩的取得离不开对历史基础知识的夯实，更离不开教学策略的实施，最主要的是提升学生的学科素养和思维能力，这样的孩子才能在日后的道路上走得更远更久！

【2018年第六次研修活动】

关于举办2018年初中历史名师工作室第六次研修活动的安排意见

中学历史课程改革已发展至新阶段。但从目前的初中历史教学来看，课堂教学更多的还是停留在浅层学习阶段，学生缺乏学习热情和主动性，缺乏对历史的深入理解，学生思维得不到锻炼，学科核心素养也无法落地生根。为推动历史课堂教学向核心素养方向转变，促进历史学科核心素养在课堂教学中"落地"，初中历史名师工作室将举办以"促进深度学习的课堂教学策略研究"为主题的第六次研修活动。

研修形式：讲课、评课、讲座及交流研讨。

具体活动内容安排：如表1所列。

表1

时　间	活动内容	主讲人
第一节 8：20—9：00	九年级下册第十七课	魏花 伊旗第一中学
第二节 9：10—9：50	九年级下册第十七课	成梦 伊旗第二中学
第三节 10：00—11：00	讲座"促进深度学习的课堂教学策略"	白俊玲
第四节 11：00—12：00	议课、评课、交流研讨	全体工作室成员

促进深度学习的课堂教学策略研究

——伊金霍洛旗初中历史名师工作室2018年第六次研修活动总结

随着基础教育课程改革的推进，学科核心素养的培养成为时代的新要求。核心素养可以指导、引领、辐射学科课程教学，发扬学科教学的育人价值。核心素养的达成要依赖于教师对课堂教学策略的深入研究，只有通过更富有活力和思想的课堂教学，才能顺利到达核心素养的彼岸。为此，11月28日，初中历史名师工作室在伊金霍洛旗第一中学举办了以"促进深度学习的课堂教学策略研究"为主题的第六次研修活动。

本次研修活动由我旗初中历史教研员、名师工作室主持人白俊玲老师主持，初中历史名师工作室全体成员参加了此次活动。

一、巾帼本色，尽现课堂

第一环节由名师工作室两位年轻有为、才华出众的老师进行同课异构。第一节由魏花老师执教，魏老师这节课突显历史核心素养下的教学，还有魏老师声情并茂的引导，激发学生主动学习，从学生表情可以看出，他们学在其中，乐在其中。第二节由成梦老师执教，成老师的这节课主题鲜明，设计符合初三学生特点，特别是成老师在突破重、难点时，深入浅出、化难为易，提高了课堂效率。

二、学术讲座，启发引领

第二环节由历史教研员、名师工作室主持人白俊玲为我们做"促进深度学习的课堂教学策略研究"讲座，白老师幽默风趣的讲话，深受大家欢迎，谈到教学策略这一块，白老师多次强调无论是课前教学设计还是课上教学实施，还是课后作业创作都要从学生实际出发。尤其在课堂上要多关注学生，启发学生思考，鼓励学生主动参与。白老师的讲座言简意赅，适用课堂教学，对老师们今后的日常教学有很大帮助。

三、群策群力，集思广益

第三环节在白老师的指导下，我们进行了说课和评课，二位老师诚恳、谦逊的反思，值得我们工作室所有成员学习，特别是说出自己问题的症结，然后请大家出谋划策。各位评课老师表现非常积极，更是直言不讳地指出二位老师的问题所在，同时也提出几个创设性的问题，后来大家共同探讨，共同学习，共同分享。在这次研讨结束之后，大家都感慨时间太紧，不过收获颇丰，期待着下次研修的到来。

【2018年第七次研修活动】

关于举办2018年初中历史名师工作室第七次研修活动的安排意见

为进一步推进教学改革，不断提升老师们的教学技能和业务素养，引导教师深入理解和研读教材，探讨教学方法，不断提高教师的教学基本功、教育教学水平，促进我旗教师的专业发展，同时为广大教师提供一个相互交流、相互学习、相互展示、相互提高的机会。初中历史名师工作室特开展以"历史课堂教学设计、实践与反思"为主题的第七次研修活动。

研修形式：说课比赛、评课议课、讲座、公开课等形式。

具体活动内容安排：如表1所列。

表1

时间		活动内容	主讲人	备注
上午	8：00—12：00	抽课、备课	吕道通、任慧、魏花、程云飞、王珍清、成梦、赵彩霞	沙龙教研模式主持：白俊玲
		说课		
下午	2：30—3：30	现场备课	一等奖获得者	
		讲座	李树全专家	
	3：40—4：20	公开课	一等奖获得者	
	4：30—5：30	评课、议课	专家和教研组长和学校代表	

练就内功　百花齐放　精彩纷呈
——2018年初中历史名师工作室第七次研修活动总结

为进一步推进教学改革，不断提升老师们的教学技能和业务素养，引导教师深入理解和研读教材，探讨教学方法，不断提高教师的教学基本功、教育教学水平，促进我旗教师的专业发展，同时为广大教师提供一个相互交流、相互学习、相互展示、相互提高的机会。初中历史名师工作室于2018年12月20日在伊旗一中三楼录播室特开展以"历史课堂教学设计、实践与反思"为主题的为期一天的第七次研修活动。

首先，白老师以简明扼要的语言说明了这次活动的目的、方式，并热烈欢迎了来自陕西的名师专家，即本次比赛的总评委李树全老师，其他评委老师：伊旗一中的杨海清老师、伊旗四中的文青盟老师、北师大二附校的王媛慧老师。

接着，在凝重而又紧张的气氛中，说课比赛拉开了帷幕……按照抽签的先后顺序，伊旗一中的任慧老师、伊旗四中的王政清老师、伊旗四中的程云飞老师、市一中分校的吕道通老师、伊旗一中的魏花老师、市一中分校的赵彩霞老师、伊旗二中的成梦老师依次进行了说课展示。

任慧老师干脆利落地展示了自己逻辑严密且富有灵魂的教学设计：那年甲午风云起、那年马关民族痛、那年时局刺我心；王政清老师娓娓道来自己富于创意的教学设计：洋务运动的课堂辩论赛；程云飞老师抑扬顿挫地展示了自己富有立意的教学设计：为丝路开通奠基础、开通丝路传文明、保驾护航丝绸路；吕道通老师慷慨激昂地演说了自己对教材的大胆整合：秦展雄风灭六国、创新制度固统一、威加海内统四方；魏花老师激情澎湃地展示了自己环环相扣、逻辑严密的教学设计：为什么探寻新航路、怎么样探寻新航路、探寻新航路的影响、一带一路创辉煌；赵彩霞老师温文尔雅地展示了自己问题引领式的教学设计，历史抉择：签还是不签、变还是不变、大变还是小变、维新还是革命；成梦老师一鸣惊人地展示了她引人注目的教学设计，"神学统治"到"人的发现"：一个发源点、一只老虎、一个过程。

一上午的唇枪舌剑……大家如八仙过海，各显神通，使尽浑身解数，将积淀许久的能量全部激发并集中在20分钟内充分展现。针对每一位参赛选手的教学设计，总评委李树全老师都进行了高质量的提问，要求每一位老师现场答辩。之后，李老师对大家的说课进行了有的放矢的点评，肯定了每位选手的闪光点，同时也提出了很多很有"质量"和建设性的问题供大家参考和思考。之后，评委们给每一位参赛选手进行打分，最后评委们交换意见，认真评定出了本次说课比赛的一等奖、二等奖、三等奖。一等奖由伊旗一中的任慧老师摘得，二等奖则由伊旗一中的魏花老师、市一中分校的吕道通老师、四中的程云飞老师摘得，三等奖则花落四中的王珍清老师、二中的成梦老师、市一中分校的赵彩霞老师。

经过中午短暂的"休养生息"，下午由获得一等奖的任慧老师进行了说课的实践——课堂展示。后李老师和各位同仁进行了精彩而中肯的点评，在肯定亮点的同时，也提出了很多非常实用且有参考性的建议。最后，李老师针对大家在说课过程中出现的一些问题，进行了专题讲座——"如何说课？"他从多个角度，深入浅出，理论联系实际的给大家指点了说课迷津，让广大的一线教师受益匪浅，提升了自己的理论储备。正如李老师所言："一位优秀的老师，不仅要讲好课，更要能说好课。"

在活动接近尾声的时候，白老师组织了隆重的颁奖仪式，以表彰先进，鼓励同行。从每一个人脸上幸福的表情中，我们看到了被肯定后的喜悦、努力后的收获、成长中的进步！在收获幸福过程中，大家练就了内功，在百花齐放的竞技中，一路风景精彩纷呈，名师工作室就是这样一个广阔的舞台，这里有专家的引领，有白老师的鞭策，有优秀同行的精彩展示，还有一群乐于奉献、愿意进步、充满激情、热爱历史教学的同行们相互搀扶，相信在历史教学这条"长征"路上，我们每一个人都能取得最终的胜利，也能收获更多的精神食粮！

- 2020—2022 历史名师工作室部分研修活动资料

【第四期第一次研修活动】

关于举办伊金霍洛旗教育体育局第四期"1+1+X+N+Z"初中历史名师工作室第一次研修活动暨初中历史学科研讨会的安排意见

中考作为初中学生学业水平考试，兼具初中毕业、高中选拔和引导初中教学的导向功能，为了更好地把握新教材新理念，依据课程标准，落实核心素养，对中考形成清晰的认识，进一步提高老师们试题的研修能力和备考的实效性，促进自身专业发展，现决定举办伊金霍洛旗教育体育局第四期"1+1+X+N+Z"初中历史名师工作室第一次研修活动暨初中历史学科研讨会。

研修主题：探中考命题规律，寻教学应对策略。

活动形式：讲座、交流研讨。

具体活动内容安排：如表1所列。

表1

时间	活动内容		主讲人
8：20—9：10	教学经验交流	周密计划，高效备考	郭蓉 市一中分校
		非常时期，别样升学	任慧 第一中学
9：10—10：20	"探微2020年鄂尔多斯市中考历史试题的命制"		高晓聪 第一中学
10：30—11：30	2020年中考质量分析及教学建议	基于核心素养，落实立德树人，引导初中历史教学	白俊玲 教育发展研究中心
11：30—12：00	名师工作室方案解读	解读《伊金霍洛旗教育体育局第四期"1+1+X+N+Z"学科名师工作室考核细则》及《伊金霍洛旗第四期初中历史名师工作室研修方案》	白俊玲 教育发展研究中心

探中考命题规律，寻教学应对策略

——伊旗教体局第四期"1+1+X+N+Z"初中

历史名师工作室第一次研修活动暨初中历史学科研讨会总结

为了更好地把握新教材新理念，落实核心素养，对中考形成清晰的认识，进一步提高老师们试题的研修能力和备考的实效性，促进自身专业发展，伊旗教体局第四期"1+1+X+N+Z"初中历史名师工作室以"探中考命题规律，寻教学应对策略"为主题的第一次研修活动暨初中历史学科研讨会于2020年11月25日上午在伊金霍洛旗第一中学如期举行。本次活动由初中历史教研员、初中历史一级名师工作室主持人白俊玲主持，伊旗一中郝晓舟副校长、六所汉授中学的30多位历史教师参加了本次研修活动。

本次活动包括四部分内容，第一部分由2020年中考质量优异校市一中分校和一中做经验分享，第二部分由二级名师工作室一中主持人、2016年中考命题人高晓聪老师做2020年中考命题分析，第三部分由一级名师工作室主持人白俊玲老师做中考质量分析，第四部分由一级名师工作室主持人白俊玲老师解读名师工作室方案。

一、交流碰撞火花，火花点燃智慧，智慧促人成长

市一中分校的郭蓉老师做了"周密计划，科学备考"的经验分享。她从教学进度规划、周教学计划、集体备课、质量分析、团队合作培优补差等方面仔细详实地介绍了备考的周密计划，又从一轮复习具体做法，如理、背、思、写、练"五步"教学环节，二轮复习具体做法，如专题整合、答题规范等方面深入细致地再现了扎实高效的复习课堂，最后从回归教材、一轮复习中做好小专题总结、二轮复习学生主体作用发挥不到位、错题整理应放在平时等方面进行了深刻的反思。郭老师毫无保留、倾囊相授，让老师们醍醐灌顶，真正明白了"水到渠成"的含义。

一中的任慧老师则从中考质量分析、备考策略回望、反思等角度和大家交流了那段"非常时期，别样升学"的心路历程。她从团队合作，计划先行、按部就班，真抓落实等方面再现了一中精诚合作、高效一致的复习课堂，同时，她也就如何提高及格率、降低低分率进行了一针见血的反思。任老师切中要害、有的放矢地回望，让老师们深受启发，引发了共鸣和讨论。

二、管窥中考命题，探究命题规律，明确复习方向

一中的高晓聪老师做了"探微2020年鄂尔多斯市中考历史试题的命制"讲座。她从试题总体评析、命题理念、命题依据、命题原则、考查目标与内容、试题变化与创新、复习建议等七大方面进行了仔细深入的研究与分析。

其中，高老师特别从基础知识考查、核心素养考查、知识迁移考查、深入认知考查、地方史考查、社会热点考查、传统文化及红色革命文化考查等方面进行了总结分析，并结合2020年每一道中考试题进行了详细分析，让老师们明确了命题者的意图，也找到了复习的方向。

而高老师结合自身中考命题经验和20多年的一线教学经验给出大家的研读历史课程标准，领会课标要求、通过单元整体教学设计，全面贯彻统编教材内容、适时设问或出示材料、关注热点等宝贵复习建议更是如及时雨般带领老师们穿越充满迷雾的森林，直达中考高效复习的快车道。

三、分析中考质量，引导历史教学，落实树人目标

初中历史教研员白俊玲老师做了"基于核心素养，落实立德树人，引导初中历史教学"的讲座。首先，白老师从全市均分、全旗均分、各学校均分及在全市、全旗的地位和优秀率、及格率、低分率等多角度对2020年中考伊旗历史学科质量进行了全面分析。其次，白老师在肯定成绩和进步的基础上，针对全旗历史学科教学普遍存在的问题和突出问题给予了大家四条提纲挈领又切实可行的教学建议：心中要有课标、手里要有教科书、胸中要有中考题、眼中要有学生。这让老师们又得到了一次洗礼，更加明确自己的使命，也更有动力和"武器"去坚定地走好中考复习之路。

伊旗一中副校长郝晓舟同志作了总结发言。首先，他对2020年中考历史学科取得的成绩表示祝贺和肯定。其次，他进一步肯定了白老师的引领作用和名师工作室平台的推动作用。最后，他从研课标、习课本、立目标、落素养、抓细节、促思维、提能力等方面对广大教师提出殷切希望，愿老师们以此共勉，在2021年的中考中更上一层楼！

四、借助名师平台，实现个人成长，发挥示范作用

一级名师工作室主持人白俊玲老师细致入微地解读了《伊金霍洛旗教育体育局第四期"1+1+X+N+Z"学科名师工作室考核细则》及《伊金霍洛旗第四期初中历史名师工作室研修方案》，并希望名师工作室的七位老师能够在自己所在学校、在全旗充分发挥引领示范作用，辐射质量较薄弱的兄弟学校，甚至可以走向更高的平台展示风采。名师工作室的老师们也纷纷发言，认

识到了自己的使命与责任，并结合自身实际情况，制定出了个人两年成长规划。

半天的时间里，全旗历史老师都沉浸在倾听、分享、交流、探讨的氛围中。大家在倾听中自我反思，在分享中碰撞火花，在交流中达成共识，在探讨中发现问题，在学习中不断成长。相信在专家、教研员的引领和指导下，在名师的辐射下，全旗历史教师能够资源共享，经验互通，仰望星空，脚踏实地，促使历史学科教学质量更上新台阶！

交流碰撞火花，火花点燃智慧，智慧促人成长

伊旗一中　任　慧

经历了两年研修磨砺，我今年有幸成为第四期名师工作室的名师。虽然身份有微调，但初心始终不变。又是一个新的起点，又是一次新的成长，幸得一群志同道合的战友相伴左右，加之高人引路，相信定会碰撞火花，收获满满。

为了更好地把握新教材新理念，落实核心素养，对中考形成清晰的认识，进一步提高老师们试题的研修能力和备考的实效性，促进自身专业发展，白老师主持召开了名师工作室的第一次研修活动。

一上午的研修交流，让我看到了年轻人的实力、用心和努力，骨干教师的能力、认真和钻研，教研员的高屋建瓴和细致入微，也让我明白了自己和他们的差距，更让我明确了今后努力的方向。

第一，虽然走上工作岗位已是第11个年头，但接触新教材是第一次，因此，对新教材的不熟悉严重制约了教师教学能力的提升和课堂效率的提高。恰逢今年又教初三，借此契机应认真钻研教材，做好教材梳理，做到"胸有成竹"。

第二，在教材梳理的基础上，对比新旧教材的不同点，仔细整理，结合教材编写意图，找到变化原因，充分运用最新观点进行教学，摒弃先入为主的思维定式，与时俱进。

第三，结合课程标准，再次研读教材，确定每一课的重点和难点，在新授课和复习课时，做到有的放矢，重难点突出，而不是胡子眉毛一把抓。在研究

每一课的基础上，进行单元知识整合，明确历史发展的阶段性特征，构建大单元教学理念。

第四，继续进行理论和专业学习。静下心来研读最新的教育理念、理论著作，转变已有的教学理念，并付诸于自己的教学实践，在课堂上尝试新的教学方式，不断推陈出新。都说实践是检验真理的唯一标准，只有经过不断实践、反思、再实践、再反思的往复循环，才能找到适合自己和学生实际情况的更好的教学方法。而专业学习方面，要在导师的指引下，通过大量阅读专业和相关著作，不断充实自己的专业知识，提升专业素养，以便更好地培养学生的学科素养。

第五，取人之长，补己之短，兼收并蓄，博采众长，完善自我。积极主动进行听课，不局限于校内，更要把眼光放在全旗、全市、全国。在信息技术如此发达的今天，学习的途径更应该多样化，比如多进行网上直播学习、同频互动学习等。特别是近几年，我旗历史教师队伍中充实进来很多新鲜血液，这些年轻人有朝气、有活力、有想法、有激情、有学识、有素养，他们的课堂值得我去观摩、学习和研究；当然，还有那些积累了多年丰富经验、参与过中考题命制的骨干教师，他们的课堂有厚度、有深度、有广度、有积累、有沉淀，更值得我去细细揣摩，从中悟出真谛，启迪思考。

第六，纸上得来终觉浅，绝知此事要躬行。要应对中考，平时的积淀固然是前提，但前进的方向更要把握好。因为，方向是导航，正确的导航可以起到事半功倍的效果。这就需要潜心研究中考题，把握中考方向，这样才能做到心中有数，进而更精准的在每一节课上落实教学目标。

就像白老师说的，星光不问赶路人，我们只要能认认真真做到"心中有课标、手里有教科书、胸中有中考题、眼中有学生"，相信我们的努力定会变成一束光，不断照亮孩子们前行的路！

问渠那得清如许？为有源头活水来

伊旗第一中学　高晓聪

2020年11月25日上午，我参加了伊金霍洛旗教育体育局第四期"1+1+

X+N+Z"初中历史名师工作室第一次研修活动。本次研修活动以"探中考命题规律,寻教学应对策略"为主题,在白老师的主持下,首先由市一中分校的郭蓉老师和第一中学的任慧老师做经验分享。接下来我为大家简单地分析了2020年的中考试题。最后,白老师做了今年中考质量分析和解读了《名师工作室考核细则》。半天的时间里,老师们都沉浸在倾听、分享、交流、探讨的氛围中。时间虽然短暂,但是大家能在倾听中自我反思,在分享中碰撞火花,在交流中达成共识,在探讨中发现问题,在学习中不断成长。紧张忙碌中老师们带着收获满载而归。静下心来,回顾学习,收获颇丰,面对初三学生的中考复习,结合过去的复习方法我有以下几点粗浅建议。

一、精讲重点,深入浅出

在一节课里,要讲的内容很多,想把一切问题都讲深讲透是不可能的。教学中,通过仔细认真地备课,力求把教材吃透;在处理教材和讲解课文时分清主次,去繁求简,抓住重点,精讲多练。这样做无疑是科学的合理的。多年的实践使我深刻地认识到:讲解时紧紧围绕教材,以标为纲,以本为本,通过深入浅出的讲解把课本上的知识转化为学生头脑里的知识,进而发展其智力和能力。例如,复习中日关系时,可以概括说明,中日关系从古到今既有友好的一面,又有对抗的一面;于是让学生找一找从古代到近代再到现代及到当代的有关史实说明中日关系的发展概况,及结合当今的热点谈谈怎样处理中日关系。这样,学生掌握知识的系统性得到了加强,能力也得到了提高,主动性也得到了发挥。

二、结合实际,方法灵活

传统的教育观念往往把学生置于教学活动的被动地位,不能充分发挥学生学习的主体作用,教师授课多以"填鸭式""满堂灌"的形式出现,扼杀了学生的创造性思维。经过自己的学习和实践,深刻认识到——启发应当作为一种教学的基本要求和指导原理,它可以渗透在课堂教学的所有环节中,同时任何一种教学的具体方法中也可以贯穿这一要求。从学生的实际、教学内容的实际、教师自己教学特点的实际出发,把启发的原理渗透其中,任何一种教学方法都是好方法。多种教学方法的运用,大大激发了学生的学习兴趣,启迪了学生的思维，提高了学生的能力。通过不懈努力，学生们对历史课的兴趣日益浓厚，他们常常期待着下一节历史课，猜想着老师是不是又会采取新的教学方法。

三、要夯实基础，熟悉教材

基础知识是历史考试的"本"和"源"。纵观近年中考试题，试卷难度适中，基本史实的再现是考察的重点。因此熟悉记忆基本史实，将会大大节省时间，提高答题速度。但中考在即，要求每位学生都能熟悉所有知识要点似乎不现实，建议可以让学生多看每册课本之前的目录，在讲到某个知识点时可让学生比赛谁最先在书中查到，借此帮学生熟悉课本，引导学生把书前目录与教材内容相结合并理解目录、使用目录。

四、精心设计试题，认真评讲

各种形式的练习是历史复习中不容忽视的重要形式。但教师要避免搞"题海战术"，尤其是后期模拟考试不易多，有的放矢地进行模拟训练。认真研究中考试卷，每套试题精心筛选，一套试题最好限制一节课完成（平时时间紧，相对而言中考时间就会比较充裕），评讲试卷时切忌就题论题，把现成答案写给学生，让学生死记硬背。教师应教给学生一些解题的方法，掌握窍门，比如答简答题和材料题时，可让学生学会看分值答要点；回答综合题时语言要准确，逻辑要严谨等。另外，最好要求学生订正试卷时用不同颜色的笔，这样比较醒目，而且将所有试卷保留，作为自己的复习资料。

五、关心热点，关注生活

实行新课改以来，中考试卷都出现了一些较为灵活的题型，这类题贴近生活实际，关注日常生活中的时政热点问题。这就要求我们在复习过程中通过报纸、电视、广播、杂志、网络等多种媒体，关注社会、关注世界、关注时代的发展变化。联系所学知识，进行归纳、分析和比较，也可以鼓励学生自己试着发现问题，解决问题。

六、学生注意加强审题技巧、合理安排考试时间

平时对学生进行学法指导非常重要，尤其是审题技巧。中考试题有很多题

目是考查学生解读材料信息能力以及从材料中提取信息的能力。要指导学生抓住题目的关键点。如中心语、答题要求（说明、论述、简答、列举等）、限制词等重要内容，这样就可以有效地避免"文不对题""答非所问"的现象。根据题目要求答题，做到有的放矢；还要注意试题分值、答案的格式规范化，要点序号化，内容重点化等。由于中考是政史合卷，所以在平时的教学中一定要给学生明确两科的答题时间。切记不能因为时间分配问题而导致不必要的失误。

总之，"教学有法，教无定法"，我们要"以考定教""以学定教""以课定教"，适合学生的就是好的方法。在备考课堂复习的过程中，我们要尽可能地做到：教学内容有精度，教学环节有梯度，教学活动有效度，问题点评有角度。

【第四期第二次研修活动】

关于举办伊金霍洛旗教育体育局第四期"1+1+X+N+Z"初中历史名师工作室第二次研修活动的安排意见

由于中考历史复习课教学普遍存在着时间紧、任务重，课堂时间弥足珍贵，学生兴趣不高，思维被动等现象，为了切实解决目前历史教学中这一难点问题，扎实推进中考历史高效复习课教学研究，提升教师的课堂教学能力，努力促进教师专业成长。积极推动全旗范围内的历史教师探索提高复习课教学效率的新途径、新方法，探索中考历史复习课堂教学新模式，更好地引领初三历史复习方向。根据本年度工作室研修计划，决定于2020年12月25日（星期五）开展伊金霍洛旗教育体育局第四期"1+1+X+N+Z"初中历史名师工作室第二次研修活动。

具体活动方案：如表1所列。

表1

研训课程主题		基于课程标准下中考历史复习课教学的实践探究			
时间	12月25日 14：20—17：40	方式	网络教研	主讲人	李树全
研训对象		全体初中历史教师、教研员		人数	36人
活动形式		线上说课、评课、专家讲座及交流研讨			
活动地点		伊旗第一中学录播室			
研训课程资料		教学实录、讲座PPT、中考试题			
研训课程过程安排		时间安排	主讲人	内容	
		2：20—2：35	王再艳 市一中分校	中国开始沦为半殖民地半封建社会（八年级上第一单元）	
		2：40—2：55	于 倩 北师大二附中	中华民族抗日战争（八年级上第六单元）	
		3：00—3：15	吕道通 市一中分校	经济危机和第二次世界大战（九年级下册第四单元）	
		3：20—3：35	程云飞 伊旗第四中学	中外历史上的思想解放运动（中考专题复习）	
		3：40—5：40	李树全、惠菲 西安八十九中	评课、讲座	
研训课程效果评估		研训心得体会、反思			
研训活动具体要求		各校历史教研组组长要组织备课组在研训前进行集体备课；活动结束后，请于12月28日（星期一）以学校为单位把研训前集体备课成果和研训后心得体会、反思发送给主持人（电子版或纸质版照片均可）			

基于课程标准下中考历史复习课教学的实践探究

——伊旗教体局第四期"1+1+X+N+Z"初中历史名师开展第二次研修活动总结

为了切实解决目前中考历史复习课时间紧、任务重、学生兴趣不高、思维被动等问题，积极推动全旗范围内的历史教师探索提高复习课教学效率的新途径、新方法,探索中考历史复习课堂教学新模式,更好地引领初三历史复习方向,伊旗教体局第四期"1+1+X+N+Z"初中历史名师工作室于2020年12月25日下午在伊金霍洛旗第一中学进行了以"基于课程标准下中考历史复习课教学的实践探究"为主题的第二次研修活动。

本次活动由初中历史名师工作室成员、伊旗第一中学的任慧老师主持,初中历史名师工作室导师李树全老师及其团队成员惠菲老师、初中历史教研员白俊玲老师以及全旗初中历史教师参加了本次研修活动。本次活动采取了线上同频互动方式,活动包括三部分内容,第一部分由市一中分校的王再艳老师、北师大二附中的于倩老师、市一中分校的吕道通老师、伊旗第四中学的程云飞老师依次进行相关中考复习课说课;第二部分由导师李树全进行评课;第三部分由惠菲老师做有关中考备考策略的专题讲座。

一、中考复习——"八仙过海,各显神通"

活动伊始,市一中分校的王再艳老师针对八年级上册第一单元《中国开始沦为半殖民地半封建社会》进行了复习课说课展示。王老师先通过时空览史、教材分析、时空观念、知识构建、专题分类等环节从总体上解析了单元知识体系,后又通过两个篇章具体解析了每一课的知识体系,其中,第一篇为"天朝"的崩溃——鸦片战争、第二次鸦片战争,包括"偶然与必然"原因篇、"失手"与"交手"过程篇、"伤痛"与"反思"影响篇,第二篇为"天国"的迷梦——太平天国;最后通过一组图片对鸦片战争前后中国人民的抗争史实进行了归纳总结。王老师的教学设计资源丰富、重点突出、难点突破有方,充分体现了时空观念、史料实证、家国情怀等历史学科素养。

北师大二附中的于倩老师针对八年级上册第六单元《中华民族的抗日战争》进行了复习课说课汇报。于老师非常精练地再现了她的常态课,将课程标准与鄂尔多斯市近三年的中考题对比,精确定位考点。依据课标和学情,精准定位复习课学习目标及重难点,以任务驱动的形式组织课堂教学,运用时间轴梳理、表格归纳、材料分析、真题演练(包括基础题、进阶题、挑战题)等多种教学方法落实学科素养。于老师的复习课聚焦课标、扎实高效,充分体现了学生的主体地位,值得深入探究和学习。

市一中分校的吕道通老师说课展示的内容是九年级下册第四单元《经济大危机和第二次世界大战》。吕老师以危机来临——生死抉择为主线，从课标、教材、学情、目标、重难点、教法学法、过程等方面进行了详细分析，运用了视频、图片、表格、材料等丰富的教学资源，进行了中外对比联系，升华了家国情怀。吕老师的复习课特别注重依据不同的学情进行教学设计，如"记忆大比拼"环节重在落实基础知识，真正做到了因材施教。

伊旗第四中学的程云飞老师以"中外历史上的思想解放运动"为专题进行了说课示范。程老师将中考专题复习分为三部曲：以查为实，梳理鄂尔多斯市近三年中考试题中本专题的考点、分值分布；以静制动，以课标为据结合教材提炼考点；以练应变，精选全国各地中考题进行实战演练。程老师大刀阔斧整合教材，纵横联系，贯通古今，以史鉴今，让人耳目一新。

二、导师点评——"一针见血，入木三分"

李老师从五个方面对四位老师的共性给予肯定：一是都关注学科核心素养并能融入课堂；二是都能关注学生，给予学法指导；三是眼界都比较开阔，都能关注中国与世界的联系；四是都聚焦中考，将知识点与中考考法、考题结合；五是都有方法的指导。同时，李老师又针对四位老师的具体教学内容进行了详细点评并提出了宝贵建议：王老师能够进行单元知识整合，具有宏观视野，特别关注学生的活动，比较注重学生能力的培养，但建议强化一些历史概念，设置一些有一定思维度的问题。于老师的任务驱动落实了学生的主体地位，能够对标中考，历史与现实联系较为突出；但建议更加突出单元主线，关注当前时政对命题的导向作用。吕老师重学情、重基础、重知识落实，中外联系广泛；但建议挖掘重点知识的现实价值，注重中外联系的有效性。程老师大胆整合，教学方法灵活多样；但建议专题的跨度不可过大，要注意相关内容的可比性，研究如何用浅显的道理讲常识并讲明白、讲清楚。

三、名师把脉——"脚踏实地，返璞归真"

西安交大附中航天学校历史学科中心主任惠菲老师作了题为"2021年新形势下中考历史备考策略探究"的专题讲座。惠老师从瞄准中考方向、规划有效方案；团队聚力合作、分工明确落实；牢记立德树人、开展兴趣学习；把握学情反思、不断提升素养 4 个方面，结合 2020 年鄂尔多斯中考题和自身的一线教学实践及经验，倾囊相授中考备考策略。惠老师的讲座有理论、有实践，"有图有真相"，有数据、有结论，有问题、有对策，有高度、有深度，可操作性强、可学习处多、可研究点密，不愧是中考备考"色、香、味俱全的营养丰盛大餐"，值得认真品鉴。

最后，教研员白俊玲做了总结发言。白老师希望在专家及其团队名师的引领和助力下，全旗历史老师都能深入思考中考高效复习课的新途径和新方法，并大胆实践，不断改革，坚持学习，转变思维，提升自己的专业水平和素养，更好地为孩子们的成长服务！

整整一下午，老师们奋笔疾书，认真倾听，努力消化吸收，不断反思追问，深入对比，找差距、找问题、找解决之道，力求在之后的教学中尽所能将所获致所用，不忘初心，立德树人！

中考复习　高手过招　各显灵通　处处值学

伊旗一中　任　慧

为了探索高效中考复习课的新途径和新方法，在专家及其团队的引领下，更精准地把握中考复习方向，伊旗教体局第四期"1+1+X+N+Z"初中历史名师工作室举行了以"基于课程标准下中考历史复习课教学的实践探究"为主题的第二次研修活动。本次活动采取了线上同频互动方式。

我非常荣幸能够担任这次活动的主持人，这也是我第一次担任名师工作室的主持人。回顾这次主持经历，有很多地方值得反思和商榷。

第一，主持人的"职业素养"还有待提升。不够自信，不够大方，对流程的熟悉度不高，没有制作专门的题词卡片。

第二，主持风格没有形成。只是按部就班、中规中矩，没有自己的风格和特色，过渡衔接不够自然。

第三，对线上同频互动技术掌握不够熟悉。事先没有进行全面的测试，对于活动中出现的技术突发状况不能及时处理解决。

都说学无止境，这次活动真正让我明白了这个道理。作为新世纪新时代的青年教师，更需要与时俱进，不断学习新的信息技术手段，以更好地服务自己的教学活动。

同时，作为一名初三历史教师，通过这次学习活动，对比工作室名师和自己的复习课堂，再吸收李树全老师一针见血、入木三分的点评和惠菲老师返璞归真、脚踏实地的经验总结，我又学到了一些提升和改进自己复习课教学的"妙招"。

第一，关注新旧教材的变化，主要包括知识点的增删和新观点、新看法等。与此同时，关注时政，注重历史的时代性。

第二，将课程标准与鄂尔多斯市近几年的中考题对比，自己制作双向细目表，精确定位考点。

第三，要有宏观视野，大胆整合，构建大单元体系和结构，进行以单元复习为主的阶段性复习。利用时间轴、思维导图等形式梳理知识线索，构建时空观念。

第四，再次依据课标并结合学情，精准定位复习课的学习目标及重难点。复习课重难点的确应有别于新授课，并充分体现复习课的特点，为突破复习课时间紧、任务重、课堂时间弥足珍贵、学生兴趣不高、思维被动等问题奠基。

第五，以任务驱动的形式组织课堂教学，充分发挥教师的组织引领作用，突显学生的主体地位，发挥学生的主观能动性，切实解决复习中的生成问题。

第六，运用灵活多样的教学方法，如记忆大比拼、纵横联系、表格对比等，结合丰富多彩的教学资源，如视频、历史地图、图片、图标、文字材料等，落实唯物史观、时空观念、史料实证、历史理解、家国情怀等学科素养。

第七，结合全国各地的中考真题，分层设计知识的迁移与运用习题，如基础题、进阶题、挑战题等，进行解题方法的指导，聚焦中考，考练结合，提升学业水平。

学海无涯，学无止境，每天都有人进步，每天都有人改革与创新，每天都有人反思，每天都有人尝试，我也要做个这样的人，每天反思一点点，每天尝试一点点，每天改变一点点，每天进步一点点。不积跬步无以至千里，不积小流无以成江河。希望我能不断进步，不断完善自己的课堂，为孩子们献上更好的精神营养大餐。

【第四期第三次研修活动】

关于举办伊金霍洛旗教育体育局第四期"1+1+X+N+Z"初中历史名师工作室第三次研修活动的安排意见

为了提升毕业年级历史复习课堂教学效率,探索课堂教学改革,交流教学经验,进一步推进毕业年级历史复习课型研究,打造高效课堂,积极推动全旗范围内的历史教师探索中考历史复习课教学新途径、新方法。根据本年度工作室研修计划,现决定开展伊金霍洛旗教育体育局第四期"1+1+X+N+Z"初中历史名师工作室第三次研修活动。

具体活动方案:如表1所列。

表1

研修主题	基于多维度观课议课的初三历史复习方法探究			
时 间	2021年4月7日上午			
参加人员	全体初中毕业年级历史教师和工作室成员			
活动地点	伊旗第四中学艺华楼三楼录播室			
过程安排	时间安排	主讲人	班级	内容(同课异构)
	9:10—9:50	程云飞 伊旗第四中学	九年级258班	八年级下第三单元复习
	9:50—10:30	工作室成员	—	多维度观课议课
	10:30—11:10	任慧 伊旗第一中学	九年级252班	八年级下第三单元复习
	11:10—12:00	白俊玲 工作室成员	—	多维度观课议课微讲座
效果评估	研训过程评课、议课、反思及心得体会			

伊金霍洛旗教育体育局第四期
"1+1+X+N+Z"初中历史名师工作室
第三次研修活动暨伊旗四中中考复习课研讨活动总结

春回大地，万木竞秀，日丽风和，生机盎然。中考在即，冲锋的号角已经吹响。初三历史教师重任在肩，为打赢2021年中考战役积蓄力量。4月7日，以"基于多维度观课议课的初三历史复习方法探究"为主题的伊金霍洛旗教育体育局第四期"1+1+X+N+Z"初中历史名师工作室第三次研修活动在四中举行，适时给全体初中毕业年级历史教师及四中初三复习课找到方法，指明方向。

为提升毕业年级历史复习课堂教学效率，探索课堂教学改革，交流教学经验，进一步推进毕业年级历史复习课型研究，打造高效课堂，积极推动全旗范围内的历史教师探索中考历史复习课教学新途径、新方法。伊旗四中程云飞老师和伊旗一中任慧老师就八年级下册第三单元《中国特色社会主义道路》进行了同课异构。

程云飞老师充分利用现代科技的优势，将智慧课堂和初三复习课的融合做了大胆且有效的尝试。以电子书包中学生中考题的答题统计导入，充分了解学情。展示单元时间轴和单元主题，让学生对本节课内容有整体感知。内容梳理和知识点背诵相结合，注重课堂内容实效性。注重知识的拓展和迁移，增大课堂容量。单元复习结合小专题复习，既拓宽复习面又对重点知识有了更深的把握。

任慧老师以时间轴和单元思维导图导入，单元标点对接，让学生对课堂内容以及本单元在中考中所占比重有整体认知。将知识点的梳理和考点清单练习相结合，将知识落实到笔上。以重点知识的迁移拓展和关键问题的设置，突出本节课重难点，培养学生历史思维，升华课堂。将知识点记忆与历史习题相结合，注重复习课的实效性。整节课环环相扣，从点到面，容量大，时效性强，给予我们充分的思考和借鉴。

两节课后，市一中分校、伊旗一中、北师大二附中、伊旗四中等学校老师，就程老师及任老师的两节课进行了多维度观课议课。从不同角度、不同维度、不同问题展开讨论并进行评课。解决了复习课的老问题、难问题，找到了更多历史复习课的好方法、新方法。在观课议课中，为课堂添砖加瓦。

教研室白俊玲老师就两位讲课老师的讲课内容并结合各学校历史教学情况，做了最后的总结发言。初三历史复习教学须注重快节奏和大容量以实现高效率，一轮复习就是要夯实基础，在此基础上做到拓展精练，做到点要透、线要清、精讲点拨、迁移应用。各学校历史教学要多交流、多分享，学习和借鉴优秀经验，创造更加优秀的历史课堂，提升全旗历史教学水平。观课议课活动在各学校真正实施并应用起来，这是讲好一堂课的一把利剑。我们共同努力，争取打好2021年历史中考大战。

路漫漫其修远兮，吾将上下而求索。教学没有尽头，趁春光正好，微风不躁，共同为教育美好的未来奋斗。

紧扣素养　高效复习

伊旗一中　任　慧

如果说"最好的备课是读书"，那么，"最快的成长便是公开课"。尽管过程是痛苦的，但进步是明显的。因为只有经历了伤筋动骨、刮骨疗毒，才能破茧成蝶、涅槃重生。

最近，工作室一直在针对中考复习课，特别是一轮复习该如何提高效率并落实学科素养进行研修，经过不断学习、改革、实践、反思，就这一问题我浅谈一些我的粗见。

正如白俊玲老师的精辟总结，既要快节奏、大容量、高效率，又要落实历史学科素养，在应对中考的同时落实立德树人的目标。这是历史教师的使命和责任担当，每一节课都应该扎扎实实落地。

第一，总原则是在大单元时序设计下进行小单元主题设计。这就需要对六册教材进行宏观调控，整体把握，优质整合。具体而言，先中国，后世界；先时序，后专题。在符合学生认识水平的前提下落实时空观念这一核心素养。

如复习八下第三单元《中国特色社会主义道路》时，要先进行整体时空定位，即用时间轴梳理中国现代史的四个时期，再用时间轴对这一单元进行细化定位，同时突出第一课时7、8、9课的历史发展线索。

第二，有必要进行标点对接。即利用表格列举课程标准的相关要求以及近三年全国各地中考题，特别是鄂尔多斯市中考题对这部分知识的考查方式、分值比重、变化趋势。以此提升学生对复习课的重视，并对中考考查内容做到心中有数。

第三，复习方式要灵活多样，效率要高，同时，更重要的是充分发挥学生的主观能动性，突出学生的主体地位。为了避免"炒冷饭"现象出现，教师的教学设计要有高度，还要落素养。教师要以问题引领为主要手段，以任务驱动学生的求知欲和学习兴趣。问题设置要有梯度、有层次，多一些"为什么？如何理解？怎么做？"之类的问题，少一些"是什么？"的问题。在不断训练学生历史思维能力的同时，落实历史理解等学科素养。

第四，精讲点拨要精准到位。这一环节主要针对难点、易错易混点、纵横联系小专题内容。如十一届三中全会的历史意义，既是重点，又是理解难点，借助图片可直观揭示其本质。中国实行改革开放的目的和作用则需借助文字材料理解，而对社会主义市场经济体制这一难理解的概念借助经典考题更能高效解决问题。两次具有转折意义的会议——遵义会议和十一届三中全会的比较、20世纪中国历史的三次巨变、新中国成立后中共对土地政策的四次调整等小专题则借助于表格进行多方面比较联系，找出不同，总结共性和规律。这些方式都潜移默化地培养了学生的史料实证、历史解释等学科素养。

第五，适量梯度的实战演练是试金石。说得天花乱坠，不如下笔一试锋芒。精选全国各地近三年的中考试题，培养学生的迁移、运用知识能力，并渗透答题方法，以便在真正的中考考场上做到规范答题，胸有成竹。

工作室第三次研修活动心得体会

北京师范大学鄂尔多斯第二附属学校

2021年4月7日上午，我们有幸参加了"伊金霍洛旗教育体育局第四期

"1+1+X+N+Z"初中历史名师工作室第三次研修活动。在这次活动中，我们听了伊旗四中程云飞老师和伊旗一中任慧老师的同课异构，课题是八年级下册第三单元《中国特色社会主义道路》（7、8、9课）复习。两位老师在课堂上特别注重对基础知识的夯实，教师运用PPT及学案，对点给出问题，学生限时巩固记忆，将基础知识记忆分化吸收。课堂节奏快，容量大，效率高，小专题设置恰到好处，让我们看到了很多自己课堂上缺少的东西，也是今后需要努力的地方。

接着是多维度观课议课活动，市一中分校吕道通老师和郭蓉老师从多角度对二位老师进行了精细化的课堂观察评价，让我们感受颇深。学会评课不仅仅是对别人课堂的一种尊重，更是学习提升自我的途径。最后白老师就"如何保证一轮复习的高效性"进行了深入细致的指导，更进一步为我校的中考复习指明了方向，真可谓是雪中送炭。

整个活动过程干货满满，对于我们来说是一个很好的学习机会，对今年的中考复习有了更清晰的思路。我们感觉自己收获、所思较多。

一、中考复习的方法

①夯实基础，在此基础上对学生进行分层训练，提升不同层次学生的能力。

②加强考法研究，把握中考动向，紧紧围绕课程标准进行全面系统的复习。

③精心备课，优化课堂，提高课堂效率，注重课前、课中、课后的落实与检查，进而达到框框清、周周清、节节清及课课清的目的。

④复习详略得当，主次分明，注重时空梳理，构建完整的知识网络体系。

⑤讲练结合，实现知识的消化和巩固。

⑥注重优生的培养，同时不放弃成绩薄弱的学生，通过各种形式，让他们对历史学习充满信心，从而达到优生输出，均分上升的目的。

二、中考复习要重双基，找变化，做到有的放矢

在中考一轮复习的过程中，要以夯实基础为主，把每位学生的基础知识抓牢、抓实，使每位学生都能够拿到基础分。二轮专题复习时，注重学生综合能

力的培养，确定专题，精选试题进行训练。三轮复习查漏补缺，针对学生经常性犯的错误进行反复训练，模拟演练，提前适应考试，做好思想工作，为学生中考助力。

三、关注、联系实际生活

根据新课标的要求，历史教学活动要注重联系生活实际，关注时政热点，学习有用的历史知识，近几年中考历史的命题，越来越注重把知识贯穿我们的生活，让课堂充满快乐，特别注重考查学生对历史知识的实际运用及迁移能力。所以，这要求我们在平时的课堂上，多和我们实际生活相联系，让学生认为历史知识无处不在，这样可以激发学生的学习兴趣，让学生轻松地掌握知识。

以上就是我们这次参加活动后的主要收获，这次学习让我们对接下来的工作有了更加清晰的认识，对接下来的历史教学更有信心。

【第四期第四次研修活动】

关于举办伊金霍洛旗教育体育局第四期"1+1+X+N+Z"初中历史名师工作室第四次研修活动的安排意见

在初中历史教学中，中国共产党百年历史是极其重要的教学内容，为有效提升教学中教师对关键问题的梳理能力、学科专业能力和学生学习能力，深入探讨新课程背景下中学历史教学的有效性，深入探讨中学历史教育立德树人目标的落实，现决定举办伊金霍洛旗教体局第四期"1+1+X+N+Z"初中历史名师工作室第四次研修活动暨初中历史学科百年党史研讨会。

研修主题：庆中国共产党之一百年，研九年级中共党史专题教学。

活动形式：示范课、专家点评、专家讲座、交流研讨。

具体安排：如表1所列。

表1

时间	活动内容		主讲人
8：10—9：40	示范课	中共党史专题复习课	高晓聪 伊旗第一中学
		中共党史专题复习课	任慧 伊旗第一中学
9：40—10：30	观课议课	四组分别讨论汇总	各组负责人组织
10：30—11：10	示范课	中共党史专题复习课	吴泓儒
11：10—12：00	专家点评	对两节复习课进行点评	李树全 工作室导师
2：30—17：30	专家讲座	待定	李树全 工作室导师

伊旗教体局第四期初中历史名师工作室第四次研修活动暨初中历史学科百年党史研讨会总结

2021年喜逢中国共产党建党百年，百年峥嵘岁月，百岁沧桑巨变，深耕党史教学，是我们对初心和使命的践行。4月16日，伊金霍洛旗教体局第四期"1+1+X+N+Z"初中历史名师工作室第四次研修活动暨初中历史学科百年党史研讨会在鄂尔多斯市第一中学伊金霍洛分校举行，工作室导师李树全、特邀教师吴泓儒、伊旗教师发展研究中心主任郭双喜、教研员白俊玲及全旗历史教师参与。本次研修以"庆中国共产党之一百年，研九年级中共党史专题教学"为主题，以示范课、专家点评、专家讲座、交流研讨为主要活动形式展开。市一中分校历史教研组组长吕道通主持教研活动。

一、同课异构，重温中共百年辉煌

本次研讨会特邀伊金霍洛旗第一中学高晓聪老师、任慧老师、西安市第七十五中学吴泓儒老师以"中共党史专题复习课"作教学示范。

高晓聪老师以"中国共产党的奋斗历程"为主线，以"新民主主义革命历程""新中国以来党领导的建设成就""中国共产党召开的重要会议"三条线索统领，百年党史尽现于40分钟的课堂里，结构清晰，基础扎实，强大的整合能力为青年教师夯实基本功做了典型示范。

任慧老师以"百年风雨兼程，世纪沧桑巨变"为主题，以"两路"为统领，将百年救国兴国历程巧妙解析为"百年逐梦，两路护航"即"探中国特色革命道路""探中国特色建设道路"，高度凝练，一气呵成；以两题为引导，通过精选的材料和层层递进的设问循循善诱，以四词作结——"开天辟地""改天换地""翻天覆地""惊天动地"，课堂生动、学生心动。

吴泓儒老师以"重温光辉历程，喜迎百年华诞"为主题，将"新民主主义革命""社会主义革命与建设""改革开放"三个历史阶段生动概括为"站起来""富起来""强起来"，作为课堂主逻辑线帮助学生高效构建知识体系，在习题演练的过程中适时给予学生解题方法的指导，在提升学生能力方面有很强的借鉴学习意义。

二、观课议课，双向促进教师成长

观课议课一直是我旗教研的重要项目和推进方式，它直接指向课堂教学问题的发现与解决，对于促进教师专业发展具有巨大的潜力，对观察者和被观察者均有很强的专业成长意义。观课后，以参会学校为单位进行了议课，立足于本组的观察点进行讨论、总结和反思。

三、专家点评，画龙点睛指明方向

观课结束后，工作室导师李树全对三节示范课进行了细致精彩的点评，最后总结道，专题课必须要明确专题中心是什么，处理好宏观与微观的关系，并善于在梳理历史现象的基础上进行必要的总结和历史联系。课堂是遗憾的艺术，李老师画龙点睛般的点评将让这一个40分钟留有的遗憾成就之后无数个40分钟的精彩。

四、专题讲座，对症下药如沐春风

下午，立足当前历史教学的困境和要求，李树全老师从"落实学生主体地位是培养学生历史思维能力的必然要求""培养学生思维能力，是发展学科核心素养的关键因素""优秀的教学设计，是培养历史思维的有效途径"三个方面作了"落实学生主体地位，发展学生思维能力"的主题讲座，干货满满如沐春风，激励教师们打造有高度、有厚度、有宽度、有温度、有亮度的高效、生本的历史课堂。

五、交流研讨，畅所欲言解疑答惑

讲座结束后，现场的老师们畅所欲言，纷纷向李老师请教自己在教学中和专业成长中的困惑。在教研员白老师对本次活动进行简要总结后，老师们怀揣着对专业成长的自信与期待离开了会场。

芳菲四月，尽显活力。清风四月，继续前行。同行的优秀示范、专家的点评指导、同伴的合作互助、自我的内省与期许，历史课程改革未来可期，历史教育研究一直在路上。

打破常规 锐意改革 实践出真知

伊旗一中 任 慧

墨守成规很容易，推陈出新却步履维艰。关起门来搞建设固然有自己的一套方法，但保守闭塞必然导致落后，只有对外开放，交流互鉴，方能繁荣富强。对一个国家而言，这是历史血的教训。正因如此，学史明智，学史启思，传史者更应与时俱进，不断创新，兼容并包，海纳百川。

一直以来，对于中考二轮复习之专题复习我都有些束手无策。因此，总是一遍又一遍地"炒冷饭"。学生没有兴趣，教师没有成绩，但不知该如何走出迷惘。名师工作室的这次主题研修为我提供了一个契机，我下定决心突破自我，改革创新。这次活动的目的是有效提升教学中教师对关键问题的梳理能力及学科专业能力和学生学习能力，深入探讨新课程背景下中学历史教学的有效性和中学历史教育立德树人目标的落实，而载体就是中国共产党百年党史专题复习。

这一专题是二轮复习的经典专题。传统上，都是按革命和建设两个时期进行梳理，特别是建设时期又细分为三个时期具体梳理，主要包括国共关系、中共在不同时期的土地政策、中共历史上的重大会议、中共探索出的两条中国特色革命和建设道路、中国特色理论等小专题。

针对现在历史教育对学生学科素养和主体地位的重视，我对这一专题进行再设计，有的放矢，打破传统，试图推陈出新。即以"百年风雨兼程 世纪沧桑巨变"为明线，以"开天辟地、改天换地、翻天覆地、惊天动地"为暗线，以"百年逐梦 两路护航"为突破点，以"回首来路 回望初心""牢记使命 砥砺前行"为落脚点。主要运用七则文字材料和层层递进的问题驱动学生探索中共百年发展历程中的规律性经验，培养学生史料实证的核心素养；辅之以时间轴梳理线索，以图片、视频等渗透家国情怀。

我有幸聆听了其他名师的同课异构和李树全老师"落实学生主体地位 发展学生思维能力"的专题讲座，让我对历史教学、中考历史复习课有了更多更全面的认知。

第一，一轮复习基础知识要清晰，还要有必要的容量，但要根据中考方向和学情进行控制。知识脉络要明晰，构建时空顺序，避免时空错位、混乱。把握重点，夯实基础并不等于将所有知识一一塞入课堂，而是要依据中考方向有的放矢。要关注学生能力的培养和学法的指导，特别是如何应对考试。

第二，二轮复习首先要明确专题的中心是什么？因此，思想站位要高，即每一节课都要有"灵魂"。其次，要处理好宏观和微观的关系，抑或以具体史实为支撑，将二者有机结合。再次，要善于对历史现象在梳理的基础上进行必要的联系，作出必要的总结。因为教师的高度决定学生的高度，所以，我们要设计思维含量高的教学过程以培养学生的历史思维能力。

第三，落实学生主体地位，是培养历史思维能力的必然要求；培养学生思维能力，是发展学科核心素养的关键因素；优化课堂教学设计，是培养历史思维能力的有效途径。

正如李树全老师所说，标题醒目一点，导课别致一点，素材新鲜一点，问题惊奇一点，联系丰富一点，活动实际一点。动起来吧，每天进步一点点，终会成长一大截！

夯实基础，不断提升
——历史名师工作室第四次研修有感

伊旗第一中学　高晓聪

2021年4月16日，我参加了伊旗历史名师工作室举行的第四次研修活动，

非凡十年 述说精彩（中）

上午听取了三位老师"中国共产党诞生100周年"的专题复习课并进行了说课和评课交流。下午，听取了李树全老师做的"落实学生主体地位，发展学生思维能力"的专题讲座。讲座后结合各校实际情况，与会教师进行了初中复习教学经验交流，受益匪浅。现总结并反思如下。

历史复习比较复杂，如何在短时间内完成任务，我认为应该从以下几个方面进行。

一、依据课程标准

中考试题注重关注的是考查学生的基础知识和基本能力。我们在第一轮复习中更侧重于基础知识的积累，重大历史事件的几大要素：时间、地点、原因、经过、影响要记熟练。这一阶段的复习，主要依靠学生的自主温故，在自主学习中，学生可能产生很多疑问，这些问题在合作交流中又不能解决，这就需要老师的讲解。如复习中国近代史"侵略与反抗"这一单元时，学生会产生疑问：在西方列强发动的侵华战争中，清政府为什么会战败？清政府签订一系列不平等条约又说明了什么问题？只有在老师的讲解、点拨下，才能引领学生排除学习中的各种困难，才能最大限度地调动学生学习的积极性和主动性。

师生互动，构建知识网络。梳理专题，回归课文，培养综合概括能力。

布鲁纳的结构主义教学理论认为"获得的知识如果没有完整的结构把它联系在一起，那是一种多半会遗忘的知识，一连串不连贯的知识在记忆中仅有短的可怜的寿命"。知识网络就像一根线，它把历史事件纵横贯穿起来，从而使学生整体感知历史。因此在历史复习课中，我注重引导学生自主梳理知识，使学生对重点内容的认识深刻化，使知识体系进一步条理化。培养学生归纳问题的能力，从而为知识的迁移和拓展创新打下基础。

在二轮复习时，根据历史课程标准，将知识综合为诸多专题，有利于历史知识古今联系和中外联系。有利于学生总揽全局，又能以小主题为中心进行重点突破。如我们在复习"新中国外交成就"时，可以从50年代的外交、70年代的外交、80年代的外交、90年代的外交和21世纪初的外交几个小专题入手，同时联系与美国、日本的外交关系，这样纵横联系，形成专题问题，既可以给学生留下深刻印象，便于记忆，又提高了学生分析、整合、比较问题的能力。

二、培养学生良好的学习习惯，加强学习方法的指导

曾经有人这样说：行为养成习惯，习惯形成品质，品质决定命运。所以在历史复习中，要特别注意培养学生良好的学习习惯。首先，听课要做好笔记，做笔记时把材料归纳成条文或图表。其次，做练习题时，遇到疑难问题，先尝试独立解决，实在解决不了，再看答案或问别人。再次，喜欢跟别人讨论学习中遇到的问题，善于吸取别人好的学习方法。最后，培养学生反思的好习惯。通过对学生局部知识、整体知识反思能力的培养，使学生养成自觉反思的好习惯。比如，在复习完中国近代史后，引导学生反思：在近代中国，为什么农民阶级、地主阶级、资产阶级进行的活动都失败了，而中国共产党却领导中国革命取得胜利？这充分说明什么问题？把复习的知识进行重组，发展出自己的知识体系，从而达到对所学知识的巩固和创新。

由于历史知识较繁杂，容易混淆，在复习中，我注重加强对学生学习方法的指导。编制口诀法，如复习"近代化的探索"这一单元，用简短的几句话就可以概括：一次近代化、两个阶级（地主、资产阶级）、三个方面（经济、政治、思想）、四次活动（洋务运动、戊戌变法、辛亥革命、新文化运动）；周年记忆法；自制复习卡片（收集重要且不易记的问题）；建立错题档案库。

三、关注社会热点，抓住时代脉搏，把握命题趋势

"知古通今""以史为鉴"。近几年来很多中考题结合热点题考查学生。把历史与现实联系起来，考查学生的实践应用能力、思维创新能力与综合能力以及学生的情感态度价值观。

科学命题训练，力求实际成效。历史复习中，训练是不可缺少的。但训练的效果，同时又取决于训练题的质量与数量，不能没有选择，更不能搞题海战术。应该注意以下几点。

研究近几年的中考试题，明确复习方向。所设计的训练题应该反映新的方向，以便把新精神及时落实到每一位学生的具体学习过程中。突出重点的主干

知识，减轻学生的学习负担。中考命题的内容知识点多，覆盖面广。因此，命制的模拟题必须依据课标，突出重要的主干知识，一是便于减轻学生负担，二是便于学生正确把握识记、理解和运用三个层次的知识，而对三个不同层次知识的明确定位，显然可以帮助学生抓主干知识，在回答问题时也就心中有数了。

四、立足学校的实际，制定切实可行的复习计划和目标

不同学校的学生在素质上是有一定差异的，总复习中，教师应明确这些差异，对不同层次的学生采用不同的复习目标和方法，因材施教，加强针对性。对优秀生应加大课堂容量，提高运用能力要求；对中等生应在重点内容上下功夫，提高迁移能力要求；对基础较差的学生则应立足学科基础，提高知识掌握要求。具体到模拟题的命制与训练，就是必须根据学校和学生的实际情况，分层次的有针对性地选择内容来组织训练。只有这样，才能面向全体，促进学生的发展。

五、加强训练，夯实基础

复习中，教师应引导学生根据课标，结合初中阶段的历史学习目标，以所用的教材为本，熟悉课本，全面复习，注重基础知识的理解与掌握，在认知的基础上培养能力与情感。选择与命制训练题时，既要重视基础知识，又要注意能力的提高与情感的渗透，以增强学生的作答信心和体验，提高学习成绩。

六、注意审题技巧、答题的规范和技巧的训练

每次训练后，都要及时的讲评试卷、分析错题的原因，掌握做题技巧。

认真审题，注意题目中的限制成分、中心语等。根据题目要求答题，做题时要注意分值。答题要规范，做到要点化、序号化、段落化、语言精练。

把握做题技巧，遵循做题原则。

总之，在复习中，我们要抓基础，抓重点，抓线索，抓网络，融会贯通地学习历史，灵活地运用历史知识。

【第四期第五次研修活动】

关于举办伊金霍洛旗教育体育局第四期"1+1+X+N+Z"初中历史名师工作室第五次研修活动的安排意见

为了进一步解决历史课堂教学中教师的主导作用过强,对教学形式过于关注,学生对教师讲授依赖过强等现实问题,切实发挥学生的主观能动性,促进学生的发展。真正落实学生主体地位,更好地促进学生主动思维、积极思维,促进教师主导作用和学生主体地位的和谐统一。初中历史名师工作室将以"优化教学设计 发展学生思维"为主题开展第五次研修活动。

活动形式:课例观摩、观课议课、交流研讨。

具体活动安排:如表1所列。

表1

时间	活动内容	主讲人
8:10—8:50	课前会议(说课)	王再艳、于倩
9:00—9:40	八下第五单元第17课《外交事业的发展》	王再艳 市一中分校
9:40—10:20	课后议课与分组汇报展示	工作室全体成员
10:20—11:00	八下第五单元第17课《外交事业的发展》	于倩 北师大二附中
11:10—12:00	课后议课与分组汇报展示	工作室全体成员

优化教学设计,发展学生思维

——伊旗教体局第四期"1+1+X+N+Z"初中历史名师工作室第五次研修安排意见

为切实发挥学生的主观能动性,促进学生的发展,真正落实学生主体地位,更好地促进学生主动、积极思维,促进教师主导作用和学生主体地位的和谐统一,5月26日上午,伊旗教体局第四期"1+1+X+N+Z"初中历史名师工作室开展以"优化教学设计，发展学生思维"为主题的第五次研修活动。

一、课前说课，厘清思路

首先，市一中分校王再艳老师、北师大二附校于倩老师各自就八年级下册第17课《外交事业的发展》进行了说课。她们梳理了教材、解读了学情、定位重难点及突破策略、讲述了教学流程等，清晰地厘清了上课的理念与思路，为接下来基于证据的观课提供了更有针对性的抓手。

二、课例展示，示范引领

第一节课由王再艳老师执教，授课内容为八年级下册历史第17课《外交事业的发展》。王老师巧用教材，对教材进行了高度整合，整节课贯穿"观《时代》周刊，鉴中美关系"的主线，分为"中美之交淡如水，可否与君共勉矣""坚冰融化重建谊，重修于好见春天""新时代铿锵足音，中美关系且行且珍惜"三个篇章，实现了教学内容与现实的有效结合，教学不再是低层次的知识重复和枯燥的理论说教。教法、学法多样，多次使用文字史料、史实图片、视频等，有效地创设学习情境，调动学生兴趣的同时也加深了对史实的理解，培养了学生的历史核心素养。

第二节课由于倩老师同课异构。于老师以《乔的笑》导入，生动有趣，直扣主题。设置"分析70年代中国恢复联合国合法席位、探因中美关系正常化、梳理中美关系正常化经过"三个任务驱动，宏篇布局，史料丰富、典型，内容环环相扣，层层递进，真正引发了学生的深度思维。最后"东方风来——全方位外交"，采用学生自主阅读教材、师生板展互动方式，极大地调动了学生的学习热情，2021年中国外交成就视频，极大地升华了家国情怀的核心素养。

三、课后议课，有据推论

名师工作室成员分成三个组，分别针对王再艳老师和于倩老师的课例从"师生互动""课堂教学行为时间分配""教师提问"三个维度进行了认真的观课议课。市一中分校王瑞兰老师、一中仁慧老师、一中高晓聪老师三位老师基于证据推论出本节课的成功之处，也提出了一些有待改进的方面，如：描述性问题、应用性问题、因果性问题的设置分配有无碎片化嫌疑和激发深度思维的考量；问题设计与问题回答推进契机、适切性等。

四、纵横五课，汲取精华

他山之石，可以攻玉。历史教学的改进与提升，离不开走出去学习。一中名师任慧在短短的几日之内，聆听了五位老师不同风格的《外交事业的发展》一课，给参会的各位老师分享了一顿"教学盛宴"，如：教学立意要高屋建瓴，有大格局；教学要跳出教材、紧扣教材；历史教学要重思维而不是过分侧重史实等。

本次活动重在研修发挥学生的主体地位，切实促进学生主动、积极思维，学即真学，从学科角度落实历史学科素养。白老师画龙点睛的总结，让老师们更加明确前行方向，努力的目标。"路漫漫其修远兮，吾将上下而求索"，历史教学，常做常新，永无止境，相信我们坚持的慎思笃行，秣马厉兵，终将伴随学子们更上一个台阶！

优化顶层设计 落地学科素养
——以《外交事业的发展》一课为例

伊旗一中　任　慧

我有幸一直奔走在学习的路上，最近连续听了五节八下第17课《外交事业的发展》，可谓"八仙过海，各显神通"。所以，同课异构最大的优点便是异彩纷呈，但殊途同归。

北京市三帆中学陈华峰老师的课高屋建瓴，立意高、格局大，跳出教材又紧扣教材，以教师讲授为主，辅之图文材料、表格等。

东胜区一中黄丽老师的课示范引领，逻辑突、重点明、思考深，选择教材又深化教材，教师引导下的学生活动较多，辅之以视频、图片、文字、表格、时间轴、习题。

伊旗一中刘春燕老师的课脚踏实地，标注清、线索明、联系丰，恰用教材且丰富教材，教师讲解和学生活动相结合，辅之以视频、图片、文字、时间轴，联系时政热点。

市一中分校王再艳老师的课改革创新，思路新、方法多、活动多，整合教材并巧用教材，一条线索贯穿始终，有设计，有立意，教师讲解和学生活动相结合，辅之以视频、图片、文字。

北师大二附中于倩老师的课独具一格，设计新、立意高、思维足，重塑教材并提升教材，教师讲解和学生活动相结合，辅之以视频、图片、文字，在任务驱动下以问题引领发展学生思维。

总体而言，无论是专家教授，还是一线教师，都在积极主动顺应课改潮流，并锐意改革创新，探索实践既能应对中考又能服务于学生的长远发展，最终立德树人的特色课堂。大家的共性在于四个转变：由教教材转为用教材，由教师主导转为学生主体，由重史实转为重思维，由注知识转为落素养。当然，各有所长，各具特色，但皆有所学，为我所用，完善自我。

第一，在教学立意和设计方面，我更希望借鉴陈华峰老师的思路。陈华峰老师跳出教材，将新中国成立后的外交历程整合，以四次高潮这一线索贯穿始终。有助于学生对历史的整体认知，进而培养时空观念、历史理解等学科素养。

第二，在学生主体地位的落实方面，我更倾向于于倩老师的思路。于倩老师以任务驱动贯穿始终，每一个任务下又设置很多高质量、高思维含量的层层递进的问题，逐步启发学生的思维，使历史水到渠成、自然生成，充分体现了学生的主体地位。

第三，在教学方法的使用方面，我则更欣赏黄丽老师的做法。黄丽老师的课中多次使用了表格，既整合了课本内容，突出了重点，又起到了时间轴的梳理作用，精简明晰。教学资源多样，但都恰到好处。文字材料只有三则，但都很典型并能突破难点；图片、视频资料则化繁为简、深入浅出，起到了"此时无声胜有声"的效果。

第四，在学习习惯的培养方面，我需要向刘春燕老师借鉴。特别是学生做笔记的方法。在学生活动方面，我则需要向王再艳老师取经。通过教师的引导让学生积极主动地参与到教学活动中来，并能对学生的表现给予及时的评价和鼓励，帮助学生树立学习信心。

【第四期第六次研修活动】

关于举办伊金霍洛旗教育体育局第四期"1+1+X+N+Z"初中历史名师工作室第六次研修活动的安排意见

为进一步促进工作室成员的成长,提升教师的综合素养,本届名师工作室推荐了《近代中国社会的新陈代谢》和《理解历史认识自我——中学历史教育研究》两本书目,以此引领教师阅读教育教学经典著作,使读书成为教师进一步成长的催化剂。同时根据伊金霍洛旗第四期名师工作室安排及历史名师工作室两年发展规划的既定思路,现将开展初中历史名师工作室第六次研修活动,本次活动以"阅读伴成长"为主题。

活动形式:汇报讲座、交流研讨。

具体活动内容安排:如表1所列。

表1

时间	活动内容	主讲人	地点
8:30—11:30	汇报读书成果、交流阅读心得体会	工作室各位成员(高晓聪、马香莲、任慧、于倩、吕道通、王再艳、程云飞)	第一中学
11:30—12:00	阅读微讲座	白俊玲	

书香润心灵 阅读伴成长

——伊旗教体局第四期"1+1+X+N+Z"
初中历史名师工作室第六次研修活动总结

"阅读不能改变人生的长度,但可以改变人生的宽度;不能改变人生的起点,但可以改变人生的终点"。为进一步促进工作室成员的成长,提升教师的综合素养,使读书成为教师进一步成长的催化剂,伊旗教体局第四期"1+1+X+N+Z"初中历史名师工作室于2021年6月30日上午在伊金霍洛旗第一中学进行了以"阅读伴成长"为主题的读书汇报和分享活动。

本次活动由初中历史教研员、初中历史一级名师工作室主持人白俊玲主持，一级名师工作室7位成员全员参加。活动内容主要包括两部分：第一部分为工作室成员依次汇报读书成果，交流阅读心得；第二部分为白俊玲老师做阅读微讲座。

一、书香润心灵，阅读伴成长，交流碰火花

本届名师工作室导师李树全为大家推荐的是《近代中国社会的新陈代谢》和《理解历史 认识自我——中学历史教育研究》两本书目。伊旗一中的马香莲老师、任慧老师、伊旗四中的程云飞老师分别就《近代中国社会的新陈代谢》一书和大家分享阅读心得，伊旗一中的高晓聪老师，市一中分校的吕道通老师和王再艳老师、北师大二附中的于倩老师则分别就《理解历史 认识自我——中学历史教育研究》一书和大家交流阅读成果。

马香莲老师以"近代化的艰难起步"为题对《近代中国社会的新陈代谢》一书中的第七章《近代化一小步》做了深刻剖析。首先，对全书进行整体介绍。其次，简短精练地介绍主要内容。第三，从洋务衙门，自强与求富，近代文化教育事业的开始，中体西用，决理易、靖嚣难五个方面，图文并茂地阐述洋务运动是中国近代化的开端。总体而言，有事实，有依据，有想法，有实践，有反思。

任慧老师以"无知者无畏 知而深深畏"为题，分享了自我成长的"新陈代谢"过程。首先，为突破"胸中久不用古今浇灌"的状态而进入第一次"新陈代谢"：无知者无畏，须知才生畏。其次，从对本书的整体感知进入第二次"新陈代谢"：愈知而愈畏，且畏且行知。第三，由梳理本书的具体叙史手法步入第三次"新陈代谢"：愈行愈知少，柳岸方花明。第四，由对教学实践的反思进入第四次"新陈代谢"：明道即践行，是以无愧之。

程云飞老师以"最好的备课就是读书"为题和大家从两个方面进行心得交流。首先，由分享时下热议的一句话："教育最可怕的是：一群不读书的教师在拼命教书，一群不读书的父母在拼命育儿。"引出对读书的看法。第二，从基本介绍、本书特点、独特创新、不足之处四个篇章有的放矢地分享读书心得。可谓有理有据、发人深省。

高晓聪老师以"因为简单，所以极致——我的课堂我做主"为题，结合自己二十多年的教学实践，从四个方面深入浅出地分享心路历程。首先，从"历史教学是什么"发问，引出"是职业、是事业、是生命"的递进认知。其次，由"历史教学为什么"谈到"为书、为史、为学生"的多维目标。第三，从"历史教学怎么做"引出"到位、到形、到神韵"的三重境界。第四，结合教学案例，梳理出五种有效教学方法。

吕道通老师以"走进历史，探索历史教师的职业追求"为题，从历史教育要给学生民族自信、要给学生批判意识、要让学生从中汲取对自己有用的养分、要将学生学科素养的培养和能力的提升放在首位四个方面，引经据典，纵观古今，结合教学实践和中考形势，娓娓道来自己对历史教师的价值追求。

王再艳老师以"一场美丽的旅程"为题，从历史教师专业发展、历史教学的本质、中学历史课要教给学生什么三个方面，梳理学习心得。特别是有理有据地揭开"深度学习"这一概念的神秘面纱，还结合教学实践从四个方面探索"历史课要凸显'历史味'"的方向。足见其学之用心，改之有力。

于倩老师以"关于批判性思维能力的思考"为切入点，就《理解历史 认识自我——中学历史教育研究》一书的第三章《历史教学研究》的第一节《教学研究不能只看到教学技术》，从缘起、必要性、误区三个方面深度思考，结合教学实践，提出批判性思维决定历史教学的质量、问题设置是关键、真实的课堂等引发共鸣的独特观点。可谓"批判性思维"教师的典型代表，足以引发大家深深之反思。

二、愿读书、会读书、读好书

白俊玲老师从理论的高度、实践的可操作性、现在的中考趋势等角度，结合工作室每位成员的成果汇报和心得分享，针对每位成员的教学风格和特点，详细指导，肯定优点和进步，提出希望和可行性建议，使每位成员都颇有所获，并在正确自我认知的基础上找到努力的方向和突破的途径。认真倾听、时而点头、时而思索、不断批注，白俊玲老师这一状态很好地诠释了读书的最佳境界。正如有人所说，教师是天生的职业读书人。而要想在课堂上有"胸藏万汇凭吞吐,笔有千钧任翕弘"的自信气场,要想用"灵魂影响灵魂",实现立德树人的终极教育目标,唯一的捷径就是读书。因为这种文化底蕴的积淀只有读书能给我们。

正因如此,白老师也希望大家都愿读书、会读书、读好书。从书籍中汲取营养,提升专业素养,进而更好地培养学生的学科素养,实现立德树人的历史担当。

让阅读成为一道必不可少的精神大餐

伊旗一中　任　慧

时下热议这样一句话:"教育最可怕的是:一群不读书的教师在拼命教书,一群不读书的父母在拼命育儿。"反观自己,不免心惊胆战,心有余悸。然而,总是找各种借口开脱。白天工作繁忙、下班要照料家庭,没时间、没精力读书……若非被现实狠狠打脸,断不能真正直面"惨淡的人生",进而蜕变为真正的勇士。

我已经工作十二年,教育形势在不断发生变化,越来越觉得自己的一桶水在不断外漏,而新的液体又很少及时补给。以致某天,愕然发现学生的问题竟须深思,同行的课堂也须深研,专家的讲座亦须久化,才觉"胸中久不用古今浇灌,则尘俗生其间。照镜觉面目可憎,对人亦语言无味"。长久下去,坐吃山空,课堂上亦不能妙语连珠、妙笔生花,引经据典,更无"胸藏万汇凭吞吐,笔有千钧任翕弘"的自信气场。

现实的屡屡挫败倒逼我只能且必须走读书这条"捷径"。只要有心,挤一挤,时间总是有的……在孩子熟睡后的"闲暇",打开台灯……在某个午后的图书馆,静享时光……而当你真正读进去的时候,竟觉时间太短,还没有读至酣畅淋漓,又要搁浅,"为什么?还有什么高见?原来……"带着诸多疑问与不舍,启动再次"对话"。水滴石穿,不觉竟快将三本书咀嚼完毕。《历史的温度》《近代中国社会的新陈代谢》《陪孩子走过小学六年》,不同的书有不同的"味道",加之和同行们交流互补,顿觉充电不少。

第一,"最好的备课就是读书"。那么,该如何读书呢?第一遍当然是粗读，整体感知作者的写作方法、书籍的主要结构和内容；第二遍则是精读，仔细品味书籍的每一部分内容，提炼作者的核心思想，并反思如何将其中的"精华"与自己的教学实践相结合，找到改进自己教学的切入点或突破口。第三遍乃是"跳读"，即跳出书籍内容的限制，站到理论的高度，探索其中的思维，充实自己的教育思想。

第二，真正的阅读要有批判性思维。当然，批判性思维能力的培养是循序渐进的，不可能一蹴而就。但需要不断在阅读实践中进行训练。所有的批判都必须建立在坚持辩证唯物主义思想的基础上，独立而不盲从、审慎而不武断，结合具体教学实践，主动生成，而不是标新立异，为了批判而批判。

第三，最好的学习状态就是深度学习。这种学习方法同样适用于阅读，因为阅读本身就是一种学习。即从人云亦云到开始思考再到学习经典思维模式，进而创建自己的思维模式并解决现实问题。这种阅读模式也可以推及到课堂教学，学生的学习过程只有遵循这一原则，才能真正提升其学科素养，最终实现立德树人的终极教育目标。

读《历史的温度》这本书给我最大的启发就是我也要让历史课堂有温度。不只是时间、地点、人物、历史事件、历史意义的枯燥串联，而是让历史"死去活来"。历史细节要充实、历史人物要有血有肉、历史背后的故事也值得一提。

读《近代中国社会的新陈代谢》一书最吸引我的是作者的叙史方法。作为一本专业著作，并不是艰涩难懂的"议论文"和"说明文"，而是文笔优美，如散文、如小说，但引人入胜的同时又严谨有据。没有线条式的事件，没有脸谱化的人物，没有单纯的历史结论，有的是充满理性光辉的思辨，有的是有血有肉、个性特色的人物，有的是得出结论的自然流畅、合情合理，有的是引经据典、有迹可循的丰富史料。

特别是对所涉及的人物，不论其角色如何，也绝不是简单地扣个政治帽子了事，而是力求通过具体分析，把他写成有血有肉有个性的人。

《陪孩子走过小学六年》最值得我学习的地方就是作者的学习态度和对孩子高质量的陪伴，真正体现了生活处处是学问。

优秀是一种习惯，阅读则是一种优秀的习惯，愿在书籍的滋养下，我们的内心更强大美好，我们的人生更丰富多彩，我们的课堂更底蕴深厚！

【第四期第七次研修活动】

关于举办伊金霍洛旗教育体育局第四期"1+1+X+N+Z"初中历史名师工作室第七次研修活动的安排意见

为落实"双减"政策，明晰历史课堂教学方向，进一步提升课堂教学实效，现决定举办伊金霍洛旗教育体育局第四期"1+1+X+N+Z"初中历史一级名师工作室第七次研修活动。

研修主题： 聚焦学科素养，研究单元主旨统领下的单课学习。

活动形式： 说课分享、交流研讨。

具体安排： 如表1所列。

表1

时间	活动内容	主讲人
8：10—8：40	说课 七年级上册《秦统一中国》	程云飞
8：40—9：10	说课 七年级上册《秦统一中国》	任慧
9：10—9：40	说课 七年级上册《秦统一中国》	高晓聪
9：40—10：10	说课 七年级上册《秦统一中国》	吕道通
10：10—10：40	说课 九年级上册《第一次工业革命》	马香莲
10：40—11：20	说课 九年级上册《第一次工业革命》	王再艳
11：20—12：00	解读2021—2022学年工作室研修规划	白俊玲

学科素养主导设计，单元主旨引领教学
伊旗教体局第四期"1+1+X+N+Z"初中历史名师工作室第七次研修活动总结

10月20日上午，伊旗历史一级名师工作室在伊旗四中开展以"聚焦学科

素养，研究单元主旨统领下的单课学习"为主题的第七次研修活动。本次活动由伊旗历史一级名师工作室主持人白俊玲主持，一级名师工作室全体成员以及部分初中历史教师参加了本次研修活动。

本次研修活动共有六位老师进行说课展示。首先，伊旗四中的程云飞老师，伊旗一中的任慧老师、高晓聪老师和市一中分校的吕道通老师进行说课。他们的说课内容是统编版七年级上册第三单元第9课《秦统一中国》。程老师的说课中体现注重学情的课堂教学设计，突出了学生的主体地位。

任老师的说课中善于挖掘教学内容的内在逻辑联系，主线清晰，更能体现出核心素养下的单元主旨设计。

高老师的说课中展现了深厚的教学经验，在对课文的挖掘和教师的引导下，引导学生分析、得出历史结论。

吕老师的说课中更加注重史实的前后联系和对比，注重对学生已有认知的发掘，帮助学生构建历史概念体系。

随后，伊旗一中的马香莲老师和市一中分校的王再艳老师进行说课。他们的说课内容是统编版九年级上册第七单元第20课《第一次工业革命》。

马老师的说课中更加注重史料实证的培养，运用了种类丰富的史料，帮助学生理解工业革命的前因后果。

王老师的说课中同样注重史料实证的培养，其中问题设置上更能激发学生主动思考，培养了学生的历史解释能力。几位教师完成说课后，所有参与教师围绕说课内容进行了热烈的讨论。吕道通、高晓聪、任慧、魏花等成熟教师分享自己的体会，李纪超等新入职教师也分享了学习心得。

最后，工作室主持人白老师做活动总结，肯定了各位说课教师在教学设计上的精彩之处，也给予了宝贵的建议。

①注重时空观念，要借助时间轴等工具进行落实。

②注重对历史概念的解释，例如"统一多民族国家"这一历史概念，要借助对前后史实的发展对比以帮助学生进行理解。

③明确"秦统一中国"是历史发展趋势的必然结果，可以从分裂到统一、从单民族到多民族、从邦国到帝国等角度进行认识。

④明晰秦政的开创性，激发学生对中华文化的认同。

通过本次研修活动，所有老师对基于单元主旨的课堂教学设计有了更加清晰的认识，在今后的教学中更加注重大单元、大概念的把握，让核心素养与核心概念有机结合。

聚焦学科素养，研究单元主旨统领下的单科学习
——初中历史名师工作室第七次研修活动心得体会

鄂尔多斯市一中分校　吕道通

今天我们在伊金霍洛旗第四中学举行了以"聚焦学科素养，研究单元主旨下的单科学习"为主题的说课学习活动，今天我们先后有六位老师就《秦统一中国》《第一次工业革命》进行了说课，通过一上午的活动，我受益匪浅，感受如下：

一、构建单元，明白一节课在单元中的地位

我们在讲述一节课时，往往忽略这节课在本单元甚至在本书中的地位，而是单单就这一节课来备课，这显然是不科学、不合理的，就像我们今天《秦统一中国》这一课，它不仅在本单元中地位重要，这段历史在整个中国古代史中也有举足轻重的地位，秦结束了西周的分封制，结束了春秋战国以来的混乱局面，建立起我国历史上第一个统一的中央集权的封建国家，更开创了后世中央集权制度和地方行政模式，所以这一课起到了承上启下的作用，教师在备课的时候应该明白其重要性，更好地把知识和思路渗透到教学活动中，让学生能明白得更深刻一些，教师有一桶水才能给学生倒出一碗水，如果我们没有一碗水，怎么能给学生倒出来？所以，我们在备一节课的时候，一定要先进行单元备课，再进行一节课的备课。

二、整合内容，创新设计

我们在备课的时候，第一步要研读教材，参考教参，结合学情，找出重难点，重新整合内容，抓住主题，让学生能轻松、简单地学会知识，这就是我们的备课目的。例如在备《秦统一中国》这一课时，首先整合为两个板块：雄才大略向统一；开拓创新固统一。其次针对重难点用设计简单化、科学化。例

如，用材料分析秦统一的原因；用图片分析秦统一的意义；用创设情境体会秦统一的措施等。

三、考虑学情，结合实际备课

我们备课的时候，不能总是考虑自己怎么舒服怎么备课，我们更要从学生的角度去考虑，考虑学生的情况怎么样？怎么设计才能让学生更好地接受，更好地发挥学生的积极性和主动性，让学生动起来，不仅要让学生脑子动起来，手也要动，眼也要动。我们设计的课程能让学生动起来才是最基础的，所以我们老师不要总是为了自己舒服而滔滔不绝地讲，不给学生留思考和讨论写字的时间，这是不科学的，我们要始终明白，学生才是学习的主体，教师要起到引导和辅助作用，转变自己的角色，才能更好地服务于学生。

经过一上午的学习，我有了很多感受和想法，在今后的备课中我要把学到的东西用进去，更好地备课，为学生服务。

聚焦学科素养，研究单元主旨统领下的单课学习
——说课研修活动学习心得
北师大二附中　于　倩

2021年10月20日，初中历史名师工作室全体成员齐聚伊旗四中，举办了"聚焦学科素养，研究单元主旨统领下的单课学习"说课研修活动。程云飞、任慧、高晓聪和吕道通四位老师就《秦统一中国》进行了说课，马香莲和王再艳两位老师就《第一次工业革命》进行了说课。六位老师的说课都体现了对历史学科核心素养的重视和落实，都不同程度地体现了基于单元主旨的教学设计，总体而言，都非常值得学习借鉴。

这次研修学习，激发了我个人的两点思考：单元主旨统领下的单课学习设计应该怎样进行说课？单元学习设计应该怎样操作？

首先，单元主旨统领下的单课学习设计应该怎样进行说课？

传统说课主要从说教材、说学情、说目标、说教法、学法、说教学过程、说反思这几大方面进行，几位教师也基本都是按照这个流程来进行的。然而这是对传统单课教学设计的解说，我认为，单元主旨统领下的单课说课，重点应

放在单元学习主题和单元学习目标的确定及其达成路径的设计上。单课学习设计应作为单元学习目标达成路径的一部分进行说课。

其次，单元学习设计应该怎样进行？仅仅是把若干节单课拼在一起吗？

我认为，单元学习设计首先应该明确单元学习主题及其确定依据。根据学习内容，可以分为自然单元学习主题、专题单元学习主题。几位教师的说课中也都体现了单元主题与核心主线，其中任老师的单元主旨说课最为突出，但大家普遍缺乏单元学习主题确立的依据分析。然后，应基于对学情、学习内容等分析确定单元学习目标，设计目标达成路径，以及最终评价方案。这是各位说课老师普遍缺乏的。最后，作为单元目标达成路径的一部分，重点解说本课的教学设计思路，这一点各位老师的说课都非常深入、细致。

经过这次说课学习和思考，我对单元主旨教学设计有了一些浅显的想法，接下来要在教学中探索、实践和反思，不断提升对单元主旨教学的理解和应用水平。

面向学生的历史课堂
——《第一次工业革命》说课研修反思

鄂尔多斯市第一中学伊金霍洛分校　王再艳

促进学生的全面发展，是当今教育教学改革的重点，这就要求每位教师在日常教学中，做到面向学生、以学生为主体。在每一节课的教学中，教师都应在分析"学情"的基础上，从导入、新课、评价、反馈等各个方面研究"学生怎么学、学生怎么做"，主动转换教师角色，力求做到从"讲授者"变为"引导者"。

下面就以《第一次工业革命》一课为例，对"学生主体"的历史课堂进行研究反思。

将"学情"作为备课的前提与基础。

①本节课授课班级为37班，该班学生对历史学习充满浓厚的兴趣，课堂活跃主动。但是，班级存在部分学困生，因基础差，学习积极性与兴趣低，课堂参与度不高。

②现在的初中历史,知识线索多、思维要求高。

针对上述"学情"的分析,教师应将"提高学生学习兴趣""面向全体学生""注重线索梳理""历史思维训练"作为本节课教、学的出发点。

运用多种教学资源,吸引学生学习的主动性,增强学习兴趣。

①图片。历史教学较常见的资源,其直观形象,容易引发学生的兴趣与热情从而进行思考。本节课涉及很多机器发明,用图片给学生展示,能使其更好地理解第一次工业革命的特点与影响。如"飞梭""珍妮机""蒸汽机""蒸汽机车"等。

②故事(情景)。历史课堂离不开"故事",其能够弥补课本资源的不足,增强学生的兴趣。本节课以"约翰"这一人物为中心,通过设问,引导学生学习工业革命的过程,减轻了学习难度,但也增强了学生的学习兴趣。

③视频。针对部分内容,视频比教师的单纯讲授更能达到教学的目的。如"蒸汽机的原理",此部分内容比较枯燥抽象,因此,教师在课堂上选择为学生播放视频,学生在观看的同时,不仅对"蒸汽机"进行了学习,而且提高了学习兴趣。

问题、评价的设计,应体现"层次",面向全体学生。如"中美建交"是本节课的重难点,在"问题"上设计如下。

阅读课本94页,找出棉纺织生产中出现的新发明。

哪一动力的出现改变了水动力的不足?/"铁路时代"到来的影响?(基础,学困生回答)

以水为动力有何缺陷?/观察上图并结合所学,分析工业革命前后生产组织形式发生了哪些变化?(较难,中等生回答)

结合所学,思考:工业革命为何首先在英国开始?/蒸汽机的应用,有何影响?(难,优生回答)

通过上述分层设计,对于"工业革命"的背景、过程与影响,班级所有学生都达到了学习目标。

利用"文字材料",训练学生的历史思维能力。

历史课本、习题中,"材料"是最常见的资源,但是学生普遍在材料分析上呈现弱势，故日常的材料阅读与分析尤为重要，本节课也是如此。"工业革命为何首先在英国开始""蒸汽机的应用，有何影响""铁路时代到来的影响""工业革命的影响"等，教师均采用"文字材料"，引导学生阅读、分析，进而达到教学目的。通过此种方式，学生渐渐对"史料"的学习有了方法、能力，也有利于"史论结合"素养能力的培养。

总而言之，"面向学生"的课堂，将是现在乃至以后课堂教学的基本要求。本人将在本学期教学研究的基础上，继续将"学生主体"作为今后教学的目标，将"全面发展"作为教书育人的使命。

如何备好一节学科素养下的历史课
——工作室第七次研修活动学习心得

伊旗四中　程云飞

这次活动的内容和我们四中目前所倡导的大单元备课相结合，正为我们目前的探究提供助力，首先感谢白老师的精心设计，能把这次活动安排在四中，解我们燃眉之急，下面我重点谈谈我在本次活动中的所获与所感。

先谈获，从白老师的点评中以及大单元备课的指导中，我学到了如何备好一节历史学科素养下的历史课，就拿本次课来说，本课是一节承上启下课，承上指的是什么，启下又启的是什么，在单元中的地位，在整册书中的地位，所以备这节课要先立意，再根据设计意图来设计教学流程，然后再寻找符合学生、符合设计意图的方法和材料。通过这次活动我进一步掌握了备课流程及原理，活动一次进步一次，从之前的一知不解到一知半解，再到现在的一知三分之二解，总之是进步了，但还有更长的路需要走，不能沾沾自喜，不能驻足不前，要抓住每一次机会去学习，我从任慧老师那里学到了情景创设与问题导入的有机结合，从学生出发，整节课下来学生会不断地思考，不断地回答问题，特别是后面的知识整合，学生不仅能够学到知识，还能学会学习知识的方法，达到所谓的授人以渔的目的。从高晓聪老师那里学到敬业的精神，这一点我特别感动，按照常人所想，高老师也能慢慢退居二线，但高老师没有，还带着班主任，还参加名师工作室，还不断地学习，这也激励着我，我也会像高老师那样，不断提升自我的教学水平和班级管理水平，不到退休永不停止，我也从其他老师身上学到很多，这里就不一一列举。我要提一下刚刚毕业的大学生，真是后生可畏啊！通过那天的自由发言，我发现大家的学识、想法都是与时俱进的，所以我们再不好好学，就会被后浪拍在沙滩上，说不准现在已经被人拍在沙滩上，只不过是自己不知而已，所以在学习这方面始终不能怠慢。

再谈我的惑，在我听每位老师说课的时候，我感觉老师们多数是从本课出发的，大单元的味道不够浓厚，例如任老师说这节课没有设计焚书坑儒，说是在第12课"汉武帝巩固大一统"会讲到，其实这个知识点就在下一节第10课秦末农民大起义，使我迷惑的是，大单元备课知识点的定位出了错误，大家在讨论的时候竟然没有一个人指出来，可能是没注意听，也有可能是大家也去读了整个单元，只是把大单元停留在口头上，这为本次活动留下了一点儿遗憾。

最后我想说，其实绝对完美的活动是不存在的，上一次的不完美，可能成就下一次的精彩，期待下一次活动的到来、下一次的精彩出现、下一次的成长更快。

【第四期第八次研修活动】

关于举办伊旗教体局第四期"1+1+X+N+Z"初中历史一级名师工作室第八次研修活动的安排意见

在自治区统一命题的大背景下，为了使一线教师深入理解中考试题考查意图，发现教学长处和短板，进而合理调整教学策略、更新教学理念，适应历史课程改革的趋势，现决定举办伊金霍洛旗教育体育局第四期"1+1+X+N+Z"初中历史一级名师工作室第八次研修活动。

研修主题：聚焦试题研究，把握教育教学方向。

活动形式：试题讲评、交流研讨。

具体安排：如表1所列。

表1

时　间	活动内容	主讲人
8：20—8：50	2019—2021年呼市中考试题分析	马香莲
8：50—9：20	我看包头中考题	高晓聪
9：20—9：50	管窥赤峰，放眼全区，回归课本	任慧
9：50—10：20	呼市、包头、赤峰中考题横向分析	于倩
10：20—10：50	课堂教学与中考的结合	吕道通
10：50—11：20	解析中考试题，探教学之道	王再艳
11：30—12：00	2021年我市中考试题特点及教学随想	白俊玲

浅论"试卷分析在教学中的作用"

——初中历史名师工作室第八次研修活动心得

伊旗第一中学　高晓聪

　　以钻研的精神对待教学，是我始终推崇并极力践行的教学理念。冬日暖阳，学风欣然，教风怡然。伊旗初中历史名师工作室第八次研修活动如期而至，本次研修活动以"聚焦试题研究，把握教育教学方向"为主题。在研修活动中，名师工作室六位成员分别讲述了"内蒙古自治区各地区近三年中考试题"的研究成果。虽然忙碌，但收获颇丰。在这次研修活动中，我有以下几点收获。

　　①通过试题研究，可以促使教师进一步改进教学方法，提高教学能力。在教学中，如果一个教师在全部教学过程中不进行任何形式的考试，就无法了解教育对象知识水平的差异和每个学生对所教内容的掌握程度，教师一味地教，其教学是很难取得成功的。成功的教学是依照人的认识规律，从教育对象实际出发，根据他们的已有知识基础和接受能力，以及每个学生的各种差异，因材施教。而因材施教的依据，可以在教学活动中获得，更主要的是从对各种考试结果的分析中获得。教师在教学过程中，可以通过对考试结果的分析，了解学生对教材、教法的使用情况，以便调整教学内容和教学方法，改进教与学的关系，以适应学生的特点，满足学生的需求。考试阅卷完毕后，只提供一个分

数，却不进行必要的试卷分析与总结，就好比医生为病人看病仅诊断症状而不对症下药进行治疗，是极不明智的。教师通过考试成绩的分析，了解到哪些知识学生容易掌握，哪些难以理解，这样可以为下一轮教学调整提供可靠的事实依据。教师对学生答题时普遍存在的问题进行分析，可以找出在教学方面、学生方面和教学管理方面产生的这些问题的主要原因，为以后的教学提供改进的意见和措施。比如，找出学生解答问题时带有普遍性的错误，将其中的经验教训教给下一届学生，以免再犯同样的错误。

②通过试题研究，可以促使教师进一步提高命题水平，使命题组卷更加科学、规范。通过对学生答卷的分析，评价试卷和每道试题的质量，分析哪些试题是高质量的试题，今后可以继续使用；哪些试题质量有问题，需要修改或淘汰等。在此基础上提高命题、组卷水平，建立与不断完善试题库，使命题逐渐科学、规范。

③对于学生来讲，通过试题研究，可以检验知识的掌握和运用情况。考试评阅完毕，对试卷进行分析之后，教师应及时将考试整体情况及分析结果反馈给学生，同时应将试卷发还给学生本人。让学生对照试卷，参照老师的试卷分析结果，诊断出问题所在。学生把每门课程考试的得失、收获进行总结，有利于弥补知识、能力的缺陷。学生明确自己在哪些知识、能力方面存在问题，便于在老师的指导下进行补救，再次强化，有利于与此相关联的后续课程的顺利学习。学习成绩的分析使学生对自己有一个比较全面清晰的认识，认识到自己的优势与不足，实事求是地反思学习成败的原因，有利于改进学习方法。学生在初中阶段学到的知识毕竟有限，在知识经济到来的今天，知识老化速度加快，因此通过不断的反思总结，寻找适合个人的最佳学习方法，其实是学生在求学阶段最重要的收获，可为今后的继续教育或终身学习打下一个良好的基础。

④通过试题研究，可以进一步提高学生的素质。考试只是检测教与学效果的一种手段，而不是教育的目的。通过考试成绩分析，教师可以了解学生对所学知识与技能的理解程度与应用水平，加强学生科学素养与实践能力，总结教与学的成败得失，为今后的教与学明确方向，从而改变学生为考而学、教师以

考逼迫学生学习的不良局面，以促进学生素质的进一步提高。

⑤通过试题研究，可以为科学的管理提供依据。在现代教育管理中，非常重视利用信息实施管理。通过对考试分数的收集、整理和分析研究，可以为改进教育和教学提供重要信息。通过对考试分数进行分析，把经过加工整理的信息运用到教育管理中，对教育和教学进行评估。用考试结果指导学生的学习，激励学生的进取心；根据考试分数对学生的知识、能力作科学的评价；分析教育质量，为教育决策提供可靠的依据。

此外，加强对考试结果的管理，有利于考试结果的充分利用。过去在管理考试结果中，只有一个孤零零的成绩册，没有评分标准、试卷分析、考试总结等材料，成绩很难有说服力。为此，应建立健全学生的学习成绩档案，详细而又系统地记录每个学生的成绩，并且做实事求是的说明，使考试结果最大限度地发挥它应有的作用。

【第四期第九次研修活动】

关于举办伊旗教体局第四期"1+1+X+N+Z"初中历史一级名师工作室第九次研修活动的安排意见

为构建深度课堂，促进深度学习，促使学科素养在历史课堂中落地生根。初中历史一级名师工作室将开展第八次研修活动。

活动主题：单元主旨下单课深度学习教学设计。

活动形式：课前说课、基于证据的观课议课、交流研讨。

具体安排：如表1所列。

表1

时间	活动内容	主讲人
8:00—8:30	课前说课	程云飞
8:30—9:00	课前说课	于倩

(续表1)

时　间	活动内容	主讲人
9∶10—9∶50	讲授　七年级　第17课	程云飞
9∶50—10∶30	评课议课	全体成员
10∶30—11∶10	讲授　九年级　第15课	于　倩
11∶20—12∶00	评课议课　分组汇报展示	全体成员

单元备课　深度教学
——伊旗历史名师工作室第九次研修活动总结

为了进一步推进我旗初中历史教育教学改革，在"双减"的背景下，提高课堂实效，提升教学水平。伊金霍洛旗初中历史名师工作室于2021年12月8日上午在市一中分校组织开展了"单元主旨下深度学习教学设计"研修活动。工作室于倩和程云飞老师分别就初三和初一的新授课进行示范、研讨、交流。

一、说课交流，分享经验

首先由程云飞老师就《西晋的短暂统一和北方民族的内迁》进行说课，他从课标要求分析了课堂教学如何把控；从学习目标上解读了学生在知识、能力和情感价值观方面应该达到的程度；从初一年级学情方面确定了本课教学主旨和教学方法。于倩老师根据课标及本课在教材中的地位，确立了"二战为什么会爆发""世界人民为什么能取得世界反法西斯战争的胜利""当前我们应该怎样避免大战的爆发"三个主题并进行了细致的说课分析，阐明了教学立意、学习方法、知识点突破手段等。以上两位老师的说课让老师们对说课又有了一个全新的认识和领悟。为接下来基于证据的听评课及教学评价活动做了准备。

二、课例展示，耳目一新

程云飞老师立足课程特质，一开始就在大时空下建构框架体系，通过学习任务驱动学生探究学习。结合学生特点，利用情境教学，让学生以"大夫"的角色诊断西晋的"病因"，通过材料分析病因和引发的症状，推导出西晋灭亡。这些环节的设置，不仅调动了学生的积极性，激发了学生的兴趣，以丰富多彩的史料，带来了一节别开生面的课堂。于倩老师立足于初三毕业年级这个学情，教学立意有高度、教学内容有宽度、史料运用有厚度，以精练的语言引导学生积极思考，回答问题，以"三大问题探究"贯穿课堂，主线清晰，学生有思考的空间，特别是最后一个环节，让学生反思"战争带来灾难的同时，如何避免战争的发生？"在思想情感上起到了升华作用，是一节高质量，新思维的"深度教学课堂"。

三、互学互评，收获满满

两节课后，名师工作室的老师和分校的老师分别进行了讨论，在"基于证据的听评课"下分别从"史料的选取和应用""学生的课堂活动""问题的设计"等方面分组交流，最后各位老师从不同观察点对这两节课给予了中肯的评价。白老师激动地说："听了两位老师的课和老师们的评课，我倍感欣慰，看到你们的进步我是发自内心的高兴！"对这次研修活动白老师做了总结发言，程云飞和于倩老师的两个教学案例，从不同视角体现了深度学习理念在教学中的运用，为老师们在教学中推进实施深度学习，促进学生主动学习，提高学生思维、能力发展提供了良好的借鉴作用。

各位同仁们一直交流到中午12:30才恋恋不舍地离去。相信在我们全旗历史老师携手共进、潜心笃行、共同努力下，我旗历史学科教育教学质量必定会再上一个新的台阶！

【第四期第十次研修活动】

关于举办第四期"1+1+X+N+Z"
初中历史一级名师工作室
第十次研修活动的安排意见

为及时发现、解决初中毕业年级历史复习教学中存在的问题，提高复习效率，现决定举办初中历史一级名师工作室第十次研修活动。

研修主题： 历史复习课的诊断与策略。

研修形式：观课议课、专题讲座、交流研讨。
具体安排：如表1所列。

表1

时间	活动内容	主讲人
8：20—9：00	讲授　八年级上册第五单元	于倩
9：10—9：50	讲授　八年级上册第五单元	马香莲
9：50—10：30	评课　交流研讨	—
10：30—11：10	讲授　八年级上册第五单元	王再艳
11：20—12：00	评课　中考备考讲座	白俊玲

鉴于交流　有助于进步
——初中历史一级名师工作室在伊旗第四中学举行第十次研修活动总结

阳春三月，春暖花开，草长莺飞，在万物复苏的关键时刻，名师工作室也为我们广大的一线教师送来了及时雨。为及时发现、解决初中毕业年级历史复习教学中存在的问题，提高复习效率，伊旗教体局第四期"1+1+X+N+Z"初中历史名师工作室于2022年3月16日上午在伊金霍洛旗第四中学进行了以"历史复习课的诊断与策略"为主题的第十次研修活动。

本次活动由初中历史教研员、初中历史一级名师工作室主持人白俊玲主持，初中历史一级名师工作室全体成员、全体初中毕业年级历史教师、蒙古族中学初中历史教师及各校初一、初二部分历史教师参加了本次研修活动。

本次活动包括三部分内容，第一部分由伊旗一中的马香莲老师、北师大二附中的于倩老师、市一中分校的王再艳老师依次进行复习课示范，第二部分全体参与研修的老师进行交流研讨及评课，第三部分由白俊玲老师做有关中考备考的专题讲座。

一、同课异构，异曲同工

伊旗一中马香莲老师的复习课分为"单元脉络梳理""自主复习，夯实基础""试题演练，直击中考"三部分。其中，梳理脉络运用时间轴，夯实基础则以问题引领，同时，利用图片、材料等突出、突破重难点，实战演练则特别注重答题方法的指导。

　　北师大二附中于倩老师的复习课包括单元体系解读、单元导语圈划、单元主线梳理、速读课文回归课本、单元时空坐标、基础知识训练和素能综合提升。其中，单元主线梳理和单元时空坐标从内在逻辑和时序性两个角度对单元知识进行了整合重构，在习题训练部分则十分注重对不同类型题目解题方法的渗透。

　　市一中分校王再艳老师的复习课以"新民主主义革命发展之国共关系"为主题，运用图片和问题导入，再结合图片和时间轴梳理关系，并伴随任务驱动，后依据课本和提纲夯实基础，同时，针对重难点以问题形式拓展延伸，最后进行演练。

二、交流互鉴，合作共赢

　　针对三位老师具有异曲同工之妙的复习示范课，以学校为小组，结合本校复习课的现状进行交流研讨，大家积极发言，每个人都从不同角度分享自己的收获和心得。

　　正所谓："英雄所见略同。"大家一致认为，一节大容量、高效率、深思维、提能力、落素养的复习课应包含以下几个方面：一是在大单元时序设计下进行小单元主题设计。二是充分利用时间轴进行单元知识梳理，构建知识体系。三是有必要运用思维导图梳理单元知识的内在逻辑关系，明确历史发展的脉络。四是回归课本，唤醒记忆的重要性。五是教师要针对重难点进行必要的历史解释。六是教师要精选不同类型的习题进行答题方法与技巧的指导与培养。

　　百家争鸣，愈辩愈明。大家在讨论的同时，也提出一些共性疑问。比如，如何更好地解决一轮复习中记忆与习题之间的时间分配矛盾？分层教学又该如何落实？

三、拨雾见云，指点迷津

　　针对大家在复习课教学中存在的困惑，白老师结合近年来鄂尔多斯市中考历史的命题趋势进行专题讲座，给予大家四条切实可行的教学建议。

　　一是心中要有课标。关注课标，发挥其指挥棒的作用。仔细研读，特别要注意其中关于某些知识点表述的变化，新增内容等。二是手中要有教材。回归课本，发挥其基础性功能。特别要吸收统编教材的新成果、新变化、新内容，充分发掘并利用其中的图片、文字资料。三是胸中要有考题。立足本市，研究近三年鄂尔多斯市中考题的题型结构和命题导向，做到有的放矢。四是眼中要有学生。以生为本，发挥其主体地位。不仅要调动学生复习的积极性，还应设计学生活动使其眼、手、脑有机统一，更要不断渗透和训练答题规范和方法。

学海无涯，学无止境。一上午的倾听、分享、交流、探讨，老师们沉浸其中，深入思考，思维碰撞，皆有所获。每一次学习都是一次洗礼，让老师们更加明确自己的使命，也更有动力和"武器"去坚定地走好中考复习之路。相信我们的努力定会变成一束光，不断照亮孩子们前行的路！

年年岁岁迎中考，岁岁年年讲策略
——记初中历史一级名师工作室第十次研修活动

迎着春风，我走进了四中，认真聆听了三节初三毕业班的复习课。今天是初中历史一级名师工作室的第十次研修活动。主题是：历史复习课的诊断与策略。通过"观课议课""专题讲座"和"交流研讨"三种研修方式展开。

首先，分别由马香莲老师、于倩老师和王再艳老师为大家展示了三节不同风格的复习课。马香莲老师沉着冷静，用典型的史料帮助学生突破了重难点；在于倩老师的引领下，孩子们遨游在历年中考"题海"中，通过"实战"，夯实了基础；王再艳老师娓娓道来，谆谆善诱，在鼓励中完成了复习任务。可以说，这三节复习课让我大开眼界，获益颇丰。但是，在享受收获的同时，我一直在思考一个问题：作为初三的第一轮复习，如何平衡基础知识的记忆与强化练习之间的关系？怎样才能上好一节复习课，提高复习课的实效？

"如何讲好历史复习课"一直是我们历史组探究的主题，结合这三节课和我个人的一些想法，我认为最起码应该做到以下几点。

首先，无论是复习一个单元还是一个专题，都需要我们在众多的史实中找出一条主线来统领所授知识，理清线索，便于学生理解前后知识，并加深记忆。

其次，复习课是对所学知识的整理和归纳，相对而言趣味性降低、知识性增加、能力要求提高，所以，要求我们想办法提高学生的积极性。

第三，通过讲练结合，提高学生的审题能力、做题能力和归纳概括的能力。

鉴于以上思考，我对历史复习课的反思如下。

注重基础知识的归纳和积累。在复习课堂上，学生对于基础知识应该有一定的认识和记忆，因此，复习课的第一步应该是回归课本内容，利用"自主学习"完成或者可通过提问的方式完成。

突破重难点，拓展能力，学以致用。在夯实基础知识的基础上，利用材料分析、小组合作探究、学生活动、创设新情境等方式，强化理解记忆。现在的中考题目更注重对学生知识运用的考查，所以，要引导学生在已有知识的基础上，以史为鉴，以古鉴今，横向、纵向对比，从而突破重难点，达到融会贯通、学以致用的效果。

合理安排，争取实现堂堂清。争取处理好"基础"和"能力"的关系，利用近三年各地的中考题，拓展、锻炼学生知识的运用能力，在做题的过程中一定要强调"圈点勾画"找出关键词和有效信息，落实做题技巧和规范答题习惯的培养。因为，及时做题是最快最好最直接检测学生的课堂知识掌握情况的方法。

归纳总结，深化主题，调动学生的积极性。充分利用时间轴，梳理单元知识点之间内在的联系，帮助学生建构完整的知识体系，培养学生的时空观念。可以利用列表对比法、联系法、总结规律性的知识等进行进一步的归纳总结，争取找寻出一些学法和规律，让学生能对单元知识、历史时期、历史阶段有一个更完整的认识。要想调动学生的积极性，就必须让复习课出新意。一要思维模式、教学过程可以新奇，比如逆向思维；二要例题有新意，可以用多种角度思考和讲述；三要知识新，如归纳概括一些规律、学习方法等。用新意来调动学生的思维，引发思考，让学生在思考中收获快乐与成就感。

不让普通学生和后进生白白陪跑，也不让目标生饥肠辘辘
—— 一轮复习课听课学习心得

北师大二附中　于　倩

假期备课时我就开始思考这样几个问题。

①为什么要上复习课，为什么不让学生学完新课直接中考？

②复习课的价值仅仅在于中考多得几分吗？如果仅仅如此，对于占大多数的非临界生，他们多考几分，少考几分都不影响其高中选择结果。那么他们这半年的辛苦岂不是无价值的？

③复习课究竟怎样设计才会尽可能让所有人都有所收获？不让普通学生和后进生白白陪跑，也不让目标生饥肠辘辘。

我个人的粗浅理解如下。

首先，从学科特点来分析，人类历史是错综复杂的持续发展过程，并且有时还会有重复的螺旋式发展。学生在学习新课时，由于认知基础的局限，只能"就事论事"，难以纵横联系，所获得的历史经验和智慧是片段的、片面的，所进行的思想活动也是肤浅的。而学生系统学习了中外通史之后的复习过程，不是单纯的知识点回顾，而是一个纵横联系的过程，是建立完整的、联系的、发展的历史观的过程。从这一角度而言，这种复习对于学生的完整的历史学习是必要的。这种纵横联系不仅仅是二轮专题复习才需要，而应基于更高的站位，贯穿于整个复习阶段。这一点王再艳老师做得特别好，值得我们学习和借鉴。

其次，在2020年初那个长长的假期中，我才真正确定了自己的教育价值观，即历史教育是为学生的终身服务，而非仅仅用于应对中考和高考。那么，即使中考复习也不能违背这一教育观，更不能仅仅为统招和普高目标生服务。当然，这些学生因为历史学科提升了几分而得以进入自己理想的高中，为下一学习生涯定位一个较高的起点，是中考复习的重要目标之一，但绝不是唯一目标。对于包括非临界生在内的所有学生，其复习的过程除了为中考助力，更要培养学生综合分析历史问题的高阶思维能力，帮助其树立正确的、全面的、发

展的历史观、世界观和人生观。令人高兴的是，中考也在朝着这个方向不断改革。所以，追求中考成绩和学生人生发展这两个目标从长远角度来看并不冲突。

最后，要让所有人在这个过程中都有所收获，前提要精确了解每个学生的学科认知基础和需求，这一点石老师做得比较好，也是我一直在学习的。每一节复习课的设计都要尽量满足所有学生的需求，让所有学生都有适合自己的学习任务。传统的历史复习课上，教师要引导学生进行相关知识的梳理、建构，由于历史学科知识点的庞杂，这一过程几乎就是整节课。全体学生都只能跟随教师设定的节奏，目标生吃不饱，后进生跟不上。去年中考，历史学科在袁校指导下进行了脱胎换骨的复习改革，通过四步复习法将复习节奏完全交给学生自己把控。因为彻底的改革，去年中考也取得了相对不错的成绩。然而在这次的复习课听课学习中，有的学科老师还是说得比较多，学生主要跟随教师节奏前进。

在这四步复习过程中，我们也发现了一些新的问题和挑战，进一步做了改进。

①出现了课堂上两极分化的情况。有的学生已经进行到了第四环节，而有的学生还停留在第二环节。其中有的学生确实因为基础薄弱、能力不足而速度慢，但也存在缺乏赶超精神，偷偷放松的"走私犯"。这就要求教师具有火眼金睛，辨出真假，及时督促。

②课堂点拨的限度把控。由于一直以文科自居，所以一直将复习重点放在知识点上，缺乏对例题的重视。平时对于习题的讲解也只停留在口头解释上。马香莲老师的复习课使我很受启发，我们回来后也开始重视经典样题的解题方法案例呈现，再进行变式题训练。

③做题方法，即问题分析模式要形成习惯才有价值。如果仅仅是某节课讲解做题方法，那么学生很快就会忘记。所以教师要每节课不厌其烦地反复强调、监督、进行程序训练。直到学生形成习惯，不经思索地进行，才能够真正为中考助力，才能成为其一生的思维财富。

无论是新课还是复习课，没有完美无瑕的模型。我们必须根据所面对的学生实际情况，不断进行改进。

【第四期第十一次研修活动】

关于举办伊金霍洛旗教育体育局第四期"1+1+X+N+Z"初中历史名师工作室第十一次研修活动的安排意见

为了让历史教学更具有思维含量，使学生从课堂上获得生长力。初中历史名师工作室将以"优化教学策略 发展学生思维"为主题开展第十一次研修活动。

活动形式：课例观摩、观课议课、交流研讨。

具体活动安排：如表1所列。

表1

时间	活动内容	主讲人
8:10—8:50	课前说课	程云飞、任慧
9:00—9:40	七下第16课《明朝的科技、建筑与文学》	程云飞 伊旗第四中学
9:40—10:20	课后议课与分组汇报展示	工作室全体成员
10:20—11:00	七下第16课《明朝的科技、建筑与文学》	任慧 伊旗第一中学
11:10—12:00	课后议课与分组汇报展示	工作室全体成员

优化教学策略 发展学生思维

——伊旗历史名师工作室第十一次研修活动总结

随着2022版历史新课标的问世，对历史核心素养和课堂教学提出了新的更高的要求，为了落实立德树人的根本任务，发展素质教育，历史课程更注重于着力培养核心素养，体现正确价值观、人生观和提升学生关键能力。

为此，伊旗历史名师工作室第十一次研修活动以《明朝的科技、建筑和文学》为课例进行研磨，讲课的两位老师是我旗名师工作室的任慧和程云飞。两位老师分别进行了说课，程云飞老师以"夕阳无限好，只是近黄昏"为主题，分别就本课的课程标准、学情分析、重难点突破和教学流程进行了详细的课前说课。通过时代背景的介绍，生动地凸显出明朝科技、建筑和文艺所反映的特征。任慧老师以"文化自信"为主题，以学生自主学习为依托，以材料和问题为引领，结合学生实际，深入细致地进行了课前分析。

程云飞老师以年代尺引入本课，展现学习目标，设计了"科技之光""建筑之光""文艺之光"的三大学习板块，通过表格析史调动学生自主学习明朝三大科技著作；通过史料研读，培养学生分析问题和解决问题的能力；通过对比分析，凸显出明长城的特点和地位；通过人物事迹简介，让学生体会历史人物的优秀品格。本节课程老师语言生动，条理清晰地展示了我国明朝的科技、建筑和文艺，让学生体会到了"夕阳无限好，只是近黄昏"。

任慧老师以最近网络流行的《本草纲目》毽子操作为热身活动，充分调动学生的积极性；在问题驱动下，学生通读课文，明确知识点；通过运用多种史料、图片和视频等，让学生全方位地了解明朝建筑、科技、文学方面的成就，体会古代文化的辉煌，切实体现新课标要求，层次突出，氛围活跃，问题设计精妙，是初中历史文化课的典范。

随后，老师们运用观察量表针对观察点进行了细致的评课，大家畅所欲言。两节公开课，体现了两位教师不同的风格，也让参与的各位老师汲取到了众多优点、经验。同时也一一提出历史课堂中存在的问题与困惑，大家相互研讨，思维碰撞得到了很多可行之法。

最后针对新课标如何使用的问题，白老师进行了有针对性的建议和指导，希望老师们认真研读新课标，做好笔记，能在课堂中慢慢渗透，充分发挥历史学科的育人功能，突出其思想性和基础性，注重学生的自主探究和小组合作，鼓励老师们进行教学方式的创新和教学思维的改变。

"一个人走得快，一群人走得远"，两位老师精彩纷呈的课堂，离不开老师们共同的打磨。相信名师工作室各位成员定能携手奋进、凝心聚力，取得更大的进步！

【第四期第十二次研修活动】

关于举办伊金霍洛旗教育体育局第四期"1+1+X+N+Z"初中历史名师工作室第十二次研修活动的安排意见

为进一步加强我旗历史教师对历史课堂有效教学的研究,努力实现"有意思、有意义"的历史教学。本学期共读《温度·厚度·向度》一书,基于此,开展以"专业的阅读,迅速地成长"为主题的研修活动。

研修主题:专业地阅读,迅速地成长。

研修形式:讲座、交流研讨。

具体活动安排:如表1所列。

表1

时 间	内 容	主讲人
8:30—9:00	讲座:"走进有意义的历史教育" ——读《温度·厚度·向度》有感	高晓聪 伊旗第一中学
9:00—9:30	讲座:"如何上好一节复习课" ——读《温度·厚度·向度》有感	吕道通 鄂市伊金霍洛分校
9:30—10:00	讲座:"固化的知识千篇一律 有趣的价值万里挑一 ——读《温度·厚度·向度》有感	任慧 伊旗第一中学
10:00—10:30	讲座:"如何让历史人物更丰满" ——读《温度·厚度·向度》有感	于倩 北师大二附学校
10:30—11:00	讲座:"有温度·厚度·向度的历史教学" ——读《温度·厚度·向度》有感	王再艳 鄂市伊金霍洛分校
11:00—11:30	讲座:"读经典、润心灵、育学子" ——读《温度·厚度·向度》有感	程云飞 伊旗第四中学
11:30—12:00	讲座:"历史细节的课堂魅力" ——读《温度·厚度·向度》有感	马香莲 伊旗第一中学

专业地阅读，迅速地成长
——伊旗历史名师工作室第十二次研修活动总结

　　为进一步提高历史名师工作室成员专业素养，6月29日上午，伊旗历史名师工作室在伊旗一中开展了以"专业地阅读，迅速地成长"为主题的读书交流活动，本次活动由名师工作室负责人白老师主持。伊旗一中历史组全员参与。六位老师们就阅读《温度·厚度·向度》一书，畅谈所思所想，有感触，有激励。寻找有意义的历史课堂。

　　高晓聪老师从十一个方面做了总结："聚焦主题旨趣，彰显教学意义""坚持唯物史观，提高教学意义""精选史料辩证，阐释教学意义""剖析教材理路，申明教学意义""扩展细节力量，激活教学意义""提出有效问题，激发教学意义""创设教学情境，体现教学意义""探寻人物行思，发挥教学意义""重视课堂生成，推广教学意义""拓展教学视野，升华教学意义""聚焦素养培养，实现教学意义"。高老师还提到"一堂好课"应遵循立意、材料、问题、人物、逻辑五个维度。

　　如何上好一节复习课。吕道通老师从单元复习课的必要性、单元复习课中应该注意的几个问题、单元复习课的具体操作策略、单元复习课今后发展的思考四个方面谈了自己的想法和做法。新课改之后，新的历史课程标准问世，对学生和老师提出了更高的要求，因此应当建立单元教学的视角，让历史教学呈现系统化、完整化，使其能够与时代发展的要求相吻合。并提出今后思考，供大家探讨。力争让复习课上得更高效。

　　固化的知识千篇一律，有趣的价值万里挑一。任慧老师读了这本书后有感而发，固有的课堂了无生趣，比如在"照本宣科"中，一些本来生动活泼的内容成了冰冷僵化的文字符号，学生只能在了无兴趣中对这些文字符号死记硬背，而有意的设计激趣引思，精选史料辩证，剖析教材理路，扩展细节力量，提出有效问题，创设教学情境，探寻人物行思。

　　如何让历史人物更丰满。于倩老师从历史与人的关系是历史学的重要关系说起，课堂上有鲜活的历史人物，能拉近学生与历史的距离，激发学生的学习愿望。选择历史人物时要选择有故事的人（有特点有争议的人）。利用图片、影像资料，"形象化"历史人物、精读历史史料，"精细化"历史人物、通过教师讲述，"鲜活化"历史人物、多元视角评价，"立体化"历史人物，让历史人物更丰满。

讲经典、润心灵、育学子。程云飞老师留意了作者简介，膜拜李老师这种"厚积而薄发"的教育姿态，当即立下了自己的教育誓言："悉心竭力育学生，安心定志当老师。"接下来程老师结合案例与大家共鸣，身为教育者，全身心地去爱学生固然重要，但教育的方法不可缺，教育智慧不可少。只要拥有一颗不断深为探索的心，积极地去寻找教育智慧，才能更有效地教书育人。

历史细节的课堂魅力。马香莲老师从三个方面做了分享：一是历史细节的课堂魅力，与单纯的说教相比，这样的效果可能会更好。二是历史细节的呈现方式，点化了课堂，提升了教学效果。三是历史细节的教学运用，让学生从多角度分析问题，达到与众不同的效果。有细节的历史课不仅是有意思的，也一定是有意义的。

名师工作室主持人白老师对本次活动做了精彩的点评：白老师首先说到李老师的这本书接地气，李老师针对我们课堂中存在的问题，通过教学案例达到优化设计，老师们受益匪浅，激励大家在自己的教学实践中去尝试。其次对六位老师的读书感悟给予肯定，并指出阅读是教师成长最有效的方式，鼓励大家坚持多读书、读好书，读到那个最想成为的自己，在教育的路上遇到那个最美、最幸福的自己。

读书交流会结束了，但读书的生活却没有结束，书是一道风景。读书就是让我们走进景区，寻找自己的感受。坚持读书、品书，努力成为一名热爱学习、善于学习、终身学习的学习型教师，实现自身专业成长。

地理篇

"1+1+X+N+Z"地理名师工作室

张海燕

一、基本情况

宗旨：在合作中共进，在互助中成长。

目标：带一支队伍、做一个课题、出一批成果。

特色：以图为媒、以图导学，培养教师的专业素养和学生的创新精神。

二、工作开展

1. 理论学习

系列学习《初中地理教学策略》《致青年教师》《初中地理有效备课》《课堂观察二——走向专业的听评课》《重构作业—课程视域下的单元作业》等专业书籍。

2. 实践研究

开设"初中地理教材读图指导"系列讲座（由张海燕、王力兵、包香玲、陈扎拉完成）、开展读图教学方法的实效性研究（由李红梅、李璟、梁宝元、侯文静、廉彩霞、王春佳、董瑞梅完成）。

3. 项目研究

完成鄂尔多斯市规划课题"初中地理教师课堂教学技能的培养与训练研究"的研究工作。

4. 专业发展：

①专家引领：初中地理名师工作室从2015年至今先后聘请高振奋和张文

革两位地理界名师担任指导老师，高振奋老师做了"基于核心素养的地理教学设计评价""在教学和评价中关注学生核心素养提升"讲座，张文革老师做了"怎样使用地图教学""基于学科核心素养的课堂教学设计""地图的绘制"等讲座。

②自我研修：通过分析教材、探讨教法、积累资料、研制命题等，努力提高各位老师的教育教学能力。

三、成员成果

成员中有3人被评为鄂尔多斯市地理学科带头人，1人在自治区基本功大赛中获得一等奖。张海燕老师撰写的论文《初中地理教学中学生读图能力培养》和《初中地理教师课堂教学技能的培养与训练研究》被评为优秀学术论文一等奖。

四、研修过程纪要

（包括工作室部分研修活动通知、简讯报道、教学设计、精彩讲座、心得体会、论文等）

【第二期研修活动（一）】

研修安排

主题研修活动安排

为促进教师对课程标准的深入研读，准确把握教材的重难点，促进教师对试卷的研究和试题命制水平的提高，有效发挥考试对教学的导向作用，促进教师专业成长，本次研修决定举行试题命制活动。

研修主题：开展命题研修活动，提高教师学科素养。

具体安排：如表1所列。

表1

时　间	活动内容	主讲人	地　点
8：30—9：10	讲座"如何规范的命制试题"	张海燕	伊旗一中多媒体（3）
9：20—12：00	每位成员发言；集体交流研讨如何命制试题	与会所有成员	

专业引领

如何规范地命制试题

张海燕

考试是教育评价的有力工具，是人们普遍认为的操作起来最简单直接也最公平的测量手段，它对教育活动具有很强的导向作用。而考试的导向作用主要体现在命题中，一份试卷，能引导教师日常教学行为，促进学生发展性评价，考试作为衡量学生学习情况的一种重要手段，能否出一份好的试卷是教师基本功的一个重要方面，同时，也能很好地反映一名教师的教学水平，所以出好一份试卷在教学中是一个非常关键的环节。下面我就怎样出好一份地理试卷谈谈我的一些想法。

一、命题指导思想

关注学生的学习，关注学生的积累，关注学生的运用与实践，关注学生情感与态度，关注学生综合素质。具体来说有以下几个方面：

①注重学生所学知识量的测试，考查学生知识的掌握情况，命题中不能只注重重点而忽略非重点，应最大可能的把学生所学知识进行考查。

②注重测试学生理解、方法和能力三个方面。

③注重对学生综合素质的测试。

④考查学生对所学课程基础知识、基本技能掌握程度和综合运用所学知识分析解决实际问题能力。

二、命题原则

教师总是要以教学测量为手段，经过分析、综合，进行判断，以得知自己的或他人的教授活动与学生的学习行为的状态，进而与教学目标和教学要求相对照，获取准确具体的结构；学生作为积极主动的认识主体，也总是要努力以教学目标和学习要求为标尺来评判自己的学习结果与进展。

1) 教学测量与评价应遵循的准则：

①准确、全面——理解地理学科教学的目的以及要求测验和评价，包括：学生的知识、理解和思维、技能和能力、态度和方法等方面的内容。

②有计划、有目标——按学习进程，循序地实施测验和评价。

③适量、适合——控制测验次数，科学选择测验时间、内容和形式。

2) 命题应遵循的原则：

①科学性——不能出现知识性的错误，保证试卷质量的关键。

②指导性——发挥考试的导向功能。

③适切性——试题的难度比例适当。

④独立性——试题独立相互不牵连。

⑤合理性——评分标准简便、准确。

⑥明确性——题目语意清楚，文句简明扼要，答案明确合理，无二义性。

⑦全面性——覆盖面既要大，又要突出重点，保证试题在所测内容上具有代表性，力求做到各个部分的比例适当。

⑧层次性——试题本身的层次性；整张试卷难度分布的层次性。

⑨以生为本——内容的新颖性、趣味性、激励性、人文性、形式的创新。

3) 为了减轻学生的记忆负担，促进创新能力的培养，应该严格按照明确规定的考试内容重点范围进行命题，记忆性的试题要少而精。在一份试卷中，有利于培养创新思维的试题要占较大的比例，非选择题等要把考生引向独立思考而不是死记硬背，让考生根据自己的理解和看法来回答问题。

4) 考试内容与要求要与课程标准、考试说明中规定的内容相一致，不能脱离纲、本要求出偏题、怪题，应该按提出的层次性要求，既注重考查重点知识，又要适当考查知识的覆盖面；既考查地理双基，又要考查地理各种能力，尤其是地理填图、读图、析图能力。注重试题题目易、中、较难三个层次的比例。

5) 试卷中各种题型的采用和搭配要合理得当（地理题型一般分为选择题

和综合题两类），试卷、试题、参考答案和评分标准必须科学严谨、公正无误。

6）要注意前后知识的融合，知识块间的联系，概念、原理、规律的合理搭配，知识与能力整合，以及各种类型题目的合理配置，同时也要注意与其他学科知识、生产生活实际问题、热点问题的联系与运用。

三、命题程序

出试卷分为三个阶段：准备、出卷、检查与校正，在这三个阶段中主要需解决好以下几个问题：

①知识点全面覆盖：首要对所考查对象加以梳理，选出必考的知识点，力求做到试卷对内容的全面覆盖。通常应着眼于《Ⅰ卷》的必考题型以对内容完成较为全面的覆盖。

②知识重点、难点考查：多以《Ⅱ卷》的题目加以考查，设问要严谨，过渡要自然，难易有层次，每小题都要有学生易答的问题，不要一难到底，更不要出现连环套。

③分值分布合理、答案要全面无争议；要使整卷版面美观，特别是要做到格式统一、字体行距合适；试卷易于评阅，易于同组内分工流水作业。①与②是准备与出卷的主要工作。而检查与校正（包括地理图表或图幅的清晰度及大小）则是对三个方面的全面检查。

明确考试目的：学校的各种考试都有一定的目的。由于各种性质的考试，其目的不同，那么命题的难易程度、各类知识的比例、试题形式就会有所不同。因此，命题前必须明确考试目的。

研读相关内容：出题前要研究地理会考、中考要求，认真研读教材内容，课程标准。内容包括知识点的层次类型（记忆、理解、应用）、知识点的重要程度（了解、熟悉、掌握、熟练掌握、拓展延伸）。确定基础题、中档题、提高题的比例，还要研究学生的实际，学校对考试的具体要求，准确掌握命题标准。要出一份好的试卷，必须要吃透教材和教学大纲。试题要充分体现教学目的和大纲要求，尽量突出重点，覆盖面广。同时，考试必须要考一些实质性的东西，杜绝偏题、怪题和超纲题。

设计命题计划和制定"命题双向细目表"：命题计划是编制试题的依据，

是为了科学设计试题、周密安排考试内容、便于命题。命题计划应包括两项内容。

编制试题的原则和要求，说明考试的内容范围、方法目标、试题类型、编制试题和组配试卷的要求。

规定试卷中试题的分布，即具体考试内容中各部分试题的数量分布和所占比例。

制定"命题双向细目表"：

双向细目表是一种考查目标（能力）和考查内容之间的列联表。一般地，表的纵向列出的各项是要考查的内容即知识点，横向列出的各项是要考查的能力，或说是在认知行为上要达到的水平，在知识与能力共同确定的方格内是考题分数所占的比例。

▶ 双向细目表的价值

①确保试卷有较宽的覆盖面。

②确保试卷的质量，避免随意性和盲目性。

▶ 双向细目表的设计步骤

1. 确立知识要点

①列要点。先要认真分析教材，把教材中的知识点找出来。可将各单项的细小的知识点合并归类，组成大的知识块。通常把新授的、经过一定训练的内容作为检测重点。

②定比例。即确定每一章要点应占的分数比例。

2. 确立能力水平层次

了解、理解、掌握、应用、综合应用。

3. 排列各部分所占比例

排出分值、题型、难易度。

4. 汇总与调整

依据汇总情况，分析整个测试在能力水平方面的要求，是否符合测试目的、纲要要求以及学生的实际情况。

编制试卷内容：编制试题要依据命题原则，紧扣命题内容，围绕命题目的，严格选择试题材料及各种地理图表或图幅，进行排列组合。在编制试题过程中，所编试题的数量应超过试卷实际需要量，以供精选。网络材料或旧题最好不要全抄，改造一下或只用其中一部分。同时要在编制试题过程中同步写出每一试题的答案，以便发现问题并及时纠正。

审查修改筛选：试题拟好后要逐题进行审查、修改，并进行筛选，使其达到答案科学、准确、合理。

试答全部试题：命题结束后，命题人必须对试题进行试答，并记录答题时间。一般情况下，用于实际考试的时间，为命题教师试答试卷时间的2倍。并估计年段学生考试的平均分，误差控制在3分以内。最好请同一备课组成员进行试答并审核。

调整完善：根据答题实际时间的需要，对试题内容进行适当调整；根据答题估计试卷难度，对试题内容进行适当调整。

制定评分标准：评分标准要包括三项内容，参考答案、给分尺度、评分标准。

注意保密。

四、命题中应注意的几个问题

①试卷布局应体现循序渐进的原则，让学生逐步进入考试状态；容易的、简单的基础知识放在前面。

②基础知识的选择与安排：考查的基础知识必须是课本中要求掌握的，形式是教材中有的或者是涉及的，知识点要全。

③每一道题目的要求要表述清楚、正确。

④整张试卷要体现课改精神，注意学科之间的联系，注意试题的开放性，答案有一部分应是多元的。

⑤要认真设计试卷的结构，尤其是隐藏在内的结构，即知识结构、能力结构和难度结构。

⑥出试卷要根据实际情况，如根据考试的目的、学生的知识掌握情况、学生的能力来正确把握试卷的难度系数。

⑦试题所涉及的文字应力求简明，寓意明确，切不可模棱两可或拖沓冗长，

不应采用死记硬背的试题，对于纯机械演算的试题要尽量少用。同时，可以充分利用网络资源博采众长。

⑧试卷要与近段时间的同类考试接轨，但也要有一定的创新性，要体现素质教育教育理念。

⑨要注意考试的题量，注意学生考试的时间。

总之，出好一份试卷是件十分严肃且要投入大量精力的脑力活，一份高质量试卷的"出炉"更需要"打磨"。这需要我们在出卷、考试、分析试卷中不断总结、不断提高。

研修总结

开展命题研修活动，提高教师学科素养

为了进一步保障我旗地理中考有效进行，提升初中地理教师专业素养，搭建教师专业化发展水平，加强教师间的相互学习与交流，进一步提高中考地理成绩。为此，2016年4月1日，初中地理名师工作室在伊旗一中举办了以"开展命题研修活动，提高教师学科素养形象"为主题的交流活动。工作室全体成员参与了本次活动。

此次活动共分三个环节：第一环节"如何规范命制试题讲座"，由张海燕老师主讲。张海燕老师是我们鄂尔多斯市首届中考地理试题命制人。张老师从自己的命制试题实践出发，结合近几年中考地理试题类型和变化趋势，为在座的老师们诠释了中考地理试题命制的全过程：命题依据和思想；命题应遵循的原则；命题程序；命题应注意的一些事项。张老师精彩的讲座使在座的老师们知道一份好的试题能够适时有效地指导学生学习备考，对学生起到指导和诊断作用；一份随意、不负责任的试题影响、误导学生的备考。我们在命制试题时要认真、科学、严谨，要把握地理学科的特色，充分体现地理学科的思维特点，要紧随中考的脉络，作为一名教师不仅要能上好一节课，会写一篇论文，还要能命制一份高质量的试题。第二环节"如果2016年你是我市中考试题命制老师，你的命题思路是什么？试着谈自己的想法"，老师们畅所欲言展开交

流，老师们依据地理中考说明和地理课程标准，命制了自己心中想要的中考地理试题，为今后地理复习提出了合理的复习策略，提高中考复习效率，把握中考走向，减轻学生复习压力，起到很好的引领作用，让老师们获得很大的启迪。第三环节"集体交流研讨如何命制试题"，命制一份合适的试卷是很不容易的。一般来说，命题大都经历三部曲：拿来、模仿、创造。我们只有以"一切为了学生的发展"的新课程理念审视命题、研究命题，才能促进考试命题的科学性、规范化，让考试真正发挥评价所具有的促进学生发展的本质功能。

中考地理试题的特点是起点低、入手容易、注重基础、知识覆盖面广。中考试题特别强调对基础知识、基本技能、基本思想方法和基本活动经验的考查。其中部分中考试题大多数直接从教材取材，或适当对教材的探究、例题、练习题等进行类比、加工、改造、延伸或扩展，并不断设置新的问题情境。试题背景注重贴近教材和学生的生活实际，它们的目的是让学生处在一个较平和、熟悉的环境，以增强解题信心，开拓他们的思维。

希望老师们能在今后教学中进一步反思，结合今天所讲的内容，深刻研究中考命题走向和高效复习。相信这次研讨对我们伊旗地理成绩提高将有很大的帮助。预祝2016年我们伊旗地理中考取得辉煌成绩。

【第二期研修活动（二）】

研修安排

主题研修活动安排

全旗初中各位地理老师：

为了进一步提高我旗的教育教学质量，促进我旗中学地理教师的专业化成长，同时，针对初二年级地理复习教学中的实际问题，特邀请北京教育科学院基础教研中心的专家高振奋前来指导。

研修主题：有效复习，备战中考。

具体安排：如表1所列。

表1

时间	活动内容	主讲人
上午 第一节 8：20—9：00	复习课"地形与地势"	侯文静 （伊旗第四中学）
上午 第二节 9：10—9：50	复习课"印度、俄罗斯"	苗世佳 （鄂市一中分校）
上午 第三节 10：30—11：10	复习课"经纬网"	廉彩霞 （伊旗第一中学）
上午 第四节 11：20—12：00	说课、专家点评，并就复习课做指导	导师：高振奋老师
下午 第五节 2：30—3：10	高振奋老师的复习示范课"天气与气候"	导师：高振奋老师
14日下午 3：30—5：30	高振奋老师讲座"在教学和评价中关注学生核心素养提升"	导师：高振奋老师

优秀论文

初中地理课程科学学习方法的设计与研究

苗世佳

一、研究背景与意义

21世纪的今天，面对广袤无垠的宇宙和深邃的微观世界，面对社会性的、政治的、经济的、军事的，以及各种工程技术等的庞大系统，人们想要认识它们，控制、改造它们，就必须运用符合其本质特征和发展规律的科学方法系统。这是时代的需要，是必须及时予以满足的迫切需要，可以说，这是时代的绝对律令。

对学习前所未有的重视成为21世纪信息文明时代的主要特征。不仅于此，学习已不再只关心获得固定知识的多少，不再是一个注重存量的过程。学会如何去学习成为学习者最为重要的任务。换言之，在"知识本身与个体获得知识的能力相比，已经变得不那么重要"的今天，对科学学习方法的良好掌握的意义远大于对大量知识的存储。关注科学学习方法、关注学习者自身成为目前这一场"学习革命"的最大特色。那么对于学习者自身的关注，在初中教育阶段可以理解为学生的自我管理，学生的学习能力的培养是非常重要的，而学习能力的培养一定要有科学的学习方法。

若将学科课程学习方法作为探讨的对象。不仅使学科教育满足了当今学习型社会对学习方法的需求；同时学科课程论思想的渗透，更确保了学习方法研究的全面性、有效性与现实性。可以认为，学科课程学习方法的研究关系到目前的学科教育是否能适应社会发展需求的问题，关系到学科教育是否能满足学生发展需求的问题。

二、初中地理科学学习方法设计

（一）地理学习需要科学的学习方法

"立志成才，发奋学习"已成为亿万青少年的共同心愿。可是，随着地理科学的发展，地理知识越来越呈现大众化、普及化，地理教学更加侧重对于学生应用能力的培养，学习规律性的知识越发的重要，然而受到学生身心特点的影响，初中生对于地理的学习具有一定的难度，那么地理教学就更加注重对于学生的科学学习方法的指导，一个好的学习方法可以起到事半功倍的效果，减轻教师的教学压力，提高学生的学习效率，最终达到一举两得。

中学生要想迅速提高学习成绩，必须改变学习不得法的严重状况，努力探索、学习、掌握比较科学的学习方法。青少年的学习经验证明，一个中学生如果能够运用比较好的学习方法进行学习，不仅可以培养自学能力，发展智力，取得好的成绩；更重要的是，可以振奋学习精神，增强学习好功课的信心和力量，使自己对未来充满希望，促使自己树立远大的革命理想。

（二）地理科学学习法的设计

"地图是地理学的第二语言，或者应该说它是地理学习的载体，是一个非常容易理解的语言。地图使人很容易理解那些用许多文字描述，但完全得不到充分效果的东西"。能够娴熟地掌握地图是学生真正弄懂地理知识的一种行之有效的方法。不仅如此，学习和掌握地图知识对于学生学习其他科学知识以及开发智力都有着不可替代的作用。因此本人通过多年教学实践，基于地图学习的重要性设计了符合学生身心发展的地理科学学习方法。

地理科学学习方法有八个环节："通读教材→阅读地图→以图析文→认真上课→独立作业→解决疑难→及时复习→课外拓展"，这个学习方法的基本精神是什么呢？就是最大程度发挥学生主观能动性，逐步培养和发展学生的自学能力，使学生高效率掌握地理知识和基本规律，从而全面开拓学生的智力，使他们成为学习的主人。下面根据分析，分别对这个方法八个环节的要点作通俗说明。

1. 通读教材

"通读教材"就是把教材快速梳理一遍，快速提取信息，掌握每节的主要内容，为高效学习打好时间基础，时间安排为10分钟左右，目的是培养学生阅读能力及提取主干信息能力，其在一定程度上起到预习的作用，通过通读教材使学生找到自己会与不会的地方，减轻学生学习负担，最大限度让学生把注意力集中在自己不会的地方，避免精力分散和疲劳。

2. 阅读地图

地图是地理的第二语言，地图的重要性可以说不言而喻，只有读懂地图才能学好地理，学生通过阅读地图掌握地理知识的空间关系，有利于学生高效学习，对于地理事物的记忆也尤为关键，例如山脉、地形区、气候、干湿地区、温度带等，这个可以说是地理学习的基础知识，学生通过长时间反复记忆，最终达到自己可以对地理的自然部分自学的要求，一旦可以自学那么可以说地理课上60%以上的知识已经不用再重复学了，可以进一步抓重点学习，提高学习成绩。学生对地图可以说既熟悉又陌生，熟悉是因为每节课都看，陌生是因为读不懂，这部分内容需要教师长时间培训，才能达到。

学习要点：

①看——地图三要素：方向，比例尺，图例。这是基础内容一定要先看。

②找——在图上找到要学习的内容。

③定——确定知识之间的空间关系。

④记——记住知识点，如山脉、河流、气候等。

3. 以图析文

当阅读地图已经没有问题了，那么学生就要学会在地图中读出地理信息，通过读图把应该提取的地理信息找到，如果能达到这个目标，那么对于地理读图分析题也就胸有成竹了。最终达到图文结合，事半功倍。

学习要点：把图翻译成文字，记在笔记本上。

4. 认真上课

上课是学生理解和掌握基础知识和基本技能，并在此基础上发展认识能力的一个关键环节。按上面要求做好课上自学，"学而后知不足"，就会切实地懂得老师讲授的重要；同时，带着问题听课，注意力就会高度集中，从而主动和灵活地接受老师的授课。

学习要点：

①带着新课要解决的主要问题和在课上自学中弄不懂的问题与知识，有目的地认真听讲。始终保持高度集中注意力，认真观察，积极思维，力争当堂课的学习内容当堂课理解。

②将自己通过课上自学而获得的对新教材的理解与老师讲解的内容比较，加深对新教材的理解和记忆，纠正自己主观理解的错误。

通过比较，如果学生对新教材的理解与老师的讲解是一致的，甚至有时学生的理解还比老师的看法要深入一些，这时学生就会感到学习是一件非常愉快的事；如果学生的理解与老师的理解在某些方面不一致，有时完全理解错了，这时就会促使学生认真思考问题，分析错误的原因，自觉地求得问题的解决。

③认真做好课堂笔记。要一边听讲，一边理解老师讲课的内容，将老师所讲的重点内容和典型事例以及分析问题的思维方法摘要式地记录下来，以便课后复习和完成作业。

④在上课过程中要积极发问。课堂发问第一不能怕，怕错怕问题提得不好都不行，第二不能随便提问，这样会导致课堂无序，或者提的问题没有意义都不好。值得提倡的发问应该是不但准确地提出问题，而且能带分析性地向老师谈出自己对这个问题的看法，并说明自己在哪一点或哪几点上还存在疑问。

在课堂上没有机会得到解决的问题,要记下来,以便课后解决。

5. 独立作业

独立作业是学生经过思考,自觉灵活地分析问题和解决问题,进一步加深和巩固对新知识的理解和对新技能的掌握,使知识具体化的过程。如果按要求做好了以上几个环节,独立完成作业是不困难的。

学习要点:

①解答每一个问题,都应该是学生自己运用所学的知识,认真地进行独立思考和独立操作的结果。要勤于动脑和动笔,才能学好基础知识。在学习过程中必须克服懒动脑和懒动笔这两种不良倾向。有的学生自己不动脑子去做作业,照抄别人的;有的学生会做了,不愿意写,导致有些字不会,这些都不好。

②克服做作业的盲目性。做练习的目的是加深对新知识的理解和掌握运用新知识解决实际问题的方法,提高分析问题和解决问题的能力。因此,精选一些有代表性的练习题做,那样做就可以做到举一反三、触类旁通。这种办法既可以学到扎实的基础知识和基本技能,又能提高单位时间的练习质量。

③按照教学进度在不影响正常学习任务的条件下,可根据自己的实际知识水平,适当地选一些难度较大的综合性练习题做,发展思维能力,培养灵活运用知识解决较复杂问题的技能。

6. 解决疑难

在独立作业的过程中,有时自以为作业做对了,但是结果错了。学生对这种情况的出现感到疑惑。为什么会做错呢?有的疏忽大意造成;有的是对知识错误理解。分析产生错误的原因,纠正对知识的错误理解的过程,就是解决疑难问题的过程。这种对知识的错误理解如果得不到及时纠正,所获得的一知半解的知识,就会影响学生对新知识的学习和掌握,结果必然导致学习无法有效地继续进行下去。由此可见,解决疑难,及时纠正平时作业中的错误,是学习中绝不可少的环节。

学习要点:

①认真分析作业做错了的原因。如果马虎大意那么要注意为什么马虎。如

果是属于理解上的错误，就应认真理解知识点，直至弄明白为止。如果是由于在掌握知识上存在着缺陷，就应尽快地通过自学弥补起来。

②将做错了的作业重新做一遍。如果时间允许，还可多选些类似的题目做一做，加深和巩固对新知识的理解和掌握。

7. 及时复习

复习可以分两个时间，一是做作业之前，进行总结复习，及时复习，学生会加深和巩固对新学知识的理解和记忆，系统地掌握新知识，达到灵活运用的目的。二是在做完作业后进行分析复习，通过做作业发现问题，及时分析和巩固知识点。复习时间的长短，可根据教材的难易程度和自己的理解能力而定。

学习要点：

①反复阅读教材，独立思考，多方查阅参考资料和请教老师与同学。使通过课堂教学仍然弄不懂的问题尽可能得到解决，达到完全理解教材的目的，以便用所学的新知识准确地指导独立作业。

②抓住教材的中心问题，对照课本和听讲笔记，将所学的新知识与有关的旧知识联系起来，进行分析比较，进一步弄懂新课中的每一个基本概念，使知识条理化、系统化，加深和巩固对新知识的理解。

③在复习过程中，对一些重要而又需要记住的基础知识和规律，应尽可能通过理解加以记忆。经常新旧知识结合，反复巩固新旧知识，是系统而牢固地掌握知识的一种有效方法。

④一边复习，一边将自己的复习成果写在笔记本上。勤动脑与勤动手相结合，才能收到更好的学习效果。

8. 课外拓展

课外学习活动，包括阅读课外书籍、参观访问、社会调查、科技活动和学科竞赛等，是学生通过课内学习，掌握了一定的基础知识、基本规律和基本的分析方法，学习能力得到了一定发展后，很希望进一步认识客观事物的一种需要。课外学习活动是学生课内学习的补充和继续，它不仅能丰富学生的文化科学知识，加深和巩固课内学习的知识，而且能满足和发展他们的兴趣爱好，培养他们独立学习和工作的能力，激发他们的求知欲望和学习的积极性。

学习要点：

①要尽可能与课堂学习内容相结合，有利于促进科学知识的学习和发展。

②课外学习活动的内容和时间安排要适当，不要影响正常的课堂学习和身体锻炼。

③在课外学习活动中，要尽力做到学练结合，脑手并用，把学习和实践结合应用起来。

(三) 地理科学学习方法的规律

通过对上述八个学习环节的分析研究，我认为，中学生要学好书本知识，就必须采取符合心理科学的学习规律。根据本人的调查研究，地理科学的学习方法，大体反映了如下五条学习心理规律：

①自觉努力。一个学生要想学习好，只有严格要求自己，靠自己自觉地努力学习。因为学生的学习，是通过学生个人的大脑所进行的系统的独立思维活动，是以有目的、有计划地取得书本知识为特点的认识过程。这个认识过程是任何人或物都不能代替的。教师及其他必要的学习条件和手段都是重要的，不可缺少的。但是，对于学生来说，这些还属于外因，都不起决定的作用。真正起决定作用的是内因——学生本人的学习动机和目的、学习方法和思维方法、知识基础和能力基础。

②打好基础。学生学习新知识是以旧的知识为基础的。如果已有的知识不能适应学习新知识的需要，就应尽快地把缺漏的知识，通过各种途径和方法努力弥补起来。例如地理地图和地理规律的掌握必须是基础，如果有一个地方没记住，那么在学习相关知识点时就学不好，因为当旧知识还没有弄懂时，新知识在人的大脑中找不到恰当的知识接通点（或者说生长点），新旧知识就不可能在大脑中形成有效的联系，在这种情况下，学生要学好新知识和掌握新技能是不可能的。

③重在理解。学生的学习，不能只停留在机械记住这个水平上，重要的是要在学习知识的过程中，突破重点和难点，例如海陆因素对哪些问题会有影响，学生记住很简单，但是应用就是很难的，海陆因素对降水和气温都有影

响，但是例如中东地区四周环海为什么还降水少呢？这个时候用海陆因素的规律就大错特错了，因为距离海洋越近降水越多，但是中东地区由于受到副热带高压影响，降水是非常少的，如果不能因地理解，光记住是没用的。因此深刻地理解知识的本质，并联系相关知识才是重要的，只有这样才能高效而准确地掌握知识，并形成能力。

④学以致用。学生的学习，是一个不断地将书本知识运用于实际，形成一定的技能，并运用所学的知识和技能解决实际问题的过程。在这个过程中，必须认真做到理论联系实际，例如地理风向的知识，谈到风向学生都能说出今天是什么风，但是在应用时就出现了问题，风向指的是风的来向，而不是去向，所以学生如果不去户外体验很有可能把风向确定反了。形成基本技能和运用知识与技能解决实际问题的过程，是一个检验、巩固和深化学生对基础知识的理解的过程。一种知识，如果不将它运用于实际，使其具体化，就是无用的知识。

⑤高效学习。学生的学习，内容要精。例如地理干湿地区知识点，学生只要记会干湿地区分布图和具体含义，那么在整个八年级下册的学习中可以说，这条知识在各节中就不需要记了。在有限的学习时间内认真学好一个知识点或者一个规律，要比在同样的时间内学每节的效率高很多。前者可以起到触类旁通的作用，后者分散了时间和精力，学习效果反而不好。

中学生要提高自己的地理学习质量，除了要运用好以上五条地理学习心理规律外，还必须在学习过程中重视对自己的各种心理因素的结合培养，特别是要在树立正确的学习动机，培养学习兴趣、学习意志和优良的性格方面下功夫，因为学习是一个不断地克服各种困难的艰巨的脑力劳动过程。

三、教师对于地理科学学习方法的指导

(一) 教师指导的重要意义

"科学知识是不应该传授给学生的，而应当引导学生去发现它们，独立地掌握它们""一个坏的教师奉送真理，一个好的教师则教人发现真理"。(第斯多惠，德国) "教师教给学生的不应是应该怎么想，为什么想和怎么做，为什么做。而是通过学习指导，培养学生准确掌握材料，灵活思维方式，合理地安排思维程序和自觉地进行自我表现评价的能力。

在未来社会中,"教师"将不再是一个终身的职业,而是具体的互动学习中的一种相对的角色。因为在现在这个信息社会,现成的、固定的知识本身相对于获得知识的能力显得愈发不那么重要了。教师的重要作用将主要体现在对学生学习方法的指导上。其主要任务是辅助学生建立起自己的学习活动统一体,通过教给学生如何获取知识的方法,使其成为活动统一体的真正主体,而最终完成教师知识、活动向学生知识、活动的转移与转化。叶瑞祥先生编著的《学习学概论》一书中关于对上海市黄浦区488名初一新生学习方法的影响因素进行的调查分析结果显示:在影响他们形成学习方法的各个因素中,"家庭或亲友的指导"居第一位,占3.463%;"小学老师的指导"居第二位,仅占27.87%;"初中教师的指导"居第四位,也仅占0.89%。这一现象的出现表明:不仅要一如既往地重视学生学习方法的理论研究工作,同时还须提高教师对学生学习方法的指导能力。可以这样说:将理论研究中形成的各种学习方法切实通过教师的指导工作,让学生理解、掌握、运用到具体学习中去才是研究学习方法的最终目的。由此可见,教师的指导将是学生真正拥有学习方法不可缺少的因素。

地理教学仅仅传授知识是不够的,因为地理教材的七年级上册和八年级上册是具有规律性知识的,仅仅让学生记忆是不可取的,因为理解性知识比较多,学生如果不能理解,那么是不会应用这两册书的知识点的,进而导致七年级和八年级下册学起来非常费劲,在学生理解的时候,教师一定要对学生进行学法指导,因为只有进行学法指导,学生学起来才会事半功倍,进而达到高效学习的目的,同时通过地理学习方法指导也可以让学生对其他学科的学习产生一定辐射带动作用。

(二)地理科学学习方法在指导的过程中对教师提出的要求

1. 明确并尊重学生在学习过程中的学习主体地位与学习主动性

研究学习方法的主要目的是使学习方法更好地服务于学习,是为了更好地完成学习任务、达成学习目标。但切记这里学习的主角是学生而非教师。教师所做的事情都是为了帮助学生更好地体现其主体地位,发挥其学习主动性。

学法是学生在老师的引导下,去理解、重视、创造知识技能的丰富多彩的方法，而不是教师规定不变的练习方法和步骤。地理教师往往是学生地理课程课堂学习方法的确定者以及后学习方法选择的指导者。对教师而言，教师的一切指导工作都需要围绕"怎样让学生学得更好"这个中心来展开。因此，在整个学习方法的选择、应用、评价过程中，必须要始终贯穿"充分发挥学习者学习主体性"这一原则。

2. 注意地理知识的学以致用

地理科学在中学阶段是一门科普科学，如果学生仅仅只能停留在书本和试卷上，那么这个学科学习的意义就不大了，所以学以致用是很重要的，如果脱离了地理实践，那么知识本身也就变成了无根之水。在中学教学中教师往往很注重地理知识的传授，忽略了地理实习活动的重要性，很多学生具备很多学习知识，但是他们不会运用学到的知识来了解我们身边的地理现象，这是可悲的，学生往往考完试后就忘掉，起不到促进学生终身发展作用。所以教师在学生学习时要注重这方面的引导。

3. 注重学生的小组合作学习

建构主义认为：由于经验背景的差异，学习者对问题的理解常常各异，在学习者的共同体中便构成了一个宝贵的学习资源。学生们在地理课程学习小组中学习知识时相互帮助，学习理论时共同探讨与创新。使得每个人的学习内容、经验与方法成为了学习集体的共同财富，而在小组成员的互动学习过程中，这些内容、经验、方法都在原来的基础上有了极大的提高，避免学生学习知识的局限性和思维狭隘，拓宽了视野，提高了学习效率。

4. 端正对学习方法的认识

任何一种学习活动，都离不开学习主体和学习客体两个方面。学习主体只有通过正确的途径、方式和手段，才能与所学的对象构成有机的统一体，才能把握学习对象的本质、规律和特征。任何一种科学的学习方法都是在研究学习主体和学习客体的基础上，根据有关学习的心理学、生理学的研究所阐明的种种事实而建立起来的。没有绝对一致的学习情景，没有绝对相同的学生，学习过程中的各种因素是变化莫测的，所以学习方法必然也是处在随时、及时的调校过程中。这就提醒教师们：同样的方法在不同学生身上会起到不一样的结果，也许有用，也许效果不明显；今天有用，明天也不见得有用。没有一成不变的、对人人有效的最好的学习方法。在进行指导的过程中切忌寻求一些所谓"放之四海皆准"的学习方法。

5. 不要忽略地图的作用

作为地理知识的载体，地理信息的第二语言，地图的作用可以说非常重要，教师在传授地理学习方法时一定要让学生把地图放在首位，如果学生脱离地图的学习转而去进行背诵和做题，这样的学习方式是灾难性的，学生不光浪费了大量的时间，同时也把提高空间思维能力的机会丧失了。即使有短时间的成绩提高，但是对学生终身发展是不利的。

四、结语

本文分析了地理课程科学学习方法研究的理论基础，对地理课的学习方法做了大胆的设计，对于地理课程学习方法实施体系的基本结构以及教师对学生的指导问题也做了一定的阐释。但这距离地理课程科学学习方法研究的最终目的还有很长的一段路程。要真正发挥研究的作用不仅要在理论上研究地理课程学习方法的方方面面，还要将研究的成果运用到学习，要接受实践的检验；此外，教师和学生及时转变原有观念，正确地认识地理课程的学习，还有正确地认识地理课程学习方法是研究成功与否的关键。由于本人是年轻教师，学习经验有限，理论研究水平有限，不足之处请谅解，本人的研究水平还需提高，今后的研究必定会艰辛漫长、具有挑战，但结果一定是快乐的！

研修总结

有效复习　备战中考

为了进一步提高我旗初中地理的教育教学质量，促进我旗初中地理教师的专业化成长，同时，针对初二年级地理复习教学中的实际问题，特邀请名师工作室导师高振奋前来指导研修活动。伊金霍洛旗教研室主任呼美莲同志和副主任郭双喜同志出席了此次活动，乌审旗、达拉特旗、杭锦旗的教研员和部分地理老师也莅临指导。我旗地理教研员张海燕和全旗各初中地理教师参加了本次研修活动。

本次研修活动主要内容有三项：复习课观摩；说课、评课交流；名师讲座。上午分别由伊旗第四中学的侯文静老师、鄂尔多斯市一中分校的苗世佳老师、伊旗第一中学的廉彩霞老师和地理名师工作室导师高振奋为我们带来四节地理复习观摩课。下午分别由三名老师进行了说课，北京专家高老师进行了点评，高老师指出，作为一名新时代有思想的地理老师，应在课堂教学中充分呈现地理学科的特点，使地理课堂教学展示不一样的特色，体现新鲜味、思辨味、生活味。接着高老师又对如何进行中考地理的第二轮复习做了详细的指导，要求老师们引领学生在复习中"突出主干，构建地理学习思维模式；比较差异，把握区域特征"，重点做好区域地理的复习。最后高老师做了"在教学和评价中关注学生核心素养提升"的讲座，高老师结合经典案例，就"什么是地理学科的核心素养""如何在日常教学中构建地理核心素养"等内容进行了精彩的讲解，并于讲座后解答了各位老师在教学中存在的疑惑，专家见解独到使我们茅塞顿开。各旗区的教育同仁在会上也进行了亲切交流，共享教育资源，互留联系方式，方便于日后开展合作。

此次研修活动，使我们在如何应对地理学科的教学和如何在课堂中渗透地理学科的核心素养方面有了一定启发，同时引发了对传统教学和现代教学方式的思考，并对如何开展第二轮的专题复习也有了一定的思路，此次研修活动对于促进我旗初中地理教学质量的提高和地理教师的成长具有重要意义。

让我们怀揣感动，转变教学观念，用我们的教学勇气，教学做合一，做一名幸福的教育工作者！

【第二期研修活动（三）】
研修安排

主题研修活动安排

初中地理名师工作室的各位老师：

为深入领会新课程标准的精神实质，有效开展新课标下的教学设计与评价活动，提高地理教师的学科素养，经研究定于 11 月 18 日在市一中分校举行初中地理名师工作室第七次研修活动。

研修主题：基于核心素养的地理图表解读。

研修形式：讲课、说课、评课、讲座。

具体安排：如表 1 所列。

表 1

时　间	活动内容	主讲人	地　点
上午 （8：30—12：00）	八年级上册教材分析	高振奋老师	市一中分校 会议室
下午 （2：30—5：30）	讲座"基于核心素养的地理教学设计与评价"； 交流研讨	高振奋老师	
		与会所有成员	

研修成果　教学智慧

地图教学之我见

苗世佳

本次培训上午由高振奋老师对《义务教科书地理》八年级上册教材进行详细分析，下午高振奋老师进行了"基于核心素养的地理教学设计与评价"专题讲座，通过本次培训，使我进一步理解了教材的核心内容、地理核心素养的概念、地理教学的发展趋势、使自己找到了教师素养发展的方向。同时高老师在其中穿插了北京地理考试及答题的答案，发现地理考试越来越趋近生活化和可操作化。

地理核心素养的构成

（一）地图技能

地图既是地理学习的重要内容，又是地理学习的重要工具。现代地图学知识素养相当丰富，既有传统的纸质地图，又有现代的电子地图。引导学生把握地图"三要素"，且能从地图中获取、整理和运用地图信息来分析解决地理问题，是中学地理教育的主体任务之一。也就是说，中学地理课程中的识图、绘图、用图能力的培育应是地理素养的关键所在。

（二）空间视角

空间视角是在观察确定地球表层各种事物空间位置关系、空间展开范围和空间排列状态等的学习过程中形成的一种学科能力品质，是认识空间位置、空间分布格局所应具备的核心素养。

地理是关于人类生存空间的一门学问，注重地理事物的空间分布和空间结构，注重阐明地理事物的空间差异和空间联系，并致力于揭示地理事物空间运动、空间变化的规律。地球表面上的一切地理现象、地理事件、地理效应、地理过程，统统发生在地理空间之中，空间视角就是对这些地理现象的分布格局和空间关系进行正确透视，涉及"它在哪里""它是什么样子的""它是什么时候发生的""它为什么在那里"等问题。地理对这些问题的揭示，有助于帮助人们正确认识人类与地理环境发展中的空间关系，如空间位置、空间形态、空间组成、空间层次、空间排列、空间格局、空间联系、空间的制约关系等，而上述认识将进一步引导人们深入思考人类如何生活在地球上。因此，培育学生的空间视角应是基础地理教育的又一价值追求。

（三）综合思维

将地理的综合思维确认为地理核心素养是基于地理学科内容和学习思维综合性的考虑。

地理学是一门综合性的学科，既包括自然、经济、政治、社会文化等综合要素及其之间相互关系的综合研究，也包括地貌、水文、气候、植被、土壤、人口、聚落、工业、交通等诸要素及其之间相互关系的综合研究。岩石圈、大气圈、水圈、土壤圈、生物圈等自然地理圈层组成的环境是一个有机整体，地形、气候、水文、生物、土壤等每一要素都作为整体的一部分而存在，与其他要素相互联系和相互作用。同时，自然环境特征影响并制约着人类活动，因地制宜开展合适的生产和生活方式是人类唯一的选择。地理环境的整体性决定了对地理问题的分析和对人类活动决策的评判必须借助综合思维。

（四）人地观念

地理科学以研究人地关系为主线、探索可持续发展路径为主旨。通过地理学习，除了掌握必要的地理知识、地理技能和地理方法外，更重要的是形成对人的生命发展质量及终身发展所需的地理意识和地理观念。在《全日制普通高中地理课程标准（实验）》中，对地理意识和地理观念有明确要求："培养学生的全球意识、可持续发展意识与行为及正确的环境观和人地协调观。"

培训一直进行，要想提高还需要不断思考和创新，加油吧自己！

专业引领

如何建构高效的初中地理课堂

张海燕

新课程改革已经进行好多年了，我旗的各个学校都轰轰烈烈地开展了课改，但从地理课堂来看，实际改革的步伐不大，好多的课堂依然为传统模式，而且存在很多问题。包括对备课不重视，把PPT制作当作备课；对课程标准不重视；重视教材，但停留于表象，忽视教材表达的地理事物之间的逻辑关系；很少考虑教学策略对于教学的价值，缺乏从教学策略层面进行教学设计的意识等。那怎样才能解决这些制约我们提高教学质量的问题呢？

2016年，教育部提出了核心素养这一概念，要求我们把"立德树人"作为教育的根本任务，就我们中学地理而言，要求培养学生的地理核心素养，教学导向为："以培养学生地理核心素养为目标，以地理课程标准为依据，采取具体教学策略，通过整合教学目标、内容、方法，选择恰当的地理学习方式，注重学科方法，引导学生在真实情境中体验学习过程，创造性地实施地理教学。"借鉴此次重庆培训理念，结合我们平时的教学实践，我觉得要改变这种局面，必须要建构高效的地理课堂，下面我从三个方面谈一下我的肤浅看法。

一、地理课的性质定位及课程基本理念

（一）地理课的性质定位

现代社会要求公民能够科学、充分地认识人口、资源、环境和社会等相互

协调发展的重要性，树立可持续发展观念，不断探索和遵循科学、文明的生产方式和生活方式。

义务教育地理课程有助于学生感受不同区域的自然地理、人文地理特征，从地理的视角认识和欣赏我们所生存的这个世界，从而提升生活品位和精神体验层次，增进学生对地理环境的理解力和适应能力；有助于学生形成正确的情感态度与价值观和良好的行为习惯，培养学生应对人口、资源、环境与发展问题的初步能力。这将利于为国家乃至全球的环境保护和可持续发展培养活跃的、有责任感的公民。

（二）课程基本理念

1. 学习对生活有用的地理

地理课程选择与生活密切相关的地球与地图、世界地理、中国地理和乡土地理等基础知识，引导学生在生活中发现地理问题，理解其形成的地理背景，提升学生的生活品位，增强学生的生存能力。

2. 学习对终身发展有用的地理

地理课程引导学生从地理的视角思考问题，关注自然与社会，使学生逐步形成人地协调与可持续发展的观念，为培养具有地理素养的公民打下基础。

3. 构建开放的地理课程

着眼学生创新意识和实践能力的培养，地理课程充分重视校内外课程资源的开发利用，拓宽学习空间，注重多样的地理学习方式，鼓励学生自主学习、合作交流、积极探究。

从地理学科性质看，当前的教育要求我们培养合格的具有地理素养的公民，因此我们课堂的落点要落在培养学生的地理核心素养上，而不是一味地进行知识传授与灌输，要聚焦于精神层面的要求，提升学生的生活品位，增强生活能力，形成良好的世界观和价值观。地理课程标准的理念之一是倡导自主、合作、探究的学习方式。学生是学习和发展的主体，地理课程必须根据学生身心发展和地理学习的特点，关注学生的个体差异和不同的学习需求，满足学生的好奇心、求知欲，充分激发学生的主动意识和创新精神。地理教师在教学内容的确定、教学方法的选择上，都应有助于这种学习方式的形成。所以，我觉得要建构高效的地理课堂,必须将探究性学习方式引入课堂教学,这利于培养学生的创新精神,鼓励和引导学生有所创见,提高学生的地理核心素养。这实际也是新形势下对初中地理课的基本要求。

二、建构高效地理课堂的策略

要构建高效课堂,我认为要做好以下几个方面:

(一)转变教师的思想观念

给教师提供学习平台,提供见识外面世界的机会,真正地让教师意识到自己教育思想的落伍,从而产生自我改变的想法,然后通过进一步的理论培训,让教师实现自我蜕变。首先改变传统教学中学生消极被动地接受知识的状态,把教学看成学生通过探究性活动主动建构学习的过程。其次改变教师单向传递知识的教学行为,树立以活动促发展的教学观念,教师不再是传统教学过程的控制者、教学活动的支配者、教学内容的制定者与学生成绩的评判者,而应是学习环境的设计者,学生自主学习活动的引导者、组织者和指导者,为学生营造良好的学习氛围,给学生心理上的支持,注意培养学生自觉、自律能力,培养学生的创新精神,培养学生大胆质疑的习惯,培养学生思维的方法。

(二)解决备课中存在的问题

现在地理备课方面的现状是:教师不是每节课都认真"备课"的,只有领导听课或者公开课才认真去备;用做PPT代替备课;备课实行轮流制,新教师、老教师,水平高的、水平低的,工作负责的、不一定负责的都要轮流。还有的学校的备课是由个别教师以"导学案"的形式来完成,因而存在一定的问题。首先,由个别教师轮流编写的"导学案"不一定能够保证质量。因为教师的水平有差异,缺少教学经验的教师有时竭尽全力拿出来的"导学案"也许目标、重点定位不当,内容深浅把握不准,问题设计缺少逻辑性、层次感……有的教师教学水平高,经验也丰富,但是由于责任心不强,会草草交差。有的教师水平高,责任心也强,但是由于"忙",也有可能应付了事。一旦用这样的"导学案"实施教学,师生会集体"受害"。也许有人说,教师为了上课,肯定会自觉钻研的,恐怕不一定。因为人都是有惰性的,在不备课已经"合法化"的前提下，会有多少人自觉备课？教师自己没有备课，没有思考，就拿着别人编写的"导学案"上课，怎么可能使课堂高效呢，怎么能发挥教师的主导作用呢？我认为，要打造高效课堂，首要的是抓备课，抓高质量的"一次备课"，这是建构高效课堂的前提和基础，没有有效的"一次备课"，后面的所有环节都是假的、空的、低效甚至无效的。教师的主业是备课，要想让课堂"活起来"，备好课是前提，更是关键，备课绝不等同于写教案，教案只是备课的最后一个环节，备课必须钻研教材、搜集信息、了解学生、考虑如何进行教学设计、如何选择教学方法，然后才是写教案。各个学校一定要从根本抓起，教师备课才能进课堂，坚决杜绝不备课进课堂的行为，教师要对学生负责，对学生的未来负责。

(三) 解决作业中的问题

现在地理作业方面存在的问题是：教师留作业目的性不强，有量的要求，没有质的要求；不进行作业设计与选择，让学生做重复的无用功；作业批改目的不明，没有相应的要求，无视学生通过作业所得到的提高；太注重结果，只关心是否做完，放弃了过程。作业布置太多，无形中就加重了学生的学习负担，学生陷入题海战而不利于学习，因此布置作业的原则是少而精，并且应注重所布置作业的生活化和实践性，这样有利于培养学生的学习兴趣，有利于培养学生的自学能力。题目是永远做不完的，重要的是要注意精选典型习题，指导学生深入探讨，独立思考，在分析习题过程中探索其规律，使自己在解题的实践中逐步地掌握其解答思路和方法。教师如果真正想使课堂高效，一定要精心设计与批改作业，关注学生作业中反映出的点滴，不要把学生当成做作业的机器，学生完成作业后，一定要引领学生进行归纳、总结与反思，不能为了写作业而写作业，要达到让学生通过课堂和作业自己建构知识框架的目的。

三、建构高效地理课堂的反思

课改调动了广大教师的积极性，但改革肯定会带来思想的变革，思维的转变不可避免的会带来见解偏差，下面的问题一定要反思：

①不能一味地追求课堂的活跃而丢弃了基础。新课程以来"课堂气氛活

跃"成了评价一堂课质量的标准,为了避免课堂上出现冷场,我们许多教师在教学时采用多种方法调动学生的积极性。我们既要从表面上看课堂是否活跃,而且还要从基础知识入手,没有基础知识的训练,课堂的创新发展也就失去了意义。活跃的课堂气氛固然重要,但这并不是最终的目的,我们应把静态的地理课堂转化为动态的实践活动,这样就会使学生学会地理学习方法的同时也得到能力的提升,成为合格的具有地理素养的新一代公民。

②要进行有价值的合作学习,不能为了追求合作的形式而进行假合作。教师要根据课程重难点进行预设,哪些内容真正需要学生合作学习去完成,哪些是学生在学习过程中暴露的问题,需要利用合作学习的方式去解决,真正达到"以学定教"的目标。

总之,高效的初中地理课堂要以学生发展为本,以学生为中心、以活动为中心、以学习为中心。在探索与实践的过程中难免会出现这样那样的不足,关键是要不断地发现问题,改进不足,从而使学生的地理素养得到全面的提高。

【第二期研修活动(四)】

研修安排

主题研修活动安排

初中地理名师工作室的各位老师:

为深入领会新课程标准的精神实质,有效开展新课标下的课堂教学活动,提高地理教师的图表解读能力,经研究定于12月23日在伊旗四中举行初中地理名师工作室第八次研修活动。

研修主题:基于核心素养的地理图表解读。

研修形式:讲课、说课、评课、讲座。

具体安排:如表1所列。

表1

时 间	活动内容	主讲人
上午 第一节 230班 8：20—9：00	第九章第一节"自然特征与农业"	苗世佳 （市一中分校）
上午 第二节 229班 9：10—9：50	第九章第一节"自然特征与农业"	王春佳 （伊旗二中）
上午 10：00—10：30	讲座"'自然特征与农业'图表解读"	张海燕 （伊旗教研室）
上午231班 第三节 10：30—11：10	第九章第一节"自然特征与农业"	李红梅 （伊旗一中）
上午 第四节 11：10—12：00	说课、评课，集体交流研讨	主持：董瑞梅

研修成果　精品案例

"青藏地区——自然特征与农业"教学设计

王春佳

【教材版本】

八年级《地理》（人教版·下册）第九章"青藏地区"第一节"自然特征与农业"。

【课标要求】

①在地图上指出青藏地区的范围。

②掌握青藏地区的自然地理特征。

③能举例说明青藏地区自然地理环境对生产、生活的影响。

【教学目标】

知识与技能

①运用地图归纳青藏地区的自然特征。

②运用图文资料，说出青藏地区受自然环境的影响，农牧业生产和生活的特色。

过程与方法

通过读图、析图、填图、指图，引导学生主动学习，自主探究，培养学生通过地理图表获取知识的能力和解决实际地理问题的能力。

情感、态度与价值观

通过对本区的学习，对学生进行热爱祖国的教育，并使学生认识到地理环境各要素之间相互依存、相互影响、相互制约的关系，树立辩证思想，获得正确的地理思维能力及学习地理的科学态度和方法。

【教学策略】

①图释导学：利用青藏地区地形图、我国气候类型分布图、成都、拉萨两市多年平均各月气温和降水量图、青藏地区河流和湖泊分布图概括青藏地区的自然地理特征。

②角色扮演：扮演农业生态考察队，深入青藏地区，考察当地的农牧业以及人们的生活习惯。

【教学重、难点】

教学重点

①分析青藏地区自然地理特征。

②用事例说明青藏地区自然地理环境对生产、生活的影响。

教学难点

地理环境各要素之间的相互作用和相互影响。

【教学过程】

教学环节一：激发兴趣，进入情境

情境导入：同学们，地球上一个神秘诱人的地方，这里有奇异的自然风光，丰富的地下宝藏，灿烂的历史文化、独特的民族风情，更重要的是这里还有许多未被揭露的自然奥秘，因而这里已经成为科研和旅游的宝地。看大家谁能以最快的速度猜出这是什么地方？

播放视频：反映青藏地区自然和人文特色的视频《青藏高原宣传片》。

学生回答：青藏高原。

教师引领：同学们，刚才我们欣赏到的就是世界上最高的高原，那么今天我们就一起去领略"世界屋脊"的美丽，去探究"雪域高原"的神奇。那么下面我们开启青藏之行。

在开始青藏之行之前，我们先做好准备工作：打开地图大致了解一下青藏地区的范围与自然地理特征，准备好需要带的物品。

设计意图：熟悉的旋律、动人的画面，多媒体营造探究情境，激起学生强烈的探究欲望。

教学评价：通过欣赏视频，让学生对青藏地区有一个感性的认识，使学生认识到这里是一个很神秘的地方，角色扮演，让学生产生深入其中的欲望。

教学环节二：图释导学　归纳特征

内容：青藏地区的自然地理特征

学生活动一：首先利用学案，查看有关地图（青藏地区地形图，我国气候类型分布图，拉萨、成都气温曲线降水柱状图，青藏地区河流和湖泊分布图）和课本内容，自主学习有关青藏地区的自然地理特征，通过填图、填空和比较，归纳出青藏地区的显著特征。

①读"青藏地区地形图"，找到喜马拉雅山脉、横断山脉、昆仑山脉、祁连山脉，指出青藏地区的范围。

②找出青藏地区的主要河流，唐古拉山、巴颜喀拉山脉、阿尔金山、冈底斯山并观察青藏地区的地形地势特点，归纳出青藏地区第一个显著特征——"高"。

③观察地图说明青藏高原湖区，湖泊星罗棋布，多内流湖。多为外流河、大江大河源头。

④读"我国气候类型分布图"和"拉萨、成都两市多年平均各月气温和降水量图"并结合两市的纬度、海拔和日照时数的资料分析青藏地区的气候特点，归纳出青藏地区第二个显著特征——"寒"。

⑤读"青藏地区河流、湖泊分布图"，归纳青藏地区河流湖泊的特点。

教师引领：追问：你相信吗？这里气候"高寒"但是光照资源却很丰富，

为什么呢?(海拔高,空气稀薄)

小资料:"日光城"——拉萨,每年平均日照总时数多达3005.3小时,平均每天有8小时15分钟的太阳,比在同纬度上的东部地区几乎多了一半,比四川盆地多了2倍。

设计意图:通过图释导学,让学生在图中找出并填写主要地形,并且还结合两市的纬度、海拔和日照时数的资料,培养学生读图提取有用的地理信息的能力以及根据材料分析问题、解决问题的能力,并对这些信息进行加工和总结,从而概括青藏地区显著的特征,继而分析这里太阳能资源丰富的原因,让学生感受到自然地理各要素之间相互影响的关系。

教学评价:通过学生看图、指图、填图,培养学生运用地图学习地理知识的能力,养成读图分析的好的学习习惯。

教学环节三:做好准备 分配任务

教师传承:现在大家对青藏地区的自然地理特征有了一定的了解,下面我们就准备出发了,在出发前看看要准备哪些东西?

学生活动二:完成课本86页活动一,考虑到高原特殊的自然环境特征,分别从防晒霜、太阳镜、帽子、氧气袋和羽绒服中选出你要带的物品,并说出原因。

学生活动三:同学们,现在我们对青藏地区的情况有了大体的了解,下面我们就从西宁出发乘火车到拉萨,沿途大家可以欣赏一些景观,看看你最想看哪些景观,为什么?(完成课本第87页活动题二)

同学们畅所欲言。

我们坐着火车终于来到了青藏地区,这里的居民前来迎接我们了:你看他们穿着藏袍,带我们去他们的居住地碉房进行短暂的休息,大家发现没有,他们穿的和住的与我们的服饰和民居不同,为什么?

教师引领:坐下后,我们又看到藏族人民给我们准备了美食:大家看看这些是什么?(结合:糌粑、青稞酒、酥油茶、还有大家最喜欢吃的牛羊肉)大家食物中看到这里的农牧业发展得一定不错。休息好后,我们开始我们的农业考察任务。

设计意图：让学生初步感受青藏高原"高寒"对人们衣、食、住、行的影响。任务设置，培养学生自己搜集材料解决问题的能力。

教学评价：联系生活让学生感受到生活中无处不存在着地理，认识到地理环境中各要素之间是相互依存、相互制约的对立统一关系。

教学环节四：分组行动　农业考察

内容：高寒牧业和河谷农业

学生活动四：查看有关地图（青藏地区农牧业的分布）和课本内容，分组自主合作完成农业考察任务，能看图说出畜牧业的分布、有哪些牲畜呢？特点是什么？农业的分布、有哪些农作物？特点是什么？

教师引领：追问：牦牛是如何适应高原独特环境的？为什么这里的青稞和小麦穗大粒饱。

设计意图：每个小组充分发挥合作学习的优势，培养学生团结协作意识及自主学习能力。

教学评价：使学生学会如何从图中提取信息，充分发挥学生的主动积极性。培养学生热爱自然、崇尚科学、积极探索的精神。

教学环节五：探究总结　完成任务

探究活动：分析雅鲁藏布江谷地发展农业的自然条件

读"雅鲁藏布江谷地"图及文字材料，分析：以拉萨为例概括雅鲁藏布江中游谷地发展农业所具备的热量条件；分析雅鲁藏布江谷地发展农业的水源条件；从日照和温差等条件，分析雅鲁藏布江谷地农产品品质优良的原因。

设计意图：学生自主探究，在小组合作学习中合作交流，充分发挥学生的主动性与积极性。根据图文资料提取信息，加深理解各地理要素之间是相互联系、相互影响的。

教学评价：八年级学生，经过一年多的地理学习，他们积累了比较丰富的感性知识，具有一定的理性分析及探究能力，但还缺乏方法。他们的参与意识较强，思维活跃，对事物充满了好奇心，新课标明确指出要求学生感知身边的地理事物，从生活中发现地理问题，运用适当的方式表达自己的看法，在与别人交流的过程中不断反思和提高。所以在教学中应抓住学生的这一生理特点，一方面要运用直观生动的形象，引发学生的兴趣，使他们的注意力始终集中在课堂上；另一方面要创造条件和机会，让学生发表见解，发挥学生学习的主动性。

教学环节六：归纳总结　评优评先

引导学生归纳总结本节课主干知识结构（见图1），让学生把内容具体化，落实本节课的知识点。对本节课回答既快又准确的小组颁发优秀农业考察队的奖状。

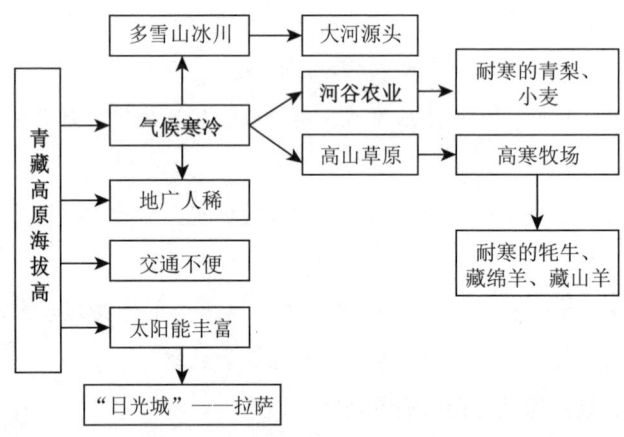

图1

设计意图：通过对本节课知识的总结，让学生紧紧抓住青藏高原"高""寒"的特征，让学生初步掌握区域地理的学习方法，抓住各地理要素之间的联系。

教学环节七：为我所用　课堂评价

教学反思：

在整个教学设计过程中，我力图体现以下特点。

①参与性。参与学习过程是学生主体性体现的一种方式，在本设计中，我尽量提供足够时间让学生思考、参与、表现。

②注重体现新课程基本理念。学生通过动手、动脑、小组合作，达到预设的学习目标、体现改变学生学习方式的理念；设计中学习资源的来源广泛，涉

及教材、地图册，注重构建开放式地理课程；设计中学生学习的结果与活动过程都得到了及时适当的评价，注重学习结果与过程并重的评价。

③课堂教学注重知识的层次性及内在联系，注重在探究的过程中培养学生的各种能力，培养学生的创造思维、创新意识，注重激发学生的情感共鸣，让学生在轻松愉快的氛围中学到知识、学会学习、学会生活！

说课回顾

"青藏地区" 说课

苗世佳

一、解说教材

1. 教材所处的地位和作用

"青藏地区"这一部分内容教材侧重分析青藏高原自然环境的主要特征及对生产发展的影响，是本课时所学习的重点内容，也是第三节"青藏地区与西北地区"的重点。

"青藏地区"的学习，具有与其他三大地理区域同等的地位，既是对前面所学内容的复习、巩固，又将为以后区域地理的学习奠定基础。由此可见，本课时教学内容在教材的知识体系中起承上启下的作用。

2. 课程标准中对"青藏地区"学习的基本要求

运用地图指出青藏地区的范围，比较它与其他地理单元（北方地区、南方地区、西北地区）的自然地理差异；说出青藏地区自然地理环境对生产、生活的影响。

根据这样的学习内容与背景，我拟定了以下学习目标：

①了解青藏地区的位置、范围、山脉、河流等基本情况。

②掌握青藏地区的地形、气候特征；主要农作物、牲畜及人文地理状况。

③在教学中提高学生读图、析图的能力；在探究过程中提高学生分析、解决问题的能力；在探究与应用中培养学生的创造思维与创新意识。

④感受青藏地区的美丽、神奇，提高学生的审美情趣。激发学生的爱国主

义情感和开发、建设边疆的雄心壮志。

3. 重点、难点

重点：探究青藏地区的自然环境对人类生产生活的影响是本课时的重点。

难点：运用所学知识，探究青藏地区的建设与发展是本课时的难点。

二、教学分析

本节课的教学对象是八年级学生，经过一年多的地理学习，他们积累了比较丰富的感性知识，具有一定的理性分析及探究能力，但还缺乏方法。他们的参与意识较强，思维活跃对事物充满了好奇心。新课标明确指出，要求学生感知身边的地理事物，从生活中发现地理问题，运用适当的方式表达自己的看法，在与别人交流的过程中不断反思和提高。因此，在教学中应抓住学生的这一生理特点，一方面要运用直观生动的形象，引发学生的兴趣，使他们的注意力始终集中在课堂上；另一方面要创造条件和机会，让学生发表见解，发挥学生学习的主动性。

三、说教法

本课时以多媒体教学为主要手段，充分发挥多媒体形象、直观以及显示地理事实材料方面的优越性，营造探究情境，突出重点、淡化难点、培养学生的思维能力。教师引导学生学会抓住事物内在联系去分析、解决问题。交往合作、互动互学、自由探究、发展能力是本课时学法指导的主要特点。

四、说学法

这一节主要采用小组讨论、组内交流、全班交流、课前搜集等探究式的学习方法，培养学生提出问题、分析问题、解决问题的能力。

五、说教学过程

（一）设计理念

"以人为本"——学生有学习北方、南方、西北地区的基础，因此，设计"青藏地区"时补充学习资料，以合作学习的方式完成《青藏地区》的学习。本课时将紧紧围绕自然环境与人类生活的联系，抓住环境与生产生活、民族宗教、建设发展等重大现实问题进行探究，使学生树立正确的环境观、发展观；创设合作学习氛围，给予学生尽量多的思维发展空间和活动时间，增进学生主体地位，问题解答过程以学生为主，教师以协作者身份参与，师生共同讨论。教学目标不再注重掌握完整的区域特征知识结构，而是偏重于分析区域特征中主导要素和评价区域发展前景。因此，在"青藏地区"学习中，要注重区域特征、区域发展等评价能力的培养。

"美在青藏"——借助多媒体，展示独具特色的青藏景观，多种多样的生活现象，神奇迷人的宗教信仰……尽显自然之美、人文之美、课堂之美，让学生在美的氛围中学到知识、陶冶情操。

（二）教学结构

读图求知，提升兴趣；深入探究，掌握新知；走向生活，结束教学。

（三）教学程序

1. 读图求知，提升兴趣

我们通过多媒体了解该区的自然景观、风土人情。请学生们回答下列问题：

①青藏地区的位置和范围？

②青藏地区包含哪些省区？

意图：这一部分内容我主要是采取让学生自学的方式，目的就是让学生在读教材过程中提高阅读能力和知识总结能力。

◉ 电脑出示"青藏地区与全国面积人口比较表"：从两组数据可以看出占全国1/4还要多的土地上，居住的人口不足全国的1%，该表格说明青藏地区人口分布有什么特点？（地广人稀）为什么？

◉ 电脑出示"青藏地区地形"图：结合视频资料展示青藏地区：你们感觉青藏地区地形最大的特点是什么？（高）学生在"青藏地区"图上（多媒体显示）找出各大山脉加深理解"高"的特点，进而总结青藏地区的地形特征。

2. 深入探究，掌握新知

高和寒是青藏地区的主要自然特征，正是这独有的特征诞生了青藏神奇的自然景观、神奇的农牧业、神奇的民族风俗、神奇的宗教信仰……同学们有信心跟老师一起揭开它们神秘的面纱吗？

探究Ⅰ 神奇的自然景观——"三江源地区"

多媒体显示三江源地区景观,教师阐述该地区的自然环境及"三江源自然保护区"的建立。

意图:在轻松愉快的学习中唤起对环境、资源的保护意识。

疑问:本地区气候寒冷干燥,降水少,为什么水资源丰富,并成为大江大河的发源地?

回答:青藏地区虽然降水少,但因气温低,蒸发少,日积月累,高山上便形成了厚厚的冰雪。冰雪融水就成了江河的主要水源。

探究Ⅱ 独特的农牧业

青藏高原发展农牧业有哪些有利条件?哪些不利条件?(学生讨论回答)

疑问1:本区气候寒冷,太阳能资源为什么丰富?

回答:青藏地区地势高,空气稀薄,空气透明度好,太阳光线穿过时,热量耗损少,到达地面的热量多,所以青藏地区有丰富的太阳能资源,是全国太阳辐射量最多的地区,拉萨也因此成为"日光城"。

疑问2:青藏地区的农业农作物单产高,为什么?

回答:农业农作物在白天时,大气洁净、晴天多、日照时间长,所以光合作用强,制造营养物质多;夜晚时,气温低,所以呼吸作用弱,消耗营养物质少;由于全年气温低,所以农作物的生长期长,积累营养物质也就多了。

高寒的自然特征决定了青藏奇特的自然景观,那在这种自然环境下进行哪些牧业生产呢?视频展示青藏地区的畜牧业特点。三大畜种有:牦牛、藏绵羊、藏山羊。比较西北地区和青藏地区牧业的不同。

意图:围绕地理图表展开教学,使琐碎的地理知识系统化,抽象的地理知识形象化,帮助学生形成空间概念,培养学生通过地理图表获取知识的能力和解决实际地理问题的能力,从而突出本区的重点,突破教学中的难点,教学设计符合学生掌握知识从感知—理解—记忆—应用的思维规律。教师的目的是让学生领会自然环境与农牧业的因果联系,帮助学生在下面的探究中找准问题突破口。

综述，这一部分内容我主要是采取"讨论——探究"的教学模式，目的就是让学生在探究中获取知识，更好地激发学习兴趣，提高学习积极性，充分利用小组讨论，真正让学生合作探究知识的产生、发展，从而掌握知识，获得能力。这对教学质量的提高、全面提升素质教育具有十分重要的意义。它有利于教学思想和教学观念的转变，树立科学、规范的教学观、质量观、人才观；有利于激发学生的主观能动性，培养学生解决问题的能力和创造能力，有利于培养学生的自学能力和动手能力，也有利于改善师生关系，融洽师生关系，创造和谐民主的教学氛围。

3. 走向生活，结束教学

在表扬与小结中，教师鼓励学生课外收集青藏地区的报道、图片等资料，粘贴在教室知识栏中，并告诉同学们其中所蕴含的地理知识。

意图：把同学们学习地理的兴趣引向广阔的生活，使学生自主地学习地理。

六、教学评价

在整个教学设计过程中，我力图体现以下特点：

①参与性。参与学习过程是学生主体性体现的一种方式，在本设计中，我尽量提供足够多的时间让学生思考、参与、表现。

②注重体现新课程基本理念：设计中安排了大量活动。学生通过动手、动脑，小组合作甚至对话辩论才能达到预设的学习目标，正体现了改变学生的学习方式的理念；设计中学习资源的来源广泛，涉及教材、地图册，甚至学习过程中的动态资源也被及时利用，这些是注重构建开放式地理课程；设计中学生学习的结果与活动过程都得到了及时适当的评价，这里正是注重学习结果与过程并重的评价。

③课堂教学注重知识的层次性及内在联系，注重在探究的过程中培养学生的各种能力，培养学生的创造思维、创新意识，注重有意注意与无意注意的交替转换，注重激发学生的情感共鸣，让学生在轻松愉快的氛围中学到知识、学会学习、学会生活！

> 专业引领

"自然特征与农业" 图表解读

张海燕

本节内容选自人教版义务教育课程标准地理教科书八年级下册第九章"青藏地区"第一节,由"世界屋脊""高寒牧区和河谷农业区"两部分组成。"世界屋脊"介绍本区的地理位置、范围等基本地理概况,突出本区自然特征"高寒";"高寒牧区和河谷农业区"则从农业生产角度分析青藏地区的人文特征。教材从自然到人文,注重人地联系,符合学生认知规律。教材提供了大量图表资料说明青藏地区的自然特征与农牧业生产特点,课程标准也明确强调对图表的运用。因此,我对本节图表进行简单分析解读。

一、解读课程标准要求

本节教材主要落实以下两条课程标准要求。

在地图上指出北方地区、南方地区、西北地区、青藏地区四大地理单元的范围,比较它们的自然地理差异。本条标准涉及两个层次的要求:一是"四大地理单元的范围",二是"它们的自然地理差异",完成本任务的方法是"在地图上找出""比较",强调地图的运用。对应到本节内容,一是要求学生能运用青藏地区地形图,找出青藏地区与其他三个地区的界线,指出青藏地区的范围;二是要求学生运用青藏地区地形图、气候图及景观图等图文资料,归纳青藏地区的气候、地形、自然景观等自然地理特征,通过分析青藏地区自然地理特征及成因,进一步巩固区域分析的一般方法。

用事例说明四大地理单元自然地理环境对生产、生活的影响。本条标准强调自然地理环境对生产、生活的影响,对应到本节内容则主要让学生了解青藏地区高寒环境下农牧业生产和生活特色,认识高寒的自然环境对农牧业生产和生活的影响,引导学生树立因地制宜的观念。要完成上述任务,自然需要对青藏地区地形、气候、农牧业生产生活等图表资料的分析运用。

二、教材图表的配置分析

教材图表所含信息量比文字更丰富,具有文字不能替代的功能。地理学习活动的设计必须以图表为依托，体现学生获取信息、探究实验、比较归纳、分析总结等掌握知识的学习过程，避免单纯记忆文字与结论，所以要培养学生重视解读图表信息、图文结合、发现问题、积极思考探索的学习习惯。

教材本节中提供了4幅示意图（图9.3、图9.5、图9.8和图9.11）及10幅景观图来辅助说明青藏地区的自然和人文地理特点，各图的呈现都有其意图和作用，以下分别说明：

图9.3"青藏地区地形"：图中呈现了青藏地区的位置、范围、地形、河流及主要分界山脉等基本信息，目的是让学生认识本区的位置、范围及地形、河流等自然地理状况。此处建议把这幅地图换作由主附两种图组合而成的地图，效果会更好。附图是青藏地区在全国的位置图，目的是让学生从全国的角度认识青藏地区的位置。如"中国地形图"中附了南海诸岛，可以让学生一目了然。

图9.5"拉萨和成都两市多年平均各月气温和降水量"：此幅气候示意图呈现了我国西部两城市气候的分布信息，意在通过比较拉萨和成都的气候差异，验证青藏地区气候因为"高"而"寒"，进一步理解地形因素对气候的影响，也为学习"高寒的农牧业"做好铺垫。

图9.8"青藏铁路沿线景点的分布"：这幅图呈现了沿青藏铁路线的主要景点及分布信息，目的是让学生了解本区丰富的资源以及原始的自然生态，并知道旅游线路，意在引发学生对本区丰富的水系和生物多样性的思考。

图9.11"青藏地区农牧业分布"：呈现了本区优良的畜种和主要农作物及分布信息，目的是让学生验证本区是我国重要的畜牧业基地，农业主要分布于海拔较低的河谷平原，认识高寒气候对农牧业生产的影响，进一步理解因地制宜的重要意义。

景观照片："布达拉宫""青藏高原""青藏高原上的雪山和冰川""藏袍""牦牛""去青藏高原旅游应携带哪些物品""青藏地区的草场""酥油茶、青稞酒和糌粑""碉楼""雅鲁藏布江谷地"10幅景观照片直观呈现相应地理信息，意在让学生对地理事物形成直观感知。"青藏高原"和"青藏高原上的雪山和冰川"的高大雄伟与皑皑白雪也暗示了青藏地区"高"与"寒"的自然地理特点；"布达拉宫"和"牦牛"的毛厚体健，意在引发学生思考其与当地自然环境的关系，"藏袍""碉楼""酥油茶、青稞酒和糌粑"，从衣食住行等几个方面展现当地的饮食与传统民居，也帮助学生理解自然环境对动植物生存发展和人类活动的影响。"雅鲁藏布江谷地"反映了雅鲁藏布江谷地发展农业的优越条件。"去青藏高原旅游应携带哪些物品"意在印证青藏高原的"高寒"区域特点。

三、合理使用图表教学

1. 利用地形图认识自然环境特点

"青藏地区地形"图（教材中图9.1）是本节第一幅重要的地图，对准确掌握青藏地区的位置范围、主要地形区分布及地形特点、气候特点等自然环境非常重要，也有利于培养学生读图用图的习惯。可采用问题形式引导学生读教材中图9.1：根据图归纳青藏地区的位置特点；在"青藏地区地形"图上找出昆仑山、阿尔金山、祁连山、横断山脉、喜马拉雅山脉及青海省、西藏自治区和四川省，归纳青藏地区的位置和范围；在"青藏地区地形"图上找出青藏高原、柴达木盆地的分布，归纳青藏地区的地形特点；从"青藏地区地形"图上可以发现该区有许多白色斑块，对照高度表认识这些白色斑块是什么？说明了什么；在"青藏地区地形"图上找出长江、黄河、澜沧江、怒江等大河，看看这些河流主要发源于哪里？说明了什么？

2. 利用气候图分析气候特征及成因

依然采用问题形式引导学生读教材中图9.5"拉萨和成都两市多年平均各月气温和降水量"：第一步，观察拉萨和成都的纬度位置，让学生想一想，根据纬度位置可判断夏季哪一城市温度更高？第二步，判断拉萨和成都夏季气温：成都气温在多少度以上？拉萨气温在多少度之间？这与我们推测有何不同？第三步，讨论原因：为什么两地气温会产生如此大的差异？原因何在？据此推测青藏地区气候有什么特点？第四步，通过"为什么藏袍是青藏地区的主要服饰"导问引导学生阅读材料"藏袍"，认识藏袍之所以成为青藏地区的主要服饰，是因为青藏地区昼夜温差大，为适应本区自然环境的结果。

3. 利用农牧业分布图了解自然环境对农牧业生产的影响

可采用问题形式引导学生读"青藏地区农牧业分布"图（教材中

图 9.11)：青藏地区有哪些优良畜种，形成哪两大牧区；青藏地区主要有哪些农作物？主要分布于哪些河流沿岸？让学生指图回答上述问题，阅读本目叙述式课文进行验证。然后讨论本区农牧业分布差异的原因，突出地形因素的影响。最后呈现"牦牛"图，直观认识本区重要牲畜——牦牛，并通过牦牛毛厚且长的原因分析、验证本区气候的"高寒"特点。

4. 利用景观图理解自然环境对人类活动的影响

可采用小组合作探究的形式，通过"碉楼的建筑材料是什么，想一想这种建筑有哪些好处"的导问引导学生读"碉楼"景观图，了解碉楼的建筑材料是石块，通过讨论认识这种建筑便于"就地取材"，具有"防寒、防风、防火、防盗、防野兽"的好处，是当地人民适应青藏高原"高寒多山"自然条件的智慧结晶。通过"为什么青稞是青藏地区的主要粮食作物"导问引导学生阅读材料"青稞的高产地区"，认识青稞之所以成为青藏地区的主要粮食作物，是因为青稞"耐寒、耐旱，生长期短"，适应本地区高寒的自然环境。在此基础上进行最后一个"活动"（P90 活动），探讨青稞多分布于海拔较低的河谷地带的原因，明确河谷地带"海拔较低，气温较高，有水源灌溉，适合青稞的生长"。

图表不仅是教学主干知识的有机组成，更是指导学生学习方法、培养学生学习能力的重要手段，充分利用教材中的图表，并根据教学需要适当进行删减增补，可以有针对性地培养学生的学习能力。

成长总结

个人工作总结

侯文静

时间飞逝，2016 年飘然而过。通过在"伊旗地理名师工作室"的学习，我感受到了这个集体给我带来的欢乐与收获，也让我在这个团队中成长。这一年我并没有取得值得夸耀的荣誉和成绩，但工作室导师及伙伴们好学上进、乐于创新、勇于开拓的精神给予我很大的动力，让我在教育教学实践的岗位迈着坚实的步伐。成长是一个过程，是一份快乐。一年来我收获了很多，同时也看到了自身的不足，现将一年的工作总结如下：

一、重视学习，不断提高教育教学素养

在与工作室成员、专家交流的过程中，我深切感受到了自身的差距与不足，知道了自己还有很长的路要走，因此我在平时非常注重自身专业素养的提高。比如通过网络学习较新的教育教学理念，提升自己的理论水平，更提高了自己的教研参与能力，通过学习，我越来越感觉，我们的实际教育教学工作要有必要的理论支撑，有了理论指引，方向更明，效果会更高效。不断总结在教育教学过程中遇到的各种问题，既有对不足的认识、纠正与提高，也有对可取经验的积累、完善与发扬。通过与各位老师的交流与研讨，吸收他们的经验与成功之处，并不断地内化为自己的素养。

二、积极参与活动，努力提升教育教学水平

半年来，我积极参加工作室的每次活动，在活动中我学到了理论指导，更学到了教育教学提高方法与措施。每次工作室例会，张海燕老师总会在高处要求我们每位成员，让我们名师工作室成员从高处着眼，这样才会有新理念、新想法，才能起到引领全市地理教学的觉悟。每次开课活动，我都积极虚心学习，从观课听课，品课交流，我学到了别人的长处，感悟到了自己的不足，也促使我在以后的教学中改进与提高。

三、注重课堂教学研究，打造优质高效课堂

我认真钻研教材，潜心研究教法，分析教材的重点、难点，认真备好每一堂课。在日常的课堂教学中，我总是有意识地运用先进的教学理念开展教学，重视调动每位学生的学习积极性，体现学生的主体地位。凡是学生能解决的知识，老师绝不包办，只是重视对学生的引导，教会学生学习诀窍，减轻学生的学习负担，并注重培养学生创新精神和实践能力，体现出教师的指导作用。

观摩名家课堂，提高课堂教学艺术。为了使自己快速成长，我经常在网上观看教育教学名家的现场教学，通过观摩名家的课堂，学习他们的先进的教育教学理念，感受他们的课堂教学艺术，吸收他们的教育教学研究成果，并在反复揣摩后应用在自己的课堂教学中，收到了良好的效果。

回顾一年来的工作，我觉得进步不小，但是也存在着不足。例如，由于某些原因，在科研一头，自己努力的程度还远远不够，离工作室的要求还有一定的距离……我将会在今后的工作中继续发扬自己的优势，努力改正自己的不足，以更高的标准来严格要求自己，力争使自己在教学、科研上都取得更大的进步，无愧于名师工作室成员的称号。

【第三期研修活动（一）】

研修安排

主题研修活动安排

为了充分发挥工作室成员的辐射引领作用，有针对性地对不同层面的教师进行培训，有计划地开展各类研修活动，加快地理教师专业化发展，现决定举办 2017 年初中地理名师工作室第一次研修活动。

研修主题：研讨交流第三期地理名师工作室研修规划、研修重点、研修专题设计。

具体安排：如表 1 所列。

表 1

时　间	活动内容	主讲人	地　点
8：30—9：30	解读《2017—2019 年伊旗初中地理名师工作室研修规划》《伊金霍洛旗名师工作室考核细则》； 工作室研修专题设计与研修任务分工	张海燕	一中多媒体（3）
9：40—11：00	全体成员交流分享《个人两年发展规划》	工作室全体成员	
11：00—12：00	工作室成员交流分享自治区课题《原创试题的命制》； 布置下次研修任务	工作室全体成员	

研修成果　专业引领

伊金霍洛旗初中地理名师工作室两年工作计划

张海燕

一、指导思想

本着"更新理念、创新实践、追求卓越、弘扬个性"的指导思想，以教师的专业成长为根本，立足地理课堂教学实际，坚持课程改革理论研究；创新课堂教学方法，加强课堂教学方法研究；以名师示范促教师成长，以科研引领建高效课堂。

二、定位和理念

定位：研究的平台、成长的阶梯、辐射的中心。

理念：引领提升、互学共进、创新求真、弘扬个性。

三、工作思路

以教学研究为核心，发挥名师示范、引领、辐射效益，充分发挥工作室同伴的互助和共进作用，组织开展教育教学研究活动，创建优秀教师专业化发展的培养平台，实现优质教育资源共享，促使骨干教师队伍建设打造特色品牌工作室。

四、培训目标

①让学员了解地理学科核心素养的内涵。

②让学员掌握地理课堂教学设计的技巧。

③让学员掌握原创初中地理试题的方法。

④让学员具备论文撰写和课题研究意识。

⑤让学员通过培训具备一定的学术成果。

五、主要举措

①建立地理工作室QQ群和微信群，加强教师之间的交流与合作，充分发挥网络教研的作用，形成和谐的"教师发展共同体"。

②通过上汇报课、研讨课、示范课，加强常规课堂教学的研究，提高教师专业能力与水平，使之形成自己独特的教学风格。

③加强教学研讨，采取个别指导、案例分析、专题讲座、课堂观摩、网络研讨、成果展示等方式进行教学研究活动。

④以教学能力和命题能力的培养为抓手。促进名师工作室成员的专业成长。

⑤通过以点带面的形式，发挥工作室的辐射引领作用，从而提高内蒙古伊金霍洛旗的地理教研和教学水平。

六、具体安排

1. 第一年

培训目标：教师的教学设计能力。

培训方法：专题讲座＋案例分析（第一次）；到学校观摩2~4名教师的课堂教学，进行具体指导，打造两节精品示范课（第二次）。

培训时间：2017年5月中下旬（第一次）；2017年12月（第二次）。

平台创设：为学员创造一次到重庆观摩学习的机会，高质量地培训学员；为学员创造一次展示自我的机会（作讲座或上研究课）。

2. 第二年

培训目标：教师的命题能力。

培训方法：专题讲座＋案例分析（第一次）；学员展示命题成果，现场点评指导（第二次）。

培训时间：2018年4月（第一次）；2018年11月（第二次）。

平台创设：为学员创造一次到重庆观摩学习的机会，高质量地培训学员；为学员创造一次展示自我的机会（作讲座或上研究课）。

精品案例

基于核心素养的地理教学设计与反思
——以"多变的天气"为例

张海燕

教育部《关于全面深化课程改革 落实立德树人根本任务的意见》一文指出，"研究制定核心素养体系，主要是明确学生应具备的适应终身发展需要的必备品格和关键能力",该文件的颁布使核心素养成为推动地理课程改革的核心理念。地理核心素养的培养主阵地在课堂,因此要求地理教师在课堂教学中不仅要做到多种资源的整合,同时还要运用科学得当的教学方法,让学生赢在课前,达到学生初中学段的学科核心素养。我以人教版七年级下册"多变的天气"为例,就如何在地理教学中开展基于学科核心素养培养的教学设计与反思进行了探索和尝试。这一节是学习第三章天气与气候的开场篇,是初中地理教学的一个重点内容。纵观整个课堂,我的教学设计有如下特点:

一、新课的引入自然贴切、趣味性强,激发了学生的学习兴趣

我以动画视频《草船借箭》引入新课"天气与气候",非常自然贴切;并且,动画也是初中学生比较喜欢观赏的一种艺术形式,符合初一学生的认知特点,极大地激发了学生的学习兴趣,因此,课堂教学一开始就把学生的注意力集中到了课堂上,为后面的学习奠定了基础。

二、本节课的教学设计科学、合理,充分展现了新课程的教学思想

1. 本节课是在"用教材教"而非"教教材"

教师打破了教材的编写顺序,根据自己对教学内容的理解和自己教学的设计情景需要对教学内容进行了重组和归并,重组后的教学内容着力体现了地理学科的"理",更利于学生理解和掌握。

2. 课堂教学的线索清晰,对学生思维能力的培养具有重要作用

本节课教师整梳理出了一条思维线索:概念(长时间和短时间大气状况)→特点(多变和稳定)→与人的关系(天气与生活;气候与农业)→怎样了解(天气预报;查阅资料)。通过这条思维线索将教学内容层层推进、展开,透析出知识之间的内在关系,是对学生思维能力培养的一种很好的手段和方法。

3. 教学形式丰富、多样、高效,树立了以学生为主体的教学思想

本节课的一个最大特点是教师针对所有知识提供形式丰富多样的教学材料,学生通过自己对材料的分析,得出知识性的结论,而非教师直接讲出结论,从而培养了学生的图表分析、材料分析、归纳总结能力。如:在讲"天

气"与"气候"概念时，教师提供一些描述语言，让学生进行归类，再让学生思考为什么这样归类，进而得出"天气"与"气候"的概念，不是教师自己讲出来的，是学生自己分析得出的结论。

培养了学生的合作学习和探究精神。教学中设置了一个很有探究价值的问题：多变的天气和相对稳定的气候，对人类分别有什么影响？学生对这个问题具有探究的知识基础，对拓展学生的学习视野和思维宽度也大有益处。对下一个问题的转承也起到了润滑作用（"天气与气候"同人类紧密联系，因此有必要预知或了解"天气与气候"）。

三、重、难点把握准确，并突出了重点、突破了难点

本节课的重点是让学生掌握"天气"与"气候"的概念和特点。教师采用让学生归类思考的方法、自主学习的形式，突出这一重点内容。

本节课的难点是"天气预报"，教师采用形象地分析各种天气符号、"比一比"和"是否妥当"两个游戏等形式，让学生在趣味活动中掌握这一内容，从而突破了教学难点。

四、将社会主义核心价值体系有机地融入了地理教育

1. 培养了学生的环保意识，让学生形成了可持续发展观

教师通过气候的变化，巧妙地将气候与环境联系了起来（气候虽相对稳定，但近年正在变暖，其原因是环境的变化），进而让学生树立起正确的环境观，并联系学生实际抛出了问题"为了家乡的发展，为了环境的可持续发展，我们中学生应该做什么呢"，培养了学生的环保意识，形成了可持续发展观。

2. 联系了学生生活实际，让学生感知了生活中有用的地理

如在讲气候与人的关系时，讲到重庆的潮湿气候，使得重庆人爱吃火锅；在讲"天气预报"时，让学生看云识天气、观察小动物的变化与天气的关系、说出天气预报的民间谚语；怎样观看天气预报图等教学形式，让课堂教学与生活实际紧密相联，让学生感知了生活中有用的地理，使学生倍感亲切，激发了学习情趣。

3. 培养了学生的创新精神和实践能力

让学生思考"天气预报"的方法和手段，这个问题具有开放性，有利于

拓展学生的学习思维，具有创新精神和能力的学生能想出很多"天气预报"的方法，这种开放性问题有利于培养学生的创新精神。

4. 展现了多样的美，给了学生美的享受，从而培养了学生发现美、创造美的精神

课堂结构美、创设的教学情景美、制作的幻灯美、选配的音乐美、教师和学生的语言美。总之，这节课在引领广大教师更新教学观念、改革教学方法、提升教学效果，将社会主义核心价值体系融入课堂教学过程中，坚持育人为本、德育为先，促进学生全面发展等方面具有示范作用。

当然，本节课也有很多的不足之处：

①授课中我的主导作用得以充分发挥，但学生的主体作用发挥还不够，没有调动全体学生回答问题、分析问题的积极性，也许忽略了很多学生精彩的讲解。这方面今后我还需不断加强自身的业务素质，让自己有足够的能力灵活地驾驭课堂。

②在探究活动和小组合作这一环节中，我做得不够好，老重复学生的答案，既浪费了学生时间又给人感觉很冗繁，这是一个不好的习惯，要努力克服。

③在整个教学环节中，我想尽可能地传递给学生一种理念：学习生活中的地理，学习身边的地理，培养学生的环保意识，让学生形成可持续发展观，但结课后感觉渗透得不到位。还有时间把控也不好，自己仿佛很赶时间，很累，与学生配合也存在明显的问题，自己不了解学生状态，包括知识状态，我预设的学生可能存在问题的地方，相反他们给了我惊喜，但我认为没有问题的地方，学生却出了状况，所以在备课这一方面还需要继续努力。

④通过课堂教学，培养学生探究性学习和创新学习的能力及团体合作意识还需加强，同时在教学环节上还需加强对学生所学知识的检测和巩固。

⑤另外我的媒体使用水平更是有待提高，以后应加强学习多媒体课件的制作和操作，更要多向优秀的老师学习课件制作，取长补短，以提高自己。

⑥每次听课总给老师们强调尽量少讲，但自己也犯同样的错误，说得太多，不相信学生，或者不敢放手发动学生，不给学生机会。

总之自己很多年没有亲自上课了，好多方面把握得做得都不够到位，在今

后的工作中，我会不断加强自身业务素质，不断拓宽专业知识，也不断走入课堂中进行实践，使我的地理教研之路越走越宽。

【第三期研修活动（二）】
研修安排

主题研修活动安排

为帮助我旗初中地理教师提高基于学科核心素养的课堂教学设计能力，实现新课改背景下课堂教学的有效性，特邀请重庆市教育科学院地理教研员张文革前来指导讲学。

研修主题： 基于学科核心素养的课堂教学设计。

研修形式： 听评课、讲座、交流研讨。

具体安排： 如表1所列。

表1

时间	活动内容	主讲人	主持人
上午 第一节 8：15—8：55	"运用资料描述某地区富有地理特色的文化习俗"（七年级下册）	苗世佳 （市一中分校）	张海燕
上午 第二节 9：05—9：45	"运用资料描述某地区富有地理特色的文化习俗"（七年级下册）	王力兵 （伊旗一中）	
上午 第三节 10：25—11：05	"运用资料描述某地区富有地理特色的文化习俗"（七年级下册）	何东春 （重庆）	
上午 第四节 11：15—11：55	专家评课	导师张文革老师	
下午 2：30—5：30	讲座"基于学科核心素养的课堂教学设计"	导师张文革老师	

研修成果　精品案例

"运用资料描述某地区富有特色的文化习俗"教学设计

苗世佳

课题名称：运用资料描述某地区富有特色的文化习俗。

课标依据：运用资料描述某地区富有特色的文化习俗。

学习目标：使学生通过查找图文资料分析出某地区的特色文化，并探究这种文化和自然环境的关系。

学情分析：七年级学生思维活跃，课堂积极向上，对新事物接收得快。本次采用不同于以往的教学方法，学生好奇兴趣浓厚。

教法学法：引导法、资料查找法、对比分析法、小组探究法。

教学过程：

导课：利用献哈达的形式导入新课，激发学生兴趣并传授献哈达的基本注意事项。宣传蒙古族文化。

思考：

哈达为什么被蒙古人作为礼物献给客人，或者说哈达为什么象征吉祥如意。

通过这项活动，让学生分析出自然环境和文化习俗的关系。

活动一：

蒙古包的特点。

这种特点和自然环境有什么样的联系呢？（农业、气候）

它的构造是如何适应自然环境的？

提示：圆顶的作用；天窗的作用。

通过本项活动让学生具体分析自然环境对文化习俗的影响。

活动二：

总结：文化习俗和自然环境的关系。

学以致用：分析热带地区的文化习俗是什么样子的。

反思：七年级学生的思维更加具有广度和深度。备课不够充分，思路不是十分清晰，整体构建还存在问题。本次收获很大，通过这节课我充分地认识到对于学生思维力的培养是十分重要的。同时也重新认识了学生，感觉学生潜力巨大。

深度反思

在感悟中前行

王力兵

2017年5月24日，我有幸参加了伊旗初中地理名师工作室的研修活动，此次活动共两项内容，第一项内容是三位老师同课异构，第二项内容是听重庆教科院张文革老师的关于"基于核心素养的课堂教学设计"和"地理课堂教学设计的方法和技巧"的讲座。此次活动对我的触动很深，以下是我所获得的启示。

一、应不断更新的教研教学理念

此次的同课异构活动由我、市一中的苗世佳老师和来自重庆的何老师共同完成，讲课内容是由张文革老师规定的"运用资料说明富有地理特色的文化习俗"，是根据课标讲内容，内容可以是课内的也可以是课外的。这对于我们习惯于讲课本、教课本的老师确实有些难度。我选取的内容是七年级下"中东"一课，我主要从穿、住、行三方面入手，由于是第一次上这种类型的课，总是脱离不了课本。由于备课不充分，所以讲得很失败，对知识的挖掘不够深，引导不到位，重点不突出，内容比较凌乱。但听了重庆何老师的课后，使我对地理课有了全新的认识，何老师课前播放了自己制作的微视频《世界各地的问候——你好》，吸引了学生的眼球，课上又让学生动手表演，让学生真正地体验。接下来的整节课教师没有用问题来问学生，而是通过一步一步地引导，让学生得出答案，使学生真正成为课堂的主人，这样可以培养学生的观察能力和收集信息的能力。整节课学生都是在轻松愉快的氛围中学习，体现了新课程的理念：学习对生活有用的地理和对终身发展有用的地理。何老师的地理课，似乎触动了我的大脑，使我反思自己的教学，上班十年来，我所教给学生的地理都是死记硬背，只是在教学生如何学会地理、应对考试，而何老师的地理课却是在教学生会学地理，是在传授一种学习地理的方法。因此，通过这次活动，使我真正地认识到，作为教师我们应不断更新自己的教育教学理念，使我们的地理课堂有一种地理的味道，让学生乐学、期待上地理课，使地理课堂不再枯燥。

二、精心备课，让每一节课都是精彩的课堂

听了文革老师的关于"基于核心素养的课堂教学设计"和"地理课堂教学设计的方法和技巧"的讲座，使我深深地感受到要想上好一节地理课，教师要充分研究课程标准，做到精心备课，精心设计每一个教学环节。

首先，新课的导入要新颖、自然，能激发学生的求知欲，导入新课的瞬间就能吸引学生的眼球，把学生带到情境中，为后面的教学奠定基础。所以导课是上好一节课的前提。

其次，在整个教学过程中，要做到重点突出思路清晰，体现知识的内在联系；过渡要自然，让学生不知不觉进入下一环节；通过一些活动，培养学生的思维能力和探究能力；教学方法和手段的选择要符合新课程理念、符合学生认知特点、有可操作性和有效性。只有这样才能算得上是一节完整的课。

最后，通过以上的精心准备，一节好的地理课就展现在学生面前。虽然这节课教师付出得很多，但是学生却是受益终身。

三、处理好教材与教学的关系

新课程认为教材是引导学生认知发展、人格构建的文化中介，亦即"教材是范例""教材不是唯一的课程资源""教材是师生发展的平台"。要求教师主动参与对课程资源的开发和设计，由"教教材"转向"用教材"。用教材促进学生发展，教会学生学习，发展情感，培养良好习惯，提高学生学习能力。对地理教材做出富有针对性的设计，进行创造性的实施。从激发学生超越于知识之上的智慧、灵感、激情和创造性方面，来改善和优化整个教学流程。

参加本次培训活动，我和来自重庆的张文革老师和何老师进行了一次深入的交流，找到了自己与他们之间的差距。同时也对重庆市的课改实施状况有所了解，使自己学到了一些新的教育教学理念，使我的视野得到开拓，有一种质的飞跃，并引发了很多对于地理教学的思考，并对今后的教学做出了一些设想。这一过程可以帮助自己更好更快地成长！

课标教学之我见

董瑞梅

2017年5月24日上午，地理名师工作室活动在市一中分校如期举行，见到了期待已久的导师，进行全旗地理教师培训。

上午我听了三位地理老师们的精彩课堂以及导师的深刻点评，下午导师通过案例指导如何进行有深度有温度的教学设计。通过这次活动，他们带来了新颖的教学课件和教学方法，使得我在教育教学方面收获很多。老师们第一次用一条课标授课，都是尽力而精彩，每一节课都有很多值得我学习和借鉴的东西。

老师们的课非常具有展示性与导向性，真实、扎实、高效。对我们的地理教学有很大的指导意义。下面谈一谈我的一些收获。

教师扎实的教学基本功和自身的良好素质是上好一堂课的重要前提和基本保证。在听课中我发现教师都有一些共同特点：教态亲切，表情丰富，在课堂上能轻松、活泼、潇洒地进行授课，富有艺术性。教师的亲和力来自教师的个性特点、对学生发自内心的挚爱以及适宜的表达方法；亲和力在一定程度上也是教师智慧的一种综合体现。在借班上课的课中，亲和力能有效地促进师生的互动，从而顺利地营造轻松、愉快的课堂氛围。教师运用多种手段与学生在短时间内拉近距离。比如有的老师课前准备了简单、易操作且学生较为喜欢的小游戏；还有的老师在课前和学生自由交流，谈论一些学生感兴趣的话题，并鼓励学生大胆发言等等。有效地拉近了师生之间的距离，为正式上课时师生之间的有效配合打下了良好的基础。善于利用多媒体、歌曲等多种手段辅助教学，有助于教师充分利用课堂教学时间，扩展课堂信息的交流容量，丰富和完善教学内容，使学生接触到的知识更立体、更直观、更生动。

调动学生积极性，让学生真正成为课堂的主人。这是新课标的重要特点，也是素质教育的要求。但是在平时上课过程中我们在这一方面做得都不够好，因此，听课时我特别注意了各地老师不同的调动学生的方式。老师们是这样做的：只要学生积极回答了问题，就根据学生回答问题的内容给出相应的评价和鼓励。

教学内容的设计扎实有效，紧扣大纲要求。课堂内容与形式统一起来，本次评选所讲课题都是难度比较大的，教师们对难度的处理百花齐放，每个环节都着力于学生更扎实地掌握当堂课的内容，关注师生互动、生生互动，注重学生的学习过程和思维过程，注重基础知识，课堂充实。

教师角色的转变。教师应该是活动的组织者、帮助者、合作者、指导者、鼓励者以及教材内容的建设者。其中每一个角色都值得去钻研、琢磨。只有很好地把握住教师的角色才能带领学生走向知识，并非带着知识走向学生。"学而不思则罔，思而不学则殆"是学的宗旨。"施教之功，贵在诱导；妙在转化，要在开窍"是教的宗旨。

研修总结

地理课堂育素养　教学改革显真章

为更好地深化课程改革，提升初中地理教师课堂设计能力，探索学科核心素养的培养方法，引领初中地理"素养课堂"的深入实施，促进地理教师的专业成长，初中地理名师工作室于2017年5月24日在鄂尔多斯市一中分校举办了主题为"基于学科核心素养的课堂教学设计"研修活动。

本次研修活动在工作室导师——重庆市地理教研员张文革老师的指导下有序展开。活动首次采用了基于课标自定内容的授课形式，主要目的是通过活动促进老师对课程标准的研读。上午，分别由市一中分校的苗世佳老师和伊旗一中的王力兵老师与重庆市西南大学附属中学的何东春老师进行同课异构，课题为"运用资料描述某地区富有地理特色的文化习俗"。第一节市一中分校的苗世佳老师的课以乡土地理为课堂切入点，通过"献哈达""蒙古包""勒勒车"等活动环节，从自然地理和人文地理多个角度探究了蒙古族的文化习俗，让学生对乡土地理有了更深入地了解，也传递给了学生学习地理的基本理念，很好地锻炼了学生的综合思维能力。第二节由王力兵老师引领学生探索中东文化习俗，王老师准备的《迪拜与中东》这个视频是这节课的亮点，该视频从多个角度介绍了中东的文化习俗，让学生产生浓厚的兴趣。第三节西南大学附属中学的何东春老师的课以新西兰毛利人的古老习俗为线索，颇具创新地从资料中提炼出新西兰一国的相关内容，在课堂一开始，老师就播放了自己制作的视频来介绍世界各国的问候礼仪，立刻吸引了学生的注意力，使得整节课学生的学习热情都处于一个较好的状态。何老师的活动设计丰富多彩，且很好地引导了学生的学习方法，并将其延伸到生活中的地理，极大地提升了同学们的区域认知和综合思维能力。整个教学流程一气呵成，各环节都顺利过渡，教学逻辑严密、思路清晰、结构严谨，课堂氛围轻松有趣，学生反馈效果良好，老师们一致认为这才是具有"地理味道"的地理课。

评课环节张文革导师从人地关系的建构、思维的培养等角度进行了精彩的点评。张老师非常推崇何东春老师的课，认为何老师的课"有温度、有深度、有效度"，很注重讲地理的"理"，具有极强的示范性。张老师又从新课引入、教学线索、过渡承转、教学活动的设计等方面就苗老师和王老师的两节课进行非常到位的指导与设计。美好的时光总是短暂的，眨眼之间已经十二点多了，但没有一个老师显示出疲惫，学习状态高昂，导师也是激情澎湃，这才是我们所期待的研修。

下午的研修活动是张文革老师的讲座"基于学科核心素养的课堂教学设计"。讲座采用理论讲解和案例分析相结合的形式，旨在帮助老师们提高课堂教学设计能力。张老师以"天气与气候"这一节为案例，从教材分析、教学目标确定、构建课堂教学体系、选择教学方法与手段等方面指导老师们进行具体的教学设计，整个设计符合新课程理念，符合学生的认知特点，而且操作性强，为我们今后的课堂设计提供了范例。活动结束时教研员张海燕进行了总结，重庆老师的课不仅充分体现了发达地区地理教学的较高水平，更是体现了他们教学改革的显著成果，我们今后一定要以他们为榜样，在张文革导师的指导下，创新我们的课堂，改变现在普遍存在的"背地理""记地理"的课堂现状，运用地理思维讲地理的"理"，更多地引导学生去体验、去感知，也让我们的地理课堂变得有"深度、温度、效度"。今后我们将继续深化地理核心素养的研究，推动伊旗初中地理教学不断进步！

【第三期研修活动（三）】

研修安排

主题研修活动安排

地图是地理教学中最广泛、最实用的工具，被称为地理的"第二语言"，运用地图进行地理教学是每一位地理教师必须掌握的基本技能。为帮助我旗初中地理教师提高课堂中运用地图的能力，促进其专业化成长，提高课堂实效，特邀请重庆市教育科学院地理教研员张文革前来指导讲学。

研修主题：基于学科核心素养的地图教学。

研修形式：听评课、讲座、交流研讨。

具体安排：如表1所列。

表1

时间	活动内容	主讲人	主持人
上午 第一节 8：10—8：50	运用地图和其他资料，联系某国家自然条件特点，简要分析该国因地制宜发展经济的实例	侯文静 （伊旗四中）	张海燕 李红梅
上午 第二节 9：00—9：40	运用地图和其他资料，联系某国家自然条件特点，简要分析该国因地制宜发展经济的实例	董瑞梅 （伊旗四中）	
上午 第三节 10：20—11：00	运用地图和其他资料，联系某国家自然条件特点，简要分析该国因地制宜发展经济的实例	杨雯恋 （重庆）	
上午第四节 11：00—12：00	专家评课	导师张文革老师	
下午 2：30—5：30	讲座"怎样使用地图教学"	导师张文革老师	

精品案例

"东南亚"教学设计

侯文静

一、教材

(一) 教材的地位和作用

本课选自人教版七年级地理下册第七章《我们邻近的国家和地区》第二节。东南亚是我国一衣带水的邻邦，也是学生在世界地理下册的区域地理中接触的第一个地理区域。在本区域的学习中，不但要让学生学到东南亚的地理知识，更重要的是学生认识到学习区域地理的方法，培养学生利用地图获取地理知识的能力，不仅涉及知识的掌握，更关系到学习方法的养成，因此在教材中位置比较重要。

(二) 教学目标

1. 知识技能

①在地图上找出东南亚的位置、区域范围以及主要国家，读图说出该地区地理位置的特点。

②运用图表说出东南亚的气候与农业生产的关系，并通过读图发现其农作物的分布。

2. 过程与方法

①通过读图强化位置的重要性。

②通过读图强化气候与农业生产的关系。

3. 情感态度价值观

通过生活性地理情景的引入，感受地理就在身边，体会地理知识的实用价值，树立人类活动要与自然环境协调发展的人地观。

(三) 教学重点

①东南亚地理位置的重要性。

②东南亚热带气候对农业生产的影响。

（四）教学难点

通过读图理解气候对农业生产的影响。

（五）教学用具

多媒体课件。

二、学情

从年龄特点看，初中学生好动、好奇、好表现，教师应抓住学生的这些特点，多采用形象生动、形式多样的教学方法使学生积极主动地参与学习活动，激发学生的学习兴趣。从生理上看，青少年好动，注意力分散，爱发表见解，希望得到老师的表扬，所以在教学中应抓住学生这一生理特点，一方面要运用直观生动的图片、影像，激发学生的兴趣，使他们的注意力始终集中在课堂上；另一方面要创造条件和机会，让学生发表见解，发挥学生的主动性。

三、教法

①从学生生活实际出发，运用适当的图片、视频等，使新知识与学生已有的生活经验相联系，引导学生关注身边的地理现象，激发学习兴趣。

②教学中要充分体现学生为主体，教师为主导的教学原则，本节课采用了灵活多样的教学方法，有指导分析法、探究讨论法、读图分析法等，几种方法相辅相成，贯穿教学过程始终。

四、学法

根据教学内容和教法，要求学生注意配合教师，积极思考，主动参与课堂活动。在教师的指导下，采取合作交流的方法，互相学习，共同提高，发挥学生学习的主动性，使学生学会合作学习。

五、教学过程

教学过程如表1所列。

表1

教学环节	教师活动	学生活动	设计意图
环节一：稻米粒粒香 款款如话题	播放视频《魅力东南亚》 生活中，我们餐桌上的主食主要有两种：米饭和馒头，你平时更爱吃哪种？ 老师也爱吃大米。 今天老师带来了一种米——泰国香米，泰国香米：颗粒长，两头尖，颜色白，煮成米饭，香软滑嫩，在世界市场上有很高的声誉。 泰国的大米不仅能满足本国需要，而且可以大量出口，平均每年出口100万~200万吨，大约占全国出口总值的1/5，远销世界60多个国家和地区。 在东南亚，除了泰国、越南、缅甸也是世界重要的稻米出口国	观看视频回答	视频动画直观形象生动，激发学生学习兴趣。 联系生活实际，激发学生学习热情
过渡	为什么东南亚会成为世界主要的稻米产区？ 小常识： 水稻生长喜温喜湿，幼苗发芽最适28~32℃，开花最适温30℃左右。水稻生长需要较多的水，降水多的地方，适宜种植水稻		
环节二：淡淡稻米香 幽幽探寻路	一探水稻种植 找出： 东南亚具体的位置在哪里？ 东南亚的范围包括哪两部分？有哪些国家？ 温馨提示：位置——位于哪个大洲的什么方位，东、西分别临哪个大洋，南与哪个大洲隔海相望。范围和国家通过阅读课本可以得知，时间1分钟。 教师总结：东南亚位于亚洲的东南部，东临太平洋，西临印度洋，与大洋洲隔海相望，绝大部分位于热带。 东南亚由中南半岛和马来群岛组成，共有11个国家	学生读图思考并回答	通过读图分析，培养学生读图分析能力
	观察： 东南亚有哪几种气候类型？ 热带季风气候； 热带雨林气候。 这两种气候类型分别分布在哪里？ 热带季风气候——中南半岛（除马来半岛的南部）、菲律宾群岛的北部。 热带雨林气候——马来群岛（除菲律宾北部）、马来半岛的南部	学生观察回答	

(续表1)

教学环节	教师活动	学生活动	设计意图
	分析：这两种气候具有什么共同特点？这种气候特点对水稻生产有什么影响？ 全年高温，降水丰沛，有利于水稻的生长	学生回答	通过读图分析，培养学生读图分析能力
	研究： 中南半岛主要以哪两种地形为主？ 出口水稻的国家会选择什么样的地形来种植水稻？ 河流在农业生产中可以起到什么作用？ 中南半岛的地势特点是什么？ 中南半岛上的河流流向是什么？ 山河的分布特点是什么？ 对水稻种植业的分布有什么影响	学生回答	
	归纳： 东南亚会成为世界主要稻米产区的自然原因？ 气候：全年高温，降水丰沛。 地形与河流：中南半岛山河相间、纵列分布，河流自北向南流，河流进入下游，地势低平，水流变缓，泥沙淤积，形成冲积平原和河口三角洲，是水稻的主要种植区	学生归纳	归纳总结，巩固记忆
	(过渡) 东南亚的稻米会怎么运往世界各地呢		
	二探稻米出口： 假如你是一个在东南亚经营水稻生意的商人，会用什么工具将东南亚的稻米销往世界各地？ 假如要把稻米从泰国的曼谷运到意大利，你会怎么设计路线？ 如果从缅甸仰光这个港口，将稻米运到我国广州，你会怎么走？ 马六甲海峡位于马来半岛和苏门答腊岛之间，是欧洲、非洲与东南亚、东亚各港口最短航线的必经之地。 马六甲海峡也是西亚、非洲石油运输到东亚的重要通道，被称为"海上生命线"	—	通过读图分析，培养学生读图分析能力
	思考： 得益于湿热的气候条件，你觉得在东南亚除了做出口稻米的生意以外，还可以做些什么生意？ 温馨提示：课本24页，从农作物方面考虑，课前视频中也展示过	学生思考并回答	联系生活实际，激发学生学习热情

(续表1)

教学环节	教师活动	学生活动	设计意图
过渡	细品完东南亚的香米饭后,我们再来旅行社咨询一下东南亚的景区和游览路线,在导游的介绍下你会发现东南亚景区特别多		
环节三: 畅游东南亚 欣赏热带景	知道: 东南亚有哪些旅游景点呢? (自然风光、人文景观) 温馨提示: 根据自己所知道的,结合课本28页和视频内容说出旅游景点,同桌互相交流,时间两分钟	同桌间交流并展示回答	培养学生合作学习的能力
	归纳: 东南亚丰富的旅游资源: 自然景观:充满热带气息、雨林景观、椰林舞动、海滨沙滩、碧海蓝天等,例如:印度尼西亚巴厘岛、越南的下龙湾等。 人文景观:多姿多彩的宗教文化、众多的名胜古迹、多样的风土人情等,例如:缅甸仰光大金塔、泰国曼谷水上市场、柬埔寨的吴哥窟、花园城市——新加坡等。 近年来,泰国、印度尼西亚等国大力发展旅游业,旅游收入已经成为这些国家国民经济收入的重要来源	学生归纳	归纳总结,巩固记忆
环节四: 挥别东南亚 稻米山水情	这节课东南亚给你留下了什么印象? 温馨提示: 从东南亚的位置、范围、气候、河流、地形(中南半岛)、农业、旅游业等方面来说	学生回答	既锻炼学生的语言组织能力,又考查学生对知识的掌握

六、教学反思

课前播放视频,形象生动,提高学生学习本节课的兴趣和热情,整节课我从学生的认知规律和兴趣点出发,将生活带入课堂,创设情境,让学生通过读图获取地理信息,已达到教学目标。

反思不足:对学生的激励性评价还是不到位。

精品案例

"日本"教学设计

董瑞梅

一、课标要求

运用地图和其他资料，联系某国家自然条件特点，简要分析该国因地制宜发展经济的实例。

二、教学目标

①了解日本的地理位置、领土范围和主要的组成部分，知道日本的首都，了解日本的岛屿，多优良港湾、多火山地震等地形特点。

②能运用板块构造学说，解释日本多火山、地震的原因。

③知道日本发达的经济特点是以加工贸易型为主的经济结构发展特点是进行海外投资，建立海外生产与销售基地；日本工业区沿海分布的特点。

三、教学重点和难点

日本的自然条件对经济发展的影响。

四、教学策略

①以活动探究方式，引导学生参与活动、学习知识、学会方法，并通过课堂小结和延伸课外，升华本节课的主题。

②教师准备：制作多媒体课件和各种类型的教学地图。

③学生准备：预习课本，通过网络查阅日本的有关资料。

五、教学实施

教学实施如表1所列。

表1

教学环节	教师活动	学生活动	设计意图
导入新课	同学们你们好，刚刚播的视频中，是哪个国家的风景与民俗？（日本）我们玩一个比赛，在《世界的国家与地区》图中，最快速度找到日本。大家从图中看到日本是一个怎样的国家？（面积狭小的岛国）但是，日本是亚洲48个国家中唯一一个发达国家，日本是如何由一个小小岛国发展成世界经济强国的呢？我们一起探究日本的经济发展	观看视频	激发学生兴趣，提高学生学习积极性；同时为新课教学作好铺垫；通过本活动，主要引导学生学会从地图中获取有关信息

(续表1)

教学环节	教师活动	学生活动	设计意图
活动一	同学们继续看地图，使用方位词描述日本的海陆位置。 日本与哪些国家距离近，隔海相望	学生读图：世界地图和区域截图	通过描述位置，培养学生的地理思维
过渡	放大日本版图，发现日本是一个群岛国家	—	—
活动二	读图说出日本的国土组成，首都，最高山峰。 日本位于特殊的板块位置，在太平洋板块与亚欧板块交界地带。 日本是一个多火山、地震的岛国	阅读地图：日本轮廓图，世界六大板块示意图	通过图例，培养学生阅读地图的能力
过渡	灾难使人清醒，人们为了生存而发展，日本是如何因地制宜发展经济呢	—	引发学生思考，吸引学生注意力
讨论一	资料一：日本的陆地面积38.7万平方千米，但海岸线漫长，达3.3万公里，海洋专属经济区约429万平方公里，约国土面积的十倍。 资料二：日本横滨港是日本最大海港。横滨港岸线长约40km，水深8~20m，水深港阔，很少受风浪影响。每年约有8~9万艘船舶出入港口。 日本利用这些优势条件可以发展哪些行业？ 造船业、海洋运输、渔业……	看图片资料，分析日本发展经济优势条件：海洋面积广大，多优良港湾	培养学生深度思考的思维及合作探究精神。 培养学生分析材料的能力
过渡	发展这些并不是日本成为经济强国的主要原因，下面听日本三菱集团内部人员如何说。 日本三菱公司的中村裕彦先生说，日本为什么能够成为世界上的高端制造大国？因为日本没有多少资源，能源自给率不到20%，粮食自给率只有38%，要维持日本人的生存，满足能源和粮食的进口需要，就必须发展具有强大竞争力的制造业，这是日本的生存之道和生命线所在	阅读材料	培养分析材料的能力
讨论二	发展制造业需要考虑什么因素？ 市场、原料、交通运输、劳动力、厂房、科技……	—	—

(续表1)

教学环节	教师活动	学生活动	设计意图
活动三	日本出口柱状图（汽车、船舶、摩托车、车床、照相机、合成纤维） 结论：国内市场小，大量出口工业制成品 日本进口柱状图（石油、天然气、煤炭、铁矿石、铜矿石、棉花） 结论：资源短缺，大量进口原料和燃料	分析日本如何发展制造业，从市场、原料、交通 从运输、劳动力、厂房、科技……考虑发展因素	地理与生活的联系，提升知识的应用能力； 有助于学生形成发展工业需要考虑影响因素的思维
讨论三	日本工业区分布的影响因素？ 濑户内海沿岸和太平洋沿岸	从发展工业的影响因素考虑布局厂房，才能形成工业区	—
活动四	讨论家中或者见过哪些日本制造的商品？ 展示日本汽车品牌、日本电子产品	个人抢答	学习生活的地理

(续表1)

教学环节	教师活动	学生活动	设计意图
提问	日本是靠什么因素生产出这些电子产品，而且获得无数专利技术，在世界市场上畅销？科技水平高、劳动力素质高	继续从发展工业的影响因素考虑	树立科技决定经济发展水平的意识
总结	日本大量进出口贸易，利用自己的优势科技水平高、劳动力素质高进行加工产品，形成加工贸易型经济	—	—
讨论四	20世纪80年代以来，日本工业发展面临一系列什么问题？用地紧张，工业污染加剧，劳动力短缺，国内需求减少等。人口老龄化致使劳动力价格显著提高。扩大海外投资，建立海外的生产和销售基地	提供东京照片，直观感受特大城市的拥挤，引发学生思考	培养学生思考能力，结合我国大城市发展现状，说出日本工业发展后期出现的城市问题
过渡	日本在工业的支持下，农业发展水平高。提问：视频中日本农田类型？植被景观如何	播放日本农田视频	此时播放视频缓解学生疲劳，吸引学生注意力，也能给学生一个视觉冲击，对日本农业形成一定印象
活动五	地形条件和气候条件对日本农业有何影响？发展梯田农业，种植水稻。日本发展精密农业有利条件？生产模式先进、管理细致、科技、机械化水平高	阅读相关材料、日本地形图，气候类型分布图，东京气温、降水资料；水稻作物生长性资料	培养学生分析材料的能力
课堂小结	日本有国土狭小、资源短缺、国内市场小等劣势，运用海运便利这一优势进行进出口贸易，利用自己的科技水平高、劳动力素质高等优势发展加工工业，形成加工贸易型经济。利用海洋面积广大、多优良港湾等优势发展海洋事业，利用优越气候条件发展精密农业，日本因地制宜发展经济，最终成为世界经济强国	—	升华主题：因地制宜发展经济

六、教学反思

1. 成功之处

本课以日本自然条件中的优势和不足作为内容载体，探究分析日本如何因地制宜发展经济。在活动设计中，引导学生参与活动，学习知识、学会方法，并通过课堂小结升华本节课的主题因地制宜发展经济。教学过程中主要是以培养学生的能力为主，教师不再是知识的传授者，而是学生学习知识、探究问题的指导者，学生在教师的引导下，积极探究，层层深入，一步步得出结论，引发了学生的深度思维。

2. 败笔之处

①日本如何发展经济，应该先让学生讨论，培养学生思维，活跃课堂气氛，减少教师引导，直接让学生探究。

②因地制宜发展经济的选点应该少，精选后深挖知识点，探究如何因地制宜发展日本经济。

③本课的设计适合基础比较好的学生，对于中等偏下的学生在某些环节还要改变策略，降低难度，促使其积极参与。比如，工业区选择的探究点应少一些。

④关于日本因地制宜发展农业，可以设计讨论环节，让学生自己提出需要什么资料，如何发展农业。比教师直接提供资料让学生顺藤摸瓜要好得多，但不宜设在课堂最后阶段，那样讨论也不会充分。

⑤提高教师课堂应变能力，时刻观察学生的各种动态，及时反馈学情。提高教师语言表达能力，注重环节过渡语、课堂结束语设计。

【第三期研修活动（四）】

研修安排

主题研修活动安排

为了进一步加强初中地理教师专业发展，深化研修主题"基于学科核心素养的地理课堂教学技能的培养与训练研究"，更好地落实课改理念，促使初中地理课程改革向更深层次发展。伊金霍洛旗初中地理名师工作室与重庆市沙坪坝区进行联合教研活动。

研修主题： 基于学科核心素养的地理课堂教学方法探究。

研修时间： 2018年4月16日—18日。

研修人员： 伊旗初中地理名师工作室全体成员。

研修形式： 课堂观摩学习、地理工作室名师讲课、说课、专家评课指导、专家讲座、交流研讨。

研修活动要求及任务布置：

①各位成员请提前做好研修准备工作，以便更好地交流、研讨。

②活动结束后及时完成活动心得的撰写，并在一周内将所有的图文资料上传到伊旗地理名师工作室QQ群。

精品案例

"巴西"教学设计

侯文静

一、教学目标

1. 认知目标

①能说出巴西种族的构成特征及形成过程。

②能读图说出巴西的地理位置、地形区及主要气候特征。

③能说出巴西工农业生产的特征。

④能说出巴西热带雨林的环境效益、经济效益。

2. 能力目标

①认识到殖民统治对巴西种族的构成及政治、经济、文化的深远影响。

②学会分析巴西热带雨林的开发后果及保护措施。

3. 情感目标

培养学生热爱科学、增强环保意识。

二、重点和难点

重点：通过巴西过去与现在经济结构差异的对比，了解巴西经济的发展历程。让学生认识到殖民主义统治对巴西的影响及当今世界的发展中国家建立健全独立经济体系的必要性。

难点：如何进行热带雨林的合理开发与环境保护。

三、教法

①采用了小组合作探究学习法。既能提高学习效率，又培养了学生合作和竞争意识。

②依据记忆的规律采取知识结构图法，使知识结构化、系统化，便于学生掌握。

③依据记忆规律采用图片展示法，图片直观教学加强学生学习印象。

四、学法

学生通过读图分析、讨论、归纳得出结论，并将知识点落在图上，培养读图分析能力和归纳整合知识的能力。

五、课时安排

1课时。

六、教学过程

同学们，上课前我们先来做个小游戏，猜一猜下面说的是哪个国家。（学生回答）

对，这个国家就是巴西。

我们先来欣赏一段视频。（视频播放）

今天我们一起来走进巴西。

了解一个国家先要了解这个国家的地理位置。我们通过谷歌地球来看一下巴西的地理位置（图片展示）。

巴西位于南美洲的东部，东临大西洋。与哥伦比亚、委内瑞拉、阿根廷等国家相邻。赤道和南回归线两条重要的纬线穿过，所以巴西大部分位于热带。

巴西的面积是854万平方千米，排世界第五位，所以巴西是面积辽阔的热带大国。

2016年，巴西举办了第31届里约奥运会，成为南美第一个举办奥运会的国家。我的一个朋友对巴西很是向往，专门去看了奥运会开幕式，并领略了巴西异域风情，但同时他也产生了很多疑惑。今天我们就用地理视角来给他解惑释疑。

多媒体展示朋友随手拍的照片（见图1）。

图1

合作探究一：了解人种文化

①这个国家为什么混血人多？

②狂欢节原是欧洲基督教的节日，而这个国家却会举行盛大的狂欢活动；桑巴舞有非洲的鼓乐和舞蹈又有葡萄牙民歌音乐；现代足球起源于英国，为什么在这里盛行？

（学生回答）

播放视频《巴西的文化》。

（过渡）我的朋友发现巴西街头有很多的咖啡馆，人们喜欢喝咖啡，橘汁也为大众饮品，巴西汽车不烧油，汽车燃料用酒精（见图2）。

图2

我们一起来聚焦巴西的经济发展。先来看农业。

合作探究二：聚焦经济发展

农业

①看地形图（见图3）说出这个国家的两大地形区是什么？对农业发展有什么有利条件？

②在图3中找出这个国家最大的河流？对农业发展有什么有利条件？

③据气候分布图（见图4）说出其主要的气候类型？对农业发展有什么有利条件？

④这个国家的农作物会是哪一类？　A. 热带作物　B. 温带作物

⑤通过朋友街拍及位置、地形、气候特征猜测这个国家会有哪些农作物？

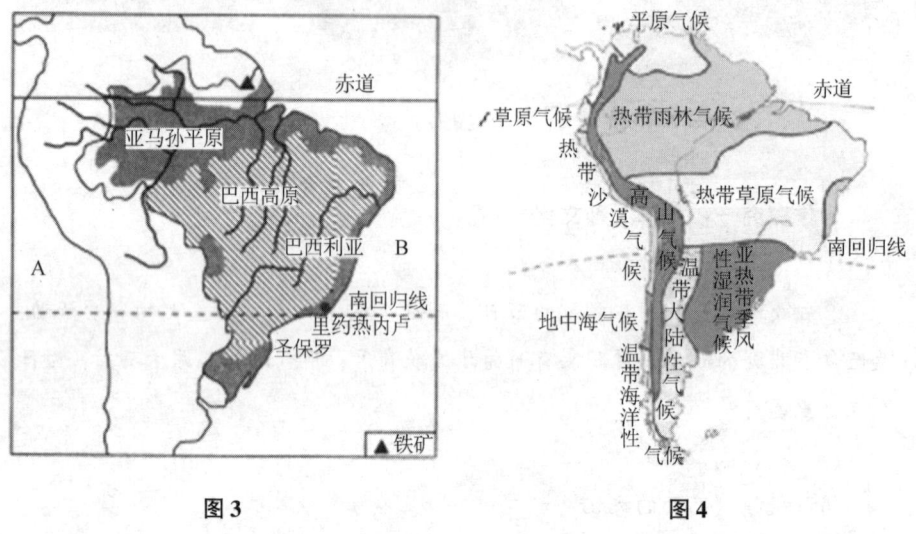

图3　　　　　　　　　　　　　图4

（学生回答）

（过渡）现在我们来解释一下巴西的汽车不烧油，燃料用的是酒精。（学生思考）

因为巴西在20世纪80年代受到石油危机强烈打击，政府下决心开发新能源，巴西又盛产甘蔗，乙醇就可以大量的制造，随之而来大量的乙醇便替代了污染严重的汽油。

甘蔗加工成乙醇，汽车制造，这说的是工业，下面我们聚焦巴西的工业。

工业

①这个国家主要有哪些矿产资源？

②适宜发展的主要工业部门有哪些？

③分析工业分布与原材料（农、矿产品）的关系？

④此国家工业主要分布在哪里？

（学生思考回答）

（过渡）那我这位朋友还有什么疑惑呢？我们再来看一段视频。（视频播放）

巴西里约奥运会开幕式为什么会设计全球气候变暖这一部分呢？

在亚马逊河流域分布的地球面积最大的植被是什么？

热带雨林有什么环境效益和经济效益？（视频播放《巴西环境效益》）

（学生回答）

合作探究三：保护热带雨林

就如何保护亚马逊地区的热带雨林提几条合理化的建议。

（学生小组合作并回答）

七、课堂小结

课堂小结如图5所示。

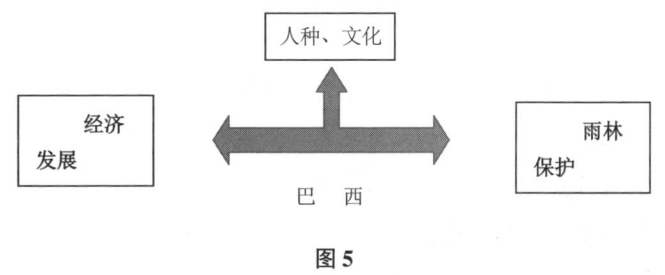

图5

八、教学反思

整节课我从学生的认知规律和兴趣特点出发，将生活带入课堂，创设情境，组织形式活泼、富有趣味的学生活动来调动学生动眼识图、动脑思考、动手绘制、动口表达的积极性，让学生在动中学、动中思、动中记，以达到教学目标。

深度反思

远行中的地理课堂探索

王春佳

在教研室张老师及工作室指导教师张老师的共同组织下，于2018年4月16—18日到重庆市参加了重庆市和鄂尔多斯市初中地理联合教研活动。在本次活动中我听取了鄂尔多斯市两位老师及重庆市两位老师精彩的展示课，受益匪浅。

一、运用课标教学培养地理综合能力

在以往的教学中教师往往只教课本，在教学中贯彻课程标准的要求，而本次教学中几位教师都是运用课程标准来教学，教学内容不局限于课本，而是提取课标中的某一条或几条来讲某一区域地理。几位老师能够自选材料，运用课标来教学，将自选材料渗入课堂，教学基本流程为：给出背景材料引出问题，分析问题，解决问题。在探究过程中渗入自然环境、经济发展，可以看出老师们的课程开发能力强，能够运用批判性的思维来授课，强调直观感受。

二、注重运用探究式问题引领课堂

在教学中，如果只是按照传统的授课方式进行教学，虽然知识传给了学生，但是对学生的思维能力培养不强；而采用探究式教学能够启发学生思维，提高学生分析问题的能力，教师在教学前可以设置一些情景，从中锻炼学生的思维表达、图像表达能力，强调人地关系，提高学生地理综合素养，这样去授课学习效率比较高。

三、选取恰当的材料进行教学

几位老师都比较注重践行地理核心素养，课堂中实验、视频资料、数据资料、文字资料等比较多，学生可以通过观察实验、分析资料来得出结论，既培养了读图分析能力，又拓展了视野，使得课堂内容丰富多彩，这也反映出了教师善于搜集、组织材料，也善于发现生活中的地理。

四、鄂尔多斯市地理教学深度与广度思考

在教学中既要有深度也要有广度，就鄂尔多斯市目前的中考状况来看，依

旧要依据课本进行拓展教学，所以在平时的教学中要根据学生情况适当地进行深度及广度教学，新授课在课本内容掌握的基础上再拓展探究。而初二的学生正面临中考，就去年的中考试题来看有趋于考查学生能力的方向出试题，所以需要做一些课本中没有涉及国家或区域的试题，要有针对性地研究一些专题，在做题中更要注重培养学生的试题分析、读图分析、文字表达能力等。

重庆研修感悟

董瑞梅

2018年4月16—19日，在工作室张老师的带领下远赴重庆参加"鄂尔多斯市与重庆市初中地理联合教研"培训。这次培训内容丰富，让我受益匪浅，下面谈谈我的收获。

工作室侯文静老师与重庆教师同课异构"巴西"，王力兵老师"鄂伦春族文化习俗"，以及重庆教师"河流对区域发展的作用"的四节精彩展示课，更让我明白教师扎实的教学基本功和自身的良好素质是上好一堂课的重要前提和基本保证。在听课中我发现教师都有几个共同特点：

①教态亲切，表情丰富，在课堂上能轻松，活泼，潇洒地进行授课，富有艺术性。教师的亲和力来自教师的个性特点、对学生发自内心的挚爱以及适宜的表达方法；亲和力在一定程度上也是教师智慧的一种综合体现。在借班上课的课中，亲和力能有效地促进师生的互动，从而顺利地营造轻松、愉快的课堂氛围。教师运用多种手段与学生在短时间内拉近距离。比如有的老师课前准备了简单、易操作且学生较为喜欢的小游戏；还有的老师在课前和学生自由交流，谈论一些学生感兴趣的话题，并鼓励学生大胆发言等。有效地拉近了师生之间的距离，为正式上课时师生之间的有效配合打下了良好的基础。

②善于利用多媒体、歌曲、多种手段辅助教学，有助于教师充分利用课堂教学时间，扩展课堂信息的交流容量，丰富和完善教学内容，使孩子接触到的知识更立体、更直观、更生动。

付申珍老师的专题讲座，让我了解了初中地理教师课题研究的方法。首先，教师在教学活动中就要用各种教学手段，努力为学生创设一种宽松、愉快、和谐的教学情境，引发学生积极思考，主动学习。教学内容要与学生的生活实际非常接近，让学生有亲身体验。因为学生通过亲身实践体验得到的知识，理解得更深刻，记得更加牢固。同时学生也会感受到学习不是枯燥的，而是有趣的。因此，教学过程中教师不一定用同一种模式、同一种方法，一定非得让学生看明图意来理解知识、学懂知识，而是完全可以根据实际情况采用游戏、表演等实际活动将情景图所提供的内容进一步动作化、情景化，使学生全身心地置身于真实的数学活动情境中，增加实际体验，亲身感受数学。

培训过后，反思不足。善于反思，做一名反思型的教师。只有不断反思，才能检讨自己的教育理念与行为，不断追问"我的教学有效吗？""我的教学能更有效吗？"不断总结自己的工作得失，不断深化自己的认识，不断修正自己的策略，从而获得持续的专业成长。如果一个教师仅仅满足于获得经验而不对经验进行深入的思考，那他就不可能在原有的基础上再有发展；教师专业发展所要求的大量知识和实践智慧，只有靠教师自己在日常教学实践中不断反思、探索和创造才能获得。

总之，教师要细心揣摩发现教学行为，挖掘课程资源，使教学内容不断丰富，日渐完善，要不断用新知识、新方法充实自己，不断总结自己的课堂教学，做一名学习型的老师，同时研究教学方法，努力进行课题研究，不断提高自己的教育教学质量。

研修总结

远行，让教育之花怒放

2018年4月16—18日，伊旗初中地理名师工作室有幸到重庆参加"重庆市和鄂尔多斯市初中地理联合教研"活动，通过短短三天的培训和学习，我们的收获是实实在在的。这短暂的学习之旅，让我们感受到了重庆市对地理教学的重视，以及重庆"地理人"的"地理情怀"，他们对地理课堂与教育教学研究的深度和广度，深深地震撼了我们。

一场地理课堂的饕餮盛宴

"区域教法独特",重庆市采用"课标"教学,一节课的内容仅来源于一句课标,使课堂更加有广度和深度,灵活有新意,知识的掌握是基础,培养学生的思维是目标。

"地理人"的"地理情怀"

陈道华老师热爱生活、热爱教育事业,潜心研究地理教学,亲力打造了地理课程创新基地,是位拥有"地理情怀"的"地理人"。

感悟教师专业成长

付申珍老师坚守素质教育理念,强调教育的长远价值,创新教法,以科研促教改,以团队为依托,以身示范,以"研"促学,打造了重庆一中的特色地理教学。付申珍老师担任学校地理教研组组长以来,带领全体组员一起搞好常规教学,在"研"字上下功夫,开展丰富多样的教研活动,包括研究课、优质课、示范课、课题研究、微讲座和地理考察等,一路走来,潜心研究,善于学习,为教育生命加温!

学而思不足

培训过后,反思我们的课堂教学,反思我们的教研组团队建设,我们与发达地区相比,还有很长的路要走,希望以后我们能有更多外出学习的机会,也希望我们伊旗的地理人继续保持活力,更快地成长,能越行越远!

【第三期研修活动(五)】

研修安排

主题研修活动安排

为了提高我旗初中地理教师试题命制能力,科学评价初中地理教学,提高教学质量及备考效率,促进教师专业成长,特邀请重庆市教育科学院地理教研员张文革前来指导讲学。

活动主题:基于地理核心素养的试题命制与评价。

研修形式：讲课、评课、专家讲座、交流研讨。
具体安排：如表1所列。

表1

时间	活动内容	主讲人	主持人
上午 第一节 8：30—9：10	运用地图和其他资料说出某区域的产业结构和产业布局	陈扎拉嘎乎 （北师大二附中）	王力兵
上午 第二节 9：20—10：00	运用地图和其他资料说出某区域的产业结构和产业布局	李红梅 （伊旗一中）	
上午 第三节 10：350—11：15	运用地图和其他资料说出某区域的产业结构和产业布局	周璐 （重庆）	
上午 第四节 11：25—12：05	专家评课	导师张文革	
下午 2：30—5：30	讲座"地理原创试题的命制与评价"	导师张文革	

精品案例

"东北三省"教学设计

陈扎拉

教学目标
①读图分析，了解东北三省的自然环境特征。
②通过读图和其他资料，分析学习东北三省的工业结构和工业布局特点。

重点和难点
东北三省的工业结构及工业布局特点。

教学过程
播放视频《家乡美》——教师：欣赏视频的同时，大家要记住你听到了什么？看到了什么？

林海雪原、白山黑水……二人转——东北——在哪儿？

从听到词，引出降雪多—气温低—纬度位置高—中国地图。

包括（黑、吉、辽）\中国的东北部、纬度大概40°N—53°N。

以地图为主线，以问题引导，设计了五个活动。

活动一：读东北三省地形图，描绘山脉和河流，圈出平原，描述东北地区的山河大势。

教师：先让学生在地形图上描绘出东北地区的山脉和河流，并用四个字或八个字描述东北地区的山河大势。

活动二：读东北三省的矿产资源和工业分布图，分析工业发展的条件及其分布。

①找出东北三省主要有哪些矿产资源和哪些工业？

②分析工业的分布与矿产资源有何关系？举例说明。

③找出工业集中在哪几个城市？

活动三：读大庆市、伊春市、鞍山市的工业结构图，了解东北地区的产业结构。

①大庆市的工业主要依靠什么自然资源？

②伊春市的工业主要依靠什么自然资源？

③鞍山市的工业主要依靠什么自然资源？

④结合以上分析结果，说出大庆市、伊春市和鞍山市的工业结构的主要特点。

活动四：读大庆市、伊春市、鞍山市的工业结构图，分析东北地区经济放缓的原因。

①煤、铁、天然气、石油等矿产资源会不会有用完的一天？用完能否在短时间内再形成？

②20世纪90年代，东北三省的经济发展较慢，有些滞后现象，根据以上分析结果，你说说经济发展缓慢的原因。

活动五：当一名省长，带领东北走发展之路。

如果你是东北地区某省省长，你将带领大家走怎样的发展之路？

乡土地理：了解鄂尔多斯市经济发展情况。

我们家乡鄂尔多斯市的产业结构和产业布局特点如何？

深度反思

同课异构之我见

董瑞梅

2018年5月16日，全旗地理教师在地理名师工作室张老师的组织下，进行了为期一天的培训。上午听评课活动，主题是运用地图和其他资料，说出某区域的产业结构与产业布局特点。第一节由工作室名师陈老师示范课"东北三省"；第二节李老师示范课"东北三省"；第三节课课例由重庆教师示范。这次活动我有幸参与，聆听了同行们的地理课，简直是精彩万分，无与伦比！我之前也讲过东北地区，反思了自己课堂的不足、备课的不足之处，收获颇多。

从各位教师的实际课堂教学以及他们所带来的新颖的教学方法和教学理念，我体会到了新课程教学的意义所在，同时深感自己在地理教学中存在的不足之处，有许多问题有待于今后进一步完善，现将听课活动及心得体会汇报如下：

①创造性地使用教材，有效地整合教学内容。老师们能够根据课程标准的要求，灵活组织教学内容，不局限于教材，尤其是不局限于一个版本的教材。注意挖掘乡土地理素材，更贴近学生的生活与现实，取得深入浅出的效果，学生在课堂上的主动性能够更充分地发挥出来。

②从现实生活的切身经历与体验出发，使课堂教学紧密联系学生生活。地理新课标明确指出：地理课程要提供给学生与其生活和周围世界密切相关的地理知识，侧重基础性的地理知识和技能，增强学生的生存能力。他们都是从学生身边的地理知识开始，引导学生学习新知识，最后再来解决生活中的地理问题，使学生的学习与生活紧密联系起来。

③教学环节设计合理、丰富多彩，引人入胜灵活多样的课堂环节设计不仅有助于培养学生自主学习、探究学习、合作学习的方法和能力，也尽情展示了教师驾驭课堂的能力。除了常规的教学环节，重庆教师关注家乡问题探究，不仅检

测出学生对课堂学习的重视程度，以及发现问题、分析问题和解决问题的能力，更奠定了课堂良好学习氛围的基础，学生主动参与是保证学习效果的前提。

④课件制作精良、巧妙，现代教学手段运用灵活，每个老师都充分利用了多媒体的辅助功能，不仅直观性强，而且增加了课堂的容量，提高了课堂效率。

⑤精心设计板书内容，现场板画，令人感叹其功底之深厚，尤其是课堂小结环节，教师设计的板书既体现了本节课的主题内容，又显示了学习本部分内容要借助的学习手段（读图、识图、分析、分布、作用），简单的板书寓意深刻、全面、思路清晰透彻、让人佩服：板书还可以这样设计，真是神了！

总之，在今后的教学工作中，我一定会不断提高自己的业务素质，不断改进自己的教学方法，做一名合格的素质教育的先锋。

研修总结

同课异构展风采　联合教研促发展

2018年5月16日，在伊旗一中举办了初中地理名师工作室第三次研修活动，本次活动围绕"地理原创试题的命制与评价"这一主题而展开，重庆市教育科学院地理教研员张文革、伊旗全体地理教师参加了此次活动。

第一环节：由北师大二附中陈扎拉嘎乎、伊旗一中李红梅和来自重庆的周璐三位老师带来的同课异构展示，三位老师的课让我们回味无穷，给我们留下了深刻的印象。

第二环节：导师张文革做课堂点评，教研室郭双喜主任讲话。张老师对讲课的各位老师的课堂教学给予了肯定，同时也分析了老师们在备课、讲课过程中存在的问题。张老师的精彩点评为我们指点迷津，为我们今后改进教学方式、提升教学品位提出了指导性的意见。

第三环节：由导师张文革做关于"对初中地理考试评价的思考"的讲座，张老师从考试性质、命题的指导思想、命题依据、命题原则、命题导向等几个方面给我们做了精彩讲座。

第四环节：由教研室张海燕老师对本次活动做总结。张老师总结了在导师张文革的带领下工作室各位成员的教学理念在转变、教学内容在更新、教学方法也在发生变化,看到了老师们的进步,同时寄语老师们要继续努力,把我们伊旗的地理教学做得更好!

　　一天的学习时间虽然很短,但我们却收获很多。我们在合作交流中学习,在同伴互助中成长,在同课异构中收获精彩。相信在教研室张海燕老师的带领下,我们一定会打造出更多的魅力课堂,为伊旗地理教育的腾飞贡献我们的力量。

【第三期研修活动(六)】

研修安排

主题研修活动安排

　　依据我旗初中地理名师工作室两年规划的要求,2018年下半年,初中地理名师工作室的研修活动将继续围绕"基于学科核心素养的地理课堂教学技能的培养与训练研究"这一主题,以"课题研究"和"学生读图能力的培养"为突破点,开展一系列研修活动。

　　具体安排:如表1所列。

表1

时　间	活动内容	主讲人	主持人
上午 第一节 8:20—9:00	"祖国首都——北京"	李红梅 (伊旗一中)	董瑞梅
上午 第二节 9:10—9:40	"祖国首都——北京"	苗世佳 (市一中分校)	董瑞梅
上午 第三节 9:50—10:50	全体成员评课	张海燕	董瑞梅
上午 第四节 10:50—12:00	"祖国首都——北京"图表解读	张海燕	董瑞梅

精品案例

"祖国的首都——北京"教学设计

李红梅

教学目标

1. 知识与技能

①通过地图和资料，分析北京之所以成为我国首都的地理原因。

②通过课本材料，总结北京作为我国政治、文化中心和国际交往城市的城市职能。

2. 过程与方法

充分利用手中材料，学习查找资料和读图、分析、归纳、总结的技能技巧。

3. 情感态度与价值观

激发热爱首都、热爱祖国的高尚情操和自豪感。

重点难点

北京作为首都的政治、文化、国际交往职能。

教学过程

1. 创设情境 导入新课

播放歌曲《北京欢迎你》，让学生介绍一下这首歌曲，以此引入"祖国的首都——北京"。

2. 导入新课

出示"我心中的北京"视频。

引入新课"祖国的首都"——北京。

教师：我们这节课就来学习"祖国的首都——北京"，我们从北京的概况开始学习。

3. 自主学习

教师：在1949年10月1日，我们的伟大领袖毛主席在天安门城楼上宣布：中华人民共和国成立，北京是我们的首都。大家有没有想过，为什么我们要选在北京建都呢？让我们先去了解北京的自然地理概况。大家阅读课本32~35页，自主完成以上活动内容，时间是3分钟，开始。

出示以下自然地理概况题与北京地形图，学生自主完成。

①海陆位置：北京位于_____平原西北角，西面和北面背靠群山，面向_____海，与_____省和_____市接壤。

②经纬度位置：北京大致位于_____、_____（经纬度），属于_____（温度带），_____（干湿地区）。

③气候：北京属于_____气候，气候特点_____。

④地势：北京的_____、_____和_____三面环山，东南部是_____，因此，地势特征由_____向_____倾斜。

⑤河流：北京的主要河流有_____、_____、_____等，最后汇经天津称为海河，注入_____海。

师：好，时间到，哪位同学可以准确又流利地说出这些题目？

学生多方位展示，教师评价。

4. 合作探究

活动一：北京自然地理概况及优势。

教师：从我们刚刚了解的这些自然方面考虑，新中国在北京建都有哪些优势？现在，结合刚才知识和课本35页活动内容，以小组为单位讨论。时间是3分钟，开始。

学生讨论，教师巡视。

教师：好，讨论结束。我们找小组代表起来说说。

学生展示，教师评价。

出示活动参考答案：北京的纬度位置优越，地处暖温带，位于半湿润区，干湿适中；海陆位置优越，虽居内陆，但距海较近，战略位置优越；战争年代，三面环山，易守难攻；和平年代，东南平坦，适宜经济发展和城市建设；交通位置优越，对外联系方便。

教师：哪位同学读一读？

学生朗读。

活动二：城市职能。

教师：由于这些优势，北京成为了我们的首都。既然北京是首都，那当然这里就会是一个政治中心。在天安门广场的西侧就建有人民大会堂，中南海也在此地。

出示政治中心以及图片，感受城市职能。

教师：那人民大会堂和中南海各是什么的所在地？

学生答。

教师：很好，今天三月份在北京举行的两会，就是在人民大会堂举办的。北京不仅是政治中心还是什么中心啊？

学生齐答。

出示文化中心题目。

教师：你是从哪些方面看出这里是文化中心的？看课本33~34页归纳一下，一分钟时间开始。

学生答，教师评（很好，从这么多的文化机构和设施上都可以看得出这里的文化氛围非常的浓厚）。

出示文化中心图片，学生感受。

教师：这是中国国家图书馆，这是我们都非常向往的北大和清华。

出示国际交往中心。

教师：北京还是国际交往中心，像很多外国的大使馆、国际组织代表机构、跨国公司等等都在北京。

出示国际交往中心图片。

教师：这是美国驻华大使馆、俄罗斯驻华大使馆。

活动三：都址变迁。

新中国选在北京建都，800多年前也有朝代在此建都，你知道有哪些朝代在此建都吗？

学生答，教师评。

出示城址空间变化图。

教师：自辽代以来，北京城城址在空间上是怎样变化的？能描述出来吗？它的变迁和水源又有什么关系？小组进行讨论，时间是3分钟，开始。

学生答，教师评（你描述得很准确，水源是一个城市发展的生命线，所以我们都离不开水，一定要珍惜水资源，北京就是个缺水的城市，南水北调的东线通过京杭大运河就解决了北京缺水的问题）。

活动四：名胜古迹。

教师：这么多朝代在此建都，当然会有很多的名胜古迹，你知道哪些名胜古迹？

学生答。

教师：那被列入《世界遗产名录》的又有哪些呢？

学生答。

展示被列入《世界遗产名录》的名胜古迹图片，感受、了解、记忆。

教师：这些名胜古迹非常珍贵，我们要好好保护，不要破坏，然而随着旅游参观的人越来越多，这些古迹也面临着破坏的危险，你有什么好的建议可以更好地保护这些名胜古迹呢？

学生思考，回答。教师评。

活动五：现代化的重点功能区。

教师：北京是一座历史文化名城，同时也是一座现代化的大都市。新中国成立以来，北京的城市建设日新月异，在城市中心的外围形成了一批卫星城。我们先一起来看一看北京的这些现代化的重点功能区。

播放北京重点功能区照片，直接展示北京的现代风貌。

对一些功能区做具体介绍，以便学生理解。

活动六：现代化的交通运输网。

出示现代化的立体交通网络。

教师：北京还有现代化的立体交通网络，天上有航空，北京有我国最大的国际航空港，路上有公路和铁路，地下还有地铁，展现出了立体交通的特点。

出示交通网络地图。

教师：这是北京的市区交通图，你看它的交通有什么特点？

教师提示解答（环形和放射状。放射状交通把城区和外部联系起来，环形又把放射状道路连接起来，这样就形成了快速道路网）。

活动七：现代化的城市建设。

教师：北京城市建设十分重视历史文化建筑的保护和环境质量的改善。

出示现代化的城市建设图。

教师：这是首钢旧址，为改善城市环境质量，北京把大型钢铁企业首钢迁出北京。还改造了一批街心花园，谁来读一读这两段文字？

学生读具体措施，感受北京环境质量改善的举措。

活动八：历史文化建筑的保护。

教师：北京在历史文化建筑的保护上是面临着争议的，比如四合院和胡同是保护还是拆除的问题就是有不同意见的。你对此有什么观点？理由又是什么？小组讨论，三分钟时间，开始。

学生阐述自己观点与理由。师评。

盘点收获，总结提升。

教师：我们的北京正朝着"国家首都、世界城市、文化名城、宜居城市"的目标迈进。这节课我们就学到这，你收获了什么？

学生谈收获。

构建本节课知识网络图。

教师：你们学得怎么样呢？现在做几道练习题。

板书设计

板书设计如图1所示。

祖国的首都——北京

（优越）地理位置 / 自然条件 } 北京（首都） { 文化中心 / 政治中心 / 国际交往中心

图1

> 专业引领

"祖国的首都——北京"图表解读

张海燕

本节内容选自人教版义务教育课程标准地理教科书八年级下册第六章"北方地区"第四节,由"政治文化中心""历史悠久的古城""现代化的大都市"三部分组成。"政治文化中心"介绍了北京自然环境特点,包括地理位置、范围、地形、地势、气候等基本地理概况和北京的城市职能,突出了北京的城市职能;"历史悠久的古城"则从文化古迹方面分析北京的历史文化特点;"现代化的大都市"分析了北京城市建设的成就。

关于北京的地理位置,除了要了解北京的纬度位置和海陆位置,还要了解其与各种地形区之间的位置关系。首先,北京的纬度位置与海陆位置对北京的气候有直接影响。其次,北京背靠群山、面向渤海的位置,对其成为古都有重要的战略意义,对其现代化的大都市的发展同样具有重要的意义。北京的自然地理特点主要是指其地形、气候、河流等状况。其中,关于北京的气候,教材中虽然没有提供相关的地图或图表资料,但是气候对北京的环境与发展有着重要的影响,建议教师进行适当补充。认识北京的自然环境是认识北京的基础,北京的自然环境对北京的经济发展以及城市建设有重要影响。关于北京的历史文化传统和城市职能及城市建设成就,从知识层面上看,是让学生了解北京的过去、现在,展望未来;从情感、态度、价值观的层面上看,是要培养学生热爱首都、建设祖国、保护祖国历史文化和环境质量的积极情感。

一、解读课程标准要求

本节教材主要落实以下两条课程标准要求:

①运用地图简要评价北京的地理位置。对应本条教学目标,要求学生运用地图评价北京的地理位置。对应到本节内容,一是要求学生能运用北京的地形图,说出北京的位置和范围,以及地形、气候等自然环境特点;二是要求学生运用北京的地形图、气候图及北京古今城区的地理位置示意图等图文资料,评

价北京的地理位置。

②运用资料说出首都北京的自然地理特点、历史文化传统和城市职能,并举例说明其城市建设成就。对应该教学目标,要求学生说出北京的自然地理特点、历史文化传统和城市职能,举例说明北京的城市建设成就。

二、教材图表的配置分析

教材图表所含信息量比文字更丰富,具有文字不能替代的功能。地理学习活动的设计必须以图表为依托,体现学生获取信息、探究实验、比较归纳、分析总结等掌握知识的学习过程,避免单纯记忆文字与结论,因此要培养学生重视解读图表信息、图文结合、发现问题、积极思考探索的学习习惯。

本节教材提供了6幅示意图及11幅景观图来辅助说明首都北京的自然和人文地理特点,各图的呈现都有其意图和作用。

教材中图6.42"北京的地形":呈现了北京的位置、范围、地形、河流及主要山脉等基本信息,目的是让学生认识本区的位置、范围及地形、气候、河流等自然地理状况。此处建议把这幅地图换作由主附两种图组合而成的地图,效果会更好。附图是首都北京在全国的位置图,目的是让学生从全国的角度认识北京的位置。

教材中图6.43"北京部分文化机构和设施的分布":此幅示意图展示了北京众多的文化机构和文化设施,说明北京是全国的文化中心。

教材中图6.44"北京古今城区的地理位置示意":这幅图从地形、地势、河流等方面展现了北京自然地理条件的优势,目的是让学生通过古今的对比评价北京的地理位置,以落实"运用地图简要评价某区域的地理位置"和"运用资料说出北京的自然地理特点"这两条课标。

教材中图6.45"辽代以来北京城区的变迁":这幅图说明了北京古城城址变迁与水源的关系,从而使学生认识到自然地理条件对城市发展的影响,让学生理解随着城市的发展和城市人口的增长,水源的丰裕程度成为城市发展的决定性因素。

教材中图6.49"北京的市区交通":此幅示意图显示了北京发达的交通网络,环状公路从二环到六环,从城市中心区不断向外围发展,逐渐成网的多条地铁线路、多条放射状高速公路、多座火车站，反映了北京是重要的交通枢纽。

景观照片："鸟巢""天安门广场""北京故宫""颐和园""前门大街""南锣鼓巷""北京重点功能区""北京地铁""首都机场3号航站楼""首钢旧址""皇城根遗址公园"11幅景观照片直观呈现相应地理信息，意在让学生对地理事物形成直观感知。"鸟巢"和"天安门广场"是北京的代表，也被称为"北京符号"，既吸引了学生的注意，又为北京的城市职能做了铺垫。"故宫""颐和园""前门大街"和"南锣鼓巷"是北京悠久历史的见证，也体现了北京的文化传统。"北京的重点功能区""北京地铁""首都机场3号航站楼""首钢旧址"和"皇城根遗址公园"从城市功能、交通、环境改善和历史文化的保护等方面展现北京现代化建设的成就。

三、合理使用图表教学

1. 利用"北京的地形"图认识北京自然环境特点，并结合北京古今城区的地理位置示意图，评价北京的地理位置

"北京的地形图"是本节第一幅重要的地图，对准确掌握首都北京的位置范围、地形地势特点、气候特点等自然环境非常重要，也有利于培养学生读图用图的习惯。可采用问题形式引导学生读图：根据图归纳北京的位置特点，包括纬度位置和海陆位置；在"北京的地形"图上找出太行山西山、燕山、华北平原、潮白河和永定河，归纳北京的地形地势特点。教学建议：教师可补充一幅中国气候图，结合地形图分析北京的气候特点；北京地形图与北京古今城区的地理位置示意图结合起来，评价北京的地理位置。

2. 利用材料和景观图并结合课后活动题了解北京名胜古迹以及名胜古迹的保护

首先给学生提供有关北京历史文化名城的资料，让学生分析北京悠久的历史，通过景观图片了解北京的文化古迹，然后采用小组合作探究的形式引导学生完成课后活动题。教材这样设计的目的就是以故宫为例，让学生了解北京名胜古迹的保护，"活动"中的保护建议具有开放性，不追求答案的正确，主要是让学生通过讨论懂得保护名胜古迹的意义。

表1

时　间	活动内容	主讲人	主持人
上午 第一节 8：30—9：10	研讨课"南极洲"	王春佳 （伊旗二中）	张海燕
上午 第二节 9：20—10：00	研讨课"南极洲"	王力兵 （伊旗一中）	
上午 第三节 10：35—11：15	示范课"南极洲"	冯云齐 （重庆一中）	
上午 第四节 11：15—12：00	专家评课	张文革	
下午 2：30—5：30	专家讲座"地图的绘制"	张文革	

精品案例

"南极洲"教学设计

王春佳

教学目标

1. 知识与技能目标

①运用地图和其他资料，从地理位置、自然景观、气候特征、自然资源等方面，说出南极地区自然环境的特殊性。

②认识开展极地科学考察和保护极地环境的重要性。

2. 过程与方法目标

培养学生读图、析图和从图中获取信息的能力。通过自学、小组合作学习，培养小组合作意识和团队精神。

3. 情感、态度和价值目标

通过认识极地地区，初步形成求真、求实的科学态度；提高环境保护的意识；培养学生热爱科学、不畏艰险、勇于探索的精神，激发学生民族自豪感和学习地理的兴趣。

学情分析

通过一个学期世界地理的学习，初一学生掌握了一些地理的基本要素，知道了从地理位置、自然环境、人文环境等方面学习地理知识，但是还没有学习七年级下册区域地理，对如何了解某一个区域还不是很了解。对于地理位置特别、自然环境特殊、人烟稀少的南极地区了解得也比较少，一方面相距甚远，了解相关知识少；另一方面教师平时讲授得较少，学生没有形成系统的知识体系和一般学习方法。

重点难点

①特殊的地理位置。

②学会根据地图资料探究自然环境的特点。

教学工具

多媒体、微视频、Google earth、地图等资源。

教学方法

提问法、讨论法、小组合作、对比分析。

教学过程

导入：我们知道地球上有七大洲，有这样一个遥远而又神奇的大洲，下面我们通过视频来了解一下。播放南极洲视频。这是一个冰雪世界，多少年来有许多科学家去那里探险，同学们想不想去呢？——想，那么我们就准备好行囊向南极洲进军。

新授：课前预习（蓄势待发）。

板书：如图1所示。

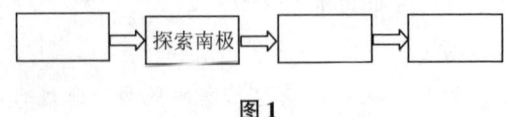

图1

教师：首先我们来寻觅一下南极洲的位置，我们可以从三个维度来寻找南极洲的地理位置：半球位置、经纬度位置、海陆位置。

第一关：寻觅南极

观看南极洲地图（见图2），阅读教材，归纳南极洲的范围和位置，回答：

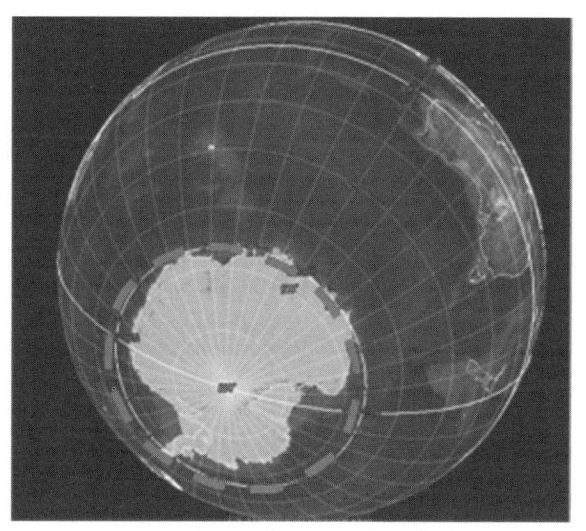

图2

①半球位置：_____。

②经纬度位置：南极洲跨经度_____度，大部分位于（图中红色纬线）_____以南，_____带。有_____现象，位于我国最南端，也是我国纬度位置最高，跨经度最广的大洲。

③海陆位置：包括_____及周边，被_____、_____、_____洋包围。

④自转方向：_____。

⑤总面积：约1400万平方千米，约占世界陆地总面积的9.4%，位于七大洲面积的第_____位。

第二关：探索南极

企鹅贝贝：嗨！大家好，欢迎来到我的家乡南极洲，我是你们的导游贝贝，下面由我带着大家领略南极洲的风采。

首先，请大家参观我家乡的景观（见图3），你们知道这是什么吗？

图 3

▶ 探索南极——地形

如图 4 所示，南极洲 98% 的陆地为冰雪所覆盖，冰层平均厚度达 2 000 余米，如果不扣除冰层，南极洲平均海拔 2 350 米。

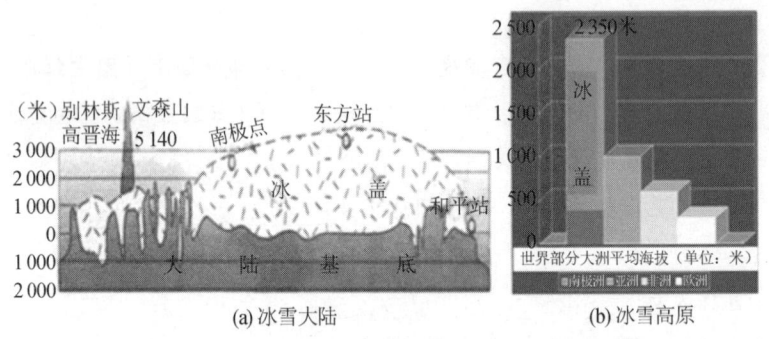

(a) 冰雪大陆　　　　(b) 冰雪高原

图 4

企鹅贝贝：我家乡的朋友（见图 5）都有一个共同的特点，比较肥胖、脂肪很厚，你知道这是为什么吗？

图 5

▶ 探索南极——气候

1960年8月，科学家在苏联东方站曾测得-88.3℃的极端最低气温。在这样低的温度下将一杯热水向空中泼洒，水还未落到地面就被冻成了冰粒（见图6（a））。

南极洲的平均年降水量仅55毫米，是地球上降水最少的大陆，且降水形式几乎全部是雪（见图6（b））。

南极洲是世界上风力最大和风暴最多的地方，每年约有2/3的时间刮大风。法国南极观察站曾记录过92.5米/秒的世界最高风速（12级台风的风速为33米/秒）（见图6（c））。

(a) 酷寒　　　(b) 干燥　　　(c) 烈风

图 6

①阅读材料，概括南极洲的自然环境特点（从地形、气候等方面来考虑）。
②南极洲酷寒的原因是什么？

学法指导：可从纬度、地形、海陆、冰雪反射等方面分析。

南极地区中心以陆地为主。

南极大陆海拔很高，海拔越高气温越低，导致南极地区冷。

南极地区冰雪覆盖厚，反射阳光强，到达地面的光照少，所以更加严寒。

▶ 探索南极——河流

南极洲大陆上有河流吗？

▶ 探索南极——资源

企鹅贝贝：来这里的人，大多是科学考察人员，他们说这里是自然资源的"大仓库"（见图7），来看看这里都有什么资源吧！

①有煤、铁等丰富的矿产资源。

煤是深埋于地下的古代植物经过漫长的时间演化而形成的。现在人们在冰雪覆盖的南极地区发现了丰富的煤炭资源，请运用大陆漂移假说的有关观点解释这一现象。

根据南极洲有大煤田的事实，可以推想它曾一度位于温暖地带，生长着茂密森林，经地质作用而形成煤田，后来大陆漂移，才来到现今的位置。

②储存着大量的固体淡水资源。

③沿岸栖息着无数的海洋生物。

有自然资源的"大仓库"之称。

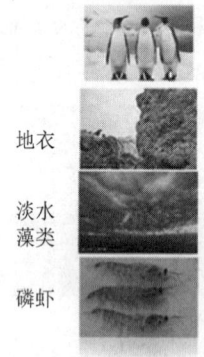

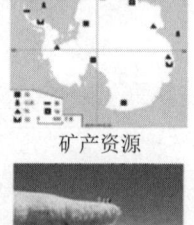

矿产资源

冰川淡水

自然资源的"大仓库"

在南极大陆上约有800种植物，主要是地衣、苔藓和淡水藻类。南极洲已发现220多种矿物，煤炭资源储量丰富，大陆架还有丰富的石油和天然气资源。

图7

过渡：气候如此恶劣，仍有20多个国家在南极洲建立了150多个科考站。我们中国也相继建立了四个科考站。

第三关：考察南极

教师：

①引领寻找四个科学考察站（见图8）。位置最南？最北？有极昼极夜现象的是哪个科考站？

考察南极

长城站

中山站

昆仑站

泰山站

图8

②看视频资料，南极科考站科学考察什么？

这里原始的自然环境，可进行气象观测、水下观察和冰芯研究，南极洲成为天然实验室（见图9）。

考察南极

天然实验室

冰芯研究　　气象观测　　水下观察

图9

③想一想，我国南极科学考察站的建站时间都选择在什么时候？

答：2月是南极洲的暖季，还出现极昼，有利于科学考察。

④我国第四个南极科考站——泰山站的房屋为什么采用圆环形外表、蛛形结构和高架设计？

答：防止被风雪掩埋（见图10）。

我国第四个南极科考站——泰山站的房屋为什么采用圆环形外表、蛛形结构和高架设计？

防止被风雪掩埋

图10

第四关：保护南极

企鹅贝贝：但是近年来，不知道为什么，我们的家园变得越来越小了，邻居和朋友也越来越少了，你能告诉我这是怎么回事儿吗？（见图11）

图11

教师：观看视频《冰川的独白》，了解南极地区面临的环境问题——全球变暖、海平面上升。

此外还有：日本自称捕杀鲸鱼是"科学研究"（见图12）。

保护南极

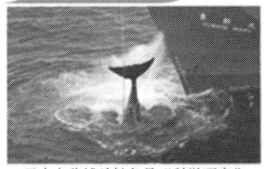

日本自称捕杀鲸鱼是"科学研究"

1986年，为帮助鲸鱼恢复数量，国际捕鲸委员会成员国同意暂时禁止捕鲸行为。但利用"允许为科研目的进行捕鲸"这条漏洞，日本每年仍会捕杀200~1200条鲸鱼，包括幼鲸和怀孕的母鲸。2018年据英国《独立报》报道，日本近期在一次南冰洋的捕鲸行动中，一共捕杀了多达122头怀孕母鲸，以及114头幼鲸。

图12

思考：

①上述材料反映了什么问题？

②我们应当如何保护南极洲？

教师：此外还有臭氧层空洞问题（见图13）。

保护南极

臭氧层空洞

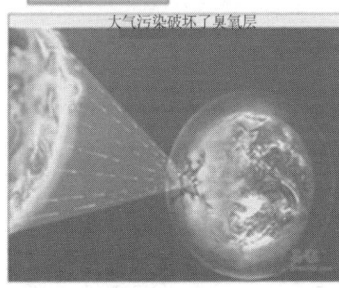

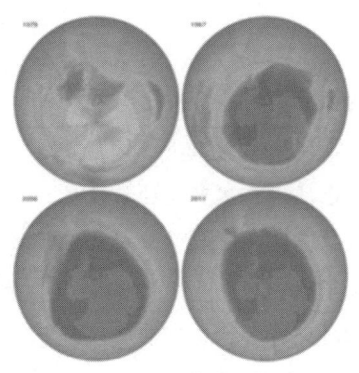

往年南极臭氧层空洞变化图

图13

保护极地，人人有责：科学家一直警告，极地地区的环境污染日益严重，气候变暖趋势比中纬度地区更明显。请同学们谈谈我们在日常生活中能做些什么来保护极地地区的环境。

观看环保小视频。

结束语：今天我们通过南极旅行，学习了南极洲，我们不仅要怀有一颗不畏艰难、勇于探索的精神，更要提高环保意识，保护我们地球最后一片净土（见图 14）。

图 14

"南极洲"教学设计

王力兵

学习目标

①要求学生从地理位置、自然景观、气候特征、自然资源等方面，说出南、北极地区的自然环境的特殊性。

②认识开展极地科学考察和保护极地环境的重要性。

教学重点

①两极地区自然环境的特殊性。

②我国南极科学考察站的名称和位置。

③理解人类对极地科学考察的意义，培养可持续发展的观念。

教学难点

①两极地区自然环境的特殊性。

②利用极地地图判别方向。

教学准备

①多媒体课件。

②学案。

课前播放视频

南非、意大利、亚洲沿海城市视频（见图1）。

图1

导入新课

同学们，当我们踏实地吃饭、睡觉和学习的时候，你肯定想不到有一些国家的人民在担心失去自己的故土（家园）。老师在这里真的不是危言耸听，因为这些国家在不久的将来，可能会慢慢地消失。至于它们为什么会消失，接着往下看就知道了。

教师：同学们，看完视频，你们知道为什么这些国家会慢慢消失吗？

学生：海平面上升，把这些国家淹没了。

教师：那这些海水是从哪来的呢？海平面为什么会上升？

学生：两极冰川融化或全球气候变暖。

教师：是的，受全球气候变暖影响最严重的是极地的冰川，而南极洲分布着世界上最大的固体淡水冰川，南极洲为什么会形成这么多大固体冰川呢？让我们一起走进南极洲，去了解它的自然环境特点。

探究一

说位置：

纬度位置：南极洲大部分地区在南极圈以南地区，即南纬66.5°以南。跨360个经度。

海陆位置：周围被大西洋、印度洋、太平洋包围（见图2）。

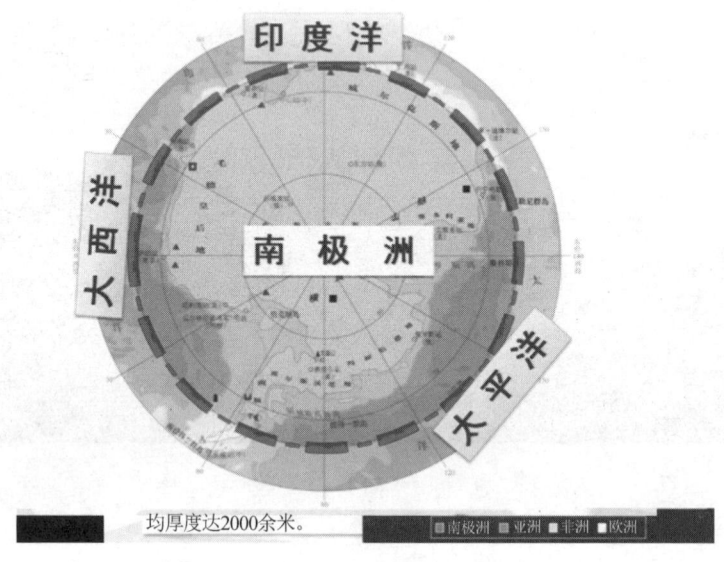

图2

探地形：

南极冰盖表面形态：中部高、四周低，呈盾形，顶部较平坦，是世界平均海拔最高的大洲，大部分地区覆盖着厚厚的冰层。南极洲平均海拔高，约2350米，绝大部分陆地为冰雪所覆盖，冰层平均厚度达2000余米。

教师：南极洲降水少，为什么会有巨厚的冰层呢？南极洲地处南极，受到的太阳辐射很小，气温极低，另外，降水主要以雪的形式降落，降落到地面以后，"不太可能"融化，经过千万年的积累，一层一层叠压起来，在重力的作用下，原来藏在雪粒之间的空气被微弱融化的水所填充,才形成了现在巨厚的大陆冰川。

探究二

探气候:

南极洲是地球上最冷的地方(见图3)。

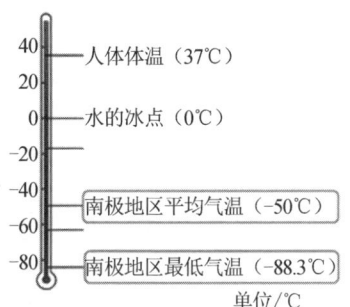

地区	形态（陆地或海洋）	年平均气温	平均风速	年平均降水量
南极	陆地	-50℃	17~18m/s	55mm

图3

引导:根据资料分析,南极洲是地球上最冷的大洲,根据资料总结南极气候特征(见图4)。

读南极材料,总结南极的气候特征?

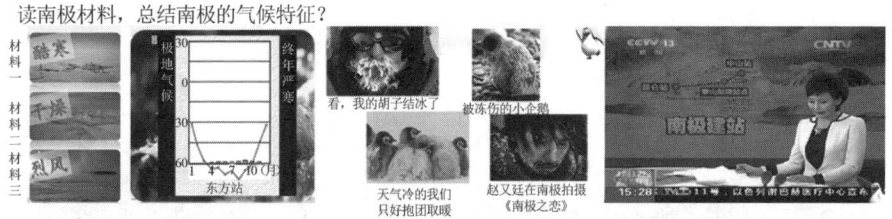

图4

教师:

酷寒:南极是地球上最冷的地方,南极洲没有春夏秋冬四季之分,只有暖季和寒季之别,即使是11月至次年3月的暖季,南极大陆的月平均气温也在-34℃~-20℃之间。我们伊金霍洛旗极端气温-31.4℃,我们感觉很冷。

干燥:南极洲是世界上最干燥的大陆,干旱天气不同于热带沙漠气候的高温少雨,他的干旱是低温寒冷造成的。去南极科学考察的科学家,最初的几个星期，差不多所有人的嘴唇都会干裂，伊旗全年降水量340～420mm之间，我们感觉降水少，和南极洲比起来还不算少。

烈风：在南极考察队员中流传一句话：南极的冷不一定能冻死人，南极的风能杀人。南极的风到底有多大呢？让我们来感受一下吧！南极地区的气候特点可以概括为酷寒、干燥、烈风。

寻资源

①酷寒的气候对南极的动植物有什么影响？南极洲有哪些资源？

储存着大量的固体淡水资源；有煤、铁等丰富的矿产资源；沿岸栖息着无数的海洋生物；有原始的自然环境，成为天然实验室。

原始的自然环境为科学家们进行气象、冰川、地质、海洋、生物等学科的科学研究提供了便利。

②南极原始的环境是如何为科研提供条件的？

同学们说得对，南极洲几乎为每个学科领域提供了其他大陆不能提供的科学研究场所。

原始的自然环境为科学家们进行气象、冰川、地质、海洋、生物等学科的科学研究提供了便利。但是这里有三只企鹅，想对我们说说他们的心里话（见图5），我们赶紧来看看。

图5

③三只企鹅的自白和企鹅日报都说明了什么问题（环境问题）？不知不觉中，南极洲的环境遭到了破坏，企鹅们不得不求救。接下来就让我们一起来拯救南极洲。

讨论：为保护南极洲的环境献计献策。

教师：同学们，我们从大的方面说，国家之间和国际之间应该合作，为了拯救南极洲的环境，1959年12月，澳大利亚、阿根廷等12个国家签订了《南极条约》，我国于1983年正式加入。然而，仅仅签订条约是不行的，环境变化都将反作用于人类身上，只有全人类共同采取行动，才能保护它们，当然保护南极也就是保护我们人类自己，那就让我们从现在开始行动。日常生活中如何保护环境？最后把《低碳贝贝》（见图6）送给各位同学和老师。

图6

教学智慧

在求同存异中前行

李红梅

2018年12月19日，在伊旗一中尚志楼三楼录播室举行了"基于学科核心素养的课堂教学设计"主题研修。首先张文革老师亲力亲为教我们老师如何绘制地图。其次开展了"同课异构"听评课活动，即"同备一节课，同讲一节课，同听一节课，同评一节课"的活动。我怀着积极认真的态度参加了这次活动，感觉受益匪浅。现将自己的收获和反思总结如下。

面对相同的教学内容，执教的老师各显其能，从不同的角度入手，运用不同的教学手段和不同的学习方法进行教学，展示了不同的教学风格，尽显不同的精彩。

通过活动，我认识到"同课教研"对于教学的积极的促进意义：第一，教材中的素材是相同的，但可以尝试不同的呈现方式；第二，教材的知识点是确定的，可以尝试不同的组合顺序；第三，同一个内容，不同的教师有不同的性格特点和思维方式。"你有一个苹果，我有一个苹果，交换后每人还是一个苹果；你有一种思想，我有一种思想，交换后每人有两种思想"。同课异构的教研方式，可以引发参与者智慧的碰撞，可以长善救失，取长补短，明显提高教育教学效果。

新课程的课堂教学由传统的知识性教学转向现代化的发展性教学。一堂成功的教学应具备"新""趣""活""实"的特点。

一、新

理念新——体现先进的教育教学思想。理念是一个人所具有的准备付诸行动的信念，它既是一种观念，也是一种行动。观念是改革的先导，不同的教学理念会带来不同的教学设计，取得不同的学习效果。

思路新——体现构思新颖、实用高效的教学思路。同样的教材，同样的学生，同样的40分钟，同样的教师，由于教学设计思路不同，课堂教学效果大不相同。

手段新——重视现代化手段的运用。

二、趣

要激发学生的学习兴趣。大家都知道"兴趣是最好的老师"，学生若有了学习兴趣，学习活动对他们来说就不是一种负担，而是一种享受、一种愉快的体验，学生就会越学越愿意学，越学越爱学。

三、活

让课堂教学焕发出生命活力，让课堂活起来，让学生动起来。"活"表面上是课程的内容活、经验活、情境活、生命活。"活"意味着师生双方潜能的开发、精神的唤醒、内心的敞亮、个性的彰显和主体性的弘扬，意味着师生双方经验的共享、视界的融合与精神的感召。

四、实

在教学中要讲求实效，不走过场，不摆花架子，用足球场上的一句话来说，就是教学要"到位"。即努力做到教学内容充实，课堂训练扎实，教学目标落实。

同课异构活动让我们在异中求同，同中求异，找到适合学生的最好的方法。只要我们去浮去躁，潜心课堂教学研究，我们的教育教学水平一定会有提高，我们的专业发展也会有新的天地和新的起点。

传统课堂被颠覆

侯文静

2018年12月19日，我有幸参加了伊旗初中地理名师工作室第七次研修活动，活动主要围绕"探索地理学科核心素养下的课堂教学设计，提高工作室成员的执教能力，促进各工作室成员之间的交流合作"展开。一天的时间，上午是三位老师的同课异构，下午是张文革老师的专题讲座"地图的绘制"，满满的一天，收获很多。

一节课的设计非常重要，要想让学生动起来必须有好的设计，课的设计要基于学生已有的经验，在基础知识之上进行建构，如果脱离学生认知和体验，尤其是初中一年级的学生，学起来就较为困难，这就需要老师做好课上细节的设计，给出丰富的资料（PPT、视频、导学案等），才能做到让学生在课堂上自主学习并上台展示。我们要基于课标，整合课堂上给学生提供的学习资源，直观展示出来，让学生有体验认知，在这个基础上我们来建构一些问题，让学生们探究学习，在问题的驱动下学生提升建构自己的能力，提升核心素养。冯老师的课行云流水，让人听着舒服，内容丰富，铺设恰当合理，符合学生认知，体现了地理课堂的美，体现了人文关怀与爱国主义教育。

通过课例展示，我们需要进一步思考如何改进我们的课堂教学设计。一堂好课就像一个情节曲折动人的故事，让人有峰回路转的感觉，让人有豁然开朗的心境，让人有雨后天晴的清爽。而一堂好课是需要一个好的教学设计支撑的，所以教学设计对于我们的教学非常重要。

教学设计是教师教育思想、思维流程和教学艺术的体现。教学设计有着科学性，一是要求正确运用教育思想和教育原理，既切合教育教学的内在联系及其规律性，又反映教学知识的内在联系及其规律性，两者相辅相成；二是要求这种思维流程顺畅、清晰，富于条理性和严密性。教师在备课过程中，用系统的方法对这些要素进行合理的安排和计划，这就要求教师有很高的处理各种教学信息的能力，在此要求下，教师不断努力提高自身处理各种教学信息的能力。

听了赵亚宏主任和张文革老师的精彩点评，更加让我找到自己的不足，想让学生动起来，教师必须在课前做好充分的准备，根据学生的认知体验，教师要构建知识体系，优化教学设计，做好铺垫，创设情境，把学生带入情境，使学生主动参与课堂活动，成为课堂的主人，只有这样才会呈现一节完美的地理课，才会展现地理课堂的美，才会展现学科美。

下午张文革老师的专题讲座"地图的绘制"，用 word 绘制地图，解决以往我们出题过程中用图不准、用图不清的问题。使用 word 绘图，可以给学生呈现一幅清晰的地图，在考试的过程中，使学生更加方便、更加有信心。

研修总结

聚焦核心素养　　提升课堂效率

为了更好地发挥名师工作室的引领、辐射、示范作用，促进区域交流，提升地理教师教育教学能力，伊金霍洛旗初中地理名师工作室于 2018 年 12 月 19 日在伊金霍洛旗第一中学开展了以"基于学科核心素养的课堂教学设计"为主题的研修活动。此次活动特邀请全国知名的地理教育专家张文革进行讲学，参加活动的有鄂尔多斯市教研室副主任赵亚宏、伊旗教研室主任田龙、呼和浩特市初中地理教研员刘丽萍、伊旗教研室副主任郭双喜、东胜区地理教研员王永霞、呼和浩特市初中地理名师工作室部分教师、东胜康巴什部分地理教师和伊旗全部地理教师。

上午进行了课标教学的课堂展示。伊旗初中地理名师工作室王春佳、王力兵进行了"南极洲"的展示课，重庆一中冯云齐带来了"南极洲"示范课。三位执教者以"南极洲"为案例，解读了"运用地图和资料简述某大洲的位置，归纳其地形、气候、水系特点，简要分析其相互关系"这条课程标准。教师们用自信的表达、清晰的逻辑、别具特色的教学设计征服了学生，征服了课堂，在教师的引导下，学生质疑、深思、解惑，学生的精彩发言，老师的独到点评，赢得了阵阵掌声，创新的课堂，使学生享受学习，享受成长。三节课充分展示了"地理核心素养"的育人理念，参加活动的好多老师都发出"原来地理课还可以这么上"的感叹。课后张文革围绕课堂教学设计、课堂能力培养、教师个人素质等方面对三节课进行了独到的点评。他认为，三节课全新的课堂组织形式、高效的课堂新技术应用让人耳目一新，充分肯定了我旗地理名师工作室在课标教学上进行的种种探索与尝试，认为中学生扎实的地理基础知识和出色的语言表达能力就是课堂改革的优秀成果，也提出让课堂生态更加协调、师生共同深度参与、充分发挥教师的引导和评价激励功能等合理化建议。市教研室赵亚宏主任进行了上午活动的总结，她深入浅出地讲解，高屋建瓴地指导，不仅让我们对地理核心素养的内涵有了全新的认识和理解，更为我们指明了今后地理教学的方向。

下午张文革教授作了"地图的绘制"的专题讲座。张教授以"台湾省"为案例，教教师们绘制台湾省轮廓、铁路线、河流、附近省区福建等地理事物，通过近两个小时的示范、个别指导，让在场的地理教师学会了如何绘制清晰的地图，为今后地理原创试题的命制打下了扎实的基础，也实践了工作室"十三五"课题的研究，提高了教师的课堂教学技能。张教授对伊金霍洛旗地理名师工作室的学员给予高度的评价，对下一步学员的活动和培训重点也做了安排指导。

此次研修活动内容详实，分析透彻，实用性强，真正实现了资源共享、合作共赢。活动的成功举办，大大提升了鄂尔多斯市和呼和浩特市初中地理教师的专业素养和教育教学水平，更为地理名师工作室的发展指明了方向。

【第四期研修活动（一）】

研修安排

主题研修活动安排

课堂教学是学科教学的主阵地，对课堂教学进行科学的诊断，并为之开出"治疗的良方"，是提高课堂教学效率的重要途径，也是开展校本研究、推进教师专业化发展的重要抓手。为进一步提高课堂教学质量，提升教师的课堂教学能力，特安排本次研修活动。

研修主题： 注重课堂诊断，优化课堂结构，促进深度学习。

活动形式： 听评课指导、讲座、交流研讨。

具体安排： 如表1所列。

表1

时间	活动内容	主讲人
8：10—8：50	"西北地区—自然特征与农业"	李璟 市一中分校
9：00—9：40	"西北地区—自然特征与农业"	廉彩霞 伊旗一中
9：40—10：10	讲课教师说课	李璟 廉彩霞
10：10—10：50	全体成员议课评课	全体成员
11：00—11：40	讲座"自然特征与农业图表解读——西北地区"	王力兵 伊旗一中
11：40—12：00	本次研修活动总结反思，布置后续的研修任务	张海燕 教育发展研究中心

教学感悟

初中地理图表解读

——以西北地区—自然特征与农业为例

伊旗一中　王力兵

一、教材分析

西北地区是我国四大地理区域中面积最辽阔、气候最干旱、生态环境最脆弱的地区。教材内容主要分为两部分：第一部分侧重分析西北地区自然环境的主要特征；第二部分主要介绍西北地区农牧业生产的特点。

第一部分自然环境：由于西北地区主要的特征是干旱。因此，在简单介绍完位置与范围后，教材就从"干旱"展开，详细地讲述了本区干旱的原因、降水量的分布差异、河流特征、地表景观的差异等内容。

第二部分牧区和灌溉农业区：由于干旱，本区的农业特色以畜牧业为主。配合图文资料讲述了本区发展畜牧业的优势、重要的畜牧业区和优良畜种。种植业主要分布在河水、高山冰雪融水、地下水可以灌溉到的地方，属于灌溉农业。简单分析了灌溉农业区发展种植业的有利条件及特殊农产品。最后以活动题的形式让学生认识了坎儿井——新疆人民为了适应干旱的环境而发明的古老的灌溉设施。

二、课程标准分析

本节主要落实以下两条课程标准：

①在地图上指出北方地区、南方地区、西北地区、青藏地区四大地理单元的范围，比较它们的自然地理差异；本条课程标准涉及两个层次的要求：一是"四大地理单元的范围"，二是"它们的自然地理差异"，完成本任务的方法是"在地图上找出""比较"，强调地图的运用。找出四大地理单元范围，对应本条教学目标，要求学生运用西北地区地形图，找出西北地区与北方地区、青藏地区的界线，找出西北地区的范围，并说出西北地区的主要地形组成。比较四大地理区域的自然地理差异，对应本条教学目标，要求学生掌握西北地区的自然地理特征——干旱，了解西北地区干旱的表现、形成的原因及变化规律。要

求学生学会运用西北地区地形图，归纳西北地区的气候、地形、河流等自然环境特征，并通过分析西北地区自然环境特征及成因，进一步巩固区域分析的一般方法。

②用事例说明四大地理单元自然地理环境对生产、生活的影响。对应本条教学目标，要求学生了解西北地区受干旱气候的影响，农牧业生产和生活的特色。认识西北地区干旱的气候对农牧业生产和生活的影响，引导学生树立因地制宜的观念。要完成上述要求，必须对西北地区地形、气候、河流、农牧业生产生活等图表资料进行分析和运用。

三、地理图表在教材中的作用

地理图表作为地理教材的重要组成部分，配合课文的文字材料，对教材内容起到补充和说明作用。因此，地理图表既是地理学习的重要内容，又是地理学习的重要工具，是学生获取地理知识的重要来源。地理图表有助于学生知识面的扩展，有利于教师对教材内容作一定程度的拓展挖掘，使地理课程得到充分的延伸和深化，为发展学生地理空间思维能力和综合分析能力创造了条件。图文并茂是地理教材发展的趋势。图文转换是我国新时期课程改革地理教材追求的目标。所以，教师在处理教材时要重视教材中的地理图表，注重围绕地理图表进行教学设计。

四、教材图表的配置分析

在本节，教材提供了2幅示意图、8幅景观图和3幅分布图来辅助说明西北地区的自然和人文地理特点，各图的呈现都有其意图和作用。

草原、荒漠草原和荒漠是西北地区的景观，其中草原和荒漠对比更为明显，更具代表性，因而教材将他们作为标题。与标题相对应，教材选用了两句学生在语文课本中学习过的古诗词作为引言，以激发学生对这个区域自然特征的联想。相应地，教材选取了沙漠和草原景观图片，对应作为引言的配套图像。从教材中图8.1的沙漠背景能看到沙漠之舟——骆驼，从教材中图8.2的草原背景的羊群也可以看出西北地区农牧业的特色。从图像上既可以看出自然环境特征，还可以看出人文活动信息。

教材中图8.3为西北地区的地形图，呈现了西北地区的位置和范围、地形、河流及主要分界山脉等基本信息。位置：西北地区位于我国领土的西北部，形态狭长，向东延伸至我国东北的大兴安岭附近，处于我国地势的第二级阶梯上。大体位于大兴安岭以西，长城和昆仑山—阿尔金山以北。范围：主要包括新疆维吾尔自治区和内蒙古自治区的大部分，宁夏回族自治区和甘肃省北部。地形：西北地区的地形以高原和盆地为主。东部比较单一，主要是广阔坦荡的内蒙古高原，西部则是雄伟的高山和巨大的内陆盆地相间分布。在新疆境内，显著的地形特征是"三山夹两盆"。河流：河流稀少，多为季节性河流。出示本图的目的是让学生认识本区的位置、范围、地形、河流等自然环境特征。

教材中图8.4为西北地区年降水量的分布图。西北地区是我国东西跨经度最广的地区。结合教材74页活动题。丙地内蒙古高原东部年降水量为200~400毫米左右，自然景观表现为草原；乙地年降水量在50~200毫米左右，自然景观过渡为荒漠草原；再向西到甲地塔里木盆地年降水量在50毫米以下，自然景观为荒漠，在荒漠地区，地面主要为石质戈壁或沙丘，只生长着极少数的芨芨草和骆驼刺等耐旱植物。从丙—乙—甲，降水越来越少，干湿地区也由半湿润区过渡到半干旱和干旱区，植被由草原到荒漠草原到荒漠。植被是反映气候的一面镜子，本区各地降水不同，地表景观必然不同，学生很容易理解。

学生通过读西北不同地区的景观图片，判断干旱程度的差异，总结西北地区干旱程度的空间差异。结合叙述式课文以及八年级上册已学知识，引导学生推测造成西北地区景观变化的原因，从而使学生了解西北地区气候干旱的表现、形成的原因及变化规律。从现实生活中可能见到的景观图片入手，到地理现象空间分布差异规律的推断，有利于学生地理成因分析思维能力的培养。

教材中图8.5为西北地区主要牧区和畜种的分布示意图。从图中可以看出，除了荒漠地区，其余地区都能发展畜牧业。但是西北地区畜牧业分布也有地区差异。由于西北地区自东向西降水越来越少，气候越来越干旱，草原植被的分布也从东向西逐渐变化，这一变化反映在牧场的特点上。以贺兰山为界，贺兰山以东由于降水较多，地表水资源丰富，内蒙古高原东部主要是草原牧场，如呼伦贝尔草原和锡林郭勒草原等大型优质草场，优良畜种有呼伦贝尔的三河马、三河牛等。而贺兰山以西地区降水稀少，地表戈壁、沙漠广布，荒漠植被占据了主导地位，牧场便局限于地下水露出的绿洲上；而新疆受地势的影响，山地降水较多，形成了森林带以上的夏季牧场和森林带以下的冬季牧场垂直分布特点的山地牧场。个人觉得配上山地牧场和温带草原牧场的图片，可以一目了然，效果更好，更利于学生理解。草场广布，是我国重要的畜牧业基地。

过渡到可移动的房子"蒙古包"，正如教材中图8.6所示草原上的蒙古包。通过图片和资料了解到这种传统民居便于拆卸、搬运和安装，正适应了牧民根据草场和季节的变化的游牧生活。理解干旱的自然环境对人们生活的影响，明确蒙古包与牧区自然条件和生活方式的关系。

教材中图8.7为西北地区灌溉农业区的分布图，图中的绿色部分展示了西北地区灌溉农业的分布与水源是密切相关的，灌溉水源大致可以分为三类：河流水、高山冰雪融水和地下水。在宁夏平原和河套平原，人们主要引黄河水灌溉，从而形成了灌溉农业。甘肃的河西走廊在新疆天山、新疆阿尔泰山、昆仑山和各盆地边缘的绿洲上，人们主要利用高山冰雪融水和地下水进行灌溉，从而形成绿洲农业。从图中可以分析出西北地区灌溉农业区的主要分布区及其特点和分布规律。理解因地制宜发展农业的重要性。

学习了西北地区的灌溉农业后，教材给出了四幅图：教材中图8.8为新疆绿洲灌溉农业图，反映了生活在新疆绿洲地区的人们引高山冰雪融水和地下水发展农业；教材中图8.9为河套平原灌溉农业图，反映了生活在宁夏平原和河套平原的人们引黄河水发展灌溉农业。虽然两地发展农业的灌溉水源不同，但农业特点都是灌溉。

教材中的图8.10丰收的葡萄和图8.11机器采摘棉花，这两张图片及文字可以分析西北地区发展农业的有利条件，以及农产品特色与当地自然环境的关系，使学生进一步理解自然环境对农业生产的影响：夏季昼夜温差大，有利于作物糖分的积累；夏季光照强，有利于瓜果着色；夏季晴天多、日照充足，灌溉水源稳定，有利于棉花的生长和采摘。

西北地区发展农业的不利条件是天然降水少，发展农业需要灌溉，通过活动题引出坎儿井。

教材中图8.12为坎儿井的俯瞰图，从图中可以看到一连串坎儿井，在图中表现为圆形土堆，反映了当地气候干旱这种自然环境对人们生产生活的影响。教材中图8.13为坎儿井剖面示意图，可以使学生认识西北地区人们在干旱的环境下，修建了水利工程——坎儿井，将汨汨清泉引向盆地的边缘，维持着绿洲的生存；修建暗渠是为了有效地避免宝贵的水资源大量蒸发，有效地利用了有限的水资源，使新疆人民在这广袤的沙漠边缘繁衍生息。体现了自然地理环境对生产、生活的影响以及因地制宜的重要性。同时给我们的感悟是：人类的生活离不开自然环境，人类对环境的利用和改造要顺应环境特征，做到人地和谐发展。

五、中考试题呈现特点

阅读下列材料，完成问题。

材料一： 近年来国家因地制宜开展西部脱贫工作，实现共同富裕。新疆维吾尔自治区设专项资金在新疆三地州成立手工地毯加工有限公司，主要加工手工羊毛地毯；西藏自治区的琼结县建了我国"首个贫困村光伏农场"，将光伏发电与现代化科技农业有机融合，增加农业光照率，提高农作物产量。

材料二： 如图1所示为新疆维吾尔自治区和西藏自治区简图。

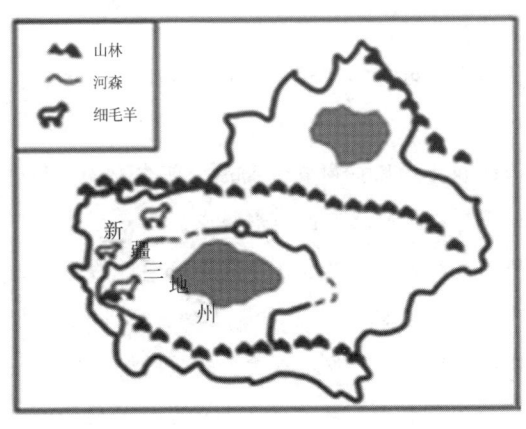

图1

①新疆三地州位于塔里木盆地（地形区），国家在此还建立了一批重大水利工程为解决西北地区突出的干旱或缺水问题。

②结合图文资料分析，当地政府在新疆三地州地立手工地毯加工有限公司的优势条件是_____。

该地以畜牧业为主，羊毛原料充足或羊数量多，靠近原料产地。该题主要考察以下相关知识点：

①考查西北地区的地形区的分布，西北地区典型的自然环境特征干旱。

②考查学生从地图中获取有用的地理信息的能力，并分析新疆三地州利用独特的自然条件因地制宜发展经济。

六、地理图表教学策略

1. 引导学生读图表信息，提高学生的读图能力

教材中图 8.3 为西北地区的地形，重在描述西北地区的自然特征，通过阅读该图可以掌握西北地区的位置、范围、主要地形区、地形特点、河流等自然地理特征，有利于培养学生读图析图的能力。可采用问题形式引导学生读图：

①西北地区的位置和范围：在地图上找到大兴安岭、长城、昆仑山、阿尔金山、祁连山；

②西北地区包括的省区？新疆维吾尔自治区、内蒙古自治区的大部分、甘肃、宁夏回族自治区的北区；

③西北地区位于我国地势第几阶梯？通过以上三个问题来归纳西北地区的位置和范围；

④找出主要山脉和地形区：内蒙古高原、阿尔泰山、塔里木盆地、天山、塔里木盆地、昆仑山，概括西北地区地形特点；

⑤找出本区的主要时令河，结合八年级上册学过的知识，了解西北地区是我国内流河的主要分布区。让学生通过读图确定西北地区的位置、范围、地形、河流等自然环境特征，进一步培养学生的读图能力。

2. 充分利用图中有用信息，培养学生归纳总结的能力

教材中的图 8.5 西北地区主要牧区和畜种的分布示意和图 8.7 西北地区灌溉农业区的分布图，可采用问题形式引导学生读图：

①西北地区气候干旱，人们的生产和生活与我们前面学过的北方地区和南方地区有何不同？

②分析图中畜种的分布，找到两大牧区。西北地区气候干旱，只能满足牧草的生长需要，因此畜牧业发达。以此来引导学生关注西北地区的自然环境特征对人们生产和生活的影响。

③西北地区气候干旱，除了能发展畜牧业，有没有种植业分布；

④夏季气温高，但天然降水少，只能在什么地方发展灌溉农业？

通过图文资料结合，学生可以分析出西北地区灌溉农业的主要分布区、特点和分布规律。这样可以培养学生分析问题、归纳总结的能力和探究知识的兴趣，感受自然地理各要素之间的联系。

3. 在原有知识的基础上进行拓展延伸

坎儿井被称为中国古代三大工程之一，号称"地下万里长城"。近年来，坎儿井的水功能和价值，受到社会各界广泛关注。作为我国古代劳动人民留下的珍贵历史文化遗产，坎儿井不仅具有极高的生态价值、社会经济价值、人文历史价值，且至今仍具有不可替代的实用价值。可以将知识进一步拓展，并出示环境问题的资料和图片。近年来新疆大量的坎儿井干枯废弃，坎儿井出水量减少，针对这些问题，我们应该怎么做？可以把这个问题抛给学生，让学生讨论：加大资金投入，保护环境，制定法规，加强对坎儿井的保护力度。自然地理环境影响人类的生产和生活，人类的生活也离不开自然环境，人类对环境的利用和改造要顺应自然环境，要做到人与自然和谐发展，树立可持续发展观念。

地理图表教学不仅是提高教学质量和学习效率的重要途径，也是培养学生综合分析问题能力的途径。对地理图表隐性信息进行深入挖掘，能够提高学生的观察力、分析能力和探究能力，符合地理课程理念。

研修总结

同课异构展风采　深度学习促发展

为进一步提高课堂教学质量，提升教师的课堂教学能力，2020年12月23

日上午，在鄂尔多斯市第一中学伊金霍洛分校举行了初中地理名师工作室第二次研修活动。本次活动由梁宝元老师主持，初中地理名师工作室全体成员参加。活动以"注重课堂诊断 优化课堂结构 促进深度学习"为主题，采取同课异构的形式展开活动，内容包括："西北地区的自然特征与农业"同课异构、"西北地区的自然特征与农业"评课议课、讲座"西北地区的图表解读"、活动总结以及后续研修任务的布置。

第一环节由李璟老师和廉彩霞老师分别进行了"西北地区的自然特征与农业"的授课。李老师的课设计精彩，围绕"干旱"构建课堂：旱之源—旱之果—旱之策，逻辑性强，引领学生准确把握学习目标，强化了学生的思维。课堂中李老师注重培养学生的自主学习能力和思维能力，教会学生思考，以思促学。廉老师热情洋溢，课堂轻松有趣。对学生的激励性评价多次点燃学生的热情，使课堂气氛出乎老师的意料，而且一次次拉近了学生与老师的距离，同学们油然而生一种欣赏老师、喜爱地理的情感，学生乐学，又一次印证了"亲其师，信其道"。

第二环节由李璟老师和廉彩霞老师从不同的角度进行了说课展示。两位老师先就课堂教学进行深刻的反思，并谈了各自的收获。工作室成员结合两节课进行评课和议课，大家共同认为教学设计要吃透教材、围绕课标、抓准学情，加强集体备课，落实教学反思，真正意义上优化课堂结构，促进学生的深度学习。

第三环节由王力兵老师进行了专题讲座。王老师就"西北地区的自然特征与农业"的图表进行了深度的解读，提出教师要注重对学生读图能力的培养，注重学生对课本地图的应用，注重归纳总结能力以及对原有知识的拓展和延伸能力，最终达到让学生对图表的观察能力、分析能力、探究能力的提升。并提醒老师们在备课过程中认真阅读课本教材，把握课标，体会教材用意，还要注重教学参考用书的研读，这样备课会更高效。

最后，教研员张老师对本次活动进行了总结。她指出，课堂教学是学科教学的主阵地，只有抓实教学设计，才能提高课堂教学质量。要求教师把深度学习设计出来，设计中要体现四个关键点：高认知，备课起点为学生理解地理知识；高投入，学生能全神贯注地投入课堂；真实任务、真实情境的创设；善于引导学生反思，在悟中学。张老师还就本学期后续的研修任务进行了布置，引导教师开展读书活动，加强教师教育教学理论的学习，强化集体备课和教学设计，努力向研究型名师发展。

教学质量是教育的生命，也是教育可持续发展的基本保证。本次教研活动使与会教师有了新的理念、新的方法、新的方向，同时也引发了教师对当前教学实践的思考，激发了教师教育智慧的碰撞，将对今后伊旗初中地理教学活动和教育教学研究产生积极的影响。

【第四期研修活动（二）】

研修安排

主题研修活动安排

为进一步提高初中地理复习课的效率，改变目前复习课形式单一、难以激发学生学习兴趣的现状，探索课程目标引领下"考、备、教、学、评一体化"的整体单元教学形式，特邀请重庆市地理教研员张文革老师开展线上复习课指导活动。

研修主题：析地理中考试题特点 窥地理复习课教学法。

活动形式：听评课指导、导师讲座（线上集体学习）。

具体安排：如表1所列。

表1

时间	活动内容	主讲人
8：20—9：00	复习课七年级下册第六章 "我们生活的大洲——亚洲"	王力兵 伊旗一中
9：10—9：50	复习课八年级上册第三章 "中国的自然资源"	陈扎拉嘎乎 北师大二附中

(续表1)

时 间	活动内容	主讲人
9:50—10:10	讲课教师说课	王力兵 陈扎拉嘎乎
10:10—10:40	专家点评指导	张文革
10:40—12:00	专家讲座"地理中考试题特点分析"	张文革

复习课例

"我们生活的大洲——亚洲"集体备课稿

主备人 伊旗一中 王力兵

课标要求及教材地位

①学会分析亚洲的地理位置。

②使用地形图和地形剖面图及相关资料归纳亚洲地形和河流特点。

③运用图文资料说明亚洲的气候类型及特征,理解影响气候的因素及气候对农业生产的因素。

教学目标

①了解亚洲位置、范围、地理分区以及自然环境对人类活动的影响。

②初步掌握使用地形图和地形剖面图及相关资料的能力,学会总结归纳亚洲地形、河流、气候的特点,理解各要素之间的相互关系和相互影响。

教学重点

①通过对亚洲的学习,掌握认识大洲的基本方法。

②亚洲的主要分区、地势、河流、气候等特点。

教学难点

①能够正确描述大洲的位置。

②地形、河流、气候各要素之间的相互关系和相互影响。

教学环节

自主探究:使学生能够快速将已学过的知识进行回忆,以便强化记忆。

1. 夯基础

①在图1中填出北冰洋、太平洋、印度洋（红笔）亚洲、欧洲、非洲、北美洲及各大洲之间的分界线（蓝色）。

②在图2中填出气候类型名称及特点。

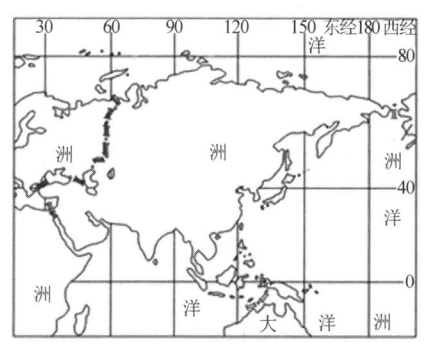

图1

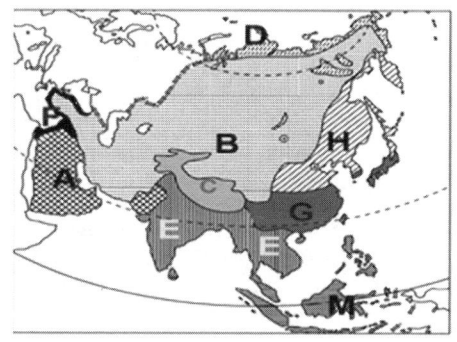

图2

精讲点拨方法总结：

精讲点拨，做到夯实基础，知识拔高，总结归纳知识点。

2. 精讲点拨、方法总结

区域地理学习方法：

①查找地理位置（半球位置、海陆位置、经纬度位置等）。

②分析自然环境（地形、河湖、气候、植被等）。

③探讨人类活动（人口、农业、工业、文化等）。

考点1：描述大洲的位置

学法指导：

①半球位置：南北半球看纬度；东西半球看经度。

②纬度位置：温度带：南北回归线，南北极圈、中低高纬度：0°－30°－60°－90°。

③海陆位置：（　）大洲或大陆（　）部，（　）方向濒临（　）海或洋。

考点 2：亚洲的范围（见图 3）

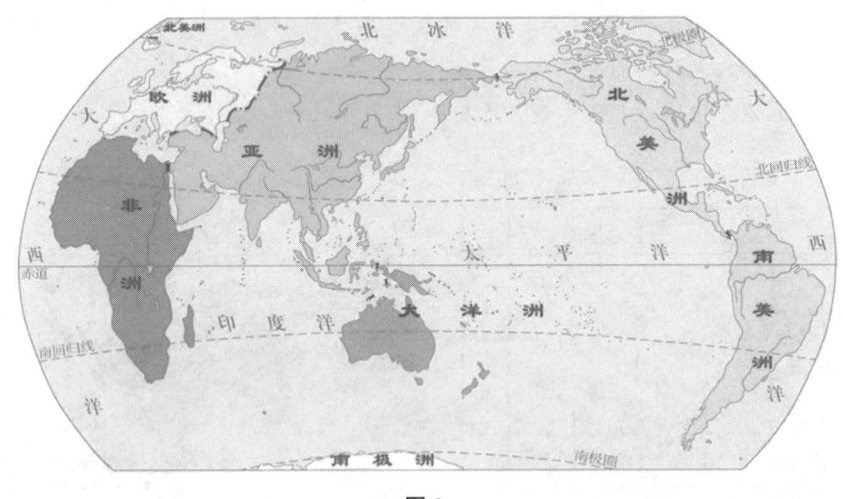

图 3

考点 3：归纳亚洲的地形、河流、气候的特点及相互关系（见图 4）

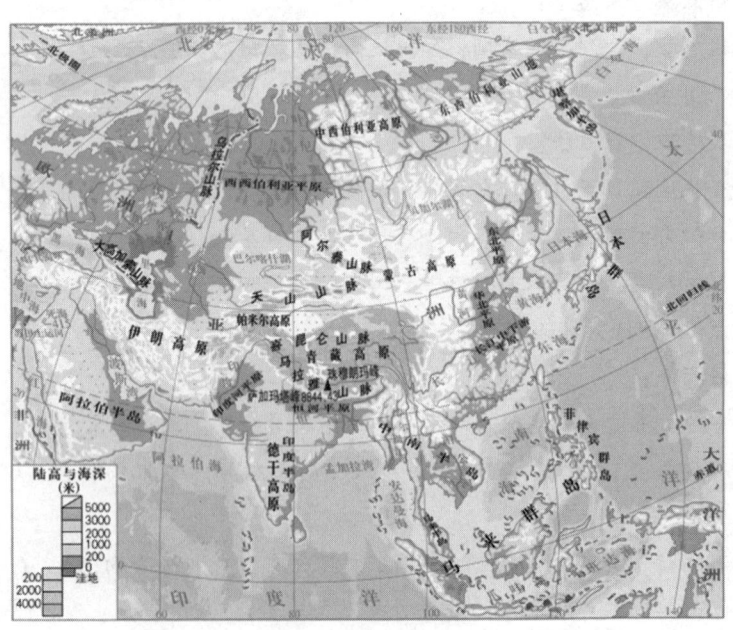

图 4

3. 课堂小结（见图5）

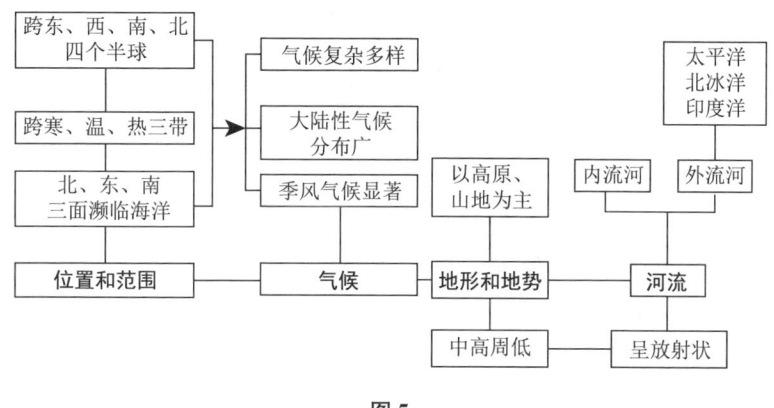

图5

研修心得

名师工作室研修活动三学习心得

市一中分校 李 璟

2021年3月22日上午，伊旗教体局第四期初中地理名师工作室全体成员和全体初二地理教师在旗教育发展研究中心地理教研员张海燕老师的带领下，在伊金霍洛旗第一中学开启伊金霍洛旗本期第三次研修活动。

本次研修活动特邀重庆市地理教研员张文革进行线上指导，以"析地理中考试题特点 窥地理复习课教学法"为主题，针对目前初二复习阶段存在的诸多疑惑提出解决方案。本次研修活动共分四个环节，即课例展示观摩、说课、专家指导和专家讲座。

在本次研修活动中，伊金霍洛旗第一中学王力兵老师以"我们生活的大洲——亚洲"为案例，向我们展示了区域地理有效复习的方法和策略。鄂尔多斯市北京师范大学第二附属中学陈扎拉嘎乎老师以"自然资源"为案例，展示了以问题引领、任务驱动的复习策略。两位教师构思巧妙，方法独到，让人受益匪浅。具体感悟如下。

一、授之以渔，做好学习的引路人

本次研修中王力兵老师的"我们的大洲——亚洲"复习课，充分体现了对地理学科素养的培养。王老师以方法引领、知识建构、迁移应用的形式展开教学。王老师通过学习方法的传授，以亚洲为例建构知识，并通过欧洲、非洲等迁移应用区域地理的学习方法，让学生掌握了学习区域地理的基本方法，实现了知识的重构和再构，并将学到的方法付诸实践，充分体现了地理实践力，对学生地理学科核心素养的培养起到了良好的引领示范作用。与此同时，这堂课也是一堂指导性极强的区域地理复习课，解决了我在复习课中的一些困惑，例如"如何高效提质地上好复习课""如何合理利用教材与复习教辅""如何合理分配课堂环节时间"等。通过这堂课，我更明晰了复习的方法，让我对今后的区域地理教学更有信心，并深深明确教学不只是"授之以鱼"，更应该是"授之以渔"，应该做教育的引导者、设计者和实践家。

二、问题驱动，做好课堂的组织者

教师要充分相信学生，信任学生完全有学习的能力。应该把机会交给学生，俯下身子看学生的学习，平等参与学生的研究。陈老师的"自然资源"复习课就充分体现这一特点。陈老师利用试题引领、问题驱动的教学方式组织课堂教学，把探究的机会交给学生，学生就能充分展示自主学习的方法和过程，教师也能通过学生的学习及时发现问题、解决问题，更有针对性的提高课堂效率。但这种课堂实施的灵活性大，让很多教师觉得难以驾驭，所以这就要求我们教师做好课程的设计者、课堂的组织者，应当创设恰当的情景，巧妙地提出问题，引发学生心理的认知冲突，使学生处于一种"心求通而未得，口欲言而弗能"的状态。从而，多给学生做、说的机会，让他们讨论、质疑、交流，围绕某一个问题展开辩论，真正做到主动学习，成为学习的主人。

三、及时反思，做好教育的思考者

教师要在教学中反思，在反思中成长。尤其是我们一线教师，重要的工作阵地就是课堂。但教师不能只是课堂技术的机械执行者，而必须是课堂实践的自觉反思者。本次研修活动，让我充分领略到专家与名师那份独特的魅力——广博的知识积累和深厚的专业素养。知之而改之，今后我努力的方向就是每天要读书、要反思，哪怕只读一点，反思一项也是积累、也是进步。备课的成果，关乎效果。只有不断地反思，完善备课，改进教学，才能打造出高效的地理课堂。通过今天的活动，让我更明确了精心备课的重要性。

总之，此次线上互动研修活动的开展，收获颇丰，对我个人又是一次大的提升。作为教师的领跑者，只有不断地学习、提高才能更加充分地发挥名师的带动作用，惠已修人。今后我将会继续向专家、老师请教，力争使自己成为一位研究型教师。

研修总结

专家引领点迷津　聚焦课堂促成长

2021年3月22日，伊金霍洛旗第四期初中地理名师工作室全体成员在教研员张海燕的带领下，在伊金霍洛旗第一中学进行了为时半天的研修活动。本次活动特邀重庆市地理教研员张文革进行线上指导，伊旗全体初二地理老师参与了本次活动。活动以"析地理中考试题特点　窥地理复习课教学法"为主题，采取复习课形式展示，活动主要分为四个环节：

①观摩王力兵老师的"我们生活的大洲——亚洲"和陈扎拉嘎乎老师的"自然资源"两节复习课。

②两位老师说课展示。

③专家张文革评课指导。

④专家张文革讲座"地理中考试题特点分析"。

第一环节由王力兵老师和陈扎拉嘎乎老师分别进行了"我们生活的大洲——亚洲"和"自然资源"的献课。王老师的课设计精彩，整堂课以方法引领为主要策略，设计了五个学习任务即亚洲的位置、地形、河流、气候以及他们之间的相互联系和影响，以多元化的教学方式展开，以学习方法的总结和凝练为核心，使学生学会了区域地理的基本学习方法，实现了知识的重现和再构，用学到的知识解决生活和实际中的问题，对于学生地理学科核心素养的培养起到了引领示范的作用。陈扎拉嘎乎老师以问题引领、任务驱动为主要教学策略，课堂中注重学生自主学习能力的培养，充分地激发了学生的学习主动性和积极性，使学生在自主学习的过程中构建知识结构，学会知识的迁移应用。

第二环节由王老师和陈老师从不同的角度为我们进行了说课展示。两位老师先就课堂教学进行深刻的反思，并谈了各自的收获。

第三环节由专家张文革对两节复习课进行点评，张老师首先肯定了两位老师的复习课，认为可以作为一轮和二轮复习的典范课例，并从不同的视角对两节课进行了深刻的指导。张老师指出从设计思路上看，两节课符合初中学生认知规律，从具体实施上来看，在教学过程中能抓住初中生的心理特点、爱好需求，注重学生地理知识体系的构建、呈现，教学过程中充分重视图文互换、以图示文、以文释图、心中有图，符合地理中考无图不成题的特点。

第四环节由张文革老师进行了"地理中考试题特点分析"的讲座。张老师针对如何提高初中地理复习课的效率，从中考命题意见、命题方向、中考复习方法三方面做了全面详细的分享，使初二地理老师受益匪浅、明确了复习方向。

最后，教研员张海燕老师做了总结发言。张老师强调要以区域地理为载体做好地理中考复习，要求初二老师在区域地理复习中做到以下五个方面：通过复习帮助学生建立区域地理的知识结构；做好重点区域的复习；以时政热点为切入点开展区域地理的复习；在区域地理复习中加强地图教学；通过区域地理复习加强学生分析和解决问题的能力。

美好的时光总是短暂的，专家张老师的指导让我们多了几分新思路，相信在未来的日子里，我们会在教研员张老师的引领下，在工作室导师张文革的指导下，进一步关注课堂教学的有效和高效，完善自我，成就学生。

【第四期研修活动（三）】
研修安排

主题研修活动安排

为进一步提高地理常态课的效率，优化初中地理教师课堂教学设计与课堂教学理念，提升名师工作室成员的专业素养，初中地理名师工作室将以"优化教学设计 落实核心素养"为主题开展第四次研修活动。

具体安排：如表1所列。

表1

时　间	活动内容	主讲人
8：10—8：50	课前会议	包香玲 梁宝元
9：00—9：40	七年级下册第八章第二节"欧洲西部"	梁宝元 市一中分校
9：40—10：20	课后议课与分组汇报展示	工作室全体成员
10：20—11：00	七年级下册第八章第二节"欧洲西部"	包香玲 实验中学
11：10—12：00	课后议课与分组汇报展示	李璟 王力兵

精品案例

第八章第二节 "欧洲西部"

梁宝元

一、课标依据

在地图上找出某地区的位置、范围、主要的国家及其首都，读图说出该地区地理位置的特点。

运用图标说出某地区气候的特点以及气候对当地农业生产和生活的影响。

举例说出某地区发展旅游业的优势。

二、学情分析

这个阶段的学生好动，注意力易分散，爱发表见解，希望得到老师的表扬，所以在教学中应抓住学生这一生理特点，一方面要运用直观生动的形象，激发学生的兴趣，使他们的注意力始终集中在课堂上；另一方面要创造条件和机会，让学生发表见解，发挥学生学习的主动性。

三、学习目标

在地图上找出欧洲西部的位置、范围、主要的国家及其首都，并概括欧洲西部的地理位置的特点。（重点）

描述欧洲西部的工业、农业、服务业发展概况，明确欧洲西部经济在全世界的地位。（重点、难点）

举例说出欧洲西部发展旅游业的优势条件。

四、运用教法、学法

根据教学内容和教法，要求学生注意配合教师，仔细观察图片，积极思考，主动参与课堂。

自主学习法：通过自学、观察、读图、自主思考来获取相关知识，在探究过程中提高总结分析、归纳、推理能力，有助于知识的归纳和升华。

小组合作法：自学后，根据教师设置的任务，先自主思考，再进行讨论和总结。

五、教学课时

第1课时。

六、教学活动设计

教学活动设计如表1所列。

表1

教学活动设计		集备后完善
原始设计	设计意图	（可手写补充批注）
【导入】 "世界那么大，总想去看看" （鄂尔多斯——欧洲西部） 出示世界发达国家分布图及世界人均GDP位次前列的国家 2010年欧洲西部人均国内生产总值居世界前列的国家	动画图片引入，增强学生对欧洲西部的感性认识	
【导出】 发达国家最集中的地区——欧洲西部（板） 出示学习目标	明确学习目标，预知学习内容	

(续表1)

教学活动设计		集备后完善
原始设计	设计意图	(可手写补充批注)
在地图上找出欧洲西部的位置、范围、主要的国家及其首都，并概括欧洲西部的地理位置的特点。 了解欧洲西部的农业、工业、服务业（旅游业）发展概况，明确欧洲西部经济在全世界中的地位。 举例说出欧洲西部发展旅游业的优势条件。 【讲授新课】 ①欧洲西部的位置与范围 结合提示，小组合作共同完成并描述欧洲西部的位置 ⬇ 合作探究 用红笔在52页世界地图上标出重要的经线（20°W、160°E）和纬线（0°），描述欧洲西部半球位置。 用黑笔在53页地图上标出欧洲西部濒临的海洋，描述其海陆位置。 标出欧洲西部的纬度范围并勾画北极圈，判断其属高纬度、中纬度还是低纬度？分析欧洲西部所处的温度带。 简略提点欧洲西部的范围与人口状况 ⬇ 开阔视野　欧洲面积约是亚洲面积的几分之一？　1/4 　　　　　　欧洲西部面积约占欧洲总面积的多少？　1/2 欧洲: 1016万km² 欧洲西部: 495万km² 亚洲: 4400万km² ②主要的国家及其首都 阅读53页欧洲西部的国家，小组合作完成53页活动题1	培养学生动手能力、合作能力以及表达能力 内容比较简单，培养学生的读图分析能力，增强学生的课堂参与度	

(续表1)

教学活动设计		集备后完善
原始设计	设计意图	(可手写补充批注)
开阔视野 瑞典 地区:欧洲西部 首都:斯德哥尔摩 芬兰 地区:欧洲西部 首都:赫尔辛基 英国 地区:欧洲西部 首都:伦敦 法国 地区:欧洲西部 首都:巴黎 瑞士 地区:欧洲西部 首都:伯尔尼 德国 地区:欧洲西部 首都:柏林 西班牙 地区:欧洲西部 首都:马德里 意大利 地区:欧洲西部 首都:罗马 对比欧洲西部的国家与欧洲西部发达国家分布图,小组合作分析发达国家分布的特点 **合作探究** 1.丹麦 2.芬兰 3.比利时 4.卢森堡 5.瑞士 6.奥地利 欧洲西部的国家　　欧洲的发达国家 ③欧洲西部的国家经济发达 农业发达——畜牧业发达 浏览舌尖上的欧洲西部,了解欧洲西部的饮食文化 舌尖上的欧洲西部 英国顶级牛排——安格斯牛排	要求学生团结协作,激发学生学习兴趣,有利于增强学生的课堂参与度 对比分析,归纳并描述 通过饮食图片,吸引学生眼球,并激发学生学习地理的热情	

(续表1)

教学活动设计		集备后完善
原始设计	设计意图	(可手写补充批注)
通过饮食材料分析欧洲西部农业以畜牧业为主 ⬇ 合作探究 香肠 肉类 奶类 牛排 火腿 烤羊肉 咖啡 欧洲西部人们的这些美食所用的食材是什么？	归纳，认知，欧洲西部的主食以牛羊肉及奶制品为主	
知道欧洲西部农业的特点 奶牛→挤奶桶→运奶车→乳品加工厂→各种奶制品 机械化、自动化 欧洲西部的农业在国民经济中所占比重较小，但生产水平高，自动化程度高，耗用劳动力少。 畜牧业发达	通过分析，知道欧洲西部农业发达	
工业发达——制造业发达 出示欧洲西部工业品牌产品及欧洲西部主要的工业区，结合课本分析工业的特点。 ⬇ 开阔视野 一些来自欧洲的著名工业品牌及其产地 法国标致 PEUGEOT　德国奥迪 AUDI　法国雪铁龙 CITROEN　ROLEX SIEMENS　CHANEL　诺基亚　MONTAGUT PARIS SPORT	通过认识欧洲西部的一些著名的工业产品，增强认知	

(续表1)

教学活动设计		集备后完善
原始设计	设计意图	(可手写补充批注)
欧洲西部的工业 　工业工艺　　精 　技术水平　　高 　生产效率　　高 　工业中心　　多 　　制造业发达	归纳欧洲西部的工业特点	
支柱产业—服务业—旅游业发达 结合课本，归纳欧洲西部的服务业地位 **欧洲西部的服务业** 　服务体系　　完善 　质量　　　　优 　产值　　　　大 　国民经济的　支柱 　　服务型经济 ④发达的旅游业 观看视频《欧洲印象》，了解欧洲西部丰富的旅游资源 　⬇ 开阔视野	通过视频，初步了解欧洲西部旅游资源丰富，进一步激发学生的学习兴趣	

(续表1)

教学活动设计		集备后完善 (可手写补充批注)
原始设计	设计意图	
	创设情境,激发兴趣,通过小组合作,讨论分析,培养学生分析问题、解决问题的能力 设身其境,感受地理的美	

气泡图内容:过境方便、接待水平高、交通便利、风景好、欧洲西部旅游业发达、名城多

小组合作探究,结合图片,完成59页活动题1,2,3

挪威 峡湾风光

小组合作,模拟一次欧洲旅行,设计好旅游路线并展示说出经过的主要国家和城市,描述可能见到的景观。
观看《欧洲西部旅游胜地列举》,设计从希腊雅典出发的旅游线路,把列举的名胜地游览一遍

设计游览线路　　看图说路线!

(续表1)

教学活动设计		集备后完善
原始设计	设计意图	(可手写补充批注)
【课堂小结】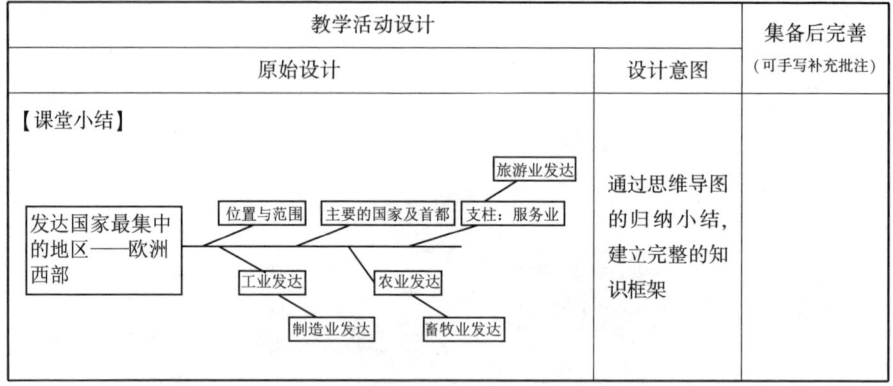	通过思维导图的归纳小结，建立完整的知识框架	

七、教学板书

板书如图1所示。

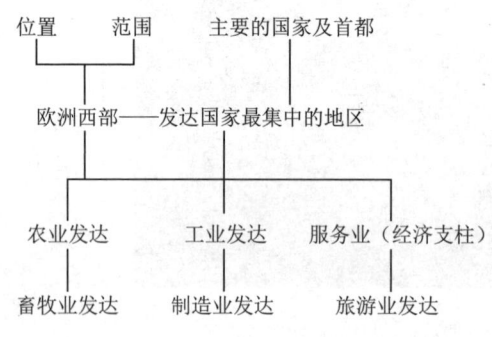

图1

研修总结

常态异构展风采　议课诊断促成长

春雨绿阴肥，雨晴春亦归。为进一步提高地理常态课效率，优化初中地理教师课堂教学设计，提升名师工作室成员专业素养，2021年4月14日上午，伊旗教体局第四期"1+1+X+N+Z"初中地理名师工作室全体成员在旗教育发展研究中心地理教研员张海燕的带领下，在市一中分校进行为期半天的研修活动，市一中分校二级名师工作室全体成员同步参加。

本次研修活动以"优化教学设计，落实核心素养"为主题，以课堂教学观摩和观察量表议课为载体，从课前会议、课例观摩、课后议课和分组汇报展示三个环节开展。

一、课前会议明方向

本次研修活动的献课教师为市一中分校梁宝元老师和伊金霍洛旗实验学校包香玲老师，两位教师以"欧洲西部"为课例进行同课异构。在课前会议中，两位献课教师分别从学习目标的确定、重难点的突破、教法学法的应用和教学环节的设计等方面进行说课。旗教研室教研员张海燕老师就观课量表进行分析和分组任务布置。

二、课中观察诊问题

课前会议后，两位教师分别进行了课例展示。梁宝元老师立足学生身心发展规律，以问题驱动为主要策略，分析各要素之间的联系，构建知识体系。整堂课梁老师运用视频、图片等多种素材，激发学生探究兴趣，促进学生合作学习，并通过自主设计旅游路线，将所学知识应用于生活实践中，真正践行地理实践力，充分落实地理核心素养。

包香玲老师以自主研学和合作探究为主要策略，注重学生自主学习能力的培养，整堂课充分体现以学生为主体、以教师为主导的教育理念。同时，利用板书、板图总结概括整节课内容，既形象直观又呈现学科特色，成为本节课的一大亮点，起到了很好的引领示范作用。整堂课设计环节完整，讲练结合，及时评价，充分体现"教—学—评"的一致性。

三、课后议课提质量

工作室全体成员在观课后对此次同课异构课例进行评课议课。各小组通过对观察量表数据统计分析、交流研讨，从教师提问、师生互动、课堂教学行为时间分配三个观察点进行分组汇报展示。通过观课议课，及时诊断教学，利于优化教学设计，提升教学质量。

四、专业建议落实处

张海燕老师在总结发言中强调好的教学设计离不开充分备课，教师要将主要精力放在备课上，要做到充分理解教材、细化教学过程各环节的具体操作、课前课后及时反思,要将备课真正落到实处。同时,她还提出三点建议:一是教师言语评价要体现激励性,要对突出表现方面进行实质性评价;二是多鼓励学生质疑,让学生敢于发现问题、提出问题;三是将观课议课持续性落实,从而通过发现问题诊断课堂,反思提高课堂教学,打造可持续的高效课堂。

春意盎然、万象更新。这个春天,站在观课议课出发点的我们将继续精诚团结、合作探索,迈步走向新征程。相信在全体成员的不懈努力下,核心素养必将落实于课堂,有效教学也必将植根于常态课堂,常态课堂之路将会越走越宽、越走越长!

【第四期研修活动(四)】

研修安排

主题研修活动安排

在初中地理教材中,地图是一个重要的组成部分。为了提高学生的读图能力,促进学生的深度学习,初中地理名师工作室将以"把握地理核心能力,培养学生读图技能"为主题开展第五次研修活动。

活动形式:课例观摩、讲座、交流研讨。

具体安排:如表1所列。

表1

时 间	活动内容	主讲人
8:20—9:00	专题复习课"综合题解题技巧训练"	王力兵 伊旗一中
9:10—9:50	专题复习课"中考复习之地理影响因素汇总"	李 璟 市一中分校
10:00—10:40	讲座"读图、识图、用图能力专项突破"	陈扎拉嘎乎 北师大二附中
10:40—11:10	讲座"初中地理读图能力培养"	包香玲 实验中学
11:10—12:00	交流研讨	工作室全体成员

优秀案例

二轮复习题型突破——影响因素与条件

一、课标依据

①举例说明纬度位置、海陆位置、地形等因素对气候的影响。

②运用地形图和地形剖面图，归纳某地区地势及地形特点，解释地形与当地人类活动的关系。

③运用图表说出某地区气候的特点以及气候对当地农业生产和生活的影响。

④运用地形图说明某地区河流对城市分布的影响。

⑤用实例说明某国家自然环境对民俗的影响。

⑥运用资料说出我国气候的主要特征以及影响我国气候的主要因素。

⑦运用地图和其他资料说出某区域的产业结构与产业布局的特点。

⑧运用地图和其他资料归纳某区域人口、城市的分布特点。

二、考情分析

①该类题型考频高，在近五年中考中均有考查，均分值占比约为7%，属于重难点知识。

②该类题型多以区域图、分布图、示意图、等值线图、景观图等为载体，考查气候、农业发展、工业布局、人口与城市分布、景观差异、自然环境与人类活动等方面的影响因素与条件，侧重考查学生对有效信息的提取能力、区域认知能力、读图析图能力和解决问题的能力。

③该类题型中，影响因素主要从主要因素、主导因素、限制性因素三种角度考查，影响条件主要从优势（有利）条件、限制性（不利）条件等角度考查，选择题、综合题均有涉及。

三、学习目标

①通过阅读材料，了解主要因素、主导因素和限制性因素的概念，并说出三者的区别。

②通过自主学习，回顾影响气候、农业生产、工业生产的因素，并结合概

念图归纳影响三者的有利与不利条件。

③通过典例剖析与方法应用，掌握影响因素与条件类题目的解题方法，并学会应用。

④通过限时专项训练，熟练应用解题技巧，强化巩固基础知识。

四、教学重点、难点

①区分影响因素与影响条件的正确术语表述。

②影响因素与影响条件类试题的解题方法。

五、运用教法、学法

自主学习法、读图析图法、合作探究法。

六、教学活动设计

环节1：考情透析

教师展示近五年鄂尔多斯市中考影响因素与条件类试题的统计表（见表1），并讲解考情分析。

表1

年　份	考题统计	考查要点	考查角度	分　值
2020	15.长江三角洲和辽中南地区发展工业的共同优势条件	工业	优势条件（有利条件）	1分
	22（3）崇礼发展雪上项目的有利气候条件	人类活动	有利条件	1分
	23（3）限制青藏地区、东北地区农业发展共同的自然条件	农业	限制性条件	1分
	24（3）西藏东南部等降水量线密集的主要影响因素	等值线	主要影响因素	1分
	24（5）新疆三地州成立手工地毯加工有限责任公司的优势条件	工业	优势条件（有利条件）	1分
2019	24（2）鄂尔多斯市夏季远比北京凉爽的主要影响因素	气候	主要影响因素	1分

(续表1)

年　份	考题统计	考查要点	考查角度	分　值
2018	22（2）造成塔里木盆地和台湾岛人口和城市分布特点的主导因素	人口城市	主导因素	2分
	22（4）台湾与塔里木盆地相比，发展外向型经济的有利因素	工业	有利因素	1分
	23（3）造成内蒙古自治区景观差异的主要影响因素	自然景观	主要影响因素	1分
2017	8.影响动脉城市分布的主要因素	城市	主要影响因素	1分
	25（3）鞍山主要工业部门形成的有利条件	工业	有利条件	1分
2016	20.东北平原农业发展的不利条件	农业	不利条件（限制性条件）	1分
	22（3）美国乳畜带形成的主要条件	农业	主要条件	1分
	23（2）制约青藏地区种植业发展的主要自然条件	农业	限制性条件	1分
	24（2）北方地区成为我国重要旱作农业区的优越自然条件	农业	优势条件（有利条件）	1分

设计意图：通过考情分析，熟知该类题型在中考中的分值比重、考查知识点、考查角度与考查形式，做到心中有数。

环节2：自主学习

通过阅读材料，了解主要因素、主导因素和限制性因素的概念，并说出三者的区别。

【易混概念辨析】（以农业为例说明）

主要因素：指某一区域符合农业发展的所有因素中影响较大的一种或几种因素（包括自然因素和社会经济因素）。

主导因素：影响某种农业发展的最重要的因素，没有这种因素，就不可能有这种农业在该区域的分布。

限制性因素：如果一个地区农业生产的其他条件都能满足，唯有某一个条件不能满足，则这个缺乏的条件就成为该地区农业发展的限制性因素。

设计意图：通过概念辨析，区分易混概念，明确答题方向。

通过自主学习，回顾影响气候、农业生产、工业生产的因素，并结合概念图归纳影响三者的有利与不利条件。

【**核心知识**】（见图1、图2）

①影响气候的因素：纬度位置、海陆位置、地形因素。

②影响农业生产的因素：

自然因素：（光照、热量、降水、温差）、水源（河湖、地下水）、土壤；

社会经济因素：市场、交通、政策、科技、劳动力、发展历史、饮食习惯等。

③影响工业布局的因素：

自然因素：地形、气候、水源、资源、环境；

社会经济因素：政策、科技、劳动力（数量、质量）、资金、人才、发展历史等。

通过知识回顾整合知识，强化记忆。

通过对比，明确区分气候、农业生产、工业生产的影响因素、影响条件的答题要点与规范术语表达。

影响因素		有利条件	不利条件
气候	气候	雨热同期、夏季气温高、水热条件好	降水不稳定，旱涝灾害频发
	光照	光照强、光照时间长、光照充足	光照不足
	热量	热量充足	热量不足
	降水	降水多、降水丰富	降水少、降水稀少、降水季节变化大、降水不稳定
	日温差	昼夜温差大	昼夜温差小
地形		地形平坦、地势平坦	地势起伏大、地表崎岖
水源		水源充足、河湖众多、河网密度大、临近河湖灌溉水源便利/充足、地下水丰富/充足	水源不足
土壤		土壤肥沃	土壤贫瘠

图1

影响因素	有利条件	不利条件
地理位置	地理位置优越（具体分析）	——
水源	水源充足	水源不足
资源	矿产资源丰富	矿产资源缺乏
市场	市场广阔	市场狭小
交通	交通便利（水陆交通便利、海运便利）	交通不便
科技	科技发达/水平高	科技水平低
劳动力	劳动力充足/丰富、劳动力价格低	劳动力不足、劳动力价格高
人才	人才众多	人才缺乏、不足
资金	资金充足	资金不足
发展历史与基础	发展历史悠久、工农业基础雄厚	——
政策	政策扶持/支持	——

图 2

环节 3：方法指导与应用

①教师讲解典例 1 及方法技巧，学生学习并应用完成应用 1（见图 3）。

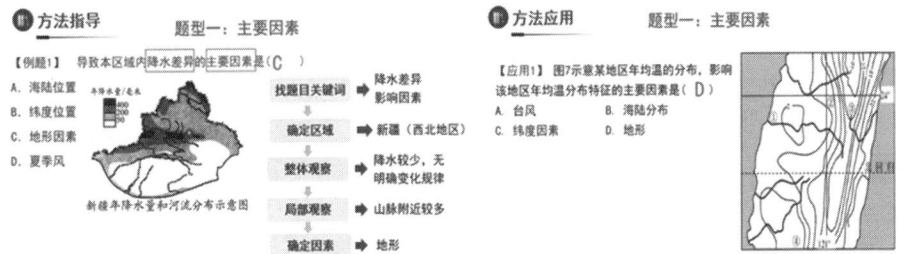

图 3

②学生尝试完成典例 2，教师讲评，学生更正并完成应用 2（见图 4）。

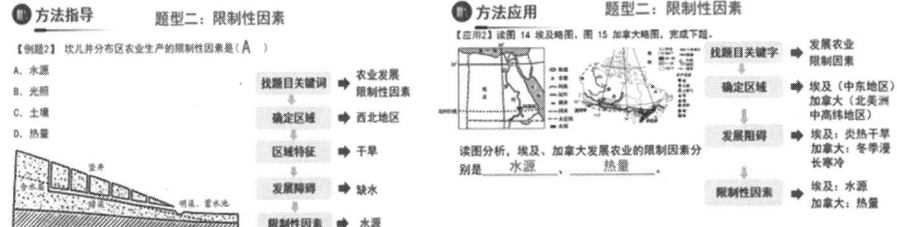

图 4

③教师讲解典例3，学生练习完成应用3（见图5）。

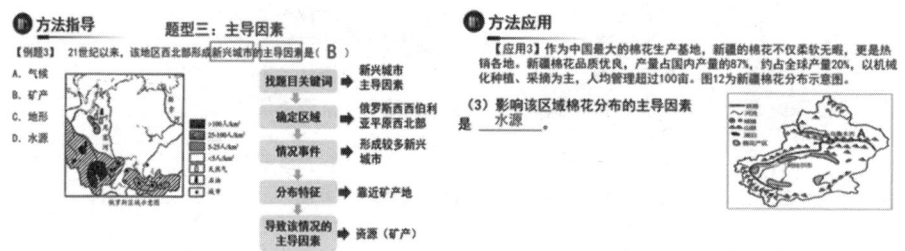

图5

④小组合作完成典例4与应用4（见图6）。

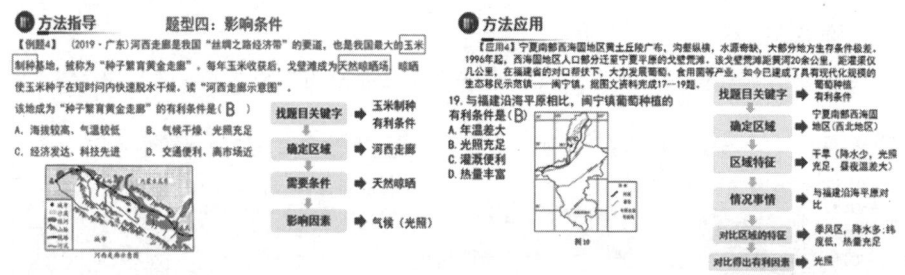

图6

设计意图：通过典例讲解与应用训练，熟练掌握该类题型的解题思路与方法。

环节4：限时专项训练

①学生限时完成专项训练（详见学案）。

②学生核对答案，并通过互助学习进行查漏补缺。

③教师辅助进行点评。

设计意图：通过专项训练，及时有效地进行针对性训练，强化巩固知识与答题技巧，突破该类题型。

环节5：课堂小结（板书设计见图7）

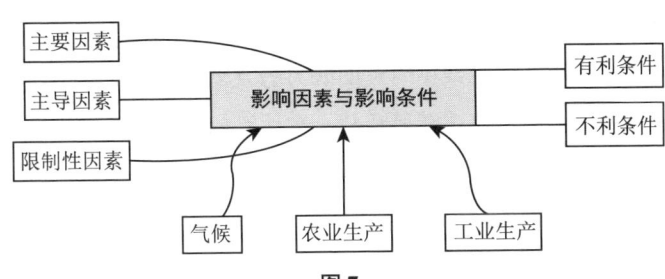

图7

当堂检测内容

背诵影响气候、农业生产、工业生产的影响因素与条件。

完成课堂专项练习。（详见学案）

教学智慧

读图、识图、用图能力专项突破讲座

北师大第二附属中学　陈扎拉

一、读图能力的概念界定

在我国地理教育界，对于地理读图能力的解释有很多种，其中大部分都倾向于地理读图能力是从图像中获取知识、信息的能力。

裴新生老师在《地理教育中的思维、实践、创新》中指出，地理读图能力是学生能够独立地从一幅没有读过的地图中获取知识的能力，也叫地图的判读能力。他还把读图能力分为两个层次：一是表层信息获取能力，即获取"那里有什么"的一般分布知识的能力。二是信息的获取能力，即从表层信息获取其内在联系——分布规律，解释原因的能力，而这一阶段必须在思维的参与下进行，是理性认识阶段，也是读图的高级阶段。

马俊老师在《给地理教师的101条建议》中提出，"地图能力的培养包括正确认识地图、熟悉地图、阅读地图和绘制地图以及图像与文字的转换。"实际上这里提到的地图能力就可以理解为"读图能力"。

综合以上的叙述，本研究认为地理读图能力的内涵包括三个方面：获取地图表层信息的能力；提取有用地图信息的能力；运用地图信息解决地理问题的能力。

二、初中地理新课程标准中对读图能力的要求

基于核心素养，初中地理新课程标准对读图能力的要求突出体现了地理课程的实践性、生活性和思想性三大特征，如下所述：

1. 实践性

地理课程含有丰富的实践内容，包括图表绘制、学具制作、实验、演示、野外观察、社会调查和乡土地理考察等，是一门实践性很强的课程。

2. 生活性

地理课程内容紧密联系生活实际，突出反映学生生活中经常遇到的地理现象和可能遇到的地理问题，有助于提升学生的生活质量和生存能力。

3. 思想性

地理课程突出当今社会面临的人口、资源、环境和发展问题，阐明科学的人口观、资源观、环境观和可持续发展的观念，富含热爱家乡、热爱祖国、关注全球以及可持续发展思想的教育内容。

地理图表是地理信息的主要载体，课程标准明确要求重视地理图像的利用，通过阅读、使用地理图像和绘制简易地图，帮助学生掌握阅读、观察地理图像的基本方法，逐步发展学生从地理图像中获取地理信息的能力以及利用图像说明地理问题的能力，使学生亲身体验地理知识产生的过程。

三、目前初中地理课堂教学中培养学生读图能力的现状

虽然新课程改革已有多年，但是在学生方面，学生地理学习能力还比较薄弱，究其根源，主要是因为学生读图、用图、析图等方面的能力较差；获取地图知识的渠道单一，发现、提出、分析、回答地图问题的能力较差。在教师方面，教师在地理教学中没有充分发挥地图的作用，没有深度挖掘地图中蕴含的地理信息，对培养学生读图能力没有一套切实可行的方法，在教学中对地理技能及情感态度价值观的培养有所忽略。现在针对初中生读图能力培养主要侧重"技能"的研究，而这个"技能"往往与考试连在一起，而新课程改革目标中明确提出了地理教学要"使学生具有初步的地理学科素养和人文素养，培养

现代必备的地理素养"。

四、读图能力是初中地理教学中必须教会学生的基本能力之一

地图是地理知识的一种形象、直观、综合的表述,也是地理学科独有的一种语言。而地理教学的一大特点则是在地理教学中始终伴随着地图,因此在地理教学中要结合地图,从地图上获取地理信息,阐述地理事物之间的联系,力求做到让学生观其"图"而知其"地",知其"地"而求其"理",从而提高学生分析问题、解决问题的综合能力,这就需要在日常的教学活动中注重培养学生的读图能力。

初中地理新课程标准中明确提出学生能根据需要选择常用地图,查找所需要的地理信息,养成在日常生活中运用地图的习惯这一要求。新课程标准的内容自始至终贯彻着通过读图来提取地理信息这一主线,比如:运用地图辨别方向、量算距离、估算海拔与相对高度;识别等高线地形图上的山峰、山脊、山谷等;在地形图上识别五种主要的地形类型;运用地图和数据说出全球海陆所占比例,描述海陆分布特点;运用世界地图说出七大洲、四大洋的地理分布和概况等,类似这样的通过读图提取地理信息的要求不胜枚举,几乎在地理课堂的每章每节都有,由此可见,读图能力是初中地理教学中必须教会学生的基本能力之一,读图能力是学习初中地理知识的先决条件。因此在初中地理教学中必须把培养学生的读图能力作为重要的教学目标。

五、专项突破

1. 类型一:经纬网

(1) 常见图形

经纬网地图分为直线式经纬网图、弧线式经纬网图、极地经纬网图(见图1)。

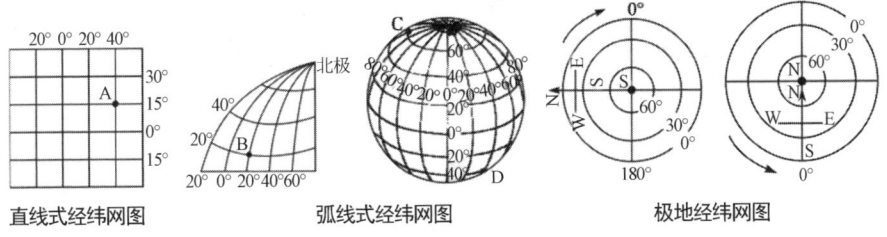

图1

(2) 读图示例（见图2）

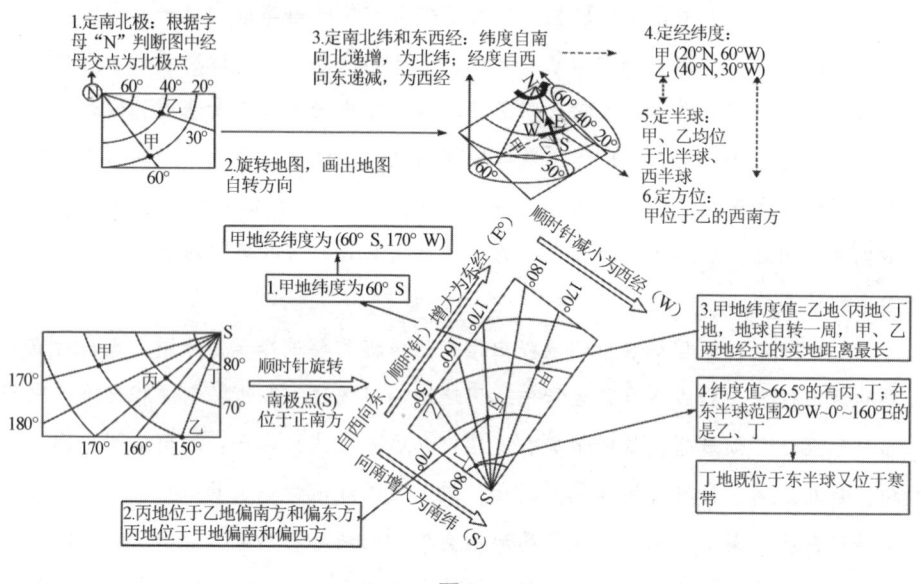

图2

2. 地理原理图

原理图是用简明而形象的图形来表示某种地理事物的概念和结构，或说明地理事物的成因、原因、运动过程、分布规律和发展演变规律的图像。常考地理原理图有地球运动示意图、地形剖面图、六大板块示意图、季风示意图等（见图3）。

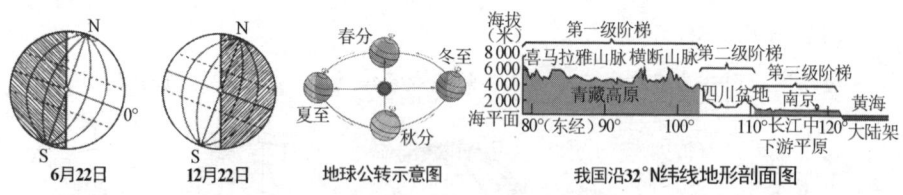

图3

地球公转考点：地球公转的方向、二分二至日日期、节气、季节、直射纬线、昼夜长短及其变化、正午太阳高度角的变化和影子长短的变化；在夏至日不同地区昼夜长短的比较，极昼极夜范围的变化。

【第四期研修活动（五）】

研修安排

主题研修活动安排

为了促进教师深入理解《义务教育地理课程标准（2022版）》的精神，提高教师对教材的把握水平，探讨课程实施中的重、难点问题，初中地理名师工作室决定举办第十三次研修活动。

研修主题：聚焦新课标构建新课堂。

研修形式：磨课、观看新课标解读录像、交流研讨。

具体安排：如表1所列。

表1

时 间	活动内容	主讲人
8：20—9：00	"地球运动"第一课时	廉彩霞
9：10—9：50	"地球运动"第一课时	侯文静
9：50—10：30	评课议课交流研讨	全体成员
10：30—12：00	观看录像《义务教育课程标准整体解读》	韦志榕

优秀心得感悟

名师工作室第十三次研修活动学习心得

市一中分校　李璟

2022年9月14上午，伊金霍洛旗第四期初中地理名师工作室第十三次研修活动在伊旗一中举行。本次研修活动以"聚焦新课标　构建新课堂"为主题，以课例示范和集体学习为载体，从探讨如何突破课程实施中的重、难点问题、如何落实新课标新要求展开。

研修活动伊始，伊旗一中的廉彩霞老师、伊旗四中的侯文静老师从不同立意出发进行"地球的运动"同课异构。两位老师都着眼于新课标的育人新要求，各尽所长，运用自己独特的见解解读新课标，落实新要求，突破重难点。随后，工作室全体成员共同观看学习课标修订组专家韦志榕关于"义务教育地理课程标准整体解读"的讲座。最后，教研员张海燕结合伊旗的教学现状，对今后的教研教学提出新要求，希望各成员认真研究新课标新变化、思考如何改变教学落实新要求，如何真正让新课标起到育人价值。本次研修活动，老师们热情投入，畅所欲言，倾诉感悟与收获，反思不足与困惑。研修活动结束后，我将自己学习新课标后的一些思考略作整理，以期和大家共同分享。

一、转变教师角色

2022版课标要求教师成为学生学习的组织者和引导者，充分发挥学生学习的主体性，充分尊重学生的主体地位；教师要面向全体学生，了解和研究每一位学生的需要与发展的可能性；教师要成为学生成长、发展的记录者与评价者，定期给予学生科学、个性化评价；教师要引导学生扩展视野，与学生共同关注国家大事和社会热点；教师要成为学生生涯规划的导师，给学生做好职业生涯规划指导。2022版课标强调了地理课程的性质，地理教师不仅要把地理知识和技能教授给学生，更要关注学生的全面发展，真正培养"有理想、有本领、有担当的时代新人"。

二、担负时代使命

育人先育德，育智先育心。作为一名教师，要关注每一位学生的心理健康，把握学生真实的学习状态，帮助学生达到新的发展高度。教师要善于把心理学知识灵活运用于日常教育教学活动中，注重激发学生的地理学习兴趣，观察学生的行为变化，关注学生的心理动态。作为地理教师，要以2022版课标为导向，坚持育人为本，基于核心素养培育，从培养目标到课程标准，再到教学目标，把"想得到的美丽"变成"看得到的风景"，再转化为"走得到的景点"。

三、加强自我修养

作为一名优秀的地理教师，必须有精深的专业知识、开阔的人文视野、深厚的教育理论功底。苏霍姆林斯基曾说："读书，读书，再读书，把读书当作第一精神需要，当作饥饿者的食物。"读书分为两类：一类是广泛阅读，它使人的抽象思维更缜密，形象思维更丰富，思辨能力更深刻，关联能力更敏锐；另一类是专业阅读，是与专业发展直接相关并作用于日常专业实践的阅读，是苦练"内功"的阅读。阅读对教师"内功"修炼至关重要。2022版课标明确了义务教育地理课程在培养学生必备品格和关键能力方面的不可替代作用，强调了地理课程与其他课程的关联性，提出了义务教育地理课程与高中地理课程的层级关系，这就要求地理教师将广泛阅读与深度阅读相结合，开展跨学科主题研究，在教授知识、技能与方法的过程中发挥地理学科的育人价值。

四、做好反思成长

教师从"平凡"走向"卓越"离不开教学反思，教学反思是教师快速成长的"催化剂"。叶澜教授曾说："一个教师写一辈子教案不一定能成为名师，写三年教学反思则可能成为名师。"2022版课标中的"教师培训与教学研究"部分提出，课程标准培训要突出核心素养反映的课程育人价值、阐释地理课程内容新结构、加强地理实践与跨学科主题学习等；教学研究要更新教学观念、关注教学实践中落实课程标准的难点和问题。这就要求地理教师多反思自己的教学，发挥地理教研团队的作用，提升自己的专业能力。

那么，怎么反思教学呢？

一要反思教学目的，思考培养什么样的人。

二要反思教学内容，思考用什么培养人。

三要反思教学方式，思考如何培养人。

如果"反思所得"解决了原来教学中所存在的特定问题，则表明"所思有所达""所思即所获"。反思，赋予教师改变课堂、提升教学的力量。

2022版课标是标尺，激励着地理教师不断提升自身素养；2022版课标是灯塔，照亮着地理教师专业发展的道路。道路已然在脚下，需要我们克服困难、勇往直前，寻找胜利之花。相信在新课标的指引下，我们会齐心协力探寻出一条指向立德树人的地理教学新道路。曙光就在前方，让我们一起出发！

名师工作室个人研修总结

伊金霍洛旗实验学校　包香玲

成为名师工作室的一名成员，是对我的一种肯定和鼓励。在名师工作室时，我有了更多的机会得到导师、主持人和名师们的指导，并能与大家交流教育教学方法和理念。为了督促自己、努力提高自己的综合素质，我积极主动参与工作室的活动，并与老师们交流。通过两年的工作我收获了很多，在最后的一年里进步更加明显。

一、收获

在理论学习方面，认真学习可学习的各种书籍、杂志。在书桌上始终没有离开过相关教育、教学、心理学等相关书籍与杂志，当有必要时或有时间时总会翻两页看看，解决有困惑的问题。在这两年我们建立起了一个团结向上的优秀团队，我在这个团队里茁壮成长，得到了团队伙伴们很多的帮助，也感觉到我更会合作了。

在教学实践方面，以认真、负责的态度完成教学工作。

今年我带了三个中考班，在实施前始终做好周密的计划，在实施过程中出现问题时及时改正计划、方案。从大的角度来看，上学期放假时已做好一年的计划，并集体备课，基本完成了一轮复习的所有集备任务。在第一次全旗模拟考试中出现问题时及时改变策略，进行专题复习和重点做套题，让学生习惯套题的做法。在做套题过程中严格要求把握考试时间和做题的效率。在第一轮做题时主要做各省市的中考题，第二轮主要做各盟市的中考题，第三轮做各旗县的模拟题以及最新的题。经过长时间的严格训练，优秀生不断涌出，学生既有了兴趣，也有了信心。

为了调动学生的学习积极性和更好地掌握知识，我采取了让学生备课、讲课的教学方式，在备课过程中让学生自备，在有问题时和我探讨或由我给予帮助，完成教学任务。在后期复习过程中，当学生感到疲惫时基本用微课教学。时间短，效率高，就解决学生的微小问题。这样学生喜欢听，也能反复听，提高了学习的效率。

在课后始终认真写反思。虽然每次都很认真备课但是总会有一些不足之处，在长期的教学反思中我发现我教学中的不足主要集中在时间分配和板书总结上。时间上总是有些拖拉，不能完成所设计的任务，原因在于对学生学情不够了解或课堂上没有用的话语比较多，在教学中一定要避免这些毛病。在备课时总是用知识框架式的形式写板书，但是在教学过程中总会有新的思路或想法，就改成思维导图总结或版图总结，这样总结的效果既适合地理学科的特点，又有助于学生思维的开拓。

在工作室的工作方面，在一年的工作中我始终态度端正，积极参加各项活动。五次的研修活动全部参加并写心得。在这一年中做过"实施有效课堂教学——单元复习课教学问题的设计与运用"的讲座；两次评课议课，汇报展示；对包头近三年中考题进行分析并做汇报；以"践行有效教育，构建有生命力的课堂"为题进行读书汇报。

在出题方面，认真按照地理课程标准的要求，利用双向细目表，严格把握出题内容。这一年总出四套题，每一次的出题都让我感觉到认真出题的益处，每一次任务来临时我会思考很长时间再着手去做，这样会避免很多不必要的错误。第一学期期中考试时全旗初一地理限时作业题由我出，虽然出现了一些问题，但是也积累了后期出题的经验。在第一学期末，我出了一套八年级题，虽然题目简单了一些，但是每一道题都是我精心选择的基础题。第二学期，我给中考生出了一套中考模拟题，虽然质量不是很高，但是也有训练的意义。以上一年的问题为鉴，这一年出题时我尤其注重质量，并且学会使用双向细目表，更能准确地把握出题质量。

在荣誉方面，这一年我取得了很多意想不到的成果。在主持人和同事们的帮助下，我成功在"鄂尔多斯市线上教学精品课"和"'雄安·领军杯'教育改革创新与发展研讨会——暨全国第二届'同课异构'活动"中得到专家的好评。与学生共同研究、制作思维导图取得了很好的成果，获得了初级培训师的资格。在学校的推荐和答辩之下，获得了华师研究院"研究型教师"的称号。在学校的多方考核和认可中，被聘为"青蓝工程"指导教师和师德标兵称号。

二、不足之处及改进措施

课堂教学效率有待提高。在长期的教学过程中我发现，虽然备好了每一节课，上好了每一节课，但是学生学习效率并不高，通过分析我感觉到对学生的评价并不到位。所以在以后的教学中认真反思，并在教学评价上多下功夫，对学生更加地了解，在充分认识学情的情况下开展教学，教学效率会有更好地提升。

及时、认真学习前言教育教学理论。在这一年的工作中，由于事情繁多，导致在学习方面很是欠缺。对我而言，由于基础薄弱，必须认真学习，不停为自己充电，才能打好基础。所以在接下来的时间里我认真学习，对工作有取舍，不可能事事都做，但事事都认真做。腾出来更多的时间学习，才能够真正提升自己。

合理安排时间，提高做事效率。在这一年的工作中我感觉我的脑子一直处于非常混乱状态，工作杂乱无章，每一件事情都做得那么的糟糕，从而自信心丢失，既没有清醒的头脑，也没有足够的自信心，让我失去了很多很多。在以后的工作中我会做好计划，有头有绪地完成重要的工作。

总之，这一年我收获了很多，但发现了很多不足之处，要把收获发挥出来，要把不足弥补起来，使接下来的教学工作越做越好。

名师工作室成员个人总结

市一中分校　李　璟

李璟，西北师范大学本科毕业，现任鄂尔多斯市第一中学伊金霍洛分校地理教师。2011年9月，我来到内蒙古科技大学附属中学，成为一名地理教师，开启我的教育生涯。在那里的九年，我从稚嫩的青年教师，逐渐成长为学校的主力军，承担着学校赋予的教育重任。因为家庭因素，2020年3月，告别高中教学的我踏入市一中分校的校园，成为其中的一员，开启了从事教学工作第十年的新征程。

回首过往，我感慨万千。这十一年，是我默默耕耘的十一年，也是我努力探索的十一年。加入旗名师工作室的这两年更是我迅速成长的突破期。我付出着，收获着，成长着。当两年前我手捧"名师聘书"时，内心除了激动喜悦外，更多的还是一份沉甸甸的责任。这两年来，我追逐着自己的教育梦想，脚踏实地工作，求真务实教研，履行名师的职责，努力成为一名合格的名师。下面，我就近一年来所开展的工作、收获及感悟进行汇报。

一、总体情况

在这一年来，我按照工作室制定计划的具体要求认真地学习教育理论，积极参加名师工作室以及学校的各项相关培训学习、公开课听评课与讲座等活动，在活动中本人力求做到以提高自身素质为准绳，以提升新课程教学理念为基准，以谦虚谨慎的态度向其他名师学习。同时，以课堂教学实践为依据，不断改进提升，在实践反思中不断提升自己的业务能力。思想道德方面，我认真履行教师职业道德规范，注重自身师德形象，以身作则，亲躬示范，以饱满的热情投入我所热爱的教育事业。

二、参与工作室活动情况

2021年10月15日，我在伊旗实验学校参加伊金霍洛旗第四期"1+1+X+N+Z"初中地理名师工作室第八次研修活动，并以大单元备课为前提，围绕精准把握单元教学目标，以有效实施课堂教学为主题进行"陆地与海洋"单元复习课的说课展示。

2021年12月1日，我在伊旗四中参加伊金霍洛旗第四期"1+1+X+N+Z"初中地理名师工作室以"精准把握单元教学目标、实施有效课堂教学"为主题的第九次研修活动，以课堂教学观摩和观察量表议课为载体，进行"实证+内涵"的观课议课活动。

2022年3月9日，我在伊旗一中参加伊金霍洛旗第四期"1+1+X+N+Z"初中地理名师工作室第十次研修活动，并以"聚焦试题研究 把握复习方向"为主题，以试题研究为载体与各位名师和部分地理教师进行研讨。

2022年3月17日，我在伊旗教育体育局参加鄂尔多斯市"线上教学"精品课《降水》的录制。

2022年4月20日，我在市一中分校参加伊金霍洛旗第四期"1+1+X+N+Z"初中地理名师工作室第十一次研修活动，并以"聚焦课堂——如何让复习课更有效"为主题，以探寻有效复习课授课模式为载体，进行复习课例《区域人地关系》观课议课活动展示与研讨。

2022年6月29日，我在伊旗四中参加伊金霍洛旗第四期"1+1+X+N+Z"初中地理名师工作室以"同读一本书，共筑教育梦"为主题的第十二次研修活动，并在活动中与各位名师同仁分享讲座《聚焦目标 有效教学》。

2022年9月14日，我在伊旗一中参加伊金霍洛旗第四期"1+1+X+N+Z"初中地理名师工作室以"聚焦新课标 构建新课堂"为主题的第十三次研修活动，并在活动中与各位名师探讨如何突破课程实施中的重、难点问题，如何落实新课标的新要求。

三、亮点与收获

这一年来，我按要求认真学习教育教学理论，在理性认识中丰富自我。深入钻研教材、新课程标准，研究教法，体会新课程的性质、价值、理念，提高自己的业务能力，具体如下。

1. 深入学习，提升自我

本学年，我通过各种媒介，查找相关资料仔细研读地理新课程标准，并做了详细记录与研究，对教育教学工作做到目标明确，方向明晰。同时，在校内也以讲座《绘制课程新蓝图 开启育人新时代》引领组内成员学习新课标，为教学工作的落实打好基础。

经常参与各学科优质课堂教学或观看教学视频，了解总结优秀课堂教学的方法特点，并把学习成果应用于教学实践中。同时，用生活化的地理情境去学习生活中的地理，激发学生的兴趣，使学生在课堂上敢想、敢说、敢做，学会创新，学会思考、学会注重过程，进而形成自己的教学风格，并取得良好成效。其中，课例《降水》获得鄂尔多斯市"线上教学"精品课，课例《印度》获得第五届全国名师工作室优秀教学设计一等奖等荣誉。

深研教材，灵活运用教材。教师要注重教材的合理运用，既要发挥其知识性、拓展性的基本内涵，又要注重其思维性、素养性的核心体现。要做教材的主人，对教材的运用必须得心应手，要能钻得进去，也能跳得出来；要能很好的去领会教材编者的意图，也能有自己独特的见解，要把握好点与点之间的内在联系、构建好知识网络体系，让精准解读教材、灵活使用教材服务于教学。例如：在进行七下复习课《区域人地关系》的教学设计中，通过寻找教材编排的特点，领会编者意图，寻找区域地理的学习方法，灵活应用指导教学。

阅读优秀的教育教学书籍，从中获得启发与提升。本学年我阅读《让学生都爱听你讲——课堂有效管理6步法》《地理探究活动开发与指导》《初中地理有效教学模式》《学历案与深度学习》等教育教学理论书籍，并做好读书记录、撰写读书心得，并应用于教学实践中。

2. 勇于实践，突破自我

积极开展课堂教学的有效性研究，尤其针对复习课，进行多种模式的探索与实践，寻找不同时期复习课的有效教学模式，勇于承担各类公开课，进行成果展示。

积极参加名师工作室以及学校组织的各项培训活动，在培训中不断提升自身修养与业务能力，同时，拓宽眼界、打开思路、更新理念，创新思维能力得到显著提升。

积极参加听课、评课活动，向其他教师学习。在研讨活动中能就课堂教学、教材教法及教学实际问题进行切磋交流，促使自己在实践中不断反思，在反思中不断提升。

积极参加教育科研活动，先后在核心期刊上发表多篇教学论文，具备一定的教育科研与实践能力。在校内主持完成的小课题《探究初中地理教学中的"图文结合"》研究，受到领导和老师的一致好评，并获得校级课题研究优秀奖。

四、目前存在的不足与困惑

对初中学生心理状态和心智特点的调查与研究不够，导致课堂教学有时建立在教师对学生的主观感知上，脱离了真实的学生情况，经验教学痕迹明显。

虽应用先进的课改理念、方法转变课堂教学模式，但却不能做到每节课都游刃有余、得心应手；同时仍然存在教师讲得多，学生主体性不突出的问题。

考虑到学生内部的差异性，课堂教学虽注意因材施教，但分层教学体现不够明显，仍然存在优生"吃不饱"，学困生"吃不好"的状况，同时问题的设计也有待提升。

平时教学中虽有意识地培养学生主动学习，但依然存在不信任学生问题，包办替代过多，不能完全放手。

虽精心备课，细致预设各环节，但仍存在时间分配不合理问题，导致课堂前紧后松的情况出现。

五、改进措施与努力方向

1. 做助学型导师

创造适宜的课堂活动或实践活动，指导学生自主探究、合作探究。我们要充分信任学生，相信学生有完全的学习能力。要把探究机会交给学生，让学生充分展示自己的学习过程，让学生的需求真正被关注，让老师的指导真正落到实处，从而做好教学活动的组织者，从而激发学生学习的内驱力，培养其地理核心素养。

帮助引导学生做好课前基础预习、课中自学组学、课后复习巩固三环节，逐步使学生养成自主学习的习惯，做学生学习路上的"引路人"。

用好教材，创造性地使用教材，而不是教教材。我们要营造宽松、愉悦、支持性的学习氛围，呈现生活化的情境，从而使学生感到地理就在身边，激发学习兴趣，激发学生学习积极性与主动性。

引导学生重视错题，收集错题，建立错题集；通过错题查找学习漏洞，反思学习行为。

做好学情调研，对症下药，合理设计分层教学实施方案，有效设计分层作业，提升教学实效，让优生"吃得饱"、中等生"吃得好"、学困生"吃得着"。

2. 做研究型教师

加强理论学习。每学期至少完成两部教育专著的阅读，平时多读教育类、专业类报纸杂志，不断提高自己的师德修养，丰富自身专业知识，并认真做好各类读书记录，撰写读书心得。

加强专业学习。继续深入钻研新课程标准和教材，掌握教材的重难点、关键点；认真研究历年中考题，制作双向细目表，明确考向，把握考点；归纳整理各级各类考试中的易错点、易混点等素材；收集时政热点、生活经验，建立案例素材信息库。

积极参与教研。积极参加各级各类教研、观摩活动，每学期听课学习不少于30节，虚心学习他人经验，不断充实自我，学以致用。

积极参与教材素材库、课件库、习题库、论文库等资源库的建设，以提高备课效率和备课质量。

借助各类发展平台，提升自己的教科研能力，将先进的教育理念渗透到自己的教学中，取他人之长，补己之短，努力提高自己的业务水平。

注重及时反思。做到教学前、教学中、教学后反思，形成自己对教学现象、教学问题的独立思考和不同见解，并记录自己的思考与感悟，积累素材，撰写教育教学论文。

3. 做有情怀的教师

要保持教师的专业情怀——激情，坚持热爱学生，充满激情地进行教学工作，吸引学生、唤起学生浓厚的学习兴趣和学习热情，从而最大程度提高学生的课堂参与度，增强课堂实效。

4. 做有温度的教师

我们需要给学生爱的阳光，可以像爱亲人一样爱自己的学生，但不可放纵学生、过分娇惯学生。做有温度的教育，要求我们教师是能师，更是良师。

总之，名师工作室不仅为我们提供展示自我、提升自我的舞台，也组成一个互相学习、互相促进的大家庭。在这个大家庭里，我们找到了自己前进的灯塔，体会到了团结互助的热情，领略了名师的别样风采。星光不负赶路人，时光不负有心人。在今后的教育教学工作中，我将更加严格要求自己，不忘初心，砥砺前行，用实际行动尽职尽责地做好本职工作，上好每一节课，成为一名名副其实的名师，为教育事业作出自己应有的贡献。

研修总结

聚焦新课标　构建新课堂

如切如磋共教研，齐头并进共成长。为了促进教师深入理解《义务教育地理课程标准（2022版）》的精神，提高教师对教材的把握水平，探讨课程实施中的重、难点问题，初中地理名师工作室全体成员在旗教育发展研究中心地理教研员张海燕的带领下，在伊旗一中进行为期半天的研修活动。

本次研修活动以"聚焦新课标　构建新课堂"为主题，以磨课、评课议课交流研讨、观看韦志榕教授关于"义务教育地理课程标准的整体解读"的讲座三个环节开展。本次献课教师为伊旗一中廉彩霞老师和伊旗四中侯文静老师，两位教师以"地球自转"为课例进行同课异构。

廉彩霞老师立足学生身心发展规律，整堂课以学生活动为主，运用地球仪演示地球自转，激发学生探究兴趣，促进学生合作学习，真正践行地理实践力，充分落实地理核心素养。侯文静老师以自主研学和合作探究为主要策略，注重学生学习能力的培养，教学方式新颖，真正地体现学生在说、学生在思考的理念，整堂课充分体现以学生为主体、以教师为主导的教育理念，工作室全体成员在观课后对此次同课异构课例进行评课议课。通过观课议课，及时诊断教学，利于优化教学设计，提升教学质量。

通过观看韦志榕教授关于"义务教育地理课程标准的整体解读"的讲座，让我们感受到新课程理念的变化：坚持以育人为本，确立基于核心素养的地理课程；活化课程内容，优选与学生生活和社会发展密切相关的地理素材；倡导以学生为中心的地理教学模式；发挥评价功能，促进学生学业进步和全面发展。

活动最后，张老师对本次活动做出了总结：研读新课标教师要练就三双眼：飞鸟之眼——看清教育改革的新趋势，以"飞鸟之眼"来审视义务教育课程标准，就能看清那些新变化后隐藏着的逻辑；蜻蜓之眼——洞见教学改革的新变化，地理学科更要注重地理综合实践力，课程学习更加注重做中学、用中学、创新中学，课程评价方式要多元化；蚂蚁之眼——找准学科落地的新路径，要强化大单元设计、注重情景教学、推动合作式学习。

"惟改革者进，惟创新者强，惟改革创新者胜"。老师们以此次研修活动为契机，深研课标新理念，紧跟课标新方向，促使新课标理念在教育教学过程中逐步落实。我们相信在张老师的带领下，伊金霍洛旗初中地理教师将乘风破浪、勇于实践，全力以赴，在教育教学的路上走得更稳更远！

主持人总结

结伴同行　共筑辉煌

首先感谢各位领导长期以来给予我们的关怀和帮助，让我们在工作室里快速成长。

第四期初中地理名师工作室成立于 2020 年 11 月，现有成员 7 人，分别是：导师张文革老师，主持人张海燕，名师王力兵、包香玲、李璟、梁宝元、廉彩霞、陈扎拉嘎乎。工作室自成立以来，在上级领导的亲切关怀和支持下，我们扎实有效地开展各项工作，通过帮带活动、研培结合和定向指导三大途径充分发挥名优教师的学科优势和资源优势，密切关注地理课堂教学的创新、引领、带动作用，促进广大青年教师的专业成长，充分发挥辐射作用，推动教育均衡发展。下面我就两年来的工作做简要汇报。

一、研修主题的确定

本学年研修主题围绕两个方面展开：深度解读课标和教材，促进教师深度备课，优化教学设计；注重学生对课本地图的应用，注重学生读图能力的培养。确定研修主题的主要依据：回归教学原点，依据教师和学生的需求，确定研修主题；根据专家活动的主题进行前期的研讨以及后期的拓展跟进。如本学年专家着重指导复习课，工作室研修就从各类复习课出发多角度研讨，力争每位成员上好复习课；围绕课题"初中地理教师课堂教学技能的培养与训练研究"确定研修主题。

二、研修过程

本年度工作室共开展了 13 次研修活动，时间上从 2020 年 11 月起，延续到 2022 年 11 月止。下面我从三个方面概括一下研修过程。

"问渠哪得清如许，为有源头活水来"。一年来老师们通过大量读书，学习别人先进的教育思想，活跃自己的思维，提升理论水平。首先，工作室为每位成员购买 2 本教学理论书籍（《致青年教师》《课堂观察——走向专业的听评课》），成员阅读后写读书笔记、学习心得并开展了以"书香润心灵，阅读促成长"为主题的读书汇报活动。其次，组织工作室成员在线观摩了重庆市"优质课大赛"的赛课活动，聆听全国特级教师李万龙的"地理论文写作素养与技能"、金子兴"单元教学设计的三个问题"等名师的讲座。零距离聆听教育前沿理论和课堂实践，不断地提高每个人的教育理论，用先进的教育思想来指导教学实践。

"宝剑锋从磨砺出，梅花香自苦寒来"。做好教学常规，成了我们工作室工作中最重要的一步。今年继续坚持听评课，名师上示范课、送教课、同课异构等多形式研课活动。这些课都经过工作室细细打磨形成了精品课，各类课我们都做详细的点评，为授课者指明课堂存在的优缺点，为听课者指明教学方向。在听评课的基础上，进行课标解读、教材解读、教学目标设定、教学设计、说课设计等常规教学活动。如本学年针对学生的读图能力开展了两次研修活动，考前一个月，初二地理老师放大招，一字一句教考生如何解读材料如何从地图中获取信息。

"长风破浪会有时，直挂云帆济沧海"。乐于求索，积极科研。从2017年12月开始我带领工作室成员完成了一项市级课题"初中地理教师课堂教学技能的培养与训练研究"，现等待结题。过程中开展了课题启动仪式、课题研讨、课题中期汇报等活动。在课题实施过程中，我们共上了6节示范课、2节汇报课，最后一次汇报课听课老师达到50人次以上，呼市和东胜的地理教研员带领他们的工作室全程参与活动，课题研究的初步成果已经随着听课的老师悄无声息地在很多学校得到实践应用。

三、研修成果

在潜移默化中提升了素质，积淀思想。工作室学习内容丰富，形式多样，既有理论学习、专题讲座，又有名师示范课、研讨课。回首学习过程，既有观念上的洗礼，又有理论上的提高，既有知识上的积淀，又有教学技艺的增长。

在学习实践中突破自我，形成自己的教学风格。学校大多数初中地理教师在课堂中能够采用张文革老师的教学理念，如课标式的教学思路、主问题设计等。

工作室成员的快速成长。本年度积极组织工作室成员参加省、市、旗各级赛课活动。不论成员参加哪个级别的比赛，每次赛前加班加点进行磨课、模拟试讲，共同帮助他们深挖教材，指导教法，经过大家的齐心努力，廉彩霞、陈扎拉嘎乎被评为旗级教学能手，包香玲老师被评为市级学科带头人，王力兵老师在自治区基本功大赛中荣获一等奖，有效地促进了我旗地理教师的迅速成长。

地理中考最近几年也有了明显的进步，连续三年名次保持在全市前三，2020年超越东胜居第二。

四、存在问题及今后研修重点

通过几期的名师工作室带动，我旗的地理老师在教学能力方面有了显著的提高，但依然存在很多问题，主要有：课标与教材深度解读欠缺，教学设计无法引发学生的深度学习；规范命制试题有待提高；撰写论文能力明显不足。针对存在的问题，下一年我们会把研修侧重点放到深度解读课标与教材上，下大力气抓教学设计和教师的论文写作能力。

纸上得来终觉浅，绝知此事要躬行。名师工作室的活动只是一个开始，未来的道路上处处是学问，只要做个有心人，相信大家都可以尽快成长，也希望所有的老师都能用汗水浇灌收获，以实干笃定前行。

物理篇

"1+1+X+N+Z" 物理名师工作室

高 丽

总体目标：搭建教师成长的平台，为每位教师的专业发展助力，在高质量教研服务中培育学科名师，促进学生核心素养的发展。

根据《伊金霍洛旗教育局名师工作室实施方案（试行）》文件精神，更好的落实我旗"1+1+X+N+Z"的教研思路，充分发挥名师工作室成长、示范、引领、辐射作用，进一步带动提升我旗物理教师队伍的整体素质，促进全旗教育的均衡发展。物理名师工作室主要是聚焦课堂，研究课堂，致力于物理课堂有效教学的研究。研修已经历三个阶段。第一阶段：初心如磐谋发展，研修主题是"初中物理自主探究课堂教学策略的研究"；第二阶段：引领成长求创新，研修主题是"基于课程标准的初中物理教学实践研究"；第三阶段：奋楫笃行再扬帆，研修主题是"基于核心素养的初中物理思维课堂建构与探索"。以主题研究为引领，以跟进式课例研究为抓手，提升学科教师教学能力，改变教学行为，进而使骨干教师在工作中起到"传帮带"的良好辐射作用，使名师工作室真正成为研究的平台、成长的示范、凝聚的核心、辐射的窗口，帮助全旗初中物理教师实现有效的专业发展，提升伊旗物理教学水平，从而实现培养学生的综合能力、发散学生的思维、提升学生的核心素养的目标。

初中物理名师工作室第二期研修计划

一、指导思想

根据《伊金霍洛旗教育局第二期名师工作室实施方案（试行)》的文件精神，以教研室"1+1+X+N"为整体思路，以课程改革为方向，立足学科实际，以课堂教学为主阵地，以课例研究为载体，通过组织开展教育教学研究活动，提高名师的教育教学能力和教学研究素养，发挥名师示范、指导、辐射作用，打造一支有特色、高素质的教师队伍，促进伊旗教育事业的可持续发展。

二、工作室的目标

工作室将围绕伊金霍洛旗名师工作室的总体目标，以"专业引领、同伴互助、交流研讨、共同发展"为宗旨，以教育科研为先导，以课堂教学为主阵地，以网络为交流载体，融科学性、实践性、研究性于一体，进行初中物理教学的研究与探索，有效地促进本工作室成员的专业成长，力争形成有较大影响的、具有引领和辐射作用的初中物理骨干教师群。

三、具体工作目标及措施

（一）加强理论学习，更新教学理念

①关注教育改革与发展的动态和趋向，认真研读教材和课程标准，了解教学目标和要求，转变观念，不断提高驾驭课堂和教材的能力。

②把持续的学习作为一种生活常态。向书本学习：读教育理论专著，读专业报刊书籍。每个成员每年度至少读两本教育专著，两年至少要读四本，每学期要研读《人民教育》。向专家学习：多参加各种专业培训，寻找与专家直接对话和交流的机会。向同行学习：取长补短，形成自己独特的教学风格；向实践学习，及时总结、反思和提炼工作室成员在教学中的所思、所想和所得，使教学工作充满新意，使教学过程充满创意。通过学习，让每一位成员都时刻牢记自己是"成长中的名师"，只有不断地学习，才能丰富内涵，提升自我，促使成员自身专业能力不断提高，逐渐形成自己的教学风格，成为名师、骨干。

（二）研究课堂教学，形成教学特色

①教学是教师的第一要务，课堂是教师教学的主阵地，课堂教学能力是一

个教师教学水平的最直观的表现。本工作室的工作重点之一，就是进一步提升名师工作室成员的课堂教学能力，这也是本工作室开展其他各项活动的基础。为此，采取听课、评课、整理课堂实录、撰写课后反思等形式，让老师们思考自己的教学得失和教学特色。

②以研究导师（专家）的优秀课例为途径，通过对优秀案例的解析来提炼、丰富自己的教学经验，从而提高自己的教学水平，形成富有个性的课堂教学风格和具有特色的精品课。

③采用同课异构等形式进行教学研究和教学实践，教师展示各自的教学特长，经过提炼、反思，形成独特的教学思想和教学风格，工作室成员每学年召开两次公开课的观摩交流活动。

④通过师带徒、研修共同体充分发挥工作室成员的引领、示范和辐射作用。

（三）积极从事科研，提高自身品位

①开展示范性的自身研究。用主题研修方式，引导工作室成员反思自己的得失，同时加强同伴之间的研修和经验共享，在交流、总结、学习、反思的基础上，进行创新性实践，记录自己的成长心路，编写自己的教育故事，以此为研究中学物理教师专业化成长提供丰富案例资源。

②有针对性的开展教学专题调研。围绕物理教学改革中出现的新问题，以及我旗中学物理课堂教学的具体情况，深入学校进行专题调研，如"伊旗中学物理教学普遍面临的问题和困惑有哪些""教师对于物理教研和培训服务有哪些期待？还有那些新的需求"等等，以便有针对性地开展工作，采取听课、课堂观察、座谈以及问卷相结合的方式进行。

③工作室成员每人要有自己的研究课题，提高科研意识和研究能力，发挥带头、示范、辐射作用。

④让写作成为工作室成员的一项经常性的工作。读书要写读后感，交流要写交流提纲，观摩要写观课收获，教学要写教学反思，研究要做探究发现记录，及时写出自己的感想体会，随时记录自己的观察发现，撰写教学随笔，提

高教研能力。每年要发表论文或有论文获奖，努力成为本学科新秀、教学能手或学科带头人。

（四）加强网站建设，扩大工作室影响

①利用好名师工作室QQ群，工作室成员要积极参与QQ群的建设，承担上传信息、交流思想、宣传推介等工作。工作室成员及时要在QQ群上传优秀课例、理论学习资料、活动通讯稿等，为广大教师的教学提供范例，实现共同进步。通过QQ群建设，逐步建立起内容丰富、便于共享的课程资源库。

②定期在QQ群上进行读书交流和教研活动。交流读书内容和读书心得，养成总结反思的习惯，认真撰写反思日记和教育教学论文，每学期至少上传两篇文章。教师中有什么需求或困惑及时提出来进行研讨交流，必要时寻求导师的帮助，集思广益，共同进步。

（五）完善业务档案，实施考核评价

工作室成员要做到年初有计划，平时有记载，年底有小结。认真完成考核细则中要求的各项任务。

（六）考核管理

执行《伊金霍洛旗名师工作室考核细则》。

四、工作思路

以研究性学习为主，主要开展主题研修活动。

①聚焦于教师基本功的磨炼。开展模式为：规范的教学设计—说课—上课—反思。

②教学技能的提高、固化，成果展示，辐射引领。

③加强课题研究，通过开展课题研究促进伊旗物理教师专业成长，提高全旗的物理教学质量。

④配合培训中心，积极寻求名师团队"走出去"的培训机会，发掘和培养名师队伍，注重教师风格的形成和品牌打造，培养本地名师团队，使其走出去传播教育理念与思想，从而逐步实现本地名师团队由"输血"向"造血"机制过渡。

⑤加强"名师工作室"研修活动的管理，充分发挥名师的作用，有计划地组织开展系统的研修活动，通过组织"送教下乡"、联片教研、学科研讨会、名师经验交流会等多种方式，努力提高研修活动的实效性。

⑥落实名师工作室成员"师带徒"制度，并对结果加以管理。编辑出版名师工作室研修成果，充分发挥名师工作室的辐射、带动与引领作用，提升我旗初中物理教学水平。

⑦建立题库。名师和学员每人出一套高质量的中考模拟题，存入题库，首先，通过出中考题可提高老师对教材、课标的整体把控能力；其次，出题时可做参考并实现资源共享。

⑧继续落实读书活动。

五、本学年研修活动具体工作安排（见表1）

表1

时 间	主要内容	负责人
2015年3月	主题研修：备战中考——聚焦复习课 制定2016年工作室计划，成员结合自己的两年规划和工作室计划，制定2016年的成长规划 同课异构（九年级） 成员提前做好教学设计，以便交流 研讨《中考说明》 安排一位老师就如何提高复习效率做微型讲座 安排成员命制中考模拟试题，并布置学习任务	工作室 主持人
2015年4月	主题研修：备战中考——聚焦复习课 成员继续命制中考模拟试题 初三年级的名师及研修员搜集并设计模块复习专题 邀请导师指导，提高复习效率，做好中考备考工作	工作室 主持人

(续表1)

时 间	主要内容	负责人
2015年5月	主题研修：备战中考——模考研讨，寻找最佳教学策略 分析模考试题，对模考做出全面的分析，查漏补缺，拿出合理的解决方案，确保教学的有效性 研磨成员的模考试题，便于共享	工作室 主持人
2015年6月	主题研修：有效教学——读书交流 各成员学习理论书籍并完成交流发言稿 读书交流 安排成员做微型讲座	工作室 各成员
2015年7月	收集、汇总成员学习资料 成员做中考质量分析	工作室 各成员
2015年9月	主题研修：有效教学——有效听评课 成员收集整理并结合自己的经验完成有效听评课讲稿 成员和导师同课异构，交流研讨 导师讲座，如何有效听课、评课	工作室 主持人
2015年10月	主题研修：有效教学——有效听评课 有效听评课延伸，成员上示范课 成员交流研讨	工作室 主持人
2015年11月	主题研修：中考备考研讨会	工作室 主持人
2015年12月	活动主题：成果展示 师带徒成果展示 工作室成果汇总 组织成员撰写论文，总结交流	工作室 各成员
2017年1月	活动主题：归纳整理，推广成果 成员工作总结 编辑工作室成果集	工作室 各成员

【2015 年第一次研修活动】

2015 年物理名师工作室第一次研修活动安排意见

具体安排：如表 1 所列。

表 1

时　间	主讲教师	活动内容
上午第 1 节 （8：10—8：50）	刘江（伊旗一中）	八年级"机械效率"
上午第 2 节 （9：00—9：40）	李天印（北京特邀专家）	八年级"机械效率"
上午 10：00—11：50	共同	互动交流
下午 14：30—17：30	专家讲座、互动交流	—

第一次研修活动培训的心得体会

北京师范大学鄂尔多斯第二附属学校　齐井荣

　　为加强全旗初中物理师资队伍建设，提高教师教学能力，提升初中物理学科教师的教学水平，促进初中物理教师专业化发展，2015 年 6 月 12 日，在伊金霍洛旗教师发展中心特邀全国著名物理骨干教师、海淀区物理学科带头人李天印老师来我旗对初中物理学科专任教师进行培训，我作为北师大二附校的一名物理老师有幸参加了这次培训。在这次培训中我受益匪浅，收获颇丰，下面是我的一点心得体会。

　　上午聆听了两节物理课，第一节是伊旗一中年轻教师刘江老师的精彩展示，第二节是著名的李天印老师的示范课。同一节课截然不同的风格给我留下了很深的印象，每一节课都有值得我学习的地方，刘江老师精彩的导入，李天印老师课上对孩子的爱心、耐心、细心更是让人回味无穷。第三、四节课是老师们的互动点评，主要是李天印老师的指导点评。主要从如何使物理课堂更有效、更高效来指导点评。李老师谈到，每次上课前要"带着任务"走进课堂，这个任务就是课前准备工作中的几个环节在备课中一定要想到，本节课讲几个问题，问题怎么设计，问题怎么呈现，如何解决问题，如何真正的落实。这一上午我收获满满，无论是从刘江老师的精彩展示课上，还是李老师的示范课以及点评中，都学到了很多，以后我会用在我的教学中。

下午李老师做了与物理课堂紧密相连的专题讲座，内容主要是《关于课改背景下优质高效课堂物理教学研究》，主要分四个部分：一是物理课堂教学的目标与任务；二是对新课程理念下物理课堂教学的认识；三是实现优质高效物理课堂教学的保障；四是实践优质高效物理课堂教学的方法。最后李老师以课堂实录"机械效率"为例具体阐述了对优质高效物理课堂教学的理解。给我印象最深的还是如何使物理课堂高效，首先要认真备好一节课，在备课环节，一定要有问题意识：该节课应该设计哪几个问题，这几个问题该怎么呈现，这几个问题是怎么解决的，这节课学生落实得怎么样。在备课中一定要充分体现物理教学的基本特征：以创设物理情境为切入点，以观察物理实验为基础，以培养学生思维能力为核心，以提升学生探究能力为重点。其次一定要精心上好一节课：精彩的引入是成功的开始，科学的讲解是成功的保障，精心设疑、有效提问是教学的核心，有效落实是教学的保障。李老师在讲座中借助精妙的比喻与真实的案例，形象地说明了物理课堂教学语言应正确清楚、知识系统应逻辑严密、教学方法应灵活恰当。听了李老师精彩的讲座后，再次反思自己的课堂教学，我发现自己在实际教学中缺乏集中力量解决主要问题的意识和能力；多是课前的预设，引导生成的教学较少；学生实践的机会较少；分层的理念仅仅停留在嘴上；虽然有讨论，多是做个样子，激励学生的话语也缺乏。这次的培训让我深感自己的不足，相信以后一定有新的改变。

总之，通过聆听上午的两节课和下午李老师精彩的讲座，我收获很大，让我对物理高效课堂模式有了更深的认识。通过这次培训学习，我突然感到身上的压力变大了，要想成为一位好教师，就要更加努力地提高自身的业务素质、理论水平、教育科研能力、课堂教学能力等。这就需要我付出更多的时间和精力，努力学习各种教育理论，开拓创新，向高效课堂的方向努力！

第一次研修活动培训的心得体会

伊旗四中　苏　颜

6月12日，我们在伊金霍洛旗第一中学聆听了海淀区教研室物理教研员李天印的专题讲座，给了我很大的启发，让我从中学到了很多东西，尤其在有效的课堂教学方面，李老师有独到的见解，在今后的教学中有很多让我借鉴和学习的地方。

通过前两节的听课，我感受到了两位老师的不同风格和不同的教学方法、教学理念，虽然都是在促进学生的学习和成长，但是理念不同、方法不同，学生的收获也不相同。李老师在课堂上更加注重学生思维能力的培养，尽可能给学生留下独立思考的时间，让学生自己从中感悟和体会物理知识的来龙去脉，更加注重学生的学习过程和知识的生成。整个教学设计围绕实验展开，让学生体会到物理概念、物理规律的建立是以实验为基础，培养学生实事求是的科学态度和良好的实验习惯，也体现了教师严谨的教学态度和教学风格，这些都是值得我学习的地方。通过听课后李老师的精彩点评，我进一步理解了李老师教学设计的意图和思路，在物理课堂上不仅要向学生传授知识，更重要的是教给学生学习物理的方法和对学生人生观和价值观的渗透，让学生懂得做人的道理，这正是我们课堂上缺乏的东西。

下午李老师围绕有效课堂教学的讲座，站在了理论的高度，通过具体的案例分析，让老师们更加深刻地认识到什么样的课堂才是有效的课堂，课堂上什么样的活动才是有效的教学活动，什么样的教学是无效的教学活动。有效的教学活动应该是：把复杂的问题简单化，简单的问题理想化，理想问题模型化，模型问题具体化；学生生成的问题才是教学最实质的问题，才是最有效的教学；真实的课堂才是好的课堂；老师播撒一种思想，学生就会收获一种行为；老师播撒一种行为，学生就会收获一种习惯；老师播撒一种习惯，学生就会收获一种人格；老师播撒一种人格，学生就会收获一种命运，所以作为一名老师，既是学生知识的传授者，更是学生人格的塑造者。高效的课堂教学应该是：教师讲授的知识内容正确，不能出现科学性错误；教师关注学生的发展，挖掘每一个学生的学习兴趣；教师创设的教学情境充分体现师生的互动；教师的专业知识基本功扎实；教学讲授基本功；教学设计基本功；教学语言基本功；教学物理实验基本功；教师具有媒体使用基本功；教师具有资源开发基本功等，所以要使自己的课堂教学更加有效，甚至更加高效，对每位老师都提出了更高的要求和更高的标准，需要我们不断地学习和努力，使自己的课堂教学水平更上一个新的台阶。

第一次研修培训活动的心得体会

伊旗一中　李永红

2015年6月12日，我很荣幸能听到李天印老师的教学示范课与理论讲座。通过一天的学习，使我受益匪浅，李老师严谨的工作态度、深入的教学研究、精彩的课堂点评，深深地打动了我。我们听了李老师"机械效率"的示范课，李老师从生活中的具体事例引入工作效率、学生们的学习效率，进而引入课堂中机械学习的效率，最后又还原到生活中，学生练习了一道关于起重机的例题剖析，课堂深入浅出，以培养学生能力为出发点，尊重学生的求知和发展。下午培训中，李老师的如何减少课堂中的"额外功"（即课堂中的无效环节）更是让我深思，李老师通过播放几个课堂实录的教学片段，让我们发表意见，认为哪些地方是无效环节，怎么改进。此举不得不让我反思，回顾自己以往的教学，是否无效环节很多呢？自己过去意识到这个问题了吗？因此，在本次活动的影响下，我对物理教学又有了一个全新的认识。

一、认识什么是物理

物理是以实验为基础的学科，在物理教科书中有演示实验、学生分组实验，还有每章都安排的小实验。通过这些小实验，可以开发学生智力，激发学生学习兴趣，培养学生的观察能力和实际动手操作的能力。初中学生好奇心强，利用有趣的实验能增强学生好奇心；鲜明、生动的物理实验，能激发学生的求知欲望。例如小实验"制作针孔照相机"，学生通过亲自动手实验，验证了小孔成像的性质，通过鲜明的感官认识，印象深刻。小实验可以起到"引导""解惑"的推动作用,帮助学生认识和理解物理知识,降低学习难度,通过对实验的制作、研究、讨论、改进和提高,帮助学生逐步掌握一定的学习方法,调动学生的学习积极性和主动性,教学效果会大幅度地提高。

重视生活体验,充分挖掘学生学习物理的潜力。物理新课标倡导"从生活走向物理,从物理走向社会",利用身边的器材做好生活中的物理实验,使学生感受到物理就在我们身边,更能激发学生学习物理的兴趣。让学生在平凡的生活中感受物理知识,意识到物理并不难学,从而激发进一步学习物理的动力。

物理学科思想方法:把复杂问题简单化,简单问题理想化,理想问题模型化,模型问题具体化。

二、转变教学理念

陶行知先生说过,"我认为好的先生不是教书,而是教学生学"。目前,在物理学科的教学中重教轻学现象还很严重,教师只顾埋头教书,而不去指导学生如何学,致使学习效率低下,且不利于学生能力的提高。在课堂上,有的教师刚给学生提出问题,学生还没来得及思考,就马上要求其回答,这样不仅浪费了学生课堂思考的时间,而且效率很低。这种形式主义的教学方式使无效劳动充斥课堂,严重影响了课堂教学的效率。有的教师只对学生提出比较笼统的要求,学生不明白教师要他们干什么和要他们怎么干,这样,学生就失去了教师的有效指导。

因此,要给学生一定的思考时间和思维空间,要减少"讲与听",增加"说与做",尝试"教与评"。当前,在大力推行素质教育、实施高效课堂的背景下,积极推行小组互助式学习制度,教师根据学生的认知水平和个性心理特点,可以把学生划分为若干个学习小组,发挥优秀学生的优势,带动小组成员整体前进,同时,教师通过对小组的学法指导和激励性评价,进一步提高学习小组的自主学习效果。这样,可以最大限度地面向全体学生,做到因材施教,以促进课堂教学效率的提高。

我们教学的目标和任务:播撒一种思想,收获一种行为;播撒一种行为,收获一种习惯;播撒一种习惯,收获一种人格;播撒一种人格,收获一种命

运。(培训笔记)

三、如何打造优质高效课堂

1. 更新理念

活动的设计体现以学生活动为主，让学生真正成为学习的主人。新课程要求的教学改革，应当贯彻"让课堂充满活力、让学生成为学习的主人"这一策略思想，以学生为主体，教学设计应当引导学生获得自主、探究、合作的学习方式，"为学习设计教学"，学生是科学学习的主人，设计有效的活动，提出恰当的问题，激发学生的好奇心，给学生提示学习和探究的线索，下放学习的权利，给足时间空间探究，体现学生的潜质。

课堂成为他们探求知识的场所，他们充分发挥出自己的潜能，最大限度地满足成功的愿望和要求，形成积极、主动、灵活、独特的思考问题解决问题的能力，培养勇于探索的精神，从课堂中获得了成就感，满足感，在心理上产生一种愉悦感。

2. 提升个人基本功

物理课堂教学的保障：专业知识基本功；教学设计基本功；教学语言基本功；教学讲授基本功；教学组织基本功；物理实验基本功；媒体使用基本功；资源开发基本功。(培训笔记)

3. 优化课堂

尽可能避免无效语言、无效活动等无效环节的出现。

第一次研修活动简讯

为加强全旗初中物理师资队伍建设，提高教师教学能力，提升初中物理学科教师的教学水平，促进初中物理教师专业化发展，2015年6月12日，特邀全国著名物理骨干教师、海淀区物理学科带头人李天印老师来我旗对初中物理学科专任教师进行为期一天的培训。

上午活动：同课异构。第一节，由伊旗一中年轻的物理老师刘江呈现了一节"机械效率"常态课，第二节，由李天印老师讲"机械效率"示范课，然后由李老师做课堂诊断，并与老师们互动。下午活动：李天印老师讲座"关于课改背景下优质高效课堂物理教学研究"。

活动启示：李天印老师的业务水平确实高，积累的经验也特别丰富，但课堂效率并不高，究其原因，一方面老师在准备上还不够充分，不了解学情，另一方面是我们学生的能力实在是差，可见我们在平时教学中根本没有注重学生的能力培养。这也是我们每位听课老师有目共睹的，我们不得不反思我们的教学理念、教学方式的正确性。李天印老师谈到教师的基本功包含：专业知识基本功、教学设计基本功、教学语言基本功、教学讲授基本功、教学组织基本功、物理实验基本功、媒体使用基本功、资源开发基本功等。我们都具备了吗？

另外，我们该如何培养一批训练有素的学生队伍呢？我想，我们教师的理念必须要先进，要深刻认识所教学科特点。"物理学是一门自然科学，它来源于生活……"我想每位物理教师都非常熟悉这句话，也常把这些话说给学生听，试图在指导学生该如何学习物理，但没有真正地指导到我们的课堂教学。我们的教学只是局限于课堂，在课堂上去谈生活，在课堂上模拟生活，练习几道与生活相关的习题，没有真正意义上让学生走进生活，去发现问题、研究问题、解决问题，学生的这种能力的缺失将是物理教学的一大悲哀。学生没有亲自参与到生活实践中，他们是感觉不到物理是有趣的、有用的，因此慢慢地就失去了学习的兴趣，学习能力也越来越差。剩下的路子只有学生苦老师累，知识全靠抄和背，学习生活真乏味！我给大家介绍一种物理课堂，或许能给我们一些启示。记得在网上看到一位物理老师的一次光学课堂展示，老师给每个小组分配任务，在生活中去探究小孔成像、折射规律、影子的形成及测量影子的长度……把探究过程拍成小视频，进行小组研究，实验中发现什么问题？你想知道哪些问题？你有什么新发现？课堂中通过学生展示，教师主导引领，共同完成教学目标。试想，如果我们能把物理课堂一直这样进行下去，学生能没有兴趣吗？学生的能力怎么可能不提高呢？

本次研修活动让我们受益匪浅，更多的是反思我们平时的教育教学，以后会把本次学到的知识运用的平时的教学中。

【2015年第二次研修活动】

2015年物理名师工作室第二次研修活动安排意见

研修主题：教材梳理及有效备课。

具体安排：如表1所列。

表1

时间	地点	参加人员	活动内容
2015年9月28日上午 8：30—12：00 （星期一）	伊旗一中	物理工作室全体成员	提前二十天让成员结合课标梳理教材及有效备课 苏颀、齐井荣、李永红、巴图其劳四位名师结合教材、课标谈自己的教学设计 各位成员进行交流研讨 主持人做有效备课微讲座 布置任务：上传活动图片资料

关于"有效备课"研讨活动心得体会

伊旗一中　李永红

通过本次活动，我感受到备好一节课不是一个简单的问题，它对教师的专业技能及其个人综合素养的要求非常之高。通过与工作室成员的研讨以及聆听高丽老师的讲座培训，使我受益匪浅。我们都知道，备课是上好课的关键，备课无效，教学必然无效，因此，备课的重要性就不言而喻了。下面我就谈谈备课前教师应该做什么和备课时应该备什么两个方面的个人体会。

一、备课前教师应该做什么

作为一名合格的教师，想要成长的教师，我们首先应该熟悉教材、研究教材、研究课标、吃透教材、梳理教材，其次能整合教材。我们要明确每节课的教学目标，捉摸教学方法，研究学生认知规律等等。只有做到以上几点工作，才有资格谈备课，只有做到以上几点工作，才能展现出有效的课堂！

二、备课时应该备什么

教师有了专业理论及其业务技能的保障后，备课时需遵循以下备课原则。

1. 备学生

学生是教学工作的落脚点，是备课活动的最终服务对象。它要求教师在备课时眼中要有学生，要充分了解学生，坚持以学生为主体，尊重学生、欣赏学生。

了解学生，首先要考虑学生的年龄特征，熟悉他们的身心发展特点。其次，要了解每一个学生，掌握他们的思想状况、知识基础、学习态度和学习习惯。许多时候决定学生成绩好坏的不是老师的水平，而是学生的学习态度、学习习惯、学习热情。这就要求今天的教师不仅要考虑"我应该讲什么"，更要考虑"我应该如何让他有热情"了。身边这样的例子很多，同样带的平行班，有些老师带的班级成绩总是遥遥领先，究其原因，倒不见得是水平高多少，更多的是学生喜欢这个老师，从而喜欢这个老师教的课，是这个老师激发了他求知的热情，我们知道情感的力量有时候大于知识的魅力。在今天，"学高"之人只能是成为好老师的一个重要条件。许多时候，了解、欣赏学生的老师才是一个完美的老师。

2. 备教材

备学生还只是备课的第一步，学生主要任务是学习，教材是学生最重要的学习资源，教参是教师最重要的教学参考资源，要备好课，当然得备好教材以及相关教学参考书。这在以前作为一个老教师来说可能不是问题，凭着他们多年的经验，这些可能早已了然于胸。可是今天的老师不再有这样幸运的事了。那么怎样备教材、教参呢？首先必须与教材进行对话，与教参进行互动，备课不是教材内容到教案的简单的"块移动"。深备教材，就是要了解教材的编排特点，吃透教材的编排意图，把握教材内容的主旨，找准教学的重点、难点和要害点，这样我们的教学会更全面更生动。

3. 备方法

确立了明确的"教学目标"之后，教师需要大致确定用何种"教学方法"来实现这些预定的目标。有效的备课不仅要考虑具体的教学方法使用，更要考虑教学方法、组织形式及课堂管理因素的组合。应该使之形成一个连贯的整体，为实现课堂教学目标服务。

总之，新课程背景下的备课，对我们广大教师提出了更高的要求，我们只有不断学习新理念，研究教材，研究学生，把握可行的教学策略，适应学生各方面的需求，才能在教学中做到融会贯通，更好地实施有效教学。

精彩的课堂在于课前的创造
——"有效备课 教材梳理"主题培训心得
伊旗一中　曹晓丽

在开学的第一个月的 9 月 28 日，伊旗名师工作室在大家将近一个月紧张有序的准备工作之后迎来了又一次全面研讨，本次研讨的主题是"教材梳理 有效备课"。

课堂是老师和所有学生生命活力体现的载体，一节精彩的课堂，不仅是学生对于科学、对于知识、对于思维、对于生命价值的各种不同的情感体验，同时是老师对于思维情感、对于人格魅力、对于价值观念、对于课堂教学能力的充分展示，它将带给身在其中的每一个人无限的享受和愉悦。那么，如何能让一堂课如此精彩呢？功夫在于课下，也就是今天的主题"有效备课 教材梳理"。

苏颜、巴图、李永红三位老师，分别详细分析了"光现象"和"电学"两部分的教材和课标的要求、知识点构造，同时对有效备课提出了自己的见解。郭瑞、曹晓丽、张伟三位老师，分别对"透镜""物态变化"等部分内容交流了自己对教材的把握和对课标要求的理解，分享了在这些章节中的教学建议，同时也提出了在教学中存在的一些困惑，大家共同探讨最终得到相应的解决。高丽老师总结性地做了"有效备课"的微型讲座，从要落实最基本的知识点、要突出重点、要突破难点、要激发疑点、要体现特点这五个方面进行了详细而深刻的讲述。通过这次培训又一次得到了很大程度上的提高，主要心得如下。

第一，备课就必须备学生。

有效备课必须包括的一个重要环节就是分析学生、分析学情，从而在课堂中采取具有针对性的有效的教学措施。对于初二的学生来说，好奇心强，相对感性强于理性，同时各种学习习惯都处于正在建立的过程中，包括听课习惯、书写习惯、表达习惯等，因此我们在备课的时候就必须注重这些方面。例如，实验的感观性要强，问题的设置要符合这些规律等。同时，为了符合初二学生的学习规律，可以调整课程的顺序安排，例如，将"运动的描述"调整到"声现象""物态变化""光现象""透镜"这些感观性较强的章节之后再进行，让其与力学中的"质量与密度"连接起来。

第二，新颖的实验在物理学习中的作用至关重要。

物理是一门以实验事实为基础的学科，因此我们在教学中就必须注重实验在教学中的环节设计，包括演示实验、学生实验、课外实验等。同时我们还应该将课本中常见的一些过于简单常见的实验经过创新改造成为新颖奇特同时切中知识点的新实验，例如，摩擦起电使不接电的灯管发光，这种有神秘感的实验才会真正激发起学生的学习热情，这就需要老师平时多花心思去积累去创意。另外，对于课本上的知识，如果能以小发明、小创作的形式给学生布置作业，那么学生将会得到创新能力的发展和学习兴趣的提高。例如，温度计的结构与原理学习之后，可以布置作业自制温度计；小孔成像的原理学习之后，可以布置作业自制照相机；验电器原理学习之后，可以布置作业自制验电器。

第三，好的引课是一节精彩课堂的开始。

近年来各种教学改革扑面而来，讲学稿、导学案、小组合作等，改革带来的优势也逐渐凸显。然而，对于物理课，引课被逐渐淡化，这一点确实是不可取的。把学生引入一个相应的情境中，制造悬念来进行接下来的课堂，是很有必要的，这样不仅可以吸引学生的学习兴趣，同时也可以明确本节课的学习目标，而且也可以适当地拓展学生的视野。希望我们在今后的教学中注重引课这一环节。

第四，图解分析法有利于知识体系的形成。

图解分析法，是苏老师提出的一种教学手段，非常有利于学生整体思维的培养，同时也有利于学生对知识框架的构建，形成相互联系的知识系统。物理是一门非常讲究建立思维模式的课程，而图解分析法正是建立思维联系的有效手段。

通过这次培训，我在教材梳理和有效备课方面得到了很大的提高，不论从整体把握，还是从细节处理，都得到了具体有效、可操作性强的指导。

第二次研修活动心得体会

伊金霍洛旗蒙古中学　巴图其劳

2015年9月28日，在伊旗职高，我们物理名师工作室进行了活动，内容是关于教材分析和教学设计的讨论会，各位老师都准备得很充分，也大胆地讲述了自己的观点，对我来说学到的东西很多。

一、教材分析

教材分析应该节节分析，章章分析。这节课内容是对上节课内容的延续还是深入呢？章分析时要看整章物理知识内容是怎么安排的，教材编辑是为什么这样安排的，老师应该深入解析和分析才可以更容易地把知识传递给学生，以前我以自己的经验来分析这些物理内容，没有过多地去整章分析教材，开完讨论会后我深刻认识到必须整章来分析教材，这才是教学之本，在以后教学物理内容之前，我必须分析和解读每节课的衔接和物理内容的链接。

二、教学设计

在教学中我们唯一的标准就是新课标（2011版），不管人教版的教材中有没有讲到或有没有重点去介绍，我们必须把握新课标的标准并以上为依据来设计自己的教学。

根据新课标和自己学生的情况来制定这节课内容的重点和难点，找到体现知识的重要性的方法以及突破的方法。应该这样适合自己学生的方法。

在引入新课时尽量选择时代性的、科学性的、学生比较感兴趣的例子或问题。

我在教学中尽量把实验仪器搬到学生的面前，让学生亲自体验并探究自己所面临的问题，实验仪器充足的情况下尽量让学生亲自体验实验的过程，这样做的原因是提高学生的动手能力，让学生养成科学探究的习惯。

总之，通过这次讨论会，我确实学到了很多东西，在以后教学过程中会学有所用。

第二次研修活动心得体会

伊旗矿中　张　伟

伊旗名师工作室组织了"有效备课"的交流活动，通过这次活动，我认为：教学过程不仅是一个复杂的智能开发过程，同时也是学生积极参与活动的过程。只有在学生整个身心投入学习过程时，才能收到良好的效果。教师可以采取哪样的手段和方法吸引学生，设计什么样的教学过程，才能提高课堂实效性？这是物理教学中的疑难问题之一，也是我们在备课中需要重点考虑的问题。因此，在以后的备课中我应该注重以下两点。

1. 备课过程要以观察和实验为基础

观察和实验作为一种手段，特别是作为一种物理学的基础思想或基本观点，在物理学的形成和发展中起着十分重要的作用。这就要求物理教学必须建立在观察和实验的基础上。在物理教学中，观察和实验是学生获得感性认识的主要来源，为学生进行物理思维、实现从感性认识到理性认识的飞跃提供了必要的手段。它有助于学生深刻理解物理知识建立的基础和过程，使他们学到的物理知识不至于成为无源之水，无本之木。

因此，在备课过程中、各环节设计中应突出观察和实验地位，以便在课堂教学中有计划、有目的地利用观察和实验来组织教学，激发学生的学习兴趣、训练和提高学生的实验技能以及培养学生的观察能力和实验能力。

2. 备课过程要以形成概念、掌握规律为中心

物理概念和规律是构成物理学严谨学科体系的最基本的组成部分。因此，必须特别重视物理概念和规律的教学，使之成为教学的中心之一。重视和加强物理概念与规律的教学是学生掌握学科基本结构的核心，而学生理解和掌握了学科的基本结构，一方面有利于学生通过自己的努力生成全方位的物理图象，另一方面也有助于激发学生的智慧，发展其记忆力，促进知识的迁移，训练和培养学生的思维方法和思维能力。

因此，在备课过程中，教师应多考虑对知识概念形成过程的设计，而不能

只注重结论的得出及应用。

只有"有效备课",才有"有效课堂"
——初中物理名师工作室"教材梳理及有效备课"研修活动

备好课是上好课的前提。为了让我们全体工作室成员全面细致的整体把握教材、课标及做到有效备课,提高课堂效率,提升工作室成员的教学水平,促进教师专业化发展,2015年9月28号上午,在伊旗一中举办"教材梳理及有效备课"研修活动。

首先由主持人高丽说明本次活动的目的及重要性,接下来由苏颀老师结合教材、课标谈"第四章 物态变化"的教学设计;李永红老师结合教材、课标谈"第十五章 电流和电路"的教学设计。然后工作室成员进行交流研讨。最后主持人高丽做了"如何有效备课"的微型讲座,并对此次活动进行了总结。老师们表示要把有效备课切实落实到平时的教研教学中,让课堂更加有效。

【2015年第三次研修活动】

2015年物理名师工作室第三次研修活动安排意见

研修主题:同课异构构建有效课堂。
具体安排:如表1所列。

表1

时 间	讲课内容	讲课教师	地 点
8:20—9:00 (第一节)	"光的折射"	苏 颀	伊旗四中 艺华楼三楼录播室
9:10—9:50 (第二节)	"光的折射"	齐井荣	
10:00—12:00	说课、议课、 交流、研讨	工作室全体成员及四中全体物理老师	

物理名师工作室"同课异构"活动心得体会

伊旗一中　李永红

2015年10月27日，物理名师工作室在伊旗四中录播室举行了同课异构活动。由苏颜和郭虎虎两位老师讲课示范，此次活动我们深入课堂，通过听课、评课学习交流，使我受益匪浅。我主要有以下几点体会。

一、不断学习，做一个智慧型的教师

通过听课，发现两位老师的课堂都对教材进行了深入细致地钻研与分析，广泛地搜集资料，从而理解教材，把握教材的重点、难点，而且在为突破重难点上采用了不同教学方法。可见，他们课前经历了大量的学习，不断反思，充分发挥自己的智慧，从而实现打造精品课堂的目的。我们的每一节课如果都这样坚持去做，我想，三五年之内我们每一位老师绝对都是教学能手，都是名师！

二、教师要有良好的自身素质

教师自身的良好素质是上好一堂课的重要前提和保证。两位老师给我最深的印象是热爱学习，只有热爱学习的老师才会拥有良好的素质。比如说苏颜老师在"探究光的折射规律"的教学过程中无论是上课的技巧还是教学过程的设计，都比较成功。他的课构思非常好，一开始就用有趣的物理实验引入新课，这不仅吸引了学生，而且使听课的老师也感觉很自然和谐。郭虎虎老师虽然声音有些低沉，但郭老师上课一直保持严谨、耐心、认真的教学态度，同样能受到学生的尊敬和喜爱，说明学生被郭老师严谨认真的工作态度所感动和吸引。深深地让我感受到教师素质的重要性。

三、注重学生学习兴趣和能力的培养

在教学中，教师不仅要让学生掌握新知，更重要的是要重视培养学生的能力。他们非常重视这一点，在导学案中，精心设计问题，让学生自己去观察、发现、探究新知，并且互动形式多样，注重主体的参与。从重视学生的语言表达、学习习惯的养成，我看到的是老师与学生真实的交流，我想课堂只有是真实的，才会是美的。例如在课堂中，两位老师尽可能把最有趣的小实验引进来，让学生亲自去做，激发学生学习物理的兴趣和热情，让学生大胆进行实验探究，还给了学生上台展示自我的机会。

总之，此次活动，使我更深刻地体会到了学习的重要性与紧迫感。这样的"同课异构"模式，让听课教师不仅能认真去听、去想、去感悟，还能反思自己的教学行为，置身于课堂中，倾听着老师们精心准备的课，亲身领略着他们对教材的深刻解读，感受着他们对课堂的准确把握，体会着他们对学生的密切关注。他们在开启学生智慧大门的同时，也让听课教师学到了很多很多新的教学方法和新的教学理念，引发了听课教师对课堂最优化的思考，也让听课者近距离地领略到两位教师的教学风格，课堂上老师们都能针对学生的实际情况采取适合本班学生的特点，采用学生自主学习、主动探究交流方式培养学生大胆创新、勇于实践的能力！

参加听评课心得体会

伊旗二中　郭　瑞

10月27日，我参加了教研室组织的物理名师工作室的研修活动。在活动中先听了苏颜老师和郭虎虎老师的两节课，内容都是"光的折射"。课后，物理名师工作室的全体成员以及四中的物理老师针对这两节课进行了研讨。在研讨活动中，各位老师认真思考，积极发言，毫无保留地将自己的认识和看法进行了交流，让我受益匪浅，现将我的一些想法跟大家进行交流。

在两节课中，两位老师的课堂设计都非常好，不论是学生实验还是演示实验都设计得非常成功，学生的掌握情况也比较好。但是，我也发现，在我们的课堂中普遍存在着一个问题，那就是课堂上评价语言单一，不能很好的起到激励学生学习兴趣的作用。托尔斯泰曾说过，"成功的教学需要的不是强制，而是激发学生的学习兴趣。"可见，激励的作用是非常大的。那么，如何培养学生的学习兴趣，使学生享受到学习的乐趣呢？我想无疑还要从丰富的课堂评价语言入手。

1. 运用激励性评价语言时，要亲切、自然

在一些优秀老师的课堂上，每一位学生都能获得成功，每一位成功者都能

得到激励。总能听到："你是怎么想到的？连老师都没想过这个问题，你真是太棒了！""你和老师想到一块了，你真是老师的知音啊！"等等一类丰富的评价语言。而我们的课堂正是缺少这种亲切、自然的评价语言，往往都是一些："很好、你真棒！"之类的，学生一听就感觉很假，或习以为常了，根本起不到激励学生的作用，长期如此，学生的学习兴趣就慢慢淡化了。

2. 运用激励性评价语言时，要恰到好处

教师在使用激励性评价语言时还有个时机的问题。教师在最佳时机处应用了恰当的评价语言，可以取得事半功倍的效果。教师要把握激励的时机，及时恰当地表扬学生，让他们通过自身的情感体验，树立坚定的自信心，从而在愉悦的学习中体验、享受学习的成功。

3. 在学生闪现智慧的火花时激励

每个学生都具有发展成有用之人的潜能，教师要像园丁爱护小树苗一样呵护他们。每个学生都有突发奇想和突现"灵感"的时候，作为教师要善于帮助他们去捕捉。有时，学生的有价值想法连他们自己也没意识到，那是因为受到自己认识的局限。教师要站得更高，看得更远，及时鼓励和鞭策他们，帮助他们发现自己的优点，找到自信。

4. 在学生质疑时激励

爱因斯坦曾经说过，"提出问题比解决问题更重要"。中国有句古话："学起于思，思起于疑。"学习的过程就是不断地提出问题，然后解决问题的过程。在教学时，教师一定要为学生提供"质疑"的良好氛围，教给学生提出问题的方法，引导学生善于发现问题，敢于提出问题。而在这个过程当中，教师的激励性语言无疑为学生质疑提供了必不可少的心理安全，也为学生质疑提供了强大动力。

5. 在学生表现突出时激励

求异思维是创新思维的核心，它反映了创造性思维的特点，对培养学生的创新意识尤为重要。因此，学生思维在呈现多样时，教师要抓住时机，大加激励。比如：学生在课堂上有自己独到的见解或回答了疑难问题时，我们教师要抓住契机，运用激励性的语言鼓励他们，让这种良好的思维习惯保持下去。

6. 在学生出现困难时激励

教师做到这一点，对于绝大多数孩子都是很有意义的。因为，对于学生而言，学习的内容多数是他们未知的部分，都需要他们"摸着石头过河"。因此学生感到困难是正常的。这时教师就要发挥好激励和引导作用，帮助学生克服思维上的障碍。让每一个坐着的孩子有勇气站起来说话，让每个站着的孩子体面的坐下。

古人云："授人以鱼不如授人以渔"，在这个知识更新飞速的时代，要求我们教会学生如何学习，培养学生自主能力。因此在我们的日常教学中，要多一些欣赏、多一些鼓励，少点埋怨、指责，在提高学生兴趣上多动脑筋。适时运用激励性的语言评价学生，激发学生学习兴趣，我想我们的课堂会更加精彩。

初中物理课堂的成败
——同课异构研讨活动 心得体会
伊旗一中　曹晓丽

10月27日，物理名师工作室全体成员一行来到远在郊外、风景如画的伊旗四中。我们的共同目标是完善我们的课堂，让我们的课堂成为学生喜欢的高效的课堂，逐步探究上好一节物理课的内在实质到底是什么。怀着共同的理想，我们做了大量且充分的准备工作之后，参加了今天的"光的折射"同课异构研讨活动。

这次活动使我对高效课堂的认识得到了又一次升华，听了由苏颜老师和郭虎虎老师共同设计、分别讲授的两节课后，对于成功课堂，产生了自己的想法，下面简单总结如下。

要想成就一节成功的课堂，必须满足这么几方面的要求：先进科学的教学理念；合理完善的整体设计；很强的课堂驾驭能力；智慧而应变的细节处理能力。当这些都能达到时，那这位老师必定是一位名副其实的名师了。

第一，教学理念的先进性和科学性。

"学生为主体，教师为主导"的理念已经深入人心，相信每一位老师在备课和上课时，都在努力地做到这一点。然而由于学科特点与章节内容的差异性、学生已有知识能力的差别性以及教师驾驭理念与实操的差距性等因素的影响，我们在体现这个理念时，往往会不同程度地有所折扣。而今天苏老师的课，让我着实体会到了教师只是主导作用，而学生才是学习的主体。在整节课中，老师只是起到一定的引导作用，真正操作、思考、探究、分析、总结的主人公是学生，他们利用手眼身心在不停的活动中完成了这节课。同时，苏老师对学生的引导提问，充满着智慧与老练，这是每一位年轻的老师无法做到并必须向之努力的方向。

物理是一门与社会生活紧密相连的自然科学，而初中物理的很多内容都是基于实验探究而得出的。因此，放手让学生去实验去探究分析，以培养学生通过实验来解决问题的能力为长期目标，这样的理念在我们初中物理教学中无疑是先进的也是科学的。今天苏老师的课堂就是以实验（包括学生实验、演示实验、小组实验等）作为整节课的线索，巧妙地将整节课的所有知识点贯穿始终，学生一直在动手做实验，动脑去分析，用眼用心去观察去总结，将所有设计好的学习目标高效完成同时得到内化，同时相信同学们在整节课的活动中还得到了我们所不可设想的收获，比如学习的能力、成功的喜悦、合作交流能力、发现他人闪光点等。如果我们的课堂能让学生在动手操作中完成，那么我们的课堂必定是丰富多彩充满活力的，必定是学生喜欢的，必定是多层面的有内涵的。那这样的课堂能不算是高效的吗？

第二，合理完善的教学设计。

人们常说，台上十分钟，台下十年功。那么对于教师，台上四十分钟，台下得多少工夫呢？是的，要想上好一节课，课下的功夫少不了，也就是我们所说的有效备课。在科学而先进的教学理念的指引下，如果能下功夫做出一份完善合理的教学设计，那么这节课就成功了一多半了。苏老师和郭老师共同设计的这节课，体现了集体的力量。这节课设计得自然流畅层次分明、环环相扣、层层递进，以实验为主线，将各知识点有机联系在一起，整节课给人浑然一体的感觉。将重点难点甚至中考考点明显突出，同时时间的安排也非常合理，学生习题练习量比较充实。总之，对这节课的设计非常欣赏，在之后本节课我的教学中，一定会借鉴。

第三，很强的课堂驾驭能力。

有了好的教学设计，如果能游刃有余的驾驭课堂，那么，这节课肯定是成功的。苏老师在这节课中，充分体现出了作为老教师驾驭课堂的纯熟，让我这位已经不算年轻的教师还是自叹不如！当学生在上黑板展示的时候，出现错误时，苏老师没有马上纠正，而是用他充满智慧的引导，一步一步让学生自行思考，最终发现自己的错误并改正，这不仅使学生对自己知识方面的错误深刻改正，同时也使学生形成了良好的思考的习惯，而这种学习行为的养成对于初二的学生来说更是至关重要的！

曾经年少轻狂的我，从来认为板书没有什么用，只是一种形式，它完全在浪费时间，而且认为根本没有什么技术含量。随着日渐成熟，我深刻地认识到，板书并没有那么简单，一节课下来如果能呈现出一幅很完美的板书，那简直就是自己的一幅作品。写好板书，不仅要有规范整齐的字迹，凸显重难点，更重要的是，位置上的合理分布，出现时间的合理把握，整体思路的体现，还有字数多少的把握。然而这些，无不体现出一位教师对课堂的驾驭能力。我深刻地认识到，一幅好的板书就是老师智慧的结晶！

第四，智慧而应变的细节处理能力。

细节决定成败，这是不变的真理。每一个细节的处理，对于一节课的成败也是至关重要的。那么对于物理课堂，专业术语是否准确无误是细节处理方面的首要问题。当我们的表述时常出现纰漏，或时有口误出现，那么就显得我们的科学态度不够严谨。例如，"光从一种介质射入另一种介质时，出现的现象叫作折射"。这句话表面看问题不大，而事实上，这句话由于缺少了一个"斜"字，我们可以判它为错误的说法。同时，我们常见的折射现象也并不只是光在两种不同的介质间才会发生，同种不均匀介质中也会出现光的折射现象。因此，对于这种情况，我们作为初中老师就不能草率地去给折射下定义。我的处理办法是，告诉大家哪些情况是属于折射现象的，这样是不是显得更加严谨些？

如果课堂上出现了我们预设之外的情形，那么我们要用我们的智慧去应对，如果处理得当，或许还会给课堂平添些许色彩。例如，在课堂出现了这样的情况，学生提出一个和课堂内容看起来并不相关的问题（或者和课堂内容相关但难度和深度大幅度超出课标范围），而老师解决起来并不容易或者需要大量时间才能解释清楚，这个时候，如果我们草率地告诉学生太难了没有必要去探究这样的问题，那是不是会打消学生探究的兴趣，如果我们去深入地解决问题，暂不说解决不了会丢人，就算解决了却花了大量时间而耽误了课堂内容的进行，也是不行的。这个时候，就是体现一个老师处理细节问题的灵活应变能力了。如果我们能将学生的问题悄无声息地引导到我们的知识点上，那样的话是不是就皆大欢喜了！

同课异构，构建有效课堂

——伊旗初中物理名师工作室第四次研修活动简讯

2015年10月27日，初中物理名师工作室在伊旗四中开展了以"同课异构，构建有效课堂"为主题的研修活动。

由于均衡发展检查验收，提前安排好的齐井荣老师未能参加讲课，只能临时安排郭虎虎老师讲了一节课，原来安排的同课异构上成了同课同构（同一导学案），但这并没有影响我们这次活动的效果。虽然是相同的导学案，但两位老师在处理教材和教学策略上及教学风格上截然不同。苏颜老师的课，以导为主，整节课以实验为主线，以学生为主体，因势利导，让学生经历观察、思考、探究、比较、分析、归纳总结等活动过程，真正体现"教师主导，学生主体"的教学理念。郭虎虎老师的课最大的亮点是敢于放手让学生自己探究。我们好多老师存在的一个共性的问题是对学生不敢放手，包办代替的多，这样严重地制约着学生能力的培养和提升。

两节课后苏颜老师结合本节课的说课做了"如何说课"的微型讲座，然后各位老师对这两节课展开交流讨论，大家各抒己见，畅所欲言，集思广益，老师们都觉得借助课例进行教学研讨才能发现问题，取长补短，提升自我，实效性很强。

【2015年第四次研修活动】

2015年物理名师工作室第四次研修活动安排意见

研修主题: "有的放矢,备战中考"。

具体安排: 如表1所列。

表1

时间		讲课内容	讲课教师	地点
上午	8:20—9:00	第十八章"电功率"	齐井荣	第四中学艺华楼三楼录播室
	9:10—9:50	第十八章"电功率"	李天印(导师)	
	10:05—11:00	说课、议课、交流、研讨、专家点评	全旗初中物理老师,李天印(导师)	
	11:00—12:00	中考复习方案解读	张璐,崔岚,张世军,齐井荣,张伟,巴图其劳	
下午	2:30—3:00	2015年物理中考质量分析	李永红	
	3:00—3:20	2015年物理中考分析	高丽	
	3:30—5:30	如何提高中考复习效率	李天印(导师)	

第四次研修活动心得体会

北京师范大学鄂尔多斯第二附属学校　齐井荣

为使各位老师明确鄂尔多斯市物理中考命题方向,掌握中考复习策略,提高中考复习效率,争取在2016年中考中取得优异的成绩,伊旗初中物理名师发展工作室于2015年11月27日举行了第五次研修活动,本次活动的研修主题是"有的放矢,备战中考"。这次的研修活动给我打开一个新的思路,得到一次强的"充电",更让我眼前一亮,就物理复习课堂这方面我学到以下知识。

这次研修活动中，上午第一、二节课是李老师和我分别讲解了"电功率"的复习课，李老师的复习课让我学到了很多，层层导入，给学生设计任务和计划，让学生的思维充分地动起来，让好学生有更高层次的提升，同时，也使普通的学生在掌握已有知识的同时应用知识思考实际问题，进一步让全体学生最大化地吸收知识，激发绝大多数学生的学习动机，并主动参与。如果在此环节出现问题，对于学习动机不是很强的初中学生而言，直接影响整个课堂教学的效果，使学生的主动参与面不够、参与程度不够深刻、不能够长时间保持饱满的精神状态。同时学生的情绪状态也能反映教师的情绪状态和师生之间的情感关系。教学容量适当，教学结构清楚，时间安排合理，课堂应变能力强。在学生的参与面方面，可以看出教师把学生当成学习的主体，教学策略的选择是否围绕着以改变学生的学习方式为核心的教学理念。同时也能看出教师的组织策略得当，能否适时地抓住学生的心理状态，在学生需要自己研究或能够自己研究的时候，为学生提供恰当的学习交流的时间和空间，恰当的点拨形式有利于课堂教学效果的提高。关注激励性教学策略主要看教师能否对学生的学习过程及情感、态度及时给予有价值的反馈，发挥课堂评价对学生学习的导向、激励、诊断和反思提高的作用。一个能触动学生心灵的评价，可能会改变学生的一生。好的课堂教学是师生共同建构学习主体的过程，它通过多样、丰富的交往形式，有意识地培养学生学会倾听、交流、协作、分享的合作意识和交往技能。小组合作学习不能停留在形式上，应让学生在实质性的讨论中真正交流想法、丰富见解。学生的交互状态，是反映教师能否把课堂真正还给学生的最直接的体现。好的课堂教学注重通过教师与学生间的情感交流形成民主和谐的课堂教学心理气氛，让各个层次的学生都能获得创造或成功的心理体验，感受到课堂生活的乐趣和愉悦。第三节课是李老师对我本节课的点评，在点评中我意识到我本节课的问题所在，对我以后的课堂教学有一定的指导作用。第四节课是各学校中考复习方案解读，我会借鉴各个学校的复习方法，完善我的中考复习计划，使我下半年的复习方案更趋于合理和实效。下午首先是李老师对2015年物理中考质量进行分析，通过李老师对中考试卷等各方面的分析，我知道了以后从哪个方面带领学生复习以及需要注意的事项，接下来是李老师参照北京地区的数据进行中考物理复习研究。

总之，通过一天的学习，我收获很大，今后的工作中，我定会更加努力，加强学习，提高素质，完善自己，书写出灿烂美好的未来。

"全旗中考质量分析会"心得体会

伊旗一中　李永红

2015年11月27日，我很荣幸在伊旗四中参加了伊金霍洛旗中考质量分析会，本次活动首先听了北师大二附中齐井荣老师与李天印老师的同课异构课，使我受益匪浅，齐井荣老师"电功率"复习课紧紧围绕电吹风机这个主线，不断地深挖电功率知识，巧妙的教学设计，完美的把电功率知识复习到位、有效，很值得学习与借鉴；李天印老师就电学的基础入手，从初中电学的基础逐渐深入到电功率知识，更注重基础知识的渗透与培养，简简单单地串联与并联电路，让学生从中不断地反复练习，强化了电学基础，不断深化，突破了电功率这个难点。的确，学生只有把基本的电学基础学习透彻了，才有可能把电学中的难点问题消化掉，根据我们学生的实际，加强基础知识的训练是必要的，也是必须的。在电功率复习中也建议老师们把李天印老师与齐井荣老师的课结合起来进行复习，我想是更加完美的。接着，我们听取了各学校中考复习计划与措施，感觉我们的老师越来越注重中考了，也更加敬业了，他们根据中考的趋势，根据学生的特点，根据自己多年来积累的复习经验，不断优化复习流程，提高复习效率，对我的启发很大。

下午，听了高丽老师对我旗近年来物理中考成绩的变化趋势分析，从中看到了我们的差距与不足，但也看出了我们的巨大进步，使在座的物理老师有了压力的同时更有了动力和信心。高老师也对我们提出了许多的意见和建议，值得反思！李天印老师关于中考复习的专题讲座更是令人受益多多，他谈到了如何进行中考试卷分析，使我今后分析试卷有了新思路。如李老师谈到分析试题要结合至少近三、四年中考题，要研究中考物理考什么？怎么考？考得怎么样？又有怎样的变化？我们应当坚持什么？改变什么？我们应该怎样备考？哪些是高频考点？哪些题目是固定不变的……一个个令人深思的问题展现在我们面前！确实，作为一线教师的我们是否这样的思考太少？我们不能盲目的进入课堂，更多地关注教学任务的完成与落实，我们应该思考：我的教学方式、我的学生是否能去挑战中考？战胜中考？因此，我们每一位一线物理教师都一定要分析鄂尔多斯中考物理试题的特点与趋势，只有这样才能把握好我们的课堂教学！讲座中李天印导师用北京市近五年考题给我们做了示范分析，从中确实发现了北京中考物理试题的命题的大致思路与考题特点。我想，只要我们用心细致地分析，总会从中发现我们鄂尔多斯中考物理试题的特点。最后，我希望我们每一位伊旗物理教师都能成为钻研型的教师，看清中考这个指挥棒，进行高效率的课堂教学，做一名智慧型的物理教师！

"有的放矢，备战中考"培训心得
——基于数据分析的物理教学研究

伊旗一中　曹晓丽

　　11月27日，我们全旗的物理教师们齐聚一堂，参加了为期一天的培训。期间，齐井荣老师和李天印专家同课异构"电功率"复习课，他们的课堂各具特色，都讲得精彩纷呈且深入浅出，同时也都高效充实。之后，李永红老师对今年的中考试题进行了全面而深刻地分析，他独到的见解和敏锐的洞察，以及浅显易懂的讲解，使我们更加清晰地了解到我们中考的一些形式与情形，对我们之后教学中的目标把握有很大的帮助。高丽老师对今年的中考进行了全面而深入的数据分析，使我们能够横向纵向对比我们的教学成果和在全旗以及全市的排名变化，这样使我们深刻地反思我们在教学中存在多大的不足，以后的任务有多么的艰巨，同时我们也看到我们的努力所得到的肯定，使我们在以后的教学中更有信心。最后，李天印专家通过对北京海淀区今年中考试题的分析，来指导我们在地中考之前应该进行怎样的有效的复习，同时也透露出很多教学观念和教育理念，对我个人的启发甚大。

　　下面谈谈这次培训之后，我通过全面的思考研究，所得出的一些体会。

　　第一，不论是初三教学还是初二教学，在我们新学期的教学任务开始之前、或者正在学期教学的期间、或者教学任务完成之后，我们都应该去进行全面而深入的数据分析。因为这不仅有利于教学中目标、考点、重难点的把握，同时也有利于对不同孩子进行分层教学和激发孩子们的潜能以及可塑空间，另外也有利于我们教师个人总结经验，总结我们在教学中应坚持什么，应改变什么。对近三年（或五年）的中考试题，各章节各知识点的考查分值和出现率的数据进行分析。在每一届新的教学任务开始之前，我们应该静下心来认认真真对近年中考试题进行细致地分析对比，看哪些知识点哪些内容是每年都要出现的，是以什么形式出现的，看哪些知识点是有时出现有时不出现或是交换轮替出现等，只要我们细致地分析，我们会发现很多意想不到的有用的信息。这样的分析，对于我们在教学中的时间精力的分配、对教学目标的设定一定是有好处的。另外，也对我们把握如何将物理与社会生活紧密贴近有很大帮助与指导作用。对每个学生的每一章节考查结果的各类数据进行研究分析。物理的学科特点是每一章节的联系不一定很紧密，甚至有的章节间是完全独立的，尤其在初二年级的物理课程中更是这样。而对于不同的学生，由于基础认识或敏感度的不同，就会出现不同学生在不同的章节的学习程度相差很大的现象。作为老师，我们应该对学生们的每一章节知识的掌握程度进行数据记录与分析，将每一章检测的数据对比并进行详细地分析，让自己和学生们都很清楚地知道自己在哪些章节掌握得好，哪些章节还需要加强。同时，也能将学生的情况清晰地展现在家长的面前，让家长一目了然，知道自己应该在哪些方面给予学生帮助与辅导。让老师、学生、家长将有限的时间和精力用在最需要的地方，这样才是高效有价值的。

第二，对所在班级、所在学校、所在旗县在整体中的排名地位做横向纵向的各类数据研究。将自己学生的成绩进行整体把握，看班级在学校中的排名如何，看所在学校在全旗学校中的排名如何，看所在旗县在全市的排名如何，然后细致地进行分析对照，最终放眼全局，将自己在教育教学中的优点长处分析总结，继续坚持发扬或向更好的方向改进，同时将自己在教育教学行为中的不足缺点排查出来，找出应对办法去改正去改变，这样做一定是有利于我们的教学质量的提高和教育管理能力的提高的。

培训心得

伊金霍洛旗第四中学　苏　颜

11月27日，我们听了齐井荣老师和北京海淀区教研员李天印关于"电功率"的复习课，使我受益匪浅，从中学到了很多东西。

第一，齐老师课堂设计的主线非常明确，通过电吹风设置了八个问题，把"电功率"这一章的基本概念、基本规律以及实验都包含进去，思路非常明确，从问题入手，培养学生分析问题、解决问题的能力，课堂上学生始终处于紧张的学习状态，使人有耳目一新的感觉，这确实是难能可贵的，同时能够紧紧抓住中考的重点、考点进行强化训练，充分联系实际，落实物理课程标准中提出的"从生活走向物理，从物理走向社会"的基本理念，让我深受启发。整节课老师激情饱满、抑扬顿挫的语调感染着学生，激发学生的求知欲望，这在复习课中是非常少见的，所以大大提高了复习的效率。

第二，李天印老师的复习课设计得也非常实在，让学生踏踏实实地掌握所学的知识，同时让学生进一步体会怎么样将所学的电学知识巧妙地联系起来，把看起来孤立的知识点融为一体，成为一个有机的整体，从而达到了复习的目的，也给我们怎样进行有效复习提供了一种值得借鉴的思路和方法。以问题为主线，激发学生思考，想出解决问题的办法，对培养学生分析问题、解决问题的能力是很有好处的，并且使不同层次的学生都能够有所收获，这是非常值得我学习的地方。

第三，李天印老师听课后进行的点评让我非常佩服，从一些细节方面能够看出李老师深厚的文化底蕴，点评既有优点也能指出其中的不足和选题不严密的地方，说明了李老师平时在这方面就在进行深层次的研究和探讨，这也是我应该学习的地方。

第四，李天印老师做的"关于有效复习的思考"的讲座，从大数据的分析入手，为我们今后的复习指明了方向，并且进一步明确了究竟怎样复习才算得上是有效复习，有效的复习需要教师在课下进行大量的数据收集和分析，需要在教师精心设计问题、做好充分的准备等等的基础上，在有效的时间内提高复习的效果。

总之，不论是听课还是听讲座，我从中学到了不少以前没有学到的东西，我将根据自己的实际情况将所学知识运用到课堂实践中，以提高自己的复习效率，减轻学生的学业负担。

有的放矢，备战中考
——初中物理工作室第四次研修活动简讯

为使各位老师明确鄂尔多斯市物理中考命题方向，掌握中考复习策略，提高中考复习效率，同时帮助物理教师切实提高教学水平，全面提高教育教学质量，2015年11月27日物理名师工作室在伊旗四中举办了以"有的放矢，备战中考"为主题的研修活动。

上午的活动，首先安排北师大二附中齐井荣老师与李天印导师进行同课异构。齐老师的课堂设计的主线非常明确，紧紧围绕电吹风机这个主线，巧妙的设计了八个问题，把"电功率"这一章的基本概念、基本规律以及实验都包含进去，思路非常清晰，从问题入手，培养学生分析问题、解决问题的能力。教学设计很新颖，而且很有智慧，实属是一节复习示范课。李天印老师的复习课设计得也非常实在，让学生踏踏实实地掌握所学的知识，同时让学生进一步体会怎么样将所学的电学知识巧妙地联系起来，把看起来孤立的知识点融为一体，成为一个有机的整体，从而达到了复习的目的，也给我们怎样进行有效复习提供了一种值得借鉴的思路和方法。接下来，李天印老师对齐井荣老师的课进行了点评，点评很到位，既肯定了优点也能指出其中的不足和选题不严密的地方，说明了李老师平时在这方面就在进行深层次的研究和探讨，也可以看出李老师功底的深厚。然后，各学校代表宣读2016年物理中考复习方案。

下午的活动，首先由李永红老师对2015年物理中考试题进行认真细致的分析，并且对今后的复习提出了合理化的意见和建议，接下来由高丽老师对2015年中考成绩进行了分析，让老师们看到我们进步的同时，也要清晰地认识到自己的不足以及和其他学校的差距，让老师有紧迫感。最后李天印老师做了"关于有效复习的思考"的讲座,让老师明白有效的复习需要教师在课下进行大量的数据收集和分析,需要教师精心设计问题、需要教师做好充分的准备等,在此基础上,才能在有效的时间内提高复习的效率。

最后高丽老师做了总结。通过此次活动,全体老师对复习课如何上、如何制定合理的中考复习计划、如何提高复习效率以及中考情况等有了更深的了解和认识,为老师们以后的教学和中考复习奠定了一定的基础。

【2015年第五次研修活动】

2015年物理名师工作室第五次研修活动安排意见

研修主题:"读书汇报与研修心得交流"。
具体安排: 如表1所列。

表1

时　间	活动内容	主讲人	地　点
8:30—9:50	读书心得交流	工作室各位成员交流。苏颀、李永红两位老师点评	一中尚志楼三楼多媒体教室
10:00—10:30	讲座:"与书共舞,体验教育幸福"	齐静荣	
10:30—11:30	2015年研修心得交流	工作室各位成员	
11:30—11:50	总结工作	教研员	

物理名师工作室活动心得

伊旗一中　李永红

本次活动主要是读书交流,工作室各位成员分享所读书籍的精彩内容,让我收获颇多。更让我感动的是每位老师都把读书当做一种乐趣,看到他们因为读书获得了新的收获而露出了幸福的笑容时,我更加体会到了读书确实是一种享受,是一种幸福!

俗话说：读书破万卷，下笔如有神。读书使人除鄙见，开茅塞，获新知，变聪慧。因为书中有着广阔的世界，书中有着不朽的精神。对于我们教师而言，要学的东西太多了。给学生"一杯水"，教师应该有"一桶水"。但"一桶水"如不再添，也有用尽的时候。因此，教师不仅要有"一桶水"，而且要有"一潭水"。书本是最好的老师，读书是最大的乐趣。作为一名人民教师，应该找准自己的人生坐标，找准自己的价值空间。教书的生活虽然清贫，但一本好书使我爱不释手，一首好诗让我如痴如醉，一篇美文使我百读不厌。只有乐学的教师，才能成为乐教的教师；只有教者乐学，才能变成教者乐教，教师乐学，才能让学生在快乐中生活，在愉快中学习。一天喜读书不难，一辈子爱读书不易。任何人实现梦想，首先必须拥有能够实现这一梦想的信念。有信念自有毅力，有毅力才能成功。身为教师，必须成为学习者。教师只有成为学生，才能与时俱进，不断以全新的眼光来指导教育过程。牢固树立终身学习的理念，创造性地开展教书育人工作。教学不再是简单的知识灌输的过程，学生将不再是知识的接收器，而是自主知识的收获者。面对知识更新周期日益缩短的时代，教师必须彻底改变过去那种把教师知识的储藏和传授给学生的知识的陈旧观念，而要努力使自己的大脑成为一条生生不息的河流，不断更新，积淀学养。读书是精彩的、幸福的，教师更要把读书当成生活的一部分并学以致用，时时用全新的教学理念来支撑自己的教育教学工作。

在今后的工作中我还需不断地学习，不断充实、不断进步！

2015年名师工作室研修心得

北京师范大学鄂尔多斯第二附属学校　齐井荣

光阴似箭，2015年悄然画上句号，近一学年的名师工作室研修活动即将结束。回顾这段时间和工作室成员共同学习和成长的历程，我倍感这个团队的魅力，不仅给我带来欢乐、温暖和收获，更让我学会了如何在教育教学的工作岗位上迈好坚实的步伐，虽然感觉到很忙碌、艰辛，但更多的是体会到了自己成长的欣喜、体会到了收获的快乐。

一、参加的活动

这一年里，除特殊情况外我积极参加了名师工作室的活动：

①我参加了名师工作室成员和导师的示范课的听课、评课的全过程，每一次听课、评课对我都非常有启发，使我不断找出差距，进一步提高。

②我讲了一节中考复习课"电功率"，讲完课后进行了说课、专家点评等。

③为使各位老师明确鄂尔多斯市物理中考命题方向，掌握中考复习策略，提高中考复习效率，争取在2016年中考中取得优异的成绩，工作室特举办了以"有的放矢，备战中考"为主题的研修活动，每个学校老师对中考复习方案进行解读，李老师细致进行了2015年物理中考质量分析，高老师对伊旗2015年物理中考进行了分析，这对于即将参加鄂尔多斯物理中考的我来说意义重大，我从各个兄弟学校中学到了中考物理复习的方法。

④聆听导师的讲座"如何使课堂更高效""如何提高中考复习效率"。

⑤读书交流活动。

二、收获

1. 优化课堂教学，提高课堂教学的有效性、高效性

首先要认真备好一节课，在备课环节中，一定要有问题意识：该节课应该设计哪几个问题，这几个问题该怎么呈现，这几个问题是怎么解决的，这节课学生落实得怎么样。在备课中一定要充分体现物理教学的基本特征：以创设物理情境为切入点，以观察物理实验为基础，以培养学生思维能力为核心，以提升学生探究能力为重点。其次一定要精心上好一节课：精彩的引入是成功的开始，科学的讲解是成功的保障，精心设疑，有效提问是教学的核心，有效落实是教学的保障。

2. 从课堂教学活动中，吸取同行和导师们的精细的"营养大餐"

只有在反复的实践教学中，理论才能得以证实和运用。因此，课堂教学才是我们的根本，上课、评课是提高自己教学能力的途径之一，在这一年里，工作室成员及导师进行了上课、评课等活动。在同行和导师的评课和讲座中，我发现自己在实际教学中缺乏集中力量解决主要问题的意识和能力；多是课前的

预设，引导生成的教学较少；学生实践的机会较少；分层的理念仅仅停留在嘴上；虽然有讨论，多是做个样子，激励学生的话语也缺乏。通过反思和学习，在教学过程中，我更加重视对学生进行创造思维和创新能力的培养，满足他们的求知欲和探索欲。课堂教学设计的水平和驾驭课堂教学的能力，在原有基础上，都有了较大幅度的提高。

3. 从教育教学专著中，夯实自身理论基础

在高老师和同伴的引领下，我的学习观发生了很多的变化，在平时的工作中，我抽时间进行理论学习，不断提升自己的教育理论素养，加强理论联系实际的应用。利用所学的理论来指导教学，这半年我阅读了《给教师的100条建议》《走向专业的听评课》和《谁拿走了孩子的幸福》等，我觉得每一次阅读都有很大的收获，我在学习同时注重联系实际，把先进的理念搬进课堂，随时反思，这些书在教我们如何当一个好老师的同时，也教会了我们如何做人。

三、存在的不足

①理论学习还停留在表面，平时教育教学中的点滴经验，不善于及时地积累、记录下来。思想上重视不够，以后要在学习的同时多写高质量的文章，更加勤奋、高质量的完成教育教学工作。

②教科研方面缺少成果。工作中还有懒散的情绪，自己还没有真正地重视传、帮、带工作，在做这项工作时还有流于形式的现象出现。

今后，自己将从以上几个方面严格要求自己，在每天的学习和工作中精益求精，不断反思，多挤出时间阅读专业书籍，努力提高自身的工作能力和实践水平。

参加名师工作室心得体会

伊金霍洛旗蒙古中学　巴图其劳

我经历着，学习着，收获着。回想学习的过程，从心底里感谢老师，感谢工作室这个平台，让我认识并走近这么多热情智慧的物理老师。从他们身上，我学到了很多，感受到很多。他们对于物理教学发自心底的热爱让我感动，对

于物理教学的永不停步的勤勉钻研让我敬佩，彼此之间共享智慧、交流所长的真诚又让我倍感温暖、愉悦。盘点一年的学习生活，既有观念上的洗礼，也有理论上的提高，既有知识上的积淀，也有教学技艺的增长，总的概括起来有如下三个方面：

一、在讲座中成长

李天印教授的讲座更新了我的观念，增加了我的底蕴，指导着我的行动。在动力与压力之中，我边学习边思考，在不知不觉中教育教学的方式也在潜移默化中发生着改变，经常站在学生的角度考虑问题，师生关系也变得越来越融洽。

二、在锻炼中提高

名师工作室的学习培训也给我带来了机遇，给我提供了锻炼自己的舞台。在工作室开展活动中，积极地让每位成员发表意见，讨论方法以及不足的地方，每次活动后我在备课过程中，我反复地磨课，向同事和领导、同学请教，力求自己能做到把握教材到位，上出自己特色来。在此过程中，老师的悉心指导、同仁们的真诚评点成了我宝贵的精神财富，虽然教学过程中还存在着很多问题，但也让我看到了自己与名师的差距，激发了自己不断前进的斗志。

三、在聆听中进步

名师工作室活动丰富多彩。执教者们睿智的语言、独到的教材解读、"大雪无痕"的教学艺术……无不深深震撼着我。几次培训更是解开了一直压制在我心头的迷惑，使我找到了努力的方向。每一次的聆听都给了我新的思想、新的启发，"魅力语文"的教育新理念在我心间越发明晰，这一切为我的教学注入了新的活力。

名师工作室的学习让我沐浴着关爱成长，更让我发现了自己的不足，感谢工作室给我思想上的洗礼、心灵的震撼、理念的革新。如：有时会以学校工作忙碌为借口而懈怠，不能勤于反思，也懒于动笔……在今后的学习中，我会常常反思自己的不足，缩短差距，不断进步。

总结过去，展望未来
——名师工作室第五次研修活动心得体会
伊旗四中　苏　颜

2016年1月5日，本学期工作室进行最后一次活动交流，本次活动的主题是"读书汇报与研修心得交流"。分别是工作室各位成员之间的读书交流、齐井荣老师的专题讲座"与狼共舞，体验教育幸福"、2015年研修心得交流和高丽老师做的本学期工作总结。

在读书交流活动中，老师们畅所欲言，交流自己在读书过程中的体会和感受以及自己的收获，从读书中享受到的那种快乐，给我留下了深刻的印象，尤其曹晓丽老师读的几本书对我的启发更大，像白岩松的《痛并快乐着》就是一本很好的人生励志书籍，而我自己也从李希贵老师所写的《为了自由呼吸的教育》一书中感受到作为一名教师要想使自己有更大的发展，要更加有远见，有胆识，有魄力，更要有植根于教育事业的博大胸怀，再加上自己孜孜不倦的辛勤付出，不成功也难，所以读书交流活动除了使我学到了知识，更使我进一步认识到从读书中能享受更大的快乐。

齐井荣老师的"与狼共舞，体验教育幸福"的专题讲座，用自己的亲身经历和大家分享发生在自己身边的故事，让我进一步明白，作为一名教师不仅要有渊博的知识和精湛的技艺，更要用一颗平和的心态去面对一切，这样才能从教育中享受快乐，享受幸福。

一学期的工作接近尾声，名师工作室的活动也将告一段落，所以对一学期工作的得失进行自我剖析是至关重要的，而老师们都能敞开心扉，谈自己的不足和收获，这确实是难能可贵的，尤其是来自不同学校的老师们坐在一起进行实事求是的分析和规划工作室的未来，为自己今后的发展、为工作室今后的进一步提升出谋划策，积累了丰富的经验。高丽老师对一学期工作室的活动总结更是比较中肯，实实在在地指出了我们的优势和不足，让我既看到了今后的发展潜力，也进一步清楚今后自己需要付出更大的努力，才能使工作室有更好的发展。

2015，我提高了很多

——名师工作室培训总结

伊旗一中　曹晓丽

2015年已然过去，我们将迎来崭新的2016年，在展望未来之前，让我们来用心地回顾这充实的2015年吧。

2015年6月，旗教育局物理名师工作室，正值我迷茫之时请来了李天印专家，为我们进行了高效课堂的培训，使我对于高效课堂有了深刻的理解。高效课堂并不是教师预先为自己设计好的独角戏，它是老师和学生一起深入思考，一起钻研探究，一起解决疑惑排除问题的现场直播。在这场直播之前，教师需要做的是，设立好场景，选择好方式方法，确定好任务和目标。其余的尽可在现场由学生来发挥和展现，在任由学生发挥的过程中，必然会出现很多预设之外的问题，我们把它叫作生成问题，对于教师，这场直播的精彩与否就在于对这些生成问题的解决与处理是否科学合理，是否恰到好处。而在这场直播中教师还有更加重要的任务，就是将对学生的人生观、价值观、世界观、道德观以及科学观的教育融入其中，要善于抓住每一个细节和契机，使学生的情感态度得以提高。总之，只要学生通过自己的探索，经历完整的思考与探究过程，使每一个知识点得到内化，同时从情感态度方面得到提升，不管形式怎样，这终将是一节好课，是一节高效的课堂。

2015年9月，伊旗物理名师工作室进行了"教材梳理 有效备课"的全面研讨。苏颜、巴图、李永红三位老师分别详细分析了"光现象"和"电学"两部分的教材和课标的要求、知识点构造，同时对有效备课提出了自己的见解。郭瑞、曹晓丽、张伟三位老师，分别针对"透镜""物态变化"等部分内容交流了自己对教材的把握和对课标要求的理解，分享了在这些章节中的教学建议，同时也提出了在教学中存在的一些困惑，大家共同探讨最终得到相应的解决。高丽老师总结性地做了有效备课的微型讲座，从要落实最基本的知识点、要突出重点、要突破难点、要激发疑点、要体现特点这五个方面进行了详细而深刻的讲述。通过这次培训，对于教材梳理和有效备课方面，我得到了很大的提高，不论从整体把握还是从细节处理，都得到了具体有效、可操作性强的指导。

2015年10月，伊旗物理名师工作室全体成员参加了"光的折射"同课异构研讨活动。这次活动使我对高效课堂的认识得到了又一次升华，听了由苏颜老师和郭虎虎老师共同设计、分别讲授的两节课后，我对于高效课堂有了新的认识。要想成就一节成功的课堂，必须满足这么几方面的要求。第一，先进科学的教学理念。第二，合理完善的整体设计。第三，很强的课堂驾驭能力。第四，智慧而应变的细节处理能力。

2015年11月，我们全旗的物理教师们参加了以"有的放矢，备战中考"为主题的大型培训活动。期间，齐井荣老师和李天印专家同课异构一节"电功率"复习课，他们的课堂各具特色，都讲得精彩纷呈且深入浅出，同时也都高效充实。之后，李永红老师对今年的中考试题进行了全面而深刻地分析，他独到的见解和敏锐的洞察，以及浅显易懂的讲解，使我们更加清晰地了解到我们中考的一些形式与情形，对我们之后教学中的目标把握有很大的帮助。高丽老师对今年的中考进行了全面而深入的数据分析，使我们能够横向纵向对比我们的教学成果和在全旗以及全市的排名变化，这样使我们深刻地反思我们的教学中存在多大的不足、以后的任务有多么的艰巨，同时我们也看到我们的努力所得到的肯定，使我们在以后的教学中更有信心。最后，李天印专家通过对北京海淀区的中考试题进行分析，来指导我们在本地中考之前应该进行怎样的有效复习，同时也透露出很多教学观念和教育理念，对我个人的启发甚大。

培训起到的最重要的作用，在于意识的警醒与观念的转变，而真正想要得到成长取得进步，还在于日后的主动深思与钻研反思。认认真真把每一节课上到最好，踏踏实实做好每一天的教育教学工作，积极主动地去提升自己的理论高度，这些才是日后需坚持不懈努力的方向。

2015年，我提高了很多，教育观念和工作理念方面得到提升，教育手段与教学方法方面更加丰富，有效备课和课堂驾驭方面得到加强，这些都得益于名师工作室丰富而有效的各种活动，感谢高丽老师精心的设计与组织活动和各位名师的优秀展示和真诚交流，谢谢大家！

与书共舞，体验教育幸福
——伊旗初中物理名师工作室2015年第五次研修活动简讯

读书是教师专业成长的重要途径。教师精神成长，需要丰富的滋养；教师专业发展，需要经典的教育专著引领。为激励教师养成阅读、感悟、交流的习惯，提高专业素养和人格品质，并且将读书所得运用于实践，反思并改进教育教学行为。2016年1月5日在伊旗一中尚志楼开展主题为"与书共舞，体验教育幸福"的读书交流及工作室一学期研修活动总结活动。

本次活动内容有三项。第一，分享读书心得。老师们分享展示了自己阅读的好书，如《从优秀教师到卓越教师》《教育机智》《房奴》《追风筝的人》《完整的成长》《痛并快乐着》《遇见未知的自己》《给教师的101条建议》《赏识你的学生》……这次读书交流活动，让我们感受到读书打造亮丽的人生底色，读书让老师有了美丽心情，与书共舞其乐无穷。第二，齐井荣老师做了题为"与书共舞，体验教育幸福"的微型讲座，齐井荣老师的讲座让我们老师们感受到，在漫长的教育教学生涯中，想要感受教师的幸福，不仅要埋头苦教，更要抬头看路。我们需要与书共舞。与书共舞，能指引我们迷失的方向；与书共舞，能唤醒我们懒散的性情；与书共舞，能够滋润麻木的心灵。与书共舞，我们会一天天变得充实、一天天懂得人生的快乐，享受教育的幸福！第三，每位老师谈了一学期来在名师工作室这个大家庭中的收获与感悟。

本次活动带给老师们更多的是感悟和反思。总结过去展望未来，老师们信心满满，将共同开启新的征程。

【2016年第一次研修活动】

2016年物理名师工作室第一次研修活动安排意见

研修主题："明确目标，有的放矢，备战中考"。
具体安排： 如表1所列。

表1

时　　间	活动内容	负责人	地　点
8：30—9：30	解读2016年工作室计划，并学习工作室考核细则 成员解读自己2016年成长规划	高　丽	伊旗一中尚志楼三楼
9：40—10：40	交流研讨如何提高复习效率 微型讲座："如何提高复习效率"	高　丽	伊旗一中尚志楼三楼
10：50—12：00	研讨《中考说明》 研讨《如何命制中考试题》	高　丽	伊旗一中尚志楼三楼

备战中考，更应从头开始

——"明确目标，有的放矢，备战中考"研修心得

伊旗一中　曹晓丽

2016年3月31日，伊旗物理名师工作室进行了本学期第一次研修活动，活动主题是"明确目标，有的放矢，备战中考"。本次活动内容非常丰富，活动安排时间紧凑，同时体现一种高效率的理念，使我们每一个成员在有效的时间里进行了充分而有效的研讨。

首先，我们快速解读了《2016年工作室工作计划》和《工作室考核细则》，每一个工作室成员都解读了自己在2016年的个人规划。在认真聆听大家的个人规划的同时，我深深地体会到了一种积极努力的工作态度和一种乐观向上的人生态度，同时体会到了大家心中对教育事业梦想的追求和执着！

之后，各所学校派出一名资深的名师对本校的初三复习情况进行了详细的介绍，并提出了很多可行性强的建设性意见。值得一提的是，主持人高老师煞费苦心地请来了四中优秀老教师——崔岚老师，她井井有条地介绍了四中最近的复习情况和之后的长远打算，从宏观布局的把握和具体细节的操作，崔老师都作了深入的讲解，使我们大家受益匪浅，不仅了解到应该如何规划初三的整体复习节奏，同时也学到了很多具体的高效复习的方法。

接下来，高老师在各位老师的详细叙述之后，及时地进行了微型讲座"如何提高复习效率"，在讲座中，高老师明确肯定了各个学校的高效的复习

策略和一些高明的复习办法，同时也指出了她本人在调研过程中发现的一些值得探讨的问题，这些问题个个都直入课堂，直接影响复习效率，在高老师的深入剖析和大家的积极研讨之后，这些问题大都得到解决，相信这些问题的解决对各个学校初三复习效率提高有很大的帮助。同时讲座最大的意义在于，鼓励了每个学校初三老师高效复习的信心和士气，大家都坚信在我们共同的努力下，今年的中考物理一定会取得很大的突破。

最后，我们将大部分的时间放在了对《中考说明》和《如何命制中考试题》的研讨中。毕竟，初中物理还是一门中考科目，最终迎接中考是不可忽视的重要任务。作为初中物理教师，能够命制出一份高质量有价值的中考题，是必须具备的基本能力。通过对《中考说明》的研读，对提高命制中考题的质量有很大帮助。命制中考题，不仅要把握各类基本题型及其所占的分值和比例，把握各类知识（声、光、热、电、力）所占的分值和比例，而且要把握难易比例，更重要的是要把握所命制的每个题目都要符合一定的原则。命制的题目不仅要体现出课标要求，能够考查学生的基本能力，还要考查学生对探究过程的经历情况，更重要的是要与实际生产生活紧密联系，甚至要对学生的价值观念有所导向，同时体现出社会热点和科技发展的新动向，也要能够培养学生的探索精神和创新意识。

通过这部分的研讨，我顿然更加深刻认识到，我虽然不是初三复习的老师，但我认为，备战中考，更应该从头开始，从我们初二的新课教学过程中就应该开始。其实，中考说明并不是只有在初三总复习时才有用处，在初二和初三上学期的新课教授过程中也是很有启示作用的。从八个命题原则上来说，就充分体现了我们平时教学的宗旨方向与深度广度要求。

第一，考的就是过程和方法。

我们教学过程中不仅应该注重基本概念、基本规律和基本原理的理解，同时也应该更加重视这些概念、规律、原理的形成过程与方法。例如，牛顿第一定律，让学生经历定律形成的科学推理过程，让学生了解从亚里士多德、伽利略、笛卡尔到牛顿的整个历史形成过程，这些都是我们教师在备课中引起重视的。

让学生经历科学探究的过程，学习体会科学研究的方法，目的在于培养学生的探索精神、实践能力以及创新意识。例如：控制变量法、转换法、类比法、理想模型法、实验推理法等，这些基本的科学方法，学生应该深刻理解它们的思维与应用。

第二，考的就是能力。

我们对学生的能力培养也应该时刻渗透在每一节的教学中，学生只有具备了运用基本知识、基本技能去分析问题解决问题的能力，我们的教学才会切实达到素质教育的要求。通过演示实验、学生实验、小组合作等形式的教学方法，培养学生的观察能力、提出问题的能力、信息收集和处理的能力、分析概括能力、信息交流能力、创新能力，同时应该高度重视学生掌握相关物理的基本科学方法和科学思维。

第三，考的就是应用。

物理是一门与社会生产实际生活联系非常紧密的学科，所以我们在教学过程中必须重视物理与实际生活相联系，从多角度选取生活中的素材、创设学生经历过的情景。同时，我们也必须重视物理学科与其他各学科之间的渗透，注重道德观念、人文精神、环境保护、社会责任等方方面面的教育。使学生有关注社会热点、关注科技发展新动态的强烈的意识。

通过这次研修活动，我之后的教育教学工作更有了目标性和方向性，同时也更有信心和动力，为了我们的教育事业而努力，为了教好每一个孩子而用心。

如何有效地进行复习

鄂尔多斯市一中分校　张　伟

初三学生的学习任务非常重，七门功课同时面临着毕业考试，每门功课都不能放松，而学生的学习时间又是有限的。如何保证学生既有充足的休息时间，又能平衡七门功课的学习时间，还能保证物理成绩有所提高，经过名师工作室的这次学习活动安排，我计划在今后的复习过程中做好如下几点：

一、利用课堂教学，打好学生基本功

为了上好课，我要做到以下工作：认真钻研教材，了解教材的结构，重点与难点，知道应补充哪些资料，怎样才能教好；了解学生原有的知识技能的质量，他们的兴趣、需要、方法、习惯，学习新知识可能会有哪些困难，采取相应的预防措施；考虑教法，思考如何把已掌握的教材传授给学生，包括如何组织教材、如何安排每节课的活动；组织好课堂教学，关注全体学生，注意信息反馈，调动学生的有意注意，使其保持相对稳定性，同时，激发学生的情感，使他们产生愉悦的心境，创造良好的课堂气氛，课堂语言简洁明了，课堂提问面向全体学生，注意激发学生学物理的兴趣，课堂上讲练结合，作业少而精，减轻学生的负担。

二、加强实验教学，增强学生实践能力

遵循物理教学规律和物理学科的特点，以实验启动物理概念、定理、定律的教学。在演示实验中，引导学生有目的的观察，启发积极思维，揭示物理现象的本质。组织好学生实验，充分发挥学生的主动性，培养学生独立操作的能力、团结协作的精神和学生自主创新的能力。此期除做完、做好教学所要求的实验外，还利用电化教学设备和多媒体教学手段及远程教学设备开展物理实验的教学。

实验课题一直是我在物理教学中的一个薄弱环节，多年来我一直在思考物理教学中应该选择怎么的课题进行研究，本学期我选择了"开放物理实验室，学生自主探究"作为本学期的实验课题。虽然在整个研究过程中出现了很多问题，但这只是实验课题研究的第一步，在今后的研究中，我将针对出现的问题进行修正，不断改进实验方法，以确保实验课题的顺利研究。

三、因材施教，整体性提高学生素质

学生智力、素质的参差必然导致教学的不统一性，在教学的过程中注意兼顾全体学生，难易有度，激励先进学生，鼓励后进学生。一学期来，在培养好尖子生的同时，还利用课余时间辅导、帮助、鼓励基础差的学生赶上先进生，让差生在老师的激励、关心下不断取得进步。一学期下来，好几个同学都在最后有了明显提高。

四、认真批改作业

布置作业做到精读精练，有针对性，有层次性。为了做到这点，我常常到各大书店去搜集资料，对各种辅助资料进行筛选，力求每一次练习都起到最大的效果。同时对学生的作业批改及时、认真，分析并记录学生的作业情况，将他们在作业过程出现的问题作出分类总结，进行透彻的评讲，并针对有关情况及时改进教学方法，做到有的放矢。

五、加强政治学习和业务学习，提高自身思想修养和业务素质

为了不断提高教学水平和教学质量，积极参加各种培训和业务学习、政治学习、教研活动，向老教师学习和交流取长补短。在教学上，有疑必问，同时，多听其他老师的课，做到边听边讲，学习别人的优点，克服自己的不足，并常常邀请其他老师来听课，征求他们的意见，改进工作。自始至终把"学高为师，身正为范"作为自己的行为准则。每天坚持收看新闻，翻阅报刊，关心教育改革动态，熟读教育学、心理学、教法及物理专业知识等丛书，以适应以新更旧的教育状况的需要，坚持以校为家，以教为乐，做到乐业、敬业、勤业，力争精业。

在今后的工作中，要结合班级学生的学习特点，对学生进行分类教学，采取形式多样的课堂教学模式，让每一名学生都学到一些有用的知识。除此以外，结合班级学生在本学期中所存在的不足进行强化，使学生能在学习期间掌握并能运用相关的学科知识。

【2016年第二次研修活动】

2016年物理名师工作室第二次研修活动安排意见

研修主题："备战中考——研磨中考模拟试题"。

具体安排：如表1所列。

表1

时　间	活动内容	主讲人	地　点
8：30—10：30	各位成员分享自己出好的中考模拟试题	与会的所有成员	伊旗一中尚志楼三楼
10：40—12：00	共同研讨，决定取舍，回去继续完善，实现共享 布置下一次研修任务	与会的所有成员	伊旗一中尚志楼三楼

研磨中考模拟试题，提升名师命题能力
——伊旗初中物理名师工作室2016年第二次研修活动简讯

为了提高初中物理名师工作室成员的命题能力，更好地把握鄂尔多斯市中考物理命题方向，促进工作室成员的专业化成长，4月25日上午，初中物理名师工作室在伊金霍洛旗第一中学开展了以"研磨中考模拟试题，提升命题能力"为主题的研修活动。

首先，主持人高丽向大家说明本次研修活动的目的、意义，然后各成员分别畅谈自己命题的总体思路、命题依据、命制每道题的意图以及命题的观点。从大家的分享可以看出，老师们命制试题都非常认真，并且下了很大的功夫，对课标、考试说明的把握比较准确到位，但在试题的难易程度、知识面的覆盖、试题的选择等方面存在一些不足。经过大家认真的分析和讨论，一致认为在试题的难易程度方面，根据我旗的教学实际可适当地增加一点难度，这样可更加凸显试题的甄别和选拔功能。在知识面的覆盖上，既要考查重点知识点，又要涵盖课标要求的应知应会的知识点。在试题的选择上，应加强试题的实践性、探究性和开放性的研究，引导学生关心生产、生活中的物理现象，关注社会和科技的进步，能保持学生学习物理的兴趣与热情。经过热烈的讨论，大家对每一份试题都做了修改并达成共识。最后要求大家进一步完善自己的试题，定期上交。

命制试题是教师的一项重要的能力体现，教师命题的过程，是钻研、理解和把握教材的过程，它有助于提升教师的专业素养，因此提高命题能力是促进

教师专业化成长的必经之路。通过这次研修活动，一方面可以让工作室成员集思广益，群策群力，共同为今年的中考献计献策。另一方面也可促使老师们认真学习新课标，去研究教材和中考说明，研究近三年来的中考试题（尤其是鄂尔多斯市中考试题），从而提高我们对教学内容和中考趋势的把握能力和命题能力，促进老师们自身专业发展。

研讨会上老师们个个感慨："一个不去研究课标、教材、考试说明却只埋头做一个教书匠的老师是一种非常可怕的老师。"

【2016年第三次研修活动】

2016年物理名师工作室第三次研修活动安排意见

研修主题："研究课堂教学策略，提高听评课能力"。

具体安排：如表1所列。

表1

时 间	活动内容	主讲人	地 点
8：10—8：50（第一节）	第一节"功率"	曹小丽	伊旗一中尚志楼
9：00—9：40（第二节）	第二节"动能和势能"	郭瑞	
9：50—11：00	说课、议课、交流	工作室全体成员及全旗初二物理老师	
11：00—12：00	讲座"如何提高听评课的有效性"	苏颀	

第三次研修活动心得体会

伊旗一中　李永红

2016年5月24日上午，工作室举行了听评课活动，本次活动听了曹晓丽和郭瑞两位老师的示范课，使我受益匪浅。两位老师的课堂精彩纷呈，教学中教师充满激情，学生的参与性也特别强，可见，老师在备课上下了很大的功夫，课前准备充分，认真钻研了教材，对教材分析深入，使得教学能够有的放矢。教学中，渗透以人为本的教学原则，先导后教，采用多种教学方法，精心设计问题，充分发挥教师的主导作用和学生的主体作用，让学生分组讨论，激活课堂，充分调动学生学习的积极性和主动性。但我觉得在某些环节上还缺乏完整性和合理性。成功的授课过程应该把握好："教什么、怎么教、教得怎么样"三个环节。

"教什么"是教学的目标，这需要教师钻研教材、熟读和理解课标，这也是做一名合格教师最起码的要求，更是备课的指挥棒，教什么都把握不准，那课堂就没有任何评价的必要了。教学的目标不能只局限在知识目标方面，还得注重过程与方法、情感态度价值观方面的目标达成。

"怎么教"是教学的过程，这也是对教师的教学技能、教学智慧、教学创新本领的重大考验。我们的教学过程设计能否让每位学生从中学到知识，培养能力、启迪心智，受到教育，是我们面前的重大课题。一堂生动有趣深刻的课绝对不能从照本宣科中获得。学生的兴趣爱好及个性，在课堂上老师并不能方方面面地都照顾到，但如何把学生的注意力集中到今天的课题上，那就需要老师的设计和创意能力。"顺应、利用、制约、诱导"也许就是老师在设计课堂活动前应该考虑到的。此外，教师也不拘泥于文本，带领学生广泛参加社会实践，到大千世界去认知客观事物，做到课内课外有机结合也是一种大胆的教学方式。

"教得怎么样"是教学的效果，用来反馈学生学习效果的重要环节，如我们导学案或讲学稿中的即学即练、随堂检测、举一反三……环节！教师的教学水平如何？学生是否掌握了预定的知识和技能？教学目标和教学任务是否得以实现？都必须通过教学效果评价加以验证。而检验和判定教学效果，是了解教学状况，提高教学质量的必由之路。通过教学效果评价，教师可以了解自己的教学目标确定得是否合理，教学方法、手段运用是否得当，教学的重点、难点是否讲清，也可以了解学生学习的状况和存在的问题，发现造成学生学习困难的原因，从而调整教学策略，改进教学措施，有针对性地解决教学中存在的各种问题。可见，教学效果反馈是非常重要的环节。我们必须足够重视！

本次活动中，我认为两位老师的教学目标的定位过分强调知识目标、教学过程的设计过分注重知识目标的渗透，教学效果的反馈缺少典型性、代表性，甚至是没时间反馈训练，这些都说明我们的教学还存在很大问题，应该不断学习、不断反思、大胆创新、优化设计，为打造精品的物理课堂而努力奋斗！

第三次研修活动心得体会

伊旗一中　曹晓丽

5月，在紧锣密鼓的准备工作之后，旗物理教研室名师工作室如期举行了又一次的培训活动。这次活动由我和郭瑞两位老师分别展示一节常规课，"功率"和"动能和势能"。大家以这两节课为载体，谈论自己对教育教学方面的一些观点和想法。最后，苏颜老师进行了微型讲座……如何提高听评课的效率……。在这次活动中，我的收获颇大，下面从以下几方面浅谈。

第一，物理规律、概念，一定要找到关键点去突破。

有的物理概念对于学生来说是比较抽象的，直接去举出实例，或直接解释概念是无法使学生达到深刻理解的程度。对于这样的概念，作为老师我们备课时应该找到这个概念的关键点，帮助学生去突破，只要把关键点突破了，对概念的整体把握就不会出现偏差了。例如功率，它的关键点在于物理意义，只要让学生想办法把物理意义把握了，那功率的整体概念理解起来就没有那么抽象了。要想深刻理解功率的物理意义，可以从两个思路来突破。一是以速度的概念为基础，进行知识迁移，从运动的快慢来理解做功的快慢。二是举出生活实例，搬同样多的砖，用不同的时间，做功的快慢就不同。两种方法相辅相成或任选一个，由教师以自己的教学风格来把握。

第二，课堂实验要放开，给学生足够的时间和思维余地。

物理课堂上，总是需要设计一两个学生实验——探究实验或测量实验。但老师总是担心时间不够，完成不了教学任务，处处提示处处限制，使得实验要达到的效果太为有限。我们在设计流程的时候，将实验设计得更加开放，步骤提示性、细节性的问题，在实验之前尽量少设计，避免影响学生思维的扩散，同时要给学生留足够的时间去进行实验，只有具有充分的时间与空间，才能使学生对实验的整体思维和设计思路实现全程经历和全面思考。在实验操作结束之后，可以以讨论的形式再来强调注意事项和细节问题。这样的课堂实验，不仅可以得到实验结论，更重要的是能让学生充分经历实验过程，体会实验思路，拓展思维方向，提高学习能力，同时也可以充分地感受实验操作中的乐趣，加强交流合作的能力。

第三，课堂教学一定要注重学习过程，注重知识的生成。

初中物理难度小，各种概念研究得都比较浅显，各种规律探究得也比较简单。因此，老师在教学中就容易忽视学生对知识点逐渐生成的过程。直接给出概念定义、规律定理，然后再反复练习应用，这样做也许物理成绩不会低，但对于学生的学习能力和思维习惯的培养一定是没有好处的。我们在教学中应该注重学生的学习过程，注重学生对知识的生成。我们在教学中应该想办法应用一些归纳法、分类法、类比迁移法等教学方法，来实现学生对每个知识点的生成与内化，从实质上去理解突破每个知识点的关键点。

第四，抓住一切机会来激励学生的学习积极性。

如果老师教多少，学生就能学多少，那再怎么教都不会差的。学生毕竟是孩子，他们对待学习的积极性不会时刻保持百分之百。所以作为老师，一个重要的任务就是随时随地想办法来激励学生，让他们乐于思考、乐于主动去学习。课堂上一些有效的实实在在的激励性语言是很重要的，也是老师们最常用的激励办法。其实，还有很多办法我们是可以想到的，比如在教学课件上随时敲上类似于"谁的思维最敏捷""谁的举一反三的能力最强"等。还可以在批阅作业的时候留下一句"最近表现不错""最近进步很大""今天上课脑子转得很快"等。

通过本次教研活动，我在教育和教学方面都得到了很大的收获，希望在之后的课堂教学和教育管理中能够使我得到更大的进步。

第三次研修活动心得体会

北京师范大学鄂尔多斯第二附属学校　齐井荣

　　为了优化我们的课堂教学，提升工作室成员的专业水平，名师工作室于2016年5月24日上午在伊旗一中开展以"研究课堂教学策略，提高听评课能力"为主题的研修活动。这次活动从早上八点十分正式开始一直持续到中午十二点十分，专题讲座、听课、评课议课等安排的时间比较紧凑。在紧张的学习之后，我有所收获，今写下一些东西来思考和分享。

　　上午聆听了两节物理课，第一节是伊旗一中的年轻、有活力的曹晓丽老师的精彩展示，第二节是伊旗二中激情满满的郭瑞老师的示范课，两位老师的课都讲得非常精彩，体现出教师的素养全面，基本功扎实，有亲和力、感召力，及时恰当点评学生的表现；教学设计合理、有序，过渡自然，结构完整；教学中联系实际生活，使物理知识生活化，又使生活现象物理化；两位老师在课堂上尽量体现出疑问让学生讨论，过程让学生经历，方法让学生总结，结论让学生得出，成功让学生体验，是两节非常成功的示范课。接下来是老师们互动点评、交流，老师们畅所欲言，谈收获、谈看法、谈不足。最后是苏老师的"如何提高听评课的有效性"讲座，讲座主要从以下几个方面展开：听课评课的价值；听课评课的组织方式；听课评课的误区；如何提高听课评课的有效性。苏老师的讲座给还处在听评课盲区中的我指明了方向，让我了解了听课应该听什么，评课应该怎么评。

　　总之，通过一上午的听评课、交流、讲座等活动，我收获很大，而作为名师工作室的成员，我也深深感到，只有一步一步地走得更稳、更快，才能眼界大开，为了心中的梦想，让我们和有志于为教师生涯奉献终生的同仁们一起努力！

研究课堂教学策略，提高听评课能力

伊旗四中　苏　颙

　　本次活动的目的是优化我们的课堂教学，提升工作室成员的专业水平，安排了郭瑞老师和曹晓丽老师给我们上了两节精彩的示范课和展示课,使我受益匪浅。

正是两位老师的认真准备和精心安排、组织课堂,给我们展示了他们不一样的风采,从这些年轻人身上我看到了他们积极向上的阳光气质,这是需要我今后不断努力的方向。

两位老师虽然年轻,但是他们与学生的距离非常近,很有亲和力,感觉到他们的学生非常愿意学习物理这门课程,对物理课产生了浓厚的兴趣,这确实是很了不起的,我要不断地学习,不断地改变自己,拉近与学生的距离,让学生由于喜欢老师,从而喜欢学习物理。

两位老师在教学中对于重点突出和难点突破上拿捏得非常准确和非常到位,令我刮目相看,和自己的课堂相比确实有很多需要学习和改进的地方,今后还需要不断地加强学习,来提升自己的教育教学水平,不断适应新形势下教育教学改革的大潮,才能使自己立于不败之地。

通过自己做的专题讲座,使我更进一步明白了要想使自己的综合能力有一个更大的提升,需要不断地充实自己,不断转变自己的教育教学观念,紧跟时代的步伐,更新教育理念,做好学生的服务者和领航者,使学生的能力得到更大的提升,是我永远追求和奋斗的目标。

聚焦课堂教学,提升专业素养
——伊金霍洛旗初中物理名师工作室2016年第三次研修活动简讯

为了进一步提高物理课堂教学的有效性,促进工作室成员的专业化成长,同时,针对初二年级的教学实际和需求,伊旗初中物理名师工作室于5月24日在伊旗一中举办以"研究课堂教学策略,提高听评课能力"为主题的研修活动。

本次活动主要内容有三项:观摩课堂;说课、评课交流;名师讲座。第一、二节分别由曹晓丽和郭瑞两位老师进行了课堂教学展示。两位老师在课前认真钻研教材,精心备课,授课时充满激情,且特别有亲和力。两位执教老师充分运用新课程理念,从不同的角度展示了各自的教学艺术和个性风采,给人耳目一新的感觉。教学设计新颖独特，教学过程注重知识的生成和学法的指导，注重引导学生积极思考、自主探究，注重联系生活实际，充分体现从生活走向物理、从物理走向社会和提高学生学科素养的物理课程基本理念。评课环节积极、热烈。老师们畅所欲言，各抒己见，从不同角度对两节课的教学目标、教学方法、教学策略、细节处理、教学效果等方面进行了评议。苏颜老师："课堂教学要抓住关键点来突破重难点，就会起到事半功倍的效果。"如"功率"一节的关键点是"功率的物理意义"，"能量"概念的关键点是"能够做功"，教学中如能突破这些关键点，一切问题都会顺理成章、迎刃而解。李永红老师："教学就是要解决'教什么（教学目标），怎么教（教学方法、策略），教得怎么样（教学效果）'的问题。"齐井荣老师："物理离不开生活，物理课堂生活化，更能激发学生的学习兴趣。"李文萍老师："探究的目的不仅仅是为了得到结论，更主要的是让学生经历动脑思考、动手操作、分析论证、归纳总结的过程，体验获得成功的快乐和成就感。"老师们精彩的分享，给大家很多启迪与思考。苏颜老师的讲座"如何提高听评课的实效性"，理论与实际相结合，从多方面系统地阐明了如何进行有效的听评课，解决了老师们在听评课中的很多困惑。

本次研修活动带给老师们很多的收获和思考，大家纷纷表示，在今后的教学中，要把今天学到的这些宝贵的方法、经验与自己的实际加以整合运用到课堂教学中，并且要不断地反思、总结，提升自己的专业素养，提高自己的执教能力。

相信经过教学实践的探索，教师思想的碰撞，老师们的物理教学水平定会更上一层楼。

【2016 年第四次研修活动】

2016 年物理名师工作室第四次研修活动安排意见

研修主题："读书汇报、研修心得交流"。
具体安排：如表 1 所列。

表1

时　间	活动内容	主讲人	地　点
8：30—9：50	读书心得交流	工作室各位成员交流 苏颜、齐井荣点评	一中 尚志楼三楼 多媒体教室
10：00—10：30	讲座"快乐阅读，体验幸福"	李永红	
10：30—11：30	2016年研修心得交流	工作室各位成员	
11：30—11：50	总结工作	教研员	

读书汇报与研修交流心得体会

伊旗四中　苏　颜

今天活动的研修主题是"学习中成长，总结中前行"。通过今天的学习交流，使我更清楚地认识到了读书的重要性，通过读书可以使我们的视野更加开阔，使我们的知识更加丰富，使我们的生活更加绚丽多彩，使我们的教学方法更加灵活多样，使我们更多地了解学生、理解学生，让我们能在书海中汲取到更多的营养，从而不断地充实自己、完善自我，使我们向优秀教师的行列迈进了一步。

《最好的教师不教书》使我更加懂得了作为一名人民教师不仅仅要教书，更重要的是要教会学生做人，作者从一些点点滴滴的小事中悟出了很多大的道理，比如"老师，不妨做个大猴子"，而不要做一个耍猴者，体现了平等、民主、和谐的师生关系，同时也体现了作为"大猴子"的一种引领、示范和带动效应，同时也是一种担当；比如"老师，请把枪口抬高一厘米"，更体现了老师的一种睿智和豁达，在本书中这种事例很多，使我深受启发。老师们推荐和交流的《从优秀教师到卓越教师》《教师的20项修炼》《做一名幸福的教师》等等，都给我留下了深刻的印象，我也会不断地对照自己、改变自己，将这些好的方法、好的建议运用到实际中，不断地提升自己的业务水平，做一名更加出色的人民教师。

工作室启动已一年有余，在这些日子里，每位成员都付出很多，也收获了很多，不论从自身的理论修养还是业务水平，都有所提升，但是"革命尚未成功"，离我们的目标还有很大的差距，还需要我不断地努力，不断地学习，力争在以后的工作中交上一份更加满意的答卷。

读书汇报交流会后的心得

伊旗二中　郭　瑞

7月1日，我参加了名师工作室组织的读书心得汇报交流会，会上8位老师针对自己所读的书以及读书后的收获分别谈了自己的感想。通过聆听各位老师的感想，使我更深刻地认识到作为一名人民教师，读书的必要性和紧迫性，令我感受颇深。

会后我认真地反思了这么多年的从教生涯，感到我们的大部分知识、经验都是从书上得来的。书籍是人类文明的"接力棒"。陈寿说："一日无书，百事荒芜。"杜甫说："读书破万卷，下笔如有神。"书籍的重要性和益处是不言而喻的。但随着社会的发展，书籍似乎离我们渐去渐远，随之而来的电视、网络、手机，它们的内容更加形象、生动，浏览也更加方便，吸引着我们众多青少年的目光，闲暇之余谈起来的便是电视、网络上的内容，很少有人能静下心来品读一本好书了。而我们浮躁的心灵似乎也感染着学生，学生不愿读书，读书方法也是不得要领。

名师工作室的读书活动，似乎是黑夜的一盏明灯，打破了这种沉闷的局面，它给我们的读书、交流提供了一个平台。但由于日常工作比较忙，事务繁杂，读书有时便成为一种奢侈的负担，并没有把它扎实有效地开展开来，常常是被动应付的去读书，自然也就没能给学生和自己的孩子树立一种良好的读书榜样，孩子们感觉不到读书的快乐。让孩子们学会读书，让读书成为生活的习惯，已经成为我们刻不容缓的责任。在听了一中李永红老师做的"快乐阅读，体验幸福"的报告后，我受益匪浅，他对物理方面书籍的研究之广、数量之多，是我闻所未闻的。还有他随时批注的良好阅读习惯，也是我所缺乏的，我经常是读的时候津津乐道，读完以后便忘得一干二净，没能真正的发挥出书籍开阔视野、陶冶情操的作用。

养成良好的读书习惯，让书香伴随我们的一生，洗涤我们心灵的污垢，让浓浓的书香伴我们一路前行吧！

学习中成长，总结中前行

伊金霍洛旗初中物理名师工作室2016年第四次研修活动简讯

读书是教师专业成长的重要途径。教师精神成长，需要丰富的滋养；教师专业发展，需要经典的教育专著引领。为激励教师养成阅读、感悟、交流的习惯，提高专业素养和人格品质，并且将读书所得运用于实践，反思并改进教育教学行为。2016年7月1日，初中物理名师工作室在伊旗一中尚志楼开展了主题为"学习中成长，总结中前行"的读书汇报及工作室一学期总结交流研修活动。

首先，各位老师就本学期的读书情况进行交流。老师们读书涉及的方面比较广，不仅有关于教学策略、教育理念、教师德行方面的，还有关于人生境界、生活态度、个人修养以及读书的经历、读书的益处等方面的。老师们都深刻认识到了读书给我们带来的益处和读书的重要性。例如《从优秀教师到卓越教师》，老师们从这类书籍中学到了课堂管理中具体而有效的策略，在对待班级管理和学生生活、思想方面的难题中起到了有效的指导作用。《有效备课上课评课》这类书籍提供了有效提高课堂效率的具体实施步骤和方法，从备课、上课、听评课全方位的诠释了新课标理念下的高效课堂，让老师受益匪浅。《做一个幸福的教师》《教师的20项修炼》《孩子，你慢慢来》《给教师的100条建议》等，老师们从这类书籍中汲取精华，不断更新教育理念，不断改善师生之间的互尊互爱的关系，端正了工作的态度、体验到了职业的幸福感。像《人生不较劲》《痛并快乐着》《遇见未知的自己》《缘缘堂随笔》等这些人生感悟之类的书籍，丰富了教师们的人生价值观，沉淀了内心美好向上的情感，从而在教育教学工作中更加充满活力、充满激情、充满正能量。

其次，李永红老师进行了以"快乐阅读，体验幸福"为主题的微型讲座。李永红老师先从自己热爱物理类书籍，从而获得了很大的幸福谈起，生动活泼地将他本人读书的经历详细阐述，逐渐引出主题，读书会使我们得到幸福。然后将主题直指我们的教师职业,作为教师,我们是社会认可的有知识的人,是学生的表率,我们更应该涉猎更多的书籍,专业类、人文类、历史类、科技类等等,从各个方面提高自身的涵养,成为一名真正知识渊博的人。

第三,各位成员就一学期来的所学、所感、所获进行了总结交流。一学年来每位成员最大的感触就是忙,但感觉忙的有意义,有价值!因为每个人通过名师工作室这个平台都收获了、进步了、成长了。

最后,主持人高丽进行了总结。一学年的工作接近尾声,在这一学年里,全体成员精诚团结,齐心协力,共同成长,共同进步,取得了一定的成绩。路漫漫其修远兮,吾将上下而求索,教研的路还很长,物理工作室全体成员将一如既往,扬帆远航……

【2016 年第六次研修活动】

2016 年名师工作室第六次研修活动安排意见

研修主题: "在实践中探索,在反思中前行"。

具体安排: 如表 1 所列。

表 1

时　间	活动内容	主讲老师
8:30—8:50	"时光不语,静待花开——新教师的成长"	石　慧
8:50—9:10	"求课堂之真,务教学之实"	郭　瑞
9:10—9:20	"浅谈物理教学中的一些小策略"	李文萍
9:20—9:50	"浅谈新形式下的初中物理教学"	李永红
10:00—11:00	"2016 中考质量分析及教学建议"	苏　颁
11:00—11:30	"2016 中考质量数据分析及教学建议"	高　丽
11:30—12:00	集体研讨	全体初中物理教师

在实践中探索，在反思中前行
——伊旗初中物理名师工作室2016年第六次研修活动简讯

为了总结和反思过去我旗初中物理教学情况，进一步提高初中物理教学的有效性，加强考试研究，提升中考备考质量和复习效益，加强我旗初中物理教师队伍建设。2016年10月27日举办了以"在实践中探索，在反思中前行"为主题的初中物理学科研讨会。

首先，由最年轻的石慧老师结合自己的教学分享成长感悟"时光不语，静待花开——新教师的成长"，讲述了一个新教师的成长历程。让大家看到一个参加工作仅仅两年的年轻教师有如此大的进步！这不仅对新老师有学习和借鉴的作用，对部分老教师也是一种鞭策。其次，由郭瑞老师做了以"求课堂之真，务教学之实"为主题的经验分享。郭老师从抓好入门教育，让学生爱上物理这门课程为切入点，讲述如何让学生喜欢物理、爱上物理，从而提高课堂效率、提高物理成绩。第三，由资深的李文萍老师分享自己多年来积累下的教学经验。李文萍老师分享的主题是"浅谈物理教学中的一些小策略"。李老师讲的一个个的小问题，折射出教学中的大道理：把课堂还给学生，大胆的放手让学生自己去讨论、探究、质疑、归纳、总结。教学最重要的是培养学生解决问题的能力，能力往往比知识更重要。第四，由李永红老师做了题为"浅谈新形式下的初中物理教学"的分享，李永红老师从物理学科的"物理"入手，讲述"物"和"理"的关系，提倡教师在教学过程中把物理知识落实到"物"上，动手操作"物"，动脑思考"理"，学生体验到物，才能明白其中的理，"物"在实验室、身边、"脑海"里。并且对中考物理的复习也提出了一些好的建议。第五，由苏颜老师做了"2016中考质量分析及教学建议"讲座，详细地分析了中考试题的题型、难易程度及中考的导向，为老师们的日常教学提供了明确的方向，为2017年的中考做了一个很好的铺垫。最后高丽老师对2016年物理中考进行了数据分析，和老师们一起找出差距，确定目标，并且对今后的复习提出了合理化的意见和建议。

通过此次活动，全体老师对平时的教学有了更深的体会，尤其像复习课如何上、如何制定合理的中考复习计划，如何提高复习效率以及中考情况等有了更深的了解和认识，为老师们以后的教学和中考复习奠定了一定的基础。

【2016年第七次研修活动】

2016年物理名师工作室第七次研修活动安排意见

研修主题：运用"知法行创教学模式"分解落实教学目标。
具体安排：如表1所列。

表1

活动时间	活动地点	授课教师	活动地点
8：15—9：55（第一节）	第二节"光的反射"	曹晓丽	伊旗一中尚志楼三楼
9：05—9：45（第二节）	第二节"光的反射"	鲍建中（导师）	
9：55—12：00	执教老师说课、专家点评、讲座"例谈教学目标的分解与落实"	鲍建中（导师）	
2：30—5：00	"初中物理实验的设计与创新"	鲍建中（导师）	

运用"知法行创教学模式"分解落实教学目标
——初中物理名师工作室第七次主题研修活动

为了进一步深化我旗课程教学改革，不断提升全旗物理教育教学质量，以课堂教学为主阵地，探索有效课堂教学，不断提升物理老师专业化水平，2016年11月4日举办了以"运用'知法行创教学模式'分解落实教学目标"的主题研修活动。

上午第一、二节课是工作室曹晓丽老师和导师鲍建中关于"光的反射"的同课异构。曹晓丽老师课堂设计的主线非常明确，通过巧妙的问题设计，激发学生的学习兴趣；思路非常明确，从问题入手，培养学生分析问题、解决问题的能力；课堂上学生始终处于紧张的学习状态，使人有耳目一新的感觉，这确实是难能可贵的，同时能够紧紧抓住探究光的反射规律，让学生展开探究，充分联系实际，落实物理课程标准中提出的"从生活走向物理，从物理走向社会"的基本理念。

鲍建中老师用巧妙的自制教具，通过一系列小实验激发学生的求知欲望，引发学生的兴趣，更加方便地完成了教学任务。在引课环节，鲍老师的小小魔术盒引发学生们的好奇，激发学生的兴趣，学生特别想知道其中的奥秘，于是非常积极主动地投入本节课的学习。情景剧《法官大人》以"入射光线、反射光线、法线的实验模型"为载体，引入法线，孩子们感觉很有意思，理解得非常透彻，对后面光的反射定律做了很好的铺垫。"棉线展示入射光线和反射光线的实验"以一种唯美的视觉感受，将光的反射定律直观地展现出来，学生们印象深刻。以这些创新性的实验为载体来学习一节课的内容，不仅使学生们对知识点的理解非常深刻、非常透彻，更重要的是使学生们在其中感受到了学习的快乐，对物理的学习充满了激情。同时拓展了学生的思维，激发了学生的创新意识，使不同层次的学生都能够有所收获。

接下来，鲍建中老师对曹晓丽老师的课进行了点评，并且结合本节课，做了关于"例谈教学目标的分解和落实"的讲座。从课程标准的要求入手，为我们今后在课堂教学中如何有效地落实教学目标指明了方向，并且进一步明确了究竟怎样将教学目标巧妙地分解，以达到课堂教学的有效性，需要教师精心设计问题、需要教师做好充分的准备等等的基础上，才能在有效的时间内提高课堂教学的效果。

下午鲍建中老师做的关于"初中物理实验的设计与创新"的讲座，理论联系实际，展示了好多有趣的自制实验，更让老师们清晰地认识到，实验在物理课堂教学中的重要性。

本次活动，让老师们在课标分解和实验创新方面受到很大启发，为以后课程目标的分解和落实指明了方向、奠定了基础。

【2016年第八次研修活动】

2016年物理名师工作室第八次研修活动安排意见

研修主题："基于课程目标分解下的备课、说课与研修心得交流"。

具体安排：如表1所列。

表1

时 间	活动内容	主讲人	地 点
8:30—9:50	我对"基于课程标准的目标分解"下的备课和说课的感悟	工作室各位成员	鄂尔多斯市一中分校三楼会议室
10:00—10:40	讲座：浅谈"基于课程标准的目标分解"	高丽	
10:40—11:30	2016年研修心得交流	工作室各位成员	
11:30—11:50	总结工作	教研员	

研修活动心得体会

北京师范大学鄂尔多斯第二附属学校　石　慧

本次教研活动的主题是基于目标分解下的备课与说课，以课堂教学为主阵地，探索有效课堂教学。这样的教研活动每次都能使我有大大小小的不同收获，对于才刚工作不到两年的我来说，我有幸参加了高老师组织的"例谈教学目标的分解与落实"活动，这是一次对我很好的提升机会。通过这次活动我的心得总结如下。

一上午的教研活动分为三个环节，第一个环节是由各位名师工作室的成员分享自己关于对目标分解下备课与说课的理解。李永红老师谈到作为一名教师，备好一节课是上好一节课的前提、基础。备好课就是你如何撰写一节课，首先你要知道怎么写好你的教学目标，它不是你随便写一下就行的，而是你要站在谁的位置？出发的主体是谁？学生的知识水平怎么样？需要达到哪一种程度？他利用具体的课例谈了自己对实现课程的三维目标想法，如在讲解"力的作用是相互的"时,李老师指出应该抓住八年级学生感性思维特点的学情,将使用弹簧作为模型,让学生用互相拉的方式体验力的作用相互性,采用更易懂的形式告诉学生。苏老师指出目标的分解重点在于设计什么样的重点问题,这些问题中会渗透很多的三维目标,这也为我今后的课堂改进指出了方向。第二个环节是高丽老师作了精彩的讲座:浅谈"基于课程标准的目标分解"。高老师从课堂层面的学习目标、课程内容标准、课程标准和学习目标的关系以及如何分解课程标准四个方面做了讲解。印象最深的是高老师提出在教学设计的环节尤为重要的是设计什么样的问题,注重问题的价值,在设计问题之前一定要做出预设,避免问题太随意。这是我今后教学一定注重改进的问题。教学目标最终分解为具有可评价、可测量、可操作的有具体指导意义的点。教学目标有三项基本的作用,课堂的层次需要体现某一知识点让学生掌握到什么程度,教学活动的安排要有什么样的方向,以及教学评价的依据是什么。最终目标分解的要求是分解目标可操作、可评价、可理解。分解目标的工作是一个很复杂的过程,不同的时间段对教学目标的分解也可能不同,对于是新教师的我来说,分解目标是一个需要长期不断摸索学习的课题。第三个环节是2016年研修心得交流,各位老师们积极地谈论这一年的收获与心得,同时提出下一年工作的计划。现在的我存在的问题是对课标难易的要求把握不好,对学生需要掌握到什么程度的目标不是很清晰,所以分解目标是我在下一阶段需要努力学习的。

  本次教研活动,有效地促进了我们青年教师的成长,使我们在教学上更加明确教学目标,明确作为一个教师应该在教学中有课程标准这个航标,研读课标,把握考纲,才能实现有效的课堂教学。

基于课程目标分解下的备课、说课

——初中物理名师工作室第八次主题研修活动简讯

  为探索高效课堂教学,不断提升物理老师专业化水平,伊旗物理名师工作室全体成员于2016年12月27日上午在市一中分校举行第八次研修活动。这次研修活动是以课程目标分解为主题,分为三个环节进行了研讨交流。

第一个环节，由工作室各位成员谈了自己对"基于课程标准的目标分解"下的备课与说课的感悟，老师们的感悟比较深刻，从过去的只关注教材，到现在的每位老师能够深刻挖掘教材，重视课标，研究课标，这是很大的一个进步！也为后期的课程目标分解打下了坚实的基础。石慧老师结合教学实例，谈了自己对课程目标分解的感悟，让在座的每一位老师眼前一亮，石慧老师能够把课程目标分解到教学的每一个环节，学习目标清清楚楚、明明白白。

第二个环节，由教研员高丽做了"浅谈教学目标的分解"讲座，主要从课堂层面的学习目标、课程内容标准、课程标准和学习目标的关系以及如何分解课程标准四个方面做了讲解。讲座深入浅出，通俗易懂，既具有理论深度，又具有实践基础。为下一年更深入开展"基于课程标准的目标分解"活动打下了坚实的基础。

第三个环节，由工作室各位成员对2016年的研修工作进行了总结与交流，各位老师都谈了这一年来的收获与感受，大家一致认为，这一年来自己在名师工作室这个大家庭中学到了很多，收获了很多。回顾2016年，畅想2017年，各位老师为2017年更好地开展工作室活动纷纷献计献策。

最后，由高丽老师做了总结。2016年很快过去了，我们意犹未尽，一年时间工作室有了新的气象，新的希望，新的发展，同时也有遗憾，我们的工作还并不完美，有些地方还不到位，例如在活动中，有些成员未能深度参与，仅仅停留在到会参与的层面，没有较强的主人姿态，比较被动。网上学习交流、互动能力有待加强，缺少课题项目的引领等等。展望来年我们充满信心。工作室里的成员都是有思想有能力的有志教师，我们这个工作室一定会更进一步地开拓创新，取得更大的成效。来年我们将走出稚嫩，力争在做实的基础上做精，做到成员有合作，资源有分享，一起走、一起做、一起乐！相信，未来我们将豪情满怀的一起学习、反思、践行，研究的脚步迈开了，就再不会停歇，路必将越走越宽。

第二期物理名师工作室的发展过程中，秉承"研究探索，共同发展"的初衷，做教改路上的拥护者、践行者与传播者，践行知行合一，积蓄力量，提升教育智慧。初中物理名师工作室团队中涌现出了一大批有能力、善学习、肯钻研的优秀教师。

奋战在教学一线的每一位教师都在用汗水和努力践行教师的责任，紧跟教育教学改革的发展脚步，怀揣着梦想和初心，用为教育事业奉献终身的激情，践行为祖国为社会培养栋梁之材的使命和责任，凭借不断的钻研学习、课堂实践、反思提升，快速地成长和发展。

化学篇

"1+1+X+N+Z"化学名师工作室

专业引领　聚焦课堂
——第二期伊金霍洛旗初中化学一级名师工作室研修活动

薛　云

2015—2016年第一期伊金霍洛旗初中化学名师工作室研修活动

【2015—2016年第一次研修活动】

2015—2016学年伊旗初中化学名师工作室第一次活动安排

培训具体安排：如表1所列。

表1

时间	内容	教师
8：10—8：50 9：00—9：40	物质的变化及物质性质探究复习课	伊旗一中　刘玉宁 伊旗一中　班顺
9：50—10：50	讲座"物质的变化及物质性质的探究教材分析及整体教学设计"	伊旗一中　刘玉宁
11：00—11：50	研讨"物质的变化及物质性质的探究教材分析及整体教学设计"，并就本次活动主题发言	工作室成员

2015年9月24日伊旗初中化学名师工作室活动总结

9月24日上午，在伊旗第一中学，伊旗初中化学名师工作室进行了工作室成立后的第三次研修活动。主要内容有三项：一是刘玉宁和班顺两位老师上示范课"物质的变化及物质性质探究复习课"；二是伊旗一中刘玉宁老师做讲座"物质的变化及物质性质的探究教材分析";三是研讨"物质的变化及物质性质的探究教材分析及整体教学设计",工作室成员就研修主题发言。

【2015—2016年第二次研修活动】

2015—2016学年伊旗初中化学名师工作室第二次活动安排

活动形式：外聘专家和我旗教师同课异构、专家点评及讲座等方式。

培训具体安排：如表1所列。

表1

时间	活动内容及地点	教师
9日上午 第一节 8：25—9：05	分子的性质 （化学实验室）	高旭 北师大二附校
9日上午 第二节 9：15—9：55	分子的性质 （微格教室）	李振刚 伊旗二中
9日上午 第三节 10：25—11：05	分子的性质 （微格教室）	韩立新 北京人大附中
9日上午 第四节 11：20—12：00	说课/评课 （微格教室）	授课教师 专家
9日下午 14：00—17：00	专家讲座 （微格教室）	韩立新 北京人大附中

构建微粒观，引领学生走入微观世界
——伊旗初中化学名师工作室第二次研修活动总结

10月9日上午，在北师大鄂尔多斯第二附属学校，伊旗初中化学名师工作室进行了以"构建微粒观，引领学生走入微观世界"为主题的研修

活动。

微粒观的形成对学生化学学习具有重大意义，分子的学习是学生第一次建立宏观和微观联系的过程，在学生微粒观形成过程中具有举足轻重的地位。

本次研修活动中工作室导师北京人大附中的韩立新、工作室名师伊旗二中李振刚和北师大二附校高旭老师进行了同课异构，上了示范课——《分子的性质》。教学中三位老师通过类比、多媒体等引导学生想象，通过实验、模型等帮助学生体验，通过活动表现评价督促学生，从而帮助学生初步构建微粒观。

高旭老师做了讲座，就物质构成的奥秘这一主题从宏观到微观以及符号语言间的联系、转换进行了详细的分析。

韩立新老师向伊旗的各位老师详细讲解《分子的性质》这节课的教学设计思路和过程，并就高旭老师的讲座做了指导，老师们受益匪浅。

培训心得

初中化学教师培训学习心得体会

伊旗一中　班　顺

本次培训主要结合化学课程的特点、化学课程改革的方向和化学课堂教学的一些环节，选择了六个主题作为培训的内容：初中化学课程的新变化；初中化学课堂教学设计；初中化学元素化合物知识教学；初中化学基本概念与基础理论教学；初中化学STS内容教学；专家对于初中化学教学中的几个关键问题，在网上答疑。教师主要通过对案例的分析与探讨，对新课程实施有更直接的认识。通过这次国培计划远程培训项目我认识了新课程实施中化学课程的一些全新理念，了解了义务教育化学课程改革的方向，知道了课程理念落实在课堂教学中的基本原则与策略。

此次培训进一步提升了我们农村中小学教师的课改理念，转变教学方式，加强教师对新课程的理解，掌握新课程的教学要求，提高教师驾驭新教材的能力，提高课堂教学质量，进一步深化课程改革。本次培训给我许多思考，我深刻地体会到自己有很多东西要去学习。怎样才能很好地适应新课改？怎样才能在教学过程中给学生营造一个良好的氛围，建立平等、民主、信任的新型师生关系？怎样才能引导学生的情感处于积极的、自由的、宽松的心理状态，能自主地参与课堂教学，使课堂气氛活跃。我认为要解决这些问题就需要自己不断去积累，不断去学习探究。这次培训之后，更增添了我努力使自己成为科研型教师的信心。

第一，教师要进行知识的更新，"知识也有保质期"。作为教师，实践经验是财富，同时也可能是羁绊。因为过多的实践经验有时会阻碍教师对新知识的接受，也能一时地掩盖教师新知识的不足，久而久之，势必造成教师知识的缺乏。缺乏知识的教师，仅靠点旧有的教学经验，自然会导致各种能力的下降甚至是缺失，这时旧有的教学经验就成了阻碍教师教学能力的发展和提高的障碍。所以，学习和培训对于一个教师来说，是很有必要的，是很有价值的。

第二，在教学活动中，教师要当好组织者，教师要充分相信学生、信任学生完全有学习的能力。应把机会交给学生，俯下身子看学生的生活，平等参与学生的研究。教师把探究的机会交给学生，学生就能充分展示自己学习的方法和过程，教师也就可以自如地开展教学活动。新课程实施的灵活性大，让教师觉得难以驾驭教学的行为，课堂教学中表现为过多的焦虑和不安。那么，怎样调动学生的"思维参与"呢？应当创设情景，巧妙地提出问题，引发学生心理的认知冲突，使学生处于一种"心求通而未得，口欲言而弗能"的状态。为此，教师要多给学生做、说的机会，让他们讨论、质疑、交流，围绕某一个问题展开辩论。

第三，思想认识得到了明显的提高，灵魂得到了净化。这十几年的教学生涯，让我已慢慢感觉到了职业的倦怠，我已不知道从什么时候开始，自己变得除了爱抱怨还是抱怨。抄不完的笔记，频繁的检查，严苛的制度，一项又一项的任务以及家长的难缠、学生的厌学、领导的不理解等，都是那么沉重，沉重得令人窒息。我早已像一台机器，不再有灵感。把教师当成了一种职业，一种谋生的职业。对工作有的是厌倦之意，不平之心，黯淡之境。但通过这次培训，让我能以更宽阔的视野去看待我们的教育工作，让我学到了更多提高自身素质和教育教学水平的方法和捷径。"爱"是教育永恒的主题，我知道了怎样更好地去爱我的学生，怎样让我的学生在更好的环境下健康成长。

第四，加强专业文化学习，做一专多能的教师。要想给学生一滴水，教师就必须是自来水，这些天来辅导专家讲的课就充分印证了这句话。他们用渊博的科学文化知识旁征博引给学员们讲述深奥的理论知识，讲得通俗易懂，让我深受启发。总之，化学教学是基础教育的一部分，这就决定了我们的课堂教学必须着眼于为学生未来的发展打下良好的基础，教师需要在新课改过程中不断地学习，不断地探索，不断地积累经验，不断地提高自身的素养。唯有这样才能满足新形式下社会的需要，才能培养出符合时代要求的人才，才能更好地完成我们身上肩负的使命。

【2015—2016年第三次研修活动】

2015—2016学年伊旗初中化学名师工作室第三次活动安排

活动具体内容：如表1所列。

表1

时间	教师	地点	内容
8：25—9：05	伊旗一中 刘玉宁老师	研究课 320班	金属的化学性质
9：15—9：55	伊旗二中 李振刚老师	研究课 314班	身边的化学物质专题复习课——我们周围的空气
10：00—10：20	评课		
10：20—10：45	伊旗二中 李振刚老师	讲座	身边的化学物质专题（一）
10：45—11：10	市一中分校 贾剑峰老师	讲座	2015化学中考质量分析及2016中考复习建议

(续表1)

时间	教师	地点	内容
11：10—11：30	伊旗四中 王玉华老师	讲座	如何进行教材分析
11：30—11：50	教研室 薛云老师	讲座	初中化学计算专题
11：50—12：10	伊旗一中 班顺老师	讲座	何如进行小组管理

聚焦专题复习，备战2016中考

——伊旗初中化学名师工作室第三次研修活动
暨伊旗化学学科研讨会总结

12月10日上午，在伊金霍洛旗第一中学，伊旗初中化学名师工作室组织进行了以"聚焦专题复习，备战2016中考"为主题的学科研讨活动。

本次研修活动中工作室名师伊旗二中李振刚和伊旗一中刘玉宁老师分别上了研究课《金属的化学性质》和《我们身边的空气》专题复习。

四位工作室成员分别做了中考专题复习讲座：伊旗二中李振刚老师"身边的化学物质"专题复习讲座、矿中贾剑峰老师"2015化学中考质量分析及2016中考复习建议"、教研室薛云老师"初中化学计算专题"伊旗一中班顺老师"如何进行小组管理"。

【2015—2016年第四次研修活动】

2015—2016学年伊旗初中化学名师工作室
第四次活动安排

活动形式：同课异构、名师讲座等方式进行。
培训具体安排：如表1所列。

表1

时间	活动内容	教师
第一节 8:20—9:00	第七单元第一节《溶液的配制》	王玉华 伊旗四中
第二节 9:10—9:50	第七单元第一节《溶液的配制》	何艳萍 伊旗四中
10:00—10:20	说课	何艳萍
第三节 10:30—11:10	第七单元第一节《溶液的配制》	贾剑峰 矿中
第四节 11:20—12:00	第七单元教材分析	王玉华

2015—2016学年伊旗初中化学名师工作室第四次活动总结

2016年1月5日，在伊旗第四中学举行了全旗初中化学教师培训会。目的就是使教师在专家的引领下提高专业素养，快速成长。

本次培训会历时半天，伊旗第四中学的王玉华老师和何艳萍老师进行了溶液配制的同课异构。之后是两位老师说课，就《溶液的配置》这节课整体的设计思路和设计理念进行简单的说明。然后由其他各位老师进行互动点评，在点评的过程中老师们结合今天的研讨课和复习教学中存在的一些问题困惑和韩老师进行了讨论交流。

最后，教研员薛老师做了题为"中考化学专题复习"的专题讲座，讲解了如何进行专题复习的教学设计。

【2015—2016年第五次研修活动】

2015—2016学年伊旗初中化学名师工作室第五次研修活动方案

为了加强全旗初中化学学科教师的教学研究，提高教师的专业素质，深化课堂教学改革，工作室再次邀请导师韩立新来我旗对初中化学学科专任教师进行培训。

培训形式：外聘专家和我旗教师同课异构、专家点评及讲座等方式。

培训具体安排：如表1所列。

表1

时间	活动内容及地点	教师
第一节 8：20—9：00	初中化学实验中的压强问题	高 旭 北师大二附校
第二节 9：10—9：50	探究专题	韩立新 北京人大附中
10：00—10：40	说课；评课	授课教师 专家
10：50—12：00	中考复习指导	韩立新 北京人大附中
14：30—15：30	专家讲座"如何做课题研究"	韩立新 北京人大附中
15：30—16：30	中考化学试题研究	韩立新 薛 云

关注课堂，聚焦中考

——伊旗初中化学名师工作室2015—2016年第五次研修活动总结

为了加强全旗初中化学学科教师的教学研究，提高课堂效率，伊旗初中化学名师工作室于3月30日以"关注课堂，聚焦中考"为主题开展了2016年第一次研修活动。

韩老师为伊旗初中化学教师介绍当前教育改革的新信息，并针对如何进行中考复习做了精彩的讲座。

【2015—2016年第六次研修活动】

2015—2016学年伊旗初中化学名师工作室
第六次研修活动方案

活动形式： 集体研讨。

研修目的： 通过研讨、修改工作室成员命制的中考模拟试题，提高教师命制试题的能力，并为下一阶段的中考复习提供优质的模拟试题。

展命题研修活动　提高教师专业素养
——2015—2016学年伊旗初中化学名师工作室第六次研修活动简讯

为了提高工作室教师的命题能力及专业素养，伊旗初中化学名师工作室于5月11日在伊旗第一中学开展了以"如何命制化学中考试题"为主题的研修活动。

本次研修活动由教研室薛云老师主持，主要有析题训练、解析考试说明、选编试题、剖析教师命制的模拟试题等几个环节。首先是通过析题训练环节引导老师们体会命题过程中考点的梳理、问题的设计路径、能力考察点的设置等，分析试题解答过程中错解思路产生的原因，并以此为依据指导教师进行选题、编题及改进今后的课堂教学。接下来，伊旗第一中学刘玉宁老师对课程标准及考试说明进行了解析。鄂尔多斯市北师大二附校高旭老师、市一中分校贾剑锋详细讲述了他们是如何选编试题及需要注意的问题。最后工作室成员剖析了教师们命制的模拟试题，提出了修改建议。

在化学的学科教学中，日常习题的选择、改编和试题的命制是一项常态工作。命题技能对教师而言是一项非常专业的技能，它直接影响到教师对课程的把握和对学生进行精准、客观的评价。本次研修活动的目的一方面是希望提高教师的命题能力，另一方面是希望能够以试题为载体，以考试为导向，引导教师在教学中能更加注重培养学生的化学学科能力——化学用语的识别和运用能力，观察、描述与解释简单化学现象的能力，运用所学知识从化学视角对有关物质的性质、变化进行分析、判断的能力，简单化学问题的探究能力等。能更加关注元素观、微粒观、化学变化与能量观、分类观和化学价值观等化学学科思想对学生化学学习的重要性，并能自觉应用于日常教学。

【2015—2016年第七次研修活动】

伊金霍洛旗初中化学名师工作室
2015—2016学年第七次研修活动方案

为了加强伊金霍洛旗初中化学名师工作室教师的教学研究，提高教师的专业素质，加强我旗化学名师工作室队伍建设，根据本年度工作室研修计划，决定于6月3日上午开展研修活动。研修活动方案如下。

研修主题：基于课程标准的初中化学专题复习课教学设计与案例研究。

本次主题研修活动的目的是重新审视和反思化学复习课，通过课堂教学实践，研讨如何进行初中化学专题复习课教学设计，提高专题复习课的效率。

活动形式：名师研究课、讲座、集体研讨。

具体安排：如表1所列。

表1

时间	活动内容	教师
第一节 8：25—9：05	初中化学推断题专题复习课（104班）	贾剑锋 鄂尔多斯市一中伊旗分校
第二节 9：15—9：55	如何解决初中化学中的"除杂"问题（100班）	王玉华 伊旗第四中学
10：10—10：40	初中化学推断题专题复习课的设计（一楼会议室）	贾剑锋 鄂尔多斯市一中伊旗分校
10：40—11：10	教师如何帮助解决初中化学中的"除杂"问题	王玉华 伊旗第四中学
11：10—11：35	中考化学试题中的"学段衔接问题"	薛云 伊旗教研室
11：35—12：05	集体研讨	工作室成员

基于课标进行案例研究　提高专题复习课效率

——伊旗初中化学名师工作室2015—2016学年第七次研修活动总结

化学复习课是教学过程中的一个重要环节，相对于化学新授课的探索发现和练习课的巩固应用，化学复习课承载着"回顾与整理、沟通与生长"的独特功能，在整个教学活动中起着承前启后的重要作用。为了提高专题复习课的效率，伊旗初中化学名师工作室于6月3日在鄂尔多斯市第一中学伊旗分校开展了基于课程标准的初中化学专题复习课教学设计与案例研究活动。

本次研修活动由教研室薛云老师主持，主要有名师研究课、专题讲座及集体研讨等几个环节。名师的课各具特色，讲座内容切合当前教学的实际需求。市一中伊旗分校贾剑锋老师课前让学生通过思维导图来整理相关知识，并在课上展示学生自己制作的思维导图，达到了回顾整理、让学生将知识内化、由点连成线再结成网的目的，在授课过程中注重培养学生解决实际问题的方法技巧，让学生在解决问题的同时总结出推断题解题的一般方法——"审题→找突破口→推断→检验"，还做了小型专题讲座"初中化学推断题专题复习课的设计"。伊旗第四中学的王玉华老师针对市一中分校教师提出的课题——如何帮助学生解决"除杂"问题，准备了这节专题复习课，在学生已有知识基础上引导学生对"除杂"问题从物质状态、反应装置等方面进行分类梳理，在问题解决方法上从多角度给予学生指导，王老师还做了题为"教师如何帮助学生解决初中化学中的'除杂'问题"的专题讲座。两位老师的示范课和讲座对我旗初中化学专题复习课具有很好的指导作用。教研室薛云老师做了题为"中考化学试题中的'学段衔接问题'"的发言，由初高中化学知识的衔接点出发，分析、总结了近几年在鄂尔多斯市中考化学中出现的一些"学段衔接问题"，并就这类问题的复习给出了建议。集体研讨活动中工作室老师以这两节课为案例进行了分析、研究，分别提出了自己的问题和建议。

化学复习课不再是让学生掌握未知的、零散的知识，而是通过复习使学生头脑中的化学知识系统化、网络化，加深对知识的理解。所以，在教学目标的设计上要有一定的高度；在教学设计上也要努力创设真实、可信、能引发问题的学习情境，能促使学生对自己的"认知框架"做出调整和建构，增进学生对概念的深刻理解，真实的情境也能极大地激发学生对复习内容的求知欲；在问题设计上，要以激发学生积极思维为目的，复习课上问题的设计不宜过于具体、琐碎，应该具有一定的思维容量，具有合适的难度梯度，具有新颖性。

通过本次活动，工作室老师对初中化学专题复习课的教学设计有了新的认识，并将在今后的复习课教学实践中不断地探索、研究，提高专题复习课的效率。

2017—2018年第三期伊金霍洛旗初中化学名师工作室研修活动

伊金霍洛旗初中化学名师工作室研修计划

工作室导师　商晓旭

一、指导思想

落实党的十八大相关精神，加强培育和践行社会主义核心价值观教育。深入推进初中化学教学改革，切实增强化学学科教学工作的针对性、实效性和主动性。优化化学学科研修工作方式，提升教师施教能力与自我发展能力，培养伊旗有影响力教师，全面提高教学质量，促进学生化学学科核心素养的发展。以五个聚焦：即"聚焦学校学生发展，提升质量评价服务水平；聚集课程领导力，加强顶层设计；聚焦教与学的开放性，建立区域教育资源库；聚焦教与学的有效性，加强学习科学研究；聚焦教师成长，创新教育成果培育推广机制"为引领，积极落实立德树人根本任务，发展学生核心素养，提升教师专业水平。

二、形势分析

十八届三中全会明确提出：坚持立德树人，增强学生社会责任感、创新精神、实践能力。

新一轮课改强调提升学生学科素养、课程改进和整体育人，提出了超越四个"边界"。即超越课改的边界：由改结构转变为改意义，由能力指向转变为核心素养指向；超越课程的边界：由关注学科转变为关注课程整体（以学科内、学科间、学段间整合为策略，关注课程空间、时间结构）；超越课堂的边界；超越资源的边界。

化学是在原子、分子水平上研究物质的组成、结构、性质、变化及其应用的一门基础学科，其特征是从微观层次认识物质，以符号形式描述物质，在不同层面创造物质。九年义务教育《化学》是与普通高中化学课程相衔接的基础教育课程，是落实"立德树人"根本任务、促进学生化学学科核心素养形成和发展的重要载体；化学学科核心素养是现代社会公民必备的科学素养，是学生终身发展的重要基础；化学课程对于科学文化的传承和高素质人才的培养具有不可替代的作用。

在普通高中化学课程标准中提出：化学学科核心素养包括"宏观辨识与微观探析""变化观念与平衡思想""证据推理与模型认知""科学探究与创新意识""科学精神与社会责任"五个维度，其内涵分述如下。

素养1：宏观辨识与微观探析

能从不同层次认识物质的多样性，并对物质进行分类；能从元素和原子、分子水平认识物质的组成、结构、性质和变化，形成"结构决定性质"的观念。能从宏观和微观相结合的视角分析与解决实际问题。

素养2：变化观念与平衡思想

能认识物质是运动和变化的，知道化学变化需要一定的条件，并遵循一定规律；认识化学变化的本质是有新物质生成，并伴有能量的转化；认识化学变化有一定限度，是可以调控的。能多角度、动态地分析化学反应，运用化学反应原理解决实际问题。

素养3：证据推理与模型认知

具有证据意识，能基于证据对物质组成、结构及其变化提出可能的假设，通过分析推理加以证实或证伪；建立观点、结论和证据之间的逻辑关系；知道可以通过分析、推理等方法认识研究对象的本质特征、构成要素及其相互关系，建立模型。能运用模型解释化学现象，揭示现象的本质和规律。

素养 4：科学探究与创新意识

认识科学探究是进行科学解释和发现、创造和应用的科学实践活动，能发现和提出有探究价值的问题，能从问题和假设出发，确定探究目的，设计探究方案，进行实验探究；在探究中学会合作，面对"异常"现象敢于提出自己的见解。

素养 5：科学精神与社会责任

具有严谨求实的科学态度，具有探索未知、崇尚真理的意识；赞赏化学对社会发展的重大贡献，具有可持续发展意识和绿色化学观念，能对与化学有关的社会热点问题做出正确的价值判断。

上述五项素养立足高中生的化学学习过程，各有侧重，相辅相成。"宏观辨识与微观探析""变化观念与平衡思想""证据推理与模型认知"体现了具有化学学科特质的思想和方法，"科学探究与创新意识"从实践层面激励创新，"科学精神和社会责任"进一步揭示了化学学习更高层面的价值追求。上述素养将化学知识与技能的学习、化学思想观念的建构、科学探究与解决问题能力的发展、创新意识和社会责任感的形成等方面的要求融为一体，形成完整的化学学科核心素养体系。

化学教学改革对教师的课程意识、学科教学知识（PCK）提出了新的要求，需要教师对化学学科的本质、学科思想方法有更深刻的把握。同时也要求研修活动从内容到方式有更深刻的变革，倡导研修活动专题化、课程化。

三、工作目标

紧密围绕立德树人方向，深入研究提升学生化学学科核心素养的教学规律和有效方法。强化教师课程意识与学科教学知识（PCK），提升教师课堂教学能力。研究"任务驱动式"教学模式。创新研修模式，探索研修活动课程化，培养伊旗有影响力教师。

四、工作策略

双轮驱动：一条主线为与教学进度相适应的核心知识、核心素养与教学策略分析活动，一条主线为以专题研究为内容的研修课程。两条主线均以"教师的学习"为中心，强调精细的过程"设计"，重点突出过程性参与和实践性，着重于教师"经验的建构"。研修课程以课例改进为对象进行学习、研讨，基本程序为：融于情境的初步感知、专家引领下的理性反思、基于理论学习的实践改造。

五、工作任务及具体安排

教师的教学基本功贯穿于整个教学过程，是教师素质的外在重要表现，更是实现课堂教学目标，提高课堂教学效果的重要保证，同时也是教师树立威信，赢得学生尊敬的必要手段。不管是基础基本功，还是专业基本功，都是一个教师教好书、上好课的起码要求。大凡一个优秀教师，除了雄厚的知识功底外，都有过硬的教学基本功，有很强的实践操作能力。教师教学基本能力的具体领域：

1. 关于教学设计

教学设计就是教师课前对教什么、怎么教的设计，有助于教师理清教学内容和目标，建立课堂教学的自信。对于教师，最紧迫、最现实的问题是上好每一节课。这就要求教师课前必须要有充分的准备和精心的设计。新课程要求教师综合运用多种教学方式，而教学的多样性、变动性要求教师不单是一个执行者，更是一个决策者，教师要能够创造出特有的班级气氛和学习环境，建立开放民主的课堂环境，设计教学活动，通过教学表达自己的教育理念，这更需要教师的精心设计和准备。同时，教师要加强间接备课，提高直接备课的效率。教学设计要吸收新的教育教学理念，增加教学反思、学生活动设计等环节也是新课改下的一项最重要的基本功。

对照《课堂教学评价标准》，查找初中化学教师的问题，提出解决对策（见表1）。

表1

教学设计能力	存在问题	解决措施	时间
科学确定教学内容	实证分析学生情况不足，即对学情分析不细致，过多依靠教师的直觉和经验，缺乏科学性	灵活采取访谈对话、问卷调查等方式了解学情；特别加强分层教研中的集体备课，备课中注意将学生分层，问题设计有层次有预案，以便安排具有开放性和生成空间的教学流程；在教案中，突出检查，在研究课中着重体现，在评课中重点反馈	贯穿两年逐渐提高
教学目标制定	从上学期的教案检查和研究课中发现教学目标制定不准确，有随意性		
教学过程设计能力	教学环节的设计不够细致，活动设计缺乏针对性和生成性		

2. 关于教学实施

以教研活动课程化为载体，促教师学科素养和专业化水平的提升（见表2）。

表2

方向	内容	时间安排
聚焦学科核心素养	文献研究、理论学习、讲座——理解化学学科核心素养的内容属性、内涵特点、内在联系	2017年4月第一次实践研究
	结合初中化学核心知识梳理化学学科核心素养的进阶发展	2017年4月第二次实践、网络互动

(续表2)

方　向	内　容	时间安排
探索教学策略与方法	基于学科核心素养的教材分析 每次研讨活动研讨两个单元的教学内容	2017年5月第三次实践、网络互动； 2017年6月第一次面授； 2017年9月第五次实践、网络互动； 2017年10月第六次实践、网络互动； 2017年12月第八次实践、网络互动； 2018年1月第九次实践、网络互动
	课例研究： 基于新授课中提升学生化学学科核心素养的课例研讨活动； 讲座"关于初中学生化学学科核心素养进阶发展的教学设计分析"	2017年10月第七次面授
	关注学情提高学生深度参与的课例研讨活动； 讲座"复习课有效教学策略的探究"	2018年3月第十次面授
	提升有效教学策略和方法的梳理与研讨	2018年4月第十一次实践、网络互动
关注教与学评价	教师：课堂观察提问技巧审视教学 学生：表现性评价和学习评价	2018年9月第十二次实践、网络互动； 2018年10月第十三次实践、网络互动
改进课堂教与学	梳理成果，推广成果	2018年10月第十四次面授； 2018年12月第十五次实践、网络互动

化学工作室通过落实学校的两年年规划，全面提升全区教师的教学基本能力，提高化学学科的教学实效，推动骨干教师的培养，逐步形成一个可持续发展的有战斗力的优秀团队，为全旗的优质教育做出贡献。

伊旗初中化学名师工作室工作制度

为了确保工作室各项工作有序开展，工作室成员除遵守学校一切规章制度外，须遵守下列制度。

一、学习制度

①工作室成员要不断学习教育理论，研究新课标、新课程、新教法，不断改进教学方法，总结交流教研活动经验，不断探索教育教学规律，形成个性化的教学风格。围绕教科研课题、课堂教学坚持自觉学习和自觉反思，并做好学习活动记录。

②工作室成员每期的自我发展计划中明确学习内容、学习目标，根据目前及今后教育教学改革趋势在教育教学理论等方面有选择性的学习，按要求完成学习任务。

二、研修制度

①工作室成员积极参加各级各类教学研讨活动。

②工作室建立"每月一主题"研修制度。由工作室主持人根据研究方向确定主题，每月集体研修一次，研讨前认真准备研修资料，会后及时整理上传资料。

三、交流制度

①名师工作室定期进行学术研讨交流活动。

②建立名师工作室网页，实现优质资源共享。开辟名师对话、优秀案例选登、名师风采等栏目，提高工作室知名度和辐射效应。

③工作室成员不断发挥工作室中名师的示范、引领作用，带头出研究课、

观摩课、示范课、讲座。

④认真做好"传帮带"活动，积极承担培养青年教师的任务，定向结对培养青年教师，培养过程规范，培养效果明显。

四、课题管理制度

①工作室成员要积极开展课题研究工作。根据课题研究方案，在每一阶段制订具体的研究实施计划，及时作出阶段总结。

②课题必须做到有方案、有措施、有活动记录、有阶段小结、有结果分析、有实验报告和实验鉴定。

③每个成员必须以严谨的态度和科学的方法从事课题研究工作，多出科研成果，撰写研究论文。

④带动更多的青年教师进行扎实有效的课题研究。

五、奖惩制度

①工作室设立"工作室优秀成员""工作室学习积极分子"等奖项并每期评出，以奖为主。

②根据工作方案制定名师工作室成员考核标准，考核结果可作为教师评优评先依据。

③对于不求进取，不能按时完成工作室任务的成员进行劝退工作。

【第三期第一次研修活动】

研修总结

关注化学学科素养　精心建构模块复习

——基于学生学科素养的初中化学模块式复习课教学设计的研究

为了解决初中化学中考一轮复习课中存在的问题，探讨如何做好初中化学中考复习，进一步提高初中化学复习课教学的有效性，加强学生化学学科素养培养，全面提升全旗化学学科教学成绩，加强我旗初中化学教师队伍建设，根据本年度工作室研修计划，伊旗全体化学教师于4月20日上午在市一中伊旗分校开展了题为"基于学生学科素养的初中化学模块式复习课教学设计与实施研究"研修活动。

研修活动的第一版块是基于学生学科素养的初中化学模块式复习课名师示范课——初中化学模块复习课《物质的性质和变化》，市一中伊旗分校的贾剑峰老师、贾敏老师迈出了中考一轮模块式复习实施研究的第一步。两位老师通过让学生画《物质的性质与变化》的思维导图，归纳、总结这一模块的知识内容，并通过前置检测了解了学生的知识掌握情况，确定本节课的教学内容和方法。在学生展示了思维导图后，顺应学生思维，启发学生自主思考，注重培养学生化学学科素养。贾剑峰老师做了题为"初中化学模块式复习研究初探"的讲座，介绍了他对一轮模块复习的思考、探索和如何做设计模块复习设计，为今年中考复习提供了非常有价值的参考。集体研讨中工作室成员各抒己见，为提高复习课有效性提出自己的宝贵意见。

①教学设计上，教师要更多关注如何引导学生进行归纳、总结，形成知识网络，增强学生知识的综合性、应用能力。

②在教学目标的设计上，要突出三维目标，尤其是明确过程方法和情感态度与价值观目标。

③在习题的设计上，要精心选择典型的、有针对性的习题，进行改编、变式及拓展延伸。

研修活动的第二版块是规范工作室管理制度。第三期伊旗初中化学名师工作室组建完成，主持人薛云就规范工作室各项工作，进一步完善工作室管理制度，解读了化学名师工作室成员考核制度，强调了研修制度。

本次研修活动在与会老师热烈讨论的氛围中圆满结束。相信每一位老师都对基于学生学科素养的初中化学模块式复习课教学有了更清晰的认识，也会带着更深刻的理解投入自己的课堂教学。

【第三期第二次研修活动】

第二次主题研修活动安排

研修活动方案：为解决在教学实际中试卷讲评课存在的问题，探讨如何上好初中化学试卷讲评课，如何提高初中化学试卷讲评课教学的有效性，提高教师试卷讲评课的水平，全面提升全旗化学学科教学成绩，加强我旗初中化学教师队伍建设，根据本年度工作室研修计划，决定于5月3日上午开展研修活动。

研修主题：基于数据分析的初中化学试卷讲评课教学设计与实施研究。

研修目的：通过基于数据分析的初中化学试卷讲评课教学设计与实施研究，研讨如何提高初中化学试卷讲评课的课堂教学有效性，促进学生问题能力的提升。

活动形式：名师示范课、讲座、集体研讨。

具体安排：如表1所列。

表1

时　间	活动内容	主讲人
8：20—9：00	示范课 "基于数据分析化学试卷讲评课"	伊旗第四中学高旭
9：10—10：00	讲座 "如何上好初中化学试卷讲评课"	伊旗第四中学高旭
10：10—11：10	伊旗初中一模化学试题质量分析	伊旗教研室薛云
11：20—11：50	评课、集体交流研讨	工作室成员

专业引领：试卷能反映学生知识掌握情况，折射出学生学科能力发展状况。针对试卷讲评课教学中存在的诸如重成绩、轻讲评，为讲而讲，题题具讲，无备而讲等情况，高旭老师为工作室成员展示了一节"言之有物"的、精彩的试卷讲评课。高旭老师就"如何上好初中化学试卷讲评课"与老师们进行了深入的交流，讲座中高老师提出了目前试卷讲评课存在的四种典型做法，介绍了基于数据进行分析的重要性和前提，试卷讲评课的五个核心环节，

数据分析的注意事项，还为与会教师讲解了数据处理方法。

研修总结

基于数据分析 优化试卷讲评

为了解决试卷讲评课中存在的问题，初步探寻成绩数据分析的方法，提高中考总复习的效率，加强我旗初中化学教师队伍建设，2017年5月3日上午在伊旗四中开展基于数据分析的试卷讲评课教学设计与实践研究"以及以"基于数据分析的全旗一模考试质量分析"为主要内容的研修活动，全旗化学教师参加了本次活动。

上午第一节课，伊旗第四中学高旭老师在217班跟孩子们共同评析了全旗第一次模拟考试化学科试卷。高旭老师突破传统的试卷讲评课模式，一改试卷讲评面面俱到学生却收获不多的局面，对217班本次成绩的数据进行了详尽地分析，基于考试数据分析确定本节课的讲评重点。高老师通过均分、个人成绩的柱状图、折线图对所带的三个班级成绩进行对比分析，设立了进步奖，自制小视频展示前十名学生的风采以激励学生；依据每题得分率选定学生的"可控分"。

高旭老师就"如何上好初中化学试卷讲评课"与老师们进行了深入的交流，讲座中高老师提出了目前试卷讲评课存在的四种典型做法，介绍了基于数据进行分析的重要性和前提，试卷讲评课的五个核心环节，数据分析的注意事项，还为与会教师讲解了数据处理方法。

最后，工作室主持人薛云老师对本次全旗一模化学试题进行了质量分析，根据课程标准和考试说明，薛老师为大家剖析了中考命题的规律和方向，概括了毕业班课堂教学的注意事项、复习依据，解答了一线老师日常教学存在的一些困惑。通过本次考试暴露出来的问题，就关于如何上好中考复习课提出了"四个加强"的具体要求，希望老师们认真研究近年试卷、研读教材、钻研课标，多关注课程目标。

本次活动历时半天，通过示范课、讲座、交流讨论、主持人点评等形式，让老师们受益匪浅，为之后一个多月的冲刺复习指明了方向，大家信心满满，争取在今年中考中再创辉煌。

【第三期第三次研修活动】

第三次主题研修活动安排

研修活动方案：为了优化化学学科研修工作方式，提升教师施教能力与自我发展能力，培养伊旗有影响力教师，全面提高教学质量，促进学生化学学科核心素养的发展，根据本年度工作室研修计划，决定于6月12日上午开展研修活动。

研修主题：基于学生学科素养提升的初中化学教学设计与实施研究。

活动形式：名师示范课、讲座、集体研讨。

具体安排：如表1所列。

表1

时 间	活动内容	主讲人
8：10—8：50	研究课 "基于学生学科素养提升的初中化学专题复习课"	李文娇 北师大二附校
9：00—9：40	研究课 "基于学生学科素养提升的初中化学专题复习课"	何艳萍 伊旗第四中学
10：00—12：00	说课、评课、集体交流研讨座谈调研	商晓绪导师 全体教师
14：00—16：30	"关于基于学科核心素养提升的初中化学教学的思考"	商晓绪导师

专业引领：工作室导师商晓绪为老师们介绍了教育发展的时代背景，对核心素养的认识和基于学科核心素养提升的教学。帮助老师们了解全面实施课程改革已然成为大趋势，课程目标由双基到三维，再到核心素养转变，化学课程也在为发展学生核心素养做贡献，同时指出了"国核"与"学核"的关系以及化学学科素养的具体内容属性、内涵特点和内在联系。

研修总结

基于学科素养提升 优化化学课堂教学

李文娇

为了优化化学学科研修工作方式,提升教师施教能力与自我发展能力,培养伊旗有影响力教师,全面提高教学质量,促进学生化学学科核心素养的发展,2017年6月12日在北师大二附校开展了以"中考复习课的课程设计"以及"提升初中化学学科素养"为主题的研修活动,工作室商晓绪导师、伊旗教研室田龙主任以及全体化学教师参加了本次活动。

上午第一节课,工作室研修员北师大二附校李文娇在九(4)班执教了《图像在化学中的应用》一课,坐标图像题是中考的热点题型之一,主要考查学生对不同学科知识的整合能力,李老师带领同学们复习了金属与酸和盐溶液、溶液的pH变化、反应历程和混合液之间的相互反应四类图像问题,利用直角坐标系来描述化学量之间的函数关系,体会化学变化的历程,通过一题多解、中考真题训练、总结归纳等方法对横纵坐标的含义、点的含义、曲线的变化趋势进行了详尽的复习,并总结了解此类题的一般规律。第二节课是由工作室研修员伊旗四中何艳萍在九(3)班执教《物质的推断》一课,推断题条件隐含,综合性强,知识含量大,联系紧密,覆盖面广,何老师首先总结了常用推断题的解题思路,从常见物质的颜色、用途、常见反应的现象、条件,常见物质的相互转化等方面归纳了推断题的突破口,精选了三道习题,让学生互动、讨论、上台交流。

下午,工作室导师商晓绪向老师们介绍了教育发展的时代背景,对核心素养的认识和基于学科核心素养提升的教学。商老师提到,全面实施课程改革已然成为大趋势,课程目标由双基到三维目标,再到核心素养转变,化学课程也在为发展学生核心素养做贡献,同时指出了"国核"与"学核"的关系以及化学学科素养的具体内容属性、内涵特点和内在联系。

商老师针对上午的两节中考复习课,介绍了基于实际问题解决的中考复习教学方法,基于真实情境,亲历探究活动,最终发展学生的核心素养。接下来，商老师通过两个案例对化学实验教学提出了新的思考和认识，从实验设计的目的原理、装置操作和证据结论之间的关联，总结了实验教学的策略和答题要领。

最后，举行了课题开题仪式，工作室主持人薛云老师对基于核心素养提升的教材分析进行了分工。活动历时一天，通过示范课、讲座、交流讨论、导师和主持人点评等形式，让老师们对于中考复习课和教学设计有了新的认识和感悟。

【第三期第四次研修活动】

第四次主题研修活动安排

研修活动方案：2017年中考，伊旗化学学科取得了全市排名第三的好成绩。为了总结和反思过去一年我旗初中化学教学工作，进一步提高初中化学教学的有效性，切实提高全旗化学学科教学成绩，加强我旗初中化学教师队伍建设，根据本年度工作室研修计划，决定于9月21日（星期四）开展研修活动。

研修主题：关注化学核心素养注重学科能力训练。

研修目的：重新审视和反思过去一年教学工作，通过经验交流、反思，研讨如何提高初中化学课堂教学有效性。

活动形式：讲座、集体研讨。

具体安排：如表1所列。

表1

时间	活动内容	教师
8:20—8:50	回归学科本真也许才是出路——初中化学教学中学科素养的培养	王玉华 伊旗第四中学
8:50—9:20	初中化学教学中的习题选择和优化	高旭 北师大鄂尔多斯市第二附属学校
9:20—9:50	初中化学教学浅析	贾敏 鄂尔多斯市一中伊旗分校

(续表1)

时间	活动内容	教师
9：40—10：10	提高初中化学复习课效率的实践与思考	李文娇 北师大鄂尔多斯市第二附属学校
10：10—10：30	休息	—
10：30—11：30	关注化学核心素养 注重学科能力训练—— 2017中考质量分析及教学建议	薛 云 伊旗教研室
11：30—12：00	集体研讨	全体伊旗初中化学教师

专业引领：教师应该认真钻研试题并努力自主命题、让学生主动参与到习题命制过程、重视高中知识的引入等具体的习题选择和优化方案。高旭老师分享了他关于习题选择与优化方面研究的成果。

优秀论文

初中化学教学浅析

市一中伊旗分校 贾 敏

义务教育阶段的化学课程是科学教育的重要组成部分，是基础性教育。其教育目的是为学生提供未来发展所需要的最基础的化学知识和技能，使学生从化学的角度初步认识世界，提高学生运用化学知识和科学方法分析解决简单问题的能力，为学生的发展奠定必要的基础。

化学教学不同于初中其他学科，教学时段只有一年，一年时间不仅要完成新课教学，还要组织系统复习；不仅要重视学生中考化学笔试内容的训练，还要重视学生实验操作技能的培养。因此，在教学中要合理规划新课教学、学生的实验操作以及最后的系统复习。那么，怎样才能让自己的教学更高效呢？我结合自己的教学实践，从以下几个方面谈一些个人的体会。

一、新课教学

1. 注重学习兴趣的培养

《学记》中说:"亲其师而信其道。"学生只有喜欢老师,才会自主听课。让学生喜欢自己、亲近自己,进行无障碍沟通,建立良好的师生关系,但这不等于放任学生,该有的原则还是必须要有的。那如何才能让自己的学生喜欢我们呢?我的理解是:既要有过硬的专业知识,也要有渊博的学科以外的知识,如我们学校的贾剑峰老师,可以轻松解决学生的任何问题,他所教的学生都非常喜欢他也非常敬佩他;在课堂上不要轻易放过任何一个表扬学生的机会,即使只有微小的进步,也要及时给予表扬和鼓励,如"再看看""再想想""再试试""最近有进步""不错""很棒呀"之类的语言能激发学生的潜能,使学生身心愉悦的投入学习中;能做的实验尽量做,神奇的化学实验总能让学生忘我的投入课堂,如"白纸显红字""烧不坏的手帕""清水变果汁""魔棒点灯"等;利用课间,可以找一些化学学困生谈谈心,谈心的内容可以包括思想状况、学习状况、生活状况等,我们可以用真情感染学生,激发学生全身心的投入学习实践活动,为教学的有效性打好情感基础。

2. 精心设计教学

集体备课是精心准备课堂教学设计方案的重要途径。大家在备课时互相交流,好的教案、课件、动画素材发到化学备课群里共同分享,团结的集体往往更有战斗力!集体备课后,在上课前听听经验丰富的老师的课,吸取他们的精华,完善自己的教学设计。

3. 注重分层教学

在实际教学中,由于多方面的原因,同一个班级的学生在学习上存在明显差异,所以适当的分层教学也是必要的。比如在回答问题方面,可将简单的问题留给差一些的学生,提高这些学生的学习积极性。在留作业方面,难一些的题可以标注为选做,要求有能力的学生做。对不同层次的学生也可采用不同的评价标准。

4. 不赶进度教学

因为学科特点,这一年我们不仅要上新课,还要复习。但我们切不能因为教学进度而盲目赶课。如果学生对新课基础知识掌握不扎实、不到位，之后的复习往往也是无效的。

5. 巧用听写本

化学需要记忆书写的内容较多，如元素符号、化学式、化学方程式等化学基础知识需要学生反复记忆练习书写，这时听写本就发挥了很大的作用。每天课前三分钟听写，坚持一年，学生的化学基础知识便可打扎实了。

6. 重视反思

有一位教育家曾经指出："一个教师写一辈子教案不一定成为名师，假如一个教师写三年反思则有可能成为名师。"他指的反思就是教学后记。如在课后，我会记录以下内容：记录学生的困惑与问题；记录教学中的疏漏与探索；记录教学中的亮点。

二、中考复习

复习措施主要分为模块复习、专题复习、中考模拟试卷演练。在复习时要认真研读中考精神、中考说明，把握走向，提高复习的有效性。在复习时，还应加强分层教学，给一些优秀生更多的真题、模拟卷，如一周一套或两套，而对于中等及中等偏下的学生可以一周或两周一套。差一点的学生适当降低难度，把推断题、科学探究题定为选做，计算题也只要求写出方程式即可。老师提前准备一个班里学生的花名册，每个学生做完试卷，及时登记和批改，一周在班内公布一次学生所做试卷的数量，这样可在班内形成你拼我赶的竞争氛围！

三、中考实验

1. 让学生早进实验室

从"1.2化学实验室之旅"开始，就可以安排学生进实验室。学生早接触实验，可以打好实验基础，等到实验中考集中训练时也较为轻松，不用花大量时间进行过多的集中训练，不耽误学生其他学科的中考复习。所以学生实验可以跟着课本实验内容进行，如课堂学完制氧气，便可马上组织学生进实验室做该实验。这样做既使学生掌握了实验操作，也可以使学生加深对该部分知识的理解，一举两得。

2. 期末考试加入实验考查

第一学期期末，可以模拟中考实验考场，考查学生的实验操作能力，并将分数计入期末考试总成绩。这样做可以让学生提前熟悉考场，让学生更重视化学实验，并且在以后的实验操作练习中更有针对性。

3. 集中训练

四月份开始集中训练，当学生将各实验平均做过两遍以后，便可采用以考代练的模式进行。每个老师负责一个实验项目，并提前打印好该班学生的花名册。学生自己去找各个老师去做相关实验。老师现场打分，并登记该生的考核分数，分数低于18分的学生还需再次找该老师做该实验，直到分数合格。实施以考代练的模式，学生所做实验次数虽然不多，但是针对性强，效果还是特别好的。

总之，如何能让我们的初中化学课堂更有效，还需要靠我们在实际教学中不断摸索、不断总结、不断提高。

研修总结

关注化学核心素养　注重学科能力训练

李文娇

2017年中考，伊金霍洛旗化学学科取得了全市排名第三的好成绩。为了总结和反思过去一年我旗初中化学教学工作，进一步提高初中化学教学的有效性，全面提升全旗化学学科教学成绩，化学名师工作室全体成员于9月21日上午在伊旗一中参加了以"关注化学核心素养，注重学科能力训练"为主题的研修活动。

研修活动的第一版块是由三位名师工作室成员就自己在化学教学中的经验和心得进行专题讲座。首先是北京师范大学鄂尔多斯第二附属学校高旭老师的"初中化学教学中的习题选择和优化"专题讲座，他对如今学校、教师以及学生在习题选择上出现的问题进行了深入分析，提出了教师应该认真钻研试题并努力自主命题、让学生主动参与到习题命制过程、重视高中知识的引入等具体的习题选择和优化方案。紧接着，市一中分校的贾敏老师简要地分析了初中化学教学，她从精心设计教学、注重分层教学、教学进度安排、听写本如何有效运用等方面做了细致的讲解，为我们今年中考备考提供了非常有价值的参考。接下来，北京师范大学鄂尔多斯第二附属学校青年教师李文娇以"探究氢氧化钠变质"为主题，提出了"导读、导做、导学、导思、导练"的五位一体复习模式，并讲解了自己在这一部分的教学效果和反思。

活动的第二板块，工作室主持人薛老师对2017年鄂尔多斯中考化学试题进行了质量分析和成绩分析，为大家剖析了中考命题的规律和方向以及中考阅卷过程中学生们暴露出来的问题，就关于如何提高今年教学的实效性提出了"三点希望"，希望老师们认真研究近年试卷、研读教材、钻研课标，希望老师注重学生良好学习习惯的养成，希望老师多在提高学生能力方面下功夫。

本次研修活动在与会老师热烈讨论的氛围中圆满结束。每一位老师对于学生化学核心素养的养成和学科能力的提升都有了更清晰的认识，也会在今后的教学工作中切实应用，相信通过每一位教师的努力，我们一定能迎来伊金霍洛旗化学学科的下一个春天。

【第三期第五次研修活动】

第五次主题研修活动安排

研修方案：为了优化化学学科研修工作方式，提升教师施教能力与自我发展能力，培养伊旗有影响力教师，全面提高教学质量，促进学生化学学科核心素养的发展，根据本年度工作室研修计划，决定于2017年10月23日开展研修活动。

研修主题：基于学生学科素养提升的初中化学教学设计与实施案例研究。

活动形式：导师、名师示范课、讲座、集体研讨。

具体安排：如表1所列。

表1

时间	活动内容	主讲人
8:25—9:05	研究课:"基于学生学科素养提升的初中化学例研究课——物质组成的表示式的意义"	贾敏 鄂尔多斯市一中伊旗分校
9:15—9:55	研究课:"基于学生学科素养提升的初中化学例研究课——化合价和化学式"	高旭 北师大二附校
10:35—11:15	基于学生学科素养提升的初中化学例研究课——怎样根据化学式进行计算	贾剑峰 鄂尔多斯市一中伊旗分校
11:25—12:05	基于学生学科素养提升的初中化学例研究课——物质组成的表示式的复习课	商晓绪 (导师)
14:30—17:30	说课评课	贾敏、高旭、贾剑峰 商晓绪(导师)
	微粒观念的建构	薛云
	基于学生学科素养提升的初中化学教学设计与实施案例研究	商晓绪 (导师)

研修总结

基于学生学科素养提升的初中化学教学设计与实施案例阶段性研究活动总结

李文娇

为了优化化学学科研修工作方式,提升教师施教能力与自我发展能力,培养伊旗有影响力教师,全面提高教学质量,促进学生化学学科核心素养的发展,化学名师工作室全体成员于10月23日上午在市一中分校参加了以"基于学生学科素养提升的初中化学教学设计与实施案例研究"为主题的研修活动,工作室导师商晓绪也出席了本次活动。

上午开展的活动中,工作室的三位老师以"基于学生学科素养提升"为思想指导,设计了三堂不同教学内容的研究课,分别是市一中分校贾敏老师的《物质组成的表示式的意义》、北师大二附校高旭老师、贾敏老师课后说课的

《化合价和化学式》和市一中分校贾剑峰老师的《怎样根据化学式进行计算》，第四节课由工作室导师商晓绪执教了一节《物质组成的表示式》整合复习课。四位老师同归而殊途，一致而百虑循循善诱的指导，情景问题的创设，清新美丽的幻灯片设计，惊心动魄的西瓜爆炸实验，把枯燥生涩的概念、计算变得生动有趣，让学生有所收获，让老师们大开眼界。

下午四位老师分别对早上的研究做了深入的分析和介绍，各位工作室老师作了深刻的点评，主持人薛云就这四节课也提出了改进的意见，活动最后，由商晓绪老师就"化学学习四重表征的建构"与大家做了详细的交流。她指出，引导学生通过自己对知识的认识、结合自己的心理结构与信念来建构知识，该过程是具有自觉性、主动性、他人无可替代性的。

通过四重表征能够更好地探讨如何引导学生对知识的整合水平由宏观进入微观，而后抽象为符号和图形认识，进而理解化学反应本质，提高科学素养，是一种新的化学学习方式。

本次活动历经一天，通过示范课、交流讨论、主持人点评等形式，让老师们收获颇多，对自己的教学理念、学科素养都是一个新的洗礼，也是对自己过往教学的一种审视，对以后的教学工作起到了导航的作用。

【第三期第六次研修活动】

第六次主题研修活动安排

研修方案： 课程标准中的评价建议指出：课程实施评价的重点是学业评价，其功能主要是促进学生的有效学习，改善教师的教学，进一步完善课程实施方案。良好的评价活动要关注学生三维学习目标的达成，强化评价的诊断与发展功能。为了充分发挥学业水平考试的功能价值，加强我旗初中化学教师队伍建设，根据本年度工作室研修计划，决定于12月11日（星期一）开展研修活动。

研修主题： 基于课标和数据进行质量分析，充分发挥评价考试的功能价值。

研修目的： 基于课标和数据对本次五校联考化学学业水平考试进行质量分析，挖掘学业评价考试诊断与发展的功能价值，促进学生的有效学习，改善教师的教学，提高初中化学课堂教学有效性。

活动形式：讲座、集体研讨。

具体安排：如表1所列。

表1

时 间	活动内容	教师
8：20—10：10	五校联考化学学业水平考试进行质量分析报告（班级）	王玉华、何艳萍 伊旗第四中学
		高 旭、李文娇 北师大鄂尔多斯市 第二附属学校
		金向华 伊旗第一中学
		贾剑峰 贾 敏 鄂尔多斯市一中伊旗分校
		李 强 伊旗第二中学
10：10—10：30	休息	—
10：30—11：30	如何充分发挥学业水平测试的功能价值促进教学水平提升	薛 云 伊旗教研室
11：30—12：00	集体研讨	全体伊旗初中化学教师

研修总结

强化评价的诊断与发展功能　充分发挥考试的功能价值

课程标准中的评价建议指出：课程实施评价的重点是学业评价，其功能主要是促进学生的有效学习，改善教师的教学，进一步完善课程实施方案。良好的评价活动要关注学生三维学习目标的达成，强化评价的诊断与发展功能。为了充分发挥考试的功能价值，促进学生化学学科核心素养发展，化学名师工作室全体成员于12月11日上午在伊旗第四中学开展了以"基于课标和数据进行质量分析，充分发挥评价考试的功能价值"为主题的研修活动。

工作室的各位名师和研修员分别就本次期中考试做了质量分析报告。对试卷进行了整体分析，教师不仅关注考查了哪些知识与技能，而且重点分析以知识技能为载体考查了哪些学科能力、哪些化学学科核心素养（以及基本观念、思想方法等）；基于数据对试题和学生的答题情况教学分析、卷面分析，通过对学生的访谈了解学生错答原因、学习状况以及学生对相应的知识技能掌握情况、学科能力状况、观念方法形成情况，并对自己的教学工作做了阶段性总结，基于大数据分析的结果寻找目前教学与培养目标的差距，提出了教学改进建议。

工作室主持人、教研室薛云老师从义务教育阶段课程性质和课程目标对考试（纸笔）评价的要求出发，做了讲座"如何充分发挥考试的功能价值"。和工作室成员共同探讨了如何发挥考试的发展功能，促进学生的有教学习，改善教师的教学，进一步完善课程实施方案。针对目前教学与培养目标的差距，思考如何缩小学生与目标间的差距，提出有效的教学改进建议。

如何补漏洞（点）。

今后教学思路：设计长期具有针对性的能力训练和核心素养落实方法。

试卷讲评——重在指导学生分析错因及改进方法帮助学生明确试题考查内容（知识技能、能力等）；帮助学生了解试题考查方式；可以通过变式训练、让学生模仿命制试题（分层要求）等方式加深学生对考试的理解，充分发挥考试的发展功能。

有针对性地设计"培优辅差"方案。

本次研修活动效果很好，我们将在接下来的日常教学工作中充分发挥评价功能价值，促进学生的学习和教学工作的良性发展。

【第三期第七次研修活动】

第七次主题研修活动安排

研修方案：化学学科的核心素养是学生在化学认知活动中发展起来并在解决与化学相关问题中表现出来的关键素养，反映了学生从化学视角认识客观事物的方式与结果的水平。化学学科核心素养对学生进一步学习化学有着至关重要的影响，而考试对教师的教学工作起着重要的导向作用，本次研修活动的目的是通过发挥学业水平考试的导向作用和功能价值，引导教师在教学中更加关注如何培养和提升学生的化学学科核心素养。根据本年度工作室研修计划，决定于2018年3月12日（星期一）开展研修活动。

研修主题：关注试题中化学学科核心素养的考查，提高初中化学课堂教学有效性。

研修目的：通过基于化学学科核心素养的数据对2017年伊金霍洛旗化学学科综合素养检测考试进行质量分析，挖掘学业评价考试诊断与发展的功能价值，关注学生的化学学科素养提升，改善教师的教学，提高初中化学课堂教学有效性。

活动形式：讲座、集体研讨。

具体安排：如表1所列。

表1

时　间	活动内容	教　师
8：20—9：40	试题中化学学科核心素养的考查——2017年伊金霍洛旗化学学科综合素养检测考试质量分析；"教材梳理与分析——气体检验与鉴别除杂问题"课题任务分配	薛　云 伊旗教研室
9：40—11：30	2017年伊金霍洛旗化学学科综合素养检测考试质量分析报告（学校、班级）	高　旭、李文娇 北师大鄂尔多斯市 第二附属学校
		金向华 伊旗第一中学
		王玉华、何艳萍 伊旗第四中学
		贾剑峰、贾　敏 鄂尔多斯市一中 伊旗分校
		李　强 伊旗第二中学
11：30—12：00	集体研讨	全体伊旗初中 化学教师

研修总结

关注学科核心素养考查提高课堂教学有效性

对试题的有效评析可以反映出教师对学科知识、学科观念、学科思想方法和学科价值的理解深度，还能在一定程度上引导教师的课堂教学以及对学生学业的评价，有利于充分发挥考试的正确导向作用。为了发挥考试的功能价值和导向作用，引导教师在教学中更加关注培养和提升学生的化学学科核心素养。伊金霍洛旗初中化学名师工作室于2018年3月12日（星期一）开展了以"关注试题中化学学科核心素养的考查，提高初中化学课堂教学有效性"为主题的研修活动。

本次研修活动中，工作室成员分别基于数据对2017年伊金霍洛旗化学学科综合素养检测考试进行质量分析和试题分析，并以此为依据提出了教学建议。伊旗第一中学金向华老师、伊旗第四中学何艳萍老师及伊旗第二中学李强老师分别从学生答题情况评析了试题。北师大鄂尔多斯市第二附属学校的高旭老师重点讲解了实验教学和网络教学软件在教学中起到的应用。李文娇针对如何规范化学用语、计算题的答题步骤、实验探究题目的变型训练等方面提出了教学改进意见。市一中分校贾剑峰老师提出要系统的考虑教学过程，注重知识的内在联系；重视知识的形成过程，让学生体验知识形成过程，从而有效地构建形成知识框架体系；对学生进行个性化辅导，并根据学生的薄弱点进行针对性的约课辅导，提高辅导的效果。伊旗教研室化学教研员工作室主持人薛云以命题人的角度，从试题的情境、设问方式、考查的学科知识、渗透的学科素养、能力要求及学生答题情况等五方面分析了本次质检试题，其特点是源于教材、渗透化学学科核心素养、重视化学学科观念和思想的应用，体现出化学学科的特点，强调教师研究教材、挖掘教材的重要意义。另外薛老师还基于学科核心素养和学科能力培养对"气体的检验鉴别与除杂类探究问题"进行了教材梳理与分析，强调教师在教学中要系统分析教材、由易到难逐步为学生搭建台阶提升学生化学学科素养和能力。

本次研修活动，力图改变过去对考试"考过讲过"不留痕迹的做法，促使教师从多角度对考试和试题进行分析并提出了教学改进措施与建议。通过试题评析使老师们认识到深挖教材对学生学科素养培养和学科能力提升的重要作用，会后课题组教师还将从不同角度入手，基于学科素养进行系统的教材梳理与分析。本次研修活动圆满成功，达到了预期目标，我们将再接再厉，争取更大的进步！

【第三期第八次研修活动】

第八次主题研修活动安排

研修方案：化学学科核心素养在学生的化学学习和未来发展中都有着至关重要的作用，本次工作室研修活动继续开展基于初中学生化学核心素养提升的教学策略研究。工作室导师商晓绪将以"基于化学核心素养以物质为核心的中考复习策略研究"为主题的教师专业素养提升培训。

活动形式：示范课、讲座、集体研讨。

具体安排：如表1所列。

表1

时　　间	活动内容	教　　师
8：20—9：00	示范课："基于化学核心素养以物质为核心的中考复习"	商晓绪老师
9：10—9：50	示范课："二氧化碳与氢氧化钠溶液反应探究"	李文娇 北师大鄂尔多斯市第二附属学校
10：10—12：00	说课、评课、集体研讨	全体与会教师
14：30—17：30	讲座："基于化学核心素养以物质为中心的中考复习策略研究"； 集体研讨	商晓绪老师 全体与会教师

研修总结

聚焦复习课教学 提升学生核心素养

化学学科核心素养在学生的化学学习和未来发展中都有着至关重要的作用。本次工作室继续开展基于初中学生化学核心素养提升的教学策略研究的系列研修活动。2018年4月9日伊旗化学教师联合康巴什化学教师在伊旗第四中学参加了以"基于化学核心素养以物质为核心的中考复习策略研究"为主题的教师专业素养提升研修活动。

工作室导师、北京市朝阳区教育研究中心的商晓绪老师从如何提升学生化学核心素养出发为中考复习提供新方法和新策略。研修活动的第一板块以商晓绪老师和北师大鄂尔多斯第二附属学校李文娇老师的示范课展开。首先是商晓绪老师基于实验探究物质性质复习课,商老师用生活中的玩具炸包为素材,创设了能激发学生学习兴趣的情境,以探究炸包中的成分为切入点引发学生思考。在猜想过程中,从原理分析引导学生整理学习过的知识,归类分析了有气体生成的反应、放热反应、溶解放热的物质等,又在猜想的可行性分析中引导学生分析选择合理可行的猜想进行探究方案的设计。通过实验方案的设计归纳总结了酸碱盐的化学性质,在复习知识的过程获得应用知识的方法,在学习方法的过程中形成知识网络。在达到复习目的同时,让学生体验遇到未知事物进行科学探究的过程。接下来,北京师范大学鄂尔多斯第二附属学校青年教师李文娇以"二氧化碳与氢氧化钠反应探究"为主题为学生和研修教师上了一节精彩的研修课。李老师带领学生分析如何判断化学反应是否发生,分为有明显现象和无明显现象两种情况,再让学生讨论如何设计实验能判断无明显现象的反应确实发生,将学生给出的方案按照共同特征最终分为两类,即从反应物和生成物两个角度入手,学生按照自己设计的方案进行小组实验,用精彩的实验将学生带入探究活动,积极思考、参与实验活动,最后以分析空气中的氢氧化钠可能含有的成分这道经典实验探究题作为本节课知识的延伸与应用。

研修活动的第二板块,商晓绪老师进行了"明确方向,科学备考"专题讲座和针对性的指导工作。商老师提出中考复习要求教师把握住三个要点,即新形势、新任务和老问题,考虑到学生的内涵发展和中考改革的方向,要把课程内容在复习时进行整合,突出化学学科的特点,基于学生学情设计教学的起点及程度。紧抓中考核心内容、紧抓化学核心素养、紧抓中考复习理念,这样才能在高效的复习过程中培养学生的高级思维能力和推理能力。

本次研修活动在与会老师热烈讨论的氛围中圆满结束。通过商老师的精彩示范和讲座,每一位老师对于中考复习的方向和方式都有了新的想法和认识,也会在今后的教学工作中切实应用,将学生化学学科素养的提升作为重点落实在教学工作中。相信每位老师都会不断学习和提升自我,2018年中考我们一定能取得更好的成绩,为学生未来的发展奠定更坚实的基础。

【第三期第九次研修活动】

第九次主题研修活动安排

研修方案:继伊旗初中化学名师工作室导师以"基于化学核心素养以物质为核心的中考复习策略研究"为主题的教师专业素养提升培训和研修活动之后,为了进一步加强以学生核心素养为中心的课堂教学及中考备课复习策略的研讨,伊旗和康巴什组织第二次联合教研活动。

具体安排:如表1所列。

表1

时 间	活动内容	教 师
8:30—9:10	复习研讨课《元素化合物推断专题》	张玉梅老师 北师大附中
9:20—10:00	复习研讨课《反应后溶液中溶质成分的探究》	李文娇 北师大鄂尔多斯市 第二附属学校
10:10—11:10	评议课	全体与会教师
11:10—11:35	专题复习课策略研究	薛 云 伊旗教研室
11:35—12:00	专题复习课策略研究	薛 云 康巴什教研中心

伊旗化学名师工作室集体评议课小组名单如表2所列。

表2

评议课主题	组　长	成　员
复习方法策略的使用（学法指导）	王玉华	李文英　金向华　鲍录萍 李文娇　薛　云
学生活动	贾剑峰	刘玉宁　吕丽歌　高红霞 杨　艳　张丽媛
教学环节（板块）的设计	高　旭	何艳萍　李淑红　班　顺 李　强　贾　敏

【第三期第十次研修活动】

全国名师工作室联盟首届工作室创新发展特色成果博览会伊金霍洛旗"1+1+X+N+Z"学科名师工作室研修活动初中化学分会场研修活动安排（第十次主题研修活动）

以"1+1+X+N+Z"为整体思路，以"整合资源，强化管理，打造学校核心竞争力"为原则，以名师为引领，以课程为纽带，以"名师工作室"活动为载体，充分发展工作室全体人员的智慧和教学研究能力，发扬开拓创新和团队合作精神。在学习、思考、实践、反思、总结的过程中，把先进的教育理念、独特的教学风格、精妙的教学技巧、灵活的教学方法，渗透和辐射到工作室成员的教学中去，从而推进伊旗初中化学教师队伍建设，促进学生的全面发展。

具体安排：如表1所列。

表1

时间		活动内容	教师
7月26日	8:20—9:00	展示课"我是化学家"	何艳萍 伊金霍洛旗第四中学
	9:20—10:50	说课、评议课	伊金霍洛旗初中化学名师 工作室成员
	11:00—11:40	导师示范课"认识化学"	商晓旭导师 北京市朝阳区教育研究中心
7月27日	8:20—9:00	展示课"学会观察"	李文娇 北师大鄂尔多斯附属学校
	9:40—12:00	说课、专家点评	刘玉珍 内蒙古自治区特级教师

专业引领：随着新课程改革的不断深入，信息技术和课程资源以及课堂教学进行科学合理的融合。在此次的讲座中，商老师为工作室成员介绍了现代教育技术与初中化学课堂教学如何深度融合，有效利用信息技术提高课堂效率。

【第三期第十一次研修活动】

第十一次主题研修活动安排

研修方案：2018年中考，伊旗化学学科取得了比较好的成绩。为了总结和反思过去一年我旗初中化学教学工作，进一步提高初中化学教学的有效性，切实提高全旗化学学科教学成绩，加强我旗初中化学教师队伍建设，根据本年度工作室研修计划，决定于9月11日（星期二）开展研修活动。

研修主题：基于学科核心素养分析中考试题，提升初中化学课堂教学有效性。

研修目的：基于学科核心素养分析鄂尔多斯市近五年的中考化学试题，并重新审视和反思过去一年教学工作，通过小组讨论、交流、反思，研讨如何提高初中化学课堂教学有效性。

活动形式：讲座、集体研讨。

具体安排：如表1所列。

表1

时间	活动内容	教师
8：00—8：20	2018中考质量分析	薛云 伊旗教研室
8：20—9：10	中考试题分析及教学建议	分组研讨
9：10—11：50	中考试题分析及教学建议	小组汇报 各组组长
11：50—12：00	活动小结	薛云 伊旗教研室

伊旗化学名师工作室中考试题分析研修活动导研单（见图1）。

伊旗化学名师工作室中考试题分析研修活动导研单

主题：_____

内容：_____

1. 收集鄂尔多斯市近五年（2014—2018）中考化学试题中的同类型试题、考点，分析其考查的内容、方式、学科能力与学科核心素养等。

2. 分析相关考点在教材中的呈现方式。

3. 分析学生答题可能存在的问题。

4. 搜集相关的教学素材、提出教学设计建议。

图1

伊旗化学名师工作室研修活动分组名单如表2所列。

表2

试题分析任务	组　长	成　员
6、15	王玉华	李文英　张丽媛
12、16	贾剑峰	吕丽歌　高红霞
2、4、14	高　旭	李淑红　何艳萍
1、9、10	李文娇	鲍录萍　金向华
3、5、11	刘玉宁	杨　艳　韩二清
7、8、13	刘彦峰	贾　敏　李　强

专业引领：成员的初衷与团队建设密不可分。教研组建设凝聚着团队成员的智慧。工作室主持人对于学校教研组的建设发展给予了一些建议，希望能促进我旗初中化学教研团队建设和发展。

小组汇报精选

01 组：

酸碱盐综合知识

考查酸碱盐的综合知识，将酸碱盐之间的反应融合起来，要求学生能综合运用知识。

教学建议：酸碱盐之间的反应要探究复分解反应的本质——离子间的反应。

酸的通性、碱的通性、盐的性质，这些一条一条的知识点要求学生掌握熟记，但是教学过程中不能局限在只让学生背会记住酸碱盐的性质，只要求学生会写常见的化学方程式等，应该在通性的基础上深度思考，将酸碱盐的知识整合上升到离子层面，例如酸的通性其实就是氢离子的性质，酸与碳酸盐之间的反应其实就是氢离子与碳酸根离子之间的反应，认识到酸碱盐之间反应的实质其实就是离子之间的反应，学生能记住的就不是点的知识，而是由点及线、由线及面的系统的知识网络，只有对知识的整合能力加强了，才能在综合性强的试题中实现知识的灵活应用，学生的思维能力才能更上一层楼。

02组：

关于中考与溶液、计算题相关的试题分析及教学建议

鄂尔多斯化学中考中关于溶液和溶解度的考察，每年必考3~5分，而且考查的题型比较固定、稳定。

第一题考查溶解度大小的比较，体现数形结合思想，难度不大，就是在某温度下比较几种物质的溶解度大小。

第二题通常考查不同物质的溶解度曲线出现交点，考查难度每年不同，比较简单的考法是直接问交点的含义，稍难一些结合溶质质量分数，比较溶液浓度的大小。还出现一种考法是问两种物质在什么温度下饱和溶液的溶质质量分数相等，变相地考查了交点的含义。

第三题通常结合溶解曲线考查饱和溶液和不饱和溶液的相互转化及转化过程中溶质质量分数的变化情况分析。这道题的综合性比前两题更多，难度也大些。

第四题通常考查对某温度下的两种或三种饱和溶液，升温或降温，比较判断溶质质量分数的大小，本题要考虑的因素更多一些，是最容易做错的一题。

这些题主要体现了对学生以下素养的考查：

考查学生思维的严密性（分情况讨论，要求思考全面）。

考查学生证据推理意识和能力（许多题目都结合了实验操作及现象解释）。

考查学生运用所学知识解决实际问题的能力，体现化学从生活中来，有解决生活中问题的学科特点。

教学建议：

①学生对溶液相关概念的理解必须准确清晰，尤其是各个概念的适用条件和范围是重点。

②根据这几年中考题的难度判断，考题虽然综合性增强，但难度并不是很大。建议不要做过难的题给学生造成心理恐惧，影响学习的信心和兴趣。

③教学中渗透学科素养，如溶解度曲线就是构建一种认知模型，从不同的角度认识事物规律。溶液考题中设计实验过程判断溶液的饱和和比较溶质质量分数的大小，是培养学生证据推理意识很好的契机，只有注重教学中渗透学科素养才能提高学生思维能力和学科素养。

中考中的化学计算题，它能使学生从量的方面理解物质及其变化规律，把握化学计算的技能和培养一些能力。

我市的计算题考查题型相对固定，第一题考查质量守恒定律来确定某种物质（通常是沉淀获气体）的质量，第二题结合溶液知识计算某反应物或生成物的溶质质量分数。

在化学课教学中要突出计算习题的教学，通过一题多解，培养学生的能力。可以使学生有综合运用各种知识的机会，寻求解决问题的办法。这种办法可以引导学生多中选优开拓思路，提高解题能力，培养良好的思维习惯。

加强综合计算题的练习，培养学生化学计算能力和解题技巧。

05 组：

考查的内容、学科素养

考查的内容主要为分子、原子、离子、元素、化学反应类型以及化合价几个基本概念和化学用语的书写。考查学生的宏观辨识与微观探析能力。

存在的问题：

①概念理解不到位：如对分子、原子、离子这些基本概念理解不到位，对于分子不一定比原子大、离子和原子的联系这些知识的判断出现偏差。

②思维定势：如对复分解反应的思维定势，当生成物为三种时，不会判断。

③化学用语书写不规范。

④知识的迁移能力较差，在做选择题时不能找到对应选项的反例，如判断

"同一种原子不可能构成不同的分子"这一错误说法时,不能联想到氧气与臭氧这一反例。

教学建议：

①构建一个完整的知识网，系统地建立"宏观—微观—符号—图形"相互联系的思维方式。围绕微粒观这一基本观念，分别从不同章节，结合不同的知识内容，使学生不断地循序渐进的建立微粒观念。

②浓缩要点，在新授课中强化记忆，在学生建构观念时，要舍得花费课时，相信只有先慢才能后快。比如学习分子、原子概念时，让学生类比学习，分析分子与原子的联系和区别，进而认清其联系和本质。再比如，学习原子和离子结构示意图，对比分析，寻找异同。建立知识结论和发现过程的联系，通过讨论、探究形成观念。

③精选习题，强化训练：对同一类型试题进行改编，我们可以将原子结构示意图相关的考试常见题型编成一道题。变换题型，针对概念教学中的相关考点，可以把常见的选择题转换为判断题进行考查，加大难度，加深理解。

④规范化学用语的书写。

附：第三章至第八章中可以渗透微粒观的知识点如表1所列。

表1

章节标题	具体内容
3.1 氧气的性质和用途	氧气由氧分子构成 氧气—液氧—固态氧三态变化 氧气浓度越大，燃烧越剧烈的微观解释
3.4 物质组成的表示式	化学式的意义
4.2 水的组成	水的三态变化 水由水分子构成 从微观角度认识电解水反应的实质
4.3 质量守恒定律	质量守恒的原因
4.4 化学方程式	化学方程式的意义
5.1 洁净的燃料—氢气	氢气由氢分子构成 从微观角度认识氢气燃烧，对水的元素组成再认识

(续表1)

章节标题	具体内容
5.2 组成燃料的主要元素—碳	不同碳单质物理性质不相同的原因
5.3 二氧化碳的性质和制法	二氧化碳由二氧化碳分子构成 二氧化碳的三态变化
6.2 金属的化学性质	金属与酸、盐溶液反应
7.1 溶解与乳化	溶液的组成、形成
8 常见的酸碱盐	酸、碱、盐的定义 酸、碱具有化学通性的原因 溶液具有导电性的原因 中和反应、复分解反应的实质
概念	物理变化与化学变化混合物与纯净物 酸、碱、盐

反思感悟

我参加了中考质量分析培训会，听了老师们的分析与教学建议，收获很多。教师要认真研读课程标准，把握好复习范围和要点、知识的宽度和广度。在前期复习中更要注重基础。将基础知识通过点线面连成网络。这一阶段，还要重视课本的阅读，阅读有关物质在生活、生产上的实际应用内容，不能太不重视这部分的内容，近几年中考涉及这些内容的题目很多。由于试题"以能力立意"命题的特点，在中期复习中，将抽象的化学概念和理论具体化、习题化，有机地融入实验探究内容，提高各部分知识的综合。学会探究实验习题的思路和方法，并培养学生的能力。还要利用好近三年中考题目，将这些试题根据内容分散到各部分复习中，以它们为典型例题来讲解，借题发挥进行变换，提高其示范性；或作为习题来精炼，提高复习的针对性。

——四中何艳萍

9月11日我们进行了本学期的第一次化学名师活动室的研修活动。

这次活动薛老师先介绍了2018年中考中我旗及各学校的化学成绩。然后就如何进行系统教研进行了专题讲座，讲座中薛老师重点针对如何通过集体备课优化教学设计和教研团队的建设进行了详细地讲解。

聆听后我有一些收获，优秀教学设计是个系统工程，要充分研究教材、学情、教学目标等因素，在这个基础上精心设计每一个环节，要让教学过程体现设计感。我们的教学不能随意，要让学生在体验中思考。薛老师尤其提到板书设计的重要性，板书对于教学起着提纲挈领的作用，也是最能体现设计感的部分。一堂好课的巧妙的板书设计就是一个很大的亮点，薛老师举了高旭老师的一个例子，我们一直不太重视板书设计，这次培训给我们提了个醒。

孤木难成林，一个团队优秀了，才是真的优秀。听了薛老师的讲座后，全旗的化学老师就中考中不同类型的题目的考查形式、变化趋势、学生素养的考查及教学建议分组进行了研讨。帮助老师理清了教学思路，明确了接下来的工作方向。

——分校贾剑峰

每个初中化学老师手里都有一本义务教育化学课程标准，我也不例外！但是这本薄薄的小书却一直没有引起我多大的兴趣，因为我一直觉得它似乎没有多大的作用，并自以为是地认为它的存在本就没有多大的价值。但自从来到伊旗，在旗教研员薛老师的教导下，慢慢我发现了自己的无知，尤其是在这次教研活动中，只有两年教龄的李文娇老师谈到她对化学课程标准的学习与理解，更是让我觉得自己是如何不思进取。态度决定一切，我必须首先端正自己的学习态度，不能自以为是止步不前，其次静下心来认真研读与领会化学课程标准，让自己充分汲取到其中的精华并以此来指导自己今后的备课！

——分校贾敏

认真分析近五年的考题，认真研读新课程标准，发现近几年的考题考查得越来越简单但是更加综合，考查的知识点很细，视窗的知识点都考查，所以在平时的教学中要尽量做到不遗漏知识点，培养学生认真阅读教材的能力。知其然还要知其所以然。加大对学生思维能力的训练，要能用所学的知识分析和解决有关的化学问题。

——一中金向华

让学生学会审题，在认真读题的同时用笔在关键字词下圈圈点点，并养成自我提示的好习惯。

加强化学用语的训练，可有针对性地进行补差。

加强实验教学，无论是学生实验还是演示实验，对实验现象的描述，老师要及时引导，力求语言规范准确，"先入为主"。

平时作业狠抓书写，因为冰冻三尺非一日之寒。

进一步加强集体备课，精编、优化教学案和作业，充分发挥集体的智慧，把有限的宝贵时间效能最大化。

总之，提高教学成绩，必须付出辛勤的汗水，尤其对教师的我来说，更需加倍努力。

——分校李淑红

9月11日，我有幸参加了教研室组织的化学学科研讨，研讨会上，老师们各抒己见，许多见解独特，分析到位，让人受益匪浅，下面就我个人而言，谈谈自己的收获。

化学学科只有一年的学习时间，年年面对中考，所以分析中考题型至关重要，我们一方面要熟悉近几年的中考题，分析它的考查方向、考查方式，同时，还要做好教材分析，包括教材结构、设计意图、知识的功能介绍，要做什么培养和训练学生，要考虑到不同层次学生的需求，思考重难点如何突破，同时，我们要想使自己的教学成绩提高，离不开全旗老师们的合作，相互交流好的资源，好的上课方法等。

——二中李强

我认真分析了2018年的中考试题、对比了成绩之后，感触颇多，其中感悟最深的是我对自身教学不足的反思，深感自己在专业方面进步太慢，在日常工作中自我要求太低。每一次不理想成绩的显现，都是对我们工作存在问题的一次警示，教师具备的知识水平、专业素养对于课堂教学至关重要。所以，我们应该像学生一样，重新拾起课本，认真钻研教材；广泛阅读图书，潜心研究教学。只有静下心来不断学习、储备更多专业知识、不断提升专业素养，才是对自己和学生最大的负责。

——一中 刘玉宁

力生于团结，我们在学生学习中要倡导合作学习，努力培养学生的合作意识，但我们化学同仁之间却没有很好的践行合作。合作的优势有很多，我们也知道合作必然能实现共赢，我们今后应该思考如何跨学校间的合作，例如学校间的集体备课、辅导教材的统一、试题的统一命制等，努力使伊旗的化学教育更上一个台阶。

——北二附 高旭

研修总结

任务导研分组研讨促进教师团队发展

2018年9月10日，在伊旗第一中学举行了本年度初中化学名师工作室第五次研修活动暨伊旗初中化学学科研讨会。

教师的团队建设和发展对教学起着至关重要的作用。此次研讨会上，我旗化学教师以团队合作、任务导研分组讨论的形式开展了以基于初中学生化学核心素养提升的中考试题分析为主题的研修活动，探讨提高初中化学教学效率的策略。

研修活动的第一板块，工作室主持人、伊旗教研室化学教研员薛云做了2018年化学学科中考质量分析报告，分析了近四年伊旗化学教师在中考中取得的成绩、与东康存在的差距及未来一年的奋斗目标。薛老师还为化学教研组建设提出了建议，尤其是对如何落实集体备课、优化教学设计提出了九点建议，希望促进化学教师团队的发展。

研修活动的第二板块，以任务导研、分组研讨的形式展开。老师们从六个角度，分类型研讨鄂尔多斯市近五年（2014—2018）中考化学试题涉及的考点，考查的内容、方式、学科能力及学科核心素养等，分析相关考点在教材中的呈现方式和分析学生答题可能存在的问题。六个小组分别汇报了本组研讨的成果，并对今年化学课堂教学提出了改进建议。

在教学中可以将课程内容在充分研究、分析教材的基础上进行适当整合，突出化学学科的特点，基于学情设计教学的起点，分解和分散重点和难点。以课程标准和考试说明的核心内容为素材，紧抓学科核心素养和能力的培养，设计高效的学生活动，训练学生的高级思维能力和学科能力。

本次研修活动在与会老师热烈讨论的氛围中圆满结束。通过本次研修活动，老师们对于教学方向和方式都有了新的认识和想法，也会在今后的教学工作中切实应用，将学生化学学科素养的提升作为重点落实在教学工作中。相信在伊旗各学校的精诚合作下，教师不断学习和提升自我的过程中，2019年中考我们一定能取得更好的成绩，为学生未来的发展奠定更坚实的基础。

【第三期第十二次研修活动】

第十二次主题研修活动安排

研修方案：教材分析是教师备课中一项重要的工作，是教师进行教学设计编写教案、制定教学计划的基础；是备好课、上好课和达到预期的教学目的的前提和关键，对顺利完成教学任务具有十分重要的意义。基于化学学科核心素养的教学，其核心是进行深度教材分析。为了解决目前我旗初中化学教师在教材分析方面存在的问题，伊旗初中化学名师工作室决定于11月20日（星期二）开展研修活动。

研修主题：基于化学学科核心素养的教材分析与课堂教学实践研究——以"金属的化学性质"教学为例。

活动形式：示范课、集体研讨、讲座。

具体安排：如表1所列。

表1

时间	活动内容	教师
7：50—8：10	课前会议	全体教师
8：20—9：00	金属的化学性质	鲍录萍 伊旗四中
9：10—9：50	金属的化学性质	高旭 北二附
10：00—10：25	分组评议课	全体教师
10：25—11：25	分组展示、交流讨论	全体教师
11：25—12：05	"教师基本功大赛"总结；"如何进行教材分析"活动小结	薛云 伊旗教研室

伊旗化学名师工作室研修活动分组名单如表2所列。

表2

评议课主题	组长	成员
	刘玉宁	李文英　张丽媛 何艳萍　李文娇
	贾剑峰	吕丽歌　高红霞 李　强
	高旭	李淑红　韩二清 刘彦峰　贾　敏
	王玉华	鲍录萍　金向华 杨　艳

备注：①请各组成员与组长联系领取研修任务（或组长依据本组成员的情况分配研修任务），小组研讨时间约25分钟，每小组汇报时间15分钟。

②评议课角度：教材处理方式方法、教学目标的制定及达成情况、教学环节（板块）设计的合理性、"探究"任务设计及达成情况、学生学习效度分析、学生活动设计及达成情况分析等。各组选择评议课主题或自拟评议课主题，组长组织组员制定观察点，分配任务，11月19日上传小组评议课主题及分工安排。

③讲课教师请于11月16日上传教学设计。

反思感悟

研读课标：义务教育阶段化学教育的任务；研读课程性质；研读课程基本概念；研读课程的设计思路；研读课程目标；研读课程内容；研读实施建议。

梳理教材：教教材和用教材；梳理教材网络；借鉴参考各版本教材；单元教材分析整合；课时教材分析。

考题分类梳理。

挖掘观念方法。

落实核心素养。

整合教材。

——李淑红

我参加了金属的化学性质单元整体教学设计并对第一课时的内容进行了教学。整个研究过程对我的提高很有帮助，让我深刻体会到基于研究进行有效教学的重要性和成长的快乐！

在做金属化学性质单元整体教学之前，我参加了名师工作室的培训，并阅读了乔国才老师撰写的有关金属活动性的相关论文，让我深刻体会到理论学习的必要性和重要性，它直接决定了研究课的水平。以往我们做研究课，更多的是同学校教师间的经验交流，缺乏理论引领。大家由于平时工作中杂事较多，很难静下心来学习相关理论，阅读相关论文。有时想到该读点专业文章了，也很盲目。这次薛云老师组织的培训，以及两位名师的引导课，帮助我在短短一个月的时间里研究出比较满意的金属化学性质的教学方案，我认为是非常成功的化学校本研修。

通过金属化学性质单元整体教学，我感悟到以概念原理统摄这两节课所要学习的具体知识，可以让知识变得更加有序，更加有规律，这与之前我们自下而上的教学方式恰好相反，这种自上而下的教学设计是对建构主义思想的有效运用。通过课后学生访谈证明了教学效果比以往的教学要好很多，学生在记忆方程式时会感觉到知识不是零散的，而是体会到化学概念和具有元素化合物知识之间的关系，体会到概念的功能和价值。

——李文娇

培训很快就过去了，时间虽然短暂，但内容却不少。前辈们的教育理论和教学方法，令人耳目一新、受益匪浅。虽然他们的教学风格各异，但是教学态度却都是亲和而不乏幽默，谈笑间拉近了师生间的距离，为学生营造了一个轻松和谐、积极活泼的学习氛围平时注重积累，勤记善思，总会有所收获。教师自身的专业发展才是硬道理。通过学习，我更加意识到自己才疏学浅，经验不足。每天忙于备课上课，却不愿去改变自己，所以我应该改变自己的习惯，多问多学，注重自身的专业发展，认真学习新课标，诚心向各位优秀的同行学习，时刻鞭策自己不要落后。

——吕丽歌

上周二我参加了化学名师工作室的活动，听了薛老师关于如何进行教材分析的讲座，原来对于教材分析很茫然，听了讲座我豁然开朗。还听了高旭老师和鲍录萍老师《金属的化学性质》的新授课，深受启发，通过学习找到了需要学习和改进的方向，明确了自己教学中不足之处。重视教学情境的创设，鲍老师由鉴别真假黄金的生活情境引入。先让学习氛围轻松起来，使学生感受到接下来一定会是一个快乐的化学之旅，让学生感到学习是一种乐趣和享受，能主动地、积极地学习，培养了学生科学的学习态度，使其真切地体验到探究学习的乐趣，从而收到了良好的教学效果。

创建活力课堂，高老师没有用PPT，但把"创建快乐课堂、创建活力课堂"理念融进整节课中。巧妙设计每一个教学环节，使整个课堂精彩纷呈。使金属与氧气、与酸溶液的反应平添了几分趣味，更与教学内容紧密相扣，使学生自然而然记牢金属的三点化学性质。在实际的教学过程中，整堂课自然流畅，课堂氛围愉快和谐，学生学习热情高涨，教学效果非常明显。

重视学生能力的培养，教学过程中两位老师能在教学设计上把探究知识的自主性留给学生，为学生提供主动探索的空间，使学生在知识的形成和发展过程中，养成科学的态度，获得科学的方法，都是以学生小组实验为探究核心。也引导学生把所学的知识应用到实际生活。

这次观课，使我意识到自己还有很多学习的地方，结合课堂教学的具体内容，采用直接讲解、间接渗透、学生相互交流等方式，活动的内容和形式贴近学生的生活实际，符合学生的认知水平和生活经验；接近现实生活的实际情况，在实践活动中提高他们动手的能力。注重培养学生积极的学习态度、浓厚的学习兴趣和良好的学习习惯。

——何艳萍

11月20日我参加了薛老师组织的全旗化学名师工作室活动，第一、二节课分别听了鲍老师和高老师关于金属的化学性质的示范课，第三节课薛老师组织了小组评课，第四节课薛老师做了"怎样进行教材梳理"的专题讲座。现总结收获反思如下。

每个老师都有自己的长处，鲍老师引入课用真假黄金的鉴别，用本节课所学内容解决问题，首尾呼应。讲解得比较具体，有讲解、有学生实验、有课堂练习、有课堂小结，课堂结构完整。高老师的课注重细节的处理，善于提出具有启发性的问题，建筑知识模型，讲解置换反应的微观原理，并打比方置换反应就像换座位一样，形象生动。慢工出细活，如果能给学生足够的自主练习时间会更好。毕竟知识落实到纸笔上才算落到实处。好的教学设计能调动学生的学习热情，启迪学生的思维。我在备课的过程中，一定思考自己的问题设计是否具有启发性，教学板块和流程设计能否让学生循序渐进地学习。

分小组讨论点评课。从不同的角度对课堂进行评价，几个组长分别从教学目标怎样达成及达成情况，教学板块的设计，化学学科素养的培养等角度进行了评议课。集思广益，让我学到很多有关课堂评价的方法。探究实验要控制变量，重难点在课堂上一定要突出，大量的时间和教学活动应该突破重难点。在课堂教学中设计学生活动，不要只想着自己怎么教，还要想学生怎么学，设计学生的学习活动。

最后薛老师先对两位老师的示范课做了总结性发言以及评价，然后做了关于教材梳理的专题讲座，让我明白梳理教材的角度和方法。可以从课标主题、知识内容、中考考点、学科观念、学科素养、专题分析等角度进行教材梳理。多次多角度的梳理才能吃透教材，更好地进行教学。

——金向华

11月20日，全旗化学老师在伊旗第四中学进行了关于教材分析和教师备课工作的专题研究，因为这项工作对教师进行教学设计编写教案、制定教学计划和对顺利完成教学任务具有十分重要的意义。

活动中我们听了鲍录萍和高旭老师的两节关于金属化学性质的示范课，二位老师精心准备，为我们呈现了两节很精彩的课。

课后我们分组从教材处理方式方法、教学目标的制定及达成情况、教学环节（板块）设计的合理性、"探究"任务设计及达成情况、学生学习效度分析、学生活动设计及达成情况分析角度对两位老师的课进行多维度分析。进行了研讨，老师们碰撞出许多智慧的火花，针对同一问题提出多种不同的解决方案，丰富我们的教育智慧和教育素材。

最后薛云老师给我们进行了"如何做教材分析"的专题讲座，从教材分析的意义、内容方法等角度系统地介绍了这个内容，提高了我们的教育理论素养和教育学水平。

——贾剑峰

研修总结

注重教材分析落实课堂教学

李文娇

从事教育行业的人都知道教学目标既是教学活动的出发点，又是教学活动的归宿，教学目标在一堂课中起到引领方向的关键作用。如何制定准确合适的教学目标呢，不同的教师有不同的方法，但是现阶段很多教师在制定教学目标的过程中忽视了对教材的分析。教材分析是教师对课程的理解的体现，关系到教师对学科课程的设计、课程组织与实施；更关系到教学目标的实现、教育目的的达成。基于这种情况，2018年11月20日伊旗化学教师在伊旗第四中学开展了以"如何做教材分析"为主题的教师专业素养提升教研活动。

教研活动的第一项内容是由伊旗第四中学的鲍录萍老师和北师大鄂尔多斯第二附属学校的高旭老师进行《金属的化学性质》同课异构示范课。首先是鲍录萍老师以实验展开对金属化学性质的探究，鲍老师用第三章学过的金属镁、铁、铜与氧气的反应为素材，引发学生思考通过反应现象能得到什么结论。学生很容易得出三种金属中镁的化学性质最活泼，铁次之，铜的化学性质最弱，为后面讲金属与酸的反应规律做铺垫。鲍老师巧用井穴板让学生将金属镁、铁、铜、锌分别放在小格里，再分别滴加等量稀盐酸观察现象，学生按照导学案设计的方案进行小组实验，通过对比实验现象、积极思考、参与实验活动，最后得出四种金属的活动性顺序为镁、锌、铁、铜，通过现象看本质，激发了学生学习化学的兴趣，同时丰富的实验还能帮助学生记忆本节课的重点内容。

第二节课，高旭老师以书写金属与氧气的化学方程式引入，并介绍生活中常见的易拉罐饮料是用金属铝制成的，引导学生思考为什么铝的化学性质很活泼，但是生活中还经常使用铝制品，学生在思考的过程中回答出铝的表面有一层致密的氧化膜，让学生感受到生活与化学息息相关。之后高老师从氢气的实验室制法入手，以换座位这种生动形象的例子让学生理解置换反应的定义，然后引导学生用提供的镁、铁、铜、锌分别与稀硫酸进行反应，探究哪种金属最适合用来制取氢气，从而总结出四种金属的活动性顺序。

教研活动的第二项内容，薛云老师进行了"如何进行教材分析"的指导工作。薛老师提出教材分析是教师的基本功，是教师在制定教学计划、设计教学预案前，要做的一项很重要、又很基础的工作，是教师备出"好"课、上出"好"课的基础。对教师顺利完成教学任务、提升课堂教学质量有着十分重要的意义。教材分析要求教师按照研读课标、梳理教材、考题分类梳理、挖掘观念方法、落实核心素养、整合教材六个方面进行。其中研读课标不仅仅读每一模块对学生的最低要求，更要研读化学学科的课程性质，准确把握课程性质，才能知道我们应该从哪些方面对学生进行培养，而不是不停地灌输知识。关于中考试题的分类梳理，薛老师建议大家每个知识点至少找出三十道题，这样才能充分挖掘每堂课应该让学生掌握的内容是什么，需要掌握到什么程度。

本次研修活动在与会老师热烈讨论的氛围中圆满结束。通过薛老师的精心讲座以及鲍老师、高老师的精彩示范，每一位老师对于如何进行教材分析的方向和方式都有了新的想法和认识，也会在今后的教学工作中切实应用，充分挖掘教材背后的内容。相信在每一位教师不断学习和提升自我的过程中，我们一定能备出更精彩的课，为学生未来的发展奠定更坚实的基础。

【第三期第十三次研修活动】

第十三次主题研修活动安排

研修方案：教材分析是教师备课中一项重要的工作，是教师进行教学设计、编写教案、制定教学计划的基础；是备好课、上好课和达到预期的教学目的的前提和关键，对顺利完成教学任务具有十分重要的意义。基于化学学科核心素养的教学，其核心是进行深度教材分析。为了解决目前我旗初中化学教师在教材分析方面存在的问题，本次伊旗初中化学名师工作室研修活动将邀请工作室导师商晓绪就如何做教材进行分析培训。

研修主题：基于化学学科核心素养的教材分析与课堂教学实践研究——以"金属矿物与冶炼"和"珍惜和保护金属资源"为例。

活动形式：示范课、集体研讨、讲座。

具体安排：如表1所列。

表1

时间	活动内容	教师
7：50—8：10	课前说课	李文娇 张丽媛
8：20—9：00	研究课：珍惜和保护金属资源	张丽媛
9：10—9：50	研究课：珍惜和保护金属资源	李文娇 北二附
10：10—10：20	课前说课	高 旭 北二附
10：30—11：10	示范课：金属矿物与冶炼	全体教师
11：15—12：00	导师评课指导	商晓绪导师
14：00—16：40	如何进行教材分析	商晓绪导师

成果总结

教学设计的关键——教材分析

　　现代教学论认为，要实现教学最优化，就必须实现教学目标最优化和教学过程最优化。教材的分析和教法的研究，正是实现教学过程最优化的重要内容和手段。教材分析是教师备课中一项重要的工作，是教师进行教学设计编写教案、制定教学计划的基础；是备好课、上好课和达到预期的教学目的的前提和关键，对顺利完成教学任务具有十分重要的意义。2018 年 12 月 24 日，为了探讨研究如何更加科学地进行教学分析，全旗初中化学教师特邀北京专家在市一中分校进行了集体研讨活动。

　　教研活动的第一项内容是由鄂尔多斯市第一中学伊金霍洛分校的张丽媛老师和北师大鄂尔多斯第二附属学校的李文姣老师进行的研讨课"珍惜和保护金属资源"。首先是张丽媛老师以"宝剑千年不锈之谜"的情境引出金属生锈的条件，让学生自主设计实验方案，在实验探究的过程中体会控制变量的思想，学生掌握了通过控制条件的不同，对比实验现象，从中得出结论，在生活中还可以利用铁生锈放热的原理制作暖贴，让学生感受到生活无处不化学。然后李文娇老师从铁锈的主要成分入手，让学生根据铁锈的组成元素猜测生成铁锈与哪些物质有关，学生能根据质量守恒定律中的元素守恒思想推测出铁生锈可能与氧气和水有关，为了验证猜想，请一位同学进行实验演示，对比观察实验现象，得出铁生锈是在氧气和水同时存在的条件下发生的这一结论，让学生思考实验方案有何缺陷，怎样改进，培养学生养成改进实验积极思考的习惯。大家讨论后李老师展示了自己利用 U 型管改进后的实验，通入氧气后，铁生锈的速率加快，很快便能观察到实验现象，大大节约了时间。

　　教研活动的第二项内容是北师大鄂尔多斯第二附属学校的高旭老师进行"金属矿物与冶炼"的示范课，课堂上高老师领着学生一起绘制实验室模拟工业炼铁的装置图，并引导学生不断思考反应物的由来，巧妙地将工业上高炉炼铁中发生的反应与自己绘制的实验装置图联系起来，让学生立刻明白高炉炼铁过程中发生的主要应用。

　　教研活动的第三项内容是由北京专家商晓旭导师主讲的"如何进行教材

分析"专题讲座。商老师先是阐述了教材分析的重要性，要了解教材的基本结构框架，指明对每节课的内容进行教材分析之前要整理每一节内容之间的关系，才能更加合理的安排课时和课容量。然后商老师和大家分享了几个成功的教学案例，在这些教学过程中，充分体现了以全面发展的人为核心的教育理念，向我们展示了走向核心素养的教育之路。

本次教研活动在老师们的深入交流中圆满结束。通过本次培训，老师们对教学分析有了明确的方向和方法，进一步认识到从教材内容出发设计教学的重要性，商晓绪导师的精彩讲座让大家在今后的教学工作中有了新的目标，相信在时代创新的背景下，在全体老师的不断学习下，我们的伊旗教育会稳步上升！

2020—2022年第四期伊金霍洛旗初中化学名师工作室研修活动

抓学科本质　以评促发展

——第四期伊金霍洛旗"1+1+X+N+Z"初中化学一级名师工作室

一、指导思想

贯彻落实内蒙古伊金霍洛旗名师工作室"1+1+X+N+Z"的工作思路，深入研究教与学方式的变革，调结构、去库存、转方式、抓本质，不断探索教研工作创新的途径，不断提升教研工作质量，为教师的专业发展提供更有效的支撑和服务，以进一步深化中学化学课程改革和提高教学质量为中心，以发展学生核心素养，为初中化学课程的顺利实施提供支持和服务。

二、拟解决问题

课程实施的关键是"评—教—评"一体化，第一个"评"主要是指课标评价要求及统一的学业水平考试的评价要求，"教"主要是指日常教学，第二个"评"主要是指对学校、教师和学生的综合评价。如何认识"评—教—评"

一体化，在课程实施中如何有效实现一体化？

第一，第一个"评"和"教"的重点是什么？

第二，第一个"评"与"教"容易出现偏差的知识内容或能力要求有哪些？

第三，当前提出的单元教学、项目学习、深度学习与实现"一体化"有什么关系？

第四，落实学科核心素养发展如何在"考—教—评"各环节中体现？

三、问题解决研修策略

（一）研训课程设计框架（见图1）

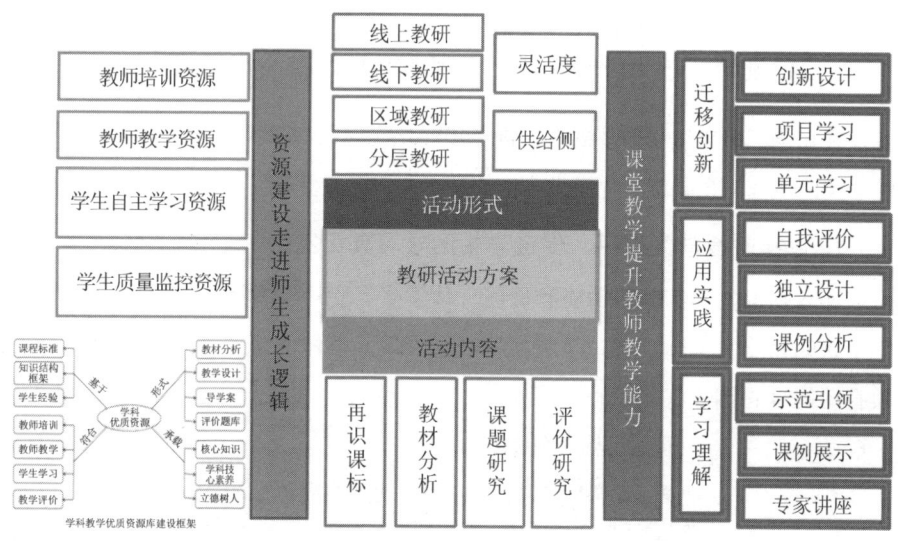

图1

（二）设计系列化的研训课程内容，实现教师的进阶化发展

课程结构图如图2所示。

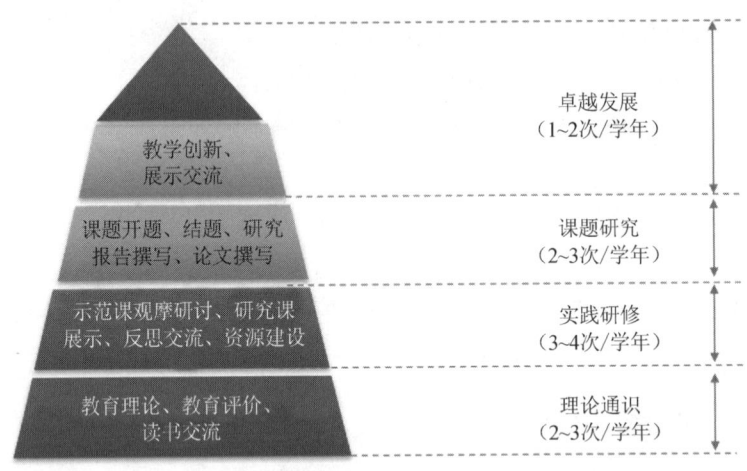

图 2

（三）设计专题化研修活动，实现课堂教学精品化实施

在积累了多年经验的基础上，进一步深化研究围绕学科体系、学科思想开展教学实践研究，实施精品化教学，继续开发并整理课程资源、组织专题研讨活动。

1. 以实验教学为抓手，促进学生的学习真正发生

深入挖掘化学实验的功能和价值，从学生实验思维发展、学科思想方法和学生认知发展的维度，将人教版教材进行大单元整体的设计，凸显化学实验的教育功能（见图3）。

图 3

2. 以课题研究为抓手，促进教师研究能力的提升

以课题研究为抓手，引领老师参与课题研究的全过程，体验研究的过程和方法，参与课例的开发与实施。在课题研究过程中将基础知识和基本技能置于一个真实的情境中去解决相关的化学问题，知识与技能就会转化成学生的能力，具备了一定的能力以后，再去解决陌生情景中的问题，在解决问题的过程中不断地批判质疑、反思评价、再质疑、再反思，学生就会形成解决问题的关键能力、必备品格和正确的价值观，形成素养。

四、具体实施情况

【第四期第一次研修活动】

明确目标　砥砺前行

李文娇

目前初中学业水平评价命题方向已转向以基础性综合性为主，考查基本能力；以应用性，创新性为辅，考查高阶思维。试题研究的方向也应该从"知识为本"走向"素养"为本，从"知识立意"向"能力立意"转型。

为总结和反思过去一年我旗初中化学教学工作，指导教师研究试题，明确教学导向，为教学服务，进一步提高初中化学教学的有效性，切实提高全旗化学学科教学成绩，加强我旗初中化学教师队伍建设，伊金霍洛旗化学名师工作室于2020年11月17日在伊旗第一中学开展了以"基于学科核心素养分析中考试题明确目标，提升初中化学课堂教学有效性"为主题的第一次研修活动暨初中化学学科研讨会。

市一中分校贾敏老师进行中考经验总结。贾敏老师分析了一个优质团结的团队是教学成功的必要保证，并且从培养习惯、兴趣激发、教材分析、章节复习、作业布置、精选模拟题、专项训练七个方面向我们展示了有效的教学策略并分享了一些有效的促学方式，对于全旗教师今后的课堂教学有很大的指导意义。

北师大二附校李文娇老师进行自治区基本功大赛优质课例汇报。李文娇老师总结了说播课优质课例的共同特征，重在说理解、设计、活动、问题、反思，要努力达到知识板块化、板块任务化、任务活动化的设计策略，重视学习任务对促成核心素养发展的导向性功能，关注学生的认知进阶，重视问题的驱动性、引领性、可探究性。

名师工作室主持人、化学教研员薛云老师首先对2020年中考数据从整体的角度进行了详细地分析，结合试题、学生答题情况提出了教学改进策略。然后，以听课、集体备课过程中发现的问题为线索，从教学目标、教材分析、教学语言、PPT和板书、集体教研等方面提出了更高的要求。最后对名师工作室实施方案、初中化学名师工作室的两年规划及工作室研修制度进行了详细解读。

【第四期第二次研修活动】

找准问题　科学备考

李文娇

为进一步深化中学化学课程改革，探索教研工作创新的途径，提升教研工作质量，逐步形成在课程目标引领下的"考—备—教—学—评一体化"的教学常规结构，初中化学名师工作室于2020年12月17日（星期四）在伊旗第一中学开展了伊金霍洛旗第四期"1+1+X+N+Z"初中化学名师工作室第二次研修活动。本次研修活动采用了网络研修的方式，我们邀请了北京市骨干教师、工作室导师商晓绪以钉钉会议的方式对伊旗五所学校的23名化学教师进行了以"找准问题 科学备考"为主题的线上培训。

石本无火，相击而发灵光——成员们的会前准备

伊旗化学名师工作室虽然规模不大，但这个化学团队有着一股强大的教研力量，在伊旗化学教育改革之路上，工作室学术导师商晓绪和做出了突出贡献，她犹如"雁群"中的领航头雁，用学术力量引领着"雁阵"奋勇向前，而我们这支教师队伍犹如整齐奋起的雁群，真诚合作，精诚教研，我们珍惜每一次培训的机会，努力提升自己的教育教学水平。本次网络研修前，每一位教师都进行了细致的准备工作，对于商晓绪老师原创的两道实验探究题进行了会前"说题"，以学校为单位进行了激烈的讨论并形成了文案。商老师点评和订正后，我们明确了"说题"的四个要素，同时认识到了自己在题目分析、筛选、命制方面存在的不足和改进方向。

问渠那得清如许，为有源头活水来——"后疫情"时代的网络研修

第一部分：解惑+改革。

商晓绪老师通过钉钉会议分析了初三化学教师存在的几点困惑：

①复习方式单一，师生的热情不高。

②时间紧，任务重，基础不牢，不知该怎么办。

③实验是化学的基础，如何提高学生的实验分析能力？

她指出教学改革要有新思路：

一是学科教学要以发展学生核心素养为目标：从学科知识教学走向学科"教育"，充分发挥学科课程在学生全面发展中的育人功能。

二是学科教学内容突出结构化（大单元知识结构和学科体系）、核心性（反应学科思想和方法的核心知识，如大概念）、生活化（与现实生活和学生经验联系紧密的知识，反映知识的意义），充分发挥课程内容对于学生核心素养培育的支撑作用。

三是教学过程强调基于真实问题解决的学习任务创设教学情境，强调开展以素养培育为目标指向的教学方式，如实践性、研究性、项目化、合作式学习等，强调激发学生独立思考、自主学习和实践探究。

第二部分：玩转试题，轻松应考。

商老师以自己命制的两道原创题目为例，向教师展示了分析题目的重要性以及"说题"的四要素。

①题源（试题背景）：指出试题的出处，题源背景是指试题在教材中的生长点。

②目的：有利于我们充分认识中考命题"源于教材而又高于教材"的指导思想，促使我们认清教材与试题之间的关系，并养成"重视教材"的好习惯。

③设问指向：分析每一问考查的内容、问题设置与呈现方式、考查知识点对应的思维水平层次，是指向哪种方法？哪种能力？哪种素养？还可以怎样设问？

④解题方法：解题的思路与方法。思维过程（如何切入、如何联系？如何分析等过程）。

注意：

①站在学生的角度。

②通法通解，注重解题思维模型的建构。

教学有路勤为径，学海无涯再出发——基于核心素养的教学改革还在路上

会议结束后，名师工作室主持人薛云对此次活动做了全面的总结，她指出教研活动的重要意义，提出了对老师在教学中如何落实核心素养的几点建议。

①注重知识整体化。知识的整体化是针对知识的碎片化而言，强调知识的结构化、整合化，防止孤立和片面，是将知识转化为核心素养的基本要求。

②注重内容情境化。情境是"汤"，知识是"盐"，盐只有溶于汤才好入口，知识只有融入情境才能更好理解和消化。知识的情景化是知识转化为素养的必经途径。

③注重习题活动化。要让学科知识和学生的思维动起来，首先要让学生动起来。

通过本次活动，教师们领悟到求知是实践、体验、感悟的过程，离开了这个过程，知识是无法转化为素养的，教师应该实现四个转变：从对试题的模糊认识到清晰的把握试题，从基于经验的复习到着眼于核心素养的落实，从盲目武断的数据分析到精准的学情考情分析，从开展简单的集体备课到深度合作的线上线下教研活动。本次活动不仅体现了线上线下教研的实际效果，也为后期的教学和教研明确了改进的方向并提供了具体的策略。

【第四期第三次研修活动】

深度学习促发展，观课议课共成长

为进一步深化中学化学课程改革，改变目前复习形式单一、难以激发学生学习兴趣的现状，探索课程目标引领下的"考—备—教—学—评一体化"的整体单元主题复习课教学方式，进一步提高初中化学教学的有效性，伊旗教体局第四期"1+1+X+N+Z"初中化学名师工作室于2020年12月4日（星期一）在伊金霍洛旗市一中分校开展了第三次研修活动。本次活动以示范课引领、课后进行分组评课议课。

新情境下的同课异构：

伊金霍洛旗市一中分校的贾剑峰老师和伊旗第一中学的刘玉宁老师就《氧气、二氧化碳单元复习课》进行了同课异构。贾剑峰老师深度剖析教材，有机整合资源，以先进的数字化教学设备为我们展示了一节别开生面的化学课。贾老师的课堂均是基于真实数据解决的学习任务，教学过程注重学生独立思考、自主学习和深度学习。刘玉宁老师以"快递活鱼"为情境和主线，以氧气、二氧化碳的相关性质、制取、用途为重难点，从现实生活和学生经验联系紧密的知识入手，反映化学知识的真正意义；课堂学习环节的设计由浅入深，环环相扣，内容突出结构化、核心性、生活化，充分发挥课程内容对于学生核心素养培育的支撑作用，实现了既定的教学目标，达到了预期效果，是一节有分量的复习示范课。

分组评课议课活动：

在两节示范课结束后，与会教师进行了分组评议课，四个小组分别从教学设计流程、教师活动、学生活动、教学效果四个方面进行了细致的记录，并由教师代表进行了汇报交流。教师们指出了两位老师的优点：

①教学语言精准简洁，基本功扎实。

②复习课设计为整个模块，能够对知识进行整合和梳理，完成单元教学目标中的课时教学目标。

③用真实情境包裹知识问题，深入研究整体的教学体系，能够形成逻辑线的知识网络，形成解决一类问题的方法，注重培养学生的表达能力。

④用先进的教学手段服务课堂，打开复习课的"新"大门，用真实的数据代替教师的描述，让课堂更生动、更真实、更有说服力。

建议：习题中设计的陌生知识太多，以资料形式呈现的陌生化学知识超过了学生的接受水平，应该进行适当的题目改编；对于数字化设备的使用不是特别熟练，应进行专门的课下研究；学生的思考时间不足，课堂缺乏重难点的及时反馈，分层教学体现得不够明显。

名师点拨，助力成长：

化学工作室名师王玉华对两位老师的复习课进行了充分的肯定，提出了"将知识用一定情境包裹在题中"的有效复习方法以及教学设计和课堂实施过程中避免脱节的几个途径。活动最后，名师工作室主持人、化学教研员薛云总结道：示范课意在培养教师成长，加强理论学习，多研究、多探讨，对"考—备—教—学—评"一体化如何真正在课堂上落实提出了自己的建议，希望老师们扎实践行。

充实的一上午活动，既给予了学生更为广阔的学习思路，也使教师们领悟到复习课不仅是传统的知识梳理，更要注重学科思想和方法的渗透。未来教育不是在某个地方等待我们的静态图景，而是需要我们去创造，具有无限可能性。评课与议课，碰撞思维的火花；学习与交流，促使我们不断前行。

【第四期第四次研修活动】

名师引领明方向，反思交流促提升

惠风劲拂，万木吐绿。2021年3月9日，伊旗教体局第四期"1＋1＋X＋

N+Z"初中化学名师工作室于伊金霍洛旗市一中分校开展了以"基于化学学科核心素养的整体单元教学研究"为主题的第四次研修活动。本次活动由"溶液整体教学"建议及示范课引领、课后分组评课议课、名师讲座三个环节组成。伊旗初中化学名师工作室主持人、蒙古族中学及五所汉授中学的全体化学教师参加了此次教研交流活动。

第一环节：溶液单元整体教学建议及示范课展示。

北师大二附校的高旭老师从教材地位、考试导向、教学建议等方面结合自己多年的教学经验详细阐述了《溶液》这一章教学实施的具体措施。他指出教师要深度剖析教材，有机整合资源，用熟悉的事物创设情境引出溶解和乳化的相关概念，用真实的实验现象帮助学生建立饱和溶液与不饱和溶液转化的思维，注重引导学生用动态的眼光去学习溶解度曲线并利用这个工具解决相关学习任务。

高旭老师为我们带来了一节"利用溶解度曲线解决问题"的专题课，课堂学习环节的设计由浅入深，环环相扣，从体系建构、知识唤醒、温故知新、方法掌握、当堂检测等几个环节，帮助学生提升利用溶解度曲线这一抓手解决溶液相关问题的能力。本节课重点突出，充分发挥教师对于学生核心素养培育的支撑作用，实现了既定的教学目标，达到了预期效果，是一节有分量的专题教学示范课。

伊旗一中吕丽歌老师的"溶解度曲线"专题课注重模块的整体化，能够对知识进行整合和梳理，教学内容突出结构化、核心性、生活化。以"冬天捞碱、夏天晒盐"的真实例子引起学生对溶解度的回忆，用由浅入深的题目和清晰的教学流程完成了单元教学目标中的课时教学目标。

第二环节：分组评课议课活动。

按照课前的准备和观课议课的相关细则，全体教师分组进行了评课议课，四个小组分别从教学设计流程、教师活动、学生活动、教学效果四方面进行了细致的记录和讨论，并由每组的教师代表从不同维度进行了汇报交流。教师们指出了两位老师的优点：认真研读课程目标，初步形成了"考—备—教—

学—评一体化"的整体单元主题复习课教学方式；教学设计有一定思维含量，注重学生的思维引导，体现了学生的主体地位；用真实情境包裹知识问题，深入研究整体的教学体系，能够形成逻辑线的知识网络，形成解决一类问题的方法；把溶解度当做一种学习的工具，打开专题课的"新"模式，让课堂更生动、更真实。

同时，老师们也举出了一些在观课中发现的问题并提出了具体的建议：学生的思考时间不足，课堂缺乏重难点的及时反馈，分层教学体现得不够明显，建议整合习题中的考点，精简习题数量，给学生留更多的思考时间；教师给予学生表达交流的机会不够，一些解决问题的思维过程可以由学生代替教师表达；在关于溶解度曲线的习题讲解过程中，教师可以将直白的语言描述转化为更为形象的、直观的流程图或者变化路径，将分析过程和知识的生成过程变得能感知、易理解。

第三环节：名师讲座，助力成长。

化学工作室名师王玉华来自伊金霍洛旗第四中学，他以自己多年的教学经验和对中考的潜心研究为我们做了关于"溶液一章习题设计"的讲座，他从中考导向、分值分布、考点整合、教学建议、中考预测等几个方面详细分析了溶液一章的地位和考点分布并提出了在《溶液》这一章的习题选择和改编的具体方案。王玉华老师强调，这一章的教学地位不容忽视，教师一定要根据学情建立有效的习题评价机制。只有关注学生的障碍点，才能突破学习溶液这一章的难点。

名师工作室主持人、化学教研员薛云总结时，对三位教师的讲座和示范课进行了充分的肯定，认为本次活动为教师提供了可操作的整体单元备课的方法和专题课模式，这种精细认真的分组评课议课形式提高了教研活动的活力，也让我们对观课议课的程序有了更深刻的认识，真正的教研就应该是真实的、落地的、不断发展的。

"难事必做于易，大事必做于细"。化学名师工作室全体成员将继续不忘初心，从点滴细节处做好日常的教学和教研工作，为进一步探索课程目标引领下的"考—备—教—学—评一体化"的整体单元教学方式，进一步提高初中化学教学的有效性而努力。

【第四期第五次研修活动】

名师引领明方向，观课议课共成长

为了深入探索课程目标引领下的"考—备—教—学—评一体化"的单元教学方式。提高全旗化学学科教学质量与教学效率，激发学生对化学的学习兴趣。伊旗教体局第四期"1＋1＋X＋N＋Z"初中化学名师工作室于2021年4月20日在伊金霍洛旗市一中分校开展了以"基于化学学科核心素养的整体单元教学研究"为主题的第五次研修活动。本次活动以名师示范课、名师讲座课和分组评课议课三个环节组成。

第一环节：名师示范课，引领方向。

市一中分校的贾剑锋老师为我们展示了一节"物质的转化与推断"的专题课，课堂学习环节的设计由浅入深，环环相扣，从回忆化学的研究对象引入、分析推断题的一般思路、总结推断题常见的题眼、总结物质转化的关系、当堂检测等几个环节展示了专题课的基本模式，通过教师为学生搭好的脚手架学生能够快速地构建起自己对于推断题的基本认知框架，同时还为学生提供了一般的解题思路和方法，是一节值得思考和学习的展示课。

接着，市一中分校的贾敏老师进行了"有机物的常识"的示范课展示，她注重模块的整体化，对单元教学知识进行整合和梳理，教学内容突出结构化、核心化、生活化；注重教学内容与社会生活的联系，在课堂教学中讲解甲烷的性质时插入了与知识内容相关的"牛屁冲天"的生活小视频，真正做到了寓教于乐，能把枯燥乏味的知识与生活中的实例以及有趣的小视频结合，真正做到了化学教学从生活中来，到生活中去。

第二环节：名师讲座，助力成长。

化学工作室名师贾剑锋来自伊金霍洛旗市一中分校，他以自己多年的教学经验和对酸碱盐教学深入的研究为我们做了关于"酸碱盐教学的思考"的讲座，贾剑锋老师强调教师从两个角度出发突破酸碱盐教学的重难点：一是精心设计本单元的科学探究活动，加强实验教学，培养学生的基本化学实验技能以及观察、分析现象、归纳结论、表达等综合能力；二是根据学情建立有效的习题评价机制，只有关注学生的障碍点，才能突破学习酸碱盐这一章的难点。

接着贾敏老师以第九章内容为依托为我们做了"促进深度学习的单元教学——以'现代生活与化学'为例"的讲座，她强调进行单元备课时要仔细研读课表、深度剖析教材，有机整合资源，用熟悉的事物创设情境引出材料的相关概念，用真实的贴近生活的实例帮助学生理解人体所需要的营养素，注重生活与化学的联系，让学生在掌握所学知识技能的同时，感受知识的本质和价值以及化学学科的社会实用价值。

第三环节：分组评课议课活动。

按照课前的准备和观课议课的相关细则，全体教师分组进行了评课议课，四个小组分别从教学设计流程、教师活动、学生活动、教学效果四个方面进行了细致的记录和讨论，并由每组的教师代表从不同维度进行了汇报交流。教师们指出了两位老师的优点：

①总结全面到位，几乎涵盖了整个初中化学推断题所有题眼，包括颜色、用途、俗称、性质、转化、反应条件。

②学生活动多样，并且能根据学生回答情况给予恰当点评，注重学生思维的有序性，帮助学生总结和提炼解题技巧。

③与生活密切相关，注重从生活中收集素材，适时渗透化学源于生活的思想。

④设计清晰、结构清晰、思路清晰，课堂容量适当，既有新知与旧知的联系，又有知识与生活的联系，而且做到了即学即练、即练即讲，课堂效率高。

同时，老师们也举出了一些在观课中发现的问题并提出了具体的建议：

①课堂检测题的难度太大了，应该多给学生搭建脚手架，有一个从易到难循序渐进的过程。

②总结每一类题眼之后可以设计相应的习题练习,通过专题突破、学用所用、分级挑战这三步巩固和夯实学生的基础。

③讲解有机物和无机物的过程中,可以扩大学生分类的范围,重新进行物质的分类并渗透分类观。

④关于乙醇的讲解过程中,把相关甲醇的知识也进行简单的介绍,让学生对有机物有一个全面清晰的认识。

名师工作室主持人、化学教研员薛云总结时,对两位教师的讲座和示范课进行了充分的肯定,认为本次活动为教师明确了单元教学备课的方向,提供了可操作的单元教学模式,力求在以后的教学中做到结构化和单元化;并对推断题的分类和讲解做了细致而周到的点评,指出推断题讲解要以拓展学生的思路为主,给学生尽可能多的可能性。通过这段时间分组评课议课的尝试,让我们对评课课议课的内涵有了更深刻的认识,真正的教研就应该真实的、落地的、不断发展的。

"愿为园丁勤浇灌,甘为烛炬尽燃烧"。化学名师工作室全体成员将继续不断探索,拓展思维,开拓教育教学新模式,为进一步探索课程目标引领下的"考—备—教—学—评一体化"的整体单元主题课的教学方式和提高全旗初中化学教学的高效性而不断奋斗和努力!

【第四期第六次研修活动】

专家指导把握方向,名师示范促成长

王 娟

凝心聚力,砥砺前行。2021 中考在即,为了改变目前复习课形式单一、效率不高、难以激发学生兴趣的现状,同时也为找准学生的痛点进行有针对性的冲刺复习。伊旗教体局第四期"1+1+X+N+Z"初中化学名师工作室于 2021 年 5 月 21 日在伊金霍洛旗第一中学开展了以"基于化学学科核心素养的整体单元复习教学策略研究"为主题的第六次研修活动。本次活动通过名师示范课、名师说课、导师评课和导师讲座四个环节来探索和总结复习课的新模式。

第一环节：名师示范课，促成长。

伊旗第一中学的吕丽歌老师为我们讲了一节"气体制取"的专题复习课，课堂教学环节由浅入深，环环相扣，整节课从气体制备的反应原理、发生装置的选择、收集装置的选择以及气体除杂和尾气处理等几方面向我们细致地展示了复习课中基本涵盖的要点。而且教师在每一环节都能够为学生搭好脚手架，促使学生快速地构建起对于气体制备的基本认知框架，是一节优秀的示范课。

接着，伊旗第一中学的刘玉宁老师进行了"鱼在旅途——二氧化碳主题"的专题复习课展示。她注重创设真实的问题情境，从"鱼在旅途"中分析运输一段时间后鱼袋中二氧化碳含量的变化，进而引出如何增加氧气含量以及减少二氧化碳含量的方法，从而复习了二氧化碳的性质以及制法。本节课从真实的问题情境出发，涵盖了有关二氧化碳的所有知识点，体现了教师对大单元知识的整合能力和对教学素材精准把握和应用的能力，是一节有分量的示范课。

北京师范大学第二附属中学的李文娇老师为我们展示了"物质检验与鉴别"的专题复习课。本节课围绕维C泡腾的探究之旅展开，通过溶解维C泡腾片，探究溶解时产生的气体，再根据口感猜想其酸碱性并设计完成实验进行验证，最后从化学的角度揭秘维C泡腾片。整个教学过程环环相扣，且是基于真实问题进行探究，让学生在解决真实问题的过程中，掌握知识，运用方法，锻炼思维。为我们今后如何上好探究复习课做了经典的示范，是一节有引领作用的示范课。

第二环节：名师说课，知其所以然。

化学工作室名师吕丽歌老师进行了简要的说课，认为自己课堂的不足之处是学生上课参与程度较低，在今后教学中要时刻想到把课堂还给学生。刘玉宁老师以《鱼在旅途——二氧化碳主题复习课》为依托进行说课，氧气和二氧化碳的复习以一个情境素材进行，是"鱼在旅途"系列的第二个课时，具有连贯性和整体性。李文娇老师说课时表明这节课旨在让学生形成实验探究的一般思路和方法，并在课堂上锻炼学生设计实验方案的能力和表述实验方案语言的规范性。

第三环节：专家评课，知不足。

工作室商老师就三位老师的教学设计做出点评，她指出吕老师的课适合一轮复习，知识点多方面全覆盖，最大的特点是细致和细腻；建议有针对性的找到学生的痛点进行精准的复习。指出刘老师的课是基于"鱼在旅途"的真实情境开展的，是以真实问题为依托进行教学；建议选题更精细和精准。指出李老师的课是学生课堂参与度最高的一节课，基于"维C"这一真实问题情境从发，培养学生知其然并知其所以然的有依据的思维方式；建议增加学生解决问题的程序性知识。尚老师的点评一针见血，既指出了课堂的症结，又给出了解决问题的方法，既有理论的指导，又有具体实践的方法和策略。

第四环节：专家讲座，把握方向。

商老师通过分析三年鄂尔多斯中考题和一模的反馈数据，为我们进行了"把握命题规律＆复习突出重点"的专题讲座。讲座主要从考试试题分析、复习重点分析、复习策略分析和复习课例分析四方面进行。商老师总结一模中出现的问题并对问题进行归因分析，原因主要有：基础知识掌握的精准度不高、知识与知识以及知识与方法的关联不强、分析和解决问题的思维模型和答题模型建构不起来。基于此，商老师建议在今后的复习教学中注重知识结构化、注重解题规范化、注重思维系统化。这是一次知其然并知其所以然，还知如何然的收获颇丰的学习之旅。

活动最后，名师工作室主持人、化学教研员薛云总结时，对三位教师的示范课进行了充分的肯定，同时也对商老师表示诚挚的感谢。薛老师总结道：示范课意在培养教师成长，加强理论学习，多研究、多探讨，对基于真实问题情境进行教学还需进行不断加强和落实，希望老师们扎实践行。

充实的一天活动，既给予了学生更为广阔的学习思路，也使教师们领悟到复习课不仅是传统的知识梳理，更要注重学生的疑难点，有针对性地"下药"，比盲目的"抓药"更重要；还要注重将学科思想和方法用一定情境包裹在题中进行渗透。未来教育不是在某个地方等待我们的静态图景，而是需要我们去创造，具有无限可能性。专家讲座，开拓视野；学习与交流，促使我们不断前行。

【第四期第七次研修活动】

深度学习，让教学触及心灵

为进一步探索教研工作创新的途径，帮助教师树立先进的教学理念，提高理论水平，第四期"1＋1＋X＋N＋Z"初中化学名师工作室全体成员利用这一学期认真学习了《深度学习——走向核心素养》一书。2021年6月30日上午，全体成员在伊金霍洛旗第一中学录播室进行了读书分享。

一、案例分享　深度教研

工作室刘玉宁、吕丽歌、高旭、贾剑峰几位名师分别以"化学用语""质量守恒定律""推断题""压强原理"为例，围绕"走向核心素养"的主题，向我们展示了紧扣"深度学习"的教学设计，详细解析了自己是如何将书中所学内容应用在教学实践中的。老师们指出初中化学深度学习的内涵在于，在教师们的引领下，学生围绕着具有挑战性的学习主题，开展以化学实验为主的多种探究活动，全身心积极参与、体验成功、获得发展的有意义的学习过程，而开展初中化学深度学习的意义也有三个方面：

①促进学生化学学科素养的发展，有效推进新一轮课程改革。

②促进学生对化学核心知识的实践，揭示和理解当今时代学习本质。

③促进学生学习方式的转变，使学生保持积极的学习状态，促进学生学习方式的转变。

二、心得感悟　触及心灵

在认真钻研了深度学习的内涵和意义后，李文娇老师讲述了主题为"为我的易拉罐材料代言"的第六章整体教学设计，她围绕初中金属的知识结构框架，首先确定单元教学主题及单元学习目标，其次对单元教学主题的教学进行整体规划，并设计单元学习活动。其中一节关于"金属易拉罐材料成本研究"的深度教学，教学设计严谨细致，教学环节环环相扣，既有深度也有广度，最后对教学设计进行持续性评价。贾敏老师则用自己的实践感悟向我们说明了初中化学深度学习的实施策略，从学生和教师本身两个方面都提出了很多的建议和意见，重点是教师要转变观念，迎接变革。王玉华老师认为深度学习是一种以促进学生批判性思维和创新精神发展为目的的学习，它不仅强调学习者积极主动的学习状态、知识整合和意义联接的学习内容、举一反三的学习方法，还强调学生高阶思维和复杂问题解决能力的提升。深度学习不仅关注学习结果，也重视学习状态和学习过程。

三、总结分析　指引前路

名师工作室主持人、教研员薛云在读书分享会最后，对我们一年以来的工作进行了肯定，对于今天的读书分享会，薛老师总结道：起始阶段的深度学习活动，要注重激发学生的学习兴趣，总领整个单元的教学；中间要深入探究阶段的深度学习活动，主要为达成学习目标，聚焦关键问题解决，发展学生的思维；最后展示交流阶段的深度学习活动，注重运用多种评价方式，使得学生获得学习的成功体验，评价学习目标的达成情况。只有学生的认知能力和思维品质得到提升，才会进一步激发学生深入学习、积极探究的动机，才会将学生的学习引入更高层次，真正实现触及心灵的深度学习。

虽然我们的读书分享时间有限，但每位老师思想的碰撞却是无限的。踏实教研，我们有坚定的脚步；深度学习，我们有清晰的远方，我们将在未来不断思考、不断实践！

【第四期第八次研修活动】

以"评"促教，提升课堂教学效率

李文娇

为落实立德树人根本任务，促进以"评"促教，指导教师进行评价研究，明确教学导向，减负提效，伊金霍洛旗第四期"1+1+X+N+Z"初中化学名工作室于2021年9月14日上午在市一中分校开展了研修活动。本次活动主要以名师讲座、教师集体研讨的形式开展，伊旗全体化学教师参加。

2021年7月24日，国家提出"双减政策"，要求全面压减学生作业总量和时长，减轻学生过重的学业负担。基于"双减政策"，市一中分校贾敏老师为大家作了"如何在"双减政策"下提高化学课堂效率——反思2021备考

2022"的讲座。她从语言规范简练、板书精当、重难点后跟进小专题、利用碎片化时间攻克重难点、精准选题五个方面为我们详细展示了一些具体案例和做法，为我们提供了备考的方向和思路。

随后，伊旗一中吕丽歌老师在认真研究新课标的基础上为我们作了"有关'身边的化学物质'主题的教学策略"的讲座，把全册书涉及的身边的化学物质从空气到酸碱盐融会贯通地展示给我们，并且讲述了每一部分在教学过程中需注意的要点和推荐使用的教学策略。在开学伊始，为我们整体梳理了课本中的重点内容和结构，为我们今后的教学工作提供了方向上的指导。

高旭老师以自己多年的教学经验为我们作了"浅谈学生实验在化学教学中的应用"的讲座。高旭老师详细地为我们讲述了初中化学实验对学生今后发展的重要作用，有利于培养学生兴趣、提高学生的动手操作能力、培养学生合作探究意识。虽然我们开展实验有方方面面、形形色色的困难，我们还是要竭尽全力克服困难，为学生开展全面、完善和精妙的实验。

接着，名师工作室主持人、化学教研员薛云基于2021年中考数据作了主题为"把握教学基本要求，提升课堂教学效率"的讲座，分析了每个学校在教学上存在的问题并提出了一些具体改进措施，并解读了《内蒙古自治区义务教育初中化学学科教学基本要求》。

本次活动中老师们进行了深度交流，明确内蒙古自治区义务教育初中化学学科的教学基本要求、化学学科教学的本质，为进一步提升教师们的科研能力和教学能力奠定了基础。

如何在"双减政策"下提高化学教学效率
——反思2021 备考2022

贾 敏

2021年7月24日，国家提出"双减政策"，要求全面压减学生作业总量和时长，减轻学生过重的作业负担。身为一名初三化学教师，深知"双减政策"是在给孩子减负但绝非"放养"，深知减轻孩子们的作业负担不是简单的缩减作业量就可以了。新的学期已经开始，分析上一学年的得与失，让自己的教学在新政策的指导下变得更有效。

2021年的中考已经结束了，我带的三个班60多名孩子大多取得了优异的成绩，其中宋嘉豪、张立庚、高雯杰更是取得了48分的高分，但是也有三位孩子成绩不是很理想。回想这一年，有可取之处，也有需要改进的地方。

一、语言规范简练

前几年上课，同事们听完课后总是会中肯地告诉我，我上课语言不够简洁，有些啰嗦，所以这几年的课堂我一直在纠正。良好的语言功底对一名一线教师非常重要。初三化学内容繁杂，逻辑严密，这就要求我的语言要规范简练、表达清晰、语气抑扬顿挫、充满热情和感染力，这样我就能牢牢抓住学生的注意力。不仅如此，老师规范、简洁地讲述后，学生的作业反馈最为明显，学生作业的准确率有很大的提高，尤其是填空题。例如课堂上老师帮助学生分析为什么不能用木炭代替红磷测定空气中氧气的含量，如果老师说"因为木炭也可以在氧气中燃烧，燃烧后会产生二氧化碳气体。木炭燃烧消耗了氧气，但是产生了二氧化碳，反应前后气体的体积没有变化，所以压强也没有变化"。作业反馈出来后会发现学生的答案准确率很低，这时有的老师就会困惑，上课时都给孩子们分析过的，为什么好多人还是答不上来。原因就是老师的语言不够简练，学生大概明白了缘由，但是因为自身语言组织能力较弱，不能很好反馈到作业上。如果我们把刚才的分析这样说"木炭燃烧，消耗氧气，生成等体积的二氧化碳气体，不能形成压强差"，教师在讲述过程中将等体积二氧化碳和压强差几个字写到副板书的位置帮助学生强化理解、记忆，并让孩子们理解复述。如此下来，学生的作业准确率会得到很大的提升。

二、板书精当，书写工整

这一年教学的每节课，我都会精心设计和书写板书，因为好的板书有助于将教学内容分清主次，便于学生掌握教学内容的体系、重点。不仅如此，学生书写板书还能帮助学生集中注意力听讲，不容易分神，还能规范孩子们的书写，不容易写错别字。书写板书时还要注意布局合理，我的板书一般分为主板书和副板书，主板书要求学生整理到笔记本上，副板书帮助学生加强理解，不需要记录到笔记本上。板书的量和形式可以根据当天课的内容进行设计，板书的书写要随着课的进行有逻辑的呈现。我不喜欢过于花哨的板书和不经过逻辑呈现的板书，这样板书的实用性就会打折扣。记得在今年五月份我讲过一节旗级公开课，当时有位老师评课说我的板书不够简洁，量过大。在之后的反思中，我想着这节课我的板书再如何设计才能更简洁，后来我发现已经很简洁了，哪个都不能删除。如果删除其中的一些，学生这节课的内容体系就会不完整，重点也会丢失。后来我又检查了学生这节课的笔记，发现学生这节课的笔记记录完整。为什么这么多的板书内容学生可以一边听课，还能一边不缺失的记录呢？这样的能力肯定不是一节课能练出来的。第一节化学课，我就开始有意培养我的学生记录笔记的能力，我提笔孩子们提笔，我停笔孩子们停笔。这样训练下来，再多的板书对于孩子们来说都可以轻松驾驭。

三、重难点后及时跟进小专题

初中化学，学生需要在不到一年的时间学完两本教材，还要进行总复习，时间紧、任务重！在学生学习过程中，如果将所有重难点内容全部放到总复习中进行，学生接受起来非常困难。为了分散重难点的学习，让学生的学习更轻松、更有效，我会在重难点内容后及时跟进小专题，如"2.1 空气成分"后会加入压强原理在化学应用中的小专题，学完酸碱盐后会进行"碱的变质探究"小专题等。小专题的及时跟进，帮助学生及时消化重难点，提升学习效率。

四、利用碎片时间攻克重难点

初三化学学习时间紧，花费大量时间进行小专题也并不现实，我会利用学生的碎片时间，以小纸条的形式帮助学生攻克重难点。上学年我做得比较成功的是利用三个星期的碎片时间帮助大部分的学生攻克了最后一道大题"化学方程式的计算"，训练学生不仅会做，还要快速准确地做出答案。理化中考时间紧、难度大，化学方程式的计算又在化学卷最后一个题的位置，所以重复多日的训练，从心理上让学生不再有畏难情绪，也能大大提高孩子们计算题的得分率。本学期，我计划继续用这种方法帮助学生攻克化学式、化学方程式等方面的书写和计算问题。

五、选题不够精准

上学年，学生的当堂检测和课后作业主要来源是两本资料，一本学校统一发的，一本集体购买的，所以课堂和习题契合得不是很精准，这个问题在本学年的教学中会进行整改。这学期我们没有购买任何辅导性资料，开学已经第四周了，每天的当堂检测和课后限时作业都是由老师们自己从网上精选，工作量虽然大了很多，但是课堂和习题精准契合，学生学习热情更高，学习效率也更好，感觉大家的辛苦都是值得的。接下来的时间，我们会继续加强配合，通过商讨合理分配课时，用心选题。

【第四期第九次研修活动】

探究大单元视域下的化学教学

李文娇

为进一步发挥化学名师工作室的引领和示范作用，推动"双减政策"下我旗初中化学大单元教学改革进程，促进教师的专业发展，伊金霍洛旗初中化学名师工作室于 2021 年 11 月 30 日在伊金霍洛旗第一中学开展了第九期研修活动。初中化学名师工作室全体成员及全旗初中化学教师参加了此次活动。

活动开始，伊旗一中吕丽歌老师、市一中分校贾敏老师分别在课前进行了展示课说课，并在化学大单元教学理念的指导下，进行了关于化学方程式的两节公开课展示。

贾敏老师紧紧围绕教学目标，精选熟悉的化学方程式作为情境素材展开了关于化学方程式意义的教学，用微观和宏观结合的方式将本节课的知识点进行串联和整合，再通过有梯度的问题设计，及时巩固并深化所学知识，达到了培养学生思维能力的目的。

吕丽歌老师以伊旗举行"氢能汽车"项目签约仪式这一与生活贴近的情境，以太阳能电解水获得氢气方程式展开了本节课的教学，利用板书、多媒体、学案、练习等多种方式引导学生学习有关化学方程式的计算原理和计算方法步骤。同时，吕老师通过问题引领及问题变形的方式，使学生在已有的知识水平上又获新知，形成解决有关化学方程式计算的一类模型，注重学生能力的培养。

紧接着，现场听课各位老师以小组为单位，从不同角度对两节课例进行了多个维度的评课。高旭老师十分认可教师对知识内容的有机整合以及教师在教学中的一些突破；张丽媛老师以精准的数据分析，肯定了教师对学生活动设计周密思考，同时指出了学生在解决实际问题中存在的障碍并提出了有效的解决措施；杨艳老师建议两节课有机整合，将贾敏老师第一课时讲的过量问题迁移到第二课时计算中；刘玉宁老师建议情境素材的贯穿性，以便为后续大单元教学的研究打下更坚实的基础。

随后，伊旗四中王玉华老师就"质量守恒定律在中考中的应用"为我们进行了精彩的讲座，他对物质的微观构成、质量守恒定律、有关化学方程式的计算等内容进行了整合。讲座形式多样，内容丰富，为广大教师们提供大单元教学课堂示范案例。

最后，名师工作室主持人薛云对本次活动进行精彩点评和总结。薛老师肯定了此次研修活动在全旗范围内的辐射效果，也指出存在的不足之处。她指出教学要在合理新颖的情境中整合，搭建合理的梯子，努力发展学生的高阶思维。

【第四期第十次研修活动】

"双减"背景下初中化学教学的思考与实践

张丽媛

为进一步深化中学化学课程改革和提高教学质量，探索"双减"背景下的教研工作新途径，促进教师专业发展，伊金霍洛旗初中化学名师工作室于2022年3月21日在伊金霍洛旗第一中学开展了第十次研修活动。本次研修活动以"'双减'背景下初中化学教学的思考与实践"为主题，采用线上讲座及交流研讨的方式进行，由工作室导师、北京市朝阳区教育研究中心初中化学教研员商晓绪进行培训。全旗初中化学教师参加了此次活动。

商晓绪老师就"怎样做能落实'双减'精神"，从新授课教学和复习课教学两大方面对全体教师进行了指导。商老师建议老师们以新带旧，以旧促新开展新授课教学。以酸的物理性质教学、为非洲王子寻找合适的家为课例，具体展示了如何在对旧知查漏补缺的同时，创设情境获取证据，推理新知。

随后，商晓旭老师重点介绍了复习专题的实施策略。商老师指出教师应关注中考命题原则和变化趋势，只有教师做到心中有数，才能使学生听得明白，才能实现复习的实效性。

最后，名师工作室主持人薛云老师对商老师的精彩讲座表示衷心的感谢，并为全旗化学教师本学期的教研工作指明方向。相信在全体教师的努力下，我们一定能给学生一个奇妙的化学世界。

培训心得

"双减"背景下关于复习课的几点思考
市一中分校　张丽媛

听了商晓绪导师的经典讲座之后，我对于如何上好复习课有了新的见解。作为学生的引路人，上好复习课要求教师确定指导思想，要研究本体知识、习题、策略，特别要做好中考命题研究，对于近几年的中考题型和设问、变化趋势要做到心中有数。只有我们教师心中有数，才能让学生听得明白。

我们选择进行复习的专题要小而精，要清楚学生需要解决的问题是什么，有针对性地选择专题内容进行讲解，明确专题课要形成什么方法？怎么形成？根据学生学习特点进行落实。保证学生在专题课上能将知识进行自由组合，自动使用，形成一套体系。

在本次讲座的指导下，希望能在今后的教学中将"双减"精神落到实处。

第四期二级名师工作室研修活动学习心得
市一中分校　杨　冉

2022年3月21日上午，为进一步深化中学化学课程改革和提高教学质量，在"双减"背景下探索教研工作创新的途径，逐步形成在课程目标引领下的"评—备—教—学—评一体化"的教学常规结构，旗教研室开展了以"'双减'

背景下初中化学教学的思考与实践"为主题的第十次化学二级名师工作室研修活动，本次活动通过网络教研的形式进行。

　　本次活动主要是工作室导师、北京市朝阳区教育研究中心初中化学教研员商晓绪老师进行培训。活动第一项由商晓绪老师对为什么要双减及怎么做就落实"双减"的精神进行了论述，整堂培训从新课教学、系统复习、应试训练、专题复习四个方面进行。通过与酸有关的反应和酸的化学性质进行类比，推断未知酸的性质，通过"为非洲王子寻找合适的家"引入，让学生思考从酸碱性的角度检验水样是否适合养非洲王子从而引入溶液的酸碱度，通过以新带旧、以旧促新进行整节课的设计。

　　最后通过中考重点题目的分析进行中考双减政策及中考复习的培训，得出"复习的指导思想：有计划、有落实、有效果"，中考复习一定要研究本体知识、研究习题、研究策略、研究中考命题，要关注命题才能加强复习的针对性，要明确考什么，怎么考，复习什么，怎么复习，循序渐进不断挑战不断重复。最后，商老师以华东师范大学李政涛教授的一段话，"山顶，是教育目标；攀登的过程，是教育的过程。能否登顶成功，取决于三者：学生的兴趣和勇气、教师设置台阶的合理性、师生共同攀登的过程"结束了整堂讲座。本次培训会我收获颇多。

"双减"下初中化学课堂教学的思考
市一中分校　　杨　艳

　　3月21日我和同事们在伊旗一中与全旗的化学老师们一起参加了"初中化学教学的思考与实践"的培训。担任此次培训的主讲人为北京市朝阳区教育科学研究院商晓绪老师。本次培训收获如下。

　　新课教学时，设计教学环节要基于学科核心素养提升的化学学科观念建构、学科思想方法建立和学科能力提升的整体化设计，实现课堂教学的细致化、生活化、整体化的理念。

　　在上复习课时，夯实基础知识、基本技能，熟知基本思想方法和基本活动经验，调动学生学习的主动性，体现中考的"宽"与"活"。

在上专题复习课时，专题选择小而精，达到巩固与提高的目的，关注学生综合解决问题能力的提升。

在指导学生的应试训练时，注重回归基础，对基础知识、重点知识进行全面巩固，通过精选习题和科学训练，落实对基础知识和基本技能，解题的规范性、正确率和答题技巧的训练。

我也学习到如何证明无明显现象反应思路、方法，应从证明反应物减少，证明有新物质生成的两个角度进行。

对涉及物质的检验，第一步：写方程、定物质；第二步：析环境、想性质、定干扰；第三步：找特性、定方法。

通过这次的培训，对以后的新授课、复习课有了明确的指导方向。

"双减背景下初中化学教学的思考与实践"学习心得

市一中分校 康翠霞

3月21日，鄂尔多斯市一中全体化学教师参加了在伊旗一中开展的"初中化学教学的思考与实践"培训活动，此次培训活动的主讲人是北京市朝阳区教育研究中心初中化学教研员商晓绪。在全国各地积极响应落实双减政策的大环境下，商老师就如何有效落实双减政策、如何打造高效课堂、如何进行复习课教学和学习设计与实施提出了合理、有效的建议。

首先，就如何有效落实双减政策，商老师提出了：双减的治本之策在于改变教学内容与方法，增加学生学习的内驱力，变学业负担为学习享受。而实现这个目的，就是要通过新课标、改进教学内容、增加学生学习的内在动作。具体要从四个阶段入手：新课教学、应试训练、系统复习、专题复习。

接下来全面讲述了新授课教学重心：以旧带新，以旧促新。商老师以酸的物理化学性质教授为例，建议要从已知酸类比出未知酸的性质，在讲授碱的化学性质时以碳酸盐的检验方法为结点，顺势复习之前学习过的二氧化碳的相关内容。

最后细致阐明了复习课进行要点：构建学科体系、思想方法的框架。因为考学关注学科思考的考查是实现区分的主要方式，学科思维不强的学生容易把问题简单化。并且提出复习过程中的指导思想：有计划、有落实、有效果。高效复习课要从三方面抓起：本体知识、习题研究、策略研究。

此次培训活动为我们如何打造高效课堂、有效落实双减精神提供了有效的思路，为我们日后的教学工作研究提供了很大的便利。感谢学校给老师们提供这样宝贵的学习机会。

"减负提质"下初中化学课堂教学新思考
市一中分校　曾　艳

3月21日，在和煦的春风里，我和同事们又一次赴伊旗一中与全旗的化学同仁们一起进行了题为提质减负下"初中化学教学的思考与实践"的培训。担任此次培训的主讲人为北京市朝阳区教育科学研究院商晓绪老师。

首先，商老师就为什么要"双减"及怎么做就落实了"双减"的精神为话题进行了阐述。商老师指出要实现减负提质目标就是要通过新课标，改进教学内容、教学方法。要实现新课标的核心，关注大观念、大任务、真实性、实践性这四大核心概念要实现。商老师从理论上给大家指明了方向。

其次，商老师就中考迎考期间的新授课教学和复习课教学进行了指导。课堂提质方面商老师指出整个过程要围绕以新带旧、以旧促新的思想进行课堂教学。即进行新授课教学时要以新知识带动旧知识的学习，同时也不忘利用旧知识促进新知识的学习。尤其对于难度比较大的酸碱盐教学而言，"以新带旧、以旧促新"显得尤为重要。利用以新带旧可以促进巩固被遗忘的旧知识，而以旧带新又可以在已有知识基础上进行学习，从而节省时间提高课堂效率。

每经历一次培训就如同经受一次洗礼，不仅可以更新理念而且可以指导实践。最终达到真正的"减负提质"。

培训心得
伊旗四中　韩二清

3月21日我参加了旗教研室组织的关于酸碱盐及复习课的指导培训，商晓旭老师的讲座让我收获颇多，感悟很深。

听了专家的培训,我不断地在反思自己教学中存在的问题,在以后的教学中,我不单单要认真努力地备好每一节课,同时要认真研究教材,努力转变教学思维,将自己的备课以提高学生核心素养为主要目的。在备课中不能单单只专注于本节课的内容,应该对知识进行全盘考虑,真正地做到"以旧促新,以新带旧"。

在新课和复习课中都应该创设有趣的、有意义的、有难度的真实情境,让学生在情境中解决问题的过程中学习新的知识。在以后的教学中我应创设高效情境,多角度促进提升学生的核心素养。

大概念下的单元学习流程与活动设计培训心得

伊旗四中　王玉华

大概念并非指某一知识的具体概念,而是指具体知识背后的更为本质、更为核心的思想或看法,它是对概念间关系的抽象表述,是对事物的性质、特征以及事物间的内在关系及规律的高度概括,在课程与教学领域,解决学生知识零散、记忆事实、缺乏深刻理解等"表层学习"问题,即:"不管你想帮助学生获得什么样的概念或技能,要尽量把这些概念和技能与某种大概念联系起来""并需要以适合学习者不同认知发展阶段的方式来表达"。

大概念有不同的知识层级结构(见图1),分析和把握大概念,可以把握知识间的本质联系和纵横关系。对事实、具体概念进行抽象概括、一般化或系

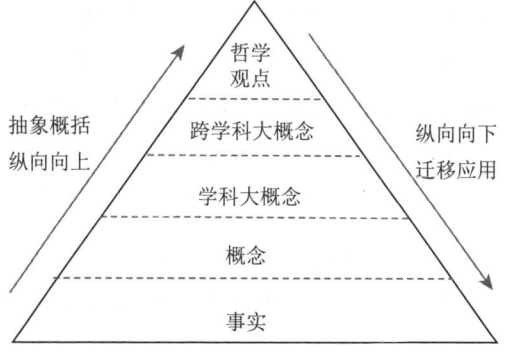

图1

统化等思维加工活动，可以帮助学生形成知识间纵向向上的联系，让学生能够从中获得更有普遍意义的大概念，实现知识的拓展和知识结构的改造；将抽象概括获得的大概念用来指导或运用于解决具体问题，是知识纵向向下联系的过程，也是促进学生将知识转化为能力的重要途径。

大概念的学习是一个循序渐进、不断拓展和深入的过程。依据学生的基础和认知水平，可以采取具体细化（内容维度上的分解或解构）、认知进阶（学习进程维度上的拓展或进阶）的方式，将高度抽象的大概念分解为适合学生认知水平的抽象程度较低，又能凸显学科认识视角和思维方式的次级大概念，按照不同学习内容和学生的不同学习阶段来逐渐拓展认识的范围、角度和深度。

单元学习流程与活动设计。以大概念为统领的单元有多种形态，从教学实施的角度看，可以是连续的"小单元"，确定怎样的单元架构，取决于教师对学生知识学习、思维发展和能力提升的系统考虑和期待，也依赖于教师的学科理解以及教师对课程与教学内容的整体把握。单元教学能够衡量教师教学和驾驭教材的能力，以大概念为统领开展单元教学，需要教师增进学科理解，也需要教师从单元教学实践中学习、积累和总结单元教学的经验及策略。

单元学习目标明确了要学什么，但如何组织教学内容则关系到如何学，需要进行单元学习流程与关键活动的设计。以大概念为统领能够将相关内容联结为一个有组织体系的内容整体，便于教师把握教学内容的整体性。但是，在设计单元学习流程时，还需要依据学生的认知基础和水平合理安排教学内容的先后顺序、认识角度和推理路径，要将学科知识逻辑转变为学生的思维过程与方法，让学生的学习既基于学生的已有基础又体现认识的连贯性和递进性，促进知识向能力素养的转化。

如金属单元教学框架（见图2），围绕"结构决定性质、性质决定用途"这一大概念，在必修课程中，遵循从简单到复杂、从熟悉到不熟悉的原则，按照"用途——性质——结构"的顺序来进行整体设计学习流程，以帮助学生形成认识金属的结构、性质与用途及其相互关系的思路与方法。这样的安排体现了知识的学科逻辑，符合学生的认知特点，从而以递进连贯的方式促进学生的学习。

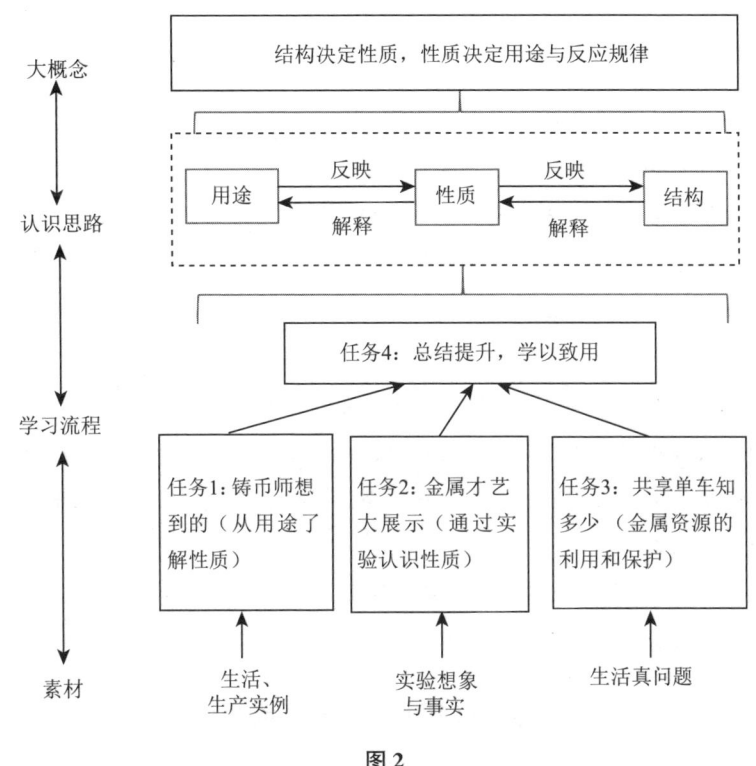

图 2

以大概念为统领进行单元教学，其教学策略不是局限于对具体知识的简单记忆和技能的机械训练，而是通过设计与学科大概念相呼应、有一定挑战性的"学习任务"和"驱动性问题"，组织学生经历实验探究、分析推理、关联概括、解释说明等学习活动，促使学生积累化学认知活动经验，以此发展学生的化学思维，提升分析和解决问题的能力。在学习任务驱动和问题引领下，学生通过经历证据推理、微观探析、关联概括、模型认知等高阶思维活动，能够从结构上探寻宏观性质的本质原因，建立起结构决定性质的认识。通过解释说明、迁移运用等活动，学生能够运用所学知识分析和解决相关问题。

培训心得

伊旗一中　刘玉宁

3月21日上午,我参加了伊金霍洛旗初中化学名师工作室举办的第十次研修活动,本次研修活动以"双减背景下初中化学教学的思考与实践"为主题,由工作室导师、北京市朝阳区教育研究中心商晓绪老师进行线上培训。商老师针对化学学科新授课和复习课的实施,给予了很多指导性的建议,这次培训使我对中考复习方向有了清晰的认识。

复习过程中,教师应该在深入研究教材知识和中考真题的基础上,准确把握中考命题方向,精心设计复习专题,专题复习中,在巩固基础知识的同时,还要聚焦问题的解决。为了帮助学生形成学科思想方法,教师要针对典型题目进行解题策略研究,在教学实施过程中,让学生体会运用所学知识解决问题的过程,帮助学生建构解决问题的方法模型,通过学生运用模型,培养学生解决复杂问题的能力。

"双减"背景下的教学工作,要求教师要不断更新教学理念,提升专业素养,在教学上多下功夫,推动"双减"真正落地。

3月21日培训学习反思

伊旗一中　吕丽歌

本次培训的主题是"双减下初中化学教学的思考与实践",培训老师依然是北京市教研员商晓绪。首先商老师分析了一下现状:在分析学生过重学业负担的构成中发现,现在很多教学内容缺少与学生兴趣、爱好、生活、成长的关联;教学方式缺少对学生好奇心、探究欲、成就感的关注。这次培训我受益匪浅,双减真正意义是减负不减质。那么怎么样才能在有限时间内创造出最大的效率呢?这对老师的要求就更高了些,老师要精准找到教材内容的教学重点和教学难点。精心备课,备课的时候要把重难点设置成一个个的教学目标,教学目标的设置一定要结合本班学情。同时新课的教学要以新带旧,以旧促新,要考虑到已经学过的内容和新知识的联系。做题的时候一定要回归基础,对基础知识、重点知识进行全面巩固，通过精选习题和科学训练，落实对基础知识和基本技能，解题的规范性、正确率和答题技巧的训练。在商老师的复习指导中，我对中考的复习计划也更加清晰了，首先要知道考什么、怎么考才能知道复习什么、怎么复习。在商老师提供的教学视频和说课视频中我看到了自己和其他老师的差距还特别大。今后的教学中我将继续学习，不断思考，重点关注大单元教学和情景教学。

培训心得

伊旗一中　苗秀秀

2022年3月21日上午，由薛老师主持的伊旗化学教师培训会在我校举行，本次培训主题为"基于落实'双减'政策下的初中化学教学方法指导"。会议共分为两项内容：第一项内容是由北京市朝阳区教育科学研究院商晓绪老师分享主题为"提质双减——初中化学教学的思考与实践"备战中考的经验，借以分享通过优化日常教学措施助力课堂有效教学。第二项内容为伊旗教育发展中心的薛云老师结合商老师的讲座内容给出了详细的指导。一上午的集中研讨学习，使我收获颇丰，开阔了眼界，具体心得体会如下。

一、对"双减"政策以及"双减"精神的理解

基于对双减政策的解读和新课标的要求，落实双减政策的根本方法在于改变教学内容与方法，增加学生的学习内驱力，变学业负担为学习享受。新课标的核心是关注大观念、大任务、真实性、实践性这四大核心概念。要实现这个目的，就是要通过新课标，改进教学内容、教学方法。

二、对有效教学的理解

在分析学生过重学业负担的构成中发现，现在很多教学内容缺少与学生兴趣、爱好、生活、成长的关联；教学方式缺少对学生好奇心、探究欲、成就感的关注。所以课堂提质显得尤为重要。通过"以新带旧，以旧促新"的有效教学方法，可以助力课堂提质的充分实现。有效教学离不开团队的集体智慧和个人的勤奋付出，对于刚刚接触化学的初三学生来说有这特殊的意义。因为从学习能力上讲，学生们已经具备自主学习和逻辑思维的素质；从学习态度上来

说，面对中考带来的压力与动力，学生具备调整心态、端正学习态度的环境。但往往取得的结果差强人意，有时甚至是很沮丧，原因主要是教师有效教学方法运用不当，所以在面对基础知识和能力参差不齐的学生时，如何优化新授课与复习课的高效教学、如何更好地促进分层教学凸显得尤为重要。主要为培养学生良好的学习习惯、运用化学实验激发学生继续探究化学奥秘的兴趣、充分分析教材内容、详细规划章节复习等。还可以通过成立学习小组，由组长担当小老师等措施促进差生的有效学习。

三、对备战中考的理解

经过本次指导学习，我知道备战中考要依据考试范围有目的地教学，以"考什么→教什么→学什么"为基准，体现基于核心素养的教学。薛老师给出的教学建议是通过深入地研究试题，掌握命题原则，落实对基础知识、基本技能、基本思想、核心能力和学科思维的把握。为了避免生硬教学，教学方式要发生转变，针对学生的能力训练要尽量把习题问题化、把习题活动化等，这些先进的、灵活的、看似不以为意实则精心设计的教学方式的改变一定会带来更好的教学效果。

【第四期第十一次研修活动】

立足评价体系促进单元复习教学效率

张丽媛

为进一步提高初中化学教学质量，2022年4月19日上午，伊金霍洛旗初中化学名师工作室在伊金霍洛旗第一中学开展了第十一次研修活动。本次活动以"基于初中化学评价体系的单元复习教学设计实施研究"为主题，采用示范教学和专题讲座的活动形式。全旗初中化学教师参加了本次活动。

课前会议上名师工作室成员高旭和刘玉宁两位老师进行了说课展示，成员分组确定了观课议课维度。

第一节课是由北京师范大学第二附属中学的高旭老师执教"深度学习视野下的物质检验与鉴别"。在这节课中，高老师以酸碱盐的化学性质为依托，帮助学生建立鉴别无色试剂的解题思路，从微观角度深刻理解复分解反应的实质。

第二节课是伊金霍洛旗第一中学刘玉宁老师设计的"揭秘自制灭火器"。刘老师以自制灭火器为教学情境，引导学生运用酸的共性及特性对灭火剂的成分进行探究，激发学生学习兴趣的同时，提升了学生根据物质性质进行探究的能力。

紧接着，工作室名师王玉华老师进行了"基于初中化学评价体系的酸碱盐单元复习教学设计研究"专题讲座。王老师结合自己丰富的从教经验，在深度研究中考试题的基础上，对酸碱盐的复习教学进行了指导。

随后，全体教师依托课堂观察量表，围绕研修主题，结合研修课例，从教材处理方式、教学目标的制定及达成情况、教学环节设计的合理性及学生学习效度分析四个维度进行了交流研讨和分组汇报。

教研员薛云老师对本次活动给予充分肯定，并对观课议课量表汇总进行了方法指导。

本次研修活动，对单元复习教学具有指导性作用，加强了教师之间的合作与交流，促进了教师的专业化成长。

【第四期第十二次研修活动】

基于初中化学评价体系的单元复习教学设计实施研究

张丽媛

为进一步提高初中化学教学质量，2022年5月24日上午，伊金霍洛旗初中化学名师工作室在伊金霍洛旗第一中学开展了第十二次研修活动。本次活动以"基于初中化学评价体系的单元复习教学设计实施研究"为主题，采用示范教学和专题讲座的活动形式。全旗初中化学教师参加了本次活动。

课前会议上名师工作室成员高旭和李文娇两位老师进行了说课展示，成员分组确定观课议课维度。

第一节课是由北京师范大学第二附属中学的高旭老师执教"深度学习视

野下的单元复习教学案例——石灰三兄弟"。在这节课中,高老师以古诗《石灰吟》引出石灰三兄弟,以此为核心建立含钙化合物间的转化关系图。

第二节课是由北京师范大学第二附属中学的李文娇老师执教"真实情境的单元复习教学研究——探究'百变杯'的奥秘"。李老师以趣味实验"百变杯"为教学情境,引导学生对实验中涉及的化学反应和物质进行探究,激发学生学习兴趣的同时,培养了科学探究能力。

紧接着,全体教师依托课堂观察量表,围绕研修主题,结合研修课例,从教材处理方式、教学目标的制定及达成情况、教学环节设计的合理性及学生学习效度分析四个维度进行了交流研讨和分组汇报。

随后,工作室名师王玉华进行了"基于学科素养 回归教材原点——中考化学试题研究"专题讲座。王老师指出中考命题方向趋向于以情境化、生活化、探究化等多角度求"新"、求"变",考出新意。

最后,教研员薛云对中考复习进行了方法指导,指出在复习课中要重视教学目标的制定,并依据教学目标选编选练典型习题,利于学生内化知识并灵活运用知识,将教学内容落到实处。

本次研修活动,对单元复习教学具有指导性作用,为各位教师在中考复习的道路上指明方向。

【第四期第十三次研修活动】

"向上成长,向下扎根"

张丽媛

为进一步深化初中化学课程改革和提高教学质量,提升我旗化学教师的专业素养和教学水平,伊金霍洛旗初中化学名师工作室于2022年9月20日在伊金霍洛旗第一中学开展了第十三次研修活动。本次研修活动以"基于初中化学学科核心素养的大单元教学设计与实践研究"为主题,采用线上讲座及交流研讨的方式进行,由工作室导师、北京市朝阳区教育研究中心初中化学教研员商晓绪进行培训。全旗初中化学教师、教研员参加了此次活动。

商晓绪导师以"向上生长，向下扎根"为主题，从关于新课程标准的学习与理解、基于新课程背景下的课堂教学要求、基于新课标旧教材的课堂教学思考三个方面对全体教师进行了指导。商老师指出教师在教学中要注重大概念的建构，整体设计和合理实施单元教学，引导学生自主学习，创设真实问题情境。

随后，商晓绪导师重点介绍了落实学生核心素养发展的两大途径。一是在真实情境中培养学生综合运用知识解决问题的能力，强化课程协同育人的功能；二是知行合一、学思结合，在实践中实现育人价值。受到商老师的点拨，老师们犹如醍醐灌顶，甘露洒心。

最后，教研员薛云对本次活动进行总结，并对本学期的教学教研任务做了进一步的安排。相信在全体化学教师的共同努力下，本学期我们一定能取得更加辉煌的成绩！

培训心得

"向上成长，向下扎根"新课标解读培训心得

北京师范大学鄂尔多斯第二附属学校　李文娇

2022年9月19，全体伊旗化学教师通过网络学习的形式聆听了导师商晓绪关于新课标培训的讲座。商老师将讲座的题目定为"向下扎根，向上成长"，希望我们一线教师更清楚地了解核心素养的重要性，从而实现自我认知的提升。下面，我把我学习后的一些心得体会和大家共享。

一、新课标的课程理念

核心素养是学科育人价值的集中体现，是学生通过课程学习而逐步形成的适应个人终身发展和社会发展所需要的正确价值观、必备品格和关键能力。

二、核心素养在化学中的发展要求

化学课程要培养的核心素养主要包括，化学观念、科学思维、科学探究与实践、科学态度与责任，是中国学生发展核心素养在化学课程中的具体化，反映了义务教育化学课程的教育价值与育人功能，体现了化学学科育人的基本要

求,全面展现了化学课程学习对学生发展的重要价值。

化学观念从化学学科的特征及内涵要素入手,可以概括为引导学生发展和建立物质观的变化观,认识物质的多样性和分类观,能从元素的视角和微粒的视角来看待物质及其变化。

科学思维的特征和它的内涵,可以概括为模型认知、模型建构的思维方式,证据推理的思维,批判创新的思维品质和分类分析,综合归纳的一般思维方法和学习方法的内涵要求不同的是,科学思维跟高中阶段学科特性素养具有一贯性,一致性,特别加强了通用的科学思维和思维方法培养的要求。

科学探究与实践科学探究,在之前的基础上,增加了工程设计的探究实践,增加了社会调查的实践能力培养和自主学习的实践能力培养的要求,通过网络查询的方法获取、加工信息的自主学习能力;运用简单的技术工程方法、设计、制作、使用相关模型作品的能力,利用社会调查实践提出解决实际问题方案的能力、合作交流能力等。

科学态度与责任包括对科学的态度和责任两部分,科学的态度即关心社会实际问题,能够自觉主动用化学知识去解决社会实际问题的意识和能力,包括要形成节约资源、保护环境的习惯,要有遵守科学伦理和法律法规的意识,要树立生态文明的理念;责任是具有社会责任感,如要热爱祖国,为实现中华民族伟大复兴,推动社会进步而勤奋学习的责任感。

义务教育阶段核心素养的四方面是有机联系的,态度、责任和价值立场、化学观念是特征和基础,科学思维是核心和内涵,探究实践是表现和途径。

三、核心素养的共性和统领性

理解和把握义务教育阶段对于发展学生核心素养内涵的要求,体现了义务教育阶段的基础性、阶段性和成长性,体现了与高中学段化学学科核心素养衔接关系,体现了科学领域素养的要求与科学课程、物理课程、生物学等课程所提出的核心素养的框架保持一致,体现了科学共同素养的发展要求,还体现了跨领域和面向未来的共同信息素养发展要求。既重视本学科对学生发展的独特贡献,更体现对学生综合素质培养的运营价值,是制定课程目标和学业质量标准的重要依据,同时也统领并具体计划于五大学习内容主题的多维课程内容体系和学业要求之中，是贯穿课程系统各个方面的。

新课标培训心得体会

北京师范大学鄂尔多斯第二附属学校　高　旭

　　初中化学教学是化学教育的启蒙和基础阶段。它不仅能为学生升入高一级学校学习奠定基础，也能为学生将来参加工作解决一些实际问题做好准备。鉴于初中化学课时少、任务重、内容分散及有些概念极易混淆等特点，要想提高初中化学教学质量就必须打造初中化学教学中的高效课堂。结合自己多年教学实践，要实现初中化学教学的高效课堂，就要做好以下几个方面。

一、走近学生，让学生喜欢上化学教师

　　教师与所教的学科知识有一定的连带关系。如果学生喜欢上某位教师，那门学科的教学质量就会明显提高。假如学生不喜欢某位教师，那么，学生就与那位教师不配合，教学效果就自然低下了。因此，在具体的教学中，教师应在学生面前树立良好的形象，用自身的人格魅力感化学生。教师的人格魅力不仅仅体现在知识的渊博方面，还体现在个人的涵养上。教师欲在学生面前树立完美的形象，首先要有渊博的知识，课堂教学有深度、广度。这就需要教师认真备好每堂课，课后还要做好自身的"充电"工作。其次，转变自身在课堂教学中的角色。在传统的教学中，教师主宰着课堂，学生不敢对所学的知识"插嘴""多话"。这种课堂，貌似师道尊严，但学生的内心不敬佩教师，学生自主学习的积极性也没有调动起来，不利于学生综合素质的提高。新课程教学要求教师与学生平等、共同开展合作学习。因此，要创设和谐、民主的教学课堂。

二、科学的学法指导，让学生喜欢化学

　　著名教育家陶行知先生指出："我以为好的先生不是教书，不是教学生，乃是教学生学。"所以教师在传授知识的同时，还应注重学习方法的指导，帮助学生掌握科学的认知方法。化学是一门以实验为基础的自然科学，它有很多独特的魅力。学生刚学化学时，常常被化学实验的各种现象所吸引。因此，在初中化学教学中，教师可以利用各种实验让学生喜欢化学，比如烧不坏的手

帕、魔棒点火等。其次,要注意化学与学生的生活进行紧密联系。事实证明,学生对于联系生活的知识最感兴趣,比如怎样进行灭火、胃酸的治疗、水污染的防止、铁制物的防锈等。这不仅能提高学生学习化学的兴趣,而且能培养学生的分析能力与解决问题的能力。

三、精讲多练,开启高效课堂教学的一把钥匙

精讲,就是配合教材内容,面向全体学生。突破重点,带过一般,设疑破难,为学生创造思维情境。练是巩固知识的途径之一,练要练到点子上,精心设计一些针对性较强的问题,引导学生在分析研究这些问题的过程中,掌握所学知识。能让他们亲自动手操作的或口头表达练习的,就尽可能让他们动手动口实践,以达到真正掌握知识、举一反三的目的。教师在教学过程中就应针对教材的关键点、知识联系的转折点以及学生易混淆的地方,结合思考题给学生以点拨、启发和疏通。教学过程中,只要合理地安排知识体系,通过精讲多练,就能激发学生学习兴趣,提高学生的学习主动性和自觉性,使课堂教学目标集中,重点突出、难点突破,从而提高化学教学质量。

化学新课标培训心得

伊旗一中　郭强强

全面贯彻落实党的教育方针,遵循教育教学基本规律,落实立德树人根本任务,发展素质教育。以人民为中心,扎根中国大地办教育。坚持德育为先,提升智育水平,加强体育美育,落实劳动教育。全面落实有理想、有本领、有担当的时代新人培养要求。

化学是一门研究物质组成、结构、性质以及变化规律的科学,其特征是从微观认识物质,创造物质的过程。义务教育化学课程有利于激发学生对物质世界的好奇心。初中化学课程一方面为学生提供了今后进步所需要的经纬化学知识和技能,培养学生运用化学知识和方法分析和解决问题的简单动力;另一方面可以使学生从化学的角度来熟悉人与自然的关系,了解化学对社会进步的作用,了解化学对人类福祉的影响,合理开发和利用自然资源;增加学生对自然和社会的责任感;使学生在面对与化学相关的社会问题时,能够做出更理性、科学的决策。这就要求我们教师必须坚持"以人为本",逐步建立"民主、公平、对话"的新型师生关系。"对话"不仅指师生双方语言上的狭隘交流,而且指师生双方各自放开对方的精神而接受对方,是一种真正意义上的交流。教师要把教材中的情感因素、教师的教学热点、学生的学习兴趣融合在整个教学过程中。教学内容应该从学生生活出发,满足未来社会生活的需要,而学生的内容需要进一步进步,应该摒弃那些脱离现实、枯燥无味的内容。教师应改变教学行为,把"自我"太多的时间和空间还给学生,确保学生的学习时间、动手、思考、口头表达、辩论问题、意见都到位。任何学生都可以找到"学习",老师都不能安排代替;任何学生都能独立解决问题,老师不必多做。

初三年级学生学习化学,只需要调整心态,正确看待化学学习。有的同学对学习化学有不正确的观点,认为化学简单背诵就可以,也有的认为化学危险,造成了误解。化学与我们的生活息息相关,学习化学有助于更好地造福社会,让我们享受美好的生活。初三的学生,需要培养他们学习化学的兴趣,在生活中学会发现和寻找化学,了解化学知识中的各种化学现象,学习化学会感到很有趣。兴趣是最好的老师,因为它感到有趣,主动学习,从而提高学习效率。提高学生的学习兴趣,愿意学习,主动接受学习,使学习化学成为他们的兴趣。

初三学生在学习化学知识时应注意策略,掌握正确的学习方法,提高学习效率。从九年级开始学习化学学科,与学习无关,学习化学,要端正学习态度,从一开始学习化学的学习方法。化学学科,有很多知识需要背诵,这是所有学科的特点,不掌握基础,很难提高学习能力。化学学习,不是简单的背诵就能掌握,要学习有效记忆,可以用关键词记忆,也可以用联想记忆。学习化学知识,必须先学会理解,再去总结、提纲,完整地掌握所学的知识。年级学生,要养成良好的学习习惯,学习教科书上的知识,构建知识体系,能够通过思维导图构建知识网络。在学习的过程中,要能够实践出真知,通过反复强化,掌握课本知识,通过强化,巩固所学知识。在学习的过程中,一定要进行有效的记忆,学会记忆的方法,根据自己的特点选择灵活的方法来掌握知识。年级学生学习任务重,在各学科中都需要合理安排,注意各学科的时间分布。

新课标培训心得

伊旗一中 金向华

一上午的新课标培训让我收获满满,商老师对新课标的讲解详尽具体,为今后的化学教学指明了方向和具体的路径。现总结如下。

基于大概念的建构整体设计和合理实施单元教学,引导学生自主学习,创设真实问题情境,倡导"做中学""用中学""创中学"。倡导学会学习、合作沟通、创新实践,从化学观念、科学思维、科学探究与实践、科学态度与责任等方面,全方位构建课程目标和学业质量体系。

注重学科内的融合及学科间的联系,围绕大概念选取多维度的具体学习内容,发挥大概念对实现知识的结构化和素养化的功能价值。

落实立德树人的根本任务,培养有理想、有本领、有担当的时代新人。

大概念是指反应学科本质,具有高度概括性、统摄性和迁移应用价值的思想观念。在多数情况下,大概念的抽象程度超出了学生的认知水平,如果直接将大概念的内涵告诉学生,他们难以将这些描述与自然界中的现象和事物建立起联系,必然导致对大概念内涵的死记硬背,难以广泛地迁移应用。为更好地发挥化学大概念对化学观念的建构作用,依据认识主体指向的不同,从化学学科、化学课程、化学学习三个层面构建化学大概念的内容体系,分别是:化学学科大概念、化学主题大概念和化学基本观念。

大概念不是具体的知识,也不是知识的简单堆砌,它是通过对核心知识以及知识中蕴含的方法、态度的探究学习,在不断地概括提炼和迁移应用中形成的对学科本质规律的概括性认识。

课堂教学是发展学生核心素养的主渠道,教师应秉持化学课堂教学的素养导向理念,积极探索大概念引领的课堂教学改革,教学方式注重探究实践和科学思维培养,重视"教——学——评"一体化,实现课堂教学从掌握知识到发展素养的转变。核心素养导向的教学要求教师转变教学思维,从关注知识转向重视素养。

知识不再是学校教学的主要目的。一切知识,唯有成为学生探究与实践的对象，其学习过程才能成为素养发展的过程。要以大概念为引领，深入分析核心知识与实践探究、思路方法、情感态度间的内在联系，充分发挥课程内容的育人功能。

化学观念是人类探索物质的组成与结构、性质与应用、化学反应及其规律所形成的基本观念，是化学概念、原理和规律的提炼和升华，是认识物质及其变化，以及解决实际问题的基础。化学观念主要包括：物质是由元素组成的；物质具有多样性，可以分为不同的类别；物质是由分子、原子构成的，物质结构决定性质，物质性质决定用途；化学变化有新物质生成，其本质是原子的重新组合，且伴随着能量变化，并遵循一定的规律；在一定条件下通过化学反应可以实现物质转化等。

科学思维是在化学学习中基于事实与逻辑进行的独立思考和判断，对不同信息、观点和结论进行质疑与批判，提出创造性见解的能力；是从化学视角研究物质及其变化规律的思路与方法，是从宏观、微观、符号相结合的视角探究物质及其变化规律的认识方式。科学思维主要包括：在解决化学问题中所运用的比较、分类、分析、综合、归纳等科学方法，基于实验事实进行证据推理、模型建构并推测物质及其变化的思维能力，在解决与化学相关的真实问题中形成质疑能力、批判能力和创新意识。

科学探究与实践是指经历化学课程中的实验探究，基于学科和跨学科实践活动形成的学习能力；是综合运用化学等学科的知识和方法，通过一定的技术手段，在解决真实情境问题和完成综合实践活动中展现的能力与品格。

科学探究与实践主要包括：以实验为主的科学探究能力，通过网络查询等技术手段获取和加工信息的自主学习能力，运用简单的技术与工程方法设计、制作与使用相关模型和作品的能力，参与社会调查实践、提出解决实际问题初步方案的能力，与他人分工协作、沟通交流、合作问题解决的能力等。

科学态度与责任是指通过化学课程的学习，在理解科学、技术、社会、环境相互关系的基础上，逐步形成的对化学促进社会可持续发展的正确认识，以及所表现的责任担当。科学态度与责任主要包括：发展对物质世界的好奇心、想象力和探究欲，保持对化学学习和科学探究的浓厚兴趣；对化学学科促进人类文明和社会可持续发展的重要价值具有积极的认识；具有严谨求实的科学态度，敢于提出并坚持自己的见解、勇于修正或放弃错误观点、反对伪科学的科学精神；遵守科学伦理道德和法律法规，具有运用化学知识对生活及社会实际问题作出判断和决策的意识；形成节约资源、保护环境的习惯，树立生态文明的理念，增强为实现中华民族伟大复兴和推动社会进步而勤奋学习的责任感。

培训心得

伊旗第一中学　　刘玉宁

9月20日上午，我参加了伊金霍洛旗初中化学名师工作室举办的第十三次研修活动，本次研修活动以"基于初中化学学科核心素养的大单元教学设计与实践研究"为主题，由工作室导师、北京市朝阳区教育研究中心商晓绪老师进行线上培训。商老师解读了2022版《义务教育化学课程标准》，并基于心理课程标准，提出了课堂教学要求，为我们下阶段的教学指明了方向。

通过这次培训，让我对新修订的化学课程标准有了更加清晰的认识，也为下一步的教学提供了新的思路。基于时代发展要求，为了培养有理想、有本领、有担当的时代新人，引导学生形成正确的世界观、人生观和价值观，厚植爱国主义情怀，树立为实现中华民族伟大复兴和推动社会进步而奋斗的崇高追求，落实立德树人任务，通过课程育人，促进学生的全面发展，《义务教育化学课程标准（2022年版）》应运而生。此次课程标准以充分发挥化学课程的育人功能为统摄，以培养核心素养为纲，为教学提供了更明确的指导方向。

义务教育化学课程要充分发挥育人功能，要立足学生的生活经验，培养学生的化学思维和学科能力，要注重化学学科核心素养的落实。这次修订的课程标准中，以促进学生核心素养发展为导向，设置了科学探究与化学实验、物质的性质与应用、物质的组成与结构、物质的化学变化以及化学与社会·跨学科实践五个学习主题，并明确提出了义务教育化学学科核心素养，即化学观念、科学思维、科学探究与实践以及科学态度与责任。在五个学习主题中，都明确了对学生的内容要求和学业要求，对我们的教学有了更明确的指导作用。

教学中，我们要精心选择促进学生核心素养发展的课程内容，结合学生的生活经验，并注重学科内以及学科间的关联，开展大单元、大概念教学，这样学生在获取具体知识的同时，又能够在思维方法、核心素养等方面得以提升。商老师还列举了一些大概念教学的案例，通过对教学案例的学习，使我认识了大概念教学实施的具体做法，也为以后的教学提供了新的思路。

对于课程标准的具体内容，需要我们不断深入学习并认真领悟，转变教育理念，坚持以素养为导向，对课堂教学加以改进，努力做到提质减负，全面提高教学质量。

新课程背景下初中化学课堂教学的思考 培训心得

伊旗第一中学　吕丽歌

今天上午，期盼已久的课程标准解读培训终于开始了，这次培训的主题是"基于初中化学评价体系，开展单元教学设计研究"。

经过一上午的培训，我对新修订的《义务教育化学课程标准》的认识有了一个更深的层次，也有了下一步教学的新思路。

纵观义务教育阶段，新课程的主要内容有：一个核心——核心素养；两条路径——综合育人、实践育人；三有目标——培养有理想、有本领、有担当的时代新人；四大突破——素养课程目标、课程内容的结构化、学科实践、学业质量标准；五项对策——教学评一体化教学原则、大单元设计、结构化思维教学、跨学科主题学习和项目学习、作业与命题设计改革。

一、尽力培养学生的科学思维

思维最本质的特征是抽象思维，在初中化学教学中，概念多，较抽象，难理解，学生记忆困难，由于不熟练，应用起来也无法得心应手。在课堂教学中，教师要教会学生抽出概念的核心，抓住定义的重要字眼，便于记忆也便于学生的理解。在教学中教师要能化繁为简，化难为易，使学生克服学习上的障碍，创造出更多的学习情境降低难度，让学生在实验中发现问题，在思考中找出解决问题的策略，从不同的实验之后获取证据，在再次实验中验证问题的解决方法并解决问题。在反思中找到解决一类问题的方法，这样的探索、思考、实验、讨论中知识就自然而然的生成了。这样的科学思维对于学生的后期学习以及学习其他科目中有着非常重要的作用。

二、注重学生能力的培养

学生的求知欲很强，已经具备独立思考和钻研能力，但是自学能力较差，中学化学教学中观察力的培养，主要贯穿在演示实验和分组实验，无论哪种类型的实验，教师都要尽力使反映问题的主要方面成为学生感知的对象，特别是对那些现象贫乏，一瞬即逝而又显示本质性的内容，教师更要使学生明确观察目的，懂得"观察什么""怎样观察"。

在今后的教学中，要有效的引导学生把化学和生活连在一起，利用化学知识解决实际生活问题也是教学的重要侧重点。

日常教学一定是要基于大概念的统领教学，大概念是指反应学科本质，具有高度概括性、统摄性和迁移应用价值的思想观念。在多数情况下，大概念的抽象程度超出了学生的认知水平，如果直接将大概念的内涵告诉学生，他们难以将这些描述与自然界中的现象和事物建立起联系，必然导致对大概念内涵的死记硬背，难以广泛地迁移应用。为更好地发挥化学大概念对化学观念的建构作用，依据认识主体指向的不同，从化学学科、化学课程、化学学习三个层面构建了化学大概念的内容体系，分别是：化学学科大概念、化学主题大概念和化学基本观念。

培训心得

伊旗一中　苗秀秀

2022年9月20日上午，由薛老师主持的伊旗初中化学名师工作室第十三次研修活动在我校举行，本次研修主题为基于初中化学学科核心素养的大单元教学设计与实践研究。会议共分为两项内容：第一项内容是商老师"基于新课标要求的学科核心素养下的大单元教学设计"讲座；第二项内容为伊旗教育发展中心的薛云老师结合本次研修活动内容进行了具体教学任务规划和要求。一上午的专题学习，使我收获颇丰，具体心得体会如下。

一、对有效教学的理解

通过学习商老师的培训内容,我发现现在很多的教学内容缺少与学生兴趣、爱好、生活、成长的关联;教学方式缺少对学生好奇心、探究欲、成就感的关注。所以课堂提质显得尤为重要。有效教学离不开团队的集体智慧和个人的勤奋付出,对于刚刚接触化学的初三学生来说有着特殊的意义。因为从学习能力上讲,学生们已经具备自主学习和逻辑思维的素质;从学习态度上来说,面对中考带来的压力与动力,学生具备调整心态、端正学习态度的环境。但往往取得的结果差强人意,有时甚至是很沮丧,原因主要是教师有效教学方法运用不当,所以在面对基础知识和能力参差不齐的学生时,如何优化新授课与复习课的高效教学、如何更好地促进分层教学凸显得尤为重要。主要为培养学生良好的学习习惯、运用化学实验激发学生继续探究化学奥秘的兴趣、充分分析教材内容、详细规划章节复习等。还可以通过成立学习小组,由组长担当小老师等措施促进差生的有效学习。

二、对备战中考的理解

经过本次专题培训,我知道备战中考要依据考试范围有目的地教学,以"考什么→教什么→学什么"为基准,体现基于新课标下的化学学科核心素养的教学。薛老师给出的教学建议是通过深入地研究试题,掌握命题原则,落实基础知识、基本技能、基本思想、核心能力和学科思维。为了避免生硬教学,教学方式要发生转变,针对学生的能力训练要尽量把习题问题化、把习题活动化等,这些先进的、灵活的、看似不以为意实则精心设计的教学方式的改变一定会带来更好的教学效果。

化学工作室第十三次研修活动心得体会

伊金霍洛旗第二中学　王　娟

本次工作室的主题是"基于初中化学学科核心素养的大单元教学设计与实践研究",主要是听商老师为我们解读新课表的理念,以及以后如何在教学中充分发挥新课标的指导作用,并且展示了一些非常优秀的课例。

通过商老师的讲解,我感觉我对新课标又有了新的理解和体会,新课标立意深远，既强调了化学学科本位论，又强调了化学学科的价值论，更加理解化学课程理念，育人功能是培养什么样的人，课程目标是要求，内容体系是大概念教学，化学教学是实现途径，评价是判断是否实现。新课标课程内容的维度更加丰富，强调大概念大主题，强调教学评一体化，更加强调学习过程中思路和方法的传授。通过学习，我也明白了要读教学提示，教学提示是我们往往容易忽视的部分，但是它很重要，它包含了我们日常教学中可能会出现的一些常规问题和一些好的教学策略。

除此之外，商老师讲的单元教学的设计方法，对我启发特别大，这个学期初始，学校要求在每一单元教学之前进行一个单元教学的简单设计，我是一头雾水，这次活动听了她的讲解我感觉豁然开朗。要做好单元教学设计首先要做好单元教学目标的确定，需要遵循以下几点：深刻领会核心素养内涵，转化为具体教学目标，关注教学目标的全面性与进阶性；在表述方面：单元目标的表达为学生（省略）+行为动词（能……）+具体内容（BCMAP 是内容和过程，核心素养角度是表现和结果），教学内容选择一些关联性比较强的内容，设计贴近生活的教学情境，尤其是她给出的案例给了我很大的启发，自热火锅的案例，里面扩展的深度和广度，都使我惊奇，同时也给了我今后教学设计努力的方向。

这次研修活动使我收获颇多，最后薛老师说的教学目标和定位要站得深远，才能设计出优秀的教学设计，令我茅塞顿开，我确实需要读一些相关的优秀论文开拓我的视野，提高我的站位。希望以后多参加这种研修活动。

培训心得

伊旗蒙中　赵艳梅

2022 年 9 月 20 日，我在伊金霍洛旗第一中学参加了第十三次研修活动。本次研修活动以"基于初中化学学科核心素养的大单元教学设计与实践研究"为主题，我们听取了商晓绪导师的讲座。商晓绪导师从关于新课程标准的学习与理解、基于新课程背景下的课堂教学要求、基于新课标旧教材的课堂教学思考三个方面对全体教师进行了指导，令我受益匪浅。首先再一次跟着导师认真的学习了一次2022版义务教育化学课标。商老师从课程性质、课程理念、课程目标、课程内容等方面进行了详细的解读，让我更深地理解了课标，也为以后备课做了准备。其次是基于新课标背景下的课堂教学要求，给老师们提出了很多宝贵意见。我们要为祖国培养有理想，有本领，有担当的时代新人。为了这样的目标，我们的教学应该有五项对策。最后是商老师关于新课标旧教材的课堂教学思考。我们的课堂教学应是大概念统领的，应开展核心素养发展的课堂教学。

最后，教研员薛云对本次活动进行总结，并对本学期的教学教研任务做了进一步的安排。接下来我会继续在备课当中学习新课标，让每一个单元设计，每个课时设计的目标定位准确，挖掘学科根本本质，上好每一节课。课堂教学中应注重方法思路，评价模式多样化。同时要做一个研究型老师，完成课题的相关工作。

9月20日培训心得

伊金霍洛旗实验学校　　班　顺

9月20日上午由教研室组织有关新课程标准的培训，经过对商老师讲解内容的认真聆听，我对2022版化学课程标准有了新的认识，同时对接下来的教学也有了新的理解。

本次培训的名称叫作向上生长、向下生根，很有寓意。只有在新课程标准中扎了根才会从中得到准确的教育教学方向。向下生根就是要努力的学习新课标，向上生长是建立在强大根系的基础上的。两个多小时的视频培训，虽说没有见到商老师的面，但是商老师用那温和的语调，深入浅出的从关于新课程标准的学习与理解、基于新课程背景下的课堂教学要求、基于新课标旧教材的课堂教学思考三个方面进行讲解，让我明白了新课程标准和旧版的不同之处，比如说：修订内容变化与突破、课程性质、课程目标、学业质量等方面。

细致入微的讲解，剖析了新课程标准的改动之处，同时也分析了原因及用意。比如课程性质方面就指出义务教育阶段化学课程的特点：基础性；实践性；发展性。发展核心素养，将化学学科由原版的基础自然学科定位为基础学科；学科特征方面由以前的研究物质、创造物质改为了分子层次认识物质、通过化学变化创造物质；学科的社会价值方面，在缓解人类面临的能源危机、环境污染、资源匮乏、粮食供应不足等危机中做出积极贡献修改为在应对能源危机、环境污染、突发公共卫生事件等人类面临的重大挑战中发挥不可替代作用。在课程理念方面落实立德树人的根本任务，培养有理想、有本领、有担当的时代新人。倡导学会学习、合作沟通、创新实践，从化学观念、科学思维、科学探究与实践、科学态度与责任等方面，全方位构建课程目标和学业质量体系。注重学科内的融合及学科间的联系，围绕大概念选取多维度的具体学习内容，发挥大概念对实现知识的结构化和素养化的功能价值。基于大概念的建构整体设计和合理实施单元教学，引导学生自主学习，创设真实问题情境，倡导"做中学""用中学""创中学"。改进终结性评价，探索核心素养立意的命题；加强过程性评价，基于证据诊断学生发展水平；深化综合评价，探索增值评价。在课程目标方面纵向对比了小学科学、初中化学、高中化学的目标要求，有效的让教师理解小学、初中、高中知识间的联系，为学生的长远发展提供了依据；在课程内容方面提出了大单元教学的理念，这也是与我校现如今的教学改革非常吻合的。

在分析课程标准的同时还不断针对不同的改动提出了一些新的教学建议。比如：单元目标的表达：学生（省略）+行为动词（能……）+具体内容（BCMAP是内容和过程，核心素养角度是表现和结果）等。

最后，教研室薛老师又立足当下，展望化学教育的未来及从教师成长方面给予了老师适时、有效的指导。

整个培训过程高效有序，让我受益匪浅，在接下来的教学过程中我一定会把今天的收获转化成力量充分地发挥出来。

浅谈学习收获

伊旗四中　高红霞

通过一上午的学习，我感触最深的是，新课标明确提出理论联系实际，化学来源于生活，来源于社会实践，生活中无处不存在化学；结合我们的中考试卷分析，越来越生活化。因此，接下来我们用原来的教材，根据新课标及时调整我们原有的教学，我们应根据学生、教学内容、教学环境等具体情况，营造一种现实、有吸引力的情景，让学生在真实的、自然的情景中，在老师的引导帮助下自己动手动脑学化学。用观察、猜想、实验等手段自己获得体验、获得真知。

培训心得

伊金霍洛旗实验学校　张　莹

经过"新课程背景下初中化学课堂教学的思考"的培训学习，我认识到了新课改的必要性。在教学实践中，把课标学习与教材教法研究结合起来。从中我体会到以下几点。

通过新课标的学习，提高自身素质。转变传统的教育观念。教师不再只是传授知识，师生互动产生的新知识的比重将大大增加。教师将从知识的传递者转变为学生学习的促进者、组织者。

认真学习新课标，在备课中关注新课标更改内容，深入领会化学课程标准的内涵，全面提高学生的整体化学素养，拓宽学习和运用的领域，注重联系生活。讲授新课程应抓住学科体系特点，弄清教科书与课程标准、教科书各教程之间的内在联系。

根据学生的年龄特征和不同教学内容，创造性地选择和运用教科书的各种设计，采取合适的教学策略，提倡启发式、讨论式、师生互动等新的教学模式，促进学生化学素养的整体提高。充分运用多媒体教学辅助手段，为了在课堂上给学生提供更多的信息，创设各种教学情境，提供直观的教学材料，仅凭教师的语言和行为动作是无法完全达到效果的。多媒体教学辅助手段能够给学生以具体形象、有声有色的情境感受，可以极大地激发学生的学习兴趣，从而使抽象教学形象具体化，使学生在体会、感悟中获取新知。

在实践工作中，应不断总结反思，经常撰写教学案例、教育随笔、教学心得等，并和同事们互相交流互相学习，积极探讨，总结经验。

学习2022版化学新课标的心得体会

伊金霍洛旗实验学校　胡　蓉

作为一名化学教师，在体会新课标带来的新观念、新方法、新思路的同时，也时时处处感受着困难和压力。在学习了新课标后，结合自己的一些实际教学经验，谈谈我在学习新课标过程中的体会。

一、教育理念的转化

随着时代的进步，基础教育也由传统的"应试教育"转向全面的素养教育，新一轮课程改革已经在各学校逐步开展起来。新课程标准对一线教师素质提出了更高的要求，新课标中明确指出，应改变课程实施过程中过于强调接受学习、死记硬背、机械训练的现状，倡导学生主动参与、乐于探究、勤于动手，培养学生搜集和处理信息的能力、获取新知识的能力、分析和解决问题的能力以及交流与合作的能力。新课程要求教师确立新的教学观念，克服教育生涯中的惯性，使教学方式显现多样化的格局。教学的目的是帮助每一个学生进行有效的学习，使每个学生都得到充分发展。教学过程是师生交往共同发展的互动过程，教师在教学过程中，要充分激发学生的学习兴趣和潜能，要通过讨论、实验、探究等多种教学组织形式，引导学生积极主动地学习。

二、要正确认识新的学习方式

新的学习方式主要包括：自主学习、合作学习、探究性学习。自主学习就是自己作为学习的主人，而不受他人支配的学习方式。它强调学习的主动性、独立性、自控性，关注学习者的兴趣和责任，有助于弘扬主体性和自主精神。合作学习是指学生在小组或团队中为了完成共同的任务，有明确的责任分工的相互性学习。它强调学习的交往性、互动性、分享性，有助于培养学生的合作精神，团队意识和集体观念。探究性学习是在教师的指导下，从自身生活中选择和确定专题，通过学生自主独立地发现问题获取知识，应用知识解决问题的学习方式。它强调学习的问题性、过程性、开放性，有助于形成学生的内在的学习动机，批判的思维品质和思考问题的习惯。自主、合作、探究性等学习方式，能够更大限度地调动学生的主动性、积极性，激发学生的内在的学习动力，培养学生的创造精神和实践能力。

今后在教学中需要注意和加强的方面：注重培养学生解决化学问题的思维、解决化学问题的能力，从知识取向转变到素养取向；注重真实问题情境的创设，给学生提供真实的问题环境，让学生在解决实际问题中获得发展；开展多元化的评价方式，综合、全面地评价学生的发展情况。

培训心得

伊旗四中　李　强

9月20日，我参加了全旗化学教师的培训，商老师对于新课标进行了详细地解读，有一些收获，做了一些小结。随着社会的发展，人们的理念在发生改变，物质生活和精神生活都在不断提升，对于课程也应该发生改变，所以课程标准的改变是必然的。其中课程理念的变化是我们每一位教师都要有的深刻的认识。第一，落实立德树人的根本任务，培养有理想、有本领、有担当的时代新人。第二，倡导学会学习、合作沟通、创新实践，从化学观念、科学思维、科学探究与实践、科学态度与责任等方面，全方位构建课程目标和学业质量体系。第三，注重学科内的融合及学科间的联系，围绕大概念选取多维度的具体学习内容，发挥大概念对实现知识的结构化和素养化的功能价值。第四，基于大概念建构整体设计和合理实施单元教学，引导学生自主学习，创设真实问题情境，倡导"做中学""用中学""创中学"。第五，改进终结性评价，探索核心素养立意的命题；加强过程性评价，基于证据诊断学生发展水平；深化综合评价，探索增值评价。

培训心得

伊旗四中　鲍录萍

化学课程的核心素养是新课标里第一次明确指出包括化学观念、科学思维、科学探究与实践、科学态度与责任。

新课标后的教学方式有无变化？首先是教学目标的表述，应该将行为主体从教师转向学生，围绕核心素养来制定，彻底摒弃"知识与技能""过程与方法""情感态度与价值观"的教学目标。

其次是教学方式，新课标倡导三种教学方式：第一，主题式教学：要基于主题去整合教学内容，如将"元素""原子""分子"整合成"物质组"这一主题，打破传统的根据教材先讲"分子、原子"后讲"元素"的顺序，引导学生建构宏、微视角，体会探索物质成分的学科思维方式。第二，大概念：注重基于学科理解抽提大概念及其认识视角，学科理解的教学价值在于凝练本原性问题，建构概念的层级结构。如"物质组成"的本原性问题是"化学物质到底有哪些基本成分"，大概念是："物质的组成"，核心概念是"元素""分子""原子"，基本概念是"原子核"核外电子，"质子""中子"；该认识视角是宏观视角和微观视角。第三，项目式学习：教学过程中呈现的不再是一个个的知识点，而是一个个的学习任务，从信息收集、方案设计、项目的实施到最终的评价都由学生独立完成，重视科学探究，通过引导，让学生通过探究过程，发展核心素养。

培训心得

伊旗四中　韩二清

我有幸听了商晓旭老师关于新课标的培训，通过这次培训，让我对新课标有了更清晰的认识。

首先，要学习和领会化学新课程标准。化学新课程标准是指导教师教学的纲领性文件，上新课程之前教师必须学透。很难想象，对新课程标准不熟悉的教师，怎么能把化学课程教好。教师在学习新课程标准时要在学透的基础上进一步领会新课程改革的精神。化学新课程标准只是一个教学原则性、方向性、计划性的指导文件，教师既要严格按新课程标准的要求去进行教学，又要根据学校的实际情况、教师的实际情况和学生的实际情况等诸多因素去实施教学。

其次，要认识到新课程标准不只是为教师制定的，也是为学生的学习制定的。

第三，要转变观念。如果教师的思想观念不转变，即使是制定了再完美的新课程标准，也执行不了，应该彻底否定原来的教学观念。我不赞同这种看法，要转变观念，并不是对传统教学思想的全盘否定。

第四，要转变角色。新课改要求教师从教导者转变为服务者，强调在课堂教学活动中，教师自始至终都是组织者、引导者、激发者、陪伴者和参与者。学生才是主角，是课堂教学活动的主体。教师的"教"一定要为学生的"学"服务。教师要转变为服务型的角色，并根据学生的实际情况来制定比较科学的教案，为学生所想，想学生所需，解学生所难。这样，学生在学习中才能更充分地发挥其学习的主动性、创造性。

培训心得

伊旗四中　马　波

新课标着力落实核心素养导向的化学教学，新课标强调以大主题、大任务、大单元等为形式的教学内容结构单位，教学目标要落在核心素养上，教学内容的设计与学生学习行为的设计要统一以学生学习行为的设计为主线，以问题或任务为导向，以学习项目为载体，强调真实情境、真实任务，在问题解决过程中渗透学科思维模式。从知识点到知识单元到学习单元，学生经历活动而建构知识结构，在结构化中重新体会知识的价值。

在以后的教学中，应做到对化学知识进行多角度、功能化的结构设计，帮助学生明白知识的来龙去脉，挖掘知识背后的隐性内容，可以从整体上更好地发展学生的核心素养。如"燃烧与灭火"教学单元认识燃烧与灭火的本质是可燃物的化学反应，引导学生建立化学变化的能量视角。进行教学设计时应基于大概念结构化统整"燃烧条件的探究""灭火的原理与方法"发展学生的核心素养。

初中化学新课标学习感想

伊旗四中　王玉华

通过半天的新课标学习，我觉得我们应努力克服传统教学观念和教学模式的定势，更新教学理念，逐步走进化学新课程。学习中的新观点、新方法、新思路让我兴奋，同时也使我处处感受到压力和困难，使用新课标教材已有几年，在这几年的摸索与实践的过程当中我对于新旧教材的变化及教学方法及其他若干方面的变化略有体会，现围绕以下几个问题谈谈我的心得。

转变教学行为"树立以人为本"的教育观念：一方面提供给学生未来发展所需要的基础的化学知识和技能，培养学生运用化学知识和方法分析和解决简单问题的能力。另一方面要使学生从化学的视角去认识人与自然的关系，理解化学对社会发展的作用，了解化学制品对人类健康的影响，合理地开发和利用自然资源；增强学生对自然和社会的责任感；使学生在面临与化学有关的社会问题的挑战时，能做出更理智、更科学的决策。

这就要求我们教师必须坚持"以人为本"，逐步建立起"民主、平等、对话"的新型师生关系。"对话"不仅指师生双方狭隘的语言交流，而且是指师生双方各自向对方的精神敞开和彼此接纳，是一种真正意义上的沟通。教师要将教材的情感因素、教师的教学热情、学生的学习情趣融合并贯穿在教学的全过程中。教学内容应当是源于学生生活的、适应未来社会生活需要和学生进一步发展需要的内容，应当摒弃那些脱离实际、枯燥无味的内容。

教师应当转变教学行为，要将过多的"自我表演"的时间和空间还给学生，保证学生的学习时间，动手操作、思考问题、口头表达、讨论问题、发表见解都要到位。凡是学生能发现的知识，教师就不能包办代替；凡是学生能独立解决的问题，教师就不要多做暗示。要正确认识新的学习方式，新的学习方式主要包括：自主学习、合作学习探究性学习。自主学习就是自己作为学习的主人，而不受他人支配的学习方式。它强调学习的主动性、独立性、自控性，关注学习者的兴趣和责任，有助于弘扬主体性和自主精神。合作学习是指学生在小组或团队中为了完成共同的任务，有明确的责任分工的相互性学习。它强调学习的交往性、互动性、分享性，有助于培养学生的合作精神、团队意识和集体观念。探究性学习是在教师的指导下，从自身生活中选择和确定专题，通过学生自主独立地发现问题获取知识，应用知识解决问题的学习方式。它强调学习的问题性、过程性、开放性，有助于形成学生的内在的学习动机、批判的思维品质和思考问题的习惯。自主、合作、探究性等学习方式，能够更大限度地调动学生的主动性、积极性，激发学生的内在的学习动力，培养学生的创造精神和实践能力。大力提倡这样的新的学习方式，是现实的要求和未来的需要。

总之，无论我们多么习惯和喜欢从前的教学模式，无论有多大的艰难险阻，新课标已经为我们指明了新的方向，只有跟着新课标的方向，我们才不会迷失自己的方向！

生物篇

"1+1+X+N+Z"生物名师工作室

刘 燕

一、指导思想

根据《伊金霍洛旗教育局名师工作室实施方案（试行）》文件精神，更好地落实我旗"1+1+X+N+Z"的教研思路，为培养"师德高尚、业务精良、知名度高"的名师队伍，伊金霍洛旗初中生物一级名师工作室吸纳各校骨干及拔尖教师，以"立德树人"为根本任务，发展学生的生物学科核心素养为目标，以建设高水平名师工作室为目标，打造省级初中生物学科教育教学的领军人才，并充分发挥名师及名师团队的引领、示范和辐射、推动作用，助力伊旗的基础教育改革与均衡发展。

二、发展历程

伊金霍洛旗初中生物名师工作室自2016年组建，经历了第二期（2016年）、第三期（2017—2018年）、第四期（2020—2022年）共三期名师工作室。工作室已先后引领12位名师走向"专家型"教师之路，6位获市级教学能手，1位获市级学科带头人，4位获省级、2位获国家级"一师一优课"，辐射全旗38位生物教师逐步走向"研究型"教师之路，工作室正在汇编和推广适合全旗学生学习的生物中考习题集。

三、培养目标与规划

（一）从"摸索"到"改进"

初中生物名师工作室从最初的第二期开始摸索，到第三期不断改进，两年中，伊旗生物学科将以导师为引领，以课程为纽带，在教研室学科教研员的协调主持下，形成以伊旗名师为核心，凝聚有共同教育理想和追求的优秀教师的研修团队，为教师专业发展搭建平台，打造一流的伊旗生物学科教师队伍。逐步实现两年规划，具体内容和目标如下。

1. 通过教师、学生制作概念图，提升"教"与"学"的效率

【内容与目标】

利用概念图提高学生梳理、归纳知识的能力和方法。

利用概念图提升生物课堂教学，尤其是复习课的效率。

教师熟练使用概念图相关软件制作概念图。

【预期成果】

工作室合编一本概念图使用手册。

工作室合编生物学科层次化知识地图，对教师和学生的阶段性复习总结起到指导和训练作用。

2. 有效达成概念教学与实验教学的有机整合

【内容与目标】

通过讲座、培训与研究课，厘清实验教学与概念教学的相互关系，促进生物实验的开展。

【预期成果】

工作室成员分工合作，设计出5~10个有助于提高课堂效率及学生成绩的创新实验。

3. 微课、虚拟实验等信息技术与生物课堂深度融合

【内容与目标】

通过培训与实践，提高教师对信息技术与生物课堂教学整合的认识，加强生物课堂中对信息技术的利用度，提高生物课堂的效率。

【预期成果】

工作室全体成员分工完成不同阶段的微课制作，形成体系，丰富课堂的形式和内容。

4. 提高习题课的复习效率

【内容与目标】

通过讲座、培训、研究课、编题（或讲题）竞赛等多种形式，提高教师编题、选题、讲题的基本功，发挥试题在加深知识理解、训练知识迁移应用等方面的作用，真正提高习题课的复习效率。

【预期成果】

根据课标、教材、考纲要求完成结构化题库的设计。

5. 走出去，请进来，促进课堂情、德、智的结合

为伊旗骨干教师搭建集体外出培训和外出讲学机会和平台；或请全国知名专家来伊旗讲学，提高教师的认识水平，使伊旗的生物课堂从有效性向卓越性不断转变。

经过两年的实践，初中生物名师工作室为教师专业发展搭建平台，以名师为引领，以学科教学为主阵地，初步形成凝聚有共同教育理想和追求的优秀生物教师的研修团队，辐射全旗初中生物教师努力学习，解决初中生物学科教学中的问题，使得伊旗初中生物教学水平更进一步。

（二）从"改进"到"再实践"

经过第三期初中生物名师工作室的"改进"，汲取成功经验，反思不足，同时结合当下教育热点和地区生物教学现状，第四期名师工作室组建"再实践"——培养一支"师德高尚，科研、教学俱佳"的骨干队伍，根据伊金霍洛旗第四期"1+1+X+N+Z"名师工作室建设总体规划和要求，特制定以下培养计划。

以"立德树人"的根本任务，发展学生的生物学科核心素养为目标，以建设高水平名师工作室为目标，打造市级初中生物学科教育教学的领军人才，并充分发挥其引领、示范和辐射、推动作用，助力伊旗的基础教育改革与发展。

【具体培养目标】

①引领工作室成员的成长，提升其学术水平和专业素养。

②在梳理、总结成员教育理念和教学经验的基础上，促进教育教学成果的

形成和转化。

③发挥工作室成员的引领、辐射作用，全面提升伊旗的初中生物学科教学质量。

【培养计划与预期成果】

指向生物学科核心素养教学的效果，取决于教师。教师的教育教学理念决定着一节课的高度，教师的专业功底和教学实践的执行力，决定着一节课的深度，而教师的情感与投入，决定着一节课的温度。因此，工作室从以下几个方面制定培养计划。

①在导师的指导下，工作室成员制定个人专业成长的发展规划。

②提升教育教学理论水平和生物学科专业素养。导师指定相关教育教学理论与学科专业的必读与选读书目，工作室成员完成至少两本书的学习，做好读书笔记，为后续"读书沙龙"活动中的汇报、交流做好充分的准备。

③在教育教学理论的引领下，以提高生物学科课堂的实效性，提升学生素养、能力为抓手，采用"请走来，走出去"的方式，开展形式多样的教学实践活动。

导师围绕"实验教学""深度学习""单元教学"以及"真实情境下解决问题的考试评价"等教学与评价热点话题开展理论解读与教学案例分析的研讨活动；基于上述教育教学主题，导师与学员同上一节课；导师与学员共同备课，打磨研究课，开展教学现场课活动；导师组织安排北京教师和学员就中考的复习备考进行研讨交流；导师组织学员赴外省进行交流学习或开展同课异构教研活动等。

④导师指导学员固化理论学习和教学实践研究中取得的成果。组织编撰优秀教学案例集；指导开展教育教学课题研究和论文撰写。

第四期初中生物名师工作室成立至今，已经开展了十三次主题研修，研究生物学科核心素养的内涵，指导教师通过单元教学实现学生的深度学习，从而发展学生的学科核心素养。在两年的时间里，通过一次次的研修学习，在导师的带领下，老师们不断学习与实践，将新的理念设计到生物课堂中，逐步推动课堂教学改进。现在，初中生物课堂逐步形成以学科核心素养为目标的教学常规机制和评价机制。在以"1+1+X+N+Z"名师工作室为整体的教研理念指导下，初中生物名师工作室充分发挥名师的引领、示范和辐射、推动作用，助力伊旗的基础教育改革与发展。

四、研修成果

【第二期初中生物名师工作室2016年第一次主题研修活动】

第一次主题研修安排

根据本年度工作室研修计划，决定于10月28日上午开展研修活动。研修安排如下。

研修主题：为了充分发挥学生的主体地位和教师的主导作用，让"讲堂"变成"学堂"，通过对问题的引领激活学生的思维，调动学生学习的积极性和创造性，使教学过程充分体现学生的"主体性参与"和教师的"主导性引领"，使师生在课堂上形成一个有效的"学习共同体"。伊金霍洛旗初中生物名师工作室将开展以"生物课堂学习目标与有效问题串的设计转换课例研究"为主题的系列研修活动。

研修安排：如表1所列。

表1

活动内容	教师
示范课《动物体的结构层次》	李强
示范课《人的性别遗传》	陈娜娜
讲座"关于研究课堂目标转化为问题串的思考"	李强
集体研讨	工作室成员

研修成果　精品案例

《人的性别遗传》教学设计

北二附校　赵　洁

一、教材分析与设计构思

本节主要是运用前三节的知识，解释学生关注的人的性别遗传问题，可以说是遗传知识的扩展，同时也为接下来学习的变异问题作了一个很好的铺垫。所以在设计本节课时，主要从以下几个方面入手。

①身边热点入手：人的性别问题一直是学生比较关注的，如果能联系当前的社会热点问题学生会更感兴趣，所以从身边生男生女的现象和我国人口入手导入课题，激发学生探究兴趣。

②增强直观性：以中学生的阅历和实践经验很难将书本上的文字性描述转化成头脑中的清晰模式图，所以采取多重直观的教学手段如男女染色体的动态课件、模式图等。

③培养观察分析能力：通过对比男女染色体，找出差异，结合文字资料，从染色体组成判断男女性别，并写出男女染色体组成。

④体验式教学：采取模拟试验的形式变学生的被动学习为自主探究，使其在体验中完成难点知识的理解与掌握。

二、教学目标

①说明人的性别差异是由性染色体决定的。
②解释生男生女的道理，理解生男生女机会均等的原因。
③能用科学的态度看待生男生女问题。

三、教学重难点

重点：通过观察分析男女染色体图片，阐明人的性别差异是由性染色体决定的。

难点：通过模拟随机受精活动理解生男生女机会均等的原因。

四、教学过程（见图1）

教学内容	教学目标
家里添了宝宝，第一反应想问什么？ 生男生女到底怎么回事？ 我国不同年龄段男女人口比例，发现什么？ 为什么男女比例几乎接近？ 这节课来回答这些问题。	创设情境、导入新课
男女性别也是性状，性别这一性状由什么决定？ 找男女性别差异的原因从哪个结构下手？	引导科学研究方法
整理男女成对染色体，并排序，图示，发现有什么差异？ 结合课本39页文字，判断哪幅图是女性，哪幅图是男性？ 依据是什么？	培养观察分析能力
根据男女体细胞染色体组成图，分别写出： 男性体细胞和女性体细胞染色体组成； 男性生殖细胞和女性生殖细胞染色体组成。	板书
女性每月排一个卵细胞，男性每次生殖活动排亿个精子，就性染色体而言，卵细胞有几种？精子有几种？ 请推测，生男生女机会如何，并说明原因。	运用遗传图谱解决板书
理论依据建立后进行模拟实验。 黑棋子代表Y染色体，白棋子代表X染色体，男性40枚精子，女性5枚卵细胞，黑白棋子如何放？ 实验进行中两位同学棋子组合模拟什么过程？	模拟实验
通过模拟实验，思考，生男生女主要取决于什么？ 在哪一刻决定男女性别？	板书
拓展：双胞胎的性别一定相同吗，为什么？	
学生总结本节收获。	

图1

五、反馈练习

略。

六、板书设计（见图2）

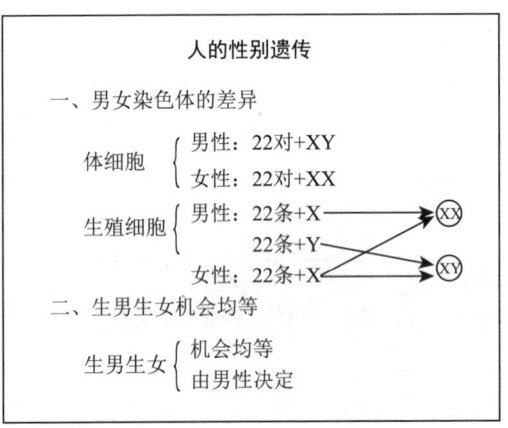

图 2

专业引领讲座

关于课堂中有效问题设计的思考
——教研活动交流材料

伊旗二中　李　强

学生是课堂的主体，学生的思维、推理主要以问题解决为主线进行，而作为课堂的另一主体——教师深入剖析问题的特征，研究问题解决的过程及伴随的心理认知过程，从而有针对性地设计教学情景，按照学生的一般认知过程，科学合理地设置有意义的问题对于拓展学生的思维广度、提高学生的记忆效率，从而提高课堂效率，是非常重要的。

为了更好地站在学生的角度思考什么样的问题才是有意义的问题，课堂中如何设计问题？现将认知心理学领域关于问题及问题解决的有关理论收集总结如下。

一、什么是问题

在直觉水平上每个人都知道什么是问题，在现实生活中问题的形式千差万别。但是，一般来说，当人们面临一项任务而又没有直接手段去完成时，就有了问题。一个真正的"问题"一般都有三个基本成分：问题的起始状态、问题的目标状态及问题自身含有的障碍。（选自《认知心理学》）

教师在设计问题时要充分考虑问题的起始状态或条件描述得是否清楚，是否有明确的目标状态。问题的障碍设置是否符合学生的认知程度。

二、问题解决和问题空间

问题解决是指特定的情景下，利用一定的策略，选择并应用合适的算子（手段、法则等）找到由问题的起始状态到大目标状态的通路。（选自《现代学习理论与学习心理分析》）

问题解决者依据自身的知识经验，依据问题所处的情景对问题的起始状态和目标状态的表征和理解，以及为了解决问题选择合适的解决策略、算子的全部思考和认识就是问题空间。问题解决其实也是问题空间的搜索过程。（选自《认知心理学》）

三、问题解决的阶段

1. 问题的表征

问题表征就是问题解决者依据自身的知识经验对问题的描述和理解，一般来说同样的问题运用不同的提法或置于不同的情景中，表征的结果可能会出现不一样的情况。同样的问题，不同的人，表征的结果也可能会不一样。问题表征的适宜度影响问题的解决。

2. 选择算子

所谓"算子"即解决问题的手段或操作程序法则等，算子的选择依赖于问题解决策略的选择。

3. 应用算子

在问题解决策略的指引下，应用合适的算子去解决问题的过程。

4. 评价当前状态

在应用一个算子后，往往需要对它所导致的状态进行评价，当出现困难时有可能会重新选择策略和算子,甚至重新对问题进行表征。

以上阶段的顺序是可以改变的,在进行的过程中有时候会从后一阶段到前一阶段。(选自《认知心理学》)

四、问题解决的策略

问题解决者利用各种算子从问题起始状态到达目标状态的过程就是问题解决的过程。而算子的选择依赖于策略的选取。常见的问题解决策略有两种,即算法和启发法。

1. 算法

所谓算法是能够保证问题一定可以解决的明确具体的法则、公示、操作规范等。

2. 启发法

常见的启发法有以下三类。

(1) 手段——目的分析法

手段——目的分析法是将问题的总目标分解为子目标,利用一定的手段、规则不断消除差异,逐步缩小问题的起始状态与目标状态的距离,从而将问题解决的方法,例如:河内塔问题、传教士与野人过河的问题、送小孩去幼儿园的问题等。此策略适合解决从起始状态到目标状态有多种途径的问题。

(2) 逆向思维法

从问题的目标状态倒退到起始状态的过程。例如:几何证明题,此策略适合解决从起始状态到目标状态有较少途径的问题。

(3) 简化计划法

简化计划法的核心是利用"化繁为简以简解繁"的思维,抓住问题的主要结构,将问题抽象为简单形式,先解决简单问题,然后以简单问题为指导,最终解决复杂问题的过程,例如"X—Y"。

综上所述,问题解决者在问题解决时,一般来说,首先从长时记忆中选择类似问题单额解决策略,如果遇到障碍则会重新选择策略,直到问题解决。此策略适合解决从起始状态到目标状态有多种途径的问题。(选自《认知心理

学》)

课堂是师生共同围绕一定的目标开展的活动。目标的达成度是课堂追求的最终目的。既然思维活动以问题解决为最一般的形式,那么将课堂目标科学合理地转化为有意义的问题,师生共同表征这些问题的起始状态和目标状态,选择合适的解决策略,就可以最终实现问题的解决,即课堂目标的实现。

本人现将有关课堂问题设计的思考整理如下。

第一步:课堂目标转化为问题。

根据课程标准制定合理的以学生为主体的教学目标,即学生的学习目标,认真分析理解目标要求达到的层次,从"是什么""为什么""怎么办"如何操作"等角度转化为问题。

例如:教学目标"阐明生态系统的自我调节能力"。一般安排在"生物与环境组成生态系统"中的第2课时,要求学生能够运用已有知识解释、说明清楚生态系统的自我调节能力,属于理解层次,则可以转为"为什么生态系统具有一定的自我调节能力?"

第二步:教师的问题解决过程。

依据认知心理学的规律,问题解决的过程有三个阶段:问题表征,选择策略(选择算子、应用算子),评价当前状态。

1. 教师对问题的表征

依据认知心理学理论,问题表征是解决者对问题的起始状态、目标状态以及对问题解决过程中从起始状态到达目标状态选择的问题解决策略和算子(手段、操作程序)等的思考,即问题空间的构建。

问题表征的适宜度直接影响问题的解决,而问题表征的适宜度既与问题本身有关,又受解决者自身的知识经验的影响。

那么,关于"为什么生态系统具有一定的自我调节能力?"进行如下表征(见图1)。

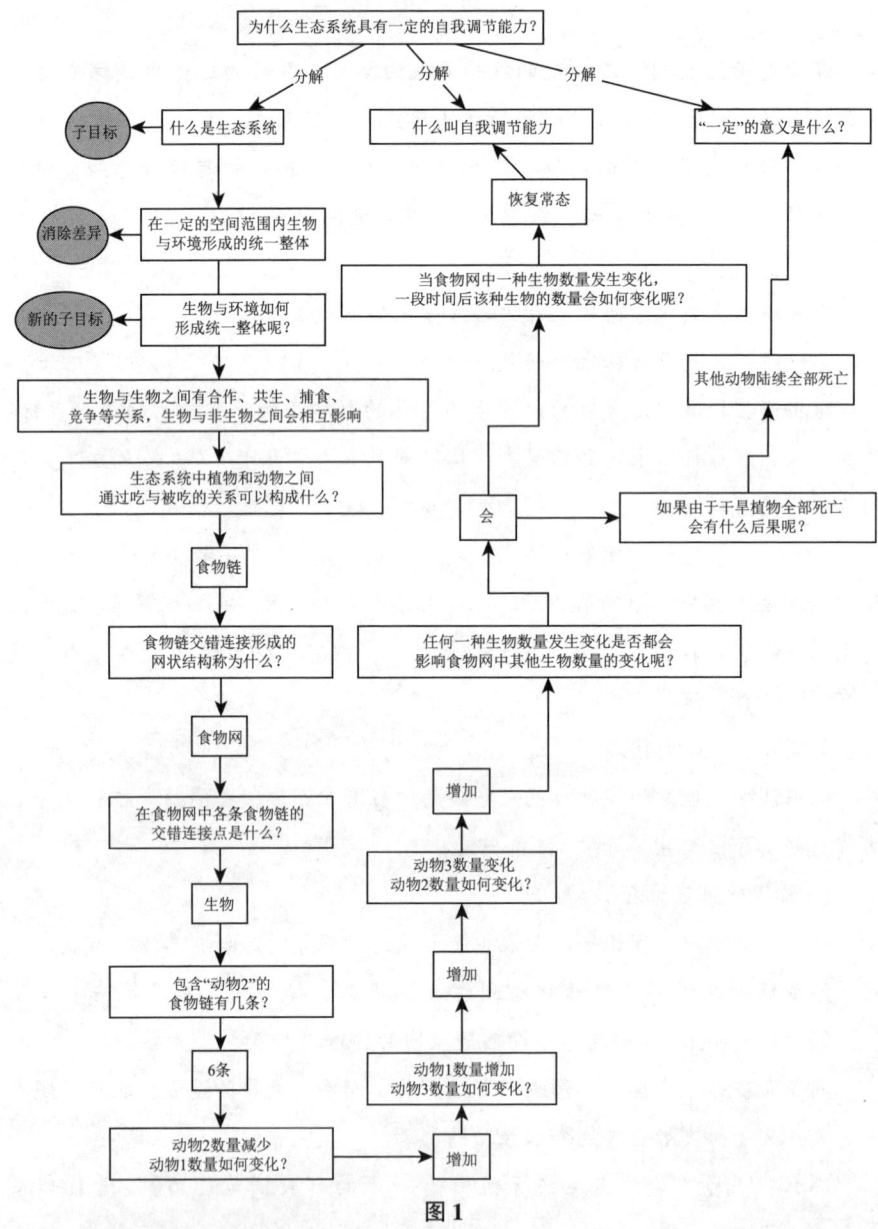

图 1

教师在表征问题的过程中需要对问题中涉及的知识进行梳理，必要时可能还需要查阅资料将问题空间构建完善。

2. 教师对问题解决策略的选择

问题表征的过程实际就包含问题解决策略的选择。不同问题选择不同策略和算子，对于不能以明确公式、法则解决的问题一般选择启发式解决策略，常见的启发式解决策略有手段—目的分析法、逆向思维法和简化计划法。一般从起始状态到达目标有多条途径，一般适合选择手段—目的分析法。

手段—目的分析法是将问题的总目标分解为子目标，利用一定的手段、规则不断消除差异，逐步缩小问题的起始状态与目标状态的距离，从而将问题解决的方法。在手段—目的分析策略中，需要教师在选择策略和算子解决问题的过程中充分考虑学生的知识经验，以便将总目标分解为合适的子目标以及选择合适的算子。图2为运用手段—目的分析策略对总目标进行分解的过程。

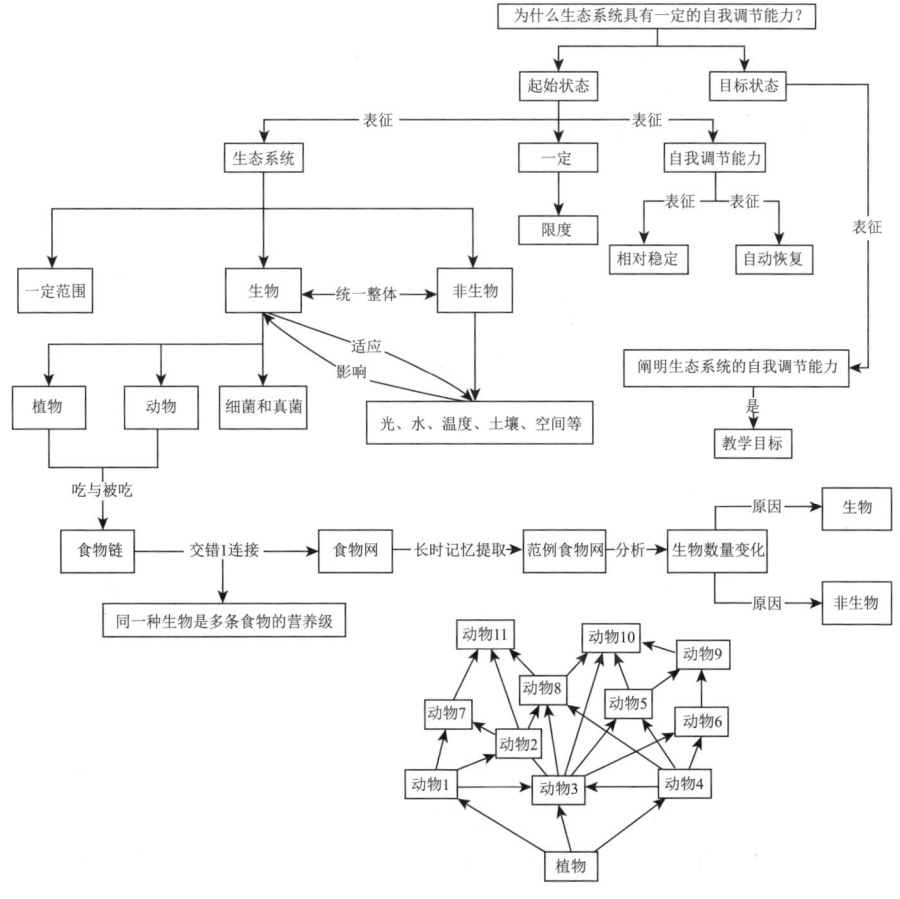

图2

以上问题解决的过程,有些子目标的解决是靠长时记忆信息的直接提取为算子的,在解决一个子问题时可能用时非常短,甚至不需要回答出声音就已经实现问题解决了,但教师要分析学生对问题解决的认知心理过程,让思维可视化。这样当学生思维发生断层时,我们才能有效采取措施和手段。

3. 评价状态

学生在解决每个子目标形成的问题时,依然会遵循问题解决的三个阶段,即问题的表征、问题策略的选择、评价当前状态。为了使目标达成,学生可能会有多次的尝试错误修正等过程,在每个阶段,会评价选择的策略或算子是否有效,无效的话会重新选择策略及算子,甚至重新表征问题,直到问题解决。其问题解决的过程从试误到顿悟转变。

为了使学生更好地进行问题解决,教师不仅要提前预设学生长时记忆中已有的信息,而且要在课堂中随时观察学生的反应,必要时对学生的知识进行补充。影响问题解决的因素不仅与学生已掌握的知识有关,还受学生的心智技能、动机与情绪、刺激呈现的模式、思维定式、个性特点等方面的影响。这就需要教师在课堂上随时根据学生的表现调整策略,以科学合理、符合学生认知规律的问题引导学生不断以问题解决为主线,提高自己的思维广度和深度。

总之,以课堂学习的主体——学生的认知角度去设计的问题,才是真正有意义的问题;能够为实现课堂目标达成服务的问题,才是有用的问题;能够设置合适的情景,引导学生主动进行问题解决的问题才是好问题。

成果总结

"讲堂"变成"学堂",问题引领激活学生的思维
——伊金霍洛旗初中生物名师工作室
2016—2017学年第一次研修活动总结

为了充分发挥学生的主体地位和教师的主导作用,让"讲堂"变成"学堂",通过对问题的引领激活学生的思维,调动学生学习的积极性和创造性,使教学过程充分体现学生的"主体性参与"和教师的"主导性引领",使师生

在课堂上形成一个有效的"学习共同体"。2016年10月28日，伊金霍洛旗初中生物名师工作室开展以"生物课堂学习目标与有效问题串的设计转换课例研究"为主题的系列研修活动。

名师活动室全体成员参加了研修活动，工作室主持人助理伊金霍洛旗第一中学蒋广飞老师主持了本次活动。

首先聆听李强老师、陈娜娜老师的示范课。两位老师准备充分，将课堂交给了学生，注重学生能力的培养、发挥学生主人翁思想，以学生为主体，充分调动学生学习的积极性和主动性，使学生思维得到了健康的发展，建立了平等、和谐、民主的师生关系，让学生成为了课堂上的主人。此外，二位老师的课堂体现了生物与生活的联系，重视教学情境的创设，激发学生探究的兴趣和欲望，使学生体会到生物知识就在我们身边，营造了轻松愉快的课堂。

最后李强老师进行"关于研究课堂目标转化为问题串的思考"专题讲座。李强老师指出课堂中依据学生心理特点确定学习层次，将一节课的知识、能力、情感等构成"问题"，将教学内容设计以"问题"为纽带，以知识形成、发展和学生思维过程为主线，师生合作互动，从而激发学生思维活动，提高课堂教学效益。让老师们受益匪浅。

总之，通过这次培训，老师们对"生物课堂学习目标与有效问题串的设计转换课例研究"有了初步的认识，学到了很多实用的教学知识，收获颇丰！

【第二期初中生物名师工作室2016年第二次主题研修活动】

2016—2017学年伊金霍洛旗初中生物名师工作室第二次研修安排

根据本年度工作室研修计划，决定于11月9日开展2016—2017学年伊金霍洛旗初中生物名师工作室第二次研修活动。研修安排如下。

研修主题：伊金霍洛旗初中生物名师工作室将继续开展以"生物课堂学习目标与有效问题串的设计转换课例研究"为主题的系列研修活动。

研修安排：如表1所列。

表1

活动内容	教师
种子的结构	赵 洁 北师大二附校
种子的结构	千慧茹 北师大二附校
说课	赵 洁 千慧茹
种子的结构	导 师
种子的萌发	赵 慧 伊金霍洛旗第二中学
说课	赵 慧
导师评课	导 师
导师讲座	导 师
集体研讨	导师及全体初中生物教师

精品案例

藻类、苔藓和蕨类教学设计

北京师范大学鄂尔多斯市第二附属学校　千慧如

教学目标

知识目标：

①概述藻类、苔藓和蕨类植物的生活环境和形态特征。

②说出藻类、苔藓和蕨类植物对生物圈和人类的作用。

③通过自主探究、动手观察，培养学生综合运用知识解决问题的能力。

能力目标：通过对比观察、独立思考、资料分析、合作探究，进一步培养学生观察能力、分析能力和语言表达能力。

情感目标：认同生物与环境相适应的观点；关注生物圈中这些植物的生存状况，增强保护环境意识。

教学重点

①藻类、苔藓植物的形态特征和生活环境。

②藻类、苔藓植物对生物圈的作用和与人类的关系。

教学难点

藻类、苔藓植物的形态特征和生活环境是相适应的。

教学方法

资料分析法、自主学习、小组合作学习。

教学环节

一、导入

用图片"肾蕨"导入。

老师养了一盆小盆栽，养了几年都不会开花，也不会结果，但是它旁边的花盆里却长出一株这样的小的植株，这是为什么？

今天我们就来学习这些不需要开花结果，但可以繁殖的植物。

二、分析资料

请学生阅读手中的资料，了解这些植物，根据这些资料的内容，对这些植物进行分类。

根据学生的分类进行总结。预设几个方面：分类学分类，生活环境，结构，人类的运用，生殖方式，并分别讲解。

自主完成表格整理：如表1所列。

表1

分类					
特征	不同	结构特点			
		生活环境			
	相同点				

以小组为单位，完成本节内容的思维导图（体现生物进化的思维）。

专业引领讲座

生物实验在初中生物教学中的作用

市一中分校　王智琼

培养学生的探究能力是义务教育阶段生物课程的重要目标之一。《初中生物课程标准》中明确指出:"标准倡导探究性学习,发展学生提出问题、作出假设、制定计划、实施计划、得出结论、表达和交流的科学探究能力。在科学探究中发展学生的合作能力、实践能力和创新能力。"同时还明确提出,生物教学要"面向全体学生,提高学生的生物科学素养"。探究性实验可以激发和满足不同层次学生的探索和创新欲望,学生在完成实验的过程中,让学生去模拟科学家的工作过程,按照一定的科学思维程序去探索学习的过程,从中学习科学方法,发展科学探究所需要的能力,增进对科学探究的理解,体验探究过程的心理感受。"种子萌发的环境因素"实验简便易行。把它作为学习探究方法的载体,学生在探索实验过程中可以把动手和动脑结合起来,从而锻炼学生的探究能力,在运用知识的过程中有所"探究"地解决问题。而培训中赵洁老师、赵慧老师就利用种子萌发的系列实验培养探究能力,就此次培训我谈谈自己的一些体会。

一、在实验的过程中让学生获得内心体验

"纸上得来终觉浅,绝知此事要躬行"。这句话告诉我们:书本上的知识需要我们通过实践来检验。实践也证明,是否真正获得知识需要通过实验来检验。学生亲身参与,用积极乐观、敢于求知的态度自己动手去求证事实、探究发现事实,从而有利于自身更进一步的提升与发展。导师在讲胚是新植物的幼体,让学生找出证据做支撑证明胚的胚根、胚轴、胚芽各发育成根、连接根与茎的部位、茎与叶。导师让学生用现有的材料设计实验,学生真的想出来了,最终得到他们想要的答案时,他们会非常高兴,与老师共同分享成功的欢乐,仿佛自己刚刚有了新的发明。只有经历过程,才有亲身体会,进而感受到实验的乐趣,对生物学产生浓厚的兴趣。

二、实验教学是学生发现问题和解决问题的帮手

纵观古今中外的名人先哲，他们往往善于运用聪明的大脑去发现问题、提出问题，从而通过不懈努力最终成功解决问题。例如哥白尼通过20多年的观察测量，否定了人人推崇的"地心说"，坚持自己的"日心说"。因此，我们更应该注重对学生发现问题、解决问题的培养。积极引导学生主动地发现问题、提出问题，通过收集资料、合作讨论等方式去解决问题，从而获得最终结论。例如，在"探究种子的结构"实验中，先提出问题："玉米种子也有胚？胚在玉米种子的哪个部位？胚的四个组成部分的功能也和菜豆种子的一样吗？"老师设问让学生设计实验证明以上的疑问。学生都积极地思考设计，虽然最后在老师的指点下找到了实验方法，但他们还是兴奋的，因为他们感觉生命是那么新奇。学生自己动脑投入其中，发掘其中的奥秘，有利于提高他们的积极性和求知欲，从而发散他们的思维能力。

三、在实验过程中让学生学会了分享与合作

追溯远古，人们就知道"天时不如地利，地利不如人和"，可想而知合作的重要性，更不提发展迅速、瞬息万变的现代社会了。而实验教学作为初中生物教学的一块重要领域，一般采用小组讨论合作的方式进行，学生们之间相互沟通、交流，进而培养了自主创新能力、动手操作能力，形成相互合作的意识。小组合作意味着分工，充分发挥自身优点的分工意味着实验成功了一半，然而除了分工清晰，集体的意识还要明确。只要大家团结一心，相互配合，就能顺顺利利完成实验。探究过程中不论出现什么不愉快的状况似乎都会被实验成功后的喜悦所冲刷，只留下发自内心的快乐。简简单单一个实验，学生们既增长了科学知识，又增进了与同学们之间的友谊。

四、实验教学有利于培养学生科学严谨的态度

在实验的探究过程中，学生要秉持着认真踏实的态度，细心观察，与他人相互协作，保质保量的做好每一个环节每一个步骤。在总结实验结论时，学生更要严谨地写下完整的实验结果，不漏不多，即使与自己刚开始的假设不符合也要实事求是。求真务实地科学学习态度和不畏艰苦、坚持不懈的科学学习精神是学生学习生物学最终的目标。当然并不是每一个学生都能做到这一点，往

往大部分人遇到一点小挫折就会放弃，向老师寻求帮助获取正确答案。为避免这样的事情发生，教师要正确引导学生，鼓励学生不能因一点挫折而失去信心，放弃寻求结果。学生要凭着自己想要获得结论的求知欲一鼓作气，乘胜追击，发掘自己的科学精神，从而培养自身坚定不移的信念和追求。随着实验的深入研究，学生会逐步了解到人类的发展历程、社会的潜移默化；认识到国家和社会的繁荣昌盛，科技的不断创新；综上所述，要想提高学生学习生物这门学科的积极性就要积极地开展生物实验。在实验过程中锻炼其动手操作的能力，从而提高学生的学习效率。所以，这就要求教师将书本上的生物学知识融入实验，积极引导学生勇于发现问题并且解决问题。

成果总结

全旗初中生物学科教师培训总结
——伊金霍洛旗初中生物名师工作室
2016年第二次研修总结

为了加强全旗初中生物学科教师的教学研究，提高教师的专业素质，深化课堂教学改革，11月9日，旗教师发展中心再次邀请北京市教科院生物学科专家导师对初中生物学科专任教师进行培训。本次活动采取外聘专家和我旗教师讲示范课、专家点评及讲座的方式。

上午，由北师大二附校的赵洁、千慧如老师上了研究课《种子植物》和《藻类苔藓和蕨类植物》。工作室导师开展了题为"生物课堂教学目标与有效问题串的设计转化"的讲座。讲座不仅针对课堂教学目标与问题串如何建立联系进行了深入浅出地讲解，而且结合优秀课例对上午展示的公开课进行了充分的点评。老师们认真地聆听、记录、提问和互动。

下午，导师上示范课《种子植物》，第二中学赵慧老师上示范课《种子的萌发》。老师们进行说课、评课后，导师围绕从实验中找证据、任何结论都要有实验支撑的理论观点进行示范和课例展示。老师们在专业生动的讲坛中领悟到了导师的博学和智慧。

本次教研活动，有效地促进了我旗生物教师的成长，使我领悟到教学上应更加明确教学目标，明确作为一个教师有更高角度的任务，不仅局限在眼前的知识要求。

【第三期初中生物名师工作室2017年第一次主题研修活动】

伊金霍洛旗第三期初中生物名师工作室 2017年第一次主题研修方案

第三期初中生物名师工作室组建完成，为规范工作室各项工作，进一步完善工作室管理制度，解读名师工作室成员考核办法，明确责任分工。确定课题研究方向，了解初中生物中考一轮复习课中存在的问题，探讨如何做好初中生物中考二轮复习，进一步提高初中生物复习课教学的有效性，全面提升全旗生物学科教学成绩，加强我旗初中生物教师队伍建设，根据本年度工作室研修计划，决定于4月21日上午组织开展第一次研修活动。为使本次活动有序开展，现将有关事项通知如下。

研修主题：聚焦生物课堂，提高复习效率。

研修目的：解读工作计划和名师工作室成员考核办法，完善工作室管理制度。

确定课题研究方向：探讨初中生物中考二轮复习方案。

研修安排：如表1所列。

表1

活动内容	主讲人
解读工作室计划及名师工作室成员考核办法； 课题研究方向研讨； 讨论工作室管理制度	孙　揭 李　强
讲座"聚焦生物课堂，提高复习效率"	孙　揭
集体交流研讨	工作室成员

成果总结

聚焦生物课堂，提高复习效率
——伊金霍洛旗初中生物名师工作室
2017 年第一次研修总结

第三期初中生物名师工作室组建完成，为规范工作室各项工作，进一步完善工作室管理制度，解读名师工作室成员考核办法，明确责任分工，确定课题研究方向，了解初中生物中考一轮复习课中存在的问题，探讨如何做好初中生物中考二轮复习，进一步提高初中生物复习课教学的有效性，全面提升全旗生物学科教学成绩，加强我旗初中生物教师队伍建设。2017 年 4 月 21 日上午，伊金霍洛旗初中生物名师工作室在伊旗第四中学组织开展了题为"聚焦生物课堂，提高复习效率"的研修活动。

名师活动室全体成员参加了研修活动，工作室主持人助理薛云主持了本次活动。

在这次活动中，工作室主持人孙堨校长给大家做了以"聚焦生物课堂，提高复习效率"为主题的讲座，孙校长从课堂教学的有效性、影响生物课堂有效教学的因素、课堂教学有效性的措施、生物中考复习策略、有关复习策略的尝试五个方面介绍，孙校长着重介绍复习策略，着重知识规律化，复习中注重将知识细化，讲透彻，理解透彻。

之后，工作室名师李强解读工作室计划和名师工作室成员考核办法以及工作室管理制度。未来两年内，伊旗生物学科将以导师为引领，以课程为纽带，在教研室学科教研员的协调主持下，形成以伊旗名师为核心，凝聚有共同教育理想和追求的优秀教师的研修团队，为教师专业发展搭建平台，打造一流的伊旗生物学科教师队伍。为此，李强老师介绍了工作室两年发展规划。

①通过教师、学生制作概念图，提升"教"与"学"的效率。
②有效达成概念教学与试验教学的有机整合。
③微课、虚拟实验等信息技术与生物课堂深度结合。
④提高习题课的复习效率。
⑤走出去，请进来，促进课堂情、德、智的结合。工作室的所有成员认真

聆听，仔细做笔记。

最后，工作室的老师们交流了复习过程中出现的问题，共同参与讨论，帮助老师们提出合理有效的解决问题的建议。时间不知不觉过去，虽然这次活动结束，但大家钻研的热情依然高涨，对下一次工作室的活动我们满怀期待。

【第三期初中生物名师工作室2017年第二次主题研修活动】

伊金霍洛旗第三期初中生物名师工作室 2017年第二次研修安排

为提高生物课堂的效率，探讨如何利用思维导图上好复习课，提高教师复习课授课的水平，全面提升全旗生物学科教学成绩，加强我旗初中生物教师队伍建设，根据本年度工作室研修计划，决定于5月16日开展研修活动。研修活动安排如下。

研修主题：思维导图工具在教学中的应用研究。

研修目的：是在专家的引领下通过分析思维导图在课堂中的实际应用情况，明确今后的研究方向和思路。

研修安排：如表1所列。

表1

活动内容	主讲人
思维导图应用示范课："呼吸、消化、循环、泌尿四系统综合复习课"	刘 燕 市一中分校
思维导图应用示范课："人体生命活动调节"复习课（7班）	王智琼 市一中分校
说课、评课、集体交流研讨	全体工作室成员
关于思维导图软件应用的培训	导 师
关于思维导图在教学中应用的顶层设计及任务分工	导 师

精品案例

消化、吸收、循环和泌尿四大系统的综合复习课

市一中分校 刘 燕

复习：人体的消化、吸收、循环和泌尿系统（每年会有一道四大系统综合题，6~8分）。

复习目标：掌握四大系统的联系。

消化系统——主要功能？对食物进行消化并吸收营养物质。

　　　　　主要器官？小肠吸收→血液。

　　　　　意义？为组织细胞提供营养物质→组织细胞呼吸作用。

呼吸系统——主要功能？气体交换。

　　　　　主要器官？肺：肺与外界气体交换；肺泡与血液气体交换。

　　　　　意义？为组织细胞提供氧气，排出组织细胞代谢产生的二氧化碳。

循环系统——主要功能？运输人体内的物质。

　　　　　主要器官？心脏、血管（动脉、静脉、毛细血管）。

　　　　　意义？为组织细胞运送营养物质和氧气，并且及时运走组织细胞代谢产生的二氧化碳和尿素等废物。

泌尿系统——主要功能？排泄。

　　　　　主要器官？肾脏。

　　　　　意义？以尿液的形式排出组织细胞代谢产生的尿素和多余的水、无机盐（见图1）。

```
肾动脉的入球小动脉→肾小球→出球小动脉→毛细血管网
         ↓滤过              ↑重吸收
     肾小囊（原尿）→      肾小管 → 集合管（终尿）
```

图1

思维大比拼（8分钟左右的时间）

请同学们用思维导图的形式表示出人体的消化、呼吸、循环、泌尿系统的

联系。

注意：找出四大系统联系的核心（注：核心词或核心事件）。

系统间联系的桥梁（生理过程或物质）。

教师引导学生构建知识框架（见图2）。

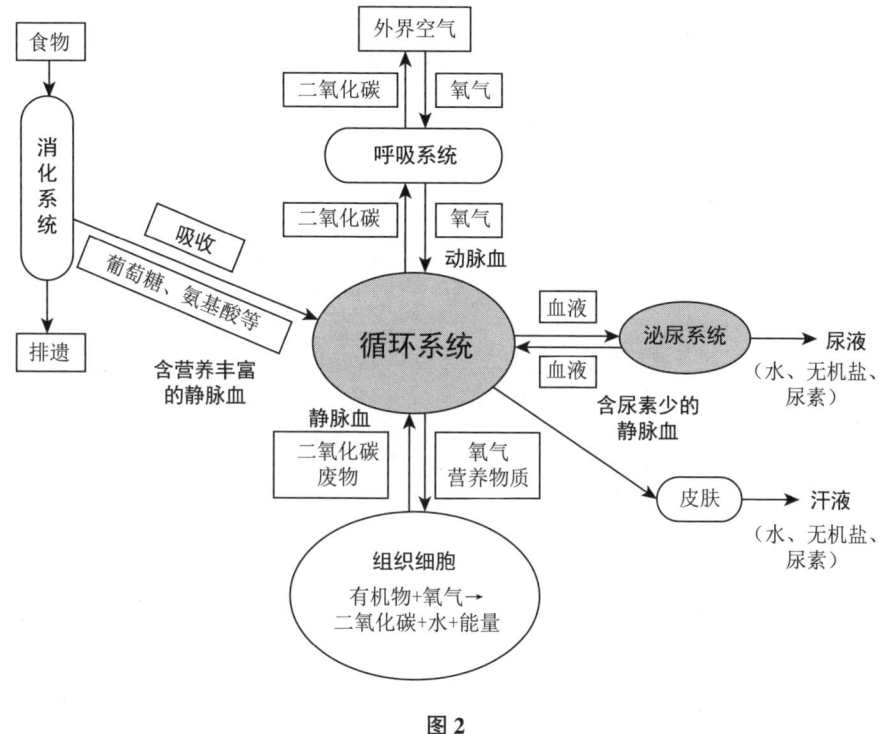

图2

真题练练手

技巧：读图+关键词（信息）。

第1题：先识图（1个学生）；再分题答（学生）。

图3为人体部分生理活动示意图，A、B、C、D表示几大系统，①~⑥表示某些生理过程，请据图回答下列问题。(6分)

1）②过程发生时，肺内气压比外界气压___小___。（填"大"或"小"）

2）C系统的动力器官是___心脏___。

3）①过程发生后，血液变为含营养物质丰富的___静脉___血。

4）血液流经组织细胞周围的毛细血管网时，把营养物质和血红蛋白结合的氧供细胞利用。

5）参与消化食物中棠下粉的消化酶是由唾液腺、肠腺、胰腺（消化腺）分泌的。

6）图中属于排泄途径的有哪几条？③⑤⑥（填序号）

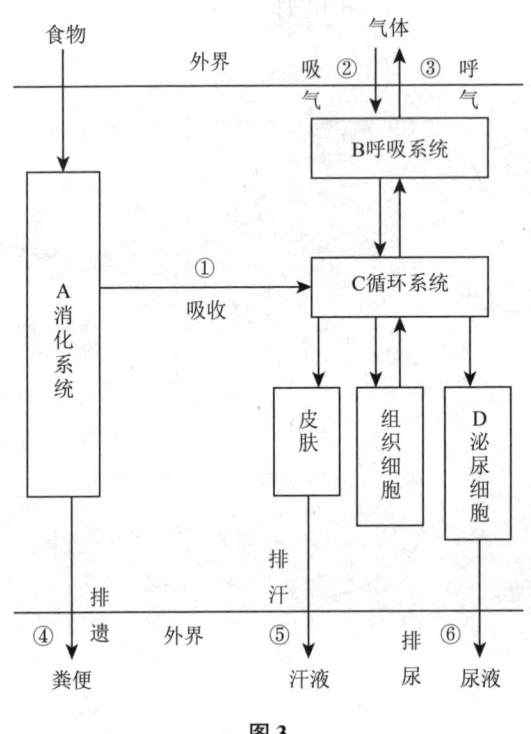

图3

第2题：图4是与人类消化、呼吸、循环、泌尿等生命活动有关的生理过程示意图，据图回答下列问题。(7分)

1）蛋白质消化的终产物a是___氨基酸___。

2）图中b代表的气体是___氧气___，此气体将在组织细胞的线粒体处被利用。

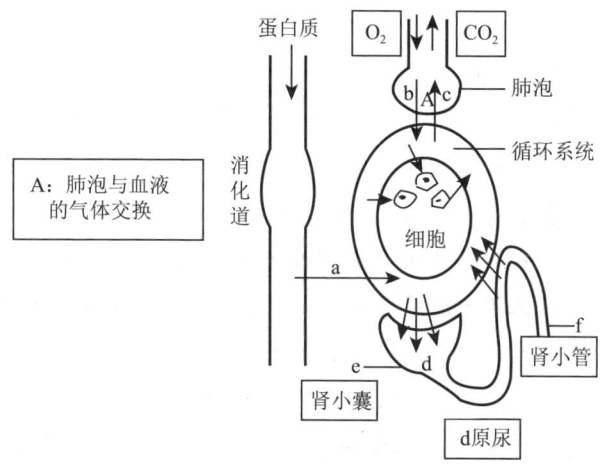

图 4

3) 完成 A 生理过程后,血液的变化是(C)。

　　A. 由含氧多的血变为含氧少的血

　　B. 由鲜红色变为暗红色

　　C. 由静脉血变为动物血

　　D. 由含营养物质少的血变为含营养物质多的血

4) 小肠吸收的特质 a 进入血液,运至下肢组织细胞被利用,整个过程中,a 物质随血液经过心脏　2　次。

5) f 是<u>肾小管</u>(填结构名称)。d 与血液在成分上的主要区别是:d 中没有<u>血细胞和大分子蛋白质</u>。

优秀反思

导师思维导图软件培训应用心得

市一中分校　王智琼

　　随着新课改的不断深入,在近几年各地生物学业水平测试中,综合性题目越来越多。作为一线教师,多年来我在生物中考复习过程中下了很大的功夫,却发现学生对知识的综合掌握和运用效果不佳,效率也不是很高。我一直在困惑和琢磨中,让学生学会有效的复习方法,系统的构建良好的知识体系迫在眉睫。幸运的是导师思维导图软件培训,让我更进一步认识和了解了思维导图,在生物复习课堂的实践教学中,我结合思维导图对复习课堂进行了重新审视。提高课堂复习的有效性是教育教学的实际需要,利用思维导图发挥学生的主体作用,以章节为单位让学生利用自己的思维构建生物学思维导图。我在生物复习课堂中应用思维导图,让学生由核心词进行知识拓展,学生复习的效率得到大幅提高,改变了传统复习中以教师为主体的对知识简单的重复,在增强学生学习能力的同时也增加了学生学习的信心。学生可以在记录课堂笔记的过程中引入思维导读的学习方式,减少课堂上记笔记的时间,多理解一些初中生物知识点,将抽象、困难的初中生物知识点更好、更容易地掌握。

学生的潜能是可以无限挖掘的,但挖掘的深度在很大程度上取决于教师教学策略的运用。在这样的复习课堂中,以往教师要反复强调的知识点,现在通过学生提前复习、构建思维导图,变被动学习为主动、独特的知识运用,再结合小组内的汇总展示、全班的展示,学生学习的本性得到恰当的开发,同时也由于每个人的思维独特性,让学生在相互学习的过程中体会到别人智慧的闪光点,增长了自信。

成果总结

应用思维导图,提高课堂效率

——伊金霍洛旗初中生物名师工作室2017年第二次研修总结

为提高生物课堂的效率,探讨如何利用思维导图上好复习课,提高教师复习课授课的水平,全面提升全旗生物学科教学成绩,加强我旗初中生物教师队伍建设,根据本年度工作室研修计划,名师活动室全体成员于5月16日开展了题为"思维导图工具在教学中的应用研究"的研修活动。

本次研修活动由工作室名师李强主持,全旗初中生物学科教师参加了研讨活动。两位工作室成员上了精彩的示范课。

市一中伊金霍洛分校的刘燕老师应用思维导图讲了题为"呼吸、消化、循环、泌尿四系统综合复习课"的示范课，课堂上刘老师以问题引领启发学生思考四大系统的内在联系，尝试自己绘制四大系统的思维导图，最后师生共同绘制，在此复习过程中，加强学生对四大系统的联系的理解，并归纳考点。在习题巩固中，学生利用本节复习的思维导图，能迅速、准确地作出题目。

市一中伊金霍洛分校的王智琼老师示范课《人体生命活动调节》。课上老师展示了学生课前优秀的思维导图，利用思维导图教学，引导学生复习人体生命活动调节一章，注重学生思维脉络的形成，将细碎的知识点网络化，加强学生的理解力。

两位老师说课后，导师与全体生物老师共同进行评课研讨。老师们在导师的引领下，通过分析思维导图在课堂中的实际应用情况，明确了今后的研究方向和思路。

下午，北京生物教学专家导师为全体生物学科教师做了关于思维导图软件在生物教学中应用的讲座，详细讲解了如何使用软件制作生物学科思维导图及在教学中的应用，并与老师们共同完成了"思维导图在教学中应用的顶层设计及任务"的分工工作，明确了责任。

时间不知不觉过去，在全体工作室成员及导师的合影中结束了我们的第二次活动。大家怀着认真钻研的心，带着各自分工，回到工作岗位，继续我们的线下研修活动。

【第三期初中生物名师工作室2017年第三次主题研修活动】

2017年伊金霍洛旗初中生物名师工作室
第三次研修方案

根据我旗第三期名师工作室的工作规划，充分发挥名师的专业引领、带动、辐射作用，加速我旗生物教师专业化发展，培养造就更多的优秀教师，提高生物课堂教学水平，决定于10月26日上午开展生物学科教学研讨活动。安排如下。

研修主题：关注生物学核心素养，提高生物课堂教学水平。

研修目的：关注生物学核心素养，研讨如何提高生物课堂教学的有效教学策略、教学方法。

具体安排：如表1所列。

表1

活动内容	主讲人
听课《鸟的生殖和发育》	刘　燕
听课《细胞通过分裂产生新细胞》	周春莉
以"核心素养"为本的生物课堂教学策略	刘　燕
浅谈基于核心素养的生物教学	周春莉
集体研讨	全体成员

精品案例

教学设计：细胞通过分裂产生新细胞

伊旗一中　周春丽

教学目标：

知识与技能：描述细胞分裂的基本过程。

过程与方法：说出细胞分裂过程中染色体变化的结果，说出细胞分裂与细胞生长的关系。

情感、态度、价值观：关注细胞的研究在防治癌症等方面的价值。

教学重点：细胞分裂的基本过程。

教学难点：细胞分裂过程中染色体变化的结果。

课前准备：多媒体课件。

教学过程：

一、导入新课

先复习细胞核是遗传信息库，再从练习题中导入：一个小小的受精卵如果变成像我们这么大的人？从一粒种子到一棵大树，小鱼到大鱼，小宝宝到成人，主要是我们身内的细胞发生了什么变化？

学生活动：学生从练习题中思考问题，思考细胞在我们的身体中发生的变化。

二、讲授新课

（一）细胞的生长

细胞生长——细胞体积的增大。

细胞分裂——细胞数目的增多。

（细胞分裂就是一个细胞分成两个细胞的过程）。

细胞的生长：新长出的细胞体积都很小，通过不断从周围环境中吸收营养物质，并且转变成组成自身的物质，体积逐渐增大，但细胞不能无限制地增大，一部分细胞长到一定大小，就会进行分裂。

（二）细胞的分裂

出示细胞的分裂过程（示意图）。

一个细胞分成两个细胞。分裂时，细胞核先由一个分成两个，随后，细胞质分成两份，每份各含有一个细胞核。最后，在原来的细胞的中央，形成新的细胞膜，植物细胞还形成新的细胞壁。一个细胞就分裂成为两个细胞。

在没有示意图的情况下再让学生复述细胞分裂的过程。

（三）细胞分裂时染色体的变化

在细胞核里面有染色体，染色体的变化是怎样的？举出果蝇的例子：原本8条，分裂成4条，再分裂成2条？

那怎样才能使分裂后的染色体数量与分裂前相同？

染色体在细胞分裂时数量上先加倍，再进行分裂，从而保证它分裂后的数量与分裂前一样。像人的染色体是46条，加倍后是92条，细胞的染色体在分裂时，两个细胞的染色体数量是平均分配的，就是一个细胞有几条？

得出的结果是：两个新细胞的染色体形态和数目相同；新细胞与原细胞的染色体形态和数目相同。

结论：新细胞和原细胞所含有的遗传物质是一样的。

三、小结

提问：生物体的生长包括哪两部分？（注意：细胞分裂后的染色体形态、数目相同）

细胞的生长：细胞体积的增大，细胞不能无限地长大。

细胞的分裂：细胞数量的增多。

四、进一步探究

如果细胞不按规律分裂，会有什么结果？指导学生自学书本60页，解决问题：什么叫癌变？癌变如何导致的？如何预防癌变？

五、板书设计（见图1）

```
          第三节  细胞通过分裂产生新细胞
一、细胞分裂过程
一个细胞：核分裂→质分裂→膜分裂（→壁分裂）→两个新细胞
二、生物体的生长
细胞分裂：数目增多
细胞生长：体积增大
三、细胞分裂中染色体的变化
1. 过程：先复制加倍后平均分配
2. 意义：保证新细胞与原细胞遗传物质的一致性
```

图1

六、教学反思

对于细胞的生长，学生易于理解，但对于细胞如何进行分裂，怎样由一个变成两个，学生的概念还比较模糊，在这方面可以用课件把每个步骤分解，让学生有一个感性认识，对于细胞分裂的步骤有的学生还会弄混，应反复对这一问题进行复习、练习。对于染色体先加倍后再分裂这个概念，如果直接传授，学生虽然接受，但很不理解，对于这一问题我的做法是：先让学生思考，分裂时人的染色体是不是由46条分裂成两个含有23条染色体的细胞，然后分裂成12.5条的染色体？学生对于这个问题产生了疑问，觉得不应该是这样分裂的，对于如何分裂后还保持每个细胞46条染色体，学生想到可以先把染色体的数量加倍,再进行分裂,这样分裂后每个细胞的染色体数量就跟原来的一样了。用这个方法启示学生,让他们自己找出方法,这样学生学得快,也记得牢。对于这节课的细胞为什么不能无限量地生长这个问题,因为如果用篮球和乒乓球的表面积和体积相比的差异而得出细胞不能无限量地长大,这个问题学生很难理解;通过不同边长正方体的表面积及体积变化及表面积和体积比的认识,学生虽对一些概念性的名词有了认识,但部分同学还是不易理解。以后可用土豆块和碘液模拟,可能学生更易理解些。

专业引领讲座

以"核心素养"为本的生物课堂教学策略

市一中分校 刘 燕

学生的核心素养是适应个人终身发展和社会发展的必备品德和关键能力。从开始关注核心素养的培养到现在,已经有一年多的时间,我也深刻认识到培养学生核心素养的必然性和必要性。这些必备的品德和关键能力是学生面对未来世界发展和自身发展的成功、成才的关键。因此,培养具备核心素养的人才是我们教育教学的目标。

一、任务

如何把核心素养落实到生物课堂教学中去,这是当前教学改革最重要的核心任务。目前满堂灌的教学方式,既违背了知识内在的逻辑规律,又违背了学生的认知规律,不可能真正培养学生的核心素养,我们也不能让孩子只单纯去记去背知识点,去对付考试,因此必须改变目前的学习方式和教学模式。我们的核心就是"以生为本",是实现有效教学和高效学习的最基本策略。

二、措施

1. 注重知识的形成过程,提升学生能力

我们义务教育阶段的生物学课程是自然科学领域的学科课程,其精要是展示生物科学的基本内容,反映自然科学的本质。它既要让学生获得基础生物学知识,又要让学生领悟生物学家在研究过程中所持有的观点以及解决问题的思路和方法。

因此，教学过程中，我们更加注重学习形成的过程，而不是只去机械的记忆知识，前者形成的是长效记忆、过程是愉快的、有成就感的，后者形成的只是短期记忆，容易遗忘、并且枯燥乏味。

在今天的课堂教学中，鸡卵的结构认识我用了实验教学法，同时为了提高效率，我还采用任务驱动法学习。经过这一过程，学生印象更深刻；鸡卵的各部分功能，我采用问题引导学生自己推理的方法进行，这样的过程下，孩子们对知识的理解和记忆会更加深刻。

2. 整体化养教学——实现知识的横向联系

学习最基本的规律就是由整体到部分，再由部分回归到整体。对一个事物先有整体上的构架结构认识，再认识事物各个具体的部分，然后再找到部分与部分之间的关系，形成对事物的完整认识。也就是说，学习者的学习和认知是"先见森林再见树木"的路径实现的，而不是"先见树木后见森林"的路径实现的。

现实中的教学往往是碎片化的教学方式，让学习者学习许多碎片化的知识，反复进行一些碎片化的训练，也就是强化知识点的学习，而不是让学生先把握事物的整体构架，再进行部分学习和研究。

这样学生很难建立知识之间的横向联系，学生只见树木不见森林，不可能形成综合素质和核心素养，这就要求教师对教材进行系统整合，采取单元式教学方式，实现知识的横向联系，让学生既见树木，又见森林。

3. 主题化教学，实现知识的纵向联系

学习者掌握了知识与知识之间的横向联系还不够，还要找到知识与知识之间的纵向联系，整体化学习的主要目的是掌握知识点之间的横向联系，那么如何掌握知识点之间的纵向联系呢，这个联系在哪里。这就需要有一个整体的大知识观，由这个大的知识观产生的大的教学观，就是主题式教学方式，以实现知识的纵向联系。

教师要根据学生的认知能力和知识自身的逻辑规律，不断挖掘和整合教材，按照一系列的主题进行教学。在教学实践中，这种教学方式往往都是在复习中运用，平时总是打牢双基。一些有经验的教学水平高的教师往往在每一个学习阶段，就要进行一次主题式或者是专题式教学，让学生认识到知识模块与模块之间的内在关系，让知识形成大的模块，从见树木到见森林，再从见小森林见到大森林。

如本节主题：鸟类适于陆地上繁殖后代的特征？

如遗传一章我的核心词是——基因。

4. 问题化教学，实现知识的横向联系

学习都是从问题开始的，通过解决问题不断深化学习，在不断发现新问题中解决问题，又在解决新问题中发现新问题。

真正实现学习方式的改变，要靠问题化学习。我们从讲授中心的课堂转变为学习中心的课堂，中间有一个桥梁，这个桥梁就是问题化学习。因为问题化学习让我们所有的教学必须以学生为主线去设计，必须以学生的问题展开，必须让学生真实的学习过程能够发生。

知识要从碎片化、断点化的知识转变为结构化的知识，而结构化的知识其实就是问题化的学习，把真实的问题形成问题链，让学生在对问题的追寻中找到知识之间的横纵联系（见图1）。

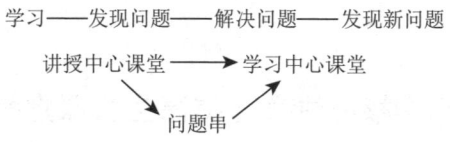

以学生为主线设计，让学生发生真实的学习过程

图1

5. 情景化教学，实现由学习走向生活

真实的生活情景在以核心素养为本的教学中有非常重要的价值，学生在学校学过的知识和现实生活建立不起联系，原因就是我们的教学过程缺少真实的情景，只是把知识符号化。

知识符号是表达知识体系的，这个知识体系如果不同生活建立联系，只是把知识符号背熟、认知、复述，去对付考试，就很难让学生形成核心素养。

我们必须认识到知识是素养的媒介和手段，而不是学习的最终目的。知识转化为素养的最重要途径就是情景，因此我们要设置大量的情景化的教学过程，让孩子真实的学习能够发生（见图2）。

知识符号——知识体系——不同生活情景——核心素养
　　　　媒介　　　　　　　途径　　适应终身发展、社会发展

以人为本、以生为本、课堂育人

贴近生活——学以致用、请你来当医生

图 2

三、小结

自主学习

探究性学习　　　尝试——改革——思考——总结——共交流

合作学习

……

成果总结

关注生物学核心素养　提高生物课堂教学水平
——2017年伊金霍洛旗初中生物名师工作室
第三次研修总结

10月26日下午，我旗生物名师工作室的全体成员在鄂尔多斯市一中伊金霍洛分校开展了主题为"关注生物学核心素养，提高生物课堂教学水平"的生物学科教学研讨活动。

首先，伊旗一中周春莉老师在初一20班讲授了《细胞通过分裂产生新细胞》一课，周老师用党的十九大生态观作为开场，提醒孩子和老师关注时政与学科的联系。周老师讲课激情昂扬，思路清晰，积极引导学生思考问题，突破重难点。

第二节课，市一中分校刘燕老师在初二16班讲授了《鸟的生殖和发育》一课，刘老师采用主题化教学，课堂围绕"鸟如何适应陆地生殖"进行，让学生通过实验对鸟卵的结构进行观察，通过问题引领让学生思考解决鸟有哪些特征利于陆地生殖，学生在动手和思考中突破重难点。

听课后，刘燕老师和周春莉老师分别围绕核心素养的培养做了主题讲座。刘燕老师针对核心素养对学生的培养目标分析出教师们面临的任务，列举出五条在课堂教学中的有效教学措施。周春莉老师谈了基于核心素养的生物教学中，如何培养学生的生物学核心素养。

最后，工作室全体老师一起，研讨如何在课堂上关注核心素养的培养，并提高课堂教学效率，并且为两位老师的课堂教学做了精彩点评，也提出了宝贵建议。

工作室教学研讨活动的进行，为老师们的专业发展提供平台，积极促进青年教师的专业学习和发展，同时，为加强我旗全体生物教师的教学水平也起到了促进作用。

【第三期初中生物名师工作室2017年第四次主题研修活动】

2017年伊金霍洛旗初中生物名师工作室第四次研修安排

根据我旗第三期名师工作室的工作规划，为了充分发挥名师、专家的专业引领、带动、辐射作用，我们有幸邀请到北京生物教学研究专家导师来我旗指导生物教学，定于11月16日全天通过听评课、讲座、集体研讨的形式开展生物学科教学研讨活动，从而提高生物课堂教学水平。安排如下。

研修主题：生物课堂中如何培养学生的生物学核心素养。

研修目的：继续关注生物学核心素养，研讨在生物课堂中培养学生生物学核心素养的有效教学策略、教学方法，从而提高生物课堂教学。

具体安排：如表1所列。

表1

活动内容	主讲人
听课《种子的萌发》（23班）	周苗苗 北师二附校
听课《植株的生长》（19班）	周春莉 伊旗一中
听课《生物进化的原因》（16班）	导　师
三位讲课教师说课	讲课教师和导师
导师讲座	导　师
集体研讨、评课	全体教师

精品案例

教学设计：植株的生长

伊旗一中　周春丽

【教材分析】

《植株的生长》在生物学课标中属于一级主题《生物圈中的绿色植物》下二级主题《绿色开花植物的一生》。生物课程标准要求能够描述芽的发育和根的生长过程。本节课包括幼根的生长、枝条是由芽发育成的及植株的生长需要营养物质三部分。内容的设计比较符合学生的认知规律。

【学情分析】

植株的生长这一现象学生在生活中是经常碰到的，也是学生比较熟悉的，但是现象背后的原因学生不一定能明白，学生对植物是怎样生长的、需要哪些营养物质等问题还没有进行过认真的思考。在知识上，七年级的学生已经学习过科学探究的方法和步骤以及"植物体的结构层次""细胞的生活"和"种子的萌发"的相关知识，对植物的生长有了一定的认识。本节课可以探究的素材比较多，培养根尖的种子及枝条等实验材料在平时的生活中很容易获得。因此可以让学生体会一下完整的探究过程。

【教法分析】

植株的生长首先是根、茎、叶的生长，根的生长应该是根尖的生长，然后再分析由根尖的分生区和伸长区来完成。本节课通过探究"根的生长是整个根在生长，还是主要靠根的尖端来生长"这一问题，让学生理解一个完整的探究过程是如何进行的，然后在此基础上进一步探究"根尖是怎样生长的，即根尖的四个区有何联系？"让学生自己根据已有的知识作出假设，制定探究计划，在体会科学探究的过程中对根的生长有清楚的认识。植株的生长、发育与叶芽结构息息相关，叶芽的结构是植株生长的基础。实际上叶芽就是尚未展开的枝条，只有弄清叶芽的结构，才能更好地理解茎与芽的关系，才能更好地为后续知识的掌握奠定良好的基础，叶芽中的一些结构不容易观察，可以用视频来突破难点。植株的生长离不开无机盐，教材倡导学生积极参与社会调查，明确各种无机盐的作用。

【教学目标】

知识目标

①通过探究实验理解根尖四个区的联系。

②描述根的生长和枝条发育的过程。

③运用资料分析等方法得出植株的生长需要无机盐等营养物质。

能力目标

①通过探究根尖如何生长，使学生熟悉探究实验的一般方法，培养学生的探究能力。

②通过对相关资料的分析，培养学生理论联系实际和分析问题的能力。

情感、态度与价值观目标

通过对植株生长过程的学习，渗透事物发展变化的观点。

【教学重难点】

重点

①根尖生长的过程。

②芽与枝条对应发育的关系。

③植株生长所需无机盐相关资料的分析。

难点

①根尖永久装片的观察，各部位细胞的特点描述。

②叶芽结构的观察。

【教学策略】

①模拟实验观察：观察根的生长实验过程，叶芽的生长动画，增加学生的感性认识，提高观察及分析的能力。

②多媒体展示：利用课件增大课堂容量，激发学生的学习兴趣。

③资料分析：通过学生对植物缺少无机盐生长状况的分析，提高学生的探究能力。

【课前准备】

教师：多媒体课件，芽发育成枝条的视频，培养好的绿豆的幼根，放大镜，培养皿，镊子，蒸馏水，矿泉水，土壤浸出液，载玻片，酒精灯。

【教学过程】

一、联系所学知识，导入新课

教师出示图片创设情境：展示萌发的种子长出幼嫩的根、茎和叶，说明它已经长出了幼苗。幼苗是如何长大的？通过生活现象"参天大树，始于种子"来了解种子萌发后各部分是如何由小长大的。

二、幼根的生长

①创设情境：播放根的生长视频。实际上根的生长的实验应该分为两部分，因为只有知道了根生长最快的部位是根尖，才能去观察比较根尖细胞的特点进而推测出幼根生长的原因。基于这样的理解，教师提出有关问题：根在土壤中不断生长，那么根是均匀生长还是集中在哪些部位生长呢？是根尖、根的中部，还是靠近茎的部分生长？如何通过实验来证明呢？

②学生提出假设并设计实验：学生可能答出在植物的根上画上线做标记，看标记的变化，如果线段不均等生长，则说明是拉长的那个部位在生长。教师提供模拟实验，最后得出：植株根的生长是根尖生长的结论。

③提出疑问：从根的顶端到生有根毛的一小段叫作根尖，长约4~6毫米，那么根尖的生长与哪些细胞有关呢？

④实验：观察根毛和根尖的结构。说明科学的观察是从外向内观察，组织学生观察幼根的外形：用肉眼观察培养好的幼根，以绿豆等容易萌发的种子进行培养，将种子放在潮湿的吸水纸上，水不能过多，水分过多会影响根毛的生长。用放大镜进一步观察根毛细胞。教师展示根尖的结构模式图，让学生了解根尖包括的四个区域：根冠、分生区、伸长区和成熟区。提出问题：构成根尖不同部位的细胞有什么特点？哪些细胞与幼根的生长有关呢？学生通过观察比较构成根尖不同部位细胞的特点，推测其功能。

⑤总结：教师通过各部位细胞的典型图片，总结根尖各部位的功能。

设计意图：让学生体会探究实验不是模式化的过程，要学会应用所学的知识来解决实际问题。同时让学生体会科学的观察方法是从外部到内部，从宏观到微观的。通过观察根尖装片图，推测根尖各部位细胞的功能，锻炼学生深入思考的能力，渗透细胞结构与功能相适应的生物学核心观念。

三、枝条是由芽发育成的

①利用学生的生活常识：根向下生长，茎向上生长。枝条也是植株的茎，它是如何产生的呢？

②观察芽、枝条、芽纵切的图片。通过观察给出顶芽和侧芽的概念，花芽、叶芽和混合芽的概念。将来能发育成枝条的是哪种芽？叶芽里有分生组织吗？利用视频展示叶芽各部分发育的过程。

③枝条的组成：由幼嫩的茎、叶和芽组成，芽又可以发育成新的枝条。

设计意图：通过观察，培养学生的观察和想象的能力。

四、植株的生长需要无机盐

植株要生长，就必须获得足够的营养物质。提出问题：植株生长需要的营养物质有哪些呢？让学生回忆以前学过的相关知识，知道生物需要的营养物质包括有机物和无机物。植物需要的营养物质，既有根从外界摄取吸收的水和无机盐，也有自己通过光合作用制造的有机物。农民给农作物施肥，是为了补充哪一种营养物质？本节主要学习无机盐与植株生长的关系。

①提出疑问：土壤中真的有无机盐吗？无机盐可以溶解在水中，如何能看到无机盐的存在？实验。

②展示用土壤浸出液和蒸馏水培养的植株图片，说明植株的生长需要无机盐。

③在植株的生长过程中哪些无机盐需要得较多呢？通过化肥的资料让学生知道植株生长过程中需要最多的无机盐是氮磷钾。学生阅读观察正常植株与缺氮磷钾的植株，从而让学生认识到无机盐在植株生长中的作用。

设计意图：引发学生从多方面认识无机盐在植株生长中的作用。

五、学以致用

了解无土栽培，思考：无土栽培应注意哪些问题？

设计意图：运用所学知识解决生活中的问题。

【板书设计】

略。

【课后反思】

①在本节课的教学中，主要通过实验让学生学到相关的知识，实验的效果对于学生的学习非常重要。在幼根的生长主要靠根尖的学习中，学生通过模拟实验能得出结论。在观察根尖的结构中，对根尖各区细胞特点的描述不是很准确。因此教师在学生观察前要将观察的目标具体化，从大小、形态、染色体等方面提出具体的观察标准，这样学生就比较容易区分根尖的各区，然后教师再给出各区细胞的功能，让学生分析出与功能相适应的结构特点，从而完成教学任务。

②绿豆培养时间不足，学生不易观察到根毛。但学生可看到胚芽发育为叶的结果，准确区分胚芽和胚根的位置。

③在设计实验时要特别关注实验的可行性，为学生创造机会使其进行一次完整的探究实验，而不是只在口头上设计。学生在真实的操作过程中会发现很多的问题，这样才能学到真正有用的知识。本节内容可探究的知识比较多，实验材料也很容易获得。因此可以将学生的生活经验上升到科学知识，这也是学生进行完整探究实验的好机会。

④教学容量相对较大，有些知识点展开得不是很充分，若安排两课时，可能会达到更好的效果。

⑤酒精灯加热时，避免载玻片骤热炸裂。

优秀反思

生物教学中的核心素养

鄂尔多斯市第一中学伊旗分校　王智琼

学生发展核心素养，是指学生应具备的、能够适应终身发展和社会发展需要的必要品格和关键能力，综合表现为九大素养：社会责任、国家认同、国际理解（社会参与方面）；人文底蕴、科学精神、审美情趣（文化素养方面）；身心健康、学会学习、实践创新（自主发展方面）。

学会学习和科学探究是一个人终身受用的能力，旧的教学过程强调灌输、叙述、被动接受、死记硬背、机械训练，课改理念下的教学则为在情景中亲身体验感受、主动参与、合作探究，由接受式学习转变为主动获取式学习。积极开展探究性教学，是培养学生探究能力的重要途径。首先，要精心设计问题，创设探究性问题情境。早在20世纪30年代，陶行知先生就言简意赅地说：创造始于问题。有了问题，才会思考；有了思考，才有解决问题的方法。作为教师，一定要精心设计问题，创设探究性问题情境，才能拓宽学生的探究思路，激发学生探究的欲望。例如，在"植物的生长需要营养"这一节教学过程中，周春丽教师设计得非常好。首先带领学生探究实验土壤中有哪些物质，再用问题串引出"无土栽培"知识。在此基础上，提出一系列阶梯性问题：土壤对于植物的生长有何作用；为什么可以无土栽培植物；等等。

科学探究指的是学生们用已获取知识，领悟科学的思想观念，领悟科学家们研究自然界所用的方法。教师在讲授《生物进化的原因》时，讲述科学家发现一种寄生昆虫如何生存，让昆虫寄生在自己的身体中来获得知识。让学生知道为获得知识勇于献身的精神，让学生知道科学家具有很强的社会责任，我们每一个人无论做什么都要有责任感。

成果总结

2017年伊金霍洛旗初中生物名师工作室
第四次研修总结

11月16日，初中生物名师工作室邀请北京生物教学研究专家导师，进行了以"生物课堂中如何培养学生的生物学核心素养"为主题的全旗生物教研活动，在鄂尔多斯市一中伊金霍洛分校研讨在生物课堂中培养学生生物学核心素养的有效教学策略、教学方法，从而指导全旗生物教师提高课堂教学水平。

首先，我旗北二附的周苗苗老师和伊旗一中的周春莉老师进行了两节示范课教学，之后导师进行了体现生物学核心素养的示范课，全旗生物教师认真听课，学习和借鉴三节示范课的设计思路以及如何体现生物学核心素养的方式。

三位老师的课堂都很精彩，分别从不同的角度结合教学内容培养学生的生物学核心素养，周苗苗老师和周春莉老师从生物学实验开展培养学生的科学研究能力，导师主要从真实情境的设置培养学生的生物学核心素养。

下午，导师做了题为"'真实情境'在培养学科核心素养中的价值"的讲座。

【第三期初中生物名师工作室2018年第一次主题研修活动】

伊金霍洛旗第三期初中生物名师工作室
2018年第一次主题研修安排

新学期伊始，为提高各校生物课堂教学效率，特别提升复习课的效率，有效提升全旗生物学科的教学水平，并加强我旗的初中教师队伍建设，伊金霍洛旗初中生物名师工作室决定于 2018 年 3 月 22 日开展本年度第一次研修活动。工作室研修安排如下。

研修主题：提高各校生物课堂教学效率，提升复习课的效率。

研修目的：在名师示范课和讲座的引领下，各校互相学习借鉴有效课堂教学策略，提高生物课堂教学效率和复习课效率。

具体安排：如表 1 所列。

表 1

活动内容	主讲人
有效课堂示范课	孙 揭 伊旗四中
有效课堂示范课	赵 洁 北二附
讲座"初中生物有效教学策略研究"	孙 揭 伊旗四中
说课、评课、集体交流研讨	全体工作室成员

精品案例

导学案：植物的光合作用

赵 洁

知识回顾

①表达式：＿＿＿＿＿＿＿＿＿＿＿＿＿＿＿＿＿＿＿＿＿＿＿＿＿＿＿＿。

②实质 $\begin{cases} \underline{\qquad}\text{有机物：即把无机物转变成有机物。} \\ \underline{\qquad}\text{能量：即把光能转变成储存在有机物中的化学能。} \end{cases}$

③光合作用的实验：

如图 1 所示。

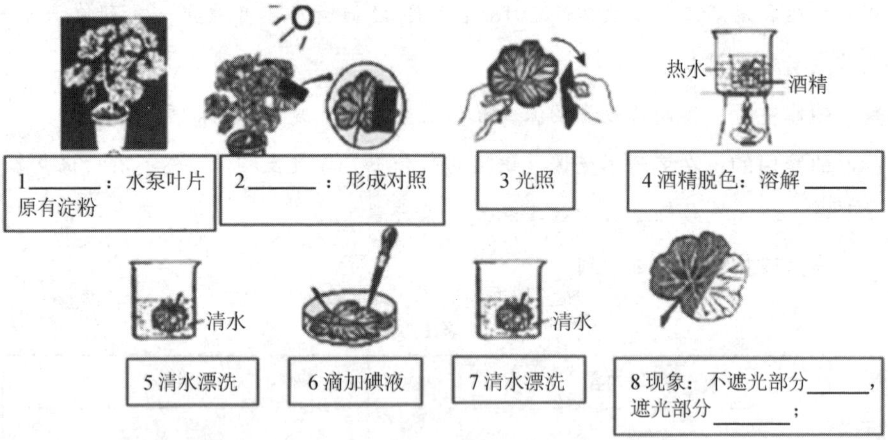

| 1_____：水泵叶片原有淀粉 | 2_____：形成对照 | 3 光照 | 4 酒精脱色：溶解_____ |

| 5 清水漂洗 | 6 滴加碘液 | 7 清水漂洗 | 8 现象：不遮光部分_____，遮光部分_____； |

图 1

变量：_____。

现象：_____变蓝，_____不变蓝。

结论：_____。

如图 2 所示。

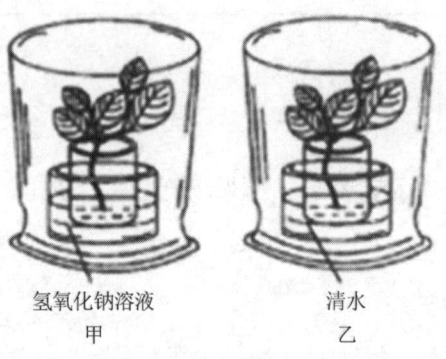

图 2

变量：_____。

现象：_____变蓝，_____不变蓝。

结论：_____。

如图 3 所示。

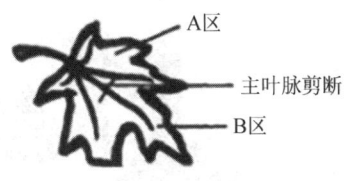

图 3

变量：_____。

现象：_____变蓝，_____不变蓝。

结论：_____。

如图 4 所示。

图 4

变量：_____。

现象：_____变蓝，_____不变蓝。

结论：_____。

如图 5 所示。

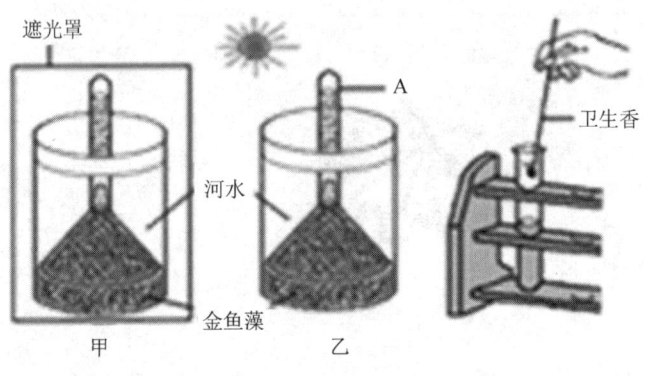

图5

变量：_____。

现象：甲收集的气体使卫生香_____，乙收集的气体使卫生香_____。

结论：_____。

④光合作用的意义。

⑤光合作用的应用。

随堂检测

一、选择题

1. 下列有关光合作用的叙述中，不正确的是（　　）。

   A. 光合作用的条件之一是必须要有光照

   B. 光合作用是一切生物生存的根本保障

   C. 光合作用的场所是叶绿体

   D. 绿色植物所有的器官都能进行光合作用

2. 玉兰、海棠等植物在早春时节，当叶片还没有完全长出时，却可以开出满树娇艳的花朵。推测这些花瓣中有机物的主要来源，正确的是（　　）。

   A. 它们是根从土壤中吸收并运输到花瓣的

   B. 它们是花瓣在光照条件下进行光合作用合成的

   C. 它们是树皮将二氧化碳和水转变成有机物再运输到花瓣的

D. 它们是叶在上一年通过光合作用制造并储存于树干，在开花时通过筛管转运到花瓣的

3. 若人将某植株一片叶的主脉切断（图6中甲），另一片叶两面都贴上不透明的黑纸片（图6中乙），黑暗中放置24小时后光照4小时。取下两叶经脱色后用碘液处理，发现A部位呈棕褐色，B部位呈蓝色，C部位不呈蓝色。以上实验能够证明光合作用需要（　　）。

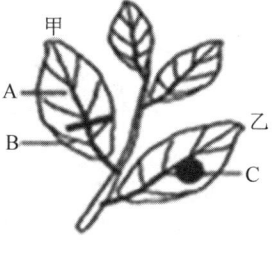

图6

A. 水和二氧化碳　　　B. 叶绿素和阳光
C. 水和阳光　　　　　D. 水和叶绿素

二、填空题

1. 图7是"验证绿叶在光下合成淀粉"的实验，请据图回答：

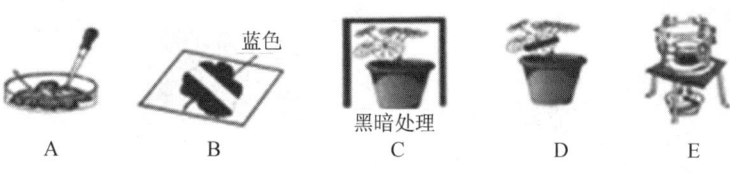

图7

①正确的实验步骤是：C→[　　]→E→[　　]→D。

②实验前对实验材料进行黑暗处理，目的是为了将叶片内的_____耗尽。

③实验选用的叶片，一部分被遮光，另一部分不遮光，目的是设置_____。

④图9是对叶片颜色脱色的装置，正确的是_____，图中标号_____代表的是酒精。

⑤脱色过程中，盛有叶片烧杯中的液体逐渐变成_____，脱色后的叶片呈现的颜色是_____。

⑥在脱色后的叶片上滴加碘液，图8中_____部分变蓝，说明该部分含有_____。

⑦本实验不仅验证了绿色植物光合作用的产物是淀粉,同时还验证了_____。

图8

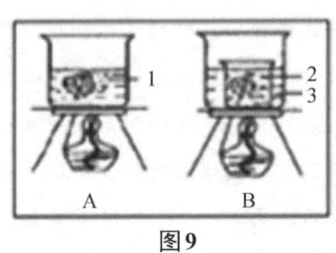

图9

2. 图10表示把银边天竺葵(叶片边缘部分细胞中无叶绿体)放在黑暗处一昼夜后,用黑圆纸片将C处两面遮盖,移入光下几小时,再经酒精脱色后滴加碘液。请分析回答问题:

①经酒精脱色滴加碘液后,变成蓝色的是叶片的_____处。

图10

②图10中构成_____组对照实验,分别是_____,变量分别是_____,结论分别是_____。

3. 为探究绿色植物进行光合作用的有关问题,李明选择一种盆栽的银边天竺葵作为实验材料。实验装置如图11所示,请分析回答:

①请你设计一个简单方案,以排除叶片中原有的淀粉对实验结果的影响:_____。你的方案利用了天竺葵的哪项生理活动?_____。

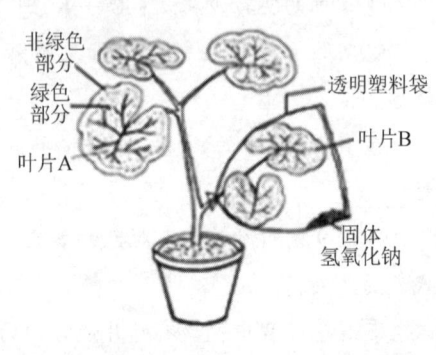

图11

②将实验装置放到阳光下照射4~6小时后,同时摘下叶片A、B,利用_____进行脱色处理,然后滴加碘液,

观察实验结果。

③叶片A绿色部分和非绿色部分的结果比较,可以证明_____;叶片A绿色部分和叶片B绿色部分的结果比较,可以证明_____。若将装置中的透明塑料袋改为黑色塑料袋,同时取走固体氢氧化钠,则叶片A、B绿色部分的实验结果比较,可以证明_____。

④天竺葵进行光合作用所需要的水分是通过其体内的_____运输的,运输水分所需要的动力来自于叶片进行_____所产生的拉力。

4. 某生物兴趣小组为探究绿色植物的光合作用和呼吸作用,设计了如图12所示实验装置,请分析作答:

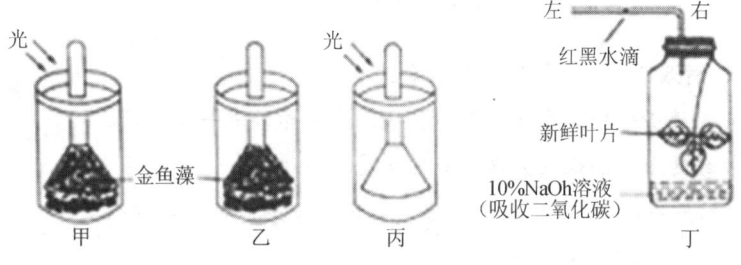

图12

①若要探究光是光合作用的必要条件,应该选择的实验装置组合是_____,若要探究氧气是由绿色植物在光下产生的,应该选择的实验装置组合是_____,若要探究进行光合作用的是金鱼藻,应该选择的实验装置组合是_____。

②甲装置试管中收集的气体可以使带火星的卫生香复燃,说明绿色植物的光合作用释放出_____。

③有同学利用甲装置进行了进一步探究,实验结果如表1所列:

表1

光源与试管的距离(厘米)	10	20	30	40	50
每分钟产生的气泡数(个)	65	35	15	6	1

据实验结果分析，若要提高大棚作物的产量，可以采取的措施是_____
_____。

④利用丁装置探究绿色植物的呼吸作用时，应对装置进行_____处理。一段时间后，玻璃管中的红墨水滴向_____（左或右）移动。

⑤请你写出呼吸作用反应式：_____。

专业引领讲座

生物课堂教学中设问的有效策略

伊金霍洛旗第四中学 孙　揭

一、有效课堂设问研究的特殊意义

（一）课堂设问的有效性是对传统课堂教学的进一步反思后的诉求

"以教促学"的课堂教学：激发学生学习兴趣；启发和引导学生思维；调动学生学习积极性；增进师生交流；锻炼学生表达能力；提供教学反馈信息；有效课堂设问研究的特殊意义。

"以学促教"的课堂教学：启发和引导学生提出问题；组织和参与对问题进行分析、思考和讨论；建构和重组知识和知识结构；能在新情境下实现知识的迁移；运用所学知识提出新问题并加以分析和解决；课堂活动结构的转变。

传统课堂活动结构：教师复习相关知识；教师引出问题、任务和主题；学生参与教师所预期的推导过程；全班归纳学习结果统一理解和总结方法；课堂练习，巩固新知识。

建构主义课堂活动结构：呈现问题情境；学生尝试解决问题，引发相关经验和认知冲突；在教师支持下，学生合作探究并解决问题；在教师的监控下，全班交流问题解决的策略、过程和结果，达成深层次的理解；呈现新问题，促进知识的应用和整合。

传统备课工作范围：分析教学目标、重点和难点；吃透教材，理清课中逻辑关系，任务分析；确定学生头脑中的相关知识基础和思维水平；设计呈现信息的方法和推演知识的进程；选择课堂练习题以及记忆方法。

建构主义备课工作范围：分析学习目标、重点和难点；深刻思考所教知识的新发展、应用及联系；分析学生先前的经验和认知过程，确定最近发展区；设计问题情境，支持交流的方式以及学习的流程等；选择迁移问题，整合方法以及学习评价方法。

（二）课堂设问的有效性是有效教学重要命题之一

活动1：对课堂设问有效性的讨论

步骤1. 个人思考——你认为什么样的设问是有效设问？在生物课堂教学中，你一般在什么情况下进行设问？能举1~2例说明吗？

步骤2. 小组交流——将你的思考与小组同伴交流，形成小组意见。

步骤3. 全班分享——将你小组观点与全班分享。

1. 有效教学的前提

正确的学生观：相信每一位学生通过你的教学都能得到应有的发展，进而达到完成学业的基本要求和目标。即课程改革所提出的"面向全体学生"。

应有先期的学习倾向：兴趣、行为。

应有满足教学的先前条件：教师应有教学的热情和对职业感的认同，学生有先前的学习基础和对学校班级制度的认同，学校能提供教学的良好环境。

2. 有效教学的标准

有一位教育专家曾对一些中小学生做过采访调查，问什么时候学得最好？学生回答：当我们有兴趣时，学得最好；当我们身心处于最佳状态时，学得最好；当教学不是千篇一律时，我们学得最好；当我们遇到理智的挑战时，学得最好；当我们发现知识对我们有意义时，学得最好；当我们能够自由参与探索与创新时，学得最好；当我们被关注和信任时，学得最好；当我们能够学以致用时，学得最好，形式要多样。

华东师大课程与教学研究所孔企平教授：有效教学（effective teaching）核心是"学生参与（student engagement）"，包括行为参与、认知参与和情感参与。有效教学的基本目标是改变学生的学习方式，促进学生的有效学习。研究有效教学的基础是研究学生的学习过程。有效的学习过程应包括：学生明确学习目标；学生发挥积极性与主动性；学生进行个性化的学习；学生能对学习过程进行监控和调整；在遇到困难时学生能得到帮助；学习内容具有适当的难度；在学习过程中得到启发与激励。有效教学另一重要目标是提高学生的有效学习时间。有效学习时间是指学生在这一段时间内有一定程度的情感、认知与行为的投入。

有效的课堂教学：是指教师遵循教学活动的客观规律，以尽可能少的时间、精力和物力投入，取得尽可能多的教学效果，从而实现特定的教学目标，满足社会和个人的教育价值需求而组织实施的课堂教学活动。课堂教学活动的有效性正是在教学效果中体现出来的教师和学生共同活动引起学生身心素质变化并使之符合预定目的的特性。有效果。是指教学结果与预期教学目标相符的部分，它考查的重点是学生，是对教学活动结果与预期教学目标吻合程度的评价。有效率。由于教学投入的直接表现是师生双方时间、精力的投入，教学产出的直接表现是教学效果，在教学实践中也可如此表述教学效率。有效益。"教学效益"是指教学活动的收益、教学活动价值的实现，具体地说，是指教学目标与特定的社会和个人的教育需求是否吻合以及吻合程度的评价。"是否吻合"是教学效益质的规定，"吻合程度"是对教学效益量的把握。

二、课堂设问及其作用

①问题指客观存在的事物与人的主体意识之间的矛盾在思维过程中的反映。课堂设问通常指提问，也包括如何设计问题。

②课堂设问的主要作用。

诊断评价：提供教与学两方面的状态反馈，这里包括学生对知识和技能的掌握状况及心态信息、情感信息、学生尚未意识到的存在问题、教学处理上的失误等方面，使师生均得到自身状态的"诊断"，并作出评价。对知识和智能一般通过形成性提问，对其他方面则通过提问观察所反映出的学生心理和态度行为。

巩固强化：对生物学概念、原理和事实，通过精心设计问题，诱导启发提问学生，促进其知识内化，强化综合应用能力。

情感激励：教学的核心是发挥学生的主体作用。有目的的提问不仅可以集中学生的注意力，安定课堂秩序，更能激发学生的主体意识，鼓励其积极参与教学活动，以争取产生师生、生生之间的心理相容，有力启动"我要学"的学习动机。

教学调控：通过设问，教师及时地对教学结构、方法、内容等予以有效的调控，并顺利组织教学。学生则完善"备课"状态。

知能发展：指学生的综合性发展（知识结构、多种能力、心理素质）。课程标准中提出的知识教育、能力培养和情感态度与价值观三方面就是要达到学生的综合性发展目标，好的课堂设问可以促进学生的综合性发展。

素质检测：检测和体现教师的整体素质。课堂设问也是教师的一项基本技能。

三、问题属性及心理学基础

"是什么"型：刺激——反应的联结学习理论。认为学习是在条件刺激与条件反应之间形成联结，即通过外界不断强化的条件刺激，从而形成条件反射获得知识，并作出直接式应答反应。

"为什么"型：以知识结构心理学为基础。认为人不是机械地接受刺激和作出反应的被动实体，人对刺激的反应是经过一连串的心理转换活动，将新旧知识同化成有机的统一体，即在大脑中对知识进行识记、理解、应用、分析、综合、评价等加工，促进对知识学习的迁移。

"怎么办"型：其心理学基础与"为什么"型相同，但它必须建立在更高层次的心理结构。

值得注意的是，不同类型的问题，因形式、内容出现的时期和环境的不同，其属性有可能发生转化，而使应显示问题的价值与形式相背离。

四、课堂设问过程的构成

引入阶段；陈述阶段；介入阶段；评价阶段。

五、课堂设问的原则及策略

1. 准确性——调控课堂设问的频度

设计问题紧紧围绕教学目标，从学习内容的重点出发，抓住主要问题启发学生思考。应避免、为问而问、一疑就问。教师陈述问题要清晰准确地把问题表达出来。

2. 整体性——调控课堂设问的难度

调控课堂提问的难度最有效的策略是运用维果茨基的最近发展区理论。课堂设问的整体性涉及两个问题：一是考虑问题回答对象的整体，二是考虑问题设计的整体。改变学生观，利用问题的属性来发挥学生的潜能。加强选择作答对象的针对性；问题设计的整体；创设问题的情境。

3. 有效性——减少无效设问的策略

①摆正知识与能力的关系，防止所设问问题的属性（价值）与形式相背离。

知识基础是教学的立足点，能力培养则是教学的着眼点，而思维能力是能力培养的核心，因此，促进学生思维品质的发展是我们教学的重点，是学生终身受益的条件。

实践证明，在不适当时刻或教学环节中使用"为什么"型和"怎么办"型问题，会使问题属性向低档方向迁移，造成问题属性变异、价值贬值。

②适时调控提问的等候时间：课堂设问要留出必要的时间，让学生思考、分析、质疑。

留出时间思考：让更多学生参与，开拓学生思维，较好地组织语言回答。

分析：教师要设法了解学生的思维展开过程，因此，可以让学生说说"为什么这样回答？"

质疑：回答问题后要让其他学生质疑和评价，哪怕是正确的答案，这是培养创造性思维的有效方法。

③要善于捕获和创造设问的良机。

设问时机的选择：一般说教学环节的联接处，需要组织教学时；知识的交叉点或衔接处；知识线索的转折点；课堂情景变换时等等都是设问良机，其捕获和创设，取决于教师的课堂应变能力。教师要善于利用教学中的不利因素并将其转化为有利因素。

设问时学生心态的选择：一般说学生心理上有较强的兴奋点，呈积极心态时都是良机。教师应注意保持学生良好的心理状态。保持学生良好心理状态的注意点：防止学生心理老化，有效措施是及时转移学生的有意注意。保护学生的生理和心理资源。提高课堂心理效益，课堂心理效益指学生个体或群体在课堂教学中，对教师所传输的信息在心理上接受、认同和共鸣的程度。其措施为增强知识的可接受程度、方法的适宜程度和教师的可相容度，促使学生变表层接纳为深层接纳。变内信息系统（指学生内在反映）、外信息系统（指教师传播）的单独运行为协调运作、变师生的心理距离为心理合作。避免干扰心理效益、伤害心理状态的行为和事件。降低学生的生理疲劳：认识与利用人体生物节律。

④要有艺术性和富于变化。

从提问的角度来看，不同的设问方式，其效果也不同。富于变化的设问，既可以吸引学生的注意力，还可以挖掘出问题背后所隐含的知识点，帮助学生加强新旧知识之间的联系。

教师可以通过问题串进行设问，既告诉学生应该怎样提问和分析问题，又教会学生思考和解决问题的方法。

4. 意识性——课堂设问的最佳策略

问题意识是指学生在认知活动中意识到一些难以解决的、产生疑虑的实际问题或理论问题时产生的一种怀疑、困惑、探究的心理状态。这种心理状态可以驱使学生积极思维，不断提出问题和积极解决问题，因而培养学生的问题意识，不仅能激发学生的学习兴趣，促使他们积极、主动地参与课堂教学，而且对培养学生的思维能力，特别是创新性思维具有重要的作用。

活动2：学生问题意识培养的有效策略

活动规则：每位学习者至少对两名或两名以上的学伴进行访问并做记录。

访问的问题：结合教学实例，你在培养学生问题意识方面有哪些好的做法？带着访问到的内容（好的做法）到小组中交流，小组进行归纳、总结和评价。小组代表向全班汇报与分享。

培养学生问题意识的有效策略，营造民主、和谐的课堂教学氛围，是培养学生问题意识的基础。建立良好的师生关系，是培养学生问题意识的关键。教学形式多样化，是培养学生问题意识的重要手段。采取多种策略使每一个学生最大限度地积极参与到教学活动中来。把生物课堂教学延伸向社会，是培养学生问题意识的拓展和延伸。

六、生物教材中的知识属性

陈述性知识：描述世界的知识。在现行生物教材中占绝大多数，并以外显的形式呈现，大多数是直接以语言文字叙述的，部分是直接或间接地表达为其他符号和图形等信息，大多涉及的是"是什么"类型的问题。此类知识，学生可以通过自己阅读教材而获得，也可以通过教师的传播，直接经内化而成为自己的知识。如：生物体的基本结构、概念、原理、特征、生理过程的叙述。

程序性知识：处理事物和问题的知识。在生物教材中可以外显存在，也可以隐含存在。此类知识主要是动作技能方面的知识。涉及的是"怎么办"的问题。其大致都是知识重点和能力重点的知识，同时又是学生学习的难点，往往是教学上的薄弱环节。如：实验（操作）的原理和方法；生物绘图技法；观察（实物、标本、图形、表格和表解）的方法、方式和原理；卫生保健的习惯及其道理；解剖动物、植物的一般规律的技术；各实验的条件和影响实验成败的主要因素分析等。这些程序性知识的获得，光靠学生自己阅读、理解或教师的传播是不可能的，一定要靠学生自己的心智方面和动手方面的适当数量的实践才能实现。

策略性知识：调控自身的知识。在现有生物教材中基本是隐形形式存在，极少外显。它涉及的是"怎么办"的问题，与程序性知识有时有一些含义上的交叉，但程序性知识解决的是主体对客体应怎么办，而策略性知识则是解决主体对自己的认知活动、实践活动等怎么调控，怎么再认识（即元认知）。如：应用所学的知识解决有关实际问题的一般思路和方法策略；确定有关实验、实习、调查等的设计原理和方法策略；高效率地阅读教材和课外有关书籍，有效地整理知识结构的程序调控和方法策略；对教材中不同类型的内容的最佳的学习方法组合，以及提出学习目标和问题的组织策略；确定科学的解题思路、技巧和方法的策略等。

七、加强问题选择作答对象的针对性

对目前尚处于中下发展水平的学生，宜先训练其回答相对复杂的"是什么"型问题、较容易的"为什么"型和"怎么办"型问题。答题要求以清理知识线索，获得知识为主，但应辅以能力、方法和心理素质的训练，使其在有付出"努力"的前提下获得成功感。

对目前处于中等发展水平的学生，必须让其回答中等及中等水平以上的"为什么"型和"怎么办"型问题，或对别人问题进行补充、争论。要求至少是知识的掌握与能力的训练并重，尽力以能力与心理素质提高为主，知识有网络且认识水平不低于理解层次，要让他们建立向高水平发展的自信心和满足感。

对中上和高水平的学生，必须让其回答难的复杂的探索性的高档次问题，并要求他们策略性答题。要求的侧重面在于知识结构的完善化和思维品质的提高。对"不答问题"和"不提问题"的学生，应多给机会，并优先侧重于心理素质培训，再渐进到其他方面的要求。

要防止课堂设问中两种不民主的现象：一是学生回答没有符合教师的答案，教师没有作出判断和说明理由，或是立即换人再回答，直至回答教师预期的答案；二是设问学生机会不均等。往往提问好生和爱发言的学生，很少提问后进生和性格内向的学生，久而久之，必然挫伤学生的积极性，学生参与意识会渐渐淡化，最后成为看热闹的旁观者，而对好生有的问题又太容易，不利于思维能力的发展。

教师要对教学的各个环节（导入、组织教学、观察、探究、指导阅读、演示、实验、讨论、复习等）不同时间段，学生不同心理、生理状态下所提问题作一整体设计和预期设计，特别指出的是复习环节的设问应有"生长点"。

八、创设问题的情境

一是问题要有矛盾性，即所提问题与学生原有知识经验相矛盾，从而使学生产生一种认知心理不平衡，进而产生解决矛盾的欲望。

二是提出的问题要有新意，使学生产生新鲜好奇感。

成果总结

2018年伊金霍洛旗初中生物名师工作室第一次研修总结

初中生物名师工作室2018年3月22日在伊金霍洛旗第四中学开展本年度

第一次研修活动，本次研修活动的主题：提高各校生物课堂教学效率，提升中考复习课的效率。

　　孙竭校长首先为全旗生物教师展示了一堂迈向信息化的生物示范课——七年级下册的《消化与吸收》，课堂上师生以多媒体和电子书包的交互使用为媒介，充分体现了"学生为主体，教师为主导"的现代化课堂。孙校长通过问题导学、学生互学、课堂提问并互答等环节激发学生对生物学习的兴趣，从而提高课堂教学效率。

　　北二附校的赵洁老师为我们展示了八年级中考复习课《光合作用》的示范课，赵老师课堂合理安排讲学练的时间，大大提高了复习课的效率。

　　之后，孙竭校长为老师们做了"生物课堂教学设问的有效策略"的讲座，孙校长从课堂教学模式、课堂活动、备课中心发生转变，提出有效生物课堂设问的必要性、课堂设问过程、原则等，指导教师们如何在课堂进行设问，从而提高生物课堂效率。

　　赵洁老师做了"中考复习策略"的讲座，介绍了生物中考三轮复习的核心关键，她提出一轮复习扎实基础，二轮复习注重联系，三轮复习试卷重组的复习原则，指导教师中考复习的方法和策略。

　　经过一上午的研修活动，在两位名师的示范课和讲座的引领下，各校互相学习借鉴，共同研讨有效课堂教学策略，从而提高生物课堂教学效率和中考复习课效率。活动在不知不觉中结束了，但全旗生物教师对有效教学的研究继续着。

【第三期初中生物名师工作室2018年第二次主题研修活动】

伊金霍洛旗第三期初中生物名师工作室 2018年第二次主题研修方案

　　中考临近，伊金霍洛旗初中生物名师工作室决定于2018年5月16日开展本年度第二次研修活动，主要针对毕业年级复习内容进行，结合考纲和课标，解读教材，共同备考。本次研修活动通过对教材、课表、考纲的解读和把握，指导全旗生物教师进行教学研究，整体促进教师的素质和专业化发展。工作室研修安排如下。

研修主题：结合课标和考纲，解读教材。课例：植物三大生理作用（蒸腾作用、光合作用、呼吸作用）。

研修目的：在导师、工作室成员的示范课和讲座的引领下，互学共进，通过对教材的解读，体现对课标和考纲的准确把握，指导全旗生物教师的教学研究，整体促进教师的素质和专业化发展。

具体安排：如表1所列。

表1

活动内容	主讲人
示范课：《植物三大生理作用》	市一中分校 刘燕老师
示范课：《植物三大生理作用》	导师
讲座"教材分析《植物三大生理作用》"	市一中分校 刘燕老师
讲座"《植物三大生理作用》教学指导与建议"	伊旗四中 孙竭校长
说课、评课、集体交流研讨	全体工作室成员
初中生物教材分析	导师

专业引领讲座

讲座：教材分析——解读植物三大生理作用

鄂尔多斯市第一中学伊金霍洛分校　刘　燕

植物的光合作用、呼吸作用、蒸腾作用在生物学课程标准中的十大主题中分布在第四个主题"生物圈中的绿色植物"中，绿色植物对生物圈中的存在和发展起着决定性作用。绿色植物通过它的生命活动直接或间接地为其他生物提供食物和能量，并对维持生物圈中的碳氧平衡和水循环发挥着重要作用。这三大生理作用也因此分布在三个章节中，其中蒸腾作用分布在教材第三单元《生物圈中绿色植物》的第三章《绿色植物生物圈的水循环》中，教材将蒸腾作用在生物圈的重要意义放在首位。植物的光合作用则分布在第四章《绿色植物是生物圈中有机物的制造者》和第五章《绿色植物与生物圈中的碳—养平衡》下的第一节《光合作用吸收二氧化碳释放氧气》中，呼吸作用在第二节《植物的呼吸作用》中介绍，由此也不难看出，教材同样将光合作用在生物圈中的重大意义放在首位，这样的明确指示，也为我们教学指明方向，这对于实现课程目标中"理解人与自然和谐发展的意义，提高环境保护意识"起到重要的作用。

1. 绿色植物的生活需要水和无机盐，如表1所列。

表1

具体内容	活动建议
说明绿色植物的生活需要水和无机盐	为班级或家庭中的植物浇水、施肥
描述绿色植物的蒸腾作用	收集或实测不同植被环境中的大气温度数据，并进行比较分析

首先，从内容上说，蒸腾作用不是直接出现的，按照其在生物圈中的重要作用——绿色植物与生物圈的水循环为主线，在第二章《被子植物的一生》的基础之上，教材以玉米植物一生需水量及参与生命活动的水量形成明显的知识冲突，设问引出本章内容，植物吸收的大部分水去哪了？这些水对于植物自身和自然界又有什么意义，激发学生的求知欲，也导向了本章在教材中的作用。

本章首先介绍的是植物对水分的吸收和水分在植物体内运输的途径，这在第二章根尖结构和功能的知识铺垫下，学生可以很容易理解，水分的运输则通过观察茎的横切和纵切面，对导管进行认识，这也实现了课标第一个教学要求。这里介绍茎的结构时，突出了与水分有关的导管，与之无关的结构都没有涉及。而在实际教学中，我们往往在此加入与有机物运输有关的筛管，以及导管和筛管在茎中分布位置结构特点和功能特点，这也为下一章介绍光合作用做了铺垫。

接着教材分析了植物体内水分散失的途径——蒸腾作用。关于蒸腾作用，学生在小学课本中已经学过，教材直接给概念和经行器官叶片，要想进一步了解蒸腾作用，就必须认识叶片的结构，因此，教材编排了观察叶片结构的实验。基于落脚点是使学生认识绿色植物与水循环的关系，因此，在观察叶片结构时，侧重点也是与之相关的表皮，特别是表皮的气孔。这也体现了蒸腾作用与叶片的气孔最重要。

保卫细胞开启与关闭的原理对于初中学生较难理解，教材没有安排在正文，而是以小资料出现，并且配出电镜扫描下的照片，帮助学生了解。但保卫细胞的开闭受到白天和夜晚（实际是温度）的影响，从而影响蒸腾作用的强弱，也影响到叶片吸收二氧化碳，从而影响制造有机物，这为下一章节光合作用与蒸腾作用的联系做下伏笔。为了使学生增加对气孔功能及分布的认识，教材还有个"试一试"的动手观察活动。

绿色植物进行蒸腾作用对于自身生命活动是不可缺少的，对于生物圈的水循环作用，教材先通过图示简介了水循环，在此基础上，介绍植物在提高大气湿度、增加降水、保持水土等方面的重要作用。旁栏思考题中计算题，进一步加深森林的蒸腾作用对水循环中的作用的认识，从而认识到"保护森林"。（了解）

2. 绿色植物的光合作用和呼吸作用，如表2所列。

表2

具体内容	活动建议
阐明绿色植物的光合作用	探究光合作用的条件、原料和产物
举例说出绿色植物光合作用原理在生产上的应用	—
描述绿色植物的呼吸作用	调查生产中利用植物光合作用和呼吸作用原理的有关措施

3. 绿色植物对生物圈有重大作用，如表3所列。

表3

具体内容	活动建议
概述绿色植物为许多生物提供食物和能量	列举若干种动物所吃的主要食物，并分析这些食物与绿色植物的关系
说明绿色植物有助于维持生物圈中的碳氧平衡	—
描述绿色植物在生物圈水循环中的作用	—
参加绿化家园的活动	开展校园或社区绿化设计，并积极参与相应的活动

从课标中不难看出，植物的光合作用是理解层次的，要求中不仅要理解光合作用的条件、原料和产物，还要举例说出绿色植物光合作用原理在生产上的应用，光合作用在生物圈中的两大重要作用也是理解层次的，这样，教学中的侧重点也很明确了。

绿色植物对生物圈的存在和发展起着决定性作用。绿色植物通过光合作用，直接或间接的为其他植物提供食物和能量。教材并没有按照单纯的光合作用的相关知识进行介绍，而是从绿色植物对于生物圈的重要意义入手，首先通过科学探究实验介绍了绿色植物通过光合作用制造有机物，这是生物学中非常重要的概念，教材也从科学认知的规律出发，以实验为出发点认识，但面对初中学生，并没有按照科学发现历程依次介绍光合作用相关实验，而是让学生通过动手实验，让学生先感性地认识到"绿色植物通过光合作用制造有机物"，后介绍了光合作用，重点介绍了叶绿体、叶绿素的重要功能，紧接着教材介绍了有机物对于植物自身的作用和在生物圈中的重要作用。

这里通过"绿叶在光下制造有机物"的科学实验，达成课程目标中"初步具有生物学实验操作的基本技能、一定的科学探究能力，养成科学思维的习惯"。因此，在教学中，教师应该克服困难，落实此科学实验的教学过程。

教材通过"光合作用吸收二氧化碳释放氧气"共同完成光合作用全过程，这一节教材依旧遵循生物学科学规律的认知历程，通过分析三个科学实验，启迪学生的科学思维和逻辑推理能力，进一步领悟科学方法。教师在教学中也可在此补充和拓展光合作用的发现史，一方面培养学生的科学思维和逻辑能力，另一方面可为高中学习做铺垫。本节还注重探究实验能力的培养，这在教学中是个难点，我曾在教学中很是困惑，这个探究实验该以何种方式进行。我曾以启发式教学，引导学生设计实验过程，效果并不理想。所以，教师需要作出合理的教学设计才能达成培养目标。

最后，本节联系农业生产实际，学以致用。使学生获得光合作用相关概念、原理和规律等方面的基础知识，了解并关注这些知识在生活、生产中的应用。而分析实验结果的技能训练，可以培养学生的分析能力、表达能力。

呼吸作用在课标中的要求是了解层次，"描述绿色植物的呼吸作用"，教材通过演示实验构成问题串，启发学生层层深入逐步认识呼吸作用的过程，推理出呼吸作用的反应式。教材依然联系实际，关注生产和生活，这也体现课标理念"关注现实生活"。

教材在小资料中简单地介绍了细胞的无氧呼吸，为微生物的学习做了伏笔。初中阶段没有要求掌握两种类型的呼吸作用，但应该让学生有所了解，更有利于后续学习。旁栏的问题提出植物不同器官的呼吸作用不同，引发学生思考，关注结构与功能相适应的观点。

教材在正文中只是简短地提出呼吸作用是生物的共同特征，但这也决定了我们不能只是按了解层次去进行本节教学，让学生理解呼吸作用的实质是必须的，这也为七下"生物圈中的人"的生理活动的最终意义打下基础。

最后将绿色植物在维持生物圈碳氧平衡中的作用进行阐述，介绍了碳氧平衡的意义，也把光合作用和呼吸作用建立了联系，帮助学生树立爱绿护绿、低碳生活的观念，也培养了学生树立"爱护植被，绿化祖国"的意识。

本节的技能训练——推理，值得我们教学关注，也是考试常考点。

成果总结

2018年伊金霍洛旗初中生物名师工作室第二次研修总结

2018年5月16日，初中生物名师工作室在市一中伊金霍洛分校举办了第二次全旗生物教师研修活动。

本次研修活动主要针对毕业年级复习内容进行，通过导师和工作室名师对教材、课标、考纲的解读和把握，指导全旗生物教师的教学研究，整体促进教师的素质和专业化发展。

第一节课是市一中分校的刘燕老师讲的《植物的生理》，以考点为导向，问题引领，讲授植物的三大生理作用相联系，通过不同类型的习题对本节知识点进行巩固和升华。

第二节课是北京的导师与刘老师同课异构讲授了《植物的生理》，导师为全旗教师上了一堂精彩的、全新的生物复习示范课。通过创设情境把三大生理作用有机联系起来，导师的课用不同的资料进行分析，突破各考点和难点，同时，导师的课注重培养学生的生物学核心素养，课堂信息量大，开拓了学生学习视野的同时也丰富了学生学习思路。

听课结束后，全部老师分为两组对两节课进行了评课和议课活动，给出了两堂课教学的优点和教学中可改进的建议。

市一中分校的刘燕老师进行讲座"《植物的生理》的教材分析"，刘燕老师分别对植物的光合作用、呼吸作用和蒸腾作用在中学生物教学中的重要地位进行分析，结合新课标和考纲的要求对三大作用进行了解读和分析。紧接着，四中的孙校长结合多年的高中生物的教学经验、初高中教学衔接角度，以及在中考中的考点分析，给出了《植物的三大生理作用》教学建议，指导了全旗生物教师对这部分重点内容的教学深度、广度和教学的方向。

下午，导师为全旗老师进行生物教材分析，关于示范课《植物的生理》，从实验的角度给出不同的相关探究实验方案，以及更广的教学思路。导师也为大家带来了北京优秀教师的一堂中考复习示范课，然后针对中考现状，给出高效复习课的教学建议——进行专题整合以及情境教学。教研室对本次教研活动十分重视，郭双喜主任也参加了本次教研。

本次研修活动在导师、工作室成员示范课和讲座引领下，互学共进，指导全旗生物教师进行教学研究，整体促进教师的素质和专业化发展。

我们全旗生物教师一直专注于提高全旗生物教学水平，努力钻研，我们的教研一直在路上。

【第三期初中生物名师工作室2018年第三次主题研修活动】

伊金霍洛旗第三期初中生物名师工作室 2018年第三次主题研修安排

伊金霍洛旗名师工作室将于2018年7月26日在伊金霍洛旗举办全国名师工作室成果展示活动，此次活动将举办生物工作室成果：赵洁老师讲公开课，我们所有成员进行评课议课。此次工作室研修安排如下。

研修主题：课堂观察——基于证据的听评课。本次研修活动课例：动物的运动。

评议课小组分配：如表1所列。

表1

教学目标达成情况分析	陈娜娜 周春莉 张丽娜
教学过程设计分析	刘燕 王智琼 余龙梅
学生学习活动和效果分析	周苗苗 赵慧 袁粒英 王晓斌 曹智勇 李强

具体安排：如表2所列。

表2

研修内容（初中生物）	主讲人	主持人
展示课	赵洁	刘燕
说课	赵洁	
分组评议课	工作室成员	
总结汇报	工作室成员	
导师讲座、示范课	导师	

精品案例

《动物的运动》教学设计

北京师范大学鄂尔多斯第二附属学校　赵　洁

一、教学指导思想

生物课程标准注重科学技术的发展过程、研究历程以及学生探究能力的培养，从而提高全体学生的生物科学素养。因此，在教学过程中，要改变"重科学结论，轻探究过程"的模式，要以学生的探究活动为主线，倡导探究学习，让他们像科学家从事科学探究那样来学习科学，领悟科学探究的真谛。在教学过程中，要充分体现学生的主体地位，充分发挥学生的积极性和主动性，使他们真正成为课堂的主人。因此，我们需要在教学中突出学生在课堂上的主体地位，充分发挥教师的主导作用，结合学生实际情况完成教学目标。本节课学生通过实验解剖、观察与思考、分析与合作交流等一系列活动，使学生认识运动系统的结构和功能，形成生物体结构和功能相适应的生命观念，培养学生的生物科学素养。

二、教学背景分析

1. 教学内容在课标中的地位与作用

生物课程标准（2011年版）课程内容的设定是以"人与生物圈"为主线，精选了十个主题，即科学探究；生物与环境；生物体的结构层次；生物圈中的绿色植物；生物圈中的人；动物的运动和行为；生物的生殖、发育与遗传；生物的多样性；生物技术；健康的生活。而"动物的运动"是新课标的第六大主题"动物的运动和行为"中的具体内容之一。动物的运动和行为的知识对学生认识动物的本质特征非常重要。动物的运动依赖一定的结构，教师应帮助学生在学习过程中理解结构和功能的统一性，培养学生的观察能力和学习兴趣。

2. 教材内容分析

《动物的运动》是人教版八年级上册第二章《动物的运动和行为》的第一节。在学习了《动物的主要类群》后学习动物的运动，是对前面知识的延展，起到了"承上"的作用；同时通过对《动物的运动》的学习，又为《动物的行为》打下了基础，起到了"启下"的作用。

本节主要包括运动的方式、运动的基础、运动的完成三部分内容，共用2课时进行学习。学生对动物的运动方式并不陌生，这方面的知识积累也较为丰富，因此这部分内容学生通过自学即可总结归纳。本节主要引导学生认识动物运动的结构基础，为下节揭示动物运动的本质打下扎实的基础。

3. 学情分析

八年级学生思维活跃，好奇心强，乐于动手实践，愿意表达自己的见解。但由于学生放假一段时间又来到学校，同时又是借班上课。因此，本节课从激发学习兴趣出发，从实际现象入手，充分调动学生学习主动性，学习动物运动的基础。

三、学习目标设计

1. 教学目标

①通过解剖观察鸡翅，描述的肌肉、关节结构，推测肌肉、关节功能，从而培养学生动手解剖、观察、分析和解决问题的能力。

②通过认识动物的运动依赖一定的结构，理解生物体结构和功能的统一性的生物学观点。

2. 教学重点

①描述运动系统的组成。

②描述肌肉、关节的结构和功能。

3. 教学难点

理解结构和功能的统一性。

四、教学过程

教学过程如表1所列。

表1

教学程序	教师活动	学生活动	设计意图
课前准备	每一桌都有剥去鸡皮的鸡翅，认识鸡翅的结构：硬—骨、骨与骨的连接——关节、附着在骨上的肌肉	生活和生物学相联系	先了解整体再研究细节

(续表1)

教学程序	教师活动	学生活动	设计意图
课堂导入	我也有一个鸡翅，虽然长相没什么特殊之处，但它非同一般，因为它会跳舞！（演示）大家快试试哪组桌上的鸡翅也能跳舞？说说怎么做出的这个的动作？肌肉到底有什么结构特点，使得牵拉它，鸡翅就能跳舞	学生体验、展示并揭秘	激发学习兴趣，引发学生思考；学生以小组为单位积极体验、思考、发表意见、讨论
合作探究	【探究活动一】方法指导：解剖肌肉，解剖是沿着生长方式剥离，如老师选中翅中上方的这块肌肉，先让它完整的暴露出来，再将它剥离成一块独立的肌肉，一定要保证这块肌肉的完整性和正常着生位置，不要将它切下	【探究活动一】任务要求：①至少解剖两块肌肉；②观察肌肉包括几部分；③观察肌肉在骨上的附着特点。结论总结：肌肉在骨上的附着特点，使得它利于执行什么功能？（牵拉体验）	通过解剖，培养学生动手操作和观察能力；通过点拨导议，启发学生思考，概括、总结出正确结论，从而培养学生分析、推理、概括、总结的基本学习方法。通过小组合作，培养学生的参与意识，让学生学会在学习中进行交流的基本方法。充分体现学生的"主体"地位
	【探究活动二】方法指导：从外向内观察，观察受阻时，可以切割阻碍，但尽量保证各结构的完整性。推测骨在运动中发挥什么作用？虽然课上不解剖骨，请课后观察骨的组成，上网搜集骨的相关资料，更深入地了解骨的结构和功能	【探究活动二】任务要求：认识关节的结构名称。结论总结：通过认识关节结构，推测关节具有什么功能？什么结构特点支持它执行这一功能？学生推测骨的作用	
	【探究活动三】本节通过解剖观察，认识了肌肉、关节的结构，推测了它们在运动中执行的功能，发现结构与功能之间有什么关系？今后学习中，要研究功能应该怎么做	学生通过在本节课探究过程中形成的规律，总结生物体结构和功能的关系。联系生活实际。带着疑问走出教室	
	【总结及延伸】肌肉、骨、关节是动作的直接执行者，这三个结构构成运动系统。介绍运动系统受损后急救措施。本节了解了运动系统各结构的功能，下节研究三者如何协调配合完成运动。以屈肘、伸肘动作为例，思考这个动作是怎么产生的？制作屈、伸肘运动模型	—	
反馈练习	完成学案	组内统一答案	检测目标达成

五、板书设计（见图1）

第一节　动物的运动

运动系统 { 肌肉→牵拉
骨→支持
关节→灵活
结构→功能 }

图1

成果总结

基于核心素养的生物教学实效性探究
——伊金霍洛旗初中生物名师工作室2018年第三次研修总结

2018年7月26日，伊金霍洛旗初中生物名师工作室在全国名师工作室联盟首届工作室创新发展特色成果博览会上召开成果展示分会。工作室导师——北京教科院生物专家、初中生物名师工作室全体成员和各校生物任课老师、以及来自全国各地工作室优秀教师四十余人参加本次研修活动。会议由工作室主持人助理刘燕老师主持。

首先，刘燕老师对参会的各位老师表示诚挚的欢迎，并着重介绍了工作室"1＋1＋X＋N＋Z"的教研理念，同时强调"工作室各成员应在学习、思考、实践、反思、总结的过程中，把先进的教育理念、独特的教学风格、精妙的教学技巧、灵活的教学方法，渗透和辐射到工作室成员的教学中去。从而推进伊旗初中生物教师队伍建设，促进学生的全面发展"。

之后，北京师范大学鄂尔多斯第二附属学校的赵洁老师和市一中分校的孩子们为大家带来了一节展示课《动物的运动》。赵老师通过创设新颖、有趣的《鸡翅跳舞》活动进行情景导入，充分激发了课堂探究学习的兴趣。课堂中，赵老师通过问题引领，让学生亲历观察实验、提出问题、获取证据、找到规律等过程，来学习本节课关于动物运动的结构基础，通过学生亲身体会科学探究过程，使学生掌握生物学习重要的方法，培养学生解剖实验操作能力、提出问题能力、分析问题能力，帮助学生树立"结构与功能相适应"的生命观念。

接下来，工作室成员分为三个组，分别围绕教学目标达成情况分析、教学过程设计分析、学生学习活动和效果分析进行分组评课，参会的其他教师也加入到不同的组参与研讨，现场研究气氛浓厚。三十分钟后各组进行汇报，从不同的角度分析评价本节示范课，同时给出改进建议。与会教师也积极参与，普遍认可我们的分组评课模式和基于数据客观评课的做法，同时给出建议："关于目标达成情况分析，应对标进行分析；关于学生活动和效果分析应关注学生提出的问题是否给予解决。"来自我市准格尔旗民中的刘战老师也做了点评，对于导入、教学设计又给出新的思路。参会老师的点评诚恳，把研讨会推向高潮。

评课结束后，导师做了精彩的示范课《先天性行为和学习行为》。导师的课堂起点高、信息量大，直击生物学自然科学本质，以实验探究为主线，培养学生解决问题的方法和科学思维的能力。他授课的理念和教学的方法展现出大家风采，为我们的教学指明了方向。

下午，导师对赵洁老师的课做了点评，然后对自己的示范课进行了说课活动。紧接着，导师做了"生物学课堂教学的实效性及其教学策略"的讲座，内容是：教师如何在实际教学中获得生物学事实、证据，如何在事实、证据的基础上帮助学生形成重要概念，再进一步渗透生命观念，提高学生在真实情景下解决问题的能力。导师强调，生物教学过程中应重视实验室工作，在实验室的探究才是真探究，才能培养学生的"科研态度"，让学生关注"生物技术"，在探究实验的过程中培养学生生物科学核心素养。他建议教师每学期真正在实验室开展1~2个跟踪实验。

一天的教研活动紧凑、充实。在导师的引领下，我们明确了教学、教研的思路和方法。相信先进的教学理念、科学的教学方法，会逐步渗透、辐射到我们的课堂中，从而促进学生的全面成长。

【第三期初中生物名师工作室2018年第四次主题研修活动】

伊金霍洛旗第三期初中生物名师工作室2018年第四次主题研修安排

根据我旗以"1+1+X+N+Z"为核心理念的生物名师工作室2018年工作规划,为了充分发挥名师、工作室成员的专业引领、带动、辐射作用,推进伊旗初中生物教师队伍建设。生物名师工作室将于2018年11月29日举行本年第四次研修活动,本次研修活动通过名师工作室开展示范课观摩,各校教师互相学习和交流,共同达到提高教学水平的目的。此次工作室研修安排如下。

研修主题:基于核心素养的生物示范课观摩和评课。

随着我国学生发展核心素养体系的重视,教材和教学都以发展学生的核心素养为纲要,听评课活动也需要围绕着发展学生的核心素养而不断改进。本次研修活动内容包括:工作室成员示范课、说课,分组评课、集体研讨。

具体安排:如表1所列。

表1

内　容	主讲人
工作室示范课《开花和结果》	陈娜娜老师 伊旗一中
工作室示范课《人的性别遗传》	张敏老师 伊旗四中
说课	陈娜娜老师 张敏老师
分组评课	全体成员
筛选习题、下月任务分配	全体成员

分组评课表：如表 2 所列。

表 2

分 组	成 员	评 价
1	王晓斌、白丽芳、郭瑞林、王楠等四中老师、赵慧李智红	教学目标预设与达成情况分析
2	周春丽、张丽娜、郭琼琼、蒋广飞、刘露等一中老师	教学过程设计分析
3	王智琼、刘燕、赵洁、周苗苗、曹志勇、袁粒英、余龙梅	学生学习活动和效果分析

精品案例

《人的性别遗传》教学设计

伊旗四中　张　敏

一、教学目标

①描述男女体细胞中染色体的差别。

②解释生男生女机会均等的原理。

③能够通过模拟实验，探究生男生女的比例，并解释实验结果。

④体验科学探究的快乐；能用科学的态度看待生男生女的问题。

二、教学重点和难点

利用染色体的遗传规律，解释生男生女机会均等。

三、教具

教师：PPT 课件、相关的图片和视频、模拟实验的准备。（扑克牌红黑颜色配备、统计表等打印）

学生：课前自主预习，查找关于生男生女问题的看法。

四、教学过程

教学过程如表 1 所列。

表 1

教学内容	教师活动	学生活动	教学意图
导入	创设情境：小品《生男生女取决于谁》片段。提出生男生女是许多人关心的问题，那么生男生女的秘密是什么呢？（板书：第四节人的性别遗传）	观赏聆听、辨别	通过视频让学生以饱满的热情走进课堂

（续表1）

教学内容	教师活动	学生活动	教学意图
男女染色体的差别	关于男女问题，为什么同学们有的是男孩儿？有的是女孩儿？	小组观察讨论，完成四道讨论题，并分享他们的发现	小组合作学习，有利于发现问题解决问题，共同学习探讨
	这么热点的话题，当然也受到科学家的关注，科学家首先对于男女性别差异，集中到男性和女性染色体的观察。（板书：一、男女染色体的差别）接下来学生阅读课本39—40页并从中捕获信息；小组合作，完成40页讨论题。讨论开始。引导学生发言，归纳总结	生：男女染色体的区别，在于最后一对色体，称为性染色体。因为它们与别的染色体不同，与性别有关，因此称为性染色体	以科学家的角度分析，有利于培养学生的科学意识，锻炼他们的语言表达能力和勇于发言的自信和勇气
	人体细胞内有23对染色体，最后一对与性别决定有关的染色体，称为性色体，剩下22对染色体与性别决定无关，我们称为常染色体。女性有一对性染色体为XX，男性的性染色体为XY。以性染色体为判断依据，卵细胞和精子的是怎样的呢？（展示图片）请说出你的依据？	生：左图为男性的染色体，右图为女性染色体。依据是：科学家发现男性的性染色体形态差别较大，分别为X染色体和Y染色体，为男性；女性的性染色体一样，都是X染色体。生：Y染色体较小，X染色体较大	利用已有的知识解决问题，将新旧知识联系起来，有利于学生更好理解和掌握
	女性的卵细胞和男性的精子各有多少种？	在男性的精子和女性的卵细胞中，各有1条性染色体。因为在形成精子或卵细胞时，染色体减半。男性有2种精子，分别是含有X染色体的和含Y染色体的。女性有1种卵细胞，为含X染色体的	分析描述，看出差异
	试一试，描述正常人体细胞中染色体的组成	22对常染色体+1对性染色体	归纳总结，对男女染色体的差别进行小结和检测学生的学习效果
	写出自己体细胞和生殖细胞中染色体的组成。检测判断，归纳	男：体细胞22对+XY 生殖细胞22条+X或22条+Y 女体细胞22对+XX 生殖细胞22条+X	—

(续表1)

教学内容	教师活动	学生活动	教学意图
生男生女机会均等（趣味游戏）模拟人的受精过程	人的性别在何时已经决定了？受精卵是个体发育的起点。什么情况下会生出女孩或男孩？生男生女的机会是均等的吗	性别在受精的时候就已经决定了。猜想：生男生女机会均等	承上启下，引出对于生男生女的思考
	接下来我们可以通过一个模拟实验，来验证大家的猜想是否正确。我们以游戏的形式，来探讨男生女的比例。我们游戏的主题是：模拟人的受精过程。材料包括：扑克牌、数据统计表。扑克牌有两种颜色，黑色和红色，黑色代表含Y染色体的精子，红色代表含X染色体的精子和卵子；将10张黑点扑克和10张红点扑克放在一起，这20张扑克表示精子；将20张红点扑克放在一起，这20张扑克表示卵细胞；四人一组，一个代表父方，一个代表母方，第三位同学负责随机抽取，第四位同学记录；完成统计表，小组内先对游戏的结果进行分析，总结。最后汇总小组内产生的男、女数量；注意：每次取完后要将扑克放回去，打乱均匀再取，共记录10次。（边介绍边演示）	学生聆听回答，各小组根据规则分组进行游戏	以学生常见的扑克牌，能够吸引学生的兴趣，还能激发学生学会观察生活，对实验材料进行创新
	（展示小组表格数据） 精子和卵细胞随机结合的实验数据统计表格 初二___班 小组成员___ | 模拟次数 | 第1次 | 第2次 | 第3次 | 第4次 | 第5次 | 第6次 | 第7次 | 第8次 | 第9次 | 第10次 | 总计/次 | | 黑红组合 | | | | | | | | | | | | | 红红组合 | | | | | | | | | | | | （注：黑点代表含Y染色体的精子，红点代表含X染色体的精子和卵细胞；用"√"表示抽到的组合类型） 本小组的实验结果是：黑红____次，红红____次，黑红：红红 = ____ : ____	率先完成的小组代表汇报游戏分工和结果分析。黑红所代表的性别表现为男性，红红所代表的性别表现为女性，所以后代的男:女 = ____ : ____	游戏中倡导学生主动参与，学习分工合作，勤于动手，乐于探究，亲身体验获取知识的过程

（续表1）

教学内容	教师活动	学生活动	教学意图
性别是由基因决定的	根据男女性染色体的组成可以判断，黑红所代表的性别表现为_____，红红所代表的性别表现为_____，所以后代的男：女＝____：____。这个小组的数据是不是可以作为结论呢	不可以，要多次实验取平均值	一个小组的实验结果可能与学生猜想有所出入，这就引起学生对探究实验数据的思考，要多次实验取平均值。调动全班参与的热情，让每一个小组积极发言
	我们看看其他小组的结果，共同来统计班级的数据	各小组代表汇报结果，一位学生代表协助录入	以实验数据引导学生得出结论，验证猜想
	（分析数据）全班总的生男生女的数量，接近于1：1。（一旦出现不是均等的，可以解释为本实验属于统计概率实验，次数越多越能接近实际，那是正常的现象，由于我们统计的数量是很少的，全班累计不足一百）通过这个游戏我们可以得出什么结论	生男生女的机会是均等的	教师通过观察发现游戏中的不足与学生探讨，有利于促进学生培养科学探究的意识
	因为受精过程需要精子和卵细胞结合，如果只有精子，怎么可能形成受精卵产生后代，所以做实验也要注重科学性。其实从理论上，我们来看看遗传图谱，同样可以证明这个结论。（展示图片）什么情况下生出女孩？什么情况下生出男孩？从中我们发现了什么	当含有X染色体的精子和卵细胞结合，后代为女孩；当含有Y染色体的精子和卵细胞结合，后代为男孩。生男生女机会均等，主要是受到父亲精子类型的控制	分别从游戏和遗传图谱，加深对于生男生女机会均等的认识
	人的性别是由性染色体决定的。性别也属于人的性状，性状是由什么控制的	基因	提高学生观察和归纳总结能力
	性染色体是否有与性别有关的基因呢？请大家观看视频给出答案。总结：性别决定与性染色体有关，还会受到基因控制	有，X染色体和Y染色体上都有与性别决定有关的基因	回顾就旧知识，基因控制生物的性状，同样性别也不例外

(续表1)

教学内容	教师活动	学生活动	教学意图
课堂小结	男女染色体的差别： ①常染色体：22 对 ②性染色体：男性：XY 　　　　　　女性：XX ③体细胞： 男性：22 对常染色体＋XY 女性：22 对常染色体＋XX ④生殖细胞： 卵细胞：22 条常染色体＋X 精子：22 条常染色体＋X 或 22 条常染色体＋Y 生男生女机会均等	学生和老师共同总结	共同完成本节课的小结和知识点的巩固
课堂练习	①从理论上讲，生男生女的可能性为（　） A. 1∶1　　B. 2∶1 C. 3∶1　　D. 4∶1 ②如果一对夫妇第一胎生了一个女孩，那么第二胎生一个男孩的概率是（　） A. 50%　　B. 100% C. 75%　　D. 25% ③人的精子内染色体的组成，可以表示为（　） A. 22 条＋X B. 22 条＋Y C. 22 条＋X 或 22 条＋Y D. 22 对＋XY	全班做题	检验学生的学习效果，强调做题的方法，注意关键字眼的捕捉

五、板书设计（见图1）

第四节　人的性别遗传

一、男女染色体的差别

	男	女
体细胞	22 对＋XY	22 对＋XX
生殖细胞	22 条＋X 22 条＋Y	22 条＋X

二、生男生女机会均等

图1

六、教学反思

本节课的教学设计首先由视频引入新课，较好的激发了学生的求知欲，接着安排学生小组合作学习，有效地掌握了基础知识、落实了教学重点，并设计了教学活动，课中游戏式的模拟探究实验，既使学生对难点知识的理解不断加深，又能让学生寓乐于学，始终保持较高的学习热情，同时适当渗透了思想教育，让学生学会关注生活、关注社会、培养社会责任感。在前面学习的性状、基因控制生物性状及显性基因和隐性基因等遗传学方面的知识后，自然过渡到一个特殊的性状遗传，即性别遗传。性别是一种特殊的性状，对正处于青春期的中学生的确存在着神秘感，自然而然地成为学生感兴趣的话题，学生的学习积极性也很高。另外，社会上一些人仍存在着重男轻女思想，特别是在经济落后的地区，母亲生出女孩而遭到家庭成员冷落和责备的现象并不少见。虽然大多学生已经通过各种渠道初步知道了生男生女的责任并不在母亲，但更渴望从理论上弄清楚生男生女的道理。在教学的过程中，我主要采取了自主学习，小组合作学习的学习模式，通过学案引导学生一步一步揭开性别遗传的奥秘。在全班的交流会中，把握学生能够讲清楚的，老师尽量不要包办的原则，鼓励学生完成的表述，质疑，评价，锻炼学生的语言表达能力和自信心。

教学设计《植物的开花和结果》（1课时）

伊旗一中　陈娜娜

一、教学目标

知识性目标：认识花的基本结构，说出花各部分的功能；概述开花授粉的过程；说出植物果实的结构及其形成过程。

技能性目标：观察花和果实的结构，掌握观察的基本方法；通过描述花的传粉和受精过程，培养学生的口头表达能力。

情感性目标：认识花、果实、种子对被子植物遗传的重要意义；让学生养成爱护花草、珍惜果实、热爱大自然的情感。

二、教学重点与难点

（一）教学重点

①识别花的结构，并说出其各部分的主要功能。

②观察果实的结构及果实的形成过程。

③说出植物果实的结构及其形成过程。

（二）教学难点

①说出传粉受精及果实的形成过程。

②分析讨论，对于植物繁衍后代来说，花的哪些结构是最重要的。

三、教学准备

（一）教师准备

①花生果实。

②FLASH：传粉；绿色开花植物的双受精过程。

③视频：开花（2个片段）；花的基本结构。

（二）学生准备

预习课本。

四、教学过程（见表1）

表1

教学内容	教师活动	学生活动
导入新课 （3分钟）	[观看]：请同学们欣赏中国十大名花。 [展示]：秋天丰收的美丽画面。 [提问]：那么花究竟是怎样变成果实的？下面就让我们一起来探索开花和结果的奥秘吧	认真观赏
开花 （10分钟）	[演示PPT的图片]：桃花、荷花、菊花、梅花图片。 [提问]：这四种花在哪个季节开放？影响它们开放的因素是什么	回答：桃花春天开，荷花夏天开，菊花秋天开，梅花冬天开。 思考。（问题有一定难度）
	[提问]：不同的花为什么要在不同的季节开放？即开花受什么条件影响？ [提示]：拿春天与秋天相比，哪一个季节的白日较长	集体回答：春天白日长。总结出春天光照时间长，植物的开花应与光照有关

(续表1)

教学内容	教师活动	学生活动
开花 （10分钟）	[演示]：白居易的诗"人间四月芳菲尽，山寺桃花始盛开，长恨春归无觅处，不知转入此中来。" [提问]：山上的桃花开花迟的主要因素是什么？ [总结]：绿色开花植物都有开花的习性，花的开放受光照、温度等外界条件的影响。 [讲述]：在适宜的环境条件下，绿色开花植物长到一定的阶段，就会开花	思考片刻回答：温度。山上温度低，桃花开花迟
	[播放视频]：开花（一）。 [想一想]：什么叫开花？ [讲述]：植物的花五彩缤纷，绚丽多姿，但花的基本结构却是相同的	欣赏开花的现象。 通过观看直观地说出：开花就是花瓣展开来的现象
花的结构 （12分钟）	[播放视频]：花的基本结构。 [演示]：花的基本结构，请同学们边观察边回答各部分结构名称	了解花的基本结构
	[演示PPT照片]：百合花各部分结构照片	进一步巩固花的基本结构
	[讨论]：一朵花中，什么是最主要的部分？为什么	有同学脱口而出：花瓣。 认识到开花时，花瓣展开的目的是让花蕊露出来进行传粉活动，花冠鲜艳的色彩是为了吸引昆虫或鸟类来进行传粉
	[播放视频]：开花（二）和传粉。 [提问]：传粉后，子房内发生了什么变化	看视频
	[播放FLASH动画]：绿色开花植物的双受精过程。 [描述]：花粉落在柱头上，在柱头上黏液的刺激下萌发，长出花粉管；花粉管穿过花柱进入子房，到达胚珠；花粉管中的精子随着花粉管的伸长向下移动，最终进入胚珠内部；胚珠里的卵细胞和精子结合形成受精卵	带着问题观看FLASH动画。了解绿色开花植物的受精过程，认识到雄蕊提供精子，雌蕊提供卵细胞，受精后形成的受精卵发育成胚
	[过渡]：什么是一朵花中最主要的部分，为什么	回答：花蕊（雄蕊和雌蕊）。 因为它们与果实和种子的形成有关

(续表1)

教学内容	教师活动	学生活动
果实的结构 （10分钟）	[出示]：各种果实图片。 [猜谜]："麻屋子，红帐子，里面住着个白胖子。" 这个谜语的谜底是什么	齐声回答：花生
	[观察]：花生的果实，按照从外到内的顺序，认识花生果实的结构。注意果皮和种子的形态、颜色、手感等	以同桌为单位进行小观察
	[提问]："麻屋子""红帐子""白胖子"分别指什么？ 花的哪一部分将来发育成果实和种子？ 花生结在地面下，为什么它是果实	积极思考回答：分别指果皮、种皮和胚。 子房——果实； 胚珠——种子； 子房壁——果皮。 果实主要由果皮和种子组成
	[讲述]：完成受精作用后，花柄、花托、花萼、花瓣、雄蕊、雌蕊的花柱都凋落了。子房慢慢发育成为果实，子房内的胚珠发育成种子。受精卵发育成为胚	思考
	[识别]：我们平常食用的小麦、玉米、西瓜、葡萄、黄瓜、蚕豆、绿豆、西瓜子、葵花子、杏仁、芝麻分别是什么	饶有兴趣地抢答。对西瓜子和葵花子属于种子还是果实有争议
课堂小结与练习 （5分钟）	[总结]：花的结构略。 展示练习题目	能用大括号的形式写出花的基本结构。 阅读题目且思考、说出答案

五、板书设计（见图1）

```
         第3单元  第1章  绿色植物的一生
              第五节  植物的开花和结果
一、开花
1. 花的概念：花是绿色植物开花的生殖器官。
2. 开花的定义：开花是指花瓣的等展开来的现象。
二、花的结构
1. 花的结构与其功能
        ┌ 花柄：连接茎和花
        │ 花托：着生花的各部分
        │ 花萼：开花前保护花的内部结构
        │ 花瓣：保护花的内部结构；招引昆虫传粉
花的结构┤ 雄蕊 ┌ 花丝：支持着花药
        │      └ 花药：里面有花粉
        │ 雌蕊 ┌ 柱头：接受花粉
        │      │ 花柱：连接柱头和子房
        └      └ 子房（内有胚珠）：发育成果实（胚珠发育成种子）
三、果实的结构
```

图1

成果总结

2018年伊金霍洛旗初中生物名师工作室第四次研修总结

2018年11月29日，全旗生物教师相聚在伊旗一中，参加生物名师工作室的本年第四次研修活动，本次活动的主题是：基于核心素养的生物示范课观摩和评课。

第一节，全体老师集体观摩了伊旗一中陈娜娜老师的示范课《开花与结果》。陈老师熟练运用东师理想资源和信息技术，精彩地展示了一节生物教学与信息技术相互融合的现代课堂。陈老师的课堂设计了丰富的学生活动，学生课堂参与度高；同时精心地准备了各种鲜花进行课堂实验，让学生更好地认识花的基本机构；最后，课堂及时检测，及时讲解。本节课最终达成了最初的教学目标。

第二节由伊旗四中张敏老师展示示范课《人的性别遗传》。张老师新颖的导入吸引了在场的师生，课堂突出学生学习活动的时效性，学生活动层层递进；同时，张老师设计了模拟生男生女的创新实验，用扑克牌替代课本中的黑白旗子，让学生通过模拟实验体会生男生女机会均等；最后，通过一个视频总结了人的性别遗传的重要知识。

之后，由两位授课教师进行了说课，对课程设计意图、重难点突破方法以及个人反思进行了重点阐述。随后，全体老师分组分角度进行了评课。第一组由四中的王晓斌老师、白丽芳老师和二中的赵慧老师、李智红老师对教学目标预设与达成情况进行分析；第二组由一中的周春丽老师、蒋广飞老师等对教学过程设计分析；第三组由市一中分校的王智琼老师、刘燕老师等和北二附的赵洁老师、周苗苗老师对学生学习活动和效果分析。20分钟后，各组派代表进行了评课意见汇报。

授课教师有种意犹未尽的感受，认真听取了老师们的评课意见和建议，真想再上一节改进课！教师们在互相学习和讨论交流后结束了本次研修活动。工作室就是希望在每一次公开的观摩示范课中，通过讲课、说课、评课活动，互相学习和交流，从而促进教师对生物学核心素养理念在生物教学中的贯彻和实施，实现我们的生物课堂更高、更远的教学目标，使我们的生物教学能从"育分"上升至"育人"。

【第三期初中生物名师工作室2018年五次主题研修活动】

伊金霍洛旗第三期初中生物名师工作室
2018年第五次主题研修方案

根据我旗以"1＋1＋X＋N＋Z"为核心理念的生物名师工作室2018年工作规划，为了充分发挥名师、工作室成员的专业引领、带动、辐射作用，推进伊旗初中生物教师队伍建设。生物名师工作室将于2018年12月18日举行本年第五次研修活动，本次研修活动继续通过名师工作室开展示范课观摩，各校教师互相学习和交流，共同达到提高教学水平的目的。同时，对工作室组织的教师们进行的精编习题进行筛选和下次任务的分配。此次工作室研修安排如下。

研修主题：基于核心素养的生物示范课观摩和评课。

随着我国学生发展核心素养体系的重视，教材和教学都以发展学生的核心素养为纲要，听评课活动也需要围绕着发展学生的核心素养而不断改进。

本次研修活动内容包括：工作室成员示范课、说课，分组评课、集体研讨。

具体安排：如表1所列。

表1

内　　容	主讲人
工作室示范课 《绿色植物的呼吸作用》	刘燕老师 市一中分校
说课 分组评课	刘燕老师 全体成员
精编试题筛选 新任务分配	全体成员
工作室示范课 初二复习课	王智琼老师 市一中分校
说课 分组评课	王智琼老师 全体成员

分组评课表：如表2所列。

表2

分组	成　　员	评　　价
1	赵洁，周苗苗，曹志勇，袁粒英，余龙梅，李智红	教学目标预设与达成情况分析
2	王晓斌，白丽芳，郭瑞林，王楠，张敏，高霞，赵慧	教学过程设计分析
3	陈娜娜，周春丽，张丽娜，朱婷，蒋广飞，刘露	学生学习活动和效果分析

精品案例

植物的呼吸作用

鄂尔多斯市一中伊金霍洛分校　刘　燕

【课标要求】

义务教育生物学课程标准（2011年版）在"课程内容"部分"生物圈中的绿色植物"主题中提出以下要求。

绿色植物的光合作用和呼吸作用：如表1所列。

表1

具体内容	活动建议
描述绿色植物的呼吸作用	调查生产中利用植物光合作用和呼吸作用原理的有关措施

绿色植物对生物圈有重大作用：如表2所列。

表2

具体内容	活动建议
说明绿色植物有助于维持生物圈中的碳氧平衡	—

【课标解读】

①《绿色植物的呼吸作用》是七年级上册第三单元第五章第二节的内容，属于"课程标准"十大一级主题之一——生物圈中的绿色植物的相关内容。

"生物圈中的绿色植物"主题是新课程体系中的重要组成部分。本节课是《绿色植物与生物圈中的碳—氧平衡》的第二节内容，课标中对"生物圈中的绿色植物"中第二节《绿色植物的呼吸作用》这一主题的重要概念梳理主要为：在生物体内，细胞能通过分解糖类等获得能量，同时生成二氧化碳和水。

②本节课的具体内容为：描述呼吸作用的过程；说出呼吸作用是生物的共同特征；说明绿色植物有助于维持生物圈中的碳氧平衡。因此在本节的实际教学中，还需要侧重帮助学生建立更为具体的概念，如细胞利用氧，将有机物分解成二氧化碳和水，并且将储存在有机物中的能量释放出来，供给生命活动的需要，这个过程叫作呼吸作用。呼吸作用主要是在线粒体内进行的，其实质就是有机物分解，释放能量。呼吸作用的强弱常常是生命活动强弱的标志，影响着植物体的生长发育，关系到农作物的产量和品质。例如，农田适时松土，遇到涝害时排水；贮藏粮食时，保持干燥和低温；贮藏水果、蔬菜时，降低温度或氧浓度，等等。

【教学目标】

知识方面：描述呼吸作用的过程。

能力方面：观察演示实验，分析实验现象，得出实验结论。

情感态度与价值观方面：围绕生物圈中的碳—氧平衡问题，关注和探讨人类活动对生物圈的影响。

【教学重点】

呼吸作用的过程。

【教学难点】

①对呼吸作用三个演示实验现象的准确分析。

②呼吸作用为生命活动提供能量。

【学情分析】

本节的重点是呼吸作用的过程，难点是能对呼吸作用的三个演示实验现象作出准确分析，得出呼吸作用为生命活动提供能量的结论。

突破方案：

用三组演示实验构成问题串：种子在萌发过程中发生了能量变化吗？萌发种子中的有机物最终转变成了什么物质？在转变过程中还需要哪些物质的参与呢？通过引导学生分析实验现象，层层深入地启发学生逐步认识呼吸作用的过程，从而顺理成章地得出呼吸作用的概念。

①做好三个演示实验,并能通过引导学生观察实验现象、分析讨论,得出植物的呼吸作用对维持植物自身的生长、发育、繁殖都是极为重要的。

②以演示实验为依托,从分析实验想象入手,推测出呼吸作用的原料、产物以及有机物分解和释放能量的实质,揭示呼吸作用的实质。

③需要向学生说明两个问题,第一,绿色植物通过呼吸作用,为自身的生长、发育和繁殖提供所需要的能量;第二,绿色植物制造的有机物通过食物链又能进入其他生物体内,参与构建其他生物体,并为这些生物的生命活动提供能量。在这些生物体内,有机物分解、提供能量的方式都是基本相似的,都是通过细胞的呼吸作用释放能量。所以说,一切活的生物体都在时刻不停地进行呼吸作用,一旦呼吸作用停止生命也就终结了。

【教学方法和手段】

呼吸作用是本节课的重要概念,在此基础上,揭示呼吸作用的实质。因此,以演示实验为依托,从分析实验想象入手,推测出呼吸作用的原料、产物以及有机物分解和释放能量的实质,揭示呼吸作用的实质。然后结合此前所学的光合作用的知识,进一步认同绿色植物在维持生物圈的碳—氧平衡中的重要作用。

【教学过程】如表3所列。

表3

环节	教师活动	学生活动	教学意图
联系生活实际,导入新课题	"想一想,议一议": 有人认为,绿色植物通过光合作用吸收二氧化碳,释放氧气,能够更新居室的空气,于是在卧室里摆放多盆绿色植物。你认为这种做法科学吗?为什么? 其实,植物除了能进行光合作用外,它和我们人一样,也要进行呼吸,即呼吸作用。那么,呼吸作用在植物体上是怎么表现的呢?这就是我们今天要学习的内容:绿色植物的呼吸作用(板书)	复习之前学过的光合作用的原料和产物等知识,结合生活实际,思考新问题	创设问题情境,激发学生兴趣,温故知新,引起思考

(续表3)

环 节		教师活动	学生活动	教学意图
绿色植物呼吸作用过程	演示实验一：有机物分解时释放能量	【演示讲解】在上课的前一天，老师用两个暖水瓶装种子，甲瓶中装的是萌发的种子，乙瓶中装的是煮熟的种子，并往瓶中各插入一支温度计。现在请你观察两只温度计显示的温度有什么不同。 【演示】由学生代表配合，向学生展示。 【提问】两种温度的对比说明了什么？即种子在萌发过程中发生了能量变化吗？ 【进一步概括】种子在萌发过程中，其中的有机物发生了变化，释放出能量，一部分能量用于种子萌发，还有一部分能量以热能的形式散失了。（板书）	倾听并了解演示实验的装置。 观察并记录两支温度计的度数。分析实验结果，思考问题，得出结论：说明萌发的种子释放出了热能，而死的种子不能释放能量	运用对照演示实验，引导学生分析过程，得出结论。在此过程中，培养学生的分析问题的能力，以及根据实验现象得出结论的科学探究能力
	演示实验二：有机物分解产生二氧化碳	【提问】伴随着这种能量的产生，细胞中的有机物发生了怎样的变化呢？ 【演示讲解】瓶中是萌发的种子。实验开始时阀门是关闭的，过一段时间后，往瓶子里注入清水，打开阀门，使瓶内的气体进入试管。观察澄清的石灰水发生了什么变化。（提示：二氧化碳具有使澄清石灰水变浑浊的特性） 【引导讨论】种子在萌发过程中放出了什么气体？ 【进一步概括】科学实验证明，二氧化碳来自种子里的有机物。有机物在彻底分解时不仅产生二氧化碳，还产生水。（板书）	质疑，进一步探究。 倾听并了解演示实验的装置。 观察实验现象，根据结果，得出结论：实验中澄清的石灰水变浑浊了，说明种子萌发时放出了二氧化碳	同上
	演示实验三：有机物分解需要氧的参与	【演示讲解】甲瓶装有萌发的种子，乙瓶装有等量的煮熟的种子，把甲、乙两瓶同时放到温暖的地方。24小时以后，观察蜡烛在甲、乙两瓶中的燃烧情况。 【引导讨论】为什么蜡烛在甲、乙两瓶中的燃烧情况不一样？ 【进一步概括】科学实验证明，有机物在彻底分解成二氧化碳和水时，需要氧的参与。（板书） 【资料】引导学生阅读小资料：在特殊情况下，细胞中的有机物没有氧的参与也能分解，但是分解得不彻底，释放出的能量也比较少	倾听并了解演示实验的装置 观察实验现象，根据结果，得出结论：甲瓶里的氧气被萌发的种子吸收了。 阅读资料，扩展知识	同上

(续表3)

环 节	教师活动	学生活动	教学意图
归纳总结	引导学生总结呼吸作用的过程。 【提问】呼吸作用是在细胞的什么结构完成的呢？ 引导学生将反应式补全。（板书）	细胞利用氧，将有机物分解成二氧化碳和水，并且将储存在有机物中的能量释放出来，供给生命活动的需要，这个过程叫呼吸作用	通过总结呼吸作用的过程，培养学生归纳概括的学习能力。 温故知新，复习之前学过的植物细胞的结构——线粒体的功能
实际应用	【提问】1. 为什么农田要适时松土，遇到涝害时要排水？ 2. 为什么在贮藏粮食时要保持干燥和低温，在贮藏水果、蔬菜时，要降低温度或氧浓度	质疑，释疑。 用所学知识分析农业生产实践中的具体问题	通过分析问题，培养学生将所学知识运用于实践的能力
呼吸作用是生物的共同特征	【提问】回忆"食物链中有机物和能量传递"的知识。想一想，除了植物，食物链上的其他生物是如何获得能量的	回忆旧知，联系新知，得出结论：其他生物也是通过细胞的呼吸作用，获得生命活动所需的能量。也就是说，呼吸作用是生物的共同特征，其实质都是有机物分解，释放能量	通过回忆旧知，联系新知，引导学生得出科学的结论
比较光合作用和呼吸作用	【提问】我们学习了植物的光合作用和呼吸作用，它们都涉及了有机物、氧、二氧化碳和水等物质，还有能量的变化，那么光合作用和呼吸作用有什么联系呢？ 播放视频：《呼吸作用与光合作用的关系》	思考问题，观看视频，通过总结，归纳比较	通过问题引领，观看视频，进而归纳出呼吸作用与光合作用的异同以及它们之间的关系

(续表1)

环 节	教师活动	学生活动	教学意图
绿色植物在维持生物圈碳—氧平衡中的作用	【讲述】光合作用的过程很复杂，但至少我们知道了它需要二氧化碳，产生氧气。空气中氧气含量为20.960%，二氧化碳含量为0.035%，二者在大气中的水平相对稳定，这叫作碳—氧平衡。植物的出现才使得其他生物繁衍生息、生机勃勃成为可能，是植物的光合作用维持了这样美好的和谐的一种平衡。那它会不会被打破呢？引导学生列举人类活动破坏碳—氧平衡的实例。 【提问】作为生物圈的一员，在日常生活中，我们在护绿与低碳方面应该做些什么呢	认真倾听，了解碳—氧平衡。 学生列举人类活动破坏碳—氧平衡的实例。 从生活中的小事做起：节水节电，节省用纸，拒绝使用一次性筷子，爱护花草树木，义务植树等	从维护生物圈中碳—氧平衡的角度出发，帮助学生深入理解"人类活动对生物圈的影响"这一重要概念。通过生活中的小事入手，使学生认同低碳生活的重要价值，形成保护环境的迫切感和使命感

成果总结

2018年伊金霍洛旗初中生物名师工作室第五次研修总结

2018年12月18日全旗生物教师相聚在鄂尔多斯市一中伊金霍洛分校，参加生物名师工作室的本年第五次研修活动，本次活动的主题是进行基于核心素养的生物示范课观摩和评课（2）。

第一节，全体老师集体观摩了市一中分校刘燕老师的示范课《植物的呼吸作用》，刘老师的课堂从思维课堂入手，整节课从认识呼吸现象开始，逐步分析实验结论，最后认识植物呼吸作用的实质，并深入分析植物不同器官呼吸作用的强弱，归纳出呼吸作用的强弱代表着植物生命活动的强弱，并分析植物出现"种子堆散热""菜窖留有通风口"的原因分析，将知识学以致用。最后得出呼吸作用的实质及其特征。第二节课全体老师对刘老师的课进行分组评价,老师们对本节课进行了深入分析、讨论和交流,老师们也从不同的角度给刘老师的课提出建设性改进意见,在这节课程教学中,提升学生的核心素养,就需要关注实验开展、与生活实践联系、关注学生思维力的提升等。第三节课全体老师观摩学习了王智琼老师的初二复习课《传染病和免疫》,王老师的课堂节奏紧凑,既关注和知识间的脉络,又注重学生解读教材,师生谈话式教学将本章易错点、难点突破,同时通过巩固练习加深难点理解。

核心素养在生物教学中的落实需要我们教师在每天、每节课的教学中进行深思,如何落实好核心素养才是我们的教学重点。通过工作室的研修活动平台,激发老师们的智慧火花,每位教师在这条路上不断摸索与努力,期望我们伊旗生物教学越走越远,越走越好!

【第四期初中生物名师工作室名师个人发展规划】

名师工作室个人工作规划

市一中分校　曹志勇

根据伊旗教体局名师工作室建设、管理与实施的相关文件精神,依托名师工作室平台,以课堂教学为主阵地,以课题研究为抓手,坚持自主学习与名师的示范、指导和辐射作用相结合的原则,开展教育教学研究活动。通过课题研究、优质课、示范课、公开课、专题讲座、微型课题、论文撰写等一系列的活动形式,不断促进工作室成员的专业发展,履行旗生物学科教学工作的引领示范作用,本人作为生物一级名师工作室成员、二级名师工作室主持人,特制定两年内工作计划如下。

一、指导思想

深入推进初中生物学教学改革,切实增强生物学教学工作的针对性、实效性和主动性。优化生物学教研工作方式,提升教师施教能力与自我发展能力,全面提高教学质量,促进学生品德与学科素养发展。

二、作为主持人职责

①确定工作目标。加强业务学习,提高自身素质;深化教学改革,提高课

堂效率；打造优秀团队，培养精英教师；扩大示范引领，提高教学质量；整理劳动成果，服务我校教育；提高成员专业素质，培养精英团队。

②名师工作室导师和成员职责划分。安排专人负责课题研究、教育科研、培养培训优秀教师、开发整合教育优质资源、微型课题、资料整合等工作。

③工作室成员根据个人的实际情况，科学制定个人两年专业发展规划，明确自己两年的发展目标和步骤。

④构建生物工作室教育教学资源库。

⑤建立生物工作室QQ群、微信群等交流平台。

三、作为主持人培养教师计划和预期成果

本工作室将努力研究与探讨骨干教师成长规律，带领我校青年优秀教师积极参加教育科研，不断充实和提高青年优秀教师的教育理论水平和教育科研水平，造就具有学科研究特色的骨干教师队伍。

1. 培养计划

①制定规划。结合旗级发展计划，制定专业发展的两年规划，尽快提高教育教学和科研能力，推动自我的专业成长。

②读书自学。积极参与系统学习学科的前沿理论与课程改革理论等读书活动，要求做好读书笔记并定期在工作室网络平台发表读后感言，交流心得体会，以同伴互助的方式实现成员的共同成长。

③专题研究。积极参加工作室确定的科研课题，做好课题的计划与研究过程的记录、整理、反思、总结、交流等。

④参加培训。通过校际、其他工作室联合教研活动，不断对教学行为进行反思重建，形成不同的教学风格，并在相互切磋中完善自己的教学行为。参加教研活动，承担我校生物学科的培训，发挥名师的示范引领作用。

⑤外出实践活动。创设条件，主动外出参观学习，更新观念，并在教学过程中进行尝试性实验。

⑥在承载研究的形态上，与我校的"五维一体"校本教研体系对接，主要借助集体备课、小课题研究、一课三磨和观课议课等教研形态推进研修活动的开展。

⑦名师辐射，行动研究。在研究路径上，坚持导师引领、名师辐射，以课例研究为抓手，采用情境感知、理性反思、实践改造等行动研究路径推进研究工作。

2. 预期成果

①以工作室为平台，以工作室全体成员的智慧为依托，针对我校生物教育教学实践中的重点、难点问题进行专题研究，积极撰写有关的专业论文、经验总结和报告。工作周期内至少完成一个校级以上的研究课题并取得相应成果，将成果以论文、公开课、专题、现场指导等形式在全校推广，以提高我校地理教学水平为根本目标。

②通过不断学习研究，实现工作室成员自我发展，不断提高。

③形成工作室成员富有个性的课堂教学风格和具有特色的精品课。

④做为人师表的楷模、课堂教学的能手、教学改革的闯将和教育科研的先锋。

四、个人具体规划

第一阶段：2020年11月—2021年7月

①根据自身基础和发展潜力，制定个人两年发展规划和年度计划，明确自身追求目标。

②围绕教师专业发展，争取研读两本教育著作，并写读书笔记或心得体会。

③听课每学期不少于20节，取其之长，补己之短。成员之间进行听、议、评课活动后，及时进行反思。

④至少上一节校级公开课，争取上一节旗级公开课。

⑤积极参与工作室的课题研究，以课题为载体，通过课题的研究促进教学研究能力的提升。

⑥组织工作室生物教师编写生物校本教材。

⑦进行学期总结，见证自己的成长，同时找出不足，为下一年的研究提供方向。

第二阶段：2021年8月—2022年1月

①根据一级工作室大主题、大背景制定个人学期计划。

②围绕教师专业发展，争取研读两本教育著作，并写读书笔记或心得体会。

③听课每学期不少于20节，取其之长，补己之短。成员之间进行听、评课活动后，及时进行反思。

④至少上一节校级公开课。

⑤通过课题的研究促进教学研究能力的提升，用研究成果指导教学。

⑥写一篇有质量的论文。

⑦进行年度总结。

第三阶段：2022年2月—2022年7月

①根据自身基础制定个人学期计划。

②围绕教师专业发展，争取再研读两本教育著作，并写读书笔记或心得体会。

③参加工作室成员之间的听、评课活动后，及时进行反思。

④至少上一节校级公开课，争取上一节旗以上级公开课。

⑤积极参与工作室的课题研究，通过课题的研究促进教学研究能力的提升。

⑥结合本校教学实践过程，修订本校生物校本教材。

⑦迎接名师工作室的验收，总结得失。

总之，通过工作室的学习实践活动，使自己时时关注教育发展，具有执着自信、积极求索、相互合作、创新进取的意识。爱岗敬业、师德高尚，具有先进的教育思想。善于钻研，勤于反思，主动承担课题研究任务，概括出新的有理论价值的论文。专业娴熟且独具特色，努力使自己具有理性评价自己教育教学行为，指导、评价他人教育教学实践的能力。

个人两年发展规划

伊金霍洛旗实验学校　赵　慧

随着时代的进步，社会的发展，教育理念的不断更新，学生水平的不断提高。作为一名青年生物教师，在教书育人的同时，也要不断注重自身的文化修养、专业素养、教育教学技能的培养，2020年10月，我非常荣幸地成为伊金霍洛旗教育体育局第四期"1＋1＋X＋N＋Z"初中生物名师工作室的一员。我非常珍惜这次机会，我将会在这个平台上继续虚心学习、努力进取、提高自身的专业水平，为工作室做出自己力所能及的贡献。根据工作室的发展规划，结合个人实际，特制定个人两年发展规划。

一、自我剖析

自踏上教育教学岗位至今，对工作热情，对学生有爱，对教学不断做反思，改进不足之处，同时通过各类各级教育教研活动和自己课堂教学实践提高自己的专业素养和教育教学技能，重视自身的专业成长和业务水平的提升，争取做好每一项教育教学工作。同时我也发现了自己的一些不足，首先不能坚持学习，新的教育教学观念接触太少，再次就是由于缺乏学习，理论功底不扎实，使得自身的教学研究多停留在实践层面，无法提升到理论层面上。

二、具体目标

①教育理念得到更新，能够以发展性眼光来看待学生和生物教学。在工作室成员的帮助下使自身的教育理念有所提升，在理论的指导下使自己的课堂效率提高，每学期为学校或旗里承担公开课或专题讲座。

②提高自己的科研能力。看关于生物学科与生物教学相关的著作和论文，学习的同时结合自己的教学，力争写出生物教学论文。

③广泛阅读教育、教学等各类书籍，培养良好的读书习惯。

④树立高度的团队意识。积极主动融入名师工作室这个新的家庭，投入相关课题、问题的研讨中，协助做好先进经验推广，充分发挥个人力量，为集体荣誉的取得添砖加瓦。

三、具体规划

（一）第一阶段（2020.10—2020.12）

依据工作室两年规划、考核制度，制定个人两年发展规划和年度计划。

（二）第二阶段（2020.12—2021.7）

①积极完成工作室的各项工作，与大家密切配合，严格要求自己，使自己

胜任于名师工作室。

②从实际教学入手，积极听课、研课、出题，提升自己的课堂教学、命题能力。

③积极学习理论知识，多读书，多反思，争取把自己教学实践与理论相结合。

（三）第三阶段（2021.7—2022.7）

通过一年的名师工作室工作经验，使自己所学的理论与实践相结合，形成自己独特的教学风格，做好工作室的结题、总结工作，分享成果。

四、具体措施

①多看书，多学习，多转变。用相关的理论知识丰富和充实自己，认真研究教材教法，学会弹性设计课堂和灵活应变课堂，多阅读教育教学类书籍并结合自己的阅读情况写出读书反思、读书随笔，积累教育教学理论知识和经验，以便更好指导自己的数学教学和更好地指导学生自主学习，并通过学习和转变逐步形成自己独特的教学风格。

②多听课，多反思，多总结。多听优秀教师的课，借用他们教学实际经验结合自己及学生的情况不断丰富和优化课堂教学，充分体现学生的主体地位，让学生在课堂内有时间和机会进行自主学习、自主探究和自主合作，实现自己课堂角色的转变和教学理念的更新。

③多感悟，多记录，多整理。要善于把平时教学实践中的一些感悟较深的片段记录下来，并把记录下来的东西整理成文使得自身的教育教学研究从实践层面逐步提升到理论层面，最终能够作用于课堂的实践教学。同时也要善于观察研究学生及学生的生理心理特征，寻找各个年龄阶段学生合适的、有效的教育教学方法和内容。

④多思考、多动脑、多尝试。对于教学实践中已经发现的一些问题要多想办法，多与同事交流多借助他们的力量，并敢于大胆的尝试，从问题的根子出发努力寻找解决问题的办法，并且通过平时学校的教育教学活动尽量多了解学生以便能够找到最合适的、可以接受的教学方法。

名师读书心得

问渠哪得清如许？为有源头活水来
——《深度学习——走向核心素养》读书心得
市一中分校　袁粒英

苏洛姆林斯基曾经说过这样一段话："著名的德国数学家F.克莱因把中学生比作一门炮，十年里往里装知识，然后发射，发射后，炮膛里就空空荡荡，一无所有了。我观察被迫死记那种并不理解、不能在意识里引起鲜明概念、形象和联想的知识的孩子的脑力劳动，就想起了这愁人的戏言。用记忆替代思考，用背诵替代对现象本质的清晰理解和观察——是一大陋习，能使孩子变得迟钝，到头来会使他丧失学习的愿望。"

研读《深度学习》这本书的过程中，我深刻地认识到：教学生学习，比教学生掌握知识本身更重要。书中的"深度学习"，就是指在教师引领下，学生围绕着具有挑战性的学习主题，全身心积极参与、体验成功、获得发展的有意义的学习过程。授之以渔而非授之以鱼，教给学生学习的方法，让学生有自主能力主动去求得知识。

这几天班主任进班级听课，马老师的一节语文课对我印象很深刻：马老师提前分配任务，自己去搜索资料和信息，课堂上进行自我展示。这和深度学习的理念不谋而合，在学生成长的每一个阶段，老师不仅要把脚步和目光停留在知识点的传递上，还要考虑到几年甚至几十年过后学生的脑海中还剩下什么？也就是说，更重要的是促进学生的主动发展。

回顾我的教学经历，仔细回味"深度学习"的含义，才忽然发现在我日常的教学活动中，多次"善意"或者"无意"地剥夺了学生很多权利。学生的深度学习与教师的教学形式有着很大的关系，如果学生缺失深度学习的原因，就要从我们日常的教学过程中入手了。学生不是直接找到他们的爱好的，而是通过发展技能和经验才能找到他们的热情所在，而我们教师的核心任务是帮助孩子找到他们最喜欢的经历。因此，我们是否愿意给孩子一些时间一些空间，让他们在自主自愿的积极活动中找到学习的乐趣，实现自我的价值。

书中在怎样实现深度学习中，提到了单元学习活动。这和我们生物组王老师的授课方法很相似，教师在进行教学设计时不能仅仅就一篇文章进行，而是要考虑教材的前勾后连，同时要进行教材的整合，要深刻考虑教材的规划性与整体性，实践性与多样性，综合性和开放性，让我对今后的生物教学工作有了一点点新的想法。

一、指导学生学会自学，培养自主意识

自主学习是学生进行自我学习的活动，它有利于培养学生的自主学习能力，也有利于提高课堂教学效率。

二、营造问题氛围，鼓励学生大胆质疑，培养自主意识

让学生自己提出问题、解决问题是学生主动求知、掌握学习的基础。学生敢于质疑、善于质疑，能促使学生掌握自主的学习方法，进一步培养学生的学习能力。

三、创造机会，给学生更多的思维、实践时空，培养自主意识

课程标准要求"不同的人在教学上得到不同的发展"，这就要求教师在课堂中多方面、多渠道地创造机会，让每个学生都获得充分动手、动脑、动口的机会，都有施展积极才能的天地，成为学习的主人。

新的教育理念要求教师不断更新教育观念，教师应该有这样的心态，"相信每一个学生都有独立做事的'小大人'的心理，都有自主发展的需要和获取成功的欲望"。教师要多给学生留有表现自我的时间和空间，自主发展，做学习的主人，提高学生的自主意识。

深度学习中培养学生生物学学科核心素养

——以《生物与环境组成生态系统》为例

市一中分校　曹志勇

开展深度学习是把握教学本质的一种积极尝试，在促进学生深度学习的过程中，教师应选择真实情境素材开展生物教学，注重将学生内隐的思维外显化，实现深度互动，同时强化知识联系并进行拓展延伸，从而有效培养学生的生物学学科核心素养。

深度学习是在教师的带领下，学生围绕具有挑战性任务的学习主题，积极参与的学习过程。在促进学生深度学习的过程中，教师应采取一些有效的策略，以不断培养学生的核心素养。本文以人教版七年级上册《生物与环境组成生态系统》（以下简称《生态系统》）为例，阐述在深度学习过程中如何培养学生的生物学学科核心素养。

一、选择真实情境素材

在《生态系统》的教学中，为了帮助学生建构概念，教师可创设真实具体的问题情境并联系生活，以充分激发学生的学习热情。如教师提前两周布置学生小组合作制作生态瓶任务，并以这一任务和情境串联起整堂课及课后的延续学习。以此将所要学习的"知识内容"转化成"学习任务"，形成驱动性任务引导学生学习，促进学生学科核心素养的发展。又如，以伊旗的"红海子"为例，展现视频资料、链接概念的建构和学习，引导学生对"红海子"的生态系统现状进行分析、评价和提出建议等。通过深度分析延伸课堂，选择真实情境的素材能更容易使学生在"联想与结构"中理解科学概念，体会科学探究过程。"联想与结构"需要调动学生以往的经验参与当前的学习，并将当前的学习内容与已有经验建立结构性关联，从而使知识转化为与学生个体有关联的、能操作和思考的内容。在学习本节课之前，学生已经学会区分生物与非生物，在日常生活中他们也接触过一些生物，并能通过调查对生物进行简单的分类，同时也了解了自然界中环境与生物的关系，因此如何设计制作一个能让某些生物更好生存的小生态环境，就需要学生根据自己的生活经验和已有知识，并搜索相关资料、共同讨论，进而合作完成生态瓶的制作。

在制作生态瓶的过程中，学生需要思考是制作一个水域生态环境还是陆地生态环境，要选用什么样的容器，需要加入什么成分，材料如何获取等。在思考和动手操作的过程中，学生能体会科学探究的过程，同时在制作过程中初步认识到生态系统的概念和组成，形成环境影响生物、生物适应并影响环境的生命观念，为课堂学习奠定了基础。

二、将学生内隐的思维外显化

教学中，教师要鼓励学生把学习的任务和活动带到各种真实情境中，不断实践、讨论、反思，运用自己已经掌握的知识与经验，去分析、解决各种新的问题，从而培养学生的学科核心素养。

在本节课设计的"制作生态瓶"活动中，学生分小组讨论，参与完成生态瓶的制作。课堂上，教师请学生代表对小组制作的生态瓶进行介绍，并与大家分享制作的过程，包括他们的疑惑和不断调整改进的过程。有个学生介绍他们刚开始制作的小鱼缸，原有三条鱼，死了两条，分析原因发现可能是水质不好，又刚好阴雨天没有阳光，氧气不足，所以鱼才死掉。于是他们将植物去掉一些，将泥沙和水草清洗干净，同时保留一部分长有苔藓的泥块，以给鱼提供一些食物，然后将鱼缸放在阳光充足的地方，结果剩下的一条小鱼存活下来了。在交流展示过程中，学生能够直接联系教材知识对生态瓶中的物质循环过程做简单分析。在学生的自我分析中，我们可以很清楚地了解到学生的思维过程，为生态系统概念的建构和生态系统的组成及关系的分析搭建了平台，同时在分析、解决问题的过程中学生也逐步形成了生命观念及科学思维，更是收获了成就感。在小组分享的同时，学生有自己的观点、意见和建议要表达，通过讨论、相互评价、质疑或者提出建议等，大部分学生的思维也外显出来，这是一个再思考、再加工、再创造的过程，使学生的思维容量大大增加，也让教学活动融入了深度的思考和评价。

三、实现深度互动

深度学习强调教师主导下的学生主动参与、积极建构，强调学生的教育性发展，而学习过程是教师、学生、知识进行持续互动的过程，因此教师应注重引导学生进行深度互动，以实现深度学习。例如，在《生态系统》的教学中。深度互动体现在：一是教师通过设计"制作生态瓶"这一富有挑战性的学习任务，促使学生与任务进行深度互动，将学生带入学习情境，激发他们强烈的学习动机；二是在学生分享成果反思和交流的过程中，教师适时地质疑追问和引导学生多角度思考问题，进一步完善方案或者拓展思路，帮助有困难的学生向前迈步，促进优秀生的思维进阶发展，实现师生间的深度互动；三是组织学生展开交流，相互评判成果，提出疑问或者建议，形成小组之间、学生个体之间的自我修正、完善，实现生生间的深度互动。

本节课的"食物链"知识教学中，在举例比较归纳了食物链的写法后，教师为学生准备了七张图卡，包括太阳、草、兔、鹰和三个箭头图卡，教师留一个箭头图卡，然后请六人小组的学生上台迅速抽取图卡，并迅速站队组成正确的食物链。正确的食物链是"草→兔→鹰"，其中抽到"太阳"图卡的学生是不需要站在队伍中的。有的学生小组合作能很快完成任务，而有的学生会把太阳也加进去，他们觉得需要老师手上的箭头图卡的加入，台下的学生则会迅速提供评价和帮助。这个活动涵盖了学生与知识内容的互动，教师也参与到活动中，增加了师生互动，台下学生跃跃欲试，也增加了学生之间的互动。

在深度学习过程中，教师要运用多种策略，利用有效的教学设计，引导学生在原有知识的基础上，将所学的新内容与原有知识建立关联，在学习实践和应用中达到深层次的理解，并主动建构个人知识体系。这样，有利于学生将所学内容有效迁移到真实情境中来解决复杂的综合性问题。在此过程中，学生掌握学科的核心知识，理解学习的过程，把握学科的本质及思想方法，形成强烈的内在学习动机、高级的社会性情感、积极的学习态度、正确的价值观，成为既具独立性、创造性，又有合作精神、基础扎实的优秀的学习者，成为未来社会的主人公。

【第四期初中生物名师工作室2020年第一次主题研修活动】

关于举办伊金霍洛旗教育体育局第四期"1+1+X+N+Z"初中生物名师工作室第一次研修活动的安排

为全面深化课程改革，落实立德树人根本任务，全旗生物教师结合理论学习，着手研究"深度学习"教学改进项目，将其作为深化课改和落实学生发展核心素养的实践途径。为引领全旗初中生物教师提升生物课堂教学实效性，推进教师专业化发展，名师工作室将开展以"深度学习，走向核心素养"为主题的第一次研修活动。现将具体事宜通知如下。

研修主题：深度学习，走向核心素养。

研修安排：如表1所列。

表1

活动内容	主讲人
示范课《光合作用吸收二氧化碳释放氧气》	陈娜娜 伊旗一中
示范课《传染病及其预防》	曹志勇 市一中分校
观察量表汇总，授课教师说课（10分钟内）	
全体教师分组议课及观察汇报	

观察维度	成员	汇报
目标的设计与达成度	张敏，王晓斌，郭瑞林，王楠，高霞，王丽，全洁琼，陈娜娜	张敏 伊旗四中
教师教学问题设计驱动课堂	袁粒英，曹志勇，高晓鹊，余龙梅，王瑞，郭婷婷，李智红，李建军，樊智洁，刘露	袁粒英 市一中分校
学生课堂学习及效果	刘志斌，周苗苗，马强，菅璐，赵慧，班顺，周春丽，郭琼琼，张丽娜，杨皓渊	刘志斌 北二附
讲座："深度学习，走向核心素养"		刘燕 教育发展研究中心

优秀教学设计成果

示范课《传染病及其预防》

曹志勇

一、课标依据

《传染病及其预防》是生物学八年级下册第八单元第一章第一节的内容，属"课程标准"十大一级主题之一——健康地生活的相关内容。根据课标要求，学生能够：说明传染病的病因、传播途径和预防措施；列举常见的寄生虫病、细菌性传染病（包括淋病）、病毒性传染病（包括艾滋病）。

二、学情分析

在七年级下册中，学生已经学了有关消化、呼吸、血液循环等人体生理学知识，以及人类活动对生物圈的影响等生态学知识，有助于学生自觉养成健康的生活习惯，科学地认识人类活动对生态环境的影响。此外，学校每年都要进行传染病知识宣传，学生对常见的流感、手足口病、水痘等传染病已经有了一定的认识，加之学生通过各种新闻媒体对非典型性肺炎、禽流感、非洲猪瘟、埃博拉出血热、中东呼吸综合征等传染病的了解，他们已经具备了一定的知识和经验，为本节课的学习奠定了基础。

三、学习目标

①以新冠肺炎疫情为例，学生能说出传染病的病因、传播途径和预防措施，并会拓展分析其他常见的传染病。（生命观念）

②结合学生自己在新冠肺炎疫情防控中的亲身体验和传染病一节内容的学习，利用教师提供的主线知识、实例，培养学生多维度分析、解决问题能力。

③引导学生形成新冠肺炎疫情可防可治，形成关注人类社会发展、关爱他人、服务社会的责任担当和家国情怀，强化学生生物学核心素养的落实。

四、学习重点、难点及突破方法策略

学习重点：知道传染病的病因、传播途径、预防措施。

学习难点：会分析其他常见的传染病相关知识。

五、教法、学法

"传染病及其预防"是初中生物学第8单元健康生活的内容，本部分内容的核心是健康地生活，与前后章节知识体系相比，本节课的知识相对独立。因此，本节课以"新冠肺炎疫情"为课程资源，建立本节课程的学习主线，通过相关数据、图片、影像、文字等资料分析，结合学生的亲身经历，引导学生合作研讨、表达交流和归纳概括，突破传染病的概念、传播途径、预防措施等教学重难点内容。

六、教学活动设计（见表1）

表1

环　节	教学设计	设计意图
创设情境，引入新课	教师：播放"新冠肺炎"引起的武汉《万人空城》的视频和图片资料。 问1：视频中的情景与以往春节万家灯火的景象截然不同，出现这种景象的原因是什么？ 过渡：过去的一年里我们都在与新冠肺炎疫情作斗争的情形中度过，今天我们就来学习《传染病及其预防》，出示学习目标	结合学生的亲身经历和视频展示的事件，迅速吸引学生的注意力，激发学生的学习兴趣和学习动机
师生互动，展开新课	什么是传染病 2019年12月武汉出现多名不明原因病毒性肺炎患者； 2020年1月该病毒引起的疾病继续扩散，武汉成为重灾区； 2020年1月7日官方确认，不明原因的肺炎是由新型冠状病毒（COVID-19）引起，经研究该病毒是一种RNA病毒； 2020年1月中旬中科院武汉病毒研究所发表了最新论文表明武汉新型冠状病毒与一种蝙蝠的冠状病毒基因序列，相似性高达96.2%。 问2：假如你是科学院研究人员，至此你会有什么样的推测？ 2020年1月20日钟南山院士正式宣布新冠肺炎疫情具有人传人的现象。至此，新冠肺炎正式被认定为传染病。 问3：在确定新冠肺炎是传染病的过程中，最重要的两个证据是什么？ 问4：同学们你们可以给传染病下一个定义吗？	学生亲身经历过的真实情境，通过时间轴展示、研讨等活动，认识新冠病毒，了解新冠病毒潜伏期长、致病性强等特点，揭开新冠病毒的神秘面纱，理解传染病的概念，引发学生主动思考

(续表1)

环 节	教学设计	设计意图
师生互动，展开新课	传染病流行的基本环节 过渡：新冠肺炎疫情短时间以指数爆炸的速度扩散，2020年1月23日10时武汉封城。这是古今中外从未有过的举措，没人知道将会对我国的经济、政治造成多么大的危害。 问5："史无前例，壮士断腕式"的封城举措主要由于传染病有什么样的主要特点？ 问6：如此"背水一战、置之死地而后生"的封城意义何在？ （想封住的是什么？病人为什么要被封住？外界的人为什么不让进来？） 总结：能够散播病原体的人和动物在传染病中称为传染源。 问7：为什么新冠肺炎感染者的密切接触者要隔离14天？ 过渡：在武汉采取封城措施前大约有50万人离汉，其中不乏新冠肺炎感染者。我们身边达旗宋某就是其中之一，一个传染源出现在了我们身边。 问8：从自身角度讲，什么样的人容易患新冠肺炎？为什么？ 问9：就老人和小孩容易患新冠肺炎吗？ 总结：对某种传染病缺乏免疫力而容易感染该病的人群叫易感人群。 问10：为什么回到达旗的传染源宋某没有给你传染上新冠肺炎？ 问11：哪位同学能帮助老师分析一下，达旗宋某传染给楼上白某某的（可能）传染过程？ 问12：此过程中，空气和飞沫起到的是什么作用？ 问13：哪位同学分析一下，白某外甥王某患病的可能过程？ 总结：病原体离开传染源到达人或动物所经过的途径叫传播途径。 问14：通过以上分析我们能够发现，新冠肺炎要传染流行必要要经过哪些环节？缺一不可。 问15：新冠肺炎疫情不断扩散，假如你作为领导，第一时间你会在哪些方面想办法？	通过政府采取封城措施，深化对传染病概念的认识，理解传染病的传染性和流行性特点。以鄂市达旗宋某患病传染给家人等多人，让学生自主形成传染病传播的过程，归纳总结传染病流行必须同时具备传染源、传播途径和易感人群

（续表1）

环　节	教学设计	设计意图
师生互动，展开新课	传染病预防的措施 问16：为什么要建雷神山、火神山医院、方舱医院。 问17：在新冠肺炎疫情爆发期间，武汉人民、我们周围，为了防止疫情扩散，采取了哪些预防措施？ 问18：传染病流行必须要经过三个环节，哪些措施是针对传染源的？哪些措施是针对传播途径的，哪些措施是针对易感人群的？ 总结：预防传染病的措施有控制传染源、切断传播途径、保护易感人群。 2020年4月8日武汉解封； 2020年9月2日连续17天本土病例零新增； 2020年10月21日国务院联防联控机制发布会表明四个新冠肺炎疫苗进入Ⅲ期临床试验，初步显示具有良好的安全性。 问19：谈一谈，为什么在全球新冠肺炎疫情仍在蔓延的情况下，我国却取得了阶段性的胜利。 过渡：除新冠肺炎，在我们身边还有很多常见的传染病。 问20：试着和老师一起来分析一下这些传染病的病原体、传染源、传播途径。 PPT展示常见的传染病（流感、水痘、手足癣、肺结核、蛔虫病）。 总结：引起传染病的细菌、真菌、病毒、寄生虫统称为病原体	建设雷神山、火神山和方舱医院等措施结合学生亲身体验分析，归纳、理解预防传染病的三个措施。密切关注知识与生活的联系，结合疫情防控中的感人事迹，把灾难当成对学生进行社会公德教育和感恩教育的教材
小结	问21：说出本首防控诗中涉及的本节课的知识点，作为本节课的小结	学生通过思考、表达、概括、归纳等思维活动，对事件资料进行加工，使传染病防控知识更加深入浅出、通俗易懂，促进了科学思维和科学素养的发展，也便于向家庭和周边人群进行宣传推广，达到学以致用的目的

七、课堂检测

①以下疾病不属于传染病的是（　　）。
　　A. 肺结核　　　　B. 水痘　　　　C. 蛔虫病　　　　D. 贫血

②下列不属于传染源的是（　　）。
　　A. 乙肝病毒的携带者　　　　B. 艾滋病病毒
　　C. 患手足口病的儿童　　　　D. 流感患者

③图1中，一只蚊子在叮咬了甲后，又吸食了乙的血液，若甲的血液中含有丝虫（寄生虫）病的幼虫——微丝蚴，乙被蚊子叮咬后患上丝虫病，请回答下列问题：

图1

甲是_____。

乙在患病前是_____；

患病后是_____。

蚊子是_____。

微丝蚴是_____。

④某中学学生中出现了一名甲型 H1N1 流感患者，学校采取了如下措施：将这名学生送指定医院隔离治疗；要求学生避免用不干净的手触摸口、鼻；对与患者有密切接触的学生进行医学观察；要求学生坚持体育锻炼，进食有营养的食物，保证睡眠；教室经常开窗通风，及时清扫，定期消毒；分批给学生接种相应的疫苗。分析回答下列问题。

甲型 H1N1 流感病毒是引起该传染病的_____。流感患者是_____。

在学校采取的措施中，属于控制传染源的是_____；属于切断传播途径的是_____；属于保护易感人群的是_____。

八、板书设计（见图2）

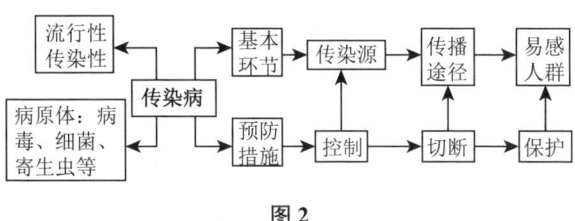

图2

九、课后反思

本节课以新冠肺炎疫情发现、确定、预防过程为主线，主要采用"问题引导启发学生深度思维"为主方法，激活学生思维，体现学生主体性学习。在主体导入中，通过视频资料使学生看得真切、看得明白；在组织各环节过渡中，形成传染病的概念，辨析流行病三个环节。归纳预防三措施等，都力求符合学生认知规律，贴近学生认知水平，提升中学生生物学核心素养，实现设计意图。美中不足的是，在教学过程中，启发学生思考的问题串形式较为单一，尤其在归纳预防三措施的过程中没有彻底将课堂归还给学生，让学生去自主形成知识，去共同探讨，在出错中形成概念（可以围绕本节课的亮点、不足以及课堂的生成撰写，重点放在对以后教学的启发上）。

十、问题设计驱动课堂教学观察量表（见表2）

表2

研究课题：_____ 观察人：_____ 被观察者：_____ 观课时间：_____

教学目标	教学环节	预设的问题	问题类型			问题的利用		问题设计是否切合教学目标		教师理答				学生反映
			知识理解型	应用理型	分析综合型	阅读	应答讨论	所用时间	是	否	简单评价	重复答案	补充整理	追问引导	A. 参与并积极思考积极回答 B. 参与并积极思考，未积极回答 C. 不参与课堂
通过视频激发学生探究的欲望	导入	①播放春节万人空巷的视频，出现这种景象的原因是什么？②传染病到底为什么可怕													

(续表2)

教学目标	教学环节	预设的问题	问题类型			问题的利用			问题设计是否切合教学目标		教师理答				学生反映
			知识型	理解型	应用型 分析综合型	阅读	应答讨论	所用时间	是	否	简单评价	重复答案	补充整理	追问引导	A. 参与并积极思考积极回答 B. 参与并积极思考，未积极回答 C. 不参与课堂
说出传染病的概念和特点	传染病的概念和特点	①在确定新冠肺炎是传染病的过程中，最重要的两个证据是什么？ ②"史无前例，壮士断腕式"的封城举措主要由于传染病有什么样的主要特点													
说出传染病流行的三个基本环节	传染病流行的三个环节	①如此"背水一战、置之死地而后生"的封城意义何在？想封住的是什么？ ②病人为什么要被封住？（外界的人为什么不让进来？） ③为什么新冠肺炎感染者的密切接触者要隔离14天？ ④从自身角度讲，什么样的人容易患新冠肺炎？为什么？ ⑤为什么回到达旗的传染源宋某没有给你传染上新冠肺炎？ ⑥谁能帮助老师分析一下，达旗宋某传染给楼上白某某的（可能）传染过程？ ⑦此过程中，空气和飞沫起到的是什么作用？ ⑧通过以上分析我们能够发现，新冠肺炎要传染流行必须要经过哪些环节？缺一不可													

(续表2)

教学目标	教学环节	预设的问题	问题类型			问题的利用			问题设计是否切合教学目标		教师理答			学生反映
			知识型	理解应用型	分析综合型	阅读应答	讨论	所用时间	是	否	简单评价	重复答案	补充整理 追问引导	A. 参与并积极思考积极回答 B. 参与并积极思考,未积极回答 C. 不参与课堂
针对传染病滚行的三个环节,说出预防传染病的措施	预防传染病的措施	①新冠肺炎疫情不断扩散,假如你作为领导,第一时间你会在哪些方面想办法? ②为什么要建雷神山、火神山、方舱医院。 ③在新冠脑炎疫情爆发期间,武汉人民、我们周围,为了防止疫情扩散,采取了哪些预防措施												
提高生物科学素养	情感教育	谈一谈——为什么在全球新冠肺炎疫情仍在蔓延的情况下,我国却取得了阶段性的胜利												
	小结	说出本首防控诗中涉及的本节课的知识点												

深度学习，走向核心素养

——伊旗教体局第四期"1+1+X+N+Z"初中生物名师工作室展开第一次研修总结

12月24日，怀着对生物教学的殷切期待，伊旗教体局第四期"1+1+X+N+Z"初中生物名师工作室第一次教学研讨活动在伊旗一中如期举行。活动以"深度学习，走向核心素养"为主题，伊旗教育发展研究中心常务副主任孙竭参加活动，初中生物教研员、初中生物一级名师工作室主持人刘燕主持，六所汉授中学生物教师参加活动。

课例展示，听课记录

伊旗一中陈娜娜老师展示课例——七年级上册第三单元第五章《光合作用吸收二氧化碳释放氧气》，市一中分校曹志勇老师展示课例——第八单元第一章《传染病和免疫》。陈娜娜老师以科学家对光合作用的发现史为主线，探究"二氧化碳是光合作用原料吗"，实验演示光合作用产生氧气为主要活动展开教学。曹志勇老师以新冠肺炎疫情为主情境，问题串驱动学生深度思维展开教学。两位老师充分准备，以不同的风格演绎共同的目标：培养学生解决问题的能力，提升学生生物学科核心素养。全旗生物教师分组立足不同维度，带着各自的观察量表和任务进行观课。

群策群力，多维议课

陈娜娜老师、曹志勇老师从教材、学情、教法、教学重难点突破及如何提升学生学科素养等角度对课例进行说课汇报。全体教师分为三组，分别立足"目标的设计与达成度""问题设计驱动课堂""学生课堂学习及效果"三个维度展开听评课。各组教师分别聚焦观察的维度，通过量表数据的汇总和分析，挖掘事实背后的理论，充分研讨交流。

评课汇报，启发变革

伊旗四中张敏老师聚焦"目标达成效度分析"维度对两节课例进行评课汇报。两节课立足核心素养目标，结合学情和课标设计教学目标。《光合作用吸收二氧化碳释放氧气》一课通过实验活动实现教学目标，探究活动由简到难，学习目标完成度高，培养了学生的理性思维。张敏老师团队对本节课提出建议：应适当增加巩固练习，评价学习效果。《传染病和免疫》一课引导学生观察事实、总结规律、应用规律进行深度思考实现教学目标，课堂学生思维活跃，学习目标完成度高，对本课提出建议：可以整合问题串增强学生的思维训练，增加评价环节检测教学目标完成情况。

市一中分校袁粒英老师立足"教学问题驱动课堂达成效度"角度对两个课例进行评课汇报。《传染病和免疫》出现23个问题，应用型居多，问题难度层层递进，设计符合学生逻辑以及教学目标的达成，且重视学生能力的培养，学生以解决实际情境中的问题为主要活动内容。《光合作用吸收二氧化碳释放氧气》出现35个问题，知识型居多，问题符合教学目标，老师充分调动学生热情，学生多次阅读和讨论，课堂活动次数多且形式多样，袁粒英老师团队建议本节课的学生活动应给学生留出更多的思考时间，从而利于学生进行深度思维。两位老师都对原有教材作调整，教学内容丰富，建议两位老师给学生时间整理笔记，以及增加习题巩固和评价环节。

北师大二附刘智斌老师立足"学生课堂学习及效果"维度对两节课进行评课汇报。《光合作用吸收二氧化碳释放氧气》一课，学生在实验情境中完成教学目标，实验教学让学生对生物学充满兴趣，在预习的前提下达成学习目标，刘智斌老师团队对本节课提出建议：留给学生更多的思考时间，让更多的学生参与深度思考。《传染病和免疫》课堂中，学生专注度比较高，在新冠肺炎疫情情境中，学生在老师的问题引导下进行思维碰撞，引发了学生的深度思维，建议教师在课堂上增加学生自主合作的探究活动，面向全体学生，增加学生参与度。

笃行致远　砥砺前行

教研员刘燕老师肯定了两位教师的情境教学提升学生核心素养，结合研讨成果提出关于"深度学习，走向核心素养"的三点思考：转变教学理念、转变教学设计、关注多元问题的设计。教师的教学设计的转变首先要有教学理念的转变：课堂教学重点关注学生深度思考及构建深度思维；同时关注课堂生成，在情境教学中培养学生课堂生成问题以及解决问题的能力；教师不仅要利用"观察量表"进行观课议课，更重要的是将"观察量表"服务于教学活动设计和问题设计，最终实现"深度学习，走向核心素养"的教学理念。

教师引导学生在课堂上演绎一次次头脑风暴和进行深度思考，坚持立德树人的根本任务，聚焦培养学生生物学核心素养和终身解决问题的能力。路漫漫其修远兮，每次工作室活动都有我们前进的足迹，希望全旗生物老师笃行致远，砥砺前行，一起欣赏更美的教育风景。

优秀学习心得

学习心得

伊金霍洛旗实验学校　赵　慧

2020年12月24日，在伊金霍洛旗第一中学我有幸参加了生物名师工作室开展的以"深度学习，走向核心素养"为主题的第二次研修活动，此次活动在听取了伊旗一中陈娜娜老师和市一中分校曹志勇老师的示范课后，全体教师分组从不同的观察维度进行了议课及观察汇报，通过此次活动我有以下收获。

一、实验教学的重要性

生物学科是一门基础性的自然学科，其是通过对自然界的分析和讲解帮助学生了解和掌握自然生物的成长规律等问题，因此在实际的教学活动中，单纯的理论知识无法全面的满足学生的学习需要，同时苦涩简单的理论知识也无法提高学生的学习兴趣，因此在日常的教学活动中，教师可以通过实验的方式，促使学生学习积极性显著提升，课堂的动态也能避免枯燥，增加学习的内动力。学生对知识的探索正处于上升期，在这个阶段对其进行实验教学无疑是加深学生对生物学习的兴趣，锻炼学生的思维及动脑能力，另外，实验教学有利于培养学生观察能力，通过实验观察改进实验，总结归纳实验结果，让学生从中体验学习的科学性和趣味性。特别强调的是，学生在实验过程中还能提高探究与创新能力，因此要十分重视在初中生物教学中开展生物实验教学。

二、新课改背景下情景教学的意义

在初中生物教学中有效采用情景教学法意义重大，一方面，在初中生物情景教学中将兴趣作为教育引导目标，通过各类教学手段与资源，诸如生物模型、多媒体技术、生物样本标本等创设相应的教学情景，将有效加深学生对知识内容的感受与认知程度，激发学生学习探究的兴趣与热情，使学生主动参与初中生物课堂教学活动。以生物结构的展示，培养学生的观察能力。观察能力是学生在初中生物学习中必须具备与掌握的关键技能，在情景教学中使用各类现代多媒体手段，运用其视频、影像技术在感官上的强烈刺激，为学生创设富有吸引力并易于理解的学习观察情景，使学生在多媒体影像情景的观摩、探索中，完成对知识概念的充分吸收和理解。初中生物教学对学生能力的培养除了观察能力，其思维理解水平也是教育的一个重点内容，这方面的情景教学教师可采用生物模型的展示，为学生构建直观、形象的知识学习情景，使学生对生物模型产生兴趣与好奇，进而在他们积极求知过程中促进理解能力的提高。另一方面，教师在情景教学中应积极利用问题的设置，引导学生投入对问题的探究与思考，进而促进学生思维水平的快速提升，具体的情景教学方法如下：以设置问题、悬疑的方式促进学生思维的活跃与发散。在初中生物教学中，教师应依据本堂课程内容设置相应的问题情景，以此激发学生的自主思考意识与思维，进而提升学生的学习成效。

总之，在初中生物教学中，教师应采取灵活多样的教学手段来创设不同的教学情景，使学生对知识的求知兴趣被充分激发出来，并将抽象内容转化为直观、形象的知识体系，以加强学生对知识概念的理解，帮助学生在活跃的课堂氛围中主动探究与思考问题，进而促进初中生物教学质量与学生学习能力的提高。

【第四期初中生物名师工作室 2021 年第二次主题研修活动】

关于举办伊金霍洛旗教育体育局第四期"1+1+X+N+Z"初中生物名师工作室第二次研修活动暨初中生物研修安排

为提升全旗初中生物教学品质，及时总结 2020 年学期中教学问题，制定新学期的教学计划，关注 2021 年教学，提高教师专业成长，提升学生学科核心素养，现决定举办伊金霍洛旗教育体育局第四期"1+1+X+N+Z"初中生物名师工作室第二次研修活动暨初中生物学科研讨会。现将具体事宜通知如下。

研修主题：基于生物学科核心素养 创建品质生物课。

研修安排：如表 1 所列。

表 1

活动内容	主讲人
示范课：专题复习《生物和生物圈》	刘智斌 北师大二附中
示范课：专题复习《生物和生物圈》	袁粒英 市一中分校
两位教师说课（10 分钟内）	
创建品质生物课	刘 燕 教育发展研究中心
专题分析 《生物与生物圈》	刘智斌 北师大二附中
教材分析七年级下：第二章《人体的营养》	张 敏 伊旗四中
新学期展望	孙 揭 教育发展研究中心

优秀教学设计成果

示范课：专题复习《生物和生物圈》
北师大二附中　刘智斌

一、课程标准
①举例说出水、光、温度、空气等是生物生存的环境条件。

②举例说明生物与生物间有密切联系。

③概述生态系统的组成。

④描述生态系统中的食物链和食物网。

⑤举例说出某些有害物质会通过食物链不断积累。

⑥阐明生态系统的自动调节能力是有限的。

⑦列举不同的生态系统。

⑧阐明生物圈是最大的生态系统。

⑨确立保护生物圈的意识。

二、教学内容分析

1. 核心问题

①生物与环境相互依赖、相互影响。

②一个生态系统包括一定区域内的所有的植物、动物、微生物以及非生物环境。

③依据生物在生态系统中的不同作用，一般可分为生产者、消费者和分解者。

④生产者通过光合作用把太阳能（光能）转化为化学能，然后通过食物链（网）传给消费者、分解者，在这个过程中进行着物质循环和能量流动。

⑤生物圈是最大的生态系统。

2. 重难点

①生态系统的组成及判断。

②食物链的书写及特点。

③生态系统的自动调节能力。

④生态系统中物质和能力流动的特点，以及根据物质循环特点判断生态系统的各成分问题。

3. 考点

（1）食物链和食物网

①写法：

范围：包括生产者和消费者，不包括分解者和非生物成分。

起点和终点：分别是生产者和最高级消费者。

②数法：从生产者一直数到最顶端的消费者才是一条食物链。

③箭头：指向捕食者。

④生物的数量：一般情况下，各营养级生物的数量随食物链逐级递减。

⑤能量流动：能量流动是逐级递减；生产者含能量最多，最高级消费者含能量最少。

⑥有害物质积累：生产者最少，最高级消费者最多。

（2）能量流动和物质循环

①能量的来源：

生产者的能量：通过光合作用来自太阳能。

消费者的能量：通过食物来自食物链的上一个环节。

②能量的去向：

生产者、消费者通过呼吸作用分解有机物释放能量用于生命活动。

生产者、消费者的遗体中的能量被分解者利用。

通过食物链流入下一营养级。

③区别：能量在生态系统内是单向流动的；物质循环则是在生物和无机环境之间循环往复进行的。

④联系：生态系统中的能量流动是随着物质循环进行的。能量的固定、转移和释放，离不开物质的合成与分解等过程。

（3）生态系统的组成

（4）生物圈的范围及各种各样的生态系统

（5）生物和环境的关系

环境影响生物，生物适应环境也能影响环境。

三、复习目标

①明确生物与环境的关系，学会判断生物和环境相互影响的方法。

②掌握生态系统的组成，学会判断生态系统的方法。

③熟练掌握食物链的书写和特点，并学会在食物网中书写食物链的方法。

④熟练掌握生态系统中物质和能量的流动特点，掌握根据物质循环判定生态系统的成分的方法和规律。

⑤明确生物圈是最大的生态系统，了解生态系统的特点，并明确生物圈是一个统一的整体。

四、学情分析

学生通过知识清单和自主学习，本单元的基础知识和大部分考点应该可以解决，但是会存在部分学生只进行死记硬背而不理解的情况，还有对于生态系统中物质循环及能量流动特点领会不深的情况。学生只是逐个解决知识点，还没有把知识形成系统和体系，也没有把其他单元的知识和本单元的知识联系起来。

五、教学策略和基本流程

（1）教学策略

①课前出示知识清单，让学生对照知识清单进行充足的预习，起到知识唤醒的目的。

②课上以训练为主线，对学生自主学习情况进行检测，并帮助学生形成知识体系；针对重要考点进行归纳总结，结合典型例题归纳解题方法和规律，并进行针对训练，检测学生掌握情况。

（2）基本流程

自主学习→检测归纳知识并形成知识体系→重点考点分析→典型例题及解题方法和规律总结→针对训练。

六、目标实现路径分析（见表1）

表1

目 标	路 径
明确生物与环境的关系，学会判断生物和环境相互影响的方法	自主学习＋检测诊断＋知识归纳
掌握生态系统的组成，学会判断生态系统的方法	基础训练＋方法总结
熟练掌握食物链的书写和特点，并学会在食物网中书写食物链的方法	明确相应考点，进行基础检测
熟练掌握生态系统中物质和能量的流动特点，掌握根据物质循环判定生态系统的成分的方法和规律	分析能量流动和物质循环的特点，归纳总结一般规律，并进行针对训练
明确生物圈是最大的生态系统，了解生态系统的特点，并明确生物圈是一个统一的整体	自主学习＋检测诊断

七、板书（见图1）

专题1　生物和生物圈复习

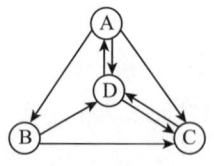

图1

注：A—生产者；B—消费者；C—分解者；D—无机环境

八、教学活动流程设计（见表2）

表2

教学环节	设计意图	教师活动	学生活动	二次备课
自主学习检测	诊断学生自主学习情况，以练代学	请学生完成学案上自主学习检测部分；巡视学生完成情况	快速完成自主学习检测；训练答题速度和书写准确性	

（续表2）

教学环节	设计意图	教师活动	学生活动	二次备课
小组合作学习	培养学生合作意识，提高课堂效率，促使全员主动学习	巡视学生讨论情况，适时进行点拨和指导，收集学生的问题	合作学习，讨论分析不同试题，快速解决问题，巩固知识点	
形成知识体系	使知识形成系统，形成体系	帮助形成思维导图	尝试完成思维导图	
重要考点归纳	明确考点，形成方法和规律，解决学生认识误区	①生态系统的组成及判定，思考：①植物都是生产者吗？生产者只有植物吗？②动物都是消费者吗？③细菌真菌都是分解者吗？ 食物链和食物网 （图：生态系统能量流动示意图） 生态系统中的物质循环和能量流动 （图：生产者、消费者、分解者与无机环境关系图）	①积极思考，回答问题，并根据重要考点回顾完成例题1； ②根据物质循环图辨析生态系统成分并尝试总结规律，掌握解决此类问题的一般方法	
典型例题分析及训练	使学生熟练应用考点及应用规律解决问题	完成例2、例3，并结合题境深化方法和规律	解题，形成解题思路和方法	

教学环节	设计意图	教师活动	学生活动	二次备课
总结	回顾本节课重要结论，形成体系	引导学生归纳	生态系统的组成及判定；食物链和食物网的特点；解决能量流动和物质循环的一般方法和规律	

九、生物和生物圈复习学案

1. 本单元思维导图（见图2）

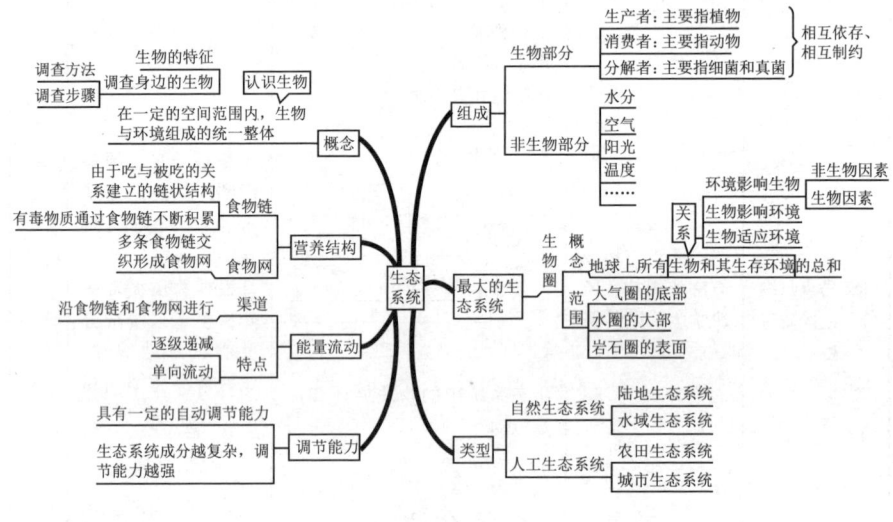

图2

2. 自主学习检测

① "绿水青山就是金山银山"。"青山"中植被丰富，能保持水土、调节气候、净化空气等。这体现了生物与环境之间的关系是（　　）。

A. 生物影响环境　　　　　　B. 生物适应环境

C. 环境影响生物　　　　　　D. 环境适应生物

②生活中有"春兰秋菊,南橘北梨"之说。造成这种差异的因素依次是( )。

A. 光和温度　　B. 温度和水分　　C. 水分和光　　D. 土壤和温度

③生物圈中的每一种生物,都会受到周围其他生物的影响。陶渊明的诗句"草盛豆苗稀"描绘的自然现象,体现了生物与生物之间的( )。

A. 竞争关系　　B. 捕食关系　　C. 合作关系　　D. 共生关系

④下列叙述中不属于生物能够影响环境的实例是( )。

A. 仙人掌的叶变成刺

B. 蚯蚓能疏松土壤增加肥力

C. "三北"防护林能防风固沙

D. 西双版纳原始森林茂密,气候湿润多雨

⑤生活在白蚁肠内的鞭毛虫能消化白蚁肠中的木质纤维素,若没有鞭毛虫,白蚁会饿死;植物中的菟丝子要缠着大豆才能生长;大小草履虫必须分开培养才能生长好。以上生物的种间关系依次为( )。

A. 共生、寄生、竞争　　B. 竞争、寄生、共生

C. 寄生、共生、竞争　　D. 共生、竞争、寄生

⑥收看新闻联播时,首先看到转动的地球呈绿、白、蓝三种色彩,它们分别是生物圈的( )。

A. 岩石圈、大气圈、水圈　　B. 大气圈、岩石圈、水圈

C. 岩石圈、水圈、大气圈　　D. 水圈、大气圈、岩石圈

⑦下列关于岳阳南湖的叙述,可以看作一个生态系统的是( )。

A. 清澈透亮的南湖水　　B. 美丽宜人的千亩湖

C. 湖水中灵动的鱼儿　　D. 岸边摇曳的杨柳树

⑧图3为某生态系统示意图,该生态系统所含食物链的正确表示方式是( )。

A. 树→虫→鸟

B. 光→树→虫→鸟

C. 树→虫→鸟→细菌和真菌

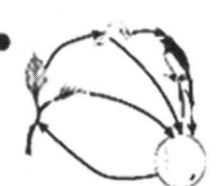

图3

D. 光→树→虫→鸟→细菌和真菌

⑨某生态系统中甲、乙、丙、丁四种生物的数量关系如图4所示,假设这四种生物构成一条食物链,则下列说法错误的是(　　)。

A. 丁能够进行光合作用
B. 甲、乙、丙都是消费者
C. 该食物链可表示为:丁→乙→甲→丙
D. 若甲的数量增加,则丁的数量将减少

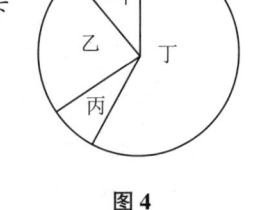

图4

⑩图5为某生物兴趣小组的同学在调查某森林公园生态建设情况后绘制的食物网,图6表示图5中某条食物链各生物体内有毒物质的相对含量,请回答下列问题。

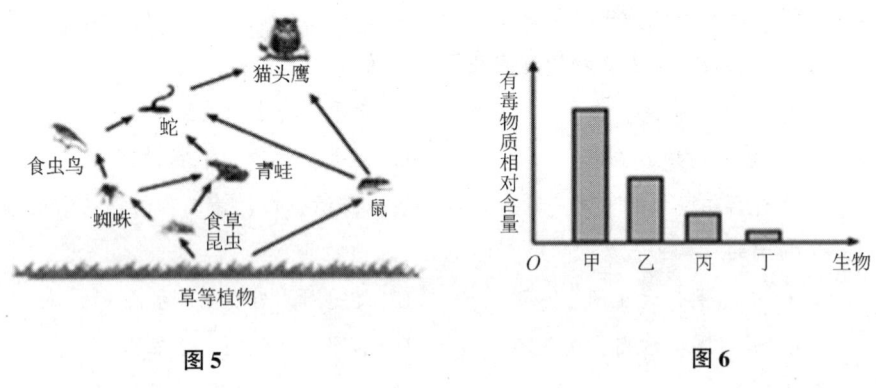

图5　　　　　　　　图6

若图5构成一个完整的生态系统,除图中所标注的生物外,还需要补充的是_____。该生态系统中能量的源头是_____。

若X代表该食物网中的某种生物,那么对于食物链"草→食草昆虫→蜘蛛→X→蛇→猫头鹰",X代表_____。

示范课：专题复习《生物和生物圈》

市一中分校　袁粒英

一、课标依据（见表1）

表1

二级主题	具体内容
生物的生存依赖一定的环境	举例说出水、温度、空气、光等是生物生存的环境条件
	举例说出生物和生物之间有密切的联系
生物与环境组成生态系统	概述生态系统的组成； 列举不同的生态系统
	描述生态系统中的食物链和食物网； 列举说出某些有毒物质会通过食物链不断积累
	阐明生态系统的自动调节能力是有限的
生物圈是人类与其他生物的共同家园	阐明生物圈是最大的生态系统； 确立保护生物圈的意识

二、考情分析

1. 理解生物对环境的适应和影响；运用生态平衡和生态系统的自我调节的知识解决现实生活中的环境问题；生态系统的组成中，食物链和食物网的确定以及生产者、消费者、分解者的确定。

2. 考查理解能力以及运用所学知识解决实际问题的能力是中考的重点，多以选择题、填空题、材料分析题和简答题形式出现。

三、学情分析

本单元内容共分2章，第一章"认识生物"，前几年虽然不列入中考范围，但其实它是学习生物的一个基础，在整个初中教学中都有所涉及，第二章"了解生物圈"是重要章节，当今社会，人类对生物圈的影响越来越大，生物圈的变化也极大地影响着人类的生活，因此，关注人类与自然和谐发展，必定要学好生物圈的相关知识，通过假期前布置作业的检查了解到，食物链的概念、书写及生态系统组成的判定问题不大，主要是对于生物与环境的关系，学生还是觉得比较难，需课堂上着重讲解。

四、学习目标

通过阅读教材，依托"提出的问题"建构知识体系，培养学生梳理知识、应用知识的能力。

熟练掌握并应用以下核心考点。

①描述生物圈的范围，说出生物圈为生物的生存提供基本条件。

②举例说出生物对环境的适应和影响以及环境对生物的影响。

③举例说出生态系统的概念；描述生态系统的组成。

④阐明生态系统的自动调节能力是有限的。

⑤解释某些有毒物质会通过食物链不断积累；阐明生态系统的物质循环和能量流动。

⑥阐明生物圈是最大的生态系统；确立保护生物圈的意识。

五、学习重点、难点及相应的突破策略

重点：核心考点①~⑥。

难点：②、⑤。

重难点突破方法：依据"问题"阅读课本，师生解决问题，之后优生自主在笔记本上建构知识体系，潜能生填写教师给的思维导图。

六、运用教法、学法

依据复习问题自主学习、建构知识体系。

七、教学活动设计

1. 当堂检测内容

复习目标一：课堂应用习题。

①生物既能影响环境，又能适应环境。下列属于生物适应环境的实例是（　　）。

  A. 夏天的大树下比较凉快

  B. 绿色植物能够更新空气

  C. 沙漠地区栽种的植物能防风固沙

  D. 莲藕的茎和叶都是中空的

②下列有关生物与环境关系的叙述错误的是（　　）。

　　A. 变色龙的体色与环境的颜色一致体现了生物对环境的适应

　　B. 生长在岩石表面的地衣，能够加速岩石的风化，体现了环境影响生物

　　C. 生物对环境的适应是相对的，并不是永久的适应

　　D. 生物之间的捕食行为会使个体死亡，但也有利于物种的生存和发展

③"雨露滋润禾苗壮"，这种现象说明（　　）。

　　A. 生物能适应环境　　　　B. 生物能影响环境

　　C. 环境能适应生物　　　　D. 环境能影响生物

④成熟的菟丝子根、叶退化，可缠绕在拟南芥的茎上。为研究其相互作用，进行相关研究，请回答下列问题。

　　观察发现，菟丝子通过吸器刺入拟南芥茎内吸收水分、无机盐和供自己生长发育，并抑制拟南芥的生长。由此推断菟丝子和拟南芥之间的关系，菟丝子和拟南芥属于环境中的　　　因素。

　　自然生长的拟南芥被夜蛾幼虫咬食后，叶片中的抗虫蛋白活性会增高，该物质能　　　（"促进"或"抑制"）夜蛾消化食物，使夜蛾幼虫被迫放弃继续取食。

⑤图1能表示狼和鹿相互关系的曲线是：　　　

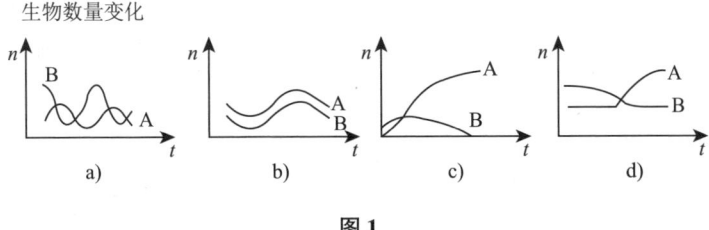

图1

复习目标二：课堂检测。

图2为某生态系统中的食物链和食物网，图3为图2中某条食物链各生物体内有毒物质的相对含量，请据图回答。

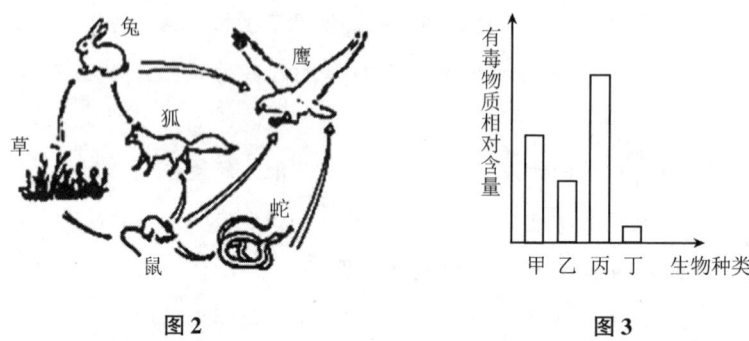

图 2　　　　　图 3

①在生物学上,把空气、光照、水分、鼠、兔等影响草生活和分布的因素统称为_____。

②图 2 中,食物链有_____条,写出其中最长的一条_____。

③若图 2 要表示一个完整的生态系统,还需要补充的是_____。

④该生态系统中,当鼠和兔的数量增多时,植被会遭到破坏,而食肉动物数量的增加又使鼠和兔的数量减少,森林植被得以恢复,由此可以看出生态系统具有_____能力。

⑤图 3 中,甲对应图 2 中的生物是_____,鹰与此生物的关系是_____。

⑥若该生态系统被 DDT 污染,则含 DDT 最多的生物是鹰,原因是_____。

2. 课后反思

我认为本节课的成功之处有:以发展生物学核心素养为任务,以目标为导向,始终围绕着目标展开学习;在使用多媒体时,没有忽视板书的重要作用,学生可以非常直观清晰地明确本节课的重难点;以精心设计的问题串为阶梯,注重能力培养、夯实基础。

3. 学生思维导图（见图4）

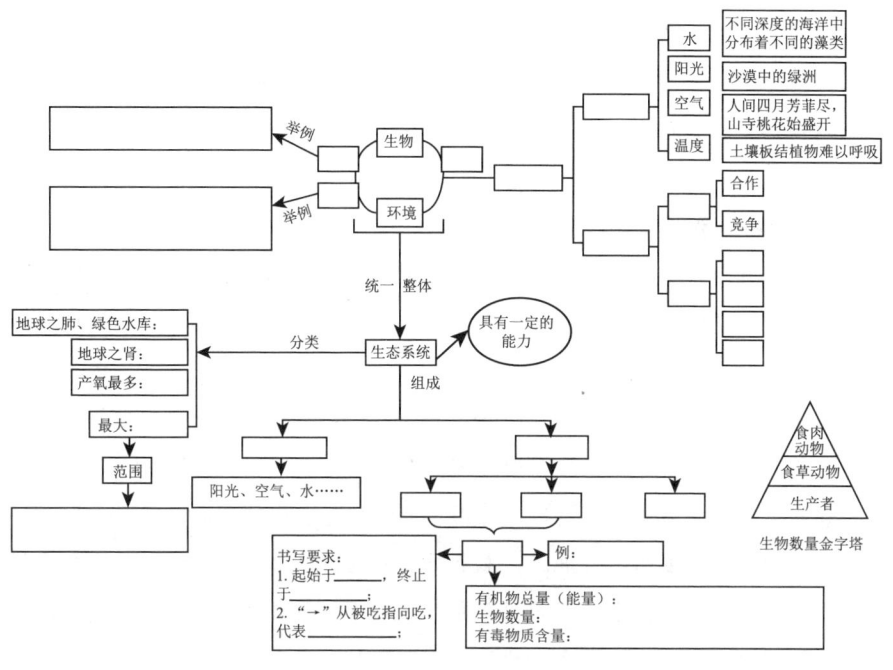

图4

"创建品质生物课堂"
——伊旗教体局第四期"1+1+X+N+Z"初中生物名师工作室第二次研修活动

3月4日，伊旗教体局第四期"1+1+X+N+Z"初中生物名师工作室第二次教学研讨活动在北师大二附校举行。研修活动以提升全旗初中生物教学品质为目标，以"创建品质生物课堂"为主题，关注2021年教学，促进教师专业成长，提升学生学科核心素养。伊旗教育发展研究中心常务副主任孙揭参加活动，初中生物教研员、初中生物一级名师，工作室主持人刘燕主持，六所汉授中学和蒙古族中学生物教师参加活动。

课例示范　同课异构

北师大二附校刘智斌老师和市一中分校袁粒英老师就八年级复习专题

《生物和生物圈》进行同课异构。刘智斌老师课堂诊断课前自主学习情况，进行针对性训练，课堂详解学生自主学习的难点。袁粒英老师引导学生自主搭建知识体系，夯实基础讲练结合，利用新颖题型拓展学生思维。两位老师不同的教学设计聚焦相同目标：提高复习课教学质量，提升学生学科核心素养。

课例示范　说课汇报

刘智斌老师对本课教学环节进行详细解读，本复习课设计的基本思路为：知识唤醒——突破难点。课前依据复习提纲自主复习，课堂思维导图回顾，低难度中考真题诊断核心概念学情，重点突破学生难点和易错点。本节课利用图文情境让学生深入理解生态系统的物质和能量流动特点，中考典型题给予学生学法指导，助力学生养成良好答题习惯。

袁粒英老师就学情、教材地位作用、教学目标、教学方法、重难点、教学环节、教学反思等方面进行说课。本节课以习题讲练为主线，通过学生补充思维导图搭建知识体系，分析不同题型夯实基础并拓展思维。袁粒英老师建议一轮复习要重视教材和基础概念，让学困生也有信心完成中考复习。

名师引领　教材梳理

刘智斌老师就八年级复习专题《生物和生物圈》进行教材梳理。刘老师梳理本专题知识体系，建议授课过程中重视学生知识的系统性和全面性，解读本单元出现的五个重要概念，生物与环境的关系、生态系统的组成、生态系统的生物部分组成、物质循环和能量流动的特点、生物圈是最大的生态系统。

张敏老师对七年级下册第四单元第二章《人体的营养》进行教材梳理。从教材的依据、所在课程标准的主题、设计思路、三维目标、每节内容的知识体系呈现等方面进行解读。张老师分析教材每一节内容的导入、各学习主题、练习以及STS，设计课程教学目标及分析典型例题，并出示在教学过程中需要拓展的内容，如酶是一类生物催化剂，由人体活细胞产生。

质检分析　引领课堂

教研员刘燕老师对2020年学期中存在的问题进行分析。刘老师结合各校学生得分数据对各校个性问题和共性问题分别进行分析、提出相应的教学建议。教师需转变教学方式和学生学习方式，联系生活生产实际进行情境教学，让生物课堂"活"起来，关注学生思维品质的养成，培养学生综合分析能力、评价能力、阅读能力及语言表达能力，提升学生核心素养。

道之所存　师之所存

刘老师对本学期七年级、八年级的教学计划给予建议，并对本学期的教研活动做总体规划。刘老师寄语全体生物教师，新学期新征程，不积跬步，无以至千里，道之所存，师之所存也，希望各位教师增强业务能力，坚持学习，为伊旗的教育事业发光发热。

专家培训　指点迷津

孙竭给八年级生物复习课提出以下指导：复习课的课程教学设计要根据学生的最近发展区保持适当的广度和深度；教学过程中要格外重视易错点易混点的辨析，精准突破难点；充分利用模拟考试的反馈，及时修补教学过程存在的漏洞；中考复习面向全体学生，重落实、重效率，为提高伊旗生物教学质量共同努力。他强调在培养学生学科素养的背景下，建议所有生物教师充分挖掘教材，明确教材中的重难点，采用多元教学手段，让学生深入理解核心概念，激发学生学习兴趣，让学生体会到生物学学之有用。

希望各教研组充分发挥集体备课的优势，主抓课堂主阵地，备高品质生物课，备单元课，备有思维深度的课，让不同学情学生在我们的课堂都有所成长。孙竭对毕业班老师提出殷切期望，又一次启程，希望各位老师奋发进取，提升个人专业素养，将伊旗生物教学水平提升到新高度。

【第四期初中生物名师工作室 2021 年第三次主题研修活动】

关于举办伊金霍洛旗教育体育局
第四期"1+1+X+N+Z"初中生物名师工作室
第三次研修活动的安排

针对当前生物学科教与学存在的问题，基于学生的发展需求，需要进行教与学方面的改进，从而转变学生的学习方式，使其在参与科学实践的过程中加深对科学本质的理解，帮助学生发展生物学科核心素养。根据工作室研修活动计划，现决定举办伊金霍洛旗教育体育局第四期"1+1+X+N+Z"初中生物名师工作室第三次研修活动，本次活动旨在探索基于学生深度学习，教师如何开展单元学习主题的教学设计。现将具体事宜通知如下。

研修主题：基于学生深度学习，开展单元学习主题教学（一）——理论学习和课例学习。

研究安排：如表1所列。

表1

活动内容	主讲人
讲座 "基于深度学习的单元教学理论与实践"	导师

优秀学习心得

关于《深度学习》的心得体会

北二附　刘智斌

3月11日工作室活动，我有幸聆听了导师关于深度学习的论述，受益颇深，现将本次学习的心得总结如下。

一、积极创设情境引发新知，并将情景创设在整个教学过程中

一个人在学习新知识以前，不是对所要学习的知识一无所知的，都有或多或少的基础或者经验，老师要善于调查或提前了解学生已有的知识领域，在此基础上进行新的教学工作，这样对于充分调动学习的积极性、进行深度学习有很大的促进作用。

例如在每学期刚开学时，学校、老师、班主任根据以往的实际情况，在充分调研的基础上，把对学习有较大影响的知识进行整理和复习，为学生学习打下基础；编制和开发已学知识的题目；在新知识的学习过程中，注意从小学知识和前面所学习的知识引入，让学生感觉水到渠成，不但降低了学习的难度，还提高了学习效果。

二、积极创造条件，引导学生多动脑、会动脑

在教学设计过程中应该注意教学策略的选择，在编制学案或者提出问题时，不仅要设计大的问题，更要设计相关的小问题，这样才能不断地激发学生深入的思考，并且注意随时生成新的问题；应该设计出学习者可以积极参与的学习活动，只有积极的主动学习才是深度学习最基本的保障。

课堂上要多给学生独立思考、表达交流的时间，让学生对自己的思考有一种满足感和成就感，进一步促进他的思考和动脑。多关注思考的过程而不是结果，慢慢培养学生的思维能力，为深度学习奠定良好的基础。

三、注重知识的纵向和横向联系

作为老师的我们，要有一定的高度和眼界，在教学中要注意知识点的纵向和横向联系，根据自己的经验和新课标的要求，要有整合教材和知识点的能力。

四、更加注重过程的评价

注重学生在课堂的表现，注重学生的点滴进步，而不是最后的一个分数。

深度学习能力的养成是一个渐进的过程，教师应该敏锐地察觉学生的每个微小的进步并给予积极地评价，让学生把深度学习持续进行下去，注重学生的自我评价，开发学习者的自我评价能力，以便于他们反思和自我管理。

总之，深度学习是一种基于建构主义的科学的学习方式，深度学习的能力不是每个学生自然形成的，它要求学生持续不断练习，我们相信，把这种方式应用于课堂教学必然会带来学习能力的提高，而且这种学习是自我导向的终身的学习，掌握深度学习的方式终身受益。

研修总结

汲取导师精华，促教师专业成长

——伊旗教体局第四期"1+1+X+N+Z"初中生物名师工作室第三次研修总结

针对当前生物学科的教与学存在的问题，基于学生的发展需求探索教与学

方面的改进，从而转变学生的学习方式，使其在参与科学实践的过程中加深对科学本质的理解，帮助学生发展生物学科核心素养。2021年3月11日，伊旗教体局第四期"1+1+X+N+Z"初中生物名师工作室第三次研修活动在伊旗一中举行。本次研修活动以"基于学生深度学习，开展单元学习主题教学（一）——理论学习和课例学习"为主题，通过线上培训方式，由工作室导师——北京教科院基础教育教学研究中心生物学科专家进行培训。伊旗初中生物教研员、初中生物一级名师工作室主持人刘燕主持，伊旗一中校长张雪彬、副校长郝晓舟、蒙古族中学及六所汉授中学全部生物教师参加本次研修活动。

导师首先参照我国现高中生物学核心素养和高考"一核四层四翼"考试评价体系进行分析，经过对比发现，人才观与教学观、考试观的深刻变化，深度学习是学生提高应试成绩的必需方法，是教师提高学生学习能力、提升核心素养的必然途径。

"一核"的考查目的是以立德树人为根本，引导教师教学方式的转变。导师以一道纸笔测试题目为例，分析如何考查核心素养中的社会责任，体现学生的价值取向：珍爱生命，关爱他人。他强调教育应切实以立德树人为本，这应该是全学科的教育目标。他以一节课的情境视频导入为例，强调教师应在课堂教学素材中，尽可能多地挖掘教育价值，提升学生的社会责任感。"四层"考查内容和"四翼"考查要求下，单元教学可以解决整合问题，深度教学可解决培养学生高阶思维问题。当下中考关注考查学生的关键能力主要有三大方面：理解应用能力、实验探究能力和文本能力，这与国际PISA测试能力考查方向是一致的，同时以能力立意考查方式也不尽相同——基于学科核心素养，考查真实情境下的问题解决；导师同时详细地分析考查方向如何在理解、应用、思辨、创新水平方面实现。

深度学习理论的主要观点：如真实情境、问题解决、整合信息、文本能力等，与当今国内外考试（中考和高考、合格考和等级考、PISA测试）的命题理念高度贴合。深度学习与考试都直指问题解决，因此理解应用应该放在同一水平，而非两个水平，因为迁移应用与理解都是为解决问题服务的，二者的桥梁是真实情境，即批判性理解从新的真实情境来，再迁移应用到新的真实情境中去，因此对主干知识的教学要求不仅有理解水平，而且有理解应用（见图1）。

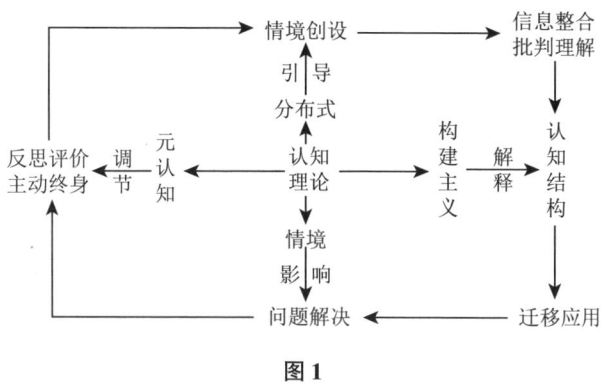

图1

通过多维度对比深度学习和浅层学习，不难发现，深度学习是教、学、考、评的共同目标。深度学习强调学生理解基础上的记忆，在新知识和原有知识之间建立联系，掌握复杂概念、深层知识等非结构化知识体系，关注解决问题所需的核心论点和概念；学生学习是因为自身需求而主动学习；自我反思，逐步加深理解，形成批判性思维和创新思维；培养学生的高阶思维，学生不断把所学知识迁移应用到实践中。通过分析深度学习与主要认知理论之间的关系，以及对学习者的学习动机、学习习惯和学习状态分析，结合两个优秀课例分析，体会在教学中如何实现深度教学，即"从新的真实情境来，再迁移应用到新的真实情境中去"，从而使学生学习达到理解应用水平。

一上午的培训，老师们认真聆听，颇感收获，且意犹未尽！老师们一边感叹着我们与发达地区课堂教学仍存在差距，一边感谢导师如启明星般的引领，更新我们的教育理念。通过理论学习，老师们认同深度学习是适应时代教育的必然方向；通过课例分析感受到理论并不是遥不可及，初步体验如何实践。为更好地践行深度学习，全旗生物学科教育者汲取导师理论之精华，继续阅读相关书籍，丰厚理论知识，最终落实在自己的课堂教学中，不断提升学生的生物学科核心素养，达到立德树人的根本目的。学习一直在路上，我们满怀期待，下一次研修活动，继续与导师线下学习。

【第四期初中生物名师工作室2021年第四次主题研修活动】

关于举办伊金霍洛旗教育体育局
第四期"1+1+X+N+Z"初中生物名师工作室
第四次研修活动暨初中生物研修安排

针对当前生物学科的教与学存在的问题，基于学生的发展需求，需要进行教与学方面的改进，从而转变学生的学习方式。倡导教师以单元为主题开展深度学习，使学生在参与科学实践的过程中，加深对学科本质的理解，实现所学知识的迁移应用，提升思维力，帮助学生发展生物学科核心素养。

根据工作室研修活动计划，现决定举办伊金霍洛旗教育体育局第四期"1+1+X+N+Z"初中生物名师工作室第四次研修活动，本次活动特邀北京导师参与并指导课堂，旨在探索基于学生深度学习，教师如何开展单元学习主题的教学设计。现将具体事宜通知如下。

研修主题：基于学生深度学习，开展单元学习主题教学（二）——理论结合实践，导师示范引领。

研修安排：如表1所列。

表1

活动内容	主讲人
八年级复习课《人体的营养》	曹志勇 市一中分校
七年级新授课《输送血液的泵——心脏》	张敏 伊旗四中
曹志勇、张敏说课	—
七年级新授课《输送血液的泵——心脏》	导师
导师指导评课，集体研讨	全体教师
导师讲座"单元教学的主题设计及案例分析"	导师

优秀教学设计成果

复习课《人体的营养》

市一中分校　曹志勇

《人体的营养》复习设计思路（见图1）。

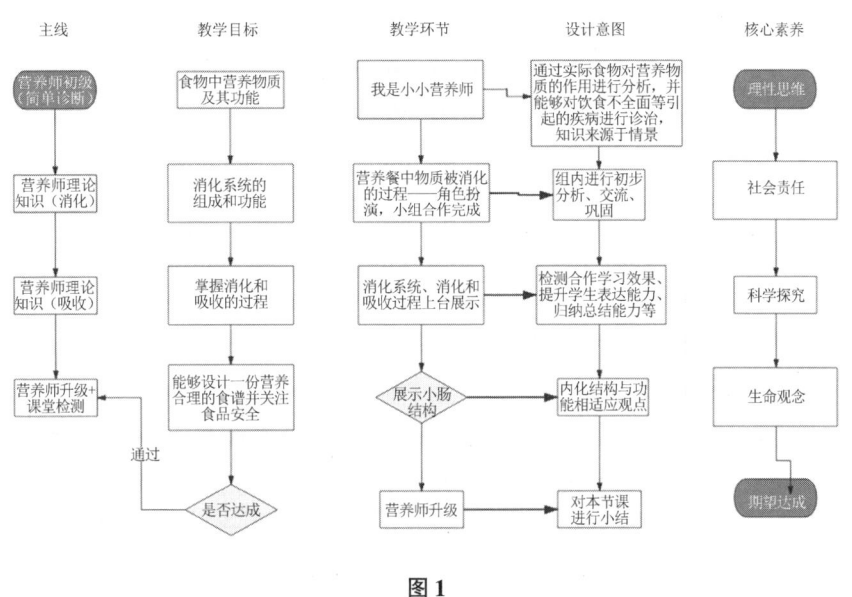

图1

《输送血液的泵——心脏》（第一课时）教学设计

伊旗四中　张　敏

一、教材分析

1. 教材地位和作用

本节课是七年级下册第四单元《生物圈中的人》第四章《人体内物质的运输》的第三节第一课时的内容。本节内容主要讲述了心脏的结构和功能，心脏是人体的重要器官之一，是输送血液的泵，能够自动地收缩和舒张以推动血液在身体内流动。本节知识点和难点较多，是这一学期教材的重点和难点。

本节内容为学习"血液循环"奠定了基础。

2. 教学目标

①知识目标：能够描述心脏的结构和功能以及结构和功能相适应的特点，培养学生的科学观。

②能力目标：通过对心脏的实验探究，发展学生的观察能力、思维能力和语言表达能力。

③情感目标：明确体育锻炼对心脏的影响，对学生进行健康教育。

3. 教学重点

①心脏的结构和功能。

②心脏的结构和功能相适应的特点。

4. 教学难点

通过对心脏各腔室壁、瓣膜的观察，从而推测出其各自的功能，更好地理解心脏作为"泵"的作用。

二、学情分析

七年级的学生思维活跃且好动，他们有很强的求知欲望，想要了解自己的身体结构。他们通过前面几章的学习已经了解了人的消化和呼吸等，知道氧气和营养物质是靠血液来运输的，并且通过日常生活经验已经对心脏有一定的认识，但对心脏的结构及其功能的知识比较缺乏，而这部分知识又比较抽象，因此，在教学中应尽可能运用多种手段使教学内容更加形象和直观。

三、教学策略

在心脏结构和功能的教学过程中，要准备人的心脏模型并引导学生进行观察和思考，并以动画和图片展示以了解心脏的结构和功能。

在本节教学中主要是教师引导学生进行自主探究学习，课前将学生分为6~8个小组，以小组的形式来探究，在教师的引导下，通过学生的亲身体验和观察来获取知识，充分发挥学生学习的主动性。

四、教学准备

准备相应的多媒体课件，心脏模型，安排学生课前预习。

五、教学过程

导入：一个心脏跳动的声音引入本节课题。

大家听到是什么结构发出的声音呢？几乎所有的同学都能说出心脏，引出课题。展出学习目标。

推入新课：

（一）心脏的位置、形状和大小

同学们想知道心脏的位置吗？请按照老师要求做。让学生在教室内做深蹲10秒，然后手捂胸部摸到心脏的位置，感受心脏的跳动，说出心脏大致位置。

利用PPT出示图片，真实生动地展现心脏的位置，通过启发式教学，引导学生观察自己描述心脏的位置、形状、大小。（心脏位于胸腔，两肺之间略偏左）

（二）心脏的结构及其功能

请小组同学合作，参照课本上的彩图，探究解剖好的心脏，了解心脏的结构。

通过设置的几个问题逐个探究（小组合作，锻炼小组成员之间的合作意识，并锻炼他们分析问题、解决问题的能力）。

①引导学生观察心脏，认识心脏的左右。发现问题、提出问题并解决问题。

②心脏主要是由什么组织构成的？肌肉组织。然后引导学生回忆肌肉组织的特点——能收缩和舒张，由此提出心脏的跳动实际上是肌肉在不停的收缩和舒张。

③找到心脏的四腔，引导学生根据教材图片、PPT展示、人的心脏模型明确四腔的名称。小游戏（将写有心脏四个腔名称的小标签贴到心脏四个腔的相应位置上看哪个组贴得又快又好，让学生更快更直观地了解心脏四腔位置）。

④心脏四腔之间的关系是怎样的。学生通过观察心脏模型观察四腔之间的关系，看心脏的左右心房、左右心室是否相通，再观察右心房与右心室是否相通、左心房与左心室是否相通。最后师生共同总结。

⑤心房和心室之间、心室与动脉之间有什么特殊的结构?

通过模型、图示寻找并明确其名称。

⑥指导学生用手捏心脏的壁并提问:心脏四腔,哪个腔的壁最厚,哪个最薄?

引导学生根据心脏四腔的厚薄情况联系与四腔连接的血管名称,找出他们之间是否存在某种关联?通过学生小组探究并做出总结。

⑦与心脏四腔相连接的血管是什么?

通过教材图示、心脏模型明确与心脏四腔相连接的血管。游戏"找朋友":一名学生代表心脏某腔,另一名学生迅速代表血管找出相对应的,把他们的位置迅速打乱,看谁在短时间内能找到自己的那个"朋友"。

⑧学生们在小组内热烈讨论,各小组展示讨论结果,最后共同总结并认识到心脏的结构与功能相适应。

(三)心脏的工作原理

出示材料和心脏工作的示意图。

小组讨论:心脏是怎样工作的?再共同总结。正是心脏自主地有规律地收缩和舒张,才得以发挥泵的能力,不断地将血液泵至全身。那么,血液在人体内是怎样进行循环流动的呢?下节课再来一起探讨。

(四)课堂小结

通过这一节课的学习,你学到了哪些知识?(通过小结学生更加明确心脏的结构与功能相适应,并通过问题联系实际,解决生活中的实际问题,提高学生的求知欲和生物科学素养,从中认识到加强体育锻炼对于心脏的影响,实现本节情感目标)。

六、板书设计(见图1)

```
第三节 输送血液的泵——心脏
一、心脏的位置、形状和大小
二、心脏的结构和功能
三、心脏的工作原理
```

图1

七、教学反思

本节课的教学任务比较繁重，心脏的基本结构和功能所涉及的概念和名词比较多，学生掌握起来有一定难度。所以在本节课的教学过程中，必须使学生先明确自己的任务和目的，并从中理解和掌握知识。在这个主要知识内容上，通过学生活动（分组观察、思考讨论）来完成，不足之处是时间分配上不够合理，在以后的教学中课堂组织应紧凑些，注意时间上控制和处理好教学过程中对学生的收与放。

优秀学习心得体会

《单元教学设计的策略与方法》学习心得

伊金霍洛旗实验学校　赵　慧

针对当前生物学科在教与学中存在的问题，基于学生的发展需求，需要进行教与学方面的改进，从而转变学生的学习方式。倡导教师以单元为主题开展深度学习，使学生在参与科学实践的过程中，加深对学科本质的理解，实现所学知识的迁移应用，提升思维力，帮助学生发展生物学科核心素养。伊旗教体局第四期"1+1+X+N+Z"初中生物名师工作室于2021年4月8日在市一中伊金霍洛分校开展了第四次研修活动，本次活动特邀导师参与并指导课堂，旨在探索基于学生深度学习，教师如何开展单元学习主题的教学设计。通过此次培训我有以下收获。

一、什么是单元教学设计

通过此次培训让我对单元教学设计有了更深入地了解和认识，单元教学设计不仅仅是教学内容的切块、平移及组合，更应该属于微课程的设计，有课程内在的逻辑性、整合性和进阶性，称为"单元课程"更合适。单元教学还要充分考虑学段性，例如，"循环系统"的新授课、一轮复习课，以及二轮复习过程中将"循环系统"整合进哪个更大的主题中。

二、单元教学的"主题（专题）"如何设计

单元教学设计的主线应是问题解决，以"引出、分析、解决真实情境下

的生物学问题"为课程线索。在"解决问题"中发展学生学科核心素养的初衷，以往的三维目标未能充分体现出来。因此在设定教学目标时，教学目标的表述方法与考试命题思路、深度学习目标、单元教学目标均一致，即强调知识、观念、方法、能力和价值取向的整合，具体表现为在"真实情境"下"解决问题"过程中，学科素养的考、学、教、评。

三、如何设计单元教学的"主题（专题）"

单元教学的主题设计可以从生命观念（学科思想方法）的角度进行整合，如结构与功能、进化与适应、稳态与平衡、物质与能量等；从认知结构与能力、方法的整合入手设计学考教学主题，如实验探究能力、阅读能力、科学表述能力、高阶思维（思辨、创新）能力等；从社会热点、生命科学研究前沿等科研素材，或生产、生活的视角，如冬奥会、诺奖、实验室中的探究活动，植物的栽培与小动物饲养，水库公园的生态调查，污水处理厂、酿酒厂、腐乳厂的实习参观，药店、超市的调查与采访、走进场馆等教学基地，科研成果简化等，整合、拓宽单元设计主题。

聚焦单元教学，专家助力成长
——伊旗教体局第四期"1+1+X+N+Z"初中生物名师工作室第四次研修总结

因为春的呼唤，万物复苏；因为春的温暖，生机遍布；因为春的律动，绿意萌生；乘着专家引领的东风，我们开启了新的征程。2021年4月8日，伊旗教体局第四期"1+1+X+N+Z"初中生物名师工作室第四次研修活动在鄂尔多斯市一中伊金霍洛分校举行。本次研修活动以"基于学生深度学习，开展单元学习主题教学（二）——理论结合实践，导师示范引领"为主题开展。初中生物一级名师工作室特聘导师——北京教育科学研究院基础教育教学研究中心生物学科专家莅临指导，工作室主持人刘燕主持，伊旗教育发展研究中心常务副主任孙揭、全旗六所汉授中学28名生物教师参加本次研修活动。

一、课例展示揭序幕

伊旗生物一级名师工作室成员曹志勇老师以《人体的营养》专题复习课

展示揭开了本次研修的序幕。曹志勇老师借助营养师这一角色定位，创设贯穿整节课的教学情境，以学生学习为主体，让学生在情境中构建知识网络，然后再在情境中运用知识解决问题。

二、同课异构开视野

伊旗生物一级名师工作室成员张敏老师与导师进行七年级下《输送血液的泵——心脏》一节同课异构。张敏老师的示范课通过问题引领激发学生自主学习，通过模型观察与资料分析，逐步突破教学难点心脏结构和工作原理。

导师的课堂以情境导入激发学生思维，通过比较几种小动物的反应灵活性和运动能力引导学生思考与体温变化的关系，再联系到动物体内血液循环，让学生体会血液循环的意义及功能，然后结合血液循环过程逐步以问题引导学生认识心脏的结构。导师的示范课中逐步让学生养成结构与功能观的生命观念，通过有效提问帮助锻炼学生概括与归纳、批判性思维等理性思维能力。根据课堂提问所反馈出的学生的学习效果，令老师们赞不绝口，也充分体现了优化教学设计对促进学生课堂高效学习的重要性。

三、专家妙评引深思

工作室张敏老师和曹志勇老师就今天展示的课例设计思路和教学反思为主进行说课，北师大第二附属学校赵洁老师和伊旗一中周春莉老师分别进行了点评和交流。孙揭就全旗中考复习课提出四点教学建议：一是关注学情，优化作业；二是做到高效课堂，优化教学设计；三是扎实新课，避免赶教学进度；四是优化教学手段，追求师生共进步。导师点评指出：一是对学生基础知识扎实反映出教师团队的辛勤付出给予肯定；二是对展示课例中指向学生为主体的教学表示赞同；三是对我们教学中让学生从情境中获取"知识框架"感到欣慰，建议在情境中还要让学生获取"用法框架"，从而提升学生生物学科核心素养。

四、理论讲座指方向

行是知之始，知是行之成。下午，导师作了"单元教学设计的策略与方法"专题讲座。第一部分导师指出单元教学依然是指向学科核心素养的教、学、考、评，从政策、课标、生物学科三个层面对单元教学进行了解读。第二部分，导师从什么是单元教学、单元教学的意义、"单元"如何界定、单元教学的主体如何设计、单元教学设计的构建思路以及单元教学设计的目标叙写几个方面，结合具体课例以及上午的示范课进行详细解读。针对单元教学的"主题（专题）"如何设计这个问题，导师提出了许多的思路，并且为我们分析了大量的素材。他建议从生命观念的角度进行整合，从认知结构与能力、方法的整合入手设计教学主题，从社会热点、生命科学研究前沿等科研素材，或生产、生活的视角整合、拓宽单元设计主题。第三部分导师分享了单元教学的两个案例——第8主题（生物的多样性）和第5主题（生物圈中的人），他强调课标是单元教学设计依据，并对案例的学科逻辑、课时分配进行详细分析。两个单元整合设计案例情境性强、逻辑清晰、重点突出，让学生在真实的情境分析中发生思维的碰撞，在真实的情感体验中建立知识结构和"用法框架"。导师的讲座立意高远，深入浅出，为我旗教师开展大单元教学提供了具体、可操作的建议和指导。

一天的活动，有理论的指导，有实践的范例，为老师们开展单元教学指明方向。四月，全旗生物同仁们相聚，共赴一场思想盛宴，一起问道教研。在专家引领之下，撒播单元教学的新理念，一同守望深度思维、核心素养的生发。

【第四期初中生物名师工作室2021年第五次主题研修活动】

关于举办伊金霍洛旗教育体育局
第四期"1＋1＋X＋N＋Z"初中生物名师工作室
第五次研修活动暨初中生物研修安排

针对当前生物学科的教与学存在的问题，探索基于深度学习的单元学习主题教学下的新授课教学策略的改进，从而转变学生的学习方式，使其在参与科学实践的过程中加深对科学本质的理解，帮助学生发展生物学科核心素养，切实提高全旗生物学科教学质量。根据工作室研修活动计划，现决定举办伊金霍洛旗教育体育局第四期"1＋1＋X＋N＋Z"初中生物名师工作室第五次研修活动。现将具体事宜通知如下。

研修主题：基于学生深度学习的单元学习主题教学策略研究。

研修安排：如表1所列。

表1

活动内容	主讲人
七年级新授课《神经调节的基本方式》	赵 慧 实验中学
七年级新授课《神经调节的基本方式》	袁粒英 市一中分校
观察量表汇总，授课教师说课（每人10分钟内）	
全体教师分组议课及观察汇报	观课点评 刘智斌
专题讲座："情境创设"在生物圈中的人专题复习中的应用	赵 慧 实验中学
集体交流	全体参会人员

分组议课安排：如表2所列。

表2

观察维度	成 员	汇报组长
教师教学策略	曹志勇，袁粒英，赵慧	曹志勇 市一中分校
学生课堂学习及效果	张敏，陈娜娜，刘智斌	张 敏 伊旗四中

优秀教学设计成果

示范课《神经调节的基本方式》

实验中学 赵 慧

一、教材分析

课标要求：概述人体神经调节的基本方式。

神经调节是人体生命活动的主要调节方式，因此，本节内容在本章占有重要地位。通过第二节的学习，学生已经知道人体生命活动的协调有序主要依靠神经系统的调节作用，并对神经系统的组成及神经元的结构有所了解。在此基础上，本节接着介绍神经系统以何种方式对生命活动进行调节则显得顺理成章。

本节教材包括"反射"和"反射弧"两部分，第一部分含有一个实验（膝跳反射），第二部分含有一个探究（测定反应速度）。

本节内容涉及神经调节的内在机理，学生会感觉深奥、抽象。因此，本节教材结合了生活中的实例来进行介绍。手被尖锐的物品扎了之后，很快就会缩回来。这是学生都有过的生活经历，但是，手为什么会缩回来？是先觉得疼还是先把手缩回来？学生却未必很清楚。"想一想，议一议"就从这样常见的生活情境出发，引导学生思考现象背后的原因，从而既紧扣了"神经调节"的主题，又容易引起学生的兴趣。

关于反射，教材先从学生经历过或见过的一些有关神经调节的现象引入，归纳出这些活动是靠神经系统调节的，进而直接阐述神经调节的基本方式是反射，并根据学生的认知水平提问：什么是反射？以引起学生进一步探究的兴趣。接着，教材安排了"膝跳反射"的实验，让学生通过对这一活动的实践、观察、分析和讨论，对反射的概念有初步的认识。然后，教材进一步阐述什么是反射，并给出了反射的定义。这样的编排方式可以帮助学生建构反射的概念。

通过学习上述内容，学生已经基本理解了反射，但是，还没有真正明白反射是如何进行的，因此，教材接下来介绍了反射的结构基础——反射弧。关于反射弧，教材结合膝跳反射实验里讨论过的问题"膝跳反射受大脑控制吗？为什么？"进一步提问：为什么有的反射可以不受大脑控制呢？从而引出反射弧的学习内容。教材以缩手反射为例，以图文结合的方式阐述反射弧的结构和完成缩手反射的过程，最后才概括出反射弧的结构模式图。

关于反射类型，教材没有给出非条件反射、条件反射、第一信号系统、第二信号系统等名词，只要求学生归纳出简单的反射与复杂的反射（神经中枢在大脑皮层）的主要区别及意义。在复杂的反射中，还可以区分出与语言、文字有关的反射和无关的反射，强调前者是人类特有的，因为人类有语言中枢。

对学生来说，有关神经调节知识的认知程度达到教材要求的水平即可。

二、学情分析

本节课是初中生物中非常抽象、难于理解的内容，学生只能观察到外在表现，而在体内的活动过程看不见摸不着，抽象性太强，直观不足。虽然七年级学生的抽象逻辑思维开始逐渐占优势，可是在很大程度上还属于经验型，他们的逻辑思维仍需要感性经验的直接支持。通过以往的教学模式，学生对概念的理解往往不够深刻。因此让学生设计实验并观看实验现象，既能培养学生的积极性，也能加深学生对概念的理解，使抽象的概念和知识变得形象化、直观化。

三、学习目标

①说出人体神经调节的基本方式。

②描述反射的概念并能对具体的事例进行判断。

③通过设计实验、观察实验现象总结出反射弧的结构及传导方向。

四、学习重点

神经调节的基本方式及其结构基础。

五、学习难点

①反射弧的结构及传导方向。

②理解反射的实现需反射弧的五部分结构完整。

六、教学方法

探究实验法、归纳总结法。

七、教具准备

PPT 课件。

八、教学设计

1. 新课讲授

①组织学生摸热水、手从学生眼前闪过、将杏放在学生眼前，分别观察其反应，在此基础上教师讲述上述的现象都称为反射，摸到热水缩手为缩手反

射、手从学生眼前闪过眨眼为眨眼反射。

②提出问题：动物有没有反射，组织学生举例。

③以缩手反射为例，组织学生思考控制这一生命活动的神经中枢在哪儿？（学生猜测可能是大脑，也有可能是脊髓）

④教师讲述要想证明控制缩手反射这一生命活动的神经中枢到底是脑还是脊髓，我们该用什么方法？（实验法）

⑤教师讲述进行实验会对机体造成一定的损伤，因此我们会用动物进行代替，此次实验我们用有脊椎的青蛙。

⑥组织学生观看视频证明青蛙有反射活动，教师讲述青蛙的屈腿反射和人的缩手反射相似，我们可以通过实验验证参与青蛙屈腿反射的结构来推测参与人缩手反射的结构。

⑦提出问题：蛙的屈腿反射由脑控制还是由脊髓控制的？

⑧组织学生以脑为变量设计对照实验，出示对照组。

⑨多媒体播放实验视频，组织学生观察说出实验现象，分析实验现象得出结论。

⑩组织学生以脊髓为变量设计对照实验。

⑪媒体播放实验视频，组织学生观察说出实验现象，分析实验现象得出结论。

⑫多媒体出示蛙屈腿反射实验图，教师引导学生分析，对于蛙的屈腿反射，神经中枢在脊髓，感受刺激的部位在趾间皮肤，做出屈腿反应的是腿部肌肉，彼此之间是有一定距离的，那么信号是由谁传导的？组织学生分析回答。

⑬组织学生设计实验探究"信号是不是由神经传导的"。

⑭多媒体播放实验视频，组织学生观察说出实验现象，分析实验现象得出结论。

⑮多媒体出示蛙屈腿反射实验图，讲解从蛙趾间传到神经中枢的信号和从神经中枢传到腿部肌肉的信号不一样，两条神经也分别称为传入神经和传出神经。

⑯组织学生讲述参与蛙屈腿反射这个过程的结构。

⑰组织学生分析说出人看到杏分泌唾液这一反射的结构。

⑱教师引导学生分析两个反射的参与结构，总结其共同点，引出反射弧的结构组成。

⑲多媒体出示反射弧的结构图，组织学生根据传导方向识别各结构，在此基础上教师讲解如果不给出传导方向如何判断各结构（传入神经有神经节）。

⑳组织学生根据反射弧各结构的功能试着说出反射的概念，教师进行完善。

㉑组织学生判断多媒体给出的事例是否属于反射。

㉒组织学生分析用手叩击韧带小腿弹跳起来向前伸的神经中枢、感受器和效应器在哪儿，出示完成其反射的反射弧，组织学生说出神经冲动的传导方向。

㉓教师提出问题叩击韧带时我们是有感觉的，感觉在哪儿产生？组织学生说出产生感觉的神经冲动的传导方向。

㉔组织学生分析如果传入神经损伤，其他环节正常，能否有膝跳反射？能否有感觉到烫？如果传出神经损伤，其他环节正常，能否有膝跳反射？能否感觉到烫？

2. 课堂小结

板书小结梳理本节课的重点知识，构建知识间的联系，体现结构与功能相适应的生物学观念。

3. 课堂有效作业检测

九、板书设计（见图1）

```
        6.3 神经调节的基本方式第一课时
反射弧（结构）：感受器→传入神经→神经中枢→传出神经→效应器
     ↓
反射（功能）：神经系统 体内外刺激 有规律反应
```

图1

十、教学反思

亮点之处：对于反射弧结构的五个组成部分以及反射的概念通过实验情景

让学生自主设计实验、观察实验现象、得出结论构建出相关结构和概念，符合学生的认知规律，学生课堂的积极性也较高。

不足之处：反射弧各结构的功能以教师讲述为主，没有对感受器和效应器的结构组成进行强调讲解。

改进措施：关于反射弧各结构的功能给出学生充足的时间让学生进行描述总结，在对两个反射的例子总结完成后引出简单反射和复杂反射，使课堂结构更完整。

课堂观察量表

问题的设计与教师的理答观察量表：如表1所列。

表1

研究课例：_____ 观察人：_____ 被观察者：_____ 观课时间：_____

教学目标	教学环节	问题	问题类型					提问后停顿时间			教师理答方式						问题指向性	
			知识型	理解型	应用型	分析综合型	评价型	不足3秒	3秒以上,学生投入	时间过长,学生不投入	否定	自答	重复	追问		其他	清晰	模糊
														修正	深度			
	导入新课																	
	反射																	
	反射弧																	
	发射的类型																	

注：教师理答方式其他包括：A 不理睬或消极批评；B 不停顿继续演讲；C 对学生回答鼓励、称赞。

聚焦常态教学　提升课堂实效
——伊旗教体局第四期"1+1+X+N+Z"初中生物名师工作室第五次研修活动

为切实提高课堂教学实效，准确把握生物教师的课堂教学常态，全面提升教师的专业素养，5月27日，伊旗教体局第四期"1+1+X+N+Z"初中生物名师工作室第五次教学研修活动在伊金霍洛旗实验学校举行。本次研修活动以"聚焦常态教学，提升课堂实效"为主题，以提升全旗初中生物教学品质为目标，促进教师专业成长，提升学生学科核心素养。初中生物教研员、初中生物一级名师工作室主持人刘燕主持，名师工作室成员参与本次活动。

同课异构，共同成长

市一中分校袁粒英老师和实验学校赵慧老师就七年级下册第六章第三节《神经调节的基本方式》进行同课异构。袁粒英老师的课堂以学生的自主学习为主，教师精讲点拨，充分发挥了学生的主体地位。赵慧老师则通过让学生观看真实的实验情境，自主构建形成相关概念知识，让学生更为形象地理解相关知识内容。两位老师以不同的教学设计聚焦相应的教学目标，提升学生的生物学科核心素养。

专题讲座，不断成长

实验学校赵慧老师带来了以"情境创设在《生物圈中的人》专题复习中的应用"为题的微型讲座，赵老师对情境教学法的内涵以及情境教学法的策略进行了详细的介绍，并对情景教学法在《生物圈中的人》专题复习中的具体应用详细讲解，以中国糖尿病人现状这一情景引入，通过构建一系列的问题情境，将《生物圈中的人》这一专题所涉及的知识进行巧妙的连接，实现不同知识体系的结合。

集体研讨，畅谈感悟

"教而不研则浅，研而不教则空"。教研员刘燕老师和各位老师对这两节课进行了深入的交流和探讨，刘燕老师对两节课中的亮点进行了表扬，也对观课过程中反馈出的问题提出建议：老师们要在继续"教学的设计和实施"上下功夫——课前要设计引发学生深度思考的问题、课堂上给学生留足思考问题和回答问题的时间；在学生"学"的方式和方法上做文章——教学中要充分体现学生"学"为主体。老师们也提出自身在上本节课的困惑，大家畅所欲言地进行了探讨。路漫漫其修远分，每次工作室活动都有我们前进的足迹，刘燕老师希望老师们能笃行致远，砥砺前行，一起欣赏更美的教育风景。

【第四期初中生物名师工作室2021年第六次主题研修活动】

关于举办伊金霍洛旗教育体育局
第四期"1+1+X+N+Z"初中生物一级名师工作室
第六次研修安排

针对当前生物学科的教与学存在的问题，探索基于深度学习的单元学习主题教学下的新授课教学策略的改进，从而转变学生的学习方式，使其在参与科学实践的过程中加深对科学本质的理解，帮助学生发展生物学科核心素养，切实提高全旗生物学科教学质量。现决定举办伊金霍洛旗教育体育局第四期"1+1+X+N+Z"初中生物一级名师工作室第六次以"基于学生深度学习的单元学习主题教学策略研究"为主题的系列研修活动。

为打造研究型、学习型名师共同体，积极为名师搭建交流读书心得的平台，本次研修以"在读书中体验快乐，在交流中提升自我"为主题，通过与书为伴，学习理论，结合实践，体验读书的快乐，在交流中促专业共成长，形成良好的读书氛围。现将本次研修活动具体事宜通知如下。

研修主题："在读书中体验快乐，在交流中提升自我"读书分享会。

研修安排： 如表 1 所列。

表 1

活动内容	主讲人
《深度学习，走向核心素养》 ——绿叶在光下制造有机物的案例分析	刘智斌 北师大二附校
实验教学与深度学习相结合的教学模式	陈娜娜 伊旗一中
深度学习背景下如何以真实情境考查学生核心素养	曹志勇 市一中分校
问渠那得清如许？为有源头活水来 ——读《深度学习，走向核心素养》有感	袁粒英 市一中分校
静待花开 ——读《深度学习，走向核心素养》有感	赵　慧 伊旗实验中学
深度学习，让学习真实发生	张　敏 伊旗四中
回首与展望（工作室上学年工作总结与下学年工作部署）	刘　燕 伊旗教育体育事业发展中心

优秀读书心得成果

深度学习，让学习真实发生

第四中学　张　敏

随着时代的发展和社会的进步，浅层学习显然已经无法满足社会发展对人才培养的高要求，必须要进行根本性的改革和转变。深度学习与浅层学习相对应，更加注重学生高阶思维的训练和培养，以其为基础来推进具体教学实践的开展势在必行。本文将基于教学实践经验，并从结合信息技术手段、巧妙设置问题驱动、利用小组合作教学、利用真实教学情境、重视实验教学开展五个维度出发，系统地分析基于深度学习的初中生物教学方法和策略。

广大的初中生物教师应当以新课标理念为指引，基于现实学情来推进教学方法和策略的革新，以引领学生的深度学习，提升初中生物教学的实效性。

一、结合信息技术手段，引导学生探究生物本质

初中生物教师可以在教学过程中结合多媒体等信息技术手段来辅助和优化教学过程，将抽象的生物概念、生命现象和生物结构以图片、动画、视频等看得见的形式呈现出来。

例如，《孟德尔的豌豆杂交实验》是遗传和变异部分的难点和重点。课上，笔者通过播放《孟德尔纪录片节选》的视频，形象生动地还原了孟德尔进行豌豆杂交实验的全过程，尤其是人工杂交的具体步骤，学生观看视频后很容易就可以归纳出"母本去雄、人工授粉、套袋隔离"等关键点，还能体会出孟德尔选用豌豆作为研究对象的好处。之后再通过播放动画《孟德尔对豌豆杂交实验的解释》，较为直观地展现出孟德尔运用演绎法推理出遗传规律的全过程，让学生们深入体会科学家是如何思考问题的，培养学生的科学思维。这样，笔者通过结合信息技术手段，引导学生探究生物本质，增强了学生对知识的理解。

二、巧妙设置问题驱动，促进学生展开深层思考

问题是思维的启发点，问题的巧妙设置和提出能够营造质疑情境，让学生产生强烈的探究兴趣进而展开主动、深入地思考，是促进学生深度学习的关键所在。因此，初中生物教师需要对教材课本展开全面且深入地研读。

例如，在学习《生物的变异》时，笔者向学生介绍袁隆平院士研究杂交水稻的事例，提出了以下问题：这种"鹤立鸡群"的现象在遗传学上称作什么？这株"鹤立鸡群"的水稻可能是怎样出现的？由这株"鹤立鸡群"的水稻，袁隆平获得的灵感是什么？袁隆平为什么要花费6年时间寻找雄性不育的水稻植株？通过这些问题引导学生们深入分析阅读资料，在独立思考后阐明自己的观点，根据学生的回答情况，笔者再对接下来的教学进行强化。这样，通过巧妙设置问题驱动，有效促使学生展开深层思考。

三、利用小组合作教学，有效提升学生思维层次

小组合作教学能够突出学生的主体地位，发挥学生的能动性和聪明才智，可以让学生在观点交汇中提升思维层次、实现深度学习。所以说，初中生物教

师应该彻底转变过去统一性的班级授课模式，合理巧妙地利用小组合作教学。例如，在复习《动物的运动、行为》时，笔者提供的科普阅读材料（蚂蚁的运动、蚂蚁的行为、蚂蚁的生殖和蚂蚁的放牧等）有一定难度，学生独自解决问题存在困难。因此，本节课主要采用小组合作探究法展开教学。课前，按照学习基础和能力水平将学生平均分配为多个小组，每组4~5人，各组综合水平接近，并设立组长负责统筹和组内分工。课上每组认领不同的探究任务，引导各小组通过讨论的方法进行学习。

四、利用真实教学情境，引领学生解决实际问题

初中生物教师应当积极地去拓展教学思路、延伸教学范围，将生活作为教学的出发点，在课堂教学中创设真实的教学情境和氛围，让学生回归到亲身经历之中去。

例如，在复习《动物的运动、行为和生殖》时，笔者通过"家中出现蚂蚁应该怎样防治"来引入课题，为学生提供丰富的阅读材料（蚂蚁的运动、蚂蚁的行为、蚂蚁的生殖和蚂蚁的放牧等），帮助学生深入了解蚂蚁的相关知识，并尝试运用这些知识来解决"家中出现蚂蚁应该怎样防治"这一实际问题，提高了学生思维的深度和广度，并增强了其学习生物学的兴趣和成就感。

五、重视实验教学开展，切实促进学生深度学习

将理论和实践相结合的学习是引导学生深度学习的重要特征，实验是初中生物教学的重要组成部分，能够帮助学生将理论和实践有机结合起来，因此实验教学的组织和开展是实现深度学习的有效路径。

总之，作为初中生物教师，我们必须要顺应课程改革和教育发展的趋势，明确教学的基本目标和要求，并结合生物学科特性与学生身心发展状况来展开思考和探索，通过结合信息技术手段、巧妙设置问题驱动、利用小组合作教学、利用真实教学情境、重视实验教学开展等策略的运用，来体现学生主体地位的学习过程，引领学生的深度学习，使学生逐步实现综合能力和核心素养的提升，也使初中生物教学更加富有生机与活力。

《深度学习，走向核心素养》读书心得

伊金霍洛旗实验学校　赵　慧

我读完这本书的第一感觉是，如果能在实际的教学中课课都做到深度学习，那么对于学生的发展和教师的成长都是大有益处的。但是我的脑海中紧接着就是一片空白，在实际的教学中我到底该如何做才能实现学生的深度学习，于是我又开始进行第二遍阅读，在对深度学习的概念和初中生物深度学习的概念进行深入剖析之后发现深度学习有以下几个要点。

①深度学习不是一般学习者的自学活动，它强调教师对作为主体的学生的学习活动的引导与帮助，但无论教学活动的具体形式如何，其核心都是以学生为主体的主动学习活动。

②深度学习的内容是有挑战性的人类已有认识成果，即学习者能够在理解所学内容内涵的前提下，进行批判性的学习，将新的思想与自身原有的认知进行融合，能将已有的知识迁移到新的情境中，为获得解决实际问题的能力而构建属于自己的知识体系。

③深度学习是学生知觉、思维、情感、意志、价值观全面参与的、全身心投入的活动，是学生有意义的学习过程。

④深度学习的目的指向具体的、社会的人的全面发展，是形成学生核心素养的基本途径，即最终目的是"树人"。

此外，初中生物深度学习相对于传统意义上的机械性学习，应具备以下四个特征。

①联想与结构。联想与结构是深度学习的基本特征。学生在学习课程内容前，已经具备与之相关的经验或前概念，但正确与否不确定。教师可以以学生熟知的生产、生活情境为载体，积极调取学生的前概念，将抽象的知识转化成学生能够直接操作的、感性的教学材料，帮助学生在前概念与新知识之间建立结构性关联。

②活动与体验。活动与体验是深度学习的核心特征。"活动"是指以学生为主体的主动活动；"体验"是指学生作为个体全身心投入活动时的内在体

验。活动的开展需要教师基于教学目标和学情精心设计，使学生能够深度参与其中并在实践中建构知识，完成有意义的学习过程。

③本质与变式。概念学习过程中学生要抓住所学内容的本质属性，理解学科的本质，做到举一反三，而不是单纯、零散地记忆事实性知识。

④迁移与应用。迁移与应用强调学生将所学知识进行批判性吸收，并使其结构化，再迁移至新情境中转化为实践应用的能力。

基于以上理论，我发现深度学习更关注学生的过程性思考与理解建构，本质特征是高阶思维的培养。因此在日常教学中，我们需要改变以往的"重结果轻过程"的传统教学方式，创设有意义、有深度的教学情境，使学生经历深度认知，逐步具备高阶思维的能力。具体可以从以下四个策略做起。

①选择情景素材把核心素养和课程内容深度关联。

②分析、质疑、追问——让思维外显（思维可视）。

③学生、教师、物之间深度互动。

④主动研究、主动实践。

总之，深度学习绝不是学生的自主学习，而是强调在教师的引导下，学生在实践活动中通过观察、分析、归纳、概括、模型与建模等，根据事实依据对生物学的现象或问题进行解释，在解释与科学知识之间建立联系，构建生物学概念，形成生命观念，再运用生命观念或生物学思想认识和理解生命世界。在生物学教学过程中，培养学生的学科核心素养是深度学习的重要目标。因此，教师要在活动中有机融入生物学学科核心素养，不断激发学生学习的积极性，促进课程目标的转化与落地。

《深度学习，走向核心素养》读书心得

北京师范大学鄂尔多斯第二附属学校　刘智斌

本学期，在工作室的倡导下，大家共同阅读了《深度学习，走向核心素养》这本书，读后感想颇多，收益良多，先将这本书的读后感总结如下。

传统的教学模式只在于把知识进行传递，却从不去想办法促进学生主动发展，一个个知识点只是孤立的存在，也许孩子们记得很快，把老师讲的内容快

速又准确地储存在脑海中，本学期的考试就能考个高分，但是输出之后呢？这些知识点没有打动人心，以后将不复存在，这就是填鸭式教学可怕的后果，把学生当机器而不是具有能动性的人。

深度学习就是这样能够触及学生心灵的教学，它不是学生的自学，而是需要教师的引领。学生学习的最终目标不是记住更多的知识，掌握更多的技能，以此来获得考试的高分，而是获得未来进入社会后能够参与社会活动、为他人和社会做出贡献、幸福生活的核心素养。没有好的老师，就不可能有学生的深度学习，本着对学生负责的原则我们不能只作教书匠，而应该提高站位，引领学生进行深度学习。

一、反思我们的课堂教学

我们大多数老师的课堂以教材习题及配发练习资料为主要任务，教学就是把课本习题处理完了，练习资料都练了，任务便结束了。年级越高，上课发言的积极性越低，课堂表面看似风平浪静，但学生的思想却惊涛骇浪，你叫他起来复述讲了什么，或别的学生说了什么，他一概不知，人在课堂，心已飞出了教室。我们的课堂仍存在"满堂灌""满堂问"现象，小组合作只有听课时才展示；自主，合作，探究成为围绕教师设计好的环节，按部就班进行。学生在这样的课堂中处于被动地位，只是被动的接收，他的思维、解决问题能力等很难得到有效的发展。归根结底就是学生没有深度学习。深度学习以培养学生核心素养为根本追求，大量研究表明，在迅速变化的世界中取得职业和社会生活成功的关键，就是要拥有远大的志向和坚强的意志，批判性思考和问题解决的能力，有效的沟通和协作能力以及学科思维，学习策略和积极的学习心向等，也就是所谓的核心素养，这些核心素养的培养，需要深度学习的支撑。

二、初步理解了深度学习的内涵

为什么讲了的知识学生还是出错？题目稍有难度，全班的错误率便大大提升，其本质就是学生对所学内容不理解，记不住或记住了不会用，无法迁移解决新的问题，这些都不是延长学习时间、反复讲能解决的，要让孩子们发现自己潜能和优势，有持久且浓厚的学习兴趣，实现深度学习。所谓深度学习，就是指在教师引导下，学生围绕着具有挑战性的学习主题，全身心积极参与体验，成功获得发展的有意义的学习过程。在这个过程中，学生掌握学科的核心知识，理解学习的过程，把握学科的本质及思想方法，形成积极的内在学习动机、高级的社会情感、积极的态度、正确的价值观，成为既具独立性、批判性、创造性又有合作精神，基础扎实的优秀学习者，成为未来社会历史实践的主人。

三、走向深度学习，我们做好以下几方面

1. 重视目标，灵活处理教材内容

教学目标是教学活动的出发点和归宿，是教学活动的"定海神针"。在制定教学目标时，必须要知道学生有怎样的基础和条件，知道教学内容能够培养学生哪些素养？知道要达到这些目标，需要哪些活动来转化？知道设计什么样的活动才能够让学生以主体的方式去展开深度学习等，要让教学目标真正成为引导教学活动，实施持续的教学评价的依据并发挥作用。要善于将教学内容转化为教学材料。深度学习的标志，就是能将外在的教学内容转化为学生内在的精神力量，必先转化为学生能够进行思维操作和加工的材料。所谓"教学材料"，是指由教师提供的，蕴含教学意图的，能够通达教学内容的符号或实体性材料，如用于表述知识的符号以及教具、音像制品和教师板书、示意图等具体物质实体。教学内容是学生深度操作、加工教学材料后获得、体会、掌握的东西。

2. 研究学生，正确理解学生差异

在教育教学中，我们关注教学内容、教学方法，练习反馈多了一些，而对于学习的主体——学生，反而不是很了解，全班一个要求，教学一套方案等现象还是普遍存在的。教师只有懂学生，才能设计好的学习任务，提高课堂效率。我们教师的一项重要工作就是研究学生，研究学生如何认识问题、思考问题和解决问题，研究学生在每一部分内容的学习中会遇到哪些困难？教师要确定学生现在知道什么、能做什么、对什么有兴趣、能够操作什么内容、能够以什么样的方式完成什么样的活动等。即知道学生"在哪里"，还要确定学生即将达到的水平。教师要充分考虑孩子的差异，差异是客观存在的，只有了解、理解差异，教师才能了解、理解不同学生成长的需要，尊重学生之间的差异，

要根据差异有针对性地设计学习活动，进行学习指导，同时关注学生精神成长，把差异当作一种学习资源，对其进行开发使用。因此，教学中要关注差异，利用差异，发展差异，追求差异，让不同的学生得到不同的发展。

书香伴我行，携手共成长
——伊旗教育体育局第四期"1+1+X+N+Z"
初中生物一级名师工作室第六次研修活动

鸟欲高飞先振翅，人求上进先读书，没有比读书更好的娱乐，读书能使人得到更持久的满足。为打造研究型、学习型名师共同体，通过读书分享交流，体验读书的快乐，形成良好的读书氛围，2021年6月30日上午，伊旗教育体育局第四期"1+1+X+N+Z"初中生物一级名师工作室第六次研修活动在鄂尔多斯市第一中学伊金霍洛分校如期开展。本次研修主题为"在读书中体验快乐，在交流中提升自我"，工作室老师们结合自己的教学课例进行了精彩分享。

北师大二附校刘智斌老师围绕《绿叶在光下制造有机物》这一经典课例展开汇报，刘智斌老师通过对比浅层学习和深度学习的特征，通过具体的案例分析，让大家明白深度学习应建立在理解应用的基础上，课堂上以学生产生的新问题为契机，展开深度教学。

伊旗实验中学赵慧老师以"静待花开"为题再谈深度学习，赵慧老师以自己上过的一节《神经调节的基本方式》为案例，谈了深度学习的特征和策略，言简意赅，深入浅出。

市一中分校袁粒英老师结合课例《烟草浸出液对小鱼心率影响的实验》进行深度学习读书汇报。她认为深度学习能促进学生身心发展，教学中要注重实验课的开展，注重单元备课，并应把课内和课外活动有机结合在一起，多找一些与生活实际相联系的实例进行教学，并反思了自己在平时教学工作中的优点和不足。

市一中分校曹志勇老师以"如何通过真实情景培养学生的生物学科核心素养"为题再谈深度学习，他认为选择真实情境的素材能更容易激发学生的学习热情，在教学中不断实践、反思、运用自己掌握的知识和经验去分析、解决各种新问题，从而培养学生的学科核心素养。

伊旗四中教师张敏以"深度学习，让学习真实发生"为题谈了自己对深度学习的理解，他理论结合真实课例深入浅出地总结出深度学习的方法和策略，对老师的教学有很大的指导意义。

教研员刘燕对本次研修活动进行总结。首先她对老师们的读书分享提出表扬，肯定老师们都能认真研读，学以致用。同时，刘燕老师建议让读书成为教师的生活方式，建议在阅读时，要搭建理论与实践间的桥梁，用理论指导实践，以实践印证理论，让"学习、实践、反思"成为教师职业的行为方式，以积极的学习态度、勤勉的实践意识、深刻的反思精神，促进个人的专业成长，成就教师职业的幸福感。

最后，刘燕老师对名师工作室本学期的工作进行了总结，并对下学期的工作计划进行部署。此次活动展示了老师们的读书成果，达到了交流共享的目的！渠水之所以清澈晶莹，是因为有源头活水的不断注入。教师只有不断学习，不断积累，才能跟紧时代的步伐，与时俱进，培养出全新的人才！